Reinking/Eggert
Der Autokauf

Der Autokauf

Rechtsfragen beim Kauf
neuer und gebrauchter Kraftfahrzeuge
sowie beim Leasing

Von
Dr. Kurt Reinking
Rechtsanwalt, Köln

Dr. Christoph Eggert
Vorsitzender Richter am Oberlandesgericht, Düsseldorf

10., neubearbeitete Auflage 2009

Werner Verlag 2009

1. Auflage 1979
2. Auflage 1984
3. Auflage 1987
4. Auflage 1990
5. Auflage 1992
6. Auflage 1996
7. Auflage 2000
8. Auflage 2003
9. Auflage 2005
10. Auflage 2009

Bibliografische Information Der Deutschen Bibliothek

Die Deutsche Bibliothek verzeichnet diese Publikation in der Deutschen Nationalbibliografie; detaillierte bibliografische Daten sind im Internet über http://dnb.ddb.de abrufbar.

ISBN 978-3-8041-4650-1

Werner – eine Marke von Wolters Kluwer Deutschland
Alle Rechte vorbehalten.
© 2009 by Wolters Kluwer Deutschland GmbH, Köln.
Das Werk einschließlich aller seiner Teile ist urheberrechtlich geschützt.
Jede Verwertung außerhalb der engen Grenzen des Urheberrechtsgesetzes ist ohne Zustimmung von Wolters Kluwer Deutschland unzulässig und strafbar.
Das gilt insbesondere für Vervielfältigungen, Übersetzungen, Mikroverfilmungen und die Einspeicherung und Verarbeitung in elektronischen Systemen.

Umschlaggestaltung: futurweiss kommunikation, Wiesbaden
Satz: Satz-Offizin Hümmer GmbH, Waldbüttelbrunn
Druck und Verarbeitung: CPI – Clausen & Bosse, Leck
Printed in Germany
Gedruckt auf säurefreiem und alterungsbeständigem Papier

Vorwort zur 10. Auflage

Es sind schwere Zeiten für das Auto. Doch allen Unkenrufen zum Trotz ist es kein Auslaufmodell, der Kauf kein Erwerbsvorgang von gestern. Auto und Kauf gehören weiterhin zusammen, wenngleich der Markt sich in den letzten Jahren durch vielerlei Einflüsse nachhaltig verändert hat. Mit nur noch ca. 40 % ist der Anteil privater Neuzulassungen im Jahr 2008 so niedrig wie nie zuvor. Privatpersonen weichen auf den Gebrauchtwagenmarkt aus. Junge Gebrauchtwagen stehen derzeit besonders hoch im Kurs.

Da der Kfz-Handel am reinen Verkauf kaum mehr etwas verdient, konzentriert er sich auf Finanzdienstleistungen aller Art. Finanzierung und Leasing haben dementsprechend wiederum an Bedeutung gewonnen. Ebenso der Fahrzeugvertrieb im Internet. Im Anschluss an den Verkehrsgerichtstag 2007 haben der ADAC und der ZDK unter Mitwirkung der Wettbewerbszentrale und der beiden Onlineportale Autoscout 24 und Mobile.de & Ebay Motors einen „Ehrenkodex" für den Internethandel erarbeitet und kürzlich der Öffentlichkeit vorgestellt. Verbindliche Regeln für Autohändler und Internetbörsen sollen einen fairen Wettbewerb gewährleisten und dem Kunden mehr Sicherheit bieten.

Die Rechtsentwicklung hinkt naturgemäß hinterher. Beherrschendes Thema der vergangenen Jahre ist die Umsetzung der Schuldrechtsreform 2002 gewesen. In außerordentlich dichter Folge hat der Bundesgerichtshof seit 2004 eine Vielzahl wegweisender Entscheidungen erlassen. Einmal mehr hat sich der Autokauf als Motor der Rechtsentwicklung erwiesen. In weiten Teilen ist die Umsetzung der Reformvorgaben inzwischen abgeschlossen, so zum Beispiel bei der Beweislastumkehr (§ 476 BGB).

Die Neuauflage bringt das Buch auf den Stand von Oktober 2008. Mehrere Gründe haben uns zu einer Generalüberholung bewogen. Während in den Vorauflagen altes und neues Kaufrecht noch nebeneinander darzustellen waren, konnten wir diesmal die Hinweise auf das frühere Recht auf das notwendige Minimum begrenzen. Einzuarbeiten und auszuwerten war eine ungewöhnlich große Menge an Entscheidungen aller Instanzen, vom Amtsgericht bis zum Bundesverfassungsgericht (ZGS 2006, 470 – „Kühlerfall") und dem EuGH (NJW 2008, 1433 – Nutzungsvergütung bei Ersatzlieferung). Besonders hervorzuheben sind die zahlreichen Entscheidungen des BGH zum Gebrauchtfahrzeugkauf. Auch daraus ergaben sich in weiten Teilen Neugliederungen und Änderungen der Erläuterungen.

Zu berücksichtigen waren darüber hinaus die neuen AGB für den Neu- und den Gebrauchtwagenkauf. Aus Anlass mehrerer BGH-Entscheidungen mussten die Verbände der Kfz-Wirtschaft die Klauselwerke abermals ändern. Im Frühjahr dieses Jahres wurden die neuen AGB zur Anwendung empfohlen.

Verwertungspraxis, Ausgleichszahlungen und Mehrerlösverteilung sind die nach wie vor beherrschenden Themen beim Kfz-Leasing, mit denen sich der Leasingteil eingehend befasst. Einen weiteren Schwerpunkt bildet das Leasing-Unfallrecht, das der BGH im vergangenen Jahr mit einem bedeutsamen Urteil (NJW 2007, 3120) angereichert hat. Ausführlicher Darstellung bedürfen nach wie vor die Auswirkungen der Schuldrechtsreform auf das Kfz-Leasing, da sie für Leasingfirmen ein erhebliches Risikopotenzial beinhalten.

Wir hoffen, mit der Neuauflage den Erfordernissen der Praxis gerecht geworden zu sein. Für Anregungen wie für Kritik sind wir weiterhin dankbar.

Köln/Leverkusen, im Oktober 2008 Die Verfasser

Schnellübersicht

Teil 1
Der Verkauf neuer Kraftfahrzeuge

		Rn	Seite
A.	Das Neufahrzeug	1	1
B.	Der Kaufvertrag	2–100	1
C.	Rechtsfragen im Zusammenhang mit Test- und Probefahrten	101–107	48
D.	Besondere Vertriebsformen	108–137	54
E.	Lieferung, Abnahme und Zahlung	138–180	70
F.	Eigentumsverschaffung und gutgläubiger Eigentumserwerb	181–184	87
G.	Die Haftung des Verkäufers eines Neufahrzeugs für Sachmängel	185–325	89
H.	Nacherfüllung	326–448	138
I.	Die sekundären Sachmängelrechte	449–695	177
J.	Der Neufahrzeugkauf als Verbrauchsgüterkauf	696–701	250
K.	Versorgung des Käufers mit Ersatzteilen	702–721	253
L.	EU-Neuwagenkauf	722–772	260
M.	Der Neufahrzeugkauf mit Hereinnahme eines Gebrauchtfahrzeugs	773–897	276
N.	Garantien im Neuwagenhandel	898–938	305
O.	Kulanz beim Neuwagenkauf	939	314
P.	Produkthaftung	940–1046	315
Q.	Der finanzierte Neufahrzeugkauf	1047–1125	356

Teil 2
An- und Verkauf gebrauchter Kraftfahrzeuge

A.	Das gebrauchte Kraftfahrzeug	1126–1130	387
B.	Das private Direktgeschäft	1131–1153	390
C.	Der Verbrauchsgüterkauf	1154–1202	401
D.	An- und Verkäufe zwischen Unternehmern	1203	426
E.	Verkauf Verbraucher an Unternehmer	1204–1214	427
F.	Das Vermittlungsgeschäft (Agenturgeschäft)	1215–1299	433
G.	Gebrauchtfahrzeugversteigerungen	1300–1309	486
H.	Die Haftung des Verkäufers eines Gebrauchtfahrzeugs für einen Sachmangel	1310–1608	491
I.	Der Beweis des Sachmangels	1609–1680	644
J.	Die Rechtsbehelfe des Käufers eines gebrauchten Kraftfahrzeugs bei einem Sachmangel	1681–1901	678
K.	Die Untersuchungspflicht des Verkäufers eines gebrauchten Kraftfahrzeugs	1902–1931	755
L.	Ausschluss der Sachmängelhaftung nach § 442 BGB	1932–1943	771
M.	Untersuchungs- und Rügeobliegenheiten beim Handelskauf	1944–1950	776
N.	Vertragliche Beschränkung der Sachmängelhaftung	1951–1991	779

Schnellübersicht

		Rn	Seite
O.	Verjährung der Sachmängelansprüche	1992–2036	799
P.	Beschaffenheits- und Haltbarkeitsgarantien i. S. v. § 443 Abs. 1 BGB beim Gebrauchtwagenkauf	2037–2068	818
Q.	Arglistige Täuschung beim Verkauf gebrauchter Kraftfahrzeuge	2069–2142	834
R.	Das Verhältnis der Sachmängelrechte zu anderen Rechtsbehelfen des Käufers	2143–2240	877
S.	Die Rechtsmängelhaftung des Fahrzeugverkäufers	2241	916
T.	Der Erwerb gebrauchter Kraftfahrzeuge vom Nichtberechtigten	2242–2290	918

Teil 3
Autoleasing

		Rn	Seite
A.	Marktsituation	L1	945
B.	Grundstruktur des Kraftfahrzeugleasingvertrages	L2–L55	948
C.	Verlagerung der Sach- und Preisgefahr auf den Leasingnehmer	L56–L63	965
D.	Haftung für Sach- und Rechtsmängel	L64–L120	969
E.	Kfz-Leasing und Verbraucherschutz	L121–L135	985
F.	Leasingtypische Regelungen	L136–L145	991
G.	Sittenwidrigkeit eines Kfz-Leasingvertrages	L146–L156	994
H.	Preisangaben und Werbung	L157–L165	998
I.	Auswirkungen der Insolvenz auf den Leasingvertrag	L166–L184	1000
J.	Vertragsdurchführung	L185–L654	1004
K.	Verjährung	L655–L662	1127

Anlagen

Allgemeine Geschäftsbedingungen für den Verkauf von fabrikneuen Kraftfahrzeugen und Anhängern (NWVB) 1129

Allgemeine Geschäftsbedingungen für den Verkauf gebrauchter Kraftfahrzeuge und Anhänger (GWVB) 1133

Bekanntmachung Nr. 170/2003 über die Neufassung der Empfehlung 1137

Leasingerlass des Bundesministers der Finanzen vom 22.12.1975 – IVB2 – S 1145

Stichwortverzeichnis Autokauf 1147

Stichwortverzeichnis Autoleasing 1155

Inhaltsverzeichnis

Teil 1
Der Verkauf neuer Kraftfahrzeuge

	Rn	Seite
A. Das Neufahrzeug	1	1
B. Der Kaufvertrag	2–100	1
I. Abschlussfragen	2–25	1
1. Kaufantrag und Bindung	2–11	1
a) Formularvertragliche Abschlusstechnik	4–6	1
b) Zur Zulässigkeit der Bindungsklausel	7–11	3
2. Ablehnung der Kundenbestellung	12	5
3. Vertragsschluss durch Annahme der Bestellung	13–18	5
3. Verspätete Annahme	19	7
5. Inhaltlich abweichende Annahmeerklärung	20–21	7
6. Zugang der Annahmeerklärung	22–23	8
7. Bestätigung durch Ausführung der Lieferung	24–25	8
II. Die AGB und ihre Einbeziehung in den Kaufvertrag	26–27	9
1. Die NWVB	26	9
2. Einbeziehungsfragen	27	9
III. Lieferfristen und Lieferverzug	28–59	10
1. Vereinbarung einer Leistungszeit	28–33	10
2. Unverbindlichkeit der Lieferfrist bzw. des Liefertermins	34–38	12
a) Begriff	34	12
b) Angemessenheit der Schonfrist	35–38	12
3. Verbindliche Lieferfrist/verbindlicher Liefertermin	39	14
4. Höhere Gewalt und Betriebsstörungen	40	14
5. Lieferung zum festen Termin	41	15
6. Lieferverzug	42–59	16
a) Rechtsfolgen bei Überschreitung eines unverbindlichen Lieferzeitpunkts	42–57	16
aa) Herbeiführung und Beendigung des Verzugs	42–43	16
bb) Verzugsschaden („Verzögerungsschaden")	44–45	16
cc) Beschränkung der Haftung für Verzugsschäden	46–47	18
(1) Leichte Fahrlässigkeit	46	18
(2) Grobe Fahrlässigkeit	47	18
dd) Rücktritt und Schadensersatz statt der Leistung	48–57	19
(1) Voraussetzungen	48	19
(2) Angemessene Frist	49	20
(3) Entbehrlichkeit der Fristsetzung	50	20
(4) Rechtsfolgen	51	21
(5) Verhältnis der Rechte zueinander	52	21
(6) Schadensberechnung	53–55	22
(7) Beschränkung des Schadensersatzanspruchs statt der Leistung	56	23
(8) Zufallshaftung	57	23

Inhaltsverzeichnis

	Rn	Seite
b) Rechtsfolgen bei Überschreitung einer verbindlich vereinbarten Lieferzeit	58	24
c) Rechtsfolgen bei Nichtlieferung zum Fixtermin	59	24
IV. Unmöglichkeit, Unzumutbarkeit der Lieferung und Störung der Geschäftsgrundlage	60–65	24
1. Rechtlicher Rahmen	61	24
2. Änderung des Vertriebs und Einstellung der Produktion	62	25
3. Beschaffungsrisiko und Beschaffungsverschulden	63	26
4. Rechtsfolgen	64–65	27
V. Kaufpreis	66–86	28
1. Preisvereinbarung	66–71	28
2. Preisagenturen	72	30
3. Preisauszeichnung	73–75	30
4. Rabattgewährung und Zugaben	76	33
5. Preisänderungen	77–86	34
a) Vertragspraxis	77–79	34
b) Gesetzliche Ausgangslage	80	35
c) Einzelprobleme	81	36
d) Klauselgestaltung	82–85	37
e) Rechtsfolgen bei Verwendung einer unwirksamen Preisanpassungsklausel	86	39
VI. Zustimmungserfordernis bei Übertragung von Rechten und Pflichten aus dem Kaufvertrag	87–91	39
1. Inhalt, Tragweite und Zulässigkeit der Regelung	88	40
2. Einbeziehung des Zustimmungsvorbehalts in den Übertragungsvertrag	89	40
3. Übertragung ohne Zustimmung	90	41
4. Versagung der Zustimmung	91	41
VII. Der Eigentumsvorbehalt	92–100	42
1. Bedeutung für den Neuwagenhandel	92	42
2. Einfacher Eigentumsvorbehalt	93	42
3. Erweiterter Eigentumsvorbehalt	94	43
4. Pflichten des Käufers	95	44
5. Rücktritt des Verkäufers vom Kaufvertrag	96–99	45
a) Zahlungsverzug	96–97	45
b) Rücktritt nach § 324 BGB	98	45
c) Rücktrittsfolgen und einstweiliger Rechtsschutz	99	46
6. Schadensersatzhaftung und Wertermittlung	100	46
C. **Rechtsfragen im Zusammenhang mit Test- und Probefahrten**	101–107	48
I. Zweck und Durchführung von Test- und Probefahrten	101	48
II. Rechtsnatur des Gebrauchsüberlassungsverhältnisses	102	48
III. Vereinbarung der Probefahrt	103	49
IV. Beschädigung des Händlerfahrzeugs	104–107	50
1. Ausschluss der Haftung für leichte Fahrlässigkeit	105	50
2. Abgrenzung zwischen grober und leichter Fahrlässigkeit des Probefahrers (Einzelfälle)	106	52

Inhaltsverzeichnis

	Rn	Seite
3. Verjährung des Schadensersatzanspruchs	107	53
D. Besondere Vertriebsformen	108–137	54
I. Gesetzliche Ausgangslage	108	54
II. Haustürgeschäfte und ähnliche Geschäfte	109–116	54
1. Bedeutung für den Neuwagenhandel	109	54
2. Persönliche Voraussetzungen	110	54
3. Haustürsituationen	111–116	55
a) Mündliche Verhandlungen	112	56
b) Arbeitsplatz	113	56
c) Privatwohnung	114	56
d) Vorhergehende Bestellung	115	57
e) Freizeitveranstaltung	116	58
III. Fernabsatzverträge	117–122	60
1. Bedeutung für den Neuwagenhandel	117	60
2. Voraussetzungen eines Fernabsatzvertrages	118–120	60
3. Fernabsatzverträge und Informationspflichten	121–122	61
III. Das Widerrufsrecht des Verbrauchers	123–137	62
1. Überblick und Bedeutung im Neuwagenhandel	123	62
2. Grundsätzliches zum Widerrufsrecht	124	63
3. Widerrufsbelehrung	125–126	63
4. Widerrufserklärung	127	64
5. Rückabwicklung nach Widerruf	128–137	65
a) Abwicklung nach Rücktrittsrecht	128	65
b) Erfüllungsort und Gerichtsstand	129	65
c) Verzinsung des Kaufpreises	130	65
d) Vergütung der gefahrenen Kilometer	131	65
e) Wertersatz für Verschlechterung des Fahrzeugs durch bestimmungsgemäße Ingebrauchnahme	132–134	66
aa) Ingebrauchnahme und Prüfung	132	66
bb) Prüfung der Mängelfreiheit	133	67
cc) Praxishinweise	134	67
f) Überschneidung von Nutzungsvergütung und Wertersatz	135	68
g) Kein Wertersatz bei alternativ bestehendem Rücktrittsrecht wegen eines Sachmangels	136	68
h) Verschlechterung und Untergang des Fahrzeugs	137	69
E. Lieferung, Abnahme und Zahlung	138–180	70
I. Abnahme	138	70
II. Zahlung des Kaufpreises	139	70
III. Erfüllungsort der Abnahme und der Zahlung	140	71
IV. Händlerpflichten vor und bei Auslieferung	141	72
V. Prüfrecht des Käufers und Recht auf Probefahrt	142	73
VI. Vorbehaltlose Annahme und Rügepflicht	143	73
VII. Berechtigte Abnahmeverweigerung	144–148	74
1. Grenzen des Zurückweisungsrechts	145–146	74
2. Die Situation bei behebbaren Mängeln	147	75
3. Rechtsfolgen bei berechtigter Abnahmeverweigerung	148	75

Inhaltsverzeichnis

	Rn	Seite
VIII. Nichtberechtigte Abnahmeverweigerung	149–180	76
1. Übersicht	149	76
2. Bereitstellung des Fahrzeugs und Bereitstellungsanzeige	150	76
3. Rechtswirkungen der unberechtigten Abnahmeverweigerung	151–180	77
a) Annahmeverzug	151–152	77
b) Zahlungsverzug	153–156	77
c) Rücktritt	157	78
d) Schadensersatz	158–180	79
aa) Schadensberechnung per Einzelnachweis	159–160	79
bb) Schadenspauschalierung	161–180	80
(1) § 309 Nr. 5 b BGB	162	80
(2) § 309 Nr. 5 a BGB	163–169	80
(3) Darlegungs- und Beweislastfragen	170–178	83
(4) Abgeltungsumfang der Schadenspauschale	179	86
(5) Umsatzsteuer auf die Pauschale?	180	86
F. **Eigentumsverschaffung und gutgläubiger Eigentumserwerb**	181–184	87
G. **Die Haftung des Verkäufers eines Neufahrzeugs für Sachmängel**	185–325	89
I. Der rechtliche Rahmen	185–235	89
1. Die NWVB	185–190	89
a) Kein AGB-Mangelbegriff	185–186	89
b) Der Änderungsvorbehalt gem. Abschn. IV Ziff. 6 NWVB	187–190	89
2. Die Mängelkategorien nach § 434 BGB	191–235	91
a) Vertraglich vorausgesetzte Verwendung	192–193	91
b) Gewöhnliche Verwendung, übliche und zu erwartende Beschaffenheit	194–199	92
c) Stand der Technik und Vergleichsmaßstab	200–217	94
aa) Ausgangslage und Problemaufriss	200–206	94
bb) Fallgruppen	207–217	96
(1) bauartbedingte Eigenheiten	207	96
(2) konstruktive Schwächen und sonstige Eigentümlichkeiten	208–214	97
(3) Qualitäts- und Verarbeitungsmängel	215–217	99
d) öffentliche Äußerungen	218–229	100
e) Montagemangel, mangelhafte Montageanleitung und Falschlieferung	230–233	103
aa) Montagemangel	231–233	103
b) Mangelhafte Montageanleitung	234	104
c) Falschlieferung	235	105
II. Einzelfälle von Sachmängeln	236–325	105
1. Alter, Produktionszeitpunkt, Standzeit	236	105
2. Produktionsort	237	105
3. Fehlen der Fabrikneuheit	238–282	105
a) Terminologisches	238–244	105

	Rn	Seite
b) Vereinbarung der Fabrikneuheit	245–248	107
aa) Der Regelfall	245	107
bb) Ausnahmefälle	246–248	107
c) Die Einzelkriterien von „fabrikneu"	249–277	108
aa) Das Kriterium Lagerdauer/Standzeit	249–258	108
bb) Das Kriterium Modellaktualität	259–269	112
(1) Allgemeines	259–263	112
(2) Sonderprobleme	264–269	114
cc) Das Kriterium „Beschädigungsfreiheit"	270–276	116
(1) Lagermängel (Standzeitmängel)	272	117
(2) Nachlackierungen	273	117
(3) Reparierte Vorschäden	274–276	118
dd) Das Kriterium „keine ungeklärte Fahrstrecke"	277	119
d) „fabrikneu" als Gegenstand einer Garantie	278–282	120
4. Funktionsstörungen und Qualitätsmängel	283–298	122
a) Mangelhaftigkeit bejaht	283–292	122
aa) Motor	283	122
bb) Getriebe	284	122
cc) Lenkung, Achse	285	123
dd) Karosserie (Undichtigkeit, Wassereintritt u. a.)	286	123
ee) Lackierung	287	124
ff) Korrosion	288	124
gg) Geräusche	289	124
hh) Sonderausstattung/Bordinstrumente/Elektronik	290	125
ii) Radio	291	126
jj) Sonstige Störungen und Defizite	292	126
b) Kein Mangel bzw. kein erheblicher Mangel	293–298	126
aa) Motor	294	127
bb) Getriebe	295	127
cc) Karosserie, Lackierung	296	127
cc) Geräusche und Vibrationen	297	128
dd) Sonstige Störungen ohne erhebliche Beeinträchtigung	298	128
5. Kraftstoffverbrauch	299–313	129
a) Problembeschreibung	299	129
b) Rechtsgrundsätze und Rechtsprechung	300–313	129
aa) Ausgangspunkt Soll-Beschaffenheit	300–302	129
bb) Darlegungs- und Beweislast	303–306	130
cc) Die Erheblichkeitsproblematik (Grenzwerte)	307–313	132
6. Schadstoffklasse und Steuereingruppierung	314	134
7. Zulassungseignung	315	135
8. Tages- und Kurzzulassung	316–322	135
9. Voreintragung auf Dritte	323–325	137
H. Nacherfüllung	326–448	138
I. Bedeutung für den Neufahrzeugkauf	326–331	138
II. Vertragliche Beschränkungen des Nacherfüllungsanspruchs	332–333	139
1. Verbrauchsgüterkaufverträge	332	139
2. Geschäftsverkehr mit Unternehmern	333	140

Inhaltsverzeichnis

	Rn	Seite
III. Wahlrecht des Käufers und Bindung	334–340	140
1. Die Wahl zwischen Mängelbeseitigung und Ersatzlieferung	334–338	140
2. Keine Wahl im Rahmen der Nachbesserung	339–340	142
IV. Übertragung des Wahlrechts auf den Verkäufer	341	143
V. Geltendmachung der Nacherfüllung	342–349	143
1. Mängelanzeige und Abhilfeverlangen	342–344	143
2. Unverzügliche Geltendmachung des Anspruchs	345–347	144
3. Beschreibung des Mangels	348–349	145
VI. Durchführung der Nacherfüllung	350–381	146
1. Pflichtenprogramm	350–352	146
2. Erfüllungsort bei der Nacherfüllung	353–361	147
a) Bedeutung für die Praxis	353	147
b) Stand der Rechtsprechung	354–357	147
c) Stellungnahme	358	149
d) Erfüllungsort bei Ersatzlieferung	359–361	150
3. Nachbesserung	362–372	152
a) Inhalt des Anspruchs	362–363	152
b) Verwendung von Neuteilen	364–366	152
c) Durchführung der Nachbesserung	367–372	153
4. Ersatzlieferung	373–381	155
VIII. Kosten der Nacherfüllung	382–398	158
1. Grundsätzliches	382	158
2. Einzelpositionen	383–398	158
a) Arbeits- und Materialkosten	383	158
b) Umrüstungskosten	384	158
c) Aufwendungen zur Feststellung der Mangelursache	385–386	158
d) Kosten einer unberechtigten Mängelrüge	387–390	159
e) Transport-, Wege-, Abschleppkosten	391–392	160
f) Zusätzliche Wartungskosten	393	161
g) Anwaltskosten, Porto- und Telefonkosten, sonstige Kosten	394	161
h) Nutzungsausfallschaden	396	162
i) Verdienstausfall, entgangene Freizeit, Hotelkosten, Reisekosten	397	162
j) Kosten für eine Begutachtung der durchgeführten Nachbesserung	398	162
VIII. Kostenbeteiligung des Käufers	399–403	162
1. Durchbrechung des Freistellungsprinzips	399	162
2. Mitverursachung des Mangels durch den Käufer	400	162
3. Sowieso-Kosten	401	163
4. Mitbeseitigung vom Verkäufer nicht zu vertretender Defekte	402	163
5. Ausgleich ‚neu für alt'	403	164
IX. Selbstbeseitigungsrecht	404–406	164
1. Kein Recht zur Selbstvornahme	404	164
2. Selbstvornahme und Kostenersatz	405–406	164
X. Verletzung der Nacherfüllungspflicht	407–413	165
1. Überblick	407	165

	Rn	Seite
2. Sonderfall: Beschädigung des Fahrzeugs im Zuge der Nachbesserung	408–413	165
XI. Transport- und Sachgefahr	414–415	167
XII. Unverhältnismäßigkeit der Nacherfüllung	416–448	168
1. Gesetzessystematik	416–420	168
2. Prüfungskriterien und Prüfungsschema	421–426	169
3. Konkretisierung der Bezugsgrößen	427–448	171
a) Ersatzlieferungskosten	427–430	171
b) Nachbesserungskosten	431–433	171
c) Wert des Fahrzeugs in mangelfreiem Zustand	434–435	172
d) Bedeutung des Mangels	436	172
e) Grenzwerte	437–448	173
aa) Absolute Unverhältnismäßigkeit	439–444	173
bb) Relative Unverhältnismäßigkeit	445–448	175
I. Die sekundären Sachmängelrechte	449–695	177
I. Systematik	449	177
II. Das Fristsetzungserfordernis	450–455	177
III. Entbehrlichkeit der Fristsetzung	456–504	178
1. Überblick	456–457	178
2. Keine Fristsetzung bei Unmöglichkeit der Nacherfüllung	458–471	179
a) Unmöglichkeit der Ersatzlieferung	458–459	179
b) Unmöglichkeit der Nachbesserung	460–471	179
3. Die ernsthafte und endgültige Verweigerung der Nacherfüllung	472–476	182
a) Ausgangslage	472	182
b) Reaktionen des Verkäufers und ihre Bewertung	473–474	183
c) Prozessverhalten des Verkäufers	475	184
d) Darlegungs- und Beweislast	476	185
4. Das Fehlschlagen der Nachbesserung	477–502	185
a) Praktische Bedeutung für den Autokauf	477	185
b) Anwendungsbereich des § 440 BGB	478–479	185
c) Anzahl der Versuche und Beurteilungskriterien	480–495	186
d) Sonderfall „Montagsauto"	496–501	190
e) Darlegungs– und Beweislast	502	191
5. Unzumutbarkeit der Nacherfüllung	503	191
6. Besondere Umstände i. S. d. §§ 323 Abs. 2 Nr. 3, 281 Abs. 2 BGB	504	192
IV. Rechtslage nach erfolgreicher Nacherfüllung innerhalb der Frist	505	192
V. Rechtslage nach fruchtlosem Ablauf der Nacherfüllungsfrist oder anderweitigem Scheitern der Nacherfüllung	506–518	193
1. Ausgangslage	506–507	193
2. Mängelbeseitigung nach zunächst gescheiterter Nacherfüllung	508–510	193
a) Mit Zustimmung des Käufers	508	193
b) Ohne Zustimmung des Käufers	509	193
c) Wegfall des Mangels ohne Zutun des Verkäufers	510	194

Inhaltsverzeichnis

	Rn	Seite
3. Mängelbeseitigung nach gescheiterter Nacherfüllung im Anschluss an die Ausübung eines Sekundärrechts	511–518	194
a) Mängelbeseitigung durch den Verkäufer mit Zustimmung des Käufers	513–514	194
b) Mängelbeseitigung durch den Verkäufer ohne Zustimmung des Käufers	515	195
c) Mängelbeseitigung durch den Käufer	516	195
d) Mängelbeseitigung durch den Sachverständigen	517–518	195
VI. Rücktritt	519–559	196
1. Ausübung des Rücktrittsrechts	519–520	196
2. Ausschluss des Rücktritts wegen Unerheblichkeit der Pflichtverletzung bzw. des Mangels	521–545	196
a) Gesetzliche Ausgangslage	521–523	196
b) Grundlinien der Rechtsprechung	524–539	197
c) Kasuistik Neufahrzeugkauf	540–541	200
aa) Erheblichkeit bejaht	540	200
bb) Erheblichkeit verneint	541	201
d) Kasuistik „technische Mängel/Gebrauchtwagen"	542–544	202
aa) Erheblichkeit bejaht	543	202
bb) Erheblichkeit verneint	544	202
e) Darlegungs- und Beweislast	545	202
3. Ausschluss des Rücktritts nach § 323 Abs. 6 BGB	546–551	203
4. Ausschluss des Rücktrittsrechts mangels eigener Vertragstreue	552	204
5. Ausschluss des Rücktrittsrechts wegen Verwirkung	553	204
6. Gesamtrücktritt und Teilrücktritt	556–559	205
a) Sachgesamtheit	556–557	205
b) Mangelhafter Bestandteil (Zubehör)	558	205
c) Rücktritt wegen Nicht- und Schlechterfüllung von Nebenleistungen	559	206
VII. Das Rückgewährschuldverhältnis	560–655	207
1. Wertersatz statt Herausgabe	563–571	208
2. Höhe des Wertersatzes	572–574	210
3. Wegfall der Wertersatzpflicht	575–588	210
4. Notwendige Verwendungen und andere Aufwendungen	589–605	215
a) Gesetzliche Regelung	589–590	215
b) Notwendige Verwendungen	591–600	215
aa) Unterstell- und Garagenkosten	594–596	216
bb) Reparaturen	597–600	217
c) Andere Aufwendungen	601–603	218
d) Anspruchsbemessung und Verzinsung der Verwendungen	604–605	219
5. Verzinsung des Kaufpreises	606–609	219
6. Vergütung der Gebrauchsvorteile	610–642	220
a) Nicht gezogene Nutzungen	610	220
b) Gezogene Nutzungen	611–614	220
c) Bemessung der Gebrauchsvorteile	615–635	221
aa) Keine Schätzung anhand von Mietwagenkosten und Leasingraten	615–617	221

		Rn	Seite
bb)	Bruttokaufpreis als Bemessungsgrundlage	618–619	222
cc)	Gesamtfahrleistung als Verkörperung des Nutzungswertes	620–622	223
dd)	Lineare Wertschwundberechnung	623–628	224
ee)	Einzelfragen	629–631	227
ff)	Mängelbedingter Abschlag	632	228
gg)	Berechnungsformel	633	229
hh)	Rechtsprechung zur Höhe der Nutzungsvergütung für Pkw/Kombis	634	229
ii)	Nutzungsvergütung bei Sonderfahrzeugen	635	230

- d) Geltendmachung der Gebrauchsvorteile .... 636–642 — 230
- 7. Störungen im Rückabwicklungsverhältnis .... 643–654 — 232
  - a) Beschädigung des Fahrzeugs .... 643–644 — 232
  - b) Schuldnerverzug des Verkäufers .... 645–649 — 233
  - c) Annahmeverzug des Verkäufers .... 650–654 — 234
    - aa) Begründung des Annahmeverzugs .... 651–652 — 234
    - bb) Rechtsfolgen des Annahmeverzugs .... 653–654 — 235
- 8. Erfüllungsort .... 655 — 236

IX. Minderung .... 656–672 — 237
1. Voraussetzungen der Minderung .... 656–658 — 237
2. Geltendmachung der Minderung .... 659–663 — 237
3. Berechnung der Minderung .... 664–671 — 239
4. Weitere Fragen zur Minderung .... 672 — 240

X. Schadens- und Aufwendungsersatz .... 673–680 — 241
1. Bedeutung im Neuwagenhandel .... 673–678 — 241
2. Schadensberechnung und Schadenspositionen .... 679 — 242
3. Freizeichnung von der Schadensersatzhaftung für Mangelhaftigkeit .... 680 — 242

XI. Hinweise zum Verfahren und zur Vollstreckung .... 681–695 — 242
1. Gerichtsstand .... 681 — 242
2. Prozessuale Vorgehensweise .... 682–689 — 243
   - a) Klage auf Nacherfüllung und auf Schadensersatz ..... 682–683 — 243
   - b) Zug-um-Zug-Antrag .... 684 — 243
   - c) Wertersatz .... 685 — 244
   - d) Feststellung des Annahmeverzugs .... 686–688 — 244
   - e) Verschlechterung und Untergang des Fahrzeugs während des Prozesses .... 689 — 245
3. Zwangsvollstreckung aus dem Zug-um-Zug-Urteil .... 690–695 — 245
   - a) Verfahrensweise .... 690 — 245
   - b) Pfändung des zurückzugebenden Fahrzeugs .... 691 — 246
   - c) Andere Verwertung .... 692 — 247
   - d) Verwertung durch öffentliche Versteigerung .... 693 — 247
   - e) Verfahren bei Mängeln und Schäden .... 694 — 248
   - f) Neue Klage ohne Zug-um-Zug-Einschränkung .... 695 — 248

J. **Der Neufahrzeugkauf als Verbrauchsgüterkauf** .... 696–701 — 250
   I. Verbrauchsgüterkauf .... 696 — 250
   II. Beweislastumkehr nach § 476 BGB .... 697 — 250

Inhaltsverzeichnis

	Rn	Seite
III. Händlerregress	698–701	250
1. Grundzüge des Händlerregresses	699	251
2. Der Aufwendungsersatz nach § 478 Abs. 2 BGB	700–701	252
a) Anspruchsinhalt	700	252
b) Verjährung	701	252
K. Versorgung des Käufers mit Ersatzteilen	702–721	253
I. Die Ausgangslage	702–703	253
II. Rechtsgrundlage der Ersatzteilbeschaffungspflicht	704–705	254
III. Anspruchsgegner	706–713	254
IV. Umfang und Grenzen der Ersatzteilversorgungspflicht	714–717	256
V. Ansprüche wegen Verletzung der Ersatzteilbeschaffungspflicht	718–720	258
VI. Nachvertragliche Wartungs- und Reparaturpflicht	721	259
L. EU-Neuwagenkauf	722–772	260
I. Marktlage	722	260
II. Direktkauf durch den Verbraucher	723–731	260
1. Ausgangslage	723–724	260
2. Vorüberlegungen	725	261
3. Preisvergleich	726	261
4. Kaufvertrag	727	261
5. Überführung	728	261
6. Zulassung	729	262
7. Einfuhrumsatzsteuer	730	262
8. Risiken	731	263
III. Einschaltung eines Importvermittlers	732–772	263
1. Rechtliche Ausgangslage	732	263
2. Marktsituation	733	264
3. Vertragsgestaltung und -durchführung	734–736	264
4. „EU-Neufahrzeug": Begriff und Käuferaufklärung	737–746	265
5. Garantie	747–759	269
6. Sachmängelhaftung	760–763	272
7. Eigenhaftung des Importeurs	764–772	273
M. Der Neufahrzeugkauf mit Hereinnahme eines Gebrauchtfahrzeugs	773–897	276
I. Wirtschaftliche Bedeutung	773–793	276
2. Erscheinungsformen der Inzahlungnahme	779–784	277
3. Vertragsgestaltungen	785–793	278
II. Auslegung und Qualifizierung der Vereinbarungen	794–832	280
1. Auslegungsgegenstände	794–798	280
2. Auslegungs- und Einordnungsversuche	799–832	281
a) Die Grundkonzeption des BGH: Kaufvertrag mit Ersetzungsbefugnis	800–809	281
b) Kritik an der BGH-Rechtsprechung	810–822	284
c) Mischvertrag aus Kauf und Tausch	823–832	287

Inhaltsverzeichnis

	Rn	Seite
III. Störfälle	833–897	289
1. Mangel des Neufahrzeugs	833–862	289
a) Nacherfüllung	833	289
b) Rücktritt	834–852	290
c) Schadensersatz statt der Leistung	853–856	294
d) Minderung	857	295
e) Der Anrechnungsbetrag (Verrechnungspreis)	858–860	295
f) Wegfall der Geschäftsgrundlage und bereicherungsrechtliche Rückabwicklung	861–862	296
2. Mangel des Gebrauchtfahrzeugs	863–877	296
3. Störungen vor Geschäftsabwicklung	878–897	300
a) Unmöglichkeit der Lieferung des Gebrauchtfahrzeugs	878–881	300
b) Verzug und Unmöglichkeit der Lieferung des Neufahrzeugs	882–886	301
c) Scheitern des Neuwagengeschäfts wegen Ablehnung der Käuferofferte und sonstige Abschlussprobleme	887–893	301
d) Widerruf des Verbrauchers	894–895	303
e) Erfüllungsverweigerung durch den Neufahrzeugkäufer	896–897	303
N. Garantien im Neuwagenhandel	898–938	305
I. Marktüberblick	898–902	305
II. Rechtliche Einordnung	903–904	305
III. Übernahme der Garantie	905–909	306
IV. Vertragsinhalt	910–917	307
V. Nebeneinander von Garantie und Sachmängelhaftung	918–930	308
VI. Rechtsverfolgung aus der Garantie	931–938	312
1. Vorgehensweise	931–934	312
2. Beweislast	935–937	313
3. Verjährung der Garantieansprüche	938	313
O. Kulanz beim Neuwagenkauf	939	314
P. Produkthaftung	940–1046	315
I. Gegenstand und Entwicklung der Produkthaftung	940–945	315
II. Die Haftung für fehlerhafte Produkte nach dem Produkthaftungsgesetz	946–981	317
1. Verschuldensunabhängige Haftung	946	317
2. Der nach dem Produkthaftungsgesetz haftende Personenkreis	947–950	317
3. Voraussetzungen der Haftung	951–956	318
4. Fehlerbegriff im Sinne des Produkthaftungsgesetzes	957–967	319
5. Haftungsausschlüsse und Haftungsbeschränkungen	968–970	321
6. Beweisführung und Beweislastverteilung	971–972	322
7. Mitverschulden	973–974	323
8. Gesamtschuldnerschaft	975–977	324
9. Verjährung	978–980	324
10. Erlöschen von Ansprüchen	981	325

Inhaltsverzeichnis

	Rn	Seite

III. Deliktische Produkthaftung 982–1046 326
  1. Nebeneinander von verschuldensunabhängiger und deliktischer Produkthaftung 982 326
  2. Die einzelnen Fehlerkategorien 983–992 326
    a) Konstruktionsfehler 984 326
    b) Fabrikationsfehler 985 328
    c) Instruktionsfehler 986–992 329
  3. Produktbeobachtungspflicht und Rückrufprobleme 993–1012 332
    a) Produktbeobachtung und Konsequenzen 994–1004 332
    b) Rückrufpflicht, Rückrufpraxis und Rückrufkosten 1005–1012 335
  4. Der aus deliktischer Produkthaftung verantwortliche Personenkreis 1013–1023 337
    a) Die Verantwortung des Endproduktherstellers 1014–1019 337
    b) Die Verantwortung des Zulieferers 1020 338
    c) Die Verantwortung von Importeuren und Vertriebsgesellschaften 1021–1022 338
    d) Die Verantwortung des Händlers 1023 340
  5. Geschützte Rechtsgüter, insbesondere der Schutz des Eigentums 1024–1031 341
    a) Der Tatbestand der Eigentumsverletzung (§ 823 Abs. 1 BGB) 1025 341
    b) Haftung für Schäden an der Kaufsache selbst („Weiterfressermangel") 1026–1031 342
      aa) Die Rechtsprechung des Bundesgerichtshofs 1027–1029 342
      bb) Die Rechtsprechung der Instanzgerichte (nur Kfz-Fälle) 1030 344
      cc) Stellungnahme 1031 347
  6. Beweisfragen 1032–1045 349
  7. Haftungsfreizeichnung 1046 355

Q. Der finanzierte Neufahrzeugkauf 1047–1125 356
  I. Marktsituation 1047 356
  II. Kreditaufnahme ohne Händlerbeteiligung 1048 356
  III. Zweckgebundene Drittfinanzierung (Verbundgeschäft) 1049–1125 357
    1. Verbundene Verträge 1051–1064 357
      a) Verbraucherdarlehensvertrag 1052–1056 357
      b) Mitverpflichtete Personen 1057 359
      c) Verbindung der Verträge zur wirtschaftlichen Einheit .. 1058–1064 360
    2. Schriftform, Angabeerfordernisse, Widerrufsbelehrung ... 1065–1079 362
      a) Schriftform 1066 362
      b) Angabeerfordernisse 1067 363
      c) Rechtsfolgen von Formmängeln 1068 364
      d) Widerrufsbelehrung 1069–1073 364
      e) Ausübung des Widerrufsrechts 1074 366
      f) Rückabwicklung nach Widerruf 1075–1079 366
    3. Nichtigkeit des Darlehensvertrages 1080 368
    4. Einwendungsdurchgriff 1081–1108 368
      a) Regelungsgehalt und Schutzzweck 1081–1089 368
      b) Nichtigkeit von Kauf- und Darlehensvertrag 1090–1091 370

	Rn	Seite
c) Nichtigkeit des Kaufvertrages	1092–1094	371
d) Lieferverzug und Nichtbelieferung	1095	372
e) Schadensersatz wegen Verzugs und Nichterfüllung	1096	372
f) Ansprüche des Käufers bei Sach- und Rechtsmängeln	1097–1108	374
aa) Nacherfüllung	1097–1099	374
bb) Rücktritt und großer Schadensersatz	1100–1106	374
cc) Minderung und kleiner Schadensersatz	1107	377
dd) Kein Rückforderungsdurchgriff gegen den Darlehensgeber	1108	377
5. Ratenzahlungsverzug	1109	378
6. Außerordentliche Kündigung	1110–1111	379
7. Rücknahme des Fahrzeugs	1112–1122	380
8. Verbundene Verträge ohne Verbraucherbeteiligung	1123–1125	383

Teil 2
An- und Verkauf gebrauchter Kraftfahrzeuge

	Rn	Seite
A. Das gebrauchte Kraftfahrzeug	1126–1130	387
I. Der Gebrauchtfahrzeugbegriff	1126	387
II. Marktüberblick	1127–1130	388
1. An- und Verkauf gebrauchter Pkw/Kombi	1127	388
2. An- und Verkauf gebrauchter Nutzfahrzeuge	1128	388
3. An- und Verkauf von Youngtimern und Oldtimern	1129	388
4. An- und Verkauf sonstiger Kraftfahrzeuge (Wohnmobile, Wohnwagen, Zweiräder u. a.)	1130	389
B. Das private Direktgeschäft	1131–1153	390
I. Der Vertragsschluss	1131–1136	390
1. Form des Vertrages	1132	390
2. Besichtigung und Probefahrt	1133	390
3. Haftung bei Unfällen während der Probefahrt	1134–1136	390
II. Die Pflichten des privaten Verkäufers	1137–1143	393
1. Übergabe	1137	393
2. Übereignung	1138	394
3. Aushändigung der Kfz-Papiere und sonstiger Dokumente	1139–1141	394
4. Die Pflicht des Privatverkäufers zur mangelfreien Lieferung	1142	396
5. Nebenpflichten	1143	396
III. Die Pflichten des privaten Käufers	1144–1153	397
1. Kaufpreiszahlung	1144–1146	397
2. Abnahme des Fahrzeugs	1147–1151	398
3. Überführungsfahrt	1152	399
4. Ummeldung/Kfz-Steuer/Haftpflichtversicherung	1153	399
C. Der Verbrauchsgüterkauf	1154–1202	401
I. Der Kaufvertrag zwischen einem Kfz-Händler und einem Verbraucher	1154–1201	401

Inhaltsverzeichnis

	Rn	Seite
1. Verbraucher und Unternehmer	1154–1162	401
a) Unternehmereigenschaft des Verkäufers	1155–1158	401
aa) Regelfälle	1155	401
bb) Rollenwechsel auf Verkäuferseite	1156–1158	402
(1) Unternehmer tritt als Privatverkäufer auf	1156	402
(2) Unternehmer verschleiert Eigengeschäft	1157–1158	402
b) Verbrauchereigenschaft des Käufers	1159–1162	404
aa) Allgemeines	1159	404
bb) Dual use	1160	404
cc) Beweislast	1161	405
dd) Rollenwechsel auf Käuferseite	1162	405
2. Die Allgemeinen Geschäftsbedingungen	1163–1200	406
a) Einbeziehung in den Kaufvertrag	1164	407
b) Der Vertragsabschluss	1165–1174	407
aa) Konventionelle Abschlusstechniken (offline)	1165–1173	407
(1) Annahmefrist und Bindung	1166–1167	407
(2) Abschlussmodalitäten	1168	409
(3) Sonderfall Direktbestätigung	1169	410
(4) Sonderfall konkludente Annahme	1170	410
(5) Darlegungs- und Beweislast	1171	411
(6) Pflicht zur Unterrichtung	1172	411
(7) Vertretungsfragen	1173	411
bb) Vertragsabschluss unter Einsatz von Fernkommunikationsmitteln	1174	412
c) Schriftformklauseln	1175	412
d) Zirkaklauseln	1176	413
e) Zahlung/Fälligkeit/Verzug/Aufrechnung	1177–1183	413
f) Lieferung und Lieferverzug	1184	414
g) Probe- und Testfahrt	1185	415
h) Übergabe und Abnahme	1186	416
i) Schadensersatz und Schadenspauschalierung	1187–1195	416
aa) Klauselpraxis	1187	416
bb) Inhaltskontrolle	1188–1190	416
cc) praktische Konsequenzen	1191	418
dd) Mitverschulden	1192	419
ee) Berechnung der Pauschale	1193	419
ff) Umsatzsteuer	1194	420
gg) Schadensberechnung ohne Pauschale	1195	420
j) Eigentumsvorbehalt	1196	422
k) Haftung für Sachmängel	1197	422
l) Freizeichnung von der Haftung auf Schadensersatz	1198	422
m) Schiedsstelle/Schiedsverfahren	1199	423
n) Gerichtsstand	1200	424
3. Finanzierter Kauf	1201	424
II. Der Kaufvertrag zwischen einem Unternehmer außerhalb der Kfz-Branche und einem Verbraucher	1202	424
D. An- und Verkäufe zwischen Unternehmern	1203	426

Inhaltsverzeichnis

	Rn	Seite
E. Verkauf Verbraucher an Unternehmer	1204–1214	427
I. Die Marktsituation	1204	427
II. Der Ankauf mit Schätzwert-Klausel	1205–1214	427
1. Inhalt und Auslegung von Schätzwert-Klauseln	1205	427
2. Sittenwidrigkeit	1206	428
3. Rechtsnatur der Schätzwertklausel	1207	428
4. Inhaltskontrolle gem. § 307 BGB	1208–1211	428
a) Zum Transparenzgebot	1209	428
b) Zum Neutralitätsaspekt	1210	429
c) Rechtsfolgen bei Unwirksamkeit der Schätzpreisklausel	1211	429
5. Unverbindlichkeit des Schätzwertes gem. § 319 BGB analog	1212	430
6. Irrtumsanfechtung	1213	430
7. Aufklärungsverschulden	1214	431
F. Das Vermittlungsgeschäft (Agenturgeschäft)	1215–1299	433
I. Die steuerrechtlichen Rahmenbedingungen	1215	433
II. Auswirkungen der Differenzbesteuerung auf den Handel mit Gebrauchtfahrzeugen	1216–1230	433
1. Die Marktsituation	1216	433
2. Vertragsrechtliche Konsequenzen	1217	434
3. Vermittelter Kauf und Verbraucherschutz	1218–1230	435
a) Ausgangslage	1218	435
b) Lösungsansätze ohne Rückgriff auf § 475 Abs. 1 S. 2 BGB	1219	436
c) Umgehungsschutz	1220–1230	437
aa) Kein generelles Verbot, aber auch keine uneingeschränkte Zulässigkeit	1220	437
bb) Umgehungstatbestand	1221	438
cc) Die Interessen der Beteiligten	1222–1224	439
(1) Das Interesse des Voreigentümers	1222	439
(2) Das Interesse des Vermittlers/Händlers	1223	439
(3) Das Interesse des Verbrauchers/Käufers	1224	440
dd) Umgehungsfälle	1225–1228	441
ee) Rechtsfolgen einer Umgehung	1229–1230	443
III. Die Rechtsbeziehung der am Agenturgeschäft Beteiligten zueinander	1231–1299	444
1. Die Voreigentümer-Unternehmer-Beziehung	1231–1265	444
a) Verdeckter Kaufvertrag, Kommission oder Vermittlungsvertrag	1232–1234	445
b) Rechte und Pflichten aus dem Vermittlungsvertrag	1235–1265	446
aa) Die Pflichten des Vermittlers	1235–1250	446
(1) Vorvertragliche Aufklärungs- und Beratungspflichten	1235–1236	446
(2) Pflicht zur Verkaufsvermittlung	1237–1239	447
(3) Obhuts- und Fürsorgepflichten	1240	449
(4) Pflichten bei Abschluss des Kaufvertrages	1241–1247	450
(5) Pflichten nach Abschluss des Kaufvertrages	1248–1250	454

XXIII

	Rn	Seite

bb) Die Pflichten des Auftraggebers 1251–1252 455
    (1) Die Pflicht zur Provisionszahlung 1251 455
    (2) Sonstige Pflichten des Auftraggebers 1252 455
cc) Kündigung des Vermittlungsvertrages 1253–1265 456
    (1) Kündigung durch Auftraggeber 1254 456
    (2) Kündigung durch Vermittler 1255–1258 457
    (3) Rechtsfolgen bei berechtigter Kündigung (Rückabwicklungsprobleme) 1259–1264 460
    (4) Rechtsfolgen bei unberechtigter Kündigung .. 1265 462
2. Die Unternehmer-Erwerber-Beziehung 1266–1293 462
  a) Die Eigenhaftung des Unternehmers aus Kaufvertrag .. 1266 462
  b) Die Eigenhaftung aus einem sonstigen Vertrag 1267–1269 464
  c) Die Vermittler-Eigenhaftung nach §§ 280 Abs. 1, 311 Abs. 3 BGB 1270–1290 466
    aa) besonderes Vertrauen und Sachwalterstellung 1271–1275 467
    bb) Eigenhaftung wegen wirtschaftlichen Eigeninteresses 1276 470
    cc) Haftungsbegründende Pflichtwidrigkeiten des Vermittlers 1277–1279 471
    dd) Haftungsbegründende Kausalität 1280 473
    ee) Vermögensschaden 1281 473
    ff) Ausschluss und Beschränkung der Eigenhaftung des Vermittlers 1282–1284 474
      (1) Keine Verdrängung durch die Sachmängelhaftung 1282 474
      (2) Auswirkung gesetzlicher Haftungsausschlüsse und -begrenzungen 1283 474
      (3) Auswirkung vertraglicher Haftungsbeschränkungen 1284 474
    gg) Rechtsfolgen der Eigenhaftung des Vermittlers ... 1285–1288 475
      (1) Die „große" Lösung (Rückabwicklung) 1286–1287 476
      (2) Die „kleine" Lösung (keine Rückabwicklung) 1288 478
    hh) Verjährung 1289 478
    ii) Prozessuale Durchsetzung 1290 479
  d) Eigenhaftung aus § 179 BGB 1291 480
  e) Vermittlerhaftung aus Delikt und Angestelltenhaftung . 1292 481
  f) Ansprüche des Vermittlers gegen den Käufer 1293 481
3. Die Voreigentümer-Erwerber-Beziehung 1294–1299 482
  a) Kaufvertrag kein Scheingeschäft 1295 483
  b) Vertretungsfragen 1296 483
  c) Weitere Zurechnungsfragen 1297 483
  d) Allgemeine Geschäftsbedingungen für den vermittelten Kauf 1298–1299 484
    aa) Heutige Situation 1298 484
    bb) AGB-Definition und Verwenderbegriff 1299 484

G. Gebrauchtfahrzeugversteigerungen 1300–1309 486
  I. Entwicklung 1300 486
  II. Wettbewerbsrecht 1301 486

Inhaltsverzeichnis

	Rn	Seite
III. Allgemeine zivilrechtliche Fragen	1302–1309	486
1. Vor-Ort-Auktionen	1302	486
2. Internetauktionen	1303–1308	487
a) Vertragsabschluss	1304	487
b) Widerrufsrecht	1305	488
c) Instanzgerichtliche Rechtsprechung zu Spezialfragen	1306	488
d) Sachmängelhaftung	1307	489
e) Haftungsfreizeichnung und Verjährung	1308	489
3. Versteigerung gepfändeter und beschlagnahmter Kraftfahrzeuge	1309	490
H. Die Haftung des Verkäufers eines Gebrauchtfahrzeugs für einen Sachmangel	1310–1608	491
I. Die Voraussetzungen der Sachmängelhaftung	1310–1356	491
1. Die Ausgangssituation nach der Schuldrechtsreform	1310	491
2. Die Beschaffenheitsvereinbarung	1311–1334	491
a) Begriff der Beschaffenheit	1312	491
b) Verbindliche Vereinbarung	1313–1318	492
c) Haftungsentlastende Beschaffenheitsvereinbarung oder (unzulässige) Haftungsbeschränkung?	1319–1334	493
aa) Ausgangslage und Problemstellung	1319–1327	493
bb) Fallgruppen	1328–1334	498
(1) Besicht- und Kenntnisklauseln	1329	498
(2) Verkäufe als „Bastlerfahrzeug", „Unfallwagen" ö. Ä.	1330	499
(3) Angaben mit Vorbehalten, Einschränkungen etc. („Wissensmitteilungen")	1331	501
(4) Negative Beschaffenheitsvereinbarungen	1332	501
(5) Zustands- und Befundberichte	1333	501
(5) Garantiezusagen, Garantieurkunden	1334	502
3. Beschaffenheit ohne Vereinbarung: Vertragsmäßigkeit nach objektiven Kriterien	1335–1340	502
a) Vertraglich vorausgesetzte Verwendung	1336	502
b) Gewöhnliche Verwendung, übliche und zu erwartende Beschaffenheit	1337–1340	503
4. Öffentliche Äußerungen des Verkäufers	1341–1343	505
5. Öffentliche Äußerungen des Herstellers oder seines „Gehilfen"	1344–1347	507
6. Kauf mit Montageverpflichtung/Montageanleitung	1348	509
7. Kauf mit sonstigen werkvertraglichen Elementen	1349–1355	509
a) Beseitigung vor Vertragsschluss aufgetretener Mängel	1350–1351	510
b) Umrüstungen, Nachrüstungen, Umbauten, Tuning	1352	512
c) Überprüfungen, Inspektionen, Beibringung von Prüfzertifikaten, Genehmigungen etc.	1353	512
d) Nachvertragliche Mängelbeseitigungsabreden vor Fahrzeugübergabe	1354	513
e) Nachvertragliche Mängelbeseitigungsabreden nach Übergabe	1355	513
8. Die Falschlieferung als Sachmangel	1356	514

Inhaltsverzeichnis

	Rn	Seite

II. Ergänzung und Erweiterung der Sachmängelhaftung
durch eine „Garantie" 1357–1365 515
   1. Vom alten zum neuen Recht 1357 515
   2. Das Verhältnis der einzelnen Garantieregelungen zueinander 1358–1360 516
   3. Auslegungshinweise und Abwägungskriterien 1361–1365 517
      a) Kurskorrektur 1362 517
      b) Kriterienkataloge 1363–1365 518

III. Einzelfälle von Sachmängeln 1366–1608 521
   1. Gang der Darstellung 1366 521
   2. Alphabetische Schnellübersicht 1367 521
   3. Einzelfälle 1368–1608 523
      a) Alter/Baujahr/Erstzulassung 1368–1380 523
         aa) Allgemeines 1368–1370 523
         bb) Verkauf mit Angaben zum Alter/Baujahr/
             Erstzulassung 1371–1378 524
             (1) Baujahrinformationen 1372–1373 525
             (2) Informationen über die Erstzulassung 1374–1378 526
         cc) Verkauf ohne (Beschaffenheits-)Angaben zum
             Alter/Baujahr/Erstzulassung 1379–1380 528
      b) Austauschmotor/Tauschmotor/generalüberholter
         Motor/überholter Motor 1381–1403 530
         aa) Fallgruppe „Verkauf mit Motor-Angaben" 1382–1402 530
         bb) Fallgruppe „Verkauf ohne Motor-Angaben" 1403 536
      c) Betriebserlaubnis/Zulassungs- und Benutzungs-
         hindernisse 1404–1415 537
      d) Fahrbereitschaft/Betriebsbereitschaft/Einsatzfähigkeit/
         Verkehrssicherheit/Betriebssicherheit 1416–1423 542
         aa) Fahrbereitschaft 1416–1419 542
         bb) Einsatz- und Zulassungsfähigkeit 1420–1422 544
         cc) Betriebs- und Verkehrssicherheit 1423 545
      e) Dienstwagen/Direktionswagen/Geschäftswagen/
         Vorführwagen 1424 546
      f) Garagenwagen/garagengepflegt 1425 547
      g) Garantieschutz/Versicherungsschutz 1426–1428 547
      h) Höchstgeschwindigkeit 1429 549
      i) Hubraum/kW/PS 1430 550
      j) Jahreswagen/Halbjahreswagen 1431–1435 551
         aa) Ausgangslage 1431 551
         bb) Mängelhaftung 1432–1435 552
      k) Kilometerleistung/km-Stand/Tachoangaben 1436–1472 554
         aa) Lebenssachverhalte und Fallgruppen 1436–1437 554
         bb) Kauf mit „km-Angaben" 1438–1465 555
             (1) Händlerverkauf an Privat 1438–1457 555
             (2) Kauf mit „km-Angaben" von Privat
                 (privates Direktgeschäft) 1458–1463 562
             (3) Privatverkauf an Händler 1464 565
             (4) Nutzfahrzeugverkauf 1465 565
         cc) Verkauf ohne Beschaffenheitsangaben 1466–1471 565
         dd) Sonderfall Meilentacho 1472 568

	Rn	Seite
l) Kraftstoffverbrauch/Kraftstoffart/Ölverbrauch	1473–1477	569
m) Mängelfreiheit/ohne Mängel/Mängelunkenntnis	1478	571
n) Neu, fast neu, neuwertig, erneuert o. Ä.	1479	572
o) Rostfreiheit/frei von Durchrostung/Korrosionsschäden	1480–1489	573
aa) Beschaffenheitsvereinbarung/Beschaffenheitsgarantie	1481	573
bb) Mangelhaftigkeit nach objektiven Kriterien	1482–1489	574
p) Schadstoffarmut/Steuerklasse/AU	1490	578
q) Scheckheftgepflegt/werkstattgepflegt	1491–1496	579
r) Serienmäßigkeit/Typengerechtigkeit	1497–1506	581
aa) Lebenssachverhalt und Ausgangslage	1497	581
bb) Rechtsprechung	1498–1500	581
cc) Geklärte und ungeklärte Fragen	1501–1505	583
(1) Verkauf durch Privat	1502	584
(2) Händler-Händler-Geschäft	1503	584
(3) Verkauf von Nutzfahrzeugen, Wohnmobilen und Motorrädern	1504	584
(4) Pkw-Kauf vom Händler durch Privat	1505	584
dd) Stellungnahme	1506	584
s) Sonderausstattung (Zubehör)	1507	586
t) Technische Mängel	1508–1541	587
aa) Ausgangslage	1508–1510	587
(1) Begriff und Erscheinungsformen von Verschleiß	1509	587
(2) kaufrechtliche Abgrenzung	1510	587
bb) Einzelfälle aus der Rechtsprechung	1511–1514	588
cc) Leitlinien der Rechtsprechung unter besonderer Berücksichtigung von Verschleiß und Alterung	1515	592
dd) Offene Fragen	1516	593
ee) Die Ermittlung der Sollbeschaffenheit speziell in Verschleiß- und Alterungsfällen	1517–1541	594
(1) Erster Prüfschritt	1517–1520	594
(2) Zweiter Prüfschritt	1521–1534	595
(3) Praktische Konsequenzen	1535–1541	600
u) TÜV-Abnahme/TÜV-Plakette/TÜV-Bericht (Hauptuntersuchung nach § 29 StVZO)	1542–1548	604
aa) Ausgangslage	1542	604
bb) Fallgruppen	1543–1548	604
(1) Verkauf durch Kfz-Händler	1543–1546	604
(2) Privates Direktgeschäft	1547	608
(3) Sonstige Kaufverträge	1548	610
v) Unfallfreiheit/Unfallschaden	1549–1593	610
aa) Lebenssachverhalte und Fallgruppen	1549	610
bb) Verkauf mit Unfallinformationen	1550–1575	611
(1) Fallgruppe: Kfz-Handel/Verbraucherverträge	1550–1569	611
(2) Fallgruppe Privatverkauf	1570–1571	617
(3) Fallgruppe „mehr ist nicht dran"	1572–1575	619
cc) Verkauf ohne Beschaffenheitsangaben zum Unfall-Thema	1576–1593	622
(1) Aufklärung und Mangel	1577	622

Inhaltsverzeichnis

		Rn	Seite
(2)	Gewöhnliche Verwendung, übliche und zu erwartende Beschaffenheit	1578	623
(3)	Einzelfragen zur Mangelhaftigkeit nach objektiven Gesichtspunkten	1579–1593	623

- w) Vorbenutzung (Mietwagen, Taxi, Fahrschulwagen u. a.) ... 1594–1598 ... 630
  - aa) Marktverhältnisse ... 1594 ... 630
  - bb) Markteinschätzungen ... 1595 ... 630
  - cc) Merkantiler Minderwert ... 1596 ... 631
  - dd) Prüfraster im konkreten Fall und Kasuistik ... 1597–1598 ... 631
    - (1) Verkauf mit Angaben zur Vorbenutzung ... 1597 ... 631
    - (2) Verkauf ohne Angaben zur Vorbenutzung ... 1598 ... 632
- x) Vorbesitzer/Vorhalter/Ersthandfahrzeug/Zweithandfahrzeug ... 1599–1601 ... 634
  - aa) Ausgangslage und Begriffliches ... 1599 ... 634
  - bb) Käufervorstellungen und -erwartungen ... 1600 ... 634
  - cc) Mängelhaftung ... 1601 ... 635
- y) Werkstattgeprüft/Verkauf mit Expertise/Vertrauenssiegel ... 1602–1605 ... 636
  - aa) werkstattgeprüft ... 1602 ... 636
  - bb) Verkauf mit Expertise, Prüfbericht, Werkstattrechnung o. Ä. ... 1603 ... 638
  - cc) ZDK-Vertrauenssiegel/Zeichen „Meisterbetrieb der Kfz-Innung" ... 1604–1605 ... 639
    - (1) Ausgangslage ... 1604 ... 639
    - (2) Vertragsrechtliche Bedeutung ... 1605 ... 640
- z) Zustand: gut, einwandfrei, gründlich überholt, restauriert etc. ... 1606–1608 ... 640

I. Der Beweis des Sachmangels ... 1609–1680 ... 644

- I. Die Annahme stellt die Weiche ... 1609 ... 644
- II. Annahme als Erfüllung ... 1610 ... 644
- III. Darlegung und Beweis der Soll-Beschaffenheit ... 1611–1616 ... 644
  - 1. Die Vermutung der Vollständigkeit und Richtigkeit der Vertragsurkunde ... 1612–1616 ... 645
    - b) Vollständigkeits- und Negativklauseln ... 1613 ... 646
    - c) Schriftformklauseln ... 1614 ... 647
    - d) Schriftliche Erklärungen außerhalb der Kaufvertragsurkunde ... 1615 ... 648
    - e) Vertretungsfragen ... 1616 ... 649
- IV. Darlegung und Beweis der Ist-Beschaffenheit ... 1617–1669 ... 649
  - 1. Die Zeitpunktfrage ... 1617–1625 ... 649
  - 2. Darlegungsfragen ... 1626 ... 651
  - 3. Die Beweislastumkehr beim Verbrauchsgüterkauf ... 1627–1669 ... 652
    - a) Regelungskonzept des § 476 BGB ... 1627–1632 ... 652
    - b) persönlicher Anwendungsbereich des § 476 BGB ... 1633 ... 654
    - c) sachlicher Anwendungsbereich des § 476 BGB ... 1634 ... 655
    - d) Dem Verbraucher verbleibende Beweisführungspflichten ... 1635–1637 ... 655
      - aa) Zum Nachweis der Vertragswidrigkeit ... 1636 ... 655

	Rn	Seite
bb) Sichzeigen innerhalb der Sechsmonatsfrist	1637	656
e) Die Unvereinbarkeit der Vermutung	1638–1642	657
aa) Unvereinbarkeit mit der Art der Sache	1639–1640	657
bb) Unvereinbarkeit mit der Art des Mangels	1641–1642	659
f) Widerlegung der Beweisvermutung (Gegenteilsbeweis)	1643	660
g) Beweisvereitelung durch den Käufer	1644	661
h) Praktische Handhabung der Beweislastumkehr nach Fallgruppen	1645–1667	662
aa) Die „klassischen" Gebrauchtwagenmängel	1645	662
bb) Äußere Beschädigungen	1646–1650	662
cc) Technische Defekte, insbesondere Motor- und Getriebeschäden	1651–1667	664
(1) Die Ursache als Mangel?	1654	665
(2) Ursachenmehrheit	1655–1661	665
(3) Verschleiß und Alterung	1662–1666	668
(4) Unvereinbarkeit der Beweisvermutung bei technischen Mängeln	1667	670
h) Weitere Fragen zur Beweislastumkehr	1668–1669	671
aa) Auswirkung des § 476 BGB im Rückforderungsprozess	1668	671
bb) Auswirkungen der Nacherfüllung auf die Sechsmonatsfrist	1669	671
V. Das selbstständige Beweisverfahren	1670–1680	672
1. Zulässigkeitsvoraussetzungen	1670–1680	672
bb) Der Inhalt des Beweisantrags	1671–1678	673
cc) Kosten des selbstständigen Beweisverfahrens	1679	675
dd) Streitwert des selbstständigen Beweisverfahrens	1680	676
J. Die Rechtsbehelfe des Käufers eines gebrauchten Kraftfahrzeugs bei einem Sachmangel	1681–1901	678
I. Überblick	1681	678
II. Nacherfüllung	1682–1724	678
1. Ersatzlieferung (Nachlieferung)	1683–1693	679
a) Ersatzlieferung bei Mangelhaftigkeit nach § 434 Abs. 1 BGB	1684–1691	679
b) Sonderfall Aliudlieferung	1692	682
c) Teil-Nachlieferung/mangelhafte Nebensache	1693	682
2. Nachbesserung (Mängelbeseitigung)	1694–1724	682
a) Ausschluss der Nachbesserung bei qualitativer Unmöglichkeit	1695–1705	683
aa) Objektive Unbehebbarkeit	1695–1703	683
bb) Verweigerungsfälle	1704	685
cc) Mischfälle	1705	685
b) Faktische Unmöglichkeit	1706	685
c) Verweigerung der Mängelbeseitigung aus Kostengründen	1707	686
d) Abwicklungsmodalitäten der Nachbesserung	1708–1713	687
aa) Geltendmachen des Anspruchs	1708	687
bb) Erfüllungsort	1709	688

Inhaltsverzeichnis

	Rn	Seite
cc) Art der Nachbesserung	1710–1712	688
dd) Abzug „neu für alt" und Wertausgleich	1713	689
e) Nachbesserungsanspruch und vertragliche Garantie	1714–1721	689
f) Verjährung bei Einbauteilen	1722	691
g) Störfälle im Rahmen der Nachbesserung	1723	691
h) Kosten der Nachbesserung	1724	691
III. Rücktritt	1725–1762	691
1. Bedeutung des Rücktritts für den Käufer eines gebrauchten Kraftfahrzeugs	1725–1726	691
2. Unerheblichkeit der Pflichtverletzung als Ausschlussgrund	1727–1730	692
a) Behebbare und unbehebbare Mängel	1728–1730	692
aa) Behebbarer Mangel	1729	692
bb) Unbehebbarer Mangel	1730	693
3. Ausschluss des Rücktritts aus sonstigen Gründen	1731	694
4. Erfolgloser Ablauf einer angemessenen Frist zur Nachbesserung	1732–1734	694
5. Ausnahmen vom Erfordernis der Fristsetzung	1735–1743	695
a) Fehlschlagen der Nachbesserung	1736	696
b) Unzumutbarkeit der Nachbesserung	1737–1743	696
6. Das Rückgewährschuldverhältnis	1744–1762	698
a) Ersatz von Verwendungen	1745–1748	698
aa) Kasuistik „notwendige Verwendungen" beim Gebrauchtwagenkauf	1746–1747	699
bb) Kasuistik „nicht notwendige Verwendungen"	1748	700
b) Ersatz von „Vertragskosten"	1749	700
c) Nutzungsersatz (Vergütung für Gebrauchsvorteile)	1750–1762	700
aa) Berechnungsfragen	1751–1761	700
(1) Berechnungsformel	1753	701
(2) Formelwert „Kaufpreis"	1754	701
(3) Formelwert „voraussichtliche Restlaufleistung"	1755–1758	702
(4) Formelwert „tatsächliche Fahrstrecke"	1759	704
(5) Sonderfahrzeuge	1760	704
(6) Sonderfall „Tachomanipulation"	1761	705
bb) Weitere Einzelfragen	1762	706
IV. Minderung	1763–1768	706
1. Berechnungsfragen	1764–1767	706
a) Wert des Fahrzeugs im mangelfreien Zustand	1765	707
b) Wert mit Mangel	1766	707
c) Sonderfall Mehrheit von Mängeln	1767	708
2. Sonstige Fragen zur Minderung	1768	709
V. Schadensersatzansprüche des Käufers bei einem Sachmangel	1769–1882	709
1. Überblick	1769–1774	709
2. Schadensersatz statt der Leistung nach §§ 437 Nr. 3, 311 a Abs. 2 BGB	1775–1800	711
a) Tatbestandsvoraussetzungen	1775	711
b) Darlegungs- und Beweislast des Käufers	1776	711
c) Der Entlastungsbeweis nach § 311 a Abs. 2 BGB	1777–1779	712
aa) Gesetzliche Vermutung und Beweislastumkehr	1777–1779	712

	Rn	Seite
a) Positive Kenntnis	1780	713
b) Kennenmüssen (fahrlässige Unkenntnis)	1781–1799	714
bb) Haftungsverschärfung durch Garantieübernahme	1790–1791	716
cc) Haftungsmilderung	1792	717
dd) Konsequenzen für die Praxis in Gebrauchtwagenstreitigkeiten	1793–1799	717
d) Weitere Rechtsbehelfe	1800	719
3. Schadensersatz statt der Leistung nach §§ 437 Nr. 3, 280 Abs. 1, 3, 283 BGB	1801–1802	719
4. Schadensersatz statt der Leistung nach §§ 437 Nr. 3, 280 Abs. 1, 3, 281 Abs. 1 BGB	1803–1813	721
a) Anwendungsbereich	1803	721
b) Darlegungs- und Beweislast des Käufers	1804–1806	721
c) Der Entlastungsbeweis beim Anspruch auf Schadensersatz statt der Leistung nach §§ 437 Nr. 3, 280 Abs. 1, 3, 281 Abs. 1 BGB	1807–1813	722
aa) Verschuldensvermutung und Beweislastumkehr	1807–1812	722
bb) Haftungsverschärfung bei Garantieübernahme	1813	723
5. Der Anspruch des Käufers auf Schadensersatz „neben" der Leistung (§§ 437 Nr. 3, 280 Abs. 1 BGB)	1814–1827	723
a) Anwendungsbereich	1814–1815	723
b) Der Entlastungsbeweis beim Anspruch auf Schadensersatz „neben" der Leistung (§§ 437 Nr. 3, 280 Abs. 1 BGB)	1816–1827	724
aa) Bezugspunkt des Vertretenmüssens	1817	724
bb) Haftungsmaßstab und Einzelfragen	1818–1827	725
6. Inhalt und Umfang der einzelnen Schadensersatzansprüche des Käufers	1828–1882	727
a) Inhalt des Anspruchs auf Schadensersatz statt der Leistung (§§ 437 Nr. 3, 280 Abs. 3, 281, 283, 311a Abs. 2 BGB)	1829–1882	728
aa) Die Wahl zwischen dem kleinen und dem großen Schadensersatz	1829–1832	728
bb) Der kleine Schadensersatz statt der Leistung (Bemessungsfragen)	1833–1860	729
(1) Ausgangspunkt	1833	729
(2) Berechnungsbeispiele kleiner Schadensersatz	1834–1835	730
(3) Einzelfragen	1836–1838	731
(4) Nutzungsausfallschäden	1839–1859	732
(5) Weitere Schadenspositionen	1860	738
cc) Der große Schadensersatz statt der Leistung (Bemessungsfragen)	1861–1876	738
(1) Kaufpreisrückzahlung	1862	739
(2) Verzinsung	1863	739
(3) Rückübertragung von Besitz und Eigentum	1864	739
(4) Aufwendungsersatz	1865	740
(5) Entgangener Gewinn	1866	740
(6) Nutzungsausfall	1867–1872	740
(7) Gebrauchsvorteile des Käufers (Nutzungsvergütung)	1873–1876	742

	Rn	Seite
dd) Ausschluss des Anspruchs auf großen Schadensersatz (ohne Freizeichnung)	1877–1880	743
(1) Ausschluss wegen Unerheblichkeit der Pflichtverletzung	1877	743
(2) Ausschluss wegen Beseitigung des Mangels?	1878	743
(3) Rechtslage bei Untergang, Verschlechterung, Veräußerung u. a.	1879	744
(4) Ausschluss nach § 242 BGB (Verzicht, Verwirkung)	1880	744
ee) Mitverschulden des Käufers	1881	745
ff) Gerichtsstand für die Schadensersatzklage	1882	746
VI. Ersatz vergeblicher Aufwendungen nach § 284 BGB	1883–1896	747
1. Überblick	1883	747
2. Rücktritt und Aufwendungsersatz	1884	747
3. Schadensersatz und Aufwendungsersatz	1885	747
4. Bedeutung des § 284 BGB für den Fahrzeugkauf	1886–1889	748
a) Neuwagenkauf	1886	748
b) Gebrauchtfahrzeugkauf	1887	748
c) Reaktionen der Rechtsprechung	1889	748
5. Anspruchsvoraussetzungen und Einzelpositionen	1890–1896	748
a) Gleichlauf mit den übrigen Sekundärrechtsbehelfen und Vertretenmüssen	1890	748
b) Vergebliche Aufwendungen	1891	749
c) Einzelpositionen	1892–1893	749
d) Verzinsung von Aufwendungen	1894	751
e) Anspruchskürzung wegen Nutzung der Investitionen	1895–1896	751
VII. Die Ansprüche auf Schadensersatz statt der Leistung/Aufwendungsersatz in ihrem Verhältnis zum Rücktritt und zu anderen Rechtsbehelfen	1897–1901	752
1. Rücktritt und Schadensersatz	1898–1900	752
2. Vertraglicher Schadensersatz, Rücktritt und Anfechtung	1901	753
K. Die Untersuchungspflicht des Verkäufers eines gebrauchten Kraftfahrzeugs	1902–1931	755
I. Terminologie und Problemaufriss	1902	755
II. Die Rechtsprechung	1903–1910	755
1. Entwicklungslinien	1903	755
2. Die BGH-Entscheidung vom 16. 3. 1977, NJW 1977, 1055	1904	756
3. Die weitere Spruchpraxis des BGH	1905–1910	757
III. Stellungnahme	1911–1919	759
1. Thematische Eingrenzung und Kritik	1911–1914	759
2. Gründe für eine allgemeine Untersuchungspflicht des Kfz-Händlers	1915–1919	761
a) Die Fehleranfälligkeit gebrauchter Kraftfahrzeuge	1915	761
b) Selbstbindung durch Selbstdarstellung	1916	762
c) Risikobeherrschung und Kostenabwälzung	1917	763
d) Verkehrserwartung (Berufsvertrauensschutz)	1918	763
e) Gesamteinschätzung	1919	764

	Rn	Seite
IV. Inhalt und Umfang der Untersuchungspflicht	1920–1928	765
1. Richtschnur	1920	765
2. Einzelheiten zur Untersuchungspflicht	1921–1928	765
V. Möglichkeiten der Befreiung von der Untersuchungspflicht	1929	768
VI. Rechtsfolgen einer Untersuchungspflichtverletzung	1930–1931	769
L. Ausschluss der Sachmängelhaftung nach § 442 BGB	1932–1943	771
I. Kenntnis des Käufers vom Mangel	1933–1936	771
1. Zeitpunkt der Kenntnis	1934	771
2. Positive Kenntnis des Käufers	1935	771
3. Darlegungs- und Beweislast	1936	772
II. Grob fahrlässige Unkenntnis	1937–1943	772
1. Allgemeines	1937	772
2. Der private Käufer	1938–1940	773
a) Prüfansätze	1939	773
b) Einzelfälle	1940	773
3. Der Händler als Käufer bzw. Inzahlungnehmer	1941	774
4. Darlegungs- und Beweislast	1942	775
5. § 442 BGB als Spezialregelung	1943	775
M. Untersuchungs- und Rügeobliegenheiten beim Handelskauf	1944–1950	776
I. Anwendungsbereich des § 377 HGB	1944	776
II. Der maßgebliche Zeitpunkt	1945	776
III. Einzelfragen zur Untersuchungs- und Rügeobliegenheit	1946–1950	777
1. Unterscheidung zwischen neuen und gebrauchten Kraftfahrzeugen	1947	777
2. Neuwagenhandel	1948	777
3. Gebrauchtwagenhandel	1949	778
4. Darlegungs- und Beweislast	1950	778
N. Vertragliche Beschränkung der Sachmängelhaftung	1951–1991	779
I. Die Ausgangslage nach der Schuldrechtsreform	1951	779
II. Der Verbrauchsgüterkauf	1952–1991	779
1. Kfz-Betrieb an Verbraucher	1952–1953	779
b) Sonstige Unternehmer an Verbraucher	1953	780
2. Unternehmer-Nichtverbraucher-Geschäfte	1954–1968	780
a) Individualvertragliche Haftungsbeschränkungen	1955	780
b) Formularmäßige Freizeichnungen	1956–1968	781
aa) Auslegungsfragen	1957–1964	782
(1) Nutzfahrzeug	1958	782
(2) Art des Sachmangels	1959–1962	782
(3) Haftungsausschluss und Beschaffenheitsgarantie	1963	784
(4) Sonstige Auslegungsfragen	1964	785
bb) Inhaltskontrolle	1965–1968	786
3. Der vermittelte Privatverkauf	1969	787
4. Das private Direktgeschäft	1970–1982	788
a) Haftungsfreizeichnungen durch Individualvereinbarung	1970–1976	788

		Rn	Seite
aa) Erscheinungsformen		1971	788
bb) Auslegungsfragen		1972–1976	788
(1) Umfassender Gewährleistungsausschluss		1972	788
(2) Kein umfassender Gewährleistungsausschluss		1973	789
(3) Sonderfälle		1974–1976	789
b) Formularmäßige Freizeichnungen		1977–1982	790
5. Haftungsfreizeichnungen bei Inzahlunggabe an Unternehmer		1983	792
6. Formularmäßige Freizeichnung in Sonderfällen		1984	792
7. Konkludente Beschränkungen der Sachmängelhaftung		1985	793
8. Ausschluss der Sachmängelhaftung und Käuferkette		1986–1989	794
a) Ergänzende Vertragsauslegung		1987	795
b) § 285 BGB		1988	796
c) Drittschadensliquidation		1989	796
9. Ausschluss der Sachmängelhaftung und Verkäuferarglist		1990	797
10. Ausschluss der Sachmängelhaftung und Abnahmeverpflichtung		1991	798
O. Verjährung der Sachmängelansprüche		**1992–2036**	**799**
I. Überblick		1992–1994	799
II. Die Verjährungsregelung beim Neuwagenkauf		1995–1999	800
III. Die Verjährungsregelung beim Gebrauchtwagenkauf		2000–2009	801
1. Verkürzung der Zweijahresfrist auf ein Jahr		2000–2004	801
a) Grundsätzliche Zulässigkeit		2000	801
b) Klauselbeispiele		2001	802
c) Inhaltskontrolle		2002–2003	802
d) Unwirksamkeit der Verjährungsverkürzung in den Fällen des § 444 BGB		2004	803
2. Fristbeginn mit Ablieferung		2005–2009	803
IV. Sonderregelung bei arglistiger Täuschung		2010–2016	805
1. Überblick		2010	805
2. Verjährungsbeginn im Arglistfall		2011–2015	805
a) Anspruchsentstehung		2012	805
b) Kenntnis des Käufers		2013	806
c) Grob fahrlässige Unkenntnis		2014	807
d) Darlegungs- und Beweislast		2015	807
3. Höchstfrist		2016	807
V. Übergangsregelung		2017	807
VI. Hemmung der Verjährung		2018–2033	808
1. Prinzip und Wirkungsweise		2018–2022	808
a) Grundsatz der Einzelbetrachtung		2018	808
b) Ablaufhemmung		2019	808
c) Erstreckung nach § 213 BGB		2020–2021	808
d) Darlegungs- und Beweislast		2022	810
2. Verjährungshemmung infolge von Verhandlungen		2023–2028	810
a) Beginn der Hemmung		2024–2025	810
b) Ende der Hemmung bei Verhandlungen		2026–2028	812
aa) Beendigungsakte auf Verkäuferseite		2027	812
bb) Verhaltensweisen auf Käuferseite		2028	813

	Rn	Seite
3. Sonderfall Neuwagen: Verjährungshemmung durch Verhandlungen mit einem Dritthändler	2029	813
4. Hemmung durch Rechtsverfolgung	2030–2032	814
a) Selbstständiges Beweisverfahren	2030	814
b) Begutachtungsverfahren	2031	815
c) Streitverkündung	2032	815
5. Höhere Gewalt	2033	815
VII. Neubeginn der Verjährung und Nacherfüllung	2034–2035	815
1. Nachbesserungsarbeiten	2034	815
2. Ersatzlieferung	2035	816
VIII. Rechtsmissbräuchliche Berufung auf die Einrede der Verjährung	2036	817

P. Beschaffenheits- und Haltbarkeitsgarantien i. S. v. § 443 Abs. 1 BGB beim Gebrauchtwagenkauf ... 2037–2068   818

	Rn	Seite
I. Marktüberblick	2037	818
II. Erscheinungsformen im professionellen Handel	2038–2068	818
1. Die individuelle Händlergarantie	2039–2045	819
a) rechtliche Einordnung	2040	819
b) Darlegungs- und Beweislast	2041–2042	820
c) Leistungsausschlüsse	2043	821
d) Abwicklungsfragen	2044	822
e) Verjährung	2045	823
2. System-Garantien	2046–2068	824
a) Konstellationen	2047	825
b) Erläuterung der einzelnen Modelle	2048	825
c) Zivilrechtliche Probleme	2049–2068	826
aa) Konfliktfelder	2049	826
bb) Kauf mit oder ohne „Garantie"?	2050	826
cc) Zustandekommen des Garantievertrages	2051	826
dd) Einbeziehung der Garantiebedingungen	2052	826
ee) Inhalt und Umfang der Garantie	2053–2060	827
(1) Zuständigkeit und Passivlegitimation	2054	827
(2) Leistungsumfang und Leistungsbegrenzung	2055–2060	828
ff) Verzug des Garantiegebers	2061	830
gg) Garantie, Sachmängelhaftung und Reparaturauftrag	2062–2066	830
(1) Rechtslage bei Ablehnung der Garantieübernahme	2063	831
(2) Unterbliebene oder verspätete Aushändigung der Garantiebedingungen durch den Händler	2064	831
(3) Unterbliebene bzw. verspätete Meldung des Schadensfalls	2065	831
(4) Werkstattarbeiten vor Reparaturfreigabe	2066	832
hh) Prozessuales	2067	832
ii) Wettbewerbsrecht	2068	832

Inhaltsverzeichnis

	Rn	Seite
Q. Arglistige Täuschung beim Verkauf gebrauchter Kraftfahrzeuge	2069–2142	834
I. Überblick	2069	834
II. Kurskorrektur	2070	834
III. Arglistiges Verschweigen eines Sachmangels	2071–2100	835
1. Der objektive Tatbestand	2071–2076	835
a) Das Verschweigen eines Sachmangels	2071	835
b) Darlegungs- und Beweislast beim objektiven Tatbestand	2072–2076	836
2. Der subjektive Tatbestand	2077–2082	838
3. Täuschung und Kausalität	2083	841
4. Sonderprobleme bei einer Mehrheit von Personen auf Verkäuferseite	2084	841
5. Personenmehrheit auf der Käuferseite	2085	842
6. Wissenszurechnung bei juristischen Personen	2086	842
7. Wissenszurechnung bei Personengesellschaften	2087–2091	843
a) Rechtsprechung zur GmbH Co. KG	2087	843
b) Stellungnahme	2088–2090	845
c) OHG und KG	2091	848
8. Zurechnung von Wissen unterhalb der Ebene der Geschäftsleitung	2092–2099	848
a) Die Verkaufsabteilung	2093	848
b) Die Einkaufsabteilung	2094	849
c) Kontrolle, Bewertung und Aufbereitung	2095	850
d) Werkstattwissen aus früheren Reparaturen o. ä.	2096–2099	850
9. Zurechnung von Wissen betriebsfremder Personen	2100	853
IV. Die Arglisthaftung des Gebrauchtfahrzeugverkäufers in der Rechtsprechung des BGH	2101	853
V. Grundfälle der arglistigen Täuschung	2102–2142	855
1. Verschweigen von Unfallschäden und Vorspiegeln von Unfallfreiheit	2102–2131	855
a) Der unbekannte Unfall und die Untersuchungspflicht des Händlers	2103	855
b) Der nur vermutete Unfall und der Arglistnachweis bei Verschweigen von Verdachtsmomenten	2104–2105	855
c) Unfallfreiheit „ins Blaue hinein" versichert	2106–2114	857
d) Teilinformationen und Bagatellisierung	2115–2125	859
e) Der nach wirtschaftlichem Totalschaden ganz oder teilweise wieder aufgebaute Unfallwagen	2126–2130	864
(1) Der im eigenen Betrieb oder auf eigene Rechnung wiederaufgebaute Unfallwagen	2127	865
(2) Wiederaufbau in Fremdbetrieb	2128	866
(3) Der nicht oder nur provisorisch instandgesetzte Unfallwagen	2129	866
(4) Wirtschaftlicher Totalschaden und Aufklärungspflicht	2130	867
f) Der in Zahlung genommene Unfallwagen	2131	868
2. Verschweigen sonstiger Mängel und Vorspiegeln sonstiger Eigenschaften	2132–2142	869

		Rn	Seite
	a) Karosseriebeschädigungen ohne „Unfall" (Nachlackierung u. a.)	2132–2134	869
	b) Motorschäden	2135	871
	c) Gesamtlaufleistung/Tachostand	2136	872
	d) Kaschierungsfälle	2137	872
	e) Alter/Baujahr/Vorbesitzer	2138	872
	f) Import/Re-Import-Fahrzeuge	2139	873
	g) Katalysator/Schadstoffarmut/Steuervergünstigungen	2140	874
	h) Weitere Fälle der Offenbarungspflichtverletzung	2141	874
	i) Die subjektive Tatseite	2142	875
R.	**Das Verhältnis der Sachmängelrechte zu anderen Rechtsbehelfen des Käufers**	**2143–2240**	**877**
	I. Nichtigkeit nach §§ 134, 138 BGB	2144	877
	II. Irrtumsanfechtung	2145–2149	878
	1. Konkurrenzfragen	2145–2147	878
	a) Irrtumsanfechtung durch den Verkäufer	2146	879
	b) Irrtumsanfechtung durch den Käufer	2147	879
	2. Anfechtungserklärung und Anfechtungsfrist	2148	881
	3. Rückabwicklung	2149	882
	III. Arglistanfechtung	2150–2216	882
	1. Anfechtungserklärung	2151	883
	2. Anfechtungsfrist	2152	884
	3. Ausschluss des Anfechtungsrechts	2153	884
	4. Darlegungs- und Beweisfragen zum Anfechtungsgrund	2154	885
	5. Rechtsfolgen der Arglistanfechtung	2155–2216	887
	a) Anspruchskonkurrenz und praktisches Vorgehen bei der Fallbearbeitung	2188	888
	b) Bereicherungsansprüche des Käufers	2189–2193	889
	aa) Rückzahlung des Kaufpreises und Herausgabe seines Ersatzes (Altwagen)	2189	889
	bb) Zinsen und Kapitalnutzung	2190–2192	890
	cc) Aufwendungen und Verwendungen	2193	891
	c) Gegenansprüche des Verkäufers	2194–2205	893
	aa) Rückgabe des Fahrzeugs	2194–2200	893
	bb) Nutzungsvergütung	2201–2205	896
	(1) Grundsätzliches	2201	896
	(2) Abwicklungstechnisches und Prozessuales	2202	897
	(3) Berechnungsfragen	2203–2204	897
	(4) Darlegungs- und Beweislast	2205	899
	d) Abwicklungsrechtliche Sonderprobleme	2206–2216	899
	aa) Fallgruppe: Das Fahrzeug ist noch vorhanden, aber zerstört oder beschädigt.	2206–2213	899
	bb) Fallgruppe: Unmöglichkeit der Fahrzeugherausgabe infolge Weiterveräußerung	2214–2215	903
	cc) Fallgruppe: Beschädigung, Verlust oder Weiterveräußerung des Fahrzeugs vor vollständiger Kaufpreiszahlung	2216	904

Inhaltsverzeichnis

	Rn	Seite
IV. Verschulden bei Vertragsschluss	2217–2226	905
1. Einzelfälle	2218–2220	905
a) Neuwagenkauf	2218	905
b) Gebrauchtwagenkauf	2219–2220	906
3. Sonderfall vorsätzliche Fehlinformation	2221	906
4. Sonderfall Beratung	2222	907
5. Rechtsfolge	2223	907
6. Darlegungs- und Beweislast	2224	908
7. Verjährung	2225	908
8. Freizeichnung	2226	908
V. Haftung wegen Nebenpflichtverletzungen, Mangelfolge- und Begleitschäden	2227–2233	908
1. Allgemeines	2227	908
2. Haftungsfreizeichnung	2233	910
VI. Fehlen und Wegfall der Geschäftsgrundlage	2234	911
VII. Die deliktische Haftung des Verkäufers eines gebrauchten Fahrzeugs	2235–2240	911
1. Anwendungsbereiche der Deliktshaftung	2235	911
2. Schaden als Haftungsvoraussetzung	2236	912
3. Der Umfang des Schadens	2237–2239	913
4. Sonderfälle: Reifenschäden	2240	915
S. Die Rechtsmängelhaftung des Fahrzeugverkäufers	2241	916
T. Der Erwerb gebrauchter Kraftfahrzeuge vom Nichtberechtigten	2242–2290	918
I. Voraussetzungen für den Erwerb kraft guten Glaubens	2242–2275	918
1. Ausgangslage	2242	918
2. Grundsätze der Rechtsprechung für den Gebrauchtfahrzeugkauf	2243	918
3. Die Rechtsscheinbasis	2244–2249	919
a) Zur Legitimationswirkung des Fahrzeugbesitzes	2244–2246	919
aa) Daten und Fakten	2245	920
bb) Schlussfolgerungen	2246	921
b) Die Bedeutung des Fahrzeugbriefes für den Gutglaubenserwerb	2247–2249	921
4. Die subjektiven Voraussetzungen (guter Glaube)	2250–2272	923
a) Der Regelfall grober Fahrlässigkeit: Nichtvorlage des Original-Fahrzeugbriefes	2250–2252	923
b) Bösgläubigkeit trotz Vorlage und Prüfung des Fahrzeugbriefes	2253–2270	925
aa) Privatmann kauft vom Kfz-Händler	2254–2257	926
bb) Geschäft zwischen Kfz-Händlern	2258–2261	928
cc) Kfz-Händler erwirbt von Privatperson	2262	930
dd) Kfz-Händler erwirbt von Unternehmen außerhalb der Kfz-Branche	2263	930
ee) Das private Direktgeschäft	2264	931
ff) Erwerb von und über Leasinggesellschaften	2265	931
gg) Fälle mit Auslandsberührung	2266–2270	931

	Rn	Seite
c) Einschaltung von Hilfspersonen auf Erwerberseite	2271	933
d) Einschaltung von Hilfspersonen auf Veräußererseite	2272	933
5. Verkauf unter fremdem Namen	2273	934
6. Die Sonderfälle des § 935 BGB	2274	935
7. Guter Glaube an die fehlende Anfechtbarkeit des Vorerwerbs	2275	936
II. Rechtsfolgen und Haftungsfragen beim Erwerb vom Nichtberechtigten	2276–2290	936
1. Ansprüche des gutgläubigen Erwerbers	2276	936
2. Ansprüche des früheren Eigentümers gegen den gutgläubigen Erwerber	2277	937
3. Weitere Ansprüche des früheren Eigentümers	2278–2280	937
a) Anspruchsgrundlagen	2278	937
b) Beweislastfragen	2279	939
c) Der Einwand fehlender Kausalität	2280	939
4. Ansprüche des Käufers in den Fällen des § 935 BGB	2281–2289	940
a) Schadensersatz	2281–2287	940
b) Rücktritt	2288	941
c) Haftungsausschlüsse	2289	942
5. Ansprüche des Eigentümers gegen den Käufer eines gestohlenen Fahrzeugs	2290	942

Teil 3
Autoleasing

		Rn	Seite
A.	**Marktsituation**	L1	945
B.	**Grundstruktur des Kraftfahrzeugleasingvertrages**	L2–L55	948
	I. Rechtsnatur und typologische Einordnung	L2–L11	948
	II. Erlasskonforme Vertragsmodelle	L12–L15	950
	1. Leasingvertrag mit Andienungsrecht des Leasinggebers	L13	951
	2. Vertrag mit Aufteilung des Mehrerlöses	L14	951
	3. Kündbarer Vertrag mit Schlusszahlung	L15	951
	III. Leasingvertrag mit Kilometerabrechnung	L16	952
	IV. Transparente Vertragsgestaltung	L17–L23	953
	V. Steuerliche Aspekte	L24–L46	956
	1. Bilanzierung	L25–L26	956
	2. Betriebsausgaben	L27	957
	3. Umsatzsteuer	L28–L40	957
	4. Gewerbesteuer	L41–L43	959
	5. Betriebliche und private Nutzung/Mitbenutzung von Leasingfahrzeugen	L44–L46	960
	VI. Wirtschaftliches Eigentum	L47–L49	961
	VII. Typologische Einordnung des Kfz-Finanzierungsleasingvertrages	L50–L55	962
	1. Charakteristische Vertragsgestaltung	L50–L52	962
	2. Rechtliche Qualifizierung	L53–L55	963

Inhaltsverzeichnis

	Rn	Seite
C. Verlagerung der Sach- und Preisgefahr auf den Leasingnehmer	L56–L63	965
D. Haftung für Sach- und Rechtsmängel	L64–L120	969
I. Eigenhaftung des Leasinggebers	L64–L66	969
II. Ausschluss der mietrechtlichen Eigenhaftung gegen Einräumung der Mängelrechte aus dem Kaufvertrag	L67–L71	969
III. Ersetzung der Gebrauchsverschaffungspflicht durch Übertragung des Anspruchs aus § 433 Abs. 1 S. 1 BGB?	L72–L74	971
IV. Abtretungs- oder Ermächtigungskonstruktion?	L75–L120	972
1. Uneingeschränkte Übertragung der Mängelrechte und unbedingte Zurechnung der Folgen	L82–L87	974
2. Grenzen der Freizeichnung	L88–L114	975
a) Leerlaufende Abtretung in einem Unternehmer-Leasingvertrag über ein Gebrauchtfahrzeug	L91	976
b) Ausschluss des Ersatzlieferungsanspruchs in einem Unternehmer-Leasingvertrag	L92–L98	977
c) Abtretungskonstruktion in einem Verbraucher-Leasingvertrag	L99–L114	978
3. Rechtsfolgen einer unwirksamen Abtretungskonstruktion	L115–L120	982
E. Kfz-Leasing und Verbraucherschutz	L121–L135	985
I. Regelungen zum Schutz des Verbraucher-Leasingnehmers und mithaftender Verbraucher	L121–L126	985
II. Leasing und Fernabsatz	L127	987
III. Übernahme einer Leasing-Bürgschaft in einer Haustürsituation	L128	987
IV. AGB in Verbraucher-Leasingverträgen	L129–L132	988
V. Anwendung der §§ 358, 359 BGB auf Kfz-Leasingverträge	L133–L135	988
F. Leasingtypische Regelungen	L136–L145	991
I. Instandhaltungs- und Instandsetzungspflicht	L136–L137	991
1. Netto-Leasingverträge	L136	991
2. Brutto-Leasingverträge	L137	991
II. Versicherung des Leasingfahrzeugs	L138–L143	991
III. Obhuts- und Verhaltenspflichten	L144	993
IV. Halter des Leasingfahrzeugs	L145	993
G. Sittenwidrigkeit eines Kfz-Leasingvertrages	L146–L156	994
H. Preisangaben und Werbung	L157–L165	998
I. Preisangaben	L157–L161	998
II. Gewährung von Nachlässen und Zugaben	L162–L163	999
III. Irreführende Werbung	L164–L165	999
I. Auswirkungen der Insolvenz auf den Leasingvertrag	L166–L184	1000
I. Insolvenz des Leasingnehmers	L166–L170	1000

	Rn	Seite
II. Insolvenz des Leasinggebers	L171–L177	1001
1. Insolvenzfeste Verträge i. S. v. § 108 Abs. 1 S. 2 InsO	L172–L173	1001
2. Nicht insolvenzfeste Verträge	L174–L177	1002
III. Insolvenz des Lieferanten	L178–L184	1003

J. Vertragsdurchführung ... L185–L654 1004

	Rn	Seite
I. Abschluss des Leasingvertrages	L185	1004
II. Schriftform für Kfz-Leasingverträge mit Verbrauchern	L186–L196	1004
III. Widerruf bei Verbraucher-Leasingverträgen	L197–L206	1007
1. Nicht verbundene Leasingverträge	L197–L199	1007
2. Widerrufsdurchgriff bei verbundenen Verträgen	L200–L202	1007
3. Rückabwicklung nach Widerruf	L203–L206	1008
IV. Angebot und Annahme	L207–L210	1009
V. Funktion und Rechtsstellung des Lieferanten bei den Vertragsverhandlungen	L211–L235	1010
1. Lieferant als Erfüllungsgehilfe des Leasinggebers	L211–L219	1010
2. Haftung des Leasinggebers für ein Fehlverhalten des Lieferanten	L220–L225	1013
3. Anfechtung	L226–L228	1014
4. Haftung im Rechtsverhältnis zwischen Leasinggeber und Lieferant	L229	1015
5. Eigenhaftung des Lieferanten gegenüber dem Leasingnehmer	L230–L232	1015
6. Haftung des Leasinggebers gegenüber der refinanzierenden Bank	L233–L235	1016
VI. Abschluss des Kaufvertrages und Verknüpfung mit dem Leasingvertrag	L236–L243	1016
VII. Auslieferung und Übernahme des Fahrzeugs	L244–L272	1019
1. Untersuchungs-/Rügepflicht und Abnahmeverweigerung	L252–L258	1021
2. Gutgläubiger Erwerb	L259–L260	1023
3. Übernahmebestätigung	L261–L272	1023
VIII. Unmöglichkeit	L273–L279	1026
IX. Verzug	L280–L286	1028
X. Leasingentgelt	L287–L314	1029
1. Zahlungsort, Fälligkeit und Verzug	L291–L297	1030
2. Leasingsonderzahlung	L298–L305	1031
3. Änderungen des Leasingentgelts	L306–L314	1033
a) Änderung der Anschaffungskosten	L308–L310	1033
b) Änderung der Geldmarktverhältnisse und Refinanzierungskonditionen	L311–L312	1034
c) Änderung der Steuern, Abgaben und Kosten für Nebenleistungen	L313–L314	1035
XI. Absicherung der Ansprüche aus dem Leasingvertrag	L315–L320	1035
XII. Auswirkungen der Sachmängelhaftung auf den Leasingvertrag	L321–L391	1037
1. Kein Leistungsverweigerungsrecht des Leasingnehmers im Stadium der Nacherfüllung	L321–L327	1037
2. Nacherfüllung	L328–L344	1039

Inhaltsverzeichnis

	Rn	Seite
a) Leasing-AGB	L328–L333	1039
b) Ersatzlieferung	L334–L340	1040
c) Wertersatz für die Nutzung des mangelhaften Fahrzeugs	L341–L344	1042
3. Rücktritt vom Kaufvertrag	L345–L391	1044
a) Außergerichtliche und prozessuale Vorgehensweise	L345–L363	1044
b) Einbehalt der Leasingraten	L364–L370	1048
c) Rückwirkender Wegfall des Leasingvertrages	L371–L374	1050
d) Geltendmachung der Rückabwicklung des Leasingvertrages durch den Leasingnehmer	L375–L378	1051
e) Rückabwicklung des Leasingvertrages nach Rücktritts- oder Bereicherungsrecht?	L379	1053
f) Rückzahlung des Leasingentgelts	L380–L384	1053
g) Herausgabe des Leasingfahrzeugs	L385–L388	1054
h) Nutzungsvergütung	L389–L391	1055
XIII. Minderung	L392–L400	1056
XIV. Schadensersatzansprüche	L401–L408	1058
XV. Übernahme des Insolvenzrisikos durch den Leasinggeber	L409–L411	1060
XVI. Unfall	L412–L484	1061
1. Mitwirkendes Verschulden des Leasingnehmers	L412–L415	1061
2. Verhaltenspflichten des Leasingnehmers	L416–L423	1062
3. Anspruchsübersicht	L424–L433	1064
4. Geltendmachung des Schadens	L434–L436	1065
5. Teilschadensfall	L437–L453	1066
a) Reparatur und Reparaturkostenersatz	L437–L443	1066
b) Wertminderung	L444–L448	1068
c) Sonstige Ansprüche	L449–L453	1068
6. Totalschaden und erhebliche Beschädigung	L454–L484	1069
a) Beendigung des Leasingvertrages	L454–L455	1069
b) 130%-Opfergrenze für Leasingfahrzeuge	L456–L458	1070
c) Unechter Totalschaden	L459	1071
d) Vertragsabrechnung	L460–L463	1071
e) Fälligkeit der Ausgleichszahlung des Leasingnehmers	L464–L468	1072
f) Ansprüche gegen den ersatzpflichtigen Schädiger und dessen Versicherer	L469–L478	1073
g) Ansprüche gegen den Kaskoversicherer	L479–L484	1075
XVII. Entwendung des Fahrzeugs	L485–L490	1077
XVIII. Reguläre Vertragsbeendigung	L491–L582	1079
1. Beendigung durch Zeitablauf oder Kündigung	L491–L492	1079
2. Herausgabe des Fahrzeugs	L493–L496	1079
3. Sicherstellung des Fahrzeugs durch den Leasinggeber	L497–L499	1080
4. Einstweilige Verfügung auf Herausgabe des Leasingfahrzeugs	L500–L501	1081
5. Unmöglichkeit der Herausgabe	L502	1082
6. Wegfall der Rückgabepflicht	L503–L506	1082
7. Verstoß des Leasingnehmers gegen die Rückgabepflicht	L507–L513	1084
8. Rückgabeprotokoll	L514–L515	1086
9. Begutachtung	L516–L521	1087
10. Zustandsklausel	L522–L524	1089

	Rn	Seite

11. Fahrzeugbewertung und Zustandsbeurteilung L525–L532 1090
12. Minderwertausgleich L533–L537 1092
13. Verwertung L538–L557 1093
14. Vertragsabrechnung L558–L573 1100
    a) Leasingverträge mit Kilometerabrechnung L558–L564 1100
    b) Leasingverträge mit offenem Restwert L565–L568 1101
    c) Kfz- Leasingverträge mit Andienungsrecht L569–L573 1102
15. Fahrzeugrückkauf durch den Lieferanten L574–L582 1104

XIX. Vorzeitige Vertragsbeendigung L583–L654 1107
  1. Außerordentliche Vertragskündigung des Leasingnehmers . L584–L590 1107
    a) Störung des Gebrauchs durch den Leasinggeber L585–L586 1108
    b) Tod des Leasingnehmers L587–L588 1108
    c) Wegfall des Interesses L589–L590 1109
  2. Außerordentliche Vertragskündigung des Leasinggebers .. L591–L608 1110
    a) Vertragswidriger Gebrauch und Vertragsverletzungen .. L592–L596 1110
    b) Erhebliche Vermögensverschlechterung L597–L599 1111
    c) Zahlungsverzug L600–L608 1112
        aa) Kündigung des Leasingvertrages mit einem Nichtverbraucher L600–L603 1112
        bb) Kündigung des Verbraucher-Leasingvertrages L604–L608 1112
  3. Vorübergehende Inbesitznahme des Fahrzeugs ohne Kündigung L609–L610 1114
  4. Herausgabe des Fahrzeugs L611 1114
  5. Ersatz des Kündigungsschadens L612–L632 1115
    a) Pauschalierte Schadensberechnung L614 1115
    b) Konkrete Schadensberechnung L615–L619 1116
    c) Abzinsung L620–L628 1118
        aa) Abzinsung der Leasingraten L625 1119
        bb) Abzinsung des Restwertes L626 1119
        cc) Zinsstaffelmethode für Verbraucher-Leasingverträge L627–L628 1119
    d) Abzug der ersparten Kosten L629–L632 1120
  6. Verwertung des Fahrzeugs L633–L637 1122
  7. Abrechnung L638–L647 1122
  8. Leasingvertrag mit Kilometerabrechnung L648–L654 1124

K. Verjährung L655–L662 1127
  I. Sach- und Rechtsmängelansprüche L655 1127
  II. Leasingentgelt L656 1127
  III. Ausgleichsanspruch/Kündigungsschaden L657–L659 1127
  IV. Ausgleich der Mehr- und Minderkilometer L660 1128
  V. Herausgabeanspruch L661 1128
  VI. Aufwendungsersatz und Anspruch auf Gestattung der Wegnahme L662 1128

Inhaltsverzeichnis

	Rn	Seite

Anlagen

1. **Allgemeine Geschäftsbedingungen für den Verkauf von fabrikneuen Kraftfahrzeugen und Anhängern (NWVB)** 1129

2. **Allgemeine Geschäftsbedingungen für den Verkauf gebrauchter Kraftfahrzeuge und Anhänger (GWVB)** 1133

3. **Allgemeine Geschäftsbedingungen für das Leasing von Neufahrzeugen zur privaten Nutzung** 1137

4. **Leasingerlass des Bundesministers der Finanzen vom 22.12.1975 – IVB2 – S** 1145

Stichwortverzeichnis Autokauf 1147

Stichwortverzeichnis Autoleasing 1155

Schrifttumsverzeichnis

Ammenwerth/Grützner/ Janzen	Umsatzsteuer im Kfz-Gewerbe, 7. Aufl. 2008
AnwK-BGB, Dauner-Lieb/ Heidel/Lepa/Ring	Schuldrecht, 2001
AnwK-BGB, Dauner-Lieb/ Heidel/Ring	Schuldrecht, Band 2, Teilband 1, 2005
Bachmeier	Rechtshandbuch Autokauf, 2008
Bamberger/Roth	Bürgerliches Gesetzbuch, 2. Aufl. 2008
Baumgärtel	Handbuch der Beweislast im Privatrecht, Bd. 1, 3. Aufl. 2007
Baumgärtel	Beweislastpraxis im Privatrecht, 1996
Breidenbach	Die Voraussetzungen von Informationspflichten beim Vertragsschluss, 1989
Bülow	Verbraucherkreditrecht, 4. Aufl. 2003
Canaris	Schuldrechtsmodernisierung 2002, Materialien, Texte, Dokumente, 2002
Creutzig	Recht des Autokaufs, 4. Aufl. 1999
Creutzig	EG-Gruppenfreistellungsverordnung (GVO) für den Kraftfahrzeugsektor, 2003
Dauner-Lieb/Konzen/ K. Schmidt	Das neue Schuldrecht in der Praxis, 2003
Eckert/Maifeld/Matthiessen	Handbuch des Kaufrechts, 2007
Eggert/Reinking/Hörl	Haftung beim Gebrauchtwagenhandel, 2. Aufl. 1989
Erman	Handkommentar zum Bürgerlichen Gesetzbuch, 12. Aufl. 2008
Ernsthaler/Funk/Stopper	Handbuch des Automobilvertriebsrechts, 2003
Ernst/Zimmermann	Zivilrechtswissenschaft und Schuldrechtsreform, 2001
Flume	Eigenschaftsirrtum und Kauf, 1948
Geigel	Der Haftpflichtprozess, 25. Aufl. 2008
Godefroid	Verbraucherkreditverträge, 3. Aufl. 2008
Grundmann/Bianca	EU-Kaufrechts-Richtlinie, 2002
Grunewald	Die Grenzziehung zwischen der Rechts- und Sachmängelhaftung beim Kauf, 1980
Grunewald	Kaufrecht, 2006
Gsell	Substanzverletzung und Herstellung, 2003
Haas/Medicus/Rolland/ Schäfer/Wendtland	Das neue Schuldrecht, 2002
Henssler/ Graf von Westphalen	Praxis der Schuldrechtsreform, 2. Aufl. 2003
Hentschel/König/Dauer	Straßenverkehrsrecht, 39. Aufl. 2007
Himmelreich/Andreae/ Teigelack	Autokaufrecht, 3. Aufl. 2006
Hoeren/Martinek	Systematischer Kommentar zum Kaufrecht, 2002
Huber/Faust	Schuldrechtsmodernisierung, 2002
Jauernig	BGB, 12. Aufl. 2007

Schrifttumsverzeichnis

Katzenmeier	Vertragliche und deliktische Haftung in ihrem Zusammenspiel, dargestellt am Problem der weiterfressenden Mängel, 1994
Kandler	Kauf und Nacherfüllung, 2004
Knöpfle	Der Fehler beim Kauf, 1989
Lennartz	Rechtliche Strukturen des Gebrauchtwagengeschäfts, 2003
Löwe/Graf von Westphalen/ Trinkner	Kommentar zum Gesetz zur Regelung des Rechts der Allgemeinen Geschäftsbedingungen, 2. Aufl. 1983
Lorenz/Riehm	Lehrbuch zum neuen Schuldrecht, 2002
Mansel/Budzikiewicz	Das neue Verjährungsrecht, 2002
Medicus	Bürgerliches Recht, 21. Aufl. 2007
	Schuldrecht II, BT, 14. Aufl. 2007
Merrath/Jansen	Die Gewährleistungsansprüche beim Kauf eines neuen und gebrauchten Fahrzeuges vom Kfz-Händler, 2006
Münchener Kommentar	Bürgerliches Gesetzbuch, Band 3, Besonderes Schuldrecht Teil 1, 5. Aufl. 2008
Münstermann/Hannes	Verbraucherkreditgesetz, 1991
Oechsler	Schuldrecht, Besonderer Teil, Vertragsrecht, 2003
Otting/Schmidt	Praxishandbuch Autokaufrecht von A-Z, 2003
Palandt	Bürgerliches Gesetzbuch, 67. Aufl. 2008
Prütting/Wegen/Weinreich,	BGB, 3. Aufl. 2008
Rehm	Aufklärungspflichten im Vertragsrecht, 2003
Reinicke/Tiedtke	Kaufrecht, 7. Aufl. 2004
Reinking/Kessler/Sprenger	Autoleasing und Autofinanzierung, 4. Aufl. 2007
Reinking/Schmidt/Woyte	Die Autoreparatur, 2. Aufl. 2005
Repgen	Kein Abschied von der Privatautonomie, 2001
Rettenbeck	Rückrufpflicht in der Produkthaftung, 1994
Schermaier	Verbraucherkauf in Europa, 2003
Schmidt-Räntsch	Das neue Schuldrecht, 2001
Schulze/Dörner u. a.	BGB, Handkommentar, 5. Aufl. 2006
Schürholz	Die Nacherfüllung im neuen Kaufrecht, 2004
Seibert	Verbraucherkreditgesetz, 1991
Soergel	Bürgerliches Gesetzbuch, 12. Aufl. 1991 ff., 13. Aufl. 2002 ff.
Staudinger	Kommentar zum BGB, Buch 2, Recht der Schuldverhältnisse (Kaufrecht und Leasingrecht), 2007
Stiefel/Hofmann	Kraftfahrtversicherung, 17. Aufl. 2000
Stöber	Beschaffenheitsgarantien des Verkäufers, 2005
Tempe/Syderhelm	Materielles Recht im Zivilprozess, 4. Aufl. 2005
Thomas/Putzo	Zivilprozessordnung, 29. Aufl. 2008
Ulmer/Brandner/Hensen/ Schmidt	AGB-Gesetz, 10. Aufl. 2006
Vollert	Nachwirkungen des Kraftfahrzeugkaufes, 1984
Vortmann	Verbraucherkreditgesetz, 1991
Westermann	Das Schuldrecht 2002, 2002
Westphalen Graf von	Vertragsrecht und AGB Klauselwerke, 1996 ff.
Wietoska	Die Verwendung von gebrauchten Ersatzteilen, 2003
Wolf/Horn/Lindacher	AGB-Gesetz, 4. Aufl. 1999
Zöller	Zivilprozessordnung, 26. Aufl. 2007

Abkürzungsverzeichnis

a. A.	anderer Ansicht
a. a. O.	am angegebenen Ort
ABE	Allgemeine Betriebserlaubnis
ABlEG	Amtsblatt EG
Abs.	Absatz
Abschn.	Abschnitt
AbzG	Abzahlungsgesetz
AcP	Archiv für civilistische Praxis (Band und Seite)
ADAC	Allgemeiner Deutscher Automobilclub
a. F.	alte Fassung
AG	Amtsgericht
AGB	Allgemeine Geschäftsbedingungen
AGBG	Gesetz zur Regelung des Rechts der Allgemeinen Geschäftsbedingungen
AH	Autohaus (Jahr und Seite)
AKB	Allgemeine Bedingungen für die Kraftfahrtversicherung
Anm.	Anmerkung
AnwBl.	Anwaltsblatt (Jahr und Seite)
Art.	Artikel
ASR	Auto, Steuer und Recht (Jahr und Seite)
ATM	Austauschmotor
Az.	Aktenzeichen
BAG	Bundesarbeitsgericht
BAnz.	Bundesanzeiger
BB	Betriebsberater (Jahr und Seite)
Bd.	Band
BeckRS	Becksche Rechtssammlung (online)
Bekl.	Beklagter
BFH	Bundesfinanzhof
BGB	Bürgerliches Gesetzbuch
BGBl.	Bundesgesetzblatt
BGH	Bundesgerichtshof
BGHR	Rechtsprechung des Bundesgerichtshofs
BGHZ	Entscheidungen des Bundesgerichtshofs in Zivilsachen (Band und Seite)
BStBl.	Bundessteuerblatt
BT-Drucks.	Bundestagsdrucksache
DAR	Deutsches Autorecht (Jahr und Seite)
DAT	Deutsche Automobil Treuhand G. m. b.H
DB	Der Betrieb (Jahr und Seite)
DEKRA	Deutscher Kraftfahrzeugüberwachungsverein e. V.
DGVZ	Deutsche Gerichtsvollzieherzeitung (Jahr und Seite)
Diss.	Dissertation
DiskE	Diskussionsentwurf
DR	Deutsches Recht (Jahr und Seite)
EBE	Eildienst bundesgerichtlicher Entscheidungen (Jahr und Seite)
EU	Europäische Union
EuGH	Europäischer Gerichtshof

Abkürzungsverzeichnis

EuZW	Europäische Zeitung für Wirtschaftsrecht (Jahr und Seite)
EWiR	Entscheidungen zum Wirtschaftsrecht
FG	Finanzgericht
FLF	Finanzierung, Leasing, Factoring (Jahr und Seite)
Fn.	Fußnote
FS	Festschrift
FZV	Fahrzeug-Zulassungsverordnung
GPSG	Geräte- und Produktsicherheitsgesetz
GVO	Gruppenfreistellungsverordnung
GW	Gebrauchtwagen
GWP	Gebrauchtwagen Praxis (Jahr und Seite)
GWVB	Gebrauchtwagenverkaufsbedingungen
HGB	Handelsgesetzbuch
HRR	Höchstrichterliche Rechtsprechung (Jahr und Nummer)
i. d. F. v.	in der Fassung vom
i. d. R.	in der Regel
i. E.	im Ergebnis
i. S. d.	im Sinne des
JA	Juristische Arbeitsblätter (Jahr und Seite)
JMBl. NRW	Justizministerialblatt Nordrhein-Westfalen
JR	Juristische Rundschau (Jahr und Seite)
Jura	Juristische Ausbildung (Jahr und Seite)
JuS	Juristische Schulung (Jahr und Seite)
JW	Juristische Wochenschrift (Jahr und Seite)
JZ	Juristen Zeitung (Jahr und Seite)
KG	Kammergericht
Kl.	Kläger
LG	Landgericht
LM	Nachschlagewerk des Bundesgerichtshofs in Zivilsachen, herausgegeben von *Lindenmaier* und *Möhring*
LZ	Leipziger Zeitung
MDR	Monatsschrift für Deutsches Recht (Jahr und Seite)
MK	Münchener Kommentar
m. w. N.	mit weiteren Nachweisen
NdsRpfl.	Niedersächsische Rechtspflege (Jahr und Seite)
NJOZ	Neue Juristische Online-Zeitschrift (Jahr und Seite)
NJW	Neue Juristische Wochenschrift (Jahr und Seite)
NJW-RR	Neue Juristische Wochenschrift – Rechtsprechungsreport (Jahr und Seite)
Nr.	Nummer
NStZ	Neue Zeitschrift für Strafrecht (Jahr und Seite)
n. v.	nicht veröffentlicht
NWVB	Allgemeine Geschäftsbedingungen für den Verkauf von fabrikneuen Kraftfahrzeugen und Anhängern
NZV	Neue Zeitschrift für Verkehrsrecht (Jahr und Seite)
OFD	Oberfinanzdirektion
OGH	Oberster Gerichtshof (Österreich)
OLG	Oberlandesgericht
OLGE	Rechtsprechung der Oberlandesgerichte auf dem Gebiet des Zivilrechts (Band und Seite)
OLGR	OLG Report (Jahr und Seite)

Abkürzungsverzeichnis

OLGZ	Entscheidungen der Oberlandesgerichte in Zivilsachen (Jahr und Seite)
PAngVO	Preisangaben-Verordnung
Pkw-EnVKV	Energieverbrauchs-Kennzeichnungs-Verordnung
ProdHaftG	Produkthaftungsgesetz
ProdSG	Produktsicherheitsgesetz
PVR	Praxis Verkehrsrecht (Jahr und Seite)
pVV/pFV	positive Forderungsverletzung
RdK	Das Recht des Kraftfahrers (Jahr und Seite)
RG	Reichsgericht
RGZ	Entscheidungen des Reichsgerichts in Zivilsachen (Band und Seite)
Rn	Randnummer
r + s	Recht und Schaden (Jahr und Seite)
Rspr.	Rechtsprechung
S.	Seite, Satz
SchlAnz.	Schleswig-Holsteinische Anzeigen (Jahr und Seite)
SP	Schaden-Praxis (Jahr und Seite)
StGB	Strafgesetzbuch
StVG	Straßenverkehrsgesetz
StVZO	Straßenverkehrszulassungsordnung
SVR	Straßenverkehrsrecht (Jahr und Seite)
TÜV	Technischer Überwachungsverein
UKlaG	Unterlassungsklagegesetz
UR	Umsatzsteuer-Rundschau (Jahr und Seite)
Urt.	Urteil
UStG	Umsatzsteuergesetz
UWG	Gesetz gegen den unlauteren Wettbewerb
VA	Verkehrsrecht aktuell (Jahr und Seite)
VerbrGKR	Verbrauchsgüterkauf, Richtlinie 1999/44 EG vom 25. 5. 1999
VerbrKrG	Verbraucherkreditgesetz
VersR	Versicherungsrecht (Jahr und Seite)
vgl.	vergleiche
VGT	Verkehrsgerichtstag (Jahr und Seite)
VkBl.	Verkehrsblatt (Jahr und Seite)
VRR	Verkehrsrechtsreport (Jahr und Seite)
VRS	Verkehrsrecht-Sammlung (Band und Seite)
VuR	Verbraucher und Recht (Jahr und Seite)
VVG	Gesetz über den Versicherungsvertrag
WIB	Wirtschaftsrechtliche Beratung
WM	Wertpapiermitteilungen (Jahr und Seite)
WRP	Wettbewerb in Recht und Praxis (Jahr und Seite)
ZAP	Zeitschrift für die Anwaltspraxis (Fach und Seite)
ZBB	Zeitschrift für Bankrecht und Bankwirtschaft
ZDK	Zentralverband Deutsches Kraftfahrzeuggewerbe e. V.
ZfS	Zeitschrift für Schadensrecht (Jahr und Seite)
ZGS	Zeitschrift für das gesamte Schuldrecht (Jahr und Seite)
ZHR	Zeitschrift für das gesamte Handelsrecht und Wirtschaftsrecht (Jahr und Seite)
Ziff.	Ziffer
ZIP	Zeitschrift für Wirtschaftsrecht und Insolvenzrecht (Jahr und Seite)
ZPO	Zivilprozessordnung
ZRP	Zeitschrift für Rechtspolitik (Jahr und Seite)

Abkürzungsverzeichnis

ZS Zivilsenat
ZVR Zeitschrift für Verkehrsrecht (Jahr und Seite)

Teil 1
Der Verkauf neuer Kraftfahrzeuge

A. Das Neufahrzeug

Fabrikneu – neu – neuwertig – gebraucht – schrottreif: Mit diesen Begriffen und meist auch in dieser Abstufung pflegt man den Lebenszyklus von Kraftfahrzeugen zu beschreiben. Die juristische Sprachregelung ist nicht einheitlich. Sie variiert je nach rechtlicher Ordnungsaufgabe. Mit dem allgemeinen Sprachgebrauch stimmt sie ohnehin nicht überein. 1

Kaufrechtlich steht die Eigenschaft „fabrikneu" **im Zentrum des Interesses**, jedenfalls soweit es um Verträge mit Endabnehmern geht. Verglichen mit dem Merkmal „neu" ist „fabrikneu" enger. Ein als „neu" oder als „Neuwagen" bezeichnetes Fahrzeug muss nicht unbedingt die vielfältigen Kriterien der Fabrikneuheit erfüllen (näher Rn 238 ff.), während umgekehrt Fabrikneuheit die Eigenschaft „neu" voraussetzt.[1] Zum Sonderfall der „Tageszulassung" s. Rn 316 ff.

B. Der Kaufvertrag

I. Abschlussfragen

1. Kaufantrag und Bindung

Ein Kaufvertrag über ein Neufahrzeug kann zwar **auch mündlich** geschlossen werden. Es entspricht aber allgemeiner, durch das Internet nicht in Frage gestellter Übung, Kaufverträge über Neufahrzeuge **schriftlich** abzufassen und dabei Formularverträge zu verwenden. 2

Nachdem der BGH[1] die vom Automobilhandel jahrelang verwendete **allgemeine Schriftformklausel** („sämtliche Vereinbarungen sind schriftlich niederzulegen") für unwirksam erklärt hat, haben sich die verantwortlichen Verbände entschlossen, eine solche Schriftformklausel nicht mehr zu empfehlen. Verzichtet hat man auch auf die vorübergehend empfohlene Klausel „mündliche Nebenabreden bestehen nicht". Nur punktuell sehen die aktuellen Neuwagenverkaufsbedingungen (NWVB) – zu ihrer Einbeziehung Rn 27 – Schriftlichkeit vor. Darauf wird im jeweiligen Kontext eingegangen. Im Übrigen wird auf Rn 1614 verwiesen. 3

a) Formularvertragliche Abschlusstechnik

Mit der Unterzeichnung des Bestellscheins („Bestellung für neue Kraftfahrzeuge ...") gibt der Kaufinteressent ein auf den Abschluss des Kaufvertrages an den Händler gerichtetes Angebot ab. Vom seltenen Fall der Direktannahme (unter Anwesenden) abgesehen, handelt es sich um einen **Antrag unter Abwesenden** nach § 147 Abs. 2 BGB.[2] 4

---

[1] BGH 26.3.1997, NZV 1997, 306; OLG Schleswig 21.7.1999, OLGR 1999, 412; a.A. OLG Koblenz 23.7.1998, DAR 1999, 262.
[1] Urt. v. 27.9.2000, NJW 2001, 292 = DAR 2001, 64 ff.
[2] BGH 30.5.1968, WM 1968, 1103, 1105; BGH 15.10.2003, SVR 2004, 300 (Gebrauchtfahrzeug).

5   An dieses Angebot ist der Kaufinteressent gem. Abschn. I Ziff. 1 NWVB (Stand 3/08) bei nichtvorrätigen Fahrzeugen, die **keine Nutzfahrzeuge** sind, **„höchstens bis 3 Wochen"** gebunden. Bei Nutzfahrzeugen verlängert sich die Frist bis 6 Wochen. Die frühere Vier-Wochen-Frist bei Pkw, die nicht beim Händler standen, ist jetzt also auf 3 Wochen reduziert. Bei Fahrzeugen, die beim Verkäufer vorhanden sind, z. B. in der Ausstellungshalle stehen, gelten kürzere Fristen, nämlich 2 Wochen bei Nutzfahrzeugen, im Übrigen 10 Tage.

6   **Definition „Nutzfahrzeug":** Die Aufteilung in „Nutzfahrzeuge" und sonstige Fahrzeuge führt zu **Abgrenzungsschwierigkeiten**. Unter einem Nutzfahrzeug im Sinne der NWVB werden nach traditioneller, möglicherweise aber nicht mehr zeitgemäßer Definition alle mehr als zweirädrigen Kraftfahrzeuge mit Ausnahme derjenigen verstanden, die nach Bauart und Einrichtung nur zur Beförderung von Personen bestimmt sind und nicht mehr als 9 Sitzplätze haben.[3] Eindeutig keine Nutzfahrzeuge sind demnach Zweiräder, Pkw, Kombis (z. B. VW Variant), Geländewagen, SUV's und Vans. Ebenso eindeutig ist die Einstufung von Lastkraftwagen mit einem zulässigen Gesamtgewicht über 7,5 t und Anhängern für diese Zugmaschinen. Auch „Kraftomnibusse" (KOM) gehören zweifellos zur Gruppe der Nutzfahrzeuge.

Das Zwischensegment füllen die **„leichten" Nutzfahrzeuge** aus. Nach Art. 1 GVO 1400/2002 („Begriffsbestimmungen") handelt es sich um Kraftfahrzeuge, die der Beförderung **von Waren oder Personen** dienen und deren **zulässige Gesamtmasse 3,5 t** nicht überschreitet. Allerdings sind auch „leichte" Nutzfahrzeuge mit einer zulässigen Gesamtmasse von mehr als 3,5 t auf dem Markt. Prototyp des „leichten" Nutzfahrzeugs ist der Transporter, z. B. ein Mercedes Sprinter[4] oder ein Ford Transit. Dazu zählen aber auch kleinere Fahrzeuge wie z. B. der VW Caddy. Derartige Fahrzeuge werden nicht nur von Unternehmern, sondern vielfach auch von Verbrauchern gekauft.

Ein **Wohnmobil** gehört nach Ansicht des LG Marburg[5] nicht zur Kategorie der Nutzfahrzeuge, da es während der Fahrt allein der nichtgewerblichen Personenbeförderung dient und nur im Stillstand auch zum Wohnen genutzt werden kann. Deshalb gilt für Wohnmobile die dreiwöchige Angebotsbindung (NWVB 3/08) und nicht die von sechs Wochen.

Der in den NWVB nicht definierte und an anderer Stelle der AGB nicht (mehr) benutzte Begriff „Nutzfahrzeug" ist **eigenständig** im Hinblick auf den Regelungsgehalt der Klausel zu bestimmen. Definitionen in anderen Rechtsgebieten, z. B. im Kfz-Steuerrecht (§ 2 Abs. 2 a KraftStG), sind zwar wegen der speziellen Regelungsmaterie nicht direkt übertragbar, können aber in Grenzfällen hilfreich sein, z. B. bei der Einstufung eines freizeitorientierten Pick-up wie dem Nissan Navara.[6] Im Definitionskatalog des § 2 FZV taucht der Begriff „Nutzfahrzeug" nicht auf. Auch die StVO und die StVZO kennen ihn nicht; ebenso wenig das StVG. Für die Kfz-Steuer galt vor dem 1. 5. 2005: Mehr als 2,8 t immer Lkw. Typ und Erscheinungsbild spielten keine Rolle. Steuerrechtlich gilt nunmehr für Fahrzeuge mit einem zulässigen Gesamtgewicht über 2,8 t, dass im Wege einer Gesamtwürdigung anhand von Bauart und Einrichtung zu beurteilen ist, ob ein Lkw oder ein Pkw vorliegt.[7] Mit diesem Maßstab, ergänzt durch die Verkehrsauffassung und die GVO-Definition, lassen sich auch im Kaufrecht sachgerechte Ergebnisse erzielen. Da die längere Frist für Nutzfahrzeuge die Ausnahme ist, ist der Verkäufer für die tatsächlichen Einstufungsvoraussetzun-

---

3 *Creutzig*, Recht des Autokaufs, Rn 1.1.4.
4 Zur Auslegung der Abrede „Zulassung als Pkw" s. AG Gotha 16. 5. 2006, SVR 2006, 464.
5 Urt. v. 22. 11. 1995, DAR 1996, 148.
6 Weitere Hinweise zur Einstufung bei *Bachmeier*, Rn 136 ff.
7 Vgl. BFH 9. 4. 2008 – II R 62/07 – (Toyota Landcruiser, Typ J 8); s. auch die Wohnmobilentscheidung v. 14. 4. 2008 – II B 36/08 –.

gen **beweispflichtig**. Zu beachten ist eine etwaige Klassifizierung durch die Vertragsparteien wie z. B. „Zulassung als Pkw".[8]

b) Zur Zulässigkeit der Bindungsklausel

Klauseln, die eine Bindung des Bestellers an sein Angebot vorsehen, befinden sich mitunter schon auf der Vorderseite der Bestellscheine, jedenfalls aber in den NWVB. Die für nicht vorrätige Pkw vorgesehene Regelung in den **bisherigen NWVB** (Fassung 4/03 und früher) – „höchstens bis vier Wochen" – ist mit guten Gründen als unzeitgemäß und unangemessen missbilligt worden.[9] Demgegenüber hat **der BGH** die Vierwochenfrist weder im Allgemeinen noch im Sonderfall des Kaufs eines neuen Wohnmobils beanstandet.[10]

Der Handel hat die vierwöchige Bindung bei Bestellfahrzeugen mit den besonderen Verhältnissen im Neuwagengeschäft gerechtfertigt. Man müsse zunächst das Angebot des Kunden im eigenen Hause überprüfen, sodann die Lieferbarkeit des Fahrzeugs mit dem Herstellerwerk klären und schließlich die Annahmeerklärung an den Besteller weiterleiten. Bei finanzierten Kaufgeschäften sei außerdem erforderlich, die Kreditwürdigkeit des Kunden zu prüfen. Alles in allem benötige man trotz des Einsatzes moderner Technik in den meisten Fällen einen Zeitraum bis zu vier Wochen,[11] eine Argumentation, die den BGH ersichtlich überzeugt hat.

Durch die **Herabsetzung auf drei Wochen** (Fassung 3/08) hat man der Kritik ein Stück weit den Boden entzogen. Die heutige Dreiwochenfrist für nichtvorrätige Pkw ist **nicht zu beanstanden**. Sie ist weder unangemessen noch wegen der Formulierung „höchstens bis . . ." irreführend.[12] Gleiches gilt für die Frist von sechs Wochen für nicht bereitstehende Nutzfahrzeuge.

Bei der Bewertung, ob eine Frist zur Annahme oder Ablehnung eines Angebots angemessen oder unangemessen lang ist, muss von dem Grundsatz ausgegangen werden, dass der Antragende nach dem Schutzzweck von **§ 308 Nr. 1 BGB** an sein Angebot nur so lange gebunden werden darf, wie es die Sachumstände erfordern. Im Interesse des Kunden soll ein längerer Schwebezustand vermieden werden.[13]

Zwar sind die Produktions- und Lieferzeiten dem Händler bekannt oder zumindest erkennbar. Er muss deshalb nicht bei jeder Einzelbestellung beim Lieferanten rückfragen. Eventuell erforderliche Informationen sind kurzfristig abrufbar. Automobilhersteller können aufgrund genauer Kenntnis des Auftragsvolumens und der Produktionskapazitäten das Fertigstellungsdatum nahezu eines jeden Fahrzeugs recht genau berechnen. Die Planungen im Bereich der Herstellung sind perfekt organisiert und erlauben vielfach die Bestellung per Knopfdruck. Ausgeklügelte Systeme der Teilebeschaffung, Fertigung und Distribution machen es vielen Herstellern möglich, Fahrzeugvarianten bis drei Wochen vor Lieferung komplett zu ändern.[14]

Für die **hausinterne Entscheidung** ist dem Händler mit Rücksicht auf die schutzwürdigen Belange des Kunden nur ein kurzer Zeitraum von 1 bis 2 Tagen zuzubilligen. In dieser

---

8 Dazu für den Fall eines Mercedes Sprinter AG Gotha 16. 5. 2006, SVR 2006, 464.
9 *Christensen in Ulmer/Brandner/Hensen*, Anh. § 310 BGB Rn 456; *Pfeiffer*, Klauselwerke, Neuwagenkauf Rn 11 f.; *Himmelreich/Andreae/Teigelack*, Rn 37; *Bachmeier*, Rn 144; *Mehnle*, DAR 1990, 175; OLG Frankfurt 23. 7. 1997, NJW-RR 1998, 556; LG Hamburg, 2. 12. 1987, NJW 1988, 1150; LG Lüneburg 5. 7. 2001, NJW-RR 2002, 564.
10 Urt. v. 13. 12. 1989, NJW 1990, 1784 (Bestellung eines Wohnmobils im August 1986).
11 *Creutzig*, Recht des Autokaufs, Rn 1.1.1.
12 Anders *Pfeiffer*, a. a. O., Rn 11.
13 Näheres zum Prüfmaßstab BGH 13. 12. 1989, NJW 1990, 1784; v. 13. 9. 2000, NJW 2001, 303 (Möbel-AGB).
14 Autohaus 5/2002 S. 34.

Zeit kann die Lieferbarkeit des Fahrzeugs abschließend mit dem Hersteller geklärt und die Bestellung aufgegeben werden. Als abschließende organisatorische Maßnahme muss dann nur noch die Bestätigung des Kundenangebots veranlasst werden. Für das Schreiben und die Postbeförderung kommen max. 3 bis 4 Tage in Betracht.

Der Teilzahlungskauf wird im Kraftfahrzeughandel nur noch ganz selten praktiziert, so dass in der weit überwiegenden Zahl der Fälle die **Überprüfung der Kreditwürdigkeit** des Kunden durch den Händler entfällt. Bei einem Verbund zwischen Kauf- und Darlehensvertrag – Finanzierungsanteil derzeit ca. 50 % – fällt die Bonitätsprüfung zwar in den Aufgabenbereich des Darlehensgebers. Doch erst, wenn er „grünes Licht" gegeben hat, wird der Händler sich zur Annahme entschließen. Eine vorherige Auslieferung ist riskant. Bei Ablehnung des Kreditantrags läuft der Händler Gefahr, dass das Geschäft komplett scheitert. Ein schon ausgeliefertes Fahrzeug zurück auf den Hof zu bekommen, ist selbst im Wege der einstweiligen Verfügung höchst problematisch (s. Rn 99).

Für die Prüfung der **Verwertbarkeit eines Gebrauchtfahrzeugs**, das in Zahlung genommen werden soll (Näheres Rn 773 ff.), benötigt der Händler ein bis maximal zwei Tage. In dieser Zeit ist es dem Händler ohne weiteres möglich, einschlägige Marktberichte einzusehen, Kaufangebote per Internet abzurufen und notfalls einen Sachverständigen zu konsultieren. Die übliche Einkaufsbewertung findet statt, bevor der Kunde den Bestellschein unterzeichnet. Der Hereinnahmepreis ist ein wesentlicher Faktor seiner Kaufentscheidung.

9 Dennoch sind einem Händler alles in allem und unter Abwägung der beiderseitigen Interessen bei der gebotenen typisierenden Betrachtungsweise bis zur drei Wochen zuzugestehen, wenn er das Fahrzeug erst bei seinem Lieferanten bestellen muss. Der in den letzten Jahren stark gestiegene Grad der Individualisierung bei der Konfiguration der bestellten Neufahrzeuge bei gleichzeitig gestiegenem Anteil an Verbundfinanzierungen sind nicht von der Hand zu weisende Gründe für eine Bindung von bis zu drei Wochen. Übersehen werden darf auch nicht, dass der Anteil privater Erwerber nur noch knapp 40 % beträgt (2007), d. h. ca. 60 % sind Geschäftskunden.

Private wie geschäftliche Besteller werden durch eine Bindung von bis zu drei Wochen nicht in schutzwürdigen Interessen verletzt. Angesichts der erfahrungsgemäß intensiven Vorbereitung der Kaufentscheidung (u. a. Preisrecherche im Internet) ist der Besteller trotz des allgemeinen Preiskampfes bei Neuwagen kaum der Gefahr ausgesetzt, dass ihm ein wesentlich günstigeres Angebot im Anschluss an seine Bestellung entgeht. In gewisser Weise ist er auch dadurch geschützt, dass der Händler ihn bei Ablehnung der Bestellung unverzüglich zu informieren hat (Abschn. I Ziff. 1 S. 3 NWVB). Dazu Rn 12.

10 Keine Angriffsfläche bieten die heutigen NWVB insoweit, als zwischen Fahrzeugen, die vom Händler erst geordert werden müssen und solchen, die schon bei ihm stehen, differenziert werden muss.[15] Bei Bestellung eines bereits vorhandenen Pkw ist der Käufer – wie schon nach den NWVB 4/03 – lediglich **bis 10 Tage** gebunden, bei Nutzfahrzeugen bis zwei Wochen. Diese Fristen mögen in Einzelfällen, z. B. beim Verkauf einer „Tageszulassung" ohne Inzahlungnahme, auf Bedenken stoßen. Bei der gebotenen generalisierenden Betrachtungsweise werden sie aber zu Recht als noch vertretbar angesehen (zur Parallelsituation beim Gebrauchtwagenkauf s. Rn 1166).

11 Falls eine Bindungsklausel gem. § 308 Nr. 1 BGB oder (im unternehmerischen Verkehr) nach § 307 BGB[16] unwirksam ist, gilt gem. § 306 Abs. 2 BGB die Regelung in **§ 147 Abs. 2 BGB**. Nach dieser Vorschrift billigte das OLG Frankfurt[17] einer Verkäuferfirma wegen abschlussreifer Vertragsverhandlungen über ein vorrätiges Neufahrzeug eine Annahmefrist

---

15 Zur Notwendigkeit s. BGH 13. 9. 2000, NJW 2001, 303 (Möbel-AGB).
16 Zur Indizwirkung s. BGH 19. 12. 2007, NJW 2008, 1148.
17 Urt. v. 23. 7. 1997, NJW-RR 1998, 566 = OLGR 1997, 253.

von maximal zwei Tagen zu. Zu den „regelmäßigen Umständen" i. S. v. § 147 Abs. 2 BGB gehören auch solche, die der Besteller kannte oder kennen musste.[18]

2. Ablehnung der Kundenbestellung

Gem. Abschn. I Ziff. 1 S. 3 NWVB hat der Verkäufer den Besteller unverzüglich zu unterrichten, wenn er das Angebot auf Abschluss des Kaufvertrages nicht annimmt. Diese ursprünglich auf Lieferhindernisse beschränkte und im Zuge der Überarbeitung der NWVB auf alle denkbaren Fälle der Nichtannahme der Käuferofferte erweiterte Klausel beinhaltet eine über den Rahmen des Üblichen hinausgehende[19] **vorvertragliche Nebenpflicht des Verkäufers**, die einen gewissen Ausgleich für die mehrwöchige (einseitige) Bindung des Bestellers schafft.

Unterlässt der Verkäufer die Ablehnung oder erklärt er sie nicht unverzüglich, hat er dem Kunden den dadurch entstehenden Schaden zu ersetzen.[20] Weist der Besteller nach, dass es ihm bei rechtzeitiger Ablehnung möglich gewesen wäre, das Fahrzeug über einen anderen Händler zu beschaffen und besteht diese Möglichkeit infolge der verspäteten Ablehnung nicht mehr, muss ihm der Händler den Ausfallschaden ersetzen.

Der Verkäufer kann seine Entscheidung über die Annahme oder Ablehnung der Offerte nach Belieben treffen; er schuldet dem Besteller keine Rechenschaft. Um überhaupt überprüfen zu können, ob die Mitteilungspflicht verletzt wurde, muss er jedoch wissen, zu welchem Zeitpunkt der Verkäufer betriebsintern die Nichtannahme des Angebots beschlossen hat. Da er keinen Einblick in dessen Sphäre hat, sind Darlegungs- und Beweiserleichterungen zu erwägen (sekundäre Darlegungslast).

3. Vertragsschluss durch Annahme der Bestellung

Der Kaufvertrag kommt zustande, wenn der Verkäufer die Annahme der Bestellung innerhalb der maßgebenden Frist **schriftlich bestätigt** oder die **Lieferung des Fahrzeugs ausführt**. Die Wahrung der **einfachen Schriftform** ist keine Wirksamkeitsvoraussetzung für das Zustandekommen des Kaufvertrags. Dies zeigt sich schon daran, dass die Klausel alternativ eine Annahme der Bestellung durch Ausführung der Lieferung vorsieht. Das Erfordernis der schriftlichen Bestätigung dient lediglich der Beweisführung und Klarstellung, dass der Vertrag tatsächlich geschlossen wurde.[21]

Eine **formlose Annahme** kann ausdrücklich (mündlich),[22] stillschweigend[23] oder konkludent erfolgen. Allein mit dem Schweigen des Händlers lässt sich ein Zustandekommen des Kaufvertrages allerdings nicht begründen.

Von einer **konkludenten Annahme** ist auszugehen,
- wenn der Händler den Pkw entsprechend der vertraglichen Vereinbarung als Vorführwagen auf seinen Betrieb zulässt und dies dem Käufer innerhalb der Annahmefrist zur Kenntnis bringt,[24]

---

18 BGH 19. 12. 2007, NJW 2008, 1148.
19 LG Köln 15. 6. 1978 – 78 O 39/78 – n. v.
20 BGH 28. 10. 1971, BGHZ 57, 191 ff.
21 OLG Köln 16. 2. 1995, OLGR 1995, 140, OLG Düsseldorf, 24. 10. 1997, OLGR 1998, 153; a. A. LG Lüneburg, 22. 1. 1980 – 5 O 364/79 – n. v.
22 OLG Köln 16. 2. 1995, OLGR 1995, 140; LG Düsseldorf 17. 10. 1979 – 23 S 113/79 – zit. bei *Creutzig*, Recht des Autokaufs, Rn 1.1.6.4.
23 LG Düsseldorf 28. 11. 1979 – 2 O 200/79 – zit. bei *Creutzig*, Recht des Autokaufs, Rn 1.1.6.4.
24 KG 14. 12. 1981 – 20 U 4276/81 – zit. bei *Creutzig*, Recht des Autokaufs, Rn 1.1.6.4.

- wenn in der Annahmefrist Gespräche zwischen den Vertragsparteien stattfinden, in deren Verlauf der Verkäufer dem Käufer mitteilt, er werde sich an die gemeinsam getroffene Vereinbarung halten,[25]
- wenn der Verkäufer das Gebrauchtfahrzeug, das in Zahlung genommen werden soll, zum Zwecke des Weiterverkaufs entgegennimmt.[26]

15 Abweichend von Abschn. I Ziff. 1 NWVB können die Parteien den **Vertrag sofort abschließen**. Von einem sofortigen Vertragsabschluss ist im Zweifel auszugehen, wenn das Bestellformular eine Unterschriftsrubrik für den Verkäufer enthält und dieser dort anlässlich der Bestellung unterschreibt.[27] Zur Parallelproblematik beim Gebrauchtwagenkauf mit Rspr.-Nachw. s. Rn 1169.

Eine auf der Grundlage eines Schadensgutachtens getroffene Vereinbarung, dass der Kaufvertrag über das Neufahrzeug nur unter der Voraussetzung gültig sein soll, dass eine bestimmte Versicherungsleistung gezahlt wird, verhindert nach Ansicht des OLG Düsseldorf[28] den Eintritt der Wirksamkeit des Kaufvertrages, wenn die Zahlung der Versicherung den vom Gutachter geschätzten Betrag deutlich unterschreitet. Eine Differenz von 710 DM liegt nach Ansicht des Gerichts aber noch innerhalb der vom Käufer hinzunehmenden Spanne, die den Bedingungseintritt nicht hindert.

16 Bei einem – selten anzutreffenden – **Kauf auf Probe** (§ 454 BGB) kommt der Kaufvertrag mit Ablauf der Billigungsfrist zustande. Das Schweigen des Käufers gilt als Annahme. Gibt der Käufer das ihm zur Probe überlassene Fahrzeug nicht zum vereinbarten Termin zurück, ist er zur Zahlung des Kaufpreises verpflichtet. Auf die Behauptung, ihm sei das Fahrzeug entwendet worden, kann er sich nicht mit Erfolg berufen, wenn er nicht einmal das äußere Bild eines Diebstahls nachweist[29].

Die Parteien können vereinbaren, dass **der Besteller** auf den Zugang der Annahmeerklärung **verzichtet**. Dies kann auch konkludent geschehen. Eine Verkehrssitte, wonach der Besteller bei einem Neuwagenkauf auf den Zugang der Annahmeerklärung verzichtet, kann beim Neuwagenkauf allerdings nicht festgestellt werden.[30]

17 In einer Entscheidung aus dem Jahre 1986 hat sich das OLG Hamm[31] auf den Standpunkt gestellt, dass ein in AGB vorgesehener Verzicht auf den Zugang der Annahmeerklärung im Neuwagenhandel ungewöhnlich ist und wegen Unvereinbarkeit mit § 307 Abs. 2 Nr. 1 BGB nicht wirksam zum Regelfall gemacht werden kann. Innerhalb der Annahmefrist sei der Besteller, der keine Kenntnis von dem jeweiligen Stand des Entscheidungsprozesses habe, in seiner wirtschaftlichen Dispositionsfreiheit gleichsam neutralisiert, während der Verkäufer seine wirtschaftliche Bestätigung ungehindert fortsetzen könne.

Diese Begründung überzeugt. Ihr steht nicht entgegen, dass bei Verbrauchergeschäften ein in AGB vorgesehener Verzicht auf den Zugang der Annahmeerklärung im Massengeschäft aus Gründen der Praktikabilität als zulässig angesehen wird.[32] Der Neuwagenkauf ist weder Massen- noch Alltagsgeschäft. Wegen der einseitigen Bindung an das Angebot erwartet der Besteller, dass ihm die Vertragsannahmeerklärung des Händlers tatsächlich zugeht, andernfalls für ihn ungewiss bleibt, ob und zu welchem Zeitpunkt sein Angebot angenommen wurde. Die durch formularmäßigen Verzicht auf das Zugangserfordernis herbei-

---

25 OLG Karlsruhe 26. 3. 1985 – 3 U 13/84, zit. bei *Creutzig*, Recht des Autokaufs, Rn 1.1.6.4.
26 OLG Düsseldorf 24. 10. 1997, OLGR 1998, 153.
27 LG Kassel 17. 11. 2004 – 4 O 310/04.
28 Urt. v. 24. 10. 1997, OLGR 1998, 153.
29 KG 13. 5. 1996, OLGR 1996, 169.
30 LG Frankfurt/M. 5. 6. 1987, NJW-RR 1987, 1268.
31 Urt. v. 14. 3. 1986, NJW-RR 1986, 927.
32 BGH 27. 4. 2004, NJW-RR 2004, 1683.

gefürte Schwächung der Rechtsposition des Bestellers kann daher vor § 307 Abs. 1 Nr. 1 BGB nicht bestehen.[33]

Die gleichen Gründe, die gegen einen Verzicht auf den Zugang der Annahmeerklärung in AGB sprechen, lassen sich gegen Klauseln ins Feld führen, die vorsehen, dass der Vertrag als abgeschlossen gilt, wenn der Verkäufer das **Angebot nicht** innerhalb der Annahmefrist **zurückweist**.[34]

3. Verspätete Annahme

Eine verfristete Bestätigung stellt ein neues Angebot dar, das nach **§ 150 Abs. 1 BGB** der Annahme durch den Käufer bedarf. Die Annahme des neuen Angebots kann durch schlüssiges Handeln erfolgen, sofern nach den Umständen davon auszugehen ist, dass der Verkäufer auf eine Antwort keinen Wert legt. **Schweigen** bedeutet im Geschäftsverkehr mit einem privaten Kunden grundsätzlich Ablehnung, kann aber ausnahmsweise eine Annahme darstellen, wenn der Verkäufer nach **Treu und Glauben** eine Ablehnung erwarten darf. Über einen solchen – nicht alltäglichen – Fall musste das OLG München[35] entscheiden. Der Käufer hatte etwa 15 Monate nach Abgabe seines bis dahin nicht bestätigten Kaufangebots wegen der Lieferung des von ihm bestellten Luxusfahrzeugs beim Verkäufer nachgefragt und die ihm daraufhin zugesandte Vertragsbestätigung nicht zurückgewiesen. Das OLG München bewertete das Verhalten des Käufers als schlüssige Annahme des Angebots, obwohl sich zwischenzeitlich die Bezeichnung des Fahrzeugs und dessen Ausstattung geändert hatten. Nach Sachlage, so die zutreffende Begründung im Urteil, habe es selbstverständlich dem Willen des Käufers entsprochen, die neueste Ausführung des Fahrzeugs zu bekommen.

Sofern ein finanziertes Kaufgeschäft mit einem Verbraucher vorliegt, ist zu beachten, dass der wegen der verfristeten Annahmeerklärung neu abzuschließende Vertrag wiederum insgesamt der **Schriftform** des § 492 BGB bedarf.

5. Inhaltlich abweichende Annahmeerklärung

Im Regelfall kommt der Kaufvertrag nicht zustande, wenn die Bestätigung des Verkäufers **inhaltlich** von dem Angebot des Käufers **abweicht**.

Beispiele aus der Rechtsprechung:
– Hinzufügung einer Preisgleitklausel.[36]
– Fehlen der Angaben über Farbe und Polsterung in der Auftragsbestätigung.[37]
– Angabe eines höheren Preises und einer anderen Ausstattung.[38]
– Abweichung der Lieferfristangabe von 6 Monaten.[39]

Eine inhaltlich mit der Bestellung nicht übereinstimmende Annahmeerklärung des Verkäufers bedeutet ebenso wie eine verspätete Annahme ein neues Angebot an den Käufer, das dieser annehmen oder ausschlagen kann. Von einem **Verzicht** auf ausdrückliche **Gegenbestätigung** durch den Käufer ist im Geschäftsverkehr mit Privatkunden normalerweise nicht auszugehen.[40]

---

33 *Von Westphalen* in *Loewe/Graf von Westphalen/Trinkner*, Großkomm. zum AGB-Gesetz, Bd. 2, § 10 Rn 17; a. A. *Walchshöfer*, WM 1986, 1041, 1046.
34 A. A. OLG Düsseldorf 28. 12. 2004, NJW 2005, 1515, 1516.
35 Urt. v. 22. 9. 1995, DAR 1997, 494 m. Anm. *Nettesheim*.
36 LG Offenburg 31. 5. 1989 – 2 O 5/89 – n. v.
37 LG Hanau 11. 9. 1979 – 2 S 178/79 – n. v., zit. bei *Creutzig*, Recht des Autokaufs, Rn 1.1.6.1.
38 OLG Düsseldorf 13. 4. 1970, NJW 1971, 622.
39 LG Frankfurt 5. 6. 1987 – 2/17 S 390/86 – n. v., zit. bei *Creutzig*, Recht des Autokaufs, Rn 1.1.6.1.
40 AG Korbach 2. 7. 1993, NJW-RR 1994, 374.

6. Zugang der Annahmeerklärung

22 Den **fristgerechten Zugang** der Annahmeerklärung muss der **Händler beweisen**, wenn der Käufer den Erhalt bestreitet. Absendung schafft keinen Anscheinsbeweis für den Zugang.[41] Wird die Annahmeerklärung durch Einschreiben mit Rückschein übermittelt, ist die Zustellung mit der Übergabe des Einschreibebriefes an den Adressaten vollzogen. Zum Nachweis der Zustellung genügt der Rückschein. Da der Rückschein keine öffentliche Urkunde ist, eignet er sich nicht für den Nachweis der Zustellung, wenn der Adressat die **Annahme verweigert**.

Die **Niederlegung einer Einschreibesendung** bewirkt weder den Zugang des Einschreibens noch ersetzt sie dessen Zugang. Unterlässt der Adressat die Abholung des Einschreibens, muss er sich allein wegen dieses Versäumnisses nicht schon so behandeln lassen, als sei ihm die Annahmeerklärung rechtzeitig zugegangen.[42] Die Berufung auf fehlenden Zugang ist ihm nach Treu und Glauben nur dann zu versagen, wenn er entweder die Annahme grundlos verweigert oder deren Zugang arglistig vereitelt hat.[43] Liegen diese Voraussetzungen nicht vor, muss der Verkäufer nach Kenntniserlangung von dem gescheiterten Zustellversuch unverzüglich einen erneuten Versuch unternehmen, die Erklärung derart in den Machtbereich des Empfängers zu bringen, dass diesem ohne weiteres eine Kenntnisnahme ihres Inhalts möglich ist.[44] Durch einen zweiten Zustellversuch wird dem Adressaten nicht nur der Einwand abgeschnitten, die Annahmeerklärung sei nicht zugegangen, sondern auch der Einwand, der Zugang sei nicht rechtzeitig erfolgt.[45]

23 Ist von vornherein damit zu rechnen, dass der Empfänger die Annahme verweigert oder deren Zugang bestreitet, empfiehlt es sich, die Vertragsbestätigung entweder persönlich bzw. durch Boten zu überbringen oder sie durch den Gerichtsvollzieher zuzustellen (§ 192 ZPO). Bedient sich der Gerichtsvollzieher der Mithilfe der Post oder eines anderen Unternehmens, erfolgt die Zustellung gegen Zustellungsurkunde (§ 194 ZPO). Stellt er selbst zu, hat er die Zustellung auf der Urschrift zu vermerken oder auf einem mit der Urschrift zu verbindenden Vordruck.

Auf fehlenden Zugang der Vertragsbestätigung kann sich der Käufer wegen des **Verbots widersprüchlichen Verhaltens** nicht berufen, wenn er durch sein späteres Verhalten zu erkennen gibt, dass er von einem Zustandekommen des Vertrages ausgeht, indem er dem Händler beispielsweise mitteilt, er habe Schwierigkeiten mit der Finanzierung oder wenn er sich nach Ablauf der Annahmefrist auf Verhandlungen über die Ausrüstung des bestellten Fahrzeugs eingelassen hat.[46] Die Berufung auf das Fehlen der Auftragsbestätigung versagt weiterhin, wenn sich Händler und Kunde ‚unter Anwesenden' formlos auf den Kauf des Autos einigen und die Händlerbestätigung nur noch deklaratorische Bedeutung haben soll.[47]

7. Bestätigung durch Ausführung der Lieferung

24 Gem. Abschn. I Ziff. 1 S. 2 Alt. 2 NWVB kommt der Kaufvertrag auch dann zustande, wenn der Verkäufer die Lieferung innerhalb der Bindungsfrist von jetzt 3 Wochen – bzw. 6 Wochen bei Nutzfahrzeugen – ausgeführt hat. Einer Auftragsbestätigung bedarf es in diesem Fall nicht.

---

41 BVerfG Beschl. 15. 5. 1991, NJW 1991, 2757.
42 BGH 26. 11. 1997, VersR 1998, 472, 473; OLG Brandenburg 3. 11. 2004, NJW 2005, 1585.
43 BGH 27. 10. 1982, NJW 1983, 929, 930.
44 BGH 26. 11. 1997, VersR 1998, 472, 473.
45 BGH 13. 6. 1952, LM BGB § 130 Nr. 1.
46 OLG Düsseldorf 4. 6. 1992, OLGR 1992, 334.
47 AG Köln 11. 5. 1989 – 122 C 354/88 – n. v.

Unter Auslieferung ist die **Übergabe des Fahrzeugs mit Schlüsseln und Papieren** an den Käufer zu verstehen. Die Zulassung des Fahrzeugs gehört nicht begriffsnotwendig zur Ausführung der Lieferung, sondern nur dann, wenn die Parteien eine entsprechende Vereinbarung getroffen haben.[48] Die **Bekanntgabe des Abholtermins** ist noch keine Auslieferung im Sinne von Abschn. I Ziff. 1 S. 2 NWVB.[49]

Um die Lieferung ausführen zu können, muss der Verkäufer das Fahrzeug zur Übergabe bereitstellen und dem Käufer die Bereitstellungsanzeige zustellen. Erst mit dem Zugang dieser Mitteilung beginnt die Abnahmefrist von 14 Tagen gem. Abschn. V Ziff. 1 S. 1 NWVB.

Weist das bereitgestellte Fahrzeug **Mängel** auf, ist der Käufer berechtigt, die **Abnahme zu verweigern** (Näheres unter Rn 144 ff.). Folge davon kann sein, dass es innerhalb der vereinbarten Bindungsfrist nicht zur Ausführung der Lieferung kommt. Dadurch wird das Zustandekommen des Vertrages jedoch nicht verhindert, da sich aus der Bereitstellung des Fahrzeugs und der Anzeige der Lieferbereitschaft zweifelsfrei ergibt, dass der Verkäufer das Angebot des Bestellers annimmt.

Mit dem Einwand, es sei kein Vertrag zustande gekommen, kann der Käufer nach Treu und Glauben nicht gehört werden, wenn der Verkäufer die für eine fristgerechte Auslieferung des Fahrzeuges erforderlichen Voraussetzungen geschaffen hat, sich die Auslieferung jedoch aus Gründen verzögert, die der Käufer zu vertreten hat.

II. Die AGB und ihre Einbeziehung in den Kaufvertrag

1. Die NWVB

Die Neuwagenverkaufsbedingungen (NWVB) wurden von den Verbänden der deutschen Automobilwirtschaft (VDA, VDIK, ZDK) anlässlich der Schuldrechtsreform neu gestaltet und später zweimal überarbeitet. Das **aktuelle Klauselwerk** (Stand 3/2008) ist als Anlage 1 im Anhang abgedruckt. Es ist **seit Mai 2008** im Verkehr. Abgelöst hat es die Fassung 4/2003 (s. Vorauflage S. 1180 ff.). Alternative AGB sind auf dem nationalen Markt, den E-Commerce ausgenommen, so gut wie nicht vertreten. Soweit nicht besonders gekennzeichnet, ist im Folgenden mit „NWVB" die aktuelle Fassung 3/2008 gemeint.

2. Einbeziehungsfragen

Durch Aushändigung der NWVB oder anderer AGB zusammen mit der Rechnung werden diese nicht Vertragsgegenstand, wenn die Rechnung erst bei der Lieferung erstellt und übergeben wird.[50] Ein Aushang der AGB in den Geschäftsräumen des Verkäufers reicht für die Einbeziehung in den Kaufvertrag nicht aus. Falls die AGB auf der Rückseite der dem Kunden ausgehändigten Abschrift der Bestellung nicht oder nicht vollständig enthalten sind, werden sie nicht Vertragsinhalt.[51] Den Kunden trifft keine Pflicht, die AGB auf ihre Vollständigkeit hin zu überprüfen.[52]

Die NWVB werden Vertragsinhalt durch den Hinweis, dass die Bestellung für neue Kraftfahrzeuge ‚nach Kenntnisnahme und unter Anerkennung der nachfolgenden und umseitig verzeichneten Geschäftsbedingungen' erfolgt. Dieser Formulartext ist so angeordnet

---

48 A. A. *Creutzig*, Recht des Autokaufs, Rn 1.1.8.
49 LG Bielefeld 9. 9. 1987 – 1 S 94/87 – n. v.
50 A. A. OLG Hamm 13. 1. 1997, OLGR 1997, 158 für den Fall der Übergabe der AGB mit der Rechnung an der Kasse.
51 OLG Frankfurt 2. 11. 1988, DAR 1989, 66 (Gebrauchtwagenagentur).
52 OLG Frankfurt 2. 11. 1988, DAR 1989, 66.

und gestaltet (meist oben rechts auf der ersten Formularseite), dass ein Durchschnittskunde ihn selbst bei flüchtiger Betrachtung nicht übersehen kann.[53] Er unterliegt nicht der Inhaltskontrolle.[54]

Falls für die Bestellung, wie üblich, Durchschreibesätze (Durchschriften) verwendet werden, ist darauf zu achten, dass der Käufer die für ihn bestimmte Abschrift erhält, da häufig nur auf diesem Exemplar die AGB in gut lesbarer Schriftgröße abgedruckt sind. Die für den Verkäufer vorgesehenen Durchschriften enthalten die AGB meistens nur im Kleindruck. Kann der Käufer, dem die falsche Unterlage ausgehändigt wurde, die AGB wegen des Kleindrucks nicht in zumutbarer Weise zur Kenntnis nehmen, sind sie nicht Vertragsinhalt.[55] Eine zumutbare Kenntnisnahme erfordert mühelose Lesbarkeit der AGB[56], woran es bei übermäßigem Kleindruck oder bei einer drucktechnisch schwachen Wiedergabe[57] fehlen kann.

Eine in den AGB des Käufers enthaltene **Abwehrklausel** ‚anders lautende Bedingungen gelten nicht' schließt alle Vertragsbedingungen des Händlers einschließlich solcher AGB aus, die das Klauselwerk des Käufers ergänzen.[58] Das Fehlen dieser Regelung in den NWVB wird im Schrifttum moniert.[59]

Klauseln, die besagen, bestimmte Punkte des Vertrages seien ausgehandelt worden[60] oder der Besteller habe eine Bestätigung des Angebots erhalten, sind wegen Verstoßes gegen § 309 Nr. 12 Buchst. b BGB unwirksam.[61]

III. Lieferfristen und Lieferverzug

1. Vereinbarung einer Leistungszeit

28 Die NWVB sehen in Abschn. IV Ziff. 1 vor, dass Lieferfristen und Liefertermine ‚**unverbindlich**' oder ‚**verbindlich**' vereinbart werden können. Sie schließen hiervon abweichende Parteiabsprachen, wie etwa die Lieferung zu einem Fixtermin oder die Anwendung der gesetzlichen Vorschriften, ebenso wenig aus wie die nachträgliche Abänderung einer Lieferfristvereinbarung.[62]

Unter Lieferfrist ist ein **gewisser Zeitraum** (z. B. Lieferfrist 3 Monate), unter Liefertermin ein **bestimmter Tag oder Zeitpunkt** (Lieferung am 15. Mai oder in der 43. Kalenderwoche) zu verstehen.[63] Haben die Parteien kein exaktes Datum, sondern einen kalendermäßig bestimmten Zeitraum für die Leistung bestimmt, darf der Verkäufer die Zeitspanne voll ausschöpfen.[64] Soll die Lieferung z. B. im Oktober des Jahres erfolgen, endet die Lieferfrist am 31. Oktober.

Liefertermine und Lieferfristen sind gem. Abschn. IV Ziff. 1 NWVB **schriftlich** anzugeben. **Der BGH**[65] hat keine Veranlassung gesehen, die Schriftformklausel im Kontrollver-

---

53 BGH 18. 6. 1986, ZIP 1986, 1126.
54 BGH 1. 3. 1982, BB 1983, 15 ff. m. Anm. von *Bohle*, a. a. O.
55 LG Köln 20. 10. 2004 – 18 O 21/04 – n. v.
56 *Palandt/Heinrichs*, § 305 BGB Rn 39 ff.
57 OLG Brandenburg 3. 5. 2000, NJW-RR 2001, 488.
58 BGH 24. 10. 2000, NJW-RR 2001, 484.
59 *Koch*, MDR 2003, 661.
60 BGH 28. 1. 1987, NJW 1987, 1634.
61 BGH 29. 4. 1987, NJW 1987, 2012.
62 OLG Hamm 16. 9. 1993, OLGR 1993, 317.
63 *Creutzig*, Recht des Autokaufs, Rn 4.1.2; *Pfeiffer*, Klauselwerke, Neuwagenkauf, Rn 18.
64 BGH 18. 4. 1996, WM 1996, 1558.
65 Urt. v. 25. 2. 1982, BB 1982, 2138 ff.

fahren nach § 13 Abs. 1 AGBG a. F. zu beanstanden, weil der Käufer nicht unangemessen benachteiligt werde. Schriftform trägt zur Klarheit im Rechtsverkehr bei.

29 Wird auf der Vorderseite des Neuwagen-Verkaufsformulars die Lieferfrist in der dafür vorgesehenen Spalte als ‚unverbindlich' oder ‚verbindlich' angekreuzt, handelt es sich um eine **Individualabrede**.[66] Haben die Parteien eine mündliche Absprache getroffen, ist dem Händler wegen des Vorrangs der Individualvereinbarung die Berufung auf die Schriftformklausel versagt.[67] Formularmäßige Vorbehalte, die einer individuell vereinbarten Lieferfrist entgegenstehen, verstoßen gegen § 308 Nr. 1 BGB.

30 Die vom Handel verwendeten Bestellformulare („Bestellscheine") enthalten auf der ersten Seite eine Rubrik für die Eintragung des Liefertermins bzw. der Lieferfrist mit folgender Textvorgabe:

‚Liefertermin/Lieferzeit . . . unverbindlich/verbindlich (Unzutreffendes streichen)'

Mitunter heißt es auch „verbindlich nach schriftlicher Angabe des Lieferanten".

31 In der Mehrzahl der Fälle wird bei der Bestellung nichtvorrätiger Fahrzeuge das Wort „verbindlich" – kommentarlos – gestrichen. Immer wieder kommt es vor, dass die Vertragsparteien – aus Absicht oder aus Nachlässigkeit – zwar den Liefertermin bzw. die Lieferfrist in die betreffende Spalte eintragen, die vorgesehene **Streichung** jedoch **unterlassen**. Lässt sich im Nachhinein nicht aufklären, warum die Parteien das Unzutreffende nicht gestrichen haben, ist davon auszugehen, dass die Frist/der Termin weder verbindlich noch unverbindlich vereinbart worden ist. Eine Auslegung zum Nachteil des Händlers im Sinne einer Verbindlichkeit der Lieferfrist/des Liefertermins ist zwar in Betracht zu ziehen. Immerhin dürfte der Durchschnittskäufer von einer verbindlichen Abrede ausgehen. Vertretbar ist jedoch auch, die Regelungslücke durch Anwendung der gesetzlichen Bestimmungen zu schließen.

32 Lieferfristen, gleich, ob verbindlich oder nicht, beginnen gem. Abschn. IV Ziff. 1 S. 2 NWVB **mit Vertragsabschluss**, also nicht schon mit der Unterzeichnung des Bestellscheins (Direktannahme durch Gegenzeichnung ausgenommen). Folglich muss die Zeit bis zur Annahme der Bestellung durch schriftliche Bestätigung der vereinbarten Lieferfrist hinzugerechnet werden. Die dagegen erhobenen Bedenken[68] überzeugen nicht. Auch der juristisch nicht gebildete Durchschnittskunde, in der Mehrheit heute nicht mehr eine Privatperson, kann erkennen, dass der Vertrag noch nicht geschlossen ist, solange nur er unterschrieben hat. Unübersehbar heißt es im Übrigen auf der Bestellscheinvorderseite, durch Fettdruck hervorgehoben, „Bestellung" und nicht „Kaufvertrag".

33 Allgemein gehaltene Formulierungen wie **‚schnellstens'**, **‚rasch'** oder **‚baldmöglichst'** verpflichten den Verkäufer lediglich, sich mit den ihm zur Verfügung stehenden Mitteln für eine baldige Lieferung einzusetzen, wofür er im Streitfall beweispflichtig ist. Für den Bereich des Möbelhandels entschied das OLG Nürnberg,[69] dass ‚baldigst' Lieferung innerhalb von höchstens 8 Wochen bedeutet. Da sich die zeitlichen Abläufe der Produktion von Möbeln und Autos ähneln, ist die Frist auf den Neuwagenkauf übertragbar.[70] Das OLG Köln[71] steht auf dem Standpunkt, dass der Käufer eine Belieferung spätestens 12 Wochen nach Vertragsschluss erwarten kann, wenn der Verkäufer versprochen hat, den bestellten Pkw der Luxusklasse ‚schnellstmöglich' zu liefern.

---

66 BGH 7. 10. 1981, NJW 1982, 331, 333.
67 BGH 15. 5. 1986, NJW 1986, 3131.
68 *Pfeiffer*, a. a. O., Rn 26.
69 Urt. v. 13. 11. 1980, NJW 1981, 1104.
70 *Creutzig*, Recht des Autokaufs, Rn 4.1.3.
71 Urt. v. 31. 7. 1991, OLGR 1992, 36.

Wenn die Zeit für die Lieferung weder bestimmt noch aus den Umständen zu entnehmen ist, kann der Käufer nach der allgemeinen gesetzlichen Regelung des § 271 BGB die sofortige Bewirkung der Lieferung verlangen. Sofort heißt weder ‚auf der Stelle' noch ‚unverzüglich'. Vielmehr ist eine je nach den Umständen angemessene Zeitspanne des Abwartens einzuhalten, die nach Meinung des OLG München[72] beim Kauf eines Anhängerfahrzeugs 4 Wochen beträgt.

2. Unverbindlichkeit der Lieferfrist bzw. des Liefertermins

a) Begriff

34 Nach Abschn. IV Ziff. 2 S. 1 NWVB kann der Käufer **sechs Wochen** nach Überschreiten eines unverbindlichen Liefertermins oder einer unverbindlichen Lieferfrist den Verkäufer auffordern zu liefern. **Neu** in der aktuellen Fassung (3/08) ist die Unterscheidung zwischen nicht vorrätigen und vorrätigen Fahrzeugen. Bei letzteren ist die Schonfrist (Wartefrist) deutlich kürzer (10 Tage, bei Nutzfahrzeugen 2 Wochen).

b) Angemessenheit der Schonfrist

35 Vor Ablauf der Frist von sechs Wochen, kann der Verkäufer bei unverbindlicher Lieferzeit nicht in Verzug gesetzt werden. Erst mit Ablauf dieser (Zusatz-)Frist, einer „**unechten**" **Nachfrist**,[73] wird seine Leistung überhaupt **fällig**. Zum Eintritt von Verzug s. Rn 42 ff.

Die **Wirksamkeit** der Sechswochenfrist, seit Jahrzehnten Bestandteil der NWVB, ist im Laufe der letzten Jahre strittig geworden. 1981 hat **der BGH**[74] für die NWVB 1977 eine Nachfrist von sechs Wochen angesichts der **Besonderheiten des Kfz-Handels** für angemessen erklärt. Bei dem breit gefächerten Angebot verschiedenartigster Ausstattungen sei es oft unvermeidbar, dass je nach den Liefermöglichkeiten der Zulieferanten des Herstellers Verzögerungen in der Produktion eintreten. Das nehme der Käufer hin, wenn er sich mit einer nur unverbindlichen Lieferfrist einverstanden erkläre.

36 Diese Einschätzung ist nicht mehr in allen Punkten zeitgemäß. Im Laufe der Zeit wurden die Produktionsvorgänge auf den verschiedenen Herstellungsstufen ständig weiterentwickelt und verbessert und damit die Zeit bis zur Fahrzeugauslieferung deutlich verkürzt. Die heutige Just-in-time-Produktion erfordert, dass die Herstellung eines jeden Fahrzeugs im Voraus zeitgenau berechnet und eingeplant wird. Infolgedessen ist jeder Hersteller in der Lage, zumindest die Kalenderwoche anzugeben, in der das bestellte Fahrzeug gebaut wird. Durch den Einsatz von Online-Kommunikationsmitteln zwischen Hersteller/Importeur und Händler ist ein kurzfristiger Informationsaustausch möglich.

Falls es dem Hersteller im Einzelfall, etwa wegen einer längerfristigen Vorausbestellung, nicht möglich sein sollte, das genaue Produktionsdatum bekannt zu geben,[75] sind die sich daraus ergebenden Unwägbarkeiten bei der Bemessung und Vereinbarung der eigentlichen Lieferfrist vom Verkäufer zu berücksichtigen. So kann sich der Käufer von vornherein auf einen längeren Lieferzeitraum einrichten.

In Fällen höherer Gewalt oder beim Verkäufer oder bei dessen Lieferanten eintretenden Betriebsstörungen, wie z. B. durch Aufruhr, Streik und Aussperrung, tritt gem. Abschn. IV

---

72 Urt. v. 12. 11. 1991, NJW-RR 1992, 818, 820.
73 BGH 27. 9. 2000, NJW 2001, 292; v. 25. 10. 2006, NJW 2007, 1198 (Küchenliefer-AGB).
74 Urt. v. 7. 10. 1981, NJW 1982, 331, 333; ebenso KG 8. 9. 1986 – 2 U 1912/85 – n. v.; OLG Köln 16. 2. 1995, OLGR 1995, 140, 141; *Creutzig*, Recht des Autokaufs, Rn 4.2.3.
75 *Creutzig*, Recht des Autokaufs, Rn 4.2.3. hat darauf hingewiesen, dass Hersteller ihren Händlern zwar die Lieferung einer bestimmten Quote von Fahrzeugen längerfristig zusichern können, jedoch eine verbindliche Lieferzusage über die vom Käufer gewünschte Ausstattungsvariante nur für eine Zeit von ca. 8 Wochen erteilen.

Ziff. 5 NWVB kein Verzug ein. Solche Ereignisse verlängern zusätzlich sowohl unverbindliche als auch verbindliche Lieferfristen bzw. Liefertermine um die Dauer der durch diese Umstände bedingten Leistungsstörungen (s. Rn 40). Die sechswöchige Wartefrist betrifft daher ausschließlich beherrschbare Vorkommnisse, denen – soweit sie sich dem direkten Einflussbereich des Händlers oder dessen Lieferanten entziehen – durch entsprechende Vorsorgemaßnahmen wirksam begegnet werden kann.

Wenig überzeugungskräftig ist das Argument,[76] der Käufer nehme bei Vereinbarung eines unverbindlichen Liefertermins bzw. einer unverbindlichen Lieferfrist eine mögliche sechswöchige Verzögerung in Kauf. Es ist eine Erfahrungstatsache, dass nur wenige Kunden, die einen Neuwagen bestellen, die AGB lesen. Die meisten von ihnen sind sich über die Dauer der tatsächlichen Lieferfristen nicht im Klaren und wissen nicht, dass im Fall der Unverbindlichkeit der Lieferzeit die von ihnen hinzunehmende Lieferverzögerung ein halbes Jahr und mehr betragen kann.

Beispiel (bei 4-wöchiger Bindung):
Der Käufer gibt seine Bestellung am 2. Januar auf. Vereinbart wird eine unverbindliche Lieferfrist von 3 Monaten. Die Annahme der Bestellung erfolgt am 30. Januar, dem letzten Tag der 4-wöchigen Annahmefrist, wenn deren Wirksamkeit unterstellt wird. Die Lieferfrist beginnt mit dem 30. Januar und endet am 30. April. Am 15. März kommt es zum Streik beim Hersteller. Der Streik dauert 2 Monate und hat eine Lieferverzögerung von insgesamt 3 Monaten und 30 Tagen zur Folge. Damit verschiebt sich die Lieferfrist auf den 30. August. Nach Ablauf weiterer 6 Wochen wird die Lieferung fällig, also am 10. Oktober. Am gleichen Tag fordert der Käufer den Verkäufer auf, das Fahrzeug innerhalb einer angemessenen Frist von 2 Wochen zu liefern. Erst nach Ablauf dieser Zweiwochenfrist, die am 25. Oktober endet, ist der Käufer berechtigt, vom Kaufvertrag zurückzutreten und Schadensersatz statt Lieferung zu verlangen. Die Zeit zwischen Bestellung und der Möglichkeit, sich vom Vertrag zu lösen, beträgt bei einer vorgestellten Lieferzeit von 3 Monaten mehr als 10 Monate.

Der Fall macht deutlich, dass zum Schutz des Verbrauchers eine Herabsetzung der sechswöchigen Schonfrist notwendig ist. Schutzwürdige Interessen des Handels stehen dem jedenfalls unter den heutigen Beschaffungs- und Herstellungszeiten nicht mehr entgegen. Eine Frist von **vier Wochen** erscheint angemessen.[77] Sie ist lang genug für den Verkäufer, um die ausgebliebene Lieferung nachzuholen und sie ermöglicht dem Käufer, sich in angemessenen zeitlichen Grenzen auf die Leistung einzustellen.

Fazit: In Anbetracht der Veränderungen in der Automobilproduktion und der Kommunikation zwischen Händler und Lieferant kann eine Schonfrist von 6 Wochen nicht mehr akzeptiert werden.[78] Sie ist wegen **Verstoßes gegen § 308 Nr. 1 BGB unwirksam**. Daran kann auch die jetzige Differenzierung zwischen vorrätigen und nichtvorrätigen Fahrzeugen nichts ändern. Die Sechswochenfrist verschafft dem Händler einen sachlich nicht zu rechtfertigenden Zeitvorteil und Spielraum, während sie den Käufer ohne triftigen Grund bindet und ihn daran hindert, sich anderweitig einzudecken.[79] Dieser Nachteil wird nicht dadurch aufgewogen, dass die echte Nachfrist nach §§ 281, 323 BGB „kurz bemessen" werden kann.[80]

---

76 BGH 7. 10. 1981, NJW 1982, 331, 332.
77 In Küchenliefer-AGB hat der BGH eine Vierwochenfrist gebilligt (Urt. v. 25. 10. 2006, NJW 2007, 1198).
78 So auch *Himmelreich/Andreae/Teigelack*, Rn 328; noch käuferfreundlicher *Bachmeier*, Rn 301.
79 Siehe auch *Christensen* in *Ulmer/Brandner/Hensen*, Anh. § 310 BGB Rn 456.
80 So aber BGH 7. 10. 1981, NJW 1982, 331, 332.

38 Unabhängig davon ist dem Verkäufer die **Berufung auf die Nachfrist** nach **Treu und Glauben verwehrt**, wenn er sich schuldhaft außer Stande gesetzt hat, die vereinbarte Lieferfrist einzuhalten[81]. Beispiel: Er verkauft das für den Käufer bestimmte und fristgerecht gelieferte Fahrzeug ohne begründeten Anlass an einen anderen Kunden und muss ein anderes Fahrzeug nachbestellen.

3. Verbindliche Lieferfrist/verbindlicher Liefertermin

39 Die verbindliche Lieferfrist unterscheidet sich von der unverbindlichen dadurch, dass der Verkäufer bereits mit **Überschreiten der Frist** – ohne vorherige Lieferaufforderung – **in Verzug** gerät (Abschn. IV Ziff. 4 S. 1 NWVB). Gleiches gilt bei Nichteinhalten eines verbindlichen **Liefertermins**. Das entspricht der Gesetzeslage (§ 286 Abs. 2 Nr. 1 BGB).

4. Höhere Gewalt und Betriebsstörungen

40 Höhere Gewalt oder beim Verkäufer oder dessen Lieferanten eintretende Betriebsstörungen, die den Verkäufer ohne eigenes Verschulden daran hindern, das Neufahrzeug zum vereinbarten Termin oder innerhalb der vereinbarten Frist zu liefern, verändern gem. Abschn. IV Ziff. 5 NWVB die vereinbarten Termine und Fristen um die Dauer der durch die Umstände bedingten Leistungsstörungen.

Unter **höherer Gewalt** versteht die Rechtsprechung ein betriebsfremdes, von außen durch elementare Naturkräfte oder durch Handlungen dritter Personen herbeigeführtes, nach menschlicher Einsicht und Erfahrung nicht voraussehbares unvermeidbares Ereignis.[82]

Betriebsstörungen sind im Gegensatz zur höheren Gewalt nicht betriebsfremd. Soweit höhere Gewalt und Betriebsstörungen schon bei Vertragsabschluss vorliegen und bekannt sind, kann sich der Verkäufer hierauf nicht berufen. Auch wenn solche Ereignisse nachträglich eintreten, muss der Verkäufer den Nachweis fehlenden Verschuldens erbringen. Ohne diesen Entlastungsnachweis wäre die Klausel im Hinblick auf die genannten ‚Betriebsstörungen' unwirksam.[83] Als Betriebsstörungen kommen z. B. Streik, Aussperrung, Maschinenausfall und Störungen im EDV-Bereich in Betracht. Für Betriebsstörungen des Lieferanten hat der Verkäufer nur einzustehen, wenn ihn ein Eigenverschulden trifft. Auf die Frage, ob der Lieferant die Betriebsstörung zu vertreten hat, kommt es nicht an.

Die Regelung in Abschn. IV Ziff. 5 NWVB gilt **sowohl für verbindliche als auch für unverbindliche Lieferfristen und Liefertermine** („vereinbarte" Frist bzw. Termin). Zum Leistungsaufschub kommt es nur dann, wenn die auf höherer Gewalt oder Betriebsstörungen beruhenden Leistungsstörungen vor dem vereinbarten Liefertermin bzw. vor Ablauf der vereinbarten Lieferfrist auftreten. Die sechswöchige Wartefrist, die für den Fall der Vereinbarung eines unverbindlichen Liefertermins bzw. einer unverbindlichen Lieferfrist vorgesehen ist, wird durch den Leistungsaufschub nicht verlängert.[84]

Gem. Abschn. IV Ziff. 5 S. 2 NWVB ist der **Aufschub** auf **4 Monate** befristet. Bei einer auf höherer Gewalt oder unverschuldeten Betriebsstörungen beruhenden Lieferverzögerung von mehr als 4 Monaten kann **der Käufer** vom Vertrag **zurücktreten.** Rücktrittsrechte aus anderen Gründen bleiben davon unberührt.

---

81 BGH 8. 10. 1969, NJW 1970, 29, 31.
82 BGH 4. 5. 1955, BGHZ 17, 199, 201; BGH 20. 2. 1970, BB 1970, 466.
83 *Von Westphalen* in *Löwe/Graf von Westphalen/Trinkner*, Großkomm. zum AGB-Gesetz, Band 3, Brosch. 8.3 Rn 8.
84 *Creutzig*, Recht des Autokaufs, Rn 4.4.2.

Die Regelung, die den Leistungsaufschub zeitlich begrenzt und die vom BGH[85] (zum alten Recht) geforderte Klarstellung enthält, dass „andere Rücktrittsrechte" unberührt bleiben,[86] mag damit zwar dem Transparenzgebot Rechnung tragen. Sie verschafft dem Handel jedoch einen im Hinblick auf die Regelungen von §§ 308 Nr. 1, 309 Nr. 8 a BGB sachlich kaum zu rechtfertigenden Zeitvorteil. Durch die Annahme-, Aufschub- und Schonfrist kann sich die Lieferzeit um mehr als ein halbes Jahr verschieben, wenn alle ungünstigen Faktoren zusammentreffen. Eine solche Verzögerung ist dem Käufer eines Neuwagens bei den heutigen Marktverhältnissen nicht zuzumuten. Dabei ist zu beachten, dass der Rücktritt im geltenden Recht – anders als nach § 326 BGB a. F. – keinen Leistungsverzug voraussetzt. Außerdem fehlt der Klausel die erforderliche Klarheit[87] und Durchsetzbarkeit, was vor allem daran liegt, dass sie den Händler nicht verpflichtet, den Käufer unaufgefordert über die auf höherer Gewalt oder Betriebsstörungen beruhenden Ereignisse und die Dauer der durch sie hervorgerufenen Leistungsstörungen zu informieren.

5. Lieferung zum festen Termin

Wenn der Käufer das Neufahrzeug zu einem ganz **bestimmten Zeitpunkt** benötigt, z. B. wegen des Antritts einer geplanten Urlaubsreise, oder eine nachträgliche Lieferung für ihn keinen Sinn hat, muss er mit seinem Lieferanten eine von dem vorformulierten Text des Bestellformulars abweichende Lieferung ‚**zum festen Termin**' vereinbaren.

Zur Begründung eines absoluten **Fixgeschäftes** genügt nicht allein die genaue Bestimmung der Lieferzeit, da eine Festlegung des Lieferzeitpunkts auch bei Vereinbarung verbindlicher und unverbindlicher Liefertermine üblich ist. Aus der Formulierung der Terminvereinbarung muss sich ergeben, dass der Zeitpunkt für die Lieferung ein so wesentlicher Bestandteil des Vertrages sein soll, dass mit der Einhaltung oder Versäumung der Lieferzeit das Geschäft stehen oder fallen, eine verspätete Lieferung also nicht mehr als Erfüllung angesehen werden soll.[88] Auf den Fixcharakter der Leistungszeit können z. B. Formulierungen hinweisen wie ‚längstens', ‚genau', ‚prompt', ‚spätestens' oder ‚fix', mit denen das Lieferdatum bekräftigt wird. Dem OLG Saarbrücken[89] genügte für die Annahme eines Fixgeschäftes ein vom Käufer eingefügter Klammervermerk, mit dem er den Liefertermin als ‚unabdingbar' bezeichnete. Die damit in Widerspruch stehenden Verkaufsbedingungen, von deren Streichung der Verkäufer den Käufer abgehalten hatte, waren dadurch außer Kraft gesetzt.

Um den Fixcharakter des Leistungszeitpunktes deutlich werden zu lassen, ist eine klare und unmissverständliche Formulierung zu wählen, wie z. B. ‚Lieferung zum festen Termin am 15.3. diesen Jahres.' Um jegliche Missverständnisse auszuschließen, empfiehlt es sich, den in der Bestellung vorgegebenen Formulartext ‚Liefertermin/Lieferzeit unverbindlich/ verbindlich' zu streichen.

Falls die Parteien einen fixen Liefertermin vereinbaren, es jedoch unterlassen, die in Abschn. IV NWVB enthaltenen Regelungen zu den Ansprüchen des Käufers im Fall des Lieferverzugs zu annullieren, überlagert nach einer Entscheidung des OLG Saarbrücken[90] die Individualabrede zur Lieferzeit lediglich die Modalitäten bei Fristüberschreitung, d. h. das Erfordernis der Fristsetzung entfällt, während es bei den Haftungsbegrenzungen und Haftungsausschlüssen verbleibt.

---

85 Urt. v. 27. 9. 2000, NJW 2001, 292.
86 Gemeint sind gesetzliche Rücktrittsrechte.
87 Siehe BGH 19. 12. 1981, NJW 1981, 1105.
88 *Canaris*, Handelsrecht 23. Aufl., § 31 Rn 6 ff.
89 Urt. v. 7. 4. 1965, DAR 1965, 299, 300.
90 Urt. v. 7. 4. 1965, DAR 1965, 299 ff.

6. Lieferverzug

a) Rechtsfolgen bei Überschreitung eines unverbindlichen Lieferzeitpunkts

aa) Herbeiführung und Beendigung des Verzugs

42 Versäumt der Käufer die nach Ablauf der „unechten" Nachfrist von 6 Wochen zur **Begründung des Verzugs** erforderliche Aufforderung, läuft die „Schonfrist" für den Händler weiter. Davon ist jedoch nur auszugehen, wenn man die Wirksamkeit der Sechswochenklausel bejaht (dazu Rn 35 ff.). Mahnt der Käufer die Lieferung nach Fristablauf an, gerät der Verkäufer gem. Abschn. IV Ziff. 2 S. 3 NWVB bereits **mit dem Zugang der Aufforderung** in Verzug. Die Aufforderung, für die Schriftform nicht vorgesehen ist, muss nicht mit einer Fristsetzung verbunden sein, auch nicht mit einer Ablehnungsandrohung.[91] Es empfiehlt sich jedoch, der Aufforderung eine Fristsetzung hinzuzufügen, weil dadurch sogleich die Voraussetzungen für einen Rücktritt und/oder die Geltendmachung von Schadensersatzansprüchen gem. Abschn. IV Ziff. 3 NWVB geschaffen werden.

43 Der **Verzug endet** mit der ordnungsgemäßen Erfüllung des Kaufvertrages durch den Verkäufer, der seiner Leistungspflicht genügt, wenn er dem Käufer die Lieferung in einer Annahmeverzug begründenden Weise anbietet.[92] Durch Zugang der Bereitstellungsanzeige beim Käufer wird der Annahmeverzug nicht ausgelöst, da ihm Abschn. V Ziff. 1 NWVB eine Abnahmefrist von 14 Tagen ab Zugang der Bereitstellungsanzeige einräumt.

Weist der vom Verkäufer zur Auslieferung bereitgestellte Neuwagen **Mängel** auf, endet der Lieferverzug mit der Abnahme des Fahrzeugs durch den Käufer. Durch spätere Geltendmachung der Nacherfüllung gerät der Verkäufer nicht erneut in Lieferverzug.

Weiterhin endet der Lieferverzug mit dem Erlöschen der Pflichten des Verkäufers aus § 433 Abs. 1 BGB. Die Erfüllungspflicht entfällt, wenn die Lieferung unmöglich (§ 275 Abs. 1 BGB) wird, der Verkäufer sich auf ein Leistungsverweigerungsrecht beruft (§ 275 Abs. 2 und Abs. 3 BGB), der Käufer vom Kaufvertrag zurücktritt (§ 323 Abs. 1 BGB) oder Schadensersatz statt der Leistung verlangt (§ 281 Abs. 4 BGB).

Der Käufer verliert den Anspruch auf Lieferung des Neufahrzeugs nicht dadurch, dass die Gegenleistung, bestehend in der Inzahlungnahme des Altwagens, unmöglich wird. Die Vereinbarung über Inzahlungnahme gibt ihm nach der Konstruktion des BGH lediglich das Recht, den primär in bar geschuldeten Kaufpreis ganz oder teilweise zu ersetzen (s. Rn 800 ff.).

bb) Verzugsschaden („Verzögerungsschaden")

44 Der Käufer hat Anspruch auf Ersatz des ihm durch die verspätete Lieferung entstandenen Schadens (§§ 280 Abs. 1, 2, 286 BGB). Es geht um den Schadensersatz wegen Verzögerung der Leistung als Unterfall des Schadensersatzes „neben" der Leistung (zu den einzelnen Kategorien s. Rn 1769 ff.). Unter den Schadensersatz wegen Verzögerung der Leistung („Verzögerungsschaden") fallen nach zutreffender Ansicht nur diejenigen Schäden, die ausschließlich auf die Verzögerung zurückzuführen sind.[93]

Der Anspruch auf Ersatz des Verzögerungsschadens erstreckt sich auf **entgangene Gebrauchsvorteile**.[94] So können die Kosten für einen Mietwagen zu ersetzen sein, die nach

---

[91] Anders, aber unzulässig, war das in den NWVB 1991 (dazu BGH 27. 9. 2000, NJW 2001, 292, 294).
[92] OLG Düsseldorf 15. 1. 1999, NJW-RR 1999, 1396.
[93] Vgl. *S. Lorenz*, JuS 2008, 205.
[94] *S. Lorenz*, JuS 2008, 204; zum alten Recht: BGH 14. 7. 1982, NJW 1982, 2304; 15. 6. 1983, NJW 1983, 2139; a. A. OLG Hamm 22. 6. 1995, OLGR 1996, 15, das sich auf den Standpunkt gestellt hat, der entgangene eigenwirtschaftliche Nutzungsvorteil sei beim nicht erfüllten Kaufvertrag nicht ohne weiteres als Vermögensschaden zu qualifizieren.

Lieferfristen und Lieferverzug

Verzugseintritt angefallen sind. Bei einem Verzicht auf einen Mietwagen kann der Käufer eine pauschale (abstrakte) Nutzungsentschädigung beanspruchen.[95] Der Anspruch besteht nach Ansicht des OLG Köln[96] auch, wenn der Käufer sich auf einem Schrottplatz ein Ersatzfahrzeug beschafft und provisorisch herrichtet, dessen Nutzungsmöglichkeiten jedoch nicht denjenigen eines Neufahrzeugs entsprechen. Weitere Hinweise im Zusammenhang mit dem mangelbedingten Nutzungsausfallschaden unter Rn 1839 ff., 1867 ff.

Ein **entgangener Gewinn** aus einem geplanten Weiterverkauf kann sowohl unter den Schadensersatz „neben" der Leistung in Form des Verzögerungsschadens als auch unter den Schadensersatz statt der Leistung fallen.[97] Die Unterscheidung ist nicht zuletzt deshalb von Bedeutung, weil die NWVB für die verschiedenen Schadensarten unterschiedliche Regelungen enthalten.

Kosten der Rechtsverfolgung sind als Verzugschaden (Verzögerungsschaden) zu ersetzen mit Ausnahme der Rechtsanwaltsgebühren für ein verzugsbegründendes Aufforderungsschreiben; dafür war der Verzug nicht ursächlich.[98]

Im Fall der vereinbarten **Hereinnahme eines Gebrauchtfahrzeuges** mit Anrechnung 45 des Kaufpreises auf den Neuwagenpreis stellt sich die Frage, wer den **Wertverlust** im Falle einer vom Verkäufer zu vertretenden Lieferverzögerung zu tragen hat. Es wird die Ansicht[99] vertreten, ein in Höhe des Wertverlustes vom Verkäufer zu leistender Schadensersatz werde durch einen ersparten höheren Wertverlust des Neuwagens im Wege der Vorteilsausgleichung kompensiert, weshalb der Käufer letztendlich den Wertverlust zu tragen habe. Hierbei wird übersehen, dass der Verkäufer durch die nicht rechtzeitige Lieferung des Neuwagens mit der Annahme des Gebrauchtfahrzeugs in Gläubigerverzug gerät (gem. § 298 BGB), da beide Leistungen Zug um Zug zu erbringen sind.

Der **Annahmeverzug** hinsichtlich des in Zahlung zu nehmenden Altwagens führt nicht zu einer Schadensersatzverpflichtung des Verkäufers,[100] sperrt aber nach dem Zweck des § 300 Abs. 1 BGB den Vorteilsausgleich mit Ansprüchen des Käufers aus Schuldnerverzug. Der Käufer haftet dem Verkäufer für eine Verschlechterung (und einen Untergang) des Gebrauchtfahrzeugs nur bei Vorsatz und grober Fahrlässigkeit, wovon bei einem üblichen Weitergebrauch nicht auszugehen ist. Ein Wertverlust, der darauf beruht, dass das Gebrauchtfahrzeug nach Eintritt des Annahmeverzugs bis zur (verspäteten) Auslieferung des Neufahrzeugs vom Käufer normal weiterbenutzt wurde und dass es in dieser Zeit gealtert ist, fällt somit in die Risikosphäre des Verkäufers. Für eine Kompensation im Wege des Vorteilsausgleichs fehlt es an der erforderlichen Grundlage.

Die durch Weiterbenutzung des Gebrauchtfahrzeugs während des Lieferverzugs **vom Käufer gezogenen Nutzungen** sind von diesem gem. § 302 BGB an den Verkäufer herauszugeben. Da eine Herausgabe in Natur ausscheidet, hat der Käufer ihren Wert **zu vergüten**, wobei sich eine Aufrechnung mit den ihm zustehenden Ansprüchen auf Nutzungsausfall wegen nicht rechtzeitiger Lieferung des Neuwagens anbietet.

---

95 BGH 14.7.1982, NJW 1982, 2304; 20.10.1987, NJW 1988, 484; OLG Köln 25.2.1993, VRS Bd. 85/93, 241.
96 Urt. v. 25.2.1993, VRS Bd. 85/93, 241.
97 Vgl. *S. Lorenz*, JuS 2008, 204.
98 *Faust* in *Huber/Faust*, Schuldrechtsmodernisierung, Kap. 3 Rn 86.
99 *Creutzig*, Recht des Autokaufs, Rn 4.2.6.6.
100 *Palandt/Heinrichs*, § 300 BGB Rn 1.

cc) Beschränkung der Haftung für Verzugsschäden
(1) Leichte Fahrlässigkeit

46 Im Abschn. IV – geändert und neu gefasst in den NWVB 3/08 – ist die Beschränkung der Haftung des Verkäufers **wegen Lieferverzuges** speziell und abschließend geregelt. Diese Klausel verdrängt die in Abschn. VIII NWVB („Haftung") enthaltene allgemeine Regelung, was in Abschn. VIII Ziff. 3 NWVB ausdrücklich klargestellt wird.

Der Anspruch des Käufers auf Ersatz des Verzugsschadens ist bei **leichter Fahrlässigkeit** des Verkäufers auf höchstens **5 % des vereinbarten Kaufpreises** beschränkt (Abschn. IV Ziff. 2 S. 4 NWVB). Zu Lasten von **Unternehmern** und **Behörden** ist die Haftung für leicht fahrlässig verursachte Verzugsschäden nicht mehr vollständig ausgeschlossen.[101] Dies ergibt sich aus Abschn. IV Ziff. 3 S. 3 NWVB, wonach für solche Käufer nur **Schadensersatzansprüche statt der Leistung** bei leichter Fahrlässigkeit gänzlich ausgeschlossen sind. Der Verzugsschaden, auch der im Sinne der NWVB, fällt nicht unter diese Kategorie.

Die **Fünfprozentklausel** hat der **BGH**[102] in einem Kontrollverfahren nur insoweit überprüft, als es um die Begrenzung der Zufallshaftung der Höhe nach ging. Im Umfang seiner Kontrolle hat er die Klausel ausdrücklich gebilligt, woraus nicht abgeleitet werden kann, dass die damalige Fünfprozentregelung auch im Übrigen zulässig ist.

Im Schrifttum findet sich die Ansicht, ein Betrag bis zu 5 % des Kaufpreises sei unter dem Gesichtspunkt des Verbots der Freizeichnung für typische Schäden zu gering.[103] Diese Bedenken sind nicht begründet, da durch Ausschöpfung des Limits von fünf Prozent im Regelfall die Schäden ausgeglichen werden, die ab Eintritt des Verzuges ausschließlich durch die Verzögerung entstehen und vom Käufer unter Berücksichtigung seiner Obliegenheiten nach § 254 Abs. 2 BGB nicht vermieden werden können. Bei einem Neuwagenpreis von durchschnittlich 26.000 € (2007) liegt die Kappungsgrenze bei 1300 €. Dieser Betrag reicht aus, um den nach dem gewöhnlichen Lauf der Dinge vorhersehbaren und abwälzbaren (reinen) Verzögerungsschaden abzudecken.

Da die Fünfprozentklausel den Schadensersatzanspruch begrenzt, ihn nicht **pauschaliert**, hat der Käufer die Höhe des ihm entstandenen Verzugsschadens darzulegen und zu beweisen.[104]

(2) Grobe Fahrlässigkeit

47 Der nach §§ 280 Abs. 1, 2, 286 BGB zu ersetzende Verzugsschaden ist ohne Höhenbegrenzung, wenn der Verkäufer die Lieferverzögerung **grob fahrlässig** oder **vorsätzlich** verschuldet hat. Deshalb besteht insoweit kein Konflikt mit § 309 Nr. 7 b BGB.[105]

Für die Behauptung, er habe die Lieferverzögerung überhaupt nicht zu vertreten, trägt der Verkäufer die Darlegungs- und Beweislast (§ 280 Abs. 1 S. 2 BGB). Scheitert die Entlastung, heißt das nicht, dass ein Fall grober Fahrlässigkeit anzunehmen ist. Gesetzlich vermutet wird nur einfaches Verschulden. Das OLG Saarbrücken[106] hat in einem „Altfall" ein grob fahrlässiges Verhalten des Händlers angenommen, weil er nicht dargetan habe, aus

---

101 Die Vorgängerregelung war zumindest missverständlich.
102 Urt. v. 27.9.2000, NJW 2001, 292.
103 *Von Westphalen*, Beilage zu NJW Heft 43/2002, S. 14; offen gelassen von *Pfeiffer*, Vertragsrecht und AGB-Klauselwerke, Neuwagenkauf Rn 20; s. auch *Christensen* in *Ulmer/Brandner/Hensen*, Anh. § 310 BGB Rn 456.
104 *Creutzig*, Recht des Autokaufs, Rn 4.2.6.2.
105 § 309 Nr. 7 a BGB ist vom Schadenstyp her nicht einschlägig.
106 Urt. v. 7.4.1965, DAR 1965, 299, 300.

welchen Gründen der Liefertermin von ihm nicht eingehalten werden konnte. Das ist bedenklich.

Grobe Fahrlässigkeit kann zu bejahen sein, wenn der Händler in Kenntnis von Belieferungsschwierigkeiten und Lieferfristüberschreitungen eine voraussichtlich nicht einhaltbare Terminzusage abgibt oder wenn er trotz bestehender Veranlassung versäumt, mit dem Hersteller/Importeur einen sog. **Eindeckungsvertrag**[107] zu schließen oder einen **Selbstbelieferungsvorbehalt**[108] zu vereinbaren.

Nach Meinung von *Creutzig*[109] wird diese Entscheidungspraxis den gegenwärtigen Besonderheiten im Kfz-Handel nicht gerecht, die darin bestehen, dass kein Hersteller/Importeur mit dem Händler einen individuellen Kaufvertrag über das vom Käufer bestellte Fahrzeug abschließt und der Händler nur in wenigen Fällen nach Weitergabe der Bestellung des Käufers eine Annahmeerklärung des Herstellers/Importeurs erhält, die – wenn überhaupt – dann auch nur eine unverbindliche Bestätigung des Liefertermins bzw. der Lieferfrist beinhaltet. Selbst wenn dies so sein sollte, kann diese Art der Einkaufspraxis nicht einfach in das Vertragsverhältnis mit dem Endkunden projiziert werden, weil dem Händler zuzumuten ist, die Modalitäten des Einkaufs im Einzelfall abweichend von den sonst üblichen Usancen mit seinem Lieferanten vertraglich zu regeln. Gelingt es ihm nicht, einen verbindlichen Liefertermin auszuhandeln, darf er dem Kunden keine Versprechungen machen, die er nicht einhalten kann und muss mit Terminzusagen vorsichtig umgehen. Verspricht er seinem Kunden gleichwohl verbindlich die Lieferung zu einem bestimmten Termin, kann er im Einzelfall grob fahrlässig, wenn nicht gar bedingt vorsätzlich, handeln.

Nach allgemeiner Ansicht ist der **Hersteller** nicht **Erfüllungsgehilfe** des Verkäufers,[110] da sich dessen Pflichten nicht auf die Herstellung des Fahrzeugs beziehen. Infolgedessen muss sich der Verkäufer ein die Herstellung der Sache betreffendes Verschulden des Herstellers grundsätzlich nicht zurechnen lassen. Andererseits sind Lieferverträge, bei denen sich der Verkäufer der Hilfe eines Lieferanten bedient, nach § 157 BGB dahin auszulegen, dass der Verkäufer für die Vertragstreue seines Lieferanten einzustehen hat. Das bedeutet, dass dem Händler das Handeln des Lieferanten zuzurechnen ist, wenn sich die Lieferung durch dessen Verschulden verzögert.[111]

dd) Rücktritt und Schadensersatz statt der Leistung
(1) Voraussetzungen

Rücktritt und Schadensersatz statt der Leistung (also nicht der „einfache" Schadensersatz neben der Leistung) haben gem. Abschn. IV Ziff. 3 NWVB (3/08) zur Voraussetzung, dass der Käufer dem Verkäufer nach Ablauf der unechten Nachfrist von 6 Wochen (bei nicht vorrätigen Fahrzeugen) erfolglos eine **echte Nachfrist** zur Lieferung gesetzt hat. Mangels gegenteiliger Regelung kann die Fristsetzung mit der Lieferaufforderung verbunden werden, was empfehlenswert ist. Eine Ablehnungsandrohung ist entbehrlich.

Nach Fristablauf hat der Käufer die Wahl: Durchsetzung des Lieferanspruchs mit Inanspruchnahme des Verkäufers auf Ersatz des Verzugsschadens („Verzögerungsschaden") oder Rücktritt vom Vertrag, was den Anspruch auf Schadensersatz statt der Leistung (und anderen Schadensersatz) nicht ausschließt (§ 325 BGB). In welcher Weise, ob kombiniert oder solo, und in welcher Reihenfolge die Ansprüche geltend gemacht werden,

---

107 OLG Düsseldorf 15.11.1971, BB 1972, 1296 ff.
108 OLG Hamm 13.3.1995, VersR 1996, 1119.
109 Recht des Autokaufs, Rn 4.2.6.4.
110 St. Rspr., vgl. BGH 15.7.2008, NJW 2008, 2837.
111 OLG Frankfurt 16.11.1976, BB 1977, 13; *Palandt/Heinrichs*, § 278 BGB Rn 13 („stillschweigende Gewährübernahme").

bleibt dem Käufer überlassen. Die in den NWVB gewählte Formulierung ist weder intransparent noch verwirrend. Allerdings wird der Käufer nicht darauf hingewiesen, dass der Rücktritt auch bei fehlendem Verschulden des Verkäufers erklärt werden kann. Dieses Manko ist indes unschädlich.

(2) Angemessene Frist

49 Die Frist muss angemessen lang für den Verkäufer und angemessen kurz für den Käufer sein. Da der Händler durch die Frist Gelegenheit erhalten soll, seine nach dem Vertrag nunmehr fällige Leistung zu erbringen, darf die Frist knapp bemessen werden.[112] Sie braucht nach Auffassung des LG Köln[113] nicht den Zeitraum der vorgeschalteten Schonfrist zu erreichen. Eine Frist von **2 Wochen** dürfte angesichts der Vorausberechenbarkeit der Lieferung und der Schonfrist von 6 Wochen im Regelfall **ausreichend** sein,[114] wenn nicht im Einzelfall besondere Umstände hinzutreten, die eine längere Frist erfordern.

Setzt der Käufer eine zu kurz bemessene Frist, wird die angemessene Frist in Lauf gesetzt.[115] Dem entspricht es, dass der Käufer die Länge der Frist nicht unbedingt bestimmen muss.[116] Er sollte dies dennoch tun und eine nach Tagen oder Wochen bemessene Frist setzen.

(3) Entbehrlichkeit der Fristsetzung

50 Da die Fristsetzung der gesetzlichen Regelung nachgebildet ist, bestehen keine Bedenken, sie den gesetzlichen Einschränkungen der §§ 323 Abs. 2 Nr. 1, 3, 281 Abs. 2 BGB zu unterwerfen und dem Käufer den sofortigen Zugriff auf das Rücktrittsrecht und den Anspruch auf Schadensersatz statt der Leistung zuzubilligen, wenn der Verkäufer die Lieferung ernsthaft und endgültig verweigert oder Umstände vorliegen, die unter Abwägung der beiderseitigen Interessen diesen Schritt als Sofortmaßnahme ohne vorhergehende Fristsetzung rechtfertigen.

Ist die Lieferung z. B. wegen Produktionseinstellung unmöglich oder beruft sich der Verkäufer berechtigterweise auf Unverhältnismäßigkeit i. S. v. § 275 Abs. 2 BGB, entfällt der Anspruch des Verkäufers auf die Gegenleistung und der Käufer kann, ohne dass es einer Fristsetzung bedarf, vom Vertrag zurücktreten (§ 326 Abs. 1 und Abs. 5 BGB). Wenn nicht feststeht, ob der Verkäufer wirklich von seiner Lieferpflicht befreit ist, sollte der Käufer ihm sicherheitshalber eine Frist setzen.[117] Andernfalls läuft er Gefahr, dass sein Rücktritt unwirksam ist, wenn sich die von ihm angenommene Unmöglichkeit der Lieferung als unzutreffend herausstellt.

Das Rücktrittsrecht und der Anspruch auf Schadensersatz statt der Leistung setzen voraus, dass der Schuldner eine fällige Leistung nicht erbringt. Der Rücktritt ist von einem Vertretenmüssen/Verschulden unabhängig; insbesondere wird kein Verzug vorausgesetzt (der i. d. R. aber vorliegt). Jedenfalls kann der Verkäufer den erklärten Rücktritt nicht mit dem Argument bekämpfen, das Ausbleiben der Lieferung sei unverschuldet.

Eine Fristsetzung vor Eintritt der Fälligkeit ist ohne Wirkung.[118] Allerdings öffnet § 323 Abs. 4 BGB dem Käufer bereits **vor Fälligkeit** des Lieferanspruchs, also bereits innerhalb

---

112 BGH 7. 10. 1981, NJW 1982, 331, 333 („kurz bemessen").
113 Urt. v. 21. 3. 1979 – 73 O 94/78 – n. v.
114 BGH 7. 10. 1982, WM 1982, 9, 12; *Romanovszky*, Kauf von neuen Kraftfahrzeugen, S. 13; *Thamm*, BB 1982, 2018 ff.; LG Köln 31. 3. 1979 – 73 O 94/78 – n. v.
115 BGH 10. 2. 1982, NJW 1982, 1279, 1280.
116 *Faust* in *Huber/Faust*, Schuldrechtsmodernisierung, Kap. 3 Rn 131 m. w. N.
117 *Huber* in *Huber/Faust*, Schuldrechtsmodernisierung, Kap. 5 Rn 64.
118 *Palandt/Heinrichs*, § 286 BGB Rn 16 m. w. N.

der laufenden Lieferfrist und der sich daran anschließenden Sechswochenfrist, das Tor zum Rücktritt vom Kaufvertrag und zur Geltendmachung von Schadensersatzansprüchen, wenn offensichtlich ist, dass die Voraussetzungen für diese Rechte eintreten werden. Dies war schon unter Geltung des alten Rechts allgemein anerkannt. Das OLG Köln[119] billigte dem Käufer eines Neuwagens das Recht zu, vor Eintritt der Fälligkeit des Lieferanspruchs vom Kaufvertrag zurückzutreten oder Schadensersatz wegen Nichterfüllung geltend zu machen, weil aufgrund entsprechender Mitteilungen des Händlers mit einer Lieferung des bestellten Fahrzeugs innerhalb der vereinbarten Frist unter Hinzurechnung der Warte- und Nachfrist nicht zu rechnen war (jetzt § 323 Abs. 4 BGB).

Zum **sofortigen Rücktritt** ist der Käufer nach § 324 BGB außerdem berechtigt, wenn der Verkäufer eine **Verhaltenspflicht** i. S. v. § 241 Abs. 2 BGB verletzt hat und dem Käufer deshalb ein Festhalten am Vertrag nicht zuzumuten ist. Der vom BGH entschiedene Fall, in dem der Verkäufer[120] einen zur Auslieferung vorgesehenen Neuwagen mit gebrauchten Teilen ausgestattet und dadurch die Vertrauensgrundlage zerstört hatte, ist mit § 324 BGB (Nebenpflichtverletzung) nicht zu erfassen; einschlägig ist § 323 Abs. 4 BGB.

Ein aus §§ 242, 313 BGB ableitbares **Rücktrittsrecht aus wichtigem Grund** liegt nicht vor, wenn über das Vermögen des Herstellers/Importeurs das **Insolvenzverfahren** eröffnet wird, der Verkäufer aber lieferfähig bleibt und bei ihm der Ersatzteil- und Garantiedienst sichergestellt ist.[121]

(4) Rechtsfolgen

Der Rücktritt hat zur Folge, dass der Primäranspruch erlischt und der Kaufvertrag in ein Rückabwicklungsverhältnis umgewandelt wird.

Die Geltendmachung des Anspruchs auf Schadensersatz statt der Leistung führt gem. § 281 Abs. 4 BGB ebenfalls zum Ausschluss des Erfüllungsanspruchs. Das Verlangen nach Schadensersatz muss eindeutig sein. Die Erklärung, die Geltendmachung von Schadensersatzansprüchen werde geprüft, reicht nicht. Es wird für zulässig erachtet, im Prozess und auch außergerichtlich primär Erfüllung, hilfsweise Schadensersatz geltend zu machen.[122] Das Schadensersatzverlangen steht dann unter der **aufschiebenden Bedingung** der Nichterfüllung des Erfüllungsanspruchs.

Es ist der Ansicht[123] beizutreten, die dem Verkäufer in analoger Anwendung von § 264 Abs. 2 BGB das Recht zubilligt, die Wahl zwischen Rücktritt und Schadensersatz durch Fristsetzung auf sich überzuleiten. Ohne diese Analogie könnte der Käufer den Verkäufer durch Hinauszögern der Entscheidung längere Zeit im Ungewissen belassen und ihn damit in eine unzumutbare Situation bringen.

(5) Verhältnis der Rechte zueinander

Rücktritt und Schadensersatz schließen einander nicht aus (§ 325 BGB), sondern können kombiniert werden. Der Käufer kann neben dem Rücktritt jede Art von Schadensersatz geltend machen: Ersatz des Verzögerungsschadens (§§ 280 Abs. 1, 2, 286 BGB), Ersatz von Begleitschäden (§ 280 Abs. 1 BGB), Aufwendungsersatz und Schadensersatz statt der Leistung (§§ 280 Abs. 1, 3, 281, 284 BGB).[124]

---

119 Urt. v. 19. 2. 1981 – 29 (79) O 223/80 – n. v.
120 BGH 19. 10. 1977, DAR 1978, 46.
121 LG Düsseldorf 27. 6. 1962 – 11 S 68/62 – n. v., zit. bei *Creutzig*, Recht des Autokaufs, Rn 4.2.8.
122 *Palandt/Heinrichs*, § 281 BGB Rn 50; einschränkend *Derleder/Zänker*, NJW 2003, 2777.
123 *Palandt/Heinrichs*, § 281 BGB Rn 51 m. w. N.
124 *Palandt/Grüneberg*, § 325 BGB Rn 1 ff.

Auf die **richtige Wahl** zwischen Rücktritt und Schadensersatz statt der Leistung kann es ankommen, wenn der Verkäufer dem Käufer das Recht eingeräumt hat, einen Teil des Neuwagenpreises **durch Hereingabe des Altwagens** zu ersetzen. Dies liegt daran, dass die Rücktrittserklärung rechtsgestaltende Wirkung hat, was bei einem Schadensersatzverlangen nicht der Fall ist. Ist der Rücktritt erklärt worden, kann der Käufer auf den Anspruch auf den großen Schadensersatz (Schadensersatz statt der ganzen Leistung) nur noch eingeschränkt zurückgreifen.

Beispiel:
Der Käufer des Neuwagens, der 20.000 € kostet, vereinbart mit dem Verkäufer Barzahlung in Höhe von 15.000 € und Inzahlungnahme seines Altwagens im Wert von 4000 € zum Anrechnungspreis von 5000 €.

Ohne Rücktrittserklärung bleibt die eigene Leistungspflicht des Käufers bestehen, und er erhält anstelle des ihm geschuldeten Neufahrzeugs vollständigen Wertersatz. Soweit sich die Geldforderungen gegenüberstehen, wird der Leistungsaustausch durch Aufrechnung vollzogen. Entscheidet sich im Beispielsfall der Käufer für diesen Weg, hat er den Altwagen an den Verkäufer zu übereignen und bekommt dafür den Gegenwert in Höhe des vereinbarten Anrechnungspreises von 5000 €. Diese Berechnung entspricht der **Surrogationstheorie** nach altem Recht.[125]

Wählt der Käufer den Rücktritt und macht er daneben Schadensersatz geltend, ist schadensmindernd zu berücksichtigen, dass er die Gegenleistung nicht mehr erbringen muss bzw. zurückfordern kann. Für den Ausgangsfall folgt daraus, dass der Käufer den Altwagen behält und vom Verkäufer Schadensersatz in Höhe von 1000 € zu bekommen hat. Dieser Betrag entspricht der Differenz zwischen dem vereinbarten Anrechnungspreis und Fahrzeugwert (Differenztheorie).

(6) Schadensberechnung

53 Der Anspruch auf Schadensersatz statt der Leistung ist ein Geldanspruch und auf Ersatz des positiven Interesses gerichtet. Der Käufer ist so zu stellen, wie er stünde, wenn der Verkäufer ordnungsgemäß erfüllt hätte. Vom Schadensersatz „neben" der Leistung unterscheidet er sich dadurch, dass er nur diejenigen Schäden betrifft, die sich aus dem **endgültigen** Ausbleiben der Leistung ergeben. Testfrage nach *Stephan Lorenz*: Wäre der Schaden behoben, wenn jetzt die Leistung noch käme?[126] Jeder Schadensposten, der auch dann nicht entfiele, wenn die geschuldete Leistung noch erbracht werden könnte, ist nicht Schadensersatz statt, sondern neben der Leistung.

Ein entgangener Gewinn kann beides sein.[127] Nutzungsausfallschäden sind gleichfalls „flexible" Einbußen. Mehrkosten, die durch den Kauf eines anderen Fahrzeugs entstehen (Deckungskauf) sind typischerweise Schadensersatz statt der Leistung; ebenso der Verlust eines auf den Altwagen gewährten Rabatts. Ob Porto, Telekommunikationskosten, Bereitstellungskosten eines Anschaffungskredits, Rechtsverfolgungskosten und Steuernachteile unter den Schadensersatz statt der Leistung fallen oder nicht, lässt sich – anders als im früheren Recht – nicht pauschal beantworten.

54 Im Fall der **Nichtlieferung eines Importfahrzeugs** haben das OLG Düsseldorf[128] und das LG Köln,[129] dem Käufer die Mehrkosten zugesprochen, die bei dem Erwerb eines Inlandsfahrzeugs gleichen Typs und gleicher Bauart und Ausstattung anfallen.

---

125 *Grothe* in *Bamberger/Roth*, § 325 BGB Rn 6.
126 JuS 2008, 204.
127 Siehe *S. Lorenz*, JuS 2008, 204.
128 Urt. v. 30. 8. 2001, DAR 2002, 212, 213.
129 Urt. v. 19. 4. 2000, DAR 2000, 362.

Umstritten ist, ob eine **konkrete Schadensberechnung** durch Gegenüberstellung des 55
Vertragspreises und des objektiven Verkehrswertes bei einem Neuwagenkauf möglich
ist. Während der 19. ZS des OLG Hamm[130] sich auf den Standpunkt gestellt hat, bei einem
Schnäppchenkauf bestehe der Schaden in der Differenz zwischen Marktwert und Kaufpreis, vertrat der 2. ZS des OLG Hamm[131] die Ansicht, ein Pkw – eventuell mit Ausnahme
von Oldtimern – sei kein zur Kapitalanlage geeigneter wertbeständiger Vermögensgegenstand, wie etwa ein Grundstück,[132] sondern eine auf Abnutzung angelegte Gebrauchssache.
Der ersparte Wertverlust, der den erhöhten Substanzwert praktisch aufhebe, sei bei der
Schadensberechnung zu berücksichtigen, ansonsten der Käufer besser stünde als bei einer
ordnungsgemäßen Vertragserfüllung. Die Argumentation des 2. ZS ist nicht überzeugend,
da der Kaufpreis mit dem Wert des unbenutzten Fahrzeugs zu vergleichen ist. Was nachher
mit dem Kraftfahrzeug geschieht, hat bei der Schadensberechnung außer Betracht zu bleiben.

(7) Beschränkung des Schadensersatzanspruchs statt der Leistung

Anders als beim Verzugsschaden („Verzögerungsschaden") ist der Anspruch des Käu- 56
fers auf Schadensersatz statt der Leistung **bei leichter Fahrlässigkeit**, aber auch nur dann,
nicht auf 5, auch nicht – wie früher – auf 10, sondern auf **25 Prozent des Kaufpreises** beschränkt. **Völlig ausgeschlossen** ist dieser und nur dieser Anspruch (nicht etwa der Anspruch auf Verzugsschadensersatz) zu Lasten von Unternehmen und Behörden, sofern
dem Verkäufer nur leichte Fahrlässigkeit zur Last fällt (vgl. Abschn. IV Ziff. 3 NWVB,
3/08). M. a. W.: Bei grobem Lieferverschulden wird allen Käufergruppen voll gehaftet.

In der heutigen (nachgebesserten) Fassung sind diese Regelungen **nicht zu beanstanden**. Bei der Beurteilung der 25-Prozent-Klausel ist zu berücksichtigen, dass davon nur
der Schadensersatz statt der Leistung betroffen ist, nicht der anderweitig geregelte und
bis zu 5 % des Kaufpreises liquidierbare Verzugsschaden. Beide Schadensarten sind auch
bei der Inhaltskontrolle strikt zu trennen.[133] Bei einem Prozentsatz von 25 ist eine ausreichende Deckung i. S. v. BGHZ 138, 118 gewährleistet. Unangemessen benachteiligt ist
der Käufer jedenfalls nicht. Da er bei grobem Verschulden vollen Ersatz erhält, ist das Verbot des § 309 Nr. 7 b BGB nicht verletzt.

Vollen Ersatz bei Vorsatz und grober Fahrlässigkeit können auch Unternehmer und Behörden beanspruchen. Ausgeschlossen ist die Ersatzpflicht des Verkäufers lediglich für den
Fall leichter Fahrlässigkeit. Ob dies mit § 307 BGB im Einklang steht, wird die Rechtsprechung zu klären haben.[134] Hinreichend transparent dürfte die Klausel in der jetzigen Fassung sein. Der Abschn. IV NWVB 3/08 ist neu strukturiert und auch im Wortlaut geändert.
Klargestellt ist, dass sich der völlige Haftungsausschluss bei leichter Fahrlässigkeit nur auf
den Anspruch auf Schadensersatz statt der Leistung bezieht. Verzugsschadensersatz erhält
auch ein Unternehmer, wenngleich limitiert.

(8) Zufallshaftung

Wird dem Verkäufer während seines Verzuges die Lieferung durch Zufall unmöglich, so 57
haftet er nach Maßgabe der „vereinbarten Haftungsbegrenzungen" (Abschn. IV Ziff. 3 S. 4

---

130 Urt. v. 13. 3. 1995, VersR 1996, 1119.
131 Urt. v. 22. 6. 1995, OLGR 1996, 15.
132 BGH 18. 1. 1980, NJW 1980, 1742.
133 Die Erwägungen des BGH (NJW 2001, 292) zum Nebeneinander von Verzögerungsschaden und
Nichterfüllungsschaden dürften durch die Schuldrechtsmodernisierung überholt sein.
134 Für Unwirksamkeit aus Gründen mangelnder Transparenz (der Vorgängerklausel) und wegen
Nichtbeachtung der Kardinalpflichten-Rspr. des BGH *Pfeiffer*, Klauselwerke „Neuwagenkauf",
Rn 33.

NWVB). Nach S. 5 entfällt die Haftung, wenn der Schaden auch bei rechtzeitiger Lieferung eingetreten wäre. Diese Regelung weicht in mehrerer Hinsicht von derjenigen ab, die der BGH durch Urteil vom 27. 9. 2000[135] für ungültig erklärt hat. Seinerzeit war der Anspruch auf Ersatz des Nichterfüllungsschadens auf 10 % des Kaufpreises beschränkt. Das war dem BGH zu wenig, um den vertragstypischen, vorhersehbaren Schaden zu decken. Ob mit der Anhebung auf 25 % diese Bedenken ausgeräumt sind, bleibt abzuwarten. Auch die Schadensrisiken und ihre Abwälzbarkeit sind – ggf. abweichend von BGH NJW 2001, 292 – neu zu bewerten und in die „neuen" Schadenskategorien einzuordnen.

b) Rechtsfolgen bei Überschreitung einer verbindlich vereinbarten Lieferzeit

58 Falls die Parteien (ausnahmsweise) einen verbindlichen Liefertermin oder eine verbindliche Lieferfrist vereinbart haben, gerät der Verkäufer – ohne Mahnung – allein schon mit der Fristüberschreitung in Verzug (§ 286 Abs. 2 Nr. 1 BGB). Das ergibt sich mit hinreichender Deutlichkeit aus der Regelung im Abschn. IV mit der Unterscheidung zwischen verbindlichen und unverbindlichen Lieferzeiten.

Seinen Verzugsschaden („Verzögerungsschaden") kann der Käufer sogleich liquidieren. Die weitergehenden Rechtsbehelfe Rücktritt und Schadensersatz statt der Leistung setzen voraus, dass der Käufer dem Verkäufer erfolglos eine Frist zur Lieferung gesetzt hat. Die Rechtsfolgen sind die gleichen wie in den Schonfrist-Fällen (s. Rn 42 ff.).

c) Rechtsfolgen bei Nichtlieferung zum Fixtermin

59 Bei Vereinbarung eines Leistungszeitpunktes mit Fixcharakter (relatives Fixgeschäft) gewährt § 323 Abs. 2 Nr. 2 BGB dem Käufer ein sofortiges **Rücktrittsrecht bei Fristüberschreitung**.[136] Verzug und Fristsetzung sind entbehrlich. Der Verkäufer besitzt keinen Anspruch darauf, dass ihm der Käufer nachträglich Gelegenheit einräumt, den Vertrag zu erfüllen.[137] Allerdings verfällt das Rücktrittsrecht des Käufers, wenn er es nicht alsbald nach Fälligkeit der Lieferung ausübt, so dass in diesem Fall die beiderseitigen Erfüllungspflichten fortbestehen.

IV. Unmöglichkeit, Unzumutbarkeit der Lieferung und Störung der Geschäftsgrundlage

60 Die Fälle, in denen der Verkäufer von seiner Leistungspflicht befreit ist, weil ihm die Lieferung des Fahrzeugs nicht möglich (§ 275 Abs. 1 BGB) oder nicht zuzumuten ist (§ 275 Abs. 2 und 3 BGB), spielen im Neuwagenhandel keine allzu große Rolle, weshalb die Darstellung auf das Wesentliche beschränkt werden kann.

1. Rechtlicher Rahmen

61 Abgesehen von der Haftungsbeschränkung des Verkäufers für den Fall, dass die Lieferung nach Eintritt des Lieferverzugs durch Zufall unmöglich wird (Abschn. IV Ziff. 3 S. 4 NWVB), enthalten die NWVB keine speziellen Regelungen zu den Rechtsfolgen der Unmöglichkeit und Unzumutbarkeit der Lieferung. Es gelten daher die gesetzlichen Vorschriften zur Unmöglichkeit mit der Maßgabe, dass die daraus resultierenden Schadensersatzansprüche nicht den speziellen Ausschlüssen und Begrenzungen der Haftung wegen

---

135 NJW 2001, 292.
136 OLG Düsseldorf 31. 10. 2005 – I-1 U 82/05 – n. v.; *Palandt/Heinrichs*, § 271 BGB Rn 17.
137 *Creutzig*, Recht des Autokaufs, Rn 4.3.6.

Lieferverzugs unterliegen, sondern unter die Regelungen im Abschn. VIII („Haftung") fallen. Nur die Haftung wegen Lieferverzugs ist im Abschn. IV speziell und abschließend geregelt.

Unmöglichkeit i. S. d. § 275 Abs. 1 BGB bedeutet, dass die Lieferung für den Verkäufer oder für jedermann auf Dauer unmöglich ist. Das ist z. B. anzunehmen, wenn das vom Käufer bestellte Serienfahrzeug nicht mehr produziert wird und die Vorräte erschöpft sind. Eine nur vorübergehende Unmöglichkeit kann nach der Rechtsprechung[138] einer dauernden gleichzustellen sein. Bei **anfänglicher wie bei nachträglicher Unmöglichkeit** ist der Anspruch des Käufers auf Lieferung (§ 433 Abs. 1 S. 1 BGB) ausgeschlossen (Einwendungstatbestand).

Als Einredetatbestände sind die in § 275 Abs. 2 und Abs. 3 BGB geregelten Fälle konstruiert. Die Leistung ist an sich möglich, kann unter Umständen aber verweigert werden. Im Bereich des Neuwagenkaufs sind beide Einredefälle eher theoretischer Natur. Dies liegt daran, dass der Verkäufer in den meisten Fällen eine Gattungsschuld übernimmt und eine Unzumutbarkeit der Leistung aus persönlichen Gründen kaum vorstellbar ist. Nach welcher Methode im Rahmen von § 275 Abs. 2 BGB das **grobe Missverhältnis** zwischen Aufwand und Leistungsinteresse (Wert der Sache) zu ermitteln ist und wo die Grenzwerte liegen, ist höchstrichterlich noch nicht geklärt. Im Schrifttum werden 100 bis 150 % des Leistungsinteresses vorgeschlagen, je nach Art des Vertretenmüssens.[139] Ein Wert von unter 100 % wird als nicht ausreichend angesehen,[140] da § 275 Abs. 2 BGB als Sondernorm eng auszulegen sei.[141]

Besondere Anstrengungen zur Überwindung von Beschaffungsschwierigkeiten sind dem Verkäufer zuzumuten, wenn er eine Beschaffungsgarantie übernommen hat (dazu Rn 63).

Ein Meinungsstreit hat sich an der Frage entzündet, welche Folgen sich aus einem **zufälligen nachträglichen Verlust** oder einer zufälligen nachträglichen **Beschädigung** der Kaufsache ergeben. Dabei geht es um die Verteilung der Zufallsgefahr und das Verhältnis von § 275 Abs. 2 BGB zu hiervon abweichenden schuldrechtlichen Vereinbarungen.[142]

In freier Konkurrenz zu § 275 Abs. 2 BGB steht der in § 313 BGB kodifizierte Einwand des **Wegfalls der Geschäftsgrundlage**.[143] Während § 275 Abs. 2 BGB ein grobes Missverhältnis zwischen dem Leistungsinteresse des Gläubigers und den Anstrengungen erfordert, die der Schuldner unternehmen muss, lässt § 313 BGB genügen, dass der benachteiligten Partei ein Festhalten am unveränderten Vertrag nicht zugemutet werden kann, dafür aber voraussetzt, dass die Abwesenheit des Leistungshindernisses die Vertragsgrundlage darstellt.

2. Änderung des Vertriebs und Einstellung der Produktion

Entscheidet sich der Hersteller nachträglich zum Direktvertrieb einer Fahrzeugserie unter Ausschaltung der Händlerorganisation, so wird ein hiervon betroffener Vertragshändler von seiner Lieferverpflichtung gegenüber dem Käufer nicht ohne weiteres entlastet. Vielmehr muss er geeignete Schritte gegenüber dem Hersteller unternehmen und in der Auseinandersetzung mit dem Käufer den Nachweis führen, dass er alle Möglichkeiten ausge-

---
138 BGH 19.10.2007, NJW 2007, 3777 (Immobilienkauf).
139 *Faust* in *Huber/Faust*, Schuldrechtsmodernisierung, Kap. 2 Rn 68.
140 *Grüneberg* in *Bamberger/Roth*, § 275 Rn 39 m. w. N.; *Canaris*, JZ 2004, 214; a. A. *Picker*, JZ 2003, 1035; *Wilhelm*, DB 2004, 1599.
141 *Lorenz/Riehm*, § 275 Rn 310; *Canaris*, Karlsruher Forum 2002, S. 13.
142 Dazu *Picker*, JZ 2003, 1035; *Canaris*, JZ 2004, 214; *Wilhelm*, DB 2004, 1599.
143 Zur Abgrenzung *Palandt/Heinrichs*, § 275 BGB Rn 29.

schöpft hat, um seine Lieferpflicht aus dem Kaufvertrag erfüllen zu können. Die Klausel ‚eigene Liefermöglichkeit vorbehalten' befreit ihn nicht von seiner Einwirkungspflicht auf den Hersteller.[144]

Für die unternehmerische Entscheidung des Fahrzeugherstellers, einen bestimmten Fahrzeugtyp nicht mehr zu produzieren, ist der Händler allerdings nicht verantwortlich.[145]

Falls der Hersteller seine Neufahrzeuge selbst verkauft, befreit ihn die eigene Produktionsänderung nicht von seiner Lieferpflicht, da die Aufrechterhaltung des Produktionsplanes nicht die Geschäftsgrundlage des Kaufvertrags darstellt.[146]

Nicht akzeptabel ist die in den AGB eines selbst verkaufenden Herstellers vorgesehene Freistellung beider Parteien von den Verpflichtungen aus dem Kaufvertrag für den Fall, dass der Kaufgegenstand zum vorgesehenen Liefertermin wegen Serienauslaufs nicht mehr lieferbar ist. Diese Klausel, in der sich der Verkäufer außerdem das Recht vorbehält, dem Käufer ein anderes Fahrzeug zum Kauf anzubieten, benachteiligt den Käufer unangemessen (§ 307 BGB). Aus § 275 Abs. 2 BGB folgt, dass die Dispositionsfreiheit des Herstellers dem Prinzip der Vertragstreue unterzuordnen ist, solange nicht ein auffälliges Missverhältnis zwischen dem Leistungsinteresse des Gläubigers und den Anstrengungen vorliegt, die dem Schuldner zuzumuten sind. Dem selbst verkaufenden Fahrzeughersteller ist ohne weiteres zuzumuten, entweder die Produktion einer Fahrzeugserie so lange aufrechtzuerhalten, bis er alle ihm vorliegenden Kaufaufträge erfüllt hat, oder einen Vertragsstopp zu verfügen, wenn er beabsichtigt, die Produktion einzustellen. Die Unangemessenheit der Klausel ist evident. Einerseits bindet sie den Käufer an den Kaufvertrag, während sie andererseits dem Hersteller völlig freie Hand bei der Entscheidung belässt, die Produktion zu einem beliebigen Zeitpunkt einzustellen und sich von seinen vertraglichen Pflichten zu lösen.

3. Beschaffungsrisiko und Beschaffungsverschulden

63   Auf Grund der Abhängigkeit von seinem Lieferanten besteht für den Neuwagenhändler ein gewisses Beschaffungsrisiko. Es lässt sich durch eine Selbstbelieferungsklausel abmildern. Diese Möglichkeit hat man in den NWVB nicht gewählt.

Nach dem Gesetz gilt: Die Verpflichtung zur Lieferung eines nicht vorrätigen, der Gattung nach bestimmten Neufahrzeugs bedeutet nicht automatisch die Übernahme des Beschaffungsrisikos im Sinne einer Garantie. **Mit den Worten des BGH:**

Für nach dem 1.1.2002 abgeschlossene Kaufverträge kann nicht mehr angenommen werden, dass dem Leistungsversprechen des Verkäufers auch eine Garantie für sein Leistungsvermögen immanent ist (Urt. v. 19.10.2007, NJW 2007, 3777).

Diese fundamentale Aussage des BGH ist nicht auf die Lieferung einer Speziessache beschränkt. Damit gilt sie auch für die Verpflichtung des Händlers, ein Fahrzeug zu liefern, das er selbst erst bestellen muss.

Eine Liefergarantie kann freilich im Einzelfall kraft vertraglicher Vereinbarung bestehen. Sie muss nicht ausdrücklich übernommen werden; es genügt eine konkludente Vereinbarung.[147] Für eine solche Garantieübernahme ist jedoch Voraussetzung, dass dafür konkrete Anhaltspunkte vorliegen. Lassen sie sich nicht feststellen, bleibt es bei der verschuldensabhängigen Haftung auf Schadensersatz, d.h. dem Verkäufer steht der Entlastungsbeweis offen.

---

144 BGH 1.12.1993, ZIP 1994, 136.
145 OLG Düsseldorf 10.12.1999, NJW-RR 2000, 721.
146 OLG Stuttgart 5.10.1987, NJW-RR 1988, 312.
147 BGH 19.10.2007, NJW 2007, 3777.

In den NWVB wird der Fall der Übernahme eines Beschaffungsrisikos zwar ausdrücklich angesprochen. Für diesen Fall soll die Haftung des Verkäufers von der Freizeichnungsregelung unberührt bleiben. Ob der Verkäufer eine Garantie für die Erfüllung der Beschaffungspflicht durch konkludentes Verhalten übernommen hat – eine ausdrückliche Vereinbarung ist unrealistisch – hängt von den jeweiligen Umständen des Einzelfalles ab. Von selbst versteht sie sich jedenfalls nicht (BGH NJW 2007, 3777). In Fällen des Direktvertriebs (Kauf in Werksniederlassungen z. B. der Daimler AG oder der BMW AG) spricht Einiges für die Annahme einer konkludenten Beschaffungsgarantie. Anders ist die Interessenlage beim Kauf vom Händler, auch vom Markenhändler, zu beurteilen. Für diesen Bereich wird sich ein Garantiewille kaum jemals feststellen lassen, auch keine konkreten Anhaltspunkte, die aus Sicht eines verständigen Käufers darauf schließen lassen.

Schon auf Grund seiner Eigentumsverschaffungspflicht hat der Verkäufer alle Hindernisse aus dem Weg zu räumen, die der rechtzeitigen Lieferung entgegenstehen. Zur Überwindung unerwarteter Beschaffungsschwierigkeiten sollen ihm Beschaffungskosten zuzumuten sein, die über der mit dem Käufer vereinbarten Gegenleistung liegen.[148]

Handelt es sich bei dem bestellten Fahrzeug um ein Standardmodell ohne besondere Ausstattungswünsche, muss sich der nicht selbst produzierende Verkäufer darum bemühen, das Fahrzeug bei einem anderen Händler zu besorgen, wenn der Hersteller die Produktion überraschend eingestellt hat.[149] Falls es dem Händler unmöglich ist, das Fahrzeug anderweitig zu beschaffen, haftet er dem Käufer allerdings nicht auf Schadensersatz, wenn er trotz des Abschlusses eines kongruenten Deckungsgeschäftes mit dem Lieferanten von diesem nachweislich im Stich gelassen worden ist.[150]

4. Rechtsfolgen

Falls die Lieferpflicht des Verkäufers gem. § 275 Abs. 1 bis 3 BGB ausgeschlossen ist, hat dies gem. § 326 Abs. 1 S. 1 Hs. 1 BGB zur Folge, dass sein Anspruch auf den Kaufpreis entfällt. Der Käufer kann unter diesen Voraussetzungen gem. § 326 Abs. 5 BGB **vom Vertrag zurücktreten**.

Der Verkäufer behält den Anspruch auf den Kaufpreis, wenn der Käufer den zum Ausschluss der Leistungspflicht führenden Umstand allein oder weit überwiegend zu vertreten hat, wofür eine Verantwortungsanteil des Käufers von 90 %, mindestens aber von 80 % erforderlich ist,[151] oder wenn dieser Umstand zu einem Zeitpunkt eingetreten ist, zu welchem der Käufer in Annahmeverzug war (§ 326 Abs. 2 S. 1 BGB).

Beispiel:
Das ordnungsgemäß gesicherte Neufahrzeug wird vom Betriebshof des Händlers nach Ablauf der 14-tägigen Bereitstellungsfrist und nach Setzung einer weiteren Abnahmefrist entwendet.

Lag das zum Ausschluss der Leistungspflicht führende Hindernis schon bei Abschluss des Kaufvertrags über das Neufahrzeug vor (z. B. Einstellung der Fahrzeugproduktion), kann der Käufer gem. § 311 a Abs. 2 S. 1 BGB nach seiner Wahl vom Verkäufer Schadensersatz statt der Leistung oder Ersatz seiner vergeblichen Aufwendungen verlangen. Die Ansprüche sind ausgeschlossen, wenn der Verkäufer beweist, dass er das Leistungshindernis bei Vertragsschluss nicht kannte und seine Unkenntnis nicht zu vertreten hat. Diese Entlastungsmöglichkeit entfällt bei Annahme einer Liefergarantie (dazu Rn 63). Was die Haftung gem. § 311 a Abs. 2 BGB im Einzelnen angeht, so wird auf Rn 1829 ff. verwiesen.

---
148 *U. Huber*, FS *Schlechtriem*, S. 521, 566.
149 *Canaris*, JZ 2001, 518.
150 BGH 12. 1. 1994, ZIP 1994, 461, 464; 26. 1. 1983, WM 1983, 308; 6. 3. 1968, BGHZ 49, 388 ff.
151 *Palandt/Grüneberg*, § 323 BGB Rn 29.

Für nach Vertragsschluss eintretende Hindernisse, die zum Ausschluss der Leistungspflicht führen (nachträgliche Unmöglichkeit), haftet der Verkäufer nach §§ 280 Abs. 1, 3, 283 BGB auf Schadensersatz statt der Leistung bzw. Aufwendungsersatz.

Beispiel:
Das vom Käufer als Einzelstück gekaufte Neufahrzeug wird vor Auslieferung gestohlen, weil ein Mitarbeiter des Autohauses versehentlich den Fahrzeugschlüssel im Zündschloss hat stecken lassen.

65 **Ausschluss und Beschränkung der Schadensersatzhaftung:** Die hier erörterte Schadensersatzhaftung des Verkäufers gem. §§ 280, 283, 311 a BGB ist keine aus Lieferverzug, sondern aus Lieferunmöglichkeit. Damit sind nicht die Freizeichnungsklauseln des Abschn. IV NWVB, sondern des Abschn. VIII („Haftung") einschlägig. Sie müssen sich insbesondere an §§ 307 und 309 Nr. 7 BGB messen lassen. § 309 Nr. 7 b BGB ist nicht berührt, da der Verkäufer in Fällen von Lieferunmöglichkeit für grobes Verschulden unbeschränkt haftet, auch gegenüber Unternehmern und Behörden (anders insoweit bei Schadensersatzansprüchen wegen Sachmängeln). Dem absoluten Freizeichnungsverbot gem. § 309 Nr. 7 a BGB (Leben, Körper und Gesundheit) ist jetzt ausdrücklich Rechnung getragen s. Abschn. VIII Ziff. 5 NWV (3/08).

Fraglich bleibt, ob die **Haftungsbeschränkung für leichte Fahrlässigkeit** nach Maßgabe des neu formulierten Abschn. VIII NWVB (3/08) Bestand haben wird.[152] Einschlägige Rechtsprechung dazu liegt derzeit noch nicht vor.

V. Kaufpreis

1. Preisvereinbarung

66 Die Preisvereinbarung erfolgt beim Neuwagenkauf regelmäßig in Form einer **Individualabrede**. Sie gehört zu den wesentlichen Bestandteilen des Vertrages und ist in den hierfür vorgesehenen Rubriken auf der Vorderseite des Bestellformulars einzutragen. Preisabrede und Vereinbarungen über die Zahlungsweise haben Vorrang gegenüber AGB.

Die Höhe des Kaufpreises untersteht der allgemeinen Vertragsfreiheit in den Grenzen von § 138 BGB. Der Neuwagenhandel arbeitet mit unverbindlichen Preisempfehlungen der Hersteller/Importeure, die nach § 23 GWB gestattet sind. Verstöße hiergegen lassen die Wirksamkeit des Kaufvertrages mit dem Endkunden unberührt.

Der Muster-Bestellvordruck enthält eine Rubrik für den **Gesamtpreis** (Gesamtbetrag) in Euro, der sich aus **Einzelpreisposten** für das Fahrzeug, für Sonderausstattung, Transportkosten, Zulassungsbescheinigung II (früher Fahrzeugbrief) und Zulassungskosten zusammensetzt. Bereitstellungskosten sind in dem aktuellen Muster nicht mehr erwähnt. Der vielfach kritisierte Posten „Überführungskosten" steht unter „Transportkosten".

Der Preis für das Fahrzeug wird als ‚**gegenwärtiger Preis ab Fabrik/Importeurlager**' ausgewiesen. Damit ist nicht der Preis des Herstellers oder des Importeurs gemeint, sondern der des Verkäufers ‚bei Lieferung' ab Fabrik/Importeurlager. Bei Lieferung ab Verkäufer kommen in der Regel die **Transport- und Bereitstellungskosten** hinzu, für die der Bestellsatz eine eigene Preisspalte enthält.

Die formularmäßige Kennzeichnung der Preise als ‚**gegenwärtige**' besagt nicht, dass die Preisgestaltung ‚offen gehalten' oder der tatsächlich vom Käufer zu entrichtende Preis erst später bei Lieferung des Fahrzeugs festgelegt werden soll.[153] Sie stellt lediglich klar, dass der individuell vereinbarte Kaufpreis auf der Grundlage der gegenwärtigen Bezugspreise

---
152 Zur Vorgängerklausel s. *Pfeiffer*, Klauselwerke, Neuwagenkauf, Rn 75 ff.
153 BGH 18. 5. 1983, BB 1983, 921 ff.; 1. 2. 1984, BB 1984, 486 ff.

Kaufpreis

des Verkäufers ab Fabrik/Importeurlager beruht. Dieser Preis ist ohne Rücksicht auf die Lieferzeit und zwischenzeitliche Preiserhöhungen verbindlich, es sei denn, die Parteien haben eine abweichende Vereinbarung getroffen.[154]

Laut Neuwagen-Mustervertrag ist die **Umsatzsteuer** gesondert auszuweisen. Fehlt der Eintrag, ist im Zweifelsfall davon auszugehen, dass die Umsatzsteuer als rechtlich unselbstständiger Teil des Preises im Gesamtpreis enthalten ist.[155] Davon ist auch im unternehmerischen Geschäftsverkehr auszugehen, wenn sich aus den Umständen nichts anderes ergibt.[156] Der Händler besitzt keinen Anspruch auf Zahlung versehentlich nicht berechneter Mehrwertsteuer.[157] **67**

Missverständnisse über Art und Umfang der vom Verkäufer zu erbringenden Nebenleistungen sind programmiert, wenn im Bestellformular lediglich der Gesamtpreis ausgewiesen ist und die Rubriken ‚Transport-/Bereitstellungskosten, Zulassungskosten, Zulassungsbescheinigung II' keine Eintragungen oder Streichungen enthalten. **68**

Die Zulassung des Fahrzeugs ist keine kaufvertraglich geschuldete und kostenlos zu erfüllende Nebenverpflichtung des Verkäufers.[158] Die Zulassungskosten sind auch nicht automatisch im Kaufpreis enthalten. Es entspricht den Gepflogenheiten des Kfz-Handels, dass derartige Leistungen gesondert in Rechnung gestellt werden.[159]

Rund 70 % der privaten Neuwagenkäufer ersetzen einen Teil des Kaufpreises durch einen Altwagen, den sie in Zahlung gaben. Durch Anrechnung auf den Kaufpreis im Wege einer Ersetzungsbefugnis (so der BGH; ausführlich dazu Rn 800 ff.) wird der Charakter des Kaufvertrages nicht berührt. Ein Tauschgeschäft, bei dem der Käufer als Gegenleistung statt der Geldsumme die Übereignung des Gebrauchtwagens schuldet, ist beim Neuwagenkauf unüblich. **69**

Für die **Inzahlungnahme** des Altwagens enthalten die handelsüblichen Bestellformulare überwiegend keine eigenständige Rubrik. Zu den einzelnen Dokumentationsvarianten s. Rn 785 ff. Die Vereinbarung ist in die Rubrik ‚Zahlungsweise und sonstige Vereinbarungen' aufzunehmen.

Textvorschlag:
Wir übernehmen das Fahrzeug des Käufers vom Typ XY, Baujahr 2003, amtl. Kennzeichen B – OO – 0000, zum Festpreis von € 15.000 zuzüglich Umsatzsteuer bei Ausweisberechtigung nach UStG, sofern das Fahrzeug nicht unter Anwendung der Differenzbesteuerung nach § 25 a UStG erworben wurde und machen zur Voraussetzung eine Fahrleistung von max. 99.000 km und einen der heutigen Bewertung entsprechenden Zustand des Fahrzeugs bei Übergabe.

Falls die Parteien über den Kaufpreis keine Einigung erzielen, kommt der Vertrag nicht zustande, es sei denn, dass dieser Punkt bewusst offen gelassen wird,[160] z. B. ‚Preis wird bei Lieferung bestimmt' oder ‚Preis bleibt vorbehalten'. Ein **Offenhalten des Preises** ist sinnvoll bei langen Lieferfristen und notwendig in den Fällen, in denen der Käufer ein Fahrzeug **70**

---

154 *Creutzig*, Recht des Autokaufs, Rn 2.1.10.
155 BGH 26. 6. 1991, NJW 1991, 2484; OLG Frankfurt 30. 10. 1997, OLGR 1998, 238.
156 BGH 28. 2. 2002 NJW 2002, 2312; OLG München 3. 12. 1997, OLGR 1998, 246; *Palandt/Heinrichs* § 157 BGB Rn 13; a. A. *Staudinger/Beckmann*, § 433 BGB Rn 60 m. w. N.
157 BGH 24. 2. 1988 BGHZ 103, 284, 287; anders BGH 14. 1. 2000, DB 2000, 1555; zu der Fallgestaltung, dass die Parteien irrtümlich der Auffassung sind, der von ihnen abgeschlossene Kaufvertrag unterliege nicht der Mehrwertsteuer BGH 11. 5. 2001, NJW 2001, 2464.
158 OLG Hamm 3. 6. 1998, OLGR 1998, 222.
159 OLG Hamm 3. 6. 1998, OLGR 1998, 222.
160 *Palandt/Heinrichs*, § 154 BGB Rn 2.

bestellt, das erst demnächst auf den Markt kommt und dessen Preis bei Abschluss des Kaufvertrages nicht feststeht.

Im Einzelfall kann die Auslegung der Vertragsabsprachen ergeben, dass dem Verkäufer das Recht eingeräumt werden soll, den Kaufpreis nach billigem Ermessen gem. § 315 BGB zu bestimmen. Dafür trägt der Verkäufer die Beweislast.[161] Falls der Preis nach bestimmten Bemessungsgrundlagen berechnet werden soll, bedarf es hierzu einer Absprache der Parteien.[162] Unbedenklich ist die Vereinbarung eines ‚Tages- oder Marktpreises' als Individualabsprache. Sie besagt, dass im Zweifel der für den Erfüllungsort zur Erfüllungszeit maßgebliche Durchschnittspreis gelten soll.

71   Umstritten ist, ob Regelungen, die auf ein **Offenhalten** des **Preises** oder auf einen **Preisvorbehalt** hinauslaufen, der **AGB-Kontrolle** unterliegen, falls sie im Bestellvordruck des Verkäufers formularmäßig enthalten sind.[163] Da Preisvorbehalte ebenso wie Preisänderungsvorbehalte dem Verwender die Befugnis der Entgeltsbemessung einräumen, ist der Auffassung beizutreten, dass Preisvorbehalte generell der Inhaltskontrolle von § 307 BGB unterliegen, zumal – mehr noch als bei den vom BGH missbilligten **Preisanpassungsklauseln**[164] – bei Preisvorbehaltsklauseln jegliche Konkretisierbarkeit des Preises von vornherein ausgeschlossen ist und demzufolge die erhöhte Gefahr einer willkürlichen Preisgestaltung besteht.[165]

Wenn die vereinbarte Lieferfrist **nicht mehr als 4 Monate** beträgt, verstößt ein Offenhalten des Preises in AGB gegen **§ 309 Nr. 1 BGB**. Dessen Schutzzweck besteht darin, wie auch immer geartete formularmäßige Regelungen zu unterbinden, die dem Verwender die Möglichkeit der Preiserhöhung während der Viermonatsfrist einräumen. Näheres zur Problematik „Preisänderung" unter Rn 77 ff.

2. Preisagenturen

72   Preisagenturen, die professionell Neuwagenpreise vergleichen und für Privatkunden Angebote zum Kauf eines Fahrzeugs zu einem günstigen Preis einholen, betreiben eine Maklertätigkeit als Sonderform der Geschäftsbesorgung. Der Auftraggeber ist zur Entrichtung der vereinbarten Vergütung gem. § 652 Abs. 1 BGB nur unter der Voraussetzung verpflichtet, dass der Vertrag infolge des Nachweises der Preisagentur **zustande kommt.** Vertragsklauseln, die den Auftraggeber zur Zahlung einer erfolgsunabhängigen Provision verpflichten, sind wegen Verstoßes gegen § 307 Abs. 2 S. 1 BGB nichtig.[166]

3. Preisauszeichnung

73   Die Preisangaben-Verordnung (PAngVO), deren Vorschriften wettbewerbsregelnde Funktion zum Schutz der Verbraucher haben, schreibt die Angabe von **Endpreisen** vor, wenn Waren oder Leistungen gegenüber Endverbrauchern angeboten werden oder unter Angabe von Preisen dafür geworben wird. Zum Problem „Nettopreise in Internet-Börsen" siehe ASR 10/2008, 18.

Besteht der Adressatenkreis ausschließlich aus Gewerbetreibenden (z. B. bei „schweren" Nutzfahrzeugen), braucht gem. § 7 Abs. 1 Ziff. 1 PAngVO kein Endpreis gebildet zu wer-

---

161 BGH 19. 1. 1983, NJW 1983, 1777; 21. 1. 1976, DB 1976, 669, 670; 30. 6. 1969, NJW 1969, 1809; OLG Hamm 24. 10. 1975, NJW 1976, 1212.
162 BGH 18. 5. 1983, BB 1983, 921, 923.
163 Offen gelassen vom BGH 18. 5. 1983, BB 1983, 921 ff.
164 Urt. 7. 10. 1981, BB 1982, 146 zu Abschn. II Ziff. 2 NWVB a. F.
165 *Trinkner*, BB 1983, 924, Anm. zu BGH 18. 5. 1983, BB 1983, 921 ff.; *Reinicke/Tiedtke*, Kaufrecht, Rn 117 ff.
166 LG München 12. 3. 1998, DAR 1998, 239.

den.¹⁶⁷ Das Angebot eines Autotelefons muss die Mehrwertsteuer beinhalten, da es sich auch an Endverbraucher richtet.¹⁶⁸

Die Grenzen zwischen ‚**Angebot**' und ‚**Werbung**' i. S. v. § 1 Abs. 1 S. 1 PAngVO sind fließend. Ein Angebot liegt vor, wenn die Angaben des Verkäufers derart detailliert sind, dass beim Kunden der Eindruck entsteht, er brauche nur noch den Vertrag zu unterschreiben, um die Ware zu bekommen. Eine Händler-Zeitungsanzeige, die über Fabrikat, Fahrzeugtyp, Fabrikneuheit und Lackart informiert und außerdem den pauschalen Hinweis auf ‚alle Extras' enthält, ist nicht nur Werbung, sondern schon ein konkretes Angebot über ein als Einzelstück erkennbares Fahrzeug.¹⁶⁹

Für alle Fahrzeuge, die im Ausstellungsraum oder auf sonstigen zugänglichen Stellen des Betriebs sichtbar zum Zweck des Verkaufs ausgestellt sind, muss der Händler **Verkaufspreise** angeben (§ 2 Abs. 1 PAngVO). Der Preis ist deutlich lesbar auf einem in unmittelbarer Nähe des Kraftfahrzeugs befindlichen Schild oder als Beschriftung auf dem Kraftfahrzeug anzubringen.¹⁷⁰ Die Händlerpreisangabe bezieht sich auf das ausgestellte Fahrzeug in der vorhandenen Ausstattung und gilt für weitere Fahrzeuge nur, falls es sich bei dem Ausstellungswagen um ein serienmäßig ausgestattetes Exemplar eines meist aufgrund einer Sonderaktion zu einem günstigeren Gesamtpreis vertriebenen Modells handelt.¹⁷¹ **Vorführwagen**, rechtlich Gebrauchtwagen, müssen mit einem Preis lediglich dann ausgezeichnet werden, wenn sie entweder zum Verkauf bereitstehen oder als Modell für ein serienmäßig ausgestattetes Fahrzeug dienen.¹⁷²

Preisrechtlich nicht zu beanstanden ist es, wenn der Händler neben der Angabe des Endpreises weitere für sinnvoll gehaltene **zusätzliche Preisangaben** macht,¹⁷³ indem er z. B. eine Preisaufgliederung in ‚Kaufpreis ab Werk' und in ‚Frachtkosten' vornimmt. Er muss in diesem Fall gem. § 1 Abs. 5 S. 3 PAngVO den Endpreis hervorheben, z. B. durch Unterstreichen, großes Schriftbild oder durch Fettdruck.

74

Die Erwähnung der **unverbindlichen Preisempfehlung** des Herstellers oder Importeurs ist statthaft. Sie bedeutet nicht ohne weiteres, dass es sich um die Verkaufspreise des werbenden Händlers handelt.¹⁷⁴

Von der Möglichkeit, auf **Verhandlungsbereitschaft** über den Preis hinzuweisen, macht der Neuwagenhandel keinen Gebrauch. Nach dem Wegfall des Rabattgesetzes ist dieser Hinweis nicht mehr zu beanstanden, zumal das Verhandeln über den Preis durchaus der Verkehrsauffassung i. S. v. § 1 Abs. 1 S. 3 PAngVO entspricht.

Die **Kosten** für die **Zulassung** des Fahrzeugs müssen im Endpreis nicht enthalten sein, wenn der Käufer die Möglichkeit hat, das gekaufte Fahrzeug selbst beim Straßenverkehrsamt anzumelden¹⁷⁵ oder damit den Händler zu beauftragen. Ist der Kunde gezwungen, das Fahrzeug durch den Händler anmelden zu lassen, sind die Kosten in den Endpreis aufzunehmen. Nicht geklärt ist die Frage, ob ein gesonderter Hinweis auf die Zulassungskosten zulässig ist.

---

167 Zur Ausnahmeregelung BGH 2. 6. 1978, BB 1978, 1538; BayOLG 21. 9. 1982, DB 1983, 606; OLG Frankfurt 31. 10. 1989, DB 1990, 220.
168 KG 20. 10. 1992, GRUR 1994, 66.
169 KG 13. 1. 1981, WRP 1981, 212.
170 *Ulmer*, DAR 1983, 137, 139 ff.
171 *Ulmer*, DAR 1983, 137.
172 *Ulmer*, DAR 1983, 137 ff.
173 *Boest*, NJW 1985, 1440.
174 BGH 23. 5. 1990, DAR 1990, 427.
175 *Zirpel/Preil*, Werben ohne Abmahnung, S. 18.

Überführungskosten sind Preisbestandteil, wenn sie vom Kunden zu tragen sind.[176] Falls bei nicht vorrätigen Fahrzeugen im Einzelfall eine Überführung durch den Käufer selbst möglich ist, müssen deren Kosten nach herrschender Ansicht gleichwohl im Endpreis enthalten sein, da die Überführung durch den Händler in der weitaus überwiegenden Zahl der Fälle obligatorisch ist und ein zuverlässiger Preisvergleich die Anknüpfung an den Regelfall voraussetzt.[177] Im Regelfall sind die angesprochenen Adressaten daran gewöhnt, aufschlagsfreie Preisangaben zu begegnen. Eine Werbung mit Preisangabe für ein zu überführendes Auto wird als Endpreis **einschließlich Überführungskosten** verstanden.[178] Dem Händler wird lediglich ein Hinweis darauf gestattet, dass eine Überführung des Autos durch den Käufer möglich ist und sich in diesem Fall der angegebene Preis entsprechend ermäßigt.[179]

Nach der Gegenmeinung, die eine Einbeziehung **fakultativer Überführungskosten** in den Endpreis nicht für erforderlich hält, bedarf es zur Wahrung der erforderlichen Preisklarheit eines eindeutigen Hinweises auf die zusätzliche Berechnung dieser Kosten. Der Hinweis muss so deutlich gestaltet sein, dass sich die Vorstellung, bei dem angebotenen Inklusivpreis handele es sich um den Endpreis, auch für den flüchtigen Betrachter gar nicht erst bilden kann.[180] Ein neben der Preisangabe angebrachtes Sternchen sowie dessen im weiteren Text der Werbeanzeige untergebrachte Aufschlüsselung ‚Unverbindliche Preisempfehlung des Importeurs zuzüglich Überführungskosten' vermittelt diese Preisklarheit nicht.[181]

Werden Fahrzeugpreis und Überführungskosten gesondert angegeben, ohne dass aus beiden ein Gesamtpreis gebildet wird, liegt zwar ein Verstoß gegen § 1 PAngVO vor, der aber i. d. R. nicht geeignet ist, den Wettbewerb **wesentlich zu beeinträchtigen**. Denn dem verständigen Verbraucher ist zuzutrauen, dass er zwei Einzelpreise addieren kann, um den tatsächlichen Preis zu ermitteln. Damit ist zugleich gewährleistet, dass Vergleiche mit Angeboten von Mitbewerbern vorgenommen werden können.[182]

Stehen die Überführungskosten noch nicht fest oder sind sie unterschiedlich, ist der Betrag pauschal zu kalkulieren und in den Endpreis einzurechnen.[183] Eine Circa-Preisangabe ist nicht zulässig, da § 1 Abs. 6 PAngVO verlangt, dass der Endpreis wahrheitsgemäß und genau beziffert wird.[184]

Der Verpflichtung zur Zahlung der mit einer Pauschale vereinbarten Überführungskosten kann sich der Käufer nicht mit dem Einwand entziehen, er selbst könne das Fahrzeug zu einem günstigeren Preis überführen.[185]

75 Im Fall der Gewährung eines **Darlehens oder einer Finanzierungshilfe** sind die wesentlichen Konditionen anzugeben.[186] Bei einem Darlehen mit festen Konditionen über die gesamte Laufzeit ist der ‚**effektive Jahreszins**' und bei einem solchen mit variablen Konditionen der ‚anfängliche effektive Zinssatz' mit dem frühest möglichen Änderungszeitpunkt anzugeben. Die Bezeichnung ‚Effektivzins' ist mit der in § 4 Abs. 1 S. 1 PAngVO vorgeschrie-

---

176 OLG Frankfurt 28. 2. 1980, WRP 1980, 498; OLG Schleswig 23. 1. 2007 – 6 U 65/06 – n. v.
177 BGH 16. 12. 1982, WRP 1983, 358.
178 OLG Schleswig 23. 1. 2007 – 6 U 65/06 – n. v.
179 *Boest*, NJW 1985, 1440, 1442.
180 OLG Frankfurt/M. 17. 2. 1985, DAR 1985, 384.
181 OLG Köln 11. 8. 2000, VuR 2001, 446, 449; OLG Celle 14. 10. 2004 – 13 U 187/04 – n. v.
182 OLG Düsseldorf 9. 11. 1999 – 20 U 14/99 – n. v.; für Erheblichkeit OLG Schleswig 23. 1. 2007 – 6 U 65/06 – n. v. (Internetanzeige).
183 OLG Düsseldorf 11. 7. 1995 – 20 U 100/95 –; LG Frankfurt/M. 13. 2. 2002 – 2/6 O 5/02 –.
184 *Völker*, Preisangaberecht, § 1 PAngVO, Rn 41 m. w. N.
185 LG Berlin 15. 12. 1953 – 92 S 7/53 – n. v., zit. bei *Creutzig*, Recht des Autokaufs, Rn 2.1.4.
186 Dazu *Boest*, NJW 1993, 40.

benen Angabe ‚effektiver Jahreszins' nicht vereinbar und daher unzulässig, da bei einer Bezeichnung ohne zeitlichen Bezug Irritationen hinsichtlich der Laufzeit auftreten können.

Die Bewilligung eines Zahlungsaufschubs gegen 3 %ige **Bearbeitungsgebühr** stellt eine sonstige Finanzierungshilfe von § 499 Abs. 1 BGB dar und verpflichtet zur Angabe des effektiven Jahreszinses.[187] Die bei der Berechnung des effektiven Jahreszinses einzubeziehenden Faktoren (Nominalzins, Bearbeitungs- und Vermittlungsgebühren, obligatorische Restschuldversicherung) schreibt das Gesetz ebenso vor wie die Rechenmethode. Die Angaben sind im Neuwagenhandel bedeutsam für verbundene Verträge (§ 358 BGB) und Teilzahlungsgeschäfte (§§ 501 ff. BGB).

Der effektive Jahreszins muss ausnahmsweise nicht angegeben werden, wenn der Händler unter Barpreisstellung anbietet und gleichzeitig für einen über ein Kreditinstitut finanzierten Stundungskauf wirbt, vorausgesetzt, seine Angaben beschränken sich darauf, dass die zu Barzahlungspreisen angebotenen Artikel sofort gekauft und in 6 Monaten bezahlt werden können und dass eine preisgünstige Finanzierung über die Hausbank möglich ist.[188] Eine unter Verstoß gegen die PAngVO getroffene Absprache ist zivilrechtlich wirksam.[189]

4. Rabattgewährung und Zugaben

Seit Aufhebung des Rabattgesetzes und der Zugabeverordnung sind die vom Neuwagenhandel gewährten Preisnachlässe deutlich angestiegen. Außerdem werden Neufahrzeuge wesentlich attraktiver und aggressiver dargeboten. Die Rabatte liegen zurzeit bei durchschnittlich 16,5 %.[190]

Darüber hinaus wird der Kunde mit verlockenden Angeboten umworben. Typische Beispiele: Übernahme der Kraftstoffkosten für 10.000 Kilometer oder für ein Jahr (z. B. Opel), Befreiung von Versicherungsbeiträgen und Kraftfahrzeugsteuer für 2 Jahre, Garantiepreis für das Altauto, Freistellung von den Darlehensraten auf die Dauer eines Jahres bei Eintritt der Arbeitslosigkeit, 1000 € in bar.[191]

Die Begriffe Rabatt und Zugabe leben auch nach der Abschaffung des Rabattgesetzes und der Zugabeverordnung im Geschäfts- und Rechtsverkehr weiter. Nach allgemeinem Sprachgebrauch ist unter Rabatt ein Preisnachlass zu verstehen, den der Unternehmer seinem Kunden als Nachlass auf den allgemein geforderten Normalpreis der Ware oder Leistung gewährt. In Anlehnung an die ehemalige Definition zu § 1 ZugabeVO ist Zugabe als eine Ware oder Dienstleistung zu definieren, die ohne besondere Berechnung zu einer entgeltlich abgegebenen Ware oder Leistung hinzu gegeben wird und deren Erwerb von ihr abhängig ist.[192] Übliche Zugaben im Kraftfahrzeughandel sind Fußmatten, Fensterleder, Schlüsselanhänger, Tankfüllung, Autoradio, Winterreifen, Alarmanlage, kostenlose Jahresinspektion, Motoröl und Filterwechsel.

Nach dem Verlust der einfach zu handhabenden Formaltatbestände des Rabattgesetzes und der Zugabeverordnung sind diese Erscheinungsformen des Wettbewerbs an den allgemeinen Lauterkeitsregeln des UWG zu messen.[193]

---

187 BGH 15. 6. 1989, WRP 1990, 239.
188 OLG Düsseldorf 9. 4. 1987, NJW-RR 1988, 488.
189 BGH 15. 11. 1978, NJW 1979, 540.
190 Studie des CAR-Centers (Prof. *Dudenhöffer*), zitiert nach Kölner Stadtanzeiger v. 23. 10. 2008.
191 Zur Zulässigkeit *Dittmer*, BB 2001, 1961, 1964; *Berneke*, WRP 2001, 615, 621; *Cordes*, WRP 2001, 867, 871; *Heermann*, WRP 2001, 855, 864.
192 *Köhler*, BB 2001, 1589.
193 *Dittmer*, BB 2001, 1961, 1962; *Steinbeck*, ZIP 2001, 1741 ff.

5. Preisänderungen

a) Vertragspraxis

77 Die aktuellen NWVB enthalten **keine Regelungstexte** in Bezug auf den Kaufpreis und dessen Anpassung während der vereinbarten Lieferzeit. Dies liegt daran, dass die Verbände der Automobilindustrie mit Preisänderungsklauseln in der Vergangenheit keine guten Erfahrungen gemacht haben.[194]

78 Dem Handel ist es freigestellt, die NWVB durch **Preisanpassungsklauseln** zu ergänzen. Dabei ist allerdings Vorsicht geboten. Im Gegensatz zu individuellen Vereinbarungen sind formularmäßige Preisanpassungsregelungen nur unter bestimmten Voraussetzungen und in engen Grenzen zulässig. Der gesetzliche Rahmen wird von §§ 307, 309 Nr. 1 BGB abgesteckt.

Die Mehrheit der Neuwagenanbieter hat es bei dem Wegfall der Regelungstexte zur Preisanpassung belassen. Sie setzen auf **individualvertragliche Absprachen**. Treffen die Parteien des Kaufvertrages keine diesbezüglichen Vereinbarungen, verbleibt es unabhängig von der vereinbarten und tatsächlichen Lieferzeit bei dem Kaufpreis, der bei Vertragsabschluss festgelegt worden ist. Allein die Kennzeichnung der vereinbarten Einzelpreise als „gegenwärtige Preise" (Bestellscheinvorderseite) schafft keine rechtliche Grundlage für eine spätere Preisanpassung.

In manchen Vertragsformularen wird die vom BGH schon vor Jahren verworfene Klausel weiterverwendet, dass sich der Verkaufspreis entsprechend erhöht, wenn sich nach Vertragsschluss die **Mehrwertsteuer ändert**. Sie ist unwirksam, weil die nach § 309 Nr. 1 BGB erforderliche Einschränkung fehlt.

Wieder anzutreffen ist auch die unverfängliche Klausel, die 1991 aus den NWVB herausgenommen wurde und die lediglich klarstellt, dass sich der Preis des Kaufgegenstandes ohne Skonto und sonstige Nachlässe zuzüglich Umsatzsteuer (Kaufpreis) versteht und dass vereinbarte Nebenleistungen (z. B. Überführungskosten) zusätzlich berechnet werden.

79 Einige Händler haben sich ermutigt gefühlt, die Regelungslücke in Abschn. II NWVB mit selbst entworfenen AGB zu füllen.

Zwei Klauselbeispiele:

Vertragshändlerklausel (kein Selbstverkauf durch den Hersteller)

„1. Der Preis des Kaufgegenstandes versteht sich ohne Skonto und sonstige Nachlässe zuzüglich Umsatzsteuer (Kaufpreis). Vereinbarte Nebenleistungen werden zusätzlich berechnet.

2. Liegen zwischen Vertragsschluss und vereinbartem Liefertermin mehr als 4 Monate und ändert der Hersteller/Importeur nach Vertragsschluss die unverbindliche Preisempfehlung für das bestellte Fahrzeug oder erhöht sich nach Vertragsschluss die gesetzliche Mehrwertsteuer, ist der Verkäufer berechtigt, den Kaufpreis der Änderung der unverbindlichen Preisempfehlung oder der Erhöhung der Mehrwertsteuer anzupassen. Ergibt sich dadurch eine Erhöhung des Kaufpreises um 5 % oder mehr, so kann der Käufer durch schriftliche Erklärung binnen drei Wochen *(oder 2 Wochen)* seit Eingang der Mitteilung über die Preiserhöhung vom Vertrag zurücktreten.

3. Ziff. 2 gilt nicht für juristische Personen des öffentlichen Rechts, öffentlich-rechtliche Sondervermögen oder einen Unternehmer, der bei Abschluss des Vertrages in Ausübung seiner gewerblichen oder selbstständigen beruflichen Tätigkeit handelt."

---

194 Die Klauseln wurden allesamt für unwirksam erklärt, siehe BGH 7. 10. 1981, BB 1982, 146; ferner BGH 26. 5. 1986, NJW 1986, 3134; 12. 7. 1989, NJW 1990, 115; OLG Düsseldorf 12. 4. 1984, WM 1984, 1134.

Klausel eines überwiegend selbst verkaufenden Herstellers

„1. Der Preis des Kaufgegenstandes versteht sich ab Herstellerwerk zuzüglich etwaiger Überführungskosten und zuzüglich Umsatzsteuer (Kaufpreis). Vereinbarte Nebenleistungen werden zusätzlich berechnet.

2. Die im Kaufvertrag genannte Gesamtsumme ist als Kaufpreis zu zahlen, wenn eine Lieferzeit bis zu 4 Monaten vereinbart ist oder innerhalb von 4 Monaten geliefert wird. Andernfalls werden die am Tag der Lieferung geltenden Listenpreise des Herstellers zuzüglich Umsatzsteuer als Kaufpreis vereinbart.

Erhöhungen zwischen der Mitteilung des zu zahlenden Kaufpreises durch den Verkäufer und der Lieferung werden nicht berechnet, wenn der Käufer das Fahrzeug fristgerecht abnimmt.

Der Käufer kann vom Vertrag zurücktreten, wenn die Summe der Kaufpreise für Fahrzeug und Sonderausstattung und des Entgelts für die Überführung in der Kaufpreismitteilung die Summe der für den gleichen Umfang in der Bestellung genannten Preis um mehr als 2,5 % – bei vereinbarter Lieferzeit von mindestens 18 Monaten um mehr als durchschnittlich 1,25 % je Vertragshalbjahr – übersteigt.

Der Rücktritt hat schriftlich binnen 2 Wochen seit Zugang der Kaufpreismitteilung zu erfolgen.

3. Ist der Käufer eine juristische Person des öffentlichen Rechts, ein öffentlich-rechtliches Sondervermögen oder ein Unternehmer, der bei Abschluss des Vertrages in Ausübung seiner gewerblichen oder selbstständigen beruflichen Tätigkeit handelt, werden für Fahrzeug, Sonderausstattung und Überführung die am Tag der Lieferung geltenden Listenpreise des Herstellers zuzüglich Umsatzsteuer als Kaufpreis vereinbart; Ziff. 2 gilt nicht."

b) Gesetzliche Ausgangslage

Außerhalb des Geschäftsverkehrs mit Unternehmern, ihnen gleichgestellten juristischen Personen des öffentlichen Rechts und öffentlich-rechtlichen Sondervermögen sind formularmäßig vorgesehene Erhöhungen des Entgelts für Waren oder Leistungen, die innerhalb von **vier Monaten** nach Vertragsschluss geliefert oder erbracht werden sollen, gem. **§ 309 Nr. 1 BGB** grundsätzlich unzulässig. Dies gilt auch, wenn die Vereinbarung über die Erhöhung des Entgelts von dem übrigen Vertragstext räumlich getrennt wird und eine gesonderte Unterschriftsleistung des Käufers vorgesehen ist.[195]

Es kommt nicht auf den tatsächlichen, sondern auf den **vereinbarten** Leistungszeitraum an. Eine Klausel, die offen lässt, ob unter der Lieferzeit die vereinbarte oder die tatsächliche Lieferzeit zu verstehen ist, ist bedenklich.[196] Die Frist beginnt mit dem Zustandekommen des Vertrages, also mit dem Zugang der Annahmeerklärung des Verkäufers.[197]

In die Zeit zwischen **Angebot und Annahme** fallende Preisänderungen werden von § 309 Nr. 1 BGB nicht erfasst. Kommt es vor Bestätigung des Angebots zur Preisänderung und teilt der Händler dem Kunden mit, dass er das Fahrzeug nur noch zu dem geänderten Preis liefern kann, bedeutet diese Erklärung die Ablehnung des Kaufantrags, verbunden mit einem neuen Vertragsangebot (§ 150 BGB). Das Angebot bedarf der Annahme durch den Käufer, die ausdrücklich erklärt werden muss.[198] Schriftform ist für die Annahme des Angebots nicht vorgeschrieben, es sei denn, es handelt sich um ein Teilzahlungsgeschäft (§§ 501, 492 Abs. 1 S. 1 BGB).

---

195 LG Münster 29. 5. 1991, DAR 1992, 307 mit Anm. *Mehnle* S. 308.
196 LG Münster 29. 5. 1991, DAR 1992, 307 mit Anm. *Mehnle*.
197 OLG Frankfurt 15. 1. 1981, DB 1981, 884.
198 BGH 18. 5. 1983, BB 1983, 921, 923.

Das Preisänderungsverbot gem. § 309 Nr. 1 BGB erfasst **jede Art** von **Preiserhöhungen** einschließlich der Anhebung der **Mehrwertsteuer**. Das Risiko einer Mehrwertsteuererhöhung kann nicht durch eine ‚Netto-Preisvereinbarung zuzüglich Umsatzsteuer' auf den Verbraucher verlagert werden, da diese Regelung eine Umgehung von § 309 Nr. 1 BGB darstellen würde, die gem. § 306 a BGB unzulässig ist.

Soll die Lieferung ‚**so bald als möglich**' ausgeführt werden, kommt es darauf an, ob die Parteien eine Lieferung innerhalb oder außerhalb der viermonatigen Frist gewollt haben, was notfalls im Wege der Auslegung zu ermitteln ist.[199] Falls im Vertrag der vereinbarte Lieferzeitpunkt nicht angegeben und ein solcher auch nicht aus den Umständen zu entnehmen ist, gilt § 271 Abs. 1 BGB, d. h. der Käufer kann sofortige Lieferung verlangen; eine Preisänderungsklausel ist unzulässig.

c) Einzelprobleme

81   Im Fall einer Lieferfristvereinbarung **von mehr als 4 Monaten** darf der Verkäufer die durch eine gesetzeskonforme Klauselgestaltung vorbehaltene Preiserhöhung nur unter der Voraussetzung an den Käufer weitergeben, dass die **Umstände**, auf denen die Preissteigerung beruht, **nach Vertragsschluss** eingetreten sind und diese für den Verkäufer nicht voraussehbar waren.[200] Prüfmaßstab ist **§ 307 BGB**.

Eine Klausel, die lediglich die Möglichkeit der Kaufpreiserhöhung zu Gunsten des Verkäufers vorsieht, verstößt nicht gegen § 307 BGB.[201] Von unwirksamer Klauselgestaltung ist auszugehen, wenn sich der Verkäufer bei Vertragsabschluss die Möglichkeit der Abänderung des vereinbarten Liefertermins einräumen lässt, ohne zugleich die Preisänderungsklausel entsprechend anzupassen.[202]

Ein höherer Preis als der bei Vertragsschluss vereinbarte darf dem Käufer nicht abverlangt werden, wenn die ursprünglich vereinbarte, unter 4 Monaten liegende **Lieferfrist nachträglich verlängert** wird. Das Gleiche gilt für eine Preissteigerung **nach Eintritt des Lieferverzugs**, da sie der Risikosphäre des Verkäufers zuzurechnen ist.[203] Hierzu in Widerspruch stehende AGB sind unwirksam. Nach Meinung des OLG Düsseldorf[204] kann der Verkäufer dem Käufer eine in die Verzögerungsfrist fallende Preiserhöhung nur entgegenhalten, wenn er beweist, dass zwischen ihm, dem Großhändler, der Vertriebsgesellschaft und dem Hersteller eine Kette rechtlich bindender Eindeckungsverträge bestanden und keine dieser Personen die Lieferverzögerung verschuldet hat.

Behält sich der Verkäufer durch eine gesetzeskonforme Klausel eine Preiserhöhung vor, kann er nach einer Entscheidung des LG Mainz[205] den erhöhten Preis nicht vom Käufer verlangen, wenn das bestellte Fahrzeug innerhalb der Frist von vier Monaten an ihn geliefert wird und er es entsprechend einer mit dem Käufer bei Vertragsabschluss getroffenen Vereinbarung drei Monate als Vorführwagen benutzt, ehe er es dem Käufer übergibt. Nach Ansicht der Kammer kommt es auf den Zeitpunkt der Anlieferung des Neufahrzeugs beim Verkäufer an und nicht auf den Zeitpunkt der Übergabe des Fahrzeugs an den Käufer.

Der **Verkäufer** trägt die **Beweislast** dafür, dass die Preiserhöhung sich im Rahmen der nachträglich geänderten Umstände hält. Willkürliche Preisanhebungen scheitern an § 315

---

199 Dazu OLG Köln 31. 7. 1991, OLG Report 1992, 36 (schnellstmöglich heißt: Belieferung innerhalb von spätestens 12 Wochen).
200 *Palandt/Grüneberg*, § 309 BGB Rn 8; LG Frankfurt/M. 6. 3. 1984, BB 1984, 942.
201 OLG Düsseldorf 22. 11. 2001, OLGR 2002, 145, 147; OLG Köln 13. 7. 1998, OLGR 1998, 434.
202 *Burck*, DB 1978, 1385.
203 *Burck*, DB 1978, 1385, 1386.
204 Urt. v. 15. 11. 1971, BB 1972, 1296 ff.
205 Urt. v. 6. 4. 1993 – 3 S 282/92 – n. v.

BGB. Die dem Verkäufer eingeräumte Befugnis zur Vornahme von Preiserhöhungen unterliegt **richterlicher Kontrolle**. Entspricht die Preiserhöhung nach Marktlage und Lieferzeit nicht der Billigkeit, kann das Gericht die vom Verkäufer getroffene Maßnahme aufheben und durch eigene billige Entscheidung ersetzen.

d) Klauselgestaltung

Eine Preisanpassungsregelung in AGB darf nicht **allgemein gehalten** sein, wie die vom BGH verworfene **Tagespreisklausel.** Sie besagt, der am Tag der Lieferung gültige Preis sei maßgeblich. Wird die Klausel konkret gefasst, besteht die Gefahr, dass der Käufer sie kaum noch versteht. Wichtig ist, dass der Kunde den Umfang der auf ihn zukommenden Preissteigerung aus der Formulierung der Klausel erkennen kann.[206] Die Wahrscheinlichkeit der Unverständlichkeit wird umso größer, je mehr Faktoren der Kostensteigerung dargestellt werden.[207]

Beachtet man die **vom BGH**[208] erteilten Hinweise, erfordert eine wirksame Preisänderungsklausel, dass

— das Ausmaß der Erhöhung in **angemessenem Verhältnis** zur eingetretenen Änderung steht und die Klausel eine nachvollziehbare Begrenzung enthält,[209]
— die maßgeblichen **Kriterien** der Preiserhöhung möglichst **konkret** bezeichnet sind, d. h. Offenlegung der Kalkulation, wenn die Klausel auf eine Erhöhung der Kostensätze abstellt,[210]
— dem Käufer unter bestimmten Voraussetzungen ein **Rücktrittsrecht** zusteht.[211]

Bezüglich des **Rücktrittsrechts** („Rücktrittsschwelle") wurden im Anschluss an die o. a. BGH-Entscheidung im Wesentlichen zwei Vorschläge erörtert: Zum einen die Vorgabe einer starren, in Prozent ausgedrückten Limitierung (z. B. Steigerung um mehr als 5 % des Ausgangspreises),[212] zum anderen die Anlehnung an die allgemeine wirtschaftliche Entwicklung, ausgedrückt durch die vom Bundesamt für Statistik festgestellte Steigerung der Lebenshaltungskosten.

Nach Ansicht des BGH[213] muss der Käufer, der sich bei Vertragsabschluss der Veränderlichkeit des Preises und seiner eigenen Leistungsfähigkeit bewusst ist, Preissteigerungen redlicherweise so lange hinnehmen, wie die Preisentwicklung hinsichtlich des Kraftfahrzeugs von der **allgemeinen Preisentwicklung** nicht erheblich abweicht. Eine Klausel, die ein Rücktrittsrecht des Käufers davon abhängig macht, dass die Preiserhöhung des Kraftfahrzeugs zwischen Bestellung und Auslieferung den Anstieg der allgemeinen Lebenshaltungskosten erheblich übersteigt, trägt dem Umstand Rechnung, dass bei langen Lieferfristen die künftige Kostenentwicklung auf den vielfältigsten, vom Händler oft nicht voraussehbaren Umständen beruhen kann[214] und schützt den Käufer zugleich vor einem überproportionalen Anstieg der Pkw-Anschaffungskosten.[215]

---

206 BGH 19. 11. 2002, DAR 2003, 165, 168.
207 BGH 7. 10. 1981, BB 1982, 146.
208 Urt. v. 7. 10. 1981, BB 1982, 146.
209 BGH 12. 7. 1989, NJW 1990, 115, 116.
210 OLG Düsseldorf 24. 11. 1981, DB 1982, 537; OLG Celle 1. 2. 1984, BB 1984, 808.
211 BGH 11. 6. 1980, NJW 1980, 2518 ff.; 7. 10. 1981, BB 1982, 146; 20. 5. 1985, ZIP 1985, 1081; 29. 10. 1985, WM 1986, 73; 26. 5. 1986, ZIP 1986, 919.
212 *Löwe*, BB 1982, 152 ff.
213 Urt. v. 1. 2. 1984, BB 1984, 486, 488.
214 BGH 7. 10. 1981, BB 1982, 146.
215 *Bartsch*, BB 1983, 215 ff.

Im Urteil vom 1. 2. 1984 hat der BGH[216] nicht die Voraussetzungen eines wirksamen Preisänderungsvorbehalts geprüft. Er musste lediglich die Lücke füllen, die die unwirksame Tagespreisklausel hinterlassen hatte. In diesem Zusammenhang erklärte er, es sei unbedenklich, wenn im Wege der ergänzenden Vertragsauslegung ein – durch ein Rücktrittsrecht des Käufers begrenztes – Leistungsbestimmungsrecht in den Vertrag eingeführt werde. Die **Kombination** aus Rücktritt und Leistungsbestimmungsrecht wurde so zum Maßstab für die Klauselgestaltung.[217]

Bei Kaufverträgen über Neufahrzeuge mit längeren Lieferfristen bestehen somit keine Bedenken gegen die Verwendung von Preissteigerungsklauseln, die außer dem Rücktrittsrecht des Käufers die Regelung enthalten, dass der bei Lieferung geforderte – erhöhte – Preis einer nach **billigem Ermessen** zu treffenden **Leistungsbestimmung** durch den Verkäufer gem. § 315 Abs. 1, 3 BGB entsprechen muss. Hierdurch kann sowohl dem Umstand Rechnung getragen werden, dass eine Bestellung zu einem besonders günstigen, erheblich unter dem Listenpreis liegenden Preis erfolgt, als auch dem Umstand, dass der bei Lieferung verlangte Preis zwar unterhalb der allgemeinen Preissteigerung, aber weit über dem Anstieg der allgemeinen Anschaffungskosten für das Fahrzeug liegt. Die Kontrolle nach § 315 Abs. 3 BGB ist außerdem ein dem Rücktrittsrecht vorgeschaltetes Korrektiv, das die Gefahr mindert, dass der Verkäufer den Käufer durch das Verlangen exorbitanter Erhöhungen[218] aus dem Vertrag drängt.

84 **Fasst man die Überlegungen des BGH zusammen**, reicht allein die Festlegung einer starren Rücktrittsgrenze von z. B. 5 % zur Rettung der Preisanpassungsklausel nicht aus. Erforderlich ist vielmehr, dass die Rücktrittsschwelle der Billigkeit entsprechen muss. Sie ist daher an den allgemeinen Lebenshaltungskosten auszurichten und muss dem Käufer das Recht zum Rücktritt vom Vertrag geben, wenn der bei Lieferung verlangte Preis gegenüber dem bei Vertragsabschluss vereinbarten Preis stärker als die allgemeinen Lebenshaltungskosten angestiegen ist.[219] Durch eine Kombination des flexiblen Lösungsansatzes mit der Festlegung einer prozentualen Höchstgrenze lässt sich der Schutz des Käufers optimieren.

Nach einer Entscheidung des OLG Hamm[220] berechtigt eine Klausel, die dem Käufer das Recht einräumt, bei einer Preiserhöhung von 5 % zwischen Vertragsschluss und vereinbartem Liefertermin vom Kaufvertrag zurückzutreten, den Käufer zur Ausübung des Rücktritts, wenn der Hersteller die Preise in diesem Zeitraum zwei Mal um insgesamt 5,3 % erhöht und die erste Teuerung der Steigerung der allgemeinen Lebenshaltungskosten entspricht und die zweite Teuerung mit einer verbesserten Ausstattung des Autos (Airbag zusätzlich) einhergeht.

85 Im **Geschäftsverkehr mit Kaufleuten** gelten weniger strenge Anforderungen. Preiserhöhungsklauseln in Verträgen mit Kaufleuten, juristischen Personen des öffentlichen Rechts und öffentlich-rechtlichen Sondervermögen können zulässigerweise auch ohne Angabe der Erhöhungskriterien und Einräumung eines Rücktrittsrechts vereinbart werden, sofern die Interessen des Käufers in anderer Weise ausreichend gewahrt werden, was z. B. dann der Fall sein kann, wenn sich die Preiserhöhung auf den am Markt durchgesetzten Preis beschränkt oder die Parteiinteressen weitgehend gleichgerichtet sind.[221] Dies gilt

---

216 BB 1984, 486.
217 BGH 31. 10. 1984, NJW 1985, 621, 623.
218 *Löwe*, BB 1982, 152 ff.; *Trinkner*, BB 1983, 924, der die bloße Einräumung eines Lösungsrechts als unbillig ansieht, falls dem Käufer kein relevanter Markt für die vereinbarte Leistung zur Verfügung steht.
219 *Bartsch*, DB 1983, 215 ff.
220 Urt. v. 8. 7. 1994, BB 1994, 173.
221 BGH 16. 1. 1985, BGHZ 93, 259.

auch, wenn der vom Verkäufer bei Lieferung des Fahrzeugs verlangte Preis den Anstieg der allgemeinen Lebenshaltungskosten in der Zeit zwischen Vertragsabschluss und Auslieferung nicht unerheblich übersteigt.[222] Unbedenklich ist im kaufmännischen Geschäftsverkehr die Verwendung von Umsatzsteuer-Gleitklauseln.[223]

e) Rechtsfolgen bei Verwendung einer unwirksamen Preisanpassungsklausel

Die durch Wegfall einer unwirksamen Preisanpassungsklausel entstehende **Vertragslücke** ist durch eine Kombination aus ergänzender Vertragsauslegung und Billigkeitskontrolle i. S. v. § 315 BGB zu schließen. An die Stelle der unwirksamen Klausel tritt eine Regelung, die den Käufer zwar grundsätzlich zur Zahlung des bei Auslieferung des Fahrzeugs gültigen Listenpreises verpflichtet, soweit dieser Preis einer nach billigem Ermessen zu treffenden Leistungsbestimmung durch den Verkäufer entspricht, die ihm aber andererseits ein Rücktrittsrecht einräumt, sofern eine Preiserhöhung den Anstieg der allgemeinen Lebenshaltungskosten in der Zeit zwischen Bestellung und Auslieferung erheblich übersteigt.[224]

86

Sofern die vereinbarte Lieferfrist die Sperrfrist des § 309 Nr. 1 BGB um knapp 6 Wochen überschreitet, ist es nach Meinung des LG Münster[225] nicht unbillig, den Händler an dem **ursprünglich vereinbarten** Kaufpreis **festzuhalten**, wenn er mit einer ungültigen Preiserhöhungsklausel arbeitet.[226]

Den aufgrund einer unwirksamen Preisanpassungsklausel empfangenen Erhöhungsbetrag muss der Verkäufer dem Käufer **gem. § 812 BGB** insoweit **erstatten**, als nach den vom BGH aufgestellten Grundsätzen eine Vertragsanpassung nicht stattfindet.[227]

VI. Zustimmungserfordernis bei Übertragung von Rechten und Pflichten aus dem Kaufvertrag

Für den Käufer besteht keine Pflicht, gegenüber dem Verkäufer eine **Wiederverkaufsabsicht** zu offenbaren.[228] Will sich der Verkäufer davor schützen, dass die von ihm vertriebenen Fahrzeuge auf dem grauen Markt von nicht autorisierten Wiederverkäufern gehandelt werden, muss er beim Kunden nachfragen und sich ggf. eine Bestätigung über die beabsichtigte Eigenverwendung erteilen lassen oder mit ihm eine (notfalls mit Vertragsstrafe bewehrte) Vereinbarung treffen, die den Weiterverkauf für eine bestimmte Zeit untersagt. Zur Problematik beim Kauf von EU-Fahrzeugen s. Rn 732. Will der Käufer das Fahrzeug nicht weiterverkaufen, sondern nur bestimmte Rechte (und ggf. Pflichten) aus dem Vertrag mit dem Händler übertragen, so sehen die NWVB einen Zustimmungsvorbehalt vor (Abschn. I Ziff. 2).

87

---

222 BGH 27. 9. 1984, NJW 1985, 426; *Creutzig*, Recht des Autokaufs, Rn 2.1.15.
223 BGH 28. 1. 1981, NJW 1981, 979; *Wolf*, ZIP 1987, 341, 346; *Dittmann*, BB 1979, 712; *Palandt/Grüneberg*, § 309 BGB Rn 7.
224 BGH 27. 10. 1983, BB 1984, 175; kritisch *Löwe*, BB 1984, 492; *Trinkner*, BB 1984, 490.
225 Urt. v. 19. 5. 1991, DAR 1992, 307 m. Anm. *Mehnle*.
226 LG Münster 19. 5. 1991, DAR 1992, 307.
227 LG Augsburg 29. 10. 1982, DAR 1982, 231; LG Nürnberg-Fürth 27. 1. 1982, BB 1982, 456 ff.; LG München 30. 3. 1983, DAR 1983, 230; AG München 12. 10. 1982, DAR 1982, 400.
228 BGH 26. 2. 1992, ZIP 1992, 483 ff.; entgegen OLG Düsseldorf 15. 3. 1991 – 22 U 235/90, EWiR 1991, 1057 (*Reinking*).

1. Inhalt, Tragweite und Zulässigkeit der Regelung

88 Gem. Abschn. I Ziff. 2 NWVB bedürfen Übertragungen von Rechten und Pflichten des Käufers aus dem Kaufvertrag der **schriftlichen Zustimmung** des Verkäufers. Im umgekehrten Verhältnis benötigt der Verkäufer für die Abtretung seiner Ansprüche aus dem Kaufvertrag nicht das Einverständnis des Käufers.

Der Zustimmungsvorbehalt zugunsten des Händlers erstreckt sich auf **sämtliche Rechte und Pflichten** des Käufers einschließlich der Rechte auf Eigentumsverschaffung und aus der Sachmängelhaftung. Zur Abtretbarkeit und Abtretung von Sachmängelrechten s. Rn L82 ff. Die Zustimmung muss vom Käufer eingeholt und vom Verkäufer gem. Abschn. I Ziff. 2 NWVB schriftlich erteilt werden. Ein Schriftformmangel macht die Zustimmung nicht unwirksam.

Die Zustimmungsklausel ist nicht überraschend i. S. v. § 305 c BGB. Eine erhebliche Abweichung vom gesetzlichen Leitbild des Kaufvertrages liegt nicht vor.[229] Er ist auch nicht unangemessen angesichts der berechtigten Interessen der Händler, die Verträge ausschließlich mit ihren Vertragspartnern abzuwickeln, den Abrechnungsverkehr klar und übersichtlich zu gestalten und nicht unerwartet einem Käufer mit unbekannter Bonität gegenüberzustehen.[230] Vor allem aber sollen mit dem Zustimmungsvorbehalt vertriebsstrategische Zielvorstellungen gewahrt und durchgesetzt werden. Das auf Aufrechterhaltung des Vertragshändlersystems und auf Unterbindung eines grauen Marktes gerichtete Bestreben der Händler findet Ausdruck in der Zustimmungsklausel. Sie wird von der Rechtsprechung gebilligt.[231]

2. Einbeziehung des Zustimmungsvorbehalts in den Übertragungsvertrag

89 Hat der Verkäufer die Zustimmung erteilt, bereitet die Übertragung der Rechte und Pflichten auf einen Dritten keine Probleme. Liegt sie nicht vor, steht es im Belieben des Käufers und des Dritten, in welcher Weise sie den Zustimmungsvorbehalt des Verkäufers in den Vertrag einbeziehen. Sie können Erteilung der Zustimmung des Verkäufers als auflösende oder aufschiebende **Bedingung** vereinbaren. Denkbar ist auch, dass die erwartete Zustimmung des Verkäufers die **Geschäftsgrundlage** des Vertrages darstellt oder dass die eine oder andere Vertragspartei das **Risiko** für die Erteilung der Zustimmung des Verkäufers **übernimmt**.

Möglich ist auch eine **Vertragsübernahme**, die der Intention der Beteiligten dann entspricht, wenn der Zweitkäufer vollständig in die Position des Erstkäufers einrücken soll. Einer Vertragsübernahme müssen alle Beteiligten zustimmen, da jeder in seiner Rechtsstellung berührt wird.

Die Auslegung der Vertragserklärungen kann im Einzelfall ergeben, dass an Stelle des Rechtskaufs ein Sachkauf gewollt ist. Nach Ansicht des AG Bergisch Gladbach[232] liegen die Voraussetzungen hierfür vor, wenn der Käufer an dem bestellten Fahrzeug nicht mehr interessiert ist, der Dritte Wert darauf legt, unter Vermeidung langer Lieferfristen alsbald ein Neufahrzeug zu erhalten und den Parteien nach aller Lebenserfahrung völlig gleichgültig ist, mit welcher rechtlichen Konstruktion sich das Ziel erreichen lässt. Beim Sachkauf richtet sich der Anspruch auf Eigentumsverschaffung gegen den Käufer und nicht gegen den Händler, und es findet ein Durchgangserwerb statt.

---

229 BGH 25. 11. 1999, NJW-RR 2000, 1220, 1221; 24. 9. 1980, NJW 1981, 117, 118; 7. 10. 1981, DAR 1982, 66 ff.
230 BGH 25. 11. 1999, NJW-RR 2000, 1220, 1221 m. w. N.; 24. 9. 1980, NJW 1981, 117, 118.
231 BGH 11. 5. 1989, NJW-RR 1989, 1104; 24. 9. 1980, NJW 1981, 117 ff.; OLG Hamm 9. 7. 1987 – 28 U 268/86 – n. v.
232 Urt. v. 7. 7. 1978 – 16 C 1333/77 – n. v.; einschränkend LG Köln 7. 2. 1979 – 9 S 319/78 – n. v.

Hat keiner der Beteiligten die Versagung der Genehmigung durch den Verkäufer zu vertreten, werden beide von ihren Leistungspflichten befreit. Falls eine Partei das Risiko übernommen oder die Versagung der Genehmigung vertreten hat, ist sie der anderen gem. § 280 BGB zum Schadensersatz verpflichtet. Beispiel: Der Übernehmer verlangt vom Händler, den Vertrag zu modifizieren, worauf dieser nicht eingeht.[233]

3. Übertragung ohne Zustimmung

Umstritten sind die **Rechtsfolgen** einer Abtretung ohne Zustimmung des Verkäufers. 90 Hierzu wird die Ansicht vertreten, die Übertragung der Rechte sei entsprechend § 135 BGB **relativ**, also nur gegenüber dem Verkäufer, **unwirksam**.[234] Dieser habe es aber in der Hand, die verbotswidrige Verfügung zu genehmigen. Nach der überwiegenden Gegenmeinung fallen sowohl das Abtretungsverbot als auch der Zustimmungsvorbehalt zur Abtretung unter die gesetzlichen Verfügungsbeschränkungen, weil sie der Forderung die Verkehrsfähigkeit nehmen,[235] so dass die einseitige Genehmigung des Verkäufers die **unwirksame Abtretung** nicht gem. § 185 Abs. 2 BGB rückwirkend heilt, sondern als Angebot zum Abschluss eines Änderungsvertrages in Form der Aufhebung des Abtretungsausschlusses mit ex nunc-Wirkung zu verstehen ist.[236]

Verweigert der Verkäufer seine Zustimmung, kann er die Unwirksamkeit einer vom Käufer gleichwohl getroffenen Verfügung (§ 399 BGB) dem Käufer und dem Dritten entgegenhalten.[237] Auch Dritte können sich auf die Unwirksamkeit berufen, da sie zur Folge hat, dass die Forderung im Vermögen des Käufers bleibt.[238]

4. Versagung der Zustimmung

Die Berufung des Händlers auf das Zustimmungserfordernis kann im Einzelfall ausnahmsweise **treuwidrig** sein.[239] Bei längeren Lieferfristen kann es vorkommen, dass der Käufer zum Zeitpunkt der Lieferung an dem bestellten Fahrzeug wegen Erkrankung, Fahruntauglichkeit oder finanzieller Verschlechterung nicht mehr interessiert ist. Solche Ereignisse berechtigen ihn nicht zum Rücktritt vom Vertrag. Eine Auflösung des Vertragsverhältnisses nach den Grundsätzen über eine Störung der Geschäftsgrundlage (§ 313 BGB) kann er ebenfalls nicht verlangen, da die veränderten Umstände die eigene Sphäre betreffen, für die er ein zustehen hat. Wenn der Händler in einem solchen Fall die Zustimmung zur Abtretung ohne sachlich zwingende Gründe verweigert und stattdessen Schadensersatz wegen Nichterfüllung vom Käufer begehrt, ist der Anspruch aus dem Gesichtspunkt unzulässiger Rechtsausübung zurückzuweisen.[240] Ein **rechtsmissbräuchliches Handeln** wurde vom OLG Karlsruhe[241] bejaht, weil der Händler den Neuwagen zwar an den Nachkäufer veräußert, einer Vertragsübernahme aber nur deshalb nicht zugestimmt hatte, um erneut Gewinn zu erzielen.

---

233 Vgl. *Kasten*, DAR 1985, 265, 266.
234 BGH 30. 10. 1990, NJW-RR 1991, 764; *Scholtz*, NJW 1960, 1837.
235 BGH 14. 10. 1963, BGHZ 40, 156, 160; 27. 5. 1971, BGHZ 56, 229, 231; *Palandt/Grüneberg*, § 399 BGB, Rn 11 m. w. N.
236 OLG Köln 10. 9. 1999, ZIP 2000, 742; *Lüke*, JuS 1992, 16.
237 BGH 14. 10. 1963, BGHZ 40, 156, 159.
238 BGH 3. 12. 1987, BGHZ 102, 293, 301; 29. 6. 1989, BGHZ 108, 172, 176.
239 BGH 25. 11. 1999, NJW-RR 2000, 1220, 1221; 24. 9. 1980, NJW 1981, 117 ff.; OLG Hamburg 21. 12. 1971, VersR 1972, 631.
240 Zustimmend OLG Hamm 9. 7. 1987 – 28 U 268/86 – n. v.; *Creutzig*, Recht des Autokaufs Rn 1.3.3.
241 Urt. v. 30. 12. 1985, DAR 1986, 151.

Die **Versagung der Zustimmung** ist nicht treuwidrig, wenn
- berechtigte **Zweifel an der Vertragstreue** und **Zahlungsfähigkeit** des Zessionars bestehen (OLG Nürnberg 13. 5. 1982 – 2 U 752/82 – n. v.),
- der Verkäufer die Zustimmung weigert, um das Entstehen eines **grauen Marktes** zu vermeiden,
- der vom Erstkäufer vorgeschlagene Ersatzkäufer das Fahrzeug einem Dritten durch Leasingvertrag überlassen will, da der Ersatzkäufer einem Wiederverkäufer gleichzusetzen ist, an den der Händler das Neufahrzeug nicht verkaufen darf (OLG Hamm 9. 7. 1987 – 28 U 268/86 – n. v.).

VII. Der Eigentumsvorbehalt

1. Bedeutung für den Neuwagenhandel

92   Der Eigentumsvorbehalt spielt im Geschäftsverkehr mit dem Endabnehmer keine große Rolle. Kaufpreisstundung oder eine Direktfinanzierung durch den Verkäufer sind selten geworden. Neufahrzeuge werden entweder unter Vereinbarung von Barzahlung verkauft, was heute die Ausnahme ist, oder der Kaufpreis wird ganz oder teilweise durch Dritte finanziert. Bei der Fremdfinanzierung wird das Fahrzeug regelmäßig an den Darlehensgeber sicherungsübereignet, so dass für einen Eigentumsvorbehalt des Verkäufers kein Raum bleibt.

Trotz dieser **geringen praktischen Relevanz** ist der Eigentumsvorbehalt in Abschn. VI NWVB ausführlich geregelt. Der Klauseltext in den aktuellen NWVB (3/08) weicht nur geringfügig von dem der Vorgängerregelung (4/03) ab.[242]

2. Einfacher Eigentumsvorbehalt

93   Gem. Abschn. VI Ziff. 1 S. 1 NWVB bleibt das Fahrzeug bis zum Ausgleich der dem Verkäufer aufgrund des Kaufvertrages zustehenden Forderungen Eigentum des Verkäufers. Der Eigentumsübergang auf den Käufer ist an die aufschiebende Bedingung der vollständigen Bezahlung der Kaufpreisforderung geknüpft. Gegen die Wirksamkeit des einfachen Eigentumsvorbehaltes in AGB bestehen keine Bedenken, da es sich um eine durch § 449 BGB anerkannte Gestaltungsmöglichkeit zur Sicherung der Kaufpreisforderung handelt.[243]

Der Eigentumsvorbehalt betrifft das verkaufte Fahrzeug und die **wesentlichen Bestandteile,** auch wenn sie erst nachträglich angebracht werden. **Motor, Räder** und ein **Navigationssystem**[244] sind wegen ihrer Sonderrechtsfähigkeit keine wesentlichen Bestandteile eines Kraftfahrzeugs,[245] wohl aber **Fahrgestell** und **Karosserie**.[246] Durch verschleiß- oder unfallbedingten Austausch von Fahrzeugteilen entsteht keine neue Sache, auch nicht bei Auswechselung des Fahrzeugrahmens.[247] Mitverkauftes **Zubehör** und **unwesentliche Bestandteile** werden in der Regel von einem auf die Hauptsache bezogenen Eigentumsvorbehalt erfasst, jedoch handelt es sich um eine Auslegungsfrage. Das Autotelefon gehört bei

---

242 Zu den Klauseln der NWVB Stand 1991 s. BGH NJW 2001, 292.
243 BGH 3. 2. 1982, NJW 1982, 1749; 5. 5. 1982, NJW 1982, 1751; MüKo-BGB/*Westermann*, § 449 BGB Rn 13.
244 OLG Karlsruhe 5. 9. 2001, OLGR 2002, 98, 99.
245 BGH 8. 10. 1955, NJW 1955, 1793 ff.; 6. 1. 1973, BGHZ 61, 80; OLG Stuttgart 13. 6. 1951, NJW 1952, 145; OLG Karlsruhe 2. 3. 1955, MDR 1955, 413; *Creutzig*, Recht des Autokaufs, Rn 6.1.4.
246 OLG Stuttgart 13. 6. 1951, NJW 1952, 145.
247 KG 30. 9. 1960, NJW 1961, 1026.

geschäftlich genutzten Personenkraftwagen nicht zum Zubehör, da es in diesen regelmäßig nicht auf Dauer verbleiben soll.[248]

Falls der Eigentumsvorbehalt im **Zusammenhang mit einer Finanzierungshilfe** steht, muss er in der Vertragsurkunde enthalten sein (§ 502 Abs. 1 Nr. 6 BGB), was durch Verwendung der NWVB mit der darin enthaltenen Klausel von Abschn. VI gewährleistet ist. Das Fehlen der Vereinbarung hat keine Unwirksamkeit des Vertrages zur Folge, jedoch gilt der Eigentumsvorbehalt als nicht vereinbart. Liefert der Verkäufer das Fahrzeug gleichwohl unter Vorbehalt seines Eigentums, verstößt er gegen seine Pflicht aus § 433 Abs. 1 BGB.

Das Recht zum **Besitz des Fahrzeugbriefs** (= ZB II) steht dem Verkäufer während der Dauer des Eigentumsvorbehalts zu (Abschn. VI Ziff. 1 Abs. 4 NWVB). Da das Eigentum an dem Fahrzeug mit **vollständiger Tilgung** der gesicherten Forderungen auf den Käufer übergeht, hat der Verkäufer den Kfz-Brief an den Käufer herauszugeben.[249] Der Herausgabeanspruch des Käufers ergibt sich aus der entsprechenden Anwendung von § 952 BGB.

3. Erweiterter Eigentumsvorbehalt

Für den Unternehmensverkehr enthält Abschn. VI Ziff. 1 Abs. 2 NWVB einen Kontokorrentvorbehalt.[250] Da es sich dabei um eine besondere Art des erweiterten Eigentumsvorbehalts handelt, setzt die Klausel weder die einzelvertragliche Vereinbarung eines Kontokorrentverhältnisses gem. § 355 HGB[251] noch eine stillschweigende Praktizierung voraus.[252] Ihr Anwendungsbereich darf aber nicht über den vereinbarten Umfang hinaus ausgedehnt werden. Mit dem Ausgleich des Kontos erlischt der Eigentumsvorbehalt und lebt danach nicht wieder auf.[253]

Nach allgemeiner Auffassung ist ein formularvertraglicher Kontokorrentvorbehalt weder überraschend noch führt er zu einer unangemessenen Benachteiligung der anderen Vertragspartei.[254] Um wirksam zu sein, muss sie den Käufer jedoch vor **Übersicherung** durch den Verkäufer schützen.[255] Erforderlich ist die Einräumung einer **Freigabeklausel.** Dient eine Ware zur Sicherheit, muss die Klausel eine Bezugsgröße für die Berechnung des Warenwertes enthalten, der die Feststellung ermöglicht, ob die Deckungsgrenze überschritten ist. Andernfalls verstößt der Kontokorrentvorbehalt gegen § 307 Abs. 1 BGB, weil durch Begründung immer neuer Forderungen bei fortbestehender Geschäftsbeziehung die Eigentumsverschaffungspflicht, bei der es sich um eine Hauptleistungspflicht des Verkäufers handelt, auf unbestimmte Zeit hinausgeschoben ist.

Ob die jetzigen Regelungen in Abschn. VI Ziff. 1 S. 2 NWVB die Anforderungen der Rechtsprechung erfüllen, erscheint aus mehreren Gründen **zweifelhaft**. Nach dem Wortlaut bleibt der Eigentumsvorbehalt auch bestehen ‚für Forderungen des Verkäufers gegen den Käufer aus der laufenden Geschäftsbeziehung bis zum Ausgleich von im Zusammenhang mit dem Kauf zustehenden Forderungen.' Es ist nicht klar gesagt, welche Forderungen ‚im Zusammenhang mit dem Kauf' stehen und wie sich diese Forderungen von denjenigen

---

248 OLG Köln 27. 4. 1993, NJW-RR 1994, 51.
249 KG 2. 2. 1996, OLGR 1996, 81.
250 Aus der Formulierung ergibt sich nicht klar, ob sich die Sicherung auf die einzustellenden Forderungen oder auf den Saldo bezieht; zu den Unterschieden *Erman/Grunewald*, § 449 BGB Rn 64, 65.
251 BGH 12. 6. 1969, WM 1969, 1072, 1073.
252 *Creutzig*, Recht des Autokaufs, Rn 6.1.5.
253 BGH 23. 11. 1977, NJW 1978, 632, 633.
254 BGH 23. 11. 1977, BB 1978, 18; 7. 2. 1979, BB 1979, 443 ff.; 19. 12. 1969, WM 1970, 184, 185.
255 BGH 9. 2. 1994, NJW 1994, 1154; 27. 11. 1997, ZIP 1998, 235.

Forderungen abgrenzen, die dem Verkäufer aufgrund des Kaufvertrages nach Abschn. VI Ziff. 1 S. 1 NWVB zustehen.[256] Man kann nur vermuten, dass damit Forderungen gemeint sind, die dem Verkäufer aus der Vornahme von Reparaturen, Wartungsdiensten und Inspektionen zustehen. Da die zur Wirksamkeit der Freigabeklausel erforderlichen Bezugsgrößen[257] nicht klar definiert sind, ist die Regelung verbesserungswürdig, wenn auch **nicht unbedingt unwirksam**.[258]

4. Pflichten des Käufers

95 Gewöhnlich werden dem Käufer im Interesse der Werterhaltung des unter Eigentumsvorbehalt gelieferten Fahrzeugs konkrete Verhaltens- und Obhutspflichten auferlegt, bei deren Verletzung er dem Verkäufer gem. § 280 BGB auf Schadensersatz haftet, falls es zum Vertragsrücktritt kommt.

Dem Käufer ist es untersagt, über das Fahrzeug zu verfügen. Er darf es **nicht veräußern, verpfänden oder Dritten zur Sicherheit übereignen.** Dieses Verbot sieht Abschn. VI Ziff. 3 NWVB ausdrücklich vor. Im Hinblick auf das Anwartschaftsrecht unterliegt der Käufer allerdings keinen Beschränkungen.

Das in Abschn. VI Ziff. 3 NWVB enthaltene Verbot, Dritten vertraglich **eine Nutzung** des Kaufgegenstandes einzuräumen, bedeutet nicht, dass das Fahrzeug nur vom Vorbehaltskäufer benutzt werden darf. Durch die Klausel soll eine über den normalen Gebrauch hinausgehende Abnutzung des Fahrzeugs, z. B. durch Vermietung, verhindert und eine ordnungsgemäße und pflegliche Behandlung sichergestellt werden. Die mit einem Verlust des unmittelbaren Besitzes verbundene Weitergabe des Fahrzeugs an einen Dritten gefährdet das Eigentum des Vorbehaltsverkäufers.[259]

Die Auferlegung von **Benachrichtigungs- und Hinweispflichten** in AGB[260] für den Fall, dass Dritte Zugriff auf das Fahrzeug nehmen, sei es durch Pfändung oder Geltendmachung des Unternehmerpfandrechts, ist unbedenklich. Denn auch ohne ausdrückliche Regelung im Vertrag ist der Käufer eines unter Eigentumsvorbehalt gelieferten Fahrzeugs gem. § 241 Abs. 2 BGB verpflichtet, den Verkäufer über solche Ereignisse zu informieren und den Dritten, der auf das Fahrzeug Zugriff nimmt, auf den Eigentumsvorbehalt hinzuweisen. Sachgemäß und daher nicht zu beanstanden ist eine Regelung in AGB, die den Teilzahlungskäufer verpflichtet, die vom Hersteller vorgeschriebenen **Wartungsarbeiten** und erforderlichen **Instandsetzungen** durch eine Fachwerkstatt unverzüglich durchführen zu lassen.

Die Verpflichtung des Käufers, für das Fahrzeug eine **Vollkaskoversicherung** für fremde Rechnung abzuschließen und den Versicherer anzuweisen einen Sicherungsschein zu erteilen,[261] ist für den Verkäufer eine notwendige Maßnahme zur Absicherung der typischen Risiken beim Teilzahlungskauf. Sie wurde bei Neufassung der NWVB unverständlicherweise gestrichen. Allein aus dem Vorbehalt des Eigentums lässt sich eine Nebenpflicht i. S. v. § 241 Abs. 2 BGB zum Abschluss einer Vollkaskoversicherung nicht ableiten.

Eine Vertragsregelung, die dem Käufer eines unter Eigentumsvorbehalt stehenden Neufahrzeugs den Abschluss einer Vollkaskoversicherung abverlangt, ist weder überraschend noch unangemessen.[262] Sie dient nicht allein dem Sicherungsinteresse des Verkäufers, son-

---

256 A. A. *Himmelreich/Andreae/Teigelack*, Rn 494.
257 BGH 29. 11. 1989, NJW 1990, 716, 718.
258 Zweifel auch bei *Pfeiffer*, Klauselwerke, Neuwagenkauf, Rn 82.
259 LG Hannover 23. 1. 1973, MDR 1974, 766.
260 In den NWVB nicht enthalten.
261 Dazu *Creutzig*, Recht des Autokaufs, Rn 6.5.2.
262 BGH 8. 10. 1969, NJW 1970, 29, 31 (Gebrauchtwagenkauf).

Der Eigentumsvorbehalt

dern auch dem Schutz des Käufers, insofern er im Fall der Beschädigung oder des Untergangs des Fahrzeugs nicht mit eigener Inanspruchnahme zu rechnen braucht.

Eine Bestimmung, dass der Verkäufer selbst die Vollkaskoversicherung abschließen und den Käufer mit den Prämien belasten darf, wenn dieser der vertraglich vereinbarten Pflicht trotz schriftlicher Mahnung des Verkäufers nicht nachkommt, erweist sich in Anbetracht der Bedeutung der Vollkaskoversicherung als sachdienlich und unbedenklich.

5. Rücktritt des Verkäufers vom Kaufvertrag
a) Zahlungsverzug

Die Regelung in Abschn. VI Ziff. 2 NWVB, die besagt, dass der Verkäufer bei Zahlungsverzug des Käufers vom Kaufvertrag zurücktreten kann, ist jedenfalls außerhalb des unternehmerischen Verkehrs **unwirksam**.[263] Der Rücktritt erfordert im Gegensatz zu § 455 BGB a. F., dass der Käufer eine fällige Leistung nicht erbringt und der Verkäufer erfolglos eine angemessene Frist zur Leistung gesetzt hat (§ 323 Abs. 1 BGB). Im Geschäftsverkehr mit einem Verbraucher müssen außerdem die besonderen Kündigungsvoraussetzungen der §§ 498, 503 BGB erfüllt sein.[264] Da die **Klausel** ihrem Wortlaut nach dem Verkäufer gestattet, ohne vorherige Fristsetzung vom Kauf zurückzutreten, verstößt sie gegen **§ 309 Nr. 4 BGB**. 96

Da § 309 Nr. 4 BGB für den **Unternehmensverkehr** nicht anwendbar ist, wird im Schrifttum[265] die Ansicht vertreten, im Rahmen der **nach § 307 BGB** vorzunehmenden Abwägung seien weniger strenge Anforderungen zu stellen und dem Sicherungsinteresse des Vorbehaltsverkäufers Vorrang vor dem Interesse des Käufers an dem Fortbestand des Vertrages einzuräumen. Wegen der Indizwirkung des Verstoßes gegen § 309 Nr. 4 BGB spricht Einiges für die Annahme einer unangemessenen Benachteiligung. Besondere Interessen und Bedürfnisse des unternehmerischen Geschäftsverkehrs, die die Klausel ausnahmsweise als angemessen erscheinen lassen, sind nicht ersichtlich.[266] 97

b) Rücktritt nach § 324 BGB

Ein Recht zum Rücktritt kann sich für den Verkäufer auch aus **§ 324 BGB** ergeben. Voraussetzung ist die Verletzung einer nicht leistungsbezogenen Verhaltenspflicht i. S. v. § 241 Abs. 2 BGB. Andere Gründe, wie zum Beispiel eine Vermögensverschlechterung oder die Abgabe der eidesstattlichen Versicherung, reichen für einen Rücktritt nach § 324 BGB nicht aus. Es kommen naturgemäß nur solche Verhaltenspflichtverletzungen in Betracht, durch welche die Rechte des Verkäufers verletzt werden oder die dazu führen, dass sich der Zustand des unter Eigentumsvorbehalt stehenden Fahrzeugs wesentlich verschlechtert. 98

Eine zum Rücktritt berechtigende Pflichtverletzung ist insbesondere anzunehmen, wenn der Käufer über das Fahrzeug verfügt oder es einem Dritten unter Aufgabe seines unmittelbaren Besitzes überlässt.[267]

Die vertragswidrige Einräumung eines Nutzungsrechts zugunsten eines Dritten ist ebenfalls ein Rücktrittsgrund, wenn damit die Gefahr einer wesentlichen Verschlechterung des Fahrzeugs verbunden ist.

---

263 *Koch*, MDR 2003, 661, 664; *Pfeiffer*, Klauselwerke, Neuwagenkauf, Rn 83.
264 MüKo-BGB/*Westermann*, § 449 BGB Rn 31.
265 *Schulze/Kienle*, NJW 2002, 2842, 2843; nicht eindeutig *Erman/Grunewald*, § 449 BGB Rn 11.
266 Für Unwirksamkeit auch bei b2b *Pfeiffer*, a. a. O., Rn 83; siehe auch *Palandt/Grüneberg*, § 309 BGB Rn 23.
267 LG Hannover 23. 1. 1973, MDR 1974, 766.

Eine Verletzung von Benachrichtigungs- und Hinweispflichten, das pflichtwidrige Unterlassen von Wartungsarbeiten und Instandsetzungsmaßnahmen und der Verstoß gegen die Verpflichtung, eine Vollkaskoversicherung abzuschließen, sind weniger gravierende Pflichtverstöße, die für einen Rücktritt allenfalls nach einer erfolglosen Mahnung ausreichen.[268]

Fristsetzung und Abmahnung verlangt § 324 BGB nicht ausdrücklich. Sie sind entbehrlich, da die Pflichtverletzung so erheblich sein muss, dass dem Verkäufer ein Festhalten am Vertrag auch ohne Abmahnung nicht zuzumuten ist.[269]

c) Rücktrittsfolgen und einstweiliger Rechtsschutz

99 Nach wirksamer Erklärung des Rücktritts ist das Vertragsverhältnis nach den Vorschriften des allgemeinen Rücktrittsrechts abzuwickeln.

Geteilt sind die Meinungen in der Frage, ob die **Weiterbenutzung** des Fahrzeugs durch den Vorbehaltskäufer **nach dem Rücktritt** des Vorbehaltsverkäufers vom Kaufvertrag den Herausgabeanspruch des Verkäufers gefährdet und einen **Verfügungsgrund** für eine vorläufige Sicherstellung des Kraftfahrzeugs im Wege der **einstweiligen Verfügung** darstellt oder ob dieser Anspruch auf den Fall der übermäßigen Nutzung des Fahrzeugs mit völliger Entwertung zu beschränken ist.[270] Das Argument, die Gefahr einer Veränderung des bestehenden Zustandes i. S. v. § 935 ZPO liege nicht vor, wenn der Vorbehaltsverkäufer das Kraftfahrzeug nach dem Rücktritt in gleicher Weise benutze, wie er dies zuvor getan habe, ist wenig lebensnah. Ein Kraftfahrzeug verliert schon durch bloße Nutzung und die damit einhergehende Abnutzung nicht nur unerheblich an Wert. Zudem besteht das Diebstahls- und Unfallrisiko. Daher ist eine großzügige Beurteilung des Verfügungsgrundes angezeigt.

6. Schadensersatzhaftung und Wertermittlung

100 In Abschn. VI Ziff. 2 S. 2 NWVB ist vorgesehen, dass sich die Parteien des Kaufvertrages darüber einig sind, dass der Verkäufer dem Käufer den gewöhnlichen Verkaufswert des Kaufgegenstandes im Zeitpunkt der Rücknahme vergütet, wenn er das Fahrzeug wieder an sich nimmt. Die Regelung entspricht § 503 Abs. 2 S. 4 BGB, enthält im Gegensatz dazu aber eine Vergütungsabsprache, die zur Voraussetzung hat, dass dem Verkäufer ‚über den Rücktritt hinaus' **Anspruch auf Schadensersatz** statt **der Leistung** zusteht. Wie der Rücktritt setzt dieser Anspruch grundsätzlich den erfolglosen Ablauf einer dem Käufer gesetzten Frist voraus. Im Einzelfall kann das entbehrlich sein.

Tritt der Verkäufer wegen Zahlungsverzugs wirksam zurück, ohne dass die Voraussetzungen für einen Schadensersatzanspruch statt der Leistung vorliegen, ist die Einigungsklausel („gewöhnlicher Verkehrswert") für ihn nutzlos. Erkennbar ist sie nicht auf den Rücktritt, sondern auf eine schadensersatzrechtliche Abwicklung zugeschnitten. Wenn die Abwicklung nur nach Rücktrittsrecht vorzunehmen ist, besitzt der Verkäufer keinen Anspruch auf Ersatz des Wertverlustes, der durch die Erstzulassung und die bestimmungsgemäße Ingebrauchnahme des Kraftfahrzeugs eingetreten ist.[271]

Liegen die Voraussetzungen von Abschn. VI Ziff. 2 S. 3 NWVB vor, ist die Einschaltung eines Gutachters nur sinnvoll, wenn die Ansichten der Parteien zum gewöhnlichen Verkaufswert auseinander liegen. Um dies beurteilen zu können, muss der Käufer wissen, welchen Wert sich der Verkäufer vorstellt. Von daher erscheint es nicht sachgerecht, die Un-

---

268 BGH 8. 10. 1969, NJW 1970, 31.
269 *Grothe* in *Bamberger/Roth*, § 324 BGB Rn 8.
270 Vgl. OLG Düsseldorf 11. 2. 2008 – I-1 U 115/07 – n. v. (Finanzierung gescheitert); OLG Köln 10. 1. 1997, NJW-RR 1998, 1588, 1589 jew. mit weiterer Rspr.; s. a. Rn L500.
271 Ausführlich *Koch*, MDR 2003, 661, 664.

verzüglichkeit des Verlangens nach Einschaltung eines Sachverständigen an den Zeitpunkt der Rücknahme des Fahrzeugs zu koppeln, wie dies Abschn. VI Ziff. 2 S. 3 NWVB vorsieht. Maßgeblicher Anknüpfungspunkt für die Beurteilung, ob der Käufer die Beauftragung eines Gutachters ohne schuldhaftes Zögern gewünscht hat, kann vernünftigerweise nur der Zeitpunkt sein, in dem der Käufer von den Vorstellungen des Verkäufers zur Höhe des gewöhnlichen Verkaufswertes Kenntnis erlangt.

Abschn. VI Ziff. 2, S. 3 NWVB enthält **keine Schiedsgutachterklausel**. Der vom Gutachter ermittelte gewöhnliche Verkaufswert ist für die Parteien daher nicht verbindlich.

Unter dem **gewöhnlichen Verkaufswert** ist der Preis zu verstehen, den der Verkäufer durch Weiterverkauf an einen Endverbraucher erzielen kann, inklusive der darin enthaltenen Gewinn- und Gemeinkostenanteile des Verkäufers.[272] Zum Nachteil des Verbrauchers abweichende Vereinbarungen sind gem. § 506 BGB unwirksam.

Nach Abschn. VI Ziff. 2 S. 4 NWVB belaufen sich die Verwertungskosten – ohne Nachweis – auf 5 % des gewöhnlichen Verkaufswertes. Sie sind höher oder niedriger anzusetzen, wenn der Verkäufer höhere oder der Käufer niedrigere Kosten (oder gar keine) nachweist.

Die Pauschale entspricht betragsmäßig dem nach dem gewöhnlichen Lauf der Dinge zu erwartenden Schaden,[273] lässt es aber an der für § 309 Nr. 5 BGB erforderlichen Klarheit vermissen, weshalb sie nach Meinung von *Koch*[274] sowohl im Verbrauchergeschäftsverkehr als auch im geschäftlichen Verkehr mit Unternehmern unwirksam ist.

Nach dem Wortlaut von Abschn. VI Ziff. 2. S. 3 NWVB ist eine Beauftragung des Sachverständigen sowohl durch den Käufer als auch durch den Verkäufer möglich. Wer **die Gutachterkosten** zu tragen hat, ist nicht explizit geregelt. Soweit dem Käufer in Abschn. VI Ziff. 2 S. 4 NWVB sämtliche Kosten der Rücknahme und Verwertung auferlegt werden, gehören die Gutachterkosten nicht zwangsläufig dazu. Die Regelung ist jedenfalls unklar und daher zu Lasten des Verwenders auszulegen.

Haben die Parteien über die Höhe des gewöhnlichen Verkaufswertes verhandelt, aber keine Einigung erzielt, erscheint es gerechtfertigt, die Kostentragung von dem Ergebnis des Gutachtens abhängig zu machen und die Gutachterkosten demjenigen aufzuerlegen, der sich mit seiner Preisvorstellung nicht hat durchsetzen können. Falls der vom Gutachter ermittelte gewöhnliche Verkaufswert zwischen den voneinander abweichenden Preisvorstellungen beider Parteien liegt, ist eine im Verhältnis Obsiegen/Unterliegen entsprechende Quotierung der Gutachterkosten analog § 14 Abs. 2 AKB angezeigt.

---

272 OLG Stuttgart 7. 11. 1995, NJW-RR 1996, 563.
273 *Creutzig*, Recht des Autokaufs, Rn 6.2.10 unter Hinweis auf Erhebungen der Deutschen Automobil-Treuhand GmbH – Stand 3/99; die Pauschale betrug früher 10 % und stieß auf Kritik, siehe *Hensen* in *Ulmer/Brandner/Hensen*, AGBG, Anh. §§ 9–11, Rn 438.
274 MDR 2003, 661, 664.

C. Rechtsfragen im Zusammenhang mit Test- und Probefahrten

I. Zweck und Durchführung von Test- und Probefahrten

101 Landläufig wird zwischen Testfahrt und Probefahrt kein Unterschied gemacht. Streng genommen sind die meisten „Probefahrten" reine Testfahrten, entweder mit einem Vorführwagen oder mit einem anderen Fahrzeug des Händlers. Probefahrt im engeren Sinn ist dagegen die Fahrt mit dem ausgesuchten bzw. schon gekauften Fahrzeug. Künftig wird, dem üblichen Sprachgebrauch folgend, nur der Begriff „Probefahrt" benutzt.

Durch Gestattung einer **Probefahrt** mit einem Vorführwagen oder einem vorrätigen Neufahrzeug soll dem Kaufinteressenten im Rahmen der Verkaufsförderung ermöglicht werden, das Fahrzeug im Hinblick auf Funktion, Fahreigenschaften, Bedienungskomfort, Verwendungsmöglichkeit usw. kennen zu lernen, um sich über den Ankauf dieses oder eines anderen Wagens schlüssig zu werden. Davon zu unterscheiden ist die Probefahrt des Käufers mit dem von ihm bestellten Neufahrzeug. Bei ihr steht die Prüfung der vertragsgemäßen Beschaffenheit der Kaufsache im Vordergrund; s. a. § 2 Nr. 23 FZV.

Die Gestattung von Probefahrten auf hierzu eigens angeschafften **Vorführfahrzeugen** entspricht allgemeinen Gepflogenheiten des Neuwagenhandels. Hierzu werden von Fall zu Fall unterschiedliche Probefahrt-Verträge („Benutzungsverträge"), Probefahrt-Protokolle oder Probefahrt-Schecks verwendet. Manche Händler arbeiten mit „Leihverträgen", indem sie die darin vorgesehenen Rubriken für Kilometerentgelt sowie die für den Leihvertrag geltenden AGB durchstreichen. Kilometerbegrenzungen sind in den Formularen meistens nicht vorgesehen. Die Felder für die Eintragungen betreffen die Personalien (Name, Adresse, Tel.-Nr.), Führerscheindaten des Probefahrers (Führerschein-Nr., ausstellende Behörde, Ausstellungsdatum) und Fahrzeugdaten (Typ, Fahrgestell-Nr., Kennzeichen bzw. rote Nummer). Beginn und Ende der Probefahrt werden protokolliert. Ferner enthalten Probefahrt-Formulare unterschiedliche Hinweise an den Kunden, wie z. B. darauf, dass der Einsatz des Fahrzeugs zum Transport von Gütern nicht zulässig ist, dass der Fahrer nur im Inland fahren darf und dass er sich im Fall einer Beschädigung des Fahrzeugs mit 500,– € an den Kosten für Reparatur oder Wiederbeschaffung zu beteiligen hat. Verbreitet ist auch die Klausel „. . . bei Kaskoschäden Selbstbeteiligung von 1.000,– €".

Eine **Klausel mit Selbstbeteiligung** ist nicht zu beanstanden,[1] da es dem Kunden unbenommen bleibt, von der Probefahrt unter diesen Umständen Abstand zu nehmen oder mit dem Autohaus eine abweichende Vereinbarung zu treffen. Was ein die Selbstbeteiligung auslösender **„Kaskoschaden"** ist, kann im Einzelfall schwierig zu beantworten sein, z. B. beim Falschtanken.[2]

II. Rechtsnatur des Gebrauchsüberlassungsverhältnisses

102 Den im BGB vorgesehenen Vertragstypen lässt sich die Gebrauchsüberlassung eines Fahrzeugs zum Zweck der Probefahrt nicht zuordnen. Kaufrechtliche Grundsätze können nicht zur Anwendung kommen, da es zwischen der Überlassung eines Wagens und dem in Aussicht genommenen Kaufvertrag an dem notwendigen rechtlichen Zusammenhang fehlt.[3]

---

1 AG Krefeld 14. 9. 2001 – 78 C 473/00 –.
2 Vgl. LG Osnabrück 14. 12. 2007, DAR 2008, 484 (statt Diesel Biodiesel; Kaskoschaden verneint; aber nur aus Gründen mangelhafter Darlegung).
3 BGH 18. 2. 1964, MDR 1964, 408.

Die beiderseitigen Rechte und Pflichten lassen sich auch nicht aus einem Leihvertrag ableiten, weil nach Meinung des BGH[4] die Überlassung nicht lediglich im Interesse des Kunden, sondern auch in dem des Händlers liegt und weil – so die Auffassung des OLG Düsseldorf[5] – der Händler keine echte Verpflichtung zur Gebrauchsüberlassung eingehen will.

Diese Überlegungen veranlassten **den BGH** zu der Feststellung, dass es sich bei der Gebrauchsüberlassung um einen Vorgang handelt, der seine Bedeutung „in sich selbst" hat.[6] Ob hiermit ein Vertrag eigener Art i. S. v. §§ 241, 311 Abs. 1 BGB gemeint sein sollte, blieb unausgesprochen, was Instanzgerichte dazu bewog, in ähnlichen Fällen einen sog. Probefahrtvertrag anzunehmen. Später stellte dann der BGH[7] ausdrücklich klar, dass mit der Überlassung eines Fahrzeugs zum Zweck einer Probefahrt **kein Vertragsverhältnis** zustande kommt.

III. Vereinbarung der Probefahrt

In einem vom LG Offenburg[8] entschiedenen Fall hatte der Kaufinteressent mit dem Vorführwagen des Händlers über das Wochenende 973 km zurückgelegt. Der Händler verlangte hierfür eine Vergütung und machte geltend, die Grenze der unentgeltlichen Gebrauchsüberlassung zur Erprobung des Autos sei vom Kaufinteressenten überschritten worden. Seine Klage wurde abgewiesen, da das Gericht keine allgemeine Verkehrssitte erkennen konnte, dass Probefahrten regelmäßig auch ohne besondere Absprache kilometerbegrenzt sind bzw. dass bei Überschreitung einer gewissen km-Grenze ein Entgelt zu zahlen ist.

Konkrete Absprachen zur Probefahrt sind auch aus versicherungsrechtlichen Gründen ratsam. Dabei ist darauf zu achten, dass das (rote) Kennzeichen nicht missbräuchlich verwendet wird, andernfalls ein zulassungsrechtlich mit **Bußgeld** oder **strafrechtlichen Sanktionen** bewehrter Verstoß vorliegt und außerdem der **Versicherungsschutz** entfallen kann.[9] Einem Kfz-Händler, der seinem Kunden ein hochwertiges Kraftfahrzeug für eine Probefahrt nach Italien zur Verfügung gestellt hatte, wo es mitsamt rotem Kennzeichen entwendet wurde, blieb diese Konsequenz nur deshalb erspart, weil die Versicherung, die wegen **missbräuchlicher Kennzeichenverwendung** (§ 2 Abs. 2 AKB) Leistungsfreiheit einwandte, die Kündigung des Versicherungsvertrages gem. § 6 Abs. 1 VVG a. F. versäumt hatte.[10]

Erkundigt sich der Kunde danach, ob **Vollkaskoversicherungsschutz** besteht, muss ihn der Händler, wenn er ein Fahrzeug mit rotem Kennzeichen übergibt, darüber **belehren**, dass der Versicherungsschutz nicht für andere als in § 16 FZV (früher § 28 StVZO) geregelte Fahrten besteht. Einem Neuwagenkäufer, dessen Fahrer das mit roten Kennzeichen ausgelieferte Neufahrzeug nicht allein für die Überführung, sondern außerdem für eine Fahrt zu einem Einkaufszentrum genutzt hatte, wo es gestohlen worden war, billigte das OLG Frankfurt[11] nach Versagung des Versicherungsschutzes durch die Vollkaskoversicherung einen Schadensersatzanspruch gegen den Händler zu, weil dieser die Aufklärung über die eingeschränkte Kennzeichenverwendung unterlassen hatte. Auch ungefragt muss der Händler aufklären, wenn die Kaskoversicherung wegen einer Selbstbeteiligung eine **Versiche-**

---
4 Urt. v. 18. 2. 1964, MDR 1964, 408.
5 Urt. v. 20. 3. 1967, DAR 1967, 323.
6 Urt. v. 18. 2. 1964, MDR 1964, 408.
7 Urt. v. 21. 5. 1968, DAR 1968, 239, 240.
8 Urt. v. 4. 7. 1988, NJW-RR 1989, 178.
9 OLG Stuttgart 31. 8. 2000, VersR 2001, 1375.
10 BGH 15. 1. 1997, NZV 1997, 226.
11 Urt. v. 13. 10. 1995, VersR 1997, 1107.

rungslücke aufweist oder der Versicherungsschutz aus anderen Gründen gefährdet ist, z. B. wegen eines Aufbaus auf einem Lkw während einer Überführungsfahrt mit roten Kennzeichen.[12]

Als Reaktion auf die Zunahme missbräuchlicher Probefahrten („Probefahrtschnorrer") ist der Handel vereinzelt dazu übergegangen, mit Probefahrern eine Kostenbeteiligung zu vereinbaren, die bei Kauf auf den Preis angerechnet wird. Diese Praxis führte dazu, dass Kaskoversicherungen ihre Leistungspflicht wegen gewerblicher Vermietung ablehnten. Dagegen spricht, dass die Leistung, die der Händler erbringt, nicht in einer entgeltlichen Gebrauchsüberlassung besteht, sondern der Absatzförderung dient. Außerdem ist das Entgelt ein Beitrag zur Kostendeckung und nicht auf Erzielung eines Gewinns gerichtet, was durch die in Aussicht gestellte Anrechnung auf den Kaufpreis belegt wird.

IV. Beschädigung des Händlerfahrzeugs

104 Die Erfahrung lehrt, dass bei Probefahrten im Allgemeinen ein **erhöhtes Unfallrisiko** besteht. Ursächlich hierfür ist die mangelnde Vertrautheit des Probefahrers mit den Besonderheiten des Modells, an dessen Bedienungselemente, Fahrverhalten und Eigenheiten er sich gewöhnen muss. Durch diese mit der Umstellung verbundenen Schwierigkeiten wird der Fahrer in seiner Aufmerksamkeit mehr oder weniger vom Verkehrsgeschehen abgelenkt. Hinzu kommt sein Bestreben, das neue Auto im Hinblick auf dessen Eigenschaften zu testen, wie z. B. durch starkes Bremsen oder Beschleunigen, schnelle Kurvenfahrt usw. Hierin liegt ein weiteres für Probefahrten typisches Gefahrenmoment.

1. Ausschluss der Haftung für leichte Fahrlässigkeit

105 Verursacht der Probefahrer einen Unfall, dann ist zu unterscheiden, ob ihn leichtes oder grobes Verschulden trifft. Bei **leichtem Verschulden** kann der Händler keinen Ersatz vom Probefahrer für die Beschädigung des Fahrzeugs und etwaiger materieller Personenschäden verlangen, wenn der Schaden in Zusammenhang mit den einer Probefahrt eigentümlichen Gefahren steht.[13] Der BGH begründet die Haftungsfreistellung für leichte Fahrlässigkeit mit dem Konstrukt eines ,**stillschweigend vereinbarten Haftungsverzichts**',[14] der auch gegen Ansprüche aus unerlaubter Handlung wirkt.[15] Dabei lässt er sich von der Überlegung leiten, dass der mit den Risiken einer Probefahrt ständig konfrontierte Händler die Gefahren kennt und sich regelmäßig durch den Abschluss einer **Vollkaskoversicherung** absichert. Verbleibende Restrisiken nehme der Händler im Geschäftsinteresse auf sich, und andererseits gehe auch der Autofahrer regelmäßig davon aus, dass er für Schäden bei einer Probefahrt nur zu haften brauche, wenn er grobe Fehler mache oder der Schaden mit den eigentümlichen Gefahren einer Probefahrt nichts zu tun habe.[16] An dieser von ihm entwickelten Rechtsprechung hält der BGH trotz aller Kritik[17] fest. Seines Erachtens gebietet die Interessenlage dem Kfz-Händler ,seinen Kunden von den nicht bedachten Haf-

---

12 OLG Dresden 7. 10. 2003, NJW-RR 2004, 387, 388; s. a. *Halm/Fitz*, DAR 2006, 433.
13 BGH 7. 6. 1972, NJW 1972, 1363; 7. 11. 1961, VersR 1961, 759; 19. 3. 1980, NJW 1980, 1680 f.; 10. 1. 1979, DAR 1979, 282 ff., aufgedrängte Probefahrt bei Verkauf eines Gebrauchtwagens; OLG Stuttgart 16. 1. 1964, DAR 1964, 267; OLG Koblenz 13. 1. 2003, DAR 2003, 320.
14 BGH 19. 3. 1980, NJW 1980, 1680 ff.
15 OLG Karlsruhe 12. 6. 1987, DAR 1987, 380.
16 BGH 19. 3. 1980, NJW 1980, 1680 ff.; ebenso OLG Stuttgart 16. 1. 1964, DAR 1964, 267; OLG Karlsruhe 29. 12. 1970, VersR 1971, 1049; OLG Düsseldorf 20. 3. 1967, DAR 1967, 323; 9. 6. 1976, VersR 1978, 156; 17. 9. 1993, OLGR 1994, 148.
17 Vgl. *Batsch*, NJW 1972, 1706; *Ströfer*, NJW 1979, 2553; *Schmid*, JR 1980, 138.

tungsrisiken einer Probefahrt freizustellen, weil er für die Abdeckung der Gefahr zumutbar sorgen kann'.[18]

Um die nach Sachlage gebotene Haftungsmilderung zu erreichen, vertrat das OLG Düsseldorf[19] die Auffassung, dass beim Probefahrer ein **Vertrauenstatbestand** dahin erweckt werde, der Händler sei gegen die ihm bekannten **Risiken** der Probefahrt **versichert**. Hierzu setze sich der Händler in einer gegen Treu und Glauben verstoßenden Weise in Widerspruch, wenn er für einen vom Probefahrer leicht fahrlässig verursachten Schaden Ersatz verlange.

In Rechtsprechung und Lehre gibt es schließlich noch einen **dritten Lösungsansatz**. Danach soll es grundsätzlich dabei bleiben, dass der Probefahrer für jeden Fahrlässigkeitsgrad haftet. Abhängig von den Umständen des Einzelfalles kann die Haftung über § 254 BGB abgeschwächt werden und ganz entfallen, insbesondere dann, wenn der Händler Hinweis- und Mitwirkungspflichten verletzt hat.[20] Zu seinen **Obliegenheiten** gehört, dass er auf Besonderheiten und etwaige Mängel des Fahrzeugs hinweist, sich über den Besitz der Fahrerlaubnis des Probefahrers und über dessen Fertigkeiten im Umgang mit dem Fahrzeug informiert, vor zu schnellem Fahren warnt und die Probefahrt notfalls abbricht, wenn der Interessent mit dem Wagen nicht zurechtkommt.[21]

Das OLG Hamm[22] steht auf dem Standpunkt, dass der Autohändler seinen Kunden, der einen Unfall leicht fahrlässig verursacht hat, nicht auf Schadensersatz in Anspruch nehmen könne, wenn er ihm zur Überbrückung einer Werkstattreparatur ein hochwertiges Neufahrzeug mit ungewohnter Automatikschaltung überlassen hat, ohne auf den fehlenden Kaskoversicherungsschutz hinzuweisen. Das Mitverschulden des Händlers lässt aus Sicht des OLG Hamm die Mithaftung des Fahrers entfallen, denn dieser hätte den Neuwagen entweder wegen des unzureichenden Versicherungsschutzes nicht als Ersatzfahrzeug genommen oder die Versicherung hätte den gesamten Schaden erstattet. Dieser Ansicht hat sich das OLG Karlsruhe[23] angeschlossen. Seiner Entscheidung lag allerdings der Sachverhalt zugrunde, dass der Händler dem Käufer für die Dauer einer Garantiereparatur ein Ersatzfahrzeug zur Verfügung gestellt hatte. Der Kunde, so lautet der Tenor der Entscheidung, darf darauf vertrauen, dass die Gebrauchsüberlassung des Ersatzwagens nicht mit einem höheren Risiko für ihn verbunden ist, als wenn er sein eigenes Fahrzeug benutzen würde.

Der Kaskoversicherung ist es bei leichter Fahrlässigkeit des Probefahrers gem. § 15 Abs. 2 AKB verwehrt, diesen aus abgeleitetem Recht gem. § 67 VVG a. F. in Regress zu nehmen. Nur bei vorsätzlicher oder grob fahrlässiger Herbeiführung des Versicherungsfalles kann sie vom Fahrer Ersatz ihrer Aufwendungen verlangen.[24]

Der von der Rechtsprechung angenommene Haftungsausschluss greift nicht ein, wenn der Händler den Kunden vor Fahrtantritt auf das volle **Haftungsrisiko** ausdrücklich **hingewiesen** hat. Wegen Verstoßes gegen § 309 Nr. 12 BGB unwirksam ist allerdings eine Formularregelung, durch deren Unterzeichnung der Probefahrer versichert, er werde alle durch ihn entstandenen Schäden voll übernehmen, sofern er keine Tatsachen nachweisen kann, die seine Verantwortlichkeit mindern bzw. wegfallen lassen.[25]

---

18 Urt. v. 19. 3. 1980, NJW 1980, 1680 ff., so auch OLG Koblenz 13. 1. 2003, DAR 2003, 320 zur Probefahrt mit einem Trike.
19 Urt. v. 9. 6. 1976, VersR 1978, 156.
20 *Ströfer*, NJW 1979, 2553; *Schmid*, JR 1980, 138.
21 *Schmid*, JR 1980, 138.
22 Urt. v. 17. 12. 1999, OLGR 2000, 151.
23 Urt. v. 11. 2. 2000, DAR 2000, 307.
24 BGH 30. 4. 1959, NJW 1959, 1221.
25 OLG Köln 26. 6. 1991, DAR 1991, 428.

Bei **grob fahrlässiger** Verursachung des Unfalls kommt dem Probefahrer die Freistellung von der Haftung nicht zugute, es sei denn, dass die Beteiligten die Haftung ausnahmsweise auch für diesen Fall ausgeschlossen haben.[26] Auch bei grober Fahrlässigkeit des Probefahrers muss sich der Händler unter Umständen ein Mitverschulden gem. § 254 BGB entgegenhalten lassen, wenn er das Fahrzeug einem Führerscheinneuling ohne Begleitung anvertraut, wenn er der Behauptung des Kaufinteressenten, er sei ein geübter Fahrer, ohne Nachprüfung leichtfertig vertraut, wenn er dem Probefahrer zu einem gefährlichen Fahrmanöver rät[27] oder wenn er einem ersichtlich angetrunkenen Fahrer ein Kfz zum Zweck einer Probefahrt überlässt.[28]

2. Abgrenzung zwischen grober und leichter Fahrlässigkeit des Probefahrers (Einzelfälle)

106 Bei der Beurteilung des **Verschuldens** eines (privaten) **Probefahrers** legt die Rechtsprechung **keine strengen Maßstäbe** an. Das Verhalten eines Probefahrers, der mit einem Fahrzeug ohne Servolenkung in einer scharfen, leicht abschüssigen Linkskurve bei sich verengender Fahrbahn **von der Straße abgekommen** und gegen einen Brückenpfeiler geprallt war, bewertete **der BGH**[29] als leicht fahrlässig. Zugunsten des Probefahrers fiel ins Gewicht, dass er zum Unfallzeitpunkt den Führerschein erst seit fünf Wochen besaß und nur über geringe Fahrpraxis verfügte. Als leicht fahrlässig wertete **der BGH** auch den Zusammenstoß mit einem in der Einfahrt zum Händlerbetrieb abgestellten Pkw,[30] das **Abbremsen aus hoher Geschwindigkei**t vor einer Ortseinfahrt, wobei das Auto von der Fahrbahn geriet und gegen einen Baum prallte,[31] sowie das Abkommen auf gerader Straße infolge Abbremsens.[32] Das Verschalten eines Automatikfahrers mit geringer Fahrpraxis und das auf Schreck beruhende **Unterlassen einer sofortigen Bremsung** sind ebenfalls auf Umstellungsschwierigkeiten beruhende **typische Probefahrtrisiken**.

Verneint hat das OLG Karlsruhe[33] ein grobes Verschulden des Probefahrers, der beim **Rangieren auf engem Raum** den Vorwärtsgang an Stelle des Rückwärtsgangs eingelegt hatte und mit dem Auto zwischen zwei Baufahrzeuge geraten war. Auch **ein Verschalten** – Einlegen des 2. statt des 4. Gangs – während eines Beschleunigungsvorganges mit einem Sportwagen rechtfertigt nicht den Vorwurf grober Fahrlässigkeit, vielmehr handelt es sich um eine **augenblickliche Fehlreaktion** leicht fahrlässiger Art.[34] Als nicht grob fahrlässig gilt **ein Falschtanken** (statt Diesel Biodiesel).[35]

Keinen Fall grober Fahrlässigkeit hat das OLG Koblenz[36] bei einer missglückten Probefahrt mit **einem Trike** angenommen. Beim Einfahren auf das Betriebsgelände des Händlers hatte der Beklagte zunächst einen Pkw gestreift, war dabei mit dem Fuß von der Kupplung abgerutscht und auf der Weiterfahrt mit dem rechten Hinterrad am Torpfosten der Reparaturhalle hängen geblieben.

---

26 BGH 7. 6. 1972, NJW 1972, 1363.
27 OLG Düsseldorf 20. 3. 1967, DAR 1967, 323.
28 BGH 13. 1. 1967, VersR 1967, 379.
29 Urt. v. 7. 6. 1972, NJW 1972, 1363.
30 Urt. v. 10. 1. 1979, NJW 1979, 643, Gebrauchtwagen.
31 Urt. v. 18. 12. 1979, NJW 1980, 1681.
32 Urt. v. 29. 11. 1979, DAR 1979, 282, Überlassen eines Fahrzeuges während der Vornahme einer Garantiereparatur.
33 Urt. v. 12. 6. 1987, DAR 1987, 380.
34 OLG Köln 26. 6. 1991, DAR 1991, 428.
35 LG Osnabrück 14. 12. 2007, DAR 2008, 484.
36 OLG Koblenz 13. 1. 2003, DAR 2003, 320.

Auf **grobe Fahrlässigkeit** erkannte dagegen das OLG Düsseldorf[37] im Falle eines Probefahrers, der sich selbst als geübten Kraftfahrer bezeichnet hatte und der mit dem Wagen infolge des zu schnellen Anfahrens einer Kurve von der Straße abgekommen war. Ebenfalls grob fahrlässig handelt ein Führerscheinneuling, wenn er anlässlich einer Probefahrt auf einem kurvigen Autobahnteilstück mit einer **Geschwindigkeit von 180 km/h** einen Unfall verursacht[38].

Für die Tatsache, dass das Fahrzeug während der Probefahrt beschädigt wurde, ist der **Händler beweispflichtig.** Bleibt offen, wie es zu den Schäden am Fahrzeug gekommen ist, muss sich der **Probefahrer entlasten.** Gem. § 280 Abs. 1 S. 2 BGB hat er darzulegen und zu beweisen, dass er die Beschädigung nicht oder nur leicht fahrlässig verschuldet hat.[39] Zu weiteren Haftungsfragen, auch zum Mitverschulden nach § 254 BGB, s. Rn 1134 ff., 1185.

3. Verjährung des Schadensersatzanspruchs

Schadensersatzansprüche aus Verletzung vorvertraglicher Nebenpflichten verjähren in drei Jahren (§ 195 BGB), bei Verletzung von Leben, Körper, Gesundheit oder Freiheit in dreißig Jahren (§ 199 Abs. 2 BGB). Nach der Rechtsprechung verjähren Ersatzansprüche des Händlers wegen Veränderungen und Verschlechterungen in 6 Monaten ab Rückgabe des Fahrzeugs.[40] Begründet wird die kurze Frist mit einer Analogie zu den §§ 548 Abs. 1 S. 1, 581 Abs. 2, 606, 1057 BGB. Die Verjährung, die mit der Rückgabe des Fahrzeugs beginnt, beträgt auch bei einem wirtschaftlichen Totalschaden 6 Monate.[41] Nur bei einer völligen Zerstörung des Probefahrzeugs verbleibt es bei der Regelverjährung von 3 Jahren.

Soweit Ersatzansprüche des Händlers aus **konkurrierenden Anspruchsgrundlagen**, z. B. §§ 823 ff. BGB, gerechtfertigt sind, werden die insoweit geltenden Verjährungsfristen von der kurzen Sonderverjährung verdrängt.[42]

Die kurze Verjährung von 6 Monaten muss sich auch der aus abgetretenem Recht klagende Händler entgegenhalten lassen, wenn der Kaufinteressent das überlassene Probefahrzeug beschädigt, von dem er annimmt, es gehöre dem Händler, während es in Wirklichkeit im Eigentum eines Dritten steht.[43]

---

37 Urt. v. 20. 3. 1967, DAR 1967, 323.
38 OLG Düsseldorf 17. 9. 1993, OLGR 1994, 148.
39 BGH 12. 11. 1986, NJW 1987, 639, 640; OLG Köln 20. 11. 1995, VersR 1996, 1420, 1421.
40 BGH 21. 5. 1968, DAR 1968, 239 ff.; 18. 2. 1964, MDR 1964, 408.
41 LG Itzehoe 24. 4. 2003, DAR 2003, 421.
42 BGH 21. 5. 1968, DAR 1968, 239, 240.
43 BGH 14. 7. 1970, NJW 1970, 1736.

D. Besondere Vertriebsformen

I. Gesetzliche Ausgangslage

108 Für Verträge, die außerhalb des Autohauses zwischen einem Händler und einem privaten Neuwagenkunden geschlossen werden, sei es an der Haustür, sei es auf elektronischem Wege oder sonst unter Einsatz von Fernkommunikationsmitteln, gelten die unter dem Untertitel 2 ‚Besondere Vertriebsformen' zusammengefassten Vorschriften der **§§ 312 ff. BGB**.

II. Haustürgeschäfte und ähnliche Geschäfte

1. Bedeutung für den Neuwagenhandel

109 Neuwagenhändler verkaufen ihre Fahrzeuge üblicherweise nicht an der Haustür. Daran wird sich durch die Lockerung der Vertriebsstrukturen auch in Zukunft nichts ändern. Dennoch werden, so eine Schätzung aus dem Jahr 1999, rund 20 % der Neuwagenbestellungen außerhalb der Geschäftsräume von Händlerfirmen aufgegeben.[1] Der Verkauf außerhalb der Händlerbetriebe wird von Außendienstmitarbeitern durchgeführt, die ihre Kunden im Rahmen von Betreuungsprogrammen in mehr oder weniger regelmäßigen Abständen aufsuchen. Doch meistens handelt es sich bei den Neuwagenbestellungen, die von Kunden außerhalb der Händlerfirmen unterschrieben werden, nicht um Haustürgeschäfte. Dies liegt daran, dass sich der Außendienst im Neuwagenhandel auf gewerbliche Kunden konzentriert und private Kunden selten ohne vorhergehende Bestellung aufgesucht werden.

Beispiel aus der Rechtsprechung: Ein Interessent bat den Autoverkäufer telefonisch, ihm den Vorführwagen des neuen Modells zu Hause zu zeigen, weil er dort ausprobieren wollte, ob er mit dem Rollstuhl in das Auto einsteigen könne. Da er von dem Fahrzeug begeistert war, unterschrieb er anlässlich des Verkäuferbesuchs sofort einen Kaufantrag, den der Händler fristgerecht annahm. Später widerrief der Beklagte seine Bestellung und verweigerte die Abnahme des Fahrzeugs.

Das OLG Nürnberg[2] wies die Kaufpreisklage des Händlers zurück. Zutreffend vertrat es die Ansicht, der in der Privatwohnung abgeschlossene Kaufvertrag sei ein Haustürgeschäft, weil der Kunde den Verkäufer nur zur Vorführung des Fahrzeugs und nicht zu Vertragsverhandlungen bestellt hatte.

Der Handel mit Neufahrzeugen ist für Haustürgeschäfte und ähnliche Geschäfte nicht gerüstet. Diese Art des Vertriebs ist und bleibt untypisch. Das Haustürgeschäft stellt, wie das obige Rechtsprechungsbeispiel zeigt, eher eine Gefahr als eine zusätzliche Vertriebschance für den Neuwagenhandel dar. In Autohäusern gibt es weder Formulare mit Widerrufsbelehrungen, die den Anforderungen der §§ 312, 355 Abs. 2 BGB entsprechen, noch verfügt das Verkaufspersonal in der Regel über ausreichende Kenntnisse, um die Risiken eines Haustürgeschäfts einschätzen zu können.

2. Persönliche Voraussetzungen

110 § 312 BGB (Widerrufsrecht bei Haustürgeschäften) gilt nur im Verhältnis zwischen Verbraucher und Unternehmer. Näheres zu diesen Begriffen Rn 1155 ff.

---

1 *Creutzig*, Recht des Autokaufs, Rn 141.
2 Urt. v. 17. 3. 1995, NZV 1996, 71.

Ein **Existenzgründer**, der als Geschäftswagen ein neues Auto im Zuge der Aufnahme seiner Geschäftstätigkeit kauft, hat kein Widerrufsrecht.[3] Sein Handeln ist nach den objektiven Umständen auf unternehmerisches Tun ausgerichtet, was bei Erwerb eines Nutzfahrzeugs offen zu Tage liegt, beim Kauf eines Pkw aus den Begleitumständen zu ermitteln ist.

Die Verbraucherschutznorm des § 312 BGB reicht bis in den familiären Bereich hinein. Die Voraussetzungen eines Haustürgeschäfts sind erfüllt, wenn der Mitarbeiter eines Autohauses, für das er allgemein werbend tätig ist, **einen Angehörigen** in dessen Privatwohnung mit dem Vorschlag überrascht, einen Neuwagenkauf abzuschließen.[4]

Das Widerrufsrecht des Verbrauchers wird nicht dadurch ausgeschlossen, dass ein Familienangehöriger als Vertreter den Kaufvertrag über das Neufahrzeug für ihn abgeschlossen hat. Im Fall der Stellvertretung setzt das Widerrufsrecht allerdings voraus, dass der Vertreter durch eine Haustürsituation zum Vertragsabschluss bestimmt worden ist.[5] Fehlt es an dieser Voraussetzung, kann der Vertretene den Vertrag nicht widerrufen, selbst wenn er die Vollmacht in einer Haustürsituation unterschrieben hat.[6]

Durch § 312 BGB werden auch **Dritte** geschützt, die sich für die Erfüllung des Kaufvertrages z. B. durch Schuldbeitritt, Schuldübernahme oder als Gesamtschuldner verpflichtet haben. Personen, die sich anlässlich eines Haustürgeschäftes für die Kaufpreisschuld **verbürgt** haben, besitzen ein eigenes Widerrufsrecht nur unter der Voraussetzung, dass die gesicherte Hauptschuld aus dem Kauf ebenfalls als Haustürgeschäft zustande gekommen ist.[7] Sichert der Bürgschaftsvertrag des Verbrauchers eine Verbindlichkeit, die der Käufer als Unternehmer eingegangen ist, liegt kein Haustürgeschäft vor[8], da § 312 BGB keinen weiteren Regelungsbereich abdeckt als die Haustürgeschäfterichtlinie der EU.[9]

3. Haustürsituationen

Die vom Gesetzgeber genannten „Überrumpelungs-Situationen" werden in § 312 BGB abschließend aufgezählt und beschrieben. Dadurch wird eine erweiterte Auslegung und auch eine Analogie nicht ausgeschlossen.[10] Vergleichbare Situationen der Vertragsanbahnung, bei denen das gleiche Schutzbedürfnis besteht, werden gelegentlich mit Hilfe des Umgehungsverbots (§ 312 f BGB) in den Anwendungsbereich des § 312 BGB einbezogen.

Für den Automobilhandel ist der Kauf am Arbeitsplatz, im Bereich einer Privatwohnung (§ 312 Abs. 1 Nr. 1 BGB) oder anlässlich einer Freizeitveranstaltung (§ 312 Abs. 1 Nr. 2 BGB) relevant. Neuwagengeschäfte im Anschluss an ein überraschendes Ansprechen in Verkehrsmitteln oder im direkten Bereich öffentlich zugänglicher Verkehrswege (§ 312 Abs. 1 Nr. 3 BGB) sind unüblich.

---

[3] BGH 15. 11. 2007, NJW 2008, 435; s. auch BGH 24. 2. 2005, NJW 2005, 1273 (zu § 1031 Abs. 5 S. 1 ZPO).
[4] BGH 17. 9. 1996, NJW 1996, 3414.
[5] BGH 22. 1. 1991, NJW-RR 1991, 1074; OLG Hamm 24. 7. 1990, NJW-RR 1991, 121.
[6] BGH 2. 5. 2000 NJW 2000, 2268; *Hoffmann*, ZIP 1999, 1586 zum Widerruf der Vollmacht.
[7] EuGH 17. 3. 1998, NJW 1998, 1295, 1296; BGH 14. 5. 1998, NJW 1998, 1295, 1296 i. V. m. BGH 11. 1. 1996, WM 1996, 384.
[8] BGH 14. 5. 1998, NJW 1998, 1295, 1296; ablehnend *Pfeiffer*, ZIP 1998, 1136; *Reinicke/Tiedtke*, DB 1998, 2001; dieselben in ZIP 1998, 893; *Auer*, ZBB 1999, 161.
[9] Richtlinie des Rates der Europäischen Gemeinschaften vom 20. 12. 1985 betreffend den Verbraucherschutz für außerhalb von Geschäftsräumen geschlossene Verträge, 85/577/EWG, ABlEG Nr. L 372/31 vom 31. 12. 1985.
[10] *Palandt/Grüneberg*, § 312 BGB Rn 11 und Rn 19 m. w. N.

a) Mündliche Verhandlungen

112 Erforderlich für § 312 Abs. 1 Nr. 1 BGB ist die Anwesenheit der anderen Partei, ihres Gehilfen oder eines von ihr beauftragten Verhandlungsführers am Arbeitsplatz des Kunden oder in einer Privatwohnung zusammen mit dem Kunden sowie die Ursächlichkeit der an diesem Ort geführten mündlichen Verhandlung für den Vertragsabschluss. Da es entscheidend darauf ankommt, dass sich Unternehmer und Verbraucher persönlich gegenüberstehen, fallen Katalogversand, Telefonmarketing[11] und Internetshopping nicht unter die Rubrik der Haustürgeschäfte, sondern sind abschließend in den §§ 312 b ff. BGB über den Fernabsatz geregelt.

Einzelheiten der Vertragsgestaltung müssen bei den mündlichen Verhandlungen nicht besprochen werden. Es genügt jedes werbemäßige Ansprechen eines Kunden, das auf einen späteren Vertragsschluss abzielt.[12] Entscheidend ist, dass der Kunde durch die mündliche Verhandlung zur Abgabe seiner auf den Vertragsabschluss gerichteten Willenserklärung bestimmt wird. Für die Ursächlichkeit genügt die Feststellung, dass der spätere Vertrag ohne die besonderen Umstände der ersten Kontaktaufnahme nicht oder nicht so wie geschehen zustande gekommen wäre.[13]

Die Voraussetzungen von § 312 Abs. 1 Nr. 1 BGB sind bereits erfüllt, wenn der Kunde einen – unbestellten – Besuch des Verkäufers zum Anlass nimmt, Änderungswünsche zu einem bestehenden Vertrag zu äußern und anschließend ein neuer – ersetzender – Vertrag geschlossen wird.[14] Die besonderen Umstände der ersten Kontaktaufnahme können allein schon ursächlich für den Vertragsschluss sein, wenn der Kunde seine Vertragserklärung später in Abwesenheit des Vertragspartners und eines für diesen auftretenden Werbers unterschrieben hat.[15] Liegt zwischen dem in einer Haustürsituation abgegebenen Angebot und dem späteren Vertragsabschluss ein Zeitraum von rund neun Monaten, besitzt der Verbraucher nach Meinung des OLG Frankfurt[16] kein Widerrufsrecht, wenn er nicht dartun kann, dass der Vertrag trotz des Zeitablaufs auf der Überrumpelung beruht oder ein Umgehungsgeschäft darstellt. Zum Merkmal „vorhergehende Bestellung" s. Rn 115.

b) Arbeitsplatz

113 Der Begriff „Arbeitsplatz" ist weit auszulegen. Zum Arbeitsplatz gehört wegen der Möglichkeit der überraschenden Einflussnahme jeder Ort im Betriebsgebäude oder auf dem Betriebsgelände. Der Arbeitsplatz endet am Werkstor. Der Selbstständige wird durch § 312 BGB ebenfalls geschützt, wenn er an seinem Arbeitsplatz einen „privaten" Vertrag abschließt.

c) Privatwohnung

114 Privatwohnung kann sein die Miet- oder Eigentumswohnung, das Wohnhaus, die Wohnung im Senioren- oder Pflegeheim, das Zimmer im Studentenwohnheim, die Unterkunft für Asylbewerber, die Ferienwohnung, das Wohnmobil, der Campingwagen, eine private Baustelle und ein Hotelzimmer. Zur Privatwohnung zählen außer dem eigentlichen Wohnbereich auch der Hausflur und das Treppenhaus eines Mehrfamilienhauses, der Garten sowie die Tiefgarage und die Gemeinschaftsräume größerer Wohnanlagen, nicht jedoch die

---

11 BGH 16. 1. 1996, WM 1996, 390; *Klingsporn*, NJW 1997, 1546.
12 BGH 16. 1. 1996, WM 1996, 387; OLG Stuttgart 4. 3. 1997, OLGR 1997, 71.
13 BGH 16. 1. 1996, WM 1996, 387.
14 BGH 19. 11. 1998, ZIP 1999, 70.
15 BGH 17. 9. 1996, NJW 1996, 3416.
16 Urt. v. 21. 10. 2003, OLGR 2004, 41, 43; s. auch OLG Frankfurt 15. 8. 2007, MDR 2008, 495.

öffentlich zugänglichen Orte wie Hotelhallen, Cafes, Gaststätten, Kinos und Spiel- oder Sportplätze.

Mit Rücksicht auf das Umgehungsverbot des § 312f BGB wird die Auffassung vertreten, dass ein Vertragsschluss als Haustürgeschäft zu charakterisieren ist, wenn die Parteien aufgrund eines spontanen Entschlusses den Verhandlungsort entgegen der ursprünglichen Absicht in ein der Privatwohnung nahe gelegenes kleines Café verlegen[17] oder wenn die Vertragsverhandlungen in einer Hotelhalle[18] geführt werden und der Kunde dort in eine vergleichbare Zwangslage gebracht wird, wie sie in einer Privatwohnung besteht.[19]

Bei der Privatwohnung muss es sich nicht um diejenige des Kunden handeln; es kann ebenso die Wohnung eines Dritten sein.[20] Obwohl allein schon die Atmosphäre einer Privatwohnung den auf den Kunden ausgeübten Kaufdruck wesentlich verstärkt, fällt die Privatwohnung des Händlers oder die seines Verhandlungsführers nicht unter § 312 BGB, wenn der Käufer sie aufsucht, um Verhandlungen zu führen.[21] Die Regelungen zum Haustürgeschäft sind aber anwendbar, wenn der Kunde die Privatwohnung des Händlers oder die seines Verhandlungsgehilfen zu einem privaten Besuch aufgesucht hat.[22]

d) Vorhergehende Bestellung

Das **Widerrufsrecht** ist gem. § 312 Abs. 3 Nr. 1 BGB **ausgeschlossen**, wenn die für den Vertragsschluss maßgebliche mündliche Verhandlung auf einer vorhergehenden Bestellung des Kunden beruht. Die **Vielzahl von Gerichtsentscheidungen**,[23] in der Tendenz verbraucherfreundlich, ist ein Beleg dafür, dass immer wieder versucht wird, Kunden in einer Haustürsituation zum Vertragsschluss zu verleiten.

Eine vorhergehende Bestellung ist **nicht anzunehmen**, wenn der Verbraucher

– sein Einverständnis mit Vertragsverhandlungen in seiner Wohnung bei einer unerbetenen und ihn unvorbereitet treffenden telefonischen Anfrage des Anbieters erteilt,[24]
– sich lediglich mit den vom Vertragspartner angetragenen Verhandlungen zum Zweck der Warenpräsentation oder des Vertragsabschlusses[25] mit einem Hausbesuch einverstanden erklärt,[26]
– aufgrund eines Anrufs des Unternehmers einen Beratungstermin bei sich zu Hause vereinbart, der bereits zum Vertragsschluss führt,[27]
– bei einem nicht von ihm veranlassten Telefongespräch eine Einladung von sich aus ausspricht,[28]
– nach einem Gespräch Besuch erhält, bei dem über einen völlig anderen Gegenstand gesprochen wird,[29]

---

17 AG Freilassing 14.6.1988, NJW-RR 1988, 1326.
18 OLG Frankfurt 19.1.1994, WM 1994, 1730; LG Lüneburg 22.6.1988, NJW-RR 1989, 119.
19 LG Mannheim 3.8.1990, NJW-RR 1990, 1395.
20 OLG Hamm 24.7.1990, NJW-RR 1991, 121.
21 BGH 30.3.2000, NJW 2000, 3498; *Palandt/Grüneberg*, § 312 BGB Rn 15.
22 OLG Stuttgart 9.3.2004, ZIP 2004, 891, 895.
23 Aktuell BGH 15.11.2007, NJW 2008, 435.
24 BGH 29.9.1994, ZIP 1994, 1696, 1697; OLG Bamberg 18.6.2003, OLGR 2004, 46.
25 OLG Frankfurt 2.12.1988, NJW-RR 1989, 494; 2.8.2000, OLGR 2000, 259.
26 BGH 25.10.1989, NJW 1990, 181; OLG Stuttgart 12.5.1989, NJW-RR 1989, 956; 24.11.1989, NJW-RR 1990, 501; 4.3.1997, OLGR 1997, 71; OLG Dresden 18.11.1997, OLGR 1998, 39.
27 SchlHOLG 20.8.1997, OLGR 1997, 345; OLG Köln 29.4.1988, NJW 1988, 1985.
28 BGH 25.10.1989, ZIP 1989, 1575.
29 LG Hamburg 11.11.1987, NJW-RR 1988, 824.

- vor dem vereinbarten Termin aufgesucht wird,[30]
- auf einer Verkaufsveranstaltung für eine Verlosung Name und Adresse angibt und danach ein Besuch des Verkäufers erfolgt,[31]
- auf einer Werbeantwortkarte, mit der er kostenlos Informationsmaterial anfordert, seine Telefonnummer angibt, der Verkäufer daraufhin zwecks Vereinbarung eines Besprechungstermins anruft und ihn unter Hinweis auf Sondermodelle zu einem sofortigen Termin drängt, bei dem es dann zum Vertragsschluss kommt,[32]
- auf einer Postkarte seine Telefonnummer angibt, um weitere Informationen zu erhalten, und es aufgrund eines Gesprächs mit einem Vertreter des Verkäufers zu einem Informationsbesuch kommen soll,[33]
- einen Hausbesuch ohne Einverständnis seiner Ehefrau vereinbart und diese in die Vertragsverhandlungen einbezogen und zum Kauf bzw. zur Übernahme einer Mithaftung aus dem Kauf veranlasst wird,[34]
- auf einem Messestand auf die Frage nach den Kosten die Antwort erhält, der Preis könne erst nach Besichtigung der Wohnung genannt werden,[35]
- bei einem verabredeten Hausbesuch ein Angebot bekommt, das den Rahmen der Bestellung überschreitet,[36]
- vom Unternehmer die Mitteilung erhält, er werde nur einmal aufgesucht, weil dann die Beratung und die Bestellung zeitlich zusammenfallen würden,[37]
- den Termin, der zum Vertragsabschluss führt, anlässlich eines unbestellten Hausbesuchs vereinbart hat, der für sich gesehen die Voraussetzungen eines Haustürgeschäfts erfüllt,[38]
- zur Bestellung provoziert wird, z. B. durch das Versprechen von Werbegeschenken für den Fall der Rücksendung einer zweiten Antwortkarte,[39]
- den Verkäufer bestellt, um ihm ein Auto unverbindlich vorzuführen, und es bei diesem Termin in der Wohnung des Kunden zum Abschluss des Autokaufs kommt,[40]
- durch vorangegangene Verhandlungen in einer sog. Haustürsituation mitursächlich für den späteren Vertragsabschluss eingestimmt wird,[41]
- zu Hause ein Angebot erhält, das über das hinausgeht, was er nach den Umständen objektiv erwarten durfte.[42]

e) Freizeitveranstaltung

116 Von dem Tatbestand der Freizeitveranstaltung sollen nach dem Willen des Gesetzgebers diejenigen Fälle erfasst werden, in denen der Verbraucher nach der Lebenserfahrung weni-

---

30 OLG Stuttgart 4. 3. 1988, NJW 1988, 1986.
31 OLG Frankfurt 2. 12. 1988, NJW-RR 1989, 494; AG Elmshorn 15. 1. 1987, NJW 1987, 1204.
32 BGH 25. 10. 1989, ZIP 1989, 1575; LG Zweibrücken 23. 2. 1988, NJW-RR 1988, 823.
33 OLG Frankfurt 15. 3. 1989, NJW-RR 1989, 1342.
34 BGH 22. 1. 1991, WM 1991, 313.
35 OLG Stuttgart 12. 5. 1989, NJW-RR 1989, 956.
36 BGH 7. 12. 1989, ZIP 1990, 148 mit Anm. von *Teske*, a. a. O., 150 sowie die vorausgegangene Entscheidung des OLG Stuttgart 11. 10. 1988, ZIP 1990, 152 sowie OLG Koblenz 25. 8. 1989, ZIP 1990, 155.
37 OLG Köln 18. 12. 1989, NJW-RR 1990, 377.
38 Brand OLG 17. 6. 1997, OLGR 1997, 309; ebenso KG 26. 4. 1996, OLGR 1996, 157.
39 OLG Dresden 8. 11. 1995, NJW-RR 1996, 758.
40 OLG Nürnberg 17. 3. 1995, NZV 1996, 71.
41 OLG Stuttgart 30. 3. 1999, BB 1999, 1453.
42 OLG Naumburg 16. 4. 2002, OLGR 2002, 505.

ger seriösen Verkaufspraktiken im sog. Direktvertrieb leicht erliegt und in seiner Entscheidungsfreiheit überfordert wird, sodass ihn der Kauf anschließend reut.[43]

Der Begriff der Freizeitveranstaltung ist von zwei zusammenwirkenden, in einer Wechselwirkung zueinander stehenden Faktoren bestimmt: zum einen durch den **Freizeitcharakter** der Veranstaltung, die den Verbraucher in eine seine rechtsgeschäftliche Entschließungsfreiheit beeinflussende Freizeitstimmung versetzt, zum anderen durch die **Organisationsform** der Veranstaltung, der sich der Kunde nur schwer entziehen kann.[44] Der Freizeitcharakter der Veranstaltung geht nicht dadurch verloren, dass die eigentliche gewerbliche Zielsetzung des Veranstalters von den Teilnehmern erkannt und durchschaut wird.[45] Maßgeblich ist der tatsächliche Ablauf. Für die Beurteilung kann ausschlaggebend sein, ob die Veranstaltung als Verkaufs- oder überwiegend als Freizeitveranstaltung angekündigt wird, da es letztlich entscheidend darauf ankommt, ob der Teilnahmeentschluss des Kunden von der Vorstellung einer ‚Freizeitveranstaltung' geprägt ist oder ob er von vornherein den Hauptzweck der Veranstaltung in der Verkaufstätigkeit sieht.[46]

Die eine Freizeitveranstaltung prägenden Tatbestandsmerkmale sind in der Regel erfüllt, wenn im Zusammenhang mit sog. Kaffee-, Ausflugs-, Besichtigungs- und Butterfahrten, Gewinnabholungsveranstaltungen, Wanderlagern mit Bewirtung, Kultur- und Sportereignissen, Filmvorführungen, Tanzveranstaltungen, Modenschauen usw. den Teilnehmern Waren oder Leistungen angedient werden. All diese Unternehmungen weisen die Gemeinsamkeit auf, dass Leistungen unterhaltender Art seitens der Veranstalter geboten werden, die in keinem sachlichen Zusammenhang mit dem eigentlichen Kaufvorgang stehen,[47] die den Verkaufscharakter verschleiern, in der Freizeit des angesprochenen Kundenkreises stattfinden[48] und den Verbraucher in eine unbeschwerte Stimmung versetzen, so dass er sich dem auf einen Geschäftsabschluss gerichteten Angebot nur schwer entziehen kann.[49]

Verbraucherausstellungen, die sichtbar auf Verkauf von Waren angelegt sind, haben nicht den Charakter von Freizeitveranstaltungen, auch wenn sie mit einem umfangreichen Unterhaltungsangebot locken, die den Rahmen abrunden und die Veranstaltung insgesamt attraktiver machen sollen.[50] Ob der Verbraucher, der eine solche Ausstellung besucht, durch § 312 Abs. 1 Nr. 3 BGB geschützt wird, ist umstritten. Nach Ansicht des OLG Stuttgart[51] sind die zum Durchgang in den Messehallen einer Verkehrsausstellung bestimmten Flächen keine Verkehrsflächen i. S. v. dieser Bestimmung.

---

43 OLG Frankfurt 16. 1. 1990, NJW-RR 1990, 374, 375; *Gilles,* NJW 1986, 1131; *Löwe,* BB 1986, 821, 825.
44 BGH 10. 7. 2002, NJW 2002, 3100; 28. 10. 2003, ZIP 2004, 365.
45 BGH 21. 6. 1990, NJW 1990, 3265.
46 BGH 21. 6. 1990, NJW 1990, 3265; SchlHOLG 13. 11. 1997, OLGR 1998, 21.
47 LG Würzburg 19. 5. 1988, NJW-RR 1988, 1324; *Löwe,* BB 1986, 825; *Gilles,* NJW 1986, 1140.
48 OLG Hamm 3. 11. 1988, NJW-RR 1989, 117.
49 BGH 28. 10. 2003, NJW 2004, 362; 10. 7. 2002, NJW 2002, 3100, 3102; 26. 3. 1992, NJW 1992, 1889.
50 OLG Stuttgart 17. 3. 2003, OLGR 2003, 257, 258 (HAFA 2000) entgegen 12. 9. 1989, VuR 1989, 345; siehe ferner LG Bremen 3. 6. 1988, NJW-RR 1988, 1325; – ‚Niederrhein-Schau' – LG Kleve 10. 3. 1988, NJW-RR 1988, 825; ‚Grüne Woche' – BGH 26. 3. 1992, NJW 1992, 1889; KG 9. 2. 1990, NJW-RR 1990, 1338; OLG Brandenburg 11. 7. 2001, NJW-RR 2001, 1635; ‚Harz und Heide' – LG Braunschweig 13. 7. 1992, NJW-RR 1992, 1401; ‚Caravan-Motor-Touristik (CMT)' – AG Ludwigsburg 7. 9. 1995, DAR 1995, 490; ‚Camping- und Caravanmesse' – OLG Düsseldorf 2. 3. 1999, OLGR 1999, 193; der Charakter einer Freizeitveranstaltung wurde ‚Für Familie' vom OLG Stuttgart 13. 7. 1988, NJW-RR 1988, 1323 und der ‚Mittelsachsenschau' in Riesa 1994 vom OLG Dresden 28. 2. 1997, NJW-RR 1997, 1346 zuerkannt.
51 Urt. v. 17. 3. 2003, OLGR 2003, 257, 258.

III. Fernabsatzverträge

1. Bedeutung für den Neuwagenhandel

117 Die Prognose von Experten aus dem Jahr 1998, in fünf Jahren würden 80 % der Neufahrzeuge über Internet verkauft, hat sich nicht bewahrheitet, es sei denn, dass mit „über Internet" auch das Internet als Informationskanal, nicht nur als Handelsplattform, verstanden wird. So gesehen, hat die Internet-Durchdringung im Neuwagenhandel ein Quote von rund 80 % in der Tat erreicht.

Der Anteil der Online-Käufe liegt weiterhin deutlich unter 30 %, beim Verkauf an Verbraucher unter 2 %. Der Neuwagenhandel ist traditionell stationär und regional ausgerichtet. Trotz starker Präsenz der Händler im Internet wird nicht erwartet, dass der „aktive Verkauf" in Richtung Fernabsatz geht, zumal sich diese Vertriebsform für die Vermarktung von Neufahrzeugen nur bedingt eignet. Das liegt auch daran, dass das Widerrufs- und Rückgaberecht bei der Lieferung von Waren an Verbraucher nicht vor dem Tag ihres Eingangs beim Empfänger beginnt (§ 312 d Abs. 2 BGB). Dem Händler ist es verwehrt, mit dem Verbraucher-Kunden eine Vereinbarung zu treffen, die es ihm gestattet, das Neufahrzeug erst nach Ablauf der Widerrufsfrist auszuliefern.

2. Voraussetzungen eines Fernabsatzvertrages

118 Fernabsatzverträge sind Verträge über Waren oder Dienstleistungen zwischen einem Unternehmer und einem Verbraucher, die unter **ausschließlicher** Verwendung von **Fernkommunikationsmitteln** im Rahmen eines für den Fernabsatz organisierten Vertriebs- oder Dienstleistungssystems geschlossen werden (§ 312 b BGB).

Fernkommunikationsmittel sind insbesondere Briefe, Drucksachen, Kataloge, Pressewerbung, Telefon, Telefax, E-Mails, SMS-Nachrichten, Teleshopping, Rundfunk und Internet. Sie alle ermöglichen den Vertragsschluss ohne gleichzeitige Anwesenheit der Vertragsparteien.

119 **Persönliche Kontakte** der Vertragsparteien in der Phase der Vertragsanbahnung, auch eine Fahrzeugbesichtigung, schließen die Annahme eines Fernabsatzgeschäfts nicht grundsätzlich aus. Im Schrifttum wird die Ansicht vertreten, dass die Vorschriften über den Fernabsatz nicht anzuwenden seien, wenn der Verbraucher im Geschäft des Händlers über alle für den Vertragsschluss wesentlichen Umstände informiert wurde, sich aber noch nicht binden wollte und der Vertrag zeitnah zu dem persönlichen Kontakt unter Einsatz von Fernkommunikationsmitteln abgeschlossen worden ist.[52] Im Einzelnen ist hier nach wie vor noch vieles unklar.[53] An den Vortrag des Verkäufers, vor Ort seien alle „Vertragseinzelheiten" geklärt worden, stellen die Gerichte hohe Substantiierungsanforderungen.[54]

120 **Bedeutsam** für den Neuwagenhandel ist die – vom Unternehmer zu beweisende – **Ausnahme**, dass der Kaufvertrag nicht im Rahmen eines für den Fernabsatz organisierten Vertriebs- oder Dienstleistungssystems erfolgt ist, denn gem. § 312 b Abs. 1 Hs. 2 BGB ist eine solche **Vertriebsstruktur** Voraussetzung für das Vorliegen eines Fernabsatzgeschäfts. Sofern der Kaufvertrag unter Verwendung von Fernkommunikationsmitteln geschlossen wurde, kommt es nach der Gesetzesbegründung[55] darauf an, ob der Unternehmer in personeller und sachlicher Ausstattung innerhalb seines Betriebs die organisatorischen Voraussetzungen geschaffen hat, die notwendig sind, um regelmäßig im Fernabsatz zu tätigende Geschäfte zu bewältigen. Ein großer personeller oder sachlicher Aufwand wird nicht voraus-

---

52 Vgl. *Palandt/Grüneberg*, § 312 b BGB, Rn 8 m. w. N.
53 Vgl. MüKo-BGB/*Wendehorst*, § 312 b BGB Rn 51; *Erman/Saenger*, § 312 b BGB Rn 6.
54 Z. B. LG Köln 15. 5. 2008 – 37 O 1054/07 – n. v.
55 Reg.-Entw., BT-Drucks. 14/2658, S. 30.

gesetzt. Die Unterhaltung einer Homepage im Internet mit Bestellmöglichkeit per E-Mail soll genügen.[56] Allerdings reicht der gelegentliche Verkauf eines Neuwagens unter Einsatz von Fernkommunikationsmitteln und Beachtung von § 312e BGB für die Annahme einer organisierten Vertriebsform dann nicht aus, wenn die Kaufverträge ‚im Regelfall' in den Geschäftsräumen des Händlers ausgehandelt und abgeschlossen werden und es dort zu einer Begegnung zwischen Verkäufer und Käufer und zu einer Besichtigung der Ware kommt.[57] Dies trifft auf die meisten Händlerbetriebe zu, die mit Neufahrzeugen am Markt vertreten sind und entspricht dem Käuferverhalten. Kunden von Neuwagen wünschen den persönlichen Kontakt zum Händler und wollen das Auto, bevor sie sich zum Kauf entschließen, anschauen und Probe fahren.

3. Fernabsatzverträge und Informationspflichten

Beim Fernabsatz sind **besondere Informationspflichten** zu erfüllen (§§ 312b, 312c Abs. 2 BGB). Diese werden nicht im Gesetz, sondern in der BGB-InfoV 1 geregelt.[58] Dabei ist zwischen **vor- und nachvertraglichen Pflichten** zu unterscheiden.

121

Im Vorfeld des Vertrages muss der Unternehmer folgende Informationen liefern: Identität und Anschrift des Händlers, wesentliche Merkmale des Neufahrzeugs (Fabrikat, Typ, Farbe, Ausstattung usw.), den Preis einschließlich aller Steuern[59] und sonstigen Preisbestandteile (z. B. Überführungs- und Zulassungskosten), einen Vorbehalt, eine in Qualität und Preis gleichwertige Leistung zu erbringen, und einen Vorbehalt, die versprochene Leistung im Fall ihrer Nichtverfügbarkeit zu erbringen, Einzelheiten hinsichtlich Zahlung und Lieferung, das Bestehen eines Widerrufs-/Rückgaberechts mit Hinweis auf die Bedingungen, Einzelheiten der Ausübung und Rechtsfolgen, Kosten, die dem Verbraucher durch die Nutzung der Fernkommunikationsmittel entstehen, sofern sie die üblichen Grundtarife übersteigen und die Gültigkeitsdauer befristeter Angebote, insbesondere hinsichtlich des Preises. Zu einer Information des Verbrauchers darüber, dass dem Kauf die gesetzlichen Gewährleistungsvorschriften zu Grunde liegen und welchen Inhalt sie haben, ist der Anbieter nicht verpflichtet.[60]

Nach Abschluss des Vertrages, spätestens bis zur Lieferung an den Verbraucher, muss der Unternehmer außerdem über Kundendienst und geltende Gewährleistungs- und Garantiebedingungen informieren.

Die **Rechtsfolgen** einer **fehlerhaften** vor- oder nachvertraglichen **Information** bestehen darin, dass die Widerrufsfrist nicht in Lauf gesetzt wird und der Händler dem Risiko ausgesetzt ist, auf Unterlassung in Anspruch genommen zu werden.[61] Außer bei Fernabsatzverträgen über Finanzdienstleistungen verhindert eine nicht erfolgte oder fehlerhafte Information nicht das Erlöschen des Widerrufsrechts nach 6 Monaten, es sei denn, der Verbraucher wurde nicht ordnungsgemäß über sein Widerrufsrecht informiert.

122

Schadensersatzansprüche können dem Verbraucher zustehen, wenn er beweist, dass der Vertrag von ihm nicht abgeschlossen worden wäre, wenn er über die vorvertraglichen Informationen verfügt hätte und ihm dadurch ein Schaden entstanden ist.

Unternehmer, die sich zum Zweck des Abschlusses des Kaufvertrages eines **Tele- oder Mediendienstes** bedienen, müssen neben den gegenüber Verbrauchern bestehenden fern-

---

56 *S. Lorenz*, JuS 2000, 2049, 2053.
57 *Meub*, DB 2002, 359, 360.
58 Abgedruckt im Palandt, 67. Aufl., S. 2634 ff.
59 Es ist darauf hinzuweisen, dass der geforderte Preis die Umsatzsteuer enthält, so BGH 4. 10. 2007, NJW 2008, 1595.
60 BGH 4. 10. 2007, NJW 2008, 1595.
61 Dazu *Hansen*, ZGS 2004, 455

absatzrechtlichen Informationspflichten die **Pflichten im elektronischen Geschäftsverkehr** beachten, die gem. § 312 e Abs. 1 S. 1 Nr. 2 BGB **gegenüber allen Kunden** – gleich ob Verbraucher oder Unternehmer – bestehen und die in der BGB – InfoV 3 geregelt sind.[62]

Danach müssen dem Kunden angemessene, wirksame und zugängliche technische Mittel zur Verfügung gestellt werden, mit deren Hilfe er Eingabefehler vor Abgabe seiner Bestellung erkennen und berichtigen kann. Weiterhin sind die technischen Einzelheiten der Bestellung zu erläutern und darzulegen, welche Sprachen für den Vertragsschluss zur Verfügung stehen und welchen einschlägigen Verhaltenskodizes sich der Unternehmer unterwirft und welche elektronischen Zugriffsmöglichkeiten darauf bestehen. Der Käufer ist verpflichtet, den Zugang der Kundenbestellung unverzüglich auf elektronischen Weg zu bestätigen. Außerdem muss er dem Kunden ermöglichen, die Vertragsbestimmungen einschließlich der AGB bei Vertragsschluss abzurufen und in wiedergabefähiger Form zu speichern.

Bei Pflichtverstößen wird im Rechtsverkehr mit Verbrauchern die Widerrufspflicht nicht in Lauf gesetzt (§ 312 e Abs. 3 S. 2 BGB). Liegt ein planmäßiges Handeln vor, kann der Verkäufer auf Unterlassung in Anspruch genommen werden. Außerdem haftet er dem Kunden auf Schadensersatz, wenn die Pflichtverletzung für den Abschluss oder den ungünstigen Inhalt des Vertrages ursächlich war.

III. Das Widerrufsrecht des Verbrauchers
1. Überblick und Bedeutung im Neuwagenhandel

123 Den Kaufvertrag über ein Neufahrzeug kann ein Verbraucher nicht schon deshalb widerrufen, weil er ein Verbraucher ist. Wie jeder andere Kaufinteressent ist auch er an sein Angebot grundsätzlich gebunden (zur Bindung nach den NWVB s. Rn 7). Seine auf den Abschluss des Kaufvertrages gerichtete Willenserklärung ist ausnahmsweise dann widerruflich, wenn der Vertrag als **Haustürgeschäft** (§ 312 BGB), **Fernabsatzgeschäft** (§ 312 b BGB) oder im Zusammenhang mit einer **Finanzierung** durch Stundung des Kaufpreises, Gewährung eines Darlehens oder einer sonstigen Finanzierungshilfe (§ 499 BGB) abgeschlossen worden ist. Handelt es sich bei dem Haustürgeschäft um einen Vertrag, der dem Verbraucher zugleich ein Widerrufsrecht nach anderen Vorschriften gibt, z. B. ein Verbraucherdarlehensvertrag, so ist das (Haustür-)Widerrufsrecht ausgeschlossen (§ 312 a BGB). Beim Zusammentreffen eines Fernabsatzvertrags mit einem Verbraucherdarlehensvertrag ist das fernabsatzrechtliche Widerrufs-/Rückgaberecht gem. § 312 d Abs. 1 S. 1 bzw. S. 2 BGB ebenfalls subsidiär (§ 312 d Abs. 5 BGB).

Falls der Kaufvertrag mit einem Verbraucherdarlehen (§ 491 BGB) oder mit einem Verbraucherleasingvertrag (§ 500 BGB) **ein verbundenes Geschäft** i. S. v. § 358 Abs. 3 BGB darstellt, kann der Verbraucher den Kaufvertrag – abgesehen von dem Fall eines Haustüroder Fernabsatzgeschäftes – nicht widerrufen, diesen aber dadurch zu Fall bringen, dass er den Darlehens- bzw. Leasingvertrag widerruft (§ 358 Abs. 2 S. 1 BGB).

Die im Neufahrzeughandel gebräuchlichen **Bestellformulare** („Bestellscheine") enthalten im Allgemeinen **keine Widerrufsbelehrung**. Das liegt zum einen daran, dass sie sowohl für den unternehmerischen Verkehr als auch für den Verkauf an Verbraucher konzipiert sind, zum anderen daran, dass entgeltliche Stundungen und Teilzahlungsgeschäfte, bei denen der Verkäufer selbst die Finanzierung in Form einer Teilzahlungsabrede gewährt, im Neuwagenhandel kaum noch praktiziert werden. Im Fall einer Kaufpreisfinanzierung durch Dritte (Herstellerbank oder Hausbank des Händlers) fällt es in deren Aufgabenbereich, den Käufer über sein Widerrufsrecht hinsichtlich des Darlehensvertrages zu belehren. Ein

---

62 Nachzulesen bei Palandt, 67. Aufl., S. 2639.

Händler, der **im Fernabsatz** Neufahrzeuge an Verbraucher verkaufen will, muss selbst für eine „wasserdichte" Widerrufsbelehrung sorgen, ein **äußerst schwieriges Unterfangen**, wie zahlreiche Prozesse zeigen.[63]

2. Grundsätzliches zum Widerrufsrecht

Das Widerrufsrecht gem. § 355 BGB ist ein **Gestaltungsrecht**, durch das der zunächst wirksam zustande gekommene Vertrag – wie im Fall des Rücktritts – in ein Abwicklungsverhältnis umgestaltet wird. Die Rechtsfolgen sind in § 357 BGB geregelt. Für **verbundene Geschäfte** über die Lieferung einer Sache oder Erbringung einer anderen Leistung und einem Verbraucherdarlehensvertrag sind die Sonderregelungen der §§ 358, 359 BGB zu beachten.

Vom Widerrufsrecht zu unterscheiden ist das **Recht auf Rückgabe** der Sache. Die dem Verkäufer durch § 356 BGB eröffnete Möglichkeit, dem Verbraucher anstelle des Widerrufsrechts ein solches Rückgaberecht einzuräumen, ist für den Autohandel nicht bedeutsam, da sie, wenn auch nicht ausschließlich,[64] so doch hauptsächlich auf Fernabsatzgeschäfte (§ 312 d S. 2 BGB) zugeschnitten ist.

Die **Widerrufsfrist** beträgt gem. § 355 Abs. 1 S. 2 BGB grundsätzlich **2 Wochen** und beginnt in dem Zeitpunkt, in dem dem Verbraucher eine den Anforderungen des Gesetzes entsprechende Widerrufsbelehrung mitgeteilt worden ist (§ 355 Abs. 2 BGB). Näheres Rn 125 f. Wenn es in § 355 Abs. 3 S. 2 BGB heißt, „die Frist" beginne nicht vor dem Tag des Wareneingangs, so bezieht sich das nicht auf die in Abs. 2 geregelte Zweiwochenfrist, sondern auf die Sechsmonatsfrist für das Erlöschen des Widerrufsrechts.[65] Der **Empfang der Ware** durch den Verbraucher kann für den Beginn der Widerrufsfrist gleichwohl relevant sein, nämlich bei einem **Fernabsatzgeschäft** (vgl. § 312 d Abs. 2 BGB). In einem solchen Fall beginnt die Frist abweichend von der Grundregel in § 355 Abs. 2 BGB. Um es klarzustellen: Bei einem Haustürgeschäft beginnt die Widerrufsfrist unter anderen Bedingungen als bei einem Fernabsatzgeschäft. Während der Fristbeginn bei einem Haustürgeschäft allein an die Erteilung einer ordnungsgemäßen Widerrufsbelehrung geknüpft ist (§ 355 Abs. 2 BGB), hängt der Fristanlauf bei einem im Fernabsatz gekauften Auto von drei Voraussetzungen ab: 1. Erfüllung der Informationspflichten gem. § 312 c Abs. 2 BGB, 2. Erteilung einer ordnungsgemäßen Widerrufsbelehrung, 3. Auslieferung des Fahrzeugs (= Ablieferung wie bei § 438 BGB, s. dazu Rn 2005).

3. Widerrufsbelehrung

Grundsatz: Der Schutz des Verbrauchers erfordert eine möglichst umfassende, unmissverständliche und aus dem Verständnis der Verbraucher eindeutige Belehrung.[66]

Die **hohen formalen und inhaltlichen Anforderungen** an die Widerrufsbelehrung sind der Grund zahlloser Rechtsstreitigkeiten.[67] Der Gesetzgeber hat inzwischen erkannt, dass es Unternehmern angesichts der zunehmenden Informationspflichten immer schwerer fällt, sich gesetzeskonform zu verhalten. In Art. 245 EGBGB hat er eine Verordnungsermächtigung geschaffen, auf deren Grundlage vom Bundesjustizministerium Inhalt und Gestaltung

---

63 Z. B. OLG Stuttgart 4. 2. 2008, ZGS 2008, 197 (Sanitärartikel/eBay).
64 Ein Rückgaberecht ist außerdem vorgesehen in § 503 BGB für das Teilzahlungsgeschäft und in § 312 Abs. 1 S. 2 BGB für das Haustürgeschäft.
65 LG Dortmund 11. 7. 2003, NJW 2003, 3355 (Haustürfall); *Ring* in AnwK-BGB, § 355 BGB Rn 94.
66 BGH 12. 4. 2007, NJW 2007, 1946.
67 Aus der aktuellen Rspr. z. B. OLG Stuttgart 4. 2. 2008, ZGS 2008, 197; OLG Schleswig 25. 10. 2007, OLGR 2007, 929 (Haustürgeschäft).

der dem Verbraucher mitzuteilenden Belehrungen in Form amtlicher Muster festgelegt wurden.[68]

Nach zum Teil heftiger Kritik durch die Rechtsprechung[69] und einer wachsenden Rechtsunsicherheit wurden die **Muster für die Widerrufsbelehrung** durch den Verordnungsgeber **zum 1. 4. 2008** mit einer Umstellungsfrist bis 1. 10. 2008 **geändert**.[70] In der zentralen Frage des Fristbeginns im Falle eines Fernabsatzgeschäfts (Gestaltungshinweis 3) ist die nötige Klarheit weiterhin nicht gewonnen. Der Text ist im Übrigen reif für den „Hohlspiegel".

126 **Auf den Neuwagenkauf zugeschnitten** sind die folgenden Belehrungen gem. § 357 Abs. 3 S. 1 BGB, von denen die erste an eine Formulierung anknüpft, die die Banken für die Finanzierung von Kraftfahrzeugen verwenden.[71] In der zweiten Belehrung wird dem Verbraucher konkret gesagt, wie er sich zu verhalten hat, um eine Wertminderung zu vermeiden. Der dritte Vorschlag geht davon aus, dass der Käufer mit dem Fahrzeug vor der Übergabe bereits eine Probefahrt durchgeführt hat:

– ‚Der Käufer hat im Fall des Widerrufs des Kaufvertrages Wertersatz für die durch die bestimmungsgemäße Ingebrauchnahme des Fahrzeugs entstandene Verschlechterung, insbesondere für die durch die Zulassung des Fahrzeugs entstandene Wertminderung, zu leisten. Diese Rechtsfolge kann dadurch vermieden werden, dass der Gebrauch sich ausschließlich auf die Prüfung des Fahrzeugs beschränkt und die Zulassung erst erfolgt, wenn der Käufer sich entschlossen hat, von seinem Widerrufsrecht keinen Gebrauch zu machen.'

– ‚Der Käufer wird darauf hingewiesen, dass er für die durch die bestimmungsgemäße Ingebrauchnahme des Kraftfahrzeugs eintretende Verschlechterung aufzukommen hat, die er dadurch vermeiden kann, dass er eine zur Prüfung des Kraftfahrzeugs notwendige Probefahrt über eine Fahrstrecke von maximal 20 Kilometern im öffentlichen Straßenverkehr durchführt und dafür entweder ein Kurzzeitkennzeichen oder ein rotes Kennzeichen verwendet, das ihm der Verkäufer auf Anforderung zur Verfügung stellt.'[72]

– ‚Der Käufer hat im Fall des Widerrufs Wertersatz für die durch die bestimmungsgemäße Ingebrauchnahme entstandene Verschlechterung, insbesondere für die durch die Zulassung des Fahrzeugs entstandene Wertminderung zu leisten. Diese Rechtsfolge kann er dadurch vermeiden, dass der Gebrauch in Anbetracht der mit dem Fahrzeug beim Verkäufer bereits durchgeführten Probefahrt ausschließlich auf die Sicht- und Funktionsprüfung des stehenden Fahrzeugs beschränkt wird und die Zulassung und Ingebrauchnahme des Fahrzeugs erst erfolgt, wenn der Verbraucher sich entschlossen hat, von seinem Widerrufsrecht keinen Gebrauch zu machen.'

4. Widerrufserklärung

127 Der Widerruf muss keine Begründung enthalten und ist in Textform – schriftlich, durch Fax oder E-Mail – oder durch Rücksendung der Sache zu erklären (§ 355 Abs. 1 S. 2 BGB).

---

68 Zweite Verordnung zur Änderung der BGB-Informationspflichten-Verordnung vom 1. 8. 2002, BGBl. I S. 2958 ff.
69 Z. B. OLG Schleswig 25. 10. 2007, OLGR 2007, 929.
70 VO v. 4. 3. 2008, BGBl. I 2008, 293; vgl. dazu *Masuch*, NJW 2008, 1700; *Faustmann*, ZGS 2008, 147.
71 Zur § 357 III -Belehrung bei einem Fernabsatzgeschäft instruktiv OLG Stuttgart 4. 2. 2008, ZGS 2008, 197. Beispiel für unzulässige Klausel: OLG Saarbrücken 26. 7. 2007, OLGR 2007, 773 (finanzierter NW-Kauf); Beispiel für zulässige Klausel: LG Mönchengladbach 13. 10. 2006 – 1 O 18/06 – n. v. (finanzierter Kauf).
72 Ausf. *Reinking*, DAR 2002, 145, 148.

Der Rücksendung steht die – für den Neuwagenkauf relevante – Rückgabe der Sache gleich.[73] Den Begriff ‚Widerruf' muss der Verbraucher nicht verwenden. Eine maschinenschriftlich angefertigte Widerrufserklärung muss nicht die Unterschrift oder eine elektronische Signatur des Verbrauchers enthalten, sofern über dessen Identität keine Zweifel bestehen.[74] Die elektronische Übermittlung genügt aber nur dann dem Erfordernis des § 130 BGB, wenn der Empfänger z. B. durch Bekanntgabe seiner E-Mail-Adresse oder seiner Fax-Nummer zu erkennen gegeben hat, dass er mit einer solchen Übermittlung einverstanden ist.[75] Der Widerruf kann auch zu Protokoll des Gerichts erklärt werden.[76] Ob eine Verteidigungsanzeige als konkludent erklärter Widerruf gelten kann, ist umstritten.[77]

5. Rückabwicklung nach Widerruf

a) Abwicklung nach Rücktrittsrecht

Auf das Widerrufsrecht finden gem. § 357 BGB die Vorschriften über den gesetzlichen Rücktritt (§§ 346 ff. BGB) entsprechende Anwendung. Bereits ausgetauschte Leistungen sind zurückzugewähren. Der Käufer hat das Fahrzeug herauszugeben und der Verkäufer den Kaufpreis zu erstatten. **128**

b) Erfüllungsort und Gerichtsstand

Erfüllungsort des Rückabwicklungsschuldverhältnisses nach Widerruf ist der Wohnsitz des Verbrauchers,[78] selbst wenn dieser die Sache zwischenzeitlich an den Verkäufer zurückgegeben hat.[79] Für Klagen aus Haustürgeschäften besteht der Gerichtsstand des § 29 c ZPO. Das Wohnsitzgericht des Verbrauchers ist auch zuständig für eine Klage, mit der ein Verbraucher Schadensersatzansprüche wegen schuldhafter Verletzung vertraglicher Pflichten, wegen Verschuldens bei Vertragsschluss oder wegen einer mit dem Haustürgeschäft begangenen unerlaubten Handlung gegenüber der anderen Vertragspartei oder deren Vertreter geltend macht.[80] Kann ein Haustürgeschäft außerdem nach anderen Vorschriften widerrufen werden, z. B. beim Abschluss eines Verbraucherleasingvertrages in einer Haustürsituation, ändert sich dadurch nicht die örtliche Zuständigkeit nach § 29 c ZPO. **129**

c) Verzinsung des Kaufpreises

Nutzungen des Verkäufers aus der Kaufpreiszahlung in Form erzielter, ersparter oder nach den Regeln einer ordnungsgemäßen Wirtschaft erzielbarer **Zinsen** sind vom Verkäufer herauszugeben oder zu vergüten. Die Zinsen werden mit dem Widerruf gem. § 271 BGB fällig. **130**

d) Vergütung der gefahrenen Kilometer

Die vom Käufer durch Gebrauch des Fahrzeugs **gezogenen Nutzungen** muss dieser dem Verkäufer insoweit ersetzen, als die Nutzung das für eine Prüfung der Kaufsache nach § 357 Abs. 3 S. 2 BGB erforderliche Maß übersteigt. Der Anspruch des Verkäufers auf Ersatz der Nutzungen setzt nicht voraus, dass sich der Zustand des Fahrzeugs durch den Gebrauch ver- **131**

---

73 *Palandt/Grüneberg*, § 355 BGB Rn 8.
74 OLG Hamm 31. 10. 1996, OLGR 1997, 25.
75 *Martis/Meinhof*, MDR 2004, 5 m. w. N.
76 OLG Hamm 14. 10. 1988, NJW-RR 1989, 369.
77 Vgl. *Palandt/Grüneberg*, § 355 BGB Rn 6.
78 *Palandt/Heinrichs*, § 269 BGB Rn 16.
79 LG Kleve 22. 11. 2002, NJW-RR 2003, 196.
80 BGH 7. 1. 2003, WM 2003, 605; OLG Celle 15. 4. 2004, OLGR 2004, 335.

schlechtert hat. Die Nutzungsvergütung ist auf der Grundlage einer linearen Wertschwundberechnung zu ermitteln (Rn 633 ff.), wobei die durch Ingebrauchnahme des Fahrzeugs tatsächlich eingetretene Wertminderung unberücksichtigt bleibt.

e) Wertersatz für Verschlechterung des Fahrzeugs durch bestimmungsgemäße Ingebrauchnahme

aa) Ingebrauchnahme und Prüfung

132 Für eine durch die bestimmungsgemäße Ingebrauchnahme des Fahrzeugs entstandene Verschlechterung hat der Käufer – abweichend von § 346 Abs. 2 S. 1 Nr. 3 BGB (Rücktritt) – gem. § 357 Abs. 3 S. 1 BGB Ersatz zu leisten.[81] Der Anspruch hat zur Voraussetzung, dass der Verbraucher vom Verkäufer spätestens bei Vertragsschluss in Textform auf diese Rechtsfolge und eine Möglichkeit, sie zu vermeiden, hingewiesen wurde. Nicht zu ersetzen ist eine ausschließlich auf die Prüfung der Sache zurückzuführende Verschlechterung (§ 357 Abs. 3 S. 2 BGB).

Die **Abgrenzung** zwischen ‚Prüfung' und ‚bestimmungsgemäßer Ingebrauchnahme' ist problematisch. Im Widerstreit der Interessen geht es nicht allein um eine gerechte Verteilung der Kostenrisiken, sondern vor allem darum, dass die Entscheidungsfreiheit des Verbrauchers über das Widerrufsrecht nicht eingeschränkt werden darf. Das Prüfungsrecht muss kostenlos sein, da es andernfalls zu einem faktischen, nicht richtlinienkonformen Kaufzwang führen würde.

Beim Neuwagenkauf stellt sich die Frage, ob das Prüfrecht des Käufers auf die Besichtigung des Fahrzeugs, das Ausprobieren der Bedienungselemente, das Starten des Motors und das Vor- und Zurückfahren auf eine kurze Fahrstrecke außerhalb der öffentlichen Verkehrsflächen zu beschränken ist, oder ob ihm das Recht zugebilligt werden muss, das Fahrzeug im öffentlichen Straßenverkehr Probe zu fahren und es zu diesem Zweck beim Straßenverkehrsamt zuzulassen.[82]

Der Gesetzgeber hat am Beispiel des Neuwagenkaufs erläutert, dass dem Käufer ein Prüfrecht in engen Grenzen zuzubilligen sei. Danach wird eine Zulassung des Fahrzeugs zum Zweck der Vornahme einer Probefahrt nicht mehr von dem erforderlichen Prüfungsumfang gedeckt, weil dadurch eine erhebliche Wertminderung verursacht wird.[83] Allerdings erweist sich die Vorstellung, ein Fahrzeug könne durch eine Besichtigung und eine kurze Probefahrt auf Privatgelände geprüft werden, als lebensfremd, weil die meisten Verbraucher dazu nicht die Möglichkeit haben. Außerdem genügt es nicht, ein Kraftfahrzeug nur ein kurzes Stück zu fahren, um festzustellen, ob seine Beschaffenheit vertragsgemäß ist.

Eine Sicht- und Funktionsprüfung ‚im Stand' liefert keine Erkenntnisse über den Zustand des Fahrzeugs und seine Eigenschaften, zu denen vor allem das Fahr-, Brems- und Beschleunigungsverhalten gehören. Für den Verbraucher ist es daher unerlässlich, dass er mit dem Neufahrzeug eine **Probefahrt** auf öffentlichen Straßen durchführt, um festzustellen, ob es die vereinbarten Eigenschaften besitzt.[84] Verwehrt man ihm diese Möglichkeit, wird er von seinem Prüfungsrecht praktisch ausgeschlossen.

---

81 Für 15 % des vereinbarten Kaufpreises beim GW-Kauf LG Mönchengladbach 13. 10. 2006 – 1 O 18/06 – n. v.
82 *Rott*, VuR 2001, 78 ff., der aber die Zulassung des Kraftfahrzeugs nicht als ‚Ingebrauchnahme' ansieht und darauf aufbauend eine wesentliche Wertminderung allein aufgrund der Probefahrt verneint.
83 BT-Drucks. 14/6040, S. 200; ebenso *Schmidt-Räntsch*, Das neue Schuldrecht, § 357 S. 402, 403.
84 *Reinking*, DAR 2002, 145, 149.

In Anlehnung an die Gesetzesbegründung[85] wird im Schrifttum die Ansicht vertreten, eine Probefahrt mit dem gekauften Fahrzeug sei entbehrlich, da der Käufer ohne weiteres die Möglichkeit habe, ein Vergleichsfahrzeug der Serie beim Händler Probe zu fahren.[86] Dem ist entgegenzuhalten, dass sich das Prüfrecht nach dem insoweit eindeutigen Gesetzeswortlaut des § 357 Abs. 3 S. 2 BGB auf die konkret gelieferte Kaufsache bezieht und nicht auf eine andere Sache aus der gleichen Serie.

bb) Prüfung der Mängelfreiheit

Es stellt sich die Frage, ob § 357 Abs. 3 S. 2 BGB das Recht auf Prüfung der Sachmängelfreiheit des Fahrzeugs einschließt. Der Einwand, der Verbraucher könne auf die Untersuchung der Mängelfreiheit verzichten, da ihm bei einem Sachmangel der kaufrechtliche Nacherfüllungsanspruch zur Verfügung steht, vermag nicht zu überzeugen. Würde man ihm dieses Recht abschneiden, wäre das begründungslose Widerrufsrecht ausgehöhlt. Der Widerruf geht Sachmängelansprüchen vor und ist das stärkere Recht. Der Verbraucher kann sich vom Vertrag ohne Angabe von Gründen lösen und muss sich nicht auf die Nacherfüllung verweisen lassen.[87] Das in § 357 Abs. 3 S. 2 BGB vorgesehene wertersatzfreie Prüfungsrecht wäre wenig sinnvoll, würde es dem Verbraucher nicht auch die Entscheidung ermöglichen, ob sich die vom Verkäufer gelieferte Kaufsache in einem abnahmefähigen Zustand befindet.

Bei dem Begriff „Prüfung der Sache" handelt es sich um einen unbestimmten Rechtsbegriff, der sich nicht klar von der Inbetriebnahme abgrenzen lässt. Nach dem Willen des Gesetzgebers sind die Grenzen der Prüfung überschritten, wenn sich die Sache anschließend nicht mehr ‚neu' verkaufen lässt.[88] Von dieser Vorstellung ausgehend schließt § 357 Abs. 3 S. 2 BGB die Prüfung der vertragsgemäßen Beschaffenheit nicht aus. Es gibt auch keine sonstigen Hinweise darauf, dass der Prüfungsumfang beschränkt sein soll, etwa auf die Feststellung, ob es sich um die geschuldete Sache handelt oder ob die Lieferung unvollständig ist (§§ 363, 434 Abs. 3 BGB).

Durch ein enges – die Feststellung der Mangelfreiheit ausschließendes – Verständnis des Prüfrechts geriete der Verbraucher faktisch in Kaufzwang, weil er im Fall des Widerrufs dem Verkäufer Wertersatz leisten müsste, wenn er von der Prüfung in dem erforderlichen Maße Gebrauch macht.[89] Da ein solches Ergebnis dem Sinn der Richtlinie widerspricht, kann der Begriff der Prüfung beim Neuwagenkauf nur dahin gehend ausgelegt werden, dass ein zur Prüfung der vertragsgemäßen Beschaffenheit notwendiger Gebrauch des Fahrzeugs zulässig und kostenfrei sein muss. In Zweifelsfällen wird man sich bei der Abgrenzung im Interesse des Verbrauchers für eine Prüfung i. S. v. § 357 Abs. 3 S. 2 BGB und gegen eine bestimmungsgemäße Ingebrauchnahme i. S. v. § 357 Abs. 3 S. 1 BGB zu entscheiden haben.[90]

cc) Praxishinweise

Die Auswirkungen, die sich aus § 357 Abs. 3 BGB für den Neuwagenhandel ergeben, sind bei weitem **nicht so gravierend**, wie man auf den ersten Blick meinen könnte. Der Händler hat – außer bei Fernabsatzverträgen – die Möglichkeit, sich durch einen in **§ 308 Nr. 1 BGB** ausdrücklich für zulässig erklärten Vorbehalt zu schützen. Dadurch verschafft er sich das Recht, das Fahrzeug erst nach Ablauf der Widerrufsfrist an den Käufer zu

---

85 RegE BR-Drucks. 338/01 S. 465
86 *Thein* in *Henssler/Graf von Westphalen*, Praxis der Schuldrechtsreform, § 357 Rn 8.
87 *Fischer*, ZAP 2002, 621, 632.
88 BT-Drucks 14/6040, S. 200.
89 *Hager* in *Ernst/Zimmermann*, Zivilrechtswissenschaften und Schuldrechtsreform, S. 427 ff.
90 *Thein* in *Henssler/Graf von Westphalen*, Praxis der Schuldrechtsreform, § 357 Rn 14.

übergeben. Ohne eine solche Regelung im Vertrag darf er das Fahrzeug nicht bis zum Ablauf der Widerrufsfrist zurückhalten.

Wird das Fahrzeug dem Verbraucher vor Ablauf der Widerrufsfrist ausgehändigt oder beginnt die Widerrufsfrist erst mit der Auslieferung des Fahrzeugs (Fernabsatz), besteht für den Verbraucher nicht die Notwendigkeit, das Fahrzeug beim Straßenverkehrsamt zuzulassen, nur um damit eine Probefahrt durchzuführen. Er kann die Probefahrt mit einem **roten Kennzeichen** oder einem **Kurzzeitkennzeichen** (§ 16 FZV) im öffentlichen Straßenverkehr durchführen.

Durch vorübergehende Anbringung dieser Kennzeichen wird der Wert des Fahrzeugs nicht gemindert. Auch die Probefahrt führt nicht zu einer Verschlechterung des Neufahrzeugs, wenn sie sich in den üblichen Grenzen bis 20 Kilometer hält. Eine Probefahrt ist keine bestimmungsgemäße Ingebrauchnahme des Fahrzeugs, weil sie nicht zum Zweck der Teilnahme am allgemeinen Straßenverkehr, sondern lediglich zur Erprobung und Prüfung des Kraftfahrzeugs vorgenommen wird (Belehrungsvorschlag 2 unter Rn 126).

In Fällen, in denen kein Fernabsatzgeschäft vorliegt und für den Verbraucher die Möglichkeit besteht, das Neufahrzeug vor Übergabe mit roter Nummer oder einem Kurzzeitkennzeichen des Händlers Probe zu fahren, muss ihm keine zusätzliche Gelegenheit eingeräumt werden, das Fahrzeug in der Widerrufsfrist nochmals auf einer Probefahrt zu überprüfen (Belehrungsvorschlag 3 unter Rn 126).

f) Überschneidung von Nutzungsvergütung und Wertersatz

135 Der Wert der nach § 346 Abs. 1 S. 1 2. Hs. BGB vom Verbraucher zu vergütenden Nutzungen spiegelt sich in dem relativ geringen linearen Wertverlust des Fahrzeugs wider, während der von ihm nach § 357 Abs. 3 S. 1 BGB auszugleichende Wertschwund, der durch die Verschlechterung des Fahrzeugs infolge bestimmungsgemäßer Ingebrauchname eintritt, wegen seines degressiven Verlaufs zu Beginn sehr hoch und später gering ist. Der durch die Inbetriebnahme eines Neufahrzeugs zum Zweck der Teilnahme am allgemeinen Straßenverkehr herbeigeführte Wertverlust liegt in der Anfangszeit bei 20 % – 25 %, was maßgeblich darauf zurückzuführen ist, dass allein schon durch die Zulassung auf den Käufer aus dem fabrikneuen Kraftfahrzeug ein Gebrauchtwagen wird. Im Vergleich dazu sind die nach dem Verhältnis der Gesamtfahrleistung zu der vom Verbraucher zurückgelegten Fahrleistung zu berechnenden Nutzungsvorteile sehr niedrig. Sie liegen zwischen 0,4 % und 0,67 % des Bruttokaufpreises pro 1000 km Fahrstrecke.

Da der durch die Nutzungsvergütung verkörperte lineare Wertverlust von dem degressiven Wertschwund überlagert wird, der durch die bestimmungsgemäße Ingebrauchnahme entstanden ist, bleibt für eine Nutzungsvergütung nach § 346 Abs. 1 BGB kein Spielraum, wenn der Verbraucher den durch die bestimmungsgemäße Ingebrauchnahme herbeigeführten Wertverlust gem. § 357 Abs. 3 S. 1 BGB ausgleichen muss. Ist er davon wegen fehlerhafter Belehrung freigestellt, kann ihm der durch den bestimmungsgemäßen Gebrauch eingetretene Wertverlust nicht als „Verschlechterung" i. S. d. § 346 Abs. 2 S. 1 Nr. 3 BGB angelastet werden.[91]

g) Kein Wertersatz bei alternativ bestehendem Rücktrittsrecht wegen eines Sachmangels

136 Mitunter konkurriert das Widerrufsrecht mit dem Rücktrittsrecht wegen eines Sachmangels. Für den Käufer stellt sich bei dieser Konstellation die Frage, für welches der beiden Rechte er sich entscheiden soll. Da nicht ernsthaft angenommen werden kann, dass der Ge-

---

91 OLG Saarbrücken 26. 7. 2007, OLGR 2007, 773.

setzgeber den widerrufsberechtigten Käufer einer mangelhaften Sache schlechter als im Falle eines – ihm möglichen – Rücktritts wegen eines Sachmangels stellen will, ist der Anwendungsbereich des § 357 Abs. 3 S. 1 BGB der Sachmängelhaftung im Wege **teleologischer Reduktion** anzugleichen und dem Verkäufer der Anspruch auf die Wertminderung infolge der Ingebrauchnahme des Fahrzeugs zu versagen. Voraussetzung hierfür ist aber, dass das alternative Rücktrittsrecht zum Zeitpunkt des Widerrufs tatsächlich besteht und nicht durch einen vorrangigen Nacherfüllungsanspruch blockiert wird.

Damit die sachmängelrechtliche Haftung im Widerrufsfolgenrecht ihre Wirkung nicht verfehlt, ist es erforderlich, dem Käufer bei einem Verbrauchsgüterkauf den Vorteil der Beweislastumkehr (§ 476 BGB) zu erhalten. Darauf kann es ankommen, wenn streitig ist, ob ein nach Rückgabe des Fahrzeugs vom Händler festgestellter Mangel schon bei Gefahrübergang vorhanden war (näher zu § 476 BGB Rn 1627 ff.).

Beispiel: Der Verbraucher entdeckt einige Tage nach Übernahme des Fahrzeugs, dass Schäden am Rand des rechten Kotflügels und am hinteren Radlauf vorhanden sind. Nachdem er den Widerruf erklärt und das Auto an den Händler zurückgegeben hat, verlangt dieser Wertersatz von ihm und behauptet, der Schaden sei bei Auslieferung nicht vorhanden gewesen.

h) Verschlechterung und Untergang des Fahrzeugs

Der Verbraucher hat dem Verkäufer verschuldensunabhängig Wertersatz für Verschlechterung, Untergang des Fahrzeugs und für anderweitige Unmöglichkeit der Herausgabe gem. §§ 357 Abs. 1, 346 Abs. 2 BGB zu leisten. Die Haftungserleichterung, die das Gesetz dem Rücktrittsberechtigten gem. § 346 Abs. 3 S. 1 Nr. 3 BGB zubilligt, kommt dem Verbraucher nicht zugute, wenn er über sein Widerrufsrecht ordnungsgemäß belehrt worden ist oder hiervon anderweitig Kenntnis erlangt hat (§ 357 Abs. 3 S. 3 BGB). Der Gesetzesregelung liegt die Überlegung zugrunde, dass der Verbraucher gehalten ist, mit dem Kaufgegenstand sorgfältig umzugehen, wenn sich der Vertrag in der Schwebe befindet und er das Fahrzeug unter Umständen an den Verkäufer zurückgeben muss.

Bei einem Untergang des Fahrzeugs ist gem. § 346 Abs. 2 BGB bei der Bemessung des Wertersatzes die vereinbarte Gegenleistung, also der Kaufpreis, zugrunde zu legen. Nach dem Gesetzeswortlaut handelt es sich dabei nicht um eine zwingende Größe. War das Fahrzeug mangelhaft, ist die Gegenleistung entsprechend zu kürzen.[92] Einer Wertkorrektur bedarf es insbesondere in den Fällen, in denen Wert der Sache und Kaufpreis deutlich auseinander klaffen. Müsste der Verbraucher einen über dem tatsächlichen Wert der Kaufsache liegenden überteuerten Kaufpreis erstatten, wäre sein Widerrufsrecht bei einem Untergang des Fahrzeugs wirtschaftlich wertlos, da seinem Anspruch auf Rückzahlung des Kaufpreises ein gleich hoher Anspruch des Verkäufers auf Wertersatz gegenüber stünde.[93] Wenn – umgekehrt – der Kaufpreis deutlich unter dem Wert der Sache liegt, soll nach Ansicht von Canaris[94] allein der höhere Sachwert dem Wertersatzanspruch zugrunde gelegt werden.

---

92 *Gaier*, WM 2002, 9; *Palandt/Grüneberg*, § 346 BGB Rn 10.
93 *Arnold*, NJW 2003, 187, 188.
94 Karlsruher Forum 2002, 20.

E. Lieferung, Abnahme und Zahlung

I. Abnahme

138 Nach § 433 Abs. 2 BGB ist der Käufer zur Abnahme des Fahrzeugs verpflichtet. Das bedeutet nicht, dass er es als Erfüllung annehmen muss oder auch nur im Sinne von § 363 BGB entgegennimmt. Anders als im Werkvertragsrecht ist mit der Abnahme auch keine Billigung „im Wesentlichen" verbunden.

Wie beim Kauf eines gebrauchten Kfz vom Händler (dazu Rn 1186) ist die Pflicht zur Abnahme des bestellten Neufahrzeugs im Regelfall als **Nebenpflicht** einzustufen. Dass sie damit außerhalb des Synallagmas steht, ist für die Praxis ohne nennenswerte Bedeutung.

Gem. Abschn. V Ziff. 1 NWVB beträgt die dem Käufer eingeräumte **Abnahmefrist** vierzehn Tage. Die Frist beginnt mit dem Zugang der Bereitstellungsanzeige, die nicht (mehr) in schriftlicher Form erfolgen muss. Im Streitfall hat der Verkäufer den Beweis zu führen, dass der Käufer die Bereitstellungsanzeige erhalten hat. Die Abnahmeklausel ist unbedenklich, da sie dem Käufer genügend Zeit für die Prüfung des Fahrzeugs und die zur Erfüllung des Kaufvertrages notwendigen Besorgungen lässt.

II. Zahlung des Kaufpreises

139 Die Zahlungspflicht des Käufers setzt **Fälligkeit des Kaufpreises** gem. § 271 BGB voraus. In Abschn. III Ziff. 1 NWVB ist vorgesehen, dass der Kaufpreis und Preise für Nebenleistungen bei **Übergabe des Kaufgegenstandes** und **Aushändigung oder Übersendung der Rechnung** zur Zahlung fällig sind. In einigen Neuwagenverträgen wurde die Klausel dahin gehend ergänzt, dass die Zahlung ‚in bar' zu leisten ist. Einer Klarstellung bedarf es jedoch nicht, da die Kaufpreiszahlung grundsätzlich in Geld zu erfolgen hat, soweit nichts anderes vereinbart ist.[1] Eine andere Zahlungsweise kann sich daraus ergeben, dass der Verkäufer auf der Rechnung ein Konto benennt, auf das der Käufer mit befreiender Wirkung Zahlung leisten kann. Bargeldlose Zahlungen durch Zahlungsanweisungen, Schecks oder Wechsel bedeuten keine Erfüllung der Zahlungspflicht und müssen vom Verkäufer nur nach besonderer Vereinbarung angenommen werden.

An einer durchsetzbaren Kaufpreisforderung fehlt es, wenn der Käufer das ihm angebotene Fahrzeug **berechtigterweise** wegen eines Sach- oder Rechtsmangels **zurückweist** (dazu Rn 144 ff.). Beruft er sich auf die Einrede des nichterfüllten Vertrages, kann eine Verurteilung zur Kaufpreiszahlung nur Zug um Zug gegen Nachbesserung/Nachlieferung erfolgen.[2] Nach Abnahme des Fahrzeugs ist dem Käufer eine Mängeleinrede – von § 438 Abs. 4 S. 2, Abs. 5 BGB abgesehen – nicht mehr zu gestatten.[3]

Die **Erteilung der Rechnung** ist eine Nebenpflicht, von deren Erfüllung die Pflicht zur Kaufpreiszahlung normalerweise nicht abhängt.[4] Da der Verkäufer jedoch hierzu gem. Abschn. III Ziff. 1 NWVB verpflichtet ist, kann der Käufer den Kaufpreis gem. § 273 Abs. 1 BGB zurückhalten, bis ihm der Verkäufer die Rechnung ausgehändigt oder übersandt hat. Maßgeblicher Zeitpunkt für das Erlöschen des Zurückbehaltungsrechts ist der Zugang der Rechnung beim Käufer; zur Empfangsvollmacht i. S. d. § 56 HGB s. OLG Düsseldorf 28. 4. 2008 – I – 1 U 239/07 – n. v.

---

1 *Erman/Grunewald*, § 433 BGB Rn 38; MüKo-BGB/*Westermann*, § 433 BGB Rn 75.
2 LG Ellwangen 13. 12. 2002, NJW 2003, 517, 518.
3 *Faust* in *Bamberger/Roth*, § 437 BGB Rn 168.
4 BGH 18. 12. 1989, BGHZ 79, 176, 178; *Pahlow*, JuS 2001, 236, 237.

In der Rechnung sind das **Ausstellungsdatum** und das **Datum der Lieferung** anzugeben (§§ 14, 14 a UStG). Als Lieferzeitpunkt reicht die Angabe des Kalendermonats aus. Fallen Lieferzeitpunkt und Datum der Rechnungserstellung zusammen, genügt die Angabe ‚Lieferdatum = Rechnungsdatum'.[5]

Der **Abzug eines Skontos** wegen pünktlicher Zahlung ist im Neuwagenhandel nicht üblich und ohne Absprache daher unzulässig.

Haben die Parteien eine **Inzahlungnahme eines Altwagens** vereinbart, hängt es von der Auslegung des Vereinbarten ab, welche Bedeutung dieser Vorgang für die Kaufpreisschuld hat (näher Rn 799 ff.).

Eine Kaufpreistilgung durch **Aufrechnung** ist nur zulässig, wenn die Gegenforderung des Käufers unbestritten ist oder ein rechtskräftiger Titel vorliegt (Abschn. III Ziff. 2 Hs. 1 NWVB). Die Klausel hält sich im Rahmen des nach § 309 Nr. 3 BGB Erlaubten.[6] Vom Aufrechnungsverbot nicht erfasst werden entscheidungsreife Forderungen[7], weshalb eine Klausel, die den Ausschluss der Aufrechnung anordnet, keine Wirksamkeit entfaltet.[8]

Nicht ausgeschlossen ist das **Zurückbehaltungsrecht** wegen **bestrittener Gegenansprüche**, soweit es auf Ansprüchen aus dem Kaufvertrag beruht (Abschn. III Ziff. 2. Hs. 2 NWVB).

III. Erfüllungsort der Abnahme und der Zahlung

Erfüllungsort für die Abnahme ist gem. § 269 BGB der **Betriebssitz des Verkäufers**[9], während für die Zahlung des Kaufpreises an sich der Wohnsitz des Käufers maßgeblich ist (§ 269 Abs. 1 i. V. m. § 270 Abs. 4 BGB). Die Zahlung des Kaufpreises ist aber dann am Sitz des Verkäufers vorzunehmen, wenn dort die „vertragscharakteristische" Leistung zu erbringen ist.[10] Das ist beim Neuwagenkauf typischerweise der Betriebssitz des Verkäufers.[11] Eine Klausel, die den Betriebssitz des Verkäufers als den Erfüllungsort für alle aus dem Kaufvertrag resultierenden beiderseitigen Pflichten bestimmt, ist außerhalb des kaufmännischen Geschäftsverkehrs wegen Verstoßes gegen § 307 BGB unwirksam.[12]

Sieht der Kaufvertrag vor, dass der Neuwagenpreis teilweise durch Inzahlungnahme des Gebrauchtfahrzeugs getilgt wird (dazu Rn 799 ff.), hat der Käufer es am Betriebssitz des Verkäufers zu übergeben.[13]

Die Vereinbarung ‚**Werksabholung durch den Käufer**' ist als Abrede dahin gehend zu verstehen, dass die Übergabe und Eigentumsverschaffung am Ort des Herstellers erfolgen soll.

---

5 ASR 7/2004, S. 9.
6 BGH 18. 4. 1989, ZIP 1989, 783, 784; s. auch BGH 27. 6. 2007, NJW 2007, 3421 (Miete).
7 BGH 15. 2. 1978, WM 1978, 620; OLG Koblenz 16. 5. 1997, OLGR 1997, 185; OLG Düsseldorf 25. 10. 1996, NJW-RR 1997, 757.
8 BGH 15. 2. 1978, WM 1978, 620; *Palandt/Grüneberg*, § 309 BGB Rn 17 m. w. N.
9 OLG Nürnberg 2. 11. 1995, NZV 1996, 194.
10 *Palandt/Heinrichs*, § 269 BGB Rn 13; zum gemeinsamen Erfüllungsort bei kaufrechtlichen Zug-um-Zug-Leistungen s. auch OLG Stuttgart 12. 2. 1981, NJW 1982, 529 (int. Kauf).
11 LG Bremen 30. 11. 1964, NJW 1965, 203; *Creutzig*, Recht des Autokaufs, Rn 3.1.4.
12 OLG Koblenz 14. 4. 1989, WM 1989, 892 zu § 9 AGBG.
13 LG Baden-Baden 23. 1. 1981 – 2 O 27/80 – n. v.; *Creutzig*, Recht des Autokaufs, Rn 3.1.4.

IV. Händlerpflichten vor und bei Auslieferung

141 In dem werkseitig angelieferten Zustand ist ein Neuwagen üblicherweise nicht ohne Weiteres fahrbereit. Der Verkäufer muss die Betriebsbereitschaft durch bestimmte Maßnahmen wie z. B. eine **Ablieferungsinspektion** herstellen. Ihn trifft keine Pflicht, das Fahrzeug – über das im Rahmen der Ablieferungsinspektion erforderliche Maß hinausgehend – daraufhin zu überprüfen, ob es versteckte Konstruktions- und Fabrikationsmängel aufweist.[14] Er genügt seiner Untersuchungspflicht, wenn er das Fahrzeug **in Augenschein nimmt** und **sichtbare Mängel abstellt**.[15] Zumindest eine ‚flüchtige Prüfung'[16] des Neufahrzeugs im Hinblick auf dessen Verkehrssicherheit darf aber vom Händler erwartet werden. Weitergehende Kontrollen sind ihm üblicherweise nicht zuzumuten, denn er kann darauf vertrauen, dass das Produkt ordnungsgemäß hergestellt und einer sorgfältigen werkseitigen Prüfung vor Auslieferung unterzogen wurde; s. auch Rn 1023.

Gesteigerte Anforderungen an die Prüfpflicht sind bei Lieferung eines Neuwagens mit einer vom serienmäßigen Lieferangebot **abweichenden Sonderausstattung** zu stellen (Spezialreifen, Spoiler usw.). In einem solchen Fall gehört es zur selbstverständlichen Pflicht des Verkäufers, ein zum öffentlichen Verkehr zulassungsfähiges Kfz bereitzustellen.[17] Er muss überprüfen, ob sich die ABE auf die Anbauteile erstreckt oder ob sie infolge der Umrüstung des Fahrzeugs mit nicht genehmigten Teilen erloschen ist.

Eine Pflichtverletzung des Händlers i. S. v. § 241 Abs. 2 BGB liegt nicht vor, wenn er vor Übergabe des Neufahrzeugs bei der Ablieferungsinspektion nicht kontrolliert, ob **die Reifen** richtig montiert sind (zur Reifenkontrolle beim Verkauf eines Gebrauchtwagens s. Rn 1923).[18] Übersieht **der Händler** bei Ausführung der vertraglich übernommenen Ablieferungsinspektion schuldhaft einen erkennbaren Fehler und verursacht dieser eine Beschädigung des Fahrzeugs, **haftet** er dem Käufer auf Ersatz des entstehenden Schadens. Dies entschied der BGH[19] zu Lasten eines Händlers, dessen Mitarbeiter bei Vornahme der Ablieferungsinspektion eine Verbeulung der Felge übersehen hatte, die ursächlich für einen Autounfall war, wobei der BGH nach den Grundsätzen über den Anscheinsbeweis die Ursächlichkeit zwischen Delle, Entweichen der Luft und Unfall bejahte.

Ein pflichtwidriges Verhalten ist anzunehmen, wenn der Händler an einem neuen, zur Auslieferung bereitstehenden Fahrzeug ohne Zustimmung des Käufers werkseitig **nicht vorgesehene Veränderungen** vornimmt. Wenn – wie geschehen – der Händler an einem fabrikneuen Luxuswagen Heck- und Frontspoiler demontiert hat und nicht den Verdacht ausräumen kann, das Fahrzeug in dem beschriebenen Zustand ausliefern zu wollen, zerstört er durch sein Verhalten die Vertrauensgrundlage des Vertrages. Unter solchen Umständen ist der Käufer gem. § 324 BGB berechtigt, vom Vertrag zurückzutreten.[20] Näheres zu den Rechtsfolgen bei Nebenpflichtverletzungen s. Rn 2227; zur Verjährung s. Rn 2230.

---

14 BGH 18. 6. 1969, NJW 1969, 1708.
15 BGH 25. 9. 1968, NJW 1968, 2238; 16. 7. 1977, NJW 1977, 1055 ff.; 18. 2. 1981, NJW 1981, 1269, 1270.
16 BGH 5. 7. 1978, DB 1978, 1878, 1880.
17 BayObLG 16. 1. 1986, DAR 1986, 154.
18 LG Münster 12. 10. 1965 – 3 O 271/65 – n. v.; vgl. ferner BGH 15. 3. 1956, VersR 1956, 759 – Verkauf eines Motorrollers, oberflächliche Besichtigung und Probefahrt im üblichen Rahmen reichen aus –.
19 Urt. v. 18. 6. 1969, VersR 1969, 835 ff. mit Anm. *von Loewenstein*, NJW 1969, 2043 ff.
20 BGH 19. 10. 1977, DAR 1978, 46, der das Rücktrittsrecht seinerzeit aus dem Gesichtspunkt der positiven Vertragsverletzung herleitete.

V. Prüfrecht des Käufers und Recht auf Probefahrt

Der Käufer ist berechtigt, das Fahrzeug innerhalb der Abnahmefrist am vereinbarten Ort **142** der Abnahme (dazu Rn 140) zu prüfen. Anders als früher (z. B. NWVB 1991) wird ein Recht auf Prüfung zwar nicht mehr vertraglich zugestanden. Es versteht sich aber von selbst.

Prüfungskosten, die z. B. durch Einschaltung eines Gutachters entstehen, gehen zu Lasten des Käufers, es sei denn, dass die Parteien eine abweichende Vereinbarung getroffen haben.

Eine **Probefahrt** vor Abnahme des Neufahrzeugs war früher allgemein üblich. Die Gepflogenheiten haben sich jedoch im Laufe der Zeit geändert. Nur noch rund 40 % der Neufahrzeuge (Pkw/Kombi) gehen heute an Privatpersonen. Doch auch in diesem Käuferkreis verzichtet man immer öfter auf eine Probefahrt mit dem bereitgestellten Fahrzeug. Häufig hat vor der Bestellung eine Testfahrt mit einem Vorführwagen stattgefunden. Damit gibt man sich dann zufrieden. Gewerbliche Kunden haben erfahrungsgemäß noch weniger Interesse an einer Probefahrt, deren Erkenntniswert in der Tat fragwürdig ist.

An der **Länge der Probfahrt** – bis 20 km – hat der Wegfall der entsprechenden Klausel Abschn. V Ziff. 2 NWVB a. F. nichts geändert. Eine solche Fahrstrecke ist für die Prüfung eines Neufahrzeugs mindestens erforderlich. Eine darüber hinausgehende Probefahrt ist dem Käufer ohne Sondervereinbarung nicht gestattet.[21]

Zur Prüfung (mit oder ohne Probefahrt) ist der Käufer berechtigt, nicht aber verpflichtet.[22] Dies gilt auch für Kaufleute, da § 377 HGB erst nach der Ablieferung eingreift. Vorher gilt auch für sie nur § 442 BGB.

Verursacht der Käufer oder dessen Beauftragter während der Probefahrt einen **Schaden an dem Neufahrzeug**, haftet der Käufer nur bei grober Fahrlässigkeit und Vorsatz. Es gilt der gleiche Haftungsmaßstab wie bei der Testfahrt eines Kaufinteressenten mit einem Vorführwagen (dazu Rn 105).

Wird die Probefahrt mit roten Kennzeichen oder Kurzzeitkennzeichen durchgeführt (§ 16 FZV), ist der Schaden durch die Versicherung des Händlers (Fahrzeugversicherung für Kfz-Handel und -Handwerk) abgesichert. Diese Versicherung muss auch dann eintreten, wenn das Fahrzeug bei Vornahme der Probefahrt bereits auf den Käufer zugelassen ist, eine Übergabe aber noch nicht stattgefunden hat, so dass es sich noch in der Obhut des Händlers befindet.[23] Schäden an anderen Rechtsgütern sind ebenfalls durch die Händlerversicherung gedeckt.

Da der Käufer für Fahrzeugschäden, die er bei Vornahme einer Erprobungsfahrt leicht fahrlässig verursacht hat, nicht haftet, trägt allein der Händler das Risiko, dass das Neufahrzeug wegen der Beschädigung und des Verbleibs einer merkantilen Wertminderung zum „Unfallauto" wird und dadurch seine Eigenschaft, „fabrikneu" zu sein, verliert.

VI. Vorbehaltlose Annahme und Rügepflicht

Da § 464 BGB a. F. ersatzlos gestrichen wurde, muss sich der Käufer, der ein mangelhaf- **143** tes Fahrzeug in Kenntnis des Mangels abnimmt, seine Rechte wegen des Mangels nicht (mehr) vorbehalten. Im Einzelfall kann zu prüfen sein, ob die vorbehaltlose Abnahme eine **konkludente Vereinbarung** über eine vom Kaufvertrag abweichende Soll-Beschaffenheit bedeutet.[24]

---

21 *Creutzig*, Recht des Autokaufs, Rn 5.2.2.
22 MüKo-BGB/*Westermann*, § 433 BGB Rn 85; *Erman/Grunewald*, § 433 BGB Rn 61.
23 *Creutzig*, Recht des Autokaufs, Rn 5.6.3; s. auch *Halm/Fitz*, DAR 2006, 433.
24 RegE, BT-Drucks. 14/6040, S. 205; *Huber* in *Huber/Faust*, Schuldrechtsmodernisierung, S. 371 Rn 168.

Ist der Neufahrzeugkauf ein beiderseitiges Handelsgeschäft, muss der Käufer dem Verkäufer Mängel nach § 377 HGB unverzüglich nach Ablieferung, oder, wenn Mängel bei der Untersuchung nicht erkennbar sind, nach ihrer Entdeckung anzeigen. Mängel einer Nachbesserung sind erneut anzuzeigen.[25] Die **Rügepflicht** erstreckt sich auch auf solche Mängel, die durch eine Nebenpflichtverletzung des Verkäufers entstanden sind.[26] Unverzüglich ist eine Mängelrüge im Allgemeinen nur innerhalb weniger Tage.[27] Empfohlen wird ein Zeitraum von drei Tagen.[28] Das OLG Koblenz hat dem Käufer für Mängel, die ohne Untersuchung erkennbar sind, eine Frist von lediglich 1 bis 2 Tagen zugebilligt.[29] Näher zu § 377 HGB Rn 1944 ff.

VII. Berechtigte Abnahmeverweigerung

144 Ergibt die Prüfung, dass das vom Händler zur Auslieferung bereitgestellte Neufahrzeug nicht vertragsgemäß ist, ist der Käufer grundsätzlich dazu berechtigt, die Abnahme zu verweigern. Das ist die zwingende Folge aus seinem Anspruch auf Lieferung eines mangelfreien Fahrzeugs.[30]

1. Grenzen des Zurückweisungsrechts

145 Problematisch sind die Grenzen des Zurückweisungsrechts. Mögliche Schranken sind, von § 242 BGB abgesehen, die gesetzliche Bagatellregelung in §§ 323 Abs. 5 S. 2, 281 Abs. 1 S. 3 BGB und das Recht des Verkäufers zur zweiten Andienung. Zunächst ist festzustellen, dass das Abnahmeverweigerungsrecht des Käufers **formularmäßig** nicht mehr eingeschränkt ist. Es heißt nicht mehr, der Käufer könne die Abnahme nur bei „erheblichen Mängeln" ablehnen.[31] Andererseits wird in den aktuellen NWVB nicht ausdrücklich gesagt, dass jeder Mangel, auch ein unerheblicher, ein Zurückweisungsrecht geben kann.

146 Nach dem Gesetz gilt: Ein mangelhaftes Auto muss nicht abgenommen werden, gleichviel, ob der Mangel (die Pflichtverletzung) erheblich ist oder nicht.[32] Unerheblichkeit der Pflichtverletzung schließt laut Gesetz (§§ 323 Abs. 5 S. 2, 281 Abs. 1 S. 3 BGB) nur den Rücktritt und den großen Schadensersatz aus. Das ist ein erster, wenngleich nicht zwingender Beleg dafür, dass das Zurückweisungsrecht mit der – höchst problematischen – Bagatellregelung (näher Rn 521 ff.) nicht belastet sein soll. Deren Funktion besteht darin, zustande gekommene und erfüllte Verträge („hat der Schuldner ... bewirkt") wegen Kleinigkeiten nicht aufs Spiel zu setzen (pacta sunt servanda). Dieser Gedanke trägt nicht in der Situation **vor Auslieferung** des Fahrzeugs. Zudem würde eine Versagung des Zurückweisungsrechts wegen Unerheblichkeit des Mangels bei einem Verbrauchsgüterkauf auf europarechtliche Bedenken stoßen. Auch praktische Gründe sprechen dafür, die Abnahmephase von einem Streit um Bedeutung und Gewicht der Kundenreklamation freizuhalten. In der

---

25 BGH 17.12.1997, NJW-RR 1998, 680, 681.
26 Ausführlich dazu *Müller*, ZIP 2002, 1178 ff.
27 OLG Oldenburg 5.12.2000, OLGR 2001, 22 (zwei Wochen bei einem komplizierten technischen Gerät); OLG Saarbrücken 14.2.2001, OLGR 2001, 239, (2 Wochen bis 1 Monat); OLG Jena 26.5.1998, OLGR 1999, 4 (4 Wochen zu lang); OLG Köln 6.5.1994, OLGR 1994, 227 (20 Tage für einen Abnehmer im Ausland zu lang).
28 *Thamm*, NJW 2004, 2710, 2711.
29 Urt. v. 24.6.2004, NJW-RR 2004, 1553.
30 Selbst im alten Kaufrecht (ohne Erfüllungsanspruch des Käufers) war dies st. Rspr., z.B. BGH 27.9.2000, NJW 2001, 292.
31 Nach BGH NJW 2001, 292 unwirksam.
32 So auch *Faust* in *Bamberger/Roth*, § 433 BGB Rn 40, 41; zum Diskussionsstand Müko-BGB/ Westermann, § 437 BGB Rn 16.

täglichen Autohauspraxis kommt es in diesem Stadium der Geschäftsabwicklung zu keinen nennenswerten Störungen, weshalb das dogmatisch gewiss reizvolle Problem eher theoretischer Natur ist. Kleinere „Mängel" werden vor Auslieferung anstandslos beseitigt. Das Recht dazu hat der Händler allemal. Noch geht es um die „erste Andienung".

2. Die Situation bei behebbaren Mängeln

Sind vor Auslieferung gerügte Mängel, wie meist, behebbar, ist der Verkäufer verpflichtet, das Fahrzeug innerhalb angemessener, vom Käufer zu bestimmender Frist in einen vertragsgemäßen Zustand zu versetzen. In Abschn. V Ziff. 3 NWVB 1991 war vorgesehen, dass der Käufer die Abnahme endgültig ablehnen konnte, falls der Verkäufer die vom Käufer in der Abnahmefrist gerügten Mängel nicht innerhalb einer **Frist von 8 Tagen** vollständig beseitigt hatte. Obwohl diese Klausel (V 3) aufgegeben wurde, liefert sie einen Hinweis zur Angemessenheit der Frist. Da die vom Handel ausbedungene Maximalfrist von 8 Tagen für die Mängelbeseitigung als ausreichend angesehen wurde und hierüber niemals ernsthaft gestritten wurde, kann diese Zeitspanne weiterhin als Maßstab für die Länge der vom Käufer zu setzenden Frist dienen, zumindest im Sinne einer **Faustregel**.

Wenn der Verkäufer **vor Ablauf** der vereinbarten Lieferzeit bzw. vor Ausschöpfung der Schonfrist von sechs Wochen ein nicht mangelfreies Fahrzeug anbietet, stellt sich die Frage, ob der Käufer ihm die noch nicht verbrauchte Lieferfrist für die Mängelbeseitigung zubilligen muss oder ob er bereits vorher – nach Ablauf einer Nachfrist von 8 Tagen – vom Kaufvertrag zurücktreten und/oder Schadensersatz statt der Leistung geltend machen kann. Nach hier vertretener Auffassung hat das eine mit dem anderen nichts zu tun. Erklärt der Verkäufer vor Ablauf der sechswöchigen Schonfrist, er sei zur Leistung bereit, verzichtet er konkludent auf die Ausschöpfung der ihm verbleibenden Lieferzeit und die damit für ihn verbundenen Vorteile. Er steht damit im Wort und kann dem Käufer die ursprünglich vereinbarte Lieferzeit nicht mehr entgegenhalten, da die Individualabrede den NWVB gem. § 305 b BGB vorgeht. Wenn es ihm nicht gelingt, innerhalb angemessener Frist ein mangelfreies Fahrzeug anzubieten, ist der Käufer berechtigt, vom Vertrag zurückzutreten und Schadensersatz geltend zu machen, auch wenn die ursprünglich geltende Schonfrist zu diesem Zeitpunkt noch nicht abgelaufen ist.

3. Rechtsfolgen bei berechtigter Abnahmeverweigerung

Bei berechtigter Zurückweisung des (mangelhaften) Fahrzeugs kommt der Käufer weder in Annahmeverzug noch in Zahlungsverzug. Auch kann der Verkäufer seinen Anspruch auf Abnahme nicht durchsetzen. Dem Käufer stehen, da vor Gefahrübergang, die **Rechte des allgemeinen Leistungsstörungsrechts** zur Verfügung; damit auch das Recht zum Rücktritt und der Anspruch auf Schadensersatz. Die auf Vertragsauflösung abzielenden Rechtsbehelfe (Rücktritt und großer Schadensersatz) sind **nicht** dadurch **ausgeschlossen**, dass der **Mangel unerheblich** ist. Die §§ 323 Abs. 5 S. 2, 281 Abs. 1 S. 3 BGB passen, wie ausgeführt, nicht.[33] Will der Käufer am Vertrag festhalten, kann er Lieferung des mangelhaften Fahrzeugs verlangen und den kleinen Schadensersatz (statt der Leistung) fordern.

Der Händler muss daran interessiert sein, wenigstens die **Beschränkung seiner Schadensersatzhaftung** in den NWVB zur Geltung zu bringen. Dabei stellt sich die Abgrenzungsfrage, ob es um seine Haftung wegen Lieferverzugs oder um seine „allgemeine" Haftung geht. Letztere ist im Abschn. VIII geregelt, wobei dieser Abschnitt die Schadensersatzhaftung wegen eines Sachmangels umfasst (vgl. Abschn. VIII Ziff. 4). Die Sachmangelhaftung des Händlers muss im vorliegenden Fall ausgeblendet bleiben. Maßgebend ist das

---

33 Überzeugend *Faust* in *Bamberger/Roth*, § 433 BGB Rn 41, 42.

allgemeine Leistungsstörungsrecht mit seinen Schadenskategorien. Die im Abschn. IV NWVB abschließend geregelte Haftung wegen Lieferverzugs erstreckt sich auf den Verzugsschaden (Verzögerungsschaden) und auf den Schadensersatz statt der Leistung (zur Abgrenzung und zum Nebeneinander s. Rn 44). Regelungsgegenstand ist die Verletzung der Pflicht zur rechtzeitigen Lieferung. Dass der Grund für die Verzögerung in der Mangelhaftigkeit des Fahrzeugs liegt, ändert nichts daran, dass es der Sache nach um Lieferverzug und nicht um einen Fall der Schlechtleistung oder um eine sonstige Pflichtverletzung geht. Damit ist die Regelung im Abschn. IV einschlägig (zu den dortigen Haftungsbegrenzungen s. Rn 46 ff.).

VIII. Nichtberechtigte Abnahmeverweigerung

1. Übersicht

149 Die Verletzung der Pflicht zur Abnahme (§ 433 Abs. 2 BGB) hat vielfache Konsequenzen: Der Verkäufer kann auf Abnahme bestehen, sie notfalls einklagen. Nach Ablauf der Frist – 14 Tage ab Zugang der Bereitstellungsanzeige – kann er nach § 323 BGB vom Vertrag zurücktreten und/oder Schadensersatz statt der Leistung verlangen (§§ 280 Abs. 1, 3, 281 BGB). Außerdem kommt der Käufer durch die unberechtigte Abnahmeverweigerung in Annahmeverzug.

Schuldnerverzug (Abnahmeverzug) setzt voraus:
- **Bereitstellung** des Fahrzeugs durch den Händler am vereinbarten Abnahmeort,
- **Zusendung** der **schriftlichen Bereitstellungsanzeige** an den Käufer,
- **Nichtabnahme** des Fahrzeugs durch den Käufer innerhalb von 14 Tagen ab Zugang der Bereitstellungsanzeige.

Die Abnahmeverpflichtung des Käufers wird mit dem **Zugang der Bereitstellungsanzeige** fällig. Mit dem Ablauf der 14-tägigen Abnahmefrist tritt automatisch Verzug ein. Einer Mahnung des Verkäufers bedarf es nicht, da sich der Leistungszeitpunkt ab dem Zugang der Bereitstellungsanzeige nach dem Kalender berechnen lässt (§ 286 Abs. 2 Nr. 2 BGB).

2. Bereitstellung des Fahrzeugs und Bereitstellungsanzeige

150 Der Verkäufer hat das Fahrzeug am vereinbarten Übergabeort in einem vertragsgemäßen Zustand zur Ablieferung bereitzustellen. Hierzu ist erforderlich, dass er das Neufahrzeug ‚verkaufsfertig' herrichtet, wozu insbesondere das Entwachsen und die Vornahme einer Erstinspektion gehören können.[34] Die Bereitstellungspflicht besteht auch bei Personenwagen mit nicht gängiger Ausstattung, bei im Verkaufsgebiet des Verkäufers selten verlangten Fahrzeugtypen und bei Nutzfahrzeugen.

Wenn der Käufer gegenüber dem Verkäufer bestimmt und eindeutig erklärt hat, er werde das Fahrzeug nicht abnehmen, genügt für die **Herbeiführung des Annahmeverzugs** ein wörtliches Angebot (§ 295 BGB). Die Zusendung der Bereitstellungsanzeige und die an den Käufer gerichtete Aufforderung zur Vornahme einer **Mitwirkungshandlung** (Aufforderung zur Zulassung des Fahrzeugs beim zuständigen Straßenverkehrsamt) stehen einem wörtlichen Angebot gleich.[35] Eine Bereitstellung entfällt, wenn der Käufer vereinbarungswidrig die in der Bestellung offen gelassenen Ausstattungsdetails nicht bestimmt, da es dem Händler nicht möglich ist, das Fahrzeug zu individualisieren.[36]

---

34 OLG Celle 4. 2. 1988, NJW 1988, 1675.
35 *Palandt/Heinrichs*, § 295 BGB Rn 5.
36 LG Marburg 15. 8. 2001 – 2 O 91/01 – n. v.

Auch bei einem **wörtlichen Angebot** setzt der Eintritt von Annahmeverzug voraus, dass der Verkäufer leistungsfähig, leistungsbereit und leistungswillig ist. Bei hartnäckiger Annahmeverweigerung des Käufers kann die Vorleistungspflicht des Verkäufers, bestehend in der Bereitstellung des Fahrzeugs in einem auslieferungsbereiten Zustand, nach Treu und Glauben entfallen. Sofern er eine Gattungsschuld zu erfüllen hat, muss er das Fahrzeug nicht aussondern. Er genügt seinen Pflichten, wenn er das Fahrzeug jederzeit kurzfristig beschaffen und dem Käufer in einem vertragsgemäßen Zustand anbieten kann.[37]

Der Einwand, der Verkäufer habe das Fahrzeug am vereinbarten Übergabeort nicht zur Auslieferung bereitgestellt, ist treuwidrig, wenn der Käufer schon vorher erklärt hat, er könne das Auto wegen finanzieller Schwierigkeiten nicht abnehmen und der Händler in Anbetracht dessen und mangels eigener Abstellkapazitäten das Fahrzeug zunächst im zentralen Auslieferungslager belässt, um die weiteren Entschließungen des Käufers abzuwarten.[38]

3. Rechtswirkungen der unberechtigten Abnahmeverweigerung

a) Annahmeverzug

Der Annahmeverzug (zum Eintritt Rn 150, 651) begründet als solcher keine Schadensersatzverpflichtung des Käufers. Die Rechtswirkungen sind in den §§ 300 bis 304 BGB abschließend geregelt. Gem. § 300 Abs. 1 BGB hat der Verkäufer während des Annahmeverzugs des Käufers nur **Vorsatz** und **grobe Fahrlässigkeit** zu vertreten. Die Haftungserleichterung betrifft nur die Haftung für das Fahrzeug und nicht die Verletzung sonstiger Pflichten. Wird das Fahrzeug nach Eintritt des Abnahmeverzugs zerstört, beschädigt oder ist die Lieferung aus einem anderen Grund, z. B. wegen Diebstahls, unmöglich geworden, so behält der Verkäufer seinen Kaufpreisanspruch, wenn ihm in Bezug auf die Aufbewahrung des Fahrzeugs nur leichte Fahrlässigkeit vorzuwerfen ist.[39] Der Fortbestand der Kaufpreisforderung setzt bei der Gattungsschuld allerdings voraus, dass der Verkäufer das Fahrzeug ausgesondert hat.[40] Hat ein Dritter die Beschädigung, den Untergang oder die Unmöglichkeit der Herausgabe des Fahrzeugs verschuldet, kann der Käufer vom Verkäufer Abtretung der Ansprüche gegen den Dritten verlangen. Im Falle beiderseits zu vertretender Unmöglichkeit, welche auf Seiten des Verkäufers grob fahrlässiges Verhalten erfordert, steht dem Verkäufer[41] im Wege der Gesetzesanalogie ein um den eigenen Mitverschuldensanteil verkürzter Kaufpreisanspruch zu.

Der Verkäufer hat vom Käufer Ersatz der durch Annahmeverzug verursachten tatsächlichen **Mehraufwendungen** gem. § 304 BGB zu beanspruchen. Hierzu gehören die Kosten für das Unterstellen und die Pflege des Fahrzeugs, aber auch die Kosten für eine evtl. notwendige Diebstahlversicherung.[42] Ist der Verkäufer Kaufmann, kann er gem. § 354 HGB vom Käufer Ersatz der ortsüblichen Lagerkosten verlangen. Bei Fremdeinlagerung hat ihm der Käufer gem. § 373 HGB die tatsächlich entstandenen Kosten zu ersetzen.[43]

b) Zahlungsverzug

Aus dem Kontext der Regelungen von Abschn. III und V NWVB ergibt sich, dass die Abnahme – und folglich auch deren unberechtigte Verweigerung – eine Tatbestandsvorausset-

---

37 *Palandt/Heinrichs*, § 295 BGB Rn 3, § 297 BGB Rn 2.
38 OLG Düsseldorf 2. 3. 1994 – 3 U 26/93 – n. v.
39 *Palandt/Grüneberg*, § 326 BGB Rn 12.
40 BGH 18. 6. 1975, WM 1975, 918, 920; *Werheimer*, JuS 1993, 646.
41 OLG Oldenburg 4. 6. 1975, NJW 1975, 1788; vgl. ferner OLG Zweibrücken 24. 4. 1941, DR 1941, 1729 mit Anm. von *Herschel*.
42 OLG Düsseldorf 25. 7. 1963, BB 1964, 1320.
43 BGH 14. 2. 1996, WM 1996, 826.

zung für den Eintritt des Zahlungsverzugs darstellt.[44] Da die Fälligkeit des Kaufpreises außer dem Zugang der Rechnung die Übergabe des Fahrzeugs erfordert, gerät der Käufer mit der Kaufpreiszahlung in Schuldnerverzug, wenn folgende Voraussetzungen erfüllt sind:
- Bereitstellung des Fahrzeugs durch den Verkäufer, sofern keine Befreiung besteht,
- Zugang der Bereitstellungsanzeige beim Käufer,
- Aushändigung oder Übersendung der Rechnung (Abschn. III Ziff. 1 NWVB),
- Ablauf der 14-tägigen Abnahmefrist (Abschn. V Ziff. 1 NWVB),
- Aufforderung des Verkäufers an den Käufer, den Kaufpreis zu entrichten (§ 286 Abs. 1 BGB).

154 Da sich den NWVB nicht zweifelsfrei entnehmen lässt, ob mit dem Ablauf der nach dem Kalender berechenbaren Abnahmefrist Zahlungsverzug eintritt, bedarf es zur Herbeiführung des Zahlungsverzugs der **Mahnung des Verkäufers**, die nur dann entbehrlich ist, wenn der Käufer die Vertragserfüllung ernsthaft und endgültig verweigert. Die Weigerung des Käufers muss als sein letztes Wort in dieser Sache aufzufassen sein.[45] Nur dann, wenn der Käufer eindeutig und endgültig zu erkennen gegeben hat, dass er weder eine Fristsetzung zur Erfüllung begehrt noch von einer ihm gesetzten Frist Gebrauch machen wird, eine Änderung dieser Einstellung nicht zu erwarten und eine Nachfristsetzung deshalb als leere und überflüssige Formsache zu betrachten ist, bedarf es keiner Aufforderung zur Zahlung des Kaufpreises. Die Erklärung des Käufers, er wolle ‚kein Fahrzeug von dem Händler', genügt nicht. Solange noch die Möglichkeit eines Sinneswandels beim Käufer besteht, darf der Händler nicht darauf verzichten, ihn durch Mahnung umzustimmen.[46]

155 Nicht entbehrlich ist eine Mahnung, wenn sich absehen lässt, dass der Käufer zur Zahlung des Kaufpreises innerhalb der Frist **offensichtlich nicht im Stande** ist, wie dies z. B. wegen einer bereits erfolgten Zahlungseinstellung oder einer bevorstehenden Insolvenz der Fall ist. Eine Verletzung der Leistungstreuepflicht des Käufers befreit als solche nicht von der Einhaltung der vorgeschriebenen Formalitäten, selbst wenn sie das Vertrauen des Verkäufers in die vertragsgemäße Erfüllung zerstört.[47]

156 Die **Rechtsfolgen des Zahlungsverzugs** sind in den NWVB nicht geregelt. Es gelten daher die **gesetzlichen Bestimmungen** der §§ 286 und 288 BGB. Die Dreißigtagefrist des § 286 Abs. 3 BGB wird im Bereich des Verbrauchsgüterkaufs nicht relevant, da die vom Handel verwendeten Bestellformulare keine Hinweise auf die Rechtsfolgen i. S. v. § 286 Abs. 3 S. 1 Hs. 2 BGB enthalten.

c) Rücktritt

157 Lässt der Käufer die 14-tägige Frist zur Abnahme (Abschn. V Ziff. 1 S. 1 NWVB) und eine ihm gesetzte Nachfrist verstreichen, kann der Verkäufer vom Vertrag zurücktreten. Eine Frist von 10 bis 14 Tagen ist angemessen, wenn nicht besondere Umstände vorliegen, die eine längere Frist erforderlich machen, wie z. B. eine Urlaubsabwesenheit des Käufers oder ein Krankheitsfall. Probleme und Hindernisse im Zusammenhang mit der Beschaffung des Kaufpreises rechtfertigen keine Fristverlängerung.[48]

Da der Rücktritt eine (objektive) Pflichtverletzung voraussetzt und eine solche nicht vorliegt, solange die 14-tägige Abnahmefrist nicht abgelaufen ist, stellt sich die Frage, ob eine

---

44 *Koch*, MDR 2003, 661, 663.
45 BGH 18. 9. 1985, NJW 1986, 661; 18. 1. 1991, ZIP 1991, 506, 508.
46 OLG Hamm 7. 12. 1982 – 28 U 146/82 – n. v. zur Entbehrlichkeit der Ablehnungsandrohung gem. § 326 BGB a. F.
47 A. A. *Creutzig*, Recht des Autokaufs, Rn 5.4.6.
48 OLG Düsseldorf 2. 3. 1994 – 3 U 26/93 – n. v.

vor Ablauf der Abnahmefrist gesetzte Nachfrist für einen Rücktritt ausreicht. Vorherrschend wird die Ansicht vertreten, dass eine Fristsetzung vor Fälligkeit wirkungslos ist.[49] Ob dies auch für eine Nachfrist gilt, die nach Fälligkeit, aber vor Ablauf eines dem Schuldner zugestandenen Leistungszeitraums erfolgt, ist ungeklärt. Da nicht auszuschließen ist, dass eine verfrühte Nachfristsetzung ihre Warnfunktion verfehlt und zur Unwirksamkeit des Rücktritts führt, muss hiervon unbedingt abgeraten werden.

Mit dem Zugang der Rücktrittserklärung erlöschen die beiderseitigen Erfüllungsansprüche, und das Vertragsverhältnis ist nach Vorschriften des Rücktrittsrechts abzuwickeln.

d) Schadensersatz

Verlangt der Verkäufer Schadensersatz, steht es ihm frei, entweder den durch die Nichterfüllung **im konkreten Fall** entstandenen Schaden **nachzuweisen** (ggf. mit abstrakter Berechnung) oder die **Schadenspauschale** in Höhe von 15 % des Kaufpreises gem. Abschn. V Ziff. 2 NWVB geltend zu machen (zu den Bedenken im Hinblick auf die Wirksamkeit der Klausel s. Rn 163 ff.). Der **Verkäufer** hat das **Wahlrecht**, von einer Berechnungsart auf die andere überzugehen.[50] Die Unwirksamkeit einer vereinbarten Pauschale sperrt nicht die konkrete Abrechnung.[51]

aa) Schadensberechnung per Einzelnachweis

Der Verkäufer kann von dem Käufer, der die Ware vertragswidrig nicht abnimmt, als **entgangenen Gewinn** den Unterschied zwischen Vertragspreis und billigerem Einkaufspreis beanspruchen.[52] Ist er selbst der Hersteller (z. B. Daimler oder BMW), ist der Unterschied zwischen Vertragspreis und Herstellungspreis maßgebend.[53] Ob und inwieweit der Differenzbetrag zum Vorteil des vertragsbrüchigen Käufers zu reduzieren ist und ob bestimmte Positionen zu seinem Nachteil hinzuzurechnen sind, ist durch die Grundsatzentscheidung des BGH vom 22. 2. 1989[54] zumindest in den Grundzügen gleichfalls geklärt. Gleichwohl herrscht hier – auch in Autokauffällen – noch **einige Unklarheit**, wie die Entscheidung des OLG Jena vom 26. 4. 2005[55] zur Angemessenheit der 15-Prozent-Pauschale beispielhaft zeigt.

Besondere Aufwendungen (sog. Spezialunkosten), die der Verkäufer durch den Vertragsbruch des Käufers erspart hat, mindern den Schaden. Dazu kann eine an den Verkaufsangestellten gezahlte **Provision** zählen. **Transportkosten** mindern nicht die Gewinnspanne des Händlers beim Verkauf eines nicht vorrätigen Fahrzeugs, wenn die Überführungskosten nach dem Inhalt des Kaufvertrags von dem Käufer zu tragen sind (zum Spezialkostenabzug s. auch Rn 1195).

Fixe Kosten (sog. Generalunkosten) sind in der Schadensbilanz grundsätzlich neutral. Ausnahmsweise sind sie zu berücksichtigen, wenn der Käufer substantiiert darlegt und beweist, dass sie bei der Durchführung des Kaufvertrags höher gewesen wären als bei der unterbliebenen Vertragserfüllung.[56]

---

49 *Palandt/Grüneberg*, § 323 BGB Rn 12.
50 LG Köln 24. 4. 1986 – 21 O 550/85 – n. v.
51 OLG Celle 16. 2. 1995, NJW-RR 1996, 50.
52 BGH 22. 2. 1989, BGHZ 107, 67 = NJW 1989, 1669.
53 BGH 22. 2. 1989, BGHZ 107, 67 = NJW 1989, 1669.
54 BGHZ 107, 67 = NJW 1989, 1669.
55 DAR 2005, 399 m. Anm. *Kranich*.
56 BGH 22. 2. 1989, BGHZ 107, 67 = NJW 1989, 1669; OLG Düsseldorf, 2. 3. 1994 – 3 U 26/93 – n. v.; anders OLG Jena 26. 4. 2005, DAR 2005, 399 für sog. Vorhaltekosten (Personal und Einrichtungen).

160 Der Schadensersatzanspruch ist im Regelfall **umsatzsteuerfrei**,[57] weshalb bei der Ermittlung des Schadensbetrages anhand von Bruttobeträgen ein entsprechender Abzug in Höhe der Umsatzsteuer vorgenommen werden muss. Im Rahmen der konkreten Schadensberechnung sind das Standgeld für ein beim Händler abgestelltes Gebrauchtfahrzeug des Käufers, das in Zahlung genommen werden soll, die Lagerkosten für das bereitgestellte Neufahrzeug sowie der Verzögerungsschaden zu berücksichtigen, der dem Verkäufer in der Zeit bis zum Ablauf der Nachfrist für die Fahrzeugabnahme entstanden ist. Zu den Einzelheiten der konkreten Schadensberechnung s. auch Rn 1195.

bb) Schadenspauschalierung

161 Die Pauschalierungsklausel in Abschn. V Ziff. 2 NWVB, die dem Verkäufer Schadensersatz **in Höhe von 15 %** des vereinbarten Kaufpreises zubilligt, ist für Verträge mit Verbrauchern ebenso wie für den Unternehmensverkehr[58] bestimmt. Sie findet auch Anwendung, wenn der Kaufvertrag die Lieferung eines neuen Nutzfahrzeugs zum Gegenstand hat.[59] Unterschieden wird weder nach der Art des Neufahrzeugs noch nach der Vertriebsform (Direktvertrieb durch Hersteller[60] oder Verkauf durch Händler); auch nicht nach Händlertyp (Vertragshändler, freier Händler, Großhändler oder B-Händler).

(1) § 309 Nr. 5 b BGB

162 Gem. § 309 Nr. 5 b BGB muss dem Käufer durch die Klausel ausdrücklich der Nachweis gestattet werden, dass ein wesentlich niedrigerer oder überhaupt kein Schaden entstanden ist. Diesen Anforderungen genügten frühere Klauseln nicht. Durch die Neufassung (NWVB 3/08) sind diese Bedenken ausgeräumt. Zum Vorteil der Kundschaft hat man sogar auf die Einschränkung „wesentlich niedriger" Schaden verzichtet.

(2) § 309 Nr. 5 a BGB

163 **Problematisch** ist die 15-Prozent-Klausel im Hinblick auf das Verbot des § 309 Nr. 5 a BGB. Hiernach darf eine Schadenspauschale nicht den nach dem **gewöhnlichen Lauf der Dinge zu erwartenden Schaden** übersteigen. Mit den 15 Prozent vom jeweils vereinbarten Kaufpreis wird nicht der (persönliche) Durchschnittsschaden des jeweiligen Verwenders, sondern der **branchenübliche Durchschnittsschaden** pauschaliert. Genau hier liegt das Problem, allerdings nicht im Sinne der Kritik von *Pfeiffer*,[61] der einen Verstoß gegen das **Transparenzgebot des § 307 Abs. 1 S. 2 BGB** annimmt. Er sieht die Gefahr einer Irreführung des Kunden, weil mit der Terminologie „Nichtabnahme" im Dunkeln bleibe, welcher Schaden pauschaliert werde, der reine Nichtabnahmeschaden, verstanden als Verzugsschaden, oder der Schadensersatz statt der (ganzen) Leistung. Hintergrund dieser Trennung nach der Schadensart ist die an sich zutreffende Ansicht, dass die Pflicht zur Abnahme eine Nebenpflicht sei, so dass ein Schadensersatzanspruch statt der Leistung nur unter den Voraussetzungen des § 282 BGB in Betracht komme.

164 Mit diesen Überlegungen kann die Transparenz der Pauschalierungsklausel nicht in Frage gestellt werden. Auch der juristisch nicht vorgebildete Käufer wird nicht auf den Gedanken kommen, dass der Verkäufer nur einen Teilschaden, den reinen Verzugsschaden (Verzögerungsschaden), pauschaliert sehen möchte. Schon die Höhe der Pauschale spricht

---

57 *Palandt/Heinrichs*, § 281 BGB Rn 30.
58 Dazu OLG Naumburg 19. 3. 1999, NJW-RR 2000, 720.
59 OLG Naumburg 19. 3. 1999, NJW-RR 2000, 720 (Allradkipper vom Hersteller); LG Hamburg 19. 5. 1988 – 96 O 604/86 – n. v.
60 Beispiel für Kauf vom Hersteller: OLG Naumburg 19. 3. 1999, NJW-RR 2000, 720 (Nutzfahrzeug).
61 Klauselwerke „Neuwagenkauf", Rn 42, 43.

eindeutig eine andere Sprache. Verstanden wird die Klausel allgemein als Regelung einer **"Abstandszahlung"**. Dem Verkäufer soll der entgangene Gewinn ersetzt werden, wie es in früheren Klauseln ausdrücklich hieß. Auch ohne diesen klarstellenden Hinweis ist einem Durchschnittskäufer klar, was der Verkäufer beanspruchen kann.

Die Klauselkritik muss an anderer Stelle ansetzen: Angesichts der heutigen Strukturen **165** des Vertriebs neuer Kraftfahrzeuge (Zunahme des Direktvertriebs, Online-Verkäufe), der enormen Bandbreite bei den einzelnen Fahrzeugkategorien (vom Krad bis zum Lkw) und des hohen Grades an Individualisierung innerhalb der Gattung „Pkw" stößt eine für sämtliche Geschäftsbereiche geltende Pauschalierungsklausel von vornherein auf Bedenken. Je größer die Anzahl der Teil- und Sondermärkte ist, desto fragwürdiger wird das Kriterium der Branchenüblichkeit („üblicherweise") als Grundlage der Schadenspauschalierung.

Hinzu kommt: Der nach dem gewöhnlichen Lauf der Dinge zu erwartende Schaden besteht bei reinen Verkaufsgeschäften zwar in dem entgangenen Veräußerungsgewinn (s. Rn 159), der Käufer kann jedoch ersparte Aufwendungen gegenrechnen. Nach h. M. ist der nach dem gewöhnlichen Lauf der Dinge zu erwartende Schaden anhand der **durchschnittlichen Händlermargen** abzüglich der ersparten Aufwendungen zu ermitteln.[62] Zu den ersparten Aufwendungen gehören eine Verkäuferprovision sowie die Kosten für Übergabeinspektion, Reinigung des Fahrzeugs, ggf. Überführung und Zulassung (Vertrag entscheidet); Durchführung der Erstinspektion; auch ersparte Belastungen aus der Sachmängelhaftung, soweit sie nicht an den Hersteller/Importeur durchgestellt werden können.[63]

Zugunsten des Verkäufers nicht zu berücksichtigen sind seine **fixe Kosten** (Generalunkosten) wie z. B. die Kosten für Personal und Gebäude.[64] Anders verhält es sich mit anlassbezogenen Verwaltungskosten wie Schriftverkehr, Telefon, Porti, Mahnkosten etc.[65] Zum Abgeltungsumfang der Pauschale s. auch Rn 179.

Die gegenwärtige Vertriebs- und Kostenstruktur rechtfertigt nicht mehr die Einschätzung, dass der branchenübliche Durchschnittsschaden 15 % des Kaufpreises ausmacht. Er ist wesentlich geringer. Näheres Rn 167.

Was den **Kaufpreis als Bezugsgröße** der Pauschale angeht, ist Folgendes auszuführen: **166** Maßgebend ist der vereinbarte Kaufpreis, nicht etwa der Durchschnittspreis in Form des früher üblichen Listenpreises. Diese Individualisierung auf der Preisebene wirft – zumal in Zeiten flächendeckender „Rabattschlachten" – einige Probleme auf, wie die Kontroverse bei der Behandlung von Preisnachlässen zeigt (s. Rn 174 ff.).

Wenn der Kaufpreis **Nebenleistungen** wie Überführung und Zulassung einschließt – Formularverträge sehen dies manchmal vor –, sind auch diese Preisbestandteile in die Schadenspauschale einzubeziehen. Die **Umsatzsteuer** gehört als rechtlich unselbstständiger Bestandteil zum Kaufpreis, weil darunter üblicherweise, jedenfalls im Kfz-Handel, **der Bruttopreis** zu verstehen ist.

Dass für die Berechnung der Schadenspauschale der Nettopreis maßgeblich sein soll, lässt sich weder aus Abschn. V Ziff. 2 NWVB herauslesen noch ergibt sich diese Konsequenz aus anderen Umständen. Der Ansicht, bei der Berechnung der Schadenspauschale sei regelmäßig vom Nettopreis auszugehen[66], kann nicht zugestimmt werden.[67] Das Argument, es könne nicht Sinn und Zweck der Pauschalierung sein, dass der vertragsbrüchige

---

62 Instruktiv aus betriebswirtschaftlicher Sicht *Bitz*, DB 1979, 2409.
63 *Bitz*, DB 1979, 2409; s. auch OLG Köln 17. 9. 1996, OLGR 1997, 3; OLG Jena 26. 4. 2005, DAR 2005, 399 m. Anm. *Kranich*.
64 Anders OLG Jena 26. 4. 2005, DAR 2005, 399 m. Anm. *Kranich*.
65 Dazu *Bitz*, DB 1979, 2409.
66 *Kohlndorfer*, ZfS 1994, 37, 38.
67 Insoweit auch OLG Jena 26. 4. 2005, DAR 2005, 399 m. Anm. *Kranich*.

Käufer dem Verkäufer auch noch indirekt einen Mehrwertsteuerbetrag zukommen lasse, den dieser nicht an die Steuerbehörde abführen müsse, mag durchaus berechtigt sein, er ändert aber nichts an der Tatsache, dass die vertragliche Vereinbarung vorgeht.

167 Nach wie vor behauptet sich **in der Rechtsprechung** die Ansicht, die Pauschale von 15 % liege im Rahmen des gem. § 309 Nr. 5 a BGB nach dem gewöhnlichen Lauf der Dinge zu erwartenden Schadens.[68] Diese Annahme ist unzutreffend. Übersehen wird, dass die Gewinne im Neuwagenhandel (Pkw/Kombi) schon vor Jahren erheblich geschrumpft sind und seither auf sehr niedrigem Niveau stagnieren. Die Herstellermargen wurden in den letzten Jahren deutlich gekürzt. Häufig besteht freilich die Möglichkeit, die Margen aufzubessern, was von vielerlei Faktoren abhängt z. B. Betriebstyp, Volumen, Kundenzufriedenheit, Betreuung, Leistung und Marktausschöpfung.[69]

Zum Rückgang der Gewinne hat außerdem wesentlich beigetragen, dass der unter massivem Konkurrenzdruck stehende Handel gezwungen ist, **erhebliche Preisnachlässe** auf Neufahrzeuge (Pkw) zu gewähren. Die sog. Rabattschlacht als solche ist allgemeinkundig. Das Ausmaß ist empirisch erforscht.[70] Außer der „Rabattschlacht" haben die Zunahme der Parallelimporte und der inzwischen institutionalisierte Verkauf von Tageszulassungen dazu geführt, dass die durchschnittlichen Bruttoerträge deutlich unter 10 % gesunken sind. Die Aussage, der Vertragshändler eines Automobilherstellers ‚lebe' vom Neuwagengeschäft,[71] ist schon seit langem nicht mehr gültig. Nach eigenen Angaben aus Händlerkreisen beträgt die Umsatzrendite auf dem Pkw-Sektor derzeit **nur noch 0,3 %** im Durchschnitt.[72]

168 Aufgrund der rapiden Abwärtsentwicklung der Gewinne im Neuwagenhandel kann die 15 %-ige Schadenspauschale einer an § 309 Nr. 5 a BGB ausgerichteten Wirksamkeitskontrolle nicht mehr standhalten. Sie ist **unwirksam**, und zwar auch im Bereich b2b.

169 Die **Instanzgerichte** – vom BGH liegt keine Entscheidung vor[73] – haben sich bisher nicht dazu durchgerungen, die 15-Prozent-Klausel mit Rücksicht auf die **geänderten Verhältnisse** auf dem Neuwagenmarkt für unwirksam zu erklären. Das **OLG Düsseldorf**[74] vertrat in einer 1997 verkündeten Entscheidung die Ansicht, die Schadenspauschale von 15 % halte einer Inhaltskontrolle stand. Eine Überprüfung dieser Aussage anhand von Fakten wurde vom OLG Düsseldorf allerdings nicht vorgenommen, da der Käufer weder eine geringere Gewinnspanne als 15 % plausibel dargelegt noch ernsthaft die Angemessenheit der Pauschalierung in Abrede gestellt hatte. Als unbedenklich stufte das **OLG Naumburg**[75] die Klausel in einem Urteil ein, das 1999 erlassen wurde. Auch diesmal hatte der Käufer nicht geltend gemacht, die vereinbarte Pauschale übersteige den nach dem gewöhnlichen Lauf der Dinge zu erwartenden Schaden. Das **OLG Köln** stellte in zwei Entscheidungen aus den Jahren 1996 und 1998[76] fest, dass sich die Pauschalierung trotz der mittlerweile gesunkenen Händlergewinne bei einer **generalisierenden Betrachtungsweise** im Rahmen des nach dem gewöhnlichen Lauf der Dinge zu erwartenden Schadens bewege. Das **OLG**

---

68 OLG Jena 26. 4. 2005, DAR 2005, 399 m. Anm. *Kranich*; weitere Rspr. unter Rn 169.
69 Vgl. LG Kaiserslautern 29. 7. 2005 – 2 O 771/04 – n. v. (AUDI-Zentrum).
70 2006/2007 lag der Preisnachlass im Durchschnitt bei 16,5 % (Studie der FH Gelsenkirchen, CAR-Center).
71 OLG Köln 27. 5. 1993, NJW-RR 1993, 1404; OLG Naumburg 19. 3. 1999, NJW-RR 2000, 720.
72 So ZDK-Präsident Radermacher in Kfz-Betrieb v. 6. 3. 2008, S. 10 („Erosion der Umsatzrendite").
73 In der Sache BGH NJW 1982, 2316 hat die Revision des Neuwagenkäufers die Angemessenheit der 15 %-Pauschale nicht angegriffen, so dass der BGH die Klausel unter diesem Blickwinkel nicht geprüft hat und auch nicht prüfen musste. Im Übrigen waren 15 % seinerzeit nicht zu beanstanden.
74 Urt. v. 24. 10. 1997, OLGR 1998, 153.
75 OLG Naumburg 19. 3. 1999, NJW-RR 2000, 720, 721.
76 Urt. v. 17. 9. 1996, OLGR 1997, 3; 21. 9. 1998, OLGR 1999, 26.

Jena[77] sieht – in einer in mehrfacher Hinsicht bedenklichen Entscheidung – gleichfalls keinen Verstoß gegen § 309 Nr. 5 a BGB.[78] Eine Klärung durch den BGH ist dringend nötig.

(3) Darlegungs- und Beweislastfragen

Grundsätzlich hat der Geschädigte Art und Umfang des erlittenen Schadens – konkret oder abstrakt berechnet – darzulegen und zu beweisen. Dabei hilft ihm die Beweiserleichterung des § 252 BGB, die zugleich die Darlegungspflicht erleichtert. Die Beweisführung zusätzlich zu erleichtern, ist Sinn und Zweck einer jeden Schadenspauschalierungsklausel. Diesen Vorteil kann der Geschädigte aber nur beanspruchen, wenn die Pauschale zulässig ist. Ob der Verwender die Angemessenheit der Pauschale darlegen und beweisen muss oder sein Vertragspartner die Unangemessenheit, ist **strittig**.[79] Selbst wenn der letztgenannten Ansicht zu folgen sein sollte, so **der BGH**, sei jedenfalls dann, wenn die Schadenspauschale **ungewöhnlich hoch** sei, das Vorbringen des Verwenders zur Anspruchshöhe **nur schlüssig**, wenn er die Angemessenheit darlege.[80]

Da die 15-Prozent-Pauschale **nicht in einem offenen Missverhältnis** zur Höhe des branchenüblichen Durchschnittsschadens steht, immerhin wird sie von den Instanzgerichten allgemein anerkannt, ist der Verkäufer davon freigestellt, **von sich aus** nähere Angaben zur Angemessenheit des Pauschalbetrages zu machen. Eine Klageforderung unter Hinweis auf die Klausel Abschn. V Ziff. 2 NWVB ist somit **der Höhe nach schlüssig**. Ist auch zum Grund der Haftung hinreichend vorgetragen, kann ein **Versäumnisurteil** gegen den Käufer ergehen.

Im Streitverfahren hat der Käufer **zwei Möglichkeiten:** Er kann die Angemessenheit der Pauschale als solche bestreiten. Er kann aber auch, zugeschnitten auf seinen Kauf, den Gegenbeweis eines geringeren Schadens oder des Fehlens jeglichen Schadens antreten. Stellt er die Angemessenheit der Pauschale in Abrede, sind an seinen Sachvortrag keine hohen Anforderungen zu stellen. In der Regel kennt er weder die Kalkulationsprinzipien noch die Kalkulationsfaktoren, die der Ermittlung der Pauschale zu Grunde liegen. Sich bei den Verbänden (VDA, VDIK, ZDK) oder im Internet oder anderweitig kundig zu machen, kann von ihm nicht verlangt werden. In dieser Situation genügt die schlichte Behauptung, der Durchschnittsschaden im Neuwagenhandel liege unter den heutigen Bedingungen deutlich unter dem eingeklagten Pauschalbetrag.[81]

Bei einem **erheblichen Bestreiten** der Angemessenheit der Pauschale ist der Verkäufer am Zug. Er muss jetzt Tatsachen darlegen und notfalls beweisen, aus denen der Richter schließen kann, dass die Pauschale an einer durchschnittlichen Einbuße orientiert ist. Seine eigene Kalkulation muss er nicht vorlegen; wenn überhaupt die branchenüblichen Kalkulationswerte. Mit nachprüfbaren Angaben über den branchenüblichen Verlust bei Nichtabnahme eines Neufahrzeugs genügt der Verkäufer seiner Darlegungslast. Das Beweisangebot „Auskunft ZDK" oder „Auskunft VDA" ist zulässig, weil es auf die Einholung einer amtlichen Auskunft gerichtet ist. Üblicherweise wird Sachverständigenbeweis angetreten, was gleichfalls zulässig ist. Das LG Köln[82] gab sich mit der unwiderlegten Behauptung des Herstellers und Verkäufers zufrieden, der Verkaufspreis des Fahrzeugs entspreche dem üb-

---

77 Urt. v. 26. 4. 2005, DAR 2005, 399 m. Anm. *Kranich.*
78 Ebenso LG Coburg 23. 6. 2004 – 13 O 197/04 – n. v. mit § 522- Beschluss des OLG Bamberg v. 21. 10. 2004 – 5 U 147/04 – n. v.; LG Kaiserslautern 29. 7. 2005 – 2 O 771/04 – n. v. (AUDI-Zentrum); LG Nürnberg-Fürth 28. 12. 2006 – 17 O 5528/06 – n. v.
79 Vgl. BGH 3. 11. 1999, NJW-RR 2000, 719; OLG Jena 26. 4. 2005, DAR 2005, 399 m. Anm. *Kranich.*
80 So BGH 3. 11. 1999, NJW-RR 2000, 719; s. auch BGH 10. 11. 1976, NJW 1977, 381.
81 Vgl. AG Rendsburg 23. 12. 1994, ZfS 1995, 256.
82 Urt. v. 24. 2. 1984 – 89 O 195/83 – n. v.

lichen Marktpreis, da der Marktpreis regelmäßig eine Spanne von 15 % Kosten für Vertrieb und dauerhaften Fortbestand der Produktion beinhalte.

173 Für den Käufer erfolgversprechender ist es, den sog. **Gegenbeweis anzutreten**. Das Recht dazu hat er; es darf ihm nicht abgeschnitten werden (s. Rn 162). Dass der Verkäufer überhaupt keinen Schaden erlitten hat, wird der Käufer ernsthaft nicht behaupten wollen. Sein Ziel muss sein, den Beweis dafür anzutreten, dass der Pauschalbetrag dem Händler einen ungerechtfertigten Vorteil verschafft, d. h. dass die Forderung bei individueller Schadensermittlung geringer ausfällt. Wesentlich geringer muss es nicht sein.

Welche Anforderungen an die Darlegungs- und Beweislast des Käufers im Rahmen des Gegenbeweises zu stellen sind, ist **umstritten**.[83] Unklarheit herrscht schon darüber, mit welchen Umständen der Käufer in welcher Weise zu hören ist, wobei insbesondere die Berücksichtigung von Preisnachlässen kontrovers diskutiert wird.

Vom Ansatz her gilt: Der Käufer kann alle Umstände bringen, die geeignet sind, den Richter davon zu überzeugen, dass der effektive Schaden des Verkäufers vom branchenüblichen Durchschnittsschaden nach unten abweicht. Zulässig ist z. B. die Behauptung, zum **Selbstkostenpreis** verkauft zu haben.[84] Das darf indes nicht ins Blaue hinein behauptet werden. Mit einer sekundären Darlegungslast des Verkäufers wäre dem Käufer geholfen. Das hat das OLG Naumburg indes mit ausführlicher Begründung abgelehnt.[85] Zurückgewiesen hat es auch den Antrag des Beklagten auf Einholung eines Sachverständigengutachtens. Der Verkäufer müsse seine Kalkulation nicht offen legen; sie allein dem Sachverständigen zu offenbaren, sei prozessual nicht zulässig.

174 Auch eine **lange Standzeit** soll als gewinnmindernder Faktor eingebracht werden dürfen,[86] ebenso die **Gewährung eines Rabatts**.[87] **Umstritten** ist, auf welche Weise ein gewinnmindernder Faktor wie ein Rabatt zu berücksichtigen ist. Das LG Bonn vertritt in einer Entscheidung aus dem Jahr 1984[88] die Ansicht, einer Rabattgewährung sei bei der Schadensberechnung in der Weise Rechnung zu tragen, dass die Berechnung der 15 %-Pauschale nicht anhand des Listenpreises, sondern anhand des rabattbereinigten Bruttokaufpreises zu erfolgen habe. Der auf diese Weise ermittelte Betrag dürfe nicht noch einmal um den eingeräumten Rabatt gekürzt werden, da ein solches Vorgehen zu einer doppelten Berücksichtigung des Rabatts führe. In die gleiche Richtung zielt die Argumentation von *Creutzig*,[89] die Vereinbarung eines Sonderrabattes reduziere nur den Kaufpreis, nicht die Pauschale.

Demgegenüber ist nach Ansicht des OLG Köln ein Rabattabzug auch dann vorzunehmen, wenn in der Schadenspauschale von 15 % ein üblicherweise (z. B. bei Barzahlung) gewährter Rabatt enthalten ist.[90] In der gleichen Entscheidung hat das OLG Köln die Pauschale von 15 % des Bruttokaufpreises nicht nur um den Sonderrabatt, sondern außerdem um diejenigen Aufwendungen gekürzt, die der Verkäufer dadurch erspart hat, dass das Geschäft nicht zur Durchführung gelangte.

175 **Stellungnahme:** Zu lösen ist das Problem der „Sonderkonditionen" einschließlich Rabattgewährung („Hauspreis") nur über den Gegenbeweis nach Abschn. V Ziff. 2 NWVB. Gegenbeweislich relevant ist nur ein Nachlass, mit dessen Hilfe der Käufer nachweisen

---

83 Ausführlich dazu OLG Naumburg 19. 3. 1999, NJW-RR 2000, 720.
84 OLG Naumburg 19. 3. 1999, NJW-RR 2000, 720.
85 Urt. v. 19. 3. 1999, NJW-RR 2000, 720.
86 OLG Naumburg 19. 3. 1999, NJW-RR 2000, 720.
87 OLG Naumburg 19. 3. 1999, NJW-RR 2000, 720.
88 Urt. v. 12. 10. 1994, MDR 1995, 363.
89 Recht des Autokaufs, Rn 5.5.5.
90 OLG Köln 17. 9. 1996, OLGR 1997, 3.

kann, dass der konkrete Schaden des Händlers geringer ist als die Pauschale. In den Pauschalbetrag eingearbeitete (branchenübliche) Nachlässe helfen ihm nicht. Ob und inwieweit man bei dem Pauschalsatz von 15 % „normale" Rabatte berücksichtigt hat, kann nicht gesagt werden. Früher bestand dazu keine Notwendigkeit. Heute liegen die Dinge anders. Einen Rabatt, den praktisch jeder erhält, kann der Käufer nicht dazu verwenden, den konkreten Schaden des Händlers zu minimieren. Die allgemeine Preisgestaltung ist ein Problem der Angemessenheit der Pauschale, nicht des konkreten Schadens im Einzelfall.

Erheblich ist dagegen die Behauptung des Käufers, ihm sei ein **individueller Sondernachlass** eingeräumt worden, z. B. ein Journalistenrabatt. Allerdings führt nicht jeder Sondernachlass zu einer entsprechenden Gewinnschmälerung auf Seiten des Händlers. Es gibt hier „Teilungsabkommen" mit den Herstellern und Importeuren, wie z. B. eine 50:50-Teilung.

Ob der konkrete Schaden des Händlers unter dem pauschalierten Schaden liegt, kann nur eine Gegenüberstellung der beiden Schadenssäulen zeigen. Dabei ist die Säule „pauschalierter Schaden" von gewinnmindernden Einzelfaktoren wie einem Sondernachlass freizuhalten, d. h. bei der Pauschale ist – nur im Rahmen des Kostenvergleichs – der Bruttokaufpreis ohne (Sonder)Nachlass anzusetzen. Andernfalls wird bei dem gebotenen Vergleich Typisches und Atypisches unzulässig vermengt.[91]

Ein vereinbarter **Skontoabzug** ist bei der Schadensberechnung nach Meinung des OLG Karlsruhe[92] **nicht** zugunsten des Käufers zu **berücksichtigen**, da der mit der Skontoeinräumung bezweckte Erfolg einer schnelleren Zahlung innerhalb der Skontofrist durch eine an die Stelle der vertraglich geschuldeten Leistung tretende Schadensersatzleistung nicht mehr erreicht werden kann. Außerdem wäre es unbillig, denjenigen, der seine Zahlungspflicht überhaupt nicht erfüllt, besser zu stellen als denjenigen, der zu spät zahlt und dadurch die Skontofrist versäumt.

Nicht gehört wird der Käufer auch mit dem Vorbringen, der Verkäufer sei ungeachtet des entstandenen Schadens in der Lage gewesen, das Auto mit **Gewinn** an einen **Dritten** zu **verkaufen**.[93] Für den im **Handelsverkehr** tätigen **Verkäufer** streitet die **Vermutung**, dass er das Gewinn bringende Zweitgeschäft auch im Fall einer ordnungsgemäßen Erfüllung des Erstgeschäfts getätigt hätte. Die aus der Nichtabnahme des Fahrzeugs resultierende Schadensersatzverpflichtung kann der Käufer nur dadurch verhindern, indem er darlegt und beweist, dass der Verkäufer zur Erfüllung eines zusätzlichen Kaufvertrages nicht im Stande gewesen wäre.[94] Beachtlich ist daher der Einwand des Käufers, der Verkäufer habe durch den anderweitigen Verkauf keinen Schaden erlitten, weil die Nachfrage nach dem Modell größer als das ihm vom Lieferanten zugeteilte Kontingent gewesen sei. Unter diesen Umständen kann der Verkäufer den Einwand des Käufers nicht mit der Behauptung entkräften, er hätte dem Zweitkäufer ein anderes Fahrzeug veräußert.

An einem Schaden des Verkäufers fehlt es jedoch, wenn das nicht abgenommene Fahrzeug einen Ersatzkäufer gefunden hat, der anderenfalls ein solches Auto nicht erworben hätte.[95] Allein aus der Tatsache, dass der Verkäufer für das nicht abgenommene Fahrzeug einen anderen Käufer gefunden hat, lässt sich nicht im Wege freier Beweiswürdigung die Schlussfolgerung herleiten, dass dieser Käufer sonst kein derartiges Fahrzeug bestellt

---

91 Siehe auch *Himmelreich/Andreae/Teigelack*, Rn 473.
92 Urt. v. 30. 9. 1993, MDR 1994, 31.
93 BGH 8. 10. 1969, NJW 1970, 29, 32; BGH 29. 6. 1994, NJW 1994, 2478 (jew. GW-Handel); OLG Hamm, 7. 2. 1975 – 20 U 215/84 – n. v.; LG Hannover, 13. 1. 1987 – 26 O 60/86 – n. v.; LG Wuppertal 22. 9. 1966, NJW 1966, 1129; OLG Hamm 6. 2. 1992 – 28 U 190/91 – n. v.; 4. 6. 1992, OLGR 1992, 369; 16. 9. 1993 OLGR 1993, 317.
94 BGH 29. 6. 1994, DAR 1994, 396.
95 OLG Schleswig 4. 5. 1988, NJW 1988, 2247, 2248 m. w. N.

und die Lieferzeit abgewartet hätte. Der Verkäufer hat dem Käufer insoweit Auskunft zu erteilen.[96]

Weist der Käufer einen anderen Kaufinteressenten nach, wird er nicht ohne Weiteres von seiner Schadensersatzverpflichtung gegenüber dem Verkäufer befreit. Seine Haftung entfällt nur unter der (weiteren) Voraussetzung, dass der Verkäufer der Vertragsüberleitung entweder zustimmt oder aber die Zustimmung treuwidrig verweigert und der Käufer außerdem beweist, dass der von ihm benannte Ersatzkäufer das Auto nur für ihn übernehmen wollte, ansonsten aber ein derartiges Fahrzeug nicht gekauft hätte.[97]

(4) Abgeltungsumfang der Schadenspauschale

179 Verschiedentlich wird darüber gestritten, ob der Händler **zusätzlich** zur Pauschale weitere Schadensposten geltend machen kann, z. B. **vorgerichtliche Anwaltskosten**. Der Erfolg des Einwands „all inclusive" hängt davon ab, was Gegenstand der Pauschale ist. Von der Schadensart her gesehen soll der Anspruch auf Schadensersatz statt der Leistung (Nichterfüllungsschaden) pauschal abgegolten werden, also der Schaden, der sich aus dem endgültigen Ausbleiben der Leistung (Abnahme und Zahlung) ergibt (§§ 280 Abs. 1, 3, 281 BGB). Das ist mit Schadensersatz i. S. v. Abschn. V Ziff. 2 NWVB gemeint (s. auch Rn 164).

Ob ein bestimmter Schadensposten unter den Schadensersatz statt der Leistung fällt, hängt vom jeweiligen Einzelfall ab, lässt sich nicht pauschal mit Kategorien wie „entgangener Gewinn", „Mangelfolgeschaden" oder dergleichen beschreiben.[98] Inhaltlich geht es bei der Pauschale um den branchenüblichen Durchschnittsschaden (s. Rn 163). Damit ist der Abgeltungsumfang der Klausel hinreichend bestimmt. Nicht von der Pauschale erfasst sind **einzelfallbezogene** (individuelle) **Schadensposten**, die **nach Eintritt des Verzugs** angefallen sind, z. B. außergerichtliche Anwaltskosten.[99] Hier kann es freilich zu Überschneidungen kommen. Ist der Anwalt tätig geworden, um den Käufer erst in Abnahmeverzug zu versetzen, kann sein Honorar nicht neben der Pauschale gesondert ersetzt verlangt werden.[100]

(5) Umsatzsteuer auf die Pauschale?

180 Die auf der Grundlage des Bruttopreises zu ermittelnde Schadenspauschale unterliegt entgegen OLG Jena DAR 2005, 399 ihrerseits **nicht** der Umsatzsteuer, weil sie kein Entgelt des Käufers für eine steuerbare Leistung des Verkäufers i. S. v. § 1 Abs. 1 Nr. 1 UStG darstellt.[101]

---

96 KG 30.5.1994, ZfS 1994, 330.
97 OLG Hamm 9.7.1987 – 28 U 268/86 – n. v.
98 So *S. Lorenz*, JuS 2008, 203, 204.
99 LG Bonn 11.9.2007 – 8 S 85/07 – n. v.; LG Kaiserslautern 29.7.2005 – 2 O 771/04 – n. v.
100 OLG Hamm 13.7.1982, DAR 1982, 330; *Creutzig*, Recht des Autokaufs, Rn 5.5.2
101 BGH 11.2.1987, NJW 1987, 1690; anders verhält es sich dann, wenn als Schaden die infolge des Schadensersatzverlangens untergegangene Vergütungsforderung für tatsächlich erbrachte Leistungen ersetzt wird, BGH 17.7.2001, DB 2002, 475.

F. Eigentumsverschaffung und gutgläubiger Eigentumserwerb

Nach § 433 Abs. 1 S. 1 BGB hat der Verkäufer dem Käufer das Eigentum an der Kaufsache zu verschaffen. Diese Pflicht erfüllt er auch, wenn der Käufer gutgläubig nach §§ 932 BGB, 366 HGB erwirbt. Scheitert die Übertragung des Eigentums daran, dass ein Dritter Eigentümer ist, haftet der Verkäufer nicht aus Rechtsmängelhaftung, sondern nach allgemeinem Leistungsstörungsrecht (s. Rn 2281). **181**

Bei dem (gelegentlichen) Erwerb eines Neufahrzeugs von einem Vertragshändler (Fabrikatshändler) sind an die Gutgläubigkeit eines privaten Erwerbers keine hohen Anforderungen zu stellen. Er muss sich über das Eigentum und/oder die Verfügungsbefugnis des Händlers keine Gewissheit durch Vorlage des Kfz-Briefes (Zulassungsbescheinigung II) verschaffen.[1] Insoweit unterscheidet sich die Sach- und Rechtslage fundamental vom Erwerb eines gebrauchten Kfz vom Nichtberechtigten (dazu Rn 2242 ff.).

Dass ein Neuwagenhändler die **Zulassungsbescheinigung II** bei den Vertragsverhandlungen, spätestens vor Auslieferung, **nicht vorlegt**, kann viele Gründe haben. Das ist, da nicht ungewöhnlich, kein verdächtiger Umstand.[2] Üblicherweise wird dieses Dokument erst ausgehändigt bzw. übersandt, wenn der Händler sein Geld auf dem Konto hat, und zwar entweder an den Käufer direkt oder an die finanzierende Bank. Auf diese Weise sieht die Mehrzahl der privaten Neuwagenkunden den Brief erst nach Ablösung des Kredits. Im normalen Geschäftsverkehr darf er darauf vertrauen, dass ein Vertragshändler, der das Fahrzeug in Besitz hat und es gegen vollständige Zahlung des Kaufpreises aus der Hand gibt, dazu von dem **Vorlieferanten** – auch bei vorbehaltenem Eigentum – **ermächtigt** ist.[3] **182**

Doch auch beim Kauf eines Neufahrzeugs kann den Erwerber nach den Umständen des Einzelfalles der gute Glaube an die Verfügungsbefugnis des Veräusserers fehlen. Dass dabei zwischen einer Privatperson, die gelegentlich ein Neufahrzeug kauft, und professionellen Käufern zu unterscheiden ist, liegt auf der Hand. Auch auf der Veräussererseite macht es einen Unterschied, ob dort ein Vertragshändler, ein sonstiger Unternehmer oder gar ein Privatmann steht. Stets kommt es auf die gesamten Umstände an, unter denen das Geschäft angebahnt, abgeschlossen und abgewickelt wird.

Für den **privaten Käufer** besteht eine **Nachforschungs- und Erkundigungspflicht** im Hinblick auf die Verfügungsbefugnis eines Vertragshändlers nur, wenn **besondere Umstände** hierzu Veranlassung geben.[4] Die Vorlage eines Blankobriefs entbindet den Käufer noch nicht von der Pflicht zu weiteren Nachforschungen, wenn der Verkäufer des Neufahrzeugs kein autorisierter Vertragshändler ist und weitere Misstrauen erregende Besonderheiten hinzukommen, wie z. B. mehrere Jahre zurückliegende Eintragungen im Kfz-Brief.[5] Falls man, wie es das OLG Karlsruhe[6] getan hat, dem Käufer den Gutglaubensschutz auf Grund der Erklärung des Verkäufers versagt, ihm sei der Zugang zum bankverwahrten Fahrzeugbrief verschlossen, kann der auf Herausgabe des Briefes gerichtete Anspruch **183**

---
1 Vgl. BGH 9. 2. 2005, NJW 2005, 1365; BGH 21. 9. 1959, BGHZ 30, 374, 380; OLG Düsseldorf 16. 5. 1990, NJW-RR 1992, 381.
2 BGH 9. 2. 2005, NJW 2005, 1365.
3 BGH 21. 9. 1959, BGHZ 30, 374, 380; OLG Hamm 13. 1. 1964, NJW 1964, 2257; OLG Karlsruhe 7. 4. 1989, NZV 1989, 434; OLG Düsseldorf 16. 5. 1990, NJW-RR 1992, 381.
4 OLG Düsseldorf 16. 5. 1990, NJW-RR 1992, 381.
5 OLG Nürnberg 6. 12. 2000, OLGR 2001, 131, 133.
6 OLG Karlsruhe 7. 4. 1989, NZV 1989, 434.

des Herstellers unter Umständen daran scheitern, dass er sich der Mithilfe des Direkthändlers ohne vorausgegangene Prüfung der Seriosität und Bonität bedient hat.[7]

184 Im **kaufmännischen Geschäftsverkehr**, namentlich im Massengeschäft, sind gesteigerte Anforderungen an die Sorgfaltspflicht des Käufers bzw. seines Vertreters zu stellen. Dies gilt vor allem, wenn ein Unternehmer wie eine **Leasinggesellschaft** Fahrzeuge in großer Stückzahl einkauft und von daher oder allgemein mit den Vertragsverhältnissen, die zwischen einem Händler und dessen Lieferanten bestehen, vertraut ist. Er weiß oder muss zumindest wissen, dass der Händler nicht frei über die Fahrzeuge verfügen kann. Zahlt ein solcher Käufer unter diesen Umständen den Kaufpreis vor Erhalt des Briefes, ohne sich ausreichende Kenntnisse über die wirtschaftlichen und finanziellen Verhältnisse des Händlers verschafft zu haben, kann er grob fahrlässig handeln.[8] Konkrete Veranlassung, die rechtlichen Verhältnisse zu überprüfen, besteht nach Ansicht des BGH,[9] wenn die Niederlassung eines Fahrzeugherstellers zwei Neufahrzeuge fremden Fabrikats **aus Privathand** unter Übernahme von Fahrzeugbriefen ohne Haltereintragungen erwirbt. Nach den oben aufgezeigten Grundsätzen entscheiden die Gerichte auch in Fällen mit **Vorführwagen**. Solche Fahrzeuge, rechtlich Gebrauchtwagen, werden mit Blick auf den Gutglaubensschutz Neuwagen weitgehend gleichstellt.[10] Dahinter steht die Überlegung, dass Kfz-Händler, die einen neuwertigen Pkw als Vorführwagen verkaufen, als vertrauenswürdig gelten. Auch bei solchen Geschäften kommt es jedoch ganz auf die Einzelfallumstände an.

---

7 OLG Karlsruhe 7. 4. 1989, NZV 1989, 434 m. Anm. von *Roth*, a. a. O., 435.
8 BGH 9. 2. 2005, NJW 2005, 1365 (Leasinggesellschaft/Lkw); OLG Frankfurt 25. 4. 1997, OLGR 1997, 121.
9 Urt. v. 30. 10. 1995, NJW 1996, 314.
10 OLG Frankfurt 8. 12. 1998, NJW-RR 1999, 927; OLG Karlsruhe 7. 4. 1989, NJW-RR 1989, 1461; LG Darmstadt 10. 4. 1997, DAR 1999, 265.

G. Die Haftung des Verkäufers eines Neufahrzeugs für Sachmängel

I. Der rechtliche Rahmen

1. Die NWVB

a) Kein AGB- Mangelbegriff

Die aktuellen NWVB verzichten auf einen eigenständigen Begriff des Sachmangels bzw. der Mangelfreiheit. Anders als früher wird auch davon abgesehen, den Maßstab für die Feststellung von Mangelfreiheit zu konkretisieren, etwa durch eine Klausel, die auf den Stand der Technik für vergleichbare Fahrzeuge verweist.[1] Eine Bezugnahme auf die Angaben in den bei Vertragsschluss „gültigen Beschreibungen..." fehlt heute gleichfalls. Damit ist nach **§ 434 BGB** darüber zu entscheiden, ob das Fahrzeug mangelfrei ist oder nicht. 185

Ist der Kauf ein **Gattungskauf**, kommt ergänzend hinzu, dass das Kaufobjekt – vorbehaltlich einer abweichenden Vereinbarung – **mittlerer Art und Güte** zu entsprechen hat (§ 243 Abs. 1 BGB). In der Mehrzahl der Fälle bestellen Käufer Fahrzeuge, deren Beschaffenheit und Ausstattung sie anhand von Prospektmaterial zusammenstellen. Die so konfigurierten Fahrzeuge werden im Allgemeinen im Werk erst hergestellt und sodann ausgeliefert. Händler übernehmen in diesen Fällen die Pflicht, der Gattung nach bestimmte Fahrzeuge zu liefern.[2] Die individuelle Beschaffenheit der bestellten Fahrzeuge steht der Annahme einer Gattungsschuld nicht entgegen. Ein Gattungskauf liegt auch dann vor, wenn der Käufer ein vom Hersteller zunächst lediglich konzipiertes Fahrzeug aus einer sodann limitiert aufgelegten Serie ordert[3] oder wenn der Motor des von ihm bestellten Serienfahrzeugs vor dessen Auslieferung vom Händler getunt werden soll.[4] 186

b) Der Änderungsvorbehalt gem. Abschn. IV Ziff. 6 NWVB

Gem. Abschn. IV Ziff. 6 S. 1 NWVB (3/08) bleiben Konstruktions- oder Formänderungen, Abweichungen im Farbton sowie Änderungen des Lieferumfangs seitens des Herstellers während der Lieferzeit vorbehalten, sofern sie unter Berücksichtigung der Interessen des Verkäufers für den Käufer zumutbar sind. Das in der Vorgängerklausel enthaltene Kriterium der Unerheblichkeit des Mangels wurde gestrichen. 187

Dass ein formularvertraglicher Änderungsvorbehalt angesichts des heutigen Höchstmaßes an **Verbraucherschutz** auf Kritik stoßen muss, ist naheliegend.[5] Die Bedenken können indes nicht geteilt werden. Zum Spannungsverhältnis zwischen dem durch § 475 BGB abgesicherten Verbraucherschutz – prinzipiell nur auf der Rechtsfolgeebene, nicht bei der geschuldeten Beschaffenheit – und dem Grundsatz der Privatautonomie s. Rn 1320 ff. Die Änderungsklausel, die allein die geschuldete Beschaffenheit berührt, ist ein **Gebot der wirtschaftlichen Vernunft**. Sie liegt im wohlverstandenen Interesse der Kundschaft, auch der privaten.

---

1 Nach wie vor üblich ist diese Formulierung in Garantiebedingungen.
2 OLG Düsseldorf 2.3.1995, OLGR 1995, 142; OLG Stuttgart 28.6.2000, DAR 573, 574; OLG Frankfurt 9.10.2001, OLGR 2002, 39.
3 BGH 1.12.1993, ZIP 1994, 136, 137.
4 OLG Düsseldorf 30.10.1992 – 22 U 79/91 – Leitsätze in OLGR 1993, 129.
5 Vgl. *Pfeiffer*, Klauselwerke, Neuwagenkauf, Rn 20 ff.; *ders.*, ZGS 2002, 175.

Ihre sachliche Berechtigung findet die Klausel in der besonderen Situation des Kraftfahrzeughändlers als Bindeglied zwischen dem Herstellerwerk und dem Kunden ohne eigene Möglichkeit, während häufig langer Lieferfristen auf das Einfluss nehmen zu können, was letztlich vom Band läuft. Der hinter dem Händler stehende Hersteller ist seinerseits vital daran interessiert, seine Produkte ständig weiterzuentwickeln, auf Kundenwünsche einzugehen und veränderten Produktionstechniken und gesetzlich vorgeschriebenen Änderungen gerecht zu werden.[6] Daraus leitet sich ein **legitimes Verlangen** nach einem einseitigen Änderungsvorbehalt ab.[7]

188 Für die Änderung muss allerdings **ein triftiger Grund**, ein besonderer Anlass, vorliegen. Dieser wird in der Klausel zwar nicht ausdrücklich genannt, was mit Blick auf BGH NJW 2005, 3420 auf Bedenken stoßen kann.[8] Beschrieben wird nur die Art der Änderung bzw. Abweichung und auch dies nur recht allgemein. Im Übrigen wird der Wortlaut des **§ 308 Nr. 4 BGB** wiederholt. Dennoch ist die Klausel hinreichend transparent und auch im Übrigen zulässig.

In den meisten Fällen **technischer Änderungen** wird es so sein, dass sie vom **mutmaßlichen Willen** des Käufers gedeckt sind. Sie entsprechen damit der Verkehrserwartung. Ein Fahrzeug nicht in der allerneuesten technischen Version zu erhalten, würde auf Unverständnis stoßen. Vor Nachteilen wird er durch das **Kriterium der Zumutbarkeit** bei der gebotenen engen Auslegung hinreichend geschützt. Eine Konkretisierung dieses Wertungsbegriffs in den NWVB kann nicht verlangt werden, auch nicht eine Aufzählung von Beispielen.

189 Sollte der Fall eintreten, dass Änderungen während der Lieferzeit zu einer Erhöhung des Kaufpreises führen oder dass sie sich auf Form, Ausstattung oder Lieferumfang nachteilig auswirken, kann **der Käufer** Unzumutbarkeit einwenden und die Abnahme verweigern. Es ist dann die **Aufgabe des Händlers**, den Nachweis zu erbringen, dass die Änderung für den Käufer zumutbar ist.[9] Dafür lassen sich naturgemäß keine allgemeinen Regeln aufstellen. Die Bewertung muss dem Richter überlassen bleiben. Maßgebend sind die Umstände des Einzelfalles, wobei **im Zweifel zugunsten des Käufers** zu entscheiden ist.

190 Im Gegensatz zu früheren NWVB ist die **Erheblichkeit der Änderung** kein eigenständiges Beurteilungskriterium mehr. Dieser Gesichtspunkt, so konturenlos er auch sein mag, bleibt dennoch ein Teil der Zumutbarkeitsprüfung. Erhebliche Abweichungen sind eher unzumutbar als unerhebliche, jedoch können auch erhebliche zumutbar und unerhebliche unzumutbar sein.[10] Entscheidungshilfe im Einzelfall liefern folgende Urteile, in denen das Recht der Abnahmeverweigerung unter dem Gesichtspunkt der Erheblichkeit der Abweichung geprüft und bejaht wurde:

– grundlegende **Änderungen der Konstruktion**,[11]
– **Modellwechsel** im Sinne einer Veränderung des Aussehens,[12]
– **Normalfelgen** statt **Stahlsportfelgen**,[13]

---

6 *Creutzig*, Recht des Autokaufs, Rn 4.5.4.; *Scheibach*, Das neue Schuldrecht in der Praxis, S. 739, 745.
7 Vgl. BGH 11. 3. 1987, ZIP 1987, 713 ff.
8 Zur Zulässigkeit eines Änderungsvorbehalts s. auch BGH 21. 9. 2005, DAR 2006, 21 (Versandhandel).
9 OLG Hamm 28. 10. 1982, DAR 1983, 79 f.; *Palandt/Grüneberg*, § 308 BGB Rn 23; *Creutzig*, Recht des Autokaufs, Rn 4.5.6.
10 *Schmitz*, DAR 1975, 141, 144; OLG Hamm 28. 10. 1982, DAR 1983, 79 f.
11 OLG Zweibrücken 20. 11. 1969, MDR 1970, 325.
12 LG Stuttgart 28. 1. 1959, BB 1959, 538; vgl. ferner *Creutzig*, Recht des Autokaufs, Rn 4.5.6.
13 LG Köln 1. 2. 1979 – 1 S 332/78 – n. v.

Der rechtliche Rahmen **191, 192**

– **fehlende Sonderausstattungsmerkmale** bei einem Fahrzeug der Luxusklasse (Skisack, CD-Wechsler, Fondeinzelsitze, Multikonturlinien im Fond), da Kunden, die sich ein Luxusauto kaufen, auf die kleinste Kleinigkeit achten,[14]
– eine Änderung der Farbe, wenn die geänderte Farbe nicht in derselben Farbpalette verbleibt und ein Auto mit grüner statt mit blauer Farblackierung geliefert wird.[15]

Als nicht erheblich stufte **der BGH**[16] eine Farbänderung von ‚taiga' auf ‚resedagrün' ein. Das OLG Köln[17] entschied, die wegen Fehlens der mitbestellten Zentralverriegelung von einer Fachwerkstatt vorgenommene **Nachrüstung** durch Einbau einer Zentralverriegelung sei dem Käufer nicht zuzumuten. Die Montage eines Heckspoilers ist nach Ansicht des LG Bochum[18] eine erhebliche, dem Käufer nicht zumutbare Änderung, wenn das Fahrzeug (AUDI TT der ersten Generation) laut Prospekt bei Vertragsabschluss nicht mit einem Spoiler ausgerüstet sein sollte. Generell gilt: technische Änderungen sind eher zumutbar als Änderungen im Bereich der Optik, insbesondere im Farbton.

2. Die Mängelkategorien nach § 434 BGB

Die für die Beurteilung der Mängelfreiheit eines Neufahrzeugs **zentralen Kriterien** enthält § 434 Abs. 1 S. 2 Nr. 2 BGB. Daran muss sich das Fahrzeug in seinem Ist-Zustand messen lassen, wenn die Parteien keine – vorrangige – **Vereinbarung über seine Beschaffenheit** getroffen haben, was ausdrücklich, aber auch konkludent geschehen kann. Zum **Begriff der Beschaffenheit** s. Rn 1312. Die unter Rn 2218 aufgeführten Beispiele aus dem Bereich des Neufahrzeugkaufs zeigen die praktische Relevanz der Abgrenzung zwischen Beschaffenheit und solchen Umständen, die darunter nicht subsumiert werden können (Verjährung, Haftungsfolgen). **191**

Im Folgenden werden – vor der Darstellung der Einzelfälle unter Rn 236 ff. – allgemeine Fragen der Soll-Beschaffenheit nur erörtert, soweit sie für den Geschäftstyp „Neufahrzeugkauf" wichtig sind. Ergänzend wird auf Rn 1335 ff. verwiesen (Gebrauchtwagenkauf).

a) Vertraglich vorausgesetzte Verwendung

Die in § 434 Abs. 1 S. 2 Nr. 1 BGB geregelte Mängelkategorie – wie beim Gebrauchtwagenkauf auch beim Kauf neuer Fahrzeuge ohne große Praxisrelevanz – befindet sich gewissermaßen „zwischen den Stühlen". Es muss sich bei der Tauglichkeit der Sache für die nach dem Vertrag – zumindest konkludent[19] - vorausgesetzte Verwendung um eine Eigenschaft handeln, die nicht schon Gegenstand einer Beschaffenheitsvereinbarung i. S. d. § 434 Abs. 1 S. 1 BGB ist,[20] während auf der anderen Seite eine nicht erkennbare Motivlage des Käufers nicht ausreicht. Erforderlich ist eine Übereinstimmung der Parteien mit Blick auf einen von der gewöhnlichen Verwendung (angesprochen in Nr. 2) abweichenden (ungewöhnlichen) Gebrauchszweck.[21] **192**

Beispiel:
Der Käufer wünscht ein geländegängiges Fahrzeug, weil er an einer Rallye im Ausland teilnehmen möchte. Er berichtet dem Verkäufer von diesem Vorhaben anlässlich des Verkaufsgesprächs. Die Teilnahme an der Rallye scheitert jedoch, weil das Fahrzeug

---

14 OLG Hamm 21. 9. 1993, VersR 1995, 546, 547.
15 OLG Hamm 28. 10. 1982, DAR 1983, 79 f.
16 Urt. v. 19. 3. 1980, DB 1980, 1534.
17 Urt. v. 5. 12. 1986 – 19 U 135/86 – n. v.
18 Urt. v. 14. 1. 2001, NJW-RR 2002, 810 = DAR 2002, 170.
19 RegE, BT-Drucks. 14/6040, S. 213.
20 MüKo-BGB/*Westermann*, § 434 BGB Rn 14.
21 *Huber* in *Huber/Faust*, Schuldrechtsmodernisierung, Kap. 12, Rn 30.

die Zulassungsvoraussetzungen des Landes nicht erfüllt, in dem die Veranstaltung stattfindet.

Im Beispielsfall ist die Eignung des Fahrzeugs für die Teilnahme an der Rallye keine einseitige Vorstellung des Käufers geblieben, sondern es liegt eine Übereinstimmung der Parteien über eine konkrete Eignung vor, die Bestandteil einer (konkludenten) Beschaffenheitsvereinbarung sein kann, aber nicht sein muss.

Falls sich ein Fahrzeugtyp allgemein für eine bestimmte Verwendung eignen soll, wie z. B. ein Geländefahrzeug für Fahrten im Gelände, und die Parteien keinen besonderen Verwendungszweck vereinbart haben, ist die Geländetauglichkeit des Fahrzeugs kein Fall des § 434 Abs. 1 S. 2 Nr. 1 BGB, sondern nach den objektiven Standards i. S. v. § 434 Abs. 1 S. 2 Nr. 2 BGB gewährleistet.[22]

193 Ob die vertraglich vorausgesetzte oder die gewöhnliche Verwendung (näher dazu Rn 194) beeinträchtigt ist, ist im praktischen Ergebnis – auch für die Erheblichkeitsprüfung nach §§ 323 Abs. 5 S. 2, 281 Abs. 1 S. 3 BGB – meist belanglos. Die gewöhnliche Verwendung eines Neufahrzeugs entspricht in der Regel der vertraglich vorausgesetzten.

Beispiele aus der Rechtsprechung zum früheren Kaufrecht:
- Eignung eines Lastkraftwagens zum Transport von zwei Friesenpferden (BGH 2. 7. 1996, NJW-RR 1996, 1396),
- unzureichende Nutzbarkeit eines 57-sitzigen Busses wegen zu geringer Nutzlast (BGH 13. 11. 1956, LM Nr. 3 zu § 459 I BGB),
- eingeschränkte Tauglichkeit eines Tanklastzuges zum Transport handelsüblicher Flüssigkeiten (BGH 28. 4. 1971, NJW 1971, 1795),
- Nichteignung eines PKW zum Trailern eines Bootes (LG Köln 15. 12. 1995–21 O 285/95 n. v.),
- begründeter Verdacht mangelnder Eignung zum vertraglich vorausgesetzten Betrieb des Fahrzeugs mit Biodiesel (OLG Karlsruhe 29. 5. 2002, OLGR 2002, 248).

Das Gemeinsame in diesen „Altfällen" besteht darin, dass ein bestimmter Sondernutzen, meist eine **spezielle Transportaufgabe**, nicht gewährleistet war. Wenn demgegenüber bei einem „normalen" Pkw die Tauglichkeit eingeschränkt ist, **im Kurzstreckenverkehr** ohne lästige Sonderfahrten („Freibrennfahrten") eingesetzt zu werden, so ist nicht die vertraglich vorausgesetzte, sondern, wenn überhaupt, die gewöhnliche Verwendung betroffen.[23] Wird ein Mercedes Sprinter 313 CDI mit der ausdrücklichen Abrede „Zulassung als Pkw" verkauft, ist damit eine (auslegungsbedürftige) Beschaffenheitsvereinbarung getroffen. Entspricht der Wagen nicht den zulassungsrechtlichen Anforderungen an einen Pkw (diese variieren und werden unterschiedlich definiert), muss nicht unbedingt ein Mangel im Rechtssinn vorliegen.[24]

b) Gewöhnliche Verwendung, übliche und zu erwartende Beschaffenheit

194 Zur allgemeinen Bedeutung dieser drei Kriterien s. Rn 1337 ff. Bei der – meist unnötigen – Abgrenzung tun sich **die Instanzgerichte** ebenso schwer wie bei dem regelmäßig überflüssigen Versuch, jedem Einzelelement eine eigene Bedeutung beizumessen. So werden Käufererwartungen in das Kriterium „gewöhnliche Verwendung" projiziert wie man auch umgekehrt die Käufererwartung geprägt sieht durch Umstände, die man zwanglos unter die gewöhnliche Verwendung subsumieren kann. Beispiel: Tanken von Normalbenzin ist entgegen einer Prospektangabe nicht möglich. Das OLG München sieht die gewöhnliche

---
22 Siehe auch Brand OLG 11. 6. 2008 – 4 U 185/07 – n. v. (Wassereintritt beim „Waten").
23 OLG Stuttgart 4. 6. 2008, DAR 2008, 477 (Freibrennen des Partikelfilters).
24 Vgl. AG Gotha 16. 5. 2006, SVR 2006, 464.

Verwendung beeinträchtigt.[25] Zur gewöhnlichen Verwendung eines Neufahrzeugs kann man gewiss die Tauglichkeit rechnen, im Kurzstreckenverkehr („Schule-Schwimmen-Einkaufen") ohne lästige „Freibrennfahrten" (Reinigung des Partikelfilters) eingesetzt werden zu können. Einbezogen in seine „ganzheitliche Betrachtungsweise"[26] hat das OLG Stuttgart[27] die **„äußerst wertungsoffenen"** Kriterien der üblichen Beschaffenheit und der Käufererwartung.

Eigenständige Bedeutung hat das Kriterium „gewöhnliche Verwendung" in Neuwagensachen praktisch nicht. Es könnte ersatzlos gestrichen werden, denn nahezu jeder Mangeltest kann ohne Unterschied im Ergebnis mit Hilfe der beiden anderen Kriterien durchgeführt werden. Umgekehrt gilt das nicht. Denn die Voraussetzungen der üblichen und der zu erwartenden Beschaffenheit sind **von größerer Bandbreite** als der vergleichsweise enge Gesichtspunkt der gewöhnlichen Verwendung. Beispiele: Ein überhöhter Kraftstoffverbrauch stellt die gewöhnliche Verwendung nicht in Frage. Ein Tauglichkeitsmangel liegt nicht vor, ggf. aber eine Abweichung von der üblichen bzw. der zu erwartenden Beschaffenheit. Ein wegen überlanger Standzeit nicht mehr fabrikneues Fahrzeug eignet sich uneingeschränkt zur „gewöhnlichen Verwendung", entspricht gleichwohl, sofern keine Vereinbarung getroffen wurde, nicht der zu erwartenden Beschaffenheit.

Dass ein Neufahrzeug mit einem **technischen Mangel**, der eine Benutzung im Straßenverkehr verhindert oder auch nur erschwert, auch im rechtlichen Sinn mangelhaft ist, bedarf keiner näheren Begründung. Beeinträchtigt ist, keine Frage, die gewöhnliche Verwendung.[28] Zudem entspricht es nicht der üblichen und auch nicht der zu erwartenden Beschaffenheit. Im Kernbereich technischer Defizite infolge von **Fabrikationsfehlern** macht es im Ergebnis **keinen Unterschied**, welches der drei Kriterien des § 434 Abs. 1 S. 2 Nr. 2 BGB man zur Falllösung heranzieht. Ihre Stunde schlägt, wenn es darum geht, Konstruktionsmängel und „konstruktive Schwächen" zu bewerten (zu dieser Fallgruppe s. Rn 208 ff.); ferner dann, wenn Neuwagenkäufer Defizite beanstanden, die ohne nachteiligen Einfluss auf die Verwendungstauglichkeit sind (z. B. Kraftstoffmehrverbrauch, falsche Schadstoffklasse u. a.).

Um i. S. v. § 434 Abs. 1 S. 2 Nr. 2 BGB als mangelfrei gelten zu können, muss ein neues Kraftfahrzeug allen Beanspruchungen genügen, denen es im Rahmen des gewöhnlichen Gebrauchs ausgesetzt ist. Für Personenkraftwagen wie auch für andere Fahrzeugarten bedeutet dies, dass sie bei jeder Witterung, im Sommer wie im Winter, auf langen Reisen und kurzen Fahrstrecken, im fließenden und stockenden Verkehr, in gebirgigem Gelände und auf ebenen Straßen stets betriebsbereit und verkehrssicher sein müssen.

Grenzbeanspruchungen, die nach der Lebenserfahrung vorausehbar sind, hat der Hersteller – **produkthaftungsrechtlich** – durch ausreichende Sicherheitszuschläge bei Konstruktion und Materialausstattung einzuplanen.[29] Den im Straßenverkehr täglich vorkommenden Notsituationen müssen Kraftfahrzeuge – gleich welcher Art – ohnehin gewachsen sein. Die Bremsen dürfen bei einer Vollbremsung zur Vermeidung eines Auffahrunfalls und bei Dauerbeanspruchung auf längeren Gefällstrecken nicht versagen und ein Pkw muss so beschaffen sein, dass er bei extremen Lenk- und Ausweichmanövern nicht umkippt.

Genügt ein neues Fahrzeug diesen Sicherheitsanforderungen nicht, eignet es sich nicht für die gewöhnliche Verwendung und ist schon deshalb mangelhaft. Gewöhnliche Verwen-

---

25 Urt. v. 15. 9. 2004, NJW-RR 2005, 494.
26 So schon OLG Düsseldorf 27. 6. 2005, SVR 2006, 261 (Gebrauchtwagen).
27 Urt. v. 4. 6. 2008, DAR 2008, 477 = NJW-RR 2008, 1077.
28 Zur gewöhnlichen Verwendung eines Gebrauchtwagens s. BGH 10. 10. 2007, NJW 2008, 53; zum Reitpferd s. BGH 7. 2. 2007, NJW 2007, 1351.
29 BGH 16. 2. 1972, VersR 1972, 559.

dung ist nicht gleichbedeutend mit fehlerfreier Fahrweise, erst recht ist nicht der Maßstab des „Idealfahrers" (§ 17 Abs. 3 StVG) anzulegen. Damit die Voraussetzung „gewöhnliche Verwendung" erfüllt ist, muss auch eine solche Fahrweise gefahrenfrei möglich sein, die nicht im Einklang mit der StVO steht. Das AG Sigmaringen[30] hat sie als ‚besonnen' bezeichnet und hinzugefügt, der Raser werde gewährleistungsrechtlich nicht besonders geschützt. Das ist selbst kaufrechtlich eine zu enge Sicht.[31] Zum produkthaftungsrechtlichen Problem „Fahren im Grenzbereich" s. Rn 989.

Außerhalb des in diesem weiteren Sinn üblichen Gebrauchs liegenden Grenz- und Dauerbeanspruchungen (z. B. durch Teilnahme an Geländefahrten, Rallyes und Autorennen) braucht ein neues Kraftfahrzeug nicht gewachsen zu sein, wenn nicht die Parteien die Tauglichkeit für derartige Verwendungen zum Inhalt des Vertrages gemacht oder vertraglich schlicht vorausgesetzt haben.[32]

199 **Der Fahrkomfort** ist – gerade bei einem neuen Pkw – Bestandteil des Kriteriums „Eignung für die gewöhnliche Verwendung". Als Eignungsmangel (aber auch als Beschaffenheitsdefizit) lassen sich problemlos störende **Fahr- und Windgeräusche**, unruhiger Motorlauf und Luftzug im Fahrzeuginneren einordnen (Einzelfälle Rn 289). Mit Blick auf das gesteigerte Qualitätsbewusstsein hat sich das LG Köln[33] schon vor Jahren auf den Standpunkt gestellt, bei einem Neuwagen dürfe erwartet werden, dass **untypische Motor- und Getriebegeräusche** abgestellt werden können, auch wenn sie nur selten oder kurzfristig auftreten. Zwar werde der Fahrkomfort nur in geringem Maße tangiert, jedoch bleibe eine negative Abweichung von der gewöhnlichen Beschaffenheit (!), die einen Fahrzeugmangel darstelle. In die gleiche Richtung zielt eine Entscheidung des OLG München[34], das dem Klageantrag des Neuwagenkäufers auf Rückabwicklung des Kaufvertrages stattgab, weil der Sitz des Fahrzeugs ständig knarzte. Dies sei, so heißt es im Urteil, eine ‚nicht unerhebliche Beeinträchtigung des Fahrkomforts'.

Eine als unangenehm empfundene Luftverteilung zwischen Fußraum und Armaturentafel, hervorgerufen durch Temperaturdifferenzen der Luftaustrittsdüsen einer Klimaanlage, ist nicht vertragswidrig, wenn damit ein schnelleres Aufheizen des Fahrzeugs in kalter Jahreszeit bezweckt wird.[35] Durch **Betriebsgeräusche einer Zusatzheizung**, die in der Aufheizphase auftreten und im Fahrzeug deutlich zu hören sind, wird der Fahrkomfort eines Pkw der Luxusklasse nach Ansicht des OLG Düsseldorf[36] beeinträchtigt, so dass ein Fehler vorliegt, der jedoch im Rahmen von § 459 Abs. 1 S. 2 BGB a. F. als unerheblich einzustufen ist.

c) Stand der Technik und Vergleichsmaßstab

aa) Ausgangslage und Problemaufriss

200 Eine wesentliche Voraussetzung für Mangelfreiheit eines Neufahrzeugs besteht darin, dass es dem aktuellen Stand der Technik[37] entspricht. Dem steht nicht entgegen, dass der BGH die frühere Gewährleistungsklausel, die auf den Stand der Technik ausdrücklich Bezug nahm, im Klauselkontrollverfahren verworfen hat.[38] Richtig ist, dass der Stand der

---

30 Urt. v. 14. 7. 2000, DAR 2000, 530, 531 (AUDI TT); II. Instanz LG Hechingen 29. 8. 2001, NZV 2001, 479.
31 Siehe auch *Bachmeier*, Rn 243.
32 BGH 14. 6. 1984, NJW 1984, 2289.
33 Urt. v. 4. 5. 1994 – 23 O 24/92 – n. v.
34 Urt. v. 30. 4. 1997, OLGR 1997, 148.
35 OLG Koblenz 26. 6. 2003, NJW-RR 2003, 1380.
36 Urt. v. 24. 2. 2003 – 1 U 12/02 – n. v.
37 Auskünfte zum Stand der Technik werden vom Patentamt nicht mehr erteilt, da die diesbezügliche Verordnung aus dem Jahre 1979 durch Verordnung vom 27. 11. 2001 aufgehoben wurde.
38 Urt. v. 27. 9. 2000, DAR 2001, 64 ff.

Der rechtliche Rahmen

Technik im Rahmen des § 434 Abs. 1 S. 2 Nr. 2 BGB – anders als in Garantiebedingungen – nicht den alleinigen Beschaffenheitsmaßstab bildet. Das würde Käufer benachteiligen, wenn der Stand der Technik hinter der (objektiven) Soll-Beschaffenheit zurückbliebe, die durch öffentliche Äußerungen begründet ist, etwa durch die Werbung des Herstellers mit einer besonderen Ausstattung.[39]

Verkörpert wird der Stand der Technik durch den jeweils aktuellen Status an Wissen und Erfahrung auf technischem Gebiet. Bei Neufahrzeugen greift die Rechtsprechung seit Jahrzehnten auf den **technischen Entwicklungsstand** der **gesamten Automobilindustrie** zurück, nicht auf den Stand des jeweiligen Herstellers („Stand der Serie") und/oder das Qualitätsniveau des jeweiligen Herstellerlandes.[40] Begründet wird diese globale Sichtweise, ohnehin modern, vor allem mit dem Argument, bei einem engen, markeninternen Vergleich blieben Konstruktions- oder Fertigungsfehler, die der ganzen Bauserie anhaften, ohne Gewährleistung. Als „Weltautos" gebaute Fahrzeuge sollen sich am Weltstandard messen lassen, nicht „Tata/Nano" aus Indien oder Lada Niva, andererseits auch nicht Mercedes oder BMW, sondern „mittlere Art und Güte", wie es auch § 243 Abs. 1 BGB bestimmt. **201**

Die Frage ist indes, ob der deutsche Durchschnittskäufer eines indischen Kleinwagens oder eines Billigautos Renault Dacia Qualität „mittlerer Art und Güte" berechtigterweise beanspruchen kann. Entscheidend ist nicht, was der Käufer oder der Markt tatsächlich erwartet. Vielmehr kommt es auf die **objektiv berechtigte Erwartung** an. Im Regelfall orientiert sie sich an der üblichen Beschaffenheit gleichartiger Sachen.[41] **202**

Selbst wenn es weltweit nur einen einzigen Automobilproduzenten gäbe, fiele es schwer, die „übliche" Beschaffenheit eines fabrikneuen Kraftfahrzeugs so zu bestimmen, dass jede Rüge eine sachgerechte Antwort fände. Sichere Mobilität ist nur der kleinste gemeinsame Nenner. In weiten Teilen ist die Herstellung eines jeden Kraftfahrzeugs **ein Kompromiss**.[42] Das „ideale" Auto kommt nur in der Werbung vor. **203**

Möchte der Hersteller z. B. ein schnelles Aufheizen des Fahrzeugs im Winter erreichen, kann es sinnvoll sein, die Klimaanlage so auszulegen, dass die Temperaturen der Luftaustritte im Fußraum und an der Armaturentafel unterschiedlich sind, was dazu führen kann, dass die Temperaturdifferenzen der Luftströme als ungewöhnlich und auch als unangenehm empfunden werden. Eine solche Problemlösung, die dem Stand der Technik entspricht, ist trotz ihrer negativen Begleiterscheinungen für die Fahrzeuginsassen kein Mangel, sondern eine **„konstruktionsbedingte Eigentümlichkeit"**.[43] Näheres zu dieser Fallgruppe Rn 207 f. Festzuhalten ist hier: Verbesserungswürdigkeit ist allein noch kein Gewährleistungsfall. **204**

Unzuträglichkeiten, die auf technisch ungelösten Problemen beruhen, gehören zu den **Entwicklungsrisiken**; sie fallen nicht unter das Sachmängelrecht. Eines dieser Probleme ist die Verkokung der Ventile, die an Motoren aller Fabrikate hin und wieder in sehr unterschiedlicher Intensität auftritt. Nicht voll erforscht waren offensichtlich auch die komplexen Faktoren der Bildung von Schwefelwasserstoff bei den verschiedenen Katalysatorsystemen und die technischen Möglichkeiten der Geruchsvermeidung mit einem wirtschaftlich vertretbaren Aufwand.[44] Das Aufhängen, Abstürzen und vorübergehende **Versagen elektronischer Systeme** fällt nicht unter diese Kategorie, weil es technische Lösungen gibt, die dies verhindern. Im Zusammenhang mit der Beurteilung der Mangelhaftigkeit der Fahrzeugelektronik ist die Frage zu stellen, ob die Optimierung der von Natur aus anfälligen **205**

---

39 BGH 27.9.2000, NJW 2001, 292.
40 Statt vieler OLG Karlsruhe 28.6.2007, NJW-RR 2008, 137 = DAR 2007, 460; OLG Düsseldorf 8.6.2005, NJW 2005, 2235; OLG Koblenz 26.6.2003, NJW-RR 2003, 1380.
41 Vgl. BGH 7.2.2007, NJW 2007, 1351 (Pferdekauf).
42 So auch der Sachverständige in OLG Koblenz NJW-RR 2003, 1380.
43 OLG Koblenz 26.6.2003, NJW-RR 2003, 1380.
44 *Creutzig*, Recht des Autokaufs, Rn 7.1.5.

Bauteile im Hinblick auf ihre Funktion und Bedeutung für die Fahrsicherheit unbedingt notwendig gewesen wäre.

206 Ob und in welchem Umfang Autohersteller **Neuentwicklungen** wie z. B. automatische Bremssysteme, Seitenairbags, elektronische Fahrwerkunterstützungen, Kindersitzerkennungen mit automatischer Ausschaltung des Airbags, Systeme zur Abstandswahrung, Geräte zur elektronischen Reifendruckmessung und Rußfilter für Dieselfahrzeuge serienmäßig oder optional zur Vermeidung der Sachmängelhaftung anbieten müssen, richtet sich nach den Umständen des Einzelfalles. Ein Auto ohne Bremskraftverstärker ist heute kaum noch vorstellbar, während längst noch nicht alle Fahrzeuge mit Seitenairbags ausgerüstet werden. Was ein Käufer an Serienausrüstung erwarten kann, ist nicht zuletzt eine Frage **der Preiskategorie**.[45] Bei einem teuren Modell sind die Anforderungen an die technische Ausrüstung höher als bei einem Kleinwagen. Auch bei preiswerten Fahrzeugen, selbst bei den sog. „Billigautos", ist im Hinblick auf Konstruktion und Fabrikation die Einhaltung der **technischen Mindestvoraussetzungen** unerlässlich. Allgemein anerkannte **Grundregeln der Technik** hat jeder Hersteller, auch der chinesische oder indische, uneingeschränkt zu beachten. Dem entspricht die objektive Käufererwartung. Sie gründet sich nicht zuletzt auch darauf, dass das Fahrzeug für den deutschen Markt amtlich zugelassen worden ist.

bb) Fallgruppen
(1) bauartbedingte Eigenheiten

207 Ein Unterfall der „konstruktionsbedingten Eigentümlichkeiten" sind **bauart- und typbedingte Besonderheiten**. Sofern sie die Gebrauchstauglichkeit und Verkehrssicherheit des Fahrzeugs nicht beeinträchtigen, handelt es sich im Zweifel nicht um Sachmängel.[46] Der Käufer muss gewisse fahrzeugspezifische Konzessionen redlicherweise hinnehmen, etwa wenn er sich für einen Sportwagen, ein Geländefahrzeug oder ein puristisch gestyltes Kultauto entscheidet.

Aus diesem Grund ist bei einem **Cabrio** ein Mangel zu verneinen, wenn nach starkem Regen beim Öffnen der Türen Wasser auf die Sitze tropft.[47] Dies ist wegen des Fehlens von Regenrinnen bauartbedingt nicht zu vermeiden und entspricht dem Stand der Technik. Gleiches gilt, wenn bei einem Cabrio dadurch Wasser in das Wageninnere eindringt, dass beim Vorreinigen in einer Waschstraße („Abkärchern") der Wasserstrahl waagerecht auf die Kante des Verdecks gehalten wird.[48]

Bei einem **Sportwagen** zwingt eine niedrige und offene Bauart zu Kompromissen, die der Käufer durch seine Kaufentscheidung akzeptiert. Die damit verbundenen Nachteile, vor allem die beengten Platzverhältnisse, haben als solche nicht die Qualität eines Mangels im Rechtssinn.

Bauartbedingte Eigenheiten verstoßen auch dann nicht gegen den Stand der Technik, wenn z. B. der Scheibenwischer bei einer extrem geneigten und gekrümmten Windschutzscheibe auf einer Länge von einigen Zentimetern nicht fest auf der Scheibe aufliegt und einen etwa 2 cm breiten halbrunden Wasserstreifen stehen lässt, wenn sich die Tür nur mit verstärktem Andruck schließen lässt, wenn der Fußraum in der Weise beengt ist, dass der Schuh eines ungeübten Fahrers hängen bleiben kann,[49] wenn sich auf verbreiterte

---

45 Zur Bedeutung beim objektiven Mangelbegriff s. BGH 7. 2. 2007, NJW 2007, 1351 (Pferdekauf).
46 Brand OLG 21. 7. 2007, NJW-RR 2007, 928; OLG Koblenz 26. 6. 2003, NJW-RR 2003, 1380; OLG Frankfurt 17. 5. 1991, DAR 1992, 381.
47 KG 22. 1. 1997, OLGR 1997, 173.
48 Brand OLG 21. 7. 2007, NJW-RR 2007, 928.
49 OLG Frankfurt 17. 5. 1991, DAR 1992, 381.

Hinterradfelgen, die eine optimale Übersetzung der hohen Motorleistung auf die Reifen bewirken und die Straßenlage verbessern, keine Winterreifen aufziehen lassen und das Umstellen auf die Winterausrüstung dadurch erschwert wird[50], wenn ein Geländewagen nicht die Fahreigenschaften eines normalen Pkw besitzt[51] oder wenn in einem Cabrio trotz eines Windschotts Zugluftbewegungen auftreten, die mit zunehmender Geschwindigkeit stärker werden. Ein **reiner Geländewagen** kann und muss nicht den Komfort einer Limousine bieten.[52] Bei einem hochwertigen „Geländewagen", der überwiegend im normalen Straßenverkehr gefahren wird (z. B. Range Rover) kann der Käufer dagegen den Qualitätsstandard einer „normalen" Limousine erwarten, auch hinsichtlich des Schutzes vor Feuchtigkeit im Wageninneren.[53]

(2) konstruktive Schwächen und sonstige Eigentümlichkeiten

In den letzten Jahren hat sich die Rechtsprechung wiederholt mit Fallgestaltungen beschäftigen müssen, bei denen es nicht um (individuelle) Fabrikationsfehler geht, sondern um Erscheinungen aus dem Formenkreis konstruktiver Mängel und Schwächen. Die Besonderheit dieser Fallgruppe – auffallend oft **Getriebeprobleme**[54] – besteht darin, dass nicht nur das streitgegenständliche Fahrzeug davon betroffen ist, sondern in gleicher oder ähnlicher Weise eine Vielzahl anderer Fahrzeuge derselben Bauserie (Modellreihe). Die Dinge können auch so liegen, dass Fahrzeuge anderer Hersteller das gleiche Problem haben, aber manche Hersteller auch „fehlerfrei" produzieren. Eine weitere Fallgestaltung ist Gegenstand des Urteils des OLG Stuttgart vom 4. 6. 2008:[55] Alle Dieselfahrzeuge mit katalytischem Partikelfilter haben – herstellerübergreifend – das gleiche Problem: Der Filter muss in bestimmten Abständen gereinigt werden, was durch sog. Freibrennfahrten bei höherer Geschwindigkeit (mit höherer Abgastemperatur) zu geschehen hat und in den Betriebsanleitungen näher beschrieben wird. Dieselfahrzeuge mit anderer Filtertechnik[56] und sämtliche Dieselfahrzeuge ohne Filter sind dagegen auch im Kurzstreckenbetrieb problemlos uneingeschränkt einsatzfähig.

Das OLG Stuttgart[57] hat in einem Partikelfilter-Fall (Opel Zafira) bei „ganzheitlicher Betrachtungsweise" einen Sachmangel i. S. d. § 434 Abs. 1 S. 2 Nr. 2 BGB angenommen. In den Produktvergleich einbezogen hat es sämtliche Dieselfahrzeuge und danach gefragt, ob und inwieweit Kraftfahrzeuge mit Dieselmotor **generell** für den überwiegenden Kurzstreckenbetrieb geeignet sind. Der nicht gezielt aufgeklärte Durchschnittskäufer gehe auch bei einem Dieselfahrzeug von uneingeschränkter, nicht durch „Regenerationsfahrten" gestörter Kurzstreckentauglichkeit aus. Mit dem Einbau eines Partikelfilters verbinde er lediglich eine Reduzierung des Schadstoffausstoßes, keine Einschränkung durch lästige Zusatzfahrten. Letzteres ist sicherlich zutreffend.

Dennoch ist das Stuttgarter Urteil problematisch. Abermals zeigt sich, dass Fahrzeugbau eine Sache des Kompromisses ist. Der Preis für die Schonung der Umwelt ist eine Ein-

---

50 LG Würzburg 5. 7. 1995 – 44 S 538/95 – n. v.
51 OLG Koblenz 30. 3. 1995, ZfS 1995, 418.
52 Zum Problem „Wassereintritt beim Waten" s. Brand OLG 11. 6. 2008 – 185/07 – n. v. (Nissan Patrol GR).
53 LG Aurich 9. 5. 2008, DAR 2008, 481.
54 OLG Düsseldorf 19. 6. 2006, NJW 2006, 2858; OLG Düsseldorf 23. 6. 2008 – I-1 U 264/07 – n.v; OLG Stuttgart 15. 8. 2006, NJW-RR 2006, 1720 (jew. GW); OLG Koblenz 8. 3. 2007, DAR 2007, 462 = NZV 2008, 156; OLG Düsseldorf 18. 1. 2008 – I-1 U 17 2/07 – n. v.; Brand OLG 19. 3. 2008 – 4 U 135/07 – n. v.; LG München I 9. 5. 2008 – 29 O 6962/07 – n. v. (Anfahrschwäche); LG Leipzig 1. 6. 2007 – 10 O 551/06 – n. v. (Geräusche).
55 DAR 2008, 477 (ob die zugelassene Revision eingelegt wurde, ist nicht bekannt).
56 Z. B. Peugeot und Citroen.
57 Urt. v. 4. 6. 2008, DAR 2008, 477 = NJW-RR 2008, 1077.

schränkung traditioneller Nutzergewohnheiten. Die Verkehrs- und Betriebssicherheit steht nicht auf dem Spiel, so dass nach der händler- und herstellerfreundlichen Rechtsprechung mancher Oberlandesgerichte[58] von einer „konstruktiven Besonderheit" ohne Sachmangelqualität ausgegangen werden müsste. Eine nur unausgereifte, verbesserungswürdige Technik ist hiernach kein Mangel im rechtlichen Sinn.

Wäre das Partikelfilter-Problem **allgemein bekannt** oder wäre der Kläger im Stuttgarter Fall **gezielt aufgeklärt** worden, käme eine Haftung des Händlers auch bei der grundsätzlich strengeren Sichtweise des OLG Stuttgart nicht in Frage. So muss der **Produktvergleich** die Entscheidung bringen. Einzubeziehen sind nur vergleichbare Fahrzeuge. Referenzfahrzeug ist nicht ein Pkw mit Dieselmotor, sondern ein Pkw mit Dieselmotor und mit der Filtertechnik des Kaufobjekts (Freibrenntechnik). Geht man bei dem Vergleich derart in die Tiefe, was hier (nicht ohne Bedenken) befürwortet wird, ist der Opel Zafira im Fall des OLG Stuttgart frei von einem Sachmangel. Das bedeutet nicht, dass der Händler nicht unter einem anderen rechtlichen Gesichtspunkt haftet, und zwar wegen Verletzung einer Hinweis- oder Beratungspflicht.

211 Die gewöhnliche Verwendung i. S. d. § 434 Abs. 1 S. 2 Nr. 2 BGB ist in all diesen Grenzfällen nicht das Thema, jedenfalls nicht das Hauptthema.[59] Lösungen sucht man – wie im Fall des OLG Stuttgart[60] – mit Hilfe der Kriterien der üblichen und der zu erwartenden Beschaffenheit. Im früheren Kaufrecht verfügte man in Neuwagenfällen über den Maßstab „Stand der Technik für vergleichbare Fahrzeuge des Typs ... ". Im Grundsatz war man sich darin einig, in den Vergleich Fahrzeuge anderer Hersteller einzubeziehen.[61] Im Bereich des alten Gebrauchtwagen-Kaufrechts stellte sich das Problem schon infolge des umfassenden Gewährleistungsausschlusses nicht. Heute ist das anders, s. Rn 1526 ff.

212 Für die Prüfung anhand des Maßstabes der üblichen und der zu erwartenden Beschaffenheit gilt: Ein Neuwagen ist **nach Bauart, Typ, Ausstattung und Preisklasse** an seinesgleichen zu messen („Sachen gleicher Art").[62] Vergleichsobjekt ist ein Fahrzeug aus der gleichen Baureihe (nicht unbedingt gleiches Baujahr/Modell). Sofern ein Konstruktionsfehler oder ein sonstiger „Serienfehler" vorliegt, ist die Soll-Beschaffenheit unter Heranziehung von vergleichbaren Fahrzeugen **anderer Hersteller** zu ermitteln.[63] Bei der Ermittlung des Referenzfahrzeugs ist darauf zu achten, dass es so weit wie möglich dem zu prüfenden Fahrzeug entspricht. Oberflächliche Vergleiche nutzen Käufern, tiefgehende dem Handel. Wie bei dem internen Vergleich darf auch bei dem allgemeinen Produktvergleich ein angeblich mangelhafter Kleinwagen nicht mit einem Fahrzeug der Oberklasse verglichen werden.[64] Das versteht sich von selbst und gilt auch für Einzelteile des Fahrzeugs. Wer sich z. B. für ein preiswertes Autoradio entscheidet, kann nicht erwarten, dass die Lautstärke von Verkehrsdurchsagen dem jeweiligen Geräuschpegel im Innenraum des Fahrzeugs angepasst wird.[65]

---

58 Z. B. OLG Koblenz 26. 6. 2003, NJW-RR 2003, 1380; Brand OLG 21. 7. 2007, NJW-RR 2007, 928.
59 Anders wenn die Verkehrssicherheit beeinträchtigt ist, vgl. OLG Karlsruhe 28. 6. 2007, NJW-RR 2008, 137 (Geländewagen).
60 Urt. v. 4. 6. 2008, DAR 2008, 477.
61 Vgl. OLG Koblenz 26. 6. 2003, NJW-RR 2003, 1380; OLG Düsseldorf 8. 6. 2005, NJW 2005, 2235; zum Ganzen *Otting* in FS Eggert, 2008, S. 33 ff.
62 Zustimmend OLG Düsseldorf 8. 6. 2005, NJW 2005, 2235; OLG Düsseldorf 18. 1. 2008 – I-1 U 17 U 2/07 – n. v.
63 Dazu OLG Düsseldorf 19. 6. 2006, NJW 2006, 2858 (gebrauchter Renault Laguna).
64 OLG Düsseldorf 8. 6. 2005, NJW 2005, 2235.
65 OLG Düsseldorf 25. 9. 2000, OLGR 2001, 44.

Der rechtliche Rahmen

Die Notwendigkeit eines über den internen Produktvergleich hinausgehenden **fabrikatsübergreifenden Vergleichs** ist im Grundsatz nach wie vor **unumstritten**.[66] Ältere instanzgerichtliche Rechtsprechung, die zugunsten von Verkäufern eine engere Sicht hat, ist überholt.[67] Das **Problem in der Praxis** liegt zum einen in der Anlage des Vergleichs (welche Fahrzeuge sind geeignete Referenzfahrzeuge?), zum anderen im Gegenstand des Vergleichs, d. h. ist der generelle technische Entwicklungsstand maßgebend, also der Entwicklungsstand in allen Belangen des Fahrzeugbaus, oder nur der Stand der Technik bei den Basiseigenschaften eines Automobils? Die zweite Fragestellung, häufig festgemacht an **billigen Auslandsautos**, ist **das eigentliche Problem**. Es zugunsten deutscher Käufer zu lösen, ist dem Einwand ausgesetzt, Marke, Herstellerland und Preiskategorie, alles erwartungsprägende Faktoren, zu vernachlässigen.

Bei reklamierten **Schwachstellen** in der Technologie (zu Qualitäts- und Verarbeitungsmängeln s. Rn 215) kommt es darauf an, ob die Beschaffenheit des Fahrzeugs innerhalb der Bandbreite der technisch möglichen Lösungsansätze liegt, die sich zur Problembewältigung gegenwärtig anbieten.[68] Wenn kein Hersteller von Fahrzeugen mit Dieselmotor und katalytischer Partikelfiltertechnik (wie bei Opel, VW und AUDI) derzeit in der Lage ist, uneingeschränkte Kurzstreckentauglichkeit sicherzustellen, so mag diese Technologie unausgereift sein, aktueller Stand der Technik ist es gleichwohl. Der alternativen Filtertechnik werden andere Nachteile nachgesagt. Über neuartige Bedienungs- und Wartungsnotwendigkeiten ist der Käufer ggf. aufzuklären. **213**

Bei **elektronischen Systemen** kommt es nicht darauf an, ob der Hersteller jeweils die allerneuesten Software-Elemente verwendet hat. Entscheidend ist die Funktionsfähigkeit des Gesamtsystems. Eine aus der Zusammenstellung älterer Software-Versionen entstandene Konfiguration kann daher dem aktuellen Stand der Technik entsprechen, wenn sie als lang erprobt und in der Anwendung zuverlässig die sichere Gewähr für einen störungsfreien Betrieb bietet.[69] Schon einen Sachmangel, nicht erst dessen Erheblichkeit, soll das OLG Celle bei einer Fehlfunktion der Elektronik verneint haben, wenn die Störung auf seltene Einzelfälle beschränkt ist.[70] Kein Mangel, sondern Stand der Technik, so das LG München I für eine Anfahrschwäche („Turbo-Loch").[71] **214**

(3) Qualitäts- und Verarbeitungsmängel

Schlechte Verarbeitung und die Verwendung fehlerhafter Materialien, auch bei Zulieferteilen, sind die Hauptursache für Qualitätsmängel. Die Erwartungen deutscher Käufer in Bezug auf Material- und Verarbeitungsqualität neuer Kraftfahrzeuge sind ausgesprochen hoch. Für viele ist das Auto kein gewöhnlicher Gebrauchsgegenstand, der ihnen Mobilität ermöglicht, sondern ein in besonderem Maße geschätztes Wirtschaftsgut, bei dem Affektionsinteressen und Reputationserwartungen eine nicht unerhebliche Rolle spielen. Diese Verkehrsanschauung prägt das hohe Anspruchsniveau der Kunden, insbesondere der privaten, ist bei der Beurteilung der Fahrzeugbeschaffenheit aber nicht der alleinige Maßstab. Es wird erwartet, dass sich ein Neufahrzeug in einem technisch wie optisch makellosen Zu- **215**

---

66 Aus der jüngeren Rspr.: Brand OLG 21. 2. 2007, NJW-RR 2007, 928; OLG Düsseldorf 8. 6. 2005, NJW 2005, 2235; OLG Koblenz 26. 6. 2003, NJW-RR 2003, 1380; LG Aurich 9. 5. 2008, DAR 2008, 481; zum Gebrauchtwagenkauf OLG Düsseldorf 19. 6. 2006, NJW 2006, 2858; für einen herstellerübergreifenden Vergleich auch *Faust* in *Bamberger/Roth*, § 434 BGB Rn 59/60, aber mit Recht Zurückhaltung fordernd; s. auch *Otting* in FS Eggert, 2008, S. 33 ff.
67 Nachweise in den Vorauflagen.
68 Vgl. Brand OLG 21. 2. 2007, NJW-RR 2007, 928.
69 OLG Brandenburg 1. 12. 1998, NJW-RR 1999, 850.
70 Urteil vom 21. 7. 2008 – 7 U 99/08 – n. v. (zitiert nach Juris-Kurzinfo); vorsichtiger die I. Instanz LG Hannover 27. 2. 2008 – 11 O 80/06 – n. v. (selbsttätiges Öffnen von Fenstern eines BMW 730).
71 Urt. v. 9. 5. 2008 – 29 O 6962/07 – n. v.

stand befindet. Mangelhafte Ausführung der Lackierung, Farbtondifferenzen, Tropfnasenbildung, Schmutzpartikeleinschlüsse im Lack, fehlerhafte Befestigung bzw. Einpassung von Fahrzeugteilen, Verschmutzungen der Innenverkleidung und Rostbildung gehören zu den typischen Qualitätsmängeln von Neufahrzeugen. Für sie gilt das Gleiche wie für Funktionsmängel: Geringfügige Fehler und Abweichungen vom Serienstandard, wie z. B. ein Webfehler im Sitzbezug oder ein Staubkorneinschluss im Fahrzeuglack, sind Mängel im Rechtssinn, freilich nicht in jedem Fall von dem erforderlichen Gewicht, um den Rücktritt vom Kauf zu rechtfertigen.

216 Von echten Qualitätsmängeln sind **Qualitätsunterschiede** abzugrenzen. Eine mindere Qualität, die sich in einem niedrigen Preis niederschlägt, macht ein Neufahrzeug grundsätzlich noch nicht mangelhaft. Wegen der Modellvielfalt und der unterschiedlichen Qualitätsstandards besteht leicht die Gefahr, dass der **Bezugspunkt** für die Beurteilung der vertragsgemäßen Beschaffenheit eines Neufahrzeugs aus dem Auge verloren wird, vor allem dann, wenn es um die Beurteilung von Fahrzeugen geht, die **im Ausland** unter Bedingungen **hergestellt** worden sind, die dem deutschen Standard nicht entsprechen. Es herrscht Unsicherheit, ob für diese Fahrzeuge die in der Bundesrepublik Deutschland geltenden hohen Qualitätsanforderungen als Maßstab zugrunde zu legen sind. Dass beim Stand der Technik zumindest bei den Basiseigenschaften und -funktionen ein „globaler" Vergleich gilt (s. Rn 201), besagt noch nicht, dass auch im Hinblick auf die Verarbeitung und die Ausstattung Weltniveau der richtige Maßstab ist.

217 **Marke und Herstellerland** prägen wesentlich die Qualitätserwartung von Neuwagenkäufern. Wer für relativ wenig Geld einen neuen Pkw aus China oder Indien kauft, geht gerade in punkto Qualität und Verarbeitung ein erhebliches Risiko ein. Europäischen Standard kann er nicht einmal in der Technik erwarten. Mit veralteten Technologien der Neunziger Jahre muss gerechnet werden, selbst bei Fahrzeugen der höheren Preisklassen. Was der Käufer erwarten kann ist das Vorhandensein automobiler Basiseigenschaften, eine Erwartung, die sich auch auf den Umstand stützt, dass das Fahrzeug für den deutschen Markt zugelassen ist. Abstriche muss der Käufer von Billigautos aus den Schwellenländern, aber auch aus dem europäischen Bereich (z. B. Renault Dacia), in jedem Fall bei den Merkmalen „Qualität und Verarbeitung" machen. Ist z. B. die Geräuschentwicklung des Getriebes eines ausländischen Fabrikats wesentlich stärker als bei vergleichbaren deutschen Pkw-Fabrikaten, bedeutet dies nicht, dass das Fahrzeug mangelhaft ist, da ein niedriger Qualitätsstandard im Allgemeinen noch keinen Mangel im Rechtssinne darstellt.

d) öffentliche Äußerungen

218 Zur üblichen wie zur erwartungsgerechten (nicht zur vereinbarten) Beschaffenheit gehören gem. **§ 434 Abs. 1 S. 3 BGB** Eigenschaften, die der Käufer nach den öffentlichen Äußerungen des Verkäufers, des Herstellers oder seines Gehilfen insbesondere in der Werbung erwarten kann. Diese neuartige Erweiterung des Mangelbegriffs[72] (s. auch Rn 1341 ff.) hat selbst auf dem Gebiet des Neufahrzeugkaufs, der eigentlichen Domäne dieser Regelung, in den praktischen Resultaten nur wenig bewirkt. Eine Erweiterung des Käuferschutzes kann jedenfalls nicht festgestellt werden. Wo mit der Neuregelung auf Mangelhaftigkeit erkannt wird, hätte man mit dem altrechtlichen Instrumentarium die gleichen Ergebnisse erzielt. Der Vorteil der Neuregelung besteht darin, dass im Zusammenhang mit Herstellerangaben, weniger bei Verkäuferinformationen, auf fragwürdige Hilfskonstruktionen wie die konkludent vereinbarte Einbeziehung in den Kaufvertrag verzichtet werden kann.

219 **Vorrang** hat nach wie vor das ausdrücklich oder konkludent Vereinbarte, d. h. auf die Regelung über die „öffentlichen Äußerungen" kommt es nur an, soweit diese **nicht Ver-**

---

72 Näher dazu *Kasper*, ZGS 2007, 172 ff.

tragsinhalt geworden sind. Im Verkaufsgespräch zugesagte Eigenschaften, wie z. B. das Zuladegewicht eines Kombis, sind verbindlich, entgegenstehende Prospektangaben unbeachtlich.[73] Das ist dem Vorrang des Subjektiven geschuldet. Bei entgegenstehenden AGB gilt § 305 b BGB.

Angaben und technische Spezifikationen **in Prospekten** sowie in Bezug genommene technische Regelwerke[74] und Normen gelten in der Rechtsprechung häufig als **Bestandteil der Beschaffenheitsvereinbarung** der Parteien, ohne dass es hierzu einer ausdrücklichen Einbeziehungsvereinbarung der Parteien bedarf.[75] Nicht erforderlich ist, dass das Prospektmaterial dem Käufer bei den Vertragsverhandlungen vorgelegen hat. Wenn ja, ist dies ein wichtiges Indiz für eine Einbeziehung in den Vertrag mit einer entsprechenden Beschaffenheitsvereinbarung. Von einer Einbeziehung der Prospekt- und Werbeangaben sind zumindest die früheren NWVB ausgegangen (bei Vertragsschluss „gültige Beschreibungen"). Auch der Änderungsvorbehalt in Abschn. IV Ziff. 6 S. 1 NWVB (dazu Rn 187) ist ein Fingerzeig in diese Richtung. **220**

Herrscht Streit darüber, welcher Prospekt vor bzw. bei den Vertragsverhandlungen vorgelegen hat, kann den Händler eine sekundäre Darlegungslast treffen. Durch die Neuregelung in S. 3 des § 434 Abs. 1 BGB hat sich der Streit auf den Tatbestand der „Berichtigung" verlagert (dazu Rn 226). Sofern der Händler dem Kunden ein Angebot auf der Grundlage des alten Prospektmaterials unterbreitet hat, kann er nicht ohne Weiteres davon ausgehen, dass die spätere Kaufentscheidung auf den neuesten Katalog gestützt ist. Das Risiko der **Prospektveralterung** trägt der Händler. Gut beraten ist er, den Käufer bei den Kaufverhandlungen ausdrücklich darauf hinweisen, dass ein neuer Verkaufsprospekt vorliegt (zur Berichtigung durch Aktualisierung s. auch Rn 226 f.). Eine Berufung auf AGB, die besagen, dass nur die Prospektangaben zum Zeitpunkt des Vertragsschlusses Vertragsinhalt sind, ist dem Händler bei einem Verbrauchsgüterkauf verwehrt, da die Haftung für Prospektangaben hierdurch über § 434 BGB hinaus eingeschränkt würde.[76] Nicht zuletzt deshalb hat man die Klausel „bei Vertragsschluss gültigen Beschreibungen..." ersatzlos gestrichen. **221**

In der **neueren Judikatur** lässt man häufig dahinstehen, ob und inwieweit Prospektangaben oder vergleichbare „öffentliche Äußerungen" in den Vertrag Eingang gefunden haben. Man greift sogleich auf die Vorschrift in § 434 Abs. 1 S. 3 BGB durch,[77] was im Zweifel der richtige Weg ist. **222**

Fahrzeugwerbung: Die für die Verkehrserwartung so bedeutsame **Werbeszene** wird auf dem Neuwagensektor nicht von den Händlern, sondern von den **Autoherstellern und Autoimporteuren** beherrscht. Letztere nutzen die Medien, um die eigene Marke, aber auch die neuen Modelle, nebst deren Ausstattungsvarianten und Eigenschaften in das Bewusstsein der Kunden zu rücken. Sie erstellen das Prospektmaterial für die Händler und tragen im Innenverhältnis die Verantwortung für die darin enthaltenen „öffentlichen Äußerungen", soweit sie dem Händler nach § 434 Abs. 1 S. 3 BGB zuzurechnen sind. **223**

Im Hinblick auf **Werbeaussagen von Fabrikatshändlern** kommt der Vorschrift von § 434 Abs. 1 S. 3 BGB nur geringe Bedeutung zu. Öffentliche Äußerungen von Händlern, z. B. im Internet, fließen meist in die späteren Vertragsverhandlungen ein und bestimmen auf diese Weise die Soll-Beschaffenheit. **224**

---

73 BGH 23. 5. 2001, VIII ZR 279/99 – BeckRS 2001, 30182455 (Volvo 850).
74 BGH 28. 2. 1996, ZIP 1996, 711, 713; 25. 9. 1968, NJW 1968, 2238, 2240.
75 OLG Karlsruhe 1. 2. 2008, NJW-Spezial 2008, 458 = BeckRS 2008, 07903 (Verbrauchsangaben).
76 AG Essen-Steele 4. 11. 2003, DAR 2004, 278, 279.
77 Z. B. OLG München 15. 9. 2004, NJW-RR 2005, 494 = NZV 2005, 309 (Art des Kraftstoffs); OLG Köln 14. 10. 2005, NJW 2006, 781 (Farbprospekt); s. auch LG Schweinfurt 11. 1. 2006, DAR 2006, 512 (Kraftstoffangaben).

Um gewährleistungsrechtlich relevant zu sein, muss die öffentliche Äußerung, gleichviel, ob vom Verkäufer oder dem Hersteller/Importeur stammend, eine **konkrete Eigenschaft** des Fahrzeugs betreffen, wie z. B. den Kraftstoffverbrauch oder die Kraftstoffart (dazu Rn 299 ff.). Ob auch die Nichterwähnung einer Eigenschaft (z. B. „Tageszulassung"), als beredtes Schweigen eine öffentliche Äußerung i. S. v. § 434 Abs. 1 S. 3 BGB darstellen kann,[78] muss bezweifelt werden. Allgemein gehaltene Werbeaussagen mit reklamehaftem („reißerischem") Inhalt sind jedenfalls nicht geeignet, die Haftung des Verkäufers zu begründen.[79]

225 Dem Verkäufer **nicht zuzurechnen** sind öffentliche Äußerungen, die er nicht kannte und nicht kennen musste, die im Zeitpunkt des Vertragsschlusses in gleichwertiger Weise berichtigt waren oder die Kaufentscheidung nicht beeinflussen konnten (§ 434 Abs. 1 S. 3 BGB).

Vertragshändler müssen die Herstellerwerbung kennen, auch und gerade den Inhalt von Verkaufsprospekten. Zwischen Inlandsherstellern und ausländischen Autobauern zu unterscheiden, macht in der heutigen Zeit keinen Sinn. Die Kommunikationswege sind denkbar kurz. Informationsdefizite gehen im Verhältnis zwischen den Kaufvertragsparteien zu Lasten des Verkäufers. Schuldlose Unkenntnis hat er zu beweisen.

226 Die **Berichtigung** einer öffentlichen Äußerung, z. B. einer Prospektangabe, muss den gleichen Wirkungsgrad wie die Ursprungsäußerung haben. Bei einem Prospekt heißt „in gleichwertiger Weise", dass die Änderung aus einem gleichfalls veröffentlichten Prospekt hervorgehen muss.[80] Welche **inhaltlichen Anforderungen** an eine Berichtigung im Sinne einer Richtigstellung zu stellen sind, ist gerichtlich noch nicht abschließend geklärt. Auch scheint nicht klar zu sein, was Berichtigung im Zusammenhang mit Herstellerangaben überhaupt bedeutet. Wird ein neues Produkt vorgestellt und beworben, geht es nicht um die Berichtigung früherer Produktinformationen. Berichtigungsbedarf herrscht dagegen, wenn für ein bestimmtes Modell Informationen anhand eines Prospektes geliefert werden, die auf ein später produziertes Modell der gleichen Serie/Baureihe nicht mehr zutreffen. *Beispiel*: Im Prospekt Stand Oktober 2002 heißt es für einen VW Polo, dass er mit Super oder Normal gefahren werden kann. Der Käufer erhält auf Grund eines Kaufs im März 2003 einen Polo, für den nur Superplus oder Super, nicht Normal, zulässig ist. Darauf wird in dem Prospekt Stand März 2003 auch hingewiesen. Das ist ein Fall der Berichtigung (zur Zeitpunktfrage s. Rn 228).

227 An die Darstellung der Berichtigung sind bei den typischen Neuwagenprospekten **keine hohen Anforderungen** zu stellen. So muss in einem neuen (aktuellen) Prospekt weder allgemein noch für die konkrete Detailinformation ausdrücklich darauf hingewiesen werden, dass anderslautende Informationen im Vorgängerprospekt nicht mehr gültig sind. Das versteht sich von selbst. Neuwageninteressenten ist die Bedeutung aktueller Prospekte bewusst. Frühere Werbung des Herstellers interessiert nicht mehr, sobald der neue Prospekt auf dem Markt ist. Neben Testberichten und Internetinformationen ist der Prospekt das Medium, das die Kaufentscheidung am nachhaltigsten beeinflusst.[81]

228 Entscheidend für eine Berichtigung i. S. d. § 434 Abs. 1 S. 3 BGB ist der **Zeitpunkt des Vertragsschlusses**. Die Berichtigung muss vorher stattgefunden haben. Der Händler muss also nachweisen, dass der neue Prospekt mit der geänderten Information spätestens vor diesem Zeitpunkt auf dem Markt war.[82] Ob der Käufer ihn zur Kenntnis genommen hat, ist un-

---

78 Dazu *Bernreuther*, WRP 2002, 368, 371; *ders.*, MDR 2003, 63.
79 *Faust* in *Bamberger/Roth*, § 434 BGB Rn 83.
80 OLG München 15. 9. 2004, NJW-RR 2005, 494 = NZV 2005, 309.
81 Zum Informationsverhalten von Neuwagenkäufern s. DAT-Report 2008, S. 19.
82 OLG München 15. 9. 2004, NJW-RR 2005, 494 = NZV 2005, 309.

erheblich. Da der Vertragsschluss in den meisten Fällen nicht mit der Bestellung des Kunden zusammenfällt (Näheres s. Rn 4 ff.), es aber nach dem Zweck des Ausschlusstatbestandes auf die Willensbildung des Käufers vor Abgabe einer ihn bindenden Bestellung ankommt, spricht einiges dafür, den Berichtigungszeitpunkt entsprechend vorzuziehen. Zu spät ist jedenfalls eine Korrektur erst bei Auslieferung.[83] Aufklärungsnachteile gehen zu Lasten des Händlers, weil er die Berichtigung in der rechten Art und zur rechten Zeit beweisen muss.[84]

229 Ohne Einfluss auf die Soll-Beschaffenheit ist eine öffentliche Äußerung schließlich dann, wenn sie **die Kaufentscheidung nicht beeinflussen konnte**. Abgestellt wird demnach auf die Ursprungsäußerung, nicht auf die berichtigte Fassung. Da beim Kauf eines Neufahrzeugs kaum eine öffentliche Produktinformation ohne jeglichen Einfluss auf die Kaufentscheidung ist, ist der Nachweis der Einflusslosigkeit praktisch nicht zu führen.[85]

e) Montagemangel, mangelhafte Montageanleitung und Falschlieferung

230 Diese Mangelkategorien (§ 434 Abs. 2 und 3 BGB) spielen beim Neuwagenkauf eine untergeordnete Rolle. Zum Gebrauchtwagenkauf s. Rn 1348.

aa) Montagemangel

231 Nach § 434 Abs. 2 S. 1 BGB liegt ein Sachmangel vor, wenn die vereinbarte Montage durch den Verkäufer oder seinen Erfüllungsgehilfen unsachgemäß durchgeführt worden ist.

Der Anwendungsbereich der Norm wird durch § 434 Abs. 1 BGB erheblich eingeengt. Nicht erfasst werden all die Fälle, in denen die Montage vor Gefahrübergang durchgeführt wird. *Beispiel*: Der Händler übergibt ein Kraftfahrzeug, an das er vereinbarungsgemäß einen Dachgepäckträger montiert, hierbei jedoch einen Montagefehler gemacht hat. Die aus Dachgepäckträger und Kraftfahrzeug bestehende Sacheinheit ist bereits nach § 434 Abs. 1 BGB mangelhaft, so dass es der Heranziehung von § 434 Abs. 2 S. 1 BGB nicht bedarf. Von dem eigenständigen Tatbestand der fehlerhaften Montage werden ausschließlich die Fälle erfasst, in denen die **Montage nach Gefahrübergang** erfolgt.[86] Damit verliert die Vorschrift für den Neuwagenkauf weitgehend an Bedeutung, denn eine von vornherein vereinbarte nachträgliche Montage kommt allenfalls dann vor, wenn der Verkäufer die für die Montage benötigten Teile nicht vorrätig hat.

Für § 434 Abs. 2 S. 1 BGB ist nicht entscheidend, ob die Montage **entgeltlich oder unentgeltlich** durchgeführt wird und ob sie eine Neben- oder Hauptpflicht darstellt. Die Vorschrift findet auch Anwendung, wenn es sich bei der vereinbarten Montage um eine Hauptpflicht handelt, die gleichrangig neben die Lieferpflicht aus dem Kaufvertrag tritt.[87] Nicht anwendbar ist § 434 Abs. 2 S. 1 BGB, wenn die Parteien einen vom Kaufvertrag unabhängigen Montagevertrag schließen. Hierbei ist jedoch zu beachten, dass über eine Trennung von Kauf und Montage der für den Bereich des Verbrauchsgüterkaufs zwingende Charakter von § 434 Abs. 2 S. 1 BGB nicht unterlaufen werden darf. Die Voraussetzungen einer Umgehung i. S. v. § 475 BGB können erfüllt sein, wenn eine schon bei Abschluss des Kaufvertrages beabsichtigte Montage auf Veranlassung des Verkäufers zum Gegenstand eines eigenständigen Werkvertrags nach Gefahrübergang gemacht wird.

---

83 OLG München 15. 9. 2004, NJW-RR 2005, 494 = NZV 2005, 309.
84 OLG München 15. 9. 2004, NJW-RR 2005, 494 = NZV 2005, 309.
85 Siehe auch hierzu OLG München 15. 9. 2004, NJW-RR 2005, 494 = NZV 2005, 309; OLG Köln 14. 10. 2005, NJW 2006, 781 (Farbton); LG Schweinfurt 11. 1. 2006, DAR 2006, 512.
86 *Büdenbender* in AnwK/BGB, § 434 BGB Rn 17.
87 BT-Drucks. 14/6040 S. 215.

232   Im Vergleich zum Werkvertrag ist der **Kauf mit Montageverpflichtung** für den Käufer von Vorteil. Er kommt zwar nicht in den Genuss des Rechts der Selbstvornahme (§ 637 BGB), hat aber Anspruch auf Lieferung eines anderen mangelfreien Fahrzeugs, wenn ein nicht unerheblicher Montagefehler vorliegt, dessen Beseitigung fehlgeschlagen ist. Als Verbraucher genießt er außerdem die Vorzüge des Verbrauchsgüterkaufs. Zu seinem Vorteil kann sich insbesondere die Beweislastumkehr (§ 476 BGB) auswirken, da sie sich auf Montagefehler erstreckt.

Die Abgrenzungskriterien zwischen Kauf mit Montageverpflichtung und Werkvertrag sind unklar, da die Begründung zum Regierungsentwurf[88] nicht deutlich erkennen lässt, ob es bei der kaufrechtlichen Sachmängelhaftung verbleibt, wenn die Montage den Schwerpunkt der vertraglich geschuldeten Leistung bildet. Die darin enthaltene Verweisung auf die Rechtsprechung des BGH[89] könnte ein Hinweis darauf sein, dass die Vorschriften des Werkvertragsrechts anzuwenden sind, wenn die Werkleistung im Vordergrund steht.[90]

233   **Unsachgemäß** ist die Montage, wenn sie nicht der Vereinbarung entspricht. Haben die Parteien keine Vereinbarung getroffen, ist auf die nach dem Vertrag vorausgesetzte Verwendung sowie darauf abzustellen, ob die Montage bei Sachen der gleichen Art üblich ist und nach Art der Sache zu erwarten war.[91] Von § 434 Abs. 2 S. 2 BGB werden außer der fehlerhaften Montage (unzureichende Befestigung des Dachgepäckträgers), die in der Regel durch eine Neumontage beseitigt werden kann, auch diejenigen Sachverhalte erfasst, in denen die Kaufsache oder die zu montierende Sache durch den Montagefehler zu Schaden kommt (Dachgepäckträger löst sich während der Fahrt und wird zerstört). Der Montagemangel erstreckt sich nicht auf Schäden an anderen Rechtsgütern (Dachgepäckträger fällt herunter und beschädigt ein nachfolgendes Fahrzeug).[92]

b) Mangelhafte Montageanleitung

234   Da es sich bei einem Neufahrzeug nicht um einen Kaufgegenstand handelt, der durch den Zusammenbau einzelner Teile vom Kunden hergestellt wird, hat die Fehlerkategorie ‚mangelhafte Montageanleitung' für den Neuwagenkäufer keine große Bedeutung. Auf die richtige Montageanleitung legt der Käufer bei der Anschaffung von Zubehör allerdings großen Wert, wenn er beabsichtigt, die Montage selbst vorzunehmen. Auch wer ein Fahrzeug als Selbstbausatz kauft, benötigt diese Unterlage. Es kommt im Rahmen von § 434 Abs. 2 S. 2 BGB nicht darauf an, dass die Sache vom Käufer montiert wird. Die Montage kann auch ein Dritter vornehmen, selbst der Verkäufer.[93]

Auf die **Bedienungsanleitung** ist § 434 Abs. 2 S. 2 BGB nicht zugeschnitten und daher unanwendbar.[94]

Weitaus wichtiger als für den Käufer sind Montageanleitungen für den Händler, dessen Mitarbeiter diese Hilfen für die Durchführung von Reparatur- oder Montagearbeiten benötigen. Da die Anwendung von § 434 Abs. 2 S. 2 BGB nicht auf den Bereich des Verbrauchsgüterkaufs beschränkt ist, findet diese Norm auch in der Rechtsbeziehung zwischen dem Händler und seinem Vorlieferanten Anwendung.

---

88 BT-Drucks. 14/6040 S. 215.
89 Urt. v. 22. 7. 1998, NJW 1998, 3197.
90 *Gruber*, VuR 2002, 120, 121.
91 *Gruber*, VuR 2002, 120, 121.
92 *Huber* in *Huber/Faust*, Schuldrechtsmodernisierung, S. 306 Rn 53; *Boerner*, ZIP 2001, 2264, 2266.
93 *Westermann*, NJW 2002, 441, 444.
94 *Boerner*, ZIP 2001, 2264, 2267; s. auch OLG München 9. 3. 2006, OLGR 2006, 461 (Whirlpool).

Die unrichtige Montageanleitung ist als solche ein Sachmangel, so dass der Käufer schon vor der Montage die Rechte aus § 437 BGB wahrnehmen und z. B eine einwandfreie Montageanleitung verlangen kann. Unrichtig ist eine Montageanleitung, wenn die Instruktionen sachlich falsch, ganz oder teilweise unleserlich, unvollständig, unverständlich oder missverständlich sind.[95] Dabei ist auf den Empfängerhorizont abzustellen. Falls die Montageanleitung für Fachleute (z. B. Kfz-Mechaniker) bestimmt ist, dürfen gewisse Grundkenntnisse vorausgesetzt werden, so dass eine Information hierüber entbehrlich ist. Wenn sich die mangelhafte Montageanleitung nicht mehr in Form einer Fehlmontage auswirken kann, scheidet eine Sachmängelhaftung nach § 434 Abs. 2 S. 2 BGB aus.

Umstritten ist, ob es sich bei dem Ausschluss der Sachmängelhaftung wegen fehlerfreier Montage trotz Mangelhaftigkeit der Anleitung um eine Beweislastregelung handelt[96] oder ob die Ausnahme darauf beruht, dass es an einem kausal auf die Pflichtverletzung des Verkäufers zurückzuführenden Rechtsnachteil des Käufers fehlt.[97] Beides ist richtig: Es handelt sich um einen Ausschluss, beruhend auf fehlender Rechtsgutverletzung, den der Verkäufer zu beweisen hat.[98]

c) Falschlieferung

Die Problematik der Falschlieferung mag für die Rechtswissenschaft interessant sein, für die Praxis des Neuwagenkaufs (zum Gebrauchtwagenkauf s. Rn 1356) ist sie nahezu irrelevant. Aus diesem Grund kann auf eine vertiefende Darstellung verzichtet werden. **235**

II. Einzelfälle von Sachmängeln
1. Alter, Produktionszeitpunkt, Standzeit

Unter welchen Voraussetzungen ein als „neu" bzw. „fabrikneu" gekauftes Fahrzeug aus Altersgründen nicht vertragsgemäß ist, wird unter dem Stichwort **„Fabrikneuheit"** erörtert (s. Rn 249 ff.). Dort wird auch das Kriterium der Modellaktualität einschließlich der Aufklärungspflicht des Händlers behandelt, ebenso die Bedeutung von Bezeichnungen wie „Lagerfahrzeug" und „Auslaufmodell". **236**

2. Produktionsort

Nach Ansicht des LG Ellwangen ist ein in Deutschland verkaufter VW Golf sachmangelhaft, wenn er in Südafrika produziert worden ist. Dem ist nicht zu folgen. VW-Fahrzeuge werden heute rund um den Globus produziert,[99] **made in Germany** ist gerade im Fahrzeugbau eine veraltete Kategorie. Der deutsche Wertanteil an der Produktion von deutschen Pkw liegt teilweise deutlich unter 50 %.[100] **237**

3. Fehlen der Fabrikneuheit
a) Terminologisches

Was bei einem Kraftfahrzeug unter „fabrikneu" im Detail zu verstehen ist, wurde Jahrzehnte kontrovers diskutiert. Inzwischen ist das Thema **höchstrichterlich** weitgehend ab- **238**

---

95 *Reinking*, DAR 2002, 15, 17.
96 *Malzer* in *Hoeren/Martinek*, Systematischer Kommentar zum Kaufrecht, § 434 Rn 91.
97 *Von Westphalen* in *Henssler/Graf von Westphalen*, Praxis der Schuldrechtsreform, § 434 Rn 52.
98 *Huber* in *Huber/Faust*, Schuldrechtsmodernisierung, Kap. 12 Rn 57.
99 Für Insider erkennbar an einem bestimmten Buchstabe innerhalb der FIN.
100 Studie FH Gelsenkirchen (CAR).

gearbeitet und ein großes Maß an Rechtssicherheit erreicht. Gleichwohl sind noch einige Fragen offen.

239 **Zunächst:** An keiner Stelle in den handelsüblichen Kaufverträgen findet man den Ausdruck „fabrikneu". Die Bestellung bezieht sich expressis verbis auf ein „neues" Kraftfahrzeug. Auch in den NWVB taucht „fabrikneu" nicht auf.[101] Die Verwendung des Allgemeinbegriffs „neu" entspricht dem landläufigen Sprachgebrauch. Er differenziert nicht zwischen „fabrikneu" und „neu". In der juristischen Terminologie wird „neu" im Zusammenhang mit Kraftfahrzeugen ganz unterschiedlich definiert. Was als „neu" zu gelten hat, wird im Steuerrecht anders beurteilt als im Wettbewerbsrecht. Im Recht der AGB kommt es darauf an, ob es sich um eine **neu hergestellte** Sache handelt (§ 309 Nr. 8 b BGB), während im Unfallschadensrecht Fahrzeuge bis 1000 km (unter Umständen bis 3.000 km) als „neu" bzw. „neuwertig" angesehen werden.

240 Für den Kauf neuer Kraftfahrzeuge hat **der BGH** – einzigartig für ein Industrieprodukt – in einer Reihe von Entscheidungen eine **autonome Begrifflichkeit** entwickelt.[102] Hiernach vereinen sich unter dem Dachbegriff „fabrikneu" mehrere Einzeleigenschaften. **In der Regel** ist ein Kraftfahrzeug nur dann „fabrikneu", wenn es aus **neuen Materialien** zusammengesetzt und **unbenutzt** ist (Basiseigenschaften für „neu") und **darüber hinaus**,

– wenn und solange das Modell des Kraftfahrzeugs unverändert weitergebaut wird,[103]
– wenn es keine durch längere Standzeit bedingten Mängel aufweist,[104]
– wenn zwischen Herstellung und Abschluss des Kaufvertrages nicht mehr als 12 Monate liegen,[105]
– wenn nach seiner Herstellung keine (erheblichen) Beschädigungen eingetreten sind, auch wenn sie vor Auslieferung an den Käufer nachgebessert wurden.[106]

241 Das Fehlen eines dieser vier Kriterien beseitigt die Fabrikneuheit insgesamt,[107] d. h. schon bei einer Standzeit von 15 statt 12 Monaten ist das Kraftfahrzeug nicht mehr fabrikneu. „Gebraucht" i. S. v. § 475 Abs. 2 BGB ist es damit noch nicht[108] (zur Abgrenzung „neu/gebraucht" beim Verbrauchsgüterkauf s. Rn 1126).

242 Im Leitsatz des BGH-Urteils vom 15. 10. 2003[109] wird das **Erfordernis der Beschädigungsfreiheit** nicht ausdrücklich erwähnt. Weiterhin fehlt ein Hinweis darauf, dass die Eigenschaft „fabrikneu" fehlen kann, wenn das Fahrzeug – von einer etwaigen Überführungsfahrt abgesehen – eine **„ungeklärte Fahrstrecke"** zurückgelegt hat (näher dazu Rn 277). Daraus kann jedoch nicht der Schluss gezogen werden, der BGH wolle an diesen Merkmalen nicht festhalten.[110] Der Sachverhalt, über den er zu befinden hatte, gab keine Veranlassung, auf diese von ihm schon immer geforderten Kriterien gesondert einzugehen.

243 Dass ein als „neu" verkauftes Fahrzeug zum Zeitpunkt der Übergabe an den Käufer keine längere ungeklärte Fahrstrecke aufweisen darf, bezieht sich im Übrigen nur mittelbar auf die Eigenschaft „fabrikneu". Eigentlich geht es um die Basiseigenschaft „neu", um die Abgrenzung von „neu" gegen „gebraucht". Prima facie ist davon auszugehen, dass ein Fahr-

---

101 Anders ggf. in der Verbandsempfehlung.
102 Zur Entwicklung *Eggert*, DAR 2004, 327.
103 Urt. v. 16.7. 2003, NJW 2003, 2824; 22. 3. 2000, NJW 2000, 2018; 6. 2. 1980, NJW 1980, 1097.
104 Urt. v. 6. 2. 1980, NJW 1980, 1097.
105 BGH 15. 10. 2003, NJW 2004, 160.
106 Urt. v. 18. 6. 1980, DB 1980, 1836.
107 So ausdrücklich OLG Düsseldorf 15. 10. 1981 – 6 U 216/80 – n. v.; OLG Köln 19. 10. 1987 – 12 U 9/87 – n. v.; *Eggert*, DAR 2004, 327.
108 Dazu neigend *S. Lorenz*, EWiR § 463 BGB a. F. 2/03, 1181, 1182.
109 NJW 2004, 160.
110 *Eggert*, DAR 2004, 327, 331.

zeug zum Zwecke der Teilnahme am allgemeinen Straßenverkehr benutzt wurde, wenn es eine längere ungeklärte Fahrstrecke aufweist. Diese tatsächliche Vermutung kann der Verkäufer entkräften, indem er etwa nachweist, dass die Fahrstrecke bei einer Überführung oder Erprobung des Fahrzeugs zurückgelegt wurde.[111]

Die Rechtsprechung des BGH und insbesondere sein Urteil vom 15. 10. 2003[112] gelten nicht nur für Pkw/Kombis, sondern grundsätzlich für **Kraftfahrzeuge aller Art**, damit auch für Motorräder[113], Wohnmobile und Nutzfahrzeuge. Auf fahrzeugspezifische Besonderheiten ist bei der Prüfung der Einzelelemente Rücksicht zu nehmen.[114] **244**

b) Vereinbarung der Fabrikneuheit
aa) Der Regelfall

Mit dem Versprechen, ein „Neufahrzeug" zu liefern (siehe Bestellschein „neues" Kraftfahrzeug), übernimmt der Händler **im Regelfall** die Pflicht, dem Käufer, gleich, ob Unternehmer oder Verbraucher, ein Fahrzeug zu verschaffen, das sämtliche unter Rn 240 genannten Kriterien erfüllt. Erforderlich dafür ist nicht, dass die Parteien über die „Fabrikneuheit" verhandeln oder sie ausdrücklich zum Inhalt des Kaufvertrages machen. Wer einen Neuwagen bestellt, tut dies regelmäßig in der selbstverständlichen Erwartung, ein „fabrikneues" Kraftfahrzeug zu erhalten.[115] Insoweit kommt **konkludent** jedenfalls eine **Beschaffenheitsvereinbarung** zustande (§ 434 Abs. 1 S. 1 BGB). Ob das mit einer **Garantieübernahme** verbunden ist, wie im alten Kaufrecht in ständiger Spruchpraxis angenommen (Zusicherung i. S. d. §§ 459 Abs. 2, 463 S. 1 BGB a. F.), steht auf einem anderen Blatt (dazu Rn 278 ff.). **245**

bb) Ausnahmefälle

Dass der Verkäufer eines Neuwagens aufgrund konkludent getroffener Vereinbarung zur Lieferung eines rundum fabrikneuen Fahrzeugs verpflichtet ist, gilt selbstverständlich nur unter der Voraussetzung, dass sich aus den konkreten Vertragsabsprachen und den sonstigen Umständen nichts Abweichendes ergibt. Der BGH hat die Kriterien der Fabrikneuheit mit ihrer Einbettung in die geschuldete (zugesicherte) Beschaffenheit **nur für den Regelfall** aufgestellt. So hat er den Instanzgerichten genügend Spielraum gelassen, den besonderen Umständen des Einzelfalls gerecht zu werden. Damit zu Lasten des Käufers eine vom Regelfall abweichende Beschaffenheit angenommen werden kann, bedarf es entweder klarer Absprachen oder **„unübersehbarer Umstände"**, die ihm Anlass geben müssen, die Frage der Fabrikneuheit des Fahrzeugs einer näheren Prüfung zu unterziehen.[116] **246**

Eine den Umständen nach anzunehmende **Ausnahmesituation** im Sinne des vom BGH etablierten **Regel-Ausnahme-Verhältnisses** kann z. B. gegeben sein, wenn ein „Neuwagen" von einer Person oder einem Unternehmen außerhalb des Kfz-Handels verkauft wird[117] oder wenn der Kaufvertrag die Lieferung eines Sonderfahrzeugs oder eines Fahrzeugs mit besonderer Ausstattung zum Inhalt hat. Fabrikneuheit in allen Punkten kann ein Käufer nicht erwarten, wenn er mit dem Händler die Lieferung eines Fahrzeugs der vor- **247**

---

111 OLG Köln 9. 10. 1987–12 U 9/87 – n. v.
112 NJW 2004, 160.
113 LG Berlin 18. 12. 2004, NJW 2005, 2163 (BMW R 1100 S, Lagerzeit von mehr als 16 Monaten, „fabrikneu" verneint).
114 *Eggert*, DAR 2004, 327.
115 BGH 22. 3. 2000, NJW 2000, 2018.
116 BGH 22. 3. 2000, NJW 2000, 2018.
117 Z. B. von einem Möbelhaus als Gelegenheitsverkäufer von Neufahrzeugen (BGH 26. 3. 1997, NJW 1997, 1847).

hergehenden Serie vereinbart hat (zur Modellaktualität s. Rn 259 ff.). **Preisnachlässe** haben in Zeiten wahrer „Rabattschlachten", wenn überhaupt, nur geringe Aussagekraft.[118]

Bezeichnungen wie **„Lagerfahrzeug"** oder **„Auslaufmodell"** oder **„Tageszulassung"** können dagegen (müssen nicht) geeignet sein, im Hinblick auf die Elemente „Standzeit" und/oder „Modellaktualität" die Normalerwartung des Käufers zumindest in Frage zu stellen. Ob sie allein oder erst in Verbindung mit anderen Umständen (hier kann auch ein ungewöhnlich hoher Preisnachlass Bedeutung gewinnen) die Aussagekraft haben, dem Käufer für ihn nachteilige Abweichungen vom Standardfall vor Augen zu führen, ist stets eine Frage des Einzelfalls (Näheres bei den Einzelkriterien). Generell sind im Interesse der Käufer **hohe Anforderungen** an die Feststellung eines Ausnahmefalles zu stellen (zur Darlegungs- und Beweislast sogleich). Zur speziellen Fallgruppe **„EU-Neuwagen"** s. Rn 737 ff.

248 **Darlegungs- und Beweislast:** Nicht immer sind die getroffenen Vereinbarungen, die Vorstellungen und Erklärungen der Parteien eindeutig, häufig auch im Tatsächlichen strittig. Nach allgemeinen Regeln müsste an sich der Käufer die Vereinbarung der Lieferung eines im Sinne der Rechtsprechung „fabrikneuen" Fahrzeugs darlegen und beweisen, wenn er aus dieser Soll-Beschaffenheit Rechte für sich herleitet. Die Tendenz der Rechtsprechung geht jedoch dahin, dem Käufer zu helfen, indem man dem Händler zumindest in Detailpunkten eine (sekundäre) Darlegungslast, wenn nicht gar eine punktuelle Beweislast auferlegt.[119] Dahinter steht die Vorstellung, dass im Regelfall die Verpflichtung des Neuwagenverkäufers zur Lieferung eines in allen Belangen fabrikneuen Fahrzeugs besteht, so dass er den Ausnahmefall darzulegen und die für den Käufer streitende Vermutung bzw. den Lebenserfahrungssatz zu entkräften hat.[120]

c) Die Einzelkriterien von „fabrikneu"

aa) Das Kriterium Lagerdauer/Standzeit

249 Nach der Verkehrsanschauung ist die Lagerdauer für die **Wertschätzung** eines Kraftfahrzeugs von wesentlicher Bedeutung.[121] Wie jedes technische Produkt unterliegt auch das Kraftfahrzeug einem natürlichen **Alterungsprozess**, der mit dem Verlassen des Produktionsbandes einsetzt. Längere Standzeiten auf Lager – ob in der Halle oder im Freien – führen zwangsläufig dazu, dass sich der **Allgemeinzustand** eines Fahrzeugs und seiner Teile **verschlechtert.**[122] Betroffen sind vor allem Gummidichtungen, Schmierstoffe und die Batterie. Luftfeuchtigkeit und Kondenswasser beschleunigen die Oxydation der Metallteile, und unter Sonneneinstrahlung verbleicht und verschleißt die Polsterung. **Die Reifen** werden aufgrund physikalischer Veränderungen schadhaft, wenn sie längere Zeit gelagert werden. Schon nach zweijähriger Lagerung sollen Reifen nicht mehr die Qualität von Neureifen haben, eine umstrittene und auch für den Handel mit Reifen zentrale Frage (s. auch Rn 2240).[123] Instruktiv zu den Standzeitrisiken AG Rottweil DAR 1999, 369 mit Aufzählung von 8 Risikofaktoren.

250 Längere Standzeiten werden aus all diesen Gründen als wertmindernd empfunden, selbst wenn sie rein technisch gesehen noch unbedenklich sind.[124] Seinem Wortsinn nach beinhal-

---

[118] S. auch BGH 22. 3. 2000, NJW 2000, 2018.
[119] Für Beweislast OLG Oldenburg 8. 1. 2007, DAR 2007, 212 = OLGR 2007, 357 (Standzeit).
[120] *Eggert*, DAR 2004, 327, 332 m. w. N.
[121] BGH 7. 6. 2006, NJW 2006, 2694.
[122] BGH 15. 10. 2003, NJW 2004, 160; OLG Frankfurt 17. 12. 1997, OLGR 1998, 191.
[123] Siehe auch *Hilgers*, DAR 2008, 491 zu dem Urteil des AG Hamburg 23. 7. 2007 – 5 C 99/06 – n. v. (Verkauf eines Neuwagens plus vier Reifen incl. Felgen).
[124] LG Darmstadt 24. 7. 1980 – 17 S 25/80 – n. v.

Einzelfälle von Sachmängeln

tet der Begriff fabrikneu eine zeitliche Komponente im Sinne von frisch hergestellt,[125] weshalb ein Ladenhüter dieses Prädikat nicht verdient.[126] Selbst eine beschädigungsfreie Aufbewahrung unter optimalen Bedingungen kann das allein zeitbedingte Altern im Sinne des Älterwerdens und die damit einhergehende fortschreitende Beeinträchtigung der Fabrikneuheit nicht aufhalten.[127]

251 Mit der Entscheidung, dass ein Neufahrzeug[128] nicht älter als 12 Monate sein darf, hat **der BGH**[129] der über Jahrzehnte währenden kontrovers geführten Diskussion über die höchstzulässige Dauer der Lagerhaltung eines Neufahrzeugs ein Ende gesetzt und dadurch Rechtssicherheit geschaffen. Obwohl sich die Rechtsprechung einiger Instanzgerichte auf diesen Wert bereits eingependelt hatte, gab es extreme Abweichungen nach oben und unten. Die Spanne betrug 8 bis 28 Monate.[130]

252 **Die Zwölfmonatsfrist**, zum einen nur eine Regelfrist und im Übrigen keine starre Frist[131], **beginnt** mit der Beendigung der Produktion (Endmontage) und **endet** mit dem Abschluss des Kaufvertrages.[132] Wenn zwischen der verbindlichen Bestellung des Kunden und der Annahme des Angebots durch schriftliche Bestätigung des Verkäufers ein längerer Zeitraum liegt (max. 3 Wochen bei nicht vorrätigen Pkw), stellt sich die Frage, ob es auf das Bestelldatum oder auf das spätere Zustandekommen des Vertrages ankommt. Ohne schriftliche Bestätigung ist der Vertrag erst mit Auslieferung des Fahrzeugs (s. Abschn. I Ziff. 1 NWVB) oder durch einen anderen konkludenten Akt zum Abschluss gebracht. Bei Vertragsverhandlungen im Dreieck (unter Beteiligung einer Leasinggesellschaft oder einer Bank) kann sich der Abschluss des Kaufvertrages gleichfalls verzögern. In Kenntnis der besonderen Abschlusstechnik beim Neuwagenkauf (dazu Rn 4 ff.) hat der BGH sich auf den Vertragsabschluss und nicht auf das Bestelldatum festgelegt, allerdings ohne auf das Problem näher einzugehen. Das LG Flensburg[133] stellt dagegen ausdrücklich auf den früheren Zeitpunkt der Bestellung ab, was dem Handel hilft und im Übrigen leicht feststellbar ist. Dennoch sollte es bei der für den Kunden günstigeren Ansicht des BGH bleiben. Maßgeblich ist demnach nicht das Bestelldatum, sondern der Zeitpunkt des Vertragsabschlusses.

Der Zeitpunkt der **Produktion der Einzelteile**, z. B. der Reifen, ist in diesem Zusammenhang nicht relevant. Da allein die Standzeit des Fahrzeugs für seine Fabrikneuheit entscheidend ist, kommt es auf die Umstände der Lagerhaltung nicht an.[134] Die Frage, wo und wie aufbewahrt wurde, wird nur relevant, wenn ein Fahrzeug mit einer Standzeit/Lagerdauer von weniger als 12 Monaten Lagermängel aufweist, die für sich genommen zu einem vorzeitigen Verlust der Fabrikneuheit führen können (dazu Rn 272).

253 Veranlassung für eine **vom Regelfall abweichende Beurteilung** kann bestehen, wenn der Verkäufer das Neufahrzeug ausdrücklich und sichtbar als ‚**Lagerfahrzeug**' deklariert. Allerdings besagt „Lagerfahrzeug" aus der maßgeblichen Sicht des Käufers nicht mehr, als

---

125 OLG Köln 23. 3. 1970, OLGZ 1971, 15 ff.
126 AG Mönchengladbach 16. 6. 1976, NJW 1977, 110; LG Darmstadt 24. 7. 1980 – 17 S 25/80 – n. v., OLG Hamm 2. 12. 1982, DAR 1983, 357.
127 OLG Köln 23. 3. 1970, OLGZ 1971, 15 ff.
128 Auch ein Motorrad, s. LG Berlin 18. 2. 2004, NJW 2005, 2163; zum Wohnmobil s. Brand OLG 17. 1. 2008, SP 2008, 343.
129 BGH 15. 10. 2003, NJW 2004, 160; so auch OLG Karlsruhe 31. 5. 2005 – 8 U 1/05 – n. v.
130 Siehe dazu die Rechtsprechungsübersicht unter Rn 206 ff. der Vorauflage.
131 Eine Überschreitung um wenige Tage ist unschädlich, vgl. LG Flensburg 27. 9. 2006, SP 2007, 409.
132 BGH 15. 10. 2003, NJW 2004, 160.
133 Urt. V. 27. 9. 2006, SP 2007, 409.
134 BGH 18. 6. 1980, NJW 1980, 2127.

dass der Händler das betreffende Fahrzeug **„am Lager hat"**, es mithin nicht erst beim Hersteller/Importeur bestellen muss.[135] **Der BGH:**

„Auch für ein ‚Lagerfahrzeug‘, das als ‚Neuwagen‘ oder ‚neues Fahrzeug‘ verkauft wird, sichert der Verkäufer damit grundsätzlich die Fabrikneuheit zu" (Urt. v. 22. 3. 2000, NJW 2000, 2018).

Die Bezeichnung „Lagerfahrzeug" nahm das OLG Koblenz[136] zum Anlass, dem Verkäufer eine **Lagerfrist von 18 Monaten** anstatt der sonst üblichen Frist von bis zu 12 Monaten zuzubilligen. Die Aufklärung des Käufers darüber, dass es sich um ein Fahrzeug aus dem Lagerbestand handelt, befreit den Händler nicht von seiner Verantwortung für die Modellaktualität.[137] Hat der Hersteller das betreffende Modell zwischenzeitlich mit einer wesentlich verbesserten Ausstattung (ABS) ausgerüstet, fehlt einem als Lagerfahrzeug bezeichneten Importauto die vom Verkäufer geschuldete Eigenschaft der Fabrikneuheit.[138] Anders kann es liegen, wenn der Händler das Fahrzeug als „Lagerfahrzeug" bezeichnet und ein ganz bestimmtes Modelljahr („Modell 2002") hinzufügt.[139] In einem solchen Fall kann sogar eine Standzeit **von 27 Monaten** noch vertragsgerecht sein.[140]

Mit einer Lagerdauer von mehr als 12 Monaten muss der Käufer auch dann rechnen, wenn der Händler ihm ein Fahrzeug als Nullkilometerfahrzeug mit einem überdurchschnittlichen Abschlag verkauft und darauf hinweist, dass es nicht dem neuesten Modell entspricht.[141]

254 Auch für **modellveraltete Neufahrzeuge** gibt es Altersgrenzen. Das AG Erkelenz[142] entschied, dass dem Käufer eines japanischen Importfahrzeugs, dessen Produktion eingestellt worden war, eine Lagerzeit von 28 Monaten nicht zuzumuten ist. 23 Monate sind dem OLG Oldenburg zuviel.[143]

255 **Praxisproblem „Altersforschung":** Seitdem die Hersteller nicht mehr verpflichtet sind, das Baujahr in den Fahrzeugpapieren und/oder am Fahrzeug direkt anzugeben, ergibt sich für den Käufer die **unerfreuliche Konsequenz**, dass er über die Standzeit des Fahrzeugs im Unklaren gelassen wird, ihm also ein wertbildender Faktor vorenthalten wird. Damit er in die Lage versetzt wird, das Alter des Neufahrzeugs zu überprüfen und seine Rechte angemessen wahrzunehmen, gehört die Forderung nach Wiedereinführung der Pflicht zur Eintragung des Baujahres/Herstellungsdatums in den Kraftfahrzeugpapieren auf die Tagesordnung. Der jetzige Zustand ist spätestens seit dem BGH-Urteil vom 15. 10. 2003[144] untragbar. Es gibt keine Argumente, die gegen diese Forderung sprechen.[145]

256 Derzeit befindet sich der Käufer im Hinblick auf seine Beweisführungsmöglichkeiten in einer misslichen Lage.[146] Da das **Fertigstellungsdatum** bei den meisten Fabrikaten allen-

---

135 BGH 22. 3. 2000, NJW 2000, 2018.
136 Urt. v. 13. 7. 1995 – 5 U 166/95 – n. v.
137 BGH 22. 3. 2000, NJW 2000, 2018; OLG Koblenz 22. 12. 1994, NZV 1995, 399.
138 OLG Koblenz 27. 6. 1996, MDR 1996, 1125 (Standzeit 18 Monate); OLG Bamberg 21. 6. 2002, OLGR 2002, 328 (Standzeit 18 Monate und 20 % Rabatt); OLG Köln 1. 4. 2004, DAR 2005, 87 – Tageszulassung, Standzeit 24 Monate, 37,5 % Rabatt, Modellwechsel zum Zeitpunkt des Verkaufs 11 Monate zurückliegend.
139 Vgl. OLG Braunschweig 7. 7. 2005, NJW-RR 2005, 1508.
140 OLG Braunschweig 7. 7. 2005, NJW-RR 2005, 1508.
141 OLG Zweibrücken 5. 5. 1998, NJW-RR 1998, 1211.
142 Urt. v. 25. 4. 1997, ZfS 1997, 298.
143 Urt. v. 8. 1. 2007, DAR 2007, 212.
144 NJW 2004, 160.
145 So die Empfehlung des 42. VGT (2004); in diesem Sinne *Reinking*, DAR 2003, 582; *Eggert*, DAR 2004, 329.
146 Beispiel für eine erfolgreiche Beweisführung: LG Köln 15. 5. 2008 – 37 O 1054/07 – n. v.

falls **verschlüsselt** im Kfz-Brief enthalten ist, muss der Käufer detektivische Kleinarbeit leisten, um herauszufinden, wann sein Auto tatsächlich gebaut wurde. Hinweise auf das Produktionsdatum können der **Reifenkennzeichnung** entnommen werden.[147] Die dort eingeprägte **DOT-Nummer**[148], die seit Januar 2000 vierstellig ist, gibt Aufschluss über Woche und Jahr der Reifenherstellung. So besagt die Ziffernfolge 3501 z. B., dass die Herstellung in der 35. Woche des Jahres 2001 erfolgt ist. Von einem Autoverwerter, nicht aber von einem Privatkunden kann erwartet werden, dass er die DOT-Nummer kennt. Deshalb braucht der Käufer die bei einem Verwerter gekauften Reifen nicht von einem Fachbetrieb auf ihre Gebrauchstauglichkeit hin überprüfen zu lassen.[149]

Fertigungsmarkierungen von Bauteilen enthalten Zahlenkombinationen, deren Ziffern das Jahr und den Fertigungsmonat angeben. In Kunststoff- und Gussteile werden oftmals **Produktionsmarken** eingestanzt oder eingegossen, die das Produktionsdatum als Jahres- und Monatszahl enthalten. Die letzte Zahl, im Uhrzeigersinn betrachtet, gibt den Produktionsmonat an. Auch auf der Windschutzscheibe eines Kraftfahrzeugs befinden sich manchmal Schlüsselzahlen, die das Datum der Herstellung bezeichnen. Nach Auskunft des ADAC geben übereinstimmende Produktionsdaten auf verschiedenen Bauteilen verlässlich Auskunft über das Herstellungsdatum des Gesamtfahrzeugs, da die Zulieferung zeitnah zur Fahrzeugherstellung erfolgt. **257**

Die internationale 17-stellige **Fahrzeug-Identifizierungsnummer**, die ab der 10. Stelle den Produktionszeitraum wiedergeben soll, wurde von vielen, aber nicht von allen Kraftfahrzeugherstellern eingeführt. Anders als in den USA besteht hierzu in der Bundesrepublik Deutschland kein gesetzlicher Zwang.[150] Der Buchstabe bzw. die Ziffer an der 10. Stelle gibt das Modelljahr an, das jedoch nicht mit dem Kalenderjahr identisch sein muss.[151] Nach Ausschöpfung des Alphabets im Jahr 2000, für das der Buchstabe Y stand, einigten sich die Hersteller auf eine fortlaufende Ziffernfolge, beginnend mit dem Modelljahr 2001. Für das Jahr 2001 steht an 10. Stelle der Fahrgestellnummer die Ziffer 1, und für das Jahr 2005 die Ziffer 5 usw.

Beispiel:
Fahrzeug – Identnummer WOLOTGF48**5**8000.079. Es handelt sich um ein Fahrzeug des Modelljahres 2005.

Das Modelljahr kann je nach Hersteller/Fahrzeugmodell in ganz unterschiedlichen Monaten beginnen (s. auch Rn 1373). Die Möglichkeit, den **Monat der Produktion** aus der Fahrzeug-Identnummer herauszulesen, haben nur Insider, allen voran der Hersteller.[152]

Auskünfte über das Alter erteilt auch das Kraftfahrt-Bundesamt. Es reicht dazu aus, dem Kraftfahrt-Bundesamt Hersteller und Fahrgestellnummer mitzuteilen. Zwar kann der Auskunft nicht immer exakt entnommen werden, wann das betreffende Fahrzeug hergestellt wurde, doch lässt der Verwendungsnachweis Rückschlüsse auf das ungefähre Fertigstellungsdatum zu. Das Gericht kann von Amts wegen eine **amtliche Auskunft** einholen. Käufer sind gut beraten, einen entsprechenden Antrag ausdrücklich zu stellen. Zielführender ist es, gem. **§ 142 ZPO** einen Produktionsnachweis des Herstellers/Importeurs zu erwirken. Auf Unzumutbarkeit i. S. d. § 142 Abs. 2 ZPO wird er sich nicht berufen können. Geschäftsgeheimnisse stehen nicht auf dem Spiel. **258**

---

147 *Romanovszky*, Kauf von neuen Kraftfahrzeugen, S. 10; *Creutzig*, Recht des Autokaufs, Rn 0.16.
148 Department of Transportation.
149 OLG Köln 7. 11. 2000, OLGR 2001, 45.
150 DAR 1985, 353 – Anm. der Schriftleitung zu dem dort veröffentlichten Urteil des OLG Hamm vom 14. 5. 1985.
151 Auskunft über die Bedeutung der Ziffern bzw. Buchstaben im Fahrzeugschein liefert der Beitrag im Autobild Nr. 16 2006, S. 44.
152 Entnommen den Informationen aus der Fahrzeugtechnik des ADAC, Stand 2/01.

Angesichts der Schwierigkeiten, das Herstellungsdatum eines Kraftfahrzeugs zu ermitteln, ist ein **Auskunftsanspruch** des Käufers gegen den Verkäufer aus **vertraglicher Nebenpflicht** in Erwägung zu ziehen.[153] Der Verkäufer verfügt zwar nicht über die Herstellungsunterlagen des Fahrzeugs, kann diese aber beim Hersteller/Importeur besorgen. Daneben kommt ein **Direktanspruch gegen den Hersteller/Importeur** in Frage, wobei an eine analoge Anwendung des § 810 BGB zu denken ist. Eine weite Auslegung der Vorschrift zugunsten des Käufers erscheint gerechtfertigt.[154]

bb) Das Kriterium Modellaktualität

(1) Allgemeines

259 Dem Kfz-Handel ist es nicht verwehrt, bei einem **Modell- oder Typenwechsel** während der Übergangszeit Fahrzeuge der alten und der neuen Serie nebeneinander zu verkaufen und dabei die alten Modelle ggf. mit Preisnachlass anzubieten. Häufig ist der Unterschied zwischen dem alten und dem neuen Modell schon anhand der Modell- bzw. Typenbezeichnung für den Kaufinteressenten erkennbar. Mitunter wird bei Einführung neuer Modelle aber auch an der alten Bezeichnung festgehalten, was zu Missverständnissen führen kann.[155] Überhaupt ist das Kriterium der Modellaktualität von sämtlichen „Fabrikneu"-Eigenschaften dasjenige mit dem größten Konfliktpotenzial. Entsprechend groß ist die Rechtsunsicherheit gewesen, bis **der BGH** im Anschluss an seine Entscheidung vom 22. 3. 2000[156] durch Urteil vom 16. 7. 2003 klargestellt hat:

> „Ein als Neuwagen verkaufter Pkw ist entgegen der in der Regel hierin liegenden konkludenten Zusicherung nicht mehr ‚fabrikneu', wenn das betreffende Modell im Zeitpunkt des Verkaufs nicht mehr unverändert hergestellt wird" (NJW 2003, 2824 = DAR 2003, 510).

Maßgeblicher Zeitpunkt für die Änderung ist die Einstellung der Produktion des bisherigen Modells, nicht die Auslieferung der neuen Modellserie an den Handel.[157] Dabei kommt es nicht darauf an, ob der Händler oder der Kunde als Außenstehender den Zeitpunkt der **betriebsinternen Produktionsumstellung** kannte oder erkennen konnte. Entscheidend ist vielmehr, dass dieser Zeitpunkt objektiv festgestellt werden kann.

Sofern sich die Produktionszeiträume überlappen, das neue Modell also bereits an den Handel ausgeliefert wird, ohne dass die Herstellung des Vorgängermodells eingestellt wurde, kann der Händler verpflichtet sein, den Käufer darauf hinzuweisen, wenn er ihm das alte Modell verkauft. Unterlässt er in Kenntnis der Fakten die Aufklärung über den Modellwechsel, kann er sich schadensersatzpflichtig machen.[158] Zur Aufklärungspflicht s. auch Rn 268.

260 Die **Bezeichnung „Modell"** ist unscharf. Laut § 2 Nr. 15 Pkw-EnVKV ist „Modell" die Handelsbezeichnung eines Fahrzeugs bestehend aus Fabrikmarke, Typ sowie ggf. Variante und Version. Im Zusammenhang mit der Beurteilung der Fabrikneuheit eines Kraftfahrzeugs erübrigt sich eine genaue Festlegung des Begriffs, da es nicht darauf ankommt, ob die Änderung der Technik und Ausstattung im Zusammenhang mit einem Modellwechsel erfolgt oder ob sie lediglich der Verbesserung der laufenden Modellserie dient, also nur eine Maßnahme der Modellpflege und Typverbesserung[159] oder ein Face-lifting darstellt. Für die

---

153 Bejahend *Ferner*, SVR 2004, 62.
154 BGH 15. 12. 1965, BB 1966, 99.
155 Vgl. OLG Düsseldorf 7. 6. 2004, SVR 2005, 26 und 105 (Peugeot 406).
156 NJW 2000, 2018.
157 BGH 16. 7. 2003, NJW 2003, 2824.
158 Von BGH 16. 7. 2003, NJW 2003, 2824 letztlich offengelassen.
159 Siehe auch OLG Hamm 20. 3. 1980, DAR 1980, 285.

Einzelfälle von Sachmängeln

Fabrikneuheit ist entscheidend, dass das gelieferte Fahrzeug im Vergleich zur Serie keinerlei Änderungen in Technik und Ausstattung aufweist.

Lange Zeit galt, dass nur **erhebliche Veränderungen** einer in Produktion befindlichen Fahrzeugserie die Fabrikneuheit zuvor hergestellter Fahrzeuge beeinträchtigen. Als eine Veränderung von nicht hervorragender Bedeutung, sondern als technische Einzelverbesserung im Sinne betriebsinterner Modellpflege wertete das KG[160] die Änderung der Hinterachskonstruktion, die eine Verbesserung der Fahreigenschaften bewirkte, ohne dass die ursprüngliche Konstruktion Funktionsstörungen aufwies. In dem gleichen Sinne urteilten das OLG Zweibrücken[161], das die Einführung eines Kurzhalsgetriebes als nicht grundlegende Konstruktionsverbesserung ansah, und das OLG Stuttgart[162] im Fall der Anbringung eines zusätzlichen Rücklichts. Sie nahmen damit Rücksicht auf die Automobilindustrie, die ein Interesse daran hat, ihre Fahrzeuge kontinuierlich technisch zu verbessern, ohne gleichzeitig dem Zwang unterworfen zu sein, die bereits hergestellten Produkte preislich herabsetzen zu müssen.

261

Dieser herstellerfreundlichen Auffassung ist **der BGH** schon in seiner Entscheidung vom 6.2.1980[163] entgegengetreten. Seither gilt, dass ein Neufahrzeug, um fabrikneu zu sein, ‚**keinerlei Änderungen**' in Technik und Ausstattung im Vergleich zur laufenden Modellreihe aufweisen darf. Danach kommt es auf die Erheblichkeit der Änderung nicht an. Die Instanzgerichte sind dem BGH gefolgt.[164] Nur vereinzelt hat man an dem Erfordernis einer wesentlichen Veränderung festgehalten[165], das bei Verbesserungen technischer Art meistens anzunehmen ist.[166]

262

Beispiele aus der Rechtsprechung:
- Verbesserung der Schraubenfedern, des Karosserieschutzes, der Thermostatanzeige, der elektrischen Vorwärmeeinstellung und Wegfall der 1000-km-Inspektion – AG Charlottenburg 28.8.1980, DAR 1980, 370,
- Änderung des Motors, die es ermöglichte, das Fahrzeug statt mit Superbenzin mit Normalbenzin zu fahren – OLG Köln 2.7.1982, DAR 1982, 403,
- Fehlen der in dem geänderten Modell serienmäßig vorhandenen Servolenkung – OLG Köln 9.11.1983 – 2 U 70/83 – n.v.,
- Verbesserung des Grundmodells durch Ausstattung mit Katalysator ohne Änderung der Typenbezeichnung – OLG Köln 10.1.1990, DAR 1990, 457,
- Fehlen der seit dem 1.1.1990 nach § 50 Abs. 8 StVZO vorgeschriebenen Leuchtweitenregulierung trotz Vorhandenseins einer eintragungsfähigen Ausnahmegenehmigung – LG Köln 11.4.1991 – 2 O 472/90 – n.v.

---

160 Urt. v. 7.2.1969, NJW 1969, 2145 ff.
161 Urt. v. 20.11.1969, MDR 1970, 325.
162 Urt. v. 26.1.1959, BB 1959, 338; ferner OLG München 9.2.1965, DAR 1965, 272, das auf bau- und fahrtechnisch bedeutsame Veränderungen abstellte.
163 NJW 1980, 1097.
164 OLG Köln 18.1.2005, DAR 2005, 629 (um 50% größeres Tankvolumen/Smart); OLG Hamm 20.3.1980, DAR 1980, 285; OLG Düsseldorf 15.10.1981, NJW 1982, 1156; LG Köln 8.1.1981 – 2 O 371/80 – n.v.; 6.1.1983 – 8 O 216/81 – n.v.
165 So OLG Karlsruhe 31.5.2005 – 8 U 1/05 – n.v., wonach Maßnahmen der Modellpflege und einige Änderungen, die in einem Zeitraum von 2 Jahren nach Produktionsbeginn vorgenommen wurden, die Fabrikneuheit nicht beseitigen und nicht zur Folge haben, dass der Händler zur Nacherfüllung (Ersatzlieferung) außer Stande ist.
166 OLG Köln 10.1.1990, DAR 1990, 457.

- Ausrüstung der laufenden Modellreihe mit Wegfahrsperre und ABS, nicht aber eine geringfügige Veränderung der Lackierung und des Herstellungsverfahrens – OLG Zweibrücken 5. 5. 1998, NJW-RR 1998, 1211,
- Fehlen des Kickstarters bei einem Motorroller der Vorjahresserie – AG Frankfurt 7. 2. 1997, NJW-RR 1998, 489,
- Getriebemodifizierung bei einem Motorrad wegen Mängel der Vorserie; offen gelassen im Hinblick auf den Einbau eines Fahrerinformationsdisplays – LG Köln 10. 10. 1995 – 4 O 395/94,
- Notbremsassistent mit Einschaltautomatik der Warnblinkleuchten statt elektronischer Notbremsassistent; zusätzlicher Einbau einer Einschaltautomatik des Abblendlichts sowie Einbau einer Wärme abweisenden Windschutzscheibe statt einer Wärmeschutzverglasung – OLG Düsseldorf 7. 6. 2004 – 1 U 11/04 – n. v.,
- Vergrößerung des Tankinhalts um 50 % bei einem Kleinwagen – OLG Köln – 22 U 180/04 – n. v.

Die vom BGH zur Modellaktualität aufgestellten Grundsätze gelten uneingeschränkt auch für **reimportierte Kraftfahrzeuge**. Importfahrzeuge aus der Vorserie sind nicht fabrikneu.[167] Zur Aufklärungspflicht des Verkäufers s. Rn 268, zu den Besonderheiten beim „EU-Neuwagen" s. Rn 744.

263 Wenn Modellaktualität ausnahmsweise nicht geschuldet ist, besagt das nicht ohne weiteres, dass das Fahrzeug auch im Übrigen nicht „fabrikneu" sein darf. Der Käufer, der ein nicht mehr aktuelles Modell erwirbt, darf im Allgemeinen erwarten, dass mangels gegenteiliger Hinweise alle übrigen „Fabrikneu"-Eigenschaften erfüllt sind. Das Fahrzeug darf noch nicht benutzt worden sein und keine Lagermängel oder Beschädigungen aufweisen.[168] Mit einem höheren Fahrzeugalter (längerer Standzeit) muss beim Kauf eines modellveralteten Fahrzeugs freilich unter Umständen gerechnet werden, insbesondere wenn der Verkäufer einen erheblichen Nachlass auf den Kaufpreis gewährt.[169]

(2) Sonderprobleme

264 **Modellaktualität vorrätiger Neufahrzeuge:** Die Grundsätze zur Fabrikneuheit sind grundsätzlich auch auf den Kauf vorrätiger Fahrzeuge anzuwenden.[170] Das sind diejenigen Fahrzeuge, die in der Terminologie der NWVB beim Verkäufer „vorhanden" sind, die er am Lager hat, z. B. in der Ausstellungshalle stehen. Nicht durchgesetzt hat sich die lebensfremde Ansicht, der Käufer eines vorrätigen Fahrzeugs müsse, wenn er einen dem allerneuesten Stand entsprechenden Fahrzeugtyp erhalten wolle, mit dem Händler eine entsprechende Vereinbarung treffen.

Ursprünglich vertraten nur das OLG Düsseldorf[171] und das OLG Köln[172] die Auffassung, der Käufer eines vorrätigen Neuwagens habe grundsätzlich Anspruch auf Lieferung eines Kraftfahrzeugs mit allen technischen Neuheiten der zuletzt gefertigten und auf dem Markt befindlichen Bauserie. Das OLG Düsseldorf[173] beanstandete das Fehlen der Fabrikneuheit, weil der vorrätige Neuwagen nicht mit einer vom Hersteller zwischenzeitlich eingeführten

---

167 OLG Koblenz 22. 12. 1994, NZV 1995, 399; 27. 6. 1996, NJW-RR 1997, 430; LG Köln 6. 12. 1984 – 2 O 166/84 – n. v.
168 OLG Düsseldorf 15. 10. 1981 – 6 U 216/80 – n. v.
169 Vgl. OLG Köln 1. 4. 2004, DAR 2005, 89 = VersR 2005, 1253.
170 BGH 6. 2. 1980, NJW 1980, 1097; a. A. LG Köln 16. 11. 1995 – 22 O 619/94 – n. v. – Verkauf eines Neufahrzeugs aus dem ‚Pool' des Herstellers.
171 Urt. v. 13. 4. 1970, NJW 1971, 622.
172 Urt. v. 23. 3. 1970, OLGZ 1971, 15 ff.
173 Urt. v. 13. 4. 1970, NJW 1971, 622.

Doppel-Zweikreis-Bremsanlage und einer Warnblinkanlage ausgerüstet war. Während der Übergangszeit waren sowohl Fahrzeuge der Vorserie als auch die technisch verbesserten Modelle auf dem Markt zu gleichen Preisen angeboten worden. In den Urteilsgründen räumten die Richter ausdrücklich ein, dass beim Kauf eines Ausstellungswagens die Vertragsauslegung durchaus zu einem anderen Ergebnis führen kann. Ein fabrikneues Auto kann der Käufer nicht erwarten, wenn sich aus den Umständen ergibt, dass das Fahrzeug bereits vor einem länger zurückliegenden Zeitpunkt an den Händler geliefert wurde.

Ausstellungswagen: Allein die Tatsache, dass ein Neufahrzeug als Ausstellungsstück einige Zeit beim Händler gestanden hat, beeinträchtigt bei eingehaltener Gesamtstandzeit von 12 Monaten nicht die Fabrikneuheit. Die bloße Präsentation im show room stellt im Allgemeinen keine Benutzung dar.[174] Nach Meinung des OLG Düsseldorf[175] gilt dies selbst dann, wenn ein Präsentationsfahrzeug in den Ausstellungsräumen des Händlers während eines Zeitraums von mehr als einem halben Monat nicht nur ernsthaften Kaufinteressenten vorgestellt wurde, sondern potenziellen Kunden allgemein zugänglich war. Eine Beeinträchtigung der Fabrikneuheit ist freilich anzunehmen, wenn ein Ausstellungsauto **deutliche Gebrauchs- und Abnutzungsspuren** aufweist, die durch häufiges Probesitzen, Öffnen und Schließen der Türen, Anfassen und Betätigen der Bedienungselemente entstanden sind.[176] Auch bei einer Präsentation eines Neufahrzeugs außerhalb des Firmensitzes des Händlers, z. B. in einem Möbelhaus oder bei einem „Event", kann die Eigenschaft „fabrikneu" entfallen. Die Alternative ist eine Lösung unter Annahme einer Aufklärungspflicht.

Kein Anspruch auf Nachfolgemodell: Die Regelung Abschn. IV Ziff. 6 S. 1 NWVB (3/08), wonach zumutbare Änderungen während der Lieferzeit vorbehalten bleiben, gewährt dem Käufer keinen Rechtsanspruch auf ein Fahrzeug mit den neuesten Änderungen (Nachfolgemodell). Der Käufer trägt somit das Risiko, dass der Hersteller das Modell während der Lieferzeit ändert. Der Kunde, so das LG Hamburg,[177] müsse immer damit rechnen, dass auf der nächsten Ausstellung ein neuer Fahrzeugtyp herauskomme.[178] Da der Käufer das Fahrzeug in der von ihm bestellten Ausstattung erhält, kann er nicht einwenden, es sei inzwischen veraltet.

Liefert der Händler das Fahrzeug in geänderter Version, gibt es in der Regel keine Probleme. Gegen unliebsame Veränderungen wird der Käufer durch Abschn. IV Ziff. 6 S. 1 NWVB geschützt. Er kann das Fahrzeug zurückweisen, wenn die Änderungen für ihn unzumutbar sind (siehe Rn 187 ff.).

Bestellung des Nachfolgemodells: Aus dem Vertrag kann sich ergeben, dass die Lieferung des Nachfolgemodells vereinbart wurde. Dies entnahm der BGH[179] der Formulierung ‚neue Ausführung' in der Bestellung eines Neuwagens, dessen Preis und Ausstattung im Zeitpunkt des Vertragsabschlusses noch nicht feststanden. Nach einer Entscheidung des OLG Karlsruhe[180] ist nach den Grundsätzen von Treu und Glauben von dem Zustandekommen eines Vertrages über das Nachfolgemodell auszugehen, wenn dessen Produktion noch nicht aufgenommen, die des Vorgängermodells aber bereits eingestellt wurde. Eine von der Bestellung abweichende Auftragsbestätigung des Verkäufers steht einer solchen Auslegung nach Ansicht der Richter nicht entgegen, wenn es dem Käufer darum geht, die lange

---

174 Vgl. auch OLG Köln 18. 1. 2005, DAR 2005, 629 (Smart).
175 OLG Düsseldorf 12. 7. 1991, NJW-RR 1991, 1464.
176 LG München I 16. 5. 2002 – 4 O 17.799/01 – n. v.
177 Urt. v. 23. 11. 1960, BB 1961, 67.
178 *Schmid*, DAR 1981, 43 ff.
179 Urt. v. 19. 3. 1980, NJW 1980, 1680 ff.
180 Urt. v. 19. 10. 1977, DAR 1978, 13.

Lieferfrist für das neue Modell durch frühzeitige Bestellung abzukürzen und der Verkäufer diese Absicht erkennt.

Die Einigung über eine Fahrzeugbeschaffenheit, die der Regelausstattung des Modells zum vereinbarten Lieferzeitpunkt entspricht, ist nach Meinung des LG Köln anzunehmen, wenn bereits bei Vertragsschluss feststeht, dass die Fahrzeugausstattung geänderten Zulassungsvorschriften angepasst werden muss, die vor dem vereinbarten Liefertermin in Kraft treten.[181]

268 **Aufklärungspflicht des Verkäufers bei Modellwechsel:** Zu unterscheiden ist zwischen der **vertragsrechtlichen** und der **wettbewerbsrechtlichen** Aufklärungspflicht. Grundsätzlich ist es Sache eines jeden Kaufinteressenten, für hinreichend eigene Informationen zu sorgen. Das gilt auch mit Blick auf Marke, Typ, Modell und Version des zu bestellenden Fahrzeugs. Das Informationsverhalten von Neuwagenkäufern ist Gegenstand umfangreicher empirischer Forschung. Welche Bedeutung Testberichte, Prospekte, Internet und sonstige Informationsquellen haben, ist gründlich erforscht.[182] Fazit: Nie zuvor waren Neuwagenkäufer so gut informiert wie gegenwärtig. Andererseits waren die Neuwagenangebote in der Finanzierung wie in der Ausstattung nie zuvor derart unübersichtlich, dass der Neuwagenkauf bereits als **„Wissenschaft"** bezeichnet wird.[183]

Wettbewerbsrechtlich, aber auch mit Blick auf das Informationsverhalten des Handels bei den Vertragsverhandlungen ist **die Verkehrserwartung** von entscheidender Bedeutung. Bei einem Pkw geht die Erwartung der Kaufinteressenten zweifellos dahin, darüber aufgeklärt zu werden, dass der angebotene Wagen **ein Auslaufmodell** ist.[184] Ein Hinweis darauf ist für den BGH „**grundsätzlich unerlässlich**".[185] Damit ist noch nicht die Frage beantwortet, ob der Händler von sich aus, d. h. ungefragt, auch darauf hinzuweisen hat, dass **ein Modellwechsel bevorsteht**. Dies ist zu verneinen.

269 **Erkundigt** sich der Käufer ausdrücklich danach, ob mit dem Erscheinen eines neuen Modells zu rechnen ist, muss der Verkäufer ihn wahrheitsgemäß aufklären. Das Gleiche gilt im Hinblick auf eine bevorstehende Einstellung der Fahrzeugproduktion wegen Werksschließung, zumal dann, wenn **der Hersteller** das Fahrzeug als Auslaufmodell bezeichnet.[186] Falls der Händler die Vorzüge des älteren Modells anpreist, muss er auch auf die Nachteile hinweisen (fehlender Katalysator).[187]

Die Verletzung einer Aufklärungspflicht kann eine Haftung aus **culpa in contrahendo** begründen (dazu Rn 2217 ff.). Gesperrt ist sie allerdings, wenn der Verkäufer über einen Umstand (fahrlässig) nicht oder falsch informiert hat, der sich auf die Beschaffenheit des Fahrzeugs bezieht. Ein bevorstehender Modellwechsel ist ein außerhalb des Kaufobjekts liegender Umstand, so dass für die c. i. c.-Haftung Raum ist.[188]

cc) Das Kriterium „Beschädigungsfreiheit"

270 Von „fabrikneu" kann laut BGH[189] nur die Rede sein, wenn das Fahrzeug keine durch längere Standzeit bedingten Mängel aufweist und wenn es nach dem Verlassen des Herstellerwerkes unbeschädigt geblieben ist.

---

181 Urt. v. 11. 4. 1991 – 2 O 472/90 – n. v.
182 Z. B. DAT-Report 2008, S. 19, 20.
183 FAZ 23. 7. 2005.
184 BGH 3. 12. 1998, NJW 1999, 2190, 2191.
185 Urt. v. 3. 12. 1998, NJW 1999, 2190, 2191 (Wettbewerbssache).
186 BGH 6. 10. 1999, NJW-RR 2000, 1204; s. auch OLG Hamm 20. 3. 1980, MDR 1980, 846; OLG Köln 28. 4. 1995, OLGR 1996, 48, das unter Auslaufmodellen Produkte versteht, die vom Hersteller nicht mehr produziert werden und nur noch als Restbestände im Vertrieb verfügbar sind.
187 OLG Köln, 10. 1. 1990, NZV 1991, 28.
188 Vgl. *S. Lorenz* EWiR § 463 BGB a. F. 2/03, 1181.
189 Urt. v. 6. 2. 1980, NJW 1980, 1097; 18. 6. 1980, NJW 1980, 2127.

Fabrikations- und **Konstruktionsfehler** beeinträchtigen nicht die Fabrikneuheit eines **271** Kraftfahrzeugs, denn „fabrikneu" bedeutet nicht mängelfrei.[190] Das gilt auch dann, wenn es sich bei dem zu liefernden Kraftfahrzeug um eine Gattungssache handelt, deren Beschaffenheit von mittlerer Art und Güte sein muss. Eine Qualität von mittlerer Art und Güte, wie sie § 243 Abs. 1 BGB fordert, ist nicht gleichbedeutend mit Mängelfreiheit i. S. v. § 434 BGB. Im Zusammenhang mit „fabrikneu" sind nur solche Vorgänge von Bedeutung, die außerhalb des Produktionsprozesses liegen, nicht notwendigerweise außerhalb der Werkstore. Es geht insbesondere um Transportschäden („Überführungsschäden"), Schäden bei der Lagerung und dergleichen. Um die Fabrikneuheit beseitigen zu können, müssen sie von einem gewissen Gewicht sein, wobei die Grenze naturgemäß äußerst eng zu ziehen ist.

(1) Lagermängel (Standzeitmängel)

Beispiele aus der Rechtsprechung: **272**

- Beeinträchtigung der Fabrikneuheit durch zahlreiche und umfangreiche Roststellen (LG Mannheim 29. 6. 1978, DAR 1979, 74).
- Anomale Verschmutzungen, Rostansätze am Reflektor sowie ringsum Flecken und Kratzer (BGH 27. 9. 1967, BB 1967, 1268; ferner OLG Karlsruhe 16. 6. 1971, DAR 1972, 17; LG Berlin 30. 9. 1975, NJW 1975, 151).
- „Standbeulen" in den Reifen („Standplatten").

Ist eine über die Regelfrist von 12 Monaten hinausgehende Lagerdauer ausnahmsweise nicht vertragswidrig, können die mit der längeren Lagerdauer zwangsläufig verbundenen Beeinträchtigungen die Eigenschaft „fabrikneu" nicht entfallen lassen. Atypische Lagerschäden gehen gleichwohl zu Lasten des Verkäufers.[191] Indes hat er ein Recht zur Nacherfüllung, hier Mängelbeseitigung, während das Fehlen von „fabrikneu" einen unbehebbaren Mangel bedeutet.

(2) Nachlackierungen

Ein Thema, mit dem sich die Rechtsprechung wiederholt befassen musste, sind Nachla- **273** ckierungen an Neufahrzeugen; entweder zur Behebung von Mängeln der Erstlackierung, die in einigen Fällen bereits zu Lagermängeln geführt haben, zur Beseitigung originärer Lagermängel oder aus Anlass von Beschädigungen noch im Werk oder außerhalb (zur Parallelproblematik beim Gebrauchtwagenkauf s. Rn 2134).

Beispiele aus der Rechtsprechung:

- Für das KG[192] war ausschlaggebend, dass die **Zweitlackierung** nach den gültigen Richtlinien des Herstellers vorgenommen worden war. Mängel der Zweitlackierung (Übernebelung des Lackes) sahen die Richter als nachbesserungsfähig an. Zu Rostschäden am Fahrzeug war es infolge fehlerhafter Erstlackierung noch nicht gekommen.
- Das OLG Düsseldorf[193] hatte über die Fabrikneuheit eines im Ausland hergestellten Fahrzeugs zu befinden, an dem umfangreiche Nachlackierungsarbeiten durchgeführt worden waren. Es vertrat die Ansicht, die Eigenschaft ‚fabrikneu' werde nicht beeinträchtigt, wenn die Werkstatt die Fehler der Werkslackierung vor dem ersten Auftreten erheblicher Rostschäden durch eine fachgerechte Nachlackierung behebe. Die vom Gut-

---

190 Nach Meinung des OLG Köln – 15. 6. 1999, OLGR 1999, 325 – sind im Werk durchgeführte Karosseriearbeiten zur Behebung von Fertigungsmängeln offenbarungspflichtig; s. auch LG Bonn 26. 9. 2006, NJW-RR 2007, 1424.
191 Vgl. OLG Braunschweig 7. 7. 2005, NJW-RR 2005, 1508 (Reifenschäden in Form von „Standbeulen").
192 Urt. v. 29. 5. 1979 – 6 U 365/79 – n. v.; zustimmend LG Bonn 26. 9. 2006, NJW-RR 2007, 1424.
193 Urt. v. 15. 10. 1981 – 6 U 216/80 – n. v.

achter vorgefundenen Rostschäden bewertete der Senat als typische Erscheinung einer längeren Standzeit und zugleich als Folge mangelnden Korrosionsschutzes, die seines Erachtens durch die Nachbesserungsarbeiten nicht so beseitigt worden waren, wie dies bei einem fabrikneuen Fahrzeug deutschen Standards in dieser Preisklasse üblich sei.

- Das OLG Karlsruhe[194] verneinte die Fabrikneuheit eines Kraftfahrzeugs, an dem verschiedene Lackschäden vor Auslieferung durch Teillackierungen **unzureichend ausgebessert** worden waren. Der Käufer, heißt es im Urteil, legt nach der Verkehrsanschauung auf eine makellose Lackierung der Karosseriebleche großen Wert, weil eine unversehrte Lackierung Korrosionsansätze bis auf die Blechschicht verhindert und sich die gefürchtete wertmindernde Rostbildung bei ordnungsgemäßer Pflege der Karosserie erst nach Jahren bemerkbar macht.

- So sah es auch das LG Lahn-Gießen in einem Fall,[195] in dem der Sachverständige nicht feststellen konnte, ob durch die nachträgliche Ganzlackierung die vorher schon vorhandene Unterrostung gestoppt und beseitigt worden war.

(3) Reparierte Vorschäden

274 Ausgehend von der Prämisse, dass nur solche **Beschädigungen** die Fabrikneuheit beeinträchtigen, die **außerhalb des Produktionsprozesses** eingetreten sind, entschied das OLG Köln,[196] ein Fahrzeug sei nicht fabrikneu, wenn sich im Nachhinein nicht mehr feststellen lasse, ob das Kraftfahrzeug im Bereich des Kraftfahrzeughändlers oder des Herstellers beschädigt wurde. Abzulehnen ist die Ansicht des OLG Koblenz,[197] das eine abschließende Klärung der Ursachen und der Herkunft der Schäden verlangt und dem Käufer die Beweisführung auferlegt. Die dem Käufer zur Verfügung stehenden Mittel und Wege zur Aufklärung möglicher Schadensereignisse sind unzureichend. Er ist überfordert, wenn ihm die Beibringung ‚beweiserheblichen Sachvortrags spezifischer Zielrichtung' abverlangt wird. Es genügt, wenn er ein Anzeichen für eine Beschädigung vorträgt, z. B. eine Lackunregelmäßigkeit (s. auch Rn 2132 ff.). Da der Verkäufer im Gegensatz zum Käufer den Vertriebsweg des Fahrzeugs kennt, jedenfalls im Detail nachvollziehen kann (Hersteller/Importeur-Auskunft; Nachfrage beim Spediteur), muss ihm nach den Grundsätzen der Sphärentheorie zumindest eine sekundäre Darlegungslast auferlegt werden. Zu erwägen ist, schon in der Ungewissheit der Herkunft des „Schadens" wenigstens einen Sachmangel zu sehen, will man das Merkmal „fabrikneu" unberührt lassen.

275 Die vom BGH vorgenommenen Differenzierungen betreffend den Ort des Schadenseintritts sind zweifelhaft. In der Sache macht es keinen Unterschied, ob der Schaden im Herstellerwerk, auf dem Transport oder beim Händler eingetreten ist.[198] Es ist auch nicht von ausschlaggebender Bedeutung, wer den Schaden behoben hat, der Hersteller, der Händler oder eine autorisierte Drittwerkstatt.[199] Entscheidend ist allein, ob das Auto nach der Verkehrsanschauung noch als „fabrikneu" gilt.[200] Die vom KG[201] vertretene Ansicht, die Fabrikneuheit werde nicht beeinträchtigt, wenn, was immer wieder einmal vorkomme, ‚z. B.

---

194 Urt. v. 22. 12. 1976, DAR 1977, 323.
195 Urt. v. 16. 2. 1978 – 3 O 290/77 – n. v.
196 Urt. v. 7. 2. 1997, OLGR 1997, 127.
197 4. 12. 1998, NJW-RR 1999, 702.
198 OLG München 19. 5. 1981 – 9 U 1291/81 – n. v. Auslieferung eines wegen Transportschadens zum Preis von 640 DM nachlackierten Neufahrzeugs.
199 OLG Nürnberg 11. 10. 1984, DAR 1985, 81 und LG München, 2. 2. 1984 – 6 S 1865/83 – n. v., zitiert in Autohaus 1986, 61, das allerdings der Ansicht ist, eine bloße Nachlackierung sei noch kein Hinweis auf einen bedeutenden Schaden.
200 LG Bonn 26. 9. 2006, NJW-RR 2007, 1424.
201 Urt. v. 29. 5. 1979 – 6 U 365/79 – n. v.; ebenso LG Köln 3. 5. 1978 – 9 S 399/77 – n. v. zur Auslieferung eines Neufahrzeugs mit einem reparierten Rahmenschaden.

gerade produzierte Fahrzeuge auf dem Werksgelände zusammenstoßen', kann in dieser Allgemeinheit nicht geteilt werden.

Bereits **geringfügige Verformungen** im Blech der Ölwanne und des Getriebeschutzes, die für sich allein betrachtet minimal sind und mit einem geringen Reparaturaufwand von 145,32 € behoben werden können, fallen bei einem Neuwagen nicht mehr unter Bagatellschäden.[202] Der Käufer eines neuen Kraftfahrzeugs erwartet ein völlig unbenutztes und total unbeschädigtes Auto. Als erheblich bewertete das OLG Köln[203] die mangelhafte Einpassung und Lackierung eines nach Behauptung des Käufers erneuerten Kofferraumdeckels, dessen ordnungsgemäße Instandsetzung einen Kostenaufwand von 635,37 € verursacht hätte.[204] Das LG Gießen[205] entschied, der Käufer eines fabrikneuen Pkw werde arglistig getäuscht, wenn ihm eine Delle in der hinteren Tür verschwiegen wird, die mit einem Aufwand von 390 € gespachtelt und neu lackiert werden musste. **276**

Nach Meinung des OLG Hamm[206] stellen einige Lackmängel, verursacht durch Vogelkot, die Neuwageneigenschaft nicht in Frage, wenn sie vor Auslieferung des Fahrzeugs vom Händler beseitigt worden sind. Die Nachlackierung muss fachgerecht ausgeführt und darf weder technisch minderwertig noch optisch für einen Nichtfachmann erkennbar sein. Das LG Duisburg[207] hat sich in Anlehnung an das Schadensrecht auf den Standpunkt gestellt, dass eine Beule unbekannten Ausmaßes an der Motorhaube die Eigenschaft fabrikneu nicht beseitigt, wenn die Motorhaube ausgetauscht wird und danach kein Minderwert verbleibt, weil es sich um einen reinen Blechschaden an nicht tragenden Teilen handelt.

In einem Kaskoschadensfall versagte das OLG Hamm[208] dem Käufer eines im Herstellerwerk anlässlich einer Testfahrt erheblich beschädigten und aus diesem Grund vom Händler stark verbilligt veräußerten Fahrzeugs die Neupreisentschädigung nach § 13 Abs. 2, 1 AKB. Nach Ansicht des Senats handelt es sich bei einem Fahrzeug, das einen offenbarungspflichtigen Unfallschaden erlitten hat, begrifflich nicht um ein Neufahrzeug, selbst wenn der Unfallschaden zum Zeitpunkt des Fahrzeugerwerbs ordnungsgemäß repariert wurde.

dd) Das Kriterium „keine ungeklärte Fahrstrecke"

Schon die Eigenschaft „neu" hängt davon ab, dass das Fahrzeug **unbenutzt** ist. Erst recht ist Ungebrauchtsein Grundvoraussetzung für „fabrikneu". Zur Bedeutung der Angabe „Neufahrzeug mit Werkskilometern" s. BGH NJW 1997, 1847 (Ferrari). Wenn das Fahrzeug nach Verlassen des Werks benutzt worden ist, ist es nach der Verkehrsanschauung grundsätzlich nicht mehr „fabrikneu".[209] Toleriert wird lediglich eine sog. **Überführungsfahrt**. Argument: kein bestimmungsgemäßer Gebrauch (im Straßenverkehr). Wenn eine Überführungsfahrt weder ausdrücklich noch nach den Umständen vereinbart ist, ist ein Neuwagenkäufer grundsätzlich in der Annahme schutzwürdig, dass das Fahrzeug mit einem Tachostand zwischen Null und 20 km in seine Hände gelangt.[210] **277**

Bei einverständlicher oder für den Käufer auch nur erkennbarer Überführung ist es unschädlich, wenn nicht der denkbar kürzeste Weg gewählt worden ist. Mehrkilometer bis 10 % muss der Käufer hinnehmen.[211]

---

202 OLG Oldenburg 31.1.1992, DAR 1992, 380.
203 Urt. v. 7.2.1997, OLGR 1997, 127.
204 S. auch LG Bonn 26.9.2006, NJW-RR 2006, 1424.
205 Urt. v. 11.11.2004, NJW-RR 2005, 493.
206 Urt. v. 20.4.1998, NJW-RR 1998, 1212.
207 Urt. v. 14.2.2003 – 7 S 207/02 – n.v. (Opel Astra Caravan).
208 Urt. v. 15.3.1991, NZV 1992, 35.
209 BGH 6.2.1980, NJW 1980, 1097; v. 18.6.1980, NJW 1980, 2127.
210 OLG Düsseldorf 11.12.2006 – I-1 U 55/06 – n.v.
211 OLG Dresden 4.10.2006, DAR 2007, 87.

Ob Fahrten von einem Betrieb des Händlers zu einem anderen oder gar zu fremden Betrieben zum Zwecke des Testens, der Aufbereitung, der Montage von bestelltem Zubehör oder aus ähnlichen Gründen Überführungsfahrten gleichzustellen sind, hat der BGH offengelassen.[212]

Solange der Händler eine Fahrstrecke als nötige Vorbereitung vertragskonformer Auslieferung (Qualitätssicherung und –kontrolle) plausibel und nachvollziehbar erläutern kann, ist er auf der sicheren Seite. Geschieht dies bei den Vertragsverhandlungen, hilft ihm jedenfalls § 442 BGB. Nimmt der Käufer den Wagen mit einer bestimmten Anzahl von Kilometern auf dem Wegstreckenzähler ohne Vorbehalt entgegen, ist dies zumindest ein Indiz dafür, dass er mit den angezeigten Kilometern einverstanden war. Zu schützen ist er vor **ungeklärten Fahrten**. Mehr als 200 km ungeklärte Strecke nimmt dem Fahrzeug die Fabrikneuheit.[213] Das ist keine untere Grenze, sondern eine fallbezogene Aussage des BGH.[214]

d) „fabrikneu" als Gegenstand einer Garantie

278 Im früheren Kaufrecht war es gefestigte höchstrichterliche Rechtsprechung, allein schon in dem Verkauf eines Kraftfahrzeugs unter der Bezeichnung „Neuwagen" in der Regel die **konkludente Zusicherung** der Eigenschaft „fabrikneu" mit sämtlichen Einzelelementen zu sehen.[215] Diese Spruchpraxis machte es möglich, dem Käufer – losgelöst von der Frage der Erheblichkeit der Vertragswidrigkeit – zu einem Anspruch auf Schadensersatz wegen Nichterfüllung zu verhelfen (§ 463 S. 1 BGB a. F.). Außerdem konnte die Rechtsfigur der Zusicherung erfolgreich gegen eine (seltene) Freizeichnungsklausel und zur Überwindung von Verjährungshürden eingesetzt werden.[216]

279 Aufgrund dieser gefestigten Rechtsprechung muss damit gerechnet werden, dass die Verpflichtung des Verkäufers zur Lieferung eines im Sinne der Rechtsprechung „fabrikneuen" Fahrzeugs im Regelfall, insbesondere beim Kauf vom Markenhändler und in Werksniederlassungen, als Übernahme einer Garantie (§§ 276, 444, eventuell auch § 443 BGB) verstanden wird. In diesem Sinn entschieden ist das noch nicht.[217]

280 **Nach der Schuldrechtsmodernisierung** hat die frühere Zusicherungsrechtsprechung zu „fabrikneu", ohnehin von Anbeginn an ziemlich schwach legitimiert,[218] selbst in einem Regelfall **keine Berechtigung mehr**.[219] Insbesondere ist kein Raum für die Annahme einer Beschaffenheitsgarantie nach § 443 BGB.[220] So wie der BGH im Bereich des Gebrauchtwagenhandels frühere Positionen wegen geänderter Rahmenbedingungen zu Recht aufgegeben hat,[221] wird die Rechtsprechung sich auch bei der Zusage „fabrikneu" neu positionieren müssen.

---

212 Urt. v. 18. 6. 1980, NJW 1980, 2127.
213 BGH 18. 6. 1980, NJW 1980, 2127.
214 Anders die Deutung von OLG Dresden 4. 10. 2006, DAR 2007, 87.
215 Vgl. BGH 7. 6. 2006, NJW 2006, 2694 m. w. N.
216 Vgl. *Eggert*, DAR 2004, 327, 329.
217 Keine Entscheidung im Jahreswagen-Urteil des BGH vom 7. 6. 2006, NJW 2006, 2694; offengelassen auch vom OLG Köln (DAR 2005, 629).
218 Näheres bei *Eggert*, DAR 2004, 327 ff.; s. auch *Stöber*, Beschaffenheitsgarantie des Verkäufers, S. 90 ff., 330.
219 Ausführlich dazu *Eggert*, DAR 2004, 327 ff.; s. auch *Stöber*, Beschaffenheitsgarantien des Verkäufers, S. 90 ff.; gegen die Annahme einer Garantie, wenngleich ohne Begründung, auch MüKo-BGB/*Westermann*, § 434 BGB Rn 57.
220 A. A. *Pfeiffer* in Klauselwerke, Neuwagenkauf, Rn 70.
221 Vor allem Urt. v. 12. 3. 2008, NJW 2008, 1517.

Einzelfälle von Sachmängeln

Stillschweigende bzw. konkludente Zusicherungen hat der BGH bei fabrikneuer Ware schon im alten Kaufrecht **nur in engen Grenzen** bejaht. Die Annahme einer stillschweigenden Zusicherung sei hier **grundsätzlich die Ausnahme**, die der besonderen Begründung anhand der Umstände des Einzelfalls bedürfe.[222] Wegen des besonderen Stellenwerts der Eigenschaft „fabrikneu" und aus Gründen des Vertrauensschutzes hat der BGH eine Garantieübernahme in Form der Eigenschaftszusicherung bejaht. Der innere Grund für diese Aufwertung war von Anfang an fragwürdig.[223] Heute besteht jedenfalls kein hinreichender Grund mehr dafür, dem Neuwagenhändler einen Garantiewillen gewissermaßen zu unterstellen.

Die Annahme einer Beschaffenheitsgarantie, gleichviel ob im Sinne des § 444 BGB, des § 276 BGB oder des § 443 BGB (zur Abgrenzung s. Rn 1358), setzt beim Erklärungstatbestand **Eindeutigkeit** voraus. Selbst die Vereinbarung einer Beschaffenheit kommt laut BGH nur noch in einem eindeutigen Fall in Betracht.[224] Darüber hinaus fordert der BGH, insoweit an seine frühere Zusicherungsrechtsprechung anknüpfend, dass der Verkäufer in „vertragsgemäß bindender Weise die Gewähr für das Vorhandensein der vereinbarten Beschaffenheit übernimmt und damit seine Bereitschaft zu erkennen gibt, für alle Folgen des Fehlens dieser Beschaffenheit einzustehen".[225] Das muss im Einzelfall anhand konkreter Tatsachen festgestellt werden. Für die Abgrenzung zwischen einfacher Beschaffenheitsvereinbarung und Beschaffenheitsgarantie stellt der BGH, Kontinuität auch insoweit, entscheidend auf die typischerweise gegebene Interessenlage ab.[226]

281

Nach der reformbedingten Verbesserung der Rechtsstellung des Käufers, auch des Neufahrzeugkäufers, ist die (beiderseitige) **Interessenlage neu zu bestimmen**. Der Schadensersatzhaftung ist ein Händler bereits im Fall des Bruchs einer einfachen Beschaffenheitsvereinbarung (§ 434 Abs. 1 S. 1 BGB) ausgesetzt, wobei sein Verschulden/Vertretenmüssen gesetzlich vermutet wird. Über eine Entlastung nach §§ 311 a Abs. 2, 280 Abs. 1 S. 2 BGB wird er sich seiner Haftung kaum entziehen können. Denn er verfügt über die zur Beurteilung der Fabrikneuheit erforderlichen Angaben bzw. kann diese ohne Weiteres beschaffen.[227] Direktverkaufenden Herstellern wie Daimler und BMW den Entlastungsbeweis mit Hilfe der Konstruktion einer Garantieübernahme abzuschneiden (§ 276 BGB), macht ohnehin keinen Sinn. Im praktischen Ergebnis haften Werksniederlassungen „garantieartig" auf Schadensersatz.

282

Ob die sonstigen Vorteile, die mit der Annahme einer Beschaffenheitsgarantie verbunden sind (dazu Rn 1357), einem Neuwagenkäufer zugute kommen sollen, bedarf im Einzelfall sorgfältiger Prüfung anhand der oben (Rn 281) aufgezeigten Richtlinien des BGH. Entscheidungshilfe können die unter Rn 1364/1365 aufgeführten Indizien pro und contra liefern.

Sollte die Rechtsprechung sich zu einer Neuorientierung, für die hier plädiert wird, nicht entschließen, wird jedenfalls zu überlegen sein, ob bestimmte Verkäufertypen (z. B. freie Händler, EU-Neuwagenverkäufer, branchenfremde Verkäufer u. a.) von der Garantiehaftung freizustellen sind. Dafür hat der BGH schon im früheren Recht Raum gelassen.[228] Überlegenswert ist auch, zumindest in solchen Sonderfällen nicht jedes der fünf Einzelelemente von „fabrikneu" als garantiert anzusehen. Eine Unterscheidung nach Käufertypen (privat oder geschäftlich) ist ein weiterer Differenzierungsansatz. Sofern ein garantiemäßi-

---

222 Urt. v. 28. 11. 1994, NJW 1995, 518 (ABS).
223 Vgl. *Eggert*, DAR 2004, 327 ff.
224 Urt. v. 12. 3. 2008, NJW 2008, 1517.
225 Urt. v. 29. 11. 2006, NJW 2007, 1346.
226 Urt. v. 29. 11. 2006, NJW 2007, 1346.
227 *Eggert*, DAR 2004, 333, 330.
228 Vgl. Urt. v. 22. 3. 2000, NJW 2000, 2018 unter 2 a.

ges Einstehenwollen ausnahmsweise zu bejahen sein sollte, wird man keine Beschaffenheitsgarantie i. S. v. § 443 BGB, sondern eine Garantieübernahme nach §§ 276, 444, 442 BGB anzunehmen haben.

4. Funktionsstörungen und Qualitätsmängel

a) Mangelhaftigkeit bejaht

aa) Motor

283
- sporadisch auftretender Leistungsabfall des Motors bei einem in limitierter Auflage produzierten Nichtserienfahrzeug (LG Köln 14. 3. 1988 – 30 O 280/87 – n. v.),
- Nichtanspringen bzw. Schlechtanspringen des Motors bei bestimmten Temperaturen wegen eines fehlenden Hitzeschutzes zwischen Turbolader und Anlasser (LG Köln 16. 9. 1988 – 2 O 44/87 – n. v.),
- bei einer bestimmten Drehzahl auftretende Motorengeräusche einer ganzen Fahrzeugserie (OLG Oldenburg 11. 1. 1995, DAR 1995, 161),
- deutlicher Leistungsabfall des Motors und Hochschnellen des Drehzahlmessers (OLG Düsseldorf 16. 12. 1994 – 14 U 95/94 – n. v.),
- unzureichende Motorleistung eines Lastkraftwagens wegen eines Defekts am Turbolader (OLG Celle 2. 12. 1993, OLGR 1994, 49),
- Ölverlust wegen eines undichten Simmerings an der Ausrückwelle eines Motorrades (OLG Hamm 19. 10. 1994, ZfS 1994, 241),
- starkes Lastwechselrucken, beruhend auf fehlender Dämpfung durch Drehmomentwandler und auf konstruktionsbedingter Aufhängung des Motors (OLG Celle 13. 2. 1996, OLGR 1996, 145),
- fehlerhafte Funktion der Motorelektronik, die zum Einschalten eines unwirtschaftlichen Notprogramms mit verminderter Leistung führt und das Aufleuchten der Kontrollleuchte zur Folge hat (LG Augsburg 10. 2. 1998, DAR 1998, 476),
- sporadisches Stehenbleiben des Fahrzeugs aus unerklärlichen Gründen (OLG Düsseldorf 17. 1. 1992, NJW-RR 1992, 821),
- Aufheulen des Motors durch erhöhte Drehzahl nach längerer Sonneneinstrahlung und Temperaturen von oberhalb 22 Grad, das noch vor dem Anfahren von selbst wieder verschwindet, wurde vom OLG Dresden als Fehler anerkannt (Urt. v. 2. 11. 2001, DAR 2002, 162),
- Leistungswerte außerhalb der Toleranzgrenze von 5 % wie etwa eine erreichbare Höchstgeschwindigkeit von nur 161 km/h statt der angegebenen 171 km/h (Abweichung 6,3 %) sind ein Fehler (OLG Rostock 19. 2. 1997, OLGR 1997, 281); dazu auch OLG Düsseldorf 7. 9. 2005, NJW 2005, 3504,
- Leistungsloch bei Tempo 140 km/h (OLG Karlsruhe 28. 1. 2007, NJW-RR 2008, 137; s. auch OLG Rostock 20. 3. 2006 – 3 U 124/05 – n. v.).

bb) Getriebe

284
- Geräuschentwicklung des Getriebes im Drehzahlbereich unter 800 U/min mit treckerähnlichen Geräuschen und Rüttelerscheinungen (OLG Hamm 3. 12. 1976, NJW 1977, 809),
- Herausspringen des ordnungsgemäß eingelegten Ganges als Hinweis auf einen Getriebemangel (LG Köln 3. 3. 1988 – 15 O 572/86 – n. v.),
- sporadisches Stehenbleiben des Fahrzeugs aus unerklärlichen Gründen (OLG Düsseldorf 17. 1. 1992, NJW-RR 1992, 821),

Einzelfälle von Sachmängeln

- Anfahrschwäche („Turbo-Loch"), LG München I 9. 5. 2008 – 29 O 6962/07 – n. v.,
- Gang springt heraus („konstruktive Schwäche"), OLG Koblenz 8. 3. 2007, DAR 2007, 462,
- Verzögerung der Zurückschaltung bei plötzlicher Beschleunigung, Schaltstöße, Loch beim Beschleunigen (OLG Düsseldorf 18. 1. 2008 – I-17 U 2/07 – n. v., Rücktrittsgrund bejaht),
- periodisch wiederkehrendes „schabendes" Geräusch (LG Leipzig 1. 6. 2007 – 10 O 551/06 – n. v.; Rücktrittsgrund bejaht).

cc) Lenkung, Achse

- sich verstärkendes Vibrieren der Lenkung beim Abbremsen infolge einer die Verkehrssicherheit beeinträchtigenden Unwucht der Bremsscheiben als in Fachkreisen bekannte Schwachstelle (LG Köln 23. 11. 1988 – 30 O 224/86 – n. v.), **285**
- starkes Vibrieren des Lenkrads zwischen 100 und 140 km/h bei nicht ermittelter Fehlerquelle (AG Kerpen 1. 7. 1987 – 3 C 1009/86 – n. v.).

dd) Karosserie (Undichtigkeit, Wassereintritt u. a.)

- Undichtigkeit der Fahrertür und des hinteren Ausstellfensters bei einem Kleinwagen mit Wassereintritt bei starkem Regen, Reinigen mit Schlauch oder in der Waschstraße (OLG Koblenz 5. 3. 1992, DAR 1993, 348), **286**
- Undichtigkeiten im unteren Bereich der Beifahrertür, so dass es bei einer Schrägstellung des Fahrzeugs zu einem starken Wassereintritt kommt (OLG Saarbrücken 26. 3. 1996, NJW-RR 1997, 1423),
- mangelhaft ausgebildete Rasterpositionen der Türfangeinrichtungen, die nicht verhindern, dass die Türen durch ihr Eigengewicht schon bei geringer Schräglage oder bei leichtem Druck zuschlagen (OLG Celle 23. 5. 1996, OLGR 1996, 209),
- Undichtigkeiten der Karosserie, die es nach den Feststellungen des Gutachters verbieten, das Fahrzeug in einer Waschanlage zu waschen oder es bei starkem Regenfall zu benutzen, da sonst ungewöhnlich große Wassermengen in das Fahrzeuginnere gelangen; sie sind auch dann erhebliche Fehler, wenn sie sich mit geringem Aufwand beseitigen lassen (OLG Celle 24. 11. 1995, OLGR 1996, 100),
- Festfrieren der Türen an der beflockten Dachleiste wegen des Eintritts von Feuchtigkeit bei normalem Niederschlag/Landregen und Vollsaugen der Türdichtungen entspricht nicht dem Stand der Technik und stellt einen erheblichen Fehler i. S. v. § 459 Abs. 1 BGB a. F. dar (OLG Hamm 21. 1. 2003, DAR 2003, 223),
- Wassereintritt wegen undichter Dachkonstruktion (LG Berlin 19. 10. 1978 – 4 O 262/77 – n. v.),
- Undichtigkeiten an den Seitentüren und am Schloss der Hecktür mit Eintritt geringer Wassermengen und vom Gutachter geschätzten Reparaturkosten von etwa 120–150 DM (OLG Köln 16. 10. 1986 – 12 U 71/86 – n. v.),
- tropfenweise eindringendes Wasser durch die Türdichtung der Fahrertür im Bereich der Schlosssäule, wenn hierdurch Feuchtigkeitsschäden im Bereich des Teppichbodens weder entstanden noch künftig zu befürchten sind (LG Köln 12. 9. 1989 – 3 O 91/88 – n. v.),
- Wassereintritt beim Öffnen der Hintertüren nach Regen; Rücksitzbank feucht, Geländewagen (LG Aurich 9. 5. 2008, DAR 2008, 481).

ee) Lackierung

287
- Lack- und Chromschäden sowie Undichtigkeiten in erheblichem Umfang und gehäuft auftretend (LG Berlin 30. 9. 1975, NJW 1976, 151),
- nicht ausreichende Festigkeit des Lackes (OLG Naumburg 23. 12. 1996, OLGR 1997, 160),
- anderer Farbton (OLG Köln 14. 10. 2005, NJW 2006, 781).
- Poren und Silikoneinschlüsse im Dachbereich eines hochwertigen Pkw (OLG Hamm 12. 5. 2005 – 28 U 179/04 – n. v.).

ff) Korrosion

288
- sich weiter fressende Unterrostungen, die entweder auf fehlerhafter Herstellung oder auf nicht fachgerechter Nachbesserung beruhen (OLG Hamm 24. 11. 1975, DAR 1976, 299),
- Roststellen unterhalb der Gummidichtungen des Motor- und Kofferraums, der hinteren Türen und des Windleitbleches (LG Frankfurt 22. 1. 1985, DAR 1985, 290),
- Rostschäden, Kratzer, Verschmutzung, Rost in einem Scheinwerfer (BGH 27. 9. 1967, BB 1967, 1268),
- Roststellen (LG Mannheim 29. 6. 1978, DAR 1979, 74; OLG Karlsruhe 22. 12. 1976, DAR 1977, 323),
- nicht endgültig beseitigte und gestoppte Rostbildung nach durchgeführter Ganzlackierung (LG Lahn-Gießen 16. 2. 1978 – 3 O 290/77 – n. v.),
- optische Beeinträchtigung der Aluminiumfelgen durch Flecken (LG Hannover 9. 1. 1985, DAR 1985, 122),
- innerhalb der Gewährleistungsfrist auftretende Rostschäden, die auf mangelhafter Lackierung beruhten und die umfangreiche Arbeiten und eine weit gehende Neulackierung erforderlich machten (OLG Saarbrücken 6. 11. 1993, MDR 1993, 213),
- Lack- und Chromschäden sowie Undichtigkeiten in erheblichem Umfang und gehäuft auftretend (LG Berlin 30. 9. 1975, NJW 1976, 151),
- Roststellen (LG Mannheim 29. 6. 1978, DAR 1979, 74; OLG Karlsruhe 22. 12. 1976, DAR 1977, 323).

gg) Geräusche

289
- Ungewöhnlich starke Windgeräusche ab 130 km/h wegen fehlerhaften Anschlusses Frontscheibe/A-Säulenverkleidung (OLG Düsseldorf 18. 8. 2008 – I-1 U 238/07 – n. v.),
- Poltergeräusche im vorderen Fahrwerksbereich, starke Fahr- und Windgeräusche und Ölverlust (LG Köln 2. 9. 1988 – 14 O 309/87 – n. v.),
- unüberhörbare hellfrequientierte Knirsch- und Klappergeräusche aus dem Armaturenbereich, die störend sind und sich vom allgemeinen Fahrgeräusch negativ abheben (LG Köln 31. 5. 1990 – 2 O 628/89 – n. v.; s. auch LG Bremen DAR 2008, 529),
- Dröhngeräusche bei einem Kleinwagen, die als Vibrationen auf der Beifahrerseite sowohl in der Bodengruppe als auch in der Stirnwand spürbar sind, bei normalem Fahrbetrieb häufig vorkommen und den Fahrkomfort beeinträchtigen (OLG Köln 19. 4. 1991, NJW-RR 1991, 1340),
- leichtes schleifendes und mahlendes, zum Teil knirschendes Geräusch von Motor und Getriebe ohne Funktionsbeeinträchtigung (LG Köln 4. 5. 1994 – 23 O 24/92 – n. v.),
- unangenehme, laute Windgeräusche in Höhe des Fahrerkopfes ab 120 km/h (OLG Düsseldorf 12. 11. 1993, NZV 1994, 395),

- bei einer bestimmten Drehzahl auftretende Motorengeräusche einer ganzen Fahrzeugserie (OLG Oldenburg 11. 1. 1995, DAR 1995, 161),
- Resonanzgeräusche und Vibrationen im Drehzahlbereich zwischen 800 und 1000 U/min (OLG München 4. 4. 1994, DAR 1994, 362),
- Geräusche am Armaturenbrett und im hinteren Fahrzeugteil, die während der Fahrt auftreten und sich von den üblichen Fahrgeräuschen abheben, sowie das ‚Verschlucken' des Motors beim Start und bei längeren Autobahnfahrten (OLG Nürnberg 28. 4. 1994, DAR 1994, 364),
- Klopf- und Schabgeräusche eines Kleinwagens, die in unregelmäßigen Abständen auftreten und deren Ursache nicht feststellbar ist (OLG Düsseldorf 1. 2. 1993, OLGR 1993, 129),
- auffallend störende Antriebsdröhngeräusche und Vibrationen am Fahrzeugboden und am Schalthebel eines Geländewagens, die nicht dem Qualitätsstandard vergleichbarer Fahrzeuge und damit nicht dem Stand der Technik entsprechen (LG Freiburg 7. 4. 1995, DAR 1995, 291),
- krachende Geräusche im Bereich des Armaturenbretts und der Verkleidungen bei allen Fahrbedingungen, bei denen sich die Karosserie verwindet (Pfälzisches OLG 17. 2. 2000 – 4 U 202/98 – n. v.),
- Knallgeräusche und Fehlzündungen (Saarländisches OLG 29. 6. 1999, ZfS 1999, 518 mit Anm. von *Diehl* a. a. O., 519),
- durch Betriebsgeräusche einer Zusatzheizung, die in der Aufheizphase auftreten und im Fahrzeug deutlich zu hören sind, wird der Fahrkomfort eines Pkw der Luxusklasse (BMW 730 d) nach Ansicht des OLG Düsseldorf[229] beeinträchtigt, so dass ein Fehler vorliegt, der jedoch im Rahmen von § 459 Abs. 1 S. 2 BGB a. F. als unerheblich einzustufen ist,
- Vibrationsgeräusche vom Armaturenbrett (österr. OGH 28. 9. 2005, ZVR 2006, 285; zusammen mit anderen Mängeln war die Bagatellgrenze überschritten),
- quietschende Bremsgeräusche (OLG Schleswig 25. 7. 2008 – 14 U 125/07).

hh) Sonderausstattung/Bordinstrumente/Elektronik

- Fehlfunktion der Lenkradfernbedienung (Mangel, aber nicht erheblich, so OLG Düsseldorf 8. 1. 2007, NJOZ 2008, 601 = ZGS 2007, 157),
- Störung der Navigationsanlage (OLG Köln 27. 3. 2008 – 15 U 175/07 – n. v.; s. auch OLG Köln 12. 12. 2006, NJW 2007, 1694 – Gebrauchtwagen; OLG Karlsruhe 5. 9. 2001, NZV 2002, 132 = OLGR 2002, 98),
- nicht funktionierender Tempomat bei einem Geländewagen (LG Köln 13. 5. 1993–2 O 446/92 – n. v.),
- nicht vertragsgemäße Funktion der Funkfernbedienung, weil der Verriegelungsvorgang nicht durch dreimaliges Blinken der Blinkleuchten optisch bestätigt wird (OLG Oldenburg 10. 2. 2000, DAR 2000, 219),
- Defekt am elektrisch faltbaren Verdeck eines Peugeot 206 CC; sporadisches Versagen der Öffnungs- und Schließtechnik (OLG Düsseldorf 21. 1. 2008, NJW-RR 2008, 1199; Rücktrittsgrund bejaht),
- wiederholte „Abstürze" der Elektronik mit Ausfall des Steuergerätes, des Telefons und des CD-Spielers bei einem MB 500 CL (OLG Düsseldorf 10. 2. 2006 – I-22 U 149/05 –

---

[229] Urt. v. 24. 2. 2003 – 1 U 12/02 – n. v.

n. v.; Rücktrittsgrund bejaht; ähnlich LG Zweibrücken 2. 8. 2004 – 1 O 274/03 – n. v., MB 270 CDI).

ii) Radio

291
- Störung des MP3 – Radios (OLG Köln 27. 3. 2008 – 15 U 175/07 – n. v.),
- Störungen beim Radioempfang (LG Düsseldorf 22. 9. 2005, DAR 2006, 511, nur unerhebliche Beeinträchtigung des Fahrkomforts).

jj) Sonstige Störungen und Defizite

292
- „Verzerrungen" an Windschutzscheibe („allenfalls unerheblicher Mangel", so LG Bad Kreuznach 25. 6. 2007, SVR 2008, 102),
- Anstoßen der hinteren Kante des Schiebedaches gegen den Dachrahmen, wodurch Scheuerstellen entstehen (LG Köln 10. 12. 1992 – 2 O 323/91 – n. v.),
- nicht vollständige Abriegelbarkeit der Zuluft im Fußraum (OLG Celle 8. 1. 1998, OLGR 1998, 221),
- starkes, nach Zeugenaussagen Übelkeitsgefühle verursachendes Lastwechselrucken, beruhend auf fehlender Dämpfung durch Drehmomentwandler und auf konstruktionsbedingter Aufhängung des Motors (OLG Celle 13. 2. 1996, OLGR 1996, 145),
- Ausrüstung eines Personenkraftwagens mit einem ungeregelten statt mit einem geregelten Katalysator (AG Dortmund 29. 4. 1987, NJW-RR 1988, 1462),
- zu geringe Zuladung bei einem Reisemobil, so dass sie für den gewöhnlichen Gebrauch nicht ausreicht, laut Prospekt sollte die Zuladung von 1,6 t möglich sein, in Wahrheit betrug sie nur ca. 300 kg (OLG Nürnberg 14. 11. 2001, NJW-RR 2002, 628),
- Schlagen an der Hinterachse bzw. ‚Hoppeln' oder ‚Springen' beim Anziehen der Handbremse, Wassereintritt, dessen Ursache nicht behoben werden konnte (LG Freiburg 20. 3. 1974 – 6 O 191/72 – n. v.),
- starke Zugluft ab 50 km/h als erhebliche Minderung der Gebrauchstauglichkeit (OLG Düsseldorf 17. 1. 1986, NJW-RR 1987, 635),
- massive Geruchsbelästigung im Fahrgastinnenraum, die bei Bergfahrten nach mehr als 45 Minuten und Geschwindigkeiten von mehr als 150 km/h auftritt, zu starken Schleimhautreizungen führt und mit einem deutlichen Leistungsabfall des Motors und einem Hochschnellen des Drehzahlmessers verbunden ist (OLG Düsseldorf 16. 12. 1994 – 14 U 95/94 – n. v.),
- 6 Jahre alte Winterreifen (OLG Düsseldorf 10. 12. 1993, NZV 1994, 433).

b) Kein Mangel bzw. kein erheblicher Mangel

293
Vorbemerkung: Durch den **Wegfall der Bagatellgrenze** i. S. d. § 459 Abs. 1 S. 2 BGB a. F. sind die nachfolgenden Entscheidungen, in denen Mangelhaftigkeit verneint wurde, nur noch bedingt von Nutzen. Legt man den Maßstab von § 434 BGB zugrunde, muss in einigen Fällen ein Sachmangel bejaht werden, wobei sich das Problem der Erheblichkeit dann ggf. auf der **Rechtsfolgeseite** stellt (§§ 323 Abs. 5 S. 2, 281 Abs. 1 S. 3 BGB). Bei Abweichungen von Messwerten, z. B. Höchstgeschwindigkeit oder Kraftstoffverbrauch, ist die Prüfung jetzt **dreistufig:** (1) Toleranzbereich, (2) Mangel im Rechtssinn (ausreichend für Nacherfüllung, Minderung und „kleinen" Schadensersatz), (3) erheblicher Mangel („Rücktrittserheblichkeit").

Bei eindeutiger Sachlage sind in den „Altfällen" Änderungen der Beurteilung kursiv angemerkt.

aa) Motor

- Unterschreitung der Prospektangabe bis zu maximal 5 % zulässig (OLG Schleswig 3.9.1980, DAR 1982, 101); Motorleistung nur 62,5 kW statt 66 kW; Höchstgeschwindigkeit statt 155 km/h nur 148 km/h,
- Höchstgeschwindigkeit statt 202 km/h nur 197, 5 km/h bei einem Opel Omega (kein Rücktrittsgrund, so OLG Düsseldorf 7.9.2005, NJW 2005, 3504),
- Grenzwert von höchstens 5 % (AG Kiel 14.6.1990 – 17 C 428/88 – n. v.). Das AG Kiel berief sich auf DIN 70.020, die eine solche Abweichung bis zu dieser Größenordnung zulässt,
- Abweichung von weniger als 5 % kein Fehler (OLG Köln 8.9.2004 – 11 U 185/02 – n. v.). Unterschreiten der Höchstgeschwindigkeit um 3,2 % im Durchschnitt,
- Abweichung von 8 % vertragsgemäß (LG Saarbrücken 9.6.1988 – 11 S 240/87 – n. v.) Die Minderleistung des Motors betrug 6 PS,
- Leistungsdefizit bis 10 % kein Mangel (OLG Celle 28.3.2001, DAR 2002, 211). Begründung: Der durch die DIN vorgegebene Rahmen besitzt nur Empfehlungscharakter und kann deshalb nicht den alleinigen Maßstab darstellen,
- sich steigernder Ölverbrauch bzw. Ölverlust bei zunächst 1–2 l pro 1000 km (LG Bonn 22.9.1988 – 7 O 582/87 – n. v. *[Mangel nach § 434 BGB]*),
- Beschleunigungsloch in der Warmlaufphase nach dem Abschalten der Startautomatik im Geschwindigkeitsbereich von 40–50 km/h auf einer Fahrstrecke von 500 bis 600 Metern, das sich durch hochtouriges Fahren im niedrigeren Gang vermeiden lässt (LG Köln 4.7.1990 – 23 O 221/89 – n. v.),
- Nichterreichen der vom Pkw-Hersteller angegebenen Höchstgeschwindigkeit in der letzten, nicht als Schongang ausgelegten Schaltstufe, während in dem darunter liegenden Gang die Höchstgeschwindigkeit bei aufheulendem Motor und hoher Drehzahl nahezu erreicht wird, in der Herstelleranleitung jedoch vor einer solchen Fahrweise ausdrücklich gewarnt wird (OLG Köln 8.9.2004 – 11 U 185/02 – n. v.).

bb) Getriebe

- spürbares Zittern und Schütteln eines Fahrzeugs mit Wählhebel des Automatikgetriebes in Fahrstellung bei laufendem Motor und betätigter Fußbremse (OLG Düsseldorf 10.1.1986 – 14 U 140/85 – n. v. *[Mangel nach § 434 BGB]*),
- bauartbedingtes ‚Magerruckeln' im unteren Drehzahlbereich bei einem schadstoffarmen Fahrzeug, das sich durch Wahl eines niedrigeren Ganges und durch zügige Beschleunigung ausgleichen lässt (OLG Düsseldorf 19.12.1991, OLGR 1992, 77); s. auch Brand OLG NJW-RR 2008, 1282.

cc) Karosserie, Lackierung

- „Orangenhaut" am hinteren Kennzeichenträger, zwar Mangel, aber unerheblich (OLG Koblenz 24.1.2008, OLGR 2008, 256),
- Undichtigkeit der Tür wegen unzulänglicher Gummidichtung (OLG Celle 7.1.1982–7 U 72/81 – n. v.),
- geringfügige Abweichungen bei den Spaltmaßen, welche die Gebrauchsfähigkeit nicht beeinträchtigen (OLG Celle 8.1.1998, OLGR 1998, 221),
- Anbringung von 2 Firmenschildern des Händlers (Länge 7,3 cm, Breite 3 cm) an beiden Vorderkotflügeln durch Bohrlöcher von jeweils 2 mm Durchmesser (OLG Nürnberg 23.4.1968 – 7 U 201/67 – n. v. mit Bejahung einer Pflicht zur Beseitigung kraft entsprechender Vereinbarung),

- Fehlerhafter Türschluss bei Kleinwagen (OLG Düsseldorf 8. 6. 2005, NJW 2005, 2235, wenn überhaupt, nur unerheblicher Mangel),
- Eindringen von Wasser in das Wageninnere (Cabrio) beim „Abkärchern" (Vorreinigen in Waschstraße), Brand OLG 21. 2. 2007, NJW-RR 2007, 928.

cc) Geräusche und Vibrationen

297
- relativ hoher Geräuschpegel und Vibrationen, beruhend auf einem Konstruktionsmangel (OLG Celle 7. 1. 1982 – 7 U 72/71 – n. v. *[Mangel nach § 434 BGB]*),
- Auftreten eines Bremsgeräusches beim Anrollen des Fahrzeugs auf abschüssiger Strecke bei nur teilweise gelöster Handbremse (LG Freiburg 2. 12. 1992, MDR 1992, 119),
- Vibrationsgeräusch von geringer Intensität bei einem Kleinwagen, das im Schubbetrieb auftritt und nur wahrnehmbar ist, wenn andere Nebengeräusche ausgeschaltet werden, auch wenn dessen Beseitigung mangels Klärung der Ursache nicht möglich ist (OLG Düsseldorf 21. 1. 1994, OLGR 1994, 277),
- Motorengeräusch, das bei einem Fahrzeug der Spitzenklasse nur in einem bestimmten Betriebszustand auftritt (Veränderung des Klangbildes beim Gaswegnehmen) und von einem unbefangenen Fahrzeugführer nicht oder kaum als störend empfunden wird (OLG Düsseldorf 23. 2. 1996, NJW-RR 1997, 1211).

dd) Sonstige Störungen ohne erhebliche Beeinträchtigung

298
- um 10 % geringere Kraftstoff-Nachfüllmenge als das im Prospekt angegebene Tankvolumen (45 Liter statt 50 Liter; LG Köln 6. 11. 1990, DAR 1991, 461),
- Kratzer in der Scheibe, der auch durch falsches Waschen entstanden sein kann, Klappergeräusche, erneutes Feuchtwerden der Scheiben, wenn sie nach Regen herunter- und wieder heraufgekurbelt werden (LG Köln 30. 12. 1993 – 21 O 232/93 – n. v.),
- eingeschränkte Wintertauglichkeit der Hinterradfelgen eines Sportwagens, auf die keine Winterreifen aufgezogen werden können (AG Würzburg 26. 1. 1995 – 15 C 215/94 – n. v.),
- konstruktiv bedingte Besonderheiten eines Sportwagens, welche die Verkehrssicherheit nicht beeinträchtigen (OLG Frankfurt 17. 5. 1991, DAR 1991, 381),
- völliger Kraftstoffverbrauch, bevor die Kraftstoffanzeige den absoluten Leerstand anzeigt, jedoch der Zeiger den roten Reservebereich durchlaufen hat und bereits links daneben steht (OLG Düsseldorf 29. 10. 1992, OLGR 1993, 81 *[Mangel nach § 434 BGB]*),
- Abtropfen von Regenwasser auf die Sitze, wenn bei einem Cabrio nach starkem Regen die Türen geöffnet werden (KG 22. 1. 1997, OLGR 1997, 173); anders LG Aurich 9. 5. 2008, DAR 2008, 481 (hochwertiger Geländewagen),
- Wiedergabe von Verkehrsdurchsagen aufgrund werkseitiger Voreinstellung des mitgelieferten Autoradios mit geringer Lautstärke nach dem Einschalten der sog. TA-Funktion, wenn die gewünschte Lautstärke jedoch vor dem Einschalten der TA-Funktion individuell gewählt werden kann und diese Maßnahme nach jedem Zwischenhalt neu durchgeführt werden muss (OLG Düsseldorf 25. 8. 2000, OLGR 2001, 44),
- Überbelastung der Hinterachse eines Wohnmobils, die durch eine andere Verteilung der Zuladung vermieden werden kann (OLG Düsseldorf 15. 6. 2000, OLGR 2001, 180),
- Fehler eines Bordcomputers, der darin besteht, dass der Langzeitverbrauch, der Durchschnittsverbrauch und die Radiosender nicht angezeigt werden (LG Göttingen 18. 7. 2001 – 8 O 86/01 – n. v. *[Mangel nach § 434 BGB]*),
- Abhängigkeit der Heizleistung einer Klimaanlage vom Einstrahlwinkel der Sonne bei einem Mittelklassewagen in Form von Kaltluftausstrahlung aus den Düsen des Armaturenbretts (OLG Düsseldorf 19. 12. 2003 – 1 U 109/03 –),

– Geruchsbelästigung durch ein dem Stand der Technik entsprechendes Katalysatorsystem, da der Ausstoß von Schwefelwasserstoff den Katalysatoren der heutigen Generation immanent ist (LG Stuttgart 17. 2. 1989 – 6 S 202/88 – n. v.),

5. Kraftstoffverbrauch

a) Problembeschreibung

Nach Zuverlässigkeit und Aussehen stand der Kraftstoffverbrauch im Jahr 2007 an **dritter Stelle der wichtigsten Kriterien** beim Neuwagenkauf, deutlich vor der Umweltverträglichkeit.[230] Infolge der **Preisexplosion in 2008** hat dieser Aspekt eine noch größere Bedeutung gewonnen. Allerdings gibt es Unterschiede je nach Käufertyp (privat oder geschäftlich) und auch in Abhängigkeit von der Fahrzeugmarke. So ist der Kraftstoffverbrauch für Käufer neuer BMW-, Mercedes- und Audi-Modelle weniger wichtig als für Käufer anderer Marken.[231]

299

Trotz allgemein sinkender Verbrauchszahlen ist ein angeblich überhöhter Kraftstoffverbrauch mehr denn je Anlass für Auseinandersetzungen zwischen Neuwagenkäufern und Handel (zum Gebrauchtwagenkauf s. Rn 1473 ff.). Vor Gericht haben selbst Neufahrzeugkäufer kaum eine Chance, wie die Fülle klageabweisender Entscheidungen zeigt. Günstiger ist ihre Lage, wenn sie sich darüber beschweren, dass ihr Auto nicht mit dem Kraftstoff betrieben werden kann, den man sich auf Grund von Hersteller- oder Verkäuferangaben vorgestellt hat. Die **Art des Kraftstoffs** ist, keine Frage, ein Merkmal der Fahrzeugbeschaffenheit.[232]

b) Rechtsgrundsätze und Rechtsprechung

aa) Ausgangspunkt Soll-Beschaffenheit

Rechtlicher Ausgangspunkt ist die Festlegung der **Soll-Beschaffenheit**. Bevor in einem zweiten Schritt die Ist-Beschaffenheit ermittelt wird, muss klar sein, wie hoch der Verbrauch sein darf. Ausdrückliche Vereinbarungen werden in diesem Punkt selten getroffen. Die meisten Kaufverträge sind frei von jeglichen Verbrauchsinformationen. Ob und inwieweit bei den Vertragsverhandlungen das Thema „Verbrauch" eine Rolle gespielt hat, ist im Nachhinein erfahrungsgemäß nur schwer zu klären.

300

Anknüpfungspunkt für die Bestimmung der Soll-Beschaffenheit sind mangels einer ausdrücklichen oder konkludenten Parteivereinbarung die **Herstellerangaben**. Sie können durch Einbeziehung gewissermaßen stillschweigend **Vertragsinhalt** geworden sein (§ 434 Abs. 1 S. 1 BGB). Sofern das nicht der Fall ist oder sich nicht feststellen lässt, geraten sie spätestens bei der Prüfung der Soll-Beschaffenheit nach den objektiven Kriterien gem. § 434 Abs. 1 S. 2 Nr. 2 BGB als „öffentliche Äußerungen" in den Fokus. Dass dieser zweite Ansatz in der aktuellen Judikatur favorisiert wird, ist angesichts der Modernisierung des Mangelbegriffs in S. 3 verständlich. Im praktischen Ergebnis läuft es auf das Gleiche hinaus, wie zahlreiche Entscheidungen zeigen, die „doppelt" begründet worden sind.[233]

Inhaltlich muss unterschieden werden zwischen den Informationen **in den Prospekten** und sonstigen „Beschreibungen" des Herstellers einerseits und denjenigen Angaben, die der **Pkw-Energieverbrauchskennzeichnungsverordnung** (Pkw-EnVKV) geschuldet sind.

---

[230] DAT-Report 2008, S. 18.
[231] DAT-Report 2008, S. 18.
[232] OLG München 15. 9. 2004, NJW-RR 2005, 494 (VW Polo); LG Schweinfurt 11. 1. 2006, DAR 2006, 512 (VW Passat).
[233] Z. B. OLG Karlsruhe 1. 2. 2008, NZV 2008, 414 = BeckRS 2008, 07903 („Technisches Datenblatt" mit Verbrauchsangaben lag den Verhandlungen zugrunde).

Nach der am 1.11.2004 in Kraft getretenen Pkw-EnVKV sind ausgestellte Neufahrzeuge („neue Personenkraftwagen") unter Verwendung eines vorgeschriebenen Mustertextes zu kennzeichnen, und zwar deutlich sichtbar am jeweilgen Fahrzeug, zumindest aber in unmittelbarer Nähe und eindeutig dem Fahrzeug zuzuordnen. Zusätzlich zu dieser **Einzelkennzeichnung** hat der Händler am Verkaufsort deutlich sichtbar einen **Aushang** anzubringen. Zu informieren ist über den Kraftstoffverbrauch und die CO_2-Emissionen. Schließlich wird den Händlern zur Auflage gemacht, einen **Leitfaden** über den Kraftstoffverbrauch und die CO_2-Emissionen aller in Deutschland angebotenen neuen Pkw-Modelle bereitzuhalten und der Kundschaft unentgeltlich zur Verfügung zu stellen (s. auch § 49 d StVZO).

301 Beim Kraftstoffverbrauch sind nach der Pkw-EnVKV **drei Werte** mitzuteilen: In Fettdruck der so genannte Kombinationswert („kombiniert"), außerdem die Verbrauchswerte innerorts und außerorts. Anzugeben ist jeweils der Kraftstoffverbrauch in Liter je 100 Km, für erdgasgetriebene Fahrzeuge Kubikmeter je 100 km, und zwar in beiden Fällen bis zur ersten Dezimalstelle. Letzteres ist deshalb von Bedeutung, weil Hersteller bei ihren freiwilligen Angaben in den Prospekten und in ihrer Werbung häufig **Von-Bis-Werte** mitteilen, so z. B. die Daimler AG bei A-Klasse-Prospekten. Wenn beispielsweise der Kombi-Wert laut Prospekt 5,4 bis 5,8 l lautet, der entsprechende Pflichtwert gem. Pkw-EnVKV aber mit exakt 5,4 l angegeben ist, stellt sich die Frage, welche Angabe für die Soll-Beschaffenheit maßgebend ist. Gerichte wie Sachverständige gehen wie selbstverständlich von den glatten Werten aus. Dem ist zuzustimmen.

302 Einer der vertragsrechtlichen Streitpunkte[234] im Zusammenhang mit der Pkw-EnVKV ist die Bedeutung des – ausdrücklich erlaubten – Hinweises, dass die Angaben sich nicht auf ein einzelnes Fahrzeug beziehen und nicht Bestandteil des Angebots sind, „sondern dienen allein Vergleichszwecken zwischen den verschiedenen Fahrzeugtypen". Darin könnte ein **Verstoß gegen § 475 BGB** i. V. m. **§ 434 Abs. 1 S. 3 BGB** gesehen werden, wenn man davon ausgeht, dass der Hinweis nach Art eines Haftungsausschlusses darauf abzielt, die rechtliche Unverbindlichkeit der Information über den Kraftstoffverbrauch (und die CO_2-Emissionswerte) zum Ausdruck zu bringen.[235] Dies ist jedoch weder der Hintergrund des Hinweises noch dessen Zweck. Er ist wegen der vorgegebenen Messmethoden und der daraus zu gewinnenden Aussagekraft der Messergebnisse, also aus technischen Gründen, erforderlich, um Missverständnissen vorzubeugen. Daher werden die Verbrauchsangaben durch die Zusatzinformationen in zulässiger Weise erläutert.

bb) Darlegungs- und Beweislast

303 Vielfach scheitern Kläger schon in der Darlegungsstation.[236] Richtigerweise nur maßvolle Anforderungen stellt das OLG Schleswig:

„Seiner Darlegungslast hat der Kläger dadurch Genüge geleistet, dass er aufgrund der von ihm durchgeführten Vergleichsberechnungen durchschnittliche Verbrauchswerte des streitgegenständlichen Pkw AUDI A 2 TDI auf 100 km bis maximal 5,91935 l behauptet hat ... kann mehr von ihm nicht verlangt werden, denn der Käufer genügt seiner Pflicht zur Mängelanzeige, wenn er das Erscheinungsbild des Fehlers hinreichend genau beschreibt" (Urt. v. 15.12.2004 – 9 U 120/03 – n. v.; Vorinstanz zu BGH NJW 2007, 2111).

---

234 Auch wettbewerbsrechtlich liefert die Pkw-EnVKV Diskussionsstoff, vgl. OLG Oldenburg 14.9.2006, WRP 2007, 96 = OLGR 2007, 243; OLG Köln 14.2.2007, OLGR 2007, 404; LG Heidelberg 26.4.2005, SVR 2005, 420.
235 So *Schmidt*, NJW 2005, 329, 331; a. A. *Hoffmann/Westermann*, EuZW 2003, 583, 586.
236 Z. B. Brand OLG 19.3.2008, NJW-RR 2008, 1282.

Gewiss ist die Behauptung schlüssig, bei den Vertragsverhandlungen habe der Verkaufsberater erklärt, die Angaben im Prospekt entsprächen den tatsächlichen Verbrauchswerten, diese Werte seien realistisch („Wagen bleibt unter 7 Liter"). Darüber muss notfalls der angetretene Zeugenbeweis erhoben werden, selbst bei einer vertraglichen Schriftformklausel. Eine Beweisaufnahme mit dem auf BGH NJW 1996, 1337 und BGH NJW 1997, 2590 gestützten Argument abzulehnen, der Kläger habe eine verbindliche **Zusicherung des Händlers** bzw. seines Mitarbeiters nicht schlüssig dargetan, wäre verfehlt. Es genügt die Behauptung einer bloßen Beschaffenheitsvereinbarung.

In Fällen ohne Vereinbarung über den Kraftstoffverbrauch im Sinne einer Beschaffenheitsvereinbarung ist der **Sachverständigenbeweis** das Standardbeweismittel.[237] Beweis für den tatsächlichen Verbrauch durch Zeugen und durch Vorlage von eigenen oder fremden Verbrauchsaufzeichnungen anzutreten, ist in diesen Fällen nicht zielführend. Denn das **Beweisthema** lautet nicht, wie hoch der Verbrauch im Alltagsbetrieb ist. Danach ist im Regelfall aus Rechtsgründen nicht zu fragen. Die im täglichen Fahrbetrieb erzielten oder auch nur erzielbaren Werte können mit den die Soll-Beschaffenheit konkretisierenden Herstellerangaben nicht übereinstimmen. Die nach den EG-Messvorschriften[238] zu ermittelnden Verbrauchswerte und die **tatsächlichen Verbrauchswerte** sind nicht identisch. Letztere werden von einer Vielzahl individueller Faktoren beeinflusst (u. a. Zuladung, Ausstattung, Zubehör, Klimaanlage, Reifendruck, Fahrstil des Fahrers, Verkehrsdichte, Verkehrsfluss, Gelände, Witterung). Sie lassen sich nicht auf einen gemeinsamen Nenner in Gestalt einer technischen Norm bringen.[239]

Im Vergleich dazu handelt es sich bei den Verbrauchswerten nach der EG-Messvorschrift um **Laborwerte**.[240] Da die Bedingungen bei allen Prüfungen die gleichen sind, lässt sich mit dem standardisierten Messverfahren eine verlässliche Aussage über den Kraftstoffverbrauch eines jeden Motors gewinnen. Dadurch wird die Möglichkeit geschaffen, die Verbrauchswerte aller Antriebsaggregate miteinander zu vergleichen.

Sowohl bei der Kennzeichnung nach der Pkw-EnVKV als auch in ihren Prospekten und sonstigen Verlautbarungen (z. B. Betriebsanleitungen) weisen die Hersteller ausdrücklich darauf hin, dass die angegebenen Werte nach den vorgeschriebenen EU-Messverfahren ermittelt worden sind. Über die Bedeutung dieses Hinweises und die Funktion der Messmethoden ist sich der Durchschnittskäufer allerdings **nicht im Klaren**. Missverständnisse sind an der Tagesordnung, wie Umfragen gezeigt haben.

Dennoch gehen die Gerichte bei der Festlegung der Soll-Beschaffenheit von den auf „verobjektivierender Grundlage" (OLG Karlsruhe) beruhenden Herstellerangaben aus, also den Laborwerten.[241] Wird in einer Herstellerinformation, z. B. einem „Technischen Datenblatt", der Kraftstoffverbrauch in L/km „nach 1999/100/EG" dargestellt, so bedeute dies nicht, dass diese Werte in der täglichen Fahrpraxis erreichbar sein müssen.[242] Den Käufer auf den fehlenden Realitätsbezug der Angaben gesondert hinzuweisen, wird Herstellern und Händlern nicht abverlangt.[243]

Der Verzicht auf eine nähere Erläuterung hat kaufrechtlich keine Konsequenzen.[244]

---

237 Instruktiv *Priester*, ZfS 2007, 556.
238 Richtlinie 80/1268/EWG i. d. F. 1999/100/EG.
239 BGH 18. 6. 1997, NJW 1997, 2590.
240 OLG Karlsruhe 1. 2. 2008, NZV 2008, 414 = BeckRS 2008, 07903.
241 OLG Düsseldorf 18. 8. 2008 – I-1 U 238/07 – n. v.; OLG Karlsruhe 1. 2. 2008, NZV 2008, 414 = BeckRS 2008, 07903.
242 So OLG Karlsruhe 1. 2. 2008, NZV 2008, 414 = BeckRS 2008, 07903.
243 OLG Karlsruhe 1. 2. 2008, NZV 2008, 414 = BeckRS 2008, 07903.
244 OLG Karlsruhe 1. 2. 2008, NZV 2008, 414 = BeckRS 2008, 07903.

306 Angesichts dieser rechtlichen Ausgangslage kann die **Aufgabenstellung für den Sachverständigen** nur dahin gehen, den Verbrauch des streitgegenständlichen Fahrzeugs[245] durch Messungen nach Maßgabe der Richtlinie 80/1268/EWG i. d. F. der Richtlinie 1999/100/EG zu ermitteln. Rechtlich wie methodisch ist das der allein richtige Prüfweg.[246] Da für die Feststellung eines möglicherweise überhöhten Kraftstoffverbrauchs der nach der EG-Messvorschrift ermittelte Verbrauch maßgeblich ist, muss die Vergleichsmessung unter Beachtung der dort vorgesehenen Bedingungen norm-/regelgerecht durchgeführt werden. Gemessen und berechnet wird der Kraftstoffverbrauch anhand des Schadstoffvolumens und nicht nach der Durchflussmenge. Das seit dem 1. 1. 1997 praktizierte EG-Messverfahren[247] basiert auf nur noch zwei Messbereichen, nämlich dem innerstädtischen und außerstädtischen Verkehr, die beim Gesamtverbrauch mit 36,4 % zu 63,6 % zu Buche schlagen.

cc) Die Erheblichkeitsproblematik (Grenzwerte)

307 **Bis zur Schuldrechtsreform** wurde ein Mehrverbrauch **von bis zu 10 %** des angegebenen Verbrauchs als **nicht erheblich** angesehen (§ 459 Abs. 1 S. 2 BGB a. F.), so dass **jegliche Gewährleistung entfiel**.[248] Eine Absenkung des Grenzwertes auf unter 10 %[249] hat der BGH in „Altfällen" abgelehnt, weil ein geringerer Mehrverbrauch den Wert des Fahrzeugs nur unerheblich beeinträchtige und im Hinblick auf die Reichweite nicht mehr als eine bloße Belästigung für den Käufer mit sich bringe.

308 Die Diskussion darüber, ob und inwieweit die altrechtliche Grenzziehung auf die Beurteilung von „Neufällen" übertragbar ist, hat **der BGH** in einem zentralen Punkt beendet, indem er am 8. 5. 2007 entschieden hat:

> *Ein Sachmangel stellt eine unerhebliche Pflichtverletzung dar, die den Käufer gemäß § 323 Abs. 5 S. 2 BGB nicht zum Rücktritt berechtigt, wenn er im Sinne von § 459 Abs. 1 S. 2 BGB aF den Wert oder die Tauglichkeit nur unerheblich mindert. Bei einer Abweichung des Kraftstoffverbrauchs eines verkauften Neufahrzeugs von den Herstellerangaben um weniger als 10 % ist ein Rücktritt vom Kaufvertrag daher ausgeschlossen* (NJW 2007, 2111 m. Anm. *Reinking*).

Im Streitfall hatte der Käufer eines im Oktober 2002 gekauften AUDI A 2 1,2 TDI reklamiert, dass der Verbrauch entgegen der Herstellerwerbung im Internet und im Verkaufsprospekt und auch entgegen den Angaben im Verkaufsgespräch nicht 3,0 bis 3,2 Liter Diesel auf 100 km betrage, sondern mit fast 6 Liter deutlich darüber liege. Während das LG Flensburg[250] die Rückabwicklungsklage schon wegen Missachtung des Nacherfüllungsvorrangs abgewiesen hat, hat das OLG Schleswig ein Verbrauchsgutachten eingeholt. Danach ergab sich ein Mehrverbrauch von 11 % (ungerundet 10,53 %) im städtischen Verkehr, 7 % im außerstädtischen Verkehr und 6 % im Durchschnitt der Fahrzyklen (Kombi-Wert). Diese Ist-Werte genügten dem OLG weder isoliert noch insgesamt betrachtet, um dem Kläger ein Rücktrittsrecht zuzubilligen. Es sei wegen Unerheblichkeit der Pflichtverletzung ausgeschlossen (§ 323 Abs. 5 S. 2 BGB). Entscheidend sei der Gesamtverbrauch und dieser liege mit einem Mehr von nur 6 % deutlich unter dem Grenzwert, den der BGH im früheren Kaufrecht mit 10 % festgesetzt habe.

---

245 In seiner konkreten Beschaffenheit, damit auch mit der konkreten Achsübersetzung (dazu LG Essen 21. 11. 2007, SVR 2008, 300 – Ford Fiesta mit Achsübersetzung 4,06).
246 OLG Düsseldorf 18. 8. 2008 – I-1 U 238/07 – n. v.; OLG Karlsruhe 1. 2. 2008, NZV 2008, 414 = BeckRS 2008, 07903; s. auch *Priester* (Kfz-Sachverständiger), ZfS 2007, 556.
247 EG 93/116, zuletzt geändert durch 1999/100/EG.
248 BGH 1. 10. 1997, NZV 1998, 1213 im Anschluss an das Urteil vom 14. 2. 1996, NJW 1996, 1337.
249 Gefordert von *Reinking*, DAR 1990, 170.
250 Urt. v. 1. 9. 2003 – 8 O 112/03 – n. v.

Der BGH hat die Nichtzulassungsbeschwerde mit dem o. a. Leitsatz zurückgewiesen. **309**
Damit ist entschieden, dass ein Rücktritt vom Kaufvertrag bei einer Abweichung um weniger als 10 % **im Regelfall** ausgeschlossen ist. Gegenstand des Beschlusses ist allein die Rücktrittsproblematik, nicht mehr, aber auch nicht weniger. **Nicht entschieden** hat **der BGH,**

* auf welche der drei Herstellerangaben es ankommt, nur auf den Gesamtverbrauch (so der BGH früher bei drei Fahrzyklen und dem „Euro-Mix", siehe NJW 1997, 2590) oder auf jeden Einzelwert,[251]
* ob im Prospekt und in der Werbung genannte Von-Bis-Werte oder die glatten Werte gem. Pkw-EnVKV-Kennzeichnung maßgebend sind,
* ab welcher Grenze und unter welchen sonstigen Umständen Rücktrittserheblichkeit positiv festzustellen ist und insbesondere
* wo die Grenze zwischen Mangelhaftigkeit als solcher und einer vom Käufer ohne jegliche Sanktion hinzunehmenden Abweichung verläuft, d. h. unter welchen Voraussetzungen der Käufer wenigstens seine „kleinen", von einer Erheblichkeit unabhängigen Rechtsbehelfe geltend machen kann (Nacherfüllung, Minderung, kleiner Schadensersatz).

Im Übrigen: Selbst in Rücktrittsstreitigkeiten kann ein „geringfügiger" Mangel dem Käufer als „Auffüllposten" dienen. Mehrere unerhebliche Mängel können bei der gebotenen Gesamtschau den Rücktritt rechtfertigen (s. Rn 535).

Im Umkehrschluss der BGH-Entscheidung vom 8. 5. 2007 zu entnehmen, dass eine Abweichung, welche die 10-Prozent-Grenze übersteigt, den Käufer zum Rücktritt berechtigt und ihm auch den Anspruch auf den großen Schadensersatz gibt, ist **für den Regelfall** gerechtfertigt.[252] Die Entscheidung zwischen „erheblich" und „unerheblich" ist allerdings keine Frage von Prozentsätzen. Sie entzieht sich jeder pauschalen Betrachtung, so praktikabel und deshalb wünschenswert Grenzwerte auch sein mögen. Auch bei einer Abweichung um weniger als 10 % kann im Einzelfall die Erheblichkeitsschwelle überschritten sein, z. B. beim Bruch einer ausdrücklichen Beschaffenheitsvereinbarung, erst recht bei einer nicht eingehaltenen Garantie oder gar im (eher theoretischen) Fall der arglistigen Täuschung.[253] Umgekehrt kann der Händler mit seinem Bagatelleinwand selbst dann durchdringen, wenn die 10-Prozent-Grenze geringfügig, z. B. um einen Prozentpunkt, überschritten ist. Insoweit können bei der gebotenen Abwägung der beiderseitigen Interessen auch der Typ des Fahrzeugs und der Verwendungszweck eine Rolle spielen. **310**

In der vorgelagerten Frage der **Mangelhaftigkeit als solcher** zeigt die Rechtsprechung der Instanzgerichte **kein einheitliches Bild**.[254] Einig ist man sich lediglich darin, einen – etwa zur Minderung berechtigenden – Mangel auch dann anzunehmen, wenn die Grenze von 10 % unterschritten ist. Sie ist in der Tat keine technische oder physikalische Toleranzgrenze, die sich an Messungenauigkeiten oder Fertigungstoleranzen orientiert,[255] sondern ein normativer Wert. Bewertet wird eine Benachteiligung des Käufers, nicht bezogen auf die Funktionsfähigkeit seines Fahrzeugs und dessen „gewöhnliche Verwendung",[256] sondern mit Bezug auf den Wert des Fahrzeugs und die finanzielle Situation des Käufers. **311**

---

251 Da der Audi A 2 im Stadtzyklus bei + 11 % lag (genau 10,53 %) spricht Einiges dafür, dass der BGH weiterhin auf den Gesamtverbrauch im Durchschnitt abstellt (Ausreißer vorbehalten). Dem wäre zu folgen, so auch OLG Schleswig 15. 12. 2004 – 9 U 120/03 – n. v. (Vorinstanz).
252 *Reinking*, NJW 2007, 2112; *Klöhn*, EWiR § 323 BGB 1/07, 621.
253 Vgl. *S. Lorenz*, DAR 2007, 509.
254 Eine dem BGH vorliegende Sache, in der es um diese Frage ging, wurde durch Vergleich erledigt (LG Berlin 52 S 104/06).
255 So BGH 8. 5. 2007, NJW 2007, 2111.
256 Die Verringerung der Reichweite ist im Unter-10-Prozent-Bereich zu vernachlässigen.

312 **Physikalische Toleranzen und Messungenauigkeiten** sind in den Blick zu nehmen, wenn es darum geht, die Grenze zwischen gewährleistungsrechtlich neutraler und nicht vertragsgemäßer Beschaffenheit zu bestimmen. Hierzu das OLG Düsseldorf:

> *Hinzunehmen hat er (Anm.: der Käufer) lediglich eine Fehlertoleranz, die bei der Herstellung von technischen Produkten nicht auszuschließen ist. Sie ist mit 2 % zu veranschlagen. Hinzu kommt, dass selbst bei einer Messung nach dem EU-Verfahren Abweichungen in Form von Messungenauigkeiten von bis zu 2 % als normal gelten. Das bedeutet, dass ein Neufahrzeugkäufer einen erhöhten Kraftstoffverbrauch von bis zu 4 % hinzunehmen hat* (Urt. v. 18. 8. 2008 – I-1 U 238/07 – n. v.).

313 **Mangelhaftigkeit als solche** bejaht hat das LG Ravensburg[257] bereits bei einem Mehrverbrauch von nur 3,03 %, jedoch eine Minderung mangels Messbarkeit des Minderwerts abgelehnt. Demgegenüber hat das LG Berlin[258] einen Mangel bei 3,4 % verneint.[259]

6. Schadstoffklasse und Steuereingruppierung

314 Eine Vielzahl von Schadstoffklassen, Abgasnormen und Steuersätzen, Dutzende von Schlüsselnummern, Fußnoten, Sternchen und verwirrende Abkürzungen in den Verkaufsprospekten sind für alle Beteiligten, die Händler eingeschlossen, eine Quelle ständigen Ärgers und Streits. Betroffen sind vor allem Diesel-Pkw über 2,5 Tonnen. **Prototypisch** ist der Fall, über den in erster Instanz das LG Münster[260] und das OLG Hamm als Berufungsgericht[261] entschieden haben, und zwar mit unterschiedlichen Ergebnissen. Das OLG Hamm hat erkannt:

> *„In Ermangelung einer ausdrücklichen Beschaffenheitsvereinbarung kann der Käufer eines Neufahrzeugs einen zum Rücktritt berechtigenden Sachmangel nicht daraus herleiten, dass ein Fahrzeug der Schadstoffklasse ‚Euro 3' steuerlich vom Finanzamt als ‚Euro 2' eingestuft worden ist"* (hier: Citroen C 8, Euro 3, Schlüssel-Nr. 51).

In die gleiche **händlerfreundliche Richtung** geht das Urteil des Kammergerichts vom 6. 3. 2008,[262] wenn es heißt:

> *„Die Mitteilung einer bestimmten EU-Schadstoffnorm im Kfz-Kaufvertrag stellt keine Beschaffenheitsangabe oder Zweckabrede dar, aufgrund deren der Käufer auf eine Einordnung in eine bestimmte Kfz-Steuerklasse vertrauen darf"* (Fahrzeug: BMW X 5 3,0 d, EU3 N1-G3).

Im Vordergrund der facettenreichen Euronorm-Rechtsstreitigkeiten[263] stehen folgende Fragen: Bedeutung von Angaben in Prospekten oder Technischen Datenblättern[264] betreffend die Abgasnorm, z. B. „EURO 3", und die Schlüsselnummer (z. B. 51).[265] Kann der Kunde aus diesen Informationen verlässlich auf eine bestimmte Eingruppierung bei der

---

257 Urt. v. 6. 3. 2007, NJW 2007, 2127.
258 Urt. v. 5. 4. 2007 – 52 S 104/06 – n. v. Das Revisionsverfahren VIII ZR 171/07 endete – nach mündlicher Verhandlung am 16. 4. 2008 – durch außergerichtlichen Vergleich.
259 Siehe auch LG Essen 21. 11. 2007, SVR 2008, 300 (Mehrverbrauch von 8, 2 % kein erheblicher Mangel, aber eventuell ein Mangel).
260 Urt. v. 6. 12. 2006 – 8 O 320/06 – n. v.
261 Urt. v. 28. 6. 2007, 2 U 28/07, VA 2007, 177 = SP 2008, 235 (Nichtzulassungsbeschwerde erhoben).
262 Az. 27 U 66/07, veröffentlicht, soweit ersichtlich, bisher nur in VRR 2008, 265 (Revision nicht zugelassen).
263 Siehe auch OLG Bremen 14. 6. 2001, DAR 2001, 400; OLG Celle 29. 11. 2001, OLGR 2002, 38 und OLG Koblenz 7. 11. 2001, MDR 2002, 452.
264 Zur Bedeutung der Pkw-EnVKV s. Rn 300 ff.
265 So auch im Fall LG Heilbronn, Urt. v. 14. 9. 2006, DAR 2007, 523 (Mangel verneint).

Kfz-Steuer schließen oder sind Euronorm und Steuerklasse erkennbar unterschiedliche Sachverhalte? Hat der Händler eine Aufklärungs- oder gar eine Beratungspflicht? Wenn ein Mangel zu bejahen ist: Ab welchem Steuernachteil besteht die Befugnis zum Rücktritt (Erheblichkeitsproblematik)?

Soweit ersichtlich, hat bisher nur das LG Münster eine verbraucherfreundliche Position eingenommen.[266] Ganz überwiegend werden die Klagen abgewiesen (meist ohne Beweisaufnahme); allerdings mit unterschiedlicher Begründung. Als Hilfsbegründung wird oftmals die Unerheblichkeit eines etwaigen Mangels betont. Mit einer solchen Doppelbegründung hat auch das Brandenburgische OLG – nach Beweisaufnahme zum Inhalt der Vertragsverhandlungen – die Klage eines beweisfällig gebliebenen Leasingnehmers abgewiesen, dessen Fiat Doblo 1,6, an sich zutreffend mit Euro 3 beschrieben, als Euro4-Fahrzeug angeboten worden sein soll.[267]

Ergänzend wird auf die Rechtsprechung zum Gebrauchtwagenkauf verwiesen (Rn 1490).

7. Zulassungseignung

Gegenstand einer Beschaffenheitsvereinbarung kann die Frage sein, ob das Fahrzeug als **315** Pkw oder als Lkw zugelassen werden kann. Dazu AG Gotha 16. 5. 2006, SVR 2006, 464 („Zulassung als Pkw" beim Kauf eines Mercedes Sprinter). Zur Haftung für Zulassungshindernisse siehe Rn 1409.

8. Tages- und Kurzzulassung

Fast jeder dritte neu zugelassene Pkw war 2007 ein Vorführwagen oder eine Tageszulas- **316** sung.[268] Nicht selten sind als „Vorführwagen" verkaufte Autos in Wirklichkeit verdeckte „Tageszulassungen". Als „Tageszulassungen" bezeichnet man üblicherweise **Kurzzulassungen auf Händler**. Innerhalb von 30 Tagen werden die Fahrzeuge wieder abgemeldet.[269] Derartige „Tageszulassungen" gelten als „notwendiges Übel",[270] als eine typische Entwicklung in einem gesättigten Markt. Hersteller und Händler versuchen, über Konditionenwettbewerb im schwachen Markt ihr Volumen zu stabilisieren und verkaufen zu Deckungsbeiträgen.[271]

Tages- bzw. Kurzzulassungen sind auch beim **Reimport** anzutreffen. Viele dieser Fahr- **317** zeuge werden aus Vertriebsgründen auf den Händler zugelassen, ehe sie nach Deutschland gelangen. Da nur ein deutscher Kfz-Brief (Zulassungsbescheinigung Teil II) existiert, ist die Voreintragung des ausländischen Händlers nicht offenkundig. In Unkenntnis dieser Vorgeschichte werden die deutschen Käufer regelmäßig als Ersthalter eingetragen. Die Zulassungsstellen in der Bundesrepublik Deutschland müssen nur bei Verdacht Nachforschungen über die Zulassung im Ausland anstellen. Bestätigt sich der Verdacht, war die Auslandszulassung im deutschen Kfz-Brief zu vermerken.[272] Ein Erfahrungssatz des In-

---

266 Urt. v. 6. 12. 2006 – 8 O 320/06, vom OLG Hamm abgeändert. Kritik daran von *Bachmeier*, Rn 282.
267 Urt. v. 14. 2. 2007 – 13 U 92/06 – n. v.
268 Von den in 2007 insgesamt 3,15 Mio neu zugelassenen Fahrzeugen wurden 118.183 Pkw/Kombi innerhalb von 30 Tagen wieder abgemeldet (= 3,8 %). Quelle: Kfz-Betrieb 9/2008.
269 Im Sinne der Pkw-EnVKV handelt es sich um „neue" Pkw (vgl. OLG Köln 14. 2. 2007, OLGR 2007, 404).
270 SO ZDK-Präsident *Radermacher*, AUTOHAUS 1–2/2008.
271 *Dudenhöffer*, Kfz-Betrieb 9/2008, S. 17.
272 Hierzu ausführlich *Creutzig*, BB 1987, 283 ff.

halts, dass ein sog. grauer Import immer nur über eine Tageszulassung möglich sei, existiert nicht.[273]

318 In der Rechtsprechung der Instanzgerichte und im Schrifttum war man **bis 2005** der Ansicht, Fahrzeuge mit Tages- oder Kurzzulassung seien wegen der Voreintragung des Händlers nicht fabrikneu, jedenfalls nicht vertragsgemäß.[274] Die entscheidenden Gründe sah man darin, dass durch die Voreintragung des Händlers der Wert des Fahrzeugs gemindert und die Frist für HU und AU verkürzt wird und der Käufer Nachteile im Hinblick auf die Dauer der Garantie und die Neuwertabrechnung im Rahmen der Vollkaskoversicherung erleidet.

319 Dieser Auffassung ist der für das Autokaufrecht zuständige **VIII. Senat des BGH**[275] entgegengetreten. Er hat sich der Ansicht des für Wettbewerbssachen zuständigen I. Senats[276] angeschlossen und entschieden, dass der Kunde auch in diesen Fällen ein **fabrikneues Fahrzeug** im Sinne der unter Rn 240 genannten Kriterien erwirbt, wenn der Verkauf kurze Zeit – maximal 2 Wochen – nach der Händler-Erstzulassung erfolgt. Die kurzfristige, im konkreten Fall 5 Tage zurückliegende Zulassung diene, so der BGH, nicht der Nutzung des Fahrzeugs, sondern ermögliche dem Händler die Gewährung eines gegenüber dem Listenpreis erheblichen Preisnachlasses. Für den Kunden, dem der Preisnachlass zugute komme, sei entscheidend, dass er ein unbenutztes Neufahrzeug erwerbe. Nicht von wesentlicher Bedeutung sei für ihn, dass durch die Kurzzulassung die Herstellergarantie, die Fristen im Rahmen einer Vollkaskoversicherung sowie eine nach § 29 StVZO vorgeschriebene Fahrzeuguntersuchung um wenige Tage verkürzt würden. Schließlich müsse der Käufer bei einer Weiterveräußerung nicht mit einer Erlösminderung rechnen, weil er die Tageszulassung ohne Weiteres nachweisen könne.

320 Aus den Gründen der BGH-Entscheidung ergibt sich, dass der **Händler nicht verpflichtet** ist, den Käufer auf die formale **Voreintragung ungefragt hinzuweisen**, es sei denn, dass sie den Zeitrahmen von 2 Wochen überschreitet. Allerdings darf der Käufer eines Fahrzeugs mit Tageszulassung erwarten, dass es der aktuellen Modellreihe mit allen bisherigen Weiterentwicklungen und technischen Veränderungen entspricht. Ist dies nicht der Fall, muss ihn der Verkäufer hierüber aufklären.[277] Die Angabe des Datums der Tageszulassung reicht hierzu nicht aus, da auch ein zurückliegendes Zulassungsdatum nicht besagt, dass es sich um ein veraltetes Modell handelt.

321 Während die Kurzulassung im o. a. BGH-Fall **vor dem Verkauf** stattgefunden hatte, hat das LG Wuppertal über einen Fall mit (siebentägiger) Zulassung **nach Abschluss des Kaufvertrages** ohne Zustimmung des Käufers entscheiden müssen. Auch in diesem Fall habe der Käufer einen „Neuwagen", ein „fabrikneues" Auto erhalten, so die Kammer[278] unter Bezugnahme auf die BGH-Entscheidung.

322 Das Tageszulassungs-Urteil des BGH und erst recht die Entscheidung des LG Wuppertal werden der Lebenswirklichkeit nicht gerecht. Soweit der BGH feststellt, es gebe keinen Erfahrungssatz, wonach der Käufer eines nur wenige Tage formal auf den Händler zugelassenen Fahrzeugs im Falle des Weiterverkaufs einen geringeren Erlös als der Käufer eines auf

---

273 Zutreffend BGH 26. 3. 1997, NJW 1997, 1847.
274 Z. B. OLG Köln 17. 4. 1998, NZV 1999, 46; OLG Dresden 14. 10. 1998, OLGR 1999, 87 m. w.N; LG Saarbrücken 2. 4. 1979, DAR 1980, 19.
275 Urt. v. 12. 1. 2005, DAR 2005, 281; kritisch dazu *Reinking*, DAR 2005, 320.
276 Urt. v. 20. 2. 1986, NJW 1986, 1836; 28.10. 1993, DAR 1994, 70; 15. 7. 1999, DAR 1999, 501, so auch schon EuGH 16. 1. 1992, ZIP 1992, 719; a. A. OLG Nürnberg 9. 9. 1997, OLGR 1998, 94, das die Werbung mit Tageszulassung für ein mehrere Tage zugelassenes Fahrzeug als irreführend ansah.
277 OLG Köln 17. 4. 1998, NZV 1999, 46.
278 Urt. v. 9. 2. 2006, DAR 2007, 652 m. Anm. *Hachenberg-Trompetter*.

sich zugelassenen Neufahrzeugs erziele, ist dem entgegen zu halten, dass nach allgemein üblicher Bewertungspraxis der Gutachter pro Eintragung ein **Wertabzug** von mindestens 2 – 3 % vorgenommen wird.[279] Hinzu kommt: In der Zulassungsbescheinigung Teil II (früher Fahrzeugbrief) ist nur noch Platz für zwei Haltereintragungen. Im Fall des Weiterverkaufs muss eine neue Zulassungsbescheinigung beantragt werden, was mit Kosten und Mühe verbunden ist.

9. Voreintragung auf Dritte

Von der Tages- oder Kurzzulassung auf den Händler zu unterscheiden ist der Fall, dass ein schon **auf einen Dritten** zugelassenes Fahrzeug als „neu" oder als „Neuwagen" weiterverkauft wird. Diese Fallgestaltung ist Gegenstand des **BGH-Urteils vom 26. 3. 1997**:[280] Ein in den Niederlanden auf einen dortigen Kunden zugelassener und an ihn ausgelieferter Ferrari Testarossa 512 TR wurde von einem deutschen Möbelhaus, das gelegentlich mit Ferrari-Fahrzeugen Handel trieb, an eine deutsche Käuferin als „Neufahrzeug mit Werkskilometern" verkauft. Bei Abschluss des Kaufvertrages war der Käuferin die fünf Monate zurückliegende Auslandsauslieferung bekannt, die NL-Zulassung möglicherweise zu diesem Zeitpunkt noch nicht (war str.). Das OLG Oldenburg[281] hat die Bezeichnung „Neufahrzeug" trotz des Hinweises auf Werkskilometer (200) als Zusicherung gedeutet, und zwar mit dem Inhalt, dass der Ferrari noch nicht auf einen anderen Kunden zugelassen worden ist. Diese Auslegung hat der BGH beanstandet. Die der Käuferin bekannte Auslieferung an den NL-Erstkunden sei nicht hinreichend gewürdigt worden. Das sei ein „ungewöhnlicher Umstand", der bedeuten könne, dass das Fehlen einer Erstzulassung in den Niederlanden gerade nicht zugesichert gewesen sei.

Die nicht sehr häufig anzutreffenden Veräußerungen von Fahrzeugen, die bereits auf Dritte zugelassen wurden, betreffen Erstverkäufe, die aus irgendwelchen Gründen gescheitert sind. Es kann sich um Fahrzeuge handeln, deren Abnahme die Erstkäufer wegen nicht vertragsgemäßer Beschaffenheit abgelehnt haben. Hintergrund kann auch eine Insolvenz sein. Nicht ernsthaft zu bezweifeln ist, dass Kraftfahrzeuge, die auf Dritte (Erstkunden) zugelassen wurden, und sei es auch nur für kurze Zeit, nicht mehr als „fabrikneu" gelten können. Der Händler darf solche Fahrzeuge nicht als „Neufahrzeuge" anbieten, ohne den Käufer auf die Voreintragung hinzuweisen. Andernfalls setzt er sich dem Vorwurf der arglistigen Täuschung aus.

In einer älteren Entscheidung hat sich das OLG Karlsruhe[282] auf den Standpunkt gestellt, dass ein Pkw allein durch die Zulassung auf einen Dritten die Neuwageneigenschaft verliere und zum „Gebrauchtfahrzeug" werde, obwohl feststehe, dass der Dritte das Fahrzeug nicht benutzt habe. Nach Auffassung des Gerichts ist die Zulassung nicht mit dem Ausprobieren von Kleidern vergleichbar, da sie zu einer Minderbewertung des Fahrzeugs führe. Diese beruhe darauf, dass Folgeerwerber eine Erhöhung des Risikos beim Gebrauch infolge Fahrerwechsels und der nicht bekannten und nicht nachweisbaren Umstände wegen des Wechsels befürchten müssen, wenn sie auf die Voreintragung in den Kfz-Papieren stoßen.

---

279 Berechtigte Kritik, insbesondere auch an der Entscheidung des LG Wuppertal, von *Hachenberg-Trompetter*, DAR 2007, 653.
280 NJW 1997, 1847.
281 Urt. v. 6. 3. 1996, NZV 1996, 455 = BB 1996, 2321.
282 Urt. v. 16. 6. 1971, DAR 1972, 17 ff.; 22. 12. 1976, DAR 1977, 323; a. A. LG Köln 3. 11. 1982 – 13 S 207/82 – n. v., das die Fabrikneuheit eines etwa 1,5 Monate nach Erstzulassung verkauften Fahrzeugs bejahte; differenzierend LG Bonn 17. 2. 1972, NJW 1972, 1137; LG Köln 11. 9. 1990 – 33 S 1/90 – n. v.; kritisch *Andres*, NJW 1971, 2377 ff.

H. Nacherfüllung

I. Bedeutung für den Neufahrzeugkauf

326   Während Neuwagenkäufer im früheren Recht einen Nachbesserungsanspruch nur auf AGB-Basis hatten,[1] ist ihr Recht, Nacherfüllung zu verlangen, jetzt in **§ 439 Abs. 1 BGB** geregelt. Nacherfüllung ist bekanntlich in **zwei Formen** möglich, durch Ersatzlieferung (Nachlieferung) oder durch Nachbesserung (Mängelbeseitigung). Diese Zweispurigkeit, die es beim Gebrauchtwagenkauf praktisch nicht gibt (dazu Rn 1683 ff.), wirft in Neufahrzeugfällen zahlreiche Probleme auf.

327   **Die Schnittstelle** zwischen Erfüllung und Nacherfüllung wird durch den **Gefahrübergang** markiert. Zum Gefahrübergang kommt es in aller Regel durch **Übergabe** des verkauften Fahrzeugs. Dazu reicht die „körperliche Entgegennahme". Eine Annahme im Sinne einer Billigung ist nicht erforderlich. Beim Autokauf fällt die Übergabe meist mit der Ablieferung zusammen, welche nach § 438 Abs. 2 BGB die Verjährungsfrist in Lauf setzt. Annahmeverzug des Käufers steht der Übergabe gleich (§ 446 S. 3 BGB).

328   Mit dem Gefahrübergang treten an die Stelle des Anspruchs auf Lieferung einer mangelfreien Sache (§ 433 Abs. 1 S. 2 BGB) die in § 437 BGB genannten Sachmängelrechte. Dabei steht der Anspruch auf Nacherfüllung **an erster Stelle** (sog. Nacherfüllungsvorrang), was durch die Aufzählung in § 437 BGB optisch und durch das Fristsetzungserfordernis nach § 440 S. 1 BGB inhaltlich deutlich wird. Spiegelbildlich entspricht dem ein Recht des Verkäufers zur „zweiten Andienung". Inhalt, Reichweite und Grenzen des Vorrangprinzips sind mittlerweile weitgehend geklärt, nicht zuletzt auf Grund mehrerer BGH-Entscheidungen zum Autokauf.

329   Der Nacherfüllungsanspruch des Käufers ist weder von einem Vertretenmüssen/Verschulden noch von der Erheblichkeit des Mangels (der Pflichtverletzung) abhängig, d. h. selbst bei einem geringfügigen Mangel, den der Händler nicht zu vertreten hat, kann er auf Nacherfüllung in Anspruch genommen werden.

330   **Eine Besonderheit des Neuwagenkaufs** besteht darin, dass Käufern in den NWVB ausdrücklich das Recht eingeräumt wird, sich **zur Abwicklung** einer Mängelbeseitigung statt an den Verkäufer an einen vom Hersteller/Importeur anerkannten Betrieb zu wenden.[2] Aus Anlass der BGH-Entscheidung vom 15. 11. 2006[3] ist die entsprechende **Klausel in den NWVB** insoweit **geändert** worden, als man **die Informationspflicht** des Käufers präzisiert hat. Die Vorgängerklausel enthielt keine ausdrückliche Vorgabe, wie und vor allem wann der Käufer den Verkäufer über die Einschaltung eines Drittbetriebes zu unterrichten habe.

Die vom BGH konstatierte Mehrdeutigkeit ist jetzt behoben. In nicht zu beanstandender Weise ist festgelegt, dass der Käufer den Verkäufer **unverzüglich** zu unterrichten hat, wenn **die erste Mängelbeseitigung erfolglos** war (vgl. Abschn. VII Ziff. 2 a NWVB 3/08). Er darf also nicht warten, bis die Nachbesserung durch mehrere erfolglose Versuche anderer Betriebe fehlgeschlagen ist. Andererseits hat der Verkäufer kein Recht auf Information vor Einschaltung des Fremdbetriebes. In der Tatsache, dass in der Klausel von „erster Män-

---
1   Beim Gattungskauf bestand außerdem ein Nachlieferungsanspruch gem. § 480 Abs. 1 BGB a. F.
2   Beim Kauf durch eine Leasinggesellschaft kann es fraglich sein, ob die NWVB und damit die Drittfirma-Klausel Vertragsinhalt geworden ist (vgl. OLG Hamm 6. 2. 2006, DAR 2006, 390). Hat der Leasingnehmer eine autorisierte Werkstatt in Anspruch genommen, verlangt das OLG für die Zurechnung der dortigen Arbeiten die Darlegung, dass die Klausel Inhalt des Vertrages zwischen Leasinggesellschaft und Lieferant ist.
3   NJW 2007, 504.

gelbeseitigung" die Rede ist, wird man eine Irreführung des Kunden nicht sehen können. Ihm wird nicht suggeriert, nur einen einzigen Versuch zu haben.

Eine **Verletzung der Informationspflicht** kann zu Folge haben, dass schon der Tatbestand des Fehlschlagens der Nachbesserung nicht festgestellt werden kann, jedenfalls die Berufung darauf nach § 242 BGB unzulässig ist.[4] Ein eigener Schadensersatzanspruch des Verkäufers gem. §§ 280 Abs. 1, 241 Abs. 2 BGB wird meist aus Kausalitätsgründen ohne Erfolg bleiben. Entgegensetzen kann der Käufer den Einwand des Mitverschuldens, wenn die Drittfirma ihm nicht ausdrücklich mitgeteilt hat, dass eine Benachrichtigung der Verkaufsfirma erforderlich sei. Da Käufer ihre Verpflichtung nach den AGB erfahrungsgemäß nicht, jedenfalls nicht genau kennen, ist ein ausdrücklicher Hinweis vor Ort geboten.

Infolge der vom Verkäufer erteilten Ermächtigung wird der vom Käufer zur Nachbesserung eingeschaltete Betrieb **als Erfüllungsgehilfe** des Verkäufers tätig. Er muss sich deshalb die von dieser Werkstatt ausgeführten Mängelbeseitigungsarbeiten und die dabei abgegebenen Erklärungen, auch Unterlassungen in Form fehlender Hinweise, gem. § 278 BGB zurechnen lassen,[5] ebenso Wissen, das die Fremdwerkstatt erlangt hat („Wissensvertreter").[6]

Da die Drittfirmenklausel **nur eine Abwicklungsregelung** zum Inhalt hat, gibt sie dem Käufer keinen einklagbaren Anspruch gegen den Drittbetrieb, nicht einmal auf Mängelbeseitigung.[7]

Ohne Änderung in die aktuellen NWVB übernommen ist die Klausel Abschn. VII Ziff. 2 b NWVB, wonach der Käufer sich an den ‚nächstgelegenen' vom Hersteller/Importeur autorisierten Betrieb zu wenden hat, wenn das **Fahrzeug** wegen eines Sachmangels **betriebsunfähig** wird. Diese Klausel, die dem Käufer kein Recht gibt, sondern ihm eine Pflicht (Obliegenheit) auferlegt, ist in mehrfacher Hinsicht bedenklich. Sie erweckt den Eindruck, als sei der Käufer verpflichtet, die Beseitigung des Mangels durch den nächstgelegenen Betrieb zuzulassen. Eine Pflicht hierzu besteht nicht, wenn dem Käufer die Rechte nach § 437 Nr. 2 und 3 BGB zustehen. Da die Klausel dem Verkäufer die Möglichkeit verschafft, berechtigte Ansprüche des Käufers abzuwehren, verstößt sie gegen § 307 Abs. 1 BGB.[8] Außerdem wird bemängelt, dass die nach § 309 Nr. 8b) bb) BGB erforderlichen Hinweise auf diejenigen Rechtsbehelfe fehlen, die dem Käufer im Fall des Fehlschlagens zustehen sowie der darüber hinaus gebotene Hinweis auf mögliche Ansprüche auf Schadens- und Aufwendungsersatz.[9]

331

II. Vertragliche Beschränkungen des Nacherfüllungsanspruchs
1. Verbrauchsgüterkaufverträge

Für den Verbrauchsgüterkauf gilt, dass der Anspruch des Käufers auf Nacherfüllung nicht eingeschränkt oder ausgeschlossen werden darf. Das Verbot erstreckt sich auch auf das Wahlrecht des Käufers zwischen Mängelbeseitigung und Ersatzlieferung. Auf abweichende Vereinbarungen kann sich der Verkäufer gegenüber dem Käufer nicht berufen (§ 475 Abs. 1 S. 1 BGB).

332

---

4 Vgl. BGH 15. 11. 2006, NJW 2007, 504.
5 BGH 15. 11. 2006, NJW 2007, 504.
6 OLG Düsseldorf 28. 1. 2008 – I-1 U 151/07 – n. v.
7 Siehe auch BGH 15. 5. 1985, NJW 1985, 2819 und BGH 10. 4. 1991, ZIP 1991, 733.
8 Für Unwirksamkeit auch *Pfeiffer*, Klauselwerke, Neuwagenkauf, Rn 57.
9 *Von Westphalen*, NJW 2002, 12, 24.

Beispiel:
Macht der Verkäufer die Gewährung eines Preisnachlasses davon abhängig, dass der Verbraucher auf das Nachlieferungsrecht verzichtet, verstößt der Verzicht gegen §§ 439, 475 Abs. 1 BGB. Der Verkäufer kann sich gegenüber dem Verbraucher darauf nicht berufen, muss sich aber an dem vereinbarten Preisnachlass festhalten lassen.

2. Geschäftsverkehr mit Unternehmern

333 Der Anspruch auf Nacherfüllung ist von so grundlegende Bedeutung, dass ihm **Leitbildcharakter** i. S. v. § 307 Abs. 1 BGB zukommt.[10] Ausschluss oder Beschränkungen sind zwar nicht von vornherein unzulässig, doch bedarf es besonderer rechtfertigender Gründe, um eine unangemessene Benachteiligung des Käufers auszuschließen. Vernünftigerweise enthalten die NWVB – abgesehen von der Verjährung (dazu Rn 1996) – keinerlei Beschränkungen zum Nachteil unternehmerischer Käufer.

Innerhalb des für den Neuwagenkauf maßgeblichen Anwendungsbereichs von § 309 Nr. 8b) aa) BGB wird im B2B-Bereich ein Ausschluss des Wahlrechts und eine Beschränkung auf Mängelbeseitigung oder Nachlieferung überwiegend für zulässig erachtet.[11] Einer an § 475 BGB ausgerichteten Parallelwertung im Rahmen von § 307 Abs. 1 BGB steht entgegen, dass das **Wahlrecht** des § 439 Abs. 1 BGB **keine Leitbildfunktion** hat. Der Gesetzgeber hat das nur für den Verbrauchsgüterkauf zwingend erforderliche Wahlrecht allein aus Gründen der Einheitlichkeit des Kaufrechts in § 439 Abs. 1 BGB aufgenommen.[12]

Wie schon zu § 476 a BGB a. F. ist auch im Rahmen von § 439 Abs. 2 BGB strittig, inwieweit der Verkäufer Kosten der Nacherfüllung in AGB auf den Käufer abwälzen kann. Da das Kostentragungsprinzip durch Streichung des Ausnahmetatbestandes von § 476 a S. 2 BGB a. F. verschärft wurde, ist die Grundwertung des § 439 Abs. 2 BGB auf § 307 BGB zu übertragen und einem Ausschluss in AGB die Wirksamkeit wegen Verstoßes gegen § 309 Nr. 8b) cc) BGB zu versagen.[13] Exorbitant hohen Kosten der Nacherfüllung, die darauf beruhen, dass der Käufer das Fahrzeug an einen anderen Ort verbracht hat, kann der Verkäufer mit der Einrede der Unverhältnismäßigkeit gem. § 439 Abs. 3 BGB begegnen, so dass es eines vertraglichen Vorbehalts entsprechend § 476 a S. 2 BGB a. F. nicht bedarf.

Die Schwelle des dem Verkäufer in § 439 Abs. 3 BGB zugebilligten Leistungsverweigerungsrechts darf nicht in AGB herabgesetzt werden, da andernfalls das Recht der Nacherfüllung ausgehöhlt würde, das auch im kaufmännischen Geschäftsverkehr Leitbildcharakter besitzt. Außerdem würde eine solche Abänderung den Käufer unangemessen benachteiligen.

III. Wahlrecht des Käufers und Bindung

1. Die Wahl zwischen Mängelbeseitigung und Ersatzlieferung

334 Das Recht, zwischen Mängelbeseitigung und Ersatzlieferung zu wählen, hat zur **Voraussetzung,** dass beide Arten der Nacherfüllung geeignet und durchführbar sind. Kann z. B. ein Vorschaden des Neufahrzeugs (Unfallschaden), den der Käufer nach Gefahrübergang entdeckt, nicht ohne merkantile Wertminderung beseitigt werden, liegt eine objektive Unmög-

---

10 *Haas* in *Haas/Medicus/Rolland/Wendtland*, Das neue Schuldrecht, S. 199 Rn 143; *Canaris*, Schuldrechtsmodernisierung, 2002, XXXV.
11 *Palandt/Weidenkaff*, § 439 BGB Rn 3; *Staudinger/Matusche-Beckmann*, § 439 BGB Rn 59.
12 *Canaris*, Schuldrechtsmodernisierung 2002, XXXV; *Haas* in *Haas/Medicus/Rolland/Wendtland*, Das neue Schuldrecht, S. 199 Rn 145.
13 *Palandt/Weidenkaff*, § 439 BGB Rn 3; *Oechsler*, Schuldrecht BT, § 2 Rn 280.

lichkeit der Mängelbeseitigung vor (unbehebbarer Mangel, dazu näher Rn 1695 ff.); der Anspruch des Käufers beschränkt sich von vornherein auf eine mögliche Ersatzlieferung. Scheidet nach dem Parteiwillen auch diese aus (zum Problem bei einer Speziessache/Stückschuld s. Rn 1683) oder ist die Ersatzlieferung auf Dauer unmöglich, weil der Hersteller die Produktion des Modells eingestellt hat und das Fahrzeug nicht mehr beschafft werden kann, stehen dem Käufer angesichts dieser zweifachen Unmöglichkeit (§ 275 Abs. 1 BGB) die in § 437 Nr. 2 und 3 BGB aufgeführten (Sekundär-)Ansprüche direkt zur Verfügung (s. auch Rn 1690).

335 Kein Wahlrecht kann dem Käufer im Hinblick auf **einzelne Teile** (z. B. Zubehör) des Fahrzeugs zugestanden werden. Erweist sich z. B. das Radio als mangelhaft, hat er nicht das Recht, vom Verkäufer zu verlangen, dass dieser statt der Reparatur des Radios ein anderes mangelfreies Radio im Austausch in das Fahrzeug einbaut.[14]

336 Wenn von mehreren als **Sachgesamtheit** gekauften Fahrzeugen (10 Stück in gleicher Farbe und Ausstattung für einen Firmenfuhrpark) nur ein einziges Fahrzeug einen nicht behebbaren Sachmangel aufweist, ist zur Erzielung eines sachgerechten Ergebnisses erforderlich, dem Käufer ein punktuelles Wahlrecht in Bezug auf das mangelhafte Fahrzeug zuzuweisen. Ohne diese Möglichkeit würden ihm faktisch nur die Sekundäransprüche verbleiben, da der Nachlieferungsanspruch bezüglich der aus 10 Fahrzeugen bestehenden Sachgesamtheit an der Einrede des § 439 Abs. 3 BGB scheitert. Er stünde damit schlechter, als wenn er die Fahrzeuge einzeln gekauft hätte. Dem Verkäufer gereicht das punktuelle Wahlrecht zum Vorteil. Es verhindert, dass der Käufer von dem Kaufvertrag über die Sachgesamtheit zurücktritt, nur weil ein Fahrzeug einen unbehebbaren Fehler aufweist. Im Übrigen besteht für den Verkäufer die gleiche Situation, als hätte er die Fahrzeuge einzeln verkauft.

337 **Umstritten** ist, ob der Käufer an die einmal getroffene Wahl gebunden ist. Die auch in diesem Zusammenhang erörterte dogmatische Streitfrage nach Wahlschuld (§§ 262 ff. BGB) oder elektiver Konkurrenz[15] dahinstehen lassend, hat das OLG Saarbrücken[16] in einem Neuwagenfall in der **Bindungsfrage** so entschieden:

Hat der Käufer das ihm nach § 439 Abs. 1 BGB zustehende Wahlrecht dahin ausgeübt, dass er Beseitigung des Mangels verlangt hat, ist es ihm nach Treu und Glauben verwehrt, den Verkäufer ohne sachlich gerechtfertigten Grund mit einer veränderten Wahl (Nachlieferung) zu konfrontieren.

Da die Wahlsituation des Käufers mit mancherlei Unwägbarkeiten verbunden ist, gebietet die Interessenlage eine **flexible Handhabung** des Wahlrechts. Den dogmatischen Schlüssel hierfür liefert die Rechtsfigur der elektiven Konkurrenz.[17] Grundsätzlich muss es dem Käufer gestattet sein, seine Wahl zu ändern, so lange der Verkäufer nicht damit begonnen hat, die gewählte Art der Nacherfüllung in die Tat umzusetzen.[18] Weiterhin kann er sofort auf den anderen Anspruch übergehen, wenn der Verkäufer die gewählte Art der Nacherfüllung ablehnt oder wenn sie misslingt.[19]

---

14 *Ball*, NZV 2004, 217, 219.
15 Dazu BGH 20. 1. 2006, NJW 2006, 1198 (aber nicht die Wahl zwischen Ersatzlieferung und Nachbesserung betreffend); zu diesem ius variandi s. *Faust* in Bamberger/Roth, § 439 BGB Rn 9; *Büdenbender*, AcP 205 (2005), 386 ff.; *Schroeter*, NJW 2006, 1761.
16 Urt. v. 29. 5. 2008 – 8 U 494/07 – BeckRS 2008, 14128.
17 So auch *Schröter*, NJW 2006, 1761 m. w. N.; für Wahlschuld dagegen u. a. *Büdenbender*, AcP 205 (2005), 386 ff.
18 *Ball*, NZV 2004, 219; *Spickhoff*, BB 2003, 589 ff.; MüKo-BGB/*Westermann*, § 439 BGB Rn 4, 5 hebt darauf ab, dass der Käufer durch das Verbot widersprüchlichen Verhaltens geschützt wird; in diese Richtung auch OLG Saarbrücken 29. 5. 2008 – 8 U 494/07 BeckRS 2008, 14128.
19 *Faust* in Bamberger/Roth, § 439 Rn 10.

338 Dem Wahlrecht des Käufers sind gem. **§ 242 BGB Grenzen gesetzt**.[20] Der Käufer muss sich redlicherweise bis zum Ablauf einer von ihm gesetzten Frist an seinem ursprünglichen Verlangen festhalten lassen, wenn der Verkäufer schon Kosten auf sich genommen hat, um das Nacherfüllungsbegehren zu erfüllen. Das Recht, den Anspruch zu wechseln, ist ihm ferner zu versagen, wenn der Verkäufer sich nach Kräften bemüht, den Mangel zu beheben und erkennbar ist, dass der Reparaturerfolg innerhalb zumutbarer Frist erreicht wird.[21]

2. Keine Wahl im Rahmen der Nachbesserung

339 Hat der Käufer sich für Nacherfüllung in Form von Nachbesserung entschieden, hat der Verkäufer **freie Hand**, da er keine bestimmte Art der Nachbesserung, sondern nur deren Erfolg schuldet (s. auch Rn 1710). Die **Wahl der Mittel** und **die Art und Weise** der Nachbesserung stehen im Ermessen des Verkäufers bzw. der eingeschalteten Drittwerkstatt. Sie können frei darüber entscheiden, ob mangelhafte Teile repariert oder durch Neuteile ersetzt werden und ob die Instandsetzung in eigener Werkstatt, durch einen anderen Betrieb, den Zulieferer oder durch das Herstellerwerk erfolgen soll.

Falls mehrere Wege zur Nachbesserung offen stehen, ist der Verkäufer gehalten, denjenigen auszuwählen, der für den Käufer **mit den geringsten Unannehmlichkeiten** verbunden ist. Dies folgt aus Art. 3 Abs. 3 der Richtlinie zum Verbrauchsgüterkauf. Danach müssen die Maßnahmen der Nacherfüllung innerhalb angemessener Frist und ohne Unannehmlichkeiten für den Verbraucher erfolgen. Ein unmittelbares Einwirkungs- oder Mitspracherecht des Verbrauchers ergibt sich daraus nicht. Falls der Händler mit der von ihm ausgewählten Reparaturmethode die Zumutbarkeitsgrenzen überschreitet (s. Rn 503), kann der Käufer gem. § 440 BGB ohne Fristsetzung auf die Sekundäransprüche zurückgreifen und die Nachbesserung auf diesem Wege unterbinden.[22]

Unredlich, weil widersprüchlich verhält sich der Käufer, wenn er eine vom Verkäufer vorgeschlagene geeignete Nachbesserung nicht annimmt.[23] Sind die zur Verfügung stehenden Reparaturmethoden nicht gleichwertig, muss sich der Verkäufer für diejenige entscheiden, die am ehesten Erfolg verspricht.[24]

340 Falls Käufer und Verkäufer über die Art und Weise der Fehlerbeseitigung eine **Vereinbarung** treffen, sind beide so lange daran gebunden, als eine Nachbesserung möglich und zumutbar ist. Der Verkäufer handelt nicht treuwidrig, wenn er ein von der getroffenen Absprache abweichendes Nachbesserungsverlangen des Käufers zurückweist.[25] Auf eine vereinbarte Nachbesserung muss sich der Käufer nicht einlassen, wenn der Hersteller für die Reparatur Anweisungen erteilt hat, die keine wirksame Abhilfe gewährleisten.[26] Das Einverständnis des Käufers mit einer bestimmten Art der Nachbesserung bedeutet in der Regel keinen konkludenten Verzicht auf bestehende Sachmängelrechte.[27]

---

20 OLG Saarbrücken 29. 5. 2008 – 8 U 494/07 – BeckRS 2008, 14128.
21 *Ball*, NZV 2004, 217, 219.
22 *Huber* in *Huber/Faust*, Schuldrechtsmodernisierung, Kap. 13 Rn 24.
23 BGH 27. 11. 2003, NJW-RR 2004, 303.
24 BGH 24. 4. 1997, DB 1997, 2170; *Kandler*, Kauf und Nacherfüllung, S. 440.
25 BGH 30. 1. 1991, NJW-RR 1991, 870, 872.
26 OLG Köln 13. 1. 1995, VersR 1995, 420; OLG Karlsruhe 19. 2. 1987, NJW-RR 1987, 889.
27 BGH 26. 9. 1996, WM 1997, 39.

IV. Übertragung des Wahlrechts auf den Verkäufer

Der Käufer kann auf sein Wahlrecht verzichten und es auf den Verkäufer übertragen.[28] **341**
Beim Verbrauchsgüterkauf sind die Einschränkungen von § 475 BGB zu beachten, d. h. auf eine vor Mitteilung des Mangels getroffene Vereinbarung kann sich der Verkäufer nicht berufen. Verlangt der Käufer vom Verkäufer schlicht Nacherfüllung oder Abhilfe, kann darin ein **konkludenter Verzicht** auf das Wahlrecht zu sehen sein.[29]

Falls ungewiss ist, ob der Käufer Anspruch auf die von ihm gewünschte Art der Nacherfüllung besitzt, ist es sinnvoll, dem **Verkäufer die Wahl** zu überlassen.[30] Dies hat den Vorteil, dass der Verkäufer von vornherein die Belange i. S. v. § 439 Abs. 3 BGB abwägen kann. Kommt es z. B. bei einem Serienfahrzeug nach kurzer Fahrtstrecke zu einem Motortotalschaden, hat der Käufer das Wahlrecht zwischen einer Ersatzlieferung und dem Einbau eines neuen Motors. Er weiß aber nicht, ob der Verkäufer den einen oder anderen Anspruch mit der Einrede der Unverhältnismäßigkeit zu Fall bringen kann. Durch die Auseinandersetzung mit dem Verkäufer über die Berechtigung des von ihm geltend gemachten Anspruchs verliert er wertvolle Zeit, in der die andere Art der Nacherfüllung erbracht werden könnte. Dem Verkäufer kann die Wahl des falschen Anspruchs ebenfalls zum Nachteil gereichen, wenn er längere Zeit benötigt, um anhand des Kostenvergleichs festzustellen, ob die vom Käufer verlangte Nacherfüllung unverhältnismäßige Kosten verursacht. Teilt er dem Käufer erst gegen Ende der Nacherfüllungsfrist mit, dass er sich auf die Einrede der Unverhältnismäßigkeit beruft, besteht für ihn die Gefahr, dass der Käufer sich auf die andere Art der Nacherfüllung nicht mehr einzulassen braucht und sofort die Rechte gem. § 437 Nr. 2 und 3 BGB geltend macht.[31]

Durch seine Entscheidung, eine andere (autorisierte) Werkstatt aufzusuchen, gibt der Käufer zu erkennen, dass er Mängelbeseitigung wünscht, da die andere Werkstatt nur diese Art der Nacherfüllung erbringen kann. So lange die Nachbesserung durch die andere Werkstatt andauert und die Voraussetzungen des Fehlschlagens der Nacherfüllung nicht vorliegen, ist es dem Käufer verwehrt, vom Verkäufer Ersatzlieferung zu verlangen oder die Sekundärrechte geltend zu machen.

Ist der Käufer unentschlossen, besteht für den Verkäufer die Möglichkeit, das Wahlrecht analog § 264 Abs. 2 BGB auf sich überzuleiten, indem er dem Käufer eine Art der Nacherfüllung anbietet und ihm eine angemessene Frist zur Ausübung des Wahlrechts setzt.

V. Geltendmachung der Nacherfüllung

1. Mängelanzeige und Abhilfeverlangen

Abgesehen von der Informationspflicht bei Inanspruchnahme einer anderen Vertragswerkstatt (Rn 330), dem Anspruch auf Aushändigung einer schriftlichen Bestätigung über den Eingang einer mündlichen Mängelanzeige (Abschn. VII Ziff. 2 a S. 2 NWVB) und der Verpflichtung des Käufers, sich an den nächstgelegenen dienstbereiten Betrieb zu wenden, wenn das Fahrzeug betriebsunfähig liegen bleibt (Abschn. VII Ziff. 2 b NWVB), enthalten **die NWVB** keine konkreten Regelungen zur Geltendmachung und Durchführung der Nacherfüllung. **342**

---

28 *Staudinger/Matusche-Beckmann*, § 439 BGB Rn 8.
29 *Kandler*, Kauf und Nacherfüllung, S. 440.
30 *Ball*, NZV 2004, 217, 219; *Palandt/Weidenkaff*, § 439 BGB Rn 5; *Kandler*, Kauf und Nacherfüllung, S. 436.
31 *Haas* in *Haas/Medicus/Rolland/Wendtland*, Das neue Schuldrecht, S. 204, Rn 166.

Erforderlich ist, dass der Käufer dem Verkäufer den **Mangel schildert** (zur Konkretisierung s. Rn 348f.) und ihm mitteilt, dass er **Abhilfe** verlange, und zwar entweder durch Beseitigung des Mangels oder durch Lieferung einer anderen Sache. Die Ausübung des Rechts ist **formfrei** und erfolgt durch **empfangsbedürftige Willenserklärung**.

343 Die bloße Anzeige des Mangels ist noch keine Geltendmachung der Nacherfüllung. Diese muss verlangt werden. Häufig fallen **Mängelanzeige** und **Abhilfeverlangen** zusammen. Es kann aber durchaus sein, dass der Käufer dem Verkäufer den Mangel lediglich anzeigt und ihm mitteilt, dass er eine andere autorisierte Werkstatt aufsucht und die Nachbesserung dort durchführen lässt.[32] Für den Käufer ist es ratsam, das Einverständnis des Verkäufers hierzu einzuholen. Sollte die Nachbesserung durch die andere Werkstatt scheitern, kann der Verkäufer später nicht einwenden, der Käufer habe ihm keine Gelegenheit zur Nacherfüllung eingeräumt.

Durch die Mitteilung an den Verkäufer, eine **andere autorisierte Werkstatt** einzuschalten, gibt der Käufer zu erkennen, dass er sich für Nachbesserung und gegen Ersatzlieferung entschieden hat. So lange die Nachbesserung durch die andere Werkstatt andauert und die Voraussetzungen des Fehlschlagens der Nacherfüllung nicht vorliegen, ist es dem Käufer verwehrt, vom Verkäufer Ersatzlieferung zu verlangen oder die Sekundärrechte geltend zu machen.

344 Die Art und Weise der **Aufnahme des Mangels** durch die vom Käufer in Anspruch genommene Werkstatt steht in deren Belieben. Schriftliche Aufzeichnungen sind aus Gründen der Beweisführung ratsam. Der Käufer hat gem. Abschn. VII Ziff. 2 a NWVB Anspruch darauf, dass ihm bei mündlicher Anzeige von Ansprüchen eine schriftliche Bestätigung über deren Eingang ausgehändigt wird.

Einen **Reparaturauftrag** braucht der Käufer **nicht zu unterschreiben**, selbst wenn ihm zugesagt wird, dass keine Kostenberechnung erfolgt.[33] Aus der Geltendmachung von Sachmängelansprüchen durch Unterzeichnung eines Antrags mit dem Stempelaufdruck ‚Garantiearbeit – Altteile aufbewahren' lässt sich nicht die Erteilung eines Reparaturauftrags ableiten, selbst wenn das Antragsformular die Klausel enthält, dass die Entscheidung über die Garantieansprüche dem Lieferwerk vorbehalten bleibt und der Kunde bei Ablehnung der Garantie die Reparaturkosten zu bezahlen hat. Zu diesem Ergebnis gelangte das AG Bremerhaven[34] aufgrund des Vorrangs der Individualabrede (§ 305 b BGB) gegenüber der hierzu in Widerspruch stehenden Kostenübernahmeklausel.

Unterzeichnet der Käufer einen ihm vorgelegten Reparaturauftrag zu einem Zeitpunkt, in dem die 2-jährige Verjährungsfrist der Sachmängelansprüche noch nicht abgelaufen ist, kann nicht ohne weiteres angenommen werden, dass der Käufer Sachmängelansprüche wegen eines bei Gefahrübergang vorhandenen Mangels geltend macht (zu dieser Problematik auch Rn 1714 ff.).

2. Unverzügliche Geltendmachung des Anspruchs

345 Von der in der Verbrauchsgüterkaufrichtlinie vorgesehenen Option, dem Käufer eine Ausschlussfrist für die Anzeige des Mangels zu setzen, hat der deutsche Gesetzgeber keinen Gebrauch gemacht. Eine **unverzügliche Anzeige** des Mangels ist in mehrfacher Hinsicht von Vorteil, nicht nur weil sie den Käufer vor Beweisnot bewahrt und dem Verkäufer den Einwand eines rechtsmissbräuchlichen Verhaltens abschneidet.

---

32 Vgl. AG Landau 24. 2. 2005 – 4 C 1337/04 – n. v.
33 OLG Köln 2. 4. 1985, NJW-RR 1986, 151.
34 Urt. v. 7. 2. 1979, DAR 1979, 281.

Für den Käufer empfiehlt es sich, die unverzügliche Anzeige des Mangels mit der **Aufforderung zur Beseitigung** des Mangels zu verbinden. Dadurch sichert er sich seine Ansprüche auf Ersatz eines etwaigen Nutzungsausfallschadens auf der Verzugsschiene (dazu Rn 1849).

Der Käufer muss die Aufforderung zur Nacherfüllung nicht mit einer **Fristsetzung** verbinden. Eine solche ist jedoch grundsätzlich Voraussetzung für sämtliche sekundären Rechtsbehelfe. Daher ist es sinnvoll, dem Verkäufer eine Frist zu setzen, innerhalb derer nachzuerfüllen ist. Zur Länge s. Rn 451 ff.; zu den Fällen der Entbehrlichkeit einer Fristsetzung s. Rn 456 ff. **346**

Der Käufer riskiert den **Totalverlust seiner Sachmängelansprüche**, wenn er unter Verstoß gegen seine Schadensminderungspflicht (§ 254 BGB) Sachmängel nicht unverzüglich nach Entdeckung anzeigt und die Gefahr besteht, dass durch Fortsetzung des Gebrauchs Folgeschäden entstehen. Zum Rücktrittsausschluss nach § 323 Abs. 6 BGB s. Rn 546. **347**

Beispiel:
Weiterbenutzung eines Kraftfahrzeugs, obwohl die Warnlampe aufleuchtet. Bei der unverzüglichen Mängelanzeige allein kann es der Käufer nicht belassen. Er muss dem Verkäufer oder einer anderen autorisierten Werkstatt außerdem unverzüglich **Gelegenheit zur Nacherfüllung** einräumen und darf das Fahrzeug ggf. vorerst nicht weiterbenutzen. Für Schäden, die auf eine Verletzung der Anzeige- und Mitwirkungspflicht zurückzuführen sind, ist der Verkäufer dem Käufer nicht verantwortlich.

3. Beschreibung des Mangels

Die Nacherfüllung betrifft den Mangel, den der Käufer festgestellt und dem Reparaturbetrieb angezeigt hat. Es kann sich um einen offensichtlichen, wahrnehmbaren oder versteckten Mangel handeln. Der Käufer trägt die Beweislast dafür, dass dieser im Zeitpunkt des Gefahrübergangs zumindest im Keim vorhanden war. Sofern er das Neufahrzeug im Rahmen eines Verbrauchsgüterkaufs erworben hat, kommt ihm die Beweislastumkehr gem. § 476 BGB zugute (dazu Rn 1627 ff.). **348**

Es fällt grundsätzlich nicht in den Aufgabenbereich des Käufers, die Ursache des Mangels herauszufinden[35] und die Gründe seiner Entstehung anzugeben, denn er kann dem in Anspruch genommenen Betrieb ohnehin nicht vorschreiben, wie dieser eine etwaige Nachbesserung auszuführen hat.[36] Der Käufer genügt seiner Pflicht zur Mängelanzeige, wenn er das **Erscheinungsbild des Mangels**, das Symptom, hinreichend genau beschreibt,[37] so dass eine Überprüfung der Angaben – auch im Hinblick auf etwaige Fahr- und Bedienungsfehler – möglich ist.[38] **349**

Die Anzeige einer **Mangelerscheinung** umfasst alle hierfür ursächlich in Frage kommenden Fehler.[39] Einzelne Defekte, die auf einem „**Grundmangel**" beruhen, wie z.B. die Schadensanfälligkeit eines Getriebes wegen der auf einem Konstruktionsfehler beruhenden Gefahr eines Ölverlusts, sind keine isoliert zu behandelnden Sachmängel, sondern Teile eines **einheitlichen Mangelkomplexes**. Zu dieser gerade in Autokauffällen (z.B. Elektronikprobleme) sehr wichtigen Abgrenzungsfrage s. auch die Ausführungen und die

---

35 OLG Köln 1.2.1993, MDR 1993, 619.
36 LG Köln 5.2.1992 – 13 S 178/91 – n. v.
37 BGH 3.12.1998, NJW 1999, 1330; BGH 23.2.1989, NJW-RR 1989, 667; 6.10.1988, DB 1989, 424 m. w. N.
38 OLG Düsseldorf 25.9.1998, OLGR 1999, 1; OLG Köln 28.10.1996, NJW-RR 1997, 1533; 18.8.1997, NJW-RR 1998, 1247 (Hard- und Softwaremängel).
39 BGH 18.1.1990, BGHZ 110, 99, 103.

Rspr. zur Hemmung der Verjährung durch Verhandlungen (Rn 2024 f.) und zur Zwei-Versuche-Regel i. S. d. § 440 BGB (Rn 477).

Solange der Käufer nicht sicher ist, dass er die Ursache des Mangels kennt, sollte er die Mängelrüge nicht auf die vermutete Ursache beschränken, sondern den Mangel in seiner Erscheinungsform beschreiben, andernfalls er seine Sachmängelansprüche wegen anderer in Frage kommender Fehlerursachen gefährdet (zur Möglichkeit eigener Schadensersatzhaftung s. Rn 387 ff.). Macht sich der **Fehler** nur an **einer Stelle bemerkbar**, ist er aber auch **an anderen Stellen vorhanden**, beschränkt sich die Mängelanzeige nicht auf die vom Käufer angezeigte Stelle. Vielmehr erstreckt sie sich auf alle in Frage kommenden Ursachen und erfasst den Mangel selbst in vollem Umfang.[40]

Beispiel:
Der Hinweis des Käufers auf eine Roststelle als erstes Anzeichen einer ungewöhnlichen Rostanfälligkeit des Autos infolge fehlerhaft vorbereiteter Karosseriebleche betrifft als Beschreibung einer Mangelerscheinung die Mangelursache als Ganzes und erfasst alle später auftretenden Roststellen.

VI. Durchführung der Nacherfüllung

1. Pflichtenprogramm

350 Die Nacherfüllung setzt außer ihrer Geltendmachung voraus, dass der Käufer dem Verkäufer hierzu **Gelegenheit einräumt**.[41] Dazu gehört, dass er ihm das Fahrzeug zum Zwecke der Nachbesserung überlässt (zum Ort s. Rn 353 ff.) und er bei einem Austausch der Fahrzeuge in dem erforderlichen Maße mitwirkt, wenn er Ersatzlieferung verlangt. Das Recht des Verkäufers zur zweiten Andienung, auch wenn es nur ein „Reflexrecht", kein Vollrecht ist, bestimmt Art und Umfang der **Obliegenheiten des Käufers**. Der grundsätzliche Vorrang der Nacherfüllung durch den Verkäufer soll diesen u. a. in die Lage versetzen, eigene Feststellungen dazu zu treffen, ob die verkaufte Sache einen Mangel aufweist, auf welcher Ursache dieser beruht und ob er bereits bei Übergabe vorgelegen hat.[42] Diese Rechtsposition des Verkäufers wird wiederum dadurch begrenzt, dass einem Verbraucher-Käufer „Unannehmlichkeiten" erspart bleiben sollen.

351 Der Verkäufer hat den geltend gemachten Nacherfüllungsanspruch unverzüglich im Rahmen der ihm zur Verfügung stehenden Möglichkeiten zu erfüllen. Eine **Nachbesserung** ist ggf. vorrangig unter Zurückstellung nicht dringlicher Aufträge vorzunehmen.[43] Wie viel Zeit dem Verkäufer zur Vornahme der Nachbesserung einzuräumen ist, hängt von den konkreten Umständen ab. Telefonische (Fern)Diagnosen sind dem Verkäufer ebenso wenig zuzumuten wie „eine gleichsam über Nacht organisierte auswärtige Reparatur".[44] Geringfügige Verzögerungen, bedingt durch Arbeitsüberlastung oder Schwierigkeiten bei der Ersatzteilbeschaffung, hat der Käufer hinzunehmen.[45] Zur Frage der Angemessenheit der Nachbesserungsfrist s. Rn 452 ff.

352 Für **die Ersatzlieferung** benötigt der Verkäufer im Normalfall wesentlich mehr Zeit als für die Reparatur oder Erneuerung eines defekten Einzelteils. Das Ersatzfahrzeug mit identischer Ausstattung muss bestellt, von der Autofabrik ggf. erst hergestellt und geliefert wer-

---

40 BGH 6. 10. 1988, DB 1989, 424; 23. 2. 1989, NJW-RR 1989, 667.
41 KG 18. 1. 1989 – 3 U 3141/88 – n. v., zitiert bei *Creutzig*, Recht des Autokaufs, Rn 7.2.5.; LG Braunschweig 27. 12. 2004 – 4 S 385/04 – n. v. (Reifenkauf).
42 BGH 21. 12. 2005, NJW 2006, 1195.
43 *Creutzig*, Recht des Autokaufs, Rn 7.2.7.
44 AG Dresden 21. 12. 2005 – 105 C 6338/05 – n. v.
45 LG Stuttgart 22. 12. 1977 – 21 O 174/77 – n. v.

den. Die hierfür benötigte Zeit entspricht i. d. R. der Lieferfrist des zuerst gelieferten mangelhaften Fahrzeugs, da der Händler nicht die Möglichkeit hat, auf den Herstellungsprozess Einfluss zu nehmen und dem Hersteller vorzuschreiben, die Produktion des Ersatzfahrzeugs aus Gründen der Sachmängelhaftung vorzuziehen. Wegen der zeitlichen Differenzen, die zwangsläufig zwischen beiden Arten der Nacherfüllung liegen, werden viele Käufer die Nachbesserung einer Nachlieferung vorziehen.

2. Erfüllungsort bei der Nacherfüllung

a) Bedeutung für die Praxis

Entgegen der Einschätzung von *Palandt/Weidenkaff*[46] hat die Frage nach dem Erfüllungsort (= Leistungsort) der Nacherfüllung hohe praktische Bedeutung. Der Erfüllungsort ist zum einen für den **Gerichtsstand** nach § 29 ZPO relevant. Am Erfüllungsort können alle Ansprüche auf Nacherfüllung und sonstige Gewährleistung, insbesondere auch Ansprüche auf Kostenerstattung und Schadensersatz, eingeklagt werden. Zum anderen rückt die Frage nach dem Erfüllungsort dann in den Blick, wenn es darum geht, welche Vertragspartei den Transport zu besorgen und die Transportgefahr zu tragen hat. Bereits bei der Aufforderung zur Nacherfüllung ist der Erfüllungsort zu beachten. Hat der Verkäufer die Leistung an seinem Betriebssitz zu erbringen, muss der Käufer das Fahrzeug dort abliefern. Fordert der Käufer den Verkäufer stattdessen zur Abholung auf, verbaut er sich damit den Zugriff auf die Sekundärrechte des § 437 Nr. 2 und 3 BGB. Ist hingegen die Nacherfüllung am Wohn- oder Betriebssitz des Käufers (Belegenheitsort oder Gebrauchsort) zu erfüllen, riskiert der Verkäufer den Verlust seines Rechts zur zweiten Andienung, wenn er ein berechtigtes Abholverlangen des Käufers zurückweist. Dieser wiederum läuft Gefahr, auf den Transportkosten sitzen zu bleiben, wenn er den Wagen ohne Absprache zum Händler bringt. Denn der Transport vom Belegenheitsort zum Firmensitz kann schon als erster Teil der Nacherfüllung begriffen werden, ggf. einer eigenmächtigen und damit nach der Rechtsprechung des BGH ohne Kostendeckung (s. Rn 405).

b) Stand der Rechtsprechung

Der BGH hat durch Urteil vom 8. 1. 2008[47] entschieden:

Fehlen anderweitige Absprachen der Parteien, ist im Zweifel die Nachbesserung dort zu erbringen, wo das nachzubessernde Werk sich vertragsgemäß befindet.

Zu Grunde liegt ein Rechtsstreit über **Mängel an einer Yacht**, die der Kläger **im Tauschwege** von dem Beklagten um die Jahreswende 2000/2001, also vor Inkrafttreten der Schuldrechtsreform, erworben hatte. Das Besondere war, dass die Parteien sich darauf verständigt hatten, dass die Beklagte bestimmte Mängel beseitigt (eine werkvertragliche Nebenabrede), jedoch strittig war, wo das geschehen solle. Nach der Behauptung des Klägers ist es der Ort, wo sich die Yacht befindet (Liegesitz). Demgegenüber hat sich die Beklagte auf ihren Betriebssitz als Leistungsort berufen. Das OLG hat in der Ortsfrage ein non liquet zu Lasten des Klägers angenommen und den Sitz der Beklagten als Leistungsort bestimmt. Das hat der BGH in mehrfacher Weise beanstandet. In erster Linie, so der X. ZS, seien die Absprachen der Parteien sowie die Umstände des Falles maßgeblich. Dass der Kläger nicht bewiesen habe, der Liegesitz (= Belegenheitsort) sei vereinbarungsgemäß der Leistungsort, gehe entgegen der Ansicht des OLG nicht zu seinen Lasten. Vielmehr müsse die Beklagte ihre Behauptung beweisen, man habe sich auf ihren Firmensitz als Ort für die Mängelbeseitigung verständigt.

---

46 § 439 BGB Rn 3a.
47 NJW-RR 2008, 724 = DAR 2008, 267 = MDR 2008, 552.

355 Konkrete Abreden über den Ort der Nachbesserung werden beim Autokauf praktisch nicht getroffen; auch nicht in den AGB. Regelungen in Garantiebedingungen über den Ort der Reparatur (die Werkstatt, was sonst?) betreffen nicht die kaufrechtlich geschuldete Nachbesserung, liefern aber einen Hinweis auf die Gepflogenheiten in Kfz-Sachen. Dass die Vertragsparteien sich konkludent auf die Werkstatt des Verkäufers verständigt haben, wird man nicht sagen können, zumal der Käufer sich auch an einen anderen autorisierten Händler wenden kann, eine Möglichkeit, die bei größerer Entfernung zwischen Autohaus und Käuferwohnsitz Käufern sehr gelegen kommt und gerne in Anspruch genommen wird. Eins ist indes gewiss: Dass sich beide Seite konkludent auf den jeweiligen Belegenheitsort geeinigt haben, ist den Umständen nach als völlig lebensfremd auszuschließen.

Folgerichtig hat das **OLG München** (20. ZS)[48] geurteilt:

Ist bei dem Kauf eines Fahrzeugs für private Zwecke für die Durchführung der Nacherfüllung ein Ort im Vertrag nicht bestimmt, richtet sich der Leistungsort für die Nacherfüllung grundsätzlich nach dem ursprünglichen Leistungsort des durch den Kaufvertrag begründeten Primärleistungsanspruchs.

Gegenteilig lautet eine Entscheidung des 15. Senats des OLG München.[49] Auch das OLG Köln judiziert unterschiedlich,[50] ebenso die Land- und Amtsgerichte.

356 **Im Schrifttum**[51] überwiegt noch die Auffassung, Erfüllungsort für die Nacherfüllung sei der Belegenheitsort, also der Ort, an dem sich die Kaufsache bestimmungsgemäß gegenwärtig befindet. Nach Ansicht von *Oechsler*[52] kommt der Ort, wo sich die Sache gerade befindet, vor allem deshalb als Leistungsort in Betracht, weil sie dort ‚ja verändert bzw. repariert werden müsse'. Dieser Begründung ist entgegenzuhalten, dass der Ort der Ausführung der Reparatur durchaus ein anderer als der vertragliche Leistungsort sein kann. Außerdem trifft die Aussage auf mobile Wirtschaftsgüter nicht zu. Ein Kraftfahrzeug kann in die Werkstatt verbracht werden; ob auf eigener oder fremder Achse, spielt keine Rolle. Da die Inkonsequenz der Argumentation bei der Alternative Ersatzlieferung offenkundig wird, will *Oechsler* bei dieser Art der Nacherfüllung an dem ursprünglich vereinbarten Erfüllungsort festhalten. Zwei verschiedene Erfüllungsorte, die davon abhängen, welchen Anspruch der Käufer wählt, ergeben keinen Sinn.

357 Mit dem Wegfall von § 476 a S. 2 BGB a. F. ist die Bringschuld des Verkäufers ebenfalls nicht stichhaltig zu begründen.[53] Dagegen spricht eindeutig die Entstehungsgeschichte von § 439 Abs. 2 BGB. Die Einschränkung von § 476 a S. 2 BGB a. F. wurde nur deshalb nicht in § 439 Abs. 2 BGB aufgenommen, weil sie mit Art. 3 Abs. 4 VerbrKRL nicht zu verein-

---

48 Urt. v. 20. 6. 2007, NJW 2007, 3214 = DAR 2007, 648 m. Anm. *Reinking*, DAR 2007, 707; Bespr. v. *Muthorst*, ZGS 2007, 370.
49 Urt. v. 12. 10. 2005, NJW 2006, 449
50 Einerseits 20. ZS, Beschl. v. 14. 2. 2006 (20 U 188/05), VA 2006, 79, andererseits 11. ZS, Urt. v. 21. 12. 2005, NJW-RR 2006, 677 (kein Autokauf).
51 *Huber*, NJW 2002, 1006; *S. Lorenz*, NJW 2005, 1889, 1895; MüKo-BGB/*Westermann*, § 439 BGB Rn 7; *ders.* FS Canaris, S. 1267; *Faust* in *Bamberger/Roth*, § 439 BGB Rn 13; *Staudinger/Matusche-Beckmann*, § 439 BGB Rn 9; *Erman/Grunewald*, § 439 BGB Rn 3; *Reinicke/Tiedtke*, Kaufrecht, Rn 416; **a.A.** *Ball*, NZV 2004, 220; *Palandt/Weidenkaff*, § 439 BGB Rn 3a; *Kandler*, Kauf und Nacherfüllung, S. 442 ff.; *Skamel*, DAR 2004, 565, 568; *ders.* ZGS 2006, 227; Empfehlung des Arbeitskreises IV des 42. Verkehrsgerichtstages 2004, DAR 2004, 133, 137; *Reinking*, ZfS 2003, 57, 60; *ders.* DAR 2007, 707; *Himmelreich/Andreae/Teigelack*, Rn 709; *Muthorst*, ZGS 2007, 370; Unberath/Cziupka, JZ 2008, 867.
52 *Oechsler*, Schuldrecht BT, § 2 Rn 139.
53 So aber *Huber*, NJW 2002, 1004, 1006; *Faust* in *Bamberger/Roth*, § 439 BGB Rn 13.

baren war. Die VerbrKRL verlangte die Einführung einer unentgeltlichen Nacherfüllung außerhalb des Verweigerungsrechts des Verkäufers nach Art. 3 Abs. 3.[54]

Allein aus § 439 Abs. 2 BGB ergeben sich keine Hinweise darauf, dass die Nacherfüllung dort zu erbringen ist, wo sich die Sache momentan befindet. Da die Vorschrift ausschließlich die Kostenlast der Nacherfüllung regelt,[55] kann sie zur Unterstützung der Ansicht, die Nacherfüllung sei eine Bringschuld des Verkäufers, nicht herangezogen werden. Auch die gesetzliche Terminologie in § 439 Abs. 1 BGB, wo von ‚Lieferung' und nicht, wie in § 433 BGB, von ‚verschaffen' die Rede ist, gibt dafür nichts her.[56]

Der am häufigsten bemühte Ansatz für die Annahme einer Bringschuld des Verkäufers basiert auf Art. 3 Abs. 3 S. 3 VerbrKRL. Danach hat die Nacherfüllung innerhalb angemessener Frist und ohne **erhebliche Unannehmlichkeiten** für den Verbraucher zu erfolgen. Diese Vorschrift wird bei der Auslegung von § 269 Abs. 1 BGB herangezogen, was nach Ansicht von *Haas*[57] dazu führt, dass Nachbesserung und Nachlieferung im Zweifel dort zu erfüllen sind, wo die Sache sich beim Käufer befindet.

Dabei wird übersehen, dass vorhandene Unannehmlichkeiten gem. Art. 3 Abs. 3 und Abs. 5 VerbrKRL bei der Abwägung der Unverhältnismäßigkeit zu berücksichtigen sind und dem Verbraucher den Weg zu den Sekundäransprüchen ebnen. Diese konkret beschriebenen Auswirkungen sind ein deutlicher Hinweis darauf, dass Art. 3 VerbrKRL keine Aussage zum Erfüllungsort der Nacherfüllung enthält.

Gegen die noch h. M. ist weiterhin einzuwenden, dass eine Nacherfüllung, die dem Käufer keine Unannehmlichkeiten bereitet, nur für den Verbrauchsgüterkauf zwingend ist und daher nicht ohne weiteres auf das allgemeine Kaufrecht übertragen werden kann, so stark der Wunsch nach einer einheitlichen Auslegung auch sein mag.[58]

Da sich aus der VerbrKRL und den darauf basierenden Regelungen in §§ 439 Abs. 3, 440 BGB keine Hinweise zum Erfüllungsort der Nacherfüllung ergeben, ist von der **Grundregel des § 269 BGB** auszugehen. Danach ist Erfüllungsort der Wohn-/Betriebssitz des Schuldners, wenn ein Leistungsort weder vereinbart noch den Umständen, insbesondere der Natur des Schuldverhältnisses, zu entnehmen ist.

c) Stellungnahme

Die besseren Gründe sprechen dafür, an dem ursprünglichen Erfüllungsort, dem Betriebssitz des Verkäufers, jedenfalls für die Nachbesserung festzuhalten. Der Nacherfüllungsanspruch bildet die folgerichtige Fortsetzung des ursprünglichen Erfüllungsanspruchs und ist von diesem daher nicht prinzipiell verschieden.[59] Sowohl bei der Erfüllung als auch bei der Nacherfüllung geht es um die Herbeiführung desselben Leistungserfolgs, bestehend in der Verschaffung einer mangelfreien Sache. Außerdem sind die Möglichkeiten zur Herbeiführung des Leistungserfolges vorher wie nachher die gleichen; der Verkäufer kann den Mangel entweder beseitigen oder eine andere (mangelfreie) Sache im Austausch liefern. Die Ansprüche auf Erfüllung und Nacherfüllung unterscheiden sich lediglich in der modifizierten Ausgestaltung der Rechtsfolgen, der Dauer der Verjährung und dem Wahlrecht des Käufers hinsichtlich der Art der Nacherfüllung.

---

54 *Schmidt-Räntsch*, Das neue Schuldrecht, Anwendungen und Auswirkungen in der Praxis, § 439 Rn 858.
55 *Ball*, NZV 2004, 217, 221; *Skamel*, DAR 2004, 565, 568.
56 A. A. *Staudinger/Matusche-Beckmann*, § 439 BGB Rn 9.
57 *Haas* in *Haas/Medicus/Rolland/Schäfer/Wendtland*, Das neue Schuldrecht, Rn 154.
58 *Faust* in *Bamberger/Roth*, § 439 BGB Rn 38.
59 *Canaris*, Schuldrechtsmodernisierung 2002, XXV; *Musielak*, NJW 2008, 2801, 2802.

Soweit es um den Anspruch auf Nachbesserung geht, sind im Übrigen die **Besonderheiten des Autokaufs** zu beachten, die das Schuldverhältnis prägen („Natur des Schuldverhältnisses"). Händlerfirmen mit eigener Werkstatt verfügen i. d. R. nicht über eine materielle und personelle Ausstattung, die es erlaubt, Mängel außerhalb der Werkstatt zu beheben. Nur wenige Firmen arbeiten mit mobilen Reparatureinrichtungen, die vornehmlich auf dem Nutzfahrzeugsektor eingesetzt werden. Die für die Mängelbeseitigung erforderlichen Werkzeuge, Geräte und Diagnoseeinrichtungen befinden sich normalerweise in der Werkstatt. Außerdem ist es aus technischen Gründen in den meisten Fällen nicht möglich, Mängelbeseitigungsmaßnahmen, wie z. B. Karosserie – und Lackierarbeiten, am Standort des Fahrzeugs vorzunehmen.[60] Außerhalb der Werkstatt wird lediglich „erste Hilfe" bei kleinen Defekten geleistet. Aus all diesen Gründen ist davon auszugehen, dass es sich bei dem **Betriebssitz des Verkäufers** um den Ort handelt, an dem aufgrund der Fortwirkung des ursprünglichen Erfüllungsortes, der Natur des Schuldverhältnisses und nach der Verkehrsanschauung die Mängel zu beseitigen sind.

Dem Käufer entstehen dadurch keine wesentlichen Nachteile, da der Verkäufer die Transportkosten und die Transportgefahr trägt.[61]

d) Erfüllungsort bei Ersatzlieferung

359 Soweit es um den Erfüllungsort für die Ersatzlieferung geht, gelten weitgehend die gleichen Überlegungen wie für die Nachbesserung. Im Zusammenhang mit der Ersatzlieferung stellt sich zusätzlich die Frage, ob die von Rechtsprechung und Lehre entwickelten Lösungen zu § 480 BGB a. F. auf den Nachlieferungsanspruch des § 439 Abs. 1 BGB übertragbar sind. Als Erfüllungsort für die Rückgabe einer mangelhaften Gattungsware wurde gem. § 269 BGB deren vertraglicher Bestimmungsort angesehen. Vertraglicher Bestimmungsort ist im Allgemeinen und im Besonderen bei einem Neuwagenkauf der Wohnsitz des Käufers oder der Sitz seiner gewerblichen Niederlassung. Daraus ergab sich, dass der zur Rücknahme der mangelhaften Ware verpflichtete Verkäufer die Abholung vorzunehmen und die Kosten des Rücktransports zu tragen hatte. An dieser rechtlichen Lage hat sich durch die Schuldrechtsreform nichts geändert. Nach allgemeiner Ansicht handelt es sich bei der Rückgabeschuld aus § 439 Abs. 4 BGB um eine Holschuld. Der Käufer ist daher nicht verpflichtet, die mangelhafte Kaufsache beim Verkäufer abzuliefern oder an ihn zurückzusenden.

Über den Erfüllungsort der vom Verkäufer gem. § 480 Abs. 1 S. 1 BGB a. F. im Austausch zu liefernden mangelfreien Gattungsware war man sich nicht einig. Es überwog die Ansicht, der vertragsgemäße Bestimmungsort der Ware sei der maßgebliche Erfüllungsort. Hergeleitet wurde sie aus § 348 S. 1 BGB[62]. Danach ist der Käufer berechtigt, die Rückgabe der mangelhaften Ware davon abhängig zu machen, dass der Verkäufer im Gegenzug die mangelfreie Ware liefert. Der Verkäufer habe daher die Pflicht, die mangelfreie Ware dort zu liefern, wo er die mangelhafte abzuholen habe. Aus diesem Grunde sei die Ersatzlieferungspflicht regelmäßig eine Bringschuld des Verkäufers, wobei es nicht darauf ankomme, ob sich der Käufer tatsächlich auf die Einrede des § 320 BGB beruft.[63]

Vertreter der Mindermeinung lehnten es ab, den Bestimmungsort als gemeinsamen Erfüllungsort für die Rückgewähr der beiderseitigen Leistungen anzuerkennen.[64] Für sie hat jede Leistung ihren eigenen Erfüllungsort, woran sich nichts ändert, wenn die Zug-um-Zug-Einrede erhoben wird. Für die Rückabwicklung galt ihres Erachtens nichts anderes als für

---

60 OLG Düsseldorf 4. 8. 1975, MDR 1976, 496; OLG Frankfurt 11. 9. 1978, DB 1978, 2217.
61 Zum Ganzen *Unberath/Cziupka*, JZ 2008, 867.
62 Diese Vorschrift wurde im Zuge der Schuldrechtsreform nicht verändert.
63 Nachweise bei *Soergel/Huber*, § 467 BGB Rn 94 Fn. 1.
64 *Soergel/Huber*, § 467 BGB Rn 97.

die Erfüllung, weshalb sie den vertraglich vereinbarten Erfüllungsort grundsätzlich auch für die Ersatzlieferung als maßgeblich ansahen.

Im „neuen" Kaufrecht finden sich keine Hinweise darauf, dass der Gesetzgeber das Problem lösen und den Meinungsstreit beenden wollte. Durch § 439 Abs. 4 BGB hat er der Diskussion jedoch neue Nahrung geliefert. Die Vorschrift des § 439 Abs. 4 BGB hat den Charakter einer eigenständigen Anspruchsgrundlage,[65] deren inhaltliche Ausgestaltung sich nach §§ 346–348 BGB richtet. Aber nur wenn der Verkäufer den Anspruch auf Rückgewähr der mangelhaften Ware erhebt, kann er seine Verpflichtung zur Lieferung einer anderen mangelfreien Ware mit dem Rückgewähranspruch durch Erhebung der Zug- um- Zug-Einrede verknüpfen. Dann gilt: Wer Zug-um-Zug-Leistung verlangt, muss die eigene Leistung dort anbieten, wo die Gegenleistung zu erbringen ist.[66]

Von dem Anspruch auf Rückgewähr der mangelhaften Sache kann der Verkäufer Gebrauch machen, er muss es aber nicht, denn eine Verpflichtung zur Rücknahme der mangelhaften Ware lässt sich in Anbetracht des eindeutigen Gesetzeswortlauts weder aus § 439 Abs. 4 BGB herauslesen noch hineininterpretieren.[67] Vor der Schuldrechtsreform wurde der Rückgewähranspruch aus §§ 346–348 BGB hergeleitet. Er entstand und wurde fällig mit dem Einverständnis des Verkäufers mit dem Nachlieferungsverlangen.[68] Auf die Rückgewähr der mangelhaften Ware konnte der Verkäufer nur durch Erlassvertrag (§ 397 Abs. 1 BGB) verzichten und benötigte dazu die Zustimmung des Käufers.

Durch die heutige Kann-Regelung in § 439 Abs. 4 BGB werden die beiderseitigen Ansprüche entkoppelt. Der Anspruch des § 439 Abs. 4 BGB setzt voraus, dass der Verkäufer Rückgewähr verlangt. Anders als bei einem Verzicht benötigt er für die Nichtgeltendmachung des Rückgewähranspruchs nicht das Einverständnis des Käufers.

Aus der Entkopplung der Ansprüche folgt, dass die Voraussetzungen für die Zug-um-Zug-Einrede des § 320 BGB nicht erfüllt sind, wenn und solange die Rückgewähr der mangelhaften Sache vom Verkäufer nicht verlangt wird. Damit wird der h. M. zu § 480 BGB a. F. die Grundlage entzogen, die aus der Verknüpfung der Ansprüche eine Bringschuld des Verkäufers ableitete. Der Käufer kann seine das Ersatzfahrzeug betreffende Holschuld nicht in eine Bringschuld des Verkäufers umwandeln, indem er Ersatzlieferung Zug-um-Zug gegen Rückgewähr der mangelhaften Kaufsache anbietet, da er es nicht in der Hand hat, seinem Vertragspartner den Rückgewähranspruch aufzuzwingen.[69]

Entschließt sich der Verkäufer, vom Käufer die Rückgewähr des mangelhaften Fahrzeugs zu verlangen, hat er die Wahl. Er kann den Herausgabeanspruch entweder selbstständig und losgelöst von der Ersatzlieferung geltend machen oder auf einer Zug-um-Zug-Abwicklung gem. § 348 BGB bestehen. Fordert er eine Zug-um-Zug-Abwicklung, muss er dem Käufer das Ersatzfahrzeug am vertragsgemäßen Bestimmungsort übergeben.

Offen bleibt die Frage, ob allein schon die Möglichkeit des Verkäufers, Zug-um-Zug-Abwicklung zu verlangen, dazu führt, dass aus der Holschuld des Käufers eine Bringschuld des Verkäufers wird. Zu § 480 BGB a. F. wurde sie überwiegend bejaht und von einer Mindermeinung mit guten Gründen verneint.[70] Da sich der Verkäufer nach freiem Belieben für

---

65 *Palandt/Weidenkaff*, § 439 BGB Rn 23.
66 *Kandler*, Kauf und Nacherfüllung, S. 547.
67 Näher dazu *Faust* in *Bamberger/Roth*, § 439 BGB Rn 31.
68 Davon geht *Oechsler*, Schuldrecht BT, § 2 Rn 146, S. 93 nach wie vor aus.
69 Mit dem Anspruch auf Rückgewähr nicht zu verwechseln ist die Pflicht des Verkäufers zur Rücknahme der mangelhaften Sache, die in § 439 Abs. 4 BGB nicht geregelt wird, dann aber anzunehmen sein dürfte, wenn dem Käufer/Besteller die Sache lästig und ihm nicht zuzumuten ist, dass er sie vernichtet.
70 *Soergel/Huber*, § 467 BGB Rn 97.

oder gegen den Herausgabeanspruch nach § 439 Abs. 4 BGB entscheiden kann, fällt es schwer, sich mit der Vorstellung vertraut zu machen, dass allein die Möglichkeit der Geltendmachung des Gegenanspruchs den Leistungsort der Ersatzlieferung verändert.

3. Nachbesserung
a) Inhalt des Anspruchs

362 Richtschnur ist die Herstellung von Mangelfreiheit. Der Verkäufer hat im zweiten Anlauf das Fahrzeug in einen vertragsgemäßen Zustand zu versetzen. Die Ist-Beschaffenheit muss mit der Soll-Beschaffenheit zur Deckung gebracht werden. Bloße Verbesserung bzw. Ausbesserung ist grundsätzlich keine Nachbesserung.[71] Der Mangel muss fachgerecht und vollständig und zudem nachhaltig und auf Dauer beseitigt werden (Einzelheiten unter Rn 367). Eine nur vorübergehende Beseitigung des Mangels entspricht nicht der geschuldeten Leistung. Wenn der Verkäufer diesem Anforderungsprofil nicht voll gerecht werden kann, hängt es vom Einzelfall ab, ob der Käufer bestimmte Defizite hinzunehmen hat.[72] Bis an die Grenze des Schikaneverbots wird er nicht immer gehen dürfen.

363 Von der Nachbesserungspflicht werden auch **Verschlimmerungen** des Mangels und sog. **Weiterfresserschäden** erfasst, wenn und soweit sie mit dem Ausgangsmangel in einem ursächlichen Zusammenhang stehen. Für eine Einbeziehung der Weiterfresserschäden (näher dazu Rn 1026 ff.) in die Nacherfüllungspflicht spricht, dass der Verkäufer den Zustand herzustellen hat, der bei Gefahrübergang geschuldet war. Außerdem ergibt der Vergleich mit der Ersatzlieferung, dass der Käufer Anspruch auf Lieferung eines anderen Kraftfahrzeugs besitzt, das all diese Mängel und Schäden nicht aufweist, ohne dass der Käufer für die Verschlechterungen Wertersatz leisten müsste, die an dem mangelhaften Fahrzeug infolge des Mangels aufgetreten sind (§ 346 Abs. 3 S. 1 Nr. 3 BGB). Es ist daher zu verlangen, dass der Verkäufer Weiterfresserschäden auch im Rahmen der Nachbesserung zu beseitigen hat, da es wenig überzeugend wäre, die Verteilung der Mängelrisiken von der Wahl des Anspruchs abhängig zu machen.[73] § 346 Abs. 3 S. 1 Nr. 3 BGB liefert zugleich den Maßstab bei der Prüfung, welche Käufer-Mitverursachung des Endresultats (z. B. Motorschaden nach Zahnriemenriss) den Verkäufer entlastet und welche nicht.

b) Verwendung von Neuteilen

364 Es wird darüber diskutiert, ob der zur Nacherfüllung verpflichtete Verkäufer den Zustand herzustellen hat, den das Fahrzeug bei Ablieferung an den Käufer hätte haben sollen oder aber den Zustand, in dem sich die Sache zum Zeitpunkt der Nacherfüllung befände, wenn sie ursprünglich mangelfrei gewesen wäre.[74] Bedeutsam ist der Unterschied vor allem für die Fragestellung, ob für die Nachbesserung ausnahmslos **Neuteile** zu verwenden sind oder ob – z. B. nach längerer Nutzung – nach längerer Nutzung schadhafte Bauteile durch gebrauchte ersetzt werden dürfen (zur Problematik beim Gebrauchtwagenkauf s. Rn 1710 ff.).

365 Geht man davon aus, dass der Käufer, der sich für eine Ersatzlieferung entscheidet, die Lieferung eines neuen Fahrzeugs beanspruchen kann, wäre es widersinnig, für Nachbesserungsmaßnahmen an einem Neufahrzeug die Verwendung gebrauchter Teile zuzulassen. Entgegenstehende Entscheidungen aus der Zeit vor der Schuldrechtsreform, die dem Verkäufer den Einbau werksmäßig überprüfter und überholter Teile gestatteten,[75] lassen sich

---

71 Dazu *Gutzeit*, NJW 2007, 956.
72 Nicht entschieden im Dackel-Fall BGHZ 163, 234; dazu *Gutzeit*, NJW 2007, 956.
73 *Faust* in *Bamberger/Roth*, § 439 BGB Rn 15.
74 Vgl. *Ball*, NZV 2004, 217.
75 LG Limburg 7. 2. 1992 – 4 O 465/90 – n. v.; LG Köln 11. 1. 1996 – 6 S 271/95 – n. v. betreffend den Einbau eines Austauschgetriebes bei 8400 km.

Durchführung der Nacherfüllung

auf das gesetzliche Recht der Mängelbeseitigung im Rahmen der Nacherfüllung nicht übertragen. Sie basieren auf der vertraglichen Gewährleistungsklausel, die der BGH[76] als unselbstständige Haltbarkeitsgarantie einstufte und die lediglich einen Ersatz von Teilen vorsah und dem Käufer nach ihrem insoweit unmissverständlichen Wortlaut keinen Anspruch auf Verwendung von Neuteilen zubilligte.

Bereits unter Geltung alten Rechts wurde die Verwendung gebrauchter Teile zur Ausführung von Gewährleistungs- und Garantiearbeiten an Neufahrzeugen äußerst selten und nur in engen Grenzen zugelassen. Das AG Brühl[77] entschied, dem Käufer eines Neufahrzeugs, dessen Motor anlässlich der Erstinspektion bei 1000 km schadhaft geworden war, sei der Einbau eines werksüberholten Gebrauchtmotors nicht zuzumuten. Es gewährte dem Käufer Anspruch auf Einbau eines **Neuteilemotors**. Auf gleicher Linie liegt ein Urteil des OLG München[78], das allerdings die Frage dahinstehen lassen konnte, ob der Einbau eines Original-Austauschmotors bei einer Laufleistung von ca. 5000 km einen erheblichen Sachmangel i. S. v. § 459 BGB a. F. darstellt, weil tatsächlich ein aus Neuteilen bestehender Ersatzmotor eingebaut worden war, den der Sachverständige als technisch völlig gleichwertig bezeichnet hatte.

Bei der gesetzlichen Nacherfüllung geht es darum, dass ein bei Gefahrübergang vorhandener Mangel behoben wird, wobei es nicht darauf ankommt, ob der Käufer ihn sofort oder erst zu einem späteren Zeitpunkt bemerkt. Daraus ergibt sich zwangsläufig, dass der Verkäufer den ursprünglichen Mangel zu beseitigen und den Zustand herzustellen hat, der demjenigen eines von vornherein mangelfreien Fahrzeugs entspricht.[79] Durch Verwendung gebrauchter Teile, mögen sie auch noch so gut sein, lässt sich die geschuldete Sollbeschaffenheit des Kraftfahrzeugs nicht herbeiführen.[80]

Es entspricht außerdem üblicher Gepflogenheit im Neuwagenhandel, dass für Sachmängelhaftungs- und Garantiearbeiten sowie für Arbeiten im Rahmen von Rückrufaktionen ausschließlich vom Hersteller gelieferte neue Originalersatzteile verwendet werden. Daran wird sich auch in Zukunft nichts ändern, da die GVO 2002 Herstellern und Importeuren gestattet, Servicebetriebe zu verpflichten, Neuteile für diese Arbeiten zu verwenden.

c) Durchführung der Nachbesserung

Maßnahmen der Mängelbeseitigung sind nach den Regeln der Technik und nach Maßgabe der NWVB, soweit gegenüber Verbrauchern wirksam, durchzuführen. Die Kfz-Reparaturbedingungen der Werkstatt gelten dafür nicht.[81] Die Reparaturmaßnahme als solche muss **fachgerecht und vollständig** durchgeführt werden. Stehen mehrere gleichwertige Reparaturvarianten zur Verfügung, wird der Verkäufer im Zweifel auf die kostengünstigste zurückgreifen; bei einem Lackschaden z. B. auf die Spotrepair-Methode.[82] Er muss dabei auch auf die Interessen des Käufers Rücksicht nehmen und nach Möglichkeit diejenige Variante auswählen, die mit den geringsten Unannehmlichkeiten für den Käufer verbunden ist. Auf nicht ordnungsgemäße Reparaturmaßnahmen braucht sich der Käufer nicht einzulassen.

---

76 Urt. v. 19. 06. 1996, DAR 1996, 361.
77 Urt. v. 11. 12. 1978 – 2 C 269/78 – n. v.
78 Urt. v. 13. 8. 2003, NJW-RR 2003, 1562.
79 MüKo-BGB/*Westermann*, § 439 BGB Rn 9; *Staudinger/Matusche-Beckmann*, § 439 BGB Rn 10.
80 Zweifelnd *Ball*, NZV 2004, 217, 218.
81 *Creutzig*, Recht des Autokaufs, Rn 7.2.7.
82 Vgl. OLG Hamm 12. 5. 2005 – 28 U 179/04 – n. v. (Rücktritt mangels Nachfristsetzung abgelehnt).

Beispiele:

- Instandsetzung des Fahrzeugs mit unzulänglichen Mitteln oder durch nicht fachkundige Monteure[83];
- Überpinseln von Lackschäden anstelle einer gebotenen Teil- oder Ganzlackierung;
- Einbau von ungeeigneten Ersatzteilen;
- Vornahme einer behelfsmäßigen Reparatur statt einer erforderlichen Kompletterneuerung, z. B. Anschweißen eines beschädigten Rahmenlängsträgers bei einem Gebrauchtfahrzeug etwa 10 cm hinter der Vorderradaufhängung, obwohl die Werksvorschriften die Anschnittstelle vor der Vorderachsaufhängung vorsehen.[84]

368 Erforderlich ist weiterhin, dass die Reparatur unter Beachtung der **Vorschriften des Herstellerwerks** durchgeführt wird.[85] Allein durch die Abweichung von Werksvorschriften kann der Wert einer Reparaturleistung erheblich beeinträchtigt sein. Moderne Ausbeultechniken bei kleineren Schäden, die nicht zu einer Beschädigung des Lacks führen, sind zulässig (smart oder spot repair). Auf derartige Reparaturmethoden greifen auch Hersteller zurück, um kleinere Beschädigungen von Neufahrzeugen vor Auslieferung zu beseitigen.[86]

369 Soweit ein **Austausch von Teilen** erforderlich ist, kann der Käufer verlangen, dass Originalersatzteile eingebaut werden, wenn der Hersteller die Verwendung dieser Teile vorschreibt. Darunter verstand die Rechtsprechung[87] bisher solche Teile, die entweder von der Autofabrik selbst konstruiert und hergestellt oder von einem Spezialunternehmen bezogen und von der Autofabrik einer irgendwie gearteten Nachkontrolle unterzogen werden und gleichermaßen für die Erstausrüstung wie als Ersatzteil Verwendung finden.

370 Die GVO definiert in Art. 1 **Originalersatzteile** als Ersatzteile, die von gleicher Qualität sind wie die Bausteine, die für die Montage des Neufahrzeugs verwendet werden oder wurden und die nach den Spezifizierungen und Produktionsanforderungen hergestellt werden, die vom Kraftfahrzeughersteller für die Herstellung der Bauteile oder Ersatzteile des fraglichen Kraftfahrzeugs vorgegeben wurden.

Originalersatzteile können von den Fahrzeugherstellern (Anteil 20 %) oder von Ersatzteileherstellern produziert werden (Anteil 80 %). Bei den Ersatzteileherstellern ist zu unterscheiden zwischen denjenigen, die nach den vom Fahrzeughersteller gesetzten Spezifizierungen und Produktionsnormen Ersatzteile herstellen und diese an den Fahrzeughersteller liefern und der Gruppe derjenigen, die nach den gleichen Kriterien produzieren aber nicht den Fahrzeughersteller, sondern ausschließlich zugelassene oder unabhängige Ersatzteilhändler bzw. Werkstätten beliefern.[88]

Bis zum Beweis des Gegenteils wird vermutet, dass Ersatzteile Originalersatzteile sind, sofern der Teilehersteller bescheinigt, dass diese Teile von gleicher Qualität sind wie die für die Herstellung des betreffenden Fahrzeugs verwendeten Bauteile und dass sie nach den Spezifizierungen und Produktionsanforderungen des Kraftfahrzeugherstellers produziert wurden. Nicht zu den Original-Ersatzteilen gehören Schrauben, Muttern und sonstige Kleinteile. Die Vorgaben des Herstellers sind bei der Verwendung solcher Teile ebenfalls zu beachten.

371 Außer den Originalersatzteilen gibt es **qualitativ gleichwertige Ersatzteile**. Dabei handelt es sich um Ersatzteile, die von einem Unternehmen hergestellt werden, das jederzeit

---

[83] LG Bonn 29. 5. 1964 – 11 W 6/64 – n. v.
[84] OLG Karlsruhe 19. 2. 1987, NJW-RR 1987, 889.
[85] BGH 30. 5. 1978, DAR 1978, 278.
[86] Dazu OLG Karlsruhe 21. 8. 2003, NJW 2003, 3208, 3209.
[87] BGH 16. 10. 1962, MDR 1963, 108.
[88] *Creutzig*, EG-Gruppenfreistellungsverordnung (GVO) für den Kraftfahrzeugsektor, Rn 653 ff.

bescheinigen kann, dass die fraglichen Teile den Bauteilen, die bei der Montage der fraglichen Fahrzeuge verwendet werden oder wurden, qualitativ entsprechen. Der Unterschied zu den Originalersatzteilen besteht darin, dass sie nicht nach den Vorgaben des Herstellers produziert wurden. Sie können z. B. aus einer anderen Farbe oder einem anderen Werkstoff bestehen. Sie haben aber mindestens dieselbe oder sogar eine höhere Qualität.[89] Diese Teile dürfen im Austausch gegen fehlerhafte dann verwendet werden, wenn der Hersteller/Importeur des Fahrzeugs nicht von der GVO-Option Gebrauch gemacht hat, seinen Vertragswerkstätten die ausschließliche Verwendung von Originalersatzteilen für die Durchführung von Sachmängelarbeiten vorzuschreiben.

Im Austausch **ersetzte Teile** werden gem. Abschn. VII. Ziff. 2 c NWVB **Eigentum des Verkäufers** und sind vom Käufer herauszugeben. Auch von dem anderen Betrieb, der auf Verlangen des Käufers Nachbesserung erbracht hat, kann der Verkäufer Herausgabe des ersetzten Teils verlangen.[90]

4. Ersatzlieferung

Bei der Ersatzlieferung (Nachlieferung) ist an Stelle der ursprünglich gelieferten mangelhafte Sache nunmehr eine mangelfreie – im Übrigen aber **gleichartige und gleichwertige** – Sache zu liefern.[91] Es genügt nicht, dass die Ersatzsache lediglich den bislang ausschließlich gerügten Mangel nicht aufweist. Sie muss rundum mangelfrei sein. Der Anspruch des Neuwagenkäufers zielt auf ein marken- und typgleiches Fahrzeug mit identischer Ausstattung und Farbton. Exakte Identität kann er indes nicht in jedem Fall beanspruchen.[92] Ob und inwieweit **zwischenzeitlichen Modelländerungen** und **Modellpflegemaßnahmen** Rechnung zu tragen ist, ist eine Frage des Einzelfalles. Ist ein modellgleiches Fahrzeug nicht nachlieferbar, weil etwa der Hersteller die Produktion des Modells eingestellt hat, und kann der Verkäufer auch anderweitig keinen Ersatz beschaffen, liegt ein Fall der Unmöglichkeit gem. § 275 Abs. 1 BGB vor.[93] Beispiel: Der Käufer hat einen Jaguar S-Type in der Farbe midnight blue gekauft. Im Zeitpunkt seines Nachlieferungsverlangens wird der S-Type in dieser Farbe nicht mehr produziert. Der Nachfolgefarbton lunar grey sei „praktisch gleich", erklärt der Händler. Dennoch liegt ein Fall der Nachlieferungsunmöglichkeit vor, sofern der Händler nicht auf andere Weise als direkt vom Werk einen gleichartigen Wagen in midnight blue beschaffen kann. Umgekehrt ist der Händler nicht verpflichtet, dem Käufer ein Nachfolgemodell mit verbesserter Ausstattung als Ersatz zur Verfügung zu stellen. Orientierungshilfe in solchen Konfliktfällen leistet der Änderungsvorbehalt in Abschn. IV Ziff. 6 NWVB in der Auslegung der Rechtsprechung (Rn 187 ff.).

Mit einem Vorführwagen oder einer Tageszulassung muss sich der Käufer nicht „abspeisen" lassen, wenn der Kaufvertrag die Lieferung eines fabrikneuen Fahrzeugs ohne Händler-Voreintragung zum Inhalt hat. Der Verkäufer kann dem Anspruch auf Ersatzlieferung nicht entgegenhalten, der Verkauf des ursprünglichen Fahrzeugs sei zum „Schnäppchenpreis" erfolgt, da hierdurch die Nacherfüllungsvariante der Ersatzlieferung faktisch ausgeschlossen wäre, was sich bei einem Verbrauchsgüterkauf mit § 475 BGB nicht vereinbaren ließe.[94]

---

89 *Creutzig*, EG-Gruppenfreistellungsverordnung (GVO) für den Kraftfahrzeugsektor, Rn 672.
90 *Creutzig*, Recht des Autokaufs, Rn 7.2.8.
91 BGH 15. 7. 2008, NJW 2008, 2837; OLG Düsseldorf 26. 11. 2004, NJW-RR 2004, 832 (kein Fahrzeugkauf).
92 OLG Karlsruhe 31. 5. 2005 – 8 U 1/05 – n. v. (AUDI A 4 mit überlanger Standzeit); OLG Celle 28. 6. 2006, NJW-RR 2007, 353 (Wohnmobil).
93 Siehe dazu auch OLG Celle 28. 6. 2006, NJW-RR 2007, 353.
94 *Ball*, NZV 2004, 217, 220; a. A. *Heinrich*, ZGS 2003, 253, 256.

374 Nach Ansicht von *Ball*[95] ergibt sich aus den Gesetzesmaterialien und aus § 346 Abs. 1, Abs. 2 S. 1 BGB, dass der Käufer Anspruch auf Lieferung eines **neuen Kraftfahrzeugs** besitzt. Ohne eine Nutzungsentschädigung zahlen zu müssen (dazu Rn 378), kann der Verbraucher in der Tat einen fabrikneuen Ersatzwagen beanspruchen.[96] Ziel der Nachlieferung ist es, den Käufer so zu stellen, als habe der Verkäufer die Sache ursprünglich in vertragsgemäßem Zustand geliefert. Mit der Lieferung eines Gebrauchten als Ersatz für den Neuen wird dieses Ziel eindeutig verfehlt.

375 Anders als beim Rücktritt bleibt der Kaufvertrag bei der Ersatzlieferung aufrechterhalten. Das Nacherfüllungsverlangen hat **keine rechtsgestaltende Wirkung**. Der Verkäufer kann vom Käufer nicht verlangen, dass er einen neuen Kaufvertrag unterschreibt. Der Austausch der Fahrzeuge erfolgt nach Maßgabe der §§ 346 bis 348 BGB, d. h. der Käufer hat das mangelhafte Fahrzeug Zug-um-Zug gegen Lieferung des anderen Fahrzeugs zurückzugewähren (zum Erfüllungsort Rn 359 ff.). Aus dem Gesetzeswortlaut ergeben sich keine Hinweise darauf, dass § 439 BGB eine Vorleistungspflicht des Verkäufers anordnet und der Anspruch auf Rückgabe des mangelhaften Fahrzeugs erst entsteht, wenn die Ersatzlieferung stattgefunden hat. Für den Käufer ist es ratsam, die Rückgabe des mangelhaften Fahrzeugs anzubieten, da er den Verkäufer nur auf diese Weise in Lieferverzug setzen kann. Eine Rücknahmepflicht des Verkäufers wird allgemein bejaht, obwohl der Gesetzeswortlaut eher dagegen spricht.[97]

376 Befindet sich das Fahrzeug in einem verschlechterten Zustand oder ist es untergegangen, hat der Käufer nach §§ 439 Abs. 4, 346 Abs. 2 S. 1 Nr. 3 BGB **Wertersatz zu leisten**, es sei denn, das Haftungsprivileg des § 346 Abs. 3 S. 1 Nr. 3 BGB greift zu seinen Gunsten ein (s. Rn 577 ff.). Zum Rücktritt wird überwiegend die Ansicht vertreten, dass der hierzu Berechtigte der Schadensersatzhaftung des § 346 Abs. 4 BGB unterliegt, sobald er den Rücktrittsgrund kennt oder hätte kennen müssen (s. Rn 643). Überträgt man diesen Gedanken auf den Nachlieferungsanspruch, dürfte der Zeitpunkt maßgeblich sein, in dem der Käufer weiß oder wissen musste, dass er einen Anspruch auf Ersatzlieferung hat. Die hierzu erforderliche Gewissheit besitzt der Käufer aber erst, wenn feststeht, dass sich der Verkäufer nicht auf die Einrede der Unzumutbarkeit/Unverhältnismäßigkeit beruft und die Rückgabe des mangelhaften Fahrzeugs verlangt. An einem Rückgabeinteresse des Verkäufers kann es fehlen, wenn sich das Fahrzeug in einem stark beschädigten Zustand befindet und die Rückführungskosten über dem Wert des Fahrzeugs liegen.

377 Im Zusammenhang mit der Ersatzlieferung taucht die Frage auf, welche Beschaffenheit des Ersatzfahrzeugs vom Verkäufer geschuldet wird, wenn der Käufer das mangelhafte Fahrzeug, das er zurückgeben muss, **verändert** oder **umgerüstet** hat. Der Ansicht, der Käufer habe Anspruch darauf, so gestellt zu werden, wie er stünde, wenn er sogleich ein mangelfreies Fahrzeug erhalten hätte, wird mit einiger Berechtigung entgegengehalten, dass alles, was über die Herstellung eines vertragsgemäßen Zustandes hinausgeht, nicht mehr unter die Nacherfüllung fällt, sondern eine Frage der Kostenregelung des § 439 Abs. 2 BGB und des Schadensersatzes ist.[98] Der Leistungsumfang der Ersatzlieferung bestimmt sich ausschließlich nach dem Inhalt der **ursprünglichen** Pflicht zur Lieferung eines mangelfreien Fahrzeugs. War es vertragsgemäß ohne Beschriftung bzw. ohne Umrüstung oder dergleichen ausgeliefert worden, kann der Käufer die Kosten nachträglicher Veränderungen **nur im Wege des Schadensersatzes** ersetzt verlangen.[99]

---

95 *Ball*, NZV 2004, 217, 218.
96 EuGH 17. 4. 2008, NJW 2008, 1433 („neues Verbrauchsgut").
97 *Faust* in *Bamberger/Roth*, § 439 BGB Rn 42.
98 Vgl. BGH 15. 7. 2008, NJW 2008, 2837 (Parkettstäbe).
99 BGH 15. 7. 2008, NJW 2008, 2837 (Parkettstäbe).

In der jahrelang hochstrittigen Frage der **Nutzungsentschädigung** (Wertersatz für die 378
Nutzung der mangelhaften Kaufsache) hat **der EuGH** durch die Entscheidung vom
17. 4. 2008[100] jedenfalls für den Verbrauchsgüterkauf Klarheit geschaffen. Hiernach ist
ein Verbraucher nicht verpflichtet, dem Verkäufer eines mangelhaften Verbrauchsgutes
Wertersatz für die Nutzung des Verbrauchsguts bis zu dessen Austausch zu leisten.

Ergangen ist diese Entscheidung im sog. Quelle-Verfahren (Kaufobjekt war ein Herd-Set) auf Vorlagebeschluss des BGH vom 16. 8. 2006.[101] Der VIII. Zivilsenat des BGH hat nunmehr in Fortsetzung des Verfahrens über die Revisionen der Parteien zu entscheiden. Verhandlungstermin ist anberaumt auf den **26. 11. 2008**. Erst dann wird sich zeigen, welche **Konsequenzen** sich **für das nationale Kaufrecht** ergeben.

Schon jetzt kann gesagt werden: Das EuGH-Urteil hat **keine Auswirkungen** auf **Ersatz-** 379
lieferungen bei B2B-Geschäften. Hier wie auch bei Kaufverträgen zwischen Verbrauchern bleibt es bei der vom nationalen Gesetzgeber vorgesehenen Verpflichtung zum Nutzungsersatz (§§ 439 Abs. 4, 346 Abs. 1 BGB).[102] Ohne Konsequenzen ist das Urteil ferner für die **Rückabwicklung nach Rücktrittsrecht** oder im Fall einer Rückabwicklung nach den Regeln des großen Schadensersatzes. Hier haben auch Verbraucher eine Nutzungsvergütung zu entrichten. Zumal bei hohen Kilometerlaufleistungen können Verkäufer deshalb gut beraten sein, die gewünschte Ersatzlieferung zu verweigern, um nach einem Rücktritt des Käufers das „Kilometergeld" gegenrechnen zu können.[103] In ihre Überlegungen einzubeziehen ist dabei, dass sie die Einrede der **relativen Unverhältnismäßigkeit** (§ 439 Abs. 3 BGB) mit Rücksicht auf das EuGH-Urteil vorteilhafter zur Geltung bringen können. In die Kosten der Neulieferung ist nun die ersatzlose Abnutzung des Fahrzeugs umfassend einzubeziehen.[104] Der Nutzungsersatz ist kein Haben-Posten mehr. Damit wird sich die Ersatzlieferung häufiger als relativ unverhältnismäßig im Vergleich zur Nachbesserung erweisen.

Ob Verbraucher, die Nutzungsersatz bereits geleistet haben, **Rückzahlung** verlangen 380
können, z. B. aus nachvertraglicher Nebenpflicht oder aus § 812 Abs. 1 BGB, ist eine offene Frage. Auf Grund der EuGH-Entscheidung vom 17. 4. 2008 steht lediglich fest, dass die deutsche Regelung richtlinienwidrig ist. Ob das gleichbedeutend ist mit Rechtsgrundlosigkeit oder dem Wegfall des rechtlichen Grundes im Sinne des § 812 Abs. 1 BGB, bedarf gerichtlicher Klärung. Rechtsprechung dazu liegt noch nicht vor.

Nicht entschieden ist ferner, welche Folgen ein **Gebrauch** der Sache hat, der **über das** 381
Normale hinausgeht (nicht bestimmungsgemäß ist), aber noch unter der Verschlechterungsgrenze (§ 346 Abs. 2 S. 1 Nr. 3 BGB i. V. m. § 439 Abs. 4 BGB) liegt. Auch hier müsste ggf. nach dem Zeitpunkt der Kenntnis des Verbrauchers von der Möglichkeit eines „Austausches" differenziert werden.[105] Nachzudenken wird auch darüber sein, die **Verwirkungsgrenze** in Fällen „übermäßigen" Gebrauchs neu zu definieren (zum Rücktritt und großen Schadenersatz s. Rn 553, 1880).

---

100 NJW 2008, 1433 = DAR 2008, 328 m. Anm. *S. Lorenz.*
101 NJW 2006, 3200 m. Anm. *S. Lorenz.*
102 *S. Lorenz*, DAR 2008, 330; *Herresthal*, NJW 2008, 2475.
103 Auch hier zeigt sich die Unstimmigkeit der EuGH-Entscheidung.
104 *Herresthal*, NJW 2008, 2475.
105 Zu den verbleibenden Möglichkeiten einer individuellen Vorteilsabschöpfung s. *Herrler/Tomasic*, BB 2008, 1245; *Herresthal*, NJW 2008, 2475.

VIII. Kosten der Nacherfüllung

1. Grundsätzliches

382 Der Verkäufer hat sämtliche zum Zwecke der Nacherfüllung erforderlichen Kosten zu übernehmen (§ 439 Abs. 2 BGB). Die Kostenübernahmepflicht des Verkäufers versteht sich von selbst, soweit es um die Kosten der eigentlichen Nacherfüllung, der Ersatzlieferung oder der Nachbesserung, geht.[106] Begrenzt wird sie insoweit durch den Leistungsgegenstand der jeweiligen Nacherfüllungsvariante, d. h., die Pflicht, Kosten zu übernehmen, bezieht sich nur auf das, was der Verkäufer als Nacherfüllung schuldet.[107] Vergrößert wird die Kostenlast des Verkäufers insofern, als er auch die Kosten für solche Aufwendungen zu tragen hat, die von ihm oder vom Käufer erbracht werden müssen, um die Nacherfüllung zu ermöglichen. Die Aufzählung der Transport-, Wege-, Arbeits- und Materialkosten ist beispielhaft. Durch das Wort ‚insbesondere' wird klargestellt, dass zusätzlich alle übrigen Kosten, die sich den genannten Aufwendungen nicht zuordnen lassen, vom Verkäufer getragen werden müssen, wenn und soweit sie zum Zweck der Nacherfüllung erforderlich sind.

2. Einzelpositionen

a) Arbeits- und Materialkosten

383 Die für die Beseitigung des Sachmangels aufzuwendenden Lohn- und Materialkosten sind in voller Höhe vom Verkäufer bzw. von der in Anspruch genommenen Fabrikatswerkstatt zu tragen. Die Materialkosten umfassen die Kosten für Ersatzteile. Aus- und Einbaukosten gehen zu Lasten des Verkäufers, gleichviel, ob er von seinem Lieferanten einen Ausgleich erhält oder nicht.

Bei der Ersatzlieferung sind es die Kosten für die Ersatzsache und die des Transports, die der Verkäufer gem. § 439 Abs. 2 BGB zu tragen hat.

Von § 439 Abs. 2 BGB nicht erfasst werden Schäden, die durch die Nacherfüllung an anderen Rechtsgütern des Käufers entstehen.

b) Umrüstungskosten

384 Wurde die Lieferung eines Neufahrzeugs in einem umgerüsteten, aufgebauten oder in sonstiger Weise veränderten Zustand von vornherein vom Verkäufer geschuldet, kann nicht zweifelhaft sein, dass er dem Käufer im Rahmen der Nacherfüllung die Lieferung eines entsprechend ausgestatteten Ersatzfahrzeugs schuldet und demzufolge sämtliche Kosten zu tragen hat, die mit der Umrüstung in Zusammenhang stehen, es sei denn, dass wegen des individuellen Zuschnitts des Fahrzeugs eine Ersatzlieferung unmöglich ist oder der Verkäufer berechtigterweise die Einrede der Unverhältnismäßigkeit der Ersatzlieferung geltend macht. Zur Rechtslage bei nachträglichen Umrüstungen bzw. des Veränderungen auf eigene Rechnung des Käufers s. Rn 405 f.

c) Aufwendungen zur Feststellung der Mangelursache

385 Von § 439 Abs. 2 BGB grundsätzlich nicht erfasst sind Kosten, die beim Käufer zur Vorbereitung der Mängelrüge und weiterer gewährleistungsrechtlicher Rechtsverfolgung anfallen (zu Anwaltskosten s. Rn 394). Zu den erstattungsfähigen Nacherfüllungskosten zählen nach der Rechtsprechung indessen auch solche Aufwendungen, die nötig sind, um **die „Schadensursache" aufzufinden**.[108] Das Verlangen einer Mängelbeseitigung, aber auch

---

106 *Faust* in *Bamberger/Roth*, § 439 BGB Rn 21.
107 BGH 15. 7. 2008, NJW 2008, 2837.
108 BGH 23. 1. 1991, NJW 1991, 1604; v. 17. 2. 1999, NJW-RR 1999, 813.

einer Ersatzlieferung, setzt nach Ansicht des BGH[109] voraus, dass die Schadensursache festgestellt worden ist.

Das ist in dieser Allgemeinheit jedenfalls für den Autokauf nicht richtig. Es genügt, wenn der Käufer den Mangel seinem Erscheinungsbild nach beschreibt (s. Rn 349). Die Ursache muss er grundsätzlich nicht angeben und deshalb auch nicht ergründen. Anders liegen die Dinge, wenn die Ursache der Mangel sein kann. Beispiel: Das Auto wird mit funktionierendem Motor ausgeliefert. Wegen eines Zahnriemenrisses kommt es zu einem Schaden des Motors mit Totalausfall. Das Endresultat ist nicht der Mangel, auf den es gewährleistungsrechtlich ankommt. Die Ursache kann es wohl sein, muss es aber nicht (z. B. bei Eigenverursachung). Bei einer solchen Konstellation hat der Käufer ein berechtigtes Interesse an einer Ursachenerforschung, ggf. durch einen Sachverständigen. Hinzu kommt: Um sich ein Bild davon zu machen, ob er Ersatzlieferung oder Nachbesserung verlangen soll, muss es wissen, „was los ist". Zudem: Er schwebt in der Gefahr, sich schadensersatzpflichtig zu machen, wenn er den Verkäufer zu früh auf Nacherfüllung in Anspruch nimmt oder ihn auf die falsche Fährte setzt (dazu Rn 387 ff.).

Bemerkenswerterweise hat **der BGH** die Kosten für ein von einer Neufahrzeugkäuferin eingeholtes **außergerichtliches Beweisgutachten** dem (einfachen) Schadensersatz zugeordnet, ohne § 439 Abs. 2 BGB auch nur zu erwähnen.[110] Demgegenüber steht das AG Marienberg auf dem Standpunkt, sogar die **Kosten eines selbstständigen Beweisverfahrens** (einschließlich Anwaltsgebühren) seien als zum Zwecke der Mangelfeststellung erforderlicher Aufwand gem. § 439 Abs. 2 BGB vom Verkäufer zu tragen.[111] Zum Zwecke der Mangelfeststellung mag es nötig gewesen sein, nachdem die Parteien sich nicht darauf verständigen konnten, dass der Wagen im Betrieb des Verkäufers untersucht wird. Ihn auf eigene Kosten dorthin zu bringen, wie die Beklagte gefordert hatte, war dem Kläger nicht zuzumuten, wie das AG mit Recht feststellt. Er hätte den Wagen aber einer anderen autorisierten Werkstatt in seiner Nähe vorstellen können. Das hätte das Beweisverfahren überflüssig gemacht. Deshalb bestehen Bedenken gegen die AG-Entscheidung in zweifacher Hinsicht: Zum Zwecke der Mangelfeststellung ist nicht unbedingt zum Zweck der Nacherfüllung i. S. d. § 439 Abs. 2 BGB. Zum anderen ist das Merkmal der „Erforderlichkeit" fragwürdig. Vorzuziehen ist eine schadensersatzrechtliche Lösung.

d) Kosten einer unberechtigten Mängelrüge

Falls sich die **Mängelrüge** des Käufers als **unberechtigt** erweist, taucht die Frage auf, wer in diesem Fall die Kosten der Fahrzeugüberprüfung zu tragen hat. Dazu **der BGH:**

„Ein unberechtigtes Mängelbeseitigungsverlangen des Käufers nach § 439 Abs. 1 BGB stellt eine zum Schadensersatz verpflichtende schuldhafte Vertragsverletzung dar, wenn der Käufer erkannt oder fahrlässig nicht erkannt hat, dass ein Mangel der Kaufsache nicht vorliegt, sondern die Ursache für das Symptom, hinter dem er einen Mangel vermutet, in seinem eigenen Verantwortungsbereich liegt" (Urt. v. 23. 1. 2008, NJW 2008, 1147).

Schon vor dieser Entscheidung, ergangen in einem B2B-Fall (kein Kauf), haben Kfz-Händler wiederholt versucht, ihrem Ärger über angeblich unberechtigte Kundenreklamationen durch Gegenforderungen, vielfach in Form von Widerklagen, Luft zu verschaffen. So hat das LG Duisburg einen Privatkäufer zur Zahlung von 161 EUR Anwaltskosten verurteilt, weil er unberechtigterweise Mängel gerügt und zudem ohne Nachfristsetzung ein

---

109 Urt. v. 23. 1. 1991, NJW 1991, 1604; v. 17. 2. 1999, NJW-RR 1999, 813.
110 Urt. v. 20. 7. 2005, NJW 2005, 2848.
111 Urt. v. 4. 8. 2006, NZV 2007, 87 (Getriebeschaden).

Sekundärrecht verfolgt habe. Das Verschulden seines Anwalts wurde dem Käufer zugerechnet.[112]

389 **Grundsätzlich** begründet die Geltendmachung vermeintlicher Sachmängelrechte noch keinen **Schadensersatzanspruch** des Verkäufers.[113] Sind konkrete Anhaltspunkte für die Annahme vorhanden, dass der Mangel (besser: Defekt) auf eine Ursache aus dem Verantwortungsbereich des Verkäufers zurückzuführen ist, kann dem Käufer, in der Regel technischer Laie und durch die technischen Hinweise in den Betriebsanleitungen häufig überfordert, nicht zum Vorwurf gemacht werden, er habe seine Sorgfaltspflicht verletzt, wenn er darauf eine Sachmängelrüge stützt und vom Verkäufer Nacherfüllung verlangt.[114] Dies gilt umso mehr für Verbraucher-Käufer, die zum einen von einer **Untersuchungsobliegenheit** prinzipiell freigestellt sind und denen zum anderen die **Beweisvermutung** des § 476 BGB zugute kommt. Bei einem Defekt, der sich innerhalb der ersten sechs Monate zeigt, darf er mangels eindeutiger gegenteiliger Anhaltspunkte davon ausgehen, dass er in den Verantwortungsbereich des Verkäufers fällt. In dieser Situation ist er sogar rechtlich verpflichtet, dem Verkäufer Gelegenheit zur Nacherfüllung zu geben.[115]

390 Aufgrund seiner fachlichen Kompetenz kann der Händler meistens ohne großen Untersuchungsaufwand erkennen, ob eine Mängelrüge berechtigt ist. Außerdem hat er die Möglichkeit, den Kundendienst des Herstellers/Importeurs zu der Untersuchung des Fahrzeugs hinzuzuziehen. Liegt aus Sicht des Händlers kein Mangel vor, schaltet er aber gleichwohl einen Sachverständigen ein, der seine Ansicht bestätigt, muss er für die durchgeführte Maßnahme die Kosten übernehmen. Will er die Kosten vermeiden, muss er mit dem Käufer zuvor eine Vergütungsvereinbarung treffen. Nach Ansicht des OLG Karlsruhe[116] reicht hierfür aus, dass er vorher ausdrücklich erklärt, er werde vom Käufer Kostenerstattung verlangen, falls sich herausstellen sollte, dass ein Mangel nicht vorliegt oder nicht aus seinem Verantwortungsbereich herrührt und der Käufer daraufhin der Begutachtung zustimmt. Lässt der Verkäufer es auf ein Prozessverfahren oder auf ein selbstständiges Beweisverfahren ankommen, hat der Käufer die Kosten zu tragen, wenn der vom Gericht beauftragte Gutachter zu dem Ergebnis gelangt, dass kein Mangel vorliegt.

e) Transport-, Wege-, Abschleppkosten

391 Die Kosten des Transports des Fahrzeugs zum Verkäufer fallen gem. § 439 Abs. 2 BGB dem Verkäufer zur Last, wenn tatsächlich ein Mangel vorliegt.[117] Bringt der Käufer sein Fahrzeug auf eigener Achse oder per Transporter in die Werkstatt des Verkäufers, sind ihm bei berechtigter Mängelrüge die für das Hinbringen und Abholen des Fahrzeugs aufgewendeten Kosten zu erstatten.[118] Wegekosten sind diejenigen Kosten, die der Verkäufer aufwenden muss, um das Fahrzeug vor Ort oder beim Käufer zu untersuchen, zu reparieren oder dort abzuholen.[119] Zu den zum Zwecke der Nachbesserung notwendigen Aufwendungen zählen auch die Kosten für den Kraftstoff, der auf der Fahrt zur Werkstatt und auf der anschließenden Abholfahrt verbraucht wird.[120]

---

112 LG Duisburg 7. 2. 2007 – 11 S 148/06 – n. v.
113 BGH 23. 12. 2008, NJW 2008, 1147; v. 7. 3. 1956, WM 1956, 601; s. auch *D. Kaiser*, NJW 2008, 1709; *Majer*, ZGS 2008, 209; *Lange/Widmann*, ZGS 2008, 329.
114 Vgl. auch OLG Karlsruhe 13. 5. 2003, OLGR 2003, 327.
115 BGH 21. 12. 2005, NJW 2006, 1195.
116 Urt. v. 13. 5. 2003, OLGR 2003, 327.
117 BGH 21. 12. 2005, NJW 2006, 1195.
118 AG Wuppertal 25. 11. 1987, NJW-RR 1988, 1141; AG Dülmen 31. 10. 1986, NJW 1987, 385; zur Berechnung vgl. *Jung*, DAR 1980, 353 ff.
119 *Kandler*, Kauf und Nacherfüllung, S. 448.
120 A. A. *Creutzig*, Recht des Autokaufs, Rn 7.2.8.3.

Kosten der Nacherfüllung

Grundsätzlich gehören zu den vom Verkäufer zu ersetzenden Aufwendungen auch erhöhte Transportkosten, die darauf beruhen, dass der Käufer das Fahrzeug an einen anderen Ort verbracht hat. Durch die Regelung in Abschn. VII Ziff. 2 b NWVB, die den Käufer an den nächstgelegenen Betrieb verweist, wenn das Fahrzeug wegen eines Sachmangels betriebsunfähig liegen bleibt, werden diese Kosten allerdings in Grenzen gehalten. Auch dem Käufer erspart die Regelung Unannehmlichkeiten, da er sich nicht um einen Transport des Fahrzeugs zum Betrieb des Verkäufers bemühen muss. Begehrt der Käufer berechtigterweise Ersatzlieferung statt der Mängelbeseitigung, hat der Verkäufer den Rücktransport zu besorgen und die Kosten hierfür zu tragen. **392**

f) Zusätzliche Wartungskosten

Soweit infolge der Nachbesserung zusätzliche Wartungsarbeiten erforderlich werden, z. B. eine 1000km-Inspektion nach Austausch des Motors, muss der Verkäufer die **Folgekosten** einschl. der Materialien und Öle tragen. Diese Aufwendungen sind kausal auf den Mangel zurückzuführen. **393**

g) Anwaltskosten, Porto- und Telefonkosten, sonstige Kosten

Auch Rechtsanwaltskosten sollen als Nachbesserungsaufwendungen – verschuldensunabhängig – erstattungsfähig sein.[121] Zu Anwaltskosten im Rahmen eines selbstständigen Beweisverfahrens s. Rn 386. Da der Anwalt von der Sache „Auto" noch weiter weg ist als der Kfz-Sachverständige und schon dessen Honorar nur in engen Grenzen als Nachbesserungsaufwendung auf den Verkäufer abwälzbar ist, wird man erst recht die Einschaltung eines Anwalts außerhalb des Nacherfüllungsprogrammes sehen müssen. Seine Kosten sind als einfacher Schadensersatz – unabhängig von einem Verzug des Verkäufers – nach §§ 437 Nr. 3, 280 BGB zu liquidieren. Erforderlichkeit i. S. d. § 439 Abs. 2 BGB ist zwar stets im Licht des Prinzips der Unentgeltlichkeit der Nacherfüllung zu sehen. Auch wird man im wohlverstandenen Käuferinteresse generell einen großzügigen Maßstab anzulegen haben. Um zu einem verschuldensunabhängigen Erstattungsanspruch zu gelangen, braucht es aber einen engen Bezug zur Nacherfüllung als solcher. Selbst wenn man diesen bejaht, können angefallene Kosten gleichwohl nicht, zumindest nicht voll erstattungsfähig sein, weil der Käufer seine Obliegenheit verletzt hat, die Aufwendungen gering zu halten (§ 254 Abs. 2 BGB analog). **394**

Zu § 476 a BGB a. F. war die Ansicht vorherrschend, dass Kosten für **Reklamationen** und **Terminabstimmungen** von ihr nicht erfasst werden, weil sich diese Aufwendungen nicht auf die Kaufsache selbst beziehen bzw. als nicht erforderlich angesehen wurden.[122] Da derartige Aufwendungen jedoch zur Vorbereitung und Durchführung der Nacherfüllung erforderlich, im Einzelfall sogar unerlässlich sein können, kann dieser Auffassung in dieser Strenge nicht mehr gefolgt werden. Nach Sinn und Zweck des § 439 Abs. 2 BGB sollen dem Käufer durch die Wahrnehmung seiner Mängelrechte **keinerlei Kosten** entstehen. Angesichts dessen muss der Verkäufer auch die **Reinigungskosten** übernehmen, die mit der Reparatur des Fahrzeugs anfallen.[123] Verschmutzungen, die durch die Reparatur entstehen, sind ebenfalls auf Kosten des Verkäufers zu entfernen, da eine fachgerechte Instandsetzung das Entfernen von Reparaturspuren miterfasst. Zu den vom Verkäufer zu ersetzenden Aufwendungen gehören u. U. auch die für die Geltendmachung der Nacherfüllung vom Käufer aufgewendeten **Rechtsanwaltskosten**, falls diese den Umständen nach ausnahmsweise als erforderlich anzusehen sind.[124] **395**

---

121 So BGH 17. 2. 1999, NJW-RR 1999, 813 (Bausache).
122 Vgl. *Staudinger/Matusche-Beckmann*, § 439 BGB Rn 439.
123 BGH 13. 12. 1963, NJW 1963, 805, 806.
124 BGH 17. 2. 1999, NJW-RR 1999, 813; a. A. *Staudinger/Matusche-Beckmann*, § 439 BGB Rn 439.

h) Nutzungsausfallschaden

396 Ein durch die Nacherfüllung verursachter Nutzungsausfall ist nicht gem. § 439 Abs. 2 BGB zu ersetzen. Zu den in Betracht kommenden Anspruchsgrundlagen und den sonstigen Problemen beim Nutzungsausfallschaden s. Rn 1839 ff., 1867 ff.

i) Verdienstausfall, entgangene Freizeit, Hotelkosten, Reisekosten

397 Einbußen in Form von Verdienst-, Gewinnausfall und entgangener Freizeit können dem Käufer entstehen, wenn sein Fahrzeug während einer Reise oder während des Urlaubs wegen eines Sachmangels in die Werkstatt muss. Bei diesen Positionen handelt es sich ebenso wie bei den Kosten für die Unterbringung und die Heimreise um Folgeschäden, resultierend aus der Mangelhaftigkeit des Fahrzeuges. Sie sind keine Aufwendungen zur Ermöglichung der Nachbesserung. Der Verkäufer hat sie daher nicht nach § 439 Abs. 2 BGB zu übernehmen, sondern nur dann, wenn er dem Käufer auf Schadensersatz haftet.

j) Kosten für eine Begutachtung der durchgeführten Nachbesserung

398 Lässt der Käufer das Fahrzeug im Anschluss an die Nachbesserungsmaßnahme von einer anderen Fachwerkstatt oder einem Sachverständigen überprüfen und stellt sich dabei heraus, dass der Mangel fachgerecht behoben wurde, ist der Verkäufer nicht verpflichtet, die dadurch entstandenen Kosten zu ersetzen.[125] Es handelt sich dabei nicht um Kosten, die zum Zwecke der Nachbesserung angefallen sind. Gibt es jedoch konkrete Anhaltspunkte, dass der Fehler nicht behoben wurde und wird dieser Verdacht durch die Nachuntersuchung bestätigt, haftet der Verkäufer wegen Verletzung seiner Nachbesserungspflicht (§§ 439 Abs. 1, 280 Abs. 1 BGB), nicht aus § 439 Abs. 2 BGB.

VIII. Kostenbeteiligung des Käufers

1. Durchbrechung des Freistellungsprinzips

399 Im Werkvertragsrecht ist seit jeher anerkannt, dass das Prinzip der Unentgeltlichkeit der Nachbesserung eine Kostenbeteiligung des Bestellers nicht von vornherein ausschließt.[126] Da der kaufrechtliche Nacherfüllungsanspruch, soweit er die Mängelbeseitigung betrifft, dem werkvertraglichen Anspruch auf Nachbesserung nachgebildet ist und diesem inhaltlich und dogmatisch weitgehend entspricht, sind keine durchgreifenden Gründe ersichtlich, die einer Übertragung der Rechtsprechungsgrundsätze prinzipiell entgegenstehen. Das gilt auch für den Verbrauchsgüterkauf.

2. Mitverursachung des Mangels durch den Käufer

400 Eine Mitverursachung des Mangels durch den Käufer in der Phase der Produktion ist kaum vorstellbar. Allenfalls dann, wenn er vor Gefahrübergang bei der Bereitstellung des Fahrzeugs, der Montage von Zubehör oder später bei der Nachbesserung mitwirkt, kann es vorkommen, dass er einen Mangel (mit)verursacht.

Praktisch sehr relevant sind diejenigen Fälle, in denen der Käufer durch eigenes Fehlverhalten dazu beiträgt, dass sich ein vorhandener Sachmangel ausweitet oder zu Folgeschäden am Fahrzeug führt.

---

125 LG Aachen 15. 1. 2003, DAR 2003, 120.
126 *Palandt/Sprau*, § 633 BGB Rn 6.

Beispiel:
Obwohl die Warnlampe aufleuchtet und sofortiges Anhalten gebietet, setzt der Käufer die Fahrt fort, wodurch es zu einem Kolbendefekt mit Motortotalschaden kommt.

Zu dieser Fallgruppe liegt eine umfangreiche Judikatur vor, soweit es um den Verlust von Garantieansprüchen wegen Obliegenheitsverletzung geht (s. Rn 2059). Gewährleistungsrechtlich sind diese Fälle der Käufer-Mitverantwortung ein Thema mit Blick auf den Rücktrittsausschluss nach § 323 Abs. 6 BGB (s. Rn 546). Ob und inwieweit dem Käufer als weniger einschneidende Sanktion eine Kostenbeteiligung auferlegt werden kann, hat die Rechtsprechung noch nicht abschließend geklärt. Ein möglicher Ansatz ist **§ 254 BGB**.[127]

3. Sowieso-Kosten

Sowieso-Kosten sind solche, die unabhängig von dem Sachmangel ohnehin angefallen wären und die dem Käufer aufgrund der Nacherfüllung erspart bleiben.[128] Führt z. B. ein schon bei Gefahrübergang vorhandener Mangel des Motors unmittelbar vor einem fälligen Wartungsdienst, bei dem frisches Öl und andere Schmiermittel hätten aufgefüllt und Filter getauscht werden müssen, zu einem Motortotalschaden, der die Erneuerung des Motors erforderlich macht, gehört die fällige Erstinspektion dieses Motors und das Einfüllen der Betriebsmittel zum technisch notwendigen Nachbesserungsaufwand. Ölwechsel, Schmiermittel, Filter und Inspektion erfolgen nicht zum Zwecke, sondern anlässlich der Nacherfüllung.[129] Durch die Maßnahmen der Mängelbeseitigung bleibt dem Käufer die Vornahme des Wartungsdienstes erspart, der ‚sowieso' angefallen wäre. Diesen Vorteil muss er sich im Rahmen von § 439 Abs. 2 BGB anrechnen lassen.[130] Das Unentgeltlichkeitsprinzip wird dadurch nicht in Frage gestellt, da der Verkäufer im Beispielsfall lediglich verpflichtet gewesen wäre, den Motor zu erneuern, nicht aber Öl, Schmiermittel und Filter.

4. Mitbeseitigung vom Verkäufer nicht zu vertretender Defekte

Es kommt vor, dass durch Mängelbeseitigungsmaßnahmen andere bereits vorhandene oder bevorstehende Defekte mehr oder weniger zwangsläufig mitbeseitigt werden. Beispiel: Eine im Herstellerwerk nicht ordnungsgemäß eingepasste Frontscheibe muss ausgetauscht werden. Nach Auslieferung des Fahrzeugs an den Käufer hat die Scheibe durch Steinschlag einen Riss bekommen und müsste aus Gründen der Betriebssicherheit eigentlich repariert bzw. gewechselt werden. In diesem Fall spart der Käufer Kosten, die er ohne die Sachmängelhaftung des Verkäufers hätte aufwenden müssen. Denkbar ist aber auch, dass es sich bei dem zwangsläufig mitbeseitigten Mangel um einen Fehler handelt, den der Käufer nicht hätte beheben lassen, wie etwa Kratzer an der Seite des Fahrzeugs, die durch eine aus Gründen der Sachmängelhaftung notwendige Beilackierung behoben werden. In diesem Fall ist eine Kostenbelastung des Käufers aus dem Gesichtspunkt des Vorteilsausgleichs zweifelhaft, da er sich eine unerwünschte Bereicherung nicht aufdrängen lassen muss.[131]

---

127 Vgl. *Kandler*, Kauf und Nacherfüllung, S. 451; *Staudinger/Matusche-Beckmann*, § 439 BGB Rn 36.
128 *Palandt/Weidenkaff*, § 439 BGB Rn 13; *Palandt/Sprau*, § 635 BGB Rn 7 m. w. N.
129 *Skamel*, DAR 2004, 565, 567.
130 *Ball*, NZV 2004, 221; *Kandler*, Kauf und Nacherfüllung, S. 452; *Palandt/Weidenkaff*, § 439 BGB Rn 13.
131 A. A. AG Bad Hersfeld 26. 1. 1999, NJW-RR 1999, 1211; s. auch Rn 1713.

5. Ausgleich ‚neu für alt'

403 Ein Vorteil entsteht dem Käufer, wenn im Zuge der Mängelbeseitigung abgenutzte Teile gegen Neuteile ausgetauscht werden, die den Wert des Fahrzeugs erhöhen oder dessen Lebensdauer verlängern.

Beispiele:
Zur Beseitigung des Mangels ist es notwendig, ein Einzelteil, das bereits verschlissen ist oder sich nahe der Verschleißgrenze befindet, durch ein Neuteil zu ersetzen. Oder: Beim Einbau eines Neumotors wird frisches Öl eingefüllt. Dadurch kann der Käufer einen sonst fälligen Ölwechsel einsparen (Kosten zwischen 80 und 150 EUR).

Wenn die technische Verbesserung nicht über das hinausgeht, was der Verkäufer zur Herstellung der Mangelfreiheit schuldet und unentgeltlich zu erbringen hat, ist eine Ausgleichspflicht des Käufers in richtlinienkonformer Auslegung von § 439 Abs. 2 BGB zu verneinen.[132] Die Abschöpfung einer darüber hinausgehenden „Bereicherung" ist nur in sehr engen Grenzen zulässig, wie das Quelle-Urteil des EuGH vom 17. 4. 2008[133] deutlich macht.

IX. Selbstbeseitigungsrecht

1. Kein Recht zur Selbstvornahme

404 Der Käufer besitzt im Gegensatz zum Besteller eines Werkes kein Recht der Ersatzvornahme. Mangels Regelungslücke im Kaufrecht scheidet eine analoge Anwendung des § 637 BGB aus.[134] Der in § 637 BGB geregelte Anspruch des Bestellers auf Selbstvornahme erfordert im Gegensatz zu § 633 Abs. 3 BGB a. F. nicht, dass sich der Unternehmer mit der Beseitigung des Mangels in Verzug befindet. Er setzt lediglich voraus, dass der Besteller dem Unternehmer erfolglos eine Frist zur Nacherfüllung gesetzt hat. Auch für den Käufer besteht die Möglichkeit, das Recht auf Vornahme der Nacherfüllung durch einen Dritten auf Kosten des Verkäufers zu erzwingen, ohne dass hierfür Verzug des Verkäufers erforderlich ist. Er muss dazu allerdings einen Nacherfüllungstitel gegen den Verkäufer erwirken und sich zur Ersatzvornahme durch das Gericht ermächtigen lassen (§ 887 ZPO).

2. Selbstvornahme und Kostenersatz

405 Nach der **Rechtsprechung des BGH** verhindert der Käufer, der den Mangel selbst beseitigt oder durch einen Dritten beseitigen lässt, ohne vorher dem Verkäufer eine **notwendige** Nacherfüllungsfrist gesetzt zu haben das Entstehen sämtlicher Sekundärrechte einschließlich des Anspruchs auf Schadensersatz statt der Leistung (§§ 437 Nr. 3, 280, 281 BGB). Infolge der **eigenmächtigen Selbstvornahme** hat er auch keinen Anspruch auf Ersatz bzw. Anrechnung der Nacherfüllungsaufwendungen, die der Verkäufer nach § 439 Abs. 2 BGB zu tragen gehabt hätte und nunmehr durch die Selbstvornahme des Käufers eingespart hat.[135]

406 Der Käufer wird mit der Einlassung **nicht gehört**, er habe nicht gewusst, dass der Verkäufer für den Mangel verantwortlich sei, deshalb habe er keine Bedenken gehabt, eine an-

---

132 *Ball*, NZV 2004, 221; MüKo-BGB/*Westermann*, § 439 BGB Rn 16; *Skamel*, DAR 2004, 565, 568; *Faust* in *Bamberger/Roth*, § 439 BGB Rn 23; *Erman/Grunewald*, § 439 BGB Rn 4; a. A. *Kandler*, Kauf und Nacherfüllung, S. 454 m. w.N; *Reinking*, ZfS 2003, 57, 61.
133 NJW 2008, 1433.
134 *Büdenbender* in AnwK/BGB, § 439 BGB Rn 14.
135 Grundlegend BGH 23. 2. 2005, NJW 2005, 1348 (Neuwagen); ferner BGH 7. 12. 2005, NJW 2006, 988 (Pferdetausch); BGH 21. 12. 2005, NJW 2006, 1195 (Gebrauchtwagen).

dere Werkstatt aufzusuchen. Dieses Argument zieht jedenfalls nicht bei einem Auftreten des Mangels in den ersten sechs Monaten nach Auslieferung.[136] Gedanke: § 476 BGB. Auch bei einem späteren Sichzeigen muss der Käufer zumindest die Möglichkeit einer Gewährleistungspflicht des Verkäufers in Betracht ziehen; auch wenn er daneben Garantieschutz durch eine Herstellergarantie hat.[137] Insoweit können ihm Hinweise in der Betriebsanleitung („Störfälle") und in den Garantiebedingungen helfen. Anders als der Käufer eines Gebrauchtwagens ist der Käufer eines Neufahrzeugs beim Kauf vom Markenhändler dadurch geschützt, dass er (autorisierte) Drittfirmen ohne Gefährdung eigener Ansprüche in Anspruch nehmen darf. Wenn er diese Möglichkeit nicht nutzt und einen Defekt, von dem er nicht weiß, wer dafür verantwortlich ist, in einer markenfreien Werkstatt beheben lässt, bleibt er im Fall einer notwendigen Fristsetzung auf den Kosten sitzen.

Das Nachfristerfordernis erfolgreich zu bekämpfen, indem er einen der zahlreichen Entbehrlichkeitstatbestände geltend macht (näher dazu Rn 456 ff.), muss hier das Ziel des Käufers sein. Allerdings ist damit nichts gewonnen, wenn der Verkäufer weder den Mangel selbst noch die Umstände zu vertreten hat, auf denen es beruht, dass er den Mangel nicht beseitigt hat.[138] In einem solchen Fall doppelter Schuldlosigkeit hat der Käufer – trotz Freistellung von der Fristsetzung – auch keinen Anspruch aus § 326 Abs. 2 S. 2, Abs. 4 BGB (analog).[139] Kein praxistauglicher Weg ist der Vorschlag von *Braun*,[140] dem Käufer einen Ausgleich gem. § 823 Abs. 2 BGB i. V. m. § 263 StGB zu verschaffen. Betrugsvorsatz wird sich kaum jemals feststellen lassen.

X. Verletzung der Nacherfüllungspflicht

1. Überblick

Als Verletzungstatbestände kommen in Betracht: **407**

– Verweigerung der Nacherfüllung,
– Verzögerung der Nacherfüllung,
– Nichtbeseitigung des Mangels,
– Verletzung von Nebenpflichten.

Sie können – unabhängig von einem Verschulden des Verkäufers – dazu führen, dass der Käufer weitere Nacherfüllungsmaßnahmen nicht mehr dulden muss und **ohne Fristsetzung** von seinen prinzipiell sekundären Rechten (Rücktritt, Minderung, Schadensersatz oder Ersatz vergeblicher Aufwendungen) Gebrauch machen kann.

Im Fall einer schuldhaften Verletzung der Nacherfüllungspflicht **haftet** der Verkäufer **auf Schadensersatz**. Im Vordergrund des Interesses steht hier der Anspruch auf Ersatz von Nutzungsausfallschäden bei verzögerter Nacherfüllung. Näheres Rn 1839 ff., 1867 ff.

2. Sonderfall: Beschädigung des Fahrzeugs im Zuge der Nachbesserung

Dass der Verkäufer ersatzpflichtig ist, wenn er im Rahmen der Nacherfüllung andere **408** Rechtsgüter des Käufers als das Kaufobjekt beschädigt oder verletzt, versteht sich von

---

136 BGH 21. 12. 2005, NJW 2006, 1195.
137 Zu einer solchen Konstellation s. OLG Karlsruhe 16. 3. 2006, DAR 2007, 31 (markenfreier Händler verkauft ein Neufahrzeug, das dann in Vertragswerkstätten im Rahmen der Herstellergarantie repariert wird; keine Zurechnung dieser Arbeiten zu Lasten des Händlers, d. h. der Nacherfüllungsvorrang hat sich durchgesetzt).
138 BGH 7. 12. 2005, NJW 2006, 988 .
139 BGH 7. 12. 2005, NJW 2006, 988.
140 ZGS 2006, 328.

selbst. Problematisch sind dagegen die Fallgestaltungen mit Beschädigung des gekauften Fahrzeugs.

Beispiel:
Der Verkäufer erneuert die mangelhafte Steuerkette, die er leicht fahrlässig nicht richtig einstellt, so dass es zu einem Motorschaden kommt. Außerdem fällt ihm der Schraubenschlüssel auf die Motorhaube, die dadurch beschädigt wird.

409 Aus herkömmlicher Sicht handelt es sich im Beispielsfall sowohl bei dem Motorschaden als auch bei dem Schaden an der Motorhaube um **Mangelfolgeschäden**, zu ersetzen nach den Regeln der pFV (zumindest Motorhaube). Während der Motorschaden unmittelbar auf die fehlerhafte Reparatur des Mangels zurückzuführen ist, der Nachbesserungsversuch also eindeutig erfolglos war, beruht die Beschädigung der Motorhaube auf der Verletzung einer Nebenpflicht, die nicht auf die geschuldete Leistung „Nachbesserung" bezogen ist. Für das „neue" Kaufrecht hat das OLG Saarbrücken einen Fall aus dieser Gruppe wie folgt entschieden:

„Beschädigt der Verkäufer während der Nachbesserung die Kaufsache, so sind die Vorschriften des Gewährleistungsrechts auf diesen Schaden nicht anzuwenden; vielmehr kann der Käufer Schadensersatz nach §§ 280 Abs. 1, 241 Abs. 2 BGB verlangen. Eine Rückgabe der Kaufsache kommt nur unter den Voraussetzungen des § 282 BGB in Betracht" (Urt. v. 25. 7. 2007, NJW 2007, 3503; Leitsatz von *Faust*, JuS 2008, 179).

Wegen Anspringproblemen bei ihrem Peugeot Cabrio hatte die Klägerin wiederholt die Werkstatt des beklagten Verkaufsbetriebs aufgesucht. Beim letzten Mal kam es infolge eines Versehens eines Mechanikers zu einer Beschädigung des Vorderwagens, als der Pkw bei einem Startversuch gegen eine Werkbank stieß. Reparaturkosten: 2.771 EUR. Die Beklagte setzte den Wagen (wohl ohne Rücksprache mit der Klägerin) instand, wobei jedoch ein merkantiler Minderwert zurückblieb, geschätzt auf 600 bzw. 950 EUR. Die Klägerin erklärte den Rücktritt vom Kauf. Eine angebotene Ausgleichszahlung von 950 EUR lehnte sie ab. Das LG sprach der Klägerin nur die 950 EUR zu. Ihre Berufung blieb ohne Erfolg.

Das OLG Saarbrücken verneint ein Recht zur Rückabwicklung nach Gewährleistungsrecht. Die Nachbesserung sei nicht fehlgeschlagen. Eine analoge Anwendung der Vorschriften über die Sachmängelhaftung komme nicht in Betracht. Eine Rücktrittsbefugnis nach § 324 BGB wird vom OLG nicht erörtert, wohl aber eine schadensrechtliche Vertragsauflösung nach § 282 BGB wegen Verletzung einer Nebenpflicht. „Jenseits der Feinheiten der Unzumutbarkeit" sei „diese Voraussetzung offensichtlich nicht gegeben". Die Beklagte habe den Karosserieschaden behoben, und allein der technische (!) Minderwert mache es für die Klägerin keinesfalls unzumutbar, „das Fahrzeug im Übrigen zu behalten".

410 Das Urteil des OLG Saarbrücken kann allenfalls im Ergebnis überzeugen.[141] Die gewährleistungsrechtliche Haftung sieht der Senat zu eng, indem er allein auf den Ursprungsmangel (Anspringproblem) abstellt. Was sich aus diesem Mangel im Wege der Schadenserweiterung („Weiterfressen") ergibt, fällt gleichfalls unter die Pflicht des Verkäufers, mängelfrei zu liefern. Dazu gehört auch die richtige Einstellung der Steuerkette im obigen Beispielsfall. Dann liegt es aber in der Tat nahe, noch einen Schritt weiterzugehen und auch solche Schäden am Fahrzeug der Sachmängelhaftung zuzuweisen, die sich nicht aus dem Ursprungsmangel selbst entwickeln oder sich bei seiner Behebung unmittelbar am mangelhaften Fahrzeugteil einstellen, sondern im Zuge der Nachbesserung infolge einer Sorgfaltspflichtverletzung am Objekt der Nachbesserung eintreten. Da der Zweitschaden (Beschädigung des Vorderwagens) kein Mangel ist, für den Verkäufer aus der Sachmängelhaftung

---

141 Dogmatisch ablehnend *Faust*, JuS 2008, 179; *Bachmeier*, Rn 856 ff., 863.

direkt einzustehen hat (bei Gefahrübergang war der Vorderwagen unbeschädigt), stellt sich die Frage einer **analogen Anwendung der Sachmängelvorschriften**.[142]

Für eine Herausnahme aus dem allgemeinen Leistungsstörungsrecht sprechen die besseren Gründe, nicht nur dogmatische,[143] sondern auch praktische. Die Nacherfüllung, namentlich die Nachbesserung, bringt spezielle Gefahren mit sich, die darauf beruhen, dass der Käufer gezwungen ist, das Fahrzeug aus der Hand zu geben und es dem Verkäufer oder einer anderen Werkstatt anzuvertrauen. Da die Nacherfüllung dem Zweck dient, die fehlgeschlagene Ersterfüllung zu heilen, fallen alle Tätigkeiten, die der Herbeiführung des vom Verkäufer geschuldeten Erfolgs dienen, unter die Pflicht zur mangelfreien Lieferung. Infolgedessen muss dem Verkäufer nicht nur die Pflicht abverlangt, sondern auch das Recht zugestanden werden, Schäden und Mängel zu beseitigen, die bei Vornahme der Nacherfüllung entstanden sind, sofern dadurch der vertragsgemäße Zustand des Fahrzeugs wertminderungsfrei wieder hergestellt werden kann.

Da im heutigen Kaufrecht die Phase der Vertragserfüllung den Gefahrübergang überdauern kann, ist es nicht mehr gerechtfertigt, Verstöße gegen Schutz- und Obhutspflichten bei Übergabe der Kaufsache anders zu behandeln als solche, die sich später im Zuge der Nacherfüllung ereignen.[144] Die geänderten Verhältnisse erfordern, dass leistungsbezogene Pflichtverletzungen einheitlich nach Sachmängelrecht behandelt werden. Der bekannt gewordene Fall der Verwechslung von Normal- und Superbenzin beim Betanken eines Kraftfahrzeugs fällt danach unter die Vorschriften des Sachmängelrechts, wenn dem Verkäufer ein solcher Fehler im Zusammenhang mit der Nacherfüllung unterläuft.

Auf eine Reparatur vom Verkäufer anlässlich der Nachbesserung verursachter Fahrzeugschäden muss sich der Käufer nicht einlassen, wenn ihre Beseitigung nicht ohne Verbleib einer Wertminderung durchführbar ist. Er kann stattdessen Ersatzlieferung verlangen, falls sie möglich und zumutbar ist; andernfalls verbleiben ihm die Sekundäransprüche.

Beispiel:
Auf einer Probefahrt im Zusammenhang mit der Nacherfüllung verursacht der Verkäufer einen Unfall, bei dem das Fahrzeug erheblich beschädigt wird.[145]

XI. Transport- und Sachgefahr

Gesetzlich nicht geregelt ist die Frage, wer die Gefahr des zufälligen Untergangs und der zufälligen Verschlechterung während der Nachbesserung trägt.

Beispiel:
Das auf dem Betriebsgelände des Verkäufers abgestellte Fahrzeug wird von einem herunterfallenden Ast beschädigt.

Im Schrifttum besteht Einigkeit, dass der Verkäufer die Sachgefahr zumindest während des Zeitraums trägt, in dem sich das Fahrzeug in seinem Gewahrsam oder im Gewahrsam eines Dritten befindet. Hergeleitet wird diese Ansicht aus § 439 Abs. 2 BGB[146], aus § 346 Abs. 2 Nr. 2 und 3 BGB sowie aus dem allgemeinen Prinzip kaufrechtlicher Gefahrtragung[147], welches besagt, dass jede Partei die Gefahr trägt, so lange sich die Sache in ihrem Herrschaftsbereich befindet.

---

142 Siehe auch *Klinck*, ZGS 2008, 217 für eine vergleichbare Konstellation.
143 Dazu auch *Klinck*, ZGS 2008, 217.
144 MüKo-BGB/*Westermann*, § 437 BGB Rn 60.
145 OLG Düsseldorf 7. 3. 1996, ZfS 1997, 337.
146 *Faust* in *Bamberger/Roth*, § 439 BGB Rn 22; *Staudinger/Matusche-Beckmann*, § 439 BGB Rn 34.
147 *Reinking*, DAR 2001, 8, 12; *Kandler*, Kauf und Nacherfüllung, S. 456.

Wer den Kaufvertrag nicht erfüllt hat, kann nicht darauf vertrauen, dass der Gefahrübergang für den anderen Teil endgültig ist. Da die Leistungspflicht nicht mit dem Gefahrübergang endet, sondern sich als Nacherfüllungspflicht fortsetzt, sind Zufallsereignisse in der Phase der Nacherfüllung dem Verkäufer zuzurechnen. In dem Dilemma, von zwei schuldlosen Beteiligten einem den Verlust auferlegen zu müssen, hat sich der Gesetzgeber in § 346 Abs. 2 Nr. 2 und 3 BGB zugunsten des Rücktrittsberechtigten entschieden.[148]

Diese Gefahrzuweisung strahlt auf die vorgelagerte Ebene der Nacherfüllung aus. Sie steht in Einklang mit der Natur der Nacherfüllungsansprüche als Modifikationen des ursprünglichen Erfüllungsanspruchs. Aus diesem Grunde können für die Zeit nach Gefahrübergang keine anderen Grundsätze gelten als vorher.

Zu § 476a BGB a. F. wurde die Auffassung[149] vertreten, dass der Verkäufer die Transportgefahr sowohl für den Hin- und Rücktransport als auch für Transporte zum Hersteller oder zu anderen Reparaturwerkstätten trägt. Daran ist im Rahmen von § 439 BGB festzuhalten. Der Verkäufer trägt die Transportgefahr nicht nur, wenn er den Transport vornimmt, sondern auch in den Fällen, in denen der Käufer das Fahrzeug selbst in die Werkstatt bringt.[150] Diese Zuordnung gebietet die in Art. 3 VerbrKRL enthaltene Aussage, dass dem Käufer durch den erneuten Erfüllungsversuch keine Unannehmlichkeiten entstehen dürfen.

XII. Unverhältnismäßigkeit der Nacherfüllung

1. Gesetzessystematik

416 § 439 Abs. 3 BGB gibt dem Verkäufer – unbeschadet der Leistungsverweigerungsrechte aus § 275 Abs. 2, 3 BGB – das Recht, dem Nacherfüllungsanspruch die **Einrede der Unverhältnismäßigkeit** wegen **zu hoher Kosten** entgegenzusetzen. Wegen der Folge des § 439 Abs. 3 S. 3 BGB (Befreiung von der Nacherfüllungspflicht, Freischalten der Sekundärrechte) ist die Erklärung des Verkäufers **bedingungsfeindlich** und **unwiderruflich**. Nach Ablauf der ihm gesetzten (angemessenen) Nacherfüllungsfrist kann der Verkäufer die Einrede nicht mehr erheben.[151] Denn mit Fristablauf entstehen die Sekundärrechte des Käufers. Allenfalls im Bereich B2B mag es angehen, dem Verkäufer auch noch nach Ablauf der Frist, aber vor Ausübung des Rücktrittsrechts oder der Geltendmachung eines sonstigen Sekundärrechtsbehelfs die Kosteneinrede zu geben. Einem Verbraucher gegenüber ist der Ablauf der Frist der **späteste Zeitpunkt**.[152]

417 Unverhältnismäßigkeit der Kosten kann **auf zweierlei Art** verstanden werden: als Unverhältnismäßigkeit im Vergleich mit der anderen (möglichen) Variante der Nacherfüllung (sog. **relative Unverhältnismäßigkeit**) und zum anderen als **absolute Unverhältnismäßigkeit**. Davon spricht man, wenn das Interesse des Käufers an der Nacherfüllung in Relation zu den Kosten der Nacherfüllung gesetzt wird.[153]

418 Die in **§ 275 Abs. 2 und 3 BGB** geregelten Einredefälle spielen beim Autokauf praktisch **keine Rolle**,[154] eher schon die Abgrenzung zwischen objektiver und „wirtschaftlicher" Un-

---

148 *Schmidt-Räntsch*, Das neue Schuldrecht, S. 196 Rn 601.
149 *Soergel/Huber*, § 476a Rn 15, § 446 Rn 61; *Hager*, Gefahrtragung beim Kauf, S. 174.
150 *Kandler*, Kauf und Nacherfüllung, S. 454 m. w. N.; umfassend *Unberath/Cziupka*, JZ 2008, 867.
151 OLG Celle 28. 6. 2006, NJW-RR 2007, 353 (nach dem mitgeteilten Leitsatz 2 „bis der Käufer vom Vertrag zurücktritt", anders die Entscheidungsgründe);
152 Siehe auch *S. Lorenz*, NJW 2007, 1, 5.
153 Vgl. *Faust* in *Bamberger/Roth*, § 439 BGB Rn 39.
154 Zu einem Anwendungsfall des § 275 Abs. 2 BGB s. BGH 22. 6. 2005, NJW 2005, 2852 (Hundekauf); zu § 275 Abs. 2 BGB s. auch BGH 30. 5. 2008, MDR 2008, 968.

möglichkeit. Die Nacherfüllung als solche ist nach § 275 Abs. 1 BGB ausgeschlossen, wenn weder Nachbesserung noch Ersatzlieferung möglich sind. § 275 Abs. 1 BGB begründet keine Einrede, sondern eine Einwendung gegen den Erfüllungsanspruch, die den Verkäufer kraft Gesetzes von seinen Leistungspflichten (§§ 433 Abs. 1 S. 2, 439 Abs. 1 BGB) befreit.[155] Von § 275 Abs. 1 BGB werden die anfängliche und die nachträgliche Unmöglichkeit ebenso erfasst wie die objektive und die subjektive Unmöglichkeit.[156] Für die Abgrenzung der subjektiven Unmöglichkeit von der **wirtschaftlichen Unmöglichkeit**, die im Wege der Einrede geltend zu machen ist, kommt es entscheidend darauf an, dass es dem Verkäufer unmöglich ist, das bestehende Leistungshindernis zu überwinden. Es reicht nicht aus, dass er nicht die Mittel hat, um seine Nacherfüllungspflicht zu erfüllen.

Für § 439 Abs. 3 BGB folgt daraus, dass der Nacherfüllungsanspruch nicht schon dadurch ausgeschlossen wird, dass der Verkäufer selbst nicht in der Lage ist, das Fahrzeug zu reparieren oder ein gleichwertiges Fahrzeug zu beschaffen. Wenn er keinen eigenen Reparaturbetrieb hat, muss er den Mangel von einer anderen Vertragswerkstatt beseitigen lassen.[157] Für einen Händler ohne Werkstatt ist eine Nachbesserung nicht grundsätzlich unzumutbar. Höhere Kosten, die durch die Einschaltung einer Drittwerkstatt entstehen, sind im Rahmen der Verhältnismäßigkeitsprüfung nach § 439 Abs. 3 BGB zu berücksichtigen, was zur Folge hat, dass sich die Kostenrelation dadurch verschiebt. Für den Neuwagenhandel wenig bedeutsam ist die Ansicht[158], dass sich der Verkäufer, der wie ein Hersteller auftritt, nicht darauf berufen kann, er habe keine Werkstatt. **419**

Reichweite der Einrede: Falls eine der beiden Arten der Nacherfüllung **unmöglich** ist, beschränkt sich darauf der Ausschluss der Leistung. Dies ergibt sich aus § 275 Abs. 1 BGB, der den Schuldner von der Leistung freistellt, ‚soweit' sie unmöglich ist. Für § 439 Abs. 3 BGB folgt daraus, dass sich die Nacherfüllungspflicht des Verkäufers auf die andere mögliche Art der Nacherfüllung beschränkt. Dieser Schlussfolgerung liegt zugrunde, dass § 439 Abs. 1 BGB dem Käufer **zwei eigenständige Ansprüche** mit unterschiedlichem Inhalt zur Wahl stellt und für jeden dieser Ansprüche das Leistungsverweigerungsrecht gem. 439 Abs. 3 BGB gesondert zu prüfen ist. **420**

2. Prüfungskriterien und Prüfungsschema

Die Unverhältnismäßigkeit der Kosten ist nach den in § 439 Abs. 3 BGB genannten Kriterien zu ermitteln. Auf die Sicht der Parteien kommt es dabei nicht an.[159] Näheres zur Prüfung im Einzelfall s. Rn 423 ff. Umstritten ist die Frage, auf welchen **Zeitpunkt bei der Verhältnismäßigkeitsprüfung** abzustellen ist. Es liegt nahe, in Anknüpfung an die Rechtsprechung zu § 633 Abs. 2 BGB auf den Zeitpunkt des Gefahrübergangs abzustellen, denn das ist der Zeitpunkt, zu dem der Verkäufer die vertragsgemäße Erfüllung schuldet.[160] Der Zeitpunkt des Gefahrübergangs eignet sich jedoch nicht, wenn es darum geht, die Ersatzbeschaffungskosten zu ermitteln. Hier fließen Faktoren in die Berechnung ein, die erst nach Gefahrübergang entstanden sind, wie z. B. der Wertverlust des mangelhaften Fahrzeugs, das der Käufer zurückgeben muss. Von daher ist es unumgänglich, im Hinblick auf solche Kostenfaktoren, die nach Gefahrübergang entstanden sind, auf den Zeitpunkt der letzten mündlichen Verhandlung abzustellen.[161] Im Übrigen muss es bei den Kosten bleiben, die der Verkäufer zum Zeitpunkt des Gefahrübergangs für eine Reparatur oder Er- **421**

---

155 BGH 22. 6. 2005, NJW 2005, 2852.
156 BGH 19. 10. 2007, NJW 2007, 3777.
157 Vgl. OLG Karlsruhe 16. 3. 2006, DAR 2007, 31.
158 *Faust* in *Bamberger/Roth*, § 439 Rn 42.
159 *Gruber*, Jb. J.ZivRWiss 2001, 187, 194.
160 BGH 23. 2. 1995, NJW 1995, 1836, 1837; MüKo-BGB/*Westermann*, § 439 BGB Rn 25.
161 *Faust* in *Bamberger/Roth*, § 439 BGB Rn 40.

satzbeschaffung hätte aufwenden müssen. Auf nachträgliche Kostensteigerungen kann er sich jedenfalls dann nicht berufen, wenn sie erst eingetreten sind, als er sich mit der Nacherfüllung in Verzug befunden hat.[162]

422 **Darlegungs- und Beweislast:** Da es sich bei § 439 Abs. 3 BGB um eine Einrede handelt, liegt die Darlegungs- und Beweislast für die tatsächlichen Voraussetzungen der geltend gemachten Unverhältnismäßigkeit beim Verkäufer. Soweit Umstände aus der Sphäre des Käufers in die Abwägung einfließen, kann ihn eine sekundäre Darlegungspflicht treffen.

423 **Reihenfolge der Prüfung:** Aufgrund des kompliziert verzahnten Aufbaus von § 439 Abs. 3 BGB empfiehlt es sich, anhand eines Prüfungsschemas vorzugehen. Die in § 439 Abs. 3 S. 2 BGB aufgeführten Kriterien geben einen Hinweis auf die Vorgehensweise bei der Prüfung der Einzelmerkmale.[163] An **vorderster Stelle** stehen der Wert der Sache und die Bedeutung des Mangels. Daran sind die Kosten der Nacherfüllung zu messen, die den zentralen Anknüpfungspunkt für die Verhältnismäßigkeitsprüfung darstellen.[164] Das dritte Kriterium weist auf den internen Kostenvergleich der vom Käufer geltend gemachten Nacherfüllungsart mit der anderen verbleibenden Art der Nacherfüllung hin.

424 Hiervon ausgehend ist es sinnvoll, auf der **ersten Stufe** die Verhältnismäßigkeit der vom Käufer gewählten Art der Nacherfüllung unter Berücksichtigung des Wertes der Sache in mangelfreiem Zustand und der Bedeutung des Mangels zu überprüfen (absolute Unverhältnismäßigkeitskontrolle). Überschreiten die Kosten das absolute Limit (dazu Rn 439 ff.), beschränkt sich der Anspruch des Käufers auf die andere Art der Nacherfüllung (§ 439 Abs. 3 S. 3 BGB). Der verbleibende Anspruch ist sodann in einem **zweiten Schritt** nach den gleichen Kriterien wie der vom Käufer geltend gemachte Anspruch daraufhin zu überprüfen, ob die mit ihm verbundenen Kosten diesseits oder jenseits des absoluten Grenzwertes liegen. Voraussetzung hierfür ist wiederum, dass sich der Verkäufer auf sein Verweigerungsrecht im Hinblick auf den Alternativanspruch beruft (vor Ablauf der gesetzten Nacherfüllungsfrist, s. Rn 416).

425 Die sich aus der Unverhältnismäßigkeit ergebende Beschränkung des Käufers auf die andere Nacherfüllungsart verdeutlicht, dass ein interner Vergleich der beiden Nacherfüllungsarten im ersten Prüfungsstadium überflüssig ist. Auf diesen internen Vergleich kommt es nur dann an, wenn der vom Käufer geltend gemachte Anspruch nicht mit unverhältnismäßigen Kosten verbunden ist. Bei dieser Konstellation ist auf der zweiten Stufe die Verhältnismäßigkeit des Alternativanspruchs unter Berücksichtigung des Wertes der Sache in mangelfreiem Zustand und der Bedeutung des Mangels zu überprüfen. Steht dem Verkäufer bezüglich dieses Anspruchs ebenfalls kein Leistungsverweigerungsrecht zur Seite, entscheidet im nächsten Schritt der interne Vergleich darüber, welche Art der Nacherfüllung der Verkäufer erbringen muss.

426 Bei dem Vergleich der beiden Nacherfüllungsansprüche spielen nicht nur die Kosten, sondern auch das Interesse des Käufers an der von ihm verlangten Art der Nacherfüllung eine Rolle. Ein Rückgriff auf die andere Art der Nacherfüllung kann daran scheitern, dass diese mit „Unannehmlichkeiten" (VerbrKRL) für den Käufer verbunden ist oder mehr Zeit in Anspruch nimmt. Besteht ein berechtigtes Interesse des Käufers daran, dass die von ihm verlangte Variante der Nacherfüllung verwirklicht wird, ist sie dem Verkäufer zuzumuten, auch wenn sie höhere Kosten als die andere Art der Nacherfüllung verursacht.[165]

---

162 *Staudinger/Matusche-Beckmann*, § 439 BGB Rn 50; MüKo-BGB/*Westermann*, § 439 BGB Rn 25.
163 *Kandler*, Kauf und Nacherfüllung, S. 500.
164 *Faust* in *Bamberger/Roth*, § 439 BGB Rn 42; *Staudinger/Matusche-Beckmann*, § 439 BGB Rn 45.
165 *Staudinger/Matusche-Beckmann*, § 439 BGB Rn 45.

3. Konkretisierung der Bezugsgrößen

a) Ersatzlieferungskosten

Die Kosten der Ersatzlieferung sind anhand der Kosten zu ermitteln, die der Händler für 427
die Beschaffung eines identisch ausgestatteten Neufahrzeugs aufwenden muss. Da bei der
Bewertung des zur Nacherfüllung erforderlichen Aufwands auf den Zeitpunkt abzustellen
ist, in dem die vertragsgemäße Lieferung geschuldet war, ist eine spätere Erhöhung der
Kosten für die Ersatzbeschaffung nicht zu berücksichtigen.[166] Sie bestehen aus dem Händlereinkaufspreis (Listenpreis abzüglich Händlerrabatt), zu dem die Überführungs- und Aufbereitungskosten hinzukommen. Wenn der Austausch der Fahrzeuge am Wohn- oder Betriebssitz des Käufers zu erfüllen ist, sind die insoweit erforderlichen Verbringungskosten
ebenfalls in die Berechnung einzustellen.

Bei bestehender Vorsteuerabzugsberechtigung des Händlers, die im Regelfall vorliegt, 428
sind sämtliche Posten **ohne Umsatzsteuer** anzusetzen.[167] Von der Nettosumme der Beschaffungskosten ist der Wert des vom Käufer zurückzugebenden Fahrzeugs abzuziehen.
Die Wertermittlung hat ohne Berücksichtigung des Sachmangels zu erfolgen. Ein durch
die Haltereintragung und den zwischenzeitlichen Gebrauch des mangelhaften Fahrzeugs
eingetretener Wertverlust ist zu berücksichtigen, wozu es eines substantiierten Sachvortrags seitens des Verkäufers bedarf.[168]

Bei der Ermittlung des Wertverlusts muss beachtet werden, dass der durch den zwischen- 429
zeitlichen Gebrauch entstandene degressive Wertverlust durch die von einem unternehmerischen Käufer geschuldete, linear zu berechnende Nutzungsvergütung teilweise kompensiert wird, so dass sich der Wertabzug dadurch verringert. Anders liegen die Dinge bei
einem Verbraucher-Käufer, der keinen Nutzungsersatz zu leisten hat (s. auch Rn 379).

Ähnlich verhält es sich bei einer Verschlechterung des Fahrzeugs, für die der Käufer dem 430
Verkäufer gem. § 346 Abs. 2 Nr. 3 BGB Wertersatz schuldet. Wenn der Käufer wegen des
Haftungsprivilegs von § 346 Abs. 3 Nr. 3 BGB keinen Wertersatz zu leisten hat und die
Verschlechterung durch den Anspruch des Verkäufers auf Herausgabe der verbleibenden
Bereicherung nicht ausgeglichen wird, führt dies zu einer entsprechenden Kostenerhöhung
für den Verkäufer, die bei der Verhältnismäßigkeitsprüfung im Rahmen von § 439 Abs. 3
BGB zu berücksichtigen ist.

b) Nachbesserungskosten

Im Falle einer **Eigenreparatur** sind die Selbstkosten zugrunde zu legen; der Händlerge- 431
winn muss folglich abgezogen werden. Da im Rahmen der Sachmängelhaftung durchzuführende Mängelbeseitigungsmaßnahmen, die dem Kunden nicht berechnet werden dürfen,
nicht der Umsatzsteuer unterworfen sind[169], ist der **Nettobetrag der Reparaturkosten** in
Ansatz zu bringen.

Falls der Händler nicht über eine eigene Werkstatt verfügt und die Nachbesserung **von** 432
einer Drittwerkstatt vornehmen lässt (Fremdreparatur), sind erzielbare Kostenvorteile abzuziehen. Das Gleiche gilt für die Umsatzsteuer bei bestehender Vorsteuerabzugsberechtigung des Verkäufers.

Für Schäden und Mängel, die nicht von der Sachmängelhaftung des Verkäufers erfasst 433
und die im Zuge der Nachbesserung aus technischer Notwendigkeit beseitigt werden,

---

166 BGH 23. 2. 1995, NJW 1995, 1836.
167 Für Berücksichtigung der USt. OLG Frankfurt 14. 2. 2008, ZGS 2008, 315 (Baustoffhändler).
168 OLG Braunschweig 4. 2. 2003, DAR 2003, 169, 170; LG Ellwangen 13. 12. 2003, NJW 2003, 517,
   518; LG Münster 7. 1. 2004, ZfS 2004, 215.
169 *Ammenwerth/Grützner/Janzen*, Umsatzsteuer im Kfz-Gewerbe, 2008, S. 227 f.

kann ein Kostenansatz zu Lasten des Käufers vorzunehmen sein, es sei denn, der Käufer fällt unter das Haftungsprivileg des § 346 Abs. 3 Nr. 3 BGB.[170] Würde man diese Kosten nicht berücksichtigen, wäre die Vergleichbarkeit der beiden Nacherfüllungsarten nicht mehr gegeben, da der Käufer im Falle der Ersatzlieferung in gleicher Weise Ersatz zu leisten hat.

In die Kostenermittlung ist auch eine Kostenbeteiligung des Käufers einzubeziehen (dazu Rn 399 ff.).

c) Wert des Fahrzeugs in mangelfreiem Zustand

434 Bei dem Wert des Fahrzeugs in mangelfreiem Zustand handelt es sich um das erste der beiden in § 439 Abs. 3 S. 2 BGB genannten Kriterien, das zu den Kosten der Nacherfüllung in Relation zu setzen ist. Bezugsgröße ist der **objektive Wert** des Fahrzeugs zum Zeitpunkt der Lieferung und nicht der Kaufpreis. Andernfalls würde dem Käufer ein „Schnäppchenpreis" zum Nachteil gereichen, da die vertraglich vereinbarte Äquivalenz aufgehoben wäre.[171] Für Waren von geringem Wert ergibt der Vergleich in den meisten Fällen, dass der Austausch die kostengünstigere Art der Nacherfüllung darstellt. Als nicht zutreffend erweist sich jedoch die umgekehrte These, dass bei hochwertigen Produkten der Anspruch des Käufers regelmäßig auf Nachbesserung beschränkt ist.

Beispiel:
Bei einem Neufahrzeug, dessen Wert sich auf 20.000 € beläuft, ist die Motorhaube leicht verbeult und muss für 300 € getauscht werden. Der Käufer bemerkt den Mangel sofort nach Übernahme, bevor er das Fahrzeug zugelassen und in Betrieb genommen hat. Gemessen an dem Wert des Fahrzeugs sind die Ersatzbeschaffungskosten nicht unverhältnismäßig, da sich beide betragsmäßig in etwa die Waage halten.

435 Bei einem Neufahrzeug ändert sich die Relation, sobald der Käufer das Fahrzeug zum Zwecke der Teilnahme am Straßenverkehr in Betrieb setzt. Der damit einhergehende Wertverlust liegt im Durchschnitt zwischen 15 % und 20 % des Kaufpreises; im Beispielsfall beträgt er 3000 bis 4000 €. Dieser Wertverlust in Höhe des mindestens zehnfachen Betrages der Nachbesserungskosten führt zu einer entsprechenden Erhöhung der Ersatzbeschaffungskosten, die dem Verkäufer nun nicht mehr zuzumuten sind, so dass sich sein Anspruch gem. § 439 Abs. 3 S. 3 BGB auf die Nachbesserung beschränkt.

d) Bedeutung des Mangels

436 Bedeutung des Mangels ist nicht identisch mit dem Wert des Mangels, der sich als Minderung in einem entsprechenden Unwert des Neufahrzeugs widerspiegelt.[172] Eine Reduzierung auf den Wert des Mangels hätte zur Folge, dass immer dann, wenn die Reparaturkosten dem Wert des Mangels entsprechen – was bei einem Neufahrzeug häufig vorkommt –, ein Missverhältnis von vornherein ausscheiden würde. Bei der Bedeutung des Mangels ist vielmehr darauf abzustellen, in welchem Ausmaß dadurch die Gebrauchstauglichkeit des Fahrzeugs beeinträchtigt wird. Die daraus abzuleitende Konsequenz lautet daher, dass der Verkäufer umso höhere Kosten aufwenden muss, je schwerer der Mangel wiegt und ihm bei erheblichen Mängeln tendenziell eher eine Ersatzlieferung zuzumuten ist.[173]

---

170 *Staudinger/Matusche-Beckmann*, § 439 BGB Rn 53.
171 OLG Braunschweig 4. 2. 2003, DAR 2003, 169, 170; LG Ellwangen 13. 12. 2002, NJW 2003, 517; LG Münster 7. 1. 2004, ZfS 2004, 215, 216.
172 A. A. offenbar *Kandler*, Kauf und Nacherfüllung, S. 504.
173 *Staudinger/Matusche-Beckmann*, § 439 BGB Rn 47; *Kandler*, Kauf und Nacherfüllung, S. 504.

e) Grenzwerte

Das Gesetz liefert in § 439 Abs. 3 BGB außer den dort genannten Anhaltspunkten keine konkreten Hinweise darauf, wo die **Grenze** zwischen **verhältnismäßigen** und **unverhältnismäßigen Kosten** liegt. Die von der **Rechtsprechung zu § 633 Abs. 2 BGB a. F.** (jetzt § 635 Abs. 3 BGB) entwickelten Grundsätze heranzuziehen, stößt auf Bedenken. Während der Werkunternehmer das von ihm versprochene Werk selbst herstellt, veräußert der Verkäufer im Regelfall Sachen, die von Dritten produziert werden. An Werkunternehmer stellt die Rechtsprechung betont sehr hohe Anforderungen, auch wegen ihrer Erfolgshaftung.[174] Nur in Ausnahmefällen gilt eine Mängelbeseitigung als unzumutbar. Der BGH versteht den Begriff der Unverhältnismäßigkeit im Werkvertragsrecht **im Sinne eines Schikaneverbots**. 437

Diese strenge Linie auf das Kaufrecht zu übertragen, ist bedenklich. Auf der anderen Seite gestattet die VerbrKRL den Ausschluss der Leistungspflicht des Verkäufers nur wegen Unmöglichkeit, nicht aber wegen absoluter Unverhältnismäßigkeit.[175] Da sie den Begriff der Unmöglichkeit selbst nicht definiert und insofern dem nationalen Gesetzgeber Spielraum belässt, wäre es konsequent, auf die strengeren Kriterien des § 275 Abs. 2 BGB zurückzugreifen und eine Freistellung des Verkäufers nur zuzulassen, wenn ein grobes Missverhältnis zwischen dem Aufwand des Schuldners und dem Leistungsinteresse des Gläubigers besteht. Dadurch könnte auch die Befürchtung ausgeräumt werden, dass der Verkäufer durch absichtliche Schlechterfüllung in die Nacherfüllung flieht[176], um sich über die niedrigere Schwelle des § 439 Abs. 3 BGB seiner Leistungspflicht zu entledigen.[177] 438

aa) Absolute Unverhältnismäßigkeit

Welche konkreten Anstrengungen dem Verkäufer in der Phase der Nacherfüllung zuzumuten sind, hängt nicht allein von der Kostenrelation ab. Ein Bewertungsfaktor ist auch das Verschulden des Verkäufers, an sich und dem Grade nach.[178] Das gesetzliche Höchstrisiko des Verkäufers, der kein Beschaffungsrisiko übernommen hat, besteht darin, dass er den Anspruch auf den Kaufpreis verliert, wenn er seiner Lieferpflicht unverschuldet nicht nachkommen kann, z. B. weil das zur Auslieferung bereitgestellte Neufahrzeug zufällig zerstört worden ist. 439

Überträgt man diese Wertung des Gesetzgebers auf § 439 Abs. 3 BGB, ergibt sich daraus für die Abwägung, dass der Kaufpreis die Obergrenze für die vom Verkäufer aufzuwendenden Kosten darstellt, wenn er seiner Lieferpflicht zwar nachkommt, diese aber unverschuldet schlecht erfüllt. Gründe für eine unterschiedliche Handhabung sind nicht ersichtlich.[179] Im Gegenteil: Es wäre geradezu widersinnig, würde man den Verkäufer, der nicht leistet, besser stellen als denjenigen, der schlecht leistet. Außerdem hängt es mehr oder weniger vom Zufall ab, ob die Beseitigung des Mangels ein überwindbares oder ein unüberwindbares, mithin unmögliches, Leistungshindernis darstellt.[180] Um die Kriterien des § 439 Abs. 3 S. 2 BGB zu erfüllen, wird man an die Stelle des Kaufpreises ohne Weiteres auch den Wert 440

---

174 Z. B. BGH 29. 6. 2006, NZBau 2006, 641.
175 *Pfeiffer* in AnwK/BGB, Kauf-RL Rn 9; *ders*. ZGS 2002, 217 ff.; *Schubel*, JuS 2002, 313, 316; *Jordan/Lehmann*, JZ 2001, 952, 958.
176 *Oechsler*, NJW 2004, 1825, 1827.
177 *Skamel*, DAR 2004, 565, 569.
178 St. Respr. des BGH im Werkvertragsrecht, z. B. Urt. v. 10. 4. 2008, MDR 2008, 738.
179 A. A. MüKo-BGB/*Westermann*, § 439 BGB Rn 21, der einwendet, die Beschränkung sei nicht richtlinienkonform.
180 *Ackermann*, JZ 2002, 378, 383; siehe auch *Huber* in FS für *Schlechtriem*, 2003, 537, 545 ff.

der Sache in mangelfreiem Zustand setzen können, da der Verkäufer wertmäßig nicht mehr verspricht.[181] Außerdem wird der Wert eines Neufahrzeugs in der Regel durch dessen Kaufpreis verkörpert. Der Verkauf eines Neuwagens zum Dumpingpreis gereicht dem Händler dann allerdings insoweit zum Nachteil, als die Schwelle der Entlastung über dem Kaufpreis liegt.

441 *Ackermann*[182] hat vorgeschlagen, innerhalb des durch den Kaufpreis abgesteckten Rahmens mit Blick auf das Kriterium der Bedeutung des Mangels die Opfergrenze für unverschuldete Mängel bei der Stückschuld an die Minderung anzulehnen, ohne hierfür eine schlüssige Begründung zu liefern. Die Minderung eignet sich dafür nicht. Nimmt man als Beispiel ein nicht einwandfrei funktionierendes Navigationssystem eines Neuwagens, das den Wert des Fahrzeugs um 500 € mindert, aber nur mit einem doppelt so hohen Kostenaufwand von 1000 € repariert werden kann, wäre der Verkäufer von jedweden Anstrengungen der Fehlerbehebung befreit, würde man ihm die Möglichkeit eröffnen, die Nacherfüllung zu verweigern und sich durch Zahlung einer im Vergleich zu den Reparaturkosten preiswerten Minderung von 500 € seiner Verantwortung zu entledigen. Die Idee, die Minderung als Richtwert für die dem Verkäufer zumutbaren Anstrengungen zugrunde zu legen, wird dem Nacherfüllungsanspruch des Käufers nicht gerecht und macht es dem Verkäufer zu leicht, die Nacherfüllungspflicht abzuschütteln. Um der Gefahr zu begegnen, dass der Nacherfüllungsanspruch leer läuft, ist es erforderlich, die an der Bedeutung des Mangels auszurichtende Opfergrenze deutlich über den Minderwert anzuheben. Die Schwelle darf die Reparaturkosten nicht unterschreiten, da andernfalls für den Verkäufer kein Anreiz besteht, die Nacherfüllung zu erbringen.

442 Bei Mängeln, die der Verkäufer wegen **Verschuldens** oder aufgrund der **Übernahme einer Garantie** zu vertreten hat, müssen strengere Maßstäbe gelten.[183] Vergleicht man diese Fallkonstellation mit der einer vom Verkäufer zu vertretenden Lieferunmöglichkeit, wird klar, dass der Kaufpreis bzw. der Wert der Kaufsache in mangelfreiem Zustand keine geeigneten Grenzwerte für die Befreiung des Verkäufers von seiner Nacherfüllungspflicht darstellen. Hat nämlich der Verkäufer die Unmöglichkeit zu vertreten, haftet er dem Käufer sowohl bei ursprünglicher (§ 311a BGB) als auch bei nachträglicher Unmöglichkeit (§§ 283, 280 Abs. 1 BGB) auf das Erfüllungsinteresse, das im Regelfall über dem Kaufpreis und auch über dem Wert des Fahrzeugs in mangelfreiem Zustand liegt, weil die Schadensberechnung außer dem Kaufpreis die Aufwendungen des Käufers für die Ersatzbeschaffung und den Ausfallschaden umfasst.

443 **Praktikable Lösungsansätze** für den Einzelfall haben *Bitter/Meidt*[184] erarbeitet, die aber nicht strikt zwischen einer Nacherfüllung wegen verschuldeter und einer solchen wegen unverschuldeter Mängel differenzieren. Sie schlagen vor, die Reparaturgrenze bei 150 % des Fahrzeugwertes anzusetzen, eventuell auch bei 130 %, wenn die Kaufsache wegen des Mangels völlig ohne Wert ist. Bei einem Neuwagenkauf kann diese Situation eintreten, wenn z. B. der Käufer aufgrund eines Sachmangels einen Unfall verursacht, bei dem das Fahrzeug total beschädigt wird. Dann stellt sich in der Tat die Frage, ob der Verkäufer 130 % oder 150 % des Fahrzeugwertes für die Ersatzlieferung aufwenden muss, wenn er es nur noch zu einem solchen Preis beschaffen kann. Hat der Verkäufer den Mangel zu vertreten, ist ein Aufwand in dieser Größenordnung keineswegs unangemessen, bedenkt man, dass der Verkäufer dem Käufer in dem gleichen Umfang hätte Schadensersatz leisten müssen, wäre es bereits vor Übergabe des Fahrzeugs zu dem Unfall gekommen. An dem Beispiel wird aber zugleich deutlich, dass Grenzwerte in einer Größenordnung von 130 %

---

181 *Huber*, NJW 2002, 1004; *ders.* in *Huber/Faust*, Kap. 13 Rn 41.
182 JZ 2002, 383 ff.
183 So wohl auch MüKo-BGB/*Westermann*, § 439 BGB Rn 23.
184 ZIP 2001, 2114, 2122.

bis 150 % des Fahrzeugwertes indiskutabel sind, wenn der Verkäufer – und dies dürfte beim Neuwagenkauf überwiegend der Fall sein – die Mangelhaftigkeit der Kaufsache nicht zu verantworten hat.

Für die im Neuwagenbereich weitaus häufiger anzutreffenden Fälle, in denen die Kaufsache durch den Mangel nicht völlig entwertet wird, schlagen *Bitter/Meidt*[185] eine **Verdopplung des Mangelunwertes** vor. Diese Empfehlung, die – was auch für die übrigen Vorschläge gilt – nur als Faustregel[186] aufgefasst werden kann, ist **für die Praxis sehr hilfreich**. Sie kann – nach hier vertretener Ansicht – für unverschuldete Mängel wiederum nur mit der Maßgabe gelten, dass der Kaufpreis die Kappungsgrenze darstellt und der Wert der Sache die Reparaturkosten nicht unterschreitet. 444

bb) Relative Unverhältnismäßigkeit

Während die absolute Unverhältnismäßigkeit in Autokaufsachen wie auch sonst im Kaufrecht ein **forensisches Randthema** ist,[187] hat sich die Rechtsprechung, zumal in Neuwagenfällen, mit der relativen Unverhältnismäßigkeit befassen müssen. Wann bei dem **internen Kostenvergleich** zwischen Nachbesserung und Nachlieferung eine Unverhältnismäßigkeit anzunehmen ist, hängt von den Umständen des Einzelfalles ab. Weil die Unannehmlichkeiten des Käufers stark in die Bewertung einfließen, macht es wenig Sinn, für die Verhältnismäßigkeitsprüfung starre Prozentsätze anzugeben.[188] Für den Normalfall wäre allenfalls an eine **Faustformel**[189] zu denken, die zwischen 20–30 % liegen könnte. Die von *Bitter/Meidt*[190] für den internen Kostenvergleich vorgeschlagene Grenze von 10 % dürfte zu niedrig sein.[191] Auf der anderen Seite ist ein Grenzwert von mehr als 200 %, den das LG Münster[192] bei einem Fahrzeug mit einer Vielzahl von Fehlern (Zitronenauto) noch hat gelten lassen, für den Normalfall ebenfalls nicht repräsentativ. 445

In Anlehnung an die für das Kfz-Schadensrecht in der Rechtsprechung anerkannte Opfergrenze von 130 % hat das LG Ellwangen[193] als Faustformel einen Grenzwert von 20 % für den Vergleich der beiden Nacherfüllungsalternativen angesetzt und die Herabsetzung von 30 % auf 20 % damit begründet, im Schadensfall sei das Interesse des Geschädigten darauf gerichtet, das Fahrzeug zu behalten, während es dem Käufer bei der Nachlieferung darum gehe, sich von dem mangelhaften Fahrzeug im Austausch gegen ein mangelfreies Fahrzeug zu trennen. Überzeugend ist dieser Begründungsansatz nicht. 446

Soweit gem. § 439 Abs. 3 S. 2 Halbs. 2 BGB bei der Abwägung der Unverhältnismäßigkeit der Nacherfüllungsalternativen zu berücksichtigen ist, ob auf die andere Art der Nacherfüllung ohne erhebliche **Nachteile** für den Käufer zurückgegriffen werden kann, können diese darin bestehen, dass z. B. eine Ersatzlieferung wesentlich mehr Zeit als eine Mängelbeseitigung in Anspruch nimmt oder dass durch eine Mängelbeseitigung zwar der konkret aufgetretene Fehler, nicht aber die Mängelanfälligkeit des Fahrzeugs beseitigt wird (Montagsauto).[194] 447

---

185 ZIP 2001, 2114, 2122.
186 *Huber*, NJW 2002, 1008, 1004.
187 Ausnahme OLG Frankfurt 14. 2. 2008, ZGS 2008, 315 (Fliesenkauf).
188 LG Münster 7. 1. 2004, ZfS 2004, 215, 216; *Reinking*, DAR 2002, 15, 18.
189 *Skamel*, DAR 2004, 565, 568; *Haas* in *Haas/Medicus/Rolland/Wendtlandt*, Das neue Schuldrecht, Kap. 5 Rn 153 a. E.; *Reinking*, ZfS 2003, 57, 58.
190 ZIP 2001, 2120, 2122.
191 *Skamel*, DAR, 2004, 565, 569; *Faust* in *Bamberger/Roth*, § 439 Rn 47 schlägt eine vom Verschuldensgrad abhängige Staffelung von 5 % (unverschuldet) bis 25 % (Vorsatz) vor.
192 Urt. v. 7. 1. 2004, ZfS 2004, 215.
193 Urt. v. 13. 12. 2002, NJW 2003, 517.
194 *Faust* in *Bamberger/Roth*, § 439 BGB Rn 43.

448 Ungeklärt ist, ob der Käufer eine ihm nicht genehme Art der Nacherfüllung dadurch abwenden kann, dass er dem Verkäufer anbietet, einen Teil der Kosten der anderen Art der Nacherfüllung zu übernehmen.[195] Das Erkaufen der von ihm gewünschten Art der Nacherfüllung wird man dem Käufer gestatten können, wenn von Seiten des Verkäufers keine triftigen Gründe entgegenstehen. Diese können darin bestehen, dass die Werkstatt die Fehlerursache nicht herausfindet, dadurch erhebliche Nachbesserungskosten entstehen und der Verkäufer an einer Ersatzlieferung interessiert ist.

---

195 *Faust* in *Bamberger/Roth*, § 439 BGB Rn 47.

I. Die sekundären Sachmängelrechte

I. Systematik

Während die beiden Nacherfüllungsansprüche gem. § 437 Nr. 1 BGB die primären **449** Rechtsbehelfe des mangelhaft belieferten Käufers sind, werden die in den Nrn. 2 und 3 genannten Rechtsbehelfe als Sekundärrechte bezeichnet. Dies deshalb, weil sie **grundsätzlich nachrangig** sind. Der Käufer kann sie nicht, wie im früheren Recht, sofort und ohne Weiteres geltend machen. Zur Verfügung stehen sie ihm grundsätzlich erst nach fruchtlosem Ablauf einer von ihm gesetzten Frist zur Nacherfüllung. Ungeachtet der aus Gründen der VerbrKRL (Art. 3 Abs. 5) geäußerten Bedenken gilt das **Fristsetzungserfordernis** nach der **Rechtsprechung des BGH** auch für den Rücktritt und die Minderung in Fällen des **Verbrauchsgüterkaufs**.[1] Soweit es um Schadensersatzansprüche wegen Mangelhaftigkeit geht, besteht kein Richtlinienkonflikt.

II. Das Fristsetzungserfordernis

Die Fristsetzung nach §§ **440 S. 1, 323, 281 BGB** ist eine einseitige empfangsbedürftige **450** Erklärung, deren Zugang der Käufer im Fall des Bestreitens beweisen muss. Sie kann mündlich oder schriftlich erfolgen. Schon aus Beweisgründen ist eine schriftliche Erklärung selbstverständlich vorzuziehen. Die Frist kann noch im Prozess gesetzt werden.[2] Sie muss sich auf eine fällige Leistung beziehen. Eine verfrühte Fristsetzung ist unwirksam. Da die Nacherfüllung frühestens mit der Übergabe des Fahrzeugs fällig wird, ist eine Fristsetzung erst von diesem Zeitpunkt an möglich.

Ratsam ist eine konkrete Fristsetzung, jedoch reicht es aus, wenn der Käufer den Ver- **451** käufer auffordert, die Leistung innerhalb angemessener Frist zu erbringen. Setzt der Käufer eine **zu kurz bemessene** Frist, wird eine angemessen lange Frist selbsttätig in Lauf gesetzt.[3]

Eine Ablehnungserklärung ist nicht erforderlich, aber ebenso unschädlich wie die An- **452** gabe einer falschen Rechtsgrundlage. Ausreichend ist die **ernsthafte Aufforderung zur Nacherfüllung** unter Hinzufügung einer **angemessenen Frist**.[4] Damit dem Verkäufer klar vor Augen geführt wird, dass er nur durch eine fristgerechte Nacherfüllung die Sekundärrechte abwenden kann, muss die Aufforderung Beginn und Ende der Frist erkennen lassen. Anzugeben ist auch die Art der Nacherfüllung, es sei denn, der Käufer überlässt dem Verkäufer die Wahl. Behält sich der Käufer das Wahlrecht vor, fehlt die erforderliche Bestimmtheit der Leistungsaufforderung.[5]

Wenn sich die vom Käufer gewählte Art der Nacherfüllung als unmöglich erweist (§ 275 **453** Abs. 1 BGB) oder vom Verkäufer berechtigterweise abgelehnt wird, stellt sich die Frage, ob der Käufer dem Verkäufer hinsichtlich der verbleibenden Art der Nacherfüllung erneut eine angemessene Frist setzen muss oder ob sich die erste „fehlgeschlagene" Frist angemessen verlängert. Eine automatische Fristverlängerung erscheint nicht interessengerecht, da der Verkäufer nicht weiß, ob der Käufer die Ablehnung akzeptiert und mit der anderen – verbleibenden – Art der Nacherfüllung einverstanden ist. Er kann sich zwar für die Nacherfüllung bereithalten, muss aber abwarten, wie sich der Käufer entscheidet. Aus diesem Grunde

---

1 Urt. v. 9. 11. 2005, NJW 2006, 613 (Rücktritt).
2 *Kandler*, Kauf und Nacherfüllung, S. 574.
3 OLG Celle 4. 8. 2004, NJW 2004, 3566.
4 BT-Drucks. 14/6040, S. 185.
5 *Wolff* in *Hoeren/Martinek*, Systematischer Kommentar zum Kaufrecht, § 40 Rn 7.

erscheint es sinnvoll, eine **zweite Fristsetzung** zu verlangen[6], zumindest aber die Ursprungsfrist erst dann beginnen zu lassen, wenn der Käufer dem Verkäufer die Entscheidung mitteilt, dass er von der anderen Art der Nacherfüllung Gebrauch machen möchte.

454 Hinsichtlich der **Angemessenheit der Frist** kommt es nach Ansicht des Gesetzgebers vorrangig auf die Interessen des Käufers an.[7] Er muss indes dem Verkäufer die Zeit zugestehen, die dieser für die Nacherfüllungsmaßnahme bei objektiver Betrachtung benötigt. Es kommt also darauf an, innerhalb welcher Zeit die Reparatur oder der Austausch möglich ist. Verlangt er Ersatzlieferung, wäre eine für die Nachbesserung i. d. R. ausreichende Frist von 5 Werktagen zu kurz, wenn die Lieferfrist 3 Monate beträgt und der Verkäufer nicht die Möglichkeit hat, ein Ersatzfahrzeug in kürzerer Zeit woanders zu beschaffen. Für den Neuwagenkäufer, der das Fahrzeug tagtäglich benötigt, ist die Ersatzlieferung unter diesen Umständen keine Alternative zur Nachbesserung, wenn er das Fahrzeug wegen des Mangels nicht nutzen kann.

455 Letzten Endes kann die Frage der Angemessenheit der Frist nur unter Berücksichtigung der **Umstände des Einzelfalles** beantwortet werden. Dabei kann ins Gewicht fallen, dass der Käufer bereits ohne Fristsetzung zur Nacherfüllung aufgefordert hat. Hier hat der Verkäufer sich bereits vorbereiten können. Andererseits kann ihm eine längere Frist zu gestatten sein, wenn der Käufer sich unkooperativ zeigt.[8] Eine Frist von nur zwei Tagen zur Mängelbeseitigung ist nach Ansicht des LG Duisburg nur bei „ganz besonderer Eilbedürftigkeit" angebracht.[9] Dass der Käufer beruflich auf seinen Wagen angewiesen ist, begründet einen solchen Eilfall nicht.

Für Reparaturen ist – mit allem Vorbehalt – als **Faustformel** eine Frist von 5 Werktagen vorzuschlagen,[10] für eine Ersatzlieferung eine Frist von einem Monat.

III. Entbehrlichkeit der Fristsetzung

1. Überblick

456 Von **überragender Bedeutung** in der gerichtlichen Praxis ist die Frage, unter welchen Umständen der Käufer davon befreit ist, dem Verkäufer eine Frist zur Nacherfüllung zu setzen. Vielfach setzen Käufer, wie im alten Recht, überhaupt keine Frist oder sie versäumen es, nach einer Fristsetzung bezüglich des Mangels A eine weitere Frist zu setzen, damit der Verkäufer den Mangel B beheben kann. Die Zahl klageabweisender Urteile wegen Nichteinhaltung des Fristsetzungserfordernisses ist inzwischen Legion. Verbraucherschutz sieht anders aus. Zunächst die Rechtslage im Überblick:

457 Einer Fristsetzung bedarf es nicht, wenn die Nacherfüllung in beiden Varianten gem. § 275 Abs. 1 BGB **unmöglich** ist oder vom Verkäufer nach § 275 Abs. 2 BGB oder (und praxisrelevanter) nach § 439 Abs. 3 BGB **zu Recht verweigert** wird. In diesen Fällen ist es schlicht sinnlos, dem Verkäufer eine Frist zur Nacherfüllung zu setzen (s. auch § 326 Abs. 5 BGB und § 440 S. 1 BGB). Entbehrlich ist eine Fristsetzung darüber hinaus, wenn

– der Verkäufer die Nacherfüllung ernsthaft und endgültig verweigert (§ 281 Abs. 2 Alt. 1, § 323 Abs. 2 Nr. 1 BGB),

---

6 In diesem Sinne BT-Drucks. 14/6040, S. 324; OLG Düsseldorf 29. 10. 2007 – I-1 U 2/07 – n.v; a. A. *Wolff* in *Hoeren/Martinek*, Systematischer Kommentar zum Kaufrecht, § 40 Rn 12; *Ball*, NZV 2004, 217, 220.
7 BT-Drucks. 14/6040 S. 234.
8 Vgl. BGH 3. 4. 2007, NJW 2007, 2761 (Werkvertrag).
9 Urt. v. 7. 2. 2007 – 11 S 148/06 – n. v.
10 Für das OLG Celle (NJW 2004, 3566) waren in einem GW-Fall 8 Tage zu kurz (Mängelmehrheit).

– besondere Umstände vorliegen, die unter Abwägung der beiderseitigen Interessen die sofortige Geltendmachung des Schadensersatzanspruchs bzw. des Rücktritts/der Minderung rechtfertigen (§ 281 Abs. 2 Alt. 2, § 323 Abs. 2 Nr. 3 BGB),
– der Verkäufer die Leistung zu einem im Vertrag bestimmten Termin oder einer bestimmten Frist nicht bewirkt und der Käufer im Vertrag den Fortbestand seines Leistungsinteresses an die Rechtzeitigkeit der Leistung gebunden hat (sog. absoluter Fixkauf, § 323 Abs. 2 Nr. 2 BGB),
– die Nacherfüllung fehlgeschlagen ist,
– die Nacherfüllung unzumutbar ist.

2. Keine Fristsetzung bei Unmöglichkeit der Nacherfüllung

a) Unmöglichkeit der Ersatzlieferung

Der Fall der Unmöglichkeit der Ersatzlieferung ist in § 440 BGB nicht erwähnt. Ersichtlich ist der Gesetzgeber davon ausgegangen, dass § 275 Abs. 1 BGB ausreichend ist. Geregelt ist dagegen in § 440 BGB das **Fehlschlagen der Nacherfüllung**, damit auch in der Variante Ersatzlieferung. Unmöglichkeit und Fehlschlagen müssen also getrennt werden, d. h. die Unmöglichkeit ist kein Unterfall des Fehlschlagens. Fehlschlagen kann nur eine an sich mögliche Ersatzlieferung.

Unmöglichkeit der Ersatzlieferung ist anzunehmen, wenn es dem Verkäufer auf Dauer unmöglich ist, anstelle des mangelhaften Fahrzeugs ein gleichartiges und gleichwertiges (mangelfreies) Ersatzfahrzeug zu liefern. Der Inhalt des Ersatzlieferungsanspruchs entscheidet darüber, ob ein Fall der Unmöglichkeit vorliegt (dazu Rn 373). Der klassische Fall der Unmöglichkeit der Ersatzlieferung ist der Neuwagen mit einem **Konstruktionsmangel** („Serienmangel"). Schwieriger zu beurteilen sind die Fälle, in denen Ersatzfahrzeuge wegen zwischenzeitlicher **Modelländerung** oder **„Modellpflege"** nicht mehr geliefert werden können.[11]

b) Unmöglichkeit der Nachbesserung

Unmöglich i. S. d. § 275 BGB ist die Nachbesserung in den Fällen der Unbehebbarkeit des Mangels. Zu dieser in Neuwagenkaufsachen nicht sonderlich bedeutsamen Mängelkategorie s. Rn 1695 ff. Unbehebbarkeit bei einem Neuwagenmangel und damit Unmöglichkeit der Nachbesserung ist z. B. zu bejahen, wenn dem Fahrzeug die Eigenschaft „fabrikneu" wegen überlanger Standzeit oder wegen Modellveralterung fehlt. Der Mangel der Modellaktualität und damit das Fehlen der Fabrikneuheit lässt sich im Wege der Nachbesserung nicht beseitigen. Ein Auslaufmodell bleibt ein Auslaufmodell; daran vermag eine nachträgliche Umrüstung nichts zu ändern. Allenfalls bei Lagermängeln ist eine Beseitigung der Schäden und eine Wiederherstellung der Fabrikneuheit vorstellbar. Hier wird aber sorgfältig zu prüfen sein, ob dem Käufer eine Mängelbeseitigung zuzumuten ist.

Unmöglichkeit der Nachbesserung ist bei technischen Mängeln anzunehmen, wenn Mängel im Wege der Nachbesserung überhaupt nicht oder nicht einwandfrei[12] oder nicht ohne Verbleib einer Wertminderung beseitigt werden können.[13] Dies gilt insbesondere bei Fehlkonstruktionen[14] und schwerwiegenden Fabrikationsfehlern. Unbehebbar sind

---

11 Vgl. OLG Karlsruhe 31. 5. 2005 – 8 U 1/05 – n. v.; s. auch OLG Celle 28. 6. 2006, NJW-RR 2007, 353 (Wohnmobil, Serie angeblich ausverkauft).
12 Zum Beispiel wegen einer Fehlkonstruktion, vgl. BGH 24. 1. 1963, NJW 1963, 1148.
13 OLG Düsseldorf 9. 11. 1995, OLGR 1996, 41; OLG Köln 7. 8. 1964, DB 1965, 140.
14 LG Ulm 25. 8. 1977 – 4 O 31/77 – n. v., Blockieren der Hinterachse beim Bremsen, was ein Ausbrechen des Fahrzeugs zur Folge hatte.

z. B. außerhalb des serienmäßigen Streubereichs liegende Vibrationen des Lenkrads, die nicht auf einer Unwucht der Reifen oder der Fehlerhaftigkeit eines Teiles, sondern auf einer Summierung negativer Fertigungstoleranzen beruhen,[15] sowie Verbeulungen an Türen und Türschlössern infolge von Verwendung zu dünner Karosseriebleche.[16]

Es ist vorgekommen, dass bei einem Fahrzeug die Lenkung versetzt eingebaut wurde. Die Folge davon war, dass normierte Teile des Lenkgestänges nicht zueinander passten und sich bei Kurvenfahrten ein Schlagen der Lenkung bemerkbar machte. Darunter litt die Verkehrssicherheit des Autos. Der Mangel hätte zwar durch Sonderanfertigung von Einzelteilen abgestellt werden können, dem Käufer waren aber derartige, zu einem Wertverlust führende Reparaturmaßnahmen nicht zuzumuten.

462   Auf den Gesichtspunkt der Unmöglichkeit einer **wertminderungsfreien Fehlerbehebung** stellte das OLG Köln in einer Entscheidung ab,[17] in der es um die Rückgabe eines Fahrzeugs mit erheblichen Rostschäden und teilweise mangelhaft durchgeführter Nachlackierung ging. Aus den gleichen Überlegungen gab es bei anderer Gelegenheit einem Autohändler nach Prozesserledigung die Kosten auf, der anlässlich einer Nachbesserungsmaßnahme Schweißarbeiten am Wagendach ausgeführt hatte, die nicht geeignet waren, den Fehler einwandfrei zu beheben.[18]

463   Als eine zur fachgerechten Fehlerbeseitigung nicht geeignete Maßnahme bewertete das LG Essen[19] das Angebot des Verkäufers, Fehler der Erstlackierung in Form von grauen Streifen, die sich durch Beipolieren nicht hatten beseitigen lassen, durch eine **komplette Neulackierung** des Fahrzeugs beheben zu lassen. Auszug aus der Urteilsbegründung:

‚Derjenige, der einen Neuwagen kauft, legt gerade Wert auf die Werkslackierung. Der Originallack ist auch für den Weiterverkauf ein wertbildender Faktor, unabhängig davon, ob die Beklagte über eine moderne Lackiererei verfügt. Eine Zweitlackierung ist auch bei noch so sorgfältiger Ausführung eben nicht mehr der Originallack, auf dessen ordnungsgemäßen Zustand der Käufer bei Auslieferung einen Anspruch hat. Einen Pkw mit einer Zweitlackierung braucht er nicht hinzunehmen.'

Selbst wenn nach Durchführung der Arbeiten kein technischer oder merkantiler Minderwert verbleibt, muss der Käufer nach Ansicht des OLG Saarbrücken[20] eine weitgehende **Neulackierung**, die mit umfangreichen Aus- und Einbauten und der Zerlegung von Karosserieteilen verbunden ist, nicht akzeptieren, da der **Originalzustand** eines Neufahrzeugs durch solche Maßnahmen erheblich **verändert** wird.

464   Die Frage, ob der Käufer berechtigt ist, eine **Nachlackierung** abzulehnen, die den Wert des Fahrzeugs nicht beeinträchtigt, ließ das OLG Düsseldorf[21] dahinstehen. Nach dem Ergebnis der von ihm im Berufungsrechtszug durchgeführten Beweisaufnahme stand nämlich fest, dass die zur Fehlerbeseitigung erforderliche Werkstattlackierung des ganzen Fahrzeugs trotz technisch einwandfreier Nachbesserung nicht ohne Verbleib eines merkantilen Minderwertes durchgeführt werden konnte. Den merkantilen Minderwert, bestehend in der Differenz zwischen einem Neuwagen mit Neulackierung und einem Fahrzeug mit einem fehlerfreien Originallack hatte der Sachverständige nach Rückfragen bei Kollegen seines

---

15 LG Köln 30. 11. 1979 – 79 O 301/78 – n. v.
16 AG Leverkusen 17. 10. 1977 – 25 C 159/77 – n. v.
17 Urt. v. 1. 3. 1974 – 9 U 86/73 – n. v.; ebenso LG Aschaffenburg 10. 3. 1971 – 2 O 200/70 – n. v., betr. die Lieferung eines vor Übergabe nachlackierten Fahrzeuges.
18 Beschl. v. 7. 8. 1964, DB 1965, 140.
19 Urt. v. 7. 7. 1994 – 16 O 180/94 – n. v.
20 Urt. v. 6. 11. 1992, MDR 1993, 213.
21 Urt. v. 9. 11. 1995, OLGR 1996, 41.

Fachs und seriösen Autohändlern auf der Basis eines Neuwagenpreises von rund DM 35.000 mit DM 1.500 bemessen. Der Käufer, so heißt es im Urteil,

> ‚befindet sich in einer Lage, die der eines Unfallfahrzeugs vergleichbar ist. Bietet er das Fahrzeug einem Fachhändler an, für den die Werkstattlackierung ... erkennbar ist, wird er Fragen über die Gründe der Neulackierung beantworten müssen. Die Erklärung, es hätten nur Lackschäden vorgelegen, wird im Fachhandel nicht alle Zweifel hinsichtlich der Qualität des Fahrzeugs ausräumen können. Es bleibt der Unsicherheitsfaktor, ob der Pkw nach der Lackierung wieder ordnungsgemäß zusammengebaut worden ist.... Verkauft der Kläger das Fahrzeug dagegen im privaten Direktgeschäft ... (sähe er sich) in der unangenehmen Lage, den Verdacht einer Unfallbeteiligung des Fahrzeugs – gegebenenfalls auch in einem Prozess – ausräumen zu müssen. Um dem vorzubeugen, wird er schon bei den Verkaufsgesprächen auf die Werkstattlackierung hinweisen. Der Senat hegt keinen Zweifel, dass sowohl der Händler als auch der private Käufer diese Information zum Anlass nehmen werden, eine Reduzierung des an sich angemessenen Kaufpreises durchzusetzen. Die absehbare Schmälerung des im Falle des Weiterverkaufs an sich erzielbaren Erlöses muss der Kläger als Käufer eines fabrikneuen Fahrzeugs aber nicht hinnehmen.'

Diese auf fundierten Feststellungen des Gutachters beruhende Urteilsbegründung überzeugt, weil sie die Lebenswirklichkeit zutreffend einbezieht. Ein komplett in der Werkstatt nachlackiertes Neufahrzeug erfährt im Geschäftsverkehr eben nicht die gleiche Wertschätzung wie ein Fahrzeug mit Original-Werkslackierung.

Von einer Unmöglichkeit der Fehlerbeseitigung ist nach einer Entscheidung des LG Lahn-Gießen[22] auszugehen, wenn **Unterrostungen** durch eine Ganzlackierung nicht endgültig gestoppt und beseitigt werden können. Eine wertminderungsfreie Beseitigung der Mängel erfordert, dass fehlerhafte Normteile durch neue ersetzt werden und die Instandsetzung entweder im Herstellerwerk oder durch fachkundige Monteure des Vertragshändlers unter Beachtung der Herstellerrichtlinien erfolgt.

Unmöglich ist die Beseitigung einer **merkantilen Wertminderung**, die einem Fahrzeug mit einem reparierten Vorschaden auf Dauer anhaftet.[23] Ein als unfallfrei verkaufter Neuwagen kann nicht in einen vertragsgemäßen Zustand versetzt werden, wenn er einen Vorschaden aufweist, der zwar ordnungsgemäß beseitigt wurde, das Auto jedoch zum Unfallwagen abstempelt. Nach den von der Rechtsprechung zum Schadensrecht entwickelten Grundsätzen sind Schäden als wertminderungsrelevant einzustufen, wenn sie erheblich sind. Als nicht erheblich gelten **Bagatellschäden.** Das sind meist kleinere Verbeulungen und Lackschäden an nichttragenden Karosserieteilen, die mit geringem Kostenaufwand und ohne Verbleib einer technischen oder merkantilen Wertminderung behoben werden können.[24]

Bei minimalen Schäden kann der Käufer die Nachbesserung nicht ausschlagen, wohl aber verlangen, dass die Instandsetzung durch fachkundige Monteure und nicht mit unzulänglichen Mitteln vorgenommen wird.[25] **Schäden unbekannten Ausmaßes**, die außerhalb des Herstellerwerkes in Stand gesetzt worden sind, braucht der Käufer nicht nachbessern zu lassen,[26] da er ein Neufahrzeug in dem Zustand erwerben will, in dem es das Herstellerwerk verlässt und Wert auf ein Fahrzeug legt, das keine **unbekannte Vorgeschichte** hat. Es

---

22 Urt. v. 16. 2. 1978 – 3 O 290/77 – n. v.
23 BGH 18. 6. 1980, DB 1980, 1836; 27. 9. 1967, BB 1967, 1268, 1269.
24 BGH 20. 3. 1967, NJW 1967, 1222; 3. 3. 1982, NJW 1982, 1386; 3. 12. 1986, NJW-RR 1987, 436.
25 LG Bonn 29. 5. 1964 – 11 W 6/64 – n. v.
26 LG Köln 4. 7. 1979 – 9 S 361/78 – n.v; a. A. zuvor LG Köln 3. 5. 1978 – 9 S 399/77 – n. v., das dem Käufer eines vor Auslieferung erheblich vorbeschädigten Fahrzeugs (Rahmenschaden) das Recht auf Wandlung versagte und ihn auf das vertraglich vereinbarte Nachbesserungsrecht verwies.

macht einen vermögenswerten Unterschied aus, ob man einen nagelneuen oder einen nicht unerheblich reparierten Kraftwagen sein Eigen nennt.[27] Ein unfallfreies Fahrzeug erfährt nach allgemeiner Verkehrsanschauung eine besondere Wertschätzung, und es besteht ein erheblicher Preisunterschied zwischen einem solchen Auto einerseits und einem nicht unerheblich reparierten Fahrzeug andererseits.

469 Einer Entscheidung des LG Duisburg[28] zufolge kann eine mögliche Beeinträchtigung der Fabrikneuheit eines Neuwagens, dessen Motorhaube eine Beule nicht bekannten Ausmaßes aufwies, durch den Einbau einer farbgleichen Haube aus einem anderen Neufahrzeug beseitigt werden, wenn danach eine Wertminderung nicht verbleibt. Davon ging das Gericht aus, da es sich um einen reinen Blechschaden handelte und ausgeschlossen werden konnte, dass über den behobenen Schaden hinaus weitere Schäden entstanden waren.

470 **Sonderfall „Teilunmöglichkeit":** Einer gesonderten Betrachtung bedürfen – wie in Gebrauchtwagenfällen (vgl. Rn 1705) – diejenigen Fallgestaltungen, in denen Fahrzeuge **mehrere Mängel** aufweisen, von denen **einige behebbar**, **andere unbehebbar** sind. Kein Problem besteht, wenn eine Ersatzlieferung möglich ist und damit auch die Mängel beseitigt sind, deren Behebung durch Nachbesserung nicht möglich ist (z. B. Unfalleigenschaft). Handelt es sich um einen sog. Serienmangel, scheiden beide Nacherfüllungsalternativen regelmäßig aus. Weist ein Fahrzeug mit einem Serienmangel zusätzliche Mängel auf, deren Behebung möglich ist, steht der Käufer vor der Frage, ob er dem Verkäufer wegen dieser Mängel Gelegenheit zur Nachbesserung geben muss, oder ob er wegen der nicht behebbaren Mängel ohne Fristsetzung auf die Ansprüche der Sekundärstufe zurückgreifen kann. Das Gesetz gibt auf diese Frage keine Auskunft. Dem LG Ellwangen[29] lag ein solcher Mischfall aus behebbaren Mängeln (Rost an den Kofferraumscharnieren, Funktionsstörungen des Fensters) und einem nicht behebbaren Mangel (Herstellung des Fahrzeugs in Südafrika statt wie vereinbart in einem EU-Land) vor. Das Gericht musste das Problem jedoch nicht vertiefen, da der Käufer nicht ausdrücklich die Lieferung eines in der EU hergestellten Ersatzfahrzeugs eingeklagt hatte.

471 Es bietet sich in solchen Mischfällen an, die Entscheidung darüber, ob bezüglich der behebbaren Mängel eine Nacherfüllung zu verlangen ist, von der Wahl des Sekundäranspruchs durch den Käufer abhängig zu machen. Erklärt der Käufer wegen der absoluten Unbehebbarkeit eines erheblichen Mangels den Rücktritt oder verlangt er die Rückabwicklung des Kaufvertrages im Wege des Schadensersatzes statt der ganzen Leistung, macht es keinen Sinn, ihm wegen der behebbaren Mängel auf die vorrangige Nacherfüllung zu verweisen, deren Beseitigung weder ihm noch dem Verkäufer zum Vorteil gereicht. Anders verhält es sich, wenn der Käufer wegen des nicht behebbaren Mangels Minderung und/oder Schadensersatz statt der Leistung in Höhe des Minderwertes oder der Reparaturkosten begehrt. In diesem Fall ist es sinnvoll, wegen der behebbaren Mängel eine vorrangige Nacherfüllung einzufordern, da dem Käufer der Anspruch auf Herstellung eines im Übrigen mangelfreien Fahrzeugs erhalten bleibt und der Verkäufer die Chance eines zweiten Erfüllungsversuchs bekommt; s. auch Rn 1705.

3. Die ernsthafte und endgültige Verweigerung der Nacherfüllung

a) Ausgangslage

472 Geregelt ist dieser Fall der Freistellung vom Fristsetzungserfordernis in **§§ 323 Abs. 2 Nr. 1, 281 Abs. 2 Alt. 1 BGB**. Eine kaum mehr überschaubare Menge von Entscheidungen,

---

27 BGH 4. 3. 1976, DAR 1976, 183.
28 Urt. v. 14. 2. 2003 – 7 S 207/02 – n. v.
29 Urt. v. 13. 12. 2002, NJW 2003, 517.

vom Amtsgericht bis zum Bundesverfassungsgericht,[30] erschwert die Orientierung im Einzelfall.

An die Annahme, der Verkäufer verweigere endgültig und ernsthaft jegliche Nacherfüllung, stellt **der BGH** betont **strenge Anforderungen**. Eine endgültige Erfüllungsverweigerung liegt nur vor, wenn

„der Schuldner eindeutig zum Ausdruck bringt, er werde seinen Vertragspflichten nicht nachkommen" (Urt. v. 21. 12. 2005, NJW 2006, 1195).

Die Instanzgerichte[31] sind dieser Vorgabe auch deshalb gerne gefolgt, konnte man doch auf diese Weise „kurzen Prozess" machen. Eine Beweisaufnahme zur Frage der Mangelhaftigkeit ist entbehrlich. Die Klagen sind abweisungsreif.

b) Reaktionen des Verkäufers und ihre Bewertung

Die Erfüllungsverweigerung muss nicht notwendigerweise vor dem Rücktritt oder der Geltendmachung eines sonstigen Sekundärrechts erklärt werden.[32] In der Verweigerungsfrage ist das **gesamte Verhalten** des Verkäufers zu würdigen. Einprägsam ist die Formel vom **„letzten Wort"**,[33] aus der Sicht des Käufers ex ante. Die bloße Nichtvornahme von Nachbesserungsarbeiten reicht nicht aus,[34] erst recht nicht bloßes Schweigen auf eine Aufforderung zur Nachbesserung ohne Fristsetzung.

Bei der Beurteilung des Verkäuferverhaltens ist zu seinen Gunsten zu berücksichtigen, dass die Art und Weise der geschuldeten Nachbesserung **in seinem Ermessen** liegt.[35] Der Käufer kann zwar Vorschläge machen, der Verkäufer muss sie aber nicht annehmen. Seine Ablehnung ist in einem solchen Fall keine endgültige Erfüllungsverweigerung.

Wenn der Käufer zuviel verlangt, z. B. nicht nur die Beseitigung des gerügten Mangels, sondern außerdem einen „Leihwagen", kann sein Nacherfüllungsverlangen wegen **unzulässiger Zuvielforderung** insgesamt unbeachtlich sein, die Ablehnung des Verkäufers damit wohl keine „ernsthafte und endgültige" Erfüllungsverweigerung. Vertreten lässt sich aber auch die Ansicht, der Verkäufer könne seine Ablehnung auf den überschießenden Teil beschränken und im Übrigen seiner Nacherfüllungspflicht nachkommen.[36]

Wenn der Händler nicht nur aus der Sachmängelhaftung verpflichtet ist, sondern er oder ein Dritter, z. B. der Hersteller, auch aus einer „Garantie" haftet, muss geklärt werden, worauf sich eine Ablehnungserklärung des Verkäufers bezieht, ob auf die kaufvertraglich geschuldete Mängelbeseitigung oder auf die Inanspruchnahme aus einer Garantie.[37]

Schwierigkeiten machen außerdem diejenigen Fälle, in denen es nicht um einen einzige Mangel geht, sondern um **eine Mehrheit von Mängeln**, sei es, dass sie im Bündel gerügt werden, sei es, dass die Rügen sukzessive kommen, weil auch die Mängel nacheinander auftreten bzw. vom Käufer als solche erkannt werden. Immer wieder kommt es vor, dass Händler bestimmte Defekte als Mängel durchaus anerkennen, andere dagegen nicht, z. B. wegen Verschleißes oder Eigenverursachung.

---

30 Beschl. v. 26. 9. 2006, ZGS 2006, 470 = JuS 2007, 181 = BeckRS 2006, 26166.
31 Z.B: OLG Düsseldorf 29. 10. 2007 – I-1 U 2/07; OLG Hamm 12. 5. 2005 – 28 U 179/04 – n. v.; OLG Celle 26. 7. 2006, NJW-RR 2007, 352.
32 OLG Karlsruhe 12. 9. 2007, NJW 2008, 925.
33 OLG Düsseldorf 21. 11. 2005 – I-1 U 69/05 – n. v.; OLG Celle 26. 7. 2006, NJW-RR 2007, 352; OLG Hamm 12. 5. 2005 – 28 U 179/04 – n. v.
34 OLG Celle 4. 8. 2004, NJW 2004, 3566; LG Duisburg 7. 2. 2007 – 11 S 148/06 – n. v. (eine Woche während der Hauptferienzeit).
35 OLG Celle 26. 7. 2006, NJW-RR 2007, 352.
36 In diese Richtung LG Coburg 8. 5. 2007 – 22 O 473/06 – n. v.
37 Vgl. BGH 23. 2. 2005, NJW 2005, 1348.

Mit einer Mängelmehrheit hatte es **der BGH** in dem Turbolader-Fall zu tun. Für den Turboladerschaden (als Endresultat nicht der Gewährleistungsmangel) gab es zwei potenzielle (alternative) technische Ursachen. Als der Händler einen Austausch des Turboladers ablehnte (Erfüllungsverweigerung?), war von der zweiten Ursache (fehlerhaft verbaute Papierdichtung) noch keine Rede. Mit Blick auf diesen Sachmangel lag für den BGH kein Fall der ernsthaften und endgültigen Verweigerung der Reparatur vor.[38] Das deutet auf **eine Einzelbetrachtung** hin, wie sie auch in anderen Bereichen der Sachmängelhaftung favorisiert wird.[39] Jeder einzelne Mangel ist Gegenstand eines eigenständigen Anspruchs auf Nachbesserung bzw. umgekehrt des Rechts auf zweite Andienung. Die Verweigerung einzelmangelbezogen zu sehen, erscheint konsequent. Die Rüge und das Nachbesserungsverlangen bestimmen den „Streitgegenstand" der Nachbesserung. Verlangt der Käufer die Beseitigung von zwei Mängeln, ist der Verkäufer aber nur bereit, einen der beiden zu beheben, braucht der Käufer sich auf eine Teilinstandsetzung nicht einzulassen. Nach § 266 BGB ist der Schuldner zu Teilleistungen nicht berechtigt. Auch wenn diese Vorschrift nicht unmittelbar anwendbar ist, so trifft der dahinter stehende Gedanke des Gläubigerschutzes doch auch hier zu. Dass der Käufer aus Gründen der Rechtsklarheit gut beraten ist, eine Frist zur Nachbesserung zu setzen, steht auf einem anderen Blatt.

c) Prozessverhalten des Verkäufers

475 Dass es bei der Erfüllungsverweigerung auch auf das Verhalten des Schuldners im Prozess ankommt, steht im Grundsatz außer Streit.[40] In der Tat können prozessuale Erklärungen des Verkäufers einen Rückschluss darauf zulassen, wie er auf eine Fristsetzung reagiert hätte, ob sie etwas in Richtung Nacherfüllung bewirkt hätte oder nicht.

Der **Antrag auf Abweisung einer Klage,** die auf Rückzahlung des Kaufpreises und Erstattung von Aufwendungen gerichtet ist, besagt nicht ohne weiteres, dass der Verkäufer auch eine Nacherfüllung abgelehnt hätte.[41] Der Abweisungsantrag kann auch oder sogar ausschließlich darauf gestützt sein, dass der Käufer den Nacherfüllungsvorrang missachtet hat. Bei einer Klage auf Ersatzlieferung oder Nachbesserung liegen die Dinge anders. In einem solchen Fall kann der Klageabweisungsantrag als Indiz für eine Erfüllungsverweigerung angesehen werden. Wird nur hilfsweise auf Nacherfüllung geklagt, bezieht sich der Abweisungsantrag zwar auch auf diesen Hilfsantrag, dennoch bleibt er ohne indizielle Bedeutung.[42]

Das vorübergehende **Leugnen der Passivlegitimation** lässt gleichfalls keinen Rückschluss auf mangelnde Nachbesserungsbereitschaft zu.[43] Anders kann es beim hartnäckigen (kategorischen) **Bestreiten des gerügten Mangels** sein. Wer als Verkäufer beanstandet, ihm sei keine Gelegenheit zur Nacherfüllung gegeben worden und daneben bzw. hilfsweise Mangelhaftigkeit leugnet, verweigert die Nacherfüllung nicht ernsthaft und endgültig.[44] Zum Bestreiten von Mängeln aus „prozesstaktischen Gründen" als Alternative zu einem „Bestreiten schlechthin" siehe auch BGH NJW 2006, 1195 und OLG Celle NJW 2004, 3566. Für den Anwalt des Verkäufers ist es **eine Gratwanderung**. Hält er sich in seinem Vortrag zu stark zurück, kann dies als Zugeständnis/Nichtbestreiten der Mangelhaftigkeit

---

38 Urt. 23. 11. 2005, NJW 2006, 434.
39 Umfassend dazu *Dauner-Lieb*, FS Canaris, S. 143 ff.
40 BVerfG 26. 9. 2006, ZGS 2006, 470; BGH 21. 12. 2005, NJW 2006, 1195; BGH 23. 2. 2005, NJW 2005, 1348.
41 OLG Celle 4.8. 2004, NJW 2004, 3566; OLG Celle 26. 7. 2006, NJW-RR 2007, 352.
42 OLG Düsseldorf 29. 10. 2007 – I-1 U 2/07 – n. v.
43 BGH 23. 2. 2005, NJW 2005, 1348.
44 BGH 9. 1. 2008, NJW 2008, 1359 (Tierkauf).

gewertet werden. Trägt er zu viel vor, läuft er Gefahr, dass das Gericht von einer endgültigen Verweigerung der Nacherfüllung ausgeht.

d) Darlegungs- und Beweislast

Die tatsächlichen Voraussetzungen für die Annahme einer endgültigen und ernsthaften **476** Nacherfüllungsverweigerung hat der Käufer zu beweisen.[45]

4. Das Fehlschlagen der Nachbesserung

a) Praktische Bedeutung für den Autokauf

Das Fehlschlagen der Nachbesserung (§ 440 BGB) ist ein sog. **Entbehrlichkeitstatbe- 477 stand** und nur unter diesem engen Blickwinkel von Interesse. Hat der Käufer dem Verkäufer eine (angemessene) Frist zur Nachbesserung gesetzt und ist diese ergebnislos abgelaufen, kann dahinstehen, welche Gründe die Untätigkeit hat. Es ist also nicht so, dass dem Verkäufer stets oder auch nur im Regelfall zwei Nachbesserungsversuche zustehen; nicht einmal einen einzigen Fehlversuch muss der Käufer hinnehmen, wenn der Verkäufer eine ihm gesetzte Frist versäumt hat. Nur das Ergebnis im Zeitpunkt des Fristablaufs zählt, nicht die Gründe. Anders gesagt: Nicht die Unzumutbarkeit weiterer Nachbesserungsversuche macht den Weg frei zur zweiten Stufe, sondern der ergebnislose Fristablauf.[46] Im früheren Recht des Neuwagenkaufs hing die „Wandlungsreife" dagegen nicht, jedenfalls nicht ausschließlich, vom Ablauf einer Nachbesserungsfrist ab, sondern vom Eintritt eines der zahlreichen Tatbestände, die man unter dem Sammelbegriff des „Fehlschlagens" zusammengefasst hat.

Im heutigen Autokaufrecht sind es vor allem diejenigen Fälle, in denen **mehrere Mängel** nacheinander auftreten bzw. gerügt werden, die das facettenreiche Problem des Fehlschlagens auf die Tagesordnung setzen. Hier gilt wie auch sonst der Grundsatz: Jeder Mangel zählt gesondert, d. h. nach dem **Prinzip der Einzelbetrachtung** muss dem Verkäufer grundsätzlich für jeden gerügten Mangel Gelegenheit gegeben werden, ihn zu beseitigen, um auf diese Weise die Sekundärrechte des Käufers abzuwehren.[47] Ob der Nachbesserungsversuch fehlgeschlagen ist, bestimmten sich nach dem vom Käufer geltend gemachten Mangel.[48]

Streitträchtig ist ferner die Konstellation, dass der Verkäufer innerhalb der ihm gesetzten Frist repariert hat, der Käufer den Wagen aus der Werkstatt abholt, seine Annahme, alles sei jetzt in Ordnung, aber ein Trugschluss ist. Muss in diesem Fall erneut eine Frist gesetzt werden oder hat der Käufer sogleich Zugriff auf seine Sekundärrechte? Entscheidend ist, dass die Nachbesserung ein Fehlschlag ist. Auf die Einschätzungen der Vertragsparteien kommt es nicht an. Unerheblich ist auch, ob der Verkäufer das Misslingen zu vertreten hat oder nicht. Das Fehlschlagen ist nicht von einem Verschulden abhängig. Eine Zweitfrist muss demnach nicht gesetzt werden, wenn es dem Verkäufer nicht gelingt, den Mangel innerhalb der gesetzten Frist zu beseitigen.[49]

b) Anwendungsbereich des § 440 BGB

Wenn es in § 440 S. 1 BGB heißt, die dem Käufer **zustehende Art** der Nacherfüllung **478** müsse fehlgeschlagen sein, so ist damit die vom Käufer gewählte (§ 439 Abs. 1 BGB)

---

45 *Grothe* in *Bamberger/Roth*, § 323 BGB Rn 45.
46 Zumindest schief OLG Bremen 21. 6. 2007, ZGS 2007, 471.
47 OLG Naumburg 13. 2. 2008 – 6 U 131/07 – n. v.; OLG Saarbrücken 29. 5. 2008 – 8 U 494/07 – n. v.; OLG Düsseldorf 10. 2. 2006 – I-22 U 149/05 – VRR 2006, 306; OLG Hamm 26. 2. 2008 – 28 U 135/07 – n. v.
48 OLG Saarbrücken 29. 5. 2008 – 8 U 494/07 – n. v.
49 *Dauner-Lieb*, FS Canaris, S., 143, 148.

und vom Verkäufer nicht zu Recht verweigerte (§ 439 Abs. 3 BGB) Art der Nacherfüllung gemeint.⁵⁰ Zum Fehlschlagen der Ersatzlieferung s. Rn 458 ff.

479 Was der Gesetzgeber unter „Fehlschlagen" der Nachbesserung versteht, erschließt sich aus § 440 BGB allenfalls mittelbar. Nicht erfasst ist der Fall der Unmöglichkeit. Er ist in § 275 BGB geregelt. Dazu Rn 460 f. Die weite Begriffsbestimmung zu § 11 Nr. 10 b AGBG ist schon deshalb auf § 440 BGB nicht übertragbar. Dies umso weniger, als weitere Formen des altrechtlichen Fehlschlagens heute gesetzlich ausdrücklich geregelt sind. Für ein Fehlschlagen i. S. d. § 440 BGB verbleiben somit im Wesentlichen

- das Unterlassen
- die Unzulänglichkeit und vor allem
- der misslungene Versuch.⁵¹

c) Anzahl der Versuche und Beurteilungskriterien

480 Wie viele Nachbesserungsversuche der Käufer sich gefallen lassen muss, bevor von einem „Fehlschlagen" der Nachbesserung gesprochen werden kann, bestimmt § 440 S. 2 BGB im Sinne eines Regeltatbestandes („gilt"). Die **Zwei-Versuche-Regel** wird auch **als Vermutung** verstanden⁵², was für die Verteilung der Darlegungs- und Beweislast von Bedeutung ist (dazu Rn 502).

481 Je nach den Umständen des Einzelfalles kann die gesetzliche Vermutung **in beiden Richtungen** außer Kraft gesetzt sein. Die Grenze des Zumutbaren kann bei an sich möglicher und auch zumutbarer Nachbesserung schon nach einem **einzigen Fehlversuch** überschritten sein.⁵³ Umgekehrt sind – zumal beim Kauf eines Kraftfahrzeugs – Konstellationen realistisch, bei denen der Käufer **mehr als zwei Versuche** hinzunehmen hat. In Betracht kommt das **laut BGH** etwa bei besonderer (technischer) Komplexität der Sache, schwer zu behebenden Mängeln oder ungewöhnlich widrigen Umständen bei vorangegangen Nachbesserungsversuchen.⁵⁴

482 Fehlversuche **autorisierter Werkstätten** muss sich die Verkaufsfirma grundsätzlich **zurechnen** lassen, sofern die entsprechende Klausel in den NWVB Vertragsinhalt geworden ist. Das versteht sich zumal bei Ankäufen durch Leasingfirmen nicht von selbst. Autorisierte Werkstätten handeln als Erfüllungsgehilfen. Zur Einschaltung solcher Drittbetriebe s. Rn 330. **Nicht zurechnen** lassen muss sich ein freier Händler Garantiearbeiten, die der Käufer in einer Vertragswerkstatt im Rahmen einer Händlergarantie hat durchführen lassen. Deren Misserfolg ist kein Fehlschlagen i. S. d. § 440 S. 2 BGB.⁵⁵

483 Für die Beurteilung spielt es eine Rolle, ob die **Ursache** mühelos oder nur sehr schwer **zu finden** ist.⁵⁶ Lässt sie sich nur mit großem Aufwand oder nicht eindeutig ermitteln, typisch für **„Elektronikprobleme"**, ist dieser Umstand zugunsten des Händlers zu berücksichtigen, zumal wenn der Mangel nur stört und nur den Wert der Kaufsache mindert. Andererseits ist zu Lasten eines Markenhändlers zu berücksichtigen, dass ihm das technische Know-how des Herstellers zur Verfügung steht. Auch seine Möglichkeit, beim Hersteller

---

50 BGH 15. 11. 2006, NJW 2007, 504.
51 *Eckert/Maifeld/Matthiessen*, Rn 649.
52 OLG Hamm 12. 5. 2005 – 28 U 179/04 – n. v.
53 OLG Saarbrücken 29. 5. 2008 – 8 U 494/07 – n. v. (bei erheblichen Unannehmlichkeiten für den Fall des Wartens auf einen zweiten Versuch).
54 Urt. v. 15. 11. 2006, NJW 2007, 504.
55 OLG Karlsruhe 16. 3. 2006, DAR 2007, 31; s. auch OLG Celle 8. 3. 2006, OLGR 2006, 707 (aber „Altfall" mit Fehlschlagen von Garantiearbeiten und der Frage des Wiederauflebens von Gewährleistungsansprüchen).
56 LG Köln 2. 9. 1988 – 14 O 309/87 – n. v.

Regress zu nehmen, fällt in diesem Zusammenhang ins Gewicht.[57] Beeinträchtigt der Fehler die Gebrauchstauglichkeit oder gar die Verkehrssicherheit des Fahrzeugs, haben die Interessen des Käufers Vorrang. Ihm ist nicht zuzumuten, dass an seinem Auto mehrmals oder längere Zeit ‚herumexperimentiert' wird.

484 Bei der Abwägung sind **Anzahl und Dauer der Werkstattaufenthalte**[58] ebenso von Bedeutung wie die Frage, welche **Mühe und Sorgfalt** der Händler bei der Fehlersuche und dem Versuch der Beseitigung aufgewendet hat. Zu seinen Ungunsten kann sich auswirken, dass er oder von ihm eingeschaltete Kundendienstmitarbeiter des Herstellers/Importeurs, deren Handeln er sich zurechnen lassen muss, berechtigte **Beanstandungen** des Käufers **verharmlost, bagatellisiert** oder **als normal hingestellt** haben.[59] Eine gewisse **Zurückhaltung des Verkäufers** mit zunehmendem Zeitablauf gegenüber Reklamationen des Käufers ist nachvollziehbar und ohne Auswirkung auf die Zumutbarkeitsschwelle, wenn der Käufer kleinste Fehler, wie z. B. das Scheibenwischerblatt und die Beschichtung sowie den Blickwinkel des Außenspiegels, beanstandet und teilweise nicht verifizierbare Rügen vorgebracht hat.[60]

485 Auch die **Begleitumstände** sind bei der Prüfung zu berücksichtigen. Im Rahmen der Abwägung kann es durchaus eine Rolle spielen, dass der Verkäufer, ohne hierzu rechtlich verpflichtet zu sein, dem Käufer während der Zeit der Reparatur ein **Ersatzfahrzeug** kostenlos zur Verfügung gestellt oder nicht ordnungsgemäß arbeitende Teile großzügig ausgetauscht hat.[61]

486 Dem Verkäufer ist die Berufung auf sein Recht zur zweiten Andienung **nach Treu und Glauben versagt**, wenn er

– eine Nachbesserung nur vortäuscht,
– die ‚Übertünchung' eines Sachmangels statt dessen Beseitigung betreibt, indem er an Stelle der vom Hersteller vorgesehenen Mängelbeseitigungsmaßnahmen lediglich Einstellarbeiten vornimmt,[62]
– beim ersten Nachbesserungsversuch oberflächlich und unsachgemäß vorgeht, indem er bei gerügtem Wassereintritt eine Dichtigkeitskontrolle durch Abspritzen des Wagens unterlässt und bei der unsachgemäßen Trocknung des Wagens weitere Schäden verursacht,[63]
– eindeutig Pfuscharbeit leistet,
– vorhandene Mängel bagatellisiert,[64] indem er sie z. B. als ‚Peanuts' abtut.[65]

487 Treten **gravierende Mängel** auf, welche die Substanz des Fahrzeugs angreifen, wie z. B. Wasserdurchlässigkeit der Karosserie, Lackmängel und Rostschäden, hat der Händler sich verstärkt anzustrengen.[66] Da – außer vielleicht bei Wasserdurchlässigkeit – die Fehler und ihre Ursachen auf der Hand liegen, ist vom Händler zu verlangen, dass solche Mängel im Zuge einer einzigen Nachbesserung ordnungsgemäß und dauerhaft von ihm abgestellt werden.[67] Hierzu das LG Mannheim[68]:

---

57 OLG Düsseldorf 29. 10. 2007 – I-1 U 59/07 – (nicht mehr als zwei Versuche bei nicht funktionierender Elektronik); s. auch OLG Naumburg 13. 12. 2006, OLGR 2007, 815.
58 OLG Hamburg 14. 10. 1980, VersR 1981, 138; 30. 9. 1982, VersR 1983, 741.
59 OLG Köln 2. 9. 1988 – 14 U 309/87 – n. v.
60 OLG Celle 8. 1. 1998, OLGR 1999, 221.
61 LG Köln 1. 3. 1979 – 2 O 524/77 – n. v.
62 OLG Köln 13. 1. 1995, VersR 1995, 420.
63 LG Freiburg 20. 3. 1974 – 6 O 191/72 – n. v., zit. bei *Creutzig*, Recht des Autokaufs, Rn 7.4.5.2.
64 MüKo-BGB/*Basedow*, § 309 BGB BGB Nr. 8 Rn 40.
65 OLG Saarbrücken 29. 6. 1999, ZfS 1999, 518.
66 LG Düsseldorf 30. 5. 1975 – 13 O 172/78 – n. v.
67 OLG Karlsruhe 22. 12. 1976, DAR 1977, 323.
68 Urt. v. 29. 6. 1978 – 11 O 158/78 – n. v.

„Nachdem bereits bei Auslieferung des Fahrzeugs Roststellen vorhanden waren, die bei der 1000 km-Inspektion ausgebessert wurden, jedoch neue große Roststellen entstanden sind, ist den Klägern ein weiterer Nachbesserungsversuch nicht zumutbar, denn der Käufer eines fabrikneuen Wagens muss nicht damit rechnen, das Fahrzeug immer wieder in die Werkstatt geben zu müssen, um nach langer Zeit in den Genuss des Fahrzeugzustandes zu kommen, der nach dem Kaufvertrag von Anfang an hätte vorhanden sein müssen."[69]

488 **Undichtigkeiten der Karosserie** stellen bei einem Neufahrzeug immer einen erheblichen Fehler dar, auch wenn sich die Ursachen mit verhältnismäßig **geringem Kostenaufwand** beseitigen lassen.[70] Ein Fahrzeug, in das Wasser eindringt, kann weder in einer Waschanlage gereinigt noch bei starkem Regen benutzt werden. Seine Gebrauchstauglichkeit ist erheblich eingeschränkt, wenn durch eindringende Feuchtigkeit Scheiben und Brillengläser beschlagen. Undichte Stellen sind, wie die Erfahrung lehrt, oftmals außerordentlich schwer zu lokalisieren, und nicht immer verfügen Werkstätten über die zur Fehlersuche notwendige Geräteausstattung. Weil die Schwierigkeiten bekannt sind, kann dem Käufer ein zweiter Reparaturversuch nicht zugemutet werden, wenn der erste mit unzureichenden Mitteln ausgeführt wurde. Im Zweifel muss der Händler den Hersteller hinzuziehen und ihm notfalls das Fahrzeug zur Auffindung und Behebung der Fehlerursache überlassen. Gesteigerte Sorgfalt des Händlers ist geboten, da die Substanz des Fahrzeugs infolge Durchfeuchtung (sich weiter fressender Mangel) außerordentlich stark angegriffen wird und zur **Verkürzung der Lebensdauer** führende Spätfolgen meistens erst nach Ablauf der Gewährleistungsfrist auftreten.[71] Den vergeblichen Abdichtungsversuch einer ursprünglich trüben und deshalb schon vorher vom Händler ausgetauschten Windschutzscheibe bewertete das OLG Köln[72] als zweite Nachbesserung des ursprünglichen Mangels. Es mutete dem Käufer eine dritte Nachbesserung nicht zu. Für den Händler fiel erschwerend ins Gewicht, dass er den Mangel bei der ersten Instandsetzungsmaßnahme verursacht hatte und ihn folglich beim zweiten Versuch erhöhte Sorgfaltspflichten trafen.

489 Wegen möglicher **Spätfolgen** in Form von Rostschäden soll nach einer Entscheidung des LG Trier[73] dem Käufer bei einer an Treu und Glauben orientierten Betrachtungsweise ermöglicht werden, sich vom Vertrag zu lösen, wenn die Nachbesserung auch nur **ein einziges Mal erfolglos** versucht wurde. Den Einwand des Händlers, der klagende Käufer habe den Ort des Wassereintritts falsch geschildert, verwarf das Gericht mit der Begründung, er sei als Inhaber einer Fachfirma verpflichtet, die Ursachen des gerügten Mangels zu erforschen.

Falls Feuchtigkeit nur tropfenweise auf der Fahrerseite eindringt und weder die Substanz des Fahrzeugs angegriffen wird noch Folgeschäden zu befürchten sind, liegen nach Meinung des LG Köln[74] die Voraussetzungen für einen Rücktritt vor, wenn der Käufer dem Verkäufer drei Mal die Möglichkeit zur Nachbesserung eingeräumt und sich der Verkäufer erfolglos um die Beseitigung des Mangels bemüht hat. Zuungunsten des Händlers wirkte sich aus, dass er bereits fünf Nachbesserungsversuche benötigt hatte, um eine vorhandene Undichtigkeit der Beifahrertür zu beseitigen.

---

69 Ebenso OLG Nürnberg-Fürth 18. 1. 1982 – 11 O 4408/81 – n. v.; OLG Karlsruhe 22. 12. 1976, DAR 1977, 323; OLG Stuttgart 24. 2. 1983 – 7 U 248/82 – n. v. – zwei Nachbesserungsversuche bei Rost; offen gelassen wurde, ob ein Nachbesserungsversuch ausreichend gewesen wäre; OLG Hamm 24. 11. 1975, DAR 1976, 299 und LG Bonn 22. 9. 1977 – 8 O 159/77 – n. v., jeweils zwei Versuche.
70 OLG Köln 16. 10. 1986 – 12 U 71/86 – n. v. – Beseitigungsaufwand 120 – 150 DM –; OLG Celle 24. 11. 1995, OLGR 1996, 100; s. auch OLG Karlsruhe 30. 6. 2004, DAR 2005, 31 (GW).
71 OLG Celle 24. 11. 1995, OLGR 1996, 100; LG Köln 20. 2. 1986–2 O 372/85 – n. v.
72 20. 5. 1987, NJW 1987, 2520.
73 Urt. v. 1. 2. 1985 – 4 O 215/84 – n. v.
74 Urt. v. 5. 9. 1989 – 3 O 91/88 – n. v.

Ein sofortiges Recht zur Rückgängigmachung des Kaufvertrages gestand das OLG Saarbrücken[75] einem Käufer zu, dessen Fahrzeug Rostschäden aufwies, die nur durch umfangreiche Arbeiten und eine weitgehende Nachlackierung behoben werden konnten. **490**

Auf einen zweiten Versuch zur Mängelbeseitigung muss es der Käufer nach einem bereits bei der ersten Nachbesserung vollzogenen **Austausch von Teilen** nicht ankommen lassen, wenn hinreichender Grund zu der Annahme besteht, dass auch das erneute Auswechseln nicht zu einer dauerhaften Lösung führt.[76] **491**

Ein **zweiter Versuch** ist dem Käufer nach Ansicht des LG München[77] zuzumuten, wenn es der Werkstatt nicht gelungen ist, beim ersten Versuch ein **Klappergeräusch** zu beseitigen und außerdem der Innenraum des Fahrzeugs anlässlich der ersten Nachbesserungsmaßnahme beschädigt wurde (kleiner Kratzer, Verkeilen des Dichtgummis am Fensterheber und kleiner Riss im Leder der Rückbank). Entsprechend der Regel des § 440 S. 2 BGB ist dem Verkäufer ein zweiter Versuch zuzubilligen, wenn ein erneuter Defekt des Steuermoduls für die Beleuchtung etwa 1 Jahr nach der ersten Reparatur auftritt.[78] **492**

Ein **dritter Versuch** ist dem Käufer nicht zuzumuten, wenn es dem **Verkäufer eines Motorrads** bei zwei Reparaturversuchen nicht gelungen ist, Undichtigkeiten des Motors, die Ölverlust verursachen, zu beseitigen, obwohl die Ursache einfach zu finden und zu beheben war.[79] Der Umstand, dass die beiden Reparaturversuche an verschiedenen Stellen des Motors durchgeführt wurden, ändert nichts am Ergebnis. **493**

Einen dritten Versuch versagte das OLG Köln[80] einem Händler, der behauptete, er habe mit dem Käufer eine Abrede dahin gehend getroffen, das Fahrzeug bei einem erneuten Auftreten des Mangels dem Werksinspektor vorzuführen. Das Gericht bewertete die behauptete Vereinbarung nicht als **vorläufigen Verzicht** des Käufers auf sein Recht auf Rückgängigmachung des Vertrages.[81] Eine aus § 242 BGB abzuleitende Bindung des Käufers an die Abrede hatte sich der Verkäufer durch sein Prozessverhalten ‚verscherzt', weil er nach Vorlage des Beweisgutachtens Nachbesserungsbereitschaft erklärt, diese aber davon abhängig gemacht hatte, dass zuvor der Käufer nicht nur den Beweis für das bereits vorprozessual behauptete Auftreten von Geräuschen, sondern auch zu deren Ursachen erbringen sollte.

Obwohl der Verkäufer **bereits drei Mal** vergeblich nachgebessert hatte, war für das LG Duisburg[82] die Grenze des Zumutbaren noch nicht erreicht, weil es die vom Käufer gerügte **träge Beschleunigung** des Fahrzeugs, die der Sachverständige nicht als technischen Mangel eingestuft und zu deren Behebung sich der Verkäufer bereit erklärt hatte, als Bagatelle ansah und bezüglich eines weiteren Mangels, der in einem vom Verkäufer zunächst bestrittenen fehlerhaften Kaltstartverhalten des Motors bestand, die Ansicht vertrat, der Käufer habe dem Verkäufer noch nicht hinreichend Gelegenheit zur Nachbesserung eingeräumt. Für überschritten hält das LG Bonn die Zumutbarkeitsgrenze, wenn es dem Händler nicht gelungen ist ein **Bremsenquietschen** im dritten Versuch zu beseitigen.[83] **494**

Beanstandet der Käufer einen Leistungsabfall des Motors und ist es dem Händler trotz zweier Versuche nicht gelungen, das Problem zu lösen, kann ein Fehlschlagen nicht angenommen werden, wenn der Käufer dem Vorschlag zugestimmt hat, den Wagen nunmehr **495**

---

75 Urt. v. 6.11.1992, MDR 1993, 213.
76 OLG Hamm 24.9.1969, MDR 1970, 231; *Creutzig*, Recht des Autokaufs, Rn 7.4.5.3.
77 Urt. v. 16.5.2002 – 4 O 17.799/01 – n. v.
78 OLG Karlsruhe 31.5.2005 – 8 U 1/05 – n. v.
79 OLG Hamm 19.10.1994, ZfS 1995, 33.
80 Urt. v. 1.2.1993, OLGR 1993, 130.
81 Ebenso OLG Köln 9.10.1992, OLGR 1993, 1.
82 Urt. v. 3.3.1993 – 3 O 133/92 – n. v.
83 Urt. v. 15.3.2006, SVR 2006, 379; s.a. OLG Schleswig 25.7.2008 – 14 U 125/07 – n.v.

auf einem Leistungsprüfstand zu testen.[84] Darin sieht das OLG Rostock einen „sonstigen Umstand" i. S. d. § 440 S. 2 BGB.

d) Sonderfall „Montagsauto"

496 Selbst deutschen Premiumherstellern ist es bis in die jüngste Zeit hinein nicht erspart geblieben, dass ihre Produkte von den Gerichten als „Montagsauto" oder „Zitronenauto" tituliert worden sind.[85]

Beispiel:[86]
Wasser im Kofferraum, mahlende Geräusche an der Vorderachse, defekte Scheinwerfer, allmählich erblindende Außenspiegel sowie – nach einem Werkstattaufenthalt – zusätzliche Kratzer im Lack.

497 Typisch für ein „Montagsauto" ist das Auftreten einer **Vielzahl mehr oder weniger kleinerer Defekte,** meist zeitnah zur Auslieferung. Kaum ist ein Mangel beseitigt, tritt der nächste auf oder es macht sich ein bereits behoben geglaubter Fehler wieder bemerkbar. Schlechte Verarbeitungsqualität, Fehleranfälligkeit und unsichere Prognose sind die maßgeblichen Gesichtspunkte, die das Bild vom „Montagsauto" prägen.

498 Streng genommen ist ein „Montagsauto" wegen seiner auf Qualitätsmängeln beruhenden **Fehleranfälligkeit** insgesamt mangelhaft und irreparabel, so dass ein Fall der **Unmöglichkeit der Nachbesserung** in Betracht kommt.[87] Da der Käufer jedoch immer erst im Nachhinein weiß, dass er ein „Montagsauto" gekauft hat, ist er gezwungen, dem Verkäufer beim Auftreten der ersten Mängel Gelegenheit zur Nacherfüllung einzuräumen. Dies führt im Endeffekt dazu, dass das Fehlschlagen der Nachbesserung doch unter dem Aspekt der Unzumutbarkeit weiterer Nachbesserungsmaßnahmen beurteilt wird. Mit der **späten Erkenntnis**, dass es sich um ein „Montagsauto" handelt, ist dem Käufer ebenso wenig geholfen, wie mit der daraus abgeleiteten Feststellung, unter diesen Umständen sei eine Nachbesserung schon von ‚vornherein' unzumutbar,[88] weil das Auto als solches eine ‚Zumutung' für den Käufer darstellt.

499 Die von der Rechtsprechung praktizierte und in § 440 S. 2 BGB Gesetz gewordene Faustformel, die besagt, dass dem Käufer – namentlich beim Auftreten der immer gleichen Mängel – normalerweise nicht mehr als zwei Nachbesserungsversuche zuzumuten sind, lässt sich auf das „Montagsauto", bei dem sich im Laufe der Zeit immer neue Fehler bemerkbar machen, nicht übertragen. Wegen der Besonderheiten ist bei einem „Montagsauto" das Augenmerk nicht in erster Linie auf die Anzahl der Nachbesserungsversuche zu richten, vielmehr darauf, welche **Fehlerhäufigkeit** dem Käufer eines Neufahrzeugs zugemutet werden kann. Eine zahlenmäßige Eingrenzung der hinzunehmenden Mängel, wie sie in den USA praktiziert wird, wäre zu wünschen,[89] da sie zur Rechtssicherheit beitragen und den Begriff des Montagsautos schärfer konturieren würde.

Das OLG Frankfurt[90] hat, ohne sich auf die hinnehmbare Fehlerzahl festzulegen, entschieden, dass weitere Maßnahmen der Fehlerbeseitigung für den Käufer bereits dann unzumutbar sein können, wenn zwar jeder Fehler für sich genommen mangels Erheblichkeit

---

84 OLG Rostock 20. 3. 2006 – 3 U 124/05 – n. v.
85 OLG Düsseldorf, 10. 2. 2006 – I-22 U 149/05 – VRR 2006, 306 (MB CL 500; 11 × Werkstatt); LG Zweibrücken 2. 8. 2004, SVR 2005, 188 (MB E 270 CDI); LG Duisburg 22. 5. 2006 – 3 O 274/04 – n. v. (E 440 CDI).
86 OLG Köln 16. 1. 1992, NJW-RR 1992, 1147.
87 *Lempp*, Der Verkehrsjurist des ACE 4/1996, 1 ff., 4.
88 OLG Köln 1. 2. 1993, OLGR 1993, 130.
89 *Lempp*, Der Verkehrsjurist des ACE 4/1996, 1 ff., 4.
90 Urt. v. 2. 10. 1989, NZV 1990, 70.

noch nicht zur Rückgängigmachung des Kaufvertrages berechtigen würde, jedoch die unterschiedlichen Fehler **innerhalb ‚kürzester Frist'** aufgetreten sind.

In die gleiche Richtung zielt ein Urteil des LG Köln,[91] das bei Vorliegen eines ganzen Mängelpakets nicht so sehr auf die Art und Schwere der einzelnen Defekte als vielmehr darauf abgestellt hat, ob dem Käufer nach den gesamten Umständen die erneute Überlassung des Fahrzeugs an die Werkstatt zur Mängelbehebung noch zugemutet werden kann. Beide Urteile liefern brauchbare Hinweise für die heute im Rahmen von § 323 Abs. 5 S. 2 BGB vorzunehmende Beurteilung der Erheblichkeit einer in der Lieferung mangelhafter Ware liegenden Pflichtverletzung. Mehrere kleine Fehler können zusammen erheblich sein, auch wenn jeder einzelne für sich betrachtet geringfügig ist; s. Rn 535. **500**

Vielfach kommt es vor, dass nachgebesserte Mängel erneut auftreten und neue hinzukommen, die abgestellt werden können. Das LG Hildesheim[92] mutete dem Käufer eines Neuwagens einen zweiten Nachbesserungsversuch wegen eines erneuten Getriebedefektes nicht mehr zu, weil nach der ersten erfolglosen Getriebereparatur Defekte am Nebelscheinwerfer, an der Motorhaubenverriegelung und am Sensor der Zündung als weitere Mängel neu aufgetreten waren. Zu dem gleichen Ergebnis gelangte das OLG Koblenz.[93] Es hatte über ein „Montagsauto" zu befinden, das eine Vielzahl behobener Sachmängel aufwies und an dem ein weiterer wesentlicher Mangel hinzugetreten war, den der Verkäufer nicht kurzfristig beseitigen konnte, da es für ihn schwierig war, das benötigte Ersatzteil zu besorgen. **501**

e) Darlegungs- und Beweislast

Damit das Gericht einen Fall des Fehlschlagens der Nachbesserung feststellen kann, müssen die hierfür relevanten Tatsachen substantiiert dargelegt werden. Das ist grundsätzlich **Aufgabe des Käufers**.[94] Wegen eines jeden Mangels hat er detailliert vorzutragen, wann er ihn geltend gemacht hat und wie oft der Händler mit welchem Erfolg die Nachbesserung versucht hat.[95] Nur ein spezifiziertes Vorbringen erlaubt dem Händler eine sachgerechte Klageerwiderung und verschafft dem Gericht die Beurteilungsmöglichkeit, ob weitere Nachbesserungsversuche unzumutbar sind.[96] Die pauschale Behauptung, ein Fahrzeug sei wegen der Mängel mehrfach in der Werkstatt gewesen, reicht nur dann aus, wenn der Verkäufer den Vortrag nicht bestreitet.[97] Nimmt **der Verkäufer** abweichend von der gesetzlichen Vermutung das Recht auf einen dritten oder gar vierten Versuch für sich in Anspruch, trifft insoweit ihn die Darlegungs- und Beweislast.[98] **502**

5. Unzumutbarkeit der Nacherfüllung

Die Unzumutbarkeit der Nacherfüllung wird in § 440 BGB als weiterer Fall der Entbehrlichkeit einer Fristsetzung genannt. Zur Bedeutung dieser Regelung, den einzelnen Konstellationen und zu Anwendungsbeispielen aus dem Bereich des Autokaufs – insbesondere bei Verkäuferarglist – siehe Rn 1738 ff. Speziell für den Neuwagenkauf ist ergänzend zur Montagsauto-Rechtsprechung (Rn 496 ff.) auf das Urteil des OLG Hamm vom 12. 5. 2005, 28 U 179/04, hinzuweisen (Fehlstellen im Lack eines hochwertigen Pkw; Unzumutbarkeit verneint); ferner OLG Saarbrücken 29. 5. 2008, 8 U 494/07 (mangelhafte Lackierung, Schaden **503**

---

91 Urt. v. 16. 12. 1987 – 23 O 218/87 – n. v.
92 Urt. v. 9. 2. 1990 – 2 O 464/89 – n. v.
93 Urt. v. 22. 3. 1994, ZfS 1994, 209.
94 St. Rspr., z. B. BGH 21. 2. 1990, NJW-RR 1990, 886; OLG Hamm 13. 1. 1997, OLGR 1997, 158.
95 Vgl. OLG Saarbrücken 29. 5. 2008 – 8 U 494/07 – n. v.
96 LG Köln 14. 7. 1987 – 10 O 420/86 – n. v.
97 LG Köln 31. 5. 1990 – 2 O 628/89 – n. v.
98 OLG Düsseldorf 29. 10. 2007 – I-1 U 59/07 – n. v.

an der Frontscheibe; Unzumutbarkeit gleichfalls verneint, zumal der Käufer eine Nachbesserungsmöglichkeit eingeräumt hatte). Ebenfalls verneint: LG Coburg 8. 5. 2007, 22 O 473/06 (Mazda M 6 Kombi mit zahlreichen „Bagatellmängeln"; keine Anwendung der Montagsauto-Grundsätze, zumal der Käufer in sehr kurzer Zeit außergewöhnlich viel gefahren war).

6. Besondere Umstände i. S. d. §§ 323 Abs. 2 Nr. 3, 281 Abs. 2 BGB

504 Schließlich ist die Fristsetzung auch dann entbehrlich, wenn besondere Umstände vorliegen, die **unter Abwägung der beiderseitigen Interessen** den sofortigen Rücktritt (auch die Minderung) oder die sofortige Geltendmachung des Schadensersatzanspruches statt der Leistung rechtfertigen. Diese **Generalklausel** mit der Funktion eines Auffangtatbestandes[99] spielt beim Autokauf angesichts der speziellen Zumutbarkeitsregelungen (Fehlschlagen und Unzumutbarkeit) keine nennenswerte Rolle. Verkäuferarglist ist – ohne dass es im Ergebnis darauf ankommt – ein Unterfall der Unzumutbarkeit (Rn 503).

In Betracht kommt die Regelung in §§ 281 Abs. 2 Alt. 2 und 323 Abs. 2 Nr. 3 BGB z. B. in den Fällen, in denen der Neufahrzeugkäufer auf schnelle Hilfe angewiesen war und sich unter Übergehen seines Händlers und autorisierter Fremdwerkstätten mit einem Reparaturauftrag direkt an einen Dritten, z. B. eine freie Werkstatt, gewandt hat. Angesichts des dichten Werkstattnetzes der Hersteller/Importeure und der eingerichteten Soforthilfen („Sofort-Service") wird sich für einen Neuwagenkäufer jedenfalls im Inland kaum jemals eine Situation ergeben, die ihm eine Art Notreparatur durch einen nicht autorisierten Drittbetrieb gestattet. Ob der Käufer nach einer ausnahmsweise legitimen Notreparatur den Verkäufer mit den weiteren Arbeiten zu betrauen hat, hat der BGH[100] offen gelassen. Die Obliegenheit dazu ist im berechtigten Interesse des Verkäufers zu bejahen. Schutzwürdige Gegeninteressen sind nicht ersichtlich.

IV. Rechtslage nach erfolgreicher Nacherfüllung innerhalb der Frist

505 Hat der Verkäufer erfolgreich und fristgerecht nacherfüllt, entstehen die Rechte auf Rücktritt oder Minderung und Schadensersatz statt der Leistung erst gar nicht.[101] Durch die Nacherfüllung soll der Verkäufer den Rücktritt und die sonstigen sekundären Käuferrechte abwenden können. Die fachgerechte, vollständige und nachhaltige Beseitigung des Mangels schließt den Käufer mit weiteren Rechten aus.[102] Der in Art. 3 Abs. 5 VerbrKRL enthaltenen Forderung, dem Verbraucher auch bei erfolgreicher Abhilfe sowohl eine Minderung als auch die Vertragsauflösung zu ermöglichen, wenn diese mit erheblichen Unannehmlichkeiten für ihn verbunden war, ist der deutsche Gesetzgeber nicht nachgekommen.[103] Ersatz des Verzögerungsschadens kann der Käufer trotz erfolgreicher Nacherfüllung verlangen, wenn der Verkäufer den Mangel zu vertreten hat oder wenn er mit der Mängelbeseitigung in Verzug geraten ist (s. Rn 1839 ff.). Außerdem hat der Verkäufer zum Zweck der Nacherfüllung angefallene Aufwendungen nebst Zinsen zu ersetzen (§§ 439, 256 BGB). Näheres Rn 382 ff.

---

99 Dazu BGH 22. 6. 2005, NJW 2005, 3211 (Hundekauf); BGH 21. 12. 2005, NJW 2006, 1195 (Gebrauchtwagenkauf); BGH 8. 12. 2006, NJW 2007, 835 (Immobilienkauf).
100 Urt. v. 21. 12. 2005, NJW 2006, 1195 (Gebrauchtwagen).
101 BGH 17. 12. 1997, NJW-RR 1998, 680; OLG Hamm 26. 2. 2008 – 28 U 135/07 – n. v.
102 OLG Naumburg 13. 2. 2008 – 6 U 131/07 – n. v. (für den Rücktritt); s. auch *Erman/Grunewald*, § 434 BGB Rn 68.
103 Dazu *Ernst/Gsell*, ZIP 2000, 1410, 1417; *Kandler*, Kauf und Nacherfüllung, S. 612 ff.

V. Rechtslage nach fruchtlosem Ablauf der Nacherfüllungsfrist oder anderweitigem Scheitern der Nacherfüllung

1. Ausgangslage

Ist die vom Käufer gesetzte (angemessene) Frist verstrichen, ohne dass der Verkäufer die vom Käufer gewählte und von ihm, dem Verkäufer, nicht berechtigterweise verweigerte Art der Nacherfüllung erbracht hat, hat das zur Folge: Der Nacherfüllungsanspruch bleibt bestehen; er kann klageweise geltend gemacht werden. Mit fruchtlosem Ablauf der Frist entstehen die sekundären Rechte. Der Käufer kann sie jetzt wahlweise (elektive Konkurrenz) ausüben. Zum Neben- und Miteinander der einzelnen Rechtsbehelfe aus der Perspektive des Autokaufs s. Rn 1897 ff. Keines seiner Rechte geht dadurch verloren, dass der Käufer nach Fristablauf zunächst weiterhin Nacherfüllung verlangt.[104]

Nicht entschieden hat der BGH folgende Konstellationen:

(1) Die Frist ist bereits abgelaufen, der Verkäufer holt die geschuldete Leistung nach, bevor der Käufer den Rücktritt erklärt oder ein anderes Sekundärrecht ausgeübt hat.

(2) Der Käufer klagt nach Fristablauf auf Nacherfüllung; nunmehr erklärt sich der Verkäufer zur Leistung bereit. Muss der Käufer mit seinem Rücktritt warten, bis die Zeit verstrichen ist, die der Verkäufer nach objektiven Gesichtspunkten benötigt?

Der zuerst genannte Fall kommt so oder in ähnlicher Weise gerade in Neuwagensachen recht häufig vor. Abzugrenzen ist diese Fallgruppe – **„Hängepartien" in der Schwebelage**[105] – von einer weiteren Fallgruppe: Mängelbeseitigung nach Ausübung eines Sekundärrechts, wobei wiederum zu unterscheiden ist zwischen Konstellationen mit und ohne Fristsetzung.

2. Mängelbeseitigung nach zunächst gescheiterter Nacherfüllung vor Ausübung eines Sekundärrechts

a) Mit Zustimmung des Käufers

Fährt der Käufer nach Ablauf der von ihm gesetzten Nacherfüllungsfrist erneut oder zum ersten Mal zur Werkstatt seines Händlers, um den Mangel beheben oder restliche Arbeiten durchführen zu lassen, soll ihn das nicht daran hindern, den Rücktritt vom Kauf wegen Unzumutbarkeit weiterer Nachbesserungsversuche zu erklären, ohne einen weiteren Endtermin zu setzen.[106] Zur Rechtslage bei erfolgreicher Nachbesserung OLG Hamm 26. 2. 2008 – 28 U 135/07 – n. v.

b) Ohne Zustimmung des Käufers

Wie die Rechtslage ist, wenn der Verkäufer den Mangel **eigenmächtig** gegen den erklärten Willen des Käufers zu einem Zeitpunkt beseitigt, in dem das Scheitern der Nacherfüllung feststeht, der Käufer sein Recht zur Wahl zwischen Rücktritt, Minderung und Schadensersatz aber noch nicht ausgeübt hat, sagt das Gesetz nicht.

Beispiel:
Der Käufer erklärt im Anschluss an die zweite fehlgeschlagene Mängelbeseitigung, er dulde keine weiteren Arbeiten an dem Fahrzeug und werde die Sache seinem Anwalt übergeben. Bevor dieser sich meldet, hat der Verkäufer den Mangel beseitigt.

---

104 BGH 20. 1. 2006, NJW 2006, 1198.
105 Instruktiv *Hanau*, NJW 2007, 2806; s. auch *Kleine/Scholl*, NJW 2006, 3462.
106 OLG Bremen 21. 6. 2007, ZGS 2007, 471 (kein Fahrzeugkauf).

Der Sachverhalt ähnelt der Fallgruppe „Mängelbeseitigung in der Zeit zwischen Erklärung und Vollzug der Wandlung". Der BGH hat die Auswirkungen des Wegfalls des Mangels auf das Wandlungsrecht als strittige Frage bezeichnet, auf die er keine Antwort geben musste.[107] Heute spricht alles dafür, dem Käufer trotz der Mängelbeseitigung die Sekundärrechte zuzubilligen, da der Verkäufer aus seiner Eigenmacht keinen Nutzen ziehen darf. Der Käufer soll nach der Konzeption des Gesetzes über die Art der Nacherfüllung, die Vorgehensweise nach dem Scheitern der Nacherfüllung und über den Sekundäranspruch frei entscheiden können. Für den Bereich des Verbrauchsgüterkaufs sind diese gesetzlichen Vorgaben weitgehend zwingend. Der eigenmächtige Eingriff des Verkäufers in das Wahlrecht ist auch nicht schutzwürdig.

c) Wegfall des Mangels ohne Zutun des Verkäufers

510   Fällt ein Mangel in der Zeit zwischen dem Scheitern der Nacherfüllung und der Geltendmachung der Sekundärrechte von selbst weg, ist eine Klage auf Nacherfüllung gegenstandslos. Zu beachten ist allerdings, dass vorübergehende Defekte durchaus Mängelqualität besitzen können, wenn sie den Wert oder die Verwendungstauglichkeit des Fahrzeugs beeinträchtigen.[108] Daraus folgt, dass der Wegfall des Mangels nach einer gewissen Zeit nicht in jedem Fall zum Untergang der Sachmängelrechte führen kann. Trotz Wegfalls des Mangels verbleibende Einbußen sind dem Käufer nach den Regeln des Schadensersatzes zu ersetzen, insbesondere ein Nutzungsausfall (dazu Rn 1839 ff.).

3. Mängelbeseitigung nach gescheiterter Nacherfüllung im Anschluss an die Ausübung eines Sekundärrechts

511   Der Mangel muss nicht nur bei Gefahrübergang, sondern auch noch zu dem Zeitpunkt vorhanden sein, in dem der Käufer die Sekundärrechte geltend macht, z. B. den Rücktritt vom Kauf erklärt. Dass zu diesem Zeitpunkt ein Mangel nur möglicherweise vorliegt, macht den Rücktritt unwirksam.[109] Das Erfordernis des Fortbestehens der Mangelhaftigkeit ergibt sich im Umkehrschluss aus § 440 BGB. Die Entbehrlichkeit der Fristsetzung macht nur Sinn, wenn der Mangel, um dessen Beseitigung es geht, noch vorhanden ist. Im Zeitpunkt der letzten mündlichen Verhandlung über eine Klage, mit welcher der Käufer die Rücktrittsfolgen geltend macht, muss der Mangel nicht mehr vorliegen.

512   Die Frage, welche Auswirkungen eine nachträgliche Nacherfüllung auf das Schicksal der übrigen Sachmängelansprüche hat, ist durch den gestaltungsrechtlichen Charakter des Rücktritts und der Minderung zumindest entschärft worden. Die „Grauzone" zwischen Geltendmachung und Vollzug der vormaligen Rechte auf Wandlung und Minderung ist beseitigt.

a) Mängelbeseitigung durch den Verkäufer mit Zustimmung des Käufers

513   Stimmt der Käufer einer ersten oder weiteren Maßnahme der Mängelbeseitigung in der Werkstatt des Händlers oder einer autorisierten Drittfirma zu, obwohl die Nacherfüllung bereits gescheitert ist, kann darin ein **vorläufiger Verzicht** auf die Verfolgung derjenigen Ansprüche liegen, die sich aus einem bereits erklärten Rücktritt ergeben. Naheliegend ist die Annahme einer Einigung auf (weitere) Nachbesserung unter dem Vorbehalt des Erfolgs der Reparatur.[110] Falls der Käufer einer Nachbesserung, die in seiner Gegenwart erfolgt,

---

107 Zuletzt Urt. v. 17. 12. 1997, NJW-RR 1998, 680.
108 BGH 20. 10. 2000, NJW 2001, 66; 10. 7. 1953, BGHZ 10, 242; OLG Frankfurt 9. 5. 1988, BB 1988, 1554; OLG Köln 17. 12. 2002, OLGR 2003, 62.
109 OLG Naumburg 13. 2. 2008 – 6 U 131/07 – n. v.
110 BGH 8. 11. 1983, NJW 1984, 2287; BGH 19. 6. 1996, NJW-RR 1998, 680; s. auch OLG Hamm 15. 1. 1998, OLGR 1998, 217 (aber Sonderfall).

nicht erkennbar widerspricht und sich stattdessen auf die fotografische Dokumentation des Reparaturvorgangs beschränkt, ist davon auszugehen, dass er der Maßnahme konkludent zustimmt.[111] So auch, wenn er vorbehaltlos darin einwilligt, dass sich ein vom Verkäufer mit der Mängelbehebung beauftragter Dritter das Fahrzeug anschaut[112] oder dass es im Zuge einer Rückrufaktion des Herstellers repariert wird.[113]

Ansprüche auf Ersatz eines etwaigen **Verzögerungsschadens** werden von dem konkludenten Verzicht des Käufers im Zweifel nicht erfasst.

An die Zustimmung zu einer nachträglichen Fehlerbeseitigung ist der **Käufer** nach Treu und Glauben **grundsätzlich gebunden**. Wenn die Vertrauensgrundlage entfällt, kann er von seiner Zustimmung Abstand nehmen. Da es sich um die „allerletzte Chance" für den Verkäufer handelt, sind insoweit nur geringe Anforderungen zu stellen. Die Zumutbarkeitsschwelle ist deutlich eher überschritten als bei „normaler" Nachbesserung. Die Vereinbarung der nachträglichen Fehlerbeseitigung und der mit ihr einhergehende vorläufige Verzicht auf die Weiterverfolgung der Sekundäransprüche wird hinfällig, wenn die Nachbesserung nicht gelingt. Die Einigung steht unter dem Vorbehalt des Erfolgs der Reparatur.

b) Mängelbeseitigung durch den Verkäufer ohne Zustimmung des Käufers

Erfolgt die nachträgliche Nachbesserung ohne Zustimmung des Käufers, also eigenmächtig, bleibt die durch die **Rücktrittserklärung** des Käufers geschaffene Rechtslage davon unberührt.[114] Im Fall einer vom Käufer geltend gemachten **Minderung** kann eine andere Beurteilung angezeigt sein. Der Käufer erlangt durch die nachträgliche Beseitigung des Mangels zweifellos einen Vorteil, da das Fahrzeug in seinem Besitz verbleibt. Es würde daher befremden, wenn er den Anspruch auf Minderung trotz des Mangelwegfalls in vollem Umfang behalten dürfte. Zur Vermeidung einer mit den Vorschriften der Sachmängelhaftung nicht in Einklang zu bringenden ungerechtfertigten Bereicherung wird vorgeschlagen, dem Käufer die Minderung insoweit zuzuerkennen, als der Mangel den Gebrauch des Fahrzeugs vorübergehend beeinträchtigt hat.[115] Sofern eine Gebrauchsbeeinträchtigung nicht vorgelegen hat, verliert der Käufer allerdings den Anspruch auf Minderung.

c) Mängelbeseitigung durch den Käufer

Die Beseitigung des Mangels durch den Käufer nach Erklärung des Rücktritts beinhaltet weder einen Verzicht auf die Ansprüche aus dem Rückabwicklungsverhältnis noch steht dem Festhalten an den Rücktrittsfolgen der Einwand der unzulässigen Rechtsausübung in Form des Verbots widersprüchlichen Verhaltens entgegen.[116] Der Verkäufer hat dem Käufer die Verwendungen und andere Aufwendungen für die Fehlerbeseitigung zu ersetzen, da § 347 BGB die Zeitspanne vom Empfang des Fahrzeugs bis zur endgültigen Rückabwicklung des Vertrages betrifft.[117]

d) Mängelbeseitigung durch den Sachverständigen

Immer wieder kommt es vor, dass Mängel im selbstständigen Beweisverfahren oder im Laufe des Prozessverfahrens vom gerichtlich bestellten Gutachter endgültig oder proviso-

---

111 BGH 19. 6. 1996, WM 1996, 1915.
112 OLG Köln 9. 10. 1992, NJW-RR 1993, 565; 1. 2. 1993, OLGR 1993, 130.
113 OLG München 23. 4. 1997, OLGR 1999, 202.
114 BGH 10. 7. 1953, BGHZ 10, 242, 244; OLG Düsseldorf 19. 12. 1997, OLGR 1998, 1587; OLG Karlsruhe 24. 4. 1998, NJW-RR 1999, 279; OLG Köln 22. 10. 1999 – 20 U 68/99 – n. v.
115 *Soergel/Huber*, § 459 BGB Rn 90; *Reinking* in ‚Jahrbuch Verkehrsrecht 2000', herausgegeben von *Himmelreich*, S. 367 ff., 377.
116 BGH 8. 2. 1984, NJW 1984, 1525.
117 *Palandt/Grüneberg*, § 347 BGB Rn 1/2.

risch beseitigt werden. Beispiele: loses Kabel im Pkw, das die Blinkleuchte außer Betrieb setzt, ein defektes Potentiometer der Drosselklappe, das Zündaussetzer des Motors zur Folge hat[118] oder ein verstopfter Tankdeckel, der den Kraftstoffzufluss zum Motor stört, so dass dieser sporadisch nicht anspringt oder nach kurzer Laufzeit ausgeht.[119] Derartige Maßnahmen des Sachverständigen „als Monteur" dienen häufig nur dem Zweck, die Ursache einer Störung zu ermitteln. Wenn sie danach nicht mehr auftritt, weiß der Sachverständige, woran es gelegen hat.

518 Eine Nacherfüllungsklage ist in einem solchen Fall für erledigt zu erklären (§ 91 a ZPO). Bereits entstandene Ansprüche aus Rücktritt oder Minderung können weiterverfolgt werden, sie bleiben grundsätzlich unberührt. Anders können die Dinge liegen, wenn der Sachverständige im ausdrücklichen Einverständnis mit dem Käufer oder mit dessen nachträglicher Billigung gehandelt hat. Dann kann dem Anspruch auf Rückabwicklung des Kaufs, aber auch einer Kaufpreisminderung, materiellrechtlich die Grundlage entzogen sein.[120]

VI. Rücktritt

1. Ausübung des Rücktrittsrechts

519 Der Rücktritt ist **ein Gestaltungsrecht**. Durch die (wirksame) Rücktrittserklärung wird der Kaufvertrag in ein Rückabwicklungsverhältnis umgestaltet; die primären Leistungspflichten erlöschen.[121] Die Rücktrittsfolgen und die daraus resultierenden Ansprüche werden im Rücktrittsrecht (§§ 346 ff. BGB) geregelt. Ansprüche des Fahrzeugkäufers aus dem Rückgewährschuldverhältnis verjähren nicht nach § 438 BGB in zwei, sondern gem. § 195 BGB in drei Jahren (näher Rn 1992 ff.).

520 **Nicht immer ist klar**, ob der Käufer von seinem Rücktrittsrecht Gebrauch macht oder ob er den Vertrag im Wege der Anfechtung, z. B. wegen arglistiger Täuschung, auflösen möchte, um dann seine Rechte nach §§ 812 ff. BGB zu verfolgen. Da eine Rückabwicklung auch im Wege des Schadensersatzes erfolgen kann, z. B. durch Geltendmachung des großen Schadensersatzes, kann auch in dieser Hinsicht Klärungsbedarf herrschen. Zu dieser Thematik und auch zum Wechsel in der Rechtsverfolgung s. Rn 1897 ff.

2. Ausschluss des Rücktritts wegen Unerheblichkeit der Pflichtverletzung bzw. des Mangels

a) Gesetzliche Ausgangslage

521 Während bei einer nur unerheblichen Minderung der Gebrauchstauglichkeit oder des Wertes der Kaufsache im früheren Recht **schon kein Fehler** vorgelegen hat, der Verkäufer also in keiner Weise einstandspflichtig war (§ 459 Abs. 1 S. 2 BGB a. F.), hat sich die Bagatellproblematik im heutigen Kaufrecht **auf die Rechtsfolgeseite** verlagert. § 434 BGB kennt im Gegensatz zu § 459 Abs. 1 S. 2 BGB a. F. keine Bagatellklausel. Grundsätzlich haftet der Verkäufer damit auch für einen „unerheblichen" Mangel. Ausgeschlossen ist er nur mit zwei Rechtsbehelfen, dem Rücktritt (§§ 437 Nr. 2 Alt. 1, 323 Abs. 5 S. 2 BGB) und dem Schadensersatzanspruch statt der ganzen Leistung (großer Schadensersatz), vgl. §§ 437 Nr. 3, 281 Abs. 1 S. 3 BGB. Alle übrigen Mängelrechte – Nacherfüllung, Min-

---

118 OLG Hamm 28. 4. 1995, ZfS 1995, 296.
119 LG Köln 10. 11. 1993 – 26 S 44/93 – n. v.
120 Vgl. BGH 5. 11. 2008 – VIII ZR 166/07 – noch n. v.; OLG Düsseldorf 19. 12. 1997, NJW-RR 1998, 1587; 28. 4. 1995, ZfS 1995, 296.
121 BGH 28. 11. 2007, NJW 2008, 911.

Rücktritt

derung und kleiner Schadensersatz – sind unabhängig von einer Erheblichkeit des Mangels.

Nach den **Gesetzesmaterialien** ist der Rücktritt bei einer unerheblichen Minderung des Wertes oder der Tauglichkeit im Sinne des früheren § 459 Abs. 1 S. 2 BGB bzw. bei einer „geringfügigen Vertragswidrigkeit" im Sinne des Art. 3 Abs. 6 VerbrKRL ausgeschlossen.[122]

522

Unter welchen Voraussetzungen eine Vertragswidrigkeit wie die Lieferung eines mangelhaften Kfz nur ‚geringfügig' (‚minor') ist, geht weder aus der Richtlinie selbst noch aus den Materialien hervor.[123] Die notwendige Präzisierung hat man der Rechtsprechung überlassen. Als Beispiel für eine nicht unerhebliche Pflichtverletzung nennt der nationale Gesetzgeber lediglich den Fall, dass der Verkäufer eine **„Zusicherung"** (jetzt Beschaffenheitsgarantie) nicht eingehalten hat. Unangesprochen bleibt der Einfluss eines Verkäuferverschuldens, z. B. einer arglistigen Täuschung. Wenn eine Garantieübernahme reicht, um Unerheblichkeit zu verneinen, sollte dies erst recht für eine **arglistige Täuschung** gelten, wie der BGH inzwischen auch entschieden hat.[124]

523

b) Grundlinien der Rechtsprechung

Wie kaum ein anderes Thema des modernisierten Kaufrechts hat die „Bagatellproblematik" von Beginn an die Gerichte beschäftigt; in der Mehrzahl der Fälle vor dem Hintergrund von Rückabwicklungsklagen nach Rücktritt, nur relativ selten unter dem identischen Vorzeichen des § 281 Abs. 1 S. 3 BGB (großer Schadensersatz).

524

Der BGH hat durch Beschluss vom 8. 5. 2007 entschieden:

525

Ein Sachmangel stellt eine unerhebliche Pflichtverletzung dar, die den Käufer gem. § 323 Abs. 5 S. 2 BGB nicht zum Rücktritt berechtigt, wenn er im Sinne von § 459 Abs. 1 S. 2 BGB a. F. den Wert oder die Tauglichkeit der Kaufsache nur unerheblich mindert (NJW 2007, 2111 m. Anm. *Reinking*).

Dass bei Störungen, die nach altem Recht „unerheblich" waren und damit keinerlei Haftung begründen konnten, der Rücktritt ausgeschlossen ist, ergibt sich eindeutig aus den Gesetzesmaterialien, versteht sich im Übrigen aber auch von selbst. Das Problem, vor dem die Praxis tagtäglich steht, ist ein anderes, gewissermaßen eine Stufe höher angesiedelt: Es gilt zu ermitteln, in welchen Fällen Käufern anstelle von Minderung oder kleiner Schadensersatz das Recht zusteht, den Kaufvertrag im Wege des Rücktritts oder des großen Schadensersatzes aufzulösen, d. h. die **Grenzlinie zwischen Mangelhaftigkeit als solcher** und **„Rücktritts-Mangelhaftigkeit"** zu bestimmen. Bei dieser nachgelagerten Erheblichkeit kann nicht an die – ohnehin wenig einheitliche – Rechtsprechung zu § 459 Abs. 1 S. 2 BGB a. F. angeknüpft werden.[125] Das wäre systemwidrig und würde „die den §§ 281 Abs. 1 S. 3, 323 Abs. 5 S. 2 BGB zukommende Filterfunktion weitgehend leer laufen lassen".[126]

526

Zu dieser eigentlichen Abgrenzungsproblematik hat **der BGH** sich bisher noch nicht grundsätzlich geäußert. Nur am Rande angesprochen wird sie in den Urteilen vom 14. 9. 2005[127] und vom 29. 11. 2006[128] sowie in den beiden „Unfallwagen"-Entscheidungen

527

---

122 BT-Drucks. 14/6040, S. 222, 223.
123 Zur Bedeutung von Art. 3 Abs. 6 der Richtlinie für die Auslegung des § 323 Abs. 5 S. 2 BGB s. *Schmidt-Räntsch*, FS Wenzel, S. 409.
124 Urt. v. 24. 3. 2006, NJW 2006, 1960 (Immobilienkauf).
125 So auch OLG Düsseldorf 8. 1. 2007, NJOZ 2008, 601 = ZGS 2007, 157; OLG Bamberg 10. 4. 2006, DAR 2006, 456 = MDR 2007, 87; *Schmidt-Räntsch*, FS Wenzel, S. 409, 417, 418.
126 OLG Bamberg 10. 4. 2006, DAR 2006, 456 = MDR 2007, 87.
127 NJW 2005, 3490 (Ford Fiesta/Vorführwagen).
128 NJW 2007, 1346 (Motorrad mit zu hoher Laufleistung).

vom 17. 10. 2007[129] und 12. 3. 2008.[130] Noch nicht entschieden hat der BGH, ob für die Frage der Erheblichkeit eines **behebbaren Mangels** stets auf **die Kosten der Mängelbeseitigung** abzustellen ist und bei welchem Prozentsatz vom Kaufpreis oder vom Wert der Sache in mangelfreiem Zustand die Grenze zur Erheblichkeit zu ziehen ist. Ein Mängelbeseitigungsaufwand von nur knapp 1 % des Kaufpreises soll „ohne Zweifel unterhalb der Bagatellgrenze" liegen.[131] Im Anschluss daran hat der BGH in einem Gebrauchtwagenfall entschieden:

> Die „Pflichtverletzung", die in der Lieferung eines Gebrauchtwagens mit dem unbehebbaren Mangel der Eigenschaft als Unfallwagen liegt, ist im Sinne von § 323 Abs. 5 S. 2 BGB unerheblich, wenn sich der Mangel allein in einem merkantilen Minderwert des Fahrzeugs auswirkt und dieser weniger als 1 % des Kaufpreises beträgt (Urt. v. 12. 3. 2008, NJW 2008, 1517).

528 Was die **Kategorie „unbehebbarer Mangel"** angeht, wird auf die Ausführungen im Teil „Gebrauchtwagenkauf" verwiesen (Rn 1730). Im Bereich des Neuwagenkaufs sind es **in erster Linie** behebbare Mängel, deren Bedeutung und Gewicht zu beurteilen sind. Unbehebbar ist z. B. das Fehlen von „fabrikneu" (dazu Rn 238 ff.). Angesichts des Stellenwertes dieser Eigenschaft kann die Rücktrittsbefugnis des Käufers nicht zweifelhaft sein.

529 Soweit die Gerichte in Autokauffällen behebbare Mängel zu beurteilen hatten, haben sie vor allem auf **die Kosten der Mängelbeseitigung** abgestellt und dabei Grenzwerte zwischen 3 und 10 % befürwortet (siehe die Kasuistik unter Rn 540 ff.), häufig, ohne sich auf einen bestimmten Prozentsatz festzulegen. Die Mängelbeseitigungskosten werden mit dem Kaufpreis in Relation gesetzt, nicht mit dem Wert des Fahrzeugs in mangelfreiem Zustand. Schon aus Gründen der Praktikabilität ist der Kaufpreis als Bezugsgröße vorzuziehen. Zum Teil hat man bei den Grenzwerten, aber auch generell, zwischen Neufahrzeugen und Gebrauchtwagen unterschieden. Generell ziehen die Instanzgerichte bei Neuwagen **die Bagatellgrenze enger** als bei schon gebrauchten Fahrzeugen. Letztere trotz bestehender Mangelhaftigkeit zu behalten, gilt als vergleichsweise eher zumutbar.[132] Bei Neufahrzeugen wird auch nach der Wagenklasse differenziert. Die Schwelle der Unerheblichkeit der Pflichtverletzung liege **„besonders niedrig"**, so das OLG Düsseldorf im Fall eines 45. 000 Euro-Autos der gehobenen Mittelklasse.[133]

530 Ob die Mängelbeseitigungskosten **absolut gesehen** „geringfügig" sind, bleibt in den einschlägigen Entscheidungen ganz überwiegend unerörtert.

531 Der **Instandsetzungsaufwand** ist nach der Rechtsprechung der Instanzgerichte zwar das vorrangige, aber nicht das alleinige Kriterium. So heißt es in einem Neuwagen-Urteil des OLG Düsseldorf (1. ZS):

> Allein daraus (Anm: aus den niedrigen Reparaturkosten) *auf Unerheblichkeit zu schließen, hält der Senat für verfehlt. Störungen im Bereich der Elektrik/Elektronik lassen sich erfahrungsgemäß nicht selten ohne großen Aufwand beheben, wie auch der Streitfall zeigt. Angesichts der hohen Neuwagenpreise (im Durchschnitt 25.000 EUR) bliebe selbst die Ein-Prozent-Grenze häufig unterschritten. Sinnvoller erscheint es dem Senat, beim Ausfall einer Sonderausstattung auch auf die Relation zwischen Gesamtkaufpreis und dem Preis für das „Extra" abzustellen* (Urt. v. 8. 1. 2007, NJOZ 2008, 601 = ZGS 2007, 157).[134]

---

129 NJW 2008, 53.
130 NJW 2008, 1517.
131 BGH 14. 9. 2005, NJW 2005, 3490.
132 OLG Düsseldorf 18. 8. 2008 – I-1 U 238/07 – n. v.; Urt. v.8. 1. 2007, NJOZ 2008, 601 = ZGS 2007, 157; OLG Köln 27. 3. 2008, VRR 2008, 228 = OLGR 2008, 584.
133 Urt. v. 18. 1. 2008, NJW-RR 2008, 1230.
134 Ebenso OLG Düsseldorf 18. 8. 2008 – I-1 U 238/07 – n. v.; in diese Richtung auch OLG Düsseldorf (22. ZS) 10. 2. 2006, VRR 2006, 306.

Rücktritt

Nach der Rechtsprechung des OLG Düsseldorf (1. ZS) stehen Mängelbeseitigungskosten unter 5 % des Kaufpreises nicht prinzipiell einem Rücktritt entgegen.[135] Bei einem Kaufpreis von 100.000 EUR, im Premiumsegment keine Seltenheit, kann schon ein Prozentsatz von drei (= 3.000 EUR) nicht als sinnvoll angesehen werden. Die Frage der Erheblichkeit ist keine Frage von Prozentsätzen,[136] sondern in Abhängigkeit von den Umständen des Einzelfalls zu beurteilen. Sinn und Zweck der Regelung in § 323 Abs. 5 S. 2 BGB (wie des § 281 Abs. 1 S. 3 BGB) ist es, dem Käufer das Recht zu versagen, wegen Bagatellbeeinträchtigungen den Vertrag aufzulösen. Daran sind die Anforderungen zu messen, die an die Erheblichkeit der Pflichtverletzung zu stellen sind. **532**

Als **gemeinsamer Nenner** hat sich herauskristallisiert, die Interessen der Parteien im Wege einer „Gesamtabwägung" gegeneinander abzuwägen[137] und bei dieser **Interessenabwägung im Einzelfall** zu fragen, ob dem Käufer zugemutet werden kann, sich mit einer Minderung des Kaufpreises zu begnügen. **533**

Ein allseits anerkannter Ansatz ist, nach den **Auswirkungen des Mangels** mit Blick auf die berechtigten Käuferinteressen zu fragen. Im Vordergrund stehen die **Gebrauchstauglichkeit** (Fahrsicherheit und Fahrkomfort) und **der Wert** des Fahrzeugs. Defekte an **Motor und Getriebe** fallen stärker ins Gewicht als nur optische Defizite. Permanentem **Ärger mit der Elektronik** (wiederkehrende „Aussetzer") tragen die Gerichte zu Lasten der Händler gebührend Rechnung (siehe nachfolgende Kasuistik). In enger Beziehung zur Frage der Beeinträchtigung der Verwendungstauglichkeit und der damit verbundenen Belastung des Käufers steht der schon im Rahmen des § 459 Abs. 1 S. 2 BGB a. F. anerkannte Gesichtspunkt, ob der Mangel leicht bzw. mühelos zu beheben ist.[138] Seine Erheblichkeit kann ein Mangel auch aus dem Umstand beziehen, dass sich seine Ursache nicht oder nur schwer hat klären lassen, ein bei „**Elektronikschäden**" wichtiger Aspekt.[139]

Die **finanziellen Auswirkungen** sind insbesondere ein Thema bei Mängeln wie Kraftstoffmehrverbrauch (dazu Rn 299 ff.) und „falsche" Schadstoffklasse mit Steuernachteilen (dazu Rn 314).

Durch den BGH sachgerecht geklärt sind zwei Fragen, denen in der Praxis nicht immer die nötige Beachtung geschenkt wird. Zum einen geht es darum, dass **Defekte und Unzuträglichkeiten**, die nicht die Qualität von Sachmängeln besitzen (z. B. natürlicher Verschleiß oder normale Gebrauchsspuren) im Rahmen der Erheblichkeitsprüfung nicht zu berücksichtigen sind.[140] Außer Betracht haben darüber hinaus „echte" Sachmängel zu bleiben, hinsichtlich derer der Verkäufer noch sein **Recht zur zweiten Andienung** hat.[141] Erst wenn auch insoweit „Rücktrittsreife" eingetreten ist, kann der Mangel in die Bewertung einbezogen werden. **534**

Dass **mehrere geringfügige** Mängel **in der Summe** das Gewicht haben können, um dem Käufer über die Bagatellhürde zu verhelfen, entspricht gefestigter Rechtsprechung.[142] **535**

Für die Praxis geklärt ist auch die in der Literatur kontrovers diskutierte Frage, ob subjektive Momente wie z. B. eine **arglistige Täuschung** zu berücksichtigen sind. **Der BGH** hat dies in einem Fall des Immobilienkaufs bejaht, indem er einem an sich möglicherweise **536**

---

135 Urt. v. 18. 8. 2008 – I-1 U 238/07 – n. v.
136 So auch OLG Köln 27. 3. 2008, VRR 2008, 228 = OLGR 2008, 584.
137 OLG Düsseldorf 8. 1. 2007, NJOZ 2008, 601 = ZGS 2007, 157; so auch östr. OGH 28. 9. 2005, ZVR 2006, 285; s. auch LG Bremen 21. 9. 2007, DAR 2008, 529.
138 Vgl. BGH 10. 7. 1953, BGHZ 10, 242, 248.
139 Vgl. OLG Düsseldorf 21. 1. 2008. NJW-RR 2008, 1199.
140 BGH 14. 9. 2005, NJW 2005, 3490.
141 BGH 14. 9. 2005, NJW 2005, 3490; LG Bremen 21. 9. 2007, DAR, 2008, 529.
142 Z. B. OLG Düsseldorf 18. 8. 2008 – I-1 U 238/07 – n. v.

nur geringfügigen Mangel infolge der Arglist des Verkäufers die für den Rücktritt erforderliche „Erheblichkeit" bescheinigt.[143] Zu beachten ist, dass bei Bagatellmängeln Arglist des Verkäufers häufig aus tatsächlichen Gründen nicht festgestellt werden kann.

537 Ob der **Bruch einer „einfachen" Beschaffenheitsvereinbarung** (§ 434 Abs. 1 S. 1 BGB) im Rahmen der Erheblichkeitsprüfung ein stärkeres Gewicht hat als ein Mangel nach den Kriterien des § 434 Abs. 1 S. 2 Nr. 1 und insbesondere Nr. 2 BGB, ist höchstrichterlich noch nicht entschieden.

Wenn der Gesetzgeber einem Verkäufer, der eine übernommene Garantie nicht eingehalten hat, die Berufung auf eine „unerhebliche" Pflichtverletzung versagt, kann daraus geschlossen werden: Eine nicht eingehaltene Beschaffenheitsvereinbarung reicht dem Käufer nicht in jedem Fall, ist aber bei der gebotenen Gesamtbetrachtung auch nicht unbeachtlich. Als verstärkendes Moment sollte dieser Gesichtspunkt schon berücksichtigt werden. Denn ob ein Mangel erheblich ist oder nicht, bestimmt sich zumindest auch, wenn nicht gar vorrangig, nach den Vereinbarungen der Vertragsparteien. Ein genereller Maßstab ist dagegen im Rahmen der Mangelhaftigkeit nach den objektiven Kriterien des § 434 Abs. 1 S. 2 Nr. 2 BGB anzulegen.

538 Als hilfreich hat sich die **Testfrage** herausgestellt, ob der Käufer das Fahrzeug in Kenntnis des Mangels zu einem niedrigeren Preis erworben oder vom Kauf Abstand genommen hätte.[144] Sie ermöglicht es, den hypothetischen Parteiwillen nachträglich zu verwirklichen.

539 Neben der Pflichtverletzung in Form der Schlechtleistung (Verstoß gegen § 433 Abs. 1 S. 2 BGB) ist in Fällen mit behebbaren Mängeln eine zweite Pflichtverletzung ins Auge zu fassen: Die **Verletzung der Nacherfüllungspflicht** (§ 439 Abs. 1 BGB). Ihr wird in der Rechtsprechung selten eigenständige Bedeutung beigemessen. Durchweg wird auf den Mangel als solchen abgestellt. Doch schon bloße „Unannehmlichkeiten" im Verlauf der Nachbesserung können zu Lasten des Verkäufers gehen. Dazu das OLG Naumburg:

> „Im Rahmen der Interessenabwägung fällt zu Lasten des Verkäufers ins Gewicht, dass er den Käufer mit seinem berechtigten Anliegen, das grundlose Leuchtsignal dauerhaft zu beheben, vielfach abgewiesen hat. Dieses Verhalten verstärkt die Pflichtverletzung des Verkäufers so, dass sie deshalb nicht mehr als unerheblich gelten kann" (Urt. v. 13. 12. 2006, OLGR 2007, 815).

c) Kasuistik Neufahrzeugkauf
aa) Erheblichkeit bejaht

540

Sachverhalt	Entscheidung
Pkw unbekannten Typs, Vibrationsgeräusche am Lenkrad, Schwergängigkeit Tür hi. li., irregulärer Geradeauslauf	öster. OGH ZVR 2006, 285
MB A Klasse 200 CDI, anormale Windgeräusche ab 130 km/h und Dieselmehrverbrauch von 8 % im Durchschnittswert	OLG Düsseldorf 18. 8. 2008, I-1 U 238/07
Peugeot 206 CC, wiederkehrende Funktionsstörungen beim Schließmechanismus des faltbaren Verdecks	OLG Düsseldorf NJW-RR 2008, 1199
Mercedes Benz CL 500 Coupé, Tageszulassung, Leasingwagen, wiederholter Ausfall der Elektronik, z. B. Komplettabstürze des Info-Systems	OLG Düsseldorf 10. 2. 2006, I-22 U 149/05

---

143 Urt. v. 24. 3. 2006, NJW 2006, 1961.
144 *Jud*, Jb. J.ZivR.Wiss. 2001, 205, 222.

Rücktritt

Sachverhalt	Entscheidung	
Pkw der gehobenen Mittelklasse mit Getriebeproblemen („Ruckeln"/Automatikgetriebe)	OLG Düsseldorf NJW-RR 2008, 1230	**540**
Wiederholte Störungen von Funktionen der Sonderausstattung (Navi, MP3-Player, Telefon)	OLG Köln VRR 2008, 228 = OLGR 2008, 584	
VW Passat, mit Normalbenzin nicht fahrbar	LG Schweinfurt DAR 2006, 512	
Mercedes Benz, E 270 CDI, zahlreiche Elektronikmängel, isoliert betrachtet geringfügig, in der Summe aber erheblich	LG Zweibrücken SVR 2005, 188	
PKW (75.000 EUR), quietschende Bremsgeräusche	OLG Schleswig 25. 7. 2008 – 14 U 125/07	

bb) Erheblichkeit verneint

Sachverhalt	Entscheidung	
Opel Vectra, Fehlfunktionen der Lenkradfernbedienung (Teil der Sonderausstattung), keine Annahme von Eingabebefehlen, ungewollte Umschaltungen; Kostenaufwand unter 300 EUR	OLG Düsseldorf NJOZ 2008, 601 = ZGS 2007, 157	**541**
AUDI A 2, 1,2 l TDI, Kraftstoffmehrverbrauch 11 % innerstädtisch, 7 % außerstädtisch, 6 % Im Durchschnitt	BGH NJW 2007, 2111	
Ford Fiesta Ambiente (Vorführwagen) mit leichten Karosserieschäden; bei einem (bestr.) Mängelbeseitigungsaufwand von nur knapp 1 % des Kaufpreises (11. 500 EUR) „ohne Zweifel unterhalb der Bagatellgrenze"	BGH NJW 2005, 3490	
BMW 1 mit einer Vielzahl kleinerer Reklamationen, u. a. Lack	OLG Düsseldorf 1. 5. 2007, I-1 U 201/05	
Fiat Doblo, Leasingwagen, Einstufung nach „Euro 3" statt, wie angeblich vereinbart, nach „Euro 4"; Steuernachteil nur geringfügig	Brand OLG 14. 2. 2007, 13 U 92/06	
Peugeot 607, fehlerhafte Tankanzeige (zu frühes Aufleuchten „Geringer Treibstoff-Vorrat")	OLG Düsseldorf 11. 6. 2007, I-1 U 259/06	
Citroen C 3 Pluriel, Cabrio, Wassertropfen an den Innenscheiben beim Durchfahren einer Waschstraße	Brand OLG 21. 2. 2007, 4 U 121/06	
BMW 330 i, Entladen der Batterie durch nicht kompatible Software des Kunden-Handys; Pkw hatte Telefonvorbereitung	LG Coburg 9. 11. 2005, 13 O 834/04	
Pkw, Typ nicht bekannt, Störungen beim Radioempfang, überlagernde Geräusche u. a.	LG Düsseldorf DAR 2006, 511	
Pkw, Typ nicht bekannt, zweitüriger Kleinwagen, fehlerhafter, nicht bündiger Türschluss	OLG Düsseldorf NJW 2005, 2235	
Pkw, Typ nicht bekannt, „Verzerrungen" der Windschutzscheibe bis zu 4 cm über dem unteren Rand	LG Bad Kreuznach SVR 2008, 102	
PKW, Typ nicht bekannt, „Knackgeräusche"	LG Bremen DAR 2008, 529	

d) Kasuistik „technische Mängel/Gebrauchtwagen"

542 Eine nützliche Orientierungshilfe auch bei der Bearbeitung von Neuwagenfällen sind Entscheidungen zum Gebrauchtwagenkauf, soweit es um die Bedeutung technischer Mängel geht. Besonders lesenswert, weil kontrovers und auch ins Grundsätzliche gehend: OLG Bamberg DAR 2006, 456 = ZfS 2006, 387 (Jahreswagen) und OLG Köln NJW 2007, 1694.

aa) Erheblichkeit bejaht

543

Sachverhalt	Entscheidung
BMW, Aussetzer im Drehzahlbereich zwischen 1000 und 2000 in den Gängen drei und vier; Ursache defekte Zündkerzenstecker	LG Frankfurt/M DAR 2007, 90
BMW 330d, Fehlfunktionen des Navi, Kostenaufwand 2.000 EUR = mehr als 5 % des Kaufpreises; ausdrückliche Ablehnung der 10 %-Grenze des OLG Bamberg DAR 2006, 456	OLG Köln NJW 2007, 1694
VW Sharan, EZ 3/96, 98.000 km, konstruktionsbedingte „Formunbeständigkeit" der Innenverkleidung der beiden Vordertüren	OLG Saarbrücken DAR 2006, 509
Pkw, Typ nicht bekannt, keine Vorlage des nach der StVZO notwendigen Umrüstungsnachweises	OLG Bamberg DAR 2005, 619
Mercedes Benz, 240, Wassereintritt hinterer Karosseriebereich	OLG Karlsruhe DAR 2005, 31
Mitsubishi Outlander, grundloses Aufleuchten eines Leuchtsignals (Motor)	OLG Naumburg OLGR 2007, 815

bb) Erheblichkeit verneint

544

Sachverhalt	Entscheidung
Nissan Primera, Jahreswagen, unzureichende Befestigung der Innenverkleidung, fehlende Dekorbeschichtung des Schalthebelknaufs, Defekt an Freisprechanlage; Kosten deutlich unter 10 %; obiter dictum: 10 % bei Gebrauchtwagen	OLG Bamberg DAR 2006, 456 = MDR 2007, 87 = ZfS 2006, 387
Renault Twingo, Reserverad mangelhaft, Endschalldämpfer schadhaft, erhöhter Abgaswert im Leerlauf, Reparaturkosten weniger als 3 % des Kaufpreises von 6.090 EUR	OLG Düsseldorf NJW-RR 2004, 1060 = DAR 2004, 392
Skoda Octavia, Kaufpreis 7.500 EUR, Feuchtigkeit Beifahrerfußraum, Reparaturkosten 4,5 % des Kaufpreises	LG Kiel DAR 2005, 38

e) Darlegungs- und Beweislast

545 Für die tatsächlichen Voraussetzungen der Unerheblichkeit der Pflichtverletzung trägt **der Verkäufer** die Darlegungs- und Beweislast.[145] Es handelt sich um eine rechtsvernichtende Einwendung im Sinne eines **Ausschlussgrundes** (siehe § 441 BGB). Händler sind gut beraten, die Kosten einer fachgerechten Beseitigung anhand eines spezifizierten Kostenvoranschlags zu belegen. Mitzuteilen sind nicht die Eigenkosten, sondern Fremdkosten incl. USt. Bemerkenswerterweise fällen die Gerichte in der Erheblichkeitsfrage fast ausnahmslos Entscheidungen ohne Beweisfälligkeit des Verkäufers.

---

[145] St. Respr., z.B: OLG Düsseldorf 21. 1. 2008, NJW-RR 2008, 1199; OLG Köln 12. 12. 2006 – 3 U 70/06 – n. v.

3. Ausschluss des Rücktritts nach § 323 Abs. 6 BGB

Ausgeschlossen ist der Rücktritt gem. §§ 437 Nr. 2 Alt. 1, § 323 Abs. 6 Alt. 1 BGB, wenn der Käufer für den Umstand, der ihn zum Rücktritt berechtigen würde, überwiegend verantwortlich ist oder wenn der vom Verkäufer nicht zu vertretende Umstand zu einer Zeit eintritt, zu der sich der Käufer in Annahmeverzug befunden hat (§§ 437 Nr. 2 Alt. 1, 323 Abs. 6 Alt. 2 BGB). Die Vorschrift basiert auf dem allgemeinen Rechtsgedanken, dass der Gläubiger aus einer Situation, die er selbst zu verantworten hat, keine bzw. jedenfalls nur geschmälerte Rechte herleiten darf. 546

Da der Käufer für Fahrzeugmängel, die bei Übergabe vorhanden sind, regelmäßig keine (Mit)Verantwortung trägt, bleiben für einen Rücktrittsausschluss nach § 323 Abs. 6 BGB in Mängelfällen praktisch nur **zwei Fallgruppen:** die Verschlimmerung des Mangels bei fortbestehender Mangelidentität und die Vereitelung der Nacherfüllung, z. B. durch eigenmächtige Selbstreparatur. 547

Bei der ersten Fallgruppe muss scharf getrennt werden zwischen Mangelhaftigkeit bezogen auf die Übergabe einerseits und andererseits einer vom Käufer möglicherweise fahrlässig beeinflussten Entwicklung während seiner Besitzzeit.[146] Ein Motorschaden mit Ausfall des gesamten Aggregats infolge eines gerissenen Zahnriemens ist nicht der maßgebliche Gewährleistungsmangel, weil der Motor bei Übergabe funktionierte. Der Mangel, für den der Verkäufer einzustehen hat, kann jedoch die Ursache des Motorschadens sein, hier: ein möglicherweise schon bei Auslieferung schadhafter Zustand des Zahnriemens. Zur Problematik „die Ursache als Mangel" s. Rn 1654. 548

Schon aus Gründen der Unerheblichkeit des Mangels, nicht wegen eigener Mangel-Verantwortlichkeit ist der Käufer mit dem Rücktritt ausgeschlossen, wenn sich ein bei Gefahrübergang vorhandener geringfügiger Mangel infolge seines „Verschuldens" vergrößert oder anderweitig ausweitet. Nur wenn sich der Ursprungsmangel quasi in sich selbst weiterentwickelt, Mangelidentität also gewahrt bleibt, kann diese Art von „Weiterfressen" nach § 323 Abs. 6 BGB zu Lasten des Käufers gehen. Das wird selten der Fall sein. Ist der Sachmangel dagegen erheblich, kann der Käufer sein Rücktrittsrecht nicht dadurch verlieren, dass er **notwendige Inspektionen unterlässt** oder in sonstiger Weise mit dem Fahrzeug sorglos umgeht.[147] 549

Kein Anwendungsbeispiel für § 323 Abs. 6 BGB ist der vom LG Dortmund nach dieser Vorschrift entschiedene Fall einer defekten Einspritzdüse bei Übergabe mit Nachlässigkeiten des Käufers während des Fahrens (Übersehen von Warnzeichen wie Qualm und Leistungsabfall) und einem „gravierenden" Motorschaden als Endergebnis.[148] Der Verkäufer war lediglich für die defekte Einspritzdüse verantwortlich. Wenn das ein nur unerheblicher Mangel ist, wie das LG meint, ist der Käufer nach § 323 Abs. 5 S. 2 BGB mit dem Rücktritt ausgeschlossen. Der Rückgriff auf § 323 Abs. 6 BGB ist unnötig, kann auch zu falschen Ergebnissen führen. Verschlechterungen des Fahrzeugs ist, sofern sie nicht den Mangel als solchen betreffen, nach den speziellen Regeln über die Wertersatzpflicht Rechnung zu tragen (s. Rn 563 ff.). 550

Mit dem Rücktritt ausgeschlossen hat das OLG München[149] den Käufer eines fabrikneuen Pkw-Anhängers. Zwei kleinere Mängel waren von Anfang an vorhanden, stark beschädigt wurde der Anhänger aber erst bei Wegebaumaßnahmen im Gebirge, ohne dass die (Ausgangs)Mängel dafür ursächlich waren. Schadensursächlich war ein bestimmungs- 551

---

146 Zutreffend OLG Hamm 8. 9. 2005, NZV 2006, 421 (Motorschaden).
147 OLG Hamm 8. 9. 2005, NZV 2006, 421; s. auch OLG Koblenz 8. 3. 2007, NZV 2008, 156 („die Missachtung der Inspektionstermine hat die Getriebeschwäche nicht befördert").
148 Urt. v. 22. 12. 2007 – 22 O 212/06 – n. v.
149 Urt. v. 21. 7. 2006, ZGS 2007, 80 = MDR 2007, 259; Bespr. v. *Löhnig*, ZGS 2007, 134.

widriger Gebrauch. Infolgedessen sei der Rücktritt nach § 323 Abs. 6 BGB ausgeschlossen, wegen der Koppelung der Minderung an den Rücktritt auch das Recht, den Kaufpreis zu mindern. Das ist in zweierlei Hinsicht nicht überzeugend. Erstens liegt kein Fall des § 323 Abs. 6 BGB vor, wenn ja, bedeutet der Verlust des Rücktrittsrechts nicht automatisch einen Ausschluss der Minderung. Immerhin hat das OLG München den Käufer nicht leer ausgehen lassen, sondern ihm in analoger Anwendung des § 326 Abs. 2 S. 2 BGB einen Anspruch auf Ersatz der vom Verkäufer eingesparten Mängelbeseitigungskosten gegeben.

4. Ausschluss des Rücktrittsrechts mangels eigener Vertragstreue

552   Es ist allgemein anerkannt, dass mangelnde eigene Vertragstreue gem. § 242 BGB zum Ausschluss des Rücktritts führt, sofern die Pflichtverletzung des Gläubigers in einem inneren Zusammenhang mit der Leistungspflicht des Schuldners steht.[150] Dieser Ausschlussgrund hat für den Neuwagenkauf keine allzu große Bedeutung. Allein aus der Vorenthaltung des Kaufpreises lassen sich keine Rückschlüsse auf mangelnde Vertragstreue ziehen, da der Käufer eines Neuwagens nicht vorleistungspflichtig ist und wegen der ihm zustehenden Einrede des § 320 BGB so lange nicht in Verzug gerät, bis der Verkäufer vorhandene Mängel beseitigt hat. Nur wenn von vornherein feststeht, dass der nachleistungspflichtige Käufer zur Gegenleistung grundsätzlich nicht bereit ist, muss ihm die Möglichkeit des Rücktritts nach Treu und Glauben versagt werden.

5. Ausschluss des Rücktrittsrechts wegen Verwirkung

553   Eine Verwirkung des Rücktrittsrechts kann anzunehmen sein, wenn der Käufer einen Mangel nach Ablieferung feststellt und meldet, das Fahrzeug jedoch in Benutzung nimmt und seine Rechte erst unmittelbar vor Ablauf der 2-jährigen Verjährungsfrist geltend macht. In einem ähnlich gelagerten Fall, in dem der Käufer ein Kraftfahrzeug 2 Jahre genutzt und 18.000 Fahrkilometer zurückgelegt hatte, entschied das OLG Köln,[151] der Käufer habe mögliche Gewährleistungsansprüche wegen eines vom Verkäufer nicht umfänglich offenbarten Unfallschadens gem. § 242 BGB verwirkt.

Begründung:

„Der Beklagte konnte nach Ablauf von 2 Jahren (Zeitmoment) und der Tatsache, dass der Kläger in Kenntnis aller Umstände das Fahrzeug 2 Jahre lang nutzte (Umstandsmoment), ohne irgendwelche Rechte gegen den Beklagten geltend zu machen, obwohl er sich nach Abschluss des Kaufvertrages im Zusammenhang mit den Reparaturarbeiten an den Beklagten gewandt hatte, davon ausgehen, dass er, selbst wenn er den Vorunfall verschwiegen haben sollte, deswegen nicht mehr in Anspruch genommen werden sollte.'

554   Von einer Verwirkung ist nach einem Urteil des OLG Hamm[152] auszugehen, wenn der Käufer den Mangel sechs Monate nach dem Kauf feststellt, jedoch erst 2 1/2 Jahre später nach einer Fahrstrecke von ca. 60.000 Kilometern und nach Eintritt erheblicher Beschädigungen vom Verkäufer die Rückabwicklung des Kaufvertrages verlangt.

555   Aus Sicht des BGH[153] stellt die Weiterverfolgung des Anspruchs auf Rückgängigmachung des Kaufvertrages eine unzulässige Rechtsausübung dar, wenn der Käufer das Auto monatelang benutzt, ohne den Mangel zu bemerken und ohne Nachteile zu erleiden, und der Fehler vor der Geltendmachung des Rückabwicklungsverlangens beseitigt wird. Zu weiteren Fragen der Verwirkung, insbesondere durch ungewöhnlich starke Fahrzeugnutzung, siehe Rn 1880.

---

150 *Palandt/Grüneberg*, § 323 BGB Rn 29; *Grothe* in *Bamberger/Roth*, § 323 BGB Rn 41 m. w. N.
151 Urt. v. 1. 6. 2001–3 U 213/00 – n. v.; s. a. OLG Köln 27. 3. 2008, OLGR 2008, 584.
152 Urt. v. 20. 4. 1998, NJW-RR 1998, 1212.
153 Urt. v. 22. 2. 1984, NJW 1984, 2287.

6. Gesamtrücktritt und Teilrücktritt

a) Sachgesamtheit

Der Wegfall der §§ 469, 470 BGB a. F. hat zu Regelungslücken geführt, für die das Rücktrittsrecht nur zum Teil Lösungen anbietet. Die Vorschrift von § 469 S. 1 BGB a. F. betraf die Wandlung beim Verkauf mehrerer als zusammengehörig verkaufter Sachen (Sachgesamtheit) und gestattete die **Einzelwandlung**, wenn nur eine Sache mangelhaft war. Daran hat sich nichts geändert. Nach Auffassung des Gesetzgebers ist ein Teilrücktritt möglich, wenn sich die Mangelhaftigkeit nur auf eine einzelne von mehreren Sachen bezieht (Teilbarkeit der Leistung). Dies ergibt sich im Wege des Umkehrschlusses aus § 323 Abs. 5 S. 1 BGB, der die Teilleistung betrifft. Für die **Schlechtleistung** kann – so heißt es[154] – nichts anderes gelten, wenn sie sich auf einen abtrennbaren, selbstständigen Teil der Leistung bezieht. Sowohl für den Teilrücktritt als auch für den Rücktritt vom ganzen Vertrag gilt dann die Erheblichkeitsschwelle des § 323 Abs. 5 S. 2 BGB.

556

Das bedeutet konkret, dass der Käufer sich im Wege des Teilrücktritts von einem mangelhaften Fahrzeug trennen kann, wenn er durch einen einheitlichen Vertrag mehrere Fahrzeuge gekauft hat, von denen nur ein Fahrzeug einen Sachmangel aufweist. Zum Rücktritt vom ganzen Vertrag ist er berechtigt, wenn der Mangel des einzelnen Fahrzeugs die Gesamtleistung erheblich beeinträchtigt.[155] Diese Voraussetzungen sind z. B. erfüllt, wenn von 50 Fahrzeugen, die für einen Firmenfuhrpark in der Farbe ‚zart-lila' bestellt worden sind, 40 Fahrzeuge eine einwandfreie Lackierung aufweisen, während die Lackierung der restlichen 10 Fahrzeuge erheblich von der bestellten Farbe abweicht. Dem Unternehmer ist mit 40 farblich einwandfreien Fahrzeugen nicht gedient, wenn er 50 Stück benötigt. Er kann vom ganzen Vertrag zurücktreten, falls es dem Verkäufer nicht gelingt, die Farbmängel zu beseitigen. Auf die Frage, ob sich das Ergebnis aus § 323 Abs. 5 S. 1 oder S. 2 BGB ableitet, kommt es nicht entscheidend an, da sich das fehlende Interesse an der Teilleistung von 40 fehlerfreien Fahrzeugen im Sinne von S. 1 und die Erheblichkeit des Mangels im Sinne von S. 2, die darin besteht, dass von 50 Fahrzeugen 40 mangelhaft sind, komplett überdecken.[156] In Zweifelsfällen ist es nahe liegend, das Kriterium des fehlenden Interesses an der Teilleistung in die Erheblichkeitsprüfung hinein zu projizieren. Bei einem Teilrücktritt ist der Gesamtkaufpreis proportional nach dem Wert des vom Rücktritt betroffenen Fahrzeugs und dem Wert der davon nicht betroffenen Fahrzeuge aufzuteilen.[157]

557

b) Mangelhafter Bestandteil (Zubehör)

Die Regelung des § 470 S. 2 BGB a. F. wurde der Reform geopfert. Sie sah vor, dass bei Mangelhaftigkeit einer Nebensache, wie z. B. eines **Autoradios**,[158] einer **Alarmanlage**,[159] eines **Autotelefons**, eines **CD-Wechslers**, einer **Navigationsanlage**[160] oder eines Dachgepäckträgers, nur in Ansehung dieser Nebensache Wandlung verlangt werden konnte. Für diese Fälle, in denen abtrennbare **Nebensachen** mangelhaft sind, bietet § 323 Abs. 5 BGB keine Lösung an.

558

Schon im Stadium der Nacherfüllung hat der Käufer kein (punktuelles) Wahlrecht zwischen Reparatur und Ersatzlieferung des Teils. Ist die Nacherfüllung eines mangelhaften

---

154 BR-Drucks. 14/6857, S. 62.
155 *Staudinger/Beckmann*, § 453 BGB Rn 62.
156 Kritisch *Canaris*, Schuldrechtsmodernisierung, 2002, Einf. S. XXII.
157 *Faust* in *Bamberger/Roth*, § 437 BGB Rn 38.
158 OLG Köln 22. 4. 1998, OLGR 1999, 276.
159 OLG Düsseldorf 27. 10. 1995, OLGR 1996, 53.
160 OLG Karlsruhe 5. 9. 2001, NZV 2002, 132.

Bestandteils gescheitert, hat der Käufer kein Recht auf Teilrücktritt. Er kann nur vom Kaufvertrag insgesamt zurücktreten, wenn der Mangel der Nebensache im Hinblick auf das Fahrzeug als Ganzes nicht unerheblich ist. Fehlt es an dieser Voraussetzung, hat er nur die Möglichkeit, den Kaufpreis zu mindern und/oder Schadensersatz statt der Leistung zu verlangen. Mit dem mangelhaften Teil muss er sich abfinden.

c) Rücktritt wegen Nicht- und Schlechterfüllung von Nebenleistungen

559 Die Problematik des Teilrücktritts hat durch den Wegfall des Rabattgesetzes und der Zugabeverordnung an Bedeutung gewonnen. Der Neuwagenhandel hat sich den geänderten rechtlichen Verhältnissen durch Gewährung attraktiver Zugaben zügig angepasst, da die Rabattmargen ausgereizt waren. Aufgrund des Wandels ist absehbar, dass es auf diesem Feld zu Störfällen kommt. Das Interesse ist insbesondere auf die Fälle zu richten, in denen sich die Erfüllung des Zugabeversprechens als undurchführbar oder die Zugabe als mangelhaft erweisen. Ein weiterer Problembereich betrifft die Ausstrahlungen des Mangels der Hauptsache auf das Schicksal der Zugabe.

Ausgangspunkt der Betrachtung ist die Frage nach der Art des die Zugabe betreffenden Vertrages und seine rechtliche Verbindung mit dem Kaufvertrag über das Neufahrzeug. In Anlehnung an § 1 der aufgehobenen Zugabeverordnung lässt sich nach allgemeinem Sprachgebrauch eine Zugabe als Ware oder Dienstleistung definieren, die ohne besondere Berechnung zu einer entgeltlich abgegebenen Hauptware/Hauptleistung hinzu gegeben wird und deren Erwerb vom Abschluss des Vertrages über die Hauptware/Hauptleistung abhängig ist. Vor diesem Hintergrund ist zu unterscheiden zwischen angekündigten, ausgehandelten und belohnenden Zugaben, da sie unterschiedliche Auswirkungen auf das Rücktrittsrecht des Käufers haben.[161]

Unter **angekündigter Zugabe** wird eine Zugabe verstanden, die ein Unternehmer dem Kunden für den Fall des Abschlusses eines Hauptvertrages über eine Ware oder Dienstleistung in der Werbung rechtsverbindlich anbietet. Gibt der Kunde daraufhin ein Kaufangebot ab, so kommt gleichzeitig die Abrede über die Zugabe zustande. Bei dem Zugabevertrag handelt es sich um einen einseitig verpflichtenden Vertrag eigener Art, der nicht Bestandteil des entgeltlichen Hauptvertrages ist. Da einerseits der Kunde die Zugabe nur bekommt, weil er die Hauptware kauft und andererseits der Unternehmer die Zugabe nur zusammen mit der Hauptware gewährt, sind beide Verträge eng miteinander verbunden. Diese Verbindung kann so beschaffen sein, dass beide Rechtsgeschäfte miteinander stehen und fallen sollen. Ob eine solche Verknüpfung wirklich gewollt ist, muss anhand der Umstände des Einzelfalls überprüft werden. Zu weit geht die Aussage, dass beide Verträge stets auf Gedeih und Verderb miteinander verbunden sind.[162]

Am Beispiel des Neuwagenkaufs mit dem Zugabe-Versprechen eines zweitägigen Hotelaufenthalts, der daran scheitert, dass das Hotel zwischenzeitlich schließen musste, gelangt *Köhler*[163] zu dem Ergebnis, dass der Käufer berechtigt ist, vom Kaufvertrag über das Auto wegen Wegfalls der Geschäftsgrundlage zurückzutreten, wenn der Verkäufer weder ein Ersatzhotel anbietet noch bereit ist, eine Geldentschädigung zu zahlen. Diese Lösung vermag nicht zu überzeugen, weil Hauptleistung und Zugabe ungleichwertig sind und eine Vertragsanpassung i. S. v. § 313 Abs. 1 BGB durchaus möglich ist, etwa durch die Herabsetzung des Kaufpreises für das Auto um den Wert, den der Käufer für den Hotelaufenthalt hätte aufwenden müssen. Falls der Hotelaufenthalt zwar stattgefunden hat jedoch mangelhaft war, kann diesem Umstand durch eine Herabsetzung des Kaufpreises um den Minder-

---

161 *Köhler*, BB 2001, 1589, 1590.
162 *Köhler*, BB 2001, 1589, 1590.
163 BB 2001, 1589, 1590.

wert des Hotelaufenthalts Rechnung getragen werden. Die Möglichkeit eines Rücktritts nach § 313 Abs. 3 BGB ist nur dann ernsthaft in Betracht zu ziehen, wenn die Möglichkeit der Vertragsanpassung nicht besteht.

Bei einer **ausgehandelten Zugabe** ist der Lösungsansatz in §§ 437 Nr. 2, 323 Abs. 5 BGB zu suchen, da die Zugabe Inhalt des Kaufvertrages über die Ware wird und die Hauptleistung entsprechend erweitert. Erweist sich im Ausgangsbeispiel die Nebenleistung wegen der Hotelschließung als undurchführbar, kann in Bezug auf die Hauptleistung ein Fall der Schlechtleistung i. S. v. § 323 Abs. 5 S. 2 BGB oder eine Teilleistung nach S. 1 vorliegen. Nach dem Willen des Gesetzgebers ist diese Fallvariante unter S. 2 zu subsumieren, so dass das Schicksal des Kaufvertrages über das Auto von der Erheblichkeit der Pflichtverletzung abhängt, die in der Nichterfüllung oder Schlechterfüllung des Zugabeversprechens besteht. Die Nichterfüllung einer **unerheblichen Nebenpflicht** ist der Schlechterfüllung einer unerheblichen Pflicht gleichgestellt.[164]

Belohnende Zugaben sind solche, die der Verkäufer dem Käufer nach Vertragsschluss einseitig gewährt. Es besteht keine rechtliche Abhängigkeit der Zugabe vom Hauptvertrag. Die belohnende Zugabe ist eine **Schenkung.** Demnach richten sich die Ansprüche des Käufers nach § 524 BGB, wenn die Zugabe einen Mangel aufweist. Der Verkäufer haftet somit nur, wenn er einen Mangel der Zugabe arglistig verschweigt.

Die **Sachmängelhaftung** des Verkäufers **aus dem Kaufvertrag über das Fahrzeug** schlägt bei der angekündigten Zugabe über § 313 BGB auf den Zugabevertrag in unterschiedlicher Weise durch. Die Geltendmachung der Nacherfüllung wirkt sich auf den Zugabevertrag nicht aus. Gleiches gilt für die Minderung, es sei denn, der Käufer mindert auf Null.[165] Tritt der Käufer wegen des Sachmangels vom Neuwagenkauf zurück, entfällt die Geschäftsgrundlage für das Zugabeversprechen. Da eine Anpassung des Zugabevertrages nicht möglich ist, hat der Käufer auf Verlangen des Verkäufers die Zugabe nach den Vorschriften des Rücktrittsrechts zurückzugewähren (§ 313 BGB). Falls der Verkäufer den Mangel der Hauptsache zu vertreten hat, ist er verpflichtet, den Käufer so zu stellen, wie dieser im Fall einer ordnungsgemäßen Erfüllung des Kaufvertrages stünde. Folglich hat er dem Käufer den Wert der Zugabe im Wege des Schadensersatzes zu ersetzen. Bei der ausgehandelten Zugabe sind die Rechtsfolgen die gleichen wie bei der angekündigten Zugabe. Der Unterschied besteht darin, dass sich die Rechtsfolgen aus § 437 Nr. 2 und 3 BGB ergeben.

VII. Das Rückgewährschuldverhältnis

Die empfangenen Leistungen sind gem. § 346 Abs. 1 BGB in Natur Zug um Zug zurückzugewähren. Der Verkäufer hat den Kaufpreis zu erstatten und der Käufer muss das Fahrzeug einschließlich des mitverkauften Zubehörs und der Fahrzeugpapiere zurückgeben. Ist er Eigentümer geworden, muss er das Fahrzeug an den Verkäufer **rückübereignen**. Geht er, wie typischerweise bei **Leasingfahrzeugen,** aus abgetretenem Recht vor, findet die Rückübereignung im Verhältnis zwischen dem Zedenten, z. B. der Leasinggesellschaft, und dem Verkäufer statt. Zu den Abwicklungsproblemen bei **Sicherungseigentum von Banken** s. Rn 1105. **560**

Aus der Formulierung von § 346 Abs. 1 BGB, wonach die empfangenen Leistungen zurückzugewähren sind, folgert die Rechtsprechung, dass der Rückgewährschuldner lediglich die Rücknahme der in seinen Händen befindlichen Sache ermöglichen muss, er jedoch keinen Anspruch darauf hat, dass der Berechtigte sie zurücknimmt.[166] Ob ein Rücknahmean- **561**

---
164 *Palandt/Grüneberg*, § 323 BGB Rn 32.
165 *Köhler*, BB 2002, 1589, 1591.
166 BGH 9. 3. 1983, BGHZ 87, 104, 110.

spruch analog § 433 Abs. 2 BGB besteht[167] oder gem. § 242 BGB nur unter der Voraussetzung, wenn ein Verbleib der Sache den Käufer übermäßig belastet[168], ist umstritten, für den Bereich des Neuwagenkaufs jedoch nicht relevant.

562 Falls der Käufer einen Teil des Kaufpreises durch Hingabe seines **Altfahrzeugs** „ersetzt" hat, stellen sich im Fall des Rücktritts vom Neuwagenkauf spezielle Fragen. Dazu Rn 834 ff.

1. Wertersatz statt Herausgabe

563 Nach **§ 346 Abs. 2 S. 1 BGB** hat der Rückgewährschuldner Wertersatz zu leisten, wenn er die empfangene Leistung aus den in dieser Vorschrift aufgeführten Gründen nicht oder nicht unverändert zurückgewähren kann. Die Aufzählung der in § 346 Abs. 2 S. 1 Nr. 1 bis 3 BGB genannten Fallgruppen ist – trotz der Auflistungstechnik – **nicht abschließend**.[169] Vielmehr kommt in der Bestimmung ein allgemeiner Rechtsgedanke des Inhalts zum Ausdruck, dass der Rückgewährschuldner **in allen Fällen**, in denen ihm die Rückgewähr der empfangenen Leistung unmöglich ist, zum Wertersatz verpflichtet ist.[170]

564 **Darlegungs- und Beweislast:** Die Partei, die Wertersatz verlangt, muss die Voraussetzungen ihres Anspruchs nach Grund und Höhe nachweisen.[171] Das ist für den Händler als Rückgewährgläubiger nicht immer ohne Weiteres möglich, weil er keinen Einblick in die Verhältnisse auf Käuferseite hat. Im Zuge von Nachbesserungsarbeiten kann er sich zwar ein Bild von der Beschaffenheit des Fahrzeugs machen. Das sind häufig aber nur Momentaufnahmen. Nach der Rücktrittserklärung kann sich je nach Zeitablauf das Bild verändern. Hier müssen eine Anzeigeobliegenheit und eine sekundäre Darlegungslast des Käufers in Betracht gezogen werden. Zur Abwendung der Schwierigkeiten auf Verkäuferseite wird auch vorgeschlagen, dem Verkäufer die Möglichkeit einzuräumen, dem Käufer für die Rückgabe der Sache eine angemessene Frist zu setzen, nach deren Ablauf er die Rücknahme der Sache verweigern kann.[172]

Nach einer Entscheidung des LG Dortmund[173] greifen die Beweiserleichterungen, die für die Geltendmachung von Ansprüchen wegen eines Diebstahls der Sache gegen die Kaskoversicherung gelten, bei der Berufung auf die Unmöglichkeit der Herausgabe im Rahmen der Rückabwicklung eines Kaufvertrages nicht ein.

565 Ungeklärt ist, welche Bemühungen der Käufer unternehmen muss, um ein **weiterveräußertes Fahrzeug** von dem Erwerber **zurückzuerwerben**. Hierzu wird die Ansicht vertreten, der Käufer sei nicht verpflichtet, irgendwelche Anstrengungen auf sich zu nehmen, da der Verkäufer die Sache freiwillig aus der Hand gegeben habe und durch den Anspruch auf Wertersatz ausreichend geschützt werde.[174] Nach überwiegender Gegenansicht ist die von § 346 Abs. 2 Nr. 2 und 3 BGB ausgehende Vermutung der Unmöglichkeit erst dann widerlegt, wenn sich der Rücktrittsberechtigte, ohne dabei die durch § 275 Abs. 2 BGB definierte Opfergrenze überschreiten zu müssen, vergeblich um den Rückerwerb des Fahrzeugs bemüht hat.[175]

566 Für den Kfz-Kauf sind die Regelungen von § 346 Abs. 2 S. 1 **Nr. 3** BGB von **besonderer Bedeutung**. Danach hat der Käufer Wertersatz zu leisten, wenn sich das Fahrzeug ver-

---

167 *Hager* in AnwK/BGB, § 346 BGB Rn 20 m. w. N.
168 *Grothe* in *Bamberger/Roth*, § 346 BGB Rn 10.
169 So BGH 20. 2. 2008, NJW 2008, 2028.
170 BGH 20. 2. 2008, NJW 2008, 2028.
171 *Palandt/Grüneberg*, § 346 BGB Rn 21; *Grothe* in *Bamberger/Roth*, § 346 BGB Rn 64.
172 *Benicke*, ZGS 2002, 369, 371.
173 Urt. v. 18. 3. 2005 – 3 0583/03 – n. v.
174 *Benicke*, ZGS 2002, 369, 371.
175 *Gaier*, WM 2002, 1, 9; *Schwab*, JuS 2002, 630, 632; *Hager* in AnwK/BGB § 346 BGB Rn 34.

schlechtert hat oder **untergegangen** ist. Verschlechterung meint jede Beeinträchtigung der Sachsubstanz oder der Funktionstauglichkeit.[176] Da es auf die Erheblichkeit nicht ankommt, hat der Käufer für jede Verschlechterung in diesem weiten Sinn Wertersatz zu leisten. Keine ausgleichspflichtige Verschlechterung stellt indes der **Wertverlust** dar, der durch den **bestimmungsgemäßen Gebrauch** des Fahrzeugs eintritt.[177] S. auch Rn 568.

Gem. § 346 Abs. 2 S. 1 Nr. 3 Hs. 2 BGB bleibt auch die durch die **bestimmungsgemäße Ingebrauchnahme** eingetretene Wertminderung außer Betracht. Sie beruht darauf, dass die Kaufsache durch die Ingebrauchnahme ihre Neuheit verliert und nur noch als gebrauchte Sache weiterverkauft werden kann. Bei neuen Kraftfahrzeugen ist der Wertverlust außerordentlich hoch. Er liegt zwischen 15 % und 25 % des Kaufpreises je nach Fahrzeugtyp.[178] **567**

Der durch die Benutzung des Kraftfahrzeugs im Anschluss an die bestimmungsgemäße Ingebrauchnahme entstehende Wertverlust fällt nicht unter die Freistellung von § 346 Abs. 2 S. 1 Nr. 3 Hs. 2 BGB. Denn die Vorschrift bezieht sich nicht auf den Gebrauch, sondern lediglich auf den Akt der Ingebrauchnahme.[179] Das ändert jedoch nichts an der Tatsache, dass der Verkäufer auch die auf dem **bestimmungsgemäßen Gebrauch** des Fahrzeugs beruhende „Verschlechterung" in Form der Wertminderung trägt.[180] Sie wird durch die Nutzungsvergütung ausgeglichen, die der Käufer dem Verkäufer gem. § 346 Abs. 1 BGB schuldet. In die Nutzungsvergütung fließt auch der hohe Anfangsverlust ein, der durch die bestimmungsgemäße Ingebrauchnahme mit anschließendem bestimmungsgemäßen Gebrauch entsteht. Dies liegt daran, dass die Berechnung der Nutzungsvergütung auf einer linearen Wertschwundberechnung basiert, die vom Neuwert ausgeht und bis zum völligen Wertverzehr reicht (näher Rn 623). **568**

Umstritten ist, ob unter den Begriff des bestimmungsgemäßen Gebrauchs Schadensereignisse fallen, die sich anlässlich der Teilnahme am öffentlichen Straßenverkehr ohne jegliches Verschulden des Käufers ereignen.[181] Die auf einem Verkehrsunfall beruhende Verschlechterung oder Zerstörung eines Kraftfahrzeugs ist der verschuldensunabhängigen Gefahrtragungsregelung von § 346 Abs. 2 S. 1 Nr. 3 Hs. 1 BGB zu unterstellen.[182] Der Käufer hat somit Wertersatz zu leisten, sofern er sich nicht auf das Haftungsprivileg nach § 346 Abs. 3 S. 1 Nr. 3 BGB berufen kann (dazu Rn 577 ff.). **569**

Während der Nutzungsersatz gem. § 346 Abs. 1 BGB den durch bestimmungsgemäßen Gebrauch des Fahrzeugs herbeigeführten Wertverlust ausgleicht, der auf der normalen Abnutzung und Alterung des Fahrzeugs beruht, fällt der durch **übermäßigen oder bestimmungswidrigen Gebrauch** verursachte Wertverlust unter § 346 Abs. 2 Nr. 3 BGB. Die Voraussetzungen für eine Verschlechterung im Sinne dieser Vorschrift können z. B. erfüllt sein, wenn ein Pkw auf Rennveranstaltungen eingesetzt wurde. In der Praxis ist es schwierig, die auf einen bestimmungswidrigen Gebrauch zurückzuführende Wertminderung von derjenigen abzugrenzen, die bei normaler Nutzung des Kraftfahrzeugs eingetreten wäre. **570**

Da nach dem Gesetzeswortlaut die Verpflichtung zum Wertersatz insoweit besteht, als das Fahrzeug untergegangen ist oder sich verschlechtert hat, kommt ein **anteiliger Wertersatz** in Betracht, wenn das Fahrzeug im gegenwärtigen (verschlechterten) Zustand zurückgegeben werden kann. Unter diesen Umständen kann weder der Verkäufer Wertersatz **571**

---

176 OLG Saarbrücken 26. 7. 2007, OLGR 2007, 773, 777.
177 OLG Saarbrücken 26. 7. 2007, OLGR 2007, 773, 777.
178 BT-Drucks. 14/4060 S. 199.
179 *Grothe* in *Bamberger/Roth*, § 346 BGB Rn 21.
180 OLG Saarbrücken 26. 7. 2007, OLGR 2007, 773; zum alten Recht s. BGH 8. 2. 1984, NJW 1984, 1525, 1526; 11. 7. 1958, NJW 1958, 1773 ff.
181 Vgl. *Schwab*, JuS 2002, 633; *Kaiser*, JZ 2001, 1057, 1061.
182 BGH 28. 11. 2007, NJW 2008, 911.

für das ganze Fahrzeug verlangen noch hat der Käufer die Möglichkeit, seine Herausgabepflicht durch Zahlung des vollen Wertersatzes abzuwenden.

2. Höhe des Wertersatzes

572 Ausgangspunkt für die Höhe des Wertersatzes ist **der Kaufpreis**. Er verkörpert die im Vertrag **vereinbarte Gegenleistung** i. S. d. § 346 Abs. 2 S. 2 Hs. 1 BGB zum Zeitpunkt des Leistungsaustausches.[183] Auf den vereinbarten Preis ist auch dann abzustellen, wenn er erheblich über dem objektiven Wert des Fahrzeugs liegt; ebenso im umgekehrten Fall. Die Parteien sind an ihren ursprünglichen vertraglichen Bewertungen festzuhalten.[184] Von praktischer Relevanz ist dies insbesondere bei Rückabwicklung eines Neufahrzeugkaufs mit Inzahlungnahme eines Altwagens, der infolge einer Weiterveräußerung nicht mehr zurückgegeben werden kann. Dazu näher Rn 840 ff.

573 Da der den Rücktrittsfall auslösende Mangel den Wert des Fahrzeugs mindert, muss dem gestörten Äquivalenzverhältnis Rechnung getragen werden. Dies kann dadurch geschehen, dass der Wertersatz an dem nach § 441 Abs. 3 BGB geminderten Kaufpreis ausgerichtet wird.[185] Dadurch wird die Wertproportionalität von Leistung und Gegenleistung auch bei der Rückabwicklung gewahrt. Nach anderer Ansicht geht es beim Rücktritt darum, den vor Vertragsschluss bestehenden Zustand wieder herzustellen. Das führt dazu, dass bei der Ermittlung des Wertersatzes die im Kaufpreis enthaltenen **Gewinnanteile** des Verkäufers vom geminderten Kaufpreis abgezogen werden müssen.[186] Würde man den Gewinn nicht herausnehmen, wäre der Verkäufer durch den Wertersatz besser gestellt, als wenn er das noch vorhandene Fahrzeug vom Käufer zurückbekäme.[187] Die Rechtsprechung ist gefordert, in diesem Konflikt den Weg zu weisen. Für die Erhaltung der Vorteile aus dem Geschäft im Rücktrittsverfahren könnte sprechen, dass § 346 Abs. 2 S. 2 Hs. 1 BGB an die Gegenleistung anknüpft[188], während Hs. 2 eher darauf hindeutet, dass die Wertermittlung nicht an der Gegenleistung festklebt und Spielraum für derartige Abzüge gewährt.[189]

574 Der ermittelte Wert des Fahrzeugs ist um die durch bestimmungsgemäße Inbetriebnahme des Fahrzeugs entstandene Verschlechterung zu vermindern, für die der Käufer dem Verkäufer gem. § 346 Abs. 2 S. 1 Nr. 3 Hs. 2 BGB keinen Wertersatz schuldet. Falls der Verkäufer Nutzungsersatz vom Käufer fordert, muss die auf bestimmungsgemäßer Benutzung des Fahrzeugs beruhende Wertminderung ebenfalls abgezogen werden. Andernfalls wäre der Verkäufer ungerechtfertigt bereichert, denn er bekäme die Nutzungsentschädigung und die Wertminderung.

3. Wegfall der Wertersatzpflicht

575 Die von einem Verschulden unabhängige Wertersatzpflicht wird durch die Ausschlusstatbestände gem. § 346 Abs. 3 S. 1 Nr. 1 bis 3 BGB entschärft. Die Regelung in **Nr. 1**, die darauf abstellt, dass sich der zum Rücktritt berechtigende Mangel erst während der Verarbeitung oder Umgestaltung des Gegenstandes gezeigt hat, ist für den Fahrzeugkauf nicht einschlägig.

576 Nach § 346 Abs. 3 S. 1 **Nr. 2** BGB entfällt die Wertersatzpflicht, wenn der Verkäufer als Rückgewährgläubiger den Untergang oder die Verschlechterung zu vertreten hat oder der

---

183 *Palandt/Grüneberg*, § 346 BGB Rn 10.
184 OLG Saarbrücken 26. 7. 2007, OLGR 2007, 773 (Inzahlungnahme).
185 *Gaier*, WM 2002, 1, 9; *Canaris*, Karlsruher Forum 2002, 20; *Arnold*, NJW 2003, 187, 188.
186 *Palandt/Grüneberg*, § 346 BGB Rn 10; *Arnold*, JURA 2002, 154, 157.
187 A. A. *Benicke*, ZGS 2002, 369, 374; MüKo-BGB/*Gaier*, § 347 BGB Rn 47.
188 *Grothe* in *Bamberger/Roth*, § 346 BGB Rn 23.
189 A. A. *Schmidt-Kessel*, ZGS 2002, 315.

Schaden bei ihm gleichfalls eingetreten wäre. Das Vertretenmüssen ist nicht im Sinne eines Verschuldens zu verstehen,[190] da sich andernfalls der Wegfall der Wertersatzpflicht des Käufers von selbst verstehen würde. § 346 Abs. 3 S. 1 Nr. 2 BGB regelt vor allem diejenigen Fälle, in denen entweder der Sachmangel oder eine fehlerhafte Nacherfüllung zur Verschlechterung oder zum Untergang des Fahrzeugs geführt haben.[191] Den Ausschlussstatbestand in Nr. 2 kann der Käufer auch entgegensetzen, wenn der Verkäufer es abgelehnt hat, den Wagen zurückzunehmen und es auch dadurch zu einer Verschlechterung des Fahrzeugzustandes gekommen ist.[192] Der Ausnahmefall, dass der Schaden auch beim Verkäufer eingetreten wäre, ist vom Käufer kaum zu beweisen. Um eine Freistellung von der Wertersatzpflicht zu erreichen, müsste der Käufer, dem das vor seinem Haus geparkte Fahrzeug gestohlen wird, den Nachweis erbringen, dass sich der Diebstahl auch beim Verkäufer ereignet hätte.

577 Der für den Fahrzeugkauf **wichtigste Fall der Befreiung** von der Wertersatzpflicht ist in § **346 Abs. 3 S. 1 Nr. 3** BGB geregelt. Danach ist der zum Rücktritt berechtigte Käufer von der Pflicht zum Wertersatz freigestellt, wenn die **Verschlechterung** oder der **Untergang** der Sache bei ihm eingetreten ist, obwohl er diejenige Sorgfalt beobachtet hat, die er **in eigenen Angelegenheiten** anzuwenden pflegt.

578 Mit dem Rekurs auf die diligentia quam in suis sieht der Gesetzgeber einen Haftungsmaßstab vor, der vor allem dann problematisch ist, wenn das mangelhafte Fahrzeug, wie typischerweise, **im öffentlichen Straßenverkehr** beschädigt worden ist. Ob der Käufer als Rückgewährschuldner sich auf die Haftungsprivilegierung der eigenüblichen Sorgfalt nach § 346 Abs. 3 S. 1 Nr. 3 BGB berufen kann, wenn sein Auto bei einem **Verkehrsunfall** beschädigt oder zerstört worden ist, ist höchstrichterlich noch nicht abschließend geklärt.

In der **BGH-Entscheidung vom 28. 11. 2007**[193] geht es zwar um einen Fall, in dem ein gebraucht gekaufter Pkw bei einem **Glatteisunfall**, verursacht durch den Ehemann der Käuferin, erheblich beschädigt worden war. Im Rahmen seiner schadensrechtlichen Überlegungen geht der VIII. ZS davon aus, dass die Käuferin das Fahrzeug in beschädigtem Zustand zurückgeben konnte, ohne wegen des Unfalls eine Schmälerung ihres Anspruchs auf Rückerstattung des Kaufpreises hinnehmen zu müssen. Das bedeutet, dass der BGH die Käuferin von einer Wertersatzpflicht freigestellt sieht (Unfallverursacher war der Ehemann). Da die Wertersatzpflicht nicht Gegenstand des Streits war, kann die BGH-Entscheidung allenfalls mittelbar als Beleg für die Ansicht herangezogen werden, dass bei einem Unfall vom Typ eines nicht grob fahrlässig verursachten Glatteisunfalls die Wertersatzpflicht nach § 346 Abs. 3 S. 1 Nr. 3 BGB ausgeschlossen ist.

579 Als nicht privilegiert angesehen hat dagegen das **OLG Karlsruhe**[194] den Käufer eines Motorrades, der – ohne seinerzeit Kenntnis von dem Mangel gehabt zu haben[195] – in einen Unfall verwickelt war. Er war auf ein vorausfahrendes Fahrzeug aufgefahren, nach Ansicht der beklagten Verkäuferin aus grober Fahrlässigkeit. Das OLG Karlsruhe[196] ist von nur **einfacher Fahrlässigkeit** ausgegangen, und zwar nach Anscheinsbeweisgrundsätzen bei Auffahrunfällen. Trotz nur einfacher Fahrlässigkeit hat der Senat, wie schon das LG, eine Wertersatzpflicht des Käufers bejaht, ihm also die Wohltat des § 346 Abs. 3 S. 1 Nr. 3 BGB versagt. Nachvollziehbar ist die ausführliche Begründung des OLG Karlsruhe nur vor dem Hintergrund der BGH-Rechtsprechung zu §§ 708, 1359 BGB. Hiernach kommt die in diesen Vorschriften angeordnete Haftungserleichterung der eigenüblichen Sorgfalt bei Ver-

---

190 *Kaiser*, JZ 2001, 10957, 1060.
191 BT-Drucks. 114/1640 S. 198.
192 OLG Saarbrücken 26. 7. 2007, OLGR 2007, 773.
193 NJW 2008, 911 m. Anm. *Gsell*.
194 Urt. v. 12. 9. 2007, NJW 2008, 925 (Revision zugelassen).
195 Auch keine fahrlässige Unkenntnis.
196 Urt. v. 12. 9. 2007, NJW 2008, 925; dazu auch *Gsell*, NJW 2008, 911, 912.

kehrsunfällen nicht zum Zuge, so dass es bei dem allgemein gültigen objektiven Sorgfaltsmaßstab nach § 276 BGB bleibt.

580 Wenn diese Einschränkung des § 277 BGB auf § 346 Abs. 3 S. 1 Nr. 3 BGB übertragbar ist, bliebe die Wertersatzpflicht bei nur einfacher Fahrlässigkeit des Käufers im Straßenverkehr schon aus Rechtsgründen bestehen. Eine so begründete Benachteiligung von Käufern **kann nicht länger befürwortet** werden.[197] Mit insoweit überzeugender Argumentation lehnt das OLG Karlsruhe eine einschränkende Auslegung des § 277 BGB und damit auch von § 346 Abs. 3 S. 1 Nr. 3 BGB in Fällen ab, in denen – anders als im Rahmen der §§ 708, 1359 BGB – keine gemeinsame Teilnahme von Schädiger und Geschädigtem am Straßenverkehr vorliegt, sondern ein Akt der Eigenschädigung als Teil einer Schädigung eines beliebigen Dritten zu beurteilen ist. Dass die eine Teilnahme am allgemeinen Straßenverkehr regelnden Normen nicht den Schutz des Verkäufers im Rückgewährschuldverhältnis bezwecken, so das OLG, ist zweifellos zutreffend, aber nicht der springende Punkt.

581 Was unter eigenüblicher Sorgfalt i. S. d. § 346 Abs. 3 S. 1 Nr. 3 BGB zu verstehen ist, muss auch bei Beschädigungen der Kaufsache im Straßenverkehr unabhängig von Erwägungen zum Schutzzweck der StVO **autonom** nach Sinn und Zweck der Privilegierung bestimmt werden, losgelöst auch von der ihre eigenen Zwecke verfolgenden Rechtsprechung des BGH zu §§ 708, 1359, 277 BGB. Struktur und Tragweite der Privilegierung näher zu bestimmen, wird **der BGH** bei Durchführung der Revision im Motorradfall des OLG Karlsruhe Gelegenheit haben. Bei erwiesenermaßen nur leichter Fahrlässigkeit des Käufers sollte der BGH auch bei Beschädigungen im Straßenverkehr entgegen der Ansicht des OLG Karlsruhe eine Privilegierung bejahen. Dies jedenfalls für die Konstellation, dass sich der Unfall zu einem Zeitpunkt ereignet hat, zu dem der Käufer von dem Sachmangel keine Kenntnis hatte und auch nicht haben musste.

582 Wie § 346 Abs. 3 S. 1 Nr. 3 BGB deutlich macht, ist der Käufer als potenzieller Rückgewährschuldner i. S. d. §§ 437 Nr. 2, 323, 346 BGB selbst **vor Kenntnis** oder fahrlässiger Unkenntnis vom Rücktrittsgrund zwar nicht von allen „Sorgfaltspflichten" mit Blick auf den Erhalt und Zustand des Kaufobjekts freigestellt. So darf er es nicht vorsätzlich oder grob fahrlässig beschädigen, will er nicht etwaige gesetzliche Rückabwicklungsansprüche gefährden. Auch als potenzieller Rückgewährschuldner darf er mit seinem Auto aber so fahren und es generell so behandeln, wie er es „in eigener Angelegenheit" zu tun pflegt. Das Verständnis dieses Kriteriums ist bekanntlich umstritten[198] und gerade in Verkehrsunfallsachen wegen der Hineinragens fremder – auch allgemeiner – Interessen besonders problematisch. Für die Praxis wäre die Handhabung der Privilegierungsnorm um Einiges einfacher, wenn es hieße, dass die Wertersatzpflicht bei Vorsatz und grober Fahrlässigkeit nicht entfällt.[199] Den rücktrittsberechtigten Käufer bei allem zu entlasten, was unterhalb dieser Haftungsgrenze liegt, entspricht der ratio von § 346 Abs. 3 S. 1 Nr. 3 BGB.[200]

So kann der Käufer eines Fahrzeugs sanktionslos von Inspektionen absehen, die er auch sonst nicht oder nicht regelmäßig durchzuführen pflegt. Ein **unterlassener Wechsel des Zahnriemens** bedeutet keine Verletzung der eigenüblichen Sorgfalt.[201] Ebenso wenig ist es für den Käufer nachteilig, wenn er nicht alle Warnzeichen beachtet, z. B. die **Kühlwasseranzeige** übersieht oder falsch deutet.[202] Das Privileg kommt auch einem Käufer zugute, der Motorgeräusche nicht richtig einordnet, vielmehr den Dingen ihren normalen Lauf

---

197 Aufgabe der Ansicht in der Vorauflage (Rn 444).
198 Umfassend *Kohler*, AcP 206 (2006), 683; *ders.* ZGS 2007, 295.
199 Zu den Gründen und Hintergründen der Gesetzesfassung s. *Canaris*, Schuldrechtsmodernisierung, Einführung, XXXIX – XLIII.
200 Ausführlich dazu *Canaris*, a. a. O.
201 OLG Hamm 8. 9. 2005, NZV 2006, 421.
202 LG Trier 21. 3. 2005 – 4 O 185/03 – n. v.

Das Rückgewährschuldverhältnis

lässt.²⁰³ Ein versehentliches Tanken (z. B. statt Diesel Bio-Diesel) ist gleichfalls keine grobe Fahrlässigkeit. Auch hier sollte deshalb eine Wertersatzpflicht entfallen.

Soweit es um die Sorgfaltspflichten beim Fahren, Bedienen und Verwahren von Fahrzeugen geht, haben **die Instanzgerichte** keine besonderen Schwierigkeiten mit der Anwendung des Kriteriums der eigenüblichen Sorgfalt. Eine Verletzung von Sorgfaltspflichten in eigenen Angelegenheiten **583**

ist nur dann gegeben, wenn der Betr. diejenige Sorgfalt außer Acht lässt, die nach der (ihm erkennbaren) Lage der Sache erforderlich scheint, um sich selbst vor Schaden zu bewahren (OLG Hamm NZV 2006, 421).

Bei der Fallgruppe „technische Schäden" genügt den Gerichten der Nachweis des Käufers, nicht grob fahrlässig gehandelt zu haben.²⁰⁴ Mitunter wird sogar dem Verkäufer der Beweis dafür auferlegt, dass der Käufer grob fahrlässig gehandelt hat,²⁰⁵ was so nicht richtig ist (s. auch Rn 586).

Obwohl eine Beschädigung des Fahrzeugs bei einem Verkehrsunfall vom Ansatz her nicht anders behandelt werden darf als ein Schaden „im häuslichen Bereich" (z. B. Garagenbrand, Inspektionsversäumnisse), verlangt die o. a. Formel des OLG Hamm nach einer Präzisierung, wenn es darum geht, ein Verhalten des Käufers im Straßenverkehr zu würdigen. Sobald zu den Obliegenheiten des Käufers in Bezug auf das Fahrzeug **echte Rechtspflichten**, nämlich Pflichten zum Schutz Dritter und der Allgemeinheit, hinzukommen, verliert der Maßstab der eigenüblichen Sorgfalt an Trennschärfe und damit an Handhabbarkeit. An der Schnittstelle liegen die Fälle des Fahrens im Straßenverkehr ohne Gefährdung Dritter. Beispiel: Infolge der ihm eigenen riskanten Fahrweise kommt der Käufer auf menschenleerer Straße mit seinem Auto von der Fahrbahn ab. Oder er verunglückt infolge Glatteises, das er bei sorgfältiger Beobachtung rechtzeitig hätte wahrnehmen können. **584**

Eine Haftungsprivilegierung ist bei diesem Typ von Sachbeschädigung (reiner Eigenschaden) nicht von vornherein ausgeschlossen, d. h. nicht jeder Verkehrsunfall, der nach dem objektiven Maßstab des § 276 BGB fahrlässig verursacht wurde, ist der Privilegierung schon deshalb entzogen, weil es sich um einen Schadensfall im öffentlichen Verkehr handelt.²⁰⁶ „Öffentlicher Verkehr" oder „Verkehrsunfall" sind ohnehin fragwürdige Begrifflichkeiten wie die Rechtsprechung zu §§ 7 ff. StVG und § 828 Abs. 2 BGB zeigt. Dass man mit einem gekauften Auto auf öffentlicher Straße sorgsamer umzugehen verpflichtet ist als auf dem eigenen Gelände, ist unbestreitbar. Nur: Der Maßstab der eigenüblichen Sorgfalt i. S. d. § 346 Abs. 3 S. 1 Nr. 3 BGB verschiebt sich nicht, sobald der Käufer seine Garage verlassen hat. „In eigenen Angelegenheiten" fährt man nicht wie der „Idealfahrer" im Sinne der Rechtsprechung zu § 17 Abs. 3 StVG. Selbst leichte Fahrfehler, ein Augenblicksversagen oder eine momentane Unaufmerksamkeit im Folgeverkehr mit Auffahren auf den Vordermann, liegen im Rahmen der eigenüblichen Sorgfalt, so wie sie in § 346 Abs. 3 S. 1 Nr. 3 BGB verstanden werden muss.²⁰⁷ Nach einem Verkehrsunfall von einer Wertersatzpflicht freigestellt ist der Käufer demnach in folgenden Fällen: **585**

- höhere Gewalt (§ 7 StVG)
- unabwendbares Ereignis (§ 17 Abs. 3 StVG)
- bei Fahrerhaftung kraft vermuteten Verschuldens (§ 18 StVG)
- bei einfacher Fahrlässigkeit (§ 276 BGB).

---
203 OLG Hamm 18. 6. 2007 – 2 U 220/06 – BeckRS 2007, 14370.
204 Vgl. OLG Hamm 18. 6. 2007 – 2 U 220/06 – BeckRS 2007, 14370 (Motorgeräusche).
205 LG Trier 21. 3. 2005 – 4 O 185/03 – n. v. (Motorschaden).
206 Dafür kann die BGH-Entscheidung vom 28. 11. 2007, NJW 2008, 911 als zumindest indirekter Beleg gelten; im Übrigen *Canaris*, a. a. O. XLI.
207 Vgl. *Canaris*, a. a. O., XLI.

586 **Darlegungs- und Beweislast:** Da es sich bei § 346 Abs. 3 S. 1 Nr. 3 BGB um einen Ausschlusstatbestand handelt, ist **der Käufer** als Rückgewährschuldner grundsätzlich darlegungs- und beweispflichtig.[208] Hat er sich, wie im Fall des OLG Karlsruhe, fahrlässig verhalten (Auffahrverschulden nach Anscheinsbeweisregeln) muss er nach einer gängigen Formel beweisen, dass er in eigener Angelegenheit nicht sorgfältiger zu verfahren pflegt als im konkreten Fall.[209] Hier liegt in der Praxis ein weiteres Problem. Dazu sogleich.

Soweit Selbstschädigern ein **Anscheinsbeweis** pro diligentia quam in suis zugestanden wird,[210] ist dies prinzipiell abzulehnen. Der Gegenstand der Beweisführung ist einem Anscheinsbeweis nicht zugänglich. Individuelles wie die *eigen*übliche Sorgfalt entzieht sich einer generalisierenden Betrachtung. Auch für den Tatbestand der groben Fahrlässigkeit streitet übrigens kein Anscheinsbeweis. Hier wie dort mangelt es an der erforderlichen Typizität als Grundvoraussetzung eines jeden Anscheinsbeweises. Damit trifft den Käufer die volle Beweisführungspflicht. Er muss den Richter davon überzeugen, dass der Schaden eingetreten ist, obwohl er sich so verhalten hat, wie es für ihn persönlich „normal" ist. Nicht erforderlich ist, dass er möglichst viele Verkehrsunfälle aufführt, um den Unfall als „Normalfall" hinzustellen. Auch „Ersttäter" können privilegiert sein. Entscheidend ist die Schwere der Pflichtwidrigkeit im konkreten Fall. Dazu, was im Straßenverkehr einfache Fahrlässigkeit ist und was ausnahmsweise unter grobe Fahrlässigkeit fällt, gibt es eine umfangreiche Rechtsprechung. Sie ermöglicht es dem Richter, zu einem sachgerechten Ergebnis zu gelangen. Der Versuchung, mit einer Non-liquet-Lösung zu Lasten des Käufers zu entscheiden, sollte er widerstehen. Die Privilegierung darf nicht beweisrechtlich ausgehöhlt werden.

587 Eine **weitere Streitfrage** im Zusammenhang mit dem Privileg nach § 346 Abs. 3 S. 1 Nr. 3 BGB betrifft **die zeitliche Grenze**. Unproblematisch ist, dass der Käufer als Rückgewährschuldner so lange privilegiert ist, wie er keine Kenntnis von dem Mangel hat und er ihn auch nicht kennen musste. Ab Kenntnis des Mangels ist das Privileg einzuschränken.[211] Bloßes Kennenmüssen (einfache Fahrlässigkeit) genügt nicht, andernfalls das Privileg zu stark eingeschränkt würde. Dass ein Käufer einen Fahrzeugmangel grob fahrlässig übersieht, ist ein eher theoretischer Fall. Wenn gegeben, ist dem Käufer ab diesem Zeitpunkt das Privileg nicht mehr uneingeschränkt zuzugestehen. Mit Ausübung des Rücktrittsrechts geht das Privileg zwar nicht völlig verloren,[212] jedoch steigen die Anforderungen an die eigenübliche Sorgfalt. Nunmehr kann einfache Fahrlässigkeit genügen, um die Wertersatzpflicht bestehen zu lassen. Zur Haftung nach § 346 Abs. 4 BGB s. Rn 643 f.

588 Im Fall der Befreiung von der Wertersatzpflicht hat der Käufer dem Verkäufer eine **verbleibende Bereicherung** herauszugeben, wobei er sich diesem gegenüber auf Entreicherung berufen kann, da es sich bei § 346 Abs. 3 S. 2 BGB um eine Rechtsfolgenverweisung handelt.[213] Etwaige **Schadensersatzansprüche gegen Dritte** aus §§ 7, 18 StVG, 823 ff. BGB sind an den Verkäufer abzutreten; auch Ansprüche gegen den eigenen Ehepartner, wenn dieser Unfallverursacher war.[214] Empfangene Ersatzleistungen sind herauszugeben.[215] Nach einer Entscheidung des OLG Bremen[216] ist der Käufer nicht verpflichtet, seine

---

208 OLG Karlsruhe 12. 9. 2007, NJW 2008, 925; *Palandt/Heinrichs*, § 277 BGB Rn 5.
209 *Palandt/Heinrichs*, § 277 BGB Rn 3 unter Hinweis auf OLG Karlsruhe 14. 4. 1994, NJW 1994, 1966.
210 Nachweise OLG Karlsruhe 12. 9. 2007, NJW 2008, 925.
211 *Canaris*, a. a. O., XLVII.
212 Vgl. *Eckert/Maifeld/Matthiessen*, Rn 679 mit überzeugender Begründung.
213 BT-Drucks. 14/6040, S. 196; BGH 28. 11. 2007, NJW 2008, 911.
214 BGH 28. 11. 2007, NJW 2008, 911 m. Anm. *Gsell*.
215 BGH 28. 11. 2007, NJW 2008, 911 m. Anm. *Gsell*.
216 Urt. v. 22. 6. 1993 – 3 U 25/93 – n. v.

Kaskoversicherung in Anspruch zu nehmen bzw. Ansprüche daraus an den Verkäufer abzutreten, da dies nicht zu einem Ausgleich einer unrichtig gewordenen Verteilung von Vermögenswerten zwischen den Parteien, sondern – wegen der Beitragsrückstufung – zu einem Schaden des Käufers führen würde. Dieser Auffassung kann nicht zugestimmt werden. Der Verlust des Schadensfreiheitsrabattes macht § 285 BGB nicht unanwendbar.[217] Zur Herbeiführung eines gerechten Ausgleichs ist allerdings erforderlich, das dem Verkäufer zustehende Surrogat in Form der Versicherungsleistung um die vom Käufer gezahlten Prämien und um den Beitragsschaden zu kürzen.[218]

4. Notwendige Verwendungen und andere Aufwendungen
a) Gesetzliche Regelung

589 Den Verwendungs- und Aufwendungsersatz regelt **§ 347 Abs. 2 BGB** sowohl für die Zeit vor als auch für die Zeit nach Erklärung des Rücktritts bis zur endgültigen Rückabwicklung.[219] Anspruchsberechtigter ist der Käufer, der das Fahrzeug zurückgibt oder/und Wertersatz leistet.[220] Soweit er eine Bereicherung (z. B. einen Veräußerungserlös) nach § 346 Abs. 2 S. 2 BGB an den Verkäufer herauszugeben hat, reduzieren die Aufwendungen den Bereicherungsanspruch des Verkäufers, so dass eine nochmalige Berücksichtigung im Rahmen von § 347 Abs. 2 BGB nicht stattfindet.[221] Von den notwendigen Verwendungen und den „anderen Aufwendungen" i. S.d § 347 Abs. 2 BGB sind die vergeblichen Aufwendungen abzugrenzen, die unter § 284 BGB fallen und deren Ersatz von einem Vertretenmüssen/Verschulden abhängig ist. Zu dieser für den Kfz-Kauf wichtigen Abgrenzung s. Rn 1883 ff.

590 **Fällig** werden die Ansprüche aus § 347 Abs. 2 BGB mit der Rückgabe des Fahrzeugs. Sie stehen in einem Gegenseitigkeitsverhältnis nach § 348 BGB. Wichtig ist das für die Frage des **Verzugs des Verkäufers** mit der Erfüllung seiner Verwendungsersatzpflicht. Solange er das Fahrzeug nicht zurückerhalten hat, kann er nicht in Verzug geraten, es sei denn, dass er mit der Annahme (Rücknahme) in Verzug geraten ist.

b) Notwendige Verwendungen

591 Notwendige Verwendungen sind Vermögensaufwendungen, die nach einem **objektiven Maßstab** zum Zeitpunkt der Vornahme zur Erhaltung, Wiederherstellung oder Verbesserung der Sache dienen.[222] Der Ersatzanspruch setzt nicht voraus, dass die Aufwendungen zu einer Wertsteigerung oder dauerhaften Werterhaltung beigetragen haben. Denn die Regelung des § 347 Abs. 2 S. 1 BGB betrachtet, ebenso wie § 994 BGB,[223] die Verwendungen nicht unter dem Blickwinkel des dem Rücktrittsgegner verschafften Vorteils, als vielmehr unter dem Gesichtspunkt, welches Vermögensopfer der Rücktrittsberechtigte zum Zweck der Erhaltungs- oder Verbesserungsmaßnahme auf sich genommen hat. Maßnahmen, die der Umgestaltung des Fahrzeugs dienen, sind keine notwendigen Verwendungen.[224]

592 Im Gegensatz zu § 994 Abs. 1 BGB werden von § 347 Abs. 2 S. 1 BGB auch die **gewöhnlichen Erhaltungskosten** von dem Anspruch auf Ersatz der notwendigen Verwen-

---

217 BGH 4. 3. 1955, VersR 1955, 225.
218 BGH 4. 3. 1955, VersR 1955, 225.
219 *Palandt/Grüneberg*, § 347 BGB Rn 1/2.
220 MüKo-BGB/*Gaier*, § 347 BGB Rn 15.
221 *Gaier*, WM 2002, 1, 7; *Hager* in AnwK/BGB, § 347 BGB Rn 11.
222 BGH 24. 11. 1995, WM 1996, 599.
223 BGH 24. 11. 1995, WM 1996, 599; OLG Karlsruhe 14. 11. 1997, OLGR 1998, 62.
224 MüKo-BGB/*Gaier*, § 347 BGB Rn 17.

dungen umfasst, da der Rückgewährschuldner auch die Nutzungen herausgeben bzw. vergüten muss.[225] Siehe auch Rn 1747.

593 Die Kosten, die der Käufer **für den Betrieb des Fahrzeugs** aufwendet, fallen weder unter notwendige Verwendungen noch unter den gewöhnlichen Erhaltungsaufwand. Zu den **Betriebskosten** gehören z. B. die Kosten für Kraftstoff[226], Öle, Schmiermittel, Park- und Mautgebühren, Kraftfahrzeugsteuer und Versicherungsbeiträge. Sie kommen nicht dem Fahrzeug, sondern dem Halter zugute.[227] Siehe auch die Kasuistik Rn 600.

aa) Unterstell- und Garagenkosten

594 Nach allgemeiner Ansicht[228] gehören Kosten für das **Unterstellen** und **Aufbewahren** des mangelhaften Fahrzeugs bis zu dessen Rückgabe zu den notwendigen Verwendungen, da sie eine Maßnahme betreffen, die zur Erhaltung des Wertes des Fahrzeugs objektiv erforderlich ist.[229] Da die gewöhnlichen Erhaltungskosten unter den Begriff der notwendigen Verwendungen zu subsumieren sind, kommt es für die Erstattung von Unterstell- und Aufbewahrungskosten im Anwendungsbereich von § 347 Abs. 2 S. 1 BGB nicht auf die hypothetische Frage an, ob das Fahrzeug **zusätzlich** an Wert verloren hätte, wenn es nicht in einer Garage, einem Carport oder auf einer Parkfläche außerhalb des öffentlichen Verkehrsraums untergestellt worden wäre. Die Kosten für das Unterstellen und Aufbewahren gehören zu den Aufwendungen, die vor allem der Käufer eines neuen Kraftfahrzeugs im Interesse der Sacherhaltung auf sich nimmt. Würde er das Fahrzeug im öffentlichen Verkehrsraum abstellen, wäre das Risiko des Diebstahls und der Beschädigung ungleich höher als bei der Aufbewahrung in einer Garage oder auf einem gesicherten Gelände. Auf eine abweichende Interessenlage des Verkäufers kommt es nicht an. Entscheidend ist allein, dass die vom Käufer ergriffene Maßnahme eine nach allgemeiner Verkehrsanschauung gewöhnliche Aufwendung darstellt. An dieser Voraussetzung mag es freilich fehlen, wenn ein altes geringwertiges Fahrzeug trotz vorhandenen öffentlichen Parkraums in einer angemieteten Garage untergestellt wird.[230]

595 Die **Garagenmiete** für ein Neufahrzeug ist vom Verkäufer im Regelfall zu übernehmen, wenn die Anmietung eigens zum Zweck seiner Aufbewahrung erfolgt.[231] Stellt der Käufer das Fahrzeug in seiner eigenen oder in einer schon vorher angemieteten Garage unter, tätigt er keine Aufwendung, die er sonst nicht gehabt hätte.[232] Er kann unter diesen Umständen Verwendungsersatz nur unter der Voraussetzung fordern, dass er die anderweitige entgeltliche Verwertung der Eigenleistung, nämlich die Vermietung der Garage an einen Dritten, nachweist.[233]

596 Falls der Verkäufer nach erklärtem Rücktritt mit der Rücknahme des Fahrzeugs in Verzug gerät (zum Rücknahmeanspruch des Käufers Rn 561), entsteht dadurch kein zusätz-

---

225 BGH 15. 11. 2006, NJW 2007, 674 (Tierkauf).
226 MüKo-BGB/*Gaier*, § 347 BGB Rn 18.
227 LG Kassel 30. 3. 2004 – 7 O 1981/03 – n. v.
228 MüKo-BGB/*Gaier*, § 347 Rn 18 m. w. N.
229 BGH 11. 1. 1978, WM 1978, 326, 327; OLG Köln 7. 7. 1987 – 9 U 8/87 – n. v.; OLG Nürnberg 17. 10. 1980, VersR 1981, 138; LG Köln 20. 11. 1986 – 4 O 149/86 – n. v.; 24. 6. 1987 – 26 S 389/86 – n. v.; a. A. LG Kassel 30. 3. 2004 – 7 O 1981/03 – n. v.; LG Augsburg 4. 6. 1976, DAR 1977, 71; LG Köln 11. 1. 1979 – 73 O 288/78 – n. v.; AG Köln 10. 4. 1991 – 203 C 641/90 – n. v.
230 AG Köln 7. 2. 1990–122 C 599/89 – n. v.
231 A. A. AG Köln 10. 4. 1991 – 203 C 641/90 – n. v.
232 OLG Celle 18. 5. 1995, DAR 1995, 404, 406; OLG Köln 7. 7. 1987 – 9 U 8/87 – n. v.; OLG Nürnberg 17. 10. 1980, VersR 1981, 138; LG Kassel 30. 3. 2004 – 7 O 1981/03 – n. v. (Ohnehin-Kosten).
233 OLG Köln 7. 7. 1987–9 U 8/87 – n. v.; OLG Nürnberg 13. 1. 1966, NJW 1966, 738 m. w. N.; LG Köln 15. 4. 1982 – 6 S 9/82 – n. v.

licher – mit dem Verwendungsersatzanspruch konkurrierender – Schadensersatzanspruch auf Ersatz von Unterstell- und Aufbewahrungskosten. Unter der Voraussetzung des Annahmeverzugs hat der Verkäufer gem. § 304 BGB nur die **Mehraufwendungen** zu erstatten, die dem Käufer durch die Aufbewahrung und Erhaltung des Autos und durch das erfolglose Angebot entstanden sind.

bb) Reparaturen

Verwendungsersatz für **Reparaturen** hat der Käufer zu beanspruchen, wenn er dem Rat der Fachleute gefolgt ist. Erklärt der Mitarbeiter einer Fachwerkstatt, dass eine bestimmte Reparatur zur Erhaltung des Fahrzeugs durchgeführt werden muss, so ist diese Maßnahme als objektiv erforderlich anzusehen.[234] Um die Notwendigkeit von Reparaturen verlässlich beurteilen zu können, hat *Huber*[235] die **Testfrage** empfohlen, ob der Verkäufer, wenn der Käufer die Reparatur nicht vorgenommen hätte, die Reparatur selbst durchführen müsste, um die zurückgegebene Sache ihrem Wert entsprechend verwerten zu können.

Welche Reparaturen als notwendige Verwendungen **von der Rechtsprechung** anerkannt wurden und welche nicht, zeigen die Übersichten Rn 1746 und Rn 1748.

Eigenleistungen, die der Erhaltung, Wiederherstellung oder Verbesserung der Sache dienen, sind nach der vom BGH[236] zu § 994 BGB vertretenen – auf § 347 Abs. 2 S. 1 BGB insoweit übertragbaren – Ansicht als notwendige Verwendungen anzuerkennen, unabhängig davon, ob der Besitzer sie im Rahmen seines Gewerbes oder Berufes erbracht hat. Da Kfz-Käufer normalerweise nicht über die erforderliche Ausrüstung und die notwendigen Kenntnisse und Fähigkeiten verfügen, um Kfz-Reparaturen fachgerecht ausführen zu können, ist das BGH-Urteil für den Neuwagensektor nicht relevant.

Keine **notwendigen Verwendungen** sind (Ergänzung zu Rn 1748):
– Eigenkosten für die Abholung des Fahrzeugs im Werk,[237]
– die Kosten für die Nummernschilder und Zulassung des Fahrzeugs,[238]
– Steuer- und Versicherungskosten, weil sie nicht der Erhaltung, sondern dem Betrieb des Fahrzeugs dienen. Anders zu beurteilen ist allerdings der Fall, dass der Käufer die Steuer und die Versicherungsprämie ausschließlich deshalb aufwendet, um ein nicht betriebsfähiges Fahrzeug mangels anderweitiger Einstellmöglichkeit im öffentlichen Verkehrsraum abstellen zu dürfen (s. auch Rn 1893),
– Kosten für die erste Inspektion, die der Käufer als Nutzer des Fahrzeugs zu tragen hat,[239]
– Kosten für Reifenersatz und Hauptuntersuchung gem. § 29 StVZO,[240]
– Kosten für eine Begutachtung oder für eine Vermessung des Fahrzeugs zum Zweck der Durchsetzung der Wandlung[241], da sie der Kaufsache nicht unmittelbar zugute kommt,
– Einbau- und Montagekosten, es sei denn, dass sie zur Erhaltung des Fahrzeugs ausnahmsweise erforderlich sind,[242]

---

234 OLG Karlsruhe 14. 11. 1997, OLGR 1998, 62.
235 *Soergel/Huber*, § 467 BGB Rn 122.
236 Urt. v. 24. 11. 1994, WM 1996, 599.
237 OLG Celle 18. 5. 1995, DAR 1995, 404, 405.
238 Jetzt frustrierte Aufwendungen gem. § 284 BGB, s. BGH 20. 7. 2005, NJW 2005. 2848.
239 OLG Köln 9. 5. 1986, DAR 1986, 320 ff.; *Creutzig*, Recht des Autokaufs, Rn 7.4.16.; a. A. OLG Frankfurt 25. 11. 1987, DAR 1988, 242, 243.
240 OLG Köln 31. 10. 1985 – 12 U 55/85 – n. v.
241 LG Bonn 4. 8. 1989 – 18 O 7/89 – n. v.
242 A. A. KG 15. 3. 1913, OLGE 28, 138, 139 – Kosten für den Einbau des gekauften Bootsmotors und für den Kauf der dazugehörigen Schraube als notwendige Verwendung auf den Motor.

- Vornahme von Reparaturarbeiten zur Wiederherstellung der Verkehrssicherheit an einem abgemeldeten Fahrzeug, das bis zur Rückgabe nicht mehr benutzt werden soll,[243] sowie die Bestückung eines solchen Fahrzeugs mit neuen Reifen,
- vollständige Instandsetzung eines altersschwachen Gebrauchtfahrzeugs zur Herstellung der Fahrbereitschaft, da sie zwar nützlich, aber nicht notwendig ist,[244]
- Anschaffung von vier M + S-Reifen,[245]
- Anschaffung eines Windschotts für ein Cabrio.[246]

c) Andere Aufwendungen

601 Die Kategorie „andere Aufwendungen" (§ 347 Abs. 2 S. 2 BGB) ist begrifflich weitergehend als Verwendungen. Es werden auch freiwillige Vermögensopfer und sachändernde Aufwendungen[247] erfasst, die nicht unter den Verwendungsbegriff fallen, weil sie nicht darauf abzielen, den Bestand der Sache zu erhalten, wiederherzustellen oder zu verbessern. Die sog. **Vertragskosten** (§ 467 S. 2 BGB a. F.) sind keine „anderen Aufwendungen", sondern vergebliche Aufwendungen, deren Ersatz sich jetzt nach §§ 437 Nr. 3, 284 BGB richtet (s. Rn 1883 ff.).

602 „Andere Aufwendungen" werden dem Käufer nach § 347 Abs. 2 S. 2 BGB nur ersetzt, wenn der Verkäufer durch sie **bereichert** wird. Es bietet sich an, auf diejenigen Kriterien zurückzugreifen, die für die Feststellung der Werterhöhung im Rahmen von § 996 BGB erörtert werden. Dabei geht es vor allem darum, den Verkäufer als Rücktrittsgegner davor zu schützen, Wertsteigerungen ausgleichen zu müssen, die ihm nichts nützen. Die Diskussion zu der Frage, ob die Werterhöhung nach objektiven oder subjektiven Gesichtspunkten oder nach beiden zu bemessen ist, findet ihre Fortsetzung in § 347 Abs. 2 S. 2 BGB.

Es wird vorgeschlagen, den Wert des Erlangten durch den subjektiven Maßstab zu begrenzen oder dem Verkäufer zu gestatten, sich der aufgedrängten Bereicherung durch Gestattung der Wegnahme zu entziehen.[248] Dies hätte allerdings zur Folge, dass § 347 Abs. 2 S. 2 BGB leer laufen würde. Das Problem der **aufgedrängten Bereicherung** stellt sich nicht nur für den Verkäufer, sondern gleichermaßen für den Käufer. Was soll beispielsweise der Käufer mit den Winterreifen anfangen, die er eigens für das Fahrzeug gekauft hat, wenn sie nicht zu den Rädern des Ersatzfahrzeugs passen oder wenn er keinen Ersatzkauf tätigt? In dem Interessenkonflikt ist es durchaus sachgerecht, dem für den Mangel verantwortlichen Verkäufer das Risiko fehlgeschlagener Aufwendungen zuzuweisen und ihm nicht das Recht einzuräumen, den Käufer auf die Wegnahme zu verweisen. Auf der anderen Seite kann der Verkäufer dem Käufer die Wegnahme nicht verwehren.

Das Problem des Wertersatzes für subjektiv **unerwünschte Verwendungen** wird gemeinhin überschätzt, da sie objektiv nicht zu einer Werterhöhung und damit auch nicht zu einer Bereicherung des Verkäufers führen. Dies gilt in besonderem Maße für den Kraftfahrzeugbereich, wo manche Käufer die Neigung verspüren, ihr Fahrzeug mit allerlei Zubehör auszurüsten, um ihm dadurch eine individuelle Note zu geben. Aufwendungen dieser Art sind z. B. Tieferlegung des Fahrwerks, Sonderlackierungen, Veränderungen der Abgasanlage und der Karosserie sowie Tuning-Maßnahmen am Motor. Solche Maßnahmen sind keineswegs immer geeignet, den objektiven Wert eines Kraftfahrzeugs zu erhöhen. Je nach Art der Umgestaltung kann sogar eine Verschlechterung i. S. v. § 346 Abs. 2 Nr. 3 BGB

---

243 OLG Düsseldorf 15. 10. 1981, NJW 1982, 1156.
244 OLG Celle 10. 11. 1994, NJW-RR 1995, 1527.
245 OLG Celle 18. 5. 1995, DAR 1995, 404, 406.
246 OLG Düsseldorf 21. 1. 2008, NJW-RR 2008, 1199 (Peugeot 206 CC).
247 *Hager* in AnwK, § 347 BGB Rn 10; MüKo-BGB/*Gaier*, § 347 BGB Rn 22.
248 *Gaier*, WM 2002, 1, 7; *Arnold*, JURA 2002, 154, 160.

Das Rückgewährschuldverhältnis

vorliegen, für die der Verkäufer jedoch keinen Wertersatz bekommt, da sich in ihr meistens die eigenübliche Sorgfalt des Käufers widerspiegelt.

Beispiele aus der Rechtsprechung für die Gewährung eines bereicherungsrechtlichen Ausgleichsanspruchs für nützliche Verwendungen **nach altem Recht** (s. auch Rn 2193): **603**
- Komplette **Neulackierung** eines Fahrzeugs vor Kenntniserlangung des die Rückgängigmachung des Kaufvertrages rechtfertigenden Grundes,[249]
- Anbringung von **Sportfelgen** mit entsprechenden Reifen sowie leistungssteigernde Veränderungen des Motors,[250]
- Anbringung einer **Anhängerkupplung**, die je nach Verwendungszweck des Fahrzeugs aus der Sicht des Käufers sinnvoll und im Einzelfall sogar unerlässlich sein kann,[251]
- Anschaffung eines **Wagenhebers**,[252]
- Ausstattung eines Fahrzeugs mit **Fußmatten,** neuen **Reifen** und neuen **Rückleuchten**.[253]

d) Anspruchsbemessung und Verzinsung der Verwendungen

Grundlage für die Berechnung des Anspruchs auf Ersatz der notwendigen Verwendungen gem. § 347 Abs. 2 S. 1 BGB sind die vom Käufer aufgewendeten Kosten. Vorteile, die dem Käufer durch die Nutzung seiner Verwendungen zugeflossen sind, rechtfertigen keine Abzüge. Darin unterscheidet sich der Verwendungsersatz des § 347 Abs. 2 S. 1 BGB vom Ersatzanspruch wegen vergeblicher Aufwendungen nach § 284 BGB. Zum Inhalt dieses Anspruchs, den Einzelpositionen und zur Kürzung wegen teilweiser Zweckerreichung s. Rn 1883 ff. **604**

Mit Ausnahme der gewöhnlichen Erhaltungskosten gehören notwendige Verwendungen zu den gesetzlich nicht definierten Aufwendungen i. S. d. **Zinsvorschrift § 256 BGB**.[254] Sie sind folglich ab dem Zeitpunkt der Aufwendung mit 4 % (§ 246 BGB) und nach Verzugseintritt gem. § 288 BGB zu verzinsen. Nach § 256 S. 2 BGB sind die Zinsen für die Zeit, für die dem Käufer die Nutzungen verbleiben, allerdings nicht zu entrichten. Dadurch soll eine Bereicherung des Ersatzberechtigten vermieden werden. Die Zinspflicht besteht jedoch fort, wenn der Berechtigte für die Nutzung eine Vergütung bezahlen muss. Dem liegt die Vorstellung zugrunde, dass der Wert der Nutzung das Äquivalent für die Zinsen darstellt, die der Berechtigte ohne die Aufwendung für das aufgewendete Kapital erzielt hätte. Die von § 256 S. 2 BGB angeordnete Ausnahmeregelung von der Verzinsungspflicht wird beim Rücktritt des Käufers vom Kaufvertrag wegen Sachmängeln des Kraftfahrzeugs dadurch außer Kraft gesetzt, dass der Verkäufer vom Käufer eine Vergütung für die Nutzung des Fahrzeugs geltend macht. **605**

5. Verzinsung des Kaufpreises

Für die Kaufsumme **erzielte Zinserträge** sind vom Verkäufer nach § 346 Abs. 1 BGB herauszugeben bzw. zu vergüten. Die Zinsen sind aus dem vollen Betrag des gezahlten Kaufpreises zu berechnen und nicht aus dem nach Abzug der Gebrauchsvorteile verbleibenden Restbetrag.[255] Allerdings ist nicht auf den Bruttokaufpreis abzustellen. Maßgebend ist der Nettobetrag, weil Zinserträge nur daraus zu erzielen sind. **606**

---

249 OLG Köln 7. 7. 1987 – 9 U 8/87 – n. v.
250 OLG Nürnberg 11. 4. 1978, DAR 1978, 324.
251 OLG Köln 9. 5. 1986, DAR 1986, 320 ff.
252 LG Köln 19. 1. 1989 – 22 O 582/87 – n. v.
253 LG Osnabrück 5. 2. 1990 – 7 O 364/89 – n. v.
254 *Jud* in: *Prütting/Wegen/Weinreich,* § 256 BGB Rn 3; *Palandt/Heinrichs,* § 256 BGB Rn 1.
255 Thür. OLG 20. 12. 2007 – 1 U 535/06 – n. v.; a. A. LG Köln 2. 9. 1988 – 14 O 309/87 – n. v.

607 Zu den tatsächlich gezogenen Nutzungen gehören nicht nur erzielte Zinsen, sondern auch die **Schuldzinsen**, die der Verkäufer durch die Tilgung eines Kredits mit dem empfangenen Geld **erspart** hat.[256] Da Autohäuser die von ihnen eingekauften Neufahrzeuge regelmäßig finanzieren, kann der Käufer davon ausgehen, dass der Kaufpreis zur Rückführung des Einkaufskredits verwendet wurde und dadurch Zinsersparnisse eingetreten sind.

608 Hat der Verkäufer **keine Nutzungen** in Form von Zinsen aus dem empfangenen Kaufpreis gezogen, ist er dem Käufer gem. § 347 Abs. 1 S. 1 BGB zum Ersatz derjenigen Zinsen verpflichtet, die er nach den Regeln einer ordnungsgemäßen Wirtschaft hätte erzielen können. Auch im Rahmen dieser Bestimmung ist zu unterscheiden, welche Zinsen auf dem Kapitalmarkt hätten erzielt und welche durch Rückführung des Kredits hätten erspart werden können. Der Verkäufer kann sich durch den Nachweis eigenüblicher Sorgfalt entlasten (§ 347 Abs. 1 S. 2 BGB), was ihm als Kaufmann allerdings schwer fallen dürfte.

609 Da die in § 347 Abs. 1 S. 3 BGB a. F. angeordnete Festverzinsung abgeschafft wurde, ergibt sich für den Käufer die Notwendigkeit, zu den Zinsen substantiiert unter Beweisantritt vorzutragen. Dadurch wird der Verkäufer gezwungen, die Zinserträge offen zu legen. Als Gläubiger des Rückgewähranspruchs steht dem Käufer für die Ermittlung der vom Verkäufer gezogenen Nutzungen zudem **ein Auskunftsanspruch** zur Seite.[257] Gibt der Verkäufer keine Auskunft, hat das Gericht die Möglichkeit, die Zinsen gem. § 287 ZPO zu schätzen. Das LG Aschaffenburg hat den Nutzungsvorteil (bezogen auf 2005) auf 2,5 % geschätzt.[258] Nicht erwirtschaftete Zinsen (§ 347 Abs. 1 S. 1 BGB) hat das Thür. OLG[259] in Höhe von 5 Prozentpunkten über dem Basiszinssatz anerkannt, weil der Verkäufer sich dazu nicht substantiiert erklärt hatte; das OLG Düsseldorf[260] sogar, wie vom Käufer beantragt, 8 % über dem Basiszins. Angesichts der hohen Beträge, die hier auf dem Spiel stehen, sind Verkäufer gut beraten, sich so konkret wie möglich mit etwaigen Zinsforderungen des Käufers auseinander zu setzen.

6. Vergütung der Gebrauchsvorteile

a) Nicht gezogene Nutzungen

610 Unter den Voraussetzungen von § 347 Abs. 1 BGB ist der Käufer als Rückgewährschuldner verpflichtet, für nicht gezogene Nutzungen vor und nach Erklärung des Rücktritts Wertersatz zu leisten. Diese Vorschrift ist, soweit es um die Sachnutzung geht, für den Autokauf **bedeutungslos**. Bereits in der Kommentierung zu § 467 BGB a. F. hat *Huber*[261] zutreffend darauf aufmerksam gemacht, dass es bei einer (nur) zum Gebrauch bestimmten Sache nicht zur ordnungsgemäßen Bewirtschaftung gehört, sie auch wirklich zu benutzen.

b) Gezogene Nutzungen

611 Zu den gezogenen Nutzungen, die der Käufer gem. § 346 Abs. 1 BGB herausgeben muss, gehören die Vorteile, die ihm aus dem Gebrauch der Sache erwachsen sind. Diese zeichnen sich aus durch den infolge der Benutzung des Fahrzeugs ermöglichten Zeitgewinn sowie durch die Vermittlung rascher Beweglichkeit. Beiden Faktoren misst die Rechtspre-

---

[256] OLG Düsseldorf 21. 1. 2008, NJW-RR 2008, 1199 unter Hinweis auf BGH 6. 3. 1998, NJW 1998, 2354 (zu § 818 Abs. 1 BGB).
[257] BGH 27. 10. 1982, NJW 1983, 929, 939.
[258] Urt. v. 30. 5. 2006, NZV 2006, 657.
[259] Urt. v. 20. 12. 2007 – 1 U 535/06 – n. v.
[260] Urt. v. 21. 1. 2008, NJW-RR 2008, 1199.
[261] *Soergel/Huber*, § 467 BGB Rn 174.

chung wirtschaftlichen Wert bei.²⁶² Da die Gebrauchsvorteile nicht in Natur herausgegeben werden können, hat der Käufer ihren **Wert zu vergüten** (§ 346 Abs. 2 Nr. 1 BGB).

Die Verpflichtung aus § 346 Abs. 1 BGB betrifft sowohl die Zeit vor als auch die Zeit nach der Erklärung des Rücktritts.²⁶³ Der Käufer kann dem Anspruch des Verkäufers auf Vergütung der Gebrauchsvorteile nicht den Einwand der Entreicherung entgegenhalten.

Verweigert der Verkäufer nach wirksamer Erklärung des Rücktritts **die Rücknahme** 612 des Fahrzeugs und die Rückzahlung des Kaufpreises, ist der Käufer gezwungen, das Fahrzeug bis zur Beendigung der Rückabwicklung des Kaufvertrages weiter zu benutzen, wenn er nicht über die finanziellen Mittel für einen Ersatzkauf verfügt. In einem solchen Fall stellt sich die Frage, ob der Käufer die von ihm **unfreiwillig gezogenen** (aufgedrängten) **Gebrauchsvorteile** gleichwohl vergüten muss. Das Gesetz gibt darauf keine Antwort, so dass der Interessenkonflikt unter Beachtung der jeweiligen Umstände des Falles nach Billigkeitsgesichtspunkten zu lösen ist. Sowohl das OLG Braunschweig²⁶⁴ als auch das OLG Düsseldorf²⁶⁵ haben sich auf den Standpunkt gestellt, dass sich der Käufer für die Nutzung der Kaufsache Gebrauchsvorteile anrechnen lassen muss, selbst wenn die lange Nutzungsdauer darauf beruht, dass der andere Vertragsteil die Rückgängigmachung des Kaufvertrages rechtsgrundlos abgelehnt hat.

Im Gegensatz dazu versagt das OLG Köln²⁶⁶ dem Verkäufer einen Anspruch auf Nut- 613 zungsentschädigung, weil dieser sich geweigert hatte, eine **mangelhafte Schrankwand** abzuholen, so dass dem Käufer nichts anderes übrig geblieben war, als die Schrankwand bis zu ihrer Entfernung weiterzubenutzen, obwohl ihm die Benutzung in hohem Maße unerwünscht war und für ihn nach Lage der Dinge eher eine Last darstellte.

Auf dem Boden dieser Rechtsprechung führt die Abwägung der Interessen der Parteien 614 eines rückabzuwickelnden Kfz-Kaufvertrages zu dem Ergebnis, dass der Käufer trotz des Bestehens der Zwangslage dem Anspruch des Verkäufers nicht mit dem Einwand begegnen kann, die Weiterbenutzung des Fahrzeugs sei ihm aufgedrängt worden. Er muss sich entgegenhalten lassen, dass er die Nutzungen tatsächlich gezogen, einen Vorteil erlangt und eine entsprechende Wertminderung des Fahrzeugs herbeigeführt hat. Allein die Unerwünschtheit des Gebrauchs kann bei der Abwägung der beiderseitigen Interessen kaum entscheidend ins Gewicht fallen. Nach dem Grundgedanken des Rücktrittsrechts, wie er in § 346 Abs. 1 BGB zum Ausdruck gelangt, kann dem Käufer ein unentgeltlicher Gebrauch des Fahrzeugs nicht zugestanden werden.²⁶⁷ Eine Korrektur kommt jedoch im Wege des Schadensersatzes in Betracht (§§ 346 Abs. 4, 280 BGB).

c) Bemessung der Gebrauchsvorteile

aa) Keine Schätzung anhand von Mietwagenkosten und Leasingraten

Der **Wert** der Gebrauchsvorteile ist nicht exakt berechenbar und deshalb analog **§ 287** 615 **Abs. 2 ZPO** zu **schätzen**.²⁶⁸ Der Richter hat ein weites Schätzungsermessen. Außergericht-

---

262 BGH 30. 9. 1963, NJW 1964, 542; *Füchsel*, DAR 1968, 37; OLG Köln 19. 12. 1966, NJW 1967, 570.
263 *Arnold*, JURA 2002, 154, 159.
264 Urt. v. 3. 5. 1996, OLGR 1996, 133.
265 Urt. v. 2. 6. 1995, NJW-RR 1996, 46.
266 Urt. v. 13. 1. 1970, OLGZ 1970, 495.
267 OLG Köln 22. 6. 1979, OLGZ 1980, 210, 211; OLG Braunschweig 3. 5. 1996, OLGR 1996, 133; OLG Düsseldorf 2. 6. 1995, NJW-RR 1996, 46; *Koller*, DB 1974, 2458; *Soergel/Huber*, § 467 Rn 172 – grundsätzlich keine Sonderregeln für ‚aufgedrängte' Gebrauchsvorteile –.
268 BGH 26. 6. 1991, WM 1991, 1800, 1801 zur Gebrauchsvergütung bei Benutzung eines Bettes; OLG München 22. 2. 1989, DAR 1989, 187 m. w. N.; OLG Zweibrücken 25. 10. 1984, DAR 1986, 89; *Kaufmann*, DAR 1990, 294.

lich benötigen die Vertragsparteien und ihre Anwälte verbindliche und anerkannte Berechnungsvorgaben. Sie haben sich im Laufe der Jahre herausgebildet und so verfestigt, dass in den meisten Punkten hinreichende Klarheit herrscht.

616 Als überwunden können die früher vereinzelt unternommenen Versuche angesehen werden, die Gebrauchsvorteile entweder an den **fiktiven Mietwagenkosten** für vergleichbare Fahrzeugtypen[269] oder an den für das Schadensrecht geltenden Tabellen für Nutzungsausfall auszurichten.[270] Eine prozentuale **Anlehnung an Mietwagensätze** begegnet dem berechtigten Einwand, dass die Interessenlage des privaten Autohalters weder der eines Mieters noch der eines potenziellen Vermieters[271] gleichkommt. Es fehlt jede Ähnlichkeit zwischen einem voll erfüllten – später rückgängig gemachten – Kaufvertrag einerseits und einem Mietvertrag andererseits, da dem Käufer die Kaufsache nach der Anlage des Vertrages nicht nur zur temporären Benutzung, sondern zum endgültigen Verbleib überlassen wird.[272] Gegen eine Berechnung des Wertes der Gebrauchsvorteile anhand der Nutzungsausfalltabelle von *Küppersbusch/Seifert/Kuhn*[273] spricht die Überlegung, dass es bei der Nutzungsvergütung anders als im Schadensrecht nicht darum geht, den Entzug einer Gebrauchsmöglichkeit zu entschädigen, sondern vielmehr darum, den wirtschaftlichen Wert eines tatsächlichen Gebrauchs zu vergüten.[274] Aus diesem Grund ist der Anspruch des Verkäufers auf Nutzungsvergütung, im Gegensatz zu dem Anspruch des Geschädigten auf Nutzungsausfallentschädigung nicht an die Voraussetzung der ständigen Verfügbarkeit des Fahrzeugs für die eigenwirtschaftliche Lebenshaltung geknüpft.[275]

617 **Leasingraten** für vergleichbare Fahrzeuge sind ebenfalls **kein brauchbarer Vergleichsmaßstab**,[276] da sie von der Laufzeit des Vertrages, dem Refinanzierungsaufwand, der Höhe des kalkulierten Restwertes und weiterhin davon abhängen, ob der Leasingnehmer außer den Raten eine Sonderzahlung leisten muss.

bb) Bruttokaufpreis als Bemessungsgrundlage

618 Der richtige Anknüpfungspunkt für die Bemessung der Gebrauchsvorteile ist der **Kaufpreis.** Er verkörpert den Gesamtnutzungswert einer jeden zum Gebrauch bestimmten Sache. Mit der Bezahlung des Kaufpreises erkauft sich der Käufer ‚die Nutzbarkeit bis zur Gebrauchsuntauglichkeit'.[277] Die Gebrauchsvorteile können im Fall des Rücktritts nicht höher sein als der Gebrauchswert der Sache insgesamt. Der Anschaffungswert bildet somit die Obergrenze für die Gebrauchswertvergütung. Um nämlich in den Genuss des gesamten Gebrauchswertes zu kommen, den ein Fahrzeug verkörpert, braucht der Käufer außer den laufenden Unterhaltskosten, die bei der Bemessung der Gebrauchsvorteile außer Betracht zu bleiben haben,[278] lediglich den Kaufpreis aufzuwenden.

619 **Gewerbliche Kunden** müssen, um in den Genuss der Fahrzeugnutzung zu kommen, aus eigenen Mitteln nur den Nettokaufpreis aufbringen. Die Mehrwertsteuer ist für sie wegen

---

269 BGH 3. 6. 1969, VersR 1969, 828, 829; 26. 6. 1991, WM 1991, 1800; 17. 5. 1995, WM 1995, 1145.
270 LG Nürnberg 18. 1. 1982 – 11 O 4408/81 – n. v.; MüKo-BGB/*Gaier*, § 346 BGB Rn 28.
271 BGH 3. 6. 1969, VersR 1969, 628 ff.
272 BGH 26. 6. 1991, WM 1991, 1800, 1803.
273 *Palandt/Heinrichs*, Vorb. v. § 249 BGB Rn 23, 23a.
274 LG Nürnberg 18. 1. 1982 – 11 O 4408/81 – n. v.; *Kaufmann*, DAR 1990, 294; anders LG Schwerin 28. 8. 2002, DAR 2004, 98 das die Gebrauchsvorteile für die Überlassung des Motorrads aufgrund eines wegen Minderjährigkeit unwirksamen Kaufvertrages mit 18 € täglich angesetzt hat.
275 BGH 9. 7. 1986, VersR 1986, 1103; OLG Saarbrücken 30. 3. 1990, NZV 1990, 312; a. A. offenbar *Creutzig*, Recht des Autokaufs, Rn 7.4.11.2.
276 *Soergel/Huber*, § 467 Rn 174.
277 BGH 26. 6. 1991, WM 1991, 1800, 1803.
278 OLG Hamm 20. 3. 1980, BB 1981, 1853; OLG Stuttgart 24. 2. 1983 – 7 U 248/82 – n. v.; OLG Köln 20. 4. 1989 – 12 U 209/88 – n. v.

der Berechtigung zum Vorsteuerabzug ein auszuscheidender Preisbestandteil von neutraler Bedeutung. Gleichwohl ist auch bei dem zum Vorsteuerabzug berechtigten Käuferkreis die Schätzung der Gebrauchsvorteile **grundsätzlich an dem Bruttopreis** des Fahrzeugs und nicht an dem Nettopreis auszurichten. Der Gebrauchswert eines Fahrzeugs wird nämlich durch dessen **Bruttopreis** verkörpert, den sowohl der **private** als auch der **gewerbliche Käufer** entrichten müssen.[279] Dass Letzterer die Umsatzsteuer ganz oder zum Teil absetzen kann, ändert nichts an der Höhe des Kaufpreises, der sich im Zweifel auch im Geschäftsverkehr zwischen vorsteuerabzugsberechtigten Unternehmern als Bruttopreis versteht, es sei denn, dass sich aus den konkreten Umständen im Einzelfall etwas anderes ergibt.[280] Es kommt für die Bewertung des Gebrauchsnutzens entscheidend auf das Verhältnis der Vertragsparteien zueinander an. In ihrem Verhältnis hat der Käufer, ob vorsteuerabzugsberechtigt oder nicht, stets den Bruttokaufpreis zu entrichten. Dass nur der Ansatz des Bruttopreises richtig sein kann, folgt aus der Überlegung, dass der Verkäufer bei vollständiger Aufzehrung des Gebrauchswertes weniger als den Kaufpreis zurückerhalten würde, andererseits aber den Bruttopreis an den Käufer zurückzahlen müsste.[281] Außerdem muss der zum Vorsteuerabzug berechtige Käufer seinen Vorsteuerabzug berichtigen, wenn er den Kaufpreis vom Verkäufer zurückbekommt.

cc) Gesamtfahrleistung als Verkörperung des Nutzungswertes

Nimmt man den Gebrauchswert, den ein Fahrzeug insgesamt durch seine **Nutzbarkeit bis zur Gebrauchsuntauglichkeit** verkörpert, als Maßstab für die Bemessung der Gebrauchsvorteile, so folgt daraus zwangsläufig, dass vom Käufer der Teil des Gebrauchswertes zu vergüten ist, den er durch die tatsächliche Benutzung des Fahrzeugs aufgezehrt hat. Die Besitzzeit des Käufers spielt dabei keine Rolle.[282] Falls der Käufer das Fahrzeug wegen der Mängel nicht in Gebrauch genommen hat oder nicht in Gebrauch nehmen konnte, sind ihm tatsächlich keine Gebrauchsvorteile zugeflossen, so dass der Verkäufer keinen Anspruch auf Nutzungsvergütung besitzt.[283] Aus diesem Grund wäre es verfehlt, die Gebrauchsvorteile beim Rücktritt vom Neuwagenkauf zeitanteilig durch einen dem Verhältnis von tatsächlicher und möglicher Benutzungszeit entsprechenden Teil des Kaufpreises zu bestimmen.[284] Das zu erwartende ‚Lebensalter' eines Neufahrzeugs ist daher kein brauchbarer Anknüpfungspunkt für die Ermittlung der Gebrauchsvorteile. Das Gleiche gilt für die steuerliche Wertabschreibungszeit,[285] zumal diese nicht unbedingt der tatsächlichen Gebrauchsdauer entspricht.[286]

Bei der zu erwartenden Gesamtfahrleistung eines Kraftfahrzeugs kommt es nicht auf das Fahrverhalten eines bestimmten Käuferkreises, sondern allein darauf an, für welche **Fahrleistung** der Hersteller das Auto bei sachgerechter Fahrweise ausgelegt hat.[287] Hinweise auf die zu erwartende Fahrleistung können sich aus Werbeaussagen des Herstellers/Importeurs, aus dem Betriebsheft des Fahrzeugs, aus den Garantieunterlagen und aus statistischen Erhebungen ergeben.[288]

---

279 So ausdrücklich BGH 26. 6. 1991, WM 1991, 1800, 1802.
280 BGH 26. 6. 1991, WM 1991, 1800, 1801; 15. 2. 1973, BGHZ 60, 199, 203; OLG Düsseldorf 27. 2. 1976, NJW 1976, 1268.
281 BGH 26. 6. 1991, WM 1991, 1800, 1802.
282 *Kaufmann*, DAR 1990, 294.
283 LG Köln 8. 1. 1992, VuR 1992, 89.
284 BGH 26. 6. 1991, WM 1991, 1800, 1803 im Falle der Rückgängigmachung eines ‚Bettenkaufs'.
285 OLG Stuttgart 24. 2. 1983 – 7 U 248/82 – n. v.; a. A. OLG Hamm 8. 7. 1970, NJW 1970, 2296.
286 BGH 22. 6. 1983, NJW 1983, 2194.
287 So zutreffend OLG Köln 20. 4. 1989 – 12 U 209/88 – n. v.
288 OLG Köln 20. 4. 1989 – 12 U 209/88 – n. v.

622 Rechtsprechung und Schrifttum stellen nicht mehr ernsthaft in Frage, dass für die Berechung der Nutzungsvergütung der Zeitraum der ‚Nutzbarkeit bis zur Gebrauchsuntauglichkeit'[289] zugrunde zu legen ist. Mit einer auf die Zeitdauer von 4 Jahren **verkürzten** linearen **Wertschwundberechnung**, wie sie das KG in einem Fall[290] praktiziert hat, weil statistischen Erhebungen zufolge Neuwagenkäufer ihre Fahrzeuge nicht bis zur Schrottreife nutzen, sondern diese nach ca. vier Jahren weiterveräußern, lassen sich keine sachgerechten Resultate erzielen. Das auf der Differenz zwischen Anschaffungspreis und Verkehrswert des Fahrzeugs nach 4 Jahren basierende Berechnungsmodell **belastet** diejenigen **Käufer** überproportional, die ihr mangelhaftes Fahrzeug bis zum Vollzug der Rückabwicklung weiterbenutzen müssen, weil sie nicht über das Geld für einen im Stadium des Prozesses ohnehin riskanten Ersatzkauf verfügen. Benachteiligt werden auch diejenigen, die ihr Neufahrzeug dem Anschaffungszweck entsprechend bis zur völligen Wertaufzehrung benutzen möchten. Ferner bleibt unberücksichtigt, dass manch einer, der sich nach einer gewissen Zeit der Benutzung von seinem Fahrzeug trennt, durch einen günstigen Privatverkauf oder durch eine vorteilhafte Inzahlungnahme einen höheren als den in Marktberichten ausgewiesenen Preis erzielt. Der Gebrauchswert, der in einem Fahrzeug steckt und der durch den Anschaffungspreis verkörpert wird, kann schließlich nicht davon abhängen, ob der Käufer das Fahrzeug bis zum Schrottwert abnutzt oder ob er es vorher verkauft.

dd) Lineare Wertschwundberechnung

623 Bei einem Kraftfahrzeug verkörpert die **zu erzielende Gesamtfahrleistung** den in ihm steckenden Gebrauchswert.[291] Der Käufer erwirbt gleichsam eine Portion Mobilität, die er durch die Benutzung des Fahrzeugs Stück für Stück aufzehrt. Folglich sind die vom Käufer bis zur Rückgabe mit dem Fahrzeug zurückgelegten Kilometer der einzig richtige Anknüpfungspunkt für die Bemessung der Gebrauchsvorteile.[292]

Bis zu diesem Punkt gibt es keine ernsthaften Meinungsverschiedenheiten in Rechtsprechung und Schrifttum, zumal **der BGH**[293] wiederholt bestätigt hat, dass sich die Lebensdauer eines Autos, diejenige Zeit also, in der es genutzt werden kann, in der bei normaler Beanspruchung zu erwartenden Gesamtfahrleistung widerspiegelt.

Weiterhin ist zu beachten, dass der Gebrauchsvorteil während der anfänglichen Zeit der Nutzung nicht höher ist als in der nachfolgenden Zeit. Gegen die durchgängige lineare Berechnungsmethode wurde eingewandt[294], sie berücksichtige nicht, dass ein Fahrzeug auch am Ende einer normalen Entwicklung einen gewissen **Restwert** repräsentiert, der bei noch fahrbereiten Autos kaum unter 10 % absinkt.[295] Dem ist entgegenzuhalten, dass Personenkraftwagen im Durchschnitt nach ca. 12 Jahren aus dem Verkehr gezogen werden, weil sie nicht mehr fahrbereit und verkehrssicher sind. Ein Verkaufserlös ist für ältere Fahrzeuge nur dann erzielbar, wenn sie ‚gut im Schuss' sind oder wenn es sich um Liebhaberstücke handelt. Fahrzeuge, die diese Kriterien nicht erfüllen, werden kostenpflichtig entsorgt

---

289 BGH 26. 6. 1991, WM 1991, 1800, 1803.
290 Urt. v. 10. 1. 1980, DAR 1980, 245.
291 BGH 17. 5. 1995, WM 1995, 1145.
292 OLG Köln 20. 5. 1987, NJW 1987, 2520; 20. 4. 1989 – 12 U 209/88 – n. v.; 12. 10. 1979 – 19 U 58/79 – n. v., 2. 7. 1982, DAR 1982, 403; OLG Zweibrücken 25. 10. 1984, DAR 1986, 89; OLG Bremen 21. 12. 1979, DAR 1980, 373; OLG Nürnberg 17. 4. 1980, DAR 1980, 345; OLG Hamm 20. 3. 1980, BB 1981, 1853; 10. 12. 1987, NJW-RR 1988, 1140.
293 Urt. v. 22. 6. 1983, NJW 1983, 2194; 17. 5. 1995, WM 1995, 1145.
294 *Klimke*, DAR 1984, 69 ff. und DAR 1986, 301 f.
295 Davon geht auch die Schwacke-Liste ‚Gebrauchsvorteil für Pkw; Geländewagen und Transporter' herausgegeben von der Schwacke-Bewertung GmbH & Co KG, Osnabrück, 1997 aus, indem sie zur Erzielung einer mathematischen Lösung für die Ermittlung der Gebrauchsvorteile bei älteren Fahrzeugen eine Restlaufleistung von 10 % der Gesamtlaufleistung ansetzt.

oder ins Ausland verbracht. Falls am Ende ausnahmsweise ein Verwertungserlös verbleibt, wird er in aller Regel durch vorausgegangene **Reparaturaufwendungen kompensiert**, die – genau genommen – dem Anschaffungspreis hinzugerechnet werden müssen.

So hat es im Grunde auch das OLG Düsseldorf gesehen,[296] als es die zu erwartende Nutzungsdauer eines stark beanspruchten Kippkastens, der bereits nach der Hälfte der 10- bis 12-jährigen Nutzungsdauer des dazugehörigen Sattelaufliegers hätte generalüberholt oder erneuert werden müssen, aus eben diesem Grunde halbiert hat. Soweit gegen die lineare Berechnungsmethode eingewandt wurde, sie gehe von der etwas weltfremden Vorstellung aus, die einmalige Investition des Anschaffungspreises reiche aus, um das Fahrzeug dann bis zur Leistungsgrenze zu nutzen,[297] ist dabei übersehen worden, dass z. B. die Aufwendungen für Reifen, Wartung und Pflege zu den Betriebskosten gehören, durch die das Fahrzeug normalerweise keine Wertsteigerung erfährt. Falls Aufwendungen der Werterhaltung und nicht nur dem reinen Betrieb des Fahrzeugs dienen, wie z. B. die Kraftstoffkosten, können sie ebenso wie Reparaturaufwendungen evtl. über den Restwert hereingeholt werden. Auch von daher ist es gerechtfertigt, den Restwert ebenso wie die aufgewendeten Betriebs- und Reparaturkosten bei der Berechnung der Gebrauchsvorteile außer Betracht zu lassen, da sie sich gegenseitig aufheben.

Während der gleich bleibende Gebrauchswert des Fahrzeugs durch dessen Benutzung nach und nach ‚linear' aufgezehrt wird, ist der tatsächliche Wertverlust bei einem Neufahrzeug in der Anfangsphase der Benutzung außerordentlich hoch. Letztere ist durch einen ‚degressiven' Kurvenverlauf gekennzeichnet. Zwischen der Gebrauchswertaufzehrung und dem realen Wertverlust besteht keine Kongruenz. Wie nicht anders zu erwarten, erweist sich diese Diskrepanz als der Punkt, an dem die Meinungen auseinandergehen: Die einen wollen den Käufer, die anderen den Verkäufer mit dem Risiko des anfänglich höheren Wertverlustes belasten.

Die Forderung[298] nach Beteiligung des Käufers an dem erhöhten anfänglichen **Wertverlust** des Fahrzeugs beruht auf der irrigen Vorstellung, **Gebrauchswert** und **Wertverlust** seien in jeder Phase der Benutzung identisch, obwohl dies, wie gezeigt, nicht der Fall ist. Allerdings hat die Rechtsprechung dieses Problem bislang nicht herausgearbeitet. Die Argumente, (1) es handele sich bei dem erhöhten Wertverlust um ein typisches Risiko der Sachmängelhaftung, (2) der Käufer dürfe wegen einer Schlechtleistung des Verkäufers nicht in überhöhte Kfz-Haltungskosten gestürzt werden,[299] (3) die Rückgabe des Fahrzeugs falle nicht in den Verantwortungsbereich des Käufers, sondern in den des Verkäufers,[300] und demzufolge könne der durch Benutzung eingetretene Wertverlust zwangsläufig nur auf der Grundlage einer ‚anteiligen linearen Wertschwundberechnung' ermittelt werden,[301] treffen sämtlich nicht ins Schwarze. Das LG Köln,[302] das die sog. degressive Berechnung des Wertschwundes abgelehnt hat, ist dem eigentlichen Problem näher gerückt. In den Urteilsgründen heißt es:

---

296 Urt. v. 25. 4. 1996, OLGR 1997, 250.
297 *Klimke*, DAR 1984, 69 ff. und DAR 1986, 301 ff.
298 OLG Celle 5. 11. 2003, OLGR 2004, 151; 10. 1. 1991, NZV 1991, 230, 231; *Kaufmann*, DAR 1990, 294, 295; und schon früher OLG Frankfurt 9. 7. 1969, NJW 1969, 1967; OLG Düsseldorf 15. 10. 1981 – 6 U 216/80 – n. v.; LG Ulm 25. 8. 1977 – 4 O 31/77 – n. v.; LG Darmstadt 13. 7. 1979 – 1 O 68/79 – n. v.
299 OLG Nürnberg 17. 4. 1980, DAR 1980, 345; KG 10. 1. 1980, DAR 1980, 245.
300 OLG München 22. 2. 1989, DAR 1989, 187; OLG Köln 2. 7. 1982, DAR 1982, 402 ff.; 20. 4. 1989 – 12 U 209/88 – n. v.
301 OLG Köln 20. 4. 1989 – 12 U 209/88 – n. v.; OLG München 22. 2. 1989, DAR 1989, 187.
302 Urt. v. 10. 3. 1982 – 19 S 375/81 – n. v.

‚In dem Verhältnis zwischen den Parteien des Kaufvertrages fällt auch ein im Ergebnis vom Hersteller herrührender Mangel in den Verantwortungsbereich des Verkäufers. Im Falle der Wandlung ist es daher angebracht, die vom Käufer zu erstattenden Gebrauchsvorteile nach den vom Käufer ersparten Abnutzungskosten zu berechnen. Zwar ... wird bei dieser Abrechnungsmethode der tatsächlich auf Seiten des Verkäufers eingetretene Verlust nicht ausreichend abgedeckt, aber auf der anderen Seite wird der Käufer auch nicht etwa bereichert, was nicht die Folge einer Rückabwicklung des Kaufvertrages sein darf. Andere Vorteile als die der ersparten Abnutzungskosten entstehen auf Seiten des Käufers nicht, da er schließlich die Sache zurückgibt und ihn der eingetretene Wertverlust auch nicht während der Dauer der Nutzung in irgendeiner Weise bereichert hat. Es ist aber nicht gerechtfertigt, den Käufer an diesen Verlusten zu beteiligen, da es allein in der Sphäre des Verkäufers liegt, dass der Käufer die Sache nicht behalten kann oder will.'

625   Es geht, worauf *Huber*[303] zutreffend hingewiesen hat, allein ‚um Erstattung der Gebrauchsvorteile des Käufers, nicht um Schadensersatz'. Im Licht dieser Ausführungen wird deutlich, dass die **Methode der linearen Wertschwundberechnung** keine unangebrachte Sanktionserwägung zum Nachteil des Verkäufers darstellt, wie sie *Kaufmann*[304] vermutet und deshalb eine Beteiligung des Käufers an dem höheren Wertverlust der ersten Zeit jedenfalls dann für angebracht hält, wenn die Mängel die Gebrauchsfähigkeit des Fahrzeugs nicht beeinträchtigen. Dieser Ansicht ist auch das **OLG Celle**,[305] das aus dem Grundgedanken des früheren Wandlungs- und heutigen Rücktrittsrechts die Verpflichtung der Parteien ableitet, sich gegenseitig so zu stellen, als ob der Kaufvertrag nicht geschlossen worden wäre. Demzufolge gehe der Rückgewähranspruch auf Wiederherstellung des früheren Zustandes und die beiderseitigen Leistungen seien in ihrem ursprünglichen Wert zurückzuführen. Übersehen wird bei dieser Argumentation, dass die Herausgabe der Gebrauchsvorteile nur solche Verträge betrifft, deren Hauptpflicht auf eine Gebrauchsüberlassung gerichtet ist.[306]

626   Für die **vom BGH**[307] befürwortete lineare Berechnungsmethode spricht weiterhin der Vergleich von § 503 Abs. 2 S. 3 BGB mit § 346 Abs. 1 BGB. Nur beim Teilzahlungskauf ist bei der Bemessung der Nutzungsvergütung auf die inzwischen eingetretene **Wertminderung** der Sache Rücksicht zu nehmen, womit dem Darlehensgeber ein Ausgleich dafür geschaffen wird, dass er neben dem Rücktritt keinen Schadensersatz, sondern nur Aufwendungsersatz (§ 503 Abs. 2 S. 2 BGB) vom Käufer verlangen kann.[308]

627   Durch § 346 Abs. 2 S. 1 Nr. 3 Hs. 2 BGB wird die Berechnung der Nutzungsvergütung um einen weiteren Aspekt bereichert, der nebenbei belegt, dass die Methode der degressiven Bemessung der Gebrauchsvorteile nicht nur verfehlt, sondern gesetzeswidrig ist. Falls Herausgabe-Unmöglichkeit besteht, ist bei der Bemessung des vom Käufer zu leistenden Wertersatzes die durch bestimmungsgemäße Ingebrauchnahme entstandene Verschlechterung nicht zu ersetzen. Zieht man diesen Anfangsverlust von üblicherweise 20 % des Kaufpreises ab, beläuft sich der in dem Fahrzeug steckende Restnutzungswert auf 80 % des Kaufpreises. Wird der Berechnung der Gebrauchsvorteile indes der volle Kaufpreis zugrunde gelegt, geschieht dies zum Vorteil des Verkäufers, der im Extremfall der völligen

---

303 *Soergel/Huber*, § 467 BGB Rn 165.
304 DAR 1990, 294, 295.
305 Urt. v. 10. 1. 1991, NZV 1991, 230, 231.
306 *Soergel/Huber*, § 467 BGB Rn 159.
307 Urt. v. 17. 5. 1995, WM 1995, 1145; siehe auch OLG Bremen 8. 11. 2001, OLGR 2002, 338 zur Anwendung des Berechnungsmodells auf eine Verpackungsanlage.
308 Dieser Aspekt wurde vom OLG Dresden 12. 11. 1997, DAR 1997, 68, 70 nicht berücksichtigt.

Aufzehrung des Gesamtnutzungswertes über die Gebrauchsvergütung den vollen Gegenwert des Fahrzeugs zurückerhält.

Das lineare Berechnungsmodell ermöglicht eine **flexible Handhabung**, ist praktikabel **628** und trägt den individuellen Gegebenheiten Rechnung.[309] Den von Fahrzeug zu Fahrzeug unterschiedlichen Abschreibungswerten wird durch die prozentuale Anlehnung an den jeweils gezahlten Kaufpreis entsprochen.[310]

Bei der linearen Berechnungsmethode muss vernünftigerweise die Einschränkung gemacht werden, dass der **anteilige lineare Wertschwund** für die Zeit der Nutzung die **Differenz** zwischen **Anschaffungspreis** und **Verkehrswert** des Fahrzeugs in mangelfreiem Zustand zum Zeitpunkt der Rückgabe **nicht überschreiten** darf, andernfalls der Käufer benachteiligt würde.[311] Sind z. B. nach linearer Wertschwundberechnung 50 % des Anschaffungspreises aufgebraucht und liegt der Verkehrswert des Autos – in mangelfreiem Zustand – noch bei 60 % des Anschaffungspreises, so hat der vom Kauf zurücktretende Käufer eine Gebrauchsvergütung von nur 40 % des Kaufpreises zu entrichten.

ee) Einzelfragen

Zinsen: Die **Nutzungsersatz** ist seinerseits **nicht verzinslich**.[312] Das Gesetz ordnet eine **629** Herausgabe der Nutzungen in Form von Zinsen nur für die empfangene Hauptleistung an, nicht aber für gezogene Nutzungen, deren Wert der Käufer vergüten muss.

Umsatzsteuer: Da die zu vergütenden Gebrauchsvorteile **Entgelt** für eine **Gebrauchs-** **630** **überlassung** sind,[313] unterliegen sie der Umsatzsteuer, gleichviel, ob der Verkäufer sie isoliert oder im Wege der Verrechnung mit dem von ihm zu erstattenden Kaufpreis geltend macht.[314] Das ist im Ausgangspunkt unstrittig.[315] Bei der Nutzungsüberlassung handelt es sich um eine sonstige Leistung. Das dafür vom Käufer geschuldete Entgelt unterliegt beim Händler der Umsatzsteuer.

Gestritten wird darüber, ob die Berechnung der Nutzungsvergütung auf dem Brutto- oder Nettokaufpreis des Fahrzeugs basieren muss, wenn das Entgelt der Umsatzsteuer unterworfen wird. Im Prinzip, so das Brand OLG[316], müsste die Nutzungsvergütung vom Nettokaufpreis berechnet werden, wenn der Empfänger vorsteuerabzugsberechtigt ist. Sodann müsste in einem zweiten Schritt auf den Betrag der Gebrauchsvorteile die Umsatzsteuer aufgeschlagen werden. Ob die Umsatzsteuer bei der Ermittlung der Nutzungsvergütung nur einmal, nämlich bei der Größe „Kaufpreis", zu veranschlagen ist oder ein zweites Mal durch Aufschlag auf den auf Basis des Bruttokaufpreises errechneten Betrages ist eine höchstrichterlich noch nicht entschiedene Frage. Üblicherweise gehen die Gerichte so vor, dass sie in Übereinstimmung mit der BGH-Rechtsprechung den Bruttokaufpreis zugrunde legen (dazu Rn 619), um dann dem sich daraus ergebenden Betrag die Umsatzsteuer zuzuschlagen.[317]

Werkstattfahrten: Fahrten, die der Käufer mit dem Fahrzeug zur Vornahme von Maß- **631** nahmen der Mängelbeseitigung durchgeführt hat, sind als sog. Leerfahrten bei der Berechnung der Gebrauchsvorteile nicht zu berücksichtigen. Es handelt sich schon nicht um eine

---

309 *Thilenius*, DAR 1981, 102, 104.
310 OLG Hamm 20. 3. 1980, BB 1981, 1853.
311 OLG Hamm 21. 1. 1982, MDR 1982, 580.
312 BGH 26. 6. 1991, WM 1991, 1800, 1803.
313 So auch Brand OLG 28. 11. 2007 – 4 U 68/07 – n. v. (Rückabwicklung eines Pkw-Leasingvertrages).
314 BGH 12. 1. 1994, ZIP 1994, 461, 472.
315 *Ammenwerth/Grützner/Janzen*, Umsatzsteuer im Kfz-Gewerbe, 2008, S. 48.
316 Urt. V. 28. 11. 2007 – 4 U 68/07 – n. v.
317 Z. B. LG Braunschweig 14. 3. 2008 – 4 O 2804/07 – n. v.

bestimmungsgemäße Nutzung. Im Übrigen hat der Verkäufer gem. § 439 Abs. 2 BGB Fahrtkosten als Nacherfüllungsaufwendungen zu übernehmen.[318]

ff) Mängelbedingter Abschlag

632   Da die Methode der linearen Wertschwundberechnung auf einer normalen Gebrauchstauglichkeit der Kaufsache basiert, sind die vom Käufer zu vergütenden Gebrauchsvorteile ggf. zu kürzen, falls die Mängel die Gebrauchstauglichkeit (einschließlich Fahrkomfort) des Fahrzeugs erheblich einschränken. Dabei darf der Mangel nicht beim Ausgangswert der zeitanteiligen linearen Berechnung, d. h. dem Kaufpreis, berücksichtigt werden.[319] In Ansatz zu bringen ist der Mangel „bei der Würdigung des Wertes des ... anzurechnenden Nutzungsvorteils" (BGH). Kurz: Der Nutzungsvorteil hängt auch von der Nutzbarkeit des Fahrzeugs ab.

Zahlreiche Mängel haben keinerlei negative Auswirkung auf die Gebrauchstauglichkeit, z. B. eine überlange Standzeit; auch eine Modellveralterung rechtfertigt in der Regel keinen Mängelabschlag. Er wäre jedenfalls kaum messbar. Gleiches gilt im Allgemeinen für einen fachgerechten reparierten Unfallschaden. Ein überhöhter Kraftstoffverbrauch ist, von Extremfällen abgesehen, gleichfalls nutzbarkeitsneutral. Lackschäden und kleinere (offene) Blechschäden beeinträchtigen weder die Nutzungsmöglichkeit noch den Komfort.[320] Nicht jede Beeinträchtigung des Komforts berechtigt im Übrigen zur Kürzung der Nutzungsentschädigung. Gewisse Komforteinbußen, wie etwa Knallgeräusche eines Automatikgetriebes, hat der rücktrittsberechtigte Käufer ohne Kürzungsmöglichkeit hinzunehmen.[321]

Nur wenn eine **wesentliche Einschränkung der Nutzung** infolge des Mangels oder der Mängel feststellbar ist, wofür der Käufer darlegungs- und beweisbelastet ist, hat das Gericht für die davon betroffene Fahrstrecke einen Abschlag zu machen. Er ist unter Berücksichtigung aller Umstände **nach § 287 ZPO zu schätzen**.[322] Einer Kürzung unterliegen nicht die diejenigen Kilometer, auf denen der Mangel sich nicht negativ bemerkbar gemacht hat.

Berechnung des Abschlags: Es bleibt beim Bruttokaufpreis als Ausgangsgröße. Er ist nicht um den Mangelunwert zu kürzen. Für die Berechnung des Abschlags ist eine etwaige Wertminderung keine taugliche Berechnungsgröße; ebenso wenig die Kosten der Mängelbeseitigung. Zu empfehlen ist ein prozentualer Abschlag von der „normalen" (rechnerisch ermittelten) Nutzungsvergütung. Abschläge unter 10 % sind nicht sinnvoll. Die Obergrenze dürfte bei 50 % liegen.

Beispiele aus der Rechtsprechung:

– Das OLG Köln[323] hielt wegen starker **Beeinträchtigung** des **Fahrkomforts** durch Schaltstöße eines Automatikgetriebes eine Nutzungsvergütung von nur 0,15 DM je km bei einem Neukaufpreis von etwa 34.000 DM für angemessen;

– Das OLG Celle[324] kappte die Gebrauchsvergütung wegen echter und **nachhaltiger Einbuße der Nutzungsmöglichkeit** um einen Pauschalbetrag von 4.000 DM, weil dem

---

318   OLG Hamm 22. 9. 1981 – 28 U 131/81 – n. v.; OLG Köln 10. 1. 1992, DAR 1993, 349; OLG Düsseldorf 16. 12. 1994 – 14 U 95/94 – n. v.; *Soergel/Huber*, § 467 Rn 170.
319   BGH 6. 10. 2005, MDR 2006, 261; anders zahlreiche Instanzgerichte z. B. LG Frankfurt a. M. 19. 7. 2006 – 2–2 O 470/05 – n. v. („der um den Mangel geminderte Kaufpreis").
320   OLG Köln 30. 1. 2002, DAR 2002, 453.
321   OLG Hamm 29. 6. 1993, OLGR 1993, 333; ähnlich OLG Düsseldorf 18. 8. 2008 – I-1 U 238/07 – n. v. (abnorme Windgeräusche ab 130 km/h).
322   BGH 6. 10. 2005, MDR 2006, 261.
323   Urt. v. 9. 5. 1986, DAR 1986, 320 ff.
324   Urt. v. 10. 1. 1991, NZV 1991, 230, 232.

Käufer beim Ausfall des elektronischen Steuergeräts für den Motor eine Fahrt auf der Autobahn nur mit einer maximalen Geschwindigkeit von 40 km/h möglich war.[325]
- Das OLG Düsseldorf[326] schätzte die durch Benutzung gezogenen Gebrauchsvorteile für ein Fahrzeug, das neu 46.440 DM gekostet und mit dem der Käufer 47.178km zurückgelegt hatte, auf 11.740 DM, weil es mit einem Fehler in Form einer **starken Geruchsbelästigung** behaftet war, die im Fahrgastraum bei längeren Bergfahrten und Geschwindigkeiten von mehr als 150 km/h auftrat und zu starken Schleimhautreizungen führte und die mit einem deutlichen Leistungsabfall des Motors und einem Hochschnellen des Drehzahlmessers verbunden war. Im Fall einer Vergütung von 0,67 % des Anschaffungspreises je 1000 km hätte der Käufer 14.660 DM, mithin einen Mehrbetrag von 2.920 DM, für die Fahrzeugbenutzung bezahlen müssen.

gg) Berechnungsformel

Die mathematische Formel für die Berechnung der Gebrauchsvorteile lautet: **633**

$$\text{Gebrauchsvorteil} = \frac{\text{Bruttokaufpreis} \times \text{gefahrene Kilometer}}{\text{erwartete Gesamtlaufleistung}}$$

Sie wird **vom BGH**[327] auch für die Berechnung der Gebrauchsvorteile bei **Kaufverträgen über Gebrauchtfahrzeuge** verwendet, dort allerdings mit der Maßgabe, dass der Divisor in der voraussichtlichen **Restlaufleistung** besteht (s. Rn 1755). Die Restlaufleistung ist die Differenz zwischen Gesamtfahrleistung und den gefahrenen Kilometern. Bei dem Rücktritt von einem Kaufvertrag über ein **Neufahrzeug** dürfen die bis zum Rücktritt zurückgelegten Kilometer nicht in Abzug gebracht werden, da die Formel auf der im Zeitpunkt der Fahrzeugübergabe zu erwartenden **Gesamtfahrleistung** aufbaut.[328]

Nach der o. a. Formel beträgt die Nutzungsvergütung bei einer voraussichtlichen Gesamtfahrleistung von

150.000 km 0,67 % des Kaufpreises je gefahrene 1000 km,

200.000 km 0,5 %,

250.000 km 0,4 %,

300.000 km 0,33 %.

hh) Rechtsprechung zur Höhe der Nutzungsvergütung für Pkw/Kombis

Eine schematische Anwendung des 0,67 %-Satzes verbietet sich unter den heutigen Bedingungen. Das Ziel einer möglichst wirklichkeitsnahen Bemessung der Gebrauchsvorteile wird damit in der Mehrzahl der Fälle verfehlt. Eine **Gesamtfahrleistung von 150.000 km**, die Basis der 0,67 %-Formel, ist als generelle Größe nicht mehr tauglich. Vielmehr muss die Gesamtfahrleistung in jedem Einzelfall ermittelt werden, und zwar im Wege richterlicher Schätzung, notfalls nach sachverständiger Beratung. **634**

Nicht gefolgt werden kann dem OLG Braunschweig,[329] das sich in einer Entscheidung auf den Standpunkt gestellt hat, man komme der Einzelfallgerechtigkeit nicht entscheidend näher, wenn man die Ermittlung der Gebrauchsvorteile künftig in die Hand von Sachver-

---

325 Ablehnend OLG Hamm 10.12.1987, NJW-RR 1988, 1140; OLG Braunschweig, 7.10.1993 – 2 U 128/93 – n. v.; restriktiv *Soergel/Huber*, § 467 Rn 170.
326 Urt. v. 16.12.1994 – 14 U 95/94 – n. v.
327 Urt. v. 2.6.2004, NJW 2004, 2299.
328 A. A. *Creutzig*, Recht des Autokaufs, Rn 7.4.11.3.
329 Urt. v. 6.8.1998, OLGR 1998, 274.

ständigen legen wollte, da die Kosten einer solchen Vorgehensweise bei einer Gesamtbetrachtung die Vorteile im Einzelfall wieder einholen würden. Zum einen wird hier die wirtschaftliche Bedeutung verkannt, die die Position „Nutzungsvergütung" im Einzelfall haben kann. Beträge in der Größenordnung von 5 – 10.000 EUR sind keine Seltenheit. Im Übrigen darf Einzelfallgerechtigkeit, die es anzustreben gilt, prinzipiell nicht an der Kostenfrage Halt machen.

Personenkraftwagen der mittleren und gehobenen Klasse erreichen aufgrund des hohen Qualitätsstandards heutzutage **Gesamtfahrleistungen von 200.000 bis 300.000 km.** Derartige Laufleistungen sind schon in den Neunziger Jahren realistisch gewesen, wie die SCHWACKE-Liste „Gebrauchsvorteile" gezeigt hat.[330] Die Rechtsprechung hat sich dieser Erkenntnis nicht verschlossen. Einen **Überblick nach Marke und Typ** gibt die Aufstellung Rn 1757.

ii) Nutzungsvergütung bei Sonderfahrzeugen

635 Bei **Lastkraftwagen** und **Omnibussen** sind die zu erwartenden Gesamtlaufleistungen deutlich höher als bei Personenkraftwagen. Sie liegen zwischen 500.000 km und 800.000 km.[331] Von einem **Geländewagen** hat das LG Freiburg[332] eine Gesamtlaufleistung von 150.000 km erwartet. Bei einem **Motorrad** ist das OLG Schleswig[333] von einer voraussichtlichen Gesamtfahrleistung von 80.000 km ausgegangen. Das OLG Hamm[334] hat einem Motorradverkäufer eine Nutzungsvergütung von 0,19 DM pro km zuerkannt. Für die Bemessung der Nutzungsvergütung bei einem **Reisemobil** wurde die Gesamtfahrerwartung des Käufers vom OLG München auf 200.000 km geschätzt.[335] Dem hat sich das OLG Nürnberg angeschlossen.[336] Weitere Rechtsprechung zu den „Sonderfahrzeugen" unter Rn 1760.

d) Geltendmachung der Gebrauchsvorteile

636 Der Anspruch des Verkäufers auf Vergütung der bis zur Rücktrittserklärung gezogenen Nutzungen wird mit dem Rücktritt **fällig**. Von § 346 Abs. 1 BGB werden auch diejenigen Gebrauchsvorteile erfasst, die der Käufer nach Erklärung des Rücktritts bis zur Rückgabe des Fahrzeugs zieht. Insoweit wird die anwachsende Forderung gewissermaßen fortlaufend fällig. Die Nutzungen muss der Verkäufer sowohl im Fall des Rücktritts als auch im Rahmen des Schadensersatzes statt der ganzen Leistung **geltend machen**, d. h. es findet **keine automatische Saldierung** oder Verrechnung statt. Aus § 281 Abs. 5 BGB ergibt sich, dass bei einer rein schadensrechtlichen Rückabwicklung die Nutzungen nicht (mehr) nach den Grundsätzen der Vorteilsausgleichung von Amts wegen zu beachten sind, wenn der Käufer Schadensersatz statt der ganzen Leistung fordert (s. auch Rn 1874). Die ihm zustehenden Gegenansprüche kann der Verkäufer dem Käufer entweder im Wege der **Einrede** gem. §§ 348, 320 BGB, durch **Aufrechnung**,[337] durch **Hilfsaufrechnung**[338] entgegenhalten oder durch **Widerklage** geltend machen. Versäumt er es, den Anspruch auf Nutzungsver-

---

330 Nach der Erstauflage 1997 nicht fortgeführt.
331 *Creutzig*, Recht des Autokaufs, Rn 7.4.11.3.
332 Urt. v. 7. 4. 1995, DAR 1995, 291.
333 Urt. v. 2. 5. 1986, DAR 1987, 87.
334 19. 10. 1994, ZfS 1995, 133.
335 Urt. v. 20. 4. 1993 – 25 U 5214/91 – zit. von *Creutzig*, Recht des Autokaufs, Rn 7.4.11.2.
336 Urt. v. 14. 11. 2001, OLGR 2002, 628, 630.
337 BGH 26. 6. 1991, WM 1991, 1800 f.; 2. 2. 1994 NJW 1994, 1004, 1006; OLG Köln 30. 1. 2002, DAR 2002, 453.
338 OLG Köln 18. 2. 1998, OLGR 1998, 378; OLG Düsseldorf, 16. 12. 1994 – 14 U 95/94 – n. v.

Das Rückgewährschuldverhältnis

gütung in das Prozessverfahren über den Rücktritt einzubringen, tritt mangels Rechtskrafterstreckung kein Rechtsverlust ein.

Das dem Verkäufer wegen der Nutzungsvergütung zustehende Leistungsverweigerungsrecht aus §§ 348, 320 BGB hindert den Eintritt des Schuldnerverzugs bezüglich der Rückgewähr des zu erstattenden Kaufpreises (s. Rn 645 ff). Solange der Käufer die Fahrleistung nicht bekannt gibt, kann der Verkäufer nicht abrechnen. Aus diesem Grund handelt der Verkäufer nicht gegen Treu und Glauben, wenn er bis zur Bekanntgabe der Fahrleistung **den gesamten Kaufpreis zurückhält**. Dies muss auch dann gelten, wenn sich im Nachhinein herausstellt, dass der Betrag der vom Käufer zu vergütenden Gebrauchsvorteile gemessen am Kaufpreis gering ist. Genau so gut hätte er höher ausfallen können.

Erklärt der Verkäufer die **Aufrechnung** mit seinem Anspruch auf Nutzungsvergütung, so wird dadurch seine bis dahin bestehende Verpflichtung zur Herausgabe der aus dem vollen Kaufpreis gezogenen bzw. nach den Regeln einer ordnungsgemäßen Wirtschaft erzielbaren Zinsen weder aufgehoben noch eingeschränkt. Da der Käufer Anspruch auf Erstattung des Kaufpreises nebst erzielter/erzielbarer Zinsen besitzt, werden durch die Aufrechnung mit Gebrauchsvorteilen zunächst die aufgelaufenen Zinsen und danach die Hauptforderung getilgt (§ 367 BGB).[339]

Dem die Rückabwicklung des Kaufvertrags betreibenden Käufer ist **aus Kostengründen** anzuraten, den mit der Klage geltendgemachten Kaufpreis um den Betrag der bis dahin gezogenen **Gebrauchsvorteile zu kürzen**. Falls er beabsichtigt, das Auto während des Prozesses weiter zu benutzen, sollte er die sog. Nutzungsentschädigung vorsorglich wenigstens bis auf den Zeitpunkt der voraussichtlichen Klagezustellung hochrechnen. Wegen des bei Weiternutzung während des Prozesses anwachsenden Anspruchs des Verkäufers ist eine Anpassung der Klageforderung spätestens in der letzten mündlichen Verhandlung zu empfehlen. In Höhe des durch Verrechnung mit Gebrauchsvorteilen aufgezehrten Klagebetrages sollte der Käufer die Klage aus Kostengründen keinesfalls nach § 269 ZPO zurücknehmen, sondern den Rechtsstreit insoweit für erledigt erklären (§ 91 a ZPO). Erledigung an Stelle von Klagerücknahme kommt auch dann in Betracht, wenn der Verkäufer mit den während des Prozesses entstandenen Gebrauchsvorteilen gegen die Klageforderung aufrechnet. Dringt der Käufer mit der Klage durch, sind die Kosten des – durch Verrechnung mit der im Verlauf des Verfahrens entstandenen Nutzungsvergütung – erledigten Teils der Klage dem Verkäufer aufzuerlegen.[340]

Zu vergüten sind die Gebrauchsvorteile bis zum **Tag der Rückgabe** des Fahrzeugs. Wenn der Käufer die Rückgängigmachung des Kaufvertrages gerichtlich durchsetzt, vergehen von der letzten mündlichen Verhandlung bis zur Rückabwicklung des Kaufvertrages oft mehrere Wochen oder Monate. Benutzt der Käufer das Fahrzeug in dieser Zeit (zulässigerweise) weiter, erhöht sich dadurch die Laufleistung und mit ihr die vom Verkäufer zu beanspruchende Nutzungsvergütung.

Der Käufer hat in einer solchen Situation **folgende Alternativen:** Nach Abrechnung der Nutzungsvergütung per Km-Stand zur Zeit der letzten mündlichen Verhandlung kann er die Benutzung einstellen, sein Fahrzeug ggf. stilllegen. Für den Regelfall der Weiterbenutzung kann er es dem Verkäufer überlassen, vom Urteilsspruch nicht erfasste Kilometer gesondert geltend zu machen, notfalls durch eine Vollstreckungsgegenklage. Einer voraussichtlichen Weiternutzung bis zur Rückgabe des Fahrzeugs kann der Käufer aber auch von sich aus Rechnung tragen, indem er einen Antrag wie folgt stellt:

‚Der Beklagte wird verurteilt, Zug um Zug gegen Rückgabe des Fahrzeugs . . . . an den Kläger den Kaufpreis . . . . abzüglich eines Betrages zu zahlen, der sich wie folgt berech-

---

339 *Soergel/Huber*, § 467 BGB Rn 180.
340 LG Köln 23. 11. 1988 – 30 O 224/86 – n. v.

net: 0,20 € × Kilometer gemäß Tachometerstand im Zeitpunkt der Rückgabe des Fahrzeugs an den Beklagten.'

641 Diese Abzugsmethode, mit der **sämtliche Kilometer** erfasst werden, die der Käufer zwischen Übernahme und Rückgabe zurückgelegt hat, ist in der Rechtsprechung teils auf Zuspruch,[341] teils auf Ablehnung gestoßen.[342] Der Klageantrag sei nicht hinreichend bestimmt (in Haupt- und Zinsforderung), was auch zur Unbestimmtheit des Tenors führe, Streitwert und Beschwer ließen sich nicht korrekt ermitteln, so lauten die Hauptargumente der Gegner der sog. **Karlsruher-Formel**. Deren Befürworter führen in erster Linie **Praktikabilitätsgründe** ins Feld. Vorzuziehen und zur Anwendung zu empfehlen ist die traditionelle Methode des Festbetragsabzugs mit Anpassung in der letzten mündlichen Verhandlung. Dies jedenfalls in Fällen des Gebrauchtwagenkaufs. Anders als beim Neuwagenkauf fehlt es hier an einem – auch für den Gerichtsvollzieher – verlässlichen Basis-Kilometerstand. Im Übrigen stellt das Kammergericht[343] zu Recht die Frage, wer die entscheidende Feststellung des Tachostandes treffen soll, wenn es – auf Grund der Feststellung des Annahmeverzugs im Tenor – eines tatsächlichen Angebots des Pkw gar nicht bedarf.

642 Abzuraten ist in jedem Fall von einem Antrag auf Rückzahlung des Kaufpreises Zug um Zug gegen Vergütung der gezogenen Nutzungen, ohne diese zu beziffern oder nach der Karlsruher Formel zu konkretisieren.[344] Der Gerichtsvollzieher kann die Höhe der Gegenleistung aus dem Urteil nicht ablesen, so dass die Vollstreckung komplett scheitern kann.

7. Störungen im Rückabwicklungsverhältnis

a) Beschädigung des Fahrzeugs

643 Die Verpflichtung des Käufers zum Wertersatz (dazu Rn 563 ff.) wird ergänzt durch die schadensrechtliche Haftung nach **§ 346 Abs. 4 BGB**, die eine Pflichtverletzung voraussetzt und über die Verschlechterung bzw. den Untergang des Fahrzeugs hinausgehende Folgeschäden erfasst.[345]

Wie sich die Regelungen zueinander verhalten, ist **umstritten**.[346] Zur Verdeutlichung der Problematik ein *Beispiel:* Der Käufer erfährt, dass sein Fahrzeug einen reparierten Transportschaden hat, der ihm verschwiegen wurde. Er will den Verkäufer zur Rede stellen. Vor dem Ausprachetermin wird das Fahrzeug von einer Dachlawine beschädigt. Zum Zeitpunkt des Schadenseintritts stand es vor dem Haus des Käufers, wo dieser regelmäßig seine Fahrzeuge parkt.

644 Lösungshilfe bieten die **Gesetzesmaterialien:**

„Eine Rechtspflicht zur sorgsamen Behandlung entsteht erst, wenn die Partei weiß oder wissen muss, dass die Rücktrittsvoraussetzungen vorliegen. Sie setzt spätestens ein, wenn der Rücktritt erklärt wird, kann sich unter Umständen aber auch bereits früher ergeben" (BT-Drucks. 14/7052, S. 193 f).

Um Wertungswidersprüche zu der Privilegierung nach § 346 Abs. 3 S. 1 Nr. 3 BGB zu vermeiden, ist der Maßstab der diligentia quam in suis jedenfalls bis zur Erklärung des

---

[341] Insbesondere OLG Karlsruhe 7. 3. 2003, NJW 2003, 1950; OLG Karlsruhe 28. 6. 2007, NJW-RR 2008, 137; OLG Oldenburg 8. 11. 1990, NJW 1991, 1187; Thür. OLG 20. 12. 2007 – 1 U 535/06 – n. v. (Gebrauchtwagen).
[342] KG 18. 12. 2006, OLGR 2007, 346 (Gebrauchtwagen); OLG Düsseldorf 21. 1. 2008, NJW-RR 2008, 1199 (Neuwagen).
[343] Urt. v. 18. 12. 2006, OLGR 2007, 346.
[344] So geschehen im Falle des OLG Oldenburg 20. 5. 1988, NZV 1988, 225.
[345] BT-Drucks. 14/6040, S. 93.
[346] Vgl. *Canaris*, a. a. O., XLV ff.; *Wagner* in FS U. Huber, 614 ff.

Das Rückgewährschuldverhältnis

Rücktritts auch im Rahmen des Vertretenmüssens nach § 280 Abs. 1 S. 2 BGB zu beachten.[347] Näheres zur „eigenüblichen Sorgfalt" unter Rn 577 ff.

b) Schuldnerverzug des Verkäufers

Mit der Rückzahlung des Kaufpreises kommt der Verkäufer nicht schon durch den Zugang der Rücktrittserklärung in Verzug.[348] Damit tritt erst Fälligkeit ein.[349] Eine mit dem Rücktrittsschreiben verbundene Aufforderung, den Kaufpreis ganz oder teilweise (nach Abzug von „Kilometergeld") zurückzuzahlen, kann jedoch als verzugsbegründende **Mahnung** zu verstehen sein. Die Mahnung kann bekanntlich mit dem die Fälligkeit auslösenden Akt (hier: Rücktritt) verbunden werden. Im Einzelfall kann eine Mahnung auch entbehrlich sein (§ 286 Abs. 2 BGB), so etwa, wenn der Verkäufer die Rückzahlung ernsthaft und endgültig verweigert hat.

Ob der **Verkäufer seinerseits Ansprüche** gegen den Käufer hat, ist für die Frage der Fälligkeit belanglos; nicht so in Bezug auf den Schuldnerverzug (s. Rn 647). Den Eintritt des Verzugs hindern kann auch eine **Zuvielforderung** des Käufers (Rn 646). Ein dritter Streitpunkt betrifft die Frage, welche **Prüf- und Regulierungsfrist** einem Händler oder einem direktverkaufenden Hersteller zuzubilligen ist, bevor Zahlungsverzug festgestellt werden kann. Vor allem Großorganisationen wie Mercedes und BMW benötigen aus innerbetrieblichen Gründen eine längere **Zeit zur Prüfung eines Rückabwicklungsvorgangs** als ein Vertragshändler vor Ort. Gleichwohl kommen auch sie mit Ablauf einer angemessen gesetzten Frist in Verzug. Interne Organisationsabläufe liegen in ihrem Verantwortungsbereich.[350]

Zuvielforderung: Da der Käufer materiellrechtlich nicht gehalten ist, die von ihm gefahrenen Kilometer bei der Bezifferung seines Rückzahlungsanspruchs von sich aus zu berücksichtigen, kann unter diesem Blickwinkel eine Zuvielforderung nicht angenommen werden. Die Aufforderung, den gesamten Kaufpreis zurückzuzahlen, stellt deshalb selbst dann keine Zuvielforderung dar, die die **Wirksamkeit der Mahnung** in Frage stellen könnte,[351] wenn der Käufer das Fahrzeug benutzt hat und dafür eine Vergütung schuldet. Denkbar ist ein Überschuss mit Unwirksamkeit der Mahnung im Hinblick auf den Ersatz von Verwendungen sowie wegen Nichtberücksichtigung einer Wertersatzschuld, z. B. bei Beschädigung des Fahrzeugs. Der Verwendungsersatzanspruch ist zwar hinsichtlich seiner Fälligkeit und damit auch mit Blick auf einen etwaigen Verzug des Verkäufers grundsätzlich separat zu beurteilen (s. Rn 590). Eine Zuvielforderung bei den Verwendungen, die mit dem Anspruch auf Kaufpreisrückzahlung verbunden ist und gemeinsam angemahnt wird, kann aber den Eintritt von Schuldnerverzug auch hinsichtlich der Kaufpreisrückzahlung verhindern.[352]

Der Eintritt von Schuldnerverzug des Verkäufers setzt nicht voraus, dass der Käufer die Rückgabe des Fahrzeugs anbietet. Erhebt der Verkäufer aber die Einrede der Zug-um-Zug-Leistung, macht er also im Prozess sein **Leistungsverweigerungsrecht** ausdrücklich oder konkludent geltend, verhindert er damit den Eintritt von Verzug von Anfang an. Schon das Bestehen des im Prozess geltend gemachten Leistungsverweigerungsrechts nach §§ 348

---

347 LG Trier 21. 3. 2005 – 4 O 185/03 – n. v. (Gebrauchtwagen/Motorschaden); *Eckert/Maifeld/Matthiessen*, Rn 680.
348 OLG Naumburg 12. 1. 2007 – 10 U 42/06 – n. v.; LG Paderborn 23. 11. 2007 – 4 O 370/07 – n. v.
349 AG Stuttgart-Bad Cannstatt 29. 1. 2008 – 6 C 2981/07 – n. v.; LG Paderborn 23. 11. 2007 – 4 O 370/07 – n. v.
350 So das AG Stuttgart-Bad Cannstatt 29. 1. 2008 – 6 C 2981/07 – n. v.
351 Zu diesem Problem s. BGH 12. 7. 2006, NJW 2006, 3271 m. w. N.
352 BGH 20. 7. 2005, NJW 2005, 2848; OLG Karlsruhe 12. 9. 2007, NJW 2008, 925 für den Fall des Annahmeverzugs.

S. 2, 320 BGB schließt einen Zahlungsverzug aus.[353] Noch genauer: Bereits der Bestand des Einrederechts, nicht erst seine Geltendmachung, verhindert den Eintritt von Verzug.[354] Herbeiführen kann der Käufer ihn in einem solchen Fall dadurch, dass er das Fahrzeug in Annahmeverzug begründender Weise anbietet[355] (s. dazu Rn 651 ff.).

648 Während des Verzugs hat der Käufer **Verzugszinsen** gem. § 288 Abs. 1 BGB zu beanspruchen. Einen **weitergehenden Verzugsschaden** muss ihm der Verkäufer nach § 288 Abs. 4 BGB ersetzen. Dieser kann darin bestehen, dass der Käufer die **Kosten eines fortlaufenden Kredits** tilgen muss, den er zur Finanzierung des mangelhaften Fahrzeugs aufgenommen hat,[356] dass er ein **Darlehen für die Beschaffung eines Ersatzfahrzeugs** aufnehmen muss[357] oder **Rechtsverfolgungskosten** für die Geltendmachung der Forderungen aus dem Rückgewährschuldverhältnis aufzuwenden hat. Letztere können unabhängig von einem Verzug allein schon aus Gründen der Mangelhaftigkeit des Fahrzeugs als „einfacher" Schadensersatz erstattungsfähig sein.

649 Zum **Ersatz von Nutzungsausfall** etwa durch Erstattung von Mietwagenkosten ist der Verkäufer verpflichtet, wenn der auf ein Fahrzeug angewiesene Käufer das von ihm Zug um Zug gegen Kaufpreiserstattung herauszugebende Fahrzeug wegen des Mangels nicht benutzen kann, sich die Ausfallzeit nicht durch die Inanspruchnahme von Taxis oder öffentlicher Verkehrsmittel überbrücken lässt und dem Käufer der Erwerb eines Ersatzfahrzeugs nicht möglich ist, weil er hierfür weder die finanziellen Mittel noch die Möglichkeit der Geldbeschaffung durch Kreditaufnahme besitzt.[358] Wenn der Verkäufer mit der Rückzahlung des Kaufpreises in Verzug ist und der Käufer dadurch daran gehindert ist, sich ein Ersatzfahrzeug anzuschaffen, kann ihm im Fall formaler Stilllegung des mangelhaften Fahrzeugs, aber auch bei bloßem Nichtgebrauch ein **Nutzungsausfall** entstehen. Dann bietet § 346 Abs. 4 BGB i. V. m. § 280 Abs. 1, Abs. 2, 286 BGB eine Grundlage für einen entsprechenden Ersatz. Siehe auch Rn 1839 ff., 1867 ff.

c) Annahmeverzug des Verkäufers

650 Der Annahmeverzug des Verkäufers, im Zusammenhang mit einem entsprechenden Feststellungsantrag des Käufers ein Standardthema in Kfz-Mängelprozessen (näher Rn 686), setzt grundsätzlich voraus, dass der Käufer dem Verkäufer das Fahrzeug zu den Bedingungen angeboten hat, von denen er die Rückgabe nach §§ 346, 348 BGB tatsächlich abhängig machen durfte.

aa) Begründung des Annahmeverzugs

651 Im früheren Recht war weitgehend anerkannt und vom BGH[359] bestätigt, dass der Verkäufer bereits durch das berechtigte Wandelungsverlangen und das Rückgabeangebot des Käufers in Annahmeverzug geriet. Nach § **294 BGB** ist die Leistung dem Gläubiger so, wie sie wirklich zu bewirken ist, tatsächlich anzubieten. Unter der Prämisse, dass Leistungsort der Wohnsitz des Käufers ist (dazu Rn 655), genügt die Mitteilung an den Verkäufer, dass das Fahrzeug an einem bestimmten Tag am Wohnsitz des Käufers zur Abholung bereit steht. Dieser Fall ist in § **295 BGB** geregelt, wonach **ein wörtliches Angebot** unter anderem

---

353 St. Rspr., z. B. BGH 6. 12. 1991, NJW 1992, 556 m. w. N.
354 OLG Naumburg 21. 1. 2007 – 10 U 42/06 – n. v. (BeckRS 2007, 65018).
355 St. Rspr., z. B. BGH 20. 7. 2005, NJW 2005, 2848; OLG Naumburg 21. 1. 2007 – 10 U 42/06 – n. v.
356 LG Köln 4. 5. 1994 – 23 O 24/92 n. v.
357 AG Stuttgart-Bad Cannstatt 19. 1. 2008 – 6 C 2981/07 – n. v. (Zwischenfinanzierungskosten incl. Bearbeitungskosten und Vorfälligkeitsentschädigung voll erstattungsfähig).
358 OLG Frankfurt 25. 3. 1998 – 83 U 263/96 – n. v.
359 Urt. v. 18. 12. 1991 – VIII ZR 282/90 – n. v.

Das Rückgewährschuldverhältnis

dann genügt, wenn der Gläubiger die geschuldete Sache abzuholen hat. Ausreichend ist ein wörtliches Angebot auch dann, wenn der Gläubiger erklärt hat, er lehne die Annahme ab. Ist der Verkäufer bereit, das vom Käufer angebotene Fahrzeug anzunehmen, verweigert er jedoch bestimmt und eindeutig die Erfüllung seiner Zahlungspflicht, reicht ein wörtliches Angebot des Käufers gleichfalls aus, um Annahmeverzug herbeizuführen.[360]

In manchen Fällen, in denen die Instanzgerichte Annahmeverzug festgestellt haben, lagen die Voraussetzungen dafür in Wirklichkeit nicht vor bzw. waren nicht festgestellt. Das ist die Lehre aus einer Reihe von BGH-Entscheidungen.[361] Verkannt bzw. übersehen wird immer wieder, dass Gläubigerverzug nur durch ein zur Erfüllung taugliches Angebot begründet werden kann.[362] Die Bedingungen, zu denen der Käufer das Fahrzeug zur Rücknahme anbietet, müssen im Rahmen des Rückgewährschuldverhältnisses liegen. Der Käufer darf insbesondere **nicht zuviel fordern**.[363] Andererseits darf er auch nicht „zu wenig" bereithalten, z. B. nur die Möglichkeit der Besitzübertragung ohne Eigentumsverschaffung (wichtig bei Leasingwagen und bankfinanzierten Autos).[364] Auch die Fahrzeugpapiere gehören zum Leistungspaket; ebenso mitgekaufte Gegenstände wie ein Hardtop o. Ä. Der Verkäufer gerät auch dann nicht in Annahmeverzug, wenn der Käufer unter Fristsetzung die Rückzahlung des Kaufpreises verlangt und lediglich in Aussicht stellt, nach Eingang des Geldes das Kfz herauszugeben.[365]

652

bb) Rechtsfolgen des Annahmeverzugs

Sie sind in §§ 300 bis 304 BGB geregelt. Nach Begründung des Annahmeverzugs hat der Käufer im Hinblick auf das Fahrzeug[366] nur **Vorsatz** und **grobe Fahrlässigkeit** zu vertreten. Setzt er sich durch eine vorsätzliche oder grob fahrlässige Pflichtverletzung außer Stande, seine Rückgabepflicht zu erfüllen, endet der Annahmeverzug des Verkäufers.[367] Dieser kann die Beendigung des Annahmeverzugs gegenüber dem aus dem Urteil vollstreckenden Käufer mit der Vollstreckungsabwehrklage geltend machen.[368]

653

Nicht grob fahrlässig handelt nach einer Entscheidung des LG Köln[369] der Käufer, der einen gebrauchten Wagen mehrere Monate lang auf dem eingefriedeten Gelände einer Vertragswerkstatt stehen lässt, ohne sich um das Auto zu kümmern. In anderer Sache hat das LG Köln[370] entschieden, eine grobe Fahrlässigkeit des Käufers liege selbst dann nicht vor, wenn die Umzäunung eines ansonsten nicht ohne weiteres zugänglichen Abstellgeländes an mehreren Stellen unterbrochen sei. Es stellt keinen Verstoß gegen die Sorgfaltspflicht dar, wenn der Käufer das Fahrzeug auf der Straße abstellt und nicht eigens eine Garage anmietet.[371] Wird das Fahrzeug vom Käufer in einer Halle aufbewahrt und damit vor äußeren Witterungseinflüssen geschützt, muss er es weder mit einem Karosserieschutz versehen noch den Feuchtigkeitsgrad der Halle untersuchen, denn schuldhaft handelt er nur dann, wenn er es in vorwerfbarer Weise einer über das normale Maß hinausgehenden Gefahr ausgesetzt hat.[372]

---

360 BGH 15. 11. 1996, NJW 1997, 581.
361 Z. B. Urt. v. 20. 7. 2005, NJW 2005, 2848;
362 Vgl. BGH 20. 7. 2005, NJW 2005, 2848; OLG Karlsruhe 12. 9. 2007, NJW 2008, 925.
363 Vgl. BGH 20. 7. 2005, NJW 2005, 2848; OLG Karlsruhe 12. 9. 2007, NJW 2008, 925.
364 Vgl. OLG Rostock 11. 7. 2007, NJW 2007, 3290 = DAR 2007, 588.
365 AG Köln 2. 12. 1988–111 C 717/87 – n. v.
366 *Palandt/Heinrichs*, § 300 BGB Rn 2.
367 LG Köln 17. 1. 1985 – 15 O 284/84 – n. v.; *Erman/Hager*, § 293 BGB Rn 9.
368 *Zöller/Stöber*, § 756 ZPO Rn 16.
369 Urt. v. 22. 1. 1975 – 16 O 37/73 – n. v.
370 Urt. v. 24. 6. 1987 – 26 S 289/86 – n. v.
371 OLG Bremen 22. 6. 1993 – 3 U 25/93 – n. v.
372 OLG Köln 14. 4. 2000, NZV 2001, 219, 220.

Wird das Fahrzeug dem Sachverständigen nach Erklärung des Rücktritts zur Begutachtung im Rahmen eines selbstständigen Beweisverfahrens übergeben und bewahrt dieser das Auto im Einvernehmen mit dem Käufer während des anschließenden Prozesses auf, muss sich der Käufer dessen Verschulden über § 278 BGB zurechnen lassen. Diese Rechtsfolge tritt allerdings dann nicht ein, wenn sich der Verkäufer mit der Rücknahme des Fahrzeugs in Annahmeverzug befindet, da der Sachverständige in diesem Fall als Lagerhalter und nicht als Erfüllungsgehilfe des Käufers tätig wird.[373]

654 Der Käufer hat gegen den Verkäufer einen Anspruch auf Ersatz der **Mehraufwendungen**, die er für das erfolglose Angebot, die Aufbewahrung und die Erhaltung des Fahrzeugs bis zu dessen Rückgabe machen muss (§ 304 BGB).[374] Stellt der Käufer das Fahrzeug in einer von ihm bereits vor Erklärung des Rücktritts angemieteten Garage unter, beruht die Mietzinsverpflichtung nicht auf einem späteren Annahmeverzug des Verkäufers.[375] Eine ersatzpflichtige Mehraufwendung liegt aber dann vor, wenn der Käufer nachweist, dass er ohne Annahmeverzug den Mietvertrag gekündigt hätte oder dass er für das normalerweise in der Garage abgestellte Zweitfahrzeug wegen des Annahmeverzugs eine andere Garage angemietet hätte. Im Rahmen der Schadensminderungspflicht ist der Käufer gehalten, für das Fahrzeug einen preiswerten Stellplatz zu besorgen.[376]

Wegen der Mehraufwendungen steht dem Käufer ein Zurückbehaltungsrecht zu, und der Verkäufer muss, um den Annahmeverzug zu beenden, nicht nur die Urteilssumme, sondern auch Mehraufwendungsersatz anbieten.[377]

8. Erfüllungsort

655 Erfüllungsort für die zurückzugewährenden Leistungen ist nach weit überwiegender Ansicht der Ort, an dem sich das vom Käufer zurückzugebende Fahrzeug zur Zeit des Rücktritts nach dem Vertrag („bestimmungsgemäß") befindet.[378] Nach dem Parteiwillen ist das in der Regel der **Wohnort** oder der **Betriebssitz des Käufers**.[379] Selbst wenn der Käufer das Fahrzeug bereits an den Verkäufer herausgegeben hat, soll es bei diesem Erfüllungsort bleiben.[380] Der Verkäufer hat daher sowohl die Kosten der Rücknahme des mangelhaften Neufahrzeugs[381] als auch die Kosten des Rücktransports eines vom Käufer in Zahlung gegebenen Altwagens zu tragen.[382] Eine Klausel, die den Käufer mit diesen Kosten belastet, ist unwirksam.[383]

Auch im **Geschäftsverkehr mit Kaufleuten** ist der vertragsgemäße Standort des Fahrzeugs der Erfüllungsort für die Rückabwicklung. Abschn. IX Ziff. 1 NWVB regelt nicht den Erfüllungsort, sondern nur den Gerichtsstand.

---

373 LG Hamburg 9. 1. 1992, SeuffArch. 68 Nr. 35 – kein Verlust des Wandlungsrechts, wenn das Auto durch Verschulden des Garagenbesitzers, bei dem der Käufer es während des Rechtsstreits untergestellt hat, wesentlich verschlechtert wird; *Soergel/Huber*, § 467 BGB Rn 29.
374 OLG Hamm 25. 2. 1997, OLGR 1997, 301; LG Köln 21. 9. 1989 – 15 O 419/88 – n. v.
375 AG Köln 7. 2. 1990 – 122 C 599/89 – n. v.
376 OLG Hamm 25. 2. 1997, OLGR 1997, 301.
377 *Palandt/Heinrichs*, § 304 BGB Rn 2.
378 BGH 9. 3. 1983, BB 1983, 793 ff. m. w. N.; BayObLG 9. 1. 2004, BeckRS 2004, 02051; OLG Stuttgart 23. 10. 1998, NJW-RR 1999, 1576; OLG Nürnberg 25. 6. 1974, NJW 1974, 2237; *Palandt/Heinrichs*, § 269 BGB Rn 16; a. A. mit beachtlichen Gründen *Stöber*, NJW 2006, 2661.
379 BGH 9. 3. 1983, BGHZ 87, 104, 111.
380 Str. in diesem Sinne *Zöller/Vollkommer*, § 29 ZPO Rn 25, Stichwort Kaufvertrag m. w. N.
381 OLG Stuttgart 23. 10. 1998, NJW-RR 1999, 1576.
382 LG Köln 8. 1. 1992, VuR 1992, 89.
383 BGH 9. 3. 1993, BB 1983, 793; OLG Stuttgart 23. 10. 1998, NJW-RR 1999, 1576; OLG Stuttgart 23. 10. 1998, NJW-RR 1999, 1576.

Befindet sich das Fahrzeug an einem anderen als dem vertraglich vereinbarten Bestimmungsort, besteht für den Verkäufer keine Verpflichtung, es dort abzuholen.[384] Die Transportkosten sind von ihm im Rahmen von § 439 Abs. 2 BGB zu übernehmen, wenn er das Fahrzeug zurückgeholt hat, um es in seinem Betrieb nachzubessern, der Käufer dieser Maßnahme jedoch mit einem Rücktritt vom Kaufvertrag zuvorkommt.

IX. Minderung

1. Voraussetzungen der Minderung

Bis auf das fehlende Erfordernis der Erheblichkeit des Mangels sind die Voraussetzungen für eine Minderung die gleichen wie beim Rücktritt. Insbesondere gilt (trotz Richtlinienbedenken) der **Nacherfüllungsvorrang**; aber auch seine zahlreichen Durchbrechungen (dazu Rn 456 ff.).

Im Schrifttum wird die Frage diskutiert, ob dem Käufer in richtlinienkonformer Befolgung von Art. 3 Abs. 5 VerbrKRL trotz erfolgreicher Mangelbeseitigung ein Minderungsrecht zuzubilligen ist, wenn sich die Nacherfüllung entweder verzögert hat oder für den Käufer mit Unannehmlichkeiten verbunden war.[385] Während eine Minderung des Kaufpreises wegen Verzögerung der Nacherfüllung überwiegend abgelehnt wird, da der Käufer sich gegen eine Verspätung zur Wehr setzen kann und unter den Voraussetzungen der §§ 280, 286 bzw. §§ 280, 437 Nr. 3 BGB Anspruch auf Ersatz des Verzögerungsschadens besitzt, wird eine Minderung als **Ausgleich für die Unannehmlichkeiten** zumindest für den Verbrauchsgüterkauf in der Kommentarliteratur befürwortet[386], obwohl der Anspruch dogmatisch kaum begründbar ist und zu einer Aufspaltung des Kaufrechts führt. Die gleiche Problematik stellt sich auch im Hinblick auf den Rücktritt, wo die Ansicht vorherrscht, dass nach erfolgreicher Nacherfüllung keine schützenswerten Interessen des Käufers ersichtlich sind, die dennoch einen Rücktritt rechtfertigen.[387]

Das ‚ius variandi' erlischt, wenn der Käufer die Minderung geltend macht, da sie **ein Gestaltungsrecht** darstellt.[388] Ob dem Käufer danach **ein Wechsel** zu den beiden Formen des Schadensersatzes und zum Rücktritt möglich ist, ist strittig (s. Rn 1897 ff.).

2. Geltendmachung der Minderung

Der gestaltungsrechtliche Charakter der Minderung hat zur Folge, dass bei einer Mehrheit von Käufern oder Verkäufern die Minderung nur von allen oder gegen alle erklärt werden kann. Sie ist bedingungsfeindlich und unwiderruflich, darf aber im Prozess hilfsweise geltend gemacht werden. Ein Eventualantrag empfiehlt sich für den Käufer, wenn er nicht sicher beurteilen kann, ob die für eine Rückabwicklung des Kaufvertrages erforderliche Erheblichkeit des Mangels vorliegt. Er besitzt außerdem die Möglichkeit, Rücktritt und Minderung alternativ zu erklären und dem Verkäufer die Wahl zu überlassen. Hierzu kann ihm

---

384 BGH 9. 3. 1983, BB 1983, 793.
385 Die Richtlinienkonformität der deutschen Regelung wird bezweifelt z. B. von *Pfeiffer* in AnwK/BGB, Art. 3 Kauf-RL Rn 20; *Schlechtriem* in *Ernst/Zimmermann*, Zivilrechtswissenschaft und Schuldrechtsreform, S. 205, 221; *H. P. Westermann* in *Schulze/Schulte-Nölke*, Die Schuldrechtsreform vor dem Hintergrund des Gemeinschaftsrechts, S. 109, 127; *Ernst/Gsell*, ZIP 2000, 1410, 1417; *Gesell*, JZ 2001, 65, 70; *Hoffmann*, ZRP 2001, 347, 350.
386 *Staudinger/Matusche-Beckmann*, § 441 BGB Rn 48; *Faust* in *Bamberger/Roth*, § 437 BGB Rn 24 und § 441 BGB Rn 32, 34.
387 *Staudinger/Matusche-Beckmann*, § 441 BGB Rn 44; *Westermann*, JZ 2001, 530, 537.
388 *Krebs*, DB 2000, Beil. 14, 1, 19.

jedoch nicht geraten werden, da er sich dadurch der Möglichkeit begibt, die Rangfolge der Rechte zu bestimmen.

660 Da die Minderung des Käufers die Höhe des Kaufpreises ändert, ist zu verlangen, dass sich das Verlangen der Minderung **klar** und **eindeutig** aus der Erklärung des Käufers ergibt. Sie kann auch konkludent geltend gemacht werden, etwa durch die Forderung nach teilweiser Kaufpreisrückzahlung. Es überwiegt die Ansicht, dass die Minderung bei Abgabe der Erklärung nicht beziffert werden muss, da sich die Höhe aus dem Gesetz ergebe.[389]

Folglich kann allein aus der Nichtbezifferung des Minderungsbetrages die Erklärung nicht als bloße Ankündigung einer demnächst erfolgenden Minderung mit Bezifferung aufgefasst werden, wenn der Käufer keinen Zweifel daran lässt, dass er eine Kaufpreisherabsetzung begehrt. Daraus folgt jedoch nicht, dass dem Käufer die Bezifferung der Minderung oder zumindest die Darlegung der für die Bezifferung der Minderung erforderlichen Fakten erspart bleibt. Diese kann er später nachholen, wenn der Betrag erst noch ermittelt werden muss. Die Regelung des § 441 Abs. 3 S. 2 BGB erleichtert die Beweisführung, indem sie dem Käufer gestattet, die Minderung durch Schätzung ermitteln zu lassen. Ob eine **unbezifferte Klage** wie beim Schmerzensgeld mit einem in das Ermessen des Gerichts gestellten Betrag zulässig ist, ist noch nicht abschließend geklärt. Lässt man diese Möglichkeit zu, wogegen nichts spricht, muss der Käufer die für eine gerichtliche Schätzung notwendigen Fakten vortragen und beweisen. Zu den Mindestangaben gehören Typ, Alter, Laufleistung, Kaufpreis, Art des Mangels und Kosten der Mangelbeseitigung. Gegen Kostennachteile ist der Käufer – in Grenzen – nach § 92 Abs. 2 Nr. 2 ZPO geschützt.

661 Durch die Minderung werden nur Ansprüche wegen des **gerügten Mangels** abgegolten. Insoweit wird der Kaufpreis umgestaltet. Im Übrigen bleibt der Kaufvertrag mit allen Rechten und Pflichten bestehen. Zeigt sich danach **ein weiterer Mangel**, kann der Käufer unter den Voraussetzungen der § 441 BGB erneut mindern oder – sofern § 323 Abs. 5 S. 2 BGB nicht entgegensteht – vom Vertrag zurücktreten.[390] Im Fall des Rücktritts ist der Anspruch auf Kaufpreiserstattung um die vom Käufer bereits empfangene Minderung zu kürzen.

662 Da das Rücktrittsrecht im Gegensatz zur Minderung einen erheblichen Mangel voraussetzt, kann bei der Bewertung eines später auftretenden weiteren Mangels der vorhergehende, durch Minderung abgegoltene Mangel nicht unberücksichtigt bleiben. Dies muss insbesondere dann gelten, wenn der Käufer berechtigterweise geltend macht, dass er sich in Kenntnis des neuen Mangels nicht auf eine Minderung eingelassen hätte, weil beide Mängel – zusammen betrachtet – als erheblich i. S. v. § 323 Abs. 5 S. 2 BGB einzustufen sind. Durch eine isolierte Bewertung einzelner unerheblicher Mängel, die nur in der Summe erheblich sind, würde der Anwendungsbereich von § 437 Nr. 2 BGB unzulässig eingeschränkt. Für den Bereich des Verbrauchsgüterkaufs läge darin eine Umgehung von § 475 Abs. 1 BGB. Es sind daher grundsätzlich alle Mängel, einschließlich der bereits durch Minderung abgegoltenen, daraufhin zu prüfen, ob sie in der **Gesamtschau** den Rücktritt gem. § 323 Abs. 5 S. 2 BGB rechtfertigen. Die Zufälligkeit, die darin besteht, dass mehrere bei Gefahrübergang vorhandene Mängel nicht zeitgleich, sondern nacheinander auftreten, kann und darf dem Käufer nicht zum Nachteil gereichen.

663 Die **fehlerhafte Bezifferung** der Minderung führt nicht zur Unwirksamkeit des Minderungsverlangens. Macht der Käufer eine überhöhte Minderung geltend, geht der Anspruch ins Leere. Falls der Käufer einen zu geringen Betrag geltend macht, schöpft er die Differenz zwischen dem vereinbarten und dem durch das Minderungsverlangen kraft Gesetzes ermäßigten Kaufpreis nicht in vollem Umfang aus. Der Käufer behält somit die Möglichkeit, die

---

389 *Schellhammer*, MDR 2002, 310, 303; *Staudinger/Matusche-Beckmann*, § 441 BGB Rn 5; *Faust* in *Bamberger/Roth*, § 441 Rn 7.
390 *Staudinger/Matusche-Beckmann*, § 441 BGB Rn 5; *Faust* in *Bamberger/Roth*, § 441 BGB Rn 39.

Minderung nachträglich aufzustocken, wenn er erfährt, dass seine Berechnung zu niedrig ausgefallen ist. Ist die Höhe der Minderung ungewiss, kann die Geltendmachung eines Teilbetrages zur Geringhaltung des Prozesskostenrisikos sinnvoll sein. Nicht zu beanstanden ist der an den Ausgang einer Begutachtung anknüpfende Vorbehalt der Geltendmachung einer weiteren Minderung.

3. Berechnung der Minderung

Die Minderung ist gem. § 441 Abs. 3 BGB in der Weise zu ermitteln, dass der Kaufpreis entsprechend dem Verhältnis des Wertunterschieds zwischen mangelfreier und mangelhafter Sache herabgesetzt wird (Proportionalmethode). Der Zeitpunkt, auf den es für die Bemessung der Minderung ankommt, ist der des Vertragsschlusses. Die Beweislast für die Minderung trägt der Käufer, für den die Vermutung streitet, dass der Wert des Neufahrzeugs nicht unter dem Kaufpreis liegt. Für die gegenteilige Behauptung ist der Verkäufer beweispflichtig. **664**

Die **Berechnungsformel** lautet unverändert: **665**

$$\text{Geminderter Preis} = \frac{\text{Wert der mangelhaften Sache} \times \text{vereinbarter Preis}}{\text{Wert der mangelfreien Sache}}$$

Von den drei Faktoren, bestehend aus Kaufpreis, Wert des Fahrzeugs in mangelfreiem Zustand und Wert des Fahrzeugs in mangelhaftem Zustand, sind beim Neuwagenkauf im Regelfall zwei deckungsgleich, nämlich der Kaufpreis und der Wert des Fahrzeugs in mangelfreiem Zustand zum Zeitpunkt des Kaufs. Unter diesen Voraussetzungen kann die Minderung u. U. dadurch vollzogen werden, dass der Kaufpreis um den Betrag gekürzt wird, den der Käufer zur Beseitigung des Mangels aufwenden muss.[391] Nach Meinung des LG Köln[392] hat die Gleichsetzung der Minderung mit den Reparaturkosten unabhängig von der Höhe des Neuwertes zu erfolgen, da dieser stets um den Betrag der aufzuwendenden Reparaturkosten gemindert ist. **666**

Minderung und Nachbesserungsaufwand sind jedoch nicht immer identisch. Deshalb hat es der Gesetzgeber abgelehnt, den Minderungsbetrag mit den Kosten der Nachbesserung gleichzusetzen.[393] Insbesondere bei nicht notwendigen Instandsetzungsmaßnahmen, z. B. wegen optischer Fehler, übersteigen die Aufwendungen für die Nacherfüllung oftmals die Wertminderung. *Beispiel:* Lackschäden, die sich nur durch eine Ganzlackierung einwandfrei beseitigen lassen.[394] **667**

Die Geltendmachung der Minderung kann zur Falle werden, wenn „wertneutrale" Mängel in Rede stehen. Ist das Rücktrittsrecht mangels Erheblichkeit eines wertneutralen Mangels (Geschmack, Optik, Ästhetik) ausgeschlossen, muss der Käufer auf Nacherfüllung bestehen und diese notfalls im Klagewege durchsetzen oder unter den Voraussetzungen eines Verschuldens die Umrüstungskosten als Schadensersatz geltend machen. **668**

Falls der Wert des Fahrzeugs durch eine zur Fehlerbehebung erforderliche Ganzlackierung beeinträchtigt wird, empfiehlt es sich, die merkantile Wertminderung als Maßstab für die Minderung i. S. v. § 441 BGB heranzuziehen.[395]

---

391 AG Leverkusen 17. 10. 1977 – 25 C 159/77 – n. v.; bei gebrauchten Sachen ist die Gleichsetzung der Reparaturkosten mit dem Minderungsbetrag nicht zulässig, siehe dazu OLG Oldenburg 29. 7. 2003, OLGR 2004, 397, 399.
392 Urt. v. 27. 1. 1984 – 11 S 219/83 – n. v.
393 BT- Drucks. 14/6040, S. 235.
394 OLG Düsseldorf 9. 11. 1995, OLGR 1996, 41.
395 OLG Düsseldorf 9. 11. 1995, OLGR 1996, 41, das die Wertminderung bei einem Neuwagenpreis von DM 35.000 mit DM 1.500 ansetzte und sich dabei auf die Schätzung eines Gutachters bezog.

669 Erweist sich ein Mangel als unbehebbar, können die dem Käufer hierdurch entstehenden Mehrkosten einen Anhaltspunkt für die Berechnung der Minderung bilden. Von dieser Überlegung ausgehend verurteilte das AG Mülheim/Ruhr[396] einen Neuwagenhändler zur Zahlung des Differenzbetrages zwischen Normal- und Superbenzin für die voraussichtliche Lebensdauer des verkauften Neufahrzeugs, dessen Motor beim Gebrauch von Normalbenzin klingelte und nachdieselte, während der Mangel bei Benutzung von Superbenzin verschwand. Im Gegensatz hierzu vertrat das LG Köln[397] den Standpunkt, bei der Position ‚erhöhte Benzinkosten' handele es sich um einen Mangelfolgeschaden, der sich auf eine Minderung nicht auswirken könne.

670 Falls sich die Minderung wegen konstruktiv bedingter **Unbehebbarkeit** des Mangels weder über Reparaturkosten noch über eine Mehrbelastung des Käufers bestimmen lässt, kann diese nur durch **freie Schätzung** gem. § 441 Abs. 3 S. 2 BGB ermittelt werden. Auf diese Weise bewertete das AG Köln[398] die Minderung eines Pkw's, der neu rd. 30.000 DM gekostet hatte und dessen Tankvolumen bei eingebautem Tank etwa 4 Liter (56 l statt 60 l) unter der Prospektangabe des Herstellers lag, mit einem Betrag von 1.000 DM.[399] Auf eine unzureichende Substantiierung der Minderung hat das Gericht den Käufer hinzuweisen.[400]

671 Eine (seltene) Mitverantwortlichkeit des Käufers für den Mangel in seinem konkreten Ausmaß und seiner Auswirkung kann bei der Bemessung der Minderung durch einen Abschlag entsprechend dem Rechtsgedanken des § 254 BGB zu berücksichtigen sein.[401]

4. Weitere Fragen zur Minderung

672 Für die Abwicklung der Minderung sind die Rücktrittsvorschriften der §§ 346 Abs. 1, 347 Abs. 1 BGB entsprechend anzuwenden. Hat der Käufer den vollen Kaufpreis gezahlt, steht ihm hinsichtlich des Mehrbetrages ein **Rückforderungsanspruch** gem. § 441 Abs. 4 S. 1 BGB zu. Der Anspruch erfasst auch die erlangten und ersparten Zinsen sowie diejenigen, die der Verkäufer nach den Regeln einer ordnungsmäßigen Wirtschaft hätte erzielen können.[402] Einen festen Zinsanspruch besitzt der Käufer jedoch nicht, so dass er zur Höhe und Erzielbarkeit der Zinsen vortragen und Beweis antreten muss; s. Rn 606 ff.

Sofern der Käufer den Kaufpreis nur teilweise beglichen hat, ist die Minderung verhältnismäßig auf den bezahlten und den offenen Kaufpreisteil zu verteilen.[403] In gleicher Weise ist bei einer Kaufpreisstundung zu verfahren. Die Zulassung einer anderweitigen Bestimmung durch den Käufer stößt auf Bedenken, da sie die Änderung vereinbarter Fälligkeiten durch einseitige Erklärung des Käufers ermöglichen würde.

Erfüllungsort für die Minderung ist der Betriebssitz des Verkäufers,[404] es sei denn, die Parteien haben einen anderen Ort als Erfüllungsort vereinbart.

---

396 Urt. v. 21. 2. 1980 – 10 C 333/79 – n. v.
397 Urt. v. 17. 10. 1984 – 20 O 178/81 – n. v.
398 Urt. v. 13. 9. 1989 – 137 C 434/88 – n. v.
399 Aufgehoben aus anderen Gründen vom LG Köln 6. 11. 1990, DAR 1991, 461.
400 BVerfG 28. 6. 1994, NJW 1994, 848.
401 BT-Drucks. 14/6040, S. 235.
402 MüKo-BGB/*Westermann*, § 441 BGB Rn 18.
403 BGH 8. 12. 1966, NJW 1967, 388; 1. 7. 1971, NJW 1971, 1800.
404 *Palandt/Heinrichs*, § 269 BGB Rn 15.

X. Schadens- und Aufwendungsersatz

1. Bedeutung im Neuwagenhandel

Für den Bereich des Neuwagenhandels ist die Schadensersatzhaftung wegen Mangelhaftigkeit des Kaufobjekts aus einer Reihe von Gründen bei weitem nicht so bedeutsam wie in Fällen des Gebrauchtwagenkaufs, wobei sie selbst auf diesem Sektor, bedingt durch die Strukturveränderungen der Schuldrechtsreform, nicht mehr so wie im früheren Recht die zentrale Rolle spielt. **673**

Neufahrzeugverkäufer tragen in den Fällen des indirekten Vertriebs keine Produktverantwortung. Produktionsfehler des Herstellers müssen sie sich als Händler nicht zurechnen lassen, da sie ihren Kunden die Verschaffung von Besitz und Eigentum an Neufahrzeugen, nicht aber deren Herstellung schulden.[405] Infolgedessen ist der Hersteller kein Erfüllungsgehilfe des Verkäufers.[406] Hinzu kommt: Der Verkäufer eines fabrikneuen Kraftfahrzeugs ist grundsätzlich nicht dazu verpflichtet, es darauf zu überprüfen, ob es Konstruktions- oder Fabrikationsfehler aufweist. Eine Untersuchung wird ihm als Händler nur abverlangt, wenn hierfür konkrete („handgreifliche") Anhaltspunkte bestehen.[407] Näheres zur Untersuchungspflicht von Fahrzeugverkäufern unter Rn 1023. Ist der Neuwagenkauf **ein Gattungskauf**, trifft den Händler allein aus diesem Grund keine Untersuchungspflicht (str.). **674**

Anders als Vertragshändler oder freie Neuwagenhändler stehen **direktverkaufende Hersteller** in einer ganz anderen Produktverantwortung, auch in ihrer Eigenschaft als Verkäufer. Beim **Verkauf durch Werksniederlassungen** ist den Hersteller-Verkäufern der Entlastungsbeweis nach den §§ 280 Abs. 1, 311 a Abs. 2 BGB im Ergebnis praktisch abgeschnitten. **675**

Nach wie vor greift die Schadensersatzhaftung ein, wenn der Händler eine Garantie für eine bestimmte Beschaffenheit der Kaufsache übernommen oder negative Eigenschaften arglistig verschwiegen hat. Allerdings sind beide Tatbestände (anders als bei § 463 BGB a. F.) nicht Voraussetzung der Schadensersatzhaftung nach § 437 Nr. 3 BGB in Verbindung mit den dort genannten Vorschriften. Bei Übernahme einer Garantie haftet der Verkäufer unabhängig von einem Verschulden auf Schadensersatz. Der Entlastungsbeweis ist versperrt (§ 276 BGB). Die rechtliche Bedeutung einer arglistigen Täuschung liegt gewährleistungsrechtlich nicht mehr auf der Ebene der Haftungsbegründung. Verkäuferarglist hat vielfältige Auswirkungen auf anderen Feldern, s. Rn 2069. Die wichtigsten für den Bereich des Neuwagenkaufs sind das Zurücktreten des Nacherfüllungsvorrangs[408] und auf dem B2B-Sektor die Ausschaltung von Freizeichnungsklauseln einschließlich Verjährungserleichterungen (§ 444 BGB). **676**

Selbst wenn sich die arglistige Täuschung auf eine Eigenschaft des Fahrzeugs, auf ein Merkmal seiner Beschaffenheit bezieht, bleibt dem Käufer die Möglichkeit der Vertragsanfechtung (s. Rn 2150).[409] Zu Neufahrzeug-Fällen aus dem Grenzbereich der Sachmängelhaftung und der c. i. c.-Haftung s. Rn 2218. Was die Arglisthaftung von Neuwagenverkäufern angeht, wird im Übrigen auf die Ausführungen zu den Einzelthemen „EU-Wagen" (Rn 737 ff.) und Alter/Standzeit/Modellaktualität (Rn 268 ff.) Bezug genommen. **677**

Im Fall mangelhafter Lieferung haftet grundsätzlich auch der Neuwagenverkäufer schon **bei bloßer Fahrlässigkeit** auf Schadensersatz. Das ist um so mehr eine wesentliche Ver- **678**

---

[405] BGH 15. 7. 2008, NJW 2008, 2837 (Parkettstäbe).
[406] BGH 15. 7. 2008, NJW 2008, 2837.
[407] BGH 25. 9. 1968, NJW 1968, 2238.
[408] Vgl. BGH 9. 1. 2008, NJW 2008, 1359 (Tierkauf).
[409] Beispiel aus dem Neuwagenkauf LG Gießen 11. 11. 2004, NJW-RR 2005, 493 (Verschweigen eines Karosserieschadens).

schärfung der Haftung, als ein **Verschulden** nunmehr gesetzlich **vermutet wird** (§§ 280 Abs. 1, 311 a Abs. 2 BGB). Dazu und zu den Bezugspunkten der Schadensersatzhaftung – der Mangel als solcher und/oder die gescheiterte Nacherfüllung – siehe Rn 1808.

2. Schadensberechnung und Schadenspositionen

679 Was den zu ersetzenden Schaden und die einzelnen Positionen angeht, wird auf Rn 1828 ff. verwiesen. Zur auch für Neuwagenfälle wichtigen Anspruchsgrundlage des § 284 BGB (vergebliche Aufwendungen) s. Rn 1883 ff.

3. Freizeichnung von der Schadensersatzhaftung für Mangelhaftigkeit

680 Abschn. VII NWVB („Sachmangel") bestimmt in Ziff. 4, dass für Ansprüche auf Schadensersatz wegen eines Sachmangels nicht der Abschn. VII, sondern Abschnitt VIII („Haftung") gilt. Ob die geänderte Fassung (Stand 3/08) einer Inhaltskontrolle standhält, werden die Gerichte zu klären haben. Ein Musterbeispiel für Transparenz sind auch die Neuregelungen nicht (s. auch Rn 2233).

XI. Hinweise zum Verfahren und zur Vollstreckung

1. Gerichtsstand

681 Folgt man der hier vertretenen Auffassung zum Erfüllungsort der Nacherfüllung (Rn 358 ff.), ist die **Nachbesserungsklage** auch im nichtkaufmännischen Geschäftsverkehr bei dem Gericht einzureichen, in dessen Bezirk der Verkäufer seinen Betriebssitz hat, während der **Ersatzlieferungsanspruch** wohl am Wohnsitzgericht des Käufers (Austauschort) geltend zu machen ist. Nach der Gegenansicht ist in beiden Fällen das Gericht zuständig, in dessen Bezirk sich das Fahrzeug gegenwärtig bestimmungsgemäß befindet (Belegenheitsort).

Für die **Klage auf Rückzahlung des Kaufpreises** nach Erklärung des **Rücktritts** ist nach h. M. das **Wohnsitzgericht des Käufers** zuständig, da die Rückgewährpflichten an dessen Wohnsitz zu erfüllen sind.[410] Zum Erfüllungsort bei rücktrittsrechtlicher Rückabwicklung s. Rn 655. Falls ein Haustürgeschäft vorliegt, ergibt sich dieser Gerichtsstand aus § 29 c ZPO.

Der Gerichtsstand für die Rückabwicklung des Kaufvertrages ausschließlich im Wege des **großen Schadensersatzes** ist ungeklärt. Näher dazu Rn 1882.

Für Ansprüche aus der **Geschäftsverbindung mit Kaufleuten** ist gem. Abschn. IX NWVB ausschließlicher Gerichtsstand der Sitz des Verkäufers.

Streitigkeiten im Zusammenhang mit einem Fahrzeugkauf, den ein Mitarbeiter des Herstellers unter Inanspruchnahme der Vorzugskonditionen für **Werksangehörige** mit seinem Arbeitgeber geschlossen hat, fallen in die ausschließliche **Zuständigkeit des Arbeitsgerichts.** Die Möglichkeit des verbilligten Einkaufs stellt eine Nebenleistung des Arbeitgebers im Sinne der Zuständigkeitsregel des § 2 Abs. 1 Nr. 4 a ArbGG dar, weil sie auf dem Arbeitsverhältnis beruht und dem Austauschverhältnis von Arbeit und Entgelt unterfällt. Aus der Intention des Gesetzgebers, arbeitsgerichtliche Fragen weitestgehend der Beurteilungskompetenz der ordentlichen Gerichte zu entziehen, hat das OLG Braunschweig[411] die Schlussfolgerung gezogen, die Zuständigkeitsnorm betreffe nicht nur Ansprüche auf Abschluss des Vertrages mit seinen sozialen Vorzugsleistungen, sondern sei

---

410 Umfassend *Stöber*, NJW 2006, 2661, der mit guten Gründen der h. M. entgegentritt.
411 Beschl. v. 10. 2. 1993, DAR 1993, 390.

auf sämtliche Ansprüche aus einem solchen Vertrag, also auch auf Ansprüche wegen Sachmängeln, zu erstrecken. Falls der Werksangehörige das Fahrzeug unter Ausschöpfung der Vorzugsbedingungen nicht direkt bei seinem Arbeitgeber, sondern bei einem Händler gekauft hat, sind die ordentlichen Gerichte zuständig.

2. Prozessuale Vorgehensweise

a) Klage auf Nacherfüllung und auf Schadensersatz

Falls der Verkäufer die Nacherfüllung nicht erbringt, kann der Käufer den von ihm gewählten Anspruch auf Mängelbeseitigung oder Ersatzlieferung gerichtlich geltend machen. Er hat die Möglichkeit, einen künftigen Schadensersatzanspruch gleichzeitig einzuklagen.[412] Entscheidet sich der Käufer für die Nachbesserung, lautet der Klageantrag, (1) den Verkäufer zu verurteilen, den Mangel des Fahrzeugs zu beseitigen, (2) ihm für die Mangelbeseitigung eine angemessene Frist zu setzen (3) ihn für den Fall des erfolglosen Ablaufs der Frist statt zur Mängelbeseitigung zu verurteilen, an den Käufer einen Betrag von 1.000 EUR nebst Zinsen in Höhe von 5 Prozentpunkten über dem Basiszinssatz Zug um Zug gegen Rückgabe des Fahrzeugs zu zahlen.

Die Klage steht unter der Bedingung, dass der Käufer mit der Erfüllungsklage durchdringt und setzt die Besorgnis voraus, dass sich der Verkäufer der rechtzeitigen Schadensersatzleistung entzieht. Einer Verurteilung des Verkäufers zur Schadensersatzleistung steht nicht entgegen, dass die Voraussetzung des Fristablaufs und das Vertretenmüssen der Pflichtverletzung noch nicht vorliegen.[413] Der Anspruch auf Nacherfüllung ist vollstreckbar, es sei denn, der Verkäufer wurde zur Bezahlung einer Entschädigung nach § 510 b BGB verurteilt (§ 888 a BGB). Das Erfüllungsurteil nach § 510 b ZPO ist aber nur im Kostenpunkt vollstreckbar, nicht in der Hauptsache.[414]

b) Zug-um-Zug-Antrag

Auf die Klage aus dem Rückgewährschuldverhältnis nach Erklärung des Rücktritts oder im Wege des großen Schadensersatzes finden die §§ 320, 322 BGB Anwendung (§§ 348, 281 Abs. 5 BGB).[415] Die auf Rückzahlung des Kaufpreises gerichtete Klage muss nicht das Zug-um-Zug-Angebot der Gegenleistung enthalten. Bei Nichterhebung der Einrede des nichterfüllten Vertrags ergeht Versäumnisurteil gegen den Verkäufer, ohne dass der Käufer die Erbringung der Gegenleistung vortragen muss.[416]

Der beklagte Verkäufer muss sein Leistungsverweigerungsrecht **nicht ausdrücklich** geltend machen. Eine Zug-um-Zug-Verurteilung setzt keinen formellen Antrag des Beklagten voraus. Vielmehr reicht es aus, wenn er einen uneingeschränkten Klageabweisungsantrag stellt, sofern der Wille, die eigene Leistung im Hinblick auf das Ausbleiben der Gegenleistung zurückzubehalten, eindeutig erkennbar ist.[417] Das ist bei der Rückabwicklung von Kfz-Käufen regelmäßig der Fall. Will das Gericht dennoch uneingeschränkt verurteilen, muss es vorher einen entsprechenden Hinweis geben (§ 139 ZPO).

Verzug des Verkäufers im Hinblick auf die Rücknahme des Fahrzeugs hat nicht zur Folge, dass der Käufer nunmehr Rückzahlung des Kaufpreises verlangen kann, ohne seinerseits

---

412 *Wieser*, NJW 2003, 2432 ff.
413 BGH 14.12.1998, NJW 1999, 955.
414 *Deubner* in MüKo/ZPO, § 510 ZPO Rn 21; *Wieser*, NJW 2003, 2432, 2434.
415 Ebenso bei einer Rückabwicklung nach Bereicherungsrecht, wobei an Stelle des § 320 BGB auch § 273 BGB herangezogen wird.
416 *Palandt/Grüneberg*, § 322 BGB Rn 2, 3.
417 BGH 7.6.2006, NJW 2006, 2839, 2842; OLG Saarbrücken 26.7.2007, OLGR 2007, 773.

Zug-um-Zug das Fahrzeug herauszugeben zu müssen.[418] Die gegenteilige Schlussfolgerung[419] lässt sich nicht aus §§ 274 Abs. 2, 322 BGB ableiten, da es sich bei diesen Bestimmungen nicht um materiell-rechtliche Normen, sondern um solche handelt, die prozessuale und vollstreckungsrechtliche Folgen der Geltendmachung des Zurückbehaltungsrechts regeln.[420] Aus diesem Grunde **empfiehlt es sich**, den Klageantrag von vornherein mit der Maßgabe zu stellen, dass die Rückzahlung des Kaufpreises Zug um Zug gegen Herausgabe des Fahrzeugs und des Fahrzeugbriefes (Zulassungsbescheinigung Teil II) erfolgt. Wenn im Antrag nur von Herausgabe, nicht von **Rückübereignung** die Rede ist, bietet das eine Angriffsfläche für den Anwalt des Händlers. Dem Verkäufer muss daran gelegen sein, das Eigentum am Fahrzeug und gem. § 952 BGB analog auch am Brief zurückzuerlangen.

Wird der Antrag auf Zug-um-Zug-Leistung **hilfsweise** gestellt, können sich daraus fatale Kostenfolgen für den Käufer ergeben. Das LG Bonn[421] belastete den Käufer, der den Eventualantrag gestellt hatte, mit der Hälfte der Prozesskosten, obwohl er mit seinem Wandlungsbegehren obsiegte.

Begründung:

‚Die Kosten des Hauptantrags waren dem Kläger in vollem Umfange aufzuerlegen, da er mit diesem Antrag aus den dargestellten Gründen unterlegen ist. Die Streitwerte für Haupt- und Hilfsantrag bewertet die Kammer gemäß den geltend gemachten Zahlungsansprüchen in gleicher Höhe, weshalb der Kläger aufgrund seines Unterliegens mit dem Hauptantrag die Kosten des Rechtsstreits zu 50 % zu tragen hat.'

Einen **unbedingt** gestellten Zahlungsantrag kann der beklagte Verkäufer unter Vorbehalt der Gegenleistung des Käufers anerkennen. Ein entsprechendes Anerkenntnisurteil i. S. v. § 307 ZPO darf das Gericht nur erlassen, wenn der klagende Käufer seinen Antrag der Einschränkung anpasst, womit er seinerseits das Gegenrecht des Verkäufers anerkennt.[422]

c) Wertersatz

685 Es empfiehlt sich, **Verschlechterungen** des herauszugebenden Fahrzeugs zur Vermeidung späteren Streits in das Prozessverfahren einzubringen, z. B. durch einen auf Herausgabe des Fahrzeugs und auf Zahlung von Wertersatz gerichteten Zug-um-Zug-Antrag.

Als sinnvoll kann sich ein **Feststellungsantrag** erweisen, dass für eine bestimmte vor Erklärung des Rücktritts eingetretene Verschlechterung des Fahrzeugs wegen des Privilegs von § 346 Abs. 3 S. 1 Nr. 3 BGB vom Käufer Wertersatz nicht zu leisten ist.

d) Feststellung des Annahmeverzugs

686 Zur Vereinfachung und Beschleunigung des Zugriffs in der Zwangsvollstreckung ist es ratsam, bereits im Klageverfahren feststellen zu lassen, dass sich der Verkäufer mit der Rücknahme des Fahrzeugs in (Annahme)Verzug befindet. Das **notwendige Feststellungsinteresse** ist gegeben (§ 256 ZPO).[423] Die im Urteilstenor enthaltene Feststellung des Annahmeverzugs der Gegenpartei versetzt den Käufer in die Lage, sofort wegen des Zahlungsanspruchs zu vollstrecken, ohne selbst noch einmal die Gegenleistung anbieten zu müssen. Das Urteil ist eine öffentliche Urkunde i. S. d. **§§ 756, 765 ZPO** und als solche zum Nach-

---

418 BGH 22. 3. 1984, BGHZ 90, 354; BGH 6. 12. 1991, BGHZ 116, 244, 248; OLG Köln 12. 6. 1995, NJW-RR 1996, 500.
419 *Doms*, NJW 1984, 1340.
420 *Schibel*, NJW 1984, 1945.
421 Urt. v. 28. 4. 1989 – 13 O 482/88 – n. v.
422 BGH 5. 4. 1989, ZIP 1989, 736, 737.
423 St. Rspr., z. B. OLG Düsseldorf 21. 1. 2008, NJW-RR 2008, 1199.

weis des Annahmeverzugs geeignet. Zwar darf der Gerichtsvollzieher auch dann vollstrecken, wenn der Annahmeverzug aus dem Tatbestand oder aus den Gründen des Urteils ersichtlich ist,[424] jedoch kann es hierüber leicht zu Meinungsverschiedenheiten kommen. Weigert sich der Gerichtsvollzieher, die Zwangsvollstreckung vorzunehmen, bleibt dem Käufer nichts anderes übrig, als im Wege der Erinnerung nach § 766 ZPO vorzugehen. Für den Käufer, der die Rückabwicklung des Kaufvertrags geltend macht, lässt sich ohne entsprechende Antragstellung nicht sicherstellen, dass das Gericht in den Entscheidungsgründen den Annahmeverzug mit einer für den Gerichtsvollzieher ausreichenden Deutlichkeit feststellt. Unter diesen Umständen kann das Feststellungsinteresse des Käufers in der Tat nicht zweifelhaft sein.

Ob der Feststellungsantrag auch begründet ist, hängt davon ab, ob der Verkäufer sich tatsächlich in Annahmeverzug befindet. Dazu Rn 651. **687**

Ein „Dauerbrenner" ist die **Bemessung des Streitwerts** für den Feststellungsantrag. **688** Teilweise wird die Auffassung vertreten, wegen Identität mit dem Leistungsbegehren sei kein gesonderter Streitwert festzusetzen.[425] Nach anderer Ansicht soll er mit dem Betrag der ersparten Kosten anzusetzen sein, die dem Gläubiger entstehen würden, wenn er die eigene Leistung anbieten müsste.[426] Manche Gerichte setzen den Streitwert häufig mit Beträgen zwischen 100 und 1.000 € fest.[427] Das OLG Bremen bemisst den Streitwert mit 1 % des Wertes desjenigen Antrags, dessen Vollstreckung durch die Feststellung erleichtert werden soll.[428]

e) Verschlechterung und Untergang des Fahrzeugs während des Prozesses

Wird das Fahrzeug während des Prozesses beschädigt oder zerstört, ist eine **Klageanpassung** erforderlich. Statt des Fahrzeugs kann der Verkäufer dessen Wiederbeschaffungswert als Schadensersatz gem. § 346 Abs. 4 BGB geltend machen, wenn der Rückgewährpflichtige das zum Untergang führende Ereignis verschuldet hat, wobei die Haftungserleichterungen des § 300 BGB zu beachten sind. Hat der Käufer das Ereignis nicht zu vertreten, muss er eine verbleibende Bereicherung gem. § 346 Abs. 3 S. 2 BGB anbieten oder den Antrag auf Zug-um-Zug-Leistung zurücknehmen, wenn eine Bereicherung nicht eingetreten ist. **689**

3. Zwangsvollstreckung aus dem Zug-um-Zug-Urteil

a) Verfahrensweise

Bei einem Zug-um-Zug-Urteil erwächst die **Zahlungspflicht** des Verkäufers, nicht aber die Rückgabepflicht des Käufers in **Rechtskraft**. Deshalb gibt das Urteil nur dem Käufer die Möglichkeit zur Zwangsvollstreckung.[429] **690**

Die Erbringung der Gegenleistung kann nur durch öffentliche oder öffentlich beglaubigte Urkunden (§ 415 ZPO) nachgewiesen werden. Deshalb ist davor zu warnen, das Fahrzeug ohne gleichzeitigen Empfang der Gegenleistung aus der Hand zu geben. Eine **privatschriftliche Übergabebestätigung reicht für §§ 756, 765 ZPO nicht aus**. Ist allerdings zwischen den Parteien unstreitig, dass der Verkäufer das Fahrzeug vom Käufer zurückerhalten hat, so kann er den Käufer im Zwangsvollstreckungsverfahren nicht mehr auf

---

[424] *Thomas/Putzo*, ZPO, § 756 Rn 10.
[425] Nachweise bei OLG Hamm 20.6.2007 – 11 W 27/07 – Mit.Bl. Arge Verkehrsrecht 3/2007, S. 127.
[426] So z. B. OLG Rostock 11.7.2007, NJW 2007, 3290 = DAR 2007, 588 (300 EUR); OLG Hamm 20.6.2007 – 11 W 27/07 – Mit.Bl. Arge Verkehrsrecht 3/2007, S. 127 (300 EUR).
[427] *Zöller/Herget*, § 3 ZPO, Stichwort Annahmeverzug.
[428] Urt. v. 21.6.2007, ZGS 2007, 471.
[429] *Palandt/Heinrichs*, § 274 BGB Rn 4.

die Erbringung eines Nachweises darüber durch öffentliche oder öffentlich beglaubigte Urkunden verweisen. Damit würde er gegen den Grundsatz von **Treu und Glauben** verstoßen, der auch im Zwangsvollstreckungsrecht Anwendung findet.[430]

Ergibt sich aus dem Urteil, dass bezüglich des Fahrzeugs eine **Holschuld** vorliegt, reicht im Rahmen der Zwangsvollstreckung ein **wörtliches Angebot des Gerichtsvollziehers** im Hinblick auf die Gegenleistung aus.[431] Dies erleichtert die Zwangsvollstreckung namentlich in den Fällen, in denen der Verkäufer an einem anderen, weit entfernten Ort wohnt oder in denen das Fahrzeug nicht angemeldet bzw. nicht fahrbereit ist und folglich nicht auf eigener Achse überführt werden kann.

Hat der Verkäufer das Fahrzeug laut Urteil beim Käufer abzuholen, hat das Prozessgericht den Käufer auf Antrag gem. **§ 887 ZPO** zu ermächtigen, den Rücktransport auf Kosten des Verkäufers durchzuführen. Der Käufer kann stattdessen dem Verkäufer eine Nachfrist zur Vornahme der Abholung setzen und anschließend die Kosten des Rücktransports im Wege des **Schadensersatzes** geltend machen.

Bei der Vollstreckung aus einem Zug-um-Zug-Urteil, das weder die Feststellung des Annahmeverzuges enthält noch die Rücknahme des Fahrzeugs als Holschuld ausweist, ist es erforderlich, dass das **Fahrzeug** und – auch ohne ausdrücklichen Urteilsausspruch – der dazugehörige **Kfz-Brief** dem Verkäufer **tatsächlich angeboten** werden. Das im Urteil bezeichnete Auto muss vorhanden und als die geschuldete Gegenleistung identifizierbar sein.

Besteht die Befürchtung, dass der Gerichtsvollzieher den Verkäufer nicht antrifft und er ihm deshalb die Gegenleistung nicht wirksam anbieten kann, ist es ratsam, wenn er die **Gegenleistung** gem. § 299 BGB eine angemessene Zeit vorher **ankündigt**.[432] Erscheint der zur Zahlung Zug um Zug gegen Rücknahme des Fahrzeugs verurteilte Verkäufer nicht zu diesem Termin, gerät er in Annahmeverzug.[433]

b) Pfändung des zurückzugebenden Fahrzeugs

691 Die **Aufbewahrung** des Autos wird für den Käufer bei fruchtloser Zwangsvollstreckung zum Problem. Oft fehlt der notwendige Platz für die Aufbewahrung, und im öffentlichen Verkehrsraum darf ein abgemeldetes Auto nicht abgestellt werden. In solchen Fällen stehen Käufer vor der Frage, wie sie sich von dem Auto trennen können, ohne ihre Rechte aus dem Urteil zu verlieren.

In Betracht zu ziehen ist eine **Pfändung des Fahrzeugs**, das der Käufer zurückzugeben hat. Die Pfändung **gläubigereigener Sachen** wird mit unterschiedlicher Begründung allgemein bejaht.[434] Ein Vorgehen nach § 808 ZPO scheitert allerdings daran, dass der Verkäufer keinen Gewahrsam besitzt. Der Gerichtsvollzieher kann den für die Pfändung nach § 808 ZPO erforderlichen Gewahrsam nicht herbeiführen, da er nicht befugt ist, das Fahrzeug an den zur Annahme bereiten, jedoch nicht zahlungswilligen Verkäufer zu übergeben. Es besteht aber die Möglichkeit, dass der bei der Vollstreckung anwesende Käufer das Fahrzeug dem Verkäufer übergibt, um es anschließend sofort pfänden zu lassen.[435]

Gem. § 809 ZPO können Sachen gepfändet werden, die sich im **Gewahrsam des Vollstreckungsgläubigers** befinden. Da beim Gläubigergewahrsam nicht die Vermutung gilt, dass die Sachen, die er in seinem Gewahrsam hat, auch zu seinem Vermögen gehören, wird

---

430 LG Hannover 18. 2. 1985, DGVZ 1985, 171; LG Köln 30. 1. 1991 – 10 T 24/91 – n. v.
431 AG Sinzig 15. 10. 1986, NJW-RR 1987, 704.
432 *Zöller/Stöber*, § 756 ZPO Rn 8 m. w. N.
433 LG Hamburg 13. 4. 1984, DGVZ 84, 115.
434 *Hartmann* in *Baumbach/Lauterbach/Albers/Hartmann*, § 804 ZPO Rn 7; *Furtner*, MDR 1963, 445; *Blomeyer* in FS für *von Lübtow* 1970, S. 803 ff., 828.
435 *Paschold*, DGVZ 1994, 107 m. w. N.

die Ansicht vertreten, der Gerichtsvollzieher müsse deren Zugehörigkeit zum Schuldnervermögen prüfen.[436] Das Gesetz liefert hierfür allerdings keinen Anhalt. Bei der Vermögenszuordnung ist eine wirtschaftliche Betrachtung angezeigt.[437] Würde man den Beurteilungsspielraum auf die dingliche Rechtslage reduzieren, wäre die Pfändung gläubigereigener Sachen grundsätzlich ausgeschlossen.[438]

c) Andere Verwertung

Der Käufer kann beim Vollstreckungsgericht beantragen, dass ihm das Fahrzeug zum Verkehrswert gemäß der Schätzung eines Gutachters in **Anrechnung auf die titulierte Forderung** zugewiesen wird. Der Anordnung einer anderen Art der Verwertung gem. § 825 ZPO steht nicht entgegen, dass der Käufer das Eigentum an der zurückzugebenden Sache bereits besitzt.[439] Die andere Art der Verwertung stellt gegenüber der öffentlichen Versteigerung eine Ausnahme dar und ist daher nicht wahlweise neben der öffentlichen Versteigerung zulässig, sondern nur, wenn sie vorteilhafter erscheint. Dies ist der Fall, wenn die öffentliche Versteigerung keinen dem Wert der Sache entsprechenden Erlös erwarten lässt und die andere Art der Verwertung dem schutzwürdigen Interesse des Schuldners auf weitgehende Tilgung der Forderung entspricht.

Textvorschlag für den Zwangsvollstreckungsauftrag:

Namens des Gläubigers beauftragen wir Sie, die Zwangsvollstreckung gegen den Schuldner vorzunehmen und im Zuge dieser Vollstreckung das in Händen des Gläubigers befindliche Fahrzeug vom Typ ..., Fahrgestell-Nr ... zu pfänden. Wir werden beim Vollstreckungsgericht nach Ausbringung der Pfändung beantragen, dass das Fahrzeug abweichend von § 814 ZPO dem Gläubiger zu dem von ihm gebotenen Anrechnungspreis in Höhe des Verkehrswertes gemäß beigefügtem Gutachten zugewiesen wird. Zwecks Vorlage beim Vollstreckungsgericht bitten wir um Erteilung einer Bescheinigung, dass im Falle der öffentlichen Versteigerung voraussichtlich ein geringerer als der vom Sachverständigen geschätzte Verkehrswert erzielt wird.

Textvorschlag für den Antrag gem. § 825 ZPO:

Namens des Gläubigers beantragen wir zu beschließen, dass der ausweislich des Protokolls des Gerichtsvollziehers Nett am 2. 4. 2005 gepfändete Personenkraftwagen der Marke ..., Fahrgestell-Nr ... dem Gläubiger unter Anrechnung des vom Kfz-Sachverständigenbüro ‚NEUTRAL UND SACHKUNDIG' mit Gutachten vom 15. 3. 2005 geschätzten Verkehrswertes (Gutachten anbei) von € 10.000 auf die durch Urteil des LG Köln Aktenzeichen titulierte Hauptforderung von € 18.500 nebst 6,5 % Zinsen seit dem 15. 8. 2004 zugewiesen wird.

d) Verwertung durch öffentliche Versteigerung

Für den Käufer besteht außerdem die Möglichkeit, sich der lästigen Aufbewahrungspflicht durch **öffentliche Versteigerung** des Fahrzeugs (Selbsthilfeverkauf) gem.

---

436 *Münzberg* in *Stein/Jonas*, § 809 ZPO Rn 4; *Paschold*, DGVZ 1994, 107, 108 m. w. N.; a. A. *Zöller/Stöber*, ZPO, § 809 Rn 7.
437 LG Bochum 18. 9. 1929, DGVZ 1929, 55 hierzu: „... der Gläubiger kann seine eigenen Gegenstände pfänden, wenn er hierfür ein berechtigtes Interesse nachweist. Dieses liegt hier vor, da er ja verpflichtet ist, dem Schuldner das Eigentum zu übertragen, es sich wirtschaftlich also bereits um Eigentum des Schuldners handelt.'
438 Dies verkennt *Paschold*, DGVZ 1994, 107, 110, der die Kaufsache im Fall des Rücktritts nicht dem Vermögen des Schuldners zurechnet, weil das Urteil nur die schuldrechtliche, nicht aber die dingliche Wirkung des Ursprungsvertrages aufhebt, so dass der Vollstreckungsschuldner mangels Übergabe weder Gewahrsam noch Eigentum erwirbt.
439 *Lüke*, JuS 1970, 630.

§§ 383 ff. BGB zu entledigen.⁴⁴⁰ Der Gerichtsvollzieher verfährt hierbei nicht nach den Bestimmungen der Pfändungsversteigerung (§§ 814 ff. ZPO) sondern ausschließlich nach den §§ 383 bis 386 BGB.

Bei **unbekanntem Aufenthalt des Verkäufers** (§ 132 Abs. 2 BGB) ist die öffentliche Versteigerung gem. § 383 ff. BGB auch ohne die Voraussetzung eines Gläubigerverzugs zulässig. Die Berechtigung hierzu folgt aus § 383 Abs. 1 S. 2 BGB in Verbindung mit § 372 S. 2 BGB. Als ein in der Person des Gläubigers liegender Umstand i. S. v. § 372 S. 3 BGB ist der unbekannte Aufenthalt des anderen allgemein anerkannt.⁴⁴¹ Die sonst grundsätzlich erforderliche Androhung der Versteigerung darf unterbleiben, da sie untunlich ist, wenn sie öffentlich zugestellt werden muss.⁴⁴²

e) Verfahren bei Mängeln und Schäden

694 Es ist umstritten, welche Rechtsbehelfe den Parteien zur Verfügung stehen, wenn das zurückzugebende Fahrzeug Schäden und Mängel aufweist. Hierzu wird die Meinung vertreten, ein ordnungsgemäßes Angebot liege nicht vor, wenn sich ein Fahrzeug in einem desolaten Zustand befindet⁴⁴³ oder einen nach Urteilsverkündung entstandenen Unfallschaden aufweist.⁴⁴⁴ Dies sei vom Gläubiger im Zwangsvollstreckungsverfahren mit dem Rechtsbehelf der Erinnerung gem. § 766 ZPO geltend zu machen.⁴⁴⁵ Das bedeutet, dass im Vollstreckungsverfahren notfalls unter Hinzuziehung eines Sachverständigen Beweis über den Zustand des Autos erhoben werden muss. Hierzu ist das Vollstreckungsverfahren weder bestimmt noch geeignet.

Den Vorzug verdient daher die – allerdings nicht vorherrschende – Ansicht, die den Gläubiger auf den Weg der **Zwangsvollstreckungsgegenklage** verweist. Sie entspricht dem Prinzip der formalisierten Zwangsvollstreckung und geht richtigerweise davon aus, dass die Prüfungskompetenz des Gerichtsvollziehers durch den Inhalt des Urteils begrenzt wird.⁴⁴⁶

f) Neue Klage ohne Zug-um-Zug-Einschränkung

695 Wird dem Käufer die Rückgabe des Fahrzeugs ohne sein Verschulden unmöglich, behält er seinen Anspruch auf Rückzahlung des Kaufpreises und kann neue Klage stellen, dass die Zwangsvollstreckung ohne Gegenleistung für zulässig erklärt wird.⁴⁴⁷ Das Gleiche gilt, wenn dem Käufer die Herausgabe infolge leichter Fahrlässigkeit zu einer Zeit unmöglich geworden ist, in der sich der Verkäufer mit der Rücknahme des Fahrzeugs in Annahmeverzug befunden hat (§ 300 BGB).

Das OLG Düsseldorf⁴⁴⁸ hat sich auf den Standpunkt gestellt, dass die Rechtskraft eines Urteils, das dem Käufer Anspruch auf den großen Schadensersatz Zug um Zug gegen Rückgabe des Fahrzeugs gewährt, einer neuen Klage auf den großen oder kleinen Schadensersatz

---

440 *Paschold*, DGVZ 1995, 5.
441 *Weber*, BGB-RGRK, § 372 BGB Rn 10.
442 *Weber*, BGB-RGRK, § 384 BGB Rn 6.
443 AG Bremen 17. 3. 1977, DGVZ 1977, 157; *Schneider*, DGVZ 1978, 65 ff.
444 LG Bonn 10. 5. 1983, DGVZ 1983, 187.
445 BGH 4. 6. 1973, NJW 1973, 1792; OLG Celle 7. 7. 1999, NJW-RR 2000, 928; KG 3. 2. 1989, NJW-RR 1989, 638; LG Kassel 13. 9. 1985, DGVZ 1985, 172; AG Pirmasens 26. 7. 1974, MDR 1975, 62.
446 LG Hamburg 3. 11. 1982, DGVZ 1984, 10; *Stein/Jonas*, § 756 ZPO Anm. 3; *Stöber/Zöller*, § 756 ZPO Rn 16; *Schilken*, AcP 181, 355 ff.
447 *Zöller/Stöber*, ZPO, § 756 ZPO Rn 16.
448 Urt. v. 15. 11. 2004 – I 1 U 103/04 – n. v. (unter Berufung u. a. auf BGH 4. 7. 1962, NJW 1962, 2004 und *Soergel/Wiedemann*, § 322 BGB Rn 17).

ohne die im Vorprozess beantragte Einschränkung nicht entgegensteht, wenn sich der Käufer vergeblich bemüht hat, aus dem Urteil zu vollstrecken und das Fahrzeug im Anschluss an die Ermittlung des Zeitwertes durch einen Sachverständigen freihändig veräußert hat. Da nur die Leistungspflicht des Verkäufers und nicht die Pflicht zur Gegenleistung in Rechtskraft erwächst, bildet nach Ansicht des Gerichts der von der Rechtskraft nicht berührte Streitgegenstand im Ergebnis den Anspruch, die Zwangsvollstreckung nunmehr ohne die einschränkende Zug-um-Zug-Verurteilung vornehmen zu können. Anders wäre es, wenn der Käufer bereits im Vorverfahren einen unbeschränkten Klageantrag gestellt hätte. In diesem Fall wäre zwar das Bestehen der Gegenforderung nicht festgestellt worden, wohl aber die – sich aus dem Bestehen der Gegenforderung ergebende – Beschränkung des Klageanspruchs.

J. Der Neufahrzeugkauf als Verbrauchsgüterkauf

I. Verbrauchsgüterkauf

696 Die erste Wahl für Privatkäufer sind zurzeit junge Gebrauchtwagen. Nur noch rund 40 % der Neufahrzeuge (Pkw/Kombi) werden von Verbrauchern gekauft.[1] Es gelten dann ergänzend zu den allgemeinen Vorschriften des Kaufrechts die Sonderregeln des Verbrauchsgüterkaufs (§§ 474 ff. BGB). Während die Unternehmereigenschaft des Verkäufers praktisch außer Streit steht, gilt das für den Verbraucherstatus des Käufers nicht in gleicher Weise. Zur Verbrauchereigenschaft in Grenzfällen siehe Rn 1160 (dual use) und Rn 110 (Existenzgründer).

II. Beweislastumkehr nach § 476 BGB

697 Nicht das gebrauchte, sondern das fabrikneue „Verbrauchsgut" hat bei der europarechtlich gebotenen Einführung der Beweislastumkehr (§ 476 BGB) Modell gestanden. Hier macht die Regelung auch einigermaßen Sinn. Entsprechend niedrig liegt die Zahl von Rechtsstreitigkeiten aus dem Bereich des Neufahrzeugskaufs, in denen es um die Anwendung der Beweisvermutung geht. Ganz anders sieht es bekanntlich beim Kauf gebrauchter Kraftfahrzeuge aus.

Zu den vielfältigen Streitfragen rund um § 476 BGB wird auf die Ausführungen unter Rn 1627 ff. verwiesen. Aus der Sicht des Neuwagenkaufs besonders bedeutsam sind: das „Sichzeigen" innerhalb der Sechsmonatsfrist (problematisch bei Mängelbündeln und Kettenmängeln)[2], der Unvereinbarkeitsfall „Art des Mangels" in seiner subjektiven Ausprägung (dazu Rn 1650), ferner diejenigen Fallgestaltungen mit technischen Defekten, in denen die Ursache des Defekts, nicht das Endresultat, der rechtlich relevante Sachmangel ist (Rn 1651 ff.). Weniger der natürliche Verschleiß als vielmehr Fahr- und Bedienungsfehler, Marderbiss und sonstige Schadensursachen in der Sphäre des Käufers bilden eine auch für Neuwagenhändler wichtige Verteidigungslinie (näher dazu Rn 1651 ff.).

III. Händlerregress

698 Gem. § 478 Abs. 1 BGB hat der Letztverkäufer (Neuwagenhändler) ein Rückgriffsrecht gegen seinen Lieferanten, wenn und soweit er einem Verbraucher aus dem Verkauf des Neufahrzeugs (= Verbrauchsgüterkauf) wegen eines Sachmangels haftet. Die Rückgriffsregelung soll verhindern, dass der Einzelhändler die Nachteile eines verbesserten Verbraucherschutzes auch dann allein zu tragen hat, wenn der Mangel der Kaufsache nicht in seinem Verantwortungsbereich entstanden ist.[3]

Händlerregressstreitigkeiten erreichen die Gerichte selten. Wenn ja, scheint man sich überwiegend zu vergleichen. Entsprechend rar ist Entscheidungsmaterial.

---

1 Die Zeit v. 12. 4. 2006, S. 29.
2 Beispiel aus der Rechtsprechung: Brand OLG 3. 4. 2008 – 12 U 188/07 – n. v. (Getriebe); weitere Nachw. im Teil „Gebrauchtwagenkauf", Rn 1637.
3 BT-Drucks. 14/6040, S. 247; BGH 5. 10. 2005, NJW 2006, 47, 50; zum Ganzen *Tiedtke/Schmitt*, ZIP 2005, 681 ff.

1. Grundzüge des Händlerregresses

Rückgriffsvoraussetzung ist nicht nur ein Verbrauchsgüterkauf. Sein Gegenstand muss eine **„neu hergestellte"** Sache sein. Das ist auch eine sog. Tageszulassung (s. Rn 316 ff.). Ein Vorführwagen fällt nicht darunter.

699

Die Rückgriffsregelung nach § 478 Abs. 1 BGB begründet **keinen eigenen Anspruch** gegen den Hersteller als Lieferanten. Die Vorschrift enthält lediglich gewisse Erleichterungen zugunsten des Letztverkäufers. Eine **analoge Anwendung** auf Kaufverträge außerhalb des Verbrauchsgüterkaufs wie auch im Verhältnis des Herstellers zu seinen Lieferanten wird diskutiert[4], ist aber mit der speziell auf den Verbrauchgüterkauf zugeschnittenen Norm nicht zu vereinbaren.[5] Dem steht insbesondere die außerhalb des Verbrauchsgüterkaufs zulässige Möglichkeit der Haftungsfreizeichnung entgegen.

§ 478 BGB knüpft daran an, dass der Letztverkäufer **die mangelhafte Sache** infolge des Mangels von dem Verbraucher im Rahmen der Sachmängelhaftung **zurücknehmen** oder eine **Kaufpreisminderung hinnehmen musste**. Rücknahme der mangelhaften Ware bedeutet nach h. M. nicht ausschließlich Rückabwicklung im Wege des Rücktritts oder des großen Schadensersatzes, sondern auch Rücknahme im Zuge einer Ersatzlieferung.[6] Zwingend ist da nicht.

Nach § 478 Abs. 1 BGB ist der regressierende Unternehmer **davon freigestellt**, seinem Lieferanten zunächst **eine Frist zur Nacherfüllung zu setzen**. Damit enthält diese Vorschrift im Kontext mit § 440 BGB (nur) einen weiteren Entbehrlichkeitstatbestand. Der Unternehmer kann die ihm selbst zustehenden Gewährleistungsrechte also direkt geltend machen. Die Rücknahme des Fahrzeugs aus Kulanz oder aus einem sonstigen Grund außerhalb der Sachmängelhaftung eröffnet den Regress nicht.[7]

Ob und inwieweit dem Händler als Letztverkäufer Sachmängelrechte gegen seinen Lieferanten zustehen, bestimmt sich allein nach dem Vertrag, der zwischen ihnen besteht. Durch § 478 Abs. 3 BGB wird die in § 476 BGB geregelte **Beweislastumkehr** in das Regressverhältnis hineinprojiziert. Danach wird vermutet, dass die Kaufsache zum Zeitpunkt des Gefahrübergangs auf den Unternehmer mangelhaft war, wenn sich innerhalb von 6 Monaten nach Gefahrübergang **auf den Verbraucher** ein Mangel zeigt. Dies gilt unabhängig davon, ob der Unternehmer den Wagen innerhalb von 6 Monaten weiterverkauft.[8]

Abdingbarkeit: Die Regressregelungen von § 478 Abs. 1–3 BGB können nur gegen Gewährung eines **gleichwertigen Ausgleichs** ausgeschlossen werden (§ 478 Abs. 4 S. 1 BGB). Was das bedeutet, ist gerichtlich noch nicht geklärt. Diskutiert werden pauschale Ausgleichs- und Rabattsysteme, die sich für Massengeschäfte, nicht aber für den Neuwagenkauf eignen. Sinnvoll sind Vereinbarungen, die den Händler von der Sachmängelhaftung intern freistellen oder aber konkrete Regelungen im Vertrag zwischen Hersteller und Händler, die dem Händler den Durchgriff auf den Hersteller ermöglichen[9] und den Regelungen von § 478 BGB wirtschaftlich vergleichbar sein müssen.

Bedeutung von § 377 HGB: Gem. § 478 Abs. 6 BGB bleibt § 377 HGB unberührt. Zwischen dem Händler und seinem Lieferanten liegt regelmäßig ein beiderseitiger Handelskauf vor, so dass der Händler gem. § 377 HGB verpflichtet ist, das Fahrzeug zu prüfen und Mängel unverzüglich zu rügen, um seine Mängelrechte nicht zu verlieren. Dies gilt auch für

---

4 *Matusche-Beckmann*, BB 2002, 2561, 2563.
5 *Eckert/Maifeld/Matthiessen*, Rn 766, 769; s. auch BGH 5. 10. 2005, NJW 2006, 47, 50.
6 *Faust* in *Bamberger/Roth*, § 478 BGB Rn 17; a. A. *Tiedtke/Schmitt*, ZIP 2005, 681, 682; *Salewski*, ZGS 2008, 213 ff. m. w. Nachw.
7 *Eckert/Maifeld/Matthiessen*, Rn 770.
8 *Tiedtke/Schmitt*, ZIP 2005, 681, 684.
9 *Faust* in *Bamberger/Roth*, § 478 Rn 27; *Staudinger/Matusche-Beckmann*, § 478 BGB Rn 115.

Mängel, die sich erst später bemerkbar machen. Einzelheiten zur Untersuchungs- und Rügeobliegenheit unter Rn 1944 ff.

2. Der Aufwendungsersatz nach § 478 Abs. 2 BGB

a) Anspruchsinhalt

700 Anders als § 478 Abs. 1 BGB enthält Abs. 2 eine **eigenständige Anspruchsgrundlage**.[10] Von seinem Lieferanten kann der Unternehmer Ersatz derjenigen Aufwendungen verlangen, die er im Verhältnis zum Verbraucher nach § 439 Abs. 2 BGB zu tragen hatte, vorausgesetzt der vom Verbraucher geltend gemachte Mangel war bereits bei Auslieferung des Fahrzeugs an den Unternehmer vorhanden. Auch hier hilft dem Unternehmer die Beweisvermutung des § 476 BGB (vgl. § 478 Abs. 3 BGB).

Welche Aufwendungen unter § 439 Abs. 2 BGB fallen und welche nicht ist unter Rn 383 ff. im Einzelnen dargestellt. Dem Unternehmer verbleiben zahlreiche ungedeckte Positionen. Er besitzt keinen Anspruch auf Ersatz seiner Aufwendungen, wenn

– die Fahrzeugprüfung ohne Mängelbefund endet,
– eine Nachbesserung auf Kulanzbasis durchgeführt wird,[11]
– unnötige Arbeiten vorgenommen werden, weil fälschlich von einem Mangel ausgegangen wird (zur Haftung des Verbrauchers s. Rn 387 ff.)
– in Verkennung der Sachlage die Einrede der Unverhältnismäßigkeit (§ 439 Abs. 3 BGB) nicht erhoben[12] und mit überobligationsmäßigem Aufwand nachgebessert wird,[13]
– durch eine fehlerhafte Nachbesserung zusätzliche Kosten entstehen.[14]

Weiterhin sollen die Kosten eines verlorenen Sachmängelprozesses nicht nach § 478 Abs. 2 BGB ersatzfähig sein[15], zumindest dann nicht, wenn der Prozess nicht erforderlich war[16] oder deshalb verloren wurde, weil der Letztverkäufer den Mangel oder den Anspruch zu Unrecht bestritten hat.[17]

Im Übrigen gilt auch für den Aufwendungsersatz, dass der Lieferant nur für die „eigenen Mängel" einzustehen hat. Vereinbart der Unternehmer mit dem Verbraucher eine abweichende Beschaffenheit, ist der Lieferant dafür nicht verantwortlich.[18]

Beispiel:
Der Händler verkauft ein bei ihm längere Zeit auf Lager stehendes Fahrzeug als fabrikneu, obwohl der Hersteller inzwischen das Modell geändert hat.

b) Verjährung

701 Die Verjährung der Aufwendungsersatzansprüche gem. § 478 Abs. 2 BGB beträgt gem. **§ 479 Abs. 1 BGB** zwei Jahre ab Ablieferung des Fahrzeugs und tritt frühestens zwei Monate nach dem Zeitpunkt ein, in dem der Unternehmer die Ansprüche des Verbrauchers erfüllt hat (§ 479 Abs. 2 BGB). Die **Ablaufhemmung** wiederum endet spätestens 5 Jahre nach dem Zeitpunkt, in dem der Lieferant die Sache an den Unternehmer geliefert hat.[19]

---

10 BT-Drucks. 14/6040, S. 249.
11 *Marx*, BB 2002, 2566, 2570.
12 *Matthes*, NJW 2002, 2505, 2507.
13 *Tröger*, ZGS 2003, 296, 299.
14 *Büdenbender* in AnwK/BGB, § 478 BGB Rn 33.
15 *Matthes*, NJW 2002, 2510.
16 *Marx*, BB 2002, 2566, 2570.
17 *Erman/Grunewald*, § 478 BGB Rn 14; so auch *Tröger*, ZGS 2003, 296, 298.
18 *Staudinger/Matusche-Beckmann*, § 478 BGB Rn 13 ff.
19 Zu Einzelheiten der Verjährung, insbesondere zur Ablaufhemmung, s. *Sendmeyer*, NJW 2008, 1914.

K. Versorgung des Käufers mit Ersatzteilen

I. Die Ausgangslage

Für den Käufer eines neuen Kraftfahrzeugs ist eine langfristige und problemlose Lieferbarkeit von Ersatzteilen selbstverständlich. Er kann und darf erwarten, dass die für ihn „zuständige" Werkstatt die benötigten Teile auf Lager hat oder beschaffen kann.[1] Das gilt zumindest für die sog. **Fahrbereitschaftsteile**, also diejenigen Ersatzteile, die für die Nutzung des Fahrzeugs unerlässlich sind, also z. B. nicht für Zierleisten und Radkappen. Wegen ihrer Modellgebundenheit sind Ersatzteile auf dem freien Markt nicht ohne weiteres zu beschaffen. Außerdem legen viele Käufer Wert auf **Originalteile**, von denen sie ein höheres Maß an Präzision und Güte erwarten.

Die im Schrifttum seit langem gehegte Befürchtung,[2] durch technischen Fortschritt und Modellwechsel in immer kürzeren Zeitabständen werde die **Ersatzteilbevorratung** gefährdet, scheint sich zumindest bei einigen Herstellern allmählich zu bewahrheiten, nachdem es über Jahrzehnte hinweg mit der Ersatzteilbelieferung keine ernsthaften Probleme gegeben hat. In der Vergangenheit unterhielten Hersteller ausreichende Ersatzteillager, so dass Kundenwünsche selbst auf lange Sicht befriedigt werden können.[3] Durch die Markt- und Konkurrenzsituation wurden sie zur Bereithaltung von Ersatzteilen angehalten, sei es aus Gründen der Imagepflege, sei es aus Gründen der Qualitätskontrolle.[4]

In den letzten Jahren häufen sich die Beschwerden über Verzögerungen bei der Ersatzteilversorgung. Monatelange Wartezeiten mussten Käufer selbst bei Fahrzeugen jüngeren Datums hinnehmen, um z. B. eine Seitenscheibe, Kunststoffteile für eine Fensterhebeanlage, einen Sensor, eine Zentralverriegelung, Stabilisatorengelenke oder einen Zylinderkopf zu bekommen. Häufig sind es Kleinteile, wie spezielle Schrauben, in Kunststoff geformte Trageteile, elektronische Bauteile, die nicht zu bekommen sind und dadurch eine kurzfristige Reparatur unmöglich machen. Zu allem Ärger für die Käufer kommt hinzu, dass für simple Ersatzteile oftmals horrende Preise verlangt werden.[5] Modellvielfalt, kurze Modellzyklen, Anstieg des Durchschnittsalters der Kraftfahrzeuge auf 11,9 Jahre, wechselnde Zulieferer, Fusionen und Trennungen von Autoherstellern, Lager- und Kostenprobleme und schwache Nachfrage sind die entscheidenden Gründe für die aufgetretenen Probleme. Es bleibt abzuwarten, ob die Lücken der Ersatzteilversorgung durch die Hersteller von Ersatzteilen geschlossen werden, denen die EU durch die **Kfz-GVO 1400/2002** den Rücken gestärkt hat.

Eine Belebung des Ersatzteilmarktes lässt auch die Liberalisierung des Geschmacksmusterrechts erhoffen, die es dem Ersatzteilehandel ermöglichen soll, die Kunden mit Nachbauteilen (Idents)[6] zu versorgen. Darunter fallen z. B. Karosserieteile, Außenspiegel, Beleuchtungsteile, Bremssysteme und elektrische Komponenten.

---

1 *Vollert*, Nachwirkungen des Kraftfahrzeugkaufs, S. 157.
2 *Rodig*, BB 1971, 854 ff.
3 AUDI, BMW, Mercedes, VW und Skoda halten „Fahrbereitschaftsteile" 15 Jahre lang, so ihre Auskunft lt. ADAC-Motorwelt 11/2006, S. 73.
4 *Finger*, NJW 1970, 2049.
5 Siehe dazu ADAC-Motorwelt 10/2002, S. 56 ff.
6 Dazu auch BGH 20. 7. 2005, NJW-RR 2005, 1496 (Vertragshändlervertrag).

II. Rechtsgrundlage der Ersatzteilbeschaffungspflicht

704 Die Sicherstellung von Ersatzteilen für die Beseitigung solcher Mängel, die unter die gesetzliche Verkäuferhaftung fallen, ergibt sich – zeitlich begrenzt – als zwangsläufige Folge aus der Mängelbeseitigungspflicht nach § 439 Abs. 1 BGB. Anschließend, so klagt der ADAC, hänge der Kunde in der Luft.[7]

705 Die Pflicht des Verkäufers, Ersatzteile bereit zu halten, damit der Käufer Mängel beheben kann, die **außerhalb** der kaufrechtlichen Mängelhaftung liegen, ist eine **nachvertragliche Verpflichtung**. Ihre Grundlage hat sie in einer ergänzenden Vertragsauslegung (§§ 133, 157 BGB). Auf § 242 BGB muss nicht, auf § 241 Abs. 2 BGB kann nicht rekurriert werden. Im Rahmen seiner nachvertraglichen Pflicht ist der Verkäufer gehalten, alles ihm Mögliche und Zumutbare zur Wahrung der berechtigten Käuferinteressen zu unternehmen. Daraus folgt, dass der Verkäufer eines hochwertigen technischen Produkts während der gewöhnlichen Betriebsdauer des Kaufgegenstandes dem Käufer die zur Erhaltung der Funktionsfähigkeit notwendigen, von anderer Seite nicht zu beschaffenden Ersatzteile gegen Bezahlung liefern muss.[8] Die Nebenpflicht ist einklagbar, im Wege der Ersatzvornahme gem. § 887 ZPO vollstreckbar und begründet im Fall der Verletzung Schadensersatzansprüche (§ 280 Abs. 1 BGB).

III. Anspruchsgegner

706 Umstritten ist die Frage, gegen wen sich der Anspruch des Käufers auf Belieferung mit Ersatzteilen richtet, ob gegen den Hersteller/Importeur oder lediglich gegen den verkaufenden Vertragshändler. Diejenigen, die dem **Hersteller/Importeur** die Belieferung des Kunden mit Ersatzteilen zur Aufgabe machen, können hierfür vernünftige wirtschaftliche Gründe ins Feld führen. Der Hersteller verfügt im Rahmen seiner Qualitätsregelung und der Rückmeldungen vom Markt über verlässliche Daten zur Verschleiß- und Fehlerrate, die es ihm ermöglichen, den voraussichtlichen Bedarf an Ersatzteilen auf der Basis der Gesamtproduktion des jeweiligen Modells in den Grenzen statistischer Genauigkeit vorauszuberechnen und die Produktion entsprechend einzurichten.[9]

707 Die vor diesem Hintergrund angestellten Bemühungen im Schrifttum, dem Kunden einen Anspruch gegen den Hersteller/Importeur zu verschaffen, stoßen jedoch auf unüberwindbare **rechtliche Schwierigkeiten**. Unmittelbare vertragliche Ansprüche bestehen nur zwischen den Parteien des Kaufgeschäfts. An der Lebenswirklichkeit vorbei geht die von *Greulich*[10] in Betracht gezogene Annahme einer **stillschweigenden Abtretung** aller Ansprüche – auch der aus den Nachwirkungen des Vertrages – des Händlers gegen den Hersteller/Importeur an den Käufer. Die Konstruktion der antizipierten Abtretung scheitert schon an mangelnder Bestimmtheit.

708 Eine **Regresslösung**, hergeleitet aus der Rechtsbeziehung zwischen Händler und Hersteller, gestützt auf den Rechtsgedanken des § 285 BGB und kombiniert mit einer aus entsprechenden Werbeaussagen des Herstellers unter Heranziehung des Rechtsgedankens des § 122 BGB abgeleiteten – quasi – (nach)vertraglichen Vertrauensbeziehung soll nach Mei-

---

7 Motorwelt, 11/2006 S. 73.
8 AG München 6. 5. 1970, NJW 1970, 1852; *Finger*, NJW 1970, 2049; nach Auffassung von *Vollert*, Nachwirkungen des Kraftfahrzeugkaufs, S. 171, bildet eine ‚entsprechende Erwartung' ferner die Geschäftsgrundlage des Vertrages, deren Aufrechterhaltung als Inhalt des Nachwirkungsstadiums relevant ist.
9 *Leenen*, Probleme der Hersteller- und Händlerhaftung bei der Versorgung des Kunden mit Ersatzteilen, Gutachten erstellt im Auftrag des ADAC.
10 BB 1955, 208, 209.

nung von *Vollert*[11] die Haftungsbrücke zum Hersteller schlagen. Der Lösungsvorschlag, mit dem der Hersteller als wirtschaftlicher Träger der Ersatzteilbevorratung in die Haftung genommen werden soll, wirkt konstruiert und begegnet vielerlei rechtlichen Bedenken, wie etwa dem Einwand, dass eine Weitergabe des Regressanspruchs als Surrogat nur insoweit in Frage kommen kann, als dem Käufer aus der Vertragsbeziehung zum Verkäufer Ansprüche gegen diesen zustehen.

Rechtlich nicht haltbar ist auch der Vorschlag einer Anspruchsbegründung über das Institut der **Drittschadensliquidation**.[12] Es fehlt an der erforderlichen Schadensverlagerung. **709**

Den **Werbeaussagen der Hersteller** kann in aller Regel ein rechtsgeschäftlicher Verpflichtungswille gegenüber dem Kunden nicht entnommen werden; sie sind inhaltlich zu unbestimmt,[13] und zwar sowohl im Hinblick auf den angesprochenen Personenkreis (Händler, Erstkäufer, Zweiterwerber) als auch im Hinblick auf den Zeitraum der Ersatzteilproduktion. **710**

Für eine aus **wirtschaftlicher Vernunft** gebotene Durchgriffslösung im Sinne einer unmittelbaren Anspruchsbegründung des Kunden gegen den Hersteller/Importeur treten *Canaris*[14] und *Finger*[15] ein. Während *Canaris* die Leistungsverpflichtung aus einem von dem Kaufvertrag zu trennenden **Vertrauensverhältnis** zwischen dem Produzenten und dem Endabnehmer herleitet, plädiert *Finger* für die Annahme einer echten Nebenpflicht im Verhältnis Hersteller/Kunde, deren dogmatische Begründung er in dem Vertrauensgedanken, dem sozialen Kontakt bzw. in dem Rechtsgüterkontakt zu finden glaubt. **711**

Beide Auffassungen stoßen auf dogmatische Bedenken. **712**

Nebenleistungspflichten können nur im Verhältnis der Vertragsparteien zueinander bestehen und lassen sich nicht auf außerhalb des Vertrages stehende Dritte übertragen.[16] Ein Anspruch aus Vertrag zugunsten Dritter scheitert ebenfalls, weil sich der Hersteller gegenüber dem Händler, nicht aber gegenüber dem Kunden zur Nachlieferung bereit erklärt.

Wegen dieser Bedenken lässt sich eine Ersatzteilbelieferungspflicht des nicht zugleich als Verkäufer auftretenden Herstellers/Importeurs nicht begründen. Verpflichtet ist allein der Händler kraft des Kaufvertrages mit seinem Kunden.

Davon unbeeindruckt hat das AG Rüsselsheim[17] in einem Urteil mit Seltenheitswert dem Käufer einen Anspruch gegen den Hersteller auf Erstattung der Vorhaltekosten seines Fahrzeugs für 176 Tage zugesprochen, weil er auf den im Sommer 2001 bestellten Zylinderkopf für sein im Dezember 1993 bei einem Fabrikatshändler erworbenes Fahrzeug nahezu 2 Jahre warten musste. Begründung: Bei der Ersatzteilbelieferung handelt es sich um eine Nebenpflicht aus dem Kaufvertrag, bei dessen Erfüllung der Händler auf die Mithilfe des Herstellers angewiesen ist. Da der Hersteller seiner Mitwirkungspflicht jedoch über einen längeren Zeitraum nicht nachgekommen ist, entspricht es dem Grundsatz von Treu und Glauben, dass er dem Käufer für den dadurch entstandenen Schaden einzustehen hat. **713**

---

11 Nachwirkungen des Kraftfahrzeugkaufs, S. 189 ff.
12 *Greulich*, BB 1955, 208, 209.
13 *Leenen*, Probleme der Hersteller- und Händlerhaftung bei der Versorgung des Kunden mit Ersatzteilen, Gutachten erstellt um Auftrag des ADAC.
14 JZ 1968, 494, 502.
15 NJW 1970, 2051.
16 Vgl. die Kritik von *Leenen*, Probleme der Hersteller- und Händlerhaftung bei der Versorgung des Kunden mit Ersatzteilen, Gutachten erstellt im Auftrag des ADAC.
17 Urt. v. 30. 1. 2004, DAR 2004, 280.

IV. Umfang und Grenzen der Ersatzteilversorgungspflicht

714 Der Pflicht des Händlers sind **zeitliche** und **sachliche Grenzen** gesetzt.[18] Die zeitliche Grenze liegt heute bei ca. **12 Jahren**, je nach Qualität und Ausstattung der Fahrzeuge.[19] Dementsprechend müssen sich Hersteller auf eine Sicherstellung der Ersatzteilversorgung während dieses Zeitraums eingestellt haben, andernfalls sie ihren Garantieverpflichtungen nicht nachkommen könnten. Die Frist ist vom Zeitpunkt der Auslieferung des letzten Fahrzeugs der Modellreihe an zu berechnen.[20] Im Einzelfall kann die zu erwartende Dauer der Belieferung durch entsprechende Werbeaussagen verlängert werden und den Zeitraum von 12 Jahren deutlich überschreiten.[21]

Die Pflicht des Händlers zur Belieferung seiner Kunden mit Ersatzteilen während der durchschnittlichen gewöhnlichen Nutzungsdauer beinhaltet **nicht die Pflicht** zu eigener **Kalkulation** oder **Vorratshaltung**,[22] vielmehr beschränkt sie sich auf die Beschaffung des benötigten Teils, wozu der Händler aufgrund seiner Einkaufsverträge oder des Vertragshändler-Vertrages in der Lage ist. Selbst wenn es an einer entsprechenden vertraglichen Regelung zwischen Händler und Hersteller fehlen sollte, so müssen hier die gleichen Grundsätze wie im Verhältnis zwischen Händler und Kunde angewendet werden, d. h., der Hersteller hat seinen Vertragshändler kraft selbstständiger **Nebenpflicht**, die sich **aus den Einkaufsverträgen** ableitet, während der voraussichtlichen betriebsgewöhnlichen Nutzungsdauer mit Ersatzteilen zu versorgen. Kommt der Hersteller seiner Pflicht nicht nach, z. B., weil er nicht für ausreichenden Vorrat gesorgt oder die Produktion vorzeitig wegen Unwirtschaftlichkeit eingestellt hat, soll sich der Händler nach Meinung von *Leenen*[23] gegenüber seinen Kunden nicht auf nachträgliche objektive Unmöglichkeit – wegen **Erschöpfung des Vorrats** – berufen können, da anderenfalls der Käufer einer willkürlichen Ersatzteilpolitik schutzlos ausgesetzt wäre.

Dieser Standpunkt ist nicht unbedenklich, weil das Risiko auf den Händler verlagert wird. Falls der Händler alles in seiner Macht Stehende getan hat, um die Ersatzteilbelieferung sicherzustellen, kann ihm bei vom Hersteller zu vertretender Erschöpfung des Vorrats nicht die Berufung auf § 275 BGB abgeschnitten werden. Wenn aber der Händler aus den genannten Gründen seiner Lieferpflicht nicht nachkommen kann, muss er die ihm gegenüber dem Hersteller zustehenden Ansprüche an den Kunden abtreten.

Der Umfang der Beschaffungspflicht während des Zeitraums von 12 Jahren bestimmt sich nach den Grundsätzen von Treu und Glauben unter Abwägung der beiderseitigen Interessen. Die Ersatzteilbelieferungspflicht kann **nicht auf Verschleißteile beschränkt** werden.[24] Würden all jene Teile ausgenommen, die nach der Erfahrung die Lebensdauer der Hauptsache erreichen,[25] wäre der Kundenschutz ernsthaft gefährdet. Es ist eine be-

---

18 AG München 6. 5. 1970, NJW 1970, 1852; *Finger*, NJW 1970, 2049; *Leenen*, Probleme der Hersteller- und Händlerhaftung bei der Versorgung des Kunden mit Ersatzteilen, Gutachten erstellt im Auftrag des ADAC.

19 Die durchschnittliche Lebenserwartung eines Pkw oder Kombis liegt zurzeit bei 11,8 Jahren.

20 A. A. *Staudinger/Beckmann*, § 433 BGB Rn 121, wonach bei Verkauf eines Auslaufmodells von einem Ausschluss der Ersatzteilbelieferungspflicht auszugehen sein soll.

21 16 Jahre etwa angesichts der Originalwerbung aus dem Jahre 1966, der Käufer könne für sein längst ausgelaufenes Modell 1966 im Jahre 1982 selbstverständlich Ersatzteile erhalten – *Vollert*, Nachwirkungen des Kraftfahrzeugkaufs, S. 186.

22 *Leenen*, Probleme der Hersteller- und Händlerhaftung bei der Versorgung des Kunden mit Ersatzteilen, Gutachten erstellt im Auftrag des ADAC, S. 9.

23 Probleme der Hersteller- und Händlerhaftung bei der Versorgung des Kunden mit Ersatzteilen, Gutachten erstellt im Auftrag des ADAC, S. 9.

24 *Vollert*, Nachwirkungen des Kraftfahrzeugkaufs, S. 176; a. A. *Rodig*, BB 1971, 854, 855.

25 A. A. *Finger*, NJW 1970, 2050.

kannte Tatsache, dass Kraftfahrzeuge nach mehr oder weniger langer Nutzung eine erhöhte Reparaturanfälligkeit aufweisen und vielfach Teile betroffen sind, die nicht zu den klassischen Verschleißteilen – auch nicht im weiteren Sinn – gehören.

Jeder Hersteller weiß, dass bei serienmäßiger Fertigung mit einer statistisch ermittelbaren vorzeitigen Schadensquote von Nicht-Verschleißteilen zu rechnen ist. Er hat diesem Umstand durch ausreichende Ersatzteilbevorratung auch solcher Teile Rechnung zu tragen, die zwar oftmals, aber nicht immer das Lebensalter des Fahrzeugs erreichen. Ferner wird man vom Hersteller verlangen dürfen, dass er die zu erwartende **Unfallhäufigkeit** bei der Ersatzteilbevorratung einkalkuliert und ein bestimmtes Kontingent der üblicherweise stark nachgefragten Teile wie Kotflügel, Abschlusshauben für Motor und Kofferraum, Stoßstangen usw. auf Lager nimmt. In den Grenzen des voraussichtlichen Bedarfs hat der Hersteller dem Händler für die Belieferung mit Ersatzteilen einzustehen. Unwirtschaftlichkeit der Ersatzteilproduktion entlastet den Hersteller ebenso wenig wie die Berufung auf unzureichende Versorgung durch Zulieferfirmen, für deren Nachlässigkeiten er gem. § 278 BGB einzustehen hat.[26] Bei unerwartet hoher Ausfallquote eines Teils infolge eines ursprünglichen Konstruktions- oder Fertigungsmangels hat der Hersteller, falls der Vorrat an Ersatzteilen erschöpft ist, die Nachproduktion aufzunehmen.[27] Zu einem späteren **Nachbau** des Ersatzteils ist der Hersteller ferner verpflichtet, wenn er den voraussichtlichen Bedarf von vornherein falsch berechnet hat.[28]

Umfang und Grenzen der Ersatzteilbeschaffungspflicht des Händlers gegenüber seinen Kunden bestimmen sich im Wesentlichen nach den vorstehend aufgezeigten Grundsätzen, die im Verhältnis zwischen Hersteller und Händler gelten.[29] Allerdings besitzt der Käufer keinen Anspruch auf Lieferung einer beliebigen Anzahl von Ersatzteilen, sondern nur in dem von der Notwendigkeit des Einzelfalls geforderten Umfang.[30] Vom Käufer ist der übliche aus der Preisliste des Herstellers ablesbare Preis zu zahlen; ein überhöhtes Entgelt etwa wegen eines Nachbaus durch einen Spezialbetrieb braucht er nicht zu entrichten, andernfalls das Ersatzteilbeschaffungsrisiko kostenmäßig auf ihn verlagert würde.[31] Hat der Hersteller auf der Basis des voraussichtlichen Bedarfs die Ersatzteilversorgung sichergestellt und kann er später eine unerwartet aufkommende, außerhalb seines Verantwortungsbereichs liegende Nachfrage nicht befriedigen, wird er von seiner Ersatzteillieferungspflicht gegenüber dem Händler frei. Braucht aber der Hersteller an den Händler nicht mehr zu liefern, so entfällt auch die Beschaffungspflicht des Händlers, von dem redlicherweise keine größeren Anstrengungen als vom Hersteller verlangt werden können. Die Pflicht zur Ersatzteilversorgung unterliegt der Grenze der **wirtschaftlichen Unzumutbarkeit**, an die bei Monopolstellung strenge Voraussetzungen zu knüpfen sind und der wirtschaftlichen Leistungsfähigkeit des Verpflichteten, dessen interne betriebswirtschaftlichen Kostenüberlegungen allerdings nicht zu berücksichtigen sind.[32]

Durch die Verlagerung der Ersatzteilbeschaffungspflicht auf den Händler wird das Risiko der Nichtbeschaffbarkeit nicht auf den Handel überwälzt. Macht sich ein Händler wegen Unmöglichkeit der Ersatzteilbelieferung schadensersatzpflichtig, kann er beim **Hersteller Regress** nehmen, ohne dass es hierzu einer Deckungsabrede mit dem Hersteller be-

---

26 *Finger*, NJW 1970, 2050.
27 *Finger*, NJW 1970, 2050.
28 *Vollert*, Nachwirkungen des Kraftfahrzeugkaufs, S. 177.
29 Vgl. zur Frage der Wirksamkeit einer Lieferbeschränkung, soweit die Lieferung davon abhängig gemacht wird, dass dem von der Lieferfirma bereitgestellten Kundendienst ein entsprechender Reparaturauftrag erteilt wird, *Keese*, BB 1972, 817 ff.
30 *Vollert*, Nachwirkungen des Kraftfahrzeugkaufs, S. 179.
31 *Vollert*, Nachwirkungen des Kraftfahrzeugkaufs, S. 178.
32 *Vollert*, Nachwirkungen des Kraftfahrzeugkaufs, S. 182.

darf, wonach dieser auch die Kosten ungenügender Ersatzteilproduktion in sein Kalkül aufnehmen muss.[33]

717 Der Anspruch auf Belieferung mit Ersatzteilen steht dem **Erstkäufer** zu. Die Auffassung, der Hersteller könne die Belieferung mit Original-Ersatzteilen von der Bedingung abhängig machen, dass der Käufer einem autorisierten Händler einen Reparaturauftrag erteilt,[34] findet weder in den NWVB noch im Gesetz Rückhalt und ist abzulehnen, da sie die Entscheidungsfreiheit des Käufers in einer Weise einengt, die durch die Sachumstände nicht zu rechtfertigen ist. Für einen Belieferungsanspruch des **Zweiterwerbers** mit Ersatzteilen **fehlt** es an einem **originären Verpflichtungsgrund** des Händlers. Es besteht die Möglichkeit, dass der Erstkäufer die ihm zustehenden Rechte auf Ersatzteilbelieferung bei Verkauf des Fahrzeugs an den Erwerber abtritt, wobei auch an eine stillschweigende Abtretung zu denken ist.[35] Allerdings bedarf die Abtretung zu ihrer Wirksamkeit der Zustimmung des Händlers gem. Abschn. I. Ziff. 2 NWVB. Versagt der Händler seine Zustimmung ohne triftigen Grund, kann dieses Verhalten treuwidrig sein, da der typische Schutzzweck des Zustimmungsvorbehalts durch die Abtretung des Nachbelieferungsanspruchs gegen Entgelt nicht betroffen wird.

V. Ansprüche wegen Verletzung der Ersatzteilbeschaffungspflicht

718 Als mögliche Verletzungstatbestände auf Händlerseite kommen **Verzug** und **Unmöglichkeit** in Betracht. Ein Schadensersatzanspruch des Käufers wegen Verzugs setzt neben dem Bestehen einer Verschaffungspflicht voraus, dass der Käufer den Anspruch geltend macht und dem Händler eine angemessene Frist zur Leistungsbewirkung setzt. Die Angemessenheit der Frist hängt von zahlreichen Faktoren ab, z. B. davon, ob und wann die Produktion des Modells eingestellt wurde, ob es sich um ein im Inland oder Ausland hergestelltes Modell handelt, ob das benötigte Ersatzteil selten oder häufig verlangt wird und ob es aus der Eigenproduktion des Herstellers stammt oder von einem Zulieferer gefertigt wird.[36]

Mit dem Ablauf der angemessenen Frist wird der Anspruch des Käufers fällig und der Händler kommt durch Mahnung in Verzug, was zur Folge hat, dass er dem Käufer nach Maßgabe von Abschn. VIII NWVB auf Ersatz des **Verzugsschadens** gem. §§ 280 Abs. 2, 286 BGB haftet, z. B. bei Betriebsunfähigkeit des Kfz infolge des mangelhaften Teils auf Ersatz der Kosten für die Inanspruchnahme eines Mietwagens. Auf mangelndes Verschulden kann sich der Verkäufer nicht berufen, so lange die Leistung aus der Gattung objektiv möglich ist.[37]

Ein Anspruch auf **Schadensersatz statt der ganzen Leistung** setzt außer einem Interessewegfall voraus, dass der Käufer der Erfüllung der Ersatzteilbelieferung bei Abschluss des Kaufvertrages vertragsentscheidende Bedeutung beigemessen hat.

Falls die Umstände ergeben, dass wegen Unmöglichkeit der Ersatzteilbeschaffung die Hauptleistung – nämlich die Lieferung des Kraftfahrzeugs – für den Käufer nicht von Interesse ist, wird man ihm zubilligen müssen, wahlweise nach §§ 326 Abs. 5, 323 BGB vom Vertrag zurückzutreten oder nach §§ 280, 281 BGB Schadensersatz statt Leistung der ganzen Verbindlichkeit zu verlangen. Diese Rechte sind jedoch nur zu gewähren, wenn dem Käufer unter angemessener Berücksichtigung der beiderseitigen Belange ein Festhalten

---

33 *Leenen*, Probleme der Hersteller- und Händlerhaftung bei der Versorgung des Kunden mit Ersatzteilen, Gutachten erstellt im Auftrag des ADAC, S. 11.
34 *Keese*, BB 1972, 817; *Creutzig*, Recht des Autokaufs, Rn 0.8.2.
35 *Rodig*, BB 1971, 210.
36 *Leenen*, Probleme der Hersteller- und Händlerhaftung bei der Versorgung des Kunden mit Ersatzteilen, Gutachten erstellt im Auftrag des ADAC, S. 14.
37 *Palandt/Heinrichs*, § 276 Rn 30.

am Vertrag redlicherweise nicht zugemutet werden kann. Eine Unzumutbarkeit wird z. B. dann anzunehmen sein, wenn der Händler bereits kurz nach Ablauf der Verjährungs-/Garantiefrist wesentliche Ersatzteile nicht zu beschaffen vermag.[38]

Verjährung: Der nachvertragliche Anspruch auf Bereitstellung von Ersatzteilen verjährt gem. § 195 BGB in drei Jahren. § 438 BGB ist aufgrund seines Wortlauts nicht anwendbar. Diese Vorschrift bezieht sich ausschließlich auf die in § 437 BGB genannten Ansprüche des Käufers. Eine analoge Anwendung des § 438 BGB scheidet mangels einer Regelungslücke aus. 719

Freizeichnung: Sie ist grundsätzlich zulässig. Zu beachten sind die Grenzen des § 138 BGB sowie für den Fall der formularmäßigen Freizeichnung die Regelungen der §§ 305 c Abs. 1, 307 Abs. 1 u. 2 BGB. 720

VI. Nachvertragliche Wartungs- und Reparaturpflicht

Allein die Bereitstellung von Ersatzteilen reicht nicht aus, um die Verkehrs- und Betriebssicherheit eines Kraftfahrzeugs während seiner gewöhnlichen Nutzungsdauer zu gewährleisten. Es muss außerdem sichergestellt sein, dass die benötigten Ersatzteile montiert und fällige **Wartungsdienste** und **Reparaturen** ordnungsgemäß und fachgerecht durchgeführt werden. Auf diesen Service, den nur leistungsfähige Betriebe mit geschultem Personal erbringen können, ist der Käufer eines Kraftfahrzeugs angewiesen. Aus diesem Grund ist eine nachvertragliche Wartungs- und Reparaturpflicht zu befürworten. Mangels ausdrücklicher oder konkludenter Abrede ist sie – ebenso wie die Pflicht zur Ersatzteilversorgung – als nachvertragliche Nebenpflicht aus dem Kraftfahrzeug-Kaufvertrag herzuleiten (ergänzende Vertragsauslegung). Grundsätzlich muss der Händler nicht unentgeltlich wie im Fall der Nachbesserung tätig werden. 721

Die nachvertragliche Wartungs- und Reparaturpflicht des Händlers erstreckt sich auf die gewöhnliche Nutzungsdauer des Kraftfahrzeugs von ca. 12 Jahren. Sie ist im Fall der Weigerung des Händlers einklagbar. Die Pflicht der nachvertraglichen Wartung und Reparatur erstreckt sich auch auf solche Fahrzeuge, die nach Auslieferung – etwa durch Tuning-Maßnahmen – verändert worden sind.

---

38 *Leenen*, Probleme der Hersteller- und Händlerhaftung bei der Versorgung des Kunden mit Ersatzteilen, Gutachten erstellt im Auftrag des ADAC, S. 19.

L. EU-Neuwagenkauf

I. Marktlage

722 Immer häufiger nutzen Autokäufer die Preisvorteile des Europäischen Binnenmarktes. Viele von ihnen kaufen direkt im Ausland, andere schalten Importvermittler ein. Der deutsche Fabrikatshandel verbessert ebenfalls seine Geschäfte in zunehmendem Maße durch sog. Quereinkäufe bei ausländischen Markenhändlern. Für viele von ihnen ist der Handel mit EU-Fahrzeugen (Parallelimport) zu einer notwendigen Maßnahme der Existenzsicherung geworden.

Anreiz für Importgeschäfte bieten die zum Teil erheblichen **Preisunterschiede** für Neufahrzeuge in EU-Ländern. Außerdem werden in einigen Mitgliedsstaaten hohe **Zulassungssteuern** (z. B. in Portugal, Spanien, Polen, Finnland) und **Verbrauchssteuern** (in den Niederlanden) erhoben. Die Differenzen bei den Abgabepreisen beruhen außerdem auf ungleichen Wettbewerbssituationen und auf Kaufkraftschwankungen. Bevorzugte Länder für den Parallelimport sind die Niederlande, Belgien, Dänemark, Polen, Tschechien und die Slowakei.

Durch den Kauf von Neufahrzeugen im Ausland lassen sich, je nach Fabrikat und Typ, **Preisvorteile zwischen 20 und 30 %** erzielen.[1] Die EU-Kommission veröffentlicht zweimal jährlich einen Preisindex der meistverkauften Pkw-Modelle der europäischen Hersteller, der laut ADAC aber nicht sehr aussagekräftig ist.[2]

II. Direktkauf durch den Verbraucher

1. Ausgangslage

723 Deutschen Autoherstellern ist der Re-Import nicht willkommen, weil dadurch die inländischen Abgabepreise unter Druck geraten. Sie haben deshalb nichts unversucht gelassen, die Wiedereinfuhr der von ihnen produzierten und für das EU-Ausland bestimmten Neufahrzeuge zu unterbinden. Aktionen der Hersteller, die den freien Warenverkehr in unzulässiger Weise einschränkten und gegen das Diskriminierungsverbot verstießen, haben private Endverbraucher in der Vergangenheit deutlich zu spüren bekommen. Aus Angst vor Sanktionen waren grenznah gelegene ausländische Vertragshändler oft nicht bereit, Neufahrzeuge an deutsche Kunden zu veräußern. Besonders bei der Realisierung von Sachmängel- und Garantieansprüchen haben Käufer re-importierter Neufahrzeuge schlechte Erfahrungen gemacht. Sie mussten bei Inanspruchnahme inländischer Vertragswerkstätten mit Wartezeiten, Ausreden und hin und wieder auch mit Ablehnung rechnen.[3] Kulanzleistungen und Reparaturen im Wege stiller Rückrufaktionen blieben ihnen manchmal versagt.

724 Obwohl viele dieser Probleme der Vergangenheit angehören, ist es – nicht nur wegen eventueller Sprachbarrieren – für den deutschen Endverbraucher nach wie mit einigen Schwierigkeiten verbunden, ein Neufahrzeug in einem anderen EU-Mitgliedsstaat zu kaufen und nach Deutschland einzuführen. Nur wer sich mit der Materie vertraut gemacht hat, sollte ein solches Vorhaben selbst in die Hand nehmen. Für diejenigen, die Zeit, Aufwand

---

1 AUTO BILD v. 13. 4. 2006, S. 56.
2 Erhältlich bei der Vertretung der Europäischen Gemeinschaften, Stichwort: Autopreise in der EU, Unter den Linden 78, 10117 Berlin oder Internet http:europa.eu.int/comm/competition/carsector/.
3 Aktuelles Beispiel aus der Respr.: OLG Stuttgart 26. 3. 2008, DAR 2008, 478 m. Anm. *Niebling* (Ablehnung von Garantiearbeiten durch deutsche Ford-Vertragshändlerin an einem aus Österreich re-importierten Ford Focus).

und Risiken eines Eigenimports scheuen, empfiehlt sich die Einschaltung eines seriösen Importvermittlers (näher Rn 732 ff.).

2. Vorüberlegungen

In Zeiten des Internets ist es kein Problem, ausländische Vertragshändler zu ermitteln. Wer kein Servicestellenverzeichnis besitzt, kann ihre Namen und Anschriften durch Eingabe des Herstellernamens und des Länderkürzels herausfinden. Hinsichtlich der Fahrzeugbeschaffenheit muss vorab geklärt werden, ob diese der deutschen Grundausstattung entspricht oder ob Abweichungen vorhanden sind. Es ist nicht mehr erforderlich, Neufahrzeuge aus anderen EU-Mitgliedsstaaten für den Import technisch umzurüsten, da die für die Zulassung wesentlichen technischen Standards für alle EU-Länder (wie auch für Norwegen, Island, Schweiz und Liechtenstein) die gleichen sind und alle EU-Neufahrzeuge die vorgeschriebenen Abgasnormen erfüllen. Alter und Modellaktualität des Fahrzeugs sollte der Käufer abfragen und sich im Kaufvertrag schriftlich bestätigen zu lassen, da die käuferfreundlichen Inlandskriterien der Fabrikneuheit (s. Rn 240) im Ausland nicht gelten.

3. Preisvergleich

Wegen der unterschiedlichen Steuersysteme in den EU-Mitgliedsstaaten lassen sich trotz Einführung des Euro in mittlerweile 15 EU-Staaten die in- und ausländischen Kfz-Preise nicht einfach miteinander vergleichen. Um einen korrekten Preisvergleich vornehmen zu können, ist es erforderlich, zunächst den ausländischen Nettopreis zu ermitteln. Zu dem errechneten ausländischen Nettopreis kommt die deutsche Mehrwertsteuer i. H. v. zurzeit 19 % hinzu. Der auf diese Weise gewonnene Bruttopreis ist mit dem deutschen Listenpreis vergleichbar. Dieser vermindert sich um die Nachlässe, die bei einem Kauf des gleichen Fahrzeugs von einem deutschen Vertragshändler gewährt werden und die derzeit durchaus bis 15 %, im Einzelfall sogar noch mehr betragen können. Bei dem Preisvergleich müssen schließlich noch die Aufwendungen berücksichtigt werden, die durch den Import des Fahrzeugs in Form von Bereitstellungs-, Überführungs- und Zulassungskosten entstehen, zu denen u. U. noch Kosten für die Unbedenklichkeitsbescheinigung und die Umrüstung des Autos hinzukommen.

4. Kaufvertrag

Wichtige Bestandteile des Kaufvertrags sind Ausstattungsdetails des Fahrzeugs, Name und Anschrift des Verkäufers sowie Ort und Datum der Fahrzeugübergabe. Außerdem ist in der Urkunde anzugeben, dass es sich um ein „Neufahrzeug" handelt. Kundendienstscheckheft (mit Übergabeinspektionseintrag) und Garantieurkunde sind vom Verkäufer auszufüllen, abzustempeln und zu unterschreiben.

Der Käufer benötigt für Einfuhr, Zulassung und Versteuerung den Kaufvertrag, die Rechnung und – sofern kein Kfz-Brief existiert – ein Ursprungszeugnis, das dem deutschen Kfz-Brief entspricht sowie das ‚Certificate of Conformity' (COC), das eine europaweite Zulassung beinhaltet. Sämtliche Unterlagen werden im Original benötigt, da deutsche Zulassungsstellen keine Kopien akzeptieren.

5. Überführung

Die Überführung aus dem Kaufland in das Bestimmungsland Deutschland kann wie folgt durchgeführt werden:
– Transport auf einem **Anhänger**, bei dem das transportierte Fahrzeug gegen Abschluss einer entsprechenden Zusatzversicherung mitversichert ist,

- Verwendung des ausländischen **Ausfuhrkennzeichens** (Zollnummer) inklusive Versicherung, das jedoch nur in Spanien und Dänemark ohne weiteres und mit der entsprechenden Versicherung zu bekommen ist,
- Vereinbarung mit dem Verkäufer, dass das Fahrzeug an der **Grenze übergeben** wird.

Für den Transport aus Österreich, Italien, Frankreich und den Benelux-Staaten werden oftmals das deutsche **Kurzzeitkennzeichen** oder ein **rotes Kennzeichen** verwendet, obwohl sie dafür eigentlich nicht bestimmt sind.[4] Sie werden aber unabhängig davon vergeben, wohin das Fahrzeug überführt werden soll und von einigen EU-Staaten anerkannt. Das zwischen Deutschland und Italien geschlossene Abkommen über die gegenseitige Anerkennung der Probe- und Überführungskennzeichen vom 22.12.1993 erlaubt es nur, im jeweiligen Vertragsstaat erworbene Fahrzeuge mit dem dortigen Überführungskennzeichen zu versehen und damit in den anderen Vertragsstaat zu fahren.[5]

6. Zulassung

729 Für die Zulassung sind folgende Unterlagen erforderlich: gültige Ausweispapiere, Deckungskarte der Versicherung, Leerbrief, Originalrechnung des Verkäufers, Fahrzeugpapiere (Brief oder Ursprungszeugnis) sowie eventuell eine Unbedenklichkeitsbescheinigung des Herstellerwerkes oder des Kraftfahrtbundesamtes und ein Datenblatt.

Die Zulassung wird nicht davon abhängig gemacht, dass ein Nachweis über die Zahlung der Einfuhrumsatzsteuer vorgelegt wird. Die Zulassungsstelle ist verpflichtet, das Finanzamt von der Ausgabe des Fahrzeugbriefs zu benachrichtigen. Dies geschieht durch die sog. Mitteilung für Umsatzsteuerzwecke über den innergemeinschaftlichen Erwerb eines neuen Fahrzeugs, das vom Käufer auszufüllen und zu unterschreiben ist.

Die **Unbedenklichkeitsbescheinigung** des Kraftfahrtbundesamtes besagt, dass das Fahrzeug in den letzten fünf Jahren in Deutschland nicht angemeldet gewesen ist und nicht als gestohlen gemeldet wurde. Die Unbedenklichkeitsbescheinigung des Herstellers dient als Nachweis dafür, dass das Fahrzeug vom Werk nicht mit einem deutschen Brief ausgeliefert wurde. Wenn die im Rahmen des Zulassungsverfahrens mit der Erteilung der Einzelbetriebserlaubnis beauftragte Prüfstelle nicht die Möglichkeit des Zugriffs auf die Fahrzeugdaten besitzt, muss der Käufer ein Datenblatt besorgen und vorlegen. Im Datenblatt sind alle technischen Fahrzeugdaten verzeichnet. Die Unterlage erhält der Käufer auf Anforderung vom Herstellerwerk/Importzentrum.

Seit dem 1.1.1996 ist für Neufahrzeuge eine europaweit gültige Zulassung, das sog. ‚**Certificate of Conformity**' (COC), zu beantragen. In Deutschland wird das COC gewöhnlich als EU-Betriebserlaubnis bezeichnet. Mit der COC wird ein Fahrzeug in jedem EU-Land ohne weitere Prüfung zugelassen. Eine Untersuchung nach § 21 StVZO ist für EU-Importfahrzeuge mit EU-Typengenehmigung entbehrlich. Auf der Grundlage der COC wird der Leerbrief (ein nicht ausgefüllter Fahrzeugbrief) ausgestellt. Dieser muss entweder bei der Zulassungs- oder Abnahmestelle beantragt werden. Letztere leitet den Leerbrief an die Zulassungsstelle weiter.

7. Einfuhrumsatzsteuer

730 Die Einfuhrumsatzsteuer (Mehrwertsteuer) entsteht mit dem **Tag des Erwerbs** (§ 13 Abs. 1 Nr. 7 UStG). Der private Käufer muss das Formular ‚Umsatzsteuererklärung für die Fahrzeugeinzelbesteuerung' ausfüllen, das er bei seinem heimischen Finanzamt be-

---

4 Zum Missbrauch roter Kennzeichen und Kurzzeitkennzeichen *Grohmann*, DAR 2001, 57 ff.
5 BayObLG 22.3.2004, DAR 2004, 402; zur Anbringung österreichischer Überführungs- und Probekennzeichen BayObLG 11.3.2004, DAR 2004, 403.

kommt. Die Frist für die Einreichung des ausgefüllten Formulars und die Zahlung der Umsatzsteuer beträgt 10 Tage. Unternehmer, die das Fahrzeug für ihren unternehmerischen Bereich erwerben, haben den Erwerb im allgemeinen Umsatzbesteuerungsverfahren zu versteuern.

8. Risiken

Der Käufer eines EU-Neuwagens muss damit rechnen, dass er im Fall des Weiterverkaufs einen geringeren Kaufpreis erzielt, als er für ein auf dem deutschen Markt erworbenes Fahrzeug gleichen Typs und gleicher Ausstattung erhalten würde. Im Zusammenhang mit der Offenbarungspflicht, auch von Gebrauchtwagenverkäufern, liegt dazu umfangreiches Entscheidungsmaterial vor (s. Rn 739 ff. und Rn 2139). Sachmängelansprüche hat der inländische Käufer nur gegenüber seinem ausländischen Vertragspartner. Im Streitfall kann er ihn in Deutschland nicht verklagen. Hinzu kommt: Käufer von EU-Fahrzeugen müssen ggf. Wartezeiten bei Nachbesserungs- und Reparaturarbeiten in Kauf nehmen und außerdem befürchten, dass sie von Rückrufaktionen und Kulanzmaßnahmen ausgeschlossen bleiben.

III. Einschaltung eines Importvermittlers
1. Rechtliche Ausgangslage

Art. 81 Abs. 1 EGV garantiert den **freien Warenaustausch** innerhalb der EU-Mitgliedsstaaten. Verboten sind ‚alle Vereinbarungen zwischen Unternehmen, Beschlüsse von Unternehmensvereinigungen und aufeinander abgestimmte Verhaltensweisen, die den Handel zwischen Mitgliedstaaten zu beeinträchtigen geeignet sind und eine Verhinderung, Einschränkung oder Verfälschung des Wettbewerbs innerhalb des Gemeinsamen Marktes bezwecken oder bewirken.'

Seit Einführung der **Kfz-GVO 1400/2002** hat es viele Frage zur Abgrenzung zustimmungsfreier und zustimmungspflichtiger Vermittlungstätigkeit im Neuwagenbereich gegeben. Der EU-Kommission kommt es für das Vorliegen einer zustimmungsfreien Vermittlungstätigkeit in erster Linie darauf an, ob sich das Neuwagengeschäft bei wirtschaftlicher Betrachtung als ein vom Endverbraucher ausgehendes Vermittlungsgeschäft darstellt. In einem **Schreiben der EU-Kommission vom 9.9.2004** heißt es auszugsweise:

> „... *Andererseits muss es jedem Kunden möglich sein, einen Vermittler zu beauftragen, für ihn ein bestimmtes Neufahrzeug bei einem Vertragshändler zu beschaffen. In der Regel treten Vermittler daher im Auftrag und im Namen ihres Kunden auf; der Kaufvertrag und die Rechnung des verkaufenden Händlers nennen also üblicherweise unmittelbar den Kunden als Käufer. Das folgt aus der Tatsache, dass der Kunde dem Vermittler eine Vollmacht erteilt und auch in gewissem Umfang das zu beschaffende Fahrzeug näher festlegt. .... Wenn der Vermittler diese Unterlagen eines Käufers dem Händler, der das betreffende Neufahrzeug verkauft, vorgelegt hat, halten wir es für zulässig, dass das betreffende Fahrzeug kurzfristig dem Vermittler in Rechnung gestellt und auch an ihn übereignet wird, sofern der Vermittler es umgehend an diesen Kunden ausliefert ... .Bei wirtschaftlicher Betrachtung handelt es sich bei einem solchen Geschäft immer noch um ein vom Endverbraucher ausgehendes Vermittlungsgeschäft.*"

Unabhängig von diesem „funktionalen Ansatz" (*Ernsthaler* in Kfz-Betrieb 6/2005, S. 22)[6] legen die nationalen Zivilgerichte die Rolle des beteiligten „Vermittlers" nach den allgemein maßgeblichen Kriterien des Offenkundigkeitsprinzips und des Transparenzgebots fest (Näheres Rn 764 ff.).

---

6 Siehe auch den Leitfaden zur Kfz-VO 1400/2002 Pkt. 5.2 „Vermittler" mit den Fragen 38 und 39.

Was die Kfz-GVO 1400/2002 angeht, so regelt sie nur die **vertraglichen Beziehungen** der Hersteller (Lieferanten) zu ihren Händlern. Dritte, insbesondere Endabnehmer, können daraus keine Ansprüche herleiten. So ergibt sich aus der Kfz-GVO **kein gesetzlicher Direktanspruch** eines Fahrzeugkäufers gegenüber einem inländischen Vertragshändler auf Leistungen aus einer Herstellergarantie.[7]

2. Marktsituation

733   In den letzten Jahren hat sich vieles verändert: Re-importierte Neufahrzeuge sind inzwischen auch bei **deutschen Fabrikatshändlern** zu haben, die sie durch sog. Quereinkäufe bei ihren ausländischen Kollegen günstiger als beim eigenen Hersteller einkaufen. Viele **ehemaligen Vertragshändler**, denen die Händlerverträge von ihren Automobilherstellern im Zuge der Ausdünnung der Vertriebsnetze gekündigt wurden, beteiligen sich heute als „freie" Händler am Re-Importgeschäft.

Autorisierte Werkstätten möchten ebenfalls am Re-Import teilhaben, befinden sich aber, soweit es um den legalen Reimport von Fahrzeugen der eigenen Marke geht, in einem Interessenkonflikt. Auf der einen Seite haben sie gegenüber ihren Herstellern eine Treuepflicht, die es ihnen verbietet, gegen deren berechtigte Interessen zu handeln oder sie gar zu schädigen, auf der anderen Seite verbindet sie mit ihren Herstellern jedoch nur ein Servicevertrag, der wegen der in der Kfz-GVO 1400/2002 vorgesehenen Trennung zwischen Verkauf und Service nicht ohne weiteres auf den Verkauf ausstrahlt, von dem sie – als Vertragshändler – ausgeschlossen sind.

3. Vertragsgestaltung und -durchführung

734   **Zu differenzieren** ist zwischen der Neuwagenvermittlung im Auftrag des Kunden und einer solchen im Auftrag eines ausländischen Vertragshändlers. Im Verhältnis zwischen Kunden und Vermittler werden zwei Varianten unterschieden: die reine Bevollmächtigung und der Auftrag zu einem sog. **Beschaffungsgeschäft** (An- und Verkauf durch Vermittler). Die Dokumentation ist aufgrund vielfacher Zwänge heute weitaus professioneller, eine Entwicklung, wie sie auch beim Agenturgeschäft im Gebrauchtwagenhandel zwischen 1968 und 1990 zu beobachten war. Die Rollenverteilung ist in der Regel durchsichtig und dem Durchschnittskunden verständlich.

735   Wenn der Kaufvertrag unmittelbar mit dem ausländischen Vertragshändler geschlossen wird, besteht für den Kunden das Risiko, dass er von seiner Kaufpreisverbindlichkeit nicht frei wird, wenn er **an den Vermittler zahlt** und dieser das Geld nicht weiterleitet. In einem solchen Fall entschied das OLG Celle[8], der Importeur sei als **Zahlstelle** des Vertragshändlers anzusehen mit der Folge, dass dieser das Risiko der Insolvenz des Vermittlers trage. Der Vermittler hatte dem Käufer eine eigene Rechnung vorgelegt, woraufhin dieser die Zahlung leistete. Zum Zeitpunkt der Zahlung verfügte der Käufer weder über eine Rechnung des Vertragshändlers noch hatte er Kenntnis von dessen Kontonummer. Hinzu kam, dass der Vertragshändler und die Importfirma zuvor schon mehrfach derartige grenzüberschreitende Verkaufsgeschäfte getätigt hatten. Die **Zahlung eines Vorschusses** wird üblicherweise nicht vereinbart. Verbraucherverbände und der ADAC raten ihren Mitgliedern, den Kaufpreis erst dann zu zahlen, wenn das zulassungsfertige Fahrzeug mit dem deutschen Fahrzeugbrief und dem abgestempelten Serviceheft übergeben wird.

---

7   OLG Stuttgart 26. 3. 2008, DAR 2008, 478 m. Anm. *Niebling* (aus Österreich re-importierter Ford Focus).
8   Urt. v. 6. 11. 2002 – 7 U 229/01 – n. v.

Abgrenzung Eigengeschäft/Vermittlungsgeschäft: Hierzu liegt eine umfangreiche **736** Judikatur vor.[9] Ältere Entscheidungen sind aufgrund veränderter Verhältnisse mit Vorsicht heranzuziehen. Was in den Augen der EU-Kommission noch ein Vermittlungsgeschäft ist, muss es im nationalen Zivilrecht nicht sein. Wenn der Vermittler selbst fakturiert und/oder das Eigentum am Fahrzeug überträgt, Vorgänge die lt. EU-Kommission der Annahme eines Vermittlungsgeschäfts nicht zwingend entgegenstehen (s. Rn 732), sind das zivilrechtlich betrachtet deutliche Anhaltspunkte für ein Eigengeschäft. Wird der Importeur in den Vertragsunterlagen durchgängig als Vermittler bezeichnet, hat dies allerdings contraindizielle Wirkung.[10]

Die Klausel, dass der Vermittler keine Garantieleistung bzw. Gewährleistung übernimmt, was auf einen Kaufvertrag hindeuten könnte, hat nur klarstellende Funktion, wenn an anderer Stelle des Vertrages darauf hingewiesen wird, dass dem Käufer Ansprüche gegen den Hersteller entsprechend den jeweiligen Bestimmungen des Herstellerwerkes zustehen. Ist im Vertrag bestimmt, dass der Käufer bis zur vollständigen Bezahlung aller Forderungen aus dem Vermittlungsvertrag seine Ansprüche auf Verschaffung des Eigentums sowie sonstige Anwartschaftsrechte an dem Fahrzeug an den Vermittler abtritt, kann aus einem Eigentumsvorbehalt des Vermittlers nicht abgeleitet werden, dass er den Verkauf im eigenen Namen getätigt hat.[11]

4. „EU-Neufahrzeug": Begriff und Käuferaufklärung

Mit der Öffnung des europäischen Marktes ist die Frage hochgekommen, was unter **737** einem „EU-Neufahrzeug" zu verstehen ist.[12] In einer Entscheidung des OLG Köln[13] wird hierzu festgestellt, aus der Bezeichnung EU-Neuwagen ergebe sich für den Käufer lediglich ‚dass das Fahrzeug über ein EU-Land importiert worden ist – mit einer für den deutschen Käufer ersichtlich günstigeren Preisgestaltung'. Dem Begriff sei nicht zu entnehmen, dass es sich dabei um ein in Deutschland nicht mehr aktuelles oder sonst nicht gängiges Modell handelt. Diese Auffassung war zuvor schon vom LG Koblenz[14] vertreten worden. Es hatte das Fehlen von Ausstattungsmerkmalen, die die in der Bundesrepublik Deutschland über den autorisierten Handel vertriebenen Fahrzeuge des gleichen Modells aufwiesen, als Sachmangel bewertet und den Einwand des Händlers, er habe das Auto als EU-Fahrzeug angeboten, mit der Begründung zurückgewiesen, diese Bezeichnung sei für den durchschnittlichen Kunden eines Kfz-Händlers unverständlich.

Von der Vorstellung, dass inländische und EU-ausländische Neufahrzeuge **gleichartig** **738** **und gleichwertig** sind, scheint das OLG Düsseldorf[15] ausgegangen zu sein, als es dem Käufer eines Importfahrzeugs Schadensersatz wegen der Nichterfüllung des Vertrages in Höhe des Betrages zubilligte, den der Käufer für die Beschaffung eines vergleichbaren Fahrzeugs bei einem deutschen Vertragshändler hätte aufwenden müssen. Legt man diese Urteile als Maßstab für die Sollbeschaffenheit zugrunde, sind die Kriterien der Fabrikneuheit 1:1 auf EU-Neufahrzeuge zu übertragen, die als solche beworben und verkauft werden. Das heißt konkret: Sie müssen dem aktuellen Modell entsprechen, frei von Schäden und Lagermängeln und nicht älter als 12 Monate sein; näher Rn 744 ff.

---

9 Zuletzt OLG Stuttgart 26. 3. 2008, DAR 2008, 478 m. Anm. *Niebling*; OLG Frankfurt 28. 1. 2005, NJW-RR 2005, 1222 = DAR 2005, 284.
10 OLG Frankfurt 28. 1. 2005, NJW-RR 2005, 1222 = DAR 2005, 284.
11 OLG Frankfurt 28. 1. 2005, NJW-RR 2005, 1222 = DAR 2005, 284.
12 *Both*, DAR 1998, 91.
13 Urt. v. 14. 7. 1998, 15 U 155/97.
14 Urt. v. 1. 6. 1994 – 2 O 113/83 – zit. in Autohaus 1986, 218.
15 Urt. v. 30. 8. 2001, DAR 2002, 212, 213.

Nicht gefolgt werden kann dem LG Paderborn[16], das sich auf den Standpunkt gestellt hat, es sei allgemein bekannt, dass re-importierte Fahrzeuge nicht zwangsläufig über die gleiche Ausstattung verfügen, wie die für den Inlandsmarkt bestimmten Fahrzeuge. Dem ist entgegenzuhalten, dass **Ausrüstungsdefizite** für Importfahrzeuge keineswegs typisch sind. Die günstigen Preise von EU-Fahrzeugen beruhen nicht auf einer im Vergleich mit Inlandsfahrzeugen „abgespeckten" Ausstattung, sondern auf niedrigeren Abgabepreisen der Hersteller und auf den unterschiedlichen Steuersystemen der EU-Mitgliedsstaaten. Wie anders ist es zu erklären, dass EU-Importeure damit werben, dass die von ihnen vermittelten EU-Neufahrzeuge die gleichen Ausrüstungs- und Ausstattungsmerkmale aufweisen, wie die vom inländischen Fabrikatshandel angebotenen Fahrzeuge des gleichen Typs.[17]

739 Obwohl sich eine generelle **Hinweispflicht auf die Importeigenschaft** eines neuen Kraftfahrzeugs heutzutage schwerlich rechtfertigen lässt, ist das Thema ‚Verletzung von Hinweis- und Offenbarungspflichten' für das EU-Neuwagengeschäft durchaus relevant, da viele dieser Fahrzeuge eine Vorgeschichte haben, die sich auf den Wert des Fahrzeugs nachteilig auswirkt. Dabei stehen **zwei Fallgruppen** im Vordergrund:

Die erste betrifft diejenigen Fahrzeuge, die zwar unbenutzt sind, im Ausland jedoch bereits zum Straßenverkehr zugelassen wurden, sei es auf den Händler,[18] sei es auf eine andere Person, wodurch die Garantiezeit verkürzt ist.[19] Die andere Gruppe besteht aus Fahrzeugen, deren Ausstattung nicht dem Inlandsstandard entspricht[20] und/oder bei denen die strengen Kriterien der Fabrikneuheit nicht erfüllt sind.

In all diesen Fällen – wobei es selbstverständlich zu Kombinationen kommen kann – ist es **der Wert** des (billig eingekauften) Fahrzeugs, der von nicht aufgeklärten Käufern als gemindert angesehen wird. Eine Einschränkung der **Gebrauchstauglichkeit** wird selten beanstandet. Sie ist im Allgemeinen nicht bzw. nicht nennenswert beeinträchtigt.

740 **Verkürzung der Garantiefrist:** Bei diesem Defizit stellt sich zunächst die Frage, ob der Käufer aus der Sachmängelhaftung vorgeht oder einen Anspruch aus anderen Gründen, z. B. c. i. c., §§ 812 ff. oder §§ 823 ff. BGB, verfolgt. Richtigerweise bedeutet eine verkürzte Herstellergarantie auch im neuen Kaufrecht keinen Sachmangel (s. Rn 1426 ff.; zur Abgrenzung auch Rn 2218 ff.). Selbst gegenüber seinem Verkäufer hat der Erwerber eines EU-Neufahrzeugs mit verkürzter Garantielaufzeit, wenn überhaupt, nur einen Anspruch nach den allgemeinen Vorschriften. Zu unterscheiden ist dabei zwischen der wettbewerbsrechtlichen Offenbarungspflicht und der im Einzelfall geschuldeten Aufklärung. An dieser Stelle interessiert nur Letzteres.

Ob in concreto eine Aufklärungspflicht bestanden hat und der Verkäufer bzw. Vermittler sie schuldhaft verletzt hat, hängt, wie könnte es anders sein, von den Umständen des Einzelfalls ab. Entscheidend ist zum einen das Ausmaß der Verkürzung, zum anderen die Frage, ob und mit welchem Aufwand es dem Verkäufer/Vermittler möglich gewesen ist, den Beginn des Laufs der Herstellergarantie zu ermitteln. Bei einer Verkürzung um nur 23 Tage hat

---

16 Urt. v. 3. 12. 1992–5 S 196/92 – n. v.
17 Vgl. OLG Köln 14. 7. 1998 – 15 U 155/97 – n. v.
18 Nach BGH (Wettbewerbssenat) 26. 3. 1997, NZV 1997, 306 – dazu EWiR § 459 BGB 1/97, S. 537 (*Reinking*) – beeinträchtigt der formale Akt der Zulassung eines Kraftfahrzeugs auf einen ausländischen Vertragshändler als solcher nicht die Neuheit des Fahrzeugs; diese entfällt erst mit der Ingebrauchnahme des Fahrzeugs zu Verkehrszwecken; dergl. Ansicht AG Saarbrücken – 5 C 713/03 – zit. in Auto/Steuern/Recht 10/2004, S. 19, so jetzt auch BGH 12. 1. 2005, DAR 2005, 281.
19 OLG Saarbrücken 30. 3. 1999, NJW-RR 1999, 1063.
20 LG Bad Kreuznach 2. 5. 1983 – 5 O 133/82, zit. in Autohaus 1983, 2387; ebenso LG Köln 2. 4. 1984 – 84 O 45/84 – Autohaus 16/1984, 111 – Hinweispflicht, dass die Ausstattung nicht mit der inländischen Mindestausstattung übereinstimmt, für welche die unverbindliche Preisempfehlung des Herstellers gilt; LG Limburg 8. 6. 1984 – 6 O 45/84 – Autohaus 16/1984, 111.

Einschaltung eines Importvermittlers 741–743

das LG Amberg beim Verkauf eines re-importierten Gebrauchtwagens (Opel) eine Aufklärungspflicht verneint.[21] Ist von der Garantiezeit von 24 oder 36 Monaten dagegen schon ein Zeitraum von sechs Monaten abgelaufen, wird man darin einen aufklärungspflichtigen Umstand sehen müssen.[22] Weitere Rechtsprechung zur „Garantieverkürzung" bzw. zum Wegfall der gesamten Garantie unter Rn 1426 ff., 2139.

Produktion im Ausland: Selbst bei Neufahrzeugen deutscher Hersteller muss der Käufer in Zeiten der Globalisierung damit rechnen, dass sie im Ausland hergestellt wurden. Dies gilt besonders für EU-Import-Fahrzeuge. Nach einer Entscheidung des OLG Köln[23] ist allein der Umstand der Herstellung im Ausland (Großbritannien) nicht offenbarungspflichtig, während das LG Ellwangen[24] sich auf den (irrigen) Standpunkt gestellt hat, der Produktionsort Südafrika sei bei einem Pkw deutschen Fabrikats (VW Golf) ein Mangel im Rechtssinn. 741

Zulassung/Kennzeichen: Nach der Rechtsprechung des BGH hebt eine **Kurzzulassung** nicht in jedem Fall die Eigenschaft „fabrikneu" auf s. Rn 319. Auf dieser Grundlage entscheiden die Instanzgerichte seither auch Streitigkeiten im Zusammenhang mit EU-Neuwagen.[25] Zur Bedeutung von Kurzzulassungen im „Normalfall" s. Rn 316 ff. Ob und inwieweit beim Kauf eines „EU-Wagens" Besonderheiten bestehen, die eine vom Regelfall abweichende Beurteilung erforderlich machen, ist eine Frage des Einzelfalles. Erfahrungsgemäß liegen die Probleme hauptsächlich im Tatsächlichen (fremde Zulassungs- und Registrierungspraktiken, fremde Papiere in fremder Sprache). Eine persönliche Anhörung des Betriebsinhabers bzw. des Geschäftsführers bringt oftmals rasche Aufklärung. 742

Immer wieder kommt es vor, dass Käufer – in der unangebrachten Erwartung aller inländischen Standards – sich über Vorgänge beschweren, die entweder beim Erwerb eines EU-Imports geschäftsimmanent sind oder jedenfalls so kommuniziert wurden, dass ein verständiger Käufer hinreichend aufgeklärt ist. Ein Beispiel dafür ist der Fall, über den das OLG Düsseldorf durch Urteil vom 11. 12. 2006 entschieden hat.[26] Der per Transporter angelieferte BMW hatte ein dänisches Kennzeichen und außerdem 307 km auf dem Tachometer. In keinem der beide Punkte hat der Senat eine Vertragswidrigkeit gesehen. Das Kennzeichen war ein **dänisches Registrierkennzeichen**; keine Auslandszulassung, die dem Wagen die Eigenschaft „fabrikneu" hätte nehmen können. Die Registrierung in Dänemark gehörte quasi zu den „Spielregeln" des Geschäfts, auf das der Käufer sich eingelassen hatte.

Ungeklärte Fahrstrecke: Grundsätzlich, so das OLG Düsseldorf[27], könne auch der Käufer eines EU-Neuwagens von Tachostand Null bis 20 km ausgehen, müsse jedenfalls nicht mit einer Fahrstrecke von 307 km rechnen. Tolerabel seien lediglich, wie bei „normalen" Neufahrzeugen (dazu Rn 277), kürzere Strecken zu Testzwecken. Je nach Einzelfall könnten auch Überführungskilometer unschädlich sein; auch eine Fahrstrecke im Ausland, z. B. vom zentralen Auslieferungslager zum Betriebssitz des ausländischen Händlers und Geschäftspartners des deutschen Importeurs. Wenn der Käufer mit einer solchen Erstüberführung im Ausland einverstanden gewesen ist, sie möglicherweise aus Gründen der Beschleunigung sogar gewünscht hat, hat er keinen Grund zur Rüge.[28] 743

---

21 Urt. v. 16. 10. 2007, NZV 2008, 301.
22 Vgl. BGH 24. 4. 1996, NJW 1996, 2025 (aus Frankreich importierter Volvo-Lkw).
23 OLG Köln 16. 2. 1995, NZV 1995, 485.
24 Urt. v. 13. 12. 2002, NJW 2003, 517, 518.
25 Aus der Zeit vor dem Tageszulassungsurteil des BGH s. OLG Schleswig 21. 7. 1999, OLGR 1999, 412.
26 NJW-RR 2007, 1129.
27 Urt. v. 11. 12. 2006, NJW-RR 2007, 1129.
28 OLG Düsseldorf 11. 12. 2006, NJW-RR 2007, 1129.

744 Standzeit/Modellaktualität: Diese beiden Aspekte werden üblicherweise – auch bei EU-Neufahrzeugen – im Zusammenhang mit der Eigenschaft „fabrikneu" erörtert. Zu den insoweit für den „Normalfall" geltenden Rechtsgrundsätzen siehe Rn 249 ff. (Standzeit/Lagerdauer) und Rn 259 ff. (Modellaktualität). Ob und inwieweit der Käufer eines „EU-Neufahrzeugs" Abstriche bei den fünf Einzeleigenschaften, die „fabrikneu" ausmachen, hinzunehmen hat, haben die Instanzgerichte im Wesentlichen geklärt. Von selbst versteht sich, dass ein als EU-Neuwagen verkauftes Fahrzeug aus **neuen Materialien** zusammengebaut sein muss und noch nicht im Straßenverkehr benutzt worden sein darf, d. h. **ungebraucht** ist. Diese Basiseigenschaften kann auch der Käufer eines EU-Neuwagens als selbstverständlich erwarten. Bei der **Standzeit/Lagerdauer** und – damit in Verbindung stehend – bei der **Modellaktualität** liegen die Dinge nicht so klar auf der Hand.

Das OLG Düsseldorf hat entschieden:

Auch ein EU-Neufahrzeug darf grundsätzlich nicht älter als 12 Monate sein, gleichviel, von welchem Typ von Kfz-Händler es angeboten wird (Urt. v. 24. 10. 2005, I-1 U 84/05, SVR 2006, 330).

In die gleiche Richtung geht ein Urteil des LG Essen vom 21. 1. 2005.[29] Die Bezeichnung **„neues EU-Kfz"** bedeute nicht, „neu aus der EU eingeführt", sondern. dass es sich um ein „neues" Fahrzeug handele. Ebenso wie ein Käufer, der ein Fahrzeug als „fabrikneu" kaufe, gehe ein Käufer, der ein „neues EU-Kfz" erwerbe davon aus, dass dieser Pkw nicht mit solchen wertmindernden Faktoren behaftet ist, die seine Eigenschaft als „Neuwagen" beeinträchtigen. Bei dieser zutreffend beurteilten Ausgangslage verlangt das LG Essen eine gezielte Aufklärung des Käufers, wenn die Standzeit/Lagerdauer über 12 Monate hinaus geht. Beklagter war allerdings ein gewerblicher Händler, der den Pkw (einen Daewoo Kalos) im Wege des Eigengeschäfts verkauft hatte.

Auch im o. a. Fall des OLG Düsseldorf ging es um die Sachmängelhaftung der beklagten Verkaufsfirma, nicht um die Aufklärungspflicht eines EU-Importeurs kraft Geschäftsbesorgungsvertrag. Der Senat macht im Hinblick auf das vom BGH angenommene **Regel-Ausnahme-Verhältnis** deutlich, dass je nach den Umständen des Einzelfalls eine vom Regelfall abweichende Beurteilung in Betracht kommen kann. **Atypizität** könne allerdings nicht allein damit begründet werden, dass das Fahrzeug ein „EU-Neuwagen" sei und der Anbieter als „EU-Importeur" auftrete.[30] Dass es daneben auf die „öffentlichen Äußerungen", die Vertragserklärungen und die Begleitumstände ankommt, ist auch der Grundtenor älterer Entscheidungen zu diesem Problemschwerpunkt.[31] Ergänzend wird auf die unter Rn 249 ff. mitgeteilte Judikatur verwiesen.

745 Ausstattungsdefizite: Zur Anfechtung des Kaufvertrages wegen arglistiger Täuschung ist der Käufer berechtigt, wenn ihn der Verkäufer eines aus den USA importierten Fahrzeugs nicht ungefragt auf das Fehlen des Ölkühlers hingewiesen hat, mit dem die von der Tochtergesellschaft des Herstellers importierten vergleichbaren Fahrzeuge serienmäßig ausgestattet waren. Der Vermerk im Kaufvertrag ‚Spezifikation wie USA' entlastet den Verkäufer nicht, weil er nichts über die Aufklärung des Käufers über den fehlenden Ölkühler besagt.[32]

---

29 Az. 8 O 759/04 – n. v.(rechtskräftig, nach Berufungsrücknahme auf einen Hinweis des OLG Hamm hin, der die LG-Ansicht bestätigt haben soll); ebenso OLG Celle 11. 6. 2008 – 7 U 226/07 – n. v.
30 Urt. v. 24. 10. 2005, SVR 2006, 330.
31 OLG Koblenz 27. 6. 1996, NJW-RR 1997, 430 (Lagerzeit $2^1/_2$ Jahre); ähnlich OLG Schleswig 21. 7. 1999, OLGR 1999, 412 (Lagerzeit über 2 Jahre), AG Erkelenz 25. 4. 1997, ZfS 1997, 298 (Lagerdauer 28 Monate).
32 OLG Düsseldorf 28. 5. 1993, NJW-RR 1993, 1463.

Beschädigungen/Ausbesserungen/Nachlackierungen: Welche Umstände dieser Art 746
die Eigenschaft „fabrikneu" entfallen lassen und welche anderweitig haftungsrelevant sind,
ist unter Rn 270 ff. dargestellt. Für „EU-Neuwagen" gelten diese Grundsätze gleichermaßen, es sei denn, aus den Umständen des konkreten Falles ergibt sich etwas anderes. Eine
fachgerecht durchgeführte Nachlackierung an einem re-importierten Seat Ibiza hat das
LG Aachen[33] als nicht vertragswidrig angesehen, obgleich ungeklärt war, ob die Lackierung im Werk, wie von der Beklagten behauptet, oder außerhalb des Werkes erfolgt ist.
Klar war dagegen, dass der Anlass der Nachlackierung kein Blechschaden, sondern lediglich ein Schaden der Originallackierung war. Zudem betrug der merkantile Minderwert
max. 100 EUR.

5. Garantie

Die Freistellung vom selektiven Vertrieb hat gem. Ziff. 17 der Gründe zur Kfz-GVO 747
1400/2002 zur Voraussetzung, dass zugelassene Händler mit eigener Werkstatt und zugelassene freie Werkstätten **‚Gewähr, unentgeltlichen Kundendienst und Kundendienst im Rahmen von Rückrufaktionen'** in dem vom Hersteller veranlassten Mindestumfang
unabhängig davon zu leisten haben, wo das Fahrzeug im Gemeinsamen Markt verkauft
worden ist. Die Bezeichnungen ‚Gewähr' und ‚unentgeltlicher Kundendienst' sind unscharf. Mit Gewähr ist die Sachmängelhaftung des Verkäufers gemeint, wie sich aus den
weiteren in Ziff. 17 zur Kfz-GVO 1400/2002 aufgeführten Gründen ergibt. Unentgeltlicher
Kundendienst betrifft die Vornahme von **Garantiearbeiten** und von **Kulanzmaßnahmen**
des Herstellers/Importeurs.

Sofern der freie Importeur als Einkaufsvermittler i. S. d. EU-Verordnung tätig wird, indem er als **offener Stellvertreter** für einen bestimmten Endverbraucher unter Vorlage von 748
dessen Vollmacht beim autorisierten Händler auftritt, steht die aus dem Händlervertrag resultierende Garantieverpflichtung des inländischen Fabrikatshändlers außer Frage, da der
Ankauf des Fahrzeugs über den autorisierten Fachhandel erfolgt und eine Verletzung des
selektiven Vertriebssystems nicht vorliegt.[34]

Um zu verhindern, dass Garantiearbeiten an Fahrzeugen geleistet werden, die außerhalb 749
der selektiven Vertriebswege erworben wurden, haben inländische Vertragshändler in der
Vergangenheit die Erbringung von Garantieleistungen davon abhängig gemacht, dass der
Kunde entweder eine vom ausländischen Verkäufer ausgefüllte Garantieurkunde oder ein
von diesem **abgestempeltes Serviceheft** mit dem Vermerk über die ordnungsgemäße Vornahme der Ablieferungsinspektion vorlegte.

Mit dem Hinweis, der Verkäufer habe das Kundendienstscheckheft nicht korrekt ausgefüllt, können sich Automobilhersteller und die mit ihnen verbundenen Vertragshändler aus 750
Sicht der **EU-Kommission** ihrer Verpflichtung zur Vornahme von Garantiearbeiten nicht
entziehen. Ein solches Verhalten wurde im Interesse der Importauto-Besitzer von ihr wie
folgt gerügt:

‚Sollte das Kundendiensteheft für den Verbraucher nicht erkennbar von einem der Hersteller-Vertragshändler inkorrekt ausgefüllt worden sein, so handelt es sich um ein Problem, das das Vertragsverhältnis zwischen Hersteller und Vertragshändler betrifft. Das Vertragsverhältnis zwischen Hersteller und Verbraucher ist dadurch nicht berührt. Folglich hat der Verbraucher innerhalb des Vertriebsnetzes uneingeschränkt Anspruch auf Anerkennung der Herstellergarantie und damit auch auf eine sofortige Garantieabwicklung' (ADAC-Motorwelt 7/1995, S. 52).

---

33 Urt. v. 23. 8. 2005 – 8 O 156/05 – n. v.; s. auch OLG Koblenz 20. 11. 1999, NJW-RR 1999, 702 (US-Import).
34 *Creutzig*, Recht des Autokaufs, Rn 7.1.4.2.

751 Nach Ansicht der EU-Kommission[35] besteht der Garantieanspruch des Käufers unabhängig davon, ob der autorisierte Händler berechtigt war, das Auto an einen nicht autorisierten Händler (Importvermittler ohne Kundenvollmacht) zu verkaufen. Es gibt keine Hinweise darauf, dass die Kommission ihre Meinung in diesem Punkte geändert hat. Die auszugsweise zitierte Rüge der EU-Kommission[36] schränkt die frühere Aussage nicht ein, da sie zu den Auswirkungen einer vertragswidrigen Fahrzeugabgabe durch ausländische Vertragshändler auf die Garantie nicht Stellung nimmt.[37]

752 Die Tatsache, dass nach Feststellung des EuGH[38] die Kfz-GVO 1400/2002 unabhängige Händler **nicht daran hindert**, fabrikneue Fahrzeuge an Endverbraucher zu verkaufen, entwertet nicht den Aussagegehalt der Pressemitteilung der EU-Kommission. Adressaten dieser Erklärung sind Hersteller und Vertragshändler, die von der Möglichkeit der Freistellung Gebrauch gemacht haben. Diese sollen nach der Kfz-GVO 1400/2002 den Vorzug der Freistellung grundsätzlich nur erhalten, wenn sie auf ihre Fahrzeuge Garantie geben, wobei es nicht darauf ankommt, auf welche Art und Weise die Fahrzeuge in den Verkehr gelangt sind. Der Anspruch auf Garantie setzt einen ordnungsgemäßen Vertrieb i. S. d. Kfz-GVO 1400/2002 nicht voraus. Von daher ist es Herstellern und Vertragshändlern grundsätzlich verwehrt, Garantieleistungen an die Bedingung der Übergabe eines ordnungsgemäß ausgefüllten **Garantieheftes** zu knüpfen, um auf diese Weise vertragswidrige Verkaufsgeschäfte an Wiederverkäufer zu verhindern, die der Vertriebsorganisation nicht angeschlossen sind.[39]

753 Nach deutschem Recht führt der Verstoß des ausländischen Vertragshändlers gegen das Verbot des Verkaufs von Neufahrzeugen an gewerbsmäßige Wiederverkäufer außerhalb des Vertragshändlernetzes weder zur Unwirksamkeit des Kaufvertrages noch zum Wegfall der Garantieverpflichtung,[40] da ein Zuwiderhandeln gegen vertragliche Absprachen nicht unter § 134 BGB fällt.

754 Nach Meinung von *Creutzig*[41] wird die dem autorisierten Handel auferlegte Pflicht zur kostenlosen Vornahme von Garantiearbeiten hinfällig, wenn ein Fahrzeug von einem der Händlerkette nicht angeschlossenen Importeur unter Verletzung des selektiven Vertriebssystems weiterverkauft wird. Dies begründet er damit, die Bezugs- und Absatzbindung des autorisierten Fachhandels sei die **Geschäftsgrundlage** der Garantie, deren Wegfall anzunehmen sei, wenn ein Händler aus der Solidargemeinschaft der Fabrikatshändler ‚ausbricht' und unter Verletzung der mit dem Hersteller getroffenen Vereinbarung Fahrzeuge an außen stehende Wiederverkäufer veräußert.

755 Diese Argumentation vermag nicht zu überzeugen, weil der Fortbestand der Garantie nach dem in Ziff. 17 der Gründe zur Kfz-GVO 1400/2002 unmissverständlich erklärten Willen der Kommission nicht davon abhängt, dass das Fahrzeug vertragsmäßig i. S. d. Kfz-GVO 1400/2002 an den Endverbraucher veräußert wird. Die Absprachen zum Schutz des selektiven Vertriebs sind weder aus Sicht der Vertragsschließenden noch in den Augen der Käufer Geschäftsgrundlage für das Entstehen von Ansprüchen aus der Garantie und

---

35 Pressemitteilung der EU-Kommission vom 7. 6. 1994 anlässlich des Cartier-Urteils des EuGH vom 13. 1. 1994, zitiert bei *Creutzig*, Recht des Autokaufs, Rn 7.1.4.2.
36 ADAC-Motorwelt 7/1995, S. 52.
37 A. A. *Creutzig*, Recht des Autokaufs, Rn 7.1.4.2.
38 Urt. v. 20. 2. 1997, EuZW 1997, 374.
39 A. A. *Creutzig*, Recht des Autokaufs, Rn 7.1.4.2.
40 BGH 26. 2. 1992, ZIP 1992, 483; OLG Schleswig 4. 5. 1988, NJW 1988, 2247; LG Trier 28. 2. 1985 – 6 O 186/84 – veröffentlicht in Autohaus 1985, 55; a. A. *Creutzig*, Recht des Autokaufs, Rn 7.1.4.2 unter Hinweis auf BGH 14. 7. 1988, DAR 1988, 380 für den Fall planmäßig eingesetzter Täuschungsmittel.
41 Recht des Autokaufs, Rn 7.1.4.2.

von daher kann nicht davon ausgegangen werden, den Abnehmern sei bekannt, dass ein freier Händler eine Herstellergarantie nicht weitergeben dürfe.[42]

Garantiezusagen der Hersteller enthalten, soweit ersichtlich, **keinerlei Ausschlüsse oder Einschränkungen** für den Fall der Veräußerung des Fahrzeugs durch einen der Händlerkette nicht angeschlossenen Händler. Im Gegenteil: Berechtigte aus der Garantie sind regelmäßig der Eigentümer oder Halter und keineswegs nur der Erstkäufer. Garantiebedingungen enthalten den Hinweis darauf, dass Ansprüche durch Eigentumswechsel nicht berührt werden. Dem Käufer kann nicht entgegengehalten werden, der Vertragshändler habe dadurch, dass er die Garantieurkunde nicht ordnungsgemäß ausgefüllt und abgestempelt habe, gegenüber dem Erstkäufer kein annahmefähiges Angebot auf Abschluss des Garantievertrages abgegeben und dadurch dem Willen des Herstellers entsprochen, der darauf gerichtet sei, den selektiven Vertrieb zu schützen. Eine Versagung der Garantie ist keine Waffe, die der Hersteller zum Schutze seines Vertriebssystems einsetzen darf, zumal sie nicht den Verletzer, sondern den Verbraucher träfe. Durch Entzug der Garantie würde der Hersteller die Freistellung aufs Spiel setzen[43], weshalb nicht anzunehmen ist, dass diese seinem wirklichen oder mutmaßlichen Willen entspricht.

Die sog. Werksgarantie verpflichtet grundsätzlich nur denjenigen, der sie erteilt hat. Das ist der Hersteller als Garantiegeber (§ 443 BGB). Dieser kann sein Vertriebsnetz, die eigenen Vertragshändler und die autorisierten Werkstätten verpflichten, die in der Garantie zugesagten Leistungen dem Kunden als Garantienehmer gegenüber zu erbringen. Ob sich aus entsprechenden Verträgen ein Begünstigung der Endabnehmer nach Maßgabe eines **Vertrages zugunsten Dritter** herleiten lässt, ist strittig (s. Rn 906). Im Fall eines aus Österreich re-importierten Ford Focus hat das OLG Stuttgart eine solche Konstruktion abgelehnt, und zwar unabhängig von der Re-Importeigenschaft des Fahrzeugs.[44] Weder aus der Kfz-GVO 1400/2002 noch aus dem Vertrag zwischen Ford und seinen Vertragshändlern bzw. Vertragswerkstätten ergebe sich ein Direktanspruch des Kunden gegen einen inländischen Vertragshändler auf Garantieleistungen in Form von Mängelbeseitigung. Die Passivlegitimation für einen solchen Anspruch gleichfalls verneint hat das LG Saarbrücken: Die inländische Tochtergesellschaft sei für Ansprüche aus der Werksgarantie einer ausländischen Automobilfirma nicht passiv legitimiert, wenn das Fahrzeug im EU-Ausland gekauft und im Wege einer Importvermittlung nach Deutschland verbracht wurde.[45] Ein Direktanspruch werde nicht dadurch begründet, dass das Tochterunternehmen üblicherweise die gegen den im Ausland ansässigen Automobilhersteller gerichteten Garantieansprüche in Deutschland abwickelt, da ein solches Verhalten weder auf eine Schuldübernahme noch auf einen Schuldbeitritt hindeutet.

Ähnlich wie jetzt das OLG Stuttgart hat vor Jahren schon das Kammergericht[46] entschieden: Der Abschluss des Garantievertrages sei nicht geeignet, dem Käufer unmittelbare Ansprüche gegen einen beliebigen Fabrikatshändler zu verschaffen, da es nach § 328 BGB Verträge zugunsten Dritter, nicht aber zulasten Dritter gebe. Zwar könnten dem Käufer unmittelbare Ansprüche gegen jeden beliebigen Vertragshändler aus dem Vertrag zwischen Hersteller und Händler in Verbindung mit der Garantieurkunde erwachsen, da jedoch der Käufer den Inhalt des Vertragshändlervertrages naturgemäß nicht kenne, sei es sinnvoll, den Garantieanspruch in jedem Fall als gegen den Aussteller der Garantiekarte gerichtet zu gewähren.

---

42 A. A. *Creutzig*, Recht des Autokaufs, Rn 7.1.4.2.
43 BGH 30. 3. 2004, ZfS 2004, 360 ff.
44 Urt. v. 26. 3. 2008, DAR 2008, 478 m. in diesem Punkt ablehnender Anm. von *Niebling* (Revision zugelassen, aber nicht eingelegt).
45 Urt. v. 27. 4. 1989, NJW-RR 1989, 1085.
46 Urt. v. 16. 5. 1983 – 12 U 4837/82 – veröffentlicht in Autohaus 1983, 1685.

759 Eigene **Garantiezusagen des Importvermittlers** verpflichten nur diesen, nicht aber andere Fabrikatshändler oder den Hersteller. Nicht bindend und wegen Verstoßes gegen § 309 Nr. 8 b aa BGB unwirksam sind Verweisungen in AGB eines freien Importeurs auf die Erfüllung von Garantieansprüchen durch den autorisierten Fachhandel, wenn hierzu die materiellen Anspruchsvoraussetzungen fehlen. Erweist sich ein solches Garantieversprechen als unzutreffend, ist der Käufer berechtigt, den Kaufvertrag mit dem Importeur gem. § 123 BGB anzufechten.[47] Den Tatbestand der arglistigen Täuschung verwirklicht der Importeur dadurch, dass er beim Käufer den Eindruck erweckt, als verfüge er über dieselben Rechte und Möglichkeiten wie ein autorisierter Händler.

Wenn der Käufer wegen einer Erstzulassung des EU-Fahrzeugs im Ausland, durch welche die Garantiefrist in Lauf gesetzt wurde, nicht in den vollen zeitlichen Genuss der Garantie gelangt, kann er sich gegenüber der zur Mängelbeseitigung verpflichteten inländischen Vertragswerkstatt nicht auf eine hiervon abweichende Garantiezusage des freien Importeurs berufen.[48] Der Importeur haftet dem Käufer wegen schuldhafter Verletzung des Vermittlungsvertrages[49], da das Bestehen und die Dauer einer Werksgarantie die Wertschätzung eines Autos beeinflusst.[50]

6. Sachmängelhaftung

760 Der Mindeststandard der Sachmängelhaftung wurde durch die **EU-Verbrauchsgüterkaufrichtlinie** für Kaufverträge zwischen Unternehmern (als Verkäufer) und Verbrauchern (als Käufer) europaweit festgelegt. Verbraucher haben, soweit die Richtlinie umgesetzt wurde, in allen EU-Ländern inhaltlich gleiche Mindestrechte, wenn der Verkäufer seiner Verpflichtung zur Lieferung eines mangelfreien Fahrzeugs nicht nachkommt. In einigen Ländern gehen die Verbraucherrechte wesentlich weiter als von der EU gefordert. So beträgt die Gewährleistungsfrist in Großbritannien und Irland sechs Jahre und die Frist bei der Beweislastumkehr in Portugal zwei Jahre. Anders als in Deutschland gibt es in Italien, Spanien, Polen, Ungarn und den Niederlanden eine zweimonatige Reklamationsfrist.

761 Der gesetzlich garantierte **Mindeststandard der Sachmängelansprüche** des Verbrauchers darf nicht eingeschränkt oder ausgeschlossen werden. Hersteller und Importeure haben daher nicht die Möglichkeit, außerhalb des Geltungsbereichs von Garantien, deren Erteilung ihnen freigestellt ist, Art und Umfang der Sachmängelhaftung einzuschränken oder auszuschließen. Dies gilt auch für die Sachmängelhaftung in Bezug auf Fahrzeuge, die über Importvermittler an Käufer in anderen Mitgliedsstaaten verkauft werden, wobei es – wie schon bei der Garantie – nicht darauf ankommt, ob die Importvermittlung unter Wahrung der Spielräume erfolgt, welche die Kfz-GVO 1400/2002 Importvermittlern einräumt. Die Unmaßgeblichkeit dieses Regelwerks für die Gewährleistung ergibt sich aus dem europaweit gültigen Verbot, Sachmängelrechte der Verbraucher unter das von der Verbrauchsgüterkaufrichtlinie vorgeschriebene Mindestniveau abzusenken.

Hinzu kommt, dass auf der Grundlage der Kfz-GVO 1400/2002 geschlossene Vereinbarungen zwischen Herstellern und Vertragshändlern für Außenstehende keine unmittelbaren Rechtswirkungen entfalten. Ein Fahrzeugimport unter Verletzung des Regelwerks führt weder zu einer Unwirksamkeit des Pkw-Kaufvertrages noch zu einem Verlust der gesetzlichen Sachmängelrechte.

---

47 OLG Hamburg 17. 9. 1986, DB 1986, 2428; OLG Köln 4. 3. 1982 – 1 U 78/81 – n. v. – Fehlen der Deutschlandgarantie – a. A. LG Aachen 2. 5. 1986 – 5 S 65/86 – n. v.
48 BGH 20. 2. 1986, ZIP 1986, 531.
49 BGH 24. 4. 1996, NJW 1996, 2025.
50 BGH 20. 2. 1986, ZIP 1986, 531.

Die wegen eines Sachmangels auf Nachbesserung in Anspruch genommene Vertragswerkstatt kann sich gegenüber dem Käufer nicht darauf berufen, der Erwerb des Fahrzeugs sei durch die Vertragsverletzung eines Vertragshändlers ermöglicht worden und darin liege eine Störung der Geschäftsgrundlage. Es ist bereits fraglich, ob das vertragsgemäße Verhalten eines jeden der Solidargemeinschaft angeschlossenen Händlers die **Geschäftsgrundlage** des Händlervertrages darstellt, kraft dessen der Käufer sich wegen Fahrzeugmängeln an eine beliebige Vertragswerkstatt wenden kann. Der Verkauf eines Neuwagens an einen gewerblichen Wiederverkäufer oder einen vollmachtlosen Importvermittler stellt sich aus der insoweit maßgeblichen Sicht des Endkunden keineswegs als so schwerwiegend dar, dass er befürchten müsste, seine Sachmängelansprüche könnten dadurch gefährdet sein. Ganz abgesehen davon entsteht weder der in Anspruch genommenen Vertragswerkstatt noch dem Hersteller/Importeur durch die berechtigte Geltendmachung von Mängelbeseitigungsansprüchen ein Nachteil, da die Nachbesserung auch bei Einhaltung des vereinbarten, GVO-konformen Vertriebswegs hätte erbracht werden müssen.

Festzuhalten ist: Der Käufer hat das Recht, von jeder beliebigen autorisierten Vertragswerkstatt in jedem EU-Mitgliedstaat Mängelbeseitigung zu verlangen. Wegen weiter gehender Sachmängelrechte (Ersatzlieferung, Rücktritt, Minderung und Schadensersatz) muss er sich an seinen Vertragspartner halten, also entweder an den ausländischen Händler oder an den Importeur, falls dieser das Fahrzeug im eigenen Namen verkauft hat.

Bei einem Direkterwerb vom ausländischen Händler gilt **materielles und prozessuales Auslandsrecht.** Kaufverträge über Kraftfahrzeuge für private Zwecke sind gem. Art. 2 a vom Anwendungsbereich des CISG ausgenommen. Der Erwerber genießt nicht den Schutz der AGB-Vorschriften der §§ 305 ff. BGB, da er als inländischer Kunde die auf Abschluss des Kaufvertrages gerichtete Willenserklärung im Ausland abgibt.

Käufern von EU-Importfahrzeugen, die Probleme mit der Realisierung von Sachmängelansprüchen haben, ist anzuraten, vor Einleitung gerichtlicher Schritte im Ausland die Dienste der grenzüberschreitenden Verbraucherberatungsstellen[51] in Anspruch zu nehmen, deren Aufgabe darin besteht, zwischen dem Endverbraucher und dem ausländischen Vertragspartner außergerichtlich zu vermitteln.[52]

7. Eigenhaftung des Importeurs

Sachmängelhaftungsansprüche gegen den Importeur bestehen nicht, wenn dieser lediglich als Importvermittler für den Käufer tätig geworden ist.[53] Die **Freistellung von der Verkäuferhaftung** setzt voraus, dass der Importeur seine Vermittlertätigkeit im Vertrag klar zum Ausdruck gebracht hat. Zum Offenkundigkeits- und Transparenzgebot s. auch Rn 1266 ff. Geht aus den Vertragsunterlagen nicht klar hervor, dass der Importeur als Vermittler aufgetreten ist, ist er als Verkäufer zu behandeln und haftet dem Käufer in dieser Eigenschaft für die ordnungsgemäße Erfüllung des Vertrages.[54]

Zu erwägen ist, den Vermittler, der das Fahrzeug gegen eine Provision im Auftrag eines Dritten angeboten und verkauft hat, nach den Grundsätzen der **§§ 311 Abs. 3, 241 Abs. 2, 280 Abs. 1 BGB** haften zu lassen. Zur sog. Eigenhaftung des Vertreters (Stichwort: Sachwalter) siehe Rn 1270 ff. Mit Blick auf den Vermittler von EU-Neufahrzeugen ist zu unterscheiden: Hat er im Auftrag des Käufers gehandelt, liegt ein **Geschäftsbesorgungsvertrag**

---

51 Federführend ist die Verbraucherberatung in Kehl a. Rhein, die als Clearing-Stelle eingerichtet wurde.
52 *Johnen*, VuR 1995, 77 f.
53 OLG Stuttgart 26. 3. 2008, DAR 2008, 478 m. Anm. *Niebling*; OLG Frankfurt 28. 1. 2005, NJW-RR 2005, 1222.
54 OLG Düsseldorf 30. 8. 2001, DAR 2002, 212.

vor (§ 675 BGB). Pflichtverletzungen sind dann Vertragsverstöße. Eines Rückgriffs auf die Eigenhaftung bedarf es bei einer solchen Konstellation nicht. Ein Tätigwerden auch im Auftrag eines Dritten, z. B. eines ausländischen Händlers, erfüllt auch tatbestandsmäßig nicht die Voraussetzungen der Eigenhaftung nach §§ 311 Abs. 3, 241 Abs. 2, 280 Abs. 1 BGB.

766 Im Ausgangspunkt anders liegen die Dinge, wenn zwischen dem Vermittler und dem deutschen Käufer keine vertragliche Beziehung besteht, wohl aber eine – möglicherweise dauerhafte – Geschäftsbeziehung zu dem ausländischen Lieferanten. Bei dieser Fallgestaltung kommt – neben der deliktischen Haftung – eine **Eigenhaftung des Vermittlers** nach c. i. c-Grundsätzen in Betracht. Dabei sind als haftungsbegründende Tatbestände die Inanspruchnahme besonderen persönlichen Vertrauens einerseits und ein Handeln aus wirtschaftlichem Eigeninteresse andererseits zu unterscheiden. Zu beiden Kriterien s. Rn 1271, 1276. Das OLG Frankfurt hat eine Haftung unter beiden Blinkwinkeln verneint.[55] Diese restriktive Linie ist an sich zu begrüßen, eine abweichende Wertung aber vertretbar. Immerhin ist der deutsche Importeur der einzige, den der Kunde persönlich kennt. Er ist seine Bezugsperson, seine einzige Vertrauensperson. So wie man Gebrauchtwagenvermittler zu „Sachwaltern" aufgewertet hat (s. Rn 1272), könnte man das mit guten Gründen auch bei den EU-Importeuren tun.

767 Ist der Importeur, wie meist, als Vermittler/Vertreter des Käufers tätig geworden, haftet er ihm als seinem Auftraggeber wegen **Verletzung des Geschäftsbesorgungsverhältnisses** nach allgemeinem Leistungsstörungsrecht. Ob und in welchem Umfang er in seiner Eigenschaft als vom Käufer beauftragter Vermittler zur Aufklärung verpflichtet ist, hängt naturgemäß von den Umständen des Einzelfalls ab. Im Ergebnis machen die Instanzgerichte bei den Anforderungen an die Aufklärungspflicht keinen wesentlichen Unterschied zwischen einem EU-Importeur als Verkäufer und einem Nicht-Verkäufer (reiner Geschäftsbesorger). Zu Einzelfällen von Vertragswidrigkeiten/Aufklärungspflichtverletzungen siehe Rn 739 ff.

768 Ergänzend ist auf Folgendes hinzuweisen:

Verspricht der Importeur Nachbesserung durch inländische Vertragswerkstätten, haftet er dem Käufer nach Ansicht des OLG Düsseldorf[56] auf Ersatz der Reparaturkosten, wenn sich die in Anspruch genommene Vertragswerkstatt weigert, Sachmängel kostenlos zu beseitigen. Das LG Darmstadt[57] bewertete die vom Importeur versprochene **Wartungsfähigkeit** des Fahrzeugs durch Vertragsstätten als Sachmangel und entschied, der Käufer sei berechtigt, vom Vertrag zurückzutreten, wenn auch nur ein einziger Vertragshändler die Vornahme von Wartungs- und Inspektionsarbeiten zurückweise.

769 Findige Importeure haben jahrelang die Risiken der Gewährleistung umgangen, indem sie von ihnen importierte EU-Fahrzeuge auf den ‚eigenen' Namen zugelassen und anschließend als **Gebrauchtfahrzeuge** mit 0-km-Fahrleistung unter Vereinbarung eines Gewährleistungsausschlusses weiterverkauft haben. Diese Art der Ausschaltung der eigenen Sachmängelhaftung ist im Bereich des Verbrauchsgüterkaufs nicht mehr möglich. Sie scheitert an dem Verbot der Haftungsfreizeichnung (§ 475 Abs. 1 S. 1 BGB), das auch durch eine Individualvereinbarung nicht unterlaufen werden kann. Verschärft wird die Mängelhaftung des selbst verkaufenden Importhändlers durch die Beweislastregelung des § 476 BGB (dazu Rn 1627 ff.).

770 Die Vereinbarung eines **Haftungsausschlusses für Sachmängel** kommt somit nur noch bei einem Verkauf an einen Nichtverbraucher in Betracht. Doch auch im Geschäftsverkehr

---

55 Urt. v. 28. 1. 2005, NJW-RR 2005, 1222 = DAR 2005, 284.
56 OLG Düsseldorf 30. 1. 1997, NJW-RR 1997, 1419.
57 Urt. v. 13. 7. 1979 – 1 O 68/79 – n. v.

mit diesen Personen ist er zum Scheitern verurteilt, wenn sich aus dem Vertrag und den Umständen ergibt, dass in Wahrheit die Lieferung eines Neufahrzeugs Vertragsgegenstand ist. Der formularmäßige Ausschluss der gesetzlichen Sachmängelhaftungsansprüche scheitert unter diesen Umständen an § 309 Nr. 8 b aa BGB, der im Verkehr zwischen Unternehmern entsprechend anzuwenden ist (§ 307 BGB).[58] ‚Neu hergestellt' im Sinne dieser Vorschrift bedeutet nicht, dass die verkaufte Sache ‚fabrikneu' sein muss.[59] Mit einer für den Import außerhalb der vom Hersteller eingerichteten Vertriebswege (sog. Parallelimport) notwendigen Tageszulassung ist ein in AGB vorgesehener Haftungsausschluss für Sachmängel nicht zu rechtfertigen.[60] Grundsätzlich haben es die Parteien zwar in der Hand, das Klauselverbot des § 309 Nr. 8 b aa BGB auszuschalten, jedoch reicht hierzu eine formularmäßige Deklarierung als Gebrauchtwagen nicht aus, wenn es sich in Wahrheit um ein Neufahrzeug handelt, da andernfalls die Norm ihren Zweck verfehlen würde.[61]

Falls der Importeur gewollt oder ungewollt die Rolle des Verkäufers übernimmt und den Sachmängelansprüchen des Käufers ausgesetzt ist, gewährt ihm das Gesetz keinen **Regressanspruch** gegen den ausländischen Vertragshändler, da dieser nicht Vorlieferant i. S. v. § 478 BGB ist. Der Importeur erwirbt das Fahrzeug aus Sicht des ausländischen Lieferanten nicht im eigenen Namen, sondern vermittelt es an seinen Kunden. Eine vertragliche Regressabsicherung zwischen Importeur und Lieferant scheitert daran, dass Letzterer aufgrund seines Vertrages mit dem Hersteller durch eine solche Vereinbarung das Verbot des Verkaufs an Wiederverkäufer unterlaufen würde. Da zwischen dem Endkunden und dem ausländischen Händler aufgrund der kaufrechtlichen Intervention des Importeurs keine direkten kaufvertraglichen Beziehungen bestehen, hilft es auch nicht weiter, wenn der Endkunde seine (nicht existenten) Sachmängelansprüche an den Importeur abtritt oder der Importeur diese im Namen des Endkunden gegenüber dem ausländischen Händler geltend macht.

Kauft der Importeur das Fahrzeug offiziell beim ausländischen Lieferanten ein, um es später an einen deutschen Endkunden zu veräußern, gilt für den Einkaufsvertrag in erster Linie **UN-Kaufrecht** und lückenfüllend das Recht des ausländischen Staates, wenn die Parteien des Kaufvertrages keine Vereinbarung über das anzuwendende Recht treffen. Das UN-Kaufrecht kennt keinen Regress in Form de § 478 BGB, so dass der Importeur das Sachmängelrisiko trägt. In Anbetracht dessen ist ihm zu raten, die Geltung deutschen Rechts zu vereinbaren.

Die Regressmöglichkeit nach § 478 BGB (dazu Rn 698 ff.) besteht nur beim Verkauf **neu hergestellter Sachen**. Bei neuen Kraftfahrzeugen genügt die Zulassung nicht, um aus ihnen Gebrauchtfahrzeuge zu machen.[62] Handelt es sich bei dem Importfahrzeug um einen Gebrauchtwagen, den der Importeur im eigenen Namen an einen Verbraucher weiterverkauft, haftet er (unabdingbar) für Sachmängel, ohne die Möglichkeit zu haben, bei seinem Lieferanten gem. § 478 BGB Rückgriff zu nehmen. Bei dieser Sachlage ist es notwendig, dass sich der Importeur gegen Sachmängelrisiken vertraglich bei seinem Lieferanten absichert.

---

58 *Palandt/Grüneberg*, § 309 BGB Rn 60 m. w. N.; BGH 23. 11. 1994, WM 1995, 160; 19. 6. 1996, DAR 1996, 361, 361.
59 OLG Schleswig 21. 7. 1999, OLGR 1999, 412.
60 *Reinking/Eggert*, NZV 1999, 7, 12; die Entscheidung des LG Gießen 17. 7. 1991, NJW-RR 1992, 186 steht dem nicht entgegen, da die Billigung des Haftungsausschlusses durch das Gericht im konkreten Fall im Wesentlichen darauf beruhte, dass das Fahrzeug mit Tageszulassung erheblich verschmutzt und zu einem extrem niedrigen Preis verkauft worden war.
61 Ebenso *Creutzig*, Recht des Autokaufs Rn 7.1.4.2; a. A. OLG München 19. 2. 1998 – 8 U 4547/97 – n. v.
62 *Faust* in *Bamberger/Roth*, § 474 BGB Rn 15; *Reinking*, DAR 2001, 8, 10.

M. Der Neufahrzeugkauf mit Hereinnahme eines Gebrauchtfahrzeugs

I. Wirtschaftliche Bedeutung

773 Der Anteil der an den Neuwagenhandel abgegebenen Altwagen ist im Jahre 2007 weiter gestiegen. In Abhängigkeit von der Marke des gekauften Neuwagens lag die Bandbreite der Inzahlungnahmequote zwischen 33 % und 64 % und in Abhängigkeit von der Marke des Altwagens zwischen 39 % und 63 %.[1] Für sämtliche Beteiligten – Hersteller, Händler und Käufer – ist die Inzahlungnahme eine **wirtschaftliche Notwendigkeit**.

774 Die Übernahme von älteren Gebrauchtwagen ist zwar aus Sicht der Händler in den meisten Fällen unerwünscht, seit der Schuldrechtsreform noch mehr als zuvor. An der Inzahlungnahme führt aber kein Weg vorbei. Hersteller/Direktvertreiber und Händler müssen an dieser Form der Kaufpreisfinanzierung interessiert sein. Dass sie es auch tatsächlich sind, beweisen die vielfältigen Werbeaktivitäten (z. B. ‚für Ihren Gebrauchten 10 % über Schwacke') und Verkaufsförderungsprogramme, bei denen die Hereinnahme von Altfahrzeugen ein wesentlicher Bestandteil ist.

775 Die Hereinnahme von Altwagen fördert nicht nur den Absatz von Neufahrzeugen. Für den Händler bietet sie zugleich die Möglichkeit zu einem erfolgreichen Gebrauchtwagenverkauf (u. a. Angebotsverbesserung und Sortimentserweiterung). Ein gutes Gebrauchtwagengeschäft wirkt sich zudem positiv auf den Handel mit Neufahrzeugen aus. Der Gebrauchtwagenkäufer von heute ist der Neuwagenkunde von morgen (Gesichtspunkt der Kundenbindung und der Vertrauensbildung). Schließlich profitieren auch das Werkstattgeschäft und der Verkauf von Zubehör von einem aktiven Gebrauchtwagengeschäft. Das **Interesse des Kfz-Handels** an der Inzahlungnahme von Altfahrzeugen ist damit weitaus stärker und vielschichtiger, als der BGH es – abweichend von BGHZ 46, 338, 340 und BGHZ 83, 334 – in der Entscheidung vom 30. 11. 1983[2] sieht.

776 Aus der Sicht des Neuwagenkäufers, zumal des privaten, hat die Inzahlunggabe in erster Linie **Finanzierungsfunktion**. Der in seinem Altwagen steckende Tauschwert wird ‚finanzierungshalber' aktiviert.[3] Bei Anschaffung eines fabrikneuen Pkw beläuft er sich im Durchschnitt auf ca. 25 % des Kaufpreises.[4] Ein isolierter Verkauf auf dem Teilmarkt ‚reiner Gebrauchtwagenhandel' brächte regelmäßig einen geringeren Erlös. Bessere Chancen bietet insoweit das private Direktgeschäft. Die Abgabe des Altfahrzeugs an den Neuwagenhandel bringt jedoch den mit Abstand höchsten Erlös.[5] In der Mehrzahl der Fälle wird ein Betrag angerechnet, der deutlich über dem objektiven Wert des Gebrauchtfahrzeugs liegt (versteckter Preisnachlass).

777 Darüber hinaus werden dem Neuwagenkäufer, der sein Altfahrzeug in Zahlung gibt, eigene Verkaufsbemühungen und -risiken abgenommen. Anders als bei einer Inzahlunggabe wird beim Privatverkauf zwar in der Regel ein Gewährleistungsausschluss vereinbart (z. B. im ADAC-Mustervertrag). Die Haftungsentlastung beim Privatverkauf ist aber nur vordergründig weitreichender als bei einer Inzahlunggabe. Denn die Rechtsprechung stellt den Inzahlunggeber durch die Konstruktion stillschweigender Haftungsausschlüsse (vgl. Rn 1985) im Ergebnis im gleichen Umfang haftungsfrei.

---

1 DAT-Report 2008, S. 25.
2 BGHZ 89, 126 = NJW 1984, 429 = WM 1984, 58.
3 *Dubischar*, JuS 1985, 19.
4 DAT-Report 2008, S. 24/26.
5 DAT-Report 2008, S. 24.

Wirtschaftliche Bedeutung

Wer von den Beteiligten, wozu auch die Hersteller/Importeure und die Leasinggesellschaften gehören, das stärkere Interesse an einem Neuwagengeschäft mit Inzahlungnahme hat, ist eine müßige Frage. Die Vor- und Nachteile sind unvergleichbar. Jede Seite hat ihren spezifischen Nutzen, dessentwegen etwaige Nachteile in Kauf genommen werden. Diesen Nutzen gilt es zu ermitteln, wenn danach gefragt werden muss, etwa im Wege ergänzender Vertragsauslegung, was die Parteien bei angemessener Abwägung ihrer Interessen nach Treu und Glauben als redliche Vertragspartner vereinbart hätten.

2. Erscheinungsformen der Inzahlungnahme

Meist steht die Hingabe eines Altfahrzeugs in Verbindung mit dem Erwerb – Kauf oder Leasing – eines **fabrikneuen Kraftfahrzeugs**. Die Konstellation ‚Gebraucht auf Gebraucht' ist vergleichsweise selten, nimmt aber angesichts der Vorliebe der privaten Kundschaft für junge Gebrauchte zu.[6] *Beispiele* aus der Rechtsprechung für ‚Gebraucht auf Gebraucht': BGH NZV 1997, 432; BGHZ 89, 126 = NJW 1984, 429; BGH NJW 1972, 46; OLG Frankfurt NJW 1974, 1823; OLG Düsseldorf SVR 2006, 177 = VRR 2005, 426; OLG Düsseldorf OLGR 1993, 285; LG Wuppertal NJW-RR 1997, 1416; s. auch KG NJW 1983, 2326 (Agentur); BGH NJW 1982, 1699 (Agentur auf Agentur); AG Langen ZfS 1995, 457; OLG Koblenz VRS 102/02, 174.

Das Geschäft, dessen Bestandteil die Inzahlungnahme ist, ist in der Mehrzahl der Fälle **bilateral**. Es können aber auch komplizierte Mehr-Personen-Beziehungen bestehen. Ein **Dreiecksverhältnis** entsteht z. B., wenn der Fahrzeughersteller zugleich als Verkäufer auftritt (z. B. Mercedes), er die Hereinnahme und Vermarktung des Altwagens aber seinem Verkaufsvermittler (Agenten) überlässt.[7] Auch bei einem Neufahrzeugkauf über einen (vermittelnden) Unterhändler kann ein Drei-Personen-Beziehung entstehen. Keineswegs ungewöhnlich ist auch eine Konstellation wie im Fall BGH NJW 1996, 2504, wo eine **Leasinggesellschaft** in einen Kauf mit Inzahlungnahme eingetreten ist. Ist der Händler zugleich Leasinggeber (Händlerleasing), hat sein Kunde die Möglichkeit, seinen Altwagen als Mietsonderzahlung einzusetzen.[8] Sind Händler und Leasinggeber, wie regelmäßig, personenverschieden, werden zwei Kaufverträge geschlossen: der Neuwagenkaufvertrag zwischen dem Händler und der Leasinggesellschaft sowie daneben ein separater Vertrag zwischen Leasingnehmer und Händler über die Hereinnahme des Altfahrzeugs.[9]

Nicht immer ist der Neuwageninteressent Volleigentümer des Altfahrzeugs, das in Zahlung gegeben werden soll. Es kann im **Eigentum einer Leasinggesellschaft oder im Sicherungseigentum einer Bank** stehen. So oder so hat der Kunde des Händlers kein freies Verfügungsrecht. Um ihn dennoch zum Kauf eines Neufahrzeugs zu bewegen, kann der Händler sich bereit erklären, den **Altwagen „auszulösen"**, um ihn dann zu Eigentum zu erwerben. Geschäfte dieser erweiterten Art der Inzahlungnahme sind nicht ungewöhnlich und haben inzwischen auch die Gerichte erreicht.[10]

Wird ein **geleastes Kfz in Zahlung gegeben**, tauchen zudem schwierige **umsatzsteuerliche Fragen** auf. Sie können auf die zivilrechtliche Beurteilung ausstrahlen. Für die um-

---

6 Die Quote im Handel beträgt zurzeit ca. 25 %.
7 Vgl. OLG Hamm 1. 12. 1992, OLGR 1993, 98.
8 Vgl. BGH 30. 10. 2002, NJW 2003, 505.
9 Zu einer solchen Konstellation s. OLG Düsseldorf 12. 2. 2008 – I-10 U 117/07 – n. v. (Hinweisbeschluss nach § 522 Abs. 2 ZPO).
10 Vgl. BGH 20. 2. 2008, NJW 2008, 2028 (Kreditablösung/Sicherungseigentum); OLG Düsseldorf 12. 2. 2008 – I-10 U 117/07 – n. v. (Dreieck Händler/Leasinggeber/Leasingnehmer mit gescheitertem Leasingvertrag und anschließendem Streit zwischen Leasingnehmer und Händler über die Verpflichtungen aus der Altwagenhereinnahme); s. a. Brand OLG 30. 9. 2008– 6 U 136/07 – n. v.; Brand OLG 9. 7. 2008 – 7 U 12/08 – n. v.

satzsteuerliche Behandlung ist von Bedeutung, von wem der Händler den Gebrauchtwagen in Zahlung nimmt: von einem zum Umsatzsteuerausweis berechtigten Unternehmer oder von einer Privatperson oder einem nicht zum Umsatzsteuerausweis berechtigten Unternehmer. Die Finanzbehörden bestehen zunehmend auf Anwendung der Regelbesteuerung. Die von vielen Kfz-Betrieben praktizierte Differenzbesteuerung wird als unzulässiges Umgehungsgeschäft eingestuft. Um beim späteren Verkauf die Differenzbesteuerung an Stelle der Regelbesteuerung anzuwenden, wird ein Kurz-Verkauf des von der Leasinggesellschaft zum Restwert angekauften Fahrzeugs an den privaten Neuwagenkäufer zwischengeschaltet.[11]

783 Mit Einführung der Differenzbesteuerung (§ 25 a UStG) ist die **agenturweise Hereinnahme** von Altwagen weithin obsolet geworden. In der Regel besteht keine steuerliche Notwendigkeit mehr, gebrauchte Kraftfahrzeuge von Privatpersonen nur ‚zur Vermittlung' hereinzunehmen. Der Kfz-Handel praktiziert seit Mitte 1990 wieder, wie bis 1968, die traditionelle ‚echte' Inzahlungnahme. Nur in Ausnahmefällen weicht man auf eine Agentur und – noch seltener – auf eine **Verkaufskommission** aus, vgl. Rn 1216 ff.

784 Zur Unterscheidung von der agenturweisen Übernahme des Altwagens hat man die ‚echte' Inzahlungnahme als ‚fest' bezeichnet, weil der Anrechnungspreis ein **verbindlicher Festpreis** ist. Hereinnahmen zum **Schätzwert** kommen heute nur noch vereinzelt vor (zur Auslegung von Schätzpreisklauseln s. Rn 1205 ff.).

3. Vertragsgestaltungen

785 Nur wenige Kfz-Händler verfahren heute noch so wie im Ausgangsfall BGHZ 46, 338. Seinerzeit (1962) war lediglich im Neuwagen-Vertragsformular notiert worden: ‚Fahrzeug ... wird mit 4.800 DM in Zahlung genommen, Rest per Scheck bei Übernahme'. Solche Kurzfassungen der Inzahlungnahme-Vereinbarung haben im Laufe der Jahre, auch bedingt durch das stark formalisierte und bürokratisierte Agenturgeschäft, einer **Zwei-Formulare-Version** Platz gemacht. Wie der Fall BGH NJW 2008, 2028 zeigt, wird die Ein-Formular-Variante nach wie vor praktiziert, dies sogar, um eine atypische Abrede wie die einer Ablösung eines noch laufenden Kredits aus der Altwagenfinanzierung festzuhalten.

786 So wie zu Zeiten des Agenturgeschäfts die Hereinnahme des Altwagens in einem getrennten Vermittlungsauftrag bemerkenswert detailliert fixiert wurde, wird heute vielfach ein separates Formular ‚**Gebrauchtwagen-Ankauf**' (‚Ankaufvertrag' oder ‚Ankaufschein') benutzt. Zum Teil wird es zeitgleich mit dem Neuwagenbestellschein ausgefüllt, zum Teil erst bei Auslieferung des Neufahrzeugs. Das zeitliche Auseinanderklaffen hat oftmals umsatzsteuerliche Gründe.

787 In Aufbau und Text gleichen die meisten ‚Ankaufverträge' dem handelsüblichen Bestellschein für den Gebrauchtfahrzeugverkauf. Wie dort hat man ein besonderes Augenmerk auf die Themen ‚Unfallfreiheit/bestimmter Unfallvorschaden' und ‚Gesamtfahrleistung' gelegt. Dass die Angaben zu diesen zentralen Punkten Zusicherungen bzw. Beschaffenheitsgarantien sind, geht aus den gängigen Ankaufformularen expressis verbis nicht hervor. Es ist also eine Frage der Auslegung im Einzelfall, ob nur eine Beschaffenheitsvereinbarung getroffen worden ist oder ob der Autohauskunde – wie im Ausgangsfall BGHZ 46, 338 (‚unfallfrei') – eine Garantie übernommen hat. Die **Vertragsgestaltungsmacht** liegt eindeutig beim Händler, selbst gegenüber gewerblichen Kunden. Er entscheidet nicht nur darüber, ob und in welcher Weise und zu welchem Zeitpunkt das Geschäft schriftlich fixiert wird. Allein schon durch seine vorformulierten Texte ist er auch für den Vertragsinhalt federführend.

---

11 Zur steuerlichen Problematik vgl. FG Rheinland-Pfalz 19. 1. 1998 – 5 K 2903/96 – n. v.

Haftungsfreistellungen, wie sie für den Händler in seiner Eigenschaft als Verkäufer bis zum In-Kraft-Treten der Schuldrechtsreform selbstverständlich waren, sind in den üblichen Formularen nicht vorgesehen. Individualabreden über Haftungsausschlüsse werden erfahrungsgemäß nur ganz vereinzelt getroffen, noch seltener schriftlich festgehalten. Eine irgendwie geartete Beschränkung ihrer Sachmängelhaftung können selbst verhandlungsstarke Neufahrzeugkäufer in aller Regel nicht durchsetzen. Meist unterbleibt schon der Versuch einer solchen Absicherung. 788

Neben dem ‚Ankaufschein' oder als Ersatz dafür kommen **Bewertungsprotokolle** oder ähnliche Dokumente zum Einsatz. Mit deren Hilfe werden die wesentlichen Fahrzeugdaten festgehalten und der Reparaturbedarf errechnet. Der Kunde muss die Richtigkeit seiner Angaben versichern und durch seine Unterschrift bekräftigen. Der ihm mitgeteilte und im Bestellschein vermerkte Ankauf-/Eintauschpreis beruht, wenn Abweichendes nicht vereinbart ist, auf dem zum Zeitpunkt der Erstbewertung aktuellen Zustand. 789

Zusätzlich zur Eingangsbewertung nehmen viele Händler bei der Ablieferung des Altfahrzeugs eine **Nachbesichtigung** vor. Auch sie wird – zumal mit Rücksicht auf die Beweislastumkehr nach § 476 BGB – häufig dokumentiert.

Zwischen Erstbewertung des Altfahrzeugs und seiner endgültigen Ablieferung können – je nach Lieferzeit für den Neuwagen – mehrere Monate liegen. In der Zwischenzeit hat der Autohauskunde sein Fahrzeug weiterbenutzt. Es besteht also die Gefahr der Verschlechterung. Zur Begrenzung des Weiterveräußerungsrisikos werden dem Altwageneigentümer besondere Aufklärungspflichten auferlegt, vielfach im Ankaufsformular. Zumal bei längerer Lieferzeit kommt auch die Vereinbarung einer Höchststrecke in Betracht. Zur Klausel ‚in der Zwischenzeit aufkommende Schäden gehen zu Lasten des derzeitigen Fahrzeughalters' s. OLG Stuttgart 2.4.1987 – 7 U 308/86 – n. v. (Nockenwellenschaden nach Abschluss der Hereinnahmevereinbarung/Agentur).

Die **Verbindung** der Altwagenhingabe mit dem Neuwagenkauf bzw. dem Kauf eines ‚neuen' Gebrauchten kann auf vielfältige Weise hergestellt und dokumentiert werden. Die handelsüblichen Formulare für den Neuwagenkauf (‚verbindliche Bestellung eines neuen Kraftfahrzeugs') enthalten in der Spalte ‚Zahlungs- und Finanzierungs-Vereinbarung' oder in der Rubrik ‚Zahlungsweise' mitunter **vorgedruckte Klauseln** wie ‚Eintauschwagen gemäß Hausschätzung ...'. Mitunter ist auch formuliert: „Ein ...... wird an Erfüllungs Statt in Zahlung genommen zum Schätzpreis von .... EUR, zum Gesamtpreis von .... EUR." Dass der Haupttext eines ‚Ankaufscheins' in die Neuwagenbestellung gewissermaßen integriert wird, um ein zweites Formular überflüssig zu machen, kommt vor,[12] ist aber nicht die Regel. 790

In den verbandsempfohlenen **Neuwagen-Verkaufsbedingungen** (NWVB, Stand 3/2008) bleibt die Inzahlungnahme nach wie vor unerwähnt. Von ‚Ersetzungsbefugnis' bzw. ‚Leistung an Erfüllungs Statt', so die Schlüsselworte des BGH, ist im gesamten Klauselwerk des Kfz-Handels nirgendwo die Rede. 791

Dass die Altwagen-Hereinnahme nicht isoliert im Raum, sondern in einer bestimmten Beziehung zu einem anderen Geschäft steht, können die Vertragsparteien auf verschiedene Weise sichtbar machen. Die Verknüpfung wird mitunter ausdrücklich durch eine Klausel hergestellt wie z. B. ‚Dieser Ankaufvertrag wird erst mit der Erfüllung des gleichzeitig von mir/uns als Käufer an die Firma ... gerichteten Kaufantrages wirksam.' Nicht minder deutlich ist die Verbindung, wenn es unter ‚Zahlungsweise' im Neuwagen-Bestellschein heißt: ‚Opel Astra ... wird an Erfüllungs Statt .... in Zahlung genommen.' Ohne eine solche ausdrückliche Verklammerung kann sich die Zusammengehörigkeit aus der Preisgestal- 792

---

12 Zu beobachten bei Opel-Vertragshändlern.

tung/Preisabrede im Neuwagen-Bestellschein oder aus Vermerken wie ‚Verrechnung mit ...' oder ‚Gutschrift auf ...' im Ankaufschein ergeben.

793 Die Hereinnahme des Altfahrzeugs wird vom Händler üblicherweise nicht separat bestätigt. Gegenstand der **schriftlichen Bestätigung** ist die Annahme der Neuwagen-Bestellung mit ihrem – notfalls durch Auslegung zu ermittelnden – Inhalt.[13] Zum Zustandekommen des Gesamtgeschäfts, zur Frage der Aufrechterhaltung einzelner Bestandteile und ähnlichen Fragen s. Rn 887 ff.

II. Auslegung und Qualifizierung der Vereinbarungen

1. Auslegungsgegenstände

794 Als Gegenstand der Vertragsauslegung kommen folgende **Urkunden** in Frage:
- Neuwagen-Bestellschein (‚Kaufantrag') bzw. – beim Kauf eines ‚neuen' Gebrauchten – die Gebrauchtwagen-Bestellung,
- Auftragsbestätigung des Händlers,
- Ankaufformular Altwagen (‚Ankaufschein'),
- Bewertungsbogen/Zustandsbericht Altwagen,
- Nachbewertungsbogen/Ablieferungsschein,
- Rechnung des Autohauses,
- Leasingunterlagen (Ankauf durch Leasingfirma, Vereinbarung der Mietsonderzahlung, Zahlung/Anrechnung Altwagen),
- Kreditunterlagen (einschließlich Sicherungsabrede).

Auslegungsrelevant sind nicht nur diejenigen Unterlagen, die letztlich das Gesamtgeschäft verkörpern. Auch **gegenstandslos gewordene Dokumente** wie z. B. eine frühere, dann aber stornierte Neuwagenbestellung liefern nicht selten wertvolle Hinweise bei der Ermittlung des Geschäftsinhaltes.

795 Die Urkunde mit der **höchsten Priorität** ist zweifellos der Neuwagen-Bestellschein, also der Kaufvertrag über den Neuen. Schon aus diesem Dokument geht meist mit hinreichender Deutlichkeit hervor, dass der Neuwagenkauf und die Hingabe des Altfahrzeugs nach dem Willen der Parteien nicht zufällig nebeneinander, sondern in einem **gewollten rechtlichen Zusammenhang** stehen. Typischerweise soll kein Teil für sich allein gelten, sondern gemeinsam stehen oder fallen.[14] Bei Vorhandensein eines „Ankaufscheins" mit Bezugnahme auf die Neuwagenbestellung rundet sich das Bild in diesem Sinn.

796 Bei nur bruchstückhafter Dokumentation der Parteierklärungen kommt es auf die Gesamtumstände und die beiderseitige Interessenlage an. Ein Indiz für eine auch rechtliche Verknüpfung von ‚neu' und ‚alt' ist neben der Identität der Beteiligten insbesondere der zeitliche Rahmen, in dem Alt- und Neuwagen den Besitzer wechseln sollen. Besonders deutlich wird die **rechtliche Einheit des Geschäfts**, wenn alle Abreden nur in dem Neuwagenkaufvertrag niedergelegt sind.

797 Die Vertragsurkunden haben die Vermutung der Vollständigkeit und Richtigkeit für sich. **Mündliche Nebenabreden**[15] muss derjenige beweisen, der sich darauf beruft. **Haupt-**

---

13 Zur Bedeutung eines formularmäßigen Bestätigungsvorbehalts s. BGH 11. 10. 1967, NJW 1968, 32.
14 Zur Notwendigkeit eines ‚Einheitswillens' beim kombinierten Vertrag s. BGH 25. 3. 1987, NJW 1987, 2004, 2007 – Computer.
15 Unter ‚Nebenabrede' im Sinne von Schriftform- und Bestätigungsklauseln versteht der BGH auch die Vereinbarung einer Inzahlungnahme, Urt. v. 11. 10. 1967, NJW 1968, 32.

Auslegung und Qualifizierung der Vereinbarungen

streitpunkt ist hier erfahrungsgemäß die Höhe des Zuzahlbetrages oder, anders gesehen, der Anrechnungsbetrag für den Altwagen. An die Widerlegung der Vollständigkeitsvermutung zugunsten eines Autohändlers stellt das OLG Köln hohe Anforderungen,[16] das LG Paderborn[17] nur geringe, soweit der Kunde sich auf eine ihm günstige mündliche Anrechnungszusage des Autohauses beruft.

Eine **Schriftformklausel** steht der Wirksamkeit mündlich getroffener Individualabreden, die nach § 305 b BGB Vorrang haben, nicht entgegen.[18] Sie kann auch durch eine nachträgliche mündliche Abrede außer Kraft gesetzt werden. Bedenklich ist die Ansicht des OLG Düsseldorf,[19] einen angebotenen Zeugen (Beweisthema: mündliche Vereinbarung eines höheren Anrechnungsbetrages) deshalb nicht zu vernehmen, weil die Behauptung fehlte, das Formerfordernis durch Vertragsänderung außer Kraft gesetzt zu haben. Die Entscheidung verkennt die spezifische AGB-Problematik (damals §§ 4, 9 AGBG) und die einschlägige Rechtsprechung des BGH.[20]

2. Auslegungs- und Einordnungsversuche

Während es meist keine großen Schwierigkeiten macht, den tatsächlichen Inhalt der getroffenen Vereinbarungen jedenfalls im Kern beweiskräftig festzustellen,[21] herrscht bei der rechtlichen Beurteilung nach wie vor eine gewisse Unsicherheit, zumal bei neuen Varianten wie der der Kreditablösung durch das Autohaus. Dabei bemühen sich Rechtsprechung und Lehre seit Jahrzehnten um eine Bewältigung der vielfältigen Rechtsfragen, die die Inzahlungnahme gebrauchter Kraftfahrzeuge aufwirft.

Das Spektrum der Auslegungs- und Einordnungsversuche ist ungewöhnlich breit. Im Wesentlichen beruhen die Meinungsverschiedenheiten auf einer **unterschiedlichen Deutung und Bewertung der beiderseitigen Interessen**. Hauptgrund dafür sind Fehlvorstellungen im Tatsächlichen. Veränderungen des Marktgeschehens werden oftmals ignoriert oder unterschätzt. Dogmatische Differenzen, z. B. im Zusammenhang mit der Rechtsnatur von Ersetzungsbefugnis und der Leistung an Erfüllungs Statt, spielen demgegenüber nur eine untergeordnete Rolle.

a) Die Grundkonzeption des BGH: Kaufvertrag mit Ersetzungsbefugnis

Sein grundlegendes Urteil vom 18. 1. 1967,[22] mit dem der BGH sich für die Annahme eines **einheitlichen Kaufvertrages mit Ersetzungsbefugnis** entschieden hat, hat er im Jahre 1983 bekräftigt und gegen die zahlreich erhobenen Einwände verteidigt.[23] Bis heute hält er an dieser Lösung für den Regelfall fest.[24] Durch die Schuldrechtsmodernisierung sieht er sie nicht in Frage gestellt. Durch Urteil vom 30. 10. 2002[25] hat der BGH seine Rechtsprechung auf einen Fall des Händlerleasings mit Inzahlungnahme übertragen. Nach dem Grundmodell des BGH ist dem Käufer/Leasingnehmer die Ersetzungsbefugnis eingeräumt, seinen Altwagen für den vertraglich festgesetzten Teil des Kaufpreises bzw. der Mietsonderzahlung an Erfüllungs Statt zu leisten. Einen einheitlichen Kaufvertrag nimmt der BGH in Fortführung seiner Rechtsprechung auch für den Fall an, dass der Händler beim Verkauf

---

16 Urt. v. 8. 7. 1969, JMBl. NW 1970, 154.
17 Urt. v. 23. 11. 2007 – 4 O 370/07 – n. v.
18 St. Respr., vgl. BGH 23. 5. 2001, VIII ZR 279/99, n. v.
19 Urt. v. 10. 10. 1991, EWiR § 125 BGB 1/91, 1055 *(Teske)*.
20 NJW 1986, 3131; NJW 1986, 1809.
21 Ein Ausnahmefall ist Gegenstand der Entscheidung BGH 29. 3. 2000, NJW 2000, 2508.
22 BGHZ 46, 338 = NJW 1967, 553 = LM § 433 Nr. 26 m. Anm. *Braxmeier*.
23 Urt. v. 30. 11. 1983, BGHZ 89, 126 = NJW 1984, 429.
24 Urt. v. 20. 2. 2008, NJW 2008, 2028 m. w.Nachw.
25 NJW 2003, 505.

eines Neufahrzeugs einen Gebrauchtwagen des Käufers übernimmt und dafür den für den Gebrauchtwagen noch laufenden **Kredit** durch Zahlung eines Betrages an die Bank **ablöst**, der über dem vereinbarten Wert des Altfahrzeugs liegt.[26]

801 Einen **Doppelkauf mit Verrechnungsabrede** hat der BGH bisher lediglich in Betracht gezogen. In diese Richtung ausgelegt hat er noch kein Geschäft. Noch weniger Gefallen scheint er an der Konstruktion eines **typengemischten Kauf-Tausch-Vertrag** zu finden. Die ältere OLG-Rechtsprechung ist bisweilen andere Wege als der BGH gegangen.[27] Auch das **OLG Oldenburg** (14. ZS) hat sich durch Urteil vom 28. 7. 1994[28] ausdrücklich von der Generallinie des BGH distanziert und sich für die Annahme eines typengemischten Vertrages ausgesprochen;[29] ebenso das LG Wuppertal NJW-RR 1997, 1416 (Kauf eines gebrauchten Pkw gegen Hingabe eines Krades).

802 Schon in der Ausgangsentscheidung BGHZ 46, 338 = NJW 1967, 553 weist der Kaufrechtssenat darauf hin, dass ‚bei entsprechender Interessenlage' auch eine abweichende Deutung möglich sei. Als Beispiel skizziert er folgende Situation: Dem Neuwagenkäufer kommt es darauf an, das gesamte Geschäft davon abhängig zu machen, seine Gegenleistung gerade durch die Hingabe seines Gebrauchtwagens erbringen zu können.

Bei einer Vollzahlerquote von bis zu 90 %, wie sie bis in die Siebziger Jahre üblich war, konnte der BGH eine solche Situation vernachlässigen. Angesichts der gestiegenen Neuwagenpreise bei gleichzeitig zurückgehender Kapitalausstattung des privaten Durchschnittskäufers kommt es zumindest der Privatkundschaft heute genau auf das an, worin der BGH, seinerzeit zu Recht, eine Ausnahme gesehen hat: den teilweisen Ersatz der Kaufpreiszahlung durch Hingabe des Altwagens. In realistischer Einschätzung der Dinge stellt der BGH bereits im Jahre 1982 fest,[30] dass ein Neuwagenkäufer ‚häufig den Neuwagen nur bei gleichzeitiger Veräußerung des Altwagens bezahlen kann oder will'. Das ist heute der Regelfall.

803 Die Fallgestaltung, die gegenwärtig als **verkehrstypisch** gelten kann, ist durch folgende Merkmale gekennzeichnet:

– Kauf eines fabrikneuen Pkw bzw. Kombis,
– Hingabe eines im Eigentum des Neufahrzeugkäufers stehenden Altfahrzeugs,
– Beteiligung eines Kfz-Händlers bzw. einer Werksniederlassung auf der einen, einer Privatperson auf der anderen Seite,
– Unvermögen des Neuwagenkäufers zur Bezahlung des gesamten Neuwagenpreises,
– deutliches Übergewicht des Kaufpreises (bar und/oder Finanzierung) gegenüber dem Inzahlungnahmebetrag (75: 25),
– Dokumentation des Gesamtgeschäfts in zwei Formularen.

804 Die Annahme eines einheitlichen Kaufvertrages mit bloßer Ersetzungsbefugnis ist sicherlich dadurch begünstigt worden, dass im Ausgangsfall BGHZ 46, 338 die Inzahlungnahme nur rudimentär unter ‚Zahlungsbedingungen' im Neuwagen-Bestellschein festgehalten war.[31] Überwiegend wird das Gesamtgeschäft heute mit Hilfe von **zwei getrennten**

---
26 Urt. v. 20. 2. 2008, NJW 2008, 2028.
27 Vgl. OLG Braunschweig 8. 1. 1909, OLGR 20 (1910), 184; OLG Hamburg 18. 10. 1962, BB 1963, 165; OLG Köln 16. 5. 1972, DAR 1973, 326 (letztlich offen gelassen so wie auch von OLG Hamm 7. 2. 1975, NJW 1975, 1520).
28 NJW-RR 1995, 689.
29 Anders der 13. ZS des OLG Oldenburg 24. 4. 1995 – 13 U 1/95 – n. v.
30 Urt. v. 21. 4. 1982, BGHZ 83, 334, 339 = NJW 1982, 1700; ähnlich OLG Hamm schon 1975 (NJW 1975, 1520, 1521).
31 Zur Vermutung des ‚Einheitlichkeitswillens' bei dieser Konstellation s. BGH 25. 3. 1987, NJW 1987, 2004, 2007.

Formularen dokumentiert (s. Rn 785 ff.), nicht selten zeitversetzt. Für eine derartige Konstellation hat sich der BGH noch nicht festgelegt. In BGHZ 83, 334 = NJW 1982, 1700 lässt er es ausdrücklich offen, ob auch in einem solchen Fall ein einheitlicher Kaufvertrag mit Ersetzungsbefugnis oder zwei selbstständige Kaufverträge (‚Doppelkauf') mit Verrechnungsabrede anzunehmen sind.[32] In der Entscheidung vom 30. 10. 2002[33] hat er zwar sein Grundmodell mit der Ersetzungsbefugnis auch für ein ‚Zwei-Formulare-Geschäft' gelten lassen. Unter den gegebenen Umständen lag es indes nahe, den ‚Ankaufschein' über den Altwagen nur als Übergabebescheinigung zu behandeln. Wie der BGH ein in zwei getrennten Formularen vollständig und zeitnah erfasstes ‚Verbundgeschäft' einordnen wird, bleibt abzuwarten.[34] Vermutlich wird ihm der Inhalt, so wie er ihn sieht, wichtiger als die äußere Form sein, was prinzipiell sicher richtig ist.

Ohne nähere Begründung bejaht das OLG Düsseldorf[35] einen einheitlichen Kaufvertrag mit Ersetzungsbefugnis auch bei der ‚Zwei-Formulare-Version'; ebenso das OLG Celle, dessen Urteil vom 6. 1. 1994[36] der BGH in diesem Punkt zwar bestätigt hat, es aber mangels Revisionsangriffs nicht näher nachzuprüfen brauchte.[37] **805**

Ist der Neuwagenkauf ohne Inzahlungnahme zustande gekommen (zum Zeitpunkt s. Rn 13) und hat man sich erst im Anschluss daran auf eine ‚Hereinnahme' des Kundenfahrzeugs verständigt,[38] liegt es nahe, mangels hinreichender Verklammerung von zwei rechtlich und wirtschaftlich selbstständigen Verträgen auszugehen (Doppelkauf). Eine Verbindung kann allerdings auch **nachträglich** im Zusammenhang mit der Altwagenhereinnahme hergestellt werden, auch stillschweigend bzw. durch konkludentes Verhalten.[39] **806**

Umgekehrt kann ein zunächst verbundenes Geschäft im Nachhinein in zwei selbstständige Teile zerlegt werden, etwa aus steuerlichen Gründen. Die Darlegungs- und Beweislast für eine solche **Entklammerung** trägt die Partei, die sich auf die Vertragsänderung beruft. Wenn der Neufahrzeughändler aus Gefälligkeit dem Kunden gegenüber im Nachhinein mit einer getrennten Zahlung einverstanden ist, muss das nicht unbedingt eine Trennung in zwei rechtlich und wirtschaftlich selbstständige Verträge bedeuten. Der Kunde kann aus Abschreibungsgründen daran interessiert sein, den gesamten Neuwagenpreis noch im alten Jahr zu zahlen, während der Eingang der Zahlung des Autohauses im neuen Jahr erfolgen soll. Das LG Essen[40] hat in einem Fall dieser Art zwei getrennte Kaufverträge angenommen. **807**

Als **weitere Ausnahme** mit einer vom Regelfall abweichenden Interessenbewertung hat der BGH den Fall einer **atypischen Wertrelation** zwischen Geldleistung und Sachwert angesprochen.[41] Ein Wertverhältnis, aus dem sich ein Übergewicht der Sachleistung ergebe, könne, müsse aber nicht ein Indiz contra Ersetzungsbefugnis sein. Dementsprechend hat der BGH selbst in einem Wertverhältnis von 6.000 DM (‚neuer' Gebrauchter) zu 4.750 DM **808**

---

32 Andererseits spricht der BGH unter II, 2 b der Urteilsgründe von einer ‚Trennung in zwei selbstständige Verträge mit Verrechnungsabrede'; s. auch *Hiddemann*, WM 1982, Sonderbeilage Nr. 5, S. 9 (Nebeneinander von zwei selbstständigen Verträgen sogar in Fällen wie BGHZ 46, 338).
33 NJW 2003, 505.
34 In der Sache BGH NJW 2008, 2028 war alles im Neuwagenkaufvertrag niedergelegt.
35 Urt. v. 22. 11. 1993, MDR 1994, 347 = OLGR 1994, 45; vgl. auch OLG Düsseldorf 28. 7. 1993, OLGR 1993, 285 und 24. 4. 1998, NZV 1998, 466.
36 OLGR 1994, 129; ebenso 15. 12. 1994, OLGR 1995, 85; 26. 1. 1996, OLGR 1996, 182 (4. ZS).
37 Vgl. BGH 28. 11. 1994, NJW 1995, 518.
38 Beispiel OLG Celle 5. 11. 2003, ZGS 2004, 74 = OLGR 2004, 151.
39 Vom OLG Celle 5. 11. 2003, ZGS 2004, 74 = OLGR 2004, 151 nicht erörtert.
40 Urt. v. 18. 4. 1996, 4 O 576/95, n. v., rechtskräftig.
41 Urt. v. 30. 11. 1983, BGHZ 89, 126 = NJW 1984, 429.

(Altwagen) keinen hinreichenden Grund für eine vom Regelfall abweichende Deutung des Geschäfts gesehen.[42]

809   Raum für alternative Lösungen sieht der BGH außerdem bei **Geschäften außerhalb des Kfz-Handels**. Da die Konstruktion ‚einheitlicher Kaufvertrag mit Ersetzungsbefugnis' wesentlich auf einer Bewertung der beiderseitigen Interessen beruht, kann sich bei einem Geschäft zwischen Privatpersonen oder zwischen zwei Unternehmen außerhalb der Kfz-Branche in der Tat eine andere Lösung anbieten (zum Privatgeschäft s. auch Rn 1145).

b) Kritik an der BGH-Rechtsprechung

810   Die Lösung des BGH – einheitlicher Kaufvertrag mit Ersetzungsbefugnis – ist im Laufe der Jahre – schon vor der Schuldrechtsreform – brüchig geworden. Die ökonomischen Rahmenbedingungen haben sich entscheidend verändert, und zwar auf beiden Seiten. Im Mittelpunkt der Kritik steht die Beurteilung der beiderseitigen Interessen.[43] Dabei muss unterschieden werden: Die Interessenlage ist zum einen von Bedeutung, wenn es um die Frage geht, ob die Parteien einen einheitlichen Vertrag oder zwei selbstständige Verträge abgeschlossen haben. Dieser Aspekt steht im Zentrum des jüngsten **BGH-Urteils vom 20. 2. 2008**.[44] Entgegen der Einschätzung der Vorinstanz (KG) hat der VIII. ZS sich mit überzeugenden Argumenten für eine **rechtliche Einheit** ausgesprochen.[45] Auf einem anderen Blatt steht, welchen Inhalt das einheitliche Geschäft hat. Aus der Annahme eines „Gesamtgeschäfts" folgt nicht automatisch, dass es sich um einen einheitlichen Kaufvertrag mit Ersetzungsbefugnis handelt. Alternative Deutungen hält auch der BGH für möglich.

811   In einem Punkt hat sich der BGH selbst korrigiert, indem er die Vorstellung aufgegeben hat, die Inzahlungnahme sei lediglich ein ‚Entgegenkommen' des Händlers.[46] In BGHZ 89, 126 = NJW 1984, 429 nimmt er zu Recht auch das Eigeninteresse des Händlers in den Blick. Bemerkenswert ist auch die Richtungsänderung in dem kurz zuvor ergangenen Urteil BGHZ 83, 334 = NJW 1982, 1700. Demgegenüber bedeutet die Entscheidung vom 30. 10. 2002[47] einen Rückschritt, wenn es wiederum heißt, das Interesse des Kfz-Händlers sei erkennbar auf die Veräußerung gegen Geld und nicht auf den Erwerb eines gebrauchten Fahrzeugs gerichtet. Nur der zweite Teil ist zutreffend. Eine „Veräußerung gegen Geld" mag wünschenswert sein, die Realität sieht hingegen anders aus. Dass das Absatzinteresse des Händlers „im Vordergrund" stehe und dass dies dem Käufer bewusst sei,[48] lässt sich nicht bestreiten. Genauso ist umgekehrt dem Händler das Inzahlunggabe-Interesse seines Kunden bewusst.

812   Bestehen bleibt die Kritik, dass der BGH es versäumt hat, aus der Veränderung der wirtschaftlichen Verhältnisse auf beiden Seiten die gebotenen Konsequenzen zu ziehen. Infolgedessen muss er sich – heute mehr denn je – den Vorwurf gefallen lassen, mit der Konstruktion eines einheitlichen Kaufvertrages mit Ersetzungsbefugnis berechtigte Verbraucherinteressen zu vernachlässigen. Denn selbst für den Fall der **unverschuldeten Zerstörung** oder des **Diebstahls des Altwagens** belastet der BGH den Käufer mit einer Nachschusspflicht. Im statistischen Durchschnittsfall liegt der Betrag mit ca. 7.300 EUR[49] deutlich über der jährlichen Sparleistung eines Arbeitnehmerhaushaltes. Damit belastet zu werden, **widerspricht dem erkennbaren Willen** des Käufers.

---

42 Urt. v. 30. 11. 1983, BGHZ 89, 126 = NJW 1984, 429.
43 Ausführlich dazu *Lennartz*, S. 36 ff.
44 NJW 2008, 2028; Besprechung von *Gsell*, NJW 2008, 2002.
45 Insoweit zustimmend auch *Gsell*, NJW 2008, 2002.
46 So in BGHZ 46, 338, vgl. auch BGH 20. 5. 1960, NJW 1960, 1853, 1854.
47 NJW 2003, 505.
48 Urt. v. 20. 2. 2008, NJW 2008, 2028.
49 DAT-Report 2008, S. 24.

Ein Anspruch auf Nachzahlung kann dem Händler nach der BGH-Konstruktion zudem **813** aus der **Mangelhaftigkeit des Altwagens** erwachsen. Dieses Risiko hat der BGH zwar durch die Annahme eines stillschweigenden Haftungsausschlusses begrenzt, bislang jedoch nur bei so genannten Verschleißmängeln.[50] Was darunter zu verstehen ist, ist in der neueren BGH-Rechtsprechung zum Gebrauchtwagenkauf zwar erkennbar, aber noch nicht in sämtlichen Details geklärt (s. auch Rn 1516).

Ob der stillschweigende Gewährleistungsausschluss auch andere Mängel erfasst, insbe- **814** sondere verborgene Unfallvorschäden, ist weiterhin offen. Die Instanzgerichte bejahen nicht selten einen umfassenden Haftungsausschluss (s. Rn 875). In diese Richtung deutet auch die Rechtsprechung des BGH zur agenturweisen Hereinnahme von Altwagen.[51] Es bleibt abzuwarten, wie der BGH sich für einen Fall der ‚echten‘ Inzahlungnahme entscheiden wird. Schon um seine Grundkonzeption nicht aufgeben zu müssen, wird er geneigt sein, den weder täuschenden noch eine Garantie gewährenden Inzahlunggeber von jeglicher ‚Gewährleistung‘ (§ 365 BGB) freizustellen.

In welchem Umfang dem Händler das Recht zur (isolierten) Rückgabe bzw. Nichtan- **815** nahme des Altwagens zugestanden wird, ist mitentscheidend für die Akzeptanz der BGH-Konstruktion. Zurzeit ist dieses Problem nicht befriedigend gelöst. Da Neuwagenkäufer, selbst gewerbliche, ihre Mängelhaftung üblicherweise nicht ausdrücklich ausschließen, sehen sie sich immer wieder Nachzahlungsforderungen mit dem Verlangen nach Rücknahme des Altwagens ausgesetzt. Dann droht die Gefahr, dass das Geschäft nachträglich in einen ungewollten und oftmals nicht finanzierbaren Kauf in Reinform verwandelt wird.

Berechtigt ist ferner der Einwand, die Deutung der Inzahlungnahme-Vereinbarung als **816** Ersetzungsbefugnis mit einer Leistung an Erfüllungs Statt werde der **Vertragswirklichkeit** nicht gerecht. Diese lebensfremden Begrifflichkeiten findet man, von Ausnahmen abgesehen (Opel-Vertragshändler), an keiner Stelle des gesamten Vertragswerkes, obgleich derartige Bezeichnungen für den Kfz-Händler günstig wären und er sie als Formularverwender in den Vertrag einführen könnte. Mit Blick auf den Altwagen ist in den meisten Formularen vielmehr von ‚Ankauf‘ oder von ‚Eintauschwagen‘ die Rede.

In realistischer Einschätzung des wahren Geschehens geht die **Finanzverwaltung** von **817** einem **Tausch mit Baraufgabe** aus.[52] Gewiss geht es beiden Seiten typischerweise nicht um einen Fahrzeugtausch, sondern in erster Linie um den Erwerb bzw. die Veräußerung eines Neufahrzeugs. So gesehen ist die Inzahlunggabe des Altwagens in der Tat kein ‚gleichwertiger Bestandteil‘[53] des Geschäftes. Was aber heißt ‚gleichwertig‘? Damit kann das Wertverhältnis zwischen Neuwagen und Altwagen angesprochen sein.[54] Mit ‚kein gleichwertiger Bestandteil‘ kann aber auch der Stellenwert von ‚neu‘ und ‚alt‘ gemeint sein, wobei die Neuanschaffung bei natürlicher Betrachtungsweise für beide Seiten im Vordergrund zu stehen pflegt.

Bei nüchterner Beurteilung der Finanzierungsseite führt indes kein Weg an der Einsicht **818** vorbei: Der durchschnittliche Neuwagenkäufer kann und will die Gegenleistung für den Neuwagen von vornherein nur teilweise in Geld, zum anderen Teil durch seinen Altwagen erbringen. Irgendetwas zu ‚ersetzen‘ oder eine ‚Ersatzleistung‘ zu erbringen, ist **erkennbar** nicht sein Ziel. Ein derartiges Ansinnen würde ebenso auf Unverständnis stoßen wie die Einstufung der Inzahlungnahme als bloße ‚Nebenabrede‘ (BGHZ 89, 126). In den Augen privater Neufahrzeugkäufer setzt sich ihre Leistung, dem Händler bewusst, von Anfang

---
50 Urt. v. 21. 4. 1982, BGHZ 83, 334 = NJW 1982, 1700.
51 Vgl. Urt. v. 5. 4. 1978, NJW 1978, 1482 = WM 1978, 756; 31. 3. 1982, NJW 1982, 1699 = WM 1982, 710.
52 *Ammenwerth/Grützner/Janzen*, Umsatzsteuer im Kfz-Gewerbe, S. 57.
53 BGHZ 89, 126, 130.
54 Zur Bedeutung dieser Relation vgl. *Mayer-Maly* in FS Larenz 1973, 673.

an aus **Geld und Altfahrzeug** zusammen.[55] Die vom Käufer geschuldete Gegenleistung in voller Höhe als eine Geldschuld zu begreifen,[56] geht schon seit Jahren an der Realität vorbei. Der durchschnittliche Neuwagenkäufer will einen Teil des Kaufpreises für das Neufahrzeug mit seinem Altwagen ‚bezahlen'. Das ist mit der Annahme einer Ersetzungsbefugnis nicht zu vereinbaren.

819 Zu bedenken ist auch: Wegen des außerordentlich scharfen Wettbewerbs auf dem Neufahrzeugmarkt (Pkw/Kombis) ist der Händler zumeist gezwungen, für den Altwagen des Kunden deutlich mehr zu bieten, als er tatsächlich wert ist. Mit Überzahlungen wird regelrecht geworben (‚10 % über Schwacke' o. Ä.). Die Inzahlungnahmepreise liegen seit Jahren erheblich über den Verkehrswerten. Damit gewährt der Händler, was als gerichtsbekannt angesehen wird,[57] einen **versteckten Preisnachlass** auf den Neuwagen. Umsatzsteuerlich bedeutet das eine Minderung des Entgelts für die Lieferung des Neufahrzeugs.[58] Entgegen *U. Huber*[59] ist es nicht so, dass der Neuwagenkäufer das Angebot des Händlers zum ‚Listenpreis' annimmt, um sich anschließend in einer ‚Zusatzvereinbarung' über die Inzahlungnahme des Altwagens zu verständigen. Der Neuwagenpreis ohne Hingabe eines Altwagens wird im Allgemeinen gar nicht erst ausgehandelt.[60] Er interessiert allenfalls als Ausgangsgröße. Verhandelte man über ihn, wäre er oftmals niedriger als der Gesamtpreis mit Inzahlungnahme.[61] Auch diese wirtschaftliche Seite des Geschäfts spricht gegen die Annahme eines einheitlichen Kaufvertrages mit Ersetzungsbefugnis, bei dem die Zahlung des vollen Kaufpreises die Gegenleistung des Neuwagenkäufers ist.

820 Rückt man von dieser Konstruktion ab und sieht man die Hingabe des Altwagens als einen von zwei Bestandteilen der Hauptleistungspflicht des Käufers an, lassen sich auch die mit dem verdeckten Preisnachlass verbundenen Probleme sachgerecht lösen. Angesichts der heutigen Marktverhältnisse sollte dieser Aspekt nicht unterschätzt werden. Erhebliche Beträge stehen auf dem Spiel. Bei Annahme einer Ersetzungsbefugnis läuft der Käufer Gefahr, den ausgehandelten Vorteil einzubüßen, ohne dass ihn ein Verschulden an der Vertragsstörung trifft. Ohne Einfluss auf die Preisvereinbarung ist es, wenn der Händler den verdeckten Preisnachlass nach dem Weiterverkauf offenlegt, die Neuwagenrechnung ‚berichtigt' und sich die Mehrwertsteuerdifferenz vom Finanzamt zurückholt. Ein Erstattungsanspruch des Kunden in gleicher Höhe besteht nicht, obgleich er die ‚gesetzliche Umsatzsteuer' schuldet. Der Händler ist nicht ungerechtfertigt bereichert.

821 Soweit der BGH die Hingabe des Gebrauchtwagens als **Leistung an Erfüllungs Statt** beurteilt, bestehen außerdem dogmatische Bedenken. Die Vereinbarung über die Annahme der Ersatzleistung stellt seiner Meinung nach einen entgeltlichen Veräußerungsvertrag dar.[62] Der Gläubiger verzichte aufgrund eines neuen Austauschvertrages gegen Hingabe der Ersatzleistung auf einen bestimmten Teil seiner ursprünglichen Forderung; er erwerbe die Ersatzleistung im Austausch gegen die primär geschuldete Leistung. An einer Primärleistung des Käufers fehlt es indessen, wenn man mit dem BGH davon ausgeht, der Händler sei zur Annahme des Altwagens verpflichtet. Folglich ist auch ein Austauschvertrag nur schwer denkbar.[63]

---

55 So auch *Lennartz*, S. 58.
56 So weiterhin der BGH 30. 11. 2002, NJW 2003, 505.
57 OLG Frankfurt 28. 3. 2002, OLGR 2002, 171, 172.
58 Abschn. 153 Abs. 4 UStR .
59 *Soergel/Huber*, vor § 433 BGB Rn 215.
60 Anders im Fall OLG Celle 15. 12. 1994, OLGR 1995, 85; s. auch BGH 10. 7. 1986, WM 1986, 1533.
61 Im Fall OLG Celle OLGR 1995, 85 waren es 10 %.
62 Urt. v. 18. 1. 1967, BGHZ 46, 338, 342.
63 So auch OLG Oldenburg 28. 7. 1994, NJW-RR 1995, 689, 690; zu diesem Kritikpunkt s. auch *Lennartz*, S. 63/64.

Auslegung und Qualifizierung der Vereinbarungen

Zuzugeben ist dem BGH freilich, dass seine Konstruktion von einem einheitlichen Kauf- **822** vertrag mit Ersetzungsbefugnis eine überzeugendere Antwort auf die Frage gibt, ob dem Händler ein **Anspruch auf Lieferung des Altfahrzeugs** zusteht. Dabei läuft es dem Interesse des durchschnittlichen Neuwagenkäufers keineswegs zuwider, dem Händler im Rahmen des Gesamtgeschäfts einen Anspruch auf Lieferung seines Fahrzeugs so wie bei einem Tauschgeschäft einzuräumen. Eine andere Verwendung als die Ablieferung des Fahrzeugs an den Händler ist erfahrungsgemäß nicht beabsichtigt. Beide Seiten gehen als selbstverständlich davon aus, dass der Altwagen im Zuge der Auslieferung des Neufahrzeugs übergeben wird. Den handelsüblichen ‚Ankaufschein' wörtlich genommen, hat der Händler sogar einen eigenen Lieferanspruch. Da dieser Aspekt für die Beteiligten nur von untergeordneter Bedeutung ist, sollte er bei der typologischen Einordnung nicht überbewertet werden.

c) Mischvertrag aus Kauf und Tausch

Dem mutmaßlichen Parteiwillen und der beiderseitigen Interessenlage wird am ehesten **823** die Ansicht gerecht, wonach es sich **im Normalfall** der Inzahlungnahme um einen gemischten Vertrag aus Kauf und Tausch handelt, ergänzt um die – praktisch kaum bedeutsame – Befugnis des Käufers, statt seinen Altwagen abzuliefern den festgelegten Anrechnungsbetrag zu zahlen.[64] Die Vereinbarung der Inzahlungnahme ist keine bloße Nebenabrede (‚Zusatzvereinbarung') des Neuwagenkaufs, gleichviel, ob die Parteien das Geschäft in einem oder in zwei Formularen erfasst haben, ob die Dokumentation zeitgleich oder sukzessive erfolgt ist. Selbst wenn der Händler keinen Anspruch auf Lieferung des Altwagens erwirbt, kann aufgrund der Pflicht zur Annahme des Altwagens von einer aus Geld und Fahrzeug zusammengesetzten Gegenleistung des Neuwagenkäufers gesprochen werden.

Vorzuziehen ist die Konstruktion ‚Mischvertrag' auch deshalb, weil sie für eine erheb- **824** lich größere Zahl von Fallgestaltungen einen einheitlichen Rechtsrahmen liefert als die vom BGH ‚für den Regelfall' angebotene Alternative. Das breite Spektrum der vom BGH aufgezeigten Ausnahmefälle – besonders problematisch ist die Fallgruppe ‚atypische Wertverhältnisse' (s. Rn 808) – schafft Rechtsunsicherheit, zumal bei der mengenmäßig nicht zu unterschätzenden, ständig ansteigenden Fallgruppe ‚Gebraucht auf Gebraucht'.

Die mit der **Schuldrechtsreform** verbundenen Änderungen geben Anlass, die Tragfä- **825** higkeit der Annahme eines typengemischten Vertrages zu überprüfen. Auch das Grundmodell des BGH ist auf seinen Fortbestand zu hinterfragen.[65] Nicht ausgeschlossen ist, dass nach neuem Recht ein Doppelkauf (mit Verrechnungsabrede) die zeitgemäßere Lö-

---

64 So auch OLG Oldenburg (14. ZS) 28. 7. 1994, NJW-RR 1995, 689; LG Wuppertal 28. 6. 1996, NJW-RR 1997, 1416; früher schon OLG Hamburg 18. 10. 1962, BB 1963, 165 und die h. M. im Schrifttum und der Kommentarliteratur (vgl. *Medicus*, BürgR, Rn 756; *Faust* in *Bamberger/Roth*, § 433 Rn 14; *Staudinger/Mader*, § 480 BGB Rn 14; *Gsell*, NJW 2008, 2002; *Walter*, Kaufrecht, S. 306; *Larenz*, SchR, Bd. II, Hbd. 1, § 42 I; *Mayer-Maly* in FS Larenz 1973, 673, 681; *Gernhuber*, Erfüllung, § 10, 2; *Honsell*, Jura 1983, 523, 524; *Schulin*, JA 1983, 161, 164; *Pfister*, MDR 1968, 361, 362 f.; *H. W. Schmidt*, DAR 1964, 201; *Lennartz*, S. 125, 133; *Himmelreich/Andreae/Teigelack*, Autokaufrecht, Rn 226; Das neue Schuldrecht/*Haas*, Kap. 5 Rn 74; ähnlich auch *Leenen*, Typus und Rechtsfindung, 1971, S. 159, 161 und *Behr*, AcP 185, 401, die beide zur Annahme eines besonderen Vertragstyps (‚Verkehrstyps', so *Behr*) gelangen; abweichend auch *Dubischar*, JZ 1969, 175; *ders.*, JuS 1985, 15 und in AK-BGB, § 366 Rn 4; gegen BGH auch *Reich* in AK-BGB § 433 BGB Rn 33. Dem BGH folgen u. a. *Reinicke/Tiedtke*, Kaufrecht, Rn 1026; *Büdenbender* in AnwK-BGB, § 433 BGB Rn 49; *Bachmeier*, Autokaufrecht Rn 369; *Creutzig*, a. a. O., 2.1.7; *Oechsler*, SchuldR BT, § 2 Rn 356; *Binder*, NJW 2003, 393; *ders.*, EWiR § 346 BGB 1/08, 263; unentschieden Müko-BGB/*Westermann*, § 433 BGB Rn 30; *Erman/Westermann*, § 364 BGB Rn 4; s. aber auch *Westermann*, JZ 2001, 541.
65 Vgl. Das neue Schuldrecht/*Haas*, Kap. 75 Rn 74; *Binder*, NJW 2003, 393.

sung darstellt. Das Zusammentreffen eines Verbrauchsgüterkaufs ‚im Hauptteil' mit einem Nicht-Verbraucher-Geschäft ‚im Anhang' gehört zu den auffälligsten Neuerungen. Der Hauptunterschied zur früheren Rechtslage besteht indes darin, dass der Händler bei einem Weiterverkauf des Altfahrzeugs im eigenen Namen und für eigene Rechnung seine Sachmängelhaftung nicht mehr ausschließen darf, wenn der Abnehmer ein Verbraucher ist (§ 475 BGB). Bei einem Unternehmer-Käufer ist eine umfassende Freizeichnung nach wie vor möglich und üblich. Ältere Gebrauchtfahrzeuge (ab etwa 6 Jahren), insbesondere Fremdfabrikate, werden von den Autohäusern vorzugsweise an freie Händler abgegeben. Ein wichtiger Aspekt ist dabei die Garantiefähigkeit. Hier liegt die Altersgrenze bei 6 bis 7 Jahren. Die von den Neuwagenkäufern abgegebenen Vorwagen waren im Jahr 2007 im Durchschnitt 7,2 Jahre alt und hatten eine Gesamtlaufleistung von ca. 116. 470 km.[66]

826   Vor diesem Hintergrund hält sich die Belastung des Neufahrzeughandels, die ihm das neue Kaufrecht bei der Vermarktung in Zahlung genommener Altwagen auferlegt, in erträglichen Grenzen. Als Alternative zu einem risikoreichen Eigengeschäft mit einem Verbraucher bleibt ein Agenturverkauf (zur Frage der Umgehung nach § 475 Abs. 1 BGB s. Rn 1218 ff.). Dabei ist wieder zu unterscheiden zwischen einem Verbraucher-Verbraucher-Geschäft und (bei Firmenwagen) einem Unternehmer-Verbraucher-Kauf, also einem Verbrauchsgüterkauf. Zumal der BGH[67] Agenturgeschäfte mit Verbraucherbeteiligung auf der Käuferseite nicht generell als unzulässige Umgehungen i. S. d. § 475 Abs. 1 BGB einstuft, kann in der reformbedingten Schlechterstellung bei der Weitervermarktung von ‚Eintauschwagen' kein hinreichender Grund gefunden werden, die hier befürwortete Konstruktion eines Mischvertrages aus Kauf und Tausch zugunsten des BGH-Modells zu verwerfen.[68] Mängelrisiken kann der Handel zudem mit Garantiemodellen (‚Rest-Risikoversicherung') auffangen.

827   Was die Rechtsposition des Händlers mit Blick auf die Mängelhaftung des Inzahlunggebers angeht, besteht gegenüber dem alten Recht ein wesentlicher Unterschied: Auch als Privatperson hat der Inzahlunggeber ein Recht auf zweite Andienung, sofern der Mangel behebbar ist. In den Fällen, die die Praxis beschäftigen, geht es indessen mehrheitlich um unbehebbare Mängel wie verdeckte Unfallvorschäden und zu hohe Gesamtlaufleistungen. Die Mehrbelastung des Handels durch lästige Nachbesserungsprozeduren fällt um so weniger ins Gewicht, als der Kunde in den ohnehin seltenen Fällen, in denen er für Mängel einzustehen hat, zumeist direkt (ohne vorherige Nachbesserung) in Anspruch genommen werden darf, z. B. bei arglistiger Täuschung.

828   Auch auf der anderen Seite des Geschäfts, dem Neuwagenteil, gibt es für eine grundlegende Neuorientierung keinen rechtfertigenden Anlass. Mit Blick auf den zu liefernden Neuwagen hat sich die Rechtsposition des Händlers de facto nicht wesentlich verschlechtert. Der bislang vertraglich eingeräumte Nachbesserungsanspruch hat einem gesetzlichen Anspruch auf Nacherfüllung Platz gemacht.

829   **Festzuhalten bleibt:** Geben die vertraglichen Absprachen für eine anderslautende Einordnung des Geschäfts nicht genügend her, ist weiterhin ein gemischter Vertrag aus Kauf und Tausch anzunehmen.

830   Für die **Beweislastverteilung** bedeutet dies: Der Händler muss bei einer (Nach-)Zahlungsklage beweisen, dass ein einheitlicher Kauf mit Ersetzungsbefugnis über das von ihm gelieferte Fahrzeug zu Stande gekommen ist. Andererseits hat der Altwageneigentü-

---

66 DAT-Report 2008, S. 23.
67 Urt. v. 26. 1. 2005, NJW 2005, 1039.
68 Ebenso für das neue Recht *Himmelreich/Andreae/Teigelack*, Autokaufrecht, Rn 226 ff.

mer, der für sein Fahrzeug Zahlung verlangt, zu beweisen, dass der Händler es unabhängig von der Neuwagenbestellung angekauft hat und verrechnungsfrei bezahlen soll.[69]

Bei einer **Inzahlungnahme im Dreiecksverhältnis** (z. B. Hersteller/Händler/Käufer) liegen zwei rechtlich selbstständige, wirtschaftlich aber miteinander verbundene Kaufverträge vor. Die Trennung zwischen Hersteller und Verkaufsvermittler kommt in diesem Ausnahmefall schon in den Vertragsformularen erkennbar zum Ausdruck. Für das Neuwagengeschäft ist der Hersteller, für das Gebrauchtwagengeschäft sein Vertreter/Vermittler als Vertragspartner des Kunden ausgewiesen. Typisch ist diese Sonderform beim Kauf von Neufahrzeugen der Marke Mercedes-Benz, soweit sie nicht über Werksniederlassungen vertrieben werden. So lag es auch im Fall OLG Hamm OLGR 1993, 98. Der 28. ZS nimmt einen **Doppelkauf mit Verrechnungsabrede** an. Das hat zur Folge: Der Neuwagenkäufer erlangt keinen Anspruch auf Auszahlung des Kaufpreises für sein Altfahrzeug, auch dann nicht, wenn das Neuwagengeschäft mit dem Hersteller wider Erwarten scheitert. In einem solchen Fall hat die Inzahlungnahmevereinbarung ‚keine Gültigkeit'.[70] Dieses richtige Ergebnis sollte nicht unter Rückgriff auf § 158 BGB begründet werden. Man kann mit ‚Störung der Geschäftsgrundlage' (jetzt § 313 BGB) oder direkt mit einer ergänzenden Vertragsauslegung argumentieren. **831**

Wie beim bilateralen Kauf mit Inzahlungnahme verzichtet der Neuwagenverkäufer, hier der Hersteller, auf Vollzahlung des Kaufpreises. Sein Anspruch ist beschränkt auf Leistung des Baranteils. Auf das Altfahrzeug hat er keinen Zugriff. Anders als im Zwei-Personen-Verhältnis dürfte der Händler als Käufer des Altfahrzeugs einen eigenen Lieferanspruch haben, vorausgesetzt, dass beide Verträge wirksam sind. Notwendig ist es nicht, ihm diese Rechtsposition einzuräumen. Denn die Auslieferung des Neufahrzeugs erfolgt in der Regel Zug um Zug gegen Hingabe des Altwagens und Zahlung des Baranteils. Die gesamte Abwicklung des Geschäfts liegt in den Händen des vom Hersteller eingesetzten Vertreters. Aus Sicht des Kunden macht es keinen gravierenden Unterschied, ob er das Fahrzeug direkt vom Hersteller oder von einem Vertragshändler kauft. **832**

III. Störfälle

1. Mangel des Neufahrzeugs

a) Nacherfüllung

Solange der Neufahrzeugkäufer lediglich Nacherfüllung verlangen kann, ist die Rechtslage mit Blick auf das Altfahrzeug wenig problematisch. In der Regel ist es mit Übernahme des Neuwagens abgeliefert worden, kann mithin nicht mehr zurückgehalten werden. Ist der Käufer ausnahmsweise noch im Besitz seines Altwagens, kann er dessen Ablieferung selbst bei Annahme einer entsprechenden Leistungspflicht bis zur vollständigen Nacherfüllung verweigern (§ 320 BGB). **833**

In der Nacherfüllungsphase treffen den Neufahrzeughändler hinsichtlich des übernommenen Altfahrzeugs keine besonderen Sorgfaltspflichten. Das Verwertungsrisiko liegt weiterhin bei ihm. Ein Nacherfüllungsverlangen begründet noch keine Weiterverkaufssperre. Umgekehrt ist der Händler auch nicht dazu verpflichtet, das in Zahlung genommene Fahrzeug bevorzugt zu behandeln, um einer standzeitbedingten Entwertung vorzubeugen.[71] Wenn der Händler, wie im Regelfall, mit einem Fehlschlagen der Nacherfüllung und damit mit einer Rückabwicklung nicht zu rechnen braucht, darf er seine normalen Bemühungen

---

[69] Zur Beweislastverteilung bei einem Streit über Inzahlunggabe oder Agentur s. OLG Hamm 30. 4. 1975, NJW 1976, 53.
[70] OLG Hamm 1. 12. 1992, OLGR 1993, 98.
[71] OLG Frankfurt 28. 3. 2002, OLGR 2002, 171 (von BGH 30. 10. 2002, NJW 2003, 505 bestätigt).

um einen Weiterverkauf fortsetzen, insoweit also auch verkaufsfördernde Veränderungen am Fahrzeug vornehmen. Allein wegen der Möglichkeit des Fehlschlagens der Nacherfüllung mit eventuell anschließender Rückabwicklung besteht keine Verpflichtung, die Verkaufsbemühungen zu beenden und das Fahrzeug für eine etwaige Rückgabe an einem sicheren Ort bereit zu stellen.[72] Anders können die Dinge liegen, wenn der Händler weiß oder wissen muss, dass er sein Recht auf zweite Andienung aus tatsächlichen und/oder rechtlichen Gründen nicht wird realisieren können. Kennen und Kennenmüssen (Fahrlässigkeit sollte genügen) sind nicht auf die potenzielle Rücktrittserklärung des Käufers zu beziehen. Bezugspunkt sind die in seiner Sphäre liegenden Umstände, die eine Nacherfüllung scheitern lassen können.

b) Rücktritt

834 Erklärt der Neufahrzeugkäufer wegen eines (erheblichen) Mangels des Neuwagens berechtigterweise den Rücktritt, so sind die ausgetauschten Leistungen gem. §§ 437 Nr. 2, 323, 346, 348 BGB grundsätzlich in natura Zug um Zug zurückzugewähren.[73] Die Vertragsparteien sind so zu stellen, als wäre das eine rechtliche Einheit bildende Gesamtgeschäft nicht geschlossen worden. Folglich hat der Käufer den mangelhaften Neuwagen abzuliefern, während der Händler das empfangene Geld (Baranteil mit Verzinsung/Wertersatz nach § 347 Abs. 1 S. 1 BGB) sowie den noch vorhandenen Altwagen zurückzugeben hat. Zur Rückabwicklung bei der Konstellation „Leasing/Inzahlunggabe" s. Rn 861.

835 Solange die Rückgabe des Altwagens noch möglich ist, hat der lediglich rücktrittsberechtigte Neuwagenkäufer – in Ermangelung einer abweichenden Vereinbarung – nicht das Recht, statt seines Altwagens den dafür angerechneten Betrag zu verlangen. Das war bis Anfang der Achtziger Jahre strittig. Für die Praxis ist der Meinungsstreit durch die Entscheidung des BGH vom 30. 11. 1983[74] beendet worden. Sie zog die richtige Konsequenz aus der Annahme eines einheitlichen Geschäfts und entsprach dem Grundgedanken der Wandelung alten Rechts. Die Auffassung des BGH[75] hat auch die Zustimmung derer gefunden, die das Geschäft, abweichend von seiner Konstruktion, als typengemischten Vertrag qualifizieren.

836 An diesem Rückabwicklungsmodus ist – bei noch vorhandenem Altfahrzeug – für das **„neue" Recht** festzuhalten.[76] Dadurch, dass an die Stelle der Wandelung der Rücktritt getreten ist, hat sich in der Sache nichts geändert.[77] Neu ist die besondere „Rücktrittserheblichkeit" (§ 323 Abs. 5 S. 2 BGB). Dazu s. Rn 521 ff.

837 Der Neufahrzeughändler schuldet die Rückgewähr des in Zahlung genommenen Altwagens in dem Zustand, in dem er sich tatsächlich befindet. Hat er inzwischen einen **Wertverlust** erlitten, kommt es für einen Ausgleichsanspruch des Käufers auf die Gründe für die Wertminderung an (zum Anspruch auf Wert- und Schadensersatz s. Rn 840 ff.).

838 An Stelle des noch beim Händler stehenden Altwagens den Anrechnungsbetrag zu beanspruchen, war dem lediglich zur Wandelung (nicht wahlweise zum Schadensersatz nach § 463 BGB a. F.) berechtigten Neuwagenkäufer bei noch möglicher Rückgabe nur kraft einer entsprechenden Vereinbarung gestattet. Wurde der Anrechnungspreis als ‚Anzahlung' bezeichnet und formularmäßig vereinbart, dass diese vom Verkäufer im Falle der Ver-

---

72 Vgl. auch OLG Frankfurt 28. 3. 2002, OLGR 2002, 171, 173.
73 BGH 20. 2. 2008, NJW 2008, 2028.
74 BGHZ 89, 126 = NJW 1984, 429.
75 Bestätigt durch BGH 30. 10. 2002, NJW 2003, 505; BGH 28. 11. 1994, NJW 1995, 518; BGH 7. 5. 1997, NZV 1997, 432; BGH 19. 6. 1996, NJW 1996, 2504; s. auch BGH 28. 5. 1980, NJW 1980, 2190 (kommissionsweise Hereinnahme).
76 BGH 20. 2. 2008, NJW 2008, 2028; *Reinicke/Tiedtke*, Kaufrecht, Rn 1028.
77 Vgl. auch *Binder*, NJW 2003, 393, 398.

tragsauflösung zurückzuzahlen sei,⁷⁸ so kam es auf den vereinbarten Anrechnungspreis an. Im Zweifel ist der Vertrag nicht in dieser Weise zu deuten.

Eine andere Auslegung könnte bei Inzahlungnahme eines Altwagens geboten sein, für den der Händler vom Hersteller/Importeur eine **Abwrackprämie** oder eine vergleichbare Vergütung erhält und dem Neufahrzeugkäufer als Kaufanreiz verspricht. Doch auch in diesem Fall muss es dabei bleiben: Solange der Händler den Altwagen noch zurückgeben kann, geht seine Rückgewährpflicht auf den Baranteil und den Altwagen, d. h. dem Neuwagenkäufer kommt die Prämie nicht zugute. Der Fall unterscheidet sich also nicht von dem Normalfall der Inzahlungnahme mit verdecktem Rabatt (zur Situation bei einer Verschrottung vor Rücktritt s. Rn 842). **839**

Weiterveräußerung des Altfahrzeugs: Nach früherem Recht konnte dem Neuwagenkäufer im Fall der Veräußerung des Altwagens ein **Anspruch auf Schadensersatz** nach den §§ 467, 347 S. 1 BGB a. F. i. V.m. § 989 BGB zustehen.⁷⁹ Dessen Bemessung war strittig.⁸⁰ Nach heutigem Recht steht einem Neufahrzeugkäufer, der nur zum Rücktritt berechtigt ist, im Fall einer Weiterveräußerung seines Altwagens vor Rücktrittserklärung grundsätzlich weder ein Schadensersatzanspruch noch ein Anspruch auf Auszahlung des Erlöses als Surrogat i. S. d. § 285 BGB zu.⁸¹ Was er beanspruchen kann, ist **Wertersatz nach § 346 Abs. 2 S. 1 Nr. 2 BGB**. Die Veräußerung der empfangenen Sache ist hier ausdrücklich genannt. Aufgrund der Veräußerung muss die Rückgabe unmöglich sein. Ein bloßer Verkauf reicht nicht aus; das dingliche Geschäft muss hinzukommen, wobei ein Verkauf unter Eigentumsvorbehalt genügt. **840**

Umstritten ist die **Bemessung** des Wertersatzanspruchs. Gem. § 346 Abs. 2 S. 2 BGB ist der Berechnung des Wertersatzes die Gegenleistung, sofern im Vertrag bestimmt, zugrunde zu legen. Ein Rückgriff auf den objektiven Wert (Zeitwert, Wiederbeschaffungswert) ist demnach grundsätzlich unzulässig.⁸² Nach der Einordnung durch den BGH steht die Hingabe des Altwagens außerhalb des Synallagmas. Gegenleistung des Käufers ist der volle Kaufpreis. Den Altwagen hat der Händler weder gekauft noch eingetauscht. Bei einem reinen Tausch bestünde die Gegenleistung in dem mangelhaften Neufahrzeug. Der Tauschwert müsste berechnet werden. Bei Annahme einer Mischung aus Kauf und Tausch ist der Wertersatz nach der **vertraglichen Bewertung des Altfahrzeugs** zu bemessen. Das ist der vereinbarte Anrechnungsbetrag (Verrechnungspreis). Ebenso liegen die Dinge, wenn man der Generallinie des BGH folgt.⁸³ Zur Ermittlung des Anrechnungsbetrages s. Rn 858 ff. **841**

Gegen die Verpflichtung des Neufahrzeughändlers, bei Unmöglichkeit der Rückgabe in Natur Wertersatz in Höhe des Anrechnungsbetrages zu leisten, kann nicht ins Feld geführt werden, der Neuwagenkäufer profitiere unangemessen von der Weiterveräußerung. Kann ihm der Altwagen nicht mehr zurückgegeben werden, fehlt er als Finanzierungsmittel bei einem Deckungskauf. Dieser Nachteil wird kompensiert, wenn man den Anrechnungsbetrag bei der Bemessung des Wertersatzes zugrunde legt.

Sonderfall Verschrottung: Ist der Altwagen nicht weiterveräußert, sondern im Zeitpunkt der Rücktrittserklärung schon **verschrottet** (eine Umgestaltung i. S. v. § 346 Abs. 2 Nr. 2 BGB oder ein Untergang i. S. v. Nr. 3), darf der Neuwagenkäufer im Fall einer ihm gewährten **Abwrackprämie** (‚Anreizprämie') nicht auf den oft erheblich niedrigeren Zeit- **842**

---
78 So im Fall BGHZ 89, 126, 136.
79 BGH 30. 11. 1983, BGHZ 86, 126, 135 (insoweit in NJW 1984, 429 nicht abgedruckt); die Rede ist von ‚Wertersatz', gemeint ist aber Schadensersatz.
80 Siehe Vorauflage Rn 657.
81 Für Anwendbarkeit des § 285 BGB *Reinicke/Tiedtke*, Kaufrecht, Rn 1029.
82 OLG Saarbrücken 26. 7. 2007, OLGR 2007, 773.
83 Vgl. *Reinicke/Tiedtke*, Kaufrecht, Rn 1029.

wert verwiesen werden.[84] Dieser Betrag reicht erfahrungsgemäß nicht aus, um ein gleichwertiges Ersatzfahrzeug zu beschaffen. Abgesehen davon hat der seriöse Fachhandel, die einzig zumutbare Einkaufsquelle, derart alte Gebrauchtwagen erfahrungsgemäß nicht im Angebot. Im Übrigen würde auch die berechtigte Erwartung des Neuwagenkäufers enttäuscht, dass der günstige Anrechnungspreis einem ‚Festpreis' zumindest nahe kommt. Deshalb ist er und nicht der Zeitwert/Verkehrswert für die Höhe des Wertersatzanspruchs maßgebend. Ebenso wie im Normalfall des verdeckten Rabatts entscheidet die vertragliche Bewertung. Wer mit dem OLG Düsseldorf[85] (nach altem Recht) auf den – niedrigeren – Verkehrswert abstellt, muss der Frage nachgehen, ob der Käufer in dem für die Wertbemessung maßgeblichen Zeitpunkt (Rücktrittserklärung) eine Verschrottungsprämie bei einem anderen Autohaus hätte erzielen können.

843 **Beweislastverteilung bei strittiger Weiterveräußerung/Verschrottung:** Behauptete der (nur wandelungsberechtigte) Neuwagenkäufer, der Händler könne den Altwagen nicht mehr herausgeben, z. B. wegen zwischenzeitlicher Veräußerung, und wollte er mit diesem Vortrag Auszahlung des Anrechnungsbetrages erreichen, so hatte er nach früherem Recht das Unvermögen des Händlers zur Rückgabe zu beweisen.[86] An dieser Beweislastverteilung hat sich nichts geändert. Wer Wertersatz verlangt, muss die Voraussetzungen dafür nach Grund und Höhe beweisen. Hinsichtlich des Verbleibs des Altwagens trägt der Händler eine **sekundäre Darlegungslast**.

844 **Sonderfall Rückerwerb des Altwagens:** Sollte der Händler nach einer Weiterveräußerung den Besitz am Altwagen ausnahmsweise zurückerworben haben, weil der Altwagenkäufer seinerseits den Rücktritt erklärt hat oder weil sich der Händler kulanterweise zur Rücknahme bereit erklärt hat, gilt Folgendes: Den Anrechnungspreis kann der vom Vertrag zurücktretende Neuwagenkäufer aus den unter Rn 835 ff. genannten Gründen nicht verlangen. Die Alternative kann nur lauten: Rückgabe des Altwagens und Ausgleich für etwaigen Wertverlust oder Erstattung des gesamten Fahrzeugwertes. Für beide Lösungen sprechen gute Gründe. Gesetzeskonformer ist die Rückabwicklung, die den Neuwagenkäufer wieder in den Besitz seines Altwagens bringt. Nach der Grundentscheidung des Gesetzgebers soll der Käufer beim gesetzlichen Rücktritt als Nachfolger der Wandelung so gestellt sein, als hätte er sich auf den Vertrag nicht eingelassen. Sofern die faktische Ausgangssituation wiederhergestellt werden kann, hat sich die Rückabwicklung nach den tatsächlichen Gegebenheiten zu richten. So zu tun, als sei der wieder im Besitz des Händlers befindliche Altwagen rechtlich nicht mehr vorhanden, ist umso weniger gerechtfertigt, als der Neuwagenkäufer etwaige Werteinbußen (z. B. durch eine weitere Haltereintragung) nicht in jedem Fall entschädigungslos hinzunehmen braucht.

845 **Sonderfall Umgestaltung:** Der in § 346 Abs. 2 Nr. 2 BGB gleichfalls genannte Fall der Umgestaltung wird bei der Inzahlungnahme eines Kraftfahrzeugs kaum praktisch werden, sieht man einmal von der ‚Verschrottung' ab (dazu Rn 842). Erst wenn eine neue Sache, also ein anderes Auto oder ein Klumpen Blech, entstanden ist, kann von einer ‚Umgestaltung' gesprochen werden; nicht schon beim Einbau eines anderen Motors, bei einer Neulackierung oder einer ähnlichen Maßnahme. Was der Händler beseitigen kann, hat er zu entfernen. Weigert er sich, kann er sich schadensersatzpflichtig machen (§§ 346 Abs. 4, 280 Abs. 1 BGB). Für notwendige Verwendungen steht ihm ein Ersatzanspruch zu (§ 347 Abs. 2 BGB).

---

84 Anders für den Schadensersatzanspruch nach §§ 467 S. 1, 347 S. 1 BGB a. F. OLG Düsseldorf 24. 4. 1998, NJW-RR 1998, 1752 = NZV 1998, 466.
85 Urt. v. 24. 4. 1998, NJW-RR 1998, 1752 = NZV 1998, 466.
86 So BGH 19. 6. 1996, NJW 1996, 2504 unter III, 1; OLG Düsseldorf 22. 11. 1993, MDR 1994, 347 = OLGR 1994, 45.

Sonderfälle Untergang und Verschlechterung: Ein Wertersatzanspruch entsteht nach **846** § 346 Abs. 2 S. 1 Nr. 3 BGB auch, wenn das in Zahlung genommene Fahrzeug untergegangen ist oder sich verschlechtert hat. Von der Pflicht zum Wertersatz ausdrücklich ausgenommen ist diejenige Verschlechterung, die durch die bestimmungsgemäße Ingebrauchnahme entstanden ist. Der anschließend aus dem bestimmungsgemäßen Gebrauch erwachsende Wertverlust ist gleichfalls nicht zu ersetzen. Argument: Kunde erhält Nutzungsvergütung. Eine Minderung des Wertes und/oder des Zustands durch **Probefahrten** oder durch die **Ausstellung des Fahrzeugs** im Händlerbetrieb löst keine – von einem Verschulden unabhängige – Wertersatzpflicht aus, erst recht keinen (verschuldensabhängigen) Anspruch auf Schadensersatz.

Ein allein auf der **Standzeit** beruhender **Wertverlust** des Altwagens ging schon nach altem Recht grundsätzlich zu Lasten des Käufers, obgleich er die Rückabwicklung bei Mangelhaftigkeit des Neufahrzeugs nicht zu verantworten hat.[87] **847**

Den Neuwagenkäufer das Wertverlustrisiko tragen zu lassen, wird man besonders dann **848** als Härte empfinden, wenn die Rücknahme erst Jahre nach Übergabe des Altwagens erfolgt. Immer längere Garantiefristen beim Neufahrzeugkauf und/oder die Dauer gerichtlicher Auseinandersetzungen um die Berechtigung zum Rücktritt können zu einem spürbaren Nachteil für den Käufer führen. Nach altem Recht war das ein ‚Ausfluss der gesetzgeberischen Grundentscheidung in den Vorschriften der §§ 467, 346 ff. BGB', mit denen dem Käufer ein Ausgleich für alle Nachteile nicht eingeräumt wurde (BGHZ 89, 126, 134).[88] Das schloss jedoch in Härtefällen nicht aus, den Begriff der Verschlechterung in § 347 S. 1 BGB a. F. ‚großzügig' auszulegen oder eine vertragsrechtliche Korrektur anhand der typischen Interessenlage vorzunehmen. Das neue Recht ist in diesem Punkt nicht weniger flexibel.

Vom Anspruch auf Wertersatz wegen Verschlechterung der Sache mit seinen speziellen **849** Ausschlusstatbeständen (u. a. eigenübliche Sorgfalt, s. dazu Rn 577 ff.) ist der **Anspruch auf Schadensersatz** zu trennen. Wegen Verletzung einer Pflicht aus dem Rückgewährschuldverhältnis kann der Händler nach Maßgabe der §§ 280 bis 283 BGB haften (§ 346 Abs. 4 BGB). Dazu s. Rn 643 f. Eine Pflicht zur sorgsamen Behandlung des übernommenen Altfahrzeugs entsteht erst, wenn der Händler weiß oder wissen muss, dass die Rücktrittsvoraussetzungen vorliegen. An die Stelle der „eigenüblichen Sorgfalt" tritt jetzt – schon vor dem Rücktritt – der Haftungsmaßstab des § 276 BGB, d. h. der Händler haftet schon für einfache Fahrlässigkeit. Das kann Auswirkungen auf die Beurteilung von Versäumnissen im Zusammenhang mit der Verwahrung des Fahrzeugs haben (zur ähnlichen Situation beim Vermittlungsauftrag mit nur möglicher Rückgabepflicht s. Rn 1240).

Das Unterlassen eines Weiterverkaufs des im Zeitpunkt der Rücktrittserklärung noch **850** vorhandenen Fahrzeugs kann dem Händler selbst bei einem günstigen Kaufangebot nicht als Pflichtverletzung angelastet werden. Zu erwägen ist, ihm eine Informationspflicht aufzuerlegen. Nach erklärtem Rücktritt ist es grundsätzlich Sache des Inzahlunggebers, sich um das Altfahrzeug zu kümmern. Bei ungeklärter Sach- und Rechtslage hinsichtlich des Neufahrzeugs kann ein Teilvergleich über den Altwagen sinnvoll sein (Veräußerung durch den Händler oder Sofortrücknahme durch den Käufer).

Sonderfall „Kreditablösung": In welcher Weise nach Rücktrittsrecht rückabzuwickeln **851** ist, wenn der Händler den vollen Kaufpreis für den Neuwagen und den Altwagen des Kunden erhalten hat, diesen aber von einer Darlehensverbindlichkeit durch Ablösung eines Kredits für den Altwagen befreit hat, ergibt sich aus der Entscheidung des BGH vom

---
87 BGH 30. 11. 1983, BGHZ 89, 126 = NJW 1984, 429.
88 Vgl. auch BGH 28. 11. 1994, NJW 1995, 518; BGH 30. 10. 2002, NJW 2003, 505 (Händlerleasing mit Inzahlungnahme).

20. 2. 2008.[89] Über die Rückabwicklung des Kaufvertrages über den – mangelhaften – Neuwagen war man sich einig; strittig waren allein die Modalitäten, insbesondere die Behandlung des **versteckten Preisnachlasses**, den der Händler in der Weise gewährt hat, dass er eine Kreditschuld übernommen hat, die um ca. 6.000 EUR über dem (im Vertrags angesetzten) Wert des Altfahrzeugs lag. Nach Ansicht des BGH hat der Käufer dem Händler den Wert der Forderung zu ersetzen, von der er abredegemäß befreit worden ist. Der Betrag entspreche der Ablösesumme, nicht etwa dem um rund 6.000 EUR niedrigeren Wert des Altwagens. Der Wertersatzanspruch des Händlers sei, so der BGH weiter, mit dem Anspruch des Klägers auf Rückzahlung des Kaufpreises **zu saldieren**, ein Modus, der im Rücktrittsfolgenrecht sonst nicht praktiziert wird.[90]

852 Was den – noch nicht weiterveräußerten – Altwagen angeht, so nimmt der BGH eine Pflicht des Händlers zur Rückübereignung an, nicht verkennend, dass der Wagen bei Abschluss des Gesamtgeschäfts nicht im Eigentum des Käufers, sondern im Sicherungseigentum einer Bank gestanden hat.[91]

c) Schadensersatz statt der Leistung

853 Machte ein Neuwagenkäufer **im früheren Recht** den auf Rückabwicklung gerichteten großen Schadensersatz aus § 463 BGB a. F. geltend, z. B. wegen Fehlens der zugesicherten Eigenschaft ‚fabrikneu', so konnte er außer dem gezahlten Kaufpreisteil auch den für seinen Altwagen auf den Kaufpreis angerechneten Geldbetrag verlangen; auch eine ‚Verschrottungsprämie' blieb ihm erhalten. Diese käufergünstige Abrechnung war unabhängig davon, ob der Altwagen noch im Besitz des Händlers war oder nicht. Auch insoweit unterschied sich die schadensersatzrechtliche Lösung von der Abwicklung bei Wandelung. An dieser Differenzierung, die der Bundesgerichtshof überzeugend begründet hat,[92] ist für das **neue Recht** festzuhalten.[93] Rechtsprechung dazu liegt noch nicht vor.

854 Dass dem Kunden als Auswirkung der verschärften Händlerhaftung in jedem Fall die Möglichkeit eröffnet ist, die Rücknahme seines Altwagens zu verweigern und stattdessen zusammen mit dem gezahlten Betrag den Anrechnungsbetrag zu fordern,[94] trifft nur in der Theorie zu. Richtig ist zwar, dass der Händler nicht erst bei Arglist oder gebrochener Zusicherung/Garantie zum Schadensersatz verpflichtet ist. Vielmehr haftet er bereits bei bloßer Fahrlässigkeit, die zudem gesetzlich vermutet wird. Doch nur wenn der Händler sich nicht nach den §§ 280 Abs. 1, 311 a Abs. 2 BGB entlasten kann, ist er seinem Kunden zum Schadensersatz statt der Leistung verpflichtet (zu den Einzelheiten dieses Anspruchs s. Rn 1828 ff.).

855 Da ein reiner Neuwagenhändler (keine Werksvertretung/Werksniederlassung) bei technischen Mängeln gute Exculpationschancen hat, wird es regelmäßig bei einer rein rücktrittsrechtlichen Rückabwicklung nach den unter Rn 834 ff. dargestellten Grundsätzen bleiben. Anders liegen die Dinge bei der Konstellation ‚Gebraucht auf Gebraucht'. Zum Entlastungsbeweis beim Verkauf eines Gebrauchtfahrzeugs s. Rn 1777 ff.

856 Beim **kleinen Schadensersatz** (statt der Leistung) bleibt der Käufer im Besitz des mangelhaften Neufahrzeugs bzw. des neuen Gebrauchten. Schadensersatzrechtlich ist er so zu stellen, wie er bei Mangelfreiheit des gekauften Fahrzeugs gestanden hätte. Die Differenz zwischen dem Wert im mangelfreien Zustand und dem Wert im mangelhaften Zustand

---

89 NJW 2008, 2028; s. a. Brand OLG 30. 9. 2008 – 6 U 136/07 – n. v.
90 Deshalb Kritik von *Gsell*, NJW 2008, 2002.
91 Kritisch zu diesem Teil der BGH-Entscheidung vom 20. 2. 2008 *Gsell*, NJW 2008, 2002.
92 Urt. v. 28. 11. 1994, BGHZ 128, 111 = NJW 1995, 518.
93 So auch *Reinicke/Tiedtke*, Kaufrecht, Rn 1029.
94 So *Reinicke/Tiedtke*, Kaufrecht, Rn 1029; *Binder*, NJW 2003, 393, 398.

macht den Mindestschaden aus. Auf den Kaufpreis für den Neuwagen kommt es hiernach nicht an, so dass offen bleiben kann, ob er in voller Höhe eine Geldschuld ist oder sich aus Geld und Sachleistung zusammensetzt.

d) Minderung

Für die Minderung kommt es auf den vereinbarten Kaufpreis an, denn er ist Gegenstand der Herabsetzung. Bei Annahme eines einheitlichen Kaufvertrages mit voller Geldschuld (BGH-Lösung) ist auf den nominellen Kaufpreis abzustellen. Wer einen Mischvertrag aus Kauf und Tausch befürwortet, muss den Tauschteil bewerten. Ob dann auf den Anrechnungsbetrag oder auf den (zumeist niedrigeren) wahren Wert des Altfahrzeugs abzustellen ist, ist nicht unproblematisch.[95] Mit einer Schätzung anhand der Kosten für die Beseitigung des Mangels kann man sich aus dem Dilemma befreien; s. auch Rn 656 ff.

857

e) Der Anrechnungsbetrag (Verrechnungspreis)

Wenn es auf die Höhe des Anrechnungsbetrages ankommt, herrscht häufig Streit.[96] Mitunter wird auch darüber gestritten, ob der Betrag ein Festbetrag ist oder unter einem Vorbehalt steht, z. B. dem Ergebnis einer noch durchzuführenden Prüfung.[97] Wie zahlreiche Streitigkeiten zeigen, weichen die Notierungen und Erklärungen im Neuwagen-Bestellschein häufig von denen ab, die im Ankaufvertrag stehen. Das betrifft vor allem den Anrechnungspreis. Autohäuser versuchen diese Divergenz mit buchungstechnischen oder steuerlichen Gründen zu erklären. Den hereinzunehmenden Altwagen weisen sie in der Neufahrzeugbestellung mit einem deutlich niedrigeren Betrag aus, als es mit dem Kunden zuvor vereinbart ist. Die Differenz wird dann als Nachlass auf den Neuwagen (z. B. ‚Sondernachlass') deklariert. Neben dem Betrag für den Altwagen steht verschiedentlich ein Zusatz wie ‚Differenzbesteuerung'.

858

Die **Differenzbesteuerung** und der **verdeckte Preisnachlass** stellen Autohäuser vor erhebliche Probleme. **Umsatzsteuerlich** ist der Verkauf eines Neufahrzeugs unter Inzahlungnahme eines Gebrauchtwagens ein **Tausch mit Baraufgabe**. Der eingetauschte Gebrauchtwagen wird mit seinem tatsächlichen Wert angesetzt. Wird nun ein verdeckter Preisnachlass gewährt, geht nicht der höhere Inzahlungnahmepreis, sondern der niedrigere tatsächliche Wert in die Bemessungsgrundlage für den Neufahrzeugumsatz ein. Wird das in Zahlung genommene Gebrauchtfahrzeug unter Anwendung der Differenzbesteuerung weiterverkauft, so bemisst sich dieser Umsatz nach der Differenz zwischen Verkaufspreis und Einkaufspreis. Liegt der Verkaufspreis für den in Zahlung genommenen Altwagen unter dem Einkaufspreis (wird mit dem tatsächlichen Wert gleichgesetzt), hat der Händler also ein ‚Minusgeschäft' gemacht, kann ein verdeckter Preisnachlass beim Neufahrzeug umsatzsteuermindernd geltend gemacht werden.

859

Zivilrechtlich ist entscheidend, was die Parteien tatsächlich vereinbart haben.[98] Die steuerlichen Aspekte sind für einen Durchschnittskunden nicht verständlich. Für die notwendige Klarheit hat der Händler zu sorgen. Seine Erklärungen in den Vertragsurkunden haben die Vermutung der Richtigkeit und Vollständigkeit für sich. Diese Vermutungswirkung entfällt jedoch, wenn im Neuwagenbestellschein und im Ankaufschein widersprüchliche Angaben stehen. Doch selbst wenn sie vordergründig miteinander harmonieren, erscheint es nicht gerechtfertigt, dem Neufahrzeugkäufer die Beweisführungspflicht dafür

860

---

95 Vgl. *Lennartz*, S. 46.
96 Typisch ist der Sachverhalt in der Sache LG Paderborn, Urt. v. 23. 11. 2007 – 4 O 370/07 – n. v.; s. auch OLG Saarbrücken 26. 7. 2007, OLGR 2007, 773.
97 Dazu LG Duisburg 30. 10. 2007 – 6 O 179/07 – n. v. (rechtskräftig nach Berufungsrücknahme).
98 OLG Saarbrücken 26. 7. 2007, OLGR 2007, 773 (für die Bemessung des Wertersatzes); LG Paderborn 23. 11. 2007 – 4 O 370/07 – n. v.

aufzuerlegen, dass er mit dem Autohaus einen höheren Anrechnungsbetrag als schriftlich fixiert ausgehandelt hat. Vielmehr ist es Sache des Autohauses, die Gründe für die konkrete Preisgestaltung nachvollziehbar zu erläutern und insbesondere darzulegen, warum auf den Neuwagenpreis ein vermeintlich offener Nachlass bewilligt worden ist. Bleiben trotz näherer Darlegungen des Autohauses Zweifel am wirklich Gewollten, muss in die Beweisaufnahme eingetreten werden.[99] Wenn erwiesen ist, dass die Parteien sich mündlich auf den höheren Anrechnungspreis verständigt haben, ist dieser auch dann maßgebend, wenn der Autohausangestellte im Neufahrzeug-Bestellschein einen niedrigeren Betrag verbunden mit einem offenen Nachlass notiert hat.[100] Bleibt die mündliche Preisabsprache ungeklärt, sollte man dem Autohaus die Beweislast für seine Behauptung auferlegen, dass der (ausgewiesene) niedrigere Betrag der tatsächlich vereinbarte Anrechnungspreis ist. Aus der Sicht der Kunden wird bei Inzahlungnahmen ein Rabatt nicht offen, sondern ‚verdeckt' gewährt, nämlich durch Überbewertung der Altfahrzeuge.

f) Wegfall der Geschäftsgrundlage und bereicherungsrechtliche Rückabwicklung

861 Nach st. Rspr. hat bei **Leasingverträgen** der Vollzug der Wandelung des Kaufvertrages den Wegfall der Geschäftsgrundlage für den Leasingvertrag zur Folge gehabt. Die Rückabwicklung vollzog sich dann nach Bereicherungsrecht. Diesen Ausgangspunkt hat das OLG Frankfurt auch in einem Fall mit **vereinbarter Rückabwicklung** eines **Leasingvertrages** mit Inzahlungnahme gewählt.[101] Allerdings ging es um ‚**Händlerleasing**', bei dem Leasinggeber und Lieferant identisch sind. Entsprechend den Rückabwicklungsregeln im Wandelungsfall hat das OLG dem Leasingnehmer/Inzahlunggeber bei noch abholbereitem (und von ihm auch abgeholtem) Altwagen keinen Anspruch auf Rückzahlung der durch Hingabe des Altwagens ersetzten Mietsonderzahlung gegeben. Der Rückgewähranspruch sei trotz zwischenzeitlichen Wertverlustes auf den Altwagen in Natur gerichtet. **Der BGH**[102] hat diese Entscheidung bestätigt, jedoch offen gelassen, ob Bereicherungsrecht gilt oder die Rücktrittsvorschriften anzuwenden sind. Wie die Rückabwicklung unter sonst gleichen Umständen (mangelhafter Leasingwagen, Inzahlungnahme statt Mietsonderzahlung) im Dreiecksverhältnis Händler/Leasinggesellschaft/Leasingnehmer zu erfolgen hat, ist dem BGH-Urteil vom 30. 10. 2002[103] nicht zu entnehmen.[104]

862 **Bereicherungsrechtliche Rückabwicklung nach Arglistanfechtung:** Dass ein Neufahrzeugkäufer über Fahrzeugmängel arglistig getäuscht wird, kommt erfahrungsgemäß selten vor. Bei der Konstellation ‚Gebraucht auf Gebraucht' ist eine Rückabwicklung nach erfolgreicher Anfechtung wegen arglistiger Täuschung durchaus praxisrelevant. Zu den Einzelheiten s. Rn 2189.

2. Mangel des Gebrauchtfahrzeugs

863 Die unterschiedlichen Vertragskonstruktionen führen zu unterschiedlichen Ergebnissen vor allem dann, wenn das in Zahlung gegebene Gebrauchtfahrzeug einen Mangel i. S. d. § 434 BGB hat. Zur praktisch wichtigsten Fallgruppe – Inzahlungnahme eines „Unfallfahrzeugs" – siehe Rn 2131.

---

99 Vgl. LG Paderborn 23. 11. 2007 – 4 O 370/07 – n. v.
100 LG Kleve 14. 4. 2000 – 5 S 2/00 – n. v.
101 Urt. v. 28. 3. 2002, OLGR 2002, 171.
102 Urt. v. 30. 10. 2002, NJW 2003, 505.
103 NJW 2003, 505.
104 Dazu *F. Graf von Westphalen*, BB 2004, 2025; einen Teilaspekt nach gescheitertem Leasingvertrag erörtert der Hinweisbeschluss des OLG Düsseldorf v. 12. 2. 2008 – I-10 U 117/07 – n. v.

Störfälle

Bevor der Händler auf die Rechtsbehelfe der zweiten Ebene (Minderung, Rücktritt, Schadensersatz) zurückgreifen kann, muss dem Recht des Inzahlunggebers auf „zweite Andienung" Rechnung getragen werden. Der Nacherfüllungsvorrang gilt auch ihm Rahmen der Gewährleistung für eine an Erfüllungs Statt hingegebenen Sache (§ 365 BGB). Ob insoweit Unterschiede je nach typologischer Einordnung zu machen sind, ist schon deswegen gerichtlich ungeklärt, weil die Instanzgerichte, dem BGH folgend, auf **§ 365 BGB** zurückgreifen. Für alle Ansichten gilt: Nachlieferung scheidet im Regelfall nach dem mutmaßlichen Parteiwillen aus (s. Rn 1683 ff.). Nachbesserung kommt nur bei behebbaren Mängeln in Frage, also nicht bei Unfallvorschäden und zu hoher Gesamtfahrleistung, den beiden wichtigsten Praxisfällen.

Da der Inzahlunggeber bei einem unbehebbaren Mangel von seiner Mängelbeseitigungspflicht gem. § 275 Abs. 1 BGB freigestellt ist, kann der Händler in einem solchen Fall sofort, d. h. ohne vorherige Fristsetzung, Minderung oder Rücktritt und/oder Schadensersatz statt der Leistung verlangen.[105] Bei einem behebbaren Mangel hat ein Käufer diese Möglichkeiten erst, wenn die Nachbesserung fehlgeschlagen ist (s. dazu Rn 477 ff.). Noch nicht entschieden haben die Gerichte, ob die für den „normalen" Fahrzeugverkauf geltenden Regeln zu modifizieren sind, wenn Abnehmer des mangelhaften Gebrauchtfahrzeugs ein Händler ist, der seinerseits ein anderes Fahrzeug verkauft hat.[106] 864

Bei Annahme eines **Doppelkaufs** erstrecken sich die Sachmängelrechte des Inzahlungnehmers nur auf das mangelhafte Gebrauchtfahrzeug. Das Neufahrzeuggeschäft bleibt unberührt, gleichviel, welches der unterschiedlichen Rechte ausgeübt wird. Dagegen führt der **Rücktritt des Händlers** wegen Mangelhaftigkeit des Altwagens zur Rückabwicklung des **gesamten Vertrages,** wenn man einen **einheitlichen Tauschvertrag** annimmt. Macht der Händler anstelle des Rücktritts von seinem Recht auf **Minderung** Gebrauch, ist zu beachten, dass die Wertansätze (Tauschpreise) bloße Rechnungsposten sind; die Minderung wird danach beim Tausch nicht unter Zugrundelegung des Anrechnungsbetrages für den Gebrauchtwagen, sondern in Bezug auf den Neuwagenpreis ermittelt. 865

Bei Annahme eines **Mischvertrags aus Kauf und Tausch** (ebenso bei der Konstruktion einer anderweitigen „Typenmischung") erfasst der **Rücktritt** gleichfalls den **ganzen Vertrag,**[107] da ein einheitlicher Vertrag auch nur einheitlich stehen oder fallen soll.[108] Die Verknüpfung der beiden Teile in der Phase des Vertragsabschlusses wirkt bei der Rückabwicklung fort, sofern diese sich (ausschließlich) nach Rücktrittsregeln vollzieht. Das ist systemgerecht und entspricht der BGH-Ansicht bei Mangelhaftigkeit des Neufahrzeugs. Bei Mangelhaftigkeit des in Zahlung genommenen Fahrzeugs kann im Ausgangspunkt nichts anderes gelten. Die **Einheitlichkeit des Geschäfts** muss auch und gerade bei dieser Fallkonstellation gelten. Der Händler kann nicht – unter Rückgängigmachung nur des ‚Altwagenteils' – Zahlung des Verrechnungsbetrages verlangen. Vielmehr hat er den Altwagen zurückzugeben und den empfangenen Geldbetrag zurückzuzahlen, in der Regel abzüglich einer Nutzungsvergütung. Demgegenüber schuldet der Neufahrzeugkäufer die Rückgabe des Neuwagens mit Vergütung gezogener Nutzungen.[109] 866

Will der Händler das Neufahrzeuggeschäft nicht zur Disposition stellen, was in der Regel seinem Interesse entspricht, kann er – bei Ablehnung einer Ersetzungsbefugnis i. S. d. der 867

---
105 LG Duisburg 30. 10. 2007 – 6 O 179/07 – n. v. (Rücktritt sogar vor Ablieferung wegen eines Vorschadens, der bei einer Zustandsbewertung entdeckt worden war).
106 Dazu *Oechsler*, Schuldrecht BT, § 2 Rn 172.
107 So für die Wandelung OLG Oldenburg 28. 7. 1994, NJW-RR 1995, 689; LG Wuppertal 28. 6. 1996, NJW-RR 1997, 1416 für die Arglistanfechtung nach § 123 BGB; für das neue Recht ebenso *Haas* in Das neue Schuldrecht, Kap. 5 Rn 74.
108 *Pfister*, MDR 1968, 361, 363; OLG Oldenburg 28. 7. 1994, NJW-RR 1995, 689.
109 OLG Oldenburg 28. 7. 1994, NJW-RR 1995, 689.

BGH-Rechtsprechung – an Stelle des Rücktritts in analoger Anwendung der Vorschrift über die **Minderung** (§ 441 BGB, ggf. i. V. m. § 365 BGB) einen Wertausgleich in Geld beanspruchen. Der vereinbarte Anrechnungsbetrag für den Altwagen wird dann in dem Verhältnis herabgesetzt, in dem der Wert des mangelhaften Wagens den Wert des mangelfreien Wagens unterschreitet. Dabei bleibt dem Käufer, wenn er für seinen Wagen einen besonders günstigen Preis erzielt hat, ein entsprechender Vorteil (verdeckter Preisnachlass) erhalten.[110] Statt der Minderung kann der Händler auch den **kleinen Schadensersatz** wählen (§§ 437 Nr. 3, 280 Abs. 1, 3, 281 oder § 311 a Abs. 2 BGB). Auch in diesem Fall bleibt das Gesamtgeschäft bestehen, so dass der Käufer nicht voll nachschießen muss.

868 Nach der **Grundkonstruktion des BGH**[111] – einheitlicher Kaufvertrag mit Ersetzungsbefugnis – stehen dem Händler gem. § 365 BGB in Ansehung des Gebrauchtwagens die Rechte eines Käufers zu. Sein Kunde hat wie ein Verkäufer ‚Gewähr zu leisten'. Damit sind jetzt die Rechtsbehelfe des § 437 BGB gemeint. Erklärt der Händler den **Rücktritt**, erfasst dieses Gestaltungsrecht **nur den Gebrauchtwagen-Teil**, d. h. lediglich die mit der Hingabe des Altwagens eingetretene Rechtsfolge wird rückgängig gemacht.

869 Die **Rücktrittserklärung** kann darin gesehen werden, dass der Händler Zahlung des Anrechnungsbetrags als Restkaufpreis und Rücknahme des Altfahrzeugs verlangt.[112]

870 Da die Kaufpreisforderung infolge der Inzahlungnahme in Höhe des Anrechnungsbetrages nach § 364 Abs. 1 BGB erloschen ist, hatte der Händler bei der früheren Wandelung an sich nur einen Anspruch auf Wiederbegründung dieser erloschenen Teilkaufpreisforderung. Im Rechtsstreit konnte er jedoch nach der Herstellungstheorie unmittelbar auf Erfüllung des neu zu begründenden Anspruchs klagen.[113] Der Käufer musste also im Falle der Wandelung wegen eines Mangels an seinem Altfahrzeug den **vollen Neuwagenkaufpreis** zahlen. Die Ablösung der Wandelung durch den Rücktritt hat daran im Ergebnis nichts geändert.[114]

871 Da der **Rücktritt** bei Unerheblichkeit der Pflichtverletzung (hier: des Mangels) nach § 323 Abs. 5 S. 2 BGB **ausgeschlossen** ist, stellt sich ein Problem, das so im früheren Recht kein Thema war. Zur besonderen „Rücktrittserheblichkeit" s. Rn 521 ff.

Das Verschweigen von Vorschäden hat das LG Duisburg auch ohne Feststellungen zur Arglist ausreichen lassen.[115] Um auf dem Boden der BGH-Konstruktion zu sachgerechten Ergebnissen zu gelangen, steht den Instanzgerichten mit dem Kriterium der Erheblichkeit eine Art **Härteklausel** zur Verfügung.

872 Um die **Nachschusspflicht des Inzahlunggebers** abzumildern, haben Rechtsprechung und Schrifttum unter der Geltung des früheren Rechts vielfältige Lösungen entwickelt. Die Haftung des Autohauskunden für Sachmängel an seinem Altfahrzeug war und ist das **Kardinalthema** bei einem Kauf mit Inzahlungnahme (auch beim Händlerleasing mit Übernahme des Altwagens in Anrechnung auf die Mietsonderzahlung). Vor allem in dieser Situation muss sich die Leistungsfähigkeit einer jeden Konstruktion erweisen. Am wenigsten interessengerecht ist die Konzeption des BGH. Die Händlerinteressen werden zu stark betont.

---

110 *Pfister*, MDR 1968, 361, 365 mit Berechnungsbeispiel in Fn. 52; s. auch *Honsell*, Jura 1983, 523, 525.
111 Urt. v. 18. 1. 1967, BGHZ 46, 338; v. 30. 11. 1983, BGHZ 89, 126.
112 LG Duisburg 30. 10. 2007 – 6 O 179/07 – n. v.
113 BGH 18. 1. 1967, BGHZ 46, 338; OLG Frankfurt 28. 5. 1974, NJW 1974, 1823; OLG Oldenburg 24. 4. 1995 – 13 U 1/95, n. v. – Arglistfall.
114 *Reinicke/Tiedtke*, Kaufrecht Rn 1030; *Binder*, NJW 2003, 393, 397; *Dennhardt* in *Bamberger/Roth*, § 365 BGB Rn 4.
115 Urt. v. 30. 10. 2007 – 6 O 179/07 – n. v.

Auch die für den Regelfall vorzuziehende Konstruktion eines Mischvertrages aus **873**
Tausch und Kauf kann aus sich selbst heraus ohne Wertungskorrekturen nicht auf sämtliche
Fragen der Mängelhaftung eine befriedigende Antwort geben. So ist unter der Geltung des
alten Rechts für die Variante ‚Mischvertrag' nicht geklärt gewesen, welche Auswirkungen
Schadensersatzansprüche des Händlers haben. Rechtsprechung aus der letzten Zeit vor
der Schuldrechtsreform liegt lediglich für den Fall der Wandelung[116] und für die bereicherungsrechtliche Rückabwicklung nach Arglistanfechtung vor.[117]

Zumindest im Fall von Schadensersatzansprüchen des Händlers, die auf einem **vorsätz-** **874**
lichen Verhalten des Inzahlunggebers beruhen, ist es auch bei Annahme eines gemischten
Vertrages vertretbar, dem Händler einen Anspruch auf ‚Nachzahlung' gegen Rücknahme
des Altfahrzeugs zu geben. In einem Fall **arglistiger Täuschung** über einen Unfallvorschaden kann es demnach offen bleiben, welcher der verschiedenen Konstruktionen zu folgen
ist. Anders liegen die Dinge, wenn der Inzahlunggeber den Sachmangel/Pflichtverletzung
nicht zu vertreten hat, er aber infolge einer Garantieübernahme auch ohne Verschulden
einstandspflichtig ist. Zwischen diesen beiden Konstellationen liegen die Fälle der **Fahrlässigkeit** und des vermuteten Verschuldens, neuerdings ausreichend für eine Schadensersatzhaftung des Verkäufers/Inzahlunggebers.

Ausgangspunkt der Überlegungen sollte die Tatsache sein, dass Autohauskunden ihre **875**
Altfahrzeuge gewöhnlich **ohne ausdrückliche Haftungsfreizeichnung** in Zahlung geben
(s. Rn 788). Angesichts dieser – vor allem für private Inzahlunggeber – misslichen Ausgangslage war es naheliegend, den gesetzlichen Haftungsausschluss bei grober Fahrlässigkeit (§ 460 BGB a. F.) großzügig zu ihren Gunsten einzusetzen (s. Rn 1941) und darüber
hinaus stillschweigend bzw. konkludent vereinbarte Freizeichnungen in Betracht zu ziehen.
Zur Entwicklung und zum Stand der Rechtsprechung in dieser zweiten Frage s. Rn 1985.
Einher ging diese Entwicklung damit, an die Offenbarungspflicht des Inzahlunggebers
keine strengen Anforderungen zu stellen (s. dazu Rn 2131). Zurückhaltend war man auch
in der Annahme von Eigenschaftszusicherungen i. S. d. § 459 Abs. 2 BGB a. F.[118]

Den Käufer/Inzahlunggeber mit einer vollen Nachschusspflicht zu belasten, ist nicht in **876**
jedem Fall unbillig. Immerhin hat er mit der Lieferung des mangelhaften Altwagens den
entscheidenden Grund für die Vertragsstörung gesetzt. Dieser Gesichtspunkt schlägt jedenfalls dann zu seinen Lasten durch, wenn er den Händler erwiesenermaßen arglistig getäuscht hat oder wenn er ihm eine unrichtige Garantie gegeben hat, also in Fällen, in denen
nach altem Recht ein Schadensersatzanspruch aus § 463 BGB a. F. begründet war. Bei Annahme einer **umfassenden** – konkludent vereinbarten – **Freizeichnung** kann der Händler
Sachmängelrechte praktisch nur bei arglistiger Täuschung oder bei unrichtiger Beschaffenheitsgarantie geltend machen (§ 444 BGB). Das bedeutet andererseits nicht, dass der Händler seine schadensersatzrechtlich legitimierte Nachforderung an einem höheren Preis als
dem Vertragspreis ausrichten darf, etwa am Listenpreis.

Für den **Beginn der Verjährung** der Sachmängelansprüche des Händlers kommt es auf **877**
die endgültige Ablieferung des Altfahrzeugs an,[119] selbst wenn es dem Händler vor Übernahme des Neufahrzeugs übergeben worden ist. Näheres zur Verjährung s. Rn 1992 ff.

---

116 OLG Oldenburg 28. 7. 1994, NJW-RR 1995, 689.
117 Vgl. dazu LG Wuppertal 28. 6. 1996, NJW-RR 1997, 1416.
118 Die Angabe ‚unfallfrei' hat der BGH jedoch ohne Zögern als Zusicherung behandelt, BGHZ 46, 338 = NJW 1967, 553.
119 OLG Saarbrücken 13. 6. 2000, OLGR 2000, 525; OLG Stuttgart 8. 10. 1999 – 2 U 71/99 – n. v.

3. Störungen vor Geschäftsabwicklung

a) Unmöglichkeit der Lieferung des Gebrauchtfahrzeugs

878   Der Auffassung des BGH zufolge schuldet der Käufer als Gegenleistung für den Neuwagen ausschließlich eine (volle) Geldleistung. Kann er von seiner Ersetzungsbefugnis keinen Gebrauch machen, weil z. B. das Gebrauchtfahrzeug in der Zeit zwischen Vertragsabschluss und Vertragserfüllung zerstört worden ist, lässt dieser Umstand die Pflicht zur Zahlung des vollen Kaufpreises grundsätzlich unberührt. Nach der BGH-Konstruktion wird ein Käufer selbst bei einem unverschuldeten Totalschaden seines Altwagens nicht von seiner Geldschuld befreit,[120] auch nicht im Fall des Diebstahls oder eines anderweitigen Verlustes. Begründet wird dies damit, dass die Störung in der Sphäre des Käufers eingetreten ist.

Die regelmäßig nicht einkalkulierte und von den meisten Inzahlunggebern finanziell nicht ohne weiteres zu verkraftende Belastung mit dem vollen Kaufpreis hat *Behr*[121] im alten Schuldrecht durch ein Recht zum Rücktritt auffangen wollen. Der für Fälle unfallbedingter Unmöglichkeit vorgebrachte Einwand, es gehe nicht um Verschulden, sondern um die Betriebsgefahr des Autos, die der Halter zu Recht trage,[122] ist nicht stichhaltig. Das dem Halter in § 7 StVG zugewiesene, seit dem 1. 8. 2002 gesteigerte Haftungsrisiko betrifft die Haftung für Verletzung fremder Rechtsgüter. Für das eigene Auto bedeutet die Gefährdungshaftung keine Risikozuweisung. Auf dem Boden der BGH-Rechtsprechung ist an eine analoge Anwendung des § 275 Abs. 2 BGB oder an ein Lösungsrecht nach § 313 BGB zu denken.[123]

879   Erlangt der Käufer Schadensersatz vom Schädiger oder einer Versicherung, kann der Händler bei Annahme eines typengemischten Vertrages nach § 285 BGB Herausgabe des Surrogats verlangen. Da das Altfahrzeug nach dem BGH-Grundmodell nicht der geschuldete Gegenstand ist, kommt hiernach nur eine analoge Anwendung des § 285 BGB in Betracht. Greift der Händler auf das Surrogat zurück, bleibt seine Verpflichtung zur Lieferung des Neufahrzeugs bestehen, vorausgesetzt, dass sein Anspruch voll erfüllt wird.[124]

880   Geht man von einem **gemischten Vertrag** aus, ist es dem Händler im Falle nicht zu vertretender Zerstörung oder des Verlusts des Altwagens verwehrt, den Käufer auf Vollzahlung des Neuwagenkaufpreises in Anspruch zu nehmen. Ein solcher Anspruch hat, anders als nach der Ansicht des BGH, zu keinem Zeitpunkt bestanden. Er kann nicht dadurch entstehen, dass dem Neuwagenkäufer die Übergabe seines Altwagens aus Gründen, die er nicht zu vertreten hat, nachträglich unmöglich geworden ist. Da der Altwagen als Tauschteil Leistungsgegenstand war, liegt ein Fall der **Teilunmöglichkeit** vor. Sie strahlt auf den Vertragsrest aus. Der Anspruch des Händlers ist insgesamt ausgeschlossen (§ 275 Abs. 1 BGB). Seine Rechte bestimmen sich nach den §§ 280, 283 bis 285, 311 a und 326 BGB (§ 275 Abs. 4 BGB).

881   Bei Annahme eines **Doppelkaufs** sind die Rechtsfolgen nachträglicher Unmöglichkeit auf den Kauf zu beschränken, der von der Störung betroffen ist. Bei Zerstörung des Altfahrzeugs behält der Händler seinen Anspruch auf Bezahlung des Neuwagenpreises, so wie nach der BGH-Konstruktion. Zu denken ist an eine Vertragsanpassung gem. § 313 BGB.

---

120 BGH 18. 1. 1967, BGHZ 46, 338.
121 AcP 185, 401, 418.
122 *Soergel/Huber*, vor § 433 BGB Rn 215, Fn. 17.
123 Siehe *Binder*, NJW 2003, 393, 396.
124 Vgl. auch *Schulin*, JA 1983, 161, 165.

b) Verzug und Unmöglichkeit der Lieferung des Neufahrzeugs

Kann der Händler das bestellte Neufahrzeug nicht oder nicht rechtzeitig liefern, bestimmen sich die Rechte des Kunden vorrangig nach den vertraglichen Vereinbarungen einschließlich der Allgemeinen Geschäftsbedingungen. Zur Rechtslage bei einem Neufahrzeugkauf ohne Verbindung mit einer Inzahlungnahme s. Rn 42 ff. Die dort für den jeweiligen Grundfall entwickelte Lösung ist für den konkreten Fall mit Inzahlungnahme interessengerecht zu modifizieren. Zur Frage, ob der Verkäufer in Lieferverzug gerät, wenn er zwar im Besitz des in Zahlung genommenen Wagens ist, aber den Fahrzeugbrief noch nicht in Händen hat, s. OLG Düsseldorf OLGR 2000, 446. 882

Bei einer Lieferverzögerung von längerer Dauer kann der Wert des in Zahlung gegebenen Fahrzeugs sinken. Wenn diesem Umstand nicht im Wege der Vertragsauslegung Rechnung getragen werden kann, ist der Wertverlust schadenersatzrechtlich dem säumigen Verkäufer anzulasten (s. Rn 45). 883

Wählt der Käufer den **Anspruch auf Schadensersatz statt der Leistung**, hat er zwei Berechnungsmöglichkeiten: Er kann sich damit begnügen, die Wertdifferenz der gegenseitig geschuldeten Leistungen zu verlangen. Dies ist für ihn dann von Vorteil, wenn der Gebrauchtwagen mit einem seinen Verkehrswert übersteigenden Betrag (verdeckter Rabatt) in Zahlung genommen wurde. Hat er dagegen ein besonderes Interesse daran, seinen Gebrauchtwagen abzugeben, ist er berechtigt, seine Leistung – Übereignung des Gebrauchtwagens und Zahlung des Differenzbetrages – zu erbringen und von dem Händler Schadensersatz in Höhe des Neuwagenpreises zu verlangen. Dabei ist als Schadensposition der vereinbarte Preis für die Inzahlungnahme und nicht der tatsächliche Wert des Gebrauchtwagens anzusetzen; s. auch Rn 52.[125] 884

In Fällen des Lieferverzugs sind die Haftungsbegrenzungen im Abschn. IV NWVB zu beachten (dazu Rn 46). Wenn dort der ‚vereinbarte Kaufpreis' als Bezugsgröße der Haftungsbeschränkung genannt wird, so ist dies bei Annahme eines einheitlichen Kaufvertrages mit Ersetzungsbefugnis der volle Bruttokaufpreis. 885

Erklärt der Käufer den **Rücktritt**, so ist er mit seinem Recht, Schadensersatz zu verlangen, nicht ausgeschlossen (§ 325 BGB). Eine Rücktrittserklärung verbunden mit der Forderung, den vereinbarten Anrechnungspreis gegen Übereignung des Gebrauchtfahrzeugs zu zahlen, ist im zweiten Punkt das Verlangen nach Schadensersatz. 886

c) Scheitern des Neuwagengeschäfts wegen Ablehnung der Käuferofferte und sonstige Abschlussprobleme

In der Regel treffen die Parteien schon bei der Neuwagenbestellung eine Absprache über die Inzahlungnahme. Dabei wird der Anrechnungsbetrag festgelegt und zumindest im Bestellschein notiert (Näheres zum Geschäftsablauf und zu Preisabreden s. Rn 785 ff.). Übergeben wird das Altfahrzeug häufig erst zu einem späteren Zeitpunkt, meist bei Auslieferung des Neuwagens. Die Annahme der Käuferofferte (‚Bestellung eines neuen Kraftfahrzeugs') wird auch in Fällen mit Inzahlungnahme regelmäßig schriftlich bestätigt, entweder durch Unterschrift der ‚Verkäufer-Firma' direkt auf dem Neuwagenbestellschein (sog. Direktbestätigung) oder durch ein separates Schreiben des Autohauses innerhalb der Annahmefrist (vgl. Abschn. I Ziff. 1 NWVB). Der Vertragsabschluss wird also in der Regel nicht bis zur Auslieferung des Neuwagens in der Schwebe gehalten (2. Alternative im Abschn. I Ziff. 1 S. 2 NWVB). 887

Abweichend von den handelsüblichen Formularen können sich die Parteien sowohl über die Verbindung von ‚neu und alt' als auch über den Zeitpunkt des Vertragsschlusses ander- 888

---

125 LG Köln 21. 3. 1979 – 73 O 94/78 – n. v.

weitig einigen, ungeachtet einer Schriftformklausel auch durch mündliche Absprache oder durch konkludentes Verhalten. Diese Frage steht im Zentrum der Entscheidung des OLG Düsseldorf vom 30. 5. 2000.[126] In zutreffender Bewertung des Geschäftsablaufs und der beiderseitigen Interessenlage hat der Senat die Auffassung des LG korrigiert, der Kaufvertrag sei ohne schriftliche Bestätigung des Händlers zustande gekommen. Bestellung und Kaufvertrag sind, dem durchschnittlichen Verbraucher erkennbar,[127] zwei verschiedene Dinge.

889 An die Feststellung einer Einigung außerhalb des geschäftsüblichen, durch Formular und AGB näher ausgestalteten Rahmens sind strenge Anforderungen zu stellen. Autohäuser haben gerade in Fällen mit Inzahlungnahme ein berechtigtes Interesse daran, das Zustandekommen des Gesamtgeschäfts von einer schriftlichen Bestätigung der Geschäftsleitung abhängig zu machen. Kritischer Punkt ist die Höhe des Eintauschpreises/Anrechnungsbetrags. Insoweit möchte man sich das letzte Wort vorbehalten, nicht zuletzt aus steuerlichen Gründen. Verkaufsangestellte unterhalb der Ebene der Geschäftsleitung benötigen zur wirksamen Vertretung des Autohauses einer Vertretungsmacht, die sich nicht bereits aus einer analogen Anwendung des § 56 HGB ergibt.[128]

890 Für die Annahme eines verbindlichen Geschäftsabschlusses außerhalb der üblichen Bahnen und vorformulierter Regeln kann die Entgegennahme des Altwagens mit Schlüsseln und Papieren im Anschluss an die Unterzeichnung der Neuwagenbestellung zweifellos ein Indiz sein, zumal dann, wenn das Neufahrzeug vorrätig ist oder seine Auslieferung unmittelbar bevorsteht. Von Bedeutung kann insoweit auch sein, dass der Autohauskunde dem Verkaufsberater sogleich nach Unterzeichnung des Bestellscheins seinen Personalausweis und die Versicherungsdoppelkarte zur Fahrzeuganmeldung ausgehändigt hat.[129] Eine frühzeitige Übernahme des Altfahrzeugs kann sogar für ein eigenes Interesse des Händlers am Altfahrzeug sprechen und die Annahme eines Ankaufs unabhängig von dem Neuwagengeschäft nahe legen (zu diesem Aspekt s. OLG Hamm NJW 1975, 1520, 1521).

891 Die Vertragsabschlussfreiheit des Neufahrzeughändlers wird nicht dadurch eingeschränkt, dass er sich zur Inzahlungnahme des Kundenfahrzeugs bereit erklärt hat. Folglich lässt selbst eine objektiv grundlose Nichtannahme der Neuwagenbestellung die Inzahlungnahme scheitern,[130] gleichviel, ob man einen einheitlichen Kaufvertrag mit Ersetzungsbefugnis, einen typengemischten Vertrag oder zwei getrennte Kaufverträge mit Verrechnungsabrede annimmt. Abweichend hiervon hat das OLG Hamburg in einem Sonderfall (Übergabe des Altwagens vor schriftlicher Entschließung des Händlers) entschieden, der Händler habe den Altwagen zu behalten und den Anrechnungspreis in bar auszuzahlen.[131] Die Nebenabrede über die Inzahlungnahme stehe unter der Bedingung, dass der Neuwagenkauf zu Stande komme. Wenn der Händler die Annahme der Käuferofferte ohne triftigen Grund ablehne, müsse er sich nach § 162 BGB so behandeln lassen, als sei es zum Abschluss des Neuwagenkaufvertrages gekommen.

892 Selbst auf der Grundlage der Konstruktion im Sinne von BGHZ 46, 338, der das OLG Hamburg ausdrücklich gefolgt ist, kann seine Entscheidung nicht überzeugen.[132] Neuwagengeschäft und Inzahlungnahme sind nicht durch eine Bedingung im Rechtssinn miteinander verknüpft. Beide Teile sind Bestandteile eines einheitlichen Vertrages, sei es nun Kauf

---

126 MDR 2001, 86 = DAR 2001, 305.
127 Das Neuwagenformular ist auf der Vorderseite im Fettdruck unübersehbar als ‚Bestellung' gekennzeichnet.
128 Vgl. BGH 4. 5. 1988, ZIP 1988, 1188; Brand OLG 30. 9. 2008 – 6 U 136/07 – n. v.
129 So im Fall OLG Düsseldorf 30. 5. 2000, MDR 2001, 86 = DAR 2001, 305.
130 So auch OLG Celle 15. 12. 1994, OLGR 1995, 85; OLG Hamm 1. 12. 1992, OLGR 1993, 98 (aber Dreiecksbeziehung).
131 Urt. v. 22. 10. 1970, MDR 1971, 134.
132 Ablehnend auch OLG Celle 15. 12. 1994, OLGR 1995, 85.

oder eine Mischung aus Kauf und Tausch. Bei Annahme zweier getrennter Kaufverträge, die lediglich durch eine Verrechnungsabrede miteinander verbunden sind, ist mit dem OLG Hamm in der Durchführung des Neuwagengeschäfts die **Geschäftsgrundlage** für das Altwagengeschäft zu sehen.[133]

In richtiger Einschätzung der Abschlussfreiheit stellt das OLG Celle[134] den Händler davon frei, die Ablehnung der Neuwagenbestellung näher zu begründen. Der Händler kann sich jeglicher (schriftlicher) Stellungnahme enthalten. Gegen unredliches Händlerverhalten ist der Besteller/Altwageneigentümer nach den Regeln über Verschulden bei den Vertragsverhandlungen hinreichend geschützt. Seinem Schutz dient ferner die Klausel, wonach der Händler ihn unverzüglich zu unterrichten hat, wenn die Bestellung nicht angenommen wird (Abschn. I, 1 a. E. NWVB). 893

Solange die Parteien sich über das Zustandekommen des (schuldrechtlichen) Gesamtgeschäfts noch nicht einig geworden sind, bleibt der Autohauskunde Eigentümer seines Altfahrzeugs; dies auch dann, wenn er es dem Verkäufer bereits übergeben hat.[135]

d) Widerruf des Verbrauchers

In Fällen des **finanzierten Kaufs** und beim **Leasing** steht dem Verbraucher ein **Widerrufsrecht** zu (Näheres dazu s. Rn 123 ff.). Welchen Folgen die Ausübung dieses Rechts auf das Gesamtgeschäft in Fällen mit Inzahlungnahme hat, ist in den handelsüblichen Vertragsunterlagen nicht näher bestimmt. Insbesondere fehlt zumeist eine Klausel, wonach der Widerruf des Kunden zur Aufhebung des Vertrages über den Ankauf des Fahrzeugs führt. Auf dem Boden der BGH-Lösung ist sie ebenso entbehrlich wie bei Annahme eines typengemischten Vertrages. Freilich kann eine solche Klausel insoweit relevant sein, als es um die Qualifizierung des Geschäfts geht. Sinn macht sie mit Blick auf das Widerrufsrecht eigentlich nur im Fall des Doppelkaufs bzw. bei rechtlicher Trennung von Leasing und Ankauf. 894

Nach welchen Regeln sich die Rückabwicklung nach Widerruf in Fällen ohne Inzahlungnahme vollzieht, ist unter Rn 128 ff. dargestellt, für den finanzierten Kauf s. Rn 1075 ff. Wie im Fall eines finanzierten Kaufs mit Inzahlungnahme (‚Gebraucht auf Gebraucht') nach Widerruf des Verbrauchers rückabzuwickeln ist, geht aus der Entscheidung des OLG Naumburg vom 25. 7. 2002[136] hervor. Sie betrifft allerdings einen ‚Altfall'. 895

e) Erfüllungsverweigerung durch den Neufahrzeugkäufer

Lehnt der Neufahrzeugkäufer die Erfüllung des wirksam abgeschlossenen Gesamtgeschäfts ab, kann der Händler nach seiner Wahl auf Erfüllung klagen oder Schadensersatz verlangen. Er kann auch vom Vertrag zurücktreten, wodurch sein Anspruch auf Schadensersatz nicht ausgeschlossen wird (§ 325 BGB). Ausgangspunkt der rechtlichen Prüfung ist die Rechtsstellung des Händlers in einem Fall ohne Inzahlungnahme. Insoweit wird für den Verkauf eines fabrikneuen Fahrzeugs auf die Ausführungen unter Rn 149 ff. verwiesen. Wie im umgekehrten Fall der Leistungsstörung in der Sphäre des Händlers in seiner Eigenschaft als Schuldner unterliegen auch seine Gläubigerrechte bestimmten Modifikationen. 896

Die Erfüllungsklage hat der Händler auf der Grundlage der BGH-Konstruktion (einheitlicher Kaufvertrag mit Ersetzungsbefugnis) auf Zahlung des vollen Neuwagenkaufpreises zu richten, Zug um Zug gegen Abnahme des Neufahrzeugs. Sein Auto als Ersatzsache hin- 897

---

133 Urt. v. 7. 2. 1975, NJW 1975, 1520; vgl. auch OLG Hamm 1. 12. 1992, OLGR 1993, 98.
134 Urt. v. 15. 12. 1994, OLGR 1995, 85.
135 OLG Celle 23. 11. 1956, BB 1956, 1166; anders auch hier OLG Hamburg 22. 10. 1970, MDR 1971, 134, 135.
136 Az. 4 U 62/02.

zugeben, ist bei Annahme einer Ersetzungsbefugnis Sache des Beklagten. Bis zur Beendigung der Zwangsvollstreckung kann er damit warten.

Richtigerweise muss dem Händler – schon zur Vermeidung von Kostennachteilen – gestattet sein, die Ersetzungsbefugnis des Beklagten an sich zu ziehen, indem er auf Zahlung des Baranteils und Lieferung des Altfahrzeugs klagt, hilfsweise (für den Fall der Nichtlieferung) auf Zahlung des Anrechnungsbetrages. Für die Befürworter eines typengemischten Vertrages ist das ohnehin der richtige Weg.

N. Garantien im Neuwagenhandel

I. Marktüberblick

„Garantie – garantiert nicht einfach", titelt *Ulrich Dilchert*, Geschäftsführer des Zentralverbandes Deutsches Kraftfahrzeuggewerbe (ZDK).[1] Im Kampf um jeden Kunden jagt ein Angebot das andere, stets garniert mit einem verheißungsvollen „garantiert". Kein anderes Instrument befriedigt das Sicherheitsbedürfnis der Privatkunden so effektiv wie eine „Garantie", am besten vom Hersteller und mit möglichst langer Laufzeit.[2] Deshalb war die Kundschaft stark verunsichert, als deutsche Autobauer die Schuldrechtsreform 2002 zum Anlass nahmen, sich von der einjährigen Haltbarkeitsgarantie zu verabschieden, die laut BGH mit der damaligen Haftungsklausel in den NWVB verbunden war.[3] Sie verwiesen ihre Kunden fortan auf die gesetzlichen Sachmängelansprüche, verlängerten die Frist der Beweislastumkehr von 6 auf 12 bzw. 24 Monate und versprachen im Übrigen Kulanz. 898

Diese **restriktive Garantiepolitik** hat man inzwischen weitgehend aufgegeben. Immer kleiner wird die Zahl derjenigen Hersteller, die fabrikneue Pkw/Kombis ohne „Werksgarantie" anbieten. Dann hat der Kunde nur die Rechte aus der Sachmängelhaftung, mitunter modifiziert durch Verlängerung der Frist bei der Beweislastumkehr (6 + x). 899

Was den **Gegenstand der Garantie** angeht, so kann man unterscheiden zwischen 900

- Fahrzeug
- Lack
- Rost
- Mobilität.

Die **Garantiezeiten** sind höchst unterschiedlich; sie variieren nach Marke und Art des Garantieschutzes. Alternativ zur zeitlichen Begrenzung sehen viele Angebote ein **Kilometerlimit** vor; meist 100.000 km. 901

Fast alle Hersteller/Importeure bieten Garantie-Verlängerungen in Form sog. **Anschlussgarantien** an. Die Kosten zwischen 99 und 1.000 EUR sind i. d. R. nicht im Neuwagenpreis enthalten, vom Käufer also gesondert zu zahlen. Die Dauer von Anschlussgarantien reicht von 12 Monaten bis 7 Jahre, wobei die längerfristigen Garantien regelmäßig Laufleistungsbegrenzungen von 100.000 bis max. 150.000 km enthalten. 902

Garantien gegen **Durchrostung**, deren Laufzeiten 6 bis 30 Jahre betragen, gehören nicht zu den Anschlussgarantien, da sie bereits mit der Übergabe des Fahrzeugs wirksam werden. Das Gleiche gilt für **Lackgarantien**, bei denen die Garantiezeiten durchschnittlich bei 2 bis 3 Jahren liegen.[4]

II. Rechtliche Einordnung

Durch eine Garantie des Verkäufers kann seine eigene Mängelhaftung ergänzt bzw. erweitert werden. Die Garantie kann aber auch **von einem Dritten**, z. B. dem Hersteller, gegeben werden. Zentralnorm im „neuen" Kaufrecht ist **§ 443 BGB**. Sie regelt die **Beschaf-** 903

---

[1] Der Kfz-Sachverständige 3/2008, S. 19.
[2] Zur Frage der Wettbewerbswidrigkeit einer Garantie mit einer Laufzeit von 40 Jahren s. BGH 26. 6. 2008, NJW 2008, 2995 (kein Kfz-Fall).
[3] Urt. v. 19. 6. 1996, DAR 1996, 361.
[4] Autohaus 17/2002 S. 110 ff.; AUTO BILD 7/2007, S. 58.

fenheits- und die **Haltbarkeitsgarantie** von Verkäufern und Dritten. Zur Terminologie und Abgrenzung s. Rn 1358 ff.

904 Garantien im Bereich des Neufahrzeughandels sind **typischerweise Haltbarkeitsgarantien** i. S. d. § 443 BGB. Sie begründen als „selbstständige" Garantien ein eigenständiges Schutzsystem neben der gesetzlichen Sachmängelhaftung; auf freiwilliger Basis mit eigenem Inhalt, auch und vor allem in zeitlicher Hinsicht. Gegenstand, konkrete Ausgestaltung und Wirkungen unterliegen – in den Grenzen der §§ 134, 138, 307 ff., 475, 477 BGB – der Vertragsautonomie.

III. Übernahme der Garantie

905 Die Übernahme einer Garantie setzt eine entsprechende **Vereinbarung** zwischen dem Garantiegeber und dem Käufer voraus. Beim Neuwagenkauf geschieht dies gewöhnlich durch **Übergabe einer Garantieurkunde** oder eines Wartungsheftes mit den darin abgedruckten Garantiebedingungen.[5] Die Erklärungen stellen ein rechtlich bindendes **Angebot des Herstellers** dar, das der Käufer – da eine Antwort nicht erwartet bzw. auf den Zugang der Antwort verzichtet wird – stillschweigend annimmt.[6] Die **„einschlägige Werbung"** (§ 443 Abs. 1 BGB) ist nicht nur für die Frage relevant, welchen Inhalt eine übernommene Garantie hat, aus der Werbung kann sich schon ergeben, dass überhaupt eine Garantie übernommen wurde.[7]

906 Zur Erfüllung seiner Garantiezusage bedient sich der Automobilhersteller seines Vertriebsnetzes, seiner Vertragshändler und der von ihm autorisierten Werkstätten. Zu deren Lasten hat der Kunde keinen klagbaren Anspruch auf Vornahme von Garantiearbeiten. Der Garantievertrag mit dem Hersteller ist dafür keine Grundlage.[8] Dass der Garantieanspruch nur bei einem Vertragshändler bzw. einer autorisierten Werkstatt geltend gemacht werden kann, steht dem nicht entgegen.[9] Ein Direktanspruch des Kunden gegen diese Unternehmen lässt sich auch aus der **GVO 1400/2002** nicht herleiten.[10]

Den Endabnehmer begünstigende Wirkung – **Vertrag zugunsten Dritter** – können indes diejenigen Verträge haben, die zwischen dem Hersteller und seinen Vertragshändlern und autorisierten Werkstätten abgeschlossen worden sind. In solchen **Service- und/oder Vertriebsverträgen** ist auch geregelt, ob und inwieweit der Vertragspartner des Herstellers einen Werkstattbetrieb einzurichten und zu unterhalten hat, um vom Hersteller übernommene Garantieverpflichtungen zu erfüllen.[11] Der BGH hat in der Entscheidung vom 12. 11. 1980[12] Händlerverträge zwischen der Ford AG und deren Händlerschaft darauf untersucht, ob ihnen eine Befreiung oder eine subsidiäre Haftung des Herstellers zu entnehmen ist. Das hat der VIII. Senat verneint. Seine Ausführungen können dahin gedeutet werden, dass er einen Vertrag zugunsten des Endabnehmers ablehnt, einer solchen Konstruktion zumindest skeptisch gegenübersteht. Ausdrücklich verneint wird ein Vertrag zugunsten Dritter nunmehr vom OLG Stuttgart.[13]

---

5 BGH 12. 11. 1980, BGHZ 78, 369 = NJW 1981, 275; OLG Düsseldorf 14. 5. 1993, OLGR 1994, 1.
6 BGH 23. 3. 1988, DAR 1988, 204; 12. 11. 1980, BGHZ 78, 369 = NJW 1981, 275.
7 *Faust* in *Bamberger/Roth*, § 443 BGB Rn 19.
8 BGH 12. 11. 1980, BGHZ 78, 369 = NJW 1981, 275 (Ford AG).
9 BGH 12. 11. 1980, BGHZ 78, 369 = NJW 1981, 275.
10 OLG Stuttgart 26. 3. 2008, DAR 2008, 478; *Niebling*, DAR 2008, 480.
11 Näheres bei *Enstahler/Funk/Stopper*, Rn 155 ff.
12 BGHZ 78, 369 = NJW 1981, 275.
13 Urt. v. 26. 3. 2008, DAR 2008, 478; im Ergebnis auch OLG Celle 8. 3. 2006, OLGR 2006, 707 (Jaguar-Herstellergarantie); a. A. *Niebling*, DAR 2008, 480.

Dem ist zu folgen. Allein mit dem Interesse des Neuwagenkunden, im Fall der Verweigerung von Garantieleistungen den Händler bzw. die Werkstatt direkt in Anspruch nehmen zu können, lässt sich ein Vertrag zu seinen Gunsten nicht begründen. Seinem berechtigten Interesse ist dadurch Genüge getan, dass er einen klagbaren Anspruch gegen den Hersteller/ Importeur als Garantiegeber hat. Einen Zweitschuldner benötigt er nicht. Dessen Inanspruchnahme stieße auch auf praktische Schwierigkeiten. Dem Garantienehmer ist der Inhalt der Vertragsbeziehung zwischen dem Hersteller und dem „widerspenstigen" Betrieb unbekannt, so dass er kaum je in der Lage sein dürfte, eine Drittbegünstigung substantiiert und beweiskräftig zu begründen. Ihn auf einen Auskunftsanspruch gegen den Hersteller zu verweisen, ist keine Lösung. 907

Verweigert ein in Anspruch genommener Vertragshändler bzw. eine autorisierte Werkstatt die Vornahme von Garantiearbeiten, ist der Anspruch aus der Garantie **unmittelbar gegen den Garantiegeber** zu richten. Dieser hat dafür zu sorgen, dass die Mängel durch eine hierzu bereite Vertragswerkstatt beseitigt werden. Der **Klageantrag** lautet auf ‚kostenlose Beseitigung des Mangels durch eine vom Garantiegeber zu bezeichnende Vertragswerkstatt.' Näheres Rn 932. 908

Die **inländische Tochtergesellschaft** eines ausländischen Fahrzeugherstellers ist – vorbehaltlich einer hiervon abweichenden Bestimmung im Garantievertrag – für Ansprüche aus der Herstellergarantie nicht passiv legitimiert. Die Klage ist daher gegen den ausländischen Hersteller zu richten. Dieser kann an dem inländischen Wohnsitzgericht des Käufers verklagt werden, wenn er die Garantiepflicht in Deutschland zu erfüllen hat.[14] 909

IV. Vertragsinhalt

Kerninhalt der sog. Werksgarantie ist die Fehlerfreiheit des Fahrzeugs und seiner Teile während der Garantiezeit. Die Einzelheiten ergeben sich aus den Garantiebedingungen und aus der einschlägigen Werbung (§ 443 Abs. 1 BGB). 910

Klauselbeispiel einer Haltbarkeitsgarantie ohne Kilometerbegrenzung:

Der Hersteller/Importeur/Händler gibt für jedes fabrikneue Fahrzeug seiner Marke eine Garantie für die Dauer von zwei Jahren, gerechnet vom Tage der Lieferung an den Endabnehmer oder dem Tag der Erstzulassung, je nachdem, welcher Tag früher liegt, ohne Begrenzung der Kilometerleistung dafür, dass das Fahrzeug und seine Teile frei von Mängeln sind.

Klauselbeispiel einer Haltbarkeitsgarantie mit Kilometerbegrenzung:

Der Hersteller/Importeur/Händler garantiert dem Endabnehmer eines fabrikneuen Kraftfahrzeugs eine dem jeweiligen Stand der Technik entsprechende Fehlerfreiheit in Werkstoff und Werkarbeit für die Dauer von drei Jahren, maximal 100.000 Kilometer. Die Garantie beginnt mit dem Tag der Erstzulassung oder – falls das Fahrzeug nicht sogleich zugelassen wird – mit der Übergabe an den Endabnehmer und endet mit Ablauf von 3 Jahren.

Ausgenommen von der Garantie sind regelmäßig normaler Verschleiß sowie Schäden, die auf äußeren Einwirkungen oder nicht genehmigten Veränderungen des Fahrzeugs beruhen. Zur Frage „normaler Verschleiß" s. Rn 1515 ff. Zur Beweislast s. Rn 2058. 911

Garantie-Ausschlussgründe können sein: Nichtvornahme vorgeschriebener Wartungsdienste, unfachmännisch durchgeführte Reparaturen, Einbau nicht zugelassener Teile, Zerstörung der Hohlraumversiegelung (bei Rostschutzgarantien). Zur Zulässigkeit solcher Klauseln s. Rn 915, 2055 ff. 912

---

14 LG Saarbrücken 27. 4. 1989, NJW-RR 1989, 1085.

913 Neuwagengarantien gewähren dem Berechtigten grundsätzlich nur einen **Anspruch auf Beseitigung des Mangels**, wobei der in Anspruch genommenen Werkstatt die Entscheidung vorbehalten bleibt, ob defekte Teile ausgetauscht oder instand gesetzt werden. Weitergehende Rechte z. B. auf Ersatzlieferung (Umtausch) oder Rücktritt vom Kaufvertrag begründen die Garantien nicht.

914 Haltbarkeitsgarantien **beginnen** entweder mit der **Erstzulassung** oder mit der **Auslieferung der Fahrzeuge** an die Käufer und gelten auch für deren **Rechtsnachfolger**, da sie auf die Fahrzeuge und nicht auf die Person bezogen sind.

915 **AGB-Kontrolle:** Im Zuge der Umsetzung der GVO 1400/2002 haben nahezu alle Hersteller und Importeure ihre **Garantiebedingungen** geändert.[15] Grund hierfür war die kartellrechtliche Äußerung der EU-Kommission im Rahmen der Beantwortung der **Frage 37** der Leitlinien zur GVO 1400/2002. Danach darf die Herstellergarantie nicht daran geknüpft werden, dass das Fahrzeug ausschließlich im eigenen Werkstattnetz gewartet und repariert wird. Das für die Kfz-Branche außerordentlich wichtige Thema „Kundenbindung" ist Gegenstand der **BGH-Entscheidung vom 12. 12. 2007**[16] (Durchrostungsgarantie eines Herstellers beim Direktverkauf eines Neufahrzeugs mit der Auflage regelmäßiger Wartung ab dem 5. Jahre in autorisierten Werkstätten). Dazu und zu weiteren Fragen der AGB-Kontrolle von Leistungsbeschränkungen bzw. Obliegenheiten s. Rn 2055 ff.

916 **Irreführend** i. S. d. höchstrichterlichen Rechtsprechung ist die Einräumung eines Nachbesserungs- oder Nachlieferungsanspruchs durch einen Fachhändler nach Wahl des Herstellers in Verbindung mit der Klausel, dass weiter gehende Ansprüche ausgeschlossen sind, namentlich solche auf Rücktritt vom Vertrag, Minderung oder Schadensersatz. Solche und ähnliche Garantiebedingungen, die beim Kunden den Eindruck erwecken, er könne gegen den Verkäufer keine weitergehenden Ansprüche wegen eines Sachmangels geltend machen, sind gem. § 307 Abs. 1 S. 1 BGB **unwirksam**.[17] Die unangemessene Benachteiligung des Käufers besteht darin, dass er – irritiert durch die Garantiebedingungen – von der Durchsetzung seiner Rechte gegen den Verkäufer abgehalten wird. Im Rahmen von § 307 Abs. 1 S. 1 BGB kommt es auf einen entsprechenden Vorteil des Verwenders von AGB ebenso wenig an wie darauf, dass dem Kunden Nachteile zwar nicht im Verhältnis zum Verwender der Klausel, aber in der Rechtsbeziehung zu einem Dritten drohen.

917 Garantiebedingungen müssen nicht den auf Kauf-, Werk- und Werklieferungsverträge zugeschnittenen Anforderungen des § 309 Nr. 8 b BGB entsprechen. Der Ansicht,[18] beim gleichzeitigen Vorhandensein von Sachmängelhaftung und Herstellergarantie stehe Letztere aus Sicht des Käufers im Vordergrund, kann nicht gefolgt werden, da sie weder der Lebenswirklichkeit entspricht noch eine Stütze im Gesetz findet.

V. Nebeneinander von Garantie und Sachmängelhaftung

918 Die Haltbarkeitsgarantie des Herstellers tritt **selbstständig** neben die Sachmängelhaftung des Händlers, sie ist nicht etwa subsidiär in dem Sinne, dass der Käufer vor Geltendmachung von Garantieansprüchen zunächst den Händler zur Behebung des Sachmangels auffordern muss.[19] Ist der Verkäufer zugleich der Hersteller des Fahrzeugs (z. B. beim Kauf in Werksniederlassungen von Mercedes oder BMW), hat der Käufer in jedem Fall

---

15 *Dilchert*, Der Kfz-Sachverständige 3/2008, 22.
16 NJW 2008, 843.
17 BGH 23. 3. 1988, DAR 1988, 204; zu § 477 BGB s. Rn 926 ff.
18 *Von Westphalen*, DAR 1982, 51 ff.
19 BGH 19. 6. 1997, NJW 1997, 3376, 3377; 23. 3. 1988, BGHZ 82, 85, 86; 12. 11. 1980, NJW 1981, 275.

die Rechte aus der gesetzlichen Mängelhaftung, ggf. zu seinen Gunsten modifiziert (Beweislastumkehr). Zusätzlich zu den kaufvertraglichen Gewährleistungsrechten kann dem Neuwagenkäufer eine Garantie für die Haltbarkeit des Fahrzeugs gewährt worden sein, z. B. eine Rotschutzgarantie.[20]

Aufgrund des Nebeneinanders von Garantie und Sachmängelhaftung hat der Käufer bei Personenverschiedenheit die **freie Wahl**, wen er (zuerst) in Anspruch nehmen will.[21] Entscheidet er sich für ein Vorgehen aus der Herstellergarantie, hat er Anspruch auf Beseitigung des Mangels. Weitergehende Rechte stehen ihm gegen den Garantiegeber, wie gesagt, nicht zur Verfügung. **919**

Unklar ist, welche Folgen sich für die gesetzliche Mängelhaftung daraus ergeben, dass die **Fehlerbeseitigung** (Garantieleistung) **objektiv unmöglich** oder, sofern möglich, „**fehlgeschlagen**" ist. Aufgrund der strikten Trennung zwischen Sachmängelhaftung und Garantie ist davon auszugehen, dass das eine nicht auf das andere übergreift.[22] Das Trennungsprinzip kann jedoch durchbrochen werden, wenn die Berufung auf die Trennung treuwidrig ist. Wenn der Verkäufer die Garantieleistung für den Garantiegeber erbracht und deren Scheitern selbst zu verantworten hat, kann dieses Fehlschlagen gleichbedeutend sein mit einem Fehlschlagen der kaufrechtlich geschuldeten Nachbesserung. Liegen diese Voraussetzungen nicht vor, wird man ihm das Nacherfüllungsrecht nicht mit der Begründung abschneiden können, der Garantiegeber oder ein von ihm Beauftragter habe bereits vergeblich versucht, den Mangel zu beheben.[23] **920**

Zu dieser „Vermischungsproblematik" s. auch OLG Dresden DAR 2002, 162 und die unter Rn 473, 482, 2062 ff. mitgeteilte Rechtsprechung.

Ein **Durchschlagen** einer objektiven Unmöglichkeit der Fehlerbeseitigung (Garantieleistung) **auf den Kaufvertrag** ist in Betracht zu ziehen, wenn der Erfolg der Mängelbeseitigung versprochen wird und die hierauf gerichtete Garantie entweder Bedingung des Kaufvertrages ist oder dessen Geschäftsgrundlage darstellt.[24] Unter solchen Voraussetzungen wäre im Fall des Scheiterns der Mängelbeseitigung der Kaufvertrag entweder wegen Nichteintritts der Bedingung hinfällig oder der Käufer könnte nach § 313 Abs. 3 BGB zurücktreten, wenn eine Vertragsanpassung nicht möglich oder unzumutbar ist. Eine Rückabwicklung des Kaufvertrages aus dem Gesichtspunkt des Wegfalls der Geschäftsgrundlage wegen Unmöglichkeit der Fehlerbeseitigung hat das OLG Bremen[25] erwogen, in concreto aber verworfen, weil der vom Käufer gerügte Mangel nach ‚dem Stand der Technik', worauf sich die Garantie bezog, nicht beseitigt werden konnte. **921**

Falls der Hersteller oder an seiner Stelle der Importeur eine Fahrzeuggarantie erteilt hat, ist es dem Händler aufgrund der ihm durch § 437 BGB auferlegten eigenen Sachmängelhaftung nicht gestattet, den Käufer wegen der Realisierung seiner Ansprüche auf die vorherige gerichtliche Inanspruchnahme des Garantiegebers zu verweisen.[26] Formularregelungen in Kaufverträgen, die den Käufer auf die Ansprüche aus der Garantie verweisen und einen Ausschluss von Ansprüchen wegen eines Sachmangels gegen den Verkäufer oder dessen subsidiäre Pflicht zur Behebung des Sachmangels vorsehen, sind unwirksam. Sie verstoßen gegen das Drittverweisungsverbot (§ 309 Nr. 8 b aa BGB), das auch im Geschäftsverkehr zwischen Unternehmern anzuwenden ist. Falls ein Verbrauchsgüterkauf vorliegt, scheitert **922**

---

20 Vgl. BGH 12. 12. 2007, NJW 2008, 843 („mobilo life").
21 OLG Stuttgart 7. 11. 1995, NJW-RR 1997, 1553; OLG Hamm 24. 11. 1975 – 2 U 86/75 – n. v.
22 Siehe auch OLG Celle 8. 3. 2006, OLGR 2006, 707 (Jaguar-Herstellergarantie).
23 Vgl. OLG Karlsruhe 16. 3. 2006, DAR 2007, 31 (Verkäufer war kein Vertragshändler).
24 Zu diesem Problem auch OLG Celle 8. 3. 2006, OLGR 2006, 707 (Herstellergarantie von Jaguar und einjährige Verkäufergewährleistung nach den NWVB/Altfall).
25 Urt. v. 21. 1. 1999, OLGR 1999, 169.
26 OLG Hamburg 17. 9. 1986, DB 1986, 2428; LG Frankfurt 11. 1. 1978 – 2/6 O 286/77 – n. v.

sowohl eine in AGB enthaltene als auch eine individualvertraglich vereinbarte Drittverweisung an § 475 BGB.

923 Umgekehrt kann dem Hersteller, der eine Haltbarkeitsgarantie übernimmt, nicht verwehrt werden, wenn er die Erbringung von Garantieansprüchen von der Voraussetzung abhängig macht, dass der Käufer wegen dieses Mangels auf die gesetzlichen Rechte gegen den Verkäufer nach § 437 BGB (Nacherfüllung, Rücktritt vom Vertrag, Herabsetzung des Kaufpreises, Schadensersatz, Ersatz vergeblicher Aufwendungen) verzichtet, da er in der Ausgestaltung seiner Garantie weitgehend freie Hand hat.[27] Soweit der Verzicht auf die gesetzlichen Rechte gegen den Verkäufer nur dann nicht gelten soll, wenn der Mangel technisch unbehebbar ist, stößt die Regelung auf Bedenken, da sie dem Käufer, wenn er sich erst einmal auf die Inanspruchnahme der Mängelbeseitigung aus Garantie eingelassen hat, in anderen Fällen des Fehlschlagens der Nachbesserung (Verweigerung, Unzumutbarkeit weiterer Versuche, unzumutbare Verzögerung) den Zugriff auf die gesetzlichen Ansprüche versperrt. Die Regelung höhlt den gesetzlichen Käuferschutz aus und führt nicht nur beim Verbrauchsgüterkauf zu unerträglichen Resultaten. Aus diesem Grund ist der Verkäufer mit dem Einwand, der Käufer habe aufgrund der Inanspruchnahme der Garantie auf seine Rechte aus § 437 BGB verzichtet, nicht zu hören.

924 Klauseln im Kaufvertrag, denen zufolge sich der Verkäufer zur Erbringung von Gewährleistung in einem vom Hersteller festgelegten Umfang verpflichtet, sind nur akzeptabel, wenn die Vorgaben den gesetzlich vorgeschriebenen Mindeststandard der Sachmängelhaftung nicht unterschreiten und die Sachmängelrechte in vollem Umfang gewahrt bleiben (§§ 475, 307 ff. BGB). Für den rechtlich nicht vorgebildeten Durchschnittskunden muss die Garantie deutlich machen, dass dem Käufer im Fall des Scheiterns der Nachbesserung/ Ersatzlieferung die weitergehenden Ansprüche auf Rücktritt, Minderung und Schadensersatz zustehen. Nimmt der Verkäufer im Rahmen der Sachmängelhaftung Bezug auf den vom Hersteller festgelegten Umfang der Garantie, kann er gegenüber dem Käufer nicht mit Einwendungen durchdringen, die sich aus seinen Rechtsbeziehungen zum Hersteller ergeben. Er darf sich gegenüber dem Käufer also nicht darauf berufen, der Hersteller habe die Sachmängelhaftung abgelehnt und sei ihm gegenüber nicht zur Kostenerstattung bereit.[28]

925 Sehen die Garantiebedingungen vor, dass die Entscheidung über Garantieansprüche dem Lieferwerk vorbehalten bleibt und bessert der aus Garantie in Anspruch genommene Vertragshändler nach, so kann er bei Ablehnung der Garantie nach Meinung des AG Bremerhaven[29] Werklohn für die Arbeiten selbst dann nicht verlangen, wenn die Garantiebestimmungen die Regelung beinhalten, dass in einem solchen Fall die Reparaturkosten vom Garantienehmer zu bezahlen sind.

926 Das Nebeneinander von Garantie und Sachmängelhaftung muss dem Käufer klar gemacht werden. Erforderlich ist der deutlich gestaltete Hinweis auf die gesetzlichen Rechte sowie darauf, dass sie durch die Garantie nicht eingeschränkt werden.[30] Diese Forderung der Rechtsprechung findet ihren gesetzlichen Niederschlag in der Vorschrift des **§ 477 Abs. 1 Nr. 1 BGB**, deren Anwendungsbereich allerdings auf den **Verbrauchsgüterkauf** beschränkt ist.

---

27 Diese Regelung ist im Garantie- und Serviceheft eines italienischen Herstellers/Importeurs unter der Rubrik ‚Mängelbeseitigungsgarantie' enthalten.
28 A. A. AG Köln 9. 2. 1978 – 111 C 5709/76 – n. v.
29 Urt. v. 7. 2. 1979, DAR 1979, 281.
30 BGH 10. 12. 1980, NJW 1981, 867; OLG München 6. 3. 1986, EWiR 1986, 327 (*Hensen*); OLG Hamburg 19. 9. 1986 – 5 U 40/86 – zitiert in ZIP 19/1986 A 147 V.

Klauselbeispiel:

Unabhängig von der Garantie haben Sie gesetzliche Rechte gemäß nationalem Kaufrecht. Diese Rechte werden durch die Garantie nicht eingeschränkt.

Im **Geschäftsverkehr zwischen Unternehmern** folgt das Klarstellungserfordernis aus dem **Transparenzgebot** von § 307 Abs. 1 S. 2 BGB. Ein allgemein verständlicher und deutlich hervorgehobener Hinweis auf die gesetzlichen Rechte sowie darauf, dass sie durch die Garantie nicht eingeschränkt werden, wird vor allem deshalb verlangt, weil der Begriff der Garantie mehrdeutig ist[31] und der Kunde wegen der vielfältigen Verzahnungen von Garantie und Sachmängelhaftung Schwierigkeiten hat, das eine von dem anderen zu unterscheiden. Zur allgemeinen Verwirrung trägt bei, dass Autohersteller in ihren Garantieerklärungen – und in der Werbung – oftmals den Anschein erwecken, die gesamte Abwicklung der Garantie-/Sachmängelhaftung liege in ihrer Hand.[32] Der schlichte Hinweis darauf, dass die gesetzliche Sachmängelhaftung durch die Garantiebedingungen nicht berührt wird, reicht daher nicht aus, um die durch die Garantie begründete Vermutung zu entkräften, durch sie werde auch die Sachmängelhaftung abschließend geregelt. 927

Eine Auswertung der Neuwagengarantien ergab, dass der für den Verbrauchsgüterkauf in § 477 Abs. 1 Nr. 1 BGB vorgeschriebene und auch im Geschäftsverkehr zwischen Unternehmern erforderliche Hinweis auf die gesetzlichen Rechte des Käufers sowie darauf, dass diese Rechte durch die Garantie nicht eingeschränkt werden, in vielen Fällen fehlte. Dies ist nicht zu beanstanden, wenn der Verkäufer selbst die Garantie erteilt und diese die gesetzliche Sachmängelhaftung nach Art und Umfang einschließt. Die Garantiebedingungen dürfen dann aber keine Ausschlüsse und Einschränkungen der gesetzlichen Sachmängelhaftung enthalten. 928

Beispiel für eine unzulässige Klausel:

„Die Neuwagengarantie erstreckt sich nicht auf direkte oder indirekte Folgen aus einem eventuellen Garantieschaden."

Die Rechtsfolgen, die sich aus der Verletzung der Hinweispflichten ergeben, sind noch nicht abschließend geklärt.[33] Der fehlende Hinweis führt nicht zur Unwirksamkeit der Garantie, da andernfalls dem Käufer lediglich die gesetzlichen Sachmängelansprüche verbleiben würden. Für den Verbrauchsgüterkauf wird dies in § 477 Abs. 3 BGB ausdrücklich klargestellt. Der Garantiegeber hat somit die Garantie in dem von ihm erteilten Umfang zu erfüllen. Ob er dem Käufer darüber hinaus für die Folgen der Nichterfüllung der Hinweispflicht auf Schadensersatz haftet, ist zweifelhaft, da es sich bei der Garantie um eine privat-autonome freiwillige Leistung handelt. Vor diesem Hintergrund erscheint es durchaus angebracht, die Verletzung der Hinweispflicht mit einer auf das Erfüllungsinteresse gerichteten Schadensersatzforderung zu sanktionieren. Eine derart weitreichende Haftung wird aus der Garantie abgeleitet, die wegen Missachtung von § 477 Abs. 1 S. 1 BGB zulasten des Garantiegebers und zugunsten des Garantienehmers auszulegen ist. Der BGH hat schon vor Jahren angedeutet, dass diejenigen Hersteller, die irreführende Garantiebedingungen verwenden, mit entsprechenden haftungsrechtlichen Sanktionen rechnen müssen.[34] 929

Das LG Göttingen[35] hat aus der Verbindung einer zwölfmonatigen Herstellergarantie im Serviceheft mit einer zeitlich nicht bestimmten Sachmängelhaftung des Verkäufers für die Mängelfreiheit des Neufahrzeugs eine **Rechtsscheinhaftung** des Herstellers abgeleitet, 930

---

31 *Müller*, ZIP 1981, 707.
32 *Tonner*, NJW 1984, 1730, 1733.
33 Juidkatur ist nach wie vor spärlich vorhanden, etwa LG Köln 5. 12. 2006 – 11 S 526/05 – n. v. (Gebrauchtwagen); s. auch *Eckert/Maifeld/Matthiessen*, Rn 1426 ff.
34 BGH 23. 3. 1988, DAR 1988, 204 ff.
35 Beschl. v. 6. 12. 1991 – 8 O 128/91 – n. v.; s. dazu auch OLG Bremen 21. 1. 1999, OLGR 1999, 169.

weil die Kombination den Eindruck vermittelte, als wolle der Händler für innerhalb eines Jahres auftretende Mängel einstehen. Für den durch die Garantiebestimmungen in Verbindung mit den AGB des Händlers erweckten Rechtsschein habe der Hersteller den Käufer aus dem Gesichtspunkt der Vertrauenshaftung so zu stellen, als hätte der Händler eine Sachmängelhaftung von einem Jahr übernommen und den Kaufpreis gegen Rücknahme des Fahrzeugs wegen Fehlschlagens der Nachbesserung an den Käufer erstattet.

VI. Rechtsverfolgung aus der Garantie

1. Vorgehensweise

931 Für die Geltendmachung des Garantieanspruchs genügt die **unverzügliche Mängelanzeige** an den Verkäufer oder einen Vertragshändler unter Vorlage der Garantieurkunde, der Nachweis über die Ausführung der vom Hersteller vorgeschriebenen Wartungsmaßnahmen und das Verlangen der Nachbesserung. Die Einzelheiten sind in den **Garantiebedingungen** geregelt.

932 Falls der Garantiegeber die Rechte aus der Garantie nicht erfüllt, kann der Käufer **gegen ihn auf Leistung klagen.** Bei einer Herstellergarantie sind die Vertragshändler und -werkstätten des Herstellers nicht passivlegitimiert[36] (s. Rn 906 ff.). In jedem Einzelfall bedarf es aber der sorgfältigen Prüfung, wer der wahre Garantiegeber ist, der Hersteller, der Händler oder ein freies Garantieunternehmen. Zur Parallelproblematik beim Gebrauchtwagenkauf s. Rn 2054. Auskunft geben die Garantie-Unterlagen. Notfalls sollte beim Hersteller/Importeur nachgefragt werden. Dann werden Schwierigkeiten vermieden, wie sie in einer Sache aufgetreten sind, die vom Brandenburgischen OLG durch Urteil vom 11.6.2008 entschieden worden ist.[37] Unklar war, ob der Besteller/Leasingnehmer eines Nissan Patrol aus dem Pan-Europe-Garantiezertifikat gegen den Händler vorgehen konnte. Diese Frage war in zweifacher Hinsicht relevant, einmal für die Aktivlegitimation des Klägers (eigenes oder abgetretenes Recht der Leasinggesellschaft), aber auch mit Blick auf Passivlegitimation des Händlers, der auf **Rückzahlung von Reparaturkosten** in Anspruch genommen wurde. Zur Problematik in Rückforderungsfällen s. auch Rn 2066.

933 Mit einem **Rücktritt vom Garantievertrag** ist dem Garantienehmer nicht gedient. Er kann, wenn die Nachbesserung nicht fristgerecht und ordnungsgemäß erbracht wird, vom Garantiegeber Schadensersatz verlangen. Dieser muss sich ein Fehlverhalten seiner Vertragswerkstatt gem. § 278 BGB zurechnen lassen. Die Voraussetzungen von § 440 BGB, die bei einem Nacherfüllungsanspruch eine Fristsetzung entbehrlich machen, sind als ein besonderer Umstand i. S. v. § 281 Abs. 2 BGB anzusehen, der ein sofortiges Schadensersatzverlangen rechtfertigt.[38]

934 Im Rahmen des Schadensersatzes kann der Garantieberechtigte verlangen, so gestellt zu werden, als wäre die Leistung ordnungsgemäß erbracht worden. Der **kleine Schadensersatzanspruch** umfasst entweder die Kosten, die der Käufer für die Beseitigung des Fehlers durch eine andere Werkstatt aufwenden muss, oder bei unbehebbaren Mängeln den Betrag, um den der Wert des Fahrzeugs wegen des Mangels gemindert ist. Sofern die Voraussetzungen für einen Anspruch auf den **großen Schadensersatz** vorliegen (Auftreten eines erheblichen Mangels, der die Benutzbarkeit des Fahrzeugs beeinträchtigt), kann nach Ansicht von *Fahl/Giedinghagen*[39] der Käufer dem Hersteller das Fahrzeug überlassen und im Ge-

---

36 OLG Stuttgart 26.3.2008, DAR 2008, 478; OLG Celle 8.3.2006, OLGR 2006, 707 (Herstellergarantie von Jaguar neben einjähriger Verkäufergewährleistung/Altfall).
37 Az. 4 U 185/07, bisher n. v.
38 *Haas* in *Haas/Medicus/Rolland/Schäfer/Wendtland*, Das neue Schuldrecht, S. 258, Rn 402.
39 ZGS 2004, 344, 347 m. w. N.

genzug den Wert eines entsprechenden, mangelfreien Fahrzeugs verlangen. Ein Anspruch auf Ersatzlieferung gegen den Hersteller setzt eine entsprechende Regelung im Garantievertrag voraus. Sofern der Garantieverpflichtete mit der Mängelbeseitigung in Verzug geraten ist, hat er dem Garantienehmer den Ausfallschaden (Nutzungsausfall, Mietwagenkosten, Anwaltskosten) zu ersetzen; s. Rn 1839 ff.

2. Beweislast

Wer was zu beweisen hat, richtet sich in erster Linie nach den **vertraglichen Vereinbarungen**. In den Grenzen des § 309 Nr. 12 BGB herrscht insoweit Vertragsfreiheit; auch in Fällen des Verbrauchsgüterkaufs. Soweit die Garantiebedingungen keine (wirksame) Regelung treffen, gelten neben **§ 443 Abs. 2 BGB** die allgemeinen Grundsätze der Beweislastverteilung. 935

Der Garantienehmer muss das Zustandekommen eines Garantievertrages zwischen ihm und dem in Anspruch Genommenen beweisen, ebenso den von ihm behaupteten Inhalt der Garantie. Geht er als angeblich Drittbegünstigter aus einer Garantie vor, hat er die Voraussetzungen eines Vertrages zu seinen Gunsten als Dritter zu beweisen. In jedem Fall trifft den Kläger darüber hinaus die Darlegungs- und Beweislast für den „Garantiefall", d. h. für das Vorhandensein eines Defektes, dessen Ausbleiben nach den Garantiebedingungen „garantiert" ist. Diesen Ob-Überhaupt-Beweis hat der Garantienehmer ungeachtet des § 443 Abs. 2 BGB auch bei einer Haltbarkeitsgarantie zu führen (s. Rn 2041). Dabei macht es keinen Unterschied, ob die Haltbarkeitsgarantie von einem Dritten oder von dem Verkäufer gegeben worden ist. 936

Nach § 443 Abs. 2 BGB wird bei einer Haltbarkeitsgarantie (und nur bei einer solchen) lediglich **vermutet**, dass ein während ihrer Geltungsdauer auftretender Sachmangel die Rechte aus der Garantie begründet. Diese Regelung begünstigt den Garantienehmer in stärkerem Maße als die Beweislastumkehr nach § 476 BGB (zum Strukturunterschied s. Rn 1631). Das zeigt sich besonders deutlich in Fällen behaupteter Fahr- und Bedienungsfehler,[40] auch beim Streit darüber, ob ein Marderbiss oder ein sonstiges Ereignis in der Sphäre des Garantienehmers ursächlich für den Eintritt des „Schadens", ggf. auch seiner Ausweitung, gewesen ist. Näheres Rn 2041 f. 937

3. Verjährung der Garantieansprüche

Nur wenige Neuwagengarantien enthalten Regelungen zur Verjährung der Garantieansprüche.[41] 938

Beispiele:
– Ansprüche wegen Mängeln verjähren mit dem **Auslaufen der Garantie.**
– Die Verjährung mitgeteilter Fehler wird bis zum nächsten zumutbaren Reparaturtermin **gehemmt.**
– Ansprüche wegen Fehlern, die Gegenstand von Beseitigungsmaßnahmen waren, verjähren drei Monate nach Erklärung der Werkstatt, der Fehler sei behoben oder nicht vorhanden, nicht jedoch vor Ablauf der Garantiefrist.

Falls die Verjährung vertraglich nicht geregelt ist, ist nach Maßgabe der Ausführungen unter Rn 2045 zu differenzieren.

---

40 Dazu auch Brand OLG 11. 6. 2008 – 4 U 185/07 – n. v. (Geländewagen/Wassereintritt).
41 Zur Unterscheidung zwischen Garantiezeit und der Verjährung des aus der Garantie sich ergebenden Anspruchs auch BGH 26. 6. 2008, NJW 2008, 2995.

O. Kulanz beim Neuwagenkauf

939 Am Rande des Sachmängelrechts spielt die Kulanz beim Neuwagenkauf eine bedeutende Rolle. Unter diesem Stichwort sucht man in der juristischen Fachliteratur und selbst im Deutschen Rechtslexikon vergebens nach Erläuterung.[1] Lediglich in § 249 Abs. 1 Nr. 2 HGB ist der Tatbestand der Kulanz mit Gewährleistungen umschrieben, die ohne rechtliche Verpflichtung erbracht werden. Damit ist der Bezug zum Sachmängelrecht hergestellt, wenngleich der Begriff Kulanz nach allgemeinem Sprachverständnis darauf nicht beschränkt ist.

Das entscheidende Kriterium der Kulanz ist das Fehlen einer rechtlichen Verpflichtung. Gleichwohl ist es möglich, dass durch eine Zusage, für deren Erteilung eine rechtliche Verpflichtung nicht besteht, ein verbindliches Schuldverhältnis mit beiderseitigen Rechten und Pflichten begründet wird.[2] Hiervon ist vor allem dann auszugehen, wenn die Kulanzleistung der Herstellung und Erhaltung der Gebrauchstauglichkeit des Fahrzeugs dient, einen hohen Wert hat oder die Fahrsicherheit beeinflusst. Welcher Art das verbindliche Rechtsverhältnis ist, hängt von den konkreten Umständen des Einzelfalls ab. In Frage kommen z. B. Schenkung, Auftrag, Verzicht auf die Einrede der Verjährung, Vertrag eigener Art, nachvertragliche Nebenleistung und konstitutives Schuldversprechen. Von der vertraglichen Zuordnung hängt wiederum ab, welche Formvorschriften zu beachten sind und welche Haftungsmaßstäbe für Pflichtverletzungen insbesondere bei Nicht- oder Schlechterfüllung anzulegen sind.

Für den Neuwagenhändler gibt es **zahlreiche Gründe** für die Erbringung von Gewährleistung auf Kulanz. Die Beweggründe können darin bestehen, dass unklar ist, wer den Mangel zu vertreten hat, dass der Hersteller eine Kostenübernahmeerklärung erteilt hat, weil es sich um ein fehleranfälliges Bauteil handelt, dass eine verdeckte Rückrufaktion vorgenommen wird oder eine nicht öffentlich gemachte Reparaturnotwendigkeit vorliegt. Die Kulanz kann aber auch als Mittel der Kundenbindung, zur Imagepflege oder als Maßnahme eingesetzt werden, um ein unberechtigtes Abstreiten der rechtlichen Verpflichtung zur Nacherfüllung zu kaschieren.

Abgesehen von dem Sonderfall, dass der Händler keine Kulanz erbringt, sondern selbige nur vortäuscht, steht die Kulanzzusage, wie immer auch die Motivlage beschaffen sein mag, in einem untrennbaren Zusammenhang mit dem vorhergehenden Kaufvertrag über das Neufahrzeug. Sie hat den Charakter einer **unentgeltlichen Nebenleistung**, die jedoch weder unter Schenkungsrecht noch unter unentgeltliches Auftragsrecht fällt, weil der entgeltliche Teil regelmäßig überwiegt. In Anbetracht dessen liegt es nahe, von einer selbstständigen nachvertraglichen Nebenpflicht zur Erbringung von Gewährleistung auszugehen, deren Entstehung davon abhängt, dass der Verkäufer eine Kulanzzusage erteilt. An diese Zusage ist er gebunden. Er hat die Kulanzleistung mangelfrei zu erbringen und er haftet für Pflichtverletzungen. Die Haftungsprivilegien der Schenkung (§ 524 BGB) sind nicht anwendbar. Im Einzelnen ist jedoch vieles streitig.

---

[1] Anders jetzt *Bachmeier*, Rn 1348 ff.
[2] OLG Köln 15. 10. 1975, DB 1975, 2271.

P. Produkthaftung

I. Gegenstand und Entwicklung der Produkthaftung

Die Produkthaftung betrifft die Haftung für Körper-, Gesundheits- und Sachschäden, die durch ein fehlerhaftes Produkt verursacht worden sind. Gegen derartige Folgeschäden, so der allgemeine Befund vor In-Kraft-Treten des Schuldrechtsmodernisierungsgesetzes und des Zweiten SchadÄndG, boten die vertraglichen Haftungssysteme dem Eigentümer und Benutzer von Kraftfahrzeugen **keinen ausreichenden Schutz**. In den meisten Fällen fehlt es schon an einer vertraglichen Beziehung zwischen Hersteller und Endverbraucher. In der Bundesrepublik beliefern nur wenige Pkw-Hersteller[1] Endabnehmer unmittelbar, d. h. über ihre Werksniederlassungen und deren Zweigbetriebe.[2] Die Mehrzahl der Automobilproduzenten vertreibt fabrikneue Pkw/Kombis über Händler/Unterhändler oder Importgesellschaften (Vertragshändlersystem).[3]

940

Ein **Verschulden des Herstellers** kann seinem Vertragshändler in der Regel nicht zugerechnet werden. § 278 BGB ist unanwendbar, soweit es um die Verpflichtung des Händlers zur Eigentums- und Besitzverschaffung geht.[4] Gleiches gilt für die jetzt als Hauptleistungspflicht ausgestaltete Pflicht, frei von Sach- und Rechtsmängeln zu liefern (§ 433 Abs. 1 S. 2 BGB). Auch insoweit ist der Hersteller nach wie vor nicht Erfüllungsgehilfe des Verkäufers, ein Herstellerverschulden mithin nicht zurechenbar.[5]

941

Im Zusammenhang mit **vertraglichen Nebenverpflichtungen** wie Informations- und Kontrollpflichten bestehen dagegen keine Bedenken, den Hersteller hinsichtlich dieser Verbindlichkeiten als **Erfüllungsgehilfen** anzusehen.[6] Wenn ein Neufahrzeughändler seinen Kunden beim Weiterverkauf über die Funktion und die erforderliche Wartung (z. B. Zahnriemenwechsel) aufzuklären hat, kann der Hersteller Erfüllungsgehilfe sein.[7] Etwaige Falschinformationen in Bedienungsanleitungen, Herstellerempfehlungen, Rundschreiben o. Ä. sind dem Händler gem. § 278 BGB zuzurechnen.[8]

Im Rahmen der Sachmängelhaftung **nach altem Recht** haftete der Verkäufer grundsätzlich nicht für **Mangelfolgeschäden**. Eine Ausnahme machte die Rechtsprechung in Sonderfällen der **Zusicherungshaftung** nach § 463 S. 1 BGB a. F.[9] Damit war dem Käufer eines fabrikneuen Kraftfahrzeugs nur in seltenen Fällen geholfen, zumal nach Abschnitt IV Ziff. 5 NWVB a. F. die Angaben in den bei Vertragsabschluss gültigen Beschreibungen keine Eigenschaftszusicherungen waren. Ein Anspruch auf Ersatz von Mangelfolgeschäden konnte dem Käufer ferner unter dem Gesichtspunkt der **Arglisthaftung** zustehen. Als weitere vertragliche Anspruchsgrundlage kam schließlich **positive Forderungsverletzung** in Betracht. Voraussetzung war eine zumindest fahrlässige Schlechtlieferung oder eine schuldhafte Verletzung einer Nebenpflicht.

942

Den Vorteilen der Vertragshaftung, nämlich unbedingte Einstandspflicht für das Verschulden von Erfüllungsgehilfen, Umkehr der Beweislast zugunsten des Geschädigten

943

---

1 Daimler, BMW, Citroen, Peugeot u. a.
2 Für *Ensthaler/Funk/Stopper*, Handbuch des Automobilvertriebsrechts, Teil C, Rn 132, kein Fall von Direktvertrieb.
3 Näheres zu den Vertriebsstrukturen bei *Ensthaler/Funk/Stopper*, a. a. O., S. 37 ff.
4 BGH 21. 6. 1967, NJW 1967, 1903.
5 BGH 15. 7. 2008, NJW 2008, 2837 (Parkettstäbe).
6 BGH 5. 4. 1967, NJW 1967, 1805; OLG Düsseldorf 25. 2. 2003, NJW-RR 2004, 672.
7 BGH 5. 4. 1967, NJW 1967, 1805; OLG Düsseldorf 25. 2. 2003, NJW-RR 2004, 672.
8 Vgl. auch *Palandt/Heinrichs*, § 278 BGB Rn 13.
9 Grundlegend BGH 29. 5. 1968, BGHZ 50, 200.

gem. § 282 BGB a. F. und Haftung für (reine) Vermögensschäden, standen bis zu den **Reformen des Jahres 2002** im Schuld- und Schadensrecht **vielfältige Nachteile** gegenüber: lediglich der Vertragspartner wurde geschützt, also nicht der Folgekäufer oder Benutzer des mangelhaften Fahrzeugs, kein Ersatz des eigentlichen Mangelschadens bei Fahrlässigkeit, kein Schmerzensgeld, kurze Verjährung gem. § 477 Abs. 1 BGB a. F. und Freizeichnungsmöglichkeiten in den Grenzen des AGB-Gesetzes.

944 Angesichts der **zahlreichen Schutzlücken**, vor allem zu Lasten von **Endverbrauchern**, hat die Rechtsprechung mit der **deliktischen Produzentenhaftung** eine eigenständige Haftungsordnung entwickelt.[10] Die vertragsrechtlichen Lösungsversuche – Vertrag mit Schutzwirkung zugunsten Dritter, Schadensliquidation im Drittinteresse – sind seit dem **Hühnerpesturteil** vom 26. 11. 1968[11] überholt. Seither entspricht es gefestigter Rechtsprechung, dass sich die Haftung des Warenherstellers, der nicht zugleich Verkäufer ist, **allein nach außervertraglichen Regeln** beurteilt.

945 Das (Richter-)Recht der deliktischen Produzentenhaftung wird in Teilbereichen ergänzt durch das **Produkthaftungsgesetz** (ProdHaftG). Es soll den **Verbraucherschutz** verbessern, auf eine gesetzliche Basis stellen und EU-weit vereinheitlichen. Aus deutscher Sicht war es weitgehend überflüssig. Angesichts der verschärften Delikthaftung bestand, national gesehen, kein besonderer Regelungsbedarf. Demgemäß war das ProdHaftG bisher ‚weitgehend bedeutungslos'.[12] Eine **wichtige Änderung** hat das **2. SchadÄndG** mit sich gebracht. Bei einem Schadensfall nach dem 31. 7. 2002 kann der Geschädigte – unabhängig von einem Verschulden – auch Ersatz für seinen **immateriellen Schaden** verlangen (§ 8 ProdHaftG).

Das ProdHaftG gewährt nur einen EU-einheitlichen Mindestschutz, so dass weitergehende Ansprüche gegen den Hersteller und andere Verantwortliche grundsätzlich unberührt bleiben (§ 15 Abs. 2 ProdHaftG). Es besteht **Anspruchsnormenkonkurrenz**.[13] Zum Nebeneinander von verschuldensunabhängiger und deliktischer Produkthaftung s. auch Rn 982.

Die EU-Richtlinie 92/59 vom 29. 6. 1992 über die allgemeine Produktsicherheit[14] hat man durch das **Produktsicherheitsgesetz** (ProdSG) umgesetzt. Seine Hauptbedeutung für den Kfz-Bereich lag in der **Regelung über den Rückruf** (§ 9 ProdSG).

Das **neue Geräte- und Produktsicherheitsgesetz** vom 6. 1. 2004 (GPSG) hat sowohl das ProdSG als auch das Gerätesicherheitsgesetz (GSG)[15] außer Kraft gesetzt, zugleich aber auch durch Zusammenführung ersetzt. Umgesetzt werden mit dem GPSG die Vorgaben der europäischen Produktsicherheitsrichtlinie 2001/95 EG.[16] Dem GPSG unterfallen auch gebrauchte Produkte, was für den Gebrauchtfahrzeughandel eine Haftungsverschärfung mit sich bringt. Zur Umsetzung des GPSG hat das Kraftfahrtbundesamt einen Kodex erstellt, vorgestellt und erläutert von *Scheibach* im DAR 2006, S. 190, 193.[17]

---

10 Zum Ganzen *Wellner* in *Geige*l, 28. Aufl., Kap. 14 Rn 270 ff.
11 BGHZ 51, 91 = NJW 1969, 269.
12 *Honsell*, JuS 1995, 21; s. auch G. *Müller*, VersR 2004, 1073, 1079.
13 *Diederichsen*, Probleme der Produzentenhaftung, DAV, 1988, S. 9, 17.
14 ABl. Nr. L 228 vom 11. 8. 1992, S. 24 ff.
15 Dazu BGH 28. 3. 2006, NJW 2006, 1589 (Tapetenkleistermaschine).
16 Einführung durch *Klindt*, NJW 2004, 465; *Lenz*, MDR 2004, 918; *Littbarski*, VersR 2005, 448; zur Umsetzung des GPSG in der Automobilindustrie *Scheibach*, DAR 2006, 190 ff.
17 Siehe auch www.kba.de

II. Die Haftung für fehlerhafte Produkte nach dem Produkthaftungsgesetz

1. Verschuldensunabhängige Haftung

Für Schäden, die durch fehlerhafte Produkte verursacht werden, haften der Hersteller und die ihm gleich gestellten Personen ohne Rücksicht auf Verschulden.[18] **Vermögensschäden**, die nicht Folge eines Sach- oder Personenschadens sind, werden nicht erstattet, was zu Abgrenzungsproblemen beim Sachschaden führen kann.[19]

Haftungsbegründender Umstand ist das Inverkehrbringen eines fehlerhaften Produktes, dessen Gefahrträchtigkeit dem Hersteller im Schadensfall zugerechnet wird. Lediglich bei den so genannten **Ausreißerschäden** bringt das ProdhaftG eine gewisse Verbesserung gegenüber der deliktsrechtlichen Produzentenhaftung. Bisher musste der Geschädigte mit einer Exkulpation durch den Hersteller rechnen. Dieses Prozessrisiko ist ihm jetzt abgenommen. Die Haftung für ‚Ausreißer' im Fabrikationsbereich ist nicht etwa nach § 1 Abs. 2 Nr. 5 ProdHaftG ausgeschlossen.[20] Bei der verschuldensunabhängigen Produkthaftung, aber auch nur hier, ist der ‚Ausreißer-Einwand' damit praktisch unerheblich.[21]

2. Der nach dem Produkthaftungsgesetz haftende Personenkreis

In erster Linie ist **der Hersteller** für sein Produkt verantwortlich. Ob er zum Zeitpunkt feststellbar war, als das Produkt in den Verkehr gebracht wurde, ist belanglos.[22] Der Geschädigte muss lediglich vortragen, dass das in Anspruch genommene Unternehmen die Sache hergestellt hat, wann das war, ist ohne Bedeutung.[23]

Außer dem **Hersteller** des Endproduktes haften der Hersteller des fehlerhaften Einzelteiles (Teilehersteller), der Erzeuger des Grundstoffes, der **Quasi-Hersteller,** derjenige also, der sich durch Anbringung seines Waren- oder Erkennungszeichens als Hersteller ausgibt,[24] sowie ferner der **Importeur,** der fehlerhafte Produkte aus Drittstaaten[25] in die EU einführt. Für die Annahme der Quasi-Herstellereigenschaft genügt bereits die Ausstattung des Produkts.[26] Hersteller i. S. d. ProdHaftG ist auch derjenige, der lediglich die **Endmontage** besorgt.[27] Zur Produkthaftung der **Vertriebs- und Tochtergesellschaft des Herstellers** s. EuGH NJW 2006, 825 (kein Kfz-Fall).

Die Einbeziehung des Quasi-Herstellers in den Kreis der nach § 4 ProdHaftG verantwortlichen Personen ist für **Tuning-Unternehmen** bedeutsam, die Serienfahrzeuge anderer Hersteller verändern und mit ihrem Erkennungszeichen versehen. Sie sind dem Geschädigten als Quasi-Hersteller auch dann haftbar, wenn dieser den tatsächlichen Hersteller des Serienfahrzeuges kennt. Der Händler wird durch die Anbringung seines Firmenschildes am

---

18 Zur Rechtsnatur der Haftung nach dem ProdHaftG s. *Marburger*, AcP 192, 1, 10 ff.
19 Vgl. *Wellner* in *Geigel*, Kap. 14 Rn 342; s. auch *Sack*, VersR 2006, 582 ff.
20 BGH 9. 5. 1995, NJW 1995, 2162 – Mineralwasserflasche II; OLG Dresden 23. 5. 1996, VersR 1998, 59.
21 Vgl. *Groß*, VersR 1996, 657, 661; *G. Müller*, VersR 2004, 1073, 1076, 1079.
22 BGH 21. 6. 2005, NJW 2005, 2695 (Grillanzünder).
23 BGH 21. 6. 2005, NJW 2005, 2695 (Grillanzünder).
24 Dazu BGH 21. 6. 2005, NJW 2005, 2695 (Grillanzünder).
25 Dazu OLG Dresden 23. 5. 1996 VersR 1998, 59 (CSSR als damaliger „Drittstaat").
26 Dazu BGH 21. 6. 2005, NJW 2005, 2695 (Grillanzünder).
27 OLG Dresden 23. 5. 1996, VersR 1998, 59 – Fahrrad; zur Verantwortung des Assemblers s. *Wältermann/Kluth*, ZGS 2006, 296.

Fahrzeug nicht zum Quasi-Hersteller, da er sich dadurch nicht als Hersteller, sondern als Vertreiber des Produktes ausgibt.[28]

950 Den **Händler/Lieferanten** trifft grundsätzlich keine Haftung nach dem ProdhaftG. Eine Ausnahme ist in **§ 4 Abs. 3 ProdHaftG** geregelt.[29] Eine Inanspruchnahme des Händlers wegen **Nichtfeststellbarkeit des Herstellers** oder Importeurs des von ihm gelieferten Neufahrzeugs ist unter den gegebenen Umständen eher unwahrscheinlich. Die subsidiäre Lieferantenhaftung, die eine Reihe von Fragen aufwirft, etwa hinsichtlich ihrer rechtlichen Qualifikation,[30] des Umfangs der Einstandspflicht und der Rechtsfolgen bei nachträglicher Benennung,[31] kann den Neuwagenhändler allenfalls dann treffen, wenn es ihm nicht gelingt, den verantwortlichen Teilehersteller innerhalb der Monatsfrist zu benennen. Allerdings ist strittig, ob die Vorschrift des § 4 Abs. 3 ProdHaftG bei Nichtfeststellbarkeit des Teileherstellers[32] überhaupt Anwendung findet.[33] Zur Frage einer kaufrechtlichen Nebenpflicht s. OLG Bamberg, NJW 1998, 2228.

3. Voraussetzungen der Haftung

951 Die Haftung nach dem ProdhaftG setzt voraus, dass diejenige Sache, die durch das fehlerhafte Produkt beschädigt wurde, gewöhnlich für den **privaten Ge- oder Verbrauch** bestimmt und hierzu hauptsächlich von dem Geschädigten verwendet worden ist. Damit verbleibt es im gesamten gewerblichen und industriellen Bereich bei der konventionellen Produkthaftung.[34]

952 Die **Zweckbestimmung** ist aufgrund der **Verkehrsanschauung** zu ermitteln,[35] während es bei der Beurteilung, ob die Sache hauptsächlich zum privaten Ge- oder Verbrauch verwendet worden ist, auf die tatsächliche Nutzung der Sache ankommt. Falls eine Zuordnung aus der Art der Sache nicht möglich ist, da diese sowohl für private als auch für gewerbliche Zwecke benutzt werden kann, wie z. B. bei Personenkraftwagen und Personalcomputern, so ist die Bestimmung für mehrere Zwecke unschädlich, wenn die tatsächliche Nutzung hauptsächlich der Befriedigung persönlicher Interessen dient.[36]

953 Auf die konkrete Nutzung im Zeitpunkt des Schadensfalls kommt es nicht an; entscheidend ist die hauptsächliche Nutzung. Ein Haftungsfall im Sinn des ProdhaftG liegt auch dann vor, wenn ein hauptsächlich privat genutztes Fahrzeug auf einer Geschäftsfahrt durch ein anderes mit einem Fehler behaftetes Produkt beschädigt wird. Da die Art und Weise der Verwendung zu den anspruchsbegründenden Voraussetzungen i. S. v. § 1 ProdHaftG gehört, trägt der Geschädigte die Beweislast für die vorwiegend private Nutzung.

954 Die beschädigte Sache muss eine ‚andere' sein als das fehlerhafte Produkt (vgl. § 1 Abs. 1 S. 2 ProdHaftG). Was im Verhältnis zum schadensauslösenden fehlerhaften Produkt die **‚andere Sache'** ist, entscheidet sich nach der **Verkehrsauffassung**.[37] Danach wird sich

---

28 *Taschner*, NJW 1986, 611, 613.
29 Dazu BGH 21. 6. 2005, NJW 2006, 2695 (Grillanzünder); OLG Bamberg 25. 2. 1997, NJW 1998, 2228 = BB 1998, 664.
30 Dazu OLG Saarbrücken 12. 10. 2006, OLGR 2007, 192 = MDR 2007, 768 (Importeur von Fahrrädern aus Italien).
31 Dazu OLG Zweibrücken 19. 6. 2006, MDR 2007, 406.
32 Zum maßgeblichen Zeitpunkt s. OLG Düsseldorf 7. 4. 2000, OLGR 2000, 194.
33 Dafür *Rolland*, Produkthaftungsrecht, § 4 Rn 78.
34 *Wellner* in *Geigel*, 14. Kap. Rn 343.
35 *Rolland*, Produkthaftungsrecht, § 1 Rn 81.
36 *Rolland*, Produkthaftungsrecht, § 1 Rn 80.
37 Amtl. Begründung zu §1, abgedruckt bei *Kullmann*, Aktuelle Rechtsfragen der Produkthaftpflicht, 4. Aufl., S. 178.

in aller Regel, so die Amtliche Begründung weiter,[38] das komplette Endprodukt ‚als die eine Sache darstellen, die eine andere Sache des Geschädigten beschädigt hat'. Im Einzelfall auftretende Abgrenzungsprobleme soll die Rechtsprechung lösen.[39]

Mit Rücksicht auf den Wortlaut des § 1 Abs. 1 S. 2 ProdHaftG und die Gesetzesmaterialien lehnt die h. M.[40] es ab, die Rechtsprechung des BGH zu den ‚**Weiterfresserschäden**' (dazu Rn 1027 ff.) im Bereich des ProdHaftG anzuwenden. Das hat zur Konsequenz: Der Fahrzeughersteller haftet nicht für eine Beschädigung des Autos, die durch ein defektes Einzelteil, beispielsweise den Gaszug, verursacht wurde. Mit einer gewissen Berechtigung weist *Sack*[41] indessen darauf hin, dass das fehlerhafte Produkt i. S. v. § 1 Abs. 1 S. 2 ProdHaftG nicht gleichbedeutend mit dem gelieferten Endprodukt (Gesamtprodukt) sein muss. Das fehlerhafte Produkt könne auch der Gaszug sein, das Fahrzeug mithin die ‚andere Sache'. Eine Stütze findet diese Argumentation in § 2 ProdHaftG, der als Produkte auch **Teile** anderer Sachen definiert.[42] Schließlich kennt das ProdhaftG auch die Haftung des **Teileherstellers** für fehlerhafte (Teil-)Produkte (§§ 1 Abs. 1, 4 Abs. 1 ProdHaftG). Aus der Sicht des Herstellers von Gaszügen kann es sich bei den mit seinen Produkten bestückten Autos durchaus um ‚andere Sachen' handeln. Es kommt jedoch weder auf die Sicht des Teileherstellers noch auf die des Herstellers des Endprodukts an. Maßgebend ist die **Verkehrsauffassung**.[43] Danach ist der Schaden am Endprodukt Auto auch dann kein Schaden an einer anderen Sache i. S. d. § 1 Abs. 1 S. 2 ProdHaftG, wenn er durch ein funktional abgrenzbares Teilprodukt wie einen Gaszug verursacht wurde. Soweit die Haftung des Fahrzeugherstellers in Rede steht, ist demnach der h. M. zu folgen.

955

Problematischer ist die **Haftung des Teileherstellers.** Die ‚andere Sache', für deren Beschädigung der **Zulieferer** einstandspflichtig ist, ist nicht das Auto ohne fehlerhaftes Teilprodukt, sondern eine Sache außerhalb des Fahrzeugs.[44] Anders ist es selbstverständlich, wenn das Teilprodukt nicht vom Endprodukthersteller, sondern vom Fahrzeugeigentümer oder seiner Werkstatt (als Ersatzteil) eingebaut worden ist. Vermutlich wird die Rechtsprechung diese Unterscheidung nicht machen und den Teilehersteller haften lassen, wenn sein fehlerhaftes Teilprodukt andere Teile der Gesamtsache beschädigt oder zerstört hat. Mit dem Wortlaut der §§ 2, 4 Abs. 1 ProdHaftG lässt sich das zwar in Einklang bringen, nicht aber mit dem Sinn und Zweck der (Teil-)Produzentenhaftung.

956

4. Fehlerbegriff im Sinne des Produkthaftungsgesetzes

Ein Produktfehler liegt nach § 3 ProdHaftG nicht – wie im kaufrechtlichen Mängelrecht – in einer Beeinträchtigung des Äquivalenzinteresses, sondern in dem Zurückbleiben hinter den maßgebenden Sicherheitsanforderungen. Dabei ist nicht auf den individuellen Empfängerhorizont des Eigentümers bzw. Benutzers abzustellen, sondern auf die **objektiv berechtigte Sicherheitserwartung** eines durchschnittlichen Verbrauchers.[45]

957

Bei einem Produkt wie einem Personenkraftwagen kommt es darauf an, ob es die von der **Allgemeinheit** nach der **Verkehrsauffassung** für erforderlich gehaltene Sicherheit bietet. Das Fahrzeug muss so beschaffen sein, dass es Leib und Leben des Benutzers oder eines Dritten nicht beeinträchtigt und andere Sachen nicht beschädigt. Maßstab hierfür ist die be-

958

---

38 A. a. O.
39 *Siehe auch Wellner in* Geigel, Kap. 14, Rn 345.
40 Nachweise bei *Reinicke/Tiedtke*, Kaufrecht, Rn 982 ff.
41 VersR 1988, 439; VGT 1988, 245, 254.
42 Siehe auch *Wellner in Geigel*, Kap. 14, Rn 345.
43 Dazu *Marburger*, AcP 192, 1, 9; *von Westphalen*, Jura 1992, 511, 513.
44 So mit überzeugenden Argumenten gegen die h. M. *Marburger*, AcP 192, 1, 8 f.; ebenso *Tiedtke*, NJW 1990, 2961; *Reinicke/Tiedtke*, Kaufrecht, Rn 988 ff.; *Honsell*, JuS 1995, 211.
45 BGH 9. 5. 1995, NJW 1995, 2162; *G. Müller*, VersR 2004, 1073, 1074.

rechtigte Erwartung unter Berücksichtigung aller Umstände, insbesondere der ‚Darbietung' durch den Hersteller und des billigerweise zu erwartenden Gebrauchs **zum Zeitpunkt des Inverkehrbringens**. Totale Sicherheit gibt es weder beim Auto in seiner Gesamtheit noch bei seinen Einzelteilen. Ein solcher Sicherheitsstandard kann von der Allgemeinheit berechtigterweise nicht erwartet werden.

959 Bei **Spezialfahrzeugen** für einen eng begrenzten Personenkreis entscheidet nicht die allgemeine Verbrauchererwartung. Maßgeblich ist der jeweilige Benutzerkreis. Ein auf dem allgemeinen Markt angebotener Sportwagen wie z. B. der Audi TT der ersten Generation ist kein Spezialfahrzeug in diesem Sinn.

960 Welches Maß an Sicherheit berechtigterweise erwartet werden kann, hängt auch vom **Preis des Fahrzeugs** ab.[46] Denn erhöhte Sicherheit hat ihren Preis.[47] Bei einem preiswerten Pkw müssen Konstruktion und Ausstattung zwar den sicherheitstechnischen Grundanforderungen genügen (‚Basissicherheit'). Ein Fahrzeughersteller ist aber nicht dazu verpflichtet, alle vorhandenen technischen Möglichkeiten auszuschöpfen. Andererseits darf er nicht mehr an Sicherheit versprechen, als er effektiv produziert hat. Entscheidend ist stets die **Sicherheitserwartung des durchschnittlichen Verbrauchers**. Sie ist unter Berücksichtigung aller Umstände zu beurteilen, wobei es insbesondere auf die Darbietung des Produkts, des Gebrauchs, mit dem billigerweise gerechnet werden kann und auf den Zeitpunkt ankommt, in dem das Produkt in den Verkehr gebracht wurde.[48]

961 Die **Darbietung** i. S. d. § 3 Abs. 1 a ProdHaftG ist die Summe der schriftlichen, mündlichen und sonstigen Äußerungen zu Eigenschaften, Funktionen, Anwendungen, Zuverlässigkeit und Sicherheit des Produkts ‚Auto' in Wort und Bild, insbesondere in Anzeigen, Werbeschriften, Werbespots, Prospekten, Betriebs-, Bedienungs- und Wartungsanleitungen, kurz: die gesamte Produktpräsentation in der Öffentlichkeit. Von Bedeutung sind ferner (mündliche) Erklärungen autorisierter Mitarbeiter in Vertrieb und Kundendienst. Zur Instruktionsverantwortung des Fahrzeugherstellers s. Rn 737 ff. Die ‚Darbietung', insbesondere durch Werbung, in Verbindung mit dem ‚Charakter' und dem Preis des Fahrzeugs gibt Auskunft darüber, welche Zielgruppe der Hersteller bevorzugt ansprechen möchte.

962 Der **Gebrauch,** mit dem herstellerseits billigerweise gerechnet werden kann, schließt eine extreme Beanspruchung sowie eine missbräuchliche Handhabung in gewissen Grenzen ein, wie etwa das Fahren auf unbefestigten Straßen, im Gelände und unter ‚sportlichen Bedingungen' (Fahren im Grenzbereich). Die aus nicht völlig fernliegendem Fehlgebrauch und Überbeanspruchung resultierenden Gefahren muss der Hersteller bei der Konstruktion und Fabrikation durch entsprechende Sicherheitszuschläge einkalkulieren und in der Betriebsanleitung/Gebrauchsanweisung klar und deutlich darstellen (zur Instruktionspflicht s. Rn 986 ff.). Fahrweisen, mit denen er billigerweise rechnen muss, sind stets solche, die er durch seine eigene ‚Darbietung' hervorgerufen hat. Wer zum Fahren im Grenzbereich animiert, hat für die dazu erforderliche Sicherheit zu sorgen. Andernfalls ist sein Fahrzeug fehlerhaft. Was für den ‚normalen' Autofahrer nicht mitteilenswertes Allgemeingut ist und wo er der Instruktion bedarf, ist im konkreten Einzelfall mitunter schwer zu bestimmen.[49]

963 Für die Beurteilung der Fehlerhaftigkeit nach dem ProdHaftG ist der **Zeitpunkt des Inverkehrbringens** maßgeblich. Ein Fahrzeug ist noch nicht für den Verkehr freigegeben, wenn es von Werksangehörigen entweder auf dem Werksgelände oder im öffentlichen Verkehr nur getestet wird.[50] Andererseits setzt ein Inverkehrbringen nicht voraus, dass das

---

46 *G. Müller*, VersR 2004, 1073, 1075.
47 BGH 17. 10. 1989, NJW 1990, 906 = ZIP 1990, 516, 517 – Pferdebox.
48 *G. Müller*, VersR 2004, 1073, 1075.
49 Siehe AG Nürnberg 8. 1. 2004, NJW 2004, 3123 (Abschleppstange).
50 *Kullmann*, Probleme der Produzentenhaftung, DAV, 1988, 33, 56.

Fahrzeug in die Warenabsatzkette gegeben wird. Es genügt, wenn der Hersteller das Auto anderen Personen außerhalb des Produktionsbereichs zur Nutzung überlässt oder sich in anderer Weise willentlich der Herrschaftsgewalt über das Produkt begibt.[51]

Spätere Produktverbesserungen oder Verschärfungen der Sicherheitsanforderungen machen ein ursprünglich fehlerfreies Fahrzeug nicht nachträglich zu einem fehlerhaften.[52] ‚**Stand der Technik**' ist ‚kein feststehender Begriff'[53], sondern beschreibt einen Zustand in Abhängigkeit vom jeweiligen Entwicklungsstand. Problematisch kann in diesem Zusammenhang sein, das angeblich produktfehlerhafte Fahrzeug mit Fahrzeugen anderer Marken in eine Beziehung zu setzen, damit der erforderliche Vergleich vorgenommen werden kann. Wie früher im Rahmen der Neuwagen-Gewährleistung nach Abschn. VII Nr. 1 NWVB a. F. ist der Entwicklungsstand vergleichbarer Fahrzeuge insgesamt maßgebend. Nicht die Binnensicht, sondern die globale Sicht entscheidet. Baut der Hersteller Möglichkeiten der Produktoptimierung ein, die zur Zeit der Auslieferung noch nicht Stand der Technik sind, begründet das Unterbleiben eines gezielten Hinweises auf diese Option nicht ohne weiteres seine Haftung.[54] **964**

Ob und inwieweit Unterlassungen des Herstellers in der Zeit **nach Fahrzeugauslieferung** unter dem Gesichtspunkt ‚Verletzung der Produktbeobachtungspflicht' zur deliktischen Haftung führen, s. Rn 993 ff. **965**

Die von der Rechtsprechung im Zusammenhang mit der **deliktischen Produkthaftung** herausgearbeiteten **Fehlerkategorien** – Konstruktions-, Fabrikations- und Instruktionsfehler – spielen nach dem ProdhaftG an sich keine Rolle. Gleichwohl sind sie bei der Fehlerprüfung nach § 3 ProdHaftG eine brauchbare Hilfe.[55] Freilich lässt sich nicht jeder Fehler im Sinne dieser Vorschrift einer der traditionellen Kategorien zuordnen. **966**

Eine **Produktbeobachtungspflicht** mit ihren Ablegern (Warn- und Rückrufpflichten) ist im Produkthaftungsgesetz nicht geregelt.[56] Sie war bisher für die deliktische Produkthaftung reserviert und hat jetzt eine zusätzliche Grundlage in **§ 5 Abs. 1 Nr. 2 GPSG**. Im Rahmen des § 3 ProdHaftG wird sie allenfalls insoweit relevant, als es zu den ‚berechtigten Erwartungen' im Sinne dieser Vorschrift gehört, dass der Hersteller aus Rückmeldungen vom Markt in Form von Reklamationen, Unfällen usw. Konsequenzen für die künftige Herstellung seiner Fahrzeuge zieht.[57] **967**

5. Haftungsausschlüsse und Haftungsbeschränkungen

Für **Entwicklungsrisiken** und hieraus resultierende Entwicklungsfehler kann der Hersteller gem. § 1 Abs. 2 Nr. 5 ProdHaftG nicht haftbar gemacht werden. Das Gesetz bietet insoweit einen unzureichenden Opferschutz.[58] Gem. § 1 Abs. 2 Nr. 5 ProdHaftG ist die Haftung für **Entwicklungsfehler** indes nicht generell ausgeschlossen, sondern nur für solche **Konstruktionsfehler**,[59] die zum Zeitpunkt des Inverkehrbringens zwar vorhanden, aber **968**

---

51 *Kullmann*, a. a. O., S. 56.
52 OLG München 5. 8. 2002, DAR 2003, 525 = NZV 2003, 480 unter Hinweis auf § 3 Abs. 2 ProdHaftG.
53 OLG München 5. 8. 2002, DAR 2003, 525 = NZV 2003, 480.
54 OLG München 5. 8. 2002, DAR 2003, 525 = NZV 2003, 480 (Verriegelungsautomatik an einem BMW).
55 Vgl. OLG Koblenz 29. 8. 2005, NJW-RR 2006, 169; OLG Schleswig 19. 10. 2007, NJW-RR 2008, 691; *Wieckhorst*, VersR 1995, 1005; *Staudinger/Oechsler*, ProdhaftG, Einl. Rn 37 ff.
56 *Rolland*, Produkthaftungsrecht, § 1 Rn 191.
57 Zum Problem s. *Koch*, Produkthaftung, Arge Verkehrsrecht, 2001, S. 115.
58 So *Mehnle*, Probleme der Produzentenhaftung, DAV, 1988, 100, 103; s. auch *Katzenmeier*, JuS 2003, 943.
59 Für Fabrikationsfehler gilt der Haftungsausschluss nicht, BGH 9. 5. 1995, NJW 1995, 2162 – Mineralwasserflasche II.

nach dem **Stand von Wissenschaft und Technik** nicht erkannt werden konnten. Der Stand von Wissenschaft und Technik wird verkörpert durch die Summe an Wissen und Technik, die allgemein, also nicht nur in der Branche und innerhalb Deutschlands, sondern international anerkannt ist und zur Verfügung steht, auch ohne praktische Bewährung.[60]

Hat der Hersteller den vorhandenen Stand von Wissenschaft und Technik bei der Konstruktion und Fertigung nicht beachtet, kann er sich auf den Haftungsausschluss gem. § 1 Abs. 2 Nr. 5 ProdHaftG nicht berufen. Abgeschnitten ist ihm die Entlastung bereits, wenn der Fehler nach dem Stand der Wissenschaft und Technik zur Zeit des Inverkehrbringens der Sache lediglich erkennbar war.[61] Seine Haftung entfällt nur unter der Voraussetzung, dass die spezifische Produktgefahr von der Verbrauchererwartung einkalkuliert wurde.[62] Die Nichterkennbarkeit des Fehlers nach dem Stand von Wissenschaft und Technik ist ein objektiver Ausschlussgrund der Haftung und vom Hersteller im Streitfall gem. § 1 Abs. 4 ProdHaftG zu beweisen.

969 **Freizeichnungsverbot:** Die Haftung nach dem ProdHaftG kann im Voraus weder ausgeschlossen noch beschränkt werden. Dem tragen die Neuwagenverkaufsbedingungen in Abschn. VIII Ziff. 2 ausdrücklich Rechnung. Das Freizeichnungsverbot betrifft alle nach dem ProdhaftG verantwortlichen Personen. Verboten sind auch Umgehungen, etwa in Form der Verkürzung von Verjährungsfristen, der Statuierung von Ausschlussfristen für die Geltendmachung des Schadens, die Abänderung der Beweislast zum Nachteil des Geschädigten und die Relativierung eigener Verkehrssicherungspflichten. Das Freizeichnungsverbot und das Verbot der Umgehung gelten sowohl für Haftungsausschlüsse in AGB als auch für entsprechende Individualabreden. Auch die Freizeichnung eines gesamtschuldnerisch mithaftenden Herstellers ist eine Haftungsbeschränkung i. S. v. § 14 ProdHaftG und als solche nichtig.

970 Die Haftung kann auch nicht durch eine interne Verlagerung von Verkehrssicherungspflichten, etwa in Form von Qualitätssicherungsvereinbarungen,[63] ausgeschlossen oder beschränkt werden. Die Doppelhaftung von Zulieferer und Endprodukthersteller ist mithin unabdingbar. Im Verhältnis zum Endprodukthersteller genießt der Zulieferer allerdings das Haftungsprivileg des § 1 Abs. 3 ProdHaftG; seine Verantwortlichkeit entfällt, wenn das Teilprodukt aufgrund einer Anweisung unter Anleitung des Endproduktherstellers fehlerhaft geworden ist oder wenn der Fehler durch die Art und Weise des Einbaus in das Endprodukt eingetreten ist. Beispiel: Anbringung von Reifen, die bis zu einer Höchstgeschwindigkeit von 180 km/h ausgelegt sind, an einem 200 km/h schnellen Auto.

6. Beweisführung und Beweislastverteilung

971 Für den Fehler, den Schaden und den ursächlichen Zusammenhang zwischen Fehler und Schaden trägt grundsätzlich **der Geschädigte** die Beweislast (§ 1 Abs. 4 S. 1 ProdHaftG). Hingegen hat der **Hersteller** die Beweislast für die **Entlastungsgründe** in § 1 Abs. 2 und 3 ProdHaftG. Soweit die haftungsbegründenden Merkmale zur Beweislast des Geschädigten stehen, gilt § 286 ZPO mit den bekannten Beweiserleichterungen des deutschen Haftungsrechts. Grundlegende Unterschiede zur deliktischen Produkthaftung bestehen nicht (dazu Rn 1032 ff.).

Beispiel:
Der Fahrzeugeigentümer, der nach einem Unfall den Hersteller mit der Begründung auf Schadensersatz in Anspruch nimmt, der **Fahrerairbag** sei trotz eines heftigen Aufpralls

---

60 Zur Auslegung s. auch BGH 9. 5. 1995, NJW 1995, 2162 – Mineralwasserflasche II.
61 OLG Köln 27. 8. 2002, NJW-RR 2003, 387 – Mountainbike.
62 *Kullmann*, Probleme der Produzentenhaftung, DAV, 1988, 33, 58.
63 Vgl. *Kreifels*, ZIP 1990, 489, 495.

nicht ausgelöst worden, muss darlegen und notfalls beweisen: ein Unfallgeschehen, bei dem der Airbag nach den Angaben des Herstellers ausgelöst wird, ferner, dass er trotz gegebener Auslösesituation nicht gezündet hat und er, der Kläger, dadurch zu Schaden gekommen ist. Macht der Fahrzeugeigentümer einen Fall grundloser Zündung geltend (Fehlzündung), so hat er lediglich das Fehlen einer bestimmungsgemäßen Auslösesituation darzulegen und zu beweisen. Welcher technische Defekt zur Fehlzündung geführt hat, braucht er nicht zu beweisen. Beim Fehlen einer Auslösesituation spricht der Beweis des ersten Anscheins für die Annahme eines werkseitigen Fehlers. Der Hersteller kann den Anscheinsbeweis dadurch erschüttern, dass er vorschriftswidrige Eingriffe in das Airbagsystem, z. B. durch eine Werkstatt, nachweist.[64]

Bei einem Streit über Tatsachen, die geeignet sind, seine Haftung auszuschließen, trägt der Hersteller die Beweislast (§ 1 Abs. 4 S. 2 ProdHaftG). *Beispiel:* Erleidet ein neuwertiges Auto einen Totalschaden, weil der Hinterreifen platzte, und kommt als Ursache entweder ein Materialfehler der Karkasse oder ein Fahrfehler in Betracht, so haftet der Hersteller, wenn ihm der Nachweis nicht gelingt, dass der Reifen beim Verlassen des Werkes einwandfrei war oder dass der Schaden durch den Fahrfehler entstanden ist. Grundsätzlich trifft den Hersteller der Vollbeweis, d. h., der Richter muss davon überzeugt sein, dass die tatsächlichen Umstände eines Entlastungstatbestandes vorliegen.[65]

7. Mitverschulden

Auswirkungen kann ein Mitverschulden sowohl im Hinblick auf den Schadenseintritt als auch in Bezug auf die Schadenshöhe haben, da die Verweisung in § 6 ProdHaftG auf § 254 BGB beide Absätze einschließt.[66] Fehlt die für das Mitverschulden erforderliche Zurechnungsfähigkeit bei Minderjährigen, Taubstummen oder infolge krankhafter Störung der Geistestätigkeit, so findet § 829 BGB entsprechende Anwendung,[67] falls es die Billigkeit ausnahmsweise gebietet.[68] Eine Mithaftung aus Billigkeitsgründen entfällt normalerweise, wenn der nach dem ProdHaftG verantwortliche Schädiger haftpflichtversichert ist, was auf dem Kfz-Sektor meistens der Fall ist.[69] Auch eine mitwirkende Betriebsgefahr, etwa nach §§ 7, 18 StVG, ist dem Geschädigten entsprechend § 254 BGB zuzurechnen;[70] diese Grundsätze gelten auch im Rahmen von § 6 ProdHaftG.[71]

Im Hinblick auf die **Schadenshöhe** obliegen dem Geschädigten die nach § 254 Abs. 2 BGB gebotenen Warn-, Abwendungs- und Minderungspflichten, wobei er sich ein Verschulden von Hilfspersonen nach vorherrschender Meinung[72] nur zurechnen lassen muss, wenn diese im Rahmen eines bestehenden Schuldverhältnisses zum Schaden beigetragen haben. Ein Verschulden der mit der Feststellung oder Beseitigung eines Schadens beauftragten Person (Gutachter u. Reparaturwerkstatt) muss sich der Geschädigte auch im Rahmen des ProdHaftG grundsätzlich nicht zurechnen lassen. Diese Personen sind nicht seine Erfüllungsgehilfen.[73]

---

64 *Kluth*, WIB 1997, 738.
65 *Staudinger/Oechsler*, ProdHaftG, § 1 Rn 170; *Arens*, ZZP 104, 123, 130.
66 *Rolland*, Produkthaftungsrecht, § 6 Rn 4.
67 BGH 10. 4. 1962, BGHZ 37, 102.
68 BGH 24. 6. 1969, NJW 1969, 1762.
69 OLG Karlsruhe 24. 11. 1989, DAR 1990, 137.
70 BGH 13. 4. 1956, BGHZ 20, 259.
71 *Rolland*, Produkthaftungsrecht, § 6 Rn 12.
72 BGH 3. 7. 1951, BGHZ 3, 46.
73 BGH 29. 10. 1974, BGHZ 63, 183.

8. Gesamtschuldnerschaft

975 Haben mehrere Hersteller für denselben Schaden aufzukommen, haften sie gem. § 5 S. 1 ProdHaftG gesamtschuldnerisch. Als **Gesamtschuldner** kommen in Betracht: der Hersteller des Endproduktes, der Hersteller eines fehlerhaften Teilproduktes, der Quasi-Hersteller, der Importeuer und unter den Voraussetzungen des § 4 Abs. 3 S. 1 der Lieferant, wenn man davon ausgeht, dass die Haftung des Letzteren auch dann bestehen bleibt, wenn der Hersteller nachträglich bekannt wird.[74] Die in § 5 S. 1 ProdHaftG angeordnete gesamtschuldnerische Haftung betrifft ausschließlich den Fall der Verantwortlichkeit mehrerer Hersteller nebeneinander. Falls der Hersteller und ein Dritter für denselben Schaden aufzukommen haben, gilt die Regelung von § 6 Abs. 2 ProdHaftG, die besagt, dass der Hersteller unabhängig von der Haftung eines Dritten stets für den ganzen Schaden aufzukommen hat. Eine gesamtschuldnerische Haftung zwischen dem Hersteller und einem daneben verantwortlichen Dritten nach allgemeinem Deliktsrecht wird durch § 6 Abs. 2 ProdHaftG nicht gesperrt.

976 Die für das **Außenverhältnis** mehrerer verantwortlicher Hersteller geltende Gesetzesregel des § 5 S. 1 ProdHaftG erfordert, dass mehrere Hersteller für denselben Schaden einzustehen haben. An dieser Voraussetzung fehlt es, wenn sich der Schaden abgrenzen und dem jeweils verantwortlichen Hersteller konkret zuordnen lässt. Auf der anderen Seite bedeutet gesamtschuldnerische Haftung für denselben Schaden nicht zwangsläufig, dass jeder der verantwortlichen Hersteller auf denselben Schadensbetrag haftet. Insoweit können die Haftungsanteile durchaus unterschiedlich zu bewerten sein.[75]

977 Für den **Innenausgleich** mehrerer verantwortlicher Hersteller und der ihnen gleichgestellten Personen ist § 5 S. 2 ProdHaftG einschlägig. Der Anspruch ist auf Befreiung von der Leistungspflicht in dem Umfang gerichtet, den der Ausgleichspflichtige im Innenverhältnis zu tragen hat; nach Befriedigung des Geschädigten verwandelt er sich in einen Zahlungsanspruch. Für den Ausgleich im Verhältnis der nach außen gesamtschuldnerisch verantwortlichen Hersteller gelten vorrangig die zwischen ihnen getroffenen Vereinbarungen. Fehlen vertragliche Regelungen über den Schadensausgleich, so hängt die Haftungsverteilung im Innenverhältnis abweichend von der Regel des § 426 Abs. 1 S. 1 BGB davon ab, inwieweit der Schaden vorwiegend von dem einen oder dem anderen Teil verursacht worden ist.[76]

9. Verjährung

978 Gemäß § 12 ProdHaftG verjähren Ansprüche nach diesem Gesetz in 3 Jahren. Fristbeginn ist der Zeitpunkt, in dem der Geschädigte von dem Schaden, dem Fehler und der Person des Ersatzpflichtigen Kenntnis erlangt oder Kenntnis hätte erlangen müssen. Eine Ultimoregelung fehlt. Im Gegensatz zu § 852 BGB a. F. und auch abweichend von § 199 Abs. 1 BGB n. F. reicht bereits eine (leicht) fahrlässige Unkenntnis des Ersatzberechtigten aus. Ihm wird abverlangt, dass er sich im Rahmen des Zumutbaren sachkundig macht und sich die für die Durchsetzung seiner Ansprüche erforderlichen Kenntnisse verschafft.

979 Ausreichend für den Fristbeginn ist ein Kenntnisstand, der den Betroffenen in die Lage versetzt, eine zulässige und schlüssige Feststellungsklage zu erheben, was besonders für die Fälle bedeutsam sein kann, in denen der Schaden nicht endgültig feststeht.[77] Letzte Klarheit über den Produktfehler im Sinn der Kenntnis aller haftungsbegründenden Umstände wird nicht vorausgesetzt.[78] Mit zumutbarem Aufwand muss sich der Geschädigte um die Person

---

74 Vgl. *Rolland*, Produkthaftungsrecht, § 4 Rn 95.
75 Vgl. *Rolland*, Produkthaftungsrecht, § 5 Rn 9.
76 Zu den Einzelheiten des Regresses s. *Wandt*, BB 1994, 1436 ff.
77 BGH 20. 9. 1983, NJW 1984, 661.
78 *Rolland*, Produkthaftungsrecht, § 12 Rn 11.

des Ersatzpflichtigen bemühen. Lässt er es daran fehlen, beginnt die Verjährungsfrist in dem Zeitpunkt zu laufen, in dem er bei zumutbarer Anstrengung kundig geworden wäre.[79]

Solange wegen des zu leistenden Schadensersatzes zwischen dem Schädiger und dem Ersatzberechtigten verhandelt wird, ist die **Verjährung** gem. § 12 Abs. 2 ProdHaftG **gehemmt,** bis die Fortsetzung der Verhandlungen von der einen oder anderen Seite verweigert wird. Einseitige Verhandlungsbereitschaft reicht nicht aus, jedoch ist im Zweifel von einer Verhandlungsbereitschaft beider Seiten auszugehen. Die Hemmungswirkung betrifft das Verhältnis der verhandelnden Parteien und erstreckt sich nicht auf Ansprüche des Geschädigten gegen andere nach dem Produkthaftungsgesetz oder aus einem anderen Rechtsgrund ersatzpflichtige Personen.[80]

10. Erlöschen von Ansprüchen

Ansprüche nach dem ProdHaftG erlöschen grundsätzlich 10 Jahre nach dem Zeitpunkt, in dem der Hersteller das fehlerhafte Produkt in Verkehr gebracht hat (§ 13 ProdHaftG). Das Erlöschen des Anspruchs ist von Amts wegen zu beachten.[81] Den Zeitpunkt des Inverkehrbringens hat der Hersteller zu beweisen, weshalb Dokumentation angeraten wird.[82] Es kommt darauf an, zu welchem Zeitpunkt das konkret mit einem Produktfehler behaftete Fahrzeug, das den Schaden verursacht hat, vom Hersteller in Verkehr gebracht worden ist. Dies gilt auch dann, wenn sämtliche Fahrzeuge einer Serie mit dem gleichen Produktmangel behaftet sind. Aus § 13 ProdHaftG ergeben sich keine Anhaltspunkte dafür, dass im Fall eines Serienmangels die Ausschlussfrist mit der Auslieferung des ersten oder letzten fehlerhaften Produktes zu laufen beginnen soll.[83]

Da für das Inverkehrbringen eines Kraftfahrzeuges der Zeitpunkt als maßgeblich angesehen wird, in dem es mit dem Willen des Herstellers das Werk als Produktionsstätte endgültig verlässt (Werktorprinzip), und zwischen Werksauslieferung und Weiterverkauf, insbesondere in Zeiten schwacher Nachfrage, oft sehr viel Zeit vergeht, verkürzt sich die Haftung des Fahrzeugherstellers nach dem Produkthaftungsgesetz entsprechend. Folgt man der überwiegend vertretenen Auffassung, die davon ausgeht, dass bei einem Teilprodukt die Auslieferung an den Hersteller des Endproduktes als Zeitpunkt für das Inverkehrbringen des Teilproduktes anzusehen ist,[84] so ergibt sich daraus zwangsläufig, dass die Haftung des Herstellers eines fehlerhaften Teilproduktes stets kürzer ist als die Haftung des verantwortlichen Herstellers des Endproduktes. Der dem Geschädigten daraus entstehende Zeitnachteil wird allerdings dadurch kompensiert, dass ihm der Hersteller des Endprodukts für die Fehlerhaftigkeit des Teilproduktes verantwortlich bleibt, auch wenn der Fehler für ihn nicht erkennbar war.

Die Ausschlussfrist des § 13 ProdHaftG greift nicht ein, wenn über den Anspruch ein Rechtsstreit oder ein Mahnverfahren anhängig ist. Rechtshängigkeit ist nicht erforderlich.[85] Der Antrag auf Anordnung des selbstständigen Beweisverfahrens leitet keinen Rechtsstreit ein und verhindert folglich nicht den Verlust des Anspruchs gem. § 13 Abs. 1 S. 1 ProdHaftG.[86] Vor dem Erlöschen nach 10 Jahren bewahrt sind rechtskräftig festgestellte, auf anderen Vollstreckungstiteln beruhende sowie außergerichtlich anerkannte oder verglichene Ansprüche.

---

79 BGH 17. 3. 1966, VersR 1966, 632, 634.
80 *Rolland*, Produkthaftungsrecht, § 12 Rn 17; abw. BGH 1. 12. 1964, MDR 1965, 198.
81 *Palandt/Sprau*, ProdHaftG, § 13 Rn 1.
82 *Hollmann*, DB 1985, 2439, 2441.
83 *Rolland*, Produkthaftungsrecht, § 13 Rn 5.
84 *Taschner*, Produkthaftung, 1986, Art. 7; *Rolland*, Produkthaftungsrecht, § 1 Rn 95.
85 *Rolland*, Produkthaftungsrecht, § 13 Rn 15.
86 Zustimmend OLG Schleswig 19. 10. 2007, NJW-RR 2008, 691.

III. Deliktische Produkthaftung

1. Nebeneinander von verschuldensunabhängiger und deliktischer Produkthaftung

982 Die von der Rechtsprechung als Sondergebiet des Rechts der unerlaubten Handlung entwickelte deliktische Produkthaftung bleibt durch das ProdhaftG grundsätzlich unberührt (vgl. § 15 Abs. 2 ProdHaftG). Es herrscht – wie im Verhältnis zwischen Vertrags- und Deliktsrecht – **Anspruchsnormenkonkurrenz.**

In der Praxis liegt das Schwergewicht **weiterhin** eindeutig bei der Haftung aus unerlaubter Handlung. Nicht nur der Haftungsumfang ist weiter – so erfasst § 823 Abs. 2 BGB auch reine Vermögensschäden – auch der Kreis der deliktsrechtlich haftenden Personen ist größer, als er durch § 4 ProdHaftG für die verschuldensunabhängige Produkthaftung gezogen wird. Das gilt insbesondere für die gerade im Kfz-Bereich wichtige **Haftung von Importeuren und Vertriebsgesellschaften,** aber auch für die Einstandspflicht von Vorständen und Geschäftsführern von Herstellerfirmen. Darüber hinaus kennt die deliktische Produkthaftung mit der Produktbeobachtungspflicht und den daraus abgeleiteten Warn- und Rückrufpflichten besondere Verkehrspflichten, die im ProdHaftG keine Regelung gefunden haben.

2. Die einzelnen Fehlerkategorien

983 Im Rahmen der deliktischen Produkthaftung wird traditionell zwischen **drei Fehlerkategorien** unterschieden: Konstruktionsfehler, Fabrikationsfehler und Instruktionsfehler. Sie beschreiben unterschiedliche Verantwortlichkeiten bzw. Verantwortungsbereiche.[87] Als **weiterer Haftungstatbestand** anerkannt ist die Verletzung der **Produktbeobachtungspflicht** mit ihren Ablegern in Gestalt von Warn-, Hinweis- und Rückrufpflichten.

a) Konstruktionsfehler

984 Auf Verletzung der Konstruktionsverantwortung beruhende Fehler stehen bei der Produkthaftung im Vordergrund. Konstruktionsfehler unterlaufen in der Phase des Entwurfs und der Planung und haften jeweils einer ganzen Serie an. Den Forschungs- und Entwicklungsabteilungen hat der Hersteller den Zugang zu möglichst allen neuen Erkenntnissen von Wissenschaft und Technik auf dem jeweiligen Arbeitsgebiet zu ermöglichen und dafür eine Betriebsfachdokumentation einzurichten.[88]

Als wesentliche Kriterien, nach denen sich das ‚Pflichtenheft' des **Herstellers von Kraftfahrzeugen** im Stadium der Konstruktion und Planung beurteilt, sind zu nennen: sach- und zweckgerechte, betriebssichere Konstruktion des Fahrzeugs und seiner Bedienungselemente auch für voraussehbare Not- und Sonderfälle, Vorkehrungen gegen Gewöhnungsgefahren[89] und gegen nicht fernliegende Fehlbedienung,[90] ferner Beachtung des jeweiligen Standes der Technik, aller technischen Regeln[91] und der gültigen Unfallverhütungsvorschriften, Einbau von Sicherheitseinrichtungen, Auswahl fehlerfreier Bestandteile, Beachtung der Leistungsgrenzen der Produktionsverfahren, Auswertung und Berücksichtigung von Testergebnissen sowie Einsatz von Kontrollverfahren.[92]

---

87 Vgl. *Kullmann*, NZV 2002, 1, 4 ff.
88 *Kullmann*, Probleme der Produzentenhaftung, DAV, 1988, 33, 38 f.
89 Vgl. OLG Celle 23. 3. 1983, VersR 1984, 276.
90 OLG Köln 1. 3. 1990, NJW-RR 1991, 285.
91 Anerkannte Regeln der Technik enthalten als bereichsunabhängige Grundnormen die DIN V 8.418 und DIN V 66.055.
92 *Schmidt-Salzer*, ProdH., Bd. 3, Rn 4.656.

Der Fahrzeughersteller muss weiterhin sicherstellen, dass die Produktion eines Fahrzeugs erst aufgenommen wird, wenn die Entwicklung ausgereift und der Prototyp erprobt ist.[93] Art und Umfang der Erprobung sind gesetzlich nicht vorgeschrieben. Wann ein Fahrzeug serienreif ist, liegt im Ermessen des Herstellers. Anlaufschwierigkeiten müssen durch geeignete Maßnahmen vor Serienbeginn entdeckt und vermieden werden.[94]

Den klassischen Fall der Fehlkonstruktion einer **Bremsanlage** hatte das Reichsgericht[95] zu entscheiden: Die Kraftdroschke des Klägers war auf andere Fahrzeuge aufgefahren, weil sich der Bremsnocken überspreizt und ein Blockieren eines Rades bewirkt hatte. Die Annahme eines Konstruktionsfehlers hat das RG ebenso wenig beanstandet wie die Feststellung eines ursächlichen Zusammenhangs zwischen Fehler und Unfallschaden. Im Zentrum seiner Entscheidung stehen Ausführungen zur (vom Berufungsgericht bejahten) Haftung aus § 826 BGB, insbesondere zur Kenntnis im Betrieb einer GmbH. Bemerkenswerterweise wird auf die Möglichkeit einer Haftung wegen Eigentumsverletzung (§ 823 Abs. 1 BGB) mit keinem Wort eingegangen. Nach heutigem Rechtsverständnis handelt es sich um einen Fall aus der Gruppe der ‚Weiterfresserschäden' (dazu Rn 1026 ff.).

Konstruktive Mängel an der Bremsvorrichtung haben auch den **BGH** wiederholt beschäftigt.[96] Die Bedeutung des Urteils vom 28. 9. 1970[97] liegt in beweisrechtlichen Erwägungen. Verklagt worden war eine Fahrzeugherstellerin, die zugleich als Verkäuferin aufgetreten war. Der Kläger war bei einem Überholmanöver auf der Autobahn zum Abbremsen gezwungen worden, wodurch sein Pkw ins Schleudern geriet und umkippte. Das Berufungsgericht hatte die Klage abgewiesen. Hauptbegründung: kein Nachweis eines Verschuldens. Hilfsbegründung: Unfallsächlichkeit der behaupteten Fehlkonstruktion der Bremsanlage nicht nachgewiesen. In beiden Punkten hat der BGH das angefochtene Urteil beanstandet und heute noch gültige Beweisregeln aufgestellt.

Als weitere *Beispiele* aus der Rechtsprechung für Fehler in der Konstruktionsphase sind zu nennen: Bruch einer Mopedgabel, bedingt durch konstruktiv fehlerhafte Biegung und Kerbung,[98] Lenkradbruch eines Kinderfahrrades infolge nicht werkstoffgerechter Konstruktion,[99] durch Motorschwingungen verursachtes Abbrechen eines unzureichend befestigten Ölablassrohres,[100] Verminderung der Haftfähigkeit des Reifens durch Austritt von Öldämpfen,[101] s. auch LG Köln, NJW 2005, 1199 (Becherhalter).

Die Erteilung der **Allgemeinen Betriebserlaubnis** gem. §§ 20, 22 StVZO schließt weder die zivilrechtliche[102] noch die strafrechtliche[103] Eigenverantwortlichkeit des Herstellers aus; sie begründet allenfalls eine tatsächliche Vermutung dafür, dass das Fahrzeug den ge-

---

93 BGH 10. 3. 1970, VersR 1970, 469; 23. 6. 1952, VersR 1952, 357.
94 Vgl. VDA, Qualitätsmangement in der Automobilindustrie/Band 6 – QM-Systemaudit Teil 1, 4. Aufl., 2003; *Beuler*, Qualitätssicherung – eine Managementaufgabe, in: Auto 2000, S. 111.
95 Urt. v. 17. 1. 1940, RGZ 163, 21.
96 Urt. v. 28. 9. 1970, BB 1970, 1414 = JZ 1971, 29 = LM § 433 BGB Nr. 36; v. 17. 5. 1957, VersR 1957, 584; v. 22. 6. 1971, DAR 1972, 16.
97 BB 1970, 1414.
98 LG Lindau 26. 4. 1955, VersR 1955, 428.
99 LG Frankfurt 28. 4. 1989, NJW-RR 1989, 1193; s. auch OLG Frankfurt 8. 6. 1993, NJW-RR 1994, 800.
100 OLG Nürnberg 4. 11. 1987, NJW-RR 1988, 378.
101 OLG Frankfurt 6. 3. 1986 – 12 U 73/85 – abgedr. bei *Kullmann/Pfister*, Produzentenhaftung, Kz. 7502/1.
102 BGH 13. 7. 1956, VersR 1956, 625.
103 BGH 31. 8. 1951, NJW 1952, 233.

setzlichen Anforderungen entspricht.[104] Der Hersteller darf folglich nicht darauf vertrauen, die Zulassungsbehörde werde etwaige Mängel entdecken und die Zulassung verweigern.[105]

Aus der Tatsache, dass ein Auto den gesetzlichen Anforderungen entspricht, folgt keineswegs zwingend, dass Konstruktionsfehler ausgeschlossen sind. Den gegenteiligen Standpunkt vertrat das LG Köln.[106] Es versagte einem Geschädigten Ersatzansprüche, der bei einem selbst verschuldeten Unfall verletzt worden war, weil ihm der im Herstellerprospekt als ‚integrierter Überrollbügel' bezeichnete Teil des Daches keinen Schutz geboten hatte. Der aus gefalztem Blech bestehende Teil des Daches, der keine Konstruktions- und Fabrikationsmerkmale eines Überrollbügels besaß, war beim Überschlag zusammengeknickt und hatte den Kläger an der Schulter getroffen. Einen Konstruktionsfehler verneinte das Gericht u. a. mit folgender Begründung:

‚Ein Konstruktionsfehler liegt vor, wenn ein Produkt nicht den gängigen technischen Anforderungen entspricht. Abzustellen hierbei ist auf die jeweils geltenden Regeln der Technik. Das vom Kläger erworbene Fahrzeug entsprach diesen Regeln, wie auch der Kläger einräumt. In der Bundesrepublik Deutschland müssen nämlich offene Pkw, und zwar auch offene Geländewagen, nicht mit einem Überrollbügel ausgerüstet sein. Ein Überrollbügel kann demnach nicht zu den notwendigen technischen Voraussetzungen gerechnet werden, da die Anforderungen hier nicht schärfer gefasst werden können, als sie sich etwa aus der Straßenverkehrszulassungsordnung ergeben.'

Das Urteil verkennt, dass durch § 20 StVZO die öffentlich-rechtliche Kontrolle im Hinblick auf Konstruktion und Ausstattung eines Fahrzeugs sichergestellt, nicht aber dem Hersteller das Risiko einer Fehlkonstruktion abgenommen wird.

Bereits die Konstruktionsverantwortung, nicht erst die Instruktionspflicht des Herstellers, wird dadurch eingeschränkt, dass der potenzielle Benutzer die Gefahr kennt, die mit dem Gebrauch der Sache verbunden ist. **Gefahrenkenntnis** kann also davon entbinden, die Gefahr durch konstruktive Maßnahmen abzuwenden.[107]

b) Fabrikationsfehler

985 Fehler dieses Typs stammen aus der Fabrikation (Fertigung) und sind auf ungenügende Erfüllung der Fabrikationsverantwortung zurückzuführen. Vom Hersteller wird verlangt, dass er seine Produkte möglichst fehlerfrei fabriziert. Hierzu muss er die erforderlichen personellen und materiellen Voraussetzungen schaffen. Weil bei industrieller Fertigung stets mit einer mehr oder minder großen **Ausreißerquote** gerechnet werden muss, hat der Hersteller die von ihm gefertigten Stücke zu kontrollieren. Umfang und Intensität der Kontrollen bestimmen sich nach der Gefährlichkeit des Produktes unter Beachtung des Verwendungszweckes und nach der vorhersehbaren Fehlerhäufigkeit.[108] Lässt sich eine Fehlerfreiheit nur durch Einsatz von Maschinen bewerkstelligen, gehört deren Anschaffung zu den Organisationspflichten des Herstellers.[109] Technische Anlagen zur Produktsteuerung, Roboter und Computer müssen eine exakte und fehlerfreie Produktion gewährleisten.[110] Sicherzustellen ist eine ‚beherrschte Fertigung'.[111] Dazu gehört bei Kraftfahrzeugen, die in

---

104 BGH 7. 10. 1986, NJW 1987, 372; v. 9. 12. 1986, NJW 1987, 1009 – Honda; ähnlich schon RG 17. 1. 1940, RGZ 163, 21.
105 BGH 9. 12. 1986, NJW 1987, 1009 – Honda.
106 Urt. v. 19. 2. 1986, 19 S 240/85, n. v.
107 *Kullmann*, NJW 2002, 30 unter Hinweis auf OLG Koblenz 21. 3. 2001 – 1 U 898/96 – n. v. – Hubstapler.
108 *Schmidt-Salzer*, ProdH. Bd. 3, Rn 4903.
109 BGH 26. 11. 1968, BGHZ 51, 91 = NJW 1969, 269 – Hühnerpest.
110 *Kullmann*, Probleme der Produzentenhaftung, DAV, 1988, 33, 40.
111 *Beuler*, Auto 2000, S. 111, 119.

Deliktische Produkthaftung

Serie hergestellt werden, eine Endkontrolle, die sich an die Fabrikation unmittelbar anschließt.

Betriebs- und Verkehrssicherheit eines Kraftfahrzeugs – und damit Leib und Leben seiner Insassen – hängen entscheidend von den Bremsen, der Lenkung sowie von den Rädern und Reifen ab. Bei Fertigung und Kontrolle dieser Teile muss vom Hersteller ein gesteigertes Maß an Sorgfalt erwartet werden; stichprobenartige Kontrollen reichen hier nicht aus.[112] Die Kontroll- und Prüfeinrichtungen müssen dem Stand der Technik und den gesetzlichen Bestimmungen entsprechen.[113]

Als **Musterbeispiel** eines Fabrikationsfehlers ist der **Schubstreben-Fall** zu nennen.[114] Eine im Betrieb eines Fahrzeugteileherstellers fehlerhaft geschmiedete Schubstrebe war bei normaler Beanspruchung des Fahrzeugs unter gewöhnlichen Einsatzbedingungen gebrochen, was einen Unfall mit Personenschaden zur Folge hatte.

Weitere **Rechtsprechungsbeispiele** für Fabrikationsfehler: fehlerhafte Montage einer Motorroller-Lenkung,[115] einer Lkw-Lenkung,[116] mangelhafte Schweißung einer Fahrradgabel,[117] Defekt an Fahrradnabe[118] und unzureichende Befestigung einer Hohlschraube an einer Lkw-Kraftstoffanlage.[119] Ein Kfz-Hersteller verletzt seine Organisationspflicht, wenn er für eine neu konstruierte Bremseinrichtung keine neuen Prüfstände zur Verfügung stellt, obwohl auf den bisherigen Prüfständen eine zuverlässige Prüfung nicht mehr möglich ist.[120]

c) Instruktionsfehler

Die Sorgfaltspflichten, die der Hersteller bei der Instruktion wahrzunehmen hat, werden durch Gesetze, Rechtsverordnungen und in Bezug genommene technische Regeln konkretisiert, sie enthalten jedoch kein abschließendes Verhaltensprogramm.[121] Die Instruktionsverantwortlichkeit **des Herstellers**[122] besteht **grundsätzlich** nur im Rahmen der **Verbrauchererwartung**,[123] wobei der Hersteller von Kraftfahrzeugen Inhalt und Umfang seiner Instruktionen nach der am wenigsten informierten Benutzergruppe auszurichten hat.[124]

Die **Eigenheiten und typischen Gefahren** eines Kraftfahrzeugs, insbesondere von Personenkraftwagen, können als weitgehend bekannt vorausgesetzt werden. Ein **Fahrzeughersteller** muss die Endabnehmer deshalb weder über allgemeines Erfahrungswissen[125] noch über abstrakte Gefahren und normale Verschleißerscheinungen informieren.[126] Dasselbe gilt für Gefahrenquellen, die offen vor Augen liegen.[127] Entbehrlich ist z. B. der Hin-

---

112 BGH 17. 10. 1967, DAR 1968, 17; 28. 10. 1958, VersR 1959, 104.
113 BGH 28. 9. 1970, VersR 1971, 80 = BB 1970, 1414 – Konstruktonsfehler der Bremsanlage.
114 BGH 17. 10. 1967, NJW 1968, 247 = DAR 1968, 17.
115 BGH 15. 3. 1956, VersR 1956, 259.
116 OLG Karlsruhe 4. 3. 1964, BB 1964, 740.
117 BGH 21. 4. 1956, VersR 1956, 410.
118 OLG Dresden 23. 5. 1996, VersR 1998, 59.
119 OLG Frankfurt 10. 2. 1998, r + s 1999, 369.
120 BGH 17. 3. 1981, BGHZ 80, 186; s. auch BGH 28. 9. 1970, BB 1970, 1414 = VersR 1971, 80.
121 BGH 7. 10. 1986, NJW 1987, 372 – Verzinkungsspray.
122 Zu den Grundsätzen s. BGH 18. 5. 1999, NJW 1999, 2815 – Papierreißwolf; BGH 9. 6. 1998, NJW 1998, 2905 – Feuerwerkskörper.
123 BGH 14. 5. 1996, NJW 1996, 2224; *G. Müller*, VersR 2004, 1073, 1077.
124 BGH 4. 2. 1986, NJW 1986, 1863 – Überrollbügel; BGH 5. 5. 1992, NJW 1992, 2016 – Silokipper; LG Duisburg 24. 1. 1999, DAR 1999, 550 – Gebrauchsanleitung bzgl. Inspektionen; vgl. auch OLG Düsseldorf 29. 11. 1996, NJW 1997, 2333 – Mountain-Bike.
125 BGH 4. 2. 1986, NJW 1986, 1863.
126 OLG Celle 10. 7. 1985, NJW-RR 1986, 25.
127 BGH 17. 5. 1957, VersR 1957, 584; OLG Karlsruhe 10. 10. 2001, ZfS 2003, 226 (Holzhackmaschine).

weis darauf, dass die Geschwindigkeit eines Kraftfahrzeugs durch Betätigung des Gaspedals erhöht wird. Von selbst versteht sich auch die Wirkungsweise der üblichen Bremsvorrichtungen. Gleiches gilt für das Verhalten von ‚normalen' (allgemein gebräuchlichen) Kraftfahrzeugen während einer Kurvenfahrt. **Grundkenntnisse** über die Gesetzmäßigkeiten der Physik und Fahrzeugtechnik darf ein Fahrzeughersteller als bekannt voraussetzen.

Auf **Fahranfänger** und insbesondere Führerscheinneulinge braucht ein Hersteller von Kraftfahrzeugen keine gesteigerte Rücksicht zu nehmen. Mit dem Erwerb der Fahrerlaubnis haben sie den Nachweis erbracht, über die technischen Kenntnisse zu verfügen, die zur sicheren Führung eines Kfz erforderlich sind (vgl. § 17 Abs. 1 FeV). Ein Grundkurs für Führerscheinneulinge in der Betriebsanleitung ist deshalb entbehrlich. Erst recht bedarf es keiner speziellen Aufklärungsbroschüre, die einem ungeübten Käufer bei Auslieferung des Fahrzeugs auszuhändigen ist.

Auch mit Blick auf diese Benutzergruppe und unter Berücksichtigung der relativ hohen Durchfallquote bei der Führerscheinprüfung genügt eine **allgemein gehaltene Instruktion** in Form der gängigen – ohnehin mit Detailinformationen überladenen – Betriebsanleitungen.[128] Wer sich an das Steuer eines technisch einwandfreien, dem allgemeinen Sicherheitsstandard genügenden Kraftfahrzeugs setzt, trägt grundsätzlich selbst die Verantwortung dafür, dass er dabei nicht zu Schaden kommt und auch Dritte nicht in Gefahr bringt. Zum Gesichtspunkt der Selbstverantwortung des Verbrauchers s. auch BVerfG NJW 1997, 249.

Wesentliches Medium der Instruktion ist die **Gebrauchs- und Betriebsanleitung** (Bedienungsanleitung). Bei der Beurteilung, ob ein Produkt den Anforderungen i. S. v. § 4 Abs. 2 GPSG genügt, ist sie einzubeziehen (§ 4 Abs. 2 S. 2 Nr. 4 GPSG). Unvollständige oder irreführende Anleitungen können unter dem Gesichtspunkt des Instruktionsfehlers die Herstellerhaftung begründen. In Frage kommt auch eine Händlerhaftung mit Zurechnung eines Herstellerversagens nach § 278 BGB.[129]

987 Welche **Anforderungen an den Inhalt einer Betriebsanleitung** für einen Pkw/Kombi zu stellen sind, ist höchstrichterlich nicht geklärt. Zurückgewiesen hat der BGH die Nichtzulassungsbeschwerde im Zentralverriegelungsfall OLG München DAR 2003, 525.[130] Hiernach muss ein Autohersteller nicht auf jede Möglichkeit zur Produktoptimierung hinweisen, auch dann nicht, wenn dies bereits optional im Fahrzeug vorgesehen ist. Allgemein gilt für Pkw-Betriebsanleitungen ebenso wie für andere Gebrauchsanweisungen, dass sie klar und vollständig sein müssen (Transparenzgebot).[131] Dabei kommt es auf den Horizont des durchschnittlichen Verbrauchers an. Je größer die ihm unbekannte Gefahr ist, so die Faustregel, desto intensiver muss die Instruktion sein.

988 **Fahrzeughersteller** sind aus Rechtsgründen in der Regel nicht dazu verpflichtet, ihre **Vertragshändler** dazu zu veranlassen, Neufahrzeugkäufer in Bedienung und Technik (mündlich) einzuweisen. Was heute vor der Fahrzeugauslieferung allgemein Kundendienst ist, nämlich eine ‚Einweisung' (mit fragwürdigem Instruktionserfolg), geht über das rechtlich Erforderliche hinaus. Eine andere Frage ist es, ob der Letztverkäufer im Einzelfall dazu verpflichtet sein kann, einem erkennbar überforderten Fahrzeugkäufer gezielt ‚Nachhilfe' zu erteilen, um Gefahren von ihm abzuwenden (dazu Rn 1023). Nach der neueren Rechtsprechung des BGH[132] müssen auch Fahrzeughersteller davon ausgehen, dass für sie – neben den Endverbrauchern – auch die Letztverkäufer als **Instruktionsadressaten** in Be-

---

128 Zur vertraglichen Pflicht des Verkäufers zur Übergabe einer Gebrauchsanweisung s. *Krebber*, AcP 201, 333.
129 OLG Düsseldorf 25. 2. 2003, NJW-RR 2004, 672 (kein Kfz-Fall).
130 Beschl. v. 18. 3. 2003 – VI ZR 352/02 – n. v.; s. auch LG Göttingen 25. 8. 2004, DAR 2005, 161.
131 Dazu OLG Düsseldorf 14. 6. 2002, r+s 2004, 36 (Flughandbuch); AG Nürnberg 8. 1. 2004, NJW 2004, 3123 (Gebrauchsanleitung für eine Kfz-Abschleppstange).
132 Urt. v. 9. 6. 1998, NJW 1998, 2905 – Feuerwerkskörper.

tracht kommen können. Zur eigenen Instruktionsverantwortung von **Vertriebshändlern** s. BGH NJW 1995, 1286.

Im Rahmen der Instruktionspflicht hat der Hersteller auch solche **Unvorsichtigkeiten** zu berücksichtigen, mit denen nach der Lebenserfahrung zu rechnen ist. Nur wenn es um die Verwirklichung von Gefahren geht, die sich aus einem vorsätzlichen oder äußerst leichtfertigen **Fehlgebrauch** ergeben, entfällt eine Warn- und Hinweispflicht.[133] Bei **Sportwagen,** die für den allgemeinen Markt, also nicht für den Motorsport bestimmt sind, kann aufgrund besonderer Umstände, z. B. Aussagen und Anpreisungen in der Werbung, die Verpflichtung des Herstellers bestehen, potenzielle Erwerber über die Leistungsfähigkeit und Leistungsgrenzen gezielt zu informieren, etwa in der Betriebsanleitung.[134] 989

Der BGH[135] hat wiederholt darauf hingewiesen, dass ein Hersteller immer dann, wenn sich aus der Werbung für ein Produkt Einsatzmöglichkeiten ableiten, bei denen sich dieses Produkt – für den Nutzer nicht ohne Weiteres erkennbar – als gefährlich erweisen kann, zu Hinweisen und Warnungen verpflichtet ist. Besondere Gefahren für Autofahrer ergeben sich aus der suggestiven Wirkung moderner Präsentationen von Neuerscheinungen im Internet, auf Automobilmessen und in der TV-Werbung.

Bei Fahrzeugen, die mit **Rückhaltesystemen** (Gurten, Gurtstraffer, Airbags) ausgestattet sind, muss der Hersteller darauf hinweisen, dass nach einer gewissen Gebrauchsdauer des Fahrzeugs Teile dieser Einrichtung ausgetauscht und im Falle eines Unfalls mit Airbag-Auslösung die Anlage u. U. komplett erneuert werden muss. Ein besonderes Problem stellt die Deaktivierung von **Beifahrer-Airbags** dar. In Abstimmung mit den Automobilherstellern, dem TÜV und den Bundesländern hat das Bundesverkehrsministerium Empfehlungen veröffentlicht. Sie richten sich an die Industrie, an die Werkstätten und die Fahrzeughalter (s. auch § 35 a Abs. 8 StVZO – Beifahrersitz/Kinderschutz). 990

Die turnusmäßige Erneuerung des **Zahnriemens,** eines besonders anfälligen Teils in ca. 75 % aller Pkw-Motoren, muss nicht Gegenstand eines ausdrücklichen Hinweises in der Betriebsanleitung sein, wenn der Hersteller in geeigneter Weise hervorgehoben hat, dass die vorgeschriebenen Inspektionen regelmäßig durchzuführen sind.[136] Zur Haftung des Fahrzeugherstellers wegen unzureichender Wartungsrichtlinien in Bezug auf den Zahnriemen unter dem Gesichtspunkt der Verletzung der Produktbeobachtungspflicht s. LG München I DAR 1999, 127 und die im DAR 2008, 485 mitgeteilte Verfügung (!) des AG Heilbronn vom 6. 9. 2006 in der durch VU erledigten Sache 4 C 1494/06. Zu weiteren ‚Zahnriemen-Fällen' s. Rn 1002, 1030. 991

Verschärfte Warnpflichten bestehen, sobald dem Hersteller Gefahrenquellen bekannt werden. So ist z. B. ein Unternehmer, der Anbausätze für Sicherungseinrichtungen von Kraftfahrzeugen herstellt und diese mit Anbauanleitungen in Verkehr gebracht hat, die eine unsachgemäße und sicherheitsgefährdende Montage vorsehen, nach Aufdeckung dieses Sachverhalts u. a. verpflichtet, in den neuen Anbauanleitungen durch deutliche, nicht zu übersehende Hinweise auf die richtige Montageart aufmerksam zu machen.[137] Zur Produktbeobachtungspflicht und den sich daraus ergebenden Warn- und Hinweispflichten s. Rn 993 ff. 992

---

133 BGH 18. 5. 1999, NJW 1999, 2815 – Papierreißwolf.
134 Zur (kaufrechtlichen) Problematik ‚AUDI TT' vgl. AG Sigmaringen 14. 7. 2000, DAR 2000, 530 und LG Hechingen (Berufungsinstanz) 29. 8. 2001, NZV 2001, 479.
135 Z. B. NJW 1996, 2224 – Schmiermittel.
136 LG Duisburg 24. 1. 1999, DAR 1999, 550.
137 BGH 4. 2. 1986, NJW 1986, 1863 – Überrollbügel.

3. Produktbeobachtungspflicht und Rückrufprobleme

993   Die Pflicht des **Herstellers** zur sachgerechten Instruktion des Produktbenutzers ist nicht das letzte Glied in der Kette der Herstellerpflichten, m. a. W.: Die Gefahrabwendungspflichten enden nicht am Werktor. Sie setzen sich, wie schon das Reichsgericht betont hat,[138] nach der Produktauslieferung fort. Allerdings ging es in dem RG-Fall nicht um ein Problem der Produktbeobachtung im heutigen Sinne. Entscheidend war die Frage, welche Pflichten ein Hersteller bzw. Verkäufer eines Pkw hat, wenn er nach Auslieferung Kenntnis von einem Konstruktionsfehler an der Bremsanlage erlangt. Wer, wenn auch vielleicht unwissend, eine Gefahr für den allgemeinen Verkehr gesetzt hat, muss, sobald er die Gefahr erkennt, alles tun, was ihm den Umständen nach zugemutet werden kann, um sie abzuwenden. Entzieht er sich dem und lässt er einer solchen Gefahr, nachdem er sie erkannt hat, freien Lauf, so verstößt sein Verhalten gegen die guten Sitten. Er haftet deshalb nach **§ 826 BGB**.[139]

a) Produktbeobachtung und Konsequenzen

994   Produktbeobachtung zielt darauf ab, die Kenntnis zu gewinnen, um bestehenden Produktgefahren angemessen begegnen zu können. Die **Grundzüge** dieser ‚nachmarktlichen' Pflicht sind in BGHZ 80, 199 – Apfelschorf II – definiert.[140] In einer Reihe weiterer Entscheidungen hat der BGH seine Rechtsprechung konkretisiert.[141] Er unterscheidet zwischen aktiver und passiver Produktbeobachtung(-spflicht). Welche Pflichten ein Hersteller vor und nach dem Inverkehrbringen seiner Verbraucherprodukte hat, ist jetzt in **§ 5 GPSG** geregelt.[142]

995   Die Pflicht des Herstellers zur **aktiven Produktbeobachtung** besteht nach der Rechtsprechung im Aufbau einer Betriebsorganisation zur Beschaffung von Informationen über die Bewährung des Produkts bei seinem Einsatz in der Praxis und deren Auswertung. **Passive Produktbeobachtung** bedeutet demgegenüber die Überprüfung von Beanstandungen des Produktes.[143] Unter die Produktbeobachtungspflicht fallen nicht nur neu eingeführte Produkte, sondern auch diejenigen, die sich auf dem Markt bereits bewährt haben.[144] **In zeitlicher Hinsicht** erstreckt sich die Verpflichtung zur Beobachtung des Produkts – sie setzt ohne konkreten Anlass mit der Auslieferung ein – auf die betriebsgewöhnliche Nutzungsdauer. Das ist bei einem heutigen Pkw ein Zeitraum von durchschnittlich 12 Jahren (1975: 9,4).

996   Die Aufmerksamkeit des **Fahrzeugherstellers** hat sich insbesondere, aber nicht nur, auf **sicherheitsrelevante Teile**, wie z. B. die Bremsen, die Reifen, die Lenkung usw., zu richten. Da der Hersteller bei **Neukonstruktionen** trotz gründlicher Erprobung stets damit rechnen muss, dass bei längerer Benutzung Fehler auftreten, hat er durch geeignete Maßnahmen Vorsorge zu treffen, dass er über Anzeichen für einen Produktmangel unverzüglich unterrichtet wird.[145] Von **Autoherstellern** wird verlangt, dass sie ihre Vertragshändler und Vertragswerkstätten anhand eines Pflichtenkataloges zur Durchführung von Produktbeob-

---

138 Urt. v. 17. 1. 1940, RGZ 163, 21 – Bremsanlage.
139 RG 17. 1. 1940, RGZ 163, 21.
140 Dazu und zur weiteren Entwicklung *Birkmann*, DAR 1990, 124; *ders.* DAR 2000, 435; *Kullmann*, BB 1987, 1957; *Kunz*, BB 1994, 450; *Michalski*, BB 1998, 961.
141 Urt. v. 9. 12. 1986, NJW 1987, 1009 – Honda; 7. 12. 1993, NJW 1994, 517 – Gewindeschneidemittel; 27. 9. 1994, NJW 1994, 3349 – Atemüberwachungsgerät.
142 Näheres dazu bei *Klindt*, NJW 2004, 465, 469; *Scheibach*, DAR 2006, 190 ff.
143 BGH 7. 12. 1993, NJW 1994, 517; kritisch zu dieser Unterscheidung *Brüggemeier*, JZ 1994, 578; s. auch *Foerste*, NJW 1994, 909.
144 BGH 17. 3. 1981, BGHZ 80, 199 – Apfelschorf II.
145 *Schmidt-Salzer*, ProdH., Bd. 3, Rn 4.1002; *von Westphalen*, BB 1971, 152, 156; OLG Karlsruhe 22. 6. 1977, VersR 1978, 530.

achtungsmaßnahmen und Meldung von Produktmängeln verpflichten. Dazu gehört auch die Beobachtung der Benutzergewohnheiten sowie die Kontrolle, ob die Bedienungsanleitung sowie Warnhinweise verstanden und befolgt werden. Es muss auch sichergestellt sein, dass der Hersteller über einen etwaigen Fehlgebrauch oder eine Überbeanspruchung des Fahrzeugs informiert wird. Unterlässt der Hersteller Anordnungen in diesem Bereich der Qualitätssicherung, haftet er dem geschädigten Benutzer wegen unzureichender Produktbeobachtung, auch wenn ihn hinsichtlich der Erprobung und der Produktkontrolle im konkreten Fall kein Verschulden trifft.[146]

Die Pflicht zur Produktbeobachtung schließt ein, die Entwicklung bei den wichtigsten Konkurrenzprodukten zu verfolgen.[147] Sie erstreckt sich auch auf die von **fremden Firmen** produzierten und gelieferten **Zubehörteile**,[148] selbst wenn der Endprodukthersteller sie nicht eingebaut oder mitgeliefert und deren Einbau auch nicht empfohlen hat. Diese sehr weitgehende Produktbeobachtungspflicht trifft nicht nur den Fahrzeughersteller, sondern auch die in der Bundesrepublik Deutschland ansässige **Vertriebsgesellschaft** eines ausländischen Herstellers.[149] Zur (passiven) Produktbeobachtungspflicht eines **Alleinimporteurs** von Lkw s. auch OLG Frankfurt, r + s 1999, 369 und OLG Frankfurt, NZV 1996, 147 = VersR 1996, 982. Zur Produktbeobachtungspflicht des **Vertragshändlers** s. Rn 1023.

Bezüglich **notwendiger Zubehörteile**, die den Betrieb des Fahrzeugs erst möglich machen, und solcher, die konstruktionstechnisch bereits vorgesehen sind, z. B. durch Bohrlöcher, Haltevorrichtungen, genügt es nicht, wenn der Hersteller den Zubehörmarkt nur im Auge behält. Vielmehr muss er die Zubehörteile durch Versuche, Testfahrten o. Ä. selbst überprüfen. Reifen, Felgen und auch das Lenkrad sind, wenn überhaupt, notwendiges Zubehör; zum konstruktionstechnisch vorgesehenen Zubehör gehören z. B. Dachgepäckträger, Schneeketten, Antennen, Packtaschen bei Motorrädern. Im Hinblick auf **allgemein gebräuchliche Zubehörteile** verdichtet sich die Pflicht der Produktbeobachtung zu einer Überprüfungspflicht, wenn konkreter Anlass besteht, dass das Zubehörteil in Verbindung mit dem eigenen Produkt dem Benutzer gefährlich werden kann.[150]

Die Produktbeobachtungspflicht bei allgemein gebräuchlichen Zubehörteilen, die die Gebrauchs- und Verkehrssicherheit in Frage stellen können, verlangt vom Hersteller schon vor dem Eintreffen der ersten Hiobsbotschaften gewisse Anstrengungen. Er genügt seiner Produktbeobachtungspflicht nicht, wenn er die Zubehörteile lediglich im Auge behält. Vielmehr muss er organisatorisch über Vertrieb, Mitarbeiter usw. sicherstellen, dass er von etwaigen Schadensfällen sofort Kenntnis erhält. Unter Umständen muss er bereits in diesem Stadium stichprobenartige Überprüfungen vornehmen.

Welche Maßnahmen der **Hersteller** ergreifen muss, wenn er nach Inverkehrbringen einen Fehler seines Produkts erkennt oder sich ein entsprechender Verdacht ergibt, hängt von den Umständen des Einzelfalls ab, insbesondere von dem Ausmaß der Gefahr und der Qualität der auf dem Spiel stehenden Rechtsgüter. **Er muss alles tun, was ihm den Umständen nach zugemutet werden kann,** so schon das RG.[151] Nach ihrer Zielrichtung lassen sich **zwei Kategorien** von Sicherheitsmaßnahmen unterscheiden: **Warnungen und Hinweise** zur selbstverantwortlichen Gefahrsteuerung auf Seiten des gefährdeten Personenkreises, zum anderen **Rückrufe** bzw. **Austauschaktionen** als direkte Einwirkung auf die Gefahrenquelle. Das **GPSG** unterscheidet zwischen Rücknahme und Rückruf.

---
146 BGH 28. 9. 1970, BB 1970, 1414 – Bremsen.
147 BGH 17. 10. 1989, ZIP 1990, 516.
148 BGH 9. 12. 1986, NJW 1987, 1009 – Honda; BGH 27. 9. 1994, WM 1994, 2288 – Atemüberwachungsgerät.
149 BGH 9. 12. 1986, NJW 1987, 1009 – Honda.
150 BGH 9. 12. 1986, NJW 1987, 1009 – Honda; dazu *Kullmann*, BB 1987, 1957.
151 Urt. v. 17. 1. 1940, RGZ 163, 21.

1001 **Warnungen und Hinweise** als Ausfluss der Produktbeobachtung können im Einzelfall zur Gefahrbekämpfung genügen. Bei weniger gefährlichen Fehlern sind nach dem **Grundsatz der Verhältnismäßigkeit** die wirtschaftlichen Belange des Herstellers angemessen zu berücksichtigen. Drohen nur Sachschäden oder sonstige Vermögensschäden, kann die Abwägung ergeben, dass eine **Rückrufaktion** wirtschaftlich unvertretbar ist. In solchen Fällen genügt der **Hersteller** seiner Gefahrenabwendungspflicht, wenn er die Öffentlichkeit oder den ihm bekannten Erwerberkreis warnt, sobald sich der Verdacht der Gefährlichkeit aufgrund von Untersuchungen verdichtet hat.[152]

Das Bestehen einer – nachträglichen – **Warnpflicht** als praktische Konsequenz der Produktbeobachtungspflicht ist allgemein anerkannt.[153] Zur Warnung ist der für die Verkehrssicherung verantwortliche Unternehmer auch dann verpflichtet, wenn er den Fehler nicht verschuldet hat.[154] Auslöser ,nachmarktlicher' Warn- und Hinweispflichten ist das nachträgliche Erkennen einer konkreten Produktgefahr, die abzuwenden im Einflussbereich des Produktverantwortlichen liegt.[155]

1002 Das Unterlassen gebotener Warnhinweise kann **schadensersatzpflichtig** machen, wie der Bundesgerichtshof in einer Reihe von Entscheidungen festgestellt hat (z. B. BGHZ 80, 199 = NJW 1981, 1606 – Apfelschorf; BGHZ 99, 167 = NJW 1987, 1009 – Honda; BGH NJW-RR 1995, 342 – Gewindeschneidemittel II). Nach Ansicht des LG München I haftet ein Fahrzeughersteller wegen Verletzung der Produktbeobachtungspflicht (nicht wegen eines Instruktionsmangels), wenn er in seinen Wartungsrichtlinien nicht auf die Notwendigkeit turnusmäßiger **Erneuerung bzw. Überprüfung des Zahnriemens** hinweist.[156] Zu den in der Praxis sehr bedeutsamen ,Zahnriemen-Fällen' s. auch Rn 991, 1030.

1003 **Inhaltliche Anforderungen:** Die Warnung muss detailliert unter Darstellung der erforderlichen Schutzmaßnahmen erfolgen, damit der Benutzer des Produkts die drohenden Gefahren und Risiken in ihrer ganzen Tragweite hinreichend genau abschätzen und ihnen selbstverantwortlich begegnen kann.[157] Hinweise, die der Gefahrvermeidung dienen, sind besonders kenntlich zu machen durch räumliche Trennung vom übrigen Text, durch Rahmung, Fettschrift, Unterstreichung oder Hinweise wie ,Vorsicht' oder ,Achtung'. Angesichts des internationalen Benutzerkreises sind bei Kraftfahrzeugen Piktogramme besonders informativ. Warnhinweise dürfen auf keinen Fall zwischen Werbung, Anwendungsvorschlägen usw. verschwinden.[158] Es kann genügen, die Vertragshändler zu informieren, damit sie sich der Sache bei der nächsten Inspektion annehmen. Je nach Grad der Gefährdung und des Umfangs des Wartungsintervalls kann aber eine zusätzliche Information des Endabnehmers geboten sein.[159]

1004 Bei **drohenden Gesundheits- und Körperschäden** entsteht die Warnpflicht bereits bei einem ernst zu nehmenden, wenn auch nicht dringenden Verdacht.[160] Falls ein einwandfreies Produkt lediglich mit fehlender oder fehlerhafter Instruktion in Verkehr gebracht worden ist und dies bei der Produktbeobachtung erkannt wird, lässt sich die Gefahr in

---

152 BGH 17. 3. 1981, NJW 1981, 1603 – Apfelschorf I.
153 BGHZ 99, 167 = NJW 1987, 1009 – Honda.
154 BGH 17. 3. 1981, NJW 1981, 1603 – Apfelschorf I.
155 Ausführlich dazu *Rettenbeck*, Die Rückrufpflicht in der Produkthaftung, 1994 S. 70 ff.
156 Urt. v. 7. 10. 1998, DAR 1999, 127; vgl. auch LG Duisburg 24. 1. 1999, DAR 1999, 550; AG Heilbronn 6. 9. 2006 – 4 C 1494/06 – DAR 2008, 485 (kein Urteil).
157 BGH 7. 10. 1986, NJW 1987, 372 – Verzinkungsspray.
158 BGH 9. 12. 1986, BGHZ 99, 167 = NJW 1987, 1009 – Honda.
159 Vgl. OLG Frankfurt 24. 10. 1995, NZV 1996, 147 = VersR 1996, 982 – erforderliche Umrüstung einer Lkw-Kraftstoffanlage.
160 BGH 17. 3. 1981, NJW 1981, 1603 – Apfelschorf I; BGH 27. 9. 1994, NJW 1994, 3349 – Atemüberwachungsgerät.

der Regel durch Nachlieferung einer vollständigen und richtigen Instruktion beseitigen.[161] Zulasten des Herstellers geht das Risiko, dass die der Gefahrenbeseitigung dienende Instruktion den Benutzer nicht oder nicht rechtzeitig erreicht.[162]

b) Rückrufpflicht, Rückrufpraxis und Rückrufkosten

Im Kfz-Bereich haben Rückrufaktionen trotz generell verbesserter Qualität signifikant zugenommen. Von 50 Rückrufen im Jahr 1995 ist die Zahl jährlicher Rückrufe kontinuierlich gestiegen.[163] Als Hauptgründe werden genannt: kürzere Modellzyklen mit entsprechend kürzeren Entwicklungszeiten bei gleichzeitiger Zunahme innovativer Technik (vor allem im Elektronikbereich); zunehmende Modellvielfalt (Variantenreichtum) mit größerer Fehleranfälligkeit im Konstruktions- und Fabrikationsbereich, ferner die Verbreiterung der Produktpalette bei zahlreichen Herstellern, z. B. Daimler (A-Klasse, Smart) und Audi (z. B. TT). Zudem verfolgen die Hersteller und Importeure von Pkw/Kombis seit einigen Jahren eine offensive Rückrufpolitik. ‚Rückrufe sind salonfähig geworden', so *A. Demmel* vom ADAC.[164] Zugenommen haben Fahrzeugrückrufe schließlich auch dadurch, dass die Risiken der Hersteller im Fall unterbliebener Rückrufe deutlich gestiegen sind.

Unter welchen Voraussetzungen sich die Gefahrabwendungspflicht zur **Rückrufpflicht** verdichtet, ist in der **Rechtsprechung** noch nicht geklärt, weder allgemein noch im Hinblick auf die besondere Situation im Kfz-Bereich.[165] Soweit ersichtlich ist bislang kein einziger Fahrzeughersteller oder sonstiger Träger der Produktverantwortung (Zulieferer, Importeur) mit der Begründung zum Schadensersatz verurteilt worden, er habe eine bestehende Rückrufpflicht verletzt. Es ist auch noch keinem Betroffenen gelungen, einen (Individual-)Anspruch auf Rückruf (Rücknahme) eines Automobils gerichtlich durchzusetzen. Die von der Rechtsprechung entschiedenen Fälle waren meist so gelagert, dass Zulieferer von schadhaften Teilen von ihren Abnehmern auf **Ersatz von Rückrufkosten** in Anspruch genommen wurden. Es ging also um **Regresslagen** und ähnliche Konstellationen.[166]

In seinem Beschluss vom 18. 3. 1986[167] hat der **BGH** offen gelassen, ob und gegebenenfalls unter welchen Voraussetzungen den Abnehmern technischer Geräte gegen den Hersteller eines zu deren Fabrikation verwendeten Zuliefererteils deliktische Ansprüche auf Rückruf und Austausch zustehen, wenn ihnen aufgrund von Mängeln des Zuliefererteils Schäden entstehen können. Soweit lediglich das Äquivalenzinteresse betroffen ist und der Eintritt weiter gehender Schäden nicht ernsthaft befürchtet werden muss, ist ein Rückrufanspruch nach Ansicht des BGH ausgeschlossen.[168]

---

161 BGH 4. 2. 1986, NJW 1986, 1863 – Überrollbügel.
162 *Rolland*, Produkthaftungsrecht, Teil II, Rn 47.
163 Siehe *Scheibach*, DAR 2006, 190, 192.
164 Auto Bild v. 7. 1. 2000.
165 Dazu *Burckhardt*, VersR 2007, 1601 ff.; *Bodewig*, DAR 1996, 341 mit Nachw. der umfangreichen Literatur; allgemein zur Rückrufproblematik *Rettenbeck*, Die Rückrufpflicht in der Produkthaftung; weitere Nachweise bei *Palandt/Sprau*, § 823 BGB Rn 173; s. auch DAR 2005, 176 (ADAC-Rechtsforum).
166 Vgl. BGH 12. 2. 1992, NJW 1992, 1225 – Ersatz von Nachbesserungs-, nicht Rückrufkosten; OLG Karlsruhe 30. 5. 1985, VersR 1986, 1125 mit Nichtannahmebeschluss des BGH v. 18. 3. 1986, VersR 1986, 1127; OLG München 4. 3. 1992, VersR 1992, 1135 = OLGR 1992, 51; OLG Karlsruhe NJW-RR 1995, 594; OLG Düsseldorf 31. 5. 1996, NJW-RR 1997, 1344; OLG München 18. 2. 1998, NJW-RR 1999, 1657; umfassend *Burckhardt*, VersR 2007, 1601 ff.
167 VersR 1986, 1125, 1127.
168 Beschluss v. 18. 3. 1986, VersR 1986, 1125, 1127; 12. 2. 1992, NJW 1992, 1225, 1227 unter Ziff. 4.

1008 Zu unterscheiden ist zwischen **repressivem Rückruf** – die Rechtsgutsverletzung ist schon eingetreten – und dem **präventiven Rückruf** (die Rechtsgutsverletzung steht unmittelbar bevor). Schwerpunktmäßig geht es bei dem Produktrückruf um Prävention und damit um einen Sachverhalt, der nicht in die Zuständigkeit der §§ 823, 249 BGB fällt.

Unterschieden wird ferner zwischen der **Verkehrspflicht zum Rückruf** und dem **Anspruch des Eigentümers** bzw. Benutzers auf Rückruf des fehlerhaften bzw. fehlerverdächtigen Produkts.[169]

1009 Ein dem Käufer zustehender **Individualanspruch** auf Beseitigung eines Fahrzeugmangels, der nur sein Äquivalenz- und Nutzungsinteresse beeinträchtigt, besteht lediglich im Rahmen kaufrechtlicher Sachmängelhaftung (Nachbesserung) und (selbstständiger) Garantieverpflichtungen. Um eine deliktische Handlungspflicht auszulösen, muss das **Integritätsinteresse** des Eigentümers/Benutzers oder eines Dritten betroffen sein. Darüber herrscht im Grundsatz weitgehend Einigkeit.[170] Strittig ist, ob die Rückrufpflicht auf Fälle drohender Personenschäden zu beschränken ist oder ob sie auch bei reinen Sachschäden einsetzen muss.[171]

1010 Während die deliktische Rückrufpflicht des Produktherstellers im Grundsatz anerkannt ist,[172] lehnt die h. M. einen damit korrespondierenden Individualanspruch auf Erfüllung dieser Pflicht ab, und zwar sowohl zur Schadensverhütung als auch zur Mängelbeseitigung.[173] Das OLG Düsseldorf[174] scheint zwar die Existenz eines Anspruchs zu bejahen (,deliktischer Rückruf- und Austauschanspruch gegen den Hersteller'). Diese Frage war indes für die Entscheidung unerheblich, weil eine Regressforderung im Streit war.

1011 **Insgesamt lässt sich feststellen**, dass die Kfz-Rückrufproblematik jedenfalls im Verhältnis zwischen Fahrzeughersteller/Importeur einerseits und dem gefährdeten Personenkreis andererseits aus einer Reihe von faktischen Gründen bei weitem nicht die Bedeutung hat, die ihr im Schrifttum seit Mitte der Siebziger Jahre beigemessen wird.

1012 Durch das **GPSG**, in Kraft seit dem 1. 5. 2004, hat die juristische Diskussion neue Impulse erhalten.[175] Von besonderem Interesse ist **§ 5 Abs. 1 Nr. 1 lit. c GPSG** mit seiner Verpflichtung des Herstellers, auch für einen etwaigen Rückruf ‚Vorkehrungen' zu treffen.[176] Diese Vorschrift über ein ‚Rückrufmanagement'[177] ist ein **Schutzgesetz i. S. d. § 823 Abs. 2 BGB**.[178] Angenommen wird das auch für **§ 4 GPSG**.[179]

Unter welchen Voraussetzungen ein Hersteller zum Rückruf und/oder einer Rücknahme verpflichtet ist, ist auch im GPSG nicht geregelt. § 8 Abs. 4 Nr. 7 GPSG enthält lediglich eine Ermächtigungsgrundlage für die zuständige Behörde, bei begründetem Verdacht für eine gravierende Produktunsicherheit (§ 4 GPSG) die Rücknahme oder den Rückruf anzuordnen. Eine Reparatur oder einen Austausch des fehlerhaften Produkts kann die Behörde

---

169 Vgl. *Foerste* in: Produkthaftungshandbuch, Bd. 2, § 39 Rn 1; kritisch zu dieser Unterscheidung nach Pflicht und Anspruch *Michalski*, BB 1998, 964.
170 Vgl. LG Frankfurt 1. 8. 2006, VersR 2007, 1575; dazu *Burckhardt*, VersR 2007, 1601, 1604.
171 Vgl. *Koch*, AcP 203, 603, 614.
172 Näheres bei *Foerste* in Produkthaftungshandbuch, Bd. 1, § 24 Rn 258 ff.; ders., a. a. O., Bd. 2, § 39 mit umfangreichen Nachweisen.
173 OLG München 18. 2. 1998, NJW-RR 1999, 1657 (ohne nähere Begründung); *Foerste* in Produkthaftungshandbuch, Bd. 2, § 39; abw. *Koch*, Produkthaftung, Arge Verkehrsrecht, 2001, S. 118 ff.; s. auch *Vieweg/Schrenk*, Jura 1997, 561; *Spindler*, NJW 1999, 3741; *Bodewig*, DAR 1996, 341.
174 Urt. v. 31. 5. 1996, NJW-RR 1997, 1344.
175 Vgl. *Reinicke/Tiedtke*, Kaufrecht, Rn 1024.
176 Dazu *Scheibach*, DAR 2006, 190 ff.; *Klindt*, NJW 2004, 465, 468.
177 *Klindt*, NJW 2004, 465, 469.
178 *Reinicke/Tiedtke*, Kaufrecht, Rn 1024; s. auch *G. Müller*, VersR 2004, 1073, 1074.
179 *Bachmeier*, Rn 1400 m. w. N.

Deliktische Produkthaftung

dagegen nicht verfügen. Um sich ein Bild von der Beschaffenheit zu machen, darf sie das verdächtige Produkt prüfen oder prüfen lassen. Die damit verbundenen Kosten können ggf. auf den Hersteller abgewälzt werden (§ 8 Abs. 7 GPSG). Diese fiskalische Kostennorm gibt nichts für die Frage her, ob der Produktbenutzer einen eigenen Anspruch gegen den Hersteller auf Übernahme von Rückrufkosten hat, etwa in dem Fall, dass er den Mangel von sich aus vor Beginn der Rückrufaktion beseitigt hat (,verfrühte' Eigenreparatur). Solange es keinen anerkannten Individualanspruch gegen den Nur-Hersteller auf Rücknahme oder Rückruf gibt, ist auch für Kostenerstattungsansprüche im Verhältnis Verbraucher/Hersteller **kein Raum**.[180] Ohne gesetzliche Regelung der Kostenfrage, so der derzeitige Zustand, kann der Verbraucher nur auf Kulanz hoffen.

4. Der aus deliktischer Produkthaftung verantwortliche Personenkreis

Die einschränkende Umschreibung des haftenden Personenkreises in § 4 ProdHaftG gilt nicht für die deliktische Haftung nach § 823 Abs. 1 BGB.[181] Wer insoweit als Haftender in Betracht kommt, ist unabhängig davon zu bestimmen.[182] **1013**

a) Die Verantwortung des Endproduktherstellers

Gefahrabwendungspflichten treffen in erster Linie den **Hersteller,** also denjenigen, der das Produkt in eigener Verantwortung industriell oder handwerklich anfertigt und in Verkehr bringt. Der Warenhersteller trägt grundsätzlich die **weitestgehende** (umfassende) Verantwortung für einen Produktfehler, der in seinem ,Tätigkeits- und Wissensbereich' entstanden ist,[183] und zwar von der Konzeptphase bis zur Fertigung und sogar darüber hinaus (Produktbeobachtungspflicht). Zu den Einzelpflichten von Fahrzeugherstellern im Konstruktions-, Fabrikations-, Instruktions- und Beobachtungsbereich s. Rn 984 ff. **1014**

Für den Hersteller eines Endprodukts mit hohem Qualitätsanspruch ist der Qualitätsstand der Zulieferteile von elementarer Bedeutung. Mehr als 50 % der Einzelteile eines Pkw werden von Lieferanten (Zulieferern) eingekauft, Tendenz steigend. Heutzutage werden mehr und mehr komplette Systeme (Baugruppen) direkt ans Band geliefert (z. B. Armaturenbretter, Achsen, Lenkungen und Bremsen). Oftmals werden diese Systeme von den Zulieferern selbst in die Fahrzeuge eingebaut. Der Aufstieg von Zulieferern zu so genannten **Systempartnern** verlangt eine Neuverteilung der Verantwortungssphären. **1015**

Grundsätzlich fällt es in den Verantwortungsbereich des jeweiligen Folge- und Endherstellers, die für den eigenen Fertigungsprozess geeigneten Materialien auszuwählen.[184] Das **Verwendungsrisiko** liegt bei ihm als dem Käufer. Er ist – unabhängig von § 377 HGB – verpflichtet, **Zulieferteile** im Hinblick auf ihre Verwendbarkeit und ihre fehlerfreie Beschaffenheit zu überprüfen.[185] **1016**

Umfang und Intensität der **Prüfungspflichten** lassen sich nicht generell festlegen. Maßgebend sind die Umstände des Einzelfalls. Wegen der Arbeitsteilung bei der industriellen Fertigung sind die Kontrollpflichten des **Endproduktherstellers** im Allgemeinen wesentlich strenger als die des Teileherstellers. Eine vollständige Wiederholung aller Kontrollmaßnahmen wird dem Hersteller des Endproduktes nicht abverlangt, da dies unwirtschaft- **1017**

---

180 Zum Ganzen und insbesondere zur jüngeren Rechtsprechung s. *Burckhardt*, VersR 2007, 1601 ff.
181 BGH 15. 12. 1992, NJW 1993, 655, 656.
182 Zu den Trägern der haftungsrechtlichen Produktverantwortung im Kfz-Bereich s. *Kremer*, DAR 1996, 134.
183 St. Rspr., z. B. BGH 7. 12. 1993, NJW 1994, 517 unter II, 2b, aa.
184 BGH 14. 5. 1996, NJW 1996, 2224.
185 BGH 14. 6. 1977, BB 1977, 1117; *Rolland*, Produkthaftungsrecht, Teil II, Rn 71.

lich wäre und vielfach seine fachliche Kompetenz übersteigen würde. Ein gesteigertes Maß an Sorgfaltspflichten trifft den Endprodukthersteller dann, wenn Einzelteile nach seinen Vorgaben von einem so genannten Auftragsfertiger hergestellt werden.[186]

1018 Falls die Tätigkeit des **Endproduktherstellers** vornehmlich darin besteht, von Spezialfirmen angelieferte Teile zusammenzubauen, kann die Eigenhaftung des Endherstellers u. U. völlig entfallen, weil seine Kontroll- und Überprüfungspflichten im Hinblick auf etwaige Konstruktions- und Fabrikationsmängel der zugelieferten Teile im Vergleich zu denen des Zulieferers abgeschwächt sind.[187] Bezieht der Hersteller des Endproduktes Teile von einer als zuverlässig bekannten Zulieferfirma, welche die Qualität und Tauglichkeit ihrer Produkte bescheinigt, reduziert sich die Pflicht des Herstellers auf die Prüfung, ob die Lieferung der Bestellung entspricht.[188]

Zur Abgrenzung der Verantwortungsbereiche zwischen Endhersteller des kompletten Fahrzeugs oder von Einzelteilen wie einer Zentralverriegelung und dem jeweiligen Vorlieferanten s. auch BGH NJW 1996, 2224 (Haftung eines Schmiermittelherstellers); BGH NJW 1992, 1225 – Kondensatoren und BGH NJW 1998, 1942 – Transistoren.

1019 Schon im Vorfeld hat der **Endprodukthersteller** dafür zu sorgen, dass er grundsätzlich nur solche Teile erwirbt, die nach Einfügung in sein Produkt oder in Verbindung mit ihm für den späteren Benutzer nicht gefährlich werden können. Die Verhaltenspflichten in diesem Stadium fasst der BGH in dem Urteil vom 27. 9. 1994, NJW 1994, 3349, zusammen (Atemüberwachungsgerät).[189]

b) Die Verantwortung des Zulieferers

1020 Der **Zulieferer von Fahrzeugteilen,** die er selbst produziert hat, ist auch deliktsrechtlich Hersteller. Wie jeder Produzent hat er dafür einzustehen, dass das von ihm gefertigte Produkt im Rahmen des bestimmungsgemäßen Gebrauchs auch in der Weiterverarbeitung durch andere in vollem Umfang fehlerfrei und ohne Gefährdung des Eigentums Dritter eingesetzt werden kann.[190] Das hat zur Konsequenz, dass er sowohl dem Abnehmer seines Produkts als auch dem Endabnehmer des Fahrzeugs deliktisch haften kann.[191]

Der Unternehmer, der auftragsgemäß nur die Fabrikation einzelner Produkte oder Produktteile für den Endprodukthersteller nach dessen Vorgaben hinsichtlich Konstruktion und Materialauswahl übernimmt, trägt in erster Linie die Fabrikationsverantwortung. Sorgfaltspflichten im Sinne einer die Konstruktion des Einzelteils betreffenden Gefahrenabwehr entstehen für ihn aber nicht nur, wenn die Konstruktion Fabrikationsfehler zur Folge haben kann. Vielmehr muss er zur Gefahrenabwehr auch immer dann beitragen, wenn die Gefährlichkeit der Konstruktion für ihn erkennbar ist und Grund zu der Annahme besteht, dass der für die Konstruktion Verantwortliche keine ausreichende Vorsorge getroffen hat.[192]

c) Die Verantwortung von Importeuren und Vertriebsgesellschaften

1021 Nicht nur Endprodukt- und Teilehersteller sowie die so genannten Quasi-Hersteller sind produktrechtlich verantwortlich. Auch andere in den Warenabsatz eingeschaltete Unter-

---

[186] BGH 3. 6. 1975, NJW 1975, 1827.
[187] BGH 14. 6. 1977, BB 1977, 1117; OLG München 16. 5. 1955, VersR 1955, 410.
[188] OLG Köln 15. 3. 1989, NJW-RR 1990, 414.
[189] Siehe auch OLG Oldenburg 23. 2. 2005, NJW-RR 2005, 1338 (Fahrradhersteller/Zulieferer); OLG Oldenburg 7. 12. 2006, OLGR 2007, 903 (Fahrrad mit Konstruktions- und Fabrikationsfehler der Tretkurbel).
[190] BGH 14. 5. 1996, NJW 1996, 2224.
[191] BGH 17. 10. 1967, DAR 1968, 17 – Schubstrebe.
[192] BGH 9. 1. 1990, ZIP 1990, 514.

nehmen können sich wegen Verletzung von Verkehrssicherungspflichten schadensersatzpflichtig machen. Je nach Funktion werden ihnen unterschiedliche Pflichten zugewiesen.

Ausgehend von der Überlegung, dass die deliktische Haftung nicht nur an die ‚Herstellung', sondern ebenso an das ‚In-Verkehr-Bringen' anknüpft, wird die Forderung erhoben, auch **Vertriebsgesellschaften** und **Importeure** in die deliktische Produkthaftung stärker als bisher einzubeziehen.[193] Diese Unternehmen haften aber grundsätzlich nur für die Verletzung **händlerspezifischer Verkehrspflichten** im Bereich des Warenabsatzes. Selbst mit dem Hersteller verbundene **Vertriebsgesellschaften** können deliktsrechtlich mit diesem nicht gleichgestellt werden.[194]

Importeurhaftung: Der Importeur ausländischer Kraftfahrzeuge steht dem Hersteller nicht gleich; er haftet nicht als Quasi-Hersteller, wenn er wie ein Hersteller auftritt,[195] auch dann nicht, wenn zwischen ihm und dem Hersteller eine wirtschaftliche Verflechtung besteht. Selbst konzerneigene **Vertriebsgesellschaften,** die anstelle des ausländischen Herstellers die ABE nach § 20 StVZO erhalten haben, sind für Konstruktions- und Fabrikationsfehler grundsätzlich nicht nach § 823 BGB haftbar.[196]

1022

Bezieht ein Importeur die Waren von einem großen und renommierten Auslandsunternehmen, darf er sich darauf verlassen, dass sie von ihrer Konstruktion her ausreichend Sicherheit bieten.[197]

Welche **Prüfungen** der Importeur anstellen und in welchem Umfang er importierte Güter untersuchen oder untersuchen lassen muss, ist eine **Frage des Einzelfalles**.[198] Zur Untersuchung auf gefahrenfreie Beschaffenheit ist der Importeur nur verpflichtet, wenn hierzu aus besonderen Gründen Anlass besteht, z. B. bei der Einfuhr von Gütern aus Entwicklungsländern[199] oder einem Staat mit niedrigerem technischem Standard, als er in Deutschland besteht.[200] Allein die Tatsache, dass die Ware aus einem Nicht-EU-Land stammt, begründet für sich allein noch keine Untersuchungspflicht des Importeurs.[201] Andererseits ist es ohne weiteres möglich, dass erhöhte Sorgfalts- und Überprüfungspflichten im Hinblick auf solche Produkte bestehen, die aus EU-Mitgliedsstaaten eingeführt werden, wenn hierfür besondere Gründe bestehen.[202] Soweit es um die Einfuhr aus so genannten Drittstaaten geht, z. B. Fahrzeuge aus China oder Indien, hat § 4 Abs. 2 ProdHaftG den Verbraucherschutz zusätzlich verstärkt.

Alleinimporteure kann auch die Pflicht zur **Produktbeobachtung** treffen.[203] Zumindest die Pflicht zur so genannten **passiven Produktbeobachtung** hat ein Importeur, der ein im

---

193 *Kossmann*, NJW 1984, 1664; *Weitnauer*, NJW 1968, 1593; zur Händlerhaftung vor allem *Möllers*, JZ 1999, 24; *Johannsen/Rademacher*, BB 1996, 2636; s. auch EuGH 9. 2. 2006, NJW 2006, 825 (kein Kfz-Fall).
194 *Kullmann*, Aktuelle Rechtsfragen der Produkthaftpflicht, 4. Aufl., 1993, S. 62 f. mit Rspr.
195 BGH 7. 12. 1993, NJW 1994, 517 = ZIP 1994, 213.
196 BGHZ 99, 167 = NJW 1987, 1009 – Honda; s. auch *Kullmann*, Aktuelle Rechtsfragen der Produkthaftpflicht, 4. Aufl., 1993, S. 62 mit w. Nachw. aus der Rspr.; *ders.*, Probleme der Produzentenhaftung, DAV, 1988, S. 33, 43 f.; *ders.*, NJW 2000, 1915.
197 BGH 11. 12. 1979, NJW 1980, 1219 – Klappfahrrad.
198 BGH 28. 3. 2006, NJW 2006, 1589 (Tapetenkleistermaschine); OLG Saarbrücken 12. 10. 2006, OLGR 2007, 192 = MDR 2007, 768 („hohe Hürden").
199 BGH 28. 3. 2006, NJW 2006, 1589 (China).
200 LG Frankfurt 24. 3. 1986, NJW-RR 1986, 658.
201 OLG Zweibrücken 27. 4. 1987, NJW 1987, 2684; s. aber auch BGH 28. 3. 2006, NJW 2006, 1589 („besondere Verantwortung").
202 Vgl. BGH 28. 3. 2006, NJW 2006, 1589.
203 BGH 7. 12. 1993, NJW 1994, 517 = ZIP 1994, 213 m. w. N.; OLG Frankfurt 10. 2. 1998, r+s 1999, 369 – Lkw; dazu *Birkmann*, DAR 2000, 435, 436.

Ausland (incl. EU-Staaten) hergestelltes Produkt einführt und hier mit eigenem Markenzeichen in den Verkehr bringt.²⁰⁴

d) Die Verantwortung des Händlers

1023 Nach § 5 ProdSG a. F. hatte auch der Händler dazu beizutragen, dass nur sichere Produkte in den Verkehr gebracht werden. Verletzte er diese Pflicht, konnte er seinem Kunden nicht nur kaufvertragsrechtlich, sondern auch nach § 823 Abs. 1 BGB oder gem. § 823 Abs. 2 BGB i. V. m. § 5 ProdSG a. F. zum Schadensersatz verpflichtet sein.²⁰⁵ Der Pflichtenkreis des Händlers ist jetzt in **§ 5 Abs. 3 GPSG** geregelt. Die Vorschrift gilt auch für Gebrauchtwagenhändler. Ebenso wie ein Neufahrzeughändler ist auch er zur Unterrichtung der zuständigen Behörde verpflichtet (§ 5 Abs. 2 GPSG).

Auch bei § 5 Abs. 3 GPSG handelt es sich um ein **Schutzgesetz i. S. d. § 823 Abs. 2 BGB**.²⁰⁶ Bei Kenntnis der Gefahrensituation kommt zudem eine Haftung nach § 826 BGB in Betracht. Von einer aktiven **Produktbeobachtungspflicht** ist der Vertriebshändler bisher freigestellt gewesen. Anders verhielt es sich mit der **passiven Produktbeobachtungspflicht**.²⁰⁷

Eine **Prüf- und Untersuchungspflicht** trifft den **Neuwagenhändler** nur, wenn aus besonderen Gründen dazu Anlass besteht, also nicht in jedem Fall der Auslieferung eines fabrikneuen Kraftfahrzeugs.²⁰⁸ Zur Untersuchungspflicht des **Gebrauchtfahrzeughändlers** s. Rn 1902 ff. Ein Anlass zum Tätigwerden kann sich z. B. aus einem Rundschreiben eines Kfz-Herstellers an seine Vertragshändler ergeben, mit dem auf einen bestimmten Mangel hingewiesen wird.²⁰⁹

Ist das vom Händler zur Auslieferung bereitgestellte Fahrzeug fehlerfrei und sicher, ist ein Unsicherheitsfaktor aber **in der Person des Käufers** begründet, können den Kfz-Händler Fürsorge- und Schutzpflichten treffen. Eine besondere Gefahrenquelle besteht darin, dass ein Auto in die Hand einer Person gelangen kann, die es nicht sicher beherrscht. Unsicherheiten am Steuer können bekanntlich vielfältige Gründe haben (mangelnde Erfahrung eines Fahranfängers, neue Technik, ältere Menschen u. a.). Erkennbaren Gefahren muss der Händler beim Verkauf, spätestens bei der Auslieferung, in zumutbarer Weise begegnen.²¹⁰

Für Fehler im **Konstruktions- und Herstellungsbereich** braucht der Händler grundsätzlich nicht einzustehen, da der Produzent weder sein Erfüllungs- oder Verrichtungsgehilfe noch sein Organ ist²¹¹ (zur Zurechnungsproblematik s. Rn 941).

---

204 BGH 7. 12. 1993, NJW 1994, 517, JZ 1994, 574 m. krit. Anmerkung *Brüggemeier;* OLG Frankfurt 10. 2. 1998, r+s 1999, 369 – Volvo.
205 Einzelheiten zur Händlerhaftung bei *Möllers*, JZ 1999, 24 ff.
206 *Reinicke/Tiedtke*, Kaufrecht, Rn 1024; s. auch *G. Müller*, VersR 2004, 1073, 1074; *Bachmeier*, Rn 1399 ff.
207 Vgl. *Birkmann*, DAR 2000, 435, 436 mit Hinweisen auf OLG-Rechtspr.; s. auch LG München I 7. 10. 1998, DAR 1999, 127 – Zahnriemen.
208 Zur Verkehrssicherungspflicht des Einzelhändlers s. BGH 31. 20. 2006, NJW 2007, 762 (Limonadenflasche).
209 Vgl. BGH 18. 5. 2004, NJW-RR 2004, 1427.
210 Grundsätzliches dazu in BGH 24. 4. 1979, NJW 1979, 2309; s. auch BGH 31. 10. 2006, NJW 2007, 762.
211 BGH 21. 6. 1967, NJW 1967, 1903; 5. 5. 1981, NJW 1981, 2250.

5. Geschützte Rechtsgüter, insbesondere der Schutz des Eigentums

Grundvoraussetzung für einen Anspruch aus § 823 Abs. 1 BGB ist die Verletzung 1024 eines der in dieser Vorschrift genannten Rechtsgüter: Leben, Körper, Gesundheit, Freiheit, Eigentum oder ein ‚sonstiges Recht'. Aufgabe des Deliktsrechts ist es nicht, Verkehrserwartungen, insbesondere Nutzungs- und Werterwartungen, zu schützen („Äquivalenzinteresse").[212] Das ist Sache des Vertragsrechts, während § 823 Abs. 1 BGB jedenfalls primär dem Schutz des Integritätsinteresses dient. Dieses schließt indes das Nutzungs- und Funktionsinteresse ein,[213] was zu Überlappungen der Schutzrichtungen von Vertrags- und Deliktsrecht führt.[214] Die unterschiedlichen Zuständigkeiten zu trennen, macht vor allem mit Blick auf den Tatbestand der **Eigentumsverletzung** (§ 823 Abs. 1 BGB) nach wie vor beträchtliche Schwierigkeiten.

a) Der Tatbestand der Eigentumsverletzung (§ 823 Abs. 1 BGB)

Nach ständiger Rechtsprechung des BGH setzt eine Eigentumsverletzung **keinen Ein-** 1025 **griff in die Substanz** der Sache voraus. Auch eine bloße Beeinträchtigung des bestimmungsgemäßen Gebrauchs kann den Tatbestand der Eigentumsverletzung begründen.[215] Auf Kraftfahrzeuge übertragen heißt das, dass schon eine Fehlfunktion wie das Nachlassen der Bremswirkung eine Eigentumsverletzung darstellen kann.[216] Ist die Verkehrssicherheit nicht gewährleistet, z. B. wegen eines Defekts der Bremsanlage, darf das Fahrzeug nicht in Betrieb genommen werden (§§ 23 Abs. 1, 2 StVO, § 31 Abs. 2 StVZO).

Da § 823 Abs. 1 BGB an die **Verletzung des Eigentums** anknüpft, kommt es für die deliktische Haftung nicht auf den Zeitpunkt der schadensstiftenden Handlung an. Derjenige, der im **Zeitpunkt des Unfalls** Fahrzeugeigentümer ist, hat daher bei einer **unsachgemäßen Reparatur** einen Anspruch aus § 823 Abs. 1 BGB, selbst wenn er zur Zeit der Reparatur mit dem Auto noch nichts zu tun hatte.[217] Für den Tatbestand der Eigentumsverletzung ist es unerheblich, wie lange und für welche Zwecke der Eigentümer die Sache im Besitz hatte und ob die eigentliche Gebrauchsbeeinträchtigung bei seinem Abnehmer bzw. Auftraggeber eingetreten ist.[218]

Eine Eigentumsverletzung kann auch dadurch verursacht werden, dass ein Endprodukthersteller **mangelhafte Teilprodukte** mit einwandfreien Teilprodukten zu einer neuen (Gesamt-)Sache verbindet. Verhältnismäßig unproblematisch ist dabei die Konstellation, dass schon durch das Zusammenfügen Schäden an dem bis dahin unversehrten (Teil-)Produkt entstanden sind. Dann haftet der für den Fehler verantwortliche Unternehmer in gleicher Weise wie z. B. der Hersteller eines **Kfz-Ersatzteils,** dessen schädliche Eigenschaften sich nach dem Einbau in ein Fahrzeug ausgewirkt haben.[219] Eine ‚neue deliktsrechtliche Haftungsdimension'[220] weist demgegenüber die folgende Konstellation auf: Nicht der Ein- oder Anbau mangelhafter Teile, sondern erst später vorgenommene Reparaturarbeiten an der Gesamtsa-

---

212 BGH (VIII. ZS) 12. 2. 1992, BGHZ 117, 183 = NJW 1992, 1225; 12. 12. 2000, NJW 2001, 1346 (VI. ZS).
213 BGH 8. 12. 1998, NJW 1999, 500 = BB 1999, 178.
214 Umfassend dazu *Gsell*, Substanzverletzung und Herstellung, 2003.
215 BGH 7. 12. 1993, NJW 1994, 517 = JZ 1994, 574 mit krit. Anm. *Brüggemeier* – Gewindeschneidemittel I.
216 Näheres dazu bei Koch, Produkthaftung, Arge Verkehrsrecht, 2001, S. 121 ff.
217 BGH 15. 12. 1992, NJW 1993, 655 – Handbremse; OLG Hamm 8. 7. 2003, OLGR 2004, 83 – Umlenkrolle.
218 BGH 6. 12. 1994, NJW-RR 1995, 342 – Gewindeschneidemittel II.
219 Zu dieser Fallgruppe gibt es eine gefestigte Rechtsprechung, s. die Nachweise in BGHZ 117, 183, 188 = NJW 1992, 1225 – Kondensatoren.
220 *Kullmann*, NJW 1994, 2671.

che haben bis dahin unversehrte Teile in Mitleidenschaft gezogen. *Beispiel:* Ein Hersteller elektronischer Regler für ABS-Bremsanlagen baute schadhafte **Kondensatoren** ein. Da die Bremsanlagen nicht funktionierten, musste er die Regler zurücknehmen. Beim Auswechseln der schadhaften Kondensatoren entstanden Schäden an anderen Teilen der Regler. Der BGH[221] hat eine Eigentumsverletzung bejaht. Ausdrücklich offen hat er gelassen, ob diese Verletzung ‚bereits durch die Verbindung mit den fehlerhaften Kondensatoren oder erst mit deren Ausbau eingetreten ist'; bejahend BGH NJW 1998, 1942 – Transistoren.

b) Haftung für Schäden an der Kaufsache selbst (‚Weiterfressermangel')

1026 Schäden an dem fehlerhaften Produkt selbst sind nach dem **ProdHaftG** (§ 1 Abs. 1 S. 1) von der Ersatzpflicht ausgenommen. Dahinter steht die in der Amtlichen Begründung[222] formulierte Annahme, solche Schäden seien durch die Spezialregelungen in den §§ 459 ff., 633 ff. BGB a. F. zufriedenstellend zu regulieren. Genau dies war, bis in die Siebziger Jahre hinein, die vorherrschende Auffassung zum Verhältnis zwischen deliktischer Produkthaftung und Vertragshaftung. Zudem war man allgemein der Meinung, die Auslieferung einer Kaufsache mit einem mangelhaften Einzelteil könne schon tatbestandsmäßig keine Eigentumsverletzung i. S. v. § 823 Abs. 1 BGB darstellen.[223]

aa) Die Rechtsprechung des Bundesgerichtshofs

1027 Dass auch das Kaufobjekt selbst Gegenstand einer Eigentumsverletzung i. S. v. § 823 Abs. 1 BGB sein kann, steht für die Rechtsprechung seit Mitte der Siebziger Jahre außer Frage. Die **Kehrtwende** hat der VIII. Zivilsenat des **BGH** mit dem vielbeachteten **Schwimmerschalter-Urteil**[224] eingeleitet. Beide Vorinstanzen hatten die Klage abgewiesen. Kaufrechtliche Schadensersatzansprüche waren verjährt. Unter dem Gesichtspunkt der unerlaubten Handlung war die Klage nach Ansicht des Berufungsgerichts schon nicht schlüssig. Dem ist der BGH nicht gefolgt. Entscheidend sei, dass die in der Mitlieferung des schadhaften Schalters liegende Gefahrenursache sich erst nach Eigentumsübertragung zu einem über diesen Mangel hinausgehenden Schaden herausgebildet habe und dadurch das im Übrigen mangelfreie Eigentum des Erwerbers an der Anlage insgesamt verletzt worden sei.

Wenig später bekräftigte der VIII. Senat seinen Standpunkt, indem er die Verurteilung eines **Kraftfahrzeughändlers** zum Schadensersatz im Ergebnis bestätigte.[225] Der Beklagte hatte an den Kläger einen **gebrauchten Sportwagen** verkauft, der vom Vorbesitzer vorschriftswidrig bereift worden war. Bei einer Fahrt des Klägers platzte ein **Hinterreifen,** der für die Felge nicht zugelassen war. Wie im Schwimmerschalterfall waren kaufvertragliche Schadensersatzansprüche verjährt. Dennoch hatte die Klage auch hier aus § 823 Abs. 1 BGB Erfolg. Der geltend gemachte Schaden, so der Kernsatz, sei mit dem Mangel der vorschriftswidrigen Bereifung **nicht stoffgleich.**

Weiterentwickelt und modifiziert wurde die Rechtsprechung des VIII. Senats durch eine Reihe von Entscheidungen des für Streitigkeiten aus unerlaubter Handlung zuständigen **VI. Senats des BGH**. Grundlegend und richtungweisend ist sein Urteil vom 18. 1. 1983 im ‚**Gaszug-Fall**'.[226] Streitgegenstand war eine Klage eines VW-Käufers gegen das Herstellerwerk. Zur Begründung brachte er vor, aufgrund eines Fabrikationsfehlers sei der Gaszug

---

[221] Urt. v. 12. 2. 1992, BGHZ 117, 183 = NJW 1992, 1225; s. auch BGH 26. 2. 1991, NJW-RR 1992, 283 – Möbellack.
[222] BR-Drucks. 101/88, 28.
[223] Für das RG war eine Prüfung unter diesem Gesichtspunkt ersichtlich abwegig, vgl. Urt. v. 17. 1. 1940, RGZ 163, 21 – Bremsnockenfall.
[224] BGHZ 67, 359 = NJW 1977, 379.
[225] NJW 1978, 2241 = BB 1978, 1491 = DB 1978, 1878; dazu *Kraft*, JuS 1980, 408.
[226] BGHZ 86, 256 = NJW 1983, 810.

Deliktische Produkthaftung

‚hängen geblieben', wodurch das Fahrzeug beim Rückwärtsfahren unerwartet beschleunigt und gegen einen Zaun geraten sei. Anspruch auf Ersatz der Reparaturkosten für den eigenen Wagen, nicht für den Gartenzaun, war dem Kläger in beiden Tatsacheninstanzen mit der Begründung versagt worden, von einer Eigentumsverletzung im Sinne eines ‚Weiterfresserschadens' könne nicht ausgegangen werden. Demgegenüber hat der BGH entschieden:

‚Dem Käufer einer Sache können gegen deren Hersteller auch dann deliktische Schadensersatzansprüche aus Eigentumsverletzung zustehen, wenn diese Sache nach ihrem Erwerb infolge eines fehlerhaft konstruierten oder mit Herstellungsfehlern versehenen Einzelteils beschädigt wird' (Leitsatz a).

‚Für deliktische Schadensersatzansprüche ist jedoch kein Raum, wenn sich der geltend gemachte Schaden mit dem Unwert, welcher der Sache wegen ihrer Mangelhaftigkeit von Anfang an anhaftete, deckt' (Leitsatz b).

Für die im Leitsatz b beschriebene ‚Deckungsgleichheit' hat sich der Begriff der **‚Stoffgleichheit'** eingebürgert. Fortan diente er als das entscheidende **Abgrenzungskriterium**. Danach ist zu fragen, ob der geltend gemachte (eingetretene) Schaden mit dem Unwert ‚stoffgleich' ist, welcher der Sache von Anfang an anhaftete. Entscheidend ist mithin der Vergleich des geltend gemachten Schadens mit dem im Augenblick des Eigentumsübergangs dem Produkt anhaftenden **‚Mangelunwert'**.

Unter ‚Mangelunwert' versteht der BGH die im Mangel verkörperte Entwertung der Sache für das Äquivalenz- und Nutzungsinteresse des Erwerbers.[227] Bei welchen Fallgestaltungen ‚Stoffgleichheit' vorliegt und wann sie zu verneinen ist, hat der BGH in einer Reihe von Entscheidungen, vorwiegend aus dem Kfz-Bereich, durch **Bildung von Fallgruppen** und Aufstellung konkreter Zusatzkriterien herausgearbeitet.[228] Ergänzende Erläuterungen und weitere Abgrenzungshilfen geben die ehemaligen Mitglieder des VI. Senats *Steffen*[229] und *Kullmann*[230] sowie *Wellner* als derzeitiges Mitglied des VI. Senats.[231]

1028

Für den Kfz-Bereich **besonders wichtig** (aber auch sehr problematisch) ist neben der Gaszug-Entscheidung[232] der **Austauschmotor-Fall**.[233] Der Kläger hatte für seinen Pkw einen Ersatzmotor von einer Firma gekauft, die von der Beklagten beliefert worden war. Diese hatte den Motor ‚generalüberholt' und als Austauschmotor verkauft. Bei der Generalüberholung war ihr nach der Behauptung des Klägers ein Fehler unterlaufen, weil eine Befestigungsschraube des Nockenwellensteuerrades nicht angebracht worden sei. Dies habe einige Zeit nach Einbau des Motors in den Pkw des Klägers zu einem Schaden am gesamten Aggregat geführt. Der BGH hat die auf § 823 Abs. 1 BGB gestützte Klage für schlüssig gehalten. Die Ansicht des Berufungsgerichts, das Fehlen der Befestigungsschraube des Nockenwellensteuerrades sei mangels Erkennbarkeit unbehebbar gewesen, hat er als irrelevant zurückgewiesen. Ob der Erwerber den Fehler des Einzelteils vor dem Eintritt des endgültigen Schadens bei normalem Lauf der Dinge entdecken konnte oder nicht, sei unerheblich. Wesentlich für die Beurteilung der ‚Stoffgleichheit' sei jedoch, dass der Einzelteilfehler, wäre gezielt nach ihm gesucht worden, technisch hätte aufgespürt und behoben werden können und dass weder die Fehlersuche noch die Mangelbeseitigung einen wirtschaftlich unverhältnismäßigen Aufwand an Zeit und Kosten erfordert hätte.[234]

---

227 Z. B. Urt. v. 14. 5. 1985, NJW 1985, 2420 – Kompressor.
228 Zusammenfassend im ‚Austauschmotorenfall', NJW 1992, 1678 unter 2 a; s. auch BGH 31. 3. 1998, NJW 1998, 1942 – Transistoren und BGH 12. 12. 2000, NJW 2001, 1346 – Schlacke.
229 VersR 1988, 977.
230 BB 1985, 409.
231 In *Geigel*, 28. Aufl. Kap. 14, Rn 283.
232 NJW 1983, 810.
233 BGH 24. 3. 1992, NJW 1992, 1678.
234 BGH 24. 3. 1992, NJW 1992, 1678.

1029 Das letzte Glied in der Kette automobilspezifischer BGH-Judikate unter der Geltung des **alten Schuldrechts** ist der **Hinterreifen II-Fall**, entschieden durch Urteil des VIII. Senats vom 11. 2. 2004.[235] Anders als im Hinterreifen I-Fall[236] war der geplatzte Reifen nicht von seiner Dimension her vorschriftswidrig, sondern wegen Überalterung verkehrsunsicher und auch (sach-)mangelhaft. Ohne den Gesichtspunkt der Stoffgleichheit auch nur zu erwähnen, hat der Senat die Voraussetzungen einer Haftung nach § 823 Abs. 1 BGB bejaht. Die maßgebliche Verletzungshandlung/Pflichtwidrigkeit ist für ihn nicht die Montage der Reifen (auf Wunsch eines früheren Kunden), auch nicht die Auslieferung des Ferrari an den später unfallgeschädigten Käufer. Fahrlässig habe man im Bereich des Händlers deshalb gehandelt, weil man trotz gegebenen Anlasses das Alter der Reifen nicht überprüft habe (zu diesem Aspekt s. Rn 1924).

Die Entscheidung des BGH in Sachen Hinterreifen II kann weder als Abschied von der ‚Stoffgleichheits-Formel' noch als Neuorientierung in Richtung auf eine Verortung der ‚Weiterfresserfälle' im Rahmen der deliktischen Instruktionshaftung verstanden werden.[237] Ob die vom BGH angenommene Anspruchskonkurrenz im modernisierten Schuldrecht fortgilt, kann seinem Urteil vom 11. 2. 2004[238] nicht einmal andeutungsweise entnommen werden.

bb) Die Rechtsprechung der Instanzgerichte (nur Kfz-Fälle)

1030 Nach Maßgabe der BGH-Grundsätze entschied das AG Köln,[239] richtig wertend, dass bei von Anfang an vorhandener Fehlerhaftigkeit eines **Getriebes** bezüglich der Fahrstufen schnell/langsam ‚Stoffgleichheit' vorliege und eine Produzentenhaftung ausscheide, und zwar selbst dann, wenn die Mangelhaftigkeit einer technisch definierten Funktionsgruppe des Getriebes zuzuordnen sei. Denn, so das Gericht wörtlich,

‚bei natürlicher Betrachtungsweise kann aber ein Getriebe nur als Einheit betrachtet werden, auch wenn es aus mehreren Funktionsgruppen besteht; war die Funktion schnell/langsam des Getriebes defekt, so war damit das Getriebe insgesamt mangelhaft'.

Verneint wurde die Delikthaftung vom OLG Düsseldorf[240] in einem Fall, in dem es zu einer **Motorblockade** gekommen war, weil die **Pleuel-Halbschalen** nicht zu den jeweils dazugehörigen Pleueln montiert worden waren und Materialablagerungen im Lager Druckstellen an den Pleuellagern sowie Abrieb am Hauptlager und Kolben zur Folge hatten. Der 6. Zivilsenat bejahte ‚Stoffgleichheit' und wies die Klage ab. Zur Begründung führte er aus, dass die Annahme, der Käufer habe ein fehlerfreies Auto mit fehlerfreiem Motor, aber fehlerhaften Pleueln erworben, die dann die fehlerfreien Teile des Motors beeinträchtigt und so das Eigentum des Käufers verletzt hätten, jeder natürlichen und wirtschaftlichen Betrachtungsweise widerspreche (angesichts der BGH-Entscheidung im Austauschmotor-Fall, NJW 1992, 1678, zumindest zweifelhaft).

Um die Frage der ‚Stoffgleichheit' geht es ferner in der Entscheidung des 22. Zivilsenats des OLG Düsseldorf vom 31. 5. 1996.[241] Gestritten wurde um die Erstattung von Rückrufkosten aus Anlass einer Rückrufaktion der Porsche AG. Kunststoff-Kugelpfannen für Tempostate waren durch Stahlkugelgelenkstangen ersetzt worden.

---

235 NJW 2004, 1032; zum Werkvertragsrecht s. auch noch BGH 27. 1. 2005, NJW 2005, 1423.
236 BGH 5. 7. 1978, NJW 1978, 2241.
237 Zu beiden Aspekten s. *Gsell*, NJW 2004, 1913; zum Hinterreifen II-Fall s. auch *Masch/Herwig*, ZGS 2005, 24, 27.
238 NJW 2004, 1032.
239 Urt. v. 7. 12. 1984, 123 C 240/84, n. v.; bestätigt durch LG Köln.
240 Urt. v. 10. 1. 1985, WM 1985, 1079.
241 NJW-RR 1997, 1344.

Deliktische Produkthaftung 1030

Das AG Kiel[242] billigte einem Fahrzeughalter Schadensersatz aus dem Gesichtspunkt der Produzentenhaftung zu, weil er die Geschwindigkeit des Autos wegen eines **Bremsversagens** vor einer Kurve nicht ausreichend vermindern konnte und mit den Rädern mehrfach gegen die Bordsteinkante prallte, wobei die Achsen zu Schaden kamen. Ursächlich für den Unfall war eine schadhafte **Manschette des Hauptbremszylinders** infolge fehlerhafter Erstmontage. Das Gericht verneinte die Deckungsgleichheit zwischen dem Mangel der Bremse und dem Schaden an der Achse.

Dem LG Saarbrücken[243] und dem LG Köln[244] lagen Fälle mit **Motorschäden** infolge des Zerreißens **konstruktiv** zu schwach ausgelegter **Steuerketten** vor. Beide Berufungskammern haben Stoffgleichheit zwischen Mangel und Schaden mit der Begründung bejaht, die Steuerkette und die durch ihren Riss beschädigten Motorteile seien Teile derselben technischen und funktionsmäßigen Einheit ‚Motor'. Es würde jeder natürlichen und wirtschaftlichen Betrachtungsweise widersprechen, wenn man annehmen wollte, der Käufer habe ein fehlerfreies Fahrzeug mit fehlerfreiem Motor, aber fehlerhafter Steuerkette erworben, wodurch dann die fehlerfreien Teile des Motors beeinträchtigt worden seien.

Beide LG-Urteile stehen nicht im Einklang mit der BGH-Rechtsprechung, wie sie in der (später ergangenen) Entscheidung im Austauschmotor-Fall[245] zusammengefasst und präzisiert worden ist.

Motorschäden infolge defekter Steuerkette oder Zahnriemen, die innerhalb der Frist einer Haltbarkeitsgarantie auftreten, sind in der Regel unproblematisch. Bei bloßer Sachmängelhaftung anstelle einer vertraglichen (Haltbarkeits-)Garantie kann indes schon ein **Neuwagenkäufer** nach Ablauf der ersten sechs Monate (Beweislastumkehr nach § 476 BGB) in Beweisnot geraten,[246] erst recht ein Zweit- oder Drittbesitzer. Nach Ablauf von Garantie- und Gewährleistungsfristen bleiben Neuwagenkäufern, abgesehen von Kulanz, zumeist nur geringe Möglichkeiten, ihren häufig beträchtlichen Schaden abzuwälzen. Deutlich ungünstiger stehen die Chancen für Gebrauchtfahrzeugkäufer. Daran ändert die freizeichnungsfeste Sachmängelhaftung gegenüber Verbrauchern nur wenig. Auch die Beweislastumkehr des § 476 BGB ist, wie der Zahnriemenfall BGH NJW 2004, 2299, zeigt, nur von begrenztem Wert. Steuerketten und Zahnriemen sind Verschleißteile, so dass Gebrauchtwagenkäufer bereits dem Einwand ausgesetzt sind, es handele sich gar nicht um einen Sachmangel im Rechtssinn, sondern um normalen Verschleiß (Rechtsprechung zu diesem Thema unter Rn 1511 ff.).

Händler als Verkäufer/Inspektionsfirma können in den erfahrungsgemäß hochkomplizierten **Zahnriemen/Steuerketten-Fällen** ebenso wie **Werkstätten** außerhalb des Gewährschaftsrechts wegen fehlerhafter Wartung oder wegen eines Informationsverschuldens auf vertraglicher Grundlage zum Schadensersatz verpflichtet sein.[247] Außerdem kommt eine Haftung unter dem Gesichtspunkt des ‚Weiterfressermangels' in Betracht. Sie kann auch den **Hersteller** treffen,[248] ferner eine Werkstatt, die ohne vom Autobesitzer beauftragt worden zu sein, als autorisierter ‚Dritthändler' Garantie- bzw. Gewährleistungsarbeiten durchgeführt hat.[249] Zur Instruktionsverantwortung des Herstellers mit Blick auf die Wartung/Zahnriemenwechsel s. Rn 1002.

---

242 Urt. v. 22. 4. 1984, DAR 1984, 28.
243 Urt. v. 5. 12. 1988, 13 S 14/88, n. v.
244 Urt. v. 6. 4. 1990, 12 S 456/89, n. v.
245 BGH NJW 1992, 1678.
246 Dazu *Schattenkirchner*, 40. VGT, 2002, S. 81, 85.
247 LG München I 7. 10. 1998, DAR 1999, 127 – GOLF GTI 16 V, EZ 3/87.
248 LG München I 7. 10. 1998, DAR 1999, 127; AG Heilbronn 9. 6. 2006, DAR 2008, 485 (kein Urteil, sondern nur eine Verfügung; erledigt wurde die Sache durch VU v. 12. 2. 2007).
249 OLG Koblenz 21. 7. 1998, MDR 1999, 35 = OLGR 1998, 439 – kein Zahnriemenfall; s. auch OLG Hamm 8. 7. 2003, OLGR 2004, 83 (beim Zahnriemenwechsel die Umlenkrolle nicht erneuert).

‚Stoffgleichheit' dürfte nach den Kriterien der BGH-Rechtsprechung im **Austauschmotor-Fall**[250] zu verneinen sein, wenn der Zahnriemen als solcher bei Gefahrübergang beschädigt war (z. B. durch einen Anriss) und sein späteres Zerreißen zum Ausfall des gesamten Motors geführt hat.[251] Ebenso liegt es, wenn der Zahnriemen oder die Steuerkette bei Übergabe unzureichend gespannt war. Häufig versagen Zahnriemen nicht infolge einer äußeren Beschädigung oder ungenügender Spannung. Ursächlich für sein Abrutschen kann z. B. auch ein ausgeschlagenes Wasserpumpenlager sein.[252] Denkbar ist auch, dass ausgetretenes Öl auf den Zahnriemen gelangt, weshalb dieser überspringt oder durchrutscht. Schäden an der Funktionsgruppe Steuerkettentrieb[253] entstehen vorwiegend infolge von Montage- und Wartungsfehlern. Bekannt geworden sind auch Brüche der Gleitscheine. Wegen der Komplexität der Schadensbilder und der Schadensursachen[254] ist in all diesen Fällen ein **technisches Gutachten** unerlässlich. Die Vorgaben, die dem Sachverständigen zur Beurteilung der Stoffgleichheits-Frage unbedingt zu machen sind, ergeben sich aus der BGH-Entscheidung im Austauschmotor-Fall.[255]

Auf der Linie der BGH-Rechtsprechung liegt die Entscheidung des OLG Köln v. 16. 11. 1990:[256] Der **Motor** eines Lkw war durch einen **Ventilbruch** beschädigt worden.[257] Der Ventilbruch beruhte auf einem Materialfehler. Das OLG Köln bewertete die Zerstörung des Motors als die Verwirklichung eines den Unwert des Nutzungs- und Äquivalenzinteresses übersteigenden, mithin nicht ‚stoffgleichen' Schadens. Der Ventilfehler, so heißt es in der Urteilsbegründung, habe zunächst nur einen begrenzten Minderwert des Motors verursacht, der mit verhältnismäßig geringem Aufwand von ca. 1000,- DM zu beseitigen gewesen sei. Keine Rolle spiele der Umstand, dass dem Motor von Anfang an infolge des Fehlers eine weitergehende Zerstörung gedroht habe. Sei nämlich ein behebbarer Mangel nur auf einen Teil des Produktes beschränkt und führe er erst später zu dessen Zerstörung, dann besitze der von dem Fehler nicht erfasste Teil des Motors einen davon unabhängigen Wert.

Ein **Motorschaden** ist auch Gegenstand der Entscheidung des AG Köln vom 13. 1. 1993.[258] Vier Jahre nach der Erstzulassung war an einem Dieselmotor eines Pkws ein irreparabler Schaden eingetreten, weil der fehlerhaft konstruierte **Kühlwasserschlauch** im Laufe der Zeit durchgescheuert war. Darin hat das Gericht – in Anlehnung an die Entscheidung des BGH im Kompressorfall[259] – eine Verletzung des Integritätsinteresses des Klägers gesehen. Das deckt sich mit der Entscheidung des BGH im Austauschmotor-Fall.[260]

Zur kaum noch überschaubaren Kasuistik ‚Motorschäden' zählen ferner OLG Koblenz MDR 1999, 35 = OLGR 1998, 439 (fehlerhafter Einbau eines Austauschmotors im Zuge von Nachbesserungsarbeiten einer vertragsrechtlich nicht haftenden Drittfirma) und OLG Hamm OLGR 2004, 83 (Zahnriemenwechsel ohne gebotene Erneuerung der Umlenkrolle). Ist die Umlenkrolle im Zeitpunkt des Fahrzeugserwerbs zwar noch funktionsfähig, aber als Verschleißteil so schadensträchtig, dass mit dem Eintritt eines Motorschadens vor dem nächsten Wechselintervall gerechnet werden muss, so ist der darin liegende ‚Man-

---

250 NJW 1992, 1678.
251 Vgl. auch *Schattenkirchner*, 40. VGT. 2002, S. 81.
252 Vgl. KG 16. 7. 2004, ZGS 2005, 76.
253 Bestehend aus Steuerkette, mind. 2 Kettenräder, Spannschiene, Führungs- und Gleitschiene sowie Kettenspanner.
254 Ausführlich dazu *Greuter/Zima*, Motorschäden, S. 366 ff.
255 NJW 1992, 1678.
256 NJW-RR 1991, 740.
257 Ähnlich der Porsche-Fall OLG Köln 11. 11. 2003, DAR 2004, 91.
258 118 C 289/91, – n. v.
259 NJW 1985, 2420.
260 Urt. v. 24. 3. 1992, NJW 1992, 1678.

gelunwert' nicht deckungsleich („stoffgleich") mit dem später tatsächlich eingetretenen Schaden am gesamten Motor.[261]

Um abgetretene Schadensersatzansprüche von Lkw-Eigentümern ging es u. a. in der Sache, über die das OLG Stuttgart durch Urteil vom 1. 3. 2004[262] entschieden hat. Hintergrund war die Lieferung angeblich schadhafter Kolbenringe, die die klagende Werkstatt in Motoren von Kundenfahrzeugen eingebaut hatte. Eine Haftung unter dem Gesichtspunkt des ‚Weiterfressermangels' wurde mit der Begründung verneint, der Tatbestand einer Eigentumsverletzung sei nicht schlüssig dargetan. Notwendig sei ein substantiierter Vortrag, welches bisher unversehrte Eigentum durch eine fehlerhafte Sache beschädigt oder zerstört worden sei.

Dem Urteil des OLG Frankfurt vom 10. 2. 1998[263] liegt der Fall zugrunde, dass an einem Volvo-LKW ein Brandschaden dadurch entstanden sein soll, dass die vom Kraftstofffilter zur Einspritzpumpe führende **Kraftstoffleitung** nicht ordnungsgemäß mit dem erforderlichen Drehmoment angezogen gewesen sein soll. Das OLG hat zwar eine passive Produktbeobachtungspflicht des Alleinimporteurs bejaht, im Ergebnis aber eine Haftung verneint.[264]

cc) Stellungnahme

Angesichts der Schwächen des bisherigen Kaufrechts, insbesondere mit Blick auf die nicht mehr zeitgemäße Verjährungsregelung, war der Rechtsfortbildung des BGH im Grundsatz zuzustimmen. Müßig erscheint aus heutiger Sicht die Frage, ob es in den beiden Ausgangsfällen (Schwimmschalter und Hinterreifen I) sinnvoller gewesen wäre, den Hebel bei § 477 BGB a. F. anzusetzen, statt mit einer festgefügten Judikatur zum deliktsrechtlichen Eigentumsschutz zu brechen. Dass beide Entscheidungen **verjährungsrechtlich motiviert** sind, kann nicht zweifelhaft sein. Auslöser der Rechtsprechung zu den ‚Weiterfressermängeln' war jedenfalls nicht das Fehlen einer – jetzt bestehenden – Fahrlässigkeitshaftung für Mangelschäden.

Das **Schuldrechtsmodernisierungsgesetz 2002** hat der Rechtsprechung des BGH nicht den Boden entzogen, wie vielfach – unter Wiederholung alter, aber auch mit neuen Argumenten – behauptet wird.[265] Richtig ist zwar, dass die Rechte des Käufers bei Lieferung einer sachmangelhaften Sache erheblich verstärkt worden sind, auch mit Blick auf die Schadensersatzhaftung des Verkäufers. Beseitigt ist vor allem die kurze Verjährung von 6 Monaten, für viele der eigentliche Auslöser der Rechtsprechung zu den ‚Weiterfressermängeln'. Indessen sind die kaufrechtliche Verjährungsfrist und die deliktsrechtliche Frist nur vordergründig zusammengewachsen. So machen Gebrauchtfahrzeughändler beim Verbrauchsgüterkauf flächendeckend von der Möglichkeit der Verkürzung auf ein Jahr Gebrauch. Hinsichtlich der Dauer der Durchsetzbarkeit der verschiedenen Ansprüche bestehen nach wie vor erhebliche Unterschiede.[266]

Hauptanliegen der ‚Weiterfresserschadendoktrin' ist nicht die Korrektur der kurzen kaufrechtlichen Verjährung gewesen. Ihre Legitimation findet sie keineswegs in rein verjährungsrechtlichen Zwecküberlegungen. Vielmehr ging es dem BGH vor allem darum, die Reichweite deliktischer Haftung gegenüber der vertraglichen Haftung abzugrenzen. Dieses Grundproblem stellt sich nach der Schuldrechtsreform nicht anders als zuvor. Für die nach-

---

261 So OLG Hamm 8. 7. 2003, OLGR 2004, 83 (Werkstattfall).
262 Az. 5 U 140/03.
263 r+s 1999, 369 m. NA-Beschl. des BGH v. 6. 10. 1998 – VI ZR 85/98.
264 Vgl. auch *Birkmann*, DAR 2000, 435, 436.
265 *Brüggemeier*, WM 2002, 1376, 1384; *Grigoleit*, ZGS 2002, 78; *Mansel* in AnwK Schuldrecht, § 195 Rn 54; *Mansel/Budzikiewicz*, § 5 Rn 139 ff.; *Foerste*, ZRP 2001, 342.
266 Dazu *Wagner* in *Dauner-Lieb/Konzen/K. Schmidt*, Das neue Schuldrecht in der Praxis, S. 203, 207; *Masch/Herwig*, ZGS 2005, 24, 28.

geordnete Frage der Eigentumsverletzung (§ 823 Abs. 1 BGB) gilt das Gleiche. In autonomer Auslegung des § 823 Abs. 1 BGB führt **weiterhin** kein Weg an der Feststellung vorbei, dass bei einem ‚weiterfressenden Mangel' eine Eigentumsverletzung vorliegen kann.

Wo die Grenze zwischen vertraglicher und deliktischer Haftung verläuft, bestimmt sich auch nicht in Abhängigkeit davon, ob der Verkäufer bei Fahrlässigkeit für Mangelschäden vertraglich auf Schadensersatz haftet, wie es seit dem 1.1.2002 der Fall ist. Das ist eine längst fällige kaufrechtsinterne Neuerung – ohne Ausstrahlung auf das Deliktsrecht.

Ein triftiger Grund für die Aufgabe der BGH-Rechtsprechung in den ‚Weiterfresser-Fällen' kann schließlich nicht darin gefunden werden, dass dem Verkäufer auch beim Stückkauf neuerdings ein Recht auf zweite Andienung zusteht. Zum einen ist dieser Gesichtspunkt (Nacherfüllungsvorrang) aus dem bisherigen Werkvertragsrecht bekannt.[267] Zum anderen ist die Befürchtung, das Nacherfüllungsrecht des Verkäufers könne unterlaufen werden, eher theoretischer Natur. In den einschlägigen Fällen aus dem Kfz-Bereich wäre eine Nacherfüllung entweder aus tatsächlichen Gründen nicht in Betracht gekommen (jetzt § 275 Abs. 1 BGB) oder unter dem Gesichtspunkt der Unzumutbarkeit ausgeschieden. In Fällen, in denen dem Verkäufer ein Nacherfüllungsrecht zusteht,[268] ist dem Rechnung zu tragen. Auch nach Deliktsrecht sind behebbare „Weiterfressermängel" grundsätzlich erst **nach Ablauf der Frist zur Nacherfüllung** ersatzfähig.[269]

Unter all diesen Umständen erscheint es angebracht, an der festgefügten Rechtsprechung zu den ‚Weiterfressermängeln' **im Grundsatz festzuhalten.**[270] Auf den Willen des Reformgesetzgebers kann man sich dabei nur bedingt berufen. Aus guten Gründen hat er sich in dieser Frage nicht exponiert und die weitere Behandlung der Rechtsprechung überlassen.[271]

Für die Rechtspraxis liegt das **Hauptproblem** weiterhin weniger im Grundsätzlichen als darin, anhand der Kriterien des BGH zu sachgerechten Abgrenzungen zu gelangen. Selbst Obergerichte stehen der Abgrenzungsproblematik, sofern die Möglichkeit deliktischer Haftung überhaupt erkannt wird, oft ziemlich hilflos gegenüber; trotz oder vielleicht auch gerade wegen einer Rechtsprechung des BGH, die in einer mitunter verwirrenden Vielfalt einzelne Entscheidungskriterien aufzeigt.

Die Umsetzung in der täglichen Praxis, auch der beratenden, erfordert nicht nur genaueste Kenntnis der einschlägigen BGH-Entscheidungen. Sie setzt auch technischen Sachverstand voraus, den ein nicht spezialisierter Jurist erfahrungsgemäß nicht mitbringt. Wie stark der BGH **die Instanzgerichte überfordert,** zeigt beispielhaft der Austauschmotoren-Fall,[272] in dem das OLG München die Klage wegen ‚Stoffgleichheit' abgewiesen hat, während der BGH eine Verletzung des Integritätsinteresses als schlüssig dargetan erachtet. Selbst wenn man den subtilen Erwägungen des BGH folgt,[273] muss die Entscheidung aus der Sicht der Praxis auf Bedenken stoßen.

Nicht ohne Grund hat der **40. VGT (2002)** an den BGH appelliert, seine Abgrenzungskriterien zu verdeutlichen. Das ist bislang nicht geschehen.

---

267 BGH 7.11.1985, NJW 1986, 922, 924 – Spundwand.
268 Es erstreckt sich auf Ausweitungen des Mangels und auch auf „Weiterfressermängel"; dazu auch *Heßeler/Kleinhenz*, JuS 2007, 706, 709.
269 Vgl. *Faust* in *Bamberger/Roth*, § 437 BGB Rn 199 m. w. N.; ferner *Heßeler/Kleinhenz*, JuS 2007, 706.
270 Vgl. *Büdenbender* in AnwK-BGB, § 437 BGB Rn 26; Neues Schuldrecht/*Wendtland*, Kap. 2 Rn 60, 71; *Staudinger*, ZGS 2002, 145; *Huber/Faust*, Kap. 14 Rn 31; *Gsell*, NJW 2004, 1913; *Looschelders*, JR 2003, 309; *Masch/Herwig*, ZGS 2005, 24; s. auch *Reinicke/Tiedtke*, Kaufrecht, Rn 951 ff.
271 BT-Drucks. 14/6040, S. 228.
272 Urt. v. 24.3.1992, NJW 1992, 1678 = VersR 1992, 758.
273 Ablehnend insbes. *Reinicke/Tiedtke*, Kaufrecht, Rn 960 ff.

Deliktische Produkthaftung

Bei der Arbeit am konkreten Fall empfiehlt es sich, auf die so genannte **Funktionsgruppentheorie** zurückzugreifen. Sie liefert brauchbare Abgrenzungskriterien. Der erforderliche Bewertungsspielraum bleibt erhalten, wie etwa bei der Frage, ob beim Motor eines Kraftfahrzeugs auch die Aggregate wie Lichtmaschine, Anlasser, Vergaser zur Funktionseinheit gehören und ob bei einem Schadensübergriff („sachinterne Mängelausbreitung'[274]) von einer Funktionsgruppe auf die andere bezüglich des Schadens an der anderen Funktionsgruppe stets von fehlender ‚Stoffgleichheit' auszugehen ist. Werden statt der Funktionsgruppen das Wertverhältnis zwischen Mangel und Schaden und die ursprüngliche Behebbarkeit des Mangels – die Erkennbarkeit ist unzweifelhaft kein Kriterium – in den Vordergrund der Überlegungen gerückt, wird die Grenze zwischen ‚stoffgleichen' und ‚stoffungleichen' Mängeln/Schäden verwischt. In Zweifelsfällen sollte man völlige ‚Stoffgleichheit' verneinen.[275] Erwägenswert ist, die Besonderen Bedingungen für die Zusatz-Haftpflichtversicherung für Kraftfahrzeug, Handel und Handwerk für die Abgrenzung heranzuziehen. Die Teileliste zu § 4 (1)a hat sich in der Praxis bewährt.[276]

6. Beweisfragen

Die Entwicklung der deliktischen Produkthaftung zu einem eigenständigen Bereich des Deliktsrechts ist im Wesentlichen auf die Rechtsprechung zur Beweislastverteilung zurückzuführen. Der BGH hat die allgemeine Beweislastverteilung in vielfältiger Weise zugunsten Geschädigter modifiziert. Obgleich mit dem In-Kraft-Treten des ProdHaftG mit seinen spezifischen Beweisregeln (dazu Rn 971 f.) ein wesentlicher Grund für die Einführung richterrechtlicher Beweiserleichterungen entfallen ist, hält der BGH an seinen – die unteren Instanzen häufig überfordernden – Beweisgrundsätzen zur deliktischen Produzentenhaftung unverändert fest.

Statt eines Abbaus von Beweisprivilegien ist sogar eine Verschärfung zulasten bestimmter Hersteller zu beobachten (zur Befundsicherungspflicht als Instrument für eine Beweislastumkehr s. Rn 1035). Durch die Schuldrechtsreform mit ihren Beweislastregeln in §§ 280 Abs. 1 S. 2, 476 BGB hat sich für die deliktische Haftung nichts geändert. § 280 Abs. 1 S. 2 BGB gilt nur im Rahmen eines bestehenden Schuldverhältnisses.

Bei einer Schadensersatzklage, gestützt auf die deliktische Produkthaftung nach § 823 Abs. 1 BGB, hat der Geschädigte nur noch in folgenden Punkten die **Darlegungs- und Beweislast:**

– Eigenschaft des in Anspruch genommenen Unternehmens als Hersteller oder sonst deliktsrechtlich Verantwortlichem (Zulieferer, Importeur u. a.),
– Vorhandensein eines Produktfehlers (Konstruktions-, Fabrikations-, Instruktions- oder Produktbeobachtungsfehler),
– Entstehung (Verursachung) des Produktfehlers im Verantwortungsbereich des verklagten Herstellers, ‚Fehler-Bereichsbeweis' als erste Stufe des Kausalitätsnachweises[277],
– haftungsbegründender Kausalzusammenhang zwischen – zugeordnetem (s. o.) – Produktfehler und Rechtsgutverletzung (Körperverletzung, Sachbeschädigung u. a.) zweite Stufe des Kausalitätsnachweises[278],

---

274 *Gsell*, NJW 2004, 1913, 1915.
275 Siehe auch *Kullmann*, NZV 2002, 1, 2.
276 Vgl. auch *Späte*, AHB, 1993, § 4 Rn 264.
277 BGHZ 51, 91, 104 – Hühnerpest; BGHZ 104, 323 – Limonadenflasche I.
278 St. Rspr., z. B. BGHZ 104, 323 – Limonadenflasche I; OLG Frankfurt 8. 6. 1993, NJW-RR 1994, 800 – Fahrradlenker; zu den Anforderungen an die Darlegungspflicht s. BGH 10. 1. 1995, NJW 1995, 1160 – Holzschutzmittel.

– haftungsausfüllende Kausalität zwischen Rechtsgutsverletzung und dem geltend gemachten Schaden, der ebenso wie die Kausalität nach § 287 ZPO zu beurteilen ist.

1033 Für **ursprüngliche Instruktionsfehler** gilt grundsätzlich nichts anderes als für Konstruktions- und Fabrikationsfehler. Insoweit hat der Geschädigte lediglich den Beweis zu führen, dass eine nicht erfolgte Instruktion nötig bzw. eine erteilte Instruktion objektiv unrichtig war.[279] Es ist dann Sache des Herstellers, entsprechende Tatsachen vorzutragen und zu beweisen, die auf seine Schuldlosigkeit schließen lassen.[280] Diese Beweislastverteilung setzt aber den vom Geschädigten zu führenden Nachweis einer fehlerhaften Instruktion im Zeitpunkt des Inverkehrbringens voraus. Sie ist nicht mehr gerechtfertigt, wenn offen ist, ob der Hersteller schon zu diesem Zeitpunkt Anlass zu Warnungen, Verwendungshinweisen und dergleichen hatte. Vom Nachweis einer objektiven Pflichtwidrigkeit im Instruktionsbereich wird ein Produktgeschädigter nicht entlastet, wenn er dem Hersteller einen erst **nach neueren Erkenntnissen** aufgedeckten ‚Instruktionsfehler' vorwerfen kann.[281] Eine Beweiserleichterung kommt hier nur bezüglich der ‚inneren' Sorgfalt in Frage.[282]

Bei Instruktionsfehlern hat der Geschädigte auch zu beweisen, dass der Schaden bei ausreichender Instruktion nicht eingetreten wäre.[283] Doch kann, so der BGH,[284] eine tatsächliche Vermutung dafür bestehen, dass dann, wenn auf bestimmte Gefahren deutlich und für Adressaten plausibel hingewiesen worden ist, dies auch beachtet worden wäre. Der Instruktionspflichtige kann diese Vermutung dann entkräften.

1034 Ähnliche Schwierigkeiten wie bei Fehlern im Bereich der Instruktionsverantwortung ergeben sich bei der prozessualen Behandlung von Verstößen gegen **Produktbeobachtungspflichten.** Die Notwendigkeit der Produktbeobachtung und die Erforderlichkeit geeigneter Maßnahmen zur Gefahrenabwendung hat der Geschädigte zu beweisen. Das ist bei einer Pflicht vom Typus der Produktbeobachtungpflicht mit daraus abgeleiteter Warnpflicht nichts anderes als der Nachweis objektiver Pflichtwidrigkeit. Auch soweit die **Kausalität** zwischen unterbliebener bzw. unzureichender Warnung vor der Produktgefahr im Streit ist, trägt grundsätzlich der Geschädigte die Beweislast.[285] Im Honda-Urteil[286] ist der BGH davon als selbstverständlich ausgegangen. Andernfalls wäre sein Hinweis überflüssig gewesen, dass die Beweiserleichterungen bei vertraglichen Aufklärungspflichtverletzungen im Bereich der Deliktshaftung nicht ohne Weiteres Anwendung fänden.

1035 Auf **vertraglichem Sektor** hat die höchstrichterliche Rechtsprechung den Beweisschwierigkeiten Aufklärungsgeschädigter auf unterschiedliche Weise Rechnung getragen. Die dabei angewandten Mittel reichen von der Anwendung des § 287 ZPO (statt § 286 ZPO) über den Anscheinsbeweis und den Rückgriff auf die Lebenserfahrung sowie auf ‚tatsächliche Vermutungen' bis zur Verlagerung der Beweislast auf den Aufklärungspflichtigen.[287]

Welchen Weg der BGH bei Verstößen gegen die Produktbeobachtungspflicht gehen wird, ist nicht sicher. Vermutlich wird er den Geschädigten vom Kausalitätsnachweis nicht

---

279 *Kullmann*, NJW 1992, 2669, 2677.
280 BGH 31. 1. 1995, NJW 1995, 1286 – Kindertee III; v. 18. 5. 1999, NJW 1999, 2815 – Papierreißwolf; OLG Düsseldorf 29. 11. 1996, NJW 1997, 2333 – Mountain-Bike; *Kullmann*, NJW 1992, 2669, 2677.
281 BGH 17. 3. 1981, NJW 1981, 1603 – *Apfelschorf/Derosal*.
282 BGH 17. 3. 1981, NJW 1981, 1603.
283 BGH 12. 11. 1991, ZIP 1992, 38 – Kindertee I.
284 BGH 12. 11. 1991, ZIP 1992, 38 – Kindertee I.
285 Vgl. *Birkmann*, DAR 1990, 124; *Kunz*, BB 1994, 450, 452.
286 NJW 1987, 1009.
287 Vgl. *Stodolkowitz*, VersR 1994, 11 m. Nachw.

freistellen, ihm aber mit einer ‚tatsächlichen Vermutung' helfen.[288] *Birkmann* gibt zu erwägen, in besonders gelagerten Fällen entsprechend den Grundsätzen im ‚Limonadenflaschen-Urteil' eine Beweislastumkehr zugunsten des Produktgeschädigten vorzunehmen.[289] Dagegen bestehen Bedenken. Die Beweissituation ist nicht vergleichbar. In den Mehrwegflaschen-Fällen geht es unter dem Aspekt ‚**Befundsicherungspflicht**' um die Frage, ob ausnahmsweise dem Hersteller die Beweislast dafür aufzubürden ist, dass er sein Produkt fehlerfrei in den Verkehr gebracht hat. Dies kann man zwar als erste Stufe des Kausalitätsbeweises bezeichnen,[290] weil zu klären ist, ob der Fehler im Bereich des beklagten Herstellers seine Ursache hat. Besser spräche man von Herkunft oder Entstehung. Insoweit mag eine **Beweislastumkehr in Ausnahmefällen** gerechtfertigt sein. Auf die Klärung der Kausalität zwischen einer unterlassenen Warnung und einem bestimmten Schaden kann dieser Gedankengang nicht übertragen werden. Insoweit ist der Geschädigte ‚näher dran'. Ihm kann allenfalls zugute gehalten werden, sich bei ausreichender Warnung so verhalten zu haben, wie es ein vernünftiger Mensch in seiner Lage getan hätte. Unvernünftiges Verhalten hat dann der Produktbeobachtungspflichtige zu beweisen.

Nach den **allgemeinen Beweislastgrundsätzen** hätte der Geschädigte auch die **Rechtswidrigkeit** der behaupteten Rechtsgutverletzung und ein **Verschulden** des Herstellers zu beweisen. Davon entbindet ihn die Rechtsprechung in Form einer **Beweislastumkehr,** sofern zu seinen Gunsten davon auszugehen ist,[291] dass der Produktfehler aus dem Verantwortungsbereich des Beklagten stammt. Dann, aber auch nur dann, braucht ein Produktgeschädigter nicht zu beweisen:

1036

– das Verschulden des Herstellers i. S. v. § 276 BGB (‚innere Sorgfalt')[292],
– die objektive Pflichtwidrigkeit (‚äußere Sorgfalt') im Hinblick auf Konstruktions- und Fabrikationsfehler (= Rechtswidrigkeit i. S. v. § 823 Abs. 1 BGB)[293],
– den ursächlichen Zusammenhang zwischen (objektiver) Pflichtwidrigkeit und Produktfehler.[294]

Soweit dem Geschädigten die Beweisführungspflicht nicht abgenommen ist, hilft ihm die Rechtsprechung in oft großzügiger Weise mit **Beweisvermutungen** und **Anscheinsbeweisregeln**.[295] So schloss der BGH[296] beispielsweise aus dem Fehlen von Brems- und Blockierspuren am Unfallort prima facie auf das Vorliegen eines **Konstruktionsmangels der Bremsanlage**. In einem anderen Fall ließ er zum Nachweis des ursächlichen Zusammenhangs zwischen Fehlerhaftigkeit des Kfz und Herstellerverantwortung die Feststellung genügen, dass die Hinterradfelge vor dem Unfall eine Verbeulung aufwies, die beim Einschlagen der Lenkung ein Entweichen der Luft ermöglicht hatte.[297] Bei Unfällen im Zusammenhang mit **Reifenschäden** ist der Nachweis eines Konstruktions- oder Fabrikationsfehlers

---

288 Wie bei ‚ursprünglichen' Instruktionsfehlern, vgl. BGH 12. 11. 1991, ZIP 1992, 38 – Kindertee I; in diese Richtung jetzt BGH 7. 12. 1993, ZIP 1994, 213, 217; s. auch BGH 6. 12. 1994, NJW-RR 1995, 342 (Anscheinsbeweis).
289 DAR 1990, 124, 129 ff.
290 So *Birkmann*, DAR 1989, 281, 282.
291 Entweder Nachweis oder non liquet mit Beweislastverteilung zu Lasten des Herstellers bei unterlassener Befundsicherung.
292 Grundlegend BGHZ 51, 91 – Hühnerpest; Erweiterung auf Kleinbetriebe in BGH 19. 11. 1991, ZIP 1992, 410.
293 BGHZ 51, 91 mit Klarstellung in BGH NJW 1981, 1603, 1605 und BGH NJW 1996, 2507.
294 Dazu *Baumgärtel*, § 823 Anh. C III, Rn 25.
295 Vgl. *Kullmann*, Aktuelle Rechtsfragen der Produkthaftpflicht, 4. Aufl., S. 76 ff.; *Rolland*, Teil II, S. 370; *Baumgärtel*, § 823 Anh. C III, Rn 15, 22.
296 Urt. v. 28. 9. 1970, BB 1970, 1414, JZ 1971, 29; inzwischen durch ABS überholt.
297 Urt. v. 18. 6. 1969, DAR 1969, 240.

mit Hilfe der Anscheinsbeweisregeln kaum zu führen.[298] Zur Beweisproblematik in Reifenfällen s. Rn 1044, s. auch Rn 2240.

1037 Wenn überhaupt, hilft der **Anscheinsbeweis** dem Geschädigten auf der Stufe ‚Fehler-Bereichsbeweis'. Beim Nachweis des (eigentlichen) Ursachenzusammenhangs zwischen schädlichen Eigenschaften eines Produkts und einer Rechtsgutsverletzung kommt der Anscheinsbeweis, wenn überhaupt, nur selten zum Zuge.[299] Denn es wird meist an einem typischen Geschehensablauf fehlen.[300]

1038 In **Ausnahmefällen** entlastet der BGH einen Produktgeschädigten sogar von dem Nachweis, dass der Produktfehler im Verantwortungsbereich des Herstellers entstanden ist; er braucht dann den sog. **Fehler-Bereichsnachweis** nicht zu erbringen. Vielmehr ist es Sache des beklagten Herstellers, seinerseits nachzuweisen, dass er das Produkt fehlerfrei in den Verkehr gebracht hat (vergleichbar der Regelung in § 1 Abs. 4 S. 2 ProdHaftG). Eine solche **Beweislastumkehr** zulasten des Herstellers nimmt der BGH an, wenn der Hersteller ‚aufgrund der ihm im Interesse des Verbrauchers auferlegten Verkehrssicherungspflicht gehalten war, das Produkt auf seine einwandfreie Beschaffenheit zu überprüfen und den Befund zu sichern, er dieser Verpflichtung aber nicht nachgekommen ist'.[301]

1039 Die **Überprüfungs- und Befundsicherungspflicht** ist nicht gleichzusetzen mit der Pflicht des Herstellers zur üblichen **Warenendkontrolle**.[302] Die Endkontrolle ist als Qualitätsprüfung Bestandteil der allgemeinen Verkehrssicherungspflicht, ebenso die Wareneingangskontrolle bei Zulieferungen. Fahrzeughersteller, die auf diese bewährten Qualitätssicherungsmaßnahmen verzichten, mögen pflichtwidrig handeln. Allein das genügt jedoch nicht, um eine Beweislastumkehr beim Fehler-Bereichsbeweis zu rechtfertigen.[303] Eine so weitgehende Beweiserleichterung auf dieser Ebene setzt einen Verstoß gegen eine besondere Befundsicherungspflicht voraus.

1040 Wie der BGH ferner klargestellt hat,[304] geht es bei der Befundsicherungspflicht nicht um eine ‚Beweiserhaltungspflicht' des Herstellers, auch nicht um eine Dokumentationspflicht in dem Sinne, dass die einzelnen Prüfungen zu dokumentieren und die Befunde aufzubewahren sind. Befundsicherung im Sinne der BGH-Rspr. bedeutet vielmehr die Sicherstellung eines Kontrollverfahrens zur ‚signifikanten Verringerung des Produktrisikos'[305] **in bestimmten Ausnahmefällen**.

1041 Ob und inwieweit **Hersteller von Kraftfahrzeugen** und **Fahrzeugteilen** zur ‚Befundsicherung' verpflichtet sind, hat die Rechtsprechung noch nicht ausdrücklich entschieden. Der Spruchpraxis des VI. Zivilsenats in den Mehrwegflaschen-Fällen[306] und den ergänzenden Erläuterungen und Hinweisen von *Kullmann*[307] und *Birkmann*[308] kann Folgendes entnommen werden: Eine Befundsicherung, deren Unterlassen eine Beweislastumkehr be-

---

298 Vgl. *Kullmann*, NZV 2002, 7 mit Hinweisen auf unveröffentlichte OLG-Rechtspr.
299 *Kullmann*, NJW 1994, 1698, 1706; *G. Müller*, VersR 2004, 1073, 1078; s. auch *Baumgärtel*, § 823 Anh. C III, Rn 22 m. w. N.
300 Wie im Fall OLG Frankfurt 8. 6. 1993, NJW-RR 1994, 800 – Fahrradlenker.
301 BGHZ 104, 323 = NJW 1988, 2611 – Limonadenflasche I.
302 OLG Düsseldorf 18. 12. 1998, r+s 2000, 430.
303 BGHZ 104, 323, NJW 1988, 2611 unter 2b, aa; OLG Düsseldorf 18. 12. 1998, r+s 2000, 430; *Birkmann*, DAR 1989, 281.
304 Urt. v. 8. 12. 1992, VersR 1993, 367, ZIP 1993, 440 – Mineralwasserflasche I.
305 BGH 9. 5. 1995, ZIP 1995, 1094, 1097 – Mineralwasserflasche II.
306 BGHZ 104, 323 = NJW 1988, 2611; BGH NJW 1993, 528 = ZIP 1993, 440; BGH ZIP 1995, 1094; s. auch BGH NJW-RR 1993, 988.
307 NJW 1994, 1698, 1704; NJW 2000, 1912, 1916; *ders.* in Probleme der Produzentenhaftung, 1988, S. 33, 44 f.
308 DAR 1989, 281.

gründen kann, kommt **nur unter besonderen Umständen** in Betracht. Das bedeutet sicher nicht, dass es immer um geplatzte Mehrwegflaschen oder um vergleichbare Produkte mit besonderem Wiederverwendungsrisiko gehen muss. Vorausgesetzt wird ein Produkt, ‚das erhebliche Risiken für den Verbraucher in sich trägt, die in der Herstellung geradezu angelegt sind und deren Beherrschung deshalb einen Schwerpunkt des Produktionsvorgangs darstellt'.[309]

Dass dem Gesamtprodukt Kraftfahrzeug diese ‚besondere Schadenstendenz' bisher nicht bescheinigt worden ist, besagt in diesem Zusammenhang nicht viel. Es genügt, wenn bestimmte Einzelteile sie aufweisen. Nur so genannte ‚Sicherheitsteile' sollen unter die Befundsicherungspflicht des Kfz-Herstellers fallen können.[310] *Kullmann*[311] wirft aber mit Recht die Frage auf, ob dies für alle sicherheitsrelevanten Teile gilt, wie *Birkmann*[312] vorschlägt.

Da die Verkehrs- und Betriebssicherheit eines Kraftfahrzeuges von einer großen Zahl von Einzelteilen ganz unterschiedlicher Sicherheitsbedeutung abhängig ist, liegt es nahe, nach dem Grad der Gefahr zu differenzieren. Für sämtliche Fahrzeugteile, die irgendwie sicherheitsrelevant sind, ein betriebsinternes Controlling im Sinne einer ‚Statussicherung' zu verlangen, dürfte zu weit gehen. Auch die Befundsicherungspflicht besteht nur in den Grenzen des technisch Möglichen und wirtschaftlich Zumutbaren.

Der **Motor und seine Einzelteile** sind zwar für die Betriebssicherheit von Fahrzeugen und damit auch für deren Verkehrssicherheit von Bedeutung. Ein plötzlicher Ausfall des Motors kann eine gefährliche Verkehrssituation heraufbeschwören, z. B. beim Überholen. Dass ein klemmender Gaszug zu einem Unfall führen kann, ist gerichtsbekannt. Dennoch wird man die Antriebsaggregate einschließlich Nebenaggregate ebenso wie Kupplung und Getriebe von der ‚Befundsicherung' ausnehmen müssen. Dass Hersteller auch und gerade diese Fahrzeugteile einer systematischen Qualitätssicherung unterziehen,[313] beruht nicht auf einer ‚besonderen Schadenstendenz'. Qualitätsprobleme können, müssen aber nicht Sicherheitsprobleme sein. Der Anwendungsbereich der ‚Befundsicherung' im Automobilbau kann damit von vorneherein nur mit einem eng begrenzten Ausschnitt der modernen Qualitätssicherung deckungsgleich sein.

Unzweifelhaft kommt bestimmten Baugruppen und Bauteilen eine gesteigerte Bedeutung für die Betriebs- und Verkehrssicherheit zu. Im Wesentlichen handelt es sich um diejenigen Teile, die Gegenstand der Hauptuntersuchung nach § 29 StVZO sind: die Bremsanlagen, die Lenkanlagen, die lichttechnischen Einrichtungen, Bereifung/Räder und das Fahrgestell mit Aufbau einschließlich Achsen. Die besondere Sicherheitsrelevanz der vorgenannten Fahrzeugteile reicht für sich allein nicht aus, um deren Hersteller bzw. den Endprodukthersteller zu ‚Befunderhebungen' und ‚Befundsicherungen' zu verpflichten. Es muss gleichzeitig um Fälle gehen, in denen nach Inverkehrgabe des Produkts nicht mehr sicher festgestellt werden kann, ob der Fehler schon vorher vorlag.[314] Nur dann besteht für den Geschädigten die **Beweisnot**, die dem BGH Anlass für die Umkehr der Beweislast gegeben hat.

---

309 BGH 8.12.1992, ZIP 1993, 440 = NJW 1993, 528; s. auch OLG Düsseldorf 18.12.1998, r+s 2000, 430 – Feuerlöschanlage.
310 *Kullmann*, NJW 1994, 1698, 1705.
311 NJW 1994, 1698, 1705.
312 DAR 1989, 281, 283.
313 Instruktiv *Beuler* in: Auto 2000, S. 111 ff. Allgemein zur Qualitätssicherung *Anhalt*, Handbuch der Produzentenhaftung, Bd. 3, Teile 27–29.
314 BGH 7.6.1988, BGHZ 104, 323 = NJW 1988, 2611 – Limonadenflasche I; BGH 8.12.1992, NJW 1993, 528 – Mineralwasserflasche I.

1043   Bei **fabrikneuen Kraftfahrzeugen** und Fahrzeugteilen ist die Aufklärung der Herkunft von Produktfehlern vergleichsweise unproblematisch.[315] **Konstruktionsfehler** sind, wenn sie als solche feststehen, im Allgemeinen unschwer zuzuordnen. Wenn sie in verschiedenen Herstellersphären ihre Ursache haben können, hilft dem Geschädigten § 830 Abs. 1 S. 2 BGB.[316] Diese Regelung gilt auch bei **Fabrikationsfehlern.** In diesem Bereich sind die Beweisschwierigkeiten von Geschädigten allerdings ungleich größer. Denn es kommen **alternative Kausalverläufe** in Betracht, die außerhalb des Einfluss- und Gefahrenbereichs des beklagten Herstellers liegen. Der Mangel kann auf Bedienungs- oder Wartungsfehlern beruhen. Er kann seinen Grund auch in unzulänglichen Reparaturarbeiten oder im ‚Tuning' haben. Häufig scheiden diese Alternativen jedoch von vornherein aus oder sind nicht ernsthaft in Erwägung zu ziehen. **Materialfehler** wie **Haarrisse** an einer Schubstrebe für eine Pkw-Hinterachse sind typischerweise auf Mängel im Fertigungsprozess des (Teile-)Herstellers zurückzuführen. Sie fallen deshalb nicht unter die Beweislastumkehr.[317] Auch **Bruchschäden** weisen darauf hin, dass die Ursache im Werkstoff und/oder in der Konstruktion liegt. Es kommt auch ein Fehler bei der Montage im Werk in Frage. Werkstatteinwirkung und Fehler aus der Sphäre des Fahrzeugbenutzers sind regelmäßig auszuschließen.

1044   Ausgesprochen komplex ist das Kausalitätsproblem bei **Reifenschäden.** Das Platzen eines Fahrzeugreifens kann mehrere Ursachen haben: Fertigungsfehler, unsachgemäße Lagerung, normale Alterung, Fahren mit zu niedrigem Luftdruck, zu geringer Profiltiefe oder mit einem falschdimensionierten Reifen.[318] Trotz verfeinerter Untersuchungsmethoden und Verfahrenstechniken gelingt es nicht immer, Ursache und Entstehungszeitpunkt von Reifenschäden zuverlässig aufzuklären. Ob eine Beweiserleichterung in Form der Beweislastumkehr die richtige Konsequenz daraus ist, erscheint indes fraglich (zur kaufrechtlichen Beweislastumkehr nach § 476 BGB s. Rn 1627 ff.). Denn die Beweisschwierigkeiten beruhen zu einem guten Teil auf Umständen aus dem Einflussbereich des Fahrzeugbenutzers. Insofern unterscheiden sich Reifenschäden von Materialfehlern bei Mehrwegflaschen, bei denen Schadensursachen im Verbraucherbereich nie ernsthaft zur Diskussion standen. Eine Parallele zu den Mehrwegflaschen-Fällen besteht freilich bei der Verwendung runderneuerter Reifen. Denn auch hier besteht die Gefahr einer Vorschädigung. Im Automobilbau sind runderneuerte Altreifen indes kein Thema. Sie kommen, wenn überhaupt noch, im Ersatzteilgeschäft zum Verkauf (zur Haftung für Reifenschäden s. auch Rn 2240).

1045   Aufs Ganze gesehen wird die ‚besonders schwer und unsicher zu bestimmende Befundsicherungspflicht'[319] weder im Automobilbau selbst noch im Bereich der Zulieferer praktische Bedeutung gewinnen.[320] Damit bleibt es im Rahmen der deliktischen Produkthaftung dabei: Fahrzeuggeschädigte müssen die Fehlerhaftigkeit des Produkts im Augenblick des Inverkehrbringens beweisen. Insoweit scheidet eine Beweislastumkehr regelmäßig aus. Darin unterscheidet sich die Beweislastverteilung von derjenigen nach dem ProdHaftG (dazu Rn 971 f.).

---

315 *Kullmann*, NJW 2000, 1915; *ders.*, NZV 2002, 6 ff.
316 *Baumgärtel*, § 823 Anh. C III, Rn 16; zur Anwendbarkeit im Rahmen der Instruktionshaftung s. BGH 11. 1. 1994, NJW 1994, 932.
317 *Kullmann*, NJW 1994, 1698, 1705 (Fn. 69).
318 Vgl. auch BGH 9. 5. 1995, NZV 1995, 310; 5. 7. 1978, NJW 1978, 2241; 11. 2. 2004, NJW 2004, 1032; OLG München 12. 5. 2003, DAR 2005, 89 (Motorrad).
319 *Arens*, ZZP 104, 135.
320 Siehe auch *Schwung*, 40. VGT (2002), S. 99 mit einem interessanten Hinweis auf Äußerungen von Mitgliedern des 6. Zivilsenats des BGH.

7. Haftungsfreizeichnung

Während die Ersatzpflicht des Herstellers nach § 14 ProdHaftG weder ausgeschlossen noch beschränkt werden kann, ist es nach dem AGB-Gesetz nicht ausdrücklich verboten gewesen, die Haftung für Schäden aus unerlaubter Handlung auszuschließen bzw. zu beschränken. Grenzen zogen im alten Recht die §§ 11 Nr. 7, 9 AGB-Gesetz. Im Grundsatz hat sich daran durch die Übernahme des AGB-Rechts in das BGB, hier: §§ 307 ff., nichts geändert.

Vertragliche und deliktsrechtliche Ansprüche konkurrieren typischerweise miteinander, wenn der Geschädigte direkt vom Hersteller gekauft oder mit ihm einen Werk- bzw. Werklieferungsvertrag abgeschlossen hat. Beispiele für diese Anspruchskonkurrenz sind der Schwimmerschalter-Fall[321] und der Silokipper-Fall.[322] Im Hinterreifen I-Fall[323] standen ebenso wie im Hinterreifen II-Fall[324] vertragliche und deliktische Schadensersatzansprüche eines Gebrauchtfahrzeugkäufers gegen einen Vertragshändler nebeneinander. Doch auch hier war zu klären, ob sich der formularmäßige Gewährleistungsausschluss (Abschnitt VII der damaligen Gebrauchtwagenverkaufsbedingungen) auf die Delikthaftung (für einen ‚Weiterfresserschaden') erstreckte. Dabei war im Hinterreifen I-Fall[325] der Besonderheit Rechnung zu tragen, dass der beklagte Vertragshändler einen ‚technisch einwandfreien' Zustand des Sportwagens zugesichert hatte.

Vor der Inhaltskontrolle steht die Auslegung. Vorrangig ist deshalb zu prüfen, ob eine Freizeichnungsklausel den geltend gemachten Anspruch aus unerlaubter Handlung überhaupt erfasst. Darüber entscheidet die Auslegung im Einzelfall.[326] Die maßgeblichen Auslegungsgrundsätze hat der BGH im Silokipper-Fall[327] zusammengefasst. Sie gelten seiner Meinung nach auch im kaufmännischen Verkehr.

Soweit fabrikneue Fahrzeuge auf der Grundlage der im Jahre 2008 erneut geänderten Neuwagenverkaufsbedingungen (NWVB) **im Direktbezug** vom Hersteller erworben werden (Daimler, mitunter auch BMW u. a.), sind die Klauseln im Abschnitt VIII zu beachten. Diese mit ‚Haftung' überschriebenen Bedingungen sind – ebenso wie in den gleichfalls im Jahre 2008 geänderten Gebrauchtwagen-AGB – deutlich abgesetzt von dem Regelungskomplex ‚Sachmangel' im Abschnitt VII. Insoweit besteht eine Parallele zu den Bedingungswerken in den Fällen BGH NJW 1979, 2148 – Kartonmaschine und BGH NJW 1992, 2016 – Silokipper. Dem Transparenzgebot, jetzt in § 307 Abs. 1 S. 2 BGB verankert, dürfte damit Genüge getan sein.[328] Ob die aus Gründen der Schuldrechtsreform mehrfach neugefassten Klauseln einer Inhaltskontrolle auch im Übrigen standhalten, werden die Gerichte zu entscheiden haben.

---

321 BGHZ 67, 359 = NJW 1977, 379.
322 BGH 5. 5. 1992, NJW 1992, 2016.
323 BGH 5. 7. 1978, NJW 1978, 2241.
324 BGH 11. 2. 2004, NJW 2004, 1032.
325 BGH 5. 7. 1978, NJW 1978, 2241.
326 BGH 5. 5. 1992, NJW 1992, 2016 – Silokipper.
327 NJW 1992, 2016.
328 Dazu BGHZ 67, 359 – Schwimmerschalter und BGH 5. 7. 1978, NJW 1978, 2241 – Hinterreifen.

Q. Der finanzierte Neufahrzeugkauf

I. Marktsituation

1047 Die Finanzierungsquote liegt im Bereich des Neuwagenhandels (Pkw/Kombi) derzeit deutlich über 50 %, in vielen Autohäusern zwischen 80 und 90 %. **Drei Grundmodelle** stehen zur Wahl: Leasing, Mietkauf und als Klassiker die Finanzierung über Darlehen. Immerhin fast 30 % der Neuwagenkäufer haben sich im Jahr 2007 entschlossen, ihr Fahrzeug zu leasen.[1] Doch in der Mehrzahl der Fälle nahmen Privatkäufer, die ihr Fahrzeug nicht aus Eigenmitteln und mit Hilfe ihres Altwagens finanzieren konnten, einen Kredit in Anspruch. Bundesweit gesehen wurden beim Kauf neuer Pkw/Kombi 7.380 EUR aufgenommen, bei einem Durchschnittspreis der nicht geleasten Neuwagen von knapp 24.000 EUR.

Beim Fahrzeugkauf mit Kreditaufnahme hat der Käufer **drei Möglichkeiten:** den Kredit der Hausbank, die Kfz-Online-Finanzierung und die Finanzierung über den Händler. Fast jeder Neufahrzeughändler arbeitet heute eng mit einem Fahrzeugfinanzierer zusammen (Herstellerbank, Spezialinstitute wie z. B. die Santander Consumer Bank). Bei der Schaffung innovativer Finanzprodukte kennt der Phantasiereichtum der Absatzfinanzierer kaum noch Grenzen. Ähnlich wie bei den Garantien werden die Verbraucher ständig mit neuen Angeboten überschüttet, so dass der Neuwagenkauf „zur Wissenschaft" wird.[2] Das verlangt eine intensive Beratung und Aufklärung der Kundschaft.[3]

II. Kreditaufnahme ohne Händlerbeteiligung

1048 Wegen der Einzelheiten zur Kaufpreisfinanzierung durch Aufnahme eines Kredits **auf eigene Faust** (früher „Personalkredit" genannt) wird auf die Rechtsprechung und Kommentare zum Darlehensrecht verwiesen.[4] Zwischen dem Darlehensvertrag und dem Kauf besteht keine wirtschaftliche und erst recht keine rechtliche Einheit.

Die Möglichkeit der Finanzierung durch Aufnahme eines selbst zu beschaffenden Kredits ist im Allgemeinen **nicht Geschäftsgrundlage** des Kaufvertrages über das Kraftfahrzeug.[5] Für eine Anfechtung wegen Irrtums über die Finanzierungsmöglichkeit ist kein Raum, da die enttäuschte Erwartung des Käufers, ein Darlehen zum Zwecke der Autofinanzierung zu erhalten, einen typischen Motivirrtum darstellt. Die im Neuwagenkaufvertrag enthaltene Klausel, wonach der Restkaufpreis vom Käufer finanziert werden soll, hat nicht ohne weiteres die Bedeutung einer **auflösenden Bedingung** des Kaufvertrages.[6] Weder der Wortlaut der Klausel noch die Tatsache, dass der Käufer ohne die vorgestellte Möglichkeit der Finanzierung vom Kauf Abstand genommen hätte, lassen eine solche Auslegung zu.[7] Das Risiko eines Scheiterns der Kreditaufnahme trägt bei dieser Finanzierungsvariante – anders als bei einem geplanten Verbundgeschäft (dazu Rn 1064, 1124) – grundsätzlich der Käufer.

---

1 Die nachfolgenden Zahlen sind dem DAT-Report 2008 entnommen.
2 FAZ v. 23. 7. 2005.
3 Zur Frage der arglistigen Täuschung bei einer Ballonfinanzierung s. LG Duisburg 27. 9. 2007 – 8 O 220/05 – (Berufungsverfahren vor dem 17. ZS OLG Düsseldorf; Az. nicht bekannt).
4 Zu Verbraucherkreditverträgen umfassend das gleichnamige Werk von *Godefroid*, 3. Aufl., 2008.
5 Vgl. OLG Oldenburg 4. 6. 1975, NJW 1975, 1788; LG Hamburg 6. 12. 1951, BB 1952, 11.
6 Siehe aber auch OLG Düsseldorf 11. 5. 2005, DAR 2005, 625 (Darlehen von Herstellerbank nicht gewährt, Käufer kein Verbraucher); KG 11. 1. 1971, NJW 1971, 1139.
7 *Hereth*, NJW 1971, 1704; *Rutkowsky*, NJW 1971, 1075; ferner OLG Düsseldorf 25. 7. 1963, NJW 1963, 2079.

III. Zweckgebundene Drittfinanzierung (Verbundgeschäft)

Im Unterschied zum Kredit auf eigene Faust steht die Darlehenssumme nicht zur freien Verfügung des Käufers. Er erhält das Darlehen entweder mit der vertraglichen Auflage, es für den Neuwagenkauf zu verwenden oder die Auszahlung erfolgt unmittelbar an den Verkäufer, was heute die Regel ist.

Der finanzierte Kauf besteht aus zwei Rechtsgeschäften mit unterschiedlichen Vertragspartnern, dem **Darlehensvertrag** auf der einen Seite und dem **Kaufvertrag** auf der anderen. Aus der rechtlichen Aufspaltung ergeben sich spezielle Gefahren für den Käufer, vor denen er durch die §§ 358, 359 BGB geschützt wird. Die Trennung des **wirtschaftlich einheitlichen Geschäfts** darf nicht dazu führen, dass der Verbraucher schlechter gestellt wird, als er ohne Aufspaltung stehen würde.[8]

Das Besondere bei verbundenen Geschäfte besteht zum einen darin, dass sich **das Widerrufsrecht** des Verbrauchers in Bezug auf den Darlehensvertrag auf den Kaufvertrag erstreckt, sofern nicht bereits der Kauf als solcher widerruflich ist. Zum anderen kann der Verbraucher Einwendungen aus dem Kaufvertrag nicht nur dem Verkäufer, sondern auch dem Darlehensgeber entgegenhalten. Im Übrigen sind auf das verbundene Verbraucherdarlehen die §§ 491 ff. BGB sowie die für Teilzahlungsgeschäfte vorgesehene Rücktrittsfiktion des § 503 Abs. 2 S. 4, 5 BGB anzuwenden.

1. Verbundene Verträge

Nach **§ 358 Abs. 3 BGB** sind ein Vertrag über die Lieferung einer Ware oder die Erbringung einer anderen Leistung und ein Verbraucherdarlehensvertrag miteinander verbunden, wenn das Darlehen ganz oder teilweise der Finanzierung des anderen Vertrages dient und beide Verträge eine wirtschaftliche Einheit bilden.

a) Verbraucherdarlehensvertrag

Ein Verbraucherdarlehensvertrag ist nach der Definition des § 491 Abs. 1 S. 1 BGB ein entgeltlicher Darlehensvertrag zwischen einem Unternehmer als Darlehensgeber und einem Verbraucher als Darlehensnehmer. Während die Unternehmereigenschaft auf Geberseite kaum jemals ein Streitpunkt ist,[9] wird mitunter darüber gestritten, ob der Darlehensnehmer/Käufer ein Verbraucher i. S. d. § 13 BGB ist. Von praktischem Interesse sind die Mischfälle (dual use), das Thema „Existenzgründung" und die Behandlung von Täuschungsfällen.

Auf ein Widerrufsrecht kann sich nicht berufen, wer einen gewerblichen Verwendungszweck **vorgetäuscht** hat.[10]

In den sog. **Mischfällen** kommt es nach der Rechtsprechung darauf an, welche Nutzung überwiegt. Nur bei einer überwiegend privaten Nutzung greifen die darlehensrechtlichen Schutzvorschriften,[11] die unter den Voraussetzungen von § 358 Abs. 3 BGB auf den verbundenen Kaufvertrag durchschlagen. Für den Kaufvertrag hat ein überwiegend privater Verwendungszweck zur Folge, dass die Vorschriften des Verbrauchsgüterkaufs anwendbar sind (näher Rn 1160).

---

8 BGH 5. 4. 1962, BGHZ 37, 94, 99; 26. 3. 1979, BGHZ 66, 165 ff.
9 Näheres bei *Godefroid*, Teil 2, Rn 29.
10 Brand OLG 22. 11. 2006 – 4 U 84/06 – n. v. – unter Hinweis auf BGH NJW 2005, 1045.
11 Siehe auch EuGH 20. 1. 2005, NJW 2005, 653 zu Art. 13 Abs. 1 EuGVÜ: Wer sich auf seine Verbrauchereigenschaft beruft, muss beweisen, dass der berufliche/gewerbliche Zweck eine ganz untergeordnete Rolle spielt.

1055   Die Schutzvorschriften der §§ 491 ff. BGB sind auch auf eine **Gesellschaft bürgerlichen Rechts** anzuwenden, zu der sich mehrere natürliche Personen zusammengeschlossen haben.[12] Idealvereine sind keine natürlichen Personen und können daher nicht Verbraucher sein.[13] Mangels Ausübung einer gewerblichen oder selbstständigen beruflichen Tätigkeit gehören sie auch nicht dem Kreis der Unternehmer an.

1056   Auf Kaufleute, Handwerker, Landwirte, selbstständige Gewerbetreibende und Freiberufler finden die Vorschriften zum Verbraucherdarlehen keine Anwendung, sofern sie das Darlehen in Ausübung ihrer gewerblichen oder selbstständigen beruflichen Tätigkeit aufnehmen. In der Phase der **Existenzgründung** wird ihnen der Schutz der Vorschriften über das Verbraucherdarlehen jedoch zuteil, wenn sie sich als natürliche Person das Darlehen für die Aufnahme einer gewerblichen oder selbstständigen beruflichen Tätigkeit gewähren lassen, es sei denn, der Nettodarlehensbetrag übersteigt 50.000 € (§ 507 BGB). Wird ein Fahrzeug von einer Frau, die im Bestellformular als Handelsvertreterin ausgewiesen ist, zugunsten ihres arbeitslosen, eine Existenz gründenden Ehemanns gekauft, so gelten gleichfalls die Regeln des verbundenen Geschäfts.[14]

Entgegen der früheren Regelung von § 1 Abs. 1 VerbrKrG tragen die Käufer/Darlehensnehmer die Beweislast dafür, dass die Inanspruchnahme des Darlehens in der Existenzgründungsphase erfolgt ist.[15] Dem Darlehensgeber obliegt allerdings die Beweisführung, dass das Kreditgeschäft wegen Überschreitung des Höchstbetrages nicht unter die §§ 491 ff. BGB fällt. Umstritten ist die Frage, ob die Nettodarlehensbeträge **zu addieren** sind, wenn ein Darlehensnehmer für die Gründung einer Existenz **mehrere Darlehen** aufnimmt.[16] Das Brand OLG[17] hat eine Addition verneint.

Geschäftserweiterungen und mehrmalige Existenzgründungen: Die Erweiterung einer bereits ausgeübten gewerblichen oder selbstständigen beruflichen Tätigkeit führt nicht zur Anwendung der §§ 491 ff. BGB.[18] Bei Aufnahme einer weiteren gewerblichen oder selbstständigen beruflichen Tätigkeit ist der Existenzgründer dem Verbraucher nur unter der Voraussetzung gleichgestellt, dass die bereits ausgeübte Tätigkeit mit der neuen Tätigkeit nicht im Zusammenhang steht und davon klar abgegrenzt ist.[19] Zu der Frage, ob ein Existenzgründungsdarlehen angenommen werden kann, wenn der Darlehensnehmer zuvor bereits in der gleichen Branche tätig war, gehen die Meinungen auseinander. Das OLG Köln[20] hat zutreffend darauf hingewiesen, dass die aufgegebene Selbstständigkeit in der Vergangenheit einer Existenzgründung nicht im Wege steht.[21] Allerdings kann ein Existenzgründungsdarlehen nicht angenommen werden, wenn die frühere Existenz ohne ‚deutliche Zäsur' fortgesetzt werden soll.[22] Die Kontinuität ist deutlich unterbrochen, wenn ein Gastwirt nach einer Krankheit in einem anderen Ort eine neue Gaststätte eröffnet.[23] Von einer wiederholten Existenzgründung oder Betriebsänderung, welche die Anwendbarkeit von Verbraucherkreditrecht ausschließt, kann auch dann nicht ausgegangen werden,

---

12 BGH 23. 10. 2001, WM 2001, 2379; dazu auch BGH 29. 1. 2001, NJW 2001, 1056.
13 EuGH 22. 11. 2001, EuZW 2002, 32.
14 OLG Hamm 8. 9. 2005, NZV 2006, 421.
15 *Bülow*, NJW 2002, 1145, 1147; *Godefroid*, Teil 2, Rn 97.
16 Übersicht bei MüKo-BGB/*Habersack*, § 507 BGB Rn 8.
17 Urt. v. 5. 5. 1999, OLGR 1999, 443.
18 *Martis*, MDR 1998, 1189.
19 BGH 3. 11. 1999, NJW-RR 2000, 719; 22. 12. 1999, NJW-RR 2000, 1221 jeweils m. w. N.; zur Anwendung der Vorschriften über das Verbraucherdarlehen bei Gründung eines zweiten Unternehmens s. BGH 14. 12. 1994, BB 1995, 217; 4. 5. 1994, WM 1994, 1390.
20 Urt. v. 5. 12. 1994, ZIP 1994, 1931.
21 *Bülow*, VerbrKrR, § 507 Rn 7.
22 SchlHOLG 21. 11. 1997, OLGR 1998, 41.
23 OLG Köln 5. 12. 1994, ZIP 1994, 1931.

wenn der Darlehensnehmer, bevor er in der gleichen Branche ein neues Geschäft eröffnet, im Angestelltenverhältnis gearbeitet hat.[24]

b) Mitverpflichtete Personen

Verbraucher, die der Schuld eines anderen aus einem Darlehensvertrag beitreten,[25] dessen Schuld übernehmen oder in den Vertrag als weitere Darlehensnehmer (Mitdarlehensnehmer[26]) eintreten, werden durch die Vorschriften über Verbraucherdarlehensverträge ebenfalls geschützt.

Wenn ein Unternehmer und ein Verbraucher gemeinsam einen Darlehensvertrag zur Finanzierung eines Neuwagens abschließen, den der eine gewerblich, der andere privat nutzen möchte, zwingt § 13 BGB zur Anwendung der Verbraucherrechte auf die Person, die den Vertrag für private Zwecke abschließt.[27]

Soweit Dritte, z. B. die Ehefrau, eine Mithaftung übernommen haben, ist unabhängig von den Verbraucherschutzvorschriften die Rechtsprechung zur **sittenwidrigen Überforderung** dieses Personenkreises zu beachten.[28] Sittenwidrigkeit setzt eine krasse finanzielle Überforderung voraus, die anzunehmen ist, wenn der Mithaftende im Fall seiner Inanspruchnahme nicht einmal die laufenden Zinsen der Hauptschuld aufbringen kann.[29] Erforderlich ist weiterhin, dass die Bank die Überforderung erkennt und in sittlich anstößiger Weise die emotionale Beziehung des Mithaftenden zu dem Hauptschuldner ausnutzt, wovon bei Ehepartnern oder nahen Angehörigen normalerweise ausgegangen werden kann.[30] Ein auf freie Willensentscheidung hindeutendes Handeln ist allerdings grundsätzlich zu bejahen, wenn der Darlehensnehmer und die mithaftende Person ein gemeinsames Interesse an der Darlehensaufnahme haben oder dem Mithaftenden aus der Verwendung der Darlehensvaluta unmittelbar und ins Gewicht fallende Vorteile erwachsen.[31]

Diese von der Rechtsprechung entwickelten Grundsätze sind auch dann anzuwenden, wenn das Darlehen nicht von einer Bank, sondern von einem anderen Darlehensgeber in Ausübung seiner gewerblichen oder selbstständigen beruflichen Tätigkeit gewährt wird.[32] Auf Gesellschafter, die für Verbindlichkeiten der GmbH eine Mithaftung oder Bürgschaft übernommen haben, ist die Rechtsprechung zur Sittenwidrigkeit nur anwendbar, wenn sie in Strohmannfunktion oder aus emotionaler Verbundenheit gehandelt haben und dies für die Bank evident war.[33] Der finanziell überforderte Ehegatte kann weder unter dem Gesichtspunkt der Nichtigkeit der Mitverpflichtung noch nach dem Tode des anderen Ehepartners wegen Wegfalls der Geschäftsgrundlage eine Änderung der tatsächlichen Verhältnisse im Wege der Vollstreckungsabwehrklage geltend machen.

Auf die Frage, ob der Mithaftende wirtschaftlich krass überfordert wurde, kommt es nicht an, wenn dieser **gleichfalls Darlehensnehmer** ist. Der Kreditgeber hat es nicht in der Hand, durch entsprechende Formulierung des Darlehensvertrages aus einem Mithaftenden einen „Mitvertragspartner" zu machen, um sich dadurch der Nichtigkeitsfolgen des

---

24 OLG Celle 4. 1. 1995, NJW-RR 1996, 119; s. auch OLG Düsseldorf 22. 11.2005, ZGS 2006, 119.
25 Die ‚selbstschuldnerische Mitverpflichtung' einer Partei spricht für einen Schuldbeitritt (Thür. OLG 3. 5. 1999, OLGR 2000, 32).
26 BGH 14. 11. 2000, ZIP 2001, 189.
27 *Schmidt-Räntsch* in *Bamberger/Roth*, § 13 BGB Rn 8.
28 BVerfG 19. 10. 1993, NJW 1994, 36; weitere Nachw. bei *Palandt/Heinrichs*, § 138 BGB Rn 37 ff.
29 St. Rspr. BGH 4. 12. 2001, ZIP 2002, 210; BGH 14. 11. 2000, BGH-Report 2001, 132.
30 BGH 8. 10. 1998, WM 1998, 2327, 2328.
31 BGH 14. 11. 2000, BGH-Report 2001, 133, 135.
32 BGH 13. 11. 2001, ZIP 2002, 123.
33 BGH 15. 1. 2002, DB 2002, 630 ff.

§ 138 BGB zu entledigen.³⁴ Ob Darlehensnehmereigenschaft vorliegt, ist im Wege der Auslegung des Vertrages unter Berücksichtigung aller Umstände zu beurteilen, wobei insbesondere das Interesse des Mitverpflichteten an einer Darlehensaufnahme zu berücksichtigen ist. Ein auf Vertragspartnerschaft hinweisendes Eigeninteresse **der Ehefrau** ist bei der Anschaffung eines Mittelklassewagens durch den Ehemann anzunehmen, wenn es sich dabei um das einzige Fahrzeug der Familie handelt, das den finanziellen Verhältnissen entspricht und zur Gestaltung und Bewältigung des täglichen Lebens z. B. für gemeinsame Einkaufsfahrten benutzt wird. Dagegen spricht nicht, dass die Ehefrau nicht über eine Fahrerlaubnis verfügt und der Kaufvertrag nur auf den Namen des Ehemannes lautet.³⁵

c) Verbindung der Verträge zur wirtschaftlichen Einheit

1058 Die nach § 358 Abs. 3 BGB erforderliche **Zweckgebundenheit** des Darlehens muss nicht ausdrücklich im Vertrag festgelegt werden, aber positiv feststellbar sein. Hierzu ist zumindest erforderlich, dass der Verkäufer den Zusammenhang zwischen dem Neuwagenkauf und der Finanzierung kennt und billigt. Der Zweck der Darlehensgewährung muss dem Kauf dienen und nicht umgekehrt der Kauf die Darlehenvergabe bezwecken. Auf die zeitliche Reihenfolge der Vertragsabschlüsse kommt es nicht an.

1059 Gem. § 358 Abs. 3 S. 2 BGB spricht eine **unwiderlegliche Vermutung** für das Vorliegen eines wirtschaftlich einheitlichen Geschäfts, wenn sich der Darlehensgeber bei der Vorbereitung oder dem Abschluss des Verbraucherdarlehensvertrages der Mitwirkung des Verkäufers bedient.³⁶ Es kommt vor allem darauf an, dass sich Kauf- und Darlehensvertrag **aus der Sicht des Käufers** als Teilstücke eines wirtschaftlich einheitlichen Vorgangs darstellen, mit dem das Ziel verfolgt wird, den Erwerb des Kaufgegenstandes gegen Ratenzahlungen zu ermöglichen.³⁷ Dem steht nicht entgegen, dass der Käufer sich darüber im Klaren ist, dass er mit verschiedenen Unternehmen zwei Verträge abschließt, die rechtlich selbstständig sind.³⁸ Entscheidend ist vielmehr, dass sich beide Verträge entweder wechselseitig bedingen oder der eine seinen Sinn erst durch den anderen erhält.³⁹

1060 Das **zweite** für die Annahme einer wirtschaftlichen Einheit maßgebliche **Kriterium** besteht in der – nunmehr durch § 358 Abs. 3 BGB definierten – Zweckbindung des Darlehens an die Finanzierung eines ganz bestimmten Kaufs, wobei in Abgrenzung zum Kredit auf eigene Faust („Personaldarlehen") ein **planmäßiges Zusammenwirken** von Verkäufer und Geldgeber hinzutreten muss. Die Planmäßigkeit des Handelns erfordert nicht, dass der Darlehensgeber dem Verkäufer die Darlehensformulare überlässt,⁴⁰ der Verkäufer die Darlehensverhandlungen mit dem Darlehensgeber führt,⁴¹ eine auf Dauer angelegte Geschäftsverbindung zwischen Verkäufer und Darlehensgeber besteht⁴² oder eine Sicherungsübereignung des Fahrzeugs vorgenommen wird.⁴³ All diese Umstände weisen als Indizien mehr oder weniger deutlich auf das Bestehen eines wirtschaftlich einheitlichen Vorgangs hin.

---

34 BGH 4. 12. 2001, WM 2002, 223, 224; 28. 5. 2002, WM 2002, 1649, 1650; *Madaus*, WM 2003, 1705, 1706.
35 BGH 23. 3. 2004, DAR 2004, 385, 386; 25. 1. 2005, NJW 2005, 973; siehe auch OLG Celle 21. 4. 2004, NJW 2004, 2599.
36 St. Rspr., BGH 4. 12. 2007, NJW 2008, 845 m. w. N. (zu § 9 Abs. 1 VerbrKrG a. F.)
37 8 Entscheidungen des BGH v. 20. 2. 1967, BGHZ 47, 224 ff.
38 *Reinicke/Tiedtke*, Kaufrecht, Rn 1577.
39 BGH 20. 2. 1967, BGHZ 47, 253, 255.
40 BGH 25. 3. 1982, BGHZ 83, 301, 304.
41 BGH 25. 3. 1982, BGHZ 83, 301 ff.
42 BGH 20. 2. 1967, BGHZ 47, 224 ff.
43 BGH 6. 12. 1979, NJW 1980, 938 sowie BGH 25. 3. 1982, BGHZ 83, 301 ff.

Zweckgebundene Drittfinanzierung (Verbundgeschäft)

In Fällen des kreditfinanzierten Autokaufs – zum Leasing s. Rn L133 ff. und aktuell Brand. **1061**
OLG 23. 4. 2008, Az. 3 U 115/07 (n. v.) – wird vor Gericht heute kaum noch über die „Einheitsfrage" gestritten. Angesichts der engen Zusammenarbeit zwischen Autohaus und Finanzierer ist die wirtschaftliche Einheit **in der Regel unstreitig**. Sollte ausnahmsweise einmal Streit herrschen, kommen **als konkrete Anhaltspunkte** für eine Verbindung der Verträge zu einer wirtschaftlichen Einheit weiterhin in Betracht: Direktauszahlung der Darlehenssumme an den Verkäufer, Behandlung des Kauf- und Darlehensvertrages als Einheit, Bezeichnung des Kunden als ‚Käufer/Darlehensnehmer' im Darlehensvertrag[44], Ausschluss des Käufers von der freien Verfügung über das Darlehen und Direktvalutierung an den Verkäufer[45], enge innere Verbindung der Verträge, aus der sich ergibt, dass kein Geschäft ohne das andere geschlossen worden wäre[46], Verwendung eines für verbundene Verträge bestimmten Vertragsformulars[47], enger zeitlicher Zusammenhang zwischen Kauf- und Darlehensvertrag[48], wechselseitige Bedingtheit beider Verträge[49] sowie ihre Bezugnahme aufeinander.[50]

Für die Annahme eines Verbunds i. S. v. § 358 Abs. 3 BGB **genügt nicht**, dass der Neu- **1062**
wagenhändler dem Verbraucher lediglich **ein Kreditinstitut empfiehlt**, mit dem dieser sodann ohne seine Mitwirkung einen Finanzierungsvertrag abschließt. Unter diesen Umständen ist eine wirtschaftliche Einheit selbst dann nicht anzunehmen, wenn der Händler dem Verbraucher die Finanzierungsunterlagen aushändigt und die Bank auf Anweisung des Käufers die Darlehensvaluta direkt an den Händler überweist.[51] Nicht repräsentativ ist die vom OLG Celle[52] vertretene Auffassung, der Annahme einer wirtschaftlichen Einheit der Verträge stehe nicht entgegen, dass der Darlehensvertrag **erst Monate später** nach dem Abschluss des Kaufvertrages geschlossen worden sei. Eine Zeitspanne von einer Woche ist unbeachtlich, wenn bereits im Kaufvertrag auf die Finanzierung des Restkaufpreises hingewiesen wird.[53]

Durch **nachträgliche Umgestaltung** eines Barverkaufs in ein drittfinanziertes Verbund- **1063**
geschäft gefährdet der Verkäufer seine unbedingten Erfüllungsansprüche, da sie dem Käufer die Möglichkeit eröffnet, den Antrag auf Gewährung des Verbraucherdarlehens zu widerrufen und dadurch dem Kaufvertrag den Boden zu entziehen.[54] Dagegen kann sich der Händler schützen, indem er mit dem Verbraucher vereinbart, dass es bei dem Barkauf bleibt, falls der Darlehensantrag von der Bank nicht angenommen oder vom Darlehensnehmer widerrufen werden sollte.

Ins Leere geht der Widerruf des Käufers, wenn ihm der Verkäufer **acht Monate nach Vertragsabschluss** anstelle der vereinbarten Barzahlung die Gewährung eines Darlehens durch seine Hausbank vermittelt und der Käufer dieses Entgegenkommen zum Anlass nimmt, den Kaufvertrag durch rechtsmissbräuchliche Ausnutzung des Widerrufsrechts zu Fall zu bringen.[55]

---

44 BGH 25. 3. 1982, BGHZ 83, 301 ff.; so auch OLG Düsseldorf 18. 11. 1994, OLGR 1995, 49.
45 BGH 25. 5. 1983, WM 1983, 786, 787.
46 BGH 4. 4. 1984, BGHZ 91, 37, 43; ebenso OLG Hamm 14. 10. 1988, NJW-RR 1989, 369.
47 BGH 15. 1. 1987, NJW 1987, 1698; BGH 11. 10. 1995, DAR 1996, 189.
48 Zur nachträglichen Verbindung des Kaufvertrages mit dem Darlehensvertrag siehe BGH 29. 3. 1984, NJW 1984, 1765 ff.; OLG Frankfurt 16. 12. 1986, NJW 1987, 848; OLG Celle 18. 5. 1995, DAR 1995, 404; s. auch OLG Naumburg 25. 7. 2002 – 4 U 62/02 – n. v. (Unterzeichnung des Darlehensantrags nach Abschluss des Kaufvertrages nicht contraindiziell).
49 OLG Stuttgart 21. 3. 1989, NJW 1989, 887.
50 OLG Köln 5. 12. 1994, ZIP 1995, 21.
51 BGH 15. 5. 1990, NJW-RR 1990, 1072.
52 Urt. v. 18. 5. 1995, DAR 1995, 404.
53 OLG Naumburg 25. 7. 2002 – 4 U 62/02 – n. v.
54 BGH 30. 5. 1985, WM 1985, 1103.
55 LG Trier 22. 4. 1993, WM 1994, 436.

Der Verbund zwischen Verbraucherdarlehen und Kaufvertrag erstreckt sich nicht – jedenfalls nicht ohne Zustimmung des Darlehensgebers – auf einen Kaufvertrag über ein **zweites Fahrzeug**, das der Darlehensnehmer unter Verwendung einer an ihn gezahlten Kaskoentschädigung für das untergegangene Erstfahrzeug erwirbt.[56] Dies folgt aus § 359 S. 2 BGB, der besagt, dass sich der Darlehensgeber nachträgliche Vereinbarungen zwischen Verkäufer und Käufer, soweit sie nicht auf Mängeln der Kaufsache beruhen, nicht entgegenhalten lassen muss.

1064 **Nichtzustandekommen des Darlehensvertrages:** Falls der Vertrag über das mit dem Kauf zu verbindende Verbraucherdarlehen nicht zustande kommt, entfällt der Kaufvertrag. Dies ergibt sich aus dem Schutzzweck von § 358 BGB, der entsprechend anzuwenden ist, wenn in Bezug auf den Darlehensvertrag noch keine zwei sich deckenden Willenserklärungen vorliegen.[57] Es bedarf bei dieser Sachlage weder des Rückgriffs auf das Rechtsinstitut der Störung der Geschäftsgrundlage (§ 313 BGB) noch der Feststellung, dass der Kaufvertrag durch das Nichtzustandekommen des Darlehensvertrags auflösend[58] bedingt ist oder aufschiebend bedingt durch den Abschluss des Darlehensvertrages geschlossen wurde.[59] Siehe dazu auch Rn 1048, 1124.

Da es auf eine Verknüpfung i. S. v. § 158 BGB zwischen Kauf- und Darlehensvertrag nicht ankommt, sind die Gründe des Scheiterns der Finanzierung nicht relevant. Es stellt sich insbesondere nicht die Frage, ob der Käufer das Zustandekommen des Darlehensvertrages treuwidrig verhindert hat, was nach Ansicht des LG Gießen[60] nicht anzunehmen ist, wenn der Verbraucher sich gegenüber der Bank weigert, weitere Belege zur Beurteilung seiner Zahlungsfähigkeit einzureichen. Vereinbaren die Parteien nachträglich, dass das Darlehen nicht in Anspruch genommen werden soll, wird der Verbund zwischen Kauf und Darlehen aufgelöst und der finanzierte Kauf verwandelt sich in einen Barkauf.

2. Schriftform, Angabeerfordernisse, Widerrufsbelehrung

1065 Bei verbundenen Geschäften sind die für den Verbraucherdarlehensvertrag in § 492 Abs. 1 S. 1 BGB vorgeschriebene Schriftform, die Angabeerfordernisse der §§ 492 Abs. 1 S. 5, 502 Abs. 1 S. 1 BGB und die Widerrufsbelehrung zu beachten, die den Anforderungen der §§ 355 Abs. 2, 358 Abs. 5 BGB entsprechen muss.

Die in § 492 Abs. 1 und 2 BGB festgelegten Formalien sind gem. Abs. 4 auch bei Erteilung einer Vollmacht zum Abschluss eines Verbraucherkreditvertrages einzuhalten, da im Fall der Vertretung nicht der Vertreter, sondern der Vertretene durch die Vorschriften zum Verbraucherdarlehen geschützt wird und deshalb für ihn bei Vollmachterteilung bereits erkennbar sein muss, welche finanziellen Belastungen auf ihn zukommen.[61]

a) Schriftform

1066 Soweit nicht eine strengere Form vorgeschrieben ist, bedarf der Darlehensvertrag der Schriftform des § 126 Abs. 1 BGB. Die AGB des Darlehensgebers müssen entweder in der Vertragsurkunde enthalten oder mit dieser verbunden sein[62] und von der Unterschrift

---

56 OLG Düsseldorf 23. 3. 1999, OLGR 1999, 318.
57 Zutreffend SchlHOLG 25. 2. 1998, OLGR 1998, 197; *Martis*, MDR 1999, 65, 67.
58 LG Gießen 18. 9. 1998, NJW-RR 1997, 1081.
59 Zu den einzelnen Lösungsansätzen s. auch OLG Düsseldorf 11. 5. 2005, DAR 2005, 625 (Bekl. war kein Verbraucher).
60 Urt. v. 18. 9. 1996, NJW-RR 1997, 1081.
61 Zur fast wortgleichen Vorgängernorm § 4 Abs. 1 S. 4 VerbrKrG s. LG Frankfurt a. M. 30. 11. 1999, DB 2000, 316, 317.
62 BGH 24. 9. 1997, BB 1998, 288 – körperliche Verbindung nicht unbedingt erforderlich.

Zweckgebundene Drittfinanzierung (Verbundgeschäft)

des Darlehensnehmers erkennbar mitgetragen werden. Eine Bezugnahme auf AGB des Darlehensgebers durch Hinweis, sichtbaren Aushang oder Ermöglichung der Kenntnisnahme i. S. v. § 305 Abs. 2, 3 BGB reicht nicht aus.[63] Das Schriftformerfordernis erfasst den gesamten Inhalt des Darlehensvertrages, erstreckt sich aber nicht auf das verbundene Geschäft.

Das schriftliche Darlehensangebot ist vom Darlehensnehmer **eigenhändig** zu unterzeichnen. Die Annahme kann abweichend von § 126 BGB getrennt erklärt werden. Eigenhändige Unterschrift des Darlehensgebers ist entbehrlich, wenn die **Annahmeerklärung** mit Hilfe einer **automatischen Einrichtung** erstellt wird. Ausdrücklich ausgeschlossen ist ein Vertragsabschluss in elektronischer Form (§126a BGB). Textform (§126b BGB) scheidet ebenfalls aus, da sie in § 492 BGB nicht vorgesehen ist.

Falls der Darlehensgeber die Annahme nicht im Beisein des Verbrauchers erklärt, muss sie innerhalb der vertraglich vereinbarten Bindungsfrist erfolgen. Gemessen an § 147 Abs. 2 BGB ist eine Frist von zwei Monaten für die Annahme des Antrags über ein Standarddarlehen zur Finanzierung eines Pkw-Kaufs zu lang.[64] Eine verfristete Annahme, die gem. § 150 BGB als neuer Antrag gilt, kann wegen umfassender Geltung des Schriftformerfordernisses vom Verbraucher nicht konkludent angenommen werden.[65]

Für die Neuwagenfinanzierung bestimmte Vertragsformulare sehen regelmäßig vor, dass der Verbraucher auf den **Zugang** der Annahmeerklärung des Darlehensgebers **verzichtet**. Diese Gestaltung lässt § 151 S. 1 BGB auch bei gesetzlich angeordneter Schriftform zu. Ein Zugangsverzicht kann auch konkludent erklärt werden[66] oder sich aus den Umständen ergeben. Es ist aber zu verlangen, dass der Darlehensgeber, der eine Verzichtsklausel in seine AGB aufgenommen hat, den Verbraucher unverzüglich in Kenntnis setzt, wenn er die Darlehensgewährung ablehnt.

Der Verzicht auf den Zugang der Annahmeerklärung befreit den Darlehensgeber nicht von seiner Verpflichtung, dem Verbraucher eine Abschrift des Darlehensvertrages auszuhändigen, die mit dem Original übereinstimmen muss. Eine Verletzung dieser Pflicht führt nicht zur Nichtigkeit des Vertrages oder zu dessen schwebender Unwirksamkeit. Der Verbraucher hat einen klagbaren Anspruch auf **Aushändigung der Unterlagen** und gegenüber Zahlungsansprüchen des Darlehensgebers ein **Zurückbehaltungsrecht** nach § 273 BGB.

b) Angabeerfordernisse

Die Schuldrechtsreform hat keine Klarheit geschaffen, ob in dem verbundenen Verbraucherdarlehensvertrag die Angaben für Verbraucherdarlehensverträge im Allgemeinen (§ 492 BGB) oder für Teilzahlungsverträge (§ 501 BGB) zu machen sind. Es überwiegt die Ansicht, dass der Darlehensvertrag das im Verbund ausschlaggebende Geschäft darstellt und dass hinsichtlich des Kaufvertrages ein Bargeschäft vorliegt. Danach genügt der Darlehensgeber eines mit einem Kaufvertrag verbundenen Darlehens seiner Pflicht, wenn er die gem. § 492 Abs. 1 S. 5 BGB erforderlichen Angaben macht.[67]

Der gem. § 492 Abs. 1 S. 5 Nr. 1 BGB anzugebende **Nettodarlehensbetrag** ist der Auszahlungsbetrag, den entweder der Verbraucher oder der Verkäufer erhält und auf den der Effektivzins berechnet wird. Da er alle sonstigen Gebühren, Spesen, Versicherungsprämien usw. nicht beinhaltet, entspricht er dem Barzahlungspreis.

---

63 BGH 13. 11. 1963, BGHZ 40, 255, 262.
64 OLG Düsseldorf 23. 3. 1999, OLGR 1999, 318.
65 *Schölermann/Schmidt-Burgk*, DB 1991, 1968, 1969.
66 BGH 27. 4. 2004, ZIP 2004, 1303.
67 *Palandt/Weidenkaff*, § 502 BGB Rn 2.

Damit der Verbraucher die auf ihn zukommende Belastung überschauen kann, sind gem. § 492 Abs. 1 S. 5 Nr. 2 BGB der **Gesamtbetrag**, der vom Darlehensnehmer zu zahlen ist und die **Art und Weise der Rückzahlung des Darlehens** im Darlehensvertrag festzulegen. Die Höhe der einzelnen Raten und ihre jeweilige Fälligkeit darf keinesfalls offen gelassen werden, selbst wenn der Verbraucher die Höhe aufgrund des Gesamtbetrags der Zahlungen und der Anzahl gleich bleibender Raten durch einfache Division ermitteln kann.[68] Der **Teilzahlungsplan** muss Auskunft über Höhe, Fälligkeit und Anzahl der Tilgungsraten geben.[69]

Der **laufzeitabhängige Zinssatz** kann als Monats- oder Jahreszins angegeben werden. Hierbei sind laufzeitabhängige und auf den ursprünglichen Darlehensbetrag bezogene Gebühren für das Darlehen und ein mit niedrigen Zinsen kombiniertes Disagio wie Zinsen zu behandeln. Zu den im Einzelnen zu bezeichnenden Kosten des Darlehens gehören Vermittlungs- und Bearbeitungsgebühren, Spesen und Provisionen sowie die Courtage des Darlehensvermittlers.

Der vom Darlehensgeber anzugebende ‚**effektive Jahreszins**' soll dem Verbraucher den Vergleich mit anderen Darlehensangeboten ermöglichen. Bei Darlehen mit veränderbaren Konditionen während der Laufzeit lässt der effektive Jahreszins keine eindeutige Bewertung zu und auch bei Darlehen mit festen Konditionen kann die Preiswürdigkeit nicht allein am Effektivzins abgelesen werden, weil die Vergleichszahl jeweils nur für ein Jahr angegeben wird.

Die **Kosten der Restschuldversicherung** sind nach Maßgabe von § 6 Abs. 3 Nr. 5 PAngVO in die Berechnung des Effektivzinses einzubeziehen. Die Restschuldversicherung ist eine **Risikolebensversicherung**, die auf Arbeitsunfähigkeit und Krankentagegeld erweitert werden kann und deren Versicherungsprämie als Einmalbetrag bei Vertragsabschluss erhoben und zu den gleichen Bedingungen wie das Hauptdarlehen mitkreditiert wird. Zu den sonstigen Versicherungen i. S. v. § 492 Abs. 1 S. 5 Nr. 6 BGB gehört die Kapitallebensversicherung, die üblicherweise aus einem Festdarlehen gespeist wird, bei dem während der Laufzeit keine Kapitaltilgung stattfindet, so dass der Verbraucher langfristig mit hohen Zinsen belastet wird. Die zu bestellenden Sicherheiten in Form von Forderungsabtretungen, Bürgschaften, Sicherungsübereignungen, Lohnabtretungen usw. sind im Darlehensvertrag lediglich anzugeben, ihrer schriftlichen Niederlegung in der Vertragsurkunde bedarf es nicht. Insoweit reicht es aus, dass die Gestellung der Sicherheit außerhalb des Darlehensvertrages erfolgt.

c) Rechtsfolgen von Formmängeln

1068 Fehlt eine der in § 492 Abs. 1 S. 5 BGB vorgeschriebenen Angaben oder die Schriftform insgesamt, ist der Darlehensvertrag – außer beim Fehlen der Angabe über die zu bestimmenden Sicherheiten – **nichtig** (§ 494 Abs. 1 BGB). Trotz der Mängel wird der Verbraucherdarlehensvertrag **gültig**, soweit der Verbraucher das Darlehen empfängt oder durch Auszahlung der Darlehensvaluta an den Verkäufer in Anspruch nimmt (§ 494 Abs. 2 S. 1 BGB). Wegen der Einzelheiten wird auf die Kommentarliteratur zu § 494 BGB verwiesen.

d) Widerrufsbelehrung

1069 Für das Widerrufsrecht des Verbrauchers bei verbundenen Verträgen enthält **§ 358 BGB** Sonderregelungen, die neben §§ 355, 356 BGB zu beachten sind. Zum Widerrufsrecht s. Rn 123 ff. § 358 BGB schafft kein eigenes Widerrufsrecht für verbundene Verträge, sondern knüpft an bestehende Widerrufsrechte an, die dem Verbraucher im Darlehensrecht (§ 495 BGB) und z. B. beim Haustür- und Fernabsatzgeschäft (§§ 312, 312 d BGB) einge-

---

68 OLG Düsseldorf 24. 11. 1998, OLGR 1999, 294, 295 m. w. N.
69 OLG Karlsruhe 27. 10. 1998, WM 1999, 222.

räumt sind. Geregelt wird durch § 358 BGB die Auswirkung des Widerrufs auf den jeweils anderen Vertrag.

Die Belehrung über das Recht zum Widerruf der auf Abschluss des Kaufvertrages gerichteten Willenserklärung gehört in den Kaufvertrag. Ort für die Belehrung über das Widerrufsrecht gem. §§ 491, 495 BGB ist der Verbraucherdarlehensvertrag. Eine Belehrung im Kaufvertrag reicht nicht aus, denn der Kaufpreis als solcher wird durch die Finanzierung nicht gestundet.[70]

Zusätzlich zu den in § 355 Abs. 2 BGB vorgeschriebenen Angaben muss die Widerrufsbelehrung den Verbraucher gem. § 358 Abs. 5 BGB auf die Rechtsfolgen nach den Abs. 1 und 2 S. 1 und 2 hinweisen. Dem Verbraucher ist klar zu machen, dass er an den Darlehensvertrag nicht mehr gebunden ist, wenn er die auf den Abschluss des Kaufvertrages gerichtete Willenserklärung widerruft (§ 358 Abs. 1 BGB), so wie er umgekehrt an den Kaufvertrag nicht mehr gebunden ist, wenn er seine auf Abschluss des Darlehensvertrages gerichtete Willenserklärung (§ 358 Abs. 2 S. 1 BGB) widerruft. Die in § 358 Abs. 5 BGB vorgeschriebenen Hinweise sind auf die Rechtsfolgen zu beschränken. **1070**

Adressat des Widerrufs ist im Fall von § 358 Abs. 1 BGB der Verkäufer, im Fall von § 358 Abs. 2 S. 1 BGB der Darlehensgeber. Auf die Adressaten muss in der Belehrung gem. § 358 Abs. 5 BGB nicht gesondert hingewiesen werden, da sie aus den Einzelbelehrungen über das Widerrufsrecht des Kauf- bzw. Darlehensvertrages hervorgehen (müssen). **1071**

Beim Neuwagenkauf betrifft der Widerruf im Regelfall den Darlehensvertrag, da ein Widerrufsrecht in Bezug auf den verbundenen Kaufvertrag die Ausnahme darstellt (Fernabsatz, Haustürgeschäft). § 358 Abs. 2 S. 2 BGB bestimmt, dass der Verbraucher den Darlehensvertrag nicht nach § 495 BGB widerrufen kann, wenn ihm ein Widerrufsrecht hinsichtlich der auf Abschluss des verbundenen Kaufvertrags gerichteten Willenserklärung zusteht. Widerruft er dennoch den Darlehensvertrag, so gilt dieser Widerruf gem. § 358 Abs. 2 S. 3 BGB als Widerruf des mit dem Darlehensvertrag verbundenen Kaufvertrags. Dadurch ist sichergestellt, dass ein **Widerruf in Bezug auf den falschen Vertrag** dem Verbraucher nicht schadet.[71]

Bei verbundenen Geschäften müssen Verkäufer und Darlehensgeber darauf achten, dass der Verbraucher über die **Verpflichtung zum Wertersatz** und deren Vermeidbarkeit zutreffend informiert wird (§ 357 Abs. 3 S. 1 BGB).[72] Die Belehrung ist sowohl in den Darlehensvertrag als auch in den Kaufvertrag aufzunehmen, wenn beide Verträge widerruflich sind. Nur wenn sichergestellt ist, dass das Fahrzeug erst nach Ablauf der Widerrufsfrist an den Verbraucher ausgehändigt wird, kann auf diese Belehrung verzichtet werden. **1072**

Zu den **amtlichen Belehrungstexten** und den **neuen Belehrungsmustern** s. Rn 125.

Der in Abs. 2 der bisherigen amtlichen Belehrung enthaltene **Hinweis auf die Wertersatzverpflichtung** (357 Abs. 3 S. 1 BGB) eignet sich nicht für die zweckgebundene Finanzierung eines Neuwagens. Hier haben die Banken bislang u. a. folgenden Text gewählt: **1073**

‚Der Darlehensnehmer hat im Fall des Widerrufs des Darlehensvertrages Wertersatz für die durch die bestimmungsgemäße Ingebrauchnahme des Fahrzeugs entstandene Verschlechterung, insbesondere für die durch die Zulassung des Fahrzeugs entstandene Wertminderung, zu leisten. Diese Rechtsfolge kann dadurch vermieden werden, dass der Gebrauch ausschließlich auf die Prüfung des Fahrzeugs beschränkt wird und die Zu-

---

70 *Bülow*, VerbrKR, § 495 Rn 278; *Reinicke/Tiedtke*, Kaufrecht, Rn 1578.
71 Zur Zurechnung des Widerrufs nach den zu § 123 Abs. 2 BGB entwickelten Grundsätzen BGH 12. 11. 2002, NJW 2003, 424, 425; 14. 6. 2004, NJW 2004, 2731.
72 Dazu OLG Saarbrücken 26. 7. 2007, OLGR 2007, 773 (Wirksamkeit des Hinweises wegen fehlender Deutlichkeit verneint).

lassung erst erfolgt, wenn der Darlehensnehmer sich entschlossen hat, von seinem Widerrufsrecht keinen Gebrauch zu machen.'[73]

Das LG Mönchengladbach hat eine solche Belehrung gebilligt. Dass eine Aussage über den voraussichtlichen Umfang der Wertminderung fehle, sei unschädlich.[74]

e) Ausübung des Widerrufsrechts

1074   Ist der finanzierte Kauf, wie meist, nicht widerruflich, kann Gegenstand des Widerrufs allein die auf den Abschluss des Darlehensvertrages gerichtete Willenserklärung des Verbrauchers sein. Dann stellt sich mitunter die Frage, ob der Eingang einer Widerrufserklärung beim Autohaus genügt. Das wird von der Rechtsprechung unter der – regelmäßig vorliegenden -Voraussetzung bejaht, dass das Autohaus **als Empfangsbote** auch zur Entgegennahme eines für die Bank bestimmten Widerrufs ermächtigt ist.[75] Für die **Rechtzeitigkeit des Widerrufs** kommt es nicht darauf an, ob und wann das Autohaus die Widerrufserklärung an die Bank weitergeleitet hat. Zur Wahrung der **zweiwöchigen Widerrufsfrist** genügt die rechtzeitige Absendung (§ 355 Abs. 1 Hs. 2 BGB).

f) Rückabwicklung nach Widerruf

1075   Bei einem wirksamen Widerruf entfällt sowohl die Bindung an den widerrufenen Vertrag als auch die Bindung an den verbundenen Vertrag. Die Verträge sind gem. §§ 346 ff. BGB in der Modifikation der §§ 358 Abs. 4, 357 BGB rückabzuwickeln. Siehe dazu auch Rn 128 ff. und für Leasingfälle Rn L203 ff.

Zwei Fallgestaltungen sind beim verbundfinanzierten Kauf zu unterscheiden:

1076   Erstens: Hat das Autohaus den **Nettokreditbetrag** bei Wirksamwerden des Widerrufs **noch nicht erhalten**, vollzieht sich die Rückabwicklung des nicht wirksam gewordenen Kaufvertrages allein im Verhältnis zwischen Autohaus und Verbraucher (Umkehrschluss aus § 358 Abs. 4 S. 3 BGB).[76] Einen Anspruch auf Erstattung der nach Zugang des Widerrufs überwiesenen Darlehensvaluta hat der Käufer nicht; er kann vom Verkäufer lediglich eine Anzahlung sowie ein in Zahlung gegebenes Fahrzeug zurückverlangen,[77] Zug um Zug gegen Herausgabe des bestellten Pkw und Zahlung einer Nutzungsvergütung nach den unter Rn 611 ff. dargestellten Regeln. Wie früher bei der Wandelung und heute in Rücktrittsfällen kann der Käufer also auch beim Widerruf seinen Altwagen nicht „versilbern".

Dem Kreditgeber steht bei dieser ersten Fallgestaltung kein Anspruch gegen den Käufer auf Rückzahlung des dem Autohaus überwiesenen Betrages zu. Insoweit muss er sich direkt an das Autohaus halten (Bereicherungsanspruch).[78]

1077   Zweitens: Ist der Nettokreditbetrag dem Autohaus im Zeitpunkt des Wirksamwerdens des Widerrufs dagegen **bereits zugeflossen**, so findet die Abwicklung nicht nur des Kreditvertrages, sondern auch des Kaufvertrages ausschließlich zwischen dem Kreditgeber und dem Käufer statt (§ 358 Abs. 4 S. 3 BGB). Das Autohaus ist bei dieser zweiten Fallgestaltung vollkommen aus dem Spiel, es ist weder aktiv- noch passivlegitimiert. Die Verkäufer-

---

73 So der Text der Belehrung in Darlehensverträgen der Santander Consumer Bank, vgl. LG Mönchengladbach 13. 10. 2006 – 1 O 18/06 – n. v.
74 Urt. v. 13. 10. 2006 – 1 O 18/06 – n. v.; s. auch OLG Saarbrücken 26. 7. 2007, OLGR 2007, 773, das lediglich die Gestaltung des Hinweises beanstandet hat.
75 Ausführlich dazu OLG Saarbrücken 26. 7. 2007, OLGR 2007, 773; s. auch BGH 11. 10. 1995, NJW 1995, 3386 a. E.
76 OLG Naumburg 25. 7. 2002 – 4 U 62/02 – n. v. (zu § 9 VerbrKrG).
77 OLG Naumburg 25. 7. 2002 – 4 U 62/02 – n. v.
78 BGH 17. 9. 1996, NJW 1996, 3414 (HWiG).

Zweckgebundene Drittfinanzierung (Verbundgeschäft)

rolle ist vollständig mit allen Rechten und Pflichten auf die Bank übergegangen, also kein Schuldbeitritt, sondern ein Wechsel in der Schuldner- und Gläubigerstellung.[79]

Die Auswechselung hängt davon, ob der Nettokreditbetrag dem Autohaus bereits zugeflossen war, als der Widerruf wirksam wurde. Entscheidend ist nicht der Zeitpunkt der Absendung des Widerrufs, auch nicht der Tag des Eingangs des Schreibens im Autohaus. Entscheidend ist der **Zugang beim Kreditgeber** als dem Empfänger der Willenserklärung.[80] Ist das Autohaus, wie meist, Empfangsbote, zählt der Tag, an dem die Übermittlung Autohaus/Bank normalerweise zu erwarten ist (normale Postlaufzeit, wenn nicht gar Faxzeit). Ob das Autohaus das Schreiben des Käufers tatsächlich weitergeleitet hat, ist im Falle der Botenstellung, erst recht bei Empfangsvollmacht, belanglos.[81]

Was in § 358 Abs. 4 S. 3 BGB unter „zugeflossen" zu verstehen ist, ergibt sich aus der Entscheidung des BGH vom 11. 10. 1995.[82] Da der Käufer keinen Einblick in die Buchhaltung des Autohauses hat, ist er auf eine entsprechende Auskunft angewiesen. Die Bank ist auskunftspflichtig.[83] Ein Anspruch besteht aber auch gegenüber dem Autohaus.

Bei **Eintritt in das kaufrechtliche Rückabwicklungsverhältnis** ist der Kreditgeber verpflichtet, dieses in der Weise abzuwickeln, **als wäre er selbst der Verkäufer** des Neuwagens.[84] Er ist Gläubiger und Schuldner an Stelle des Autohauses und damit allein **aktiv- und passivlegitimiert**.[85] Er muss das Neufahrzeug zurücknehmen, eine vom Käufer an den Verkäufer geleistete Anzahlung zurückzahlen,[86] einen vom Verkäufer in Zahlung genommenen Gebrauchtwagen herausgeben[87] oder bei Weiterveräußerung Wertersatz leisten,[88] notwendige Verwendungen und andere Aufwendungen des Verbrauchers nach Maßgabe von § 347 Abs. 2 BGB ersetzen und Schadensersatzverpflichtungen des Verkäufers erfüllen.

Seinerseits hat der Darlehensgeber Anspruch darauf, dass der Verbraucher die Nutzungen vergütet und unter den Voraussetzungen der §§ 346 Abs. 2 Nr. 3, 357 Abs. 3 S. 1 BGB für die durch Ingebrauchnahme eingetretene Verschlechterung des Fahrzeugs Wertersatz leistet. Einen Zug-um-Zug-Antrag muss er nicht ausdrücklich stellen, wiewohl es empfehlenswert ist. Eine uneingeschränkte Verurteilung der Bank, die keinen förmlichen Zug-um-Zug-Antrag gestellt hat, ist **prozessual fehlerhaft**, wenn aus ihrem Prozessvorbringen ersichtlich ist, dass ihr Gegenansprüche zustehen.[89] Notfalls muss das Gericht fragen (§ 139 ZPO).

Zur **Rückzahlung der Darlehensvaluta** ist der Verbraucher auch bei der zweiten Fallgestaltung (Alleinzuständigkeit der Bank) nicht verpflichtet.[90] Ein darauf gerichteter Anspruch steht der Bank nur unter der – für verbundene Verträge untypischen – Voraussetzung zu, dass die Auszahlung des Geldes an den Verbraucher erfolgt ist und dieser das Geld nicht an den Verkäufer weitergeleitet hat.

---

79 BGH 11. 10. 1995, NJW 1995, 3386.
80 BGH 11. 10. 1995, NJW 1995, 3386.
81 OLG Saarbrücken 26. 7. 2007, OLGR 2007, 773.
82 NJW 1995, 3386 (Verrechnungsscheck).
83 BGH 11. 10. 1995, NJW 1995, 3386.
84 OLG Saarbrücken 26. 7. 2007, OLGR 2007, 773.
85 BGH 11. 10. 1995, NJW 1995, 3386.
86 BGH 11. 10. 1995, NJW 1995, 3386.
87 OLG Naumburg, 25. 7. 2002 – 4 U 62/02 – n. v. – kein Anspruch auf Zahlung des Anrechnungspreises oder des Fahrzeugwertes, so lange das Fahrzeug herausgegeben werden kann (für Fallgestaltung 1 mit Rückabwicklungszuständigkeit auch des Verkäufers).
88 Dazu OLG Saarbrücken 26. 7. 2007, OLGR 2007, 773.
89 OLG Saarbrücken 26. 7. 2007, OLGR 2007, 773 unter Hinweis auf BGH NJW 2006, 2839.
90 BGH 17. 9. 1996, NJW 1996, 3414, 3415 (HWiG); *Reinicke/Tiedtke*, Kaufrecht, Rn 1583.

1078 Ein dem Händler vom Verbraucher erteilter Auftrag, das **Darlehen über den Altwagen abzulösen**, um dessen Inzahlungnahme für den Kauf eines Neufahrzeugs zu ermöglichen, ist nach Ansicht des LG Gießen[91] in seiner Wirksamkeit unabhängig von dem Bestand des Kaufvertrages über den Neuwagen und des damit verbundenen Darlehensvertrages und wird durch den Widerruf nicht hinfällig. Zur Restkreditablösung s. auch BGH NJW 2008, 2028. Das OLG Jena[92] entschied zu §§ 7, 9 Abs. 2 VerbrKrG a. F., dass der Widerruf des zur Finanzierung eines Pkw-Kaufvertrages geschlossenen Verbraucherkreditvertrages den nicht durch den Verbraucherkredit finanzierten Vertrag über den Ankauf von Zubehörteilen nicht erfasst. Wenn der Kaufvertrag über Zubehör jedoch ein einheitliches Rechtsgeschäft mit dem Kaufvertrag über den Pkw darstellt, wird der Käufer durch den Widerruf des Darlehensvertrages auch von seinen Leistungspflichten aus dem Zubehörkauf befreit, so dass die Risiken beim Verkäufer hängen bleiben.

1079 Gesetzlich nicht geregelt sind die Rechtsfolgen im **Verhältnis zwischen Darlehensgeber und Verkäufer**. Der Darlehensgeber ist daher gut beraten, wenn er dem Verkäufer entweder die Netto-Darlehenssumme erst nach Ablauf der Widerrufsfrist zur Verfügung stellt oder eine Rückgriffsregelung vereinbart. Falls Darlehensgeber und Verkäufer die Rechtsfolgen vertraglich nicht geregelt haben und der Verkäufer keine gesamtschuldnerische Mithaftung für die Zahlungsverpflichtungen des Verbrauchers aus dem Rückgewährschuldverhältnis übernommen hat, ist die Rückabwicklung zwischen Darlehensgeber und Verkäufer **nach Bereicherungsrecht** zu vollziehen. Im Einzelnen ist hier manches strittig.[93]

3. Nichtigkeit des Darlehensvertrages

1080 Die Unwirksamkeit des Darlehensvertrages kann z. B. darauf beruhen, dass er sittenwidrig ist, nicht formgerecht abgeschlossen oder angefochten wurde. Die Rückabwicklung des nichtigen Vertrages erfolgt nach §§ 812 ff. BGB. Wesensmerkmal verbundener Geschäfte ist die **rechtliche Trennung** der Verträge; der eine kann wirksam, der andere unwirksam sein. Bleibt der Kaufvertrag trotz Unwirksamkeit des Darlehensvertrages wirksam (Unanwendbarkeit der §§ 139, 158 BGB), erlangt der Käufer durch die Auszahlung der Darlehensvaluta nach Ansicht des BGH[94] aus dem unwirksamen Darlehensvertrag eine rechtsgrundlose Befreiung von der Kaufpreisverbindlichkeit, die er an den Darlehensgeber herauszugeben hat. Ihm wird gestattet, die Zahlung in Raten innerhalb der im Darlehensvertrag vereinbarten Laufzeit zu erbringen. Von den Kosten einer Restschuldversicherung hat er dem Darlehensgeber 50 % zu erstatten.[95]

4. Einwendungsdurchgriff

a) Regelungsgehalt und Schutzzweck

1081 Der Einwendungsdurchgriff, geregelt in **§ 359 BGB**, soll den Verbraucher davor schützen, dass er auf Zahlung der Darlehensraten in Anspruch genommen wird, obwohl der Kaufvertrag unwirksam ist oder der Verkäufer nicht oder nicht fehlerfrei geliefert oder eine sonstige mit der Lieferung zusammenhängende Pflicht verletzt hat.[96] Umgekehrt gilt das nicht: Einwendungen aus dem Darlehensvertrag können nicht auf den finanzierten Kauf durchgreifen. Bestehen Einwendungen unmittelbar aus dem Darlehensvertrag, kann der Verbraucher sie der Bank direkt entgegensetzen. Das ist von praktischer Relevanz nicht

---

91 Urt. v. 19. 10. 1994, ZfS 1995, 375.
92 Urt. v. 30. 7. 2002, OLGR 2002, 530.
93 Vgl. *Godefroid*, Teil 2 Rn 583 ff.
94 BGH 16. 6. 1989, NJW 1989, 3217.
95 BGH 16. 6. 1989, NJW 1989, 3217.
96 *Reinicke/Tiedtke*, Kaufrecht, Rn 1574.

Zweckgebundene Drittfinanzierung (Verbundgeschäft)

nur bei eigenen Pflichtverletzungen der Bank,[97] sondern auch in Fällen, in denen sich die Bank Fehlverhalten des Autohauses gem. § 278 BGB zurechnen lassen muss.[98] Bei solchen Fallgestaltungen kann der Käufer sich mit seinen Einwendungen gegenüber der Bank direkt, ohne Durchgriff, zur Wehr setzen.

Der Einwendungsdurchgriff nach § 359 BGB setzt nicht voraus, dass dem Verbraucher die Inanspruchnahme des Verkäufers unmöglich bzw. unzumutbar ist. Nach dem Gesetzeswortlaut ist der Verbraucher ohne Weiteres berechtigt, die Rückzahlung des Darlehens zu verweigern, soweit Einwendungen aus dem verbundenen Kaufvertrag ihn gegenüber dem Verkäufer zur Verweigerung seiner Leistung berechtigen würden.

Eine **wichtige Besonderheit** gerade für finanzierte Autokäufe besteht in Bezug auf eine mangelhafte Lieferung, bei der der Verkäufer ein Recht zur zweiten Andienung in Form der Nacherfüllung hat. Der Käufer kann dem Darlehensgeber die **Einwendung mangelhafter Lieferung** erst entgegenhalten, wenn die **Nacherfüllung fehlgeschlagen** ist (§ 359 S. 3 BGB). Das bezieht sich auf beide Varianten der Nacherfüllung (Ersatzlieferung und Nachbesserung).

1082

Fehlschlagen kann nur eine mögliche Nacherfüllung und auch nur eine solche, die nicht berechtigterweise verweigert wird. Ist die Nacherfüllung nach § 275 Abs. 1 BGB unmöglich oder verweigert sie der Verkäufer mit Recht (§§ 275 Abs. 2, 439 Abs. 3 BGB), entfällt der Vorrang der Nacherfüllung. Der Käufer kann die Rückzahlung des Darlehens sogleich verweigern; noch bevor er sich für einen der Rechtsbehelfe gem. § 437 Nrn. 2 und 3 BGB entschieden hat. Bei möglicher und nicht berechtigterweise abgelehnter Nacherfüllung entsteht das Leistungsverweigerungsrecht erst mit dem Tatbestand des Fehlschlagens. Das sind sämtliche Fallgestaltungen, bei denen eine Fristsetzung entbehrlich ist (s. Rn 456 ff) und selbstverständlich auch der Fall, dass eine gesetzte Frist ergebnislos verstrichen ist.

Begriff der Einwendung: Er ist nicht im engen rechtstechnischen Sinn zu verstehen, da er die von Amts wegen zu beachtenden Einwendungen ebenso erfasst wie die vom Verbraucher geltend zu machenden Einreden, welche von vorübergehender oder dauernder Natur sein können.[99] Als Einwendungen aus dem verbundenen Kaufvertrag kommen in Betracht:

1083

- Nichtigkeit des Kaufvertrages
- vollständige oder teilweise Nichterfüllung
- Lieferverzug
- Störung der Geschäftsgrundlage
- Rücktritt, Minderung, Schadensersatzansprüche statt und neben der Leistung, Aufwendungsersatzansprüche
- Ansprüche aus c. i. c. und Delikt.[100]

Das Recht, Einwendungen aus dem finanzierten Kaufvertrag, der Bank gegenüber geltend zu machen, ist akzessorisch, d. h., soweit der Verbraucher seine Einwendung verloren hat oder sie nicht durchsetzen kann (z. B. wegen Eintritts der Verjährung), entfällt die Grundlage für den Einwendungsdurchgriff. Dies gilt freilich nicht, soweit der Verlust der Einrede darauf beruht, dass der Darlehensgeber in Erfüllung des Darlehensvertrages die Valuta an den Verkäufer ausbezahlt hat, da dies dem Schutzzweck von § 359 BGB zuwider-

1084

---

97 Z. B. Verletzung einer Nebenpflicht in Bezug auf den Kfz-Brief (keine eigenmächtige Herausgabe an das Autohaus; dazu OLG Celle 9. 8. 2006 – 3 U 74/06 – n. v.).
98 Vgl. OLG Dresden 14. 3. 2005 – 8 U 0024/05 – n. v.; LG Duisburg 27. 9. 2007 – 8 O 220/05 – n. v. (Vorwurf der arglistigen Täuschung über Kreditkonditionen zurückgewiesen).
99 OLG Dresden 14. 3. 2005 – 8 U 0024/05 – n. v.; *Palandt/Grüneberg*, § 359 BGB Rn 3.
100 OLG Dresden 14. 3. 2005 – 8 U 0024/05 – n. v.

laufen würde, der darauf gerichtet ist, den Verbraucher so zu stellen, als hätte er ein Teilzahlungsgeschäft abgeschlossen.[101]

1085   Das mit dem Kaufvertrag verknüpfte verjährungsrechtliche Schicksal des Einwendungsdurchgriffs führt dazu, dass der Käufer dem Anspruch des Kreditgebers auf Rückführung des Darlehens die Einrede der Verjährung der Kaufpreisforderung als Einwendung gem. § 359 S. 1 BGB entgegenhalten kann.[102] Das Durchschlagen der kaufrechtlichen Verjährung auf den verbundenen Darlehensvertrag ist für die Praxis durchaus relevant, da die Verjährung der Ansprüche auf Rückzahlung des Darlehens und der Zinsen gem. § 497 Abs. 3 S. 3 BGB gehemmt wird, sobald der Darlehensnehmer mit den Raten in Verzug gerät, während ein Verzug der Kaufpreiszahlung auf den Lauf der Verjährungsfrist keinen Einfluss hat.

1086   Hinsichtlich der **Entstehung der Einwendung** kommt es auf das Verhältnis zwischen Verbraucher und Verkäufer an. Die Anfechtung des Kaufvertrages z. B. wegen arglistiger Täuschung kann nur gegenüber dem Verkäufer erklärt werden. Eine an den falschen Adressaten gerichtete Anfechtungserklärung wird durch § 358 Abs. 2 S. 3 BGB nicht geheilt. Die bloße Anfechtbarkeit begründet als solche kein Recht zur Leistungsverweigerung. Zur Herbeiführung der Nichtigkeit des Kaufvertrages und des dem Käufer daraus erwachsenden Rechts zur Leistungsverweigerung bedarf es der Erklärung der Anfechtung.

Vom Einwendungsdurchgriff nicht erfasst werden solche Einwendungen, die sich aus einem **Änderungsvertrag** ergeben, den die Parteien des Kaufvertrages nach dem Zustandekommen des Darlehensvertrages geschlossen haben.

1087   Bestreitet der Darlehensgeber die Berechtigung der vom Käufer geltend gemachten Einwendung, fällt es nicht in den Aufgabenbereich des Käufers, die Streitfrage mit dem Verkäufer zu klären, notfalls auf gerichtlichem Wege. Die gegenteilige Auffassung lässt sich mit der Gesetzesregelung von § 359 BGB nicht vereinbaren, die dem Käufer die sofortige Geltendmachung der Einwendung ermöglicht.[103] Ob dem Käufer aufgrund der von ihm geltend gemachten Einwendung ein Leistungsverweigerungsrecht zusteht, muss in dem Rechtsstreit zwischen den Parteien des Darlehensvertrages geprüft werden.

1088   Die berechtigte Geltendmachung des Einwendungsdurchgriffs befreit den Käufer von der Zahlung der noch ausstehenden Darlehensraten, sie verschafft ihm aber keinen Anspruch auf Erstattung der von ihm an den Verkäufer geleisteten Zahlungen. Die Vorschriften über das Verbraucherdarlehen nehmen ihm insoweit die Prozessführungslast nicht ab.[104] Gerichtliche Schritte gegen den Verkäufer sind angezeigt, wenn die Ansprüche des Käufers zu verjähren drohen.

1089   Falls der Käufer wegen bestehender Sachmängelansprüche bereits gerichtliche Schritte gegen den Verkäufer eingeleitet hat, ist es nahe liegend, wegen der Vorgreiflichkeit der Streitfrage den Zahlungsprozess des Darlehensgebers bis zum rechtskräftigen Abschluss des Sachmängelprozesses auszusetzen.[105]

b) Nichtigkeit von Kauf- und Darlehensvertrag

1090   Im Fall des sog. Doppelmangels, z. B. wegen Geschäftsunfähigkeit des Verbrauchers, stellt sich nicht die Frage, ob der Käufer dem Darlehensgeber die Einwendung der Nichtigkeit des Kaufvertrages nach § 359 BGB entgegenhalten kann. Da auch der Darlehensvertrag nichtig ist, besteht bereits aus diesem Grund für den Verbraucher keine vertragliche

---

101 MüKo-BGB/*Habersack*, § 359 BGB Rn 38.
102 BGH 25. 9. 2001, ZIP 2001, 2124, 2126; OLG Stuttgart 19. 2. 2001, NJW-RR 2002, 856.
103 *Reinicke/Tiedke*, Kaufrecht, Rn 1595.
104 *Lieb*, WM 1991, 1533, 1538.
105 BGH 19. 2. 1986, NJW 1986, 1744, 1746; *Tiedtke*, JZ 1991, 907, 910 zum Leasingvertrag.

Verpflichtung, das an den Verkäufer geflossene Darlehen zurückzuzahlen. Ein aus dem Kaufvertrag abgeleitetes Leistungsverweigerungsrecht benötigt er nicht.

Wegen der Verbundenheit der Geschäfte i. S. v. § 358 Abs. 3 BGB ist die Rückabwicklung nach h. M. in der jeweiligen Vertragsbeziehung, also ‚übers Dreieck' zu vollziehen, damit die Einwendungen des Verbrauchers erhalten bleiben.[106] Während aber gemeinhin der die Zahlung anweisende Verbraucher dem angewiesenen Darlehensgeber auf den Leistungsgegenstand selbst haftet und damit auch das Risiko der Insolvenz des Zuwendungsempfängers (Verkäufers) trägt, wird dieses Risiko bei verbundenen Geschäften dem Darlehensgeber zugewiesen, der den Verbraucher wegen der Valuta nur insoweit in Anspruch nehmen kann, als dieser selbst bereichert ist.[107]

Es ergeben sich folgende Zahlungsansprüche: Der Darlehensgeber hat die Rückzahlung **1091** der Darlehensvaluta vom Verkäufer zu beanspruchen. Er hat seinerseits die vom Verbraucher geleisteten Darlehensraten einschließlich der Zinsanteile an diesen zurückzuzahlen. Wegen der Rückgabe eines in Zahlung gegebenen Altwagens oder einer geleisteten Anzahlung muss sich der Verbraucher an den Verkäufer halten (str.). Das gekaufte Neufahrzeug ist vom Verbraucher an den Verkäufer herauszugeben und das Eigentum vom Darlehensgeber auf den Verkäufer unter Rückgabe des Kfz-Briefes zu übertragen.[108]

c) Nichtigkeit des Kaufvertrages

Ist der Kaufvertrag nichtig, wird der Kaufpreis vom Verbraucher nicht geschuldet. Führt **1092** dies zu einer Unwirksamkeit des verbundenen Darlehensvertrages, ist wie beim Doppelmangel zu verfahren (s. Rn 1090 f.). Bleibt der Darlehensvertrag dagegen wirksam, kann der Verbraucher dem Darlehensgeber die Einwendung **anfänglicher Nichtigkeit** des Kaufvertrages gem. § 359 BGB entgegenhalten, etwa sein Recht, die Kaufpreiszahlung zu verweigern. Dann steht auch dem Anspruch des Kreditgebers aus dem Finanzierungskredit von Anfang an eine **dauernde Einrede i. S. von § 813 Abs. 1 S. 1 BGB** entgegen.[109]

Die trotz dieser Einrede auf den Kredit geleisteten Zahlungen kann der Verbraucher gem. **1093** § 813 Abs. 1 S. 1 BGB i. V. m. § 812 Abs. 1 S. 1 BGB vom Kreditgeber zurückverlangen.[110] Im Gegenzug muss er ihm seine Ansprüche abtreten, die ihm gegen den Verkäufer zustehen. Weiterhin ist er zur Herausgabe des Fahrzeugs an den Verkäufer verpflichtet, der eine vom Käufer geleistete Anzahlung zurückzuzahlen und ein in Zahlung gegebenes Fahrzeug herauszugeben hat. Das Insolvenzrisiko des Verkäufers trägt der Darlehensgeber.

Es ist umstritten, ob die Abwicklung nach diesen Grundsätzen auch im Fall einer **Ver-** **1094** **tragsnichtigkeit infolge Anfechtung** durchzuführen ist. Nach Ansicht von *Habersack*[111] muss dem Käufer eine Rückforderung der bereits vor Anfechtungserklärung erbrachten Raten nach § 813 BGB versagt bleiben, da die Anfechtbarkeit als solche kein Leistungsverweigerungsrecht begründet und der Forderung des Kreditgebers im Zeitpunkt der Leistungserbringung keine Einwendung entgegenstand. Dieser Argumentation ist entgegenzuhalten, dass zwischen einer von Anfang an vorhandenen und einer später durch Anfechtung herbeigeführten Vertragsnichtigkeit aus der für die Abwicklung maßgeblichen ex-post-Perspektive kein sachlicher Unterschied besteht. Da sich die Leistung des Darlehensgebers infolge der Anfechtung letztendlich als rechtsgrundlos erweist, erscheint es unangebracht, dem Käufer bei dieser Sachlage § 813 BGB als Anspruchsgrundlage vorzuenthalten. Zu

---

106 Vgl. BGH 7. 2. 1980, NJW 1980, 1155, 1158; a. A. *Canaris*, Bankvertragsrecht, Rn 1412.
107 MüKo-BGB/*Habersack*, § 359 BGB Rn 56 m. w. N.
108 Zur Vorgehensweise siehe MüKo-BGB/*Habersack*, § 359 BGB Rn 57 ff.
109 BGH 4. 12. 2007, NJW 2008, 845 (zu § 9 Abs. 3 VerbrKrG a. F.); Nichtigkeitsgrund war ein Mangel in der Vertretung, kein Fall der Arglistanfechtung.
110 BGH 4. 12. 2007, NJW 2008, 845.
111 MüKo-BGB/*Habersack*, § 359 BGB Rn 34.

d) Lieferverzug und Nichtbelieferung

1095 Beim finanzierten Neuwagenkauf erfolgt die Auszahlung des Darlehens durch den Kreditgeber regelmäßig erst nach Erhalt der Bestätigung des Käufers, dass er das Fahrzeug erhalten hat. Solange der Verkäufer seine Lieferverpflichtung nicht erfüllt hat und dem Darlehensgeber das Empfangsattest des Käufers nicht vorweisen kann, ist die Auszahlung blockiert, so dass eine Rückzahlungsverpflichtung des Verbrauchers aus dem Darlehensvertrag nicht entsteht.

Überweist der Darlehensgeber die Darlehensvaluta vertragswidrig vor Kaufpreisfälligkeit an den Verkäufer, wird dadurch eine Verpflichtung des Käufers zur Zahlung der Darlehensraten nicht ausgelöst. Diese entsteht erst mit der Übergabe des Fahrzeugs. Bleibt die Lieferung endgültig aus, muss sich der Kreditgeber wegen der Darlehensrückzahlung an den Verkäufer halten.

Falls die Bank das Darlehen dem Verbraucher zwecks Weiterleitung an den Verkäufer zur Verfügung stellt, muss sie ihn über die Risiken einer Zahlung vor Warenerhalt aufklären. Kommt sie der Aufklärungspflicht nicht nach, haftet sie dem Käufer auf Schadensersatz. Die Ansprüche aus Verletzung der Aufklärungspflicht kann der Käufer der Bank unmittelbar entgegenhalten. Auf § 359 S. 1 BGB muss nicht zurückgegriffen werden.

Der Einwendungsdurchgriff ist dem Käufer verwehrt, wenn er die Nichterfüllung des Kaufvertrages zu vertreten hat, da ihm unter diesen Umständen keine – wie auch immer gearteten – Ansprüche gegen den Verkäufer zustehen, die er dem Darlehensgeber entgegenhalten könnte. Auf den Schutz von § 359 BGB kann er sich nicht berufen, wenn er die Auszahlung des Darlehens vor Lieferung des Fahrzeugs ausdrücklich verlangt hat oder wenn er das Fahrzeug auf eigenen Wunsch dem Verkäufer zur Verwahrung überlassen hat und die für einen späteren Zeitpunkt vorgesehene Herausgabe daran gescheitert ist, dass zwischenzeitlich über das Vermögen des Verkäufers das Insolvenzverfahren eröffnet wurde.[113] Einer Geltendmachung von Einwendungen aus dem Kaufvertrag gegenüber dem Darlehensgeber steht § 242 BGB entgegen, wenn Käufer und Verkäufer in kollusivem Zusammenwirken durch eine fingierte Empfangsbestätigung die Auszahlung des Darlehens an den Verkäufer herbeigeführt haben.

e) Schadensersatz wegen Verzugs und Nichterfüllung

1096 Schadensersatzansprüche des Käufers gegen den Verkäufer wegen Nichtlieferung des Fahrzeugs sind für den Einwendungsdurchgriff nicht von Bedeutung, da die Darlehensvaluta normalerweise nicht vor Übergabe des Fahrzeugs zur Auszahlung gelangt. Im Gegensatz dazu überdauern Ansprüche des Käufers aus Lieferverzug zumeist den Zeitpunkt der Darlehensauszahlung und können dem Darlehensgeber im Wege des Einwendungsdurchgriffs vom Käufer entgegengehalten werden. Das Gleiche gilt für Ansprüche aus Verletzung vorvertraglicher Nebenpflichten und wegen Schlechtleistung.

Die Möglichkeit des Einwendungsdurchgriffs hindert den Käufer nicht daran, mit seinen Ansprüchen aus Lieferverzug gegen die Kaufpreisforderung aufzurechnen, wozu er nach Abschn. III Ziff. 2 NWVB nur unter der Voraussetzung berechtigt ist, dass seine aus §§ 280 Abs. 1, 2, 286 BGB resultierenden Gegenforderungen unbestritten oder rechtskräftig tituliert sind. Stellt der Kreditgeber dem Verkäufer die Darlehensvaluta in Höhe des vollen Bar-

---

112 *Erman/Saenger*, § 359 BGB Rn 5 m. w. N.
113 BGH 18. 12. 1969, WM 1970, 219.

kaufpreises zur Verfügung, obwohl dieser bereits zum Teil durch Aufrechnung erloschen ist, liegt eine ungerechtfertigte Bereicherung vor, die der Verkäufer an den Käufer herauszugeben hat. Die Forderung auf Herausgabe des durch Aufrechnung erloschenen Kaufpreisanteils kann der Käufer dem Rückzahlungsanspruch des Kreditgebers als Einwendung gem. § 359 S. 1 BGB entgegensetzen. Wenn die Auszahlung des Darlehensbetrags auf ein Verschulden des Darlehensgebers oder auf ein Fehlverhalten des Verkäufers zurückzuführen ist, das sich der Darlehensgeber gem. § 278 BGB zurechnen lassen muss, besteht die Möglichkeit der Direkteinwendung.

Die aufgrund des Verzugsschadens bestehende Aufrechnungslage zwischen Käufer und Verkäufer erlischt bei nicht erfolgter Aufrechnung mit der Tilgung des Kaufpreises. Im Verhältnis zwischen Verbraucher und Darlehensgeber ist von einer fortbestehenden Aufrechnungslage auszugehen, weil im Rahmen von § 359 S. 1 BGB auf diejenigen Einwendungen abzustellen ist, die der Verbraucher dem Verkäufer im Falle der Vereinbarung eines einfachen Teilzahlungskaufs entgegenhalten könnte. Bei Vereinbarung eines Teilzahlungskaufs wäre der Kaufpreis durch Aufrechnung lediglich in Höhe der bereits geleisteten Raten erloschen, was dazu geführt hätte, dass die Aufrechnungslage bestehen geblieben wäre.

Da die Aufrechnung als eine trotz Kaufpreistilgung in der Rechtsbeziehung zwischen Verbraucher und Darlehensgeber fortbestehende Einwendung zu behandeln ist, die sich aus dem Vergleichsgeschäft eines hypothetischen Teilzahlungskaufs ableitet, besteht nicht das Bedürfnis, die Aufrechnungsbefugnis auf die Rechtsbeziehung zwischen Verbraucher und Darlehensgeber zu erstrecken, welche ohnehin nur durch eine Ersetzung der fehlenden Gegenseitigkeit durch das Merkmal der ‚wirtschaftlichen Einheit' zu bewerkstelligen wäre.[114] Denn § 359 S. 1 BGB soll eine Verkürzung der Rechte des Verbrauchers durch das Auseinanderfallen von Kauf- und Darlehensvertrag verhindern, nicht aber das Insolvenzrisiko vom Käufer auf den Darlehensgeber abwälzen.[115]

Wie Schadensersatzansprüche im Rahmen des Einwendungsdurchgriffs **praktisch umzusetzen** sind, wird kontrovers gesehen. Während *Bülow*[116] dem Käufer das Recht zubilligt, den Anspruch in voller Höhe den Darlehensraten so lange entgegenzusetzen, bis er beglichen ist, plädieren *Münstermann/Hannes*[117] für eine gleichmäßige Herabsetzung der Darlehensraten auf der Grundlage des verminderten Kaufpreises unter Beibehaltung der Fälligkeitstermine, weil sonst der finanzierende Käufer besser gestellt würde als ein Barzahlungskäufer, der den geminderten Kaufpreis sofort bezahlen müsste. Für eine sofortige Fälligkeit des Schadensersatzanspruchs und den Einbehalt der vollen Raten spricht andererseits, dass der Anspruch dem Käufer einen Ausgleich für einen bereits eingetretenen Schaden bieten soll und sich – anders als bei einer Minderung – der Finanzierungsbedarf nicht durch eine Herabsetzung des Kaufpreises verringert.

Wenn der Käufer den der Einwendung zugrunde liegenden Anspruch gegen den Verkäufer erfolgreich durchsetzt, entfallen die Anwendungsvoraussetzungen von § 359 S. 1 BGB. Der nun nicht mehr schutzbedürftige Käufer muss die Ratenzahlung wieder aufnehmen und die einbehaltenen Beträge an den Darlehensgeber auskehren.

---

114 AG Mönchengladbach 6. 9. 2002, NJW-RR 2003, 848; *Bülow*, VerbrKrR, Rn 336; a. A. *Emmerich*, FLF 1989, 173; *Münstermann/Hannes*, VerbrKrG, § 9 Rn 528.
115 AG Mönchengladbach 6. 9. 2002, NJW-RR 2003, 848.
116 VerbrKrR, § 495 Rn 334 m. w. N.
117 *Münstermann/Hannes*, VerbrKrG, § 9 Rn 528.

f) Ansprüche des Käufers bei Sach- und Rechtsmängeln

aa) Nacherfüllung

1097 Solange die Nacherfüllung nicht fehlgeschlagen ist, hat der Verbraucher nicht das Recht, die Rückzahlung des Darlehens zu verweigern (§ 359 S. 3 BGB). M. a. W.: Bloße Mangelhaftigkeit des Autos ist kein Grund, die Ratenzahlung ganz oder auch nur teilweise einzustellen. Während der gesamten Phase der Nacherfüllung muss weitergezahlt werden. Dies folgt aus der in § 359 S. 3 BGB angeordneten Subsidiarität. Das Leistungsverweigerungsrecht des Käufers gem. § 320 BGB, das ihm wegen der Schlechtlieferung auch nach Übergabe des Fahrzeugs zusteht,[118] schlägt nicht auf den mit einem Kaufvertrag verbundenen Darlehensvertrag durch, so lange die Nacherfüllung andauert. Anders liegen die Dinge, wenn die Nacherfüllung in beiden Varianten nach § 275 Abs. 1 BGB unmöglich ist (Rn 458 ff.) oder vom Verkäufer berechtigterweise gem. §§ 275 Abs. 2, 439 Abs. 3 BGB verweigert wird (dazu Rn 416 ff.).

1098 Erst wenn die (mögliche und nicht zu Recht verweigerte) Nacherfüllung fehlgeschlagen ist (Näheres Rn 477 ff.), hat der Verbraucher das Recht, die Mangelhaftigkeit der Sache auch dem Darlehensgeber entgegenzuhalten. Dadurch kann der Fall eintreten, dass der Verbraucher das Darlehen schon zurückgezahlt hat, bevor ihm die Einwendung „Nacherfüllung fehlgeschlagen" zusteht. Das Leistungsverweigerungsrecht des § 359 S. 1 BGB setzt nicht voraus, dass der Käufer einen der von § 437 Nr. 2 und 3 BGB zur Wahl gestellten Ansprüche bereits geltend gemacht hat. Es reicht zunächst aus, dass der Mangel besteht, die Nacherfüllung fehlgeschlagen ist und der Käufer sich gegenüber dem Darlehensgeber auf sein Leistungsverweigerungsrecht beruft.

1099 Der Gefahr, dass der Verbraucher durch Nichtausübung des Wahlrechts zwischen Rücktritt, Minderung, Schadens- und Aufwendungsersatz die Rückzahlung des Darlehens auf Dauer blockiert, kann der Darlehensgeber nicht durch Fristsetzung gem. § 264 Abs. 2 BGB begegnen. Zum einen ist er nicht der maßgebliche Schuldner, zum anderen handelt es sich bei dem ius variandi nicht um einen Anwendungsfall des § 264 BGB. Eine Analogie zu § 350 BGB scheidet mangels Regelungslücke aus.[119] Ein rechtsmissbräuchliches Verhalten lässt sich dadurch verhindern, dass dem Käufer der Einwendungsdurchgriff nur für die Dauer einer angemessenen Entscheidungsfrist zugestanden wird.[120] Um den Schwebezustand zu beenden, kann der Kreditgeber seinem Vertragspartner eine solche Frist setzen, allerdings nur mit einer Belehrung über die Folgen weiterer Passivität.[121] Die Reichweite der Einwendung wird durch die vom Käufer getroffene Wahl des (sekundären) Rechtsbehelfs bestimmt. Es gehört daher zu den vertraglichen Obliegenheiten des Käufers, den Darlehensgeber hierüber zu informieren.

bb) Rücktritt und großer Schadensersatz

1100 Ein wirksamer Rücktritt lässt noch nicht erfüllte Primärverbindlichkeiten aus dem Kaufvertrag erlöschen und gestaltet diesen mit ex-nunc-Wirkung in ein Rückabwicklungsverhältnis um. Welche Auswirkung das auf die Rechtsbeziehungen der drei Beteiligten hat, ist im Grundsätzlichen wie in den Details **umstritten**.[122]

1101 **Übereinstimmung** herrscht noch mit Blick auf die eigentliche Wirkungsweise des § 359 BGB. Gleichviel, ob der Käufer den Rücktritt oder ausschließlich den großen Schadensersatz – gleichfalls auf Rückabwicklung zielend (§ 281 Abs. 5 BGB) – geltend gemacht hat:

---

118 *Faust* in *Bamberger/Roth*, § 437 BGB Rn 164; *Palandt/Grüneberg*, § 320 BGB Rn 2.
119 Anders *Möller* in *Bamberger/Roth*, § 359 BGB Rn 4.
120 *Hofmann*, ZGS 2004, 293 ff., 296.
121 Dazu Müko-BGB/*Habersack*, § 359 BGB Rn 70.
122 Umfassend Müko-BGB/*Habersack*, § 359 BGB Rn 68 ff.

Er kann die **Zahlungen** an die Bank **insgesamt einstellen**,[123] und zwar ab dem Zeitpunkt, zu dem der Rücktritt bzw. das Schadensersatzverlangen wirksam geworden ist. Ihm steht ein **dauerhaftes Leistungsverweigerungsrecht** zu.[124] Zur Begründung dafür, dass der Darlehensvertrag keine Rechtsgrundlage für weitere Ansprüche der Bank gegen den Verbraucher bietet, muss nicht – anders als beim Leasingvertrag[125] – auf das Rechtsinstitut des Wegfalls der Geschäftsgrundlage (§ 313 BGB) zurückgegriffen werden.[126]

Sofern der Verbraucher trotz wirksamen Rücktritts und des daraus resultierenden Leistungsverweigerungsrechts den Darlehensvertrag weiter bedient hat, steht ihm gegen die Bank ein **Rückzahlungsanspruch** gem. § 813 Abs. 1 S. 1 BGB zu.[127] Dabei ist er dem Einwand aus § 814 BGB ausgesetzt.

Problematisch ist, welche **weiteren Folgen** der Rücktritt bzw. der große Schadensersatz für die **Abwicklung des Gesamtgeschäfts** hat. Im Zentrum des praktischen Interesses stehen Fragen der Aktiv- und Passivlegitimation, der inhaltlichen Ausgestaltung und Durchsetzbarkeit der Einzelansprüche bis hin zur dinglichen Seite der Rückabwicklung und der Verteilung des Insolvenzrisikos, angesichts des derzeitigen „Händlersterbens" kein unwichtiger Aspekt.

Nach der gegenwärtig vorherrschenden obergerichtlichen Judikatur,[128] die Zustimmung verdient, gilt für das **Verhältnis zwischen Käufer und Verkäufer:**

Ansprüche des Käufers gegen den Verkäufer:

- Erstattung nicht der gesamten Darlehensvaluta, sondern nur der gezahlten Nettokreditraten mit daraus gezogenen Nutzungen; ggf. Rückzahlung einer Anzahlung mit daraus gezogenen Nutzungen,
- Erstattung von gezahlten Zinsen, soweit es sich um vergebliche Aufwendungen handelt (§§ 437 Nr. 3, 284 BGB),[129]
- Erstattung sonstiger Finanzierungskosten (Bearbeitungsgebühr, RSV-Prämie u. a.), soweit vergebliche Aufwendungen (keine Erstattung nach Rücktrittsrecht),[130]
- Verwendungsersatz nach §§ 437 Nr. 2, 347 Abs. 2 BGB,
- Ersatz sonstiger Aufwendungen und Schadensersatz (§§ 437 Nr. 3, 280, 281, 284 BGB),

---

123 Z. B. *Möller* in Bamberger/Roth, § 359 BGB Rn 8.
124 OLG Hamm 8. 9. 2005, NZV 2006, 421; Müko-BGB/*Habersack*, § 359 BGB Rn 75.
125 Vgl. BGH 16. 9. 1981, BB 1981, 2093.
126 Für § 313 BGB OLG Naumburg 12. 1. 2007 – 10 U 42/06 – BeckRS 2007, 65018 (Käufer war aber kein Verbraucher).
127 Müko-BGB/*Habersack*, § 359 BGB Rn 76.
128 OLG Hamm 8. 9. 2005, NZV 2006, 421; OLG Naumburg 22. 11. 2001, OLGR 2003, 87 (zu § 9 VerbrKrG a. F.); OLG Naumburg 12. 1. 2007 – 10 U 42/06 – BeckRS 2007, 65018 (zwar kein finanzierter Verbrauchsgüterkauf, aber Verbundfinanzierung); siehe auch OLG Bamberg 21. 12. 2006 – 6 U 39/06 – n. v. (kein Anspruch des Käufers gegen den Verkäufer auf Weiterzahlung der Raten); abw. OLG Düsseldorf (24. ZS) 23. 4. 1996, NJW-RR 1996, 1265 = BB 1996, 1905 (Wandelung).
129 Dazu OLG Hamm 8. 9. 2005, NZV 2006, 421: Der Senat lässt die Phase der Nutzlosigkeit der Zinsaufwendungen mit dem Verlust der tatsächlichen Nutzungsmöglichkeit infolge des Mangels (Motorschaden) beginnen, d. h. von diesem Zeitpunkt an kann der Verbraucher die Bruttoraten ersetzt verlangen, für die Zeit ungestörter Nutzung jedoch nur die Nettoraten. Die vorübergehende Weiterzahlung der vollen Raten (statt Zahlungseinstellung) begründet so lange kein Mitverschulden des Verbrauchers, bis er Klarheit darüber hat, wer für den Schaden verantwortlich ist.
130 OLG Naumburg 12. 1. 2007 – 10 U 42/06 – BeckRS 2007, 65018.

- ggf. Freistellung von Ansprüchen der Bank,[131]
- ggf. Rückgabe eines in Zahlung genommen Altwagens bzw. Wertersatz.

Ansprüche des Verkäufers gegen den Käufer:

- Ersatz der Gebrauchsvorteile (§§ 437 Nr. 2, 346 Abs. 1, 2 BGB),
- Rückübereignung des an die Bank sicherungsübereigneten Fahrzeugs, ggf. Wertersatz.

Nach der Rechtsprechung des OLG Hamm (28. ZS)[132] findet die Rückabwicklung eines verbundfinanzierten Fahrzeugkaufs im Fall des Rücktritts wegen eines Sachmangels ausschließlich im Verhältnis zwischen dem Käufer und dem Verkäufer statt. Ein **Rückforderungsdurchgriff** gegen den Darlehensgeber wird damit abgelehnt. Dafür besteht in der Tat keine Grundlage (näher Rn 1108).

1105 **Praktische Konsequenz für den Käufer:** Er muss im Verfahren gegen das Autohaus darlegen und belegen, wie hoch die bisher gezahlten Nettokreditraten sind. Ggf. hilft eine Auskunft der Bank. Generell ist **dringend zu empfehlen**, die Bank in die Rückabwicklung einzubinden. Dies aus mehreren Gründen: Zum einen wegen der Möglichkeit einer Vorausabtretung der Rückabwicklungsansprüche gegen das Autohaus (siehe Darlehensbedingungen). Zum anderen wegen der Berechnung der Forderung, die gegen das Autohaus aus eigenem oder aus rückabgetretenem Recht – ggf. auch Prozessstandschaft bzw. Einziehungsermächtigung[133] – geltend zu machen ist.

Zum dritten ist eine Absprache zwischen Käufer und Bank auch deshalb anzuraten, weil die Bank als **Sicherungseigentümerin des Fahrzeugs** den Fahrzeugbrief (Zulassungsbescheinigung II) in ihrem Besitz hat.[134] Von Interesse ist insoweit: Ist zwischen dem Autohaus und dem Käufer ein Eigentumsvorbehalt vereinbart? Nach den Neuwagenverkaufsbedingungen ist das der Fall. Hat der Käufer sein Anwartschaftsrecht der Bank zur Sicherheit übertragen? Wenn ja, erwirbt die Bank mit Zahlung des Kaufpreises an das Autohaus (Sicherungs-)Eigentum.[135] In den meisten Fällen erfolgt der Eigentumserwerb der Bank **nicht auflösend bedingt** (§ 158 Abs. 2 BGB) mit einem entsprechenden Anwartschaftsrecht des Käufers/Darlehensnehmers.[136] Dieser hat vielmehr nur einen schuldrechtlichen Anspruch, das Eigentum bei Erledigung des Sicherungszwecks von der Bank zurückzuerhalten.[137]

Die **dingliche Rechtslage** geklärt zu haben, ist für den Anwalt des Käufers schon vorprozessual wichtig, nämlich mit Blick auf den **Annahmeverzug** des Verkäufers und damit indirekt auch für dessen **Schuldnerverzug** (s. Rn 647). Wenn der Käufer nicht frei über das Fahrzeug verfügen kann, kann ein auf Rücknahme des Fahrzeugs gerichtetes wörtliches Angebot (§ 295 BGB) unwirksam sein.[138] Auch bei **Stellung des Klageantrags** muss

---

131 An sich fehlt einem Freistellungsanspruch der Gegenstand, denn das, was die Bank ohne den Rücktritt an offenen Raten fordern könnte, ist infolge des dauerhaften Leistungsverweigerungsrechts des Käufers nicht mehr realisierbar.
132 Z. B. Urt. v. 8. 9. 2005, NZV 2006, 421.
133 Dazu OLG Schleswig 18. 8. 2005, NJW-RR 2005, 1579 (Vorinstanz zu BGH NJW 2006, 2839).
134 Zur Pflicht, ihn zu behalten und nicht eigenmächtig herauszugeben, s. OLG Celle 9. 8. 2006 – 3 U 74/06 – n. v.
135 OLG Saarbrücken 10. 8. 2006 – 8 U 484/05 – n. v.; kein „Vorbehaltseigentum" wie es in BGH 19. 6. 2007, NJW 2007, 2844 irrtümlich heißt.
136 Anders die Vorstellung des BGH im Urt. v. 20. 2. 2008, NJW 2008, 2028.
137 Siehe auch *Gsell*, NJW 2008, 2002, 2003 mit Hinweis auf die Bedingungen der BMW-Bank; *Würdinger*, NJW 2008, 1422, 1423; ferner OLG Saarbrücken 10. 8. 2006 – 8 U 484/05 – n. v. (im allg. sei nicht anzunehmen, dass mit Rückzahlung der gesicherten Schuld der Sicherungsgeber automatisch Eigentümer werde). Auch im Fall OLG Celle 9. 8. 2006 – 3 U 74/06 – n. v. – war nur eine Pflicht zur Übertragung des Eigentums vorgesehen, was allein im Interesse der Banken liegt.
138 Gegen Annahmeverzug in einem solchen Fall OLG Rostock 11. 7. 2007, NJW 2007, 3290 = DAR 2007, 588.

klar sein, wozu der Kläger (Käufer) dinglich in der Lage ist und wozu nicht, ob er Eigentum an Fahrzeug und Brief übertragen kann oder nicht.[139] Die Bank muss sich mit der Rückübertragung des Eigentums auf den Verkäufer einverstanden erklären und den Fahrzeugbrief zur Verfügung stellen.

Der Zweck der Sicherung hat sich – vorbehaltlich abweichender vertraglicher Regelung – mit dem Rücktritt erledigt. Da nach der üblichen Vertragsgestaltung kein automatischer Eigentumserwerb auf Seiten des Verbrauchers stattfindet, steht diesem nur ein Anspruch auf Übertragung des Eigentums zu, entweder auf sich selbst oder auf den Verkäufer. Seine Verpflichtung aus der Sicherungsabrede hat der Kreditgeber vorbehaltlich anderweitiger Regelung unbedingt zu erfüllen. Er kann also nicht die Bedingung stellen, der Verbraucher möge seine Ansprüche gegen den Verkäufer abtreten (allerdings sehen Darlehensbedingungen Vorausabtretungen vor). Der Kreditgeber kann auch nicht verlangen, dass der Käufer den Verkäufer anweist, an die Bank zu zahlen. Das ist Sache des Innenverhältnisses (Rahmenvertrag).

Der Verkäufer hat ein berechtigtes Interesse daran, nur gegen Rückübereignung des Fahrzeugs und Rückgabe des Briefes seine Verpflichtungen aus dem Abwicklungsverhältnis zu erfüllen.

Was das **Verhältnis zwischen Bank und Verkäufer** angeht, so verweist das OLG Hamm auf die zwischen diesen Beteiligten bestehenden Rechtsbeziehungen.[140] Das wird in der Regel ein Rahmenvertrag sein. Dann muss nicht auf das Bereicherungsrecht zurückgegriffen werden. Ohne vertragliche Regressabrede kommt eine **Durchgriffskondiktion** in Betracht.[141]

cc) Minderung und kleiner Schadensersatz

Die Minderung bewirkt eine Anpassung des Kaufpreises an das durch den Mangel gestörte Äquivalenzverhältnis. Der darauf beruhenden Einwendung des Käufers ist durch eine Neuberechnung des Darlehens auf der Grundlage des geminderten Kaufpreises und durch eine entsprechende Herabsetzung der Raten unter Berücksichtigung der Laufzeit des Darlehensvertrages Rechnung zu tragen, wobei vom Verbraucher geleistete Überzahlungen zu berücksichtigen sind.[142]

Hat der Verkäufer den Mangel zu vertreten bzw. ist seine Entlastung wenig aussichtsreich, kann die Geltendmachung des kleinen Schadensersatzes empfehlenswert sein, da dem Käufer aufgrund dieser Einwendung das – allerdings nicht unbestrittene – Recht zugestanden wird, die Raten so lange einzubehalten, bis der Schadensersatzanspruch abgegolten ist (s. Rn 1096).

dd) Kein Rückforderungsdurchgriff gegen den Darlehensgeber

Ob § 359 S. 1 BGB dem Verbraucher im Fall der Rückabwicklung eines verbundenen Kaufs einen **Anspruch gegen den Darlehensgeber** auf Rückzahlung der geleisteten Darlehensraten einschließlich der darin enthaltenen Zins- und Kostenteile gewährt, ist strittig. Überwiegend wird ein Durchgriff auf den Darlehensgeber abgelehnt.[143] Die instanzgerichtliche Rechtsprechung zu diesem für die Praxis wichtigen Thema (z. B. bei Autohausinsol-

---

139 Vgl. OLG Rostock 11. 7. 2007, NJW 2007, 3290 = DAR 2007, 588.
140 Urt. v. 8. 9. 2005, NZV 2006, 421.
141 BGH 17. 9. 1996, NJW 1996, 3414 (Widerruf nach HWiG); einen Anspruch der Bank bejaht auch das OLG Bamberg, Beschl. v. 21. 12. 2006 – 6 U 39/06 – n. v. (die Anspruchsgrundlage bleibt offen).
142 Berechnungsbeispiel bei *Reinking/Kessler/Sprenger*, § 18 Rn 163.
143 Vgl. *Palandt/Grüneberg*, § 359 BGB Rn 8 m. w. N.

venz) ist uneinheitlich. Soweit ein Rückforderungsdurchgriff in Wandelungsfällen bejaht worden ist, ist diese ohnehin nicht überzeugende Judikatur spätestens seit der BGH-Entscheidung vom 4. 12. 2007[144] überholt. Selbst im Fall anfänglicher Vertragsnichtigkeit sieht der BGH keine Grundlage für eine analoge Anwendung von § 9 Abs. 2 S. 4 VerbrKrG a. F.[145] zur Begründung eines Rückforderungsdurchgriffs.

5. Ratenzahlungsverzug

Gerät der Darlehensnehmer durch Überschreitung der für die Raten vereinbarten Fälligkeitstermine in Verzug, haftet er dem Darlehensgeber auf Ersatz des Verzugsschadens. Für Verbraucherdarlehensverträge beträgt der pauschale Regelverzugszins 5 Prozentpunkte über dem Basiszinssatz (§§ 497 Abs. 1, 288 Abs. 1 BGB). Im Einzelfall kann der Darlehensgeber einen höheren oder der Verbraucher einen niedrigeren Schaden nachweisen. Eine Schadensberechnung durch Fortschreibung des vertraglich vereinbarten Zinssatzes ist nicht zulässig.[146] Macht der Darlehensgeber von der Pauschalregelung Gebrauch, kann er daneben einen konkreten Verzugsschaden, z. B. in Form entgangenen Gewinns nicht geltend machen.[147]

Gegen einen Wechsel der Abrechnungsart bestehen grundsätzlich keine Bedenken. Eine nachträgliche Neuberechnung der Zinsen auf der Grundlage der jeweils anderen Berechnungsmethode ist dem Darlehensgeber jedoch verwehrt, sobald der Darlehensnehmer die zuerst vorgenommene Schadensberechnung anerkannt hat. Solange dies nicht der Fall ist, kann der nach beiden Methoden berechnete Verzugsschaden im Prozess haupt- und hilfsweise geltend gemacht werden.

Der Verzugsschaden ist gesondert zu verbuchen und seinerseits bei Zahlungsverzug des Verbrauchers bis zur Höhe des gesetzlichen Zinssatzes (§ 246 BGB) von 4 % zu verzinsen. Daneben darf der Darlehensgeber nicht noch zusätzlich Ersatz besonderer Aufwendungen, z. B. der Mahn- und Aufforderungsgebühren, geltend machen. Teilleistungen des Verbrauchers nach Eintritt des Verzuges, die zur Tilgung der gesamten fälligen Schuld nicht ausreichen, sind in Abweichung von § 367 Abs. 1 BGB zunächst auf die Kosten zu verrechnen, worunter die Prozess- und Vollstreckungskosten zu verstehen sind, sodann auf den geschuldeten Betrag, bestehend aus der Summe der rückständigen Zahlungen inkl. der darin enthaltenen vertraglich vereinbarten Zinsen und Kosten, und schließlich auf die Zinsen, womit die nach Eintritt des Verzuges angefallenen und gesondert zu verbuchenden Zinsen i. S. v. § 497 Abs. 1 S. 1 und Abs. 2 S. 2 BGB gemeint sind. Gesetzlich nicht geregelt ist die Frage, in welcher Reihenfolge die Verrechnung auf die Zinsen zu erfolgen hat. Eine am Gesetzeszweck orientierte Auslegung zugunsten des Verbrauchers führt zu einer vorrangigen Verrechnung der höheren Zinsen des § 497 Abs. 1 S. 1 BGB.

Für die Zinsen gilt die regelmäßige Verjährungsfrist von 3 Jahren (§ 195 BGB). Der Lauf der Frist ist aber ab dem Eintritt des Verzugs gem. § 497 Abs. 3 S. 3 BGB gehemmt, da sich wegen der in § 497 Abs. 3 S. 1 BGB vorgesehenen Verrechnung die Tilgung der Ansprüche des Darlehensgebers i. d. R. über einen längeren Zeitraum erstreckt und in dieser Zeit eine Verjährung der Ansprüche auf Darlehensrückzahlung und Zinsen eintreten könnte.

---

144 NJW 2008, 845.
145 Inhaltlich wie heute § 358 Abs. 4 S. 2 BGB.
146 BGH 28. 4. 1988, NJW 1988, 1967.
147 OLG Zweibrücken 24. 7. 2000, OLGR 2001, 91.

6. Außerordentliche Kündigung

Beim Darlehensvertrag ist das im Zuge der Schuldrechtsreform neu hinzugekommene außerordentliche Kündigungsrecht wegen Gefährdung der Rückerstattung des Darlehens (§ 490 Abs. 1 BGB) zu beachten, das neben das allgemeine Recht zur Kündigung von Dauerschuldverhältnissen aus wichtigem Grund (§ 314 BGB)[148] getreten ist. Die Kündigungsmodalitäten sind unterschiedlich, je nachdem ob die Darlehensvaluta bereits ausgezahlt wurde oder ob dies noch nicht geschehen ist.

1110

Häufigster Kündigungsgrund eines Darlehensvertrages ist der **Zahlungsverzug des Darlehensnehmers**. Beim Verbraucherdarlehen setzt das Recht zur Kündigung und zum Rücktritt gem. § 498 BGB voraus: Verzug mit mindestens zwei Raten, Erreichen der relativen Rückstandssumme von 5 % bzw. 10 % des Nennbetrages des Darlehens und eine qualifizierte Mahnung. Eine voraussichtliche Aussichtslosigkeit der Mahnung und eine sich abzeichnende Erfüllungsverweigerung des Schuldners machen eine qualifizierte Mahnung nicht entbehrlich.[149]

Mit der Androhung, er werde die gesamte Restschuld verlangen, wenn der rückständige Betrag nicht innerhalb von zwei Wochen bei ihm eingehe, genügt der Darlehensgeber nicht den Anforderungen von § 498 Abs. 1 Nr. 2 BGB.[150] Die Zahlung ist eine Schickschuld, bei der es nicht auf den Zeitpunkt des Geldeingangs beim Empfänger ankommt, sondern darauf, wann der Verbraucher das zur Übermittlung des Geldes Erforderliche getan hat. Das Risiko der Verzögerung trägt der Darlehensgeber.

In der Fristsetzung mit Androhung der Gesamtfälligkeit ist der rückständige Betrag zuzüglich der Verzugszinsen anzugeben, die sich bis zum Zeitpunkt der Abgabe der Erklärung angesammelt haben.[151] Als zulässig wird auch die Angabe derjenigen Verzugszinsen angesehen, die bis zum Ablauf der Zweiwochenfrist entstehen. Eine Zuvielforderung führt zur Unwirksamkeit der Fristsetzung.[152] Die Verwendung des Wortes ‚Kündigung' ist nicht Voraussetzung für eine wirksame Androhung i. S. v. § 498 Abs. 1 BGB.[153]

Die Kündigung muss der Nachfristsetzung zeitlich nachfolgen, da der Schutzzweck der Nachfristsetzung durch eine Verbindung der Nachfristsetzung mit der Kündigung unterlaufen würde. Insbesondere würde das Gesprächsangebot des § 499 Abs. 1 S. 2 BGB keinen Sinn ergeben.[154] Die Kündigung muss nach Ablauf der nach § 498 Abs. 1 Nr. 2 BGB gesetzten Frist innerhalb einer weiteren angemessenen Frist erfolgen, für deren Dauer § 626 Abs. 2 S. 1 BGB einen brauchbaren Anhaltspunkt liefert.[155] Sie wird nicht dadurch ausgeschlossen, dass der Verbraucher vor Ausspruch der ihm angedrohten Kündigung den rückständigen Betrag durch eine Zahlung unter die Rückstandsquote zurückführt, die Forderung des Darlehensgebers dadurch aber nicht vollständig ausgeglichen wird.[156]

Das Gesprächsangebot, das der Darlehensgeber dem Verbraucher gem. § 498 Abs. 2 BGB anbieten soll, ist keine zwingende Kündigungsvoraussetzung. Allerdings kann ein Verstoß gegen diese Vorschrift wegen Verletzung einer Nebenpflicht des Vertrages zu Schadensersatzansprüchen führen.

---

148 Dazu OLG Dresden 4. 7. 2007 – 8 U 279/07 – n. v. (Verstoß gegen Vermietungsverbot als Kündigungsgrund).
149 OLG Rostock 13. 9. 1999, OLGR 2000, 2.
150 OLG Düsseldorf 20. 2. 1997, NJW-RR 1998, 780.
151 *Palandt/Weidenkaff*, § 498 BGB Rn 6.
152 BGH 26. 1. 2005, ZIP 2005, 406 (Zuvielforderung 140 DM).
153 OLG Köln 21. 7. 1999, OLGR 1999, 412.
154 OLG Düsseldorf 17. 7. 1997, OLGR 1997, 274; LG Bonn 14. 4. 1997, NJW-RR 1998, 779.
155 OLG Köln 21. 7. 1999, OLGR 1999, 412.
156 BGH 26. 1. 2005, NJW 2005, 365.

Der Verbraucher besitzt im Falle der Kündigung gem. § 498 Abs. 2 BGB einen Anspruch auf Gutschrift der nicht verbrauchten laufzeitabhängigen Kosten des Darlehens (z. B. der Vertragsüberwachungskosten und der nicht verbrauchten Zinsen), sofern sie im Bruttobetrag des Darlehens für die gesamte Laufzeit des Vertrages enthalten sind. Die Zinsen müssen auf den Zeitpunkt des durch die Kündigung markierten vorzeitigen Vertragsendes nach der Staffelmethode zurückgerechnet werden.[157]

Gegenüber Mitdarlehensnehmern kann die Gesamtfälligkeit nur gemeinsam herbeigeführt werden. Deshalb ist jeder von ihnen in Verzug zu setzen und jedem gegenüber eine Nachfristsetzung, Androhung und Kündigung zu erklären.[158] Ist die Kündigung gegenüber einem Darlehensnehmer unwirksam, bewirkt die gegenüber dem anderen Darlehensnehmer erklärte wirksame Kündigung nicht die Beendigung des Darlehensvertrages.[159] Im Verhältnis zu Personen, die als Verbraucher die Mithaftung z. B. durch Schuldbeitritt übernommen haben, muss die Kündigung ebenfalls den Anforderungen des § 498 Abs. 1 BGB entsprechen, um deren sofortige Zahlungspflicht auszulösen.[160]

1111 Die **wirksame Kündigung** führt zum Wegfall der Teilzahlungsabrede und zur sofortigen Fälligkeit der nach § 498 Abs. 2 BGB zu bestimmenden Restschuld. Ein Anspruch auf Weiterzahlung des Vertragszinses steht dem Darlehengeber nicht zu. Falls der Verbraucher mit der Zahlung der Restschuld in Verzug gerät, ist diese gem. § 497 BGB zu verzinsen. Zur Rechtslage bei **unwirksamer Kündigung** mit unberechtigter Rücknahme s. OLG Dresden 4. 7. 2007 – 8 U 279/07 –.

7. Rücknahme des Fahrzeugs

1112 Nimmt **der Darlehensgeber** das Fahrzeug nach wirksamer Kündigung[161] an sich, gilt dies nach dem Gesetzeswortlaut von **§ 503 Abs. 2 S. 5 BGB** als Ausübung des Rücktrittsrechts. Die **Rücktrittsfiktion** greift auch dann ein, wenn der Darlehensgeber aus einem Zahlungstitel gegen den Darlehensnehmer vollstreckt und das Fahrzeug verwertet.[162] Eine Pfändung ohne Verwertung reicht jedoch nicht aus. Im Schrifttum wird die Auffassung vertreten, dass es sich dabei streng genommen nicht um eine Rücktritts-, sondern eine Kündigungsfiktion handelt, weil das Gesetz für Darlehensverträge lediglich eine Kündigungsmöglichkeit vorsieht.[163]

Die Rücktrittsfiktion wird auch dann ausgelöst, wenn **der Verkäufer** das Fahrzeug wieder an sich nimmt, sei es aufgrund einer Teilfinanzierung oder eines Regresses aus der Übernahme einer Bürgschaft oder eines Schuldbeitritts. Partei des Rückabwicklungsverhältnisses ist jeweils derjenige Vertragspartner, der das Fahrzeug an sich genommen hat.[164]

Das für die Auslösung der Rücktrittsfiktion maßgebliche Kriterium des ‚Ansichnehmens' erfordert nicht, dass der Kreditgeber das Fahrzeug in unmittelbaren Besitz nimmt. Die Begründung mittelbaren Besitzes reicht aus, wenn die Herausgabe auf sein Verlangen an einen Dritten erfolgt, der ihm den Besitz mittelt.[165] Nach h. M. löst bereits ein ernsthaftes und begründetes Rückgabeverlangen oder eine Herausgabeklage die Fiktion von § 503

---

157 Zur finanzmathematischen Methode siehe *Bülow*, VerbrKrR, § 498 Rn 46.
158 BGH 28. 6. 2000, NJW 2000, 3133; OLG Hamm 22. 9. 1999, NJW-RR 2000, 714; OLG Karlsruhe 9. 9. 1988, NJW 1989, 2136.
159 BGH 28. 6. 2000, NJW 2000, 3133, 3135.
160 BGH 28. 6. 2000, NJW 2000, 3133, 3135; OLG Karlsruhe 25. 2. 1997, NJW-RR 1998, 1438; OLG Celle 29. 1. 1997, NJW-RR 1997, 1144, 1146.
161 Zur Rechtslage bei unwirksamer Kündigung s. OLG Dresden 4. 7. 2007 – 8 U 279/07 – n. v.
162 *Bülow*, VerbrKrR, § 503 Rn 86 m. w. N.
163 *Möller* in *Bamberger/Roth*, § 503 BGB Rn 20.
164 *Bülow*, VerbrKrR, § 503 Rn 95.
165 *Palandt/Weidenkaff*, § 503 BGB Rn 13.

Abs. 2 S. 4 BGB aus.[166] Es genügt aber nicht, wenn der Darlehensgeber heimlich die Nummernschilder und Zulassungspapiere eines Kraftfahrzeugs wegnimmt[167] oder das Lenkrad eines Schleppers entfernt,[168] weil der Käufer durch solche Maßnahmen zwar die Nutzungsmöglichkeit, nicht aber den Besitz verliert. Gegenüber einem neben dem Käufer mithaftenden Gesamtschuldner, der aus dem Darlehensvertrag kein Recht auf Besitz und auf Nutzung des Fahrzeugs hat, findet § 503 Abs. 2 S. 4 BGB keine Anwendung.[169]

Die Rücktrittsfiktion ersetzt nur die Rücktrittserklärung.[170] Für die Annahme eines wirksamen Rücktritts müssen die Voraussetzungen von § 498 Abs. 1 BGB erfüllt sein. Wenn der Darlehensgeber beabsichtigt, vom Vertrag zurückzutreten, muss er dem Verbraucher anstelle der in § 498 Abs. 1 S. 1 BGB vorgesehenen Kündigung den Rücktritt androhen. Als Warnung für einen Rücktritt des Darlehensgebers reicht nicht aus, wenn der Darlehensgeber die Kündigung oder wahlweise Rücktritt oder Kündigung androht, da die Rechtswirkungen des Rücktritts, insbesondere was das Schicksal der Sache betrifft, weitreichender als bei der Kündigung sind.

Eine nicht berechtigte Ansichnahme kann eine verbotene Eigenmacht und eine Pflichtverletzung aus dem Darlehens- oder Kaufvertrag darstellen. Der Verbraucher hat Anspruch auf Wiedereinräumung des Besitzes.

Die unwiderlegliche Vermutung, dass in der (Wieder-)Ansichnahme des Fahrzeugs die Erklärung des Rücktritts liegt, greift gem. § 503 Abs. 2 S. 4 Hs. 2 BGB nicht ein, wenn sich die Parteien – bei Vertragsschluss oder später – darüber geeinigt haben, dass der Darlehensgeber/Verkäufer dem Verbraucher den gewöhnlichen Verkaufswert (§ 813 Abs. 1 S. 1 ZPO) im Zeitpunkt der Wegnahme vergütet.

1113 Was die **Verwertung des Fahrzeugs** angeht, sind in erster Linie die Darlehensbedingungen maßgebend. Heißt es dort, dass dem Darlehensnehmer der „**gewöhnliche Verkaufswert**" im Zeitpunkt der Rücknahme vergütet werde, so bedeutet das nicht „Händlereinkaufspreis" oder „Einkaufswert". Unter dem gewöhnlichen Verkaufswert ist nach überwiegend vertretener Ansicht[171] der gegenüber dem Letztverbraucher erzielbare Verkaufspreis zu verstehen. Maßgeblicher Zeitpunkt für den Verkaufswert ist, sofern nicht so vereinbart, der Zeitpunkt der Wegnahme. Eine Vereinbarung, dass der Darlehensgeber den Händlereinkaufspreis zugunsten des Darlehensnehmers auf die Darlehensforderung verrechnet, ist gem. § 506 S. 1 BGB unwirksam.[172] Soll der Verkaufswert oder ein sonstiger Wert von einem **Sachverständigen** ermittelt werden, so kann der Darlehensnehmer das Wertgutachten mit der Begründung offenkundiger Unbilligkeit (§ 319 Abs. 1 BGB) angreifen.[173]

1114 Da der Darlehensgeber die Verwertung zur Deckung der Darlehensforderung verwendet, handelt er zum eigenen Nutzen. Der erzielte Verkaufserlös ist umsatzsteuerlich Entgelt und kein durchlaufender Posten und daher mit Umsatzsteuer zu belegen.[174]

1115 Mit Inbesitznahme des Fahrzeugs durch den Darlehensgeber ist der Rücktritt bereits teilweise vollzogen. Das Fahrzeug verbleibt endgültig im Eigentum des Darlehensgebers. Falls er noch kein Sicherungseigentum besessen hat, muss der Verbraucher das Eigentum auf ihn

---

166 BGH 19. 10. 1978, WM 1979, 223.
167 OLG Celle 7. 6. 1968, BB 1968, 1308.
168 OLG Kiel 6. 2. 1957, BB 1957, 692.
169 BGH 12. 9. 2001, ZIP 2001, 1992.
170 OLG Oldenburg 30. 8. 1995, NJW-RR 1996, 564; OLG Köln 5. 9. 1997, OLGR 1998, 1.
171 OLG Schleswig 23. 8. 2007, DAR 2008, 213 = MDR 2008, 96; OLG Stuttgart 7. 11. 1995, NJW-RR 1996, 593; OLG Oldenburg 7. 1. 1997, DAR 1997, 203.
172 *Bülow*, VerbrKrR, § 503 Rn 89; a. A. OLG Köln 5. 9. 1997, OLGR 1998, 1; Anm. v. *Artz*, VuR 1998, 186 und *Habersack*, WuB I E 2.-1.98.
173 OLG Schleswig 23. 8. 2007, DAR 2008, 213 = MDR 2008, 96.
174 BFH 17. 7. 1980, BStBl. II 1980, 673.

übertragen und die Fahrzeugpapiere übergeben. Der Darlehensgeber hat über die Regelungen der §§ 346 ff. BGB hinaus Anspruch darauf, dass der Darlehensnehmer ihm die Aufwendungen vergütet. Bei der vom Darlehensnehmer zu zahlenden Nutzungsvergütung ist auf eine inzwischen eingetretene Wertminderung Rücksicht zu nehmen. Dafür kann der Verbraucher Rückzahlung der geleisteten Raten, Ersatz der Verwendungen und anderen Aufwendungen sowie analog § 358 Abs. 4 S. 3 BGB die Rückzahlung einer an den Verkäufer geleisteten Anzahlung verlangen. Falls er einen Altwagen in Zahlung gegeben hat und dieser nicht mehr herausgegeben werden kann, muss ihm der Darlehensgeber den Wert ersetzen.

1116 Für Verschlechterungen des Fahrzeugs, die über die durch Benutzung verursachte Wertminderung hinausgehen, hat der Darlehensnehmer dem Darlehensgeber gem. § 346 Abs. 2 Nr. 3 BGB Wertersatz zu leisten. Die gleiche Verpflichtung trifft den Darlehensgeber, soweit an einem in Zahlung genommenen Gebrauchtfahrzeug, das er im Zuge der Rückabwicklung herauszugeben hat, eine Verschlechterung eingetreten ist. Als Rücktrittsberechtigter genießt er allerdings das Haftungsprivileg des § 346 Abs. 3 S. 1 Nr. 3 BGB.

1117 Die infolge des Vertrags gemachten Aufwendungen sind vom Darlehensgeber konkret darzulegen und nachzuweisen. Eine Pauschalierung der Aufwendungen ist unzulässig, da sie nicht erkennen lässt, ob sie sich im Rahmen des § 503 Abs. 2 S. 2 BGB bewegt.[175] Zu den erstattungsfähigen Aufwendungen gehören die Vertragsabschlusskosten. Sie umfassen die Formularkosten, Portokosten, Telefongebühren, für den konkreten Vertrag aufgewendete Reisekosten, verauslagte Restschuldversicherungsprämien, Auskunftskosten zur Adressenermittlung nach Vertragsabschluss und Vermittlungsprovisionen, soweit Letztere nicht zu den allgemeinen Geschäftsunkosten gehören.[176] Vom Darlehensnehmer zu ersetzen sind ferner die Vertragsüberwachungskosten, Kosten der Aufenthaltsermittlung des Verbrauchers sowie die Mehrwertsteuer, diese jedoch nur, wenn der Darlehensgeber nicht zum Vorsteuerabzug berechtigt ist. Beitreibungskosten und Finanzierungskosten, die aufgrund des Verzuges entstehen, sind nach Maßgabe von § 497 Abs. 1 BGB zu erstatten.

1118 Von § 503 Abs. 2 S. 2 BGB nicht erfasst werden Bearbeitungsgebühren,[177] Finanzierungs- und Verwertungskosten[178] und die vom Darlehensgeber aufgewendeten Kosten für die Einholung von Auskünften zur Bonität des Verbrauchers, Letztere deshalb nicht, weil sie auch im Falle der Ablehnung des Darlehensgeschäfts zulasten des Darlehensgebers angefallen wären.[179] Geteilt sind die Meinungen zu der Frage, ob der Käufer verpflichtet ist, dem Verkäufer die Kosten für den Rücktransport der Sache nach § 503 Abs. 2 S. 2 BGB zu ersetzen, da der dort geregelte Aufwendungsersatz nur die ‚infolge' der Darlehensgewährung gemachten Aufwendungen betrifft.[180]

1119 Anders als bei der Rückabwicklung nach einem Widerruf oder einem Rücktritt wegen nicht vertragsgemäßer Beschaffenheit des Kraftfahrzeugs ist nach einem (fingierten) Rücktritt wegen Zahlungsverzugs die Nutzungsentschädigung unter Berücksichtigung der inzwischen eingetretenen Wertminderung zu berechnen (§ 503 Abs. 2 S. 3 BGB). Eine vorherige Pauschalierung der Überlassungsvergütung ist unwirksam.

---

175 BGH 24. 5. 1982, WM 1982, 873, 875 zur Vorvorgängerregelung des § 2 AbzG; LG Hannover 16. 2. 1958, NJW 1959, 677; *Paulusch*, WM 1986, Sonderbeilage 10, S. 10.
176 BGH 9. 7. 1959, WM 1959, 1038; OLG Oldenburg 4. 5. 1977 – 8 U 238/76 – n. v.
177 BGH 21. 5. 1975, WM 1975, 739, 740; 24. 5. 1982, BB 1982, 1139, 1140.
178 BGH 20. 2. 1967, BB 1967, 519.
179 LG Nürnberg-Fürth 20. 2. 1967 – 11 S 60/67 – n. v.
180 Ablehnend OLG Nürnberg 25. 6. 1974, WM 1974, 1174; befürwortend OLG Karlsruhe 11. 3. 1970, MDR 1970, 587.

Vom Darlehensnehmer zu vergüten sind tatsächlich gezogene sowie schuldhaft nicht gezogene Nutzungen. Auf die Freistellung von der Vergütung für verabsäumte Nutzungen kann sich der Darlehensnehmer nicht berufen, da § 347 Abs. 1 S. 2 BGB nur für den Rücktrittsberechtigten gilt.

Im Rahmen von § 503 Abs. 2 S. 3 BGB ist die Nutzungsvergütung anhand einer Kombination aus Überlassungswert und Wertminderung zu ermitteln. Der Überlassungswert wird in erster Linie durch den degressiven Wertschwund verkörpert, den das Neufahrzeug durch seine Benutzung und den Verlust der Neuheit erfährt. Dabei sind der Kapitaleinsatz[181], anteilige Geschäftsunkosten, Risikokosten und ein angemessener Unternehmergewinn zu berücksichtigen, aber grundsätzlich keine Finanzierungskosten.[182] Da Neufahrzeuge durch Ingebrauchnahme erheblich an Wert verlieren – der Wertschwund liegt je nach Modell zwischen 15 % und 25 % – ist die Nutzungsentschädigung sehr hoch, wenn es nach kurzer Vertragsdauer zum Rücktritt kommt.

Die Berechnung des degressiven Wertschwunds erfordert einen Vergleich zwischen dem Wert des Fahrzeugs zum Zeitpunkt der Übergabe an den Verbraucher und dem Wert zum Zeitpunkt der Rücknahme durch den Darlehensgeber. In dem Differenzbetrag sind – abgesehen von Verschlechterungen der Kaufsache, für die der Darlehensnehmer nach §§ 346 Abs. 2 Nr. 3, Abs. 4, 823 BGB Ersatz leisten muss – alle wertbeeinflussenden Faktoren enthalten, wie z. B. die Anzahl der gefahrenen Kilometer,[183] die Dauer der Nutzung, der allgemeine Pflege- und Erhaltungszustand zum Zeitpunkt der Rückgabe und ein möglicherweise erhöhter Abnutzungs- und Verschleißgrad des Fahrzeugs. Umstritten ist, ob auch ein Wertverlust infolge Veralterung oder Modellwechsel zu berücksichtigen ist.[184] Ein allgemeiner Preisrückgang und ein Veräußerungsverlust, den der Darlehensgeber bei der Verwertung des Fahrzeugs erleidet, haben keinen Einfluss auf die Höhe der Nutzungsentschädigung.

Ersatzansprüche gegen Dritte, z. B. aus einem Unfall, hat der Darlehensnehmer auf Verlangen an den Darlehensgeber abzutreten (§ 285 BGB). Der Wert des Surrogats ist auf den Wertersatz- oder Schadensersatzanspruch anzurechnen.[185]

Nimmt der Darlehensgeber das Fahrzeug nach Eintritt der Kaufpreisverjährung an sich, kann er die Nutzungsvergütung nur bis zur Höhe des vom Verbraucher gezahlten Kaufpreisanteils zur Verrechnung stellen; darüber hinausgehende Ansprüche bestehen nicht, weil der Verbraucher beim finanzierten Kauf sonst schlechter stehen würde als ein Barzahlungskäufer.[186]

8. Verbundene Verträge ohne Verbraucherbeteiligung

Die gesetzlichen Regelungen über verbundene Geschäfte betreffen ausschließlich Verträge zwischen einem Unternehmer als Verkäufer oder Erbringer einer Leistung und einem Verbraucher. Für andere Verbundgeschäfte, namentlich solchen zwischen Unternehmern, enthält das BGB **keine Sonderbestimmungen**.

Die Erkenntnis, dass der Käufer durch die Aufspaltung des wirtschaftlich einheitlichen Vorgangs in zwei selbstständige Verträge nicht schlechter als bei einem einfachen Abzahlungskauf gestellt werden darf, bei dem er nur einem Vertragspartner gegenübersteht, veranlasste die Rechtsprechung, unter der Geltung des Abzahlungsgesetzes zum Schutz des Käu-

---

181 OLG Frankfurt 9. 7. 1969, NJW 1969, 1966, 1967.
182 BGH 11. 4. 1973, NJW 1973, 1078; *Palandt/Weidenkaff*, § 503 BGB Rn 11.
183 OLG Frankfurt 9. 7. 1969, NJW 1969, 1966, 1967.
184 MüKo-BGB/*Habersack*, § 503 BGB Rn 31.
185 *Palandt/Grüneberg*, § 346 BGB Rn 20.
186 BGH 4. 7. 1979, DB 1979, 1838; s. auch BGH 25. 9. 2001, ZIP 2001, 2124.

fers den sog. **subsidiären Einwendungsdurchgriff** und die verschuldensabhängige c. i. c.-Haftung wegen fehlerhafter Belehrung über die Aufspaltungsrisiken zu entwickeln.[187]

Durch die beiden Rechtsinstitute wurden mit Ausnahme von Vollkaufleuten auch Kleinkaufleute, Handwerker, Kleingewerbetreibende und Freiberufler geschützt, die seit dem In-Kraft-Treten des VerbrKrG an dem speziellen Verbraucherschutz nicht mehr partizipieren, den heutzutage das BGB nur noch einem Verbraucher gewährt, der einen Vertrag über die Lieferung einer Ware oder die Erbringung einer sonstigen Leistung in Verbindung mit einem Verbraucherdarlehensvertrag abschließt (§ 358 Abs. 3 BGB). Jahrelang war sich das Schrifttum uneins in der Frage, ob der subsidiäre Einwendungsdurchgriff und der haftungsbewehrte Belehrungsschutz durch das VerbrKrG und die spätere Schuldrechtsreform überholt sind.

Der BGH[188] hat dazu nun Stellung bezogen und einer Fortgeltung der seinerzeit zum AbzG entwickelten Rechtsprechung eine klare Absage erteilt.

1124 Für Darlehensverträge außerhalb des Anwendungsbereichs von § 358 Abs. 3 BGB ist von Interesse, wie sich Kauf- und Darlehensvertrag zueinander verhalten. Im Fall der Unwirksamkeit des Kauf- oder Darlehensvertrags findet § 139 BGB keine Anwendung.[189] Auf dem Boden der Trennungstheorie ist auf die §§ 158 ff. BGB und hilfsweise auf § 313 BGB zurückzugreifen.[190] Nach verbreiteter Meinung ist der **Kaufvertrag auflösend bedingt** durch das Zustandekommen des Darlehensvertrags, wenn im Einzelfall keine gegenteiligen Anhaltspunkte vorliegen.[191] Es macht im Ergebnis keinen wesentlichen Unterschied, ob man statt einer auflösenden Bedingung eine aufschiebende Bedingung annimmt, ob man das Rechtsinstitut Störung der Geschäftsgrundlage[192] bemüht oder davon ausgeht, die Finanzierung sei ein Regelungspunkt des Kaufvertrages, der nicht zustande kommt, solange der Käufer die Bedingungen der Bank, mit welcher der Verkäufer zusammenarbeitet, nicht akzeptiert hat.[193] In allen Fällen wird der Kaufvertrag hinfällig, wenn es – ohne dass der Käufer dies zu vertreten hat – nicht zum Abschluss des Darlehensvertrages kommt.[194]

1125 Die **Anfechtung des Kaufvertrages**, z. B. wegen arglistiger Täuschung, erstreckt sich nicht ohne weiteres auf den Darlehensvertrag, dessen Anfechtung dem Darlehensgeber gegenüber zu erklären ist.[195] Aus diesem Grunde empfiehlt es sich für den arglistig getäuschten Käufer, vorsorglich beide Verträge anzufechten.[196] Bei der Anfechtung des Darlehensvertrags stellt sich allerdings die Frage, ob der täuschende Verkäufer im Verhältnis zum gutgläubigen Kreditgeber als Dritter i. S. d. § 123 Abs. 2 S. 1 BGB anzusehen ist. Die Rechtsprechung hat dies im Normalfall des finanzierten Abzahlungsgeschäftes stets verneint und damit die Anfechtung des Darlehensvertrags wegen arglistiger Täuschung grundsätzlich bejaht,[197] da der Verkäufer als Abschlussgehilfe des Kreditgebers bezüglich des Darlehensvertrags anzusehen ist.[198] Freilich kann die Anfechtung nur wegen solcher Täuschungen zu-

---

187 Z. B. BGH 29. 10. 1956, BGHZ 22, 90; BGH 20. 11. 1986, NJW 1987, 1813 ff.
188 Urt. v. 27. 1. 2004, WM 2004, 620, 622.
189 A. A. früher OLG Karlsruhe 5. 4. 1954, MDR 1957, 161.
190 Zustimmend OLG Naumburg 12. 1. 2007 – 10 U 42/06 – BeckRS 2007, 65018.
191 OLG Düsseldorf 11. 5. 2005, DAR 2005, 625; OLG Köln 31. 10. 1984, ZIP 1985, 22, 25; *Weitnauer*, JZ 1968, 204.
192 OLG Frankfurt 12. 7. 1977, BB 1977, 573.
193 LG Essen 16. 4. 1958, NJW 1958, 869.
194 OLG Düsseldorf 11. 5. 2005, DAR 2005, 625.
195 BGH 20. 2. 1967, BGHZ 47, 224.
196 Wie in BGH 5. 7. 1971, NJW 1971, 2303.
197 BGH 17. 11. 1960, BGHZ 33, 302; 20. 2. 1967, BGHZ 47, 224.
198 BGH 20. 2. 1967, BGHZ 47, 224; *Emmerich*, JuS 1971, 273 ff.; *Weber*, ZRP 1982, 305 ff.

Zweckgebundene Drittfinanzierung (Verbundgeschäft) 1125

gelassen werden, die in unmittelbarer Beziehung zu dem Darlehensvertrag stehen, wie dies z. B. bei unrichtigen Angaben über die wirtschaftliche Belastung der Fall ist. Sofern der Verkäufer einen Mangel des Fahrzeugs arglistig verschwiegen hat, kann der Käufer nur den Kaufvertrag, nicht aber auch zusätzlich den Darlehensvertrag gem. § 123 BGB anfechten.[199]

---

199 In der Rechtsprechung und im Schrifttum wird nicht genügend differenziert; der BGH 5. 7. 1971, NJW 1971, 2303 war der Ansicht, dass eine Anfechtung des Darlehensvertrages nur in Frage kommt, wenn die Voraussetzungen für die Anfechtung des Kaufvertrags erfüllt sind.

Teil 2
An- und Verkauf gebrauchter Kraftfahrzeuge

A. Das gebrauchte Kraftfahrzeug

I. Der Gebrauchtfahrzeugbegriff

Automobile werden üblicherweise in Neu- und Gebrauchtfahrzeuge eingeteilt. Ein Pkw, **1126** der nicht mehr „fabrikneu" im Sinne der BGH-Rechtsprechung ist (s. Rn 238 ff.), kann nicht ohne Weiteres als „gebraucht" eingestuft werden.[1] Grundvoraussetzung dafür ist seine Ingebrauchnahme, d. h. eine Benutzung im öffentlichen Verkehr. **Halbjahres- und Jahreswagen**[2] sind damit eindeutig Gebrauchtfahrzeuge; ebenso **Vorführ-, Dienst- und Direktionswagen**. In einer Grauzone zwischen „neu" und „gebraucht" sind **Fahrzeuge mit Kurzzulassungen** („Tageszulassungen") anzusiedeln (näher Rn 316 ff.).

Generell empfiehlt sich, das Begriffspaar Neuwagen/Gebrauchtwagen oder allgemeiner: neu und gebraucht, stets mit Blick auf das konkrete Sachproblem zu sehen. Welcher Maßstab gilt, hängt nicht allein von den Kategorien des deutschen Rechts ab. Die Abgrenzung hat auch eine europarechtliche Dimension, etwa beim Verbrauchsgüterkauf mit seinen Sonderregeln für gebrauchte Sachen (§§ 474 Abs. 1, 475 Abs. 2 BGB). Ob ein Fahrzeug neu oder gebraucht ist, ist nach einem objektiven Maßstab zu bestimmen und jedenfalls bei einem **Verbrauchsgüterkauf** der Parteivereinbarung entzogen.[3]

Im Kaufrecht kann unter „Gebrauchtwagen" etwas anderes zu verstehen sein als im Versicherungsrecht.[4] Wiederum anders können die Dinge im Wettbewerbs- und Steuerrecht[5] liegen. **Bastler- und Schrottfahrzeuge** sowie sogenannte **Unfallreste** unter den kaufrechtlichen Gebrauchtwagenbegriff zu subsumieren ist nach der Verkehrsauffassung sicherlich richtig.[6] Als was ein Kraftfahrzeug verkauft worden ist, ob z. B. als „Jahreswagen", „Unfallwagen", als „Oldtimer" oder als „Youngtimer", kann für die Feststellung der Vertragswidrigkeit (§ 434 BGB) von ausschlaggebender Bedeutung sein.

Grundsätzlich ist es den Vertragsparteien unbenommen, ein Fahrzeug als „gebraucht" zu verkaufen, das objektiv noch neu oder neuwertig ist. Das ist Ausdruck ihrer Vertragsautonomie. Entscheidend ist das wirklich Gewollte, nicht die Bezeichnung des Objekts. Eingeschränkt ist die Vertragsautonomie **beim Verbrauchsgüterkauf**. Ein objektiv ungebrauchtes (neues) Fahrzeug, z. B. eine **Tageszulassung** mit null Km, kann nicht als „gebraucht" verkauft werden, um eine Abkürzung der Verjährung von Mängelansprüchen des Verbrauchers nach § 475 Abs. 2 BGB zu ermöglichen.[7]

---

1 *Eggert*, DAR 2004, 327, 332.
2 Zum Begriff Jahreswagen vgl. BGH 7. 6. 2006, NJW 2006, 2694; OLG Köln 7. 3. 1989, NJW-RR 1989, 699.
3 BGH 15. 11. 2006, NJW 2007, 674 (aber Tierkauf).
4 Vgl. z. B. BGH 14. 11. 1979, VersR 1980, 159, 160 (zu § 13 AKB).
5 Vgl. §§ 1b, 25 a UStG.
6 *Hörl*, DAR 1986, 99.
7 Vgl. BGH 15. 11. 2006, NJW 2007, 674 (Tierkauf); anders LG Bremen 19. 6. 2008, DAR 2008, 530 (Tageszulassung 35 km).

II. Marktüberblick

1. An- und Verkauf gebrauchter Pkw/Kombi

1127 Gebrauchte Pkw/Kombi werden heute im Wesentlichen auf folgenden Teilmärkten vermarktet:

- Privatmarkt (privates Direktgeschäft)
- Neuwagenhandel mit Gebrauchtwagenabteilung (Fabrikatshändler)
- Reiner Gebrauchtwagenhandel (ohne Neuwagengeschäft).

Die Entwicklung dieser drei Teilmärkte in den Jahren 2000 bis 2007 verdeutlicht folgende Grafik:

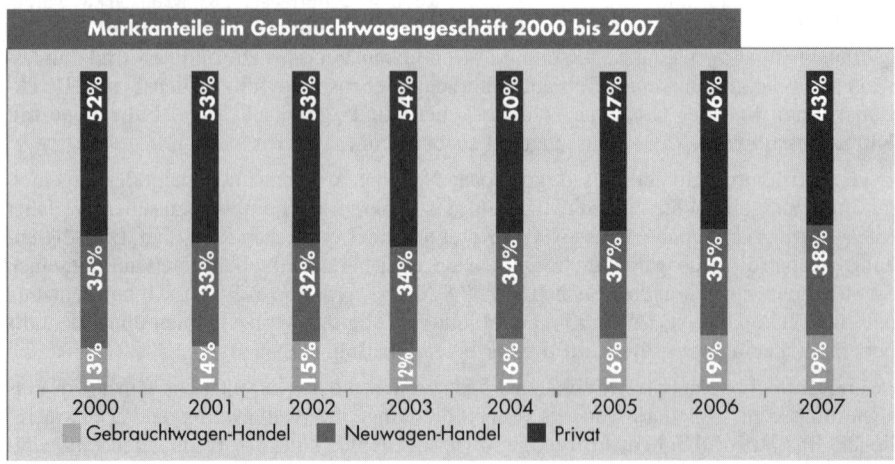

Quelle: DAT

Auf den beiden Teilmärkten mit Beteiligung von Händlern bzw. Herstellern (Werksniederlassungen) sind vor allem fünf Bezugsquellen zu unterscheiden:

- Inzahlungnahme/Ankauf von Privat
- Jahreswagen/Vorführwagen
- Mietwagen/Leasingrückläufer
- Versteigerungen.

2. An- und Verkauf gebrauchter Nutzfahrzeuge

1128 Jährlich werden auf dem deutschen Markt über 300.000 Lkw und rund 20.000 Sattelzugmaschinen sowie ca. 10.000 Omnibusse gebraucht gekauft. Dieser Handel ist ein **Sondermarkt** mit eigenen Regeln. Aus zivilrechtlicher Sicht stehen Fragen der Finanzierung, des Gutglaubenserwerbs und der Sachmängelhaftung im Vordergrund. Auf die jeweiligen Kapitel wird verwiesen.

3. An- und Verkauf von Youngtimern und Oldtimern

1129 Nach Überschreiten des statistischen Höchstalters von derzeit 12 Jahren erwirbt ein Pkw zunächst – nach 20 Jahren – das Prädikat „Youngtimer", um dann nach 30 Jahren zu einem „Oldtimer" zu werden. Der Bestand an Oldtimern wächst ständig. Zur Zeit beträgt er hierzulande etwa eine Million Fahrzeuge.

Marktüberblick

Die **Dreißigjahresgrenze** zieht – **zulassungsrechtlich** – § 2 Nr. 22 der Fahrzeug-Zulassungsverordnung (FZV). Hiernach sind Oldtimer Fahrzeuge, die vor mindestens 30 Jahren erstmals in Verkehr gekommen sind, weitestgehend dem Originalzustand entsprechen, in einem guten Erhaltungszustand sind und zur Pflege des kraftfahrzeugtechnischen Kulturgutes dienen. Zur Einstufung eines Fahrzeugs in diesem Sinne ist ein spezielles Gutachten erforderlich (§ 23 S. 1 StVZO).

Das Geschäft mit Oldtimern boomt wie nie zuvor.[8] Restaurierung und Handel werfen vielfältige zivilrechtliche Fragen auf. Im Vordergrund stehen naturgemäß **Probleme der Sachmängelhaftung**, hier vor allem die Bestimmung der Soll-Beschaffenheit. Detailfragen werden im jeweiligen Sachzusammenhang erörtert.

4. An- und Verkauf sonstiger Kraftfahrzeuge (Wohnmobile, Wohnwagen, Zweiräder u. a.)

Für den Verkauf von gebrauchten Wohnmobilen (Reisemobilen), Wohnanhängern gelten ebenso wie für den Handel mit Motorrädern prinzipiell die gleichen Regeln wie für den Pkw-Verkauf. Besonderheiten werden im jeweiligen Sachzusammenhang erörtert.

---

8 Umsatz in Deutschland derzeit 5 Milliarden Euro (kfz-betrieb spezial, 2007, S. 39).

B. Das private Direktgeschäft

I. Der Vertragsschluss

1131 Ungefähr jeder zweite gebrauchte Pkw/Kombi wird derzeit von privat an privat verkauft. Auch und gerade auf diesem Teilmarkt spielt **das Internet** eine zentrale Rolle, sei es als bloßes Informationsmedium, sei es – wie bei eBay – als Versteigerungsplattform. Die Mehrzahl der privaten Direktgeschäfte wird nach wie vor vor Ort, am Wohnsitz des Verkäufers, abgeschlossen. Während der Kauf in den Kfz-Betrieben durch Verwendung von Formularverträgen stark formalisiert ist, zeichnet sich das private Direktgeschäft durch seine Vielfalt in der Vertragsgestaltung aus.

1. Form des Vertrages

1132 Auch Privatpersonen verzichten nur selten auf den Abschluss eines schriftlichen Vertrages. Beide Seiten sind daran interessiert, wenigstens die Kerndaten des Geschäfts schriftlich zu fixieren. Automobilverbände, Versicherer und andere Anbieter stellen Vertragsformulare zur Verfügung; nicht selten von zweifelhafter Qualität. Juristisch einwandfrei sind die Dokumente des ADAC. Er hat seine Vertragsformulare wiederholt geändert, zuletzt aus Anlass der Schuldrechtsreform. Formularverträge finden ferner beim Verkauf auf privaten Automärkten Verwendung. Inhaltlich entsprechen sie häufig dem ADAC-Mustervertrag. Wer in all diesen Fällen des privaten Direktgeschäfts mit einem vorformulierten Vertrag Verwender i. S. v. § 305 Abs. 1 BGB ist, ist nicht immer leicht zu entscheiden (näher Rn 1979). Zum Vertragsschluss bei Internetauktionen (z. B. eBay) s. Rn 1304.

2. Besichtigung und Probefahrt

1133 Der Kauf eines gebrauchten Kraftfahrzeugs von privat an privat ist trotz Internet nach wie vor zumeist ein Kauf nach Besichtigung und Probefahrt. Nach Treu und Glauben mit Rücksicht auf die Verkehrssitte kann der Verkäufer eine uneingeschränkte Bindung des Kaufinteressenten in der Regel erst erwarten, wenn dieser den Wagen geprüft hat. Die Klausel „vorbehaltlich, dass eine Probefahrt keine technischen Mängel ergibt" stellt nach Ansicht des LG Berlin eine **aufschiebende Bedingung** dar.[1] Ob ein Kauf auf Probe i. S. v. § 454 Abs. 1 BGB, ein Kauf zur Probe oder ein beiderseits fest abgeschlossener Kauf mit Rücktrittsvorbehalt vorliegt, ist Auslegungssache.

Wenn der Käufer das Fahrzeug bereits besichtigt und Probe gefahren hat, er sich jedoch das Recht vorbehalten hat, es durch eine Werkstatt oder einen Sachverständigen, z. B. den ADAC, überprüfen zu lassen, wird – wie im Fall LG Berlin MDR 1970, 923 – ein Kauf unter einer aufschiebenden Bedingung zu bejahen sein. Dafür, dass ein Kaufvertrag ohne Bedingung zustande gekommen ist, **ist der Verkäufer beweispflichtig,** sofern er kaufvertragliche Rechte geltend macht.[2] Zur Darlegungs- und Beweislast beim Kauf auf Probe vgl. OLG Frankfurt OLGR 1994, 253; KG KGR 1996, 169.

3. Haftung bei Unfällen während der Probefahrt

1134 Allein durch die Überlassung des zum Verkauf angebotenen Fahrzeugs zum Zwecke einer Probefahrt (Legaldefinition jetzt in § 2 Nr. 23 FZV) kommt auch bei Anbahnung eines

---

1 Urt. v. 27. 5. 1970, MDR 1970, 923; s. auch OLG Düsseldorf 2. 4. 2004, ZGS 2004, 271 (Pferdekauf mit Ankaufuntersuchung).
2 BGH 10. 6. 2002, NJW 2002, 2862.

Der Vertragsschluss

privaten Direktgeschäfts in der Regel noch keine vertragliche Beziehung zustande. Die Annahme eines Leihvertrages oder eines „Probefahrtvertrages" entspricht nicht der Lebenswirklichkeit.[3]

Verursacht der Kaufinteressent während der Probefahrt einen Unfall, sind als **Anspruchsgrundlagen** die §§ 280 Abs. 1, 311 Abs. 2, 241 Abs. 2 BGB (c. i. c.) und § 823 BGB in Betracht zu ziehen.[4]

Sofern der Kaufinteressent oder sein Begleiter (Erfüllungsgehilfe, so LG Braunschweig NZV 1995, 491) die Beschädigung des Fahrzeugs zu vertreten hat,[5] wird er sich vor allem mit dem Einwand verteidigen, die Haftung für leichte (einfache) Fahrlässigkeit sei **stillschweigend ausgeschlossen** worden. Ein ausdrücklicher Haftungsverzicht kommt unter Privatpersonen so gut wie nie vor. Für grobe Fahrlässigkeit oder gar Vorsatz haftet auch der von privat kaufende Probefahrer ohne jegliche Einschränkung. Zweifelhaft kann seine Verantwortlichkeit nur für **leicht fahrlässig** herbeigeführte Schäden sein.

Im Ergebnis ist man sich darin einig, den Kaufinteressenten, der einen privat angebotenen Kraftwagen Probe fährt, einem größeren Haftungsrisiko auszusetzen als den Kunden eines Kfz-Händlers (zur Rechtslage beim Gebrauchtwagenkauf vom Händler vgl. Rn 1185). Er soll **grundsätzlich** auch für **einfache Fahrlässigkeit** einzustehen haben.[6] Begründet wird dies mit dem Unterschied in der Interessen- und Risikolage, insbesondere damit, dass es dem privaten Anbieter – anders als einem Kfz-Händler – nicht zumutbar sei, „lediglich mit Rücksicht auf den beabsichtigten Verkauf des Wagens eine Fahrzeugvollversicherung abzuschließen".[7] Dementsprechend könne der Probefahrer „grundsätzlich nicht davon ausgehen, dass eine Fahrzeugvollversicherung bestehe".[8]

Diese obiter dicta hat **der BGH** in der Entscheidung vom 8. 1. 1986[9] wiederholt. Eine abschließende Stellungnahme zur Haftung des privaten Kaufinteressenten für einen leicht fahrlässig verursachten Unfallschaden bei einer Probefahrt mit einem direkt von privat angebotenen Kfz steht noch aus. Das BGH-Urteil vom 18. 12. 1979[10] ist nicht einschlägig. Der bei der Probefahrt ums Leben gekommene Anbieter war ein freiberuflich tätiger Kraftfahrzeugmeister. Ihm sei der Abschluss einer Versicherung gegen Personenschäden durchaus zuzumuten gewesen, so der BGH, ebenso wie der Abschluss einer Kaskoversicherung für mögliche Schäden am Fahrzeug. Damit gehört dieser Fall zur Gruppe „Probefahrt beim Kauf vom gewerblichen Kfz-Händler" (dazu Rn 1185).

Missglückte Fahrten bei Anbahnung eines privaten Direktgeschäfts sind Gegenstand der Entscheidungen des OLG Schleswig vom 3. 6. 1981[11] und des OLG Zweibrücken vom 27. 4. 1990.[12] Beide Gerichte verneinen zu Recht unter Hinweis auf die besondere Interessen- und Risikolage eine stillschweigend vereinbarte Haftungsfreistellung des Probefahrers. Im Fall des OLG Schleswig war der Pkw bereits knapp fünf Jahre zum Straßenverkehr zugelassen, so dass der beklagte Probefahrer nicht mehr von der Existenz einer Fahrzeugvollversicherung ausgehen konnte. Aber auch bei einem weniger alten Pkw kann sich ein

---

3 Vgl. OLG Köln 18. 4. 2005, MDR 2006, 90 (aber Händler).
4 Zum Haftungsprivileg nach § 104 SGB VII s. OLG Hamm 20. 3. 2002 – 13 U 229/01.
5 Beweisvermutung zugunsten des Verkäufers nach § 280 Abs. 1 S. 2 BGB.
6 OLG Köln 20. 11. 1995, NJW 1996, 1288; OLG Schleswig 3. 6. 1981, VersR 1982, 585; OLG Zweibrücken 27. 4. 1990, NZV 1990, 466; *Jox*, NZV 1990, 53, 55; vgl. auch *Fuchs*, AcP 191, 331, 342; *M. J. Schmidt*, JR 1980, 138; *Ströfer*, NJW 1979, 2553.
7 BGH 10. 1. 1979, NJW 1979, 643, 644.
8 BGH 10. 1. 1979, NJW 1979, 643.
9 NJW 1986, 1099.
10 NJW 1980, 1681.
11 VersR 1982, 585.
12 NZV 1990, 466.

Kaufinteressent nicht ohne weiteres darauf verlassen, dass Vollkaskoschutz besteht. Anders liegen die Dinge bei Jahreswagen aus dem Besitz von Werksangehörigen. Üblicherweise werden sie vollkaskoversichert.

Das OLG Zweibrücken[13] hat einen Gebrauchtwageninteressenten für schadensersatzpflichtig gehalten, der sich mit dem Einwand verteidigt hat, in Kenntnis der Einschränkung des Vollkasko-Versicherungsschutzes (ausgenommen war eine wertvolle, beim Unfall beschädigte Sonderausstattung) von der Probefahrt abgesehen zu haben. Der private Anbieter sei nicht verpflichtet gewesen, den Beklagten über den Umfang der bestehenden Kaskoversicherung „detailliert" aufzuklären, dies selbst dann nicht, wenn man von einem Leihverhältnis ausgehe. Im Übrigen, so das OLG Zweibrücken in einer Hilfserwägung, habe nicht festgestellt werden können, dass der Beklagte im Falle einer Risikoaufklärung auf die Probefahrt mit dem weniger als zwölf Monate alten Fahrzeug verzichtet hätte oder vorsichtiger gefahren wäre.

Atypisch ist der Sachverhalt, über den das OLG Köln durch Urteil vom 20. 11. 1995[14] entschieden hat. Der Pkw war bei einem Autohaus zum Privatverkauf ausgestellt. Dem Urteil sind indes wichtige Grundsätze zur **Darlegungs- und Beweislast** zu entnehmen.

Wenn auch die **typische Interessenlage** beim privaten Direktgeschäft regelmäßig gegen die Annahme einer stillschweigend vereinbarten Haftungsfreistellung spricht (diese Konstruktion erscheint dogmatisch ohnehin fragwürdig),[15] so kann sich jedoch **ausnahmsweise** aus den konkreten Umständen des Einzelfalls eine solche Haftungsbeschränkungsabrede ergeben. Eine langjährige Freundschaft genügt nach Ansicht des OLG Schleswig[16] nicht, auch nicht in Verbindung mit der Tatsache, dass dem Kfz-Eigentümer bei Antritt der Probefahrt alle unfallerhöhenden Risiken (Glatteis, mangelndes Vertrautsein mit dem Fahrzeugtyp) bekannt waren. Im Hinblick auf einen stillschweigend bzw. konkludent vereinbarten Haftungsverzicht kann es aber nach der Rechtsprechung von Bedeutung sein, dass der private Kfz-Eigentümer den Interessenten zu einer Probefahrt überredet hat oder sie ihm gar, wie im Fall BGH NJW 1979, 643, trotz seines Sträubens und offenkundiger Unsicherheit aufgedrängt hat. Die Annahme einer vertraglichen Haftungsbeschränkung im Vorfeld des eigentlichen Vertrages wird freilich immer dem Einwand ausgesetzt sein, den Rechtsbindungswillen der Beteiligten letztlich zu fingieren.

Eine **Sondersituation** liegt auch dann vor, wenn der Kaufinteressent keine eigentliche Probefahrt macht, sondern das Fahrzeug im Auftrag oder lediglich mit Zustimmung des Verkäufers zu einer TÜV- oder ADAC-Prüfstelle fährt, um es dort untersuchen zu lassen. Denkbar ist auch eine Überführungsfahrt zu einer Werkstatt.[17]

1135   Bei nicht nachweisbarer Haftungsfreistellung bleibt dem Probe fahrenden Unfallverursacher nur der **Einwand des Mitverschuldens** nach § 254 Abs. 1 BGB. Hier kommt es ganz auf die Umstände des konkreten Falles an. Zulasten des Anbieters geht es in der Regel, wenn er sich nicht über die Personalien des Probefahrers vergewissert, insbesondere von einer Vorlage des Führerscheins absieht, bevor er sein Fahrzeug aus den Händen gibt.[18] Ein Beispiel für eine angemessene Abwägung der beiderseitigen Verursachungsanteile ist das Urteil des OLG Schleswig vom 3. 6. 1981.[19] Hinzuweisen ist ferner auf die Bewertungen von Verschulden und Mitverschulden in der unter Rn 106, 1185 mitgeteilten Judikatur.

---

13 NZV 1990, 466.
14 NJW 1996, 1288 = VersR 1996, 1420.
15 Vgl. *Ströfer*, NJW 1979, 2553; *M. J. Schmidt*, JR 1980, 138.
16 VersR 1982, 585.
17 Vgl. OLG Frankfurt 18. 11. 1997, NJW 1998, 1232, nur bedingt einschlägig.
18 Zur Frage der groben Fahrlässigkeit i. S. v. § 61 VVG a. F. s. OLG Frankfurt 26. 11. 1997, OLGR 1998, 125; OLG Düsseldorf 23. 2. 1999, OLGR 1999, 450; OLG Frankfurt 8. 6. 2001, NJW-RR 2002, 30; s. auch BGH 26. 11. 1996, NJW 1997, 660.
19 VersR 1982, 585.

Verjährung des Schadensersatzanspruchs tritt analog § 606 BGB in sechs Monaten ab **1136**
Rückgabe des beschädigten Fahrzeugs ein, gleichviel, ob der Anspruch auf ein Verschulden
bei der Vertragsanbahnung oder auf § 823 BGB gestützt ist.[20] Die kurze Verjährung greift
auch im Fall des wirtschaftlichen Totalschadens (kalkulierte Reparaturkosten über Wiederbeschaffungswert) ein, aber nicht bei Totalzerstörung oder -verlust.[21]

II. Die Pflichten des privaten Verkäufers

1. Übergabe

Der Verkäufer ist verpflichtet, dem Käufer das Fahrzeug zu übergeben und ihn damit **1137**
zum **unmittelbaren Besitzer** zu machen (§ 433 Abs. 1 S. 1 BGB). Die Vertragsparteien
können auch vereinbaren, dass der Käufer zusammen mit einer am Kaufvertrag nicht beteiligten Person, z. B. Ehefrau oder Freundin, **Mitbesitz** (§ 866 BGB) erwirbt. Im Zweifel will
der Verkäufer den Besitz nur auf seinen Vertragspartner übertragen.

Die **Aushändigung des Fahrzeugbriefes** (jetzt Zulassungsbescheinigung Teil II) steht
der Übergabe des Fahrzeugs nicht gleich. Der Brief ist kein sog. Traditionspapier.[22] Die Besitzverschaffungspflicht des Verkäufers ist erst mit dem Erwerb der tatsächlichen Herrschaft des Käufers über das Fahrzeug erfüllt. Wesentliches Indiz für den Besitzerwerb ist
die „Schlüsselgewalt". Wer sämtliche Fahrzeugschlüssel in den Händen hat, ist regelmäßig
Alleinbesitzer.[23] Das OLG Köln hat Mitbesitz sogar in einem Fall bejaht, in dem die führerscheinlose Freundin des Käufers nur den Zweitschlüssel besaß.[24] Seiner Besitzverschaffungspflicht genügt der Verkäufer auch dadurch, dass er den Wagen im Einverständnis
mit dem Käufer vorläufig behält und dem Käufer **mittelbarer Besitz** eingeräumt wird.

Mit dem Fahrzeug sind sämtliche **mitverkauften Zubehörteile** zu übergeben (Winterreifen, Hardtop etc.). Nicht zuletzt mit Blick auf einen etwaigen Diebstahl ist es für den
Käufer wichtig, alle zum Fahrzeug gehörenden **Schlüssel/Fernbedienungen** zu erhalten.
Eine Verletzung dieser Pflicht ist kein Fall der Sachmängelhaftung,[25] sondern ein Verstoß
gegen § 433 Abs. 1 S. 1 BGB.

Liefert der Verkäufer das Fahrzeug oder mitverkaufte Teile nicht oder nicht rechtzeitig,
so kann der Käufer **auf Herausgabe klagen**. Außer Vertragserfüllung kann er **Ersatz
seines Verzögerungsschadens** verlangen, § 280 Abs. 2 i. V. m. § 286 BGB. Dazu rechnen
höhere Kfz-Steuer und höhere Versicherungsprämien für den bisherigen Altwagen. Hat
sich der Käufer aufgrund der Vorenthaltung des Fahrzeugs einen Ersatzwagen gemietet,
sind auch die Mietwagenkosten zu ersetzen (abzüglich Eigenersparnis). Die Rechtsprechung zum Unfallhaftpflichtrecht kann auch insoweit herangezogen werden, als es um
die „abstrakte" Nutzungsausfallentschädigung geht.[26]

Bei verspäteter Herausgabe des Fahrzeugbriefs hat der BGH eine Entschädigung wegen
vorenthaltener Gebrauchsmöglichkeit ausdrücklich anerkannt.[27] Zugleich hat er zu verste-

---

20 Vgl. BGH 21. 5. 1968, NJW 1968, 1472 – Probefahrt mit Kraftwagen vom Händler; vgl. auch BGH 18. 2. 1964, NJW 1964, 1225; BGH 24. 6. 1992, NJW 1992, 2413.
21 LG Itzehoe 24. 4. 2003, DAR 2003, 421.
22 BGH 13. 9. 2006, NJW 2006, 3488.
23 Zustimmend SchlHOLG 28. 2. 1997, OLGR 1997, 152.
24 Urt. v. 10. 7. 1986, 18 U 48/86, n. v.; s. auch OLG Köln 21. 6. 1996, NJW-RR 1997, 1420 – Eheleute in Gütertrennung.
25 Anders AG München 31. 3. 2004, SP 2005, 70 beim Fehlen des Zentralschlüssels („Master Key"); s. auch OLG Nürnberg 21. 3. 2005, NJW 2005, 2019 = DAR 2005, 450.
26 OLG Nürnberg 21. 3. 2005, NJW 2005, 2019 = DAR 2005, 450 (Vorenthaltung von Schlüsseln).
27 Urt. v. 15. 6. 1983, NJW 1983, 2139.

hen gegeben, dass er den Fall verspäteter Übergabe des Fahrzeugs ebenso beurteilen werde. Dies wäre nur folgerichtig, wobei es nicht darauf ankommen kann, ob der Käufer den Kaufpreis schon ganz oder teilweise bezahlt hat.[28] Bei der Bemessung der Nutzungsausfallentschädigung orientiert sich die Rechtsprechung auch in den Vertragsfällen an der Tabelle *Sanden/Danner* (NJW 2008, Beilage Heft 1–2). Für ältere Fahrzeuge, auch für Young- und Oldtimer, gelten Sonderregeln.[29]

Entzieht der Verkäufer dem Käufer den Besitz durch Wegnahme des Fahrzeugs oder durch Abmontieren der Nummernschilder, so hat er gleichfalls eine Nutzungsentschädigung zu zahlen. Diese kann den Wert des verkauften Fahrzeugs übersteigen.[30]

Wahlweise kann der nichtbelieferte Käufer auch **vom Vertrag zurücktreten** (§ 323 BGB) oder **Schadensersatz statt der Leistung** verlangen (§§ 280 Abs. 1, 3, 281 Abs. 1 BGB). Voraussetzung dafür ist grundsätzlich eine erfolglose Fristsetzung. Bei einem günstigen Kaufpreis („Schnäppchenkauf") besteht der Nichterfüllungsschaden in der Differenz zum höheren Marktpreis.[31] Zu weiteren Einzelheiten der Schadensberechnung bei Lieferverzug bzw. -unmöglichkeit s. Rn 1184.

Die Rechte des Käufers bei Diebstahl oder Zerstörung bzw. Beschädigung des Fahrzeugs zwischen Vertragsabschluss und Übergabe, also vor Gefahrübergang, richten sich jetzt nach den in **§ 275 Abs. 4 BGB** genannten Vorschriften.

2. Übereignung

1138 Die Eigentumsübertragung bestimmt sich nach §§ 929 ff. BGB. Zum Eigentumserwerb bei einer Mehrheit von Käufern, z. B. Eheleuten, vgl. OLG Saarbrücken OLGR 2004, 172, OLG Köln NJW-RR 1997, 1420; Brand OLG 19. 9. 2002 – 9 U 31/01 – n. v.(Kauf im Autohaus).

Auch bei **gutgläubigem Erwerb** erfüllt der Verkäufer seine Eigentumsverschaffungspflicht nach § 433 Abs. 1 S. 1 BGB. Zum Erwerb des Eigentums vom Nichtberechtigten und zu den Rechtsfolgen bei fehlgeschlagener Übereignung s. Rn 2242 ff.

Ein **Eigentumsvorbehalt** (§ 449 BGB) kann stillschweigend bzw. durch konkludentes Verhalten geschlossen werden. Spätestens bei der Besitzübergabe muss der Eigentumsvorbehalt dem Empfänger gegenüber deutlich erklärt werden. An die Klarheit einer solchen Erklärung ist ein strenger Maßstab anzulegen. Ob dafür das kommentarlose **Einbehalten des Fahrzeugbriefs** (Zulassungsbescheinigung Teil II) genügt, hängt von den Umständen des Einzelfalls ab.[32]

3. Aushändigung der Kfz-Papiere und sonstiger Dokumente

1139 Zur vollständigen Vertragserfüllung gehört die Aushändigung von **Fahrzeugbrief** und **Fahrzeugschein** (heute Zulassungsbescheinigungen I und II). Für den Brief ergab sich die Herausgabepflicht des Verkäufers aus § 444 BGB a. F. Bei ihm handelt es sich um eine „zum Beweis des Rechts dienende Urkunde" im Sinne dieser Vorschrift. Nach deren ersatzloser Streichung ist der Kaufvertrag die maßgebliche Grundlage für einen Herausgabeanspruch. Häufig gibt schon der Vertragstext Auskunft darüber, was der Käufer erhalten

---

28 Anders OLG Hamm 22. 6. 1995, OLGR 1996, 15 zu § 326 BGB a. F.; vgl. auch BGH 20. 10. 1987, NJW 1988, 484 (Verweigerung der Herausgabe eines reparierten Pkw).
29 BGH 23. 11. 2004, NJW 2005, 277; 20. 10. 1987, NJW 1988, 484 (Sonderfall); ausführlich *v. La Chevallerie*, ZfS 2007, 423.
30 OLG Hamm 8. 9. 1988, NJW-RR 1989, 55 = DB 1988, 2456.
31 OLG Hamm 10. 3. 1995, VersR 1996, 1119.
32 Vgl. BGH 13. 9. 2006, NJW 2006, 3488; dazu *Fritsche/Würdinger*, NJW 2007, 1037.

Die Pflichten des privaten Verkäufers

soll bzw. erhalten hat. Im Vertragsformular oder der Empfangsquittung nicht genannte Papiere dürfen im Zweifel zurückgehalten werden (Vermutung der Vollständigkeit der Urkunde).

Seinem Wortlaut nach war § 444 BGB a. F. nicht anwendbar, sofern der Verkäufer den Fahrzeugbrief nicht in seinem Besitz hatte. Da der Käufer mit dem Erwerb des Eigentums am Fahrzeug auch **Eigentümer des Fahrzeugbriefes** wird (§ 952 BGB analog), hat er gegen den Dritten einen Herausgabeanspruch aus § 985 BGB. Den Verkäufer trifft die Nebenpflicht, den Käufer bei der Verwirklichung dieses Anspruchs zu unterstützen. Im Fall des mittelbaren Besitzes hat er seinen eigenen Herausgabeanspruch an den Käufer abzutreten.

Bei Fahrzeugen, für die kein Fahrzeugbrief, sondern nur eine **Betriebserlaubnis** ausgestellt ist, z. B. Bagger und ähnliche Arbeitsmaschinen, gilt § 952 BGB gleichfalls zugunsten des Fahrzeugeigentümers.[33]

Die Pflicht zur Übergabe des **Fahrzeugbriefes** ist – wie der BGH bereits Anfang der Fünfziger Jahre festgestellt hat[34] – eine **Hauptpflicht** des Verkäufers. Für die **Zulassungsbescheinigung Teil II** (früher Fahzeugbrief) gilt das Gleiche. Der Käufer kann für die Verschaffung dieses Dokuments eine Nachfrist setzen und nach Ablauf vom Vertrag zurücktreten oder Schadensersatz statt der Leistung verlangen.[35] Zum ersatzfähigen **Verzugsschaden** gehört die vorenthaltene Nutzungsmöglichkeit.[36] Für die Anwendung der Sachmängelvorschriften ist entgegen OLG Stuttgart[37] auch dann kein Raum, wenn ein Dritter die Herausgabe des Fahrzeugbriefes verweigert. Zu den Rechten des Käufers bei **fehlender Übereinstimmung** zwischen den Eintragungen im Fahrzeugbrief und der tatsächlichen Beschaffenheit des verkauften Fahrzeuges s. Rn 1411.

Ebenso wie für den Kaufvertrag ist die Übergabe des Fahrzeugbriefes auch für das **dingliche Geschäft** ohne Bedeutung. Sie ersetzt insbesondere nicht den Erwerb des unmittelbaren Besitzes an dem Fahrzeug.[38]

Mitunter erhält der Käufer den Fahrzeugbrief schon, bevor er den Kaufpreis vollständig bezahlt hat, z. B. zum Zwecke der Ummeldung des Fahrzeugs. An sich ist der Verkäufer bei einem Verkauf unter Eigentumsvorbehalt berechtigt, den Brief bis zur endgültigen Bezahlung des Kaufpreises zurückzubehalten.[39] Er ist lediglich verpflichtet, durch Vorlage des Briefes beim Straßenverkehrsamt die Zulassung des Fahrzeugs auf den Käufer zu ermöglichen (siehe auch § 12 Abs. 6 FZV). Gibt er ihn unvorsichtigerweise früher aus der Hand, kann darin ein Verzicht auf sein Vorbehaltseigentum zu sehen sein.[40] In der Überlassung des Briefes nur zum Zwecke der Zulassung liegt ein solcher Verzicht noch nicht.[41] Ebenso wenig ist dieser Vorgang als Ermächtigung des Verkäufers zu sehen, dass der Käufer nunmehr über das vorbehaltene Eigentum frei verfügen könne.[42]

Ferner hat der Käufer – auch ohne besondere Vereinbarung – einen Anspruch auf Überlassung von Fahrzeugdokumenten wie **Betriebsanleitung, Bordbuch, Service-Heft** (Kundendienstscheckheft), Garantiebelege, Betriebserlaubnis für bestimmte Fahrzeugteile (§ 22 StVZO) und Anhängerschein.

---

33 KG 2. 2. 1996, MDR 1996, 795.
34 Urt. v. 25. 6. 1953, NJW 1953, 1347; vgl. auch BGH 15. 6. 1983, NJW 1983, 2139.
35 OLG Oldenburg 16. 12. 1998, NJW-RR 2000, 507 – kein Privatgeschäft.
36 BGH 15. 6. 1983, NJW 1983, 2139; BGH 20. 10. 1987, NJW 1988, 484 (Reparaturfall).
37 Urt. v. 10. 4. 1970, DAR 1971, 13.
38 BGH 8. 5. 1978, NJW 1978, 1854.
39 Zur Bedeutung des Einbehaltens s. BGH 13. 9. 2006, NJW 2006, 3488.
40 Siehe auch BGH 13. 9. 2006, NJW 2006, 3488.
41 Anders in dem Sonderfall BGH 20. 5. 1958, NJW 1958, 1231.
42 OLG Hamburg 20. 2. 1986, NJW-RR 1987, 1266; vgl. auch *Schmidt*, DAR 1963, 321.

Je mehr Elektroniksysteme im Automobil eingesetzt werden, desto wichtiger wird für den Endverbraucher die Beherrschbarkeit der ihm angebotenen Hightech-Produkte. Die **Betriebsanleitungen der Hersteller** werden immer umfangreicher, zumal bei Fahrzeugen der Oberklasse. Der Gedanke liegt daher nahe, im Fehlen derartiger Dokumente **einen Sachmangel** zu sehen, so wie die Rechtsprechung es bei der Bedienungsanleitung für Computer angenommen hat.[43] Soweit Dokumente wie das Inspektionsheft („Scheckheft") für die Beurteilung des Fahrzeugs und/oder für die Verfolgung von Ansprüchen erforderlich sind, die – wie z. B. ein Garantieanspruch – nicht an die Person des Halters/Eigentümers, sondern an das Fahrzeug gebunden sind, ist die Lösung von Konfliktfällen (Fehlen des Scheckhefts, unterlassene Aufklärung über Servicelücken etc.) **außerhalb des Sachmängelrechts** zu suchen.[44]

Ein Verkäufer erfüllt grundsätzlich seine Pflicht, wenn er die vorhandenen Unterlagen dem Käufer aushändigt. Eine Erläuterung und eine Aufklärung über Unregelmäßigkeiten, die sich aus dem Scheckheft ergeben, kann der Käufer ohne weiteres nicht erwarten. Zum Schadensersatzanspruch des Käufers, wenn ihm das für die Abwicklung von Garantieansprüchen wichtige **Serviceheft** (Kundendienstscheckheft)[45] nicht ausgehändigt werden kann, s. AG Oberhausen DAR 2000, 124.

Auch der letzte Bericht über die regelmäßige **Fahrzeughauptuntersuchung** i. S. v. § 29 StVZO („TÜV-Bericht"), der **AU-Schein** und die Bescheinigung über eine Stilllegung können Gegenstand der Herausgabepflicht des Verkäufers sein.

Besonders umfangreich sind die Dokumente für Reisemobile und Wohnanhänger (Caravans). Auch bei Oldtimern, Replicas und umgebauten bzw. getunten Fahrzeugen erschöpft sich die Herausgabepflicht des Verkäufers meist nicht in der Aushändigung der „normalen" Fahrzeugpapiere. Gibt der Wortlaut des Vertrages keine Auskunft, dreht sich der Streit auch in diesen Sonderfällen um die Frage, ob der Verkäufer aus der Sachmängelhaftung in Anspruch zu nehmen ist oder ob ein Fall der Nichterfüllung i. S. d. § 433 Abs. 1 S. 1 BGB vorliegt.[46]

4. Die Pflicht des Privatverkäufers zur mangelfreien Lieferung

Auch ein nicht gewerblicher Verkäufer hat das Fahrzeug **frei von Sach- und Rechtsmängeln** zu übergeben (§ 433 Abs. 1 S. 2 BGB). Die Lieferung einer mangelfreien Sache ist nach heutigem Kaufrecht eine **Leistungspflicht** (Erfüllungspflicht) des Verkäufers. Zu den Rechten des Käufers bei Verletzung dieser Pflicht – Pflichtverletzung i. S. v. § 280 Abs. 1 BGB – s. Rn 1310 ff. (Sachmängelhaftung) und Rn 2241. (Rechtsmängelhaftung).

5. Nebenpflichten

Zum Schutz des Käufers hat die Rechtsprechung eine Vielzahl von Nebenpflichten des Verkäufers entwickelt. Für den Gebrauchtfahrzeugkauf von besonderer Bedeutung, allerdings weniger für das private Direktgeschäft, sind (leistungsbezogene) Aufklärungs-, Beratungs-, Hinweis- und Untersuchungspflichten. Das Pflichtenprogramm eines privaten Verkäufers weicht in zahlreichen Punkten von demjenigen eines gewerblichen Verkäufers ab. Auf die Gemeinsamkeiten und Unterschiede wird bei den jeweiligen Sachfragen eingegangen.

---

43 OLG Frankfurt NJW 1987, 3206; so auch OLG Köln, NJW 1988, 2477; vgl. auch BGH 5. 7. 1989, NJW 1989, 3222; BGH 4. 11. 1992, DB 1993, 424.
44 So LG Duisburg 16. 7. 2004 – 2 O 450/03 – n. v.; anders LG Itzehoe 4. 6. 2002 – 7 O 166/01 – n. v.
45 Einige Hersteller haben auf den „Digitalen Service-Nachweis" umgestellt (z. B. Mazda beim 5er).
46 Vgl. OLG Koblenz 20. 9. 2007, NJW-RR 2008, 69 (Montagedokumentation für Sportwagen-Nachbau); OLG Bamberg 2. 3. 2005, DAR 2005, 619 (Umrüstungsnachweis i. S. v. § 19 Abs. 4 StVZO).

Ein privater Verkäufer schuldet seinem privaten Abnehmer grundsätzlich keine Beratung in Fragen der Gewährleistung und der Garantie. So ist er nicht einmal dazu verpflichtet, von sich aus auf Restlaufzeiten von Garantien und/oder fällige Inspektionen zur Erhaltung des Garantieschutzes hinzuweisen. Er genügt seiner Pflicht in der Regel durch Übergabe der vorhandenen Dokumente. Auf gezielte Nachfrage seines Vertragspartners hat er wahrheitsgemäß und vollständig zu antworten.

III. Die Pflichten des privaten Käufers

1. Kaufpreiszahlung

Bis zur Grenze der Sittenwidrigkeit, die beim privaten Direktgeschäft so gut wie nie überschritten ist (s. auch Rn 2144), bleibt es den Vertragspartnern überlassen, welchen Preis sie vereinbaren. Wann und wie der Kaufpreis zu zahlen ist, richtet sich in erster Linie nach der konkreten Vereinbarung der Vertragspartner, hilfsweise nach den gesetzlichen Bestimmungen (§§ 270, 271, 320 BGB).

Behauptet der Käufer eine **Stundungsabrede,** trifft ihn die Beweislast.[47] Zur Abrede, der Vertrag werde erst mit Scheckeinzug „rechtskräftig", s. OLG Düsseldorf 1. 3. 1985, NJW 1985, 2484.[48] Zur Klausel „Anzahlung ... DM, Rest bei Abholung" s. OLG Köln 14. 6. 1995, NZV 1996, 66 = VRS 90, 10.

Die **Inzahlungnahme** („Gebraucht gegen Gebraucht") spielt beim privaten Direktgeschäft keine große Rolle. Gibt ein Käufer ausnahmsweise einmal seinen Altwagen „in Zahlung", hängt es von der Auslegung der Vertragserklärungen unter Berücksichtigung der beiderseitigen Interessenlage ab, ob man einen Tauschvertrag mit Zuzahlabrede, zwei selbstständige Kaufverträge mit Verrechnungsvereinbarung oder einen einheitlichen Kaufvertrag mit Ersetzungsbefugnis annimmt (s. Rn 799 ff.). Denkbar ist auch, in der Inzahlungnahme des Altwagens die Geschäftsgrundlage für den Kaufvertrag zu sehen mit der Folge einer Nachverhandlungspflicht. Schließlich ist die gleichfalls käufergünstige Lösung in Betracht zu ziehen, die Wirksamkeit des Kaufvertrages an die Bedingung zu knüpfen, dass der Altwagen vom Verkäufer übernommen und von ihm auch akzeptiert wird. In jedem Einzelfall ist dem Ausnahmecharakter privater Inzahlungnahme Rechnung zu tragen. Bei der Auslegung ist vor allem zu berücksichtigen, dass sich zwei in etwa gleich starke Vertragsparteien gegenüberstehen.

Wesentliche Indizien bei der Ermittlung des Parteiwillens sind das Verhältnis von Wert und Gegenwert und die Höhe des Barzahlungsbetrages. Die Einordnung als Kauf oder Tausch hängt im Übrigen entscheidend davon ab, ob derjenige Vertragsteil, der einen bestimmten Betrag bar zu zahlen hat, nur das Recht oder auch die Pflicht zur Hingabe seines Altwagens hat. Eine Sachleistungspflicht des Barzahlers wird im Zweifel nicht gewollt sein. Vom ehemaligen VerbrKrG wurden Kredite unter Privatleuten nicht erfasst. Daran hat sich durch die Integration dieser Regelungen in das BGB (§§ 491 ff.) nichts geändert.

Verjährung: Der Anspruch des Verkäufers auf Zahlung des Kaufpreises verjährt **in drei Jahren** (§§ 195, 199 BGB). Die Verjährung beginnt mit dem Schluss des betreffenden Jahres (Ultimoregel). Eingetretene Verjährung schließt ein **Zurückbehaltungsrecht des Verkäufers** nicht aus (§ 215 BGB). Er darf also z. B. die Herausgabe des Fahrzeugbriefes verweigern, auch wenn sein Kaufpreisanspruch verjährt ist.

---

47 KG 25. 2. 1995, KGR 1996, 265.
48 Vgl. auch OLG Düsseldorf 24. 4. 1996, OLGR 1997, 4.

2. Abnahme des Fahrzeugs

1147 Nach § 433 Abs. 2 BGB ist der Käufer verpflichtet, das Kaufobjekt abzunehmen. Der Verkäufer hat einen entsprechenden Anspruch, den er **klageweise** durchsetzen kann. Isolierte Abnahmeklagen sind freilich selten. Denn der Käufer, der das Fahrzeug nicht abholt, bleibt meist auch die Bezahlung schuldig. Verkäufer klagen in solchen Fällen zweckmäßigerweise auf Zahlung und Abnahme. Mit dem Argument, die Zahlungsschuld sei im Gegensatz zur Abnahmepflicht Hauptleistungspflicht, soll es in einem Kombinationsfall prozessual allein auf den Anspruch auf Zahlung des Kaufpreises ankommen. Allein danach sollen sich der **Gerichtsstand** und auch der **Streitwert** bestimmen.[49] Ist die Abnahmepflicht bloße Nebenpflicht, kann der Verkäufer im Fall einer isolierten Klage auf Abnahme seine eigenen Pflichten gem. § 433 Abs. 1 S. 1 BGB nicht in einen **Zug-um-Zug-Antrag** aufnehmen. § 322 BGB ist mangels synallagmatischer Verknüpfung unanwendbar.

Die Einstufung der Abnahmepflicht als **bloße Nebenpflicht** entspricht traditioneller Sichtweise. Beim Kauf eines Fahrzeugs aus privater Hand sprechen indes gute Gründe dafür, die Abnahmepflicht ausnahmsweise als Hauptleistungspflicht anzusehen. Dem Privatverkäufer ist im Allgemeinen erkennbar daran gelegen, seinen Wagen so schnell wie möglich abzugeben und ab- bzw. umzumelden. Er will von seinen vielfältigen Pflichten als Kfz-Halter ohne Verzögerung freigestellt sein. Während er das Ende der Steuerpflicht und der Haftpflicht selbst herbeiführen kann, hängt das Erlöschen der Haltereigenschaft von der Mitwirkung des Käufers ab. Erst wenn der Verkäufer die tatsächliche Verfügungsgewalt über das Fahrzeug verloren hat,[50] ist er nicht mehr Halter. Angesichts der besonderen Verantwortlichkeit des Kfz-Halters (z. B. nach § 7 Abs. 1 StVG) hat der Verkäufer – dem Käufer erkennbar – ein besonderes Interesse an einem raschen Besitzwechsel. Andere Gründe, z. B. Platzmangel wegen Erwerbs eines anderen Wagens, können dieses Interesse verstärken.

1148 Da das Nichtabholen des Fahrzeugs meist mit einem Zahlungsverzug einhergeht, kam es schon nach altem Recht auf die genaue dogmatische Einordnung der Abnahmepflicht nur selten an. Nunmehr wird in § 323 Abs. 1 BGB nicht mehr vorausgesetzt, dass die verletzte Pflicht eine Hauptleistungspflicht ist. Auch die Verletzung einer (leistungsbezogenen) Nebenpflicht ermöglicht den **Rücktritt**. Bei einer nur unerheblichen Pflichtverletzung ist der Rücktritt jedoch ausgeschlossen (§ 323 Abs. 5 S. 2 BGB), so dass es unter diesem Blickwinkel auf die sachliche Bedeutung der Abnahmepflicht durchaus ankommen kann; ebenso im Rahmen der Abwägung der beiderseitigen Interessen nach § 323 Abs. 2 Nr. 3 BGB (Rücktritt ohne Fristsetzung).

Durch die Ausübung des Rücktrittsrechts ist der Anspruch auf **Schadensersatz statt der Leistung** (§§ 280 Abs. 1, 3, 281 BGB) nicht ausgeschlossen (§ 325 BGB).

1149 Im Rahmen seiner **Schadensminderungspflicht** ist der Verkäufer gehalten, sich alsbald um den Weiterverkauf des Fahrzeugs zu bemühen, insbesondere bei „Saisonfahrzeugen" wie Cabriolets.[51] Zur Anwendbarkeit des § 254 Abs. 2 BGB im Rahmen des § 326 BGB a. F. siehe BGH, NJW 1997, 1231. Die Weiterbenutzung des Fahrzeugs durch den Verkäufer kann seinen Schaden mindern.[52]

1150 Abzunehmen und zu bezahlen hat der Käufer das Fahrzeug nur, wenn es sich in vertragsgemäßem Zustand befindet (zur Beweislast s. Rn 1609 ff.). Bei Rechts- oder Sachmängeln besteht grundsätzlich keine Abnahmeverpflichtung, sondern ein Zurückweisungsrecht (vgl.

---

49 *Eckert/Maifeld/Matthiessen*, Rn 1256.
50 Dazu BGH 26. 11. 1996, NJW 1997, 660.
51 OLG Köln 31. 1. 1990, OLGZ 1990, 341 = JMBl.NW 1990, 173.
52 OLG Köln 31. 1. 1990, OLGZ 1990, 341 = JMBl.NW 1990, 173; vgl. auch OLG Oldenburg 4. 6. 1975, NJW 1975, 1788.

Rn 144 ff.). Zum Einfluss vertraglicher und gesetzlicher Haftungsausschlüsse auf die Abnahmepflicht s. Rn 1991.

Ort und **Zeit** der Abnahme bestimmen sich nach den vertraglichen Vereinbarungen. Beim Kfz-Kauf unter Privatleuten ist es im Allgemeinen Sache des Käufers, das Fahrzeug beim Verkäufer abzuholen.

3. Überführungsfahrt

Bei einem Unfall während der Überführungsfahrt[53] ist darauf abzustellen, wer die Überführungsfahrt durchgeführt hat. Ist es der Verkäufer, so haftet er **als Halter** gegenüber Dritten, gleichviel, ob er oder der Käufer die Überführungskosten zu tragen hat. Der Verkäufer verliert seine Haltereigenschaft, wenn der Wagen vom Käufer oder einem Beauftragten des Käufers überführt wird. Sie geht nicht erst mit der Ummeldung (Neuzulassung) auf den Käufer über. Eine Überführungsfahrt darf auch ohne Betriebserlaubnis (Zulassung) unternommen werden (§ 16 Abs. 1 FZV). Dann muss aber ein **Kurzzeitkennzeichen** oder ein **rotes Kennzeichen** mitgeführt werden (§ 16 Abs. 1 FZV).[54]

Beim Kauf von Privat ist es in der Regel der Käufer, der ein solches Kennzeichen beantragt. Wird es ausnahmsweise vom Verkäufer zur Verfügung gestellt, darf der Käufer darauf vertrauen, dass **Haftpflichtversicherungsschutz** besteht. Ein privater Verkäufer ist in der Regel nicht verpflichtet, den Käufer von sich aus auf die Begrenzung des Versicherungsschutzes nur für die Überführungsfahrt ausdrücklich hinzuweisen; auch nicht darauf, dass kein Vollkaskoschutz besteht.[55] Zur Rechtslage bei Nutzung eines roten Händler-Kennzeichens s. OLG Düsseldorf NJOZ 2004, 3532.

4. Ummeldung/Kfz-Steuer/Haftpflichtversicherung

Nach § 13 Abs. 4 S. 3 FZV hat der Erwerber bei der zuständigen Zulassungsbehörde die Ausfertigung einer neuen Zulassungsbescheinigung und ggf. die Zuteilung eines neuen Kennzeichens zu beantragen. Neben dieser öffentlich-rechtlichen Pflicht besteht die **kaufvertragliche Nebenpflicht** zur unverzüglichen Ummeldung. In Kaufverträgen zwischen Privatleuten wird diese Pflicht häufig ausdrücklich festgehalten, so z. B. im ADAC-Mustervertrag (max. eine Woche). Auch ohne ausdrückliche Fixierung kann sie als (stillschweigend) vereinbart gelten.

Dem Verkäufer als dem bisherigen Halter/Eigentümer geht es darum, den Halterwechsel so schnell wie möglich auch nach außen hin zu dokumentieren. Wenn der Käufer die Ummeldung (Neuzulassung) unterlässt, läuft er Gefahr, für Fehlverhalten des Käufers oder Dritter verantwortlich gemacht zu werden. Kennzeichenanzeigen können auf ihn zurückfallen, weil die Zulassungsstelle die Datei noch nicht berichtigt hat. Er kann auch mit den Kosten der Zwangsabmeldung belastet werden. Polizeirechtlich bleibt er für das Fahrzeug verantwortlich, wenn die Ummeldung unterbleibt und das Fahrzeug herrenlos wird. Von seiner eigenen Anzeigepflicht nach § 13 Abs. 4 S. 1 FZV kann sich der Verkäufer allerdings nicht dadurch befreien, dass er den Käufer privatrechtlich zur Meldung verpflichtet.[56]

Ist eine Ummeldung wegen fehlender TÜV-Abnahme nicht möglich oder wird sie dadurch verzögert, muss der Käufer das Fahrzeug notfalls abmelden (vorübergehend stilllegen).[57]

---

53 Zum Begriff s. § 2 Nr. 25 FZV.
54 Dazu *Grabolle*, DAR 2008, 173.
55 OLG Karlsruhe 19. 3. 1998, NJW-RR 1999, 779; s. auch OLG Dresden 7. 10. 2003, NZV 2004, 38 = NJW-RR 2004, 387 (Sonderfall, kein Privatgeschäft).
56 LG Wuppertal 5. 5. 1980, VersR 1980, 1179 zu § 27 Abs. 3 StVZO a. F.
57 AG Düsseldorf 10. 3. 1988 – 50 C 389/87 – n. v. (Motorrad).

Eine – individuell vereinbarte – **Vertragsstrafe** von 10 DM für jeden Tag schuldhafter Säumnis hat die Rechtsprechung als angemessen anerkannt.[58] Ist die Vertragsstrafe in einem Formularvertrag enthalten, ist § 309 Nr. 6 BGB einschlägig, vorausgesetzt, der Verkäufer ist Verwender des Vertragsformulars (dazu Rn 1979).

Nicht selten wird dem Käufer im **Innenverhältnis** die Pflicht auferlegt, die **Kfz-Steuer** vom Tag der Auslieferung des Fahrzeugs an zu zahlen. Auch ohne einen solchen (deklaratorischen) **Schuldbeitritt** hat der Verkäufer eine gesetzliche Handhabe, den Käufer auf Erstattung weitergezahlter Kfz-Steuer zu verklagen (§ 446 S. 2 BGB i. V. m. § 426 BGB).

Was die **Prämien für die Haftpflichtversicherung** angeht, so endet die Beitragspflicht des Verkäufers (= Versicherungsnehmer) weder durch die Veräußerungs- noch durch die Erwerbsanzeige i. S. v § 13 FZV. Im **Innenverhältnis** kann der Verkäufer auch ohne ausdrücklichen Schuldbeitritt des Käufers Prämienerstattung verlangen (§ 446 S. 2 BGB analog i. V. m. § 426 BGB oder kraft stillschweigenden Schuldbeitritts). Die Kosten einer bestehenden Fahrzeugversicherung (Teil- oder Vollkasko) kann der Verkäufer hingegen nur bei einer ausdrücklichen Übernahmeerklärung auf den Käufer abwälzen.

Nach Übergabe des Fahrzeugs ist es grundsätzlich Sache des Käufers, für einen wirksamen **Haftpflichtschutz** zu sorgen.[59]

---

58 AG Düsseldorf 10. 3. 1988 – 50 C 389/87 – n. v. (Motorrad); AG Essen 1. 6. 1987, 29 C 158/87, n. v. (Pkw).
59 BGH 7. 3. 1984, NJW 1984, 1967; BGH 26. 10. 1988, NJW-RR 1989, 211.

C. Der Verbrauchsgüterkauf

I. Der Kaufvertrag zwischen einem Kfz-Händler und einem Verbraucher

1. Verbraucher und Unternehmer

Wenn ein Verbraucher von einem Unternehmer ein gebrauchtes Kraftfahrzeug kauft, gelten die **Sonderregeln des Verbrauchsgüterkaufs** (§§ 474 ff. BGB). Eine **Ausnahme** macht das Gesetz für gebrauchte Sachen, die im Wege einer **öffentlichen Versteigerung** verkauft werden, an der der Verbraucher persönlich teilnehmen kann (§ 474 Abs. 1 S. 2 BGB). Für den Begriff der öffentlichen Versteigerung gilt die Legaldefinition des § 383 Abs. 3 S. 1 BGB.[1] Damit fallen nur Versteigerungen durch einen bestellten Gerichtsvollzieher, Beamten oder einen öffentlich angestellten bzw. bestellten Versteigerer unter den Anwendungsausschluss. In allen anderen Fällen von Versteigerungen, wie z. B. bei eBay, bleibt es bei der Anwendbarkeit des Verbrauchsgüterkaufrechts. Näheres zum Kfz-Erwerb bei Versteigerungen unter Rn 1300 ff. **1154**

a) Unternehmereigenschaft des Verkäufers

aa) Regelfälle

Auf der Verkäuferseite besteht an der Unternehmereigenschaft in aller Regel kein Zweifel, wenn das Fahrzeug vor Ort von einem **Neuwagenhändler mit Gebrauchtwagenabteilung** oder einem **freien Gebrauchtwagenhändler** angeboten und verkauft wird. Unsicherheit kann dagegen bei Internetangeboten aufkommen. Bei **Internetauktionen** ist ein gewerblicher Anbieter in der Regel nicht verpflichtet, im Angebotstext auf seine Händlereigenschaft hinzuweisen.[2] Ob z. B. ein **eBay-Verkäufer** als Unternehmer i. S. d. § 14 BGB oder als Verbraucher i. S. d. § 13 BGB anzusehen ist (dazu Rn 1305), ist über den Verbraucherschutz nach §§ 474 ff. BGB hinaus für die Frage des Widerrufsrecht nach § 355 BGB von Bedeutung.[3] **1155**

Nach **§ 14 BGB** soll sich die Unternehmereigenschaft danach entscheiden, ob das konkrete rechtsgeschäftliche Handeln einer (natürlichen oder juristischen) Person ihrer gewerblichen oder selbstständigen beruflichen Tätigkeit zuzurechnen ist. Erhebliche Schwierigkeiten hat die Rechtspraxis bei Fahrzeugverkäufern, die außerhalb der Kfz-Branche stehen, nach dem Wortlaut des § 14 BGB aber als Unternehmer verkaufen. Zu dieser Fallgruppe **unternehmerischer Gelegenheitsverkäufer** (Handwerker, Landwirte, Freiberufler u. a.) s. Rn 1202. Generell gilt: Die Unternehmerstellung setzt nicht voraus, dass der Verkäufer mit seiner Geschäftstätigkeit die Absicht verfolgt, Gewinn zu erzielen.[4]

Beweislast: Die Unternehmereigenschaft des Verkäufers hat der Käufer zu beweisen, wenn er als Verbraucher den Schutz der §§ 474 ff. BGB in Anspruch nimmt. Die tatsächlichen Voraussetzungen eines Verbrauchsgüterkaufs stehen insgesamt zur Beweislast des Käufers.[5]

---

1 BGH 9.11.2005, NJW 2006, 613.
2 So OLG Oldenburg 20.1.2003, OLGR 2003, 130; Näheres bei *Szczesny/Holthusen*, NJW 2007, 2586.
3 Dazu BGH 3.11.2004, MDR 2005, 132.
4 BGH 29.3.2006, NJW 2006, 2250.
5 BGH 11.7.2007, NJW 2007, 2619; KG 11.9.2006, DAR 2007, 643 = NZV 2007, 311.

bb) Rollenwechsel auf Verkäuferseite
(1) Unternehmer tritt als Privatverkäufer auf

1156 Den Versuchen einiger Händler, den Unternehmerstatus durch Übernahme der Verbraucherrolle aufzugeben, haben die Gerichte schon bald nach In-Kraft-Treten der Schuldrechtsreform einen Riegel vorgeschoben. So hat das AG Zeven bereits Ende 2002 entschieden, dass der Unternehmerstatus nicht durch Vereinbarung geregelt werden könne.[6] Allerdings ging es im konkreten Fall nicht um den Verkäufer, sondern um den Käufer, den der beklagte Händler – noch dazu formularmäßig – zum Unternehmer machen wollte (zu dieser Konstellation s. Rn 1162). Selbst die handschriftliche Eintragung über dem Kaufvertrag „von Privat" nützte einem Händler nichts. Das AG München[7] bejahte unter Hinweis auf die allgemeine Tätigkeit des Beklagten als gewerblicher Kfz-Händler dessen Unternehmereigenschaft und wies ergänzend auf die Verwendung von AGB hin, was für den privaten Verkauf unüblich sei. Unter Hinweis auf die Vermutungswirkung des schriftlichen Kaufvertrags haben manche Gerichte aber auch zu Lasten von Käufern entschieden, indem sie den Vermittlerstatus anerkannt haben.[8] Zu den Agenturlösungen s. Rn 1215 ff.

(2) Unternehmer verschleiert Eigengeschäft

1157 Schiebt ein Unternehmer einen Verbraucher als Verkäufer vor, um das Fahrzeug unter Ausschluss der Haftung für Mängel zu verkaufen, so richten sich **die Mängelrechte des Käufers** nach § 475 Abs. 1 S. 2 BGB wegen **Umgehung der Bestimmungen über den Verbrauchsgüterkauf** gegen den Unternehmer und nicht gegen den als Verkäufer vorgeschobenen Verbraucher.[9] Im BGH-Fall NJW 2007, 759 hatte der Kfz-Betrieb, eine GmbH, nicht **die Agenturlösung** (Vermittlungsgeschäft) gewählt (dazu Rn 1218 ff.). Das zum Verkauf angebotene Fahrzeug wurde vielmehr nach außen hin, dem Papier nach, von einem GmbH-Geschäftsführer – selbst ein Verbraucher[10] – an einen Verbraucher verkauft.

Offen gelassen hat der BGH, ob ein Umgehungsgeschäft im Sinne des § 475 BGB schon deshalb anzunehmen ist, weil es sich bei dem mehr als neun Jahre alten Pkw um **ein Firmenfahrzeug** gehandelt haben soll, das, so der Kläger, auf die GmbH zugelassen und von dieser ganz überwiegend betrieblich genutzt worden sein soll. Die Zugehörigkeit zum Betriebsvermögen im Zeitpunkt des Verkaufs kann ein Indiz dafür sein, dass der Betrieb das wirtschaftliche Risiko des Verkaufs trägt. Anders liegen die Dinge, wenn ein Zwischenverkauf an den angeblich nur vorgeschobenen Verkäufer (Strohmann?) mit Übernahme des Weiterverkaufsrisikos plausibel und beweiskräftig dargestellt werden kann. Das ist eine Frage des Einzelfalles und der Würdigung der Begleitumstände. Bei einer eigenen Präsentation des Fahrzeugs im Internet oder den eigenen Verkaufsräumen (mit Firmenpreisschild) wird es einem Händler schwer fallen, den äußeren Anschein eines Eigengeschäfts zu erschüttern.

Steht die Person, die nach der Vertragsurkunde Verkäufer sein soll und in dieser Eigenschaft auch unterschrieben hat, in einer **besonderen Nähe zum Kfz-Betrieb** (Geschäftsführer wie in BGH NJW 2007, 759; Angestellter wie in OLG Düsseldorf 7. 4. 2008, I-1 U 203/07), so spricht eine gewisse Vermutung für ein verschleiertes Händler-Eigengeschäft. Sie wird nicht ohne Weiteres dadurch ausgeräumt, dass die Kaufvertragsurkunde

---

6 Urt. v. 19. 12. 2002, DAR 2003, 379 = ZGS 2003, 158.
7 Urt. v. 23. 4. 2003, DAR 2004, 158; s. auch AG München 30. 11. 2004 – 241 C 37663/03 – n. v.
8 AG Charlottenburg 10. 7. 2006 – 237 C 187/05 – n. v. (ADAC-Kaufvertrag für den Privatverkauf); AG Gotha 21. 2. 2005, SP 2005, 397.
9 BGH 22. 11. 2006, NJW 2007, 759 m. Anm. *Bruns*; OLG Celle 15. 11. 2006, OLGR 2007, 509 = ZGS 2007, 79; OLG Saarbrücken 4. 1. 2006, MDR 2006, 1108; *Czaplinski*, ZGS 2007, 92.
10 BGH 22. 11. 2006, NJW 2007, 759.

in Großbuchstaben mit „PRIVATVERKAUF" überschrieben ist.[11] Wer in solchen Fällen der wahre, wer der vorgeschobene Verkäufer ist, wird oftmals schnell klar, wenn Unterlagen über den Fahrzeugankauf und die Fahrzeugpapiere vorgelegt werden.[12] Bleiben diese Unterlagen unter Verschluss, wird das Gericht daraus seine Schlüsse ziehen. Käufern kann mit § 142 ZPO geholfen werden.

Vorgerichtliches und gerichtliches Vorgehen: In Fällen, die nach einer Verschleierung eines Unternehmer-Eigengeschäfts aussehen, steht der Käufer/Verbraucher vor der Frage, gegen wen er aus der Sachmängelhaftung (nur darum geht es praktisch) außergerichtlich – Nacherfüllung, Fristsetzung, Rücktritt, Rücknahmeangebot – und später gerichtlich vorgehen soll. Mitunter wird nur derjenige verklagt, der „dem Papier nach" Verkäufer ist. Das war im BGH-Fall NJW 2007, 759 der GmbH-Geschäftsführer. Die Klage blieb in sämtlichen Instanzen erfolglos, weil **Ansprüche aus der Sachmängelhaftung** nach Ansicht des BGH **ausschließlich** gegen die GmbH zu richten waren; der Strohmann war jedenfalls insoweit nicht passivlegitimiert.[13] Die dogmatische Begründung dafür hat der BGH offen gelassen. Abgelehnt hat er lediglich die von *S. Lorenz* mit guten Gründen vertretene Ansicht, den Hintermann aus dem Spiel und den Vordermann uneingeschränkt für Fahrzeugmängel haften zu lassen.[14]

1158

Wenn der Strohmann nach BGH aus der Sachmängelhaftung nicht in Anspruch genommen werden kann, bleibt die Frage nach einer **Haftung aus §§ 311, 241 BGB**, ggf. nach den Regeln der Eigenhaftung von Vertretern und Abschlussgehilfen (§ 311 Abs. 3 BGB). Im Einzelfall kann auch eine **Dritthaftung nach § 443 BGB** in Betracht kommen. Hiernach kann jemand, der nicht selbst Verkäufer ist, aus einer Haltbarkeits- oder Beschaffenheitsgarantie in Anspruch genommen werden (zur Garantieübernahme nach § 443 BGB s. Rn 2037 ff.). Darüber hinaus kommt eine **Schadensersatzhaftung nach §§ 823, 826 BGB** in Frage.

Eine Garantieübernahme nach § 443 BGB hat der BGH für die Zusage „Fahrzeug ist fahrbereit" verneint.[15] Eine nichtvertragliche Haftung des Strohmanns zu erörtern, bestand mit Rücksicht auf das Klagebegehren (Rückabwicklung) kein Anlass. So ging der Käufer leer aus. Sachmängelansprüche gegen die GmbH waren nicht mehr realisierbar (Verjährung; Verlängerung wegen Arglist aber diskutabel). Zu vermeiden war dieses Ergebnis durch eine Klage allein gegen die GmbH oder zusammen mit dem Geschäftsführer; auch eine Streitverkündung an die GmbH hätte geholfen, nicht nur verjährungsrechtlich.

Den mutmaßlichen **Strohmann allein zu verklagen**, ist nicht in jedem Fall nur die zweitbeste Lösung. Immerhin ist seine Verkäuferrolle urkundlich belegt. Das Problem ist meistens nicht die Person des Haftenden als solche, sondern allein der vertragliche Gewährleistungsausschluss. Insoweit wird oft übersehen, dass er als Formularklausel schon deshalb keinen Bestand haben kann, weil die Vorgaben des § 309 Nr. 7 a und b BGB nicht beachtet sind (näher Rn 1978). Dass (wie in BGH NJW 2007, 759) zusätzlich ein wirksamer Haftungsausschluss mündlich vereinbart wurde, ist höchst selten und im Übrigen kaum nachweisbar. Außer Kraft gesetzt werden kann ein an sich zulässiger Haftungsausschluss schließlich stets mit den herkömmlichen Instrumenten der Beschaffenheitsgarantie und der Arglist (§ 444 BGB). In Fällen unwirksamer Freizeichnung muss der Käufer mit dem Argument rechnen, für eine Umlenkung der Haftung auf den Hintermann (Unternehmer) bestehe kein Bedürfnis, der Vordermann hafte ja seinerseits in vollem Umfang. Zu diesem

---

11 OLG Düsseldorf 7. 4. 2008 – I-1 U 203/07 – n. v.
12 Vgl. OLG Celle 15. 11. 2006, OLGR 2007, 509; Brand OLG 9. 7. 2008 – 7 U 12/08 – n. v.
13 Urt. v. 22. 11. 2006, NJW 2007, 759.
14 Müko-BGB, *S. Lorenz*, § 475 BGB Rn 36; *ders.* in: FS H. P. Westermann, 2008, S. 415, 422 ff.
15 Urt. v. 22. 11. 2006, NJW 2007, 759.

Aspekt hat sich die Rechtsprechung noch nicht geäußert. Abgesehen davon: Stets zu prüfen ist auch, ob der sich als Verbraucher gerierende Verkäufer in Wahrheit nicht doch als Unternehmer verkauft hat.

Den „Papier-Verkäufer" zusammen mit dem dahinter stehenden Betrieb zu verklagen, verlangt außer einer sorgfältigen Vorprüfung der tatsächlichen Verhältnisse und der Beweischancen (Internetauftritt, Fahrzeugstandort, Fahrzeugpapiere, Vorbesitzerrecherche) eine saubere Trennung nach Anspruchsgrundlagen. Der Käufer als Kläger hat es in der Hand, wen er woraus in Anspruch nimmt. Beide Beklagten aus der Sachmängelhaftung zu verklagen, funktioniert in einem Strohmannfall laut BGH[16] nicht. Hier gilt ein Entweder-Oder. Stehen die Chancen gut, die Strohmannversion nachweisen zu können, empfiehlt sich aus Käufersicht eine Alleinklage gegen den Betrieb (Hintermann), kombiniert mit einer Streitverkündung an den Vordermann. Zur Kostenverteilung bei einer „Doppelklage" s. OLG Düsseldorf 25. 9. 2006 – I-1 W 49/06 – n. v.

b) Verbrauchereigenschaft des Käufers

aa) Allgemeines

1159 Verbraucher i. S. d. §§ 13, 474 BGB ist jede natürliche Person, die einen Kaufvertrag zu einem Zweck abschließt, der weder ihrer gewerblichen noch ihrer selbstständigen beruflichen Tätigkeit zugerechnet werden kann. Entscheidend ist die – objektiv zu bestimmende – **Zweckrichtung des Verhaltens**, m. a. W., ob das Verhalten der Sache nach dem privaten – dann Verbraucherhandeln – oder dem gewerblich-beruflichen Bereich – dann Unternehmertum – zuzuordnen ist.[17] Der Inhalt des Geschäfts, nicht der innere Wille der Parteien ist maßgebend.[18]

Nach Ansicht des LG Regensburg[19] kommt es nicht darauf an, ob das Rechtsgeschäft ausschließlich oder überwiegend der privaten Tätigkeit des Erwerbers zuzurechnen ist, sondern darauf, ob es überhaupt der gewerblichen oder beruflichen Tätigkeit zugerechnet werden kann. Davon ausgehend hat es den **Inhaber eines Restaurants**, der von einem Händler einen – auch geschäftlich eingesetzten – Porsche 993 gekauft hat, nicht als Verbraucher behandelt.

bb) Dual use

1160 Auf den Verbraucherstatus festgelegt hat sich das OLG Celle in einem Fall, in dem **ein Anwalt** einen neuwertigen MB E 500 in einem Autohaus gekauft hat. Werde die Kaufsache sowohl gewerblich wie auch privat genutzt (dual use), so sei für die Einordnung des Geschäfts als gewerbliches oder als Verbrauchsgüterkauf auf den **erklärten Parteiwillen**, also den durch Auslegung zu ermittelnden Inhalt des Vertrages abzustellen. Entscheidend sei im Grundsatz, wie der Käufer gegenüber seinem Vertragspartner auftrete und wie dieses Auftreten vom Verkäufer unter Berücksichtigung der Lebens- und Berufssituation des Käufers objektiv verstanden werden könne.[20]

Nach Ansicht des OLG Bremen[21] ist Verbraucher i. S. d. § 13 BGB, wer ein Geschäft überwiegend **zu privaten Zwecken** abschließt.[22] Dafür sei der zeitliche Anteil der privaten

---

16 Urt. v. 22. 11. 2006, NJW 2007, 759.
17 BGH 15. 11. 2007, NJW 2008, 435; öster. OGH 16. 2. 2006, ZVR 2006, 414 (Landwirt).
18 OLG Saarbrücken 23. 3. 2006, ZfS 2006, 508, 570.
19 Urt. v. 30. 9. 2003 – 2 S 205/03 – n. v.
20 OLG Celle 4. 4. 2007, 7 U 193/06, VA 2007, 154 = OLGR 2008, 475.
21 Urt. v. 11. 3. 2004, OLGR 2004, 319 = ZGS 2004, 394 (Motorboot).
22 So auch OLG Celle 11. 8. 2004, NJW-RR 2004, 1646 = ZGS 2004, 474 = OLGR 2004, 525, allerdings für den Fall gemischter Nutzung auf Verkäuferseite.

Nutzung, nicht das Maß der Kostendeckung durch den anderen Nutzungsanteil entscheidend. Wie auch das OLG Bremen[23] betont, kommt es nicht auf den inneren Willen des Käufers an. Maßgeblich sei der Vertragszweck unter Berücksichtigung der Begleitumstände. Indizielle Bedeutung hat insbesondere die **Rechnungsgestaltung**.[24] Zur Dual-use-Problematik s. auch EuGH NJW 2005, 653.

cc) Beweislast

Nicht der Verkäufer muss ein Unternehmerhandeln des Käufers darlegen, sondern umgekehrt der Käufer sein Verbraucherhandeln. Er hat darzulegen und zu beweisen, dass er beim Abschluss des Kaufvertrages als Verbraucher i. S. d. § 13 BGB gehandelt hat.[25] Gelungen ist der Nachweis, wenn feststeht, dass er das Fahrzeug nicht in Ausübung einer gewerblichen oder beruflichen Tätigkeit gekauft hat.

dd) Rollenwechsel auf Käuferseite

Zu den „Rollenspielen", die nach der Schuldrechtsreform zu beobachten sind, gehören auch die Versuche, auf der Käuferseite aus Verbrauchern Unternehmer zu machen. Demjenigen Käufer, der dem Verkäufer einen **gewerblichen Verwendungszweck** des Fahrzeugs **vortäuscht**, ist die Berufung auf die Vorschriften über den Verbrauchsgüterkauf verwehrt.[26] Nur der **redliche Vertragspartner** verdient Verbraucherschutz. Wer sich wahrheitswidrig als Händler ausgibt, um mit einem Unternehmer einen Kaufvertrag über ein Gebrauchtfahrzeug abzuschließen, das an einen Verbraucher nicht verkauft worden wäre, handelt in der Tat treuwidrig, wenn er sich nach Entdecken von Mängeln auf die Verbraucherschutzvorschriften beruft.[27]

In der vom BGH[28] entschiedenen Sache war die gezielte **Täuschung des Händlers** erwiesen. Fraglich ist, wer in diesem Punkt die Beweislast trägt. Klärungsbedürftig ist ferner, ob und inwieweit sich ein Kennenmüssen nachteilig für den Verkäufer auswirkt.

Im Ausgangspunkt gilt: Der Käufer hat nicht nur die Unternehmereigenschaft des Verkäufers zu beweisen. Wenn sein eigener Status als Verbraucher strittig ist, muss er auch die Tatsachen beweisen, die seine Verbrauchereigenschaft begründen (s. Rn 1161). Schon daraus folgt, dass der Händler in seiner Eigenschaft als Verkäufer nicht den Nachweis zu führen hat, einem Täuschungsmanöver zum Opfer gefallen zu sein. Solange der Verkäufer in der Erwartung schutzwürdig ist, sein Vertragspartner kaufe das Fahrzeug zu gewerblichen oder beruflichen Zwecken, darf er es außerhalb der Regeln für den Verbrauchsgüterkauf verkaufen. Insbesondere hat ein vereinbarter Ausschluss der Sachmängelhaftung grundsätzlich Bestand. § 475 Abs. 1 BGB ist unanwendbar.

Wenn die äußeren Umstände wie eine handschriftliche Eintragung des Käufers im Kaufvertrag **„Keine Gewährleistung, Händlergeschäft"** auf ein unternehmerisches Handeln hindeuten, bleibt es bei der Beweislast des Käufers für seine Verbrauchereigenschaft. Wenn umgekehrt nicht der Käufer, sondern der Unternehmer-Verkäufer entgegen den wahren Gegebenheiten ein Kaufvertragsformular handschriftlich mit **„Händlervertrag"** kennzeichnet und zusätzlich wahrheitswidrig vermerkt „Fzg. wird zum Wiederverkauf erworben", verdient der gutgläubige Käufer den vollen Schutz der §§ 474 ff. BGB.[29] Zu dieser

---

23 Urt. v. 11. 3. 2004, OLGR 2004, 319 = ZGS 2004, 394 (Motorboot).
24 OLG Saarbrücken 23. 3. 2006, ZfS 2006, 508, 570; AG Herford 12. 8. 2005, SVR 2005, 99.
25 BGH 11. 7. 2007, NJW 2007, 2619; OLG Saarbrücken 23. 3. 2006, ZfS 2006, 508, 570.
26 BGH 22. 12. 2004, NJW 2005, 1045; s. auch OLG Brandenburg 22. 11. 2006 – 4 U 84/06 – n. v. (finanzierter Kauf).
27 BGH 22. 12. 2004, NJW 2005, 1045.
28 NJW 2005, 1045.
29 LG Duisburg 10. 10. 2003 – 1 O 57/03 – n. v. (rkr.).

Fallgruppe zählt die Entscheidung des AG Zeven vom 19. 12. 2002.[30] Der **Formularklausel** „Die Verkäuferin geht davon aus, dass der Käufer das o. g. ebenfalls zu gewerblichen Zwecken nutzen will und als Gewerbetreibender zu diesem Zweck kauft", ist zu Recht jegliche Wirkung abgesprochen worden. Sofern es sich nicht schon um eine Überraschungsklausel i. S. v. § 305 c Abs. 1 BGB handelt, greift § 475 Abs. 1 BGB ein.

Ob im Wege einer **Individualvereinbarung** mit dem Käufer dessen Status als Nichtverbraucher verbindlich festgelegt werden kann, entzieht sich einer pauschalen Antwort.[31] Inwieweit sich der Geschäftszweck nach dem erklärten Willen oder ggf. nach davon abweichenden objektiven Gegebenheiten richtet, hat der BGH in der Entscheidung vom 22. 12. 2004[32] dahinstehen lassen. Im Fall der **bewussten Irreführung** des anderen Vertragspartners kann diese Grundsatzfrage in der Tat offen bleiben.

In der Sache, über die das LG Duisburg entschieden hat,[33] war der handschriftlich notierte Zusatz „Händler bestätigt, dass er Kfz-Händler ist", nichts anderes als eine schriftliche Lüge, ebenso der Stempelaufdruck „Händlergeschäft". Der Käufer, eine Privatperson, benötigte den Pkw für rein private Zwecke. Ihm muss der Verbraucherschutz zugute kommen.

Sind sich die Vertragsparteien dagegen darin einig, dass das Fahrzeug ausschließlich oder zumindest überwiegend zu gewerblichen oder beruflichen Zwecken angeschafft werden soll und halten sie dies in einer unmissverständlichen Individualerklärung im Kaufvertrag oder anderweitig fest, so kann sich der Käufer nachträglich nicht auf die Verbraucherschutzvorschriften der §§ 474 ff. BGB berufen, selbst wenn er in Wirklichkeit die (innere) Absicht zur privaten Nutzung gehabt haben sollte. Das wäre mit § 242 BGB unvereinbar. Auch ein Verbraucher, sofern er nicht getäuscht worden ist, muss sich aus Gründen des allgemeinen Verkehrsschutzes an seinen Erklärungen festhalten lassen.

Ob die Vertragsparteien sich über die Unternehmereigenschaft des Käufers tatsächlich einig waren oder ob die Einigung nur auf dem Papier steht, bedarf im Einzelfall sorgfältiger Prüfung unter Berücksichtigung sämtlicher Umstände. Zu erwarten ist, dass die Gerichte solchen Käufern, die auf den ersten Blick als Verbraucher erscheinen, Beweiserleichterungen bis hin zur Beweislastumkehr zugute kommen lassen. Mit dem Schutzanliegen der §§ 474 ff. BGB wäre eine solche Praxis ohne weiteres vereinbar. Die Regeln über den Anscheinsbeweis sollten allerdings nicht herangezogen werden.[34]

2. Die Allgemeinen Geschäftsbedingungen

Der Kaufvertrag über ein gebrauchtes Kraftfahrzeug wird üblicherweise formularmäßig auf der Grundlage der „Geschäftsbedingungen für den Verkauf von gebrauchten Fahrzeugen und Anhängern" abgeschlossen. Dem Verkauf von **Vorführwagen,** kaufrechtlich Gebrauchtfahrzeuge, werden gelegentlich die **Neuwagenverkaufsbedingungen** (NWVB) zugrunde gelegt.[35] Andererseits ist es nicht ganz ungewöhnlich, für den Verkauf von Kurzzulassungen/Tageszulassungen Verkaufsformulare für das Gebrauchtwagengeschäft zu verwenden.

Die Gebrauchtwagen-Verkaufsbedingungen (GWVB) sind aus Anlass der **Schuldrechtsreform** grundlegend umgestaltet worden. Das Klauselwerk, das der **Zentralverband Deutsches Kraftfahrzeuggewerbe** e. V. (ZDK) unverbindlich zur Anwendung emp-

---

30 DAR 2003, 379 = ZGS 2003, 158.
31 Zu dieser Fallgruppe s. *Reinking*, Verbraucherrecht kompakt 2003, 62; *May*, DAR 2004, 557, 562; *M. Müller*, NJW 2003, 1975, 1979.
32 NJW 2005, 1045.
33 Urt. v. 10. 10. 2003 – 1 O 57/03 – n. v. (rkr).
34 Zur beweisrechtlichen Problematik informativ *Soergel/Pfeiffer*, § 13 BGB Rn 53 ff.
35 So z. B. in den Fällen BGH NJW-RR 1991, 870 und OLG Düsseldorf OLGR 1995, 143.

fohlen hat, liegt in der Fassung 7/2003 Kaufverträgen zugrunde, die im Zeitraum 2003 bis etwa Mai 2008 abgeschlossen worden sind. Im Mai 2008 ist eine Neufassung erschienen (Stand 3/08), siehe Anlage 2.

Neben den vom ZDK empfohlenen GWVB gibt es eine Vielzahl von Musterverträgen mit zum Teil abweichenden Allgemeinen Geschäftsbedingungen, etwa bei den Händlern, die im Bundesverband freier Kfz-Händler (BVfK) zusammengeschlossen sind.

a) Einbeziehung in den Kaufvertrag

Die vom ZDK empfohlenen Bedingungen für das Eigengeschäft sind in der Fassung und Gestaltung, wie sie von den Fachverlagen vertrieben werden (Stand: 7/03, 3/08) und für den Kunden bestimmt sind (Exemplar mit größerem Druck), weder unleserlich noch unübersichtlich.[36] Sie werden deshalb gem. § 305 Abs. 2 BGB Bestandteil des Kaufvertrages, es sei denn, dass sie dem Käufer nicht oder – wie im (Agentur-)Fall OLG Frankfurt NJW 1989, 1095 – nicht vollständig ausgehändigt worden sind.

Nach Meinung des OLG Frankfurt[37] geht es zulasten des Händlers, wenn ihm nicht der Nachweis gelingt, dass die AGB dem Kunden vollständig ausgehändigt worden sind. Darauf, dass sie in seinem Betrieb ausgehängt sind, kann sich der Händler nicht berufen. Anders als die Kfz-Reparaturbedingungen werden die Verkaufsbedingungen üblicherweise nicht durch Aushang in den Betriebsräumen zur Kenntnis gebracht. Die Übergabe der kompletten AGB – bei Geschäften „mit Garantie" einschließlich der Garantiebedingungen – kann der Händler durch Zeugnis seines zuständigen Verkaufsangestellten beweisen.

Wird ein Fahrzeug „mit Gebrauchtwagengarantie gemäß den beigefügten Garantiebedingungen" verkauft, müssen auch diese Bedingungen ausgehändigt werden.[38] Näheres zum Verkauf „mit Garantie" s. Rn 2037 ff. Auch ohne Nachweis der Aushändigung der AGB können sie Vertragsbestandteil geworden sein, z. B. wenn der Käufer bei Übergabe des Fahrzeugs schriftlich bestätigt, über die „Garantie-/Gewährleistungsbedingungen" informiert worden zu sein.[39]

b) Der Vertragsabschluss

aa) Konventionelle Abschlusstechniken (offline)

Trotz verstärkten Einsatzes moderner Kommunikationsmittel steht der Kauf **im Autohaus** nach wie vor im Vordergrund. Mit der Unterzeichnung des **Bestellformulars** („verbindliche Bestellung") durch den Kaufinteressenten ist entgegen weitverbreiteter Meinung (z. B. OLG Brandenburg OLGR 1997, 88) der Kaufvertrag in den meisten Fällen noch nicht geschlossen. Der Besteller (Kaufinteressent) gibt lediglich ein **Angebot** zum Abschluss eines Kaufvertrages ab. Wirksam wird es durch Rückgabe des von ihm unterzeichneten Bestellscheins. Er selbst erhält eine (mehrseitige) Durchschrift. Die formularmäßige Bestätigung, eine Durchschrift der Bestellung erhalten zu haben, verstößt gegen § 309 Nr. 12 b BGB.[40]

(1) Annahmefrist und Bindung

Wird die schriftliche Bestellung des Kunden vom Autohändler oder seinem Mitarbeiter nicht sofort angenommen (z. B. durch Direktbestätigung auf dem Bestellschein in Form der

---

36 Für ein früheres Klauselwerk s. OLG Hamm 3. 7. 1986 – 23 U 35/86 – n. v.
37 Urt. v. 2. 11. 1988, NJW 1989, 1095 – DAR 1989, 66.
38 Dazu BGH 23. 11. 1994, NJW 1995, 516.
39 OLG Brandenburg 10. 4. 2006, DAR 2006, 456 = ZfS 2006, 387.
40 BGH 29. 4. 1987, NJW 1987, 2012, 2014 zu § 11 Nr. 15 AGBG.

Gegenzeichnung), ist sie als **Antrag an einen Abwesenden** i. S. d. § 147 Abs. 2 BGB zu behandeln.[41] Zugunsten des Autohauses als Verwender ist formularmäßig eine bestimmte **Annahmefrist** vorgesehen. Nach Abschn. I, 1 ZDK-AGB (Stand:7/03, 3/08) ist der Besteller **höchstens bis 10 Tage** an sein Angebot **gebunden,** bei Nutzfahrzeugen bis 2 Wochen. Gemeint sind Kalender-, nicht Arbeitstage.

Selbst eine **Bindung von 14 Tagen** ist beim Kauf gebrauchter Personenwagen als noch nicht unangemessen i. S. v. § 10 Nr. 1 AGBG (jetzt § 308 Nr. 1 BGB) angesehen worden,[42] wohl aber eine Frist von 4 Wochen.[43] Durch den Einsatz moderner Kommunikationsmittel, die Optimierung der Prozessabläufe in den Autohäusern und nicht zuletzt mit Blick auf den allgemeinen Wandel im Einkaufsverhalten sind die bisherigen Einschätzungen fragwürdig geworden. Diesen Veränderungen haben die Klauselverfasser durch eine Herabsetzung der Annahmefrist von 14 auf „höchstens bis 10 Tage" Rechnung getragen. Nach Ansicht des LG Bremen[44] ist selbst diese reduzierte Frist nicht „für jede Fallgestaltung" wirksam. Zu missbilligen sei sie jedenfalls in den Fällen, in denen das Fahrzeug (Pkw) vorrätig sei und man Barzahlung ohne Inzahlungnahme vorgesehen habe. Dem ist zuzustimmen.

Bei der Konstellation, über die das LG Bremen entschieden hat und die nach wie vor **geschäftstypisch** ist, ist eine Annahmefrist von zehn Tagen in der Tat wesentlich länger als die in § 147 Abs. 2 BGB beschriebene Frist. Mehr als drei Arbeitstage benötigt ein durchschnittliches Autohaus in einem solchen Fall nicht, um die Bestellung durch die Geschäftsleitung zu prüfen und zu bearbeiten. In diesem Zeitraum lassen sich auch Fragen der Garantieübernahme und die heute übliche Befundsicherung („Zustandsbericht", dazu Rn 1333) erledigen. Etwaige Umbauarbeiten, Nachrüstungen, TÜV und AU sind nicht einzurechnen. Derartige Arbeiten können auch im Anschluss an die schriftliche Bestätigung ausgeführt werden. Gleiches gilt für die Zulassung bzw. Ummeldung. Hinzu kommt jedoch die Postlaufzeit für die als alternative Annahmehandlung vorgesehene schriftliche Bestätigung. Alles in allem genügt somit eine Zeitspanne von einer Woche.

An einer Zehn- oder gar Vierzehntagefrist hat der Handel **kein anerkennswertes Interesse,** hinter dem das Interesse des Kunden am baldigen Wegfall seiner Bindung zurückstehen muss.[45] Gewiss ist dem Händler daran gelegen, für sämtliche in seinem Betrieb vorkommenden Fallgestaltungen, also auch für Finanzierungen, Inzahlungnahmen und Beschaffungsaktionen (Transporte), eine einheitliche Annahmefrist vorzusehen. Richtig ist auch, dass in Sonderfällen, etwa bei einer Finanzierung mit vorheriger Bonitätsprüfung,[46] eine längere Bearbeitungszeit als im Normalfall erforderlich ist. Inzahlungnahmen rechtfertigen hingegen in der Regel keine nennenswerte Zeitzugabe. Denn das Kundenfahrzeug wird erfahrungsgemäß untersucht und bewertet, bevor der Kunde den Bestellschein unterzeichnet. Bestand kann die Zehntage-Klausel demnach **nur in Sonderfällen** haben, etwa, wenn eine vom Autohaus „mitgelieferte" Finanzierung für einen zusätzlichen Arbeits- und Zeitaufwand sorgt. Diese und andere Sondersituationen (z. B. Fahrzeug ist nicht vorrä-

---

41 BGH 15. 10. 2003, VIII ZR 329/02, SVR 2004, 300.
42 OLG Köln 27. 5. 1993, NJW-RR 1993, 1404 = OLGR 1993, 205; OLG Hamm 16. 1. 1981, MDR 1981, 580; *Eggert*, BB 1980, 1827; a. A. AG Diepholz 20. 5. 1987, MDR 1987, 936 (Agenturkauf); zur Bindungsfrist beim Neuwagenkauf vgl. BGH 13. 12. 1989, NJW 1990, 1784.
43 LG Wuppertal 7. 3. 1995 – 16 S 173/94 – n. v.; vgl. auch LG Berlin 6. 3. 1987, VuR 1988, 50; offen gelassen von BGH 15. 10. 2003, VIII ZR 329/02, SVR 2004, 300 (Motorradkauf).
44 Urt. v. 9. 9. 2003, NJW 2004, 1050; zustimmend *Graf von Westphalen*, NJW 2004, 1993, 1998; keine Bedenken gegen die Zehntage-Frist bei AG Duisburg-Hamborn 10. 1. 2003 – 7 C 303/02 – n. v.
45 Zur Interessenabwägung s. BGH 13. 9. 2000, NJW 2001, 303 (Möbelkauf).
46 Der Kreditanteil beim Gebrauchtwagenkauf steigt zwar von Jahr zu Jahr, drittfinanzierte Käufe unter Einschaltung des Händlers liegen aber immer noch deutlich unter 50 %.

tig) sind indes kein ausreichender Grund, die Annahmefrist generell auf bis zu zehn Tage, geschweige denn vierzehn Tage, auszudehnen.

Ist die Annahmefrist unangemessen lang und damit gem. § 308 Nr. 1 BGB unwirksam, so tritt an die Stelle der unwirksamen Annahmefrist die gesetzliche Regelung des **§ 147 BGB**. Maßgebend ist die im Absatz 2 beschriebene Zeitspanne („regelmäßige Umstände"). Der Durchschnittskäufer darf im Regelfall mit einer Annahme binnen Wochenfrist rechnen. Während dieser Zeitspanne ist er an sein Angebot gebunden.

Solange der Besteller an sein Angebot gebunden ist, kann er es einseitig – abgesehen vom Verbraucherwiderruf – nur dadurch zunichte machen, dass er es anficht (§§ 119, 123 BGB) oder dass er sich auf ein Verschulden bei den Vertragsverhandlungen beruft. Mängelansprüche (§§ 437 ff. BGB) können zwar ausnahmsweise schon vor Gefahrübergang (Übergabe) geltend gemacht werden, Mindestvoraussetzung ist jedoch ein abgeschlossener Kaufvertrag. Ein Kaufinteressent, der den Bestellschein ohne vorherige Besichtigung des Fahrzeugs unterschrieben hat, bleibt an sein Angebot auch dann gebunden, wenn eine spätere Besichtigung und/oder Probefahrt zu einem Sinneswandel führt. Ein „Rücktritt" während der Annahmefrist ist unbeachtlich.[47] 1167

(2) Abschlussmodalitäten

Abgeschlossen ist der Kaufvertrag, wenn der Händler oder sein Vertreter die **Annahme** der Bestellung innerhalb der Annahmefrist **schriftlich bestätigt** oder das **Fahrzeug ausliefert**. Diese Regelung im Abschn. I, 1 ZDK-AGB ist gültig, selbst wenn man die dort bestimmte Annahmefrist von zehn Tagen für unwirksam hält. Mitunter heißt es auch: „Das Kaufangebot gilt als angenommen, wenn der Verkäufer es nicht innerhalb der Annahmefrist abgelehnt hat." Diese Vertragsabschlussklausel gilt als unbedenklich.[48] 1168

Die schriftliche Annahmeerklärung des Händlers muss dem Kaufinteressenten innerhalb der Annahmefrist **zugegangen** sein.[49] Der Händler muss **Zugang** und **Rechtzeitigkeit beweisen**. Zur Rechtslage bei Nichtabholen eines Einschreibebriefs und allgemein zu Fragen des Zugangs einer schriftlichen Händlerbestätigung vgl. BGH 26. 11. 1997, NJW 1998, 976.[50] Dieser Fragenkreis ist von **großer praktischer Bedeutung**, weil Besteller von Gebrauchtfahrzeugen oftmals einwenden, eine Auftragsbestätigung nicht erhalten zu haben (zur Rechtslage bei Abnahmeverweigerung s. Rn 1186 ff.).

Eine verspätete Bestätigung gilt als **neuer Antrag** (§ 150 BGB), den der Käufer frei ablehnen kann. Er kann ihn auch annehmen, auch durch konkludentes Verhalten, etwa durch eine Bestellung von Zubehörteilen.

Die Annahme der Bestellung im Wege schriftlicher Bestätigung ist nur eine von zwei in den AGB vorgesehenen Möglichkeiten. Annehmen kann der Händler das Angebot auch dadurch, dass er **das Fahrzeug ausliefert**. Diese Variante wird ganz überwiegend praktiziert. Die bloße Bereitstellung des Fahrzeugs genügt nicht. Unter „Lieferung ausführen" ist die Übergabe (Auslieferung) des Fahrzeugs an den Besteller zu verstehen. Verweigert er die erforderliche Mitwirkungshandlung und vereitelt er so die Annahmewirkung, muss er sich analog § 162 BGB so behandeln lassen, als wäre der Kaufvertrag zustande gekommen.[51]

---

47 OLG Hamm 16. 1. 1981, MDR 1981, 580.
48 OLG Köln 21. 3. 1984 – 24 U 238/83 – n. v.; s. a. OLG Düsseldorf 28. 12. 2004, NJW 2005, 1515; *Walchshöfer*, WM 1986, 1041.
49 Zur Rechtslage bei verspäteter Annahme s. AG Korbach 2. 7. 1993, NJW-RR 1994, 374.
50 Dazu *Franzen*, JuS 1999, 429.
51 So das OLG Hamm 10. 1. 1992, OLGR 1992, 77 (zw.).

(3) Sonderfall Direktbestätigung

1169 Eine schriftliche Bestätigung kann bereits auf dem Bestellschein erfolgen („Direktbestätigung"). Vielfach ist dort eine spezielle Rubrik für die Bestätigung der „Verkäufer-Firma" vorgesehen („hiermit bestätigen wir die Annahme der Bestellung ... "). Mit der Unterschrift des Autohausangestellten ist die (unterschriebene) Bestellung des Kunden angenommen. Eine bloße Paraphe des Autohausangestellten auf einem Bestellschein ohne Formularfeld für eine Direktbestätigung soll diese Wirkung nicht haben.[52]

(4) Sonderfall konkludente Annahme

1170 Bei Verwendung des handelsüblichen Bestellscheins mit formularmäßig vorgegebenen Abschlussmodalitäten kann nicht ohne Weiteres davon ausgegangen werden, dass der Besteller (Kaufinteressent) auf eine Annahmeerklärung ihm gegenüber verzichtet oder dass sie anderweitig entbehrlich ist (§ 151 BGB). Ein Verzicht ist zwar auch stillschweigend bzw. durch konkludentes Verhalten möglich. Das ist indes Tatfrage und im Zweifel zu verneinen.

Die in den AGB vorgesehene **Schriftform für die Annahmeerklärung** können die Parteien ebenso **einverständlich aufheben** wie anderweitige formularmäßige Abschlussmodalitäten, indem sie sich **mündlich** auf das Zustandekommen des Vertrages **einigen**.[53] An die Feststellung eines Vertragsabschlusses, der vom formularmäßig vorgesehenen Weg abweicht, stellt die Rechtsprechung jedoch **strenge Anforderungen**.[54] Hintergrund sind häufig Klagen von Autohäusern auf Ersatz der pauschalierten Nichtabnahmeentschädigung (dazu Rn 1187). Aber auch der Kaufinteressent (Besteller) kann in Ausnahmefällen an einer Direktbindung des Autohauses interessiert sein.

Wer bei Unterzeichnung des Bestellscheins **eine Anzahlung leistet** und/oder dem Autohaus Dokumente zur Ummeldung des Fahrzeugs überlässt, wird womöglich davon ausgehen, dass der Kauf perfekt und alles Weitere nur reine Formsache ist. Ob er in dieser Erwartung schutzwürdig ist, ist **eine Frage des Einzelfalls**.

Die Entgegennahme einer Anzahlung ist im Zweifel noch **keine konkludente Annahme** der Bestellung, zumal dann nicht, wenn der Verkaufsberater die Formularrubrik für eine Direktbestätigung gestrichen hat und damit den Annahmevorbehalt der Geschäftsleitung unterstreicht. Die beiderseitige Unterzeichnung eines Zustandsprotokolls und/oder eines Antrags auf Abschluss einer Garantieversicherung soll gleichfalls noch keinen Vertragsschluss bedeuten.[55] Auch die Entgegennahme des Personalausweises des Bestellers und der Versicherungsdoppelkarte reichen dafür nicht aus, wohl aber die anschließende Zulassung des bestellten Fahrzeugs auf den Namen des Bestellers durch das Autohaus.[56]

Bestätigungscharakter können auch schriftliche Äußerungen des Autohauses haben, so z. B. ein Schreiben, durch das eine Rücktrittserklärung des Kaufinteressenten zurückgewiesen wird,[57] eventuell auch ein schriftliches Schadenersatzverlangen.[58] Nach Meinung des

---

52 LG Marburg 28. 11. 2007 – 5 S 133/06 – n. v.
53 Dazu OLG Hamm 10. 1. 1992, OLGR 1992, 77; OLG Köln 16. 2. 1995, OLGR 1995, 140 – Neufahrzeugkauf; OLG Düsseldorf 30. 5. 2000, MDR 2001, 86 = DAR 2001, 305 – Neufahrzeugkauf mit Inzahlungnahme; LG Mönchengladbach 6. 8. 2003 – 4 S 27/03 – n. v.; LG Düsseldorf 17. 10. 1979 – 23 S 113/79 – n. v.
54 LG Marburg 28. 11. 2007 – 5 S 133/06 – n. v.; LG Bonn 14. 2. 2006, SVR 2006, 333.
55 LG Bonn 14. 2. 2006, SVR 2006, 333.
56 Zu diesen Konstellationen s. LG Mönchengladbach 6. 8. 2003 – 4 S 27/03 – n. v.; OLG Düsseldorf 30. 5. 2000, MDR 2001, 86 = DAR 2001, 305.
57 OLG Hamm 16. 1. 1981, MDR 1981, 580.
58 Offengelassen von LG Marburg 28. 11. 2007 – 5 S 133/06 – n. v.

LG Hamburg stellt ein nicht unterschriebener Stempel „Bestellung angenommen" keine schriftliche Annahmeerklärung dar.[59]

(5) Darlegungs- und Beweislast

Sie trägt diejenige Partei, die sich auf einen Vertragsabschluss beruft, und sei es auch nur ein **Vorvertrag**.[60] Um den Bindungswillen des Bestellers geht es in diesen Fällen nicht. Er hat den Bestellschein unterzeichnet und sich durch Abgabe seines Angebots gebunden. Zu klären ist, ob der Händler das Angebot durch konkludentes Verhalten angenommen hat. Gegen eine Bindung außerhalb des formularmäßig vorgesehenen Rahmens spricht der Umstand, dass der Verkäufer eine im Bestellschein vorgesehene Rubrik für eine „Direktbestätigung" nicht ausgefüllt bzw. unterzeichnet hat. Das deutet auf ein Offenhalten hin.

Besondere Umstände können eine andere Sicht rechtfertigen, so etwa die Situation, dass der Kaufinteressent selbst oder ein Angehöriger, z. B. der Ehepartner, bereits im Besitz des Fahrzeugs ist. Zu derartigen Konstellationen kann es vor allem bei „**Leasingausläufern**" kommen. Ob der Kaufvertrag mit dem Leasingnehmer oder einem Angehörigen allein schon durch die Unterzeichnung des Bestellscheins zustande kommt, hängt von den Umständen des Einzelfalles ab.[61] Die Marktusancen sind nicht einheitlich. Mitunter wird schon bei Abschluss des Leasingvertrages ein Kaufvertrag mit dem Leasingnehmer geschlossen (zum Ganzen ausführlich Rn 236 ff.).

(6) Pflicht zur Unterrichtung

Bei **Nichtannahme der Bestellung** ist der Verkäufer nach den ZDK-AGB verpflichtet, den Kunden **unverzüglich** davon **zu unterrichten**. Ein Verstoß gegen die selbst auferlegte Informationspflicht kann einen Anspruch aus **Verschulden bei den Vertragsverhandlungen** begründen. Der BGH[62] hat einen solchen Anspruch für den Fall verneint, dass ein Händler das bestellte Fahrzeug nach Ablehnung einer Finanzierung ohne erneute Verhandlungen mit dem Kunden weiterverkauft hat. Die Verpflichtung zur unverzüglichen Benachrichtigung stand seinerzeit nicht in den AGB.

(7) Vertretungsfragen

Im Zusammenhang mit Fragen der Aktiv- und Passivlegitimation wird mitunter darüber gestritten, ob die eine oder die andere Seite **wirksam vertreten** war. Stellvertretung muss grundsätzlich offen gelegt werden (§ 164 BGB). Bei Bargeschäften des täglichen Lebens ist es in der Regel ohne Bedeutung, ob der andere Teil im eigenen oder fremden Namen handelt. Der Vertrag kommt mit demjenigen zustande, den es angeht. Diese Regel soll beim Kfz-Kauf vom Händler (im Betrieb, nicht Internet) nicht zu Lasten des Händlers gelten.[63] Dazu, wer in einem Kfz-Betrieb wen vertritt, s. Rn 2093 ff. Zu weiteren Vertretungsfragen s. Rn 1291, 1296, 1616.

Übersehen wird bisweilen die gesetzliche Ermächtigung nach **§ 56 HGB**. Sie gilt auch für den kaufmännischen Verkauf eines gebrauchten Kraftfahrzeugs,[64] jedoch nicht für den Ankauf und auch nicht für eine Inzahlungnahme.[65] Die gesetzliche **Vertretungsmacht**

---

59 Urt. v. 17. 4. 1990 – 71 O 435/89 – n. v.
60 Zur Möglichkeit eines Vorvertrages s. BGH 15. 10. 2003, VIII ZR 329/02, SVR 2004, 300 (zu Recht verneint).
61 Verneinend OLG Düsseldorf 10. 3. 2008 – I-1 U 201/07 – n. v.
62 Urt. v. 15. 10. 2003, VIII ZR 329/02, SVR 2004, 300.
63 So OLG Celle 1. 11. 2006, SVR 2007, 19.
64 OLG Düsseldorf 11. 11. 2002 – 1 U 29/02 – n. v.
65 BGH 4. 5. 1988, NJW 1988, 2109; s. a. OLG Brandenburg 30. 9. 2008 – 6 U 136/07 – n. v.

des **Ladenangestellten** erstreckt sich auf sämtliche Erklärungen, die mit dem Verkauf eines Gebrauchtfahrzeugs üblicherweise zusammenhängen, insbesondere auf Angaben zu wesentlichen Beschaffenheitsmerkmalen wie Gesamtfahrleistung und Unfallfreiheit. Insoweit sind auch Garantieübernahmen (Beschaffenheitsgarantien) von § 56 HGB gedeckt. Sofern die handelsrechtlichen Spezialvorschriften keine Anwendung finden, sind die allgemeinen Grundsätze über die **Anscheins- und Duldungsvollmacht** in Betracht zu ziehen.

bb) Vertragsabschluss unter Einsatz von Fernkommunikationsmitteln

1174 Ein Vertrag zwischen einem Unternehmer und einem Verbraucher über ein gebrauchtes Kraftfahrzeug ist ein **Fernabsatzvertrag** i. S. d. § 312 b BGB, wenn er unter ausschließlicher Verwendung von Fernkommunikationsmitteln (FKM) abgeschlossen worden ist. Gleichgültig ist, ob die Parteien gleichartige oder unterschiedliche Kommunikationsmittel benutzen.

Online-Verträge zwischen Unternehmer als Verkäufer und Verbraucher als Käufer (Verbrauchsgüterkauf) sind, abgesehen von der Plattform „Internetauktion" (dazu Rn 1303 ff.), nach wie vor unüblich, wenngleich die Tendenz steigt. Was stark zugenommen hat, sind Geschäftsabschlüsse, die über das Internet angebahnt werden (Gebrauchtwagenbörsen, Händler-Websites) und ohne persönlichen Kontakt zustande kommen, sei es per E-Mail, Fax oder Telefon (die einzelnen FKM zählt § 312 b Abs. 2 BGB auf). Auch solche Verträge fallen unter den Begriff „Fernabsatzvertrag".[66]

Fernkommunikationsmittel müssen **ausschließlich** zum Einsatz gekommen sein. Sobald ein direkter persönlicher Kontakt zwischen Verkäufer und Käufer stattgefunden hat, kann die Fernabsatzkette unterbrochen sein. Bestellt ein Kunde ein in der Zeitung oder im Internet angezeigtes Fahrzeug nach einer Probefahrt per E-Mail oder Telefon, ist der Vertrag nicht ausschließlich unter Verwendung von FKM zustande gekommen. Es gelten die allgemeinen Regeln des BGB. Ein Widerrufsrecht steht dem Käufer dann nicht zu. Zum Widerrufsrecht und zur Widerrufsbelehrung beim Fernabsatz s. Rn 123 ff.

Zu beachten ist der **Ausnahmetatbestand in § 312 b Abs. 1 BGB**. Hiernach sind die Regeln über den Fernabsatzvertrag nicht anwendbar, wenn der Vertrag nicht im Rahmen eines **für den Fernabsatz organisierten Vertriebs- oder Dienstleistungssystems** erfolgt. Das Vertriebssystem der Kfz-Betriebe, die mit gebrauchten Kraftfahrzeugen handeln, ist typischerweise nicht auf einen Verkauf im Wege des Fernabsatzes angelegt. Es dominiert nach wie vor der traditionelle Direktvertrieb mit Unterzeichnung des Bestellscheins im Autohaus. Allerdings spricht bei einem Vertragsschluss unter ausschließlicher Verwendung von FKM eine **gesetzliche Vermutung** für das Vorhandensein eines Fernabsatzsystems. Diese Vermutung muss der Unternehmer widerlegen, z. B. durch den Nachweis eines systemfremden Gelegenheitsgeschäfts.

Schickt ein Interessent auf eine Anzeige eines Fahrzeughändlers hin eine **Bestellung per Fax,** kann der Kaufvertrag zustande kommen, ohne dass dem Besteller gegenüber die Annahme erklärt wird. Es genügt ein interner Annahmevermerk.[67]

c) Schriftformklauseln

1175 Die GWVB, die der ZDK zur Anwendung empfohlen hat, verzichten auf eine allgemeine Schriftformklausel. Die früher übliche Klausel hat den bezweckten Schutz verfehlt. Zur Problematik von Schriftformklauseln s. Rn 1614.

---

66 *Palandt/Grüneberg*, § 312 b BGB Rn 8; *Backu*, DAR 2001, 106.
67 OLG Köln 9. 1. 2002 – 17 U 75/01 – n. v.

d) Zirkaklauseln

Die Klausel, dass Angaben über Leistungen, Betriebskosten, Öl- und Kraftstoffverbrauch etc. als annähernd zu betrachten sind, ist in den aktuellen ZDK-AGB nicht mehr enthalten. Dabei hatte der BGH in der grundlegenden Entscheidung vom 8. 10. 1969[68] eine solche Klausel ausdrücklich für zulässig erklärt. Soweit formularmäßige Zirkaklauseln heute noch vorkommen, können sie vor allem bei der Frage Bedeutung gewinnen, ob eine (erhebliche) Abweichung der Ist- von der Soll-Beschaffenheit vorliegt. Auch ohne ausdrückliche Zirkaklausel kann die Soll-Beschaffenheit unter dem Vorbehalt geringfügiger Abweichungen stehen, so z. B. bei Angaben über die Kilometerlaufleistung.

1176

e) Zahlung/Fälligkeit/Verzug/Aufrechnung

Preis: Ebenso wie in den Neuwagen-Verkaufsbedingungen fehlt weiterhin eine Regelung zum Thema „Preise". Preisrechtliche Fragen spielen denn auch beim Gebrauchtfahrzeugkauf eine vergleichsweise untergeordnete Rolle. Auf die Ausführungen zum Neufahrzeugkauf wird verwiesen (Rn 66 ff.).

1177

Rechnung: Nur eine vertragliche Nebenpflicht ist die Ausstellung einer Rechnung. Ein Verstoß berechtigt den Käufern nicht zum Rücktritt.[69]

Nebenleistungen: Ob Nebenleistungen wie z. B. die Zulassung (Ummeldung) als vergütungspflichtig vereinbart sind, ergibt sich meist aus dem „Bestellschein" (Kaufvertragsformular). Wird ein Autohaus vom Käufer mit der Zulassung beauftragt, kann es Erstattung der amtlichen Gebühren und eine Pauschale für sein eigenes Tätigwerden verlangen, es sei denn, dass ausdrücklich Kostenfreiheit vereinbart worden ist.[70]

Umsatzsteuer: Die **Neufassung des § 249 BGB** mit Wirkung vom 1. 8. 2002 hat die Frage aufgeworfen, ob ein Kfz-Händler beim Verkauf eines **differenzbesteuerten Fahrzeugs** die **kaufvertragliche Nebenpflicht** hat, den Käufer über die Höhe des – in der Rechnung nicht ausgewiesenen – **Umsatzsteueranteils** zu informieren. Als Unfallgeschädigter kann der Käufer auf diese Information angewiesen sein. Denn ohne Nachweis, dass Umsatzsteuer bei der Ersatzbeschaffung in einer bestimmten Höhe tatsächlich angefallen ist, pflegen KH-Versicherer auf Nettobasis zu regulieren. Dass der Händler den Umsatzsteueranteil in der Rechnung nicht ausweisen darf, besagt nicht, dass er ihn auch sonst geheim halten muss. Gegen eine separate Auskunft ist steuerrechtlich nichts einzuwenden. Deshalb ist eine Auskunftspflicht des Händlers aus § 242 BGB zu bejahen.[71]

1178

Die in einem Kaufvertrag ausgewiesene **Umsatzsteuer kann zurückgefordert werden**, wenn beide Vertragsparteien irrtümlich davon ausgegangen sind, dass der Vertrag der Umsatzsteuer unterliegt.[72] Der Irrtum kann z. B. darauf beruhen, dass das Fahrzeug zum Betriebsvermögen des Händlers gerechnet wurde, während es in Wirklichkeit zum Privatvermögen gehörte.

Fälligkeit: Im Abschnitt II, 1 der **ZDK-AGB** (Stand 7/03 und 3/08) geregelt ist die Fälligkeit der Kaufpreisforderung. Übergabe des Fahrzeugs und die Aushändigung bzw. Übersendung der Rechnung müssen zusammenkommen, um die Fälligkeit des Kaufpreises und der Preise für Nebenleistungen zu begründen.

1179

---

68 NJW 1970, 29.
69 LG München II 1. 6. 2006, NZV 2006, 656 (nur Ls.).
70 OLG Hamm 3. 6. 1998, DAR 1998, 354 = OLGR 1998, 222.
71 AG Friedberg/H. 7. 11. 2003, Schaden Praxis 2004, 124; so auch *Steiger*, DAR 2002, 377; a. A. *Ch. Huber*, NZV 2004, 112; s. auch *Heß*, ZfS 2002, 367, 369; *Heinrich*, ZfS 2004, 147.
72 OLG Jena 7. 11. 2000, OLGR 2002, 330.

1180 Die Klausel „Die Verkaufsangestellten des Verkäufers sind nur bei schriftlicher Ermächtigung zur Annahme von Zahlungen befugt" verstieß gegen § 9 AGBG,[73] heute ist § 307 BGB einschlägig. Auf die Vereinbarung von **Inzahlungnahmen** mit Festlegung eines bestimmten Verrechnungspreises erstreckt sich diese Klausel, meist auf der Formularvorderseite abgedruckt, schon ihrem Wortlaut nach nicht.

1181 Der Preis, den der Händler bzw. sein Verkaufsangestellter in den Bestellschein eingetragen hat, ist auch dann für ihn verbindlich, wenn er irrtümlich um einige tausend Euro zu niedrig beziffert worden ist. Die **Anfechtung** des Händlers gem. **§ 119 Abs. 1 BGB** ist unbeachtlich.[74] Während der Annahmefrist (s. Rn 1166) hat der Händler allerdings die Möglichkeit der Preiskorrektur. Nach Zustandekommen des Vertrages ist es nur in engen Grenzen möglich, ein Schreibversehen zu berichtigen; s. auch BGH NJW 2005, 976.

1182 **Zahlungsverzug:** Nach altem Recht war eine **Nachbesserung** nur dann von Bedeutung für den Verzug des Käufers mit der Erfüllung seiner Zahlungspflicht, wenn sie ausnahmsweise vereinbart worden war. So konnte selbst ein bestehender Zahlungsverzug dadurch geheilt werden, dass die Vertragspartner eine Nachbesserung vereinbarten.[75] Ein Garantievertrag mit einem Dritten stand einer solchen Nachbesserungsvereinbarung nicht ohne weiteres gleich. Nach **neuem Kaufrecht** ist der Verkäufer bei Mangelhaftigkeit der Sache grundsätzlich zur Nacherfüllung verpflichtet; im Fall des Verkaufs eines gebrauchten Fahrzeugs, wenn überhaupt, nur in Form der Nachbesserung, Ersatzlieferung entfällt in der Regel (s. Rn 1689). Zu den sich daraus ergebenden Konsequenzen für den Zahlungsanspruch des Verkäufers s. Rn 139, 1097.

1183 **Aufrechnung:** Gegen Ansprüche des Verkäufers kann der Käufer nur in den Grenzen der Klausel im Abschnitt II, 2 ZDK-AGB (7/03 und 3/08) aufrechnen. Zur Auslegung und Inhaltskontrolle s. BGH NJW 2007, 3421 (Mietvertrag).

f) Lieferung und Lieferverzug

1184 Anders als beim Kauf eines fabrikneuen, beim Händler nicht vorrätigen Kraftfahrzeugs besteht beim Gebrauchtwagenkauf zumeist kein Bedürfnis, eine Lieferfrist festzulegen, die erst mit Vertragsabschluss beginnt. Gebrauchtwagenkaufverträge kommen im gewerblichen Handel in der Mehrzahl erst durch die Auslieferung des Fahrzeugs zustande. In der Auslieferung liegt die Annahme des Kaufangebots, sofern der Händler – wie meist – von einer „Direktbestätigung" oder einer schriftlichen Bestätigung abgesehen hat (s. Rn 1168).

Heißt es im Bestellformular „Lieferung binnen drei Tagen" oder „Lieferfrist eine Woche", so führt dies zu einer **Verkürzung** der zehntägigen Annahmefrist nach Abschn. I, 1 ZDK-AGB. Solche Lieferfristen beginnen bereits mit der Unterzeichnung des Bestellformulars durch den Kaufinteressenten, nicht erst mit der schriftlichen Bestätigung des Händlers. Die übliche Formulierung „Lieferung sofort" bedeutet hingegen „sofort" nach Vertragsabschluss, d. h. der Händler darf die ihm eingeräumte Annahmefrist von zehn Tagen voll ausschöpfen. Bei der Angabe eines konkreten Datums als Termin der Auslieferung handelte es sich um ein **Fixgeschäft** i. S. v. § 361 BGB a. F.

Ohne ausdrückliche Kennzeichnung als „unverbindlich" ist von einer **verbindlichen Bestimmung** der Leistungszeit auszugehen. Dass diese Individualabrede **schriftlich** zu treffen ist, war mit Blick auf § 9 AGBG (jetzt § 307 BGB) nicht zu beanstanden.[76] Ob ein Käufer sich mit Erfolg darauf berufen kann, ihm sei mündlich ein verbindlicher Lieferzeitpunkt

---

73 KG 3. 2. 1988 – 23 U 2930/87 – n. v.
74 So das OLG Oldenburg 22. 6. 1999 – 5 U 41/99 – n. v.
75 OLG Hamm 15. 1. 1998, OLGR 1998, 217 (Kühlanhänger).
76 BGH 7. 10. 1981, NJW 1982, 331.

zugesagt worden, hat der BGH in der Neuwagen-Entscheidung vom 7. 10. 1981[77] offen gelassen. Die Frage ist zu bejahen, weil eine individuelle mündliche Erklärung des Händlers oder eines vertretungsbefugten Angestellten stets Vorrang vor der formularmäßigen Schriftformklausel hat (§ 305 b BGB). Die Beweislast für die mündliche Lieferzusage trifft allerdings den Käufer.[78]

Während der Händler bei einer **verbindlichen** Leistungszeit schon durch deren Überschreiten (ohne Mahnung) **in Verzug** gerät (vgl. Abschn. III Ziff. 3 ZDK-AGB und § 286 Abs. 2 S. 1 BGB), hat der Käufer bei einem **unverbindlichen Lieferzeitpunkt** noch eine „**Wartefrist**" von zehn Tagen, bei Nutzfahrzeugen von zwei Wochen, einzuhalten, ehe er den Händler durch eine Aufforderung zur Lieferung in Verzug setzen kann (vgl. Abschn. III Ziff. 2 S. 1 ZDK-AGB). Eine solche Regelung hat man für zulässig gehalten.[79] Daran ist festzuhalten.

Was die **Rechte des Käufers bei Lieferverzug** angeht, so macht es keinen Unterschied, ob ein unverbindlicher oder ein verbindlicher Liefertermin bzw. Lieferfrist nicht eingehalten worden ist. Von Bedeutung ist diese Differenzierung nur für den Eintritt des Verzugs. Im Wesentlichen stimmt die Regelung über die **Verzugsfolgen** mit den entsprechenden Klauseln in den Neuwagen-Verkaufsbedingungen überein (s. Rn 46 ff.).

Dazu, wie der Schaden zu berechnen ist, ob konkret oder abstrakt, s. BayVerfGH NJW-RR 2001, 1645. Zur Schadensberechnung bei Nichtlieferung eines Import- bzw. Re-Importfahrzeugs s. OLG Düsseldorf NJW 2002, 523 und LG Köln DAR 2000, 362 (jeweils Neuwagen).

g) Probe- und Testfahrt

Die früher gebräuchliche Klausel, wonach der Käufer berechtigt ist, das Fahrzeug „innerhalb von acht Tagen nach Zugang der Bereitstellungsanzeige am vereinbarten Abnahmeort zu prüfen", lief in der Praxis weitgehend leer. In den aktuellen AGB ist sie nicht mehr enthalten. Verzichtet hat man auch auf eine Begrenzung der Probefahrt nach Kilometern und/oder Zeit.

Beim Kauf eines gebrauchten Kfz findet typischerweise vor der Unterzeichnung des Bestellformulars eine mehr oder weniger gründliche Besichtigung statt. Eine technische Kontrolle ist einem Durchschnittskunden häufig ohne fremde Hilfe nicht möglich. Auch Probefahrten („einmal um den Block") sind nur bedingt von Nutzen. Bei jungen Gebrauchten vom Fachhandel wird darauf zunehmend verzichtet. Zur Frage der groben Fahrlässigkeit i. S. v. § 442 Abs. 1 S. 2 BGB s. Rn 1937 ff.

Verursacht der Kaufinteressent bei einer **Probefahrt** (mit dem ausgesuchten Fahrzeug) bzw. einer **Testfahrt** (mit einem Vorführwagen oder einem anderen Vergleichsfahrzeug) einen **Unfall,** so gelten im Wesentlichen die gleichen Grundsätze wie bei einem Unfall, den ein Neuwagenkäufer mit einem neuen Fahrzeug oder einem Vorführwagen[80] verursacht hat (s. dazu Rn 101 ff., ergänzend Rn 1134 ff.).

Zur Rechtslage bei einem Unfall während der **Überführungsfahrt** mit einem **roten Kennzeichen** – vom Händler zur Verfügung gestellt – siehe OLG Karlsruhe NJW-RR 1999, 779; OLG Düsseldorf NJOZ 2004, 3532; LG Berlin 26. 11. 2003 – 17 O 329/02.[81] Erst bei **endgültiger Übergabe** an den Erwerber scheidet ein nicht zugelassenes Fahrzeug

---

77 NJW 1982, 331.
78 BGH 28. 1. 1981, NJW 1981, 922, 923.
79 *Eggert*, BB 1980, 1827; s. auch *Wolf/Horn/Lindacher*, § 9 Rn G 58.
80 Dazu OLG Düsseldorf 17. 9. 1993, OLGR 1994, 148.
81 Zum Gebrauch roter Kennzeichen bei Probefahrten *Grabolle*, DAR 2008, 173; *Huppertz*, DAR 2008, 606.

des Händlers aus dem Haftungsverband einer Haftpflicht- und Fahrzeugversicherung für den Kfz-Handel aus.[82]

Zur Bedeutung einer Erklärung wie „Motor jetzt in Ordnung", abgegeben vom Verkäufer im Anschluss an eine Reparatur nach einer Probefahrt, s. OLG Hamm OLGR 1996, 223.

h) Übergabe und Abnahme

1186 Gem. Abschnitt IV Ziff. 1 ZDK-AGB (7/03 und 3/08) ist der Käufer verpflichtet, den Kaufgegenstand innerhalb von acht Tagen ab Zugang der Bereitstellungsanzeige abzunehmen. Beim Kauf eines Gebrauchtfahrzeugs vom Händler ist die **Pflicht zur Abnahme** – anders als beim privaten Direktgeschäft (s. Rn 1147) – in der Regel nur eine **Nebenpflicht**.[83] Das Interesse des Händlers, den Wagen los zu werden, damit er in seiner Halle oder auf seinem Ausstellungsgelände Platz gewinnt, macht die Abnahmepflicht noch nicht zur Hauptleistungspflicht. Der Gefahr, durch einen „Steher" in den Augen der Kundschaft einen Imageverlust zu erleiden, kann der Händler vorbeugen, indem er ein Schild „verkauft" an dem Fahrzeug anbringt oder es aus dem Blickfeld des Publikums entfernt.

Mit Blick auf § 9 AGBG war es nicht zu beanstanden, dass der Händler die Abnahmepflicht des Käufers **formularmäßig** zu einer **Hauptpflicht** ausgestaltet hat.[84] Diesen Weg ist man in den früheren ZDK-AGB gegangen, indem man an die Nichtabnahme des Fahrzeugs die Rechtsfolgen aus § 326 BGB a. F. geknüpft hat. Im aktuellen Bedingungswerk heißt es nur noch: Im Falle der Nichtabnahme kann der Verkäufer von seinen gesetzlichen Rechten Gebrauch machen (IV Ziff. 1 S. 2). Zum Anspruch auf Schadensersatz statt der Leistung und zum Rücktrittsrecht siehe auch die Kommentierung der entsprechenden Klausel in den NWVB (Rn 153 ff.).

i) Schadensersatz und Schadenspauschalierung

aa) Klauselpraxis

1187 Seit der Ablösung des Agenturgeschäfts durch das Händler-Eigengeschäft im Jahr 1990 sind Pauschalierungsabreden wieder fester Bestandteil von Gebrauchtwagen-Verkaufsbedingungen. Die Klausel im Abschn. IV Ziff. 2 der **ZDK-AGB** (7/03) lautet:

„Verlangt der Verkäufer Schadensersatz, so beträgt dieser 10 Prozent des Kaufpreises. Der Schadensersatz ist höher oder niedriger anzusetzen, wenn der Verkäufer einen höheren oder der Käufer einen geringeren Schaden nachweist."

In der Neufassung (3/08) ist der Schlusssatz geringfügig modifiziert („oder überhaupt kein Schaden"). Klauseln mit einer Pauschale von 20 % sind heute nicht mehr gebräuchlich. Weiterhin auf dem Markt sind indes 15-Prozent-Pauschalen.

bb) **Inhaltskontrolle**

1188 Schadenspauschalierungsklauseln außerhalb von 2B2-Geschäften[85] müssen sich an **§ 309 Nr. 5 a und 5 b BGB** messen lassen. Auch die jetzige **Zehnprozent-Klausel** in den ZDK-Bedingungen hält einer Inhaltskontrolle nach **§ 309 Nr. 5 a BGB** nicht stand, wenn sie in den AGB eines Neuwagenhändlers mit Gebrauchtwagenabteilung steht. Die auf diesem Sektor bis 2002 handelsübliche **15 Prozent-Pauschale** ist zu Recht für unwirk-

---

[82] OLG Hamm 11. 11. 1998, NJW-RR 1999, 538; zum Versicherungsschutz bei Probefahrten s. *Halm*, DAR 2006, 433 ff.
[83] Vgl. auch OLG Oldenburg 4. 6. 1975, NJW 1975, 1788.
[84] Zum Problem vgl. AGB-Klauselwerke/*Pfeiffer* in Gebrauchtwagenkauf, Rn 27.
[85] Im unternehmerischen Verkehr ist § 309 Nr. 5 BGB gem. §§ 307, 310 Abs. 1 BGB grundsätzlich gleichfalls anzuwenden (*Palandt/Grüneberg*, § 309 BGB Rn 32).

sam gehalten worden.[86] Sie verstieß gegen § 11 Nr. 5 a AGBG. Denn die Pauschale von 15 % war höher als der nach dem gewöhnlichen Lauf der Dinge zu erwartende Schaden.

Das BGH-Urteil vom 8. 10. 1969[87] stand dieser Beurteilung nicht entgegen. Es ist längst überholt. Ohnehin war es zu keinem Zeitpunkt im Sinn einer Grundsatzentscheidung maßgeblich. Zu einer einschlägigen BGH-Entscheidung ist es in der Folgezeit nicht gekommen. In seinem Urteil vom 29. 6. 1994[88] hat **der BGH** lediglich auf die im Schrifttum geäußerten Bedenken hingewiesen; einer eigenen Stellungnahme hat er sich enthalten, weil das Berufungsgericht zur generellen Angemessenheit des Pauschbetrages von 15 % keine Feststellungen getroffen hatte. Das OLG Köln (3. ZS) hat dies sodann nachgeholt. Sachverständig beraten ist es zu dem Ergebnis gelangt, dass die 15 %-Klausel nicht zu beanstanden sei.[89]

Demgegenüber hat sich der 12. Zivilsenat des OLG Köln – ohne Beweiserhebung – gegen die Zulässigkeit der 15 %-Klausel für den Fall ausgesprochen, dass ein Pkw von einem Neuwagenhändler mit Gebrauchtwagenabteilung gekauft worden ist.[90] Die Entscheidung ist rechtskräftig geworden, nachdem die Klägerin (BMW-Vertragshändlerin) auf die Einlegung der (zugelassenen) Revision verzichtet hat.

Zu Recht hat das OLG Köln (12. ZS) zwischen dem Verkauf fabrikneuer und gebrauchter Kfz differenziert. Die Erwägungen, mit denen die 15 %-Pauschale **im Neufahrzeughandel** (ohne überzeugende Begründung) gerechtfertigt wird (dazu Rn 161 ff.), können auf den Gebrauchtwagenverkauf in der Tat nicht übertragen werden. Das bedarf keiner näheren Begründung. Geboten ist freilich eine weitere **Differenzierung,** nämlich zwischen Neuwagenhändler mit Gebrauchtwagenabteilung (Marken- oder Fabrikatshändler) einerseits und dem reinen Gebrauchtwagenhändler (ohne Neufahrzeughandel) andererseits.

Bei der Ermittlung des **branchenüblichen Durchschnittsschadens** sind beide Teilmärkte getrennt in den Blick zu nehmen. Denn die Kosten- und Ertragssituation ist auch bei generalisierender Betrachtung nicht vergleichbar. Mit Blick auf den Teilmarkt „Markenhandel" führt kein Weg an der Erkenntnis vorbei, dass die Ertragslage sich seit Jahren verschlechtert hat. Im Markenhandel kommt der Bestand an gebrauchten Pkw/Kombis ganz überwiegend durch **Inzahlungnahmen** beim Neuwagenverkauf und beim Verkauf junger Gebrauchter zustande. Der **freie Zukauf** ist die Ausnahme, mag dieser Beschaffungsweg in den letzten Jahren auch ausgebaut worden sein. Aufs Ganze gesehen zu vernachlässigen sind auch Leasingrückläufer und ehemalige Mietfahrzeuge.

Setzt sich der Gebrauchtwagenbestand des Markenhandels aber überwiegend aus in Zahlung genommenen Fahrzeugen zusammen, so muss Beachtung finden, was üblicherweise mit **„verdeckter Preisnachlass"** beschrieben wird (dazu Rn 819). Überhöhte Inzahlungnahmepreise schmälern den Erlös des Händlers, sei es aus dem Neufahrzeugverkauf, sei es aus dem Weiterverkauf des hereingenommenen Altwagens. Der extreme Neuwagen-Abnahmedruck lasse die Gebrauchtwagen-Erträge beim Markenhandel „ins Minus marschieren", weiß ein erfahrener Unternehmensberater.[91]

An sich sind verdeckte Preisnachlässe in Form unrealistischer Hereinnahmepreise dem Neuwagengeschäft zuzuordnen. Ohne den harten Wettbewerb auf dem Neuwagenmarkt

---

86 Vgl. OLG Celle 16. 10. 1997, OLGR 1998, 93; OLG Köln 27. 5. 1993, NJW-RR 1993, 1404 = OLGR 1993, 205; LG Oldenburg 7. 11. 1997, MDR 1998, 714 = BB 1998, 1280; LG Hamburg 26. 7. 1996, NJW-RR 1997, 560; AG Rendsburg 23. 12. 1994, ZfS 1995, 256; a. A. OLG Köln 19. 4. 1996 – 3 U 248/92 – n. v.
87 NJW 1970, 29
88 BGHZ 126, 305 = NJW 1994, 2478 = EWiR § 252 BGB 1/94, 847 *(Reinking).*
89 Urt. v. 19. 4. 1996 – 3 U 248/92 – n. v.
90 Urt. v. 27. 5. 1993, NJW-RR 1993, 1404.
91 Kfz Betrieb 26/2005, S. 18.

wäre der Händler nicht zu überteuerten Hereinnahmen gezwungen. Schadensrechtlich ist dies irrelevant, weil der Betrieb wirtschaftlich eine Einheit bildet.

Gegenstand der Pauschalierung ist der **Anspruch auf Schadensersatz statt der Leistung** (§§ 280 Abs. 1, 3, 281 BGB). Der Schaden gewerblicher Verkäufer liegt nicht nur, aber im Wesentlichen im ausgebliebenen Gewinn.

Ob ein Gewinn erzielt worden wäre, ergibt sich aus einem Vergleich von Einkaufspreis (Hereinnahmepreis) und Verkaufspreis. Das Motiv für Preiszugeständnisse auf der Hereinnahmeseite muss bei der Ermittlung des zu pauschalierenden Schadens ausgeklammert werden. Keinesfalls geht es an, die aus verdeckten Rabatten resultierenden Verluste bei der Festlegung der Schadenspauschalen in beiden Geschäftsbereichen zu ignorieren. Verfehlt ist auch, einen versteckten Rabatt vom Kaufpreis abzuziehen und die 15 % von dem so verringerten Betrag zu berechnen.[92]

Reine ("freie") Gebrauchtwagenhändler (ohne Neuwagengeschäft) haben eine andere Kostenstruktur als Neuwagenhändler mit Gebrauchtwagenabteilung. Sie können billiger einkaufen, weil der Altfahrzeugankauf nicht im Zusammenhang mit einem Neufahrzeugverkauf steht. Brutto- und Nettoerträge auf diesem Teilmarkt, der ca. 20 % des gewerblichen Handels abwickelt (Tendenz steigend), lassen sich nur schwer abschätzen. Betriebswirtschaftliche Analysen liegen nicht vor.

1190   **Nach § 309 Nr. 5 b BGB unwirksam** ist eine Pauschalierungsklausel ferner, wenn sie dem Käufer nicht ausdrücklich den Nachweis gestattet, ein Schaden sei überhaupt nicht entstanden oder wesentlich niedriger als die Pauschale. Diesem Erfordernis trägt die Klausel Abschn. IV Ziff. 2 ZDK-AGB hinreichend Rechnung, obgleich sie in der Fassung 7/03 nur den Fall des geringeren Schadens anspricht. Unerwähnt bleibt der Fall, dass überhaupt kein Schaden entstanden ist. Das hat man jetzt geändert (3/08).

Ohne ausdrücklichen Vorbehalt ist eine Pauschalierungsklausel jetzt nicht mehr wirksam, selbst wenn nach dem Wortlaut und dem erkennbaren Sinn die Möglichkeit offen gehalten wird, im konkreten Fall nachzuweisen, dass kein oder ein geringerer Schaden entstanden ist. Die vom BGH nach altem Recht nicht beanstandete Klausel „bei Abnahmeverzug des Käufers ist der Verkäufer nach einer angemessenen Nachfristsetzung, verbunden mit einer Ablehnungsandrohung, berechtigt, Schadensersatz in Höhe von 15 % des Kaufpreises zu verlangen",[93] ist heute nicht mehr zu halten.

cc) praktische Konsequenzen

1191   Eine Schadensersatzklage eines **Markenhändlers** oder einer **Werksniederlassung** wegen Nichtabnahme eines gebrauchten **Pkw**, die ohne jegliche Darlegung eines branchenüblichen Durchschnittsschadens allein auf die **Zehnprozent-Klausel** in Abschn. IV Ziff. 2 ZDK-AGB gestützt wird, ist wegen Klauselunwirksamkeit **unschlüssig**.[94] Ein Versäumnisurteil kann nicht ergehen. Für die Behauptung eines branchentypischen Durchschnittsschadens in Höhe des Pauschbetrages ist der Händler als Verwender darlegungs- und beweispflichtig.[95] Die Darlegungspflicht wird durch Vorlage des ZDK-Gutachtens vom 11. 8. 2005 erfüllt (Parteigutachten). Als Beweismittel kommt das Gutachten eines Wirtschaftsprüfers oder eine Auskunft der örtlichen Industrie- und Handelskammer in Frage.

---

92 So aber OLG Köln 19. 4. 1996 – 3 U 248/92 – n. v.
93 Urt. v. 31. 10. 1984, NJW 1985, 320 (Möbelhandel).
94 Bedenken auch bei *Christensen* in: *Ulmer/Brandner/Hensen*, Anh. § 310 BGB Rn 454; für Zulässigkeit AG Duisburg-Hamborn 10. 1. 2003 – 7 C 303/02 – n. v.; AG Sigmaringen 24. 11. 2006 – 2 C 386/06 – n. v.
95 Str., vgl. BGH 3. 11. 1999, NJW-RR 2000, 719 m. w. N.; wie hier *Palandt/Grüneberg*, § 309 BGB Rn 29; s. a. *Weyer*, NJW 1977, 2237.

Da es einem **Fabrikatshändler** (Markenhändler) ebenso wie Herstellern mit Werksniederlassungen bei den derzeitigen Marktgegebenheiten kaum gelingen dürfte, einen branchenüblichen Durchschnittsschaden selbst in Höhe von 10 % des Verkaufspreises zu beweisen, empfiehlt sich aus ihrer Sicht eine **konkrete Schadensberechnung**. Dieser Weg ist ihm in Abschn. IV Ziff. 2 ZDK-AGB in zulässiger Weise[96] ausdrücklich vorbehalten. Bei der konkreten Schadensberechnung ist der Händler nicht an die Zehnprozentgrenze gebunden. Zur konkreten Schadensberechnung s. Rn 1195.

Beim Kauf eines Pkw (incl. Kombi, Van) von einem **freien Gebrauchtwagenhändler** ist eine pauschale Nichtabnahmeentschädigung von 15 % ohne nähere Darlegung schlüssig. Jede höhere Pauschale stößt auf Bedenken. Eine 20 Prozent-Pauschale ist auch auf diesem Marktsektor mit § 309 Nr. 5 a BGB unvereinbar.

Im Fall einer wirksamen Schadenspauschale ist **der Käufer darlegungs- und beweispflichtig** dafür, dass überhaupt kein oder ein geringerer Schaden entstanden ist.[97] Zu einer Offenlegung seiner Kalkulation ist der Händler nicht verpflichtet; ihn trifft keine sekundäre Darlegungslast.[98]

Im Rahmen des von ihm zu führenden Beweises kann der Käufer regelmäßig nicht damit gehört werden, der Händler habe deshalb keinen Schaden erlitten, weil er das Fahrzeug anderweitig zum gleichen oder gar einem höheren Preis verkauft habe. Zugunsten des Händlers wird nämlich vermutet (§ 252 BGB), dass er bei ordnungsgemäßer Erfüllung des ersten Kaufvertrages dem Zweitkunden ein anderes gleichwertiges Fahrzeug verkauft hätte.[99] Dann hätte er aus beiden Geschäften Gewinn gezogen. Grundlage dieser Vermutung ist die – fragwürdige – Annahme, dass es sich bei einem gebrauchten Pkw um eine marktgängige Ware handelt. Nach dem gewöhnlichen Lauf der Dinge ist eine solche Ware jederzeit zum Marktpreis absetzbar. Auf in großen Stückzahlen gebaute Serienfahrzeuge in gängiger Farbe und ohne Sonderausstattung mag dies zutreffen.

Auf noch schwächerer Tatsachenbasis ruht die weitere Vermutung, die der BGH[100] gleichfalls dem § 252 S. 2 BGB entnimmt, dass nämlich der Zweitkunde ein anderes gleichwertiges Fahrzeug gekauft hätte. Da der vertragsbrüchige Käufer keinen Einblick in den Lagerbestand und die geschäftliche Situation des Händlers hat, muss dieser zunächst darlegen, in welcher Weise das Zweitgeschäft möglich gewesen wäre. Alsdann ist es Sache des Käufers, darzutun, dass der Händler zur Erfüllung eines zusätzlichen Vertrages mit jenem Kunden nicht imstande gewesen wäre.

dd) Mitverschulden

Der auf Zahlung einer Schadenspauschale in Anspruch genommene Käufer kann sich mit dem Einwand des **Mitverschuldens** verteidigen. Hat der Händler gegen seine **Schadensminderungspflicht** (§ 254 Abs. 2 BGB) verstoßen (s. auch Rn 1195), besteht ein Schadensersatzanspruch nicht in voller Höhe. Dem Händler bleibt nur der Einzelnachweis.

ee) Berechnung der Pauschale

Ausgangsbasis ist der **tatsächlich vereinbarte Kaufpreis** nach Abzug etwaiger Skonti oder sonstiger Nachlässe. Zur Auswirkung offener und versteckter Rabatte s. Rn 174 ff. Das

---

96 Vgl. BGH 16. 6. 1982, NJW 1982, 2316, 2317; OLG Köln 27. 5. 1993, NJW-RR 1993, 1404.
97 OLG Naumburg 19. 3. 1999, NJW-RR 2000, 720 = MDR 1999, 1441 = OLGR 1999, 366 – Neufahrzeugkauf.
98 OLG Naumburg 19. 3. 1999, MDR 1999, 1441 = OLGR 1999, 366 – Neufahrzeugkauf.
99 BGH 29. 6. 1994, NJW 1994, 2478 = EWiR § 252 BGB 1/94, 847 *(Reinking);* früher schon BGH 8. 10. 1969, NJW 1970, 29; s. a. BGH 22. 12. 1999, NJW 2000, 1409.
100 Urt. v. 29. 6. 1994, NJW 1994, 2478.

Entgelt für vereinbarte Nebenleistungen, z. B. Zulassung oder Einbau eines Radios, bleibt unberücksichtigt.

ff) Umsatzsteuer

1194 Es kommt darauf an, ob das Auto unter Anwendung der Differenzbesteuerung oder nach der Regelbesteuerung verkauft worden ist. Beim Ausfüllen der „Zahlungsvereinbarung Bargeschäft" hat der Händler zwei Möglichkeiten: Verkauf unter Anwendung der Differenzbesteuerung nach § 25 a UStG oder Verkauf mit Regelbesteuerung. Mit dem Ankreuzen eines der beiden vorgedruckten Kästchen legt er fest, ob er die Umsatzsteuer nur auf die positive Differenz oder auf den gesamten Umsatz bezahlen muss. Bei einem Verkauf nach der Differenzbesteuerung besteht ein Verbot, die Umsatzsteuer auszuweisen. Infolgedessen enthalten die Bestellscheine in der Rubrik „Zahlungsvereinbarungen und Bargeschäft" den Hinweis: „Für Vorsteuerabzugsberechtigte kein Umsatzsteuerausweis möglich, § 25 a UStG". Bemessungsgrundlage der Schadenspauschale ist in diesem Fall der Rechnungsbetrag.[101] Verzichtet der Händler auf die Anwendung der Differenzbesteuerung und optiert er für die Regelbesteuerung, zählt die Umsatzsteuer zum vereinbarten Kaufpreis im Sinne der Pauschalierungsklausel.

Die Schadenspauschale ihrerseits unterliegt nicht der Umsatzsteuer, weil sie kein Entgelt gem. § 1 Abs. 1 Nr. 1 UStG darstellt.[102] S. auch Rn 180.

gg) Schadensberechnung ohne Pauschale

1195 Anspruchsgrundlage sind §§ 280 Abs. 1, 3, 281 BGB. Als Schadensersatz statt der Leistung kann der Händler die **Differenz** zwischen seinem Interesse an der Vertragserfüllung und der von ihm ersparten Gegenleistung verlangen. Er ist so zu stellen, wie er bei ordnungsgemäßer Vertragserfüllung durch den Käufer (Zahlung und Fahrzeugabnahme) gestanden hätte.[103]

Ermittlung und Berechnung: Im Vordergrund steht der **entgangene Gewinn**. Durch den Vertragsbruch des Käufers entgeht dem Händler zunächst der **vereinbarte Kaufpreis**. Dieser kann sich auch bei einem Gebrauchtwagengeschäft aus einem Baranteil und einem Anrechnungswert für einen Altwagen des Käufers zusammensetzen („Gebraucht auf Gebraucht"). Der Barbetrag ist ein Nettobetrag, sofern das Fahrzeug unter Anwendung der Differenzbesteuerung verkauft worden ist.

Bestandteil des Kaufpreises kann die Prämie für eine Garantie (Reparaturkostenversicherung) sein. Tritt der Händler selbst als Garantiegeber auf, gehört der Aufpreis für die Garantie zum Verkaufspreis des Fahrzeuges. Bei einer nur vermittelten Garantie ist die Versicherungsprämie hingegen kein Bestandteil des Verkaufspreises.

Der vereinbarte Verkaufspreis (Vertragspreis), der auch bei einer Inzahlungnahme in voller Höhe in die Schadensberechnung eingeht, kann in Beziehung gesetzt werden zu a) dem (billigeren) Einkaufspreis, b) dem (niedrigeren) Kaufpreis aus einem tatsächlichen Deckungsverkauf oder c) dem (niedrigeren) Marktpreis aus einem künftigen – gem. § 252 BGB vermuteten – Deckungsgeschäft.

Macht der Händler die Differenz zwischen Vertragspreis und billigerem Einkaufspreis als entgangenen Gewinn geltend, stellt sich meist das Problem des **verdeckten Preisnach-**

---

101 Stets für Nettobetrag *Kohlndorfer*, ZfS 1994, 37; im Ergebnis auch (mit Hilfe der Unklarheitenregel) OLG Celle 5. 4. 1995, OLGR 1995, 182.
102 BGH 11. 2. 1987, NJW 1987, 1690; OLG Celle 5. 4. 1995, OLGR 1995, 182; *Kohlndorfer*, ZfS 1994, 37.
103 BGH 22. 2. 1989, BGHZ 107, 67 = NJW 1989, 1669; BGH 20. 5. 1994, NJW 1994, 2480; BGH 22. 12. 1999, NJW 2000, 1409.

lasses. Denn die Hereinnahme des nicht abgenommenen Fahrzeugs steht im Zweifel im Zusammenhang mit einem Neufahrzeugverkauf. Durch einen überhöhten Inzahlungnahmepreis wird auf das Neufahrzeug häufig ein verdeckter Preisnachlass gewährt. Dessen Bedeutung für die Schadensberechnung haben die Gerichte noch nicht geklärt. Umsatzsteuerlich ist das Problem gelöst. Sowohl bei der Ermittlung des Entgelts für den Neuwagen als auch bei der Differenzbesteuerung ist der tatsächliche („gemeine") Wert des hereingenommenen Gebrauchtwagens anzusetzen.[104]

Bei der Berechnung des entgangenen Gewinns wird man richtigerweise auf den konkreten Einstandspreis abzustellen haben. Wer um eines anderen Geschäftes willen eine Ware zu teuer einkauft, kann sich auch gegenüber einem vertragsbrüchigen Käufer nicht auf einen fiktiven Einkaufspreis zurückziehen. Bei der Ermittlung des tatsächlichen Einkaufspreises sind auch die Kosten für Reparaturen und diejenigen Aufwendungen des Händlers zu berücksichtigen, die er zum Zwecke des Verkaufs in das Fahrzeug investiert, z. B. TÜV-Abnahme, AU, Kat-Umrüstung, allgemeine Aufbereitung, Werbung etc. Von diesen speziellen Verkaufskosten sind die allgemeinen Geschäftskosten zu trennen. Sie bleiben außer Betracht.

Einige Schwierigkeiten bereitet die Schadensberechnung bei einem **Weiterverkauf** des nicht abgeholten Fahrzeugs an einen Zweitkunden. Ein solcher **Deckungsverkauf** zum selben Preis führt in der Regel nicht zum Wegfall des Schadens. Denn zugunsten eines Kraftfahrzeughändlers wird vermutet, dass er dem Zweitkunden ein anderes gleichwertiges Fahrzeug aus seinem Bestand verkauft und damit aus zwei Geschäften Gewinn gezogen hätte.[105] Einen **Mindererlös** aus dem Deckungsverkauf kann der Händler ersetzt verlangen,[106] wobei er freilich mit dem Einwand rechnen muss, gegen seine Schadensminderungspflicht (§ 254 Abs. 2 BGB) verstoßen zu haben.

Die Gründe für einen Mindererlös sind vielfältig: Überbewertung beim Erstgeschäft, Preisverfall während der Standzeit, weitere Eintragung im Fahrzeugbrief u. a. Erzielt der Händler hingegen – wie im Fall OLG Köln NJW-RR 1993, 1404 – einen **Mehrerlös**, so beurteilt sich die Anrechnung nach den Grundsätzen des BGH-Urteils vom 6. 6. 1997.[107] Eine (seltene) Steigerung des Zeitwerts zwischen Erstverkauf und Deckungsverkauf kommt dem Käufer zugute. Anders ist es, wenn der Mehrerlös auf überobligationsmäßigen Anstrengungen des Verkäufers oder auf einem außergewöhnlichen Erwerbsinteresse des „Deckungskäufers" beruht.

In den Einzelheiten weitgehend ungeklärt ist, ob und inwieweit der Differenzbetrag zwischen Einkaufs- und Verkaufspreis (Rohgewinn) um bestimmte Posten gekürzt werden muss, und was ein Kfz-Händler zusätzlich zu seinem entgangenen Rohgewinn an Schadenspositionen geltend machen kann.

Nicht abzuziehen sind die **allgemeinen Geschäftskosten.**[108] Sie bleiben dem Händler durch den Vertragsbruch des Käufers nicht erspart. Eine Vermutung spricht dafür, dass sie unabhängig davon angefallen sind. **Ersparte Aufwendungen** können hingegen sein: Transportkosten, Verkäuferprovision und sonstige Kosten, die bei der vertragsgemäßen Abwicklung des Geschäfts angefallen wären; s. auch Rn 159.

Zum ersatzfähigen Schaden des Händlers gehören außer dem entgangenen Gewinn **nutzlose Vermarktungsaufwendungen** (Instandsetzungsaufwand, z.Zt. durchschnittlich 250 € pro Pkw; Aufwand für Aufbereitung, z.Zt. ca. 100 €; Kosten für Werbung einschließlich

---

104 Steuer-Erfahrungsaustausch Kraftfahrzeuggewerbe 1/95, S. 7.
105 BGH 29. 6. 1994, NJW 1994, 2478; s. auch *Pohlmann*, NJW 1995, 3169.
106 LG Hamburg 26. 7. 1996, NJW-RR 1997, 560.
107 NJW 1997, 2378.
108 BGH 22. 2. 1989, BGHZ 107, 67 = NJW 1989, 1669.

Inserate), ferner die Kosten für die regelmäßige **Pflege** des nicht abgenommenen Fahrzeugs, schließlich die Kosten für die **Finanzierung** des Gebrauchtwagenbestandes, die bei pünktlicher Zahlung des vereinbarten Kaufpreises zu einem bestimmten Anteil vermieden worden wären.[109]

Offen gelassen hat das OLG Köln,[110] ob der Händler auch ein **Standgeld** beanspruchen kann. Im Parallelfall des Werkstattrechts ist dies allgemein anerkannt. Für die Nichtabnahme eines gekauften Fahrzeugs kann nichts anderes gelten.[111] Die Höhe des Standgeldes ist gem. § 287 ZPO zu schätzen. Dabei ist zu berücksichtigen: Aufbewahrung im Freien oder in einer Halle, Größe des Fahrzeugs, Lage des Betriebes (Großstadt oder ländliche Gegend). Bei einem normalen Pkw dürfte zurzeit (2008) ein Tagessatz von bis zu 10 € angemessen sein (s. auch Rn 1261).

j) Eigentumsvorbehalt

1196 Die Übertragung des Eigentums richtet sich nach den §§ 929 ff. BGB. Zur Rechtslage bei Eheleuten auf Käuferseite s. Brand OLG 19.9.2002, 9 U 31/01, n. v.

Die modernisierten **ZDK-AGB** (Stand 3/08) enthalten eine Reihe von Bestimmungen über den Eigentumsvorbehalt; ebenso andere Klauselwerke. Da die einzelnen Regelungen den Klauseln in den Neuwagenverkaufsbedingungen weitgehend entsprechen, wird auf deren Kommentierung verwiesen (Rn 92 ff.).

Wenn ein Fahrzeug ohne schriftlich vereinbarten Eigentumsvorbehalt verkauft worden ist, stellt sich die Frage, ob ein solcher **mündlich** oder **durch schlüssiges Verhalten** vereinbart wurde. Jedenfalls beim Autokauf kann der Käufer, der den Kaufpreis noch nicht gezahlt hat, die **Einbehaltung des Fahrzeugbriefes** bei der Übergabe des Fahrzeugs regelmäßig nur dahin verstehen, dass der Verkäufer ihm das Eigentum am Fahrzeug zur Sicherung seiner Kaufpreisforderung nur unter der aufschiebenden Bedingung vollständiger Zahlung des Kaufpreises übertragen will.[112]

Wenn mit dem Autohaus Ratzenzahlung vereinbart worden ist und der Fahrzeugbrief erst nach vollständiger Bezahlung ausgehändigt werden soll, bleibt das Eigentum am Fahrzeug bis zur vollständigen Tilgung der Kaufpreisforderung beim Autohaus.[113] Ergänzend ist auf eine Entscheidung des OLG Hamburg[114] hinzuweisen, wonach in der Übergabe des Fahrzeugbriefs kein stillschweigender Verzicht auf den Eigentumsvorbehalt liegt, wenn der Käufer einen (ungedeckten) Scheck gegeben hat.[115]

k) Haftung für Sachmängel

1197 Was früher mit zwei kurzen Sätzen im Abschnitt VII („Gewährleistung") geregelt war, erstreckt sich in den heutigen ZDK-AGB (Fassungen 7/03 und 3/08) über eine halbe Seite. Zu den einzelnen Neuregelungen im Abschn. VI („Sachmangel") s. Rn 1952 ff. (Verbrauchsgüterkauf) und Rn 1956 ff. (Verkauf an Nichtverbraucher).

l) Freizeichnung von der Haftung auf Schadensersatz

1198 Früher war es unbedenklich, ja sogar ein Gebot der Transparenz, Sachmängelhaftung und allgemeine Haftung in getrennten Klauselkomplexen zu regeln. Diese Trennung war

---

109 OLG Köln 27.5.1993, NJW-RR 1993, 1404.
110 NJW-RR 1993, 1404.
111 Siehe auch BGH 14.2.1996, NJW 1996, 1464 mit Hinweis auf §§ 304 BGB, 354 HGB.
112 BGH 13.9.2006, NJW 2006, 3488.
113 OLG Oldenburg 19.10.2004, DAR 2005, 90.
114 Urt. v. 20.2.1986, NJW-RR 1987, 1266.
115 Siehe auch BGH 20.5.1958, VRS 15, 1; OLG Düsseldorf 24.4.1996, OLGR 1997, 4.

auch mit Blick auf § 139 BGB von Vorteil. Angesichts der Integration der Sachmängelhaftung in das allgemeine Leistungsstörungsrecht sind Bedenken gegen die Beibehaltung der bisherigen Klauselsystematik angemeldet worden. Eine Trennung sei heute kaum möglich.[116]

Augenfällig wird die Problematik im Abschn. VI Ziff. 5 ZDK-AGB (3/08). Hiernach gelten für Schadensersatzansprüche wegen eines Sachmangels die Regelungen des Abschn. VII ("Haftung"). Die Schadensersatzhaftung des Verkäufers ist damit **einheitlich** in einem einzigen Abschnitt geregelt.

Diese Integrationslösung, so konsequent sie auch erscheinen mag, wirft Fragen auf, insbesondere mit Blick auf die Ansprüche des Käufers auf Schadensersatz nach § 437 Nr. 3 BGB i. V. m. den dort aufgezählten Vorschriften. Näheres Rn 1965 ff. Die Einzelregelungen im Abschn. VII der ZDK-AGB (3/08) stimmen weitgehend mit denjenigen des Klauselwerks für den Neuwagenkauf überein. Näheres Rn 2233.

m) Schiedsstelle/Schiedsverfahren

In Kfz-Werkstattsachen seit 1970 eine bewährte Einrichtung, hat das Schiedsverfahren im Gebrauchtwagenhandel bis 1980 eher ein Schattendasein geführt. Mit seiner Integration in die ZDK-AGB 1980 ist der Anwendungsgrad dieses in der heutigen Zeit besonders wichtigen Instruments außergerichtlicher Streitbeilegung deutlich gestiegen.

Die Klauseln über die Schiedsstelle in Abschn. VIII der ZDK-AGB (7/03 und 3/08) sind in jeder Hinsicht unbedenklich. Sie sind weder überraschend i. S. v. § 305 c Abs. 1 BGB noch bedeuten sie eine unangemessene Benachteiligung des Käufers i. S. d. § 307 BGB.

Wichtig ist, dass die Anrufung der Schiedsstelle für keine der beiden Vertragsparteien obligatorisch, sondern **fakultativ** ist. Sie erweckt beim Käufer auch nicht den Eindruck, der Rechtsweg sei ausgeschlossen.[117] Dem steht die Fakultativ-Klausel ("können") in Ziff. 1 entgegen. Im Übrigen heißt es in Ziff. 2 ausdrücklich, dass der Rechtsweg durch die Entscheidung der Schiedsstelle nicht ausgeschlossen wird.

Auch wenn der Händler die Schiedsstelle ordnungsgemäß angerufen hat, braucht sich der Käufer auf dieses Verfahren nicht einzulassen. Es besteht keine Pflicht zur Stellungnahme auf die Anrufungsschrift. Der mündlichen Verhandlung kann der Käufer fernbleiben, ohne Nachteile bei der Verfolgung seiner Rechte befürchten zu müssen. Die Entscheidung der Schiedskommission nach Lage der Akten kann ihn nicht daran hindern, seinerseits den Rechtsweg zu beschreiten.

Während sich der Händler dem Spruch der Schiedskommission von vornherein unterwirft, entfaltet er gegenüber dem Käufer **keine bindende Wirkung**. Abschn. VIII Ziff. 2 ZDK-AGB macht deutlich, dass der Käufer das Recht hat, die Entscheidung der Schiedsstelle in vollem Umfang nachprüfen zu lassen, also nicht nur in den Grenzen des § 319 BGB.[118]

Da der Spruch der Schiedsstelle auch unterhalb der Schwelle offenbarer Unbilligkeit i. S. v. § 319 Abs. 1 BGB keine bindende Wirkung für den Käufer hat, ist die personelle Besetzung der Kommission für ihn nicht entscheidend.

---

116 So *Hoeren* in *Martinek/Hoeren*, SKK, Teil 3 Rn 57.
117 Vgl. auch BGH 14. 7. 1987, NJW 1987, 2818 und BGH 10. 10. 1991, BB 1992, 90.
118 Vgl. auch *Gottwald/Reichenberger/Wagner*, NZV 2000, 6.

n) Gerichtsstand

1200 Die Klauseln über den Gerichtsstand im Abschn. IX decken sich im Wesentlichen mit den Vorgängerbestimmungen im Abschn. X der ZDK-AGB aus der Zeit vor der Schuldrechtsreform. Hinzu gekommen ist die Klausel, wonach in allen nicht geregelten Fällen bei Ansprüchen des Verkäufers gegenüber dem Käufer dessen Wohnsitz als Gerichtsstand gilt. Diese Klarstellung ist zu begrüßen. Zum Gerichtsstand bei den einzelnen Klagetypen s. Rn 681 (Rücktritt), Rn 1882 (großer Schadensersatz) und Rn 2188 (Bereicherungsrecht).

3. Finanzierter Kauf

1201 Auch beim Kauf eines gebrauchten Pkw reichen die Eigenmittel häufig nicht aus, um den Kaufpreis – durchschnittlich ca. 12.500 € beim Markenhändler – zu bezahlen. Der Finanzierungsanteil bleibt naturgemäß deutlich hinter dem beim Neufahrzeugkauf zurück, ist tendenziell aber steigend. Finanzierungs- und Leasinggeschäfte sind auch auf dem Gebrauchtfahrzeugsektor weiterhin auf dem Vormarsch.

Ein wesentlicher Unterschied zum finanzierten Absatz von Neufahrzeugen besteht darin, dass die Hersteller/Importeure sich mit Subventionen in Form günstiger Zinssätze zurückhalten. Gleichwohl arbeiten viele Vertragshändler auch bei der Gebrauchtwagenfinanzierung mit den Banken des jeweiligen Herstellers zusammen. Herstellerunabhängige Spezialbanken und die örtlichen Universalbanken und Sparkassen teilen den Rest unter sich auf.

In rechtlicher Hinsicht macht es keinen wesentlichen Unterschied, ob die Anschaffung eines neuen oder eines gebrauchten Kraftfahrzeugs finanziert wird. Auf die Ausführungen unter Rn 1047 ff. kann deshalb verwiesen werden. Zur Rückabwicklung eines bankfinanzierten Kaufs mit einem (unerkannt) geschäftsunfähigen Käufer s. OLG Stuttgart NJW-RR 2002, 1579.

II. Der Kaufvertrag zwischen einem Unternehmer außerhalb der Kfz-Branche und einem Verbraucher

1202 Auch ohne Beteiligung von Kfz-Händlern werden gebrauchte Kraftfahrzeuge unternehmerisch vermarktet, etwa durch **Leasinggesellschaften** und **Autovermieter**. Sofern deren Abnehmer Verbraucher i. S. d. § 13 BGB sind (zum Verbraucherbegriff s. Rn 1159), gelten gleichermaßen die Regeln des Verbrauchsgüterkaufs (§§ 474 ff. BGB).

Dass der Gebrauchtfahrzeugverkauf nicht zum unternehmerischen Kerngeschäft von Leasinggesellschaften und Autovermietern gehört, ist belanglos. Derartige Unternehmen vermarkten ihre gebrauchten Fahrzeuge im Rahmen ihrer gewerblichen Tätigkeit. Dass sie nicht über das technische Know-how und auch nicht über den technischen Apparat von Kfz-Händlern verfügen, spielt keine Rolle. Eine besondere Sachkunde, wie sie einem Kfz-Händler typischerweise zu Eigen ist, ist für den Unternehmerbegriff des § 14 BGB kein Qualifikationsmerkmal.[119] Es kommt auch nicht darauf an, ob der Verkäufer mit seiner Geschäftstätigkeit einen Gewinn erzielen will.[120]

Vor allem am Beispiel von **Freiberuflern** wird kontrovers diskutiert, ob im Rahmen des Verbrauchsgüterkaufs ein anderer Unternehmerbegriff als in § 14 BGB gilt. Manche sprechen sich für eine Erweiterung aus, andere plädieren für eine Beschränkung auf Verkäufe, die zum Kerngeschäft des Verkäufers gehören. In zweite Richtung geht die Ansicht des LG

---
119 Zu eng AG Bad Homburg v. d. H. 14. 11. 2003, NJW-RR 2004, 345 (im Ergebnis bestätigt von LG Frankfurt a. M. 7. 4. 2004, NJW-RR 2004, 1208).
120 BGH 29. 3. 2006, NJW 2006, 2250 (Tierverkauf); OLG Köln 8. 8. 2007, OLGR 2008, 37.

Frankfurt a. M.,[121] wenn eine „kausale Verknüpfung" zwischen der unternehmerischen Tätigkeit und dem Geschäft verlangt wird. Es bedürfe einer „engeren Verknüpfung zum Unternehmenszweck", was bei einem Pkw-Verkauf durch eine **Zahnärztin** auch dann fehle, wenn der Wagen steuerlich über die Praxis gelaufen sei.

Zumindest im Ergebnis richtig ist die Bewertung des OLG Celle,[122] eine nebenberuflich selbstständig tätige **Übersetzerin** beim Verkauf ihres überwiegend privat genutzten Oldtimers nicht als Unternehmerin einzustufen. Ein wesentliches Überwiegen der privaten Nutzung sieht das LG Trier nicht bei 57 % zu 43 %; ein **Apotheker** wurde folglich als Unternehmer behandelt.[123] Zu den Dual-use-Fällen auf Käuferseite s. Rn 1160.

Verkauft **ein Bäcker** seinen geschäftlich genutzten Lieferwagen an einen Verbraucher, handelt es sich um einen Verbrauchsgüterkauf. Gleiches gilt für **Handwerksbetriebe** und sonstige Gewerbetreibende außerhalb der Kfz-Branche. Jede Differenzierung nach Haupt- und Nebengeschäft, nach Kompetenz und ähnlichen Kriterien stellt die Rechtspraxis vor kaum lösbare Abgrenzungsprobleme. Auf die steuerliche Zuordnung soll es nicht ankommen.[124]

Zu Fragen der Verteilung von **Darlegungs- und Beweislast** näher Rn 1155, 1161.

---

121 Urt. v. 7. 4. 2004, NJW-RR 2004, 1208.
122 Urt. v. 11. 8. 2004, NJW-RR 2004, 1646 = ZGS 2004, 474 = OLGR 2004, 525.
123 Urt. v. 8. 6. 2004 – 1 S 87/03 – n. v.
124 So KG 11. 9. 2006, DAR 2007, 643 = NZV 2007, 311.

D. An- und Verkäufe zwischen Unternehmern

1203 Ohne Beteiligung von Verbrauchern werden in aller Regel Geschäfte über **gebrauchte Nutzfahrzeuge** wie Lkw und Busse abgewickelt. Die insoweit zu beachtenden Sonderregeln kommen dort zur Sprache, wo das konkrete Sachproblem behandelt wird. Bei der **Vermarktung von Pkw/Kombis** gibt es vielfältige Formen von „B2B – Geschäften", z. B. Autovermieter an Kfz-Händler, Leasinggesellschaften an Kfz-Händler und Kfz-Händler untereinander.

Bei Verkäufen im unternehmerischen Verkehr (B2B) sind der Vertragsgestaltungsfreiheit generell weitere Grenzen gesetzt als bei Verbraucherverträgen. So kann z. B. die Sachmängelhaftung vollständig ausgeschlossen werden; auch formularmäßig. Von dieser Möglichkeit wird in den ZDK-AGB (3/08) im Abschn. VI Ziff. 1, Abs. 2 („unter Ausschluss jeglicher Sachmängelansprüche") Gebrauch gemacht.

Bei Formularverträgen sind die Beschränkungen zu beachten, die in **§ 309 Nr. 7 a und b BGB** statuiert sind und die über § 307 BGB mittelbar auch auf AGB im unternehmerischen Verkehr einwirken.[1] Näheres Rn 1966. Der vom ADAC für Unternehmer-Unternehmer-Verkäufe bereitgestellte Mustervertrag trägt diesem – in anderen Klauselwerken nicht immer beachteten – Gesichtspunkt Rechnung.

Von **zentraler Bedeutung** ist die durch **§ 444 BGB** eröffnete Möglichkeit, eine an sich wirksame Freizeichnungsklausel mit Hilfe des Nachweises einer arglistigen Täuschung (dazu Rn 2069 ff.) oder einer Garantieübernahme (dazu Rn 1357 ff.) außer Kraft zu setzen.

---

1 BGH 19. 9. 2007, NJW 2007, 3774.

E. Verkauf Verbraucher an Unternehmer

I. Die Marktsituation

Soweit gebrauchte Personenkraftwagen nicht verschrottet oder direkt an Privat verkauft werden, werden sie hauptsächlich vom Kfz-Handel übernommen, sei es durch Ankauf, sei es zur Vermittlung. Echte Kommissionsgeschäfte sind nach wie vor sehr selten.

1204

Die Abgabe von Gebrauchtfahrzeugen an den Handel ist zumeist mit dem Erwerb eines anderen Fahrzeugs (Neu- oder Altwagen) gekoppelt. Am „freien" Ankauf privatgenutzter Pkw/Kombis sind die Fabrikatshändler mit Gebrauchtwagenabteilung erfahrungsgemäß wenig interessiert. Weitaus stärker ist das Interesse von Kfz-Betrieben, die ausschließlich mit Gebrauchtfahrzeugen handeln. „Erstklassige Gebrauchte gesucht" oder „Wir suchen ständig gute Gebrauchte" lauten die gängigen Anzeigen nicht immer seriöser Händler. Kontakte mit Privatpersonen kommen auch dadurch zustande, dass diese ihre Fahrzeuge in Verkaufsanzeigen oder im Internet zum Kauf anbieten.

II. Der Ankauf mit Schätzwert-Klausel
1. Inhalt und Auslegung von Schätzwert-Klauseln

Typischer Bestandteil von Ankaufverträgen waren in früheren Jahren Preisklauseln wie
- „Der Kfz-Ankauf erfolgt zum DAT-Schätzpreis abzüglich 50 % / 40 % / 30 % / 20 %",
- „zum DAT-Schätzpreis-Händlereinkauf abzüglich 3000,00 DM",
- „zum DAT-Schätzwert-Händlereinkauf mit bzw. ohne MWSt".

1205

Seit Anfang der Neunziger Jahre haben Klauseln dieser Art an Bedeutung verloren. Sie sind jedoch, speziell im Raum Stuttgart, auch heute noch anzutreffen,[1] was durch zahlreiche aktuelle Urteile belegt wird.[2] Verbreitet ist z. B. die Klausel „Händlereinkaufspreis netto nach Sachverständigenschätzung" (ggf. abzüglich eines bestimmten Prozentsatzes).

Den ohne klarstellenden Zusatz zumindest missverständlichen **Begriff „DAT-Schätzpreis"** bzw. „DAT-Schätzwert" hat die Rechtsprechung händlergünstig im Sinne von **Händlereinkaufswert** ausgelegt; dies sogar bei einer Klausel wie „Der Ankauf erfolgt zum DAT-Schätzpreis abzüglich 50 % / 40 % / 30 % / 20 %".[3] Schon bei einer Individualabrede dieses oder eines ähnlichen Inhalts bestehen gegen diese Auslegung Bedenken, erst recht bei einer **formularmäßigen** Preisklausel. Die Rechtsprechung hat mit dem „Transparenzgebot" geholfen. Dazu und zur Inhaltskontrolle s. Rn 1208 ff.

Mitunter enthalten Schätzwert-Klauseln den Zusatz „gültiger Schätzwert". Im Zusammenhang mit einer DAT-Schätzung bedeutete dies zweierlei: zum einen Aktualität der Schätzung, zum anderen deren Endgültigkeit. Nach dem DAT-Schätzverfahren war als „endgültig" festgestellt nur derjenige Schätzwert anzusehen, der nach einem Einspruchsverfahren[4] bestätigt oder neu festgelegt worden ist.[5]

---
[1] ADAC-Motorwelt 9/2002, S. 42 ff.; ADAC-Motorwelt 3/2003, S. 58; *Halbgewachs*, NZV 2004, 115.
[2] LG Stuttgart 4. 1. 2002, DAR 2003, 276 (bestätigt durch OLG Stuttgart 5. 8. 2002 – 5 U 23/02 – n. v.); OLG Stuttgart 10. 12. 2002, NJW-RR 2003, 419; OLG Stuttgart 28. 10. 2002 – 5 U 90/02 – n. v.
[3] BGH 18. 5. 1983, NJW 1983, 1854 = WM 1983, 731; AG Berlin-Schöneberg 9. 7. 1981, AH 1982, 757.
[4] Vgl. dazu *Eggert/Reinking/Hörl*, S. 141 f.
[5] OLG Hamm 19. 2. 1981 – 28 U 166/80 – n. v.

2. Sittenwidrigkeit

1206 In der Regel verstößt eine Schätzpreisklausel selbst dann nicht gegen die guten Sitten (§ 138 BGB), wenn vom Händler-Einkaufspreis noch ein bestimmter Prozentsatz abgezogen wird. Abschläge von 10 – 30 % liegen noch deutlich unter dem Grenzwert, bei dem ein auffälliges Missverhältnis zwischen Leistung und Gegenleistung anzunehmen ist (s. Rn 2144). Auch unter Berücksichtigung der Unerfahrenheit des privaten Autobesitzers in seiner ungewohnten Rolle als Verkäufer, ja selbst bei einer gewissen wirtschaftlichen Bedrängnis, ist ein Verstoß gegen § 138 BGB in diesen Fällen nicht zu bejahen. Die kritische Grenze dürfte erst überschritten sein, wenn nach Abzug des Prozentwertes oder eines festen Euro-Betrages weniger als die Hälfte des Marktpreises (Verkaufswert) übrigbleibt.[6] In die Sittenwidrigkeitsprüfung ist der gesamte Vertragsinhalt einschließlich der AGB einzubeziehen. Zu berücksichtigen sind auch die den Vertragsschluss begleitenden Umstände. Nicht selten unterschreiben private Fahrzeugbesitzer Vertragsformulare, ohne zu wissen, worauf sie sich einlassen.

3. Rechtsnatur der Schätzwertklausel

1207 Es handelt sich um einen Fall der Leistungsbestimmung durch einen Dritten i. S. v. § 317 Abs. 1 BGB. Schätzwert-Klauseln sind daher als **Schiedsgutachtenabrede** zu qualifizieren.[7]

4. Inhaltskontrolle gem. § 307 BGB

1208 Mit dem **BGH** ist davon auszugehen, dass Schätzwert-Klauseln der Inhaltskontrolle unterliegen.[8] Preisabreden sind ihr zwar grundsätzlich entzogen. Anders ist es aber, wenn das Wie der Preisfindung klauselartig festgelegt wird.[9] Bei einem Verbrauchervertrag, so der Regelfall, müssen auch die **konkret-individuellen Umstände des Vertragsschlusses** in die Inhaltskontrolle einbezogen werden (§ 310 Abs. 3 Nr. 3 BGB).[10]

Ob die formularmäßige „DAT-Schätzwert"-Klausel den privaten Autoverkäufer unangemessen i. S. v. § 9 AGBG benachteiligt, hat der BGH in seinem grundlegenden Urteil vom 18. 5. 1983[11] nicht abschließend geprüft. Zum einen war der Verkäufer über die Bedeutung der Klausel vor Vertragsabschluss aufgeklärt worden, wenn auch nur über den Inhalt, nicht über die Rechtsfolgen dieser Abrede, speziell deren Bindungswirkung. Deshalb brauchte sich der BGH mit dem **Transparenzerfordernis** nicht abschließend auseinander zu setzen. Zum anderen fehlte es in jenem Fall an einem hinreichenden Vortrag von Tatsachen, die auf eine wirtschaftliche oder rechtliche Abhängigkeit zwischen Händler und Schiedsgutachter hindeuteten. Mangels tatrichterlicher Feststellungen brauchte der BGH nicht zu prüfen, ob der Sachverständige, der den DAT-Schätzwert ermitteln sollte, unabhängig und sachkundig war.

a) Zum Transparenzgebot

1209 Auch ohne besondere Aufklärung des privaten Autoanbieters über Inhalt und Tragweite der Schätzwert-Klausel ist dem Transparenzgebot (§ 307 Abs. 1 S. 2 BGB) Genüge getan,

---

6 Zustimmend *Halbgewachs*, NZV 2004, 115, 117.
7 Ganz h. M., vgl. BGH 18. 5. 1983, NJW 1983, 1854; *Halbgewachs*, NZV 2004, 115 m. w. N.
8 Urt. v. 18. 5. 1983, NJW 1983, 1854; so auch OLG Stuttgart 10. 12. 2002, NJW-RR 2003, 419; *Halbgewachs*, NZV 2004, 115, 116.
9 Vgl. *Köndgen*, NJW 1989, 943, 948.
10 OLG Stuttgart 10. 12. 2002, NJW-RR 2003, 419 zu § 24 a AGBG.
11 NJW 1983, 1854.

wenn die – im Übrigen verständliche – Klausel den klarstellenden Zusatz „Händlereinkaufspreis" oder „Händlerverkaufspreis" enthält. Mit diesen Begriffen sollte ein durchschnittlicher Verbraucher mit mittleren Deutschkenntnissen etwas anzufangen wissen.[12] Sie ermöglichen es ihm, sein Preiserzielungsrisiko abzuschätzen.

Ohne den erläuternden Hinweis auf die Art des Preises (EK oder VK) ist die Preisbildung und damit die Schätzpreisklausel intransparent,[13] selbst wenn sie – wie im BGH-Fall[14] – gestaffelte Abzugsbeträge (20 % – 50 %) aufweist. Die prozentualen Abzüge deuten an sich darauf hin, dass sie mit dem Verkaufswert in Zusammenhang stehen. Je höher der Abschlag ist, desto stärker muss auch für einen Laien der Eindruck sein, Ausgangspunkt der Rechenoperation sei der Händlerverkaufspreis oder der objektive Verkehrswert (Marktpreis), jedenfalls nicht der Einkaufswert. Ein Abzug von nur 20 % deutet schon eher auf den Händlereinkaufspreis als Basisgröße hin. Dieser berücksichtigt nämlich nur die durchschnittliche Handelsspanne. Der ankaufende Händler hat jedoch ein berechtigtes, dem Anbieter freilich nicht immer erkennbares Interesse daran, anstelle der Durchschnittsmarge seine eigene geschäfts- und fahrzeugspezifische Handelsspanne in Ansatz zu bringen. Ein Fabrikatshändler mit Werkstattbetrieb, der einen Gebrauchtwagen seines Fabrikats ankauft, hat wegen der voraussichtlich kürzeren Standzeit und damit geringeren Finanzierungskosten und des geringeren Wertverlustes eine andere Kostensituation als ein Fremdfabrikatshändler oder ein reiner Gebrauchtwagenhändler. Da diese Kalkulationsüberlegungen dem Durchschnittskunden insgesamt fremd sind, bringen die prozentualen Abzüge nur dann einen Zuwachs an Transparenz, wenn eindeutig klar ist, wovon wie viel abgezogen wird. Tendenziell stellt die Rechtsprechung zu Recht hohe Anforderungen an eine transparente Klauselgestaltung.[15]

b) Zum Neutralitätsaspekt

Die gebotene Unabhängigkeit des Schiedsgutachters ist nicht nur unter wirtschaftlichen Gesichtspunkten zu beurteilen. Auch sonstige Bindungen sachlicher oder rechtlicher Natur können Zweifel daran wecken, dass der vorgesehene Schiedsgutachter unabhängig und unbeeinflusst von sachfremden Erwägungen tätig wird.[16]

c) Rechtsfolgen bei Unwirksamkeit der Schätzpreisklausel

Die Rechtsfolge eines Verstoßes gegen § 307 BGB ist an sich nur die Unwirksamkeit der Klausel. Weitergehend hat das OLG Stuttgart[17] – entgegen der Regel des § 6 Abs. 1 AGBG (jetzt § 306 Abs. 1 BGB) – **Unwirksamkeit des gesamten Vertrages** angenommen. Voraussetzung dafür war die Feststellung, dass es unter den gegebenen Umständen keinesfalls zu einem Verkauf an den Beklagten gekommen wäre. Bei Unwirksamkeit des gesamten Kaufvertrages hat der Käufer das ihm überlassene, eventuell schon übereignete Fahrzeug nach §§ 812 Abs. 1, 818 Abs. 1 BGB herauszugeben. Ist er dazu nicht mehr in der Lage, schuldet er Wertersatz in Form des objektiven Wertes. Zu ersetzen ist der Wiederbeschaffungswert. Nach Ansicht des OLG Stuttgart[18] ist der Betrag maßgebend, der bei einem Verkauf an Privat erzielbar war.

---

12 Oft sind die Anbieter Ausländer mit mangelhaften Deutschkenntnissen (so im Fall OLG Stuttgart 28. 10. 2002 – 5 U 90/02 – n. v.).
13 Ebenso *Halbgewachs*, NZV 2004, 115, 116.
14 NJW 1983, 1854.
15 Vgl. OLG Stuttgart 10. 12. 2002, NJW-RR 2003, 419.
16 So BGH 18. 5. 1983, NJW 1983, 1854.
17 Urt. v. 10. 12. 2002, NJW-RR 2003, 419.
18 Urt. v. 10. 12. 2002, NJW-RR 2003, 419.

5. Unverbindlichkeit des Schätzwertes gem. § 319 BGB analog

1212 Unverbindlich ist der Schätzwert, wenn er **offenbar unrichtig** ist. Dieser Fall wird der offenbaren Unbilligkeit i. S. d. § 319 Abs. 1 S. 1 BGB gleichgestellt.[19] Offenbare Unrichtigkeit verlangt mehr als bloße Unrichtigkeit der Schätzung. Offenbar unrichtig ist sie erst dann, wenn sie „den Grundsatz von Treu und Glauben in grober Weise verletzt und wenn sich ihre Unrichtigkeit dem Blick eines sachkundigen und unbefangenen Beurteilers sofort aufdrängen muss".[20] Diese Formel ist wegen ihrer Unschärfe nur schwer zu handhaben. Schwierigkeiten bereitet vor allem das normative Element des § 242 BGB, das in der Entscheidung des BGH vom 2. 2. 1977[21] allerdings nicht mehr erwähnt wird. Bei gutachterlichen Wertermittlungen und Schätzungen liegt die Möglichkeit eines gewissen Spielraums („Streubereich") in der Natur der Sache.[22] Das Schätzergebnis muss, um offenbar unrichtig zu sein, erheblich außerhalb des an sich üblichen Toleranzbereichs entsprechender Schätzungen liegen. Es muss **evident grob falsch** sein. Das wird bei Abweichungen in einer Größenordnung von unter 15 % regelmäßig zu verneinen sein.[23] Der Schwellenwert für eine relevante Fehlschätzung liegt bei 20–25 %.[24]

Die offenbare Unrichtigkeit des Schätzergebnisses hat grundsätzlich derjenige **darzulegen und zu beweisen,** der sie geltend macht.[25] Der Verkäufer genügt seiner Darlegungs- und Beweislast nicht schon dadurch, dass er auf abweichende Schätzergebnisse hinweist.[26] Die alternativen Schätzungen müssen zum einen jenseits des Schwellenwertes von 20–25 % liegen. Zum anderen muss auch die Offensichtlichkeit der Fehlschätzung bewiesen werden. Die Behauptung, der Sachverständige oder die Schätzorganisation weigere sich, Einzelheiten der Wertermittlung bekannt zu geben, entbindet ihn nicht von seiner Darlegungs- und Beweispflicht.

Eine **Beweislastumkehr** erscheint geboten, wenn der Aufkäufer das Fahrzeug in Kenntnis der Abweichung von der Preisvorstellung des Verkäufers veräußert hat, ohne diesen vorher davon zu unterrichten, und das Fahrzeug infolgedessen für eine Nachschätzung nicht mehr zur Verfügung steht (Gedanke der Beweisvereitelung).

6. Irrtumsanfechtung

1213 Um von dem Kaufvertrag loszukommen, müsste der Verkäufer darlegen und beweisen, dass er – abweichend von dem urkundlich belegten Tatbestand seiner Erklärung – die Vorstellung hatte, das Fahrzeug entweder überhaupt nicht oder zum Festpreis oder für einen Betrag in Höhe des Verkehrswertes zu verkaufen.[27] Diese inneren Tatsachen zu beweisen, ist selbst für unerfahrene Privatpersonen mit erheblichen Schwierigkeiten verbunden. Haben ausnahmsweise beide Seiten die Erwartung gehegt, der Schätzwert werde deutlich über dem festgesetzten Betrag liegen, so führt dieser beiderseitige Motivirrtum nach verbreiteter Meinung zum Wegfall der Geschäftsgrundlage.[28]

---

19 *Halbgewachs*, NZV 2004, 115, 117.
20 BGH 14. 12. 1967, WM 1968, 307; vgl. auch BGH 24. 9. 1990, NJW-RR 1991, 228.
21 NJW 1977, 801; vgl. auch BGH 25. 1. 1979, NJW 1979, 1885; BGH 16. 11. 1987, NJW-RR 1988, 506.
22 BGH 1. 4. 1987, NJW-RR 1987, 917 (zu § 64 VVG).
23 BGH 1. 4. 1987, NJW-RR 1987, 917.
24 Vgl. die Nachweise bei *Halbgewachs*, NZV 2004, 115, 118 (Fn 87).
25 BGH 21. 9. 1983, NJW 1984, 43, 45.
26 So auch *Halbgewachs*, NZV 2004, 115, 118.
27 BGH 18. 5. 1983, NJW 1983, 1854.
28 So auch die Vorinstanz zu LG Hamburg 27. 5. 1970, NJW 1970, 2064.

7. Aufklärungsverschulden

Privatpersonen haben häufig die Vorstellung, sich mit ihrer Unterschrift noch nicht fest zu binden, insbesondere keinen Kaufvertrag mit einer gerade für sie risikoreichen Preisklausel abzuschließen. Hinzu kommen oft unrealistische Preisvorstellungen. Nach Ansicht des OLG Frankfurt[29] ist ein Gebrauchtwagenhändler, der Fahrzeuge zum Schätzpreis abzüglich eines bestimmten Prozentsatzes ankauft, nur zur Information über die Bedeutung der Schätzung des Händler-Einkaufswertes verpflichtet, d. h. er muss den Kunden von sich aus, also **ungefragt**, darüber unterrichten, dass der Händler-Einkaufswert bereits Gewinn und Kosten des Händlers berücksichtigt.[30]

1214

Zum Schutz der **Entschließungsfreiheit** des Verbrauchers ist eine derartige Aufklärung das notwendige Minimum. Dem Fahrzeugeigentümer muss klar gemacht werden, worauf er sich einlässt. Wer trotz eines ausdrücklichen und verständlichen Hinweises einen prozentualen Abschlag vom Schätzpreis akzeptiert, ist nur ausnahmsweise schutzwürdig.[31] Dem aufgeklärten Kfz-Eigentümer ist es unbenommen, vom Verkauf Abstand zu nehmen oder eine untere Preisgrenze festzusetzen oder den Vertrag erst dann zu unterzeichnen, wenn sein Fahrzeug geschätzt worden ist. Auch ein Rücktrittsvorbehalt bietet Schutz; ebenso eine Rückfrage beim ADAC o. a.

Wenn der Händler – von sich aus oder auf ausdrückliches Befragen des Verkäufers – eine unrichtige oder unvollständige Preisauskunft gegeben hat (z. B. der Schätzpreis werde in jedem Fall den Betrag X übersteigen, die Schätzung sei ohne jedes Risiko), haftet er aus Verschulden bei den Vertragsverhandlungen.[32] Die Schadensersatzpflicht kann sich auch aus §§ 823 Abs. 2, 826 BGB ergeben. Darüber hinaus kann der Verkäufer zur Anfechtung wegen arglistiger Täuschung gem. § 123 BGB berechtigt sein.[33] Die Anfechtung erfasst im Zweifel auch die dingliche Seite des Geschäfts,[34] was zu einem Schadensersatzanspruch gem. §§ 990 Abs. 1, 989 BGB führen kann.[35]

Ist strittig, ob und inwieweit eine Aufklärung stattgefunden hat, trägt der Aufkäufer die **Beweislast**. Mit der üblichen Vertragsurkunde allein ist der Beweis nicht geführt.[36] Auf der anderen Seite muss der Händler nicht beweisen, den Anbieter (nur) durch mündliche Zusatzerklärungen aufgeklärt zu haben. Die Aufklärung kann selbstverständlich auch in schriftlicher Form erfolgen.

Dass der Verkäufer sich auch im Fall der ihm geschuldeten Aufklärung auf die strittige Schätzwertklausel eingelassen hätte, hat der Aufkäufer darzulegen und zu beweisen.[37] Diese Kausalitätsfrage stellt sich jedoch erst, wenn ein Aufklärungsverschulden feststeht.

Bei schuldhafter Verletzung der Informationspflicht kann der Verkäufer verlangen, dass der Vertrag rückgängig gemacht wird. Sofern das Fahrzeug bereits übergeben ist, ist der Händler zur Herausgabe, bei pflichtwidriger Vorenthaltung auch zum Ersatz entgangener Gebrauchsvorteile verpflichtet.[38] Die Herausgabepflicht erstreckt sich auf die Fahrzeugpa-

---

29 Urt. v. 26. 5. 1982, MDR 1982, 847.
30 Anders AG Berlin-Schöneberg 9. 7. 1981, AH 1982, 757 (ohne Nachfrage keine Aufklärungspflicht).
31 Zustimmend *Halbgewachs*, NZV 2004, 115, 119.
32 LG Frankfurt 18. 6. 1976 – 2/10 O 126/76 – n. v.
33 LG Stuttgart 4. 1. 2002, DAR 2003, 276 m. Anm. *Stroech*; OLG Stuttgart 28. 10. 2002 – 5 U 90/02 – n. v.
34 LG Stuttgart 4. 1. 2002, DAR 2003, 276 m. Anm. *Stroech*.
35 LG Stuttgart 4. 1. 2002, DAR 2003, 276 m. Anm. *Stroech*; OLG Stuttgart 28. 10. 2002 – 5 U 90/02 – n. v.
36 Zur Beweiskraft der Ankaufvertragsurkunde s. OLG Stuttgart 28. 10. 2002 – 5 U 90/02 – n. v.
37 Vgl. BGH 8. 4. 2001, NJW 2001, 2021, 2022.
38 Vgl. BGH 14. 7. 1982, NJW 1982, 2304 (gekündigter Vermittlungsauftrag).

piere. Bei Unmöglichkeit der Herausgabe, z. B. wegen Weiterverkaufs, hat der Ankäufer den Verkehrswert des Fahrzeugs zu ersetzen.[39]

Mitunter haben Kaufinteressenten gar nicht die Absicht, den Anbieter an dem Ergebnis der Schätzung festzuhalten. Ihnen ist mehr daran gelegen, sich den Wunsch, vom Vertrag loszukommen, gut bezahlen zu lassen, entweder in Form einer festen oder prozentualen Abstandszahlung und/oder durch Übernahme der Schätzkosten, Zahlung von **Standgeld**, Arbeitslohn, Vorführkosten usw. Manche Fahrzeugeigentümer gehen auf solche Angebote ein, weil sie darin die günstigere Alternative sehen. Kommt es zu keiner Einigung über die Auflösung des Vertrages, verlangen Händler bisweilen unter Berufung auf formularmäßige Klauseln eine „Abstandszahlung". Dabei kann es sich um eine unzulässige **Vertragsstrafe** handeln.[40] Auch als Pauschalierung von Schadensersatzansprüchen sind derartige Klauseln nicht frei von Bedenken. Kontrollmaßstab ist jetzt § 309 Nr. 5 BGB.

---

39 Siehe auch OLG Stuttgart 10. 12. 2002, NJW-RR 2003, 419.
40 Vgl. AG Frankfurt 1. 12. 1978, DAR 1979, 286.

F. Das Vermittlungsgeschäft (Agenturgeschäft)

I. Die steuerrechtlichen Rahmenbedingungen

Mit Wirkung vom 1. 7. 1990 ist eine nationale Sonderregelung für die Besteuerung der Umsätze im Handel mit Gebrauchtfahrzeugen eingeführt worden. Es handelt sich um die **Differenzbesteuerung** nach § 25 a UStG.[1] Bemessungsgrundlage ist nicht, wie üblicherweise gem. § 10 Abs. 1 UStG, das Entgelt, sondern nur die Differenz zwischen Einkaufs- und Verkaufspreis.[2]

1215

II. Auswirkungen der Differenzbesteuerung auf den Handel mit Gebrauchtfahrzeugen

1. Die Marktsituation

Die steuerlichen Gründe, die seit dem 1. 1. 1968 zur flächendeckenden Praxis des Agenturgeschäfts geführt haben, sind mit In-Kraft-Treten des § 25 a UStG zum 1. 7. 1990 weitgehend entfallen. Von Sonderfällen abgesehen, gibt es für Kfz-Händler heute **keinen steuerlichen Grund** mehr, die Rolle des Vermittlers zu übernehmen.

1216

Doch so wie es schon vor der Änderung des UStG im Jahre 1968 vereinzelt Agenturgeschäfte gegeben hat, ist dieser Geschäftstyp auch nach Einführung der Differenzbesteuerung weiterhin praktiziert worden, wenn auch in deutlich geringerem Umfang und aus unterschiedlichen, keineswegs nur haftungsrechtlichen Erwägungen.[3]

Neuen Auftrieb hat das Agenturgeschäft durch die **Reform des Kaufrechts** zum 1. 1. 2002 erhalten. Zu einer allgemeinen „Flucht in das Agenturgeschäft" ist es indes nicht gekommen.[4] Zu groß war und ist trotz der BGH-Entscheidung vom 26. 1. 2005[5] der Abschreckungseffekt des § 475 Abs. 1 S. 2 BGB (zur Umgehungsproblematik s. Rn 1220 ff.). Für eine generelle Ausweichstrategie fehlt im Übrigen auch der erforderliche wirtschaftliche Druck. Die Nachteile der Umsatzsteuerregelung zwischen 1968 und 1990 trafen den Kfz-Handel weitaus empfindlicher als die zivilrechtlichen Haftungsverschärfungen beim Händler-Eigengeschäft seit dem 1. 1. 2002.

Soweit es um den früheren Hauptanwendungsfall des Agenturgeschäfts geht, die **Koppelung eines Neuwagenverkaufs mit der Hereinnahme eines Gebrauchtwagens**, traten Kfz-Händler bis Ende 2001 praktisch nur noch als Eigenhändler auf („feste Inzahlungnahme"). Wurden sie in diesem Bereich weiterhin als Agent (Vermittler) tätig, so liefen sie angesichts der ab 1988 **verschärften Rechtsprechung des BFH**[6] Gefahr, steuerlich wie Eigenhändler eingestuft zu werden.

Steuerlich weniger brisant war und ist die Situation für den Kfz-Händler bei der sog. **reinen Agentur**. Hier ist der Vermittlungsauftrag isoliert erteilt worden. Es besteht kein Zu-

---

1 Zu Grundsatzfragen s. *Lennartz*, a. a. O., S. 11 ff.
2 Zu den vielfältigen Detailproblemen (z. B. bei Inzahlungnahmen, Garantien, Vermittlerprovisionen) s. *Ammenwerth/Grützner/Janzen*, S. 67 ff.
3 Zu den Vor- und Nachteilen des Agenturmodells unter den heutigen steuerlichen Rahmenbedingungen s. *Lennartz*, a. a. O., S. 267 ff., 303 ff.
4 Im ADAC-Test 2007 haben von 46 Händlern nur 3 „im Kundenauftrag" verkauft (ADACmotorwelt 4/2007, S. 36).
5 NJW 2005, 1039.
6 Nachweise bei *Eggert*, NZV 1989, 456, 458; *Lennartz*, a. a. O., S. 163 ff.

sammenhang mit dem Erwerb eines anderen Fahrzeugs (Kauf oder Leasing). Doch auch in solchen Fällen kann der vermittelnde Händler steuerlich als Eigenhändler angesehen werden. Agenturschädlich ist z. B. sein Verzicht auf einseitige Beendigung des Vermittlungsvertrages, es sei denn aus wichtigem Grund. Ein Beweisanzeichen dafür, dass er wirtschaftlich gesehen das Verkaufsrisiko übernommen hat, kann auch darin liegen, dass er schon bei Abschluss des Agenturauftrags den sog. Mindestverkaufspreis voll oder teilweise an seinen Kunden ausgezahlt hat, ohne einen etwaigen Rückzahlungsanspruch abzusichern.

Von der Änderung des UStG unberührt sind die so genannten **Gelegenheitsvermittlungen** geblieben. Im gewerblichen Bereich sind es vorwiegend Reparaturbetriebe und Tankstellen, die beim Absatz gebrauchter Pkw eingeschaltet werden. Der Vermittlungsauftrag wird meist nur mündlich erteilt. Gelegentlich werden Privat-Pkw ohne festen Vermittlungsauftrag nur deshalb in Autohäuser gestellt, um sie dort wegen des größeren Interessentenkreises besser an den Mann zu bringen. Zu einem solchen Sonderfall s. OLG Köln NJW 1996, 1288. Keine Gelegenheitsvermittler sind die organisierten **Jahreswagen-Vermittler** (vgl. Rn 1431). Einen speziellen Geschäftszweig bilden Vermittlungsgeschäfte im Zusammenhang mit **Import- bzw. Re-Importfahrzeugen**, s. Rn 732 ff.

2. Vertragsrechtliche Konsequenzen

1217 **Zivilrechtlich** sind Vermittlungsgeschäfte (Agenturgeschäfte) nach wie vor möglich und infolge allgemeiner Vertragsgestaltungsfreiheit **grundsätzlich zulässig**. § 25 a UStG enthält unbestritten kein Verbot i. S. v. § 134 BGB. Wegen der hauptsächlich aus steuerlichen Gründen gewählten „Einkleidung" der Verträge ist das gesamte **Agenturgeschäft alter Art** (bis 1990) vielfach als **Schein- oder Umgehungsgeschäft** disqualifiziert worden.[7] Man hat den Kfz-Händler so behandelt, als habe er das Fahrzeug im eigenen Namen und für eigene Rechnung erworben. Vor allem aber wollte man ihn nicht aus seiner Verkäuferhaftung entlassen.

Demgegenüber hat **der BGH** in ständiger Rechtsprechung die steuerlich motivierte Vertragsgestaltung „Agenturvertrag" sowohl bei isolierter als auch bei einer an einen Neufahrzeugkauf gekoppelten Hingabe eines Altwagens akzeptiert.[8] In der Rechtsprechung[9] war und ist allgemein anerkannt, dass ein **Scheingeschäft** nicht schon deshalb vorliegt, weil zur Ersparnis von Umsatzsteuer eine Vertragsgestaltung gewählt worden ist, die den Händler als Vertragspartei ausschaltet. Die ausdrücklich und unmissverständlich erklärte Rechtsfolge – Kaufvertrag ohne Beteiligung des Händlers – mochte zwar aus der Sicht der Käufer nicht optimal, vielleicht sogar unerwünscht sein. Rechtlich kam es jedoch auf den **erklärten Willen** an. Gewollt war eine Gestaltung ohne Vertragsbeteiligung des Händlers. Ein auch nur stillschweigendes Einverständnis der Parteien über den Scheincharakter anzunehmen, war nichts anderes als eine Fiktion.

An dieser Rechtslage hat sich durch die **Einführung des § 25 a UStG** zum 1. 7. 1990 im Ergebnis nichts geändert. Gewiss ist die steuerliche Ausgangssituation seither grundlegend anders. Von Sonderfällen (s. Rn 1222) abgesehen, gibt es **keine steuerliche Notwendigkeit** mehr, einen Altwagen von einem Nichtunternehmer nur zur Vermittlung zu übernehmen, statt ihn anzukaufen oder „fest" in Zahlung zu nehmen. Ein Kfz-Händler, der gleichwohl mit seinem Kunden einen „Agenturvertrag" (Vermittlungsauftrag) abschließt, kann dafür verschiedene Gründe außerhalb des Steuerrechts haben (vgl. Rn 1223). Sie sind zivilrecht-

---

[7] *Walz/Wienstroh*, BB 1984, 1693; *Haase*, JR 1981, 324; *Honsell*, Jura 1983, 523; *Rixecker*, DAR 1986, 110.
[8] Grundlegend Urt. v. 5. 4. 1978, NJW 1978, 1482; für isolierten Vermittlungsauftrag s. BGH 24. 11. 1980, NJW 1981, 388.
[9] Nachweise bei *Schulze-Osterloh*, AcP 190, 139.

lich grundsätzlich zu respektieren. **Gestaltungsgrenzen** für die Hereinnahme wie für den Absatz zogen bis zur Schuldrechtsmodernisierung nur die **§§ 117, 134, 138 BGB**. Mit dem verbraucherschutzrechtlichen Umgehungsverbot nach **§ 475 Abs. 1 S. 2 BGB** ist ein neuer Aspekt in die Diskussion gekommen.

3. Vermittelter Kauf und Verbraucherschutz
a) Ausgangslage

Von einer positiven Regelung dahin, dass die Vorschriften über den Verbrauchsgüterkauf generell auch dann gelten, wenn ein Unternehmer eine bewegliche Sache als Vermittler im Auftrag eines Kunden an einen Verbraucher verkauft, hat der nationale Gesetzgeber im Einklang mit der Verbrauchsgüterkaufrichtlinie vernünftigerweise Abstand genommen. Entsprechende Forderungen im Vorfeld der Schuldrechtsreform gingen zu weit, weil sie die Vertragsfreiheit von Unternehmer und Verbraucher unangemessen einschränkten. Zur Umsetzung von **Art. 7 Abs. 1 Verbrauchsgüterkaufrichtlinie** genügt – als flankierende Maßnahme zur Anordnung zwingenden Rechts in § 475 Abs. 1 S. 1 BGB – ein **allgemeines Umgehungsverbot**, wie es in § 475 Abs. 1 S. 2 BGB formuliert ist.

Das Umgehungsverbot war für den **nationalen Gesetzgeber** so selbstverständlich, dass er von einer näheren Erläuterung abgesehen hat. Verhindert werden soll, so die knappe **amtliche Begründung**, dass die dem Verbraucher gewährten Rechte durch eine Vereinbarung auch nicht „mittelbar" außer Kraft gesetzt werden.[10] Anwendungsbeispiele werden in der Gesetzesbegründung – anders als seinerzeit bei § 18 VerbrkrG – nicht genannt, nicht einmal andeutungsweise. Insbesondere fehlt jeglicher Hinweis auf Kommissions- und Vermittlungsgeschäfte als denkbare **„anderweitige Gestaltungen"**.

Dabei war das mit dem Schlagwort „Agenturgeschäft" beschriebene Problem dem Reformgesetzgeber durchaus bekannt. Im Vorfeld der Schuldrechtsreform hat es ausführliche Diskussionen gegeben, z. B. auf dem **39. Verkehrsgerichtstag 2001**. Damals wurde der Gesetzgeber aufgefordert, zu verhindern, dass der Unternehmer „seine Haftung nach den neuen Vorschriften durch missbräuchliche Agenturverträge und ähnliche Vertragsgestaltungen umgeht".[11] Agenturverträge sollten also **nicht generell** als Umgehungsgeschäfte eingestuft werden. Beschränkt wurde die Forderung des Arbeitskreises ausdrücklich auf **„missbräuchliche" Agenturverträge**. Bei den Beratungen hatte sich nämlich herausgestellt, dass der lediglich vermittelte Verkauf eines gebrauchten Kraftfahrzeugs in bestimmten Sondersituationen – auch aus Verbrauchersicht – eine wirtschaftlich vernünftige Alternative zum Händler-Eigengeschäft darstellen kann. Folglich sollte den Beteiligten ein Rest an Vertragsfreiheit erhalten bleiben.

In Richtung eines **Regel-Ausnahme-Verhältnisses** tendierte auch *Hermanns* in ihrem Referat auf dem Verkehrsgerichtstag 2001.[12] Ähnlich wie im Rahmen des § 42 AO sei danach zu fragen, ob **vernünftige oder wirtschaftlich verständliche Gründe** für die gewählte Gestaltung ersichtlich seien. Dass nicht nur die **inhaltliche Gestaltung** eines zwischen einem Unternehmer und einem Verbraucher abgeschlossenen Kaufvertrages, sondern bereits **die Wahl des Vertragstyps** – Verbrauchsgüterkauf oder vermittelter Verkauf ohne Unternehmerbeteiligung – unter den Umgehungsschutz fällt,[13] wurde nicht nur von *Hermanns* als selbstverständlich unterstellt. Daran hat sich in der Folgezeit – jedenfalls für die Rechtsprechung – nichts geändert.

---
10 BT-Drucks. 14/6040, 244.
11 Empfehlungen des AK III des 39. VGT.
12 Veröffentlichungen des 39. VGT, S. 123 = ZfS 2001, 437, 440.
13 Seinerzeit in § 305 c Abs. 2 DiskE formuliert.

b) Lösungsansätze ohne Rückgriff auf § 475 Abs. 1 S. 2 BGB

1219 Über problematische Fälle, so *Teichmann*, soll der Richter allein mit Hilfe der Auslegung des Gesetzes, unter Umständen mit dessen analoger Anwendung, zu entscheiden haben.[14] *Medicus* hält das Umgehungsverbot des § 475 BGB gar für gänzlich überflüssig,[15] im Grunde genommen für eine „Angstklausel" des Gesetzgebers, der unvorhergesehene Erfindungen der Formularpraxis befürchtet. Richtig daran ist, dass es zumindest für den Bereich des Kfz-Handels des Umgehungsverbots nicht bedurft hätte. Nahezu sämtliche Ergebnisse, die man mit seiner Hilfe erzielt, wären auch ohne Rückgriff auf § 475 BGB erreichbar gewesen. Mehr als ein **Auffangtatbestand** ist er deshalb nicht.[16]

Die **Herangehensweise der Gerichte** ist unterschiedlich: In „Agenturfällen" wie in „Strohmannfällen" prüft man überwiegend einen Verstoß gegen das Umgehungsverbot, was vor dem Hintergrund von BGH NJW 2005, 1039 und BGH NJW 2007, 759 nahe liegt. Ohne auf die Umgehungsproblematik einzugehen, hat dagegen das AG Bonn[17] einen Händler als (passivlegitimierten) Verkäufer behandelt, der versucht hatte, ein Fahrzeug über eine **vorgeschobene Privatperson** unter Gewährleistungsausschluss zu verkaufen. Zu dieser Fallgruppe („Strohmannfälle") s. Rn 1157 f. Umgekehrt hat das AG Gotha[18] einen über die Rollenverteilung ausdrücklich aufgeklärten Verbraucher („Privatverkauf, keine Gewährleistung, keine Garantie") mit seiner Mängelklage wegen wirksamer Freizeichnung abgewiesen. Selbst bloße Erkennbarkeit des Vermittlungsgeschäfts schließe die Annahme eines Umgehungsfalls aus. Dieser vertragsrechtliche Ansatz ist nicht BGH-konform.

Streitgegenständlich sind in aller Regel nur **Ansprüche aus der Sachmängelhaftung**. In deren Durchsetzung sieht sich der Verbraucher-Käufer dadurch gehindert, dass er dem Papier nach „unter Ausschluss jeglicher Gewährleistung" gekauft hat, und zwar von einer Privatperson. Sie bzw. der „Hintermann" beruft sich auf die Wirksamkeit der (formular-)**vertraglichen Freizeichnung**. Oftmals freilich schon deshalb erfolglos, weil die Formularklausel nicht die Vorgaben des **§ 309 Nr. 7 a, b BGB** beachtet und bereits deshalb **unwirksam** ist (näher Rn 1978). Eine (zusätzlich) mündlich vereinbarte Freizeichnung wie im Fall BGH NJW 2007, 759 ist höchst ungewöhnlich. Unbeachtlichkeit einer jeden Haftungsbeschränkung kann gem. **§ 444 BGB** auf „klassischem" Weg durch den Nachweis einer arglistigen Täuschung oder einer unzutreffenden Beschaffenheitsgarantie erreicht werden.

Diese klauselorientierten Lösungsansätze treten jedoch in den Hintergrund, wenn der Verbraucher seine Sachmängelrechte gegen den „Hintermann" verfolgt. Ihm in seiner Eigenschaft als Unternehmer **jegliche Möglichkeit** der Haftungsbeschränkung zu nehmen, ist das Hauptziel des Verbrauchers. Die Verlagerung des Insolvenzrisikos auf einen vermeintlich zahlungsfähigen Kfz-Betrieb ist erfahrungsgemäß nur ein Nebenaspekt.

Um dieses Ziel – uneingeschränkte Sachmängelhaftung des Unternehmers – zu erreichen, stehen dem Käufer unterschiedliche Instrumente zur Verfügung. Ein erster allgemeiner Lösungsansatz ist die **ergänzende Vertragsauslegung**. Die Auslegung der Vertragserklärungen nach §§ 133, 157 BGB kann ergeben, dass der Käufer nicht – wie es den äußeren Anschein hat – mit einem unbekannten Dritten, sondern mit dem Händler einen – verdeckten – (Verbrauchsgüter-)Kaufvertrag abgeschlossen hat (näher Rn 1266). Denkbar ist auch ein Auslegungsergebnis, das den Händler als Partner eines (selbstständigen) Garantiever-

---

14 JZ 2003, 761, 767.
15 *Dauner-Lieb/Konzen/K. Schmidt*, Das neue Schuldrecht in der Praxis, S. 68; ebenso *M. Müller*, NJW 2003, 1975.
16 Müko-BGB/*S. Lorenz*, § 475 BGB Rn 26.
17 Urt. v. 4. 6. 2003 – 7 C 19/03 – n. v.
18 Urt. v. 21. 2. 2005, SP 2005, 397.

trages oder eines ähnlichen Rechtsverhältnisses neben dem Kaufvertrag sieht, z. B. im Rahmen des § 443 BGB (dazu Rn 1267 ff.).

Einen weiteren Lösungsansatz, durchaus praxisbewährt, liefert das **Prinzip der Offenkundigkeit** aus dem Recht der Stellvertretung (§ 164 Abs. 2 BGB). Es sorgt – auch zum Schutz des Verbrauchers – für **Transparenz**, allerdings nur hinsichtlich der Rollenverteilung (Passivlegitimation), nicht mit Blick auf den Vertragsinhalt. Doch über die Rollenverteilung wird die Mängelhaftung entscheidend präjudiziert. M. a. W.: Sich mit dem Umgehungsverbot auseinander zu setzen, kann im Einzelfall entbehrlich, zumindest prozessunwirtschaftlich sein. Näheres zur personalen Zuordnung im Dreiecksverhältnis unter Rn 1294 ff.

Ein Rückgriff allein auf § 242 BGB („individueller Rechtsmissbrauch") dürfte sich angesichts der speziellen Regelung in § 475 Abs. 1 S. 2 BGB schon methodisch verbieten. Gleichfalls zum Scheitern verurteilt ist eine Lösung mit Hilfe des **§ 117 BGB** (Näheres Rn 1295).

c) Umgehungsschutz

aa) Kein generelles Verbot, aber auch keine uneingeschränkte Zulässigkeit

Der Umgehungsgefahr mit einem **generellen Verbot** des agenturweisen Fahrzeugverkaufs an Verbraucher zu begegnen, hat außer der Klarheit dieses Standpunktes und seiner Präventivwirkung nichts für sich. Weder das EU-Recht noch das nationale Recht zwingen zu dieser pauschalen Lösung. So sieht es auch **der BGH**.[19]

1220

Wenn eine generelle Lösung zu befürworten ist, dann eher die liberale Ansicht, auch einen Verbraucher frei darüber entscheiden zu lassen, wen er als seinen Vertragspartner verpflichtet.[20] Dass bereits die **Wahl der Rechtsform**, hier: des Vertragstyps, durch Art. 7 Abs. 1 Verbrauchsgüterkaufrichtlinie eingeschränkt wird, erscheint mehr als fraglich.[21] Ein Umgehungsschutz dieser Reichweite wäre jedenfalls unangemessen. Ist der Voreigentümer/Auftraggeber gleichfalls ein Unternehmer und kommt es zwischen ihm und dem Verbraucher zu einem händlervermittelten Kaufvertrag, werden dem Verbraucher keine Rechte i. S. d. § 475 Abs. 1 S. 1 BGB vorenthalten. Nur die Person des Unternehmer-Verkäufers ist mit dem als Vermittler auftretenden Händler nicht identisch. Das zu verhindern, ist indes nicht Sinn und Zweck des Umgehungsverbots. Es tritt auch dann nicht auf den Plan, wenn der Voreigentümer als Privatperson davon absieht, von einer an sich zulässigen Haftungsfreizeichnung Gebrauch zu machen und das Fahrzeug stattdessen „mit Gewähr" verkauft. Diese Beispiele zeigen, dass Stein des Anstoßes nicht die Person des Verkäufers ist, sondern der **Inhalt des vermittelten Kaufvertrages**. Insoweit wird freilich zu wenig berücksichtigt, dass dieser in den meisten Fällen nur vordergründig für den Verbraucher ungünstig ist. Bei näherem Hinsehen zeigt sich nämlich, dass der formularmäßig vereinbarte Gewährleistungsausschluss wegen Verstoßes gegen § 309 Nr. 7 a und b BGB unwirksam ist (so in den meisten Fällen bis 2008).

Der Disposition der Parteien entzogen sind die §§ 433 bis 435, 437, 439 bis 443 BGB, damit vor allem die Ausgestaltung der **Haftung für Sachmängel.** Gleich eine ganze Reihe der (einseitig) zwingenden Normen kann vom Ansatz her zumindest indirekt „umgangen"

---

19 Urt. v. 26. 1. 2005, NJW 2005, 1039; ebenso die Berufungsentscheidung OLG Stuttgart 19. 5. 2004, NJW 2004, 2169.
20 *Erman/Grunewald*, § 475 BGB Rn 7; im Ergebnis ebenso *Ziegler/Rieder*, ZIP 2001, 1789, 1797; *Maultzsch*, ZGS 2005, 175.
21 Verneinend *Repgen*, a. a. O., S. 82 ff., 87; für eine Beschränkung auf Ansprüche wegen Vertragswidrigkeit der Ware und damit für eine Begrenzung des Anwendungsbereichs von Art 7 Abs. 1 RL auch *Stijns/van Gerven* in *Grundmann/Bianca*, EU-Kaufrechtsrichtlinie, Art. 7 Rn 13.

sein, wenn an die Stelle eines Händlereigengeschäfts (Verbrauchsgüterkauf) ein vermittelter Verkauf mit einem Nichtunternehmer als Verkäufer tritt und dessen Sachmängelhaftung ausgeschlossen oder auch nur beschränkt worden ist.

Dass eine solche Vertragsgestaltung geeignet ist, dem Verbraucher den gesetzlichen Mindestschutz vorzuenthalten, wird man nicht ernsthaft bezweifeln können. Kann demnach keine der beiden generellen Lösungen überzeugen, so spricht alles für einen **mittleren Weg**. Unter Berücksichtigung der **konkreten Umstände des Einzelfalls** muss ermittelt werden, ob eine unzulässige Verkürzung garantierter Verbraucherrechte oder eine zulässige Vertragsgestaltung vorliegt. Dieser vermittelnde Standpunkt findet **in der Rechtsprechung**[22] und im Schrifttum[23] überwiegend Zustimmung, wenngleich mit unterschiedlichen Begründungen. Was in der Diskussion zu kurz kommt, ist die Frage, ob im konkreten Einzelfall überhaupt eine Notwendigkeit besteht, den Verbraucher gem. § 475 Abs. 1 BGB zu schützen. Wenn der vereinbarte Gewährleistungsausschluss ohnehin unwirksam ist (§§ 309 Nr. 7 a, b, 444 BGB), bedarf es eines vertragsinhaltlichen Schutzes – nur darum geht es bei § 475 Abs. 1 BGB – eigentlich nicht.

bb) Umgehungstatbestand

Eine Umgehung im Sinne des § 475 Abs. 1 S. 2 BGB kommt **laut BGH**[24] nur in Betracht, wenn das Agenturgeschäft mangels eines dem Fahrzeugeigentümer verbleibenden wirtschaftlichen Risikos allein den Zweck hat, die für den Verbrauchsgüterkauf geltenden Vorschriften auszuschließen oder einzuschränken. Eine Umgehungsabsicht ist nicht erforderlich.[25]

Strittig ist dagegen, ob der Umgehungstatbestand von sämtlichen subjektiven Merkmalen losgelöst ist, also eine rein objektive Betrachtungsweise gilt. Selbst wenn man auf Seiten des Unternehmers den Willen verlangt, mit der Übernahme der Vermittlerrolle zwingendes Recht zu vermeiden, wird dies in der praktischen Rechtsanwendung kaum zu einem anderen Ergebnis führen. Denn aus den äußeren Gegebenheiten kann auf das Vorhandensein dieses Willens geschlossen werden.

Dreh- und Angelpunkt ist die Frage, ob im konkreten Einzelfall die objektiven Umgehungsvoraussetzungen festgestellt werden können. Die **Darlegungs- und Beweislast** trägt grundsätzlich der Verbraucher.[26] Ob die Gerichte ihm mit Erleichterungen helfen, wobei auch an eine **sekundäre Darlegungslast des Händlers** zu denken ist,[27] bleibt abzuwarten. Die BGH-Entscheidung vom 26. 1. 2005[28] signalisiert eine restriktive Haltung. Das Risiko, nur vermutete Tatsachen im Prozess nicht beweisen zu können, könne einer Partei auch unter Verbraucherschutzgesichtspunkten nicht abgenommen werden.

Für den BGH[29] und das **OLG Stuttgart**[30] liegt der **Schlüssel zur Lösung** der Umgehungsproblematik im **Verhältnis zwischen Voreigentümer und Händler**.[31] Entscheidende Bedeutung komme der Frage zu, wie bei wirtschaftlicher Betrachtung die Chancen

---

22 BGH 26. 1. 2005, NJW 2005, 1039; BGH 21. 12. 2005, NJW 2006, 1066; OLG Stuttgart 19. 5. 2004, NJW 2004, 2169.
23 *Reinicke/Tiedtke*, Kaufrecht, Rn 758; *Katzenmeier*, NJW 2004, 2632; *M. Müller*, NJW 2003, 1975, 1978.
24 Urt. v. 26. 1. 2005, NJW 2005, 1039; v. 21. 12. 2005, NJW 2006, 1066.
25 BGH 21. 12. 2005, NJW 2006, 1066.
26 BGH 26. 1. 2005, NJW 2005, 1039.
27 Müko-BGB/*S. Lorenz*, § 475 BGB Rn 37.
28 NJW 2005, 1039.
29 Urt. v. 26. 1. 2005, NJW 2005,1039; bestätigt durch Urt. v. 22. 12. 2005, NJW 2006, 1066.
30 Urt. v. 19. 5. 2004, NJW 2004, 2169.
31 Zustimmend *Katzenmeier*, NJW 2004, 2633.

und Risiken des Gebrauchtwagenverkaufs zwischen diesen beiden Beteiligten verteilt sind (näher dazu Rn 1226 ff.). Die Interessen des Verbrauchers (Käufer) nimmt der BGH in diesem Zusammenhang nicht in den Blick. Dabei ist das Agenturgeschäft eine Dreier-Beziehung mit einer Verflechtung der Interessen aller drei Beteiligten.

cc) Die Interessen der Beteiligten
(1) Das Interesse des Voreigentümers

Der bisherige Eigentümer, in den meisten Fällen ein Verbraucher, hat zwar regelmäßig kein Interesse an einer bloßen Vermittlung seines Fahrzeugs. Sein Wunsch, es zu einem festen Preis zu veräußern bzw. in Zahlung zu geben, stößt in der Realität jedoch an Grenzen. Insoweit ist zunächst die umsatzsteuerliche Seite zu berücksichtigen. **Land- und Forstwirte** beispielsweise können ihre Fahrzeuge aus rein steuerlichen Gründen „in Agentur" geben, und zwar auch zu ihrem Vorteil.[32] Die Wahl eines Vermittlungs- oder Kommissionsgeschäfts kann außerdem – schon aus Sicht des Voreigentümers – wirtschaftliche Gründe außerhalb des Steuerrechts haben. So ist denkbar, dass mit Rücksicht auf Alter und Zustand des Fahrzeugs ein Verkauf oder eine feste Inzahlunggabe auf Ablehnung stoßen. Bei Fahrzeugen, die nicht mehr garantiefähig sind, tun Händler sich erfahrungsgemäß mit einem Ankauf schwer. Eine Hereingabe zur Vermittlung kann in solchen Fällen eine wirtschaftlich sinnvolle Alternative sein, etwa bei einem **Oldtimer**. Auch bei der Vermarktung von **Motorrädern** werden im Eigentümerinteresse Agenturlösungen praktiziert. Generell gilt: Durch einen Vermittlungsauftrag an einen Kfz-Händler kann der Voreigentümer die Vermarktungschancen steigern, bei gleichzeitiger Verringerung seiner eigenen Bemühungen.

1222

(2) Das Interesse des Vermittlers/Händlers

Verfehlt ist die weit verbreitete Vorstellung, Händler schlössen heute, nach Wegfall des steuerlichen Anlasses, nur aus gewährleistungsrechtlichen Gründen Agenturverträge ab.[33] Selbst die Annahme, sein Primärziel sei es, die Mängelrechte des Käufers zu vermeiden,[34] ist nichts anderes als eine bloße Vermutung. Empirisch belegt ist sie nicht. So wie es vor Einführung der Differenzbesteuerung nicht ausschließlich steuerliche Erwägungen waren, die zum Agenturmodell führten, gibt es seither – auch nach In-Kraft-Treten der Schuldrechtsreform – nicht nur haftungsrechtliche Beweggründe.[35] Dies muss deshalb betont werden, weil die Missbrauchsprüfung in falsche Bahnen gelenkt wird, wenn nur die haftungsrechtliche Seite gesehen wird.

1223

Zentral für die Interessenlage des Händlers ist, ob er den Altwagen **isoliert** in Agentur genommen hat oder ob die Hereinnahme an einen Verkauf bzw. an ein Leasinggeschäft mit dem Altwageneigentümer **gekoppelt** ist. Aus wirtschaftlich anerkennenswerten Gründen kann er daran interessiert sein, anstelle eines Veräußerungserlöses lediglich eine – mitunter kaum niedrigere – Vermittlungsprovision zu erzielen. Zumal bei älteren Fremdfabrikaten ohne Möglichkeit einer Reparaturkostenversicherung oder einer vergleichbaren Absicherung kann ein eigener Weiterverkauf mit voller Sachmängelhaftung „finanzieller Selbstmord"[36] sein, wirtschaftlich schlicht unvernünftig, wie der BGH es zutreffend gesehen hat.[37]

Es sind aber nicht nur Mängelrisiken, die einen Händler dazu bewegen können, von einem An- und Verkauf im eigenen Namen und für eigene Rechnung abzusehen. In die Ana-

---

32 Vgl. *Ammenwerth/Grützner/Janzen*, 7. Aufl., S. 72, 113; *Lennartz*, a. a. O., S. 308, 309.
33 So aber *Reinicke/Tiedtke*, Kaufrecht, Rn 759.
34 So *Hofmann*, JuS 2005, 8, 10.
35 Vgl. *Lennartz*, a. a. O., S. 147 f., 303 ff.
36 *Baur*, DAR 1962, 321.
37 Urt. v. 8. 10. 1969, NJW 1970, 29; v. 11. 6. 1979, NJW 1979, 1886.

lyse seiner Interessen müssen beide Seiten des Agenturmodells, die Hereinnahme des Fahrzeugs wie sein Absatz, einbezogen werden. Um einen größeren Spielraum bei der Gestaltung und Durchsetzung des Hereinnahmepreises zu haben (Vermeidung fester Ankaufspreise) oder um steuerlichen Sondersituationen (z. B. Erwerb von Land- und Forstwirten) Rechnung zu tragen, kann die Wahl des Händlers auf eine Agenturlösung oder ein Kommissionsgeschäft fallen. Auch die mangelnde Bereitschaft oder Fähigkeit, einen größeren Gebrauchtwagenbestand vorzufinanzieren, kann ein plausibler Grund für den Abschluss von Agentur- und Kommissionsgeschäften sein.[38] Den wichtigsten Vorteil des Agenturmodells gegenüber der festen Inzahlungnahme sieht *Lennartz*[39] in der Entlastung des Händlers vom Absatzrisiko.

Die Analyse der Interessenlage des Händlers wäre unvollständig, bliebe die Möglichkeit des Selbsteintritts außer Betracht. Ein zur Vermittlung hereingenommenes Fahrzeug muss ein Händler nicht notwendigerweise als Vermittler weiterverkaufen. Soweit von seinem Vermittlungsauftrag gedeckt, kann er auch den Selbsteintritt wählen, um sodann in eigenem Namen und für eigene Rechnung zu verkaufen (Näheres dazu Rn 1242).

Ob er als Vermittler/Kommissionär oder als Käufer und Weiterverkäufer am Rechtsverkehr teilnimmt, liegt grundsätzlich im freien Ermessen des Händlers. Dieses Wahl- und Bestimmungsrecht, das Bestandteil der Vertragsfreiheit ist, wird durch die Verbrauchsgüterkaufrichtlinie nicht eingeschränkt.[40] Es wäre in der Tat marktwirtschaftlich wie verbraucherschutzrechtlich verfehlt, den Warenumsatz mit Verbraucherbeteiligung dergestalt kanalisieren zu wollen, dass Verbraucher-Käufern Unternehmer-Verkäufer oktroyiert werden.

(3) Das Interesse des Verbrauchers/Käufers

1224 Das Interesse des Verbrauchers sieht *Haas*[41] darauf gerichtet, im Fall der Mangelhaftigkeit Rechte gegenüber dem Händler, nicht gegenüber dem privaten Vorbesitzer, zu haben. Letzteren würde er nicht kennen und dessen Bonität nicht einschätzen können. Das ist eine in mehrfacher Hinsicht verkürzte Sichtweise. Persönliche Kenntnis und der Bonitätsgesichtspunkt werden in ihrer faktischen Bedeutung überschätzt. Wenn etwas für den Verbraucher wichtig ist, so ist es ein Ankauf ohne den zwischen Privatpersonen üblichen und zulässigen Ausschluss von Sachmängelrechten. An einem Kauf „mit Gewähr" und Beweislastumkehr hat er zweifellos ein elementares Interesse.

Auf der anderen Seite kann der Verbraucher durchaus daran interessiert sein, sein Wunschauto nicht direkt vom Händler zu kaufen. Dafür können vor allem finanzielle Gründe sprechen. Das Angebot der Vertragshändler (Neuwagenhändler mit Gebrauchtwagenabteilung) enthält fast nur noch relativ junge Gebrauchte, meist der eigenen Marke. Die Altersgrenze ist je nach Fabrikat und Geschäftspolitik des Händlers unterschiedlich. Häufig liegt sie schon bei 4 bis 5 Jahren. Derartige Fahrzeuge sind entsprechend teuer und für viele, zumal junge Verbraucher oft unerschwinglich.

Zu den **unsozialen Folgen der Schuldrechtsreform** gehört, dass Verbrauchern die Möglichkeit beschnitten worden ist, preiswerte, aber „werkstattgeprüfte" Altfahrzeuge vom seriösen Fachhandel im Wege des Verbrauchsgüterkaufs zu erwerben.[42] Wenn vor die-

---

38 Zu den möglichen Vorteilen einer Agentur ausführlich *Lennartz*, a. a. O., S. 303 ff.
39 A. a. O., S. 311.
40 So *Repgen*, a. a. O., S. 87; *Stijns/van Gerven* in *Grundmann/Bianca*, EU-Kaufrechtsrichtlinie, Art. 7 Rn 13.
41 Das neue Schuldrecht, Kap. 5 Rn 455.
42 Der allgemeinen Verkehrssicherheit hat man damit in unverantwortlicher Weise geschadet.

sem Hintergrund ein Kfz-Händler einen „Billigwagen" auf dem Vermittlungswege abgibt, kann damit auch dem Interesse des Verbrauchers gedient sein.

Hinzu kommt: Gebrauchte Kraftfahrzeuge werden – anders als Neufahrzeuge – zu ca. 50 % außerhalb des professionellen Handels vermarktet, d. h. die Hälfte der Verbraucher kontrahiert aus freien Stücken, vorwiegend aus Kostengründen, nicht mit Kfz-Händlern, sondern mit anderen Marktteilnehmern. Dass ein Händler einen Kaufvertrag lediglich vermittelt, führt also nicht zu einer marktwidrigen Rechtsbeziehung. Durch die strenge Sachwalterhaftung ist der Verbraucher rechtlich und wirtschaftlich sogar deutlich besser gestellt als beim privaten Direktgeschäft. Denn beim vermittelten Verkauf stehen ihm zwei Schuldner gegenüber, einmal der Vorbesitzer als Verkäufer, zum anderen der Händler als „Sachwalter" (näher Rn 1270 ff.). Durch eine Angleichung der Sachwalterhaftung an die verschuldensunabhängige Verkäuferhaftung hat die frühere c. i. c.-Rechtsprechung ein Verbraucherschutzniveau erreicht, das trotz Verkaufs unter Gewährleistungsausschluss kaum hinter dem jetzt gesetzlich verankerten Verbraucherschutz mit Freizeichnungsverbot zurückblieb.

dd) Umgehungsfälle

Wie die obige Analyse zeigt, müssen die Interessen der Beteiligten entgegen der Einschätzung von *Haas*[43] nicht alternativlos auf den Geschäftstyp „Verbrauchsgüterkauf" gerichtet sein. Jeder der drei Beteiligten kann ein berechtigtes Interesse an einer agenturweisen Fahrzeugvermarktung haben. Mit dem **BGH**[44] und dem **OLG Stuttgart**[45] danach zu fragen, wer das wirtschaftliche Risiko des Verkaufs zu tragen hat, erscheint als **gangbarer Weg**, das spezifische **Form-Inhalt-Problem** zu lösen. Ohne Verkaufsrisiko keine Verkäufereigenschaft. Umgekehrt: Wer das Verkaufsrisiko trägt, haftet als Verkäufer.

1225

Wenn der Händler bei der gebotenen wirtschaftlichen Betrachtungsweise als Ankäufer oder Inzahlungnehmer zu behandeln ist, kann er sich redlicherweise nicht darauf berufen, er sei nur Vermittler und führe als solcher einen vorhandenen „Agenturauftrag" weisungsgemäß aus. Seine **faktische Rolle** ist die eines Verkäufers. Vermieden werden soll ein Verbrauchsgüterkauf. Damit liegt ein Fall der **Tatbestandsvermeidung** vor, die eine Umgehung i. S. d. § 475 Abs. 1 S. 2 BGB darstellt.[46]

Ob ein Händler/Vermittler das **wirtschaftliche Risiko des Verkaufs** übernommen hat, so die **zentrale Frage** aus Sicht des BGH,[47] erschließt sich vor allem aus seiner **Beziehung zum Voreigentümer**. Die Vermittlungsaufträge, wie sie bis 1990 üblich waren, waren formularmäßig so konzipiert, dass das Verkaufsrisiko (= Absatz- und Preiserzielungsrisiko) in vollem Umfang dem Auftraggeber zugewiesen war. Obgleich der Handel seinerzeit alles daran setzte, agenturschädliche Einflüsse zu vermeiden, sind Agenturgeschäfte in zahllosen Fällen steuerrechtlich als Eigengeschäfte behandelt worden. Anfällig für eine Ablehnung waren vor allem solche Agenturen, die in Verbindung mit dem Erwerb eines neuen Fahrzeugs oder eines neuen Gebrauchten („gebraucht auf gebraucht") standen. Allerdings waren Finanzverwaltung und Finanzgerichte zunächst ausgesprochen großzügig in der Anerkennung solcher **Koppelungsgeschäfte**.[48] Seit 1987 hat sich die Rechtslage zulasten des Handels verändert, was jedoch für die Zeit nach In-Kraft-Treten des § 25 a UStG (Differenzumsatzsteuer) am 1. 7. 1990 praktisch folgenlos geblieben ist.

1226

---

43 Das neue Schuldrecht, Kap. 5 Rn 455.
44 Urt. v. 26. 1. 2005, NJW 2005, 1039.
45 Urt. v. 19. 5. 2004, NJW 2004, 2169.
46 Müko-BGB/*S. Lorenz*, § 475 Rn 27, 28; *ders.* in: FS für H. P. Westermann, 2008, S. 415 ff.
47 Urt. v. 26. 1. 2005, NJW 2005, 1039.
48 Näheres bei *Eggert*, NZV 1989, 456; *Lennartz*, a. a. O., S. 154 ff.

Maßgeblichen Anteil an der Verschärfung der steuerlichen Situation hatte die Rechtsprechung des BGH.[49] Dessen **händlerungünstige Risikoverteilung** hat sich der BFH[50] zu Eigen gemacht, was in vielen Fällen zur Kassation von Agenturen führte. In Reaktion darauf hat der Bundesminister für Finanzen durch Erlass vom 29. 4. 1988[51] konkrete Abgrenzungskriterien für die Prüfung formuliert, wann die Leistung des Händlers als Vermittlungsleistung und wann als Eigengeschäft zu qualifizieren ist. Hiernach sind Agenturen, die **im Zusammenhang mit Neuwagengeschäften** stehen, nicht von vornherein als Eigenverkäufe zu behandeln. Nur unter bestimmten Voraussetzungen soll dies möglich sein.[52] Agenturen, die nicht in einem Zusammenhang mit einem Neufahrzeugkauf stehen („reine Agenturen"), sind steuerlich wie mit Blick auf § 475 Abs. 1 BGB **in der Regel unbedenklich**.

Eine „reine Agentur" ist Gegenstand der **Entscheidung des BGH vom 26. 1. 2005**[53]. In folgender (fiktiver) Konstellation sieht er bei wirtschaftlicher Betrachtung einen Ankauf des Altfahrzeugs und damit im Verhältnis zum Abnehmer (Verbraucher) ein Eigengeschäft: Das Fahrzeug, das der Händler „im Kundenauftrag" weiterveräußert, hat er dergestalt **in Zahlung genommen**, dass er dem Eigentümer einen **bestimmten Mindestverkaufspreis garantiert** und ihm beim Kauf eines Neuwagens den entsprechenden Teil des Kaufpreises für das Neufahrzeug stundet. In einem solchen Fall sei er beim Weiterverkauf des Altfahrzeugs als dessen Verkäufer anzusehen, das gleichwohl gewählte Agenturgeschäft **eine unzulässige Umgehung**.

1227 Zur Mindestpreisgarantie: Ein Tätigwerden im fremden Namen und für fremde Rechnung ist beim Agenturgeschäft oberstes Gebot. Während das Auftreten im fremden Namen meist unproblematisch ist,[54] liegen die Gefahren für den Händler beim Kriterium „Handeln für fremde Rechnung". Es betrifft das **Innenverhältnis** zwischen Auftraggeber (bisheriger Eigentümer) und Händler. Zivilrechtlich ist das Handeln für fremde Rechnung dadurch gekennzeichnet, dass der Kaufpreis herausgegeben werden muss (§ 667 BGB). Umsatzsteuerlich handelt es sich um einen durchlaufenden Posten. Die Übernahme einer „Mindestpreisgarantie" macht deutlich, dass der Händler nicht für fremde, sondern für eigene Rechnung tätig wird. Das wirtschaftliche Risiko des Verkaufs liegt bei ihm.

Ob der Händler einen bestimmten Mindestverkaufspreis versprochen, gar garantiert hat oder nicht, geht aus den **Geschäftsunterlagen** praktisch nie direkt hervor. Überlegungen der Finanzbehörden dahin, schon im Vertragswerk klarstellen zu lassen, dass das volle Verkaufsrisiko beim Auftraggeber des Händlers, nicht bei ihm selbst, liege, sind durch die Änderung des UStG zum 1. 7. 1990 eingestellt worden. Soweit ersichtlich, enthalten die Vertragsformulare, die nach dem 31. 12. 2001 für Agenturgeschäfte eingesetzt werden, keinerlei sachdienliche Hinweise darauf, wer das Absatzrisiko trägt, und zwar weder das Formular „Vermittlungsauftrag" noch das für den Weiterverkauf benutzte Formular. Letzteres kann ein Bestellschein „Vermittlungsgeschäft" sein, aber auch, wie im BGH-Fall[55], ein Vordruck „Kaufvertrag für den privaten Verkauf eines Kraftfahrzeugs".

1228 Für die **Erforschung des wirklich Gewollten** kommt es in erster Linie auf die Urkunde an, die der bisherige Eigentümer und der Händler über die Hereinnahme des Altfahrzeugs aufgenommen haben. Zu den einzelnen Gestaltungs- und Dokumentationsmöglichkeiten s. Rn 779 ff. Von Interesse ist, ob die Hereinnahme des Gebrauchtwagens in einem „Vermitt-

---

49 Urt. v. 5. 4. 1978, NJW 1978, 1482; 28. 5. 1980, NJW 1980, 2190.
50 Urt. v. 25. 6. 1987, BStBl. II 1987, 657; 29. 9. 1987, BStBl. II 1988, 153.
51 IV A 2 – S 7110 – 11/88.
52 Näheres in der Anweisung des BMF in Abschn. 26 Abs. 2 UstR 2005; aktuell OFD Hannover in kfz-betrieb 13/2008, S. 43; zum Ganzen *Ammenwerth/Grützner/Janzen*, S. 114 ff.
53 NJW 2005, 1039.
54 Auch im Fall BGH NJW 2005, 1039 herrschte insoweit Klarheit.
55 Urt. v. 26. 1. 2005, NJW 2005, 1039.

lungsauftrag" oder in einem „Ankaufschein" dokumentiert ist. Sie kann auch in dem Neufahrzeug-Bestellschein geregelt sein. Wenn dort von „Inzahlungnahme" die Rede ist und ein bestimmter Anrechnungsbetrag genannt wird, dürfte das Absatzrisiko beim Händler liegen. Es handelt sich um eine „feste" Inzahlungnahme. Der Weiterverkauf ist – steuerlich wie zivilrechtlich – ein Eigengeschäft, selbst wenn der Händler nach außen lediglich als Vermittler tätig geworden sein sollte.

Kfz-Händler mit dem nötigen Problembewusstsein setzen schon aus steuerlichen Gründen alles daran, eine als Agenturgeschäft geplante Fahrzeughereinnahme von jeglichen agenturschädlichen Faktoren frei zu halten. Das beginnt bei der Dokumentation der Hereinnahme des Fahrzeugs und endet nach dem Weiterverkauf mit der Abrechnung des Erlöses und der Provision. Ihr Wille, nicht nur im fremdem Namen zu verkaufen, sondern dies auch für fremde Rechnung zu tun, muss bei der Auslegung nach §§ 133, 157 BGB beachtet werden. Die Vermutung für die Richtigkeit und Vollständigkeit der Urkunde über den Vertrag zwischen Voreigentümer und ihm kommt dem Händler ebenso zugute wie eine Schriftformklausel.

Gleichwohl können die Fakten – von der Vertragsanbahnung bis zur -abwicklung – die Risikoprüfung zu seinen Ungunsten beeinflussen und im Einzelfall die Annahme eines Handelns für eigene Rechnung rechtfertigen.

Auf der Suche nach **Umständen**, die eine Mindestpreisgarantie oder eine anderweitige Übernahme des Verkaufsrisikos durch den Händler **indizieren**[56], stehen Verbraucher schon aus praktischen Gründen vor beträchtlichen Schwierigkeiten. Auf die maßgeblichen Geschäftsunterlagen, die das Innenverhältnis zum bisherigen Eigentümer betreffen, haben sie keinen Zugriff. Eine Möglichkeit, ihnen in ihrer **Beweisnot** zu helfen, bietet § 142 ZPO, wenngleich diese Vorschrift nicht den Zweck hat, eine Klage schlüssig zu machen. Zur **Darlegungs- und Beweislast** s. auch Rn 1221.

Vergleichsweise leicht nachzuweisen ist ein Umgehungsgeschäft, wenn der Händler ein **Fahrzeug aus seinem Betriebsvermögen** zunächst an einen Angehörigen oder an einen Mitarbeiter „veräußert" und es sodann zeitnah in deren Namen „unter Ausschluss der Gewährleistung" an einen Verbraucher weiterverkauft.[57] Näheres zu dieser Fallgruppe und zu den „Strohmannfällen" unter Rn 1157 f. Unter dem Gesichtspunkt des Umgehungsverbots unbedenklich sind hingegen Agenturgeschäfte über Jahreswagen und Vermittlungen durch Tankstellenpächter und ähnliche Gelegenheitsvermittler.[58]

ee) Rechtsfolgen einer Umgehung

Ein Verstoß gegen das Umgehungsverbot hat gem. § 475 Abs. 1 S. 2 BGB zur Folge, dass die **„anderweitige Gestaltung"** im Verhältnis zwischen dem Unternehmer und dem Verbraucher **unbeachtlich** ist. Der Unternehmer kann sich darauf nicht berufen, für den Verbraucher ist sie nicht bindend. Dessen Schutz verlangt es, dass der Richter die fragliche Vertragsgestaltung **von Amts wegen** auf ihre Zulässigkeit prüft.

Wenn ein Agenturgeschäft bei der gebotenen wirtschaftlichen Betrachtungsweise ein verschleiertes Eigengeschäft ist, so bedeutet das: Der Händler muss sich gem. § 475 Abs. 1 S. 2 BGB so behandeln lassen, als hätte er selbst das Fahrzeug an den Verbraucher verkauft.[59] **Sachmängelrechte** (§ 437 BGB) kann dieser **allein gegen den Händler**, nicht gegen den Auftraggeber/Voreigentümer, geltend machen.[60]

---

56 Vgl. *Ammenwerth/Grützner/Janzen*, 7. Aufl., S. 114 f.
57 Vgl. AG Bonn 4. 6. 2003 – 7 C 19/03 – n. v. (ohne Rückgriff auf das Umgehungsverbot).
58 Vgl. auch AG Hamburg-Altona 4. 9. 2003, NJW-RR 2004, 413.
59 BGH 26. 1. 2005, NJW 2005, 1039; BGH 22. 11. 2006, NJW 2007, 759; OLG Saarbrücken 4. 1. 2006, MDR 2006, 1108; OLG Celle 15. 11. 2006, OLGR 2007, 509 = ZGS 2007, 79.
60 BGH 22. 11. 2006, NJW 2007, 759.

Wie die **ausschließliche (Sachmängel-)Haftung** des Händlers **dogmatisch** zu begründen ist, hat der BGH[61] offengelassen. Fest steht für ihn nur, dass dem Verbraucher-Käufer jedenfalls aus der Sachmängelhaftung keinerlei Rechte gegenüber dem Auftraggeber/Voreigentümer zustehen. Dafür ist dieser nicht passivlegitimiert,[62] auch nicht bei **Insolvenz des Unternehmers**. Letzteres ist zwar vom BGH noch nicht ausdrücklich so entschieden, alles andere wäre aber inkonsequent.

Die Freistellung des Auftraggebers/Voreigentümers von der Sachmängelhaftung besagt noch nicht, dass er auch im Übrigen seiner Verkäuferpflichten entledigt ist, z. B. seiner Pflichten nach § 433 Abs. 1 S. 1 BGB. Rechtsprechung zu dieser – eher theoretischen – Fragestellung[63] liegt nicht vor. In der Praxis ist alles auf die Sachmängelhaftung konzentriert. In diesem Punkt sorgt die Rechtsprechung des BGH für Klarheit.

Verstanden wird der BGH allgemein dahin, dass der Unternehmer (Händler) sich in jeder Beziehung, nicht nur in puncto Sachmängelhaftung, wie ein Verkäufer behandeln lassen müsse. Die Rede ist von der Fiktion eines Vertrages zwischen Unternehmer und Verbraucher, von einer direkten vertraglichen Beziehung zwischen Unternehmer und Verbraucher.[64]

Das geht zu weit.[65] Als Sanktion für den Verstoß gegen das Umgehungsverbot reicht es aus, dem Händler nur die Mängelhaftung eines unternehmerischen Eigenhändlers aufzuerlegen, ihm insbesondere die Berufung auf einen „vereinbarten" Gewährleistungsausschluss zu versagen. Ein Mehr an Händlerhaftung ist überschießend. Das Umgehungsverbot soll den Verbraucher nur vor bestimmten Vertragsinhalten schützen.[66] Besteht die Umgehung nur in einer unzulässigen Verlagerung des Mängelrisikos vom Händler auf den Verbraucher, ist mehr als eine Rückverlagerung nicht gerechtfertigt.

1230   Vorzuziehen ist demnach folgende **„kleine" Lösung:** Ausschließliche Sachmängelhaftung des Händlers, im Übrigen Verkäuferhaftung des Auftraggebers/Voreigentümers, falls dieser nach den Grundsätzen unter Rn 1266 tatsächlich Verkäufer ist. Sofern das – wie in den „Strohmannfällen" – nicht der Fall ist, bestehen keine Bedenken, den Händler **in jeder Beziehung** als Verkäufer zu behandeln und den „Papier-Verkäufer" lediglich nach den §§ 823 ff. BGB haften zu lassen, ggf. auch nach den Grundsätzen der Eigenhaftung gem. § 311 Abs. 3 BGB (s. Rn 1270 ff.) und im Rahmen einer Dritthaftung aus einer Garantie (§ 443 BGB). In einem solchen Fall ist der Kaufvertrag (nur) mit dem Händler zustande gekommen, so das OLG Celle.[67]

III. Die Rechtsbeziehung der am Agenturgeschäft Beteiligten zueinander

1. Die Voreigentümer-Unternehmer-Beziehung

1231   Bei der zivilrechtlichen Beurteilung dieser **ersten Seite** des Agenturgeschäfts ist zu unterscheiden, ob der Vermittlungsauftrag isoliert erteilt worden ist oder ob er im Zusammenhang mit dem Erwerb eines anderen Fahrzeugs steht (Kauf oder Leasing). Rechtsprechung und Schrifttum haben sich in den Jahren 1969 bis 1990 vorwiegend mit der **„eigenartigen**

---

61 Urt. v. 22. 11. 2006, NJW 2007, 759.
62 Anders mit guten Gründen *S. Lorenz* in: FS für H. P. Westermann, 2008, S. 415, 422 ff.
63 Zum Ganzen Müko-BGB/*S. Lorenz*, § 475 BGB Rn 36; *Faust* in *Bamberger/Roth*, § 474 Rn 7 m. w. N.; *Czaplinski*, ZGS 2007, 92.
64 Nachweise bei *S. Lorenz* a. a. O.
65 Etwas anderes sollte auch in der Vorauflage (Rn 1140) nicht gesagt werden.
66 *S. Lorenz* a. a. O.
67 Urt. v. 15. 11. 2006, OLGR 2007, 509 = ZGS 2007, 79; zustimmend *Czaplinski*, ZGS 2007, 92.

Gemengelage"⁶⁸ bei dem Koppelungsgeschäft, der so genannten unechten Inzahlungnahme, befasst. Nach Einführung der Differenzbesteuerung laufen die meisten Streitfälle aus diesem Bereich unter anderem Vorzeichen. Die echte (feste) Inzahlungnahme hatte das Agenturmodell nahezu vollständig abgelöst, als die Schuldrechtsreform neue Rahmenbedingungen schuf. „Reine" oder „freie" Vermittlungsgeschäfte, vor 1990 zahlenmäßig von untergeordneter Bedeutung, haben durch die Neuregelung des Steuerrechts zum 1. 7. 1990 an Boden gewonnen.⁶⁹ Durch die Schuldrechtsreform hat auch dieser Geschäftstyp neue Impulse erhalten.

a) Verdeckter Kaufvertrag, Kommission oder Vermittlungsvertrag

Da es auf den **wirklichen Willen** der Vertragsbeteiligten ankommt, entscheidet nicht die Überschrift auf dem Vertragsformular oder eine sonstige Eigenqualifizierung. Bisweilen werden Kraftfahrzeuge „in Kommission" genommen, ohne dass damit eine Verkaufskommission i. S. d. §§ 383 ff. HGB gewollt ist.⁷⁰ Umgekehrt kann bei einer „agenturweisen Hereinnahme" unter Verwendung von Begriffen wie „Vermittler" oder „Agent" in Wirklichkeit ein Kaufvertrag oder eine Verkaufskommission gewollt sein.⁷¹ Die Begriffe Vermittlung und Agentur sind im Gegensatz zu Kauf und Kommission rechtlich farblos. Einen Vermittlungsvertrag kennen BGB und HGB ebenso wenig wie einen Agenturvertrag.

Die Möglichkeit, dass die Vertragsparteien ihren wahren Willen ungenau oder gar unzutreffend artikuliert haben, ist insbesondere in Betracht zu ziehen, wenn das Geschäft ausnahmsweise nur mündlich abgeschlossen oder – wie im Fall BGH NJW 1980, 2191 – lediglich bruchstückhaft fixiert ist.

Heute, fast zwei Jahrzehnte nach Einführung der Differenzbesteuerung, spricht **keine tatsächliche Vermutung** mehr dafür, dass die Beteiligten statt eines Eigengeschäftes einen Vermittlungsvertrag schließen wollten.

In Zweifelsfällen sind außer dem Vertragsformular folgende Urkunden für die Auslegung bedeutsam: Wertermittlungsbericht (sofern vom Kunden unterschrieben oder ihm vorgelegt), Neuwagenbestellformular, dort insbesondere die Rubrik „Zahlungsweise", die Auftragsbestätigung für den Neuwagen, die Neuwagenrechnung und etwaige Werkstattaufträge des Vorbesitzers.

Gegen einen Vermittlungsauftrag kann, muss aber nicht, die Tatsache sprechen, dass der Unternehmer einen bestimmten Betrag, z. B. den vereinbarten Mindestlös, schon vor dem Weiterverkauf an seine Kunden ausgezahlt hat.⁷² Diese Handhabung kann den Vorbesitzer in seiner Vorstellung bestärken, seinen Wagen schon verkauft zu haben. Ob eine solche Zahlung in Erfüllung eines unbedingten oder bedingten Kaufvertrages erfolgt ist oder als Vorauszahlung auf die künftige Verbindlichkeit des Händlers aus §§ 675, 670 BGB oder als zinsloses Darlehen oder gar als „Sicherheitsleistung" (Kaution) zu werten ist, hängt zunächst von der Bezeichnung der Zahlung durch die Parteien ab. Bei Auslegungszweifeln kann nicht mehr von einem Vermittlungsvertrag als steuerlich wünschenswerter Vertragsgestaltung ausgegangen werden. Durch die Einführung der Differenzbesteuerung stehen die Beteiligten bei einem Festankauf oder fester Inzahlungnahme steuerlich nicht schlechter als bei einem Agenturauftrag, bei dem gleichfalls nur eine Marge, nämlich die Vermittlungsprovision, zu versteuern ist.

---

68 So *Behr*, AcP 185, 415.
69 Vgl. *Lennartz*, a. a. O., S. 136.
70 Zur Abgrenzung zwischen Kauf und Kommission s. BGH 27. 2. 1991, NJW-RR 1991, 994.
71 Vgl. auch OLG Oldenburg 16. 12. 1998, NJW-RR 2000, 507 – Nutzfahrzeughandel.
72 Vgl. BGH 18. 6. 1980, NJW 1980, 2184; 24. 11. 1980, NJW 1981, 388.

1234 Im Fall der unechten Inzahlungnahme („gebundene" Agentur) ist der Vermittlungsvertrag überwiegend als **Geschäftsbesorgungsvertrag mit Dienstvertragscharakter** angesehen worden.[73] Diese zutreffende Qualifizierung kann für den selbstständig abgeschlossenen Vermittlungsauftrag („freie" Agentur) im Regelfall übernommen werden.[74] Anders ist es, wenn sich die geschuldete Tätigkeit des Vermittlers in der Benennung eines Kaufinteressenten erschöpft, der Eigentümer im Besitz seines Fahrzeugs bleibt und die Verkaufsverhandlungen zu führen hat. In diesem Ausnahmefall ist **Maklerrecht** anzuwenden.[75]

Als entgeltlicher Geschäftsbesorgungsvertrag unterliegt der Vermittlungsvertrag in erster Linie den in § 675 BGB zitierten Bestimmungen des Auftragsrechts. In zweiter Linie sind – mit Vorsicht – dienstvertragsrechtliche Vorschriften und die §§ 383 ff. HGB heranzuziehen. Der praktische Nutzen einer Vertragseinordnung ist verhältnismäßig gering. Welche gesetzlichen Regelungen man auch für anwendbar erklärt: Überlagert werden sie meist von Allgemeinen Geschäftsbedingungen.

b) Rechte und Pflichten aus dem Vermittlungsvertrag

aa) Die Pflichten des Vermittlers

(1) Vorvertragliche Aufklärungs- und Beratungspflichten

1235 Informationspflichten in Gestalt von Aufklärungs-, Belehrungs- und Beratungspflichten können schon vor Abschluss des Vertrages bestehen. Die Ablösung des Agenturgeschäfts nach Einführung der Differenzbesteuerung hat die Frage aufgeworfen, ob der Händler gegen eine vorvertragliche Pflicht verstößt, wenn er – ohne steuerliche Notwendigkeit – einen Agenturvertrag mit dem Altwageneigentümer abschließt. Zu erwägen ist, dem Händler eine **Aufklärungspflicht** aufzuerlegen.

Zu der Zeit, als das Agenturgeschäft bundesweit millionenfach im Jahr praktiziert wurde, hat man den Händler nicht für verpflichtet gehalten, seine Kunden über die Vertragsgestaltung ausdrücklich aufzuklären und zu belehren. Die gängigen Vertragsformulare waren zumeist klar und eindeutig. Die Kfz-Agentur war ein typisches Massengeschäft mit hohem Bekanntheitsgrad. Nicht nur bei Werksangehörigen oder sonstigen Personen aus der Kfz-Branche konnte und durfte der Händler voraussetzen, dass das Agenturgeschäft in seinen Grundzügen bekannt ist. Nur wenn er konkrete Anhaltspunkte dafür hatte, dass bei seinen Kunden eine Fehlvorstellung oder ein Missverständnis vorliegt, war eine spezielle Informationspflicht in Betracht zu ziehen.[76]

Auch nach Ablösung des Agenturgeschäfts durch die Reform des Steuerrechts im Jahre 1990 trifft den Kfz-Händler **keine generelle Pflicht,** den Altwageneigentümer über die **Rechtsformwahl** ausdrücklich aufzuklären oder gar zu belehren. Er schuldet auch einem privaten Kunden **grundsätzlich keine Beratung** darüber, welche Risiken und Chancen mit der einen oder anderen Rechtsform verbunden sind. Soweit es um die Rechtsformwahl geht, nimmt ein Kfz-Händler auch kein besonderes Vertrauen in Anspruch. Wenn überhaupt, so wird ihm dies wegen seiner beruflichen Rolle als Kfz-Fachmann und wegen seines technischen Apparates (Werkstatt) entgegengebracht. In vertragsrechtlichen Angelegenheiten kann und darf der Händler davon ausgehen, dass sein Kunde in der Lage ist, seine Interessen selbst wahrzunehmen. Stellt er allerdings fest, dass er von der angestrebten

---

[73] OLG Stuttgart 28. 3. 1988, NJW-RR 1988, 891; *Behr*, AcP 185, 415; *Schulin*, JA 1983, 161; *Lennartz*, a. a. O., S. 147.

[74] Vgl. BGH 24. 11. 1980, NJW 1981, 388 („auf Vermittlung des Verkaufs gerichtete Geschäftsbesorgung"), s. auch BGH 14. 7. 1982, NJW 1982, 2304 und OLG Stuttgart 28. 3. 1988, NJW-RR 1988, 891.

[75] Vgl. AG Tettnang 25. 3. 1988, NJW-RR 1988, 1141.

[76] Vgl. auch OLG Hamm 30. 4. 1975, NJW 1976, 53 m. Anm. *Medicus*.

Rechtsbeziehung und deren Folgen eine falsche Vorstellung hat, so ist er nach Treu und Glauben zur Aufklärung verpflichtet.

Für eine generelle Aufklärungspflicht besteht umso weniger Grund, als der BGH solche Agenturen, die mit einem Neufahrzeugkauf verknüpft sind, im Ergebnis wie „feste" Inzahlungnahmen behandelt hat.[77] Der isolierten („freien") Agentur hat er Konkordanz von Form und Inhalt bescheinigt.[78] Insbesondere trägt der Altwageneigentümer bei diesem Geschäftstyp das Absatz- und Preisrisiko.[79]

Eine Aufklärungspflicht kann sich aus vorangegangenen **Werbeaussagen** ergeben, die private Kfz-Eigentümer in die Irre geführt haben, z. B. eine Anzeige wie „Kaufe alle... Modelle ab Bj. 2000 bar" oder „Ankauf zu Höchstpreisen". Den Eindruck, ein Ankäufer, kein Vermittler, zu sein, schafft die Firma nicht dadurch aus der Welt, dass sie dem privaten Kunden einen „Auftrag zur Vermittlung" zur Unterschrift vorlegt. Erforderlich ist eine konkrete Aufklärung. Sie muss den Vermittlungscharakter des Geschäfts unmissverständlich deutlich machen.

Zentraler Punkt des Vermittlungsauftrags ist die **Vereinbarung über den Verkaufspreis**. Hier ist eine Kollision handfester Interessen programmiert, zumal wenn der Vermittler sich den vollen Mehrerlös als Provision versprechen lässt. Pflichtwidrig handelt der Vermittler, wenn er das Preislimit unrealistisch hoch ansetzt, so dass das Fahrzeug deshalb unverkäuflich ist. Dass ein Vermittler es darauf anlegt, ein Agenturfahrzeug möglichst lange in seinem Betrieb stehen zu lassen, macht nur bei einer günstigen Standgeldvereinbarung einen Sinn. Die dem Geschäftszweck diametral zuwiderlaufende Absicht, den Wagen nach Ablauf einer bestimmten Zeit an den Eigentümer zurückzugeben, kann überdies durch eine Abgeltungsklausel begründet sein, aufgrund derer der Vermittler einen Anspruch auf pauschalierten Ersatz von Aufwendungen zu haben glaubt. Im seriösen Fachhandel sind derartige Klauseln heute nicht mehr anzutreffen. Sie wären mit §§ 305 c Abs. 1, 309 Nr. 5, 307, 310 Abs. 3 Nr. 3 BGB unvereinbar.[80]

Ein Vermittler mit Werkstatt ist ferner verpflichtet, das Fahrzeug vor Abschluss des Vertrages zu prüfen und den Auftraggeber, sofern technischer Laie, auf erkennbare Gewährleistungsrisiken hinzuweisen. Sofern dessen Angaben zu den Fragen nach dem Zustand des Fahrzeugs für den Vermittler als Fachmann erkennbar unrichtig sind, z. B. in Bezug auf Unfallschäden, hat er auf eine Korrektur hinzuwirken. Dies gehört zu seiner Fürsorgepflicht, weil die kaufrechtliche Sachmängelhaftung allein den Auftraggeber trifft. Der Vermittler kann zwar unter bestimmten Voraussetzungen auch persönlich nach §§ 311 Abs. 3, 280 Abs. 1 BGB haften (Sachwalterhaftung, s. Rn 1270 ff.). Seine Eigenhaftung tritt aber nicht an die Stelle, sondern neben die Verkäuferhaftung. Deshalb hat der Auftraggeber ein berechtigtes Interesse daran, sein Gewährleistungsrisiko so gering wie möglich zu halten. Ausdruck dieses Interesses ist seine Weisung, das Fahrzeug nur unter Ausschluss jeglicher Sachmängelhaftung zu verkaufen.

(2) Pflicht zur Verkaufsvermittlung

Den Verkauf als solchen schuldet ein Vermittler nicht. Er verspricht lediglich, mit dem Ziel tätig zu werden, einen Kaufvertrag abzuschließen. Die Pflicht, dieses Geschäft für den Fahrzeugeigentümer zu besorgen, wird dem Vermittler in der Regel nicht ausdrücklich auferlegt. Gleichwohl kann es keinem Zweifel unterliegen, dass der gewerbsmäßig tätige Kfz-

---

77 Urt. v. 5. 4. 1978, NJW 1978, 1482; 28. 5. 1980, NJW 1980, 2190.
78 Urt. v. 24. 11. 1980, NJW 1981, 388.
79 BGH 24. 11. 1980, NJW 1981, 388.
80 Vgl. AG Lübeck 2. 6. 1981, DAR 1982, 72 (195,– DM pro Monat); LG München I 14. 3. 1997, DAR 1998, 394.

Vermittler – ähnlich einem alleinbeauftragten Makler – verpflichtet ist, sich um den Abschluss eines Kaufvertrages zu bemühen.[81] Der Auftraggeber kann erwarten, dass der Vermittler das Auto in seinem Geschäftsbetrieb in der verkehrsüblichen Weise anbietet, Interessenten wirbt, mit ihnen verhandelt, Probefahrten unternimmt und im Rahmen der technischen Möglichkeiten Pflege- und kleinere Instandsetzungsarbeiten durchführt. Bei einer **Gelegenheitsvermittlung** ist für diese Erwartung regelmäßig kein Raum.

Das Risiko des Fehlschlagens der Verkaufsbemühungen trägt bei der **„freien" Agentur** der Auftraggeber. Der Nur-Vermittler übernimmt weder das Absatz- noch das Preisrisiko. Insbesondere hat er dem Auftraggeber grundsätzlich nicht dafür einzustehen, dass der vereinbarte Mindesterlös (untere Preisgrenze) auch wirklich erzielt wird. Erst recht übernimmt er keine „Mindestpreisgarantie", wie sie der BGH im Falle der **agenturweisen Inzahlungnahme** angenommen hat.[82]

1238 Wenn der Vermittler sich nicht in der gebotenen Weise um den Verkauf bemüht oder seine Bemühungen grundlos einstellt, kann er seinem Vertragspartner zum Schadensersatz verpflichtet sein (§ 280 Abs. 1 BGB, früher pFV). Daneben kann der Auftraggeber ein Recht zur **Kündigung aus wichtigem Grund** haben. Sein Schaden besteht in der eingetretenen Wertminderung und in dem Verlust der Absatzchance. Eine feste Verkaufsmöglichkeit wird in der Regel kaum zu beweisen sein. Schon der Nachweis einer schuldhaften Verletzung der Absatzpflicht dürfte dem Auftraggeber schwer fallen. Die Grundsätze über den Anscheinsbeweis helfen ihm nicht. Das OLG Hamm wendet § 287 Abs. 1 ZPO an.[83]

1239 **Untervermittler:** Ob der Vermittler berechtigt ist, sich im Rahmen der geschuldeten Verkaufsbemühungen eines weiteren Vermittlers zu bedienen, hängt von den Umständen des Einzelfalls ab. Mitunter kann die Weitergabe des Fahrzeugs an einen anderen Kfz-Unternehmer geboten sein, um das Fahrzeug in angemessener Frist zu dem vereinbarten Mindestverkaufspreis zu veräußern. Den **Jahreswagen-Vermittlungen** am oder in der Nähe des Sitzes der Hersteller bleibt oft nichts anderes übrig, als auf andere Regionen auszuweichen. Geht man von § 675 BGB aus, so müsste eine Delegation gestattet sein. Denn auf den dies verbietenden § 664 BGB wird hier gerade nicht verwiesen. Bei einem Geschäftsbesorgungsvertrag mit Dienstvertragscharakter ist indes der inhaltsgleiche § 613 S. 1 BGB zu beachten. Hiernach ist der Auftragnehmer im Zweifel zur **persönlichen Ausführung des Auftrags** verpflichtet. Da das personale Element bei der Kfz-Vermittlung nur von untergeordneter Bedeutung ist, wird man die Befugnis zur Einschaltung eines Untervermittlers in den meisten Fällen bejahen müssen.[84] Von einem Handelsbrauch kann man nach Ablösung des Agenturgeschäfts durch Einführung der Differenzbesteuerung nicht mehr sprechen. Auf ein etwaiges Vetorecht hat der Auftraggeber jedenfalls dann verzichtet, wenn er nach Auftragserteilung – noch vor Abschluss des Kaufvertrages – einen Betrag in Höhe des vereinbarten Mindestverkaufspreises als Sicherheit erhalten hat.

Der **Untervermittlungsauftrag** kann sowohl im Namen des Fahrzeugeigentümers als auch im Namen des Obervermittlers abgeschlossen sein. Früher, vor dem 1. 7. 1990, kam es üblicherweise zu einer unmittelbaren Vertragsbeziehung zwischen Ober- und Unterver-

---

[81] BGH 31. 3. 1982, NJW 1982, 1699 (Verkauf eines Jahreswagens unter Hereinnahme eines zu vermittelnden Gebrauchtfahrzeugs); OLG Hamm 22. 8. 1973, NJW 1974, 1091; OLG Hamm 30. 4. 1975, NJW 1976, 54 m. Anm. *Medicus;* OLG Hamm 31. 10. 1977, DAR 1978, 104.

[82] Urt. v. 5. 4. 1978, NJW 1978, 1482. Bei einer „Mindestpreisgarantie" stellt sich die Frage der Vermittlungs- bzw. Verkaufspflicht nicht. Ungewöhnlich daher die auf §§ 242, 162 BGB zurückgreifende Begründung des OLG Düsseldorf 23. 1. 1992, OLGR 1992, 97.

[83] Urt. v. 22. 8. 1973, NJW 1974, 1091.

[84] Vgl. auch OLG Nürnberg 23. 9. 1977, MDR 1978, 490; *Walz/Wienstroh,* BB 1984, 1693, 1699; OLG Köln 5. 5. 1989, NJW-RR 1989, 1084.

mittler auf der Grundlage eines formularmäßigen Untervermittlungsvertrages. Bei **Jahreswagen-Vermittlungen** wurde und wird häufig die andere Alternative gewählt.

(3) Obhuts- und Fürsorgepflichten

Der geschäftsmäßig handelnde Kfz-Vermittler hat das hereingenommene Fahrzeug pfleglich zu behandeln, sorgfältig zu verwahren und insbesondere gegen Diebstahl und unbefugte Benutzung zu sichern und ggf. zu versichern.[85] Auch die Kfz-Schlüssel und die Kfz-Papiere sind deshalb sorgfältig aufzubewahren. Besondere Vereinbarungen werden insoweit nur ausnahmsweise getroffen. Was Inhalt und Umfang der Obhutpflicht angeht, kann man sich an der Rechtsprechung zum Kfz-Reparaturvertrag orientieren.[86] Die Interessen- und Risikolage ist vergleichbar.

Der Kfz-Vermittler haftet grundsätzlich für die im Verkehr erforderliche Sorgfalt (§ 276 BGB). Eine Haftungserleichterung analog §§ 690, 277 BGB ist im Allgemeinen nicht gerechtfertigt.[87] Die Übernahme des Fahrzeugs zur Vermittlung liegt selbst bei einer „freien" Agentur auch im Interesse des Vermittlers. Er wird in der Regel nicht unentgeltlich tätig. Ein reines Gefälligkeitsverhältnis ist eine seltene Ausnahme. Auf der anderen Seite haftet auch der vertraglich verpflichtete Vermittler nicht für einen zufälligen Verlust oder eine zufällige Beschädigung des Fahrzeugs.

Im Fall der Beschädigung des Fahrzeugs, z. B. bei einer **Probefahrt**, taucht die Frage nach dem **Abschluss einer Vollkaskoversicherung** auf. Wie im Fall BGH NJW 1979, 643 kann eine entsprechende Verpflichtung des Vermittlers formularmäßig ausgeschlossen sein. Anders als § 390 Abs. 2 HGB enthielten die früheren ZDK-AGB keine ausdrückliche Freistellung. Die Versicherungsfrage schien man bewusst ausgeklammert zu haben. Die Vertragslücke hat der BGH mit seiner Entscheidung vom 8. 1. 1986[88] geschlossen. Hiernach darf ein Neuwagenkunde, der seinen Altwagen in Agentur gibt, grundsätzlich davon ausgehen, der Händler werde von sich aus für eine Vollkaskoversicherung sorgen. Voraussetzung für diese Erwartung ist, dass der Händler zur Frage der Versicherung keine oder nur eine unzureichende Erklärung abgegeben hat. Ein formularmäßiger Hinweis dürfte nicht genügen. Zu empfehlen ist ein gesonderter Stempelaufdruck oder ein durch Fettdruck und/oder Einrahmung hervorgehobener Hinweis wie z. B. „Achtung, Fahrzeug wird nicht vollkaskoversichert!"

Das vom BGH im Wege der (ergänzenden) Vertragsauslegung gefundene Ergebnis steht nicht im Einklang mit der Wertung des Gesetzgebers in § 390 Abs. 2 HGB. Hiernach ist der Kommissionär zum Abschluss einer Sachversicherung nur auf Anweisung des Kommittenten verpflichtet. Die Anweisung kann auch konkludent erteilt werden, was der BGH nicht geprüft hat. Der mit einer Versicherungspflicht verbundenen Risikoentlastung des Fahrzeugeigentümers bedarf es im Übrigen nicht, sofern der Vermittler – wie bei der Koppelung von Agentur und Neufahrzeugkauf – in der Rolle des Quasi-Käufers gesehen wird. Wer ihm das Absatzrisiko aufbürdet, muss ihn auch die Gefahr der zufälligen Beschädigung oder des zufälligen Verlustes tragen lassen.

Auf dem Boden der BGH-Entscheidung vom 8. 1. 1986[89] wird bei der **„freien" Agentur** eine Versicherungspflicht des Vermittlers erst recht zu bejahen sein. Das Interesse des Fahrzeugeigentümers am Erhalt der Sachsubstanz (Integritätsinteresse) ist bei diesem Vertrags-

---

85 Vgl. OLG Hamm 2. 7. 1998, NJW-RR 1999, 777 = OLGR 1998, 308; OLG Celle 21. 11. 1991, NZV 1992, 404; LG Konstanz 30. 6. 1994 – 6 S 37/94 – n. v.
86 Vgl. *Reinking/Schmidt/Woyte*, Die Autoreparatur, Rn 55 ff.
87 Anders bei unentgeltlicher Unterstellung eines Händlerfahrzeugs auf dem Gelände eines anderen Händlers, vgl. OLG Köln 15. 3. 1996, OLGR 1996, 223.
88 NJW 1986, 1099 = EWiR 3/86, 337 *(Reinking)*.
89 NJW 1986, 1099 = EWiR 3/86, 337 *(Reinking)*.

typ ungleich stärker ausgeprägt als im Falle einer Agentur in Verbindung mit einem Neuwagenkauf. Dies beruht auf der unterschiedlichen Risikolage in Bezug auf Absatz und Erlös. Die Erwägungen des BGH in dem Urteil vom 8. 1. 1986[90] lassen sich jedenfalls auf den (freien) Vermittler mit eingerichtetem Gewerbebetrieb (Werkstatt u. a.) übertragen. Für ihn ist der Abschluss einer Vollkaskoversicherung ohne weiteres möglich und zumutbar. Anders kann es bei reinen **Jahreswagen-Vermittlungen** oder bei einer aus bloßer Gefälligkeit übernommenen Vermittlung durch ein Autohaus oder einen Tankstellenpächter sein. Der Abschluss einer betriebsgebundenen Vollkaskoversicherung kann in solchen Fällen nicht ohne weiteres unterstellt werden. Der hohe Wert von Jahreswagen ist kein Argument, die Versicherungspflicht dem Vermittler zuzuschieben. Entsprechend dem Grundgedanken des § 390 Abs. 2 HGB ist es in erster Linie Sache des Eigentümers, für einen ausreichenden Versicherungsschutz zu sorgen. Das gilt erst recht für den Sonderfall, dass ein Autohändler lediglich den Wagen in seiner Halle ausstellt, um Interessenten mit dem Eigentümer in Verbindung zu bringen.[91] Problematisch ist die Haftungssituation in einem solchen Fall bei einem **Probefahrtunfall** mit einem nicht kaskoversicherten Fahrzeug. Da die Rechtsprechung auch hier eine Beschränkung der Haftung auf Vorsatz und grobe Fahrlässigkeit annimmt,[92] kann es im Verhältnis zwischen Eigentümer und Händler zu einer Schadensteilung (§ 254 BGB) kommen. Dem Händler kann der Vorwurf gemacht werden, den Eigentümer nicht auf die Haftungsprivilegierung hingewiesen zu haben, während den Eigentümer der Vorwurf trifft, den Händler nicht über das Fehlen von Vollkasko informiert zu haben.

Unterlässt der Vermittler pflichtwidrig den Abschluss einer Vollkaskoversicherung, so muss er den Auftraggeber im Falle einer **Beschädigung des Fahrzeugs**, z. B. bei einer **Probefahrt,** so stellen, als habe er eine solche Fahrzeugversicherung abgeschlossen.[93] Der Eigentümer hat Anspruch auf Ersatz des Schadens, der im Rahmen der Vollkaskoversicherung erstattet wird. Daraus folgt, dass der Vermittler dem Auftraggeber auch diejenigen Einwendungen entgegenhalten darf, die einem Vollkaskoversicherer zustünden.

Bei Einschaltung eines **Untervermittlers** muss der Obervermittler die Versicherungspflicht ggf. delegieren. Er handelt fahrlässig, wenn er darauf vertraut, der Untervermittler werde von sich aus eine Vollkaskoversicherung abschließen. Dem Obervermittler obliegt es in jedem Fall, für eine ausreichende Transportversicherung zu sorgen.

(4) Pflichten bei Abschluss des Kaufvertrages

1241 Gegenstand des „Auftrags zur Vermittlung eines Kfz-Verkaufs" ist der Verkauf eines bestimmten Fahrzeugs im Namen und für Rechnung des Auftraggebers. Ein weisungswidriger Verkauf im eigenen Namen und für eigene Rechnung (Eigengeschäft) kann den Vermittler schadensersatzpflichtig machen (§§ 280 Abs. 1, 241 Abs. 2 BGB). Er hat den Fahrzeugeigentümer so zu stellen, wie er bei auftragsgemäßer Ausführung des Geschäfts gestanden hätte. Durch das unzulässige Eigengeschäft darf der Eigentümer nicht schlechter, aber auch nicht besser abschneiden.

1242 **Selbsteintritt:** Auch ohne ausdrückliche Erlaubnis ist der Vermittler berechtigt, den Verkaufsauftrag durch Selbsteintritt auszuführen. Denn dem Eigentümer ist es im Allgemeinen gleichgültig, ob sein Wagen an einen Dritten verkauft oder von dem Vermittler selbst kaufweise übernommen wird. Haftungsrechtlich ist ein Selbsteintritt für den Eigentümer/Auftraggeber sogar günstiger, weil er ihm in der Person des Vermittlers einen sachkundigen Käufer beschert. Diesem gegenüber sind Aufklärungs- und Hinweispflichten von

---

90 NJW 1986, 1099 = EWiR 3/86, 337 *(Reinking)*.
91 OLG Köln 20. 11. 1995, NJW 1996, 1288; s. auch OLG Koblenz 13. 1. 2003, DAR 2003, 320 = VersR 2004, 342.
92 OLG Koblenz 13. 1. 2003, DAR 2003, 320 = VersR 2004, 342.
93 BGH 8. 1. 1986, NJW 1986, 1099 = EWiR 3/86, 337 *(Reinking)*.

geringerer Intensität als bei einem vermittelten Verkauf an eine Privatperson, die sich ihrerseits auf eine gesteigerte Aufklärungspflicht des sachkundig vertretenen Agenturverkäufers berufen kann. Bei einem Verkauf von Privat an einen Kfz-Händler wird zudem mit stillschweigenden Haftungsausschlüssen argumentiert. Auch der gesetzliche Haftungsausschluss wegen Kenntnis oder grober Fahrlässigkeit (§ 442 BGB) kommt im Falle des Selbsteintritts eher zum Zuge als bei einem Verkauf an einen unkundigen Privatmann.

Die strengen **Vorschriften über den Verbrauchsgüterkauf** (§§ 474 ff. BGB) verleiten dazu, den Fahrzeugverkauf zu „**privatisieren**", d. h. aus einem Unternehmer-Verbraucher-Geschäft ein reines Privatgeschäft mit einem dann grundsätzlich zulässigen Ausschluss der Sachmängelhaftung zu machen. Wenn ein Kfz-Vermittler einen agenturweise hereingenommenen Wagen nicht auf dem allgemeinen Markt zum (vermittelten) Kauf anbietet, sondern ihn an seine **Ehefrau** oder einen **Mitarbeiter** verkauft, damit er von diesen als Privatpersonen weiterverkauft wird, so umgeht er damit nicht seine Verkäuferhaftung, sondern lediglich die Vermittler-Eigenhaftung. Im Verhältnis zum Auftraggeber ist diese Verfahrensweise mangels konkreter Verkaufsanweisung nicht zu beanstanden. Zum Umgehungsverbot des § 475 Abs. 1 S. 2 BGB s. Rn 1220 ff.; zu den „Strohmannfällen" Rn 1157.

Der Auftraggeber hat einen Anspruch darauf, dass der Selbsteintritt zu den gleichen Preisbedingungen erfolgt, die bei einem vermittelten Verkauf an einen Dritten zu gelten hätten. Diesem berechtigten Anliegen tragen die §§ 400, 401 HGB Rechnung.[94]

Ein eigenmächtiges **Unterschreiten des vereinbarten Preislimits** macht den Vermittler, der keine Preisgarantie gegeben hat, wegen Vertragsverletzung schadensersatzpflichtig.[95] Der Auftraggeber hat Anspruch auf eine Abrechnung zu den ursprünglich festgelegten Konditionen, es sei denn, der Vermittler kann beweisen, dass der Auftraggeber ihn über wesentliche Wertbemessungsfaktoren getäuscht hat. In einem solchen Fall muss sich der Auftraggeber so behandeln lassen, als habe er der Preisherabsetzung zugestimmt.

Ohne abweichende Sondervereinbarung mit dem Auftraggeber hat der Vermittler die Pflicht, mit dem Abnehmer des Gebrauchtwagens **Barzahlung** zu vereinbaren. Im Falle der Scheckzahlung verstößt der Vermittler gegen seine Interessenwahrnehmungspflicht, wenn er das Fahrzeug ausliefert, ohne sich vorher davon überzeugt zu haben, dass der Scheck gedeckt ist. Zumindest den Fahrzeugbrief hat er bis zur Scheckgutschrift zurückzuhalten. Zur Haftung des Vermittlers gegenüber dem **Käufer** bei weisungswidriger Weitergabe des zur Begleichung des Kaufpreises bestimmten Schecks vgl. BGH MDR 1992, 228. Ohne ausdrückliche Zustimmung des Auftraggebers darf der Vermittler den Kaufpreis auch nicht teilweise stunden. Er darf auch nicht eigenmächtig an Zahlungs Statt einen Gebrauchtwagen des Käufers hereinnehmen, weder per Agentur („Agentur auf Agentur") noch im Wege der „Inzahlungnahme auf Agentur".[96]

Garantie- und Gewährleistungszusagen: Die Anweisung, sich von jeglicher Sachmängelhaftung freistellen zu lassen, war bis zum 31. 12. 2001 Kernbestandteil fast aller Agenturaufträge. Der Vermittler übernahm die Pflicht, das Agenturfahrzeug „unter Ausschluss jeglicher Gewährleistung" zu verkaufen. Garantien und Gewährleistungszusagen im Namen des Auftraggebers durfte er nur kraft **besonderer Ermächtigung** erteilen. Erklärungen im eigenen Namen konnten steuerlich „agenturschädlich" sein.[97]

---

[94] Siehe auch OLG Stuttgart 28. 3. 1988, DAR 1988, 346; weitere Einzelheiten zum Selbsteintritt bei *Lennartz*, a. a. O., S. 204 ff.
[95] Vgl. auch FG Rheinland-Pfalz 25. 4. 1979, UR 1980, 52.
[96] Zur dinglichen Rechtslage bei Weiterveräußerung des in Zahlung genommenen Altwagens durch den Vermittler im eigenen Namen vgl. OLG Köln 16. 10. 1991, VRS 82, 100.
[97] Dazu *Lennartz*, a. a. O., S. 208 ff.

Wenn der Auftraggeber ein **Unternehmer** i. S. v. § 14 BGB ist, gelten für den (vermittelten) Verkauf an einen **Verbraucher** die besonderen Schutzbestimmungen der §§ 474 ff. BGB. Ein Verkauf unter Ausschluss bzw. Beschränkung der Sachmängelhaftung ist nicht zulässig (§ 475 Abs. 1 S. 1 BGB). Anders liegen die Dinge bei einem Verkauf an einen Unternehmer.

Unter der Herrschaft des bis 1990 allgemein üblichen **Agenturgeschäfts** war es zivilrechtlich von erheblicher praktischer Bedeutung, ob der Vermittler **auftragswidrig** handelt, wenn er geschäftstypische Erklärungen wie „TÜV neu ..." oder „werkstattgeprüft" oder „fahrbereit" in den Kaufvertrag aufnimmt. Dadurch konnte er sich seinem Auftraggeber gegenüber schadensersatzpflichtig machen. Im Fall vollmachtlosen Handelns war er zudem der **Schadensersatzhaftung nach § 179 BGB** ausgesetzt. Anlässlich der „TÜV-neu"-Entscheidung des BGH vom 24. 2. 1988[98] wurde diese Thematik im Schrifttum kontrovers diskutiert.[99] Für den BGH war die Frage nach der **Vertretungsmacht** des Vermittlers/Abschlussvertreters nur ein Randthema. Denn die Vollmachtlosigkeit – in Form der **Vollmachtsüberschreitung** – stand aufgrund der Bindungswirkung des rechtskräftigen Urteils des OLG Schleswig vom 16. 7. 1985 fest. Es war im Vorprozess zwischen Käufer und privatem Verkäufer ergangen.[100] Nach Auffassung des OLG Schleswig hat der Händler die Erklärung „TÜV neu 85" ohne Vollmacht des Auftraggebers/Verkäufers abgegeben. Das LG Kiel hatte dies in erster Instanz anders gesehen.[101] Wie der BGH die Vollmachtsfrage selbst beurteilt, ist bislang nicht erkennbar geworden.

Das OLG Hamburg hat einen Kfz-Händler für schadensersatzpflichtig gehalten, der das Fahrzeug seines Auftraggebers als „fahrbereit" verkauft hat.[102] Damit habe der Händler gegen die von ihm übernommene Verpflichtung verstoßen, den Pkw unter Ausschluss jeder Gewährleistung zu verkaufen. In der Erklärung „fahrbereit" sei eine Eigenschaftszusicherung i. S. v. § 459 Abs. 2 BGB a. F. zu sehen. Da der klagende Auftraggeber einen Schaden geltend gemacht hat, spricht einiges dafür, dass ihm die Erklärung seines Vertreters „fahrbereit" entweder nach § 164 BGB oder aufgrund eines Rechtsscheintatbestandes zugerechnet worden ist. Andernfalls hätte er keinen Schaden gehabt.

Nach Ansicht des LG Verden macht sich ein Vermittler bereits dadurch schadensersatzpflichtig, dass er es unterlässt, einen Gewährleistungsausschluss mit dem Käufer zu vereinbaren.[103] Aus der Klausel im Vermittlungsvertrag, wonach der Vermittler für im Auftrag des Verkäufers durchgeführte Instandsetzungsarbeiten in begrenztem Umfang einen Gewährleistungsanspruch einräumen darf, hat die Kammer im Wege des Umkehrschlusses gefolgert, dass das Fahrzeug im Übrigen unter Gewährleistungsausschluss zu verkaufen war. Im Ergebnis ist diese Auslegung richtig. Die Vollmachtsfrage spielte in diesem Fall keine Rolle, weil der Vermittler weder eine Garantie noch eine ausdrückliche oder stillschweigende Eigenschaftszusicherung alten Rechts gegeben hatte.

1245 Kann der Käufer auf eine **Beschaffenheitsvereinbarung** i. S. v. § 434 Abs. 1 S. 1 BGB verweisen, stellt sich auch insoweit die Vollmachtsfrage. Ein vollmachtloses Handeln hat das Kammergericht einem Vermittler bescheinigt, der „seinem" Kunden versprochen hat, „Getriebegeräusche werden behoben".[104] In solchen Fällen ist zunächst zu klären, ob der Vermittler überhaupt eine Erklärung mit Drittbezug abgegeben hat. Das kann sich

---

98 BGHZ 103, 275 = NJW 1988, 1378 = JZ 1988, 920 m. Anm. *Huber*.
99 *Huber*, JZ 1988, 923; *Tiedtke*, JuS 1988, 848; *H. H. Jacobs*, NJW 1989, 696; *Eggert*, NJW 1990, 549; *G. Müller*, BB 1990, 2136.
100 Az. 3 U 144/84 – n. v.
101 Urt. v. 30. 4. 1984 – 2 O 265/83 – n. v.
102 Urt. v. 15. 4. 1991, MDR 1991, 1039.
103 Urt. v. 24. 5. 1989, DAR 1990, 24.
104 Urt. v. 29. 1. 1987 – 22 U 2877/86 – n. v.; ähnlich OLG Celle 5. 10. 1993, OLGR 1994, 33.

auch „aus den Umständen" ergeben (§ 164 Abs. 1 S. 2 BGB). Die steuerliche Notwendigkeit, Erklärungen mit Fremdwirkung abzugeben, ist zwar – von Sonderfällen abgesehen – unter der Geltung des § 25 a UStG entfallen. Gleichwohl hat der Kfz-Händler nach wie vor ein berechtigtes Interesse daran, die Wirkungen seiner Erklärungen in der Person seines Auftraggebers eintreten zu lassen.

Nur wenn der Vermittler nicht in eigenem Namen, sondern im Namen des Auftraggebers gehandelt hat, stellt sich die Frage der **Vertretungsmacht.** Sie kann auf einer ausdrücklich oder konkludent erteilten Vollmacht beruhen. Ausdrückliche Vollmachten zur Erteilung von „Eigenschaftszusicherungen" (§ 459 Abs. 2 BGB a. F.) waren schon in der bisherigen Agenturpraxis selten. Wird der Händler „beauftragt und ermächtigt", das Fahrzeug „mit Garantie" zu verkaufen, so steht die Vertretungsmacht insoweit außer Zweifel. Problematisch waren nach altem Recht die **stillschweigenden** bzw. **konkludenten Eigenschaftszusicherungen,** bei denen sich der Vermittler in aller Regel nicht auf eine ausdrückliche Vollmacht stützen konnte.

Soweit die im Auftragsformular unter „Fahrzeugbeschreibung und -zustand laut Angaben des Auftraggebers" notierten Daten und Eigenschaften des Fahrzeugs, z. B. die Gesamtfahrleistung, zum Gegenstand des Kaufvertrages gemacht werden, bleibt der Vermittler im Rahmen seines Auftrags und damit auch seiner Vertretungsmacht.[105] Zur Weiterleitung dieser Informationen ist er nicht nur berechtigt, sondern sogar verpflichtet. In den Kaufvertrag („Bestellschein") hat er die gleichen Angaben aufzunehmen, die Gegenstand des Vermittlungsvertrages mit dem Auftraggeber sind. Dies gilt auch für Einschränkungen, etwa bei einer Information über die **Gesamtfahrleistung.**[106]

Soweit es um die nächste **Hauptuntersuchung** (TÜV) geht, gibt es mit Blick auf Auftrag und Vollmacht keine Probleme, wenn der Vermittler lediglich das Datum aus dem Auftragsformular im Bestellschein wiederholt. Häufig wird hier aber anders verfahren. Agenturfahrzeuge haben bei der Hereinnahme meist verhältnismäßig „alte" Plaketten. Da die Käufer gesteigerten Wert auf eine „frische" Plakette legen, sorgen die Händler für eine erfolgreiche Hauptuntersuchung; meist in ihrem eigenen Betrieb („Werkstatt-TÜV"). Damit setzen sie sich nicht in Widerspruch zu ihrem Verkaufsauftrag. Sie sind auch berechtigt, in ihrer Werbung, in Verkaufsanzeigen, auf dem Verkaufsschild und vor allem im Bestellschein auf den Tatbestand einer bei Auslieferung des Fahrzeugs „frischen" Prüfplakette hinzuweisen. So ist eine Erklärung im Kaufantrag „TÜV neu 05" von der Vollmacht gedeckt.[107] Gleiches gilt für verkaufsfördernde Erklärungen wie „werkstattgeprüft".

Der Auftraggeber, Verkäufer im Rechtssinn, kann bei dem Händler Regress nehmen, wenn und soweit diese Erklärungen unrichtig sind. Grundlage ist ein Anspruch aus §§ 280 Abs. 1, 241 Abs. 2 BGB. Der Händler braucht zwar nicht jede Angabe seines Auftraggebers über den Fahrzeugzustand und sonstige Eigenschaften generell auf Richtigkeit zu überprüfen. Bei greifbaren Anhaltspunkten für eine Fehlinformation muss er jedoch nachfragen und ggf. auf eine Korrektur hinwirken. Bei Zusagen, die wie **„TÜV neu..."** oder **„werkstattgeprüft"** aus seiner eigenen Sphäre stammen, ist er für deren Richtigkeit auch im Verhältnis zu seinem Auftraggeber verantwortlich.

Soweit die **Rechtsprechung** eine **Vollmachtsüberschreitung** bejaht, hat sie die Anweisung des Vorbesitzers, das Fahrzeug „unter Ausschluss jeder Gewährleistung" zu verkaufen, mitunter überbewertet.[108] Die Haftungsfreistellung ist zwar wesentlicher Bestandteil

---

105 So auch *Soergel/Huber,* § 459 BGB Rn 318; *G. Müller,* BB 1990, 2136.
106 Dazu OLG Frankfurt 28. 6. 1989, NZV 1990, 24.
107 A. A. OLG Schleswig 16. 7. 1985 – 3 U 144/84 – n. v.
108 So z. B. OLG Schleswig 16. 7. 1985 – 3 U 144/84 – n. v.; KG 29. 1. 1987 – 22 U 2877/86 – n. v. („Getriebegeräusche beseitigen"); OLG Hamburg 15. 4. 1991, MDR 1991, 1039 („fahrbereit"); zutreffend dagegen LG Köln 22. 8. 1990, MDR 1991, 55 („steuerbefreit").

der von einer Privatperson erteilten Vollmacht. Daraus kann aber nicht geschlossen werden, dass der Vermittler sich jeglicher Informationen über das Fahrzeug zu enthalten hat. Ein solches Verhalten läge nicht im wohlverstandenen Interesse des Auftraggebers. Mit Schweigen kann man kein Auto verkaufen. Überschritten ist die Vollmacht indessen, wenn das Fahrzeug unter Ausschluss der Sachmängelhaftung verkauft werden soll, der Vermittler aber eine **Einjahresgarantie** für Motor, Getriebe und Hinterachse gewährt.[109] Allerdings muss in einem solchen Fall an ein Eigenhandeln des Vermittlers gedacht werden (s. Rn 1267).

(5) Pflichten nach Abschluss des Kaufvertrages

1248 **Agenturabrechnung:** Formularvertraglich wird der Vermittler häufig verpflichtet, dem Auftraggeber unverzüglich den Verkauf anzuzeigen, ihm die Anschrift des Käufers mitzuteilen und über Kaufpreis, verauslagte Pflege- und Instandsetzungsaufwendungen und seine Provision Rechnung zu legen. Nach dem Gesetz besteht eine **Rechnungslegungspflicht** nur bei ausdrücklichem Verlangen des Auftraggebers (§§ 675, 666 BGB).[110] Die §§ 86 Abs. 2, 94 Abs. 1 HGB sind nicht anzuwenden. Für den Fall, dass der Vermittlungsauftrag keine Regelung über die Abrechnungspflicht des Vermittlers enthält, ist zu erwägen, ob sie nicht stillschweigend kraft Handelsbrauchs als vereinbart anzusehen ist. Der Vermittler hat den sich aus der Agenturabrechnung ergebenden Überschuss unverzüglich an den Auftraggeber auszuzahlen (§§ 675, 667 BGB). Zur Rechtslage bei der Aufrechnung durch die Finanzierungsbank mit der Folge, dass sich das Schuldenkonto des Vermittlers verringert, vgl. LG München I, NJW-RR 1991, 762.

Zur Rechtslage bei **Insolvenz des Autohauses**, das ein Fahrzeug „in Kommission" genommen hat, s. OLG Hamm 7. 10. 2003 – 27 U 81/03 –; zum Insolvenzrisiko bei einem agenturweise verkauften Re-Import s. OLG Celle 6. 11. 2002, OLGR 2003, 106.

Mitunter herrscht zwischen dem Auftraggeber und dem Vermittler Streit über die Höhe des vereinbarten Mindestverkaufspreises („untere Preisgrenze"). Beruft sich der Auftraggeber auf eine vom Vertragstext abweichende **mündliche Preisvereinbarung**, so soll er damit nach Auffassung des OLG Düsseldorf auch bei einer nur formularmäßigen Schriftformklausel keinen Erfolg haben, es sei denn, er hat substantiiert und unter Beweisantritt behauptet, dass die Parteien das Formerfordernis übereinstimmend abbedungen haben.[111] Die Entscheidung kann nicht überzeugen. Selbst wenn die Schriftformklausel nicht gegen § 9 AGBG verstoßen haben sollte, was zweifelhaft erscheint, so hatte sie doch nach § 4 AGBG (jetzt § 305 b BGB) hinter die mündliche Individualvereinbarung zurückzutreten.

1249 Bei **Mängelrügen des Käufers** hat der Vermittler in erster Linie die Interessen seines Auftraggebers wahrzunehmen. Regulieren von vermeintlichen Sachmängelansprüchen aus bloßer Kulanz – ohne Zustimmung des Auftraggebers – geht zulasten des Vermittlers. Gesichtspunkte wie Rufwahrung und Kundenbindung sind nachrangig gegenüber dem Interesse des Auftraggebers, den Ausschluss der Sachmängelhaftung durchzusetzen. Der Vermittler tut in jedem Fall gut daran, den Auftraggeber rechtzeitig in die Regulierungsverhandlungen einzuschalten und sich mit ihm abzustimmen. Zur Entgegennahme von Anfechtungs-, Rücktritts- oder Minderungserklärungen ist der Vermittler berechtigt.[112] Alles Weitere ist von seinem Verkaufsauftrag nicht gedeckt, insbesondere darf er Mängel nicht zulasten des Verkäufers anerkennen oder gar sein Einverständnis zur Rückabwicklung erklären.[113] Als „Sachwalter" des Verkäufers hat er vielmehr unter Zurückstellung eigener In-

---

109 Vgl. OLG Celle 5. 10. 1993, OLGR 1994, 33.
110 Zur steuerlichen Seite der Agenturabrechnung s. *Lennartz*, a. a. O., S. 213 ff.
111 Urt. v. 10. 10. 1991, EWiR § 125 BGB 1/91, 1055 *(Teske)*.
112 Für das Außenverhältnis gilt § 55 Abs. 4 HGB.
113 LG Mainz 30. 4. 1981 – 1 O 376/80 – n. v.; vgl. auch OLG Köln 15. 12. 1982, MDR 1983, 489; LG Freiburg 6. 5. 1980, MDR 1980, 847 (agenturweise Inzahlungnahme).

teressen alles daran zu setzen, den Kaufvertrag in vollem Umfang aufrechtzuerhalten. Soweit er persönlich in Anspruch genommen wird, darf er sich freilich – unter Wahrung der Auftraggeberinteressen – auf eine Schadensregulierung einlassen.

Für den **Innenausgleich** kommt es in diesen Fällen entscheidend darauf an, ob der Vermittlungsauftrag im Zusammenhang mit einem Kaufvertrag über ein anderes Fahrzeug steht oder nicht. Von der Vertragsgestaltung und insbesondere der Verrechnungsabrede hängt es ab, ob der Auftraggeber/Käufer oder der Vermittler/Händler den Nachteil aus dem gestörten Agenturverkauf zu tragen hat. Während der Nur-Vermittler weder das Absatz- noch das Sachmängelrisiko zu tragen hat, ist der Vermittler, der zugleich Verkäufer ist, mit beiden Risiken belastet, d. h. er kann den Nachteil aus dem gestörten Agenturverkauf grundsätzlich nicht zum Auftraggeber durchstellen. Dies wirkt sich bis in die Rückabwicklungsphase hinein aus, wenn der Auftraggeber den gekoppelten Kaufvertrag rückgängig machen will, s. Rn 1262.

1250

bb) Die Pflichten des Auftraggebers
(1) Die Pflicht zur Provisionszahlung

Für die Provision kennt die Formularpraxis vier Varianten:

1251

a) Festbetragsprovision,
b) bestimmter Prozentsatz vom Verkaufserlös,
c) Teil des Mehrerlöses (Differenz zwischen Mindestverkaufspreis und tatsächlichem Verkaufspreis),
d) voller Mehrerlös als Provision.

Die ersten drei Möglichkeiten haben kaum praktische Bedeutung. Sie stehen vorwiegend aus steuerlichen Gründen[114] in den Vordrucken. Ganz überwiegend wurde und wird die **Mehrerlös-Provisionsregelung** in der Variante d) vereinbart. Da die Höhe der Provision weder in Abweichung von gesetzlichen Vorschriften noch in deren Ergänzung festgelegt wird, ist die Abrede einer **Inhaltskontrolle** nicht zugänglich. Die Klausel, die dem Vermittler einen etwaigen Mehrerlös in voller Höhe sichern soll, ist auch **nicht überraschend** i. S. d. § 305 c Abs. 1 BGB.[115]

Haben die Vertragsparteien es ausnahmsweise unterlassen (z. B. aus Vergesslichkeit), eine ausdrückliche Vereinbarung über die Höhe der Provision zu treffen, treten nicht etwa die Dissensfolgen der §§ 154, 155 BGB ein. Nach der Auslegungsregel des § 612 Abs. 2 BGB (vgl. auch § 653 Abs. 2 BGB) kommt es auf die übliche Vergütung an. Das ist nach wie vor die Provision „voller Mehrerlös" (s.a. LG München I DAR 2008, 484).

Mitunter wird dem Vermittler auch dann Anspruch auf die **volle Provision** zugestanden, wenn ein von ihm ordnungsgemäß abgeschlossener Kaufvertrag aus einem vom Auftraggeber zu vertretenden Grund nicht ausgeführt worden ist. Eine solche Regelung verstößt weder gegen § 307 BGB noch – als Schadenspauschalierungsklausel verstanden – gegen § 309 Nr. 5 BGB.[116]

(2) Sonstige Pflichten des Auftraggebers

Informationspflicht: Der Auftraggeber/Voreigentümer ist verpflichtet, die ihm gestellten Fragen nach der Vorgeschichte und der Beschaffenheit seines Fahrzeugs wahrheitsgemäß und vollständig zu beantworten.[117] Weniger weit geht seine Informationspflicht, wenn

1252

---

114 Zum steuerlichen Aspekt ausführlich *Lennartz*, a. a. O., S. 197 ff.
115 So auch *Lennartz*, a. a. O., S. 203/204.
116 So auch OLG Stuttgart 28. 3. 1988, NJW-RR 1988, 891 = DAR 1988, 346.
117 Zu den Gründen für die Informationspflicht s. *Lennartz*, a. a. O., S. 255.

er nicht gefragt wird. So oder so hängen Art und Umfang der geschuldeten Aufklärung maßgeblich davon ab, ob der Vermittlungsvertrag in Verbindung mit dem Kauf eines anderen Fahrzeugs steht oder nicht. Anders als bei der reinen Vermittlung trägt der Händler bei einem Koppelungsgeschäft das Absatzrisiko und – in Form der Mindestpreisgarantie – auch das Preisrisiko. In seiner Position als Quasi-Käufer kann er nach Treu und Glauben ein höheres Maß an Aufklärung erwarten als im Fall der reinen Agentur, bei der es vorwiegend um sein Provisionsinteresse geht.

Gelingt dem Vermittler/Händler der Nachweis der **arglistigen Täuschung** (zur Offenbarungspflicht bei Unfallschäden Rn 2131), so stehen ihm drei Rechtsbehelfe zur Auswahl: ein Schadensersatzanspruch aus §§ 280 Abs. 1, 241 Abs. 2, 311 Abs. 2 BGB bzw. aus §§ 826, 823 Abs. 2 BGB i. V. m. § 263 StGB, die Anfechtung gem. § 123 BGB und schließlich die Kündigung aus wichtigem Grund. Sein Schadensersatzverlangen kann er mit der Arglistanfechtung ebenso wie mit der Kündigung aus wichtigem Grund kombinieren.

cc) Kündigung des Vermittlungsvertrages

1253 Anders als die feste Inzahlungnahme ist der Agenturauftrag – zumindest nach außen hin – nicht auf einen sofortigen Leistungsaustausch angelegt. Er ist als **Dauerschuldverhältnis** ausgestaltet, gleichviel, ob die Hingabe des Altwagens im Zusammenhang mit dem Erwerb eines Neuwagens steht oder nicht. Nach den früher üblichen Vertragsformularen war der Agenturauftrag auf unbestimmte Zeit, mindestens jedoch für die Dauer von sechs Monaten erteilt. Vor Ablauf dieser Frist war eine Kündigung nur aus wichtigem Grund zulässig. Nach Ablauf von sechs Monaten konnten beide Vertragspartner mit einer Frist von einer Woche jederzeit kündigen.

(1) Kündigung durch Auftraggeber

1254 Die formularmäßige Beschränkung des Rechts auf jederzeitige Kündigung (§§ 675, 621 Nr. 5 BGB) ist nicht zu beanstanden, sofern die Laufzeit sechs Monate nicht wesentlich übersteigt. Wirksamkeitsvoraussetzung ist freilich, dass dem Auftraggeber ausdrücklich das Recht eingeräumt wird, den Vermittlungsvertrag vorzeitig durch Kündigung aus wichtigem Grund zu beenden.

Unter welchen Voraussetzungen der Auftraggeber einen **wichtigen Grund** zur Kündigung hat, kann nur unter Berücksichtigung aller Einzelfallumstände beantwortet werden. Von einem Verschulden seines Vertragspartners hängt diese Befugnis grundsätzlich nicht ab. Es genügt, dass ihm ein Festhalten am Vermittlungsvertrag nach Treu und Glauben nicht mehr zuzumuten ist. Bei der Abwägung des Beendigungsinteresses des Auftraggebers mit dem Fortsetzungsinteresse des Vermittlers kommt es wiederum entscheidend darauf an, ob der Vermittlungsvertrag im Zusammenhang mit einem Neuwagenkauf steht oder nicht.

Bis zur endgültigen Ablieferung seines Fahrzeugs darf sich der **Auftraggeber**, der zugleich Käufer ist, einseitig von dem Vermittlungsvertrag lossagen, allerdings nur um den Preis der Zahlung des vollen Entgeltes für den gekauften Wagen. Unter dieser Voraussetzung besteht sogar ein **freies Kündigungsrecht**, und zwar über den Zeitpunkt der Ablieferung des eigenen Altwagens hinaus. Wenn AGB das jederzeitige Kündigungsrecht des Auftraggebers für eine bestimmte Zeit ausschließen, so haben sie dabei den Fall vor Augen, dass sich der Autohauskunde vom Gesamtgeschäft lösen will. Mit der Anhebung der Kündigungsschwelle soll in Wirklichkeit die Lossagung vom Neuwagenkaufvertrag erschwert werden. Eine Kündigung des Auftraggebers mit dem Ziel, auch den Neuwagenkaufvertrag zu Fall zu bringen, wird nur in ganz engen Grenzen anzuerkennen sein. Wider Erwarten eingetretener Eigenbedarf genügt nicht, etwa nach Verlust eines Zweitwagens, den der Auftraggeber bis zur Auslieferung des Neufahrzeugs benutzen wollte.[118] Auch der Umstand, dass der Auftraggeber selbst einen Käufer gefunden hat, der mehr als den Mindestverkaufspreis bietet, rechtfertigt keine Kündigung aus wichtigem Grund. Die Zumutbarkeitsgrenze kann indes überschritten sein, wenn man den Auftraggeber/Neuwagenkäufer bei unverschuldetem Verlust oder schwerer Beschädigung seines Altwagens am Neuwagengeschäft festhält.[119]

Im Falle der **„freien" Vermittlung** bestimmt der Gedanke der Fremdnützigkeit die Abwägung. Der Nur-Vermittler hat als reiner Geschäftsbesorger in erster Linie die Interessen seines Auftraggebers zu wahren. Sein Provisionsinteresse ist demgegenüber sekundär. Angesichts dieser Interessenlage genügt bei der „freien" Agentur ein berechtigter Eigenbedarf zur Kündigung aus wichtigem Grund.[120] Ausreichend ist auch die Möglichkeit, einen deutlich höheren Erlös bei anderweitiger Veräußerung zu erzielen.

(2) Kündigung durch Vermittler

Agenturweise Inzahlungnahme: Für diesen Geschäftstyp hat der **BGH** die formularvertragliche Kündigungsregelung **stark eingeschränkt:** Der Neuwagenhändler darf den Vermittlungsvertrag zu keinem Zeitpunkt frei kündigen. Stets muss ein **wichtiger Grund** vorliegen.[121] Gleiches gilt für die Konstellation „Gebraucht auf Gebraucht".[122] Allerdings liegen den einschlägigen BGH-Entscheidungen Sachverhalte aus der Zeit vor Einführung der Differenzbesteuerung zugrunde. Bei Agenturen aus der Zeit nach 1990 ist eine Lockerung der Kündigungsmöglichkeiten zugunsten der Vermittler erwägenswert.[123]

Unter welchen Voraussetzungen der **Vermittler/Neuwagenhändler** ein Recht zur **Kündigung aus wichtigem Grund** hat, ist in der **Rechtsprechung** für Agenturen aus der Zeit vor Einführung der Differenzbesteuerung weitgehend geklärt gewesen. Übereinstimmung bestand darin, dass die bloße Unverkäuflichkeit des Agenturfahrzeugs kein ausreichender Kündigungsgrund ist. Auch die Tatsache, dass der Händler die untere Preisgrenze nicht einhalten kann, genügte für sich allein genommen noch nicht. Grundsätzlich konnte der Händler auch nicht damit gehört werden, das Fahrzeug sei deshalb unverkäuflich oder nur zu einem niedrigeren Preis abzusetzen, weil es mit Mängeln behaftet sei. Das Risiko „einfacher" Mangelhaftigkeit lag bei der Agentur-Inzahlungnahme auf Seiten des Händlers.[124] Dabei machte es keinen Unterschied, ob der Sachmangel technischer Natur ist (z. B. Motorschaden, Durchrostung), ob es sich um einen verborgenen Unfallschaden oder um eine unzulässige Fahrzeugumrüstung handelte.[125]

Gegen all diese Störfälle, so die Überlegung der Judikatur, kann sich der Händler durch eine fachkundige Untersuchung unter Einsatz seines technischen Apparates einschließlich Probefahrt und Kundenbefragung weitgehend absichern. Die Zuweisung des Risikos für „einfache" Mangelhaftigkeit beruhte damit letztlich auf den gleichen Erwägungen, mit denen der BGH einen stillschweigend vereinbarten Gewährleistungsausschluss für „Verschleißmängel" bei der „klassischen" Inzahlungnahme bejaht hat.[126] Wer dem vermittelnd-

---

118 Anders für die „freie" Agentur OLG Bamberg 27. 4. 1981 – 4 U 123/80 – n. v.
119 Dazu *Behr*, AcP 185, 401.
120 Z. B. Verlust des „Ersatzwagens" durch Unfall, dazu OLG Bamberg 27. 4. 1981 – 4 U 123/80 – n. v.
121 BGH 31. 3. 1982, NJW 1982, 1699 = DB 1982, 1510; BGH 5. 4. 1978, NJW 1978, 1482; s. a. OLG Köln 15. 12. 1982, MDR 1983, 489.
122 BGH 31. 3. 1982, NJW 1982, 1699 (Jahreswagen), dazu *Honsell*, Jura 1983, 523.
123 Vgl. *Lennartz*, a. a. O., S. 253 f.
124 Das ist die Quintessenz der BGH-Rspr., vgl. *Eggert*, NZV 1989, 546.
125 Zustimmend OLG Schleswig 29. 9. 1989 – 14 U 40/88 – n. v.
126 Urt. v. 21. 4. 1982, NJW 1982, 1700; kritisch dazu *Schack*, NJW 1983, 2806; zustimmend *Honsell*, Jura 1983, 523.

1256 Als wichtiger Kündigungsgrund allgemein anerkannt ist **arglistiges Verschweigen** eines Mangels bzw. arglistiges Vortäuschen von wertbildenden Eigenschaften (z. B. Kilometerlaufleistung, Unfallfreiheit).[129] Somit zeigt sich auch hier eine Angleichung an die Rechtslage bei fester Inzahlungnahme. Zur Offenbarungspflicht des Auftraggebers bei Unfallschäden s. Rn 2131.

den Neuwagenhändler schon bei „einfacher" Mangelhaftigkeit ein Recht zur Kündigung und damit die Befugnis zur Rückgabe des Fahrzeugs gibt,[127] wird den berechtigten Interessen des Auftraggebers/Neuwagenkäufers nicht gerecht.[128]

Ein Verschulden des Auftraggebers unterhalb der Arglistschwelle kann bei der Agentur-Inzahlungnahme ein Kündigungsrecht grundsätzlich nicht begründen, d. h. selbst eine grob fahrlässige Fehlinformation gibt dem Neuwagenhändler kein Recht zur Kündigung aus wichtigem Grund, es sei denn, dass die Information Garantiecharakter hat.

Neutralisiert wird ein Haftungsausschluss nicht nur im Fall arglistiger Täuschung. Auch beim **Fehlen einer garantierten Eigenschaft** kann der Verkäufer sich darauf nicht berufen (§ 444 BGB). Deshalb hat der BGH mit Recht erwogen, die Kündigungsbefugnis des Vermittlers auf diesen Fall auszudehnen.[130] Letztlich ist diese Frage offen geblieben. Das OLG Köln[131] und das OLG Schleswig[132] haben bei unrichtiger Zusicherung i. S. v. § 459 Abs. 2 BGB a. F. einen wichtigen Grund zur Kündigung bejaht. Auf ein Verschulden soll es nicht ankommen.

Auf der Grundlage dieser Rechtsprechung wird der Vermittler/Händler im Prozess bestrebt sein, Zustandsangaben des Auftraggebers zu Beschaffenheitsgarantien i. S. v. § 444 BGB aufwerten zu lassen. Im Zweifel will der private Auftraggeber – für den Vermittler erkennbar – keine Haftung für einen bestimmten Zustand seines Fahrzeugs übernehmen. Die Überlegungen, mit denen die Rechtspraxis bis zur Schuldrechtsreform stillschweigende Eigenschaftszusicherungen professioneller Verkäufer zugunsten privater Gebrauchtwagenkäufer außerordentlich großzügig bejaht, waren nur bedingt übertragbar.

Ein wichtiger Grund zur Kündigung liegt ferner vor, wenn der Händler das Mängelrisiko auf den Kunden zurückverlagert hat und dieser sich endgültig weigert, die Kosten der Mängelbeseitigung zu übernehmen bzw. einer Herabsetzung der unteren Preisgrenze zuzustimmen. Eine solche **Risikorückverlagerung** ist z. B. in der bei Auftragserteilung (vor Fahrzeugübergabe) getroffenen Individualabrede zu sehen, dass „in der Zwischenzeit aufkommende Schäden zulasten des derzeitigen Halters gehen".[133] Aufgekommen im Sinne dieser Klausel ist der Schaden erst, wenn er für einen Kfz-Fachmann bemerkbar ist. Er hätte ihm bei sorgfältiger Prüfung des Fahrzeugs auffallen müssen.[134]

1257 „**Freie" Vermittlung:** Formularverträge, die dem Vermittler ein uneingeschränktes Kündigungsrecht bereits ab Vertragsabschluss einräumen, dürften heute nicht mehr auf dem Markt sein. Eine solche Klausel wäre nicht zu beanstanden, sofern auch dem Auftraggeber die Befugnis zur jederzeitigen Kündigung gegeben wird („Waffengleichheit"). Bis zum Ablauf der meist sechsmonatigen Mindestlaufzeit durfte nach einem vom ZDK empfohlenen Klauselwerk nur aus wichtigem Grund gekündigt werden, anschließend war der

---

127 So *Rupp/Fleischmann*, NJW 1984, 2802.
128 Im Ergebnis wie hier *Lennartz*, a. a. O., S. 259 ff.
129 BGH 5. 4. 1978, NJW 1978, 1482; OLG Köln 6. 2. 1985 – 24 U 170/84 – n. v.; vgl. auch BGH 31. 3. 1982, NJW 1982, 1699; OLG Köln 15. 12. 1982, MDR 1983, 489.
130 Urt. v. 31. 3. 1982, NJW 1982, 1699.
131 Urt. v. 6. 2. 1985 – 24 U 170/84 – n. v.
132 Urt. v. 29. 9. 1989 – 14 U 40/88 – n. v.
133 OLG Stuttgart 2. 4. 1987 – 7 U 308/86 – n. v.
134 OLG Stuttgart 2. 4. 1987 – 7 U 308/86 – n. v.

Vertrag für den Vermittler ordentlich (Wochenfrist) kündbar. Eine solche Regelung stößt bei der „freien" Agentur – anders als bei agenturweisen Inzahlungnahme – auf keine durchgreifenden Bedenken.[135]

Während bei dem Koppelungsgeschäft in der Auslegung durch den BGH kaufrechtliche Züge dominieren, erschöpft sich die „freie" Vermittlung in einer primär fremdnützigen Geschäftsbesorgung des Vermittlers. Anders als der vermittelnde Neuwagenhändler hat der reine Vermittler in der Regel keine Kenntnis von den Dispositionen seines Auftraggebers im Hinblick auf eine Ersatzwagenbeschaffung. Insoweit braucht er auf die Interessen seines Vertragspartners – Gefahr einer Finanzierungslücke, drohender Doppelbesitz von Neu- und Altwagen – grundsätzlich keine Rücksicht zu nehmen. Vielmehr ist es Sache des Auftraggebers, durch individuelle Zusatzvereinbarungen seine Interessen zur Geltung zu bringen. Unter diesen Umständen ist es nicht gerechtfertigt, einem reinen Vermittler auch nach Ablauf der Mindestvertragszeit nur ein außerordentliches Kündigungsrecht zuzubilligen.

Wenn vor Ablauf der vereinbarten Mindestvertragsdauer eine Kündigung nur aus wichtigem Grund ausgesprochen werden kann, wie formularvertraglich meist vorgesehen, so stellt sich die Frage, ob bei der freien Vermittlung die gleichen Maßstäbe wie bei dem Koppelungsgeschäft zu gelten haben. Wegen der unterschiedlichen Interessenlage ist in der Tat eine Differenzierung geboten. Ohne Zweifel darf auch ein reiner Vermittler im Fall der **arglistigen Täuschung** außerordentlich kündigen. Das gleiche Recht steht ihm zu, wenn sich eine **Beschaffenheitsgarantie** als unrichtig herausstellt. Anders als bei der agenturweisen Inzahlungnahme muss man noch einen Schritt weiter gehen und dem Nur-Vermittler ein Recht zur Kündigung aus wichtigem Grund bereits bei „einfacher" **Mangelhaftigkeit** des Fahrzeugs einräumen.[136] Der Nur-Vermittler darf das Fahrzeug sofort zurückgeben, wenn er nachträglich Mängel feststellt, die einem Verkauf zum vereinbarten Preislimit dauerhaft entgegenstehen. Ein Verschulden des Auftraggebers muss nicht hinzukommen. Dem kann nicht entgegengehalten werden, der „freie" Vermittler sei keinen Sachmängelansprüchen ausgesetzt. Das trifft zwar zu. Indes besteht auch für diesen Typ von Vermittler die Gefahr, in die Eigenhaftung aus Verschulden bei den Vertragsverhandlungen genommen zu werden.

Wegfall des Kündigungsrechts: Eigene Sorgfaltswidrigkeiten des (Nur-)Vermittlers können sein Kündigungsrecht zunichte machen, z. B. eine fahrlässige Überbewertung oder eine ungenügende Untersuchung. Zu erwägen wird jedoch sein, ob dem Vermittler ein minderschwerer Eingriff in das Auftragsverhältnis zuzumuten ist. Bei behebbaren Mängeln kann es durchaus genügen, ihm ein Recht zur Herabsetzung des Preislimits in Höhe der Reparaturkosten zu geben, d. h. den – nicht garantierten – Mindestpreis zu senken.

Kann der (Nur-)Vermittler den **Altwagen** nicht mehr oder nur **in beschädigtem Zustand** zurückgeben, so kann auch dies zum Wegfall seines Kündigungsrechts führen. Auf die Kündigungsbefugnis des Auftraggebers ist ein solcher Sachverhalt ohne Einfluss. Das Recht des Vermittlers zur Kündigung ist in entsprechender Anwendung des § 351 BGB a. F. ausgeschlossen gewesen, wenn er sich mit der Kündigung in Widerspruch zu seinem eigenen früheren Verhalten begeben hat. Nach Wegfall des früher in § 351 BGB a. F. geregelten Ausschlussgrundes wird man direkt auf § 242 BGB zurückgreifen können. Als Alternative bietet sich eine schadensersatzrechtliche Lösung an.

Dafür, dass der Wagen nicht oder nicht in unbeschädigtem Zustand zurückgegeben werden kann, muss der Vermittler verantwortlich sein. Dies ist z. B. bei unbefugter Einschaltung eines Untervermittlers der Fall, ferner bei eigenmächtigem Verkauf unter Preislimit

---

135 So auch *Lennartz*, a. a. O., S. 252 f.
136 Anders *Lennartz*, a. a. O., S. 264.

oder bei einem Verstoß gegen die Weisung, nur unter Gewährleistungsausschluss zu verkaufen. Gleiches gilt bei schuldhafter Zerstörung oder Beschädigung des Fahrzeugs im Betrieb des Vermittlers oder auf einer Probefahrt. Zu den Obhuts- und Fürsorgepflichten des Vermittlers s. Rn 1240. Ein zufälliger Verlust oder eine zufällige Beschädigung des Fahrzeugs ließ die Kündigungsbefugnis des Vermittlers unberührt (§ 350 BGB a. F. analog). Daran hat sich durch die Schuldrechtsreform im Ergebnis nichts geändert.

(3) Rechtsfolgen bei berechtigter Kündigung (Rückabwicklungsprobleme)

1259 Durch die Kündigung wird der Vermittlungsvertrag nur für die Zukunft beendet. Die **Verkaufsvollmacht** erlischt (§ 168 BGB). Die Abwicklung des Geschäfts richtet sich mangels vertraglicher Sonderregeln in erster Linie nach Auftragsrecht. Daneben sind die §§ 985 ff. BGB anwendbar.[137] Für die Lösung von Konfliktfällen kommt es auch hier entscheidend darauf an, ob der Vermittlungsvertrag isoliert oder im Zusammenhang mit einem Kauf- oder Leasingvertrag über ein anderes Fahrzeug abgeschlossen war.

1260 „Freie" Vermittlung/Ansprüche des Auftraggebers: Der Vermittler ist gem. §§ 675, 667 BGB zur **Herausgabe des Fahrzeugs** verpflichtet. Dem Auftraggeber, der zugleich Eigentümer ist, steht daneben ein Herausgabeanspruch aus § 985 BGB zu.[138] Mit Beendigung des Vermittlungsvertrages ist das Besitzrecht des Vermittlers erloschen. Auch die ihm überlassenen Fahrzeugpapiere und sonstige Dokumente hat er vollständig herauszugeben. Kommt der Vermittler mit der Erfüllung seiner Herausgabepflicht **in Verzug**, so kann der Auftraggeber/Eigentümer auch Ersatz seines „abstrakten" **Nutzungsausfalls** verlangen.[139]

Die in der Sphäre des Vermittlers gefahrenen Kilometer sind dem Auftraggeber nur insoweit zu vergüten, als die Fahrstrecke über das für Probefahrten übliche Maß hinausgeht. Bei der Bemessung dieses Schadens kann man trotz dogmatischer Bedenken diejenigen Grundsätze heranziehen, die zur Vergütung der Gebrauchsvorteile beim Rücktritt entwickelt worden sind. Zur Rechtslage bei Verlust oder Beschädigung des Agenturfahrzeugs s. Rn 1240.

1261 **Gegenansprüche des (Nur-)Vermittlers:** Bei Beendigung des Vermittlungsvertrages vor Abschluss des Kaufvertrages über den Altwagen steht ihm unter keinem rechtlichen Gesichtspunkt die vereinbarte Provision zu, gleichgültig, wer von den beiden Vertragspartnern gekündigt hat. Die volle Provision kann der Vermittler selbst dann nicht verlangen, wenn der Auftraggeber den Kündigungsgrund zu vertreten hat. In Anlehnung an § 396 Abs. 1 S. 2 Hs. 2 HGB sahen die ehemaligen ZDK-AGB eine Provision nur für den Fall vor, dass ein bereits vermittelter Verkauf nicht ausgeführt worden ist.[140] Die volle Provision zuzubilligen liefe auf den Ersatz des positiven Interesses hinaus. Ein etwaiger Schadensersatzanspruch des Vermittlers aus Verschulden bei Vertragsschluss ist jedoch auf den Ersatz des Vertrauensschadens beschränkt.

Nach einigen Klauselwerken hat der Vermittler **Anspruch auf Ersatz von Aufwendungen** „aus Anlass des Auftrags", sofern der Auftraggeber die Unvermittelbarkeit des Fahrzeugs zu vertreten hat. Zu diesen Aufwendungen zählen z. B. Pflege- und Instandsetzungskosten, ferner Kosten der Insertion, der TÜV-Prüfung und Abgasuntersuchung (AU). Zu erstatten sind auch die Kosten aus Anlass einer berechtigten Untervermittlung, z. B. Transport- und Versicherungskosten. Die Kosten für die Einholung eines Gutachtens zur Schadensfeststellung gehören nicht hierher. Sie sind nicht aus Anlass des Auftrags entstanden.

---

137 Zur Anspruchskonkurrenz BGH 14. 7. 1982, NJW 1982, 2304; dazu *Schirmer*, JuS 1983, 265.
138 BGH 14. 7. 1982, NJW 1982, 2304.
139 BGH 14. 7. 1982, NJW 1982, 2304; vgl. auch BGH 20. 10. 1987, NJW 1988, 484.
140 Vgl. auch OLG Stuttgart 28. 3. 1988, DAR 1988, 346.

Nicht erstattungspflichtig sind auch die Gemeinkosten des Vermittlers. Dazu rechnen auch die Lagerkosten. **Standgeld** kann der Vermittler erst verlangen, wenn der Auftraggeber mit der Abholung seines Fahrzeugs in Verzug gerät. § 396 Abs. 2 HGB steht dem nicht entgegen. Ein Tagessatz von mehr als 10 € dürfte bei einem Pkw unangemessen sein.[141] Neuere Urteile, die mehr geben, sind nicht bekannt geworden, auch nicht im Werkstattrecht.

Klauseln, die an die Regelung in §§ 675, 667 BGB, 396 HGB anknüpfen, sind grundsätzlich nicht zu beanstanden. Bedenken können sich im Einzelfall aus der Höhe von Aufwandspauschalen ergeben. Die derzeit auf dem Markt befindlichen Vertragsformulare geben insoweit nur selten Anlass zur Kritik.

Der Vermittler kann die Herausgabe des Altwagens samt Fahrzeugpapieren gem. § 273 BGB verweigern, bis der Auftraggeber die geschuldeten Aufwendungen ersetzt hat. Macht er sein **Zurückbehaltungsrecht** geltend, kommt er mit der Erfüllung seiner Herausgabepflicht nicht in Verzug.

Agenturweise Inzahlungnahme (Koppelungsgeschäft): Bei der agenturweisen Inzahlungnahme hat der Händler nach wirksamer Kündigung des Agenturauftrags durch ihn einen Anspruch auf **Zahlung des gestundeten Restkaufpreises** bzw. – bei Leasing – auf Leistung der (vollen) Sonderzahlung. Das Neuwagengeschäft bleibt von der Kündigung des Händlers unberührt. Ihm wird nicht etwa die Geschäftsgrundlage entzogen. Die **Rechtsprechung des BGH** zum Kündigungsrecht des Händlers (s. Rn 1255) verteilt die Risiken der Vertragsparteien abschließend, auch und gerade mit Blick auf das Neuwagengeschäft. 1262

Auch unter Billigkeitsgesichtspunkten ist es nicht geboten, den arglistigen „Inzahlunggeber" von seiner Pflicht zur Deckung des restlichen Kaufpreises freizustellen. Gleiches gilt für den schuldlosen Auftraggeber/Käufer, dessen Garantieerklärung sich als falsch herausgestellt hat. Der Grund für das Scheitern der Agentur liegt auch hier in seiner Sphäre.

Mit der vorzeitigen Beendigung des Vermittlungsvertrages wird der **gestundete Kaufpreis fällig.** Bei der Darlehenskonstruktion (Gewährung eines zinslosen Darlehens) ist es im Ergebnis nicht anders. Der Neuwagenerwerber (Käufer oder Leasingnehmer) kann die Erfüllung ablehnen, bis der Händler das Agenturfahrzeug zur Rücknahme angeboten hat (§ 273 BGB). Die Ausübung des Zurückbehaltungsrechts hindert den Eintritt von **Zahlungsverzug.** Es werden weder Verzugs- noch Prozesszinsen geschuldet.

Ist nicht das Agenturfahrzeug, sondern der **Neuwagen mangelhaft,** so gilt für das Koppelungsgeschäft Folgendes: Das Nachbesserungsverlangen des Neuwagenkäufers ist ohne Einfluss auf den Fortbestand des Agenturauftrags. Auch aus der Durchführung der Nachbesserungsarbeiten oder der Lieferung eines Ersatzfahrzeugs erwächst dem Händler kein Recht zur Kündigung des Vermittlungsvertrages oder zu einer Nachverhandlung über den Mindestverkaufspreis. Erst wenn der (Neuwagen-)Kaufvertrag rückgängig gemacht wird, sei es durch Rücktritt, sei es – vergleichsweise selten – im Wege des Schadensersatzes statt der ganzen Leistung, kann jede Partei den Vermittlungsvertrag kündigen. Das Recht zur außerordentlichen Kündigung entsteht bereits mit dem Verlangen des Auftraggebers nach Rückabwicklung, nicht erst mit der Zustimmung des Händlers.

Verlangt der (Neuwagen-)Käufer Rückgängigmachung des Kaufvertrages **vor Weiterverkauf** des Altwagens, ist die Rückabwicklung des Gesamtgeschäfts verhältnismäßig unproblematisch. Der Vermittlungsauftrag endet durch Kündigung oder durch einverständliche Vertragsaufhebung, hilfsweise wegen Wegfalls der Geschäftsgrundlage.[142] Der **Händler** braucht sich nicht länger um den Verkauf des Altwagens zu bemühen. Bei Rück-

---

141 Vgl. AG Lübeck 2. 6. 1981, DAR 1982, 72; LG München I 18. 10. 2007, DAR 2008, 484.
142 Vgl. auch BGH 28. 5. 1980, NJW 1980, 2190 unter 4 a; *Reinicke/Tiedtke*, Kaufrecht, Rn 1033.

nahmeverzug kann er Standgeld verlangen. Ein Anspruch auf Aufwendungsersatz steht ihm nur bei einem unberechtigten Verlangen nach Rückabwicklung zu.

1263 Der **Käufer/Auftraggeber** ist nicht nur zur Rücknahme seines Altfahrzeugs verpflichtet; er hat auch ein Recht auf Rückgabe (§§ 675, 667, 985 BGB). Einen etwaigen Wertverlust infolge einer längeren Standzeit muss der Käufer im Fall des Rücktritts hinnehmen. Günstiger ist seine Rechtsposition bei einem Anspruch auf den „großen" Schadensersatz. Während der nur zum Rücktritt berechtigte Käufer seinen Altwagen in natura zurücknehmen muss und lediglich den bar gezahlten Kaufpreisteil zurückverlangen kann,[143] haftet der zum „großen" Schadensersatz verpflichtete Händler schärfer: Statt des Altwagens kann der Käufer außer dem bar gezahlten Kaufpreisteil auch den Anrechnungsbetrag (vereinbarter Mindestverkaufspreis) verlangen.[144] Näheres dazu Rn 853 ff.

1264 **Nicht völlig geklärt** ist die Rechtslage, wenn der Käufer Rückabwicklung des Neuwagenkaufvertrags **nach Weiterveräußerung** seines Altwagens verlangt. Für die Kombination **Neuwagenkauf/Kommissionsvertrag** hat der BGH entschieden, dass der (wandlungsberechtigte) Käufer bereits ab dem Zeitpunkt des Weiterverkaufs des Altwagens den Verkaufserlös bzw. den angesetzten Mindestverkaufspreis beanspruchen kann, dies jedenfalls bei einem Verkauf zum Mindestpreis oder zu einem höheren Betrag. Ein etwaiger Mehrerlös soll dem Händler verbleiben, es sei denn, die Parteien haben ausnahmsweise eine andere Provisionsvereinbarung als die (früher) übliche Mehrerlösabrede getroffen.[145]

Wie sich eine Weiterveräußerung des Altwagens im Fall eines Kommissionsverkaufs unter Mindestverkaufspreis auswirkt, ist ebenso offen wie die Rechtslage bei der ehemaligen Standardkombination Neuwagenkauf/Agenturvertrag.[146] Ungeklärt ist auch die Frage, welchen Einfluss ein Rückerwerb des Altwagens durch den Händler auf das Abwicklungsverhältnis zwischen ihm und seinem Auftraggeber hat (zur Problematik bei „fester" Inzahlungnahme s. Rn 844).

(4) Rechtsfolgen bei unberechtigter Kündigung

1265 Bei unberechtigter Kündigung durch den Vermittler kann der Auftraggeber seinen Kündigungsschaden liquidieren, d. h., er ist so zu stellen, wie er ohne die ungerechtfertigte Kündigung gestanden hätte. Den vereinbarten Mindestverkaufspreis kann er nur ersetzt verlangen, wenn ihm der Nachweis gelingt, dass der Vermittler das Fahrzeug ohne die Kündigung verkauft hätte. Das OLG Hamm hält in einem solchen Fall § 287 Abs. 1 ZPO für anwendbar.[147] Auf jeden Fall hat der Vermittler die eingetretene Wertminderung auszugleichen.

2. Die Unternehmer-Erwerber-Beziehung

a) Die Eigenhaftung des Unternehmers aus Kaufvertrag

1266 Das Agenturgeschäft ist darauf angelegt, dass der Kaufvertrag nicht mit dem Kfz-Unternehmer, sondern zwischen Voreigentümer und Erwerber, meist zwei Privatpersonen, zustande kommt. Grundvoraussetzung der steuerlichen Anerkennung eines Agenturgeschäftes war und ist es, dass der Händler **im fremden Namen** und **für fremde Rechnung** gehandelt hat.

Die personale Zuordnung beurteilt sich nach **§ 164 BGB** in Verbindung mit den allgemeinen Auslegungsregeln (§§ 133, 157 BGB). Zu prüfen ist, an wen sich das **Vertragsan-**

---

143 BGH 30. 11. 1983, BGHZ 89, 126 = NJW 1984, 429; s. auch BGH 28. 5. 1980, NJW 1980, 2190.
144 BGH 28. 11. 1994, NJW 1995, 518.
145 BGH 28. 5. 1980, NJW 1980, 2190 unter 4 b; krit. *Reinicke/Tiedtke*, Kaufrecht, Rn 1035.
146 Zur Gesamtproblematik s. *Reinicke/Tiedtke*, Kaufrecht, Rn 1034 ff.
147 Urt. v. 22. 8. 1973, NJW 1974, 1091.

gebot des Kaufinteressenten richtet, ob an den handelnden Unternehmer oder an einen Dritten. Bei Verwendung eines Bestellscheins „verbindliche Bestellung Vermittlungsgeschäft" oder eines im Fettdruck mit „Auftrag" überschriebenen Formulars geht das Angebot erkennbar in Richtung eines Dritten, zumal dann, wenn dessen Personalien samt Anschrift in der Formularzeile „Verkäufer" aufgeführt sind (wie im Fall BGH NJW 1980, 2184; ebenso BGH NJW 2005, 1039).

Vor allem bei **Geschäftsanbahnungen über das Internet** und bei **Online-Verkäufen** herrscht nicht selten Unsicherheit bei der Rollenverteilung. Anders als die erste Instanz[148] hat das OLG München in dem eigentlich unmissverständlichen Hinweis einer „**Auktionsagentur**", das Fahrzeug werde im Namen einer bestimmten Privatperson verkauft, eine unzulässige Überraschungsklausel gesehen.[149] Das ist nicht zeitgemäß. Weitere Internet-Rechtsprechung unter Rn 1304 ff.

Der Wille des Händlers, im Namen des Vorbesitzers/Auftraggebers zu handeln und das Kaufangebot für ihn anzunehmen, muss für den Kaufinteressenten erkennbar hervorgetreten sein – **Prinzip der Offenkundigkeit** –, andernfalls wird der Händler selbst als Vertragspartei angesehen.[150] Dem Käufer muss klar sein, dass er das Fahrzeug nicht von dem Händler, sondern von einem Dritten über den Händler kauft.

Die Eintragung im Kaufvertrag und/oder im Zeitungsinserat oder auf dem Verkaufsschild, den Wagen „im Kundenauftrag" (i. A. oder KA) zu verkaufen, legt für sich allein genommen die Stellvertretung noch nicht offen. Dieser Hinweis zwingt nicht zu dem Schluss, der Unternehmer wolle **im Namen eines Dritten** verkaufen.[151] Er lässt auch die Annahme einer **Verkaufskommission** zu (im eigenen Namen für fremde Rechnung).[152]

Hinreichend offene Stellvertretung ist hingegen zu bejahen, wenn der Händler den Kaufinteressenten einen Bestellschein „Vermittlungsgeschäft" unterschreiben lässt, in welchem er selbst unübersehbar als Vermittler/Vertreter und ein Dritter als Verkäufer aufgeführt sind.[153] Die Bestellscheine (Kaufanträge) sind drucktechnisch zumeist so konzipiert, dass die erforderliche Offenkundigkeit der Stellvertretung ohne Rückgriff auf die Begleitumstände des Geschäfts festgestellt werden kann.

Wenn der Händler bestimmte Fahrzeugteile, z. B. Motor oder Getriebe, selbst repariert oder ausgewechselt und dies dem Kaufinteressenten bei den Vertragsverhandlungen mitgeteilt hat, ist Vertreterhandeln gleichwohl möglich.[154] Die Tatsache, dass der Händler bereits vor Verkauf mit seinem Auftraggeber vorläufig abgerechnet hat (Auszahlung eines Betrages in Höhe des vereinbarten Mindestlöses), ist aus der maßgeblichen Sicht des Erwerbers schon deshalb kein Anzeichen für ein Eigengeschäft, weil ihm dieser Vorgang unbekannt ist.[155]

Die gebotene Offenkundigkeit der Stellvertretung kann selbst dann noch gewahrt sein, wenn der Name des privaten Verkäufers im Bestellschein „Vermittlungsgeschäft" völlig fehlt, aus welchem Grund auch immer. Ist aufgrund der sonstigen Umstände hinreichend deutlich, dass der Händler im Namen eines Dritten handeln wollte, so sind Name und Anschrift dieser Person entbehrlich.[156] Die Fremdbezogenheit bleibt hingegen im Dunkeln,

---

148 LG Deggendorf 12. 6. 2007 – 3 O 116/06 – n. v.
149 Urt. v. 27. 3. 2008 – 8 U 3789/07 – n. v.
150 So im Fall AG Bonn 4. 6. 2003 – 7 C 19/03 – n. v.
151 Zustimmend LG Duisburg 17. 10. 2001 – 2 O 238/00 – n. v.
152 So auch OLG Saarbrücken 10. 12. 2002, OLGR 2003, 91.
153 BGH 29. 1. 1975, BGHZ 63, 382 = NJW 1975, 642.
154 BGH 17. 3. 1976, DB 1976, 954.
155 Vgl. BGH 18. 6. 1980, NJW 1980, 2184; OLG Hamburg 9. 12. 1977, DAR 1978, 336.
156 OLG Hamm 25. 2. 1986, VRS 71, 321; OLG Hamm 30. 5. 1979, AH 1979, 2643; OLG Hamburg 9. 12. 1977, DAR 1978, 336; a. A. LG Freiburg 3. 8. 1982 – 9 S 76/82 – insoweit in MDR 1983, 667 nicht abgedruckt.

wenn der Händler – versehentlich oder bewusst – einen „Auftrag zur Vermittlung eines Kfz" unterschreiben lässt.[157]

Bei angeblich versehentlicher Verwendung eines Formulars für ein Händlereigengeschäft[158] ist es Sache des Kfz-Betriebs, die tatsächlichen Umstände darzulegen und zu beweisen, die entgegen dem **äußeren Anschein** ein Vertreterhandeln begründen sollen. Diese Umstände müssen spätestens im Zeitpunkt der Unterzeichnung des Bestellscheins (Kaufvertrag) vorliegen. **Nachträgliche Zusätze** und **Änderungen** von Seiten des Händlers, in der Praxis oft zu beobachten („Vermittlungsfalle"), sind rechtlich ohne Bedeutung.

Wenn der Händler, wie im **Agenturfall BGH NJW 2005, 1039**, ein Vertragsformular „Kaufvertrag für den privaten Verkauf eines Kraftfahrzeugs" ausfüllt und mit dem Zusatz „i. A." unterzeichnet, ist die Rollenverteilung auch aus Sicht eines durchschnittlichen Verbrauchers eindeutig.[159]

Beweislast: Wird der Händler, der an den Vertragsverhandlungen und/oder am Vertragsabschluss beteiligt war, als Verkäufer in Anspruch genommen, so muss im Streitfall er **beweisen,** dass er entweder ausdrücklich im Namen des Vorbesitzers aufgetreten ist oder dass sein Vertreterwille erkennbar aus den konkreten Begleitumständen hervorgegangen ist.[160] Diese Beweislastverteilung ist ein **wichtiger Schutz zumal für Verbraucher**, denen ein anderer Verbraucher als Verkäufer untergeschoben werden soll. Zu den „Strohmannfällen" s. auch Rn 1157.

b) Die Eigenhaftung aus einem sonstigen Vertrag

1267 Neben dem im fremden Namen abgeschlossenen Kaufvertrag kann ein **zweiter Vertrag** mit dem Händler abgeschlossen worden sein. In Betracht kommen vor allem **Garantie-, Reparatur-, Beratungs-** und **Auskunftsverträge.** Das OLG Frankfurt hat einem Händler eine vertragliche Eigenhaftung auferlegt, weil er erklärt hatte, auf den Motor des Fahrzeugs eine Garantie für 5000 km zu geben.[161] Zum Zwecke der Verkaufsförderung habe sich der Händler selbst verpflichten wollen. Aus heutiger Sicht wäre das ein Anwendungsfall des **§ 443 BGB**, wonach auch ein Dritter aus einer Haltbarkeits- oder Beschaffenheitsgarantie haften kann (näher Rn 1358).

Obgleich die Übernahme von Garantie oder Gewährleistung durch den Vermittler persönlich grundsätzlich agenturschädlich ist, d. h., der Händler wird steuerlich als Eigenhändler angesehen, kann im Einzelfall durchaus ein selbstständiger Garantievertrag mit dem Vermittler abgeschlossen worden sein. Dies ist immer eine Frage der Auslegung. Steuerliche Implikationen sind dabei zweitrangig. Maßgebend ist der objektive Erklärungswert aus der Sicht eines durchschnittlichen Kaufinteressenten.

Im Übrigen haben die Finanzgerichte und die Finanzverwaltungen den Grundsatz der Agenturschädlichkeit von händlereigenen Garantien und Gewährleistungszusagen wiederholt durchbrochen. Nach Auffassung des BFH liegt auch dann kein Eigengeschäft des Vermittlers vor, wenn dieser zusätzlich in eigenem Namen eine (begrenzte) Garantie auf den Motor übernimmt.[162] Im Einzelfall bedarf es stets sorgfältiger Prüfung, ob ein Dritter (Voreigentümer oder Garantieunternehmen) oder der Vermittler selbst Garantiegeber ist.

---

157 LG Mönchengladbach 13. 9. 1979 – 6 O 111/79 – n. v.
158 So im Fall OLG Frankfurt 2. 11. 1988, NJW 1989, 1095.
159 BGH 26. 1. 2005, NJW 2005, 1039.
160 BGH 1. 4. 1992, NJW-RR 1992, 1010; OLG Bremen 2. 7. 1968, DAR 1968, 269 = MDR 1968, 1007; s. auch LG Potsdam 15. 6. 2005, SVR 2006, 24.
161 Urt. v. 9. 3. 1977 – 19 U 126/76 – n. v.
162 Urt. v. 29. 9. 1987, BB 1988, 192 (Jahreswagen).

Wenn der **Vorbesitzer** dem Kfz-Betrieb zusammen mit dem Vermittlungsauftrag einen **1268** **Werkstattauftrag** zur Ausführung bestimmter Reparaturarbeiten erteilt hat, kann der Käufer aus dem Reparaturvertrag grundsätzlich keine Rechte herleiten. Gleiches gilt für einen Reparaturauftrag ohne direkten Zusammenhang mit einer Agentur. Ersatzansprüche stehen dem Vorbesitzer zu. Der Reparaturvertrag, für den im Zweifel die allgemeinen Reparaturbedingungen des Händlers gelten, entfaltet **keine Schutzwirkung** zugunsten des potenziellen Käufers. Ihn darin einzubinden, läuft auf eine Fiktion des Parteiwillens hinaus. Eine solche Konstruktion ist auch nicht notwendig. Denn der Käufer kann sich die Ansprüche des Vorbesitzers (vor allem auf Schadensersatz aus § 634 Nr. 4 BGB) abtreten lassen oder unmittelbar gegen den Vorbesitzer aus der Sachmängelhaftung vorgehen. Bei Mangelfolgeschäden, z. B. aus einem Unfall, war Letzteres früher wenig hilfreich. Eine den Vorbesitzer bindende Zusicherung i. S. v. §§ 459 Abs. 2, 463 S. 1 BGB a. F. wurde meistens verneint, selbst wenn der Vermittler den Käufer auf die von ihm ausgeführten Reparaturarbeiten ausdrücklich hingewiesen hatte, also nicht nur Erklärungen abgegeben hatte wie „werkstattgeprüft" oder „TÜV neu...". Bei dieser Sachlage rückt ein Schadensersatzanspruch aus § 634 Nr. 4 BGB in den Vordergrund. Er kann nicht mit dem Argument verneint werden, der Vorbesitzer habe keinen eigenen Schaden. Der Schaden des Käufers wird insoweit zum eigenen Schaden des Vorbesitzers/Verkäufers, als dieser unter dem Gesichtspunkt der Sachmängelhaftung und aus den §§ 823 Abs. 1, 831 BGB ersatzpflichtig ist. Infolgedessen kommt hier auch **keine Drittschadensliquidation** in Betracht.

Der Vorbesitzer/Verkäufer dürfte in jedem Fall verpflichtet sein, dem Käufer die Ansprüche aus dem Reparaturvertrag mit dem Vermittler **abzutreten.** Unabhängig von einer eigenen Schadensersatzhaftung ist dies eine kaufvertragliche Nebenpflicht. Eine stillschweigende oder konkludente Abtretung im Rahmen des Kaufvertrages anzunehmen, erscheint bedenklich.

Bei Schlechterfüllung des Werkstattauftrags, z. B. bei einer **mangelhaften Reparatur** **1269** der Bremsanlage, ist stets zu prüfen, ob der Vermittler gegenüber dem Käufer eine **eigene Gewährleistung oder Garantie** übernommen hat. Eine solche begrenzte Risikoübernahme wäre nicht agenturschädlich. Wenn überhaupt, sind **stillschweigende Haftungszusagen** zugunsten des Käufers zu erwägen. Dass der Vermittler das Agenturfahrzeug im Auftrag des Vorbesitzers instand gesetzt hat, kann noch keine vertragliche Haftung gegenüber dem Käufer begründen, selbst wenn er von diesen Arbeiten Kenntnis hatte. Zu verlangen ist eine konkrete Erklärung des Vermittlers mit Bezug auf die Reparaturarbeiten. Insoweit können Kurzinformationen wie „werkstattgeprüft" oder „TÜV neu 12/08" genügen.

Fraglich ist nur, ob der Vermittler solche Erklärungen im eigenen Namen oder namens des Vorbesitzers abgegeben hat. Mit der h. M.[163] ist in diesen Fällen ein Vertreterhandeln zu bejahen (vgl. auch Rn 1244). Es gibt keinen zwingenden Grund, bei geschäftstypischen Angaben wie „werkstattgeprüft" statt einer Fremd- eine Eigenwirkung anzunehmen. Wenn der Händler den Kaufvertrag ausdrücklich namens des Vorbesitzers abschließt, signalisiert er damit Fremdwirkung ohne Wenn und Aber. Ohne konkrete Anhaltspunkte im Erklärungsverhalten des Vermittlers kann der Kaufinteressent nicht davon ausgehen, der Vermittler wolle auch nur für einen Teil des Geschäfts eine eigene Verpflichtung übernehmen. Allein das Interesse des Erwerbers, anstelle des nur dem Namen nach bekannten Vorbesitzers den Kfz-Händler als Fachmann zum Vertragspartner zu haben, kann entgegen *Jacobs*[164] noch kein vertragliches Band entstehen lassen. Bloße Interessen – zumal einseitige – sind im Rahmen der Prüfung nach § 164 Abs. 1 BGB von untergeordneter Bedeutung. Es geht auch nicht darum, eine Haftungslücke zugunsten des Käufers zu schließen. Nach der Recht-

---

163 *Huber*, JZ 1988, 923, 925; *Eggert*, NJW 1990, 549; *G. Müller*, BB 1990, 2136; a. A. *H. H. Jacobs*, NJW 1989, 696.
164 NJW 1989, 696.

sprechung kann der Käufer den Vermittler aus Verschulden bei Vertragsschluss und aus § 179 BGB persönlich in Anspruch nehmen, in seiner Eigenschaft als Verbraucher kann er überdies § 475 Abs. 1 S. 2 BGB (Umgehungsverbot) quasi als Anspruchsgrundlage einsetzen.

Keine vertragliche Eigenhaftung des Vermittlers begründen auch Erklärungen wie z. B. „Verkäufer garantiert Unfallfreiheit" oder „Fahrzeug hatte laut Angabe des Vorbesitzers nur kleineren Blechschaden". Gleiches gilt für die üblichen Informationen über den Kilometerstand bzw. die Gesamtfahrleistung. In all diesen Fällen kommt aber eine persönliche Haftung des Vermittlers aus §§ 280 Abs. 1, 311 Abs. 3, 241 Abs. 2 BGB in Betracht, sofern die Sachmängelhaftung nicht mit Hilfe des § 475 Abs. 1 S. 2 BGB auf den Händler übergeleitet werden kann.

Auch bei Agenturverkäufen kann es vorkommen, dass dem Käufer bei oder nach Abschluss des Kaufvertrages bestimmte Reparaturen, Nach- oder Umrüstungen zugesagt werden. Solche Zusatzabreden machen der Rechtsprechung schon beim Eigengeschäft erhebliche Schwierigkeiten (vgl. Rn 1349 ff.). Ein Agenturgeschäft führt zu weiteren Komplikationen. Die Fragen lauten: Eigenhandeln oder Vertreterhandeln? Handeln mit oder ohne Vertretungsmacht (einschl. Anscheins- und Duldungsvollmacht, ferner § 56 HGB)? Teilnichtigkeit der „Sondervereinbarung" oder Gesamtnichtigkeit des Kaufvertrages?

Ein Großteil dieser Fragen wird in der Entscheidung des Kammergerichts vom 29. 1. 1987[165] behandelt. Es ging darum, ob die Erklärung des Vermittlers im Bestellschein „Getriebegeräusche werden behoben" dem verklagten Privatverkäufer zuzurechnen ist. LG und KG haben die Klage abgewiesen. Fraglich sei schon, ob die Vereinbarung namens des Beklagten getroffen worden sei. In jedem Fall fehle es aber an der erforderlichen Vertretungsmacht. In vergleichbaren Fällen wurde ähnlich entschieden.[166] Insgesamt neigt die Rechtsprechung dazu, den Vorbesitzer bei derartigen „Sondervereinbarungen" zu schonen und den Vermittler in die Alleinhaftung zu nehmen. § 475 Abs. 1 BGB hat diese Tendenz noch verstärkt.

c) Die Vermittler-Eigenhaftung nach §§ 280 Abs. 1, 311 Abs. 3 BGB

1270 Seit der Grundsatzentscheidung des BGH vom 29. 1. 1975[167] wird die persönliche Haftung des Vermittlers in erster Linie unter dem Gesichtspunkt des **Verschuldens bei Vertragsschluss** erörtert. Während der BGH den Haftungsgrund zunächst ausschließlich, zumindest aber vorrangig, in der **Inanspruchnahme besonderen Vertrauens** bzw. in der „**Sachwalterstellung**" des Vermittlers gesehen hat,[168] hat er in späteren Entscheidungen das **wirtschaftliche Eigeninteresse** als Zurechnungsgrund herangezogen.[169] Dass der Tatbestand „Inanspruchnahme besonderen Vertrauens" gleichrangig im Sinne einer Alternativität neben dem wirtschaftlichen Eigeninteresse steht, zeigen die BGH-Entscheidungen vom 28. 1. 1981[170] und vom 29. 1. 1997[171].

In dem Dilemma, dem sich die Gerichte nach der globalen Einführung des Kfz-Agenturgeschäfts ausgesetzt sahen, erschien die c. i. c.-Lösung trotz ihrer dogmatischen Brüchigkeit als brauchbarer, vielleicht sogar notwendiger Kompromiss. Sie war freilich eine Not-

---

165 22 U 2877/86 – n. v.
166 OLG Schleswig 16. 7. 1985 – 3 U 144/84 – n. v. („TÜV neu ..."); OLG Düsseldorf 20. 2. 1992, ZfS 1993, 14 = OLGR 1992, 154 (selbstständiger Werkvertrag mit Vermittler ohne Wandlungsbefugnis nach § 634 BGB a. F.).
167 BGHZ 63, 382 = NJW 1975, 642 = WM 1975, 309.
168 So BGHZ 63, 382 = NJW 1975, 642; DB 1976, 954; NJW 1977, 1914 = WM 1977, 1048.
169 Urt. v. 14. 3. 1979, NJW 1979, 1707; vorsichtiger 28. 1. 1981, NJW 1981, 922.
170 NJW 1981, 922.
171 NJW 1997, 1233.

lösung. Durch die Änderung des Umsatzsteuerrechts zum 1. 7. 1990 und die damit verbundene Ablösung des Agenturverkaufs als Massengeschäft hat sie weiter an Legitimation verloren.

Trotz veränderter Rahmenbedingungen haben die Gerichte in der Zeit nach 1990 ohne Bedenken auf die c. i. c.-Konstruktion weiterhin zurückgegriffen.[172] Das Schrifttum, von Beginn an auf Seiten der Judikatur, ist dieser traditionellen Linie nahezu geschlossen gefolgt.[173]

Auch nach **In-Kraft-Treten der Schuldrechtsreform** hat man keinen Anlass zu einer Neuorientierung gesehen.[174] Dies umso weniger, als der Gesetzgeber die von der Rechtsprechung entwickelte Eigenhaftung des Vertreters/Vermittlers in § 311 Abs. 3 BGB kodifiziert hat. In der Agentur-Entscheidung vom 26. 1. 2005[175] geht **der BGH** wie selbstverständlich von der Anwendbarkeit des § 311 Abs. 3 BGB aus.

aa) besonderes Vertrauen und Sachwalterstellung

Es heißt zwar allgemein: „Gebrauchtwagenkauf ist Vertrauenssache." Der Kauf eines gebrauchten Autos ist aber nicht notwendigerweise eine Sache „besonderen Vertrauens".[176] Ob ein Fall der Inanspruchnahme besonderen Vertrauens i. S. v. § 311 Abs. 3 BGB zu bejahen ist, hängt von einer **Gesamtwürdigung** der konkreten Umstände ab, unter denen es zum Kaufvertrag gekommen ist. Maßgeblich sind insbesondere: die **Bezeichnung des Unternehmens** (z. B. „Autohaus...", „Gebrauchtwagencenter"), seine **Größe,** die **technische und personelle Ausstattung** des Betriebs, seine **Werbung** (z. B. „Meisterbetrieb" oder „alle Fahrzeuge werkstattgeprüft") und schließlich das **konkrete Verhandlungsverhalten** des Vermittlers/Händlers und seines Personals.[177] Voraussetzung der besonderen Vertrauensbeziehung ist es nicht, dass der Kaufinteressent bereits einmal einen Gebrauchtwagen bei demselben Händler erworben hat. Eine dauerhafte Geschäftsverbindung kann andererseits vertrauensbildend wirken.

1271

Der auf Kfz-Händler wenig passende Begriff „**Sachwalter**" ist schon deshalb fehl am Platz, weil der Kfz-Händler zugleich Vertreter des Altwageneigentümers ist und damit eindeutig auf der Anbieterseite steht.[178] Auch sein wirtschaftliches Eigeninteresse (dazu Rn 1276) spricht gegen eine qualifizierte Vertrauensstellung, jedenfalls macht es nicht „besonders" vertrauenswürdig.

1272

Aus der maßgeblichen Sicht des Kaufinteressenten bestehen zwischen den einzelnen Gruppen von Kfz-Vermittlern erhebliche Unterschiede. Die Erwartung, die ein **Vertragshändler** beim früher (bis 1990) üblichen agenturweisen Verkauf eines Autos seiner Hausmarke erweckt hat, unterschied sich deutlich von der Redlichkeitserwartung in einen **reinen Gebrauchtwagenhändler,** der sein Verkaufsbüro in einem auf einem Hinterhof abgestellten Wohnwagen unterhielt oder sich in einer ehemaligen Tankstelle ohne Werkstattbetrieb etabliert hatte. Beim Ankauf über derart unseriös wirkende Vermittler/Händler ist – erst recht nach Änderung des Umsatzsteuerrechts – keine der beiden Fallgestaltungen zu beja-

1273

---

172 OLG Köln 13. 7. 2000 – 18 U 266/99 – n. v.; OLG Hamm 20. 1. 1997, OLGR 1997, 120; OLG Dresden 12. 11. 1997, DAR 1999, 68; OLG Rostock 3. 2. 1999, DAR 1999, 218.
173 Zum Problem s. *Lennartz,* a. a. O., S. 280 ff.
174 *Reinicke/Tiedtke*, Kaufrecht, Rn 759.
175 NJW 2005, 1039.
176 So schon die Ausgangsentscheidung BGHZ 63, 382 = NJW 1975, 642.
177 Die Angestellten selbst haften nicht aus c. i. c., auch nicht bei einer Verkaufsprovision, sondern nur nach den §§ 823 ff. BGB; vgl. OLG Köln 16. 5. 1986 – 19 U 8/86 – n. v.; s. auch BGH 4. 7. 1983, WM 1983, 950.
178 Zum Begriff „Sachwalter" s. BGH 11. 7. 1988, NJW 1989, 293; BGH 29. 1. 1997, NJW 1997, 1233; *Schautes/Mallmann*, JuS 1999, 537.

hen, die der BGH[179] bei der Beschreibung der besonderen Vertrauensbeziehung unterscheidet.

Ob im Bereich des seriösen Gebrauchtwagenhandels (speziell der Autohäuser mit Neuwagen- und Gebrauchtwagenabteilung) mit der Ablösung des Agenturgeschäfts als Massenphänomen ein Verlust an Vertrauen der Kundschaft einhergegangen ist, ist zumindest eine Überlegung wert. Wenn nicht alles täuscht, signalisiert ein Verkauf „im Kundenauftrag" **unter den heutigen Bedingungen** eine deutlich größere Distanz des Vermittlers als in der Zeit zwischen 1968 und 1990.

Wer, wie z. B. ein **Tankstellenpächter,** nur als **Gelegenheitsvermittler** tätig wird, nimmt in der Regel kein besonderes Vertrauen für sich selbst in Anspruch. Auch bei einem **Werkstattinhaber,** der für seine Kunden nur die Verkaufsverhandlungen übernommen hat, kann davon keine Rede sein.[180] Anders mag es sein, wenn er – wie im Fall OLG Hamm DAR 1996, 499 – Reparaturarbeiten durchgeführt hatte. Bei den **Jahreswagenvermittlungen** tritt die Person des Vermittlers weitgehend in den Hintergrund. Eine besondere Vertrauenswerbung unterbleibt, weil das Kaufobjekt für sich selbst wirbt.

Ohne individuell gesetzte Vertrauensumstände verdichtet sich die allgemeine Redlichkeitserwartung zum besonderen Vertrauen durch Maßnahmen wie das ZDK-Vertrauenssiegel oder Werbeaussagen wie „alle Fahrzeuge werkstattgeprüft", „durch Meisterhand geprüft" oder „auf alle Fahrzeuge ein Jahr Garantie".[181] Eine gesteigerte Verlässlichkeitserwartung begründet insbesondere das ZDK-Vertrauenssiegel bzw. das Nachfolgezeichen „Meisterbetrieb der Kfz-Innung" (s. Rn 1604). Es soll dem Interessenten signalisieren, dass der Händler sein Gebrauchtwagengeschäft mit der Sorgfalt eines ordentlichen Kaufmanns führt.

1274 Besonderes Vertrauen kann durch individuelle Umstände wie eine **fachkundige Beratung** und Aufklärung über den Zustand des Gebrauchtwagens, durch Hinweise auf eine eigene Inspektion und/oder Probefahrt hervorgerufen werden. Zu würdigen sind auch Erklärungen wie „bis zur Lieferung wird das Fahrzeug noch technisch und optisch durchgearbeitet"[182] oder „TÜV-fertig" gemacht. Vertrauensfördernd sind ferner Garantien, Nachbesserungsversprechen, die Übergabe des ZDK-Zustandsberichts (inzwischen überholt) oder – wie im Fall BGH DB 1976, 954 – der händlereigene Einbau von Ersatzteilen wie Motor und Getriebe oder eine Unfallreparatur (OLG Hamm DAR 1996, 499).

Aus Erklärungen des Vermittlers wie „Voreigentümer hat das Fahrzeug generalüberholt" oder „Fahrzeug ist vom Voreigentümer restauriert"[183] oder „Voreigentümer hat Unfallfreiheit bescheinigt" lässt sich ein besonderes persönliches Vertrauen hingegen nicht herleiten.[184] Solche Erklärungen enthalten eine subjektive Einschränkung. Dies gilt auch für die geschäftstypischen Informationen über bestimmte Unfallschäden und über die Gesamtfahrleistung. Hier fehlt nur selten der Zusatz „laut Verkäufer". Der Vermittler gibt diese Informationen nur weiter. Sie stammen – für den Käufer erkennbar – vom Vorbesitzer. Auf ihn stützt sich ein etwaiges Vertrauen in die sachliche Richtigkeit dieser Angaben, mag er dem Käufer auch persönlich unbekannt bleiben.

Kontraindiziell ist auch eine individualvertragliche Erklärung wie „Wir geben keinerlei Garantie" o. Ä.[185] Um die persönliche Haftung des Vermittlers vertrauensrechtlich zu be-

---

179 Urt. v. 29. 1. 1997, NJW 1997, 1233 unter II, 2 b; dazu *Radke/Mand*, Jura 2000, 243.
180 A. A. LG Köln 15. 12. 1987 – 14 O 242/86 – n. v.
181 Auch die Vorlage eines Spezialkatalogs kann vertrauensbildend wirken, vgl. OLG Frankfurt 2. 11. 1988, NJW 1989, 1095.
182 Vgl. BGH 28. 1. 1981, NJW 1981, 922.
183 Dazu KG 4. 7. 1991 – 16 U 1422/91 – n. v.
184 So auch KG 4. 7. 1991 – 16 U 1422/91 – n. v.
185 Vgl. LG Köln 17. 12. 1990 – 32 O 275/90 – n. v.

gründen, genügt es nicht, dass er in besonderem Maße Vertrauen für sich selbst in Anspruch genommen hat. Der Käufer muss auch besonderes Vertrauen **entgegengebracht** haben,[186] d. h., das für sich persönlich in Anspruch genommene Vertrauen muss sich in den Vertragsverhandlungen mit dem Vermittler auch tatsächlich niedergeschlagen haben. Es muss für den Kaufentschluss nicht nur kausal geworden sein, sondern das Verhalten des Käufers „maßgeblich beeinflusst" haben.[187] An diese Rechtsprechung knüpft § 311 Abs. 3 S. 2 BGB an, wenn es heißt, durch die Inanspruchnahme des besonderen Vertrauens müssten die Vertragsverhandlungen oder der Vertragsschluss erheblich beeinflusst worden sein.

Die **erhebliche Beeinflussung** der Vertragsverhandlungen oder des Vertragsschlusses muss der Käufer behaupten und beweisen. Insoweit kommt ihm eine **Darlegungs- und Beweiserleichterung** zugute. Denn nach der Lebenserfahrung ist davon auszugehen, dass einem Kfz-Vermittler, der „besonderes Vertrauen" für sich in Anspruch nimmt, dieses Vertrauen auch entgegengebracht wird. Ein Vertrauensbeweis des Käufers wird häufig in einem **Unterlassen eigener Vorsichtsmaßnahmen** liegen. Wer ausnahmsweise einen eigenen Sachverständigen zur Besichtigung und Probefahrt mitbringt, wer den Kauf von einer Diagnose in einer Fremdwerkstatt oder von einer Begutachtung durch einen neutralen Sachverständigen (z. B. ADAC) abhängig macht, offenbart nicht notwendigerweise sein Misstrauen und wenn ja, dann vielleicht zu Beginn der Kaufverhandlungen, nicht unbedingt auch am Ende. Eigene Vorsichtsmaßnahmen des Käufers und ein Vertrauenserweis schließen sich nicht aus. Von der Realität ein Stück weit entfernt ist die Einschätzung *Wiedemanns*[188], einem Gebrauchtwagenhändler bringe niemand besonderes persönliches Vertrauen entgegen. Es geht nicht um ein Vertrauen in die Person des Vermittlers, sondern um das Vertrauen in seine berufliche Sachkunde.

In seinem besonderen Vertrauen muss der Kaufinteressent auch **schutzwürdig** sein, d. h., es ist auch danach zu fragen, ob er seinem Verhandlungspartner **besonderes Vertrauen schenken durfte**. Mit diesem normativen Element wird die Vertrauenshaftung Dritter in solchen Fällen ausgeschlossen, in denen die „Vertrauensperson" erkennbar außerhalb ihres gesetzlichen oder vertraglichen Aufgabenbereichs tätig geworden ist.[189] Dieser Gesichtspunkt hat in den Gebrauchtwagenfällen bislang keine Rolle gespielt. Insbesondere hat man nicht darauf abgestellt, ob der Vermittler bei der Inanspruchnahme besonderen Vertrauens im Rahmen seiner Vertretungsmacht gehandelt hat.

In seinem besonderen Vertrauen soll auch derjenige **nicht schutzwürdig** sein, der „Erkenntnismöglichkeiten innerhalb der eigenen Sphäre außer Acht gelassen hat".[190] Wer eigene Erkenntnismöglichkeiten besitzt, ist von den Angaben seines Vertragspartners weniger abhängig, braucht ihm also nicht „besonders" zu vertrauen. Auch von dieser Möglichkeit des Haftungsausschlusses, die auf dem Gedanken des venire contra factum proprium beruht, hat die Rechtsprechung für den Bereich des Altwagenhandels noch keinen Gebrauch gemacht. Dabei kann diese Frage durchaus akut werden, z. B., wenn ein Kfz-Mechaniker oder Kfz-Sachverständiger einen Gebrauchtwagen agenturweise erwirbt. Der richtige Platz für diesen Gesichtspunkt dürfte bei der Kausalität des besonderen Vertrauens für die Verhandlungen und deren Ergebnis sein.

---

186 Besonders deutlich BGH 28. 1. 1981, NJW 1981, 922; s. auch BGH 7. 12. 1992, NJW-RR 1993, 342.
187 BGH 29. 1. 1997, NJW 1997, 1233.
188 NJW 1984, 2286
189 BGH 22. 4. 1981, WM 1981, 876.
190 BGH 22. 4. 1981, WM 1981, 876.

bb) Eigenhaftung wegen wirtschaftlichen Eigeninteresses

1276 Aus der Neuregelung in § 311 Abs. 3 BGB könnte der Schluss gezogen werden, dass ein wirtschaftliches Eigeninteresse, mag es noch so stark sein, keine hinreichende Grundlage ist, um ein Schuldverhältnis zu einem Dritten entstehen zu lassen. In Wirklichkeit lässt § 311 Abs. 3 BGB diese Frage offen.[191] Neben der Fallgestaltung „Inanspruchnahme besonderen Vertrauens" bleibt Raum für andere Entstehungsgründe („insbesondere ..."). Der Reformgesetzgeber wollte die Eigenhaftung Dritter, soweit vom BGH anerkannt, nicht beschränken und Weiterentwicklungen durch die Rechtsprechung nicht blockieren.

Was die Eigenhaftung wegen „starken" wirtschaftlichen Eigeninteresses angeht, ist die Entwicklung der Rechtsprechung nicht ohne Verwerfungen verlaufen. Das **Provisionsinteresse** von Vermittlern bzw. Vertretern ist nach Meinung des BGH als ein nur **mittelbares Interesse** für sich allein nicht geeignet, die persönliche Haftung aus culpa in contrahendo zu begründen.[192] Unter Berufung auf diese Rechtsprechung hat das Kammergericht das Provisionsinteresse des Kfz-Vermittlers nicht genügen lassen.[193] Welche Stärke das wirtschaftliche Eigeninteresse haben muss, lässt sich trotz einer umfangreichen Kasuistik bis heute nicht sicher einschätzen. Zu beachten ist, dass der Vermittler eines bankfinanzierten Kaufs eine doppelte Provision erzielen kann.

Die auf den Agenturverkauf als Geschäftstyp gemünzte Aussage des BGH, der Vermittler habe **wirtschaftlich die Verkäuferposition** inne,[194] legt die Annahme nahe, dass es ihm nicht auf Art und Inhalt der Provisionsabrede ankam, auch nicht darauf, ob der Vermittlungsauftrag in Verbindung mit einem Kaufvertrag über einen Neuwagen oder einen „neuen" Gebrauchten steht, also Bestandteil eines Koppelungsgeschäfts ist. Dem BGH schien bereits der Umstand zu genügen, dass der Kfz-Händler – seinerzeit zutreffend – aus steuerlichen Gründen seine Verkäuferrolle gegen den Vermittlerstatus getauscht hat.

Eine Sondersituation bestand insoweit – vor Einführung der Differenzbesteuerung im Jahre 1990 – bei **Gelegenheitsvermittlern** wie z. B. Tankstellenpächtern, reinen Jahreswagenvermittlern und auch bei Vermittlern auf privaten Automärkten.[195] Die Rechtsformwahl war in diesen Fällen anders motiviert. Seit dem 1. 7. 1990 sind steuerliche Gründe auch für Autohäuser nur noch ausnahmsweise maßgebend (s. Rn 1217).

Andererseits hat der BGH das Eigeninteresse des Vermittlers nicht aus seiner Rolle, sondern aus **konkreten Einzeltatsachen** hergeleitet, z. B. der Vorab-Auszahlung eines Betrages in Höhe des unteren Preislimits,[196] der seinerzeit üblichen Mehrerlösvereinbarung („Mehrerlös ganz") oder der Klausel im Kaufvertrag „Barzahlung an Vermittler".[197] In der Entscheidung vom 17. 3. 1976 hat der BGH[198] ein Indiz für das „starke wirtschaftliche Interesse" darin gesehen, dass der Vermittler den Altwagen in Anrechnung auf den Preis für einen Neuwagen hereingenommen hat.

---

191 *Canaris*, JZ 2001, 499, 520.
192 Urt. v. 23. 10. 1985, NJW 1986, 586 (Handelsvertreter); BGH 11. 10. 1988, ZIP 1988, 1576; BGH 17. 10. 1989, WM 1989, 1923; BGH 17. 6. 1991, MDR 1992, 232; s. auch BGH 29. 1. 1997, NJW 1997, 1233.
193 Urt. v. 4. 7. 1991 – 16 U 1422/91 – n. v.; anders OLG Köln 18. 12. 1991, OLGR 1992, 49, für eine „VW-Vermittlung", die den Mehrerlös als Provision beansprucht hat; OLG Hamburg 1. 4. 1992, NJW-RR 1992, 1399; s. auch OLG Frankfurt 28. 1. 2005, DAR 2005, 284.
194 Urt. v. 28. 1. 1981, NJW 1981, 922.
195 Dazu LG Oldenburg 3. 12. 1986, DAR 1987, 122; zur Jahreswagenvermittlung s. LG Bremen 13. 10. 1983, DAR 1984, 91.
196 Urt. v. 14. 3. 1979, NJW 1979, 1707; vgl. auch OLG Koblenz 1. 7. 1987, NJW-RR 1988, 1137.
197 Urt. v. 28. 1. 1981, NJW 1981, 922.
198 DB 1976, 954.

Bei dieser früher typischen Konstellation – **unechte Inzahlungnahme** – war das wirtschaftliche Interesse des Händlers am Absatz des Altwagens in der Tat besonders stark. Denn nach Ansicht des BGH übernahm der Händler eine **Garantie für den vereinbarten Mindestverkaufspreis**. Der Sache nach handelte es sich um einen Festpreis mit der Folge, dass der Händler das Absatzrisiko trug. Gleichwohl gab der BGH in Fällen aus der Zeit vor der Schuldrechtsreform beim Kauf über einen Neuwagenhändler dem Vertrauensgedanken mit der Figur des Sachwalters den Vorzug. Zur Interessenbewertung beim **bankfinanzierten Agenturverkauf** s. BGH NJW 2005, 1039 und OLG Dresden DAR 1999, 68.

In der Rechtsprechung des BGH stark an Boden gewonnen hat die Formel von der „**Tätigkeit in gleichsam eigener Sache**" (procurator in rem suam). So heißt es in mehreren BGH-Entscheidungen zum alten Recht, der Vertreter/Vermittler hafte wegen eines eigenen Interesses nur dann persönlich, wenn er „dem Verhandlungsgegenstand besonders nahe steht, also wirtschaftlich betrachtet gleichsam in eigener Sache verhandelt".[199] Er müsse zumindest in einer Weise aufgetreten sein, die seine Gleichstellung mit einem künftigen Vertragspartner rechtfertige. In BGH DB 1976, 954 wird der Akzent auf das „Nahestehen" gesetzt und das wirtschaftliche Interesse als Indiz hierfür gesehen. Wieder anders lautet die Formel in BGH NJW 1981, 2810, wo von der Beeinflussung der Vertragsverhandlungen wegen eigenen wirtschaftlichen Interesses gesprochen wird. In mehreren Gebrauchtwagenfällen hat der BGH andererseits wieder die **eigenständige Bedeutung** des Kriteriums „Eigeninteresse" betont.[200]

Der BGH (8. ZS) hat es dann später – unter Modifizierung seiner früheren Auffassung – so formuliert: „Der Vertreter muss dem Verhandlungsgegenstand besonders nahe stehen, weil er wirtschaftlich selbst stark an dem Vertragsabschluss interessiert ist und aus dem Geschäft eigenen Nutzen erstrebt."[201] Erforderlich sei eine so enge Beziehung zum Gegenstand der Vertragsverhandlung, dass der Vertreter als eine Art „procurator in rem suam" wirtschaftlich gleichsam in eigener Sache beteiligt ist.[202] Er müsse als wirtschaftlicher Herr des Geschäfts anzusehen sein.

Wirtschaftlich der Herr des Geschäfts ist in Fällen der „**unechten Inzahlungnahme**" regelmäßig der Kfz-Händler, nicht sein Auftraggeber, der Neufahrzeugkäufer. Darin liegt der entscheidende Grund für die Annahme eines Umgehungsgeschäfts nach § 475 Abs. 1 S. 2 BGB (näher Rn 1226). Anders liegen die Dinge bei einer **reinen Agentur**. Bei diesem Geschäftstyp erschöpft sich das Eigeninteresse des Vermittlers erfahrungsgemäß darin, eine möglichst hohe Provision zu erzielen. Das Absatz- und Preisrisiko trägt er in der Regel nicht. Folglich wird man sein wirtschaftliches Interesse als ein nur „mittelbares" anzusehen haben, was nach der Rechtsprechung des BGH für eine Eigenhaftung allein nicht ausreichend ist.[203]

cc) Haftungsbegründende Pflichtwidrigkeiten des Vermittlers

Kfz-Vermittler wurden schon nach altem Recht nicht für jedes Fehlverhalten persönlich aus culpa in contrahendo haftbar gemacht. Zum einen mussten die Pflichten solche des Vermittlers persönlich sein.[204] Zum anderen musste es sich um **spezielle „Vertrauenspflichten"** handeln, d. h., eine persönliche Haftung des Vermittlers aus c. i. c. war unter dem Vertrauensaspekt nur zu rechtfertigen, wenn und insoweit er die qualifizierte Verlässlichkeits-

---

199 BGH 29. 1. 1997, NJW 1997, 1233.
200 Urt. v. 29. 6. 1977, NJW 1977, 1914; 14. 3. 1979, NJW 1979, 1707; 28. 1. 1981, NJW 1981, 922.
201 Urt. v. 23. 10. 1985, NJW 1986, 586; 29. 1. 1992, WM 1992, 699.
202 Vgl. auch BGH 2. 3. 1988, NJW 1988, 2234; 29. 1. 1997, NJW 1997, 1233.
203 Ebenso *Lennartz*, a. a. O., S. 274.
204 BGH 29. 1. 1975, BGHZ 63, 382 = NJW 1975, 642; 22. 4. 1981, WM 1981, 876.

erwartung des Kunden enttäuscht und ihm hierdurch Schaden zugefügt hat. Das konnte auch durch ein Fehlverhalten **nach Abschluss des Kaufvertrages** geschehen.[205]

Die Rechtsprechung hat den vertrauensbezogenen Ansatz für den Grund der Eigenhaftung des Kfz-Vermittlers nicht konsequent durchgehalten. Denn mit der c. i. c.-Haftung erfasste sie – unabhängig von einem der beiden Haftungsgründe – den gleichen Kreis von Leistungsstörungen, für die der Vermittler, wäre er Verkäufer im Rechtssinn, nach den §§ 459 ff. BGB a. F. oder nach den Vorschriften über die Rechtsmängelhaftung hätte einstehen müssen. Soweit die Sachmängelhaftung eine Schadensersatzpflicht ohne Verschulden des Verkäufers vorsah (§ 463 S. 1 BGB a. F.), wurde der Unterschied zur c. i. c.-Haftung durch einen **hohen Sorgfaltsmaßstab** nivelliert.

Seit dem 1. 1. 2002 ist die Sachmängelhaftung in das allgemeine Leistungsstörungsrecht integriert. Verkäuferhaftung und Eigenhaftung des Vermittlers sind damit auch rechtlich zusammengewachsen. Der Pflichteninhalt ist indessen nach wie vor ungleich. Während es nunmehr eine primäre Leistungspflicht des Verkäufers ist, die Kaufsache mangelfrei zu liefern (§ 433 Abs. 1 S. 2 BGB), beurteilt sich der Pflichtenkanon des Vermittlers nach **§ 241 Abs. 2 BGB**.

1278 **Hauptanwendungsfälle der Eigenhaftung** des Vermittlers aus c. i. c. sind:

- schuldhaft falsche Angaben über den Fahrzeugzustand,
- schuldhaft unterlassene Aufklärung über wesentliche Eigenschaften des Fahrzeugs,
- Verstoß gegen Untersuchungspflichten.

Bei **Arglist des Vermittlers** hat der Käufer auch einen Anspruch aus c. i. c.[206] An die **Aufklärungspflicht** stellte die Rechtsprechung im alten Recht die gleichen **strengen Anforderungen** wie im Fall des Eigengeschäfts. Zu den Voraussetzungen der Arglisthaftung des Verkäufers und den einzelnen Fallgruppen s. Rn 2069 ff. Die Anforderungen sind in der Tat nicht deshalb geringer, weil Verkäufer im Rechtssinn ein Privatmann ohne die einem Händler eigene Sachkunde und Erfahrung ist.

Auch bei der **Fahrlässigkeitshaftung** ist nicht der Verkäufer, sondern der Vermittler selbst die maßgebliche Bezugsperson für die Bestimmung der Sorgfaltsanforderungen. Vom Ansatz her genügt bereits **leichte Fahrlässigkeit.** Um den Käufer beim Agenturkauf nicht schlechter zu stellen als beim Direktkauf vom Händler, hat der BGH **hohe Anforderungen** an die Sorgfalt des Kfz-Vermittlers gestellt.[207] Angesichts des strengen Maßstabs, den der BGH entgegen dem OLG Köln[208] und dem OLG Bremen[209] glaubte anlegen zu müssen, lief diese Rechtsprechung im praktischen Ergebnis auf **eine Art Garantiehaftung** des Kfz-Vermittlers hinaus. Verschiedene Instanzgerichte haben den BGH missverstanden und eine verschuldensunabhängige Haftung des Vermittlers angenommen.[210]

Um bei **unrichtigen Zustandsangaben** ohne nachweisbare Arglist zum haftungsnotwendigen Verschulden zu gelangen, rekurrierte die Rechtsprechung auf **Prüf- und Untersuchungspflichten** des Vermittlers. Typisch war folgender Gedankengang: „Sichert der

---

205 BGH 29. 1. 1997, NJW 1997, 1233; OLG Dresden 9. 12. 1998 – 8 U 2864/98 – n. v.
206 BGH 29. 1. 1975, BGHZ 63, 382 = NJW 1975, 642 (Unfall verschwiegen); OLG Düsseldorf 30. 6. 1978, MDR 1979, 56 (Unfall); BGH 14. 3. 1979, NJW 1979, 1707 (Rostanfälligkeit verschwiegen); OLG Koblenz 1. 7. 1987, NJW-RR 1988, 1137 (Bagatellisierung eines Unfallschadens); OLG Hamburg 1. 4. 1992, BB 1992, 1888; OLG Düsseldorf 16. 4. 1992, DAR 1993, 347 (Unfallfreiheit „ins Blaue hinein"); OLG Köln 26. 3. 1993, DAR 1993, 350 = NJW-RR 1993, 1138; OLG Hamm 20. 1. 1997, OLGR 1997, 120 (Unfallfreiheit ins Blaue hinein).
207 Grundlegend Urt. v. 17. 3. 1976, DB 1976, 954; vgl. auch BGH 25. 5. 1983, NJW 1983, 2192.
208 Urt. v. 15. 10. 1975, BB 1976, 106 (insoweit nicht abgedruckt).
209 Urt. v. 9. 9. 1966, DAR 1968, 128.
210 Z. B. LG Bochum 20. 10. 1979, DAR 1981, 15.

Vermittler eine Eigenschaft des Fahrzeugs zu, haftet der Verkäufer ohne Rücksicht auf Verschulden. Der Vermittler handelt in einem solchen Fall fahrlässig, wenn er das Fahrzeug auf das Vorhandensein der zugesicherten Eigenschaft nicht ausreichend untersucht."[211]

Was man bis zur Schuldrechtsreform als haftungsbegründendes Fehlverhalten des Vermittlers anerkannt hat, erfüllt **nach neuem Recht** den Tatbestand der Pflichtverletzung i. S. v. § 280 Abs. 1 i. V. m. § 241 Abs. 2 BGB. Gesicherte Anwendungsfälle sind: fahrlässiges und erst recht vorsätzliches (arglistiges) Verschweigen von Umständen, die für den Kaufentschluss von erheblicher Bedeutung sind, ferner schuldhaft falsche Fehlinformationen über die Beschaffenheit des Fahrzeugs, also sämtliche **Informationspflichtverletzungen**, die zu einem nicht erwartungsgerechten Vertrag führen. Das schließt die Eigentumsfrage ein, d. h. die Eigenhaftung des Vermittlers greift auch dann ein, wenn er dem Käufer ein **gestohlenes Fahrzeug** vermittelt hat, dessen Herkunft er bei gehöriger Sorgfalt hätte erkennen müssen. Zur Untersuchungspflicht insoweit s. BGH NJW 1980, 2184.

Darlegungs- und Beweislast: Der Käufer braucht lediglich den objektiven Tatbestand einer Pflichtverletzung vorzutragen und notfalls zu beweisen. Dass der Vermittler die Pflichtverletzung nicht zu vertreten hat, steht zu seiner Beweislast. Wenn er namens des Verkäufers eine Garantie i. S. v. § 276 Abs. 1 BGB übernommen hat, die Zusage aber unrichtig ist, ist für seine persönliche Haftung am Verschuldenserfordernis festzuhalten. Nach der Rechtsprechung vor der Schuldrechtsreform haben Kfz-Vermittler im Grundsatz nur bei einem Verschulden gehaftet. Daran ist für das neue Recht festzuhalten.

Dadurch, dass der Vermittler die Verschuldensvermutung (§ 280 Abs. 1 S. 2 BGB) widerlegen muss, ist seine **Eigenhaftung wesentlich verschärft** worden. Zu den Entlastungsmöglichkeiten s. Rn 1816 ff.

dd) Haftungsbegründende Kausalität

Zur Darlegung eines Schadensersatzanspruchs nach §§ 280 Abs. 1, 311 Abs. 2 und 3, 241 Abs. 2 BGB gehört die Behauptung, das Fehlverhalten des Händlers oder eines Mitarbeiters sei für den Kaufentschluss und damit für den Vertragsabschluss ursächlich geworden.[212] Es kommt darauf an, ob der Käufer den Vertrag bei zutreffender Unterrichtung nicht oder zumindest nicht mit dem vereinbarten Inhalt geschlossen hätte. Hierfür spricht eine schon die Darlegungslast erleichternde **tatsächliche Vermutung**. Sie zu widerlegen wird dem Vermittler auferlegt.[213] Den Gegenbeweis kann er mit der Behauptung antreten, auch bei korrekter Information hätte der Käufer das Fahrzeug zu den gleichen Bedingungen gekauft. In der Praxis wird über diese Frage so gut wie nie Beweis erhoben. Meist fehlt es bereits an der erforderlichen Behauptung. Wird sie ausnahmsweise aufgestellt, bleibt dem Vermittler praktisch nur die Parteivernehmung als Beweismittel.

ee) Vermögensschaden

Weitere Voraussetzung für einen Anspruch wegen Verschuldens bei den Vertragsverhandlungen war nach altem Recht der **Eintritt eines Vermögensschadens**. Dass die Dispositionsfreiheit (Entschließungsfreiheit) beeinträchtigt war, genügte der Rechtsprechung nicht. Der Vertrag musste für den Käufer wirtschaftlich nachteilig sein. Das ist zweifelhaft, wenn das Fahrzeug den Kaufpreis wert ist, der Käufer vielleicht sogar ein „Schnäppchen"

---

211 OLG Düsseldorf 1. 8. 1986 – 14 U 71/86 – n. v. („fahrbereit"); ähnlich BGH 3. 11. 1982, NJW 1983, 217 (BMW 1602-Fall); BGH 17. 3. 1976, DB 1976, 954 (Angaben über Laufleistung eines selbst eingebauten Motors); OLG Hamm 25. 2. 1986, VRS 71, 321 („werkstattgeprüft"); OLG Düsseldorf 16. 4. 1992, OLGR 1992, 277 („unfallfrei")
212 BGH 26. 1. 2005, NJW 2005, 1039 unter II 2.
213 BGH 17. 3. 1976, DAR 1976, 186; BGH 16. 1. 1985, NJW 1985, 1769, 1771.

gemacht hat. Ob er gleichwohl im Wege der Naturalrestitution (§ 249 Abs. 1 BGB) verlangen kann, dass der Vertrag aufgehoben wird, ist nach wie vor umstritten.[214]

ff) Ausschluss und Beschränkung der Eigenhaftung des Vermittlers

(1) Keine Verdrängung durch die Sachmängelhaftung

1282 Die Sperrwirkung der Sachmängelhaftung als Spezialregelung schlug im alten Recht auf die c. i. c.- Eigenhaftung des Vermittlers nicht durch. Begründet wurde dies mit der **rechtlichen Selbstständigkeit** der vertragsähnlichen Eigenhaftung.[215] Die gebotene **Gleichstellung** von Vermittler- und Verkäuferhaftung nahm der BGH auf einer anderen Ebene vor, indem er den Vermittler im Ergebnis nicht strenger haften ließ als den Verkäufer. An dieser richtigen Sichtweise hat sich durch die **Schuldrechtsreform** nichts geändert.[216]

(2) Auswirkung gesetzlicher Haftungsausschlüsse und -begrenzungen

1283 Der gesetzliche Haftungsausschluss gem. **§ 442 Abs. 1 BGB** kann auch die Sachwalterhaftung zunichte machen.[217] Zu den Anwendungsfällen des § 442 BGB beim Gebrauchtfahrzeugkauf s. Rn 1932 ff.

Im Anwendungsbereich des § 442 Abs. 1 BGB ist für den Einwand des Vermittlers aus § 254 Abs. 1 BGB kein Raum, d. h., dem Käufer steht ein uneingeschränkter Schadensersatzanspruch aus §§ 280 Abs. 1, 311 Abs. 3, 241 Abs. 2 BGB auch dann zu, wenn er den Sachmangel aus **leichter Fahrlässigkeit** nicht erkannt hat. In Garantie- und Arglistfällen schadet ihm sogar grobe Fahrlässigkeit nicht.

Außerhalb des Anwendungsbereichs des § 442 BGB ist dem Vermittler der **Einwand mitwirkenden Verschuldens** bei der Schadensentstehung (§ 254 Abs. 1 BGB) nicht abgeschnitten. So kann er sich auf Fahr- und Bedienungsfehler des Käufers berufen.

Ohne Einschränkung zulässig ist der Einwand des Mitverschuldens, soweit es um die **Schadenshöhe** geht.

(3) Auswirkung vertraglicher Haftungsbeschränkungen

1284 Wenn und soweit die **Sachmängelhaftung des Verkäufers** wirksam ausgeschlossen oder begrenzt worden ist (s. dazu Rn 1951 ff.), kommt dies auch dem Vermittler zugute. Der BGH begründet diese Wirkung mit der recht lapidaren Feststellung, die Vermittlerhaftung gehe nicht weiter als die vertragliche Verkäuferhaftung.[218] Vergleichsmaßstab ist dabei die konkrete Haftung des Verkäufers/Auftraggebers, nicht die hypothetische Haftung des Händlers bei einem Eigengeschäft.

Ob es sich bei dieser Gleichstellung um Vertragsauslegung oder um eine reine Billigkeitserwägung handelt, hat der BGH offen gelassen. Im Ergebnis ist ihm zuzustimmen.[219] Der Käufer verdient beim Agenturkauf keinen stärkeren Schutz als beim Direktkauf vom Händler. Umgekehrt – und das ist der entscheidende Gedanke – darf der Händler in seiner Eigenschaft als Vermittler nicht schlechter gestellt sein als beim Eigengeschäft.

Diese **Ausstrahlungswirkung von Freizeichnungsklauseln** bedeutet im Einzelnen: Soweit der Verkäufer sich mit Erfolg auf eine Beschränkung oder einen Ausschluss seiner

---

214 Keine Klärung durch BGH 19. 5. 2006, NJW 2006, 3139; Näheres bei *Theisen*, NJW 2006, 3102.
215 BGH 29. 1. 1975, BGHZ 63, 382 = NJW 1975, 642; 28. 1. 1981, NJW 1981, 922.
216 *Reinicke/Tiedtke*, Kaufrecht, Rn 760.
217 BGH 28. 1. 1981, NJW 1981, 922; OLG Koblenz 1. 7. 1987, NJW-RR 1988, 1137; OLG Köln 11. 5. 1990, NJW-RR 1990, 1144 jeweils zu § 460 BGB a. F.
218 Urt. v. 29. 1. 1975, BGHZ 63, 382, 387 = NJW 1975, 642; 25. 5. 1983, NJW 1983, 2192.
219 So auch die h. L., z. B. *Reinicke/Tiedtke*, Kaufrecht, Rn 760.

Sachmängelhaftung berufen kann, darf der Vermittler dies in gleicher Weise. Soweit die verkäuferschützende Freizeichnungsklausel nicht greift, aus welchem Grund auch immer, vermag sie auch den Vermittler nicht zu schützen. Für den Fall des Verkaufs mit einem an sich zulässigen Gewährleistungsausschluss heißt dies praktisch: Nur in den Anwendungsfällen des **§ 444 BGB**, also bei arglistiger Täuschung und im Fall einer unrichtigen Beschaffenheitsgarantie, kann sich der Vermittler ebenso wenig wie der Verkäufer auf die Haftungsbeschränkung berufen.

Nicht profitieren kann der Vermittler/Vertreter von einer Klausel, wie sie z. B. im Abschn. VII Nr. 4 der ZDK-Verkaufsbedingungen (7/03) steht. Hiernach ist die persönliche Haftung der gesetzlichen Vertreter, Erfüllungsgehilfen und Betriebsangehörigen des Verkäufers für von ihnen durch leichte Fahrlässigkeit verursachte Schäden ausgeschlossen. Diese Klausel kann ihrem erkennbaren Sinn und Zweck nach nicht auf die Eigenhaftung des Vermittlers aus §§ 280 Abs. 1, 311 Abs. 3 BGB bezogen werden.

Demgegenüber können sich **Schriftform-, Bestätigungs-** und ähnliche **Klauseln** zugunsten des Vermittlers auf seine persönliche Haftung auswirken, immer vorausgesetzt, dass diese Klauseln in den Kaufvertrag einbezogen[220] und wirksam sind (dazu Rn 1613 f.).

gg) Rechtsfolgen der Eigenhaftung des Vermittlers

Kaufrechtliche Sachmängelrechte (§ 437 BGB): Sie kann der Käufer grundsätzlich nur gegenüber seinem Vertragspartner, nicht auch gegenüber dem Vermittler des Kaufs, geltend machen. Ein Ansatz für die Verkäuferhaftung eines als „Vermittler" auftretenden Händlers ist neben § 164 Abs. 2 BGB der Tatbestand der „anderweitigen Gestaltung" i. S. d. § 475 Abs. 1 S. 2 BGB („Umgehungsfälle").

Das bedeutet konkret: In seiner – rechtlich gesicherten – Eigenschaft als bloßer Vermittler/Vertreter ist ein Kfz-Händler persönlich grundsätzlich nicht zur (kaufrechtlichen) **Nacherfüllung** verpflichtet, selbst wenn ihm eine Nachbesserung mit Hilfe seiner Werkstatt möglich wäre. Umgekehrt hat der Vermittler ohne entsprechende Abrede kein Recht dazu, statt Schadensersatz in Geld zu leisten, den Mangel selbst zu reparieren oder dem Käufer einen Ersatzwagen anzubieten. Das **Recht zur zweiten Andienung** ist an die Verkäuferstellung gebunden. Im Wege der Vereinbarung unter Beteiligung des Käufers kann es jedoch auf den Vermittler übertragen werden; gegenüber einem Verbraucher aber nur nach Mängelanzeige.

Schadensersatz in Form des Vertrauensschadens: Nach einer Pflichtverletzung bei den Vertragsverhandlungen kann die geschädigte Vertragspartei **grundsätzlich** nur Ersatz des Vertrauensschadens verlangen.[221] Dem ist der BGH für die persönliche Haftung des Kfz-Vermittlers gefolgt.[222]

Die Rechtsprechung zum alten Recht ließ den Fahrzeugkäufer – dogmatisch nicht unbedenklich – zwischen **zwei Möglichkeiten der Schadensersatzleistung** (Schadensberechnung) frei wählen. Selbst bei nur fahrlässiger Pflichtverletzung des Vermittlers hielt man den Käufer für berechtigt, statt des „einfachen" Schadensersatzes in Form des verbliebenen Restvertrauensschadens („kleine Lösung") Aufhebung und Rückabwicklung des gesamten Kaufvertrages zu verlangen. Praktisch lief Letzteres auf eine Wandelung bzw. den „großen" Schadensersatz mit einem Nicht-Verkäufer hinaus.

Diese „große Lösung" war und ist in zweifacher Hinsicht problematisch. Sie kollidiert einerseits mit § 123 BGB, wenn dem Vermittler nur Fahrlässigkeit zur Last fällt. Andererseits kann die Rückabwicklung eines Vertrages mit einem Nichtvertragspartner mit erheb-

---

220 Dazu OLG Frankfurt 2. 11. 1988, NJW 1989, 1095.
221 BGH 19. 5. 2006, NJW 2006, 3139 m. w. N.
222 Grundlegend BGHZ 63, 382 = NJW 1975, 642.

lichen Schwierigkeiten verbunden sein, praktischen wie rechtlichen, nicht zuletzt vollstreckungsrechtlichen. Bedenken dieser Art haben die Rechtsprechung – zumal in den Kfz-Fällen – unbeeindruckt gelassen.

Ausgangspunkt ist jetzt § 280 Abs. 1 BGB. Danach kann der Gläubiger Ersatz desjenigen Schadens verlangen, der ihm durch die Pflichtverletzung entstanden ist. Der Käufer ist also so zu stellen, wie er bei Offenbarung der für seinen Vertragsentschluss maßgeblichen Umstände stünde.[223] Hätte er das Fahrzeug bei korrekter Aufklärung über den Unfallvorschaden nicht oder nicht für den vereinbarten Preis gekauft, hat er keinen Anspruch auf Anpassung des Vertrages. Er hat lediglich das Recht, an dem unerwünschten Vertrag festzuhalten.[224] Entscheidet er sich für diese (kleine) Lösung, kann er den ihm verbleibenden (Rest-) Vertrauensschaden liquidieren. Schaden wäre laut BGH (V. ZS) der Betrag, um den er das Fahrzeug zu teuer erworben hat.[225]

Nicht den Vertrauensschaden soll nach BGH ein Käufer geltend machen, der nach Rücktritt vom Vertrag seine Rückabwicklungsansprüche gegenüber einem Händler (Vermittler) verfolgt.[226] Das positive Interesse (Erfüllungsinteresse) ist es jedenfalls nicht. Richtiger Ansicht nach hat der Kläger in dem BGH-Fall Ersatz seines negativen Interesses in einer Form verlangt, wie sie die Rechtsprechung jahrzehntelang akzeptiert hat („große" Lösung). Dass Käufern dieser Weg jetzt versperrt ist, wird man der Entscheidung des BGH vom 26. 1. 2005[227] nicht entnehmen können. Ein so weitreichender Schritt hätte einer näheren Begründung bedurft.

(1) Die „große" Lösung (Rückabwicklung)

Sie zielt auf eine Rückabwicklung des Vertrages ab. Der Käufer ist so zu stellen, wie er ohne Abschluss des Vertrages stünde. Er kann Wiederherstellung des früheren Zustandes verlangen (§ 249 Abs. 1 BGB). Zunächst stellt sich die Frage, ob eine Vertragsaufhebung bzw. Rückabwicklung bei einer nur unerheblichen Pflichtverletzung analog §§ 323 Abs. 5 S. 2, 281 Abs. 1 S. 3 BGB ausgeschlossen ist. Liegt die Pflichtverletzung in einer unrichtigen Beschaffenheitsangabe, muss bei einem behebbaren Mangel ferner erwogen werden, ob der Vermittler von dem Recht des Verkäufers auf zweite Andienung (Nacherfüllungsvorrang) profitiert. Dafür kann der Gedanke der Akzessorietät sprechen, dagegen das Prinzip der Selbstständigkeit der Haftung aus c. i. c.

Vor der Schuldrechtsreform war dem BGH daran gelegen, dass der Vermittler aus der Eigenhaftung – z. B. bei der Verjährung – nicht strenger haftete als der Verkäufer. Mag dieser Gedanke bei der Verjährung weiterhin tragfähig sein, für das Recht zur zweiten Andienung kann er keine Geltung beanspruchen. Es ist ein Privileg des auch ohne Verschulden haftenden Verkäufers. Zudem sprechen praktische Gründe gegen eine Gleichbehandlung. Anders liegen die Dinge mit Blick auf die Bagatellproblematik. Hier handelt es sich um einen allgemein geltenden Grundsatz. Für das Schadensersatzrecht hat er in § 281 Abs. 1 S. 3 BGB Niederschlag gefunden. Eine Analogie ist gut vertretbar.

Eine **erhebliche Pflichtverletzung** vorausgesetzt (zur Bagatellproblematik bei der Sachmängelhaftung s. Rn 1727 ff.), kann der Käufer die Rückabwicklung des Kaufvertrages verlangen. Er ist zwar nicht verpflichtet, von sich aus die **Rückgabe des Fahrzeugs** anzubieten. Aus Kostengründen empfiehlt sich aber eine Klage auf Rückzahlung des Kaufpreises Zug um Zug gegen Rückgabe des Fahrzeugs (zur Prozesstaktik s. auch Rn 1290).

---

223 BGH 19. 5. 2006, NJW 2006, 3139.
224 BGH 19. 5. 2006, NJW 2006, 3139.
225 BGH 19. 5. 2006, NJW 2006, 3119.
226 BGH 26. 1. 2005, NJW 2005, 1039 unter II 2.
227 NJW 2005, 1039.

Der Vermittler hat nämlich ein Zurückbehaltungsrecht (§ 273 BGB), das er ohne Abtretung geltend machen kann.

War der Käufer außerstande, das Fahrzeug **im ursprünglichen Zustand** zurückzugeben, so war der Anspruch auf Aufhebung und Rückabwicklung des Vertrages im alten Recht unter den gleichen Voraussetzungen **ausgeschlossen**, die zum Verlust des Wandlungsrechts oder des „großen" Schadensersatzanspruchs aus § 463 BGB a. F. führten. Diese Ausschlusstatbestände sind jetzt auf einer anderen Ebene von Bedeutung (s. Rn 563 ff.). Auch der Einwand der **Verwirkung** kommt in Betracht,[228] s. auch Rn 1880.

Die **Gebrauchsvorteile**, die dem Käufer durch die Benutzung des Fahrzeugs zugeflossen sind, wirken sich bei der Schadensberechnung schadensmindernd aus. Der Vermittler muss sie aber im Wege der Aufrechnung geltend machen, obgleich eine **Vorteilsausgleichung** stattfindet.[229] Zur Begründung s. Rn 1875. Werden Verkäufer und Vermittler zusammen auf Schadensersatz oder auf Rückabwicklung nach Rücktritt (Verkäufer) und Schadensersatz (Vermittler) verklagt, sind jeweils beide Ansprüche zu kürzen. Zur Berechnung des Vorteils s. Rn 1876.

Außer der Rückzahlung des Kaufpreises konnte der Käufer im früheren Recht bei der „großen" Lösung **Ersatz von Aufwendungen** verlangen, die infolge der Vertragsaufhebung für ihn nutzlos waren. Erstattet wurden – ähnlich wie bei der Wandlung oder dem großen Schadensersatz aus § 463 BGB a. F. – insbesondere folgende Positionen:

– Abschlusskosten, z. B. Kosten der Reise zum Betrieb des Vermittlers,
– Kosten einer vom Händler vermittelten Garantie,
– Transportkosten,
– Neuzulassungskosten (Ummeldekosten),[230]
– Kosten einer Abnahme nach § 29 StVZO,[231]
– Finanzierungskosten,[232]
– Garagenkosten,
– Kosten der Schadensfeststellung (Gutachterkosten),[233]
– Abschleppkosten,[234]
– Standgelder,
– Kosten für notwendige Reparatur- und Wartungsarbeiten,[235]
– Mietwagenkosten für die Reparaturzeit,[236]
– Stilllegungskosten,[237]
– Umrüstungskosten (Anhängerkupplung usw.),

---

228 Vgl. OLG Koblenz 1. 7. 1987, NJW-RR 1988, 1137.
229 OLG Koblenz 1. 7. 1987, NJW-RR 1988, 1137; OLG Köln 24. 2. 1989 – 19 U 214/88 – n. v.
230 A. A. OLG Hamm 9. 2. 1983 – 19 U 182/82 – n. v. (allgemeine Betriebskosten, die der Kunde tragen muss, da er den Wagen genutzt hat); für Erstattungsfähigkeit der Kosten der Ummeldung des Ersatzfahrzeugs OLG Zweibrücken 4. 7. 1984, DAR 1985, 59; vgl. auch LG Bremen 13. 10. 1983, DAR 1984, 91.
231 OLG Zweibrücken 4. 7. 1984, DAR 1985, 59.
232 Vgl. BGH 29. 1. 1975, BGHZ 63, 382 = NJW 1975, 642; BGH 17. 5. 1995, WM 1995, 1145 unter II, 1; OLG Dresden 12. 11. 1997, DAR 1999, 68.
233 Vgl. BGH 29. 1. 1975, BGHZ 63, 382 = NJW 1975, 642; OLG Hamm 9. 9. 1996, DAR 1996, 499; OLG Hamm 20. 1. 1997, OLGR 1997, 120.
234 LG Berlin 5. 12. 1990 – 22 O 366/90 – n. v.
235 OLG Koblenz 1. 7. 1987, NJW-RR 1988, 1137.
236 OLG Düsseldorf 1. 8. 1986 – 14 U 71/86 – n. v.
237 BGH 29. 1. 1975, BGHZ 63, 382 = NJW 1975, 642.

– außergerichtliche Anwaltskosten,[238]
– fixe Betriebskosten.

All diese Schadenspositionen sind auch im modernisierten Schuldrecht erstattungsfähig. Die Frage kann nur sein, ob der Vermittler als Nichtvertragspartei aus § 284 BGB oder aus § 280 Abs. 1 BGB haftet. Konsequenterweise müsste die Rechtsprechung auf § 280 BGB zurückgreifen. Denn Aufwendungsersatz nach § 284 BGB gibt es anstelle des Schadensersatzes statt der Leistung und der kann im Rahmen der Vermittlereigenhaftung grundsätzlich nicht liquidiert werden.

Eine Verpflichtung des Vermittlers zum Ersatz **entgangenen Gewinns** hat die Rechtsprechung bislang nicht angenommen; auch nicht bei Arglist, was aber zu befürworten ist, weil der Gewinnverlust Teil des zu ersetzenden Vertrauensschadens sein kann.[239]

(2) Die „kleine" Lösung (keine Rückabwicklung)

1288   Die **zweite Möglichkeit** der Schadensberechnung war folgende: Der Käufer blieb beim Vertrag stehen, behielt sein Fahrzeug und liquidierte seinen „kleinen" Schaden. Er konnte den Betrag ersetzt verlangen, um den er im Vertrauen auf die Richtigkeit der Angaben des Vertreters/Vermittlers das Fahrzeug **zu teuer** erworben hat.[240] Der **Mindestschaden** des Käufers bestand in der Zahlung eines **überhöhten Kaufpreises.** Wie bei der Minderung wurde der Kaufpreis herabgesetzt. Auszugleichen war der Wertunterschied zwischen dem mangelfreien und dem mangelhaften Fahrzeug. Einig war man sich darin, dass der Käufer statt des Minderwerts einfach die Instandsetzungskosten ersetzt verlangen durfte.[241]

Diese Berechnungsform ist durch die **Schuldrechtsreform** nicht in Frage gestellt worden.[242] Erstattungsfähig sind sämtliche Vermögenseinbußen, die auf die Pflichtverletzung ursächlich zurückgehen, abgesehen von dem reinen Mangelschaden (Minderwert), z. B. die Kosten für den Einbau eines Austauschmotors oder eines Austauschgetriebes.[243] Nach den Grundsätzen der Vorteilsausgleichung sind ggf. Abzüge wegen **neu für alt** zu machen. Zu ersetzen sind ferner die Kosten für die Inanspruchnahme eines Mietwagens für die Dauer der Reparatur.[244] Zu beachten sind etwaige Haftungsbegrenzungsklauseln. Der Schaden des Käufers kann auch in Aufwendungen (z. B. Steuerzahlungen) bestehen, von denen der Vermittler fälschlich behauptet hat, sie würden nicht anfallen oder seien schon bezahlt.[245] Wegen weiterer Einzelheiten der Schadensberechnung wird auf die vergleichbare Situation beim kleinen Schadensersatz (statt der Leistung) verwiesen (Rn 1833 ff.).

hh) Verjährung

1289   Schadensersatzansprüche wegen Verschuldens bei Vertragsschluss verjähren jetzt nicht mehr in 30, sondern grundsätzlich **in 3 Jahren** (§ 195 BGB). Bei gleichzeitiger Verlängerung der kaufrechtlichen Verjährung von 6 Monaten auf 2 Jahre (mit der Möglichkeit der Abkürzung auf 1 Jahr gem. § 475 Abs. 2 BGB) ist der Abstand damit erheblich geschrumpft. Das wirft die Frage auf, ob es weiterhin gerechtfertigt ist, den Schadensersatz-

---

238 AG Köln 21. 10. 1987 – 120 C 180/87 – n. v.
239 *Stoll,* JZ 1999, 96.
240 BGH 11. 10. 1991, DB 1992, 322 (V. ZS) – Eigenhaftung des Vertreters eines Grundstücksverkäufers; BGH 28. 3. 1990, DAR 1990, 263 (VIII. ZS) = JZ 1990, 1075 m. Anm. *Tiedtke* (c. i. c.-Haftung des Verkäufers einer Motoryacht).
241 Wie bei der Minderung und dem kleinen Schadensersatz aus § 463 BGB a. F., vgl. OLG Karlsruhe 30. 3. 1979, OLGZ 1979, 431; OLG Köln 20. 1. 1987 – 15 U 136/86 – n. v.
242 Siehe auch BGH 19. 5. 2006, NJW 2006, 3139.
243 OLG Düsseldorf 1. 8. 1986 – 14 U 71/86 – n. v.
244 OLG Düsseldorf 1. 8. 1986 – 14 U 71/86 – n. v.
245 Vgl. BGH 28. 3. 1990, DAR 1990, 263.

anspruch aus persönlicher Eigenhaftung (§§ 311 Abs. 3, 280 Abs. 1 BGB) verjährungsrechtlich an die kaufrechtliche Verjährung anzugleichen.

Nach **altem Recht** hat man zugunsten des Vermittlers die kurze Frist des § 477 BGB a. F. allerdings nur dann maßgeblich sein lassen, wenn die Pflichtwidrigkeit in einer unterlassenen oder falschen Aufklärung bestand und diese eine zusicherungsfähige Eigenschaft der Kaufsache betraf.[246] Die analoge Anwendung des § 477 Abs. 1 BGB a. F. wurde nicht nur mit dem (fragwürdig gewordenen) rechtspolitischen Sinn dieser Vorschrift begründet. Auch aus Gründen der Akzessorietät sah man sich zu einer Anpassung an die gewährleistungsrechtliche Verjährung veranlasst. Bei arglistigem Verschweigen von Fehlern oder arglistigem Vorspiegeln von Eigenschaften galt auch für die Eigenhaftung des Vermittlers die Dreißigjahresfrist des früheren § 195 BGB,[247] und zwar unabhängig davon, dass konkurrierende Ansprüche aus § 823 Abs. 2 BGB i. V. m. § 263 StGB, § 826 BGB innerhalb von drei Jahren verjährten (§ 852 BGB a. F.). Selbst bei einem nur fahrlässigen Informationsverschulden durfte sich der Händler nicht auf die kurze Verjährung des § 477 Abs. 1 BGB a. F. berufen, wenn die unterlassene Aufklärung auf einem Organisationsmangel beruhte.[248]

Trotz der erheblichen Veränderungen im Verjährungsrecht infolge der **Schuldrechtsreform** ist an dem bisherigen Gleichlauf festzuhalten.[249] Durchschlagend ist der **Gesichtspunkt der Akzessorietät**. Das bedeutet für die Praxis: Der Anspruch aus §§ 280 Abs. 1, 311 Abs. 3 BGB verjährt grundsätzlich nicht in drei, sondern **in zwei Jahren**, beginnend mit der Ablieferung des Fahrzeugs (§ 438 Abs. 1 Nr. 3 BGB analog). Sofern der Vermittler (nicht der Verkäufer) den Mangel arglistig verschwiegen hat, gilt ausnahmsweise die **Dreijahresfrist** mit Beginn nach § 199 BGB (s. auch Rn 2011 ff.).

Eine Verjährung des Sachmangelanspruchs gegen den Verkäufer ist ohne Einfluss auf die Verjährung des Anspruchs aus §§ 280 Abs. 1, 311 Abs. 3 BGB, selbst wenn man mit der h. M. Gesamtschuldnerschaft annimmt (§ 425 Abs. 2 BGB). Wegen weiterer Einzelheiten zur Verjährung, vor allem zur Hemmung, wird auf Rn 2018 ff. verwiesen. Wichtig: Um die Verjährung des Anspruchs gegen den Vermittler zu hemmen, muss ein selbstständiges Beweisverfahren gegen ihn geführt werden (§ 425 Abs. 2 BGB).

ii) Prozessuale Durchsetzung

Das Nebeneinander von Verkäuferhaftung und Vermittlereigenhaftung führt auch prozessual zu Komplikationen. Im **Ausgangspunkt** herrschte im alten Recht Einigkeit darin, dass Verkäufer und Vermittler als **Gesamtschuldner** haften.[250] Daran ist festzuhalten, obgleich Schuldgrund und Leistungsinteresse nicht deckungsgleich sind.

Der Käufer hat die **freie Wahl**, wen er in Anspruch nimmt. Die Haftung des Vermittlers hängt insbesondere nicht davon ab, dass der Verkäufer insolvent oder unauffindbar ist. Zur Blütezeit des Agenturgeschäfts (1969 bis 1990) waren in der Gerichtspraxis **zwei Varianten** etwa gleich stark vertreten: die Alleinklage gegen den Händler/Vermittler und die Gesamtklage gegen den Verkäufer/Voreigentümer und den Vermittler. Klagen nur gegen den Verkäufer/Voreigentümer waren selten. Sie waren insbesondere dann riskant, wenn sie nur auf eine schuldlos unrichtige Eigenschaftszusicherung i. S. v. § 459 Abs. 2 BGB a. F. gestützt werden konnten. Der Käufer lief hier Gefahr, den Prozess schon deshalb zu verlieren,

---

246 BGH 28. 3. 1990, DAR 1990, 263 = JZ 1990, 1075 m. Anm. *Tiedtke*.
247 BGH 29. 6. 1977, NJW 1977, 1914.
248 OLG Oldenburg 8. 11. 1990, NJW 1991, 1187 = MDR 1991, 249 (teilweise wenig verständliche Erwägungen).
249 So auch *Reinicke/Tiedtke*, Kaufrecht, Rn 762.
250 BGH 29. 6. 1977, NJW 1977, 1914; OLG Karlsruhe 30. 3. 1979, OLGZ 1979, 413; OLG Koblenz 1. 7. 1987, NJW-RR 1988, 1137; OLG Hamm 9. 9. 1996, DAR 1996, 499 = OLGR 1999, 244.

weil die behauptete Zusicherung von der Verkaufsvollmacht nicht gedeckt war. Bei nachweisbar arglistiger Täuschung, z. B. über Unfallvorschäden, war und ist es hingegen ratsam, nur den Voreigentümer als Vertragspartner in Anspruch zu nehmen. Dessen eigene Kenntnis ist neben der des Vermittlers maßgeblich (§ 166 Abs. 1, 2 BGB).

Verkäufer und Vermittler als Gesamtschuldner zusammen zu verklagen ist in mehrfacher Hinsicht risikoreich. Zweifelhaft kann schon sein, ob beide Schuldner denselben **Gerichtsstand** haben. Ihr allgemeiner Gerichtsstand deckt sich nicht immer. Klammerwirkung kann § 29 Abs. 1 ZPO entfalten. Er ist auf eine Klage aus Verschulden bei den Vertragsverhandlungen jedenfalls dann anwendbar, wenn es zu einem Vertragsschluss gekommen ist.[251] Bei einer Klage gegen beide besteht ferner ein **größeres Kostenrisiko** als bei einer Alleinklage. Verkäufer und Vermittler können von verschiedenen Anwälten vertreten sein. Zu bedenken ist auch, dass Verkäufer und Vermittler als Zeugen ausfallen, wenn beide Parteien sind. Selbst nach Erlass eines Teilurteils (ohne Kostenentscheidung) ist der ausgeschiedene Beklagte hinsichtlich der Kosten weiterhin am Verfahren beteiligt, sein Zeugenstatus damit zumindest fraglich.

Schließlich sind die Schwierigkeiten zu berücksichtigen, die aus einer **unterschiedlichen Schadensberechnung** und dem entsprechend ungleich laufender Tenorierung resultieren. Sie können sich bis in das **Vollstreckungsverfahren** fortsetzen, z. B. bei „doppelter" Zug-um-Zug-Verurteilung.

Bei Abwägung aller Vor- und Nachteile wird sich der vom Käufer beauftragte Anwalt im Zweifel für eine Alleinklage gegen den meist auch wirtschaftlich potenteren Kfz-Vermittler entscheiden. In diesem Fall wie auch bei einer Klage nur gegen den Verkäufer muss von beiden Prozessparteien eine **Streitverkündung** in Betracht gezogen werden. Ein Lehrbeispiel ist insoweit der TÜV-Fall BGH NJW 1988, 1378.

d) Eigenhaftung aus § 179 BGB

1291 Die TÜV-Entscheidung des BGH vom 24. 2. 1988[252] hat mit § 179 BGB eine Haftungsnorm in den Blick gerückt, die beim Kfz-Agenturgeschäft zuvor wenig Beachtung gefunden hatte. Nur selten wurden Händler als **Vertreter ohne Vertretungsmacht** auf Schadensersatz oder gar auf Erfüllung verklagt.

Der Vermittler/Vertreter hat seine **Vertretungsmacht nachzuweisen**, wenn der Käufer vollmachtloses Handeln behauptet. Der Vermittlungsauftrag enthält in der Regel zugleich die **Verkaufsvollmacht**. Es handelt sich um eine **Innenvollmacht**. Im Bestellschein (Kaufantrag) wird sie dem Käufer gegenüber, wenn überhaupt, lediglich kundgetan, nicht originär erteilt.

In der Praxis geht es nicht so sehr um vollmachtloses Handeln als vielmehr um den – gleichzustellenden – Tatbestand der **Vollmachtsüberschreitung**. Zu diesem Problemkreis, der seit dem 1. 1. 2002 wieder von größerer Bedeutung ist, s. Rn 1244.

Kann eine wirkliche Vollmacht nicht festgestellt werden, bleibt zu prüfen, ob Vertretungsmacht nach **§§ 54, 56 HGB** oder nach den Grundsätzen über die **Anscheins- und Duldungsvollmacht** bestanden hat.

Eine von dem Vertretenen nicht genehmigte Vollmachtsüberschreitung hat zur Folge, dass entweder der gesamte Kaufvertrag oder nur die vollmachtlos getroffene Sondervereinbarung unwirksam ist. Dies ist ein Problem des § 139 BGB. Bei Beschaffenheitsgarantien,

---

[251] LG Berlin 5. 12. 1990 – 22 O 366/90 – n. v. (Erfüllungsort = Wohnsitz des Käufers); vgl. auch LG Kiel 18. 8. 1988, NJW 1989, 840 (fehlender Vertrag); gegen eine analoge Anwendung des § 29 ZPO *Busche*, DRiZ 1989, 370; vgl. auch *Küpper*, DRiZ 1990, 445.
[252] BGHZ 103, 275 = NJW 1988, 1378 = JZ 1988, 920 m. Anm. *Huber*.

die von der Vollmacht nicht gedeckt sind, ist im Zweifel **Gesamtnichtigkeit** des Kaufvertrages anzunehmen.[253]

Der endgültig vollmachtlose Händler/Vermittler ist dem Käufer entweder zur Vertragserfüllung oder zum Schadensersatz verpflichtet (§ 179 Abs. 1 BGB). Diese Haftungsfolgen treten auch bei bloßer Überschreitung der Vollmacht ein,[254] gleichviel, ob das Geschäft ganz oder nur teilweise unwirksam ist. Wenn der Käufer nach § 179 Abs. 1 BGB Erfüllung verlangen kann, steht ihm auch der Anspruch auf Nacherfüllung zu. Statt Erfüllung/Nacherfüllung kann der Käufer sogleich, d. h. ohne vorherige Fristsetzung, Schadensersatz fordern. Der Anspruch ist auf das positive Interesse gerichtet (Schadensersatz statt der Leistung).

Von Vorteil ist es für den Vermittler/Vertreter, wenn er beweisen kann, von dem Vollmachtsmangel keine Kenntnis gehabt zu haben. Dann braucht er nur das Vertrauensinteresse zu ersetzen (§ 179 Abs. 2 BGB). Gerade bei stillschweigenden „Zusicherungen" (Beschaffenheitsgarantien) wie der TÜV-Klausel hat der Händler hier eine gute Verteidigungschance. Zum Ausschluss seiner Haftung wegen Fahrlässigkeit auf Käuferseite (§ 179 Abs. 3 BGB) s. BGH NJW 2000, 1407 und OLG Köln NJW-RR 1990, 760.

Der auf die Vollmachtlosigkeit zurückzuführende Schaden des Käufers kann darin liegen, dass er mit seinen Sachmängelansprüchen gegen den Verkäufer ausfällt, insbesondere mit einem Schadensersatzanspruch aus §§ 437 Nr. 3, 280, 281, 311 a Abs. 2 BGB. Zu prüfen ist daher, ob der Verkäufer bei vorhandener Vertretungsmacht einstandspflichtig gewesen wäre. Im TÜV-Fall hat der BGH dies bejaht (§ 463 S. 1 BGB a. F.).[255]

Verkauft ein Gebrauchtwagenhändler als Vertreter ohne Vertretungsmacht ein Fahrzeug mit einem offenbarungspflichtigen Mangel und verweigert der (bösgläubige) Vertretene die Genehmigung des Kaufvertrages, so haftet der Händler auch bei Gutgläubigkeit nach § 179 BGB auf Schadensersatz.[256]

e) Vermittlerhaftung aus Delikt und Angestelltenhaftung

Im Rahmen der §§ 823 ff. BGB bestehen keine Unterschiede zur Händlerhaftung beim Eigengeschäft (s. Rn 2235 ff.). Von besonderer Bedeutung ist § 826 BGB.[257] Angestellte des Kfz-Vermittlers haften ausschließlich nach den §§ 823 ff. BGB. Selbst wenn sie aufgrund einer Provisionsvereinbarung mit dem Arbeitgeber ein wirtschaftliches Eigeninteresse am Vertragsabschluss haben, scheidet eine Eigenhaftung nach §§ 280 Abs. 1, 311 Abs. 3 BGB aus.[258] Zur „Vertrauenshaftung" eines angestellten Vertreters s. OLG Köln VersR 1998, 606 (Teppichhandel).

1292

f) Ansprüche des Vermittlers gegen den Käufer

Typischerweise bestehen zwischen dem Vermittler und dem Käufer keine unmittelbaren Rechtsbeziehungen. Aus der Rolle des „wirtschaftlichen Verkäufers" („Quasi-Verkäufers"), die der BGH dem Vermittler zuschreibt, erwachsen ihm im Verhältnis zum Käufer nur Pflichten, keine eigenen Rechte. Insbesondere steht ihm persönlich **kein Anspruch auf Zahlung des Kaufpreises** zu. Zu Unrecht hat der BGH aus der Klausel im Bestellschein „Barzahlung an Vermittler" eine Gläubigerposition des Vermittlers hergeleitet.[259] Auch

1293

---

253 *Huber*, JZ 1988, 923, 925; *G. Müller*, BB 1990, 2136; vgl. auch *Tiedtke*, JuS 1988, 848.
254 BGHZ 103, 275 = NJW 1988, 1378.
255 BGHZ 103, 275 = NJW 1988, 1378; a. A. *Tiedtke*, JuS 1988, 848, 851.
256 So OLG Köln 31. 1. 1990, NJW-RR 1990, 760.
257 Vgl. OLG Düsseldorf 24. 6. 2002 – 1 U 208/01 – n. v. – Verkauf eines gestohlenen Pkw.
258 OLG Köln 16. 5. 1986 – 19 U 8/86 – n. v.; vgl. auch BGH v. 4. 7. 1983, WM 1983, 950; OLG Köln 14. 2. 1997, VersR 1998, 606 – Teppichhandel.
259 Urt. v. 28. 1. 1981, NJW 1981, 922.

bei einer Vorab-Auszahlung eines Betrages in Höhe des vereinbarten Mindestverkaufspreises an den Auftraggeber (als Sicherheitsleistung oder als zinsloses Darlehen) bleibt es dabei: Inhaber des Anspruchs auf Zahlung des Kaufpreises soll allein der Auftraggeber/Vorbesitzer sein.

Der Kaufpreis kann allerdings voll oder nur zum Zwecke des Inkasso an den Vermittler **abgetreten** sein (Inkassozession). In der Praxis verzichtet man auf derartige Abtretungen, weil sie steuerlich als agenturschädlich gelten. Ein früher üblicher Vermittlungsauftrag enthielt folglich nur eine **Inkassovollmacht** (vgl. Abschn. IV, 3 ZDK-AGB a. F.). Dementsprechend hieß es in dem Bestellschein (Kaufantrag), den der Käufer unterzeichnet, „... vom Verkäufer ermächtigt, ... den Kaufpreis in Empfang zu nehmen". Diese Inkassovollmacht berechtigt den Vermittler nicht, die Kaufpreisforderung im Wege der **gewillkürten Prozessstandschaft** einzuklagen.[260] Eine Zahlungsklage aus eigenem (materiellem) Recht scheitert ohnehin am Mangel der Aktivlegitimation.

Die früher strittige Frage, ob der Vermittler aus eigenem oder abgetretenem Recht **pauschalierten Schadensersatz** geltend machen darf, hat bereits dadurch an Bedeutung verloren, dass Schadenspauschalen beim Agenturverkauf praktisch nicht mehr vereinbart werden. Aus eigenem Recht steht dem Vermittler ein Schadensersatzanspruch wegen Nichterfüllung des Kaufvertrages nicht zu. Er kann auch nicht den Verzögerungsschaden nach §§ 280 Abs. 2, 286 BGB liquidieren. Gleiches gilt für Aufwendungen, z. B. Standgeld, unter dem Gesichtspunkt des Gläubigerverzugs (§ 304 BGB). Alle diese Ansprüche sind vertragsbezogen und daher im Verhältnis der Vertragspartner abzuwickeln.

Es besteht kein Bedürfnis, dem Vermittler eine Art „Quasi-Aktivlegitimation" einzuräumen. Er kann sich etwaige Ansprüche gegen den Käufer ohne weiteres abtreten lassen. Bei der Abtretung von Schadensersatzansprüchen ist zu bedenken, dass der Auftraggeber möglicherweise gar keinen eigenen Schaden erlitten hat. Davor kann ihn z. B. die sogenannte Mindestpreisgarantie schützen.

Zu erwägen ist, dem Vermittler einen eigenen Anspruch aus Verschulden bei den Vertragsverhandlungen zu geben, etwa für den Fall, dass der Kaufinteressent die Vertragsverhandlungen ohne triftigen Grund abbricht, nachdem er zunächst den Eindruck erweckt hat, das Fahrzeug kaufen zu wollen.[261] Im Hinblick auf die vertragsähnliche Eigenhaftung des Vermittlers wäre es an sich ein Gebot der Symmetrie, dem Vermittler auch einen eigenen Anspruch gegen den Kaufinteressenten zu geben.

3. Die Voreigentümer-Erwerber-Beziehung

1294 Herrscht Klarheit darüber, dass der Kaufvertrag zwischen dem (privaten) Voreigentümer und dem Käufer und nur zwischen diesen beiden Personen zustande gekommen ist, gibt es nur wenige Probleme, deren Grund gerade in dieser spezifischen Vertragssituation liegt. Zur Problematik **des Umgehungsverbots** nach § 475 Abs. 1 S. 2 BGB s. Rn 1220 ff.

Ein traditioneller Streitpunkt ist die **Passivlegitimation:** Bestreitet der als Verkäufer in Anspruch genommene Voreigentümer bzw. Vorbesitzer ein Handeln in seinem Namen und/oder die Vertretungsmacht, ist der Käufer für beides beweispflichtig.[262] Die Fremdbezogenheit (§ 164 Abs. 1 BGB) kann er meist schon durch Vorlage des Bestellscheins (Kaufantrags) beweisen, vgl. Rn 1266. Schwieriger kann der Nachweis der Bevollmächtigung sein (vgl. Rn 1244).

---

260 LG Hamburg 3. 6. 1988 – 72 O 50/88 – n. v.; a. A. LG Essen 23. 11. 1977 – 1 S 615/77 – n. v.
261 Vgl. BGH 22. 2. 1989, NJW-RR 1989, 627.
262 Vgl. OLG Hamm 20. 9. 1993, NJW-RR 1994, 439.

a) Kaufvertrag kein Scheingeschäft

In der Rechtsprechung zum Agenturgeschäft alter Prägung war allgemein anerkannt, dass ein Scheingeschäft nicht schon deshalb vorliegt, weil aus steuerlichen Gründen eine Vertragsgestaltung gewählt worden ist, die den Händler als Vertragspartei ausschaltete.[263] Seit Einführung der Differenzbesteuerung zum 1.7.1990 besteht – von einigen Sondersituationen abgesehen – keine steuerliche Notwendigkeit mehr zum Abschluss eines vermittelten Kaufvertrages (s. Rn 1129). Übernimmt ein Unternehmer gleichwohl die Vermittlerrolle, so ist dies in den Grenzen der §§ 117, 134, 138, 475 BGB zu respektieren. Die erklärte Rechtsfolge – Kaufvertrag ohne Beteiligung des Händlers – ist zwar aus der Sicht des Erwerbers nicht immer erwünscht. Zumal als Verbraucher würde er dasselbe Auto lieber direkt vom Händler kaufen, nicht zuletzt wegen der klauselfesten Sachmängelhaftung (zur Interessenlage des Verbrauchers s. Rn 1224). Nur zum Schein wird der Kaufvertrag mit dem Voreigentümer gleichwohl nicht abgeschlossen. Zum Tatbestand „anderweitige Gestaltung" und zum Umgehungsverbot nach § 475 Abs. 1 S. 2 BGB s. Rn 1220 ff.

1295

b) Vertretungsfragen

Der Kfz-Vermittler war beim „klassischen" Agenturgeschäft zugleich **Abschlussvertreter**. Er hatte **Verkaufsvollmacht**. Zur Erteilung der Vollmacht und zu deren Umfang bei Garantieerklärungen und ähnlichen Abreden s. Rn 1244 ff. Die Vertretungsmacht kann sich auch aus §§ 54, 56 HGB ergeben. Sie sind auf den Kfz-Vermittler und sein Verkaufspersonal entsprechend anzuwenden.[264] Die fehlende Vollmacht kann auch durch eine Anscheins- oder Duldungsvollmacht ersetzt werden. Insoweit ist die Rechtsprechung aber sehr zurückhaltend.[265] Im Innenverhältnis verbotene Stundungszusagen (Kreditverkauf) und Hereinnahmen von Altwagen („Agentur auf Agentur" bzw. „Inzahlungnahme auf Agentur") wird man dem Voreigentümer/Verkäufer nach §§ 54, 56 HGB zurechnen müssen, Gutgläubigkeit des Käufers vorausgesetzt. Zum Widerrufsrecht des Käufers analog § 178 BGB, wenn der Händler den Namen des von ihm vertretenen Voreigentümers trotz Aufforderung nicht benennt, s. OLG Düsseldorf 25.6.1993, OLGR 1994, 46 (Ls.).

1296

Mit Blick auf die Erfüllung der Kaufpreisschuld ist der Vermittler **Dritter** i. S. d. § 362 Abs. 2 BGB. Wird an ihn zum Zwecke der Erfüllung gezahlt, ist § 185 BGB anwendbar. Die Einwilligung des Verkäufers kann auch konkludent erfolgt sein.[266]

c) Weitere Zurechnungsfragen

Ein Verschulden des Händlers hat der (private) Verkäufer grundsätzlich in gleicher Weise zu vertreten wie eigenes Verschulden. Der Händler ist ungeachtet seiner „uneingeschränkten Sachwalterstellung" (s. Rn 1270) **Erfüllungsgehilfe** des Verkäufers i. S. v. § 278 BGB. Für Pflichtwidrigkeiten des Händlers vor und bei Vertragsschluss haftet der Verkäufer auch aus c. i. c.[267], nunmehr auf der Grundlage der §§ 280 Abs. 1, 311 Abs. 2, 241 Abs. 2 BGB. Zu beachten ist weiterhin die Sperrwirkung der Sachmängelhaftung (s. Rn 2217).

1297

---

263 BGH 18.6.1980, NJW 1980, 2184; OLG Koblenz 1.7.1987, NJW-RR 1988, 1137.
264 Vgl. auch BGH 4.5.1988, NJW 1988, 2109 = JR 1990, 59 m. Anm. *Kohte*.
265 Vgl. KG 29.1.1987 – 22 U 2877/86 – n. v. (Zusage, Getriebegeräusche werden behoben); OLG Schleswig 16.7.1985 – 3 U 144/84 – n. v. („TÜV neu..."); OLG Köln 5.5.1989, NJW-RR 1989, 1084 (Umlackierung durch „Untervermittler").
266 Zur schlüssigen Ermächtigung s. OLG Celle 6.11.2002 – 7 U 229/01 – n. v. (EU-Importvermittler).
267 Vgl. OLG Celle 5.10.1993, OLGR 1994, 33 (Vertrag war wegen Vollmachtsüberschreitung unwirksam).

Soweit es auf das **Kennen oder Kennenmüssen** bestimmter Umstände ankommt, z. B. Kenntnis von einem Mangel des Fahrzeugs, ist grundsätzlich der Kenntnisstand des Vermittlers maßgeblich, § 166 Abs. 1 BGB.[268] Da die subjektiven Momente des Geschäfts von der Person des Vermittlers aus zu bestimmen sind, wirkt auch arglistiges Verhalten des Vermittlers gem. § 166 Abs. 1 BGB gegen den Verkäufer und begründet dessen Arglisthaftung bzw. – nach Anfechtung – aus §§ 812 ff. BGB und c. i. c.[269] Angesichts der strengen Anforderungen der Rechtsprechung an die Aufklärungspflicht des professionellen Kfz-Händlers bedeutet dies eine erhebliche Schlechterstellung des (privaten) Voreigentümers im Vergleich mit dem privaten Direktgeschäft. Dieser Nachteil ist aber gerechtfertigt, weil die Einschaltung des Händlers als Vermittler vielfältige Vorteile mit sich bringt (Abnahme der Verkaufsbemühungen, technische und optische Herrichtung des Fahrzeugs, Vertrag mit AGB, Haftungsentlastung durch Mithaftung des Händlers, Rückgriffshaftung im Innenverhältnis).

Ist der **Vermittler gutgläubig**, weiß aber der Voreigentümer/Verkäufer um den Mangel des Fahrzeugs, so kann er sich nicht auf die Unkenntnis des Vermittlers berufen (§ 166 Abs. 2 BGB). Er muss sich seine eigene Kenntnis entgegenhalten lassen. Zu den Fällen mit „gespaltener" Arglist innerhalb eines Kfz-Betriebs s. Rn 2092 ff.

Bei Anfechtung des Kaufvertrags wegen arglistiger Täuschung durch den Vermittler oder einen seiner Angestellten ist § 123 Abs. 2 S. 1 BGB nicht anzuwenden. Als Abschlussvertreter und Verhandlungsgehilfe des Verkäufers ist der Vermittler kein Dritter im Sinne dieser Vorschrift.

Pflichtverletzungen von **Angestellten des Vermittlers** muss sich der Verkäufer gleichfalls nach § 278 BGB zurechnen lassen. Nach den üblichen Vermittlungsaufträgen ist der Händler zur Einschaltung eigener Angestellter berechtigt, angesichts der Organisation in den meisten Kfz-Betrieben eine Selbstverständlichkeit. Betriebsfremde Personen und Unternehmen (z. B. Spezialdienste für Bremsen und Reifen) darf der Vermittler nicht ohne weiteres hinzuziehen. Für ein Fehlverhalten von Personen, die aufgrund einer nicht gestatteten Unterbevollmächtigung tätig geworden sind, braucht der Verkäufer nicht einzustehen. Zur persönlichen Haftung von Verkaufsangestellten s. Rn 1292.

d) Allgemeine Geschäftsbedingungen für den vermittelten Kauf

aa) Heutige Situation

Zwischen 1969 und 1990, der Blütezeit des Agenturgeschäfts, gab es für den vermittelten Kauf spezielle Klauselwerke. Eine grundlegend **neue Situation** ist durch die **Einführung der Differenzbesteuerung** zum 1. 7. 1990 eingetreten. Aus steuerlichen Gründen braucht der Kfz-Handel seitdem nur noch in Ausnahmefällen auf das Agenturgeschäft auszuweichen. Das Eigengeschäft beherrscht wieder die Szene, wie vor 1968. Im Zuge dieses Wandels sind die früher gängigen Formulare „Verbindliche Bestellung Vermittlungsgeschäft" weitgehend entbehrlich geworden. Infolge der **Schuldrechtsreform** ist der Bedarf an speziellen Klauselwerken für den Vertragstyp „vermittelter Verkauf" wieder gestiegen.

bb) AGB-Definition und Verwenderbegriff

Dass der (private) Verkäufer die Geschäftsbedingungen nicht aufgestellt hat, ist für die Qualifizierung als AGB ebenso unerheblich wie die Tatsache, dass er in aller Regel keine Mehrfachverwendung beabsichtigt. Zweifelhaft kann nur sein, ob der (private) Verkäufer oder der Vermittler/Vertreter oder gar beide Verwender i. S. v. § 305 Abs. 1 BGB sind.

---

268 OLG Celle, 5. 10. 1993, OLGR 1994, 33.
269 OLG Koblenz 1. 7. 1987, NJW-RR 1988, 1137; KG 26. 5. 1988, DAR 1988, 381; OLG Frankfurt 21. 7. 1980, VersR 1981, 388; OLG Celle 5. 10. 1993, OLGR 1994, 33.

Bei der Einschaltung von Vertretern ist grundsätzlich der Vertretene Verwender, gleichgültig, wer die AGB entworfen hat.[270] Die Rolle des Verwenders fiele damit dem Verkäufer zu, weil nur er Vertragspartei ist. Zur AGB-Problematik bei Geschäften zwischen Privatpersonen s. auch Rn 1979.

Ausnahmsweise wird aber auch der Vertreter als Verwender behandelt, wenn die AGB von ihm vorformuliert wurden oder er sich vorformulierter AGB bedient und er ein eigenes Interesse an der Einbeziehung dieser AGB in die von ihm geschlossenen Verträge besitzt.[271] Dieser Ausnahmefall liegt beim Agenturgeschäft vor. Dabei ist hinsichtlich des Merkmals „Eigeninteresse" ohne Bedeutung, in welchem Umfang der Händler als Vermittler tätig wird. Belanglos ist auch, ob das konkrete Geschäft im Zusammenhang mit einem Neuwagenkaufvertrag oder mit einem Leasinggeschäft steht oder ob die Hereinnahme des Agenturfahrzeugs isoliert erfolgte, wie dies z. B. bei der Vermittlung von Jahreswagen der Fall sein kann. Auch bei der „freien" Agentur genügt das wirtschaftliche Interesse des Vermittlers am Abschluss des Kaufvertrages, um ihn zum Verwender i. S. v. § 305 Abs. 1 BGB, § 1 UKlaG zu machen.[272]

---

270 BGH 2. 11. 1983, NJW 1984, 360.
271 *Palandt/Bassenge*, § 1 UKlaG, Rn 9.
272 Vgl. aber auch OLG Celle 20. 10. 1993, OLGR 1994, 177.

G. Gebrauchtfahrzeugversteigerungen

I. Entwicklung

1300 Die ersten Versteigerungen von „normalen" Gebrauchtfahrzeugen (nicht Oldtimer o. Ä.) fanden in Deutschland 1983/84 statt. Die Idee stammt aus Großbritannien und den USA. Inzwischen haben sich mehrere Auktionshäuser am Markt etabliert (BCA, ECAN u. a.). Die vielfältigen Konzepte der – außerhalb des Internets – vor Ort durchgeführten Versteigerungen („physische" Auktionen) lassen sich unterscheiden nach „geschlossenen" und „offenen" Auktionen.

Bei **Internetauktionen** sind gleichfalls „geschlossene" Formate (B2B-Auktion) von offenen Marktplätzen zu trennen. Sofern sie so ausgestaltet sind, dass der Vertrag unter Mitwirkung des Auktionators durch Zuschlag und nicht erst durch eine spätere Annahmeerklärung des Einlieferers geschlossen wird, handelt es sich um eine („echte") **Versteigerung i. S. d. § 156 BGB**. Davon abgegrenzt werden Veranstaltungen, bei denen lediglich die Plattform als virtueller Marktplatz für Versteigerungen zur Verfügung gestellt wird. Bei diesem Modell entscheidet nicht der Veranstalter durch Zuschlag über das Zustandekommen des Vertrages. Das letzte Wort hat einer der Beteiligten.

Das Versteigerungsrecht ist zum 1. 10. 2003 durch eine **Neufassung der Versteigerungsverordnung** umgestaltet worden.[1] In rechtlicher Hinsicht werfen vor allem Internetauktionen vielfältige Fragen auf, was zu einer umfangreichen, sich ständig weiter entwickelnden Judikatur geführt hat. Neben gewerbe- und wettbewerbsrechtlichen Problemen stehen Fragen des Vertragsabschlusses, des Vertragsinhalts und des Verbraucherschutzes im Vordergrund.

II. Wettbewerbsrecht

1301 Ob eine Gebrauchtwagenauktion eine unzulässige Sonderveranstaltung oder eine billigenswerte Fortentwicklung von Marktgepflogenheiten war, hat die Gerichte Jahrzehnte lang beschäftigt. Heute spielt dieses Thema keine Rolle mehr. Nach geltender Rechtslage sind Versteigerungen vor allem anhand von § 4 Nr. 1 UWG zu beurteilen.

Das wettbewerbsrechtlich jahrelang umstrittene Format der **umgekehrten Versteigerung** („holländische" Versteigerung) steht nach zwei BGH-Urteilen[2] auf relativ sicherem Boden.[3]

III. Allgemeine zivilrechtliche Fragen

1. Vor-Ort-Auktionen

1302 Die Organisation der vor Ort durchgeführten Auktionen liegt in den Händen spezialisierter Auktionshäuser. Deren rechtlicher Status (Vermittler, Makler, Kommissionär o. Ä.) geht aus dem jeweiligen **Auktionsstatut** hervor. Einlieferer sind vor allem Hersteller, Händler, Leasingfirmen, Banken und Versicherungen. Auch Autovermieter und Behörden zählen dazu. Privatpersonen sind als Teilnehmer meist ausgeschlossen.

---

1 Zu den Einzelheiten s. *Fackler/Konermann*, Praxis des Versteigerungsrechts, 2. Aufl., 2004.
2 Urt. v. 13. 3. 2003, NJW 2003, 2096; 13. 11. 2003, NJW 2004, 852 (Internet).
3 Aus der OLG-Rspr.: OLG Köln 1. 6. 2001 – 6 U 204/00; s. auch den ZDK-Leitfaden Wettbewerbsrecht, 3. Aufl., S. 180/181.

Der Ausschluss von Endverbrauchern, regelungsdichte Auktionsbedingungen und interne Schlichtungsverfahren führen dazu, dass es zwischen den Beteiligten nur selten zu gerichtlichen Auseinandersetzungen kommt. Einschlägige Entscheidungen zu Fragen des allgemeinen Zivilrechts – etwa Zustandekommen des Vertrages, Sachmängelhaftung und Eigentumserwerb – haben deshalb Seltenheitswert.

Die Erwerber (Ersteigerer) kaufen die Fahrzeuge typischerweise „unter Gewährleistungsausschluss". Ausgenommen davon ist das arglistige Verschweigen von Mängeln, bei welchem weiter gehende Ansprüche unberührt bleiben (so Abschn. D Ziff. II der BCA-Bedingungen, gültig ab 1. 1. 2004). Derartige Freistellungen von der Mängelhaftung sollen ihrem Sinn und Zweck nach unmittelbar zwischen dem Einlieferer und dem Ersteigerer wirken.[4] Auch im 2B2-Bereich müssen die Vorgaben beachtet sein, die in **§ 309 Nr. 7 a und b BGB** formuliert sind.[5]

Durch den Nachweis einer arglistigen Täuschung oder einer unrichtigen Beschaffenheitsgarantie kann der Ersteigerer den Weg zu eigenen Sachmängelrechten frei machen (§ 444 BGB). Eine bloße Beschaffenheitsvereinbarung i. S. v. § 434 Abs. 1 S. 1 BGB genügt nicht, um die Rechtsfolge des § 444 BGB auszulösen.[6] Die Angaben des Einlieferers über sein Fahrzeug sind im Zweifel keine Garantien (so ausdrücklich Abschn. D Ziff. III BCA-Bedingungen).

Was die **Eigenhaftung des Auktionsunternehmens** angeht, so finden sich in den Auktionsbedingungen detaillierte Regelungen mit weitgehenden Haftungsbegrenzungen. Einschlägige (veröffentlichte) Rechtsprechung dazu liegt nicht vor.[7]

2. Internetauktionen

Literatur: *Andreae*, Pkw-Kauf im Internet, SVR 2007, 93; *Backu*, Rechtliche Probleme beim Autokauf im Internet, DAR 2001, 106; *Berger*, Unwirksame Gewährleistungsausschlüsse von Verbrauchern bei eBay wegen Verstoßes gegen § 309 Nr. 7 a, b, Nr. 8 b BGB, ZGS 2007, 257; *Bonke/Gellmann*, Die Widerrufsfrist bei eBay-Auktionen, NJW 2006, 3169; *Buller*, Autokauf im Internet – Arten der Handelswege und unseriöse Vorgehensweisen, NZV 2007, 13; *Döhmer*, Beweisfragen beim Verkauf von Kraftfahrzeugen im Internet, SVR 2007, 281; *ders.*, Fahrzeugverkauf im Fernabsatz, SVR 2006, 131; *Hoffmann*, Die Entwicklung des Internet-Rechts bis Mitte 2007, NJW 2007, 2594; *Spindler*, Autokauf im Internet – rechtliche Rahmenbedingungen, DAR 2007, 190; *Spindler/Nink*, Verträge via Internetauktionen, DRiZ 2007, 193; *Szczesny/Holthusen*, Aktuelles zur Unternehmereigenschaft im Rahmen von Internet-Auktionen, NJW 2007, 2586.

Anders als die Gebrauchtwagenauktionen unter rein professioneller Beteiligung, sei es vor Ort, sei es online, haben **offene Internetauktionen** zu einer Vielzahl von Rechtsstreitigkeiten geführt, gerade auch im Zusammenhang mit Kraftfahrzeugen und Zubehör. Es hat sich ein regelrechtes **eBay-Sonderkaufrecht** etabliert.

a) Vertragsabschluss

Fragen des Vertragsabschlusses sind Gegenstand des Rechtsstreits gewesen, der durch die erste **Grundsatzentscheidung des BGH vom 7. 11. 2001**[8] beendet worden ist. Das OLG Hamm[9] hatte – anders als die erste Instanz – einer Klage auf Erfüllung eines im In-

---

4 OLG Düsseldorf 29. 11. 2004 – 1 U 192/04 – n. v. (BCA-Bedingungen).
5 BGH 19. 9. 2007, NJW 2007, 3774.
6 OLG Düsseldorf 29. 11. 2004 – 1 U 192/04 – n. v.
7 Zur Haftung eines Auktionators bei der Versteigerung eines Teppichs s. OLG München 27. 5. 1992, OLGR 1992, 97.
8 NJW 2002, 363 = JZ 2002, 504 m. Anm. *Hager;* dazu *Wenzel*, NJW 2002, 1550; *Mehrings*, BB 2002, 469; *Lettl*, JuS 2002, 219.
9 Urt. v. 14. 12. 2000, NJW 2001, 1142.

ternet (ricardo) geschlossenen Kaufvertrages nach Maßgabe des höchsten Gebots über einen neuen VW Passat zum Kaufpreis von rund 26.000 DM (Listenpreis ca. 57.000 DM) stattgegeben. Der BGH hat die Revision des Beklagten – entgegen weit verbreiteter Darstellung kein Kfz-Händler – zurückgewiesen.

Einen **Vertragsschluss nach § 156 BGB** hat der BGH verneint, weil auf das Gebot des Klägers kein Zuschlag erfolgt sei. Die Frage, ob die Online-Auktion den Tatbestand einer Versteigerung i. S. d. § 156 BGB erfüllt, konnte deshalb damals offen bleiben. Nach Meinung des BGH ist ein Kaufvertrag nach den allgemeinen Vorschriften der **§§ 145 ff. BGB** zustande gekommen. Näherer Prüfung bedurfte insoweit nur der Erklärungstatbestand, den der Beklagte als Einlieferer gesetzt hat. Der BGH hat eine wirksame Willenserklärung angenommen. Das damals noch geltende AGB-Gesetz stand dem nicht entgegen, weil der Beklagte durch sein Anklicken eine individuelle Willenserklärung abgegeben hatte.[10]

Dass eine eBay-Auktion **keine Versteigerung i. S. d. § 156 BGB** ist, sondern zu einem Kaufvertrag durch Angebot und Annahme führt (§§ 145 ff. BGB), ist spätestens seit der **BGH-Entscheidung vom 3. 11. 2004**[11] Allgemeingut. Hintergrund war das Verbraucher-Widerrufsrecht.

b) Widerrufsrecht

1305   Soweit nicht ein anderes bestimmt ist, besteht es nicht bei **Fernabsatzverträgen,** die in Form von Versteigerungen (§ 156 BGB) geschlossen werden (§ 312 d Abs. 4 Nr. 5 BGB). Ob diese Ausnahmeregelung nur für echte Versteigerungen gilt oder auch für auktionsähnliche Veranstaltungen (z. B. Verkauf gegen Höchstgebot), ist durch die **Entscheidung des BGH vom 3. 11. 2004**[12] geklärt. Bei Kaufverträgen **zwischen einem gewerblichen Anbieter und einem Verbraucher**, die im Rahmen einer Internetauktion durch Angebot und Annahme gem. §§ 145 ff. BGB und nicht durch einen Zuschlag nach § 156 BGB zustande kommen, ist das **Widerrufsrecht** nach Ansicht des BGH **nicht** gem. § 312 d Abs. 4 Nr. 5 BGB **ausgeschlossen**.[13] M. a. W.: Private eBay-Käufer haben beim Kauf vom Unternehmer ein Widerrufsrecht.

Sehr umstritten und höchstrichterlich noch nicht geklärt ist die **Länge der Widerrufsfrist**. Manche Gerichte geben statt der Regelfrist von zwei Wochen (§ 355 Abs. 1 S. 2 BGB) **eine Frist von einem Monat**.[14] Argument: Mitteilung der Belehrung erst *nach* Vertragsabschluss (§ 355 Abs. 2 S. 2 BGB).

Nicht nur, aber auch im Zusammenhang mit dem Widerrufsrecht wird vor Gericht häufig über die **Unternehmereigenschaft des Anbieters** gestritten. Von Bedeutung ist diese Frage auch für die mit dem Widerrufsrecht verbundenen Informationspflichten und Formvorgaben. Allgemein zur Unternehmerstellung Rn 1155; speziell für eBay-Verkäufer: OLG Frankfurt NJW 2004, 2098; OLG Koblenz NJW 2006, 1483; OLG Hamburg OLGR 2007, 374; LG Mainz NJW 2006, 763.

c) Instanzgerichtliche Rechtsprechung zu Spezialfragen

1306   Vom BGH noch nicht geklärte Fragen des **Abschlusses und der Lossagung** (Widerruf, Anfechtung) von Fahrzeug- und Fahrzeugteilkäufen sind Gegenstand einer unaufhörlich

---

10 Zur Inhaltskontrolle einer Vertragsabschlussklausel s. KG 15. 8. 2001, BB 2002, 168.
11 NJW 2005, 53.
12 NJW 2005, 53.
13 Urt. v. 3. 11. 2004, NJW 2005, 53.
14 Nachweise bei *Hoffmann*, NJW 2007, 2594; zur Gesamtproblematik *Bonke/Gellmann*, NJW 2006, 3169.

anschwellenden Judikatur der Instanzgerichte. Ohne Anspruch auf Vollständigkeit sind zu nennen:

OLG Hamm NJW 2007, 611 (eBay/Pkw/Beweislast für die Abgabe eines Gebots); OLG Köln NJW 2006, 1676 (eBay/Pkw/Handeln unter fremdem Namen auf Bieterseite); OLG Oldenburg NJW 2005, 2556; NJW-RR 2007, 268 (eBay/Pkw/Unwiderruflichkeit des Angebots/Anfechtbarkeit); OLG München NJW 2004, 1328 (eBay/Pkw/Handeln unter fremden Namen); AG Menden NJW 2004, 1329 (eBay/Felgen/Bindung an die Abgabe des Höchstgebots); AG Moers NJW 2004, 1330 (eBay/„Sofortkauf"/Felgen); LG Berlin NJW 2004, 2831 (eBay/Oldtimer/„Löschen" des Angebots/abgebrochene Auktion); LG Saarbrücken MMR 2004, 556 (eBay/Pkw/„Sofortkauf").[15]

d) Sachmängelhaftung

Die Sachmängelhaftung des Internet-Verkäufers bestimmt sich primär nach dem Inhalt des Vertrages, wobei die Auktionsbedingungen hineinspielen können. Auch zu diesem Problemkreis – Beschaffenheitsvereinbarung/Beschaffenheitsgarantie – liegt inzwischen eine reichhaltige Judikatur vor. Gegenstand der wichtigen BGH-Entscheidung vom 29.11.2006[16] ist ein **eBay-Privatverkauf eines gebrauchten Motorrades**. **1307**

Dass Angaben über das Fahrzeug, die im Internet unter der Rubrik „Beschreibung" o. Ä. gemacht werden, bei einem Kauf im Rahmen einer Auktion zum Vertragsinhalt gehören und damit Beschaffenheitsvereinbarungen begründen können, steht im Grundsatz außer Streit.[17] Bei einem traditionellen Kauf vor Ort können Internetangaben als öffentliche Äußerungen des Verkäufers i. S. v. § 434 Abs. 1 S. 3 BGB Bedeutung gewinnen (dazu Rn 1341 ff.).

Noch nicht in allen Details geklärt ist die Bedeutung von Internet- Informationen, zumal bei Online-Verträgen. Sind es nur „einfache" Beschaffenheitsangaben oder Beschaffenheitsgarantien? Die Information „Kilometerstand (km): 30.000 km" bei einem Privatgeschäft hat **der BGH** zu Recht lediglich als Beschaffenheitsangabe im Sinne des § 434 Abs. 1 S. 1 BGB gewertet.[18] Wegen weiterer Rechtsprechung wird auf die Ausführungen zu den Einzelinformationen von Verkäufern im Kapitel „Sachmängelhaftung" verwiesen (ab Rn 1368).

Unrichtige Internetinformationen können zum Schadensersatz wegen **Verschuldens bei den Vertragsverhandlungen** verpflichten. Damit muss ein Anbieter rechnen, der seinen Wagen zu Unrecht als in „sehr gutem Zustand" anpreist.[19]

e) Haftungsfreizeichnung und Verjährung

Strittig kann schon sein, ob es sich bei der Freizeichnungsabrede um eine Individualerklärung oder um eine AGB-Klausel handelt. In der Erklärung „Krad wird natürlich ohne Gewähr verkauft" hat **der BGH** eine individuelle Freizeichnung gesehen.[20] Sie ist allerdings von nur begrenzter Reichweite. Für das Fehlen einer vereinbarten Beschaffenheit (z. B. Gesamtlaufleistung) gilt sie nicht. Zum Zuge kommt sie dagegen in Fällen der Mangelhaftigkeit nach § 434 Abs. 1 S. 2 Nr. 1 BGB und nach den objektiven Kriterien der Nr. 2.[21] **1308**

---

15 Weitere Rechtsprechung bei *Spindler*, DAR 2007, 190; *Andreae*, SVR 2007, 93; *Hoffmann*, NJW 2007, 2594.
16 NJW 2007, 1346.
17 BGH 29.11.2006, NJW 2007, 1346.
18 Urteil vom 29.11.2006, NJW 2007, 1346.
19 AG München 23.5.2007 – 163 C 8127/07 – n. v. (Reisekosten).
20 Urteil vom 29.11.2006, NJW 2007, 1346.
21 BGH 29.11.2006, NJW 2007, 1346.

Soweit Haftungsfreizeichnungen AGB-Charakter haben, was auch bei Verträgen zwischen Privatpersonen der Fall sein kann,[22] gilt es, **§ 309 Nr. 7a und b und Nr. 8b BGB** im Auge zu haben. Erst das BGH-Urteil vom 15. 11. 2006[23], ergangen in einem Fall einer Tierauktion (nicht online), hat für das nötige Problembewusstsein gesorgt. Die Klausel über die **Verkürzung der Verjährung** von zwei Jahren auf ein Jahr, an sich nach § 475 Abs. 2 BGB zulässig, hat der BGH wegen Verstoßes gegen die Klauselverbote des § 309 Nr. 7a und b BGB für unwirksam erklärt. Mit diesem Hebel können praktisch sämtliche bisher üblichen Freizeichnungsklauseln mit AGB-Charakter außer Kraft gesetzt werden; auch bei Online-Verträgen zwischen Unternehmern,[24] s. auch Rn 1966/1978.

3. Versteigerung gepfändeter und beschlagnahmter Kraftfahrzeuge

1309 Auktionen zum Zwecke der Verwertung gepfändeter oder beschlagnahmter Kraftfahrzeuge haben die Gerichte wiederholt beschäftigt. Hinzuweisen ist auf das (rechtskräftige) Urteil des LG Dortmund vom 24. 10. 1996,[25] wonach das Land NRW (Oberfinanzdirektion) trotz Gewährleistungsausschlusses in den Versteigerungsbedingungen zur Minderung wegen Fehlens einer zugesicherten Eigenschaft (km-Laufleistung) verpflichtet ist. Der Pkw war im Rahmen eines Ermittlungsverfahrens beschlagnahmt und im Wege der **Zwangsversteigerung** versteigert worden.

An die Stelle des § 461 BGB a. F. ist **§ 445 BGB** getreten, wonach dem Käufer Rechte wegen eines Mangels nur zustehen, wenn der Verkäufer den Mangel arglistig verschwiegen oder eine Beschaffenheitsgarantie übernommen hat.

Zu den vielschichtigen Fragen des (gutgläubigen) **Eigentumserwerbs** bei der Verwertung eines gepfändeten Kraftfahrzeugs nimmt der BGH in dem Urteil vom 2. 7. 1992[26] umfassend Stellung. Streitobjekt war ein Pkw, den eine Fahrschule unter Aushändigung des Fahrzeugbriefs sicherungsübereignet hatte. Wegen Steuerforderungen wurde das Fahrzeug vom Finanzamt gepfändet und durch einen öffentlich bestellten Auktionator versteigert. Dieser hatte vor Beginn der Versteigerung ausdrücklich darauf hingewiesen, dass der Fahrzeugbrief nicht vorliege. Der Kläger ersteigerte das Fahrzeug dennoch, konnte es aber wegen des fehlenden Briefes nicht auf sich umschreiben lassen. Die Klage gegen den Sicherungseigentümer auf Herausgabe des Briefes und auf Zahlung einer Nutzungsentschädigung blieb erfolglos.

---

22 Näheres bei *Berger*, ZGS 2007, 257.
23 NJW 2007, 674.
24 BGH 19. 9. 2007, NJW 2007, 3774 (kein Online-Kauf).
25 DAR 1997, 449.
26 BGHZ 119, 75 = NJW 1992, 2570.

H. Die Haftung des Verkäufers eines Gebrauchtfahrzeugs für einen Sachmangel

I. Die Voraussetzungen der Sachmängelhaftung

1. Die Ausgangssituation nach der Schuldrechtsreform

Weniger durch die Kodifizierung des subjektiven Fehlerbegriffs in § 434 Abs. 1 S. 1 BGB als viel mehr infolge des Verbots der Freizeichnung von der Sachmängelhaftung (§ 475 Abs. 1 BGB) ist heute der Blick verstärkt auf die (einfache) Beschaffenheitsvereinbarung gerichtet. Im Recht des Gebrauchtwagenkaufs hat sie sich inzwischen den Raum zurückerobert, den sie wegen der exzessiven Anerkennung von Eigenschaftszusicherungen (§§ 459 Abs. 2, 463 S. 1 BGB a. F.) hat preisgeben müssen. 1310

2. Die Beschaffenheitsvereinbarung

Während die Eigenschaftszusicherung des alten Kaufrechts Gegenstand einer zuletzt nicht mehr überschaubaren Kasuistik war, führte die Beschaffenheitsvereinbarung trotz allgemeiner Anerkennung des subjektiven Fehlerbegriffs ein Schattendasein. Dieser Befund gilt in besonderer Weise für den An- und Verkauf gebrauchter Kraftfahrzeuge. Im Bereich des heutigen Verbrauchsgüterkaufs hat man Beschaffenheitsangaben regelmäßig als Zusicherungen i. S. v. § 459 Abs. 2 BGB a. F. angesehen. Im Anwendungsbereich des § 459 Abs. 1 BGB a. F. herrschte damit faktisch der objektive Fehlerbegriff. 1311

a) Begriff der Beschaffenheit

Wenn Gegenstand der Vereinbarung i. S. v. **§ 434 Abs. 1 S. 1 BGB** die – vom Gesetz nicht definierte – Beschaffenheit der Kaufsache ist, so stellt sich zunächst die altbekannte **Abgrenzungsfrage** nach dem Verhältnis zwischen Beschaffenheit und Eigenschaft. Nach der früheren Rechtsprechung war der Begriff der „Eigenschaft" weiter aufzufassen als der Begriff der „Beschaffenheit". Beschaffenheitsmerkmale mussten der Sache „ohne weiteres" anhaften, ihr „unmittelbar innewohnen und von ihr ausgehen"[1] oder, wie auch formuliert wurde, sich aus der Sache „als solcher" ergeben. Der Unterschied zur (zusicherungsfähigen) „Eigenschaft" war freilich mehr und mehr eingeebnet worden und zuletzt „weitgehend nur noch terminologisch".[2] 1312

Gute Gründe sprechen dafür, die bisherigen Differenzierungen zwischen Beschaffenheit und Eigenschaft als gegenstandslos zu betrachten. Im Schrifttum wird mehrheitlich für ein weites Verständnis des Beschaffenheitsbegriffs plädiert. Er soll dem Begriff der zusicherungsfähigen Eigenschaft entsprechen, wenn nicht gar über diesen hinausgehen.[3] Die Kaufrechtssenate des **BGH** haben sich zu dieser Grundsatzfrage bisher nicht geäußert.[4] Die **Instanzgerichte** tasten sich – zumal mit Entscheidungen zum Gebrauchtfahrzeugkauf – schrittweise an die Abgrenzungsproblematik heran.[5] Siehe auch Rn 2218 ff.

---

1 BGH 18.11.1977, NJW 1978, 370.
2 BGH 16.1.1991, NJW 1991, 1223.
3 Zur Diskussion s. *Eckert/Maifeld/Matthiessen*, Rn 298 ff.; *Reinicke/Tiedtke*, Kaufrecht, Rn 303 ff.; *D. Schmidt*, BB 2005, 2763 ff.
4 Anders der VII. ZS zum werkvertraglichen Mangelbegriff (NJW 2008, 511).
5 OLG Hamm 3.3.2005, ZGS 2005, 315 (Unfallfahrzeug); OLG Hamm 13.5.2003, NJW-RR 2003, 1360 (Importeigenschaft); OLG Naumburg 7.12.2005, DAR 2006, 327 (Re-Import); OLG Düsseldorf 8.8.2003 – 1 W 45/03 – n. v. (Anzahl der Vorbesitzer); OLG Nürnberg 21.3.2005, NJW 2005, 2019 (Modelljahr); AG Lichtenberg 25.2.2005 – 5 C 301/04 – n. v. (Fehlen der Herstellergarantie).

b) Verbindliche Vereinbarung

1313 Die Formulierung „vereinbarte Beschaffenheit" in § 434 Abs. 1 S. 1 BGB macht deutlich: Einseitige Erwartungen und Vorstellungen des Käufers (wie auch des Verkäufers) sind auf der ersten Stufe der Prüfung eines Sachmangels ohne Belang. Ob eine Vereinbarung i. S. d. § 434 Abs. 1 S. 1 BGB eine vertragliche Abrede erfordert oder ob übereinstimmende Vorstellungen der Parteien im Vorfeld des Vertrages ausreichen, hat der BGH noch nicht entschieden.[6]

Die Übernahme einer besonderen Gewähr verbunden mit einem „Garantiewillen" setzt eine Beschaffenheitsvereinbarung jedenfalls nicht voraus. Notwendiges Minimum ist lediglich die Rechtsverbindlichkeit der Verkäuferangabe. Das bedeutet für den Fahrzeugverkauf zunächst:

Gegenstand der Verkäufererklärung muss **eine bestimmte Eigenschaft** des Fahrzeugs sein, ein Merkmal seiner Beschaffenheit. Insoweit ist einerseits abzugrenzen gegen Umstände, die nicht zu seiner Beschaffenheit gehören, und andererseits gegen reklamehaften Angaben allgemeiner Natur ohne festen Tatsachenbezug, wofür die Äußerung „tipp top" ein Beispiel ist.

Eine **„Objektbeschreibung"**, von der Rechtsprechung zum alten Kaufrecht der Eigenschaftszusicherung gegenübergestellt, kann Inhalt einer Beschaffenheitsvereinbarung sein. Die Informationen des Verkäufers, mit denen er das angebotene Fahrzeug kennzeichnet und gegenständlich beschreibt (Baujahr, kW/PS, Kilometerlaufleistung, unfallfrei etc.), sind typische Beschaffenheitsangaben.

1314 Problematisch sind **pauschale Erklärungen mit Anpreisungscharakter** wie „Top-Zustand" oder „alles in Ordnung". Zu der Frage, ob derartige Äußerungen als Zusicherungen i. S. v. § 459 Abs. 2 BGB a. F. einzustufen sind, liegt eine umfangreiche Kasuistik vor (s. Rn 1606 ff.). Soweit man ausnahmsweise eine Zusicherung bejaht hat, wird man heute in einem vergleichbaren Fall wenigstens eine Beschaffenheitsvereinbarung annehmen können. Zu beachten ist stets die Forderung des BGH nach **Eindeutigkeit**.[7]

Ob der Verkäufer eine verbindliche Angabe über die Fahrzeugbeschaffenheit gemacht hat, muss – nicht anders als früher bei der Zusicherung – aus der **Sicht des Käufers** aufgrund aller Umstände des konkreten Falles ermittelt werden (§§ 133, 157 BGB). Unverbindlich – verbindlich – garantiert, so lauten die Auslegungsalternativen.

1315 Was im alten Kaufrecht für eine Zusicherung indiziell war (s. den Kriterienkatalog Rn 1364), kann auch und erst recht zur Begründung einer Beschaffenheitsvereinbarung herangezogen werden. Die kontraindiziellen Umstände (s. den Katalog Rn 1365) behalten gleichfalls ihre Bedeutung, wobei jedoch – ebenso wie bei den Pro-Argumenten – außer dem strukturellen Unterschied zwischen der Zusicherung alter Art und der Beschaffenheitsvereinbarung i. S. d. § 434 Abs. 1 S. 1 BGB der Wandel in der Schutz- und Interessenlage (Stichwort Verbrauchsgüterkauf) zu beachten ist.

1316 Gegenstand einer Beschaffenheitsvereinbarung können auch **negative Umstände** sein, wie z. B. bestimmte Defekte am Fahrzeug; auch Risiken und Eventualitäten. Eine **negative Beschaffenheitsvereinbarung** bedeutet z. B. die Abrede, dass das Fahrzeug möglicherweise nicht unfallfrei ist (näher dazu Rn 1550 ff.). Zur Zulässigkeit beim Verbrauchsgüterkauf s. Rn 1332.

Angesichts der Notwendigkeit einer eindeutigen und verbindlichen Verkäuferangabe stellt sich – nunmehr unter anderem Vorzeichen – die Frage nach der Bedeutung der **geschäftsüblichen Vorbehalte** und **Quellenangaben** wie z. B. „nach Angaben des Vorbesit-

---

6 Offengelassen im Urt. v. 12. 3. 2008, NJW 2008, 1517.
7 Urt. v. 12. 3. 2008, NJW 2008, 1517.

zers" oder „laut Fahrzeugbrief". Nur um eine so genannte **Wissensmitteilung**, hier in Form einer Ablesebestätigung, kann es sich auch handeln, wenn der Verkäufer mit einer Erklärung wie „abgelesener km-Stand ca. 86.000" auf den Tacho (Wegstreckenzähler) als Informationsquelle Bezug nimmt.

Sinn und Zweck solcher Vorbehalte und Zusätze war **im alten Recht**, die Annahme einer Eigenschaftszusicherung zu verhindern, weniger wegen der Haftungsverschärfung nach § 463 S. 1 BGB a. F. als vielmehr im Hinblick auf die Gültigkeit der Freizeichnungsklausel.[8] Die Rechtsprechung hat diese Bemühungen nur zum Teil anerkannt. Unter der Geltung des „**neuen**" **Kaufrechts** stellt sich die Frage, ob Zusätze der oben genannten Art der Annahme einer Beschaffenheitsvereinbarung entgegenstehen. Denkbar ist auch, im Anschluss an einige Entscheidungen zu § 459 Abs. 2 BGB a. F. eine **inhaltlich eingeschränkte** Beschaffenheitsvereinbarung anzunehmen. **Der BGH** ist diesen Weg nicht gegangen, sondern hat sich, erfreulich deutlich, für die Alternative „**Wissensmitteilung**" entschieden.[9]

Lässt sich, wie im Fall einer Wissensmitteilung (z. B. unfallfrei lt. Vorbesitzer) weder eine positive noch eine negative Beschaffenheitsangabe feststellen, bleibt als Auffangtatbestand der objektive Mangelbegriff gem. § 434 Abs. 1 S. 2 Nr. 2 BGB. Falsche Wissensmitteilungen sind rechtlich keineswegs bedeutungslos. Der Verkäufer haftet nach den §§ 280 Abs. 1, 241 Abs. 2, 311 Abs. 2 BGB dafür, dass er die Angaben des Vorbesitzers oder die Eintragungen im Fahrzeugbrief richtig und vollständig wiedergegeben hat.[10] Außerdem kann er nach Deliktsrecht ersatzpflichtig sein.

Damit eine verbindliche Beschaffenheitsangabe Gegenstand einer Vereinbarung i. S. v. § 434 Abs. 1 S. 1 BGB wird, bedarf es der **Annahme durch den Käufer**. Bei der Eigenschaftszusicherung alter Art haben die Gerichte auf die Prüfung dieser Voraussetzung in der Regel verzichtet. Sobald der Erklärung Zusicherungscharakter beigemessen war, wurde die Prüfung abgebrochen. Die Zustimmung des Käufers hat man als selbstverständlich unterstellt, ohne zu berücksichtigen, dass sie dem Käufer auch Nachteile brachte (Verjährung, Verlust des Anfechtungsrechts nach § 119 Abs. 2 BGB).

Durch seine Bestellung mit anschließender Übernahme des Fahrzeugs trägt der Käufer in der Regel seinen Teil zum Abschluss einer Beschaffenheitsvereinbarung **konkludent** bei. Noch klarer tritt die Vereinbarung hervor, wenn die Vertragspartner, wie beim privaten Direktgeschäft (offline), die Vertragsurkunde mit den Angaben über das Fahrzeug gleichzeitig unterschreiben.

Die Gültigkeit einer mündlichen Beschaffenheitsvereinbarung wird durch eine formularmäßige **Schriftformklausel** nicht ausgeschlossen. Es gilt der Vorrang der Individualabrede (§ 305 b BGB). Dazu und zu weiteren Verteidigungsmöglichkeiten des Verkäufers (Vertreter-, Vollständigkeits- und Bestätigungsklausel u. a.) sowie zu Beweisfragen s. Rn 1613 ff.

c) Haftungsentlastende Beschaffenheitsvereinbarung oder (unzulässige) Haftungsbeschränkung?

aa) Ausgangslage und Problemstellung

Zumal für den **Unternehmer-Verkäufer** stellt sich die Frage, ob und inwieweit er seine Haftung **gegenüber einem Verbraucher** im Wege der Beschaffenheitsvereinbarung schon im Vorfeld, also nicht erst auf der Rechtsfolgenseite, zu seinen Gunsten beeinflussen kann.

---

8 *Eggert*, DAR 1998, 45.
9 Urt. v. 12. 3. 2008, NJW 2008, 1517.
10 BGH 12. 3. 2008, NJW 2008, 1517.

Mit den tradierten Mitteln zur Vermeidung der Zusicherungshaftung alter Art ist es aus seiner Sicht nicht getan.

Was einem pfiffigen schwäbischen Kfz-Händler mit der Klausel „Zusicherungen? Keine!" gelungen ist, nämlich die (verschärfte) Haftung für das Fehlen einer Altersangabe abzuwenden,[11] hilft dem Unternehmer-Verkäufer heute nicht weiter. Damit kann er allenfalls die Annahme einer Beschaffenheitsgarantie verhindern.

Worum es Unternehmer-Verkäufern bei Geschäften mit Verbrauchern jetzt auch gehen muss, ist eine interessengerechte, gleichwohl zulässige Ausgestaltung von Beschaffenheitsvereinbarungen i. S. v. § 434 Abs. 1 S. 1 BGB. Während gewerblichen Verkäufern fabrikneuer Kfz die Produktbeschreibung in aller Regel vom Hersteller abgenommen wird und notfalls Regress genommen werden kann, steht der Unternehmer-Verkäufer eines gebrauchten Kfz in der Alleinverantwortung. Um das damit verbundene Gewährleistungsrisiko steuern zu können, galt die umfassende Freizeichnung von der Sachmängelhaftung mit Recht als ein „Gebot der wirtschaftlichen Vernunft" (BGH); auch gegenüber Verbrauchern.

Aufgrund des jetzigen Freizeichnungsverbots in § 475 Abs. 1 BGB ist die Suche nach anderweitiger Absicherung verständlich. Mit der gesetzlichen Erlaubnis, die Verjährung auf 12 Monate zu verkürzen (§ 475 Abs. 2 BGB) und die Schadensersatzhaftung auszuschließen (§ 475 Abs. 3 BGB), wird zwar auf die Interessen des Gebrauchtfahrzeughandels durchaus Rücksicht genommen.[12] Gleichwohl besteht weiterer Handlungsbedarf, zumal bei der Vermarktung älterer Fahrzeuge mit hohem Mängelrisiko. Unternehmer-Verkäufer außerhalb der Kfz-Branche sind generell in besonderer Weise darauf angewiesen, sämtliche Möglichkeiten der Risikoentlastung auszuschöpfen.

1320 Nun setzt **§ 475 Abs. 1 BGB** jeder Beschränkung von Verbraucherrechten **sehr enge Grenzen**. Der Unternehmer kann sich nicht auf solche Vereinbarungen berufen, die zum Nachteil des Verbrauchers von bestimmten Vorschriften des Kaufrechts abweichen. Das Gesetz ordnet also keine Nichtigkeit an. Im praktischen Ergebnis bedeutet das **Verbot des Sich-Berufens** aber nichts anderes.

Abweichende Vereinbarungen und „anderweitige Gestaltungen" (§ 475 Abs. 1 S. 2 BGB) sind allerdings **nicht generell unzulässig**. Es kommt zunächst **auf den Zeitpunkt** an. Unerlaubt können sie nur sein, wenn sie zustande gekommen sind, bevor der Unternehmer vom Verbraucher über den Mangel informiert worden ist. Im Anschluss an seine Unterrichtung hat er weitgehend freie Hand. So kann er auch mit einem Verbraucher z. B. eine Beteiligung an den Reparaturkosten vereinbaren. Zu beachten sind – abgesehen von den §§ 138, 242 BGB – lediglich die Schranken der AGB-Vorschriften einschließlich § 310 Abs. 3 S. 2 BGB.

Wenn § 475 Abs. 1 BGB von „Vereinbarungen" spricht, so könnte eine **einseitige Erklärung des Käufers**, z. B. ein Verzicht auf Gewährleistungsrechte, vom Abweichungsverbot ausgenommen sein. Das wäre ein Trugschluss. Die Rechtsprechung würde die erforderliche Zweiseitigkeit mit Hilfe einer stillschweigenden/konkludenten Zustimmung des Verkäufers herstellen oder auf den Auffangtatbestand „anderweitige Gestaltung" zurückgreifen (§ 475 Abs. 1 S. 2 BGB).

Zu den Vorschriften, die nach § 475 Abs. 1 BGB (einseitig) zwingend sind, zählen nicht nur reine Verbraucherschutzbestimmungen. **Zwingenden Charakter** haben auch so allgemeine Normen wie § 433 Abs. 1 S. 2 BGB (Anspruch auf Lieferung einer mangelfreien Sache) und § 434 BGB mit seiner käuferfreundlichen Neuregelung des Sachmangelbegriffs.

---

11 Vgl. BGH 16. 10. 1991, NJW 1992, 170.
12 § 475 Abs. 3 BGB privilegiert aber nicht nur Verkäufer gebrauchter Güter.

Das ist um so bemerkenswerter, als § 434 BGB – nur in Teilbereichen richtlinienbestimmt – dem Käufer kein Recht gewährt, sondern nur die Voraussetzungen beschreibt, wann der Verkäufer mit der Lieferung einer mangelhaften Sache seine Erfüllungspflicht verletzt hat. Allem Anschein nach hat der nationale Gesetzgeber im Interesse eines richtlinienkonformen Verbraucherschutzes jeglicher Benachteiligung eines Verbrauchers einen festen Riegel vorschieben wollen. Nicht aus eigener Überzeugung, sondern nur der Richtlinie gehorchend ist er dem **EU-Leitbild des „vulnerable consumer"** gefolgt.[13]

Dass es bei diesem Höchstmaß an Vorsorge zu Spannungen mit dem Begriff der **Vertragsmäßigkeit** und damit auch der Beschaffenheitsvereinbarung (§ 434 Abs. 1 S. 1 BGB) kommen muss, wurde schon früh erkannt.[14] Als besonders problematisch hat man, völlig zu Recht, den Verkauf gebrauchter Sachen gesehen.[15]

Die Gewährleistung für Mängel eines gebrauchten Kraftfahrzeugs vollständig auszuschließen, hat der BGH – aus guten Gründen – jahrzehntelang als ein **„Gebot der wirtschaftlichen Vernunft"** bezeichnet. Die Bundesregierung hat das im Grundsatz nicht anders gesehen, ist mit ihrer unternehmerfreundlichen Position in Brüssel aber nicht durchgedrungen. Im Bereich des Verbrauchsgüterkaufs gebrauchter Sachen sind die Unternehmerinteressen lediglich bei der Verjährung und, etwas halbherzig, bei der Beweislastumkehr (§ 476 BGB) berücksichtigt worden. Diese rechtspolitischen Entscheidungen sind hinzunehmen.

Sie machen aber auch deutlich, dass Käufer gebrauchter Kraftfahrzeuge nur **bedingt schutzwürdig** sind. Anhand welcher Kriterien das **schwierige Spannungsverhältnis** zwischen Privatautonomie und Verbraucherschutz[16] sachgerecht zu lösen ist, ist positivrechtlich nicht geregelt, weder in der EU-Richtlinie über den Verbrauchsgüterkauf (Art. 7) noch in § 475 BGB. Dessen Absatz 1 ist auch dann **vorrangiger Prüfungsmaßstab**, wenn die Soll-Beschaffenheit nicht durch eine Individualabrede, sondern durch AGB oder durch eine Einzelvertragsklausel i. S. d. § 310 Abs. 3 S. 2 BGB festgelegt ist. Mit den Vorschriften über die Allgemeinen Geschäftsbedingungen (§§ 305 ff. BGB) lässt sich das Problem also nicht bewältigen.

Wenn Art. 7 Abs. 1 S. 1 Verbrauchsgüterkaufrichtlinie „die mit dieser Richtlinie gewährten Rechte" für unabdingbar erklärt, so könnte das für die Auslegung des § 475 Abs. 1 BGB bedeuten, dass nicht die **Tatbestands**-, sondern nur die **Rechtsfolgenseite** betroffen ist. Dieser Gedanke greift indes zu kurz. Denn die Richtlinie gewährt dem Verbraucher einen besonderen Schutz beispielsweise auch durch für ihn vorteilhafte Festlegungen des zentralen Begriffs der **Vertragsmäßigkeit**. Wenn diese sich auch nach den Herstellerangaben in der Werbung richtet, wird man selbst eine individuelle Klausel, wonach der Verkäufer für Herstellerangaben generell nicht einstehen will, für richtlinienwidrig und damit für unwirksam halten müssen.[17] Der Satz, wonach nur die Haftungsregeln, nicht schon die Festlegung der Vertragsmäßigkeit, der Disposition der Parteien entzogen sind, ist demnach nur bedingt richtig. In Wirklichkeit wird zwischen der Bestimmung dessen, was vertragsgemäß sein soll, und dem Ausschluss bzw. der Beschränkung der Haftung für Vertragswidrigkeit, häufig eine **fließende Grenze** verlaufen.[18]

---

13 Zu den schädlichen Auswirkungen des EU-Verbraucherschutzrechts auf das nationale Privatrecht *Honsell*, ZIP 2008, 621, 623.
14 Vgl. *Ehmann/Rust*, JZ 1999, 860; *P. Huber* in FS *Henrich*, S. 309; *H. P. Westermann*, JZ 2001, 536; *Ayad*, DB 2001, 2701; *Repgen*, Kein Abschied von der Privatautonmie, 2001.
15 Siehe auch *Medicus*, ZIP 1996, 1925.
16 Näheres dazu bei *Repgen*, a. a. O., S. 69 ff.
17 *Repgen*, a. a. O., S. 67.
18 So *H. P. Westermann*, JZ 2001, 536.

Wie schmal der Grat zwischen Haftungsfreizeichnung und Zustandsbeschreibung schon im alten Recht war, zeigt beispielhaft das Urteil des BGH vom 8. 2. 1995.[19] Die individuelle Abrede „die vorhandenen Kaufgegenstände gehen in dem vorh. Zustand auf den Käufer über" alternativlos als Gewährleistungsausschluss zu begreifen (so die Vorinstanz), hat der BGH im Fall des Verkaufs einer gebrauchten Ladeneinrichtung mit Maschinen als „schon im Ausgangspunkt" fehlerhaft angesehen. Die Vereinbarung könne auch als Beschreibung des Zustands der Kaufgegenstände im Zeitpunkt ihrer Übergabe verstanden werden

1323 Durch eine Vereinbarung mit dem Verbraucher **unter die gewöhnlichen Erwartungen und Gebrauchsmöglichkeiten** zu gehen – „Beschaffenheitsvereinbarung nach unten" oder **„negative Beschaffenheitsvereinbarung"** –, ist auch nach der EU-Richtlinie über den Verbrauchsgüterkauf nicht von vornherein untersagt. Die Bedingungen der Vertragsmäßigkeit in Art. 2 RL sind nicht zwingend.[20] Sie steht uneingeschränkt zur Disposition der Parteien.[21]

Hinzu kommt: Wenn die Kaufsache hinter der „normalen" Beschaffenheit zurückbleibt, ist sie nach Art. 2 Abs. 3 RL nicht vertragswidrig, sofern der Verbraucher davon zur Zeit des Kaufs Kenntnis hatte oder vernünftigerweise darüber nicht in Unkenntnis sein konnte. Auch dadurch, dass die Richtlinie auf die Kenntnis des Verbrauchers abstellt, hält sie den Weg für Konsenslösungen frei. Nach der Kaufrechtsrichtlinie sind die Parteien also nicht an der Vereinbarung einer Beschaffenheit gehindert, die hinter den üblichen Standards zurückbleibt.[22] Für das nationale Kaufrecht heißt das: Da § 434 Abs. 1 BGB – richtlinienkonform – vorrangig auf die „vereinbarte Beschaffenheit" abhebt, muss eine Parteiabsprache **grundsätzlich** auch dann respektiert werden, wenn von den objektiven Kriterien des § 434 Abs. 1 S. 2 Nr. 2 BGB zum Nachteil des Verbrauchers abgewichen wird.

Auch in Fällen des Verbrauchsgüterkaufs ist **beiderseitige** – ausgetauschte – **Kenntnis** von einer bestimmten Beschaffenheit keine Frage des Ausschlusses der Haftung, weder per Vereinbarung noch gem. § 442 Abs. 1 BGB. Die Sache ist bereits **nicht vertragswidrig**. *Beispiel:* Ein Fahrzeug mit einem reparierten Unfallschaden ist „frei von einem Sachmangel", wenn der Käufer im Wege der Aufklärung durch den Verkäufer richtig und vollständig unterrichtet worden ist. Die Unfallbeteiligung ist dann als vertragsgemäßer Zustand gemeinsam vorausgesetzt.[23] Weiteres *Beispiel:*[24] Die Beschreibung des Fahrzeugs enthält den Hinweis „undichter Kühler". Trotz dieses Defekts ist das Fahrzeug sachmängelfrei, selbst wenn ein dichter Kühler zur Normalbeschaffenheit gehört. Positive Kenntnis von einem **konkreten Defekt** (nicht: Mangel) auf beiden Seiten schließt eine bestehende Haftung nicht aus, sondern steht schon ihrer Begründung entgegen. Zur Zulässigkeit pauschaler „Mängelhinweise" s. Rn 1329.

1324 Auf dem Boden des **Informationsmodells**, auf dem auch die Verbrauchsgüterkaufrichtlinie beruht (z. B. Art. 2 Abs. 3), bleibt auch einem Unternehmer-Verkäufer ein **Gestaltungsspielraum**, die Soll-Beschaffenheit eines gebrauchten Kraftfahrzeugs im Wege der Vereinbarung in seinem Sinn festzulegen. Kraftfahrzeughändlern und erst recht Unternehmern außerhalb der Kfz-Branche kann es schlechterdings nicht untersagt sein, durch eine Vereinbarung über bestimmte Beschaffenheitsmerkmale dem konkreten Zustand eines be-

---

19 NJW 1995, 1547.
20 Überzeugend *Repgen*, a. a. O., S. 65 f.; *Grundmann*, AcP 202, 40, 46; *ders.* in *Grundmann/Bianca*, EU-Kaufrechtsrichtlinie Art. 2 Rn 9; verbraucherfreundlicher *Micklitz*, EuZW 1999, 485, 490.
21 Müko-BGB/*S. Lorenz*, § 475 BGB Rn 8.
22 H. M., vgl. *Looschelders* in *Dauner-Lieb/Konzen/K. Schmidt*, Das neue Schuldrecht in der Praxis, S. 402 m. w. N.
23 So BGH 22. 6. 1983, NJW 1983, 2242; OLG Hamm 3. 3. 2005, ZGS 2005, 315.
24 Von *Schulte-Nölke*, ZGS 2002, 74.

reits gebrauchten Fahrzeugs Rechnung zu tragen. Dem kann nicht entgegengehalten werden, bereits ein richtig verstandener Sachmangelbegriff in seiner objektiven Version entlaste den Verkäufer vom Verschleiß- und Alterungsrisiko. Das Argument ist zwar an sich richtig (s. Rn 1515 ff.). Es sticht in diesem Zusammenhang aber nicht, weil es nur einen Teil der Mängelrisiken abdeckt.

Wenn **das Ob** der Gestaltungsbefugnis demnach nicht ernsthaft im Streit steht, konzentriert sich alles auf die Frage, wie weit diese Befugnis reicht und in welcher Weise von ihr Gebrauch gemacht werden darf. Patentlösungen kann es insoweit nicht geben. Nur von Fall zu Fall kann entschieden werden, ob den Interessen des Verbrauchers oder des Unternehmers Vorrang zu geben ist.

Orientierungshilfe geben die **Gebrauchtwagen-Entscheidungen des BGH** vom 22. 12. 2004[25] und vom 26. 1. 2005.[26] Sie machen deutlich, dass dem Verbraucherschutz durchaus Grenzen gezogen sind. Verbraucherschutz ist nicht schlechthin unabdingbar. Wie der BGH negative Beschaffenheitsvereinbarungen (z. B. „Pkw eventl. nicht unfallfrei") beurteilt, ist abzuwarten.[27] Vor dem Hintergrund seiner bisherigen Rechtsprechung spricht einiges für eine liberale Haltung. Entscheidungen der Instanzgerichte lassen erkennen, dass den Intentionen der Verbrauchsgüterkaufrichtlinie in angemessener Weise Rechnung getragen wird. Im Zweifel ist zugunsten der Verbraucher entschieden worden.[28]

In der Rechtsprechung noch nicht abschließend geklärt ist die Frage, ob beim Verkauf gebrauchter Kfz im Rahmen eines Verbrauchsgüterkaufs **sämtliche Eigenschaften** zur Disposition stehen oder ob es einen **harten Kern von Basiseigenschaften** gibt, etwa die Fahrbereitschaft, die Verkehrs- und Betriebssicherheit.[29] Diese Frage ruft die unter dem Stichwort „Schwerstmängel" geführte Diskussion über klauselfeste Mindeststandards in Erinnerung (dazu Rn 1962). Der BGH hat die früher handelsübliche Freizeichnungsklausel aus guten Gründen umfassend verstanden. Ihr die Geltung für Mängel der Verkehrssicherheit und „Fahrtüchtigkeit" abzusprechen, hat er ausdrücklich abgelehnt.[30]

Das vertragliche Informationsmodell, konsequent zu Ende gedacht, spricht gegen die Sicherstellung eines **technischen Mindeststandards** in Form eines Basisschutzes. Hinzu kommen kaum überwindbare Abgrenzungsschwierigkeiten. Im Übrigen geht es nicht um das Recht, die Fahrt zu überleben, wie *Oechsler* meint.[31] Für den Schutz von Leib und Leben hat das Delikts- und Produkthaftungsrecht zu sorgen, flankierend die StVZO.

Was die **inhaltlich-formale Seite** angeht, kann gesagt werden: Abweichungen vom Normalzustand (gewöhnliche Beschaffenheit) zulasten des Verbrauchers müssen **eindeutig** vereinbart und von ihm **ausdrücklich** gebilligt sein. Je konkreter und verständlicher die Abrede ist, desto eher hat sie vor Gericht Bestand. Nur formelhafte und abstrakt gehaltene Formulierungen verwerfen die Gerichte entweder schon im Wege der Auslegung (was vorzuziehen ist) oder nach § 475 Abs. 1 S. 2 BGB als mittelbare Haftungsbeschränkungen (Beispiele aus der Rechtsprechung im Rahmen der nachfolgenden Fallgruppen).

---

25 NJW 2005, 1045 (vorgetäuschte Händlereigenschaft).
26 NJW 2005, 1039 (Agentur).
27 Offen gelassen im Urt. v. 12. 3. 2008, NJW 2008, 1517.
28 Z. B. OLG Oldenburg 22. 9. 2003, DAR 2004, 92 („Bastlerfahrzeug").
29 Dazu OLG Celle 16. 4. 2008, ZGS 2008, 312 (im Zusammenhang mit dem objektiven Mangelbegriff).
30 Urt. v. 22. 2. 1984, NJW 1984, 1452.
31 Schuldrecht Besonderer Teil, Vertragsrecht, § 2 Rn 90.

bb) Fallgruppen

1328 So wie der Kfz-Handel auf die strenge Rechtsprechung zu §§ 459 Abs. 2, 463 S. 1 BGB a. F. mit einer Vielzahl von Gegenmaßnahmen reagiert hat,[32] hat man auch die einschneidenden Haftungsverschärfungen durch die Schuldrechtsreform nicht tatenlos hingenommen. Schon bald nach In-Kraft-Treten der Schuldrechtsreform haben der Kfz-Handel und die unternehmerischen Gelegenheitsverkäufer ihren Fantasiereichtum mit einer **breiten Palette von „Schutzklauseln"** nachhaltig unter Beweis gestellt.

Beschreibungen wie „Restarbeiten nötig" oder „mit Schönheitsfehlern" oder **„Bastlerfahrzeug"** oder „technisch und optisch am Ende seiner Lebensdauer" gehören ebenso wie die Klausel „das Fahrzeug soll so sein wie es ist" zu den eher grobschlächtigen Versuchen, das Haftungsrisiko zu begrenzen. In Begleitblättern, Zustandsberichten und ähnlichen Zertifikaten finden sich sehr viel differenziertere „Beschaffenheitsbeschreibungen".[33]

Angesichts der Vielfalt vertraglicher Gestaltungsmöglichkeiten – zum Sonderfall des Agenturverkaufs s. Rn 1218 ff. – empfiehlt sich eine **Darstellung nach Fallgruppen**.[34]

(1) Besicht- und Kenntnisklauseln

1329 Hält man mit einer stark vertretenen, aber nicht unproblematischen Auffassung die **Konkretisierung**, also den beschreibenden Charakter der Information, sowie die **Transparenz** für die **maßgeblichen Zulässigkeitskriterien**,[35] stoßen wegen ihrer Abstraktheit und Mehrdeutigkeit „Besicht- und Kenntnisklauseln" auf Bedenken wie z. z. B.:

„verkauft wie besehen"

„wie besichtigt und probegefahren"

„wie gesehen, im Tageszustand"

„verkauft wie beschaffen"

„das Fahrzeug wird so geschuldet, wie es geht und steht"

„zum Zeitpunkt des Vertragsschlusses vorhandene Mängel sind bekannt".

Derartige Klauseln, im professionellen Handel vor dem 1. 1. 2002 unüblich, werden traditionell nicht als Beschaffenheits- bzw. Zustandsbeschreibungen verstanden. Gedeutet wurden sie vielmehr als Beschränkungen der Gewährleistung, wobei zwischen erkennbaren und verborgenen Mängeln, mitunter auch nach der Art des Mangels, unterschieden wurde.

Nach h. M. schließen Klauseln wie „besichtigt und probegefahren" oder einfach „wie besichtigt" die Haftung nur für solche (technischen) Mängel aus, die der Käufer bei einer normalen Besichtigung und/oder Probefahrt ohne Hinzuziehung eines Sachverständigen hätte feststellen können (s. Rn 1973). Es werden also nicht sämtliche Mängel erfasst, insbesondere nicht solche, die auch bei einer Prüfung unentdeckt geblieben wären.[36] Mit Hilfe einer solchen Klausel das angebotene Fahrzeug als „mängelfrei" zu definieren, war einem Verkäufer in der Regel nicht möglich.

Doch schon in ihrer herkömmlichen, engeren Auslegung fallen die oben genannten Besicht- und Kenntnisklauseln – auch als **Individualabrede** – unter § 475 Abs. 1 BGB.[37] Das

---

[32] Vgl. *Eggert*, DAR 1998, 45.
[33] Ein Beispiel ist in ZGS 2002, 243 abgedruckt.
[34] So auch *M. Müller*, NJW 2003, 1975; s. auch *May*, DAR 2004, 557 ff.
[35] So *P. Huber* in FS *Henrich*, S. 310; *ders.* in *Huber/Faust*, Kap. 15 Rn 12; ähnlich *Schulte-Nölke*, ZGS 2002, 76; *ders.*, ZGS 2003, 184; *Grundmann*, AcP 202, 40, 52.
[36] Anders *Huber/Faust*, Kap. 12 Rn 12; *Reinicke/Tiedtke*, Kaufrecht, Rn 748.
[37] Müko-BGB/*S. Lorenz*, § 475 BGB Rn 9; *M. Müller*, NJW 2003, 1975, 1976; *Staudenmayer*, Europäisches Kaufgewährleistungsrecht, S. 45; *Repgen*, a. a. O., S. 64; *Stijns/van Gerven* in *Grund-*

Umgehungsverbot („anderweitige Gestaltung") muss nicht bemüht werden. Der Grund für die Unwirksamkeit derartiger Klauseln besteht darin, dass der Verkäufer ohne nachprüfbare Mitteilung von Einzelheiten das **Risiko von Ungewissheiten** über den gesamten Fahrzeugzustand, mit einigen Klauseln sogar für sämtliche verborgenen Mängel, abwälzen könnte. Das ist ihm in dieser Pauschalität nicht gestattet.[38] Unbeachtlich ist daher der allgemeine Hinweis **„Fz. hat optische u. technische Mängel"**.[39]

Auch mit Blick auf § 475 Abs. 1 BGB unbedenklich ist dagegen, ein gebrauchtes Kfz mit einem **Befundbericht** zu verkaufen, in dem bestimmte negative Fahrzeugeigenschaften hinreichend detailliert und verständlich aufgelistet sind. Freilich muss der Verbraucher durch ein solches Dokument richtig und vollständig ins Bild gesetzt werden (s. auch Rn 1333). So wie der Verkäufer einen einzelnen Defekt, wie z. B. die Undichtigkeit des Kühlers, zum Gegenstand einer (negativen) Beschaffenheitsvereinbarung machen kann (näher Rn 1332), kann er dem Verbraucher auch eine Mehrheit von Mängeln, z. B. in Form einer **Mängelliste**, zur Kenntnis bringen.

Welche Defekte, Defizite und Risiken der Verbraucher „mitgekauft" hat, ist in erster Linie eine Frage der Auslegung (§§ 133, 157 BGB). Dabei spielt auch der **Preis** eine Rolle,[40] mag er auch in Art. 2 Abs. 2 Buchst. d der Verbrauchsgüterkaufrichtlinie als Kriterium nicht genannt sein. Zu den heute üblichen Befund- und Zustandsberichten („kaufbegleitende Gutachten" o. Ä.) s. Rn 1333.

(2) Verkäufe als „Bastlerfahrzeug", „Unfallwagen" ö. Ä.

Zwischen dem Verkauf mit einem konkreten Zustandsbericht bzw. einer detaillierten Mängelliste und dem Verkauf unter so pauschalen Qualifikationen wie „Unfallwagen", „Bastlerfahrzeug" oder „Fahrzeug zum Ausschlachten" oder gar „Null-Fahrzeug" besteht ein Unterschied nur im Grad der Bestimmtheit. Derartige Bezeichnungen beziehen sich auf das gesamte Fahrzeug, nicht auf konkrete Einzelteile. 1330

Auch bei diesen sogenannten **„Als-was-Verkäufen"** mit oder ohne Angabe des Verwendungszwecks wird die Sollbeschaffenheit in einer bestimmten, dem Verbraucher freilich nicht immer auf Anhieb erkennbaren Weise festgelegt. Um die vertraglich vorausgesetzte Verwendung i. S. d. § 434 Abs. 1 S. 2 Nr. 1 BGB geht es hier regelmäßig nicht.[41]

Wie fließend die Grenze zwischen Beschaffenheitsvereinbarung und vertraglicher Haftungsbeschränkung ist, machen die hier erörterten Fälle besonders deutlich. Auch die Abgrenzung zum gesetzlichen Haftungsausschluss nach § 442 BGB ist nicht unproblematisch.[42] Für **den BGH** geht es bei den „Als-was-Verkäufen" nicht um einen völligen oder teilweisen Ausschluss der Mängelhaftung im Vereinbarungswege, sondern um eine Frage der Sollbeschaffenheit. Entscheidend kommt es darauf an, so der VIII. Zivilsenat, „als was" die Sache verkauft worden ist.[43]

Mit welcher Maßgabe die Sollbeschaffenheit durch eine Bezeichnung wie „Unfallwagen" festgelegt wird, ist zunächst eine Frage der Auslegung. Schon wegen ihrer Kürze lassen die hier in Rede stehenden Beschreibungen, isoliert betrachtet, durchweg offen, unter

---

mann/*Bianca*, EU-Kaufrechtsrichtlinie Art. 7 Rn 43; trotz anderen Klauselverständnisses ebenso *Huber/Faust*, Kap. 15 Rn 12; *Reinicke/Tiedtke*, Kaufrecht, Rn 748; *Tiedtke/Burgmann*, NJW 2005, 1153.
38 Müko-BGB/*S. Lorenz*, § 475 BGB Rn 9; *May*, DAR 2004, 557, 560; *Schinkels*, ZGS 2005, 335.
39 AG München 23. 4. 2003, DAR 2004, 158.
40 Ebenso *May*, DAR 2004, 557, 559.
41 Siehe aber auch *Schinkels*, ZGS 2005, 333, 335.
42 Zu den verschiedenen Deutungen s. *Knöpfle*, Der Fehler beim Kauf, S. 201 ff.
43 Urt. v. 22. 6. 1983, NJW 1983, 2242 (Unfallwagen).

welchen Voraussetzungen ein für die Mängelhaftung relevanter Tatbestand vorliegt. Das Fahrzeug wird lediglich typmäßig einer bestimmten Gattung zugeschrieben, wobei teils der Zustand, teils der Verwendungszweck angesprochen wird. Die gemeinsame Aussage geht in den genannten Beispielen dahin, dass das Fahrzeug nicht von normaler Beschaffenheit, sondern etwas Besonderes ist.

Der Ausdruck „**Unfallwagen**" sagt nichts darüber aus, ob der Unfallschaden behoben ist oder nicht. Im Dunkeln bleiben auch Art und Schwere der Beschädigungen (s. auch Rn 2123). Derartige Unsicherheiten sind indessen **im Wege der Auslegung** zu beheben. Sie sind kein hinreichender Grund für die Annahme eines unzulässigen (mittelbaren) Haftungsausschlusses.

Bei Bezeichnungen wie „**Bastlerfahrzeug**" oder „**Fahrzeug zum Ausschlachten**" kann schon § 118 BGB[44] oder der gleichfalls vorgelagerte **falsa-demonstratio-Ansatz** die Lösung liefern. Ein von dem objektiven Erklärungsinhalt einer Formulierung übereinstimmend abweichendes Verständnis der Vertragsparteien geht nach §§ 133, 157 BGB dem objektiven Erklärungsinhalt vor (falsa demonstratio non nocet). Dabei reicht es aus, wenn die eine Vertragspartei ihrer Erklärung einen von dem objektiven Erklärungsinhalt abweichenden Inhalt beimisst und die andere dies erkennt und hinnimmt.[45] Eine derartige Übereinstimmung nachzuweisen, ist Sache dessen, der sie geltend macht.

Wenn der Zustand des verkauften Fahrzeugs wesentlich besser ist, als die Bezeichnung „Bastlerfahrzeug" objektiv besagt, liegt die Annahme nahe, dass der Verkäufer durch einen Etikettenschwindel (falsa demonstratio) seinen Gestaltungsspielraum missbrauchen wollte.[46] Ein Indiz dafür ist die Vereinbarung eines Kaufpreises, der in einem **auffälligen Missverhältnis** zum Preis für ein „Bastlerfahrzeug" steht.[47] Auch eine frische TÜV-Plakette kann die Bezeichnung „Bastlerfahrzeug" oder „Schrott auf Rädern" falsifizieren. Wenn dem Verbraucher der Fehlgriff in der Wortwahl ersichtlich ist, spielt er rechtlich keine Rolle. Vereinbart ist nicht die Beschaffenheit eines „Bastlerfahrzeugs", sondern die eines verkehrstauglichen Fahrzeugs.[48]

Wer als Verkäufer anstelle der Bezeichnung „Bastlerfahrzeug" die Klausel wählt „Fahrzeug wurde nach gründlicher Besichtigung zur Teileverwertung verkauft" muss befürchten, mit der Alt-Autoverordnung vom 4. 7. 1997 (BGBl. I S. 1666) in Konflikt zu geraten. Das Verkaufen als „Verwertungs"- oder als „Ausschlachtfahrzeug" oder als „Ersatzteilspender" könnte danach eine Ordnungswidrigkeit sein, was an § 134 BGB denken lässt.

Nach Meinung mancher Ordnungsämter dürfen solche Fahrzeuge nur an den vom Gesetzgeber zugelassenen Altauto-Verwertungsstellen abgegeben werden. Der Gesetzgeber hat die Verwertung von Altautos in der Tat kanalisiert. Davon betroffen sind aber nur solche Fahrzeuge, derer sich die Halter/Eigentümer „entledigen", die also aus dem Verkehr gezogen werden. Altwagen, die zum Zwecke der Weiterbenutzung verkauft werden, fallen nicht unter die Entsorgungsvorschriften.

---

44 Dafür *Medicus*, SchuldR II, Rn 92 a.
45 BGH 19. 5. 2006, NJW 2006, 3139.
46 OLG Oldenburg 22. 9. 2003, DAR 2004, 92 = ZGS 2004, 75; AG Marsberg 9. 10. 2002, DAR 2003, 322 = ZGS 2003, 119; *M. Müller*, NJW 2003, 1975; *Stölting*, ZGS 2004, 96; vgl. auch *Schulte-Nölke*, ZGS 2002, 76, 77; *ders.*, ZGS 2003, 184; *Schinkels*, ZGS 2003, 310; *Reinicke/Tiedtke*, Kaufrecht, Rn 749 ff.; *May*, DAR 2004, 557, 559.
47 Zum Preisargument s. *Schulte-Nölke*, ZGS 2003, 184; *Grundmann* in *Grundmann/Bianca*, EU-Kaufrechtsrichtlinie, Art. 2 Rn 27; *May*, DAR 2004, 557, 559.
48 Müko-BGB/*S. Lorenz*, § 475 BGB Rn 8.

(3) Angaben mit Vorbehalten, Einschränkungen etc. („Wissensmitteilungen")

Während bei den „Als-was-Verkäufen" schlagwortartig meist nur eine bestimmte Kategorie von Fahrzeug angesprochen wird, sind die **Fahrzeugbeschreibungen** auf der Vorderseite der **handelsüblichen Bestellscheine** nach bestimmten Eigenschaften untergliedert. Informiert wird über diejenigen Kriterien, die nach der Verkehrsauffassung wesentlich sind: Gesamtfahrleistung, Unfallschäden, Vorbenutzung, Vorbesitzer und Alter bzw. Erstzulassung.

Sind derartige Informationen mit – regelmäßig vorformulierten – Zusätzen wie **„laut Fahrzeugbrief"** oder **„nach Angaben des Vorbesitzers"** verbunden, handelt es sich im Zweifel um bloße Wissensmitteilungen, nicht um Beschaffenheitsangaben.[49] Bei dieser zutreffenden Einschätzung stellt sich das Problem des § 475 Abs. 1 BGB nicht, auch nicht unter dem Blickwinkel „anderweitige Gestaltung". Hinzu kommt: Die hier in Rede stehenden Klauseln sind allgemein üblich und für den Durchschnittsverbraucher auch in Formularverträgen verständlich.

(4) Negative Beschaffenheitsvereinbarungen

Nicht erst bei der Beweislastumkehr nach § 476 BGB oder im Rahmen des § 442 BGB, sondern schon bei der Ermittlung der Sollbeschaffenheit können sich **negative Angaben** über den Fahrzeugzustand zulasten des Käufers auswirken. Ob und ggf. unter welchen Voraussetzungen negative Eigenschaften des Fahrzeugs, auch Risiken der Weiternutzung oder der Werteinschätzung, Gegenstand einer (negativen) Beschaffenheitsvereinbarung mit einem Verbraucher sein können, hat **der BGH** noch nicht entschieden.[50] Mit *S. Lorenz* ist im Grundsatz davon auszugehen, dass jede Vereinbarung, die unmittelbar oder mittelbar bewirkt, dass der Verbraucher das **Risiko eines verborgenen Mangels** trägt, unabhängig von ihrer Transparenz nach § 475 Abs. 1 BGB unwirksam ist.[51] Beschreibt der Verkäufer die Beeinträchtigung nur als möglich bzw. wahrscheinlich, bleibt deren Vorliegen für den Käufer also ungewiss, genügt das nicht für eine wirksame Beschaffenheitsvereinbarung.[52]

Werden dem Käufer eines zehn Jahre alten Pkw mit einer Laufleistung von 160.000 km ein „leicht ölfeuchter Motor" und „atypische Aggregatsgeräusche" mitgeteilt und wird er, gleichfalls schriftlich, darauf hingewiesen, dass „ein kurzfristiger Defekt oder Ausfall der Bauteile wahrscheinlich ist", weiß auch ein Verbraucher, woran er ist. Ihm wird der „Sachstand klar vor Augen geführt".[53] Klarheit und Verständlichkeit (Transparenzgebot) sind für die Instanzgerichte wichtige Anerkennungsvoraussetzungen.[54] Mängelhinweise an versteckter Stelle sind ebenso unbeachtlich wie für einen durchschnittlichen Verbraucher unverständliche Informationen im Technikerjargon.

(5) Zustands- und Befundberichte

Im Fachhandel, insbesondere von den Neufahrzeughändlern mit Gebrauchtwagenabteilung, werden gebrauchte Pkw/Kombi üblicherweise erst nach einer gründlichen Untersuchung zum Kauf angeboten, ganz überwiegend „mit Garantie". Vor allem mit Rücksicht

---

49 BGH 12.3.2008, NJW 2008, 1517 (Unfallschäden und Gesamtfahrleistung); OLG Düsseldorf 16.6.2008 – I-1 U 231/07 – n.v. (Erstzulassung).
50 Offen gelassen im Urt. v. 12.3.2008, NJW 2008, 1517.
51 Müko, § 475 Rn 9.
52 *Schinkels*, ZGS 2005, 337.
53 LG Dresden 28.8.2006 – 13 S 0149/06 – n.v.
54 Siehe auch AG München 23.4.2003, DAR 2004, 158.

auf die Beweislastumkehr werden häufig **Befund- bzw. Zustandsberichte** beigefügt, z. B. ein DEKRA-Siegel-Bericht. Sie liefern Detailinformationen über den Zustand des Fahrzeugs bei Vertragsabschluss und/oder bei Auslieferung, vor allem positive. Mitunter sind aber auch negative Eigenschaften aufgeführt, z. B. „Lack nicht okay" oder „ölfeuchter Motor". Dazu s. Rn 1332. Häufig stammen diese Berichte und Protokolle nicht direkt vom Händler, sondern von Prüforganisationen wie DEKRA und TÜV. Hauptzweck ist die Fixierung des Ist-Zustandes zeitnah vor Auslieferung, um im Streitfall den Beweis der Mängelfreiheit bei Übergabe führen zu können (§ 476 BGB).

Wenn der Käufer einen solchen Zustandsbericht zur Kenntnis genommen hat, bevor er sich zur Bestellung entschlossen hat, kann er – auch ohne Bezugnahme auf ihn im Bestellschein – Einfluss auf den Vertragsinhalt haben. Anders ist es bei einer Dokumentation des Fahrzeugzustands aus der Zeit nach der Bestellung, selbst wenn sie im Bestellschein (Kaufvertrag) verabredet war.[55]

Den Verbraucher in solchen Dokumenten oder andernorts darauf hinzuweisen, dass er auch bei positiven Zustandsangaben mit einer der Fahrleistung und dem Alter entsprechenden Abnutzung und Beeinträchtigung der Funktionen rechnen müsse, ist zwar ein rechtlich an sich überflüssiger, gleichwohl legitimer Beschaffenheitshinweis.

(5) Garantiezusagen, Garantieurkunden

1334 Von der eigenen Sachmängelhaftung zumindest faktisch entlasten kann ein Händler sich auch dadurch, dass er eine Garantie eines Dritten vermittelt. Das ist im heutigen Fachhandel weit verbreitet. Aus seiner Sicht geht es um Risikominimierung und Kundenbindung. Ob und inwieweit durch das Nebeneinander von Gewährleistung und (vermittelter) Garantie berechtigte Käuferinteressen verletzt werden können, wird Rn 1714 ff., 2062 ff. erörtert.

3. Beschaffenheit ohne Vereinbarung: Vertragsmäßigkeit nach objektiven Kriterien

1335 Erst wenn sich eine Beschaffenheitsvereinbarung nach Ausschöpfung des gesamten Auslegungsstoffes nicht feststellen lässt, wobei gerade beim Gebrauchtfahrzeugkauf auch **stillschweigende** bzw. **konkludente** Vereinbarungen in Betracht gezogen werden müssen, ist auf einer **zweiten Stufe** die Frage der Vertragsmäßigkeit nach objektiven Gesichtspunkten zu prüfen.

Die erste Stufe zu überspringen und die Soll-Beschaffenheit sogleich und nur anhand der Vorgaben der Nrn. 1 und 2 des § 434 Abs. 1 BGB zu ermitteln, kann **in mehrfacher Hinsicht fehlerhaft** sein. Eine im Wege der Vereinbarung – in zulässiger Weise (§ 475 Abs. 1 BGB) – festgelegte Minderqualität sperrt den Rückgriff auf die Auffangregeln der Nrn. 1 und 2 des § 434 Abs. 1 BGB, insbesondere scheidet der objektive Mangelbegriff als Prüfmaßstab aus.[56] Im Übrigen: Der Bruch einer Beschaffenheitsvereinbarung ist mit Blick auf die Erheblichkeit der Pflichtverletzung (§ 323 Abs. 5 S. 2 BGB) etwas anderes als das Unterschreiten der objektiven Standards. Auch für die Reichweite einer Freizeichnung und im Zusammenhang mit dem Entlastungsbeweis beim Schadensersatzanspruch kann es darauf ankommen, ob der Verkäufer eine Beschaffenheitsangabe gemacht hat oder nicht.

a) Vertraglich vorausgesetzte Verwendung

1336 An der Schnittstelle zwischen vereinbarter Beschaffenheit und der Vertragsmäßigkeit nach objektiven Kriterien liegt die „nach dem Vertrag vorausgesetzte Verwendung" (§ 434

---

55 AG Essen 22. 9. 2004, SVR 2005, 33 (Navigationssystem).
56 OLG Karlsruhe 29. 8. 2007, OLGR 2007, 1011.

Abs. 1 S. 2 Nr. 1 BGB). Der **Verwendungszweck** der Kaufsache kann bereits bei der vorrangigen Prüfung einer Beschaffenheitsvereinbarung zu beachten sein, etwa bei Verwendung von Kurzbezeichnungen wie „Rennfahrzeug" oder „Geländewagen" oder „Auto zum Ausschlachten". Die weitergehende Frage, ob der Verkäufer für eine bestimmte Verwendung eine Garantie übernommen hat (Zusicherung alter Art), bleibt weiterhin ein Thema (s. Rn 1420 ff.).

Erst wenn sich hinsichtlich der Verwendung (Zweckeignung) keinerlei Vereinbarung, auch keine stillschweigende/konkludente, feststellen lässt, tritt mit dem Gesichtspunkt „nach dem Vertrag vorausgesetzte Verwendung" das erste vereinbarungsfreie, andererseits nicht ausschließlich objektive Kriterium auf den Plan.

„Vertraglich vorausgesetzt" ist eine Verwendung auch dann, wenn sich dies lediglich aus den Umständen oder einer einseitigen Erklärung des Käufers ergibt, auf die der Verkäufer eingeht. Es genügt eine nur **faktische Übereinkunft** über den Verwendungszweck. Nach Art. 2 Abs. 2 lit. b der Verbrauchsgüterkaufrichtlinie reicht es, wenn der Käufer dem Verkäufer den angestrebten Verwendungszweck zur Kenntnis gebracht hat und dieser nicht widerspricht. Eine konkludente Übereinstimmung lässt auch die amtliche Begründung genügen.[57]

Auf dem Gebiet des Gebrauchtfahrzeugkaufs ist die **Bedeutung** von § 434 Abs. 1 S. 2 Nr. 1 BGB **vergleichsweise gering**. Die **gewöhnliche Verwendung** als Verkehrs- und Transportmittel, d. h. die Eignung zum Einsatz im Straßenverkehr, scheidet in diesem Zusammenhang aus.[58] Dieses Kriterium hat seinen Platz auf der nächsten Stufe der Prüfung (Rn 1337). Gleiches gilt für die **„Betriebsfähigkeit"** im Sinne der Zulassungsvorschriften.[59]

Wenn „vertraglich vorausgesetzte Verwendung" nicht die gewöhnliche, sondern eine besondere, individuelle Verwendung meint, so ist auch beim **Kauf von Nutzfahrzeugen** nur in Sonderfällen Raum für § 434 Abs. 1 S. 2 Nr. 1 BGB, etwa wenn die vom Käufer erkennbar angestrebte Nutzung von der für das Fahrzeug bauartbedingt vorgesehenen Einsatzmöglichkeit abweicht.

Nicht um die vertraglich vorausgesetzte, sondern um die gewöhnliche Verwendung geht es, wenn der Zentralschlüssel für das Fahrzeug fehlt, so dass beim Verlust eines Schlüssels ein Zweitschlüssel nur mit hohen Kosten angefertigt werden kann.[60]

Sofern bereits ein begründeter **Verdacht mangelnder Eignung** zur gewöhnlichen Verwendung einen Mangel darstellt, falls der Verdacht nachträglich nicht ausgeräumt wird,[61] muss dies auch für die „vertraglich vorausgesetzte Verwendung" gelten. Beruht die Verwendungsunsicherheit auf einer bestimmten behördlichen Rechtsauffassung über die Führerscheinfreiheit, soll ein Sachmangel nicht vorliegen.[62]

b) Gewöhnliche Verwendung, übliche und zu erwartende Beschaffenheit

Zumal für den Gebrauchtfahrzeugkauf von großer praktischer Bedeutung sind die in § 434 Abs. 1 S. 2 Nr. 2 BGB formulierten **„Auffangregeln"**. Haben die Vertragsparteien keine Beschaffenheitsvereinbarung getroffen und liegt auch keine Abweichung von der vertraglich vorausgesetzten Verwendung vor, ist anhand **objektiver Kriterien** zu prüfen, ob das Kaufobjekt mangelhaft ist.

---

57 BT-Drucks. 14/6040, 213.
58 OLG Düsseldorf, 19. 6. 2006, NJW 2006, 2858; OLG Stuttgart 15. 8. 2006, NJW-RR 2006, 1720; *Grigoleit/Herresthal*, JZ 2003, 233, 235.
59 Anders OLG Bremen 10. 9. 2003, OLGR 2004, 117; KG 16. 7. 2004, SVR 2004, 427.
60 Anders AG München 31. 3. 2004, SP 2005, 70.
61 OLG Karlsruhe 29. 5. 2002, OLGR 2002, 248 – Biodiesel.
62 OLG Nürnberg 23. 1. 2001, NJW-RR 2002, 267.

Nach § 434 Abs. 1 S. 2 Nr. 2 BGB liegt (trotz anderslautender Formulierung) ein Sachmangel vor, wenn das Fahrzeug sich für die gewöhnliche Verwendung nicht eignet oder ihm eine Beschaffenheit fehlt, die bei Sachen gleicher Art üblich ist und die der Käufer nach der Art der Sache erwarten kann.

Mit dieser **Drei-Komponenten-Regelung** soll Art. 2 Abs. 2 Buchst. c und d der Verbrauchsgüterkaufrichtlinie umgesetzt werden. Von einer Beschränkung auf den Verbrauchsgüterkauf hat der deutsche Gesetzgeber aus guten Gründen abgesehen. Die oben genannten Kriterien gelten somit einheitlich für Käufe aller Art. Auch zwischen neuen und gebrauchten Sachen macht das Gesetz keinen prinzipiellen Unterschied.

In seinem Kerngehalt enthält § 434 Abs. 1 S. 2 Nr. 2 BGB gegenüber dem früheren Rechtszustand **nichts Neues**.[63] Deshalb bleibt die **Rechtsprechung zu § 459 Abs. 1 BGB a. F.** weiterhin beachtlich. Konsequenterweise knüpfen die Gerichte an die Präjudizien aus dem alten Recht an, wobei sie die „unnötig komplizierte"[64] Neuregelung nicht selten ignorieren oder verkürzt anwenden.

Für den Gebrauchtfahrzeugkauf hat **der BGH** der Drei-Komponenten-Regelung inzwischen erste Konturen gegeben. Für die **gewöhnliche Verwendung** eignet sich ein gebrauchter Pkw, wenn er **keine technischen Mängel** aufweist, die die Zulassung zum Straßenverkehr hindern oder die Gebrauchsfähigkeit aufheben oder beeinträchtigen.[65] Was diese Aussage des BGH für Fälle bloßer Schadenanfälligkeit (Störanfälligkeit), für das Standardthema „Verschleiß und Mangel" sowie für das Thema „Dauer der Funktionsfähigkeit" bedeutet, ist noch nicht abschließend geklärt.

Ob und inwieweit die gewöhnliche Verwendung durch **nichttechnische Mängel** (z. B. zu hohe Gesamtlaufleistung, zu hohes Alter) beeinträchtigt sein kann oder ob in solchen Fällen die Kriterien „übliche Beschaffenheit" und/oder „zu erwartende Beschaffenheit" maßgebend sind, wird im Kapitel „Einzelfälle" bei dem jeweiligen Mangel erörtert (ab Rn 1368).

Schon an dieser Stelle ist festzuhalten: Mangelfrei ist ein Gebrauchtwagen nicht schon dann, wenn er sich nur für die gewöhnliche Verwendung eignet, also zulassungsfähig und fahrtüchtig ist.[66] Auch die beiden anderen Voraussetzungen müssen vorliegen, andernfalls das Fahrzeug mangelhaft ist. **Beispiel:** Ein verschwiegener Unfallvorschaden macht den Wagen bei fachgerechter und vollständiger Instandsetzung nicht verwendungsuntauglich. Dennoch kann er objektiv mangelhaft sein. Begründet wird das mit einer Abweichung von der üblichen bzw. der zu erwartenden Beschaffenheit (näher Rn 1578). Sowohl die eine wie die andere darf nicht fehlen, andernfalls ist das Fahrzeug mangelhaft.

1338 **Übliche Beschaffenheit:** Welche Beschaffenheit bei einem bereits gebrauchten Kraftfahrzeug als „üblich" gilt, ist zunächst eine Frage des **Vergleichsmaßstabes** („Sachen gleicher Art"). Ausführlich dazu Rn 1526 f. Außer Streit steht, dass **normaler alters- und gebrauchsbedingter Verschleiß** üblich ist und vom Käufer hingenommen werden muss.[67] Näheres Rn 1535 ff. Welche Beschaffenheit ansonsten üblich ist, hängt laut BGH[68] von den **Umständen des Einzelfalls** ab, wie beispielsweise dem Alter und der Laufleistung des Fahrzeugs, der Anzahl der Vorbesitzer und der Art der Vorbenutzung. Wie fließend die Grenze zwischen üblicher und zu erwartender Beschaffenheit (dazu sogleich Rn 1339) ist, offenbart seine anschließende Bemerkung, für das, was der Käufer erwarten (!) dürfe,

---

63 *Büdenbender* in AnwK-BGB, § 434 BGB Rn 33.
64 *Büdenbender* in AnwK-BGB, § 433 BGB Rn 28.
65 Urt. v. 10. 10. 2007, NJW 2008, 53.
66 BGH 10. 10. 2007, NJW 2008, 53; OLG Naumburg 13. 12. 2006, OLGR 2007, 815 (nur Ls.).
67 BGH 23. 11. 2005, NJW 2006, 434; BGH 10. 10. 2007, NJW 2008, 53.
68 Urt. v. 10. 10. 2007, NJW 2008, 53.

könne ferner der Kaufpreis oder der dem Käufer erkennbare Pflegezustand des Fahrzeugs bedeutsam sein. Die **Verkehrsauffassung** wird vom BGH im Zusammenhang mit der üblichen Beschaffenheit nicht ausdrücklich erwähnt, soll aber gleichfalls eine Rolle spielen.[69]

Zu erwartende Beschaffenheit: Abzustellen ist nicht auf diejenige Beschaffenheit, die der Käufer tatsächlich erwartet hat. Maßstab ist allein die objektiv berechtigte Erwartung.[70] Mangels abweichender Anhaltspunkte orientiert sie sich **im Regelfall an der üblichen Beschaffenheit** gleichartiger Sachen,[71] d. h. die zu erwartende Beschaffenheit deckt sich in der Regel mit der üblichen Beschaffenheit. Eine bessere als die übliche Beschaffenheit kann ein Käufer im Allgemeinen nicht erwarten, so wie er umgekehrt keine schlechtere in Rechnung stellen muss, immer vorausgesetzt, dass keine besonderen Umstände vorliegen, die eine abweichende Erwartung rechtfertigen.

Stellungnahme: Die Kriterien „übliche Beschaffenheit" und „zu erwartende Beschaffenheit" sind vor allem in den Fällen maßgebend, in denen das Fahrzeug im Zeitpunkt der Übergabe an den Käufer für die gewöhnliche Verwendung tauglich ist. Während **technische Defekte** typischerweise die Funktionstauglichkeit beeinträchtigen, bei einem bereits gebrauchten Fahrzeug unter bestimmten Voraussetzungen gleichwohl vom Käufer hingenommen werden müssen (z. B. natürlicher Verschleiß und Alterung, dazu Rn 1535 ff.), stellen **„unkörperliche" Defizite** wie eine zu hohe Laufleistung in der Regel nicht die gewöhnliche Verwendung in Frage. Hier geben die übliche und die zu erwartende Beschaffenheit den Ausschlag.

Mangels empirischer Befunde („üblich") neigen die Gerichte dazu, den Akzent auf die Beschaffenheit zu setzen, die der Käufer erwarten darf. Diese **Abkehr vom Faktischen mit Hinwendung zum Normativen** begünstigt tendenziell die Käuferseite. Soweit wie möglich sollte die zu erwartende Beschaffenheit über das Kriterium „übliche Beschaffenheit" definiert werden, nicht umgekehrt. Da statistisches Material in den meisten Fällen nicht in aussagekräftigem Umfang vorhanden ist, sind Parteien, ihre Anwälte und die Gerichte auf sachverständige Beratung angewiesen. In Fragen technischer Natur, etwa in „Verschleißfällen", ist dieser Weg durchaus erfolgversprechend. Anders sieht es aus, wenn zu klären ist, wie häufig bestimmte nichttechnische Befunde (Unfallvorschaden, Km-Abweichungen, Altersdifferenzen u. a.) bei vergleichbaren Fahrzeugen vorkommen. Angesichts der hier bestehenden Aufklärungsprobleme ist es legitim, wenn die Gerichte die vom Käufer zu erwartende Beschaffenheit zum Maßstab nehmen. Dass sie dann in einem weiteren Schritt die Offenbarungspflicht des Verkäufers instrumentalisieren, ist naheliegend. In der Tat hängt das, was der Käufer erwarten darf, in gewisser Weise auch vom Aufklärungsverhalten des Verkäufers ab. Werden offenbarungspflichtige Umstände nicht aufgedeckt, ist der Käufer grundsätzlich in der Erwartung schutzwürdig, dass kein Aufklärungsbedarf besteht.

4. Öffentliche Äußerungen des Verkäufers

Erklärungen des Verkäufers, mögen sie auch an die Öffentlichkeit gerichtet sein, können Gegenstand einer **Beschaffenheitsvereinbarung** nach § 434 Abs. 1 S. 1 BGB sein, eventuell sogar in Gestalt einer **Beschaffenheitsgarantie**. Diese Frage ist vorrangig zu prüfen. Zur Einbeziehungsproblematik, auch bei **Internetangaben**, s. Rn 1615. Ist die öffentliche Äußerung nicht Vertragsinhalt geworden, tritt § 434 Abs. 1 S. 3 BGB auf den Plan. Diese Vorschrift unterscheidet nicht zwischen **gewerblichen** und **privaten** Verkäufern, meint aber in erster Linie den Handel.

---

69 *Eckert/Maifeld/Matthiessen*, Rn 320.
70 BGH 7. 2. 2007, NJW 2007, 1351 (Pferdekauf).
71 BGH 7. 2. 2007, NJW 2007, 1351 (Pferdekauf).

Auch **private Kfz-Verkäufer** haben nicht erst durch die elektronischen Medien (z. B. Gebrauchtwagenbörsen im Internet) vielfältige Möglichkeiten, sich mit ihren Angeboten an die Öffentlichkeit zu richten. Neben der **Tageszeitung**, dem klassischen Medium, gibt es spezielle lokale und regionale Anzeigenblätter, aber auch überregionale Printmedien mit Privatanzeigen wie z. B. auto, motor und sport. Verkaufsangebote mit Fahrzeugbeschreibung werden mitunter auch direkt am Fahrzeug angebracht, um Interessenten anzulocken.

Im **professionellen Gebrauchtfahrzeughandel** haben die elektronischen Medien die Printmedien weitgehend verdrängt. Präsentiert werden die Fahrzeuge vor allem in den zahlreichen Gebrauchtwagenbörsen und auf händlereigenen Websites. Von betrieblichen **Einzelaktionen** sind Kooperationen mit anderen Kfz-Händlern und/oder mit dem Hersteller/ Importeur zu unterscheiden. **Gemeinschaftsaktionen** können über die Medien laufen, z. B. in Form einer Gemeinschaftsanzeige in einer Tageszeitung. Denkbar sind aber auch gemeinsame Ausstellungen und ähnliche Kooperationen („Events"). Bei einer Gemeinschaftsaktion muss der Kfz-Betrieb, um dessen Haftung es später geht, konkret nach außen in Erscheinung getreten sein. Eine stille Beteiligung genügt nicht; erst recht nicht die bloße Zugehörigkeit zur gleichen Marke.

Öffentliche Äußerungen i. S. v. § 434 Abs. 1 S. 3 BGB sind auch Aussagen wie „alle Fahrzeuge werkstattgeprüft", angebracht auf Schildern oder Transparenten auf dem eigenen Betriebsgelände. Da sie an eine unbestimmte Vielzahl von Personen gerichtet sind, zählen auch Beschreibungen auf Informationsträgern, die unmittelbar am ausgestellten Fahrzeug befestigt oder auf die Scheiben geklebt sind (Verkaufsschilder, Info-Cards), zu den „öffentlichen Äußerungen" des Verkäufers.

1342 Ob Erklärungen auf **Websites**, in **Inseraten** und auf **Verkaufsschildern** Vertragsinhalt geworden sind, ist für die Rechtsprechung keine neue Frage. Meist hat man zugunsten der Käufer entschieden, s. Rn 1615. Diese Linie wird trotz § 434 Abs. 1 S. 3 BGB fortgesetzt. Mit dem Einwand, die frühere Erklärung bei den Vertragsverhandlungen **widerrufen** oder **berichtigt** zu haben, sind Verkäufer, insbesondere professionelle, nur selten gehört worden. Nach gängiger Rechtspraxis hatten sie die „Berichtigung" zu beweisen (s. Rn 1615).

In der **vorrangigen Einbeziehungsfrage** kann ohne weiteres an die bisherige Rechtsprechung angeknüpft werden. Ob die Erklärung Garantiecharakter hat oder nur eine „einfache" Beschaffenheitszusage darstellt, unterliegt einer Neubewertung der beiderseitigen Interessen. Nach der Neuausrichtung des Kaufrechts zum 1. 1. 2002 ist in Fällen des Verbraucherkaufs eine Garantiezusage im Zweifel zu verneinen (s. Rn 1362).

1343 Sind „öffentliche Äußerungen" des Verkäufers nicht Vertragsinhalt geworden, können sie gleichwohl **haftungsbegründend** wirken. Das ist das **eigentlich Neue** (§ 434 Abs. 1 S. 3 BGB). Voraussetzung ist stets, dass sich die Erklärung auf eine **konkrete Eigenschaft** bezieht und dass der Käufer das Vorhandensein dieser Eigenschaft erwarten kann. Auszusondern sind damit **pauschale Anpreisungen** wie z. B. „alle Fahrzeuge tipptopp" oder „sämtliche Fahrzeuge im Bestzustand". In derartigen Äußerungen hat man bislang keine Zusicherungen i. S. v. § 459 Abs. 2 BGB a. F. gesehen (s. Rn 1608). Auch nach der Neufassung des Sachmangelbegriffs scheiden sie als Haftungstatbestand aus.[72]

Sollte eine öffentliche Äußerung des Verkäufers über eine konkrete Fahrzeugeigenschaft keinen Eingang in den Kaufvertrag gefunden haben, bleiben dem Verkäufer mehrere Möglichkeiten, eine auf Satz 3 des § 434 Abs. 1 BGB gestützte Haftung abzuwenden. Der **Befreiungstatbestand** der fehlenden Kenntnis bzw. schuldlosen Unkenntnis wird freilich kaum praktisch werden. Er ist auf Äußerungen Dritter, insbesondere des Herstellers, zuge-

---

[72] Siehe auch LG Osnabrück 21. 6. 2004, NZV 2005, 100 (keine öffentliche Äußerung).

schnitten. Erklärungen seines Personals muss sich ein Unternehmer nach den allgemeinen Regeln zurechnen lassen (§§ 164 ff. BGB).

Schon im früheren Recht von einiger praktischer Bedeutung war der Fall der **Berichtigung** (s. Rn 1615). Das Gesetz verlangt jetzt, wenngleich in anderem Zusammenhang, dass die unrichtige Äußerung im Zeitpunkt des Vertragsschlusses „**in gleichwertiger Weise**" berichtigt war. Die „Gegenerklärung" muss in ähnlich öffentlichkeitswirksamer Weise abgegeben werden. Eine individuelle (auch mündliche) Käuferaufklärung kann die gleiche Wirkung haben.[73] Die **Beweislast** liegt so oder so beim Verkäufer.

Der Verkäufer kann ferner geltend machen, seine falsche Äußerung habe die **Kaufentscheidung nicht beeinflussen** können. Dieser Nachweis wird kaum zu führen sein. Erbracht ist er z. B., wenn feststeht, dass der Käufer die fragliche Äußerung vor Vertragsabschluss nicht gekannt hat.

Welche vertragsrechtlichen Auswirkungen die Verordnung über Verbraucherinformationen zum **Kraftstoffverbrauch** und zu **Schadstoff-Emissionen** vom 28. 5. 2004 (PkwEnVKV) auf die Vermarktung von gebrauchten Pkw hat, bleibt abzuwarten. Noch ist der Anwendungsbereich dieser Verordnung, die sich auch an Händler richtet, auf neue Pkw beschränkt. Ob die Angaben, die ein Händler beim Neufahrzeugverkauf gemacht hat, bei einem späteren Weiterverkauf durch ihn fortwirken, ist eine offene Frage (zur Pkw-EnVKV beim Neuwagenverkauf s. Rn 300).

5. Öffentliche Äußerungen des Herstellers oder seines „Gehilfen"

Die **eigentliche Bedeutung** des § 434 Abs. 1 S. 3 BGB liegt darin, dass eine Einstandspflicht des Verkäufers (auch des privaten!) für **Erklärungen Dritter** eingeführt wird. Der Hersteller und dessen „Gehilfen" sind keine Hilfspersonen des Verkäufers. Nach den §§ 166, 278 BGB kann eine Zurechnung also nicht erfolgen. Hersteller i. S. v. § 434 Abs. 1 S. 3 BGB ist nicht nur der Hersteller des Endprodukts, also z. B. das Automobilwerk. Erfasst werden auch der Quasi-Hersteller und der EU-Importeur.

1344

Mit „Gehilfe" ist eine Hilfsperson des Herstellers gemeint, nicht des Verkäufers. Der Verkäufer ist selbst kein Gehilfe des Herstellers. Diese Eigenschaft hat auch nicht ein Händler oder eine Vertriebsorganisation der gleichen Herstellermarke. Ob der Hersteller mit dem Verkäufer vertraglich verbunden ist, z. B. durch einen Händlervertrag, ist für den Gesetzgeber kein Kriterium. Ein Ford-Händler, der einen gebrauchten Kia verkauft, hat also prinzipiell auch für öffentliche Äußerungen von Kia Motors einzustehen. Unerheblich ist auch die Sprache, in der die Herstellerverlautbarung publiziert worden ist. Deren Alter ist gleichfalls grundsätzlich ohne Belang. Unterschieden wird schließlich auch nicht zwischen veränderlichen und unveränderlichen Eigenschaften der Sache. All das wirkt aus der Perspektive des Verkaufs gebrauchter Kraftfahrzeuge wenig durchdacht und etwas realitätsfern.

Dass ein Kfz-Händler sich öffentliche Informationen seines eigenen Herstellers zu Eigen macht, selbst damit wirbt oder sie in das konkrete Verkaufsgespräch einführt, z. B. über einen Prospekt, ist im Neufahrzeughandel ein alltäglicher Vorgang. Auch beim Verkauf junger Gebrauchtfahrzeuge des eigenen Fabrikats ist die Nähe zum Hersteller unverkennbar, zumal bei noch laufender „Werksgarantie". Mit zunehmendem Alter des Fahrzeugs tritt der Hersteller/Importeur immer stärker in den Hintergrund, auch aus Sicht eines verständigen Kunden. Bei Fremdfabrikaten fehlt es von vornherein an der spezifischen Sachnähe. Vor diesem Hintergrund bedarf es stets einer **besonderen Begründung** dafür, dass bestimmte Herstellerinformationen **Vertragsinhalt** geworden sind. In den bisherigen Neuwa-

---

[73] OLG Celle 25. 10. 2005, DAR 2006, 269 (Unfallinformation); OLG Düsseldorf 26. 4. 2007, DAR 2007, 457 (Internetanzeige betr. Klimaanlage und kW).

genverkaufsbedingungen war das für **Prospektangaben** ausdrücklich so geregelt. Die Musterverträge für den Gebrauchtfahrzeugverkauf enthalten nach wie vor keine vergleichbare Einbeziehungsklausel.

1345 An die Öffentlichkeit gerichtete Herstellerinformationen als **stillschweigend/konkludent** vereinbart anzusehen, hat die Rechtsprechung in Gebrauchtwagenfällen vor der Schuldrechtsreform abgelehnt. In einem **„Benzin-Fall"** hat das OLG Düsseldorf auch ohne diesen „Kunstgriff" einen Fehler gem. § 459 Abs. 1 BGB a. F. bejaht.[74] Es hat sich an den Herstellerangaben zum Kraftstoffverbrauch orientiert, ohne festzustellen, ob und inwieweit diese Angaben Vertragsinhalt geworden sind. Unerörtert ist geblieben, ob der maßgebliche Herstellerprospekt bei den Kaufverhandlungen vorgelegen hat. Ob die Betriebsanleitung mit Angaben über den Kraftstoffverbrauch bei den Kaufverhandlungen eine Rolle gespielt hat, wird gleichfalls nicht mitgeteilt. Die Neuwertigkeit des Fahrzeugs (6 Mo. alter Opel Astra) hat dem Senat genügt, an die Rechtsprechung des BGH zum Kraftstoffmehrverbrauch bei Neufahrzeugen anzuknüpfen. Gleichfalls ein junger Gebrauchter (5 Mo. alter Opel Corsa) ist Gegenstand der zum neuen Recht ergangenen Entscheidung des OLG Naumburg vom 28. 2. 2007.[75] Hiernach könne ein verständiger Käufer eines Gebrauchtwagens grundsätzlich nicht erwarten, dass der Wagen den vom Hersteller in der Werbung genannten Kraftstoffverbrauch aufweise. Offen geblieben ist, ob das auch für Fahrzeuge mit geringem Alter und niedriger Laufleistung gilt. Im konkreten Fall scheiterte der Rücktritt jedenfalls an der Bagatellhürde.

1346 Nicht anders als bei einer öffentlichen Äußerung des Verkäufers ist Grundvoraussetzung, dass eine **bestimmte Eigenschaft** des Fahrzeugs oder seiner Teile Gegenstand der Erklärung des Dritten ist. Das macht eine sorgfältige Abgrenzung zwischen reklamehafter Anpreisung und konkreter Beschaffenheitsangabe notwendig. Da sich die Werbeaussagen der Hersteller/Importeure auf **fabrikneue Fahrzeuge** beziehen, stellt sich mit Blick auf den späteren Verkauf als Gebrauchtwagen vor allem die Frage der **Fortwirkung der Herstellerangaben**.

Am bereits angesprochenen Beispiel einer Information über den **Kraftstoffverbrauch** wird deutlich, dass Herstellerangaben zeitlich nicht unbegrenzt gelten können. Allenfalls bei **jungen Gebrauchtwagen** wie Halbjahres- und Jahreswagen, auch bei Vorführfahrzeugen, wird man Prospektangaben über den Kraftstoffverbrauch für relevant halten können.[76] Da die Abgrenzung zwischen neu und gebraucht mitunter nur eine Frage weniger Kilometer ist, ist das Gegensatzpaar „neu/gebraucht" ein zu grobes Raster, um zu sachgerechten Ergebnissen zu gelangen. Veränderliche Eigenschaften müssen gegen unveränderliche abgegrenzt werden; schon beim Haftungstatbestand, nicht erst bei der Frage des Einflusses auf die Kaufentscheidung.

Angaben über das **Emissionsverhalten**, jetzt gleichfalls mitteilungspflichtig (PkwEnVKV), beziehen sich nicht auf das gesamte Autoleben. Langzeitwirkung haben dagegen Informationen über den **Korrosionsschutz**.

1347 Auch für den Verkäufer gebrauchter Güter von Interesse sind die **drei Befreiungstatbestände** in § 434 Abs. 1 S. 3 BGB. Der Fall der **Berichtigung bei Vertragsschluss** spielt beim Gebrauchtwagenkauf keine nennenswerte Rolle. Dass die öffentliche Äußerung, z. B. die Herstellerwerbung, **keinen Einfluss auf die Kaufentscheidung** ausüben konnte, werden Verkäufer älterer Fahrzeuge mit guten Erfolgschancen einwenden. Bei der Befreiung nach dem subjektiven Kriterium der Unkenntnis ist es Aufgabe der Rechtsprechung, die

---

74 Urt. v. 23. 10. 1997, DAR 1998, 70.
75 DAR 2007, 522, aber nur Ls.
76 Offen gelassen von OLG Naumburg 28. 2. 2007, DAR 2007, 522 (Ls.); käuferfreundlich *Tröger*, JuS 2005, 503, 508.

Anforderungen an die Sorgfalt (Kennenmüssen) je nach Situation des Verkäufers festzulegen. Privatverkäufer und gewerbliche Gelegenheitsverkäufer sind selbst bei jüngeren Gebrauchtfahrzeugen nicht verpflichtet, sich über die Werbung des Herstellers zu informieren.[77]

6. Kauf mit Montageverpflichtung/Montageanleitung

Eine Erweiterung des ehemaligen Sachmangelbegriffs enthält ferner § 434 Abs. 2 BGB. Hiernach ist ein Sachmangel auch dann gegeben, wenn die vereinbarte Montage durch den Verkäufer oder dessen Erfüllungsgehilfen unsachgemäß durchgeführt worden ist. Bei einer zur Montage bestimmten Sache liegt ein Mangel außerdem bei einer fehlerhaften Montageanleitung vor, es sei denn, die Sache ist fehlerfrei montiert worden.

Diese Neuregelung hat für den Kauf gebrauchter Kraftfahrzeuge **nur geringe praktische Bedeutung**. Unter „Montage" ist ein Zusammenbau oder ein Aufbau/Aufstellen der Kaufsache durch den Verkäufer oder eines Gehilfen zu verstehen. Den Ort der Montage nennt das Gesetz nicht. Offen ist also, ob die Montage in oder außerhalb der Sphäre des Verkäufers stattfinden soll. Eine unsachgemäße Montage im Betrieb des Verkäufers, ob vereinbart oder nicht, dürfte von § 434 Abs. 2 BGB nicht gemeint sein (s. aber auch Rn 231 ff.). Fehlerhafte Arbeiten des Verkäufers in seinem eigenen Bereich können die Sachmängelhaftung nach § 434 Abs. 1 BGB auslösen (s. Rn 1349 ff.), sofern nicht ausnahmsweise Werkvertragsrecht anwendbar ist.[78] Relevant kann die Neuregelung in Abs. 2 werden, wenn Gegenstand des Kaufvertrages ein **Sonderfahrzeug** ist, etwa ein Rennwagen, der außerhalb des Verkaufsbetriebs zusammengebaut worden ist.

Der Fall der **mangelhaften Montageanleitung** kann beim Kfz-Kauf gleichfalls nur bei Sonderfahrzeugen und bei Zubehörteilen akut werden. Eine praktische Bedeutung ist darüber hinaus nicht zu erkennen.

7. Kauf mit sonstigen werkvertraglichen Elementen

Nicht selten versprechen gewerbliche, aber auch private Verkäufer bei Bestellung des Fahrzeugs, bis zur Auslieferung (Übergabe) bestimmte technische oder optische Mängel abzustellen, Fahrzeugteile, z. B. Motor oder Getriebe, zu überprüfen und ggf. zu reparieren, einen Ölwechsel zu machen oder Einzelteile auszutauschen oder erstmals einzubauen, z. B. Zubehör. Eine Mängelbeseitigungspflicht kann auch in eine Kostenübernahmeerklärung eingebettet sein, z. B. „Der Verkäufer hat noch diejenigen Kosten zu tragen, die durch die Reparatur des Getriebes entstehen". Mitunter verpflichtet sich der Verkäufer auch dazu, behördlich vorgesehene Prüfungen bis zur Übergabe durchführen zu lassen und darüber eine Bescheinigung vorzulegen (z. B. § 29 StVZO, AU, Eintragung einer ABE-relevanten Veränderung im Fahrzeugbrief).

Derartige **Zusatzabreden** befinden sich in den handelsüblichen Bestellformularen meist in der Zeile „**Sondervereinbarungen**" oder in der Rubrik „besondere Vereinbarungen".[79] Oft werden sie auch nur mündlich getroffen.

Auslegung und rechtliche Qualifizierung solch alltäglicher Absprachen haben der Rechtsprechung einige **Schwierigkeiten** bereitet. Symptomatisch ist die unterschiedliche Auslegung der Klausel „neu TÜV-abgenommen" durch zwei verschiedene Senate des OLG Hamm in ein und derselben Sache.[80]

---

77 Vgl. Das neue Schuldrecht/*Haas*, Kap. 5 Rn 114; s. auch *Tröger*, JuS 2005, 508.
78 Zur Abgrenzung nach altem Recht s. BGH 3. 3. 2004, NJW-RR 2004, 850.
79 Zu einer Angabe im Internet s. KG 10. 1. 2005, NJW-RR 2006, 1213 (Yacht).
80 NJW 1980, 2200 (Nr. 13 und Nr. 14).

Je stärker die handwerkliche Arbeitsleistung des Verkäufers ins Gewicht fiel, desto eher waren die Gerichte geneigt, von einem **gemischten Vertrag** (Kauf- und Werkvertrag) auszugehen. Vielfach wurde jedoch trotz werkvertraglicher Momente ein einheitlicher Kaufvertrag angenommen. Vertragswidrigkeiten versuchte man dann mit den §§ 459 ff. BGB a. F. zu erfassen, wobei die Zusicherungshaftung dominierte.[81] Dass eine im Zeitpunkt des Vertragsschlusses (noch) fehlende Eigenschaft des Kaufobjekts bei dessen Übergabe vorhanden ist, konnte nach h. M. einer Eigenschaftszusicherung sein.[82]

Außer der kaufrechtlichen Einheitslösung und der Konstruktion eines gemischten Vertrages sind – speziell bei der Fallgruppe „Fahrzeugüberprüfung" – auch die **allgemeinen Regeln** über Leistungsstörungen in Betracht gezogen worden. Eine weitere Möglichkeit bestand schließlich darin, die nicht oder nicht vertragsgemäß erbrachte (Neben-)Leistung als **aufschiebende Bedingung** (§ 158 BGB) zu behandeln.

Durch die Angleichung des Kaufrechts an das Werkvertragsrecht hat die **Schuldrechtsreform** das nachvollzogen, was die Rechtsprechung durch eine interessengerechte Vertragsauslegung zu erreichen versucht hat. Dieser Praxis ist nunmehr die Grundlage weitgehend entzogen. Das **neue Kaufrecht** stellt für die meisten Konflikte, die man bisher mit dem werkvertraglichen Gewährleistungsrecht glaubte bewältigen zu können, sachgerechte Lösungen zur Verfügung. Angesichts der Vielzahl von Lebenssachverhalten erscheint es weiterhin zweckmäßig, bestimmte **Fallgruppen** zu bilden.

a) Beseitigung vor Vertragsschluss aufgetretener Mängel

1350   Verspricht der Verkäufer bei Vertragsabschluss, das Fahrzeug bis zur Übergabe in einen anderen Zustand zu versetzen, beispielsweise durch Beseitigung eines anlässlich der Probefahrt aufgedeckten technischen Mangels, so geht es nicht um Nachbesserung, sondern um „Vor-Besserung", d. h. um das Herstellen der vertraglich geschuldeten Beschaffenheit. Abreden dieser Art hat die Rechtsprechung **im früheren Recht** meist nach **Werkvertragsrecht** beurteilt.[83] Das hatte im Wesentlichen folgende Konsequenzen:

1. Bis zur Übergabe hatte der Käufer in entsprechender Anwendung der §§ 631 Abs. 1, 633 Abs. 1 BGB a. F. einen Erfüllungsanspruch.[84]
2. Nach Übergabe stand dem Käufer ein sofort fälliger Nachbesserungsanspruch zu.[85] Bis zu dessen vollständiger Erfüllung war er berechtigt, seine Gegenleistung (Zahlung, Hingabe eines anderen Fahrzeugs) zurückzuhalten (§ 320 BGB).
3. Der Käufer konnte im Fall des Verzugs den Mangel selbst beseitigen bzw. beseitigen lassen und Kostenersatz, ja sogar Vorschuss, verlangen (§ 633 Abs. 2, 3 BGB a. F.).[86]

---

81 Die §§ 459 Abs. 2, 463 S. 1 BGB a. F. wurden entweder direkt oder analog angewendet, vgl. z. B. BGH 24. 2. 1988, BGHZ 103, 275 = NJW 1988, 1378 („TÜV neu..."); RG 29. 2. 1924, Gruch 67, 311 = Recht 1924, Nr. 526 (Lkw-Verkauf mit Zusage, das Fahrzeug in vollständig betriebsbereitem Zustand zu liefern); BGH 12. 2. 1975, NJW 1975, 733 (Pelzmantelfall); s. auch BGH 15. 12. 1992, NJW 1993, 655 (Zusage einer Durchsicht in einer Fachwerkstatt); OLG Hamm 5. 2. 1980, NJW 1980, 2200 (Nr. 13) – „TÜV neu..."; OLG Hamm 19. 5. 1988, NZV 1988, 180 („TÜV neu..."); OLG Schleswig 29. 6. 1971, VersR 1972, 474 (Auspufftopf erneuern); OLG Frankfurt 12. 7. 1985 – 25 U 2/84 – n. v. (Einbau einer Halbautomatik); OLG Köln 8. 6. 1988, VersR 1989, 201 (Ausrüstung eines Lkw mit einer sog. Meiller-Ladebordwand).
82 BGH 24. 2. 1988, BGHZ 103, 275 = NJW 1988, 1378 („TÜV neu").
83 BGH 6. 10. 1971, NJW 1972, 46; OLG Düsseldorf 5. 5. 1994, OLGR 1994, 277; OLG Düsseldorf 20. 2. 1992, OLGR 1992, 154 (Agentur); OLG Hamm 8. 3. 2001, NJW-RR 2001, 1309 (Immobilienkauf).
84 BGH 6. 10. 1971, NJW 1972, 46; anders wohl BGH 3. 11. 1989, NJW 1990, 901.
85 BGH 6. 10. 1971, NJW 1972, 46; BGH 3. 11. 1989, NJW 1990, 901.
86 BGH 6. 10. 1971, NJW 1972, 46; BGH 3. 11. 1989, NJW 1990, 901; OLG Düsseldorf 20. 2. 1992, OLGR 1992, 154 (Agentur).

Die Voraussetzungen der Sachmängelhaftung 1351

4. Der Anspruch auf Nachbesserung und der Anspruch auf Aufwendungsersatz nach § 633 Abs. 3 BGB a. F. verjährten in 6 Monaten ab Übergabe.[87] Auch § 639 Abs. 2 BGB a. F. (Hemmung) war entsprechend anwendbar.
5. Lehnte der Verkäufer die Nachbesserung ab oder schlug sie sonst fehl, so konnte der Käufer unter den Voraussetzungen des § 634 Abs. 1 BGB a. F. (Fristsetzung und Ablehnungsandrohung)[88] Wandlung oder Minderung verlangen.[89] Unmittelbare Mangelschäden waren nach § 635 BGB zu ersetzen.[90] „Entferntere" Mangelfolgeschäden fielen unter pFV.[91]
6. Der vertragstypische Gewährleistungsausschluss ließ den Nachbesserungsanspruch unberührt.[92]
7. Versprach der Verkäufer, mit der Mängelbeseitigung oder der Inspektion eine Fremdwerkstatt zu beauftragen, so war der Käufer nicht in den Schutzbereich des zwischen Verkäufer und Werkstatt abgeschlossenen Werkvertrages einbezogen.[93] Die Werkstatt haftete dem Käufer aber wegen Verletzung einer deliktischen Verkehrssicherungspflicht, wenn er im Zeitpunkt des Unfalls (nicht der fehlerhaften Reparatur) Fahrzeugeigentümer war.[94]

Diese allgemein als sachgerecht anerkannten Ergebnisse lassen sich heute aus dem **„neuen" Kaufrecht** direkt ableiten. Nach § 433 Abs. 1 S. 2 BGB hat der Verkäufer das Fahrzeug mängelfrei zu liefern. Wenn die Übernahme der fraglichen Arbeit über diese Verpflichtung nicht hinausgeht, fällt eine Schlechtleistung unter das Sachmängelrecht.[95] Eine „Flucht" in das Werkvertragsrecht ist nicht mehr erforderlich. Dass der Käufer – anders als der Besteller in § 637 BGB – auch nach neuem Recht keinen Anspruch auf Kostenersatz bei Selbstvornahme hat (dazu Rn 404 ff.), ist kein hinreichender Grund, das Kaufrecht in diesem Punkt zu verlassen. Verjährungsrechtlich besteht weiterhin kein Unterschied in der Dauer der Frist, nur im Fristbeginn. Ablieferung und Abnahme fallen jedoch bei der hier in Rede stehenden Konstellation meist zusammen.

Erklärungen des Verkäufers zu Art, Umfang und Qualität der ausgeführten Arbeiten können zwanglos als Beschaffenheitsangaben beurteilt werden, je nach Fall sogar als Beschaffenheitsgarantien. Eine etwaige Garantie erstreckt sich im Zweifel nur auf die konkrete Arbeit, nicht auf den Zustand sonstiger Fahrzeugteile.[96]

---

87 LG Bochum 4. 3. 1980, MDR 1980, 577; LG Düsseldorf 10. 9. 1990, 1589 = EWiR § 477 BGB, 3/90 *(H. P. Westermann);* s. auch OLG Düsseldorf 8. 12. 1997, NJW-RR 1998, 1354 – Immobilienkauf.
88 Zu diesem Erfordernis und seiner Entbehrlichkeit in Ausnahmefällen s. BGH 6. 10. 1971, NJW 1972, 46; OLG Düsseldorf 5. 5. 1994, OLGR 1994, 277.
89 BGH 6. 10. 1971, NJW 1972, 46; zur Situation beim Agenturgeschäft s. OLG Düsseldorf 20. 2. 1992, OLGR 1992, 154; zu weiteren Problemen der Wandlung s. OLG Düsseldorf 18. 12. 1992, OLGR 1993, 161 (Sonderfall aus dem Komplex „TÜV"); OLG Düsseldorf 5. 5. 1994, OLGR 1994, 277.
90 Vgl. BGH 6. 10. 1971, NJW 1972, 46; OLG Düsseldorf 12. 7. 1991, NJW-RR 1992, 113 (Kauf einer Segelyacht).
91 Zur Abgrenzung bei mangelhafter Umrüstung eines gebrauchten Lkw vgl. BGH 30. 6. 1983, NJW 1983, 2440.
92 BGH 6. 10. 1971, NJW 1972, 46.
93 BGH 15. 12. 1992, NJW 1993, 655.
94 BGH 15. 12. 1992, NJW 1993, 655.
95 OLG Celle 4. 8. 2004, NJW 2004, 3566 = MDR 2005, 207 (Beseitigung eines Lackschadens); LG Kassel 30. 6. 2005, SVR 2005, 421 (Erneuerung der Auspuffanlage).
96 OLG Düsseldorf 9. 4. 2003 – 3 U 48/02 – n. v. (Motorgeräusch).

b) Umrüstungen, Nachrüstungen, Umbauten, Tuning

1352   Trifft der Verkäufer derartige Maßnahmen vor dem Verkauf ohne Absprache mit dem Käufer, z. B. zur besseren Verkäuflichkeit, fällt ein dabei vorkommender „Montagefehler" nicht unter die neue Vorschrift des § 434 Abs. 2 S. 1 BGB. Ob ein Sachmangel vorliegt, beurteilt sich nach Abs. 1 des § 434 BGB. Anders liegen die Dinge, wenn mit dem Käufer eine Montage vereinbart worden ist. Wenn es lediglich um den Einbau von Zubehörteilen (z. B. Radio) geht, liegt die Annahme eines **einheitlichen Kaufvertrages** nahe.

Insgesamt nach Kaufrecht hat das OLG Düsseldorf[97] die Vereinbarung eines **Motortunings** beurteilt. Allerdings ging es um einen fabrikneuen Pkw. Zur Haftung aus einem selbstständigen Tuning-Vertrag s. OLG Düsseldorf NZV 1997, 519. Fehler beim – vereinbarten – Einbau von Zubehörteilen können die Sachmängelhaftung nach § 434 Abs. 2 S. 1 BGB begründen (s. Rn 1348). Das gilt auch, wenn durch eine Veränderung des Fahrzeugs die Allgemeine Betriebserlaubnis (ABE) erloschen ist, mag die Umrüstung auch technisch einwandfrei sein.

Einen **gemischten Vertrag** hat der BGH für den Fall angenommen, dass in einen gebrauchten Lkw eine Ladebordwand einzubauen war.[98] Schäden, die auf einer mangelhaften Arbeit beruhen, waren nach § 635 BGB a. F. oder – als „entferntere" Mangelfolgeschäden – nach pFV zu ersetzen. Im Widerspruch zur BGH-Judikatur stand das Urteil des OLG Köln vom 8. 6. 1988,[99] das die Zusage, einen Lkw mit einer so genannten Meiller-Ladebordwand auszurüsten, als Eigenschaftszusicherung i. S. v. § 463 S. 1 BGB a. F. gewertet hat. Zur Abnahme eines zum Wohnmobil umgebauten Kastenwagens vgl. OLG München NJW 1989, 1286 (reiner Werkvertrag); s. auch BGH WM 1996, 1918 (Spezialaufbau für Pferdetransport auf Lkw-Fahrgestell) und BGH WM 1996, 917 (Werklieferungsvertrag über Kühl-Lkw).

c) Überprüfungen, Inspektionen, Beibringung von Prüfzertifikaten, Genehmigungen etc.

1353   Zu dieser Gruppe gehören in erster Linie bestimmte Fallgestaltungen aus dem Komplex der **„TÜV"-Fälle**, vgl. Rn 1542 ff. Bezug zu nehmen ist ferner auf die Ausführungen zum Verkauf gebrauchter Fahrzeuge mit „generalüberholten" und reparierten Aggregaten, vgl. Rn 1394; ferner auf Rn 1602 („werkstattgeprüft"). Auch wenn der Verkäufer oder ein Dritter diese Prüfungen noch nicht vorgenommen hat, sie also erst durchgeführt werden sollen, hat die Judikatur mit § 459 Abs. 2 BGB a. F. häufig reines Kaufrecht angewendet. Exemplarisch dafür ist die „TÜV-neu"-Entscheidung BGHZ 103, 275 = NJW 1988, 1378. Eine werkvertragliche Abrede hat der BGH mit der fragwürdigen Begründung abgelehnt, die Parteien hätten mit keinem Wort „etwaige Fehler oder Mängel zur Zeit des Vertragsabschlusses erörtert". Ergab die Auslegung, dass der Verkäufer bei der Prüfung entdeckte Mängel auf seine Kosten beseitigen soll, war die Annahme einer werkvertraglichen Nebenpflicht, jedenfalls eines **Nachbesserungsrechts als Primäranspruch,** vorzuziehen.[100] Nach heutigem Kaufrecht ist eine solche Anlehnung an das Werkvertragsrecht entbehrlich.

---

[97] Urt. v. 30. 12. 1992, OLGR 1993, 129.
[98] Urt. v. 30. 6. 1983, NJW 1983, 2440; s. auch BGH 6. 11. 1990, NJW-RR 1991, 872 und BGH 27. 6. 1990, NJW-RR 1990, 1462.
[99] VersR 1989, 201.
[100] So auch OLG Düsseldorf 18. 12. 1992, OLGR 1993, 161 für den Fall, dass der Verkäufer verspricht, die ursprünglich zugesagte Hauptuntersuchung nach § 29 StVZO nachholen zu wollen; zur Problematik s. auch *Eggert*, NJW 1990, 549, 553.

Ausschließlich nach Kaufrecht hat der BGH[101] den Fall beurteilt, dass ein Autohaus einem Pkw-Käufer bei Vertragsschluss zugesagt hat, das Fahrzeug vor Übergabe noch einer sorgfältigen **Durchsicht durch eine Fachwerkstatt** zu unterziehen. Die beauftragte Werkstatt ist Erfüllungsgehilfin des Autohauses, sie kann aber gem. § 823 Abs. 1 BGB selbst schadensersatzpflichtig sein. Ein Händler, der ein Fabrikat einer fremden Marke („Fremdfabrikat") verkauft, verspricht mit der Zusage „Inspektion vor Auslieferung" keine Inspektion in einem autorisierten Betrieb der betreffenden Marke.[102]

Verpflichtet sich der Verkäufer nur dazu, bei Auslieferung des Fahrzeugs eine gültige Prüfbescheinigung oder ein vergleichbares Zertifikat vorzulegen, so kann deren Fehlen einen Sachmangel i. S. v. § 434 Abs. 1 BGB darstellen (s. Rn 1603). Denkbar ist aber auch, die Verpflichtung des Verkäufers als **eigenständige Nebenpflicht** anzusehen.[103] Wenn das Fahrzeug auch ohne die Bescheinigung im Straßenverkehr benutzt werden darf, was sich vor allem nach § 19 Abs. 2 StVZO richtet, ist im Zweifel Letzteres anzunehmen. Der Zustand, der amtlich bescheinigt werden soll, d. h. die Genehmigungsfähigkeit, kann freilich auch Gegenstand einer Beschaffenheitsvereinbarung, auch in Form einer Garantie, sein.[104]

d) Nachvertragliche Mängelbeseitigungsabreden vor Fahrzeugübergabe

Für Zusatzvereinbarungen, die nach Vertragsschluss, aber noch **vor der Übergabe** (Ablieferung) des Fahrzeugs getroffen werden (z. B. bei einem eBay-Kauf), gilt im Kern nichts anderes als für solche, die von Anfang an in den Kaufvertrag eingebettet sind, vgl. dazu Rn 1350 ff. Beim Kauf vom Kfz-Händler ist zu beachten, dass infolge der besonderen Abschlusstechnik (s. Rn 1165) Vertragsschluss und Übergabe häufig zusammenfallen. „Vereinbarungen" vor Übergabe sind dann keine Änderung eines bereits bestehenden Vertrages, sondern Vorgänge i. S. v. § 150 Abs. 2 BGB.

Abreden zwischen Kauf und Übergabe sind im Zweifel nicht als selbstständige Neuverträge, sondern als Abänderung des Ursprungsvertrages zu werten.[105]

Nach Ansicht des OLG Hamm übernimmt der **gewerbliche Verkäufer** eine nebenvertragliche Werkleistung in Form einer Nachbesserungsverpflichtung, wenn er dem Käufer verspricht, bei Übergabe entdeckte Mängel zu beseitigen.[106] Das Ausweichen auf das Werkvertragsrecht ist nach der Neuausrichtung des Kaufrechts nicht mehr nötig. Die nachträgliche Reparaturzusage ist, sofern verbindlich (keine Kulanz), in den Kaufvertrag zu integrieren.

Vereinbarungen, die **nach Mitteilung des Mangels** getroffen werden, sind auch mit Blick auf **§ 475 BGB** (Verbrauchsgüterkauf) unbedenklich. Sie unterliegen nur der Kontrolle nach §§ 138, 242 BGB, ggf. nach §§ 307, 310 Abs. 3 BGB.

e) Nachvertragliche Mängelbeseitigungsabreden nach Übergabe

Mit der Ablieferung/Übergabe hatte der Verkäufer **nach altem Recht** seine Pflicht erfüllt, selbst wenn das Fahrzeug mangelhaft war. Mangelfreiheit war nach h. M. nicht Gegenstand seiner Leistungspflicht. Vereinbarungen **nach Übergabe** begründeten entweder in Vollzug der Gewährleistung eine Nachbesserungspflicht oder gaben dem Käufer einen vom Kaufvertrag rechtlich unabhängigen werkvertraglichen Anspruch gem. § 631 Abs. 1

---

101 Urt. v. 15. 12. 1992, NJW 1993, 655.
102 OLG Düsseldorf 5. 11. 2004 – 1 U 154/04 – n. v. (Honda-Händler verkauft BMW).
103 Vgl. BGH 22. 2. 1984, NJW 1984, 2287; BGH 1. 4. 1981, WM 1981, 629.
104 Dazu OLG Oldenburg 5. 4. 1994, OLGR 1994, 314 (Hauskauf).
105 OLG Düsseldorf 10. 12. 1993, OLGR 1994, 185 (Tausch von Sommerreifen gegen Winterreifen).
106 Urt. v. 21. 3. 2000, OLGR 2001, 137.

BGB a. F. Welche Alternative in Betracht kam, hing wesentlich vom Inhalt und dem Zeitpunkt der Vereinbarung ab. Die innerhalb der Verjährungsfrist (von sechs Monaten) gegebene Zusage, einen Motordefekt zu beseitigen, wurde in einen Zusammenhang mit der vertraglichen Gewährleistung gestellt, also nicht als eigenständiger Reparaturvertrag gesehen.[107]

Da das **neue Kaufrecht** dem Käufer einen Nacherfüllungsanspruch gibt, beim Gebrauchtfahrzeugkauf freilich i. d. R. nur in Form eines Nachbesserungsanspruchs, ist die gesetzliche Ausgangslage nunmehr eine gänzlich andere. Zu unterscheiden sind jetzt **vier Konstellationen:** die Reparatur kraft gesetzlicher Nachbesserungspflicht, die Reparatur nach Maßgabe einer selbstständigen Garantie, die ohne Anerkennung einer Rechtspflicht übernommene Reparatur (Kulanzleistung) und die nachvertragliche Parteivereinbarung mit Begründung neuer Pflichten und Rechte.

Was die Parteien gewollt haben, hängt wesentlich davon ab, ob das Fahrzeug mit oder ohne Gewährleistungsausschluss verkauft worden ist; auch davon, ob der Verkäufer oder ein Dritter eine selbstständige Garantie übernommen hat. Der Parteiwille lässt sich u. a. daran erkennen, ob die Reparatur-AGB zugrunde gelegt worden sind und wie die Kostenfrage geregelt wurde; s. auch Rn 2062 ff.

8. Die Falschlieferung als Sachmangel

1356 Einem Sachmangel steht es gleich, wenn der Verkäufer eine **andere Sache** liefert (§ 434 Abs. 3 BGB). Mit dieser **Neuregelung** entscheidet der Gesetzgeber einen alten Streit zugunsten der Lehre vom subjektiven Fehlerbegriff.

Aus dem Bereich des Gebrauchtfahrzeugkaufs, regelmäßig Stück- und kein Gattungskauf, liefert **BGH NJW 1979, 811** ein anschauliches Fallbeispiel: Ein ägyptischer Kaufmann kaufte einen nach Baujahr, Fahrgestell- und Fabriknummer näher bezeichneten **gebrauchten Lkw.** Der Verkäufer sollte ihn nach Alexandria versenden. Verschifft wurde jedoch ein anderer als der gekaufte Lkw. Die Annahme eines so genannten **Identitäts-aliud** war hier unproblematisch. Denn es war klar, worauf die Parteien sich tatsächlich geeinigt hatten. Das verkaufte Fahrzeug war insbesondere durch die Fahrgestellnummer und die Fabriknummer genau gekennzeichnet. Zusammen mit dem Fabrikat und dem Baujahr ermöglichten diese Nummern eine eindeutige Identifizierung des Kaufobjekts. Der tatsächlich gelieferte Wagen war zwar auch ein gebrauchter Lkw, aber ohne Zweifel ein anderer als der gekaufte.

Nicht so klar war die Identitätsfrage im **"Daimler-Benz 380 SEL"-Fall**, über den das OLG Koblenz zu entscheiden hatte.[108] In einer Zeitungsanzeige und später im Kaufvertrag war ein Pkw Daimler-Benz 380 SE fälschlich als „DB 380 SEL" bezeichnet worden. Beide Typen sahen sich zum Verwechseln ähnlich; die SEL-Ausführung ist lediglich 14 cm länger und hat einen 14 cm breiteren Radstand. Anders als in dem Lkw-Fall BGH NJW 1979, 811 hatte der Käufer das Fahrzeug vor Vertragsschluss besichtigt und „wie gesehen" gekauft. Der (nur aus einem Satz bestehende) Vertragstext enthielt außer der Angabe „DB 380 SEL" die Fahrgestellnummer und das amtliche Kennzeichen. Bald nach Übergabe stellte der Käufer fest, dass es sich bei dem Fahrzeug um die Version „DB 380 SE" handelte. Daraufhin verlangte er, den Kauf rückgängig zu machen. Das OLG Koblenz hat Ansprüche aus den §§ 440, 320 ff. BGB a. F. verneint. Der Käufer habe mit dem Typ 380 SE kein anderes als das gekaufte Fahrzeug erhalten, so dass der Verkäufer seine Pflichten aus § 433 Abs. 1

---

107 OLG Bremen 7. 3. 1975, BB 1975, 396 m. Anm. *Karstendiek;* OLG Köln 9. 7. 1980, OLGZ 1980, 468 = VersR 1980, 1173; s. auch LG Gießen 8. 1. 1997, zfs 1997, 175 = NJW-RR 1998, 1750.
108 Urt. v. 21. 11. 1991, NJW-RR 1992, 1145 = BB 1992, 806 = NZV 1993, 24; siehe auch OLG Köln 23. 8. 1996, VRS 93, 36 – Harley Davidson.

BGB a. F. vollständig erfüllt habe. Auch unter dem Gesichtspunkt des Gewährleistungsrechts sei die Klage unbegründet. Auf die allgemeinen Regeln über Irrtum und Dissens ist das OLG Koblenz nicht näher eingegangen. Insbesondere hat es sich nicht mit der (nahe liegenden) Frage eines beiderseitigen Eigenschaftsirrtums befasst.

Zuzustimmen ist dem OLG Koblenz, soweit es eine Falschlieferung in Form eines Identitäts-aliud verneint hat. Auch auf dem Boden des – jetzt gesetzlich verankerten – subjektiven Fehlerbegriffs machte es freilich einige Schwierigkeiten, eine klare Grenzlinie zwischen Andersartigkeit und Fehlerhaftigkeit zu ziehen. Einen Daimler-Benz 380 SE im Vergleich mit einem 380 SEL als ein „anderes" Fahrzeug zu begreifen, ist angesichts der besonderen Vorlieben und Neigungen deutscher Autokäufer so falsch nicht. Auch nach dem allgemeinen Sprachgebrauch dürfte ein Pkw Daimler-Benz 380 SE kein mangelhafter 380 SEL sein. Wer einen Mercedes A 160 bestellt und ein Fahrzeug mit passendem Schriftzug am Heck erhält, es aber in Wirklichkeit ein Typ A 140 ist, kann vom Kauf zurücktreten.[109]

Nach neuem Recht ist die Abgrenzungsfrage gegenstandslos. Auch beim Stückkauf stellt das Identitäts-aliud eine mangelhafte Lieferung dar. Sie ist, anders als bisher (BGH NJW 1979, 811 – gebrauchter Lkw), nach **Sachmängelrecht** zu beurteilen.[110] **Schadensersatz** kann der Käufer nach § 280 Abs. 1 S. 1 i. V. m. § 437 Nr. 3 BGB verlangen. Wenn er statt der Leistung Schadensersatz fordert, müssen die zusätzlichen Voraussetzungen des § 281 BGB beachtet werden.

Der Vorteil eines günstigen Einkaufspreises bleibt dem Käufer nach altem wie nach neuem Recht erhalten. Ist das gelieferte Fahrzeug deutlich wertvoller als das vertraglich bestimmte, kann der Verkäufer nach § 812 Abs. 1 S. 1 1. Alt. BGB Herausgabe verlangen. Auch in diesem Punkt ergibt sich nach neuem Recht keine Änderung. Die Gleichstellung von Sachmangel und Aliud-Lieferung bedeutet nicht, dass die Lieferung einer anderen Sache Erfüllungswirkung hat.

Fälschungen bzw. Kopien, z. B. im **Handel mit Oldtimern**, begründen die Sachmängelhaftung. Die Ist-Beschaffenheit weicht von der vertraglich festgelegten Soll-Beschaffenheit ab. Nicht zuletzt an Hand des Kaufpreises wird deutlich, welche Erwartung der Käufer hatte und – mangels gegenteiliger Anhaltspunkte – auch haben durfte.

II. Ergänzung und Erweiterung der Sachmängelhaftung durch eine „Garantie"

1. Vom alten zum neuen Recht

Ob der Verkäufer eine „Garantie" für das Vorhandensein einer bestimmten Fahrzeugeigenschaft übernommen hat, ist nach der Schuldrechtsreform bei weitem nicht mehr von so überragender Bedeutung wie im alten Recht. Denn **beim Verbrauchsgüterkauf** sind Haftungsausschlüsse, die mit Hilfe der Figur der Zusicherung/Garantie neutralisiert werden könnten, grundsätzlich nicht mehr zulässig (§ 475 Abs. 1 BGB) und aus der Formularpraxis inzwischen auch weitgehend verschwunden. Angriffsflächen bieten in diesem Segment praktisch nur noch Verjährungs- und Schadensersatzklauseln.

Außerhalb des Verbrauchsgüterkaufs hat die „Garantiefrage" nichts von ihrer Bedeutung eingebüßt, so z. B. bei privaten Direktgeschäften (Marktanteil knapp unter 50 %) und im unternehmerischen Verkehr.

---

109 OLG Celle 24. 5. 2006 – 6 W 49/06 – n. v.
110 Str., vgl. OLG Frankfurt 28. 3. 2007, NJW-RR 2007, 1424 (gebr. PC).

In sämtlichen Fällen des Verkaufs gebrauchter Kraftfahrzeuge, gleichviel, wer Verkäufer und wer Käufer ist, kann es **in sechsfacher Hinsicht** darauf ankommen, ob der Verkäufer eine „Garantie" übernommen hat:

- Schadensersatzhaftung des Verkäufers ohne Verschulden (§§ 437 Nr. 3, 280 Abs. 1, 281 Abs. 1, 311 a Abs. 2, 276 Abs. 1 S. 1 BGB)
- Neutralisierung von Haftungsausschlüssen und -beschränkungen, einschließlich Reduzierung der Verjährungsfrist (§§ 444, 445 BGB)
- Erweiterung der Käuferrechte durch Übernahme einer Beschaffenheits- oder Haltbarkeitsgarantie (§ 443 Abs. 1 BGB)
- Unschädlichkeit grober Fahrlässigkeit des Käufers (§ 442 Abs. 1 BGB)
- Kriterium für die Erheblichkeit der Pflichtverletzung (§§ 281 Abs. 1 S. 3, 323 Abs. 5, S. 2 BGB)
- Kriterium bei der Zumutbarkeitsprüfung im Rahmen des § 440 S. 1 BGB.

2. Das Verhältnis der einzelnen Garantieregelungen zueinander

1358 Das in § 443 BGB Gesetz gewordene Nebeneinander von Beschaffenheits- und Haltbarkeitsgarantie mit eigener, vom Sachmängelrecht unabhängiger Anspruchsgrundlage hat vor dem Hintergrund der übrigen Garantieregelungen (§§ 442, 444, 445, 276 BGB) für **einige Verwirrung** gesorgt,[111] wie das Km-Urteil des OLG Rostock vom 11. 7. 2007[112] beispielhaft zeigt. Mittlerweile hat **der BGH** durch mehrere Entscheidungen Licht in das Dunkel gebracht. Hiernach gilt:

Mit der Übernahme der Garantie für die Beschaffenheit einer Sache i. S. d. § 444 Alt. 2 BGB durch den Verkäufer ist – ebenso wie mit der Übernahme einer Garantie i. S. d. § 276 Abs. 1 S. 1 BGB – zumindest auch die Zusicherung einer Eigenschaft nach früherem Recht (§ 459 Abs. 2 BGB a. F.) gemeint.[113] Das bedeutet zwar keine völlige Gleichsetzung, wohl aber eine Anknüpfung an die Rechtsprechung des BGH zu den „Eigenschaftszusicherungen". Vom Ansatz her übertragen werden kann sie auch im Anwendungsbereich der §§ 442, 445 BGB, soweit dort von Beschaffenheitsgarantie die Rede ist.

Problematisch ist dagegen das Verhältnis zwischen der früheren Eigenschaftszusicherung und der **in § 443 BGB** verankerten Haftung für Beschaffenheitsgarantien. Was die dort gleichfalls geregelte **Haltbarkeitsgarantie** angeht, sieht man einen eigenständigen Anwendungsbereich, der sich einigermaßen sicher bestimmen lässt.[114] Ob Angaben des (Gebrauchtwagen-)Verkäufers, die die Rechtsprechung im früheren Recht als Zusicherungen behandelt hat, jetzt als Beschaffenheitsgarantien i. S. d. § 443 BGB oder des § 444 BGB anzusehen sind, hat der BGH in der Entscheidung vom 22. 11. 2006[115] dahinstehen lassen.

Ein eindeutiges Ja oder Nein gibt es in dieser Frage nicht. Nicht alle, aber gewiss einige Zusicherungen alter Art können in Verträgen von heute die Bedeutung einer Garantie für die Beschaffenheit des Fahrzeugs haben, die nicht nur für das Vertretenmüssen des Verkäufers (§ 276 Abs. 1 BGB) relevant ist. Zweck und Inhalt einer solchen Beschaffenheitsgarantie kann auch sein, dem Käufer weitere, über § 437 BGB hinausgehende Rechte zu geben. Das ist eine Frage der Auslegung im Einzelfall.

Soweit in § 443 BGB von einer Beschaffenheitsgarantie des Verkäufers die Rede ist, besteht auf der Tatbestandsseite prinzipiell kein Unterschied zu den Beschaffenheitsgarantien

---
111 Zum Ganzen ausführlich *Stöber*, Beschaffenheitsgarantien des Verkäufers, 2005.
112 NJW 2007, 3290 = DAR 2007, 588.
113 BGH 29. 11. 2006, NJW 2007, 1346.
114 Vgl. Müko-BGB/*Westermann*, § 443 BGB Rn 1 ff.; Brand OLG 11. 6. 2008 – 4 U 185/07 – n. v.
115 BGH NJW 2007, 759.

i. S. d. §§ 442, 444, 445 BGB. Dafür spricht bereits der einheitliche Wortlaut. Während jene sich aber nur auf die Beschaffenheit bei Gefahrübergang (Übergabe) beziehen, kann eine Beschaffenheitsgarantie nach § 443 BGB **auch zukunftsgerichtet** sein, was sie freilich in die Nähe einer Haltbarkeitsgarantie bringt.

Der **eigentliche Regelungsgehalt** des § 443 BGB liegt – abgesehen von seiner Funktion der Richtlinienumsetzung – auf der **Rechtsfolgenseite**, indem dem Käufer „unbeschadet der gesetzlichen Ansprüche" (= Sachmängelrechte) die Rechte aus der Garantie eingeräumt werden. Eine Beschaffenheitsgarantie des Verkäufers i. S. d. § 443 BGB gibt dem Käufer einen eigenständigen – von einem Verschulden unabhängigen – Erfüllungsanspruch auf Einhaltung des Garantieversprechens, z. B. auf kostenlose Reparatur. Mit der Mängelhaftung nach § 437 BGB hat dieser Anspruch dogmatisch nichts zu tun. 1359

Fallbeispiel zur Verdeutlichung: Wenn ein Gebrauchtwagenverkäufer eine **bestimmte Laufleistung** des Fahrzeugs vorbehaltlos zusagt (keine bloße Wissensmitteilung), macht er damit in der Regel zumindest eine Beschaffenheitsangabe; möglicherweise übernimmt er zugleich eine Garantie i. S. v. § 276 Abs. 1 S. 1 BGB, was wiederum gleichzusetzen wäre mit einer Beschaffenheitsgarantie i. S. v. § 444 BGB. § 443 BGB ist dagegen in einem solchen Fall nicht einschlägig.[116] Es fehlt an der Vereinbarung einer die „normalen" Mängelrechte des Käufers erweiternden Rechtsfolge für den Garantiefall. Eine Mängelbeseitigung, ohnehin ein Gewährleistungsanspruch (§ 437 Nr. 1 BGB), scheidet schon mangels Behebbarkeit des Mangels (zu hohe Laufleistung) aus. Eine Freistellung von sämtlichen Nachteilen ginge nicht über das hinaus, was die kaufrechtliche Schadensersatzhaftung (§ 437 Nr. 3 BGB) leistet. Wie eng die Dinge beieinander liegen können, zeigt die BGH-Entscheidung vom 22. 11. 2006, wo der VIII. ZS die Zusage „fahrbereit" – allerdings in einem „Strohmannfall" – unter beiden Blickwinkeln des § 443 BGB (Beschaffenheitsgarantie und Haltbarkeitsgarantie) prüft.[117] 1360

Zu eindeutigen Anwendungsfällen von Garantien i. S. d. § 443 BGB s. Rn 2037 ff.

3. Auslegungshinweise und Abwägungskriterien

Zumindest im Anwendungsbereich der §§ 442, 444, 445, 276 BGB kann an die reichhaltige Rechtsprechung des BGH zu §§ 459 Abs. 2, 463 S. 1 BGB a. F. **im Grundsatz** angeknüpft werden. Die Übernahme einer Garantie im Sinne der vorgenannten Vorschriften setzt – wie früher die Zusicherung einer Eigenschaft – voraus, dass der Verkäufer in vertragsmäßig bindender Weise die Gewähr für das Vorhandensein der vereinbarten Beschaffenheit der Kaufsache übernimmt und damit seine Bereitschaft zu erkennen gibt, für alle Folgen des Fehlens dieser Beschaffenheit einzustehen.[118] 1361

Dass diese dem früheren Recht entlehnte Formel in Grenzfällen nur bedingt brauchbar war, ist jedem Praktiker klar. Einhundert Jahre BGB haben nicht gereicht, um eine leistungsstärkere Definition zu finden. Das „neue" Kaufrecht bringt insoweit keinen Fortschritt. Die alten Abgrenzungsprobleme tauchen – unter anderen Vorzeichen – erneut auf.

a) Kurskorrektur

Mit dem Verbot nahezu jeglicher Freizeichnung beim Verbrauchsgüterkauf (§ 475 Abs. 1 BGB) entfällt der bisherige Hauptgrund, Beschaffenheitsangaben gewerblicher Verkäufer als „Zusicherungen" zu behandeln. Dass der handelsübliche Gewährleistungsausschluss, nicht etwa die Haftungsverschärfung nach § 463 BGB a. F., der wahre Schrittma- 1362

---

[116] Anders, aber unrichtig, zumindest unnötig kompliziert OLG Rostock 11. 7. 2007, NJW 2007, 3290.
[117] NJW 2007, 759.
[118] BGH 29. 11. 2006, NJW 2007, 1346.

cher der schier uferlosen „Zusicherungs"-Rechtsprechung war, steht außer Zweifel. Vorwiegend ging es um die Rechtsfolge, die jetzt in § 444 BGB kodifiziert ist: die Neutralisierung des Gewährleistungsausschlusses.

Die **„besonderen Marktverhältnisse"**, die nach Ansicht des BGH die Großzügigkeit bei der Annahme einer Eigenschaftszusicherung gerechtfertigt haben („geringe Anforderungen"), gehören endgültig der Vergangenheit an. Verbraucher sind seit dem 1. 1. 2002 gesetzlich besser geschützt als je zuvor. Dementsprechend haben die Gerichte ihre Schutzaufgabe ein gutes Stück weit verloren. Das kann bei der Auslegung und Qualifikation von **Erklärungen professioneller Fahrzeugverkäufer** nicht ohne Konsequenzen bleiben. Eine Kurskorrektur ist geboten.[119] Dort, wo die Sachmängelhaftung weiterhin ausgeschlossen werden darf, z. B. beim **privaten Direktgeschäft**, tut die Rechtsprechung dagegen gut daran, ihre bisherige Zurückhaltung bei der Annahme von Zusicherungen, sprich jetzt Garantien, beizubehalten.[120] Ob an das Vorliegen einer Beschaffenheitsgarantie im gewerblichen Gebrauchtwagenhandel nunmehr strengere Anforderungen zu stellen sind, wofür hier plädiert wird, hat **der BGH** bisher nicht entschieden.[121]

b) Kriterienkataloge

1363 Die folgende Aufstellung von Anhaltspunkten (Indizien) für und gegen die Annahme einer „Garantieübernahme" (§ 276 Abs. 1 S. 1 BGB) bzw. einer „Beschaffenheitsgarantie" (§§ 442 Abs. 1, 444, 445 BGB) entspricht den Kriterienkatalogen für das alte Kaufrecht. Als Orientierungs- und Entscheidungshilfe bleiben sie brauchbar. Nach wie vor gilt: Wo die Trennlinie zwischen einer (einfachen) Beschaffenheitsvereinbarung i. S. v. § 434 Abs. 1 S. 1 BGB und einer weitergehenden Zusage in Gestalt einer Beschaffenheitsgarantie bzw. Garantieübernahme nach § 276 BGB verläuft, ist immer **eine Frage des Einzelfalles**. Die Auslegung des vertraglich Gewollten (§§ 133, 157 BGB) entscheidet.

Bei der **praktischen Rechtsanwendung** empfiehlt sich, nach dem **Geschäftstyp zu differenzieren**, also danach, ob es ein Verbrauchsgüterkauf oder ein privates Direktgeschäft oder ein Unternehmer-Unternehmer-Geschäft ist. Bei Verträgen, die nach dem 1. 1. 2002 zustande gekommen sind, muss in Fällen zweifelhaften Garantiecharakters von Verkäufererklärungen die Schutzbedürftigkeit des jeweiligen Käufers besonders sorgfältig geprüft werden. Die neuen Kräfteverhältnisse im modernisierten Kaufrecht erfordern neue Bewertungen.

1364 Anhaltspunkte für die Annahme einer Beschaffenheitsgarantie
- Verwendung von Begriffen wie „garantieren" (z. B. in den ADAC-Musterverträgen) oder „versichern"[122] oder „verbürgen".
- Abgabe der Erklärung auf ausdrückliches Verlangen des Käufers (Erheblichkeitsaspekt).[123]
- Dem Verkäufer bekannte oder erkennbare Bedeutung der Eigenschaft für den Kaufentschluss und/oder den Verwendungszweck.[124]

---

119 So auch *Reinicke/Tiedtke*, Kaufrecht, Rn 582; *Stöber*, DAR 2004, 570, 572 m. w. N.; *ders.*, Beschaffenheitsgarantien des Verkäufers, 2005; vgl. auch *Gsell* in FS Eggert, 2008, S. 1, 4.
120 Vgl. OLG Koblenz 1. 4. 2004, NJW 2004, 1670 = DAR 2004, 395 (Garantie der Gesamtfahrleistung aber bejaht).
121 Offengelassen im Urt. v. 29. 11. 2006, NJW 2007, 1346.
122 Dazu OLG Düsseldorf 29. 5. 1972, BB 1972, 857; OLG Düsseldorf 19. 11. 1993, OLGR 1994, 186.
123 Zum Beispiel BGH 28. 11. 1994, NJW 1995, 518 (ABS/Neuwagen); BGH 5. 12. 1995, WM 1996, 967 zu § 635 BGB.
124 Zur Bedeutung und Rangfolge der Kaufkriterien s. DAT-Report 2008, S. 17.

Ergänzung und Erweiterung der Sachmängelhaftung durch eine „Garantie" 1365

- Besondere Qualifikation (Sachkunde) des Verkäufers oder seines Vertreters (Fachhändler mit eigener Werkstatt, ZDK-Vertrauenssiegel, Gütesiegel [DEKRA, TÜV u. a.], Spezialisierung z. B. auf Sportwagen, Oldtimer etc.) – Vertrauensaspekt –.[125]
- Angewiesensein des Käufers auf Zuverlässigkeit der Verkäuferinformation, Unmöglichkeit oder Unüblichkeit eigener (Nach-)Prüfung (Vertrauensaspekt),[126] z. B. bei Onlinekäufen.
- Dem Verkäufer erkennbar großes Risiko für den Käufer, wenn er nur die „einfachen" Sachmängelrechte, keinen Schadensersatzanspruch hat (wichtiger Aspekt bei Wiederverkäufern).
- Schriftlichkeit der Erklärung,[127] etwa in der Rubrik „Besondere Vereinbarungen" (Intensitätsaspekt).[128]
- Detailinformation, Fehlen einschränkender Zusätze (Genauigkeitsaspekt).
- Verlangen eines überdurchschnittlich hohen Kaufpreises (Risikozuschlag).
- Verkehrssitte.[129]
- Handelsbrauch.[130]
- Kenntnis des Verkäufers vom Verwendungszweck.[131]

Anhaltspunkte gegen die Annahme einer Beschaffenheitsgarantie 1365
- Uneingeschränkte Sachmängelhaftung wie z. B. beim Verbrauchsgüterkauf.
- Information außerhalb des Vertragstextes, z. B. auf der Website, im Inserat, auf einem Verkaufsschild oder einer info-card (s. Rn 1615).
- Platzierung der Information in der Formularrubrik „Bezeichnung des Kfz";[132] Argument: Objektbeschreibung, keine Garantie.
- Formularmäßigkeit der Erklärung.[133]
- Individuelle Erklärung, keine „Zusicherung" – bzw. (jetzt) „Garantie" – zu erteilen.[134]
- Streichen/Freilassen der Rubrik „besondere Vereinbarungen/Zusicherungen/Garantien".[135]
- Unwesentlichkeit der Eigenschaft für den Kaufentschluss bzw. den Verwendungszweck.
- Mündliche Erklärung bei sonst schriftlichem Vertrag.[136]

---

[125] Dieser Aspekt spielte die Hauptrolle in der früheren Rspr. zum Gebrauchtfahrzeugkauf (seit BGH 25. 6. 1975, NJW 1975, 1693 – km-Fahrleistung).
[126] OLG Schleswig 27. 6. 2002, OLGR 2002, 360.
[127] Vgl. z. B. BGH 12. 6. 1959, NJW 1959, 1489 (Maschine).
[128] Dass der Bestellschein das Vertragsangebot des Kaufinteressenten, nicht des Händlers, enthält, geht in der Auslegungspraxis unter; vgl. aber auch BGH 25. 6. 1975, NJW 1975, 1693.
[129] BGH 7. 10. 1987, NJW 1988, 1018; BGH 10. 7. 1991, NJW-RR 1991, 1401.
[130] BGH 7. 10. 1987, NJW 1988, 1018; BGH 13. 12. 1995, NJW 1996, 836 unter III; BGH 5. 12. 1995, WM 1996, 967 unter II, 2b.
[131] Kann, muss aber nicht für eine stillschw. Zusicherung sprechen, vgl. BGH 7. 10. 1987, NJW 1988, 1018 unter II, 3a, bb.
[132] OLG Düsseldorf 13. 2. 1992, OLGR 1992, 219 – km-Angabe.
[133] OLG Frankfurt 8. 7. 1992, ZfS 1993, 14 = OLGR 1992, 149 (Ankreuzen von „fahrbereit").
[134] BGH 16. 10. 1991, NJW 1992, 170 = JZ 1992, 365 m. Anm. *Flume;* vgl. auch *Tiedtke,* DB 1992, 1562.
[135] OLG Celle 19. 2. 1998, OLGR 1998, 170.
[136] Zu weit aber OLG Stuttgart 6. 2. 1990 – 10 U 34/89 – n. v., wenn es verlangt, dass der „Verpflichtungswille des Verkäufers bei Vertragsunterzeichnung fortbestehen und im Vertrag seinen Niederschlag gefunden haben muss".

– Dem Käufer bekannte oder erkennbare Unkenntnis des Verkäufers von der fraglichen Eigenschaft.[137]
– Dem Käufer bekannte oder erkennbare Erkenntnisschwierigkeiten des Verkäufers in Bezug auf die fragliche Eigenschaft etwa durch eine lange Vorbesitzerkette oder bei einem Auslandsfahrzeug („Informationsabhängigkeit").
– Einschränkende Hinweise (Quellenangaben) wie „laut Vorbesitzer" oder „eingetragen ..." oder „lt. Fahrzeugbrief" oder „soweit bekannt" (Distanzierungsaspekt).[138]
– Erklärung unter Vorbehalt bzw. Wissenskundgabe[139] oder mit einschränkendem Zusatz wie „ca.".[140]
– Hinweis auf Überprüfung bzw. Untersuchung durch Dritte (TÜV, DEKRA, GTÜ, ADAC).
– Hinweis bzw. Vorlage von Werkstattrechnungen,[141] wobei Rechnungen über nicht selbst in Auftrag gegebene Arbeiten besondere Distanz signalisieren.
– Vorlage des Kaufvertrages mit dem Vorbesitzer als Nachweis für die Richtigkeit daraus übernommener Informationen, z. B. über die Gesamtfahrleistung (s. aber auch BGH NJW 1998, 2207).
– Individuelle,[142] aber auch formularmäßige Haftungsausschlüsse und -beschränkungen.[143]
– Negativklauseln (vgl. Rn 1613).
– Eigene Sachkunde auf Käuferseite.[144]
– Fehlende oder eingeschränkte Sachkunde auf Verkäuferseite, z. B. Händler ohne eigene Werkstatt.
– Mangel an Erfahrung des Händlers mit Kaufobjekt (Fremdfabrikat, „Exote").
– Auffallend niedriger Kaufpreis.[145]
– Informationsabhängigkeit des Verkäufers oder seines Vertreters vom Vorbesitzer.
– Mehrzahl von Vorbesitzern.

---

137 Verkäuferunkenntnis schließt die Annahme einer Zusicherung/Garantie nicht grds. aus, so zutreffend OLG Düsseldorf 18. 6. 1999, NZV 1999, 514.
138 Wichtig vor allem bei Angaben über Unfallfreiheit bzw. bestimmte Unfallschäden, km-Laufleistung, Baujahr/Erstzulassung, technische Daten wie kW bzw. PS oder Einsatz als Miet- oder Fahrschulwagen. Nach BGH 12. 3. 2008, NJW 2008, 1517 handelt es sich zumindest in einigen Fällen (Unfall und Laufleistung) um bloße „Wissensmitteilungen", nicht einmal um Beschaffenheitsangaben und damit erst nicht um Garantieerklärungen.
139 BGH 21. 11. 1952, LM Nr. 1 zu § 463 – Grundstückskauf; BGH 30. 1. 1991, NJW-RR 1991, 870 = WM 1991, 1041 – Vorführwagen; BGH 14. 6. 1961, MDR 1961, 761 – Unternehmenskauf; OLG Hamm 12. 12. 1994, MDR 1995, 1111 – Grundstückskauf.
140 Siehe aber auch OLG Düsseldorf 30. 10. 1992 – 22 U 79/91 – n. v. (Neufahrzeugkauf); BGH 22. 11. 1985, NJW 1986, 920, 922 (Grundstückskauf).
141 Vgl. OLG Hamm 16. 1. 1986, NJW-RR 1986, 932; OLG Köln 14. 4. 1992, OLGR 1992, 289.
142 OLG München 7. 7. 1992, OLGR 1992, 113.
143 Dass die vertragliche Freizeichnung, vom BGH als „Gebot der wirtschaftlichen Vernunft" bezeichnet, an sich gegen die Annahme einer stillschweigenden bzw. konkludenten Gewährübernahme i. S. v. §§ 459 Abs. 2, 463 S. 1 BGB a. F. spricht, ist von der Judikatur in Gebrauchtfahrzeugfällen regelmäßig nicht erwogen worden; anders OLG Köln 22. 3. 1999, OLGR 1999, 205; OLG Koblenz 9. 2. 1995, VRS 89, 336 für die Vertragsklausel „wie besichtigt und probegefahren"; KG 24. 7. 2000, OLGR 2001, 10; LG Duisburg 6. 12. 2000 – 2 O 283/00 – n. v. – Motorradkauf unter Privatleuten; s. auch BGH 14. 6. 2000, NJW 2000, 3130, 3232 – gebr. Wärmetauscher.
144 OLG Celle 5. 9. 2002, OLGR 2002, 277 (Händler-Händler-Geschäft).
145 BGH 16. 3. 1977, NJW 1977, 1055.

- Anonymität des unmittelbaren Vorbesitzers (= Lieferanten des Verkäufers), z. B. bei einer Leasinggesellschaft oder einem Autovermieter.
- Dem Käufer erkennbar großes Schadensrisiko (je höher das Risiko, desto geringer die Bereitschaft des Verkäufers zur Garantieübernahme).
- Verkäufer kann aus rechtlichen oder tatsächlichen Gründen keinen Regress beim Vorbesitzer nehmen.
- Garantie oder sonstige ausdrückliche Haftungszusagen für andere Fahrzeugteile (Umkehrschluss).

III. Einzelfälle von Sachmängeln

1. Gang der Darstellung

Unter der Herrschaft des alten Kaufrechts hat sich eine zuletzt nicht mehr überschaubare **1366** Kasuistik zu §§ 459 Abs. 2, 463 S. 1 BGB a. F. (Eigenschaftszusicherung) gebildet, während nur verhältnismäßig wenige Entscheidungen die garantiefreie (einfache) Beschaffenheitsvereinbarung zum Thema hatten. Bis die gebotene Neuorientierung (dazu Rn 1362) abgeschlossen ist, bleibt die ehemalige Zusicherungsrechtsprechung **Ausgangspunkt und Orientierungshilfe**, wann immer es darum geht, ob zwischen den Vertragsparteien eine Beschaffenheitsvereinbarung i. S. d. § 434 Abs. 1 S. 1 BGB zustande gekommen ist.

Aufs Ganze gesehen kann vereinfachend gesagt werden: Verkäufererklärungen, in denen die Gerichte im früheren Recht Eigenschaftszusicherungen gesehen haben, können jetzt zumindest als „einfache" Beschaffenheitsangaben (§ 434 Abs. 1 S. 1 BGB) behandelt werden. In den (seltenen) Fällen, in denen die Rechtsprechung das Vorhandensein einer Zusicherung verneint hat, kann gleichwohl eine Beschaffenheitsvereinbarung i. S. d. § 434 Abs. 1 S. 1 BGB anzunehmen sein.

Sofern eine Beschaffenheitsvereinbarung nicht festgestellt werden kann, ist **in einem zweiten Schritt** der Frage nachzugehen, ob ein Fall der Mangelhaftigkeit nach § 434 Abs. 1 S. 2 Nr. 1 BGB vorliegt, bevor in einem **weiteren Schritt** die tatsächliche Beschaffenheit des Fahrzeugs an den objektiven Kriterien gem. § 434 Abs. 1 S. 2 Nr. 2 BGB zu messen ist.

Liegt dagegen eine Beschaffenheitsvereinbarung vor, kann es im Einzelfall – aus ganz unterschiedlichen Gründen (s. Rn 1357) – darauf ankommen, ob sie Garantiecharakter hat.

Die folgende Darstellung trennt nicht mehr (wie in der Vorauflage) nach den einzelnen Normen des Sachmängelrechts und seinen Mangelkategorien. Die Klammer bilden Lebenssachverhalt und Sachzusammenhang. Am Beispiel „Unfallwagen" heißt das: Alles, was für die Sachmängelhaftung des Verkäufers unter diesem Blickwinkel relevant ist, wird geschlossen dargestellt. Ausgeklammert bleiben, was die vertragliche Haftung angeht, lediglich die Garantiehaftung nach § 443 BGB (dazu Rn 2037 ff.) und die Arglistthematik (dazu Rn 2069 ff.).

2. Alphabetische Schnellübersicht   Rn

Allgemeine Betriebserlaubnis	1404 ff. **1367**
Alter/Baujahr/Erstzulassung	1368 ff.
Abgasuntersuchung (AU)	1490
Austauschmotor/Tauschmotor	1381 ff.
Baujahr	1368 ff.
Baureihe	1373
Betriebserlaubnis	1404 ff.
Bremsen	1511, 1512, 1519

Chip Tuning	1408
Dienstwagen/Direktionswagen	1424
Einsatzfähigkeit	1420 ff.
Ersthandfahrzeug	1601
Erstzulassung	1374 ff.
Expertise/Gutachten	1603
Fabrikat	1497 ff.
Fahrbereitschaft („fahrbereit")	1416 ff.
Fahrschulwagen	1594 ff.
Fahrzeugtyp	1497 ff.
Führerscheinfreiheit	1422
Garagenwagen/garagengepflegt	1425
Geländefahrzeug	1422
Generalüberholt	1394 ff.
Geschäftswagen	1424
Getriebeschäden	1511 ff.
Gütesiegel	1604
Gutachten	1603
Hagelschaden	1564
Halbjahreswagen	1431 ff.
Höchstgeschwindigkeit	1429
Hubraum	1430
Import/Re-Import	1376, 1380, 1413
Jahreswagen	1431 ff.
Kilometerfahrleistung/Gesamtfahrleistung	1436 ff.
Kraftstoffart	1477
Kraftstoffverbrauch/Ölverbrauch	1473 ff.
kW/PS	1430
Mängelfreiheit	1478
Mietwagen (Vorbenutzung)	1594 ff.
Modell	1373
Modelljahr	1373
Motor s. Austauschmotor	
Motorschäden	1511 ff.
neu, fast neu, neuwertig	1479
Oldtimer	1369, 1403, 1423, 1481, 1535, 1584, 1606 ff.
Ölverbrauch	1476
Originalmotor	1381 ff.
PS (kW)	1430
Reifen	1405
Repariert	1398
Rostfreiheit, frei von Durchrostung	1480 ff.
Rostschäden	1482 ff.
Schadstoffarm/bedingt schadstoffarm	1490
Scheckheftgepflegt/werkstattgepflegt	1491 ff.
Serienmäßigkeit/Typengerechtigkeit	1497 ff.
Sonderausstattung/Zubehör	1507
Standzeit	1379
Steuerfreiheit	1490
Tauschmotor, s. Motor	
Taxi (Vorbenutzung)	1594 ff.
Technische Mängel	1508 ff.

Tragfähigkeit (Nutzfahrzeuge)	1422
TÜV-Abnahme/TÜV-Plakette	1542 ff.
Tuning	1408
Unfallfreiheit/Unfallschäden/Unfallwagen	1549 ff.
Verkehrssicherheit/Betriebssicherheit	1423
Verschleiß	1509 ff.
Versicherungsschutz	1428
Vorbenutzung	1594 ff.
Vorbesitzerzahl/Vorhalterzahl	1599 ff.
Vorführwagen	1424
Werkstattgeprüft/von Meisterhand geprüft	1602
Youngtimer	1481, 1487, 1606 f.
Zahnriemenschäden	1495, 1511 ff.
ZDK-Vertrauenssiegel	1604
Zubehör	1507
Zulassungsfähigkeit	1420
Zustandsangaben (einwandfrei, gründlich überholt, restauriert)	1606 ff.

3. Einzelfälle

a) Alter/Baujahr/Erstzulassung

aa) Allgemeines

1368 Das Alter gehört, keine Frage, zu den wichtigsten Faktoren bei der Bewertung eines gebrauchten Kraftfahrzeugs, insbesondere von Personenkraftwagen. Für die Kaufentscheidung ist es allerdings nur ein Kriterium mittlerer Bedeutung. Ein niedriger Km-Stand ist wichtiger.[146] Was den Wertverlust angeht, so gilt für den Einfluss von Alter und Laufleistung die Faustformel 50: 50.

Schon ein Blick in die Preistabellen zeigt: In den ersten vier Jahren verliert ein Pkw rapide an **Wert,** bis zu 60 %, ab dem vierten Jahr schreitet der Wertverlust nur noch langsam voran. Umgekehrt verhält es sich mit dem **Defektrisiko.** Mit höherem Fahrzeugalter nehmen die „Mängel" an Zahl und Schwere zu. Infolgedessen steigt auch der **Reparaturkostenaufwand.** Über diese Zusammenhänge gibt es umfangreiches statistisches Material, z. B. die DAT-Kundendienst-Reports und die jährlichen TÜV-Reports.

Auch ohne Bewegung, allein durch Stehen bzw. Lagern, kann sich der Zustand eines Kraftfahrzeugs verschlechtern. Dieser Aspekt steht im Zentrum der „Zwölfmonats-Rechtsprechung" des BGH (näher Rn 251 ff.). Instruktiv AG Rottweil mit einer Aufzählung von 8 **Standzeit-Risikofaktoren.**[147]

1369 Das **entscheidende Kriterium** für die Bestimmung des Alters eines Kfz ist das Jahr der Herstellung, das **Baujahr** oder **Produktionsjahr.** Seitdem das Baujahr aufgrund der Anordnung des Bundesministers für Verkehr vom 27. 5. 1963 (VkBl. 1963, 223) nicht mehr im Fahrzeugbrief eingetragen wird und es auch aus dem Fahrzeugschein nicht ersichtlich ist, lässt sich das Baujahr eines Kraftfahrzeugs nicht mehr so leicht wie früher feststellen, zumal auch das Fabrikschild (§ 59 StVZO) bei zulassungspflichtigen Fahrzeugen keine ausdrückliche Angabe des Baujahrs enthält (§ 59 Abs. 1 Nr. 3 StVZO).

Der 17-stelligen **Fahrzeug-Identifizierungsnummer** (§ 59 Abs. 1 Nr. 4 StVZO) in den Fahrzeugpapieren (Zeile 4) und auf dem Fabrikschild (vorne rechts) ist nicht ohne weiteres zu entnehmen, in welchem Jahr das Fahrzeug produziert worden ist. Im Gegensatz zu an-

---

146 DAT-Report 2008, S. 17.
147 Urt. v. 28.1.199, DAR 1999, 369; s. auch OLG Düsseldorf 16. 4. 2003, DAR 2003, 318.

deren Ländern, z. B. den USA, ist in Deutschland nicht vorgeschrieben, dass das Herstellungsdatum eindeutig und für den Durchschnittskäufer erkennbar aus der Fahrzeug-Identifizierungsnummer hervorgehen muss. In mehr oder weniger verschlüsselter Form werden **Baujahr oder Modelljahr** durch Kennzahlen oder Kennbuchstaben in der Fahrzeug-Identifizierungsnummer (FIN) ausgewiesen. Beispiel VW Golf: Das 10. Zeichen codiert das Modelljahr. Es beginnt im Mai/Juni und wird immer mit der Jahreszahl bezeichnet, in der es endet. In 10/98 wurde also das Modelljahr 1999 produziert.

Hinweise auf das Baujahr des Fahrzeugs liefern auch – abgesehen von der äußeren Beschaffenheit und den Daten des Fahrzeugs – die **DOT-Nummer** an den Reifen und andere Produktionsmarken; s. auch Rn 256.

Bei **älteren Fahrzeugen,** die noch nicht den Status von Youngtimern oder Oldtimern haben, verliert das Alter, für sich allein genommen, zunehmend an Bedeutung. Ob jemand einen acht oder neun Jahre alten Mittelklasse-Pkw erwirbt, macht im Allgemeinen keinen großen Unterschied. Bei **Sonderfahrzeugen** und **Liebhabermodellen**[148] richtet sich die Wertschätzung nach eigenen Marktgesetzen. Soweit ein Verkäufer derartiger Fahrzeuge Angaben zum **Alter bestimmter Fahrzeugteile,** z. B. des Motors oder des Getriebes, macht, hängt das Auslegungsergebnis ganz vom Einzelfall ab. Eine Verkehrsauffassung kann nur mit Hilfe eines Sachverständigen ermittelt werden (zum Parallelfall des Hauskaufs s. BGH NJW 1995, 45). Instruktiv auch BGH NZV 1995, 222 – **Oldtimerkauf.**

1370 Mit dem Produktionsdatum nicht verwechselt werden darf der **Zeitpunkt der Erstzulassung.** Dieses Datum, z. B. Erstzulassung 26. 6. 2008, beschreibt den Tag, an dem das Fahrzeug erstmals allgemein und sachlich unbeschränkt zum öffentlichen Verkehr im Inland oder im Ausland mit der dafür erforderlichen Zulassung zugelassen oder in Betrieb genommen worden ist.[149]

Das Datum der Erstzulassung, vermerkt in den Zulassungsbescheinigungen Teil I und II (§§ 11, 12 FZV), lässt auf das Alter eines Fahrzeugs **nur bedingt** schließen. Fehlvorstellungen und Missverständnisse sind freilich an der Tagesordnung und führen immer wieder zu rechtlichen Auseinandersetzungen. Fakt ist: Zwischen Produktion und Erstzulassung können mehrere Monate, bisweilen gar mehrere Jahre liegen. Zu beachten ist auch, dass vor der Erstzulassung i. S. d. StVZO bzw. FZV das Fahrzeug schon **im Ausland** zugelassen gewesen sein kann, ein bei **Import- und Re-Importwagen** wichtiger Gesichtspunkt. Sogar im Inland, z. B. bei Diplomatenwagen und Fahrzeugen von Angehörigen der Nato-Truppen, ist eine zulassungsfreie (Vor-)Benutzung möglich.

Von Bedeutung ist das Datum der Erstzulassung u. a. für den **Beginn der Herstellergarantie** („Werksgarantie"), s. auch Rn 914.

Das **Datum der Erteilung der Betriebserlaubnis** (ABE) sagt über den Zeitpunkt der Produktion des streitgegenständlichen Fahrzeug nichts aus.

bb) Verkauf mit Angaben zum Alter/Baujahr/Erstzulassung

1371 **Vorab:** Die ohnehin nicht gradlinige und durch Sonderfälle geprägte Rechtsprechung aus der Zeit vor 2002 kann nur mit Vorsicht herangezogen werden. Die tatsächlichen und insbesondere die rechtlichen Verhältnisse haben sich geändert.

---

148 Vgl. OLG Frankfurt 2. 11. 1988, NJW 1989, 1095 = DAR 1989, 66 – Oldtimer; LG Osnabrück 29. 4. 1980, VersR 1981, 45 – Schropflader; LG Düsseldorf 11. 6. 1976 – 22 S 117/76 – n. v. – Buggy; OLG Oldenburg 28. 6. 1982, MDR 1982, 1018 – Sportwagen; s. auch BGH 7. 12. 1994, NZV 1995, 222 (Oldtimer).
149 BFH 23. 5. 2006, DAR 2006, 529.

(1) Baujahrinformationen

Dass das Baujahr und damit das Alter eines Kraftfahrzeugs **Merkmale seiner Beschaffenheit** i. S. d. § 434 Abs. 1 BGB sind, steht für die Gerichtspraxis außer Streit[150] und ist auch im Schrifttum weitgehend anerkannt.[151]

1372

Ausdrückliche Angaben des Verkäufers über das **Baujahr** hat die Rechtsprechung früher **als Eigenschaftszusicherungen** und damit als Garantieerklärungen angesehen,[152] gleichviel, ob im Kaufvertrag und/oder auf dem Verkaufsschild, in einer Garantieurkunde oder in der Zeitungsanzeige vermerkt oder nur mündlich im Rahmen der Vertragsverhandlungen erklärt. Andererseits: Allein durch den Verkauf eines Fahrzeugs mit – verschlüsselter – Angabe des Baujahres in der Fahrzeug-Identifizierungsnummer (FIN) wird das Baujahr **nicht stillschweigend** garantiert. Für die Richtigkeit will der Verkäufer nicht gerade stehen, selbst wenn er das Baujahr decodiert hat. Auch aus der Preisgestaltung für sich allein genommen lässt sich eine konkludente Übernahme einer Garantie für das Baujahr bzw. das Alter nicht herleiten.[153] Wird mit einer Baujahrsangabe auf die Fahrzeugpapiere Bezug genommen („eingetragenes Baujahr 1984"), hat man eine Garantie gleichfalls verneint, zumal bei **Importfahrzeugen**.[154]

Der früheren Rechtsprechung, soweit sie Eigenschaftszusicherungen bejaht hat, ist heute der **Boden weitgehend entzogen**. An die Annahme einer Beschaffenheitsgarantie sind nunmehr strengere Anforderungen zu stellen. Im Zweifel ist, wenn überhaupt, von einer bloßen Beschaffenheitsvereinbarung iSd § 434 Abs. 1 S. 1 BGB auszugehen. Die Annahme, der Verkäufer habe für die Richtigkeit einer Angabe über das Baujahr oder das Modelljahr eine Garantie übernehmen wollen, bedarf besonderer Begründung im Einzelfall. Die dafür sprechenden Umstände hat der Käufer darzulegen und bei Bestreiten zu beweisen. Im **Regelfall** kann er die Angabe des Verkäufers über das Baujahr oder Modelljahr nicht als Garantieübernahme verstehen.

Wenn heute ein **Privatverkäufer** von Baujahr spricht, meint er meist das Modelljahr oder das Jahr der Erstzulassung. Angaben wie „5/02" weisen zweifelsfrei auf das Erstzulassungsdatum hin, auch wenn der Zusatz „Bj." beigefügt ist.

In den bis Ende 2001 gängigen **Vertragsformularen des Kfz-Handels** fand man die Rubrik „Baujahr" nur noch selten. Bemerkenswerterweise hat man das Baujahr in die aus Anlass der Schuldrechtsreform geänderten Bestellscheine vielfach wieder aufgenommen. Es steht dann meist in einer Zeile mit der „Erstzulassung", bleibt aber, aus gutem Grund, überwiegend ungenannt. Händler, die das Baujahr ohne Einschränkung nennen, machen zumindest eine Beschaffenheitsangabe. Im Einzelfall kann damit auch eine Garantieübernahme verbunden sein.

Die im Handel üblichen **Verkaufsschilder**, die an den Fahrzeugen angebracht sind, verzichten größtenteils nach wie vor auf eine Mitteilung über das Baujahr. In aller Regel ist bei **professionellen Anbietern,** auch im Internet, nur vom Tag der Erstzulassung die Rede. „Tag der Zulassung" meint dasselbe (dazu Rn 1374).

---

150 OLG Karlsruhe 26. 5. 2004, NJW 2004, 2456; OLG Nürnberg 21. 3. 2005, NJW 2005, 2019; OLG Hamburg 28. 12. 2005, DAR 2006, 390; OLG Celle 13. 7. 2006, SVR 2006, 463.
151 Statt vieler *Ludyga*, DAR 2007, 232.
152 OLG Karlsruhe 24. 3. 1966, MDR 1967, 44; OLG Köln 14. 12. 1971, JMBl. NW 1972, 189; OLG Hamburg 25. 1. 1973, MDR 1973, 496; OLG Köln 11. 6. 1975, VersR 1976, 500; OLG Oldenburg 28. 6. 1982, MDR 1982, 1018; OLG Köln 26. 9. 1991 – 1 U 59/90 – n. v.
153 AG Schleiden 7. 10. 1991 – 2 C 367/91 – n. v. – Motorrad.
154 OLG Düsseldorf 19. 5. 1994, OLGR 1994, 293, s. aber auch OLG Oldenburg 28. 7. 1994, NJW-RR 1995, 689 (Inzahlunggabe).

1373 Durch einen Hinweis wie „**Modell 2002**" oder „**Baureihe 2002**" kann der Eindruck erweckt werden, der Wagen sei erst in dem angegebenen Jahr gebaut worden. Das kann, muss aber nicht zutreffen. Es kann durchaus richtig sein, von einem 02er Modell zu sprechen, wenn es im Jahre 2001 als 02er Modell produziert worden ist.[155] Für viele Hersteller beginnt das Modelljahr nicht am 1. Januar, sondern Monate früher, nach den Sommer-Werksferien oder gar bereits im Mai/Juni (VW). Selbst der Tag der Erstzulassung kann bei einem Modell 02 noch im Jahr 2001 liegen, z. B. im Oktober.

Als irreführend ist die Angabe „82/83" angesehen worden, wenn das Fahrzeug Anfang 1982 gebaut worden ist.[156] Andererseits ist dem Verkäufer kein Vorwurf gemacht worden, der ein im November 1970 zugelassenes Fahrzeug als „Modell 1971" angeboten hat.[157]

(2) Informationen über die Erstzulassung

1374 Auch der **Zeitpunkt der Erstzulassung** war als eine zusicherungsfähige Eigenschaft i. S. d. § 459 Abs. 2 BGB a. F. allgemein anerkannt.[158] Entsprechende Angaben, z. B. 5/98, im Kaufvertrag, auf dem Verkaufsschild am Fahrzeug, selbst in einem Zeitungsinserat, haben Oberlandesgerichte wiederholt als Zusicherungen gewertet.[159] Von einer gefestigten Rechtsprechung konnte allerdings keine Rede sein. Vom **Bundesgerichtshof** liegt zum alten Recht eine klare Stellungnahme nicht vor. Sein Urteil vom 16. 10. 1991[160] betrifft den **Sonderfall**, dass der Verkäufer, ein Kfz-Händler, mit der individuell eingefügten Angabe „keine" in der Spalte „Zusicherungen" eine Haftung nach §§ 459 Abs. 2, 463 S. 1 BGB a. F. vermeiden wollte. Der BGH hat die im Kaufvertrag hinter dem vorgedruckten Wort „Erstzulassung" stehende handschriftliche Eintragung „5.5.88" nicht als (konkludente) Zusicherung, sondern als **bloße Beschaffenheitsangabe** angesehen. Wie seine Auslegung ohne die Klausel „Zusicherungen? – keine" ausgefallen wäre, ist offen geblieben.[161]

Ein **weiterer Sonderfall** ist Gegenstand des Urteils des OLG München vom 7. 7. 1992:[162] Der Verkäufer hatte zwar in einem Zeitungsinserat das Datum der Erstzulassung angegeben, es aber im (handschriftlichen) Individualkaufvertrag nicht mehr erwähnt, vielmehr seine „Gewährleistung" ausdrücklich ausgeschlossen. Mit Recht hat das OLG München bei dieser Sachlage eine Zusicherung verneint. In diese Richtung tendieren auch die Entscheidungen des OLG Hamm vom 12. 10. 1990[163] und vom 22. 6. 1993,[164] wobei der 28. Senat im zweiten Fall in der – zutreffenden – EZ-Angabe auch keine konkludente Zusicherung des Fahrzeugalters gesehen hat. Abweichend davon hat das OLG München einen privaten Verkäufer, der nicht einmal Erstbesitzer war, in die Zusicherungshaftung genommen.[165]

Das mit Blick auf eine Garantieübernahme für Baujahrsangaben Gesagte (Rn 1372) gilt erst recht für Informationen über den Zeitpunkt der Erstzulassung. Dieses restriktive Verständnis

---

155 Vgl. OLG Nürnberg 21. 3. 2005, NJW 2005, 2019.
156 OLG Köln 15. 11. 1979 – 14 U 76/78 – n. v.
157 LG Köln 31. 3. 1980 – 16 O 349/79 – n. v.; OLG Düsseldorf 18. 5. 1979 – 14 U 10/79 – n. v.
158 BGH 16. 10. 1991, NJW 1992, 170; BGH 26. 11. 1981, VRS 62, 168; OLG Hamm 14. 7. 1983, MDR 1984, 141; OLG Stuttgart 17. 3. 1989, NJW 1989, 2547; OLG Hamm 12. 10. 1990, NJW-RR 1991, 505 = NZV 1991, 232; OLG München 7. 7. 1992, OLGR 1992, 113; OLG Stuttgart 25. 4. 1990 – 4 U 26/90 – n. v.
159 OLG Hamm (28. ZS) 14. 7. 1983, MDR 1984, 141 (Agenturfall); OLG Köln 26. 9. 1991 – 1 U 59/60 – n. v. (EZ-Datum in Inserat); OLG München 5. 3. 2002 – 5 U 4442/00 – n. v.
160 NJW 1992, 170 = JZ 1992, 365 m. Anm. *Flume.*
161 Auch das Urteil v. 7. 12. 1994, NZV 1995, 222 (Oldtimer) sagt dazu nichts.
162 OLGR 1992, 113.
163 NJW-RR 1991, 505 = NZV 1991, 232 (Verkauf eines reimportierten Kfz).
164 OLGR 1993, 301 = DAR 1994, 120.
165 Urt. v. 5. 3. 2002 – 5 U 4442/00 – n. v.

Einzelfälle von Sachmängeln 1375–1377

ist unabhängig von einem ausdrücklichen Hinweis auf die Fahrzeugpapiere, in denen der Tag der Erstzulassung zu vermerken ist. Ein Quellenhinweis hat nur klarstellende Funktion. Er versteht sich eigentlich von selbst. Der Verkäufer, insbesondere als gewerblicher Händler oder als privater Nacheigentümer, macht sich die amtlichen Eintragungen regelmäßig nicht in dem Sinn zu Eigen, dass er deren Richtigkeit garantieren will. Dafür gibt es zu viele Unsicherheitsfaktoren und Ursachen für Falscheintragungen (z. B. frühere Auslandzulassung, vorübergehende Stilllegung im Inland, Ausstellung eines Ersatzbriefes). Gegenüber dem Käufer hat er, vom Fall des Erstbesitzes abgesehen, keinen rechtlich relevanten Wissensvorsprung.

Wie in den Baujahrsfällen hat sich die Abgrenzungsproblematik im neuen Kaufrecht verlagert auf die Alternative Beschaffenheitsvereinbarung versus Wissensmitteilung. Dass das Datum der Erstzulassung ebenso wie die Zulassung als solche **Gegenstand einer Beschaffenheitsvereinbarung** sein können, wird im Ausgangspunkt nicht ernsthaft in Zweifel gezogen,[166] obgleich es keineswegs selbstverständlich ist. **Das Hauptproblem** ist jedenfalls **eine Auslegungsfrage**, wobei es in den meisten Streitfällen nicht um die Richtigkeit des mitgeteilten Zulassungsdatums, sondern darum geht, ob und ggf. inwieweit mit der Datumsangabe eine Information über das Fahrzeugalter verbunden ist. 1375

In tatsächlicher Hinsicht ist zunächst festzuhalten: In den Vertragsformularen (Bestellscheinen) des **Kfz-Handels** wird üblicherweise unterschieden zwischen „Datum der Erstzulassung lt. Fz.-Brief" und „lt. Vorbesitzer". Überwiegend wird nur auf den Fahrzeugbrief (Zulassungsbescheinigung Teil II) Bezug genommen. Bekannt geworden sind aber auch Bestellscheine ohne derartige Quellenhinweise. 1376

Zusatzlose EZ-Informationen sind vor allem **auf dem Privatmarkt** zu beobachten, insbesondere in handschriftlichen Verträgen. Doch selbst im ADAC-Mustervertrag für den privaten Direktverkauf (Stand 2002) fehlt in der Zeile „Erstzulassung am..." jeglicher Zusatz. Durch eine Formulierung wie „EZ 03.00 in Deutschland" wird dagegen klargestellt, dass sich das Datum auf die Erstzulassung in Deutschland bezieht, eine frühere Auslandszulassung damit nicht ausgeschlossen ist.[167]

Besondere Schwierigkeiten bestehen erfahrungsgemäß schon im Tatsächlichen bei **reimportierten**, aber auch bei normal **importierten Fahrzeugen.**[168] Zur „Alterserwartung" in solchen Fällen s. Rn 1380; zur Offenbarungspflicht s. Rn 2139.

Nach Ansicht des OLG Karlsruhe[169] liegt in der Aufnahme des EZ-Datums in den Vertragstext die **konkludente Vereinbarung**, dass das Datum der Herstellung „jedenfalls nicht mehrere Jahre davon abweicht". Auch beim Kauf von Gebrauchtwagen dürfe der Käufer erwarten, dass das Baujahr nicht wesentlich vom Jahr der Erstzulassung abweiche. Wenn die EZ-Angabe keine Einschränkung enthält wie z. B. „laut Fahrzeugbrief" oder „laut Vorbesitzer" (dazu Rn 1378 f.) und im Übrigen keine besonderen Umstände vorliegen (Importwagen, Stilllegung u. a.), ist dem in Übereinstimmung mit zahlreichen weiteren Urteilen[170] grundsätzlich zuzustimmen. 1377

---

166 BGH 16. 10. 1991, NJW 1992, 170; OLG Hamburg 28. 12. 2005, DAR 2006, 390; OLG Karlsruhe 26. 5. 2004, NJW 2004, 2456; OLG Nürnberg 21. 3. 2005, NJW 2005, 2019; OLG Celle 13. 7. 2006, SVR 2006, 463; LG Bautzen 20. 7. 2005, DAR 2006, 281.
167 Siehe BGH 22. 12. 2004, NJW 2005, 1045.
168 Dazu OLG Düsseldorf 17. 10. 2007 – I-1 U 103/07 – n. v. (Re-Import Italien, Händlerverkauf); LG Amberg 16. 10. 2007, NZV 2008, 301; zur Klausel „eingetragenes Baujahr 1984" bei einem privaten Direktgeschäft über einen Importwagen s. OLG Düsseldorf 19. 5. 1994, OLGR 1994, 293 (L.); vgl. auch OLG Hamm 12. 10. 1990, NJW-RR 1991, 505; BGH 22. 12. 2004, NJW 2005, 1045.
169 Urt. v. 26. 5. 2004, NJW 2004, 2456.
170 OLG Nürnberg 21. 3. 2005, NJW 2005, 2019; OLG Celle 13. 7. 2006, SVR 2006, 463; LG Bautzen 20. 7. 2005, DAR 2006, 281; s. a. OLG Celle 11. 6. 2008 – 7 U 226/07 – n. v.

1378 Mit welcher Abweichung der Käufer auf dem Boden einer solchen **Beschaffenheitsvereinbarung** rechnen muss, wo also die Zeitgrenze zwischen vertragsgemäß und vertragswidrig verläuft, haben die o. a. Gerichte offen gelassen. Die Rede ist von einer Produktion „einigermaßen zeitnah zur Erstzulassung"[171] oder von einem „relativ überschaubaren Zeitraum"[172], Maßstäbe, mit denen die Praxis nicht viel anfangen kann. Eine Präzisierung war allerdings nicht nötig, denn die „Überalterung" war mit Zeitspannen von 23 Monaten[173], 30 Monaten[174] bis hin zu mehr als 5 Jahren[175] jeweils so deutlich, dass eine untere Grenze nicht festgelegt werden musste.[176]

Wenn etwas anderes nicht ausdrücklich vereinbart oder infolge besonderer Umstände anzunehmen ist, gilt die **Zwölfmonatsgrenze**, die das OLG Düsseldorf für die Soll-Beschaffenheit nach den objektiven Kriterien des § 434 Abs. 1 S. 2 Nr. 2 BGB für den Regelfall festgelegt hat.[177] Seiner zutreffenden Ansicht nach handelt es sich bei einer Eintragung in einem Bestellschein des Kfz-Handels wie „Erstzulassung lt. Fz. Brief: 27. 4. 2006" nicht um eine Beschaffenheitsvereinbarung, und zwar weder hinsichtlich des – nur selten unrichtigen – Datums der Erstzulassung noch mit Blick auf die – praktisch sehr viel wichtigere – Frage nach dem Alter des Fahrzeugs. Aus der BGH-Entscheidung vom 12. 3. 2008[178] hat der Senat die richtige Konsequenz gezogen, indem er die unter Vorbehalt („lt. Fzg. Brief") gestellte Auskunft über das Datum der Erstzulassung als **bloße Wissensmitteilung** behandelt.[179] Eine irgendwie geartete Beschaffenheitsvereinbarung hat er verneint und die Soll-Beschaffenheit allein nach objektiven Gesichtspunkten geprüft (dazu sogleich Rn 1379).

cc) Verkauf ohne (Beschaffenheits-)Angaben zum Alter/Baujahr/Erstzulassung

1379 Wenn Verkäuferangaben über das Baujahr, die Erstzulassung oder zu sonstigen Altersmerkmalen wie z. B. Modell oder Baureihe entweder völlig fehlen, nicht nachweisbar sind oder nicht die Qualität von Beschaffenheitsangaben haben (etwa wegen Bezugnahme auf fremde Quellen), wird man nicht einmal eine konkludente Beschaffenheitsvereinbarung bejahen können.[180] An die Eintragungen in den überreichten Fahrzeugpapieren anzuknüpfen und sie dem Verkäufer quasi in den Mund zu legen, macht keinen rechten Sinn. Eine Schutzlücke zu Lasten des Käufers wird jedenfalls nicht gerissen. Denn auch ohne Vereinbarung über das Alter kann das Fahrzeug aus Altersgründen sachmangelhaft sein.

Prüfungsmaßstab ist § 434 Abs. 1 S. 2 Nr. 2 BGB. Allgemein dazu Rn 1337 ff. Was das **Merkmal „gewöhnliche Verwendung"** angeht, so wird man nur in Ausnahmefällen Eignungsdefizite feststellen können. Die Prüfung kann anhand des 8-Punkte-Katalogs AG Rottweil DAR 1999, 369 vorgenommen werden.

Problematisch ist die Bestimmung der **üblichen** und der **zu erwartenden Beschaffenheit**. Hier muss differenziert werden, weniger nach Verkäufertyp (Händler/Privatperson) als vielmehr nach Marke und Typ des Fahrzeugs. **Im Inland produzierte Pkw**, die nicht

---

171 OLG Celle 26. 2. 1998, OLGR 1998, 160.
172 LG Bautzen 20. 7. 2005, DAR 2006, 281.
173 OLG Celle 13. 7. 2006, SVR 2006, 463 (Vorführwagen).
174 OLG Celle 26. 2. 1998, OLGR 1998, 160 (Vorführwagen).
175 OLG Karlsruhe 26. 5. 2004, NJW 2004, 2456.
176 Siehe auch OLG Düsseldorf 16. 4. 2003, DAR 2003, 318 (mehr als 3 Jahre) und AG Rottweil 28. 1. 1999, DAR 1999, 369 („unglaublich lange Standzeit von 3 Jahren und 3,5 Monaten").
177 Urt. v. 16. 6. 2008 – I-1 U 231/07 – n. v.; ebenso *Ludyga*, DAR 2007, 232.
178 NJW 2008, 1517.
179 Urt. v. 16. 6. 2008 – I-1 U 231/07 – n. v.
180 S. auch OLG Hamm 22. 6. 1993, DAR 1994, 120.

in den Export gehen, werden überwiegend innerhalb von 12 Monaten nach der Produktion zum öffentlichen Verkehr (erst-)zugelassen. Das ist nach Einschätzung des OLG Düsseldorf[181] der normale (übliche) Verlauf der Dinge, wie er nicht zuletzt als Folge der Zwölfmonatsrechtsprechung des BGH (NJW 2004, 160; NJW 2006, 2694) seit einigen Jahren zu beobachten sei. Diesem üblichen Zustand entspreche die objektiv berechtigte Käufererwartung, gestützt auf die Eintragungen des Erstzulassungsdatums in den Fahrzeugpapieren und/oder die „Wissensmitteilungen" des Verkäufers. Ohne gegenteilige Anhaltspunkte darf ein durchschnittlicher Gebrauchtwagenkäufer jedenfalls beim Kauf vom Kfz-Händler davon ausgehen, dass das ihm angebotene Fahrzeug von dieser „Normalbeschaffenheit" ist.

Beträgt die Zeitspanne zwischen Produktion und Erstzulassung mehr als 12 Monate, kann somit auch ein gebraucht gekauftes Fahrzeug, das kein Halbjahres- oder Jahreswagen ist, mangelhaft sein.[182] Ob der Käufer auch zum Rücktritt berechtigt ist, hängt von der **„Erheblichkeit" des Mangels** ab (§ 323 Abs. 5 S. 2 BGB). Dabei spielt außer der Länge des Zeitraums (12 + x) eine Rolle, ob es sich um ein als jung angebotenes Fahrzeug (z. B. Vorführwagen) handelt oder ob die Erstzulassung schon Jahre zurückliegt.[183] Im Rahmen der Erheblichkeitsprüfung (Näheres Rn 1727 ff.) wird es auch auf die näheren Umstände der Lagerung ankommen können.

In Sonderfällen muss die übliche Beschaffenheit ebenso wie die zu erwartende Beschaffenheit zu Lasten des Käufers abweichend bestimmt werden. Hierzu zählen die Fälle mit **Re-Importwagen**.[184] Käufer solcher Fahrzeuge, auch von Inlandsfabrikaten, erst recht aber von Produkten aus Asien[185] oder den USA, müssen sich bewusst sein, dass sie älter sein können als die vorgelegten Dokumente und Eintragungen im Kaufvertrag vermuten lassen.[186] Eine frühere Zulassung im Ausland ist nahe liegend und damit auch ein höheres Gesamtalter. Ein Auseinanderfallen des Produktionsdatums und des Erstzulassungsdatum um 2¹/₂ Jahre soll jedoch auch in einem solchen Fall erwartungswidrig sein.[187] Keinen Mangel sieht das OLG Düsseldorf bei einer Produktion in 2001 und einem Datum der „Erstzulassung lt. Fzg.-Brief: 14. 4. 2003".[188] Der Käufer war auf die Re-Importeigenschaft ausdrücklich hingewiesen worden (s. auch Rn 737 ff.). 1380

Angesichts der Alters- und Zulassungsunsicherheiten bei Import und Re-Importfahrzeugen und den daraus resultierenden Schwierigkeiten z. B. in Garantiefragen sind Käufer in besonderer Weise auf eine sachgerechte **Aufklärung durch die Händler** angewiesen. Dementsprechend streng sind die Anforderungen an die Offenbarungspflicht.[189] Dazu auch Rn 2139.

Bestimmt wird die Alterserwartung nicht nur durch das Datum der Erstzulassung. Auch der Kaufpreis, die Fahrleistung und der allgemeine Erhaltungszustand können von Einfluss sein, ferner das äußere Erscheinungsbild, z. B. die Ausrüstung mit Teilen, die für ein bestimmtes Modell (Baujahr) typisch sind.

---

181 Urt. v. 16. 6. 2008 – I-1 U 231/07 – n. v.
182 Ebenso *Ludyga*, DAR 2007, 232.
183 Rücktrittserheblichkeit bejaht bei 31 Monaten und einer erst zwei Monate vor Verkauf erfolgten Erstzulassung OLG Düsseldorf 16. 6. 2008 – I-1 U 231/07 – n. v.
184 OLG Düsseldorf 17. 12. 2007 – I-1 U 103/07 – n. v. (Nissan); OLG Celle 26. 2. 1998, OLGR 1998, 160 (Daihatsu); OLG Hamm 12. 10. 1990, NJW-RR 1991, 505; OLG Stuttgart 8. 10. 1999 – 2 U 71/99 – n. v.; OLG Karlsruhe 26. 5. 2004, NJW 2004, 2456.
185 Dazu OLG Celle 26. 2. 1998, OLGR 1998, 160 (Daihatsu); OLG Düsseldorf 17. 12. 2007 – I-1 U 103/07 – n. v. (Nissan).
186 OLG Düsseldorf 17. 12. 2007 – I-1 U 103/07 – n. v.; OLG Karlsruhe 26. 5. 2004, NJW 2004, 2456.
187 OLG Celle 26. 2. 1998, OLGR 1998, 160 (Daihatsu).
188 Urt. v. 17. 12. 2007 – I-1 U 103/07 – n. v.
189 OLG Celle 26. 2. 1998, OLGR 1998, 160; OLG Karlsruhe 26. 5. 2004, NJW 2004, 2456; s. aber auch LG Amberg 16. 10. 2007, NZV 2008, 301.

b) Austauschmotor/Tauschmotor/generalüberholter Motor/überholter Motor

1381 Angaben des Verkäufers wie „Austauschmotor", „generalüberholter Motor", „überholter Motor 0 km" oder „Austauschmotor, Laufleistung etwa 60.000 km" sind nach st. Rspr. zum alten Kaufrecht Eigenschaftszusicherungen gewesen, also keine „einfachen" Beschaffenheitsangaben nach § 459 Abs. 1 BGB a. F. Doch nicht immer liegen derartige Informationen vor bzw. können nicht bewiesen werden.

aa) Fallgruppe „Verkauf mit Motor-Angaben"

1382 Hat der Verkäufer zur Beschaffenheit des Motors **konkrete Angaben** gemacht, ist das Erklärte gem. §§ 133, 157 BGB auszulegen. Die **Gefahr von Fehldeutungen und Missverständnissen** ist bei dieser Fallgruppe ungewöhnlich groß. Oftmals bezeichnen Verkäufer, zumal private, Motoren als „Austauschmotor" oder „AT-Maschine" (ATM), obwohl der Originalmotor nur mehr oder weniger überholt worden ist. Andere lassen für einen „Austauschmotor" genügen, dass alle beweglichen Teile erneuert worden sind, das Gehäuse aber dem Altmotor entstammt. Ein solcher Motor soll einem Austauschmotor zumindest „praktisch gleichwertig" sein. Schließlich werden mit dem Prädikat „Austauschmotor" auch solche Motoren etikettiert, die von professionellen Motoreninstandsetzern nur „generalüberholt" worden sind.[190] Selbst Motoren, die Unfallwagen entnommen und ohne gründliche Überprüfung und Instandsetzung in andere Fahrzeuge eingebaut worden sind, laufen unter „Austauschmotor".

1383 Das **terminologische Durcheinander**[191] wird dadurch noch größer, dass die Bezeichnung „Austauschmotor" mit allerlei schmückendem Beiwerk versehen wird. So ist z. B. von „Original-Austauschmotor", von „Original-Tauschaggregat", von „werksgeprüftem" oder „werksüberholtem" Austauschmotor die Rede. Mitunter taucht auch der Begriff „serienmäßiger Austauschmotor" auf.[192] Wie um den Grad der Konfusion komplett zu machen, liefern die Hersteller Tauschaggregate mit Bezeichnungen wie „Tauschmotor", „Teilemotor", „Teilmotor", „Rumpfmotor", „Austauschteilmotor", „Neuteilmotor" und „Neumotor". Die Lieferprogramme der einzelnen Hersteller/Importeure weichen erheblich voneinander ab, was das Verständnis und die Auslegung im konkreten Einzelfall zusätzlich erschwert.

1384 Das **maßgebliche Kriterium** für die Auslegung ist die (allgemeine) **Verkehrsanschauung,** sofern es sich um einen Verbrauchsgüterkauf oder um ein privates Direktgeschäft handelt. Auf das Begriffsverständnis eine Kfz-Fachmanns kommt es in diesen Bereichen erst in zweiter Linie an. Deshalb ist bei Auskünften von Kfz-Sachverständigen Vorsicht geboten. Grundvoraussetzung für eine sachgerechte Vertragsauslegung ist die Kenntnis der Gegebenheiten auf dem Markt von heute.

1385 In der Reihenfolge ihrer Wertigkeit und des Preises sind auf dem Pkw-Sektor[193] folgende Varianten zu unterscheiden:

– fabrikneuer Motor (kompletter Neuteilemotor vom Hersteller)
– Original-Austauschmotor vom Hersteller (zwei Varianten: a) nur Originalneuteile, b) teilweise Originalneuteile)
– Teilemotor vom Hersteller
– Rumpfmotor vom Hersteller

---

190 So im Fall BGH NJW 1992, 1678.
191 *Ludovisy*, DAR 1992, 199.
192 So im Fall BGHZ 61, 80 = NJW 1973, 1454.
193 Auf dem Nutzfahrzeugmarkt kann das Begriffsverständnis abweichend sein.

– generalüberholter Motor als Tauschmotor vom Motoreninstandsetzer mit/ohne RAL-Gütezeichen
– General- oder Grundüberholung des defekten (verschlissenen) Originalmotors durch a) das Werk, b) einen Motoreninstandsetzer, c) eine lokale Werkstatt
– Teilüberholung bzw. Teilreparatur des Originalmotors
– Gebrauchtmotor als unbearbeiteter Ersatzmotor, z. B. vom Autoverwerter.

Die Tauschmotoren der Automobilhersteller sind von Originalneuteilemotoren qualitativ (technisch) kaum zu unterscheiden. In eher optischen Details gibt es einige Unterschiede in Form von Prägestempel und Zusätzen zur Ersatzteil-Nummer. Für derartige Aggregate gelten die gleichen Werksgarantien wie für fabrikneue Motoren, die aus Kostengründen im Ersatzteilgeschäft keine große Rolle spielen. Ein noch nicht gelaufener Austauschmotor darf von einem technischen Laien als **„neuer"** Motor bezeichnet werden. Als Zusicherung/ Garantie eines fabrikneuen Motors kann diese Angabe jedoch nicht verstanden werden.[194] Die Erklärung, in dem Fahrzeug befinde sich ein **„Originalmotor",** bedeutet die Zusicherung, dass das Fahrzeug mit einem vom Werk für diesen Fahrzeugtyp vorgesehenen Originalmotor, mit dem es auch für den Straßenverkehr zugelassen wird, ausgerüstet ist.[195] Dass keine Tuningmaßnahmen (Chip Tuning, dazu s. Rn 1408) stattgefunden haben, ist damit nicht gesagt.[196]

Die Bezeichnungen **„Austauschmotor"** oder **„Tauschmotor"** dürfen nicht benutzt werden, wenn sich noch der **Originalerstmotor** im Fahrzeug befindet, mag er auch noch so gründlich überholt oder instandgesetzt worden sein.[197] Der Mindesterklärungsgehalt ist die **Existenz eines Ersatzmotors,** also ein Motorentausch. Welche weiteren Merkmale einen „Austauschmotor", welche einen „Tauschmotor" ausmachen, ob beide Begriffe synonym sind,[198] ist höchstrichterlich nicht geklärt.[199] Den Begriff „Tauschmotor" haben auch die Instanzgerichte bislang nicht verbindlich definiert.

1386

Als **„Austauschmotor"** darf nach Ansicht des OLG Karlsruhe ein Triebwerk nur dann bezeichnet werden, wenn „die Gesamterneuerung beim Herstellerwerk und nach den Methoden der Serienfertigung geschehen ist".[200] Die **Gesamterneuerung** setzt voraus, dass „der Motor im Ganzen, d. h. sowohl das Motorgehäuse als auch die beweglichen Teile" einschließlich der Nebenaggregate wie Lichtmaschine, Verteiler, Benzinpumpe, Ölfilter, erneuert oder zumindest überholt worden sind.[201] Die Alternative „erneuern" oder (zumindest) „überholen" scheint zu bedeuten, dass die Verwendung neuer Teile kein unerlässliches Kriterium für einen „Austauschmotor" ist. Wenn sämtliche Einzelteile weiterverwendet werden, also kein einziges Neuteil eingebaut worden ist, so sind die Kriterien für

1387

---

194 Vgl. OLG Düsseldorf 9. 8. 1991, DAR 1992, 180; dazu *Ludovisy,* DAR 1992, 199; s. auch AG Leverkusen 9. 12. 2002, ZGS 2003, 39 (Arglist verneint).
195 OLG Düsseldof 3. 12. 2004, zfs 2005, 130 (Privatverkäufer); LG Köln 16. 8. 1979 – 6 S 56/79 – n. v.; s. auch OLG München 13. 8. 2003, DAR 2003, 525.
196 OLG Düsseldorf 3. 12. 2004, zfs 2005, 130.
197 OLG Zweibrücken 28. 6. 1988, VRS 76 (1989), 409; AG Köln 4. 9. 1979, 113 C 1475/78, n. v.; s. auch OLG Koblenz 27. 5. 1993 – VRS 86 – 413 („anderer Motor").
198 Offen gelassen von OLG Köln 14. 4. 1992, OLGR 1992, 289.
199 BGH NJW 1985, 967 = DAR 1985, 150 definiert „Austauschmotor" als Maschine gleicher Bauart, gleichen Hubraums und gleicher Leistung. Dies entspricht der Definition im BMV-Beispielekatalog zu § 19 StVZO, abgedruckt bei *Hentschel,* Straßenverkehrsrecht, § 19 StVZO Rn 12.
200 Urt. v. 14. 6. 1974, DAR 1975, 155 = OLGZ 1975, 189; ebenso OLG Koblenz 12. 12. 2000, OLGR 2001, 312; vgl. auch OLG Frankfurt 18. 12. 1991, DAR 1992, 221 = OLGR 1992, 213, das zusätzlich verlangt: Einstempelung einer Seriennummer und Vergabe einer Garantiekarte; ebenso LG Kleve 21. 1. 2000 – 5 S 194/97 – n. v.
201 OLG Nürnberg 14. 7. 1961, DAR 1962, 202; OLG Bremen 9. 9. 1966, DAR 1968, 128; OLG Schleswig 21. 10. 1992 – 9 U 43/91 – n. v.

einen „Austauschmotor" nicht erfüllt. Es kann sich bestenfalls um eine „Generalüberholung" handeln (dazu s. Rn 1394 ff.).

Von der Frage der Teileverwendung scharf zu trennen ist die **Herkunftsfrage**. Anders als das OLG Karlsruhe[202] und wohl auch das OLG Frankfurt/M.[203] lassen es die Oberlandesgerichte Oldenburg[204] und Bremen[205] genügen, wenn der „ATM" bzw. „AT-Motor" von einer vom Hersteller autorisierten Spezialwerkstatt stammt.[206] Diese weite Auffassung ist problematisch.[207] Sie verwischt den Unterschied zwischen Austauschmotor/Tauschmotor und generalüberholtem Motor.

1388 **Wesensmerkmal** eines „Austauschmotors" ist, dass bestimmte Teile, insbesondere die Kolben, Laufbuchsen, Dichtungen und sonstige Verschleißteile, durch Neuteile des Herstellers aus der Serie ersetzt worden sind. Das hat jedenfalls bei einem „Original-Austauschmotor" entweder im Herstellerwerk selbst oder im Auftrag des Herstellers in einem Fremdbetrieb zu erfolgen. Gleiches gilt bei Verwendung anderer Zusätze, die einen Bezug zum Hersteller signalisieren (etwa „serienmäßig" oder „werksseitig"). Wird ohne solche Zusätze nur von „Austauschmotor" oder „Tauschmotor" gesprochen, bleibt häufig unklar, ob er direkt oder indirekt (Auftragsfertigung) vom Hersteller stammt. Längst nicht jeder Motor ist im Austausch vom Hersteller lieferbar. Das gilt bereits für jüngere Fahrzeuge, erst recht aber für solche, die deutlich älter als zehn Jahre sind.

1389 Nach der **Verkehrsauffassung**, auf die es für die Auslegung maßgeblich ankommt, verbindet man mit dem Begriff „Austauschmotor" auch ohne den Zusatz „Original" die Herkunft vom Hersteller, d. h. der gesamte Motor, nicht nur einzelne Teile, ist vom Hersteller oder von einem autorisierten Fremdbetrieb als „Tauschaggregat" geliefert worden, nachdem er nach den strengen Kriterien des Herstellers zusammengebaut und geprüft worden ist. Diese enge Sicht hat zur Folge, dass z. B. ein Motor, der von der Fa. VEGE, dem renommiertesten Motoreninstandsetzer, ohne Herstellerauftrag instandgesetzt worden ist, keinesfalls als „Original-AT", nicht einmal zusatzlos als „Austauschmotor" bezeichnet werden darf, allenfalls als „Tauschmotor" oder – treffender – „instandgesetzt im Tausch".[208] Erst recht ist der Ausdruck „Austauschmotor" fehl am Platz, wenn der Motor aus einem Unfallwagen oder einem stillgelegten Fahrzeug stammt und ohne beim Hersteller oder bei einem Motoreninstandsetzer gewesen zu sein, in das verkaufte Fahrzeug eingebaut worden ist.[209]

1390 Ein **Tauschmotor im weiteren Sinn** ist auch der **Teil- oder Teilemotor.** Auch er stammt vom Hersteller. Im Gegensatz zum komplett überarbeiteten Tauschaggregat besteht der Teilemotor – wie schon sein Name andeutet – meistens nur aus dem Motorblock mit Kolben, Pleuel und Kurbelwelle. Zylinderkopf und Kurbellager fehlen ebenso wie sämtliche Nebenaggregate. Teilmotoren, die nicht von allen Herstellern angeboten werden, sind im Durchschnitt etwa 30 % billiger als komplette Tauschmotoren. Ein **komplettierter Teilmotor** steht rechtlich einem Austauschmotor gleich.[210] Dasselbe gilt für den komplet-

---

202 Urt. v. 14. 6. 1974, OLGZ 1975, 189 = DAR 1975, 155.
203 Urt. v. 18. 12. 1991, OLGR 1992, 213 = DAR 1992, 221 (Werklieferungsvertrag über einen „Austauschmotor" mit Einbau eines „generalüberholten" Motors).
204 Urt. v. 24. 11. 1966, OLGZ 1967, 129.
205 Urt. v. 9. 9. 1966, DAR 1968, 128.
206 Ähnlich OLG Schleswig 21. 10. 1992 – 9 U 43/91 – n. v. (in Werkstatt teilreparierter Motor als „ATM" verkauft; unrichtige Zusicherung nur wegen fehlender Gesamterneuerung).
207 Siehe auch *Ebel*, NZV 1994, 15.
208 Zum RAL-Gütezeichen s. *Ebel*, NZV 1994, 15; allg. *Müller*, DB 1987, 1521.
209 OLG Düsseldorf 26. 11. 2001 – 1 U 49/01 – n. v. – privates Direktgeschäft.
210 LG Köln 14. 12. 1978 – 15 O 35/78 – n. v.

Einzelfälle von Sachmängeln

tierten **Rumpfmotor,** der in seinem Ursprungszustand meist nur aus dem nackten Zylinderblock mit Kolben und Kurbelwelle besteht.

Wenn ein Fahrzeug mit dem ausdrücklichen Hinweis auf einen „Austauschmotor" oder „Tauschmotor" verkauft wird, darf der Käufer in der Regel davon ausgehen, dass dieser Ersatzmotor von gleicher Bauart, gleichem Hubraum und gleicher Leistung wie der serienmäßige Originalmotor ist.[211] Der Einbau eines leistungsstärkeren oder leistungsschwächeren „Austauschmotors" lässt die **Allgemeine Betriebserlaubnis** erlöschen (§ 19 Abs. 2 S. 1 StVZO).[212] Mit der Angabe „Austauschmotor" sichert der Verkäufer also nicht nur die Existenz eines Triebwerks der oben näher beschriebenen Art zu. Sie enthält auch die Zusicherung, dass der Einbau von der **Allgemeinen Betriebserlaubnis,** wenigstens von einer **Einzel-BE,** gedeckt ist.

1391

Häufig werden Hinweise auf Ersatzmotoren mit **km-Angaben** verbunden. Die Erklärung eines **Gebrauchtwagenhändlers** im schriftlichen Kaufvertrag, das Fahrzeug habe „einen Austauschmotor mit einer Laufleistung von etwa 60.000 km", darf der Käufer auch als Zusicherung dahin auffassen, dass der Motor nicht wesentlich stärker verschlissen ist, als es die angegebene Laufleistung erwarten lässt.[213] Der **Informationsgehalt** solcher **Händlererklärungen** ist (nach der Rechtsprechung zum alten Kaufrecht) mithin ein **vierfacher:** Vorhandensein eines AT-Motors mit den oben näher bezeichneten Merkmalen, Fortbestand der ABE, bestimmte Laufleistung[214] und entsprechender Erhaltungszustand des Motors.

1392

Bei einem **privaten Direktverkäufer** war und ist diese sehr weite Auslegung kombinierter Motor/km-Informationen in der Regel nicht angebracht (s. auch Rn 1458 ff.) Für den Zustand des Motors will er grundsätzlich keine besondere Gewähr übernehmen. Ihm fehlt es auch an der erforderlichen Sachkunde, um die Qualität des Ersatzmotors beurteilen zu können. Mit der Angabe einer bestimmten Laufleistung des Motors will er nur zum Ausdruck bringen, dass die bisherige Laufleistung nicht wesentlich höher liegt als die angegebene.[215]

Generell sind „Motor-Erklärungen" von **Privatverkäufern** mit besonderer Sorgfalt unter Berücksichtigung der gesamten Begleitumstände zu interpretieren.[216] Für ihre Einstandspflicht kommt es insbesondere darauf an, ob sie den strittigen Motor selbst eingebaut haben bzw. haben einbauen lassen oder ob er beim Erwerb des Fahrzeugs bereits vorhanden war. Wenn sie ihrerseits „mit Austauschmotor" gekauft haben, wird zumindest der Arglistnachweis kaum zu führen sein. Auf die Besonderheiten des Privatverkaufs abstellend: OLG Koblenz 12. 12. 2000, OLGR 2001, 312; OLG Düsseldorf 26. 11. 2001 – 1 U 49/01 – n. v.; OLG Düsseldorf 5. 5. 2003 – 1 U 180/02 – n. v., und AG Leverkusen 9. 12. 2002, ZGS 2003, 39.[217] Hat ein Privatverkäufer bei den Vertragsverhandlungen von einem **„anderen Motor"** gesprochen, so stellt die Bezeichnung im schriftlichen Vertrag „Austausch-Motor 69.000 km" nur eine Wiederholung der vorangegangenen mündlichen Erklärung dar.[218]

1393

---

211 So die Definition des BGH in NJW 1985, 967 = DAR 1985, 150 (BMW 520).
212 Siehe den Beispielkatalog zu § 19 StVZO bei *Hentschel*, Straßenverkehrsrecht, § 19 StVZO Rn 12.
213 So BGH 18. 1. 1981, NJW 1981, 1268 = DAR 1981, 147.
214 Die km-Angabe bezieht sich auf die Laufleistung des Motors, nicht des Fahrzeugs, in das er eingebaut worden ist. Will der Verkäufer etwas anderes sagen, muss er es klarstellen.
215 So auch BGH 15. 2. 1984, NJW 1984, 1454 = WM 1984, 534; OLG Zweibrücken 28. 6. 1988, VRS 76 (1989), 409; s. auch OLG Koblenz 12. 12. 2000, OLGR 2001, 312.
216 OLG Düsseldorf 5. 5. 2003 – 1 U 180/02 – n. v.
217 Ein Sonderfall liegt der Entscheidung OLG Köln OLGR 1994, 182 zugrunde.
218 OLG Düsseldorf 26. 5. 1988 – 18 U 18/88 – n. v. (Zusicherungshaftung zutreffend verneint); vgl. auch OLG Koblenz 27. 5. 1993, VRS 86, 413.

1394 Erklärungen wie „**generalüberholt**" oder „**grundüberholt**" sind zunächst auf ihre Reichweite hin zu untersuchen. Solche Hinweise können sich auf das **Fahrzeug als Ganzes**[219] oder nur auf einzelne Teile, insbesondere auf den **Motor**[220] oder das **Getriebe**,[221] beziehen. Ergibt die Auslegung, dass nur der Motor gemeint ist, so sind zwei Varianten zu unterscheiden: der generalüberholte Originalmotor und der generalüberholte Ersatzmotor. Nach der Rechtsprechung schließt die Bezeichnung „generalüberholter Motor" beide Möglichkeiten ein.

Wo die „Generalüberholung" stattgefunden hat, ist in der Regel nicht entscheidend. Es muss nicht in einem der ca. 40 Motoreninstandsetzungsbetriebe gewesen sein, die sich in einer **Gütegemeinschaft** (RAL) zusammengeschlossen haben. Die von diesen Betrieben gelieferten Motoren, technisch AT-Motoren nahezu gleichwertig,[222] werden häufig als „Tauschmotoren" bezeichnet. Das erscheint zulässig,[223] solange eine Verwechselung mit dem engeren Begriff „Austauschmotor" ausgeschlossen ist.

1395 **Inhaltliche Kriterien:** Das OLG Nürnberg sieht eine **Generalüberholung** darin, dass in einer beliebigen Werkstatt „sämtliche beweglichen Motorteile ausgebaut und, soweit erforderlich, entweder hergerichtet oder erneuert werden, während die feststehenden Teile wie Motorgehäuse, Zylinderkopf usw. lediglich auf ihre Unversehrtheit hin untersucht werden".[224] Nach Ansicht des OLG Köln umfasst eine Generalüberholung die Instandsetzung bzw. Erneuerung aller inneren Motorteile und der Ausbauaggregate wie Wasserpumpe, Vergaser und Lichtmaschine.[225] Eine „große Inspektion" durch eine Fachwerkstatt bedeutet selbst dann keine Generalüberholung, wenn einzelne Motorteile, etwa die Kupplung, ausgewechselt worden sind.[226] Auf dieser – strengen – Linie liegt auch das Urteil des **BGH** vom 18. 1. 1995 (NJW 1995, 955).

1396 Übergibt ein Gebrauchtwagenhändler die von einer Drittfirma erteilte **Rechnung über eine Motorreparatur,** so kann der Käufer trotz der Erklärung „generalüberholt" nicht ohne weiteres davon ausgehen, dass über den Rechnungsinhalt hinausgehende Arbeiten vorgenommen worden sind.[227] Der Ausdruck „generalüberholt" ist – wie jede Beschaffenheitsangabe – im Kontext der Kaufverhandlungen zu sehen. Nur wenn der Käufer die Rechnung eingesehen und inhaltlich geprüft hat (Beweislast beim Verkäufer), muss er sich eine Einschränkung der Zusage „generalüberholt" gefallen lassen.[228]

1397 Der wenig geläufige Ausdruck „**grundüberholt**" bedeutet nichts anderes als „generalüberholt". Auch hier darf der Käufer mehr erwarten als eine bloße Prüfung und Wiederherstellung der Funktionstüchtigkeit des Fahrzeugs bzw. des „grundüberholten" Teils. Das Mehr besteht in einer Erneuerung, wenigstens in einer Aufbesserung von Verschleißteilen.

---

219 Vgl. OLG Hamm 16. 1. 1986, NJW-RR 1986, 932 = DAR 1986, 150; OLG Karlsruhe 30. 3. 1979, OLGZ 1979, 431; s. auch BGH 18. 1. 1995, NJW 1995, 955 = BB 1995, 539 – gebrauchte Maschine.
220 OLG Köln 22. 4. 1994, OLGR 1994, 182, s. auch BGH 7. 12. 1994, NZV 1995, 222 („überholter" Motor in einem Oldtimer).
221 Zum Verkauf „generalüberholter" Getriebe s. BGH 25. 9. 1985, NJW 1986, 316.
222 Zum Arbeitsprogramm s. die Vorschrift RAL-RG 797.
223 Vgl. auch *Ebel*, NZV 1994, 15; enger AG Köln 4. 9. 1979 – 113 C 1475/78 – n. v.
224 Urt. v. 14. 7. 1961, DAR 1962, 202.
225 Urt. v. 14. 3. 1966, DAR 1966, 267 = OLGZ 1967, 19; ähnlich OLG München 26. 4. 1973 – 19 U 3887/72 – n. v. und OLG München 22. 7. 1977 – 2 U 2474/77 – n. v.; vgl. auch OLG Karlsruhe 30. 3. 1979, OLGZ 1979, 431; OLG Frankfurt 18. 12. 1991, DAR 1992, 221 = OLGR 1992, 213; OLG Celle 16. 7. 1992 – 7 U 141/91 – n. v.
226 OLG Karlsruhe 30. 3. 1979, OLGZ 1979, 431; vgl. auch OLG Köln 14. 5. 1980, VRS (1980), 326.
227 OLG Hamm 16. 1. 1986, NJW-RR 1986, 932 = DAR 1986, 150; vgl. auch OLG Zweibrücken 28. 6. 1988, VRS 76 (1989), 409; OLG Köln 14. 4. 1992, OLGR 1992, 289.
228 OLG Celle 16. 7. 1992 – 7 U 141/91 – n. v.

Von einem „**teilüberholten Motor**" spricht man im Kfz-Handel, wenn einzelne Teile **1398** repariert oder erneuert worden sind.[229] Dieser Vorgang wird auch als (einfache) **Überholung** bezeichnet. Die Erklärung, der Motor sei überholt, kann in der Regel nicht dahin verstanden werden, er sei generalüberholt.[230] Weder der Hinweis, der überholte Motor müsse neu eingefahren werden, noch eine vom Verkäufer übernommene Garantie erlauben es nach Ansicht des OLG Köln, die zugesicherte Überholung als Generalüberholung zu verstehen.[231] „Überholt" bedeutet also weniger als „generalüberholt", aber mehr als nur „**teilrepariert**".[232]

Aus der Formulierung „überholter Motor 220 D mit 0 km" kann weder die Schlussfolgerung gezogen werden, dass es sich dabei um einen neuwertigen Austauschmotor handelt, **1399** noch dass der Motor generalüberholt wurde. Der Hinweis „mit 0 km" besagt lediglich, dass der Motor seit der Reparatur nicht mehr gefahren ist.[233]

Wer einen Gebrauchtwagen mit der Erklärung „**Motor null km**" anbietet, bringt damit nach Ansicht des OLG Köln zum Ausdruck, dass der Wagen einen neuen Motor oder einen Austauschmotor hat, zumindest aber einen Motor, der so weit überholt und erneuert ist, dass er qualitativ einem Austauschmotor gleichsteht.[234] Die Erneuerung nur der Kurbelwelle liegt deutlich unter der Toleranzgrenze, bei der die Erklärung, die Fahrleistung des Motors betrage „0 km", noch zu rechtfertigen ist, selbst wenn damit eine Motorreinigung und Inspektion verbunden war. Auf der gleichen Linie bewegt sich die Entscheidung des OLG Düsseldorf vom 24. 4. 1978: Die Zusicherung, der Motor sei „überholt und einem solchen mit einer Leistung von 0 km gleichzusetzen", bedeutet, dass alle Triebwerksteile erneuert bzw. bearbeitet worden sind und die Maschine einem Austauschmotor gleichzusetzen ist.[235]

In ihrem Erklärungswert zweifelhaft sind Informationen wie „**Motor bei km-Stand** **1400** **69.943 komplett überholt**" oder „Fahrzeug hat einen überholten Motor mit ca. 60.000 km"[236] oder „Motor komplett überarbeitet im Juni 2000".[237] Das Auslegungsergebnis hängt in derartigen Fällen wesentlich davon ab, ob die angebliche Überholung in die Besitzzeit des Verkäufers fällt oder nicht. Beim Kauf vom Händler ist zu erwägen, ob diese Erklärung mit einer **subjektiven Einschränkung** versehen ist, etwa dahin, dass er nur eine von ihm nicht überprüfte Vorbesitzerinformation an den Käufer weiterleiten wollte.[238] Verfügt der Händler nicht über eine eigene Werkstatt, so kann der Käufer nicht ohne weiteres davon ausgehen, dass der Händler für die Richtigkeit der fraglichen Erklärung einstehen will. Auslegungserheblich ist ferner, welche Strecke das Fahrzeug seit der behaupteten Motorüberholung zurückgelegt hat.[239] Der bloße Zeitraum zwischen Abschluss des Kaufvertrages und Motorüberholung ist sekundär. Je länger die mit dem angeblich überholten Motor zurückgelegte Fahrstrecke und je größer der zeitliche Abstand ist, desto eher wird sich eine solche Information als eine Mitteilung ohne Garantieübernahmewille darstellen, womöglich nicht einmal als (einfache) Beschaffenheitszusage, sondern als reine Wissensmittei-

---

229 OLG Düsseldorf 24. 4. 1978, VersR 1978, 745; OLG Düsseldorf 5. 5. 1980 – 1 U 185/79 – n. v.
230 OLG Köln 14. 3. 1966, DAR 1966, 267; vgl. auch OLG Frankfurt 6. 3. 1980, VRS 59, 330 (zu weit); LG Köln 4. 6. 1984 – 21 O 424/83 – n. v.
231 Urt. v. 14. 3. 1966, DAR 1966, 267.
232 LG Köln 4. 6. 1984 – 21 O 424/83 – n. v.
233 OLG München 22. 7. 1977 – 2 U 2474/77 – n. v.
234 Urt. v. 3. 3. 1971, DAR 1971, 237; s. auch OLG Karlsruhe 14. 6. 1974, DAR 1975, 155 („AT-Maschine 0 km").
235 VersR 1978, 745.
236 Vgl. LG Hanau 27. 3. 2003, NJW-RR 2003, 1561.
237 Vgl. OLG Celle 11. 8. 2004, NJW-RR 2004, 1646 = ZGS 2004, 474.
238 Dazu OLG Düsseldorf 5. 5. 2003 – 1 U 180/02 – n. v.
239 Zum Kriterium des Fortwirkens von Vorgängen aus der Vergangenheit s. BGH 11. 6. 1986, WM 1986, 1222 = JZ 1986, 955 m. Anm. *Köhler* – Turnierpferd.

lung.²⁴⁰ Allerdings soll auch die Wiedergabe **fremden Wissens** eine Zusicherung/Garantie sein können.²⁴¹ Dem ist grundsätzlich zuzustimmen, jedoch sind in einem solchen Fall hohe Anforderungen an die Feststellung des Garantiewillens zu stellen.

Legt der Verkäufer zur Bekräftigung seiner Erklärung eine **Reparaturrechnung** vor, so kann der Käufer nicht davon ausgehen, dass über den Rechnungsinhalt hinausgehende Arbeiten vorgenommen worden sind.²⁴² Selbst wenn er annehmen darf, der Verkäufer wolle dafür einstehen, dass die Motorüberholung bei einem bestimmten km-Stand stattgefunden hat (denkbar in erster Linie beim privaten Direktgeschäft,²⁴³ speziell beim Verkauf aus erster Hand), so wird man die Zusicherung/Garantie auf diesen Inhalt beschränken müssen.

1401 Wenn der Verkäufer hinsichtlich des Motors keine andere Angabe macht, als eine bestimmte **Motornummer** in den Kaufantrag (Bestellschein) aufzunehmen, so kann darin nicht die stillschweigende Zusicherung gesehen werden, der Wagen habe noch den ersten Motor.²⁴⁴ Diese Eintragung enthält auch nicht ohne weiteres die Zusicherung, der Tachometerstand entspräche der Gesamtfahrleistung des Fahrzeugs.²⁴⁵ Für die Auslegung ist zu beachten, dass die Zulassungsbehörden schon seit 1972 nicht mehr die Motornummer in die Kfz-Papiere aufnehmen. Gleichwohl kennzeichnen einige Hersteller ihre Motoren weiterhin mit Nummern.

Beim Kauf eines **Sportwagens** kann allein der **Motornummer** Signalwirkung zukommen. Voraussetzung für die Annahme einer Beschaffenheitsgarantie/Garantieübernahme ist jedoch mehr als der bloße Verkauf des Fahrzeugs mit einem nummerierten Motor.²⁴⁶ Zumindest muss die Motornummer im Kaufvertrag enthalten sein. Der Käufer muss ferner in der Annahme schutzwürdig sein, der Verkäufer mache sich kraft seiner Sachkunde dafür stark, dass kein anderer als der so nummerierte Motor in das Fahrzeug eingebaut ist.²⁴⁷ Die Rechtsprechung des BGH zu den so genannten Umrüstungsfällen (s. Rn 1498 ff.) hilft dem Käufer nur weiter, wenn die Motorumrüstung zum Wegfall der Allgemeinen Betriebserlaubnis i. S. d. §§ 18, 19 StVZO geführt hat.

1402 Wenn der Zustand des Motors ohne Verwendung der oben erläuterten Begriffe **nur allgemein beschrieben** wird, z. B. mit „**technisch einwandfrei**" oder „alles okay", handelt es sich im Zweifel nicht um eine Beschaffenheitsgarantie/Garantieübernahme.²⁴⁸ Siehe die umfangreiche Kasuistik, vorwiegend zum alten Recht, unter Rn 1607/1608.

bb) Fallgruppe „Verkauf ohne Motor-Angaben"

1403 In Fällen ohne Verkäufererklärung zum Zustand des Motors stellt sich die Frage, ob das Vorhandensein des **Originalerstmotors** im Sinne einer „einfachen" Beschaffenheitsvereinbarung (§ 434 Abs. 1 S. 1 BGB) konkludent zugesagt worden ist. Wenn nicht, bleibt Mangelhaftigkeit nach den objektiven Kriterien des § 434 Abs. 1 S. 2 Nr. 2 BGB zu prüfen.

Bei Personenkraftwagen mit einer tatsächlichen Laufleistung unter 150.000 km gehört es zur **Normalbeschaffenheit,** mit dem Originalerstmotor ausgerüstet zu sein. Auch Vierzylindermotoren erreichen heute im Durchschnitt 150.000–200.000 km. Sechszylindermotoren und Dieselmotoren laufen durchschnittlich 250.000–300.000 km. Bei Fahrzeugen mit

---

240 Vgl. LG Hanau 27. 3. 2003, NJW-RR 2003, 1561.
241 So das OLG Koblenz 27. 5. 1993, VRS 86, 413 – Privatverkauf.
242 OLG Hamm 16. 1. 1986, NJW-RR 1986, 932; s. auch OLG Schleswig 6. 6. 2003, MDR 2004, 140 (Motoryacht); OLG Celle 11. 8. 2004, NJW-RR 2004, 1646 = ZGS 2004, 474.
243 Dazu OLG Köln 22. 4. 1994, OLGR 1994, 182.
244 BGH 25. 6. 1975, NJW 1975, 1693.
245 BGH 25. 6. 1975, NJW 1975, 1693.
246 OLG Köln 24. 1. 1986 – 20 U 120/85 – n. v. – Porsche 930 Turbo.
247 Verneint für Händler ohne eigene Werkstatt von OLG Köln 24. 1. 1986 – 20 U 120/85 – n. v.
248 Zum neuen Recht LG Osnabrück 21. 6. 2004, NZV 2005, 100 (Motorrad).

Einzelfälle von Sachmängeln

erheblich geringerer Laufleistung bedeutet ein Austauschmotor oder ein sonstiger Ersatzmotor zwar eine Abweichung von der stillschweigend vorausgesetzten Normalbeschaffenheit. Der Einbau eines Austauschmotors oder eines Teilemotors in ein gebrauchtes Kfz war aber nicht unbedingt ein Sachmangel i. S. v. § 459 Abs. 1 BGB a. F.[249]

Austauschteile sind nicht in jedem Fall schlechter als die ausgewechselten Originalteile. Meist trifft das Gegenteil zu. Fahrzeuge, die bei der Auswechselung des Motors bereits mehr als die Hälfte ihrer mutmaßlichen Lebenserwartung gelaufen sind (zur Gesamtlaufleistung anhand von Beispielen s. Rn 1757), steigen durch den Einbau eines AT-Motors regelmäßig in ihrem Wert. Dem entspricht die Beobachtung, dass Verkäufer solcher Fahrzeuge ausdrücklich auf das Vorhandensein eines Austauschmotors hinweisen. Nur wenn der Motorentausch zu einem technischen oder merkantilen **Minderwert** führt, kommt eine Offenbarungspflicht des Verkäufers in Betracht.[250] Ein nur etwa 10.000 km gelaufener Austauschmotor anstelle eines 50.000 km gelaufenen Originalmotors bedeutet eher eine Wertverbesserung als eine Wertminderung. Befindet sich hingegen in einem zwei Jahre alten, nur 25.000 km gelaufenen Fahrzeug ein „Ausschlachtmotor", so ist zumindest ein (offenbarungspflichtiger) **Sachmangel** zu bejahen. Gleiches gilt, wenn die Austauschaggregate selbst mangelhaft sind.[251] Fälle mit Verwendung **gebrauchter Ersatzteile** löst die Rechtsprechung über die Offenbarungspflicht.[252]

Bei einem **Oldtimer** kommt es für den Wert entscheidend darauf an, dass der eingebaute Motor aus derselben Zeit wie das Fahrzeug im Übrigen stammt.[253] Trotz übereinstimmend verwendeter Bezeichnung „Austauschmotor" kann beim Kauf eines Ersatzmotors für einen Oldtimer ein nur generalüberholter Motor gemeint sein.[254]

c) Betriebserlaubnis/Zulassungs- und Benutzungshindernisse

1404 Ein zur Benutzung im öffentlichen Verkehr verkauftes Kraftfahrzeug, das im Zeitpunkt der Übergabe **keine gültige Betriebserlaubnis** hat, gilt als sachmangelhaft; ein Rechtsmangel liegt nicht vor.[255] Gradmesser ist in der Regel der objektive Mangelbegriff (§ 434 Abs. 1 S. 2 Nr. 2 BGB). Mitunter wird auch die vertraglich vorausgesetzte Verwendung bemüht. Vereinbarungen über die Betriebserlaubnis bzw. die Zulassung sind jedenfalls selten. Zur Auslegung von „Zulassung als Pkw" beim Kauf eines Mercedes Sprinter s. AG Gotha SVR 2006, 464.

Das Vorhandensein einer Betriebserlaubnis ist **die Grundvoraussetzung** für eine rechtlich zulässige Benutzung eines Kfz im Straßenverkehr (§ 3 Abs. 1 FZV). Die Erteilung der Betriebserlaubnis ist nicht Bestandteil der Zulassung, sondern Voraussetzung hierfür.[256] Eine einmal erteilte Betriebserlaubnis bleibt grundsätzlich bis zur endgültigen Außerbe-

---

[249] BGH 1. 10. 1969, DB 1969, 2082 (Kauf eines Lastzuges vom Händler); BGH 3. 3. 1982, NJW 1982, 1386 (Lkw); s. auch OLG Bamberg 6. 3. 1974, DAR 1974, 188; OLG Köln 12. 11. 1980 – 16 U 1/79 – n. v. (Taxi); LG Bonn JMBl. NW 1972, 92; OLG München 13. 8. 2003, DAR 2003, 525 (Neuteilemotor in BMW-Halbjahreswagen).
[250] OLG Schleswig 30. 11. 1984 – 11 U 327/83 – n. v.
[251] BGH 1. 10. 1969, DB 1969, 2082; OLG Saarbrücken 27. 6. 1989 – 7 U 135/88 – n. v.; OLG Bremen 10. 9. 2003, OLGR 2004, 117 (keine Typgerechtigkeit).
[252] OLG Düsseldorf 11. 11. 2002 – 1 U 60/02 – n. v.
[253] BGH 7. 12. 1994, NZV 1995, 222.
[254] LG Kleve 21. 1. 2000 – 5 S 194/97 – n. v.
[255] OLG Karlsruhe 24. 3. 2006, NJW 2007, 443 (Chip tuning); LG Dortmund 13. 1. 2006 – 22 O 138/05 – n. v. (Quad); vgl. auch BGH 30. 1. 1991, NJW-RR 1991, 870 (umgerüsteter Vorführwagen); BGH 22. 2. 1984, NJW 1984, 2287 (Fehlen einer Typ-Prüfung bei einem Kran); OLG Karlsruhe 1. 7. 1953, RdK 1954, 58 (fehlende Zulassungsfähigkeit bei Kfz-Anhänger).
[256] *Huppertz*, DAR 2008, 172.

triebsetzung wirksam (§ 19 Abs. 2 S. 1 StVZO). Vorzeitig kann sie bei den in § 19 Abs. 2 S. 2 StVZO aufgeführten **Änderungen am Fahrzeug** erlöschen, und zwar automatisch.

Darüber, welche Veränderungen am Fahrzeug die Allgemeine Betriebserlaubnis (ABE) erlöschen lassen, gibt der BMV-Beispielkatalog Auskunft.[257] Freilich ist er weder erschöpfend noch verbindlich. Er dient lediglich der Auslegung des § 19 Abs. 2 StVZO. **Natürlicher (normaler) Verschleiß** lässt die Betriebserlaubnis unberührt.

1405 Das **Erlöschen der Betriebserlaubnis** gem. § 19 Abs. 2 StVZO hat zur Folge, dass das Fahrzeug auf öffentlichen Straßen grundsätzlich nicht mehr benutzt werden darf.[258]

Für den Gebrauchtwagenkauf von besonderer Bedeutung sind **Veränderungen am Motor,** sei es durch Einbau eines Ersatzmotors, sei es durch Veränderungen des Originalmotors. Zum Chip tuning s. Rn 1408. Daneben spielen **Fahrwerksveränderungen**, insbesondere Tieferlegungen[259], und **Räder-** bzw. **Reifenumrüstungen**[260] eine Rolle. Zur Bedeutung der Richtlinie 92/23/EWG (seit 2000) für die Bereifung s. AG Duisburg-Ruhrort DAR 2006, 694 mit Anm *Heyn*. Zur Auswechslung des gesamten **Rahmens** eines Motorrades s. OLG Karlsruhe VRS 84, 241; vgl. auch OLG Oldenburg BB 1995, 430.

1406 **Motorumrüstungen** hat die Rechtsprechung im früheren Kaufrecht in erster Linie unter dem Gesichtspunkt der Eigenschaftszusicherung (§§ 459 Abs. 2, 463 S. 1 BGB a. F.) erörtert, s. Rn 1498 ff. Sofern eine solche „Garantieübernahme" nicht festgestellt werden konnte, ging es um Fehlerhaftigkeit nach § 459 Abs. 1 BGB a. F., meist i. V. m. §§ 463 S. 2, 476, 477 BGB a. F.[261] Die Sachmangelhaftung wurde selbst dann bejaht, wenn eine dem Käufer mitgeteilte Fahrzeugveränderung durch eine konkrete Betriebserlaubnis mit Einzelabnahme behördlicherseits gebilligt worden ist (vgl. §§ 21, 22 StVZO), sie aber in technischer Hinsicht einen Risikofaktor darstellte. So kann sich beispielsweise ein stärkerer Motor, dessen Einbau genehmigt worden ist, ungünstig auf die Funktionsfähigkeit und Lebensdauer des Motors selbst, aber auch anderer Teile wie Getriebe oder Hinterachse auswirken. Diese **gesteigerte Fehleranfälligkeit** (Schadenanfälligkeit) kann als Sachmangel zu werten sein.[262] Im Rahmen der **Arglisthaftung** sind in solchen Fällen erhöhte Anforderungen an die subjektive Seite zu stellen, s. auch Rn 2142.

1407 Um die Sachmängelhaftung auszulösen, muss sich das Fehlen bzw. der Wegfall der Betriebserlaubnis nicht mehr in erheblicher Weise zum Nachteil des Käufers auswirken. **Erheblichkeit des Mangels** ist im neuen Kaufrecht nur noch für die Rechtsfolgeseite von Bedeutung (s. Rn 1727). Insoweit ist Vorsicht geboten. Die Allgemeine Betriebserlaubnis erlischt vielfach schon bei Veränderungen, die ohne nennenswerten Kostenaufwand rückgängig gemacht werden können (z. B. Entfernen eines unzulässigen Spoilers oder einer nicht genehmigten Schalldämpferanlage) oder deren behördliche Genehmigung weder viel Geld noch viel Zeit kostet. Wo die Grenze zwischen Bagatellstörung und erheblichem Sachmangel/Pflichtverletzung verläuft, hängt von den Umständen des Einzelfalles ab. Eine nur kurze Nichtbenutzbarkeit des Fahrzeugs begründet noch keine Sachmängelhaftung.[263]

---

257 Abgedruckt bei *Hentschel*, Straßenverkehrsrecht, § 19 StVZO.
258 Zu den weiteren Rechtsfolgen s. *Huppertz*, DAR 2008, 172.
259 Dazu BGH 30. 1. 1991, NJW-RR 1991, 870; OLG Koblenz 15. 12. 2003, NJW-RR 2004, 344 = DAR 2004, 147; OLG Düsseldorf 27. 6. 2005 – 1 U 28/05 – n. v.; OLG Bamberg 2. 3. 2005, DAR 2005, 619.
260 Vgl. BGH 5. 7. 1978, NJW 1978, 2241; BGH 30. 1. 1991, NJW-RR 1991, 870; OLG Bamberg 2. 3. 2005, DAR 2005, 619.
261 Vgl. OLG Saarbrücken 27. 6. 1989 – 7 U 135/88 – n. v. (Verkauf eines Buggy durch Kfz-Meister); s. auch OLG Köln 2. 12. 1992, ZfS 1993, 85, 86.
262 Offen gelassen von LG Köln 23. 5. 1991 – 2 O 479/90 – n. v.
263 Grundlegend BGH 10. 7. 1953, BGHZ 10, 242 = NJW 1953, 1505 = LM Nr. 1 zu § 459 Abs. 1 m. Anm. *Lindenmaier*: zu weit OLG Stuttgart 10. 4. 1970, DAR 1971, 13; vgl. auch BGH 26. 4. 1991, NJW 1991, 2138 (Hauskauf).

Einzelfälle von Sachmängeln 1408–1410

Von der Auswechselung des kompletten Motors ist das sog. **Chip Tuning** zu unterscheiden.[264] Eingriffe in die Motorsteuerung („Motormanagement") erfolgen meist zur Leistungssteigerung. Sie können vielfältige Auswirkungen haben und sind damit auch gewährleistungsrechtlich relevant.[265] Nach Ansicht des OLG Düsseldorf löst ein Chip Tuning keine Sachmängelhaftung aus, wenn die Veränderung der Motorleistung im Fahrzeugbrief eingetragen ist und nicht zum Erlöschen der Betriebserlaubnis geführt hat.[266] Durch den vertraglichen Hinweis auf das Vorhandensein des „Originalmotors" sei das Unterbleiben eines Chip Tunings nicht stillschweigend vereinbart worden. Mag die Veränderung der Motorleistung auch nicht die Eignung des Fahrzeugs zur vertraglich vorausgesetzten oder gewöhnlichen Verwendung beeinträchtigen[267], so entspricht ein solcher Eingriff doch nicht der üblichen Beschaffenheit und auch nicht der Erwartung eines Durchschnittskäufers. So gesehen, kann ein Sachmangel nach den Kriterien des § 434 Abs. 1 S. 2 Nr. 2 BGB durchaus zu bejahen sein. Das hat das OLG Düsseldorf[268] letztlich offen gelassen. Eine **Aufklärungspflichtverletzung** hat es unter Hinweis auf die Eintragung der Motorveränderung im Fahrzeugbrief verneint. Im Fall des Erlöschens der Betriebserlaubnis ist ein Sachmangel zu bejahen.[269] 1408

Im **Grenzbereich zwischen Sachmängel- und Rechtsmängelhaftung** liegen die Fälle, die dadurch gekennzeichnet sind, dass die Zulassungsbehörde die vom Käufer beantragte Neuzulassung (Ummeldung) verweigert oder von der Erfüllung bestimmter Auflagen und Bedingungen abhängig gemacht hat, z. B. einer Begutachtung durch einen amtlich anerkannten Sachverständigen für den Kraftfahrzeugverkehr. Diese Fälle werden in der Rechtsprechung[270] unter dem Stichwort **„Zulassungsmangel"** oder **„rechtliche Zulassungsunfähigkeit"** erörtert. 1409

Soweit das Zulassungshindernis seinen tatsächlichen Grund in der Beschaffenheit des Fahrzeugs hat, was regelmäßig der Fall sein wird, greift nach h. M. die Sachmängel-, nicht die Rechtsmängelhaftung ein.[271] Wegen der jetzt nahezu identischen Rechtsfolgen ist die Abgrenzungsfrage weitgehend obsolet. Von Bedeutung bleibt sie im Hinblick auf Freizeichnungsklauseln.

Eine besondere Gruppe bilden die Fälle mit **„Zuladungsproblemen"**, insbesondere bei **Wohnmobilen**[272] und **Kombifahrzeugen**.[273]

Die Verpflichtung des Verkäufers zur Übergabe der für die Ummeldung erforderlichen Unterlagen können die Vertragsparteien auch als **eigenständige Nebenpflicht** oder – wie beim Fahrzeugbrief – als **Hauptpflicht** ausgestaltet haben.[274] Nicht gefolgt werden kann dem OLG Stuttgart, wenn es einen Sachmangel darin sieht, dass der **Fahrzeugbrief** für 1410

---

264 Dazu OLG Karlsruhe 24. 3. 2006, NJW 2007, 443 = DAR 2007, 153 (NZB zurückgewiesen); OLG Düsseldorf 3. 12. 2004, ZfS 2005, 130.
265 Näheres bei *Grunert*, DAR 2000, 356; *Jung*, PVR 2001, 299.
266 Urt. v. 3. 12. 2004, ZfS 2005, 130; s. auch OLG Karlsruhe 24. 3. 2006, NJW 2007, 443 = DAR 2007, 153.
267 Zu berücksichtigen sind indes ein Kraftstoffmehrverbrauch und ggf. höhere Versicherungskosten.
268 Urt. v. 3. 12. 2004, ZfS 2005, 130.
269 OLG Karlsruhe 24. 3. 2006, NJW 2007, 443 = DAR 2007, 153.
270 Bereits RG 4. 2. 1936, JW 1936, 1888; OLG Karlsruhe 1. 7. 1953, RdK 1954, 58; OLG Stuttgart 1. 4. 1953, NJW 1953, 1264; OLG Oldenburg 7. 1. 1997, OLGR 1997, 151 – Klassiker-Nachbau.
271 LG Duisburg 24. 3. 2005 – 4 O 386/04 – n. v. (Ausnahmegenehmigung nach § 70 StVZO).
272 OLG Düsseldorf 15. 6. 2000, OLGR 2001, 180; OLG Nürnberg 14. 11. 2001, NJW-RR 2002, 628 = DAR 2002, 219.
273 BGH 23. 5. 2001 – VIII ZR 279/99 – n. v.
274 Zu diesem Ansatz s. BGH NJW 1981, 1564 und BGH NJW 1984, 2287 m. Anm. *Vollkommer/Teske*, JZ 1984, 844; vgl. auch OLG Bamberg 2. 3. 2005, DAR 2005, 619 = OLGR 2005, 265 (Umrüstungsnachweis).

die Zulassung nicht zur Verfügung stand, weil ein Dritter die Herausgabe verweigerte.[275] Der Hinweis des OLG Stuttgart auf die Entscheidung des BGH vom 10. 7. 1953[276] geht fehl. In dem BGH-Fall hatte der Käufer einen Fahrzeugbrief erhalten, wenn auch mit der Besonderheit, dass die darin eingetragene Fahrgestellnummer nicht mit der ursprünglichen, sondern nur mit einer nachgeschlagenen Nummer übereinstimmte.

1411 Bei **Vorenthaltung des Fahrzeugbriefes** haftet der Verkäufer nach allgemeinem Leistungsstörungsrecht, nicht nach den §§ 434 ff. BGB (s. Rn 1140). Sachmängelrecht ist hingegen anwendbar, wenn dem Käufer daraus Nachteile erwachsen, dass Eintragungen im (ausgehändigten) Fahrzeugbrief nicht übereinstimmen mit der Beschaffenheit des Fahrzeugs selbst. Das Zueinanderpassen von Brief und Fahrzeug ist eine Sacheigenschaft (Beschaffenheitsmerkmal) des Fahrzeugs. Bei Nichtübereinstimmung der im Brief eingetragenen **Fahrgestellnummer** mit der tatsächlichen Fahrgestellnummer ist der Käufer zum Rücktritt vom Kaufvertrag berechtigt, sofern er nicht nur vorübergehend am Gebrauch des Fahrzeugs gehindert ist.[277] Bei nachträglicher Beseitigung des Zulassungsmangels kann das Festhalten an der Rückabwicklung des Vertrages treuwidrig sein.[278]

Außer auf dem Fabrikschild (Typenschild) muss die Fahrzeug-Identifizierungsnummer auf dem Fahrgestell gut sichtbar eingeschlagen oder eingeprägt angegeben sein (§ 59 Abs. 2 StVZO). Beide Nummern müssen übereinstimmen. Wird ein Fahrzeug ohne oder mit einer nur schwer lesbaren oder mit einer neuen Fahrzeug-Identifizierungsnummer verkauft, so kann darin, aber auch wegen des Manipulationsverdachts, ein Mangel i. S. v. § 434 Abs. 1 S. 2 Nr. 2 BGB liegen.[279]

1412 Wie bei einem (unfallbedingten) Einbau eines Ersatzrahmens zu verfahren ist, ist in § 59 Abs. 2 StVZO näher geregelt. Fahrzeuge, die ohne vorherigen Unfall **„umgenummert"** worden sind, dürften in der Regel gestohlen sein. Der gestohlene Wagen erhält eine Fahrzeug-Identifizierungsnummer, die mit der Nummer in einem echten Fahrzeugbrief übereinstimmt. Den Brief haben die Täter zusammen mit einem Unfallfahrzeug mit Totalschaden korrekt erworben. Passend zum Brief wird dann ein Fahrzeug gestohlen und „umgenummert".[280]

Fahrzeuge mit so genannter TP-Nummer im Fahrzeugbrief (Eigenfabrikate ohne Allgemeine Betriebserlaubnis) können gleichfalls sachmangelhaft sein. Allein mit der Vorlage des Briefes erfüllt der Verkäufer seine Offenbarungspflicht nicht.[281] Zur Aufklärungspflicht eines Gebrauchtwagenhändlers beim Verkauf eines Pkw, dessen FIN nach einem Diebstahl verfälscht und später an anderer Stelle neu eingestanzt worden ist, s. OLG Düsseldorf NZV 2000, 83 = DAR 2002, 261.

---

275 Urt. v. 10. 4. 1970, DAR 1971, 13.
276 BGHZ 10, 242 = NJW 1953, 1505.
277 BGH 10. 7. 1953, BGHZ 10, 242 = NJW 1953, 1505; OLG Zweibrücken 4. 7. 1984, DAR 1985, 59; OLG Hamburg 12. 6. 1992, DAR 1992, 378; LG Freiburg 12. 5. 1953, DAR 1953, 212; a. A. OLG Hamm 24. 11. 1952, NJW 1953, 386; *Schlechtriem*, NJW 1970, 1993; vgl. auch OLG Stuttgart 1. 4. 1953, NJW 1953, 1264.
278 Vgl. BGH 22. 2. 1984, NJW 1984, 2287, 2288.
279 BGH 10. 7. 1953, BGHZ 10, 242 = NJW 1953, 1505; LG Göttingen 10. 12. 1953, DAR 1954, 134; OLG Hamburg 11. 7. 1958, BB 1958, 896; OLG Zweibrücken 4. 7. 1984, DAR 1985, 59; OLG Hamburg 12. 6. 1992, DAR 1992, 378; SchlHOLG 4. 7. 1996, OLGR 1996, 339 = ZfS 1997, 17; s. auch BGH 7. 5. 1997, NJW 1997, 3164; LG Aachen 17. 4. 1997, NJW-RR 1997, 1552; OLG Düsseldorf 23. 7. 1999, NZV 2000, 83 = DAR 2000, 261.
280 Vgl. BGH 7. 5. 1997, NJW 1997, 3164; OLG Karlsruhe 14. 9. 2004, ZGS 2004, 477; SchlHOLG 4. 7. 1996, OLGR 1996, 339 = ZfS 1997, 17; OLG Düsseldorf 24. 6. 2002 – 1 U 208/01 – n. v.
281 Vgl. auch OLG Oldenburg 4. 7. 1962, MDR 1962, 901.

Einzelfälle von Sachmängeln 1413–1415

Zur Haftung eines Kfz-Händlers beim Verkauf eines gestohlenen Pkw mit einem Fahrzeugbrief aus einem Totalschadensfall mit einem anderen Fahrzeug s. OLG Düsseldorf 24. 6. 2002 – 1 U 208/01 – n. v. (Vermittlerhaftung nach altem Recht) und OLG Karlsruhe NJW 2005, 989 (neues Recht).

Eintragungsfehler bei der Ausstellung der Fahrzeugpapiere: Dass die Eintragungen in den Papieren nicht zum Auto passen, kein ganz seltener Befund, kann vielfältige Gründe haben. Die Ursache kann bereits beim Hersteller liegen. So ist z. B. der Ford Maverick 3,0 beim Produktionsprozess in den USA mit falschen, zu einer 2,3-Liter-Version gehörenden Daten versehen worden. Darin liegt aus Sicht eines deutschen Käufers ein Sachmangel. Weiteres Beispiel: Im Zuge der Wiedervereinigung soll es in ostdeutschen Zulassungsstellen reihenweise zu Eintragungsfehlern gekommen sein. Generell problematisch sind Zulassungen gebrauchter **Import- und Reimportfahrzeuge.** Wird versehentlich ein unrichtiges Erstzulassungsdatum oder ein falsches Baujahr eingetragen, kann das einen Sachmangel begründen. Zur Altersproblematik bei Reimportfahrzeugen s. Rn 1376. Ob man in dem höheren Alter des Fahrzeugs oder in der Falscheintragung den Sachmangel sieht, macht im Ergebnis keinen Unterschied. 1413

Wird bei der Ausstellung eines **Ersatzbriefes** aus der Reihe von mehreren Voreigentümern (Haltern) einer versehentlich nicht eingetragen, so kann auch dieser Umstand zur Sachmängelhaftung führen (s. auch Rn 1601), ebenso eine Abweichung bei der Herstellerangabe zwischen Ersatzbrief und Kaufvertrag.[282] Zur Aufklärungspflicht bei Vorhandensein eines Ersatzbriefes s. OLG Düsseldorf DAR 2002, 261 = NZV 2000, 83.

Bei Aushändigung eines Fahrzeugs mit einem **gefälschten Brief** ist – anders als bei Vorenthaltung des ganzen Briefes – grundsätzlich Sachmängelrecht anzuwenden, sofern man mit dem BGH das Vorhandensein eines mit dem verkauften Fahrzeug übereinstimmenden Briefes als Eigenschaft des Fahrzeugs ansieht.[283]

Zur Rechtslage beim Verkauf eines Fahrzeugs mit **gefälschter** oder zu Unrecht erteilter **TÜV-Plakette** s. Rn 1542 ff.

Behördliche Benutzungshindernisse durch Beschlagnahme und Sicherstellung: Wird das Fahrzeug wegen des Verdachts einer strafbaren Handlung gem. § 94 StPO beschlagnahmt oder gem. § 111 b StPO sichergestellt, ist das ein Fall der **Rechtsmängelhaftung.**[284] Dazu Rn 2241. Liegt der Grund für die Beschlagnahme in einem Sachverhalt, der mit der Verschaffung ungestörten Eigentums nichts zu tun hat, bleibt es allein infolge der staatlichen Sanktion bei der Rechtsmängelhaftung.[285] 1414

Benutzungshindernis wegen fehlender Fahrerlaubnis: Die Frage der Fahrerlaubnis ist grundsätzlich Risiko des Käufers, weil er das Verwendungsrisiko trägt. Anders ist es, wenn der Verkäufer den führerscheinlosen Betrieb bzw. den Betrieb mit einem Führerschein ein bestimmten Klasse zugesagt hat.[286] 1415

---

282 OLG Oldenburg 31. 1. 1995, NJW-RR 1995, 688.
283 Urt. v. 10. 7. 1953, BGHZ 10, 242 = NJW 1953, 1505.
284 So für die Beschlagnahme nach § 111 b StPO BGH 18. 2. 2004, NJW 2004, 1802 (altes Recht); abw. für eine Sicherstellung nach § 94 StPO OLG Köln 25. 7. 2001, OLGR 2002, 169; LG Bonn 23. 11. 1976, NJW 1977, 1822; (vom BGH a. a. O. offen gelassen); vgl. auch BGH 7. 5. 1997, NJW 1997, 3164; OLG München 26. 5. 1982, NJW 1982, 2330; LG Karlsruhe 28. 11. 2006, DAR 2007, 589 m. Anm. *Hofstätter* (Rechtsmängelhaftung wegen nur vorübergehendem Zulassungshindernis verneint).
285 Siehe auch *Wertenbruch*, ZGS 2004, 367.
286 LG München I 25. 4. 2000, NZV 2000, 417; s. auch OLG Nürnberg 23. 1. 2001, NJW-RR 2002, 267.

d) Fahrbereitschaft/Betriebsbereitschaft/Einsatzfähigkeit/ Verkehrssicherheit/Betriebssicherheit

aa) Fahrbereitschaft

1416 Seit 1979/80 befindet sich in den handelsüblichen Bestellscheinen, vor allem des Fachhandels, die vorformulierte Erklärung: **„Das Fahrzeug ist fahrbereit"**. Der Händler hat die Wahl, ob er „ja" oder „nein" ankreuzt. In der Regel wird „ja" angekreuzt oder unterstrichen, mitunter weder das eine noch das andere (wie z. B. im Fall OLG Düsseldorf OLGR 1996, 180).

In den Kaufvertragsformularen, die aus Anlass der **Schuldrechtsreform** neu konzipiert worden sind, ist die Klausel über die Fahrbereitschaft weitgehend verschwunden. Dass sie mitunter noch Verwendung findet, zeigt die **BGH-Entscheidung vom 22. 11. 2006**.[287] Wenngleich sie die Haftung eines nur vorgeschobenen Verkäufers (Strohmann) betrifft, gilt sie allgemein für den Gebrauchtwagenverkauf.

Durch die Zusicherung, ein zum sofortigen Gebrauch auf öffentlichen Straßen verkauftes Fahrzeug sei „fahrbereit", übernimmt der Verkäufer die Gewähr dafür, dass das Fahrzeug nicht mit verkehrsgefährdenden Mängeln behaftet ist, aufgrund derer es **bei einer Hauptuntersuchung** als **verkehrsunsicher** eingestuft werden müsste.[288]

Der Käufer muss also nachweisen, dass sich das Fahrzeug bei Übergabe in einem verkehrsunsicheren Zustand befunden hat. Dies beurteilt sich nicht nach der mehr oder weniger freien Einschätzung eines Kfz-Sachverständigen. Prüfungsmaßstab ist **§ 29 StVZO** in Verbindung mit den einschlägigen Richtlinien.

Um bei „fahrbereit" einen Haftungsfall bejahen zu können, muss ein Mangel festgestellt werden, der das Fahrzeug verkehrsunsicher macht. Nach den jährlich erscheinenden TÜV-Reports sind es nur zwischen 0,1 und 0,5 % der Autos in den Altersklassen ab sechs Jahren, die bei einer Hauptuntersuchung nach § 29 StVZO mit „verkehrsunsicher" die schlechteste aller Prüfnoten erhalten. Könnte die Prüfplakette wegen einer weniger schlechten Note verweigert werden (z. B. wegen „erheblicher Mängel"), stünde dies der Zusage „fahrbereit" nicht ohne weiteres entgegen.[289]

1417 Allerdings darf der Begriff „fahrbereit" nicht auf den Aspekt der Verkehrssicherheit verengt werden.[290] Um sich in einem Zustand zu befinden, der eine gefahrlose Benutzung im Straßenverkehr erlaubt, muss ein Fahrzeug im Hinblick auf seine wesentlichen technischen Funktionen so beschaffen sein, dass ein Betrieb des Fahrzeugs überhaupt möglich ist. Daran kann es, so der BGH weiter,[291] fehlen, wenn ein Fahrzeug schon im Zeitpunkt der Übergabe wegen **gravierender technischer Mängel** nicht imstande ist, eine auch nur minimale Fahrstrecke zurückzulegen. Jedoch übernehme der Verkäufer mit der Angabe „fahrbereit" **nicht** ohne weiteres **die Gewähr im Sinne einer Haltbarkeitsgarantie nach § 443 BGB** dafür, dass das Fahrzeug auch noch nach Übergabe über einen längeren Zeitraum oder über eine längere Strecke fahrbereit bleibe.

Ob und ggf. bis zu welcher Grenze ein Fahrzeug, das schon nach kürzester Strecke liegen bleibt, als bereits im Zeitpunkt der Übergabe betriebsunfähig – und somit nicht fahrbereit – anzusehen ist, hat der BGH[292] offen gelassen. Im Entscheidungsfall war der neun Jahre alte Pkw nicht mit Motorschaden liegen geblieben; in einer Werkstatt war lediglich festgestellt

---

287 NJW 2007, 759.
288 BGH 22. 11. 2006, NJW 2007, 759 im Anschluss an BGHZ 122, 256 = NJW 1993, 1854.
289 LG Aachen 23. 11. 2001, NJW-RR 2002, 1207 – defekte Airbags.
290 So BGH 22. 11. 2006, NJW 2007, 759.
291 Urt. v. 22. 11. 2006, NJW 2007, 759.
292 Urt. v. 22. 11. 2006, NJW 2007, 759.

Einzelfälle von Sachmängeln

worden, dass die Funktionsfähigkeit des Motors aufgrund vorhandener Mängel nicht mehr auf Dauer gewährleistet war. Eine **unmittelbar bevorstehende Betriebsunfähigkeit**, vom Ansatz her ausreichend für das Urteil „nicht fahrbereit", war aus tatsächlichen Gründen nicht festzustellen.

Dass ein **Motordefekt** zu einem **plötzlichen Ausfall** der Maschine und damit des Fahrzeugs insgesamt **führen kann**, genügt damit entgegen OLG Hamm[293] nicht. Gewiss kann ein unerwarteter Motorausfall eine kritische Verkehrssituation heraufbeschwören, z. B. beim Überholen auf kurvenreicher Landstraße. Die Gefahr muss sich aber zeitnah bzw. nach kurzer Fahrstrecke seit der Übergabe realisiert haben, um bezogen auf den maßgeblichen Zeitpunkt der Übergabe von einer unmittelbaren Betriebsunfähigkeit sprechen zu können.

Zur Bedeutung von aggregatbezogenen Angaben wie **„Motor ist fahrbereit"** s. Rn 1607 f.

Anders als Motor, Getriebe und Elektronik sind **Bremsen** und **Lenkung** Gegenstand der Hauptuntersuchung nach § 29 StVZO. Defekte an diesen Fahrzeugteilen müssen so gravierend sein, dass sie das Kaufobjekt im Zeitpunkt der Übergabe „verkehrsunsicher" machen. Gleiches gilt für **Durchrostungen** im Karosseriebereich.[294] Nach Meinung des OLG Celle[295] fehlt die zugesicherte Eigenschaft „fahrbereit" auch, wenn ein **unfallbedingter Rahmenschaden** entgegen den Vorgaben des Herstellers nicht durch den Einbau von Neuteilen, sondern durch Schweiß- und Richtarbeiten repariert worden ist (s. auch OLG Koblenz DAR 2002, 169 = VRS 102, 164 – unsachgemäß reparierter „Totalschaden").

1418 Wenn ein Kfz-Händler, aus welchem Grund auch immer, „fahrbereit" weder durch Ankreuzen noch durch Unterstreichen bejaht, sondern die Formularzeile unausgefüllt lässt, dürfte die Rechtsprechung ihn so behandeln, als habe er „Fahrbereitschaft" (stillschweigend) zugesagt, wenn nicht garantiert. Das OLG Düsseldorf hat diesen Schritt nicht gewagt. Es hat an die Aushändigung eines zwei Monate alten TÜV-Berichtes angeknüpft und darin die stillschweigende Zusicherung des „bescheinigten Mindestsicherheitsstandards" gesehen.[296]

1419 **Außerhalb des professionellen Gebrauchtwagenhandels** sind Vertragsformulare mit der vorgedruckten Erklärung „fahrbereit" o. Ä. nur selten anzutreffen, entsprechend gering ist das Entscheidungsmaterial.

Ob eine Eigenschaftszusicherung i. S. d. §§ 459 Abs. 2, 463 S. 1 BGB a. F. auch beim **Verkauf durch eine Privatperson** angenommen werden kann, hat der BGH nicht mehr entscheiden müssen. Keine Antwort gibt auch das OLG Stuttgart im Urteil vom 13. 5. 1997, OLGR 1998, 256 (Lkw-Verkauf). In der zum neuen Kaufrecht ergangenen Entscheidung vom 22. 11. 2006[297] ist der BGH auf diese Frage nicht eingegangen, obwohl mit einem GmbH-Geschäftsführer ein Verbraucher, wenngleich aus der Kfz-Branche, als – vorgeschobener – Verkäufer gehandelt hatte.

In einer **individuellen Erklärung** „fahrbereit" eines nichtgewerblichen Verkäufers mehr als eine „einfache" Beschaffenheitszusage zu sehen, bedarf sorgfältiger Begründung, ausgerichtet an den Interessen beider Seiten. Bei Annahme einer Beschaffenheitsgarantie dürfte der Bedeutungsgehalt nicht über das hinausgehen, was in BGH NJW 2007, 759 zu einer entsprechenden Formularerklärung im Kfz-Handel gesagt wird.

---

293 Urt. v. 18. 8. 1994, MDR 1994, 1086 = ZfS 1995, 16; s. auch OLGR 1996, 115; ebenso OLG Köln 16. 5. 1997, VersR 1998, 592 = VRS 94, 168 = OLGR 1998, 26 – undichtes Kühlwassersystem als Ursache eines Kurbelwellenschadens; s. auch LG Rostock 11. 8. 2000, VRS 103, 241.
294 Dazu OLG Düsseldorf 10. 7. 1986 – 18 U 50/86 – n. v.
295 Urt. v. 4. 4. 1996, OLGR 1996, 195.
296 Urt. v. 10. 2. 1996, OLGR 1996, 180.
297 NJW 2007, 759.

bb) Einsatz- und Zulassungsfähigkeit

1420 Das **Risiko**, den von ihm beabsichtigten **Verwendungszweck** zu verfehlen, trägt **grundsätzlich** der Käufer.[298] Die Parteien können dieses Risiko aber ausdrücklich oder stillschweigend bzw. konkludent zulasten des Verkäufers geregelt haben. Das ist eine Frage der Auslegung seiner Erklärungen und seines Gesamtverhaltens unter Berücksichtigung der Begleitumstände. Einseitig gebliebene Vorstellungen und Erwartungen des Käufers sind unbeachtlich. Vielmehr ist, so der BGH,[299] „eine Willenseinigung beider Vertragsteile dahin erforderlich, dass die Kaufsache zu einem bestimmten Zweck geeignet sei oder bestimmte Eigenschaften besitzen müsse, wobei allerdings der beiden Teilen bekannte Verwendungszweck bzw. die betreffende Eigenschaft auch stillschweigend im Sinne einer solchen Willenseinigung zur Vertragsgrundlage gemacht werden kann".

1421 **Ausdrückliche Vereinbarungen** über den Verwendungszweck (Zweckeignung/Nutzungsmöglichkeit) sind beim Gebrauchtfahrzeugkauf – abgesehen von der Zusage „fahrbereit" (dazu Rn 1416) – ungewöhnlich. Normalerweise werden sie gekauft, um sie im Straßenverkehr als Transportmittel einzusetzen. Dass ein zur Weiterbenutzung gekauftes Kfz auch bestimmungsgemäß benutzt werden kann, entspricht der Normalerwartung beider Vertragspartner.[300] Kann dieser Zweck aus Gründen, die mit der Beschaffenheit des Fahrzeugs zu tun haben, nicht realisiert werden, kann ein **Sachmangel nach § 434 Abs. 1 S. 1 BGB** vorliegen (Abweichung von der vereinbarten Beschaffenheit). Nichteignung zum vertraglich vorausgesetzten Zweck kann aber auch unter **§ 434 Abs. 1 S. 2 Nr. 1 BGB** fallen (s. dazu Rn 1336). Als Drittes kommt eine **stillschweigende** Garantie der vereinbarten Zweckeignung in Betracht. Letzteres ist jedoch, mag die Eigenschaft auch noch so elementar sein, in der Regel nicht anzunehmen.

1422 Garantieübernahmen sind indessen bei geplanten **Sondernutzungen** und allgemein bei **Sonderfahrzeugen** in Betracht zu ziehen, etwa wenn dem Verkäufer eines **Lkw** die Absicht mitgeteilt wird, das Kaufobjekt für Ferntransporte zu benutzen.[301] Zur Erklärung des Verkäufers gebrauchter Werkzeugmaschinen „Alle Maschinen sind komplett ... und einsatzbereit" vgl. BGH NJW 1968, 2375; s. auch BGH NJW 1981, 224. In Fällen dieser Art hat zumindest die **ältere Rechtsprechung** Eigenschaftszusicherungen nur bei Übernahme einer **besonderen Gewähr** bejaht. „Immer müsse der Sachverhalt dahin gedeutet werden können, dass der Verkäufer für das Vorhandensein der Eigenschaft auch die Gewähr übernehmen wolle."[302] Diese Voraussetzung hat der BGH beim Verkauf eines gebrauchten **Lkw-Anhängers** mit der Eintragung im Kaufantrag „Anhänger ca. 15 to Schoof-Anhänger ..." verneint.[303] Die **Tragfähigkeit** des Anhängers war hier also nicht zugesichert i. S. v. § 459 Abs. 2 BGB a. F.

Demgegenüber hat das OLG Bremen[304] die Äußerung des Verkäufers, der verkaufte **Lkw** sei „ein 3/4 to-Goliath", unter den besonderen Umständen des Einzelfalls, insbesondere im Hinblick auf das dem Verkäufer bekannte spezielle Interesse des Käufers an der Tragfähigkeit des Lkw, als Zusicherung gewertet. Gleiches dürfte für die Erklärung „Fahrzeug ist fahr-

---

298 St. Rspr., z. B. BGH 27. 9. 1991, WM 1992, 153 (Grundstückskauf).
299 Urt. v. 28. 3. 1984, NJW 1984, 2289 (Tresorfall); s. auch BGH 23. 11. 1994, NJW-RR 1995, 364 (Mobilbagger).
300 BGH 22. 2. 1984, NJW 1984, 1452.
301 Vgl. BGH 16. 6. 1955, NJW 1955, 1313 = BB 1955, 652.; s. auch BGH 2. 7. 1996, WM 1996, 1918 – Spezialaufbau auf Lkw-Fahrgestell.
302 BGH 11. 2. 1958, BB 1958, 284 = MDR 1958, 509.
303 BGH 11. 2. 1958, BB 1968, 284 = MDR 1958, 509; s. auch BGH 14. 5. 1996, WM 1996, 1917 – Werklieferungsvertrag über Spezial-Lkw.
304 Urt. v. 4. 7. 1950, JR 1951, 629.

tüchtig" gelten.³⁰⁵ Nur von einem Fehler i. S. d. § 459 Abs. 1 BGB a. F. scheint der BGH in dem in mehrerer Hinsicht besonders gelagerten **Omnibus**-Fall ausgegangen zu sein, der Gegenstand der Entscheidung vom 13. 11. 1956 ist.³⁰⁶ Zur Bedeutung der Angabe „**Geländewagen**" beim Privatverkauf s. OLG Köln NJW-RR 1994, 440; OLG Düsseldorf OLGR 1995, 195, s. auch OLG Koblenz VRS 90, 322 = ZfS 1995, 418; zum **Dragster-Kauf** s. OLG Düsseldorf OLGR 1993, 2; zum Umfang der Aufklärungspflicht beim Verkauf eines **Geländewagens** s. OLG Celle OLGR 1996, 194; zur „Zulassungsfähigkeit" eines **Klassiker-Nachbaus** s. OLG Oldenburg NJW-RR 1997, 1213 = OLGR 1997, 151; zur Vollzulassungsfähigkeit eines **Oldtimers** im Ausland (Österreich) s. OLG Karlsruhe 29. 5. 2002 – 9 U 133/01 (in OLGR 2002, 247 nicht abgedruckt); zur **Zuladekapazität** bei einem **Wohnmobil** s. OLG Düsseldorf OLGR 2001, 180 und OLG Nürnberg DAR 2002, 219.

Zur **Führerscheinfreiheit** als zugesicherte Eigenschaft s. LG München I NZV 2000, 417 und OLG München DAR 2001, 274.

cc) Betriebs- und Verkehrssicherheit

Ohne konkrete Erklärung wie etwa „fahrbereit" oder „werkstattgeprüft" oder „TÜV neu ..." will ein Gebrauchtwagenverkäufer für die Verkehrssicherheit und/oder Betriebssicherheit in aller Regel zumindest nicht als Garant einstehen. Eine stillschweigende oder konkludente Garantie dieser **Grundeigenschaften** erwartet ein verständiger Privatkäufer selbst von einem Markenhändler mit eigener Werkstatt nicht ohne weiteres.

Dass beide Vertragspartner stillschweigend von der Verkehrssicherheit bzw. Betriebssicherheit ausgehen bzw. diese auch im Wortsinn verkehrswesentliche Eigenschaft als gegeben voraussetzen, genügt jedenfalls nicht für die Annahme einer Beschaffenheitsgarantie/ Garantieübernahme. Entscheidungen wie die des LG Köln vom 1. 6. 1989,³⁰⁷ wonach die „Verwendungsfähigkeit" (Benutzbarkeit) stillschweigend zugesichert ist, sind vereinzelt geblieben.³⁰⁸ Nach dem Verbot der Haftungsfreizeichnung (§ 475 Abs. 1 BGB) besteht erst recht kein Grund mehr, Verbraucher mit der Annahme einer Zusicherung/Garantie zu schützen.³⁰⁹

Allein aus der Tatsache, dass der Verkäufer einen Personenkraftwagen und keinen Schrott- oder Bastlerwagen zu einem bestimmten Preis anbietet, lässt sich nach der Verkehrsauffassung nicht seine Bereitschaft herleiten, für alle Folgen verschuldensunabhängig einzustehen, wenn die Verkehrs- oder Betriebssicherheit fehlt. Eine so weitgehende Haftungsübernahme setzt konkrete Äußerungen des Verkäufers voraus, die zumindest – wie z. B. der Hinweis auf eine TÜV-Abnahme oder die Vorlage einer Werkstattrechnung – einen direkten Bezug zum Thema Verkehrssicherheit/Betriebssicherheit enthalten.³¹⁰

Schon im früheren Recht des Gebrauchtwagenkaufs ging es nicht an, die Normalerwartung der Vertragsparteien zu einer Zusicherung aufzuwerten.³¹¹ Dies wäre auch mit der Entscheidung des BGH vom 22. 2. 1984 unvereinbar gewesen, wonach der Verkäufer nicht haften will, wenn Umstände vorliegen, welche die Verkehrssicherheit des Fahrzeugs beeinträchtigen.³¹² Diese Aussage bezieht sich freilich auf den Kauf eines Gebrauchtwagens un-

---

305 Vgl. auch BGH 29. 1. 1968, NJW 1968, 1567 – Schiff.
306 LM § 459 Abs. 1 BGB Nr. 3.
307 DAR 1991, 188.
308 Dazu gehört z. B. LG Karlsruhe 9. 1. 1981, DAR 1981, 152.
309 Käuferfreundlicher der öster. OGH 16. 2. 2006, ZVR 2006, 414.
310 Zustimmend AG Köln 20. 1. 1988 – 120 C 69/87 – n. v.
311 Anders LG Augsburg 17. 5. 1977, NJW 1977, 1543 m. Anm. *Eggert;* wie hier OLG Hamm 1. 3. 1994, OLGR 1994, 97 = ZfS 1994, 245 zumindest für den Privatverkauf.
312 NJW 1984, 1452.

ter Gewährleistungsausschluss und ist unabhängig davon, ob der Verkäufer ein Privatmann oder ein gewerblicher Händler ist. Ist die Sachmängelhaftung nicht ausgeschlossen, besteht zumeist kein Bedürfnis, Verkehrssicherheit bzw. Betriebsbereitschaft als konkludent garantiert anzusehen.

Die schriftliche Erklärung in einem Kaufvertrag über einen **Oldtimer** „Kfz befindet sich in verkehrssicherem Zustand" lässt kaum einen Zweifel am Garantiecharakter,[313] zumindest ist damit eine Beschaffenheitsvereinbarung verbunden.

e) Dienstwagen/Direktionswagen/Geschäftswagen/Vorführwagen

1424 All diesen Bezeichnungen ist gemeinsam, dass es sich um Fahrzeuge handelt, die **gewerblich** benutzt worden sind. **Firmenfahrzeug** ist der Sammelbegriff. Die Art der Benutzung tritt am deutlichsten beim **„Vorführwagen"** hervor. Dieser Begriff besagt, dass das Fahrzeug einem Neuwagenhändler/Werksniederlassung im Wesentlichen zum Zwecke der Vorführung (Besichtigung und Probefahrt) gedient hat. Ein solches Fahrzeug darf noch nicht auf einen Endabnehmer zugelassen sein. Unschädlich ist, wenn es in verschiedenen Zweigstellen eines Kfz-Handelsbetriebes benutzt worden ist. Die Eigenschaft, ein „Vorführwagen" zu sein, geht aber verloren, wenn das Fahrzeug bei mehr als einem Neuwagenhändler zu Vorführungszwecken eingesetzt worden ist.[314]

Erfahrungsgemäß werden „Vorführwagen" oftmals nicht nur von Kaufinteressenten gefahren. Zu den Benutzern können Werkstattkunden ebenso wie Betriebsangehörige gehören. Bei einer solchen **Mischnutzung** muss der Einsatz des Fahrzeugs zur Kaufmotivation („Vorführung") deutlich überwiegen, andernfalls darf er nicht als „Vorführwagen" angeboten werden, wohl aber als „Geschäftsfahrzeug".

Ein bestimmtes Alter wird mit dem Begriff „Vorführwagen" nicht zugesichert; ein solches Fahrzeug kann beliebig alt sein.[315] Die Rechtsprechung des BGH zum Jahreswagen (Stichworte Gesamtalter und Zwölfmonatsgrenze, dazu Rn 1433) kann auf einen „Vorführwagen", der nicht zugleich als Jahres- oder Halbjahreswagen angeboten wird, nicht übertragen werden. Es wird auch nicht stillschweigend zugesichert/garantiert, dass das Fahrzeug noch den Original-Erstmotor hat.[316] Inhalt einer etwaigen Zusicherung/Garantie ist lediglich die primäre Verwendung als „Vorführwagen" bei ein und demselben Händler. Zutreffend OLG Düsseldorf,[317] wonach auch ein zeitweiliger Gebrauch durch Werkstattkunden nicht schadet (vgl. auch OLG Hamburg HRR 1941, 591).

Zur Haftung für Sachmängeln nach den – eigentlich unpassenden – Neuwagen-AGB s. BGH NJW-RR 1991, 870; OLG Düsseldorf NJW-RR 1998, 845 = OLGR 1998, 29; s. auch OLG Celle OLGR 1998, 160 (Auseinanderfallen von Produktionsdatum und Datum der EZ). Zum Verkauf eines fast neuen Vorführwagens auf der Basis der Gebrauchtwagen-AGB s. OLG Frankfurt NJW-RR 2001, 780; s. auch LG Bremen DAR 2008, 530.

Mitunter werden Vorführwagen als **„Geschäftswagen"** oder – wie im Fall OLG Hamm 23 U 26/89[318] – als **„Dienstwagen"** angeboten, auch umgekehrt Dienstwagen als „Vorführwagen". Dies kann irreführend sein. „Dienstwagen" und „Geschäftswagen" dürften Syno-

---

313 OLG Hamm 9. 10. 2003, NJW-RR 2004, 213.
314 Anders wohl LG Karlsruhe 18. 4. 1984 – 5 O 66/83 – n. v.; s. auch OLG Düsseldorf 28. 6. 1996, NJW-RR 1997, 427.
315 AG Rotenburg (Wümme) 12. 7. 1984 – 5 C 437/84 – n. v. (6 Jahre alter Wagen); AG Schleiden 7. 10. 1991 – 2 C 367/91 – n. v. (Motorrad).
316 OLG Schleswig 30. 11. 1984 – 11 U 327/83 – n. v. („Pkw wurde als Vorführwagen benutzt und ist unfallfrei").
317 Urt. v. 28. 6. 1996, NJW-RR 1997, 427.
318 Urt. v. 5. 10. 1989, n. v.

Einzelfälle von Sachmängeln

nyme sein. Nach Ansicht des OLG Hamm[319] erfüllt ein Kfz-Händler seine **Aufklärungspflicht,** wenn er einen Vorführwagen als „Dienstwagen" anbietet. Nach näheren Einzelheiten soll der Käufer fragen müssen. Zur Aufklärungspflicht bei Vorführwagen vgl. auch OLG Schleswig 30. 11. 1984 – 11 U 327/83 – n. v. (Vorhandensein eines Austauschmotors, eingebaut nach ca. 5.000 km; Aufklärungspflicht verneint); LG Bielefeld 20. 10. 1983 – 21 O 312/83 – n. v. (Unfallschaden); LG Karlsruhe 18. 4. 1984 – 5 O 66/83 – n. v. (Benutzung von mehreren Verkäufern; Aufklärungspflicht verneint). Zur Aufklärungspflicht eines Händlers beim Verkauf eines „Dienstwagens" mit schadensbedingter (Teil-)Neulackierung s. OLG Oldenburg 18. 10. 2000, OLGR 2001, 50.[320]

Das „**Direktionsfahrzeug**" ist ein spezieller Typ von Dienstwagen, meist ein gutgepflegtes Fahrzeug der Oberklasse, das nur ausgesuchte Fahrer hatte. Es muss nicht unbedingt auf einen Kfz-Hersteller oder Kfz-Händler erstzugelassen sein.

f) Garagenwagen/garagengepflegt

Die Bezeichnung eines zum Verkauf stehenden Gebrauchtwagens als „Garagenwagen" bedeutet, dass dieser in der gesamten Zeit nach der Erstzulassung ohne längere Unterbrechungen in einer Garage und nicht auf freier Straße abgestellt worden ist.[321] Wenn ein **Händler** von „Garagenwagen" spricht, ist eine andere Auslegung geboten. Für den Käufer ist nämlich klar, dass eine solche Angabe nicht auf eigenem Wissen des Händlers beruht, sondern auf der Information des (letzten) Vorbesitzers. Je größer die Zahl der Vorbesitzer ist, desto fragwürdiger erscheint die Bezeichnung „Garagenwagen". Im Zweifel bezieht sie sich nur auf die Besitzzeit des im Fahrzeugbrief zuletzt eingetragenen Halters.

1425

„Garagengpf.", „Garg'wg" oder nur „Gfzg" – häufig in Kleinanzeigen vorzufinden – sollen dem Interessenten Qualität signalisieren: Garagengepflegt = Topzustand. In Wirklichkeit sind diese Bezeichnungen kein Gütesiegel, eher das Gegenteil. Zwar verwittert der Lack bei so genannten Laternenparkern grundsätzlich schneller. Der Schadstoffanteil in der Luft ist aber nicht überall gleich hoch. Hinzu kommt: Garagenparken kann die Korrosion beschleunigen. Eine schlecht belüftete Garage schadet dem Fahrzeug mehr als sie nützt, zumal eine Garage mit Heizung. Den besten Kompromiss zwischen draußen und drinnen bietet ein Carport.

g) Garantieschutz/Versicherungsschutz

Ursprünglich auf das Fahrzeug in seiner Eigenschaft als Neuwagen gegebene Garantien/ Anschlussgarantien können auch aus der Perspektive des Gebrauchtfahrzeugkaufs relevant sein. So wie die Pflicht des Neuwagenhändlers zur Mängelbeseitigung von einem Eigentumswechsel unberührt bleibt (Ziff. VII, 3 NWVB, Stand 4/03), sind auch die „Vollgarantien" der Hersteller und deren Lack- und Durchrostungsgarantien in der Regel an das Fahrzeug und nicht an den Eigentümer gebunden. Auch Zweit- und Drittbesitzer können so in den Genuss dieser Garantien kommen, deren Fehlen oder Wegfall folglich als „Mangel" rügen.

1426

Dass ein Garantieschutz vor Ablauf der Garantie entfallen ist, etwa weil bestimmte **Kontroll- und Nachbehandlungspflichten** nicht eingehalten wurden oder eine Reparatur in einer fabrikatsfremden Werkstatt erfolgt ist, ist nichts Ungewöhnliches. So mancher Käufer eines Gebrauchtfahrzeugs, zumal eines Wohnmobils („Dichtigkeitsgarantie") hat eine unangenehme Überraschung erlebt, wenn der Hersteller/Importeur ihm unter Hinweis auf derartige Versäumnisse den Garantieschutz versagt hat.

---

319 Urt. v. 5. 10. 1989 – 23 U 26/89 – n. v.
320 S. auch OLG Düsseldorf 28. 6. 1996, NJW-RR 1997, 427 = NZV 1997, 44.
321 OLG Köln 27. 9. 1973, OLGZ 1974, 1.

Bei Gebrauchtwagengarantien, die Vorbesitzern gewährt wurden, kann es zu einer vergleichbaren Situation kommen. Der Garantieschutz kann auch dadurch in Frage gestellt sein, dass dem Käufer die zur Realisierung des Anspruchs erforderlichen Dokumente fehlen, z. B. das Serviceheft (Kundendienstscheckheft), dazu Rn 2055 ff.

Streitigkeiten können schließlich mit Blick auf Garantien entstehen, die Kfz-Werkstätten oder Tuningbetriebe (z. B. Brabus/Mercedes) oder Teilehersteller gegeben haben und mit denen beim Weiterverkauf geworben wird. Bei späterer Verweigerung von Garantieschutz sehen sich Käufer nicht selten getäuscht, fechten den Kauf an oder machen Mängelansprüche geltend.

1427 Derartige Störfälle auf dem Garantiesektor mit dem Sachmängelrecht erfassen zu wollen, ist nicht unproblematisch. Das (Fort-)Bestehen von Garantieschutz ist **kein Merkmal der Beschaffenheit** des Fahrzeugs i. S. d. § 434 Abs. 1 BGB.[322] Es geht um eine rechtliche Beziehung außerhalb der Kaufsache. Bei fehlenden oder zeitlich reduzierten „Werksgarantien" – ein häufiges Problem bei Import- und bei Re-Importfahrzeugen – hat die Rechtsprechung vereinzelt § 459 Abs. 1 BGB a. F. herangezogen.[323] Sachgerechter war es, bei Pflichtwidrigkeiten des Verkäufers, z. B. einer unzureichenden Aufklärung, Ansprüche aus c. i. c. oder pFV zu geben.[324] Nach „**neuem" Recht** kann ein Schadensersatzanspruch aus §§ 280 Abs. 1, 241 Abs. 2 BGB, ggf. auch aus § 282 BGB i. V. m. § 280 Abs. 1 BGB bestehen.

1428 **Versicherungsschutzfragen** bleiben im Rahmen von Verhandlungen über den Kauf gebrauchter Kraftfahrzeuge meist unerörtert. Die **handelsüblichen Bestellscheine** („verbindliche Bestellung") enthalten hierzu keine Angaben. Anders ist es bei manchen Formularen für den **Gebrauchtwagen-Ankauf** durch Kfz-Händler. Dort wird detailliert nach dem Bestehen von Versicherungsschutz (Haftpflicht und Kasko) gefragt. Die Informationen, die ein **Privatverkäufer** (Inzahlunggeber) hier erteilt, sind jedenfalls keine Beschaffenheitsgarantien, richtigerweise nicht einmal Angaben zur Fahrzeugbeschaffenheit.

Zwar konnten nach altem Kaufrecht neben den physischen Eigenschaften des Kaufgegenstands auch solche tatsächlichen, wirtschaftlichen, sozialen oder rechtlichen Beziehungen des Kaufgegenstandes zu seiner Umwelt Eigenschaften sein, die für dessen Brauchbarkeit und Wert bedeutsam sind. Diese Beziehungen mussten aber ihren Grund in der Beschaffenheit der Kaufsache selbst haben, von ihr ausgehen, ihr auch für eine gewisse Dauer anhaften und nicht lediglich durch Heranziehung von Umständen in Erscheinung treten, die außerhalb der Sache liegen.[325] Nach dieser Formel des BGH war die Tatsache des **Versichertseins** eines Kraftfahrzeugs **keine zusicherungsfähige Eigenschaft**. Das galt für den Haftpflichtschutz ebenso wie für Vollkasko oder Teilkasko.[326]

Es handelt sich in der Tat um außerhalb des Kaufobjektes liegende Umstände, die mit seiner Beschaffenheit nichts zu tun haben. Anders als beispielsweise bei der Steuerfreiheit spielen Art und Beschaffenheit des Kraftfahrzeugs bei der Frage, ob Versicherungsschutz besteht, keine Rolle. Für die beabsichtigte Benutzung im Straßenverkehr ist die Frage des

---

322 OLG Düsseldorf 29. 10. 2007 – I-1 U 27/07 – n. v. (Dichtigkeitsgarantie für Wohnmobil); AG Lichtenberg 22. 2. 2005 – 5 C 301/04 – n. v., im Anschluss an BGH 24. 4. 1996, NJW 1996, 2025; a. A. AG Freising 20. 2. 2008, NJW-RR 2008, 1202.
323 LG Bielefeld 18. 12. 1970, MDR 1971, 661; OLG Frankfurt 30. 9. 1983, MDR 1984, 141; offen gelassen von BGH 9. 7. 1986, NJW-RR 1987, 239, 240 r.Sp.; vgl. auch OLG Hamm 20. 3. 1980, MDR 1980, 846 (zu § 123 BGB).
324 So BGH 24. 4. 1996, NJW 1996, 2025; s. auch OLG Köln 21. 10. 1996, VersR 1997, 1019.
325 BGH 28. 3. 1990, NJW 1990, 1659 = JZ 1990, 1075 m. Anm. *Tiedtke;* vgl. auch BGH 16. 1. 1991, NJW 1991, 1223 = ZIP 1991, 321 („weitgehend nur noch terminologische Unterscheidung" von Eigenschaft i. S. v. § 459 Abs. 2 BGB a. F. und Beschaffenheit als Anknüpfung für den Fehlerbegriff i. S. v. § 459 Abs. 1 BGB a. F.).
326 A. A. OLG Köln 8. 2. 1955, DAR 1955, 161.

Haftpflichtschutzes zwar von „äußerster Wichtigkeit".[327] Diese besondere Erheblichkeit für den vertraglich vorausgesetzten Gebrauch genügt jedoch für sich allein genommen nicht, um eine Eigenschaft annehmen zu können, die Gegenstand einer Beschaffenheitsgarantie sein kann. Es fehlt die erforderliche Beziehung zur Sache selbst. Ob sie beim Merkmal der **Versicherbarkeit** zu bejahen ist, erscheint zweifelhaft.[328] Beim Fahrzeugkauf ist diese Frage bisher nicht praktisch geworden.

Zumindest keinen Garantiecharakter haben Erklärungen wie das Fahrzeug sei noch versichert, mit ihm könne unbedenklich gefahren werden oder einfach: „Mit dem Wagen kann gefahren werden."[329]

Drei Anspruchsgrundlagen sind im früheren Recht in Betracht gezogen worden, wenn es im Zusammenhang mit dem Versicherungsschutz zu Streitigkeiten zwischen den Kaufvertragsparteien kam: Haftung aus § 463 S. 1 BGB a. F. wegen Fehlens einer (stillschweigend) zugesicherten Eigenschaft, Haftung aus § 463 S. 2 BGB a. F. wegen Verschweigens eines Mangels bzw. Vorspiegelung einer Eigenschaft und drittens Haftung aus culpa in contrahendo bzw. positiver Vertragsverletzung. Einen Sachmangel i. S. d. §§ 463 S. 2, 459 Abs. 1 BGB a. F. stellte das Fehlen des Haftpflichtversicherungsschutzes nicht dar.[330] Die Eigenschaft des Versichertseins war auch keine zusicherungsfähige Eigenschaft i. S. d. §§ 463 S. 1, 459 Abs. 2 BGB a. F.[331]

Der **BGH** hat diesen Fall mit Recht **außerhalb der Sachmängelhaftung** angesiedelt.[332] Verkauft ein **Kfz-Händler** unter Eigentumsvorbehalt einen ihm noch nicht gehörenden Pkw mit gültigem amtlichem Kennzeichen, so hat er sich wegen positiver Vertragsverletzung schadensersatzpflichtig gemacht, wenn er ohne eigene Nachforschungen über bestehenden Versicherungsschutz dem Käufer erklärte, dieser könne das Fahrzeug beruhigt fahren.[333] Nach „neuem" Recht folgt die Schadensersatzhaftung des Verkäufers aus §§ 280 Abs. 1, 241 Abs. 2 BGB.

Werden in einem Verkaufsgespräch auch Versicherungsprobleme erörtert, ist die Erklärung eines Kfz-Händlers, der Kunde könne fahren, so zu verstehen, dass Versicherungsschutz tatsächlich bestehe. Wie eine vergleichbare Erklärung eines **Privatverkäufers** zu deuten ist und welche Aufklärungspflicht er hat, ist bislang nicht entschieden. Ungeklärt ist ferner, ob ein Kfz-Händler von sich aus, also ungefragt, auf das Fehlen von Versicherungsschutz oder auf das Vorhandensein diesbezüglicher Zweifel hinzuweisen hat. Bei Bejahung einer Verkäuferhaftung wird sich der Käufer häufig ein **Mitverschulden** (§ 254 BGB) anrechnen lassen müssen. Grundsätzlich ist es seine Sache, für einen wirksamen Haftpflichtschutz zu sorgen.[334]

h) Höchstgeschwindigkeit

Die Höchstgeschwindigkeit (Endgeschwindigkeit) eines Kraftfahrzeugs ist als eine **zusicherungsfähige Eigenschaft** angesehen worden.[335] Sie wird bei Erteilung der Betriebs-

---

327 So BGH 26. 10. 1988, NJW-RR 1989, 211 = WM 1989, 26.
328 Vgl. BGH 28. 3. 1984, NJW 1984, 2289 (Tresorfall).
329 Zur Bedeutung derartiger Erklärungen vgl. BGH 26. 10. 1988, NJW-RR 1989, 211 = WM 1989, 26 und BGH 31. 10. 1990, NZV 1991, 108 (2. Revisionsverfahren).
330 *Grunewald*, a. a. O., S. 74, 75.
331 A. A. OLG Köln 8. 2. 1955, DAR 1955, 161.
332 BGH 26. 10. 1988, NJW-RR 1989, 211 = WM 1989, 26 = EWiR § 276 BGB 1/89, 129 *(Bischof)*; vgl. auch BGH 31. 10. 1990, NZV 1991, 108 (2. Revisionsverfahren).
333 BGH 26. 10. 1988, NJW-RR 1989, 211.
334 BGH 7. 3. 1984, NJW 1984, 1968; BGH 26. 10. 1988, NJW-RR 1989, 211.
335 OLG Düsseldorf 30. 10. 1992, OLGR 1993, 129 (L.) – Tuning eines Neufahrzeugs; s. auch BGH 20. 11. 1996, NJW 1997, 727 = DB 1997, 370 – Motorboot; OLG Rostock 19. 2. 1997, DAR 1997, 277 – Neufahrzeug.

erlaubnis (ABE) festgestellt und in den Fahrzeugbrief eingetragen. Es handelt sich um die Geschwindigkeit, die das Fahrzeug zur Zeit der Erteilung der ABE gem. § 19 StVZO im schnellsten Gang erreichen kann. Nicht nur dieser Wert kann Gegenstand einer Beschaffenheitsgarantie sein, auch ein damit nicht übereinstimmender höherer oder niedriger Wert, beispielsweise nach einer Motorumrüstung.

In den handelsüblichen **Gebrauchtwagen-Bestellscheinen** (Kaufanträgen) sind Geschwindigkeitsangaben nicht enthalten, auch nicht in der Rubrik „Fahrzeugbeschreibung".[336] Die **Angaben in den Fahrzeugpapieren** können ohne Weiteres nicht als stillschweigend garantiert gelten. Der Verkäufer, auch ein Kfz-Händler, macht sie sich ebenso wenig zu Eigen wie die **Werksangaben in der Betriebsanleitung**. Nur unter **besonderen Umständen** kann ein Käufer erwarten, dass der Verkäufer eine Garantie für die Richtigkeit einer Information über die Geschwindigkeit übernehmen will. Ein solcher Sonderfall liegt der Entscheidung des OLG Düsseldorf vom 30. 10. 1992[337] zugrunde (Verkauf eines Neufahrzeuges mit der Abrede, einen in der Leistung gesteigerten Motor einzubauen, der nach einer schriftlichen Mitteilung eine „Endgeschw. ca. 270 km" erreichen sollte). Das OLG hat trotz des Ca.-Zusatzes eine Zusicherung bejaht. Eine geringfügige Abweichung müsse der Käufer hinnehmen, nicht aber ein Unterschreiten von – je nach Messung und Bereifung – 6,66 bzw. 9,63 %. Von Bedeutung ist diese Entscheidung vor allem für Tuning-Betriebe, aber auch für Kfz-Händler, die Hochgeschwindigkeits-Sportwagen verkaufen.

i) Hubraum/kW/PS

1430 Hubraum und PS-Zahl (kW-Zahl) eines Kraftfahrzeugs sind Kriterien, die für den Käufer aus ganz unterschiedlichen Gründen von Interesse sein können. Abhängig ist der Stellenwert dieser Eigenschaften auch vom Typ des Kfz (Pkw/Kombi oder Nutzfahrzeug). Ein leistungsstärkerer Motor bedeutet regelmäßig höhere Kosten für die Haftpflichtversicherung, Kfz-Steuer und für Kraftstoff.

Stein des Anstoßes kann auch – wie im Fall BGH NJW 1997, 2318 – eine **Untermotorisierung** sein. Zu wenig PS/kW und/oder Hubraum können den Wert und die Gebrauchstauglichkeit auch von Personenwagen negativ beeinflussen. Entscheidend sind die Einsatzbedingungen und die Bedürfnisse des Käufers (z. B. Verwendung als Zugmaschine für Anhänger oder Wohnwagen). Zu den schutzwürdigen Käuferinteressen zählt nach wie vor der Wunsch, über eine bestimmte Motorleistung zu verfügen, und sei es nur, um schneller von A nach B zu kommen. Nach der Verkehrsauffassung ist auch der Prestigenutzen ein Kriterium. Zur vertragswidrigen Motorleistung beim Neufahrzeugkauf s. OLG Celle DAR 2002, 211.

Die in dem Bestellformular für ein Gebrauchtfahrzeug vom Händler in dem vorgedruckten Feld „PS laut Fahrzeugbrief" eingetragene PS-Zahl stellte nach Ansicht des **BGH** grundsätzlich keine Zusicherung einer bestimmten Motorleistung dar.[338] Dass PS, kW und Hubraum zusicherungsfähige Eigenschaften waren, stand außer Streit. Strittig konnte nur sein, ob diese Eigenschaften Gegenstand einer – stillschweigenden – Zusicherung i. S. v. § 459 Abs. 2 BGB a. F. sind. Das hat der BGH zulasten eines Käufers verneint, der einen gebrauchten Sportwagen „Cobra Replica" von einem Kfz-Händler gekauft hatte. Bei der Beschreibung der individuellen und technischen Merkmale des Fahrzeugs in dem Bestellformular war in dem vorgedruckten Feld „Kilowatt (PS) lt. Fz.-Brief" das Wort „Kilowatt" durchgestrichen und die Zahl „300" handschriftlich eingetragen worden. Mit der Behauptung, das Fahrzeug verfüge in Wirklichkeit nur über 197 PS, hat der Käufer Rück-

---

336 In früheren ZDK-AGB hieß es, dass Angaben über die Geschwindigkeit nur als annähernd zu betrachten seien und keine zugesicherte Eigenschaft darstellten.
337 OLGR 1993, 129 (L.).
338 Urt. v. 4. 6. 1997, NJW 1997, 2318 = DAR 1997, 353.

zahlung des Kaufpreises verlangt. Vor dem Bundesgerichtshof ging es vor allem um die Frage, welche Bedeutung die **Quellenangabe** „lt. Fz.brief" hat.

Der BGH hat dem Quellenhinweis „laut Fz.brief" bei technischen Daten wie Hubraum, kW bzw. PS für den Regelfall die vom Handel gewünschte Wirkung (keine Zusicherung) bescheinigt. Zu Recht nimmt er an, dass ein Kfz-Händler im Allgemeinen nicht dazu in der Lage ist, diese Daten zu überprüfen. Im Einzelfall könne gleichwohl aufgrund besonderer Umstände eine ausdrückliche oder schlüssig erklärte Zusicherung anzunehmen sein. Anhaltspunkte für eine derartige Auslegung könnten sich z. B. aus schriftlichen Angaben an anderer Stelle des Bestellformulars (Kaufvertrags) oder aus mündlichen Erklärungen des Händlers oder seines Angestellten ergeben, unter Umständen sogar aus dessen Schweigen auf eine erkennbar geäußerte Erwartung des Käufers. Solche besonderen Umstände darzulegen und zu beweisen, sei Sache des Käufers. Im Zweifel sei von einer bloßen **Beschaffenheitsangabe** i. S. d. § 459 Abs. 1 BGB a. F. auszugehen. Diese Ansicht hat der BGH für das **„neue" Kaufrecht ausdrücklich aufgegeben**.[339] Hiernach ist „PS/kW lt. Fahrzeugbrief" keine Beschaffenheitsvereinbarung, sondern nur eine **Wissensmitteilung.**

Ob der Händler eine Beschaffenheitsangabe stillschweigend bzw. durch schlüssiges Verhalten macht, wenn er die Leistungsdaten des Motors ausschließlich auf dem **Verkaufsschild** an der Windschutzscheibe oder in einem Zeitungsinserat bzw. im Internet angibt, ist nach wie vor höchstrichterlich ungeklärt.[340] Im BGH-Fall NJW 1981, 1268 bestand die Besonderheit, dass der eingebaute ATM im Gegensatz zum serienmäßigen Triebwerk Super- statt Normalbenzin brauchte. Von diesem Umstand hing die Qualifizierung als Zusicherung aber nicht ab. Entscheidungserheblich dürfte indes die Tatsache gewesen sein, dass die Motordaten auch im Fahrzeugbrief unrichtig waren. Wahrscheinlich hatte der Händler sie einfach von dort auf das Verkaufsschild übertragen. Im Kaufvertrag (Bestellschein) waren die Motordaten nicht vermerkt.

Angaben von **Privatverkäufern** über Hubraum, kW bzw. PS und sonstige Leistungsdaten des Motors sind im Allgemeinen keine Beschaffenheitsgarantien. Anders ist es nach der Rechtsprechung bei einem durch einen Fachmann vermittelten Privatgeschäft. Dann gelten die oben für das Händler-Eigengeschäft dargestellten Grundsätze.

Immer wieder kommt es vor, selbst im professionellen Gebrauchtwagenhandel, dass Fahrzeuge **ohne nähere Angaben** über Hubraum und PS (kW) verkauft werden. Nicht alle Bestellscheinvordrucke (Kaufanträge) sehen für diese Daten spezielle Rubriken vor. Mitunter wird es auch einfach vergessen, den Bestellschein vollständig auszufüllen. Zur Begründung der Zusicherungshaftung hat die Rechtsprechung in diesen Fällen an die **Marken- und Typenbezeichnung** angeknüpft, z. B. BMW 520, s. dazu Rn 1497 ff. Die Eintragungen in den Fahrzeugpapieren und/oder den Serviceheften/Betriebsanleitungen als Grundlage für eine Beschaffenheitsgarantie zu nehmen, ist in der Regel nicht gerechtfertigt.

j) Jahreswagen/Halbjahreswagen

aa) Ausgangslage

Mehrere hunderttausend Mitarbeiter deutscher Automobilwerke kaufen[341] jährlich einen Neuwagen mit Werksrabatt, fahren ihn die vorgeschriebene Zeit von einem Jahr oder sechs Monaten und verkaufen ihn dann oder schon im Voraus als **Jahreswagen** oder als **Halbjahreswagen.**

1431

---

339 Urt. v. 12. 3. 2008, NJW 2008, 1517.
340 Aus der Instanz-Rspr.: OLG Stuttgart 12. 6. 1985, BB 1985, 1417; OLG Düsseldorf 30. 10. 1992, OLGR 1993, 129 (Ls.).
341 Zum Teil wird auch ein Mietmodell praktiziert.

Schon seit geraumer Zeit werden Jahreswagen von Werksangehörigen auch auf andere Weise als im Direktverkauf veräußert, z. B. über eine „Jahreswagen-Verkaufshilfe GmbH". Mehrere Hersteller haben Vermittlungsstellen eingerichtet („Jahreswagen-Börse"). Hersteller mit Werksniederlassungen wie Daimler und BMW vermitteln den Absatz von Jahreswagen auch durch ihre eigenen Betriebe. Zunehmend wird dieser Fahrzeugtyp, der sich immer stärkerer Beliebtheit erfreut, auch von Fabrikatshändlern und „freien" Händlern angeboten,[342] auch im Internet; nicht selten mit irreführender Werbung.

Daneben gibt es **Jahreswagen-Vermittlungen** durch herstellerunabhängige Spezialunternehmen. Sie hatten früher ihren Sitz schwerpunktmäßig in der Nähe der Herstellerwerke. Inzwischen treten sie auch überregional in Erscheinung, mitunter als bloße **Untervermittler**.

Jahreswagen wie Halbjahreswagen kommen darüber hinaus nach einer **Erstzulassung auf Autovermieter** in den Handel.[343] Die Vertriebswege sind unterschiedlich. Auch Fahrzeuge aus kurzlaufenden Leasingverträgen werden ausdrücklich oder konkludent als „Jahreswagen" verkauft, ferner Pkw mit Erstzulassung auf Autohäuser.

bb) Mängelhaftung

1432 Schon durch den Begriff „Jahreswagen" bzw. „Halbjahreswagen" wird die Soll-Beschaffenheit entscheidend geprägt. **Der BGH** sieht darin eine Beschaffenheitsvereinbarung.[344] Unter einem „Jahreswagen" versteht **die Verkehrsauffassung** nach einer älteren Definition ein „Gebrauchtfahrzeug aus erster Hand, das **von einem Werksangehörigen** tatsächlich ein volles Jahr gefahren worden ist".[345] War der erste Halter/Nutzer kein Werksangehöriger, sondern ein Autovermieter oder eine Leasinggesellschaft, wäre nach diesem engen Begriffsverständnis ein Sachmangel anzunehmen, es sei denn, dass der Käufer über die Art der Vorbenutzung informiert war.[346] Die Beschränkung des Begriffs „Jahreswagen" auf Werksangehörige als Erstbesitzer ist nicht mehr zeitgemäß. „Jahreswagen" können auch andere Erstbesitzer haben. Ein als „Jahreswagen" verkaufter Pkw ist also nicht schon deshalb mangelhaft, weil die Erstzulassung nicht auf einen Werksangehörigen lautet.

Ob der Käufer eines Jahreswagens und erst recht eines Halbjahreswagens mangels gegenteiliger Vereinbarung berechtigterweise erwarten kann, ein Fahrzeug zu erwerben, das im Zeitpunkt seiner Erstzulassung noch sämtliche Eigenschaften eines „fabrikneuen" Wagens (dazu Rn 238 ff.) aufweist, hat der BGH[347] noch nicht entschieden. Die Frage ist zu verneinen. Abgesehen davon, dass ein Jahreswagenkäufer weniger schutzwürdig ist als der Käufer eines „fabrikneuen" Fahrzeugs, muss er angesichts der Breite der Angebotspalette mit Besonderheiten rechnen, z. B. damit, dass der ihm angebotene Jahreswagen bei Erstzulassung nicht mehr modellaktuell war. Dabei wird nicht verkannt, dass Werksangehörige ebenso wie Autovermieter im Allgemeinen die neuesten Modelle erwerben.

1433 Was das **Alter bzw. die Standzeit** angeht, hat der BGH sich für einen **Gleichlauf mit „fabrikneuen" Fahrzeugen** ausgesprochen. Ein **von einem Kfz-Händler** als „Jahreswagen" verkauftes Gebrauchtfahrzeug entspricht hiernach regelmäßig – auch ohne ausdrückliche Vereinbarung – nicht der vereinbarten Beschaffenheit, wenn zwischen der Herstel-

---

342 So im Fall OLG Düsseldorf 18. 1. 2002, DAR 2002, 163 = OLGR 2002, 386.
343 So im Fall BGH 7. 6. 2006, NJW 2006, 2694; Näheres bei *Otting*, ZGS 2004, 12.
344 Urt. v. 7. 6. 2006, NJW 2006, 2694.
345 OLG Köln 7. 3. 1989, NJW-RR 1989, 699 = DAR 1989, 307; vgl. auch OLG Hamm 13. 3. 1990, NZV 1990, 394; OLG Frankfurt 5. 7. 1990, NJW-RR 1991, 40; OLG Koblenz 10. 9. 1990, DB 1990, 2319.
346 So im Fall BGH 7. 6. 2006, NJW 2006, 2694.
347 Siehe Urt. v. 7. 6. 2006, NJW 2006, 2694.

lung und der Erstzulassung mehr als zwölf Monate liegen.[348] Zur **Zwölfmonatsgrenze** s. Rn 251 ff.

Ob diese **überraschend käuferfreundliche Sicht** auch beim Kauf direkt von einem Werksangehörigen, einer sonstigen Privatperson oder einem Unternehmer außerhalb der Kfz-Branche (z. B. Autovermieter) gilt, ist eine offene Frage. Zumindest gewerblich tätige Verkäufer dürfte der BGH insgesamt gleich behandeln wollen. Entscheidend ist für ihn die dem Verkäufer **erkennbare Erwartung des Käufers**, einen „jungen" Gebrauchtwagen aus erster Hand zu erwerben, der sich hinsichtlich seines Alters von einem Neufahrzeug im Wesentlichen lediglich durch die einjährige Nutzung im Straßenverkehr unterscheidet. Diese Erwartung hegt ein Jahreswagen-Käufer beim Direktkauf von einem Werksangehörigen in gleicher, wenn nicht gar stärkerer Weise. Ein Werksangehöriger mag zwar nicht in jedem Fall wissen, wann sein Wagen vom Band gelaufen ist. Indessen verfügt gerade er über Erkenntnisquellen, um dies in Erfahrung zu bringen. Da er „näher am Fahrzeug" ist als ein Zwischenhändler, wäre es eine sachlich nicht gerechtfertigte Besserstellung des Werksangehörigen, ihn nicht haften zu lassen, wenn sein Fahrzeug eine Standzeit (Vorlaufzeit) von mehr als 12 Monaten hat.

Bei Annahme eines Sachmangels wegen überlanger Standzeit stellt sich **in Rücktrittsfällen** die Anschlussfrage, wo die Grenze zwischen einem geringfügigen und einem erheblichen Mangel (Pflichtverletzung) liegt. Das ist für Jahreswagen bzw. Halbjahreswagen ebenso offen wie im Parallelfall des fabrikneuen Fahrzeugs. Feste Bagatellgrenzen lassen sich hier wie dort nicht festlegen. Bei Überschreitung der Zwölfmonatsgrenze um wenige Monate, an sich ein Bagatellfall, kann dem rücktrittswilligen Käufer der Nachweis einer arglistigen Täuschung helfen (zum Problem s. Rn 1730). **1434**

Wiederverkäufer wie Autohäuser und Werksniederlassungen wollen die Jahreswageneigenschaft, so wie der BGH sie jetzt definiert, im Zweifel **nicht garantieren**; ebenso wenig ein Werksangehöriger. Beim Verkauf an Verbraucher besteht auch keine Schutzlücke, die mit Hilfe einer Garantie zu schließen wäre. Gegen die Annahme einer Beschaffenheitsgarantie spricht außerdem, dass der Käufer sich durch Einsichtnahme in den (freilich nicht immer vorhandenen) Fahrzeugbrief (Zulassungsbescheinigung Teil II) selbst von dem Datum der Erstzulassung überzeugen kann. Auch der Zeitpunkt der Abmeldung (vorübergehende Stilllegung) geht aus dem Fahrzeugbrief hervor. Die Dauer der Standzeit bis zur Erstzulassung bleibt jedoch im Dunkeln.

Was die **technische Qualität** von Jahreswagen/Halbjahreswagen angeht, so werden die Käufererwartungen nur selten enttäuscht. Nach Ansicht des OLG München[349] ist der Käufer eines Halbjahreswagens von einem Werksangehörigen nicht berechtigt, die Abnahme zu verweigern, wenn bei km-Stand 5.000 ein Ersatzmotor eingebaut wurde, der dem Originalerstmotor technisch völlig gleichwertig ist („Neuteilemotor"). **1435**

Die bloße Bezeichnung als „Jahreswagen" enthält nicht die stillschweigende Zusicherung von Unfall- und Mängelfreiheit.[350] Der Wiederverkäufer und erst recht der Werksangehörige können aber **wegen eines Unfallvorschadens** haften; der Werksangehörige bei einem an sich wirksamen „Gewährleistungsausschluss" jedoch nur im Fall der Arglist (§ 444 BGB).

Zur Aufklärungspflicht eines Autohauses bei einem Unfallschaden s. OLG Düsseldorf DAR 2002, 163; s. auch OLG Köln MDR 1999, 1504 = OLGR 1999, 325 = NZV 2000, 416 – Jahreswagen mit Fertigungsmängeln (ungleiche Spaltmaße).

---

348 BGH 7. 6. 2006, NJW 2006, 2694.
349 Urt. v. 13. 8. 2003, DAR 2003, 525.
350 OLG Düsseldorf 18. 1. 2002, DAR 2002, 163 = OLGR 2002, 386 – Kauf vom Autohaus.

k) Kilometerleistung/km-Stand/Tachoangaben

Übersicht	Rn
Lebenssachverhalte und Fallgruppen	1436 f.
Kauf mit „km-Angaben"	1438 ff.
– vom Händler (Verbrauchsgüterkauf)	1438 ff.
– von Privat (privates Direktgeschäft)	1458 ff.
– Händlerankauf/Inzahlungnahme	1464
– Nutzfahrzeugkauf	1465
Verkauf ohne km-Angaben	1466 ff.
Sonderfall „Meilentacho"	1472
Bagatellproblematik	1445, 1470

aa) Lebenssachverhalte und Fallgruppen

1436 Zu unterscheiden sind: Einerseits die Situation, dass der Verkäufer keine – jedenfalls keine nachweisbaren – Angabe über die Laufleistung gemacht hat. Der schweigende Verkäufer haftete nach altem Kaufrecht unter den Voraussetzungen der §§ 459 Abs. 1, 463 S. 2 BGB a. F. Nach der Novellierung des Kaufrechts stellt sich die Frage, ob ohne ausdrückliche km-Angabe eine stillschweigende Beschaffenheitsvereinbarung nach § 434 Abs. 1 S. 1 BGB getroffen ist oder ob ein Sachmangel nach den objektiven Kriterien des § 434 Abs. 1 S. 2 Nr. 2 BGB angenommen werden kann. Zu dieser Fallgruppe – Verkauf ohne km-Information – s. Rn 1466 ff.

Eindeutig im Vordergrund des praktischen Interesses steht die Fallgruppe mit **ausdrücklichen** bzw. **konkludenten Fehlinformationen** des Verkäufers. Aus dieser Gruppe interessierten vor der Schuldrechtsreform vor allem die ohne – nachweisbaren – Vorsatz gemachten Falschangaben, weil sie unter dem Blickwinkel des Fehlens einer zugesicherten Eigenschaft die übliche Haftungsfreizeichnung ausschalten und außerdem eine Schadensersatzhaftung begründen konnten (§ 463 S. 1 BGB a. F.). Da eine **arglistige Täuschung** – anders als bei „Unfallfahrzeugen" – schwer nachzuweisen ist, ist Rechtsprechung zur Arglist vergleichsweise spärlich (s. Rn 2136).

1437 Im heutigen Kaufrecht ist die **praktische Herangehensweise** folgende: In Fällen des Verbrauchsgüterkaufs stellt sich die Zusicherungsfrage nicht mehr unter dem Blickwinkel der Ausschaltung des früher geschäftstypischen Gewährleistungsausschlusses. Nur Erleichterungen bei der Verjährung und bei der Schadensersatzhaftung (§ 475 Abs. 2 und Abs. 3 BGB) rufen die Beschaffenheitsgarantie i. S. d. § 444 BGB auf den Plan. Anders liegen die Dinge bei privaten Direktgeschäften und bei 2B2-Verträgen, wo § 444 BGB von zentraler Bedeutung. Im Rahmen der Schadens- und Aufwendungsersatzhaftung nach § 437 Nr. 3 BGB kann es dagegen bei allen Gebrauchtwagenkäufen gleichermaßen auf die Frage ankommen, ob der Verkäufer eine Garantie i. S. d. § 276 BGB übernommen hat.

Weniger diese unterschiedlichen Prüfungsansätze als vielmehr inhaltlich-sachliche Unterschiede bei der Auslegung des Erklärungstatbestandes fordern eine **Unterscheidung** zwischen dem Händlerverkauf an Privat (Verbrauchsgüterkauf), dem privaten Direktgeschäft und Verkäufen im unternehmerischen Verkehr. Auch für den BGH ist grundsätzlich danach zu differenzieren, ob der Verkäufer ein Gebrauchtwagenhändler oder eine Privatperson ist.[351]

---

351 Urt. v. 29. 11. 2006, NJW 2007, 1346.

bb) Kauf mit „km-Angaben"

(1) Händlerverkauf an Privat

Prüfgegenstand und – reihenfolge: Zumindest irritierend ist die Aussage des BGH, ob eine im Kaufvertrag enthaltene Angabe wie „abgelesener km-Stand ca. 86.000" eine Beschaffenheitsvereinbarung i. S. d. § 434 Abs. 1 S. 1 BGB darstelle, könne auf sich beruhen, wenn Mangelhaftigkeit nach den objektiven Kriterien des § 434 Abs. 1 S. 2 Nr. 2 BGB zu bejahen sei.[352] Nach seiner eigenen, im selben Urteil aufgestellten Reihenfolge der Prüfung rangiert die Beschaffenheitsvereinbarung an erster Stelle. Der direkte Durchgriff auf die objektiven Kriterien ist bedenklich. Denn je nach Inhalt der Beschaffenheitsvereinbarung kann die Prüfung nach den objektiven Gesichtspunkten gesperrt sein. Deshalb ist man gut beraten, es bei der vom Gesetz vorgegebenen Reihenfolge zu belassen. Dies auch deshalb, weil der Bruch einer Beschaffenheitsvereinbarung auch in anderer Hinsicht (Erheblichkeitsfrage nach § 323 Abs. 5 S. 2 BGB, Bestand einer Freizeichnungsklausel, Entlastungsbeweis beim Schadensersatz) eine andere Bedeutung haben kann als eine Vertragswidrigkeit i. S. d. § 434 Abs. 1 S. 2 Nr. 2 BGB. 1438

Abgrenzung Wissensmitteilung/Beschaffenheitsvereinbarung/Beschaffenheitsgarantie: Trotz veränderter Rahmenbedingungen nach wie vor **grundlegend** ist das BGH-Urteil vom 25. 6. 1975.[353] Schon die bloße **Kilometerzahl auf einem Verkaufsschild,** das ein Kfz-Händler an einem Pkw angebracht hatte, stellt nach Ansicht des BGH die konkludente **Zusicherung der Gesamtfahrleistung** dar. Dem Interesse des Käufers werde es nicht gerecht, die km-Angabe nur als Wiedergabe des Tachostandes im Verkaufszeitpunkt zu werten. Dem Käufer komme es vor allem auf die Gesamtfahrleistung an. Eine „ohne Einschränkung oder deutlich gegenteiligen Hinweis" gemachte km-Angabe beziehe sich regelmäßig auf die Gesamtfahrleistung.[354] Anders als in dem Fall OLG München DAR 1974, 296 stand auf dem Verkaufsschild nur die nackte Kilometerzahl ohne einen Zusatz wie „abgelesen", „lt. Tacho" oder gar „km-Leistung lt. Angaben des Vorbesitzers"; s. auch OLG Koblenz NJOZ 2002, 496 („Gesamtlaufleistung 80.000 km" auf Verkaufsschild). 1439

Auch die ehemals zentrale Frage – **Objektbeschreibung** (§ 459 Abs. 1 BGB a. F.) oder **Zusicherung** i. S. v. § 459 Abs. 2 BGB a. F. – hat der BGH in der Entscheidung vom 25. 6. 1975[355] zugunsten des Käufers beantwortet; nicht zuletzt wegen der „werbewirksamen plakativen Signalwirkung" des Begriffs „Gesamtlaufleistung". Diese Einstufung war **richtungweisend** und hat in der instanzgerichtlichen Rechtsprechung über den 31. 12. 2001 hinaus auch in „Neufällen" fortgewirkt. Zumindest in den ersten Jahren war man in der Annahme von „Garantien" großzügig (s. Rn 1447 ff.). Dabei wurde meist übersehen, dass der BGH schon im alten Recht, nämlich im Urteil vom 31. 1. 1996,[356] lediglich eine einfache Beschaffenheitsvereinbarung angenommen hat, wenn der Angabe über die Gesamtlaufleistung der Zusatz „lt. Vorbesitzer" beigefügt war.

Dafür, dass der BGH „Neufälle" mit Vorbehaltsklauseln wie „**lt. Vorbesitzer**" auf dieser Linie – Beschaffenheitsvereinbarung ohne Garantiecharakter – weiter entschieden sehen möchte, sprach zunächst seine zum „neuen" Recht ergangene **Entscheidung vom 19. 9. 2007**,[357] wenngleich es kein Händler-Privat-Geschäft war und es auch nicht um einen Pkw, sondern um ein gebrauchtes Nutzfahrzeug ging. In den Formularrubriken „Gesamt- 1440

---

352 Urt. v. 16. 3. 2005, DAR 2006, 143 = SVR 2005, 379 (*Otting*).
353 NJW 1975, 1693 = MDR 1975, 922 = DAR 1975, 270 m. Anm. *Heinze*, JR 1975, 504; besprochen von *Reich/Tonner*, JuS 1976, 576.
354 So auch BGH 29. 11. 2006, NJW 2007, 1346 für eine Beschaffenheitsvereinbarung (Motorradkauf über eBay).
355 NJW 1975, 1693.
356 NJW 1996, 1205.
357 NJW 2007, 3774.

fahrleistung nach Angaben des Vorbesitzers" und „Stand des Kilometerzählers" stand jeweils handschriftlich „25.760". Ohne die Bezugnahme auf den Vorbesitzer näher zu qualifizieren, hat der BGH einen Sachmangel bejaht, wobei offen bleibt, ob subjektive oder objektive Kriterien dafür entscheidend waren.

1441   Seine Ansicht, die Einschränkung „lt. Vorbesitzer" stehe der Annahme einer Beschaffenheitsvereinbarung nicht entgegen, hat **der BGH** nunmehr durch Urteil vom 12.3.2008 **ausdrücklich aufgegeben**.[358] Hiernach handelt es sich bei der Angabe einer Kilometerzahl in der Rubrik „Gesamtfahrleistung lt. Vorbesitzer" nur um eine **Wissensmitteilung**. Entgegenstehende instanzgerichtliche Entscheidungen – sie sind zahlreich – sind damit überholt.

Ob der BGH seine käufergünstige Rechtsprechung zu Händlerangaben auch sonst lockert, z. B. dadurch, dass er an die Annahme einer Beschaffenheitsgarantie strengere Anforderungen als bisher an eine Zusicherung stellt, hat er **noch nicht entschieden**.[359]

1442   Das Ziel, für die Gesamtfahrleistung zumindest nicht garantiemäßig haften zu müssen, verfolgt der Kfz-Handel auch mit Klauseln wie „Kilometerangaben sind keine Zusicherungen" oder mit relativierenden Hinweisen wie **„soweit dem Verkäufer bekannt"**[360] oder eine Klausel wie: „Es handelt sich lediglich um abgelesene Kilometerlaufleistungen bzw. um eine vom Vorbesitzer in Erfahrung gebrachte und weitergegebene Auskunft".[361]

Manche Händler benutzten auch Stempel mit einem Text wie z. B.: „HINWEIS: Angaben bzgl. Kilometer-Stand ... sind keine Zusicherungen, für deren Vorhandensein gehaftet wird, sondern beruhen auf Angaben des Vorbesitzers". Schule hat ferner das Beispiel des schwäbischen Händlers gemacht, der seine AGB-feste Einstandspflicht i. S. d. §§ 459 Abs. 2, 463 S. 1 BGB a. F. durch die ebenso kurze wie bündige Formulierung „Zusicherungen? – keine" nach Ansicht des BGH[362] wirksam ausgeschlossen hatte.

Die Instanzgerichte haben derartige **„Abwehrklauseln"** in der Zeit vor der Schuldrechtsreform zumeist ignoriert und – mit unterschiedlicher Begründung – Zusicherungen dennoch bejaht, beim gewerblichen Fahrzeughandel ebenso wie beim professionellen Verkauf von Gebrauchtmotoren;[363] zurückhaltender war man beim Privatgeschäft (dazu Rn 1458 ff.).

1443   **Statt (Gesamt-)Laufleistung nur Tachostand?** Offen ist weiterhin, wann eine km-Angabe eines Händlers nur als Information über den tatsächlichen Tachostand zu werten ist, als eine Art **„Ablesebestätigung"** für den Käufer. Welches Hinweises, welcher Einschränkung bedarf es, um eine Garantieübernahme oder gar schon eine Beschaffenheitsvereinbarung auszuschließen? Genügt zum Ausschluss einer Garantie/Zusicherung eine Erklärung wie „Tachostand: siehe Tacho", wie das OLG Hamm[364] im Gegensatz zum OLG Naumburg[365] meint?

Demgegenüber hat das OLG Düsseldorf[366] in der handschriftlichen Notiz „Tachostand abgelesen 89.200 km" die Zusicherung der Gesamtfahrleistung gesehen, dies sogar zu Las-

---

358 NJW 2008, 1517 = DAR 2008, 338 m. Anm. *Andreae.*
359 Ausdrücklich offen gelassen, da Privatverkauf, im Urt. v. 29.11.2006, NJW 2007, 1346.
360 Dazu BGH 13.5.1998, NJW 1998, 2207 = DAR 1998, 308 m. Anm. *Eggert;* Vorinstanz KG 24.7.1997, DAR 1998, 69 = NJW-RR 1998, 131.
361 OLG Hamm 10.11.1982, BB 1983, 21 – Motorkauf vom Autoverwerter.
362 Urt. v. 16.10.1991, NJW 1992, 170.
363 OLG Koblenz 22.10.2001, NJOZ 2002, 496 = NJW-RR 2002, 202 (Ls.); OLG München 20.6.1986, NJW-RR 1986, 1181; OLG Frankfurt 28.6.1989, NZV 1990, 24; LG Heidelberg 25.7.1973, DAR 1974, 124; LG Köln 7.7.1976 – 13 S 102/76 – n. v.; OLG Hamm 10.11.1982, BB 1983, 21 (Motorkauf).
364 Urt. v. 5.2.1980, MDR 1980, 847 (27. ZS).
365 Urt. v. 10.3.1997, NZV 1998, 73 = OLGR 1997, 280.
366 Urt. v. 11.11.1978, VRS 55, 163.

ten eines Privatverkäufers. Ähnlich käufergünstig hat das OLG Oldenburg entschieden, indem es eine mündliche und schriftliche Ablehnung einer verbindlichen Zusicherung („bei Kilometerstand lt. Tacho 46.700 verkauft") in eine eingeschränkte Zusicherung der Gesamtfahrleistung umgedeutet hat.[367]

Nach diesen Entscheidungen dürfte ein nur formularmäßiger Zusatz im Bestellschein wie „abgelesener km-Stand lt. Tacho" nicht genügen; auch nicht der vorgedruckte Vermerk „genaue Laufleistung unbekannt".[368]

1444 Die Erklärung in einer **Zeitungsanzeige** (zur Einbeziehungsproblematik vgl. Rn 1615) „Gelegenheit: 200 D, nur 83.000 km, Bestzustand, 5.000,– DM" bedeutet hingegen keine Zusicherung der Fahrleistung, so das OLG Oldenburg.[369] Ausgesprochen käuferfreundlich ist dagegen das Urteil des OLG München vom 20. 6. 1986: Der Verkäufer, wahrscheinlich ein **Kfz-Händler**, hatte die im Bestellschein vorgesehene Rubrik „Gesamtfahrleistung nach Angaben des Vorbesitzers" völlig frei gelassen (sie auch nicht durchgestrichen) und in die daneben befindliche Rubrik „Stand des Kilometerzählers" die Zahl 107.296 eingetragen. Während die erste Instanz in dieser Eintragung richtigerweise nur eine **Beschreibung des Fahrzeugs** gesehen hat, nimmt das OLG München[370] eine Zusicherung an, und dies sogar hinsichtlich der Gesamtfahrleistung. Auf etwa gleicher Linie liegt das OLG Stuttgart, wenn es die Angabe eines Verkäufers, der Tachometer weise einen km-Stand von 96.000 auf, „als Zusicherung eines Kilometerstandes von 96.000 km" versteht.[371]

In einem deutlichen Gegensatz zum OLG München (NJW-RR 1986, 1181) steht die Entscheidung des OLG Frankfurt/Main vom 8. 2. 1991,[372] wonach die Angabe eines Kfz-Händlers im Kaufvertrag „km-Stand: etwa 28.000 km" keine Zusicherung enthält. Auch das OLG Düsseldorf sieht in einer Erklärung wie „km-Stand: 69.605" keine Zusicherung der Gesamtfahrleistung,[373] hat aber andererseits in einem Urteil vom 18. 6. 1999[374] in enger Anlehnung an BGH NJW 1975, 1693 den – heute fragwürdigen – Grundsatz formuliert: „Bei einem Händlerverkauf sichert der Verkäufer durch eine Kilometerangabe im Zweifel zu, dass das Fahrzeug keine höhere als die angegebene Gesamtfahrleistung hat" (in einem dem Vertragsschluss vorausgegangen Schreiben war notiert: „Ez.: 6. 2. 1997 1. Hd. 15.000 km").

Abschwächende Bemerkungen wie „mit dem Tacho stimme etwas nicht" reichen nicht aus, um eine im schriftlichen Kaufvertrag enthaltene km-Angabe anders als eine Zusicherung der Gesamtfahrleistung zu deuten.[375] Kein Zweifel an dem Inhalt der Zusicherung bestand bei der Äußerung „die Kilometerleistung stimmt mit dem Tachostand überein".[376]

1445 **Grenzziehungen/Bagatellproblematik:** Höchstrichterlich ungeklärt ist schließlich, ab welcher Grenze die vereinbarte bzw. garantierte Eigenschaft der Gesamtfahrleistung fehlt. Dies ist keine Frage der Bagatellklausel in § 323 Abs. 5 S. 2 BGB, sondern ein Problem der **Vertragsauslegung**, wobei auch eine **Zirkaklausel** eine Rolle spielen kann. **Glatten Zahlen** wie 85.000 km ist eine gewisse Unsicherheit immanent.

---

367 Urt. v. 24. 4. 1978, MDR 1978, 844 = VersR 1978, 1027; s. auch OLG Oldenburg 27. 5. 1998, OLGR 1998, 255 („Tachostand: 70.000" auf Beschriebzettel).
368 So in der Tat LG Köln 10. 5. 1991 – 2 O 601/89 – n. v.; vgl. auch OLG Köln 9. 10. 1991, VRS 82, 89; LG Berlin 18. 3. 2004 – 52 S 274/03 – n. v. (nrkr.).
369 Urt. v. 6. 7. 1984, MDR 1984, 1024; ähnlich KG 26. 8. 2004, MDR 2005, 142 = NZV 2005, 97.
370 Urt. v. 20. 6. 1986, NJW-RR 1986, 1181.
371 Urt. v. 13. 11. 1985, DAR 1986, 150.
372 NJW-RR 1991, 875; s. aber auch OLG Frankfurt 28. 6. 1989, NZV 1990, 24.
373 Urt. v. 13. 3. 1992, OLGR 1992, 219; 19. 11. 1993, OLGR 1994, 186.
374 NZV 1999, 514.
375 So OLG Köln 18. 5. 1982 – 9 U 158/81 – n. v.
376 OLG Köln 14. 11. 1984 – 16 U 62/84 – n. v.

Rechtsprechung: Das OLG Schleswig[377] hält eine Abweichung von 9 % (7.711 bei 85.531), das OLG Hamm[378] eine solche von 3,8 % (2.400 bei 63.100) für tolerabel; lt. LG Essen[379] ist eine Mehrleistung von rund 3.500 km bei vereinbarten 59.789 km unbeachtlich. In sämtlichen Fällen ging es um den Verkauf eines Pkw, also keines Nutzfahrzeugs, wo höhere Grenzwerte gelten. Dem OLG Oldenburg genügt eine Abweichung von 7,1 % (75.000 km statt 70.000 km) nicht.[380] Anders soll es bei einer Überschreitung um 60.000 km bei zugesicherten 107.296 km sein.[381]

Wo und wie die Grenze zu ziehen ist, ist schwer zu sagen. Feste Maßstäbe fehlen. Wie sehr die Praxis überfordert ist, beweisen zahlreiche nicht veröffentlichte Urteile von Instanzgerichten. Das OLG Köln hat sich – nicht untypisch in einer solchen Situation – mit einer fragwürdigen Beweislastverteilung geholfen.[382] Es hält den Verkäufer dafür beweispflichtig, dass die mitgeteilte Gesamtfahrleistung innerhalb des Toleranzbereiches liegt. Im konkreten Fall war ein Defekt am Kilometerzähler die Ursache für die fehlerhafte Aufzeichnung. Ist **nach „neuem"** Recht lediglich eine einfache Beschaffenheitsvereinbarung zu bejahen, stellt sich die Erheblichkeitsfrage **auf der Rechtsfolgeseite**, z. B. im Fall des Rücktritts (§ 323 Abs. 5 S. 2 BGB). Eine Abweichung zwischen der vereinbarten Laufleistung von 30. 000 km und der tatsächlichen Laufleistung von mehr als 48.000 km ist bei einem Motorrad kein unerheblicher Sachmangel.[383]

1446 **Stellungnahme und Lösungsvorschläge:** Nicht zuletzt die Veränderungen durch die Schuldrechtsreform geben Veranlassung, die Zusicherungsrechtsprechung des BGH zu überdenken (allgemein zur Notwendigkeit einer Kurskorrektur s. Rn 1362). Ein erster und begrüßenswerter Schritt in diese Richtung ist die Behandlung der Klausel „Gesamtfahrleistung lt. Vorbesitzer" als bloße Wissensmitteilung.[384] Damit ist kein Freibrief für die Händler verbunden. Denn bei (vorsätzlich) falschen Mitteilungen haften sie aus c. i. c. (§§ 280 Abs. 1, 241 Abs. 2, 311 Abs. 2 BGB), eventuell auch aus Delikt. Außerdem ist an eine Haftung für **mündliche** Erklärungen zu denken, die ohne Vorbehalt abgegeben worden sind, was freilich schwer zu beweisen ist.

1447 Was **die „Garantiefrage"** angeht (§§ 276, 444, 443 BGB), so sind die Verhältnisse beim Verkauf „Händler an Privat" neu zu definieren. Verbraucherschutz in Form von Garantieschutz ist nicht mehr nötig. Geblieben ist das Wissensgefälle. In aller Regel fehlt dem (privaten) Käufer hinsichtlich der Feststellung der Gesamtlaufleistung nicht nur die erforderliche Sachkunde, sondern zumeist auch die Möglichkeit, bei dem Voreigentümer des Wagens unmittelbar die notwendigen Auskünfte einzuholen.[385] Demgegenüber ist ein Gebrauchtwagenhändler angesichts seiner Erfahrung und der bei ihm vorauszusetzenden Sachkunde in der Tat wesentlich besser in der Lage, bei der Hereinnahme eines Gebrauchtwagens Nachforschungen über das bisherige Schicksal und insbesondere die Fahrleistung des Wagens anzustellen und sich ein eigenes Bild von der Gesamtfahrleistung und dem Erhaltungszustand des Fahrzeugs zu machen. Auch darin ist dem BGH zu folgen.

---

377 Urt. v. 7. 2. 1985, Autohaus 1985, 269.
378 Urt. v. 1. 12. 1994, NZV 1995, 150 = OLGR 1995, 41.
379 Urt. v. 9. 3. 2006 – 16 O 211/04 – n. v.
380 Urt. v. 27. 5. 1998, OLGR 1998, 255; ebenso OLG Düsseldorf 14. 12. 2000, OLGR 2001, 481 (7 %, d. h. 4.300 km bei 65.300 km).
381 OLG München 20. 6. 1986, NJW-RR 1986, 1181.
382 Urt. v. 14. 11. 1984 – 16 U 62/84 – n. v.
383 BGH 29. 11. 2006, NJW 2007, 1346; s. auch AG Rheda-Wiedenbrück 28. 11. 2002, DAR 2003, 121 – Privatverkauf – (mehr als 20 % ist „erheblich").
384 BGH 12. 3. 2008, NJW 2008, 1517.
385 So der BGH, vgl. Urt. v. 29. 11. 2006, NJW 2007, 1346.

Einzelfälle von Sachmängeln 1448–1452

Zu bedenken ist aber auch: Selbst Kfz-Händler mit eigener Werkstatt und dem heute üblichen Apparat an Diagnosegeräten sind in der Regel nicht in der Lage, eine einigermaßen zuverlässige Aussage über die Gesamtlaufleistung gebrauchter Kraftfahrzeuge zu machen. Abhängig sind sie von den Informationen ihrer Kunden, von denen sie die Fahrzeuge hereinnehmen. Eigenes Wissen über den Umfang der Laufleistung hat ein Kfz-Händler nur ausnahmsweise, z. B. wenn er das Fahrzeug regelmäßig gewartet hat und die Inspektionen im Wartungsheft und/oder der Kundenkartei dokumentiert sind. Der Wegfall der konventionellen Servicehefte und ihr Ersatz durch digitale Aufzeichnungen macht die Sache nicht leichter. Die hausfremden Erkenntnisquellen sind nur bedingt verlässlich. Der Wert der Auskunft, die er von seinem Verkäufer/Inzahlunggeber einholen kann und meist auch einholt, hängt entscheidend davon ab, ob dieser Erst- oder Nachbesitzer ist. **1448**

Je länger die **Kette von Vorbesitzern** ist, desto größer ist die Unsicherheit des Händlers.[386] Hinzu kommt: Vielfach kaufen Kfz-Handelsbetriebe Gebrauchtfahrzeuge an, ohne mit dem (letzten) Vorbesitzer persönlich in Verbindung zu treten, beispielsweise beim Ankauf von einem anderen Kfz-Händler oder von einem Importeur. Der Handel versucht immer neue Zukaufsquellen zu erschließen, wozu auch Gebrauchtwagenbörsen und -auktionen gehören. Bei einem Ankauf von einer Leasinggesellschaft oder einem Autovermieter besteht in der Regel gleichfalls kein persönlicher Kontakt mit dem Voreigentümer. Es werden lediglich mehr oder weniger aussagekräftige Unterlagen ausgetauscht.[387] **1449**

Ein **weiterer Risikofaktor** ist die Möglichkeit einer regulären Auswechselung des Tachos, etwa infolge eines Defekts. Bei einem Austausch im Wege der Garantie fehlt eine Rechnung; bei einem Austausch mit Werkstattrechnung ist nicht sicher, dass sie dem Händler vorgelegt wird. **1450**

Schließlich kommt in der Diskussion folgender Aspekt seit Jahren zu kurz: Durch den Einsatz moderner Computertechnik kann der Kilometerstand vor allem bei Fahrzeugen mit **elektronischen Wegstreckenzählern** spurenlos verändert werden. Das Verfälschen der Messung steht zwar unter Strafe (§ 22 b Abs. 1 Nr. 1 StVG).[388] Nicht erfasst ist jedoch die **digitale Programmierung** von Wegstreckenzählern zum Zwecke von deren Umstellung, Reparatur und Justierung.[389] Ob strafbar oder nicht: Nach Einschätzung der DEKRA ist **bei jedem dritten Gebrauchtwagen** der Tacho manipuliert.[390] Derartige **Manipulationen** sind selbst von Sachverständigen oftmals nicht aufzudecken, wie der BGH in anderem Zusammenhang zutreffend bemerkt.[391] Nur bei wenigen Fabrikaten (z. B. BMW und AUDI) kann der tatsächliche Kilometerstand abgelegt und ausgelesen werden. Wo das technisch nicht möglich ist, bleiben nur Plausibilitätsüberlegungen; der Nachweis einer Manipulation ist schwer zu führen. **1451**

Aus diesem Befund ein Garantiebedürfnis der Käuferschaft herzuleiten, mag verständlich sein. Befriedigen kann und will der Händler dieses Bedürfnis aber nur auf einigermaßen gesicherter Grundlage. Seine Risikobereitschaft geht in der Regel – für den Durchschnittskäufer erkennbar – nicht so weit, einen unsicheren Tachostand und/oder eine fragwürdige Vorbesitzerangabe als zutreffende Gesamtfahrleistung zu garantieren. **1452**

Sich bei früheren Vorbesitzern nach der bisherigen Laufleistung zu erkundigen, mutet auch die Rechtsprechung dem Händler nicht zu. Nur in Ausnahmefällen kann eine solche

---

386 Dazu OLG Koblenz 22. 10. 2001, NJOZ 2002, 476, allerdings im Zusammenhang mit „Behauptung ins Blaue".
387 Zu „optimistisch" OLG Düsseldorf 18. 6. 1999, NZV 1999, 514.
388 Näheres bei *Blum*, NZV 2007, 70.
389 BVerfG 9. 5. 2006, NJW 2006, 2318.
390 Spiegel-TV vom 12. 5. 2002; Auto Bild v. 2. 5. 2003, S. 41; s. auch Motorwelt 11/2002, 52.
391 NJW 1997, 1847 – „Werkskilometer" bei Ferrari-Kauf.

Nachforschungspflicht bestehen. Die Kundschaft erwartet derartige Recherchen nicht. Sie unterbleiben auch in der Regel.

1453 Was die **eigenen Erkenntnis- und Prüfmöglichkeiten** des Händlers angeht, so sind diese sicherlich besser als die des privaten Durchschnittskäufers, zumeist ein technischer Laie. Auf diese Überlegenheit kommt es aber für die Garantiefrage – entgegen der Einschätzung des BGH in „Altfällen"[392] und einiger Instanzgerichte[393] – nicht entscheidend an. Es ist eine Überlegenheit im Ungewissen. Der Vorsprung an Sach- und Erfahrungswissen des Händlers reicht in den meisten Fällen nicht aus, um sich ein einigermaßen verlässliches Bild von der tatsächlichen Laufleistung von Fahrzeug und/oder Motor zu machen. Dabei wird berücksichtigt, dass der Händler die bisherige Laufleistung nicht kilometergenau kennen muss. Denn nach Ansicht des BGH ist lediglich zugesichert, dass die mitgeteilte Kilometerzahl nicht wesentlich überschritten ist. Notwendig für die Annahme einer uneingeschränkten (unbedingten) Garantie ist jedoch, dass der Verkäufer sich ein eigenes Bild von der ungefähren Richtigkeit des ihm bekannt gewordenen km-Standes hat machen können. Insoweit ist ein gewöhnlicher Kfz-Händler in der Mehrzahl der Fälle erfahrungsgemäß überfordert.

Ohne Motormessung (Kosten ca. 1.300 €) fällt sogar einem Kfz-Sachverständigen eine annähernd genaue Beurteilung schwer. Selbst ein Gutachten, das die Verschleißspuren des Motors auswertet, bringt häufig keine Klarheit über den tatsächlichen Kilometerstand. Der äußerlich sichtbare Allgemeinzustand des Autos liefert oft nur vage Anhaltspunkte. Abgesehen davon, dass auch Privatleute ihre Fahrzeuge „verkaufsfertig" zu machen pflegen, bevor sie in Zahlung gegeben werden, sind die typischen Indizien (Motorauswechselung, Abnutzung von Lenkradkranz, Schaltknüppel, Pedale und Fahrersitz) bestenfalls geeignet, Zweifel an der Richtigkeit der km-Information des Vorlieferanten zu begründen bzw. zu zerstreuen. Auch eine Probefahrt ist in diesem Punkt nur bedingt aufschlussreich, zumal bei Fremdfabrikaten.

1454 **Geringerer Stellenwert von Km-Informationen:** Überholt ist die Einschätzung zahlloser Gerichte, die Kenntnis von der bisherigen Fahrleistung sei für den Käufer von überragender Bedeutung, auf diese Angabe lege er deshalb besonderen Wert, weil er sich ein Bild über die wahrscheinliche Lebensdauer des Motors sowie über das Reparaturrisiko verschaffen wolle.[394] Dahinter stand vermutlich die Vorstellung, ein gebrauchter Pkw sei nach Überschreiten der 100.000 Km-Grenze ein „Pflegefall". Gesamtlaufleistungen zwischen 200.000 und 300.000 km sind für heutige Pkw normal (s. Rn 1757), Differenzen unter 10.000 km auch deshalb vergleichsweise unbedeutend.

Für den durchschnittlichen Gebrauchtfahrzeugkäufer von heute ist ein niedriger Kilometerstand nur noch von vergleichsweise untergeordneter Bedeutung. Zurzeit nimmt dieses Kriterium lediglich Rang sechs ein.[395] Die bemerkenswerte Entwicklung von einer Haupt- zu einer Nebeninformation ist nicht zuletzt eine Folge des Fortschritts im Automobilbau, speziell in der Triebwerkstechnik. Je näher man dem Ziel Dauerhaltbarkeit kommt, desto stärker sinkt der Stellenwert von km-Angaben für die Kaufentscheidung. Inzwischen hat sich die Einsicht durchgesetzt, dass die bisherige Laufleistung von gebrauchten Pkw im Hinblick auf den Erhaltungszustand, insbesondere den Verschleißgrad des Motors, nur noch begrenzt aussagekräftig ist. Fahrzeuge mit hohen Laufleistungen sind oftmals in einem technisch besseren Zustand als „Kurzstrecken-Autos" mit geringer Fahrleistung.

---

392 Urt. v. 25. 6. 1975, NJW 1975, 1693 = DAR 1975, 270; 4. 6. 1997, NJW 1997, 2318.
393 OLG Koblenz 22. 10. 2001, NJOZ 2002, 496 = NJW-RR 2002, 202 (Ls.).
394 BGH 18. 2. 1981, NJW 1981, 1268.
395 DAT-Report 2008, S. 17.

Einzelfälle von Sachmängeln 1455–1457

Sofern der Kaufinteressent im konkreten Einzelfall gesteigerten Wert auf eine niedrige Fahrleistung legt, liegt es an ihm, dieses Interesse deutlich zu machen. Die sein Sonderinteresse begründenden Tatsachen, die für den Verkäufer zumindest erkennbar sein müssen, hat er zu beweisen.[396]

Angesichts der vielfältigen Informationsrisiken und Erkenntnisschwierigkeiten, denen ein Händler ausgesetzt ist, ist es für ihn ein Gebot der wirtschaftlichen Vernunft, der Erklärung „Gesamtfahrleistung ... km" generell, nicht nur in konkreten Zweifelsfällen, den – an sich selbstverständlichen – Hinweis hinzuzufügen „nach Angaben des Vorbesitzers" oder kurz „lt. Vorbesitzer" oder „lt. Vorbesitzer bzw. Lieferant". Er spricht erkennbar dafür, dass der Händler nicht haften will, sondern nur **fremdes Wissen weiterleiten** möchte, wie es jetzt auch **der BGH** sieht.[397] 1455

Dass bei bloßer Weitergabe einer fremden Information die Annahme einer Garantie von vornherein ausscheidet[398], wird man zwar nicht sagen können. Ein Verkäufer kann auch eine Eigenschaft, von der er keine eigene Kenntnis hat und auch nicht haben kann, dennoch zum Gegenstand einer Beschaffenheitsgarantie machen. Wer jedoch durch Bezugnahme auf den Vorbesitzer auf seine Informationsquelle hinweist, signalisiert damit Distanz, auch wenn er nicht hinzufügt, die Angabe ungeprüft übernommen zu haben.

Sonderfälle: Sieht ein Händler bei einem Verkauf an eine Privatperson entgegen allgemeiner Übung davon ab, seiner Angabe über die Gesamtlaufleistung den handelsüblichen Zusatz („lt. Vorbesitzer" oder „nach Angaben des Vorbesitzers") beizufügen, wird die Annahme zumindest einer Beschaffenheitsvereinbarung nahe liegen, bei einem jungen Gebrauchtfahrzeug mit nur einem Vorbesitzer eventuell sogar mit Garantiecharakter. Wenn der Händler keine konkreten Umstände ins Feld führen und beweisen kann, die gegen eine Garantieübernahme sprechen, muss er sich **als Garantiegeber** behandeln lassen.[399] 1456

Ebenso wird die Wertung ausfallen, wenn der Händler in einem Schreiben, das dem Vertragsabschluss vorausgegangen ist, eine uneingeschränkte Mitteilung über den km-Stand gemacht hat, der schriftliche Vertrag in diesem Punkt keine oder keine abweichende Information enthält.[400] Für ihn günstige Umstände außerhalb der Vertragsurkunde, beispielsweise für mündliche Zusatzerklärungen zum Thema „Fahrleistung", ist der Verkäufer darlegungs- und beweispflichtig (zur Vermutungswirkung der Kaufvertragsurkunde s. Rn 1612).

Solange ein Kfz-Händler im schriftlichen Vertrag durch einen Herkunftshinweis wie „nach Angaben des Vorbesitzers" das zum Ausdruck bringt, was ein vernünftiger Durchschnittskäufer ohnehin annimmt, spricht mehr gegen als für die Annahme einer Garantie, selbst wenn auf dem Verkaufsschild am Fahrzeug oder im Zeitungsinserat eine uneingeschränkte km-Information gestanden hat. Will der Käufer den Händler zu mehr verpflichten als zur korrekten Weiterleitung einer nur auf ihre Plausibilität überprüften Fremdinformation, steht es ihm frei, eine eigene Auskunft des Händlers ohne Einschränkung zu verlangen.[401]

In **Zeitungsinseraten, im Internet und Verkaufsschildern** fallen km-Informationen von Kfz-Händlern üblicherweise kurz und knapp aus, schon aus Platzgründen. Meist fehlen 1457

---

396 Zustimmend LG Heilbronn 3. 12. 1998, DAR 1999, 125.
397 Urt. v. 12. 3. 2008, NJW 2008, 1517.
398 So OLG Celle NJW-RR 2001, 135 unter fälschlicher Berufung auf BGH NJW 1996, 1337.
399 OLG Rostock 11. 7. 2007, NJW 2007, 3290 = DAR 2007, 588 (aber Beschaffenheitsgarantie nach § 443 BGB!).
400 So die Fallgestaltung OLG Düsseldorf 18. 6. 1999, NZV 1999, 514 – früherer Mietwagen.
401 So auch OLG Hamm 10. 7. 1992 – 19 U 101/92 – n. v.; ebenso BGH 4. 6. 1997, NJW 1997, 2318 für die Parallelproblematik „PS lt. Fz.brief".

Zusätze wie „lt. Vorbesitzer". Daraus zieht die OLG-Rechtsprechung[402] mitunter Schlüsse, die zu weit gehen. Zusatzlose km-Informationen im Vorfeld des Vertrages sind für die Auslegung zwar nicht irrelevant (zur Einbeziehungsproblematik s. Rn 1615), dürfen aber nicht den Blick darauf verstellen, dass es in erster Linie auf das ankommt, was Gegenstand der anschließenden Vertragsverhandlungen ist und sodann Eingang in den Kaufvertrag findet.

(2) Kauf mit „km-Angaben" von Privat (privates Direktgeschäft)

1458 Km-Angaben von privaten Verkäufern sind nach Ansicht des BGH **generell enger auszulegen** als solche von Kfz-Händlern.[403] Damit wird der Gesichtspunkt der Sachkunde über- und das Wissenspotenzial privater Verkäufer unterschätzt. Seine Ansicht, dass auch der private Verkäufer mit der Angabe der Laufleistung regelmäßig **eine Zusicherung** des Inhalts abgebe, die Laufleistung liege nicht wesentlich höher als die angegebene,[404] hat **der BGH** nunmehr **ausdrücklich aufgegeben**.[405] Wolle der Käufer beim privaten Gebrauchtwagenkauf **eine Garantie** für die Laufleistung des Fahrzeugs haben, müsse er sich diese regelmäßig ausdrücklich von dem Verkäufer geben lassen. Von einer stillschweigenden Garantieübernahme könne beim Privatverkauf nur **unter besonderen Umständen** auszugehen sein.[406] Diese Sichtweise in Gestalt eines **Regel-Ausnahme-Verhältnisses** verdient Beifall. Die Praxis hat damit eine klare Leitlinie.

Für die Prüfung, ob im konkreten Einzelfall **„besondere Umstände"** vorliegen, die ausnahmsweise die Annahme einer Garantie rechtfertigen, gibt der BGH Entscheidungshilfe, indem er bestimmte Fallbeispiele nennt, etwa den **Privatverkauf aus eigenem Erstbesitz**. Ein Erstbesitzer, der sein Fahrzeug vom Tachostand Null an kennt, muss sich in der Regel beim Wort nehmen lassen.[407] Ohne einschränkende Zusätze oder vergleichbare Hinweise darf ein Käufer die km-Angabe eines privaten Erstbesitzers als Garantie der Gesamtfahrleistung verstehen.[408]

Bei einem **Verkauf aus zweiter oder dritter Hand** ist die berechtigte Käufererwartung eine andere. Schon ein **privater Zweitbesitzer** kann aus eigener Anschauung nur einen Teil der Gesamtnutzungszeit überblicken. Auch hier gilt: Je länger die Kette von Vorbesitzern ist, desto mehr Störungsquellen gibt es außerhalb der Sphäre des Verkäufers.[409] Nur mit dem letzten Vorbesitzer, seinem Vertragspartner, stand er in Kontakt. Auf relevante Informationen über dessen Besitzzeit mag er noch Zugriff haben (Kaufvertrag, Garantieunterlagen etc.). Die Risiken aus der Zeit davor lassen sich mit zumutbarem Aufwand nicht beherrschen. In der eigenen Besitzzeit allein durch die Benutzung des Fahrzeugs Aufschluss über die wahre bisherige Laufleistung zu gewinnen, ist zwar nicht ausgeschlossen,[410] im Allgemeinen jedoch keine ausreichende Basis, um aus eigenem Wissen eine verlässliche Information über die Gesamtfahrleistung und damit eine Beschaffenheitsgarantie zu erteilen.

---

402 Z. B. OLG Koblenz 22. 10. 2001 – 12 U 1663/99 – NJW-RR 2002, 202 – Ls.
403 Urt. v. 15. 2. 1984, NJW 1984, 1454.
404 So Urt. v. 15. 2. 1984, NJW 1984, 1454.
405 Urt. v. 29. 11. 2006, NJW 2007, 1346 (eBay-Motorradkauf).
406 BGH 29. 11. 2006, NJW 2007, 1346.
407 OLG Köln 9. 12. 1998, DAR 1999, 262 = VRS 96, 337 = OLGR 1999, 49.
408 BGH 29. 11. 2006, NJW 2007, 1346.
409 Vgl. auch OLG Celle 9. 6. 1994, OLGR 1995, 35 (2 Voreintragungen); zw. daher KG 2. 6. 1995, NJW-RR 1996, 173 = MDR 1995, 903 = KGR 1995, 145, zumal unklar bleibt, wie sich der Bekl. über die Laufleistung „sachkundig" gemacht haben soll; krit. auch KG 26. 8. 2004, MDR 2005, 142 = NZV 2005, 97.
410 Dazu OLG Frankfurt OLGR 1999, 127 – US-Import mit 100.000-Meilen-Divergenz.

Einzelfälle von Sachmängeln

Dass bei einem schon zwölf Jahre alten Auto mit sieben Vorbesitzern wenig Raum ist für die Annahme einer Garantie, kann dem BGH-Urteil vom 23. 4. 1986[411] entnommen werden. Der Verkäufer hatte in einem ADAC-Mustervertrag (dazu näher Rn 1460) unter „km-Leistung" 82.000 vermerkt, den eingerahmten Passus „genaue Laufleistung unbekannt" aber weder gestrichen noch angekreuzt.

Angesichts der **Grundsatzentscheidung** des BGH vom 29. 11. 2006[412] ist zu erwarten, **1459** dass die Instanzgerichte stärker als bisher die – für den Käufer erkennbaren – Informationsdefizite auf Verkäuferseite berücksichtigen und darüber hinaus (anders als z. B. das OLG Braunschweig[413] oder das LG Memmingen[414]) die Bedeutung der Laufleistung für den Kaufentschluss kritischer werten.[415] Wer bei einem Privatverkauf aus Zweit- oder Dritthand die tatsächliche Gesamtfahrleistung verbindlich garantiert haben möchte, muss von dem Verkäufer zur Erlangung einer Garantie eine ausdrückliche Garantieerklärung verlangen.[416]

Erklärt ein privater Drittbesitzer bei den Kaufverhandlungen **auf ausdrückliche Nachfrage**, die Gesamtfahrleistung stimme mit dem Tachostand überein, so kann die km-Angabe im Vertrag als Beschaffenheitsgarantie bzw. als Übernahme einer Garantie i. S. v. § 276 Abs. 1 BGB gewertet werden.[417] Auch diese besondere Situation kann die Annahme eines Ausnahmefalles rechtfertigen.[418]

Nicht als „besonderen Umstand" im Sinne des Regel-Ausnahme-Verhältnisses hat der BGH die Tatsache des Kaufs im Wege einer **Internetauktion** (z. B. eBay) gewertet. Zwar sei ein Internet-Käufer in höherem Maße auf die Angebotsbeschreibung des Verkäufers angewiesen als derjenige Käufer, der die Kaufsache vor Vertragsabschluss besichtigen und untersuchen könne. Hinsichtlich der Gesamtlaufleistung gäbe es jedoch keinen entscheidenden Unterschied zu einem Vor-Ort-Verkauf.

Musterverträge: Private Direktgeschäfte, die nicht online zustande kommen, werden **1460** häufig auf der Grundlage vorformulierter Musterverträge abgeschlossen. Am stärksten sind die Formulare verbreitet, die der ADAC für den An- und Verkauf gebrauchter Fahrzeuge zur Verfügung stellt. Andere Automobilverbände haben eigene Formulare entwickelt, zum Teil aber auch Klauseln aus dem ADAC-Vertrag übernommen.

Der **ADAC-Mustervertrag** für das private Direktgeschäft ist wiederholt modifiziert worden; interessanterweise auch in dem Punkt, der für die Beurteilung von km-Angaben von wesentlicher Bedeutung ist. In den ab 1996 gedruckten Exemplaren steht die einschränkende Klausel **„soweit ihm bekannt"** in Verbindung mit dem Einleitungssatz „Der Verkäufer erklärt". Früher lautete dieser Passus: „Der Verkäufer sichert zu".

Die inzwischen überholte Klausel („sichert zu . . .") ist Gegenstand der **Entscheidung des BGH vom 13. 5. 1998**,[419] wenn auch, wichtig für das Verständnis, in einem Fall **mit**

---

411 NJW 1986, 2319.
412 NJW 2007, 1346.
413 Urt. v. 5. 9. 1996, OLGR 1997, 27 („km-Stand 151.130" im schriftl. Vertrag, keine Einschränkung).
414 Urt. v. 14. 11. 1990, NZV 1991, 356.
415 Zutreffend OLG Nürnberg 3. 3. 1997, NJW-RR 1997, 1212; OLG Köln 9. 12. 1998, VRS 96, 337 = OLGR 1999, 149; vgl. auch OLG Köln 9. 10. 1991, VRS 82 (1992), 89; BayVerfGH 18. 2. 1994, NJW-RR 1994, 1136; OLG Naumburg 10. 3. 1997, NZV 1998, 73 = OLGR 1997, 280 = ZfS 1998, 17; LG Heilbronn 3. 12. 1998, DAR 1999, 125 = NJW-RR 1999, 775; KG 26. 8. 2004, MDR 2005, 142 = NZV 2005, 97.
416 BGH 29. 11. 2006, NJW 2007, 1346.
417 OLG Koblenz 1. 4. 2004, NJW 2004, 1670 = DAR 2004, 395; besprochen von *Muthers/Ulbrich*, ZGS 2004, 289.
418 BGH 29. 11. 2006, NJW 2007, 1346.
419 NJW 1998, 2207 = DAR 1998, 308 m. Anm. *Eggert*.

Händlerbeteiligung auf Verkäuferseite („Formulartext ADAC-geprüft"). Für diejenigen Geschäfte, für die der ADAC-Text konzipiert worden ist, nämlich für private Direktgeschäfte, passt die Argumentation des BGH mit der Unklarheitenregel des § 5 AGBG ebenso wenig wie die Lösung des Kammergerichts (Vorinstanz/DAR 1998, 69) mit Hilfe des § 3 AGBG.[420]

Zu Recht hat das OLG Köln[421] die Anwendung der Unklarheitenregel (§ 5 AGBG, jetzt § 305 c Abs. 2 BGB), bei einem Kauf aus zumindest zweiter Hand verneint.[422] Der Einschub „soweit ihm bekannt" ist in diesem Bereich des Gebrauchtwagenmarktes für einen Privatkäufer auch nicht überraschend i. S. v. § 3 AGBG bzw. jetzt § 305 c Abs. 1 BGB.[423]

Im Fall OLG Köln NJW 1999, 2601 war das Vertragsformular von dem Betreiber eines **privaten Automarktes** für den Abschluss eines Pkw-Kaufs unter Privatpersonen zur Verfügung gestellt worden. Genauso wie im BGH-Fall NJW 1998, 2207 war es dem (inzwischen überholten) ADAC-Vertrag optisch und inhaltlich nachgebildet und enthielt den übergroßen Aufdruck „FORMULARTEXT: ADAC-GEPRÜFT". Da die Begleitumstände des Verkaufs aus mindestens **dritter Hand** für eine Auslegung der vorformulierten Erklärung „Der Verkäufer sichert zu ..." im Sinne einer rechtsverbindlichen Zusicherung gem. § 459 Abs. 2 BGB a. F. keine konkreten Anhaltspunkte lieferten, hat das OLG Köln die Abweisung der Klage zu Recht bestätigt. Zuzustimmen ist seiner Differenzierung nach der Anzahl der Vorbesitzer.

1461 Richtigerweise werden die Begleitumstände, insbesondere die **Erklärungen vor und während des Verkaufsgesprächs**, in die Prüfung einbezogen (s. auch OLG München DAR 2000, 164; OLG Düsseldorf MDR 2002, 635; AG Rheda-Wiedenbrück DAR 2003, 121; OLG Koblenz NJW 2004, 1670; AG Marsberg SVR 2005, 145).

1462 Bei der 1996 geänderten Fassung des ADAC-Vertrages ist die durch den **Einschub „soweit ihm bekannt"** eingeschränkte **„Erklärung"** eines Privatverkäufers über die Gesamtfahrleistung nicht als Garantie zu bewerten,[424] auch nicht als auf den Kenntnisstand des Verkäufers eingeschränkte Garantie.[425] Da der 96er ADAC-Vertrag zwischen „Zusicherungen" und „Erklärungen" gezielt unterscheidet, wird man der in der Rubrik „Erklärungen" befindlichen Angabe über die Gesamtfahrleistung „soweit ihm bekannt" jedenfalls dann keinen Garantiecharakter beimessen können, wenn sie nicht von einem Erstbesitzer stammt. Anders können die Dinge liegen, wenn – wie im Fall OLG München DAR 2000, 164 – mündliche Informationen des (aus zweiter oder dritter Hand abgebenden) Verkäufers vorausgegangen sind, die auf eine Garantieübernahme schließen lassen. Das ist eine Frage des Einzelfalls.

1463 **Aus Anlass der Schuldrechtsreform** hat der ADAC seinen Mustervertrag für den privaten Verkauf eines gebrauchten Kraftfahrzeugs erneut geändert. In der **Neufassung 2002** taucht der Begriff „zusichern" verständlicherweise nicht mehr auf. Jetzt heißt es im Fettdruck und abgesetzt „Der Verkäufer garantiert ...". Im Gegensatz dazu wird die Anschlussrubrik durch die Formulierung eingeleitet „Der Verkäufer erklärt ...". Die Gesamtfahrleis-

---

420 Vgl. OLG Bamberg 15. 12. 2000, DAR 2001, 272.
421 Urt. v. 9. 12. 1998, NJW 1999, 2601 = DAR 1999, 262.
422 Ebenso OLG Düsseldorf 15. 3. 2002, MDR 2002, 635; OLG Bamberg 15. 12. 2000, DAR 2001, 272; abw. OLG München 12. 11. 1999, DAR 2000, 164.
423 OLG Düsseldorf 15. 3. 2002, MDR 2002, 635; indirekt auch OLG Bamberg 15. 12. 2000, DAR 2001, 272 für „sichert zu ... soweit bekannt".
424 So auch LG Heilbronn 3. 12. 1998, NJW-RR 1999, 775 = DAR 1999, 125 – dritter oder gar vierter Halter; vgl. auch LG Aachen 3. 3. 1995, DAR 1995, 290 = NZV 1996, 283 – mindestens zweite Hand, und LG Aachen 27. 3. 1998, DAR 1998, 238 – Privatverkauf auf Automarkt.
425 OLG Bamberg 15. 12. 2000, DAR 2001, 272, steht nicht entgegen, weil die maßgebliche Erklärung „sichert zu ..." lautete.

tung wird bemerkenswerterweise **nicht „garantiert"**, sie ist vielmehr Gegenstand einer bloßen „Erklärung", wie bisher **verbunden mit dem Zusatz „soweit ihm bekannt"**.

Unter diesen Umständen kann an die Auslegung der ADAC-Verträge in der Fassung von 1996 angeknüpft werden, d. h. keine, auch keine eingeschränkte, Beschaffenheitsgarantie bzw. Garantieübernahme i. S. d. § 276 Abs. 1 BGB. Ergänzend ist auf die Parallelproblematik bei „unfallfrei-Erklärungen" privater Verkäufer in ADAC-Verträgen hinzuweisen (Rn 1570).

Wer freilich als **Erstbesitzer** ein **eigengenutztes Fahrzeug** auf der Grundlage eines ADAC-Vertrages in der Fassung 1996 oder 2002 verkauft hat, kann sich auf den formularmäßigen Einschub „soweit ihm bekannt" nicht berufen. Diese Einschränkung ist bei einem **Ersthand-Verkauf** gegenstandslos. Auf die Unklarheitenregel (§ 305 c Abs. 2 BGB) braucht nicht zurückgegriffen werden, auch nicht auf § 305 c Abs. 1 BGB (Überraschungsklausel).

Eigennutzung ist auch dann zu bejahen, wenn der Wagen von Familienmitgliedern oder vergleichbaren Personen gefahren worden ist. Einiges spricht dafür, einen solchen Verkäufer als Garanten zu behandeln (s. Rn 1458), auch wenn seine Information über die Gesamtfahrleistung nicht in der „Garantie"-Rubrik des ADAC-Vertrages steht.

Zur Erklärung eines Privatverkäufers „... **AT-Motor mit KM-Leistung von 30 TKM**" s. OLG Koblenz OLGR 2001, 312. Näheres zu derart kombinierten Erklärungen s. Rn 1399 f.

(3) Privatverkauf an Händler

Für den Händlerankauf aus Privatbesitz bzw. für die Inzahlungnahme von Privat liegt nur wenig Entscheidungsmaterial vor. Da die Vertragsgestaltung erfahrungsgemäß in den Händen der Abnehmer liegt, ist zum Schutz der privaten Käufer Zurückhaltung bei der Annahme einer Garantie geboten. Dem Privatverkäufer muss „durch eine eindeutige Fassung der formularmäßigen Erklärung Inhalt und Tragweite des von ihm übernommenen Risikos klar und unübersehbar vor Augen geführt werden".[426]

1464

(4) Nutzfahrzeugverkauf

Einschlägig ist hier BGH NZV 1990, 110 = DAR 1989, 458: **Verkauf eines Reisebusses** durch einen Busunternehmer. Die Auslegung seiner km-Angabe im Bestellschein als Eigenschaftszusicherung hat der BGH nicht beanstandet.[427]

1465

cc) Verkauf ohne Beschaffenheitsangaben

Im relativ seltenen Fall eines Verkaufs ohne jegliche Angabe über den km-Stand und/ oder die Laufleistung – auch im Vorfeld (Inserat, Internet u. a.) wird keine Information gegeben – kommt es auf die **übliche Beschaffenheit** und die **vom Käufer zu erwartende Beschaffenheit** an. Dies auch dann, wenn – wie häufig – lediglich eine Wissensmitteilung vorliegt (z. B. „Gesamtfahrleistung lt. Vorbesitzer"). Diesem objektiven Ansatz nach § 434 Abs. 1 S. 2 Nr. 2 BGB (näher Rn 1440 ff.) ist im Zweifel der Vorzug zu geben vor der Annahme einer konkludenten (positiven) Beschaffenheitsvereinbarung.

1466

Wenn ein Verkäufer ausnahmsweise überhaupt keine Angabe zum Km-Stand bzw. der Laufleistung macht, der Käufer auch nicht gezielt nachfragt, kommt eine **negative Beschaffenheitsvereinbarung** des Inhalts in Betracht, dass die angezeigte Laufleistung (Tacho-

---

426 OLG Düsseldorf 28. 7. 1993, OLGR 1993, 285 (Inzahlungnahme eines Porsche 911 aus vierter Hand).
427 Urt. v. 4. 10. 1989, NZV 1990, 110 = DAR 1989, 458.

stand) möglicherweise nicht der Gesamtlaufleistung entspricht. Das muss aber eindeutig so gewollt sein, im Zweifel ist eine negative Beschaffenheitsvereinbarung zu verneinen.

1467 Zu den **Normaleigenschaften** eines gebrauchten Kraftfahrzeugs zählt, nicht wesentlich mehr gelaufen zu sein, als der **Kilometerzähler anzeigt**.[428] Das Auseinanderklaffen von Gesamtfahrleistung und Tachostand ist auch bei solchen Fahrzeugen eine Ausnahme, die nicht mit einem sechsstelligen Zählwerk ausgerüstet sind. Der durchschnittliche km-Stand eines gebrauchten Pkw im Verkaufszeitpunkt liegt seit Jahren mit etwa 70.000 deutlich unter der heute kaum noch relevanten „Umspringgrenze" von 99.999. Um Divergenzen von jeweils 100.000 km (ausgelöst durch das Umspringen des fünfstelligen Zählwerks) ging es in den Entscheidungen OLG Frankfurt BB 1980, 962; OLG Oldenburg MDR 1978, 844; OLG Köln MDR 1975, 53; OLG München DAR 1974, 296 und OLG Hamm NJW 1968, 903.

Stimmt der Stand des Kilometerzählers mit der wirklichen Fahrleistung nicht überein, so liegt ein Sachmangel gem. § 434 Abs. 1 S. 2 Nr. 2 BGB vor, wenn der Käufer unter den konkreten Umständen, insbesondere mit Rücksicht auf das Alter des Fahrzeugs, berechtigterweise von der Richtigkeit des angezeigten Kilometerstandes im Sinne der Gesamtfahrleistung ausgehen durfte.[429] Die durchschnittliche Laufleistung von Personenkraftwagen pro Jahr bietet beim Pkw-Kauf eine Orientierungshilfe (in den letzten Jahren nur noch ca. 13.000 km, Tendenz sinkend).

Wer ein Fahrzeug erwirbt, das vorwiegend geschäftlich genutzt worden ist, gar als Taxi, hat eine überdurchschnittliche Jahresfahrleistung in Rechnung zu stellen. 20.000 – 30.000 km pro Jahr sind insbesondere bei Diesel-Fahrzeugen nicht ungewöhnlich. Auch Behördenfahrzeuge haben eine überdurchschnittliche Fahrleistung. Zweitwagen und Sportfahrzeuge liegen hingegen deutlich unter dem statistischen Durchschnitt.

1468 Ein besonderer der normalen Erwartung entgegenstehender Umstand kann ein gravierender Unfallvorschaden mit Beschädigung des Vorderwagens darstellen (Möglichkeit der Tachoauswechselung). Wird ein Fahrzeug unter der erklärten oder stillschweigenden Voraussetzung verkauft, dass es mit dem Originaltacho ausgerüstet sei, so kann die Ausrüstung mit einem Ersatztachometer einen Sachmangel begründen.[430] Bei einer **Tachoauswechselung** ohne genauen km-Nachweis durch eine autorisierte Werkstatt ist die wirkliche Fahrleistung nicht mehr kontrollierbar. Diese Unsicherheit kann einen Sachmangel in objektiver Hinsicht bedeuten.

1469 Auch ein nicht ausräumbarer **Manipulationsverdacht** kann die Sachmängelhaftung auslösen. Mit diesem Ansatz kann auch solchen Käufern geholfen werden, denen der Nachweis der Unrichtigkeit einer Beschaffenheitsangabe bzw. -garantie nicht gelingt. Der Verdacht muss allerdings auf konkrete Tatsachen gestützt sein, nahe liegend und von erheblichem Gewicht sein sowie bis zum Schluss der letzten Verhandlung fortbestehen (zur Parallelproblematik des Unfallverdachts s. Rn 1580).

Die Umstände, die den Verdacht einer Manipulation begründen, müssen nachweislich aus der Zeit vor Übergabe des Fahrzeugs herrühren.[431] Der generelle Verdacht, dass an je-

---

428 Zustimmend OLG Nürnberg 25.2.2002 – 5 U 4250/01 – n.v.; OLG Bremen 8.10.2003, NJW 2003, 3713; s. auch BGH 16.3.2005, DAR 2006, 143 = SVR 2005, 379 (*Otting*).
429 OLG Köln 13.3.2007, SVR 2008, 19 = OLGR 2007, 587; OLG Nürnberg 25.2.2002 – 5 U 4250/01 – n.v.; OLG Düsseldorf 15.10.1992, OLGR 1993, 81; OLG Köln 26.2.1986, OLGZ 1987, 439 = NJW-RR 1986, 988 (Motorrad); OLG Zweibrücken 25.10.1984, DAR 1986, 89; OLG Karlsruhe 17.11.1970, JZ 1971, 294; OLG Celle 5.1.1959, DAR 1959, 209 = BB 1959, 249; OLG Köln 6.6.1974, DAR 1975, 53; OLG Frankfurt 16.10.1979, BB 1980, 962; LG Münster 6.10.1993, ZfS 1993, 409; OLG Celle 9.6.1994, OLGR 1995, 35 (Ankauf).
430 Vgl. OLG Köln 13.3.2007, SVR 2008, 19 = OLGR 2007, 587 = DAR 2007, 588 (Ls.); OLG Köln 26.2.1986, NJW-RR 1986, 988 = OLGZ 1987, 439; LG Münster 6.10.1993, ZfS 1993, 409.
431 Vgl. auch OLG Hamm 1.12.1994, OLGR 1995, 41 (zeitlich nicht fixierbare Lötung am Tacho).

Einzelfälle von Sachmängeln

dem dritten Gebrauchtwagen der Tacho manipuliert worden ist (s. Rn 1451), reicht nicht aus. Der Käufer muss seinen Vorwurf durch konkrete Verdachtsgründe wie z. B. Ungereimtheiten bei der km-Dokumentation im Serviceheft belegen. Km-Notierungen in TÜV-Berichten, Werkstattrechnungen und auf Ölwechselzetteln können ihm helfen, seinen Verdacht zu erhärten. Einige Hersteller erfassen systematisch sämtliche reparaturrelevanten Daten, so auch den jeweiligen km-Stand, sobald ein Händler ihrer Marke einen Kundenauftrag eröffnet (z. B. VAG mit dem System ELSA). Ob das Auslesen des korrekten km-Standes nach einer Manipulation möglich ist (wie z. B. bei BMW und AUDI), muss notfalls ein Sachverständiger klären. Er sollte nicht nur danach gefragt werden, ob eine Tachomanipulation vorliegt oder nicht. Von Interesse für die rechtliche Bewertung ist auch eine Abstufung nach Wahrscheinlichkeitsgraden.

Wenn nach gründlicher Sachverhaltsaufklärung unter Ausschöpfung sämtlicher Erkenntnismittel die **ernsthafte Möglichkeit einer Tachomanipulation** nicht auszuschließen ist, stellt sich die weitere Frage, welchen Einfluss dieser Umstand auf die Preisbildung im geschäftlichen Verkehr hat. Eng damit verbunden ist die Frage nach der Offenbarungspflicht des Käufers beim Weiterverkauf. Zum merkantilen Minderwert als Sachmangel s. Rn 1579.

Bagatellproblematik: In Fällen mit nachweislich falschen km-Ständen hat die Rechtsprechung nur eine **erheblich höhere Fahrleistung** als die nach dem Tachostand vertraglich vorausgesetzte als Fehler i. S. v. § 459 Abs. 1 BGB a. F. angesehen. Ohne Cirka-Klausel oder eine den Umständen nach stillschweigend vereinbarte Einschränkung ist die Frage nach der vom Käufer hinzunehmenden Abweichung ein Problem der **Erheblichkeit** der Divergenz von Ist- und Sollbeschaffenheit und damit nach **neuem Kaufrecht** nur noch für die **Rechtsfolgeseite** relevant (§§ 323 Abs. 5 S. 2, 281 Abs. 1 S. 3 BGB). **1470**

Grundsätzlich wird man sagen können, dass der Käufer eines älteren Fahrzeugs mit hoher Laufleistung eine größere Abweichung zu akzeptieren hat als der Erwerber eines jüngeren Wagens. Eine Divergenz von 40 % – wie im Fall OLG Celle DAR 1959, 209 – braucht ein Käufer in keinem Fall hinzunehmen. Das OLG Zweibrücken hat bei einem älteren Mercedes 450 SLC mit mehr als 160.000 km eine nachgewiesene Abweichung von mindestens 8.000 km als erheblich angesehen.[432]

Demgegenüber meint das OLG Schleswig, dass eine Abweichung von 7.711 km bei zugesicherten 85.531 km nicht genüge, um die Zusicherungshaftung zu begründen.[433] Im Rahmen des § 459 Abs. 2 BGB a. F. hat die Rechtsprechung das Divergenzproblem durch eine interessengerechte Vertragsauslegung gelöst (vgl. auch Rn 1445). Die Haftung für das Fehlen der zugesicherten Fahrleistung trat unabhängig von einer Beeinträchtigung des Wertes oder der Tauglichkeit des Autos ein, was für den heutigen Sachmangelbegriff gleichfalls gilt.

Die für ihn **nachteilige Abweichung** zwischen der Soll-Fahrleistung und der Ist-Fahrleistung hat – nach Übergabe – der Käufer **darzulegen** und zu **beweisen.** Es genügt nicht, wenn er vorträgt, der Wagen bzw. der Motor müsse wesentlich mehr gelaufen sein, als der Tachometer ausweist.[434] Auf der anderen Seite ist es nicht erforderlich, die tatsächliche Fahrleistung zu behaupten. Hierzu wäre der Käufer kaum in der Lage, zumal bei einem Streit nur um die Laufleistung des Motors.[435] Der Käufer erfüllt seine **Darlegungspflicht,** **1471**

---

432 Urt. v. 25. 10. 1984, DAR 1986, 89.
433 Urt. v. 7. 2. 1985, AH 1985, 269 (Az. der Vorinstanz – LG Itzehoe – 3 O 749/82); vgl. auch OLG Köln 26. 2. 1986, NJW-RR 1986, 988; OLG Celle 9. 6. 1994, OLGR 1995, 35.
434 LG Köln 23. 11. 1978 – 6 O 298/78 – n. v.
435 Ohne besonderen Hinweis des Verkäufers ist davon auszugehen, dass der Kilometerstand die Fahrleistung des Fahrzeugs als Ganzes anzeigt.

wenn er Umstände vorträgt, aus denen geschlossen werden kann, dass der vertraglich vorausgesetzte Kilometerstand nicht der Wirklichkeit entspricht.[436]

Wie im Fall einer vermuteten Tachomanipulation wird der Käufer seinen Vortrag meist nur auf **Hilfstatsachen** stützen können, z. B. auf ein Missverhältnis zwischen Alter und angeblicher Laufleistung. Hohe Fahrleistungen hinterlassen trotz aller Pflege Spuren, die auch durch eine noch so geschickte optische Aufbereitung nicht völlig beseitigt werden können. Aufschlussreich ist insbesondere der Zustand der Reifen und des Motors. Ob ein Fahrzeug 30.000 km oder 130.000 km gelaufen ist, kann ein Sachverständiger ohne weiteres feststellen. Schwieriger ist der Nachweis, dass ein Fahrzeug nicht 60.000, sondern 80.000 km oder statt 130.000 km 230.000 km gelaufen ist. Hier kann häufig nur eine **Motormessung** (Vermessung der Zylinderbohrungen) letzte Klarheit bringen. Diese Methode ist indes umständlich und kostspielig. Die Ausleuchtung der Zylinder mittels eines Aviascopes kann genügen. Mitunter reichen schon die Eintragungen im Service-Heft (Scheckheft) oder Werkstattrechnungen zum Nachweis aus. Als Beweismittel kommt schließlich auch der Untersuchungsbericht des TÜV in Betracht. Aus statistischen Gründen wird darin der Tachometerstand im Zeitpunkt der Vorführung vermerkt.

Die Umstände, aus denen der Richter auf Unerheblichkeit i. S.d §§ 323 Abs. 5 S. 2, 281 Abs. 1 S. 3 BGB schließen soll, stehen zur Darlegungs- und Beweislast des Verkäufers (s. Rn 1730).

dd) Sonderfall Meilentacho

1472 Dadurch, dass Importfahrzeuge mit Meilentachos in den nationalen Handel gelangen, kann es zu Auseinandersetzungen wegen der richtigen Maßeinheit für die bisherige Fahrleistung kommen. Denn bei einem „Meilentacho" wird nicht nur die Geschwindigkeit in Meilen angegeben. Auch die Wegstrecke wird in Meilen und nicht in km gezählt. Es gibt allerdings auch Fahrzeuge mit Tachometer, die die Geschwindigkeit sowohl in „mph" als auch in „km/h" ausweisen und bei denen die Wegstrecke ohne Angabe der Maßeinheit angezeigt wird.[437]

Sofern der Verkäufer den Käufer vor Vertragsabschluss ausdrücklich und unmissverständlich auf die Besonderheit „Meilentacho" hingewiesen hat, ist kein Raum für eine Haftung nach § 437 BGB oder nach den allgemeinen Vorschriften. Eine haftungsrelevante Irreführung kommt dagegen in Betracht, wenn der Verkäufer die Meilenzahl im Kaufvertrag als km-Stand ausgewiesen hat. Wörtlich genommen handelt es sich um eine Falschangabe, wenn im Kaufvertrag steht: „(Gesamt-)Fahrleistung 78.527 km", das Fahrzeug aber eine entsprechende Anzahl von Meilen zurückgelegt hat (eine brit. Meile = 1,609 km). So lagen die Dinge im Fall **BGH NJW 2007, 1346** (Motorrad), ohne dass die Möglichkeit einer bloßen Falschbezeichnung thematisiert wurde. Allerdings hatte der Verkäufer in der Internet-Produktbeschreibung „Kilometerstand (km)" die Zahl 30.000 mit dem Zusatz „km" notiert. In Wirklichkeit war das Krad etwas mehr als 30.000 Meilen gelaufen.

Verkäufer pflegen solche Falscheintragungen mit einem Schreibversehen zu erklären, indem sie auf die Formularvordrucke mit der Maßeinheit „km" hinweisen oder ihre EDV-Textverarbeitung ins Spiel bringen, der das Längenmaß „Meile" unbekannt ist. Vorgebracht wird außerdem, für den Käufer sei nach den Gesamtumständen des Geschäfts auch ohne ausdrücklichen Hinweis auf die Ausstattung des Fahrzeugs mit einem Meilentacho klar, zumindest aber erkennbar gewesen, dass eine Angabe über die bisherige Fahrleistung nur als Meilen-Wert gemeint sein konnte. Ob diese Argumentation sticht, hängt von

---

436 Zustimmend LG Münster 6. 10. 1993, ZfS 1993, 409.
437 Vgl. BGH 29. 11. 2006, NJW 2007, 1346 (Motorrad).

Einzelfälle von Sachmängeln

den Umständen des konkreten Einzelfalls ab, wobei es neben dem Erklärungstatbestand maßgeblich auf den Käuferhorizont ankommt.

Eine empfangsbedürftige Willens- bzw. Wissenserklärung wird selbst gegen ihren eindeutigen Wortlaut i. S. d. Gewollten bzw. Erklärten ausgelegt, wenn der Empfänger den Sinn der Erklärung richtig verstanden hat. In diesem Fall schadet eine **irrtümliche Falschbezeichnung** nicht. Dass der Käufer die km-Angabe im Einklang mit dem Verkäufer als Meilen-Angabe verstanden hat, ihm die Falschbezeichnung also bewusst vor Augen gestanden hat, wird der Verkäufer kaum beweisen können. Aber auch wenn ein übereinstimmendes Verständnis im Sinne einer Meilen-Information nicht feststellbar ist, kann die objektiv falsche Erklärung des Verkäufers im Sinne des von ihm Gemeinten auszulegen sein.

Nach § 133 BGB kommt es nicht auf den buchstäblichen Sinn des Ausdrucks an. Wenn ein übereinstimmendes Verständnis nicht festzustellen ist, ist die Erklärung so auszulegen, wie der Käufer sie nach Treu und Glauben unter Berücksichtigung der Verkehrssitte verstehen durfte (§§ 133, 157 BGB). Dieser normativen Auslegung kann die „km-Angabe" nicht mit dem Argument entzogen werden, sie sei objektiv eindeutig und damit nicht auslegungsfähig. Denn die Information des Verkäufers ist nur scheinbar eindeutig. Zweifel am wahren Sinn des falsch Erklärten sind durchaus möglich; sie drängen sich beim Verkauf eines gebrauchten Fahrzeugs, das ursprünglich in den USA oder in Großbritannien zugelassen war, förmlich auf, zumal, wenn das Fahrzeug in Deutschland noch keine Zulassung hatte.

Bei positiver Kenntnis von der Ausstattung mit einem Meilentacho wird der Käufer schwerlich mit dem Argument gehört werden können, er sei entsprechend dem Wortlaut der vertraglichen Angabe von Kilometern statt Meilen ausgegangen. Günstiger ist seine Situation, wenn ihm das Vorhandensein eines atypischen Tachometers unbekannt war. Dann hängt das Auslegungsergebnis entscheidend von den konkreten Begleitumständen des Kaufs ab. Ein Händler, der das Fahrzeug im Inserat und/oder auf dem Verkaufsschild mit einer km-Angabe angeboten und diese Erklärung ohne Korrektur in den schriftlichen Vertrag aufgenommen hat, wird sich kaum auf die Offenkundigkeit seiner Falschbezeichnung berufen können. Ihm bleibt die Anfechtung wegen Irrtums (§ 119 Abs. 1 BGB). Eine andere Frage ist, ob die km-Erklärung als Garantieübernahme oder nur als „einfache" Beschaffenheitsangabe i. S. d. § 434 Abs. 1 S. 1 BGB zu werten ist. Im Zweifel ist Letzteres anzunehmen.

Liegt der Fall hingegen so, dass die äußeren Umstände (Herkunft des Fahrzeugs, Ausstattung mit einem Meilentacho, keine Fahrleistungsangaben in km im Inserat oder an anderer Stelle außerhalb der Vertragsurkunde) eine Wiedergabe der Fahrleistung in Meilen nahe legen, so ist die erstmals im Vertragsformular auftauchende, womöglich nur vorgedruckte, Maßeinheit „km" eine für den Käufer **erkennbare Verwechselung.** Bei gehöriger Aufmerksamkeit hätte er sie bemerken können. Auf seinen Kaufentschluss ist die Falschbezeichnung zudem ohne Einfluss geblieben. Denn er hatte sich zum Ankauf des Fahrzeugs entschlossen, bevor dem Verkäufer das Versehen unterlaufen ist.

l) Kraftstoffverbrauch/Kraftstoffart/Ölverbrauch

Nach dem Anschaffungspreis ist ein **niedriger Kraftstoffverbrauch** derzeit das wichtigste Kriterium beim Gebrauchtwagenkauf.[438] In den schriftlichen Kaufverträgen bleibt dieser Punkt in aller Regel gleichwohl unerwähnt. Was Verkäufer bei den Vertragsverhandlungen mitgeteilt haben, lässt sich später kaum noch verifizieren und ist im Übrigen erfahrungsgemäß zu vage, um eine verbindliche Zusage annehmen zu können. Auch über den **Verbrauch an Motoröl** findet man selten eine schriftliche Notiz. Bleibt es bei mündlichen

---

438 DAT-Report 2008, S. 17.

Erklärungen des Verkäufers, so spricht dies dafür, dass sie nicht Vertragsinhalt werden sollten, jedenfalls nicht im Sinne einer Beschaffenheitsgarantie.

Umgekehrt ist die schriftliche Fixierung von Angaben über den Benzin- und Ölverbrauch gerade wegen des Seltenheitscharakters ein gewichtiges Indiz für eine Garantieübernahme. Ähnlich zu würdigen sind Verbrauchsangaben auf dem Verkaufsschild oder in der Zeitungsannonce. Je konkreter die Information ist, desto eher wird man auf eine verbindliche Angabe im Sinne einer Beschaffenheitsangabe, wenn nicht gar einer Garantie schließen können.[439]

1474 Die Angabe, der Wagen liege „im Spritverbrauch" günstig oder verbrauche nur wenig, stellt eine rechtlich unbeachtliche Anpreisung dar. Die **Herstellerangaben zum Kraftstoffverbrauch** in der Werbung und/oder in Prospekten macht sich selbst ein Fabrikatshändler beim Verkauf eines Eigenfabrikats in der Regel nicht zu Eigen. Dem Käufer nachteilige Abweichungen von diesen Informationen können aber einen Sachmangel i. S. v. § 434 Abs. 1 S. 2 Nr. 2 oder nach Abs. 1 S. 3 BGB begründen,[440] s. auch Rn 300.

Seit dem 1. 11. 2004 ist die so genannte **Kraftstoffverbrauchs-Informationsrichtlinie** (Pkw-EnVKV) in Kraft. Sie gilt derzeit zwar nur für den Verkauf (incl. Leasing) **neuer Pkw**.[441] Die Pflichthinweise des Handels beim Neuwagenverkauf können jedoch schon jetzt auf das Gebrauchtwagengeschäft ausstrahlen.[442] Zu beachten ist, dass die meisten Händler von der Möglichkeit Gebrauch machen, durch einen klarstellenden Hinweis die einzelvertragsrechtliche Bedeutungslosigkeit der Verbrauchsinformationen zu unterstreichen (s. auch Rn 302).

1475 Ab welcher Marge ein Überschreiten des durchschnittlichen Verbrauchs bei Fahrzeugen des betreffenden Typs als vertragswidrig gewertet werden kann, lässt sich in der Regel nicht mit den zum Neuwagenkauf entwickelten Kriterien beantworten (dazu Rn 307 ff.). Ein Gebrauchtwagenkäufer muss in der Regel größere Toleranzen hinnehmen. Beim Kraftstoffverbrauch hat man Abweichungen von den Durchschnittswerten von weniger als 10 %, so die Marge beim Kauf **fabrikneuer Pkw**, in „Altfällen" als unerheblich i. S. d. § 459 Abs. 1 S. 2 BGB a. F. angesehen.[443] An die Zehnprozent-Rechtsprechung anknüpfend verneint das OLG Naumburg[444] bei Unterschreiten dieses Grenzwertes einen Rücktrittsgrund (keine Erheblichkeit i. S. d. § 323 Abs. 5 S. 2 BGB), lässt aber offen, ob überhaupt ein Mangel vorliegt (jüngerer Opel Corsa).

Im Anwendungsbereich des § 459 Abs. 2 BGB a. F. war es eine Frage der Vertragsauslegung, wo die Bagatellgrenze zu ziehen ist. Nach neuem Kaufrecht hat sich die Erheblichkeitsprüfung auf die Rechtsfolgeseite verlagert (s. Rn 1727 ff.).

1476 Angaben über den Kraftstoff- und Ölverbrauch sind nur als **annähernd** zu betrachten, so stand es ausdrücklich in früheren ZDK-Klauselwerken. In den aktuellen Bedingungen fehlt diese Klausel. Das OLG Koblenz hat die **mündliche Erklärung eines Privatverkäufers** „Ölverbrauch völlig normal" als Zusicherung gewertet.[445] Der tatsächliche **Ölverbrauch** des Fahrzeugs (Golf GTI) lag deutlich über 1,5 l pro 1.000 km. Zur arglistigen Täuschung

---

439 Vgl. auch RGZ 66, 279; OLG Hamburg 9. 6. 1950, VRS 2, 273.
440 Zum alten Recht: OLG Düsseldorf 23. 10. 1997, DAR 1998, 70 – nur 6.900 km gelaufener, noch keine 12 Monate zugelassener Pkw aus einer Neufahrzeug-Wandlung.
441 Siehe die Definition in § 2 Abs. 1 Pkw-EnVKV.
442 Näheres zur vertragsrechtlichen Seite bei *Hoffmann/Westermann*, EuZW 2004, 583; *M. Schmidt*, NJW 2005, 329.
443 Händlerfreundlicher *Hörl*, DAR 1986, 97, 102 (20 – 30 %); s. auch OLG Düsseldorf 23. 10. 1997, DAR 1998, 70.
444 Urt. v. 28. 2. 2007, DAR 2007, 522 (Ls.).
445 Urt. v. 12. 1. 1989, NJW-RR 1990, 60.

über hohen Ölverbrauch bei einem Pkw (kein Händlerverkauf) s. OLG Zweibrücken OLGR 1999, 434 (2,3 l auf 1000 km).

Durch die Diskussion über Energieverknappung und Umweltschutz ist nicht nur die Frage des Kraftstoffverbrauchs, sondern auch nach der **Kraftstoffart** zu einem zentralen Thema beim Kauf neuer und gebrauchter Kraftfahrzeuge geworden. Zumindest **schriftliche Erklärungen** des Gebrauchtwagenverkäufers über die Art des Treibstoffs (Normalbenzin/Superbenzin/Diesel/Bleifrei-Benzin/Biodiesel) können als Eigenschaftszusicherungen bzw. Garantieübernahmen zu werten sein.[446]

1477

Für Auskünfte zum Thema „**bleifrei**" gilt dies nur mit der Einschränkung, dass sie von einem Kfz-Fachmann stammen. Angaben des Privatverkäufers sind hier „ohne Gewähr". Der gewerbliche Händler kann sich gegen das Haftungsrisiko, welches er mit „bleifrei-Erklärungen" eingeht, durch Prüfung der Herstellerinformationen, der Tabellen von Kraftstoffherstellern, Automobilclubs und Fachzeitschriften absichern. Im Übrigen steht es ihm frei, seine Auskunft unter einem ausdrücklichen Haftungsausschluss oder einem sonstigen Vorbehalt zu machen. Schweigt sich der Verkäufer zum Thema Kraftstoffart aus, so ist der Käufer in seiner Erwartung schutzwürdig, dass er denjenigen Treibstoff tanken darf, der für einen serienmäßigen Motor dieses Fahrzeugtyps vom Hersteller vorgeschrieben ist.

m) Mängelfreiheit/ohne Mängel/Mängelunkenntnis

Pauschalerklärungen wie „mängelfrei" oder „ohne Mängel" sind im gewerblichen Gebrauchtwagenhandel selten. Nur bei neuwertigen Fahrzeugen, Vorführwagen und Jahreswagen wird ein Verkäufer Mängelfreiheit ohne allzu großes Risiko pauschal zusichern. Allein die Tatsache, dass ein solcher Fahrzeugtyp („junger Gebrauchter") zum Verkauf angeboten wird, kann der Käufer selbst bei einem Erwerb vom Markenhändler nicht als konkludente oder stillschweigende Zusicherung/Garantie der Mängelfreiheit auffassen.[447] Erst recht gilt dies für ältere Fahrzeuge mit mehreren Vorbesitzern.[448]

1478

Wenn der Verkäufer eines 9 Jahre alten Pkw Rostschäden nicht erwähnt, so bedeutet dies nicht die Zusicherung, dass solche Schäden nicht vorhanden sind.[449] Hiergegen spricht schon ein vertraglicher Gewährleistungsausschluss. Aber auch ohne Freizeichnung von der Sachmängelhaftung wird **Rostfreiheit** selbst bei jüngeren Fahrzeugen nicht stillschweigend garantiert (näher zu den Korrosionsfällen Rn 1480 ff.). Zur Bedeutung der vorformulierten Erklärung, das Fahrzeug habe keinen Unfallschaden und **keine sonstigen Beschädigungen** (ADAC-Verkaufsformular) s. AG Reinbek, DAR 1999, 410 und AG Karlsruhe-Durlach, DAR 1999, 270.

Die Erklärung „das Fahrzeug enthält keine verdeckten technischen Mängel" hat das OLG Köln als Eigenschaftszusicherung gewertet,[450] so wie es der BGH bei der Zusage getan hat, der Pkw werde in technisch einwandfreiem Zustand übergeben.[451]

---

446 OLG Hamburg 9. 12. 1977, DAR 1978, 336; LG Mainz 18. 4. 2002, DAR 2002, 319 – Neuwagen; vgl. auch BGH 18. 2. 1981, NJW 1981, 1268; OLG Karlsruhe 29. 5. 2002, OLGR 2002, 248 – Biodiesel/Neufahrzeug; s. auch OLG München 15. 9. 2004, NJW-RR 2005, 494 – Neuwagen.
447 OLG Düsseldorf 18. 1. 2002, DAR 2002, 163 – Jahreswagen.
448 Vgl. OLG Frankfurt 8. 7. 1992, OLGR 1992, 149 („ohne Mängel"); OLG Celle 5. 9. 2002, OLGR 2002, 277 (Händler-Händler-Geschäft).
449 BGH 21. 1. 1981, NJW 1981, 928 = WM 1981, 323; BGH 22. 2. 1984, NJW 1984, 1452 = WM 1984, 535.
450 Urt. v. 6. 5. 1982 – 1 U 88/81 – n. v.
451 Urt. v. 5. 7. 1978, NJW 1978, 2241 – Hinterreifenfall (Kauf eines Sportwagens vom Fabrikatshändler).

Die bloße **Vorlage einer Rechnung** über eine umfangreiche Motorreparatur bedeutet nicht die konkludente Zusicherung der Mängelfreiheit des Motors.[452] Zu weit ist die Ansicht des AG Köln, mit der Vorlage einer Rechnung über eine Unfallreparatur sei das Versprechen verbunden, die Instandsetzungsarbeiten seien „ordnungsgemäß" ausgeführt worden.[453]

Die Erklärung eines Verkäufers, ihm seien **verborgene Mängel nicht bekannt,** enthält keine Zusicherung/Garantie dahin, dass solche nicht vorliegen. Sie bedeutet nicht einmal, dass er das Auto auf verborgene (versteckte) Mängel untersucht hat. Eine Beschaffenheitsgarantie kann in diesen Fällen indessen nicht mit der Begründung verneint werden, es fehle an einer garantiefähigen Eigenschaft.[454]

Unabhängig von einem Gewährleistungsausschluss kann eine „**Unkenntnisklausel**", die vor allem im Zusammenhang mit Unfallschäden eine Rolle spielt, im Allgemeinen nicht als Zusicherung/Garantie der Abwesenheit von Mängeln jeglicher Art angesehen werden.[455] Nach der Rechtsprechung, die der Annahme einer allgemeinen Untersuchungspflicht noch immer skeptisch gegenübersteht, kommt in einem solchen Fall eine Haftung wegen arglistiger Täuschung in Betracht (Fallgruppe: Behauptung ins Blaue). Erst recht kann eine Eigenschaftszusicherung/Garantie nicht daraus hergeleitet werden, dass die Rubrik „dem Verkäufer sind folgende Mängel bekannt ..." leer geblieben ist.[456]

n) Neu, fast neu, neuwertig, erneuert o. Ä.

1479 Fachhändler verwenden solche unscharfen Begriffe nur selten. Bei privaten Direktgeschäften kommen sie dagegen recht häufig vor. Bei einem Gebrauchtfahrzeug (zum Begriff s. Rn 1126) kann sich der Ausdruck „neu" naturgemäß nur auf **bestimmte Fahrzeugteile** wie Motor, Getriebe oder Reifen beziehen. Wenn ein Privatmann seinen Wagen mit der Angabe „neuer Motor" anbietet, so kann er damit vieles meinen. Dass sich nicht mehr der Originalmotor, sondern ein Ersatzmotor in dem Fahrzeug befindet, ist der Mindesterklärungswert. Der überholte, selbst generalüberholte Erstmotor darf auch von einem Privatverkäufer nicht als **„neuer Motor"** angeboten werden. Die Alternative kann nur lauten, ob „neu" im Zusammenhang mit einem Motor in einem Gebrauchtfahrzeug „fabrikneu" bedeutet oder auch die gängigen Ersatzlösungen einschließt; ausführlich dazu Rn 1381 ff. Bis auf den Gebrauchtmotor vom Autoverwerter fallen sämtliche Alternativen, also auch der generalüberholte Ersatzmotor, unter die Bezeichnung „neuer Motor". Sie besagt nicht, dass der Motor noch nicht mehr als zum Einfahren erforderlich gelaufen ist.[457]

In der Erklärung, eine Maschine sei „kaum gebraucht, fast neu und verhältnismäßig neuwertig", kann nach Ansicht des **BGH** eine Eigenschaftszusicherung liegen,[458] s. auch die

---

452 LG Köln 14. 11. 1979 – 13 S 170/79 – n. v.
453 Urt. v. 6. 10. 1988 – 134 C 156/88 – n. v.
454 So aber zu § 459 Abs. 2 BGB a. F. OLG Köln 26. 8. 1994, OLGR 1994, 237; OLG Düsseldorf 21. 10. 1994 – 22 U 32/94 – NZV 1995, 192 (Ls.).
455 Vgl. BGH 3. 3. 1995, NJW 1995, 1549 m. w. N.; BGH 21. 11. 1952, LM Nr. 1 zu § 463; OLG Hamm 21. 1. 1985, NJW 1986, 136; KG 23. 2. 1989, NJW-RR 972; OLG Celle 13. 6. 1997, OLGR 1997, 173 – jeweils Immobilienkauf; zur Bedeutung einer formularmäßigen „Versicherung" eines privaten Inzahlunggebers, der Wagen habe keine wertmindernden Mängel, s. OLG Düsseldorf 9. 5. 1972, BB 1972, 857.
456 OLG Köln 8. 4. 1992, NJW 1993, 271 (Privatgeschäft mit ADAC-Mustervertrag); OLG Düsseldorf 18. 1. 2002, DAR 2002, 163 – Jahreswagen.
457 Ein Austauschmotor, der bei einem km-Stand von 110.000 eingebaut worden ist, ist nicht mehr „neu", vgl. OLG Hamburg 9. 2. 1977, VersR 1977, 634; zur Erklärung „Vorbesitzer hat anderen Motor eingebaut" s. BGH 16. 1. 1985, WM 1985, 321, 323 – BMW 520.
458 Urt. v. 12. 5. 1959, NJW 1959, 1489; vgl. auch BGH 5. 12. 1984, NJW 1985, 796 (als „neu" verkaufter Radlader).

Einzelfälle von Sachmängeln   1480, 1481

Rechtsprechungsübersicht unter Rn 1607/1608. In der Bemerkung **„Auspuffanlage neu"** hat das LG Köln bei einem Saab 900 Turbo eine Zusicherung gesehen.[459] Zu **„Bremsen neu"** s. Rn 1519.

o) Rostfreiheit/frei von Durchrostung/Korrosionsschäden

Hauptursache für Sicherheitsmängel und Wertverlust war bis in die achtziger Jahre hinein die Korrosion. Dementsprechend umfangreich ist die Kasuistik. Inzwischen hat das Thema „Rost" dank verbesserten Korrosionsschutzes an Bedeutung verloren. Doch selbst sog. Premiummarken wie Daimler haben das Korrosionsproblem nach wie vor nicht völlig im Griff, wie Rostschäden („Kantenkorrosion") an Fahrzeugen der A-Klasse und der B-Klasse (Baujahre 2004 – 2006) zeigen.   **1480**

Bei der rechtlichen Bearbeitung ist, nicht anders als sonst, zu unterscheiden zwischen einer Fallgestaltung mit einer ausdrücklichen oder indirekten „Rost-Information" des Verkäufers und solchen Fällen, in denen die objektiven Kriterien des § 434 Abs. 1 S. 2 Nr. 2 BGB über die Vertragsmäßigkeit entscheiden.

aa) Beschaffenheitsvereinbarung/Beschaffenheitsgarantie

Nicht nur ausdrückliche Anti-Rost-Erklärungen oder die Zusage „frei von Durchrostung" bieten dem Käufer Schutz, wenn er Rostschäden an seinem Fahrzeug feststellt. Auch Erklärungen wie „werkstattgeprüft", „komplette Durchsicht", „TÜV neu ..." oder einfach „fahrbereit" sind bei der Prüfung der Sollbeschaffenheit nach Maßgabe einer Beschaffenheitsvereinbarung zu beachten, ebenso Angaben wie „scheckheftgepflegt" oder „restauriert"[460] oder „Garagenwagen". Ab einem bestimmten Grad können Rostschäden mit derartigen Erklärungen in der (ehemals) weiten Auslegung durch die Rechtsprechung nicht mehr vereinbar sein. Selbst gewöhnlicher (normaler) Rost kann so zu einem Haftungsfall werden. Rost-Bezug kann auch eine Erklärung haben wie „Fahrzeug völlig durchgeschweißt".[461]   **1481**

Wenn der Verkäufer eines älteren Pkw Rostschäden nicht ausdrücklich erwähnt, kann sein Schweigen nicht als Zusicherung/Garantie der Rostfreiheit gewertet werden.[462]

Mit den beim **Handel mit Oldtimern** und **Youngtimern** gebräuchlichen **Zustandsnoten** kann die Abwesenheit von Durchrostungen zum Ausdruck gebracht werden, wie auch umgekehrt das Vorhandensein von Rostschäden.[463]

Wie die „Rost-frei-Erklärungen" in einem ehemaligen ZDK-Zustandsbericht („tragende Bauteile an Karosserie und Rahmen frei von Durchrostung", „Schalldämpferanlage frei von Durchrostung") zu interpretieren sind, hat die Rechtsprechung nicht zu entscheiden brauchen. Mit dem im Oktober 1988 eingeführten Vermarktungskonzept des ZDK ist der „Zustandsbericht" gegenstandslos geworden. Aus Anlass der **Schuldrechtsreform** sind vergleichbare **Zustands- oder Befundberichte** wieder eingeführt worden. Auch sie enthalten Rubriken für Aussagen („Klassifizierungen") über den Zustand der Karosserie[464] und mitunter speziell zum Thema „Korrosion". Im Zweifel sind derartige Angaben lediglich als Beschaffenheitsvereinbarung ohne Garantieübernahme einzustufen.

---

459 Az. 10 O 365/83 – n. v.
460 OLG Köln OLGR 1997, 331 = VersR 1998, 511 – Oldtimer-Motorrad.
461 Vgl. OLG Schleswig 27. 9. 1988, DAR 1989, 147.
462 BGH 21. 1. 1981, NJW 1981, 928; vgl. auch BGH 22. 2. 1984, NJW 1984, 1452.
463 OLG Köln 26. 5. 1997, OLGR 1997, 331 – Harley Davidson Bj. 1924; KG 22. 9. 1992, OLGR 1993, 1; OLG Frankfurt/M. 2. 11. 1988, NJW 1989, 1095; OLG Köln 13. 1. 1993, OLGR 1993, 131 (Youngtimer).
464 Vgl. OLG Stuttgart 17. 11. 2004, DAR 2005, 91 = OLGR 2005, 30.

Sofern ein Verkäufer ausnahmsweise eine **individuelle Zusage** macht, wie z. B. „**frei von Durchrostung**", kann darin eine **Beschaffenheitsgarantie** liegen, keine bloße Objektbeschreibung oder unverbindliche Anpreisung. Zumal bei einem Händler mit eigener Werkstatt, gar einem Karosseriebetrieb, hat diese Beurteilung gute Gründe für sich.

Eine „**Durchrostung**" liegt nur vor, wenn der Korrosionsprozess in seine Endphase eingetreten ist. Löcher einer bestimmten Größe müssen noch nicht vorhanden sein. Der Tatbestand der Durchrostung ist auch zu bejahen, wenn das Stahlblech aufgrund von Korrosion so geschwächt ist, dass die Tragfähigkeit nicht mehr gewährleistet ist.[465] Ohne einschränkende Zusätze wie „von innen nach außen" oder „Rahmen frei von Durchrostung" kann sich der Verkäufer nicht auf derartige Begrenzungen seiner Zusage berufen.

Ob beim Verkauf eines gebrauchten Fahrzeugs, auf das ursprünglich eine **Neuwagen-Rostschutzgarantie** (Durchrostungsgarantie) gegeben worden war, der Fortbestand dieser Garantie, d. h. Garantieschutz, stillschweigend zugesichert wird, ist problematisch. Bedenken bestehen deshalb, weil es bei dem Garantieschutz nicht um eine Beschaffenheit des Fahrzeugs geht, die ihrerseits garantiert werden kann. Wie auch in anderen Fällen fehlender oder defizitärer Garantien ist eine Lösung außerhalb der Sachmängelhaftung vorzuziehen (näher Rn 1426 f.).

bb) Mangelhaftigkeit nach objektiven Kriterien

1482 Zu diesem Thema liegt eine umfangreiche Kasuistik vor, schwerpunktmäßig aus den siebziger und achtziger Jahren.

Mangel ja:

– gravierende Korrosions- und Durchrostungsschäden an tragenden Teilen eines 15 Jahre alten Daimler-Benz 230 SL, der kurz vor dem Verkauf noch TÜV-abgenommen worden war, den ein Privatgutachter aber nicht als betriebs- und verkehrssicher bezeichnet hat, OLG Köln 7. 8. 1980, ZfS 1980, 306.

– Durchrostung des Karosseriebodens, des linken hinteren Rahmenträgers sowie eines Radkastens, Löcher in den vorderen Radlaufblechen bei einem 9 Jahre alten Daimler-Benz 220 D/8 sind nach OLG Köln (Urt. v. 21. 12. 1978, DAR 1979, 286) offenbarungspflichtige Mängel.

– Durchrostungen an Rahmen und Aufbau bei einem Fahrzeug mit einem objektiven Wert von 600,– DM hat das OLG München (Urt. v. 10. 5. 1971, DAR 1972, 239) als so schweren Mangel gewertet, dass der Käufer wegen Wegfalls der Geschäftsgrundlage vom Vertrag zurücktreten durfte. Die Reparaturkosten hätten ca. 500,– DM betragen.

– Durchrostungen an den Einstiegsleisten bei einem 10 Jahre alten, 134.000 km gelaufenen VW 1200 begründen eine Gewährleistungspflicht, AG Bergisch Gladbach v. 18. 8. 1978 – 16 C 1233/77 – n. v.

– an einem für 2750,– DM gekauften Pkw brach einige Tage nach Übergabe der Unterboden durch, weil er völlig durchgerostet war. Das LG Augsburg hat in diesem Schaden einen so schwerwiegenden Fehler gesehen, dass es den vereinbarten Gewährleistungsausschluss für unwirksam hielt (Urt. v. 17. 5. 1977, NJW 1977, 1534 mit Anm. *Eggert*, NJW 1977, 2267).

– Durchrostung des gesamten Unterbodens eines 7 Jahre alten Matra-Rancho, Kaufpreis 2220,– DM, LG Köln 24. 6. 1987 – 26 S 389/86 – n. v.

– Durchrostungen im Bereich des Unterbodens und der Schweller bei einem 180.000 km gelaufenen VW Golf GTI (keine Verkehrssicherheit mehr), AG Köln 14. 2. 1989 – 117 C 342/87 – n. v. (Besonderheit: Fz. sollte bis zur Übergabe „fertiggemacht" werden).

---

465 Vgl. VdTÜV-Merkblatt Nr. 728.

Einzelfälle von Sachmängeln 1483

– Durchrostung an tragenden Teilen, AG Nienburg 30. 6. 1993, ZfS 1993, 304.
– erhebliche Korrosionsschäden an der Auspuffanlage eines 12 Jahre alten DB 308 SE, Reparaturaufwand 1900,– DM (OLG Celle 20. 10. 1994, OLGR 1994, 329 mit der – zweifelhaften – Begründung, das Fahrzeug sei nicht mehr „zulassungsfähig" gewesen).
– die Verkehrssicherheit aufhebende Durchrostungen an einem über 20 Jahre alten VW Cabrio (OLG Hamm 6. 2. 1995, OLGR 1995, 100 = ZfS 1995, 176).
– Korrosion am Rahmen, Längs- und Querstreben eines Oldtimer-Motorrades (Baujahr 1924), OLG Köln 26. 5. 1997, VersR 1998, 511 = OLGR 1997, 331.
– fortgeschrittene Aluminiumkorrosion des Alkovens eines Wohnmobils (LG Kassel 21. 7. 2000 – 9 O 1688/99 – n. v.)
– Rostneigung bzw. mangelhafter Rostschutz bei (neuem) Quad (LG Wuppertal 26. 10. 2005 – 19 O 453/03 – n. v.).

Mangel nein: 1483

– An- und Durchrostungen des Unterbodens bei einem 8 Jahre alten Mercedes 220 D/8, Gesamtfahrleistung ca. 177.000 km, hält der BGH für normale Alterserscheinungen. Um die allgemeine Gefahr derartiger Zustandsverschlechterungen wisse der Käufer ebenso wie der Verkäufer (Urt. v. 21. 1. 1981, NJW 1981, 928 = DAR 1981, 115). Anders als in dem Fall BGH NJW 1979, 1707 konnte eine dem Händler bekannte überdurchschnittliche Rostanfälligkeit nicht festgestellt werden.
– Durchrostungen am Bodenblech eines knapp zwei Jahre alten, ca. 20.000 km gelaufenen Renault 4 (Preis von 2.300,– DM, Kosten der Instandsetzung ca. 600 DM). Das OLG Köln hat die Wandelungsklage mit der fehlerhaften, weil zu engen Begründung abgewiesen, ein solcher Schaden sei bei diesem Fahrzeug nicht ungewöhnlich (Urt. v. 21. 10. 1975 – 9 U 48/75 – n. v.).
– Kauf eines 2 Jahre alten Lancia Beta vom Händler (OLG Hamm Urt. v. 16. 1. 1981, MDR 1981, 580).
– Beide vorderen Innenkotflügel total weggerostet (Außenkotflügel einwandfrei), Rostansatz an Scheinwerferspiegel, Rostloch in hinterer Ladefläche, Wagenheberaufnahme infolge Durchrostung unbrauchbar, verschiedene kleinere Rostlöcher am Karosserieboden; OLG Hamm v. 3. 7. 1986 – 23 U 35/86 – n. v. (6 Jahre alter Matra-Rancho).
– Durchrostungen am Unterboden eines 9 Jahre alten, 120.000 km gelaufenen Porsche 912 stellen nach Auffassung des OLG Köln keinen Mangel i. S. d. § 459 I BGB dar (Urt. v. 29. 10. 1976 – 4 U 26/76 – n. v., a. A. LG Köln 4. 12. 1975, VersR 1977, 48).
– Korrosionsschäden am Kofferraumboden, am Radkasten, am Einstiegsholm, am Bodenblech und vorderen Kotflügel sind für das LG Köln bei einem über 8 Jahre alten Daimler-Benz 200 SEL, km-Stand 117.000, typische Alterserscheinungen, für die der Verkäufer nicht einzustehen hat (Urt. v. 31. 3. 1980 – 16 O 349/79 – n. v.).
– Durchrostung im Bereich des Fahrersitzes und an den Einstiegsschwellern bei einem 7,5 Jahre alten VW-Cabrio, km-Stand 120.000, OLG Düsseldorf 27. 4. 1983 – 24 U 63/83 – n. v.
– Durchrostung des Bodenblechs eines 13 Jahre alten VW-Cabrios, OLG Karlsruhe 16. 12. 1987, NJW-RR 1988, 1138 = DAR 1988, 162.
– „Gravierende Korrosions- und Durchrostungsschäden" an tragenden Teilen eines über 13 Jahre alten offenen Peugeot 304, Kaufpreis 4.400,– DM, OLG Schleswig 27. 9. 1988, DAR 1989, 147.
– Starke Korrosionsschäden am Rahmen eines 17 Jahre alten VW-Cabrios, OLG Köln 8. 4. 1992, NJW 1993, 271 = DAR 1992, 379.

- Starke Unterrostungen an der gesamten Karosserie, durchgerostete Stellen an den Einstiegsschwellern, Durchrostungen an der Reserveradmulde, des Fußbodens an der Beifahrerseite und Rost an der gesamten Bodengruppe bei 16 Jahre altem Pkw Daimler-Benz, Kaufpreis 8.900,– DM; kein „gravierender Mangel" im Sinne einer Gewährleistungsabrede, OLG Frankfurt 30. 6. 1989, DAR 1989, 463 m. Anm. *Knipfer.*
- Gebrauchsspuren und Abnutzungen bei einem ca. 7 Jahre alten, 127.000 km gelaufenen BMW 524 TD (OLG Köln 19. 2. 1998, OLGR 1998, 170).
- Unsachgemäß überlackierter Flugrost (OLG Koblenz 5. 9. 2002, DAR 2002, 560).

1484 **Stellungnahme:** Darüber, dass leichter bis mittlerer Rostbefall beim Gebrauchtwagenkauf in der Regel keinen Sachmangel darstellt, war man sich im Ergebnis einig. Korrosion gilt als die **typische Abnutzungs- und Alterserscheinung**.[466] Rostschäden gehen daher grundsätzlich zulasten des Käufers, so das Fazit der Spruchpraxis unter Rn 1483. Sie steht im Einklang mit der **aktuellen Rechtsprechung des BGH**, wonach normaler (natürlicher) Verschleiß und normale – alters- und laufleistungsadäquate – Abnutzung mangels besonderer Vereinbarung keinen Sachmangel darstellen.[467]

Kann der Käufer keine „besondere Vereinbarung" ins Feld führen, gemeint ist eine Beschaffenheitsvereinbarung i. S. d. § 434 Abs. 1 S. 1 BGB (siehe dazu Rn 1481), kommt es darauf an, ob das Fahrzeug sich für die nach dem Vertrag vorausgesetzte Verwendung eignet, sonst, ob es sich für die gewöhnliche Verwendung eignet und eine Beschaffenheit aufweist, die bei Fahrzeugen der gleichen Art ist und die der Käufer berechtigterweise erwarten kann (§ 434 Abs. 1 S. 2 Nrn. 1 und 2 BGB).

1485 **Nichteignung zur vertraglich vorausgesetzten Verwendung** ist man geneigt anzunehmen, wenn das Fahrzeug aufgrund von Durchrostungen „schwerstgeschädigt" ist. Das früher einmal gängige Schlagwort **„Schwerstmangel"** kennzeichnet diese Fallgruppe freilich nur oberflächlich. Es geht um gravierende Rostschäden in Form von Durchrostungen, speziell am Unterboden, den Türschwellern und den Radhäusern. Vereinzelt suchte man in diesen Fällen eine Lösung mit Hilfe der Lehre vom Wegfall (Fehlen) der Geschäftsgrundlage,[468] wenn eine arglistige Täuschung durch Verschweigen oder gar Kaschieren[469] nicht nachgewiesen werden konnte. Das ist weiterhin abzulehnen.[470] Auch die Irrtumsvorschriften sind unanwendbar.[471]

Die richtige Lösung muss mit Hilfe der Vorschriften über die Sachmängelhaftung entwickelt werden; entweder mit der Formel „vertraglich vorausgesetzte Verwendung" oder (und besser) unter Rückgriff auf die rein objektiven Kriterien des § 434 Abs. 1 S. 2 Nr. 2 BGB.

1486 Zur Soll-Beschaffenheit eines jeden Gebrauchtwagens, der nicht ausdrücklich oder stillschweigend (z. B. durch den Preis) als **Schrott-, Ausschlacht- oder Bastlerwagen** angeboten wird, gehört es, dass er sich in einem Zustand befindet, der eine Teilnahme am öffentlichen Straßenverkehr möglich macht. Das entspricht der vertraglich vorausgesetzten, jedenfalls der gewöhnlichen Verwendung. Das Fahrzeug muss fahrbereit i. S. v. BGH NJW 1993, 1854, BGH NJW 2007, 759 sein, selbst wenn es ohne ausdrückliche Zusage der Fahr-

---

466 Laut DIN 50.900 die „unbeabsichtigte Zerstörung eines Werkstücks durch chemische oder elektrochemische Vorgänge".
467 Urt. v. 23. 11. 2005, NJW 2006, 434; v. 10. 10. 2007, NJW 2008, 53.
468 OLG München 10. 5. 1971, DAR 1972, 329; OLG Karlsruhe 17. 11. 1970, JZ 1971, 294; zum Problem auch OLG Hamm 15. 1. 1979, JZ 1979, 266 m. Anm. *Liebs*, S. 441.
469 Dazu BGH 23. 4. 1986, NJW 1986, 2319 = WM 1986, 867; OLG Frankfurt 30. 6. 1989, DAR 1989, 463; vgl. auch *Eggert*, DAR 1989, 121.
470 St. Rspr. des BGH, z. B. Urt. v. 6. 6. 1986, BGHZ 98, 100 = WM 1986, 1189.
471 Dazu OLG Karlsruhe 16. 12. 1987, NJW-RR 1988, 1138.

bereitschaft verkauft wurde. Es darf nicht so verkehrsunsicher sein, dass seine sofortige Stilllegung anzuordnen ist.

Diesen vertraglich geschuldeten **Mindeststandard** kann man mit **Zulassungsfähigkeit** beschreiben. Zu undifferenziert ist der Standpunkt des LG Augsburg, wenn der Sinn eines Gebrauchtwagenkaufs darin gesehen wird, „dem Käufer ein zwar genutztes, aber fahrtüchtiges und verkehrssicheres Fahrzeug zu verschaffen".[472] Die Verkehrssicherheit ist schon beeinträchtigt, wenn z. B. die Bremsbeläge abgefahren sind oder ein Stoßdämpfer defekt ist. In diesem Zustand wäre eine Teilnahme am Straßenverkehr unzulässig. Solche Mängel lassen sich ohne weiteres und oft auch ohne großen Kostenaufwand beheben. Auch dem OLG Köln kann nicht gefolgt werden, wenn es einen Fehler i. S. v. § 459 Abs. 1 BGB a. F. schon dann bejaht, wenn „die Beschaffenheit des Kraftfahrzeugs infolge der Rostschäden einer Zulassung zum Straßenverkehr entgegensteht, weil das Fahrzeug nicht mehr verkehrssicher ist".[473] Zu ergänzen ist: ... und eine Instandsetzung technisch unmöglich oder wirtschaftlich gesehen unzumutbar ist.[474]

Ob ein Fall „**wirtschaftlicher Zulassungsunfähigkeit**" vorliegt, kann nur aufgrund der Umstände des Einzelfalles festgestellt werden. Maßgeblich ist vor allem der Wert des Fahrzeugs in mangelhaftem Zustand im Verkaufszeitpunkt, nicht etwa der Kaufpreis.[475] Ist z. B. ein für 5.000 € verkauftes Fahrzeug tatsächlich nur noch 1.000 € wert und belaufen sich die Instandsetzungskosten auf 2.500 €, wird man, sofern § 138 BGB nicht greift (dazu Rn 2144), einen Fall „wirtschaftlicher Zulassungsunfähigkeit" und damit Mangelhaftigkeit bejahen müssen.

Bei **Oldtimern**, auch schon bei manchen **Youngtimern**, ist der „Liebhaberwert" ein wesentlicher Gesichtspunkt.[476] Dass Fahrzeuge dieser Altersgruppen stark rostbefallen sein können, liegt auch für einen technischen Laien auf der Hand. Der Umstand, dass ein solcher Wagen noch fahrbereit ist und zum Verkauf angeboten wird, kann allerdings dafür sprechen, dass Rostschäden zwischenzeitlich bearbeitet worden sind. Zur Bedeutung der üblichen „Zustandsnoten" s. Rn 1607.

Keinen Schutz verdient der Käufer, dem die Notwendigkeit aufwendiger Rostreparaturen bekannt ist, wenn er sich nur über das Ausmaß der Durchrostung und die Höhe der Reparaturkosten irrt.[477] Schutzwürdig ist er indes bei arglistiger Täuschung. Ansonsten entfällt die Haftung des Verkäufers, wenn schon nicht wegen Fehlerlosigkeit, so aufgrund eines stillschweigenden Haftungsausschlusses oder gem. § 442 BGB.[478]

Nicht die vertraglich vorausgesetzte Verwendung, sondern das Kriterium „übliche Beschaffenheit" in Verbindung mit der Käufererwartung ist angesprochen, wenn in einem Fall ohne einschlägige Vereinbarung Rostschäden bzw. Rostanfälligkeit zur Debatte stehen, die weniger krass als in den Fällen mit „Schwerstschäden" sind. Daran gemessen liegt ein Sachmangel vor, wenn die Rostschäden **für den konkreten Fahrzeugtyp ungewöhnlich stark** sind. Vergleichsobjekt ist zunächst – aber nicht ausschließlich – ein Fahrzeug dieses Typs mit gleichem Alter und gleicher Laufleistung, d. h. es geht hier um

---

472 NJW 1977, 1534 m. Anm. *Eggert,* S. 2267.
473 Urt. v. 29. 10. 1976 – 4 U 26/76 – n. v.; ebenso OLG Karlsruhe 16. 12. 1987, NJW-RR 1988, 1138; in diese Richtung auch OLG Köln 8. 4. 1992, NJW 1993, 271; OLG Celle 20. 10. 1994, OLGR 1994, 329.
474 So auch LG Köln 31. 3. 1980 – 16 O 349/79 – n. v.; OLG Frankfurt 30. 6. 1989, DAR 1989, 463 m. Anm. *Knipfer;* OLG Stuttgart 13. 5. 1997, OLGR 1998, 256 (Lkw).
475 OLG München 10. 5. 1971, DAR 1972, 329.
476 Vgl. OLG Karlsruhe 16. 12. 1987, NJW-RR 1988, 1138; s. auch OLG Schleswig 27. 9. 1988, DAR 1989, 147.
477 Vgl. OLG Karlsruhe 16. 12. 1987, NJW-RR 1988, 1138.
478 Vgl. auch AG Nienburg 30. 6. 1993, ZfS 1993, 304.

die Frage der Abweichung vom Serienstandard, noch nicht um die davon scharf zu trennende Frage, ob der „globale" (fabrikatsübergreifende) Standard eingehalten ist (dazu Rn 1527).

Schadenhäufigkeit und Schadensumfang stellt der TÜV anhand von Tabellen und Schautafeln beweiskräftig dar. Seine Untersuchungen kommen zu folgendem Resultat: Ab dem vierten Lebensjahr eines Autos muss bei den meisten Typen mit Rostbefall gerechnet werden. Mit zunehmendem Alter steigen Zahl und Häufigkeit von Korrosionsschäden steil an. Kfz-Sachverständige können Auskunft darüber geben, ob ein bestimmter Rostbefall für den konkreten Typ außergewöhnlich ist oder nicht.

Eine dem Käufer nachteilige **Abweichung vom Stand der Serie** bedeutet einen Sachmangel. Es kann sich um einen konkreten Produktionsfehler handeln („Ausreißer"). Für den Rostschaden kann aber auch eine fehlerhafte Instandsetzung (mit-)ursächlich sein. Eine unvollständige bzw. nicht fachgerechte Reparatur kann natürlich ihrerseits einen Sachmangel begründen.

Entgegen der Ansicht des OLG Köln[479] ist Mangelhaftigkeit auch dann zu bejahen, wenn der Rostschaden für den betreffenden Fahrzeugtyp nicht ungewöhnlich ist, er aber signifikant außerhalb der Bandbreite derjenigen Schäden liegt, die bei **vergleichbaren Fahrzeugen anderer Hersteller** zu beobachten sind. Bei besonderer Rostanfälligkeit z. B. durch Verwendung zu dünnen Stahlblechs, Fehler beim Stanzen der Blechteile oder durch unzulängliche Lackierung ist somit ein Sachmangel i. S. d. § 434 Abs. 1 S. 2 Nr. 2 BGB zu bejahen, obwohl die ganze Serie oder alle Fahrzeuge des betreffenden Baujahres davon befallen sind, die Beschaffenheit also typbezogen üblich im Sinne von „normal" ist. Der nicht gezielt aufgeklärte Durchschnittskäufer braucht mit dieser „Spezialität" nicht zu rechnen.[480] Zum Problem des Vergleichsmaßstabs und des Serienfehlers s. Rn 1527 ff.

p) Schadstoffarmut/Steuerklasse/AU

1490 Die Tatsache der Befreiung von der Kfz-Steuer ist als eine zusicherungsfähige Eigenschaft i. S. v. §§ 459 Abs. 2, 463 S. 1 BGB a. F. anerkannt gewesen, ebenso der Umstand, nur einen ermäßigten Steuersatz zahlen zu müssen.[481] Darüber hinaus konnte die Schadstoffarmut als solche Gegenstand einer Zusicherung sein. Das galt auch für das Vorhandensein eines **Katalysators.** Schon die bloße **Nachrüstbarkeit auf Kat** stellte eine zusicherungsfähige Eigenschaft dar.[482] Voraussetzung für die Zusicherungsfähigkeit war, dass der steuerliche Vorteil, wie z. B. beim „historischen Fahrzeug" (Oldtimer), **fahrzeuggebunden** war, also nicht von der Person des Halters bzw. Eigentümers abhing.

Höchstrichterliche Rechtsprechung dazu, unter welchen Voraussetzungen ein Gebrauchtfahrzeugverkäufer (zum Neuwagenkauf s. Rn 314) Eigenschaften wie „schadstoffarm" oder „mit Kat" oder „nachrüstbar" i. S. v. § 459 Abs. 2 BGB a. F. zusichert oder – in der heutigen Terminologie – „garantiert", liegt, soweit ersichtlich, nicht vor. Aus der Rechtsprechung der Instanzgerichte sind einschlägig: OLG Köln MDR 2000, 580 = DAR 2000, 309; LG Köln MDR 1991, 55, AG Witten DAR 1988, 424, AG Tecklenburg NJW-RR 1996, 1142 und LG Kiel NJW-RR 1996, 1142 und aus jüngerer Zeit die sog. **Euro-Rechtsprechung.** Zumal bei Import- und Re-Importwagen kommt es vor, dass identische Fahrzeug-

---

479 Urt. V. 21. 10. 1975 – 9 U 48/75 – n. v. (Renault 4).
480 Zur Offenbarungspflicht bei besonderer Rostanfälligkeit s. BGH 14. 3. 1979, NJW 1979, 1707 (Agenturfall); LG Münster 16. 2. 1989, DAR 1990, 22; zum Ganzen *Eggert,* DAR 1989, 121.
481 OLG Koblenz 7. 11. 2001, MDR 2002, 452 – Neuwagen; OLG Bremen 14. 6. 2001, DAR 2001, 400 – Neuwagen; LG Kiel 26. 1. 1996, NJW-RR 1996, 1142; LG Köln 22. 8. 1990, MDR 1991, 55; AG Witten 20. 1. 1988, DAR 1988, 424; AG Essen 29. 1. 1987, NJW-RR 1987, 828 – Neuwagen.
482 OLG Hamm 10. 7. 1992 – 19 U 101/92 – n. v.

typen nur nach „Euro 2" eingestuft werden, während der gleiche Typ, in Deutschland gekauft, „Euro 3" erfüllt. Ein ständiger Grund für Streitigkeiten ist ferner, dass „schadstoffarm E 2" nicht gleichbedeutend ist mit „Euro 2" (näher Rn 314).

Problemfälle waren außerdem **Fahrzeuge mit Kat-Nachrüstung**. Ein ausdrücklicher Hinweis eines Kfz-Händlers auf das Vorhandensein eines „Kat" kann die Zusicherung/Garantie bedeuten, dass mit dem Kat steuerliche Vorteile verbunden sind.[483] Die Marken- bzw. Typbezeichnungen wie BMW 316 i scheiden in der Regel als Anknüpfungspunkt aus, weil sie keinen direkten Bezug zur Schadstoffarmut haben.[484]

Angesichts der geringen Anforderungen, die der BGH an stillschweigende (konkludente) Zusicherungen im Gebrauchtwagenhandel im früheren Gebrauchtwagen-Kaufrecht gestellt hat, war eine derartige Garantieübernahme zu bejahen, wenn ein **Kfz-Händler** – anders als im Fall LG Kiel NJW-RR 1996, 1142 – ein Fahrzeug mit Papieren verkaufte, die den Vermerk „schadstoffarm" o. Ä. enthielten.[485] Eine einfache Beschaffenheitsvereinbarung i. S. v. § 459 Abs. 1 BGB a. F. war damit auf jeden Fall getroffen. Zur Aufklärungspflicht s. Rn 2140.

Ohne Auswirkungen auf die Vermarktung von Gebrauchtwagen ist bisher die **Pkw-EnVKV** vom 28. 5. 2004 geblieben, die Hersteller und Händler beim Neuwagenverkauf Informationen auch zu CO_2-Emissionen zur Pflicht macht. Zur Fortwirkung öffentlicher Äußerungen in diesem Fall s. Rn 1346.

Erklärungen wie **„mit ASU"** oder **„mit gültiger AU-Plakette"** sind, wie Informationen über die HU („TÜV"), Angaben über die Beschaffenheit des Fahrzeugs.[486] Bei einem älteren Fahrzeug, das die AU-Plakette nicht mehr ohne weiteres erhält, kann der Mangel erheblich sein und zum Rücktritt berechtigen.[487]

q) Scheckheftgepflegt/werkstattgepflegt

Zu den meisten Fahrzeugen gehört ein **Service- bzw. Inspektionsheft**. Nicht zuletzt um Fälschungen zu verhindern und auch Tachomanipulationen zu erschweren haben manche Hersteller eine **digitale Version** des Serviceheftes eingeführt (z. B. Mazda beim M 5).

1491

Privatverkäufer weisen, wenn möglich, darauf hin, dass ihr Fahrzeug „scheckheftgepflegt" oder „werkstattgepflegt" sei. **Gewerbliche Verkäufer** verwenden diese Attribute nur selten. Sie werben eher mit Ausdrücken wie „werkstattgeprüft" oder „von Meisterhand geprüft"; auf ihren **Websites** verschiedentlich aber auch mit „scheckheftgepflegt" bzw. „checkheftgepflegt". Hin und wieder sieht man diese Bezeichnung auch auf Verkaufsschildern direkt an den Fahrzeugen.[488]

Wer ein ausdrücklich als **„scheckheftgepflegt"** gekennzeichnetes Gebrauchtfahrzeug **vom Erstbesitzer** erwirbt, kann im Allgemeinen erwarten, dass die vom Hersteller vorgeschriebenen Inspektionen von einer hierzu **autorisierten Fachwerkstatt** durchgeführt und im „Scheckheft" (Serviceheft) dokumentiert worden sind. Ohne die Bezeichnung „scheckheftgepflegt" hat eine solche Erwartung keine Basis.[489] Eine „Scheckheftpflege" gewährleistet, dass alle erforderlichen Arbeiten zum Erhalt von Wert und Funktion durchgeführt werden, z. B. auch ein herstellerseits vorgeschriebener Wechsel des Zahnriemens. „Scheck-

1492

---

483 Vgl. OLG Köln 16. 2. 2000, MDR 2000, 580 = DAR 2000, 309.
484 Übersehen von AG Tecklenburg 23. 2. 1996, NJW-RR 1996, 1142; im Ergebnis richtig LG Kiel 26. 1. 1996, NJW-RR 1996, 1142.
485 Vgl. auch *Hörl*, DAR 1986, 97, 98.
486 AG Oldenburg 29. 5. 2006 – 9 C 9005/06 – n. v.
487 AG Oldenburg 29. 5. 2006 – 9 C 9005/06 – n. v.
488 Vgl. OLG Düsseldorf 8. 8. 2003 – 1 W 45/03 – n. v.
489 KG 16. 7. 2004, SVR 2004, 427 = ZGS 2005, 76.

heftpflege" bedeutet ferner, dass technische Verbesserungen nachträglich eingebaut und Kinderkrankheiten abgestellt worden sind, ein wichtiger Gesichtspunkt zumal bei solchen Fahrzeugen, die aus einer anfänglich fehlerträchtigen Baureihe stammen. Wichtig sind die vorgeschriebenen Inspektionen auch für den Bestand des Garantieschutzes.

1493 Zur Einhaltung der Zusage „scheckheftgepflegt" beim Verkauf aus erster Hand genügt es, wenn die Inspektionstermine im Wesentlichen eingehalten worden sind. Eine lückenlose Kette wird selbst von einem Erstbesitzer in der Regel nicht versprochen. Problematisch ist die Bedeutung von „scheckheftgepflegt", wenn der Verkäufer ein **Zweit- oder Drittbesitzer** oder ein **Händler** ist. Wer nicht aus erster Hand verkauft, wird allenfalls die Einhaltung der in seiner Besitzzeit fälligen Inspektionstermine zusagen wollen. Anhand des „Scheckheftes" kann er sich indes darüber informieren, ob sein(e) Vorbesitzer in den vorgeschriebenen Intervallen mit dem Fahrzeug in der Werkstatt war(en) oder nicht. Auch sein eigener Ankaufvertrag kann insoweit Aufschluss geben. Wer als Zweitbesitzer den Begriff „scheckheftgepflegt" ohne Einschränkung verwendet, wird sich wie ein Erstbesitzer beim Wort nehmen lassen müssen. Gleiches dürfte für einen Händler beim Verkauf eines Fahrzeugs aus erster Hand gelten.[490]

1494 Eine über den Normalzustand hinausgehende **Qualität des Fahrzeugs** wird mit dem Hinweis „scheckheftgepflegt" nicht stillschweigend zugesichert, jedenfalls nicht von einem Privatverkäufer ohne technischen Sachverstand. Stimmt die Angabe nicht, so kann der Käufer den Vertrag wegen arglistiger Täuschung anfechten.[491] Die Abwesenheit von technischen Mängeln wird mit „scheckheftgepflegt" nicht versprochen, selbst wenn der letzte Inspektionstermin nur kurze Zeit bzw. wenige km zurückliegt. Der Verkäufer hat lediglich dafür einzustehen, dass die vorgesehenen Inspektionen von einer Fachwerkstatt durchgeführt worden sind.[492] Ist dies nicht der Fall, kann der Verkäufer unter dem Gesichtspunkt der Garantieübernahme selbst dann haften, wenn das Fahrzeug technisch mängelfrei ist. Entgegen Zeitungsmeldungen hat das LG Paderborn[493] nicht entschieden, ein **Privatverkäufer** sichere mit „scheckheftgepflegt" zu, dass alle Inspektionen von einer Fachwerkstatt durchgeführt worden seien.

1495 Schon in der bloßen **Übergabe des Inspektionsheftes** die konkludente Zusicherung/Garantie „scheckheftgepflegt" zu sehen[494], geht selbst bei einem Verkauf durch einen Kfz-Händler mit Werkstatt zu weit.[495] Andererseits: Die Angabe in einem dem Käufer ausgehändigten Serviceheft, **der Zahnriemen** sei einen Tag vor dem Kauf gewechselt worden, stellt eine Beschaffenheitsangabe dar.[496]

Das **Unterlassen einer „Scheckheftpflege"** bedeutete für sich allein noch keinen Fehler i. S. v. § 459 Abs. 1 BGB a. F.,[497] wohl aber das Fehlen des Original-Scheckhefts.[498] Das Unterbleiben einer „Scheckheftpflege" kann im Zusammenhang mit der Frage des Fortbestandes des Garantieschutzes relevant sein (s. Rn 1426), die Sachmängelhaftung dagegen bleibt grundsätzlich unberührt

1496 Die Bezeichnung „**werkstattgepflegt**" besagt weniger als „scheckheftgepflegt". Mit ihr wird nicht versprochen, dass der Wagen regelmäßig zur Wartung und Inspektion in einer

---

490 Dazu OLG Düsseldorf 8. 8. 2003 – 1 W 45/03 – n. v. (die Tragweite von „scheckheftgepflegt" letztlich offen lassend); LG Wuppertal 23. 5. 2005, SVR 2005, 422.
491 LG Paderborn 20. 10. 1999 DAR 2000, 275.
492 So auch OLG Düsseldorf 5. 6. 1992, OLGR 1993, 42 (Ls.) = NZV 1993, 110 (Ls.).
493 Urt. v. 20. 10. 1999, DAR 2000, 275.
494 Vgl. OLG Düsseldorf, 5. 6. 1992, OLGR 1993, 42 = NZV 1993, 110.
495 AG Herford 12. 8. 2005, SVR 2006, 99.
496 LG Krefeld 24. 9. 2007, DAR 2008, 90.
497 So OLG Köln 21. 10. 1996, VersR 1997, 1019 = VRS 94, 321.
498 So LG Itzehoe 4. 6. 2002 – 7 O 166/01 – n. v. (zweifelhaft).

autorisierten Werkstatt war. Sie ist auch nicht dahin zu verstehen, dass die „Pflege" in einer fabrikatsgebundenen Fachwerkstatt stattgefunden hat. Letztlich bedeutet das Adjektiv „werkstattgepflegt" ohne konkretisierende Hinweise in der Regel wohl nicht mehr, als dass das Fahrzeug hin und wieder in einer beliebigen Werkstatt war. So gesehen, spricht hier mehr für eine unverbindliche Anpreisung, zumal beim privaten Direktgeschäft.

r) Serienmäßigkeit/Typengerechtigkeit
aa) Lebenssachverhalt und Ausgangslage

Analog den Fahrzeugbriefen enthalten die **handelsüblichen Vertragsformulare** – auch nach der Schuldrechtsreform – Rubriken für Eintragungen zum „Hersteller", dem „Fahrzeugtyp" und der „Fahrzeugart". Selten ist hier von „Fabrikat" oder „Marke" die Rede. Auch der Ausdruck „Modell" taucht nur vereinzelt auf. Informationen dieser Art findet man auch auf den **Verkaufsschildern** an den Fahrzeugen, in **Zeitungsanzeigen** und auf **Webseiten**. Im Vorfeld von Kaufverträgen dienen sie den Interessenten als Suchkriterien zur Orientierung. In die Vertragsurkunde werden sie aufgenommen, um das Kaufobjekt näher zu beschreiben und zu identifizieren. Zu Fehlbezeichnungen s. Rn 1356.

1497

Zugleich geben solche Informationen Auskunft über bestimmte **Fahrzeugeigenschaften**. Das ist eine Frage der Auslegung im Einzelfall. **Herstellerangaben** wie „VW" oder „BMW" informieren über den Produzenten, nicht notwendigerweise auch über den Produktionsort (Herkunftsland). Jedenfalls beziehen sie sich auf den Zeitpunkt, zu dem das Fahrzeug fabrikneu vom Band gerollt ist. Sie bedeuten nicht, dass bei zwischenzeitlichen Reparaturen, Um- oder Nachrüstungen Originalersatzteile oder Originalzubehör Verwendung gefunden haben, also solche Teile, die von dem angegebenen Hersteller selbst produziert oder von ihm freigegeben worden sind. Ein solcher Bedeutungsinhalt ist selbst bei jüngeren Fahrzeugen, z. B. Jahreswagen, nicht anzunehmen.

bb) Rechtsprechung

Bei **nachträglichen Veränderungen am Fahrzeug** knüpft die Rechtsprechung konsequenterweise nicht isoliert an die Herstellerangabe, sondern an die **„Marken- und Typbezeichnung"** (BGH) an. Die Herstellerangabe in einem Vertragsformular enthält für sich allein noch keine entsprechende Zusicherung.[499] Die bloße Mitteilung „Harley Davidson" wertet das OLG Karlsruhe bei einem privaten Direktkauf zu Recht nicht als Zusicherung dahin, dass das verkaufte **Motorrad** (älteren Baujahrs) noch über den Originalrahmen dieses Herstellers verfüge.[500] Für das OLG Frankfurt[501] ist die Tatsache, dass es sich um ein bestimmtes Fabrikat eines bestimmten Herstellers handelt, „für sich" nicht einmal eine zusicherungsfähige Eigenschaft. Für den „normalen" Autokauf kann dieser für den Handelskauf formulierte Grundsatz nicht gelten.

1498

Die Hauptbedeutung von „Marken- und Typbezeichnungen" wie z. B. „Porsche 928 S" oder „BMW 520i" liegt in ihrer **Schlüsselfunktion** bei der gewährleistungsrechtlichen Beurteilung von Fahrzeugveränderungen. Die Gerichte haben sich wiederholt mit Fallgestaltungen befassen müssen, deren Besonderheit darin liegt, dass der Originalzustand des Fahrzeugs nachträglich verändert worden ist, sei es, dass der Originalmotor durch einen anderen Motor ersetzt worden ist, sei es, dass ein Getriebetausch stattgefunden hat, sei es, dass die Reifen umgerüstet worden sind. Bevorzugte Objekte für Veränderungen sind ferner das Fahrwerk und die Auspuffanlage. Das Verlangen nach mehr Leistung und einer vermeintlich schöneren Optik ist ungebremst. Motiv für eine Veränderung des serienmäßigen Fahr-

---
499 So OLG Oldenburg 31. 1. 1995, NJW-RR 1995, 688 = OLGR 1995, 82 – BMW.
500 Urt. v. 18. 8. 1992, NJW-RR 1993, 1138 = VRS 84, 241.
501 Urt. v. 13. 12. 1994, OLGR 1995, 13 – Filter.

zeugzustandes ist häufig auch nur die simple Tatsache, dass ein bestimmtes Teil defekt ist und eine Reparatur sich nicht lohnt. Den Grund für eine Um- oder Nachrüstung können auch Vorschriften der StVZO liefern, z. B. bei Importautos.

1499 Den **Schwerpunkt in der Rechtsprechung** bilden Fälle mit **Motorumrüstung**. Allein zu diesem Fragenkomplex liegen sieben BGH-Entscheidungen vor. Unter dem Aspekt der Beschaffenheitsgarantie kommt den „Zusicherungs-Urteilen" vom 18. 2. 1981 (PS),[502] 3. 11. 1982 (BMW 1602)[503] und 16. 1. 1985 (BMW 520)[504] weiterhin Bedeutung zu, wenngleich nicht mehr leitende. Zu den „Umrüstungsfällen" gehört auch das Hinterreifen-Urteil des BGH vom 5. 7. 1978[505], während die Hinterreifen II-Entscheidung vom 11. 2. 2004[506] keinen Fall der (Reifen-)Umrüstung, sondern der Neu-Ausrüstung betrifft. Den zusicherungsrechtlichen Schlusspunkt der BGH-Judikatur bildet der Porsche-928-S-Fall, in dem es um den Austausch einer Hinterachsschwinge ging.[507]

In den **Umrüstungsfällen** ist weder die Serienmäßigkeit noch die Typengerechtigkeit expressis verbis zugesichert worden. Atypisch ist es auch, dass ein Händler – wie im Hinterreifen-Fall[508] – auf dem Bestellschein handschriftlich vermerkt „. . . wird in einwandfreiem technischen Zustand übergeben". Anknüpfungspunkte für die Zusicherungshaftung waren entweder Informationen über bestimmte Aggregate, z. B. „Austauschmotor", über konkrete Leistungsdaten, z. B. des Motors oder – gewissermaßen als **Auffangtatbestand** – die **Marken- und Typenbezeichnung**[509] im Kaufvertrag. Zur Bedeutung der Erklärung eines Verkaufsangestellten, er gehe davon aus, dass die am Fahrzeug (hier: Vorführwagen) vorgenommenen Änderungen in den Papieren eingetragen seien, s. BGH NJW-RR 1991, 870 (Zusicherung zutreffend verneint).

Eine stillschweigende bzw. konkludente Zusicherung des **Fortbestandes der Allgemeinen Betriebserlaubnis** (ABE) allein aus der Tatsache des Verkaufs eines Gebrauchtwagens zum Zwecke der Weiterbenutzung im Straßenverkehr herzuleiten, hat die Rechtsprechung bislang abgelehnt.[510] Das LG Köln neigt dazu, in der Veräußerung eines Serien-Pkw die konkludente Zusicherung zu sehen, dass dieser mit dem vom Hersteller vorgesehenen Triebwerk ausgerüstet ist. Es hat diese Frage aber letztlich nicht entschieden.[511]

Üblicherweise greift die Rechtsprechung auf die praktisch nie fehlende „**Marken- und Typenbezeichnung**"[512] zurück.[513] In Ergänzung seines Urteils vom 3. 11. 1982 (BMW 1602)[514] stellt der BGH zu der BMW-520-Entscheidung vom 16. 1. 1985[515] folgenden Leitsatz auf:

„Mit der in einem Kaufvertrag über einen Gebrauchtwagen enthaltenen Marken- und Typenbezeichnung (hier: BMW 520) sichert der Verkäufer dem Käufer über den Fortbe-

---

502 NJW 1981, 1268 = DAR 1981, 147.
503 NJW 1983, 217 = DAR 1983, 55.
504 NJW 1985, 967 = DAR 1985, 150.
505 NJW 1978, 2241.
506 NJW 2004, 1032 = NZV 2004, 183 (Ferrari).
507 Urt. v. 17. 4. 1991, NJW 1991, 1880 = WM 1991, 1224.
508 BGH 5. 7. 1978, NJW 1978, 2241.
509 Zur Terminologie s. *Eggert*, DAR 1985, 143, 145; *ders.*, NZV 1992, 209.
510 Z. B. LG Köln 23. 5. 1991 – 2 O 479/90 – n. v. – Verkauf eines Ford Transit mit stärkerem Motor; in diesem Sinn muss auch BGH 30. 1. 1991, NJW-RR 1991, 870 verstanden werden.
511 Urt. v. 23. 5. 1991 – 2 O 479/90 – n. v.
512 Diese Bezeichnungen findet man in den handelsüblichen Bestellscheinen (Kaufanträgen) ebenso wie auf den Verkaufsschildern am Fahrzeug.
513 Erstmals OLG Frankfurt 20. 10. 1977, VersR 1978, 828; später OLG Düsseldorf 8. 5. 1992, NJW-RR 1993, 58; OLG Köln 2. 12. 1992, VRS 84, 405 = NZV 1993, 230.
514 NJW 1983, 217 = DAR 1983, 55.
515 NJW 1985, 967 = DAR 1985, 150.

stand der Voraussetzungen der Allgemeinen Betriebserlaubnis hinaus nicht zu, dass das Fahrzeug mit einem dem Fahrzeugtyp entsprechenden Motor ausgerüstet ist."

Unter Berufung auf dieses BGH-Urteil haben Instanzgerichte Marken- und Typenbezeichnungen verschiedentlich dahin (miss-)verstanden, dass damit alle von der Allgemeinen Betriebserlaubnis geforderten Typenmerkmale als vorhanden zugesichert werden, so z. B. das LG Bonn im Porsche-928-S-Fall (Achsschwinge).[516] In jener Sache hat der BGH unmissverständlich klargestellt, dass einer Typenbezeichnung im Kaufvertrag „in keinem Fall eine abstrakte, alle Eventualitäten umfassende Zusicherung des Fortbestandes der konkreten Betriebserlaubnis" zu entnehmen sei.[517]

Die Formulierung „in keinem Fall" bedeutet auch: Selbst ein Vertragshändler mit dem üblichen Werkstattbetrieb sichert durch eine Angabe wie „BMW 325i" im Kaufvertrag und/ oder auf dem Verkaufsschild nicht zu, dass die dem Fahrzeug einmal erteilte Betriebserlaubnis (ABE) fortbesteht. Anders ausgedrückt: Nicht jede Veränderung des Fahrzeugs, die nach § 19 Abs. 2 StVZO die Betriebserlaubnis hat erlöschen lassen, ist geeignet, kraft vertraglicher Marken- und Typenbezeichnung eine Garantieübernahme zu begründen. Schon in seiner Leitentscheidung vom 3. 11. 1982[518] hat der BGH darauf hingewiesen, dass es nur um diejenigen Merkmale gehen kann, die von der Typenbezeichnung **„charakterisiert"** werden und von denen „der Fortbestand der Allgemeinen Betriebserlaubnis abhängig ist". Mit Hilfe dieses häufig übersehenen Kriteriums konnte der BGH den Porsche-928-S-Fall problemlos lösen. Denn eine bestimmte Ausführung der Achsschwinge gehört zweifellos nicht zu den Merkmalen, die mit der Angabe „Porsche 928 S" angesprochen („charakterisiert") werden.

1500 Auf der Grundlage der BGH-Judikatur hat der Käufer eines gebrauchten **Pkw** (einschließlich Kombi, Van) demnach **für eine Garantieübernahme** Folgendes **darzulegen und zu beweisen:**

a) Schriftliche Typenbezeichnung eines Kfz-Händlers
b) Nichtbestehen der Betriebserlaubnis bei Vertragsabschluss und Auslieferung, weil
c) das Fahrzeug in einem Ausstattungsteil, das durch die Typenbezeichnung charakterisiert wird, verändert worden ist.

Im BMW-1602-Fall (BGH NJW 1983, 217) lagen alle drei Voraussetzungen vor. Im BMW-520-Fall (BGH NJW 1985, 967) war oben b) bestritten und aufklärungsbedürftig, wobei auch der Behauptung des beklagten Händlers nachzugehen war, für den leistungsschwächeren Motor sei eine Betriebserlaubnis für Fahrzeugteile nach § 22 StVZO erteilt worden. Im Porsche-928-S-Fall (BGH NJW 1991, 1880) fehlte offenkundig die Voraussetzung c).

cc) Geklärte und ungeklärte Fragen

1501 Auch nach der Entscheidung des BGH vom 17. 4. 1991 (Porsche 928 S)[519] ist noch vieles offen.[520] Als **Folge der Schuldrechtsreform** ist indes festzustellen, dass das Bedürfnis, Garantiekonstruktionen an Marken- und Typbezeichnungen anzukoppeln, stark zurück gegangen ist.

---

516 Urt. v. 4. 8. 1989 – 18 O 7/89 – n. v.
517 Urt. v. 17. 4. 1991, NJW 1991, 1880 = WM 1991, 1224; dazu *Eggert*, NZV 1992, 209.
518 NJW 1983, 217 = DAR 1983, 55.
519 NJW 1991, 1880 = WM 1991, 1224.
520 Vgl. auch *Eggert*, NZV 1992, 209.

(1) Verkauf durch Privat

1502 Schon vor In-Kraft-Treten der Schuldrechtsreform galt die Rechtslage bei **Geschäften zwischen Privatleuten** als geklärt, wenngleich der BGH bislang davon abgesehen hat, für diesen Geschäftstyp eine definitive Aussage zu machen. Er hat lediglich erhebliche Bedenken geäußert, seine für den gewerblichen Bereich entwickelten Grundsätze auf das private Direktgeschäft zu übertragen. Alles spricht jedoch dafür, dass der BGH den privaten Verkäufer dem professionellen Autohändler nicht gleichstellen wird. M. a. W.: Marken- und Typenbezeichnungen von **Privatverkäufern** gegenüber nichtgewerblichen Käufern, erst recht gegenüber Kfz-Händlern, enthalten in der Regel **keine Beschaffenheitsgarantien** (Eigenschaftszusicherungen alter Art).[521]

Erweckt der (Privat-)Verkäufer den Eindruck, er handele gewerblich mit gebrauchten Kfz, muss er sich nach Ansicht des LG Saarbrücken[522] die Anwendung der strengen Garantierechtsprechung gefallen lassen.

(2) Händler-Händler-Geschäft

1503 Nach wie vor unklar ist die Situation bei Geschäften zwischen Kfz-Händlern. Einiges spricht dafür, Garantieübernahmen im Zweifel zu verneinen. Es fehlt an der besonderen Schutzwürdigkeit auf Käuferseite.

(3) Verkauf von Nutzfahrzeugen, Wohnmobilen und Motorrädern

1504 Noch nicht entschieden ist, welche Bedeutung Marken- und Typenbezeichnungen beim Verkauf von Nutzfahrzeugen, Wohnmobilen[523] und Motorrädern[524] haben.

(4) Pkw-Kauf vom Händler durch Privat

1505 Für diese im ehemaligen Kaufrecht wichtigste Fallgruppe ist noch offen, ob eine Angabe wie „Porsche 928 S" im schriftlichen Kaufvertrag (Bestellschein) stehen muss oder ob eine Internetanzeige/Zeitungsinserat oder das Verkaufsschild am Fahrzeug als Grundlage einer Garantieerklärung genügt oder ob in einem solchen Fall nicht einmal eine „einfache" Beschaffenheitsvereinbarung i. S. d. § 434 Abs. 1 S. 1 BGB anzunehmen ist. Abzuwarten bleibt auch, wie der BGH die Typenbezeichnung eines **Händlers ohne eigene Werkstatt** bewerten wird. Vor allem aber ist ungewiss, welche Fahrzeugteile durch eine Bezeichnung wie „Porsche 928 S" **charakterisiert** werden. Mit dieser Formel lassen sich in der Praxis befriedigende Ergebnisse nur in solchen Fällen erzielen, in denen, wie im Porsche-928-S-Fall (Achsschwinge),[525] die richtige Lösung ohnehin auf der Hand liegt. In Grenzfällen ist sie keine Hilfe.

dd) Stellungnahme

1506 Der Rechtsprechung des BGH konnte schon unter der Geltung des alten Kaufrechts aus einer Reihe von Gründen nicht zugestimmt werden. Abgesehen von den schon seinerzeit bestehenden grundsätzlichen Bedenken gegen die Ausweitung der Zusicherungshaftung

---

521 *Eggert*, NZV 1992, 209; so auch OLG Koblenz 21. 11. 1991, BB 1992, 806 = NJW-RR 1992, 1145; OLG Köln 24. 3. 1993, VRS 86, 13; s. auch OLG Karlsruhe 18. 8. 1992, NJW-RR 1993, 1138 (Motorrad); strenger OLG Köln 2. 12. 1992, NZV 1993, 230; s. auch OLG Celle 22. 2. 1995, OLGR 1995, 258.
522 Urt. v. 14. 1. 1999, NJW-RR 1999, 1065 – VW Käfer 1303.
523 Dazu OLG Frankfurt 9. 3. 1994, zfs 1994, 329 (Zulassungsgerechtigkeit der Flüssiggasanlage war ausdrücklich zugesichert).
524 Dazu OLG Karlsruhe 18. 8. 1992, NJW-RR 1993, 1138 = VRS 84, 241.
525 BGH v. 17. 4. 1991, NJW 1991, 1880 = WM 1991, 1224.

des Gebrauchtwagenverkäufers,[526] stieß auch die konkrete Vertragsauslegung auf erhebliche Einwände. In dem Bemühen um Differenzierung und Begrenzung hat der BGH des Guten zu viel getan. Bis heute unklar ist geblieben, welche Eigenschaft des Fahrzeugs mit einer Marken- und Typenbezeichnung wie „BMW 525i" tatsächlich „stillschweigend zugesichert" wird. Die Ausstattung des Fahrzeugs mit einem typengerechten (serienmäßigen) Motor ist es nicht;[527] auch nicht die Ausstattung mit sämtlichen durch die Typenbezeichnung „charakterisierten" Fahrzeugteilen, was immer das heißen mag. Inhalt der Zusicherung/Garantie soll auch nicht der uneingeschränkte Fortbestand der Allgemeinen Betriebserlaubnis oder überhaupt der Betriebserlaubnis sein. Er ist es „allenfalls insoweit, als er von den mit der Typenbezeichnung charakterisierten Merkmalen abhängt", und dies auch nur, so der BGH,[528] „gegebenenfalls". Solche gewundenen Formulierungen überfordern und irritieren die Praxis.[529]

Die außerordentlich facettenreichen Umrüstungsfälle über § 459 Abs. 2 BGB a. F. zu lösen, lief auf die **Fiktion einer Zusicherung** hinaus. Ob der Händler wollte oder nicht: Er musste sich so behandeln lassen, als habe er den Fortbestand der ABE rechtsverbindlich zugesichert, wenn auch irgendwie eingeschränkt. Dabei sind Typ- und Modellangaben im Kopf von Bestellscheinen, auf Verkaufsschildern und Verkaufsanzeigen ihrem natürlichen Sinngehalt nach nur **Warenkennzeichnungen**.[530] In Verbindung mit den Fahrzeugpapieren dienen sie der **Objektbeschreibung**. Ohne gegenteilige Anhaltspunkte gehen Verkäufer und Käufer als selbstverständlich davon aus, dass z. B. ein BMW vom Typ 520i mit einem typengerechten („passenden") Motor ausgerüstet ist. Eine solche Selbstverständlichkeit wird gerade nicht im Sinne einer Garantie zugesagt, jedenfalls nicht schon durch ein Kürzel wie „520i" hinter der Herstellerangabe „BMW".[531]

Spätestens mit Wegfall des umfassenden Gewährleistungsausschlusses infolge der Verbraucherschutzvorschrift in § 475 Abs. 1 BGB ist die Legitimation entfallen, solche Kennzeichnungen zu stillschweigenden (konkludenten) Beschaffenheitsgarantien/Garantieübernahmen aufzuwerten. Zur Überwindung einer an sich zulässigen Haftungsfreizeichnung, dem erklärten Ziel der früheren Zusicherungsrechtsprechung, stehen andere Mittel zur Verfügung.[532]

Abgesehen vom Fall Arglist (§ 444 BGB) kann sich derjenige Verkäufer nicht auf eine Freizeichnungsklausel berufen, der den Ersatzmotor hat einbauen lassen oder nachträglich von der Umrüstung erfahren hat. Dem informierten Verkäufer, dem Arglist nicht nachzuweisen ist, steht der Händler gleich, der seine Untersuchungspflicht verletzt hat (dazu Rn 1902 ff.). In allen übrigen Fällen muss ein Gewährleistungsausschluss, sofern rechtlich wirksam, durchgesetzt werden können. Andernfalls würden Gebrauchtfahrzeugverkäufer unangemessen belastet. Die Fahrzeughersteller bieten für fast jeden Fahrzeugtyp mehrere Motorvarianten an. Selbst bei Eigenfabrikaten stehen die Händler vor einem kaum lösbaren Problem, zumal die Fahrzeugpapiere keine Motornummer mehr ausweisen. Bei Fremdfabrikaten mit mehreren Vorbesitzern kann eine Garantieübernahme erst recht nicht erwartet werden.

Für den **Kauf von Sportwagen** ein Sonderrecht zu schaffen, ist nicht angebracht. Der Begriff „Sportwagen" ist unscharf. Die StVZO kennt ihn nicht. Auch in der Sache selbst

---

526 Dazu auch *Eggert*, NJW 1990, 549.
527 Missverständlich OLG Düsseldorf 8. 5. 1992, NJW-RR 1993, 58; OLG Köln 2. 12. 1992, NZV 1993, 230 = VRS 84, 405.
528 Urt. v. 17. 4. 1991, NJW 1991, 1880 = WM 1991, 1224.
529 Wie OLG Düsseldorf 8. 5. 1992, NJW-RR 1993, 58 zeigt.
530 So auch OLG Köln 28. 3. 1990 – 2 U 201/89 – n. v.
531 Vgl. auch *Henseler*, BB 1969, 24; *Semler*, NJW 1976, 406.
532 Dazu *Eggert*, DAR 1985, 143, 147 f.

gibt es keinen plausiblen Grund, Käufer von „Sportwagen" zu privilegieren. Der Gesichtspunkt der **besonderen Gefährlichkeit,** auf den es dem LG Bonn[533] im Porsche-928-S-Fall ankam, und der an sich auch beachtenswert ist, ist nicht auf „Sportwagen" beschränkt. Höchstgeschwindigkeiten über 220 km/h, vor Jahren noch Rennwagen vorbehalten, sind für die meisten Fahrzeuge ab der oberen Mittelklasse inzwischen normal und werden selbst von manchen Geländewagen (SUVs) erreicht.

s) Sonderausstattung (Zubehör)

1507 Das LG Bochum hat einen Händler zum Schadensersatz wegen Nichterfüllung (§ 463 S. 1 BGB a. F.) verurteilt, weil das Fahrzeug entgegen der Eintragung **„Servo"** unter der Rubrik Zubehör nicht mit einer Servo-Lenkung ausgestattet war.[534] Im Gegensatz zur Vorinstanz hat es dem Käufer nicht die gesamten Kosten für den nachträglichen Einbau der Servo-Lenkung, sondern nur den reinen Aufpreis für dieses Extra zugesprochen. Auch anhand der vom BGH für maßgeblich erachteten Kriterien (fehlende Sachkunde des Käufers, Vertrauen in die Sachkunde des Händlers, Schriftlichkeit der Erklärung) wird man in der Angabe „Servo" und in ähnlichen Hinweisen auf Zubehör und Zusatzausstattung, z. B. **ABS** (dazu BGH NJW 1995, 518 – Neuwagen) oder **Tempomat** (dazu AG Solingen DAR 1985, 257) lediglich eine Beschreibung des Fahrzeugs und damit nur eine Beschaffenheitsangabe ohne Garantiecharakter sehen können.[535]

Etwas anderes mag gelten, wenn das Vorhandensein eines bestimmten Zubehörteils Gegenstand der Vertragsverhandlung gewesen ist und der Verkäufer die Ausstattung des Fahrzeugs mit diesem Extra schriftlich bestätigt hat.[536] Ohne zu der Frage der Eigenschaftszusicherung abschließend Stellung zu nehmen, hat das OLG Braunschweig[537] einen Vermittler für schadensersatzpflichtig gehalten, der irrtümlich die Ausrüstung mit **ABS** zugesagt hat. Dem Vermittler wurde vorgeworfen, diese Erklärung ohne vorherige Überprüfung abgegeben zu haben.

Kommt es aufgrund eines **Internetangebots**, z. B. in einer Gebrauchtwagenbörse, zu einer (ersten) telefonischen Kontaktaufnahme mit dem anbietenden Autohaus und erklärt der Verkäufer spontan, also ohne nähere Prüfung, das besagte Fahrzeug habe „von Haus aus" **ABS**, so liegt darin keine Zusicherung, auch wenn dieses Ausstattungsdetail später nicht mehr angesprochen wird.[538]

Zur Bedeutung von Angaben über Ausstattungsdetails und „Extras" in einer **Internetanzeige** s. auch LG Köln DAR 2002, 272, LG Kleve NJW-RR 2005, 422 und AG Aachen SVR 2005, 33 – Klimaanlage. Falschangaben können nach Ansicht des LG Köln unter dem Gesichtspunkt der Behauptung ins Blaue hinein eine arglistige Täuschung bedeuten.

Nach Auffassung des LG Trier[539] ist **„ABS"** auf dem **Verkaufsschild** direkt am Fahrzeug keine Eigenschaftszusicherung. Die Verurteilung des Händlers aus c. i. c. wegen fahrlässiger Falschangabe ist unrichtig, bei Arglist dagegen zutreffend.

Zur (versehentlichen) Aufnahme eines **Navigationssystems** in ein „kaufbegleitendes Gutachten" (DEKRA-Siegel) s. AG Essen SVR 2005, 33; zur Soll-Beschaffenheit eines **CD-Radios** s. AG Aachen NZV 2005, 101 (Neuwagenkauf).

---

533 Urt. v. 4. 8. 1989 – 18 O 7/89 – n. v.
534 Urt. v. 2. 10. 1979, DAR 1981, 15; dazu *Eggert*, DAR 1981, 1.
535 Für Zusicherung – beim Kauf vom Vertragshändler – OLG Köln 16. 5. 1997, OLGR 1998, 26 = VRS 94, 168.
536 S. auch BGH 28. 11. 1994, NJW 1995, 518 (ABS bei Neuwagen).
537 Urt. v. 29. 12. 1986 – 1 U 65/86 – n. v. – Agenturgeschäft.
538 So LG Bielefeld 29. 11. 2000, DAR 2001, 409.
539 Urt. v. 25. 4. 2000, DAR 2000, 364.

Einzelfälle von Sachmängeln   1508–1510

t) Technische Mängel
Übersicht:

	Rn
Ausgangslage	1508
Einzelfälle aus der Rspr.	1511
– Mangel „ja"	1511
– Mangel „nein"	1513
Leitlinien der Rspr. in „Verschleißfällen"	1515 ff.
Offene Fragen	1516
Prüfschritte im konkreten Fall	1517 ff.
Darlegungs- und Beweislast	1541

aa) Ausgangslage

Während technische Defekte an einem fabrikneuen Kraftfahrzeug meist ohne große **1508** Schwierigkeiten unter den Mangelbegriff des § 434 Abs. 1 S. 2 Nr. 2 BGB subsumiert werden können, stellt sich beim Gebrauchtfahrzeugkauf typischerweise die Frage, wie bestimmte Sachverhalte aus der Vorgeschichte des Fahrzeugs rechtlich zu bewerten sind. **Verschleiß, Abnutzung, Materialermüdung und Alterung** sind Vorgänge, denen ein Kraftfahrzeug vom ersten Tag seiner Inbetriebnahme an zwangsläufig ausgesetzt ist.

(1) Begriff und Erscheinungsformen von Verschleiß

Jedes gebrauchte Kraftfahrzeug besteht aus einer Vielzahl von Einzelteilen, die sich in **1509** einem mehr oder weniger fortgeschrittenen Verschleißzustand befinden. Verschleiß (Abnutzung) ist der „fortschreitende Materialverlust aus der Oberfläche eines festen Körpers, hervorgerufen durch mechanische Ursachen, d.h. Kontakt und Relativbewegung eines festen, flüssigen oder gasförmigen Gegenkörpers" (DIN 50320). Somit sind als Verschleißteile solche Bauteile anzusehen, die derartigen Beanspruchungen unterliegen. **Typische Verschleißteile** sind Reifen, Bremsbeläge, Kupplung, Zahnriemen,[540] auch der Katalysator[541] und die normale (Stahl-)Auspuffanlage. Vom Einlauf- bzw. Einfahrverschleiß beim Neuwagen abgesehen, ist Verschleiß ein aus Nutzersicht unerwünschter, aber unvermeidbarer Vorgang.[542] Deshalb ist von „natürlichem" bzw. „normalem" Verschleiß die Rede. Abgegrenzt wird er gegen „vorzeitigen" bzw. „übermäßigen" Verschleiß, eine Kategorie, deren Definition und forensische Feststellung besonders problematisch ist.

(2) kaufrechtliche Abgrenzung

Mit der Abgrenzung zwischen einem Mangel im Rechtssinn einerseits und „normalem" **1510** Verschleiß/Alterung andererseits, für *Otting*[543] eine der größten Herausforderungen im Umgang mit den Fällen des Alltags, tun sich die Gerichte nach wie vor schwer. Wie die nachfolgende Kasuistik (ohne Korrosionsschäden, s. dazu Rn 1480 ff.) deutlich macht, hat vor allem die ältere Rechtsprechung vielfach zu schnell und ohne die notwendige Differenzierung auf das Vorhandensein eines Sachmangels im (objektiven) Sinn geschlossen. In technischen Defekten hat man schon dann einen rechtlich relevanten (Sach)Mangel gesehen, wenn sie die „Zulassung" hinderten und/oder die Gebrauchsfähigkeit beeinträchtigten.[544]

---
540 AG Geilenkirchen 26.4.2006, DAR 2006, 461 m.w.N.
541 Unrichtig AG Zeven 19.12.2002, DAR 2003, 379.
542 Zu den einzelnen Formen von Produktverschleiß s. *Wortmann/Schimikowski*, ZIP 1985, 978 ff.; zu Ursachen, Mechanismen und Erscheinungsformen des Verschleißes bei Kfz-Motoren s. *Greuter/Zima*, Motorschäden, 2. Aufl., S. 85 ff.
543 SVR 2004, 45.
544 OLG Bremen 10.9.2003, OLGR 2004, 117; anders und richtig OLG Bremen 11.3.2004, OLGR 2004, 319 (Motorboot).

In der jüngeren Rechtsprechung hat sich – befeuert durch das Freizeichnungsverbot (§ 475 Abs. 1 BGB) – eine **differenzierte Sicht** durchgesetzt. Im Detail ist indes noch Vieles strittig.

Was **Konstruktions- und Fabrikationsfehler angeht,** so sind sie nicht deshalb irrelevant, weil Gegenstand des Kaufs kein fabrikneues, sondern ein bereits gebrauchtes Fahrzeug ist. Abgesehen davon, dass zwischen „fabrikneu" und „gebraucht" nur wenige Kilometer liegen können, bildet das Kriterium „gebraucht" für sich allein genommen keine ausreichend scharfe Trennlinie am Erwartungshorizont eines Gebrauchtwagenkäufers. Auch er kann und darf in der Regel erwarten, dass der ihm angebotene Wagen frei von Konstruktions- und Fabrikationsfehlern ist. Zum heiklen Problem von Erscheinungsformen, die mit Begriffen wie **„konstruktive Schwäche"** oder **„fahrzeugspezifische Besonderheit"** belegt werden, s. Rn 1527.

bb) Einzelfälle aus der Rechtsprechung

1511 Mangel ja:

- starker Ölverlust, Abnutzung der Bremsbeläge, Lenkungsspiel, Getriebeschaden bei 5 Jahre altem VW-Käfer, Laufleistung 66.000 km, Kaufpreis 2200 DM, OLG Köln 9. 1. 1973, NJW 1973, 903.
- Verschleißbedingter Getriebeschaden bei 6 Jahre altem Porsche 928, 58.000 km, OLG Köln 15. 10. 1986 – 16 U 7/86 – n. v.
- Risse und Anrisse im Zylinderkopf, die auf eine Motorüberhitzung infolge eines undichten Kühlsystems zurückzuführen sind: kein normaler Verschleiß bei einem 8 Jahre alten BMW, 138.000 km, OLG Schleswig 8. 9. 1982, MDR 1983, 54; siehe auch OLG Hamm 5. 5. 1992 – 19 U 233/91 – n. v.
- extremer Verschleiß des 4. Zylinders eines 75-PS-Motors eines Ford Sierra = „gravierender Mangel" im Sinne einer Rückgabevereinbarung (OLG Hamm 18. 9. 1992, OLGR 1992, 353).
- überalterte Hinterreifen eines Porsche 911, LG Köln 26. 8. 1994 – 21 O 91/94 – n. v.
- Lagerschaden bei einem 10 Jahre alten Daimler-Benz 250 S, 140.000 km, als Folge Fahrens mit zu niedrigem Öldruck. Laut OLG Köln ist nicht der Lagerschaden, sondern der unzureichende Öldruck ein Sachmangel (Urt. v. 27. 1. 1978 – 20 U 135/77 – n. v.).
- Defekt am Getriebe (3. Gang nicht schaltbar wegen Abnutzung der Einrückmechanik) bei einem VW 1302, Kaufpreis 3600 DM (Reparaturkosten 716,- DM), AG Köln 23. 6. 1978 – 116 C 3128/77 – n. v.
- Risse im linken Rahmenlängsträger bei einem als Taxi genutzten Daimler-Benz, LG Köln 24. 1. 1979 – 9 S 161/78 – n. v.
- ausgeschlagene Achsschenkel bei einem 14 Jahre alten VW 1200, Kaufpreis 1000,- DM; ein die Verkehrssicherheit beeinträchtigender Verschleißmangel, der zur Minderung berechtigt, AG Köln 9. 1. 1980 – 129 C 1638/78 – n. v.
- völlige Abnutzung der Bremsklötze bei einem Jaguar XJ6, 82.000 km, 15.000,- DM; keine Verschleißerscheinung, sondern (versteckter) Mangel gem. § 459 Abs. 1 BGB, anders bei defekter Handbremse und erneuerungsbedürftigem Radlager (Reparaturkosten insoweit: 412,- DM), OLG Köln 6. 5. 1982 – 1 U 88/81 – n. v.
- um das 9- bis 10fache über dem vom Hersteller angegebenen Maximalwert liegender Ölverbrauch (Ursache: Fahrzeugalter und Verschleiß), LG Mosbach 2. 12. 1986, DAR 1987, 152.

Einzelfälle von Sachmängeln

- Ausrüstung eines Pkw mit einem Zahnriemen, für den das vom Werk vorgeschriebene Wechselintervall längst überschritten war (OLG Köln 17. 11. 1989 – 20 U 65/89 –;abw. OLG Köln 21. 10. 1996, VersR 1997, 1019).
- Undichtigkeiten und Verbrennungsstörungen am Zylinderkopf eines 7 Jahre alten VW Transporters, Laufleistung 110.000 km, Kaufpreis 12.900 DM (OLG Köln 5. 3. 2001, DAR 2001, 461).

Zum „neuen" Recht 1512

- Defekt der Zylinderkopfdichtung und gerissene Ventilstege bei einem Pkw, verkauft bei Km-Stand 159. 100 (BGH 18. 7. 2007, NJW 2007, 2621 Tz. 14).
- Leckage der Kraftstoffzuleitung im Motorraum (Brandschaden), 10 Jahre alter Ford Galaxy (OLG Celle 16. 4. 2008 – 7 U 224/07 – n. v.).
- Defekt am Katalysator bei einem älteren Opel Astra Caravan (Kat sei kein Verschleißteil, so AG Zeven 19. 12. 2002, DAR 2003, 379).
- Getriebeschaden, Defekte an der Sitz- und der Standheizung sowie am Tempomat, 8 Jahre alter Opel Omega, 130.000 km (LG Hof 13. 8. 2003 – 32 O 713/02 – n. v.).
- Anriss/Bruch der Ventilfeder eines Zylinders bei einem ca. 11 Jahre alten, rd. 122.000 km gelaufenen Porsche 944 S (OLG Köln 11. 11. 2003, DAR 2004, 91 = NZV 2004, 46).
- Feuchtigkeit im Scheinwerfer eines 5 Jahre alten, ca. 110.000 km gelaufenen MB C 200 T (LG Oldenburg 15. 1. 2004, SVR 2004, 144).
- Mangel an der Bremsanlage eines Opel Astra Caravan, 86.000 km (AG Kenzingen 27. 4. 2004, SVR 2004, 276).
- Milchiger Scheinwerfer an älterem Opel Vectra (OLG Celle 4. 8. 2004, NJW 2004, 3566 = MDR 2005, 207).
- Defekt an den Injektoren bei einem Mercedes A 170 CDI (LG Trier 8. 6. 2004 – 1 S 87/03 – n. v. – „kein typisches Verschleißteil").
- „Konstruktive Schwäche" in Form eines konstruktionsbedingten Werkstofffehlers als Grund für den (vorzeitigen?) Ausfall des Automatikgetriebes bei einem Renault Laguna (OLG Düsseldorf 19. 6. 2006, NJW 2006, 2858; ähnlich OLG Düsseldorf 23. 6. 2008 – I-1 U 264/07 – n. v. (Schaltauffälligkeit an einem Automatikgetriebe eines Ford Mondeo).
- Vorzeitige Abnutzung der Zahnflanken infolge eines „Konstruktionsmangels" beim Getriebe eines Ford Windstar (US-Produkt), OLG Stuttgart 15. 8. 2006, NJW-RR 2006, 1720.
- Besondere Schadenanfälligkeit der Zylinderköpfe mit nachfolgenden Rissen (Jeep Cherokee, 2,5 Ti, 5 Jahre, Schaden bei 94. 000 km), Thür. OLG 19. 1. 2006, SVR 2006, 262.
- Vorzeitige Materialermüdung als Grund für den Bruch von Federn in einem Automatikgetriebe eines Volvo C 70 (LG Köln 27. 6. 2006, DAR 2007, 34).
- Übermäßiger Verschleiß der Befestigungsschraube der Spannrolle des Zahnriemens mit der Folge ihres Abknickens und der weiteren Folge des Überspringens des Zahnriemens, was zu einer Kollision von Kolbenböden und Ventilfedern und damit zu einem „kapitalen" Motorschaden führte (OLG Hamm 18. 6. 2007 – 2 U 220/06 – BeckRS 2007 14370).
- Überdurchschnittlicher Verschleiß einer Einspritzdüse als Ursache eines Motorschadens (LG Dortmund 21. 12. 2007 – 22 O 212/06 – n. v.).

Mangel nein: 1513

- extremer Verschleiß an Zylindern und Kolben bei einem 8 Jahre alten, 135.000 km gelaufenen Daimler-Benz 200 D; OLG Hamburg 7. 12. 1981, MDR 1982, 406.

- stark ausgeschlagene Achsseiten und Unwucht in den Vorderrädern bei einem 8 Jahre alten Daimler-Benz 300 SEL, km-Stand 117.000, Kaufpreis 7900,– DM; LG Köln 31. 3. 1980 – 16 O 349/79 – n. v.
- defekte Auspuffanlage, loser Tank, ausgeschliffene Bremsscheiben bei einem 7 Jahre alten, 110.000 km gelaufenen Citroën ID 20; Kaufpreis 2300,– DM; LG Saarbrücken 14. 2. 1980 – 2 S 410/78 – n. v.
- unzureichende Kompression auf 2 Zylindern bei einem ca. 182.000 km gelaufenen Daimler-Benz 200 D, der als Mietwagen benutzt worden war, LG Köln 14. 11. 1979 – 13 S 170/79 – n. v.
- Durchrutschen des automatischen Getriebes bei einer bestimmten Drehzahl (Reparaturkosten 994,– DM) bei einem 5 Jahre alten, 125.000 km gelaufenen Audi 100, Kaufpreis 4800,– DM, LG Düsseldorf 11. 7. 1979 – 23 S 81/79 – n. v., mit grundsätzlichen Ausführungen zur Fehlerhaftigkeit eines Gebrauchtwagens.
- Kurbellagerdefekt bei einem 9 Jahre alten Daimler-Benz 220/8, 80.000 km gelaufen; AG Köln 28. 12. 1978 – 118 C 3521/78 – n. v.
- unzureichende Kompressionswerte bei einem 173.000 km gelaufenen Daimler-Benz 200 D; Kaufpreis 6700,– DM; LG Köln 23. 11. 1978 – 6 O 298/78 – n. v.
- Lagerschaden bei einem Daimler-Benz 280 SE; über 200.000 km, 800,– DM; AG Köln 26. 3. 1981 – 115 C 753/80 – n. v.
- Funktionsunfähigkeit des Motors aufgrund Zylinderverschleißes bei einem 8 Jahre alten, 230.000 km gelaufenen Daimler-Benz, OLG Koblenz 8. 10. 1985, MDR 1986, 316.
- Abnutzungserscheinungen an Bremsen, Lenkung, Stoßdämpfern und Rost an Auspuffanlage bei einem 13 Jahre alten, 119.000 km gelaufenen Pkw (Kaufpreis = 6 % vom Neupreis!), LG Düsseldorf 28. 10. 1983, DAR 1984, 118.
- Funktionsunfähigkeit des Motors wegen „hohen Verschleißes", LG Arnsberg 25. 4. 1988, NZV 1988, 68.
- Funktionsunfähigkeit des Motors eines über 13 Jahre alten Peugeot 304, OLG Schleswig 27. 9. 1988, DAR 1989, 147.
- Motorschaden bei 14 Jahre altem Opel Admiral 2.8 E, 150.000 km gelaufen, LG Köln 16. 1. 1991, DAR 1991, 224.
- eingelaufene Nockenwelle bei 10 Jahre altem Chevrolet Malibu, LG Kassel 31. 8. 1990 – 2 S 388/90 – (SP 1992, 62).
- unzulängliche Ölfilter, Stoßdämpfer, Scheibenwischer, Reifen und Auspuff bei einem 9 Jahre alten Renault Fuego, AG Homburg 21. 3. 1991, zfs 1992, 50.
- unzureichende Kompression bei einem Golf Diesel, 127.000 km gelaufen, AG Bremerhaven 17. 7. 1991 – 53 C 358/91 – n. v.
- überdurchschnittlich hoher Ölverbrauch infolge verschleißbedingter Motorschäden bei 116.000 km gelaufenem Fiat Panda, AG Mainz 2. 6. 1992, zfs 1992, 267.
- Getriebeschäden bei einem 12 Jahre alten AMC-Jeep, Laufleistung 83.000 Meilen, OLG Celle 28. 10. 1993, OLGR 1994, 65.
- Defekte an den Bremsen, Radzylindern und Stoßdämpfern bei einem fast 28 Jahre alten, 60.000 bis 70.000 km gelaufenen Nutzfahrzeug (Unimog), LG Duisburg 21. 6. 1991 – 4 S 15/91 – n. v.
- Lagerverschleiß bei einem ca. 12 Jahre alten Geländewagen (Laufleistung ca. 130.000 km), OLG Koblenz 9. 2. 1995, VRS 89, 336 = BB 1995, 2133.
- Schäden an Bremse, Lenkung und Karosserie bei einem 15 Jahre alten, ca. 110.000 km gelaufenen Geländewagen, OLG Celle 7. 6. 1996, OLGR 1996, 194.

Einzelfälle von Sachmängeln 1514

- Motorschaden infolge schadhaften, möglicherweise nicht rechtzeitig gewechselten Zahnriemens (OLG Köln 21. 10. 1996, VersR 1997, 1019; abw. OLG Köln 17. 11. 1989 – 20 U 65/89 – n. v.).
- Verkrustungen am Auspuffkrümmer und Kupplungsschaden bei einem ca. 6 Jahre alten, 127.640 km gelaufenen Pkw (OLG Köln 10. 1. 2000, DAR 2000, 308).
- erhöhtes Spiel der Spurstange, Riss an Staubmanschette, Undichtigkeit von Öl- und Kraftstoffleitungen, Nachlassen der Bremswirkung – 6 Jahre alter Opel Omega, 108.000 km (OLG Düsseldorf 21. 12. 2000, OLGR 2001, 508).
- abgenutzte Dichtungen und Dichtungsringe (Ursache für Ölverlust) – OLG Bamberg 20. 12. 2000, DAR 2001, 357.
- Leistungsabfall wegen defekten Turboladers bei 10 Jahre altem, 174.500 km gelaufenen VW Bus (OLG Düsseldorf 23. 3. 2001, OLGR 2001, 270).

Zum „neuen" Recht: 1514

- bei km-Stand 110.213 gerissener Zahnriemen, Renault Clio, 3 Jahre alt, 107.731 km gelaufen (AG Offenbach/M. 15. 1. 2003, DAR 2003, 178; ähnlich LG Itzehoe 25. 7. 2003, DAR 2004, 96; s. auch KG 16. 7. 2004, ZGS 2005, 76 = SVR 2004, 427).
- falsch eingestellte Spur bei einem 8 Jahre alten Opel Omega, 130.000 km (LG Hof 13. 8. 2003 – 32 O 713/02 – n. v.).
- Defekte an Stoßdämpfern, Lenkung, undichter Unterboden, 12 Jahre alter, 122.500 km gelaufener Ford Fiesta (LG Dessau 23. 12. 2003, DAR 2003, 119).
- erneuerungsbedürftige Bremsklötze/-scheiben an einem Peugeot 106, 62.500 km (LG Aachen 23. 10. 2003, DAR 2004, 452); ähnlich AG Dresden 23. 5. 2005, SVR 2006, 140 – Pkw 9 J., 173 695 km.
- Steinschlagschäden, Ölverlust Differential, Mercedes-Benz C 200 T, 5 Jahre, ca. 110.000 km (LG Oldenburg 15. 1. 2004, SVR 2004, 144).
- Riss am Zylinderkopf, der während der Nutzung durch den Käufer zum Motorausfall führt, Motorboot mit Sechszylinder-Otto-Motor (OLG Bremen 11. 3. 2004, ZGS 2004, 394 = OLGR 2004, 319).
- „Mängel" an Querlenklagern, Radaufhängung, Lenkanlage, Schalldämpfer bei ca. 10 Jahre altem, 232.320 km gelaufenen BMW 750 i (AG Neukölln 3. 8. 2004, SVR 2004, 431).
- defekter Auspuff, undichte Stoßdämpfer, beschädigte Türdichtung bei älterem Opel Vectra (OLG Celle 4. 8. 2004, NJW 2004, 3566 = MDR 2005, 207).
- Katalysatordefekt an einem 9 Jahre alten, ca. 150.000 km gelaufenen MB 124 T (AG Offenbach/M. 27. 9. 2004, SVR 2004, 432 = NJW-RR 2005, 423).
- undichte Zylinderkopfdichtung, technisch „aufgebrauchter" Kat, 5 ½ Jahre alter BMW 316 i, 71. 743 km (AG Fürstenwalde 24. 5. 2005, SVR 2006, 219).
- Ölaustritt infolge eines Defekts eines Motorlagers und Beschädigung eines Gummilagers, 6 Jahre alter Mercedes C 220 CDI, 122. 000 km (AG Aachen 21. 12. 2005 – 7 O 185/05 – n. v.).
- „leichtes Geräusch" im Bereich der Hinterachse bei einem 8 Jahre alten Pkw, 92 000 km (LG Kleve 22. 7. 2005, SVR 2006, 64).
- Schaden am Zahnriemen: Riss oder Abriss mehrerer Zähne bei 110. 800 km (Wechselempfehlung 120. 000 km), AG Geilenkirchen 26. 4. 2006, DAR 2006, 461.
- „Sägezahnbildung" („Sägezahnprofil") an den Hinterreifen eines frontgetriebenen Alfa 156; erhöhter Verschleiß an den Vorderreifen, begünstigt durch werkseitige Tieferlegung und durch Fahren mit Breitreifen (OLG Düsseldorf 27. 6. 2005 – 1 U 28/05 – SVR 2006, 261).

- Motorgeräusche („Tackern") als Folge eines zu großen Ventilspiels, eventuell verursacht durch verdreckte bzw. verschlissene Hydrostößel bei einem Opel Omega (OLG Düsseldorf 8. 1. 2007, DAR 2007, 211).
- Zustand der Kupplung (eines Mähdreschers) „nahe der Verschleißgrenze" (OLG Frankfurt 13. 12. 2006, OLGR 2007, 345).
- Fehlfunktion von Luftmassenmesser und Kurbelwellengehäuseentlüftung bei VW Passat TDI zwischen 126 und 160 000 km als Folge unzureichender Wartung bei fahrzeugspezifischer Wartungsbedürftigkeit (Brand OLG 13. 6. 2007, DAR 2008, 473).

cc) Leitlinien der Rechtsprechung unter besonderer Berücksichtigung von Verschleiß und Alterung

1515 Seit Anfang der Achtziger Jahre streben die meisten Gerichte schon bei der Ermittlung der Soll-Beschaffenheit eine ausgewogene Risikoverteilung an. Man setzt richtigerweise bereits beim Begriff des Sachmangels an. Gleich, welche Version favorisiert worden ist: Das Risiko für **normale Verschleiß-, Abnutzungs- und Alterungserscheinungen** hat man dem Käufer auferlegt, sofern eine besondere Vereinbarung dem nicht entgegenstand. Repräsentativ für die **Rechtsprechung vor der Schuldrechtsreform** ist folgende Argumentation:

„Beim Gebrauchtwagenkauf ist die Frage nach der Grenze der normalen Beschaffenheit und der normalen Zweckeignung nach den jeweiligen Besonderheiten des Einzelfalls zu beantworten. Dabei ist davon auszugehen, dass aufgrund des Gebrauchs und des Alterungsprozesses Abnutzungs- und Verschleißerscheinungen unvermeidlich sind. Gehen diese Erscheinungen nicht über das hinaus, was bei einem Fahrzeug des betreffenden Typs angesichts seines Alters und seiner Laufleistung normalerweise zu beobachten ist, so kann von einem Fehler i. S. von § 459 BGB nicht gesprochen werden. Normale Verschleiß-, Abnutzungs- und Alterungserscheinungen sind somit von vornherein aus dem Fehlerbegriff auszuklammern. Dies gilt unabhängig davon, welchen Einfluss solche Umstände auf die Funktionsfähigkeit und Gebrauchstauglichkeit des Fahrzeugs haben. Defekte, welche die Funktionsfähigkeit beeinträchtigen, sind nicht notwendigerweise Fehler i. S. des § 459 BGB" (OLG Karlsruhe 16. 12. 1987, NJW-RR 1988, 1138 = DAR 1988, 162).

Solche und ähnliche Begründungen finden sich in einer Vielzahl von Entscheidungen der Instanzgerichte zu § 459 Abs. 1 BGB a. F.[545] Nach **In-Kraft-Treten der Schuldrechtsreform** hat man nahtlos an diese – keineswegs überholte – Judikatur angeknüpft,[546] sie aber in Teilbereichen, so z. B. in der Frage des Vergleichsmaßstabes, weiterentwickelt und verfeinert.

---

545 Besonders deutlich: OLG Hamm 3. 7. 1986 – 23 U 35/86 – n. v.; OLG Frankfurt 30. 6. 1989, DAR 1989, 463 m. Anm. *Knipfer;* OLG Stuttgart 6. 2. 1990 – 10 U 34/89 – n. v.; OLG Koblenz 8. 10. 1985, MDR 1986, 316; OLG Hamburg 7. 12. 1981, MDR 1982, 406; OLG Schleswig 8. 9. 1982, MDR 1983, 54; OLG Schleswig 27. 9. 1988, DAR 1989, 147; LG Düsseldorf 28. 10. 1983, DAR 1984, 118; LG Arnsberg 25. 4. 1988, NZV 1988, 68; LG Mosbach 2. 12. 1986, DAR 1987, 152; LG Köln 16. 1. 1991, DAR 1991, 224; OLG Köln 8. 4. 1992, OLGR 1992, 210 = NJW 1993, 271; OLG Celle 28. 10. 1993, OLGR 1994, 65; OLG Celle 20. 10. 1994, OLGR 1994, 329; OLG Koblenz 9. 2. 1995, VRS 89, 336; OLG Celle 7. 6. 1996, OLGR 1996, 194; OLG Köln 21. 10. 1996, VersR 1997, 1019; OLG Celle 19. 2. 1998, OLGR 1998, 170; OLG Bamberg 20. 12. 2000, DAR 2001, 357; OLG Düsseldorf 21. 12. 2000, OLGR 2001, 508; OLG Düsseldorf 23. 3. 2001, OLGR 2001, 270; OLG Düsseldorf 6. 4. 2001, DAR 2001, 358.
546 Siehe die Nachweise in der obigen Aufstellung „Mangel nein/neues Recht" (Rn 1514).

Einzelfälle von Sachmängeln

Der **BGH** ist den Instanzgerichten im Grundsatz gefolgt.[547] Anhand welcher Kriterien die Fehlerabgrenzung vorzunehmen ist, hat er – ebenso wie andere „Verschleißfragen" – noch nicht entschieden.[548]

dd) Offene Fragen

Trotz der im Grundsatz nun auch vom BGH bestätigten Rechtsprechung der Instanzgerichte herrscht in der Praxis Unsicherheit vor allem bei folgenden Fallgruppen: **1516**

- Schwachstellen wie „konstruktionsbedingte Besonderheiten" bzw. „konstruktive Schwächen", die der gesamten Baureihe anhaften (Problem der Bestimmung des Vergleichsmaßstabes im Rahmen der Üblichkeitsprüfung nach § 434 Abs. 1 S. 2 Nr. 2 BGB). Beispiele: „vorzeitige" Getriebeschäden (OLG Düsseldorf NJW 2006, 2858; OLG Stuttgart NJW-RR 2006, 1720; OLG Düsseldorf 23. 6. 2008 – I-1 U 264/07 – n. v.).
- Verschleiß- und Alterungsschäden an Teilen, die nicht zu den „typischen" Verschleißteilen zählen, z. B. Kraftstoffleitung (dazu sehr bemerkenswert, aber anfechtbar OLG Celle 16. 4. 2008, ZGS 2008, 312)
- Verschleißerscheinungen, die auf einen haftungsrechtlich relevanten Mangel zurückgehen. Beispiel: übermäßiger Reifenverschleiß infolge falscher Achsgeometrie
- normaler Verschleiß an Teilen, die von elementarer Bedeutung für die Fahrzeugsicherheit sind (z. B. Bremsen oder Kraftstoffzuleitung, dazu OLG Celle 16. 4. 2008, ZGS 2008, 312.)
- „Alterung von Insassen-Sicherheitseinrichtungen" wie z. B. Sicherheitsgurt und Airbag.
- „Verschleißfolgeschäden". Beispiel: Infolge eines verschleißbedingt ausgeschlagenen Wasserpumpenlagers rutscht der Zahnriemen ab, was einen Motorschaden zur Folge hat.
- Fehlfunktionen und Schäden an Verschleißteilen als Folge unzulänglicher Wartung und Pflege (Musterfall: unterlassener Wechsel des Zahnriemens).

Fallgestaltungen dieser Art verlangten vor der Schuldrechtsmodernisierung in der Regel keine nähere Prüfung, weder rechtlich noch technisch. Der alles überwölbende Gewährleistungsausschluss machte das meist überflüssig. Seit In-Kraft-Treten der Schuldrechtsreform – konkret: des § 475 BGB – müssen die Gerichte Stellung beziehen.

Der **Verkehrsgerichtstag** hat die enorme praktische Bedeutung der Problematik erkannt,[549] ist aber im Jahre 2004 (42. VGT) über eine bloße Empfehlung nicht hinaus gekommen. Begrüßenswert sei, wenn als Orientierungshilfe zur Abgrenzung zwischen üblicher Beschaffenheit und Mangel **statistische Daten** erhoben, gesammelt und veröffentlicht werden.

Eine solche **„Verschleißstatistik"**, vom ADAC bereits vor Jahren angekündigt, steht bis heute aus. Mit ihr ist in absehbarer Zeit nicht zu rechnen. Andere Statistiken oder sonstige empirischen Befunde mit Beweiskraft stehen der Öffentlichkeit nicht nur Verfügung. Selbst Kfz-Sachverständige haben nur begrenzten Zugang zu einschlägigem Datenmaterial. Die jährlichen **TÜV-Reports** geben zwar Auskunft über „Schwachstellen", sind aber in den besonders strittigen Fällen mit Motor- und Getriebeschäden wie auch bei Elektronikproblemen nur bedingt hilfreich. Die für die Zustandsbewertung von Leasingfahrzeugen entwickelten Leitlinien[550] sind gleichfalls nur eingeschränkt brauchbar.

---

547 Urt. v. 23. 11. 2005, NJW 2006, 434; bestätigt im Urt. v. 10. 10. 2007, NJW 2008, 53.
548 Auch im Urteil vom 13. 2. 2002 – VIII ZR 93/01 – n. v., findet sich dazu nichts. Interessant sind die Anmerkungen von *Paulusch* (ehem. Mitglied des VIII. ZS), WM-Sonderbeilage Nr. 10/1986, S. 35, und von *Ball* (Vorsitzender des VIII. ZS) in Homburger Tage 2004, S. 117.
549 Das Referat von *Otting* ist abgedruckt in SVR 2004, 44; s. auch *Otting*, SVR 2004, 224.
550 Vgl. *Hörl* in *Berz/Burmann*, Handbuch des Straßenverkehrsrechts, 10 C Rn 247 ff.

ee) Die Ermittlung der Sollbeschaffenheit speziell in Verschleiß- und Alterungsfällen

(1) Erster Prüfschritt

1517 Wie auch sonst in Gewährleistungssachen ist in erster Linie danach zu fragen, ob das, was der Käufer rügt, Gegenstand einer **Beschaffenheitsvereinbarung** ist. Die Sollbeschaffenheit wird **primär** durch diejenigen Eigenschaften bestimmt, deren Vorhandensein der Verkäufer verbindlich zugesagt hat (§ 434 Abs. 1 S. 1 BGB).

1518 **Ausdrückliche Vereinbarungen** mit direktem Bezug zum Thema „Verschleiß/Alterung" wurden unter der Geltung des früheren Kaufrechts praktisch nicht getroffen. Dafür gab es keinen Bedarf. Anders als in älteren Neuwagenverkaufsbedingungen fand sich in den AGB für den Gebrauchtfahrzeugkauf keine Regelung über „natürlichen" Verschleiß. Der umfassende Gewährleistungsausschluss machte das entbehrlich.

Dort, wo jetzt ein Freizeichnungsverbot herrscht, haben Unternehmer-Verkäufer berechtigten Anlass, das Thema „Verschleiß/Alterung" in ihrem Sinn zu regeln. Das geschieht in der Regel nicht im Wege von Formularklauseln, sondern mit Hilfe von **Zustandsbescheinigungen/Befundberichten** oder durch Negativ-Erklärungen wie „technisch und optisch am Ende der Lebensdauer". Zur Zulässigkeit solcher „haftungsentlastenden" Beschaffenheitsvereinbarungen beim Verbrauchsgüterkauf s. Rn 1319 ff. Mit der Übergabe eines DEKRA-Siegel-Berichts ist bei einem 6 Jahre alten Pkw (122.000 km) nicht die Zusicherung verbunden, alterstypische Verschleißerscheinungen seien nicht vorhanden.[551]

1519 **Stillschweigende/konkludente Vereinbarungen:** Nach ihnen ist zu fragen, wenn der Verkäufer, wie regelmäßig, keine ausdrückliche – positive oder negative – Angabe über den Verschleißzustand gemacht hat. Eine Werbeäußerung wie „einwandfreier Zustand" hilft dem Käufer in diesem Zusammenhang nicht.[552]

Am weitesten geht die Auffassung, dass der Verkäufer allein durch den **Abschluss des Kaufvertrages,** ggf. in Verbindung mit der **Preisgestaltung,** stillschweigend die Abwesenheit von technischen Mängeln jeglicher Art einschließlich „Verschleißmängel" verspricht. Nicht viel enger ist die Ansicht, beim Verkauf eines gebrauchten Kraftfahrzeugs gelte die **Verkehrssicherheit** und/oder die **Gebrauchstauglichkeit** als schlüssig zugesagt, sogar „zugesichert" bzw. garantiert. Urteile dieses Inhalts sind indessen – zu Recht – vereinzelt geblieben.[553]

Der bloße Abschluss eines Kaufvertrages über einen Gebrauchtwagen genügt in der Regel nicht für die Annahme einer stillschweigenden Vereinbarung über die Verkehrssicherheit, Betriebssicherheit, Gebrauchstauglichkeit oder Rostfreiheit. Ohne weiteres wird auch nicht die Abwesenheit technischer Defekte stillschweigend vereinbart oder gar garantiert. Erst recht gilt dies für „Verschleißmängel". Stets müssen zusätzlich zum Vertragsschluss und zur Preisabsprache **konkrete Anhaltspunkte** vorliegen, die dafür sprechen, dass der Verkäufer ausnahmsweise für die Abwesenheit von „Verschleißmängeln" haften will.

So können die Dinge bei Beschaffenheitsangaben wie „generalüberholt", „km-Stand 23.450", „fahrbereit" oder „scheckheftgepflegt" liegen. Aber auch Zusätze wie „neu" oder „neuwertig" können Käufern helfen, so z. B. „Bremsen neu". Die Äußerung eines Kfz-Händlers **„Bremsen vor kurzem erneuert"** darf ein Käufer jedoch nur dahin verstehen, dass das Fahrzeug **neue Bremsbeläge** erhalten hat, nicht aber, dass die gesamte Bremsan-

---

551 So AG Aachen 21.12.2005 – 7 O 185/05 – n. v.
552 OLG Stuttgart 15.8.2006, NJW-RR 2006, 1720.
553 LG Köln 1.6.1989, DAR 1991, 188; LG Köln 14.2.1979 – 9 S 355/78 – n. v.; vgl. auch OLG Karlsruhe 22.10.1968, DB 1968, 2074; LG Karlsruhe 9.1.1981, DAR 1981, 152; noch heute derart käuferfreundlich der öster. OGH (Urt. v. 16.2.2006, ZVR 2006, 414).

lage oder auch nur die Bremsscheiben erneuert worden sind und der Händler die Gewähr für deren Funktionstüchtigkeit übernehmen will.[554] Zur Erklärung **„Bremsen neu"** s. auch KG OLGZ 1972, 402 (Urt. v. 31. 1. 1972). **„Bremsklötze erneuert"** ist als Zusicherung verstanden worden,[555] was aus heutiger Sicht zu weit geht.

Angesichts der **Unschärfe** von Begriffen wie „neu", „neuwertig", „erneuert" etc. ist eine besonders sorgfältige Analyse des gesamten Auslegungsstoffes erforderlich. Maßgeblich ist der objektive Inhalt der Erklärung aus der Sicht des Käufers als Erklärungsempfänger. Nach dem **allgemeinen Sprachgebrauch** bedeutet „neu" so viel wie „ungebraucht" oder „unbenutzt". Dass der Gegenstand auch aus neuen, gar fabrikneuen Einzelteilen bestehen muss, ist nicht zwingend.

Pauschalaussagen wie **„alle Fahrzeuge werkstattgeprüft"** oder **„alle Fahrzeuge neu TÜV-abgenommen"** können mit Blick auf die Verschleißfrage gleichfalls relevant sein, ebenso die Werbung mit dem ZDK-Vertrauenssiegel bzw. dem ZDK-Meisterschild (s. Rn 1604 f.) oder das Herausstellen des Autohauses als „Meisterbetrieb".

Im Zusammenhang mit der Tragweite von Zusicherungen alter Art hat sich **der BGH** verschiedentlich mit der Frage befasst, welchen technischen Standard der Käufer erwarten kann. So bedeutet z. B. **„werkstattgeprüft"** nicht, dass der Verkäufer für „Verschleißmängel" einzustehen habe (vgl. Rn 1602). Deren Abwesenheit wird auch nicht durch eine **Angabe des Händlers über die Laufleistung** des Autos bzw. des Motors verbindlich zugesichert. Ein Kfz-Händler soll jedoch mit einer Erklärung wie „Gesamtlaufleistung nach Angaben des Vorbesitzers 96. 000 km" zum Ausdruck bringen, dass der Motor nicht wesentlich stärker verschlissen ist, als es die mitgeteilte Laufleistung erwarten lasse.[556] Dieser weitgehend unbekannte, aus technischer Sicht allerdings fragwürdige Erklärungsgehalt wird von Käufern nur selten genutzt. Ob die Auslegung rechtlich Bestand hat, nachdem der BGH Angaben über die Gesamtlaufleistung, die unter dem Vorbehalt „lt. Vorbesitzer" stehen, als bloße Wissensmitteilungen behandelt,[557] muss bezweifelt werden.

1520

(2) Zweiter Prüfschritt

Hilft die Auslegung des vertraglich Vereinbarten, wie meist, nicht weiter, ist – unter zulässigem Überspringen der Regelung in § 434 Abs. 1 S. 2 Nr. 1 BGB (dazu Rn 1336) – in einem zweiten Schritt zu prüfen, ob das Fahrzeug in seinem tatsächlichen Zustand im Zeitpunkt der Übergabe für die gewöhnliche Verwendung geeignet und von einer Beschaffenheit war, die bei gleichartigen Fahrzeugen üblich ist und die der Käufer nach der Art des Fahrzeugs erwarten konnte (§ 434 Abs. 1 S. 2 Nr. 2 BGB). Hier liegt **das Kernproblem**.

1521

Eignung für die gewöhnliche Verwendung: Mit diesem Kriterium (dazu auch Rn 1337 ff.) wird Art. 2 Abs. 2 Buchst. c Verbrauchsgüterkaufrichtlinie umgesetzt, dem zufolge Vertragsmäßigkeit der Kaufsache anzunehmen ist, wenn sie sich für Zwecke eignet, für die Güter der gleichen Art gewöhnlich gebraucht werden.[558] Für die gewöhnliche Verwendung eignet sich ein gebrauchter Pkw **nach Ansicht des BGH** dann, wenn er keine technischen Mängel aufweist, die die Zulassung zum Straßenverkehr hindern oder die Gebrauchsfähigkeit aufheben oder beeinträchtigen.[559] Mit dieser allgemeinen Formel könnte der BGH auch die gewöhnliche Verwendungstauglichkeit eines Neufahrzeugs umschreiben.

1522

---

554 OLG Saarbrücken 4. 6. 1991 – 2 U 109/89 – n. v.
555 OLG Düsseldorf 5. 2. 1979 – 1 U 141/78 – n. v.
556 So im Anschluss an den BGH NJW 1981, 1268 OLG Düsseldorf 8. 5. 2006, SP 2007, 32 = DAR 2006, 633; Brand OLG 13. 6. 2007, VRR 2008, 182 = DAR 2008, 473.
557 NJW 2008, 1517.
558 BT-Drucks. 14/6040, 213.
559 Urt. v. 10. 10. 2007, NJW 2008, 53.

Reinicke/Tiedtke[560] lehnen eine Differenzierung von neu und gebraucht in diesem Zusammenhang ab und verweisen darauf, dass auch von gebrauchten Sachen Verwendungstauglichkeit erwartet werden könne. Das ist gewiss richtig. Dennoch spricht einiges dafür, die Eignung zur gewöhnlichen Verwendung bei einem Gebrauchtfahrzeug nach der **Verkehrsanschauung** anders als bei einem fabrikneuen Fahrzeug zu beurteilen. Wenn man allerdings die gewöhnliche Verwendung eines Kraftfahrzeugs auf die Fortbewegungs- und Transportfunktion reduziert und lediglich auf den Zeitpunkt der Übergabe (unter Ausklammerung des Moments der Haltbarkeit für eine gewisse Dauer) abstellt, kann der undifferenzierten Betrachtung von Neu- und Altfahrzeugen beim Kriterium „gewöhnliche Verwendung" gefolgt werden.

1523 Der Begriff „gewöhnliche Verwendung" soll deutlich machen, dass es auf die normale (übliche) Einsatzmöglichkeit ankommt.[561] Schon aus technischer Sicht ist sie nicht durch jeden Fall von Verschleiß bzw. Alterung in Frage gestellt. Erst wenn der Verschleißzustand einen bestimmten Grad erreicht und sich als Störung der Funktionstauglichkeit und/oder Beeinträchtigung der Verkehrs- und Betriebssicherheit bereits konkret auswirkt oder auszuwirken unmittelbar droht, kann von einem Eignungsmangel gesprochen werden.[562] Bis zum Erreichen dieser Stufe ist das Fahrzeug verwendungstauglich und unter diesem (ersten) Blickwinkel sachmängelfrei.[563]

1524 Entscheidend ist zwar der Zustand im Zeitpunkt des Gefahrübergangs (Übergabe). Verfehlt ist indes die Vorstellung, bei einem gebrauchten Kraftfahrzeug müsse die Fahrfähigkeit/Fahrbereitschaft nur für den Zeitpunkt der Übergabe gewährleistet sein. Das Kriterium der „gewöhnlichen Verwendung" ist beim Kauf eines Kraftfahrzeugs, gleichviel, ob neu oder gebraucht, in der Regel **auch zukunftsgerichtet** (s. auch Rn 1618 f.). „Gewöhnliche Verwendung" bedeutet auch bei einem „normalen" Gebrauchtwagen mehr als nur die Tauglichkeit für die Fahrt vom Hof des Händlers. Schon dieses erste der drei Kriterien des § 434 Abs. 1 S. 2 Nr. 2 BGB schließt ein, dass das Fahrzeug für eine **normal zu erwartende Dauer** verwendbar bleibt, wobei es eine Frage des Einzelfalls ist, ob und in welchem Umfang der Käufer durch eigene Investitionen dazu beizutragen hat. Wer ausschließlich auf den Übergabezeitpunkt abstellt, muss sich mit der Frage auseinandersetzen, ob eine im Zeitpunkt der Übergabe vorhandene Schadenanfälligkeit (Störanfälligkeit) als Sachmangel in Betracht kommt. Zu diesem Ansatz s. Rn 1620 f.

Wenn bei einem zur Weiterbenutzung im Verkehr verkauften Kfz der Motor auf den ersten Kilometern ohne Fahrfehler allein infolge technischen Versagens ausfällt, wird man mit dem Attribut „verwendungsuntauglich" kaum zögern.[564] War der Wagen dagegen eine Zeit lang oder eine längere Strecke problemlos nutzbar und tritt erst jetzt ein Motor- oder Getriebeschaden auf, gehen die Gerichte der Frage nach, aus welchem Grund es zum Schaden, dem Endresultat, gekommen ist, ob beispielsweise „normaler" Verschleiß bzw. gewöhnliche Materialermüdung zum Ausfall des Motors geführt hat.[565] Näheres zu dieser Fragestellung – die Ursache als Mangel – unter Rn 1654 ff.

1525 Das Kriterium der „gewöhnlichen Verwendung" darf **nicht isoliert** betrachtet werden. Subsumiert man einen Motorschaden bzw. dessen Ursache allein unter die Definition des BGH von der gewöhnlichen Verwendung,[566] wird ein technischer Mangel allzu schnell mit einem Mangel im Rechtssinn gleichgesetzt werden. Der Begriff „gewöhnliche Verwen-

---

560 Kaufrecht, Rn 327.
561 So *Büdenbender* in AnwK-BGB, § 434 BGB Rn 28.
562 OLG Düsseldorf 27. 6. 2005, SVR 2006, 261.
563 OLG Düsseldorf 27. 6. 2005, SVR 2006, 261.
564 Siehe auch *Medicus*, Schuldrecht II, Rn 46.
565 Z. B. OLG Köln 11. 11. 2003, DAR 2004, 91 = NZV 2004, 46 (Porsche 944, Ventilfederbruch).
566 Urt. v. 10. 10. 2007, NJW 2008, 53.

Einzelfälle von Sachmängeln 1526, 1527

dung" steht in einer Wechselbeziehung zum Kriterium der üblichen Beschaffenheit, wo die Rechtsprechung das Verschleiß- und Alterungsproblem in erster Linie festzumachen pflegt. Geboten ist eine **ganzheitliche Betrachtungsweise**, die mit der zu erwartenden Beschaffenheit („Käufererwartung") auch das dritte Kriterium des § 434 Abs. 1 S. 2 Nr. 2 BGB in den Blick nimmt.[567]

Übliche Beschaffenheit: Jedenfalls bei diesem Kriterium ist es unerlässlich, den **richtigen Vergleichsmaßstab** festzulegen. „Sache der gleichen Art" meint beim Kauf eines gebrauchten Kraftfahrzeugs, dass das **Referenzfahrzeug** gleichfalls gebraucht sein muss. Ein fabrikneues Fahrzeug scheidet als Maßstab aus.[568] Es ist also nicht von der üblichen Beschaffenheit eines Neufahrzeugs auszugehen, um dann in einem zweiten Schritt die notwendigen Abstriche zu machen.[569] **1526**

Aus der Menge der gebrauchten Kraftfahrzeuge ist sodann **eine Teilmenge** zu bilden. Ihr ist das Referenzfahrzeug zu entnehmen, d. h. dasjenige Fahrzeug, das die Soll-Beschaffenheit im konkreten Streitfall vorgibt und damit als Vergleichmaßstab, quasi als Musterfahrzeug, dient. Es muss nicht nur ein gebrauchtes Fahrzeug sein. Darüber hinaus muss es zum einen **bauart- und typgleich** sein und zum anderen nach Alter und Laufleistung dem Kaufobjekt so weit wie möglich entsprechen.

Bei dieser ersten, nicht in jedem Fall abschließenden Vergleichsbetrachtung sind **Fahrzeuge anderer Hersteller** noch nicht einzubeziehen. Wenn der Zustand des streitgegenständlichen Fahrzeugs, z. B. wegen eines individuellen Fabrikationsfehlers, schon hinter dem Standard der eigenen Serie (Baureihe) zurückbleibt, ist ein Mangel zu bejahen. Marke und Typ des Kaufobjekts setzen die Maßstäbe des Üblichen und bestimmen zugleich die Erwartung des durchschnittlichen Käufers eines solchen Fahrzeugs.

Beispiel: Wenn Automatikgetriebe der Baureihe Volvo C 70 gewöhnlich, d. h. im Durchschnitt, 200 000 bis 300 000 km halten, wird man in dem Bruch der Federn der Lamellenkupplung bei 45 000 km einen Sachmangel sehen müssen, entweder in Form eines Fertigungsmangels oder der vorzeitigen Materialermüdung (so LG Köln DAR 2007, 34). Der Standard der eigenen Serie wird in der Tat signifikant unterschritten. Der Wagen verfehlt das statistische Ziel in einem Ausmaß, dass von „üblicher" Beschaffenheit nicht die Rede sein kann (s. aber auch Rn 1530).

Problematisch ist, ob bei Einhaltung des fahrzeugspezifischen Serienstandards („Stand der Serie") in einem **weiteren Prüfschritt** – so wie beim Neuwagenkauf (dazu Rn 200 ff.) – die gesamte Palette vergleichbarer Fahrzeuge anderer Hersteller in den Blick zu nehmen ist. Hintergrund dieser für den Gebrauchtwagenkauf neuartigen Fragestellung sind nicht Fabrikationsfehler, sondern Defizite aus dem Formenkreis der Konstruktionsfehler, wobei die Abgrenzung zwischen einer sog. **konstruktiven Schwäche** und einem „echten" Konstruktionsfehler schon schwierig genug ist,[570] erst recht die Feststellung einer Vertragswidrigkeit nach objektiven Gesichtspunkten. **1527**

Eine enge, **nur fabrikatsinterne Sichtweise** liegt der Entscheidung des Brand OLG vom 13. 6. 2007[571] zugrunde, wenn Fehlfunktionen eines TDI-Motors in einem VW Passat mit dem Argument als vertragsgemäß eingestuft werden, sie seien die Folge einer besonderen

---

567 OLG Düsseldorf 27. 6. 2005, SVR 2006, 261; OLG Stuttgart 4. 6. 2008, DAR 2008, 477 (Neuwagen).
568 BT-Drucks 14/6040, 214.
569 So aber *Knöpfle*, Fehler beim Kauf, S. 296.
570 Grundlegend dazu OLG Düsseldorf 19. 6. 2006, NJW 2006, 2858; OLG Stuttgart 15. 8. 2006, NJW-RR 2006, 1720; nicht überzeugend Thür. OLG 19. 1. 2006, SVR 2006, 262; berechtigte Kritik bei *Merrath/Jansen*, S. 71 ff.
571 VRR 2008, 182.

VW-spezifischen Wartungsbedürftigkeit.[572] Die besseren Gründe sprechen für einen **fabrikatsübergreifenden Vergleich** („Globalvergleich"), wie er in der jüngeren Rechtsprechung – in ausdrücklicher Anlehnung an die gefestigte Spruchpraxis zum Neufahrzeugkauf – auch in Gebrauchtwagenfällen angestellt wird.[573] Konkret heißt das: Ein Renault Laguna mit einem Getriebeschaden nach ca. 70 000 km ist selbst dann sachmangelhaft, wenn ein solcher Schaden infolge eines Werkstofffehlers serientypisch ist, er aber bei vergleichbaren Pkw (VW Passat, Opel Vectra) deutlich später oder gar nicht auftritt.[574]

1528 Erhebliche Schwierigkeiten bereitet der fabrikatsübergreifende Ansatz bei **„Billig-Autos"** (z. B. Renault-Dacia, Lada Niva, chinesischen und indischen Fabrikaten), bei **„Nischenfahrzeugen" und „Exoten"**, z. B. US-Importen, wie der vom OLG Stuttgart entschiedene Fall (Ford Windstar) anschaulich zeigt.[575] Im Jeep-Cherokee-Fall stand das Thür. OLG vor einem ähnlichen Problem.[576] Beide Entscheidungen stoßen auf Bedenken.

Bei in geringer Stückzahl gebauten und damit wenig erprobten Fahrzeugen muss ein verständiger Käufer mit einer höheren Quote an Schwachstellen rechnen als bei einem ausgereiften Massenprodukt europäischer oder japanischer Hersteller. Im Übrigen: „Schwachstellen" eines Automobils sind, wie Testberichte fortwährend belegen, eine Frage subjektiver Einschätzungen und persönlicher Vorlieben. Objektiv stehen sie auch in Abhängigkeit von der Fahrweise und den Einsatzbedingungen einschließlich Witterungseinflüsse. Beispiel: Fahrzeuge, die für den nordamerikanischen Markt gebaut werden und unter den dortigen Bedingungen voll einsatztauglich sind, können auf europäischen Straßen, insbesondere in Deutschland (kein durchgängiges Tempolimit auf Autobahnen) ohne Umrüstung leicht zu „Problemfällen" werden. Die Schadenanfälligkeit steigt, Ausfälle treten früher auf als bei einem Einsatz auf dem Zielmarkt. Ein verständiger Käufer, auf den im Rahmen des § 434 Abs. 1 S. 2 Nr. 2 BGB abzustellen ist, zieht dieses auf der Besonderheit des Fahrzeugs beruhende Sonderrisiko in Betracht und nimmt es billigend in Kauf. Dieser Gesichtspunkt kommt in der Rechtsprechung bisweilen zu kurz. Den **„Exoten-Einwand"** aus Gründen der Quantität („so selten ist der Wagen nun auch nicht") zurückzuweisen,[577] ist nicht überzeugend; noch weniger die Feststellung eines Herstellungsmangels, wenn bei einem Jeep Cherokee 2.5 erst nach 94.000 km ein Motorschaden wegen Zylinderkopffrisses auftritt.[578] In all diesen Sonderfällen zeigt sich, dass ein fabrikatsübergreifender Vergleich nicht durchgängig geeignet ist, um zu sachgerechten Ergebnissen zu gelangen.

1529 **Festzuhalten ist:** Bei der „üblichen Beschaffenheit" ist ein **faktisches Niveau** von Qualität und Leistung der Maßstab, die Ist-Beschaffenheit des Vergleichsfahrzeugs bzw. – beim fabrikatsübergreifenden Vergleich – der repräsentativen Gruppe von vergleichbaren Fahrzeugen. Liegt die Qualität des Kaufobjekts unter diesem Niveau, ist es grundsätzlich mangelhaft. Das kann im Zweifel nur mit Hilfe eines Sachverständigen geklärt werden (Beispiel für einen Fragenkatalog unter Rn 1674).

1530 Die in diesem Zusammenhang als Maßstab genannte **Verkehrsauffassung**[579] hat sich in der Praxis als untaugliches Kriterium herausgestellt. Entscheidend ist die Einsicht, dass es

---

572 Urt. v. 13. 6. 2007, VRR 2008, 182.
573 OLG Düsseldorf 19. 6. 2006, NJW 2006, 2858 (Getriebe); OLG Stuttgart 15. 8. 2006, NJW-RR 2006, 1720 (Getriebe); OLG Saarbrücken 22. 6. 2005, DAR 2006, 509 (Innenverkleidung); LG Frankfurt/M. 19. 7. 2006 – 2 O 470/05 – n. v. (Spurverhalten).
574 OLG Düsseldorf 19. 6. 2006, NJW 2006, 2858; ebenso OLG Stuttgart 15. 8. 2006, NJW-RR 2006, 1720.
575 Urt. v. 15. 8. 2006, NJW-RR 2006, 1720.
576 Urt. v. 19. 1. 2006, SVR 2006, 262.
577 OLG Stuttgart 15. 8. 2006, NJW-RR 2006, 1720 (Ford Windstar).
578 Thür. OLG 19. 1. 2006, SVR 2006, 262.
579 *Reinicke/Tiedtke*, Kaufrecht, Rn 328.

Einzelfälle von Sachmängeln

für die Üblichkeit der Beschaffenheit darauf ankommt, ab wann und unter welchen Bedingungen der streitgegenständliche Defekt normalerweise auftritt. Wenngleich das Kriterium der „üblichen Beschaffenheit" dem Faktischen verpflichtet ist – was häufig vorkommt, ist üblich – bleibt es doch ein Wertungskriterium. Auf eine statistische Betrachtung darf es nicht reduziert werden. Davon abgesehen: Ein statistischer Mittelwert (Durchschnitt) setzt sich stets aus höheren und niedrigeren Werten zusammen. Die niedrigeren Werte sind nicht gleichbedeutend mit Mangelhaftigkeit. Erklärt ein Sachverständiger, dass ihm Fälle in nennenswerter Größenordnung bekannt sind, in denen Volvo C 70-Getriebe schon bei 45.000 km oder gar früher infolge eines Federbruchs ausfallen (s. das Beispiel unter Rn 1526), ist das zwar statistisch eindeutig ein vorzeitiger Schadensfall; er ist aber, da kein Einzelfall, nicht unüblich.

Zu erwartende Beschaffenheit (berechtigte Käufererwartung): **1531**

Dieses gleichfalls „gefährlich wertungsoffene"[580] Kriterium stellt die Rechtsprechung gerade in Fällen des Gebrauchtfahrzeugkaufs vor einige Probleme. Bedauerlicherweise gibt der Gesetzgeber nur einige allgemeine Hinweise. Es soll auf den **Erwartungshorizont eines Durchschnittskäufers** ankommen.[581] Dass nur die **objektiv berechtigte Erwartung** schutzwürdig ist, versteht sich von selbst.[582] In Ermangelung anderer Anhaltspunkte orientiert sie sich im Regelfall an der üblichen Beschaffenheit gleichartiger Sachen.[583] Das bedeutet **Deckungsgleichheit** von üblicher und zu erwartender Beschaffenheit.

Was der Käufer vernünftigerweise nicht erwarten kann, bleibt außer Betracht. Bedeutung gewinnt in diesem Zusammenhang das **Leitbild des Verbrauchers**. Der BGH geht in seiner neueren Rechtsprechung zum UWG von dem Leitbild eines durchschnittlich informierten und verständigen Verbrauchers aus,[584] nicht von dem „vulnerable consumer", der EU-Leitfigur.

Gleich welchem Leitbild man folgt: Auch der Käufer eines gebrauchten Kraftfahrzeugs **1532** kann und darf erwarten, dass das ihm angebotene Fahrzeug frei von Konstruktionsfehlern und Fabrikationsmängeln ist.[585] Einkalkulieren muss er dagegen Defekte und Defizite, die durch den Gebrauch verursacht sind. Dass dabei das **Alter** und die **Laufleistung des Fahrzeugs** die berechtigten Erwartungen des Käufers wesentlich beeinflussen,[586] liegt auf der Hand.[587] Auch der erkennbare **Pflegezustand** ist ein Gesichtspunkt, ebenso die **Dauer der „TÜV-Freiheit"**, die **Anzahl der Vorbesitzer** und die **Art der Vorbenutzung** (Mietwagen/Taxi o. Ä.).

Geprägt wird die Erwartung des Käufers auch von der **Ausstattung des Fahrzeugs**, seinem Outlook und seiner „Individualisierung". Tieferlegung, Breitreifen, Sportfelgen etc. lassen eine bestimmte Fahrweise vermuten.[588]

Von Bedeutung ist schließlich auch **die Preiskategorie**.[589] Marktwidriger Preisgestaltung nach unten wie nach oben ist gleichfalls Rechnung zu tragen.

Was selbst der Käufer eines „jungen Gebrauchten" berechtigterweise nicht erwarten kann, ist Neuwagenqualität. Genauso falsch ist die These, von einem gebrauchten Kfz

---

580 *Schlechtriem*, Zivilrechtswissenschaft und Schuldrechtsreform, S. 215.
581 BT-Drucks. 14/6040, 214.
582 BGH 7. 2. 2007, NJW 2007, 1351 (Pferdekauf).
583 BGH 7. 2. 2007, NJW 2007, 1351 (Pferdekauf).
584 Urt. v. 21. 2. 2002, NJW 2002, 2642.
585 So auch LG Frankfurt/M 19. 7. 2006 – 2 02 O 470/05 – n. v.
586 So die amtliche Begründung, BT-Drucks. 14/6040, 214.
587 Statt vieler Brand OLG 13. 6. 2007, VRR 2008, 182 = DAR 2008, 473.
588 OLG Düsseldorf 27. 6. 2005, SVR 2006, 261.
589 BGH 7. 2. 2007, NJW 2007, 1351; AG Offenbach 27. 9. 2004, NJW-RR 2005, 423.

könne überhaupt nichts mehr erwartet werden, mit jedem technischen Defekt müsse gerechnet werden. Die schutzwürdige Erwartung liegt **je nach Einzelfall** zwischen Neuwagenqualität und Schrottreife.[590]

1533 Liegen außer dem Kriterium „Art der Sache" keine die Erwartung beeinflussenden Umstände vor (z. B. Verkäuferinformationen, Auftreten im Rechtsverkehr u. a.), geht die **Normalerwartung des Käufers** dahin, dass ein zur Benutzung im Straßenverkehr angebotenes Gebrauchtfahrzeug auch bestimmungsgemäß eine Zeit lang genutzt werden kann und nicht wegen schwerwiegender Mängel vorzeitig gebrauchsuntauglich ist.[591] Kernbestandteil der Beschaffenheitserwartung eines „normalen" Gebrauchtfahrzeugkäufers ist **die Fahrbereitschaft**. Anders formuliert: Mit sofortiger Funktionsuntauglichkeit und Verkehrsunsicherheit braucht er im Allgemeinen nicht zu rechnen.

Auf welche Restlebenserwartung bzw. Restlaufleistung ein durchschnittlicher Käufer sich vernünftigerweise einstellen kann, hängt ohne Zweifel entscheidend vom Alter und der bisherigen Laufleistung des Fahrzeugs ab. Einen störungsfreien Weitergebrauch kann er im Regelfall nicht erwarten, auch nicht für die Dauer der Verjährungsfrist. Das ist Allgemeingut. Reparaturen und der Austausch von Teilen müssen in Abhängigkeit vom Alter/Km-Stand einkalkuliert werden.

Mit den Worten des Kammergerichts[592]: Der Kläger „durfte erwarten, dass die Funktionsfähigkeit des Fahrzeugs zum Zeitpunkt des Verkaufs nicht beeinträchtigt war. Allerdings musste er die typischen Verschleißerscheinungen eines Fahrzeugs dieses Alters und dieser Laufleistung[593] in Rechnung stellen. Zu rechnen war mit schon vorhandenen, jedoch noch nicht offenbar gewordenen Verschleißerscheinungen, die im weiteren Verlauf zur Funktionsunfähigkeit führen konnten, wenn das Verschleißteil nicht erneuert wird." Nach Ansicht des OLG Bremen[594] geht die maßgebliche Verkehrserwartung (Käufererwartung) bei langjährig gebrauchten Sachen nicht in Richtung Verschleißmängelfreiheit. Ein alterstypischer „Verschleißmangel", der sich nach Übergabe verstärkt und eine Leistungsminderung hervorruft oder zu einem Versagen einer bestimmten Funktion führt, löst keine Sachmängelhaftung aus.[595] Auf den Punkt bringt es folgende Urteilspassage: „Das dem Kauf eines Gebrauchtwagens innewohnende Risiko des Ausfalls eines Verschleißteils sowie der Entstehung eines möglicherweise kostenträchtigen Folgeschadens hieraus trägt der jeweilige Fahrzeugeigentümer."[596]

1534 Was für den Kauf „normaler" Gebrauchtfahrzeuge gilt, ist nicht der Maßstab, wenn es darum geht, die Soll-Beschaffenheit von gebrauchten **Spezialfahrzeugen** nach objektiven Kriterien zu beurteilen. Hier ist ein besonderer Erwartungshorizont maßgebend, so etwa bei **Oldtimern**[597] und **Wohnmobilen**.[598] Die Hinzuziehung von Spezialsachverständigen ist ratsam.

(3) Praktische Konsequenzen

1535 Auch unter Berücksichtigung der Merkmale des § 434 Abs. 1 S. 2 Nr. 2 BGB gilt im Grundsatz weiterhin: **Normale Verschleiß-, Abnutzungs- und Alterungserscheinungen**

---

590 Zum Grundsätzlichen OLG Celle 16. 4. 2008, ZGS 2008, 312.
591 BGH 22. 2. 1984, NJW 1984, 1452.
592 Urt. v. 16. 7. 2004, ZGS 2005, 76 = SVR 2004, 427 (Motorausfall nach ca. 25.000 km).
593 6 Jahre alter, 158.000 km gelaufener Pkw.
594 Urt. v. 11. 3. 2004, ZGS 2004, 394 = OLGR 2004, 319 (Motorboot).
595 Ähnlich OLG Koblenz 8. 10. 1985, MDR 1986, 316; s. auch OLG Hamburg 7. 12. 1981, MDR 1982, 406.
596 AG Düsseldorf 12. 1. 2006 – 39 C 12864/05 – n. v. (Zahnriemen).
597 OLG Frankfurt 2. 11. 1988, NJW 1989, 1095; LG Köln 15. 3. 2000, DAR 2000, 270.
598 LG Kassel 21. 7. 2000 – 9 O 1688/99 – n. v.

sind in der Regel keine Sachmängel im objektiven Sinn. Das ist die **Quintessenz** der zahllosen Gerichtsentscheidungen, die bei technischen Defekten und Unzulänglichkeiten einen Sachmangel verneinen (s. Rn 1513/1514).

Diese **vom BGH** wiederholt bestätigte Kernaussage[599] bedarf indes der **Konkretisierung** und der **Differenzierung**. Andernfalls besteht die Gefahr, dass Verbraucher mit ihren Mängelbeschwerden zu Unrecht abgewiesen werden. In der **Gerichtspraxis** ist die Tendenz zu beobachten, den Verschleiß-Einwand von Verkäufern vorschnell durchgreifen zu lassen. Typisch ist folgende Argumentation: Nach dem Gutachten des Sachverständigen X könne nicht ausgeschlossen werden, dass der Getriebeschaden auf Verschleiß beruhe. Folglich könne ein Sachmangel nicht festgestellt werden.

Die Ursache, die zu dem Schaden – als Endresultat häufig gar nicht der rechtlich relevante Haftungstatbestand – geführt hat, wird in ihrer Eigenschaft als Sachmangel entweder nicht gesehen oder vernachlässigt. Doch gerade hier, also bei der Frage „die Ursache als Mangel" (näher Rn 1654 ff.), ist das Verschleißthema von zentraler Bedeutung. Eine gegenläufige, käufergünstige Tendenz geht dahin, Mangelhaftigkeit auch in Fällen gewöhnlichen Verschleißes und normaler Alterung anzunehmen, wenn die Defektfolgen „kapital" sind und dem Fahrzeug „seine Gebrauchstauglichkeit vollständig entziehen".[600]

Nach einem **Vier-Punkte-Katalog**, den das **OLG Düsseldorf** (1. ZS)[601] entwickelt hat, gilt Folgendes: **1536**

1. Schäden an Verschleißteilen können zwar unter die Sachmängelhaftung fallen. Für normalen (natürlichen) Verschleiß hat der Verkäufer mangels gegenteiliger Vereinbarung jedoch nicht einzustehen, gleichviel, welche Auswirkungen der Defekt hat.
2. Ausgenommen von der Mängelhaftung ist nicht nur normaler Verschleiß, der im Zeitpunkt der Fahrzeugübergabe bereits vorhanden war. Auch nach der Übergabe fortschreitender Normalverschleiß begründet in der Regel keine vertragswidrige Beschaffenheit.
3. Der Verkäufer haftet auch nicht für einen Defekt, der nach Übergabe infolge normalen Verschleißes eintritt, sei es am Verschleißteil selbst (z. B. Zahnriemen), sei es an einem anderen Teil, das selbst kein Verschleißteil ist.
4. In Betracht kommt eine Haftung des Verkäufers jedoch dann, wenn normaler Verschleiß einen Defekt verursacht, den der Verkäufer/Vorbesitzer bei eigenüblicher Sorgfalt, insbesondere durch Wartung und Inspektion, hätte verhindern können.[602]

„**Übermäßiger Verschleiß**": Als rechtlich wie technisch **sehr problematisch** hat sich in der Gerichtspraxis die Abgrenzung zwischen normalem (natürlichem) Verschleiß und solchen Erscheinungen herausgestellt, die man als „atypisch", „ungewöhnlich" oder als „vorzeitig" bezeichnet. Eingebürgert hat sich der Sammelbegriff „übermäßiger Verschleiß". **1537**

Für diese atypischen Prozesse, zu denen man auch die vorzeitige Materialermüdung rechnen kann, gibt es **vielfältige Ursachen**, fahrzeugbezogene Gründe (z. B. Fabrikations- oder Konstruktionsfehler), Umwelteinflüsse und der Faktor „Mensch". Die Ursachen können jeweils einzeln wirken, aber auch zusammentreffen.

---

599 Urt. v. 23. 11. 2005, NJW 2006, 434; v. 10. 10. 2007, NJW 2008, 53; s. aber auch die Zylinderkopfentscheidung v. 18. 7. 2007, NJW 2007, 2621, in der das Verschleißthema, obwohl naheliegend, unerörtert bleibt.
600 Z. B. OLG Celle 16. 4. 2008, ZGS 2008, 312 (Brandschaden infolge Leckage der Kraftstoffzuleitung an einem 10 Jahre alten Ford Galaxy).
601 Urt. v. 8. 1. 2007, DAR 2007, 211 = ZGS 2007, 320.
602 Dazu auch OLG Koblenz 19. 4. 2007, NJW 2007, 1828 (Nichtauswechseln eines Einzelteils trotz zwingender Herstellervorgabe).

1538 Risikozuweisungen: Übermäßiger Verschleiß ist, sofern ein unüblicher Zustand, vom Käufer **grundsätzlich nicht hinzunehmen**. Es liegt ein Mangel i. S. d. § 434 Abs. 1 S. 2 Nr. 2 BGB vor. Ein Verschleißbild, das rein technisch-statistisch gesehen vom Sachverständigen als „atypisch" bezeichnet wird, kann gleichwohl rechtlich der zu erwartenden Beschaffenheit entsprechen und somit vertragsgerecht sein. Je älter das Fahrzeug ist und je mehr Kilometer es zurückgelegt hat, desto stärker muss ein verständiger Käufer mit Fahr- und Bedienungsfehlern, mit unzulänglichen Reparaturen und Versäumnissen bei der Pflege und Wartung rechnen. Das Risiko unsorgfältigen Nutzerverhaltens steigt erfahrungsgemäß auch mit der Anzahl der Vorbesitzer. Auch die Art der früheren Nutzung (privat oder gewerblich, kurze oder lange Strecken) beeinflusst den Zustand des Fahrzeugs und – bei Erkennbarkeit – die Käufererwartung.

Zumal bei einem älteren Pkw mit einer Vielzahl von Vorbesitzern kann ein Käufer nicht ohne weiteres von der Einhaltung der vorgeschriebenen bzw. empfohlenen **Wartungs- und Inspektionsintervalle** während der gesamten bisherigen Nutzungszeit ausgehen. Nicht zuletzt für die Beurteilung von Fällen mit **defekten Zahnriemen**, einem klassischen Verschleißteil,[603] ist das ein wichtiger Gesichtspunkt. Das Risiko aus dem unterbliebenen Austausch des Zahnriemens wird häufig dem Käufer auferlegt.[604] Geraten wird ihm, sich die Einhaltung der Herstellervorgaben bestätigen zu lassen. Bei einer Zusage wie „scheckheftgepflegt" oder der Übergabe eines „Scheckhefts" mit lückenlosen Nachweisen kann das „Inspektionsrisiko" dagegen beim Verkäufer liegen (s. auch Rn 1491 ff.). Ohne eine solche oder ähnliche Erklärung wie z. B. auch „werkstattgeprüft" muss ein verständiger Käufer bei einem älteren Fahrzeug mit hoher Gesamtlaufleistung **Unregelmäßigkeiten bei Wartungen und Inspektionen** in Rechnung stellen, in zeitlicher wie in fachlicher Hinsicht. Die Werkstattmüdigkeit von Eigentümern älterer Pkw ist empirisch belegt. Zu weit geht deshalb der (durch den Urteilstext) nicht gedeckte Leitsatz zu dem Urteil des OLG Koblenz NJW 2007, 1828, wonach es beim Kauf eines Gebrauchtfahrzeugs auch ohne ausdrückliche Vereinbarung zur „vertraglich vorausgesetzten Beschaffenheit" gehöre, dass bei den vom Hersteller vorgeschriebenen Inspektionen sämtliche erforderlichen Arbeiten durchgeführt wurden.

Übermäßiger Verschleiß, der nur etwas mit dem Fahrzeug, seiner Technik, zu tun hat, geht also in der Regel **zu Lasten des Verkäufers**. Zum richtigen Vergleichsmaßstab s. Rn 1527. **Problematisch** ist erfahrungsgemäß die Aufklärung. Ohne die richtigen Vorgaben (sie unterbleiben regelmäßig) verfehlt **der Sachverständige** seine Aufgabe.[605]

Vom Verkäufer zu verantworten ist ferner übermäßiger Verschleiß als Folge **atypischer Beanspruchung** wie z. B. durch Rallyeeinsatz oder Fahren mit unzulässigen Lasten.

Nicht in die Risikosphäre des darüber nicht aufgeklärten Käufers fällt außerdem übermäßiger Verschleiß infolge von **ungewöhnlichen Fahr- und Bedienungsfehlern**. Ebenso ist es, wenn eine **unfachmännische Reparatur**, z. B. Do-it-yourself, zu erhöhtem Verschleiß geführt hat. **Unzulässige Umrüstungen** (z. B. Tieferlegung) und – dem Käufer nicht bekannte – **Tuningmaßnahmen** können das Verschleiß- und Abnutzrisiko gleichfalls vom Käufer fernhalten.[606]

---

603 Vgl. AG Geilenkirchen 26. 4. 2006, DAR 2006, 461; OLG Köln 21. 10. 1996, VersR 1997, 1019; OLG Köln 17. 11. 1989 – 20 U 65/89 – n. v.; s. auch KG 16. 7. 2004, SVR 2004, 427 = ZGS 2005, 76.
604 Z. B. AG Düsseldorf 12. 1. 2006 – 39 C 12864/05 – n. v.; s. aber auch OLG Koblenz 19. 4. 2007, NJW 2007, 1828.
605 Anschauungsmaterial aus der Rechtsprechung: OLG Düsseldorf 23. 6. 2008 – I-1 U 264/07 – n. v. (Getriebeschaden); OLG Hamm 18. 6. 2007 – 2 U 220/06 – n. v. (Zahnriemen); LG Dortmund 21. 12. 2007 – 22 O 212/06 – n. v. (Einspritzdüse Motor).
606 Vgl. OLG Düsseldorf 12. 3. 1992, OLGR 1992, 220 (Beschädigungen der Zylinderlaufflächen); OLG Saarbrücken 10. 1. 1996, NJW-RR 1996, 1325; AG Zweibrücken 10. 11. 1999 – 1 C 446/99 – n. v. – Nockenwellenschaden an einem BMW 320 i als „schwerste Verschleißerscheinung".

Einzelfälle von Sachmängeln 1539–1541

Normaler Verschleiß und seine Folgen: Dass das Verschleißrisiko grundsätzlich zulasten des Käufers geht, bedeutet nicht ohne weiteres, dass er auch mit dem Risiko des „Weiterfressens" bzw. Übergreifens auf andere Fahrzeugteile belastet ist. Ist infolge eines porösen Schlauches oder aus einem anderen, in der Beschaffenheit eines 10 Jahre alten Fahrzeugs liegenden Grundes eine Leckage der Kraftstoffzuleitung im Motorraum entstanden, wodurch es zu einem Brand gekommen ist, mag man wegen der Schwere der Folge geneigt sein, einen Sachmangel zu bejahen.[607] Auf die Folgen zu schauen, ist indes der falsche Blickwinkel. Bei einem gewöhnlichen Verlauf der Dinge, aber auch nur dann, ist das **Risiko des „Verschleißfolgeschadens"** mit dem OLG Düsseldorf[608] gleichfalls dem Käufer aufzuerlegen, gleichviel, wie groß der Folgeschaden ist. Eine sinnvolle Abgrenzung nach Art und Umfang der Folgen ist gerade bei einem technisch so hochkomplexen Gegenstand wie einem Kraftfahrzeug nicht möglich. Das **Risiko von Folgewirkungen** ist Bestandteil des den Käufer treffenden allgemeinen Verschleißrisikos. Dies bestätigende Beispiele aus der Rechtsprechung sind außer den **„Zahnriemen-Fällen"** die technisch nicht minder komplexen Fälle mit Motorschäden infolge von Überhitzung, z. B. durch Kühlmittelverlust.[609]

1539

Übermäßiger Verschleiß und Folgen: Dass im Fall eines übermäßigen Verschleißes eines Kleinteils wie einer Schraube im Inneren eines Motors von einem Sachmangel auszugehen ist und alle in einem ursächlichen Zusammenhang damit stehenden Folgen als „Mangelfolgeschäden" unter die Sachmängelhaftung fallen, zeigt das wichtige Zahnriemen-Urteil des OLG Hamm vom 18. 6. 2007.[610]

1540

Darlegungs- und Beweislast: Für diejenigen Tatsachen, die den technischen Defekt zum Mangel im Rechtssinn machen, ist grundsätzlich der Käufer darlegungs- und beweispflichtig.[611] Es genügt nicht, dass er „erheblichen" oder „übermäßigen" Verschleiß pauschal behauptet. Er muss, soweit möglich, Einzeltatsachen vortragen, die auf diesen Sachverhalt schließen lassen,[612] z. B. ein geringes Alter bzw. ein vergleichsweise niedriger Km-Stand im Zeitpunkt des Schadeneintritts oder Sachverhalte wie ein Tuning oder eine Umrüstung (zu weiteren Einzelfällen s. Rn 1538). Allzu hohe Anforderungen dürfen hier nicht gestellt werden. Für die Schlüssigkeit reicht zunächst ein konkreter Vortrag zu den äußeren Erscheinungen des Defekts aus (Symptomtheorie), z. B. „Motor macht ungewöhnliche Geräusche beim Gasgeben" oder „Motor springt nicht an" oder „Getriebe ruckelt". Die Ursachen braucht der Käufer grundsätzlich nicht anzugeben, so dass eine irrtümliche Falschbenennung ihm nicht schadet.

1541

Allein die Angabe des Erscheinungsbildes eines Fehlers an einem Pkw soll für die substantiierte Darlegung eines Sachmangels im Prozess jedenfalls dann **nicht genügen**, wenn die Ursache des gerügten Erscheinungsbildes sowohl in der Beschaffenheit als auch in einer fehlerhaften Verwendung des Fahrzeugs begründet sein kann.[613] Hiernach erfüllt ein Kläger seine Substantiierungspflicht nicht, wenn er lediglich vorträgt, die Elektrik sei ausgefallen, weshalb das Fahrzeug nicht anspringe. Da ein Ausfall der Elektrik und das darauf beruhe Nichtanspringen auch an einer fehlerhaften Verwendung des Fahrzeugs liegen könne, etwa am Nichtabschalten von Stromverbrauchern (Licht oder Radio), müsse der Kläger auch für das **Fehlen solcher Eigenursachen** vortragen.[614] Diese Forderung nach einer „Ne-

---

607 So OLG Celle 16. 4. 2008, ZGS 2008, 312.
608 Urt. v. 8. 1. 2007, DAR 2007, 211 = ZGS 2007, 320.
609 Dazu OLG Schleswig 8. 9. 1982, MDR 1983, 54.
610 Az. 2 U 220/06, BeckRS 2007, 14370.
611 BGH 2. 6. 2004, NJW 2004, 2299 (Motorschaden/Zahnriemen).
612 OLG Düsseldorf 23. 3. 2001, OLGR 2001, 270.
613 OLG Hamm 6. 2. 2006, DAR 2006, 390 = MDR 2006, 858.
614 OLG Hamm 6. 2. 2006, DAR 2006, 390 = MDR 2006, 858.

gativdarlegung" geht recht weit, denn bei verständiger Auslegung des Klagevortrags ist der Ausschluss von Eigenursachen konkludent mitvorgetragen. Dennoch sollte die strenge Sichtweise des OLG Hamm von Käufer-Anwälten beachtet werden. Amts- und Landgerichte sind für Verschärfungen der Darlegungspflicht erfahrungsgemäß sehr empfänglich. Spätestens im Anschluss an den Einwand der Eigenverursachung durch Fahr- und Bedienungsfehler muss der Käufer sich damit konkret auseinandersetzen und den Zustand des Fahrzeugs als Alleinursache herausstellen. Zum Thema „Fahr- und Bedienungsfehler" s. auch Rn 1659 f.

Ein **Anscheinsbeweis**, der in der Frage normaler oder übermäßiger Verschleiß zugleich die Darlegungslast mildern könnte, kommt dem Käufer nicht zugute. Schließlich geht es nicht um einen typischen, sondern um einen atypischen Sachverhalt. Näheres zur Verteilung der Darlegungs- und Beweislast und insbesondere zur Anwendung des **§ 476 BGB** (Beweislastumkehr) in den sog. Verschleißfällen unter Rn 1662 ff.

u) TÜV-Abnahme/TÜV-Plakette/TÜV-Bericht (Hauptuntersuchung nach § 29 StVZO)

Übersicht:	Rn
Ausgangslage	1542
Fallgruppen	1543 ff.
– Verkauf durch Kfz-Händler	1543 ff.
– Privatgeschäfte	1547
– Sonstige Kaufverträge	1548

aa) Ausgangslage

1542 Werden Gebrauchtwagen nach ihrem Wert und ihrer Gebrauchstauglichkeit beurteilt, gilt vielen Kaufinteressenten eine neue Prüfplakette geradezu als Gütesiegel. Bei Laien herrscht mitunter eine regelrechte **TÜV-Gläubigkeit** vor. Infolgedessen fehlt in kaum einer Gebrauchtwagenanzeige ein Hinweis darauf, wie lange das Fahrzeug noch „TÜV-frei" ist. In den gängigen Kaufvertragsvordrucken gibt es eine spezielle Rubrik „TÜV" oder – präziser – „nächste Hauptuntersuchung nach § 29 StVZO". Im seriösen Fachhandel werden praktisch nur noch solche Fahrzeuge (Pkw/Kombis) verkauft, die spätestens bei Auslieferung eine „frische" Prüfplakette haben.

bb) Fallgruppen
(1) Verkauf durch Kfz-Händler

1543 Hier sind **drei Sachverhalte** zu unterscheiden: 1. Der Händler verkauft das Fahrzeug mit **Altplakette,** d. h. derjenigen Plakette, die bei Hereinnahme vorhanden war. 2. **Vor der Bestellung** des Kunden wird das Fahrzeug vom Händler zur Hauptuntersuchung vorgestellt und abgenommen; dies kann a) auf eigene Rechnung des Händlers, b) im Auftrag und für Rechnung des Vorbesitzers (so beim Agenturgeschäft) geschehen. 3. Der Händler sagt dem Kaufinteressenten zu, das Fahrzeug **bis zur Auslieferung** nach § 29 StVZO abnehmen zu lassen und mit **„frischer" Plakette** zu übergeben. Diese Variante überwiegt in der Praxis.

In den Fällen 1 und 2 ist die Dokumentation im Bestellschein problemlos. Der Zeitpunkt der nächsten Hauptuntersuchung steht fest. Er kann durch einen Vermerk wie 5/08 in den Bestellschein aufgenommen werden. Im Fall Nr. 3 sind unterschiedliche Abreden zu beobachten: Manche Händler tragen in der Rubrik „Nächste HU" lediglich den – mutmaßlichen – nächsten Fälligkeitstermin ein. Andere vermerken dort: „Zwei Jahre". Nicht selten wird in diese Rubrik der tatsächliche (aktuelle) Fälligkeitstermin aufgenommen, und es folgt dann ein Zusatz wie „TÜV neu" oder „neu TÜV" oder „TÜV 2 Jahre". Zusätze dieser

Einzelfälle von Sachmängeln 1544, 1545

Art stehen entweder in der Spalte „nächste HU" oder unter „Sondervereinbarungen". Einige Händler notieren dort auch „TÜV g. B.", d. h. zulasten des Käufers geht die Prüfgebühr, Aufwendungen an Material und Lohn trägt der Händler. Das Versprechen, das Fahrzeug „über den TÜV zu bringen", ist gleichbedeutend mit „TÜV neu" (Fall 3).

Für **Fälle der 3. Gruppe**, aber auch nur insoweit, hat **der BGH** durch Urteil vom 24. 2. 1988[615], Klarheit geschaffen. Leitsatz: **1544**

„*Verspricht ein Kraftfahrzeughändler mit eigener Werkstatt bei dem von ihm vermittelten Verkauf eines gebrauchten Pkw mit der Abrede ‚TÜV neu', das Fahrzeug werde noch einer Hauptuntersuchung (§ 29 StVZO) unterzogen, so liegt darin zugleich die Zusicherung nach § 459 Abs. 2 BGB, der Pkw werde bei Übergabe dem für die Hauptuntersuchung erforderlichen Zustand entsprechen.*"

Was diese BGH-Entscheidung,[616] die im Schrifttum ein ungewöhnlich starkes Echo gefunden hat,[617] **im alten Kaufrecht** für die Praxis bedeutete, lässt sich in folgenden **neun Punkten** zusammenfassen: **1545**

1. Mit einer Erklärung wie „TÜV neu 5/02" sagt ein **Kfz-Händler mit eigener Werkstatt** zweierlei zu: Das Fahrzeug durch eine amtlich anerkannte Prüforganisation prüfen und abnehmen zu lassen; zum Zweiten wird versprochen, dass sich das Fahrzeug im Zeitpunkt der Übergabe in einem bis auf geringe Mängel vorschriftsmäßigen Zustand befindet, insbesondere **verkehrssicher** ist.[618] Insoweit stellt der BGH ausdrücklich auf den **tatsächlichen Zustand** des Fahrzeugs ab, also auf die objektive Abnahmereife. Das **Risiko einer Fehldiagnose** der Prüforganisation wird dem Händler auferlegt. Unklar ist, ob dies auch für solche Sicherheitsmängel gilt, die einem Prüfingenieur bei Anwendung der verkehrsüblichen Sorgfalt nicht auffallen. Das OLG Karlsruhe[619] hat die Haftung des Händlers bei einem versteckten Konstruktionsfehler an einem US-Import („Exote") verneint, zumal ungeklärt war, ob das Fahrzeug im Zeitpunkt der TÜV-Abnahme infolge dieses Fehlers verkehrsunsicher war.

2. Die **weite Auslegung** der TÜV-Klausel war unabhängig davon, ob der Kfz-Händler **Eigenhändler** oder – wie beim früher gängigen Agenturgeschäft – **Vermittler/Abschlussvertreter** ist.

3. Beim – heute seltenen – **Agenturgeschäft** wird eine Zusage wie „TÜV neu" regelmäßig im Namen des Verkäufers/Auftraggebers gemacht. Ob sie dem Verkäufer auch zuzurechnen ist, hängt vom Umfang der Vollmacht ab.[620] Dazu liegt eine Stellungnahme des BGH nicht vor.

4. Ungeklärt ist die **Reichweite** der TÜV-Abrede beim Kauf vom bzw. über einen **Kfz-Händler ohne eigene Werkstatt**. In einem solchen Fall hat das OLG Köln eine Zusiche-

---

615 BGHZ 103, 275 = NJW 1988, 1378 = DAR 1988, 209.
616 Bestätigt durch BGH 13. 2. 2002 – VIII ZR 93/01.
617 *Huber*, JZ 1988, 923; *Tiedtke*, JuS 1988, 848; *ders.*, JZ 1990, 75, 80; *Eggert*, NJW 1990, 549; *G. Müller*, BB 1990, 2136; *H. H. Jacobs*, NJW 1989, 696.
618 So jetzt auch – im Anschluss an BGHZ 103, 275 = NJW 1988, 1378 – OLG Köln 11. 12. 1996, OLGR 1997, 172 = VRS 94, 11; OLG Hamm 19. 5. 1988, NZV 1988, 180 (Nutzfahrzeug); OLG Hamm 14. 5. 1992, OLGR 1992, 290 (Motorrad); weitergehend LG Bielefeld 28. 9. 1988, NJW-RR 1989, 561 (Verkäufer war nur angestellter Kfz-Meister); vgl. auch LG Tübingen 26. 6. 1987, DAR 1988, 167 (Verkauf eines Reisebusses durch Busunternehmer) und OLG Bamberg 15. 6. 1976, VersR 1977, 182 (Sonderfall).
619 Urt. v. 29. 8. 1991, VRS 82 (1992), 172 = DAR 1992, 305.
620 Für Vollmacht *Eggert*, NJW 1990, 549; vgl. auch *Tiedtke*, JuS 1988, 848; *Huber*, JZ 1988, 923; *G. Müller*, BB 1990, 2136.

rung der Verkehrssicherheit verneint.[621] Offen ist auch, welche Anforderungen an den Werkstattbetrieb in sachlicher und personeller Hinsicht zu stellen sind. Klar dürfte sein, dass z. B. ein Betreiber einer Tankstelle mit Servicestation nicht zu den Kfz-Händlern i. S. d. BGH-Entscheidung vom 24. 2. 1988 gehört.[622] Gleichwohl haben Instanzgerichte den Personenkreis auf einen Kfz-Meister ohne eigene Werkstatt[623] und einen Händler mit „kleiner Wartungshalle"[624] ausgedehnt. Entscheidend sei der Eindruck, den der Käufer bei verständiger Sicht der Dinge von dem Betrieb gewinnen durfte.[625]

5. Wird das Fahrzeug vereinbarungswidrig ohne „frische" Prüfplakette oder mit Plakette, aber nicht in verkehrssicherem (abnahmefähigem) Zustand (vgl. § 29 Abs. 2 a StVZO) ausgeliefert, so haftete der Händler im Fall des **Eigengeschäfts** nach den §§ 459 ff. BGB a. F. Insbesondere hatte der Käufer den Schadensersatzanspruch aus § 463 S. 1 BGB a. F. Das Risiko eines Irrtums des Prüfers trug damit der Händler.[626] Zu beachten ist, dass speziell beim so genannten Werkstatt-TÜV die Prüfplakette nicht selten mit der Auflage erteilt wird, die festgestellten Mängel zu beseitigen, diese Auflage aber nicht immer erfüllt wird.

6. Beim **Agenturgeschäft** kommt eine Haftung des Händlers/Vermittlers unter zwei Gesichtspunkten in Frage: zum einen aus der vertragsähnlichen Eigenhaftung (heute: §§ 311 Abs. 3, 241 Abs. 2, 280 Abs. 1 BGB), s. Rn 1270 ff., wobei die Frage der Pflichtwidrigkeit (Verschulden) noch offen ist; zum anderen aus § 179 BGB (s. Rn 1291).

7. **Abgrenzung Kauf-/Werkvertrag:** Nach Ansicht des BGH kann eine TÜV-Abrede im Einzelfall nicht nach Kauf-, sondern nach Werkvertragsrecht zu beurteilen sein.[627] Voraussetzung sei, dass die Vertragsparteien von der Vorstellung ausgegangen sind, dass „ein bestimmter Zustand des Wagens noch durch eine Tätigkeit des Beklagten ... verändert werden müsse".[628] Eine werkvertragliche Zusicherung, die seinerzeit zu einer radikalen Änderung der Händlerhaftung geführt hätte, hat der BGH mit der Begründung abgelehnt, die Parteien hätten mit keinem Wort „etwaige Fehler oder Mängel zur Zeit des Vertragsabschlusses erörtert". Ohne eine solche „Erörterung" ist auch nach Ansicht des OLG Hamm[629] kein Raum für die Annahme einer werkvertraglichen Abrede. Ausschließlich nach Kaufrecht hat der BGH[630] den Fall beurteilt, dass ein Autohaus bei Vertragsabschluss zugesagt hat, das Fahrzeug vor Übergabe noch einer sorgfältigen Durchsicht in einer fremden Fachwerkstatt zu unterziehen.

---

621 Urt. v. 15. 6. 1998, NZV 1998, 466; ebenso LG Hamburg 10. 10. 1991 – 304 O 31/91 – n. v. (Verkauf eines 40 Jahre alten US-Militärjeeps).
622 So OLG München 19. 10. 1990 – 21 U 6283/90 – SP 1992, 60 (Vermittlung durch Tankstelleninhaber).
623 So LG Bielefeld 28. 9. 1988, NJW-RR 1989, 561.
624 LG Köln 13. 1. 1993, DAR 1994, 160.
625 OLG Köln 11. 12. 1996, OLGR 1997, 172 = VRS 94, 11.
626 Für Amtspflichtverletzungen eines TÜV-Sachverständigen haftet das betreffende Land, weil der Sachverständige bei der Hauptuntersuchung nach § 29 StVZO hoheitlich tätig wird, vgl. BGH 25. 3. 1993, NJW 1993, 1784 m. w. N.; OLG Koblenz 2. 9. 2002, r+s 2003, 386. Gegen die Prüforganisation hat auch der Käufer keinen direkten Anspruch, auch nicht unter dem Gesichtspunkt des Vertrages mit Schutzwirkung zugunsten Dritter. In den Schutzbereich des Vertrages zwischen dem Händler und der Prüforganisation ist er nicht einbezogen; s. auch OLG Düsseldorf 12. 10. 1995, OLGR 1996, 17.
627 Siehe auch Urt. v. 6. 10. 1971, NJW 1972, 46.
628 So BGH 24. 2. 1988, BGHZ 103, 275 = NJW 1988, 1378.
629 Urt. des 28. ZS v. 14. 5. 1992, OLGR 1992, 290.
630 Urt. v. 15. 12. 1992, NJW 1993, 655.

Einzelfälle von Sachmängeln

Schon die bloße Herbeiführung der TÜV-Abnahme als werkvertragliche Unternehmerleistung zu werten,[631] geht sicherlich sehr weit. Doch Klauseln wie „TÜV neu" bedeuten auch ohne ausdrückliche Zusätze wie

- „rechte Seite und linke Tür Lackschäden beseitigen, Rückscheibeneinfassung reparieren",[632]

oder

- „Reparaturkosten zulasten des Verkäufers"[633]

mehr, als das Fahrzeug einer amtlich anerkannten Prüforganisation vorzuführen und es abnehmen zu lassen. An anderer Stelle seines Urteils vom 24. 2. 1988 weist der BGH selbst mit Recht darauf hin, dass der Händler verpflichtet sei, bei der Prüfung erkannte und beanstandete Mängel zu beseitigen. Auch er müsse mit solchen Mängeln rechnen. In der Tat gehen die Vertragspartner bei einem Kauf in einem Autohaus mit eigener Werkstatt mangels gegenteiliger Absprache in der Regel davon aus, dass der Händler die für die TÜV-Abnahme erforderlichen Arbeiten auf seine Kosten erledigt. Er hat das Fahrzeug in einen abnahmereifen Zustand zu versetzen, so der 2. Senat des OLG Hamm in st. Rspr.[634]

Der 23. Senat des OLG Hamm ist der kaufrechtlichen Linie des BGH in einem Fall gefolgt, in dem der **Verkäufer eines Nutzfahrzeugs** erklärt hatte: „TÜV 1/87: auf Wunsch durch DB neu". Darin sei keine werkvertragliche Zusicherung zu sehen, weil nicht der Verkäufer, sondern die mit der „Vorprüfung" des Fahrzeugs beauftragte DB-Werkstatt[635] etwaige Reparaturmaßnahmen durchführen sollte.[636]

8. Vom BGH noch nicht geklärt ist die Rechtslage, wenn der Händler die Hauptuntersuchung (HU) schon **vor der Bestellung** des Fahrzeugs hat durchführen lassen, sie also nicht auf einer Vereinbarung mit dem Käufer beruht. In der Vergangenheit liegende Vorgänge wertete der BGH nur dann als Eigenschaft der Kaufsache, „wenn sie eine dauerhafte, die Vertragsmäßigkeit oder Werteinstufung der Sache auch für den Zeitpunkt des Vertragsschlusses und des Gefahrübergangs beeinflussende Wirkung haben".[637]

Wenn man nicht auf die zurückliegende HU als solche, sondern auf ihre Bedeutung in den Augen eines durchschnittlichen Käufers abstellt, spielt der Zeitraum zwischen der HU und dem Kauf eine wesentliche Rolle. Das Angebot eines Fahrzeugs mit noch gültiger Plakette besagt auch beim Kauf vom Händler für sich allein genommen nicht, dass das Fahrzeug sich noch in einem abnahmereifen Zustand befindet. Zumal bei älteren Fahrzeugen kann im Allgemeinen nicht einmal uneingeschränkte Verkehrssicherheit erwartet werden.

Anders können die Dinge liegen, wenn der Händler die HU vereinbarungsgemäß hat durchführen lassen oder sie erst so kurze Zeit zurückliegt, dass weiterhin von einem Zustand der Abnahmereife ausgegangen werden kann. Eine feste Zeitgrenze kann hier nicht gezogen werden. Bei einem Abstand von nur **vier Tagen** zwischen – vom Händler veranlasster – Hauptuntersuchung und Verkauf meint das OLG Köln:[638]

„Der Käufer eines Wagens geht bei Zusicherung einer gerade erfolgten TÜV-Abnahme davon aus, dass der Wagen dem TÜV vorgeführt und nach Beseitigung festgestellter

---

631 So der 2. Senat des OLG Hamm in st. Rspr., vgl. Urt. v. 6. 12. 1979 – 2 U 161/79 – n. v.; Urt. v. 29. 5. 1980, NJW 1980, 2200 (Nr. 14).
632 BGH 6. 10. 1971, NJW 1972, 46 = WM 1971, 1437.
633 OLG Hamm 16. 11. 1978 – 2 U 56/78 – n. v.
634 Urt. v. 6. 12. 1979 – 2 U 161/79 – n. v.; 29. 5. 1980, NJW 1980, 2200 (Nr. 14).
635 DB = Daimler-Benz.
636 Urt. v. 19. 5. 1988, NZV 1988, 180.
637 Urt. v. 11. 6. 1986, JZ 1986, 955 m. Anm. *Köhler* – Turnierpferd; zur Erklärung „Beanstandungen von Seiten des TÜV bestehen nicht", vgl. BGH 28. 6. 1978, WM 1978, 1175 – Tanklager.
638 Urt. v. 21. 3. 1972 – 15 U 134/71 – n. v.

Mängel als verkehrssicher zugelassen worden ist." Der 10. Senat des OLG Köln hat in der Vorlage eines nur **zehn Tage** alten positiven **TÜV-Berichts** (Untersuchungsbefund) die Zusicherung gesehen, dass das Fahrzeug in einem „den Anforderungen des TÜV genügenden verkehrssicheren Zustand" sei.[639]

Liegt die TÜV-Abnahme hingegen bereits **vier Monate** zurück, so „kann und darf der Käufer ohne eine zusätzliche Erklärung des Verkäufers nicht davon ausgehen, dieser wolle trotz des Gewährleistungsausschlusses ... die verschuldensunabhängige Gewähr dafür übernehmen, dass das Fahrzeug auch im Zeitpunkt des Abschlusses des Kaufvertrages noch verkehrssicher sei".[640]

9. Klar ist aufgrund der BGH-Entscheidung vom 24. 2. 1988[641], dass mit einem Hinweis des Kfz-Händlers auf eine in der Vergangenheit liegende TÜV-Abnahme, **veranlasst vom Vorbesitzer,** keinerlei eigene Qualitätszusage verbunden ist. Beim Agenturverkauf gibt der Händler/Vermittler insoweit schon keine Eigenerklärung ab. Er leitet eine Information weiter, die er sich im Zweifel aus dem Fahrzeugschein beschafft hat. Auskunft gibt natürlich auch die Prüfplakette am Fahrzeug. Bei stillgelegten Fahrzeugen kann sie fehlen.

1546 Ob nach **„neuem" Kaufrecht** mit seinem verstärkten Verbraucherschutz an den Grundsätzen von BGHZ 103, 275 festgehalten werden kann, erscheint zweifelhaft. Dort, wo ohne Gewährleistungsausschluss an einen Verbraucher verkauft werden muss, reicht zu seinem Schutz aus, in einer Abrede wie „TÜV neu 5/08" eine **„einfache" Beschaffenheitsvereinbarung** i. S. d. § 434 Abs. 1 S. 1 BGB zu sehen, gleichviel, ob der Unternehmer ein Kfz-Händler ist oder nicht, eine Werkstatt besitzt oder nicht.[642] Der Inhalt der Beschaffenheitsvereinbarung ist nach Maßgabe von BGHZ 103, 275 = NJW 1988, 1378 festzulegen. Sollen nach übereinstimmender Vorstellung der Vertragsparteien noch bestimmte Arbeiten vor der Hauptuntersuchung erledigt werden, erübrigt es sich jetzt, auf das Werkvertragsrecht auszuweichen.

(2) Privates Direktgeschäft

1547 Für diesen Geschäftstyp liegt eine einschlägige BGH-Entscheidung nicht vor. Es ist indes zu erwarten, dass der BGH – ebenso wie in vergleichbaren Fällen[643] – zwischen gewerblichem Handel und Privatverkauf einen wesentlichen Unterschied machen wird. Denn die weite Auslegung der TÜV-Klausel im Sinne einer Garantieübernahme nach Maßgabe von BGHZ 103, 275 ist, wenn überhaupt, nur mit der beruflichen Sachkunde des Kfz-Händlers und dessen Ausstattung mit technischen Prüfeinrichtungen zu erklären.

Folgerichtig haben die **Instanzgerichte**[644] „TÜV-Erklärungen" von **Privatverkäufern** ohne technisches Know-how **anders bewertet** als entsprechende Zusagen von Kfz-Händ-

---

639 Urt. v. 26. 9. 1974 – 10 U 63/74 – n. v.; anders OLG München 19. 10. 1990 – 21 U 6283/90 – SP 1992, 60 (durch Tankstelleninhaber vermittelter Verkauf; TÜV-Abnahme lag nicht länger als einen Monat zurück); s. auch OLG Düsseldorf 1. 2. 1996, OLGR 1996, 180 – Abstand von 2 Monaten.
640 OLG Köln 3. 5. 1977 – 9 U 80/76 – n. v. (Händlereigengeschäft).
641 BGHZ 103, 275 = NJW 1988, 1378.
642 Siehe auch OLG Braunschweig 2. 10. 2007 – 11 U 177/06 – n. v.
643 Vgl. Urt. v. 15. 2. 1984, NJW 1984, 1454 – km-Stand; 17. 4. 1991, NJW 1991, 1880 – Porsche 928 S.
644 Besonders deutlich: OLG München 16. 5. 1997, NJW-RR 1998, 845 (Sportwagen); OLG Hamm (28. ZS) 14. 5. 1992, OLGR 1992, 290 (Motorradkauf); OLG Köln 8. 4. 1992, NJW 1993, 271 = DAR 1992, 379 = NZV 1992, 440 = OLGR 1992, 210 (17 Jahre altes Cabrio); LG Köln 18. 1. 1989, NJW-RR 1989, 699 („TÜV abgenommen bis 1990" – Pkw-Verkauf); vgl. auch OLG Düsseldorf 21. 10. 1994, OLGR 1995, 84 (L.) – Verkauf eines VW-Busses mit der Klausel „TÜV-Untersuchungsschein dabei".

lern. Sofern eine kaufvertragliche Garantieübernahme eines nichtgewerblichen Verkäufers überhaupt in Betracht zu ziehen ist, hat sie nicht die Verkehrssicherheit/Betriebssicherheit des Fahrzeugs zum Inhalt. Insoweit ist nicht einmal eine „einfache" Beschaffenheitsvereinbarung nach § 434 Abs. 1 S. 1 BGB anzunehmen. Selbst der Verkauf eines Fahrzeugs mit frischer Plakette ist beim Erwerb von einer Privatperson in der Regel nicht mit einer Qualitätszusage verbunden. Wer eine bei Übergabe frische Plakette verspricht, will erkennbar nur „für eine formelle TÜV-Abnahme ohne weitere Gewährübernahme zu sorgen".[645]

Diese Aussage des OLG Hamm ist repräsentativ für die **Fallgruppe „Fahrzeug soll noch über den TÜV gebracht werden"**. In einer entsprechenden Erklärung eines Privatverkäufers sieht der 28. ZS eine kaufvertragliche Zusicherung, die TÜV-Abnahme „formal" zu erledigen, d. h. das Fahrzeug mit frischer Plakette zu übergeben. Für die Annahme einer eigenständigen **kaufvertraglichen Nebenpflicht** (s. dazu BGH NJW 1984, 2287 – Typ-Prüfung für Turmdrehkran) sei schon mit Rücksicht auf die wesentliche Bedeutung der „TÜV-Freiheit" für die Verwendung des Fahrzeugs im öffentlichen Verkehr kein Raum.

Diese Argumentation des 28. ZS OLG Hamm überzeugt nicht. Problematisch ist die Annahme einer Zusicherung (heute Beschaffenheitsgarantie bzw. Garantie iSd § 276 BGB) aus zwei Gründen: Zum einen liegt die Eigenschaft, deren Vorhandensein garantiert sein soll, die TÜV-Abnahme als solche, in der Zukunft. Zum anderen erscheint die Rechtsfolge (Schadensersatz ohne Verschulden) unangemessen hart. Sachgerechte Ergebnisse lassen sich bei Annahme einer Beschaffenheitsvereinbarung oder, was vorzuziehen ist, einer kaufvertraglichen Nebenpflicht erzielen (s. auch OLG Düsseldorf OLGR 1993, 161).

Mehr als nur die formale TÜV-Abnahme kann ein Privatverkäufer mit der Zusage versprechen, eine Kfz-Werkstatt werde die Fahrzeugüberprüfung und TÜV-Abnahme auf seine Kosten besorgen. Darin sieht das LG Köln zugleich die Zusicherung, dass der Käufer ein Fahrzeug erhalten solle, das mit einem bestimmten Reparaturaufwand zur TÜV-Reife gebracht werden kann.[646] Lehne der Verkäufer die Übernahme der Reparaturkosten ab, hafte er wegen falscher Zusicherung.

Anders als beim Kauf vom Kfz-Händler haben die auf dem Privatmarkt angebotenen Fahrzeuge in der Regel keine ganz frische Plakette. Der Hinweis eines Privatverkäufers auf eine noch von seinem Vorgänger veranlasste Hauptuntersuchung enthält keine, auch keine eingeschränkte Garantieübernahme. Anders kann es sein, wenn der Verkäufer die TÜV-Abnahme selbst herbeigeführt hat oder gar durch eine Werkstatt hat ausführen lassen und dies bei den Verkaufsverhandlungen oder in der Verkaufsanzeige besonders herausgestellt wird. Zu dieser Fallgestaltung liegt eine umfangreiche Rechtsprechung vor. Im Kern geht es zumeist um die Frage, ob der (Privat-)Verkäufer mit seiner „TÜV"-Erklärung auch für einen **bestimmten Zustand des Fahrzeugs** (Verkehrssicherheit, Betriebssicherheit) garantiemäßig einstehen will bzw. einzustehen hat. Ganz überwiegend wird eine derartige Haftungsübernahme verneint.[647] Dies selbst für den Fall, dass der Verkäufer das Fahrzeug vor dem Verkauf in einer Werkstatt hat prüfen und für die TÜV-Abnahme hat vorbereiten lassen (vgl. LG Köln NJW-RR 1989, 699; s. auch OLG Köln NJW 1993, 271 – vorherige „Überarbeitung" durch einen Bekannten des Verkäufers).

---

645 So OLG Hamm (28. ZS) 14. 5. 1992, OLGR 1992, 290; a. A. AG Nienburg 30. 6. 1993, zfs 1993, 304 für die Erklärung „Pkw kommt auf jeden Fall durch den TÜV".
646 Urt. v. 1. 3. 1989, DAR 1990, 28.
647 OLG München 16. 5. 1997, NJW-RR 1998, 845; OLG Köln 8. 4. 1992, NJW 1993, 271 = DAR 1992, 379; OLG Düsseldorf 21. 10. 1994, OLGR 1995, 84 (L.); LG Köln 18. 1. 1989, NJW-RR 1989, 699; LG Karlsruhe 9. 1. 1981, DAR 1981, 152 („TÜV erst in einem Jahr"); strenger LG Würzburg 9. 5. 1990, DAR 1991, 152; OLG Hamm (19. ZS) 5. 5. 1995, BB 1995, 1506 („neu TÜV-abgenommen und technisch einwandfrei").

(3) Sonstige Kaufverträge

1548 Höchstrichterlich noch nicht entschieden sind Fälle aus dem **gewerblichen Bereich außerhalb des Kfz-Handels**. In der nur **mündlich** abgegebenen Erklärung eines **Transportunternehmers**, die angebotenen Lkw seien „TÜV-abnahmefähig", hat das OLG Stuttgart[648] eine Zusicherung gesehen. Die Abnahme des Fahrzeugs „ohne wesentliche Mängel" müsse gewährleistet sein, was mehr bedeute als „fahrbereit" (dazu Rn 1340). Hinzuweisen ist ferner auf eine Entscheidung des LG Tübingen,[649] auf ein unveröffentlichtes Urteil des OLG Düsseldorf vom 21. 2. 2002 – 6 U 117/01 (beiderseitiger Handelskauf über ein 25 Jahre altes Nutzfahrzeug mit „TÜV-Erklärung") und auf das gleichfalls unveröffentlichte Urteil des LG Berlin vom 23. 3. 1993 – 2 O 522/92 (Kauf eines gebrauchten Tankanhängers mit der Abrede „TÜV erneuert, GGVS 2.95"). In der bloßen Vorlage eines aktuellen Prüfberichts und des Prüfbuchs über die Bremssonderuntersuchung hat das OLG Düsseldorf[650] zu Recht keine Zusicherung gesehen. Zur „TÜV-Abnahme" in einer „Ankaufprämisse" bei einem Händler-Händler-Geschäft s. OLG Celle OLGR 2002, 278.

v) Unfallfreiheit/Unfallschaden

Übersicht: Rn
Lebenssachverhalte und Fallgruppen   1549
Unfallbegriff   1564
Kauf mit Unfallinformationen
– vom Händler (Verbrauchsgüterkauf)   1550 ff.
– von Privat (privates Direktgeschäft)   1570 ff.
– über Schadenumfang   1572 ff.
Verkauf ohne Unfallinformationen   1576 ff.
Bagatellproblematik   1566 ff., 1583 ff.
Merkantiler Minderwert   1579
Reparaturmängel   1591
Auslandsreparatur   1593

aa) Lebenssachverhalte und Fallgruppen

1549 Nach heutigem Kaufrecht sind Erklärungen des Verkäufers zum Thema „Unfallschäden" vor allem **unter drei Aspekten zu würdigen**: zum einen mit Blick auf eine mögliche „Beschaffenheitsgarantie" in Nachfolge der früheren Eigenschaftszusicherung, zum anderen unter dem Gesichtspunkt der arglistigen Täuschung. Als dritte Kategorie schiebt sich die „einfache" Beschaffenheitsvereinbarung (§ 434 Abs. 1 S. 1 BGB) dazwischen.

Wo es an einer ergiebigen Erklärung des Verkäufers fehlt oder sie nicht nachgewiesen werden kann, geht es um Mangelhaftigkeit nach den objektiven Kriterien des § 434 Abs. 1 S. 2 Nr. 2 BGB. Die anschließende Darstellung der Hauptfallgruppe „Verkauf mit Unfallinformationen" klammert die „Arglistfälle" einschließlich der Fallgruppe „Behauptung ins Blaue" aus (s. dazu Rn 2102 ff.) und folgt im Übrigen der sachlich gebotenen **Zweiteilung** in Geschäfte mit und ohne Händlerbeteiligung auf Verkäuferseite.

---

648 Urt. v. 13. 5. 1997, OLGR 1998, 256.
649 Urt. v. 26. 6. 1987, DAR 1988, 167 – Kauf eines Reisebusses von einem Busunternehmer.
650 Urt. v. 21. 2. 2002 – 6 U 117/01 – n. v.

bb) Verkauf mit Unfallinformationen
(1) Fallgruppe: Kfz-Handel/Verbraucherverträge

Kfz-Händler verwenden üblicherweise **Bestellscheine** (Kaufantragsformulare), die mit wenigen Zeilen bzw. Rubriken für „Unfallinformationen" auskommen. Typisch ist folgende Version:

- Zahl, Art und Umfang von Unfallschäden laut Vorbesitzer: ——
- Dem Verkäufer sind auf andere Weise Unfallschäden bekannt ◯ ja ◯ nein
- wenn ja, folgende ——

Nur selten – wie in der Sache BGH NJW 2008, 53 – bleiben sämtliche Rubriken unausgefüllt. In der Regel finden sich dort hand- oder maschinenschriftliche Eintragungen; schon aus Platzgründen typischerweise in Kurzfassung wie ein bloßes „Nein" hinter dem vorformulierten Text „Unfallschäden lt. Vorbesitzer".[651] Mitunter wird auch ein „unfallfrei" notiert[652] oder im Feld „unfallfrei" ist das Wort „ja" eingedruckt.[653]

In der Sache, die dem **BGH-Urteil vom 10.10.2007**[654] zugrunde liegt, hat der VIII. Zivilsenat angesichts der völlig unausgefüllten „Unfall"-Rubriken jegliche Beschaffenheitsvereinbarung verneint, sowohl eine positive (Fahrzeug ist unfallfrei) als auch eine negative (möglicherweise nicht unfallfrei). **Keine Beschaffenheitsvereinbarung** sieht er auch in dem Fall getroffen, dass der Händler die Rubrik **„Unfallschäden lt. Vorbesitzer"** mit **„Nein"** ausfüllt.[655]

Das ist umso bemerkenswerter, als man in der Vergangenheit in einem solchen „Nein" mitunter sogar eine Zusicherung der Unfallfreiheit gesehen hat. Sie könne auch dadurch garantiert sein, dass der Verkäufer in die Vordruckzeile „Unfallschäden" das Wort „keine" schreibe oder nur „nein" ankreuze bzw. unterstreiche.[656] Noch weiter ist das OLG Köln gegangen, indem es einen Händler in die Garantiehaftung genommen hat, der die Unfallzeile unausgefüllt gelassen hat.[657] Die vorgedruckte Erklärung lautete: „Der Verkäufer sichert zu, dass das Kfz in der Zeit, in der es sein Eigentum war, sowie nach seiner Kenntnis auch früher keinen Unfallschaden erlitt ... folgende Unfallschäden (Zahl, Art und Umfang) erlitt". Der Händler hatte keines der beiden Kästchen angekreuzt, gleichwohl hat das OLG Köln eine stillschweigende Zusicherung bejaht.[658] Zur **Fallgruppe „unvollständiger Vertrag"** zählt ferner das noch zum alten Recht ergangene Urteil des OLG Rostock vom 17.12.2003.[659] Mündliche Erklärungen führten zur Annahme der Zusicherung von Unfallfreiheit.

Zum Auslegungsstoff gehört nicht nur der Bestellschein bzw. Kaufvertrag. Auch Unfallinformationen im Vorfeld, etwa im Internet, und insbesondere – selten fehlende, aber kaum beweisbare – mündliche Erklärungen des Verkäufers bei den Vertragsverhandlungen, auch am Telefon,[660] sind bei der **Ermittlung des Erklärungstatbestandes** zu berücksichtigen. Allgemein dazu Rn 1611 ff.

---

651 So in den Fällen BGH 12.3.2008, NJW 2008, 1517; BGH 7.6.2006, NJW 2006, 2839.
652 So im Fall OLG Düsseldorf 25.2.2008 – I-U 169/07 – n. v.
653 Vgl. LG Karlsruhe 1.2.2005, NJW-RR 2005, 1368.
654 BGH NJW 2008, 53.
655 Urt. v. 12.3.2008, NJW 2008, 1517.
656 Vgl. OLG Frankfurt 24.6.1992, zfs 1992, 338.
657 Urt. v. 10.3.1989 – 6 U 167/88 – n. v.
658 Im Ergebnis ebenso SchlHOLG 16.7.1997, OLGR 1998, 24.
659 OLGR 2005, 46.
660 Dazu BGH 7.6.2006, NJW 2006, 2839.

Unfallfreiheit kann **auch mündlich** zugesagt, sogar garantiert, worden sein. Darüber wird vor Gericht häufig gestritten.[661] Bei einem schriftlichen Vertrag ohne oder mit nur bruchstückhafter Unfallinformation streitet die **Vermutung der Vollständigkeit und Richtigkeit** der Vertragsurkunde für den Verkäufer, wenn der Käufer aus außerhalb der Urkunde liegenden Umständen, z. B. einer mündlichen Erklärung, eine Garantie ableitet.[662] Zur Vermutungswirkung s. Rn 1612. Eine Schriftformklausel bzw. Vollständigkeitsklausel kann die gleiche Wirkung haben (s. Rn 1613 f.). Bringen Parteianhörung nach § 141 ZPO und Zeugenbeweis keine vollständige Klärung, hat der Richter an eine Vernehmung des Käufers nach § 448 ZPO zu denken.

Gehen Verkäufererklärungen im Vorfeld über das hinaus, was später im Vertrag steht, keine seltene Situation, stellt sich die Frage des (Teil-)Widerrufs bzw. der Berichtigung. Insoweit entscheiden die Gerichte meist käuferfreundlich. So kann ein vorformulierter Vorbehalt wie „laut Vorbesitzer Keine" eine frühere uneingeschränkte „Unfallfrei"-Zusage nicht zulasten des Käufers verändern.[663]

1553 Bleibt es für die Auslegung bei dem schriftlich fixierten „Nein" hinter dem vorgedruckten „Unfallschäden lt. Vorbesitzer" – eine Standardsituation –, weisen die beiden **BGH-Entscheidungen vom 10. 10. 2007**[664] **und vom 12. 3. 2008**[665] die Richtung: keine Beschaffenheitsvereinbarung.

Schon eine auf den ersten Blick geringfügige Textänderung im Bestellschein kann zur Annahme einer Beschaffenheitsvereinbarung führen. Hätte der Händler statt des maschinenschriftlichen „Nein" hinter „Unfallschäden lt. Vorbesitzer" mit eigener Hand **das Wort „unfallfrei"** geschrieben,[666] wäre die Beurteilung durch den BGH möglicherweise eine andere gewesen. Jedenfalls im alten Kaufrecht war für ihn klar: Ist in der Bestellscheinrubrik „Besondere Vereinbarungen" handschriftlich notiert: „Verkäufer versichert, dass das Fahrzeug unfallfrei ist", liegt darin die uneingeschränkte Garantie der Unfallfreiheit.[667] Nicht anders soll es sein, wenn der Verkäufer durch einen maschinenschriftlichen Vermerk „unfallfrei" die angekreuzte Formularalternative „das Kfz ist unfallfrei" bekräftigt.[668] Ein „Ja" hinter „unfallfrei" kann die **Übernahme einer Garantie** bedeuten.[669]

1554 **Konkludente Beschaffenheitsvereinbarung bzw. Garantieübernahme:** Sofern im Kaufvertrag und bei den Vertragsverhandlungen keine abweichenden Informationen erteilt worden sind, gilt manchen ein Gebrauchtwagen auch ohne ausdrückliche Zusage der Unfallfreiheit kraft stillschweigender (besser: konkludenter) Beschaffenheitsvereinbarung als **„unfallfrei"** verkauft.[670] **Der BGH** wählt diesen Ansatz – jedenfalls bei Händlern ohne eigene Werkstatt – nicht.[671] Dem ist zuzustimmen, gleichviel, ob der Händler eine Werkstatt hat oder nicht. Vorzuziehen ist eine Lösung mit Hilfe der objektiven Kriterien des Sachmangelbegriffs (§ 434 Abs. 1 S. 2 Nr. 2 BGB). Anders können die Dinge beim

---

661 Vgl. BGH 7. 6. 2006, NJW 2006, 2839 (Mithörproblematik); Beispiel für einen Indizienbeweis: SchlHOLG 16. 7. 1997, OLGR 1998, 24.
662 OLG Celle 19. 2. 1998, OLGR 1998, 170 (wohl ein Privatgeschäft); OLG Rostock 17. 12. 2003, OLGR 2005, 46.
663 BGH 7. 6. 2006, NJW 2006, 2839.
664 NJW 2008, 53.
665 NJW 2008, 1517.
666 So im Fall OLG Düsseldorf 25. 2. 2008 – I-1 U 169/07 – n. v.
667 BGH 10. 10. 1977, NJW 1978, 261 = MDR 1978, 306.
668 OLG Köln 4. 2. 2003 – 24 U 108/02 – n. v.
669 LG Karlsruhe 1. 2. 2005, NJW-RR 2005, 1368.
670 Zustimmend LG Köln 30. 5. 1988, 16 O 535/87 (rk), n. v.; vgl. auch *Landscheidt/Segbers*, NZV 1991, 289, 292.
671 Urt. v. 10. 10. 2007, NJW 2008, 53; v. 12. 3. 2008, NJW 2008, 1517.

Einzelfälle von Sachmängeln

Verkauf von Halbjahres- und Jahreswagen durch Markenhändler liegen; ggf. auch bei einem Vorführwagen.

Die konkludente „Zusicherung" der Unfallfreiheit hat das LG München I[672] bei einem Kauf vom Fachhändler aus dem Unterbleiben eines Hinweises abgeleitet, dass der Wagen auf Unfallfreiheit nicht untersucht worden sei. Das geht zu weit, wenn damit eine Garantieübernahme gemeint sein sollte. Angesichts der neuesten BGH-Rechtsprechung ist festzuhalten: Unfallfreiheit wird beim Händler-Verkauf an Privatpersonen nicht schon dadurch stillschweigend bzw. konkludent zugesagt und erst recht nicht garantiert, dass der Händler einen Preis verlangt, der für einen unfallfreien Wagen angemessen ist.[673] An die Annahme einer konkludenten Garantie eines Kfz-Händlers sind heute **strengere Anforderungen** als im früheren Gebrauchtwagenkaufrecht zu stellen. **1555**

Mit einem Verkauf als „**Jahreswagen**" oder als „**Vorführwagen**" ist nicht die konkludente Garantieerklärung „unfallfrei" verbunden. Dies selbst dann nicht, wenn es sich um einen Vertragshändler mit angeschlossener Werkstatt handelt, der ein Fahrzeug seiner Marke (Eigenfabrikat) verkauft. Das technische Know how ist nicht entscheidend, eher schon die Möglichkeit, das Fahrzeug von allen Seiten, auch von unten, zu besichtigen und zu prüfen. **1556**

Unfallfreiheit kann stillschweigend/konkludent durch eine Äußerung zugesichert sein, die einen bestimmten Fahrzeugzustand zum Inhalt hat, wie etwa die Bemerkung „**Originallackierung**". Von einer stillschweigenden Zusicherung, der Originallack sei noch vorhanden, kann ein Käufer selbst dann nicht ausgehen, wenn er zu erkennen gegeben hat, der optische Zustand sei für ihn wichtig.[674] **1557**

Jedenfalls keine Garantie der Unfallfreiheit enthält die Klausel, „dem Verkäufer sind keine Unfallschäden vom Vorbesitzer mitgeteilt oder auf andere Weise bekannt geworden".[675] Gleiches gilt für die Erklärung, von einem Unfall „nichts zu wissen".[676] In Betracht kommt hier eine **negative Beschaffenheitsvereinbarung**.[677]

Wenn ein Kfz-Händler sich darauf beschränkt, dem Käufer lediglich eine **Rechnung über eine Unfallreparatur** vorzulegen, ist eine konkludente Garantieübernahme i. S. v. „keine weiteren Schäden als in der Rechnung ausgewiesen" im Zweifel zu verneinen. Ohne konkrete Anhaltspunkte für einen entsprechenden Verkäuferwillen ist es auch nicht gerechtfertigt, eine Garantie dafür anzunehmen, dass die in der Rechnung ausgewiesenen Arbeiten ordnungsgemäß und vollständig ausgeführt worden sind. Derartige Garantieversprechen kann ein Käufer insbesondere dann nicht erwarten, wenn die Rechnung nicht von der Verkäuferfirma stammt bzw. nicht auf den Verkäufer ausgestellt ist.[678] Zur Rechnungsvorlage s. auch Rn 1603. **1558**

Die schriftliche Erklärung eines Kfz-Händlers „Wagen hatte Unfallschaden, der bei einer BMW-Fachwerkstatt inst. wurde", ist keine Zusicherung der Vollständigkeit und Fachgerechtigkeit der Reparatur.[679] Mündliche Zusatzerklärungen, die der Käufer zu beweisen hat, können ein anderes Verständnis rechtfertigen.

---

672 Urt. v. 25. 6. 2004, DAR 2005, 38 = SP 2005, 70 = SVR 2005, 342.
673 So schon BGH 16. 2. 1977, NJW 1977, 1055.
674 OLG Frankfurt 15. 2. 2001, DAR 2001, 306.
675 AG Sömmerda 28. 7. 1999 – 2 C 58/99 – Handbuch Verkehrsrecht 2000, 388; s. auch AG Menden 3. 7. 2002, NZV 2003, 194.
676 BGH 21. 1. 1981, NJW 1981, 928 = WM 1981, 323; AG Menden 3. 7. 2002, NZV 2003, 194 (Händler-Händler-Geschäft).
677 Dazu BGH 10. 10. 2007, NJW 2008, 53; v. 12. 3. 2008, NJW 2008, 1517.
678 Zur Bedeutung von Rechnungsvorlagen s. auch OLG Hamm NJW-RR 1986, 932; OLG Köln OLGR 1992, 289.
679 OLG Düsseldorf 11. 1. 2001, OLGR 2001, 225; anders LG Ingolstadt 8. 9. 2000, DAR 2001, 513.

1559 Vorbehalte und Quellenhinweise: Ein Kfz-Händler kann sich bei der Erklärung „unfallfrei" oder bei einer Information wie „nur kleine Blechschäden" (zu dieser Fallgruppe s. Rn 1572 ff.) beim Verkauf an einen Verbraucher – anders kann es bei einem Händler-Händler-Geschäft sein – nicht von vornherein darauf zurückziehen, er habe nur eine fremde Information weitergeleitet.[680] Ein vertraglicher Gewährleistungsausschluss (Freizeichnungsklausel) genügt dafür allein auf keinen Fall,[681] ebenso wenig formularmäßige Negativ- und Schriftformklauseln. Dementsprechend verwendet der Kfz-Handel seit Jahren konkrete „Unfall-Klauseln" mit Vorbehalten und sog. Quellenhinweisen.

1560 Welche Bedeutung die Klausel **„unfallfrei lt. Vorbesitzer"** bei einem Händlereigengeschäft[682] hat, ist durch das **BGH-Urteil vom 12. 3. 2008** geklärt.[683] Es handele sich lediglich um **eine Wissensmitteilung**, mit der der Händler die Angaben des Vorbesitzers wiedergebe. Gleichfalls nur eine Wissensmitteilung sieht das OLG Celle[684] in der Eintragung **„laut letzter Halterangabe unfallfrei"**.

Ob der Händler den Vorbesitzer, dessen Angabe weitergeleitet wird, durch eigenen Kontakt kennt oder nicht, ist für den BGH kein Thema. Er scheint für die Annahme einer „Wissensmitteilung" nicht zu verlangen, dass der verkaufende Händler den Wagen von dem Vorbesitzer hereingenommen hat. Wie im Fall BGH NJW 2008, 1517 geschehen, kann ein Zwischenhändler Verbindungsmann sein. Je länger die Kette ist, desto größer ist das Risiko der Informationsverfälschung, was manchen Händler schon dem Vorwurf ausgesetzt hat, durch eine Behauptung ins Blaue hinein den Käufer arglistig getäuscht zu haben. Vorsichtige Händler verkaufen deshalb unter dem Vorbehalt **„Fahrzeugangaben lt. Vorbesitzer oder Lieferant"**.

1561 Nach der (früheren) Rechtsprechung schließt eine Wissensmitteilung („Wissenserklärung") die Annahme einer Zusicherung/Garantie zwar nicht von vornherein aus. Nur reine Wissenserklärungen, wobei die Betonung auf „reine" liegt, hat der **BGH** aus dem Anwendungsbereich der §§ 459 Abs. 2, 463 S. 1 BGB a. F. ausgeklammert. Bei einem „NEIN" hinter „unfallfrei lt. Vorbesitzer" sogar jegliche Beschaffenheitsvereinbarung zu verneinen, ist unter den heutigen Gegebenheiten sachgerecht. Dem Käufer bleibt der Schutz nach dem objektiven Mangelbegriff. Falsche oder unvollständige Wissensmitteilungen können im Übrigen eine Haftung aus c. i. c. begründen, wegen der Sperrwirkung der Mängelhaftung freilich nur vorsätzliche Fehlinformationen (str.).

1562 Der Bedeutungsgehalt von Erklärungen wie „lt. Vorbesitzer unfallfrei" oder „nach den Angaben des Vorbesitzers unfallfrei" ist nicht deckungsgleich mit der Auskunft, von einem Unfall überhaupt nichts zu wissen. In diese Richtung kann jedoch die Auslegung bei einer Zusatzerklärung wie „auch sonst nichts bekannt" gehen. Wer erklärt, er wisse nichts von einem Unfall, sichert damit laut BGH[685] nicht die Unfallfreiheit des Fahrzeugs zu.

Dass die vorformulierte Erklärung eines Kfz-Händlers, ihm seien auch **auf andere Weise,** also unabhängig von der Auskunft des Vorbesitzers, Unfallschäden **nicht bekannt,** keinen Garantiecharakter hat, ist allgemein anerkannt. Es handelt sich auch hier um eine **(Nicht)Wissenserklärung**, nicht einmal um eine negative Beschaffenheitsvereinbarung. Der Kaufinteressent kann und darf die Information nur dahin verstehen, dass im Geschäftsbereich des Händlers Kenntnisse über einen Unfallschaden nicht vorliegen. Trifft diese Er-

---

680 Davon geht der BGH als selbstverständlich aus, vgl. Urt. v. 10. 10. 1977, NJW 1978, 261; 4. 11. 1981, NJW 1982, 435; vgl. auch 18. 3. 1981, NJW 1981, 1441 unter II, 2b, bb; KG 24. 11. 1992, KGR 1993, 1.
681 So BGH 10. 10. 1977, NJW 1978, 261.
682 Ob der Käufer ein Verbraucher war, ist offen geblieben.
683 NJW 2008, 1517.
684 Beschl. v. 6. 6. 1996, OLGR 1996, 194.
685 WM 1981, 323 (in NJW 1981, 928 nicht abgedruckt).

Einzelfälle von Sachmängeln 1563–1565

klärung nicht zu, etwa weil im eigenen Betrieb ein Unfallschaden repariert worden war, so kann an die Falschauskunft als Haftungsgrund angeknüpft werden,[686] eine (garantierte) Eigenschaft fehlt dem Fahrzeug jedenfalls nicht.[687]

Sache des Käufers ist es, konkrete Tatsachen dafür vorzutragen und notfalls zu beweisen, dass der Händler **ausnahmsweise** mit seiner **eigenen Fachkompetenz** hinter der Angabe „unfallfrei lt. Vorbesitzer" steht und sich persönlich für die Unfallfreiheit stark sagen wollte. Dafür reicht es nicht aus, dass das Fahrzeug nur einen einzigen Voreigentümer hatte, die Bezugnahme des Händlers „lt. Vorbesitzer" also formal erschöpfend und lückenlos ist. Eigentum und Besitz an Kraftfahrzeugen fallen vielfach auseinander. 1563

Am Beispiel von Leasingfahrzeugen wird deutlich, dass selbst ein Erst-Eigentümer nicht immer voll darüber informiert sein muss, ob sein Fahrzeug in einen Unfall verwickelt war oder nicht. Dieses Informationsdefizit geht beim Ankauf durch den Händler auf diesen über und kann auch durch eine gründliche „Unfall-Kontrolle" nicht immer hinreichend kompensiert werden. Ist der einzige Voreigentümer hingegen eine Privatperson, die laut Auskunft des Händlers oder ausweislich des Kundendienstheftes ihr Fahrzeug ständig im Händlerbetrieb hat warten und pflegen lassen, wird eine Bezugnahme auf eine „Unfallfrei-Auskunft" dieses „guten Kunden" für eine eigene Gewährsübernahme sprechen, zumal bei einem Fahrzeug geringen Alters und niedriger Laufleistung.

Zum Begriff „Unfall": Verschiedentlich wird darüber gestritten, ob Fahrzeugschäden wie z. B. ein **Hagelschaden**, ein **Hochwasser-** oder ein **Vandalismusschaden** mit der Erklärung „unfallfrei" zu vereinbaren sind, ob der Begriff „Unfall" weit oder eng auszulegen ist. Nach **§ 12 Abs. 1 II a AKB** ist ein „Unfall" ein durch ein unmittelbar von außen her plötzlich mit mechanischer Gewalt einwirkendes Ereignis. Brems-, Betriebs- und reine Bruchschäden gelten nicht als „Unfallschäden". 1564

Privatverkäufern ist der **weite juristische Unfallbegriff** im Allgemeinen fremd.[688] Im Zweifel entscheidet **die Verkehrsauffassung**, wonach bei einem Kfz ein Unfall gleichbedeutend ist mit einem „Verkehrsunfall". Anstöße gegen einen Poller auf einem Parkplatz oder eine Kollision mit dem häuslichen Garagentor als „Unfälle" zu bezeichnen, stößt in der Bevölkerung auf Unverständnis. Gleichwohl können derartige Beschädigungen, sofern nicht unerheblich, dem Fahrzeug die Eigenschaft „unfallfrei" nehmen.

Hagelschäden[689] zählen wie Vandalismus-, Brandschäden und z. B. auch Nässeeinwirkungen durch Hochwasser[690] dagegen zu den „sonstigen Beschädigungen", die in manchen Formularverträgen, z. B. des ADAC, den „Unfallschäden" gegenübergestellt werden. Mit einem Hinweis auf einen „Hagelschaden" ist nach der Verkehrsauffassung zum Thema „Unfall" nichts gesagt.[691] Unter Hinweis auf die (nicht passende) Entscheidung BGH NJW 1997, 3027 setzt das OLG München die **Zerstörung des Originallacks** durch Vandalismus (Kratzer) einem „Unfallgeschehen" gleich.[692]

Zum Begriff der „Unfallfreiheit": Nach wie vor kann auf die Definition des OLG Köln zurückgegriffen werden:[693] 1565

---

686 Vgl. OLG Celle 23. 6. 1995 – 4 U 301/94 – n. v.
687 OLG Düsseldorf 18. 1. 2002, DAR 2002, 163 – Jahreswagen.
688 So auch LG München I 2. 10. 2003, DAR 2004, 276; OLG Düsseldorf 3. 12. 2004, zfs 2005, 130.
689 Dazu OLG Düsseldorf 23. 1. 1992, OLGR 1992, 139; AG Duisburg 1. 10. 2003 – 45 C 2326/03 – n. v.; AG Starnberg 29. 8. 2007 – 2 C 1087/07 – n. v.
690 OLG Koblenz 5. 9. 2002, DAR 2002, 510 (längere Liegezeit im Rhein).
691 KG 10. 11. 2003 – 8 U 179/03 – n. v.
692 Urt. v. 13. 6. 2007 – 20 U 5646/06 – n. v.
693 Urt. v. 11. 6. 1975, DAR 1975, 327 = DB 1975, 2129; s. auch OLG München 20. 6. 2002, DAR 2002, 454; OLG Köln 6. 3. 1968, JMBl. NW 1969, 155; OLG Köln 14. 12. 1971, JMBl. NW 1972,

Der Begriff „Unfallfreiheit" oder „unfallfrei" wird im Kraftfahrzeughandel einheitlich verwendet. Er besagt, dass ein Fahrzeug keinen Schaden erlitten hat, der als erheblich anzusehen ist. Die Erheblichkeit eines Schadens bestimmt sich nach der Verkehrsauffassung, die nur geringfügige, ausgebesserte Blechschäden und „Schönheitsfehler" aus dem Begriff der Unfallfreiheit ausklammert.

1566 Mit Recht hat das OLG Köln[694] den Begriff „unfallfrei" dahin **eingeschränk**t, dass das Fahrzeug keinen Unfallschaden erlitten hat, der als **erheblich** anzusehen ist.[695] **Bagatell- oder Einfachschaden** können demnach mit der Zusage „unfallfrei" vereinbar sein.[696] Das ist eine **Frage der Auslegung** des Vereinbarten. Um die frühere Bagatellklausel in § 459 Abs. 1 BGB a. F. geht es ebenso wenig wie um die Frage der Rücktrittserheblichkeit (§ 323 Abs. 5 S. 2 BGB). Letztere kann sich zusätzlich stellen (doppelter Bagatellbegriff). Insoweit ist wichtig, dass der BGH seine „rücktrittsfreundliche" Sichtweise im Urteil vom 10. 10. 2007[697] in der Entscheidung vom 12. 3. 2008[698] korrigiert hat.

1567 Bei der Auslegung von Angaben wie „unfallfrei" oder „keine Unfallschäden" oder „Bagatellschäden"[699]ist man sich in der Rechtsprechung darin einig, die – erste und vorrangig zu prüfende – **Erheblichkeitsgrenze** bei Pkw/Kombis zugunsten der Käufer **eng** zu ziehen.[700] Das ist vom Ansatz her zutreffend, zumal **der BGH** selbst in Fällen ohne Beschaffenheitsvereinbarung, also im Rahmen des § 434 Abs. 1 S. 2 Nr. 2 BGB, eine enge Grenzziehung befürwortet.[701] Sagt der Verkäufer Unfallfreiheit ausdrücklich zu, muss grundsätzlich ein **noch strengerer Maßstab** gelten als im Fall des Schweigens, wo es auf die objektiven Mängelkriterien ankommt.

1568 Zur Abgrenzung zwischen einem „Bagatellschaden" und einem Sachmangel nach objektiven Gesichtspunkten, also nicht im Rahmen der hier interessierenden Vertragsauslegung, greift **der BGH** auf seine **Rechtsprechung zur Offenbarungspflicht** von Schäden und Unfällen zurück (näher Rn 1583 ff.). Die Grenze für nicht mitteilungspflichtige „Bagatellschäden" sei bei Pkw **„sehr eng"** zu ziehen.[702] Als „Bagatellschäden" seien nur ganz geringfügige, äußere (Lack-)Schäden anzuerkennen, nicht dagegen andere (Blech-)Schäden, auch wenn sie keine weitergehenden Folgen hätten und der Reparaturaufwand nur gering sei. Ob das Fahrzeug nach dem Unfall fachgerecht repariert worden sei, sei ohne Bedeutung.[703]

189; OLG Frankfurt 24. 6. 1992, zfs 1992, 338; OLG Koblenz 25. 6. 1992, VRS 84, 243; OLG Hamm 14. 6. 1994, DAR 1994, 402 = OLGR 1994, 181 (mit Hinweis auf § 12 AKB).
694 Urt. v. 11. 6. 1975, DAR 1975, 327.
695 So auch OLG Düsseldorf 3. 12. 2004, zfs 2005, 130; OLG Rostock 17. 12. 2003, OLGR 2005, 46; OLG München 20. 6. 2002, DAR 2002, 454; LG München I 2. 10. 2003, DAR 2004, 276; OLG Hamm 29. 9. 1994, OLGR 1995, 55 („keine über die Bagatellgrenze hinausgehende Unfallschäden"); ebenso OLG Karlsruhe 27. 3. 2001, DAR 2002, 167 = OLGR 2001, 301; LG Karlsruhe 1. 2. 2005, NJW-RR 2005, 1368; s. auch OLG Hamm 29. 9. 1994, DAR 1994, 402 (Verkäufer hatte aber zusätzlich erklärt, Fahrzeug habe „keine Macke"); zweifelnd OLG Koblenz 25. 6. 1992, VRS 84, 243; s. a. Brand OLG 26. 6. 2008 – 12 U 236/07 – n. v.
696 OLG Düsseldorf 25. 2. 2008 – I-1 U 169/07 – n. v.; OLG Bamberg 21. 6. 2006 – 3 U 253/05 – n.v; Thür. OLG 20. 12. 2007 – 1 U 535/06 – n. v.; LG Karlsruhe 1. 2. 2005, NJW-RR 2005, 1368.
697 NJW 2008, 53.
698 NJW 2008, 1517.
699 Dazu OLG Düsseldorf 18. 12. 2006 – I-1 U 108/06 – n. v.
700 OLG Düsseldorf 25. 2. 2008 – I-1 U 169/07 – n. v.; Thür. OLG 20. 12. 2007 – 7 U 535/06 – n. v.; OLG Karlsruhe 29. 8. 2007, OLGR 2007, 1011; OLG Köln 4. 2. 2003 – 24 U 108/02 – n. v.
701 Urt. v. 10. 10. 2007, NJW 2008, 53; v. 12. 3. 2008, NJW 2008, 1517.
702 BGH 10. 10. 2007, NJW 2008, 53.
703 BGH 10. 10. 2007, NJW 2008, 53.

Einzelfälle von Sachmängeln

Die weitere Aussage des BGH,[704] dass der Käufer auch beim Kauf eines gebrauchten Kraftfahrzeugs mangels gegenteiliger besonderer Umstände erwarten könne, dass das Fahrzeug keinen über einen „Bagatellschaden" hinausgehenden Unfall erlitten habe, ist **auch für die Auslegung** von Angaben wie „unfallfrei" oder „ohne Unfallschaden" von Bedeutung. Denn der Horizont des Durchschnittskäufers ist gem. §§ 133, 157 BGB ein (subsidiärer) Auslegungsgesichtspunkt.

Allerdings muss die Auslegung nach beiden Seiten hin interessengerecht sein und insbesondere **die Umstände des konkreten Falles** umfassend berücksichtigen. Dazu zählen nicht nur das Alter und die Laufleistung des Fahrzeugs, die Anzahl der Vorbesitzer und die Art der Vorbenutzung. Auslegungserheblich können auch der dem Käufer erkennbare Pflegezustand des Fahrzeugs und sein Preis sein,[705] ferner die Art des Schadens und die Höhe der Reparaturkosten.

Was der Käufer bei der Angabe „unfallfrei" erwarten kann, hängt nicht zuletzt auch davon ab, welchen Wissensstand er bei seinem Vertragspartner voraussetzen kann. Hier spielt hinein, ob und in welcher Weise der Händler durch Distanzierungsklauseln wie „laut Vorbesitzer" Informationsabhängigkeit und Unkenntnis signalisiert hat (näher Rn 1560).

So praktikabel Grenzwerte – hier: Reparaturkosten – auch sein mögen: Für die Auslegung von Verkäufererklärungen wie „unfallfrei" sind sie nur bedingt von Nutzen. Die Höhe der Reparaturkosten ist auch deshalb ein fragwürdiges Kriterium, weil die Voraussetzungen für ihre Ermittlung in zahlreichen Punkten ungesichert sind (Stichworte: UPE-Aufschläge, Verbringungskosten, Freie Werkstätten versus Markenhandel; smart bzw. spot repair). **1569**

Zu pauschal ist die Aussage, alles, was „ins Blech gehe", sei keine „Bagatelle" mehr.[706] Das kann im Einzelfall, etwa bei einem „Jungen Gebrauchten", richtig sein, als genereller Gradmesser ist dieser Gedanke abzulehnen.[707] Zumal bei älteren Pkw muss auch auf die Tiefe der Verformung, die Größe der betroffenen Fläche und insbesondere darauf abgestellt werden, in welchem Bereich des Fahrzeugs (sichtbar/unsichtbar) sich die Schadstellen befinden.

Sich an Hand von aktuellen Präjudizien[708] in Zweifelsfällen für den Käufer zu entscheiden, steht im Einklang mit der jüngsten Rechtsprechung des BGH zur Mangelhaftigkeit nach § 434 Abs. 1 S. 2 Nr. 2 BGB.[709] Bei einem Austausch beider Kotflügel durch Neuteile ist die Bagatellgrenze deutlich überschritten.[710] Für mit „unfallfrei" vereinbar hält das OLG Düsseldorf[711] dagegen zu Recht „Kleinstkollisionen" mit Beschädigungen an einem Kotflügel und am Stoßfänger (s. auch die Rspr. zur Bagatellschadensgrenze in Fällen ohne Beschaffenheitsvereinbarung unter Rn 1583 ff.).

(2) Fallgruppe Privatverkauf

Soweit **vorformulierte Verträge** benutzt werden, z. B. der weitverbreitete ADAC-Vertrag, hat die Rechtsprechung in den letzten Jahren eine recht **einheitliche Auslegungslinie** gefunden. In den meisten Fällen ist eine Eigenschaftszusicherung verneint worden.[712] Ob **1570**

---

704 Urt. v. 10. 10. 2007, NJW 2008, 53.
705 OLG Düsseldorf 8. 5. 2006, SP 2007, 32.
706 So aber Thür. OLG 20. 12. 2007 – 1 U 535/06 – n. v.
707 OLG Düsseldorf 25. 2. 2008 – I-1 U 169/07 – n. v.
708 OLG Düsseldorf 25. 2. 2008 – I-1 U 169/07 – n. v.; Thür. OLG 20. 12. 2007 – 1 U 535/06 – n. v.; OLG Karlsruhe 29. 8. 2007, OLGR 2007, 1011; LG Karlsruhe 1. 2. 2005, NJW-RR 2005, 1368 (BMW Z 3).
709 Urt. v. 10. 10. 2007, NJW 2008, 53; v. 12. 3. 2008, NJW 2008, 1517.
710 OLG Rostock 17. 12. 2003, OLGR 2005, 46.
711 Urt. v. 3. 12. 2004, zfs 2005, 130; ähnlich OLG Karlsruhe 29. 8. 2007, OLGR 2007, 1011.
712 Vgl. OLG Hamburg 19. 6. 1997, DAR 1998, 72; LG Zweibrücken 17. 11. 1998, MDR 1999, 159 = DAR 1999, 367; LG Leipzig 23. 2. 1999, DAR 1999, 366; LG Gießen 8. 1. 1997, zfs 1997, 175; LG Bückeburg 3. 2. 1995, DAR 1995, 369; s. auch *Eggert*, DAR 1998, 45.

stattdessen eine „einfache" Beschaffenheitsvereinbarung i. S. v. § 459 Abs. 1 BGB a. F. anzunehmen ist, blieb regelmäßig unerörtert.

Im **ADAC-Vertrag Fassung 1996** wurden „Unfallschäden" gegen **„sonstige Beschädigungen"** abgegrenzt.[713] Was unter Letzteren zu verstehen ist, sagen die Entscheidungen AG Reinbek, DAR 1999, 410 und AG Karlsruhe-Durlach, DAR 1999, 270. **Hagel-, Vandalismus- und Hochwasserschäden** fallen bei einem engen Unfallbegriff, wie Privatpersonen ihn kennen, unter den **Auffangtatbestand** „sonstige Beschädigungen" (zum Begriff „Unfall" s. auch Rn 1564).

An der Zweiteilung in „Unfallschäden" und „sonstige Beschädigungen" hat der ADAC bei der **Neufassung 2002** festgehalten. Für die Auslegung bedeutsamer ist die an die neue Terminologie angepasste **Differenzierung** zwischen „Garantien" und bloßen „Erklärungen". Der Zeitraum, in dem das Fahrzeug im Eigentum des Verkäufers gestanden hat – von „Besitzzeit" ist nicht die Rede – ist expressis verbis Gegenstand einer Garantie („Der Verkäufer garantiert ..."). Früher hieß es: „Der Verkäufer sichert zu". Konsequent in der Annahme einer Zusicherung deshalb OLG Hamm MDR 2001, 87 = OLGR 2000, 319.

Hinsichtlich der Zeit **vor Erwerb eigenen Eigentums** gibt der Verkäufer bei Verwendung eines ADAC-Formulars keine „Garantie", sondern lediglich eine „Erklärung" ab, noch dazu eingeschränkt durch den Einschub **„soweit ihm bekannt"**. Damit ist eine irgendwie geartete Garantieübernahme/Beschaffenheitsgarantie nicht verbunden.[714] Die Frage kann nur sein, ob mit beiderseitiger Unterzeichnung des ADAC-Vertrages 2002 die unter 2.1 des Formulars aufgeführten Angaben (Ankreuzalternativen) Gegenstand einer – eventuell eingeschränkten – **Beschaffenheitsvereinbarung** i. S. v. § 434 Abs. 1 S. 1 BGB sind, wenn ja, ob sie sich gegen eine etwaige Freizeichnungsklausel durchsetzt.

Da der (Privat-)Verkäufer sich durch seine „reine Wissenserklärung"[715] – dem Käufer erkennbar – rechtlich nicht binden will, hat man bei Formularverträgen mit Aufteilung nach Eigentums- bzw. Besitzzeiten zugunsten von denjenigen Verkäufern entschieden, die nicht aus erster Hand verkauft haben.[716] Wohl kein ADAC-Vertrag, sondern ein sonstiger Formularvertrag liegt der Entscheidung des LG München I vom 2. 10. 2003[717] zugrunde. Unter welchen Voraussetzungen eine Privatperson, die nicht Erstbesitzerin ist, eine **Beschaffenheitsgarantie** übernimmt, wird eingehend geprüft und für den konkreten Fall zutreffend verneint (für Garantie Brand OLG 26. 6. 2008 – 12 U 236/07).

1571 Bei **reinen Individualverträgen,** insbesondere bei nur mündlich abgeschlossenen Verträgen, kommt es naturgemäß ganz besonders auf die konkreten Umstände des Einzelfalles an. Die Erklärung eines **Privatverkäufers,** er habe das Fahrzeug als „unfallfrei" erworben, ist nicht als Zusicherung in dem Sinn zu verstehen, dass das Fahrzeug tatsächlich unfallfrei ist.[718] Auch wer erklärt, er wisse nichts von einem Unfall, sichert nicht „Unfallfreiheit" zu.[719] Nicht so eindeutig ist das Auslegungsergebnis bei der schriftlichen Erklärung „Fahrzeug ist bis zum heutigen Tag unfallfrei". Mit dem Einwand, diese Mitteilung habe sich nur auf seine Eigentums- bzw. Besitzzeit bezogen, wird ein Privatverkäufer nur bei einer län-

---

713 Siehe BGH 6. 7. 2005, NJW 2005, 3205.
714 OLG Hamm 23. 5. 2000, MDR 2001, 87 („reine Wissenserklärung"); s. auch OLG Bamberg 15. 12. 2000, DAR 2001, 272.
715 OLG Hamm 23. 5. 2000, MDR 2001, 87.
716 OLG Köln 17. 1. 2006, DAR 2006, 327; LG Saarbrücken 29. 7. 2004, zfs 2004, 562; AG Homburg/Saar 19. 12. 2003, zfs 2004, 411.
717 DAR 2004, 276.
718 OLG Köln 8. 7. 1977 – 9 U 27/77 – n. v.
719 BGH 21. 1. 1981, WM 1981, 323 (in NJW 1981, 928 nicht abgedruckt); vgl. auch OLG Hamm 21. 1. 1985, NJW 1986, 136 (Hauskauf); OLG Düsseldorf 21. 10. 1994, NZV 1995, 192 (L.) = OLGR 1995, 84 (L.) s. aber auch LG Gießen 8. 1. 1997, zfs 1997, 175.

geren Vorbesitzerkette Erfolg haben.[720] Eine Richtzahl gibt es hier nicht. Aus der Haftung ist der Verkäufer auch, wenn ihm der Nachweis gelingt, die schriftliche Erklärung mündlich eingeschränkt zu haben.

Zu weit geht die Ansicht, den **schweigenden Erstbesitzer** (Privatverkäufer) beim Verkauf eines Unfallwagens in die Garantiehaftung zu nehmen.[721] Andererseits: Eine stillschweigende (konkludente) Beschaffenheitsangabe über die Unfallfreiheit kann dem Verkaufsverhalten eines **Erstbesitzers** unabhängig davon zu entnehmen sein, wie alt sein Fahrzeug ist. Das ist eine Frage des Einzelfalls.

Beim Privatkauf vom – schweigenden – **Nachbesitzer** ist zu differenzieren: Eine gesicherte Kenntnis von einer etwaigen Unfallbeteiligung kann der Käufer nur für den Zeitraum voraussetzen, in dem der Verkäufer Eigentümer bzw. Besitzer des Wagens war. Hinsichtlich der Vorbesitzzeit muss er vernünftigerweise Informationsdefizite in Rechnung stellen. Je länger die Vorbesitzerkette ist, desto weniger kann der Verkäufer von der Historie des Fahrzeugs wissen.

Die ohnehin auf schwachen Füßen stehende Annahme einer stillschweigenden/konkludenten Zusage „unfallfrei" sollte bei allen Fahrzeugen, die nicht Ersthandwagen sind, auf die **eigene Eigentums- und/oder Besitzzeit** des Verkäufers beschränkt werden.

Zu weit dürfte es gehen, einem Privatverkäufer, der eine **Rechnung über eine Werkstattreparatur** vorgelegt hat, das Risiko einer mangelhaften oder unvollständigen Reparatur aufzuerlegen.[722]

Ein Privatverkäufer, der im Vertrag festhält „Der Wagen war stark unfallbeschädigt" und hinzufügt „Das Fahrzeug befindet sich in einem einwandfreien Zustand", sichert nach Ansicht des OLG Düsseldorf[723] zu, dass die Schäden „gänzlich und folgenlos beseitigt worden sind". Eine Beschaffenheitsgarantie sieht das OLG Hamm[724] in der Erklärung eines Privatverkäufers, dass bestimmte Ersatzteile „fachgerecht erneuert" seien.

(3) Fallgruppe „mehr ist nicht dran"

Nicht nur unter dem Aspekt der arglistigen Täuschung, sondern auch mit Blick auf die Eigenschaftszusicherung nach §§ 459, 463 BGB a. F. hat die Rechtsprechung Verkäufererklärungen gewürdigt wie z. B.

- „nur kleine Blechschäden" (BGH NJW 1981, 1441; vgl. auch OLG Nürnberg NZV 1992, 441)
- „beseitigter Blechschaden" (BGH NJW-RR 1987, 436)
- „Blechschaden – behoben" (OLG Düsseldorf OLGR 1992, 170) oder „Seitenteilschaden hinten rechts (behoben)" (OLG Hamm OLGR 1995, 77 – Händlerankauf)
- „Blechschaden" (OLG Frankfurt NJW-RR 1987, 1268)
- „Blechschäden Fahrerseite" (OLG Oldenburg NJW-RR 1987, 1269)
- „Fz. hatte Frontschaden" (OLG Hamm DAR 1977, 322)
- „Heckschaden vollständig behoben" (LG Mönchengladbach NJW-RR 1992, 1524)
- „Bagatellschaden, Kleinigkeit, die leicht zu beheben ist" (OLG Düsseldorf OLGR 1992, 265 – unrep. verkauft)

---

720 Vgl. LG Saarbrücken 3. 3. 1994, zfs 1994, 245 (8 Vorbesitzer); s. auch OLG Düsseldorf 5. 10. 1995, NZV 1996, 368.
721 So aber *Landscheidt/Segbers*, NZV 1991, 289, 292.
722 So aber AG Köln 6. 10. 1988 – 134 C 156/88 – n. v.
723 Urt. v. 19. 6. 1986 – 18 U 17/86 – n. v.
724 Urt. v. 10. 2. 2005, NJW-RR 2005, 1220.

- „Frontschaden sach- und fachgerecht behoben" (OLG Düsseldorf OLGR 1994, 186)
- „Unfall vorne rechts" (LG Itzehoe zfs 1993, 374)
- „nur kleiner Parkschaden" (KG VRS 87, 241 = OLGR 1994, 85)
- „Frontschaden, Blech- und Glasschaden" (OLG Bamberg NJW-RR 1994, 1333)
- „leichter Frontschaden" (OLG Hamm OLGR 1996, 53)
- „Unfallfrontschaden" (OLG Saarbrücken NJW-RR 1998, 1273)
- „links Unfallschaden, Kotflügel etc. wurden erneuert" (OLG Köln NZV 1999, 381 = OLGR 1999, 205 – Privatgeschäft)
- „leichter Unfallschaden, nur Plastikteile getauscht" (OLG München MDR 2001, 1407 = OLGR 2001, 293).

Bei dieser sehr praxisrelevanten Fallgruppe geht es nicht nur um die Frage, ob der Verkäufer den tatsächlichen Unfallschaden arglistig verharmlost hat, beispielsweise durch eine Behauptung ins Blaue (dazu Rn 2106 ff.). Erörtert wurde im alten Recht auch, ob mit derartigen Erklärungen bestimmte Eigenschaften i. S. v. §§ 459 Abs. 2, 463 BGB a. F. als vorhanden zugesichert worden sind.

1573   **Zwei Eigenschaften** kamen als „zugesichert" und kommen heute als „garantiert", jedenfalls als „vereinbart" in Frage: Zum einen die Qualität der offen gelegten (Unfall-)Reparatur (sach- und fachgerecht, vollständig, keine Billigreparatur, Durchführung in Kfz-Werkstatt, nicht in Eigenregie). Gegenstand der Auslegung sind insoweit nicht nur die schlagwortartigen Kurzinformationen wie sie oben beispielhaft aufgeführt sind. Auch sonstige Erklärungen des Verkäufers können auslegungsrelevant sein, ebenso die Vorlage von Reparaturrechnungen, von Schadensfotos und Gutachten.

Gegenstand einer Garantie, zumindest einer Beschaffenheitsvereinbarung i. S. d. § 434 Abs. 1 S. 1 BGB kann zum anderen die Eigenschaft sein, dass das Fahrzeug – abgesehen von den ausdrücklich genannten Schäden – unfallfrei ist, d. h., dass der mitgeteilte Schaden nach Art und Ausmaß nicht schwerwiegender ist und dass das Fahrzeug ansonsten ohne (Unfall-)Vorschaden ist.

1574   **Der BGH** hat die zweite Frage – „Unfallfreiheit im Übrigen" als konkludent zugesichert – für das frühere Kaufrecht nicht entschieden.[725] Die **Rechtsprechung der Oberlandesgerichte** ist, kein Wunder bei der Vielgestaltigkeit der Lebenssachverhalte, **uneinheitlich**. Bejaht wurde die Zusicherungshaftung z. B. von den Oberlandesgerichten Oldenburg,[726] Düsseldorf,[727] Bamberg,[728] Saarbrücken[729] und München.[730] Das Urteil des OLG Frankfurt/M. v. 6. 11. 1986,[731] häufig als Beleg für diese käuferfreundliche Auffassung zitiert, gehört nicht in diese Reihe. In ihm wird die Eintragung „Blechschaden" nur zur Abgrenzung von dem – tatsächlich vorhanden gewesenen – Rahmenschaden herangezogen; die Annahme einer Eigenschaftszusicherung wird primär auf die **mündliche** Erklärung „kein Rahmenschaden" gestützt. In einer derartigen – ausdrücklichen – **Verneinung** („angegebener Karosserieschaden kein Rahmenschaden") hat auch das OLG Düsseldorf[732] eine Zusicherung gesehen (ähnlich OLG Hamm OLGR 1995, 77 – Händlerankauf).

---

725 Vgl. Urt. v. 18. 3. 1981, NJW 1981, 1441 (unter 2b) und BGH 3. 12. 1986, WM 1987, 137 unter III, 2.
726 NJW-RR 1987, 1269.
727 OLGR 1992, 170 („Blechschäden – behoben").
728 NJW-RR 1994, 1333.
729 Urt. v. 10. 3. 1998, NJW-RR 1998, 1273 = MDR 1998, 1162 = OLGR 1998, 307.
730 Urt. v. 1. 6. 2001, MDR 2001, 1407 = OLGR 2001, 293.
731 DAR 1987, 121 = NJW-RR 1987, 1268.
732 Urt. v. 4. 11. 1992, OLGR 1993, 161 – gewerblicher Verkauf.

Einzelfälle von Sachmängeln

Stellungnahme: Zunächst kommt es darauf an, die Bedeutung der Erklärung aus Sicht **1575** des Käufers unter Berücksichtigung aller sonstigen Angaben des Verkäufers und der Begleitumstände des Kaufs zu ermitteln. Auf dieser **ersten Auslegungsstufe** kann sich ergeben, dass die Mitteilung des Verkäufers sich in einer Auskunft über eine bestimmte, meist fremde Reparaturleistung erschöpft.[733] Es muss übrigens nicht immer eine Instandsetzung nach einem Unfall sein. Heißt es beispielsweise im Vertrag „Lack ausgebessert", so kann dieser Hinweis auch auf eine Maßnahme Bezug nehmen, die mit einem früheren Unfall nichts zu tun hat. Ergebnis der Auslegung kann auch sein, dass die Mitteilung des Verkäufers im Vertragsformular inhaltlich unzutreffend ist. Beispiel: „leichter Anfahrschaden" bedeutet einen leichten Schaden durch Anfahren (400 – 500 EUR), nicht einen Schaden durch leichtes Anfahren.[734]

Ob die im Wege der Auslegung ermittelte Beschaffenheit „ansonsten ist der Wagen unfallfrei", d. h. „mehr ist nicht dran", garantiert oder nur „schlicht" i. S. v. § 434 Abs. 1 S. 1 BGB vereinbart ist, beurteilt sich maßgeblich danach, ob der Verkäufer Erstbesitzer ist, der mitgeteilte ebenso wie der „verschwiegene" Unfall also in seine Besitzzeit fällt. Bei einem **Verkauf aus erster Hand,** ohne Einschaltung eines Zwischenhändlers, liegt die Annahme einer Garantie nahe; gerade hier muss auch an eine **arglistige Täuschung** gedacht werden (Fallgruppen „Behauptung ins Blaue" und Bagatellisierung, s. Rn 2106 ff.). Im Übrigen ist anhand der für und gegen die Annahme einer (Beschaffenheits-)Garantie sprechenden Kriterien (siehe Indizienkataloge unter Rn 1364 f.) abzuwägen, ob die fragliche (Unfall-)Information des Erstbesitzers aus Sicht des Käufers Garantiecharakter hat.

Beim **Kauf vom Kfz-Händler** ist von Bedeutung, ob das Fahrzeug im Betrieb des Händlers repariert worden ist (so im Fall OLG Bamberg NJW-RR 1994, 1333 – Verkäufer war die Ehefrau des Werkstattinhabers) oder ob der Händler es repariert hereingenommen hat; zum Verkauf eines **unreparierten** Pkw s. OLG Hamm NJW-RR 1995, 689. In denjenigen Fällen, in denen der Verkäufer so nahe am Schaden und an seiner Beseitigung ist, dass eine Garantieübernahme berechtigt erscheint, dürfte eine arglistige Täuschung in Betracht kommen, zumindest in der Fallkonstellation „Behauptung ins Blaue". Wenn die Gerichte gleichwohl immer wieder auf die Figur der „Zusicherung" zurückgegriffen haben, so vermutlich auch deshalb, weil man auf diesem Weg Beweiserhebungen zur Arglistfrage umgehen konnte.

Bei **Händler-Verbraucher-Geschäften** besteht unter den heutigen Rahmenbedingungen kein Grund mehr, in der Garantiefrage zugunsten des Verbrauchers großzügig zu sein. Die Annahme einer „Beschaffenheitsgarantie" setzt jedenfalls eine **umfassende Interessenanalyse** voraus. Dazu gehört beim Verkauf an Verbraucher jetzt auch die klauselfeste Verpflichtung zur sachmängelfreien Lieferung.

Dort, wo zulässigerweise unter Gewährleistungsausschluss verkauft worden ist (B2B und Privatverkauf), ist die Freizeichnungsklausel, auch eine nur formularmäßige, in die Abwägung einzubeziehen, wie das OLG Köln mit Recht fordert.[735] Es hat im Fall eines Privatverkaufs (zwei Vorbesitzer) eine stillschweigende Zusicherung „ansonsten unfallfrei" zutreffend verneint.[736] Im Zweifel ist, zumal bei Privatgeschäften, eine bloße Beschaffenheitsvereinbarung, keine irgendwie geartete Garantie, anzunehmen.[737]

---

733 Vgl. LG Saarbrücken 20. 12. 2000, zfs 2001, 115.
734 OLG Köln 17. 1. 2006, DAR 2006, 327 (Privatverkauf).
735 Urt. v. 22. 3. 1999, NZV 1999, 381 = OLGR 1999, 205.
736 Zustimmend OLG Düsseldorf 1. 10. 2001 – 1 U 21/01 – n. v.; anders LG Bückeburg 3. 2. 1995, DAR 1995, 369.
737 OLG Düsseldorf 9. 5. 2005, VRR 2005, 426 = SVR 2006, 177 („Einparkbeule hinten rechts behoben"); OLG Köln 17. 1. 2006, DAR 2006, 327 („leichter Anfahrschaden").

cc) Verkauf ohne Beschaffenheitsangaben zum Unfall-Thema

1576 Dazu, ob **ein Kfz-Händler** ein Fahrzeug mit oder ohne Beschaffenheitszusage bzw. Beschaffenheitsgarantie verkauft hat, siehe zunächst Rn 1550 f. Die **jüngsten BGH-Entscheidungen** haben Händlerverkäufe ohne (positive wie negative) Beschaffenheitsvereinbarung zum Gegenstand.[738] Unter Berücksichtigung dieser eminent wichtigen Urteile und älterer Rechtsprechung des VIII. Zivilsenats lassen sich folgende **vier Grundsätze** aufstellen:

1. Im Umfang **wahrheitsgemäßer Aufklärung** ist ein Unfallvorschaden kein Sachmangel.[739]
2. Nur **unbedeutende Beschädigungen**, die bei vernünftiger Betrachtungsweise den Kaufentschluss schlechterdings nicht beeinflussen können, schließen die Mängelhaftung aus. Die Grenze für derartige **Bagatell- oder Einfachschäden** ist bei Pkw/Kombis sehr eng zu ziehen.[740] Ein anderer Maßstab gilt bei Nutzfahrzeugen.[741]
3. Ein Unfallschaden bleibt ein Sachmangel, wenn das Fahrzeug **unsachgemäß repariert** worden ist,[742] es sei denn, dass es unter ausdrücklichem Hinweis auf diesen Umstand oder als Bastler- oder Schrottwagen oder zum Ausschlachten verkauft worden ist.
4. Ein Fahrzeug, das bei einem Unfall beschädigt wurde, kann selbst dann sachmangelhaft sein, wenn es **sach- und fachgerecht repariert** worden ist, d. h., auch ein Unfallvorschaden als solcher kann einen Mangel darstellen.[743]

(1) Aufklärung und Mangel

1577 Die **Unfalleigenschaft** kann als vertragsgemäßer Zustand gemeinsam vorausgesetzt worden sein.[744] Das war im alten Kaufrecht bereits eine Frage des § 459 Abs. 1 BGB a. F. (subjektiver Fehlerbegriff), nicht erst des § 460 BGB a. F. Der Mängelhaftung war jedoch nur der Unfallschaden entzogen, der von beiden Seiten übereinstimmend angenommen worden war. War das Ausmaß der Beschädigung in Wirklichkeit größer oder war eine offenbare Beschädigung entgegen der Erklärung des Verkäufers nicht fachgerecht beseitigt worden, war das Fahrzeug nicht sachmängelfrei.

Es war vor allem eine Frage der Auslegung der vom Verkäufer erteilten Informationen über den Unfallschaden, welche Fahrzeugschäden dem Käufer infolge Aufklärung bekannt waren und damit nicht unter die Sachmängelhaftung fielen.[745] Zur Bezeichnung „**Unfallwagen**" s. Rn 2123; zur Auslegung von Informationen über Unfallbeschädigungen und deren Reparatur s. Rn 1572 ff. Wurde ein Auto als „**Bastlerfahrzeug**" verkauft, brauchte der

---

738 Urt. v. 10. 10. 2007, NJW 2008, 53; v. 12. 3. 2008, NJW 2008, 1517.
739 BGH 22. 6. 1983, NJW 1983, 2242; s. auch OLG Hamm 19. 10. 1994, NJW-RR 1995, 689 (Verkauf eines unreparierten Unfallwagens).
740 BGH 10. 10. 2007, NJW 2008, 53 m. w. N.
741 BGH 3. 3. 1982, NJW 1982, 1386; vgl. auch BGH 18. 9. 1979, NJW 1980, 281; OLG Düsseldorf 3. 2. 1994, OLGR 1994, 213 (Ford Transit).
742 OLG Braunschweig 23. 8. 1991, Nds. Rpfl. 1992, 26; s. auch OLG Hamm 9. 9. 1996, DAR 1996, 499; OLG Düsseldorf 29. 12. 2003 – 3 U 13/03 – n. v.
743 BGH 10. 10. 2007, NJW 2008, 53; v. 8. 1. 1959, BGHZ 29, 148 = NJW 1959, 620 (Lkw); BGH 3. 3. 1982, NJW 1982, 1386 (Lkw); BGH 10. 10. 1977, NJW 1978, 261; BGH 29. 6. 1977, NJW 1977, 1915; BGH 29. 1. 1975, NJW 1975, 642; OLG Düsseldorf 12. 3. 1999 – 22 U 180/98 – n. v.; OLG Köln 30. 6. 1964, DAR 1965, 22; OLG München 14. 7. 1981, DAR 1982, 100; OLG Bamberg 2. 3. 1994, NJW-RR 1994, 1333 (missverständlich); OLG Schleswig 26. 8. 1994, zfs 1994, 447; Brandenburgisches OLG 17. 1. 1995, OLGR 1995, 89; OLG Frankfurt 7. 7. 2000, OLGR 2001, 29 = DAR 2001, 359, Ls.
744 So im Fall BGH 22. 6. 1983, NJW 1983, 2242; vgl. auch OLG Nürnberg 28. 11. 1991, NZV 1992, 442; OLG Hamm 19. 10. 1994, NJW-RR 1995, 689; OLG Hamm 14. 6. 2005 – 28 U 190/04 – n. v.
745 Vgl. OLG Frankfurt 18. 9. 1991, zfs 1992, 230.

Einzelfälle von Sachmängeln 1578, 1579

Käufer allein aufgrund dieser Beschreibung nicht von einem Unfallschaden auszugehen[746] (zum „Bastlerfahrzeug" s. auch Rn 1330).

Entsprechend dem Aufbau des § 434 Abs. 1 BGB ist vom Subjektiven (Vereinbarten) zum Objektiven vorzugehen. Zu den im Vordergrund stehenden Fällen der Beschaffenheitsvereinbarung/Beschaffenheitsgarantie bei **ausdrücklichen Angaben** zum Thema „Unfall" s. Rn 1550 ff.

(2) Gewöhnliche Verwendung, übliche und zu erwartende Beschaffenheit

Wenn weder eine positive noch eine negative Beschaffenheitsvereinbarung festgestellt werden kann, auch nicht in Gestalt einer stillschweigenden/konkludenten Abrede, beurteilt sich die Sachmängelfrage nach den objektiven Kriterien des § 434 Abs. 1 S. 2 Nr. 2 BGB. Die Nr. 1 – vertraglich vorausgesetzte Verwendung – spielt in diesem Zusammenhang regelmäßig keine Rolle. Mitunter wird sie in den sog. Verdachtsfällen ins Spiel gebracht.[747] Unter welchen Voraussetzungen der bloße **Verdacht eines Unfallschadens** einen Sachmangel darstellt, ist nicht leicht zu beantworten. Näheres zu den Verdachtsfällen Rn 1580. 1578

Die Eignung zur **gewöhnlichen Verwendung** i. S. d. Nr. 2 ist regelmäßig nicht in Frage gestellt, wenn der **Unfallschaden fachgerecht und vollständig** behoben ist. Wer zur gewöhnlichen Verwendung auch die (Wieder-)Verkäuflichkeit zählt, wird das anders sehen. Unter diesem Blickwinkel kann eine Werteinbuße in Form eines merkantilen Minderwerts schon bei diesem Kriterium eine Rolle spielen. Mit dem BGH ist ein derartiges Verständnis des Begriffs „gewöhnliche Verwendung" abzulehnen.[748]

Trotz fachgerechter und vollständiger Unfallinstandsetzung und ohne Zurückbleiben eines technischen Minderwerts kann ein gebraucht gekauftes Kraftfahrzeug gleichwohl sachmangelhaft sein. Eingehalten ist nur das erste der drei Kriterien des § 434 Abs. 1 S. 2 Nr. 2 BGB. Ob das Fahrzeug auch der üblichen bzw. der zu erwartenden Beschaffenheit entspricht, steht auf einem anderen Blatt (s. Rn 1582).

Reparaturdefizite können dagegen bereits unter dem ersten der drei Gesichtspunkte – Eignung für die gewöhnliche Verwendung – zur Annahme eines Mangels führen. Einzelheiten zu dieser Fallgruppe unter Rn 1591; zum Sonderfall des Einsatzes von Gebrauchtteilen s. Rn 1592.

(3) Einzelfragen zur Mangelhaftigkeit nach objektiven Gesichtspunkten

Unfalleigenschaft, fachgerechte Reparatur und merkantiler Minderwert: Auch bei einem **fachgerecht und vollständig** reparierten Unfallfahrzeug kann bekanntlich eine Wertminderung in Form des merkantilen Minderwerts zurückbleiben. Nach ständiger Rechtsprechung des VI. Zivilsenats des BGH handelt es sich um eine Minderung des Verkaufswerts, die trotz völliger und ordnungsgemäßer Instandsetzung eines Unfallschadens allein deshalb verbleibt, weil bei einem großen Teil des Publikums, vor allem wegen des Verdachts verborgen gebliebener Schäden, eine den Preis beeinflussende Abneigung gegen den Erwerb unfallbeschädigter Kraftfahrzeuge besteht.[749] 1579

Im früheren Kaufrecht hat man mitunter die Minderung des Verkehrswertes (Verkaufswertes) in Form des merkantilen Minderwerts als Fehler i. S. d. § 459 Abs. 1 BGB a. F. behandelt.[750] Statt an die Werteinbuße anzuknüpfen, kann man den Sachmangel auch in dem Risiko sehen, das mit der Anerkennung eines merkantilen Minderwerts als Schadensposten

---

746 OLG Nürnberg 9. 6. 2000 – 6 U 4302/99 – n. v.; AG München 14. 12. 1993, DAR 1994, 329.
747 LG Bonn 30. 10. 2003, NJW 2004, 74 (Hauskauf).
748 Urt. v. 10. 10. 2007, NJW 2008, 53.
749 BGH 23. 11. 2004, NJW 2005, 277; Näheres bei *Eggert*, VersR 2004, 280.
750 So BGH 22. 6. 1983, NJW 1983, 2242; OLG Bremen 2. 7. 1968, DAR 1968, 269.

abgegolten werden soll. Unabhängig davon, also auch ohne Anfall eines merkantilen Minderwerts, kann allein schon die Vorschädigung als solche trotz einwandfreier Instandsetzung eine Abweichung von der geschuldeten Beschaffenheit darstellen. Das ist die **heutige Position des BGH**.[751]

Im Rahmen der Mangelprüfung fragt der BGH nicht danach, ob und ggf. inwieweit aufgrund des Unfalls mit fachgerechter Reparatur im Zeitpunkt des Verkaufs noch ein messbarer Schaden in Form eines merkantilen Minderwerts vorliegt. Das ist für ihn nur eine Frage der Erheblichkeit des Sachmangels/Pflichtverletzung (§§ 323 Abs. 5 S. 2, 281 Abs. 1 S. 3 BGB).

Wertminderung, Unfallbeteiligung wie auch der Verdacht unentdeckter Schäden und unzulänglicher Reparaturmaßnahmen haften allesamt dem Fahrzeug dauerhaft als unbehebbarer „Makel" an.[752] Zumindest die Unfalleigenschaft kann nicht rückgängig gemacht werden. Insoweit handelt es sich um einen (anfänglichen) **unbehebbaren Mangel** (zu dieser für die Nacherfüllungsfrage wichtigen Kategorie näher Rn 1695 ff.).

1580 Ob **der bloße Verdacht**, dass bei der Unfallinstandsetzung Schäden übersehen worden sind, und/oder erkannte Schäden fehlerhaft repariert wurden, einen Sachmangel i. S. d. § 434 Abs. 1 S. 2 Nr. 2 BGB begründen kann, ist eine schwierige Frage, weniger rechtlich als faktisch.[753] Wenn man Mangelhaftigkeit bejaht, handelt es sich gleichfalls um einen (anfänglichen) unbehebbaren Mangel. Die Möglichkeit, einen fortbestehenden Verdacht durch eine gezielte Untersuchung auszuräumen, ist eher theoretischer Natur. Auch ein kompletter Austausch des instandgesetzten Teils durch ein Neuteil ist keine realistische Abhilfe (zu den „Verdachtsfällen" s. auch Rn 2105).

1581 Wer in der Minderung des Verkaufswerts, im merkantilen Minderwert, den Sachmangel sieht, steht vor der Frage, ob das gekaufte Fahrzeug am Tag seiner Auslieferung allein aufgrund des (fachgerecht) reparierten Vorschadens einen geringeren Verkaufswert als ein sonst gleichwertiges Fahrzeug ohne – beseitigten – Unfallschaden hat. Ob und in welcher Höhe der häufig längere Zeit zurückliegende Unfall seinerzeit einen merkantilen Minderwert ausgelöst hat, ist nicht der Punkt. Kaufrechtlich ist entscheidend, ob bei Vertragsabschluss bzw. Auslieferung der tatsächliche Wert des Fahrzeugs hinter dem Soll-Wert zurückbleibt. Ein bei der Unfallschadenregulierung anerkannter und auch objektiv vorhandener Schaden in Form eines merkantilen Minderwerts kann durch Zeitablauf und/oder Veränderung der Marktverhältnisse für die „Jetzt-Bewertung" des Fahrzeugs belanglos sein.

Bei einem **„Marktrenner"** spielt z. B. ein fachgerecht reparierter Heckschaden bei der Preisbildung so gut wie keine Rolle. Anders verhält es sich bei wenig marktgängigen Fahrzeugtypen.[754] Sie können durch den Unfall erst recht unverkäuflich werden. Im Übrigen gilt der Satz: Je älter ein Fahrzeug und je höher seine Laufleistung ist, je länger es sich nach einem Unfall bewährt hat und je tiefer sein Wert im Unfallzeitpunkt schon gesunken war, desto mehr geht der merkantile Minderwert in Richtung Null.[755]

Bei **älteren Fahrzeugen** kann eine ordnungsgemäße Reparatur unter Einsatz von Neuteilen sogar zu einer **Wertsteigerung** führen. Deshalb verneinen *Ruhkopf/Sahm* einen merkantilen Minderwert bei Fahrzeugen, deren Zeitwert unter 40 % des Neuwertes gesunken ist.[756] Gerade in dieser Preiskategorie liegt der durchschnittliche Gebrauchtwagen.

---

751 Urt. v. 10. 10. 2007, NJW 2008, 53.
752 Vgl. auch BGH 10. 10. 1977, NJW 1978, 261, 262; OLG München 14. 7. 1981, DAR 1982, 100.
753 Zum Problem s. *Reinicke/Tiedtke*, Kaufrecht, Rn 316; *S. Lorenz*, NJW 2004, 26.
754 Geringe Stückzahl, geringe Nachfrage, hoher Preis, dazu AG Essen 16. 5. 1988, NZV 1989, 229.
755 Vgl. BGH 23. 11. 2004, NJW 2005, 277.
756 VersR 1962, 596; kritisch *Hörl*, zfs 1991, 145; zum Ersatz des merkantilen Minderwertes bei älteren Fahrzeugen s. BGH 23. 11. 2004, NJW 2005, 277; OLG Düsseldorf 17. 11. 1986, DAR 1988, 159.

Einzelfälle von Sachmängeln

Angesichts dieser mit dem merkantilen Minderwert verbundenen Schwierigkeiten erscheint es sachgerecht, nicht in ihm den Sachmangel zu sehen, was ohnehin schon vom Ansatz her problematisch ist, sondern in Fällen ohne Beschaffenheitsvereinbarung mit dem BGH auf die Unfalleigenschaft als negative Beschaffenheit abzustellen und danach zu fragen, ob sie mit der üblichen bzw. der zu erwartenden Beschaffenheit übereinstimmt oder nicht.

Maßgebend für diese Prüfung sind die beiden **BGH-Entscheidungen vom 10. 10. 2007**[757] **und vom 12. 3. 2008.**[758] In beiden Fällen hatten die Parteien keinerlei Beschaffenheitsvereinbarung getroffen, so dass es auf Mangelhaftigkeit nach den objektiven Kriterien des § 434 Abs. 1 S. 2 Nr. 2 BGB ankam. Da die **gewöhnliche Verwendung** angesichts (unterstellter) fachgerechter Instandsetzung nicht beeinträchtigt war,[759] konzentrierte sich die Prüfung des BGH auf den Gesichtspunkt „**übliche Beschaffenheit**". In beiden Fällen hat er den Fahrzeugen (knapp fünfeinhalbjähriger Ford Cougar, dreijähriger Mercedes E Klasse) aufgrund des Vorschadens eine unübliche, nicht erwartungsgerechte Beschaffenheit bescheinigt.

Zur Abgrenzung zwischen einem, weil üblich, hinzunehmenden „Bagatellschaden" und einem Sachmangel i. S. d. § 434 Abs. 1 S. 2 Nr. 2 BGB greift **der BGH** auf seine **Rechtsprechung zur Offenbarungspflicht** bei Unfallschäden zurück. Die Grenze für nicht mitteilungspflichtige „Bagatellschäden" sei hiernach bei Pkw „**sehr eng**" zu ziehen.[760] Als „Bagatellschäden" seien nur ganz geringfügige, äußere (Lack-)Schäden anerkannt worden; nicht dagegen andere (Blech-)Schäden, auch wenn sie keine weitergehenden Folgen hätten und der Reparaturaufwand nur gering sei.[761]

Nach diesen Grundsätzen hat der BGH im Ford-Cougar-Fall (NJW 2008, 53) einen Fahrzeugmangel und **keinen „Bagatellschaden"** angenommen. Laut Gutachten handelte es sich bei den Karosserieschäden an der linken Tür und am linken hinteren Seitenteil nicht nur um Lackschäden, sondern um Blechschäden, die ursprünglich tiefer als die bis zu 5 mm starke Schichtstärke des Spachtelauftrags gewesen seien. Auch im Hinblick auf die Reparaturkosten von 1.774.67 € war das für den BGH kein „Bagatellschaden".

Im Ergebnis ist dieser Einschätzung zu folgen. Was auf Bedenken stößt, ist der Rückgriff auf die Rechtsprechung zur Offenbarungspflicht des Gebrauchtwagenverkäufers. Voraussetzung dieser Pflicht ist im Gewährleistungsrecht, wenngleich heute nicht mehr haftungsbegründend, das Vorhandensein eines Sachmangels. Einen Sachmangel darf der Verkäufer nicht verschweigen. Anders liegen die Dinge im Rahmen des § 123 BGB. Hier kommt es für die Offenbarungspflicht (nur) auf Treu und Glauben an (näher Rn 2071). Der BGH-Entscheidung vom 10. 10. 2007[762] scheint die Vorstellung zugrunde zu liegen, dass diejenige Beschädigung einen Mangel (unübliche Beschaffenheit) darstelle, die der Verkäufer trotz fachgerechter Beseitigung – ungefragt – offenbaren müsse.

Die Frage, ob eine Beschaffenheit üblich oder unüblich ist, hat mit der Frage der Offenbarungspflicht des Verkäufers grundsätzlich nichts zu tun. Die Üblichkeit ist in erster Linie an den **faktischen Verhältnissen** zu messen, die für das betreffende Fahrzeug gelten. Junge Gebrauchtwagen mit geringer Laufleistung, z. B. Jahreswagen, sind in ihrer großen Mehrheit üblicherweise noch schadenfrei. Im statistischen Durchschnitt hat ein Pkw/Kombi innerhalb von acht Jahren einen Unfall, der kein „Bagatellschaden" ist, wobei unklar bleibt,

---

757 NJW 2008, 53.
758 NJW 2008, 1517.
759 Dieses Merkmal ist bei fachgerechter Reparatur regelmäßig kein Thema.
760 Urt. v. 10. 10. 2007, NJW 2008, 53.
761 Urt. v. 10. 10. 2007, NJW 2008, 53 m. Nachw.
762 NJW 2008, 53.

wie die Grenze hier gezogen wird. Wie bei **Youngtimern** und **Oldtimern** die „übliche" Beschaffenheit mit Blick auf Vorschäden zu definieren ist, lässt sich mangels empirischer Befunde schwer sagen. „Nur eventuell unfallfrei", d. h. „möglicherweise vorgeschädigt" wären denkbare Beschreibungsmöglichkeiten; sie können im Einzelfall Gegenstand einer „negativen Beschaffenheitsvereinbarung" durch konkludentes Verhalten sein. Die Rechtsprechung wird bei solchen Fahrzeugen auf die zu erwartende Beschaffenheit rekurrieren und auf diesem Weg die Offenbarungspflicht des Verkäufers ins Spiel bringen.

Angesichts der **empirischen Unsicherheiten** liegt es in der Tat nahe, nicht so sehr auf das mehr dem Faktischen verpflichtete Merkmal „übliche Beschaffenheit", sondern stärker auf die erwartbare Beschaffenheit abzustellen. Von dort aus lässt sich leichter eine Brücke zur Offenbarungspflicht des Verkäufers schlagen. Erwarten kann und darf ein Gebrauchtwagenkäufer, dass ihm beseitigte (Unfall-)Beschädigungen mitgeteilt werden, wenn sie für seinen Kaufentschluss oder zumindest für seine Preisvereinbarung von Bedeutung sind (s. auch Rn 1568, 2101).

1585 Liegt nach dieser (ersten) Prüfung kein „Bagatellschaden" und damit ein Sachmangel vor, so ist in Fällen des Rücktritts und des großen Schadensersatzes, aber auch nur insoweit, in einem **zweiten Schritt** eine **weitere Bagatellprüfung** vorzunehmen (§§ 323 Abs. 5 S. 2, 281 Abs. 1 S. 3 BGB). Nicht jeder Unfallvorschaden, der bei der ersten Bagatellprüfung nach Maßgabe der BGH-Rechtsprechung als Sachmangel zu bewerten ist, ist ohne Weiteres mit einer „erheblichen Pflichtverletzung" i. S. d. §§ 323 Abs. 5 S. 2, 281 Abs. 1 S. 3 BGB gleichzusetzen, wie der BGH im Urteil vom 12. 3. 2008[763] unter Aufgabe seiner kurz zuvor geäußerten Ansicht[764] klar gestellt hat. Im Rahmen der zweiten Bagatellprüfung („doppelter Bagatellbegriff") sind die Karten in der Tat neu gemischt.

Ein nur geringfügiger Mangel kann gleichwohl als „erheblich" gelten und damit den Rücktritt vom Kauf rechtfertigen, wenn der Verkäufer ihn **arglistig verschwiegen** hat.[765] Dafür ist der Käufer darlegungs- und beweispflichtig (näher Rn 2071 ff.). Im Übrigen kommt es für die „Rücktrittsreife" ganz auf die Umstände des Einzelfalls an. Auch hier kann es keine festen Grenzwerte nach der Höhe der Reparaturkosten oder des Minderwerts geben, allenfalls Faustformeln.

1586 Zumindest praktikabel war der Vorschlag, sich an einer bestimmten Größenordnung der **Instandsetzungskosten** zu orientieren. Der 24. Verkehrsgerichtstag (1986) hat **für Pkw** folgende Empfehlung ausgesprochen: „Erheblich ist ein Unfallschaden, wenn seine Behebung in fachlich einwandfreier Reparatur bei heute gegebenem Preisniveau im Regelfall mehr als 1000,- DM erfordert."[766] Dieser Grenzziehung[767] ist die Rechtsprechung bis in die Neunziger Jahre gefolgt,[768] später hat man den Schwellenwert verständlicherweise angehoben.[769] Nach den heutigen Preisverhältnissen müsste er bei rund **1000 €** liegen.

1587 Ob nur die eine oder beide Bagatellschadensgrenzen überschritten sind oder nicht, kann, da **eine Frage des Einzelfalls**, letztlich **nur an Beispielen** erarbeitet und verdeutlicht wer-

---

763 NJW 2008, 1517.
764 Urt. V. 10. 10. 2007, NJW 2008, 53.
765 BGH 24. 3. 2006, NJW 2006, 1960.
766 DAR 1986, 112.
767 Kritisch *Hörl*, zfs 1991, 145.
768 OLG Düsseldorf 23. 1. 1992, OLGR 1992, 139; AG Königswinter 28. 6. 1991 – 9 C 66/91 – n. v.
769 Aus der Rechtsprechung zum früheren Kaufrecht: OLG Koblenz 4. 12. 1997, VRS 96, 241 (Blechschaden mit Kosten von 1660 DM kein Bagatellschaden); OLG Celle 23. 6. 1995 – 4 U 301/94 – n. v. (Austausch eines Kotflügels und der Beifahrertür – Kosten 2.120 DM – kein Bagatellschaden); bei Nutzfahrzeugen lag die Bagatellgrenze deutlich höher als bei Pkw (BGH 3. 3. 1982, NJW 1982, 1386; OLG Düsseldorf 3. 2. 1994, OLGR 1994, 213).

Einzelfälle von Sachmängeln 1588, 1589

den. Es ist eine **Gesamtschau** erforderlich. Die erste (mangelbegründende) Bagatellschadensgrenze ist überschritten, wenn eines der folgenden Merkmale vorliegt:
- Beschädigung eines tragenden oder mittragenden Fahrzeugteils
- Schweißarbeiten
- Richtarbeiten
- Instandsetzung mit Notwendigkeit einer Vermessung
- Kosten einer vollständigen und fachgerechten Reparatur nach Fachwerkstattkonditionen über 1000 € (brutto)
- Ausweis eines merkantilen Minderwerts im Schadensgutachten
- Konkreter Verdacht auf weitere (verborgene) Beschädigungen

Kontraindiziell sind:
- Kein tragendes oder mittragendes Teil betroffen, z. B. nur Tür, Kotflügel oder Heckklappe (Schraub- und Anbauteile)
- Oberflächenlackierung ohne Spachtelarbeiten unter 50 % der Teilfläche
- Spachtelarbeit kleineren Umfangs
- Möglichkeit der Beseitigung mit den Methoden „spot repair" oder „clear repair"
- Kosten einer fachgerechten Reparatur unter 1000 € brutto (Fachwerkstattpreise)

Bei der anschließenden Prüfung, ob der als Sachmangel feststehende Unfallschaden genügend Gewicht hat, um einen Rücktritt bzw. eine Rückabwicklung im Wege des großen Schadensersatzes zu rechtfertigen (§§ 323 Abs. 5 S. 2, 281 Abs. 1 S. 3 i. V. m. § 311 a Abs. 2 BGB), sind die für und gegen eine **„Rückabwicklungserheblichkeit"** sprechenden Umstände sorgfältig abzuwägen (zu dieser Problematik s. Rn 521 ff., 1727 ff.). Zusätzlich zu den objektiven Umständen können in Fällen ohne jegliche Verkäuferangabe subjektive Gesichtspunkte wie ein arglistiges Verschweigen eine Rolle spielen (s. Rn 536). In Fällen mit Falschangaben des Verkäufers (dazu die Fallgruppe Rn 1550 ff.) kann der Bruch der Beschaffenheitsvereinbarung oder gar einer Beschaffenheitsgarantie[770] erschwerend ins Gewicht fallen. 1588

Aus der aktuellen Rechtsprechung:
Rücktritt ja 1589
- Ford Cougar, fünfeinhalb Jahre, 54 795 km, Beschädigungen an Tür links und Seitenteil, streifender Anstoß, Kosten 1.774.64 €, Wertminderung keine (BGH NJW 2008, 53)
- Audi A 6. Kaufpreis 17. 900 €, Reparaturkosten mind. 1.153 DM (!), Richtarbeiten re. Tür (LG München I DAR 2005, 38)
- Mercedes CLK 320 Cabrio, Kaufpreis 32. 900 €, 3 Jahre, 24 000 km, beseitigter Vandalismusschaden, Kosten der Neulackierung 4.400 € netto, merk. MW 500 € (OLG München 13. 6. 2007 – 20 U 5646/06 – n. v.)
- BMW Z 3, „unfallfrei" durch „Ja" garantiert, Reparaturkosten rd. 800 € (LG Karlsruhe NJW-RR 2005, 1368)
- BMW 740 d, 112. 900 km, 4 Jahre, Blechschäden mit Nachlackierung vorne links am Kotflügel und rechts am Seitenteil (Thür. OLG 20. 12. 2007 – 1 U 535/06 – n. v.)
- Seat Alhambra, 37 120 km, Blechschaden Heck, wahres Ausmaß ungewiss (OLG Düsseldorf VRR 2005, 426 = SVR 2006, 177).

---

770 Dazu LG Karlsruhe 1. 2. 2005, NJW-RR 2005, 1368.

1590 Rücktritt nein

- Mercedes E 280 T, ca. 3 Jahre, rund 54 000 km, Kaufpreis 24 990 €, sofern merkantiler Minderwert nur 100 € bei Reparaturkosten von 1. 000 € netto (BGH 12. 3. 2008, NJW 2008, 1517)
- Renault Scenic, ca. zwei Jahre, 41 000 km, Beschädigungen an den Türen, Blechverformung wahrscheinlich, Reparaturarbeiten nicht ganz fachgerecht, Kostenaufwand zwischen 500 und 800 € (OLG Düsseldorf 25. 2. 2008 – I-1 U 169/07 – n. v.)
- VW Sharan, knapp 6 Jahre, 115 000 km, von Privat, linker hinterer Kotflügel (Dellen, Kratzer), Kosten ca. 1. 200 € (LG München DAR 2004, 276 – „unfallfrei" bejaht).

1591 Fälle mit Reparaturdefiziten: Bei unsachgemäßer Unfallinstandsetzung nimmt die Rechtsprechung richtigerweise einen Sachmangel im objektiven Sinn an (s. Rn 1576). Ob ein Unfallschaden **technisch einwandfrei** beseitigt worden ist, bestimmt sich nach den herrschenden Regeln der Unfallreparaturtechnik.[771] Diese Regeln, die mehr sind als nur faktische Verhaltensmuster, unterliegen einem Wandel.

Eine **Reparatur durch Richten und Ausbeulen**, heißt es, muss qualitativ nicht schlechter sein als eine **Reparatur unter Einsatz von Neuteilen**.[772] Durch die Studie von *Sommer* „Crashverhalten unfallreparierter Fahrzeuge" ist diese Ansicht in Frage gestellt worden. Die Arbeit beschreibt die Auswirkung eines Folgeschadens an einem VW Golf, nachdem der Erst-Unfallschaden repariert worden ist. Ergebnis: 70 % höhere Reparaturkosten durch umfangreichere Verformungen als beim Erst-Unfall. Auch wurde die Insassensicherheit bei dem Folgeschaden angezweifelt (Reaktion des Airbags nicht hundertprozentig). Die Automobilindustrie in Zusammenarbeit mit dem Allianzzentrum (AZT) hat den Gegenbeweis geliefert. Danach hat eine fachgerecht unter Beachtung der Richtlinien der Automobilhersteller durchgeführte Reparatur keine Auswirkungen auf die Karosseriesteifigkeit und das Deformationsverhalten. Bei einem Folgeschaden tritt keine Erhöhung der Reparaturkosten auf. Ebenso wird die Sicherheit der Insassen in keiner Weise beeinträchtigt.[773]

Für die Qualität einer gewöhnlichen Unfallreparatur ist es, anders als bei einem komplizierten Motorschaden, in der Regel belanglos, ob die **Werkstatt fabrikatsgebunden** oder **„frei"** ist.[774] Andererseits kann auch in einer Fachwerkstatt eine so genannte Behelfsreparatur („Notreparatur") oder auf besonderen Wunsch des Kunden eine „Billigreparatur" durchgeführt worden sein. Bei Unfallschäden an älteren Fahrzeugen kommt Letzteres aus wirtschaftlichen Erwägungen nicht selten in Betracht.

Sofern eine Unfallinstandsetzung nicht in einer Kfz-Fachwerkstatt oder in einem Karosseriebetrieb, sondern in **Eigenregie,** durch **Bekanntenhilfe** oder in **Schwarzarbeit** erfolgt ist, spricht eine tatsächliche Vermutung für **Pfusch- und Flickarbeit** und damit für mangelnde Eignung zur gewöhnlichen Verwendung. Diese ist nicht beschränkt auf die faktische Möglichkeit der Fortbewegung. Das Fahren muss auch rechtlich zulässig und gefahrlos für Fahrer und Dritte sein.

1592 Einsatz von Gebrauchtteilen: Ein besonders facettenreiches Problem stellt sich bei einer Unfallinstandsetzung unter Verwendung von Gebrauchtteilen. **Grundsätzlich** steht außer Frage, dass auch eine Unfallreparatur mit gebrauchten Ersatzteilen **technisch einwandfrei** möglich ist.[775] Kaufrechtlich geht es indes nicht nur um technische Machbarkeit,

---

771 OLG Karlsruhe 19. 2. 1987, NJW-RR 1987, 889; OLG Karlsruhe 10. 5. 1996, SP 1996, 348.
772 So OLG Karlsruhe 10. 5. 1996, SP 1996, 348.
773 Vgl. Kfz-Betrieb 1999, Nr. 49/50.
774 OLG Düsseldorf 25. 4. 2001, DAR 2001, 499 = NZV 2001, 475.
775 Näheres bei *Wietoska*, Die Verwendung von gebrauchten Ersatzteilen, 2003, S. 73 ff.; *Reinking*, DAR 1999, 56; *ders.*, zfs 1997, 81; *Pamer*, DAR 2000, 150.

Einzelfälle von Sachmängeln

sondern auch um Wert- und Nutzungsinteressen, in Grenzen auch um das sog. Affektionsinteresse.

Vorrang hat die Frage, ob eine **Unfallinstandsetzung mit Neuteilen ausdrücklich** oder **stillschweigend vereinbart** worden ist.[776] Für Letzteres ist um so weniger Raum, je älter das Fahrzeug und je höher seine Laufleistung ist. Beim Verkauf vorgeschädigter Halbjahres- und Jahreswagen ist die Annahme einer stillschweigenden Neuteile-Instandsetzung nahe liegend, ebenso beim Verkauf junger Miet- und Vorführwagen. Sofern es, wie meist, an konkreten Anhaltspunkten für eine entsprechende Vereinbarung fehlt, muss auf die objektiven Kriterien des § 434 Abs. 1 S. 2 Nr. 2 BGB zurückgegriffen werden.[777] Durch den Einsatz von Gebrauchtteilen kann die gewöhnliche Verwendung, mehr noch die übliche Beschaffenheit in Frage gestellt sein.

Die **Eignung zur gewöhnlichen Verwendung** kann fehlen, wenn das Fahrzeug durch den Einbau nicht passender oder gar schadhafter Gebrauchtteile verkehrs- und betriebsunsicher ist oder zu werden droht. Das ist im Zweifel durch einen Sachverständigen zu klären. Ein Eignungsmangel kann auch vorliegen, wenn die Allgemeine Betriebserlaubnis erloschen ist (§ 19 StVZO). Schon die ernsthafte Möglichkeit, dass Polizei oder Zulassungsbehörde einschreiten (Auflagen bis zur Stilllegung), kann genügen.

Ob **ein Pkw**, der mit geeigneten Gebrauchtteilen ohne Verstoß gegen Herstellerrichtlinien technisch einwandfrei instandgesetzt worden ist, von der üblichen Beschaffenheit abweicht, kann nicht ein für alle Mal gesagt werden. Noch schwieriger ist die Antwort auf die Frage nach der vom Käufer zu erwartenden Beschaffenheit. Solange sich die „zeitwertgerechte" **Unfallreparatur** mit Gebrauchtteilen auf dem Pkw-Sektor nicht allgemein durchgesetzt hat, herrscht weiterhin **die Verkehrsauffassung** vor, dass ein Unfallschaden zum einen in einer Fachwerkstatt und zum anderen unter Einsatz von Neuteilen behoben worden ist.

Damit korrespondiert die Rechtsprechung des VI. Zivilsenats des BGH, wonach bei einem Haftpflichtschaden grundsätzlich – auch bei fiktiver Abrechnung – Ersatz nach Maßgabe der Stundenverrechnungssätze einer markengebundenen Fachwerkstatt zu leisten ist.[778] Solche Betriebe beseitigen Unfallschäden zumindest in Haftpflichtsachen nach wie vor unter Einsatz von Neuteilen.[779] Indessen zeichnet sich ein **Wandel der Verkehrsauffassung** ab. Ein Grund liegt in der Zunahme von Unfallreparaturen in Eigenregie, ein anderer in den „Lockerungen" bei der Abwicklung von Kaskoschäden.

Ist bei einer Unfallinstandsetzung mit Gebrauchtteilen eine Abweichung von der üblichen und/oder vom Käufer zu erwartenden Beschaffenheit feststellbar,[780] kommt es nach den objektiven Mangelkriterien nicht mehr darauf an, ob und ggf. inwieweit diese Abweichung zu einer Wertminderung und/oder Beeinträchtigung des Gebrauchs führt.[781] Von Bedeutung bleibt diese Frage freilich für die Rechtsfolgeseite („Rücktrittsreife", s. Rn 1593).

Die Auslandsreparatur: Ein relativ neues Phänomen ist der so genannte **Reparaturtourismus**. Nach derzeitiger nationaler Verkehrsanschauung ist ein Pkw sachmangelhaft, wenn er im osteuropäischen Ausland oder in der Türkei instandgesetzt worden ist.[782] Allein

1593

---

776 Dazu OLG Hamm 10. 2. 2005, NJW-RR 2005, 1220.
777 Zum Kriterium „vertraglich vorausgesetzte Verwendung" siehe *Wietoska*, a. a. O., S. 323.
778 Urt. v. 29. 4. 2003, NJW 2003, 2086 - Porsche; anders zahllose Instanzgerichte.
779 Für den Marktführer, die Allianz, ist die Reparatur mit Gebrauchtteilen „kein Thema", so *M. Wagner*, Autohaus, 14–15/2004, S. 60, 63.
780 In der Tendenz zurückhaltend *Wietoska*, a. a. O., S. 324 ff., 410.
781 Anders *Wietoska*, a. a. O., S. 327.
782 OLG Celle 27. 6. 1996, OLGR 1996, 208 = zfs 1996, 456 (Polen); LG Duisburg 4. 6. 2004 – 1 O 515/02 – n. v. (Polen, Instandsetzung war objektiv nicht fachgerecht); vgl. auch OLG Köln 2. 8. 1993, VersR 1994, 111 = OLGR 1993, 301 (Türkei); s. auch *Otting*, DAR 1997, 291.

die Tatsache einer solchen Auslandsreparatur gilt – unabhängig von ihrer Qualität – als wertmindernder Faktor. Eine fachlich einwandfreie Auslandsreparatur sollte in Zeiten der Globalisierung einer entsprechenden Inlandsreparatur gleichgestellt werden. Schon der nicht ausgeräumte Verdacht einer Abweichung von den Herstellerrichtlinien führt – bei einer Auslandsreparatur nicht anders als bei einer Inlandsreparatur – zu einer Wertminderung und damit zur Annahme eines Sachmangels.

w) Vorbenutzung (Mietwagen, Taxi, Fahrschulwagen u. a.)

aa) Marktverhältnisse

1594 Nur noch ca. 40 % aller fabrikneuen Pkw/Kombis werden derzeit auf Privatpersonen zugelassen. Etwa 12 % macht allein der jährliche Anteil der Autovermieter aus.[783] Durch „buy-back-Vereinbarungen" mit den Herstellern und Importeuren kommen die **Mietwagen** („Leihwagen") nach einer Nutzungsdauer von 4, 6 bzw. 12 Monaten zurück und werden vom Handel vermarktet.

An diesen ersten Verkauf als Gebrauchtwagen schließen sich erfahrungsgemäß weitere Verkäufe an, damit auch von Privat an Privat. Auf diese Weise steigt der Anteil ehemaliger Mietwagen von Jahr zu Jahr. Je größer deren Anzahl ist, desto weniger kann von „atypischer Vorbenutzung", der gängigen Chiffre, die Rede sein.[784]

Der Handel bietet junge Ex-Mietwagen nicht immer ausdrücklich als solche an (zur Frage der Offenbarungspflicht s. Rn 1596, 1598). Eine Zulassungszeit von nur 6 Monaten[785] signalisiert dem Kundigen, dass es sich um einen ehemaligen Mietwagen handelt. Ein weiterer Hinweis darauf ist – abgesehen von der Eintragung im Fahrzeugbrief – eine verkürzte TÜV-Frist. Ist die Mietwagen-Eigenschaft beiden Seiten bekannt, kann sie einen Sachmangel nicht begründen.

bb) Markteinschätzungen

1595 Interessenten für gebrauchte Kraftfahrzeuge wird in den einschlägigen Ratgebern nachdrücklich empfohlen, sich nach der **Art der Vorbenutzung** des angebotenen Fahrzeugs zu erkundigen, insbesondere die Haltereintragungen im Fahrzeugbrief auf etwaige Firmenzulassungen zu überprüfen. Pkw mit **gewerblicher Vorbenutzung** gelten in den Augen der Verbraucher allgemein als nicht empfehlenswert. Das gilt vor allem für Fahrzeuge von **Vertretern, Taxiunternehmen und Fahrschulen,** aber auch für **Ex-Mietwagen**.

Diese Einschätzung beruht – ähnlich wie bei reparierten Unfallfahrzeugen – vorwiegend auf einer **gefühlsmäßigen Abneigung**. Aus **technischer Sicht** sind die Vorbehalte kaum zu erklären. Es trifft nicht zu, dass Taxis, Mietwagen und Fahrschulwagen weniger sorgfältig gepflegt und gewartet werden als privat genutzte Durchschnittsautos. Bei Taxis besteht der Hauptunterschied darin, dass sie vorwiegend im Stadtverkehr eingesetzt werden. Der höhere Kaltstartanteil wirkt sich bei der heutigen Qualität der Motoren – bei Taxis überwiegend Dieselmotoren – nicht mehr nennenswert aus.

Auch sonst ist der **Erhaltungszustand** von Taxis und Mietwagen objektiv besser als allgemein angenommen. Eine **überdurchschnittlich hohe Laufleistung** indiziert zwar einen entsprechend stärkeren Verschleiß- und Abnutzungsgrad. Dies ist indes keine Besonderheit von Taxis und Fahrschulwagen. Da dem Käufer eines solchen Fahrzeugs die überdurchschnittlich hohe Gesamtfahrleistung bekannt oder jedenfalls erkennbar ist, kann eine Ein-

---

[783] *Otting,* ZGS 2004, 12.
[784] Zutreffend *Otting,* ZGS 2004, 12.
[785] So im Fall OLG Köln OLGR 1996, 262 = zfs 1997, 56; ebenso OLG Köln 26. 7. 2000, OLGR 2001, 19.

schränkung der Verwendungsmöglichkeit im Allgemeinen nicht mit einer höheren Abnutzung begründet werden. Insbesondere bei Dieselfahrzeugen mit Automatik besteht insoweit kein erheblicher Unterschied zu privatgenutzten Fahrzeugen mit gleicher Laufleistung.

cc) Merkantiler Minderwert

Eine für den Käufer nachteilige Abweichung von der Soll-Beschaffenheit „private Vorbenutzung" hat man vorwiegend unter dem Gesichtspunkt des merkantilen Minderwerts diskutiert. Abschläge vom Normalpreis sind bei Taxis, Miet- und Fahrschulwagen allgemein üblich. Die Preise in den Listen von DAT und Schwacke beziehen sich auf **überwiegend privat genutzte** Fahrzeuge.[786] Nicht anders verhält es sich bei den Privatmarktpreisen, die von der Fachzeitschrift auto, motor und sport in regelmäßigen Abständen veröffentlicht werden. Da Gebrauchtwageninteressenten nicht bereit sind, für ein Taxi, einen Miet- oder einen Fahrschulwagen den gleichen Preis zu bezahlen wie für ein entsprechendes „Normalauto", pflegen Händler bei der Hereinnahme von Altwagen danach zu fragen, ob eine solche Vorbenutzung gegeben ist. Beim Agenturgeschäft musste der Auftraggeber hierzu eine schriftliche Erklärung im Auftragsformular abgeben. In vielen Ankaufformularen („Ankaufscheinen"), insbesondere bei Inzahlungnahmen, ist eine entsprechende Rubrik vorhanden. Dass es sich bei atypischer Vorbenutzung (Verwendung) um einen **wertbildenden Faktor** handelt, geht auch aus einer vergleichbaren Rubrik in den meisten Kaufvertragsformularen hervor.

1596

Zur Minderung des Fahrzeugwertes als Kriterium für die Annahme eines Fehlers alter Definition s. OLG Köln NZV 1997, 312: Verkauf eines in den ersten 6 Monaten als Mietfahrzeug gelaufenen Fahrzeugs durch den **zweiten Halter** nach eigener fast zweijähriger Besitzzeit. Eine **Offenbarungspflicht** hat das OLG zutreffend verneint; ebenso das OLG Düsseldorf (OLGR 2001, 19) in einem ähnlich gelagerten Fall.

dd) Prüfraster im konkreten Fall und Kasuistik
(1) Verkauf mit Angaben zur Vorbenutzung

Zunächst stellt sich die Frage, ob der Verkäufer bestimmte Informationen über die Art der Vorbenutzung gemacht hat, wenn ja, ob eine „einfache" Beschaffenheitsvereinbarung, ggf. eine Beschaffenheitsgarantie anzunehmen ist.

1597

Im aktuellen **ADAC-Kaufvertrag** für Geschäfte zwischen Privatleuten (Stand 2002) ist die gewerbliche Nutzung im „Erklärungskatalog" aufgeführt (Ziff. 2.2), verbunden mit dem Einschub „soweit ihm bekannt". In älteren ADAC-Formularen waren Textierung und Platzierung der Information anders. Im **gewerblichen Handel** enthalten die gängigen Vertragsformulare im oberen Drittel überwiegend Ankreuzalternativen zu einer Vorbenutzung als Taxi/Miet- oder Fahrschulwagen. Man unterscheidet also nicht generell zwischen privater und gewerblicher Vorbenutzung. Das Wort „zugesichert" bzw. – in den aktuellen Texten – „garantiert" wird jedenfalls allgemein vermieden.

Heißt es in dem Kaufvertrag, das Fahrzeug sei von keinem Vorbesitzer gewerblich genutzt worden, so kann dies durchaus eine Beschaffenheitsangabe, wenn nicht gar eine –garantie sein. Auch eine Zulassung auf eine Polizeibehörde fällt unter „gewerbliche Nutzung".[787] Garantiecharakter hat die Erklärung: „Kfz wurde nicht als Taxi/Miet- oder Fahrschulwagen benutzt",[788] wobei das Ankreuzen des „Nein"-Kästchens genügte.[789]

---

786 In der „SCHWACKE-Liste Pkw" nicht mehr ausdrücklich erwähnt; außergewöhnliche Einsatzbedingungen sind aber als Korrekturfaktor aufgeführt.
787 So AG Köln 8. 7. 1993 – 122 C 691/92 – n. v.; s. auch die Verwendungsklausel in § 2 AKB.
788 So AG Köln 27. 8. 1985 – 117 C 563/84 – n. v. (Fahrschulwagen).
789 OLG Köln 11. 5. 1990, NJW-RR 1990, 1144 (Fahrschulwagen).

Ist der Verkäufer nicht der Erstbesitzer und auch kein Händler, beschränkt sich seine Zusage – auch ohne Klausel **„soweit bekannt"** oder **„lt. Vorbesitzer"** (dazu OLG Köln NZV 1999, 338 = OLGR 1999, 121) – im Zweifel auf seine eigene Besitzzeit.[790] Für die Zeit davor kann der Käufer vernünftigerweise jedenfalls keine Garantieübernahme erwarten. Zu seinem Schutz kann er sich die Voreintragungen im Fahrzeugbrief ansehen und sich im Zweifelsfall bei den früheren Haltern erkundigen. Von dem Verkäufer eine uneingeschränkte Erklärung zu verlangen, ist eine weitere Möglichkeit der Absicherung. Den handschriftlichen Zusatz eines Händlers „Fahrzeug ist kein Mietwagen" als generelle, nicht auf den letzten Vorbesitzer beschränkte Zusagen zu deuten,[791] ist vertretbar.

Dazu, was unter **„Gebrauchtwagen aus 1. Hand"** zu verstehen ist, s. Rn 1601. Auf ein Fahrzeug, das vorher als **Mietwagen** gelaufen ist, trifft diese Bezeichnung jedenfalls nicht zu.[792] Eine Eigenschaftszusicherung i. S. v. § 459 Abs. 2 BGB a. F. hat der BGH sogar in einem Fall angenommen, in dem ein Kfz-Händler die ausdrückliche Frage des Käufers, ob der Wagen früher als Taxi benutzt worden sei, verneint hatte.[793] Ob in dieser mündlichen Mitteilung eine Zusicherung zu sehen ist, erscheint fraglich, zumal der Käufer – wenn auch formularmäßig – erklärt hatte, die Art der Benutzung des Pkw durch den Vorbesitzer sei für ihn ohne Bedeutung.[794]

Wenn ein Fahrzeug unter der Bezeichnung **„von Privat"** angeboten wird, bedeutet dies nach Ansicht des Kammergerichts nicht, dass es nur als Privatfahrzeug und nicht als Mietwagen oder sonst gewerblich benutzt worden ist.[795] In Anzeigen werden diese Formulierungen bei Angebot und Suche von Gebrauchtwagen vielmehr benutzt, wenn kein Händler zwischengeschaltet ist oder werden soll. Das Wort „von" bezeichnet eindeutig den Verkäufer und nicht den Verwendungszweck.

(2) Verkauf ohne Angaben zur Vorbenutzung

1598 Lässt sich weder eine positive noch eine negative Beschaffenheitsvereinbarung feststellen, gilt nach § 434 Abs. 1 S. 2 Nr. 2 BGB: Nicht jede atypische (anomale) Vorbenutzung stellt einen Sachmangel dar.[796] Entscheidend hängt das vom Alter, der Fahrleistung, der Art des Motors (Diesel oder Otto) und insbesondere von der Dauer der strittigen Vorbenutzung ab. Damit korrespondiert die Ansicht, ein Gebrauchtwagenverkäufer sei grundsätzlich nicht dazu verpflichtet, den Käufer über den vorangegangenen Gebrauch bei gewerblicher Nutzung **aufzuklären**.[797]

Der **nur vorübergehende** Einsatz als Taxi, z. B. von drei Vorbesitzern war nur einer ein Taxiunternehmer, löst keinen einen Sachmangel begründenden merkantilen Minderwert aus.[798] Bei einem langjährigen, ununterbrochenen Einsatz als **Fahrschulwagen**[799] ist eine erhebliche Wertminderung und damit ein (offenbarungspflichtiger) Sachmangel be-

---

790 Anders AG Cuxhaven 2. 7. 1993 – 11 C 321/92 – n. v.
791 So AG Bergheim 14. 1. 2005 – 28 C 260/03 – n. v.
792 LG Berlin 7. 2. 1975, VersR 1976, 396; OLG Düsseldorf 18. 6. 1999, NZV 1999, 514.
793 Urt. v. 12. 5. 1976, WM 1976, 740 = BB 1977, 61 m. Anm. *Trinkner*.
794 Nach BGH 12. 5. 1976, WM 1976, 740 = BB 1977, 61 eine Überraschungsklausel.
795 Urt. v. 31. 1. 1972, OLGZ 1972, 402.
796 OLG Düsseldorf 26. 7. 2000, OLGR 2001, 19 (Mietwagen); KG 26. 8. 2004, NZV 2005, 97 = MDR 2005, 142 (Taxi).
797 LG Wiesbaden 25. 1. 2005 – 2 S 83/04 – n. v.
798 Mangel daher verneint von OLG Köln 12. 11. 1980 – 16 U 1/79 – n. v.; vgl. auch BGH 12. 5. 1976, BB 1977, 61 m. Anm. *Trinkner* = WM 1976, 740; LG Berlin 7. 2. 1975, VersR 1976, 396; OLG Düsseldorf 13. 7. 1995 – 13 U 60/94 – Offenbarungspflicht bejaht; ca. 30-monatiger Einsatz als Taxi.
799 OLG Nürnberg 28. 3. 1985, MDR 1985, 672 = DAR 1986, 26; OLG Köln 11. 5. 1990, NJW-RR 1990, 1144; OLG Oldenburg 13. 6. 1983, DAR 1984, 86, 87.

jaht worden.[800] Offenbarungspflichtig kann auch ein früherer Einsatz als **Testfahrzeug** sein, z. B. beim Hersteller („Typprüffahrzeug", „Vorserienfahrzeug").[801] Zum Verkauf eines Händlerfahrzeugs, das sowohl als Vorführwagen als auch als Ersatzwagen für Werkstattkunden gedient hat, s. OLG Düsseldorf NJW-RR 1997, 427.

Der Käufer, der nach der Auslieferung entdeckt, dass sein Auto **als Mietwagen** benutzt worden ist, wird eine für ihn negative Abweichung von der Soll-Beschaffenheit „private Nutzung" mit einer ganzen Reihe von Argumenten begründen. Erfahrungsgemäß werde mit fremdem Eigentum nicht so sorgfältig umgegangen wie mit dem eigenen; der ständige Wechsel der (Selbst-)Fahrer erhöhe die Gefahr von Zustandsverschlechterungen, nicht zuletzt infolge von Fahr- und Bedienungsfehlern. Im Fall des Weiterverkaufs müsse ein Preisabschlag hingenommen werden.

Diese Gründe sind selbst bei „jungen" Mietwagen nicht von der Hand zu weisen. Eine Nichteignung für die **gewöhnliche Verwendung** wird sich dennoch kaum begründen bzw. nachweisen lassen. Bei einem regel- und vorschriftsmäßig gewarteten Mietwagen dürfte der Verschleiß von Motor und sonstiger Mechanik im Allgemeinen nicht weiter fortgeschritten sein als bei einem privat genutzten Kraftwagen. Für das Gegenteil gibt es heute keine tatsächliche Vermutung mehr.

Anzusetzen ist in den Mietwagenfällen bei den Kriterien „übliche Beschaffenheit" und „berechtigte Käufererwartung". Ein ehemaliger Mietwagen, der nach 6 oder 12 Monaten ohne ausdrücklichen Hinweis auf die Vorbenutzung zum Kauf angeboten wird, ist nach den Umständen „selbsterklärend" (s. Rn 1594). Er entspricht der **üblichen Beschaffenheit** vergleichbarer Fahrzeuge dieses Alters.[802] Kein verständiger Käufer nimmt bei einem solchen Fahrzeug eine private Vorbenutzung an.

Bei äußerlich sichtbaren Spuren (z. B. verkratztes Cabrio-Rückfenster) kann dem Verkäufer § 442 BGB helfen; daneben der Grundsatz, dass eine **Offenbarungspflicht** schon bei bloßer Erkennbarkeit von Mängeln verneint wird (BGH NJW-RR 1994, 907; NJW-RR 1997, 270 – Hauskauf; s. auch Rn 2071), jedenfalls bei Offenkundigkeit ausscheidet.

Für privat genutzte **Leasingfahrzeuge** gelten andere Regeln als für gewerblich genutzte Mietwagen. Die meisten Leasingverträge machen dem Leasingnehmer die Einhaltung der vorgeschriebenen Wartungs- und Pflegedienste zur Pflicht. Zumindest die Leasingfahrzeuge aus Privathand sind deshalb meist in einem überdurchschnittlich guten technischen Zustand. Für gewerblich genutzte Leasingwagen gilt dieser Erfahrungssatz nicht. Ihr Erhaltungszustand ist freilich nicht schlechter als der von Firmenwagen, die im Eigentum des Unternehmens standen. Ein Sachmangel ist in der Regel zu verneinen.

Raucherfahrzeuge/Fahrzeuge von Tierhaltern: Hier steht nicht die Funktionsfähigkeit bzw. Technik, sondern eher die Hygiene auf dem Spiel. Da auch Personenwagen in erster Linie Gebrauchsgegenstände und keine Kultobjekte sind, jedenfalls sein sollten, war nach § 459 Abs. 1 BGB a. F. die Gebrauchstauglichkeit das entscheidende Kriterium, an dem Geruchsbelästigungen und ähnliche Störungen gemessen wurden. Selbst wenn in krassen Fällen ein Sachmangel heutiger Definition vorliegen sollte, dürfte eine Haftung des Verkäufers zumeist an § 442 Abs. 1 S. 2 BGB scheitern.

Vorführwagen, Dienstfahrzeuge und Geschäftswagen: zu dieser Fallgruppe s. Rn 1424.

---

800 Vgl. OLG Köln 20. 11. 1998, NZV 1999, 338 = OLGR 1999, 121.
801 OLG Köln 31. 10. 1985 – 12 U 55/85 – n. v. (Teststrecke insgesamt 10.000 km); OLG Köln 9. 1. 2002 – 17 U 75/01 – n. v. – Teststrecke 192.000 km in 30 Monaten; LG Bonn 17. 2. 1989 – 4 S 157/88 – n. v.
802 *Otting*, ZGS 2004, 12.

x) Vorbesitzer/Vorhalter/Ersthandfahrzeug/Zweithandfahrzeug

aa) Ausgangslage und Begriffliches

1599 Eigentum, Haltereigenschaft, Besitz und Benutzung (Fahrer/Führer) können, müssen aber nicht zusammenfallen. Nicht selten sind vier verschiedene (juristische oder natürliche) Personen in der vorbezeichneten Weise mit einem einzigen Kraftfahrzeug verbunden. Im (deutschen) **Fahrzeugbrief** (Zulassungsbescheinigung Teil II) stehen diejenigen Personen, auf deren Namen das Fahrzeug von einer deutschen Behörde zum Verkehr zugelassen worden ist. Nach dem Verständnis der StVZO bzw. jetzt FZV und der Zulassungsstellen sind damit die **Halter** gemeint. So ist z. B. auf Seite 6 der amtlichen Vordrucke für den Fahrzeugbrief alter Art von „weiteren Halter-Eintragungen" die Rede. Im Nachfolgepapier, der „Zulassungsbescheinigung Teil II" (§ 12 FZV), wird die „Anzahl der Vorhalter" eingetragen.

In den früher üblichen Kaufvertragsformularen wurde nach der „Zahl der Halter lt. Fz-Brief" gefragt. Inzwischen wird die Zulassungsbescheinigung Teil II mitgenannt. Die Formulierung „Zahl der Vorbesitzer lt. Fz-Brief" ist selten geworden. Beide Klauseln sind synonym. „Vorbesitzer" ist hier identisch mit (Vor-)Halter. Ein alternativer Quellenhinweis ist die Verweisung auf den Vorbesitzer („Zahl der Halter lt. Vorbesitzer")

Der im Fahrzeugbrief dokumentierte Halterwechsel, auch als „Besitzumschreibung" bezeichnet, ist normalerweise mit einem **Besitzerwechsel** verbunden. Die **tatsächlichen Besitzverhältnisse** können sich anders als nach dem Fahrzeugbrief zu vermuten darstellen. So kann ein und dasselbe Fahrzeug nur einen eingetragenen Halter, aber mehrere (unmittelbare) Besitzer gehabt haben.

Längere Besitzketten sind insbesondere bei älteren Gebrauchtwagen und bei Unfallfahrzeugen zu beobachten. In Zahlung genommene Altwagen werden vom Neufahrzeughandel häufig direkt an gewerbliche Wiederverkäufer abgegeben. Sie können dann mehrere Stationen durchlaufen, ohne dass dies im Fahrzeugbrief oder anderweitig aufscheint. Die Zahl derartiger „Wanderwagen" hat durch die Haftungsverschärfungen der Schuldrechtsreform zugenommen.

Wird ein Gebrauchtfahrzeug von einem zum anderen Händler weitergegeben, ohne dass dies durch eine Haltereintragung sichtbar wird, so muss der Käufer über die Zwischenbesitzer, deren Anzahl und Eigenschaft **aufgeklärt** werden. Ohne gegenteiligen Hinweis geht er nämlich davon aus, dass sein Vertragspartner das Fahrzeug von demjenigen übernommen hat, der im Fahrzeugbrief als letzter Halter eingetragen ist. Weiter kann und darf er annehmen, dass mit Blick auf die „Angaben laut Vorbesitzer" ein direkter Informationsaustausch zwischen dem Verkäufer und dem letzten Halter, dem mutmaßlichen Vorbesitzer, stattgefunden hat. Wenn das nicht der Fall war, es also an einer unmittelbaren Informationsquelle fehlt, stellen die vertragstypischen Quellenangaben (... „laut Vorbesitzer") eine Irreführung des Käufers dar. Je mehr Zwischenbesitzer, desto geringer die Verlässlichkeit der Informationen. Zur Aufklärungspflicht in solchen Fällen s. auch Rn 2138.

bb) Käufervorstellungen und -erwartungen

1600 Nach repräsentativen Untersuchungen sind ca. zwei Drittel der Gebrauchtwagenkäufer der Ansicht, dass sich eine höhere Zahl von Vorbesitzern (Voreintragungen) negativ auf den Wert von Personenwagen auswirkt, zumal bei schneller Folge der Besitzumschreibungen. Auf die Anzahl der tatsächlichen Benutzer (Fahrer) – nur der eingetragene Halter oder auch dessen Angehörige, Angestellte u. a.? – kommt es für die Wertschätzung weniger an. Dieser Punkt liegt auch meist im Dunkeln. Von Bedeutung ist die Anzahl nicht im Brief eingetragener (Zwischen-)Besitzer nicht zuletzt mit Blick auf den Grad der Verlässlichkeit von Verkäuferangaben „laut Vorbesitzer", z. B. zur Unfallfreiheit/bestimmten Vorschäden oder zur Gesamtlaufleistung.

Einzelfälle von Sachmängeln

cc) Mängelhaftung

Als zusicherungsfähige Eigenschaft eines Kraftfahrzeugs ist auch die Anzahl der Vorbe- **1601** sitzer, Vorhalter und Voreintragungen im Fahrzeugbrief angesehen worden.[803] Nach der heutigen Terminologie handelt es sich um **Beschaffenheitsmerkmale**.[804]

Nach der Rechtsprechung zum früheren Kaufrecht lag eine Zusicherung nicht nur in der vorbehaltlosen Angabe „**Ersthandfahrzeug**"[805] oder „**aus 1. Hand**",[806] sondern auch in der Angabe „**Zahl der Vorbesitzer lt. Kfz-Brief**"[807] oder „Zahl der Halter lt. Fz-Brief".[808] Aus heutiger Sicht geht das zu weit. Für die Annahme einer Beschaffenheitsgarantie/Garantieübernahme besteht kein Bedürfnis mehr, sofern eine Freizeichnungsklausel fehlt (Verbrauchsgüterkauf) oder, wenn vorhanden, restriktiv interpretiert wird.

Jedenfalls keine Eigenschaftszusicherung und dementsprechend auch keine Beschaffenheitsgarantie ist anzunehmen, wenn **ein Privatverkäufer** in einem ADAC-Vertrag (Fassung 2002) in der Zeile 2.5 die Anzahl der Vorbesitzer mitteilt.[809]

Den richtigen Lösungsansatz liefert in Fällen aus der Zeit nach der Schuldrechtsmodernisierung § 434 Abs. 1 S. 1 BGB, hilfsweise der Sachmangelbegriff nach den objektiven Kriterien in Satz 2 Nr. 2.

Wird, wie üblich, auf den Fahrzeugbrief/Zulassungsbescheinigung Teil II als Informationsgrundlage Bezug genommen, ist jedenfalls eine Garantie jedweder Art zu verneinen. Im Regelfall ist nicht einmal eine Beschaffenheitsvereinbarung getroffen. Das ist die Konsequenz aus der Entscheidung des BGH vom 12. 3. 2008[810], die für vergleichbare Fälle eine **bloße Wissensmitteilung** annimmt. Entgegenstehende Rechtsprechung ist überholt.[811] Anders können die Dinge liegen, wenn der Fahrzeugbrief bei den Kaufverhandlungen zur Einsicht nicht vorgelegt wird. Das erhöhte Schutzbedürfnis des Käufers kann hier die Annahme einer Beschaffenheitszusage, wenn nicht gar einer Garantie rechtfertigen.

Zum Verkauf eines Fahrzeugs als „Ersthandwagen" aus dem Bestand eines **Autovermieters** s. Rn 1594 ff.

Die Mitteilung „nur 1 Vorbesitzer" begründet die Sachmängelhaftung selbst dann, wenn im Fahrzeugbrief **Eheleute** mit unterschiedlichem Wohnsitz eingetragen sind. Das OLG Köln meint, dass es nicht auf die Zahl der tatsächlichen Benutzer, sondern darauf ankomme, dass mehr als ein Halter im Brief stehe.[812] Diese formale Sicht ist konsequent. Zur Bedeutung einer firmenrechtlichen Änderung s. OLG Düsseldorf OLGR 2003, 338 = VRS 105, 1; zum kurzzeitigen Zwischenbesitz s. KG KGR 2001, 10 (Zusicherung verneint/Privatver-

---

803 OLG Hamm 14. 7. 1983, MDR 1984, 141; OLG Celle 21. 6. 1990, NJW-RR 1990, 1527; LG Hannover 2. 10. 1991, MDR 1992, 557; LG Lübeck 23. 7. 2003, SchlHA 2004, 155.
804 OLG Düsseldorf 8. 8. 2003 – 1 W 45/03 – n. v.; LG Köln 26. 7. 2005 – 28 O 70/05 – n. v.
805 LG Berlin 7. 2. 1975, VersR 1976, 396; OLG Koblenz 25. 2. 1981 – 7 U 246/80 – n. v.; LG Bonn 14. 2. 1984 – 13 O 96/83 – n. v.; vgl. auch OLG Köln 14. 2. 1974, NJW 1974, 2128.
806 OLG Düsseldorf 12. 3. 2003, OLGR 2003, 338 = VRS 105, 1; OLG Köln 9. 10. 1991, VRS 82, 89; LG Kleve – 5 S 233/87 – n. v.; LG Hannover 2. 10. 1991, MDR 1992, 557; s. auch OLG Düsseldorf 18. 6. 1999, NZV 1999, 514 – früheres Mietfahrzeug.
807 OLG Düsseldorf 30. 4. 1982 – 22 U 243/81 – n. v.; s. auch OLG Hamm 14. 7. 1983, MDR 1984, 141; LG Saarbrücken 8. 11. 1983, DAR 1984, 91.
808 OLG Celle 21. 6. 1990, NJW-RR 1990, 1527 (im konkreten Fall verneint); OLG Düsseldorf 3. 12. 1993, OLGR 1994, 186 (L.); LG Lübeck 23. 7. 2003, SchlHA 2004, 155.
809 Vgl. OLG Düsseldorf 28. 6. 2002, DAR 2002, 506.
810 NJW 2008, 1517.
811 Z. B. LG Köln 26. 7. 2005 – 28 O 70/05 – n. v.
812 Urt. v. 6. 6. 1973, DAR 1974, 71; vgl. auch LG Gießen 2. 9. 1959, DAR 1960, 14; LG Kleve – 5 S 233/87 – n. v., für den Fall der Voreintragung von 2 Brüdern des Verkäufers; OLG Hamm 15. 6. 1993, OLGR 1993, 302 = MDR 1994, 139.

kauf). Unzutreffend ist die Angabe „aus 1. Hand", wenn das Fahrzeug durch mehrere Hände gegangen ist, im Fahrzeugbrief aber nur der erste Verkäufer der Kette als Halter eingetragen ist.[813]

Die Formulierung **„Fahrzeug aus 2. Hand"** bedeutet wie der Begriff **„Zweithandfahrzeug"** zumindest, dass ein so bezeichnetes Fahrzeug nicht aus erster Hand stammt. Über die Zahl der Nachbesitzer geben diese Hinweise nach allgemeinem Sprachgebrauch und den Gepflogenheiten im Gebrauchtfahrzeughandel keine verlässliche Auskunft. Es wird damit also nicht zugesichert/garantiert, dass das verkaufte Fahrzeug nicht mehr als zwei Halter hatte.[814]

In Fällen ohne Beschaffenheitsgarantie wird die Haftung häufig an **§ 442 Abs. 1 S. 2 BGB** scheitern. Auch von einem Privatkäufer ist zu verlangen, dass er bei der ohnehin erforderlichen Prüfung des Fahrzeugbriefes einen Blick auf die Anzahl der Voreintragungen wirft.[815] Ersatzbriefe[816] und neue Briefe in der bisherigen Form sind freilich insoweit nicht aufschlussreich gewesen. Zum Sonderfall des Verkaufs von Import/Re-Importfahrzeugen s. Rn 2139 ff.

Bei Verkäufen ohne ergiebige Halter-Informationen hat die Rechtsprechung zu § 459 Abs. 1 BGB a. F. bei erheblichen Abweichungen vom Soll-Zustand einen Fehler bejaht.[817] Dies selbst dann, wenn einer der eingetragenen Vorhalter den Wagen nachweislich nicht benutzt hat. Auch ein Eigentümerwechsel, der sich im Fahrzeugbrief nicht niedergeschlagen hat, kann einen Sachmangel darstellen, sofern der unmittelbare Besitz auf eine andere Person übertragen worden war. Auf die Dauer des Zwischenbesitzes und den tatsächlichen Gebrauch kann es – für die Rechtsfolge – unter dem Gesichtspunkt der Erheblichkeit ankommen (§§ 323 Abs. 5 S. 2, 281 Abs. S. 3 BGB).

Eine im Kaufvertrag nicht mitgeteilte weitere Haltereintragung ist nach Ansicht des OLG Celle[818] zum alten Recht ausnahmsweise (wert-)neutral, wenn das Fahrzeug als Taxi benutzt worden ist und die zusätzliche Haltereintragung nachprüfbar nicht mit einem Besitzwechsel verbunden war.

y) Werkstattgeprüft/Verkauf mit Expertise/Vertrauenssiegel

aa) werkstattgeprüft

1602 Etliche Kfz-Händler werben damit, die von ihnen angebotenen Fahrzeuge gründlich untersucht zu haben. Gängig ist das Schlagwort „werkstattgeprüft". Andere berufen sich auf Expertisen und Bescheinigungen von Fremdfirmen. In diesen Fällen ist zunächst zu unterscheiden, ob die Information nur dem **konkreten Kaufobjekt** oder **sämtlichen Fahrzeugen** gilt, die der Händler in seinem Betrieb anbietet.

Werbeäußerungen, die das gesamte Fahrzeugangebot betreffen, sind unter dem Gesichtspunkt der Beschaffenheitsvereinbarung/-garantie in zweifacher Hinsicht problematisch: Schwierigkeiten bereitet die Einbeziehung in den einzelnen Kaufvertrag, zumal bei einer Schriftformklausel (vgl. dazu Rn 1615). Hier ist jetzt **§ 434 Abs. 1 S. 3 BGB** zu beachten. Eine weitere Frage ist es, ob die Erklärung Garantiecharakter hat oder als bloße Beschaffenheitsangabe oder gar als unverbindliche Anpreisung zu qualifizieren ist.

---

813 OLG Düsseldorf 12. 3. 2003, OLGR 2003, 338 = VRS 105, 1.
814 OLG Düsseldorf 23. 7. 1999, NZV 2000, 83 = DAR 2002, 261; zweifelnd OLG Hamm 15. 6. 1993, OLGR 1993, 302 = MDR 1994, 139.
815 LG Köln 25. 10. 1988 – 3 O 491/87 – n. v.
816 Dazu OLG Düsseldorf 28. 6. 2002, DAR 2002, 506 = OLGR 2003, 246.
817 LG Gießen 2. 9. 1959, DAR 1960, 14; LG Köln 3. 10. 1980 – 11 S 134/80 – n. v.; LG Köln 25. 10. 1983 – 3 O 491/87 – n. v.; s. auch BGH 7. 3. 1978, NJW 1978, 1373.
818 Urt. v. 21. 6. 1990, NJW-RR 1990, 1527.

Einzelfälle von Sachmängeln 1602

Unter der Bezeichnung „**werkstattgeprüft**" versteht der **BGH,** dass das Fahrzeug in einer hierfür ausgerüsteten Werkstatt einer **sorgfältigen äußeren Besichtigung** – ohne Zerlegung der einzelnen Aggregate – durch einen Fachmann unterzogen worden ist und dass die bei einer derartigen Untersuchung feststellbaren Mängel behoben worden sind.[819] Die Beseitigung altersbedingter „Verschleißmängel" (s. dazu Rn 1508 ff.) und geringfügiger Schäden könne der Käufer nicht erwarten. Zu diesem Auslegungsergebnis kam der BGH in einem Fall, in dem „werkstattgeprüft" auf dem **Verkaufsschild am Fahrzeug** stand.

Vom BGH noch nicht geklärt ist die Rechtslage bei **allgemeiner Verwendung** des Begriffs „werkstattgeprüft", sei es auf einem **Transparent** über dem Ausstellungsraum, sei es in einer **Zeitungsannonce** oder im **Internet.** Nach seinen Grundsätzen zum alten Gebrauchtwagen-Kaufrecht war zu erwarten, dass er auch hier – ähnlich wie schon das OLG Köln im Meisterhand-Fall[820] – eine vertraglich zugesicherte Eigenschaft bejahen wird.[821] Zur Abwendung der Zusicherungshaftung hätte er wohl einen ausdrücklichen Hinweis des Händlers darauf verlangt, dass das konkrete Fahrzeug ausnahmsweise nicht „werkstattgeprüft" ist. Ohne einen solchen Hinweis rechnet ein Kaufinteressent in der Tat damit, dass auch „sein" Fahrzeug einer solchen Prüfung unterzogen worden ist. Ob der BGH mit Rücksicht auf die reformbedingte Stärkung der Verbraucherrechte noch genügend Grund zur Annahme einer Garantieerklärung bei nur loser Verbindung zum Kaufobjekt sieht, bleibt abzuwarten.

Die Erklärung „werkstattgeprüft" hat nach bisheriger BGH-Deutung einen **doppelten Inhalt:** Zum einen sichert der Händler zu, dass eine **Überprüfung in seiner Werkstatt** (nicht einer Fremdwerkstatt) bereits stattgefunden hat. Zur Konstellation mit noch offener, nur versprochener Prüfung s. Rn 1353. Auch die Werkstattüberprüfung als solche ist eine Eigenschaft des Autos, sofern „die Überprüfung ihren Niederschlag in einem bestimmten Zustand des Pkws findet oder finden sollte".[822] Mit diesem einschränkenden Kriterium wollte der BGH nur ganz bestimmte **Vorgänge aus der Vergangenheit** in den Kreis der zusicherungsfähigen Eigenschaften aufnehmen. Im Schrifttum ist dies auf beachtliche Kritik gestoßen[823] und unter den Bedingungen des neuen Kaufrechts auch zu überdenken.

Mit „werkstattgeprüft" wird darüber hinaus nach Meinung des BGH, der insoweit nach altem Recht zu folgen war, die **Abwesenheit bestimmter Mängel** zugesichert. Auch die Abgrenzung der **Mängelerscheinungen** durch den BGH ist sachgerecht. „Werkstattgeprüfte" Gebrauchtwagen brauchen nicht technisch einwandfrei zu sein. Volle Betriebssicherheit und Funktionsfähigkeit kann ein Käufer eines Gebrauchtwagens auch als Laie nicht erwarten, schon gar nicht über eine bestimmte Zeit bzw. Fahrstrecke.

Die Zusicherungshaftung war nach der Rechtsprechung bereits dann ausgelöst, wenn der Wagen versehentlich nicht untersucht worden ist; dies selbst bei einem technisch mangelfreien Fahrzeug. Zur Vertragsklausel „2 Jahre TÜV, komplette Durchsicht" s. OLG Bamberg, DAR 1985, 27; zu den TÜV-Fällen s. Rn 1542 ff.

---

819 Urt. v. 25. 5. 1983, BGHZ 87, 302 = NJW 1983, 2192 = WM 1983, 755.
820 Urt. v. 19. 10. 1971, NJW 1972, 162 („alle Fahrzeuge durch Meisterhand überprüft, TÜV abgenommen und mit Garantie"), dazu *Henseler*, NJW 1972, 829.
821 So schon OLG Hamm 25. 2. 1986, VRS 71, 321 und Vorinstanz LG Essen 31. 8. 1984, VRS 67, 401; vgl. auch OLG Hamm 19. 4. 1978, VRS 56, 6; OLG Frankfurt 10. 12. 1982, AH 1986, Heft 10.
822 BGH 25. 5. 1983, BGHZ 87, 302, 307; vgl. auch BGH 11. 6. 1986, JZ 1986, 955 m. Anm. *Köhler* (Turnierpferduntersuchung).
823 Insb. *Soergel/Huber*, § 459 BGB Rn 32, 147, 315.

bb) Verkauf mit Expertise, Prüfbericht, Werkstattrechnung o. Ä.

1603 Eine zusicherungsfähige Eigenschaft konnte nach der Rechtsprechung zum früheren Recht auch eine – frühere – **Untersuchung** des Fahrzeugs oder eines Fahrzeugteils (z. B. des Motors) durch eine **Drittfirma** oder einen **Kfz-Sachverständigen** sein. Voraussetzung war allerdings, dass die Untersuchung „eine dauerhafte, die Vertragsmäßigkeit oder Werteinstufung der Sache auch für den Zeitpunkt des Vertrages und des Gefahrübergangs beeinflussende Wirkung" hat.[824]

Dieses – auch nach „neuem" Recht – nicht unproblematische Kriterium, vom BGH im „Werkstattgeprüft"-Fall stillschweigend bejaht, liegt vor, wenn ein Autohändler einen Gebrauchtwagen unter Hinweis auf eine zeitnahe schriftliche **Expertise** oder ein **Gutachten** durch eine Fachfirma oder einen Sachverständigen bzw. eine Sachverständigenorganisation wie DEKRA oder TÜV anbietet. Anders ist es, wenn die Untersuchung längere Zeit zurückliegt, so dass der Untersuchungsbefund seine Aussagekraft verloren hat. Das ist vor allem bei Fahrzeugteilen in Betracht zu ziehen, die dem Verschleiß und der Altersabnutzung ausgesetzt sind (Motor, Getriebe und Karosserie). Zur Frage der „Dauerwirkung" von Prüfberichten nach § 29 StVZO (HU/TÜV) s. Rn 1542 ff.

Der **Kfz-Händler,** der mit einer **zeitnahen Expertise,** z. B. einem Verkaufsgutachten eines Fachmanns, wirbt, kann als Garant dafür einzustehen haben, dass eine Begutachtung zur angegeben Zeit mit dem bescheinigten Ergebnis stattgefunden hat. Ob er darüber hinaus auch für das Vorhandensein bestimmter, in der Expertise festgestellter Fahrzeugeigenschaften unabhängig von einem Verschulden auf Schadensersatz zu haften hat (Garantieübernahme i. S. v. § 276 BGB), bedarf besonderer Begründung und ist im Zweifel zu verneinen. Auch ohne ausdrücklich distanzierenden Hinweis des Händlers ist die Bezugnahme auf die Auskunft eines anderen Kfz-Unternehmens oder auf ein Gütesiegel, z. B. der DEKRA AG, so zu verstehen, dass der Händler die Untersuchungsergebnisse nicht selbst nachgeprüft hat und für deren Richtigkeit keine Gewähr übernehmen will.[825] Gibt er das Untersuchungsergebnis falsch wieder, so haftet er schon bei Fahrlässigkeit, erst recht im Arglistfall, aus Verschulden bei den Vertragsverhandlungen.[826]

Ein **privater Verkäufer,** der die Expertise nicht auf ihre Richtigkeit überprüfen kann, will deren Inhalt erkennbar nicht zum Gegenstand einer eigenen Garantieerklärung machen.

Zusicherungs- bzw. garantiefähig ist auch die Tatsache einer früheren Reparatur des Fahrzeugs, s. dazu die Erläuterungen zu Angaben wie „generalüberholt" u. Ä. (Rn 1394 ff.). Allein durch die **Vorlage der Rechnung** einer Drittfirma bringt ein Gebrauchtfahrzeugverkäufer noch nicht zum Ausdruck, für die Qualität der Arbeiten persönlich einstehen zu wollen. Das dürfte für einen **Privatverkäufer,** regelmäßig technischer Laie, klar sein.[827]

Zum **Händlerverkauf** unter Rechnungsvorlage s. auch Rn 1396.

Eine zusicherungsfähige Eigenschaft hat man auch in der Tatsache gesehen, dass eine Drittfirma nach bereits durchgeführten Reparaturarbeiten etwaige weitere „Garantiemängel" beseitigen werde.[828] Das erscheint zweifelhaft, weil die fragliche Eigenschaft dem Fahrzeug nicht anhaftet, auch nicht mittelbar. Nach altem Recht fiel dieser Umstand nicht

---

[824] BGH 11. 6. 1986, JZ 1986, 955 m. Anm. *Köhler;* zur Rechtsprechung des BGH bei Expertisen im Kunsthandel vgl. *Flume,* JZ 1991, 633.
[825] Im Ergebnis so auch OLG München 22. 7. 1977 – 2 U 2474/77 – AH 1978, 1958 (Motorexpertise: „völlig überholter, neuwertiger Austauschmotor mit 0 km"); s. auch *Flume,* JZ 1991, 633, 635 (Expertisen im Kunsthandel); LG Lüneburg 1. 11. 1999, NJW-RR 2000, 869 – Pferdekauf.
[826] BGH 11. 6. 1986, JZ 1986, 955 m. Anm. *Köhler.*
[827] Anders AG Köln 6. 10. 1988 – 134 C 156/88 – n. v.
[828] So LG Düsseldorf 29. 10. 1997 – 11 O 111/97 – n. v.

Einzelfälle von Sachmängeln

unter den Beschaffenheitsbegriff.[829] Auch im heutigen Recht erzielt man in einem solchen Fall die bessere Lösung mit Hilfe der – jetzt kodifizierten – Regeln über c. i. c. bzw. pFV.

Zur Vorlage des Berichts über die **Hauptuntersuchung** nach § 29 StVZO (TÜV) s. Rn 1542 ff. Nach Ansicht des AG Köln[830] kann auch die Vorlage einer Bescheinigung über die **Abgasuntersuchung** (AU, früher ASU) mit einer Zusicherung verbunden sein, zumal dann, wenn die Plakette ganz „frisch" ist. Zur Bezugnahme auf ein Prüfzeugnis s. auch OLG Hamm BB 1987, 363 (kein Kfz-Fall).

Unter dem Gesichtspunkt des **Vertrages mit Schutzwirkung zugunsten Dritter** kann dem Käufer bei fehlerhafter Begutachtung ein **Schadensersatzanspruch gegen den Sachverständigen** zustehen. In der Rechtsprechung ist die Tendenz zu beobachten, die Haftung von Experten auszudehnen.[831] Zum Nebeneinander von Verkäufer- und Sachverständigenhaftung beim **Verkauf eines Oldtimers** s. OLG Karlsruhe NJW-RR 1998, 601. In den Schutzbereich des Vertrages zwischen dem Kaufinteressenten und dem Sachverständigen ist der Verkäufer nicht einbezogen. Er kann also den Sachverständigen nicht mit der Begründung auf Schadensersatz in Anspruch nehmen, das Gutachten sei fehlerhaft, weshalb der Verkauf gescheitert sei.[832]

cc) ZDK-Vertrauenssiegel/Zeichen „Meisterbetrieb der Kfz-Innung"
(1) Ausgangslage

Aus einer Reihe von Gründen hatte der Zentralverband Deutsches Kraftfahrzeuggewerbe (ZDK) vor über 25 Jahren ein „Gebrauchtwagen-Vertrauenssiegel" eingeführt und seinen Mitgliedern empfohlen. Dieses Siegel war wesentlicher Bestandteil der ZDK-Gebrauchtwageninitiative 1979. Mit der ZDK-Gebrauchtwagenkonzeption 1988 wurde auch das Vertrauenssiegel modernisiert. Es wurde nur noch auf individuellen Antrag verliehen. Wer das Siegel führen wollte, musste besondere Anforderungen erfüllen. Deshalb wurde ein so genannter Gestattungsvertrag zwischen dem Händler und der Organisation abgeschlossen, die das Siegel verlieh. Durch diesen Vertrag übernahm der Händler eine Vielzahl von Pflichten, vor allem die Pflicht, seine Gebrauchtfahrzeuge grundsätzlich nur mit Garantie zu verkaufen. Ferner musste er sämtliche Verträge mit Endverbrauchern zu Bedingungen abschließen, die mindestens dem Standard der vom ZDK empfohlenen Verkaufsbedingungen einschließlich Garantiebedingungen entsprachen.

Ob ein Kfz-Händler das ZDK-Vertrauenssiegel führte, konnte der Kunde zum einen am Vertrauenssiegel als solchem, einem größeren goldfarbenen Schild, erkennen, zum anderen aber auch an einem Vermerk im Bestellschein (Kaufantrag). Die marktüblichen Vertragsformulare („verbindliche Bestellung eines gebrauchten Kraftfahrzeugs") enthielten auf der Vorderseite einen Hinweis darauf, ob der Händler das ZDK-Vertrauenssiegel führt oder nicht.

Im Jahr 2000 hat die Mitgliederversammlung des ZDK die Überführung des bisherigen Vertrauenssiegels in ein **neues Meisterzeichen** (Meisterschild) beschlossen. Alle Betriebe, die das neue Meisterschild führen, sind durch den Gestattungsvertrag zum neuen Meisterzeichen („Meisterbetrieb der Kfz-Innung") verpflichtet, sich an bestimmte Standards der Gebrauchtfahrzeugvermarktung zu halten. Mit der Verwendung des neuen Zeichens unterwirft der Händler sich einem Schiedsspruch der Schiedsstelle (dazu Rn 1199).

---

829 Vgl. BGH 24. 4. 1996, NJW 1996, 2025 (Herstellergarantie).
830 Urt. v. 12. 7. 1990 – 115 C 84/90 – n. v.
831 BGH 20. 4. 2004, NJW-RR 2004, 1464 (Grundstückswertgutachten); zum neuen Recht s. *Schwab*, JuS 2002, 875; *Kilian*, NZV 2004, 489, 493.
832 Öster. OGH 23. 3. 2007, ZVR 2007, 336 m. Anm. *Ch. Huber*.

Flankierend zu dem neuen Meisterzeichen ist das **Zusatzzeichen „Gebrauchtwagen mit Qualität und Sicherheit"** eingeführt worden.

(2) Vertragsrechtliche Bedeutung

1605 Die Aufwertung des Vertrauenssiegels durch die ZDK-Gebrauchtwagenkonzeption 1988 hat die Frage aufgeworfen, ob die Werbung mit diesem Siegel, einem Verbandszeichen i. S. v. § 17 WZG, als Eigenschaftszusicherung gem. § 459 Abs. 2 BGB a. F. anzusehen ist. Dem zuvor gültigen Siegel war diese Bedeutung nicht beigemessen worden. Nur ganz vereinzelt gab es in der Rechtsprechung der Instanzgerichte Ansätze dafür, den Siegel-Händler stärker in die Pflicht zu nehmen als den Händler, der auf dieses werbewirksame Instrument verzichtet.[833]

Das Führen des Vertrauenssiegels bzw. des neuen Meisterzeichens reicht für sich allein nicht aus, um daran eine irgendwie geartete Garantieübernahme zu knüpfen. Als **vertrauensbildende Maßnahme** gewinnt diese Einrichtung jedoch Bedeutung, wenn es um die Abgrenzungsfrage geht, ob bestimmte Informationen über die Beschaffenheit des Fahrzeugs bloße **Beschaffenheitsangaben oder –garantien** sind. Das neue Meisterschild und das Zusatzzeichen „Gebrauchtwagen mit Qualität und Sicherheit" haben insoweit Verstärkerfunktion.

Unter dem Blickwinkel der **Untersuchungspflicht** (dazu Rn 1902 ff.) ist insbesondere das Zusatzzeichen von Interesse. Denn damit soll dem Kunden signalisiert werden, dass sich der Betrieb an den Gebrauchtwagen-Pflichtenkatalog und somit auch an die selbst auferlegte Untersuchungsobliegenheit hält. Zum Gesichtspunkt der Selbstbindung s. Rn 1916.

z) Zustand: gut, einwandfrei, gründlich überholt, restauriert etc.

1606 Der Verkäufer habe den Zustand des Wagens als „einwandfrei" oder „tadellos" bezeichnet und von „Bestzustand" und „alles in Ordnung" gesprochen, heißt es in vielen Klageschriften. Solche oder ähnliche Zustandsbeschreibungen finden selten Eingang in den schriftlichen Vertrag. In Verträgen mit **Händlern** tauchen sie nur ausnahmsweise auf, z. B. bei **Oldtimern**[834] und **Youngtimern**.[835] Umso häufiger erscheinen sie in Kleinanzeigen und im Verkaufsgespräch, besonders beim **privaten Direktgeschäft**.

Erklärungen dieses Inhalts wurden in Fällen aus der Zeit vor der Schuldrechtsreform geradezu als **Musterbeispiele für allgemeine Anpreisungen** angeführt und damit in den Bereich des Unverbindlichen gerückt. Die Urteile, in denen auch hier Eigenschaftszusicherungen i. S. v. § 459 Abs. 2 BGB a. F. angenommen worden sind, sind – aufs Ganze gesehen – vereinzelt geblieben. Die nachfolgende **Entscheidungssammlung** konnte schon nach früherem Kaufrecht nur der allgemeinen Orientierung dienen. Als Hilfe im Einzelfall sind die Urteile nur bedingt geeignet, erst recht nach der Reform des Kaufrechts mit den bekannten Begleiterscheinungen für den Gebrauchtwagenkauf (neue Formulare, Wegfall des Gewährleistungsausschlusses bei Verbrauchergeschäften u. a.).

Nach wie vor ist stets darauf zu achten, ob die strittige Erklärung von einer Privatperson (technischer Laie) oder von einem Kfz-Händler, ggf. mit eigener Werkstatt, stammt. Ein wichtiges Auslegungskriterium ist auch der Typ des Fahrzeugs (normaler Pkw, Sportwa-

---

[833] LG Freiburg 3. 8. 1982, MDR 1983, 667; AG Hamburg 22 b C 128/87 – n. v.; LG Köln 28. 7. 1987 – 30 O 441/86 – n. v.

[834] Dazu OLG Frankfurt 2. 11. 1988, NJW 1989, 1095 = DAR 1989, 66; KG 22. 9. 1992, OLGR 1993, 1; LG Bonn 22. 10. 1992, DAR 1994, 32; OLG Köln 18. 12. 1996, NZV 1998, 73 = OLGR 1997, 108 = VRS 93, 21 – Privatverkauf; OLG Köln 26. 5. 1997, NJW-RR 1998, 128 = VersR 1998, 511 – Motorrad.

[835] Dazu OLG Köln 13. 1. 1993, DAR 1993, 263.

Einzelfälle von Sachmängeln

gen, Geländewagen, Nutzfahrzeug, Spezialtransporter, Oldtimer, Youngtimer etc.). Zu weiteren Anhaltspunkten für und wider eine Garantieübernahme s. Rn 1364/1365 ff.

Zusicherung/Garantie bejaht: 1607

- „wird in einwandfreiem technischem Zustand übergeben" (**BGH** 5. 7. 1978, NJW 1978, 2241 – Kauf eines Renault-Sportwagens vom Vertragshändler; handschriftliche Notiz im Vertragsformular)
- „kaum gebraucht, fast neu" (**BGH** 12. 5. 1959, NJW 1959, 1489 – Maschine)
- „Fahrzeug u. Aufbau ist in einem technisch einwandfreien Zustand" (**BGH** 6. 12. 1995, NJW 1996, 584 – Tankwagen)
- „Fahrzeug hat keine versteckten technischen Mängel" (OLG Köln 6. 5. 1982 – 1 U 88/81 – n. v. – Jaguar, 82.000 km)
- „Wagen vollkommen i. O., selbst überholt, im nächsten halben Jahr keine Reparaturen" (LG Saarbrücken 14. 2. 1980 – 2 S 410/78 – n. v.)
- „Wagen in allen Teilen in Ordnung und fahrbereit, die Bremsen in Ordnung, die Kupplung neu und das Fahrzeug verkehrssicher" (OLG Hamm 15. 1. 1979, JZ 1979, 266 – insoweit nicht abgedruckt – mit Anm. *Liebs*, S. 441 – 8 Jahre alter englischer Sportwagen)
- „Motor technisch u. optisch einwandfrei" (Verkaufsanzeige für Geländewagen), OLG Koblenz 27. 5. 1993, VRS 86, 413
- „Fz. ist komplett restauriert" (OLG Köln 13. 1. 1993, DAR 1993, 263 = NZV 1994, 67 – **Youngtimer**)
- „restaurierter" **Oldtimer** (LG Bonn 22. 10. 1992, DAR 1994, 32; OLG Köln 26. 5. 1997, NJW-RR 1998, 128 = VersR 1998, 511 = OLGR 1997, 331 – Harley Davidson Bj. 1924)
- „Wagen in gutem Zustand" (LG Wuppertal 7. 2. 1952 – 9 S 622/51 – n. v.)
- „Wagen ist in einwandfreiem Zustand und Maschine kürzlich überholt worden" (OLG Düsseldorf 18. 5. 1951, VkBl. 1951, 452)
- „Auspuffanlage neu" (LG Köln – 10 O 365/83 – n. v. – Saab 900 Turbo)
- „technisch und optisch = Neuzustand ohne Einschränkung" (LG Köln 25. 10. 1988 – 3 O 491/87 – n. v. – knapp 18 Monate alter DB 280 TE, 44.000 km)
- „Fz. technisch i. O." (AG Köln 20. 1. 1988 – 120 C 59/87 – n. v., mündliche Erklärung eines Privatverkäufers, Kfz-Mechaniker von Beruf)
- „Zustandsnoten" („Zustand 1–2") beim **Oldtimer-Kauf** (OLG Frankfurt 2. 11. 1988, NJW 1989, 1095 = DAR 1989, 66; ebenso KG 22. 9. 1992, OLGR 1993, 1); s. auch OLG Köln 18. 12. 1996, NZV 1998, 73 = VRS 93, 21 = OLGR 1997, 108 – Privatverkauf nach Zeitungsanzeige; OLG Karlsruhe 29. 5. 2002, OLGR 2002, 247 (Zusicherung verneint); ferner *Otting*, Fahrzeug + Karosserie 1998, 76
- „TOP-Zustand" und „für 2 Jahre TÜV-abgenommen" (LG Würzburg 9. 5. 1990, DAR 1991, 152 – jede der beiden Erklärungen = Zusicherung); abw. OLG Oldenburg 27. 5. 1998, OLGR 1998, 255
- „Fahrzeug technisch und optisch einwandfrei, 100 %ig einwandfrei" (schriftlich und mündlich von einem Porsche-Verkäufer erklärt), OLG Düsseldorf 8. 11. 1991 – 16 U 128/90 – n. v.
- „Fze. in gutem Zustand, eines davon kann besichtigt werden" (Verkauf von 9 gebrauchten Reisemobilen nach Besichtigung nur eines Exemplars), OLG Düsseldorf 20. 3. 1998, OLGR 1998, 279
- „Fz. ist techn. ok." (handschriftlicher Zusatz im Vertragsformular eines Händlers), OLG Hamm 23. 1. 1996, OLGR 1996, 115 – Jeep Cherokee

1608   Die Haftung des Verkäufers eines Gebrauchtfahrzeugs für einen Sachmangel

- „Fz. technisch und optisch in gutem Zustand" (schriftliche Erklärung im Kaufvertrag über ein Nutzfahrzeug), OLG Saarbrücken 18. 2. 1997, OLGR 1997, 62 (Sonderfall, Kauf ohne Besichtigung)
- „Fz. technisch einwandfrei" beziehungsweise „... wird technisch einwandfrei ausgeliefert" (Pkw-Verkauf durch Händler) OLG Saarbrücken 17. 3. 1998, MDR 1998, 1028 = OLGR 1998, 258
- „technisch einwandfreier Zustand" (allenfalls Zusicherung der Betriebsbereitschaft und Verkehrssicherheit, OLG Düsseldorf 23. 7. 1999, NZV 2000, 83 = DAR 2002, 261–über 4 Jahre alter VW Passat Kombi, ca. 145.000 km)
- „Fahrzeug technisch einwandfrei" (OLG Schleswig 27. 6. 2002, OLGR 2002, 360 – Pkw der Oberklasse, schriftliche Bestätigung eines Markenhändlers beim Distanzkauf).

1608   **Zusicherung/Garantie verneint:**

- „Wagen völlig in Ordnung" (**BGH** 21. 1. 1981, WM 1981, 323, in NJW 1981, 928 nicht abgedruckt – mündliche Erklärung 1 Tag nach Vertragsabschluss – 9 Jahre alter Mercedes 220 D/8)
- „Maschine einwandfrei in Ordnung" (**BGH** 17. 4. 1991, NJW 1991, 1880 – Kauf eines Porsche 928 S von Privat)
- „wenig gebraucht und in sehr gutem Zustand" (OLG Hamburg 26. 6. 1924, OLGE 45, 144)
- „Fahrzeug optisch und technisch einwandfrei" (OLG Hamm 16. 1. 1981, AH 1982, 648 – 2 Jahre alter Pkw)
- „Sattelzug-Maschine technisch völlig einwandfrei" (OLG Koblenz 2. 2. 1979, 2 U 820/77, n. v.)
- „Wagen in Ordnung" (OLG Hamburg 7. 12. 1981, MDR 1982, 406, insoweit nicht abgedruckt, 8 Jahre alter Pkw)
- „Fz. technisch einwandfrei" (OLG Hamm 15. 6. 1993, OLGR 1993, 302 – Lkw)
- „Bestzustand, Schadenfreiheit und Verkehrs- und Betriebssicherheit" (OLG Schleswig 24. 7. 1979, VersR 1980, 98)
- „Wagen vollständig in Ordnung, Käufer brauche keine Sorge zu haben" (OLG Jena 9. 3. 1937, DAR 1937, 240)
- „Sehr guter Zustand, Wagen bestens in Ordnung" (OLG Köln 21. 10. 1975 – 9 U 48/75 – n. v.)
- „Wagen befindet sich in einem guten technischen Zustand" (LG München I 20. 12. 1976, DAR 1978, 18)
- „Nichts kaputt, alles hundertprozentig in Ordnung" (LG Köln 22. 2. 1978 – 9 S 355/77 – n. v.)
- „Wagen tip-top in Ordnung" (LG Dortmund 2. 11. 1977, DAR 1978, 165)
- „Wagen technisch in Ordnung, sonst wäre er nicht durch den TÜV gekommen" (AG Brühl 20. 7. 1978 – 2 C 324/77 – n. v.)
- „Fahrzeug optisch und technisch o. k. laut Werkstattbericht" (AG Brühl 17. 12. 1984 – 5 C 93/83 – n. v.)
- „Wagen ordnungsgemäß und in einwandfreiem Zustand" (AG Köln 4. 3. 1985 – 130 C 465/84 – n. v. – Porsche 928)
- „Fahrzeug in tadellosem Zustand und 100 % in Ordnung" (OLG Hamm 3. 7. 1986 – 23 U 35/86 – n. v. – 6 Jahre alter Matra Rancho)
- „Fahrzeug neuwertig und technisch einwandfrei und auch gerade überprüft" (OLG Köln 15. 10. 1986, 16 U 7/86, n. v. – Porsche 928)

Einzelfälle von Sachmängeln **1608**

- „Fahrzeug frei von technischen und optischen Mängeln" (OLG Köln 29. 6. 1988 – 13 U 42/88 – VersR 1988, 1158 L – 7 Jahre alter Pkw)
- „Wagen technisch einwandfrei und betriebsbereit" (LG Stuttgart 15. 12. 1988 – 20 O 508/88 – n. v. – Verkauf eines 16 Jahre alten Porsche 911 T durch Privatmann)
- „Fahrzeug technisch einwandfrei und vollkommen in Ordnung" (OLG Köln 25. 11. 1987 – 13 U 104/87 – n. v. – 10 Jahre alter Pkw, 110.000 km)
- „Motor wurde auf Funktionsfähigkeit untersucht. Der Motor ist betriebsbereit" (LG Köln 17. 5. 1988 – 5 O 22/88 – n. v. – Kauf eines gebrauchten Motorbootes von Privat)
- „technisch völlig in Ordnung und einwandfrei" (LG Duisburg 21. 6. 1991 – 4 S 15/91 – n. v. – 28 Jahre alter Unimog)
- „Motor einwandfrei" (OLG Karlsruhe 7. 11. 1991, VRS 82, 261 – Kauf eines gebrauchten BMW-Motors)
- „Motor tip-top in Ordnung" (OLG Hamm 25. 6. 1996, NJW-RR 1997, 429 – „zweifelhaft")
- „Optische Mängel" (in einer Verkaufsanzeige) bedeutet nicht, dass technische Mängelfreiheit zugesichert ist (OLG Koblenz VRS 89, 336 = BB 1995, 2133 – älterer **Geländewagen**)
- „Wagen im Betrieb durchgesehen, alles in Ordnung, Topzustand" (LG Saarbrücken 16. 12. 1996, zfs 1997, 96 – Pkw-Kauf vom Händler)
- „Verkäufer versichert: ohne technische Mängel" (OLG Köln 21. 10. 1996, VersR 1997, 1019 = VRS 94, 321 – Pkw-Verkauf durch Privat; laut Senat allenfalls eine eingeschränkte Zusicherung)
- „Top-Zustand" bzw. „Bestzustand" (OLG Hamm 8. 7. 1997, OLGR 1998, 40)
- „Fz. für 20.000 DM restauriert" (OLG Hamm 8. 7. 1997, OLGR 1998, 40)
- „Top-Zustand" (auf Verkaufsschild an einem Pkw, von einem Händler verkauft), OLG Oldenburg 27. 5. 1998, OLGR 1998, 255
- „Fahrzeug einwandfrei" (OLG Köln 15. 6. 1998, NZV 1998, 466 – Pkw-Verkauf durch Händler ohne eigene Werkstatt, mündliche Erklärung vor TÜV-Abnahme)
- „technisch einwandfreier Zustand" (keine Zusicherung der Mängelfreiheit, sondern allenfalls der Betriebsbereitschaft und Verkehrssicherheit, OLG Düsseldorf 23. 7. 1999, NZV 2000, 83 = DAR 2002, 261)
- „Motor geht nicht kaputt, immer gecheckt und einwandfrei" (OLG Frankfurt 30. 3. 2000, DAR 2001, 505 = OLGR 2001, 63 – Privatverkauf)
- „Top-Zustand, 100 % in Schuss" (LG Saarbrücken 20. 12. 2000, zfs 2001, 115)
- „sehr gepflegter Zustand" (OLG Karlsruhe 29. 5. 2002, OLGR 2002, 247 – **Oldtimer**)
- „Sammlerbewertung: 5 Punkte = Höchstwert" (OLG Karlsruhe 29. 5. 2002, OLGR 2002, 247 – **Oldtimer**)
- „technisch einwandfrei, Topzustand" (LG Osnabrück 21. 6. 2004, NZV 2005, 100).

I. Der Beweis des Sachmangels

I. Die Annahme stellt die Weiche

1609   Bis zur Annahme des Fahrzeugs als Erfüllung ist **der Verkäufer** bzw. Inzahlunggeber für die **Mängelfreiheit** darlegungs- und beweispflichtig. Mit der Entgegennahme des Fahrzeugs geht die Beweislast auf den Käufer über, wenn er im Rahmen des § 437 BGB Sachmängelrechte geltend macht.[1] Auch insoweit hat sich gegenüber dem früheren Recht nichts geändert, obgleich die Lieferung einer (sach-)mängelfreien Sache jetzt zur Erfüllungspflicht des Verkäufers zählt. Mängelfreiheit ist nunmehr Inhalt einer Hauptleistungspflicht (§ 433 Abs. 1 S. 2 BGB). Aus dieser grundlegenden Neuregelung hat der BGH jedoch keine Konsequenzen für die Darlegungs- und Beweislast gezogen.[2] Nicht zuletzt aus § 476 BGB mit seiner „Beweislastumkehr" ist zu schließen, dass außerhalb des Verbrauchsgüterkaufs alles beim Alten geblieben ist.

II. Annahme als Erfüllung

1610   Die Annahme als Erfüllung (§ 363 BGB) fällt beim Fahrzeugkauf regelmäßig mit der **Ablieferung des Fahrzeugs** zusammen. Mindestvoraussetzung ist die körperliche Entgegennahme, in der Regel also die Schlüsselübergabe zur endgültigen Inbesitznahme. Ob auch sämtliche Unterlagen, die zum Fahrzeug gehören und ggf. für die Prüfung der Vertragsmäßigkeit von Bedeutung sind (Fahrzeugbrief, Service- und Wartungsheft, Garantiebelege), ausgehändigt sein müssen, ist zweifelhaft. Annahme als Erfüllung verlangt keine Billigung in allen Punkten. Ähnlich der Abnahme beim Werkvertrag reicht eine Anerkennung als im Wesentlichen vertragsgemäß. Eine vorherige Probefahrt ist nicht Voraussetzung; ebenso wenig eine Besichtigung. Erst recht bedarf es keiner bestimmten Nutzungszeit bzw. einer Mindestfahrstrecke.

Wenn der Käufer schon vorher einen Mangel gerügt hat, muss er im Zeitpunkt der Annahme/Ablieferung keinen ausdrücklichen Vorbehalt erklären, um den Übergang der Beweislast auf ihn zu verhindern. Die frühere Rüge wirkt fort, sofern der Käufer sie nicht ausdrücklich fallen gelassen hat.

Nach der Annahme als Erfüllung – die Beweislast für diesen tatsächlichen Vorgang trägt der Verkäufer – ist es grundsätzlich Sache des Käufers, eine für ihn nachteilige Abweichung der Ist-Beschaffenheit von der Soll-Beschaffenheit „bei Gefahrübergang" substantiiert darzulegen und notfalls zu beweisen.[3] Näheres im Folgenden.

III. Darlegung und Beweis der Soll-Beschaffenheit

1611   Für sämtliche Tatsachen, die geeignet sind, die vom Käufer behauptete Soll-Beschaffenheit zu belegen, trägt grundsätzlich er die Darlegungs- und Beweislast.[4] Das ist mit Blick auf die **vereinbarte Beschaffenheit** (§ 434 Abs. 1 S. 1 BGB) eine Frage der Auslegung der beiderseitigen Erklärungen. Dabei ist zunächst der **Erklärungstatbestand** zu ermitteln, d. h. die für die Auslegung relevanten Tatsachen.[5] Ein etwaiger übereinstimmender Wille der Vertragsparteien hat selbst bei entgegenstehendem Wortlaut Vorrang.

---

1 BGH 2. 6. 2004, NJW 2004, 2299 = DAR 2004, 515.
2 Urt. v. 2. 6. 2004, NJW 2004, 2299 = DAR 2004, 515.
3 Für das neue Recht BGH 2. 6. 2004, NJW 2004, 2299 = DAR 2004, 515.
4 OLG Hamm 14. 6. 2005 – 28 U 190/04 – n. v.
5 Zum Erklärungstatbestand siehe BGH 5. 2. 1999, NJW 1999, 1702.

Darlegung und Beweis der Soll-Beschaffenheit

Da in der Mehrzahl der Fälle eine **Kaufvertragsurkunde** mit Angaben zur Beschaffenheit des Fahrzeugs vorliegt, kommt zweifelsohne dem Urkundentext **entscheidende Bedeutung** für die Ermittlung des Erklärungstatbestandes zu (zur Vermutung der Vollständigkeit und Richtigkeit s. Rn 1612). Außerhalb der Urkunde liegende Umstände wie schriftliche oder mündliche Erklärungen der Parteien aus der Phase der Vertragsanbahnung und der Vertragsverhandlungen sind demgegenüber zweitrangig. Auf derartige Umstände kommt es erst an, wenn dem Richter der Urkundeninhalt zur Feststellung der behaupteten Soll-Beschaffenheit nicht genügt. Die Darlegungs- und Beweislast für diese Zusatztatsachen trägt der Käufer, sofern sie den von ihm geltend gemachten Inhalt der Beschaffenheitsvereinbarung belegen sollen.

Auf der Grundlage des unstreitigen oder im Wege der Beweisaufnahme zu ermittelnden Erklärungstatbestandes hat die Auslegung zu erfolgen (§§ 133, 157 BGB). Das ist keine Tatfrage, sondern ein Akt rechtlicher Würdigung. Beurteilt sich die Soll-Beschaffenheit nicht nach dem vertraglich Vereinbarten, sondern nach den objektiven Kriterien des § 434 Abs. 1 S. 2 Nr. 2 BGB, mischen sich Tat- und Wertungsfragen. Die Beweislast im Tatsächlichen liegt auch hier beim Käufer.[6]

1. Die Vermutung der Vollständigkeit und Richtigkeit der Vertragsurkunde

Die Vermutung für die Richtigkeit und Vollständigkeit der Vertragsurkunde spielt in Autokaufsachen eine bedeutsame Rolle, zumal in „Unfall"-Streitigkeiten. Sie beruht auf dem **Erfahrungssatz**, dass das, was die Parteien in die Vertragsurkunde aufgenommen haben, ihre maßgeblichen Abreden vollständig und richtig wiedergibt. Dieser Erfahrungssatz ist nicht auf notariell beurkundete Verträge beschränkt, wenngleich er hier seine wahre Heimat hat.

Bei einem Kaufvertrag über ein Kraftfahrzeug kann die schriftliche Fixierung des Vereinbarten bloßen Beweiszwecken dienen, sie kann aber auch Voraussetzung für den Vertragsabschluss (vgl. § 154 Abs. 2 BGB) oder beides zugleich sein. So oder so ist nach der Lebenserfahrung davon auszugehen, dass die Parteien sämtliche für sie wichtigen Eigenschaften des Fahrzeugs in die Urkunde aufgenommen haben, sei es, wie meist, unter Zuhilfenahme eines Formularvertrages, sei es durch eine rein individuelle Vertragsgestaltung.

Die Vermutung der Richtigkeit und Vollständigkeit der Kaufvertragsurkunde hat in jenen Fällen eine ausreichende Grundlage, in denen Privatpersonen den Vertragsinhalt ausgehandelt und die Urkunde unabhängig von einem Vordruck selbst errichtet haben. Typischerweise werden jedoch, auch auf dem privaten Sektor, **Formularverträge** benutzt. Darin sind alle Fahrzeugeigenschaften aufgeführt, auf deren Kenntnis Käufer üblicherweise Wert legen. Die Aufnahme von Zusatzinformationen ist formularmäßig vorgesehen (Spalte „Besondere Vereinbarungen"), eine Vervollständigung also möglich. Angesichts dessen besteht auch bei Verwendung eines **handelsüblichen Bestellscheins** („verbindliche Bestellung für gebrauchte Kraftfahrzeuge ...") im Regelfall eine hinreichende Wahrscheinlichkeit dafür, dass die Vereinbarung über die Beschaffenheit des Fahrzeugs richtig und vollständig wiedergegeben ist.[7]

Die Vermutungsregel nützt dem Käufer nichts, wenn er sich auf mündliche Zusatzinformationen beruft, etwa auf die **Zusage „unfallfrei"**. Bestreitet der Verkäufer eine derartige Erklärung, liegt die volle Beweislast beim Käufer, gleichviel, ob die Vorschadensfrage im Vertragstext thematisiert ist oder nicht.[8] Im Rahmen der **Beweiswürdigung**, z. B. bei käu-

1612

---
6 OLG Hamm 14. 6. 2005 – 28 U 190/04 – n. v.
7 Vgl. auch BGH 19. 3. 1980, NJW 1980, 1680 – Neuwagenkaufvertrag (Zahlungsabrede).
8 OLG Hamm 14. 6. 2005 – 28 U 190/04 – n. v.

fergünstigen Zeugenaussagen, wird der Richter allerdings aus dem Umstand, dass eine so wichtige Frage wie die Unfallfreiheit keinen Niederschlag im Vertragstext gefunden hat, für den beweispflichtigen Käufer nachteilige Schlüsse ziehen.

Profitieren kann ein Käufer dagegen von der Vermutungsregel, wenn im Vertrag notiert ist **„Pkw nicht unfallfrei"** oder „Einparkbeule hinten rechts behoben" und **der Verkäufer** sich auf **mündliche Zusatzinformationen** über Art und Umfang des Unfallschadens beruft. Dagegen kann nicht eingewandt werden, die Vermutung für die Richtigkeit und Vollständigkeit der Kaufvertragsurkunde beziehe sich nur auf Vereinbarungen, nicht auf einseitige Hinweise und sonstige vereinbarungsfreie Informationen. Die behauptete mündliche Auskunft des Verkäufers über Einzelheiten eines Vorschadens stellt eine Ergänzung seines schriftlichen Hinweises wie z. B. „Pkw nicht unfallfrei" dar und ist deshalb Bestandteil der Beschaffenheitsvereinbarung, wie sie der Verkäufer verstanden wissen möchte. Allerdings muss der Sachvortrag des Verkäufers hinreichend konkret sein, um das Gericht zu einer Beweiserhebung über die angeblich mündliche Aufklärung zu zwingen. Generell gilt: Wenn eine Partei ein ihr günstiges Auslegungsergebnis mit Umständen außerhalb der Vertragsurkunde begründet, hat sie dafür die Beweislast.[9] Zur Vermutungswirkung im Zusammenhang mit der Aufklärungspflicht des Verkäufers s. Rn 2076.

b) Vollständigkeits- und Negativklauseln

1613 Eine Vollständigkeitsklausel („neben obigen Bedingungen sind keine weiteren Vereinbarungen getroffen worden") bezieht sich nicht ausschließlich auf mündliche, sondern auch auf schriftliche Erklärungen außerhalb der Vertragsurkunde. Die gewünschte Wirkung wird solchen Klauseln gleichwohl regelmäßig versagt.[10] Gegen § 11 Nr. 15 b AGBG, jetzt § 309 Nr. 12 b BGB, verstößt die Klausel „es besteht Einigkeit darin, dass vom Verkäufer keine Zusagen über Eigenschaften, Zustand, Leistung und Unfallfreiheit gegeben wurden".[11] Gleiches galt für die Klausel „keinerlei Zusicherung nach § 463".[12]

Die **individuell** eingefügte **Angabe „keine"** hinter dem vorgedruckten Wort „Zusicherungen?" stand nach Auffassung des BGH der Annahme entgegen, der Verkäufer habe eine bestimmte Eigenschaft des Fahrzeugs (im Streitfall den Zeitpunkt der Erstzulassung) konkludent zugesichert.[13] Diese Auslegung überraschte, weil der BGH ansonsten[14] verlangt hat, dass der Händler ausdrücklich und unmissverständlich gegen die Einstufung einer bestimmten Zusage als Zusicherung im Rechtssinn protestiert. Eine nur pauschale protestatio hat früher nicht genügt.

„Beschaffenheitsvereinbarung? Keine!" ist als Ausdruck der Vertragsautonomie auch beim Verbrauchsgüterkauf zu respektieren, sofern die Abrede (wie im Fall BGH NJW 1992, 170) individuellen Charakter hat, mag der Händler sie auch teilweise vorformuliert haben. Durch die Hilfsregeln des § 434 Abs. 1 S. 2 BGB ist der Käufer hinreichend geschützt (Nä-

---

9 BGH 5. 2. 1999, NJW 1999, 1702; BGH 5. 7. 2002, NJW 2002, 3164.
10 Vgl. auch BGH 15. 2. 1984, WM 1984, 534 unter 2 b = NJW 1984, 1454, insoweit dort nicht abgedruckt; s. auch BGH 19. 6. 1985, NJW 1985, 2329 („mündliche Nebenabreden sind nicht getroffen") und BGH 14. 10. 1999, ZIP 1999, 1887 („mündliche Nebenabreden bestehen nicht").
11 LG Berlin 6. 3. 1987, VuR 1988, 50; ebenso im Ergebnis KG 3. 2. 1988 – 23 U 2930/87 – n. v.
12 LG Berlin 5. 2. 1988 – 26 O 304/87 – n. v.
13 Urt. v. 16. 10. 1991, NJW 1992, 170 = JZ 1992, 365 m. Anm. *Flume;* dazu auch *Tiedtke,* DB 1992, 1562; s. auch OLG Hamm 12. 10. 1990, NJW-RR 1991, 505, 506 = NZV 1991, 232 (nicht entschieden).
14 Z. B. Urt. v. 5. 7. 1978, NJW 1978, 2241 („unmissverständlich und deutlich, und zwar bezogen gerade auf die abgegebene Zusicherung"); ebenso BGH 10. 10. 1977, NJW 1978, 261; im Ergebnis auch AG Köln 21. 12. 1995 – 128 C 193/95 – n. v.; bestätigt durch LG Köln 4. 12. 1996 – 26 S 63/96 – n. v.

heres zu „haftungsentlastenden" Beschaffenheitsvereinbarungen s. Rn 1319 ff.). Zur Bedeutung des Durchstreichens bzw. Freilassens von Formularrubriken wie „Besondere Vereinbarungen/Zusicherungen" s. OLG Celle OLGR 1998, 170.

Soweit eine Erklärung des Verkäufers Vertragsinhalt geworden ist, kann er deren rechtliche Qualifizierung auch außerhalb des Verbrauchsgüterkaufs nicht durch eine **formularmäßige Negativklausel** bestimmen. Die Annahme einer verbindlichen Beschaffenheitsvereinbarung kann also nicht dadurch verhindert werden, dass der Verkäufer bestimmten Angaben über den Zustand des Fahrzeugs formularmäßig die Qualität verbindlicher Beschaffenheitsinformationen abspricht.

c) Schriftformklauseln

Eine **mündliche Erklärung,** der trotz Mündlichkeit Zusicherungscharakter beigemessen worden ist, setzte sich im alten Recht gegen eine nur **formularmäßige Schriftformklausel** durch.[15] Auch eine Klausel wie „schriftliche Bestätigung vorbehalten" nützte dem Verkäufer nichts. Generell gilt: Nachträgliche mündliche Individualvereinbarungen haben **Vorrang vor Schriftformklauseln.**[16] Manche Gerichte versuchen, Schriftformklauseln dadurch zu halten, dass sie besonders strenge Anforderungen an die Darlegungslast dessen stellen, der sich auf eine mündliche Erklärung beruft.[17] Voraussetzung für das Eingreifen der Vorrangregelung (§ 305 b BGB) ist, dass die mündliche Erklärung (eine stillschweigende/konkludente genügt) unabhängig von dem Schriftlichkeitserfordernis wirksam ist. Das kann bei Erklärungen von Firmenangestellten, die nicht zur Geschäftsleitung gehören, zweifelhaft sein.

1614

In der Taxi-Entscheidung vom 12. 5. 1976 hat **der BGH**[18] bei einem Eigengeschäft folgende Klausel gebilligt: „Nebenabreden, nachträgliche Änderungen dieses Auftrags und etwaige Zusicherungen bedürfen zu ihrer Gültigkeit schriftlicher Bestätigung des Verkäufers." Im konkreten Fall hatte ein **Verkaufsangestellter** bei der Probefahrt die Frage verneint, ob der Pkw früher als Taxi benutzt worden sei. Für die unrichtige Antwort seines Angestellten brauchte der Händler nicht einzustehen, weil er seine Haftung durch die Schriftformklausel in Verbindung mit einer Vertreterklausel wirksam ausgeschlossen hatte.

Unter der Geltung des AGB-Gesetzes hatte der BGH keine Gelegenheit, zu Schriftformklauseln im Gebrauchtwagenhandel Stellung zu nehmen. Aus der **OLG-Rechtsprechung** waren einschlägig: Urteil des KG vom 22. 3. 1989 – 3 U 5960/88 (n. v.); OLG Düsseldorf EWiR § 125 1/91, 1055 *(Teske)* – Kfz-Vermittlungsvertrag; OLG Düsseldorf OLGR 1993, 129 (Leitsatz 3) zu Nrn. I, 2 und IV, 6 der damaligen Neuwagen-Verkaufsbedingungen; s. auch OLG Hamburg OLGR 1996, 4.

Die **ZDK-Gebrauchtwagenbedingungen** Stand 7/03 und 3/08 verzichten auf eine allgemeine Schriftformklausel. AGB ohne ZDK-Empfehlung enthalten mitunter Schriftformklauseln (auf der Vorderseite des Bestellscheins und/oder in den eigentlichen AGB), die auf Bedenken stoßen. Nach **ständiger BGH-Rechtsprechung** sind Schriftformklauseln auch gegenüber Nichtkaufleuten nicht schlechthin gem. § 9 AGBG, jetzt § 307 BGB, unzulässig. Ihre Wirksamkeit hängt vielmehr von der Ausgestaltung und dem Anwendungsbereich der konkreten Klausel ab. Für unwirksam hat der BGH beispielsweise folgende Klauseln gehalten: „Vereinbarungen, Zusicherungen oder Änderungen sind nur in schriftlicher Form gül-

---

15 Argument: § 4 AGBG a. F. = § 305 b BGB; s. BGH 23. 5. 2001 – VIII ZR 279/99 – zu § 459 Abs. 1 BGB a. F.; OLG Bamberg 2. 3. 1994, NJW-RR 1994, 1333.
16 BGH 21. 9. 2005, NJW 2006, 138 (Mietvertrag).
17 OLG Düsseldorf 12. 3. 1992, OLGR 1992, 260.
18 BB 1977, 61.

tig",[19] „mündliche Abmachungen haben ohne schriftliche Bestätigung der Firma keine Gültigkeit"[20] oder „Änderungen oder Ergänzungen bedürfen der Schriftform".[21]

d) Schriftliche Erklärungen außerhalb der Kaufvertragsurkunde

1615   Schriftliche Erklärungen außerhalb des Vertragstextes, etwa **im Internet**, in Händlerschreiben, **Inseraten**, Werbeanzeigen, Katalogen, **Verkaufsschildern**, Info-cards, kaufbegleitenden Gutachten, Garantieurkunden oder Übernahmebestätigungen können eine Beschaffenheitsvereinbarung (mit) begründen. Die Rechtsprechung zu § 459 Abs. 2 BGB a. F. (Zusicherung) hat hier meist zugunsten der Käufer entschieden, und zwar sowohl in der Frage der Einbeziehung derartiger **„Vorfeld-Erklärungen"** in den Vertrag als auch hinsichtlich des Zusicherungscharakters.[22]

Für die „einfache" Beschaffenheitsvereinbarung nach § 434 Abs. 1 S. 1 BGB kann an diese Rechtsprechung angeknüpft werden.[23] In Teilen hat sie die Erweiterung des Sachmangelbegriffs durch die Hereinnahme **„öffentlicher Äußerungen"** des Verkäufers (§ 434 Abs. 1 S. 3 BGB) vorweggenommen.

Will der Verkäufer schriftliche Aussagen aus der Phase der Vertragsanbahnung, auch aus der Frühphase, z. B. im Internet (Gebrauchtwagenbörse oder eigene Website) oder in Zeitungsanzeigen, nicht gegen sich gelten lassen, muss er sie „klar und erkennbar" **widerrufen**, so die Rechtsprechung zum alten Kaufrecht.[24] Dafür genügte dem OLG Mün-

---

19 Urt. v. 31. 10. 1984, NJW 1985, 320 – Möbelhandel.
20 Urt. v. 26. 3. 1986, NJW 1986, 1809.
21 Urt. v. 15. 2. 1995, NJW 1995, 1488 m. w. N. – Möbelhandel.
22 BGH 25. 6. 1975, NJW 1975, 1693 (km-Angabe auf Verkaufsschild); BGH 18. 2. 1981, NJW 1981, 1268 (PS-Angabe auf Verkaufsschild); s. auch OLG Karlsruhe 29. 5. 2002, OLGR 2002, 247 (Verkaufsschild/Fahrzeugbeschreibungsblatt); OLG Düsseldorf 18. 6. 1999, NZV 1999, 514 (Händlerschreiben an Kaufinteressenten, Kaufvertrag später mit Leasinggesellschaft); Brand. OLG 20. 11. 1996, NJW-RR 1997, 428 = OLGR 1997, 88 (km-Angabe in Garantieurkunde); OLG Köln 18. 12. 1996, NZV 1998, 73 = OLGR 1997, 108 (Zustandsnote für Oldtimer in Zeitungsanzeige); OLG Köln 19. 10. 1971, NJW 1972, 162 („von Meisterhand geprüft..." in Werbeanzeige); OLG Köln 8. 1. 1990, NJW-RR 1990, 758 (km-Stand in Zeitungsanzeige); LG Memmingen 14. 11. 1990, NZV 1991, 356 (km-Stand/Zeitungsanzeige); OLG Zweibrücken 28. 6. 1988, VRS 76, 409 (km-Stand/Zeitungsanzeige); OLG Frankfurt 2. 11. 1988, NJW 1989, 1095 (Zustandsnoten im Oldtimerkatalog); OLG München 26. 4. 1974, DAR 1974, 296 (km-Stand/Verkaufsschild); OLG Karlsruhe 30. 3. 1979, OLGZ 1979, 431 („Von privat, ... generalüberholt"/Werbeanzeige); OLG Hamm 25. 2. 1986, VRS 71, 321 („werkstattgeprüft"/Werbetransparent); OLG Hamm 2. 12. 1983, DAR 1983, 357 (Werbeanzeige); OLG Schleswig 5. 1. 1977, MDR 1977, 929 (Baujahr eines Hauses/Zeitungsanzeige); abw. OLG Schleswig 12. 1. 1978, MDR 1978, 935 (Grundstückskauf); OLG Schleswig 6. 6. 2003, MDR 2004, 140 (Motoryacht); differenzierend OLG Nürnberg 28. 11. 1991, NZV 1992, 441 (Zeitungsanzeige „kleiner Blechschaden"); s. auch OLG Koblenz 25. 6. 1992, VRS 84, 243 („unfallfrei" in Anzeige); OLG Köln 24. 3. 1993, NJW-RR 1994, 440; OLG Köln 14. 4. 1992, OLGR 1992, 289; OLG Koblenz 27. 5. 1993, VRS 86, 413; KG 22. 9. 1992, KGR 1993, 1; KG 2. 6. 1995, OLGR 1995, 145 = MDR 1995, 903 – jeweils Zeitungsanzeige; KG 26. 8. 2004, NZV 2005, 97 = MDR 2005, 142 (Kleinanzeige); LG Köln 10. 1. 2002, DAR 2002, 272; LG Kleve 27. 8. 2004, NJW-RR 2005, 422; LG Ellwangen 13. 6. 2008, SVR 2008, 345 – jeweils Internetanzeige.
23 So AG Aachen 7. 9. 2004, SVR 2005, 33 (Internetbörse); AG Hanau 24. 1. 2003 – 33 C 728/02–13 – n. v. (DEKRA-Siegel).
24 OLG Hamm 9. 11. 1995, OLGR 1996, 53; OLG Köln 10. 3. 1989 – 6 U 167/88 – n. v. (km-Angabe nur im Inserat, nicht in der Vertragsurkunde); im Grundsatz ähnlich – gleichfalls mit Beweislast beim Verkäufer – OLG Köln 8. 1. 1990, NJW-RR 1990, 758; OLG Köln 14. 4. 1992, OLGR 1992, 289; OLG Köln 18. 12. 1996, NZV 1998, 73 = OLGR 1997, 108; OLG Koblenz 27. 5. 1993, VRS 86, 413; OLG Karlsruhe 30. 3. 1979, OLGZ 1979, 431 („ausdrücklich berichtigen"); anders und zutreffend OLG Nürnberg 28. 11. 1991, NZV 1992, 441 (volle Beweislast beim Käufer).

chen²⁵ bereits ein individueller Gewährleistungsausschluss. Richtigstellend bzw. einschränkend können sich auch bestimmte Erklärungen des Verkäufers bei den Vertragsverhandlungen auswirken,²⁶ etwa eine Präzisierung der Angabe „unfallfrei" in einer Zeitungsanzeige.²⁷ Ein vorformulierter Vorbehalt wie unfallfrei „laut Vorbesitzer" hat nicht die Wirkung eines Teil-Widerrufs.²⁸

e) Vertretungsfragen

Nicht selten werden Fahrzeugkäufer mit dem Einwand konfrontiert, für die angebliche Beschaffenheitsvereinbarung habe die auf Seiten des Verkäufers handelnde Person keine Vollmacht gehabt. Die Vertretungsmacht von Handlungsbevollmächtigten und Abschlussvertretern erstreckt sich auf Verkäufe, die im Rahmen des Gewerbebetriebs üblicherweise vorkommen. Zu beachten ist auch **§ 56 HGB** über die sog. Ladenvollmacht.²⁹ Zum Status eines Filialleiters s. OLG Düsseldorf 28. 4. 2008 – I-1 U 239/07 – n. v.

1616

Mündliche Erklärungen über den Zustand des Fahrzeugs und seine Vorgeschichte sind im Gebrauchtwagenhandel an der Tagesordnung. Die Ermächtigung nach § 56 HGB umfasst daher auch eine mündliche oder schriftliche Zusage wie „Fahrzeug ist unfallfrei".³⁰ Will der Händler sich davor schützen, dass ihm bestimmte Erklärungen seines Personals zugerechnet werden, muss er die Einschränkung der Vollmacht durch einen ausdrücklichen und unübersehbaren Hinweis kundtun, z. B. durch ein Schild im Verkaufsraum oder durch eine drucktechnisch deutlich hervorgehobene und inhaltlich verständliche Erklärung auf der Vorderseite des Bestellscheins.³¹ Eine formularmäßige Vertreterklausel genügt jedenfalls bei einem Verkauf an geschäftlich unerfahrene Personen nicht. Gem. § 54 Abs. 3 HGB sind Vollmachtsbeschränkungen ebenso wie das Fehlen einer wirksamen Vollmacht Dritten gegenüber nur wirksam, wenn diese den Mangel kannten oder kennen mussten. Analog gilt dies im Rahmen des § 56 HGB.³² An die Feststellung einer Fahrlässigkeit des Käufers sind strenge Anforderungen zu stellen.

IV. Darlegung und Beweis der Ist-Beschaffenheit

1. Die Zeitpunktfrage

Der Verkäufer kann **grundsätzlich** nur für solche Mängel haftbar gemacht werden, die **bei Gefahrübergang** vorhanden waren. Mangelhaftigkeit im Zeitpunkt des Vertragsabschlusses ist unschädlich, sofern sie bei Gefahrübergang, in der Regel **die Übergabe**, restlos und dauerhaft beseitigt war.

1617

Veränderungen, insbesondere Verschlechterungen, in der Sphäre des Käufers fallen grundsätzlich unter sein Risiko. Das unterscheidet die Sachmängelhaftung von einer **Haltbarkeitsgarantie**. Der handschriftliche Zusatz in einem Vertrag zwischen einem Händler und einem Verbraucher „1 Jahr Gewährleistung" bedeutet keine Haltbarkeitsgarantie.³³ Näheres zur Garantieproblematik Rn 2037 ff.

---

25 Urt. v. 7. 7. 1992, OLGR 1992, 113; anders OLG Köln 18. 12. 1996, NZV 1998, 73 = OLGR 1997, 108.
26 Dazu OLG Köln 14. 4. 1992, OLGR 1992, 289.
27 Vgl. KG 26. 8. 2004, NZV 2005, 97 = MDR 2005, 142.
28 BGH 7. 6. 2006, NJW 2006, 2839.
29 Dazu OLG Düsseldorf 28. 4. 2008 – I-1 U 239/07 – n. v.; OLG Düsseldorf 11. 11. 2002 – 1 U 29/02 – n. v.
30 OLG Düsseldorf 11. 11. 2002 – 1 U 29/02 – n. v.
31 OLG Köln 21. 3. 1984 – 24 U 238/83 – n. v.
32 OLG Düsseldorf 28. 4. 2008 – I-1 U 239/07 – n. v.
33 LG Duisburg 7. 2. 2007 – 11 S 148/06 – n. v.

1618 Ein technisches Gerät wie ein Kraftfahrzeug, auch ein gebrauchtes, muss allerdings auch ohne Haltbarkeitsgarantie eine Zeit lang nach Übergabe funktionieren. Sachmangelfreiheit bei Kraftfahrzeugen bedeutet in der Regel nicht nur Qualität im Moment der Übergabe, sondern auch **Qualität auf Zeit**. Doch was schon beim Neuwagenkauf ohne Haltbarkeitsgarantie erhebliche Schwierigkeiten macht, nämlich die **technische Zuverlässigkeit** des Produkts unbeschadet der Verjährungsfrist von zwei Jahren als einen Zustand von einer gewissen Dauer zu begreifen, will beim Gebrauchtwagenkauf noch weniger gelingen.

1619 Ausdrückliche Angaben des Verkäufers über die Zuverlässigkeit als Qualität auf Zeit unterbleiben in diesem Bereich regelmäßig. Selbst eine Information wie „fahrbereit" ist ohne fassbare **zeitliche Dimension** (s. Rn 1416 ff.); bei Erklärungen wie „TÜV neu" oder „werkstattgeprüft" gibt es gleichfalls kein „Zeitfenster". Was die objektiven Kriterien „**gewöhnliche Verwendung**" und „**zu erwartende Beschaffenheit**" angeht, so umschreiben sie zwar die Soll-Beschaffenheit über den Tag der Übergabe hinaus „in Form eines Finalprogramms".[34] Gewöhnliche Verwendung bedeutet beim Kauf eines Kfz mehr als nur die übliche Art der Nutzung (Teilnahme am öffentlichen Straßenverkehr). Sie umfasst die für eine bestimmte Dauer und/oder Fahrstrecke erforderliche Haltbarkeit. So gesehen ist „gewöhnliche Verwendung" ein Stück weit **zukunftsgerichtet**. Die Frage ist indes, von welcher Dauer diese „Mindesthaltbarkeit" zu sein hat, wenn es in diesem Punkt an einer vertraglichen Vereinbarung fehlt. Feste Zeiträume oder Km-Grenzen kann es hier nicht geben. Entscheidend ist die Haltbarkeits- und Verwendungserwartung eines Durchschnittskäufers, gemessen an der üblichen Beschaffenheit eines vergleichbaren Fahrzeugs (zum Vergleichsmaßstab s. Rn 1527).

1620 Nicht nur das Ausbleiben von Funktionsstörungen über eine bestimmte Zeit/Fahrstrecke kann geschuldet sein, die **Störanfälligkeit** selbst, verstanden als konkrete Gefahr des Eintritts eines erheblichen Schadens (Schadenanfälligkeit), kann bereits einen Sachmangel i. S. d. § 434 Abs. 1 S. 2 Nr. 2 BGB ausmachen.[35]

Bei technischen Geräten wie Kraftfahrzeugen ist zu unterscheiden zwischen Einzelteilen (bei einem Pkw ca. 6.000) und der Gesamtsache. Ein vertragswidriger Zustand eines Einzelteils, z. B. des Zahnriemens, kann das Fahrzeug störanfällig machen, d. h. es kann sachmangelhaft sein, bevor der Zahnriemen gerissen oder übergesprungen ist. Besteht bei Übergabe des Fahrzeugs ein Zustand, der sich anschließend mit Sicherheit oder zumindest mit hoher Wahrscheinlichkeit zu einer Funktionsstörung ausweitet („weiterfrisst"), so kann schon der Ausgangszustand als Sachmangel zu qualifizieren sein.

1621 Nach der Rechtsprechung hat der Käufer den Nachweis in der Zeitpunktfrage auch dann erbracht, wenn festgestellt werden kann, dass der Mangel, der nach Übergabe hervorgetreten ist, im Übergabezeitpunkt schon „**im Keim**" bzw. „**in der Anlage**" vorhanden war.[36] Derartige Fälle, die Parallelen zu den „Weiterfresserschäden" aufweisen (dazu Rn 1026 ff.), verlangen beim Gebrauchtfahrzeugkauf – anders als beim Kauf fabrikneuer Fahrzeuge – eine spezielle Beurteilung. Denn der bei Auslieferung in der Anlage vorhandene Defekt (Schadenanlage) kann nicht ohne Weiteres mit einem Mangel im Rechtssinn gleichgesetzt werden.[37]

1622 Der anerkannte Grundsatz, dass natürlicher Verschleiß und normale Alterungserscheinungen in der Regel nicht unter den Sachmangelbegriff in seiner objektiven Version fallen

---

34 So *Gross/Wittmann*, BB 1988, 1126, 1130.
35 BGH 7. 3. 2003, JZ 2004, 40 zu § 459 BGB a. F. (Immobilienkauf); BGH 29. 3. 2006, NJW 2006, 2250 (Tierkauf).
36 OLG Köln 6. 10. 2003, NZV 2004, 45 = SVR 2004, 308; LG München 20. 12. 1976, DAR 1978, 18; OLG Frankfurt 4. 3. 2005, ZGS 2005, 236 = DAR 2005, 339.
37 Bedenklich daher Thür. OLG 19. 1. 2006, SVR 2006, 262 (besondere Schadenanfälligkeit von Zylinderköpfen).

Darlegung und Beweis der Ist-Beschaffenheit

(dazu Rn 1521 ff.), gilt auch für die Phase der Entstehung und der Entwicklung technischer Prozesse. Bei der richterlichen Würdigung von technischen Gutachten kommt dieser Gesichtspunkt nicht selten zu kurz. Insbesondere wird nicht immer zwischen den verschiedenen Arten von Verschleiß und Abnutzung unterscheiden. Auch die Kategorie „Verschleißfolgeschaden" ist wenig bekannt (zum Ganzen Rn 1508 ff,).

Abgesehen von den „Anlagenfällen": **Die Ursache** für den späteren Schaden, z. B. den Ausfall des kompletten Motors, kann ihrerseits eine vertragswidrige Beschaffenheit und damit einen Sachmangel darstellen (Näheres dazu Rn 1654 ff.). Zumal bei Motor- und Getriebeschäden liegt die Ausgangsursache mitunter sehr weit „vorne". Jede Einzelursache in der Kette kommt als vertragswidriger Zustand in Frage und kann, sofern bei Übergabe vorhanden, die Haftung des Verkäufers begründen. Die schädigende Wirkung, die von einem bestimmten Einzelteil ausgegangen ist, muss im Zeitpunkt der Übergabe noch nicht eingesetzt haben. Genügen kann, dass sie unmittelbar bevorgestanden hat; dass das Einzelteil „anfällig" war, zu versagen und dadurch weitere Fahrzeugteile in Mitleidenschaft zu ziehen. Auch hier kann eine „Disposition", eine Schadenanfälligkeit, genügen. **1623**

Die **Grundsätze des Anscheinsbeweises** können Gebrauchtfahrzeugkäufern in der Zeitpunktfrage, wenn überhaupt, nur in wenigen Fällen helfen,[38] etwa wenn das Fahrzeug auf den ersten Kilometern nach Übergabe mit einem Motorschaden liegen geblieben ist. In diesem Fall spricht eine hinreichende Wahrscheinlichkeit dafür, dass der Motor bereits zum Zeitpunkt der Übergabe schadhaft war. Davon wird sich der Richter auch ohne Rückgriff auf die Grundsätze über den Anscheinsbeweis überzeugen können. Allerdings kann selbst bei einem Ausfall während der Überführungsfahrt der Grund in einem „Verschleißmangel" liegen, der nicht zulasten des Verkäufers geht. Ein Fahr- oder Bedienungsfehler, gerade in der Anfangszeit, ist gleichfalls nicht ganz ungewöhnlich. Von daher sind die Regeln des Anscheinsbeweises, die einen typischen Geschehensablauf voraussetzen, unpassend. **1624**

Zur **Beweisvermutung nach § 476 BGB** s. Rn 1627 ff.

Wegfall des Mangels im Nachhinein: Im alten Kaufrecht ist vom BGH nicht entschieden worden, ob der Mangel, auf den das Wandlungsverlangen gestützt wurde, im Zeitpunkt des Vollzugs der Wandlung noch vorliegen musste. Eine **eigenmächtige Beseitigung** durch den Verkäufer ließ das Wandlungsrecht unberührt.[39] Es erlosch dagegen bei **einvernehmlicher Nachbesserung**, wobei eine stillschweigende Zustimmung des Käufers genügte.[40] Im heutigen Recht stellen sich vergleichbare Fragen insbesondere für den Rücktritt (§§ 437 Nr. 2, 323 BGB) und den „großen" Schadensersatz nach §§ 437 Nr. 3, 280 Abs. 1, 3, 281 Abs. 1 BGB. **1625**

Hat der Käufer im Anschluss an die Rücktrittserklärung erstmals oder erneut die Werkstatt des Verkäufers aufgesucht und konnte der Mangel jetzt behoben werden, so kann er seine Rechte aus dem zuvor erklärten Rücktritt wegen dieses Mangels verlieren.[41] Die Weiterverfolgung des Rücktrittsrechts kann zumindest gegen § 242 BGB verstoßen (s. auch Rn 511 ff.).

2. Darlegungsfragen

Der Käufer muss den tatsächlichen Zustand (Ist-Beschaffenheit) so konkret wie möglich beschreiben, damit der Verkäufer sich sachgerecht verteidigen kann. Er genügt seiner Substantiierungspflicht zunächst damit, dass er die Ist-Beschaffenheit in ihrem **objektiven Er-** **1626**

---
38 Zu optimistisch *Schmidt-Räntsch*, ZIP 1998, 849, 852.
39 BGH 19. 6. 1996, NJW 1996, 2647.
40 BGH 19. 6. 1996, NJW 1996, 2647.
41 OLG Düsseldorf 19. 7. 2004, ZGS 2004, 393.

scheinungsbild darlegt, z. B. „Bremsen ziehen schief" oder „Motor springt nicht an". Hier kann auf die **Symptom-Rechtsprechung** des BGH[42] zurückgegriffen werden. Da der Käufer die Mangelursache überhaupt nicht mitzuteilen braucht, ist eine falsche Angabe unschädlich.

Auf die Ursache kann es allerdings entscheidend ankommen, wenn sie und nicht ihr Erfolg der Anknüpfungspunkt für die Mängelprüfung ist. So ist nicht auf den Turboladerdefekt als solchen abzustellen, wenn der Käufer seit der Übergabe einige tausend Kilometer problemlos mit dem Wagen gefahren ist. Der Blick ist in solchen Fällen auf **die Ursache des Defektes** zu richten, wobei nicht selten mehrere Ursachen diskutiert werden, käuferfremde wie käufereigene (näher Rn 1654 ff.).

Je nach Inhalt der Klageerwiderung können sich die **Anforderungen an die Substantiierungspflicht** des Käufers erhöhen. Macht der Verkäufer geltend, die behauptete Ist-Beschaffenheit sei auf Einwirkungen in der Sphäre des Käufers zurückzuführen, z. B. durch einen Fahr- oder Bedienungsfehler oder durch Marderbiss, muss der Käufer zur Frage der Mangelhaftigkeit im Zeitpunkt der Übergabe nähere Ausführungen machen.

Beim neuerdings verstärkt vorgebrachten Verkäufer-Einwand der Eigenschädigung hilft dem Käufer die **Darlegungserleichterung bei Negativtatsachen**. Den angeblichen Fahr- oder Bedienungsfehler darf er zwar nicht mit Nichtwissen bestreiten, indessen kann von ihm kaum mehr verlangt werden als die Gegenbehauptung, den fraglichen Fehler nicht begangen zu haben. Zur Bedeutung eines „Eigenverschuldens" bei der Beweislastumkehr nach § 476 BGB s. Rn 1659 ff.

In Fällen **technischer Fehlerhaftigkeit** empfiehlt es sich – schon zum Zweck der besseren Darlegung – ein **Privatgutachten** einzuholen oder ein **selbstständiges Beweisverfahren** durchzuführen (dazu Rn 1670 ff.).

3. Die Beweislastumkehr beim Verbrauchsgüterkauf

a) Regelungskonzept des § 476 BGB

1627 Zeigt sich innerhalb von sechs Monaten seit Gefahrübergang *ein* Sachmangel, so wird zugunsten des Verbrauchers vermutet, dass die Sache bereits bei Gefahrübergang mangelhaft war (§ 476 BGB). Diese Verbraucherschutzvorschrift wird nach Maßgabe der Eigenetikettierung durch den Gesetzgeber allgemein als **Beweislastumkehr** verstanden. Nicht die Rechtsfolge, sondern den Tatbestand betonend, ist auch von **Beweisvermutung** die Rede.

Musterstück der Regelung in Art. 5 Abs. 3 RL und damit auch des § 476 BGB ist das **fabrikneue Verbrauchsgut** und hier vor allem technisches Gerät. Dass bei einer neuen Sache derjenige Mangel, der innerhalb von sechs Monaten ab Lieferung offenbar wird, seinen Ursprung im Einflussbereich des Herstellers/Verkäufers hat, ist nach der Lebenserfahrung in der Tat weitaus wahrscheinlicher als eine Entstehung des Mangels in der Sphäre des Käufers.

Zudem hat der Verkäufer einer fabrikneuen Sache, unterstützt durch den Hersteller/Importeur, im Regelfall leichteren Zugang zu den Produktinformationen. Mit seinem überlegenen Sach- und Erfahrungswissen und den deutlich besseren Diagnosemöglichkeiten sind erhebliche Beweisvorteile verbunden. Daran ändert nichts der Umstand, dass der Händler nicht mehr im Besitz der Sache ist. Um sich ein Bild von dem gerügten Defekt zu machen, muss ihm das Kaufobjekt zur Verfügung gestellt werden (s. Rn 342 ff.).

Demgegenüber ist der Verbraucher als technischer Laie ohne Hilfe eines Sachverständigen oftmals kaum in der Lage, technische Unzulänglichkeiten – bezogen auf den Zeitpunkt

---

42 Urt. v. 30. 10. 2007, NJW 2008, 576.

der Auslieferung – nachzuweisen, zumal nach längerer Eigennutzung und dadurch bedingter Veränderung des maßgeblichen Ausgangszustandes.

Damit hat § 476 BGB eine **doppelte Rechtfertigung:** Die Vermutung als solche gründet sich auf den empirischen Befund der überwiegenden Wahrscheinlichkeit der Mangelentstehung in der Sphäre des Verkäufers oder seiner Vorderleute (Hersteller, Vorbesitzer). Die an die Vermutung geknüpfte Rechtsfolge der Umkehr der Beweislast hat ihren Grund in dem Informationsvorsprung auf Verkäuferseite, der mit einem Beweisvorteil für den Verkäufer und einem entsprechenden Beweisnachteil des Verbrauchers einhergeht.[43] Bei teleologischer Auslegung des § 476 BGB mit seinem „spezifisch Verbraucher schützenden Charakter"[44] steht der Ausgleich dieses Beweisnachteils im Vordergrund.

Ohne Belang für Verständnis und Auslegung des § 476 BGB ist, ob der Mangel für den Verkäufer oder den Käufer bei Vertragsschluss bzw. der Übergabe erkennbar war. Die **Unerkennbarkeit** für den Verkäufer ist weder ein Fall der Unvereinbarkeit der Beweisvermutung noch ein ungeschriebener Grund für einen Ausschluss des § 476 BGB,[45] bei neuer Ware ebenso wenig wie bei gebrauchten Gegenständen.

Unter keinem Blickwinkel des § 476 BGB ist der Einwand des Verkäufers erheblich, er habe den binnen der Sechsmonatsfrist hochgekommenen Mangel selbst bei sorgfältigster Untersuchung vor Übergabe nicht erkennen können. Andernfalls würde die Beweislastumkehr in vielen Fällen nicht greifen. Gerade bei – auch für den Verkäufer – **verborgenen Mängeln** soll § 476 BGB seine Schutzfunktion entfalten.[46] Unter welchen Voraussetzungen die Normallage mit voller Beweispflicht des Käufers wieder hergestellt ist, ist in § 476 Hs. 2 BGB abschließend geregelt. Für ungeschriebene Zusatzgründe ist kein Raum.

Zum Problem der **Erkennbarkeit durch den Käufer** s. Rn 1642, 1650.

So sehr die Beweislastumkehr bei der Lieferung von fabrikneuen Industrieprodukten Sinn macht, so **fragwürdig** ist sie beim Verkauf bereits **gebrauchter Sachen**. Dem Gemeinschaftsgesetzgeber, nicht dem nationalen, ist vorzuwerfen, die vielfältigen Besonderheiten in der Entstehung, Feststellung und Zuordnung von „Mängeln" (besser wertfrei: Defekten bzw. Defiziten) gebrauchter Ware nicht genügend analysiert zu haben. Dabei sollte die Verbrauchsgüterkaufrichtlinie ursprünglich auf „neue langlebige Verbrauchsgüter" beschränkt werden.[47] Diesen vernünftigen Gedanken hat man später aus nicht nachvollziehbaren, jedenfalls nicht überzeugenden Gründen fallen gelassen.

Die heutige **Einheitslösung** hat freilich den Vorteil, dass Abgrenzungen zwischen „neu" und „gebraucht" entbehrlich sind, ein nicht zu unterschätzender Gewinn, mag er auch durch die Verlagerung der Problematik in die Ausnahmeregelung von Halbsatz 2 des § 476 BGB geschmälert sein.

Während bei einer **Haltbarkeitsgarantie** vermutet wird, dass ein während der Geltungsdauer auftretender Sachmangel die Rechte aus der Garantie begründet (§ 443 Abs. 2 BGB), geht es bei der Beweislastumkehr i. S. d. § 476 BGB nicht um eine Rechtsvermutung, sondern um eine **Tatsachenvermutung**. Aus dem Umstand des Offenbarwerdens („Sichzeigen") des Mangels innerhalb einer bestimmten Frist wird die Tatsache abgeleitet, dass der Mangel bereits bei Gefahrübergang vorhanden war. Das ist nichts anderes als eine **gesetzliche Rückwirkungsvermutung**. Mit den Worten des BGH: § 476 BGB begründet eine **lediglich in zeitlicher Hinsicht** wirkende Vermutung.[48]

---

43 Vgl. BT-Drucks. 14/6040, 245; BGH 22. 11. 2004, NJW 2005, 283 (Teichbecken).
44 BT-Drucks. 14/6040, 245.
45 BGH 11. 7. 2007, NJW 2007, 2619
46 BGH 11. 7. 2007, NJW 2007, 2619.
47 Zur Vorgeschichte, insbesondere zum „Grünbuch", s. *Brüggemeier*, JZ 2000, 532.
48 Grundlegend Urt. v.2. 6. 2004, NJW 2004, 2299 = DAR 2004, 515.

1632 Nicht abgenommen oder auch nur erleichtert wird dem Verbraucher-Käufer die **Beweislast für die Existenz desjenigen Mangels**, auf den er seinen Rechtsbehelf nach § 437 BGB stützt.[49] Während bei einer Haltbarkeitsgarantie gem. § 443 Abs. 2 BGB das Vorliegen eines Garantiefalls vermutet wird, wird das Vorhandensein eines Sachmangels von § 476 BGB gerade nicht vermutet. Schon die Unterschiede im Wortlaut und in der Konzeption der beiden Vermutungsregeln machen deutlich: Mit der Existenz des gerügten Mangels hat die Vermutung des § 476 BGB nichts zu tun.[50] Zu Recht **zieht der BGH** den Sachmangel als solchen gewissermaßen **vor die Klammer**. Diese vergleichsweise enge Sicht ist mit dem Wortlaut des § 476 BGB („Sachmangel") vereinbar, entspricht dem Willen des nationalen Gesetzgebers und ist europarechtskonform. Alternative Deutungen der Reichweite des § 476 BGB haben sich nicht durchsetzen können.[51] Was sich innerhalb der Sechsmonatsfrist zeigt, muss mehr sein als eine bloße „Funktionsstörung" oder ein „Schaden", es muss eine Vertragswidrigkeit sein. Gegenwärtig (Sechsmonatszeitraum) muss ein Sachmangel vorliegen; er muss unstreitig oder erwiesen sein. Bei einer Funktionsstörung, die der Käufer selbst verursacht hat, z. B. durch einen Fahrfehler, kommt niemand auf den Gedanken, von einem Sachmangel zu sprechen. Ist dagegen strittig und nicht aufklärbar, ob der Käufer für die Funktionsstörung verantwortlich ist oder nicht, bleibt er als Nicht-Verbraucher beweisfällig. Als Verbraucher verbessert sich seine Position, wenn der Fahrfehler zeitlich in die Phase vor Übergabe verschoben werden kann, er also ebenso gut von dem Vorbesitzer begangen worden sein kann. Die Beweissituation verändert sich dagegen nicht zugunsten eines Verbrauchers, wenn die mögliche Ursache „Fahrfehler" ausschließlich beim Käufer zu suchen ist. Eine Haltbarkeitsgarantie ist § 476 BGB nicht. Näheres, auch mit Beispielen, unter Rn 1645 ff.

b) persönlicher Anwendungsbereich des § 476 BGB

1633 Anders als z. B. in Österreich (§ 924 S. 2 ABGB) findet im nationalen Recht eine Beweislastumkehr nur in Fällen des Verbrauchsgüterkaufs statt. Käufer, die nicht **Verbraucher** i. S. v. § 13 BGB sind, profitieren davon nicht. Den mit der Beweislastumkehr verbundenen Nachteil soll nur ein **Unternehmer** i. S. d. § 14 BGB tragen, sofern sein Vertragspartner ein Verbraucher ist.

An sich wäre es ein Gebot der ratio des Art. 5 Abs. 3 RL und damit auch des § 476 BGB, wenigstens solche Unternehmer-Verkäufer zu schonen, die keinen Handel mit gebrauchten Kraftfahrzeugen betreiben, gleichwohl aber unter den weiten Unternehmerbegriff (dazu Rn 1155) fallen. Ohne technisches Know-how (Zugang zu den Herstellerdaten) und ohne technischen Apparat (z. B. Diagnosegerät, Hebebühne u. a.) stehen **unternehmerische Gelegenheitsverkäufer** wie Freiberufler und Handwerksbetriebe vor kaum lösbaren Problemen; bei der Erkennung von Mängeln und Mängelrisiken vor dem Verkauf wie bei der Widerlegung der Beweisvermutung nach dem Kauf. Von einer strukturellen Ungleichgewichtslage bei den Erkenntnis- und Beweismöglichkeiten kann auf diesem Teilmarkt keine Rede sein.

Gleichwohl haben die Gerichte im Einklang mit der Literatur[52] von einer **Differenzierung beim Unternehmerstatus** (professioneller Verkäufer/Gelegenheitsverkäufer) abgesehen. Zu berücksichtigen ist in der Tat, dass derartigen Unternehmer-Verkäufern die Möglichkeit offen steht, ihre gebrauchten Fahrzeuge vor einem Verkauf an einen Verbraucher professionell prüfen zu lassen (Fremdwerkstatt, ADAC, TÜV u. a.). Gegen eine beweis-

---

49 BGH 2. 6. 2004, NJW 2004, 2299 = DAR 2004, 515.
50 *Ball*, Homburger Tage 2004, S. 136.
51 Umfassend *Gsell*, JZ 2008, 29 ff.; dies., JuS 2005, 967 ff.; *Saueressig*, NJOZ 2008, 2072 ff. (Kurzfassung in NJW 2008, 1999).
52 Z. B. *Staudinger/Matusche-Beckmann*, § 476 BGB Rn 4.

c) sachlicher Anwendungsbereich des § 476 BGB

Insbesondere in der Zeit kurz vor und nach In-Kraft-Treten der Schuldrechtsreform hat man verschiedentlich versucht, **gebrauchte Gegenstände**, insbesondere **Gebrauchtfahrzeuge**, generell aus dem Anwendungsbereich des § 476 BGB herauszunehmen. Die Protagonisten kamen vor allem aus dem Bereich des Kfz-Handels und seiner Interessenvertretungen. Abwegig war und ist dieser Standpunkt keineswegs, zumal er sich mit einer Passage in der Amtlichen Begründung recht gut begründen lässt.[53] Angesichts der aufkommenden Kontroverse sah sich **das Bundesjustizministerium** alsbald zu einer Klarstellung veranlasst: Hiernach gilt, vom **BGH** nie ernsthaft angezweifelt, die in § 476 BGB angeordnete Beweislastumkehr **prinzipiell** auch für den Kauf **gebrauchter Sachen** wie Gebrauchtfahrzeuge. Eine anderslautende Aussage ist mit der EU-Kaufrechtsrichtlinie nicht vereinbar.

§ 476 BGB von vornherein nach der **Art des Sachmangels** zu begrenzen, dieses Kriterium also nicht erst in einem weiteren Prüfschritt zur Begründung eines Unvereinbarkeitsfalls heranzuziehen, ist dagegen weiterhin eine Überlegung wert.[54] Der Wortlaut des § 476 BGB mit seinem Regel-Ausnahme-Verhältnis steht dem nicht entgegen. Im Gegenteil, die Formulierung „zeigt sich ... ein Sachmangel ..." legt die Annahme nahe, dass dem nationalen Gesetzgeber Beschaffenheiten vor Augen standen, die der Kaufsache körperlich (unmittelbar) anhaften und sich bei Gebrauch „zeigen".

Ob z. B. eine zu hohe Km-Laufleistung, eine vertragswidrige Erstzulassung oder eine atypische Vorbenutzung als Mietwagen sich „zeigen" bzw. i. S. d. EU-Richtlinie „offenbar werden" können, ist immerhin zweifelhaft. Da der Gesetzgeber die „Art des Mangels" – in Kenntnis des weiten Sachmangelbegriffs – aber erst im Rahmen der Ausnahmeregelung („es sei denn...") anspricht, hat die Rechtsprechung den sachlichen Anwendungsbereich des § 476 BGB nicht auf „körperliche" Sachmängel beschränkt.

d) Dem Verbraucher verbleibende Beweisführungspflichten

Ungeachtet der Beweislastumkehr des § 476 BGB bleibt ein Verbraucher in folgenden Punkten beweispflichtig:

- Abweichung der Ist-Beschaffenheit von der Soll-Beschaffenheit zu seinem Nachteil
- Auftreten (Sichzeigen) des Sachmangels innerhalb von 6 Monaten ab Gefahrübergang.

Erst wenn der Verbraucher diesen **zweigliedrigen Vermutungstatbestand** („Vermutungsbasis") bewiesen hat und nur noch offen ist, ob der nachgewiesene und innerhalb der Sechsmonatsfrist hervorgekommene Sachmangel schon zum Zeitpunkt der Übergabe vorhanden war, greift die Beweisvermutung ein, es sei denn, dass ein Fall der Unvereinbarkeit (§ 476 Hs. 2 BGB) feststeht.

aa) Zum Nachweis der Vertragswidrigkeit

Alles, was die streitgegenständliche Reklamation zu einem Sachmangel im Rechtssinn macht, steht zur Beweislast des Verbrauchers. Es gilt der Sachmangelbegriff des § 434 BGB.[55]

---

53 BT-Drucks 14/6040, 245.
54 Vgl. *Faust* in *Bamberger/Roth*, § 476 BGB Rn 4.
55 Zum Problem der verschiedenen Mangelbegriffe s. *Gsell*, JZ 2008, 29 ff.

Auszublenden ist lediglich der für die Haftung maßgebliche Zeitpunkt. Im Sinne des § 476 BGB ist damit ein Sachmangel eine Abweichung von der Soll-Beschaffenheit, die, wenn sie bereits bei Übergabe vorhanden war, einen Sachmangel i. S. d. § 434 Abs. 1 BGB darstellt.[56] **Nur die Zeitpunktfrage** ist nach gefestigter BGH-Rechtsprechung Gegenstand der Vermutung, alles Übrige fällt unter die Beweislast des Verbrauchers, insbesondere die Abweichung der Ist-Beschaffenheit von der Soll-Beschaffenheit („Ob-Überhaupt-Beweis").

Bei **technischen Schadensbildern** sind Ursache und Auswirkung häufig kaum oder nur mit Schwierigkeiten zu trennen. Musterbeispiele für diese Gemengelage sind **Motor- und Getriebeschäden**. Außerordentlich komplex sind Motorausfälle, die in einem Zusammenhang mit Kühlmittelverlust oder Zahnriemenschäden stehen (Näheres zu dieser Fallgruppe Rn 1651 ff.). Defekte im Bereich **Elektrik/Elektronik** sind typischerweise gleichfalls **multifaktoriell**, ebenso kann es bei **Reifenschäden** liegen.

Die Schwierigkeiten bei der Feststellung und Zuordnung derartiger „Mängel" haben den Gedanken aufkommen lassen, die Reichweite der Beweisvermutung verbrauchergünstig zu definieren. In Vorschlag gebrachte Kategorien wie **Grund-, Haupt- und Folgemangel** oder **„potenzieller Grundmangel"**[57] haben bei den Instanzgerichten zu Recht kein Echo gefunden. Der BGH hat all diesen Versuchen eine Absage erteilt und an seinem Konzept auch für die Beurteilung komplexer technischer Schäden festgehalten. Dem ist zustimmen.

Die vielfach geübte Kritik an der Rechtsprechung des Bundesgerichtshofs krankt in weiten Teilen vor allem daran, dass die technischen Abläufe und die jeweiligen Konstellationen der vom BGH entschiedenen Fälle unrichtig gesehen werden.[58] Das gilt insbesondere für den Zahnriemen-Fall (BGH NJW 2004, 2299) und den Zylinderkopf-Fall (BGH NJW 2007, 2761). Entgegen weit verbreiteter Deutung sind sie nicht gleichgelagert.[59] Näheres Rn 1660.

Was ein Verbraucher trotz der Beweisvermutung des § 476 BGB zu beweisen hat und wovon er freigestellt ist, wird im Einzelnen **anhand von Fallgruppen** unter Rn 1645 ff. dargestellt.

bb) Sichzeigen innerhalb der Sechsmonatsfrist

1637 Zur Vermutungsbasis, die der Verbraucher-Käufer zu beweisen hat, gehört als zweites Element das „Sichzeigen" *eines* Sachmangels innerhalb von sechs Monaten ab Gefahrübergang. Sachmängel, die erst nach Ablauf der **Sechsmonatsfrist** „offenbar" werden (Art. 5 Abs. 3 RL), sind von der Beweislastregelung in § 476 BGB ausgenommen. Für sie gilt die beweisrechtliche Normallage.

Die **Frist beginnt** mit dem Gefahrübergang. Das ist beim Kfz-Kauf regelmäßig die **Übergabe**. Es kann aber auch der Zeitpunkt des **Annahmeverzugs** sein. Die Frist von 6 Monaten entspricht 180 Tagen.[60]

Die Sonn- und Feiertagsregelung in § 193 BGB ist nicht anzuwenden.[61]

Sichzeigen i. S. d. § 476 BGB bedeutet ein In-Erscheinung-Treten, ein Offenbarwerden. Das ist mehr als bloße Erkennbarkeit. Es muss nicht unbedingt der Verbraucher (Käufer) sein, dem sich der Mangel zeigt. Es kann auch ein Dritter sein, z. B. die vom Käufer beauftragte Werkstatt (aufschlussreich sind datierte Fehlerprotokolle mit Ausleseergebnissen) oder ein Mieter/Entleiher.

---

56 BGH 18. 7. 2007, NJW 2007, 2621 (Zylinderkopf).
57 Näheres bei *Gsell*, JZ 2008, 29 ff.
58 Vorzüglich dagegen *Revilla*, zfs 2007, 616 ff.
59 So auch *Revilla*, zfs 2007, 616, 618.
60 OLG Bamberg 10. 4. 2006, DAR 2006, 456 = zfs 2006, 387 unter Hinweis auf § 191 BGB.
61 *Saueressig*, NJOZ 2008, 2072.

Dem Käufer oder dem Dritten muss der Fahrzeugmangel nicht in seiner ganzen Tragweite bekannt geworden sein. Der Motor muss nicht erst vollständig ausgefallen sein. Es reicht aus, dass der Anfang der Entwicklung sich bemerkbar gemacht hat, z. B. Unregelmäßigkeiten wie schlechtes Anspringen, Laufunruhe, Ruckeln, schlechte Beschleunigung etc. Anknüpfen kann man an die Symptomrechtsprechung im Werkvertragsrecht, ferner an die Auslegung des § 443 Abs. 2 BGB („Auftreten").

Problematisch kann im Nachhinein die Zuordnung von Symptomen sein, zumal, wenn das Fahrzeug zu Nachbesserungen in der Werkstatt war.[62] Es stellen sich hier ähnliche Fragen wie bei der Verjährung, der Darlegung von Mangelhaftigkeit und der Zwei-Versuche-Regel bei der Nachbesserung. Hier wie dort gilt das Prinzip der Einzelbetrachtung. Jeder einzelne Mangel hat sein eigenes Schicksal, auch beim Sichzeigen. In Zweifelsfällen muss ein Sachverständiger hinzugezogen werden, um bei einer Mehrheit von Symptomen und Ursachen die richtige Zuordnung vornehmen zu können.

Ein Mangel kann sich dem Käufer auch dann erst nach Gefahrübergang „zeigen", wenn er ihn im Falle einer eingehenden Untersuchung schon bei Übergabe hätte entdecken können.[63] Zur Frage der Unvereinbarkeit der Beweisvermutung in einem solchen Fall s. Rn 1650.

Die **Darlegungs- und Beweislast** dafür, dass der Mangel sich innerhalb der Sechsmonatsfrist gezeigt hat, trägt der Verbraucher. Das ist, soweit ersichtlich, Allgemeingut.[64]

Welche **Fahrstrecke** der Verbraucher seit der Auslieferung des Fahrzeugs zurückgelegt hat, braucht er grundsätzlich nicht mitzuteilen. Das Gesetz kennt **lediglich eine Zeitgrenze**. Mindestens ebenso wichtig wie die Nutzungszeit ist bei Kraftfahrzeugen die Fahrstrecke. Abzuwarten bleibt, ob die Rechtsprechung Verbrauchern eine **sekundäre Darlegungslast** auferlegen wird. Ohne Kenntnis von der Laufleistung nach Übergabe kann die Rechtsverteidigung des Unternehmers sowohl bei der Erschütterung der Beweisvermutung (Vereinbarkeitsprüfung) als auch bei deren Widerlegung (Gegenteilsbeweis) erheblich erschwert sein. Da der Käufer mühelos über die gefahrenen Kilometer Auskunft geben kann, ist eine sekundäre Darlegungslast zu befürworten, ebenso wie materiellrechtlich ein nachvertraglicher Auskunftsanspruch.

e) Die Unvereinbarkeit der Vermutung

Die Beweiserleichterung zugunsten des Verbrauchers wird dadurch eingeschränkt, dass der Gesetzgeber **zwei Ausnahmen** zugelassen hat (§ 476 Hs. 2 BGB). Die Beweisvermutung greift zum einen nicht ein, wenn sie mit der **Art der Sache** nicht vereinbar ist. Sie entfällt zum anderen, wenn nach der **Art des Mangels** keine ausreichende Basis für die Annahme besteht, der Mangel habe schon im Zeitpunkt der Übergabe vorgelegen. **1638**

Wie dieses **Regel-Ausnahme-Verhältnis** zu verstehen und praktisch umzusetzen ist, hat die Rechtsprechung in den ersten Jahren nach der Schuldrechtsreform gerade in Gebrauchtwagensachen vor erhebliche Probleme gestellt. Mittlerweile hat **der BGH** nahezu alle Zweifelsfragen geklärt und dem Ganzen ein solides und praxistaugliches Fundament gegeben. **Urteile der Instanzgerichte** aus der Zeit vor 2005/2006 (siehe die Auflistung in der Vorauflage Rn 1314) sind **nur noch bedingt verwertbar**.

aa) Unvereinbarkeit mit der Art der Sache

Bei dem Ausnahmetatbestand „Art der Sache" hat jedenfalls der deutsche Gesetzgeber in erster Linie an gebrauchte Sachen und damit vor allem an gebrauchte Kraftfahrzeuge ge- **1639**

---
62 Beispiel Brand OLG 3. 4. 2008 – 12 U 188/07 – n. v. (Getriebe).
63 BGH 14. 9. 2005, NJW 2005, 3490 (Karosserieschäden).
64 Müko-BGB/*S. Lorenz*, § 476 BGB Rn 8.

dacht.[65] Die Einschränkung „Art der Sache" betreffe vor allem gebrauchte Sachen. Hier, so die **Amtliche Begründung**[66] weiter, bestehe „schon wegen des sehr unterschiedlichen Grades der Abnutzung" kein allgemeiner Erfahrungssatz des Inhalts, dass ein Mangel, der sich binnen sechs Monaten zeigt, schon bei Übergabe vorhanden war.

Die Amtliche Begründung legt den Schluss nahe, bei gebrauchten Sachen und somit auch bei Gebrauchtfahrzeugen komme eine Beweislastumkehr wegen Unvereinbarkeit mit der „Art der Sache" generell nicht in Frage.[67] Diese unternehmerfreundliche Deutung hat im Schrifttum manche Befürworter gefunden.[68] Einige machen für sämtliche Gebrauchtsachen, andere nur für gebrauchte Kraftfahrzeuge eine Ausnahme, wobei bisweilen wieder zwischen „normalen" Gebrauchtwagen und überdurchschnittlich alten Fahrzeugen wie **Young-** und **Oldtimern** unterschieden wird. Dabei wird nicht immer klar, ob die Beweislastumkehr in jedem Fall des Verkaufs einer gebrauchten Sache wegen Unvereinbarkeit entfällt oder ob es nur im Einzelfall so sein kann. Allein Letzteres ist zutreffend. In diesem Punkt hat bereits die Ausgangsentscheidung des BGH vom 2. 6. 2004[69] für die nötige Klarheit gesorgt.

Mit der in der Amtlichen Begründung hervorgehobene „**Abnutzung**" ist vermutlich die Abnutzung durch Gebrauch gemeint, nicht die rein statische Belastung im Stillstand, der bereits Neufahrzeuge ausgesetzt sind. So gesehen, ist Abnutzung schon bei jüngeren Gebrauchten ein Thema, etwa bei einem Halbjahreswagen mit 6000 km Laufleistung. Wieso bei einem solchen Fahrzeug oder bei einem Jahreswagen, beides zweifelsfrei Gebrauchtfahrzeuge, die Beweisvermutung wegen der „Art der Sache" nicht gelten soll, ist nicht einzusehen.

Dass gebrauchte Sachen **unterschiedlich abgenutzt** sind, ist eine **Binsenweisheit.** Während fabrikneue Sache per definitionem ungebraucht sind, hat jede gebrauchte Sache eine ihr eigene Vorgeschichte. Da der Gesetzgeber bei gebrauchter Ware weder nach der Art des Gegenstandes noch nach Kriterien wie Alter und Laufleistung differenzieren konnte, ist seine Pauschalaussage in der Amtlichen Begründung durchaus verständlich. Dennoch geht sie zu weit, jedenfalls wird sie teilweise zu weit verstanden. Die meisten Vertragswidrigkeiten beim Gebrauchtfahrzeugkauf haben mit dem Kriterium „Abnutzung" des Fahrzeugs und seiner rund 6000 Einzelteile (Pkw) nichts zu tun. Eine Rolle kann es nur bei technischen Defiziten und damit nur bei einer Teilmenge von Sachmängeln gebrauchter Kfz spielen.

Soweit Abnutzung in Form von Verschleiß und/oder Alterung bei technischen Mängeln von Bedeutung ist, dient dieser Gesichtspunkt in erster Linie als objektiver Maßstab bei der vorrangigen Ermittlung, ob überhaupt eine Vertragswidrigkeit vorhanden ist. Normaler Verschleiß/Abnutzung ist, kurz gesagt, kein Sachmangel (ausführlich Rn 1508 ff.). Diesen zentralen Aspekt der Mängelhaftung beim Kauf gebrauchter Güter haben die Verfasser der Gesetzesbegründung nicht genügend bedacht. Hätten sie nur die haftungsrechtlich relevanten Fälle von Abnutzung/Verschleiß in den Blick genommen (eine vergleichsweise geringe Menge), hätten sie kaum dafür plädiert, die Beweisvermutung bei gebrauchten Kraftfahrzeugen „wegen der Art der Sache" generell außer Kraft zu setzen.

Was die **Klärung technischer Störungen** mit Blick auf deren Entstehung und Herkunft angeht, ist der Gesichtspunkt der Abnutzung gewiss beachtlich. Abnutzung macht defekt-

---

65 Vom Gesamtumsatz mit gebrauchter Ware entfallen 95 % auf gebrauchte Kfz.
66 BT-Drucks 14/6040, 245.
67 Sogar für Eindeutigkeit in diesem Sinne *Reinicke/Tiedtke*, Kaufrecht, Rn 737.
68 Etwa *Reinicke/Tiedtke*, Kaufrecht, Rn 737; *Oechsler*, Schuldrecht BT, Vertragsrecht, Rn 138; *Scheibach* in *Dauner-Lieb/Konzen/Schmidt*, Das neue Schuldrecht in der Praxis, S. 750.
69 NJW 2004, 2299 = DAR 2004, 515.

Darlegung und Beweis der Ist-Beschaffenheit

anfällig; erhöhte Abnutzung verstärkt diesen Effekt. Allein oder in Verbindung mit Alterung kann eine gebrauchsbedingte Abnutzung sehr wohl eine Erklärung für die Entstehung von Defekten bis hin zum Ausfall ganzer Aggregate liefern. Je intensiver die Abnutzung vor der Übergabe an den Käufer war, desto stärker ist das Gewicht dieser Erklärung und desto mehr verdichtet sich die Annahme, dass der „Mangel" nicht im Bereich des Käufers, sondern des Verkäufers oder seiner Vorderleute entstanden ist. So gesehen, nähert sich ein total abgenutztes Fahrzeug einem unbenutzten an.

Nach allem erweist sich der Gesichtspunkt der Abnutzung auch in der Sache als nicht tragfähig, um die Beweisvermutung des § 476 BGB bei gebrauchten Kraftfahrzeugen generell auszuschließen. Wo gewöhnlicher Verschleiß und Alterung sowie daraus resultierende Defekte bzw. Schäden vorliegen, ist § 476 BGB mangels Vertragswidrigkeit von vornherein kein Thema. Es fehlt ein Sachmangel und ohne einen solchen stellt sich die Zeitpunktfrage nicht. Wenn Gerichte wie z. B. das Kammergericht[70] oder das OLG Koblenz[71] in „Verschleißfällen" gleichwohl auf § 476 BGB eingehen, handelt es sich häufig um Doppelbegründungen oder um Hilfserwägungen, nicht selten aber auch um die verfehlte Gleichsetzung von technischem Defekt und Sachmangel. Näher zu dieser sehr praxisrelevanten Fallgruppe Rn 1651 ff.

Festzuhalten ist: Der als Ausnahme konzipierte Tatbestand „Art der Sache" rechtfertigt keinen generellen Ausschluss der Vermutung beim Verkauf von nicht mehr neuen Kraftfahrzeugen. Das schließt nicht aus, bei bestimmten Typen von Gebrauchtfahrzeugen, etwa **Oldtimern,** einen Fall der Unvereinbarkeit wegen der Art der Sache anzunehmen, ggf. im Wege einer Gesamtschau beider Unvereinbarkeitstatbestände. Insoweit bleibt die Entwicklung der Rechtsprechung abzuwarten. Noch ist kein Urteil bekannt geworden, das gewerblichen Oldtimer-Verkäufern in diesem Punkt hilft. Die speziellen Gewährleistungsprobleme beim Verkauf von Sondernfahrzeugen wie Oldtimern können und müssen bei der Festlegung der Soll-Beschaffenheit gelöst werden. Dann besteht kein sachlich überzeugender Grund, unternehmerischen Verkäufern im Rahmen des § 476 Hs. 2 BGB entgegenzukommen. **1640**

bb) Unvereinbarkeit mit der Art des Mangels

Von den beiden Unvereinbarkeitstatbeständen ist derjenige, der auf die Art des Mangels abstellt, der praktisch weitaus bedeutsamere. Wie er zu verstehen ist, hat **der BGH** zunächst durch Urteil vom 14. 9. 2005[72] deutlich gemacht: **1641**

a) *„Die Vermutung, dass ein Sachmangel bereits bei Gefahrübergang vorgelegen hat, ist nicht schon dann mit der Art des Mangels unvereinbar, wenn der Mangel typischerweise jederzeit auftreten kann und deshalb keinen hinreichend sicheren Rückschluss darauf zulässt, dass er schon bei Gefahrübergang vorhanden war.*

b) *Die Vermutung, dass ein Sachmangel bereits bei Gefahrübergang vorgelegen hat, kann auch für äußere Beschädigungen wie etwa einen Karosserieschaden eines verkauften Kraftfahrzeugs eingreifen".*

Hinzugefügt hat **der BGH:**

„Sie (die Beweisvermutung) *ist jedoch dann mit der Art des Mangels unvereinbar, wenn es sich um äußerliche Beschädigungen handelt, die auch dem fachlich nicht versierten Käufer auffallen müssen."*

---

70 Urt. v. 16. 7. 2004, SVR 2004, 427 = ZGS 2005, 76.
71 Urt. v. 19. 4. 2007, NJW 2007, 1828.
72 NJW 2005, 3490.

Im entschiedenen Fall ging es um einen Ford Fiesta, den der beklagte Autohändler aus seinem eigenen Bestand (Vorführwagen) nach einer Laufleistung von 13.435 km verkauft hatte. Bei Übernahme wurde von beiden Seiten ein Übergabeprotokoll unterzeichnet, in dem der Fahrzeugzustand durch Ankreuzen bestimmter Klassifizierungen festgehalten wurde. Die Karosserie erhielt die Klassifizierung 1 („einwandfreier Zustand .... "). Handschriftlich war ein leichter Kratzer über der Beifahrertür mit dem Zusatz „Lack ausgebessert" vermerkt. Nach Übernahme monierte der Kläger u. a. eine „Unebenheit am Rand des vorderen rechten Kotflügels" und eine „Lackbeschädigung am Rand des hinteren linken Kotflügels". Der Händler lehnte eine Beseitigung dieser Beschädigungen mit der Begründung ab, bei Auslieferung seien sie nicht vorhanden gewesen. In den Vorinstanzen war die auf Rückabwicklung gerichtete Klage erfolgreich. Der BGH hat das Berufungsurteil[73] aufgehoben.

1642 Im Anschluss an das Ford-Fiesta-Urteil hat **der BGH** die seinerzeit offen gelassene „Erkennbarkeitsfrage" so entschieden:

Die Vermutung des § 476 BGB ist nicht dann

mit der Art des Mangels unvereinbar, wenn der Mangel,

falls er schon bei Gefahrübergang vorgelegen hat,

für den Verkäufer ebenso wie für den Käufer nicht erkennbar war.

Sie setzt nicht voraus, dass der Verkäufer in Bezug auf

den betreffenden Mangel bessere Erkenntnismöglichkeiten hat

als der Käufer (Urt. v. 11. 7. 2007, NJW 2007, 2619).

Diese zutreffende Aussage bedeutet erstens: Auch (und gerade) bei **verdeckten Mängeln** kommt dem Verbraucher die Beweisvermutung zugute. Zweitens: Ein unternehmerischer Verkäufer, der kein Kfz-Fachbetrieb ist, kann sich nicht darauf berufen, ihm fehle der einem Profi-Verkäufer eigene Wissens- und Erkenntnisvorsprung.

Zur **Unvereinbarkeit wegen Auffälligkeit des Mangels** bzw. seiner Symptome s. Rn 1650.

f) Widerlegung der Beweisvermutung (Gegenteilsbeweis)

1643 Nur wenn die Voraussetzungen für das Eingreifen der Vermutung unstreitig oder vom Käufer nachgewiesen sind, und es dem Verkäufer nicht gelungen ist, einen Fall der Unvereinbarkeit darzustellen und notfalls zu beweisen, tritt als Rechtsfolge die Umkehr der Beweislast ein. Nunmehr hat der Verkäufer nachzuweisen, dass der geltend gemachte Mangel im Zeitpunkt des Gefahrübergangs nicht vorgelegen hat. Die Vermutung des § 476 BGB ist widerleglich.

Eine gesetzliche Vermutung wie die des § 476 BGB kann nur durch den **Beweis des Gegenteils** (§ 292 ZPO) zur vollen Überzeugung des Gerichts widerlegt werden,[74] eine Erschütterung der Vermutung genügt nicht. Richtigerweise handelt es sich bei diesem Gegenteilsbeweis nicht um einen Gegenbeweis, sondern um einen Hauptbeweis.[75] Gescheitert ist er, wenn der Richter nicht ausschließen kann, dass das Fahrzeug bereits bei Gefahrübergang mangelhaft war.

Um den tatsächlichen Zustand im Zeitpunkt der Übergabe beweiskräftig dokumentieren zu können, hat der Kfz-Handel, unterstützt von Garantieunternehmen und Prüforganisationen, **Befund- und Zustandsberichte** eingeführt (dazu auch Rn 1333). Derartige „Überga-

---

73 OLG Stuttgart 17. 11. 2004, DAR 2005, 91.
74 Grundlegend BGH 23. 11. 2005, NJW 2006, 434; v. 29. 3. 2006, NJW 2006, 2250.
75 Vgl. *Baumgärtel*, Hb Beweislast, § 484 BGB a. F. Rn 1.

Darlegung und Beweis der Ist-Beschaffenheit

be-Zertifikate" sollen den Unternehmer-Verkäufern die Widerlegung der Beweisvermutung erleichtern. Ohne Unterschrift des Käufers sind sie zwar keine untauglichen Beweismittel. Eine Unterzeichnung durch den Käufer, möglichst im Anschluss an eine Probefahrt, bringt den Verkäufer jedoch in eine deutlich günstigere Beweisposition. Dennoch: **Als Privaturkunde** erbringt ein solches Protokoll gem. § 416 ZPO vollen Beweis nur dafür, dass die in ihm enthaltenen Erklärungen von den Ausstellern abgegeben worden sind.[76] Mehr als ein Indiz für die vom Verkäufer zu beweisende (Haupt)Tatsache der Mängelfreiheit bei Übergabe ist das nicht.

Überlegenswert ist, dem Verbraucher die Beweislast dafür aufzuerlegen, dass die im Befundbericht notierte Mängelfreiheit im Übergabezeitpunkt entgegen dem Wortlaut der Urkunde nicht vorhanden war. Begründen ließe sich das mit der **Vermutung der Richtigkeit und Vollständigkeit des Befundberichts**. Gegen eine solche Argumentation sprechen jedoch durchgreifende Bedenken. Am Zustandekommen des Dokuments ist der Verbraucher unbeteiligt. Er kann die – meist technischen – Informationen auch nicht auf ihre Richtigkeit überprüfen. Jedenfalls nimmt er regelmäßig davon Abstand. All das unterscheidet die Situation elementar von der Aufnahme einer Kaufvertragsurkunde, der als Dokument über ein beiderseitiges Rechtsgeschäft eine Vermutungswirkung auch zulasten des Käufers beigemessen wird (s. Rn 1612).

Dass der Beweiswert von Zustandsberichten und ähnlichen Dokumenten von ihrer Aktualität und ihrer Ergiebigkeit und Detailgenauigkeit abhängt, liegt auf der Hand.[77] Von Bedeutung ist auch, ob der Verkäufer oder ein Dritter, z. B. eine Prüf-Organisation wie DEKRA oder TÜV, das Fahrzeug untersucht und den Zustand dokumentiert hat. Wird der Prüfingenieur als (sachverständiger) Zeuge angeboten, muss er gehört werden; ebenso der als Zeuge benannte Werkstattmeister.

Der Gegenteilsbeweis gelingt Verkäufern erfahrungsgemäß nur selten. Meist findet der Richter irgendeinen Grund, der die Widerlegung der Vermutung verhindert. Zu wenig beachtet wird mitunter die Indizwirkung einer längeren – problemlosen – Nutzung nach Übergabe. Wenn der Käufer rund 10.000 km bis zum Auftreten der Störung beanstandungsfrei gefahren ist, kann das – je nach Art des Defekts – auf Mangelfreiheit bei Übergabe hindeuten. Auch das ist eine Sachverständigenfrage. Ein Beispiel für eine erfolgreiche Beweisführung ist OLG Koblenz NJW 2007, 1828 (Motorschaden/Wechselnotwendigkeit bei einem Einzelteil).

g) Beweisvereitelung durch den Käufer

Die Entscheidung des BGH vom 23. 11. 2005[78] hat den Blick auf eine bis dahin wenig erörterte Verteidigungsmöglichkeit des Verkäufers gelenkt: die Beweisvereitelung. Im konkreten Fall hatte der Käufer nicht dafür gesorgt, dass die von ihm mit dem Austausch des defekten Turboladers beauftragte Fremdwerkstatt das ausgebaute Teil aufbewahrt. Dabei hätte ihm bzw. seinem Anwalt klar sein müssen, dass der defekte Turbolader als Beweismittel noch benötigt werde, zumal sich im Zeitpunkt des Werkstattauftrags ein Rechtsstreit bereits abzeichnete.

1644

Keine fahrlässige Beweisvereitelung zum Nachteil eines Garantiegebers („Reparaturkostengarantie") sieht der BGH darin, dass der Käufer (= Garantienehmer) das Übertragungssystem der Kupplung in einer Werkstatt teilweise zerlegen lässt, so dass die Kupplung

---

76 BGH 14. 9. 2005, NJW 2005, 3490.
77 Vgl. AG Potsdam 12. 9. 2002, DAR 2003, 179 = ZGS 2003, 120 = EWiR § 476 BGB, 1/03, 465 (*Mankowski*); s. auch AG Zeven 19. 12. 2002, DAR 2003, 379 = ZGS 2003, 158 (Kat war im Befundbericht nicht erwähnt).
78 NJW 2006, 434.

nur noch in diesem Zustand zur weiteren Begutachtung zur Verfügung stand.[79] Die weitere Entwicklung der Judikatur bleibt abzuwarten. Eine beweisrechtlich relevante (schuldhafte) Beweisvereitelung ist im Zweifel zu verneinen. Welche Fahrzeugteile wo und wie aufzubewahren sind, weiß am besten der Händler als Fachmann. Zu einem Fall der Beweisvereitelung **auf Händlerseite** siehe AG Offenbach a. M. NJW-RR 2007, 1546 (Getriebeschaden).

Welche Rechtsfolge eine lediglich fahrlässige Beweisvereitelung hat, ist vom BGH noch nicht abschließend entschieden worden. In Frage kommt eine Rückkehr zur beweisrechtlichen „Normallage" mit voller Nachweispflicht des Käufers auch in der Ursachenfrage oder nur eine Beweiserleichterung für den Verkäufer.

h) Praktische Handhabung der Beweislastumkehr nach Fallgruppen

aa) Die „klassischen" Gebrauchtwagenmängel

1645   Bei den „klassischen" Mängeln gebrauchter Kraftfahrzeuge – zu hohe Gesamtfahrleistung, verborgener Unfallvorschaden – läuft § 476 BGB meist aus tatsächlichen Gründen leer. In aller Regel besteht schon außergerichtlich kein vernünftiger Zweifel daran, dass Vertragswidrigkeiten dieser Art bereits bei Übergabe vorhanden waren. Im Prozess können etwaige Zweifel durch eine Parteianhörung ausgeräumt werden. Zur Zulässigkeit einer Parteivernehmung des Käufers gem. § 448 ZPO s. BGH NJW 2005, 3205. Auch Abweichungen beim Alter (unrichtiges Baujahr/EZ-Datum/Modelljahr), eine vertragswidrige Vorbenutzung (z. B. Mietwagen/Taxi) und sonstige „unkörperliche" Defizite sind in der Zeitpunkt- und Herkunftsfrage selten aufklärungsbedürftig. Zu einem Non liquet, das den § 476 BGB auf den Plan rufen könnte, kommt es in der Regel nicht.

bb) Äußere Beschädigungen

1646   Sofern Beschädigungen wie z. B. **Karosserieverformungen** oder **„Eindrückungen" am Unterboden** oder **Katalysatorbeschädigungen** hinsichtlich ihres Entstehungszeitpunktes (vor oder nach Übergabe) strittig sind, liefern die Entscheidungen des BGH vom 14. 9. 2005[80] und vom 21. 12. 2005[81] die richtige Lösung.

Die **praktischen Konsequenzen** sind folgende: Dass der Käufer die äußeren Beschädigungen bei eingehender Untersuchung schon bei der Übergabe hätte entdecken können, steht einem späteren „Sichzeigen" nicht entgegen.[82] Ob in der innerhalb von sechs Monaten entdeckten Beschädigung ein Sachmangel gesehen werden kann, der die Vermutung „schon bei Übergabe vorhanden" rechtfertigt, bedarf der Prüfung, wenn der Verkäufer den Einwand der Eigenverursachung erhebt. Mit der Behauptung, der Wagen sei im Zeitpunkt der Auslieferung unbeschädigt gewesen, ist dieser Einwand konkludent geltend gemacht. Nähere Substantiierung kann vom Verkäufer nicht verlangt werden, solange er den gerügten Schaden nicht gesehen hat.

Kann im Rechtsstreit nicht geklärt werden, ob die Beschädigung vor oder nach Auslieferung verursacht worden ist, geht es also **nur um die „Wann-Frage"**, greift die Beweisvermutung ein.[83] Der Käufer muss nicht etwa nachweisen, dass die Beschädigung nicht von ihm oder von einem Dritten in seiner Sphäre verursacht worden ist. Das liefe auf den Nachweis des Mangels im Übergabezeitpunkt hinaus und davon soll ein Verbraucher gerade freigestellt sein.

---

79 Urt. v. 17. 10. 2007, NJW 2008, 214 mit insoweit krit. Anm. *Bruns*.
80 NJW 2005, 3490.
81 NJW 2006, 1195.
82 BGH 14. 9. 2005, NJW 2005, 3490.
83 BGH 14. 9. 2005, NJW 2005, 3490; v. 21. 12. 2005, NJW 2006, 1195.

Darlegung und Beweis der Ist-Beschaffenheit

Zu Unrecht sieht man in dieser Lösung einen Widerspruch zu der Entscheidung des BGH im Zahnriemen-Fall[84], wo vom Käufer der Nachweis verlangt worden ist, keinen Fahrfehler begangen zu haben. Ein Schaltfehler (Schalten bei zu hoher Drehzahl) war eine von drei möglichen Ursachen für die Lockerung des – vor der Auslieferung an den Kläger gerade getauschten – Zahnriemens, während die Ursache für die Verformung der Karosserie des Ford Fiesta mit einer „seitlichen Krafteinwirkung" ebenso feststand wie die Ursache für den **Defekt des Katalysators** und für die **Beschädigung des Rahmenlängsträgers** im Fall BGH NJW 2006, 1195 (Aufsetzen des Fahrzeugs). Ungewiss war hier lediglich der Zeitpunkt der Beschädigung – vor oder nach Übergabe. 1647

Bei einer solchen Konstellation – nur Zeitpunktzweifel, der Sachmangel steht als solcher fest – kommt dem Verbraucher die Beweisvermutung zugute. Dem Verkäufer bleiben der Einwand der Unvereinbarkeit (§ 476 Hs. 2 BGB) – dazu sogleich Rn 1649 f. – und die Möglichkeit, den Beweis der Mangelfreiheit bei Übergabe zu führen.

Anders liegen dagegen die Dinge, wenn eine **Beschädigung des Katalysators** nicht nur auf einen Bodenaufsetzer (z. B. Aufsitzen auf Bordsteinkante oder Randstein), sondern ebenso gut auf einen technischen Defekt zurückzuführen sein kann, der keine Sachmangelqualität hat. Der Katalysator ist ein Verschleißteil.[85] Beschädigungen wie z. B. ein defekter Monolith sind in vielen Fällen auf eine Überhitzung zurückzuführen, deren Ursache ein Fehler in der Gemischbildung ist. Wahrscheinliche Ursache dafür sind ein defektes Zündkabel, eine defekte Zündspule (soweit vorhanden) oder defekte Zündkerzen – allesamt Verschleißteile. Kann nicht ausgeschlossen werden, dass die fehlerhafte Funktionsweise eines solchen Verschleißteils den Katalysatorschaden verursacht hat, ist – unabhängig von der potenziellen Ursache „Bodenaufsetzer" – kein Raum für die Beweisvermutung des § 476 BGB, nicht etwa wegen Unvereinbarkeit mit der Art des Mangels, sondern deshalb, weil der Käufer den ihm obliegenden „Ob-Überhaupt-Beweis" (näher Rn 1636) nicht geführt hat.[86] Wäre Verschleiß als Ursache auszuschließen und ginge es nur darum, ob der Fahrfehler „Bodenaufsetzer" die Schadensursache ist, käme dem Käufer die Beweisvermutung wie im Fall BGH NJW 2006, 1195 zugute mit der Folge, dass der Verkäufer auf die Verteidigungsmöglichkeiten „Unvereinbarkeit" und „Gegenteilsbeweis" beschränkt bliebe. 1648

Unvereinbarkeit wegen der Art des Mangels: Die Beweisvermutung ist mit der Art des Mangels **nicht** unvereinbar, wenn es um einen Mangel geht, der – wie eine Beule am Kotflügel – jederzeit und damit auch in der Sphäre des Käufers auftreten kann. Für Wahrscheinlichkeitsbetrachtungen und Typizitätserwägungen ist grundsätzlich kein Platz, so **der BGH**.[87] 1649

Offengelassen hat der BGH im Ford-Fiesta-Fall, ob der Verkäufer Unvereinbarkeit der Vermutung damit begründen kann, der Mangel sei, sofern bei Übergabe vorhanden, jedenfalls nicht erkennbar gewesen. Denn in casu war die Verformung für das Autohaus durchaus erkennbar. Unerkennbarkeit für den Verkäufer ist kein Ausschlussgrund, wie der BGH später zu Recht entschieden hat.[88] Vor dem Hintergrund dieser Rechtsprechung dürfte es nicht richtig sein, einen Fall der Unvereinbarkeit wegen der Art des Mangels anzunehmen, wenn es um die Herkunft von Batterieschwefelsäure in der Scheibenwaschanlage geht.[89]

Auf der anderen Seite **hilft der BGH Verkäufern** mit folgender Überlegung: Mit der Art des Mangels unvereinbar sei die Vermutung, wenn es sich um äußere Beschädigungen han- 1650

---

84 Urt. v. 2. 6. 2004, NJW 2004, 2299.
85 Zu Unrecht a. A. AG Zeven 19. 12. 2002, DAR 2003, 379; richtig AG Rostock 23. 3. 2005 – 47 C 419/04 – n. v.; AG Offenbach a. M. 27. 9. 2004, NJW-RR 2005, 423.
86 Vgl. AG Rostock 23. 3. 2005 – 47 C 419/04 – n. v.
87 Urt. v. 14. 9. 2005, NJW 2005, 3490; v. 21. 12. 2005, NJW 2006, 1195.
88 Urt. v. 11. 7. 2007, NJW 2007, 2619.
89 So aber AG Landsberg/Lech 28. 6. 2005, zfs 2006, 33.

dele, „die auch dem fachlich nicht versierten Käufer auffallen müssen". Dahinter steht der Gedanke: Was auffällig ist, wird vom Käufer erfahrungsgemäß bei der Übergabe beanstandet und was unbeanstandet bleibt, war vermutlich auch nicht vorhanden. Im Ford-Fiesta-Fall[90] war ein **Auffallenmüssen** aus tatsächlichen Gründen ebenso zu verneinen wie im Kat-Fall.[91]

Nicht entscheiden musste der BGH bislang darüber, wer die Darlegungs- und Beweislast für diese **„subjektive" Variante** der Ausnahmeregelung in § 476 Hs. 2 BGB trägt. Richtigerweise ist es der Verkäufer. Er muss darlegen und notfalls beweisen, dass dem Käufer die strittige Beschädigung vor oder bei Übernahme hätte auffallen müssen. Voraussetzung dafür ist nicht unbedingt eine Besichtigung des Fahrzeugs. Hat sie stattgefunden, verschlechtert das die Position des Käufers.

Auffallenmüssen ist weniger als Kenntnis und auch weniger als grob fahrlässige Unkenntnis (dann § 442 BGB). Es genügt Unübersehbarkeit, wobei es auf die Wahrnehmungsmöglichkeiten des Käufers in der konkreten Situation ankommt.

cc) Technische Defekte, insbesondere Motor- und Getriebeschäden

1651 Die Fallgruppe mit der **größten Praxisrelevanz** bilden technische Defekte, insbesondere Motor- und Getriebeschäden, auch Schäden an der Elektronik. Gemeinsam ist ihnen, dass sie häufig einen Entwicklungsprozess durchlaufen, ähnlich wie die „Weiterfressermängel". Eine weitere Gemeinsamkeit besteht darin, dass für das Endresultat, z. B. die Zerstörung des Motors nach Zahnriemenriss oder Kolbenfresser, oftmals **mehrere Ursachen** in Frage kommen, auch solche aus der Sphäre des Käufers, z. B. Fahr- und Bedienungsfehler. Hinzu kommt, dass – anders als beim Kauf eines fabrikneuen Fahrzeugs – Verschleiß und Alterung aus der Sphäre des Vorbesitzers bzw. mehrerer Vorbesitzer hineinspielen können. Prototypisch für diese **Gemengelage** sind die technisch wie rechtlich besonders heiklen **Zahnriemenfälle**.

1652 Im Ausgangspunkt gilt für die hier erörterten Fallgestaltungen: Das Endresultat, z. B. die Zerstörung des Motors nach Kolbenfresser, interessiert als Ist-Beschaffenheit nicht. Das hat seinen einfachen Grund darin, dass das endgeschädigte Aggregat im Zeitpunkt der Übergabe einwandfrei funktioniert hat. Die Soll-Beschaffenheit (funktionierender Motor) war vorhanden. Der Käufer hat das Fahrzeug im Anschluss an die Übergabe eine zeitlang, oft mehrere tausend Kilometer, problemlos genutzt, wie z. B. in der Sache OLG Koblenz NJW 2007, 1828, wo der Motor des Audi A 4 – nach ca. 20.000 km seit Übergabe – infolge Verschleißes des Riemenspanndämpferelements ausgefallen ist.

Das OLG Koblenz nimmt ohne die gebotene Differenzierung einen „verschleißbedingten Mangel" an und lässt dem Käufer die Beweisvermutung des § 476 BGB zugute kommen. Trete bei normaler Nutzung innerhalb der Sechsmonatsfrist des § 476 BGB ein „vollständiger Verschleiß" auf, sei es Sache des Verkäufers, die Vermutung zu widerlegen, dieser Verschleiß habe schon bei Übergabe vorgelegen.[92] Dem muss widersprochen werden. Aufbauen kann die Vermutung nur auf einem Sachmangel, auf einer vertragswidrigen Beschaffenheit des Fahrzeugs; ein technischer Defekt ohne Sachmangelqualität genügt nicht.[93] Näheres zu den „Verschleißfällen" unter Rn 1662 ff.

---

90 Urt. v. 14. 9. 2005, NJW 2005, 3490.
91 Urt. v. 21. 12. 2005, NJW 2006, 1195.
92 OLG Koblenz 19. 4. 2007, NJW 2007, 1828.
93 OLG Köln 1. 3. 2006, MDR 2006, 1391 = OLGR 2006, 381 (Motorschaden); OLG Schleswig 9. 10. 2007 – 3 U 30/07 – n. v. (Motorschaden/Turbolader).

In Fällen **anfänglicher Gebrauchstauglichkeit** (einwandfreies Funktionieren bei und nach Übergabe) mit **später auftretender Gebrauchsbeeinträchtigung** rücken **zwei Fragen** in das Blickfeld: **1653**

Erstens: War der spätere „Schaden", z. B. der komplette Ausfall des Motors als Endresultat, bei Übergabe bereits „im Keim" angelegt? Wenn ja, kann **ohne Beweislastumkehr** zu Lasten des Verkäufers zu entscheiden sein, vorausgesetzt, dass die Entwicklung zum Endresultat hinreichend wahrscheinlich ist, es sich nicht um einen Fall von normalem Verschleiß bzw. Alterung handelt und auch eine Eigenverursachung nicht behauptet wird. Zur Fallgruppe „Schadensanlage" s. Rn 1620/1621.

Zweitens: Welche Ursache hat zu der nachträglichen Gebrauchsbeeinträchtigung geführt? Diese Frage steht in der Praxis im Vordergrund des Interesses, bedarf daher besonderer Erörterung.

(1) Die Ursache als Mangel?

Die Ursache für die Verwendungsuntauglichkeit des Fahrzeugs kann mehr sein als bloße Ursache; sie selbst kann der Mangel sein, eine vertragwidrige Beschaffenheit. **Falltypisch** ist die Situation, dass der Motor bei Übergabe und auch eine Zeit danach funktioniert hat; erst nach einer Fahrstrecke von einigen tausend Km tritt ein Schaden auf. Ursache: Zahnriemenriss. Weiteres Beispiel: 4 Wochen nach Übergabe bleibt das Gaspedal beim Treten funktionslos.[94] Oder: Bei Auslieferung hat der Turbolader einwandfrei funktioniert. Nach 11.000 km tritt ein Defekt auf. Ursache: fehlerhaft eingebaute Dichtung. **1654**

In all diesen Fällen kommt (nur) die Ursache der Funktionsstörung als vertragswidriger Zustand/Beschaffenheit und damit als Sachmangel in Betracht. Wenn z. B. der Ausfall des bei Auslieferung funktionsfähigen Motors auf eine Ursache zurückzuführen ist, die ihrerseits eine vertragswidrige Beschaffenheit des Fahrzeugs darstellt und diese Beschaffenheit bereits bei Übergabe vorhanden war, so ist die Sachmängelhaftung aus diesem Grund zu bejahen, wie **der BGH** in mehreren Entscheidungen herausgearbeitet hat. Grundlegend ist auch hier das **Zahnriemen-Urteil** vom 2. 6. 2004;[95] wichtig sind ferner BGH NJW 2006, 434 (Turbolader) und BGH NJW 2007, 2621 (Zylinderkopfdichtung).[96]

Dass hinsichtlich der Ursache für die nachträgliche Funktionsstörung eine vertragswidrige Beschaffenheit vorliegt,[97] hat der Käufer – auch in seiner Eigenschaft als Verbraucher – darzulegen und zu beweisen.[98] Nur dafür, dass eine (feststehende) Vertragswidrigkeit bei Übergabe vorhanden war, kommt ihm die Vermutung des § 476 BGB zugute,[99] vorausgesetzt der Mangel (hier: die vertragswidrige Beschaffenheit als „Schadensursache") hat sich innerhalb der Sechsmonatsfrist gezeigt. Eine weitere Wirkung zugunsten des Käufers hat § 476 BGB auch bei diesen Fallgestaltungen nicht.

(2) Ursachenmehrheit

Zumal bei Motor- und Getriebeschäden liegt der Fall häufig so, dass nach dem Gutachten eines Sachverständigen mehrere Ursachen für ein bestimmtes Resultat in Frage kommen. **1655**

---

94 So im Fall LG Dortmund 3. 1. 2007 – 22 O 85/06 – n. v.
95 NJW 2004, 2299.
96 Außerdem Urt. v. 29. 3. 2006, NJW 2006, 2250 (Pferdekauf) und der Beschl. v. 5. 2. 2008 – VIII ZR 94/07 – n. v.
97 Von „Mangelursache" sollte man besser nicht reden.
98 BGH 23. 11. 2005, NJW 2006, 434; BGH 29. 3. 2006, NJW 2006, 2250; Beschl. v. 5. 2. 2008 – VIII ZR 94/07 – n. v.
99 BGH 14. 9. 2005, NJW 2005, 3490; v. 18. 7. 2007, NJW 2007, 2621.

Jede einzelne kann die allein wirksam geworden sein; möglich ist aber auch ein Zusammenwirken – nacheinander wie gleichzeitig.

Beispiel (nach BGH NJW 2004, 2299): Infolge einer Lockerung des Zahnriemens springt dieser über und es kommt zu einem Motorschaden. Als Sachmangel kommt allein die Lockerung des Zahnriemens in Betracht, die Beschädigung des Motors als Endergebnis scheidet aus. Sie ist weder der Mangel noch ein Folgemangel, sondern nur ein Folgeschaden, ggf. ein Mangelfolgeschaden. Ein zu lockerer Zahnriemen ist auch bei einem Gebrauchtwagen ein Sachmangel, es sei denn, es handelt sich a) um einen Fall von normalem Verschleiß oder b) um das Ergebnis eines Fahrfehlers des Käufers.

Weiteres Beispiel: Es liegt ein Motorschaden in Form eines Abrisses der Ventile eines Zylinders vor. Der Ventilabriss und der dadurch bedingte Motorschaden entfallen als Anknüpfungspunkte für die Mangelprüfung. Zu fragen ist vielmehr, was zu dem Ventilabriss geführt hat. Es kann ein Fehler der Motorsteuerung sein, aber auch eine Verkokung oder eine Überfüllung mit Motoröl, eventuell durch den Käufer selbst.[100]

Weitere Beispiele aus der Rechtsprechung für eine Mehrheit potenzieller Ursachen: BGH NJW 2006, 434 (Turbolader); BGH NJW 2007, 2621 (Zylinderkopfdichtung/Ventilstege); OLG Hamm 18. 6. 2007 – 2 U 220/06[101] (Zahnriemen); OLG Köln OLGR 2006, 381 (Motorschaden); OLG Dresden 26. 10. 2006 – 9 U 732/06 – n. v. (Kolbenfresser); OLG Schleswig 9. 10. 2007 – 3 U 30/07 – n. v. (Bruch des Kompressorrades des Turboladers mit einer Vielzahl potenzieller Ursachen); LG Kaiserslautern 30. 6. 2005 – 3 O 722/03 – n. v. (Ventilabriss 3. Zylinder).

1656 Das Besondere an den Fallgestaltungen mit einer Mehrheit von Ursachen liegt darin, dass nicht alle Zustände/Beschaffenheiten, die als Ursache in Betracht kommen, stets und unbedingt als Sachmängel zu qualifizieren sind. Diese Einstufung verbietet sich z. B., wenn der in Rede stehende Zustand das Ergebnis von normalem Verschleiß eines Einzelteils ist (dazu Rn 1662 ff). Auch eine Verschmutzung des Luftfilters oder eine Ölverschmutzung können Zustände sein, für die der Verkäufer eines gebrauchten Fahrzeugs nicht einstandspflichtig ist. Aus der Haftung ist der Verkäufer außerdem, wenn der Käufer für die Schadensursache selbst verantwortlich ist (Fahr- oder Bedienungsfehler) oder sie wie z. B. ein Marderbiss anderweitig in seiner Sphäre liegt.

1657 Zur Erfüllung der **Darlegungspflicht** (Substantiierung) reicht es aus, wenn der Käufer vorträgt, dass jede Einzelursache eine vertragswidrige Beschaffenheit darstellt und sie bei Übergabe bereits vorgelegen haben könnte.[102] Für die Rechtsbehelfe Nacherfüllung, Minderung und Rücktritt braucht nicht vorgetragen zu werden, welche Folgen die vertragswidrige Beschaffenheit gehabt hat. Mit Rücksicht auf OLG Hamm DAR 2006, 390 tun Käufer-Anwälte gut daran, eine Eigenverursachung von sich aus, also nicht erst auf den Einwand des Verkäufers, ausdrücklich auszuschließen.

1658 Für die **Beweisführung und Beweislast** gilt: Wenn jeder der möglichen Schadensursachen eine vertragswidrige Beschaffenheit zugrunde liegt, geht die Unaufklärbarkeit der Frage, welche Ursache in welcher Weise wirksam geworden ist, nicht zu Lasten des Käufers.[103] Er hat den „Ob-Überhaupt-Beweis" geführt und damit die Basis für das Eingreifen der Beweisvermutung geschaffen. Beispiel: Als Ursachen konkurrieren nur ein übermäßiger Verschleiß und ein fehlerhafter Einbau einer Dichtung. Beide Ursachen sind Sachmängel. Anders ist es, wenn außer einem Einbaufehler (Sachmangel) ein Fall von normalem

---

100 Dazu LG Kaiserslautern 30. 6. 2005 – 3 O 722/03 – n. v.
101 BeckRS 2007, 14370.
102 LG Köln 27. 6. 2006, DAR 2007, 34, 35 unter Hinweis auf BGH NJW 2006, 434 (Turbolader).
103 OLG Dresden 26. 10. 2006 – 9 U 732/06 – n. v.; LG Köln 27. 6. 2006, DAR 2007, 34.

Darlegung und Beweis der Ist-Beschaffenheit

Verschleiß und/oder ein Fahr- oder Wartungsfehler des Käufers als Alleinursachen in Betracht kommen (Beispiele dazu unter Rn 1663 ff.).

In der Gerichtspraxis geht es – abgesehen von den unter Rn 1622 ff. dargestellten Verschleißfällen – vorwiegend um vom Verkäufer behauptete **Fahr- und Bedienungsfehler**, z. B. fehlerhafte Fahrweise wie falsches Schalten (BGH NJW 2004, 2299) oder – in einem Kat-Fall (BGH NJW 2006, 1195) – Fahren über eine Bordsteinkante o. ä. mit Aufsetzen des Unterbodens.[104] Als Bedienungsfehler hat das LG Kaiserslautern auch das Überfüllen mit Motoröl gewertet.[105] Nicht selten verteidigen sich Verkäufer zweispurig: normaler Verschleiß/Alterung/Gebrauch und außerdem Fahr- und/oder Bedienungsfehler. Den Stoff liefern oftmals erst privat oder gerichtlich eingeholte Gutachten. 1659

Eine **Eigenverursachung** durch den Käufer kann auch **in Form von Unterlassungen** vorliegen, etwa Versäumnisse beim Nachfüllen von Motoröl, Nachlässigkeiten bei der Wartung und Inspektion, z. B. das Nichtwechseln des Zahnriemens. In solchen Fällen kann es darauf ankommen, ob das Verhalten des Käufers den Defekt herbeigeführt oder nur verschlimmert hat, eine Unterscheidung, die spätestens im Rahmen des § 323 Abs. 6 BGB von Bedeutung ist (dazu Rn 546 ff.).

Nicht nur fehlerhafte Verhaltensweisen des Käufers können vom Verkäufer ins Feld geführt werden, auch sonstige Einwirkungen in dessen Sphäre wie z. B. ein **Marderbiss** können eine Rolle spielen.

Dass dem Einwand der Eigenverursachung durch Fahr- oder Bedienungsfehler auch bei technischen Defekten Grenzen gesetzt sind,[106] macht das **Zylinderkopf-Urteil BGH NJW 2007, 2621** deutlich. Wie im Zahnriemen-Fall BGH NJW 2004, 2299 stand der Vorwurf im Raum, der Käufer habe etwas falsch gemacht. Dort war es ein Schaltfehler als eine von mehreren Ursachen für die Lockerung des Zahnriemens, hier die Behauptung einer falschen Fahrweise in Form der Überlastung durch Ziehen schwer beladener Anhänger und/oder durch Nichtbeachten der Anzeige für die Kühlwassertemperatur. 1660

Für manche überraschend, hat der BGH im Zylinderkopf-Fall[107] die Beweisvermutung greifen lassen, während er sie im Zahnriemen-Fall (NJW 2004, 2299) für unanwendbar erklärt hat. Wer für eine Gleichbehandlung plädiert und dem BGH Inkonsequenz, gar Willkür,[108] vorwirft, übersieht Wesentliches. Der **Zahnriemen** des Opel Vectra war – von den meisten BGH-Kritikern verkannt – erst kurz vor der Auslieferung an den Käufer in der Werkstatt des Händlers erneuert worden. Die mit dem neuen Zahnriemen gefahrene Strecke betrug max. 50 km. Damit war praktisch auszuschließen, dass ein anderer als der Käufer (Fahrstrecke rund 11.000 km) den Zahnriemen durch einen Schaltfehler hat beschädigen (lockern) können.

Im Prozess wurde deshalb auch nur über einen eventuellen Schaltfehler des Käufers, nicht eines Vorbesitzers, auch nicht der Werkstatt, gestritten. Als Alternativursachen für die Lockerung des Zahnriemens (Vorstufe des endgültigen Motorschadens) kamen zwei Umstände aus der Sphäre des Händlers in Frage: fehlerhaftes Material und/oder übermäßiger Verschleiß des (vor Übergabe gerade erneuerten) Zahnriemens. Wenn der Schaltfehler die Ursache war,[109] kam als Verantwortlicher nur der Käufer oder ein Dritter aus seiner Sphäre in Frage, nicht etwa der Händler oder ein Vorbesitzer. M. a. W.: Der potenzielle

---

[104] Dazu auch AG Rostock 23. 3. 2005 – 47 C 419/04 – n. v.
[105] Urt. v. 30. 6. 2005 – 3 O 722/03 – n. v.
[106] Zu faktischen s. OLG Frankfurt 4. 3. 2005, DAR 2005, 339 („Kolbenfresser").
[107] NJW 2007, 2621.
[108] *Saueressig*, NJOZ 2008, 2072.
[109] Was auch im weiteren Verfahren vor dem OLG München nach Anhörung des Sachverständigen nicht geklärt werden konnte (Urt. v. 13. 9. 2004 – 31 U 3025/03 – n. v.).

Fahrfehler konnte zeitlich nicht in die Phase vor Gefahrübergang verlegt werden.[110] Bei dieser Sachlage musste der Käufer zum Nachweis eines vertragswidrigen Zustandes als Vermutungsbasis (hier: Lockerung des Zahnriemens) den schädigenden Einfluss eines eigenen Schaltfehlers ausschließen.[111]

In einem entscheidenden Punkt anders gelagert ist der **Zylinderkopf-Fall** des BGH.[112] Die angeblich unsachgemäße Behandlung konnte auch in die Zeit *vor* Auslieferung des Fahrzeugs an den Käufer fallen; eine Verschiebung in die Zeit vor Übergabe war also möglich. Anders formuliert: Wenn Fahr- oder Bedienungsfehler, dann nicht nur – wie im Zahnriemen-Fall – Käufer-, sondern auch Vorbesitzerverantwortung, sprich Mangelhaftigkeit. Nicht geklärt war laut BGH allein die Frage, ob der Defekt der Zylinderkopfdichtung[113] und die daraus folgende oder dafür ursächliche Überhitzung des Motors bereits vor der Übergabe an den Käufer eingetreten waren oder durch einen Fahr- oder Bedienungsfehler des Käufers erst anschließend entstanden sind. Wie im Ford-Fiesta-Fall (BGH NJW 2005, 3490) und im Kat-Fall (BGH NJW 2006, 1195) musste dem Käufer die Beweisvermutung zugute kommen.

Zur Anschlussfrage einer etwaigen **Unvereinbarkeit der Beweisvermutung** s. Rn 1641.

1661 BGH-konform entschieden hat das OLG Frankfurt einen Fall mit **defekter Kupplung**.[114] Bei Auslieferung des erst 20 km (!) gelaufenen Pkw war die Kupplungsanlage voll funktionsfähig. Die später immer wieder auftretenden Gebrauchsstörungen als solche schieden damit als Sachmangel aus, es musste auf die Ursache abgestellt werden. Zwei Ursachen standen im Raum: Materialmangel und Bedienungsfehler. Da der eventuelle Bedienungsfehler – wie im BGH-Zahnriemenfall – nur in die Sphäre des Käufers fallen konnte (der Wagen war bei Auslieferung erst 20 km gelaufen), musste er den Bedienungsfehler als Ursache ausschließen. Das war nicht gelungen. Folglich war in Ermangelung einer feststehenden vertragswidrigen Beschaffenheit kein Raum für § 476 BGB.

Anders liegen die Dinge, wenn nach einem Getriebeschaden nur ein Schaltfehler als Ursache in Frage kommt und die Parteien allein darüber streiten, ob er vor oder nach Übergabe begangen wurde. Hier hilft dem Käufer § 476 BGB. Es geht nur um die Wann-Frage.

Negativbeweis: An den vom Käufer zu führenden Beweis, dass er für den Defekt nicht verantwortlich ist, sind nur **maßvolle Anforderungen** zu stellen. Beweismittel ist in erster Linie der Sachverständigenbeweis, ggf. auch die Parteivernehmung des Klägers gem. § 448 ZPO.

(3) Verschleiß und Alterung

1662 Gleichviel, ob Ursachenmehrheit oder Alleinursache, auszuräumen hat der Käufer den Einwand des Verkäufers, die fragliche Ursache für den Motor- oder Getriebeschaden sei das Ergebnis von **normalem Verschleiß** und/oder **gewöhnlicher Alterung**. Denn dabei handelt es sich in der Regel nicht um eine vertragswidrige Beschaffenheit. Das gilt auch für Verschmutzungen und Verkokungen, soweit sie „normal" sind (Näheres Rn 1508 ff.).

Fallbeispiele Motorschäden

1663 Der Käufer reklamiert einen **Ausfall des Motors** in einem bei Auslieferung 72.000 km gelaufenen Audi bei km-Stand 81.000. Der Verkäufer beruft sich auf normalen Verschleiß des unstreitig gerissenen Zahnriemens.

---

110 So *Revilla*, zfs 2007, 617.
111 Aufgabe der abweichenden Position in der Vorauflage.
112 Urt. v. 18. 7. 2007, NJW 2007, 2621.
113 Für den BGH kein Fall von normalem Verschleiß, was aber angesichts der Gesamtlaufleistung des Fahrzeugs von ca. 160.000 km erörterungsbedürftig war.
114 Urt. v. 18. 7. 2007, ZGS 2007, 437.

Darlegung und Beweis der Ist-Beschaffenheit

Sache des Käufers – auch als Verbraucher – ist es, den Verschleißeinwand, sofern erheblich, zu entkräften.[115] Er hat einen vertragswidrigen Zustand (Beschaffenheit) zu beweisen. Dieser muss sich zudem innerhalb von sechs Monaten ab Übergabe gezeigt haben. Als vertragswidriger Zustand kommt ein übermäßiger bzw. vorzeitiger Verschleiß eines bestimmten Einzelteils in Frage, hier des Zahnriemens (Näheres dazu Rn 1537 ff.). Verantwortlich kann der Audi-Verkäufer für die Beschaffenheit des Zahnriemens auch deshalb sein, weil er bei Einhaltung des vorgeschriebenen Wechseltermins nicht gerissen wäre. Zur Nichtauswechselung des Riemenspanndämpferelements als vertragswidrige Beschaffenheit s. OLG Koblenz.[116]

In dem obigen Audi-Beispiel gelingt dem Käufer der „Ob-Überhaupt-Beweis" durch den Nachweis, dass von einem Zahnriemen in einem Motor dieses Typs und einer Laufleistung von 72.000 km normalerweise eine längere Fahrstrecke als weitere 9.000 km zu erwarten ist.[117] Kann er natürlichen Verschleiß als Ursache für den Zahnriemenschaden ausschließen, hat er mit einem Sachmangel im Rechtssinn die Basis für die Beweisvermutung gelegt. Hat sich darüber hinaus der Defekt des Zahnriemens innerhalb der Sechsmonatsfrist gezeigt, streitet für den Käufer die Vermutung des § 476 BGB, selbst wenn der vertragswidrige Zustand für den Verkäufer unerkennbar war. M. a. W.: Ist nicht aufklärbar, ob ein übermäßiger Verschleiß schon bei Übergabe vorgelegen hat, so wird dies kraft § 476 BGB vermutet.[118]

Im Zahnriemenfall BGH NJW 2004, 2299 hatte der Käufer mit der potenziellen Ursache für die Lockerung des Zahnriemens in Form von normalem „Verschleiß" nur deshalb kein Problem, weil der Zahnriemen kurz vor Auslieferung des Opel an ihn erneuert worden war. Normaler Verschleiß war deshalb kein Thema. Auseinandersetzen musste der Käufer sich nur mit dem – rechtserheblichen – Einwand „Schaltfehler". Die Alternativursachen (Materialfehler/übermäßiger Verschleiß) gingen nicht zu seinen Lasten.

Abwandlung: Verschleißeinwand und Vorwurf „falsche Fahrweise" **1664**

Macht der Verkäufer nicht nur geltend, der Ausfall des Motors beruhe auf normalem Verschleiß, sondern verteidigt er sich außerdem hilfsweise mit der Behauptung einer „falschen Fahrweise", sind beide Einwände – sofern hinreichend substantiiert vorgetragen – auch gegenüber einem Verbraucher erheblich. Dieser hat eine vertragswidrige Beschaffenheit zu beweisen. Dazu gehört der Ausschluss von normalem Verschleiß. Insoweit hilft ihm die Beweisvermutung des § 476 BGB nicht.[119] Spielt normaler Verschleiß erwiesenermaßen keine Rolle (kein non liquet), bleibt der Hilfseinwand „Fahrfehler". Jetzt kommt es darauf an, ob nur der Käufer (oder ein Dritter in seiner Sphäre) oder auch ein früherer Besitzer für die Ursache „falsche Fahrweise" verantwortlich sein kann. Im ersten Fall (keine Verschiebbarkeit des Fahrfehlers in die Zeit vor Übergabe) hat der Käufer den „Negativbeweis" („ich nicht") zu führen (wie BGH NJW 2004, 2299), im zweiten Fall greift die Beweisvermutung zu seinen Gunsten ein (wie BGH NJW 2007, 2621), vorausgesetzt normaler Verschleiß ist als Ursache auszuschließen. Bei einem non liquet in der Verschleißfrage ist

---

115 OLG Düsseldorf 8. 1. 2007, DAR 2007, 211; OLG Köln 1. 3. 2006, DAR 2006, 1391 = OLGR 2006, 381; anders OLG Koblenz 19. 4. 2007, NJW 2007, 1828.
116 Urt. 19. 4. 2007, NJW 2007, 1828.
117 Beispiele für eine erfolgreiche Führung des „Übermäßigkeitsbeweises" sind OLG Köln 1. 3. 2006, MDR 2006, 1391 = OLGR 2006, 381; LG Dortmund 21. 12. 2007 – 22 O 212/06 – n. v. (Einspritzdüse); s. auch OLG Hamm 18. 6. 2007 – 2 U 220/08 – BeckRS 2007, 14370. Mustergutachten in SP 2005, 178 (Krad).
118 OLG Köln 1. 3. 2006, MDR 2006, 1391 = OLGR 2006, 381; OLG Hamm 18. 6. 2007 – 2 U 220/06 – BeckRS 2007, 14370; LG Dortmund 21. 12. 2007 – 22 O 212/06 – n. v.
119 OLG Schleswig 9. 10. 2007 – 3 U 30/07 – n. v. (Bruch des Kompressorrades des Turboladers mit einer Vielzahl potenzieller Ursachen).

der Käufer mit seinem „Ob-Überhaupt-Beweis" gescheitert; § 476 BGB ist nicht anzuwenden.

1665 *Fallbeispiele Getriebeschäden*

Nach einer Fahrstrecke von 11. 000 km ab Übergabe tritt an einem Ford Mondeo (bei Übergabe 63. 000 km gelaufen, ca. 7 Jahre alt) eine Schaltauffälligkeit des 4-Gang-Automatikgetriebes auf. Der Käufer reklamiert u. a. ein plötzliches Beschleunigen. Der Händler behauptet Mangelfreiheit bei Übergabe, verweist auf die problemlos zurückgelegte Fahrstrecke von 11. 000 km und beruft sich auf normalen Verschleiß. Der gerichtlich bestellte Sachverständige sieht als wahrscheinliche Ursache der Schaltauffälligkeit einen Defekt des sog. EPC-Ventils, das er für ein Verschleißteil hält. In erster Instanz wird die Klage abgewiesen. Begründung: Verschleiß nicht ausgeschlossen, damit keine Mangelhaftigkeit als Basis der Beweisvermutung gem. § 476 BGB.[120] In zweiter Instanz hat die Klage Erfolg, weil sich auf Nachfrage bei dem Sachverständigen herausstellt, dass es sich um vorzeitigen Verschleiß und damit um einen Sachmangel handelt.[121]

Weitere Rechtsprechung zu Getriebeschäden infolge „konstruktiver Schwächen" oder sonstiger fahrzeugspezifischer Besonderheiten: OLG Düsseldorf NJW 2006, 2858 (Renault Laguna); OLG Stuttgart NJW-RR 2006, 1720 (Ford Windstar); LG Köln DAR 2007, 34 (Volvo C 70); s. auch OLG Koblenz NZV 2008, 156.

Ein non liquet in der Frage, ob es sich überhaupt um einen Sachmangel handelt, muss nicht immer mit den Verlust des Prozesses bedeuten. Helfen kann dem Käufer eine **Beweisvereitelung durch den Händler**. Wenn dieser das Getriebe entsorgt oder anderweitig aus den Händen gegeben hat statt es für eine sich abzeichnende Überprüfung bereit zu halten, kann ihm Beweisvereitelung zur Last fallen.[122]

1666 *Fallbeispiel Korrosion*

Macht der Käufer einen **Korrosionsschaden** geltend, gehört zur schlüssigen Darlegung, dass es sich um einen unüblichen Zustand handelt, mit dem nach Alter und Laufleistung nicht zu rechnen war (s. Rn 1480 ff.). Die Atypizität (Unüblichkeit) hat er darzulegen und zu beweisen, nicht der Verkäufer die Typizität. Erst wenn die Vertragswidrigkeit als solche feststeht, stellt sich die Frage ihres Vorhandenseins bei Übergabe. Wegen der relativen Langsamkeit des Korrosionsprozesses wird in dieser Hinsicht kaum ein vernünftiger Zweifel bestehen, so dass es aus tatsächlichen Gründen zu einer Beweislastentscheidung kaum kommen wird.

(4) Unvereinbarkeit der Beweisvermutung bei technischen Mängeln

1667 So berechtigt die Beweisvermutung des § 476 BGB bei technischen Mängeln an **fabrikneuen Kraftfahrzeugen** ist, so fragwürdig ist sie bei Fahrzeugen, die durch Gebrauch und Alterung abgenutzt sind. Wegen der **Art der Sache** – Gebrauchtfahrzeug statt Neuwagen – ist die Beweisvermutung indes **nicht generell ausgeschlossen** (s. Rn 1639 ff.). Allem Anschein nach will der BGH auch nicht, jedenfalls nicht pauschal, nach Alter und Laufleistung und damit nach dem Grad der Abnutzung unterscheiden. Andernfalls hätte er im Fall des ca. neunjährigen, fast 200.000 km gelaufenen Chrysler Voyager dazu Gelegenheit gehabt.[123]

Den **Ausschlusstatbestand „Art der Sache"** kann ein Unternehmer-Verkäufer somit nur, wenn überhaupt, in engen Grenzen geltend machen[124] – weniger eigenständig als viel-

---

120 LG Duisburg 5. 11. 2007 – 4 O 446/05 – n. v.
121 OLG Düsseldorf 23. 6. 2008 – I-1 U 264/07 – n. v.
122 AG Offenbach/M. 19. 3. 2007, NJW-RR 2007, 1546; s. auch OLG Schleswig 9. 10. 2007 – 3 U 30/07 – n. v. (Motorentsorgung); LG Bonn 5. 9. 2007 – 5 S 193/06 – n. v.
123 Urt. v. 23. 11. 2005, NJW 2006, 434.
124 Dafür LG Duisburg 7. 2. 2007 – 11 S 148/06 – n. v.

mehr unterstützend bei der Argumentation mit dem alternativen Ausschlussgrund „**Art des Mangels**". Hier liegt das **eigentliche Problem**, mit dem manche Instanzgerichte nach wie vor große Mühe haben.[125]

Der Beweisvermutung **wegen der Art des Mangels** – Konstruktions- oder Fabrikationsfehler, vorzeitige Materialermüdung, übermäßiger Verschleiß, atypische Verschmutzung – den Boden zu entziehen, ist bei richtiger Umsetzung der BGH-Vorgaben **praktisch so gut wie ausgeschlossen**. Abgesehen davon, dass der Verkäufer die tatsächlichen Umstände, die diesen Ausschlusstatbestand begründen, darzulegen und zu beweisen hat,[126] ist die einschlägige Rechtsprechung des BGH und nunmehr auch zahlreicher Instanzgerichte[127] **in diesem Punkt** ausgesprochen verbraucherfreundlich. Dem Verkäufer bleibt im Rahmen der Ausnahmeregelung des § 476 Hs. 2 BGB wohl nur die – wenig erfolgversprechende – Möglichkeit, darzulegen und zu beweisen, dass dem Käufer das bevorstehende Aus des Motors oder des Getriebes schon bei Übergabe hätte auffallen müssen, z. B. wegen übermäßiger Rauchentwicklung oder einem permanenten Ruckeln.

Anders als die erste Instanz hat das OLG Dresden[128] einem Pkw-Verkäufer mit dem Ausschlussgrund „Art des Mangels" in einem Fall geholfen, in dem eine defekte Ölpumpe eine von zwei möglichen Ursachen für einen „**Kolbenfresser**"[129] war. Der Senat konnte sich nicht vorstellen, dass ein Defekt an der Ölpumpe[130] bei einer Fahrstrecke des Käufers von 4.600 km unentdeckt bleiben konnte. Folglich sei er bei Übergabe vermutlich noch nicht vorhanden gewesen. Nach der Rechtsprechung des BGH ist das Auffallenmüssen auf den Zeitpunkt der Übergabe zu beziehen, s. Rn 1650.

h) Weitere Fragen zur Beweislastumkehr

aa) Auswirkung des § 476 BGB im Rückforderungsprozess

Ein Getriebeschaden ist Gegenstand der Entscheidung des LG Bonn in einem **Rückforderungsprozess**.[131] Das Gericht hat trotz des § 476 BGB zu Lasten des Käufers entschieden. Wie im Normalfall hat es ihm die Beweislast für die Mangelhaftigkeit im Übergabezeitpunkt zugeschoben. Begründung: Durch das in der vorbehaltlosen Bezahlung der Werkstattreparatur liegende **Anerkenntnis** sei die Vermutung des § 476 BGB „überlagert". Das überzeugt nicht. Den vollen Schutz des § 476 BGB hat derjenige Käufer, der von dem Händler auf Bezahlung von Kosten für die Beseitigung eines Motorschadens in Anspruch genommen wurde, später aber einen Gewährleistungsfall geltend macht.[132]

1668

bb) Auswirkungen der Nacherfüllung auf die Sechsmonatsfrist

Im Gesetz nicht geregelt ist die Frage, ob die Sechsmonatsfrist des § 476 BGB mit dem Gefahrübergang i. S. v. § 446 BGB ein für allemal beginnt oder ob es zu Fristverlängerungen bzw. einem Neubeginn, gar mehrfach, kommen kann. Bei der **Lieferung eines anderen Fahrzeugs** (Nacherfüllung gem. § 439 Abs. 1 BGB) taucht das **Problem der Zweitfrist** auf. Aus Sicht des Gebrauchtfahrzeugkaufs ist das kein Thema, weil auf diesem Sektor

1669

---

125 Z. B. LG Kiel 9. 2. 2007 – 4 O 198/05 – n. v. (Motorschaden/Bruch des Turboladerrades).
126 H. M., jetzt auch MüKo-BGB/*S. Lorenz*, § 476 BGB Rn 22.
127 Z. B. OLG Düsseldorf 23. 6. 2008 – I-1 U 264/07 – n. v.; OLG Hamm 18. 6. 2007 – 2 U 220/06 – BeckRS 2007, 14370; LG Köln 27. 6. 2006, DAR 2007, 34.
128 Urt. v. 26. 10. 2006 – 9 U 732/06 – n. v.
129 Dazu auch OLG Frankfurt 4. 3. 2005, ZGS 2005, 236 (ohne Rückgriff auf § 476 BGB anhand einer „tatsächlichen Vermutung" für Mangelhaftigkeit bei Übergabe zugunsten des Käufers entscheiden).
130 Mangelhaftigkeit unterstellt (normaler Verschleiß also verneint).
131 Urt. v. 5. 9. 2007 – 5 S 193/06 – n. v. Az. BGH VIII ZR 265/07.
132 OLG Schleswig 9. 10. 2007 – 3 U 30/07 – n. v. (Turboladerschaden).

eine Nachlieferung/Ersatzlieferung aus rechtlichen Gründen in der Regel ausscheidet (s. Rn 1684 ff.). Verständigen sich die Parteien nach Anzeige des Mangels auf die Lieferung eines anderen Gebrauchtfahrzeugs, ist es eine Frage der Auslegung der getroffenen Ersatzlieferungsabrede, ob die Sechsmonatsfrist mit der Übergabe des Ersatzfahrzeugs von Neuem läuft. Zwingend ist ein Neubeginn nicht. § 475 Abs. 1 BGB lässt eine Abweichung von 476 BGB in dieser Phase zu.

Wenn der Gebrauchtwagenverkäufer zur Erfüllung seiner **gesetzlichen Nacherfüllungspflicht** im Wege der **Nachbesserung** einen **Ersatzmotor** oder ein **Ersatzgetriebe** einbaut, wird – wie bei der Nachlieferung eines kompletten Autos – mit der Rückgabe des reparierten Fahrzeugs eine neue Sechsmonatsfrist in Gang gesetzt[133], allerdings nur punktuell, nicht etwa für das Fahrzeug in seiner Gesamtheit. Für jedes Einzelteil, das bei einer Nacherfüllungsreparatur Verwendung findet, kann der Grundsatz der Fristwiederholung (Neubeginn) freilich nicht gelten. Ausgenommen sind insbesondere so genannte Kleinteile, eine ohnehin eher theoretische Fallgestaltung. Die Fristwiederholung sollte auf **komplette Baugruppen und Bauteile** beschränkt bleiben. Hilfreich ist die Überlegung, ob der Käufer das fragliche Teil im Wege des Ersatzteilkaufs auch isoliert erwerben könnte.

Bei einer „reinen" Nachbesserung – ohne Ersatz einer ganzen Baugruppe oder kompletter Bauteile – bedarf es der Konstruktion des Neubeginns der Sechsmonatsfrist nicht, etwa ab Rückgabe des reparierten Fahrzeugs. Stellt sich heraus, dass die Nachbesserung erfolglos war, der innerhalb der Sechsmonatsfrist aufgetretene Mangel also nicht beseitigt worden ist, bleibt es bei der Beweislastumkehr für diesen Mangel bis zu dessen endgültiger Beseitigung.[134] Die Fortdauer des Beweisprivilegs erfordert indes eine Identität des Mangels.

Neu hervorkommende Mängel sind gesondert zu behandeln, d. h. für sie gilt jeweils die Ursprungsfrist von 6 Monaten. Für die Identitätsfrage entscheidend ist, welche Mängelerscheinung sich innerhalb der Sechsmonatsfrist gezeigt hat. Kann der nach Fristablauf hervor gekommene Defekt dem Erscheinungsbild zugeordnet werden, das innerhalb der Frist erkennbar geworden ist, so ist Mangelidentität zu bejahen.[135]

V. Das selbstständige Beweisverfahren

1. Zulässigkeitsvoraussetzungen

1670 Beim Kraftfahrzeugkauf geht es vornehmlich um die Klärung von Mängeln (Ist-Zuständen) mit Hilfe eines Sachverständigen, ferner um Mängelursachen (Entstehungszeitpunkt, Zuordnung) und um die Kosten der Mängelbeseitigung. Darauf abzielende Anträge außerhalb eines anhängigen Rechtsstreits sind zunächst nach der Spezialnorm des § 485 Abs. 2 ZPO zu prüfen. Sie können aber auch nach Abs. 1 des § 485 ZPO zulässig sein. Voraussetzung dafür ist in einem Fall ohne Zustimmung des Gegners ein **Beweissicherungsbedürfnis**. Voraussetzung für ein Verfahren nach § 485 Abs. 2 ZPO ist lediglich, dass der Antragsteller an der zu treffenden Feststellung ein **rechtliches Interesse** hat.

Ist zu befürchten, dass der Zustand des Fahrzeugs sich bereits durch bloßes Stehenbleiben nachhaltig verändert, ist ein Beweissicherungsbedürfnis zu bejahen z. B. in Fällen der Korrosion bei älteren Fahrzeugen. Auch ein vorübergehend stillgelegtes Fahrzeug kann demnach Gegenstand der Beweissicherung nach § 485 Abs. 1 ZPO sein. Erst recht droht ein Beweismittelverlust, wenn der Käufer beabsichtigt, das Fahrzeug weiter zu benutzen

---

133 *Reinking*, ZGS 2004, 133, 134.
134 *Reinking*, ZGS 2004, 133, 134.
135 *Reinking*, ZGS 2004, 133, 134.

oder es reparieren zu lassen oder zu veräußern. Es ist ihm nicht zuzumuten, zum Zwecke der Erhaltung seines Beweismittels im Status quo auf eine wirtschaftlich sinnvolle Benutzung seines Fahrzeugs zu verzichten. Bis eine Beweisaufnahme im Hauptsacheprozess stattfindet, können Monate, nicht selten Jahre vergehen.

Das erforderliche **rechtliche Interesse** an einer Feststellung außerhalb eines Streitverfahrens ist nach § 485 Abs. 2 S. 2 ZPO anzunehmen, wenn die gewünschte Klärung der Vermeidung eines Rechtsstreits dienen kann. Damit wird das Interesse nur beispielhaft umschrieben. Es kann auch aus anderen Umständen hergeleitet werden.[136]

Grundsätzlich ist der Begriff des rechtlichen Interesses weit zu verstehen.[137] Auch ein nur **mittelbares rechtliches Interesse** reicht aus.[138] Wenn für den Antragsteller Sachmängelansprüche ernsthaft in Betracht kommen, zu deren Klärung in tatsächlicher Hinsicht das selbstständige Beweisverfahren beitragen kann, ist das notwendige Interesse zu bejahen.[139] Das Gericht hat nur eine **eingeschränkte Prüfungskompetenz**, ob ein rechtliches Interesse an der begehrten Tatsachenfeststellung anzunehmen ist.[140] Nur in eindeutigen Fällen darf es verneint werden.

Die schriftliche Begutachtung durch einen Sachverständigen kann beantragt werden, wenn ein rechtliches Interesse an der Feststellung eines der in § 485 Abs. 2 Nr. 1 bis 3 ZPO genannten Sachverhalte besteht.

Wenn **Verjährung droht** und durch die Einleitung eines selbstständigen Beweisverfahrens (mit zulässigem Beweisgegenstand) die Verjährung **gehemmt** wird (vgl. § 204 Abs. 1 Nr. 7 BGB), liegt das rechtliche Interesse auf der Hand. Näheres zur Hemmung der Verjährung unter Rn 2030.

bb) Der Inhalt des Beweisantrags

Der Antrag muss zunächst den **Gegner bezeichnen**. Gegner in diesem Sinne ist bei Gebrauchtwagenstreitigkeiten typischerweise der Verkäufer. Beim Kauf in einer **Werksniederlassung** (z. B. Mercedes, BMW) ist das Werk zugleich Verkäufer und damit Gegner i. S. v. § 487 ZPO. Beim **Agenturgeschäft** kann der Händler/Vermittler allein oder neben seinem Auftraggeber, dem Verkäufer im Rechtssinn, als Gegner benannt werden. Der Käufer ist gut beraten, das selbstständige Beweisverfahren gegen beide einzuleiten, schon um die Verjährung seiner Ansprüche gegen beide zu hemmen (§§ 204 Abs. 1, Nr. 7, 425 Abs. 2 BGB). Hinzu kommt: Die Verwertbarkeit des Beweisergebnisses aus dem selbstständigen Beweisverfahren im Hauptprozess setzt voraus, dass die Parteien des Hauptprozesses am Beweisverfahren beteiligt waren. Nur bei Identität der Beteiligten beider Verfahren und bei Beteiligung des Gegners am selbstständigen Beweisverfahren (vgl. § 491 ZPO) darf das Beweisergebnis aus dem selbstständigen Beweisverfahren im Hauptprozess verwertet werden (vgl. auch § 493 ZPO).

Ferner sind in dem Beweisantrag die Tatsachen, über die (selbstständig) Beweis erhoben werden soll, zu bezeichnen. **Zulässige Beweisthemen** des selbstständigen Beweisverfahrens mit einem Sachverständigen sind ausschließlich die in § 485 Abs. 2 Nr. 1 bis 3 ZPO genannten Beweisfragen. Die Begutachtung des Zustandes einer Sache, auch einer Kaufsache, wird ausdrücklich für zulässig erklärt (Nr. 1). Gewährleistungsrechtlich ist damit **die Ist-Beschaffenheit** gemeint. Das ist zunächst der gegenwärtige Zustand, Gegenstand der

---

136 OLG Frankfurt 19. 6. 1991, MDR 1991, 989; *Cuypers*, NJW 1994, 1985, 1986.
137 BGH 16. 9. 2004, NJW 2004, 3488.
138 OLG Frankfurt 19. 6. 1991, MDR 1991, 989.
139 *Weyer*, BauR 1992, 313.
140 BGH 16. 9. 2004, NJW 2004, 3488.

Aufklärung kann aber auch **ein früherer Zustand** sein, damit auch die Beschaffenheit bei Fahrzeugübergabe.

1673 Als weiteres Beweisthema nennt Nr. 2 **die Ursache eines Sachmangels**, indes nicht dessen Feststellung. Dazu kann im Rahmen der objektiven Kriterien des § 434 Abs. 1 S. 2 Nr. 2 BGB auch die **Ermittlung der üblichen Beschaffenheit** gehören. Hier kann ein fabrikatsinterner, aber auch ein herstellerübergreifender Vergleich erforderlich sein (näher Rn 1527). Ob im Wege des selbstständigen Beweisverfahrens diesen nicht die Ist-Beschaffenheit, sondern **die Soll-Beschaffenheit** betreffenden Fragen nachgegangen werden kann, ist umstritten. Das OLG Oldenburg hat einen „weitgehenden und allgemein gefassten" **Produktvergleich** für **unzulässig** erklärt.[141] Hilfreich ist, wenn der Sachverständige schon im vorgezogenen Beweisverfahren auf die Thematik „übliche Beschaffenheit im Spiegel von Konkurrenzprodukten" eingeht (näher dazu Rn 200 ff., 1527 ff.). Ein eigener Test anderer Fahrzeuge ist damit nicht verbunden. Es genügt eine sachverständige Recherche.

1674 Verlangt ein Käufer z. B. wegen eines **Motorschadens** die Einholung eines schriftlichen Gutachtens durch einen Kfz-Sachverständigen, den auszuwählen Sache des Gerichts ist, wird er zweckmäßigerweise folgende Fragen formulieren:

1. Welcher Art ist der Motorschaden? Wie sieht das Schadensbild im Einzelnen aus?
2. Worauf ist der Motorausfall/Motorschaden zurückzuführen? Gibt es nur eine Ursache oder mehrere, ggf. welche?
3. War die Ursache, die zum Ausfall des Motors geführt hat, im Zeitpunkt der Übergabe des Fahrzeugs am .... schon vorhanden oder hat sie erst später zu wirken begonnen? Bestand bei Übergabe bereits die Anlage zu der Schadensursache, die sich später realisiert hat?
4. Ist die Ursache, soweit sie technischer Natur ist, bei einem Fahrzeug des konkreten Typs ...... angesichts eines Alters von ... Jahren und einer Laufleistung von ... km ungewöhnlich oder handelt es sich um normalen (natürlichen) Verschleiß? Hält das schadensursächliche Einzelteil bei vergleichbaren Fahrzeugen anderer Hersteller im Durchschnitt länger?
5. Welche Maßnahmen sind erforderlich, um den vorhandenen Motorschaden zu beheben? Wie hoch sind die Reparaturkosten? Was kostet der Einbau eines Ersatzmotors a) als Austauschmotor b) als generalüberholter Motor?

1675 Die zur Feststellung einer **Untersuchungspflicht des Verkäufers** nach überwiegender Rechtsauffassung (s. Rn 1903 ff.) erhebliche Frage, ob der Mangel bzw. eine bestimmte Mangelerscheinung (Symptom) für den Verkäufer erkennbar war, ist vom Themenkatalog des § 485 Abs. 2 ZPO dem Wortlaut nach gleichfalls nicht gedeckt. Die **Erkennbarkeit des Sachmangels** kann ferner im Zusammenhang mit der Arglistfrage und mit Blick auf § 442 BGB von Bedeutung sein, nach neuem Kaufrecht außerdem für den Entlastungsbeweis des Verkäufers im Rahmen der Schadensersatzhaftung nach §§ 311 a Abs. 2, 280 Abs. 1 BGB (s. Rn 1777 ff., 1807 ff.).

Aus den Zustands- und Ursachenfeststellungen des Kfz-Sachverständigen wird sich zwar oft ergeben, ob der Verkäufer, speziell ein sachkundiger Händler, „handgreifliche Anhaltspunkte" i. S. d. Rechtsprechung zur (konkreten) Untersuchungspflicht hatte. Gleichwohl sollte man die Erkennbarkeit wie die Unerkennbarkeit des behaupteten Mangels in **großzügiger Auslegung** des § 485 Abs. 2 ZPO[142] von vornherein als Beweisthemen zulassen.

Es geht nicht um die Klärung einer Rechtsfrage, sondern um die Feststellung eines Zustandes verbunden mit einer Aussage über dessen Wahrnehmbarkeit. In diese Aussage

---

141 Beschl. v. 9. 9. 2005, DAR 2005, 685 m. krit. Anm. *Warfsmann*.
142 Siehe aber OLG Köln 15. 4. 1998, BauR 1999, 195.

fließt der Sachverstand des Gutachters ein, so dass er insoweit nicht nur „Augenscheinsgehilfe" ist.

Soweit es für die rechtliche Bewertung auf die **Auswirkungen des technischen Mangels** ankommt, etwa im Hinblick auf die Erheblichkeit der Pflichtverletzung (§§ 281 Abs. 1 S. 3, 323 Abs. 5 S. 2 BGB), werden sich den Feststellungen des Sachverständigen über den Fahrzeugzustand sachdienliche Angaben entnehmen lassen. Sofern das ausnahmsweise nicht der Fall sein sollte, muss der Sachverständige ergänzend befragt werden. **1676**

Im Rahmen der ausdrücklich für zulässig erklärten **Wertfeststellung** (§ 485 Abs. 2 Nr. 1 ZPO) kann der Sachverständige dazu aufgefordert werden, nicht nur den gegenwärtigen Wert des Fahrzeugs, sondern auch die mängelbedingte Wertminderung festzustellen. Im Einzelfall kann sich deshalb die Zusatzfrage empfehlen: Mindern die festgestellten Mängel den Verkehrswert des Fahrzeugs unter Berücksichtigung von dessen Alter und km-Leistung, wenn ja, in welchem Umfang? Zu beachten ist, dass die Geringfügigkeitsfrage nach heutigem Kaufrecht nur für die Rechtsfolgeseite von Bedeutung ist (s. Rn 521 ff.). **1677**

Ein ordnungsgemäßer Beweisantrag i. S. v. § 487 ZPO muss ferner ein nach § 485 ZPO zulässiges **Beweismittel** bezeichnen. Außerhalb eines Rechtsstreits ist nur eine **schriftliche Begutachtung** durch einen Sachverständigen zugelassen. Das Gericht hat die **Auswahl des Sachverständigen** zu treffen, wie bei einer Beweisaufnahme im Hauptverfahren. Das bedeutet nicht, dass der Antragsteller überhaupt kein Vorschlagsrecht mehr hat. Ihm ist lediglich das Wahlrecht genommen worden. **1678**

cc) Kosten des selbstständigen Beweisverfahrens

Zahlreiche Schwierigkeiten können sich ergeben, wenn der Antragsteller seine Kosten und etwaige Auslagen vom Antragsgegner erstattet haben möchte. Dieser kann seinerseits ein Interesse an einer Kostenerstattung haben. Die Verpflichtung zur Kostenerstattung kann sich aus dem **Prozessrecht** oder aus dem **materiellen Recht** ergeben. Voraussetzung eines prozessualen Erstattungsanspruchs ist eine **Kostenentscheidung,** entweder isoliert im Beweisverfahren oder im Hauptsacheprozess. **1679**

Die Kosten des selbstständigen Beweisverfahrens gehören zu den Kosten des anschließenden Hauptsacheverfahrens. Sie werden von der darin zu treffenden Kostenentscheidung mitumfasst,[143] gleichviel, ob das Gutachten verwertet wurde oder nicht. Wird nur über einen Teil der Mängel prozessiert, ist eine **Teilkostenentscheidung** nach § 494a Abs. 2 ZPO grundsätzlich unzulässig.[144] Eine Kostentrennung kann das Gericht bei der Kostenentscheidung im Hauptsacheverfahren analog § 96 ZPO vornehmen, z. B. wenn der Sachverständige von zehn Mängelrüge nur 2 für begründet erklärt.

Mit **§ 494a ZPO** sind die vielfältigen Kostenprobleme nur unzureichend gelöst worden. Mehrere Fallgestaltungen aus der täglichen Praxis sind ungeregelt geblieben. Kommt es nicht zum Hauptsacheprozess oder ergeht dort keine Kostenentscheidung und liegt auch kein isolierter Kostenausspruch aus dem selbstständigen Beweisverfahren vor, sind beide Parteien auf **materiell-rechtliche Kostenerstattungsansprüche** verwiesen.

Nach früherem Recht kamen für den Käufer die §§ 467 S. 2, 463 BGB a. F., für den Verkäufer positive Forderungsverletzung als Anspruchsgrundlagen in Betracht.[145] Jetzt ist § 280 Abs. 1 BGB die Zentralnorm; daneben § 439 Abs. 2 BGB.[146] Wer die Möglichkeit eines Kostentitels nach § 494a Abs. 2 ZPO hat, hat kein Rechtsschutzbedürfnis für eine Zahlungsklage, die auf eine Kostenerstattung beschränkt ist.

---

143 BGH 24. 6. 2004, NJW 2004, 3121.
144 BGH 24. 6. 2004, NJW 2004, 3121; 21. 10. 2004, NJW 2005, 294.
145 AG Bonn 3. 6. 1994, DAR 1994, 510.
146 Dazu AG Marienberg 4. 8. 2006, NZV 2007, 87; s. a. Rn 385 f.

Ist der **Fahrzeugmangel** im Verlauf des selbstständigen Beweisverfahrens **einvernehmlich beseitigt** worden, z. B. durch die Werkstatt des Verkäufers oder durch den Sachverständigen selbst, fehlt für eine Klage auf Nachbesserung bereits das Rechtsschutzbedürfnis. Eine Klage auf Rückabwicklung ist materiellrechtlichen Einwendungen ausgesetzt (s. Rn 518). Ein entsprechender Fristsetzungsantrag nach § 494 a Abs. 1 ZPO muss zurückgewiesen werden.[147] Gegenstand einer Klage, deren Erhebung auf Antrag gerichtlich angeordnet werden könnte, kann die Feststellung sein, dass bis zur Mängelbeseitigung eine Sachmängelhaftung bestanden hat. Denkbar ist auch, die Kosten zum Klagegegenstand machen zu lassen. Doch auch für diese beiden Ersatzwege ist ein Rechtsschutzbedürfnis zu verneinen. Denn beide Seiten haben die Möglichkeit, eine Kostenentscheidung nach § 91 a ZPO herbeizuführen.

dd) Streitwert des selbstständigen Beweisverfahrens

1680 Der Streitwert des selbstständigen Beweisverfahrens ist mit dem **Hauptsachewert** oder mit dem Teil des Hauptsachewerts anzusetzen, auf den sich die Beweiserhebung bezieht. Mit dieser Entscheidung vom 16. 9. 2004 hat **der BGH**[148] eine langjährige Kontroverse in der Rechtsprechung beendet. Der vom Antragsteller bei Verfahrenseinleitung geschätzte Wert ist weder bindend noch maßgeblich. Vielmehr hat das Gericht nach Einholung des Gutachtens den „richtigen" Hauptsachewert festzusetzen, bezogen auf den Zeitpunkt der Verfahrenseinleitung und das Interesse des Antragstellers an der begehrten Tatsachenfeststellung.[149]

Wenn damit das Rechtsschutzziel und das Interesse des Antragstellers an einer Verwertung des Beweisergebnisses in einem etwaigen Streitverfahren maßgebend sind, rücken in Kfz-Kaufsachen die in § 437 BGB genannten Rechtsbehelfe in den Blick. Zwischen ihnen kann ein Käufer grundsätzlich frei wählen. Nur im Verhältnis zwischen dem Primäranspruch auf Nacherfüllung und den sekundären Rechten (Rücktritt, Minderung und Schadens- und Aufwendungsersatz) ist er gebunden. Bei behebbaren Mängeln muss nach neuem Kaufrecht grundsätzlich erst die Nacherfüllungsstation durchlaufen werden, bevor die Sekundärrechtsbehelfe geltend gemacht werden können. Dabei besteht beim Gebrauchtfahrzeugkauf die Besonderheit, dass eine Nacherfüllung durch Ersatzlieferung in der Regel ausscheidet, also nur eine Nachbesserung in Frage kommt, sofern der Mangel behebbar ist.

Bindung an die Rangfolge einerseits und Wahlfreiheit auf der Ebene der Sekundärrechtsbehelfe andererseits werfen mannigfaltige Bewertungsfragen auf. Für das Werkvertragsrecht sind sie nicht neu, so dass an die Rechtsprechung auf diesem Gebiet (soweit von BGH NJW 2004, 3488 grundsätzlich bestätigt) angeknüpft werden kann. Wenn dem Antragsteller bei Einleitung des Beweisverfahrens sämtliche Optionen der Rechtsverfolgung (§ 437 BGB) noch offen stehen, wird der Streitwert nach dem am weitesten gehenden Recht zu bemessen sein. Das ist eine Rückabwicklung nach Rücktrittsrecht bzw. nach den Regeln des großen Schadensersatzes. Der Streitwert bemisst sich dann **im Zweifel nach dem Kaufpreis**.[150]

Nur auf die – meist sehr viel geringeren – **Kosten der Nachbesserung** und eventuell auf eine Wertminderung abzustellen, ist in einer ergebnisoffenen Mängelstreitigkeit in einem Gebrauchtwagenfall im Allgemeinen nicht gerechtfertigt. Die Nachbesserung kann, muss aber nicht das Ende eines etwaigen Streitverfahrens sein. Dem Käufer als Antragsteller ist es freilich unbenommen, sein Rechtsschutzziel schon in der Antragsschrift enger zu definieren, indem er es ausdrücklich auf Nachbesserung oder auf Minderung beschränkt. Er

---

147 *Schneider*, ZAP F. 13, 276; *ders.*, ZAP F. 24, 223 ff.
148 NJW 2004, 3488.
149 BGH 16. 9. 2004, NJW 2004, 3488; OLG Celle 23. 12. 2003 – 7 W 111/03 – n. v.
150 OLG Celle 23. 12. 2003 – 7 W 111/03 – n. v.

kann es auch von dem Ergebnis der Begutachtung abhängig machen, ob er nur Minderung oder den Rücktritt wählt. Insoweit kann die Frage nach der Erheblichkeit des Mangels eine entscheidende Rolle spielen (s. Rn 521 ff.). Auch der Gesichtspunkt der Zumutbarkeit weiterer Fahrzeugnutzung kann für den Käufer ein Kriterium für seine Entschließung sein. Ob bei einem derartigen Offenhalten der Anspruchswahl der vom Sachverständigen ermittelte Zustand den Ausschlag gibt[151], oder ob auf die streitwerthaltigere Alternative abzustellen ist, dürfte nach der Entscheidung des BGH vom 16. 9. 2004[152] im letzteren Sinn zu entscheiden sein. Wenn der Sachverständige nicht sämtliche behaupteten Mängel bestätigt hat, sollen für die Streitwertfestsetzung die fiktiven Kosten der Beseitigung der unbestätigten Mängel geschätzt werden. Damit weist der BGH das Feststellungs- und Bewertungsrisiko dem Antragsteller zu.

---

151 Dafür OLG Düsseldorf 2. 6. 2003 – 1 W 21/03 – n. v. (Neuwagenkauf nach altem Recht).
152 NJW 2004, 3488.

J. Die Rechtsbehelfe des Käufers eines gebrauchten Kraftfahrzeugs bei einem Sachmangel

I. Überblick

1681   Durch die Modernisierung des Kaufrechts ist das **gesamte Rechtsbehelfssystem** der Sachmängelhaftung einschließlich des für den Gebrauchtwagenkauf zentralen § 463 BGB a. F. **grundlegend umgestaltet** worden. In erster Linie hat der Käufer grundsätzlich (nur) Anspruch auf Nacherfüllung mit den Alternativen Nachlieferung und Nachbesserung. Erst wenn sein Interesse an einer mangelfreien Sache auf dieser ersten Stufe nicht befriedigt werden kann oder nicht befriedigt zu werden braucht, stehen ihm weitere Rechte zu (§ 437 Nrn. 2 und 3 BGB).

Diese **Zweistufigkeit** hat für den Kauf fabrikneuer Sachen naturgemäß weitaus größere Bedeutung als für den Kauf bereits gebrauchter Gegenstände. Hier bleibt es häufig bei der traditionellen Einstufigkeit. Denn das Interesse eines Gebrauchtfahrzeugkäufers an Mängelfreiheit kann in einer Vielzahl von Fällen durch Nacherfüllung nicht befriedigt werden. Dafür gibt es rechtliche, aber auch tatsächliche Gründe. In der Mehrzahl der Fälle, in denen Käufer die Gerichte anrufen, können die Rechte der zweiten Ebene (Sekundärrechtsbehelfe) direkt geltend gemacht werden.

Diese direkte Zugriffsmöglichkeit stellt für den Kfz-Handel, erst recht aber für unternehmerische Verkäufer außerhalb der Kfz-Branche eine erhebliche Belastung dar, weil eine Haftungsfreizeichnung beim Verkauf an Verbraucher weitgehend untersagt ist (§ 475 Abs. 1 BGB). Von einer „ausgewogenen Sonderbehandlung"[1] des Gebrauchtwagenverkaufs kann deshalb und aus anderen Gründen, wozu auch die vielfältigen Beweislastumkehrungen zählen, keine Rede sein.

Die Instanzgerichte haben die reformbedingte Schieflage rasch erkannt und gegengesteuert. Durch einen restriktiven Mangelbegriff, eine maßvolle Anwendung der Beweislastumkehr (§ 476 BGB), die Anerkennung von Beschaffenheitsvereinbarungen „nach unten" und durch strenge Anforderungen an die Nachfristsetzung bei gleichzeitig engherziger Auslegung der Entbehrlichkeitstatbestände sowie durch verkäuferfreundliche Grenzziehungen bei dem Problem der Erheblichkeit nach § 323 Abs. 5 S. 2 BGB hat man dem Verbraucherschutz vernünftige Grenzen gezogen. In der Grundtendenz steht diese Judikatur, die gewiss auch justizinterne Gründe hat,[2] im Einklang mit der aktuellen **Rechtsprechung des Bundesgerichtshofs**.

II. Nacherfüllung

1682   Nachbesserung und Nachlieferung wurden in das alte BGB vor allem deshalb nicht aufgenommen, weil sie praktisch nicht handhabbar seien, zur Rechtsunsicherheit führten und nicht im Interesse des Käufers lägen.[3] Für den Kauf gebrauchter Kraftfahrzeuge hat diese Einschätzung, so die Bilanz nach sieben Jahren Schuldrechtsreform, nichts von ihrer Berechtigung verloren.

Nach „neuem" Kaufrecht kann der Käufer nach seiner freien Wahl Lieferung einer mangelfreien Sache oder Beseitigung des Mangels verlangen (§§ 437 Nr. 1, 439 Abs. 1 BGB). Dem Käufer einer Speziessache (Stückschuld) wird damit ein völlig neues Vorgehen er-

---
1 So für die EG-Richtlinie1999/44 *Staudenmayer*, Europäisches Kaufgewährleistungsrecht, S. 45.
2 Ohne Beweisaufnahme (durch)entscheiden zu können, ist eine allzu verlockende Option.
3 Siehe *Hofer*, AcP 201 (2001), 280 Fn. 26.

Nacherfüllung

möglich, flankiert vom ebenso neuartigen Recht des Verkäufers zur „zweiten Andienung". Aus dieser grundlegenden Neuerung ergeben sich zahlreiche Streitfragen,[4] die vorzugsweise anhand des Kaufs eines gebrauchten Kraftfahrzeugs, dem **Prototyp des Stückkaufs**, diskutiert werden.

1. Ersatzlieferung (Nachlieferung)

Ein bereits gebrauchtes Kraftfahrzeug, vor allem ein Pkw, ist in aller Regel allein durch seine Benutzung zu einem **Unikat**, zu einer **unersetzbaren Sache**, geworden. Ein völlig identisches Ersatzstück ist auf dem gesamten Gebrauchtfahrzeugmarkt nicht vorhanden. Bei **Pkw, Kombis, Vans und SUVs** hat der Grad der Individualisierung und Spezifizierung einen historischen Höchststand erreicht. Bestenfalls stehen gleichartige (typ- und modellgleiche) und – wirtschaftlich gesehen – gleichwertige Fahrzeuge zur Verfügung. 1683

Vor diesem Hintergrund ist die Annahme in der **amtlichen Begründung** zutreffend, dass beim Kauf einer gebrauchten Sache eine Nacherfüllung durch Ersatzlieferung „zumeist von vornherein ausscheiden wird".[5] An anderer Stelle ist davon die Rede, dass bei einer **nicht vertretbaren Kaufsache** die Ersatzlieferung als Variante der Nacherfüllung entfällt. „Gebrauchte Güter können aufgrund ihrer Eigenart im Allgemeinen nicht ersetzt werden", heißt es im Erwägungsgrund Nr. 16 zur Verbrauchsgüterkaufrichtlinie. An diesen richtigen Befund schließt sich die Aussage an, dass bei gebrauchten Gütern „in der Regel" kein Anspruch auf Ersatzlieferung bestehe.

Beide amtlichen Äußerungen besagen im Umkehrschluss, dass auch beim Kauf einer gebrauchten Sache, einem Stück- oder Spezieskauf, ausnahmsweise Raum für eine Ersatzlieferung bleibt, sie also nicht von vornherein wegen Unmöglichkeit ausgeschlossen ist. Das ist auch **die Position des BGH**.[6] Ob eine Ersatzlieferung in Betracht komme, sei nach dem durch Auslegung zu ermittelnden **Willen der Vertragsparteien** zu beurteilen. Möglich sei die Ersatzlieferung nach deren Vorstellung, wenn die Kaufsache im Fall ihrer Mangelhaftigkeit durch eine gleichartige und gleichwertige ersetzt werden könne. Beim Kauf eines Gebrauchtwagens liege es **in der Regel** nahe, dies zu verneinen, wenn dem Kaufentschluss eine persönliche Besichtigung des Fahrzeugs vorangegangen sei[7].

a) Ersatzlieferung bei Mangelhaftigkeit nach § 434 Abs. 1 BGB

Die auf den tatsächlichen bzw. hypothetischen Parteiwillen abstellende Sichtweise des BGH[8] mag dogmatisch anfechtbar sein, die Praxis hat sie hinzunehmen und umzusetzen. Für den Gebrauchtwagenkauf bedeutet das: Die Lieferung eines anderen gebrauchten Kfz entspricht im Allgemeinen nicht dem (hypothetischen) Parteiwillen bei Abschluss des Kaufvertrages. 1684

Privatverkauf: Dass ein privater Verkäufer eines gebrauchten Pkw oder Krades[9] sich für den Fall der Mangelhaftigkeit nicht zu einer Ersatzlieferung verpflichten will, liegt auf der Hand und ist für den Durchschnittskäufer selbst bei einem Massenprodukt wie z. B. einem VW Golf ohne weiteres erkennbar. Die Konstruktion einer konkludenten bzw. stillschweigenden Ausschlussvereinbarung ist überflüssig. 1685

---

4 Vgl. *Dauner-Lieb*, FS für Canaris, S. 143 ff.; *H. P. Westermann*, a. a. O., S. 1262 ff.
5 BT-Drucks 14/6040, 232.
6 Grundlegend Urt. v. 7. 6. 2006, NJW 2006, 2839 = JZ 2007, 98 m. Anm. *Faust*.
7 BGH 7. 6. 2006, NJW 2006, 2839.
8 In zahlreichen weiteren Entscheidungen bestätigt, z. B. Urt. 28. 11. 2007, NJW 2008, 911; v. 29. 11. 2006, NJW 2007, 1346.
9 Dazu BGH 29. 11. 2006, NJW 2007, 1346.

1686 **Gewerblicher Verkauf:** Wie in den üblichen Vertragsformularen für das private Direktgeschäft bleibt die Ersatzlieferung als Variante der Nacherfüllung auch in den Kaufverträgen („Bestellscheinen") im **gewerblichen Handel** völlig unerwähnt. Selbst die AGB schweigen in diesem Punkt. Daraus könnte man schließen, dass der Kfz-Handel kein Regelungsbedürfnis sieht. Diese Schlussfolgerung erscheint indes zweifelhaft, ist die Ersatzlieferung doch auch in den AGB für den Neufahrzeugkauf ungeregelt geblieben. Als Grund ist § 475 BGB zu vermuten.

1687 In Ermangelung von Auslegungsansätzen im Vertragswortlaut ist der Parteiwille nach den gemeinsamen Vorstellungen der Vertragspartner unter Berücksichtigung der beiderseitigen Interessenlage zu erforschen. Möglich soll die Ersatzlieferung nach den Parteivorstellungen dann sein, wenn das Fahrzeug im Fall seiner Mangelhaftigkeit durch ein „gleichartiges und gleichwertiges" ersetzt werden kann.[10]

Insoweit besteht ein erheblicher Unterschied zwischen einem Kauf von Privat und einem Kauf vom Kfz-Händler. In den Möglichkeiten der Ersatzbeschaffung unterscheidet sich der gewerbliche Bereich signifikant vom Privatmarkt. Zumal Werksniederlassungen und große Handelsunternehmen haben häufig Fahrzeuge vor Ort vorrätig oder über Pools an der Hand, welche die – nicht unproblematischen – Kriterien „gleichartig" bzw. „gleichwertig" erfüllen.

Was die **Interessenlage des Händlers** betrifft, so kann ihm durchaus daran gelegen sein, ein solches Ersatzfahrzeug anzubieten. Für eine Ersatzlieferung und gegen eine Nachbesserung kann sich ein Händler auch aus Gründen entscheiden, die in der Person des Käufers liegen. Mutmaßliche Querulanten hält man sich mit einer Ersatzlieferung wirkungsvoller fern.

Das **Interesse des Käufers** muss sich beim Erwerb vom Händler nicht ausschließlich auf das ausgesuchte und sodann gekaufte Fahrzeug beschränken. Einem Käufer, dem es nur auf die Transportfunktion des Fahrzeugs, nicht auf dessen „Individualität", ankommt, kann daran interessiert sein, den mangelhaften Wagen durch ein vergleichbares Objekt aus dem Sortiment des Händlers zu ersetzen, z. B. ein Handwerker beim Kauf eines Lieferwagens.

Die im Schrifttum[11] erörterten Fälle möglicher Ersatzlieferung sind entweder durch die besondere Art des Fahrzeugs und/oder durch eine vom Durchschnittsfall abweichende Interessenlage gekennzeichnet. Genannt werden **Vorführwagen, Ausstellungsstücke** und „**Flottenrückläufer**", ferner **Fahrzeuge mit Kurzzulassung** („Tageszulassung")[12], gelegentlich auch **Jahreswagen**.

1688 Am Beispiel **Vorführwagen** wird deutlich, dass die Ansicht, die sich in der Ersatzlieferungsfrage am (mutmaßlichen) Parteiwillen orientiert, die besseren Gründe auf ihrer Seite hat. Den gekauften Vorführwagen mit mangelhafter Elektronik durch einen anderen (typgleichen) Vorführwagen zu ersetzen, weicht so stark von dem mutmaßlichen Willen und den Interessen der Vertragsparteien ab, dass ein solcher Austausch einer nachträglichen Vereinbarung vorbehalten bleiben sollte. Deren Nichtzustandekommen indiziert, dass die Parteien auch ursprünglich eine Ersatzlieferung nicht gewollt haben. Wer dem Verkäufer eines Vorführwagens ein Recht zur Ersatzlieferung einräumt, setzt sich ohne Grund über berechtigte Käuferinteressen hinweg. Ein Käufer, der sich für einen bestimmten Vorführwagen und gegen andere Angebote seines Händlers oder anderer Anbieter entschieden hat, kann, muss aber nicht an einem gleichartigen Ersatzfahrzeug interessiert sein. Auch

---

10 BGH 7.6.2006, NJW 2006, 2839.
11 Vgl. *Ball*, NZV 2004, 217, 220; *ders*, Homburger Tage 2004, S. 125, 126; *Bitter/Meidt*, ZIP 2001, 2114; *Canaris*, Schuldrechtsmodernisierung 2002, XXIV; *ders.*, JZ 2003, 831; *Wietoska*, a.a.O., S. 332 ff. m.w.N.; *Musielak*, NJW 2008, 2801
12 Dazu OLG Braunschweig 4.2.2003, NJW 2003, 1053 = DAR 2003, 169.

Nacherfüllung

ein Vorführwagen ist trotz seiner geringen Laufleistung (meist ca. 10. 000 km) und seines geringen Alters (regelmäßig unter 18 Monaten) bereits eine „unersetzbare Sache".

Während der hypothetische Wille eines privaten Vorführwagen-Käufers erfahrungsgemäß nicht dahin geht, bei Mangelhaftigkeit des Kaufobjekts einen anderen typgleichen Vorführwagen zu übernehmen, kann es einem **Unternehmer-Käufer** weniger auf das gekaufte Fahrzeug in seiner Eigenart als vielmehr auf dessen Funktion als Transportmittel ankommen. Wer durch den Ankauf einer Reihe von Gebrauchtfahrzeugen, z. B. „**Flottenrückläufern**", seinen Fuhrpark ergänzen oder aufstocken möchte, wird nach seiner Interessenlage gegen die Lieferung eines mangelfreien Ersatzfahrzeugs annähernd gleicher Konfiguration kaum etwas einzuwenden haben. Dennoch besteht auch in einem solchen Sonderfall **keine praktische Notwendigkeit**, den Parteien eine Ersatzlösung zu oktroyieren, die ihrem wirklichen Willen – wie der Konflikt zeigt – nicht entspricht. Wenn der Verkäufer ein gleichartiges/gleichwertiges Fahrzeug vorrätig hat, kann man sich über eine Tauschaktion verständigen und wird dies auch regelmäßig tun.

Festzuhalten ist: Mit dem BGH ist auch für den Geschäftstyp „Privat kauft vom Händler" eine Ersatzlieferung als Form der Nacherfüllung **in der Regel** zu verneinen. Hilfreich ist die Frage, ob die Parteien im Wissen um die Mangelhaftigkeit des Fahrzeugs einen Austausch gegen ein anderes Exemplar vereinbart hätten.[13] Für eine solche Annahme wird es regelmäßig an hinreichenden Anhaltspunkten fehlen. Dass der Händler ein Fahrzeug vorrätig hat, das nach Marke, Typ und Modell, nach Alter, Laufleistung, Farbe und Ausstattung dem Kaufobjekt weitgehend entspricht, reicht allein nicht aus, selbst wenn der Käufer bei der Entscheidung für „sein" Auto um die Möglichkeit eines solches Ersatzes weiß, etwa infolge einer Besichtigung des gesamten Fahrzeugbestandes.

Vorgänge wie eine **Besichtigung oder eine Probefahrt** vor Abschluss des Kaufvertrages dürfen als Tatbestände der „Individualisierung" nicht überbewertet werden. Gleichwohl sind es (schwache) Anhaltspunkte für die Annahme einer dem Parteiwillen entsprechenden Unersetzbarkeit.[14] Ihr Fehlen, z. B. bei **Online-Käufen** oder sonstigen Geschäften im Fernabsatz, besagt andererseits nicht, dass die Lieferung eines anderen gebrauchten Fahrzeugs dem Willen der Vertragspartner entspricht.

Konsequenzen. Wenn der Verkäufer eines gebrauchten Kfz, wie regelmäßig, zur Ersatzlieferung nicht verpflichtet ist (ein Fall anfänglicher Unmöglichkeit gem. § 275 Abs. 1 BGB), so bedeutet das: Der Verkäufer kann ein Verlangen nach Ersatzlieferung folgenlos verweigern. Verzug tritt nicht ein. Eine Fristsetzung ist wirkungslos. Der Verkäufer ist auch nicht verpflichtet, dem Käufer eine Mängelbeseitigung als Nacherfüllungsalternative von sich aus anzubieten. Der Käufer, der sich mit der Ersatzlieferung „verwählt" hat, verliert dadurch nicht seine Befugnis, vom Verkäufer mit der Mängelbeseitigung die einzig richtige Art der Nacherfüllung zu verlangen, sofern der Mangel behebbar ist. Bei einem unbehebbaren Mangel scheidet **wegen zweifacher Unmöglichkeit** nach § 275 Abs. 1 BGB jegliche Nacherfüllung aus.[15]

In der Gerichtspraxis ist die Ersatzlieferung typischerweise nur dann ein – rasch abgehaktes[16] – Thema, wenn der Käufer bei einem unbehebbaren Mangel ohne jeglichen Nacherfüllungsversuch direkt vom Kauf zurücktritt oder einen anderen Sekundärrechtsbehelf geltend macht.

---

13 Vgl. *Canaris*, JZ 2003, 831, 835; *Skamel*, DAR 2004, 565, 566; gegen eine ergänzende Vertragsauslegung *H. Roth*, NJW 2006, 2953.
14 Auch der Rückkauf des eigenen, früher selbst genutzten Pkw (OLG München 13. 6. 2007 – 20 U 5646/06 – n. v.); ebenso der Erwerb des „eigenen" Leasingautos.
15 BGH 28. 11. 2007, NJW 2008, 911.
16 Siehe z. B. BGH 28. 11. 2007, NJW 2008, 911 (Pkw); BGH 29. 11. 2006, NJW 2007, 1346 (Krad); OLG Hamm 2. 2. 2005, NJW-RR 2005, 1220 (Pkw).

b) Sonderfall Aliudlieferung

1692 Liefert der Verkäufer ein anderes als das bestellte Fahrzeug (so genanntes Identitätsaliud), ist nach „neuem" Recht die Sachmängelhaftung begründet, § 434 Abs. 3 BGB (s. Rn 1356). In einem solchen Ausnahmefall (Beispiel: BGH NJW 1979, 811) spricht – entgegen der Begründung des Regierungsentwurfs[17] – nichts gegen eine Verpflichtung zur Ersatzlieferung.[18]

c) Teil-Nachlieferung/mangelhafte Nebensache

1693 Ist lediglich ein technisch ohne weiteres trennbares Fahrzeugteil mangelhaft, z. B. die Navigationsanlage, das Radio oder die Telefonanlage, ist eine Teil-Nachlieferung in Betracht zu ziehen. Die §§ 469, 470, 471 BGB a. F. sind gestrichen. Sie sollen in § 323 Abs. 5 BGB aufgegangen sein. Im Zusammenhang mit dem Sachmangelbegriff, also im Rahmen des § 434 BGB, hat der Gesetzgeber das Problem der Teil-Schlechtleistung, abgesehen von der Manko-Lieferung, ebenso wenig geregelt wie die Situation bei mangelhafter Nebensache (Zubehör) und mangelfreier Hauptsache. Auch auf der Rechtsfolgenseite hat man kein Regelungsbedürfnis gesehen, jedenfalls nicht bei den speziellen Vorschriften über die kaufrechtlichen Sachmängelansprüche (§§ 437 ff. BGB). Unter dem Gesichtspunkt der Erheblichkeit wird man den Rücktritt und den „großen" Schadensersatz ausschließen können. Nacherfüllung, Minderung und „kleiner" Schadensersatz kommen indessen auch bei geringfügigen Mängeln in Betracht.

In dieser Situation ist für die **Fallgruppe „mangelhafte Nebensache"** an die Rechtsprechung anzuknüpfen, die eine Rückabwicklung des gesamten Geschäfts (Gesamtwandlung) abgelehnt hat.[19] Was nach der Verkehrsanschauung Nebensache bzw. Zubehör ist, muss bei einer Äquivalenzstörung in Form eines Sachmangels nicht unbedingt das Schicksal der Hauptsache teilen. Getrennte Wege sind zwar dogmatisch gangbar. Eine punktuelle Ersatzlieferung, z. B. die Lieferung und der Einbau eines Ersatzradios, kann jedoch zwanglos als eine Mängelbeseitigung durch Austausch verstanden werden.

2. Nachbesserung (Mängelbeseitigung)

1694 Nimmt man beim Kauf gebrauchter Kraftfahrzeuge die Gesamtmenge an Sachmängelstreitigkeiten in den Blick, ist die faktische Möglichkeit, den Mangel zu beheben, nicht der Regelfall, eher die Ausnahme. In der Mehrzahl der Streitfälle geht es ausschließlich oder unter anderem um Mängel, die aus tatsächlichen Gründen nicht beseitigt werden können. Zumindest aus forensischer Perspektive ist der **von Anfang an unbehebbare Mangel** der typische Fall der Vertragswidrigkeit beim Gebrauchtfahrzeugkauf. Für die Verfolgung von Sachmängelrechten ist dies **von kardinaler Bedeutung**. Denn die durch den Nacherfüllungsvorrang ins zweite Glied verbannten Rechtsbehelfe („Sekundärrechte") können direkt, ohne vorherige Fristsetzung zur Nacherfüllung, geltend gemacht werden.

---

17 BT-Drucks 14/6040, 216.
18 *P. Huber*, NJW 2002, 1004; *ders.* in *Huber/Faust*, Kap. 13 Rn 20; *Reinicke/Tiedtke*, Kaufrecht, Rn 429.
19 OLG Karlsruhe 5. 9. 2001, NZV 2002, 132 = OLGR 2002, 98 – Navigationsanlage; OLG Düsseldorf 27. 10. 1995, NZV 1996 – Alarmanlage; OLG Köln 22. 4. 1998, OLGR 1999, 276 – Autoradio/Telefon.

a) Ausschluss der Nachbesserung bei qualitativer Unmöglichkeit

aa) Objektive Unbehebbarkeit

Ist der Sachmangel im Wege der Nacherfüllung nicht behebbar, ist der Verkäufer gem. § 275 Abs. 1 BGB von der Pflicht, den Mangel im Wege der Nacherfüllung zu beseitigen, befreit,[20] ebenso von der Pflicht zur sachmängelfreien Leistung (§ 433 Abs. 1 S. 2 BGB). Strukturell liegt bei einem unbehebbaren Mangel teilweise Unmöglichkeit mit Blick auf die Qualität der Leistung vor.

Paradebeispiel für diese Art von „**qualitativer Unmöglichkeit**" ist der als „unfallfrei" verkaufte **Gebrauchtwagen mit einem Unfallvorschaden**. Unfallfreiheit kann nicht hergestellt, die den Mangel ausmachende Unfallbeteiligung (Unfalleigenschaft) nicht ungeschehen gemacht werden.[21] Sie haftet dem Fahrzeug ein für alle Mal an.

Diesem Standardfall ursprünglicher Unmöglichkeit in qualitativer Hinsicht steht bei **Streitigkeiten wegen Unfallschäden** der nicht seltene Fall gegenüber, dass der Käufer über die Unfallwageneigenschaft informiert worden ist, der Verkäufer aber unwahre bzw. unvollständige Angaben über Art und Umfang des Vorschadens und/oder über dessen Beseitigung gemacht hat (zu dieser Fallgruppe s. Rn 1572 ff, 2106 ff.).

Sofern die **Unfallreparatur unvollständig oder unfachmännisch** ist, z. B. ausschließlich handwerkliche Fehler die Vertragswidrigkeit ausmachen, wird häufig eine Möglichkeit zur Mängelbeseitigung bestehen. Die geschuldete Qualität – Fahrzeug mit fachgerechter und vollständiger Unfallreparatur – kann im Wege der Nachbesserung erreicht werden. Die Situation ist nicht anders als im Kfz-Werkstattrecht.

Wenn zugleich oder allein das Ausmaß der Unfallbeteiligung verharmlost wurde, ist der Mangel dagegen nicht (vollständig) behebbar. Hat der Verkäufer z. B. nur einen „Schaden vorne links" offenbart hat, ist in Wahrheit aber auch ein Heckschaden vorhanden, so ist – wie im Grundfall – eine Nacherfüllung durch Nachbesserung unmöglich.

Wie **die Gerichtspraxis** lehrt, wird **in Fällen mit Unfallschäden** nicht immer klar herausgearbeitet, welche Beschaffenheit vertraglich geschuldet ist. Auf diese Weise wird Verkäufern eine Nachbesserungsmöglichkeit zugestanden, wo es in Wirklichkeit nichts nachzubessern gibt. Zu beachten ist bei der Abgrenzung behebbar/unbehebbar stets, dass die Maßnahme, die als Nachbesserung ins Auge gefasst wird, geeignet sein muss, die bestehende Vertragswidrigkeit zum einen folgenlos und zum anderen nachhaltig und dauerhaft zu beseitigen. Ist dieses Ziel unerreichbar, z. B. wegen eines verbleibenden **merkantilen Minderwerts**, ist der Mangel durch die Nacherfüllungsvariante „Nachbesserung" nicht behebbar.

Ob der Käufer **bei partieller Behebbarkeit**, z. B. in Form einer Verbesserung des tatsächlichen Zustandes, einen Anspruch auf Nachbesserung hat, ist noch nicht abschließend geklärt.[22]

Weitere Beispiele qualitativer Unmöglichkeit i. S. d. § 275 Abs. 1 BGB sind der Gebrauchtwagen mit vertragswidrig hoher **Gesamtfahrleistung**[23], zu hohem **Alter** oder überlanger **Standzeit**. Auch der Pkw mit **atypischer Vorbenutzung** als Mietwagen gehört zu dieser Fallgruppe. Der von *Lorenz/Riehm*[24] genannte Fall der „irreparablen" Durchrostung zählt nur vordergründig dazu. **Technisch** ist bei einem Kraftfahrzeug **praktisch nichts unmöglich**. Wenn nicht instandgesetzt werden kann, bleibt als Alternative der Aus-

---

20 BGH 22. 6. 2005, NJW 2005, 2852.
21 BGH 7. 6. 2006, BGHZ 168, 64 = NJW 2006, 2839; BGH 28. 11. 2007, NJW 2008, 911.
22 Offengelassen vom BGH 22. 6. 2005, NJW 2005, 2852 (Tierkauf).
23 BGH 29. 11. 2006, NJW 2007, 1346 (Krad); v. 19. 9. 2007, NJW 2007, 3774 (Nutzfz.).
24 A. a. O., Rn 514.

tausch des schadhaften Teils. Auch das ist Mängelbeseitigung i. S. v. § 439 Abs. 1 BGB. Freilich muss der Austausch geeignet sein, den Mangel restlos und dauerhaft zu beseitigen. Bei einem **Konstruktionsfehler** bei der Innenverkleidung eines VW Sharan ist das verneint worden.[25]

1699 Selbst bei einem **Fabrikationsfehler** können die Dinge so liegen, dass ein Teiletausch – mit oder ohne Instandsetzung im eigentlichen Sinn – das Ziel Mängelfreiheit verfehlt. Beispiel: unzulässige Windgeräusche durch eine nicht hundertprozentige Einpassung der Frontscheibe mit einer „kleinen Stufe" an der A-Säule. Wenn der Mangel durch einen Tausch der Frontscheibe oder eine andere technisch mögliche und dem Käufer zumutbare Lösung nicht behoben werden kann, handelt es sich um einen unbehebbaren Mangel.

1700 Das vertragswidrige **Fehlen von Ausstattungsdetails** wie z. B. ABS oder Airbag kann in aller Regel im Wege der Nachrüstung (rechtlich Nachbesserung) behoben werden.[26] Legt der Käufer erkennbar Wert auf die **Original-Erstlackierung**, hat der Wagen aber eine komplette Neulackierung (Umlackierung) erhalten, handelt es sich selbst bei Verwendung des gleichen Farbtons um einen unbehebbaren Mangel.[27] Die Originallackierung ist durch die Umlackierung unwiederbringlich verloren gegangen. In der geschuldeten Qualität kann der Wagen nicht mehr geliefert werden.[28] Werden **Lackmängel** ausschließlich wegen einer unzulänglichen Lackierung beanstandet, handelt es sich um einen behebbaren Mangel. Sieht der Käufer dagegen in einer Nach- oder Neulackierung ein Indiz für eine nicht offenbarte Unfalleigenschaft, ist eine Nachbesserung zur Herstellung von Mängelfreiheit (Unfallfreiheit) ungeeignet. Da der Käufer keine Kenntnis von den Vorgängen hat, die der Grund für die Nachlackierung gewesen sind, genügt er seiner Darlegungslast für den Tatbestand der Nacherfüllungsunmöglichkeit, wenn er eine Beschädigung infolge eines Unfalls allein unter Hinweis auf die Nachlackierung behauptet. Ein unmittelbar von außen her plötzlich mit mechanischer Gewalt einwirkendes Ereignis, d. h. ein Unfall i. S. d. § 12 AKB, ist nach der Lebenserfahrung der typische Grund für eine Nach- oder Neulackierung. Eine unbeachtliche Behauptung ins Blaue hinein liegt unter diesen Umständen nicht vor.[29] Ein Stück weit darf der Käufer im Übrigen auch Vermutungen äußern.

1701 Bei einem **Oldtimer**, dessen Zustand bemängelt wird (z. B. wegen unkorrekter Zustandsnote), kann durch Auf- oder Nachbearbeitung die geschuldete Qualität hergestellt werden, so dass der Käufer grundsätzlich eine Frist zur Nachbesserung setzen muss.[30]

1702 Eine **vorschriftswidrige Umrüstung**, z. B. eine unzulässige Bereifung oder Tieferlegung, wird in der Regel nachbesserungsfähig sein,[31] ebenso ein **Chip Tuning**.[32] In diesen Fällen (näher Rn 1405 ff.) kommt es darauf an, welche Beschaffenheit geschuldet ist und worin die Abweichung von der Soll-Beschaffenheit besteht.

Verspricht der Händler, den Wagen mit einem noch einzubauenden **Austauschmotor** auszuliefern (zu dieser Fallgruppe s. Rn 1349), stellt ein Einbau- oder Einstellfehler einen Sachmangel dar, der behebbar ist (Instandsetzung oder Motortausch).[33] Soll das Fahrzeug

---

25 OLG Saarbrücken 22. 6. 2005, DAR 2006, 509.
26 Von Behebbarkeit geht (mittelbar) auch das OLG Braunschweig aus (Urt. v. 4. 2. 2003, NJW 2003, 1053).
27 LG Duisburg 12. 10. 2004 – 4 O 531/02 – n. v.
28 OLG München 13. 6. 2007 – 20 U 5646/06 – n. v. (Vandalismusschaden durch Zerkratzen des Lacks).
29 OLG Düsseldorf 18. 8. 2008 – I-1 U 168/07 – n. v.
30 OLG Brandenburg 1. 7. 2008 – 6 U 120/07 – n. v.
31 BGH 30. 1. 1991, NJW-RR 1991, 870.
32 OLG Düsseldorf 3. 12. 2004, ZfS 2005, 130.
33 Anders für einen Werkvertrag OLG Naumburg 19. 8. 2004, ZGS 2005, 77.

Nacherfüllung

laut Vertrag mit einem Motor ausgestattet sein, den es entweder überhaupt nicht oder jedenfalls für den konkreten Fahrzeug technisch passend und zulassungsfähig nicht gibt, hat man es hingegen mit einem unbehebbaren Mangel zu tun.

Wenn der Sachmangel ausnahmsweise bereits im bloßen **Mangelverdacht** besteht, z. B. im Verdacht einer Tachomanipulation oder im Verdacht eines früheren Unfalls (z. B. infolge einer Nachlackierung), kommt es darauf an, ob der Verkäufer in der Lage ist, die Verdachtsmomente auszuräumen. So kann er Ungereimtheiten in der Dokumentation von km-Ständen im Serviceheft erklären und berichtigen, etwa durch einen Hinweis auf einen Eintragungsfehler. Hat er es in der Hand, den Verdacht als solchen restlos zu beseitigen, wird man von einem behebbaren Mangel auszugehen haben. 1703

bb) Verweigerungsfälle

Wenn etwas technisch machbar ist, kann dennoch unter einem anderen Aspekt ein Fall „qualitativer Unmöglichkeit" vorliegen. Das beurteilt sich nach **§ 439 Abs. 3 BGB**, einem Sonderfall des § 275 Abs. 2 BGB. Näheres zum Recht eines Gebrauchtfahrzeugverkäufers, die Mängelbeseitigung **aus Kostengründen** zu verweigern, unter Rn 416 ff. Zum Verweigerungsrecht des Verkäufers wegen Unzumutbarkeit nach **§ 275 Abs. 2 BGB** s. BGH NJW 2005, 2852 (Tierkauf). 1704

cc) Mischfälle

Dass Gebrauchtwagenkäufer nur einen einzigen Mangel rügen, ist eher die Ausnahme. Typischerweise ist eine Mehrheit von Mängeln im Streit. Dann kann es zu einem **Zusammentreffen von behebbaren mit unbehebbaren Mängeln** kommen, wie etwa bei einer vertragswidrig zu hohen km-Laufleistung und einem Motorschaden. Diese Mängel können von Anfang an kumulieren und zusammen Gegenstand der ersten Mängelanzeige sein. Nicht ungewöhnlich ist auch ein sukzessives Auftreten (Sichzeigen). Welche Regeln für derartige Misch- oder Kombinationsfälle gelten, haben die Gerichte noch nicht abschließend geklärt; s. auch Rn 470 f. 1705

Der entscheidend neue Gesichtspunkt ist das Recht des Verkäufers zur zweiten Andienung, hier durch Nachbesserung des behebbaren (Einzel-)Mangels. Ob und inwieweit dieses Recht in einem „Mischfall" zurückzutreten hat, hängt vom Einzelfall ab. Die bei einem unbehebbaren Mangel sofort fälligen Käuferrechte der zweiten Ebene dürfen grundsätzlich nicht dadurch blockiert werden, dass dem Fahrzeug zusätzlich ein Mangel anhaftet, der sich im Wege der Nachbesserung beseitigen lässt.[34] Bei der Berechnung der Kaufpreisminderung wie auch bei der Ermittlung des Schadensersatzes statt der Leistung muss der behebbare Mangel jedoch außer Betracht bleiben, es sei denn, dass die Nachbesserung dem Käufer unzumutbar ist oder vom Verkäufer zu Unrecht verweigert wird (§ 440 BGB). Zu trennen ist auch bei der Erheblichkeitsprüfung bei Rücktritt und großem Schadensersatz (s. Rn 534). Bei der Ermittlung der Belastbarkeitsgrenze nach § 439 Abs. 3 BGB ist lediglich auf die Kosten für die Beseitigung des behebbaren Mangels abzustellen. Beim Kriterium „Wert der Sache im mangelfreien Zustand" wird man den unbehebbaren Mangel wohl auszublenden haben (zw.).

b) Faktische Unmöglichkeit

Kein Fall der Unmöglichkeit nach § 275 Abs. 1 BGB liegt vor, wenn lediglich der Verkäufer zur Mängelbeseitigung außerstande ist, ein Dritter sie aber bewerkstelligen könnte. Ein **Privatverkäufer** ist bei einem Motorschaden also grundsätzlich zur Nachbesserung 1706

---

34 So auch OLG Celle 13. 7. 2006, SVR 2006, 463.

verpflichtet, solange eine Werkstatt den Schaden beheben kann.[35] Gleiches gilt für einen **Kfz-Händler ohne eigene Reparaturwerkstatt**.[36]

Die Fälle der **faktischen** oder **praktischen Unmöglichkeit** werden von § 275 Abs. 1 BGB nicht erfasst.[37] Sie fallen unter §§ 275 Abs. 2 und 3, 439 Abs. 3 BGB, d. h. der Verkäufer hat unter den dort genannten Voraussetzungen ein **Leistungsverweigerungsrecht**. § 275 Abs. 3 BGB läuft beim Verkauf gebrauchter Kfz aus tatsächlichen Gründen leer. Die Mängelbeseitigung wird nicht persönlich geschuldet. Sie ist grundsätzlich eine vertretbare Handlung. § 275 Abs. 2 BGB wird von der spezielleren Regelung des § 439 Abs. 3 BGB verdrängt. Bei der Ermittlung der Belastbarkeitsgrenze (dazu Rn 416 ff.) ist es von Bedeutung, ob der Verkäufer über eine eigene Werkstatt verfügt oder nicht. Das Fehlen einer Werkstatt oder eine sonstige individuelle Unfähigkeit des Verkäufers, einen an sich behebbaren Mangel zu beseitigen, ist (nur) ein Faktor bei der Beurteilung, ob die Kosten der Mängelbeseitigung unverhältnismäßig sind. Allein reichen derartige Umstände in der Person des Verkäufers nicht aus, um ihn nach § 275 Abs. 1 BGB von der Verpflichtung zur Mängelbeseitigung freizustellen. Das gilt auch für Verbraucher-Verkäufer.[38] Auf einem anderen Blatt steht, ob die persönliche Unfähigkeit des Verkäufers für den Tatbestand „ohne erhebliche Unannehmlichkeiten" (Art. 3 Abs. 3 S. 3 RL) erheblich ist oder gar – allein oder in Verbindung mit anderen Umständen – das Merkmal der Unzumutbarkeit i. S. d. § 440 S. 1 BGB ausfüllen kann (dazu s. Rn 1737 ff.).

c) Verweigerung der Mängelbeseitigung aus Kostengründen

1707 Unbeschadet des § 275 Abs. 2 und Abs. 3 BGB kann der Verkäufer die vom Käufer gewählte Art der Nacherfüllung verweigern, wenn sie nur mit unverhältnismäßigen Kosten möglich ist (§ 439 Abs. 3 BGB). Zur Dogmatik, den Voraussetzungen und den Rechtsfolgen des **§ 439 Abs. 3 BGB** s. Rn 416 ff. Aus der Sicht des Gebrauchtfahrzeugkaufs ist dieser „problematischste Teil des neuen Mängelhaftungsrechts"[39] ohne große Praxisrelevanz. Bislang sind nur einige wenige Gerichtsentscheidungen bekannt geworden, in denen die „Opfergrenze" ein Thema war.[40]

Anders als beim Neuwagenkauf mit seinem typischen Nebeneinander von Ersatzlieferung und Nachbesserung kann es in einem Gebrauchtwagenfall – von Sondersituationen abgesehen – nur um die **Unverhältnismäßigkeit der Nachbesserungskosten** gehen. Ein Vergleich der Nachlieferungs- mit den Nachbesserungskosten („relative Unverhältnismäßigkeit") steht hier regelmäßig nicht zur Debatte.

Wann zugunsten eines Gebrauchtwagenverkäufers **absolute Unverhältnismäßigkeit** der Kosten für die von ihm geschuldete Nachbesserung anzunehmen ist, hat die Rechtsprechung noch nicht entschieden. Offen ist auch, ob und ggf. welche Rolle ein **Vertretenmüssen/Verschulden** des Verkäufers spielt, etwa in Form arglistiger Täuschung.[41] Ob sich die Opfergrenze zulasten desjenigen Verkäufers verschiebt, der eine **Garantie i. S. d. § 276**

---

35 Statt vieler *Ball*, NZV 2004, 217; abw. *Westermann*, NJW 2002, 241; unentschieden der Gesetzgeber, vgl. BT-Drucks 14/6040, 232 und *Schmidt-Räntsch*, Das neue Schuldrecht, § 439 Rn 859.
36 Für den Verbrauchsgüterkauf *Bianca* in *Grundmann/Bianca*, EU-Kaufrechtsrichtlinie, Art. 3 Rn 30; auch das LG Köln (Urt. v. 20. 10. 2004 – 18 O 21/04 – n. v.) schließt in einem solchen Fall das Recht zur zweiten Andienung nur bei einer entsprechenden Parteiabrede aus; ebenso OLG Celle 26. 7. 2006, MDR 2007, 336.
37 BGH 1. 6. 2005, DAR 2005, 515 = ZGS 2005, 355.
38 *Ball*, NZV 2004, 217; Das neue Schuldrecht/*Haas*, Kap. 5 Rn 162.
39 *Ball*, Homburger Tage 2004, S. 119/120.
40 Z. B. AG München 31. 3. 2004, SP 2005, 70.
41 Für Unerheblichkeit mit Recht *Ball*, NZV 2004, 217, 224; *Büdenbender* in AnwK-BGB, § 439 BGB Rn 35; Kirsten, ZGS 2005, 66, 70; anders z. B. *Reinicke/Tiedtke*, Kaufrecht, Rn 448.

Nacherfüllung

Abs. 1 BGB übernommen hat, wird in diesem Zusammenhang gleichfalls kontrovers erörtert. Richtigerweise ist das Vertretenmüssen insgesamt kein Kriterium der ökonomisch ausgerichteten Zumutbarkeitsregelung in § 439 Abs. 3 BGB, wenn auch die in S. 2 genannten Kriterien nicht abschließend gemeint sind („insbesondere").

Die Nachbesserungskosten sind nicht allein schon deshalb unverhältnismäßig i. S. d. § 439 Abs. 3 S. 1 BGB, weil der **Verkäufer mangels eigener Werkstatt** nicht die „Kostenhoheit" hat.[42] Zu ermitteln sind die Kosten einer Fremdreparatur. Maßgebend sind die Materialkosten und Stundenverrechnungssätze einer Fachwerkstatt (einschließlich Verbringungskosten). Für Verkäufer, die nicht vorsteuerabzugsberechtigt sind, gelten Bruttobeträge. Ob die mit einer Fremdreparatur verbundenen Mehrkosten nur dann zugunsten des Verkäufers zu berücksichtigen sind, wenn das Fehlen einer eigenen Werkstatt für den Käufer erkennbar war, wird die Rechtsprechung entscheiden müssen. Es sollte nur auf die tatsächlichen Verhältnisse ankommen, nicht auf das, was der Käufer erkennen konnte.[43]

Unter welchen Voraussetzungen berücksichtigungsfähige Nachbesserungskosten unverhältnismäßig i. S. d. § 439 Abs. 3 BGB sind, ist Gegenstand vielfältiger Lösungsvorschläge (siehe Rn 437 ff.).

d) Abwicklungsmodalitäten der Nachbesserung

aa) Geltendmachen des Anspruchs

Nach Abschn. VI Ziff. 2 a der ZDK-empfohlenen Gebrauchtwagen-Verkaufsbedingungen (Stand 7/2003) ist der Anspruch auf Mängelbeseitigung **beim Verkäufer** geltend zu machen. Das versteht sich beim Gebrauchtwagenkauf von selbst, weshalb die Neufassung (Stand 3/2008) auf diese Klarstellung verzichtet. Wie alle anderen Ansprüche wegen Sachmängeln ist auch der Nachbesserungsanspruch beim Verkäufer geltend zu machen (Abschn. VI Ziff. 2 S. 1).

Im Unterschied zum Neuwagenkauf wird dem Gebrauchtwagenkäufer kein Recht eingeräumt, eine **autorisierte Drittwerkstatt** der gleichen Marke aufzusuchen. Die Einschaltung eines Drittbetriebs ist nur für den Fall mangelbedingter Betriebsunfähigkeit in einer größeren Entfernung als 50 km vom Verkäufer vorgesehen (Abschn. VI Ziff 2 b GWVB, Stand 7/2003). In diesem Fall kann der Käufer sich – mit Zustimmung des Verkäufers – an einen „dienstbereiten Kfz-Meisterbetrieb" wenden. Geltend machen muss er seinen Anspruch auf Nachbesserung in jedem Fall beim Verkäufer. Schriftform ist dafür nicht vorgeschrieben. Das wäre mit § 475 Abs. 1 BGB nicht vereinbar.

Die in den aktuellen AGB (Stand 3/2008) nicht mehr enthaltene **Fünfzig-Kilometer-Regelung** ist selbst für den Verbrauchsgüterkauf nicht zu beanstanden. Dem Käufer wird nicht vorgeschrieben, was er zu tun und zu lassen hat. Es wird lediglich eine – sachlich vernünftige – Handlungsempfehlung ausgesprochen.

Geltendmachen heißt nichts anderes als **Mängelanzeige** zu erstatten verbunden mit dem Verlangen nach Beseitigung. Der Nachbesserungsanspruch muss angemeldet werden (s. auch Rn 342 ff.).

Abweichend von den AGB können die Parteien vereinbaren, dass der Käufer sich mit seinen Reklamationen an einen Dritten wenden darf. Eine Muss-Vorgabe zulasten eines Verbrauchers wäre indes unbeachtlich (§ 475 Abs. 1 BGB).

Auf sein Recht zur zweiten Andienung kann ein Verkäufer **verzichten**, auch beim Verbrauchsgüterkauf. Das kann auch durch konkludentes Verhalten geschehen. Ein Verzicht ist nicht schon dann anzunehmen, wenn der Verkäufer **keine eigene Werkstatt** hat. Ein sol-

---

42 Vgl. *Kirsten*, ZGS 2005, 66, 68.
43 Zum Problem s. *Kirsten*, ZGS 2005, 66, 68.

cher Verkäufer handelt nicht treuwidrig, wenn er sich auf das Fehlen einer an ihn persönlich gerichteten Aufforderung zur Nachbesserung beruft.[44]

bb) Erfüllungsort

1709 Dass der Nachbesserungsanspruch beim Verkäufer geltend zu machen ist, besagt noch nicht, dass auch die Nachbesserungsarbeiten am Geschäftssitz des Verkäufers, in seinem Betrieb, zu erledigen sind. Weder in den verbandsempfohlenen GWVB noch in alternativen Klauselwerken ist die wichtige Frage des Erfüllungsortes (Leistungsort) ausdrücklich geregelt.

Ausführlich dazu Rn 353 ff.

cc) Art der Nachbesserung

1710 Wie die Nachbesserung zu geschehen hat, ist in den verbandsempfohlenen AGB (7/2003 und 3/2008) ungeregelt geblieben. Dass es auch beim Gebrauchtwagenverkauf grundsätzlich im Ermessen des Verkäufers liegt, auf welche Weise er die Nachbesserung bewerkstelligt[45], ist noch keine Antwort auf die Frage, ob er als Verkäufer eines gebrauchten Kfz auch **gebrauchte Teile** einsetzen darf. Zunächst ist zu prüfen, ob das gesetzliche Bestimmungsrecht – Instandsetzung oder Tausch – durch eine (nach Mängelanzeige auch beim Verbrauchsgüterkauf zulässige) Absprache modifiziert worden ist. Heißt es z. B. „Fzg. bekommt neuen Motor", so kann damit ein fabrikneuer Motor gemeint sein, eventuell auch nur ein Austauschmotor oder ein Tauschaggregat noch minderer Qualität. Dafür, dass der Verkäufer mehr als das gesetzlich geschuldete Soll zu erbringen hat, ist der Käufer darlegungs- und beweispflichtig, wenn er dies geltend macht.[46]

1711 In Rechtsprechung und Literatur ist umstritten, ob der Verkäufer zwischen neuen und gebrauchten Teilen wählen darf. Nach Ansicht des OLG Düsseldorf[47] besteht keine allgemeine Pflicht, bei der Beseitigung von Mängeln an einem gebrauchten Kraftfahrzeug Original-Neuteile zu verwenden. Für einen Anspruch auf ein Original-Neuteil hat sich das AG München[48] in einem Fall ausgesprochen, in dem wegen Fehlens des Zentralschlüssels (Master Key) eine „neue" Schließanlage einzubauen war. Diese Entscheidung kann nicht verallgemeinert werden. Eine typische Situation liegt dagegen dem Urteil des AG Kenzingen vom 27. 4. 2004[49] zugrunde. Den kostenlosen Einbau von Neuteilen hat die Richterin bei einem ca. 86.000 km gelaufenen Opel Astra bei Defekten an Brems- und Heizungsanlage abgelehnt und die Käuferin mit einem Eigenanteil belastet. Dem ist grundsätzlich zuzustimmen.[50]

Dass selbst der Käufer eines jungen Gebrauchtwagens keinen Anspruch auf ein Originalneuteil hat, geht auch aus der Entscheidung des OLG München vom 13. 8. 2003[51] hervor. Trotz des relativ niedrigen Km-Standes von 22. 130 (bei Übergabe) genügt der Einbau eines werkseitig aufbereiteten Austauschmotors.[52]

1712 Die Gebrauchtteile müssen, um anerkannt zu werden, bestimmte **Qualitätsanforderungen** erfüllen. Mindestvoraussetzung ist, dass mit dem Einbau des gebrauchten Ersatzteils

---

44 AG Aachen 10. 12. 2003, DAR 2004, 156.
45 OLG Düsseldorf 22. 1. 2007 – I-1 U 149/06 – n. v.
46 OLG Düsseldorf 22. 1. 2007 – I-1 U 149/06 – n. v.
47 Urt. v. 22. 1. 2007 – I-1 U 149/06 – n. v.
48 Urt. v. 31. 3. 2004, SP 2005, 70.
49 SVR 2004, 276.
50 So auch *Ball*, NZV 2004, 217, 218; *Otting/Schmidt*, Autokaufrecht von A – Z, S. 52; *Wietoska*, Die Verwendung von gebrauchten Ersatzteilen, S. 337, 338.
51 DAR 2003, 525 (Halbjahreswagen mit Motortausch vor Übergabe).
52 OLG Düsseldorf 22. 1. 2007 – I-1 U 149/06 – n. v. (Opel).

Nacherfüllung

derjenige Zustand erreicht wird, in dem sich das Fahrzeug ohne den zu beseitigenden Mangel bei Auslieferung befunden hätte. Denn der Käufer darf durch die Nachbesserung nicht schlechter gestellt sein als in dem Fall, in dem das Auto bei Auslieferung mangelfrei gewesen wäre. Wenn er es mit einem erst wenig gelaufenen Austauschmotor oder mit einem „generalüberholten" Motor gekauft hat, liefert der jeweilige Soll-Zustand des Motors den Maßstab für die Beschaffenheit des im Wege der Nachbesserung einzubauenden Aggregats.

dd) Abzug „neu für alt" und Wertausgleich

Ob und inwieweit sich der Käufer eines mangelhaften Gebrauchtwagens bei Verwendung eines neuen oder neuwertigen Ersatzteils einen Abzug „neu für alt" gefallen lassen muss, ist eine noch offene Frage. Grundsätzlich sieht § 439 BGB eine Kostenbeteiligung des Käufers nicht vor. Zu den Ausnahmen s. Rn 399 ff.

Für den Gebrauchtwagenkauf gilt: Ersetzt der Verkäufer ein schadhaftes Altteil aus freien Stücken durch ein Neuteil, begründet das allein noch keine Zuschusspflicht des Käufers.[53] Sie wird auch noch nicht dadurch ausgelöst, dass der Verkäufer zur Verwendung eines Gebrauchtteils an sich berechtigt gewesen wäre (oben Rn 1711), wenn er auf diese Option freiwillig verzichtet hat. Ihm ist es unbenommen, mit dem Käufer eine Vereinbarung über eine Kostenbeteiligung zu treffen. Das ist im Nachhinein selbst mit einem Verbraucher zulässig.

Hat die Nachbesserung, so wie gesetzlich geschuldet, aus technischen Gründen zur Folge, dass vom Mangel nicht betroffene Defekte und/oder Defekte ohne Sachmängelqualität (z. B. normaler Verschleiß) mitbeseitigt werden, kann der Käufer ausgleichspflichtig sein.[54] Beispiel: An einem gebrauchten Wohnanhänger befindet sich im Dach ein Loch, das dem Käufer bekannt ist, so dass insoweit kein Mangel vorliegt. Wegen eines nicht offenbarten Hagelschadens muss das Dach komplett ausgetauscht werden. Durch die Beseitigung des ihm bekannten Loches erlangt der Käufer einen Vorteil, der auszugleichen ist.

e) Nachbesserungsanspruch und vertragliche Garantie

Zumal beim Verkauf junger Gebrauchtwagen mit **noch laufender Herstellergarantie**, aber auch bei älteren Fahrzeugen **mit Gebrauchtwagengarantie** kommt es durch das Nebeneinander von Sachmängelhaftung und Garantieansprüchen immer wieder zu Problemen. Vordergründig scheint der Käufer doppelt gesichert zu sein. Doch nicht selten steht er am Ende mit leeren Händen da, etwa bei Ablehnung einer Garantieleistung durch einen mit dem Verkäufer nicht identischen Garantieträger mit anschließender „Selbstvornahme" des Käufers.[55] Durchschnittskäufer wissen häufig nicht zwischen beiden Regelungen – vertragliche Garantie und gesetzliche Gewährleistung – zu unterscheiden, weshalb § 477 BGB eine Hinweispflicht vorsieht.

Händler setzen bei Mängeln an Fahrzeugen, für die eine **Gebrauchtwagengarantie** bzw. **Reparaturkostenversicherung** besteht, oftmals auf die Karte „Garantie" und lassen die Kunden Reparaturaufträge unterschreiben, nicht immer unter Hinweis darauf, dass selbst bei Anerkennung eines Garantiefalles eine Eigenbeteiligung an den Materialkosten stattfindet.[56]

---

53 OLG Hamm 23. 2. 2006 – 28 U 164/05 – n. v.; *Ball*, NZV 2004, 217, 221.
54 LG Freiburg 25. 10. 2005, DAR 2006, 329 = ZfS 2006, 91; s. auch Rn 402.
55 Vgl. BGH 23. 2. 2005, NJW 2005, 1348.
56 Zu einer solchen Situation s. OLG Schleswig 9.10. 2007 – 3 U 30/07 – n. v. (Rechtsunkenntnis geht zu Lasten des Käufers, keine Beratungspflicht des Händlers); s. auch AG Reutlingen 21. 2. 2006, DAR 2006, 333.

1716 Weiteres Beispiel: Um einen **Getriebeschaden** beheben zu lassen, hatte der Käufer – nach Anzeige des Mangels gegenüber dem Verkäufer – eine andere Werkstatt aufgesucht, die im Rahmen der noch bestehenden **Herstellergarantie** ein Tauschgetriebe einbaute. Ob mit oder ohne Einwilligung des Verkäufers war später nicht zu klären. Als auch an dem Tauschgetriebe ein Defekt auftrat, die Garantie aber inzwischen abgelaufen war, wandte sich der Käufer an den Verkäufer mit der Aufforderung zur Mängelbeseitigung. Als dieser ablehnte, klagte er auf Übernahme der erforderlichen Kosten. Das AG Landau/Pfalz[57] wies die Klage mit der Begründung ab, der Verkäufer habe die „mangelhafte Nacherfüllung" nicht zu vertreten, da das Getriebe im Rahmen der Herstellergarantie ausgetauscht worden sei und er für den Zustand des nachträglich eingebauten Tauschgetriebes nicht verantwortlich gemacht werden könne. Im Ergebnis ist das Urteil richtig; s. auch Rn 920.

1717 In Fällen „erfolgreicher" Selbstvornahme (dazu auch Rn 404 ff.) argumentiert die h. M. mit § 275 Abs. 1 BGB, was zur Folge hat, dass der Verkäufer von seiner Nacherfüllungs- bzw. Nachbesserungspflicht freigestellt ist.[58] Im Getriebe-Fall des AG Landau/Pfalz liegen die Dinge anders. Wäre das Getriebe nicht von einer anderen Werkstatt, sondern vom Verkäufer ausgetauscht worden, wäre die Nachbesserung (im ersten Versuch) misslungen. Dadurch, dass der Käufer den ursprünglichen Getriebeschaden in einer Fremdwerkstatt in Form eines Getriebetausches hat bearbeiten lassen, hat er eine Situation geschaffen, auf die man § 275 Abs. 1 BGB nicht ohne weiteres anwenden kann. Die Ausgangslage – Fahrzeug mit ursprünglichem Getriebeschaden – hat sich zwar verändert. Sofern das ausgebaute Getriebe aber noch vorhanden ist, kann es vom Verkäufer repariert oder – trotz bereits durchgeführten Tausches – gegen ein anderes, funktionierendes Getriebe ausgewechselt werden. Einiges spricht dennoch dafür, den beklagten Verkäufer von seiner Nachbesserungspflicht frei zu stellen. Der Kläger hat das Recht des Verkäufers zur zweiten Andienung vereitelt. Auf ein Verschulden kommt es insoweit nicht an.

1718 Zum Recht zur zweiten Andienung durch Nachbesserung gehört, das Fahrzeug in dem Zustand vorzufinden, in dem es sich bei Auftreten des Mangels befunden hat. Der Verkäufer hat ein schützenswertes Interesse daran, dass die Ursprungssituation möglichst unverändert bleibt. Durch Eingriffe Dritter, mögen diese auch technisch kompetent sein, können sich die technischen Gegebenheiten zu seinen Ungunsten verändern, nicht nur im Kostenpunkt, sondern auch mit Blick auf berechtigte Beweisinteressen (zumal bei Anwendbarkeit des § 476 BGB).

1719 Zum Kostenersatz ist der Verkäufer in einem Fall, wie er dem AG Landau/Pfalz vorgelegen hat, aus den Gründen der **Entscheidung des BGH vom 23. 2. 2005**[59] nicht verpflichtet. Der eigenmächtigen (erfolgreichen) Selbstvornahme steht bei wertender Betrachtung die Konstellation gleich, dass der Käufer unter Verletzung berechtigter Interessen des Verkäufers den (erfolglosen) Versuch einer Mängelbeseitigung in einer Drittwerkstatt unternimmt.

1720 Wenn dagegen der Verkäufer den Käufer zur Behebung des Mangels **an die Drittfirma verwiesen** hat, muss er sich ein Scheitern der Mängelbeseitigung zurechnen lassen.[60] Für die Zurechnung genügt die bloße Einwilligung des Verkäufers in die Nachbesserung durch dasjenige Unternehmen, das später tätig geworden ist. Die Beweislast dafür liegt beim Käufer. Die Zugehörigkeit zur selben Marke reicht nicht aus. So kann eine Fehldiagnose einer BMW-Werksniederlassung nicht dem verkaufenden BMW-Vertragshändler angelastet werden, solange er von dem „Fremdgehen" des Käufers nichts weiß.[61]

---

57 Urt. v. 22. 2. 2005 – 4 C 1337/04 – n. v.
58 Statt vieler *Ball*, NZV 2004, 217, 227; kritisch zu diesem Ansatz *Dauner-Lieb/Arnold*, ZGS 2005, 10; *Arnold*, ZIP 2004, 2412.
59 NJW 2005, 1348.
60 LG Köln 20. 10. 2004 – 18 O 21/04 – n. v.
61 AG Nürtingen 5. 3. 2004, ZfS 2004, 513; bestätigt durch LG Stuttgart 30. 6. 2004 – 13 S 202/04 – n. v.

Rücktritt

Zum Nebeneinander von **Sachmängel- und Garantiehaftung des Verkäufers** (Schuldneridentität) s. AG Rendsburg NJW-RR 2005, 1429 = NZV 2006, 39 („der Käufer erhält vom Verkäufer eine Garantie"), s. auch Rn 918 ff., 2062 ff.

f) Verjährung bei Einbauteilen

Auch in die **aktualisierten ZDK-AGB** (Stand 3/2008) hat man ausdrücklich eine Verjährungsregelung aufgenommen, wonach der Käufer bei Mängeln an Teilen, die bei der Nachbesserung eingebaut worden sind, Sachmängelansprüche (nur) bis zum Ablauf der Verjährungsfrist hinsichtlich des gesamten Fahrzeugs geltend machen kann. Wird also z. B. ein Tag vor Ablauf der Zweijahresfrist bzw. der auf ein Jahr reduzierten Frist ein Ersatzmotor eingebaut, so könnte der Käufer der Verjährungseinrede ausgesetzt sein, wenn der Motor zwei Tage nach seinem Einbau ausfällt. In Wirklichkeit ist er jedoch geschützt, weil die Verjährung hinsichtlich des gesamten Fahrzeugs rechtzeitig gehemmt worden ist und ihm gem. § 203 BGB eine Beobachtungsfrist von drei Monaten verbleibt. Die Verjährungsklausel hält demnach einer Überprüfung anhand der §§ 475, 307 bis 309 BGB stand (zur Verjährung s. Rn 1992 ff.)

g) Störfälle im Rahmen der Nachbesserung

Zu den einzelnen Störfällen bei der Nachbesserung und den sich daraus ergebenden Konsequenzen s. Rn 407 ff. Zum Zusammentreffen von kaufrechtlich geschuldeter Nachbesserung und einer Garantie s. Rn 2062 ff. Was das Fehlschlagen der Nachbesserung und die sonstigen Fälle der Entbehrlichkeit einer Nachfristsetzung angeht, wird auf die Ausführungen zum Neuwagenkauf verwiesen (Rn 456 ff.). Die Besonderheiten für den Gebrauchtwagenkauf werden unter Rn 1735 ff. erörtert.

h) Kosten der Nachbesserung

Gem. § 439 Abs. 2 BGB hat der Verkäufer die zum Zwecke der Nacherfüllung erforderlichen Kosten zu tragen. Dazu, was das mit Blick auf die Variante „Mängelbeseitigung" bedeutet, siehe Rn 382 ff.

III. Rücktritt

1. Bedeutung des Rücktritts für den Käufer eines gebrauchten Kraftfahrzeugs

Außerhalb des Anwendungsbereichs des Verbrauchsgüterkaufrechts (§§ 474 ff. BGB) degradiert der geschäftstypische Haftungsausschluss den Rücktritt de facto zu einem Recht zweiter Klasse, so wie im alten Kaufrecht die Wandlung. An Bedeutung gewinnen die Rücktrittsvorschriften dadurch, dass sie im Rahmen einer Rückabwicklung nach den Regeln des „großen" Schadensersatzes (Schadensersatz statt der ganzen Leistung) zum Zuge kommen können (§§ 281 Abs. 5, 311 a Abs. 2 S. 3 BGB), s. dazu Rn 1861 ff. Auch die Beseitigung der bisherigen „Rücktrittsfalle" durch § 325 BGB – Rücktritt schließt Schadensersatz nicht mehr aus – hat Anwälten die Scheu vor Rücktrittserklärungen genommen (zum praktischen Vorgehen s. Rn 1897 ff.).

Wer sich für den Rücktritt als alleinigen Rechtsbehelf entscheidet, **muss wissen**: Das „neue" Kaufrecht gibt dem Käufer, der nur zum Rücktritt berechtigt ist, keinen Anspruch auf Ersatz der sog. Vertragskosten. Aufwendungen dieser Art sollen nur unter den besonderen Voraussetzungen der Schadensersatzhaftung im Rahmen des Aufwendungsersatzes nach § 284 BGB liquidiert werden können.[62] Dadurch werden Käufer im Vergleich zum al-

---
62 BT-Drucks. 14/6040, 225.

ten Recht in den Fällen benachteiligt, in denen Verkäufern die Exkulpation nach den §§ 280 Abs. 1 S. 2, 311 a Abs. 2 S. 2 BGB gelingt.

Vor diesem Hintergrund ist der Rücktritt als alleiniger Rechtsbehelf unattraktiv, selbst wenn er – wie in zahlreichen Fällen des Gebrauchtwagenkaufs – ohne Fristsetzung geltend gemacht werden kann (§ 326 Abs. 5 BGB). Der Käufer wird gezwungen, auf den Anspruch auf Schadens- bzw. Aufwendungsersatz auszuweichen oder ihn mit dem Rücktritt zu kombinieren (Näheres Rn 1898 ff.).

Aus Sicht der Praxis besonders zu kritisieren ist, dass häufig wegen verhältnismäßig geringer „Nebenkosten" wie z. B. Sachverständigenkosten oder objektiv unnötige, aber frustrierte Investitionen (Zubehörkäufe) Beweis zum Vertretenmüssen des Verkäufers erhoben werden muss.

Zu den Voraussetzungen des Rücktrittsrechts aus § 437 Nr. 2 1. Alt. BGB s. Rn 1310 ff. Seine Ausübung und die beiderseitigen Rechte und Pflichten aus dem Rückgewährschuldverhältnis bestimmen sich grundsätzlich nach den gleichen Regeln, wie sie für den **Neuwagenkauf** näher dargestellt worden sind, s. Rn 560 ff. Um Wiederholungen zu vermeiden, werden im Folgenden nur die **Besonderheiten beim Gebrauchtfahrzeugkauf** erörtert.

2. Unerheblichkeit der Pflichtverletzung als Ausschlussgrund

1727 Die „Pflichtverletzung" darf **nicht unerheblich** sein, andernfalls ist das Recht zum Rücktritt ausgeschlossen (§ 323 Abs. 5 S. 2 BGB, ggf. i. V. m. § 326 Abs. 5 BGB). Die Unerheblichkeit ist nicht auf den Mangel, sondern allgemein auf den Tatbestand der Pflichtverletzung bezogen. Dazu, was diese äußerst praxisrelevante Regelung im Licht der BGH-Rechtsprechung für den Kraftfahrzeugkauf bedeutet, s. Rn 521 ff. Für den Gebrauchtfahrzeugkauf ist **ergänzend** auf Folgendes hinzuweisen:

a) Behebbare und unbehebbare Mängel

1728 Wenn in § 323 Abs. 5 S. 2 BGB von „Pflichtverletzung" die Rede ist, kann sich das bei einem behebbaren Mangel auf die Schlechtleistung beziehen. **Bezugspunkt** kann aber auch die Verletzung der Nacherfüllungspflicht sein. Das ist beim Gebrauchtfahrzeugkauf nur die Pflicht zur Nachbesserung, weil die Alternative „Ersatzlieferung" im Regelfall ausscheidet.

aa) Behebbarer Mangel

1729 **Der BGH** hat in der Ford-Fiesta-Entscheidung[63] (Vorführwagen mit kleineren Blechschäden) offen gelassen, ob in einem derartigen Fall stets auf die Kosten der Mängelbeseitigung abzustellen ist. Ein Mängelbeseitigungsaufwand von nur knapp 1 % des Kaufpreises liege jedenfalls ohne Zweifel unterhalb der **Bagatellgrenze**. Nach Ansicht des OLG Düsseldorf (3. ZS) geben Reparaturkosten unter 3 % des Kaufpreises kein Recht zum Rücktritt.[64] Wo die Obergrenze liegt, bleibt offen. Dem LG Kiel haben 4, 5 % nicht gereicht.[65] Speziell für den Gebrauchtwagenkauf hat das OLG Bamberg[66] eine Zehn-Prozent-Regel entwickelt, der wiederum das OLG Köln[67] nachdrücklich entgegengetreten ist.

---

63 Urt. v. 14. 9. 2005, NJW 2005, 3490.
64 Beschl. v. 27. 2. 2004, DAR 2004, 392 = OLGR 2004, 186.
65 Urt. v. 3. 11. 2004, DAR 2005, 38.
66 Urt. v. 10. 4. 2006, DAR 2006, 456 = OLGR 2006, 502 = MDR 2007, 87 (Jahreswagen).
67 Urt. v. 12. 12. 2006, NJW 2007, 1694.

Ob der Bericht über die **Hauptuntersuchung nach § 29 StVZO** („TÜV") von einem „**erheblichen**" Mangel spricht oder einen solchen verneint, ist zwar nicht völlig belanglos, die TÜV-Qualifizierung darf aber nicht überwertet werden.[68] Die Note „erhebliche Mängel" wird auch bei Mängeln erteilt, die durchaus noch zu reparieren sind und deren Beseitigung mitunter nur wenig kostet. Schon bei einem falsch eingestellten Abblendlicht und bei zwei defekten Stoßdämpfern kann der HU-Prüfer die Rubrik „erhebliche Mängel" ankreuzen. Umgekehrt kann ein Fahrzeug, das bei der HU nicht oder nur mit dem Prädikat „geringe Mängel" beanstandet worden ist, rechtlich gesehen „erheblich mangelhaft" sein. Bei der HU nach § 29 StVZO wird nicht der Zustand von Motor, Getriebe und Kupplung geprüft. Untersucht wird das Fahrzeug nur unter dem Gesichtspunkt, ob es den Vorschriften der StVZO entspricht.

Bei der Erheblichkeitsprüfung nach § 323 Abs. 5 S. 2 BGB **nicht zu berücksichtigen** sind solche Mängel, für die der Verkäufer noch das Recht zur „zweiten Andienung" hat.[69] Beispiel: Der Käufer rügt mehrere Mängel und verlangt deren Beseitigung. Einige Mängel will der Verkäufer fristgerecht beseitigen, bei anderen lehnt er dies ab. Nur letztere sind Gegenstand der Erheblichkeitsprüfung, wenn der Käufer zurücktritt und die Entbehrlichkeit der Fristsetzung auf die Verweigerung der Nachbesserung gestützt wird.

bb) Unbehebbarer Mangel

Bei dieser für den Gebrauchtwagenkauf besonders wichtigen Fallgruppe entfallen die Reparaturkosten als Gradmesser. In einem **ersten Schritt** ist die Verkäufererklärung, z. B. „unfallfrei" oder „Gesamtfahrleistung … km", auszulegen. Bagatellen können schon auf diese Weise herausgefiltert werden. Näheres bei den jeweiligen Verkäuferinformationen ab Rn 1368.

Bei Bejahung einer vertragswidrigen Beschaffenheit ist in einem **zweiten Schritt** Unerheblichkeit i. S. d. § 323 Abs. 5 S. 2 BGB zu prüfen. Die **Darlegungs- und Beweislast** für den Ausschlussgrund der Unerheblichkeit liegt beim Verkäufer.[70]

Allein der Umstand, dass der Mangel nicht beseitigt werden kann, macht ihn noch nicht zu einem „erheblichen".[71] Unter welchen Voraussetzungen die Grenze zur Erheblichkeit überschritten ist, hängt von den jeweiligen Umständen des Einzelfalls ab.

In die Bewertung einzubeziehen sind Sachverhalte wie eine **arglistige Täuschung**; sie kann einen objektiv geringfügigen Mangel zu einer „erheblichen" Pflichtverletzung befördern.[72] Auch der (schuldlose) Bruch einer Beschaffenheitsgarantie kann diese Wirkung haben. Dass schon die Verletzung einer einfachen Beschaffenheitsvereinbarung (§ 434 Abs. 1 S. 1 BGB) Erheblichkeit indiziere,[73] ist eine zwar griffige, gleichwohl gefährliche Formulierung.

Beispiele aus der Judikatur pro Erheblichkeit **bei unbehebbaren Mängeln:**

BGH NJW 2008, 53 (s. auch BGH NJW 2008, 1517) – Unfallschaden (a. a. Rn 1589)

OLG Düsseldorf SVR 2006, 177 – Unfallschaden

AG Rheda-Wiedenbrück DAR 2003, 121 – Laufleistung

LG München I DAR 2005, 38 – Unfallschaden

---

68 Für Irrelevanz im alten Recht LG Köln 31. 3. 1980 – 16 O 349/79 – n. v.
69 BGH 14. 9. 2005, NJW 2005, 3490; s.a. Rn 534.
70 St. Rspr., z. B. OLG Düsseldorf 8. 1. 2007, NJOZ 2008, 601.
71 BGH 12. 3. 2008, NJW 2008, 1517 (Vorschaden) mit Aufgabe der abw. Ansicht im Urteil vom 10. 10. 2007, NJW 2008, 53.
72 BGH 24. 3. 2006, NJW 2006, 1960 (Eigentumswohnung).
73 So *Palandt/Grüneberg*, § 323 BGB Rn 32.

OLG Nürnberg NJW 2005, 2019 – Modelljahr
OLG Saarbrücken DAR 2006, 509 – Konstruktionsmangel Innenverkleidung
OLG München 13. 6. 2007 – 20 U 5646/06 – n. v. -Vandalismusschaden in Form von Kratzern.

Weitere Nachweise der inzwischen nicht mehr überschaubaren Judikatur sind im Zusammenhang mit der Darstellung der Einzelmängel aufgeführt. Soweit es beim Gebrauchtwagenkauf um **behebbare Mängel** geht, wird auf die Kasuistik unter Rn 543/544 verwiesen.

3. Ausschluss des Rücktritts aus sonstigen Gründen

1731 Unter welchen Voraussetzungen der Käufer seine Befugnis zur Wandlung einbüßte, war im alten Kaufrecht Gegenstand einer umfangreichen Judikatur, vornehmlich aus dem Bereich des Gebrauchtwagenkaufs. Die Präklusion des Rücktrittsrechts ist jetzt in **§ 323 Abs. 6 BGB** geregelt. Näheres Rn 546 ff.

Soweit es um die allgemeinen Ausschlusstatbestände der **Verwirkung** und des **Verzichts** sowie um weitere Möglichkeiten des Rechtsverlusts geht, wird auf die Ausführungen zum „großen" Schadensersatz (Rn 1880) verwiesen.

4. Erfolgloser Ablauf einer angemessenen Frist zur Nachbesserung

1732 Voraussetzung für das Entstehen des Rücktrittsrechts ist **grundsätzlich** der erfolglose Ablauf einer vom Käufer gesetzten angemessenen Frist zur Nacherfüllung (§§ 323 Abs. 1, 440 BGB). Ob dieses Erfordernis auch beim **Verbrauchsgüterkauf** gilt, wird mit Rücksicht auf Art. 3 Abs. 5 EU-Kaufrechts bezweifelt.[74] Der BGH hat sich über die – vom nationalen Gesetzgeber nicht geteilten – europarechtlichen Bedenken hinweggesetzt und sich schlicht am Wortlaut des § 440 BGB orientiert.[75] Die Instanzgerichte folgen unkritisch und meist ohne Problembewusstsein.

Von der Obliegenheit, dem Verkäufer erst Gelegenheit zur Nacherfüllung zu geben, bevor er den Rücktritt erklärt, wird der Käufer auch als Verbraucher nicht durch Unkenntnis oder Fehleinschätzung der Verkäuferverantwortung entlastet, etwa bei irriger Annahme, für einen Defekt am Fahrzeug hafte der Verkäufer nicht.[76] Davon befreit wird der Käufer auch nicht, wenn er der – objektiv berechtigten – Annahme ist, die Kosten der Reparatur seien unverhältnismäßig (§ 439 Abs. 3 BGB). Das geltend zu machen, bleibt dem Verkäufer vorbehalten.[77]

1733 Zum **Kriterium der Angemessenheit** der Frist s. zunächst Rn 454 f. Beim Kauf eines gebrauchten Kraftfahrzeugs ist den Besonderheiten dieses Geschäftstyps Rechnung zu tragen. Nicht jeder Verkäufer verfügt über eine eigene Werkstatt. Wer als Kfz-Händler mit Werkstatt ein Fremdfabrikat verkauft hat, kann bei diffizilen Motorschäden oder Elektronikproblemen nicht auf eine Stufe mit einem Markenhändler gestellt werden, der ein eigenes Fabrikat verkauft hat und mit der Unterstützung durch den Hersteller rechnen kann. Generell wird man für die Suche und Zuordnung technischer Defekte an gebrauchten Fahrzeugen einen längeren Zeitraum als beim Neuwagenverkauf zu veranschlagen haben. Die Informations- und Suchprobleme sind größer.

Wie lang die Frist zu sein hat, lässt sich naturgemäß nicht ein für allemal sagen. Regelfristen haben sich in der Rechtsprechung noch nicht herausgebildet. Gewiss hängt die Länge

---

74 Vgl. *Reinicke/Tiedtke*, Kaufrecht, Rn 462.
75 Urt. v. 21. 12. 2005, NJW 2006, 1195; v. 23. 2. 2005, NJW 2005, 1348.
76 BGH 21. 12. 2005, NJW 2006, 1195 für Minderung und gr. Schadensersatz.
77 BGH 21. 12. 2005, NJW 2006, 1195.

der Frist entscheidend von der Art des gerügten Mangels sowie davon ab, welche Arbeiten zur fachgerechten und vollständigen Beseitigung notwendig sind. Zu berücksichtigen ist ferner, ob der Verkäufer eine Werkstatt unterhält oder nicht. Einkalkuliert werden muss in jedem Fall das Recht des Verkäufers, das Fahrzeug zu besichtigen, um die Mängelrüge prüfen und beurteilen zu können.

Da der Erfüllungsort/Leistungsort richtiger Ansicht nach beim Verkäufer liegt (dazu Rn 353 ff.), ist es nicht zu beanstanden, wenn Kfz-Händler Aufforderungen zur Nachbesserung mit der Bitte um Vorführung des Fahrzeugs beantworten. Die darauf entfallende Zeit muss ebenso wie eine Prüf- und Überlegungszeit bei der Bemessung der Nachbesserungsfrist eingerechnet werden. Mit der reinen Bearbeitungszeit ist es also nicht getan. Da die Nachbesserung nicht im ersten Anlauf gelingen muss, dem Verkäufer vielmehr im Allgemeinen zumindest ein Fehlversuch zugestanden wird, ist auch dieser Umstand bei der Fristbemessung zu berücksichtigen.

Wie die Rechtsprechung in einer Reihe von Gebrauchtwagenfällen entschieden hat, ist eine zu kurze Frist nicht völlig wirkungslos. Es wird vielmehr eine angemessene Frist in Lauf gesetzt.[78]

Bei einer **Mehrheit von Mängeln**, die sich nacheinander zeigen, ohne in einem technischen Zusammenhang zu stehen, muss ggf. eine zweite oder dritte Frist gesetzt werden. Zum Problem der Mehrfachstörung s. Rn 474, 477 **1734**

5. Ausnahmen vom Erfordernis der Fristsetzung

In zahlreichen Fällen ist eine Fristsetzung entbehrlich, d. h. der Käufer kann sofort von seinem Rücktrittsrecht Gebrauch machen. Wichtig ist auch in diesem Zusammenhang der Unterschied zwischen **behebbaren** und **nicht behebbaren Mängeln**. **1735**

Bei **nicht behebbaren Mängeln** wäre es sinnlos, eine Frist zur Mängelbeseitigung zu setzen. Folgerichtig wird der Käufer insoweit von einer Fristsetzung freigestellt (§ 437 Nr. 2 i. V. m. §§ 326 Abs. 5, 275 Abs. 1 BGB). Da beim Kauf eines gebrauchten Kfz in aller Regel auch eine Ersatzlieferung ausscheidet, ist bei einem unbehebbaren Mangel jegliche Fristsetzung entbehrlich.

Dazu, welche Mängel eines gebrauchten Kfz nicht behebbar sind, s. Rn 1695 ff. Zur Behandlung von „Mischfällen" s. Rn 1705.

Bei einem **behebbaren Mangel** hat der Käufer – auch in seiner Eigenschaft als Verbraucher – grundsätzlich eine Frist zur Nacherfüllung zu setzen (§ 323 Abs. 1 BGB). Ein sofortiger Rücktritt ist **nur in Ausnahmefällen** statthaft (§§ 323 Abs. 2, 440 BGB). Zu den einzelnen Ausnahmetatbeständen siehe die Ausführungen zum Neufahrzeugkauf (Rn 456 ff.). Dort werden sämtliche Fallgestaltungen behandelt, in denen der rücktrittswillige Käufer von der Notwendigkeit der vorherigen Fristsetzung freigestellt ist, insbesondere auch die für die Praxis so bedeutsame Konstellation der **„ernsthaften und endgültigen Nacherfüllungsverweigerung"** (s. Rn 472 ff.). Während insoweit zwischen Neu- und Gebrauchtwagenkauf keine wesentlichen Unterschiede bestehen, muss auf den Entbehrlichkeitstatbestand „Fehlschlagen der Nachbesserung" (infolge von Fehlversuchen) und auf den Fall der Unzumutbarkeit (§ 440 S. 1 Var. 3 BGB) gesondert eingegangen werden.

Festzuhalten ist vorab: Unter keinem rechtlichen Gesichtspunkt kann ein Fall der Entbehrlichkeit der Fristsetzung allein damit begründet werden, der Verkäufer habe **keine** oder keine hinreichend ausgerüstete **Werkstatt**, um darin den Mangel zu beseitigen.[79]

---

78 Vgl. OLG Celle 4. 8. 2004, NJW 2004, 3566.
79 OLG Celle 26. 7. 2006, MDR 2007, 336 = NJW-RR 2007, 352 (Händler ohne Werkstatt).

a) Fehlschlagen der Nachbesserung

1736 Ohne zwischen neuen und gebrauchten Sachen zu unterscheiden, hat der Gesetzgeber den Grundsatz aufgestellt, dass eine Nachbesserung nach dem **erfolglosen zweiten Versuch** als fehlgeschlagen gilt. Ihre Heimat hat diese Regel bekanntlich im Recht des Neuwagenkaufs (s. Rn 477 ff.). Mittlerweile liegt auch zum Gebrauchtwagenkauf einschlägige Rechtsprechung vor. Das OLG Karlsruhe[80] hat einem gewerblichen Verkäufer **einen dritten Versuch** zur Beseitigung einer Karosserie-Undichtigkeit versagt.

b) Unzumutbarkeit der Nachbesserung

1737 Der Fall der Unzumutbarkeit wird in § 440 S. 1 BGB als dritte Variante neben die Fälle der (berechtigten) Verweigerung und des Fehlschlagens gestellt. Die dem Käufer zustehende Art der Nacherfüllung muss ihm unzumutbar sein. Mit diesem Dreiklang wollte man die Umsetzung von Art. 3 Abs. 5 EU-Kaufrechtsrichtlinie sicherstellen. Dort ist davon die Rede, dass die Nachbesserung oder die Ersatzlieferung innerhalb angemessener Frist „ohne erhebliche Unannehmlichkeiten" für den Verbraucher zu erfolgen habe. Ob man unter dem Begriff „Fehlschlagen" der Nacherfüllung auch den Fall der Unzumutbarkeit verstehen kann, war für die Verfasser der amtlichen Begründung nicht zweifelsfrei. Sicherheitshalber hat man ihn deshalb ausdrücklich in den § 440 BGB aufgenommen. Damit bleibt es der Rechtsprechung überlassen, für die notwendige Abgrenzung und Konkretisierung zu sorgen.

Dass bei der Frage der Zumutbarkeit der Gesichtspunkt der „erheblichen Unannehmlichkeiten" einzubeziehen sei,[81] hilft der Praxis nicht weiter. Gleiches gilt für den Hinweis des Gesetzgebers auf Art. 3 Abs. 3 EU-Kaufrechtsrichtlinie, wonach sowohl bei der Fristfrage als auch für das Kriterium der „erheblichen Unannehmlichkeiten" die Art des Verbrauchsgutes und der Anschaffungszweck zu berücksichtigen seien.

Wie es in § 440 S. 1 Var. 3 BGB ausdrücklich heißt, muss die **dem Käufer zustehende Art der Nacherfüllung** für ihn unzumutbar sein. Das ist im Regelfall des Kaufs eines gebrauchten Kraftfahrzeugs, wenn überhaupt, allein die Nachbesserung.

1738 In tatsächlicher Hinsicht sind **drei Konstellationen** zu unterscheiden: Von Anfang an, also vom Zeitpunkt des Auftretens des Mangels an, kann die Nachbesserung dem Käufer unzumutbar sein. Die Gründe für die Unzumutbarkeit können sich aber auch erst in der Phase nach der Mängelanzeige bzw. dem Beginn der Nachbesserung heraus- bzw. einstellen. Die dritte Möglichkeit besteht in einer Häufung von Umständen aus beiden Abschnitten, wobei jeweils auch Vorgänge bei und nach Vertragsabschluss bzw. Übergabe des Fahrzeugs hineinspielen können.

Schon zur Zeit des Offenbarwerdens des Mangels können Gründe vorliegen, die es für den Käufer bei verständiger Beurteilung unzumutbar machen, sich auf eine Nachbesserung einzulassen. In der Rechtsprechung werden diese Konstellationen entweder anhand der Generalklauseln der §§ 323 Abs. 2 Nr. 3, 281 Abs. 2 Alt. 2 BGB i. V. m. § 440 S. 1 BGB („besondere Umstände") oder gem. § 440 S. 1 Var. 3 BGB (Unzumutbarkeit der Nacherfüllung) geprüft. So oder so wird, quasi als Musterfall, die **arglistige Täuschung** genannt, häufig in Verbindung mit dem Gebrauchtwagenkauf.

1739 Nach gefestigter **BGH-Rechtsprechung** ist der Käufer „im Regelfall" berechtigt, sofort vom Kauf zurückzutreten bzw. den Kaufpreis zu mindern oder Schadensersatz statt der Leistung zu verlangen, wenn der Verkäufer ihm **einen Mangel** bei Abschluss des Kaufvertrages **arglistig verschwiegen** hat.[82] In einem solchen Fall sei die für die Beseitigung eines

---

80 Urt. v. 30. 6. 2004, DAR 2005, 31.
81 BT-Drucks. 14/6040, 233.
82 Urt. v. 8. 12. 2006, NJW 2007, 835 (Rücktritt); v. 9. 1. 2008, NJW 2008, 1371 (Minderung).

Rücktritt

Mangels erforderliche Vertrauensgrundlage in der Regel auch dann beschädigt, wenn die Mangelbeseitigung durch einen vom Verkäufer zu beauftragenden Dritten vorzunehmen sei, eine Konstellation, die beim Kauf vom Händler ohne Werkstatt und insbesondere beim Privatverkauf relevant ist.

In Gebrauchtwagenfällen kann es von vornherein nur um **behebbare Mängel** gehen, also nicht um die „klassischen" Fälle arglistiger Täuschung (Unfallschäden, überhöhte Laufleistungen), wo sich die Nacherfüllungsfrage praktisch nicht stellt. Die Dinge können freilich so liegen, dass der Käufer einen behebbaren Mangel reklamiert, ihm aber ein unbehebbarer Mangel verschwiegen worden ist. In einem solchen **Mischfall** entfällt der Nacherfüllungsvorrang nicht wegen der arglistigen Täuschung, sondern aus Gründen der Unmöglichkeit der Nacherfüllung (§ 275 Abs. 1 BGB), s. auch Rn 1705.

Dass einem Gebrauchtwagenkäufer ausschließlich ein behebbarer Mangel, z. B. ein Motor- oder Getriebeschaden, arglistig verschwiegen wird, kommt selten vor. Jedenfalls ist der Arglistnachweis hier sehr viel schwerer zu führen als z. B. bei einem verschwiegenen Unfallvorschaden. Der notwendige Täuschungsvorsatz kann, wenn überhaupt, häufig erst nach eingehenden Ermittlungen festgestellt werden.

Zu erwägen ist, ob ein Fall der Unzumutbarkeit durch „Wegfall bzw. Beschädigung der Vertrauensgrundlage" schon bei einem objektiv begründeten **Täuschungsverdacht** bejaht werden kann. Unter dem Vertrauensaspekt spricht einiges dafür. Andererseits besteht die Gefahr, den Grundsatz der Vertragserhaltung zu schnell aufzugeben. In diesem Spannungsverhältnis muss entscheiden, ob der Käufer bei Vertragsabschluss (spätestens bei Auslieferung) tatsächlich getäuscht worden ist oder nicht. Ein Sich-Getäuscht-Sehen genügt nur, wenn es nachträglich beweiskräftig erhärtet werden kann, der Vorwurf der Täuschung sich als berechtigt herausstellt. Das Risiko der Unbeweisbarkeit trägt der Käufer, d. h. auch ein objektiv begründeter Täuschungsverdacht genügt nicht zur Freistellung vom Fristsetzungserfordernis, wenn der Nachweis der arglistigen Täuschung nicht geführt werden kann.

Für **den BGH** ist arglistiges Verkäuferverhalten ein Anwendungsfall des **§ 323 Abs. 2 Nr. 3 BGB** („besondere Umstände"), nicht der Unzumutbarkeit i. S. d. **§ 440 S. 1 Var. 3 BGB**.[83] Näher begründet wird dies nicht, was auf Kritik gestoßen ist.[84] Dass aus Verkäufersicht § 440 S. 1 Var. 3 BGB die schärfere Regelung ist, kann nicht gesagt werden. Denn auch im Rahmen der Zumutbarkeitsprüfung nach dieser Vorschrift findet eine Interessenabwägung statt. Aus Sicht der Praxis macht es mithin keinen wesentlichen Unterschied, ob man die eine oder andere Norm heranzieht; s. auch Rn 504.

So oder so kann eine arglistige Täuschung **nicht in jedem Fall** dazu führen, dem Verkäufer das Recht zur zweiten Andienung durch Beseitigung des Mangels zu nehmen. **Ausnahmesituationen** sind möglich, z. B. die Konstellation, dass die Täuschung nicht vom Verkäufer persönlich, sondern von einem Angestellten begangen wurde. Sollte er nicht mehr in dem Betrieb tätig sein, wird der Käufer noch weniger Grund haben, der Nachbesserungskompetenz der Firma zu misstrauen. Auch ein Aufdecken der Täuschung durch den Verkäufer („Selbstanzeige") kann gegen die Annahme eines Vertrauensverlustes sprechen, ebenso sein Einverständnis mit einer Beauftragung einer vom Käufer zu bestimmenden Reparaturwerkstatt.[85]

Bloße Fahrlässigkeiten, die sich auf den Mangel beziehen, genügen nicht zur Begründung einer Unzumutbarkeit wegen fehlender Vertrauensgrundlage, gleichviel, ob man § 323 Abs. 2 Nr. 3 BGB oder § 440 S. 1 Var. 3 BGB heranzieht. Auch beim schuldlosen

---
83 Urt. v. 9. 1. 2008, NJW 2008, 1371.
84 *Kulke*, ZGS 2008, 169; vorsichtiger *Gutzeit*, NJW 2008, 1359.
85 Weitere Beispiele bei *Gutzeit*, NJW 2008, 1359; *Kulke*, ZGS 2008, 169.

oder nur leicht fahrlässigen **Bruch eines Garantieversprechens** (Zusicherung alter Art) wird man eine Nachbesserung nicht schon deshalb für unzumutbar erklären können.[86] Als verstärkendes Argument ist dieser Gesichtspunkt indes tauglich.

1743 Unzumutbarkeit kann der Käufer, von Sonderfällen abgesehen (z. B. Kauf eines teuren Sportwagens von Privat), nicht schon damit begründen, der Verkäufer verfüge **als Privatperson** weder über die technischen Mittel noch über die erforderliche Sachkenntnis, um die notwendige Nachbesserung in die eigenen Hände zu nehmen oder in fremde Hände zu geben. Wenn ein **Verkäufer ohne Werkstatt** eine in zeitlicher und fachlicher Hinsicht akzeptable Reparatur in einem Fachbetrieb seiner Wahl anbietet, wird ein Käufer, der keine weiteren Unzumutbarkeitsgründe ins Feld führen kann, sich darauf einlassen müssen.[87] Wer von einem Verkäufer ohne Werkstatt kauft, geht das Risiko einer Nachbesserung mit gewissen „Unannehmlichkeiten" ein.

Zur Fallgruppe „Unzumutbarkeit weiterer Nachbesserung" s. Rn 477 ff.

6. Das Rückgewährschuldverhältnis

1744 Durch den **wirksamen** Rücktritt verwandelt sich der ursprüngliche Kauf in ein Rückgewährschuldverhältnis. Welche Rechte und Pflichten die Parteien beim Kfz-Kauf haben, ist anhand des Neuwagenkaufs unter Rn 560 ff. dargestellt. Für den Gebrauchtwagenkauf gibt es **einige Besonderheiten:**

a) Ersatz von Verwendungen

1745 § 347 Abs. 2 S. 1 BGB gibt dem Käufer in Übereinstimmung mit dem früheren Recht einen Anspruch auf **Ersatz notwendiger Verwendungen**. Unverändert sind unter „Verwendungen" solche Vermögensaufwendungen zu verstehen, die dem Fahrzeug zugute kommen, indem sie seiner Erhaltung, Wiederherstellung oder Verbesserung dienen. Unerheblich ist, ob die Verwendung zu einer Steigerung des Fahrzeugwertes geführt hat (s. auch Rn 591 ff.).

Aufwendungen des Käufers zur Inbetriebnahme des Fahrzeugs wie die Kosten einer Überführung und der Zulassung (Ummeldung) sind ebenso wie später anfallende Versicherungsprämien und die Kfz-Steuer keine Verwendungen i. S. d. § 347 Abs. 2 S. 1 BGB.[88] Sie können aber unter § 284 BGB fallen. Nachweise der – nicht immer gradlinigen – Rechtsprechung unter Rn 1892 f. Verfehlt kann es sein, sämtliche „Verwendungen", die der Käufer zum Ersatz angemeldet hat, darunter auch „notwendige", einheitlich und ausschließlich unter dem Blickwinkel des Aufwendungsersatzes nach §§ 437 Nr. 3, 284 BGB zu prüfen.[89] Abgesehen davon, dass die Anspruchsvoraussetzungen gegenüber § 347 Abs. 2 S. 1 BGB unterschiedlich sind (z. B. in puncto Vertretenmüssen), entfällt beim Verwendungsersatz nach Rücktrittsrecht die Möglichkeit, den Ersatzanspruch wegen Nutzung der Investitionen zu kürzen. Wer zum Rücktritt berechtigt ist und von diesem Recht Gebrauch macht, eventuell in Verbindung mit Ansprüchen aus §§ 437 Nr. 3, 280, 281, 284 BGB, hat im Fall notwendiger Verwendungen einen Anspruch auf ungekürzten Ausgleich.[90]

Verwendungen, die **nicht notwendig** sind, bezeichnet das Gesetz als **„andere Aufwendungen"**. Für sie ist die Ersatzpflicht davon abhängig gemacht, dass der Gläubiger (Verkäufer) durch sie bereichert ist (§ 347 Abs. 2 S. 2 BGB), dazu Rn 601 f.

---

86 Müko-BGB/*Westermann*, § 440 BGB Rn 8.
87 Vgl. OLG Celle 26. 7. 2006, MDR 2007, 336 = NJW-RR 2007, 352.
88 Anders für die Kfz-Steuer OLG Brandenburg 16. 10. 2007 –11 U 86/07 – n. v.
89 So aber OLG Brandenburg 26. 6. 2008 – 12 U 236/07 – n. v.
90 Unrichtig deshalb OLG Brandenburg 26. 6. 2008 – 12 U 236/07 – n. v.

aa) Kasuistik „notwendige Verwendungen" beim Gebrauchtwagenkauf

- Wartungs- und Inspektionskosten (BGH NJW-RR 1991, 1011 zu § 1 d Abs. 4 AbzG; anders – nützliche Verwendung – LG Traunstein ZfS 1999, 290)
- Beseitigung eines Unfallvorschadens (OLG Düsseldorf 31. 3. 1995– 22 U 176/94 – n. v.)
- Reparatur der Bremsanlage (OLG Karlsruhe OLGR 1998, 62 mit grundsätzlichen Ausführungen, auch zum Werkstattrisiko; OLG Köln 7. 7. 1987 – 9 U 8/87 – n. v.)
- Erneuerung der Radlager (LG Bonn 28. 4. 1989 – 13 O 482/89 – n. v.)
- neue Auspuffanlage (LG Bonn 16. 12. 1991 – 9 O 398/91 – n. v.)
- Reparatur der Radlager, Stoßdämpfer, Lenkung (OLG Köln 7. 7. 1987 – 9 U 8/87 – n. v.)
- Reparatur am Zündschloss (OLG Köln 31. 10. 1985 – 12 U 55/85 – n. v.)
- Reparatur am Ventilator und Austausch des Luftfilters (LG Köln 19. 1. 1989 – 22 O 582/87 – n. v.)
- Motorreparatur, aber nur soweit erforderlich (LG Bonn 4. 8. 1989 – 18 O 7/89 – n. v.) und erfolgreich (OLG Düsseldorf OLGR 1993, 81)
- Einbau einer neuen Wasserpumpe (LG Bonn 4. 8. 1989 – 18 O 7/89 – n. v.)
- Kosten für neue Reifen (OLG Zweibrücken DAR 1985, 59; OLG Oldenburg DAR 1993, 467; Brand OLG OLGR 1995, 89; LG Traunstein ZfS 1999, 290)
- neue Batterie (OLG Oldenburg DAR 1993, 467)
- Reparatur des Kühlsystems, der Heizung und der Fensterheber (OLG Bamberg DAR 2001, 455)
- Austauschmotor und Austauschgetriebe (OLG Nürnberg 11. 4. 1978, DAR 1978, 324)
- Instandsetzungen an Oldtimer-Motorrad (OLG Köln OLGR 1997, 371)
- Hinterachsenreparatur (OLG Nürnberg 11. 4. 1978, DAR 1978, 324)
- Unterstellung des Fahrzeugs in fremder Werkstatt (Standgeld), s. OLG Düsseldorf 30. 9. 1994 – 14 U 251/93 – n. v. (50 DM pro Monat); SchlHOLG OLGR 1996, 339; OLG Düsseldorf 12. 3. 1999 – 22 U 180/98 – in NZV 1999, 423 nicht abgedruckt
- Kosten für den Versuch der Fehlerbeseitigung (OLG Düsseldorf DAR 2002, 506)
- Kosten einer A 1 Garantie bei einem Pkw Ford (OLG Düsseldorf VRR 2005, 426 = SVR 2006, 177), zweifelhaft
- Notwendiger Reifenwechsel (Reifen waren bei Übvergabe nicht mehr „gut"), vgl. OLG Hamm 18. 6. 2007 – 2 U 220/06 – BeckRS 2007, 14370
- Reparatur der Zylinderkopfdichtung (OLG Hamm NJW-RR 2005, 1220)
- Einbau eines neuen Klimakompressors (OLG Hamm NJW-RR 2005, 1220)
- Einbau einer neuen Hupe (OLG Hamm NJW-RR 2005, 1220)
- Austausch eines defekten Steuergeräts der Zentralverriegelung incl. Kosten der Fehlersuche (OLG Hamm 18. 6. 2007, 2 U 220/06 – BeckRS 2007, 14370).

Für die **gewöhnlichen Erhaltungskosten** sieht das neue Rücktrittsrecht keine Sonderregelung vor. Sie sind dem Käufer gleichfalls zu ersetzen.[91] Eine „Verrechnung" mit den Nutzungen wie in § 994 Abs. 1 S. 2 BGB findet nicht statt. Der Käufer hat vom ersten Tag der Nutzung an eine Vergütung zu entrichten (dazu Rn 1750 ff.), also steht ihm auch ein Anspruch auf Ersatz der gewöhnlichen Erhaltungskosten zu (Inspektionskosten, notwendige Reparaturen etc.).

---

91 BGH 15. 11. 2006, NJW 2007, 674 (Tierkauf); OLG Hamm 2. 2. 2005, NJW-RR 2005, 1220.

bb) Kasuistik „nicht notwendige Verwendungen"

1748 Zu den nicht notwendigen, sondern **nur nützlichen Verwendungen** zählten **im alten Recht:**

- Instandsetzungsarbeiten bei einem „heruntergekommenen" Pkw (OLG Celle OLGR 1995, 86)
- Kosten für Wagenheber (LG Köln 19. 1. 1989 – 22 O 582/87 – n. v.)
- Kosten für Anhängerkupplung (OLG Köln DAR 1986, 320 – Neufahrzeug)
- Ganzlackierung, wobei nicht auf die Lackierkosten, sondern auf die Erhöhung des Verkehrswertes abzustellen ist (OLG Köln 7. 7. 1987 – 9 U 8/87 – n. v.)
- Autoradio (OLG Nürnberg DAR 1978, 324)
- DINOL-Behandlung (Korrosionsschutz), OLG Nürnberg DAR 1978, 324
- Kundendienst (LG Traunstein ZfS 1999, 290)
- (voreilige) Beschaffung neuer Schlüssel (OLG Düsseldorf DAR 2002, 506).

Derartige Verwendungen kann der Käufer – verschuldensunabhängig – nur ersetzt verlangen, wenn und insoweit **der Verkäufer bereichert** ist (§ 347 Abs. 2 S. 2 BGB). Näheres Rn 601 f. Keinen rücktrittsrechtlichen Ersatz gewährt das OLG Hamm für eine Hohlraumversiegelung.[92] Zum grundsätzlich verschuldensabhängigen Aufwendungsersatz nach §§ 437 Nr. 3, 284 BGB s. Rn 1883 ff.

b) Ersatz von „Vertragskosten"

1749 Der Verkäufer hatte dem Käufer **im Wandlungsfall**, damit unabhängig von einem Verschulden/Vertretenmüssen, auch die Vertragskosten zu ersetzen (§ 467 S. 2 BGB a. F.). Inhalt und Umfang dieses Anspruchs waren umstritten, wofür es zahllose Beispiele gerade in Fällen des Autokaufs gibt.

Der **Reformgesetzgeber** hat die Sonderregelung über den Vertragskostenersatz, für ihn ein Fremdkörper, abgeschafft. Ein Anspruch auf Ersatz von „Vertragskosten" soll nur im Rahmen der durch § 284 BGB ergänzten allgemeinen Regeln über den Schadensersatz bestehen.[93] Dazu s. Rn 1883 ff.

c) Nutzungsersatz (Vergütung für Gebrauchsvorteile)

1750 Nach § 346 Abs. 1 BGB sind im Fall des Rücktritts die „gezogenen Nutzungen" herauszugeben. Ergänzt wird diese Vorschrift durch § 347 Abs. 1 BGB, wonach im Fall nicht gezogener Nutzungen unter Umständen Wertersatz zu leisten ist. Die nach § 346 Abs. 1, Abs. 2 S. 1 Nr. 1 BGB zu ersetzenden Nutzungen sind **im Regelfall** nach der gleichen Methode zu berechnen, wie sie im alten Kaufrecht für die Wandlung von Kaufverträgen über fabrikneue Kraftfahrzeuge entwickelt und für den Gebrauchtwagenkauf modifiziert worden ist. Daran ist für den Rücktritt als Nachfolger der Wandlung auch für den Gebrauchtfahrzeugkauf **grundsätzlich** festzuhalten.[94]

aa) Berechnungsfragen

1751 Zu schätzen ist der Wert der durch den Gebrauch gezogenen Nutzungen. Für den Richter gilt **§ 287 ZPO entsprechend**. Richtschnur ist die **Methode des linearen Wertschwundes**. Grundsätzliches dazu Rn 615 ff. Der BGH hat sie durch Urteil vom 26. 6. 1991[95] generell

---

92 Urt. v. 2. 2. 2005, NJW-RR 2005, 1220.
93 BT-Drucks. 14/6040, 225.
94 BGH 2. 6. 2004, NJW 2004, 2299 = DAR 2004, 515 unter II, 3.
95 NJW 1991, 2484 = WM 1991, 1800.

Rücktritt

gebilligt. Ihr Anwendungsbereich ist nicht auf beiderseits voll erfüllte Kaufverträge beschränkt. Auch wenn der Käufer während der Nutzungszeit nur Vorbehaltseigentümer war, ist die Nutzungsvergütung nicht nach den Maßstäben einer üblichen oder fiktiven Miete zu ermitteln. Auch in diesem Fall ist es sachgerecht, den zu vergütenden Gebrauchswert anhand der realen Wertminderung zu berechnen.[96]

Verfehlt ist, wie bei der Rückabwicklung eines Neufahrzeugkaufs den Neuwagenpreis und die mutmaßliche Gesamtlaufleistung (von Tachostand null bis zur Verschrottung) zugrunde zu legen.[97] Auch das Rechnen mit nur einem dieser beiden Faktoren verfälscht das Bild.[98] In der Logik der linearen Wertschwundformel liegt, auf den **konkreten Altwagenpreis** und die **voraussichtliche Restfahrleistung** abzustellen. Diese **Modifizierung** hat der BGH für den Fall der Vorteilsausgleichung beim großen Schadensersatz nach altem Recht ausdrücklich gebilligt.[99] Für die Ermittlung der Nutzungsvergütung im Rücktrittsfall kann – wie bisher für die Wandlung[100] – nichts anderes gelten.[101]

1752

(1) Berechnungsformel

Die Nutzungsvergütung ist demnach im Rücktrittsfall **in der Regel** (Pkw, Kombis, Vans, SUVs) nach folgender Formel zu berechnen:

1753

$$\text{Gebrauchsvorteil} = \frac{\text{Bruttokaufpreis} \times \text{gefahrene Kilometer}}{\text{voraussichtliche Restlaufleistung}}$$

Beispiel:

Kaufpreis für Gebrauchtfahrzeug brutto	8.000 €
zu erwartende Restlaufleistung	100.000 km[102]
Nutzungsvergütung pro km:	8 Cent[103]

(2) Formelwert „Kaufpreis"

Ausgangspunkt für die Ermittlung und erster Anhalt für die Schätzung nach § 287 ZPO analog ist der von den Parteien **vereinbarte Bruttokaufpreis**. Dieser Betrag verkörpert, Marktgerechtigkeit unterstellt, den Substanzwert und den Nutzungswert gleichermaßen. Eine Aufspaltung ist nicht möglich. Die Eignung eines Kfz zum Gebrauch ist als Preisfaktor in seinem Verkehrswert untrennbar mitbewertet. Aus Sicht des Käufers, der ein gebrauchtes ebenso wie ein fabrikneues Kfz in erster Linie als Fortbewegungsmittel erwirbt, bedeutet das: Der Kaufpreis ist die Gegenleistung für eine rechtlich uneingeschränkte (§ 903 BGB), zeitlich aber begrenzte Mobilität. Um den vergütungspflichtigen Gebrauchsnutzen zu erfassen, ist der Kaufpreis daher im Allgemeinen ein tauglicher Anknüpfungspunkt. Ob er mit dem Verkehrswert (= Marktwert) identisch ist oder ob der Käufer (zu) teuer oder gar (zu) billig eingekauft hat, kann in der Regel offen bleiben. Zwar ist der Gebrauchsnutzen

1754

---

96 Vgl. auch BGH 25.10.1995, NJW 1996, 250 (bereicherungsrechtliche Rückabwicklung eines nicht zustande gekommenen Kaufvertrages).
97 So aber OLG Nürnberg 21.3.2005, NJW 2005, 2019; OLG Stuttgart 25.4.1990 – 4 U 26/90 – n.v.; OLG Koblenz 1.7.1987, NJW-RR 1988, 1137.
98 Fehlerhaft z.B. OLG Brandenburg 26.6.2008 – 12 U 236/07 – n.v. („zu erwartende Restlaufleistung von 200.000 km"; richtig wäre gewesen: 141.000 km, d.h. 200.000 km ./. 59.000 km bei Auslieferung).
99 Urt. v. 17.5.1995, NJW 1995, 2159 = WM 1995, 1145 unter III.
100 Vgl. OLG Frankfurt 24.6.1992, ZfS 1992, 338; Brand OLG 17.1.1995, OLGR 1995, 89; OLG Köln 4.2.2003 – 24 U 108/02 – n.v.; grundsätzlich auch OLG Köln 30.1.2002, DAR 2002, 453 (mit Korrekturmöglichkeit im Einzelfall).
101 Vgl. BGH 2.6.2004, NJW 2004, 2299 = DAR 2004, 519 unter II,3.
102 Gesamtlaufleistung 200.000 km; Km-Stand bei Übergabe 100.000.
103 8.000 : 100.000 = 0,08.

nach objektiven Maßstäben zu bemessen. Eine Orientierung am Inhalt des Vertrages ist damit aber nicht ausgeschlossen.[104] Im Übrigen dürfte eine tatsächliche Vermutung für die Marktgerechtigkeit des Kaufpreises sprechen.

Bei einem **jungen Gebrauchtwagen** mit ungewöhnlich hohem Preisabschlag und geringer Laufleistung kann die Orientierung am konkreten Verkaufspreis den Verkäufer benachteiligen.[105]

Ein **offener Preisnachlass** ist zu berücksichtigen, d. h. maßgeblich ist der tatsächlich vereinbarte Kaufpreis einschließlich Umsatzsteuer.[106] Dabei bleibt es auch, wenn der Käufer seinen eigenen Altwagen **in Zahlung gegeben** hat. Ein verdeckter Preisnachlass ist nicht herauszurechnen. Zu erwägen ist allenfalls, den Umsatzsteueranteil auf den Anrechnungsbetrag außer Betracht zu lassen; s. auch Rn 618 f.

(3) Formelwert „voraussichtliche Restlaufleistung"

1755 Die voraussichtliche Restfahrleistung als zweite Berechnungsgröße in Gebrauchtwagenfällen ist im Wege der Schätzung gleichfalls nach § 287 ZPO zu bestimmen. Zu ermitteln ist diejenige Fahrleistung, die das gekaufte Fahrzeug aus der Perspektive des Vertragsschlusses nach den Vorstellungen der Vertragspartner,[107] praktisch also nach dem gewöhnlichen Lauf der Dinge, erreichen wird.

Eckpunkt der Prognose ist die **Gesamtlaufleistung,** wie sie für ein Fahrzeug des fraglichen Typs anzusetzen ist. Einiges spricht nämlich dafür, dass das konkrete Auto diesen statistischen Mittelwert gleichfalls erreicht hätte. Korrekturfaktoren sind in Sonderfällen zu berücksichtigen. So kann beispielsweise ein Motorentausch oder eine „Generalüberholung" die Laufleistung wesentlich verlängern.

Ohne nähere Darlegungen in die eine oder die andere Richtung bleibt der Richter im Rahmen seines Schätzungsermessens (§ 287 ZPO), wenn er sich an der **typspezifischen** Gesamtlaufleistung orientiert und von dieser Zahl die bis zur Übergabe an den Käufer zurückgelegten Kilometer abzieht. Das ergibt die voraussichtliche Restfahrleistung.[108]

1756 Bei **Pkw und Kombis** wird in der Judikatur je nach Wagenklasse und Motorisierung mit Gesamtlaufleistungen zwischen 100.000 und 400.000 km gerechnet. Auf das Ganze gesehen, werden nach wie vor **zu niedrige Werte** angesetzt. Dadurch werden Autokäufer erheblich benachteiligt. Je niedriger die Gesamtlaufleistung bzw. die Restlaufleistung gewählt wird, desto höher ist das „Kilometergeld".

In den letzten Jahren ist die begrüßenswerte Tendenz zu einer **realistischen Einschätzung** zu beobachten. Nur noch vereinzelt findet sich die überholte Vorstellung, die zu erwartende Gesamtlaufleistung sei einheitlich mit einem Durchschnittswert von 150.000 km zu veranschlagen, gleichgültig, um welchen Typ von Pkw es sich handelt.[109] Diese Sicht ist realitätsfern, wie nicht zuletzt die SCHWACKE-Liste „Gebrauchsvorteil" zeigt.[110]

---

104 So auch (bei der Ermittlung der Restfahrleistung) OLG Koblenz 25. 6. 1992, VRS 84, 243. Der subjektive Einschlag wird auch in der Grundsatzentscheidung BGH 26. 6. 1991, NJW 1991, 2484 deutlich.
105 OLG Köln 30. 1. 2002, DAR 2002, 453 – 40 % unter Neupreis nach 14 Monaten.
106 BGH 26. 6. 1991, NJW 1991, 2484.
107 So auch OLG Koblenz 25. 6. 1992, VRS 84, 243, das den (mutmaßlichen) Parteiwillen aus folgenden Faktoren abgeleitet hat: Neupreis, Alter und Laufleistung bei Vertragsabschluss und Altwagenpreis.
108 Falsch OLG Brandenburg 26. 6. 2008 – 12 U 236/07 – n. v., das die bei Übergabe bereits zurückgelegte Fahrstrecke von 59.000 km unberücksichtigt lässt.
109 So aber OLG Hamm NJW-RR 1994, 375; LG Saarbrücken ZfS 1995, 33; OLG Braunschweig DAR 1998, 391; LG Bonn NZV 1998, 161.
110 Nach der Erstauflage 1997 nicht fortgeführt.

Rücktritt

Als **Faustregel** gilt nach wie vor: Je kleiner ein **Motor** ist, desto geringer ist seine Lebensdauer, sprich Gesamtlaufleistung. Richtiger Umkehrschluss: **Großvolumige Motoren** mit mittlerer Leistung (kW) leben am längsten. Ein signifikanter Unterschied zwischen **Ottomotoren** und **Dieselmotoren** besteht nicht mehr so wie früher. „Benziner" halten heute nahezu ebenso lange wie Dieselmotoren, sachgerechte Bedienung und Wartung vorausgesetzt.

Sicherlich ist es verfehlt, bei der Einschätzung der Gesamtfahrleistung nur auf den Motor abzustellen. Bezugspunkt ist das **Fahrzeug in seiner Gesamtheit**. Ein durchschnittlicher Pkw besteht allerdings aus etwa 6.000 Einzelteilen mit ganz unterschiedlicher Lebenserwartung. Während zahlreiche Teile „ewig" halten (z. B. Glas, Plastik), sind andere schon nach 50.000 bis 60.000 km verschlissen. Zu den klassischen Verschleißteilen am Auto gehören bekanntlich die Reifen, die Kupplung und die Auspuffanlage, ferner die Bremsbeläge und die Stoßdämpfer. Diese Teile haben eine deutlich geringere Lebenserwartung als beispielsweise der Motor oder das Schaltgetriebe. Erfahrungsgemäß sind aber auch diese Teile heute sehr viel langlebiger als in früheren Jahren. Dies gilt auch für die Karosserie. Dank verbesserten Korrosionsschutzes und der Verwendung von Aluminium hat sie inzwischen eine Lebensdauer von weit über 10 Jahren. Dem Ziel „Dauerhaltbarkeit" ist man insgesamt gesehen ein gutes Stück näher gekommen. Dieser Entwicklung muss bei der Abschätzung der Gesamtfahrleistung/Lebensdauer Rechnung getragen werden.

Die **jüngere Rechtsprechung** hat sich dieser Entwicklung nicht verschlossen, wie die folgenden **Beispiele** – in alphabetischer Reihenfolge nach Fahrzeugmarken – zeigen:

AUDI A 8 200.000 km (OLG Koblenz NJW-RR 1999, 701)

AUDI A 4 TDI 250.000 km (OLG Düsseldorf OLGR 2003, 338)

AUDI TT 3,2 quattro 250. 000 km (AG Kamen SVR 2005, 381)

BMW 323 i 170.000 km (OLG Koblenz VersR 1993, 1492)

BMW 530 dA Touring 250.000 km (LG Dortmund NJW 2001, 3196)

BMW 330 d 250.000 km (OLG Köln NJW 2007, 1694)

BMW 525 d 250.000 km (LG Aschaffenburg NZV 2006, 657)

BMW 740 d 250.000 km (Thür. OLG 20. 12. 2007 – 1 U 535/06 – n. v.)

BMW Z 3 (2,21) 250.000 km (LG Karlsruhe NJW-RR 2005, 1368)

Ford Sierra (75 PS) 200.000 km (OLG Hamm OLGR 1992, 353)

Kia Carens 2,01 200.000 km (LG Köln 15. 5. 2008 – 37 O 1054/07 – n. v.)

Mazda Tribute 250.000 km (OLG Karlsruhe NJW-RR 2008, 137)

Mercedes A-Kl. 200 CDI 250.000 km (OLG Düsseldorf 18. 8. 2008 – I-1 U 238/07 – n. v.)

Mercedes 200 D 250.000 km (OLG Düsseldorf DAR 2002, 506)

Mercedes 250 D (124 T) 350.000 km (OLG Koblenz NJW 2004, 1670)

Mercedes E 270 CDI 200.000 km (LG Zweibrücken 2. 8. 2004 – 1 O 274/03 – n. v.)

Mercedes 560 SEC 300.000 km (OLG Hamm NJW 1997, 2121)

Opel Astra 200.000 km (OLG Köln 13. 7. 2000 – 18 U 266/99 – n. v.)

Rover Diesel 200.000 km (OLG Stuttgart DAR 1998, 393)

Toyota Corolla 180.000 km (OLG Oldenburg DAR 1993, 467)

Volvo V 70 250.000 km (OLG Nürnberg NJW 2005, 2019)

Volvo C 70, 2,01 250.000 km (LG Köln DAR 2007, 34)

Volvo 945 TD 200.000 km (BGH NJW 1996, 1337)

VW Golf Turbo Diesel 250.000 km (LG Münster ZfS 1993, 409)

VW Golf TDI 81 kW 250.000 km (LG Duisburg 2. 5. 2006 – 6 O 443/04 – n. v.)

VW Multivan 200.000 km (OLG Celle 10. 1. 2002 – 11 U 108/01 – n. v.)

VW Sharan 2,0l 200.000 km (OLG Saarbrücken DAR 2006, 509; unter Hinweis auf die SCHWACKE-Liste „Gebrauchsvorteile" für 330.000 km OLG Düsseldorf 23. 10. 2006 – I-1 U 72/06 – n. v.)

VW Phaeton Diesel 250.000 km (LG Braunschweig 14. 3. 2008 – 4 O 2804/07 – n. v.).

1758 So wünschenswert Einzelfallgerechtigkeit ist, so stark ist andererseits das praktische Bedürfnis nach **Vereinfachung und Pauschalierung**.[111] Die vollständige Aufklärung aller maßgebenden Umstände ist in der Regel mit Schwierigkeiten verbunden (zeit- und kostspieliges Gutachten), die mit der Bedeutung der Position „Nutzungsvergütung" häufig in keinem vernünftigen Verhältnis stehen. Der analog anwendbare § 287 ZPO räumt dem Richter ein **weites Schätzungsermessen** ein. Das gilt auch und gerade für den Faktor „Gesamtlaufleistung" als Ausgangswert für die Schätzung der voraussichtlichen Restlaufleistung.

(4) Formelwert „tatsächliche Fahrstrecke"

1759 Der dritte Bemessungsfaktor ist die Fahrstrecke, die das Fahrzeug seit der Übergabe (Auslieferung) an den Käufer bis zum Zeitpunkt der Bemessung der Gebrauchsvorteile zurückgelegt hat. Sie ergibt sich im Allgemeinen aus einem Vergleich des km-Standes bei der Übergabe mit dem km-Stand am Bewertungsstichtag. Grundsätzlich ist der Verkäufer auch in diesem Punkt **darlegungs- und beweispflichtig**.[112]

Soweit der Verkäufer dieser Pflicht mangels eigener Wahrnehmungsmöglichkeit nicht entsprechen kann, führt dies nicht zu einer vollständigen Umkehr der Beweislast. Dazu besteht keine Notwendigkeit. In analoger Anwendung des § 421 ZPO kann der Verkäufer für den Umfang der Benutzung dadurch Beweis antreten, dass dem Käufer aufgegeben wird, den Stand des Kilometerzählers mitzuteilen. Zulässig ist auch ein Antrag auf Parteivernehmung, ebenso ein Antrag auf Einnahme des Augenscheins. Wenn der Verkäufer sich an der durchschnittlichen Fahrleistung orientiert, kann seine Beweisbehauptung nicht damit zurückgewiesen werden, sie gehe ins Blaue. Auch das Argument „Ausforschungsbeweis" sticht nicht. Weitere Einzelheiten zum Prozessualen s. Rn 636 ff. **Materiell-rechtlich** besteht ein Auskunftsanspruch des Verkäufers aus § 242 BGB. Ein Recht, den Kilometerzähler abzulesen, gibt § 810 BGB analog.

(5) Sonderfahrzeuge

1760 In Sonderfällen kann es unumgänglich sein, die übliche Berechnungsformel zu modifizieren oder vollständig aufzugeben, eventuell sogar einen Kfz-Sachverständigen zur Ermittlung des Nutzungsvorteils einzuschalten. Zu denken ist etwa an **Oldtimer**[113] und **Wohnmobilen** (= Reisemobilen).[114]

Bei **Wohnmobilen,** nicht zu verwechseln mit Wohnanhängern, muss differenziert werden. Bei Fahrzeugen, die nach Bauart, Ausstattung und Abmessungen nicht alltagstauglich sind, bei denen also das mobile Wohnen ein Wesensmerkmal ist, darf nicht nur auf die Fahr-

---

111 Grundsätzlich dazu, aber mit falschem Ergebnis OLG Braunschweig 6. 8. 1998, DAR 1998, 391.
112 OLG Düsseldorf 11. 9. 1998, NJW-RR 1999, 278.
113 OLG Köln 26. 5. 1997, NJW-RR 1998, 128 = OLGR 1997, 331 – Motorrad, Baujahr 1924.
114 Vgl. OLG Düsseldorf 28. 10. 1994, NZV 1995, 69 = OLGR 1995, 83; OLG Köln 8. 6. 1993 – 24 U 215/92 – n. v.; OLG Nürnberg 14. 11. 2001, NJW-RR 2002, 628 = DAR 2002, 219; LG Kassel 21. 7. 2000 – 9 O 1688/99 – n. v.

strecke abgestellt werden, die der Käufer zurückgelegt hat. Als Gesamtfahrstrecke werden 150.000 – 250.000 km veranschlagt.[115] Zur bestimmungsgemäßen Nutzung gehört auch das Wohnen auf Rädern. Damit stellt sich die Frage nach der Nutzungsdauer, der effektiven wie der voraussichtlichen Restzeit.[116] Vertretbar erscheint auch eine Kombination von Fahr- und Wohnfaktor (§ 287 ZPO).

Auch für **Motorräder** gelten eigene Regeln.[117] Für sie sind nach Erhebungen des ADAC deutlich niedrigere Gesamtlaufleistungen als für Pkw anzusetzen. Vier Kategorien können unterschieden werden: 1. Roller und Mokicks (30.000 km), 2. mittlere Leichtkrafträder (60.000 km), 3. Enduro bis Tourer, 400 ccm–1800 ccm (90.000 km) und 4. große Tourer (100.000–120.000 km).

Die Bewertung des Gebrauchs von **Nutzfahrzeugen** unterliegt gleichfalls Sonderregeln, zumal bei dem Faktor „Gesamtlaufleistung/voraussichtliche Restfahrleistung" (vgl. OLG Saarbrücken NJW-RR 1990, 493 – Lkw; BGH NJW 1995, 2159 – Omnibus; OLG Köln VRS 99/100, 1 – Bus; Brand. OLG OLGR 1996, 49 – Lkw; OLG Hamm OLGR 1998, 217 – Kühlanhänger).

Zum **Kauf eines Motors** siehe OLG Frankfurt DAR 1992, 221.

(6) Sonderfall „Tachomanipulation"

Die allgemein praktizierte Formel „Kaufpreis geteilt durch Restfahrleistung mal gefahrene Kilometer" kann nicht ohne weiteres eingesetzt werden, wenn der km-Stand zur Zeit der Übergabe nachweislich manipuliert war oder auch nur ein konkreter Manipulationsverdacht besteht. Verhindert werden muss, dass der Käufer infolge der Tachomanipulation eine zu hohe Nutzungsvergütung zahlt. Der Bruttokaufpreis kann wie im Normalfall als Rechengröße genommen werden. Dass er angesichts der wirklichen (höheren) Gesamtfahrleistung überhöht ist, ist – wie in anderen Fällen der Sachmängelhaftung – ohne Belang.

Auch die Feststellung der effektiven Fahrstrecke in der Sphäre des Käufers bereitet keine besonderen Schwierigkeiten. Selbst wenn der Tachostand bei Übergabe falsch war, bleibt er doch eine taugliche Basis für die Ermittlung der gefahrenen Kilometer, das Funktionieren des Zählwerks vorausgesetzt. Problematisch ist dagegen der Berechnungsfaktor „mutmaßliche Restfahrleistung". Die dafür maßgebliche Ausgangsgröße der mutmaßlichen Gesamtfahrleistung ist fahrzeugspezifisch unabhängig von der Tachomanipulation nach den üblichen Kriterien zu schätzen (s. Rn 1755 ff.). Um auf die mutmaßliche Restfahrleistung des gekauften Gebrauchtfahrzeugs zu kommen, wird gewöhnlich der Tachostand bei Übergabe abgezogen. Das soll für den Fall der Tachomanipulation nicht gelten.[118]

Richtig ist, dass der wahre (höhere) km-Stand bei Übergabe in die Schätzung nicht einfließen darf.[119] Andernfalls fiele die Nutzungsvergütung zu hoch aus. Um die vom Käufer tatsächlich gezogenen Nutzungen richtig zu ermitteln, kann man unter Verzicht auf die gängige Formel eine freie Schätzung der mutmaßlichen Restfahrleistung unter Berücksichtigung der berechtigten Erwartung des Käufers versuchen.[120] Vertretbar ist auch eine Berech-

---

115 LG Kassel 21. 7. 2000 – 9 O 1688/99 – n. v. (250. 000); OLG Celle 28. 6. 2006, ZGS 2006, 429 (200.000).
116 Siehe dazu OLG Düsseldorf 28. 4. 2008 – I-1 U/07 – n. v.; v. 28. 10. 1994, NZV 1995, 69 = OLGR 1995, 83; abw. (nur Laufleistung) OLG Nürnberg 14. 11. 2001, NJW-RR 2002, 628.
117 OLG Hamm 19. 10. 1994, NZV 1995, 69; s. auch LG Schwerin 28. 8. 2003, DAR 2004, 98 (Moped?).
118 OLG Düsseldorf 11. 9. 1998, NJW-RR 1999, 278; OLG Düsseldorf 12. 3. 2003, OLGR 2003, 338; s. auch OLG Rostock 11. 7. 2007, NJW 2007, 3290.
119 So auch OLG Koblenz 1. 4. 2004, NJW 2004, 1670; s. a. LG Ellwangen 13. 6. 2008, SVR 2008, 345.
120 Vgl. OLG Koblenz 1. 4. 2004, NJW 2004, 1670; OLG Düsseldorf 11. 9. 1998, NJW-RR 1999, 278.

nung anhand der Formel mit anschließendem Manipulationsabschlag. Grundlage dieser Korrektur ist ein Schadensersatzanspruch des Käufers.

bb) Weitere Einzelfragen

1762 Zur **prozessualen Geltendmachung** der Nutzungsvergütung und zu weiteren praxisrelevanten Fragen wie **Mängelabschlag**[121], **Verzinsung** und **Mehrwertsteuer** s. Rn 629 ff.

IV. Minderung

1763 Nicht anders als im früheren Recht führt die Minderung in Gebrauchtwagenstreitigkeiten **ein Schattendasein**. Abgesehen davon, dass dieser Rechtsbehelf dem Interesse des mangelhaft belieferten Käufers nur selten in vollem Umfang Rechnung trägt, beruht dieser Befund auf Darlegungs- und Berechnungsschwierigkeiten.

Anders als für den Rücktritt genügt für die Minderung ein **geringfügiger Mangel**. Das macht sie für Käufer als **Auffangrecht** interessant. In Fällen strittiger Erheblichkeit (§ 323 Abs. 5 S. 2 BGB) setzen rückabwicklungswillige Käufer entweder schon in der Klageschrift oder im Verlauf des Rechtsstreits hilfsweise auf Minderung (zum Problem s. Rn 659).

Abgesehen von der Frage der Erheblichkeit ist die Minderung – auch sie **ein Gestaltungsrecht** und kein Anspruch – an **die gleichen Voraussetzungen wie der Rücktritt** geknüpft. Wegen der Besonderheiten, die sich aus der grundsätzlich **vorrangigen Nacherfüllung** in Fällen des Gebrauchtfahrzeugkaufs ergeben, siehe deshalb Rn 1732 ff.

1. Berechnungsfragen

1764 Im Grundsatz geblieben ist die **Art der Berechnung** der Minderung (§ 441 Abs. 2 BGB). Von den **drei Faktoren,** die zur Ermittlung des Minderungsbetrages erforderlich sind, ist – anders als beim Neuwagenkauf (dazu Rn 656 ff.) – nur ein einziger vorgegeben: der tatsächliche Kaufpreis. Die beiden übrigen – Wert ohne Mangel und Wert mit Mangel – müssen erst festgestellt werden. Ohne Hinzuziehung eines Sachverständigen ist dies kaum möglich.

Die Praxis begegnete diesen Schwierigkeiten früher meist dadurch, dass der Minderungsbetrag mit dem (Brutto-)Betrag gleichgesetzt wurde, der zur Beseitigung des Mangels erforderlich ist.[122] Die **Reparaturkosten** wurden also einfach vom Kaufpreis abgezogen, d. h. der Käufer durfte einen Betrag in Höhe der Reparaturkosten einklagen, so wie beim kleinen Schadensersatz. Diese Berechnungsweise wurde nicht beanstandet, wenn der vereinbarte Kaufpreis dem objektiven Wert der Kaufsache in mangelfreiem Zustand entsprach.

Diesen praktikablen Weg hat das neue Kaufrecht nicht von vornherein versperren wollen. Eine Ermittlung der Minderung **im Wege der Schätzung** ist jetzt ausdrücklich zugelassen (§ 441 Abs. 3 S. 2 BGB). Für den **Klageantrag** wird indes an der Notwendigkeit einer **Bezifferung** festgehalten.[123] Gegenstand der richterlichen Schätzung sind die maßgeblichen Werte, nicht etwa die Reparaturkosten. Von vornherein scheiden die **Reparaturkosten als Berechnungsgröße** aus, wenn die Nachbesserung unmöglich oder unverhältnismäßig ist.[124]

---

121 Speziell für den Gebrauchtwagenkauf s. OLG Köln 30. 1. 2002, DAR 2002, 453.
122 Vgl. BGH 17. 12. 1996, NJW-RR 1997, 688 zu §§ 634, 472 BGB a. F.
123 LG Schwerin 3. 11. 2004, DAR 2005, 38.
124 BGH 9. 1. 2003, NJW 2003, 1188 zu § 13 VOB.

Minderung

a) Wert des Fahrzeugs im mangelfreien Zustand

Er entspricht nicht immer dem Kaufpreis (z. B. beim „Schnäppchenkauf"). Welchen (Verkehrs-)Wert das betreffende Fahrzeug im Zeitpunkt des Verkaufs ohne den beanstandeten Mangel hatte, kann ein Sachverständiger meist nur nach Besichtigung feststellen. Eine Taxierung ohne Besichtigung ist i. d. R. wenig sinnvoll. Es kommt auf den konkreten Zustand des Fahrzeugs an. Zwei Fahrzeuge gleichen Alters und gleicher Laufleistung können erfahrungsgemäß im Wert bis zu 50 % differieren.

1765

Abzustellen ist auf den **Verkehrswert**, d. h. auf den Wert, der zur Zeit des Verkaufs im normalen Geschäftsverkehr als Verkaufspreis zu erzielen war. Wegen der Vielschichtigkeit des Gebrauchtwagenmarktes – mehrere Verkäufergruppen konkurrieren miteinander – kann man kaum von einem „normalen Geschäftsverkehr" sprechen. Ein Gebrauchtwagen kann 500 € mehr oder weniger erzielen, je nachdem, wer ihn wo und an wen verkauft. Am teuersten ist er beim Neuwagenhändler mit Gebrauchtwagenabteilung, am billigsten beim privaten Direktgeschäft. Mit Rücksicht auf die unterschiedlichen Verkaufswege erscheint es richtig, im konkreten Fall von dem Weg auszugehen, auf dem der mangelhafte Wagen zum Käufer gelangt ist. Beim Kauf von einem Händler oder durch dessen Vermittlung kann also auf die Marktnotierungen der DAT (Marktspiegel) oder auf die Schwacke-Liste zurückgegriffen werden.

Da der private Markt nicht Gegenstand professioneller Preisforschung ist, gehen die Listenpreise, auch des Schwacke-Berichts, hier an der Wirklichkeit vorbei. Erfahrungsgemäß wird mit prozentualen Ab- und Zuschlägen vom bzw. auf die Listenpreise gearbeitet. Eine Faustformel lautet: „Schwacke-Einkaufspreis plus 15 %". Bei neueren Fahrzeugen mag dies zutreffen, bei älteren erscheint ein höherer Zuschlag erforderlich. Letztlich entscheidet aber stets die konkrete Beschaffenheit des Fahrzeugs.

b) Wert mit Mangel

Er, der wirkliche Wert, wird herkömmlicherweise so ermittelt, dass die Kosten für die Beseitigung des Mangels von dem Wert ohne Mangel (Verkehrswert) abgezogen werden. Im Prinzip ist dieses Verfahren nicht zu beanstanden, es versagt aber in Fällen mit unbehebbaren Mängeln, weil es hier mangels Nachbesserung auch keinen Kostenaufwand geben kann.

1766

In Fällen möglicher Reparatur wird mitunter übersehen, dass die Beseitigung eines Mangels häufig eine Wertsteigerung mit sich bringt, vor allem bei älteren Fahrzeugen. Dieser „Mehrwert" ist von den (fiktiven) Reparaturkosten abzuziehen, bevor diese zur Ermittlung des Fahrzeugwertes bei Mangelhaftigkeit herangezogen werden können. In den Fällen, in denen bei schadensersatzrechtlicher Betrachtungsweise ein Abzug „neu für alt" gerechtfertigt wäre, sind bei der Berechnung des Minderungsbetrages also die bereinigten Reparaturkosten anzusetzen.[125] Die Mehrwertsteuer bleibt unberücksichtigt.

Besteht der Sachmangel in dem Fehlen einer Beschaffenheit, die sich nicht herstellen lässt (z. B. Datum der Erstzulassung, niedrigere Kilometerfahrleistung, Unfallfreiheit), scheidet eine Berechnung nach den Mängelbeseitigungskosten naturgemäß aus. Zu ermitteln sind die Werte mit und ohne die spezielle Eigenschaft und mit dem Kaufpreis in Relation zu setzen.[126] Das OLG Düsseldorf[127] berechnet in einem Laufleistungsfall die gefahre-

---

[125] LG Köln 27. 5. 1970, MDR 1970, 1010 (Austauschmotor); vgl. auch BGH 17. 3. 1989, WM 1989, 857, 859 unter II, 5c.
[126] Vgl. OLG Oldenburg 28. 6. 1982, MDR 1982, 1018 (höheres Alter eines Sportwagens); vgl. auch OLG Frankfurt 6. 11. 1986, NJW-RR 1987, 1268; LG Düsseldorf 22. 4. 2003, DAR 2003, 420 (Importwagen).
[127] Urt. v. 18. 6. 1999, NZV 1999, 514.

nen Mehrkilometer anhand der Wertschwundformel und gibt dem Käufer in Höhe dieses Betrages einen Rückzahlungsanspruch, gestützt auf § 812 Abs. 1 S. 1 BGB, nicht auf §§ 462, 472 BGB a. F.

c) Sonderfall Mehrheit von Mängeln

1767   Dass die Parteien nur über einen einzigen wertmindernden Mangel streiten, kommt vor, ist jedoch nicht die Regel. Häufig liegen außer dem haftungsbegründenden Mangel weitere Umstände vor, die den Wert herabsetzen, aber kein Sachmängelrecht begründen, sei es, dass es sich nicht um einen Mangel im Rechtssinn handelt (Verschleiß, normale Alterung), sei es, dass die Haftung insoweit vertraglich oder gesetzlich ausgeschlossen ist, sei es, dass der Käufer für die Verschlechterung verantwortlich ist.

Schließlich kann eine Rolle spielen, dass punktuell bereits Verjährung eingetreten ist. Ob und wie solche haftungs-, aber nicht wertneutralen Umstände bei der Ermittlung der Verkehrswerte (mit und ohne Mangel) zu berücksichtigen sind, ist trotz der Entscheidung BGH NJW 1990, 2682 (Grundstückskauf) nicht restlos geklärt.

Für den Parallelfall des kleinen Schadensersatzes nach § 463 BGB a. F. hat der BGH entschieden: Der Verkäufer kann bei der Schadensberechnung nicht geltend machen, die Freizeichnungsklausel sei wegen anderer, von ihm nicht verschwiegener Mängel wirksam.[128] Im konkreten Fall hatte der Verkäufer arglistig verschwiegen, dass in das Fahrzeug, ein Mercedes 230 SL, ein Motor des Typs 250 eingebaut war. Das Besondere war, dass dieser nicht typgerechte Motor obendrein noch völlig verschlissen war, der Verkäufer diesen „Mangel" aber nicht arglistig verschwiegen hatte. Für den BGH gibt es bei der **Schadensberechnung** keine „gespaltene" Freizeichnung. War die Klausel gem. § 476 BGB a. F. nichtig, entfaltete sie bei der Berechnung des Schadens keine Wirkung mehr zugunsten des Verkäufers in Bezug auf andere Mängel. Schadensrechtlich ist dem – auch für das neue Recht – zuzustimmen. Die Gegenmeinung verletzt die Grundsätze der Differenzhypothese.

Für die Minderung war nach altem Recht im Ausgangspunkt anerkannt, dass bei der Ermittlung der Werte mit und ohne Mangel nur der haftungsbegründende Mangel zu berücksichtigen ist.[129] Andere **wertmindernde Momente** hatten außer Ansatz zu bleiben. Daran ist unter der Geltung des neuen § 441 BGB festzuhalten.

Die Beschränkung auf den haftungsrelevanten Mangel bzw. die Mängel wird von Sachverständigen häufig nicht genügend bedacht. Belanglos sind alle wertmindernden Umstände aus der Zeit nach Übergabe, sofern sie mit der Vertragswidrigkeit in keinem ursächlichen Zusammenhang stehen (Abnutzung, Beschädigung usw.), auch wenn der für die Wertermittlung maßgebliche Zeitpunkt nicht der der Übergabe, sondern – beim Gebrauchtwagenkauf meist zusammenfallend – der **Zeitpunkt des Vertragsschlusses** ist.[130] **Werterhöhende Aufwendungen** des Käufers (z. B. Einbau von Zubehör) haben bei der Wertermittlung gleichfalls außer Ansatz zu bleiben.

Wertmindernde Eigenschaften, die bereits bei Übergabe vorhanden waren, aber keine Haftung begründen, fallen nicht zulasten des Verkäufers ins Gewicht. Dies gilt nicht nur für normalen Verschleiß und Alterung, die i. d. R. schon nicht als Sachmängel i. S. d. § 434 Abs. 1 S. 2 Nr. 2 BGB zu werten sind (vgl. Rn 1509 ff.). Auch echte Mängel im Rechtssinn müssen unberücksichtigt bleiben, wenn und insoweit der Verkäufer seine Haftung hierfür wirksam ausgeschlossen hat.[131] Andernfalls würde das Ziel der Minderung ver-

---

128 Urt. v. 26. 1. 1983, NJW 1983, 1424 = DAR 1983, 228.
129 BGH 1. 6. 1990, NJW 1990, 2682 = WM 1990, 1674 (Grundstückskauf).
130 Und zwar für beide Werte, s. § 441 Abs. 2 BGB.
131 So auch LG Düsseldorf 22. 4. 2003, DAR 2003, 420.

fehlt, die vertraglich vorausgesetzte Äquivalenz von Leistung und Gegenleistung aufrechtzuerhalten. Die **Haftungsfreizeichnung** ist ein wesentliches Element der Preiskalkulation. Ohne sie müsste der Verkäufer einen erheblich höheren Preis verlangen (Risikozuschlag). Dieser Preisvorteil käme dem Käufer ohne rechtfertigenden Grund zugute, bliebe der Haftungsausschluss bei der Berechnung des Minderungsbetrages unberücksichtigt. Anders als bei der Berechnung des „kleinen" Schadensersatzes nach der Differenzhypothese wirkt sich die Freizeichnung auch dann zugunsten des Verkäufers aus, wenn sie im Hinblick auf den haftungsbegründenden Mangel wegen Arglist oder wegen entgegenstehender Beschaffenheitsgarantie keine Wirkung entfaltet (§ 444 BGB). Dies ist eine Folge des Strukturunterschieds zwischen Kaufpreisherabsetzung und Schadensersatz statt der Leistung.

Wenn die Vertragsparteien zur Ermittlung des Minderungsbetrages einen **Sachverständigen** mit der „Schadensfeststellung" beauftragen, ist dessen Schätzung in den Grenzen der §§ 317 ff. BGB verbindlich. Die Kosten des Schiedsgutachtens sind mangels anderweitiger Vereinbarung zu teilen.[132]

2. Sonstige Fragen zur Minderung

Zur Ausübung des Minderungsrechts, zur Frage der Bindung an die getroffene Wahl und zum Verhältnis von Minderung und Rücktritt s. Rn 659 ff.

Rechtsverlust: Das (Gestaltungs-)Recht der Minderung verliert der Käufer nicht dadurch, dass er das Fahrzeug weiterveräußert hat.[133] Fortdauer von Besitz und Eigentum sind keine Voraussetzungen des Minderungsrechts. Sein Bestand ist davon unabhängig. Zum Ausschluss der Minderung wegen Verwirkung bzw. Verzichts s. die Ausführungen zum Rücktritt (Rn 552 ff.).

V. Schadensersatzansprüche des Käufers bei einem Sachmangel
1. Überblick

Soweit nicht ein anderes bestimmt ist, kann der Käufer bei Mangelhaftigkeit der Sache Schadensersatz nach den **§§ 440, 280, 281, 283 und 311 a BGB** verlangen. Der dies bestimmende **§ 437 Nr. 3 BGB** enthält keine eigene Anspruchsgrundlage; er ist lediglich eine Verweisungsnorm. An die Stelle einer einzigen Gesetzesbestimmung für den Spezieskauf (§ 463 BGB a. F.) ist eine sehr differenzierte Regelung mit neuem dogmatischen Fundament getreten.

Die **neuartige Auffächerung** nach Anspruchsgrundlagen und Schadenskategorien in Verbindung mit der Spezialnorm für den Aufwendungsersatz (§ 284 BGB) bereitet allen Beteiligten, die Gerichte eingeschlossen, nach wie vor **Schwierigkeiten**. Zusätzliche dadurch, dass innerhalb einer Anspruchsgrundlage teilweise an **verschiedene Pflichtverletzungen** angeknüpft werden kann, was für den Bezugspunkt des Vertretenmüssens und damit auch für die Entlastung des Verkäufers von großer praktischer Bedeutung ist.

Das **Ziel des Gesetzgebers**, die kaufrechtliche Schadensersatzregelung zu vereinfachen, ist trotz zum Teil vorzüglicher didaktischer Begleitung durch die Rechtswissenschaft[134] bislang nicht erreicht worden – so das **Fazit aus Sicht der Autokauf-Rechtsprechung** sieben Jahre nach In-Kraft-Treten der Schuldrechtsreform.

---

132 OLG Düsseldorf 20. 3. 1998, OLGR 1998, 279.
133 Für den kleinen Schadensersatz s. BGH 10. 6. 1998, NJW 1998, 2905.
134 Allen voran *Stephan Lorenz*, z. B. NJW 2002, 2492; NJW 2007, 1 ff.; JuS 2008, 203; instruktiv auch *Faust* in *BambergerRoth*, § 437 BGB Rn 47 ff.

1770 Käufer von Kraftfahrzeugen, zumal von Gebrauchtwagen, sind **im alten Recht** typischerweise aus § 463 BGB a. F. vorgegangen; der Anspruch auf Schadensersatz wegen Nichterfüllung war der Standardrechtsbehelf. Das erklärte sich vor allem daraus, dass die anspruchsbegründenden Tatsachen (Arglist/Zusicherung) sich mit denjenigen deckten, die der (Gebrauchtwagen-)Käufer ins Feld führen musste, um den üblichen und seinerzeit zulässigen Gewährleistungsausschluss auszuhebeln. Da lag es nahe, statt Wandelung oder Minderung Schadensersatz wegen Nichterfüllung zu verlangen.

1771 **Im geltenden Recht** liegen die Dinge in mehrerer Hinsicht wesentlich anders. Arglist und das Fehlen einer zugesicherten Eigenschaft sind nicht mehr Voraussetzung für einen Schadensersatzanspruch. Es genügt bloße Mangelhaftigkeit des Fahrzeugs, gleichviel, ob neu oder gebraucht gekauft. Auf der anderen Seite ist der Anspruch auf Schadensersatz wegen Nichterfüllung (heute: „statt der Leistung") ebenso wie Rücktritt und Minderung **grundsätzlich subsidiär**. Der Nacherfüllungsvorrang und die damit verbundene Chance des Verkäufers, auch Schadensersatzansprüche abzuwehren, sind indes gerade in Fällen des Gebrauchtwagenkaufs vielfach wegen Unmöglichkeit der Nacherfüllung (§ 275 BGB) hinfällig, d. h. Verkäufer von Gebrauchtfahrzeugen sind dann – wie im alten Recht – der Schadensersatzhaftung direkt ausgesetzt, heute schon bei bloßer (vermuteter) Fahrlässigkeit und – beim Verbrauchsgüterkauf – ohne den Schutz einer Freizeichnungsklausel.

1772 Von den **zahlreichen Anspruchsgrundlagen**, die im heutigen Recht bei Mangelhaftigkeit des Kaufobjekts eine Schadensersatzpflicht des Verkäufers begründen können, ist für **Gebrauchtwagenkäufer** § 311 a Abs. 2 BGB **die Zentralnorm** (i. V. m. § 437 Nr. 3 BGB). Demgegenüber richtet sich die **Schadensersatzhaftung des Neuwagenverkäufers** in den meisten Fällen nach § 437 Nr. 3 i. V. m. §§ 280, 281 BGB. Denn in diesem Bereich sind Mängel ganz überwiegend technischer Natur und damit behebbar (wichtige Ausnahme: fehlende Fabrikneuheit). Nacherfüllung ist zudem häufig auch in Form der Ersatzlieferung möglich.

1773 Für das Verständnis des ganzen Systems der Schadensersatzhaftung des Verkäufers wegen Mangelhaftigkeit des Kaufobjekts **wichtig ist die Einsicht**, dass ein und derselbe Schaden – je nach Fallkonstellation und Zeitpunkt der Geltendmachung – Schadensersatz „statt der Leistung" oder Schadensersatz „neben der Leistung" (ggf. in Form des Verzögerungsschadens) sein kann.[135]

1774 **Schadensersatz statt der Leistung** kann prinzipiell erst nach erfolglosem Ablauf einer Frist zur Nacherfüllung verlangt werden. Der Verkäufer muss zunächst Gelegenheit haben, den mangelbedingten Schaden durch Nacherfüllung zu beseitigen und drohende Mangelschäden zu verhindern. Durch Nacherfüllung wegfallende Einbußen wie der mangelbedingte Minderwert oder Reparaturkosten sind deshalb dem Schadensersatz statt der Leistung zuzuordnen. Beim Nutzungsausfall ist zu differenzieren (s. Rn 1839 ff.). Typische Beispiele für den **Schadensersatz „neben der Leistung"** (einfacher Schadensersatz) nach § 280 Abs. 1 BGB, liquidierbar ohne Zusatzvoraussetzungen, sind demgegenüber Anwalts- und Sachverständigenkosten. Von dem Schadensersatz statt der Leistung ist der Schadensersatz „neben" der Leistung abzugrenzen: Definiert werden kann er als der bereits endgültig eingetretene durch (gedachte) (Nach-)Erfüllung nicht mehr behebbare Schaden.[136] Er umfasst Verspätungsschäden (§§ 280 Abs. 1, Abs. 2, 286 BGB) und sonstige Schäden. Bei letzteren geht es, mit einiger Vereinfachung gesagt, um die altrechtlichen „Mangelfolgeschäden".

---

135 *S. Lorenz*, JuS 2008, 203, 204.
136 *S. Lorenz*, JuS 2008, 203, 204; OLG Frankfurt 19. 7. 2006, ZGS 2006, 476.

2. Schadensersatz statt der Leistung nach §§ 437 Nr. 3, 311 a Abs. 2 BGB

a) Tatbestandsvoraussetzungen

Bereits bei Vertragsschluss bestehende Leistungshindernisse i. S. v. § 275 Abs. 1 bis 3 BGB sind die Anknüpfungspunkte in § 311 a Abs. 2 BGB. Thema ist die **anfängliche Unmöglichkeit** einschließlich der Fälle „normativer" Unmöglichkeit („Einredefälle"). Bei einem **anfänglichen unbehebbaren Mangel**, dem Hauptanwendungsfall der Haftung des Gebrauchtwagenverkäufers nach §§ 437 Nr. 3, 311 a Abs. 2 BGB, ist weder ein Anspruch auf mangelfreie Leistung noch ein Nacherfüllungsanspruch entstanden.

Als **Musterbeispiel** für einen solchen Sachmangel wird der Verkauf eines Gebrauchtfahrzeugs mit einem (reparierten) **Unfallvorschaden** genannt. Sollte das Fahrzeug nach der Beschaffenheitsvereinbarung unfallfrei sein, liegt ein Sachmangel vor. Er war schon bei Vertragsschluss vorhanden und kann weder durch Nachlieferung (= Ersatzlieferung) noch durch Nachbesserung beseitigt werden. Die Eigenschaft, ein Unfallfahrzeug zu sein, ist schlechthin irreparabel. Folglich ist der Verkäufer von seiner Pflicht, ein **unfallfreies** Fahrzeug zu liefern (§ 433 Abs. 1 S. 2 BGB), gem. **§ 275 Abs. 1 BGB** befreit. Die Pflicht, insoweit vertragsgemäß zu leisten, ist bereits nicht entstanden. Wegen Unmöglichkeit ausgeschlossen ist auch die Nacherfüllung, und zwar in beiden Varianten.[137]

Voraussetzung des Anspruchs auf Schadensersatz statt der Leistung nach den §§ 437 Nr. 3, 311 a Abs. 2 BGB ist, dass das Fahrzeug bereits **bei Vertragsschluss** mangelhaft war und auch **schon zu diesem Zeitpunkt** jegliche (Nach-)Erfüllung entweder unmöglich war (§ 275 Abs. 1 BGB) oder verweigert werden durfte (§§ 275 Abs. 3 und 3, 439 Abs. 3 BGB, sog. Einredefälle). Da die anfängliche Unbehebbarkeit zum haftungsbegründenden Tatbestand des § 311 a Abs. 2 BGB gehört, kann es im Einzelfall darauf ankommen, den **Zeitpunkt des Vertragsabschlusses** genau zu bestimmen. Gerade beim Kauf gebrauchter Kraftfahrzeuge macht dies mitunter einige Schwierigkeiten, vor allem beim Erwerb vom professionellen Handel mit seiner speziellen Abschlusstechnik (s. Rn 1168 ff.).

b) Darlegungs- und Beweislast des Käufers

Der Käufer erfüllt seine **Behauptungs- und Beweisführungspflicht**, wenn er darlegt und beweist, dass der ihm gelieferte Wagen bei Vertragsschluss einen auf Dauer unbehebbaren Sachmangel gehabt hat und dass ihm durch das endgültige Ausbleiben eines mangelfreien Fahrzeugs ein Schaden entstanden ist.[138] Ein **Verschulden** bzw. **Vertretenmüssen** des Verkäufers braucht er nicht zu behaupten, geschweige denn zu beweisen. Es ist Sache des Verkäufers, sich zu entlasten (dazu Rn 1777 ff.).

Gleichviel, worin man bei § 311 a Abs. 2 BGB die haftungsbegründende Pflichtverletzung sieht: Auf eine „**Erheblichkeit**" kommt es auf der Tatbestandsebene nicht an. Die Frage der Erheblichkeit entscheidet allein darüber, ob der Käufer den Schadensersatz statt der Leistung in der kleinen oder der großen, auf die Liquidation des gesamten Vertrages gerichteten Version geltend machen kann (§ 311 a Abs. 2, S. 3 i. V. m. § 281 Abs. 1 S. 3 BGB). Der Gesetzgeber will insoweit einen Gleichlauf mit dem Rücktritt. Näheres zur Erheblichkeitsfrage in Rücktrittsfällen unter Rn 521 ff., 1727 ff.

Da die Nacherfüllungsstation wegen „qualitativer Unmöglichkeit" komplett entfällt,[139] bedarf es **keiner Fristsetzung**, m. a. W.: Der Käufer kann den Schadensersatzanspruch aus §§ 437 Nr. 3, 311 a Abs. 2 BGB **sofort geltend machen**. Wenn der anfänglich unbeheb-

---

137 BGH 7. 6. 2006, NJW 2006, 2839.
138 Vgl. OLG Karlsruhe 14. 9. 2004, NJW 2005, 989 (gestohlener Pkw); s. auch BGH 22. 6. 2005, NJW 2005, 2852 (Hundekauf).
139 BGH 7. 6. 2006, NJW 2006, 2839.

bare Mangel schon **vor Gefahrübergang** entdeckt wird, braucht der Käufer nicht einmal bis zur Übergabe zu warten.[140]

Sonderfall „Mehrheit von Mängeln": Problematisch ist, wie ein Käufer bei einer Mehrheit von Mängeln, die **teils unbehebbar, teils behebbar** sind, vorzugehen hat. Unmögliches und Mögliches bilden hier einen Mix. *Beispiel:* Das Auto hat einen Unfallvorschaden und außerdem einen Defekt am Motor. Nach altem Recht konnte der Käufer beide Mängel als „Paket" zum Gegenstand seiner Gewährleistungsklage machen. Frei war er auch darin, einen zunächst übersehenen oder erst während des Prozesses entdeckten Mangel nachzuschieben. Der Verkäufer konnte sich insoweit lediglich auf Verjährung berufen. Mit dem Einwand, den reparaturfähigen Motorschaden hätte er bei entsprechender Aufforderung kostenlos beseitigt, wurde er nicht gehört.

Im geltenden Kaufrecht besteht bei behebbaren Mängeln grundsätzlich die Notwendigkeit der Fristsetzung zur Nacherfüllung. Das daraus abgeleitete Recht zur zweiten Andienung gilt indes nicht ohne Einschränkung. Zurücktreten muss es bei anfänglicher „qualitativer Unmöglichkeit" auch nur in einem einzigen Punkt. Dann ist der Käufer nicht gehindert, ohne Fristsetzung auf Schadensersatz statt der Leistung zu klagen (§§ 437 Nr. 3, 311 a Abs. 2 BGB). Denn der Käufer darf keinen Nachteil dadurch erleiden, dass außer einem unbehebbaren ein behebbarer Mangel vorhanden ist. Allerdings kann er zur Klagebegründung und auch zur Schadensberechnung nur den unbehebbaren Mangel heranziehen, es sei denn, dass hinsichtlich des nachbesserungsfähigen Mangels eine Fristsetzung entbehrlich ist, z. B. wegen Unzumutbarkeit (s. auch Rn 1705).

c) Der Entlastungsbeweis nach § 311 a Abs. 2 BGB

aa) Gesetzliche Vermutung und Beweislastumkehr

1777 Der Schadensersatzanspruch gem. § 311 a Abs. 2 BGB entfällt, wenn der Verkäufer das Leistungshindernis bei Vertragsschluss nicht kannte und er seine Unkenntnis auch nicht zu vertreten hat. Insoweit soll die Beweislast – wie bei § 280 Abs. 1 S. 2 BGB – umgekehrt werden.[141] Von einer **Beweislastumkehr** geht auch die h. M.[142] aus, sie häufig mit einer „Verschuldensvermutung" gleichsetzend. Dass es sich bei dem „Dies- gilt- nicht-Satz" ebenso wie bei dem ähnlich formulierten § 280 Abs. 1 S. 2 BGB um eine Beweislastnorm handelt, steht für die Praxis außer Streit.[143]

Bei Annahme einer gesetzlichen Vermutung genügt es nicht, dass die Vermutung erschüttert wird. Erforderlich ist der **volle Beweis schuldloser Unkenntnis**. Denn die Vermutung muss widerlegt werden (§ 292 ZPO). Es gilt das Beweismaß des § 286 ZPO. Für die Erleichterung nach § 287 ZPO ist grundsätzlich kein Platz. Beweiserleichterungen bei der Führung des Gegenteilsbeweises sind allerdings nicht von vornherein ausgeschlossen.

Bei unstreitiger oder erwiesener Schuldlosigkeit kann der Verkäufer ausnahmsweise gleichwohl zum Schadensersatz verpflichtet sein, so bei **Übernahme einer Garantie**. Schon der bloße Bruch des Versprechens, der Wagen sei unfallfrei, führt bei Annahme einer Garantieerklärung zu einem Anspruch auf Schadensersatz statt der Leistung. Der **Entlastungsbeweis** ist dem Verkäufer **abgeschnitten**. Zur Behauptungs- und Beweislast im „Garantiefall" s. Rn 1791.

---

140 OLG München 13. 6. 2007 – 20 U 5646/06 – n.v; Das neue Schuldrecht/*Haas*, Kap. 5 Rn 267; *Büdenbender*, AnwK-BGB, § 437 BGB Rn 9.
141 So ausdrücklich BT-Drucks 6857 = *Canaris* S. 727.
142 *Canaris*, JZ 2001, 507; *Dötsch*, ZGS 2002, 162.
143 BGH 22. 6. 2005, NJW 2005, 2852 (Hundekauf); OLG Karlsruhe 14. 9. 2004, NJW 2005, 989.

Bezugspunkt der Kenntnis bzw. der fahrlässigen Unkenntnis: Es ist das bei Vertragsschluss, nicht etwa bei Übergabe, bestehende „Leistungshindernis". Dieses ist nicht identisch mit dem Sachmangel.[144] Das Leistungshindernis liegt in der „qualitativen Unmöglichkeit", also in der vertragsanfänglichen **Unbehebbarkeit des Mangels**. 1778

Die Kenntnis von der Existenz eines anfänglichen (unbehebbaren) Mangels besagt nicht notwendigerweise, dass dem Verkäufer auch dessen Unbehebbarkeit, also die von Anfang an bestehende Unmöglichkeit der Nacherfüllung, positiv bekannt war, oder auch nur, was ausreichend ist, bekannt gewesen sein musste. Denkbar ist, dass er zwar den Mangel kannte, er aber irrig von einer Reparaturmöglichkeit ausging und auch ausgehen durfte, z. B. aufgrund einer Auskunft einer Fachwerkstatt. Weiteres Beispiel: Der Verkäufer nimmt an, eine Beschädigung des Fahrzeugs sei fachlich tadellos und wertminderungsfrei zu beheben, in Wirklichkeit bleibt aber ein merkantiler Minderwert zurück, der Mangel ist also unbehebbar. Ist der Mangel tatsächlich reparabel und darf die Reparatur nicht verweigert werden, scheidet ein Anspruch aus § 311a Abs. 2 BGB aus. Raum bleibt für eine Haftung nach §§ 437 Nr. 3, 280 Abs. 1, 3, 281 Abs. 1 BGB, bei nachträglicher Unmöglichkeit i. V. m. § 283 BGB.

Vom Vertretenmüssen nach § 311a Abs. 2 BGB **zu trennen** ist die Frage, ob der Verkäufer den Käufer vorsätzlich oder fahrlässig falsch informiert hat. Die Auffassung, dass der Verkäufer trotz Kenntnis von einem nicht behebbaren Mangel nicht hafte, wenn keine Aufklärungspflicht bestanden habe,[145] vermengt Beides. Ohne Mangel ist der Weg zu §§ 437 Nr. 3, 311a Abs. 2 BGB nicht eröffnet. Liegt aber ein Mangel vor, besteht grundsätzlich auch eine Aufklärungspflicht. Im Fall der **vorsätzlichen Täuschung** (Arglist) wird positive Kenntnis von dem Leistungshindernis in der Regel zu bejahen sein. Ein nur **fahrlässiges Aufklärungsverschulden** hat dagegen keine entsprechende Indizwirkung. 1779

Beispiel:
Der Verkäufer weiß nichts von einem früheren Unfall und konnte insoweit auch keine Kenntnis haben, seine Unkenntnis ist mithin unverschuldet. Ein Verstoß gegen eine Prüf- oder Erkundigungspflicht liegt nicht vor. Die Falschangabe gegenüber dem Käufer, der Wagen sei „unfallfrei", war bei genauer, jedoch überobligationsmäßiger Durchsicht der vom Vorbesitzer eingereichten Dokumente vermeidbar. Eine Pflichtverletzung kann bei dieser Sachlage nur deshalb angenommen werden, weil die Zusage „unfallfrei" ohne sichere Erkenntnisgrundlage, quasi ins Blaue hinein, erteilt wurde. In einem solchen Fall entfällt die Schadensersatzhaftung nach §§ 437 Nr. 3, 311a Abs. 2 BGB. Als Auffangnorm kommt § 280 Abs. 1 BGB i. V. m. § 276 BGB zum Zuge; außerdem die „normale" Haftung für Arglist.

Wenn das Vertretenmüssen i. S. d. §§ 311a Abs. 2, 276 BGB untersucht wird,[146] interessiert es nicht, ob der Verkäufer die Unmöglichkeit der Leistung schuldhaft herbeigeführt hat, z. B. den Unfallvorschaden selbst verschuldet hat. Nur seine Kenntnis bzw. der Grund für seine Unkenntnis sind von Belang.

a) Positive Kenntnis

Bei positiver Kenntnis des Verkäufers von einem Unfallvorschaden kann ohne weiteres auf die Kenntnis auch von der Unmöglichkeit der Nacherfüllung (in beiden Formen) geschlossen werden. Ebenso liegen die Dinge beim Verkauf eines Fahrzeugs mit vertragswidrig hoher Laufleistung oder mit einem zu hohen Alter. Die Kenntnis von der Existenz des Mangels schließt in all diesen Fällen **arglistiger Täuschung** die Kenntnis davon ein, dass 1780

---
144 Für Gleichsetzung *Tropf*, FS Wenzel, 2005, S. 443, 451.
145 So *Palandt/Grüneberg*, § 311a BGB Rn 9.
146 Dazu ausführlich *Tropf*, FS Wenzel, 2005, S. 443, 451; *S. Lorenz*, JuS 2007, 611.

der vertragswidrige Zustand nicht zu beseitigen ist. Es genügt eine „Parallelwertung" in der Laiensphäre. Sollte das Leugnen des zweiten Kenntniselements bei vorhandener Kenntnis vom Mangel ausnahmsweise einmal erheblich sein, wird ein Fall fahrlässiger Unkenntnis anzunehmen sein (Vorsatz-Fahrlässigkeit-Kombination).[147]

Der erforderliche Wissensstand muss nicht unbedingt in der Person des Verkäufers festgemacht werden. Es genügt, wenn ein bevollmächtigter Vertreter oder auch nur ein „Wissensvertreter" im Bilde war. Zur **Wissensvertretung** beim Gebrauchtfahrzeugverkauf s. Rn 2086 ff.

Anders als bei der Arglistprüfung nach altem Recht muss die positive Kenntnis des Verkäufers oder eines Wissensvertreters nicht beweiskräftig festgestellt werden. Vielmehr gilt jetzt der Grundsatz „in dubio pro emptore". Wenn der Richter nach Ausschöpfung aller angebotenen Beweise nicht ausschließen kann, dass der Verkäufer/Vertreter das anfängliche Leistungshindernis – bei einem als „unfallfrei" verkauften Auto praktisch der Unfallvorschaden – gekannt hat, ist der Entlastungsbeweis misslungen. Nur bei unstreitiger oder nachgewiesener Unkenntnis stellt sich auf einer zweiten Stufe die Frage der Fahrlässigkeit im Sinne des Kennenmüssens (§ 122 Abs. 2 BGB).

b) Kennenmüssen (fahrlässige Unkenntnis)

1781 Maßgeblich ist der **Zeitpunkt des Vertragsschlusses**.[148] Die Frage, warum der Verkäufer zu diesem Zeitpunkt ohne Kenntnis war, lenkt den Blick auf das vorvertragliche Stadium. Zu beachten ist dabei, dass Mängelfreiheit als Sollbeschaffenheit immer eine Frage des Vertrages ist, es im Vorfeld also nur um **potenzielle Mängel** und damit auch nur um **potenzielle Leistungshindernisse** i. S. d. § 311 a Abs. 2 BGB gehen kann.

Welche Pflichten ein Verkäufer vor und bei Vertragsabschluss hat, lässt das neue Schuldrecht – aus guten Gründen – ungeregelt. In der **amtlichen Begründung** zu § 311 a Abs. 2 BGB ist allgemein davon die Rede, dass sich das Pflichtenprogramm des Schuldners vor Vertragsschluss anders gestalte als nach Vertragsschluss. Vorher gehe es im Wesentlichen um **Informationspflichten**.[149]

Wie der **Gesetzgeber** sich das **vorvertragliche Pflichtenprogramm** des Verkäufers vorstellt, kann einigen Anmerkungen entnommen werden, die im Hinblick auf die Pflicht des Verkäufers zur sachmängelfreien Lieferung gemacht werden.[150] Sie beziehen sich auf das Vertretenmüssen im Fall der Schlechtleistung. Von Belang sind die Hinweise des Gesetzgebers auch insoweit, als es um die vergleichsweise engere Fragestellung bei § 311 a Abs. 2 BGB geht, ob der Verkäufer seine Unkenntnis von der anfänglichen Unbehebbarkeit des Mangels (= Leistungshindernis) gem. § 276 BGB zu vertreten hat oder nicht.

1782 Wenn dem Verkäufer im Rahmen des § 311 a Abs. 2 BGB der Vorwurf gemacht wird, sich seiner Fähigkeit zur mangelfreien Lieferung nicht vergewissert zu haben, dann geht es jedenfalls bei **Wiederverkäufern/Zwischenhändlern** vor allem um **Erkundigungs- und Untersuchungspflichten**. Denn der unbehebbare Sachmangel des gebrauchten Kfz ist regelmäßig außerhalb ihres Einflussbereichs entstanden. Seine Verursachung scheidet damit auch aus tatsächlichen Gründen als Anknüpfung für das Vertretenmüssen aus.

Wesentlich anders ist die Lage bei Verkäufern, die ein gebrauchtes Kraftfahrzeug **nach eigener Nutzung** aus ihrem allgemeinen Vermögen verkaufen. Im Fall des **Erstbesitzes** ist der Mangel in ihrer Sphäre entstanden. Da es keine Fahrlässigkeit an sich gibt, sondern immer nur im Hinblick auf eine bestehende Pflicht zum Tun oder Unterlassen, kommt es kauf-

---

147 Siehe auch *Schur*, ZGS 2002, 243, 247.
148 BGH 22. 6. 2005, NJW 2005, 2852 (Hundekauf); OLG Karlsruhe 14. 9. 2004, NJW 2005, 989.
149 BT-Drucks 6857 = *Canaris* S. 726; s. auch BGH 19. 10. 2007, NJW 2007, 3777, 3780.
150 BT-Drucks 6857 = *Canaris*, S. 807.

rechtlich nicht darauf an, wie beispielsweise der Unfallschaden entstanden ist. Kaufvertragsrechtlich interessiert nicht der Unfallhergang, auch nicht die Tachomanipulation als solche. Nur aus der Sicht des späteren Verkaufs kann sich die Frage stellen, ob die behauptete Unkenntnis von der vertragswidrigen Beschaffenheit auf Fahrlässigkeit beruht.

Ein Kfz-Eigentümer ist **grundsätzlich** nicht schon deshalb zu irgendwelchen Anstrengungen mit Blick auf den Zustand seines Fahrzeugs verpflichtet, weil er es irgendwann einmal verkaufen könnte. Die Frage der Vertragsmäßigkeit stellt sich erst aus Anlass kaufvertraglicher Verhandlungen. Wer den Unfallschaden, den typischen Fall des anfänglich unbehebbaren Mangels, als Fahrer selbst herbeigeführt hat, kann sich praktisch nur damit verteidigen, ihn von Anfang an nicht bemerkt oder – bei anfänglicher Kenntnis – ihn bis zum Verkauf wieder vergessen zu haben. Der **Vergessenseinwand** ist ein typischer Entlastungsversuch langjähriger Erstbesitzer. Bisher hat die Rechtsprechung damit nur im Rahmen der Arglistprüfung zu tun gehabt (s. Rn 2079). 1783

Welche Sorgfaltspflichten einen Gebrauchtfahrzeugverkäufer **im vorvertraglichen Stadium** treffen, ist **keine neue Fragestellung**. Denn für mangelbezogene Fahrlässigkeiten vor und bei Vertragsabschluss sind Verkäufer gebrauchter Kraftfahrzeuge auch schon vor der Schuldrechtsreform in die Haftung genommen worden, vertragsrechtlich freilich, wenn überhaupt, nur für Mangelfolgeschäden. Die bisherige Rechtsprechung zur positiven Forderungsverletzung verspricht wenig Gewinn. Ohnehin bezieht sie sich in erster Linie auf Gattungskäufe. Hilfreicher ist, an die Eigenhaftung von Kfz-Händlern in ihrer Rolle als Vermittler (Agenturverkauf) zu erinnern. Schwerpunktmäßig war die quasivertragliche Eigenhaftung des Kfz-Vermittlers, von den Arglistfällen abgesehen, eine Haftung für Fahrlässigkeit. 1784

Es liegt daher nahe, bei der Prüfung, ob die **Unkenntnis eines Kfz-Händlers** auf Fahrlässigkeit beruht, auf die Grundsätze der c. i. c.-Eigenhaftung zurückzugreifen (s. Rn 1277 ff.). Dabei besteht freilich die Gefahr, die Sorgfaltsanforderungen an den gewerblichen Kfz-Verkäufer zu überspannen. Erklärtes Ziel der sog. Sachwalter-Rechtsprechung war nämlich seinerzeit, den Vermittler praktisch wie einen verschuldensunabhängig haftenden Verkäufer zu behandeln. Dieser Angleichungsversuch führte zu einer bedenklichen Herabsetzung des Sorgfaltsmaßstabs. An die Rechtsprechung zur Sorgfaltspflicht des Kfz-Vermittlers sollte deshalb nur mit Vorsicht angeknüpft werden. Soweit im Rahmen der Wissensvertretung ein fahrlässiges Organisationsverschulden erörtert worden ist (s. dazu Rn 2089 ff.), ist eine Übernahme der Rechtsprechung dagegen unbedenklich. 1785

Die Frage ist indessen, ob dem Verkäufer **nach neuem Kaufrecht** generell strengere Pflichten als bisher angenommen auferlegt werden müssen. *Canaris*[151] meint, bei anfänglichen Leistungshindernissen könne man grundsätzlich strengere Sorgfaltsanforderungen stellen als bei nachträglichen. Das mag prinzipiell richtig sein. Mit Blick auf die Schadensersatzhaftung des Verkäufers fehlt es jedoch an einem sachlich überzeugenden Grund, im Rahmen des Entlastungsbeweises nach § 311 a Abs. 2 BGB grundsätzlich strengere Anforderungen an die Sorgfalt zu stellen als im Fall der Entlastung von der objektiven Pflichtwidrigkeit, ein Fahrzeug mit einem behebbaren Mangel geliefert zu haben.[152] 1786

So wie der Verkäufer sich das Wissen bestimmter Personen zurechnen lassen muss, findet auch im Rahmen des Kennenmüssens eine Zurechnung statt. Grundlage dafür sind die **§§ 166, 278 BGB**. Bei Wiederverkäufern/Zwischenhändlern taucht die Frage auf, ob ihre Lieferanten **Erfüllungsgehilfen** sind. Das ist zu verneinen.[153] 1787

---

151 DB 2001, 1819.
152 So auch *Huber/Faust*, 13. Kap. Rn 117.
153 BGH 15. 7. 2008, NJW 2008, 2837 (Hersteller); *Soergel/Huber*, § 463 BGB Rn 16.

1788 Erfüllungsgehilfe des Verkäufers ist auch nicht, wer von ihm mit der Untersuchung des Fahrzeugs beauftragt wird. Wenn z. B. eine Kfz-Prüforganisation im Auftrag eines Autohauses ein Verkaufszertifikat („Zustandsbericht", „kaufbegleitendes Gutachten") erstellt, können Versäumnisse des Prüfers nicht gem. §§ 166, 278 BGB zugerechnet werden. Gleiches gilt für den Fall, dass ein Privatverkäufer sein Fahrzeug in einer Werkstatt „verkaufsfertig" machen lässt. Übersieht der Mechaniker einen Unfallvorschaden, geht das nicht zulasten des Verkäufers. Zur Frage der „Garantieübernahme" beim Verkauf unter Vorlage einer Werkstattrechnung s. Rn 1603.

1789 In allen Fällen, in denen der unbehebbare Sachmangel außerhalb der eigenen Sphäre des Verkäufers entstanden ist, konzentriert sich auch im Rahmen des Entlastungsbeweises nach § 311 a Abs. 2 BGB alles auf die Frage, ob und inwieweit er zur Vermeidung des Vorwurfs fahrlässiger Unkenntnis verpflichtet war, sich die ihm fehlende Information[154] über den wahren Zustand des Fahrzeugs zu beschaffen. Zur **Erkundigungs- und Untersuchungspflicht** des Gebrauchtfahrzeugverkäufers s. Rn 1902 ff.

bb) Haftungsverschärfung durch Garantieübernahme

1790 Ist es unstreitig oder bewiesen, dass dem Verkäufer hinsichtlich des Leistungshindernisses „Unbehebbarkeit des Mangels" keinerlei Verschulden zur Last fällt, kann er gleichwohl auf Schadensersatz nach §§ 437 Nr. 3, 311 a Abs. 2 BGB haften. Von den beiden in **§ 276 Abs. 1 BGB** exemplarisch genannten Ausnahmefällen spielt die Übernahme des Beschaffungsrisikos beim Gebrauchtfahrzeugkauf – anders als beim Kauf eines nicht vorrätigen Neufahrzeugs – keine nennenswerte Rolle. Anders verhält sich mit der Übernahme einer Garantie.

Mit der Übernahme einer (unselbstständigen) Garantie wird die Möglichkeit des Verkäufers zur Exculpation nach § 311 a Abs. 2 S. 2 BGB abbedungen. Das muss vertraglich vereinbart werden, wobei, wichtig zumal in Gebrauchtwagenstreitigkeiten, eine **konkludente Vereinbarung** genügt.[155] Dazu, was unter Garantie i. S. d. § 276 Abs. 1 BGB zu verstehen ist, s. Rn 1358; zu den Einzelfällen s. das alphabetische Verzeichnis Rn 1367 mit jeweils weiterführendem Hinweis.

1791 **Non liquet:** Bleibt die **Übernahme einer Garantie** i. S. v. § 276 Abs. 1 BGB aus tatsächlichen Gründen, nicht aus Wertungsgründen, zweifelhaft, könnte die Entlastung des Verkäufers gescheitert sein. Diese Konsequenz wird in der Tat, wenngleich mit Blick auf den Entlastungsbeweis nach § 280 Abs. 1 S. 2 BGB, diskutiert.[156] Dass der Käufer allein durch den schlüssigen Vortrag einer Garantieübernahme den Verkäufer unter Widerlegungszwang setzen kann mit der Folge einer verschuldensunabhängigen Schadensersatzhaftung nach §§ 437 Nr. 3, 311 a Abs. 2 BGB bei einem non liquet, kann nicht richtig sein. Der Tatbestand, der eine strengere Haftung als für Vorsatz und Fahrlässigkeit begründet, also die Abweichung vom Verschuldenserfordernis, steht zur Behauptungs- und Beweislast des Käufers.[157] Das ist die Konsequenz aus dem Ausnahmecharakter der Haftungsverschärfung.[158]

---

154 Zur Bedeutung erteilter Informationen des Vorbesitzers s. LG Saarbrücken 29. 7. 2004, ZfS 2004, 562.
155 BGH 19. 10. 2007, NJW 2007, 3777 (kein Autokauf).
156 *Dedek* in *Henssler/Graf von Westphalen*, Praxis der Schuldrechtsreform, § 280 Rn 14.
157 So auch Das neue Schuldrecht/*Haas*, Kap. 5 Rn 232; *Canaris*, Schuldrechtsmodernisierung 2002, XIV; *Dötsch*, ZGS 2002, 162; s. auch BGH 22. 6. 2005, NJW 2005, 2852 unter II 2b.
158 Dazu auch BGH 19. 10. 2007, NJW 2007, 3777.

cc) Haftungsmilderung

Gem. § 276 BGB sind nicht nur Haftungsverschärfungen, sondern auch Haftungsmilderungen ins Auge zu fassen. Dass die Haftung wegen Vorsatzes nicht im Voraus „erlassen" werden kann, ergibt sich unmittelbar aus dem Gesetz (§ 276 Abs. 3 BGB). Zu den Möglichkeiten eines Verkäufers, seine Schadensersatzhaftung unterhalb der Vorsatzschwelle auszuschließen oder zu beschränken s. Rn 1965 ff., 1977 ff.

1792

dd) Konsequenzen für die Praxis in Gebrauchtwagenstreitigkeiten

Typisch ist die Einlassung des Verkäufers, von dem behaupteten Sachmangel keine Kenntnis gehabt zu haben. Seine Beschaffenheitsangabe, z. B. „Fahrzeug ist unfallfrei", habe er nach bestem Wissen gemacht. Von einer Garantieübernahme könne ohnehin keine Rede sein. Die Richtigkeit seiner Informationen anzuzweifeln, habe keine Veranlassung bestanden. Es hätten auch keine konkreten Anhaltspunkte dafür vorgelegen, das Fahrzeug vor der Übergabe auf das Vorhandensein des jetzt gerügten Mangels hin zu untersuchen.

1793

In welcher Weise ein solches **Entlastungsvorbringen zu substantiieren** ist, hängt auch von dem Sachvortrag des Käufers ab. Je konkreter und detailreicher sein Vorbringen zur Kenntnis bzw. zum Kennenmüssen ist, desto höhere Anforderungen sind an die Substantiiertheit des Entlastungsvorbringens zu stellen. Wenn man mit der überwiegenden Rechtsprechung lediglich eine konkrete Untersuchungspflicht des Kfz-Händlers annimmt (s. dazu Rn 1902 ff.), gehört zur Entlastung auch der Vortrag von Tatsachen dazu, dass ein konkreter Anlass zur Untersuchung nicht bestanden habe.[159]

Der bloße Hinweis, nur ein Zwischenhändler zu sein und als solcher keine (allgemeine) Untersuchungspflicht zu haben, kann nicht genügen.[160] Vorzutragen sind konkrete Tatsachen wie z. B. das Fehlen „handgreiflicher Anhaltspunkte" in Form von Farbnebeln im Lack. Verteidigen kann sich ein Verkäufer auch unter Hinweis auf ihm glaubhaft erscheinende Informationen des Vorbesitzers,[161] etwa durch Vorlage des Ankaufvertrages. Als Wiederverkäufer ist der Händler Herr des Einkaufsgeschehens. Zu dessen Einkaufswissen hat der Käufer im Allgemeinen keinen Zugang. Über die Vorgeschichte des Fahrzeugs kann er sich häufig gar nicht, und wenn, dann nur begrenzt informieren. Dem Käufer die Darlegungs- und Beweislast für die tatsächlichen Voraussetzungen der Annahme einer Untersuchungspflicht aufzuerlegen, kann man auch nicht mit dem Ausnahmecharakter dieser Pflicht begründen. Zum einen besteht schon vom Ansatz her kein Regel-Ausnahme-Verhältnis (s. Rn 1919). Abgesehen davon ist es eine **Rechtsfrage**, ob eine Untersuchungspflicht besteht oder nicht. Soweit es um den für die rechtliche Bewertung maßgeblichen Tatsachenstoff geht, ist der Händler „näher dran" als der Käufer.

Da die Unkenntnis vom Leistungshindernis/Mangel eine **innere Tatsache** ist, noch dazu eine **negative**, stehen Verkäufern allerdings nur in begrenztem Maße Beweismittel zur Verfügung, um ihr Entlastungsvorbringen unter Beweis zu stellen. Privatverkäufer und Inhaber von „Einmannbetrieben" können zur direkten Beweisführung nur sich selbst benennen. Ein solcher Antrag ist zwar nicht unzulässig (vgl. § 447 ZPO). Mit dem erforderlichen Einverständnis des Käufers ist indes nicht zu rechnen. Es ist sein gutes Recht, sich der Vernehmung des Verkäufers zu widersetzen. Das Missbrauchsargument sticht nicht.

1794

Hat der Verkäufer sich beim An- und Verkauf einer **Hilfsperson** bedient, wie im Kfz-Handel üblich, kann es auf deren Wissen ankommen. Der „Wissensvertreter" kann selbstverständlich als Entlastungszeuge benannt werden. Ob das Gericht ihm glaubt, ist eine an-

1795

---
159 Vgl. Das neue Schuldrecht/*Haas*, Kap. 5 Rn 232 zu § 280 Abs. 1 S. 2 BGB; anders gerade für § 311a Abs. 2 BGB *Ehmann/Sutschet*, JZ 2004, 62, 71.
160 OLG Karlsruhe 2. 9. 2004, ZGS 2004, 432 = OLGR 2004, 465 = MDR 2005, 135 (Baumarkt).
161 Vgl. LG Saarbrücken 29. 7. 2004, ZfS 2004, 562.

dere Frage. Um die behauptete Unkenntnis von dem Mangel beweisen zu können, stehen neutrale Zeugen praktisch nicht zur Verfügung. Über den Beweisantritt „Zeugnis: Vorbesitzer…" werden sich die Gerichte mit einer Wahrunterstellung hinwegsetzen: Zugunsten des Beklagten kann als wahr unterstellt werden, dass er vom Vorbesitzer über den Unfallvorschaden nicht informiert worden ist. Dennoch, so wird man fortfahren, bestehen Zweifel an seiner Unkenntnis, weil er von dem streitgegenständlichen Vorschaden anderweitig Kenntnis erlangt haben kann.

1796 Nur unwesentlich besser ist die Entlastungssituation des Verkäufers bei der Entkräftung der **Vermutung zweiter Teil**, den anfänglichen unbehebbaren Mangel **infolge von Fahrlässigkeit nicht gekannt** zu haben. Der Verkäufer hat außer seiner Unkenntnis auch die Gründe dafür mitzuteilen, warum er unwissend geblieben ist. Insoweit muss er außer seiner Unkenntnis einen Tatsachenkomplex vortragen und unter Beweis stellen, um dem Gericht bei seiner Fahrlässigkeitsprüfung eine Gesamtwürdigung aller maßgeblichen Umstände zu ermöglichen.[162]

1797 Die **praktischen Schwierigkeiten** beginnen für den Verkäufer bereits damit, dass sein vorvertragliches Pflichtenprogramm nicht ohne weiteres zu bestimmen ist. Der **Verkäufer-Anwalt**, der den sichersten Weg einzuschlagen hat, wird bestrebt sein, seinen Mandanten von jedem nur möglichen Vorwurf der Sorgfaltswidrigkeit zu befreien. Dass der Irrtum über die Mängelfreiheit entschuldbar ist, muss indessen nicht nur „schlüssig" vorgetragen, sondern auch bewiesen werden. Bei dieser Beweisführung ist der Kreis tauglicher Beweismittel gleichfalls begrenzt. Erfolgversprechend dürften sie jedenfalls nur selten sein, eine Einschätzung, auf die es bereits im Rahmen eines PKH-Verfahrens ankommen kann. Kfz-Händler setzen darauf, **mit Hilfe von Zustandsberichten** und ähnlichen Zertifikaten auch beweisrechtlich auf die sichere Seite zu gelangen. Bei anfänglichen unbehebbaren Mängeln, um die es im Rahmen der §§ 437 Nr. 3, 311 a Abs. 2 BGB schwerpunktmäßig geht, werden derartige Urkunden jedoch nur wenig nützen.

1798 In den Fällen, in denen eine Erkundigungs- bzw. Untersuchungspflicht zu bejahen ist (s. Rn 1903 ff.), muss der Verkäufer den Beweis erbringen, dass er dieser Pflicht genügt hat.[163] Verbleibende Zweifel gehen zu seinen Lasten. Kann aufgrund des vorhandenen Tatsachenstoffs nicht geklärt werden, ob eine Informationsbeschaffungspflicht oder eine anderweitig relevante Sorgfaltspflicht bestanden hat, wirkt sich die Unaufklärbarkeit gleichfalls zum Nachteil des Verkäufers aus. Er muss das Gericht von seiner Unkenntnis überzeugen; auch davon, dass er alles getan hat, sie zu vermeiden, sein Irrtum also entschuldbar ist. Besteht die praktische Möglichkeit einer Sorgfaltswidrigkeit in Form einer unterbliebenen oder nachlässig vorgenommenen Untersuchung ist der Entlastungsbeweis gescheitert.[164] Das läuft zwar im praktischen Ergebnis auf eine bloße Verdachtshaftung oder, positiv formuliert, **„Garantiehaftung"** hinaus. Diese Haftungsverlagerung durch das beweisrechtliche Mittel der „Verschuldensvermutung" ist aber die zwingende Konsequenz aus der Ankoppelung der kaufrechtlichen Schadensersatzhaftung an das allgemeine Leistungsstörungsrecht.

1799 Mit dem Argument, auch bei gehöriger Erkundigung/Untersuchung den Mangel nicht entdeckt zu haben, dürfte der Verkäufer kein Gehör finden. Wie im Rahmen des § 932 BGB (s. Rn 2280) wird die Rechtsprechung auf die Unterlassung als solche abstellen und **Kausalitätsfragen** nicht nachgehen. War der Mangel mit denjenigen Mitteln erkennbar, die einzusetzen Pflicht des Verkäufers war, kommt es nicht darauf an, dass und warum

---

162 Siehe OLG Karlsruhe 14. 9. 2004, NJW 2005, 989 = OLGR 2005, 33 (Nachforschungspflicht bei Diebstahl).
163 U. *Huber*, AcP 177, 303.
164 So im Fall OLG Karlsruhe 14. 9. 2004, NJW 2005, 989 = OLGR 2005, 33 (gestohlener Pkw).

sie im konkreten Fall erfolglos geblieben sind. Das Fehlschlagen gehört zum Risiko des Verkäufers.

d) Weitere Rechtsbehelfe

Lex specialis ist § 311 a Abs. 2 BGB nur für den **Schadensersatz statt der Leistung** und – in Verbindung mit § 284 BGB – für den Aufwendungsersatz. In seinem Anwendungsbereich verdrängt er die §§ 280, 281, 283 BGB. Ob und inwieweit für den Ersatz von **Folge- und Begleitschäden** auf § 280 Abs. 1 BGB (Schadensersatz neben der Leistung) zurückgegriffen werden muss, ist **umstritten**. Nach h. M. deckt § 311 a Abs. 2 BGB sämtliche mangelbedingten Schäden ab, auch Folgeschäden.[165] Das läuft im Ergebnis auf eine Übernahme der Rechtsprechungsergebnisse zu § 463 BGB a. F. hinaus. 1800

Außer den Ansprüchen auf Schadens- und Aufwendungsersatz kommen bei einem anfänglich unbehebbaren Mangel Minderung oder Rücktritt als Gestaltungsrechte in Frage, außerdem eine Anfechtung nach § 123 BGB. Zu den vielfältigen materiellrechtlichen und prozessualen Fragen, die sich aus dem Nebeneinander der verschiedenen Rechtsbehelfe ergeben, s. Rn 1897 ff.

Umstritten, höchstrichterlich aber noch ungeklärt ist, ob der Käufer im Fall erfolgreicher Entlastung des Verkäufers wenigstens seinen Vertrauensschaden **in analoger Anwendung des § 122 BGB** liquidieren kann. Der Anspruch ist von einem Verschulden unabhängig. Der Gesetzgeber hält eine Analogie in Anlehnung an *Canaris* für einen „gangbaren Lösungsansatz", hat die Frage aber der Rechtsprechung überlassen.[166] Einschlägige Entscheidungen liegen noch nicht vor. Die besseren Argumente sprechen gegen eine Analogie.[167]

3. Schadensersatz statt der Leistung nach §§ 437 Nr. 3, 280 Abs. 1, 3, 283 BGB

Der in § 437 Nr. 3 BGB aufgeführte Anspruch auf Schadensersatz statt der Leistung nach §§ 280 Abs. 1, 3, 283 BGB baut – anders als § 311 a Abs. 2 BGB – auf dem Bestehen einer Leistungspflicht auf. Zugeschnitten ist § 283 BGB auf die **nachträgliche Unmöglichkeit**. 1801

Als Tatbestände nachträglicher Unmöglichkeit kommen die in §§ 275 Abs. 1 bis 3 und 439 Abs. 3 BGB genannten Konstellationen in Betracht. Entscheidend ist, dass das Hindernis für eine sachmängelfreie Leistung **nach Vertragsschluss** entstanden ist. Abzustellen ist dabei nicht auf die Entstehung des Mangels, schon gar nicht auf sein Hervorkommen (Auftreten). Zu fragen ist vielmehr, wann die Beseitigung des Mangels unmöglich oder unzumutbar geworden ist.[168] Liegt der Zeitpunkt vor Abschluss des Kaufvertrages, kommt § 311 a Abs. 2 BGB zum Zuge, liegt er danach, greift § 283 BGB ein.

Aus Sicht des Gebrauchtfahrzeugkaufs spielt der Anspruch auf Schadensersatz statt der Leistung nach den §§ 437 Nr. 3, 280 Abs. 1, 3, 283 BGB praktisch **keine nennenswerte Rolle**. Den im Schrifttum erörterten Fallgestaltungen liegen hingegen vorzugsweise Beispiele aus dem Gebrauchtwagenkauf zugrunde.[169] Anhand solcher Fälle lässt sich der Anwendungsbereich des § 283 BGB in der Tat gut verdeutlichen. 1802

---

165 PWW/*Medicus*, § 311 a BGB Rn 20; Müko-BGB/*Ernst*, § 311 a BGB Rn 65, 89; *Reinicke/Tiedtke*, Kaufrecht, Rn 517; wohl auch BGH 22. 6. 2005, NJW 2005, 2852 (Hundekauf); a. A. *Gieseler*, JR 2004, 133; *Dauner-Lieb* in AnwK-BGB § 311 a BGB Rn 25.
166 BT-Drucks 14/6040, 166.
167 *Dauner-Lieb*, DB 2001, 2538; *Reinicke/Tiedtke*, Kaufrecht, Rn 223; *Windel*, JR 2004, 265.
168 *Reinicke/Tiedtke*, Kaufrecht, Rn 528/529; *Reischl*, JuS 2003, 455.
169 Vgl. *Reischl*, JuS 2003, 457; *Balthasar/Bolten*, ZGS 2004, 411; *Fest*, ZGS 2005, 18.

Beispiel 1: Zwischen Vertragsabschluss und Übergabe wird das gekaufte (mängelfreie) Fahrzeug vom Verkäufer fahrlässig total zerstört.

Der Anspruch auf Übergabe (Lieferung) und Übereignung ist nachträglich unmöglich geworden (§ 275 Abs. 1 BGB).[170] Nach altem Recht hatte der Käufer einen Schadensersatzanspruch aus § 325 BGB a. F. Die §§ 459 ff. BGB a. F. waren schon mangels Übergabe (Gefahrübergang) nicht anwendbar. Die Gewährleistungsansprüche „vorzuziehen", gab es keinen Grund. Auch nach neuem Recht liegt kein Fall der Sachmängelhaftung vor. Vor Gefahrübergang existiert ein Sachmangel grundsätzlich nicht. Dem Käufer in Analogie zu § 437 BGB einen der dort aufgeführten Rechtsbehelfe zu geben, ist nicht gerechtfertigt.[171] Das gilt auch für den Nachlieferungsanspruch,[172] sofern er beim Gebrauchtwagenkauf überhaupt zu bejahen ist (s. Rn 1683 ff.). Nach neuem Recht kann der Käufer Schadenersatz nach §§ 280 Abs. 1, 3, 283 BGB verlangen, freilich nicht in Verbindung mit § 437, sondern mit § 275 Abs. 4 BGB. Von seiner Pflicht zur Zahlung des Kaufpreises ist der Käufer kraft Gesetzes frei (§ 326 Abs. 1 S. 1 BGB).

Beispiel 2: Während der Überführungsfahrt durch den Verkäufer wird der bei Vertragsschluss mängelfreie Wagen nicht total zerstört, sondern bei einem Unfall nur beschädigt. Übergabe und Übereignung sind möglich; der Unfallschaden kann technisch behoben werden, es bleibt jedoch eine Wertminderung.

Von seiner Pflicht zur Lieferung und Übereignung ist der Verkäufer, anders als im Beispiel 1, nicht befreit. Die Pflicht zur mangelfreien Leistung (§ 433 Abs. 1 S. 2 BGB) war zum Zeitpunkt des Kaufs erfüllbar, sie ist aber nachträglich unerfüllbar worden. Ersatzlieferung entfällt aus den unter Rn 1421 genannten Gründen. Mängelbeseitigung scheidet aus, weil trotz Instandsetzung ein irreparabler Mangel (Unfalleigenschaft) bleibt. Gem. §§ 437 Nr. 3, 280 Abs. 1, 3, 283 BGB kann der Käufer – ohne Fristsetzung – Schadensersatz statt der Leistung verlangen. Das **Vertretenmüssen des Verkäufers** wird vermutet. Für die erforderliche Entlastung ist nicht der Unfall (Fahrweise des Verkäufers) der primäre Bezugspunkt. Zu fragen ist zunächst, ob er mit dem Fahrzeug überhaupt fahren, es also dem Risiko einer Beschädigung aussetzen durfte.[173] Bei verabredeter Überführungsfahrt trifft den Verkäufer unter diesem Aspekt kein Verschulden; anders ist es bei eigenmächtiger Überführung. Da der Verkäufer ab Vertragsschluss auch die Pflicht hat, alles zu unterlassen, was die geschuldete mangelfreie Übergabe gefährden könnte, kann ihm eine verkehrswidrige Fahrweise als Verschulden angelastet werden. Eine Haftungsbeschränkung auf grobe Fahrlässigkeit und Vorsatz kommt ihm nicht zugute.

Beispiel 3: Das Fahrzeug war bei Vertragsabschluss reparabel defekt, die Beseitigung des Mangels war also ursprünglich möglich. Erst nach Lieferung wird die Nachbesserung unmöglich, z. B. durch einen Unfall des Käufers mit technischem Totalschaden.

Ein Anspruch des Käufers auf Nacherfüllung (nur) in Gestalt der Nachbesserung ist hier zunächst entstanden. Nach § 275 Abs. 1 BGB ist er jedoch nachträglich erloschen. Auch das ist ein Anwendungsfall für einen Schadensersatzanspruch nach § 283 BGB i. V. m. §§ 437 Nr. 3, 280 Abs. 1, 3 BGB. Das **Vertretenmüssen des Verkäufers** wird vermutet. Es bezieht sich nicht auf den Mangel, sondern allein auf den Umstand, der die Unmöglichkeit der Nacherfüllung (§ 275 Abs. 1 BGB) herbeigeführt hat, im Beispielsfall also der Totalschaden. Ist er auf den Mangel zurückzuführen und war dieser dem Verkäufer bekannt,

---

170 Anders für den Fall der „ersetzbaren" Stückschuld *Balthasar/Bolten*, ZGS 2004, 411; zum Problem auch *Fest*, ZGS 2005, 18.
171 Für direkte Anwendbarkeit der Rücktrittsvorschriften dagegen OLG München 13. 6. 2007 – 20 U 5646/06 – n. v. (Beschädigung nach Vertragsabschluss auf Firmengelände des Verkäufers).
172 Zutreffend *Fest*, ZGS 2005, 18
173 Vgl. *Reischl*, JuS 2003, 457.

hat er die Unmöglichkeit der Nacherfüllung zu vertreten. Geht der Unfall allein auf einen Fahrfehler des Käufers zurück, scheidet eine Haftung aus. Im Fall der Mitverursachung gilt § 254 BGB.

4. Schadensersatz statt der Leistung nach §§ 437 Nr. 3, 280 Abs. 1, 3, 281 Abs. 1 BGB

a) Anwendungsbereich

Da die §§ 311 a Abs. 2, 283 BGB die Fälle anfänglicher und nachträglicher Leistungshindernisse in Gestalt „qualitativer (Teil-)Unmöglichkeit" regeln, bleiben für den Anspruch des Käufers auf Schadensersatz statt der Leistung nach den §§ 437 Nr. 3, 280 Abs. 1, 3, 281 Abs. 1 BGB diejenigen Fallgestaltungen übrig, bei denen **der Sachmangel behebbar** ist, die mögliche und auch geschuldete Nacherfüllung aber scheitert („qualitative Verspätung").

1803

Anders als beim Neuwagenkauf mit dem Schwerpunkt bei technischen Mängeln geht es beim Kauf gebrauchter Kraftfahrzeuge vor allem um vertragsanfänglich bestehende unbehebbare Sachmängel, was zur Schadensersatzhaftung nach §§ 437 Nr. 3, 311 a Abs. 2 BGB führt (dazu s. Rn 1775 ff.). Für die **praktische Fallbearbeitung** bedeutet dies, dass zunächst der in Rede stehende Mangel seiner Art nach im Sinne der **Kategorien „behebbar/ unbehebbar"** einzuordnen ist; s. dazu Rn 460 ff., 1695 ff.

b) Darlegungs- und Beweislast des Käufers

Der Fahrzeugkäufer, der bei einem behebbaren Mangel, z. B. einem Motorschaden, Schadensersatz statt der Leistung gem. §§ 437 Nr. 3, 280 Abs. 1, 3, 281 Abs. 1 BGB verlangt, hat außer dem Vertragsabschluss **darzulegen und zu beweisen:** die Lieferung eines Fahrzeugs mit einem (behebbaren) Sachmangel, einen aus dem Unterbleiben der Nacherfüllung resultierenden Nichterfüllungsschaden und außerdem eine **erfolglose Fristsetzung** zur Nacherfüllung, hilfsweise einen Sachverhalt, der eine Fristsetzung ausnahmsweise entbehrlich macht (§§ 440, 281 Abs. 2 BGB). Wegen des **Gleichlaufs mit dem Rücktritt** kann auf Rn 1732 ff. verwiesen werden.

1804

Ein irgendwie geartetes **Verschulden/Vertretenmüssen** braucht der Käufer nicht vorzutragen und schon gar nicht zu beweisen. Vielmehr kann er abwarten, was der Verkäufer zu seiner Entlastung vorbringt. Dessen Verteidigungsvorbringen kann er in tatsächlicher Hinsicht schlicht bestreiten. Er kann aber auch in die Offensive gehen, indem er eine Garantieübernahme geltend macht (zur Beweislastverteilung in diesem Fall s. Rn 1791) oder ein bestimmtes Fehlverhalten, z. B. ein arglistiges Verschweigen, behauptet.

Sonderfall Zusammentreffen von behebbaren und unbehebbaren Mängeln: Was in diesen „Mischfällen" gilt, insbesondere mit Blick auf den Nacherfüllungsvorrang, ist unter Rn 470 f., 1705 dargestellt.

1805

Sonderfall Selbstbeseitigung des Mangels: Bei einer Selbstbeseitigung des Mangels ohne Einhaltung des Erfordernisses vorheriger Fristsetzung („Ersatzvornahme") kann der Käufer die angefallenen Kosten nicht, auch nicht teilweise, auf den Verkäufer abwälzen; weder im Wege des Schadensersatzes noch analog § 326 Abs. 2 S. 2, Abs. 4 BGB.[174] Ist eine Fristsetzung ausnahmsweise entbehrlich, ist der Weg zum Anspruch auf Schadensersatz statt der Leistung zwar frei, mit einer erfolgreichen Exculpation (dazu Rn 1807 ff.) kann der Verkäufer jedoch jegliche Belastung mit Mängelbeseitigungskosten abwenden.[175] Was bleibt, ist das Recht der Minderung. Zur Problematik der Selbstbeseitigung s. auch Rn 404 f.

1806

---

174 BGH 7. 12. 2005, NJW 2006, 988.
175 BGH 7. 12. 2005, NJW 2006, 988.

c) Der Entlastungsbeweis beim Anspruch auf Schadensersatz statt der Leistung nach §§ 437 Nr. 3, 280 Abs. 1, 3, 281 Abs. 1 BGB

aa) Verschuldensvermutung und Beweislastumkehr

1807 Bei einem **behebbaren Sachmangel** kommen **zwei Pflichtverletzungen** i. S. d. § 280 Abs. 1 BGB in Betracht: die mangelhafte Leistung (Verletzung des § 433 Abs. 1 S. 2 BGB) und die unterlassene bzw. gescheiterte Nacherfüllung (Verletzung von § 439 Abs. 1 BGB); in Neufahrzeugfällen einschließlich Ersatzlieferung. Mit Blick auf das Vertretenmüssen und auch hinsichtlich der Kausalität können sich erhebliche Unterschiede in der Bewertung ergeben.

1808 **Strittig ist**, worauf sich das Vertretenmüssen des Verkäufers bezieht, auf die eine oder die andere Pflichtverletzung oder gar kumulativ auf beide.[176] Welche Zielrichtung die Entlastung des Verkäufers haben muss, um sich gegen einen Schadensersatzanspruch aus §§ 437 Nr. 3, 280 Abs. 1, 3, 281 Abs. 1 BGB zu verteidigen, ist von **großer praktischer Bedeutung**. Umso beklagenswerter ist die nach wie vor bestehende **Rechtsunsicherheit**.

Nach Ansicht des OLG Celle[177] knüpft das Verschulden **in zeitlicher Hinsicht** „an das Vertretenmüssen bei Ablauf der zur Nacherfüllung gesetzten Frist an" und kann sich **gegenständlich** – bei einem vom Verkäufer nicht zu vertretenden Mangel – auf die unterlassene Nachlieferung beziehen. Darauf, ob der Verkäufer den Sachmangel als solchen zu vertreten hat, soll es im Rahmen des Anspruchs aus §§ 437 Nr. 3, 280 Abs. 1, 3, 281 Abs. 1 BGB nicht ankommen. Diese Position des OLG Celle[178] geht in Richtung der Ansicht von *S. Lorenz*[179], wonach der Verkäufer auf Schadensersatz statt der Leistung grundsätzlich nur haftet, wenn er die Nichtvornahme der geschuldeten Nacherfüllung zu vertreten hat, d. h. die Haftung soll trotz eines zu vertretenden Mangels entfallen, wenn das Unterbleiben der Nacherfüllung unverschuldet ist.

Die besseren Gründe sprechen für die Gegenauffassung, die von einer **Alternativität** ausgeht.[180] Der Schadensersatzanspruch nach §§ 437 Nr. 3, 280 Abs. 1, 3, 281 Abs. 1 BGB scheidet demnach nur aus, wenn der (GW-)Verkäufer weder den Sachmangel als solchen noch die Umstände zu vertreten hat, auf denen es beruht, dass er den Mangel nicht beseitigt hat. Wenn es damit nicht nur auf das Vertretenmüssen des Mangels, sondern auch auf die Gründe für das Unterbleiben einer erfolgreichen Nacherfüllung ankommt, bedeutet das für den Verkäufer eines gebrauchten Kfz: Er muss sich im Prozess **zweigleisig entlasten**. Eine Entlastung allein in Bezug auf die ursprüngliche Mangelhaftigkeit ist zur Anspruchsabwehr nicht ausreichend.

1809 Soweit der – behebbare – Mangel, also die Schlechtleistung als solche, der Bezugspunkt des Vertretenmüssens ist, wird auf die Ausführungen unter Rn 1818 ff. verwiesen, insbesondere auf Rn 1821 ff., wo es um die **Erkundigungs- und Untersuchungspflicht** des Verkäufers geht.

Scheitern kann der Entlastungsbeweis auch aus dem Grund, dass dem Händler infolge einer **Rückrufaktion** das Problem bekannt war oder hätte sein müssen. Zu unterscheiden ist insoweit zwischen dem Verkauf eines Eigenfabrikats mit Herstelleranbindung und dem Verkauf eines Fremdfabrikats ohne Zugang zu Mängelberichten des Herstellers/Im-

---

176 Vgl. *S. Lorenz*, JuS 2007, 611; *Looschelders*, FS Canaris, S. 737 ff.
177 Urt. v. 28. 6. 2006, NJW-RR 2007, 353 = ZGS 2006, 429 (Wohnmobil/Tageszulassung).
178 Zustimmung *Palandt/Heinrichs*, § 281 BGB Rn 16; ablehnend PWW/*Schmidt-Kessel*, § 281 BGB Rn 4.
179 JuS 2008, 203; *ders.*, FS U. Huber, S. 429 ff, 434.
180 So wohl auch BGH 22. 6. 2005, NJW 2005, 2852; BGH 7. 12. 2005, NJW 2006, 988 (jeweils Tierkauf); OLG Hamm 18. 6. 2007 – 2 U 220/06 – BeckRS 2007, 14370; eindeutig in diesem Sinn *Reinicke/Tiedtke*, Rn 538 ff. m. w. N.; *Looschelders*, FS Canaris, S. 746 ff., 756.

porteurs. Über Rückrufinformationen können auch Freie Händler verfügen (Internet). Zu weiteren Fragen des Entlastungsbeweises bei einem behebbaren Sachmangel s. Rn 1818 ff.

Darüber hinaus (nach verbreiteter Gegenansicht ausschließlich) hat der Verkäufer vorzutragen und unter Beweis zu stellen, warum ihm die geschuldete Nacherfüllung innerhalb der gesetzten (angemessenen) Frist missglückt ist. Beim Gebrauchtwagenkauf geht es insoweit in der Regel nur um die Variante „Mängelbeseitigung" (Nachbesserung). **1810**

Für eine erfolgreiche Nacherfüllung, gleich in welcher Form, hat der Verkäufer **nicht im Sinne einer Garantie nach § 276 Abs. 1 S. 1 BGB** einzustehen. Dies selbst dann nicht, wenn er für die (fehlende) Beschaffenheit des Fahrzeugs eine Garantie übernommen hat. Nicht ausgeschlossen ist freilich, dass sich das Garantieversprechen des Verkäufers auf eine erfolgreiche Nacherfüllung erstreckt. Das ist Auslegungssache und im Zweifel zu verneinen. **1811**

Finanzielles Unvermögen des Verkäufers entlastet nicht. Da die Beseitigung eines Fahrzeugmangels keine unvertretbare Handlung ist, können persönliche Leistungshindernisse wie z. B. das subjektive Unvermögen zur Instandsetzung mangels eigener Werkstatt grundsätzlich nicht entlasten. Denkbar ist der Fall eines entschuldbaren Rechtsirrtums.[181] Im Vordergrund der Verteidigung von Verkäufern, die auf Schadensersatz in Anspruch genommen werden, stehen Gründe wie eine **erschwerte Fehlersuche** (typisch bei Elektronikproblemen) und **Ersatzteilschwierigkeiten**. In solchen Fällen ist zunächst zu prüfen, ob die gesetzte Frist überhaupt angemessen ist (dazu Rn 454 f.). Wenn ja, hängt es von den Umständen des konkreten Einzelfalls ab, ob das Unterbleiben der geschuldeten Nacherfüllung innerhalb der gesetzten Frist als unverschuldet anzusehen ist. Von Bedeutung ist bei technischen Mängeln insbesondere, ob der Verkäufer eine Privatperson oder ein Kfz-Händler ist, wobei im zweiten Fall wieder zu differenzieren ist zwischen einem Markenhändler und einem Freiem Händler. **1812**

bb) Haftungsverschärfung bei Garantieübernahme

Was das Vertretenmüssen der ursprünglichen Schlechtleistung (Mangel) angeht, so ist der **Entlastungsbeweis** in diesem Punkt **abgeschnitten**, wenn der Verkäufer eine **Garantie für die Beschaffenheit** i. S. d. § 276 Abs. 1 BGB übernommen hat. Im zweiten Punkt (Nichtbeseitigung des Mangels) haftet der Verkäufer unabhängig von einem Verschulden, wenn er eine **Garantie** gegeben hat, wonach er zur Nachbesserung imstande ist. Wer z. B. eine Garantie für das Vorhandensein eines Austauschmotors übernimmt, garantiert allein damit noch nicht seine Fähigkeit, notfalls selbst oder durch einen Dritten einen solchen Motor einzubauen. Anders kann es bei einer „Motorgarantie" eines Händlers mit Werkstatt sein. **1813**

5. Der Anspruch des Käufers auf Schadensersatz „neben" der Leistung (§§ 437 Nr. 3, 280 Abs. 1 BGB)

a) Anwendungsbereich

Auf der Tatbestandsseite setzt der Anspruch auf Schadensersatz „neben" der Leistung – zur Abgrenzung gegen den Schadensersatz statt der Leistung s. Rn 1774 – eine Pflichtverletzung des Verkäufers voraus. Das kann die Lieferung einer mangelhaften Sache sein (§ 433 Abs. 1 S. 2 BGB). Im Fall eines behebbaren Mangels kommt als **weitere Pflichtverletzung** das Unterbleiben der nach § 439 BGB geschuldeten Nacherfüllung in Betracht (zum Bezugspunkt für das Vertretenmüssen s. Rn 1808). **1814**

---

181 Vgl. *S. Lorenz*, NJW 2002, 2497, 2503.

Bei einem unbehebbaren Mangel und Ausschluss beider Nacherfüllungsvarianten, typisch für Gebrauchtwagenstreitigkeiten, soll nach h. M. der gesamte mangelbedingte Schaden des Käufers einschließlich Begleit- und Folgeschäden von §§ 437 Nr. 3, 311a Abs. 2 BGB erfasst werden, der Schadensersatz „neben" der Leistung insoweit also leer laufen (s. Rn 1800).

1815 Wenn der Verkäufer nicht nur ein mangelhaftes Fahrzeug geliefert, sondern im Rahmen der Vertragsverhandlungen gegen eine (leistungsbezogene) **Aufklärungspflicht** verstoßen hat, eine für den Gebrauchtfahrzeugkauf nicht untypische Konstellation, stellt sich die Frage, wie diese **weitere Pflichtverletzung** zu beurteilen ist. Da sie sich auf den Mangel bezieht, könnte sie – exklusiv – einen gewährleistungsrechtlichen Schadensersatzanspruch mit den insoweit bestehenden Besonderheiten auslösen. Anspruchsgrundlage wäre § 280 Abs. 1 BGB i. V. m. § 437 Nr. 3 BGB. Als Alternative kommt die allgemeine Haftung aus § 280 Abs. 1 BGB in Betracht. Zu denken ist auch an einen Schadensersatzanspruch aus § 282 BGB i. V. m. § 241 Abs. 2 BGB.[182]

Letzteres überzeugt am wenigsten. Die Pflicht zur Aufklärung über den Mangel ist leistungsbezogen und fällt damit nicht unter § 241 Abs. 2 BGB. Da die in der Schlechtleistung liegende Pflichtverletzung mit der Aufklärungspflichtverletzung so etwas wie eine natürliche Handlungseinheit bildet, spricht vieles für eine einheitliche Behandlung nach Sachmängelrecht, zumal dem Käufer im Fall der arglistigen Täuschung – abweichend von § 438 Abs. 1 S. 3 BGB – die Regelverjährung zugute kommt (§ 438 Abs. 3 S. 1 BGB).

b) Der Entlastungsbeweis beim Anspruch auf Schadensersatz „neben" der Leistung (§§ 437 Nr. 3, 280 Abs. 1 BGB)

1816 Der Verkäufer, der mit der Übergabe einer Sache mit einem behebbaren Mangel eine (objektive) Pflichtverletzung begangen hat (§ 433 Abs. 1 S. 2 BGB), muss sich auch zur Vermeidung seiner Haftung auf Schadensersatz „neben" der Leistung exculpieren. Ein auf Schadensersatz in Anspruch genommener Fahrzeugverkäufer muss also behaupten und beweisen, dass er die Pflichtverletzung – Lieferung des Fahrzeugs mit Sachmangel – nicht zu vertreten hat.

Kraft Gesetzes wird vermutet, dass ein Verkäufer, der mangelhaft geliefert hat, den Grund für diese Vertragsstörung zu vertreten hat. Das findet seine Legitimation letztlich im sog. Sphärengedanken. Ebenso wie die ähnlich formulierte Regelung in § 311a Abs. 2 BGB ist § 280 Abs. 1 S. 2 BGB als **Beweislastregel** konzipiert.[183] Von Beweislastumkehr ist die Rede, auch von Verschuldensvermutung.[184] Ob sich dahinter unterschiedliche Sachaussagen verbergen, wird nicht immer deutlich. Die Einschätzung als „Beweislastumkehr" scheint der kleinste gemeinsame Nenner zu sein.

aa) Bezugspunkt des Vertretenmüssens

1817 Mit der Lieferung einer Sache mit einem behebbaren Mangel hat der Verkäufer objektiv eine Pflicht aus dem Schuldverhältnis i. S. v. § 280 Abs. 1 BGB verletzt. Bezugspunkt für das Vertretenmüssen ist jedenfalls die Schlechtleistung als solche.[185] Ob § 280 Abs. 1 BGB auf anfängliche unbehebbare Mängel neben § 311a Abs. 2 BGB überhaupt anwendbar ist, hat der BGH noch nicht eindeutig entschieden (s. auch Rn 1808).

---

182 Zum Problem s. *Dauner-Lieb*, AnwK-BGB, § 276 BGB Rn 43.
183 Vgl. Gegenäußerung der Bundesregierung, abgedruckt bei *Canaris*, S. 1008.
184 Nachweise bei *Münch*, JURA 2002, 367.
185 *Reinicke/Tiedtke*, Kaufrecht, Rn 516, 564.

bb) Haftungsmaßstab und Einzelfragen

Das Vertretenmüssen richtet sich nach § 276 BGB. Mithin hat der Verkäufer **grundsätzlich** Vorsatz und Fahrlässigkeit zu vertreten. Während das Gesetz in § 311 a Abs. 2 BGB festlegt, auf welche Tatsache sich das Verschulden/Vertretenmüssen zu beziehen hat, sind die Möglichkeiten der Be- und Entlastung im Rahmen des § 280 Abs. 1 S. 2 BGB vergleichsweise „offen".

1818

Eine Gemeinsamkeit mit § 311 a Abs. 2 BGB besteht in der hier wie dort **zentralen Fahrlässigkeitsfrage** insoweit, als solche Vorgänge außer Betracht zu bleiben haben, die mit dem Verkauf in keinerlei Beziehung stehen. Ob ein Sachmangel und damit eine Pflichtverletzung vorliegt, hängt zum einen vom Inhalt des Kaufvertrages ab, zum anderen vom Zeitpunkt des Gefahrübergangs. Davon losgelöst gibt es keinen Sachmangel, also auch keinen Tatbestand einer „mangelbezogenen" Pflichtverletzung i. S. v. § 433 Abs. 1 S. 2 BGB. Dass der Verkäufer sein Fahrzeug während seiner Besitzzeit beschädigt hat, gereicht ihm **kaufvertragsrechtlich** nicht zum Verschulden. Bedeutung gewinnt dieser Umstand erst, wenn das beschädigte Fahrzeug zum Verkauf angeboten wird, ohne den Kaufinteressenten auf den Schaden als potenziellen Sachmangel hinzuweisen.

Dass der Verkäufer einen bestimmten Umstand nicht kannte und auch nicht kennen musste, kann bereits **auf einer Vorstufe** Gegenstand der Prüfung sein, nämlich im Zusammenhang mit der Einstandspflicht des Verkäufers für **Äußerungen Dritter** (§ 434 Abs. 1 S. 3 BGB). Der hier eröffnete Entlastungsbeweis ist der Exculpation nach § 280 Abs. 1 S. 2 BGB **vorgelagert**. Scheitert der Verkäufer auf der Vorstufe, ist von einem Sachmangel und damit von einer Pflichtverletzung auszugehen. Nunmehr ist der Entlastungsbeweis zwar im Ausgangspunkt breiter angelegt. Die Gründe, die den Verkäufer auf der Vorstufe haben scheitern lassen, dürften jedoch auch einer Widerlegung der Verschuldensvermutung entgegenstehen.

1819

Abgesehen vom Sonderfall der „Garantieübernahme" (dazu Rn 1790) und der vorsätzlichen Schlechtlieferung (zur arglistigen Täuschung s. Rn 2069 ff.) stehen bei dem Entlastungsbeweis nach § 280 Abs. 1 S. 2 BGB **zwei Fragestellungen** im Blickpunkt:

1820

Zum einen geht es um Fahrlässigkeit bei ausdrücklichen bzw. konkludent abgegebenen Verkäufererklärungen ohne Garantiecharakter, d. h. Beschaffenheitszusagen i. S. d. § 434 Abs. 1 S. 1 BGB. Etwaige Versäumnisse bei der Beschaffung und Weiterleitung von Informationen geraten ins Blickfeld. Diese **Informationshaftung** hatte man vor der Schuldrechtsreform mit der Zusicherungs- und Arglistrechtsprechung zu § 463 BGB a. F. einigermaßen im Griff. Fahrlässig fehlerhaften Angaben über die Beschaffenheit des Fahrzeugs konnten eine Haftung aus § 463 S. 2 BGB a. F. an sich nicht begründen. Vom Ansatz her genügte selbst grobe Fahrlässigkeit nicht.

Durch das neue Kaufrecht hat sich bereits der **Haftungsmaßstab grundlegend geändert**. Die Beweislastverteilung bewirkt ein Übriges. Die praktischen Auswirkungen sind durch Urteile wie der noch zum alten Recht ergangenen Entscheidung des LG Köln vom 10. 1. 2002[186] in gewisser Weise präjudiziert. Hiernach ist ein Gebrauchtwagenhändler gehalten, „sich der Richtigkeit aller Angaben zu versichern, z. B. durch eigene Prüfung oder, wo ihm dies nicht möglich oder zumutbar ist, genaues Studium der ihm bekannten oder von ihm anzufordernden Unterlagen über den Pkw." Zu prüfen hat er auch die Angaben im Serviceheft („Checkheft"), was in Zahnriemenfällen von Bedeutung sein kann.[187]

Zu erinnern ist in diesem Zusammenhang an die **Rechtsprechung zur Eigenhaftung von Kfz-Vermittlern** für unrichtige Informationen aus culpa in contrahendo (s.

---

186 DAR 2002, 272.
187 Vgl. LG Krefeld 24. 9. 2007, DAR 2008, 90.

Rn 1277 ff.). Wie damals ist zu prüfen, ob und inwieweit Verkäufer ihre Informationen (Beschaffenheitsangaben) durch vorherige Erkundigungen und Untersuchungen auf ihren Wahrheitsgehalt zu überprüfen verpflichtet waren. Denn ohne ein solches Handeln kann eine konkrete Beschaffenheitsangabe – unterhalb der Schwelle der Behauptung ins Blaue hinein – fahrlässig sein. Die Rechtsprechung, die im alten Recht mit der Annahme von Behauptungen ins Blaue hinein und damit arglistigen Täuschungen um des Ergebnisses willen (§ 476 BGB a. F.) außerordentlich „großzügig" war (s. Rn 2106 ff.), wird bei fragwürdiger Informationsbasis den Entlastungsbeweis für gescheitert halten. Wer als Richter in solchen Fällen sogar ein arglistiges Tun positiv festgestellt hat, wird wenig Hemmung haben, dem Verkäufer Fahrlässigkeit zur Last zu legen. Dabei muss diese nicht einmal nachgewiesen sein. Es genügt, dass der Verkäufer das Gericht von seiner Schuldlosigkeit nicht hat überzeugen können.

Zum anderen: Wenn der Verkäufer zur strittigen Fahrzeugeigenschaft **keinerlei Angaben** gemacht hat, es also um die Frage **schuldhaften Verschweigens** geht, ist das Thema „Untersuchungspflicht" von kardinaler Bedeutung. Kann der Verkäufer eine vorsätzliche Täuschung, also ein arglistiges Verschweigen, glaubhaft ausschließen, bleibt die Frage, ob die Unkenntnis auf Fahrlässigkeit beruht. Unter diesem zweiten Aspekt besteht eine Parallele zum Entlastungsbeweis nach § 311 a Abs. 2 BGB (dazu Rn 1777 ff.). Abgesehen von dem unterschiedlichen Bezugspunkt des Vertretenmüssens ist es die Art des Sachmangels (unbehebbar/behebbar), die angesichts der verschiedenen Gruppen von Gebrauchtfahrzeugverkäufern eine differenzierte Beurteilung erforderlich macht.[188]

1821 **Fahrlässige Unkenntnis** setzt zunächst **objektive Erkennbarkeit** des Mangels voraus. Die Grenze für die Erkennbarkeit von Mängeln ist „fließend und im Nachhinein oft kaum zu beurteilen", so **der BGH** in der Gebrauchtwagenentscheidung vom 16. 3. 1977, NJW 1977, 1055. Diese zutreffende Einschätzung ist in Erinnerung zu rufen, wenn es darum geht, ob der Verkäufer einen Sachmangel fahrlässig nicht erkannt hat.

Die Frage nach der Erkennbarkeit des Mangels führt häufig zur Prüfung, ob der Verkäufer pflichtwidrig etwas versäumt hat, was ihn ins Bild gesetzt hätte. Insoweit müssen vor allem – nicht anders als bei § 311 a Abs. 2 BGB – Erkundigungs-, Nachforschungs- und – eine Spezialität des Gebrauchtfahrzeugkaufs – Untersuchungspflichten erörtert werden. Dazu s. Rn 1902 ff.

1822 Die Fahrlässigkeit des Verkäufers kann auch außerhalb dieses Pflichtenkreises anzusiedeln sein. Ein **privater Verkäufer**, der sein Fahrzeug längere Zeit selbst benutzt hat, kann Erkenntnisse gewonnen haben, die zumindest den Verdacht eines technischen Defekts begründen (z. B. erhöhter Ölverbrauch, übermäßiger Wasserverbrauch, unregelmäßiger Motorlauf). Bislang konnten derartige Anzeichen die Kenntnis des Verkäufers als Voraussetzung eines arglistigen Tuns begründen.[189] Unter dem neuen Recht auf bloße Erkennbarkeit des Mangels zu schließen, dürfte den Gerichten nicht schwer fallen.

1823 Ein **professioneller Wiederverkäufer** kann allein infolge seiner besonderen Fachkenntnis in der Lage sein, die Nichteignung des verkauften Fahrzeugs zum vorausgesetzten Zweck zu beurteilen. Sein Schweigen wird in einem solchen Fall zumindest fahrlässig sein. Ein Verkäufer, der zugleich **Hersteller** ist, muss sich dem Vorwurf fehlerhafter Produktion stellen. Damit haben sich z. B. die **Werksniederlassungen** der großen Automobilhersteller auseinander zu setzen. Beim Kauf eines Gebrauchtwagens vom Hersteller (Eigenfabrikat)

---

188 Beispiel für eine „gelungene" Exculpation schon aus dem unstreitigen Sachverhalt: LG Aachen 11. 4. 2003, DAR 2003, 274 (Händler ohne Spezialwerkstatt/Getriebeschaden).
189 Vgl. OLG Düsseldorf 29. 6. 2001, DAR 2001, 502; OLG Köln 10. 1. 2000, DAR 2000, 308 = VRS 99/00, 22 – jeweils überhöhter Ölverbrauch; OLG Frankfurt 30. 3. 2000, OLGR 2001, 63 – Unregelmäßigkeiten beim Motor.

ist die Rechtslage eine andere als beim Kauf von einem reinen Zwischenhändler.[190] Zur Produktverantwortung s. Rn 950, 1023 Dass Hersteller nicht Erfüllungsgehilfen der Autohäuser sind, gilt auch im modernisierten Schuldrecht, s. Rn 941.

Bei **Umbauten, Tuningmaßnahmen** und dergleichen stellt sich die Frage, ob der Verkäufer, der sie durchgeführt oder in Auftrag gegeben hat, für Mängel verantwortlich ist. Gleiches gilt für eigene Reparaturen wie für Instandsetzungen in Fremdwerkstätten. **1824**

Der regelmäßige Bezug von Gebrauchtfahrzeugen aus dem Ausland kann einen **Wissensvorsprung des Importeurs** begründen. Daraus kann sich ein Kennenmüssen bestimmter Umstände (z. B. einer „Magerausstattung") ableiten lassen. Wer von einem dubiosen Anbieter eingekauft hat, wird sich andere Fragen gefallen lassen müssen als ein Verkäufer, der aus einer seriösen Quelle geschöpft hat. **1825**

Wer sich als Verkäufer **fremder Hilfe** bedient hat, um den Zustand des von ihm angebotenen Fahrzeugs zu ermitteln, wird sich bei einer Fehleinschätzung auf eigene Unkenntnis berufen. Kennenmüssen wirft die Frage der Zurechnung auf. Personen aus dem eigenen Betrieb können Wissensvertreter sein, was eine Zurechnung ermöglicht (s. Rn 1639 ff.). Fremde „Ermittlungsgehilfen" (z. B. Prüforganisationen) sind weder Wissensvertreter noch Erfüllungsgehilfen. **1826**

Trotz der Vielfalt von Ansatzpunkten für ein nach einem objektiven Maßstab zu beurteilendes Verkäuferverschulden: Zentrales Thema ist die **„Untersuchungspflicht".** Vor der Novellierung des Kaufrechts hat diese Frage im Schatten der beiden Kardinalthemen „Eigenschaftszusicherung" und „Arglist" gestanden, mit Letzterem nicht selten vermischt. Neu ist sie keineswegs. Beschäftigt sie die Rechtsprechung allerdings nur in Fällen mit Beteiligung von Kfz-Händlern. **Privatverkäufer** wurden von einer wie auch immer gearteten Untersuchungspflicht generell freigestellt. Ähnlich verschont wurden gewerbliche Verkäufer außerhalb der eigentlichen Kfz-Branche, z. B. **Leasinggesellschaften,**[191] **Autovermieter** und **Taxiunternehmen**. Gelegenheitsverkäufer mit Unternehmerstatus wie **Freiberufler** und **Handwerksbetriebe** hat man Privatverkäufern im Ergebnis gleichgestellt. Zur Rechtsentwicklung und zum heutigen Stand s. Rn 1902 ff. **1827**

6. Inhalt und Umfang der einzelnen Schadensersatzansprüche des Käufers

Was dem Käufer nach altem Recht im Rahmen des § 463 BGB a. F. zugestanden hat, soll ihm, so **die Grundaussage** des Reformgesetzgebers, nicht genommen werden. Doch welche Schadenspositionen zum Schadensersatz statt der Leistung und welche dem Schadensersatz „neben" der Leistung mit der Unterkategorie des „Verspätungsschadens" zuzuordnen sind, ist auch mehr als sechs Jahre nach In-Kraft-Treten der Schuldrechtsreform noch nicht in allen Details geklärt.[192] Problematisch ist zudem die Abgrenzung zwischen dem Anspruch auf Schadensersatz und dem in § 284 BGB speziell geregelten Ersatz für vergebliche Aufwendungen (dazu Rn 1883 ff.). **1828**

Der Reformgesetzgeber[193] will die über das Erfüllungsinteresse des Käufers hinausgehenden Vermögensnachteile – zumindest außerhalb des § 311 a Abs. 2 BGB – mit § 280 Abs. 1 BGB als „einfachen" Schadensersatz („neben der Leistung") erfassen und ohne Fristsetzungserfordernis sofort liquidierbar machen. Es gehe dabei um diejenigen Schäden,

---

190 Allgemein zum Unterschied s. BGH 25. 1. 1989, WM 1989, 575.
191 OLG Nürnberg 14. 4. 1999, NJW-RR 1999, 1208 = MDR 1999, 931.
192 Überzeugende Abgrenzung durch OLG Saarbrücken 25. 7. 2007, NJW 2007, 3503, und OLG Frankfurt 19. 7. 2006, ZGS 2006, 476.
193 BT-Drucks 14/6040, 87 f., 94.

die nach bisherigem Recht aus positiver Forderungsverletzung ersatzfähig gewesen seien, die also **an anderen Rechtsgütern** als der Kaufsache selbst eingetreten seien.[194]

Gemeint sind damit die sog. **Mangelfolgeschäden.** Um Schadensersatz „neben" der Leistung geht es indes auch, wenn das gekaufte Fahrzeug direkt betroffen ist, z. B. durch ein Fehlverhalten eines Werkstattmitarbeiters im Rahmen der Nachbesserung.[195] Zu dieser Fallgruppe s. Rn 408 ff.

Nicht zur Kategorie der Mangelfolgeschäden, sondern zum „Mangelschaden" zählte man im früheren Kaufrecht die für Autokaufstreitigkeiten so praxisrelevanten Schadenposten wie **Abschleppkosten, Nutzungsausfall, Sachverständigen- und Ummeldekosten.** Soweit derartige Einbußen nicht als „Vertragskosten" (§ 467 BGB a. F.) anerkannt wurden, waren sie nach § 463 BGB a. F. ersatzfähig, jedenfalls nicht nach den Regeln der positiven Forderungsverletzung. Sie deshalb jetzt dem Schadensersatz „statt der Leistung" zuzuordnen, ist indes nicht zwingend. Wie **differenziert** die Dinge heute liegen, wird anhand typischer Einzelpositionen, insbesondere am Beispiel des Nutzungsausfallschadens, an anderer Stelle (Rn 1839 ff.) näher dargestellt.

a) Inhalt des Anspruchs auf Schadensersatz statt der Leistung (§§ 437 Nr. 3, 280 Abs. 3, 281, 283, 311 a Abs. 2 BGB)

aa) Die Wahl zwischen dem kleinen und dem großen Schadensersatz

1829 Der Käufer kann, wie bisher im Rahmen des § 463 BGB a. F., den Anspruch auf Schadensersatz statt der Leistung **nach seiner freien Wahl in zweifacher Weise** geltend machen: Er kann das (bereits abgenommene) Fahrzeug behalten und Schadensersatz wegen nicht gehöriger Erfüllung verlangen (kleiner Schadensersatz statt der Leistung). Er kann das Fahrzeug aber auch zurückgeben bzw. zurückweisen und Schadensersatz statt der ganzen Leistung verlangen (großer Schadensersatz).

In der Praxis des Gebrauchtwagenkaufs überwiegt die zweite Alternative: Typischerweise verlangen Gebrauchtfahrzeugkäufer die Rückzahlung des Kaufpreises sowie Erstattung nutzloser Aufwendungen abzüglich eines Nutzungsentgelts (Gebrauchsvorteile) Zug um Zug gegen Rückgabe des Fahrzeugs. In einem derartigen Verlangen kann ausschließlich ein rein rücktrittsrechtliches Vorgehen zu sehen sein, aber auch eine rücktrittsfreie Klage auf Schadensersatz statt der ganzen Leistung in Reinform; denkbar ist ferner eine Kombination von Rücktritt und Schadensersatz/Aufwendungsersatz. Näheres zu dieser Problematik unter Rn 1897.

1830 **Wahlmöglichkeit und Bindung:** Nach altem Kaufrecht stand dem Käufer die Möglichkeit, zwischen dem kleinen und dem großen Schadensersatz zu wählen, in zeitlicher Hinsicht nicht unbegrenzt offen. Wegen des Interesses des Verkäufers an einer definitiven Entscheidung darüber, ob der Käufer das Fahrzeug behalten oder zurückgeben will, ist eine analoge Anwendung des § 466 BGB a. F. befürwortet worden. Gedacht wurde auch an eine Analogie zu § 264 Abs. 2 BGB.[196] Letztere bleibt nach neuem Recht möglich. § 466 BGB ist hingegen ersatzlos gestrichen worden, weil er nicht mehr in das Reformkonzept passt. Eine Analogie zu § 350 BGB verbietet sich, weil diese Vorschrift nicht einmal auf das gesetzliche Rücktrittsrecht anwendbar ist.

Festzuhalten ist: Wie im früheren Recht ist der Käufer grundsätzlich befugt, vom großen zum kleinen Schadensersatzanspruch zu wechseln und umgekehrt.[197] Nach § 325 BGB

---

194 BT-Drucks 14/6040, 225.
195 Vgl. OLG Saarbrücken 25. 7. 2007, NJW 2007, 3503.
196 Dafür *Derleder/Abramjuk*, AcP 190, 647.
197 *Derleder*, NJW 2003, 998, 1001.

kann der Käufer Rücktritt und Schadensersatz kombinieren, was wegen der Gestaltungswirkung der Rücktrittserklärung zu Komplikationen mit Blick auf den kleinen Schadensersatzanspruch führt (dazu s. Rn 1900).

Großer Schadensersatz nur bei erheblicher Pflichtverletzung: Im internen Vergleich an eine **strengere Voraussetzung** ist der große Schadensersatz nur in einem einzigen Punkt gebunden: Die Pflichtverletzung darf nicht unerheblich sein (§ 281 Abs. 1 S. 3 BGB). Wegen des auch insoweit bestehenden **Gleichlaufs mit dem Rücktritt**[198] wird auf Rn 521 ff, 1727 ff. verwiesen. 1831

Einfluss einer Weiterveräußerung: Für den kleinen Schadensersatzanspruch kommt es nicht darauf an, ob der Käufer das Fahrzeug noch zurückgeben könnte.[199] Eine Weiterveräußerung macht die Schadensberechnung anhand der fiktiven Mängelbeseitigungskosten nicht unzulässig.[200] Die Rückgabemöglichkeit spielt nur beim großen Schadensersatz eine Rolle (s. Rn 1864). Nur in diesem Fall hat der Verkäufer ein Rückforderungsrecht (§ 281 Abs. 5 BGB). 1832

Nach einer Veräußerung des Fahrzeugs kann der Käufer ohne Zustimmung des beklagten Verkäufers vom großen auf den kleinen Schadensersatz **wechseln**.[201] Einen nachgewiesenen Minderwert kann der Käufer selbst dann liquidieren, wenn er das Fahrzeug mit Gewinn weiterverkauft hat. Dabei ist es unerheblich, ob er mit seinem Abnehmer einen Gewährleistungsausschluss vereinbart hat oder nicht.[202] Der einmal entstandene Schaden bleibt durch den Weiterverkauf unberührt.[203] Eine Vorteilsausgleichung tritt nicht ein.

bb) Der kleine Schadensersatz statt der Leistung (Bemessungsfragen)
(1) Ausgangspunkt

Der Käufer ist so zu stellen, wie er stünde, wenn der Vertrag ordnungsgemäß erfüllt worden wäre, der Verkäufer also mangelfrei geliefert hätte.[204] Der **Mindestschaden** besteht in der Differenz zwischen dem Wert im mangelfreien Zustand und dem Wert im mangelhaften Zustand. Nicht zuletzt aus Gründen der Prozessökonomie wird vielfach der Wert im mangelfreien Zustand mit dem Kaufpreis, der Wert im mangelhaften Zustand mit einem etwaigen Weiterverkaufserlös gleichgesetzt. Nach einem zulässigen Wechsel vom großen zum kleinen Schadensersatz wird dem Käufer gestattet, den **gezahlten Kaufpreis** in seine Schadensberechnung einzustellen.[205] 1833

Wenn der schadensrechtlich relevante Wertunterschied auch nicht notwendigerweise den **Kosten der Mängelbeseitigung** entspricht, so sind diese bei einem behebbaren Mangel doch zumeist **ein tauglicher Bemessungsfaktor**.[206] Zu Einschränkungen s. Rn 1836. Für den kleinen Schadensersatz nach § 463 S. 2 BGB a. F. war dieser Ansatz in Fällen arglistiger Täuschung allgemein anerkannt, gleichviel, ob der Mangel im Zeitpunkt der letzten mündlichen Verhandlung noch vorhanden oder schon beseitigt war.[207] Im Rahmen

---

198 Zutreffend OLG Bamberg 10. 4. 2006, DAR 2006, 456.
199 BGH 9. 10. 1991, NJW 1992, 566.
200 BGH 10. 6. 1998, NJW 1998, 2905 = ZIP 1998, 1313.
201 Vgl. BGH 14. 5. 2004, DB 2004, 2367; OLG Hamm 9. 10. 2003, NJW-RR 2004, 213 (altes Recht).
202 OLG München 20. 3. 1980, NJW 1980, 1581 m. w. N.; s. auch Rn 1588 ff.
203 BGH 19. 9. 1980, NJW 1981, 45, 46.
204 BGH 28. 11. 2007, NJW 2008, 911; st. Rspr. zu § 463 BGB a. F., z. B. BGH 16. 11. 2007, NJW 2008, 436; BGH 12. 7. 1991, NJW 1991, 2900 (jew. Grundstückskauf); OLG Bremen 8. 10. 2003, NJW 2003, 3713.
205 OLG Hamm 9. 10. 2003, NJW-RR 2003, 213.
206 Maßgeblich sind die Bruttoreparaturkosten, so OLG Düsseldorf 20. 3. 1998, OLGR 1998, 279 für die Minderung.
207 BGH 16. 11. 2007, NJW 2008, 436 m. w. N.

der Zusicherungshaftung (§ 463 S. 1 BGB a. F.) hat man auf diejenigen Kosten abgestellt, die zur Herstellung des versprochenen Zustandes, z. B. „generalüberholt", erforderlich waren.[208]

(2) Berechnungsbeispiele kleiner Schadensersatz

1834 Aus der **Rechtsprechung zu „Altfällen"** sind folgende Berechnungsbeispiele weiterhin beachtlich:

- Der arglistig getäuschte Käufer eines **Unfallwagens** kann die Kosten für die Beseitigung des Unfallschadens ersetzt verlangen.[209] Unterläuft der Werkstatt bei der Reparatur ein Fehler, haftet der Verkäufer auch für diese Folgekosten.[210] Das Werkstattrisiko liegt wie im Fall der Unfallschadensregulierung grundsätzlich beim Schädiger. Von der Ersatzpflicht ausgenommen sind dagegen solche Vermögenseinbußen, die mit dem offenbarungspflichtigen Mangel in keinem ursächlichen Zusammenhang stehen.
- Fehlt dem Wagen die zugesicherte Eigenschaft der **Generalüberholung,** so schuldet der Verkäufer die Kosten einer solchen Maßnahme.[211]
- Die Zusage, der Wagen habe einen „**überholten**" **Motor,** verpflichtet den Verkäufer zum Ersatz der Kosten für die Reparatur eines Motorschadens, der bei einem wirklich überholten Motor nicht aufgetreten wäre.[212]
- Wer entgegen seiner Zusage den Wagen ohne **Servolenkung** liefert, hat die Kosten für dieses Extra einschließlich der Einbaukosten zu ersetzen.[213]
- Der Käufer, dem der Verkäufer arglistig verschwiegen hat, dass das Fahrzeug mit einem **nicht typengerechten Motor** ausgestattet ist, kann als Schadensersatz einen Betrag in Höhe der Kosten für die Umrüstung auf einen gebrauchstauglichen typengerechten Motor verlangen.[214] Auf diesen Schadensersatzanspruch ist – vorbehaltlich eines Abzugs neu für alt – ohne Einfluss, dass die Parteien jede Gewährleistung ausgeschlossen haben und der nicht typengerechte Motor auch schadhaft und nicht mehr instandsetzungsfähig war.[215]
- Fehlt dem Fahrzeug die zugesicherte Eigenschaft „**technisch und optisch Bestzustand**",[216] kann der Käufer Ersatz derjenigen Kosten verlangen, die zur Herstellung dieser Eigenschaft erforderlich sind, z. B. die Kosten einer Teillackierung.[217]
- Auf die **volle Differenz** zwischen dem hypothetischen und dem tatsächlichen Wert haftet der Verkäufer auch dann, wenn der hypothetische Wert den Kaufpreis deutlich übersteigt.[218] Ungewöhnlich hohe Wertsprünge sind z. B. beim Kauf von „**Liebhaberfahrzeugen**" möglich.
- Hat der Verkäufer eine unrichtige **Kilometerlaufleistung** zugesichert, konnte der Käufer im Rahmen des kleinen Schadensersatzes die Wertdifferenz so berechnen: Wagen mit zugesicherten 41.000 km = 10.000 DM, Wagen mit tatsächlichen 141.000 km =

---

208 BGH 6. 12. 1995, NJW 1996, 584; OLG Karlsruhe 30. 3. 1979, OLGZ 1979, 431.
209 OLG München 20. 3. 1980, NJW 1980, 1581.
210 OLG Köln – 2 U 113/79 – n. v.
211 OLG Karlsruhe 30. 3. 1979, OLGZ 1979, 431; OLG Celle 16. 7. 1992 – 7 U 141/91 – n. v. (Agentur).
212 OLG Frankfurt 6. 3. 1980, VRS 58, 330 (Auslandsreparatur).
213 A. A. LG Bochum 2. 10. 1979, NJW 1980, 789 = DAR 1981, 15; dazu *Eggert*, DAR 1981, 1.
214 BGH 26. 1. 1983, NJW 1983, 1424.
215 BGH 26. 1. 1983, NJW 1983, 1424; vgl. auch OLG Düsseldorf 8. 5. 1992, NJW-RR 1993, 58.
216 Zusicherung bejaht von LG Köln 25. 10. 1988 – 3 O 491/87 – n. v.
217 LG Köln 25. 10. 1988 – 3 O 491/87 – n. v.
218 BGH 19. 5. 1993, NJW 1993, 2103 – Gemäldekauf.

5.000,– DM, Schaden: 5.000,– DM.[219] Vertreten wurde auch folgende Abrechnung: Die tatsächlichen Mehrkilometer werden mit Hilfe der Formel über den linearen Wertschwund bewertet; der sich dabei ergebende Betrag wird mit dem Schaden des Käufers gleichgesetzt.[220]

– Ist ein Sportwagen (hier: Ferrari Mondial 3,2) **zwei Jahre älter** als vertraglich zugesichert, kann die zu ersetzende Wertdifferenz rund 10 % des Kaufpreises betragen.[221]
– **Chip Tuning:** Minderwert von 5. 000 EUR bei einem Kaufpreis von 41. 400 DM.[222]

Diese altrechtliche Kasuistik[223] ist in den Grundzügen **keineswegs überholt**. In die Berechnung und Bemessung des eigentlichen Mangelschadens wollte der **Gesetzgeber** mit der Schuldrechtsmodernisierung nicht eingreifen. Auch die **Änderung des § 249 BGB** zum 1. 8. 2002 – Umsatzsteuerersatz nur bei tatsächlichem Anfall – hat keine Auswirkung auf den kleinen Schadensersatz statt der Leistung.[224] Der Verkäufer hat nicht wegen einer Beschädigung des Fahrzeugs Ersatz zu leisten. Er schuldet keine Naturalrestitution, sondern Ersatz des Erfüllungsinteresses. In der Rechtsprechung wird dagegen **bei fiktiver Abrechnung von Reparaturkosten** – wie im Haftpflichtschadensfall – mitunter nur der Nettobetrag anerkannt.[225] Das ist falsch. § 249 Abs. 2 S. 2 BGB ist nicht einschlägig.[226] Käufer, die nicht vorsteuerabzugsberechtigt sind, haben Anspruch auf Ersatz der **Brutto-Reparaturkosten**. Eine **Kostenpauschale** wie im Unfallhaftpflichtrecht (20 bis 30 EUR) wird nicht anerkannt.[227]

1835

(3) Einzelfragen

Im Einzelfall kann **die vereinfachte Form** der Berechnung des mangelbedingten Minderwerts **anhand der Reparaturkosten** – nach oben wie nach unten – **korrekturbedürftig** sein. Wenn die Reparaturkosten erheblich über dem mangelbedingten Minderwert lagen, war der Käufer im alten Recht auf den Minderwert beschränkt.[228] Argument: kein Anspruch auf Beseitigung des Mangels bzw. auf Herstellung der zugesicherten Eigenschaft.

1836

Im heutigen Recht trägt dieser Gedanke nicht mehr. Denn der Verkäufer schuldet Mangelfreiheit und ist zur Nacherfüllung verpflichtet, nach Wahl des Käufers auch zur Beseitigung des Mangels. Wo Nachbesserung in dieser Form möglich ist, der Verkäufer sie aber zu Unrecht verweigert oder ein Fall des Fehlschlagens vorliegt, muss der Verkäufer die Kosten für die Beseitigung des Mangels grundsätzlich voll ersetzen. Die Kappung auf den mangelbedingten Minderwert ist nicht mehr gerechtfertigt. Dem Verkäufer bleibt allerdings der Einwand, mit unverhältnismäßig hohen Reparaturkosten nicht belastet werden zu dürfen (arg. § 439 Abs. 3 BGB).[229] § 251 Abs. 2 S. 1 BGB passt hier nicht.

---

219 Vgl. OLG Bremen 8. 10. 2003, NJW 2003, 3713; KG 24. 7. 1997, NJW-RR 1998, 131 = DAR 1998, 69; nach LG Köln 16. 8. 1972 – 76 O 537/72 – n. v., kann der Käufer in einem solchen Fall auch die Kosten für den Einbau eines ATM ersetzt verlangen, wenn das Fahrzeug dadurch in den Zustand versetzt wird, den es bei Vorhandensein der zugesicherten Laufleistung gehabt hätte.
220 Vgl. OLG Düsseldorf 18. 6. 1999, NZV 1999, 514, für den Fall der Minderung.
221 OLG München 5. 3. 2002 – 5 U 4442/00 – n. v.
222 OLG Karlsruhe 24. 3. 2006, NJW 2007, 443.
223 Zum früheren Recht s. auch die wichtige BGH-Entscheidung vom 16. 11. 2007, NJW 2008, 436.
224 *Reinking*, ZGS 2003, 143.
225 AG Hofgeismar 27. 5. 2004 – 2 C 744/03 (20) – n. v. (rkr.).
226 OLG Braunschweig 22. 12. 2004 – 2 U 125/04 – n. v.; OLG Frankfurt 14. 2. 2008, ZGS 2008, 315.
227 So LG Aachen 26. 4. 2005, NJW 2005, 2236.
228 Vgl. BGH 16. 11. 2007, NJW 2008, 436.
229 Unerörtert von OLG Köln 14. 10. 2005, NJW 2006, 781 (Umlackierungskosten) und LG Aachen 26. 4. 2005, NJW 2005, 2236 (Vorinstanz).

Nicht selten weist das verkaufte Fahrzeug außer dem haftungsbegründenden Mangel technische Schäden auf, die rechtlich von vornherein unerheblich sind (normaler Verschleiß, Abnutzung) oder für die eine Haftung wirksam ausgeschlossen ist. Eine weitere Schwierigkeit kann durch Wertsteigerungen eintreten, die infolge der Mängelbeseitigung eintreten. Derartigen Besonderheiten ist bei der Schadensschätzung nach § 287 ZPO Rechnung zu tragen. Bleibt nach der Instandsetzung, die der Verkäufer zu finanzieren hat, ein **merkantiler Minderwert**, ist auch dieser auszugleichen.

1837 Abzug „neu für alt". Ob eine solcher Abzug zu machen ist, hängt zunächst vom Inhalt einer etwaigen Beschaffenheitsvereinbarung bzw. Beschaffenheitsgarantie ab, ist also Auslegungsfrage. Heißt es im Vertrag „Austauschmotor, Null Kilometer", hat der Käufer Anspruch auf Ersatz der gesamten Kosten, die bei dem Einbau eines „neuen" Austauschmotors anfallen. Anders ist es, wenn die Information lautet: „Austauschmaschine, 26.000 km". In diesem Fall (zur Auslegung s. Rn 1392) kann der Käufer zumindest die Montagekosten in vollem Umfang ersetzt verlangen, bei den Materialkosten muss er je nach Laufleistung des eingebauten Motors Abstriche hinnehmen.[230]

Durch die Schadensersatzleistung darf der Käufer wirtschaftlich nicht besser gestellt werden, als er bei vertragsgemäßer Beschaffenheit des Fahrzeugs gestanden hätte (Bereicherungsverbot). Etwas anderes besagt auch nicht die Entscheidung des LG Köln vom 27. 5. 1970.[231] Sie ist dahin missverstanden worden, dass beim Einbau eines Austauschmotors in ein Gebrauchtfahrzeug kein Abzug nach den Grundsätzen der Vorteilsausgleichung in Betracht komme.[232] Das OLG Hamm verneint am Beispiel eines Turboladers eine dem Käufer anrechenbare Werterhöhung bei solchen Ersatzteilen, die im Allgemeinen „die Lebensdauer" des Kfz erreichen.[233]

Zur Ermittlung des Abzugs „neu für alt" bei Einbau eines neuen bzw. neuwertigen Ersatzteils in ein älteres Fahrzeug s. BGH NJW 1996, 584. Zur Bedeutung eines trotz arglistiger Täuschung partiell wirksamen Gewährleistungsausschlusses für die Abzugsfrage s. BGH NJW 2004, 2526 (Grundstückskauf); dazu auch BGH NJW 1983, 1424 (Mercedes 230 SL mit falschem Motor).

1838 **Oldtimer:** Soll ein Oldtimer nach dem Inhalt des Vertrages noch die Original-Erstlackierung haben, ist diese aber durch eine Neulackierung in einem abweichenden, wenn auch ähnlichen Farbton ersetzt worden, kommen für die Schadensbemessung die **Kosten einer Lackierung** in der Originalfarbe der Erstlackierung in Betracht, ggf. zuzüglich eines Minderwerts. Nur einen Bruchteil der Umlackierungskosten zu ersetzen, weil das Fahrzeug auch in anderen, dem Käufer bekannten Punkten nicht im Originalzustand war, ist nicht gerechtfertigt.[234] Zumal bei Oldtimern ist es angebracht, einen auf diese Fahrzeuge **spezialisierten Sachverständigen** mit der Schätzung der Werte im mangelfreien und im mangelhaften Zustand zu beauftragen.

(4) Nutzungsausfallschäden

1839 Zum „kleinen" Nichterfüllungsschaden i. S. v. § 463 BGB a. F. gehörte auch die Position „Nutzungsausfall" (entgangene Gebrauchsvorteile).[235] Wie im alten Recht bringt **der BGH** denjenigen Schaden, der dadurch entsteht, dass dem Käufer **infolge des Mangels** die Nutzung der Kaufsache entgeht, in Verbindung mit dem **Erfüllungsinteresse** (positives Inte-

---

230 Vgl. OLG Schleswig 6. 2. 1973, VersR 1975, 189; s. auch BGH 26. 1. 1983, NJW 1983, 1424.
231 MDR 1970, 1010.
232 Vgl. OLG Bamberg 6. 3. 1974, DAR 1974, 188.
233 Urt. v. 23. 2. 2006, 28 U 164/05 – BeckRS 2006, 07007.
234 Anders LG Duisburg 12. 10. 2004 – 4 O 531/02 – n. v.
235 BGH 5. 7. 1978, NJW 1978, 2241.

resse).²³⁶ Die im Schrifttum **umstrittene Frage**, welche der in § 437 Nr. 3 BGB aufgeführten Anspruchsgrundlagen einschlägig ist, lässt er unbeantwortet. Eine Stellungnahme war in der Tat entbehrlich, denn es ging um einen anfänglichen unbehebbaren Mangel eines Gebrauchtfahrzeugs.

Nutzungsausfallschäden, in Kfz-Sachen typischerweise „**Schäden in der Zeit**", können je nach Sachlage unter den Schadensersatz neben der Leistung oder unter den Schadensersatz statt der Leistung fallen.²³⁷ Außerdem können sie als Schadensersatz wegen Verzögerung der Leistung liquidiert werden (§§ 280 Abs. 1, 2, 286 BGB). Diese **dreifache Möglichkeit der Einordnung** stellt **die Instanzgerichte** vor erhebliche Schwierigkeiten,²³⁸ zumal bei behebbaren Mängeln, weil hier die Nacherfüllungsproblematik hineinspielt.

Ausgangslage und Fallbearbeitung: Wenn der Käufer das mangelhafte Fahrzeug behalten will („kleine Lösung", zur „großen" s. Rn 1867 ff.), liegt ein etwaiger Verlust der Gebrauchsmöglichkeit als abgeschlossener Sachverhalt meist in der Vergangenheit, z. B. als Folge von Nachbesserungsarbeiten des Händlers.²³⁹ Der Anspruch auf Ersatz des Ausfallschadens kann in den Behaltensfällen in mehrfacher Hinsicht begründet werden. Für den **Anwalt des Käufers** stellt sich vorrangig die Frage, welche Pflichtverletzung zum Schaden des Mandanten geführt hat, die Schlechtleistung als solche, eine Pflichtverletzung bei der Nacherfüllung (z. B. eine mangelhafte Reparatur) und/oder eine Verzögerung der Nacherfüllung. Hat der Verkäufer keine oder nur geringe Aussichten, sich bei der Pflichtverletzung „mangelhafte Lieferung" zu exculpieren, ist sie – ungeachtet des bestehenden Meinungsstreits (dazu Rn 1808) – der geeignete Anknüpfungspunkt für die Schadensersatzhaftung. Ist dagegen mit einer Entlastung zu rechnen, ist die Möglichkeit einer Pflichtverletzung im Nacherfüllungsbereich zu prüfen. Der **Anwalt des Verkäufers** wird sein Hauptaugenmerk darauf richten, ob der Nacherfüllungsvorrang (Fristsetzungserfordernis) zum Tragen kommt und sich im Übrigen auf die Exculpation konzentrieren. Die Besonderheit des Nutzungsausfallschadens als einer Einbuße „in der Zeit" mit der Anlage zur Ausweitung (Entwicklungsschaden) macht es jedenfalls nötig, nach dem Zeitpunkt und nach dem Grund des Schadenseintritts zu differenzieren, ferner danach, ob der Mangel behebbar ist oder nicht. 1840

Bei einem (anfänglichen) **unbehebbaren Mangel** eines gebrauchten Kfz. (Ersatzlieferung idR ausgeschlossen) richtet sich der Ersatz von Nutzungsausfallschäden nach §§ 437 Nr. 3, 311 a Abs. 2 BGB.²⁴⁰ Das entspricht dem früheren Rechtszustand (§ 463 BGB a. F., keine pFV). Beispiel: Entgegen der Zusage „unfallfrei" hat das gebraucht gekaufte Fahrzeug einen gravierenden Unfallschaden, eine Weiterfahrt ist nicht möglich, jedenfalls nicht zumutbar. 1841

Der **mangelbedingte** Nutzungsausfall ist in einem solchen Fall als Teil des Schadensersatzes statt der Leistung grundsätzlich erstattungsfähig. **Anspruchsgrundlage** ist ausschließlich § 311 a Abs. 2 BGB i. V. m. § 437 Nr. 3 BGB, nicht etwa § 280 Abs. 1 i. V. m. § 437 Nr. 3 BGB. Der Käufer braucht keine Frist zur Nacherfüllung zu setzen, denn eine Nacherfüllung ist in beiden Varianten unmöglich; er muss auch nicht mahnen. Zu beachten 1842

---

236 Urt. v. 28. 11. 2007, NJW 2008, 911 m. Anm. *Gsell*.
237 Instruktiv *Faust* in *Bamberger/Roth*, § 437 Rn 59, 67; *S. Lorenz*, JuS 2008, 203.
238 AG Aachen 15. 1. 2003, DAR 2003, 120 m. Anm. *P. Lehnen*, DAR 2003, 178; LG Aachen 11. 4. 2003, DAR 2003, 274; LG Krefeld 24. 9. 2007, DAR 2008, 90; OLG Hamm 23. 2. 2006 – 28 U 164/05 – BeckRS 2006, 07007; OLG Frankfurt 19. 7. 2006, ZGS 2006, 476; OLG Celle 16. 4. 2008, ZGS 2008, 312; OLG Koblenz 8. 3. 2007, OLGR 2007, 271.
239 Zu dieser Konstellation LG Krefeld 24. 9. 2007, DAR 2008, 90; LG Aachen 11. 4. 2003, DAR 2003, 274 (Berufungsurt. zu AG Aachen 15. 1. 2003, DAR 2003, 120).
240 BGH 28. 11. 2007, NJW 2008, 911,Tz 12, m. Anm. *Gsell*; PWW/*Medicus* § 311 a BGB Rn 20; *Reinicke/Tiedtke*, Kaufrecht, Rn 523.

hat er lediglich seine **Schadenminderungspflicht nach § 254 Abs. 2 BGB**. Insoweit kann auf die Rechtsprechung bei Haftpflichtschäden zurückgegriffen werden.

1843 Der Käufer muss **darlegen und beweisen**, dass der geltend gemachte Nutzungsverlust mit dem – vertragsanfänglich unbehebbaren – Mangel **in einem ursächlichen Zusammenhang** steht. Anders als bei technischen Mängeln, die zum Ausfall des Fahrzeugs führen, ist dieser Nachweis nicht leicht zu führen. Die „klassischen" Mängel der Kategorie „anfänglich unbehebbar" (zu hohe Laufleistung, zu hohes Alter, reparierter Unfallvorschaden) lassen die Fahrbereitschaft häufig unberührt. Zu einem mangelbedingten Ausfall der Nutzung kann es allerdings dadurch kommen, dass der Käufer sein Fahrzeug von einem Sachverständigen untersuchen lässt, z. B. auf Unfallvorschäden. Ob bloße Unzumutbarkeit, z. B. beim Verdacht eines gravierenden Unfallschadens, genügt, um von einer Weiternutzung Abstand zu nehmen, ist eine Frage des Einzelfalles.[241]

1844 **Behebbarer Mangel:** Kann der Mangel durch Nacherfüllung beseitigt werden, wobei in Fällen des Gebrauchtwagenkaufs in der Regel nur die Nachbesserung, nicht die Ersatzlieferung, in Frage kommt, ist der **Vorrang der Nacherfüllung** zu beachten. Er eröffnet dem Verkäufer Verteidigungsmöglichkeiten, die er nicht hat, wenn Nacherfüllung in beiden Varianten ausscheidet.

Bevor der Käufer Schadensersatz statt der Leistung verlangen kann, muss er dem Verkäufer grundsätzlich erst Gelegenheit zur Nacherfüllung gegeben haben. Solange die Nacherfüllung möglich ist und vom Verkäufer nicht verweigert wird, ist der Anspruch auf Schadensersatz statt der Leistung (§ 437 Nr. 3 i. V. m. §§ 280, 281 BGB) „gesperrt". Von dieser Sperre nicht, jedenfalls nicht direkt, betroffen ist der Anspruch auf Schadensersatz „neben" der Leistung. Mit dem Anspruch auf Ersatz des Verzögerungsschadens kommt „auf einer zweiten Schiene" (*Faust*) eine weitere Schadensart ins Spiel. Nach welchen Vorschriften und Regeln Nutzungsausfallschäden im Fall eines behebbaren Mangels zu ersetzen sind, ist **lebhaft umstritten**,[242] für **die Praxis** jedoch mittlerweile im Grundsatz **entschieden**.

1845 Der Schaden, der erst durch die Verzögerung der Nacherfüllung eingetreten ist, soll nach der **Regierungsbegründung** nur unter den zusätzlichen Voraussetzungen des § 286 BGB[243] erstattungsfähig sein, also Verzug voraussetzen. **Unabhängig von einem Verzug** soll dagegen ein Anspruch auf Ersatz eines Betriebsausfallschadens bestehen, wenn der Verkäufer schuldhaft eine mangelhafte Maschine liefert und sich deswegen deren Inbetriebnahme verzögert.[244] Argument: Der Schaden beruht nicht, jedenfalls nicht allein, auf der Verzögerung der (mangelfreien) Lieferung, sondern auf der Mangelhaftigkeit als solcher.

1846 Übertragen auf den motorschadenbedingten Ausfall eines Kraftfahrzeugs bedeutet dies: Hat der Verkäufer den (behebbaren) Mangel zu vertreten, was widerleglich vermutet wird (§§ 280 Abs. 1, 276 BGB), kann er dem Käufer vom ersten Tag des mangelbedingten Ausfalls an – **verzugsunabhängig** – gem. §§ 437 Nr. 3, 280 Abs. 1, 281 BGB zum Schadensersatz statt oder neben der Leistung verpflichtet sein.[245]

---

241 Dazu *Geiger*, DAR 2008, 289, 292.
242 Zum Diskussionsstand PWW/*D. Schmidt*, § 437 BGB Rn 31.
243 § 286 BGB ist entgegen OLG Hamm 23. 2. 2006 – 28 U 164/05 – BeckRS 2006, 07007, keine Anspruchsgrundlage.
244 BT-Drucks 14/6040, 225.
245 OLG Celle 16. 4. 2008, ZGS 2008, 312; LG Krefeld 24. 9. 2007, DAR 2008, 90; obiter auch OLG Hamm 23. 2. 2006 – 28 U 164/05 – BeckRS 2006, 07007; ebenso die h. L., z. B. *Canaris*, ZIP 2003, 321, 326; *Medicus*, SchuldR II, § 74 Rn 73; *S. Lorenz*, JuS 2008, 203, 205; *ders*. NJW 2007, 1,2; *Faust* in *Bamberger/Roth*, § 437 BGB Rn 67; *Ebert*, NJW 2004, 1761, 1762; *Schulze/Ebers*, JuS 2004, 465, 466; *Eckert/Maifeld/Matthiessen*, Rn 718; Nachweise der stark vertretenen Mindermeinung und deren Argumenten in PWW/*D. Schmidt*, § 437 BGB Rn 31.

Beispiel:
Der Käufer bleibt mit Motorschaden (= behebbarer Sachmangel) auf der Autobahn liegen und muss sich zur Fortsetzung seiner Reise einen Mietwagen nehmen.[246]

Diesen „frühen" Gebrauchsverlust hat der Verkäufer, sofern er den Mangel zu vertreten hat, auszugleichen, auch wenn er sich mit der Nacherfüllung nicht im Verzug befindet. Die Frage kann nur sein, welchen Einfluss die grundsätzlich bestehende **Obliegenheit des Käufers** hat, dem Verkäufer Gelegenheit zur Nachbesserung zu geben. Den Anspruch auf Schadensersatz statt der Leistung erwirbt er prinzipiell erst nach erfolgloser Fristsetzung. Für den Anspruch auf Schadensersatz neben der Leistung ist die Obliegenheit des Käufers, Gelegenheit zur Nacherfüllung zu geben, nur unter dem Blickwinkel des **§ 254 Abs. 2 BGB** relevant.[247] Dazu Rn 1853.

Im obigen Beispielsfall bedeutet das: Auch durch eine noch so rasche Reparatur des Motors kann ein **bereits eingetretener** Nutzungsausfall nicht mehr beseitigt werden; er ist – ebenso wie seine Deckung (Mietwagen) – jedenfalls für einen bestimmten Zeitabschnitt **endgültig**. Das macht eine Fristsetzung zur Nacherfüllung insoweit sinnlos. Wenn und soweit der Verkäufer den Ausfallzeitraum durch eine Reparatur begrenzen kann, muss ihm hierzu grundsätzlich Gelegenheit gegeben werden. Das Recht zur zweiten Andienung kann der Käufer indes zu Fall bringen, indem er den Entbehrlichkeitstatbestand des § 281 Abs. 2 Hs. 2 BGB („besondere Umstände") oder den Fall der Unzumutbarkeit i. S. d. § 440 S. 1 BGB ins Treffen führt. Dabei ist zu berücksichtigen, dass es nur um den mangelbedingten Ausfallschaden geht, nicht etwa um die Beseitigung des Mangels mit Abwälzung der Kosten auf den Verkäufer (Selbstvornahmeproblematik).[248] Sofern eine Obliegenheitsverletzung des Käufers mit Blick auf den Ausfallschaden zu bejahen ist, kann der Ersatzanspruch gem. § 254 Abs. 2 BGB ganz oder teilweise entfallen (dazu Rn 1853). 1847

Außer der Pflichtverletzung nach § 433 Abs. 1 S. 2 BGB (mangelhafte Lieferung) kann auch eine **Verletzung der Nacherfüllungspflicht** (§ 439 Abs. 1 BGB) einen Nutzungsausfallschaden auslösen, der als Schadensersatz „neben" der Leistung erstattungsfähig ist. Insoweit kann es zu Überschneidungen mit dem Anspruch auf Ersatz eines Verzögerungsschadens kommen. Näheres zu den **„Werkstattfällen"** unter Rn 1850 ff. 1848

Unter den **Schadensersatz wegen Verzögerung der Leistung** (§§ 280 Abs. 1, 2, 286 BGB) fällt nach überwiegender und zutreffender Ansicht nur derjenige Nutzungsausfallschaden, der **erst und ausschließlich** auf die Verzögerung der mangelfreien Leistung zurückzuführen ist. Hat der Verkäufer den Mangel als solchen nicht zu vertreten, weshalb „auf der ersten Schiene" (§§ 280, 281 BGB) nichts zu holen ist, verzögert er aber schuldhaft die Beseitigung des Mangels, verstößt er damit gegen seine Pflicht zur rechtzeitigen Nacherfüllung. Der Nutzungsausfallschaden kann in einem solchen Fall (nur) als **Verzögerungsschaden** liquidiert werden (§§ 280 Abs. 1, 2, 286 BGB).[249] 1849

Von den reinen Verzögerungsfällen (Verzugsfällen) sind Sachverhalte zu unterscheiden, in denen mit einer **mangelhaften Reparatur** eine weitere Pflichtverletzung (§ 439 Abs. 1 BGB) auf den Plan tritt.[250] Verspätung und Schlechtreparatur bilden nicht selten eine natürliche Handlungseinheit. 1850

---

246 Ähnlich die Fallgestaltung in BGH NJW 2006, 1195, wo Mietwagenkosten jedoch nicht geltend gemacht wurden.
247 OLG Frankfurt 19. 7. 2006, ZGS 2006, 476 unter Berufung auf *S. Lorenz*, NJW 2006, 1175, 1176.
248 Dazu BGH 21. 12. 2005, NJW 2006, 1195.
249 Vgl. OLG Hamm 23. 2. 2006, 28 U 164/05 – BeckRS 2006, 07007 (obiter); OLG Koblenz 8. 3. 2007, OLGR 2007, 271 = DAR 2007, 462; *S. Lorenz*, JuS 2008, 203, 205 m. w. N.
250 Dazu OLG Frankfurt 19. 7. 2006, ZGS 2006, 476.

1851 Im Verlangen des Käufers nach Mängelbeseitigung soll die verzugsbegründende **Mahnung** liegen, was bei einer Kombination mit einer Fristsetzung einleuchtet,[251] ohne Fristsetzung dagegen nicht selbstverständlich ist.[252] Die anwaltliche Aufforderung an den Händler, sich innerhalb einer bestimmten Frist zur „Haftungsverpflichtung" zu erklären, ist jedenfalls keine Mahnung.[253] Im Fall der ernsthaften und endgültigen Verweigerung ist eine Mahnung jedenfalls entbehrlich (§ 286 Abs. 2 Nr. 3 BGB). Wer für Entbehrlichkeit nach Nr. 4 plädiert, liegt im praktischen Ergebnis auf einer Linie mit der auf Verzug verzichtenden h. M.

1852 Mit der Verweisung an einen ggf. eintrittspflichtigen Garantieträger soll sich ein gewährleistungspflichtiger Händler **nicht exculpieren** können; auch nicht mit einem – sachlich ungerechtfertigten – Vorschlag, sich an den Kosten der Mängelbeseitigung zu beteiligen.[254] Das mögen keine den Verzug ausschließenden Entlastungsgründe sein (§§ 280 Abs. 1 S. 2, 286 Abs. 4 BGB), Bedeutung können derartige Umstände, z. B. auch eine Mobilitätsgarantie, hinsichtlich der Pflicht des Käufers gewinnen, den Ausfallschaden klein zu halten.

1853 **Schadensminderung nach § 254 BGB:** In Fällen mit behebbaren Mängeln ist häufig die Frage strittig, ob und inwieweit der Käufer gehalten war, einen Nutzungsausfallschaden durch die Wahrnehmung von Nacherfüllungsmöglichkeiten gar nicht erst entstehen zu lassen, ihn jedenfalls gering zu halten. Hier liegt für die Praxis das **eigentliche Problem**.

Ersatzlieferung als eine der beiden Nacherfüllungsvarianten ist beim Kauf eines gebrauchten Kfz regelmäßig kein Thema und im Übrigen (Neuwagenkauf) meist schon aus Zeitgründen keine effektive Maßnahme der Schadensminderung.

Nachbesserung: Während das Unfallschadensrecht relativ feste Regeln zur Schadenminderungspflicht in Reparaturfällen kennt, auch und gerade zur Festlegung der Ausfallzeit, sind die Obliegenheiten eines Käufers, der sich für die Variante Nachbesserung entschieden hat bzw. entscheiden muss, gerichtlich wenig geklärt. Ein Ausfallschaden, der abgewendet worden wäre, wenn der Käufer seine Obliegenheit erfüllt hätte, dem Verkäufer die Nacherfüllung zu ermöglichen, soll aus Gründen des § 254 Abs. 2 BGB zu Lasten des Käufers gehen.[255] Das kann dazu führen, dass der Käufer völlig leer ausgeht. Ein Verstoß gegen § 254 Abs. 2 BGB kann aber auch nur den Ausfallzeitraum begrenzen. Das ist Thema der Entscheidung des OLG Frankfurt vom 19. 7. 2006.[256]

Problematisch kann die **Verteilung der Darlegungs- und Beweislast** sein. An sich liegt sie im Rahmen des § 254 Abs. 2 BGB beim Verkäufer in seiner Eigenschaft als Schuldner. Zu denken ist an eine sekundäre Darlegungslast des Käufers, will man ihm nicht – wie bei den sog. Entbehrlichkeitstatbeständen (§§ 440, 281, 323 BGB) – die primäre Darlegungslast auferlegen.

1854 **Festzuhalten ist:** Käufer, die nach der Entdeckung des Mangels ohne plausiblen Grund mit der Anzeige des Mangels beim Verkäufer warten und auch keine Nachbesserung fordern, laufen Gefahr, dass ihr Ersatzanspruch gem. § 254 Abs. 2 BGB gekürzt wird oder ganz entfällt. Im Zuwarten ein Indiz für das **Fehlen des notwendigen Nutzungswillens** zu sehen, ist eine dem Unfallhaftpflichtrecht entliehene Argumentation, die dort auf schwachen Füßen steht und auf die Käufer-Verkäufer-Beziehung nur bedingt übertragbar ist.[257] In

---

251 OLG Hamm 23. 2. 2006, 28 U 164/05 – BeckRS 2006, 07007.
252 Vgl. BT-Drucks 14/6040, 225; OLG Hamm 23. 2. 2006 – 28 U 164/05 – BeckRS 2006, 07007; s. auch *Ebert*, NJW 2004, 1761; *Gruber*, ZGS 2003, 130,131.
253 LG Krefeld 24. 9. 2007, DAR 2008, 90.
254 OLG Hamm 23. 2. 2006 – 28 U 164/05 – BeckRS 2006, 07007.
255 OLG Frankfurt 19. 7. 2006, ZGS 2006, 476; *S. Lorenz*, NJW 2006, 1175, 1176.
256 ZGS 2006, 476 (Leitsatz wohl zu weit gefasst).
257 Bedenklich deshalb OLG Hamm 23. 2. 2006 – 28 U 164/05 – BeckRS 2006, 07007.

jedem Fall sind Käufer gut beraten, zur Minderung eines Ausfallschadens den Mangel unverzüglich nach Kenntniserlangung beim Verkäufer anzuzeigen und Abhilfe zu fordern.

Falls der Verkäufer für die Zeit der Reparatur ein adäquates **Ersatzfahrzeug anbietet**, kann der Käufer, wenn er darauf ohne triftigen Grund nicht eingeht, vom Verkäufer keinen Ersatz für den Nutzungsausfall verlangen. Nach (zweifelhafter) Ansicht des AG Aachen soll sogar eine Fragepflicht des Käufers bestehen.[258] Die vorbehaltlose Benutzung eines vom Händler zur Verfügung gestellten Ersatzautos verhindert den Eintritt einer „fühlbaren" Gebrauchsbeeinträchtigung, selbst wenn der Wagen deutlich klassenniedriger ist.[259]

Weitere Einzelfragen zum Nutzungsausfall: In der vorübergehenden Unbenutzbarkeit eines eigengenutzten, nicht ausschließlich zu Freizeitzwecken eingesetzten Kraftfahrzeugs liegt nach der vom Großen Senat des BGH bestätigten Auffassung ein ersatzfähiger Vermögensschaden.[260] 1855

Die Ersatzfähigkeit auf deliktische Haftungsnormen zu beschränken, hat der BGH wiederholt ausdrücklich abgelehnt.[261] Innerhalb der Vertragshaftung nach einzelnen Anspruchsgrundlagen zu differenzieren, leuchtet gleichfalls nicht ein. Zu verkennen ist freilich nicht, dass es einen Unterschied macht, ob ein Verkäufer bzw. ein Kfz-Vermittler das Fahrzeug bzw. die Fahrzeugpapiere pflichtwidrig zurückhält und dadurch den Gebrauch des Fahrzeugs vereitelt oder ob der Nutzungsausfall die Folge eines verschwiegenen Fahrzeugmangels ist. Im Hinblick auf die Einschätzung des Nutzungsausfalls als Vermögensschaden ist dieser Unterschied in der Einwirkung auf das Fahrzeug und auf das Nutzungsinteresse des Vertragsgläubigers jedoch unbeachtlich.

Abgesehen von einer Pflichtverletzung i. S. d. § 280 Abs. 1 BGB, setzt der Anspruch auf Ersatz eines Nutzungsausfallschadens die **Unbenutzbarkeit des Fahrzeugs** voraus. Das muss nicht unbedingt ein Stehenbleiben aus technischen Gründen sein. Ein zulassungsrechtliches Hindernis kann genügen; ebenso eine Unbenutzbarkeit wegen Fehlens sämtlicher zum Fahrzeug gehörender Schlüssel (Gefahr des Diebstahls).[262] Zwischen der Pflichtverletzung (hier: Mangelhaftigkeit oder Verzug) und der Unbenutzbarkeit muss ein **ursächlicher Zusammenhang** bestehen. Voraussetzung ist ferner, dass der Käufer im Falle ordnungsgemäßer Vertragserfüllung **die Möglichkeit** gehabt hätte, das gekaufte Fahrzeug in der Zeit **zu nutzen**, für welche Ersatz in Form von Mietwagenkosten oder einer pauschalen Nutzungsentschädigung begehrt wird.[263] Nutzungshindernisse, die mit dem Mangel nichts zu tun haben, z. B. ein Unfall, können somit einer Ersatzpflicht des Verkäufers schon aus Kausalitätsgründen entgegenstehen (zur Rechtslage im Fall der Rückabwicklung/großer Schadensersatz s. Rn 1867 ff.). 1856

Der Anspruch auf abstrakte (pauschale) Nutzungsausfallentschädigung ist an weitere Bedingungen geknüpft. Sie werden schlagwortartig mit **„Nutzungswille"** und **„Nutzungsmöglichkeit"** umschrieben. Auch die **„Fühlbarkeit"** der Entbehrung ist ein Kriterium zur Eindämmung des Ausfallschadens. Diskutiert wird es vor allem in Fällen mit „Freizeitfahrzeugen" wie Cabrios, Sportwagen, Luxuskrädern und Wohnmobilen.[264] Sonderregeln bestehen auch für gewerblich genutzte Kraftfahrzeuge.[265] 1857

---

258 Urt. v.15. 1. 2003, DAR 2003, 120 m. Anm. *P. Lehnen* DAR 2003, 178.
259 OLG Köln 27. 3. 2008, OLGR 2008, 584 (A Klasse für Mercedes 350 SLK).
260 Beschl. v. 9. 7. 1986, NJW 1987, 50; BGH 10. 6. 2008, NZV 2008, 453.
261 BGHZ 63, 393; BGHZ 85, 11; BGHZ 88, 11.
262 OLG Nürnberg 21. 3. 2005, DAR 2005, 450.
263 BGH 28. 11. 2007, NJW 2008, 911 (Mietwagenkosten bei Rückabwicklung).
264 Vgl. BGH 10. 6. 2008, NZV 2008, 453 (Wohnmobil).
265 BGH 4. 12. 2007, NJW 2008, 913 m. Bespr. *Ch. Huber*, NJW 2008, 1785.

1858 Was die **Höhe der Nutzungsausfallentschädigung** angeht, so kann auf die umfangreiche Rechtsprechung zum Unfallhaftpflichtrecht zurückgegriffen werden. Beim Ausfall privatgenutzter Pkw/Kombis wird üblicherweise nach der Tabelle von *Sanden/Danner/Küppersbusch/Rädel* abgerechnet. Das OLG Düsseldorf[266] hat diese Tabelle auch für den Schadensersatz nach § 463 BGB a. F. herangezogen, den dort entnommenen Wert aber – aus nicht ganz nachvollziehbaren Erwägungen – um 50 % gekürzt. Das Alter des Fahrzeugs war für den Senat kein Grund zur Kürzung. Nach richtiger, vom BGH[267] bestätigter Ansicht kann die einschlägige Tabelle auch bei **älteren Pkw** herangezogen werden, ggf. mit Herabstufung um eine oder zwei Gruppen. Bei sehr alten und außerdem – unabhängig vom gerügten Mangel – schlecht erhaltenen Fahrzeugen können die – niedrigeren – Vorhaltekosten maßgeblich sein.[268]

1859 **Haftungsbegrenzung:** Zu beachten sind die Haftungsbegrenzungsklauseln in den handelsüblichen AGB, z. B. Abschn. VIII Nr. 1 der NWVB und Abschn. VII Nr. 1 GWVB (jeweils Stand 3/2008).

(5) Weitere Schadenspositionen

1860 Bei einem Verlust aus einer beabsichtigten Weiterveräußerung – **entgangener Gewinn** – muss danach unterschieden werden, wann der potenzielle Abnehmer aufgrund des Sachmangels „abgesprungen" ist.[269] Bei Abstandnahme unmittelbar nach Auslieferung an den Käufer kann dieser den ihm entgangenen Gewinn nach § 280 Abs. 1 BGB liquidieren, ohne zuvor eine Frist gesetzt haben zu müssen; sie wäre sinnlos; zur Position „entgangener Gewinn" s. auch Rn 1866.

Auch wenn der Käufer das Fahrzeug behalten will, kann er Kosten ersetzt verlangen, die ihm durch die Mangelhaftigkeit entstanden sind, etwa für das **Abschleppen des Fahrzeugs** in eine Werkstatt[270] oder durch eine **Untersuchung** (Mangelprüfung). Diese Positionen fallen indes nicht unter den Schadensersatz statt der Leistung, sondern sind als Schadensersatz „neben der Leistung" zu liquidieren.[271] Weitere Einzelpositionen, u. a. **Anwaltskosten**, werden im Zusammenhang mit dem Aufwendungsersatz nach § 284 BGB unter Rn 1883 ff. behandelt.

cc) Der große Schadensersatz statt der Leistung (Bemessungsfragen)

1861 Will der Käufer das Fahrzeug nicht behalten bzw. es erst gar nicht abnehmen oder – anders betrachtet – will er den Kaufpreis zurückhaben und außerdem einen Ausgleich für weitergehende Einbußen, wird er sich im Rahmen der Mängelhaftung für den großen Schadensersatz (Schadensersatz statt der ganzen Leistung) entscheiden; entweder für diesen Anspruch allein oder in der Kombination Rücktritt und Schadensersatz, was nach § 325 BGB zulässig ist, ggf. auch für die Kombination Rücktritt und Aufwendungsersatz nach § 284 BGB. Was im Rechtsstreit sein wahres Ziel ist, ist beim Fehlen einer ausdrücklichen Erklärung anhand seines gesamten Prozessverhaltens zu ermitteln, notfalls gem. § 139 ZPO zu klären, s. Rn 1897 ff.

---

266 Urt. v. 19. 3. 1993, OLGR 1993, 193.
267 Urt. v. 23. 11. 2004, NJW 2005, 277.
268 BGH 20. 10. 1987, NJW 1988, 484 (Fiat-Bambino-Fall).
269 *Huber/Faust*, Kap. 13 Rn 104; s. auch *S. Lorenz*, JuS 2008, 203, 204.
270 LG Köln 27. 6. 2006, DAR 2007, 34.
271 BGH 20. 7. 2005, NJW 2005, 2848; OLG Koblenz 1. 4. 2004, NJW 2004, 1670 (jew. Gutachterkosten).

(1) Kaufpreisrückzahlung

Der bereits gezahlte Kaufpreis bzw. Kaufpreisanteil (Anzahlung) ist zurückzuzahlen. Er stellte nach altem Recht den Ausgangsbetrag für den Mindestschaden dar.[272] Nach neuem Recht kann der Käufer gefahrlos auch den Rücktritt erklären und die von ihm erbrachte Leistung nach §§ 437 Nr. 2, 323 BGB i. V. m. § 346 Abs. 1 BGB zurückfordern. Die Möglichkeit, außerdem Schadensersatz zu verlangen, hat er sich dadurch nicht verbaut (§ 325 BGB).

Gegenstand der Rückzahlungspflicht ist beim Rücktritt der vom Käufer an den Verkäufer gezahlte Kaufpreis. Schadensersatzrechtlich geht der Anspruch im Regelfall auf Zahlung eines Geldbetrages in Höhe des gezahlten Kaufpreises (als Mindestschaden).[273] Unerheblich ist der Einwand des Verkäufers, der Wert des Fahrzeugs habe unter dem Kaufpreis gelegen.[274] Im umgekehrten Fall, dem sog. Schnäppchenkauf, kann der Käufer den höheren Betrag, also den marktgerechten Preis, als Schaden liquidieren.[275]

Hält der Vermittler beim Agenturgeschäft einen Teilbetrag zurück, muss der Verkäufer gleichwohl den vollen Kaufpreis erstatten.[276] Hat der Käufer einen Teil des Kaufpreises durch **Hingabe seines Altwagens** „ersetzt" („Gebraucht auf Gebraucht"), so kann er im Rahmen des großen Schadensersatzes außer dem bar gezahlten Kaufpreisteil auch den für seinen Altwagen angerechneten Geldbetrag verlangen.[277] Näheres zur Inzahlungnahme unter Rn 853 ff.

(2) Verzinsung

Das neue Rücktrittsrecht kennt keine Festverzinsung ab Empfang des Geldes. Rücktrittsrechtlich sind Anlagezinsen als gezogene Nutzungen nach § 346 Abs. 1, 2 Nr. 1 BGB und nicht gezogene Nutzungen gem. § 347 S. 1 BGB auszugleichen. Eine analoge Anwendung dieser Vorschriften auf den großen Schadensersatz erscheint vertretbar, wenn der Käufer von einem Rücktritt absieht und ausschließlich nach den Regeln des großen Schadensersatzes vorgeht. Weitergehende Zinsansprüche aus Verzug bleiben unberührt. Durch das Schadensersatzverlangen gerät der Verkäufer noch nicht in Verzug mit der Rückzahlung des Kaufpreises. Mahnung ist grundsätzlich erforderlich. Zur Verzinsung von Aufwendungen bzw. Verwendungen nach §§ 256, 246 BGB (4 % p. a.) s. Rn 1894.

(3) Rückübertragung von Besitz und Eigentum

Besitz und Eigentum am Fahrzeug und am Fahrzeugbrief sind Rechtspositionen, die ein Käufer, der Schadensersatz statt der ganzen Leistung geltend macht, nicht behalten darf. Der Verkäufer ist zur Rückforderung nach den §§ 346–348 BGB berechtigt (§ 281 Abs. 5 BGB). Der Schadensersatzanspruch ist inhaltlich also nicht dahin beschränkt, dass er nur Zug um Zug gegen Rückübereignung von Fahrzeug und Brief geltend gemacht werden kann.[278] Wie bei rücktrittsrechtlicher Abwicklung, bei der ein Zug-um-Zug-Antrag nur aus Kostengründen ratsam ist,[279] besteht beim großen Schadensersatz kein materiellrecht-

---

[272] BGH 10. 2. 1982, NJW 1982, 1279 zu § 326 BGB a. F.
[273] Vgl. OLG Karlsruhe 14. 9. 2004, NJW 2005, 989; kritisch *Schur*, ZAP F. 3, S. 227.
[274] OLG Karlsruhe 14. 9. 2004, NJW 2005, 989 (zu § 311 a Abs. 2 BGB).
[275] OLG Nürnberg 21. 3. 2005, NJW 2005, 2019.
[276] OLG Hamburg 9. 12. 1977, DAR 1978, 336.
[277] BGH 28. 11. 1994, NJW 1995, 518 = NZV 1995, 105.
[278] OLG Karlsruhe 14. 9. 2004, NJW 2005, 989 = OLGR 2005, 33 (zu § 311 a Abs. 2 BGB); *Derleder*, NJW 2004, 969, 972; anders zum alten Recht BGH 15. 11. 1996, NJW 1997, 581 – Immobilienkauf.
[279] Zu Kostenproblemen s. *Hensen*, NJW 1999, 395.

licher Grund zur Einschränkung des Klageantrags. Zur Rechtslage im Fall der Weiterveräußerung und sonstiger Rückgabehindernisse s. Rn 1879.

Mit der Rücknahme des Fahrzeugs kann der Verkäufer sowohl in Schuldner- als auch in Gläubigerverzug geraten. Im Einzelnen war hier nach altem Recht manches strittig, so z. B. der Zeitpunkt des Schuldnerverzugs. Zu Fragen des Gläubigerverzugs (Annahmeverzugs) und zu dessen Feststellung im Prozess s. Rn 650, 686.

(4) Aufwendungsersatz

1865 Unter welchen Voraussetzungen der Käufer Ersatz für vergebliche Aufwendungen verlangen kann, ist in § 284 BGB speziell geregelt. § 437 Nr. 3 BGB verweist ausdrücklich auf diese für den gestörten Autokauf außerordentlich wichtige Anspruchsgrundlage (Näheres Rn 1883 ff.).

(5) Entgangener Gewinn

1866 Im Rahmen des § 463 BGB a. F. konnte der Käufer auch den entgangenen Gewinn aus einem **geplanten Weiterverkauf** geltend machen.[280] Anspruchsgrundlage ist jetzt entweder § 311 a Abs. 2 BGB oder § 280 Abs. 1 BGB, ggf. nur unter den zusätzlichen Voraussetzungen des Verzugs (§ 286 BGB) oder der Fristsetzung (§ 281 BGB).[281] Zur Situation beim „kleinen" Schadensersatz s. Rn 1860.

Nach § 252 BGB gilt als entgangen der Gewinn, der nach dem gewöhnlichen Lauf der Dinge oder nach den besonderen Umständen mit Wahrscheinlichkeit erwartet werden konnte. Der Käufer hat danach **zwei Möglichkeiten der Schadensberechnung:** Zum einen die abstrakte Methode, die von dem regelmäßigen Verlauf im Handelsverkehr ausgeht, dass der Kaufmann Gewinn erzielt; zum anderen die konkrete Methode, bei der der Geschädigte nachweist, durch die Pflichtverletzung ein gewinnbringendes Geschäft nicht abgeschlossen bzw. nicht ausgeführt zu haben.[282]

(6) Nutzungsausfall

1867 Auch wer sich für eine Rückabwicklung des Vertrages mit Rückgabe des mangelhaften Fahrzeugs und dafür die „große Lösung" entscheidet, kann für den mangelbedingten Ausfall des Fahrzeugs Ersatz verlangen (zur Situation bei der „kleinen Lösung" s. Rn 1839 ff.) . Die Ausfallzeit kann vor wie nach dem Rücktritt liegen, aber auch durchgängig sein. Vom **BGH** entschieden ist bisher lediglich die Konstellation: Anmietung eines Ersatzfahrzeugs zeitgleich mit der Rücktrittserklärung (vor dem Rücktritt wurde der – verdeckt mangelhafte – Wagen ungestört genutzt).[283] Ein Rücktrittsfall liegt auch der Entscheidung des **OLG Celle vom 16. 4. 2008**[284] zugrunde: Ein (gebraucht gekauftes) Fahrzeug war im Motorraum mangelbedingt ausgebrannt und damit weder nutzbar noch nachbesserungsfähig. Das OLG hat einen Anspruch auf (abstrakte) Nutzungsausfallentschädigung für die Dauer von vier Wochen ab dem Brand anerkannt.

1868 Wichtig ist zunächst: Durch den Rücktritt wird ein Anspruch auf Schadensersatz statt der Leistung auch insoweit **nicht ausgeschlossen**, als es um den Ersatz eines mangelbedingten Nutzungsausfallschadens geht, gleichviel, ob er vor der Rückgabe oder erst durch

---

280 OLG Hamm 10. 2. 1984, BB 1984, 436; vgl. auch BGH 2. 10. 1968, NJW 1968, 2375 und *Timme*, ZfS 1999, 504.
281 Dazu *S. Lorenz*, JuS 2008, 203, 204.
282 Vgl. BGH 19. 10. 2005, NJW-RR 2006, 243.
283 Urt. v. 28. 11. 2007, NJW 2008, 911 m. Anm. *Gsell*.
284 7 U 224/07, ZGS 2008, 312; ebenso OLG Koblenz 8. 3. 2007, OLGR 2007, 271.

Schadensersatzansprüche des Käufers bei einem Sachmangel

diese entstanden ist.[285] Das Argument, der Käufer müsse im Rahmen der Rückabwicklung für die Nutzung des Fahrzeugs eine Vergütung zahlen, sticht nicht.

Schadensrechtlicher Ausgangspunkt: Der Käufer ist nach der Differenztheorie so zu stellen, wie er stünde, wenn ihm ein mangelfreier Wagen geliefert worden wäre. Ein zur Nutzung im Straßenverkehr angeschafftes Fahrzeug mit vertragsgemäßer Beschaffenheit bedeutet nach der Erfahrung des täglichen Lebens ungestörte Mobilität. Eine tatsächliche Vermutung spricht dafür, dass der Käufer den Wagen ohne den Mangel bestimmungsgemäß genutzt hätte. Unbenutzbarkeit aus Gründen, die mit dem Mangel nichts zu tun haben, kann nicht zu einer Belastung des Verkäufers führen.[286]

Beispiel: Der Käufer erleidet mit dem bis dahin normal genutzten Fahrzeug einen Unfallschaden. Erst jetzt stellt sich heraus, dass der Verkäufer einen Vorschaden verschwiegen hat, der mit dem Zweitschaden indes nichts zu tun hat.

Für die Dauer der Reparatur des mangelunabhängigen Zweitschadens kann der Käufer vom Verkäufer keinen Ersatz verlangen. Denn auch ohne den verschwiegenen Vorschaden wäre der Wagen in dieser Zeit (zweit-)unfallbedingt unbenutzbar gewesen.

Abwandlung: Der Käufer sieht in dem obigen Beispielsfall von einer Reparatur ab, tritt vom Vertrag zurück und gibt das beschädigte Fahrzeug zurück, ohne für den Zweitschaden Wertersatz zu leisten und auch leisten zu müssen. Kann er in diesem Fall die Kosten eines Ersatzwagens, angemietet für die Zeit zwischen Rücktritt und Ersatzanschaffung, auf den Verkäufer abwälzen?

Der BGH verneint einen Ersatzanspruch unter Hinweis auf die Differenztheorie.[287] Der Käufer müsse sich die ersparten Reparaturkosten (der Wagen war unrepariert zurückgegeben worden) auf den geltend gemachten Nutzungsausfallschaden anrechnen lassen. Das ist für den BGH keine Frage der Vorteilsausgleichung, sondern schon der Schadensermittlung. Bei diesem Ansatz kann sich je nach Fallkonstellation ein Überhang zugunsten des Käufers ergeben, etwa bei geringen Reparaturkosten und hoher Mietwagenrechnung. Abgestützt wird die Ersparnisanrechnung unter Hinweis darauf, dass die vermögensmäßigen Folgen des Rücktritts in die schadensersatzrechtliche Betrachtung einzubeziehen sind, d. h. der Vorteil aus dem Rückgewährschuldverhältnis – ungekürzter Anspruch auf Rückzahlung des Kaufpreises (keine Wertersatzpflicht) – wirkt sich schadenmindernd aus.

Sofern ein Dritter für den Zweitschaden verantwortlich ist, z. B. der Ehemann der Käuferin, hat der Verkäufer einen Anspruch auf Herausgabe der Ersatzleistung nach Bereicherungsrecht. Eine verbleibende Bereicherung ist herauszugeben (§ 346 Abs. 3 S. 2 BGB). Auch insoweit findet zu Lasten des Käufers eine Anrechnung auf seinen Nutzungsausfallschaden statt.[288]

Zur schwierigen **Einordnung des Ausfallschadens** in die verschiedenen Schadenskategorien und zu den in Betracht kommenden **Anspruchsgrundlagen** siehe Rn 1839 ff. In Rückabwicklungsfällen kommt als weiterer Haftungstatbestand eine Verletzung der Pflicht zur Rückzahlung des Kaufpreises in Betracht. Ersatz eines Nutzungsausfallschadens aus der Verzögerung der Rückgewähr kann gem. **§§ 346 Abs. 4, 280, 286 BGB** mit der Begründung verlangt werden, bei rechtzeitiger Zahlung hätte eine Ersatzanschaffung finanziert werden können.[289]

---

285 BGH 28. 11. 2007, NJW 2008, 911 m. Anm. *Gsell*.
286 BGH 28. 11. 2007, NJW 2008, 911 m. Anm. *Gsell*.
287 Urt. v. 28. 11. 2007, NJW 2008, 911 m. Anm. *Gsell*.
288 BGH 28. 11. 2007, NJW 2008, 911 m. Anm. *Gsell*.
289 LG München II 2. 4. 2007 – 11 O 5053/05 – n. v.; dazu *Geiger*, DAR 2008, 289.

1872 Mietwagenkosten sind – abgesehen von den Einschränkungen i. S. v. BGH NJW 2008, 911 – in den Grenzen der §§ 249, 254 Abs. 2 BGB erstattungsfähig.[290] Verzichtet der Käufer auf die Anmietung eines Ersatzfahrzeugs, konnte er im früheren Recht auch im Rahmen des großen Schadensersatzes eine **pauschale Nutzungsausfallentschädigung** verlangen.[291] Daran ist im Grundsatz festzuhalten.[292] Verfehlt ist das Argument, durch den Rücktritt vom Kauf zeige der Käufer, dass er keinen Nutzungswillen mehr habe.

Der Umstand, dass der Käufer ggf. den vollen Kaufpreis zuzüglich Zinsen zurückerhält, ist kein zureichender Grund, ihm eine abstrakte Nutzungsentschädigung zu versagen. Die Verzinsung bewirkt keine Schadenskompensation. Der entgangene Gebrauchsvorteil büßt seinen fragwürdigen, aber anerkannten Charakter als Schadenposten nicht dadurch ein, dass der Käufer Rückzahlung des Kaufpreises beanspruchen kann.

Allerdings ist der Anspruch auf Nutzungsausfallentschädigung ebenso wie im Unfallschadensrecht vom **Nutzungswillen** und der hypothetischen **Nutzungsmöglichkeit** abhängig (s. Rn 1857).

Was die **Ausfallzeit** angeht, so bemisst sie sich von dem Zeitpunkt des Eintritts des Gebrauchsverlustes bis zu dem Zeitpunkt der tatsächlichen Wiedererlangung von Mobilität, hilfsweise dem Zeitpunkt, zu dem der Käufer unter zumutbaren Bedingungen wieder hätte mobil sein können. Für Einbußen in der Zeit vor dem Verlangen nach Rückabwicklung (Rücktritt/großer Schadensersatz), insbesondere vor und während der Nachbesserungsphase, kann auf die Ausführungen unter Rn 1839 ff. verwiesen werden.

Wer einen Ausfallschaden erst **ab Rücktritt** bzw. Rückgabe des mangelhaften Fahrzeugs geltend machen möchte, ist gut beraten, schon im Rücktrittsschreiben eine Frist zur Rückzahlung des Kaufpreises (ggf. abzüglich Nutzungsvergütung) zu setzen, verbunden mit dem Hinweis auf anderweitig nicht zu deckenden Mobilitätsbedarf (kein Zweitwagen). Ratsam ist ferner, wie bei einem Haftpflichtschaden, auf etwaige Schwierigkeiten bei der Finanzierung eines Ersatzfahrzeugs hinzuweisen. Wer davon absieht, läuft Gefahr auf die „normale" Wiederbeschaffungszeit von zwei Wochen verwiesen zu werden.[293]

(7) Gebrauchsvorteile des Käufers (Nutzungsvergütung)

1873 Gezogene Nutzungen (= tatsächliche Gebrauchsvorteile) waren im alten Recht unbestritten schadenmindernd zu berücksichtigen. Davon geht **der BGH** in der Entscheidung vom 17. 5. 1995[294] als selbstverständlich aus. Beim kleinen Schadensersatz war und ist es gewiss richtig, von einer Anrechnung der Nutzungsvorteile abzusehen. Anders liegen die Dinge, wenn der Käufer den vollen Nichterfüllungsschaden – Schadensersatz statt der ganzen Leistung – liquidiert. Ebenso wie er Ersatz für Aufwendungen (Verwendungen) verlangen kann, die sich infolge der Nichterfüllung des Vertrages als nutzlos erwiesen haben, müssen umgekehrt die ihm tatsächlich zugeflossenen Nutzungsvorteile angerechnet werden.

1874 Verlangt der Käufer Schadensersatz statt der ganzen Leistung, ist der Verkäufer nach **§ 281 Abs. 5 BGB** zur Rückforderung des von ihm Geleisteten nach den §§ 346–348 BGB berechtigt. Der Gleichlauf mit dem Rücktritt erübrigt die mitunter schwierige Prüfung, was genau der Kläger verlangt, ob Rücktritt pur oder in Kombination mit dem großen

---

290 OLG Frankfurt 6. 5. 1992, NZV 1993, 190 m. Anm. *Eggert*.
291 OLG Frankfurt 6. 5. 1992, NZV 1993, 190 m. Anm. *Eggert*.
292 OLG Celle 16. 4. 2008, ZGS 2008, 312; LG München II 2. 4. 2007 – 11 O 5053/05 – n. v.; dazu und zum Gesamtkomplex „Nutzungsausfall" *Geiger*, DAR 2008, 289 ff.
293 So LG München II 2. 4. 2007 – 11 O 5053/05 – n. v.; s. auch OLG Celle 16. 4. 2008, ZGS 2008, 312 (vier Wochen ab Unbenutzbarkeit durch Motorbrand).
294 NJW 1995, 2159 = WM 1995, 1145.

Schadensersatz oder ausschließlich Letzteres. So oder so hat der Käufer die **gezogenen Nutzungen** nach § 346 Abs. 1, 2 Nr. 1 ggf. i. V. m. § 281 Abs. 5 (eventuell i. V. m. § 311 a Abs. 2 S. 3) BGB herauszugeben. Damit hat sich die früher praktizierte Vorteilsausgleichung[295] erledigt.

Nicht gezogene Nutzungen sind auch nach neuem Schuldrecht im Ergebnis nicht zu berücksichtigen. Selbst wenn man **§ 347 Abs. 1 BGB** auf den großen Schadensersatz analog anwendet, wird eine Anrechnung – ebenso wie beim gesetzlichen Rücktritt (dazu Rn 610 ff.) – aus tatsächlichen Gründen scheitern.

Prozessuales: Die tatsächlich erlangten Gebrauchsvorteile braucht der Käufer, wie bisher, nicht von sich aus zu berücksichtigen, was freilich aus Kostengründen prozessual empfehlenswert ist. Er kann es dem Verkäufer überlassen, den Nutzungsvorteil geltend zu machen (s. auch Rn 636 ff.). Diese Rechtsverteidigung ist – wie früher im Fall der Wandlung[296] – als **Aufrechnung** im Rechtssinn, nicht als bloße Verrechnung zu behandeln. Im Prozess ist **§ 533 ZPO** (früher § 530 Abs. 2 ZPO) zu beachten. Die Sachdienlichkeit einer erst in zweiter Instanz erklärten Aufrechnung wird von den Gerichten meist bejaht.[297] Für die Bemessung des **Streitwerts** gilt § 19 Abs. 3 GKG (Streitwerterhöhung bei Hilfsaufrechnung). 1875

Bemessung: Zu bemessen sind die erlangten Gebrauchsvorteile nach den Regeln, wie sie **für den Rücktritt** entwickelt worden sind, d. h. nach derjenigen Methode, die die zeitanteilige lineare Wertminderung in einen bestimmten Geldbetrag pro gefahrenen Kilometer umsetzt. Näheres zu dieser Bewertungsmethode, die der **BGH** für den Rücktritt nach neuem Kaufrecht auch für den Gebrauchtwagenkauf anerkennt,[298] s. Rn 1751 ff. 1876

dd) Ausschluss des Anspruchs auf großen Schadensersatz (ohne Freizeichnung)

(1) Ausschluss wegen Unerheblichkeit der Pflichtverletzung

Ebenso wie der Rücktritt ist der Anspruch auf Schadensersatz statt der ganzen Leistung bei einer nur unerheblichen Pflichtverletzung ausgeschlossen (§ 281 Abs. 1 S. 3 BGB, ggf. i. V. m. § 311 a Abs. 2 S. 3 BGB). Auf die Ausführungen zum Rücktritt wird verwiesen (Rn 521 ff., 1727 ff.). 1877

(2) Ausschluss wegen Beseitigung des Mangels?

Diese vielschichtige Thematik wurde **im alten Recht** vorwiegend im Zusammenhang mit Wandlungsfällen diskutiert. Beim großen Schadensersatz stellten sich jedoch die gleichen Fragen. Klar war auch hier, dass für eine Rückabwicklung kein Raum mehr ist, wenn der Verkäufer den Mangel im Einverständnis mit dem Käufer fachgerecht behoben hatte.[299] Eine eigenmächtige Mängelbeseitigung ließ die Wandlungsbefugnis dagegen unberührt,[300] was schwierige Abgrenzungsfragen aufwarf. Ob der Sachmangel im Zeitpunkt des Vollzugs des Rückabwicklungsverlangens noch vorliegen muss, hat **der BGH** im alten Recht weder für die Wandlung noch für den großen Schadensersatz entschieden. Für die Wand- 1878

---

295 BGH 31. 3. 2006, NJW 2006, 1582.
296 Vgl. BGH 26. 6. 1991, NJW 1991, 2484.
297 Vgl. OLG Köln 30. 1. 2002, DAR 2002, 453.
298 Urt. v. 2. 6. 2004, NJW 2004, 2299.
299 Vgl. BGH 19. 6. 1996, NJW 1996, 2647 = JR 1997, 101 m. Anm. *Peters* – Wandlung eines Baggerkaufs; OLG Düsseldorf 19. 12. 1997, NJW-RR 1998, 1587 = OLGR 1998, 131; 10. 11. 1995, NJW-RR 1998, 265; OLG Hamm 23. 4. 1997, OLGR 1999, 202, jeweils Wandlung Neufahrzeugkauf.
300 So BGH 19. 6. 1996, NJW 1996, 2647.

lung bejahend OLG Düsseldorf (22. ZS).[301] Dem war für den großen Schadensersatz alten Rechts zu folgen.

Nach Aufgabe des „Vollzugsmodells" (§ 465 BGB a. F.) und der Einbettung des Mängelrechts in das allgemeine Leistungsstörungsrecht sind die bisherigen Lösungsvorschläge zu überdenken. Wegen des Gleichlaufs von großem Schadensersatz und Rücktritt wird auf die Ausführungen zum Rücktritt verwiesen (Rn 508 ff.).

(3) Rechtslage bei Untergang, Verschlechterung, Veräußerung u. a.

1879 Bestimmte Vorgänge in der Phase bis zum Vollzug des Gewährleistungsanspruchs führten **nach altem Kaufrecht** zum Verlust des Anspruchs auf Rückabwicklung, gleich, ob im Wege der Wandlung oder des großen Schadensersatzes. Das richtete sich nach den §§ 351–353 BGB a. F. Unter den Voraussetzungen, unter denen der Käufer seine Wandlungsbefugnis einbüßte, verlor er auch den Anspruch auf den großen Schadensersatz.[302] Ihm blieb dann der kleine Schadensersatz oder Minderung.

Die Neugestaltung des Rücktrittsrechts wirft die Frage auf, ob die heutige Konzeption (Rückabwicklung dem Wert nach) auf den großen Schadensersatz übertragen werden kann, sofern ausschließlich dieser Rechtsbehelf geltend gemacht wird. Frei gemacht wird der Weg dafür durch **§ 281 Abs. 5 BGB** (ggf. i. V. m. § 311 a Abs. 2 S. 3 BGB). Zu den Einzelheiten im Rückgewährschuldverhältnis s. Rn 563 ff. Das OLG Karlsruhe[303] hat die Einrede eines Händlers, (großen) Schadensersatz nur Zug um Zug gegen Rückgabe des Fahrzeugs zu schulden, in einem Fall zurückgewiesen, in dem der gestohlene Wagen an den Eigentümer/Kaskoversicherer zurückgegeben worden war. Der Käufer sei auch nicht zum Wertersatz verpflichtet.

Diskutiert wird, ob der Ausschluss des Rücktrittsrechts gem. **§ 323 Abs. 6 BGB** (dazu Rn 546) auf den großen Schadensersatz übertragbar ist.[304] Eine Analogie ist nicht zu befürworten, weil mit § 254 Abs. 1 BGB eine Regelung vorhanden ist, die sachgerechte Resultate ermöglicht. Im Ergebnis dürften beide Lösungsansätze nicht voneinander abweichen. Denn bei der Ausfüllung des § 254 BGB ist auf die Vorgaben des § 323 Abs. 6 BGB zurückzugreifen.

(4) Ausschluss nach § 242 BGB (Verzicht, Verwirkung)

1880 Auch der Anspruch auf den großen Schadensersatz steht unter dem Vorbehalt des § 242 BGB. Unter diesem Blickwinkel kommt der **Einwand der Verwirkung** bzw. der Einwand rechtsmissbräuchlichen Verhaltens in Betracht, wenn der Käufer das angeblich mangelhafte Fahrzeug über einen längeren Zeitraum und/oder **außergewöhnlich intensiv genutzt** hat, bevor er sich zur Rückabwicklung entschließt.

Die Gerichte neigten früher dazu, den Anspruch auf Wandlung bzw. großen Schadensersatz **nur in krassen Fällen** gem. § 242 BGB auszuschließen, wobei meist der Einwand der Verwirkung den dogmatischen Ansatz lieferte. Das OLG Koblenz hat selbst eine Fahrleistung von 55.200 km zwischen Übergabe und letzter mündlicher Verhandlung als unschädlich angesehen.[305] Es hat dem Käufer, einem Studenten, der mit dem Fahrzeug zu sei-

---

301 Urt. v. 19. 12. 1997, NJW-RR 1998, 1587 = OLGR 1998, 131 mit Hinweis auf weitere Senatsentscheidungen; a. A. LG Offenburg 8. 4. 1997, NJW-RR 1997, 1421 = VersR 1998, 247.
302 Ganz h. M., vgl. *Soergel/Huber*, § 463 BGB Rn 47 m. Nachw.
303 Urt. v. 14. 9. 2004, NJW 2005, 989 = OLGR 2005, 33.
304 Vgl. *Kohler*, AcP 203, 539, 572.
305 Urt. v. 25. 1. 1981 – 7 U 246/80 – n. v.; vgl. auch OLG Koblenz 8. 10. 1985, MDR 1986, 316; OLG Koblenz 1. 7. 1987, NJW-RR 1988, 1137 und OLG Köln 7. 7. 1987 – 9 U 8/87 – n. v. (keine Verwirkung bei rund 30.000 km).

nem Studienort gefahren ist, wirtschaftlich sinnvolles Verhalten bescheinigt. Demgegenüber hat das LG Gießen einem Käufer Verwirkung entgegengehalten, der bis zur Wandlungserklärung etwa 12.000 km und anschließend weitere 6.500 km gefahren war.[306]

Eine feste „**Verwirkungsgrenze**" gibt es nicht, weder zeitlich noch kilometermäßig. Entscheidend sind stets die konkreten Umstände des Einzelfalls. Die für die **Einzelfallbewertung** maßgeblichen Kriterien ergeben sich aus den BGH-Urteilen vom 8. 2. 1984,[307] 16. 10. 1991[308] und vom 2. 2. 1994,[309] s. auch OLG Frankfurt NJW-RR 1994, 120 (Wandlung), OLG Düsseldorf OLGR 1995, 84 (Minderung); OLG Düsseldorf NJW-RR 1997, 1480 = NZV 1997, 273 (großer Schadensersatz); OLG Düsseldorf OLGR 2001, 481 (Wandlung/gr. Schadensersatz) und OLG Köln 1. 6. 2001 – 3 U 213/00 – n. v. (180.000 km in 2 Jahren, Reparaturen in Eigenleistung), OLG Frankfurt ZGS 2007, 437 (Rücktritt) und OLG Düsseldorf VRR 2006, 306 (Rücktritt).

Ein **konkludenter Verzicht** auf den Rückabwicklungsanspruch kommt in Betracht, wenn der Käufer den Mangel vom Verkäufer hat beseitigen lassen.[310] Zu dieser Fallgestaltung und ähnlichen Situationen s. Rn 508 ff.

ee) Mitverschulden des Käufers

Kenntnis und schuldhafte Unkenntnis des Käufers von einem Sachmangel fanden bei Schadensersatzansprüchen aus § 463 BGB a. F. nur nach Maßgabe der Sondervorschrift des § 460 BGB a. F. Berücksichtigung. Für § 254 Abs. 1 BGB war daneben kein Raum (vgl. Rn 1943); auch nicht im Hinblick auf Mangelfolgeschäden, die unter § 463 BGB a. F. fielen.

Ohne den Vorrang des § 460 BGB a. F. zu beachten, hat das OLG Köln einem Käufer als Mitverschulden angerechnet, „leichtfertig von sich aus nichts unternommen zu haben, um sich über den technischen Zustand des von ihm erworbenen Fahrzeugs näher unterrichten zu lassen".[311] Schon dem ihm übergebenen Serviceheft hätte er entnehmen können, dass seit achtzehn Monaten keine Inspektion durchgeführt worden war und das Fahrzeug seitdem rund 40.000 km zurückgelegt hatte. Zur Last wurde dem Käufer auch gelegt, dass er beim Kauf (!) nicht danach gefragt habe, ob „irgendwelche Besonderheiten" zu beachten seien. Den Mitverschuldensvorwurf hat das OLG Köln schließlich noch damit begründet, dass der Käufer es nach dem Kauf unterlassen habe, eine Werkstatt aufzusuchen, um sich wegen der Durchführung erforderlicher Wartungsarbeiten beraten zu lassen.

Auf den Sachmangel bezogene Versäumnisse des Käufers **vor und bei Übergabe** waren nach altem Recht richtigerweise nur nach den **Spezialvorschriften** der §§ 460, 464 BGB a. F. zu würdigen.[312] In der Sache hat sich daran im modernisierten Schuldrecht nichts geändert. Die Rechtsfolgen bei Mangelkenntnis und (grob) fahrlässiger Unkenntnis sind jetzt in **§ 442 BGB** abschließend geregelt. Außerhalb des Anwendungsbereichs des § 442 BGB ist **§ 254 BGB** anwendbar. Eine analoge Anwendung des § 323 Abs. 6 BGB ist entbehrlich. Anwendbar ist diese Ausschlussregelung (näher Rn 546) in Fällen der Kombination von Rücktritt und Schadensersatz.

Wer, wie der Käufer im o. a. Fall des OLG Köln, ein Gebrauchtfahrzeug von einem **Vertragshändler** erworben hat, ist im Allgemeinen nicht dazu verpflichtet, das Fahrzeug nach

---

306 Urt. v. 27. 3. 1981 – 3 O 383/80 – n. v.
307 NJW 1984, 1525 = WM 1984, 479.
308 NJW 1992, 170 = WM 1992, 32 = JZ 1992, 365 m. Anm. *Flume*.
309 NJW 1994, 1004 = WM 1994, 703.
310 Für den Rücktritt OLG Düsseldorf 19. 7. 2004, ZGS 2004, 393.
311 Urt. v. 17. 11. 1989 – 20 U 65/89 – n. v.
312 Vgl. BGH 28. 6. 1978, NJW 1978, 2240; BGH 29. 1. 1993, NJW 1993, 1643.

Übernahme sogleich darauf zu überprüfen, ob Service- und Wartungsarbeiten fällig sind. Er darf sich darauf verlassen, dass der Wagen vom Händler untersucht worden ist (dazu Rn 1916) und alle erkennbaren Mängel mit Ausnahme von technisch unbedeutenden Verschleißmängeln beseitigt worden sind. Im Fall des OLG Köln ging es um ein technisch hochrelevantes Verschleißteil (Zahnriemen).

Einem Käufer obliegt es in der Regel auch nicht, direkt nach Fahrzeugübernahme den Ölstand zu prüfen und sich über die Ordnungsmäßigkeit des Kühlsystems zu vergewissern. Wer hier Obliegenheitsverletzungen annimmt, wird sie dem Käufer zumindest bei einem schuldhaften Verhalten des Verkäufers kaum anrechnen können (Abwägung nach § 254 Abs. 1 BGB).

Ein Mitverschulden ist zu bejahen, wenn der bei einem Weiterverkauf selbst arglistig handelnde Käufer sich auf Rückzahlung des Kaufpreises verklagen lässt (statt in die Rückabwicklung einzuwilligen) und anschließend die Kosten des Rechtsstreits vom Erstverkäufer ersetzt verlangt.[313]

ff) Gerichtsstand für die Schadensersatzklage

1882 Während für den Fall der Wandlung weitgehend geklärt war, dass der Käufer im Regelfall vor seinem Heimatgericht klagen kann,[314] gingen die Meinungen bei der Schadensersatzklage auseinander. Gegenstand des Streits war vor allem der große Schadensersatz. Er ist mit der Verpflichtung des Käufers verbunden, das Fahrzeug zurückzugeben. Beim kleinen Schadensersatz behält der Käufer die Sache und liquidiert, grob gesagt, den Minderwert. Erfüllungsort und damit Gerichtsstand ist insoweit, wie bei der Minderung, der Sitz des Verkäufers.[315]

Der Streit um die örtliche Zuständigkeit entzündete sich beim großen Schadensersatz an der Frage, wo der Erfüllungsort (§ 29 Abs. 1 ZPO) für den Leistungsaustausch ist. Das OLG Hamm[316] hat die für die „vereinfachte" Wandlungsklage (Rückzahlung des Kaufpreises Zug um Zug gegen Rückgabe der Sache) anerkannte Regel (einheitlicher Erfüllungsort für alle Rückgewähransprüche) analog auf den großen Schadensersatzanspruch aus § 463 S. 1 BGB a. F. angewendet, d. h., Erfüllungsort war der Ort, wo sich das Fahrzeug im Zeitpunkt des Wandlungsverlangens bestimmungsgemäß befand, damit in der Regel der Wohnsitz des Käufers. Anderer Ansicht war das LG Tübingen,[317] das eine Parallele zur bereicherungsrechtlichen Rückabwicklung gezogen und den Käufer unter Hinweis auf RGZ 49, 421 an das Wohnsitzgericht des Verkäufers verwiesen hat.

Die analoge Anwendung der – freilich nicht unbestrittenen – Regel für die Wandlungsklage auf den großen Schadensersatz war im alten Recht sachgerecht. Da sich an den Rechtsbehelfen des neuen Rechts (Rücktritt und Schadensersatz statt der ganzen Leistung) inhaltlich nichts geändert hat, kann eine Analogie weiter befürwortet werden, jetzt zu der Regelung, die für die rücktrittsrechtliche Rückabwicklung gilt (s. auch Rn 681). Maßgebend ist demnach der Ort, an dem sich das Fahrzeug zum Zeitpunkt des Verlangens nach Rückabwicklung vertragsgemäß befindet, d. h. zuständig ist – wie beim reinen Rücktritt (dazu Rn 681) – in der Regel das für den Wohn- bzw. Geschäftsitz des Käufers zuständige Gericht.[318]

---

313 OLG Celle 29. 1. 1998, OLGR 1998, 188.
314 Nachweise bei *Stöber*, NJW 2006, 2661.
315 *Stöber*, NJW 2006, 2661 m. w. N.
316 Beschl. v. 23. 9. 1988, MDR 1989, 63; ebenso OLG Rostock 17. 12. 2003, OLGR 2005, 46.
317 Urt. v. 18. 12. 1985, MDR 1986, 756; so auch LG Köln 7. 6. 1984 – 25 O 589/83 – n. v.
318 Vgl. AG Rheda-Wiedenbrück 28. 11. 2002, DAR 2003, 121; s. auch OLG Saarbrücken 6. 1. 2005, NJW 2005, 906; anders (für Verkäuferwohnsitz) LG Aurich 10. 11. 2006, MDR 2007, 424.

VI. Ersatz vergeblicher Aufwendungen nach § 284 BGB

1. Überblick

Gem. § 437 Nr. 3 i. V. m. § 284 BGB kann der Käufer Ersatz vergeblicher Aufwendungen verlangen. Auf § 284 BGB wird auch in § 311 a Abs. 2 BGB verwiesen, der Haftungsnorm, die beim Verkauf gebrauchter Kraftfahrzeuge im Vordergrund steht. Anders als der Anspruch auf Ersatz von Vertragskosten nach § 467 S. 2 BGB a. F. ist der Aufwendungsersatzanspruch gem. § 284 BGB von einem **Vertretenmüssen/Verschulden abhängig**. Wie für den Anspruch auf Schadensersatz statt der Leistung ist Voraussetzung, dass der Verkäufer das Leistungshindernis bzw. die Pflichtverletzung (Sachmangel) zu vertreten hat, was freilich auch in diesem Zusammenhang vermutet wird (Näheres Rn 1777/1807).

1883

Nach der **Vorstellung des Gesetzgebers** fallen unter § 284 BGB die **Vertragskosten**, die im früheren Recht nach § 467 S. 2 BGB a. F. reguliert wurden.[319] Man will gerade die Fälle erfassen, in denen dem Gläubiger durch die Leistungsstörung kein Nichterfüllungsschaden, sondern nur vergebliche Aufwendungen entstanden sind.[320] Das läuft auf den Ersatz des Vertrauensschadens hinaus.

2. Rücktritt und Aufwendungsersatz

Die Kumulation von Rücktritt und Aufwendungsersatz ist statthaft, d. h. auch im Fall des Rücktritts kann der Käufer Ersatz vergeblicher Aufwendungen nach § 284 BGB verlangen. Das folgt aus § 325 BGB.[321] Der Anspruch auf Aufwendungsersatz ist dann nicht auf die Verwendungen/Aufwendungen beschränkt, die nach § 347 Abs. 2 BGB zu ersetzen sind.[322] M. a. W.: Der Käufer kann nach § 284 BGB Positionen ersetzt verlangen, die ihm das Rücktrittsfolgenrecht versagt. Der Verwendungsersatz nach Rücktrittsrecht ist verschuldensunabhängig und unterliegt keiner Kürzung wegen Nutzung der Investitionen, andererseits ist der Anwendungsbereich des § 347 BGB Abs. 2 BGB vergleichsweise eng.

1884

3. Schadensersatz und Aufwendungsersatz

§ 284 BGB ordnet ein Entweder-Oder an. Klargestellt hat **der BGH**[323]: Aufwendungsersatz nach § 284 BGB ist eine Alternative allein zum Schadensersatz statt der Leistung, nicht zum Schadensersatz schlechthin, d. h. Schadensersatz „neben" der Leistung (z. B. Sachverständigen- und Anwaltskosten) kann zusätzlich zum Aufwendungsersatz geltend gemacht werden. Das OLG Karlsruhe[324] hat eine Anwendung des § 284 BGB in einem Fall abgelehnt, in dem der Käufer Schadensersatz statt der Leistung gefordert hat. Die dem Käufer entstandenen Fahrtkosten seien als Schadensposten im Rahmen des § 311 a Abs. 2 BGB zu erstatten. Wenn dahinter die Vorstellung steht, § 284 BGB sei voll gesperrt, sobald der Käufer den Anspruch auf Schadensersatz statt der Leistung geltend mache,[325] wäre dies falsch. Durch die Alternativität („anstelle") soll eine „doppelte Kompensation" (BGH), eine Doppelentschädigung, verhindert werden. Wer z. B. Ersatz seines entgangenen Gewinns verlangt, soll nicht auch noch Ersatz seiner Erwerbsaufwendungen fordern können.[326] Wo eine dop-

1885

---

319 BT-Drucks 14/6040, 225.
320 BT-Drucks 14/6040, 142 f.
321 Grundlegend BGH 20. 7. 2005, NJW 2005, 2848 = DAR 2005, 556; s. auch BGH 24. 3. 2006, NJW 2006, 1960.
322 BGH 20. 7. 2005, NJW 2005, 2848 = DAR 2005, 556.
323 Urt. v. 20. 7. 2005, NJW 2005, 2848 = DAR 2005, 556.
324 Urt. v. 14. 9. 2004, NJW 2005, 989 = OLGR 2005, 33.
325 In diese Richtung auch OLG Frankfurt 14. 2. 2008, ZGS 2008, 315.
326 Zu den Wahlmöglichkeiten des Käufers s. *S. Lorenz*, NJW 2004, 26, 28; *Reinicke/Tiedtke*, Kaufrecht, Rn 232 ff.

pelte Kompensation nicht in Frage kommt, können vergebliche Aufwendungen und Schadensersatz statt der Leistung nebeneinander geltend gemacht werden.[327]

4. Bedeutung des § 284 BGB für den Fahrzeugkauf

a) Neuwagenkauf

1886   In einer misslichen Situation sehen sich Neufahrzeugkäufer und auch Leasingnehmer,[328] sofern die Neufahrzeuge im „normalen" Vertrieb über einen Händler bezogen wurden. Ein mit dem Hersteller nicht identischer Neuwagenhändler, den grundsätzlich keine eigene Prüfpflicht trifft (s. Rn 674) haftet nicht für ein Verschulden des Herstellers. Er ist nicht sein Erfüllungsgehilfe.[329] Da der Aufwendungsersatzanspruch nach §§ 437 Nr. 3, 284 BGB grundsätzlich verschuldensabhängig ist, hat ein Neuwagenhändler recht gute Chance, einer Haftung nach dieser Vorschrift zu entgehen. Damit scheidet die zentrale Anspruchsgrundlage für den Ersatz einer Vielzahl von Positionen aus, die nahezu mit jedem Neuwagenkauf verbunden sind (z. B. Zulassungs- und Überführungskosten, Kosten einer Anschlussgarantie, Anschaffung von Zubehör). Deutlich günstiger ist die Lage für solche Käufer, die die direkt vom Werk gekauft haben. Denn eine Exculpation ist dann unwahrscheinlich.

b) Gebrauchtfahrzeugkauf

1887   Per saldo wird dem Käufer, der ein gebrauchtes Kfz **von einem Händler** gekauft hat, nach neuem Recht nicht wesentlich weniger ersetzt als nach den §§ 467 S. 2, 463 BGB a. F. Denn einem Gebrauchtwagenhändler wird, anders als dem Kollegen aus der Neuwagenabteilung, nur selten der Exculpationsbeweis zur Abwendung der Schadensersatz- und Aufwendungsersatzpflicht gelingen (§§ 280 Abs. 1 S. 2, 311 a Abs. 2 BGB). Anders ist es bei Privatverkäufern und unternehmerischen Verkäufern außerhalb der Kfz-Branche. Hier kann der Käufer bei gelungener Exculpation auf frustrierten Aufwendungen erheblichen Umfangs sitzen bleiben. Der Verwendungs- und Aufwendungsersatz bestimmt sich dann allein nach dem weniger ergiebigen § 347 Abs. 2 BGB. „Vertragskosten", jetzt allein unter § 284 BGB fallend, bleiben ohne Ausgleich.

1888   (freigehalten)

c) Reaktionen der Rechtsprechung

1889   Erwartungsgemäß gleichen die Gerichte die schuldrechtsreformbedingte Schlechterstellung von Käufern dadurch ein Stück weit aus, dass sie entweder den Verwendungsbegriff ausdehnen oder den Entlastungsbeweis des Verkäufers erschweren, etwa durch Verschärfung der Darlegungs- und Beweisanforderungen. Mit der Annahme einer Garantie i. S. d. § 276 BGB kann der Entlastungsbeweis gänzlich abgeschnitten werden. Auch in dieser Hinsicht haben die Gerichte „Spielraum". All diese Bemühungen um eine Korrektur einer rechtspolitischen Fehlentscheidung des Gesetzgebers sind zwar verständlich, gleichwohl prinzipiell abzulehnen.

5. Anspruchsvoraussetzungen und Einzelpositionen

a) Gleichlauf mit den übrigen Sekundärrechtsbehelfen und Vertretenmüssen

1890   Der Käufer muss an sich berechtigt sein, Schadensersatz statt der Leistung zu verlangen. Diese Berechtigung kann auf den §§ 281, 283 BGB, aber auch auf § 311 a Abs. 2 BGB beru-

---

327 Zur Vertiefung *Gsell*, NJW 2006, 125.
328 Zur Aktivlegitimation des Leasingnehmers für den Anspruch aus §§ 437 Nr. 3, 284 BGB s. OLG Köln 27. 3. 2008 – 15 U 175/07 – n. v.
329 St. Rspr., vgl. BGHZ 48, 118.

Ersatz vergeblicher Aufwendungen nach § 284 BGB

hen. Zu den Grundvoraussetzungen, insbesondere zum Nacherfüllungsvorrang, s. Rn 1803 ff. Auch der Anspruch auf Aufwendungsersatz ist an ein Verschulden/Vertretenmüssen gekoppelt, wobei dieses jedoch vermutet wird. Zum Entlastungsbeweis s. Rn 1777 ff., 1807 ff.

b) Vergebliche Aufwendungen

Aufwendungen des Käufers auf eine gekaufte Sache, die sich später als mangelhaft erweist, sind **in der Regel** vergeblich, wenn der Käufer die Kaufsache wegen ihrer Mangelhaftigkeit zurückgibt oder sie jedenfalls nicht bestimmungsgemäß nutzen kann und deshalb auch die Aufwendungen nutzlos sind.[330] Das hat **der BGH** grundlegend in einem Fall entschieden, in dem eine Baufirma einen (vermutlich neuen) Pkw nach Übernahme umfangreich um- und ausgerüstet hatte (Lackierung der Stoßfänger, Leichtmetallfelgen, Breitreifen, Tempomat, Autotelefon, Navigationssystem u. a.). All das waren vergebliche Aufwendungen i. S. d. § 284 BGB. Denn die Käuferin hat sie im Vertrauen auf den Erhalt der Leistung – hier: die Mangelfreiheit des gelieferten Pkw – gemacht.

Die Aufwendungen müssen wegen des Mangels ihren Zweck verfehlen. In diesem Sinne frustriert sind nicht nur solche Aufwendungen, die der Anschaffung und der Inbetriebnahme des Fahrzeugs dienen. Von § 284 BGB erfasst werden auch solche Investitionen, die in die Zeit der Nutzung fallen, wenn und soweit sie im Vertrauen auf eine fortbestehende – störungsfreie – Nutzbarkeit gemacht worden sind. Der notwendige Vertrauensbezug fehlt dagegen, wenn die Investitionen nach Entdeckung des Mangels vorgenommen wurden. Insoweit kann dem Käufer nur ein Anspruch auf Verwendungsersatz nach § 347 Abs. 2 BGB helfen, wobei auch die gewöhnlichen Erhaltungskosten ausgleichpflichtig sind (s. Rn 592).

Nicht gehört wird der Verkäufer mit dem Argument, der Käufer könne die Zubehörteile ausbauen und anderweitig verwenden.[331] Ausnahmen sind möglich, z. B. bei portablen Geräten (Navi, Radio). Hat der Käufer ein Ersatzfahrzeug angeschafft, kann ihn in analoger Anwendung des **§ 254 Abs. 2 BGB** die Pflicht treffen, das fragliche Teil weiter zu verwenden oder wenigstens die Gründe der Unverwendbarkeit plausibel darzulegen.

c) Einzelpositionen

Im Vordergrund der forensischen Praxis stehen Aufwendungen des Käufers im Zusammenhang mit der **Anschaffung von Zubehörteilen**. Insoweit ist vor allem **BGH NJW 2005, 2848** einschlägig. In ungewöhnlich großem Umfang hatte die damalige Klägerin ihr Fahrzeug mit „Extras" ausgestattet, nämlich u. a. mit

- Leichtmetallfelgen
- Tempomat
- Autotelefon
- Navigationssystem

Diese Zubehörteile sind typischerweise frustrierte Aufwendungen und gem. § 284 BGB erstattungsfähig. Darüber hinaus haben die **Instanzgerichte** anerkannt:

- Winterreifen[332]
- Winterreifen mit Felge[333]
- Hundedecke für Pkw (Rückbank)[334]

---

330 BGH 20. 7. 2005, NJW 2005, 2848 = DAR 2005, 556.
331 BGH 20. 7. 2005, NJW 2005, 2848 = DAR 2005, 556.
332 OLG Hamm 18. 6. 2007 – 2 U 220/06 – BeckRS 2007, 14370; Brand OLG 26. 6. 2008 – 12 U 236/07 – n. v.
333 OLG Köln 27. 3. 2008 – 15 U 175/07 – n. v.; LG Paderborn 23. 11. 2007 – 4 O 370/07 – n. v.
334 LG Paderborn 23. 11. 2007 – 4 O 370/07 – n. v.

- Wischerblätter[335]
- Alarmanlage[336]
- Handy-Halterung[337]

Als vergebliche Aufwendungen können ferner **erstattungsfähig** sein:
- Kosten für die Fahrt zum Händler[338]
- Kosten einer Abholung im Werk (Selbstabholung)
- Verpflegungsmehraufwand[339]
- Kosten für eine Begutachtung durch einen Sachverständigen *vor* Vertragsschluss[340]
- Transportkosten[341]
- Überführungskosten[342]
- Zulassungskosten incl. Kosten für Nummernschilder[343]
- Kosten für die Anmietung einer Garage[344]
- Kfz-Steuer[345]
- Versicherungsprämien[346]
- Finanzierungskosten[347]
- Kosten einer Garantie[348]

Nicht von § 284 BGB **erfasst** werden:
- Kosten eines Gutachtens zur Beweissicherung
- Kosten eines Privatgutachters, eingeschaltet nach Entdeckung des Mangels[349]
- Anwaltskosten[350].
- Abschleppkosten[351]

---

335 LG München II 2. 4. 2007 – 11 O 5053/05 – n. v.
336 Brand OLG 26. 6. 2008 – 12 U 236/07 – n. v.
337 OLG Köln 27. 3. 2008 – 15 U 175/07 – n. v.
338 OLG Karlsruhe 14. 9. 2004, NJW 2005, 989.
339 Brand OLG 26. 6. 2008 – 12 U 236/07 – n. v.
340 KG 10. 1. 2005, NJW-RR 2006, 1213.
341 BGH 20. 7. 2005, NJW 2005, 2848 = DAR 2005, 556.
342 BGH 20. 7. 2005, NJW 2005, 2848 = DAR 2005, 556.
343 BGH 20. 7. 2005, NJW 2005, 2848 = DAR 2005, 556.
344 Als Anspruchsgrundlage kommt auch § 304 BGB in Betracht.
345 Str.; eine volle Erstattung wird meist zu verneinen sein, da zumindest ein Teil der Steuer „abgefahren" ist (keine Vergeblichkeit). Im Übrigen ist § 254 Abs. 2 BGB zu beachten (Abmeldeobliegenheit). Zur Erstattungsfähigkeit nach § 463 BGB a. F. s. die Rspr.-Nachweise in der Vorauflage Rn 1516, Fn 258.
346 Siehe den Hinweis in der vorherigen Fußnote.
347 OLG Hamm 8. 9. 2005, NZV 2006, 421 (aber wichtige Einschränkung); ebenso OLG Naumburg 12. 1. 2007, BeckRS 2007, 65018; s. auch BGH 20. 1. 2006, NJW 2006, 1198 (Tz 25).
348 OLG Düsseldorf 29. 10. 2007 – I-1 U 59/07 – n. v. (Citroen Garantie Plus).
349 BGH 20. 7. 2005, NJW 2005, 2848; OLG Koblenz 1. 4. 2004, NJW 2004, 1670; einschlägig ist §§ 437 Nr. 3 i. V. m § 280 Abs. 1 BGB; bei einer Begutachtung vor Vertragsabschluss, z. B. bei einem eBay-Kauf, fallen die Kosten indes unter § 284 BGB (KG 10. 1. 2005, NJW-RR 2006, 1213).
350 Zur Erstattungsfähigkeit nach §§ 437 Nr. 3, 280 Abs. 1 BGB, ggf. nach § 439 Abs. 2 BGB, s. OLG Düsseldorf 6. 5. 2005 – I-1 W 17/05 – VA 2005, 134; OLG Naumburg 13. 12. 2006, OLGR 2007, 815 (nur Ls.); AG Schweinfurt 13. 8. 2007, ZfS 2008, 27.
351 LG Köln 27. 6. 2006, DAR 2007, 34.

d) Verzinsung von Aufwendungen

Eine Verzinsungspflicht besteht nicht aus §§ 256, 246 BGB. Denn Aufwendungen i. S. d § 284 BGB stellen der Sache nach Schaden dar, während § 256 BGB fremdnützige Aufwendungen meint. Beim Anspruch auf Verzugszinsen ist zu berücksichtigen, dass der Verkäufer zum Ersatz für Investitionen in das Fahrzeug nur Zug um Zug gegen Rückgabe des Fahrzeugs verpflichtet ist.[352] Solange der Käufer das Fahrzeug nicht zurückgegeben hat, kann der Verkäufer nur dann in Schuldnerverzug geraten sein, wenn in seiner Person Annahmeverzug vorliegt. Verzugszinsen sind dann erst ab Eintritt des Annahmeverzugs zu zahlen.

1894

e) Anspruchskürzung wegen Nutzung der Investitionen

Für viele überraschend ist der BGH[353] dem OLG Stuttgart als Vorinstanz[354] im Ergebnis darin gefolgt, den Anspruch auf Ersatz der **Anschaffungskosten für Zubehörteile** entsprechend der Nutzungsdauer zu kürzen; wegen einer einjährigen – gewerblichen – Nutzung um 20 %. Ohne sich auf eine der beiden in Betracht kommenden Kürzungsmethoden (dazu Rn 1896) festzulegen, hat er – weitergehend als das OLG Stuttgart – auch die **Aufwendungen für die Überführung und Zulassung** des Pkw nur zu 80 % anerkannt.[355]

1895

Überraschend ist diese Kappung deshalb, weil beim schadensrechtlichen Ausgleich nach altem Recht (§ 463 BGB a. F.) niemand auf den Gedanken gekommen war, die Kosten nutzloser Investitionen oder sonstiger Aufwendungen zu kürzen, sei es wegen teilweiser Zweckerreichung, sei aus Gründen des Vorteilsausgleichs oder aus dem allgemeinen Bereicherungsverbot heraus.

Der **dogmatische Ansatz** für eine Kürzung beim Aufwendungsersatz nach § 284 BGB ist **unklar**.[356] Tragfähig erscheint der Gesichtspunkt der Zweckerreichung (teilweise fehlende Vergeblichkeit). Die Instanzgerichte folgen dem BGH, tun sich aber schwer, und zwar bei Grund und Höhe des Abzugs, zumal in Fällen privatwirtschaftlicher Nutzung.[357]

Berechnung des Abzugs: Zwei Methoden werden diskutiert: Man kann die Gebrauchsvorteile aus der Nutzung der Investition in der Weise berücksichtigen, dass die Anschaffungskosten für die Aufwendungen auf den Kaufpreis für das Fahrzeug aufgeschlagen werden und die vom Käufer geschuldete Vergütung für die Nutzung des gesamten Fahrzeugs („Kilometergeld") aus dem so erhöhten Kaufpreis berechnet wird. Als Alternative kommt eine direkte Kürzung der erstattungsfähigen Aufwendung in Frage. Beispiel: Die Kosten für die Anschaffung eines Navigationsgerätes in Höhe von 2.500 EUR werden entsprechend der Dauer der Nutzung dieses Extras unter Berücksichtigung der üblichen Nutzungsdauer gekürzt.

1896

Der BGH hat sich auf keine der beiden Methoden festgelegt, weil der Unterschied nur rund 50 EUR ausmachte. Im Einzelfall kann das durchaus erheblich mehr sein, so dass eine Festlegung auf eine bestimmte Methode unumgänglich ist.[358] Vorzuziehen ist der Direktabzug. § 287 ZPO räumt dem Richter ein weites Schätzungsermessen ein.[359]

---

352 BGH 20. 7. 2005, NJW 2005, 2848 = DAR 2005, 556.
353 Urt. v. 20. 7. 2005, NJW 2005, 2848 = DAR 2005, 556.
354 Urt. v. 25. 8. 2004, DAR 2005, 35.
355 Urt. v. 20. 7. 2005, NJW 2005, 2848 = DAR 2005, 556.
356 Siehe *Gsell*, NJW 2006, 125; *Tröger*, ZIP 2005, 2238, 2245.
357 Vgl. Brand OLG 26. 6. 2008 – 12 U 236/07 – n. v.; OLG Köln 27. 3. 2008 – 15 U 175/07 – n. v.; LG Paderborn 23. 11. 2007 – 4 O 370/07 – n. v.
358 Vgl. *Fischinger/Wabnitz*, ZGS 2007, 139; *Tröger*, ZIP 2005, 2238, 2245.
359 Vgl. Brand OLG 26. 6. 2008 – 12 U 236/07 – n. v.

VII. Die Ansprüche auf Schadensersatz statt der Leistung/Aufwendungsersatz in ihrem Verhältnis zum Rücktritt und zu anderen Rechtsbehelfen

1897 Das **dichte Gedränge** von Rechtsbehelfen führt immer wieder zu der Frage, welcher Weg für den Käufer der beste und sicherste ist. **Im alten Recht** haben sich Käufer-Anwälte in Fällen des Gebrauchtwagenkaufs meist für den Schadensersatzanspruch aus § 463 BGB a. F. entschieden. Nicht selten haben sie aber auch ganz bewusst, mitunter auch ohne taktisches Kalkül, offen gelassen, ob die Klage (ausschließlich) auf § 463 BGB a. F. gestützt wird oder ob – alternativ oder hilfsweise – eine rücktrittsrechtliche oder gar eine bereicherungs- oder deliktsrechtliche Abwicklung das Ziel ist. Diese **offene Vorgehensweise** hat vielfältige Fragen hervorgerufen, materiellrechtliche wie prozessuale. In der Tendenz waren die Gerichte käuferfreundlich. Durch mancherlei Hilfestellung haben sie Käufer zum „richtigen" Ziel geführt.

Für das neue Recht, das vom Vollzugsmodell des § 465 BGB a. F. Abschied genommen hat, ergeben sich **wesentliche Änderungen** dadurch, dass Minderung und Rücktritt Gestaltungsrechte, Schadensersatz und Aufwendungsersatz dagegen Ansprüche sind. Die Rechte des Käufers aus § 437 BGB verhalten sich zueinander nach dem **Prinzip elektiver Konkurrenz**.[360] Wählt der Käufer in rechtswirksamer Weise eines der ihm zustehenden Rechte, ist er mit den anderen **grundsätzlich ausgeschlossen**. So schließt ein wirksamer Rücktritt die Minderung aus wie auch umgekehrt. Diese frühe Bindung mit einer Reihe weitreichender Konsequenzen bis hin zur Verjährung und zum Gerichtsstand verlangt vom Käufer und seinem Anwalt ein hohes Maß an taktischer Planung, sorgfältiger Abwägung der Vor- und Nachteile sowie eine vorausschauende Beurteilung prozessualer Möglichkeiten des Verkäufers (z. B. beim Entlastungsbeweis nach §§ 280 Abs. 1, 311 a Abs. 2 BGB).

1. Rücktritt und Schadensersatz

1898 Nach § 325 BGB wird das Recht des Käufers, Schadensersatz zu verlangen, durch den Rücktritt nicht ausgeschlossen. Die ehemalige **„Rücktrittsfalle"** ist somit beseitigt. Ein einmal erklärter Rücktritt soll nicht den Anspruch auf Schadensersatz statt der Leistung sperren. Das gilt auch für den Anspruch auf Ersatz eines Nutzungsausfallschadens.[361] Unberührt bleibt auch der Anspruch auf Ersatz vergeblicher Aufwendungen nach §§ 437 Nr. 3, 284 BGB.

§ 325 BGB beantwortet indes nicht, jedenfalls nicht unmittelbar, die Frage, ob der Käufer, der zunächst und ausschließlich Schadensersatz statt der Leistung verlangt hat (was relativ selten vorkommt), später auf Rücktritt „umsatteln" kann, etwa dann, wenn dem Verkäufer der Entlastungsbeweis gelungen ist. Ein Grund für einen Wechsel kann auch darin bestehen, dass der Anspruch auf Schadensersatz statt der Leistung mit dem Anspruch auf Ausgleich vergeblicher Aufwendungen (§ 284 BGB) unvereinbar ist, der Käufer also günstiger gestellt ist, wenn er statt auf Schadensersatz (positives Interesse) auf Rücktritt und flankierend auf Aufwendungsersatz nach § 284 BGB setzt.

Nach § 281 Abs. 4 BGB könnte ein Wechsel hin zum Rücktritt allerdings ausgeschlossen sein. Diese Vorschrift, die im Rahmen des § 311 a Abs. 2 BGB konsequenterweise keine entsprechende Anwendung findet, schließt den Anspruch auf die Leistung aus; damit auch den Anspruch des Käufers auf Nacherfüllung. Das wiederum könnte bei behebbaren

---

360 BGH 20. 1. 2006, NJW 2006, 1198; *Büdenbender* in AnwK-BGB, § 437 BGB Rn 78.
361 BGH 28. 11. 2007, NJW 2008, 911.

Mängeln in einer Art Kettenreaktion zugleich die Rechte auf Minderung bzw. Rücktritt ausschließen.³⁶²

Mit Blick auf den **großen Schadensersatz** sollte § 281 Abs. 4 BGB kein Hinderungsgrund für einen Wechsel sein. Das Schadensersatzverlangen des Käufers kann, sofern es ausnahmsweise nicht mit einer Rücktrittserklärung verbunden ist (Auslegungssache), in die Ausübung des Rücktrittsrechts **umgedeutet** werden.³⁶³ Beide Rechtsbehelfe sind auf die Liquidation des Kaufs gerichtet und unterscheiden sich nur mit Blick auf das Vertretenmüssen. Der Käufer kann sein Verlangen vor Gericht klarstellen, auch noch in zweiter Instanz.³⁶⁴ Vertretbar erscheint auch die Annahme einer Rücktrittserklärung unter einer (zulässigen) Bedingung. Bei der Auslegung sollte beachtet werden, dass der Käufer den für ihn günstigsten Rechtsbehelf geltend machen will. Das kann der Rücktritt als Basis für eine verjährungsrechtlich privilegierte Rückabwicklung sein (Regelverjährung, s. Rn 1994). **1899**

Dass ein Gericht das gesamte (rücktrittsfreie) Schadensersatzbegehren einschließlich des Anspruchs auf Rückzahlung des Kaufpreises zurückweist, wenn der Verkäufer sich exculpiert hat, wäre ohne vorherigen Hinweis jedenfalls eine Überraschungsentscheidung. Auf entsprechenden Hinweis hin hat der Käufer die Möglichkeit, den bis dahin noch nicht oder nicht eindeutig erklärten Rücktritt nachzuholen bzw. sein Ziel klarzustellen.³⁶⁵

Schwieriger ist das Verhältnis von **kleinem Schadensersatz** und **Rücktritt**, und zwar in beiden Richtungen. Denn hier fehlt es am Gleichlauf im Abwicklungsziel. Die mit der Wahl des kleinen Schadensersatzes bezweckte und bewirkte Umgestaltung des Rechtsverhältnisses lässt zwar Raum für eine Minderung als Minus, ähnlich wie im Verhältnis zwischen großem Schadensersatz und Rücktritt. Eine Vertragsauflösung durch Rücktritt ist aber etwas diametral anderes als die Rechtsfolge beim kleinen Schadensersatz. **1900**

Dass nach einem zunächst erklärten Rücktritt auf den kleinen Schadensersatz gewechselt werden kann, scheint vom Wortlaut des § 325 BGB gedeckt zu sein. *Derleder* plädiert für eine weite Interpretation dieser Vorschrift, so dass nach einem Rücktritt auch noch auf den kleinen Schadensersatz übergegangen werden kann.³⁶⁶ Umgekehrt soll ein Wechsel gleichfalls statthaft sein. Dem ist mit der Maßgabe zuzustimmen, dass der Käufer für eine Korrektur seiner Entscheidung triftige Gründe ins Feld führen kann und auf der anderen Seite schutzwürdige Dispositionen des Verkäufers nicht unangemessen beeinträchtigt werden. Im Zweifel ist der Käufer an seiner Wahl festzuhalten.

2. Vertraglicher Schadensersatz, Rücktritt und Anfechtung

Eine Besonderheit von Gewährleistungsprozessen nach altem Recht bestand darin, dass in den Schriftsätzen von Käuferanwälten der Arglistvorwurf eine zentrale Rolle spielte. Das Freizeichnungsverbot im Bereich des Verbrauchsgüterkaufs hat dieses klassische Gebrauchtwagenthema zwar spürbar zurückgedrängt. Dort, wo weiterhin „unter Ausschluss der Gewährleistung" verkauft werden darf, ist die Arglistfrage indes ein Streitpunkt ersten Ranges geblieben. In Anwaltsschriftsätzen wird sie häufig unter verschiedenen Blickwinkeln angesprochen. Ein Aspekt ist die **Anfechtung wegen arglistiger Täuschung** (§ 123 BGB). Zu den Rechtsfolgen bei erfolgreicher Anfechtung s. Rn 2155 ff. **1901**

---

362 Dafür Das neue Schuldrecht/*Haas*, Kap. 5 Rn 244; zum Ganzen *Althammer/Löhnig*, AcP 205, 520, 538 ff.; *von Olshausen*, FS U. Huber, S. 471 ff.
363 Vgl. auch BGH 28. 2. 1996, NJW 1996, 1962.
364 Brand OLG 26. 6. 2008 – 12 U 236/07 – n. v.
365 Brand OLG 26. 6. 2008 – 12 U 236/07 – n. v.
366 NJW 2003, 998; *ders.* in *Dauner-Lieb/Konzen/K. Schmidt*, Das neue Schuldrecht in der Praxis, S. 411, 419; s. auch *Gsell*, JZ 2004, 643.

Im alten Recht war es herrschende Meinung, insbesondere des BGH, dass eine **wirksame** Täuschungsanfechtung sämtlichen Vertragsansprüchen den Boden entzieht.[367] Mit dem Erfolg der Anfechtung hatte der Anfechtende die Befugnis verloren, die Wirkung der Anfechtung zu beseitigen und sie als nicht geschehen zu behandeln.[368] Die Rücknahme der Anfechtungswirkung konnte nur einverständlich erfolgen, allerdings auch durch konkludentes Verhalten, z. B. Weiterbenutzung des Fahrzeugs mit Billigung des Verkäufers.

Die Schuldrechtsmodernisierung gibt keine Veranlassung, die Position der herrschenden Meinung aufzugeben oder auch nur zugunsten des Käufers zu modifizieren. Der über einen Sachmangel getäuschte Käufer, der eine **wirksame Anfechtungserklärung** abgegeben hat, ist weiterhin mit seinen vertraglichen Ansprüchen **vollständig ausgeschlossen**, nicht nur mit den Rechtsbehelfen, die mit einem Behalten der Sache einhergehen (Minderung, kleiner Schadensersatz), sondern auch mit Rücktritt und großem Schadensersatz.[369] § 325 BGB ist nicht analog anwendbar.[370] Die Vorschrift ist eindeutig auf den Rücktritt beschränkt und einer Analogie damit nicht zugänglich.[371]

Was der Käufer wirklich gewollt hat, ist im Prozess **durch Auslegung** zu ermitteln. Dass er auf seine vertraglichen Ansprüche verzichte und nur seine Rechte nach wirksamer Anfechtung verfolge, wird erfahrungsgemäß in dieser Deutlichkeit nicht gesagt. Sofern eine ausdrückliche Erklärung des Käufers fehlt, ist anhand seines gesamten Verhaltens zu ermitteln, welchen der verschiedenen vertraglichen und außervertraglichen Rechtsbehelfe er geltend macht. Im Zweifel ist anzunehmen, dass die (klagende) Partei sich auf alle nach ihrem Tatsachenvortrag in Betracht kommenden rechtlichen Gesichtspunkte stützen will, die geeignet sind, ihrem Anliegen zum Erfolg zu verhelfen.[372]

Nur eine (zulässige) Eventualanfechtung ist anzunehmen, wenn der Käufer in der Klageschrift „vorsorglich" die Anfechtung des Kaufvertrages erklärt.[373] Da nur eine wirksame Anfechtung vertragliche Ansprüche sperren kann, muss das Gericht bei Verneinung eines Anfechtungsgrunde an **eine Umdeutung** der Anfechtungserklärung in einen Rücktritt denken.[374] Es darf die Klage nicht abweisen, ohne dieser Frage nachgegangen zu sein (§ 139 ZPO).[375] Zu den materiell- und verfahrensrechtlichen Besonderheiten bei der (seltenen) Situation „erst Rücktritt, dann Anfechtung" s. *Renna*, ZGS 2006, 448.

---

[367] BGH 12. 5. 1995, NJW 1995, 2361; BGH 29. 10. 1959, NJW 1960, 237; BGH 19. 11. 2003, NJW 2004, 1252; abw. OLG Bamberg 2. 3. 1994, NJW-RR 1994, 1333.
[368] BGH 29. 10. 1959, NJW 1960, 237.
[369] So auch *Althammer/Löhnig*, AcP 205, 520, 529.
[370] Anders *Derleder*, NJW 2004, 969; wie hier *Höpfner*, NJW 2004, 2865; s. auch OLG Saarbrücken 6. 1. 2005, NJW 2005, 906; dazu *Renna*, ZGS 2007, 448.
[371] Ebenso *Althammer/Löhnig*, AcP 205, 520., 542.
[372] BGH 9. 5. 1990, NJW 1990, 2683; 9. 10. 1991, NJW 1992, 566.
[373] OLG Hamm 10. 2. 2005, NJW-RR 2005, 1220.
[374] Dazu BGH 4. 7. 2006, NJW 2006, 2839.
[375] Bedenklich deshalb OLG Bamberg 21. 6. 2006 – 3 U 253/05 – n. v.

K. Die Untersuchungspflicht des Verkäufers eines gebrauchten Kraftfahrzeugs

I. Terminologie und Problemaufriss

Eingebürgert hat sich der Begriff „**Untersuchungspflicht**". Daneben ist von Prüfungs-, Kontroll-, Inspektions-, Durchsichts- und Nachforschungspflicht die Rede, auch von „Sichtkontrolle" oder „Durchsicht". Ob es sich hier um Synonyma oder um inhaltlich verschiedene Begriffe handelt, wird nicht immer deutlich. Für manche ist **Durchsicht** etwas anderes als **Untersuchung**. Der Sicht (Durchsicht) wird die Suche (Untersuchung) gegenübergestellt. In der Tat ist das Zweierlei.

1902

Der Versuch, dem Sachproblem von der begrifflichen Seite her beizukommen, verspricht keinen Erfolg. Nicht zuletzt aus Gründen der besseren Verständigung empfiehlt es sich, am traditionellen Begriff „Untersuchungspflicht" festzuhalten. Das entspricht auch dem Sprachgebrauch des Reformgesetzgebers. Mit Blick auf den gewerblichen Verkauf gebrauchter Kraftfahrzeuge zählt er eine „Untersuchung" zu den Sorgfaltspflichten des Verkäufers.[1] Wie diese Pflicht mit Blick auf § 241 BGB genau einzuordnen ist, wird nicht gesagt.

Mit der **Untersuchungsobliegenheit** des Käufers gem. § 377 HGB (dazu Rn 1944 ff.) hat die „haftungsrechtliche" Untersuchungspflicht, um die es hier geht, nichts gemeinsam. Auch § 442 BGB betrifft ein anderen Problemkreis (näher Rn 1932 ff.). Ob und inwieweit Untersuchungsobliegenheiten des Käufers gegenüber seinem Lieferanten die Grundlage für eine Rechtspflicht zur Untersuchung im Verhältnis zu seinem Abnehmer bilden können, ist in der Rechtsprechung wenig geklärt.[2]

II. Die Rechtsprechung

1. Entwicklungslinien

Solange im gewerblichen Gebrauchtwagenhandel das **Eigengeschäft** dominierte (bis 1968/1969), war die Untersuchungspflicht des Händlers in seiner Eigenschaft als Verkäufer in der Rechtsprechung nur ein Randthema. Dies ist umso erstaunlicher, als seinerzeit Gebrauchtfahrzeuge üblicherweise unter Ausschluss der Gewährleistung verkauft wurden. Allem Anschein nach sah man kein Bedürfnis, die allgemein für zulässig gehaltene Freizeichnungsklausel („Gebot der wirtschaftlichen Vernunft") durch das Postulat einer allgemeinen Untersuchungspflicht mittelbar zu entwerten.

1903

Erst mit der flächendeckenden **Einführung des Agenturgeschäfts** kam der Gedanke auf, dem für Ansprüche aus den §§ 459 ff. BGB a. F. nicht passivlegitimierten Kfz-Händler eine Untersuchungspflicht aufzuerlegen. Diese ergebe sich, so das OLG Düsseldorf in einem Urteil vom 12. 3. 1973,[3] „aus den Grundsätzen von Treu und Glauben", denn ein redlich denkender Kaufmann bringe nicht unbesehen gebrauchte Fahrzeuge, bei denen stets der Verdacht des Vorhandenseins ernstlicher Mängel bestehe, wieder in den Verkehr, und auch die Allgemeinheit erwarte jedenfalls von einem Automobilhersteller und von einem Händler mit größerem Geschäftsbetrieb eine Prüfung der angebotenen gebrauchten Fahrzeuge.

---

1 BT-Drucks 14/6040, 210.
2 Dazu *Stoppel*, ZGS 2006, 49.
3 WM 1973, 473.

Mit der Revisionsrüge, der Verkäufer eines gebrauchten Autos sei im Allgemeinen nicht zur vorherigen „Inspektion" verpflichtet, erst recht nicht ein bloßer Vermittler, brauchte sich der BGH in seiner für das Agenturgeschäft wegweisenden Entscheidung vom 29. 1. 1975[4] nicht abschließend auseinander zu setzen. Denn der Verkaufsangestellte des beklagten Autohändlers hatte den Käufer arglistig getäuscht. Darüber hinaus hat auch nach Auffassung des BGH eine – **konkrete** – Untersuchungspflicht bestanden, weil die Beschreibung des Unfallschadens durch den Auftraggeber („Delle im Kotflügel") besonderen Anlass für eine nähere Prüfung gegeben habe.

2. Die BGH-Entscheidung vom 16. 3. 1977, NJW 1977, 1055

1904 Während das OLG München als Vorinstanz – ähnlich wie das OLG Düsseldorf[5] – entschieden hatte,

„*Wer gewerbsmäßig Gebrauchtwagen ankauft und verkauft, ist verpflichtet nachzuprüfen, ob der von ihm als ‚unfallfrei' angekaufte Wagen dies tatsächlich ist*",

hat der BGH eine Untersuchungspflicht vom **Vorliegen „besonderer Umstände"** abhängig gemacht. Ein solcher Grund könne ein Handelsbrauch sein, auch eine allgemeine Verkehrsauffassung. Nach den Feststellungen des Berufungsgerichts konnte der BGH weder das eine noch das andere bejahen.[6] Eine Untersuchungspflicht war für ihn sei auch „keine zwangsläufige Folge" der den Verkäufer treffenden Offenbarungspflicht für ihm bekannte Mängel. Die Grenze des Zumutbaren würde überschritten, wenn der Verkäufer, der von Unfällen oder Mängeln nichts wisse und sie auch nicht für möglich halte, gezwungen wäre, in jedem Fall den Gebrauchtwagen zu untersuchen. Ohne bestehende Untersuchungspflicht könne es auch keine Verpflichtung des Verkäufers geben, den Käufer auf das Unterbleiben einer Untersuchung ausdrücklich hinzuweisen.

Mit diesem Urteil vom 16. 3. 1977[7] hat der BGH auf seine ständige Spruchpraxis Bezug genommen, wonach ein **Zwischenhändler** in der Regel zur vorherigen Untersuchung von ihm angekaufter und weiterverkaufter **neuer Ware** gegenüber seinem Abnehmer nicht verpflichtet ist.[8] Allerdings ging es in den Fällen außerhalb des Kfz-Bereichs meist um die Haftung aus positiver Forderungsverletzung für **Mangelfolgeschäden**. Ob die händlergünstige Rechtsprechung Bestand hat, wenn der Verkäufer wegen eines **Mangelschadens** auf Schadensersatz in Anspruch genommen wird, bleibt abzuwarten. Jedenfalls kann das BGH-Urteil vom 16. 3. 1977[9] entgegen verbreiteter Deutung nicht ohne weiteres für die These in Anspruch genommen werden, ein Gebrauchtfahrzeughändler sei von einer Untersuchungspflicht generell freigestellt. Wäre dem so, hätte der BGH diese Aussage sicherlich als Leitsatz formuliert. Wie die Entscheidungsgründe zeigen, waren es die „besonderen Umstände des Falles", die den BGH davon abgehalten haben, zur Frage einer – **allgemeinen** – Untersuchungspflicht grundsätzlich und abschließend Stellung zu nehmen.

---

4 BGHZ 63, 382 = NJW 1975, 642.
5 Urt. v. 12. 3. 1973, WM 1973, 473; im Ergebnis ebenso Urt. v. 16. 4. 1992, OLGR 1992, 277 = VRS 84, 168; zustimmend OLG Köln 5. 7. 1996, NJW-RR 1997, 1214 = MDR 1997, 40 = VRS 93, 24 = OLGR 1996, 235 = VersR 1997, 753; s. aber auch OLG Düsseldorf 31. 3. 1995, OLGR 1995, 272 – Ls.; OLG Düsseldorf 31. 5. 1996, NJW-RR 1997, 431 = OLGR 1997, 18.
6 Nach den heutigen Verhältnissen ist die Annahme eines Handelsbrauchs durchaus gerechtfertigt.
7 NJW 1977, 1055.
8 Urt. v. 25. 9. 1968, NJW 1968, 2238 (Dieselöl); siehe auch Urt. v. 18. 2. 1981, NJW 1981, 1269 (Klebeband).
9 NJW 1977, 1055.

3. Die weitere Spruchpraxis des BGH

In dem berühmten **Hinterreifen-Urteil** vom 5. 7. 1978[10] hat der BGH im Rahmen der **Verschuldensprüfung nach § 823 Abs. 1 BGB** festgestellt: Ein Kfz-Händler ist verpflichtet, einen Gebrauchtwagen wenigstens darauf zu prüfen, ob er den Zulassungsvorschriften entspricht und insbesondere in Einzelheiten nicht so verändert ist, dass die **Allgemeine Betriebserlaubnis** für diesen Fahrzeugtyp erloschen ist. Damit verlangt er eine **generelle,** wenn auch **gegenständlich beschränkte Prüfung** der im professionellen Gebrauchtwagenhandel angebotenen Fahrzeuge.

1905

An dieser Forderung gibt es spätestens seit dem Urteil vom 3. 11. 1982[11] keinen Zweifel mehr. Denn selbst einen **Kfz-Vermittler** hält der BGH für verpflichtet, **jeden Gebrauchtwagen** auf zulassungserhebliche Veränderungen „jedenfalls insoweit in Augenschein zu nehmen, als sie ihm als Fachmann ohne weiteres, d. h. ohne besonderen technischen Aufwand, wie den Einsatz von technischem Gerät oder eine Demontage in Betracht kommender Aggregate, erkennbar sind".

Dass ein Kfz-Händler seine Gebrauchtfahrzeuge (Pkw/Kombis) nicht ohne jegliche Kontrolle verkaufen darf, folgt auch aus dem **zweiten Hinterreifen-Urteil des BGH** vom 11. 2. 2004.[12] Das dort aufgestellte Gebot einer „routinemäßigen Sichtkontrolle" auch der Bereifung bedeutet nichts anderes als die Forderung, kein Gebrauchtfahrzeug ohne vorherige Prüfung zu verkaufen. Nur mit Einschränkung trifft es demnach zu, wenn gesagt wird,[13] nach der Rechtsprechung des Bundesgerichtshofs bestehe **keine allgemeine Untersuchungspflicht** des gewerblichen Gebrauchtwagenhändlers. Richtig ist das nur, wenn damit gemeint ist, ein Kfz-Händler müsse seine Gebrauchtfahrzeuge nicht umfassend in allen Details zu überprüfen. Falsch ist die Aussage, sollte damit gemeint sein, bestimmte Gebrauchtwagen dürfe ein Händler ungeprüft verkaufen.

Abgesehen von der generellen **„Veränderungs- und Sichtkontrolle"** (zum Umfang vgl. Rn 1921 ff.) und der auf einer anderen rechtlichen Ebene liegenden allgemeinen **„Herkunftsprüfung"** („Diebstahlsprüfung")[14] soll ein **Kfz-Händler** in Fällen ohne besonderes Beratungsverhältnis[15] zur vorherigen Untersuchung des Fahrzeugs nur verpflichtet sein, wenn:

1906

1. „handgreifliche (greifbare) Anhaltspunkte" für ihn einen konkreten Verdacht auf Mängel begründen (BGHZ 63, 382 = NJW 1975, 642 – Unfallvorschaden; BGHZ 74, 383 = NJW 1979, 1886; BGH NJW 1979, 1707 = WM 1979, 672 – Rostanfälligkeit; BGH NJW 1981, 928 = WM 1981, 323 – Durchrostung bei älterem Fahrzeug [Untersuchungspflicht verneint]),
2. der Händler in seiner Eigenschaft als Vermittler (Sachwalter) eine bestimmte Eigenschaft des Fahrzeugs i. S. v. § 459 Abs. 2 BGB a. F. zugesichert hat (BGH DB 1976, 954; vgl. auch BGH NJW 1983, 217).

Die Annahme einer Prüfpflicht (Untersuchungspflicht) diente im zweiten Fall dazu, die für einen **Anspruch aus c. i. c.** gegen den Kfz-Vermittler erforderliche Pflichtverletzung zu begründen.[16]

---

10 NJW 1978, 2241.
11 NJW 1983, 217 – BMW 1602.
12 NJW 2004, 1032 = NZV 2004, 183.
13 Z. B. *Ball*, Homburger Tage 2004, 132; *Tropf*, FS Wenzel, 2005, S. 443, 448; *Stoppel*, ZGS 2006, 49.
14 Dazu BGH 18. 6. 1980, NJW 1980, 2184.
15 Auch eine Beratungspflicht kann eine Untersuchungspflicht begründen, vgl. BGH 16. 3. 1977, NJW 1977, 1055.
16 Aus der umfangreichen OLG-Rspr.: OLG Düsseldorf 1. 8. 1986 – 14 U 71/86 – n. v. („fahrbereit"); OLG Hamm 25. 2. 1986, VRS 71, 321 („werkstattgeprüft"); OLG Hamm 14. 7. 1983, MDR 1984,

1907 Eine (weitergehende) Untersuchungspflicht wird nach Ansicht des BGH nicht durch folgende Umstände ausgelöst:

- besonders wertvolles Fahrzeug (vgl. BGH NJW 1977, 1055)
- Frage des Käufers nach Unfallschäden (BGH NJW 1981, 928, 929)
- höheres Alter des Fahrzeugs und/oder höhere Anzahl von Voreigentümern (BGH NJW 1981, 928, 929).

1908 Noch nicht entschieden hat der BGH, ob wenigstens diejenigen Kfz-Händler, die das ZDK-Vertrauenssiegel oder das Zeichen „Meisterbetrieb der Kfz-Innung" führen (s. Rn 1604) und/oder mit Gebrauchtwagengarantien werben, zu einer intensiveren Fahrzeuguntersuchung verpflichtet sind als „normale" Händler. Instanzgerichte haben dies verschiedentlich bejaht.[17] Offen ist ferner, ob folgende Umstände eine Untersuchungspflicht begründen:

- Verkäufer ist zugleich Fahrzeughersteller (möglich bei Werksniederlassungen wie Mercedes-Benz, BMW oder – wie im Fall BGHZ 63, 382 – die ehemalige Audi/NSU Auto-Union AG)
- Verkauf von Importfahrzeugen, insbesondere aus Ländern ohne Zwangsprüfung vergleichbar § 29 StVZO
- Verkauf von Oldtimern (dazu OLG München OLGR 1999, 19)
- Verkauf eines Fahrzeugs, das von einem Hersteller-Rückruf betroffen war
- Verkauf eines Fahrzeugs, für das es eine Fehlerwarnung des Herstellers gegeben hat (dazu BGH NJW-RR 2004, 1427).

Dass die **Hereinnahme von Privat** für sich allein nicht ausreicht, um eine Untersuchungspflicht des Händlers zu rechtfertigen, scheint der BGH für selbstverständlich zu halten. Die Pflicht des Händlers zum gezielten Tätigwerden – Nachforschen, Prüfen – vom Vorhandensein konkreter Anhaltspunkte für Eignungs- oder Verwendungszweifel abhängig zu machen, wird auch in neueren Entscheidungen des VIII. Zivilsenats deutlich.[18]

1909 In den letzten Jahren vor der Schuldrechtsreform ist in der **Rechtsprechung der Instanzgerichte**, namentlich der OLG, eine bemerkenswerte **Abkehr von den BGH-Grundsätzen** sichtbar geworden. In einem unübersehbaren Gegensatz stehen z. B. die Entscheidungen des OLG Düsseldorf (13. ZS) vom 16. 4. 1992[19] und des OLG Köln vom 5. 7. 1996,[20] wenn gesagt wird, ein professioneller Gebrauchtwagenhändler sei verpflichtet, „jedes ... hereingenommene Fahrzeug vor dem Verkauf zu überprüfen"; ihn treffe **eine „generelle Pflicht zur Sichtprüfung"**.[21]

Unklar bleibt häufig, ob sich die Untersuchungspflicht auf das ganze Fahrzeug oder nur auf Teilbereiche, z. B. die Karosserie (Unfallspuren?), erstreckt. Einen **Kfz-Händler ohne eigene Werkstatt** stellt auch der 13. Zivilsenat des OLG Düsseldorf von der generellen

---

141 (Erstzulassung/Anzahl der Vorbesitzer). Nicht zu dieser Fallgruppe gehört OLG Frankfurt 3. 7. 1991, NJW-RR 1992, 186, weil die Untersuchungspflicht nicht aus einer „Zusicherung", sondern aus der Tatsache hergeleitet wurde, dass die km-Angabe des Vorbesitzers wegen des Fahrzeugalters und der 5 Vorbesitzer zweifelhaft war.

17 LG Freiburg 3. 8. 1982, MDR 1983, 667; AG Hamburg – 22 b C 128/87 – n. v.; das LG Köln (Urt. v. 28. 7. 1987 – 30 O 441/86 – n. v., Urt. v. 26. 8. 1994 – 21 O 91/94 – n. v.) verlangt von einem Siegelhändler eine verstärkte Prüfpflicht bzgl. Vorbesitzerangaben und sicherheitsrelevanter Fahrzeugteile (Reifen).

18 Urt. v. 11. 2. 2004, NJW 2004, 1032; 16. 6. 2004, NJW 2004, 2301.

19 OLGR 1992, 277 = VRS 84, 168 = DAR 1993, 347.

20 NJW-RR 1997, 1214 = MDR 1997, 40 = VersR 1997, 753; s. aber auch OLG Köln 3. 5. 2001, DAR 2001, 404.

21 So OLG Köln 13. 3. 2001, OLGR 2001, 233 = DAR 2001, 405.

Verpflichtung frei, vor dem Verkauf eine Motorinspektion durchzuführen.[22] Der 22. ZS des OLG Düsseldorf[23] folgt hingegen – ebenso wie die OLG München[24] und Hamburg[25] – der Rechtsprechung des BGH. Keine Gefolgschaft leistet das OLG Celle.[26]

Wie **stark** die instanzgerichtliche Rechtsprechung in den letzten Jahren vor der Schuldrechtsreform **in Fluss geraten** ist, zeigen auch die Entscheidungen OLG Hamm, DAR 2000, 119, OLG Saarbrücken OLGR 2000, 253 und insbesondere das wichtige Urteil des OLG Düsseldorf vom 21. 12. 1999 (OLGR 2000, 307 = DAR 2000, 356 – Ls.), s. auch LG Saarbrücken ZfS 2001, 115.

Die Schuldrechtsreform hat noch keinen grundlegenden Wandel der Rechtsprechung bewirkt.[27] Dabei ist die Pflicht zur Lieferung mangelfreier Ware jetzt eine Erfüllungspflicht (§ 433 Abs. 1 S. 2 BGB). Ignoriert hat man bisher auch die durchaus bemerkenswerten Hinweise des Reformgesetzgebers (s. Rn 1916). In ihrer Strenge überraschend ist die Entscheidung des LG München I vom 25. 6. 2004,[28] wonach ein professioneller Kfz-Händler (hier: Peugeot-Werksvertretung) ein gebrauchtes Kraftfahrzeug auch ohne besondere Anhaltspunkte auf Unfallschäden zu untersuchen habe, wobei sogar eine Messung der Lackschichtendicke stets eingeschlossen sei. Selbst ein Kfz-Betrieb ohne Werkstatt ist nach Ansicht des AG Hofgeismar[29] dazu verpflichtet, „jedes Fahrzeug vor Verkauf sorgfältig auf Mängel hin zu überprüfen oder überprüfen zu lassen". Mehr der früher vorherrschenden Linie folgt dagegen das LG Aachen mit seiner Aussage, ohne „hinreichenden Verdacht" sei auch ein gewerblicher Verkäufer nicht dazu verpflichtet, die Bremsanlage zu demontieren, um sie sodann auf Mängel zu untersuchen.[30]

1910

III. Stellungnahme

1. Thematische Eingrenzung und Kritik

Die **Sonderentwicklung**, die seit Anfang der Siebziger Jahre in der Frage der Untersuchungspflicht des professionellen Gebrauchtfahrzeugverkäufers zu beobachten ist, erweckt den Eindruck einer gewissen Planlosigkeit und Zufälligkeit ihrer Ergebnisse. So leuchtet beispielsweise nicht ein, dass ein Kfz-Händler jedes Fahrzeug auf das Vorhandensein eines Ersatzmotors überprüfen muss,[31] während seine Prüfpflicht im Hinblick auf sicherheitsrelevante Schäden an Bremsen, Lenkung, Reifen und Karosserie von besonderen Umständen („handgreifliche Anhaltspunkte") abhängig gemacht wird. Zu kritisieren ist vor allem der weitgehende Verzicht auf eine ökonomische Analyse. Empirische Daten sind genügend vorhanden, bleiben aber ungenutzt.

1911

Auch eine dogmatisch überzeugende Abstimmung innerhalb des bisherigen Pflichtendreiecks – Offenbarungspflicht, Untersuchungspflicht und Einstandspflicht durch Zusicherung – ist der Rechtsprechung nicht gelungen. Klärungsbedürftig war und ist auch das Ver-

---

22 Urt. 12. 3. 1992, OLGR 1992, 220.
23 Urt. v. 31. 3. 1995, OLGR 1995, 272 – Ls; Urt. v. 31. 5. 1996, NJW-RR 1997, 431 = OLGR 1997, 19.
24 OLGR 1999, 19 – Oldtimer.
25 DAR 1992, 378 und OLGR 1996, 4.
26 Urt. v. 6. 6. 1996, OLGR 1996, 194 – Unfallschaden.
27 Wie das Urteil des Brand OLG v. 1. 7. 2008 – 6 U 120/07 – n. v. – deutlich macht.
28 DAR 2005, 38 = SP 2005, 70 (nrkr.).
29 Urt. v. 27. 5. 2004 – 2 C 744/03 (20) – n. v. (rkr.); ähnlich LG Chemnitz 19. 4. 2005 – 6 S 5064/04 – n. v.
30 Urt. v. 23. 10. 2003, DAR 2004, 452.
31 BGH 5. 7. 1978, NJW 1978, 2241; 3. 11. 1982, NJW 1983, 217.

hältnis der vertragsrechtlichen Untersuchungspflicht zur deliktsrechtlichen Sorgfaltspflicht (Verkehrssicherungspflicht).

1912 Dass die Mängelfreiheit im neuen Kaufrecht Gegenstand einer Hauptleistungspflicht des Verkäufers ist, müsste die Diskussion eigentlich neu beleben.[32] Gute Gründe sprechen dafür, die Untersuchungspflicht nicht als Verhaltenspflicht i. S. d. § 241 Abs. 2 BGB, sondern als **leistungsbezogene Nebenpflicht** einzustufen.[33] Ihr Wesen besteht darin, die Erfüllung der künftigen Hauptleistungspflicht zur mängelfreien Lieferung vorzubereiten und zu sichern. Zu weit geht allerdings die These, eine Untersuchungspflicht(verletzung) werde gesetzlich vermutet.[34] Gegenstand der Vermutung ist allein ein Vertretenmüssen der Schlechtleistung bzw. (bei § 311 a Abs. 2 BGB) des Leistungshindernisses.

Durch die Ankoppelung der Sachmängelhaftung an das allgemeine Leistungsstörungsrecht ist ein Rechtszustand erreicht, der weitgehend der verschuldensabhängigen Händlereigenhaftung („Sachwalterhaftung") in den Agenturfällen entspricht (dazu Rn 1270 ff.). Zu deren Begründung hat man in sehr viel stärkerem Maße als beim Eigengeschäft mit Untersuchungspflichten argumentiert. Da die Rechtsprechung auch beim Agenturgeschäft nahezu jede Beschaffenheitsangabe zur Eigenschaftszusicherung aufgewertet hat, war der vermittelnde Händler angesichts der Vielzahl solcher Angaben in den handelsüblichen Verkaufsformularen im praktischen Ergebnis zu einer generellen Fahrzeuguntersuchung gezwungen. Daran ist zu erinnern, wenn es heute um die Untersuchungspflicht des Verkäufers geht.

1913 Dabei müssen **zwei Fragestellungen** unterschieden werden. Wie der Verkäufer sich zu verhalten hat, wenn „handgreifliche Anhaltspunkte" für ihn einen **konkreten Verdacht auf Fahrzeugdefekte** begründen, ist die eine Frage. Hiervon zu unterscheiden ist die andere Frage, ob und ggf. in welcher Weise ein Händler **ohne konkreten Verdacht** mehr als den Fortbestand der Betriebserlaubnis und die Identität des Fahrzeugs nachprüfen muss. Die Angaben im Fahrzeugbrief mit den Daten auf dem Fabrikschild (Typschild) am Fahrzeug zu vergleichen und Auffälligkeiten nachzugehen, ist auch nach Auffassung des BGH ebenso eine generelle Händlerpflicht[35] wie die Überprüfung des gesamten Fahrzeugs auf Veränderungen, die zum Wegfall der Betriebserlaubnis führen können (Veränderungskontrolle durch Sichtprüfung).[36] **Privatverkäufer** werden selbst von diesen Pflichten freigestellt.

1914 Das Verhalten eines Verkäufers in einer **konkreten Verdachtssituation** war kaufrechtlich keine Frage der Untersuchungspflicht. Unter dieser Überschrift wurde ohne Notwendigkeit ein Problem erörtert, das sich im alten Kaufrecht mit einem anderen Lösungsansatz sachgerechter bewältigen ließ. In Wahrheit geht es in den „Verdachtsfällen" um die Verletzung einer vorvertraglichen **Offenbarungspflicht.** Schwerpunkt des Vorwurfs ist es nicht, den bekannten Verdachtsmomenten nicht nachgegangen zu sein, sondern das Fahrzeug trotz des konkreten Mängelverdachts verkauft und dabei so getan zu haben, als sei alles in Ordnung.[37] Bei einem konkreten Mängelverdacht ist es weiterhin sachgerechter, unmittelbar an das **Informationsverhalten** des Verkäufers anzuknüpfen, statt den **Umweg** über die Untersuchungspflicht mit Befreiungsmöglichkeit durch Aufklärung zu gehen. Ein Verkäufer, der **greifbare Anhaltspunkte** für Mängel am Fahrzeug hat, z. B. äußerliche Anzeichen für einen reparierten Unfallschaden oder Hinweise auf einen Motordefekt, darf das

---

32 Siehe auch *Braun*, ZGS 2006, 328.
33 So auch *Graf von Westphalen* in *Henssler/Graf von Westphalen*, Praxis der Schuldrechtsreform, § 434 Rn 77; s. auch *Müller/Hempel*, AcP 205, 246, 261 ff.; *Braun*, ZGS 2006, 328, 331.
34 So aber *Braun*, ZGS 2006, 328.
35 Urt. v. 18. 6. 1980, NJW 1980, 2184.
36 Urt. v. 3. 11. 1982, NJW 1983, 217 – BMW 1602; v. 5. 7. 1978, NJW 1978, 2241 – Hinterreifen.
37 So auch *Breidenbach*, a. a. O., S. 86.

Fahrzeug nicht ohne Offenbarung dieser Verdachtsmomente zum Kauf anbieten. Deren Verschweigen ist in der Regel ebenso arglistig wie eine Verharmlosung der Verdachtsgründe. Wer als Verkäufer Zweifel an der Mängelfreiheit hat, ist richtiger Ansicht nach nicht untersuchungs-, sondern **offenbarungspflichtig**.[38]

Arglist setzt allerdings voraus, dass der Händler tatsächlich Verdacht geschöpft hat, d. h. tatsächlich Zweifel an der Mängelfreiheit hatte. Es genügt für die Annahme von Arglist nicht, dass er Zweifel hätte haben müssen.[39] Fahrlässige, selbst grob fahrlässige Unkenntnis erfüllt grundsätzlich nicht den Tatbestand der Arglist.[40]

Die schwierige Abgrenzung zwischen Vorsatz und (grober) Fahrlässigkeit ist bei der Prüfung der Schadensersatzpflicht des Verkäufers nach neuem Recht entbehrlich. Fahrlässige Unkenntnis vom Mangel reicht aus, wobei der Verkäufer die Vermutung des Vertretenmüssens widerlegen muss (Näheres dazu Rn 1777 ff., 1807 ff.).

Von einer „**Untersuchungspflicht**" sollte nur die Rede sein, wenn ein konkreter Mängelverdacht nicht bestanden hat, der Verkäufer also weder ein **präsentes Wissen** noch **präsente Zweifel** an der Mängelfreiheit hatte. Dem professionellen Gebrauchtfahrzeugverkäufer (Kfz-Händler und Werksniederlassungen) schon in dieser Situation eine – allgemeine – Untersuchungspflicht aufzuerlegen, ist aus mehreren Gründen gerechtfertigt.

2. Gründe für eine allgemeine Untersuchungspflicht des Kfz-Händlers

a) Die Fehleranfälligkeit gebrauchter Kraftfahrzeuge

Der durchschnittliche Pkw, so wie er vom Kfz-Händler als Gebrauchtfahrzeug hereingenommen wird, ist entweder **technisch fehlerhaft** oder **zumindest fehleranfällig**. Die über den professionellen Handel verkauften Gebrauchtwagen (Pkw/Kombi) waren im Jahr 2007 durchschnittlich 7,6 Jahre alt (Gebrauchtwagenhandel ohne Neuwagenverkauf). Mit 3,7 Jahren deutlich jünger waren die Fahrzeuge, die der Neuwagenhandel vermarktet hat. Sie waren im Durchschnitt knapp 52.000 km gelaufen, während der Km-Stand ca. 85.000 km bei den Fahrzeugen im (reinen) Gebrauchtwagenhandel betrug.[41]

Die durchschnittliche Mängelquote bei der **Hauptuntersuchung nach § 29 StVZO** zeigt, gestaffelt nach Alterklassen, bei Pkw/Kombi folgendes Bild in der Rubrik „**erhebliche Mängel**":[42]

4–5 Jahre: 11,3 %
6–7 Jahre: 17,0 %
8–9 Jahre: 22,4 %
10–11 Jahre: 27,7 %.

Selbst bei größeren Reparaturen sucht nur noch jeder zweite (private) Fahrzeughalter eine Fachwerkstatt auf. Je älter das Fahrzeug ist, desto seltener wird es in die Werkstatt gebracht. Von den Durchschnittsfahrern sechsjähriger Autos bringt nur noch jeder dritte seinen Wagen regelmäßig zur Inspektion.[43] Diese **Werkstattmüdigkeit**, die zahlreiche

---

38 Vgl. auch BGH 28. 4. 1971, NJW 1971, 1795 m. Anm. *Giesen* (Tanklastzug); BGH 12. 7. 1991, NJW 1991, 2900 (Grundstück); s. auch OLG Frankfurt 19. 2. 1999, NJW-RR 1999, 1064; OLG Hamburg 1. 4. 1992, NJW-RR 1992, 1399; OLG München 14. 7. 1981, DAR 1982, 100.
39 BGH 28. 4. 1971, NJW 1971, 1795, 1800 m. Anm. *Giesen.*
40 BGH 6. 12. 1985, NJW-RR 1986, 700; OLG München 10. 6. 1987, NJW 1988, 3271; OLG Hamm 3. 8. 1990, OLGZ 1991, 99.
41 DAT-Report 2008, S. 56.
42 TÜV-Autoreport 2005, S. 62; ähnlich die Zahlen im Report 2008, S. 28 ff. und in der GTÜ-Statistik 2008 (s. Autohaus 10/2008, S. 73).
43 DAT-Report 2005, S. 24.

Gründe hat, ist dem Kfz-Handel bekannt. Hinzu kommt: **Unfallfahrzeuge** werden immer seltener vollwertig repariert. Behelfs- und Billigreparaturen, oft im Do-it-yourself-Verfahren, sind – auch nach der Reform des Schadensersatzrechts zum 1. 8. 2002 – gang und gäbe. Man rechnet mit ca. 5 Mio. „rollender Zeitbomben". Auf die Beseitigung vermeintlich kleinerer Schäden wird nicht selten völlig verzichtet.

b) Selbstbindung durch Selbstdarstellung

1916 Im Fachhandel ist eine optische und technische Untersuchung („Durchsicht") der hereingenommenen und später zum Verkauf angebotenen Gebrauchtfahrzeuge nicht erst seit der Schuldrechtsreform **allgemein üblich**.[44] Hohe Eintauschquoten, steigende Durchschnittspreise, erhöhter Wettbewerb und eine zunehmend kritischere Kundschaft prägen das Einkaufsverhalten der Händler. Ansteigender Kostendruck einerseits und andererseits die realistische Aussicht, auf dem Wachstumsmarkt „Gebrauchtwagenhandel" Gewinn zu erzielen, haben schon lange vor In-Kraft-Treten der Schuldrechtsreform zur Aufgabe tradierter Vorstellungen und Praktiken und damit zu einem strafferen „Mängelmanagement" geführt.

Der Schlüssel für ein erfolgreiches Geschäft mit gebrauchten Kraftfahrzeugen ist eine marktgerechte Kalkulation der Ankauf-/Eintauschpreise. **Wesentliche Voraussetzung** dieser Kalkulation ist eine **sorgfältige Untersuchung der Fahrzeuge**. Ohne eine gründliche technische Kontrolle kann der Ankaufspreis nicht sachgerecht ermittelt werden. Das Agenturgeschäft mit seiner steuerlichen Notwendigkeit, so genannte Minus-Geschäfte zu vermeiden, hat die Kfz-Händler in Sachen Fahrzeuguntersuchung stark sensibilisiert. Der Zwang zur marktgerechten Gebrauchtwagenkalkulation beruhte auf dem Druck, eine Vermittlungsprovision ausweisen zu müssen. Diese steuerlichen Notwendigkeiten sind heute zwar weitgehend entfallen. Gleichwohl besteht kein Zweifel daran, dass sich an der Praxis der Hereinnahmekontrolle durch die Verlagerung auf das Eigengeschäft nichts geändert hat.

Dass sich hier im Laufe der Jahre **ein Handelsbrauch** gebildet hat,[45] findet auch in der ZDK-Siegelordnung seinen Niederschlag, ferner in der Resolution Nr. 3, gefasst auf dem 40. Kongress des Internationalen Verbandes des Kfz-Gewerbes (IOMTR). Diese Resolution empfiehlt u. a., „alle Gebrauchtwagen, die dem Kunden geliefert werden, vor ihrer Auslieferung an den Kunden einer Inspektion anhand einer festgelegten Liste zu unterwerfen ...".[46]

Die mit der **Schuldrechtsreform** verbundenen Änderungen zulasten des Kfz-Handels, insbesondere das Freizeichnungsverbot bei Verbrauchergeschäften und die ungünstigen Beweislastregelungen (§ 476 BGB und Verschuldensvermutungen beim Schadensersatz) haben den Druck auf die Händler, ihre Gebrauchtfahrzeuge vor dem Weiterverkauf sorgfältig zu untersuchen, erheblich verstärkt. Die Kontrollmechanismen sind in der Tat stark verbessert worden.

Markengebundene Kfz-Händler und Werksniederlassungen (Daimler, BMW u. a.) heutigen Zuschnitts verfügen in aller Regel über eine angeschlossene **Werkstatt**. Das ist für die Kaufinteressenten nicht immer sichtbar, weil die Betriebe optisch und/oder räumlich getrennt sein können. Entscheidend ist nicht, was der Kunde sieht oder erkennen konnte. Mit Blick auf die Untersuchungspflicht kommt es darauf an, was er berechtigterweise erwarten kann. Das hängt von einer Vielzahl von Faktoren ab, insbesondere von der Präsen-

---

44 Zutreffend AG Menden 3. 7. 2002, NZV 2003, 194.
45 Zum Handelsbrauch als Grundlage einer Untersuchungspflicht vgl. BGH 16. 3. 1977, NJW 1977, 1055.
46 Vgl. Autohaus 1991, Heft 23/24, S. 211, 214; s. auch GW-Praxis 1996, Heft 2, S. 27 – „Die Spielregeln für den GW-Verkauf" –.

Stellungnahme

tation des Betriebs in der Werbung und seiner Aufmachung vor Ort, also dort, wo die Fahrzeuge zum Kauf angeboten werden.

Dagegen scheint es dem **Reformgesetzgeber** darauf anzukommen, ob der gewerbliche Verkäufer eine eigene Werkstatt tatsächlich unterhält oder nicht.[47] **Private Verkäufer** stellt er generell von einer Untersuchungspflicht frei, was allgemeiner Ansicht entspricht.[48] Diesen Grundsatz zu Lasten privater Verkäufern aufzuweichen, die über technischen Sachverstand verfügen oder sich sachkundig geben, besteht kein Grund.[49]

Beim **gewerblichen Verkauf** gebrauchter Gegenstände, insbesondere beim Verkauf gebrauchter Kraftfahrzeuge, ist nach Meinung des Gesetzgebers zu differenzieren. Habe der Händler keine eigene Werkstatt, könne der Käufer regelmäßig nur eine Überprüfung auf leicht erkennbare Mängel erwarten. Betreibe er eine Werkstatt, werde zu seinen Sorgfaltspflichten eine „eingehendere Untersuchung" gehören.[50]

Diese Hinweise, die sich bereits im DiskE finden und auf den Abschlussbericht der Schuldrechtskommission zurückgehen, machen deutlich: Nur den Umfang, nicht das Ob der Untersuchungspflicht eines gewerblichen Kfz-Verkäufers macht der Gesetzgeber vom Vorhandensein einer Werkstatt abhängig. Diese Differenzierung leuchtet ohne weiteres ein.[51] Als Instrument der Mängelprüfung und -erkennbarkeit wird eine Kfz-Werkstatt freilich überschätzt. Von elementarer Bedeutung ist sie zweifelsohne für die Untersuchung auf **technische Mängel**. Schon bei Unfallvorschäden, jedenfalls aber bei Störfällen wie vertragswidrig hohe Gesamtfahrleistung, atypische Vorbenutzung (z. B. Mietwagen) oder zu hohes Alter verliert eine Werkstatt deutlich an Erkenntniswert. Bei solchen (anfänglich unbehebbaren) Mängeln kommt es auf zusätzliche Möglichkeiten und Fähigkeiten zur Sachverhaltsaufklärung an, vor allem auf Erfahrungswissen.

c) Risikobeherrschung und Kostenabwälzung

Der Kfz-Händler ist am besten geeignet, das für gebrauchte Kraftfahrzeuge typische Mängel- und Sicherheitsrisiko zu kontrollieren und zu beherrschen. Anders als beim Verkauf von Neuprodukten geht es nicht um die Verantwortlichkeit für Produktionsfehler. Sie zu vermeiden bzw. zu kontrollieren, ist in der Tat primäre Aufgabe des Herstellers, nicht des Händlers. Grundlegend anders ist die Lage bei gebrauchten Kraftfahrzeugen. Hier kann sich der Händler – auch aus der Sicht des Kunden – nicht hinter den Hersteller/Importeur zurückziehen. Die Verantwortung für die Mängelfreiheit trägt er persönlich. An- und Verkauf liegen ausschließlich in seinen Händen.

Die mit der Untersuchung verbundenen Kosten zahlen im Endeffekt die Voreigentümer und/oder die Abnehmer, der Händler kann sie also weitergeben. Auch unter diesem Aspekt erweist sich das Argument des BGH[52] von der Unzumutbarkeit der Übernahme einer generellen Untersuchungspflicht als nicht stichhaltig.

d) Verkehrserwartung (Berufsvertrauensschutz)

Für die Annahme einer allgemeinen Untersuchungspflicht spricht ferner folgender Gedanke: Der Praxis im Kfz-Handel, die zur Hereinnahme (Inzahlungnahme/Zukauf) angebotenen Gebrauchtwagen zu untersuchen, entspricht eine **schutzwürdige Erwartung** auf der Käuferseite. Ein Gebrauchtwagenkäufer, privat wie gewerblich, kann und darf heutzutage

---

47 Vgl. BT-Drucks 14/6040, 210.
48 Zuletzt Brand OLG 1. 7. 2008 – 6 U 120/07 – n. v.; dazu auch *Braun*, ZGS 2006, 328, 332.
49 Brand OLG 1. 7. 2008 – 6 U 120/07 – n. v. (Oldtimerverkauf).
50 BT-Drucks 14/6040, 210.
51 Kritisch *Windel*, JR 2004, 265, 268
52 Urt. v. 16. 3. 1977, NJW 1977, 1055.

davon ausgehen, dass die im professionellen Handel angebotenen Fahrzeuge fachmännisch untersucht und, soweit erforderlich, instandgesetzt worden sind.[53] Von einem **privaten Verkäufer** erwartet man nicht, dass er seinen Wagen vor dem Verkauf auf Mängel untersucht hat oder hat untersuchen lassen. Neuwagenhändler mit Gebrauchtwagenabteilung und reine Gebrauchtwagenhändler mit Werkstattbetrieb erwecken demgegenüber allein schon durch ihr Auftreten im Rechtsverkehr, durch ihre **ökonomische Rolle,** die Vorstellung, dass die von ihnen angebotenen Fahrzeuge „werkstattgeprüft" sind. Dieses Rollenvertrauen, das die Rechtsprechung im Rahmen der Sachwalterhaftung als „besonderes Vertrauen" herausstellt (s. Rn 1271), ist nicht von ausdrücklichen Erklärungen wie „alle Fahrzeuge werkstattgeprüft" oder „alle Fahrzeuge 2 Jahre TÜV-frei" abhängig, auch nicht von der Werbung mit Garantien oder dem ZDK-Vertrauenssiegel bzw. „Meisterzeichen" (dazu Rn 1604). Solche Hinweise haben eine zusätzliche Werbefunktion. Sie können im Einzelfall eine verschuldensunabhängige Haftung unter dem Gesichtspunkt der Garantieübernahme begründen.

Zur Erwartung eines Kfz-Händlers beim **Ankauf von einer Leasinggesellschaft** s. OLG Nürnberg NJW-RR 1999, 1208 = MDR 1999, 931 (Untersuchungspflicht zutreffend verneint).

Das Vertrauen der Kaufinteressenten in eine fachgerechte Untersuchung und Beseitigung der dabei festgestellten Mängel gibt erfahrungsgemäß den Ausschlag bei der Wahl zwischen Kauf vom Kfz-Händler und Kauf vom Privatmann. Aus der Käuferperspektive ist die Werkstattprüfung, auch wenn sie nicht ausdrücklich hervorgehoben wird („alle Fahrzeuge werkstattgeprüft"), ein Teil der Gegenleistung für den deutlich höheren Preis der gewerblich angebotenen Gebrauchtwagen. Die Folge dieser besonderen Verlässlichkeitserwartung ist oftmals ein Käuferverhalten, das leicht als Desinteresse und Sorglosigkeit verstanden werden kann, das in Wirklichkeit aber Ausdruck eines gesteigerten Vertrauens ist.[54]

e) Gesamteinschätzung

Schon nach altem Recht ließen sich damit vier Gesichtspunkte anführen, die in ihrer Kumulation eine allgemeine Untersuchungspflicht des gewerbsmäßigen Kfz-Händlers/ Werksniederlassung zu begründen geeignet waren. Ein im Einzelfall weniger stark ausgeprägtes Element, z. B. geringes Gefährdungspotenzial bei einem jüngeren Kraftwagen, konnte kompensiert werden, wenn die übrigen Elemente besonderes Gewicht hatten

Die mit der **Schuldrechtsreform** verbundene Stärkung des Käuferschutzes hat der Forderung nach einer generellen Untersuchungspflicht des gewerblichen Gebrauchtfahrzeugverkäufers nicht den Boden entzogen; im Gegenteil. Angesichts der dezidierten Auffassung des Gesetzgebers[55] bedarf die herkömmliche Position dringend der Revision. Gewiss ist zu bedenken, dass Unternehmer-Verkäufer ihre Haftung für Sachmängel gegenüber Verbrauchern nicht mehr ausschließen oder beschränken dürfen (§ 475 Abs. 1 BGB). Diese grundlegend neue Situation könnte es rechtfertigen, auch den professionellen Gebrauchtfahrzeugverkäufer von einer allgemeinen Untersuchungspflicht jedenfalls dann zu entbinden, wenn ein Verbraucher sein Abnehmer ist. Dessen Schutz ist reformgesetzlich so verstärkt worden, dass die richterrechtlichen Schutzinstrumente des alten Rechts in der Tat zur Disposition stehen. Auf der anderen Seite darf nicht außer Betracht bleiben, dass Kfz-Händler ihre Schadensersatzhaftung selbst gegenüber Verbrauchern weitgehend ausschließen dürfen (§ 475 Abs. 3 BGB) und verjährungsrechtlich generell privilegiert sind (§ 475 Abs. 2 BGB).

---

53 So auch OLG Nürnberg 14. 4. 1999, NJW-RR 1999, 1208 = MDR 1999, 931.
54 Siehe aber auch BGH 16. 3. 1977, NJW 1977, 1055; OLG München, OLGR 1999, 19.
55 BT-Drucks 14/6040, 210.

Durch die Neuausrichtung des Kaufrechts mit einer Schadensersatzhaftung bei (vermuteter) Fahrlässigkeit hat man, so die herrschende Sicht, eine generelle Untersuchungspflicht aller gewerblichen (Zwischen-)Händler nicht einführen wollen.[56] Richtig ist auch, dass der verbesserte Käuferschutz de facto zu verstärkten Kontrollmaßnahmen des Kfz-Handels geführt hat, gerade auch im gewerblichen Gebrauchtwagenhandel. Gleichwohl sollte man die Untersuchung eines gebrauchten Kraftfahrzeugs aus den oben genannten Gründen – in Übereinstimmung mit dem Reformgesetzgeber und weiten Teilen der neueren Judikatur der Instanzgerichte (s. Rn 1909) – nicht von schwer definierbaren und schwierig zu beweisenden Sondersituationen abhängig machen, sondern sie zu einer allgemeinen Sorgfaltspflicht professioneller Gebrauchtfahrzeugverkäufer erheben, gleichviel, ob der Käufer ein Verbraucher ist oder nicht.[57]

IV. Inhalt und Umfang der Untersuchungspflicht

1. Richtschnur

Inhalt und Umfang der Untersuchungspflicht haben sich einerseits an dem Ziel zu orientieren, Gefahren von dem potenziellen Käufer abzuwenden. Insoweit ist die Untersuchungspflicht eine Konkretisierung der auch dem Käufer geschuldeten Gefahrabwendungspflicht. Integritätsorientiert ist sie auch (und nur) als Verkehrssicherungspflicht i. S. d. § 823 Abs. 1 BGB, insoweit auch mit Schutzwirkung zugunsten Dritter. Problematischer ist ihr Bezug zur Verpflichtung, mängelfrei zu liefern (§ 433 Abs. 1 S. 2 BGB). Das ist nunmehr eine Hauptleistungspflicht des Verkäufers, während die Untersuchungspflicht eine (leistungsbezogene) Nebenpflicht ist.

1920

Ausgestaltet und begrenzt wird sie insoweit durch den Inhalt der Verpflichtung zur mängelfreien Lieferung. Da nach richtigem Verständnis des Sachmangelbegriffs natürlicher Verschleiß und normale Alterungserscheinungen in der Regel keine Mängel im Rechtssinn darstellen (s. Rn 1508 ff.), braucht sich die Untersuchung hierauf nicht zu erstrecken. Der Umfang der Untersuchungspflicht bestimmt sich im Übrigen nach dem **technisch Möglichen** und **wirtschaftlich Zumutbaren,** wobei es wesentlich auf die **Gepflogenheiten im Kfz-Handel** ankommt. Entscheidend sind nicht die individuellen Kenntnisse und Fähigkeiten des jeweiligen Händlers im Einzelfall, auch nicht seine tatsächliche Ausstattung mit Hilfsmitteln wie Hebebühne, Bremsenprüfstand und Diagnosegeräten. Richtschnur sind die Kenntnisse, Fähigkeiten und der Ausrüstungsstandard, wie sie bei einem gewerblichen Händler mit Gebrauchtwagen üblich sind und vom Verkehr erwartet werden.

2. Einzelheiten zur Untersuchungspflicht

Der Händler hat jedes Fahrzeug einer **fachmännischen äußeren Besichtigung** („Sichtprüfung") zu unterziehen.[58] Zuständig hierfür ist ein Mitarbeiter mit technischer Ausbildung, nicht notwendigerweise ein Kfz-Mechaniker. Ein Verkaufsangestellter ohne technische Kompetenz reicht nicht aus.[59] Für die notwendige berufliche Qualifikation seiner Mitarbeiter hat der Betriebsinhaber einzustehen. Das Vorhandensein einer Werkstatt ist nicht Voraussetzung einer Sichtprüfung (zur Bedeutung des Werkstatt-Arguments s. Rn 1916).

1921

---

56 Vgl. Müko-BGB/*Westermann*, § 437 BGB Rn 28; *Reinicke/Tiedtke*, Kaufrecht, Rn 567.
57 Gegen eine Abweichung von der bisherigen BGH-Rechtsprechung *Ball*, Homburger Tage 2004, 132; anders *Reinicke/Tiedtke*, Kaufrecht, Rn 567; zurückhaltender Müko-BGB/*Westermann*, § 437 BGB Rn 28; s. auch *Braun*, ZGS 2006, 328.
58 So auch OLG Celle 6. 6. 1996, OLGR 1996, 194; OLG Köln 13. 3. 2001, OLGR 2001, 233 = DAR 2001, 405.
59 OLG Köln 13. 3. 2001, OLGR 2001, 233 = DAR 2001, 405.

1922 Die äußere Besichtigung umfasst den gesamten **optischen Bereich,** d. h. die Karosserieaußenflächen, Reifen, Felgen und die Fahrzeugunterseite. Bei der äußeren Besichtigung hat der Händler sein Augenmerk vor allem auf **etwaige Unfallspuren** zu richten, auch wenn der Hereingeber die Unfallfrage verneint hat.[60] Nachlackierungen, Farbunterschiede, Nebelbildung, unterschiedliche Türspalten und Unebenheiten im Blech sind Unfallindikatoren, die auch schon nach bisheriger Rechtsprechung eine Untersuchungspflicht (Nachforschungspflicht) auslösen. Ohne konkreten Unfallverdacht besteht keine Pflicht zur (optischen) Vermessung der Achsen. Der Händler braucht auch nicht stets den Aufbau der Lackschicht („Lackschichtdickemessung") vorzunehmen. Das gilt auch für eine Werksniederlassung mit speziellem technischen Gerät.[61]

Generell zu prüfen ist der Erhaltungszustand des Fahrzeugs im Hinblick auf **Durchrostung** tragender Bauteile.[62] Zum Einsatz spezieller Rostsuchgeräte (z. B. Endoskope) ist der Händler nicht verpflichtet. Zur Prüfung der **Bremsanlage** s. OLG Hamm, DAR 2000, 119; LG Aachen DAR 2004, 452.

1923 **Reifen** und auch **Felgen** sind stets darauf zu prüfen, ob sie der amtlichen Zulassung entsprechen oder ob die **Betriebserlaubnis** durch nachträgliche Veränderungen erloschen ist. Auch sonst ist der Blick bei der gebotenen „**routinemäßigen Sichtkontrolle**" (BGH) auf genehmigungspflichtige Veränderungen zu richten. Dass ein Händler auf ausreichende **Profiltiefe** der Reifen zu achten hat, versteht sich von selbst.[63] Um sich von der ordnungsgemäßen Beschaffenheit der Felgen zu überzeugen, braucht er die Reifen nicht zu demontieren. Insoweit genügt eine Sichtkontrolle von außen.

Das **Alter der Reifen** muss ein Kfz-Händler jedenfalls dann anhand der DOT-Nummer[64] überprüfen, wenn **aufgrund besonderer Umstände** hierfür Anlass besteht.[65] Ob ein Kfz-Händler, zumindest ein Vertragshändler, auch ohne besondere Anhaltspunkte das Alter der Reifen generell anhand der aufgeprägten **DOT-Nummer** kontrollieren muss, hat der BGH – im Rahmen seiner deliktsrechtlichen Prüfung[66] – ausdrücklich offen gelassen.[67] Für den Fall der Veräußerung eines Sportwagens mit Reifen, die der Händler kurz zuvor von seinem Reifenfachhändler bezogen und selbst montiert hat, erscheint ihm eine so weit gehende Prüfpflicht mit Recht als zweifelhaft. Damit kommt es entscheidend darauf an, ob der Händler **konkrete Anhaltspunkte** für eine Überalterung der Reifen gehabt hat. Solche Umstände hat der Käufer darzulegen und zu beweisen, wobei ihm Beweiserleichterungen zugute kommen können.

Entgegen mancher Fehlinterpretation des Hinterreifen II-Urteils des BGH (Ferrari-Fall)[68] ist es nicht die DOT-Nummer mit dem daraus ablesbaren Fertigungsdatum, die den Anlass zur Prüfung geboten hat. Der Grund lag in der nicht mehr gängigen, eine **Überalterung** indizierenden Profilstruktur.

---

60 Zustimmend OLG Düsseldorf 16. 4. 1992, OLGR 1992, 277; ebenso OLG Celle 6. 6. 1996, OLGR 1996, 194; OLG Köln 13. 3. 2001, OLGR 2001, 233 = DAR 2001, 405; LG München I 25. 6. 2004, DAR 2005, 38; AG Hofgeismar 27. 5. 2004 – 2 C 744/03 (20) – n. v. (rkr.).
61 Zu streng LG München I 25. 6. 2004, DAR 2005, 38.
62 So auch LG Berlin 5. 12. 1990 – 22 O 366/90 – n. v.
63 Zu den Überprüfungspflichten von Führer und Halter nach § 23 Abs. 1 StVO, § 31 Abs. 2 StVZO s. OLG Stuttgart NZV 1991, 68; s. auch BGH NZV 1995, 310.
64 Die DOT-Nummer befindet sich an der Außenwand des Reifens. Seit 2000 wird für das Fertigungsdatum eine vierstellige Bezeichnung gewählt. 1601 z. B. steht für die 16. Kalenderwoche 2001.
65 BGH 11. 2. 2004, NJW 2004, 1032 = NZV 2004, 183 (Hinterreifen II).
66 Dazu *Gsell*, NJW 2004, 1913.
67 Urt. v. 11. 2. 2004, NJW 2004, 1032 = NZV 2004, 183.
68 BGH 11. 2. 2004, NJW 2004, 1032 = NZV 2004, 183.

Was einem Kfz-Händler bei der **gebotenen routinemäßigen Sichtkontrolle** der Berei- **1924**
fung auffallen muss, hängt wesentlich von seinen Fähigkeiten und Möglichkeiten ab, wobei
Maßstab ein Händler vergleichbaren Zuschnitts, Ausrüstung und personeller Ausstattung
ist. Von einem **Vertragshändler**, der ein Fahrzeug der eigenen Marke verkauft, kann in Sachen Reifen ein höherer Kenntnisstand erwartet werden als von einem Händler, der ein
Fremdfabrikat veräußert. Auf Informationsdefizite freier Händler ist Rücksicht zu nehmen. Ein weiterer Gesichtspunkt ist, ob der Händler die Marke eines Volumenherstellers
mit einer Vielzahl von Typen und Modellen vertritt, z. B. VW, oder ob es sich um einen
Händler mit einem speziellen Fahrzeugangebot handelt, etwa leistungsstarken Sportwagen
wie Ferrari[69] und Porsche[70] oder etwa Wohnmobilen. Von Bedeutung ist auch die Anzahl
der Reifenausrüster für die jeweilige Marke.

Auch wenn man mit dem BGH an die Sorgfaltspflicht eines Ferrari-Händlers einen strengen Maßstab anlegt, ist der Vorwurf der Fahrlässigkeit im konkreten Fall[71] nicht gerechtfertigt gewesen. Wie zu hören ist, wäre selbst Sachverständigen am Profil der Reifen nichts
aufgefallen. Es war ein Pirelli, stammte also vom Ferrari-Reifenausrüster. Dass und zu welchem Zeitpunkt die Firma Pirelli das Profil an den Reifen vom Typ „P Zero" geändert hat,
mag ein Reifenfachhändler wissen müssen. Selbst ein Spezialist wie ein Ferrari-Händler ist
insoweit überfordert. Zudem durfte der Beklagte sich im BGH-Fall auf seinen Lieferanten,
eine Reifenhändlerin, verlassen.

Ab welchem Alter ein Reifen eines Kraftfahrzeugs **„überaltert"** und damit ein Risiko
für den Fahrer und Dritte ist, ist eine heikle Frage, auf die es eine allgemein gültige Antwort
nicht gibt. Im BGH-Ferrari-Fall[72] war der später geplatzte Hinterreifen zur Zeit des Verkaufs bzw. der Auslieferung rund 5 Jahre und 8 Monate alt. Laut Gutachten war er damit
nicht mehr für den normalen Fahrbetrieb des Ferrari geeignet.

Die Frage nach der Überalterung eines Reifens und damit seiner Mangelhaftigkeit ist von
der gleichfalls schwierigen Frage zu trennen, wie lange ein Reifen als neu bzw. neuwertig
verkauft werden kann. Nach einer Übereinkunft maßgeblicher Reifenhersteller kann ein ungebrauchter Pkw-Reifen bis zu 5 Jahren ab Produktionsdatum noch als neuwertig verkauft
werden. Zu weiteren „Reifen-Fällen" s. Rn 2240.

Die **innere Besichtigung** hat sich auf die Fahrgastzelle, den Motorraum (einschl. Rad- **1925**
hauswände, Feder- oder Dämpferabstützungen) und den Kofferraum einschließlich Wände
und Aufnahmen für Federbeine zu erstrecken. Auch hier muss der Händler in erster Linie
nach **Unfallspuren** suchen und auf **Korrosion** achten.

Der **Motor** ist darauf zu prüfen, ob er **typengerecht** ist.[73] Eine bloße Sichtprüfung mit **1926**
Kennerblick unter Auswertung der Fahrzeugpapiere und des allgemeinen Erfahrungswissens ist ausreichend.[74] Für die Frage der **Erkennbarkeit einer Motorumrüstung** kommt
es auch darauf an, ob es sich für den Händler um ein Eigen- oder um ein Fremdfabrikat gehandelt hat. Technisch aufwendige und kostspielige Untersuchungen des Motors, z. B. Ausbau und Zerlegung, sind im Allgemeinen nicht zu verlangen.[75] Bei Sport- und Sonderfahrzeugen kann eine andere Betrachtungsweise geboten sein. Zu weit geht es auch, von einem
Händler im Normalfall zu fordern, sich beim Hersteller oder Vorverkäufer nach der Typengerechtigkeit des Motors zu erkundigen. Ohne konkrete Anhaltspunkte für Zweifel an der

---

69 BGH 11. 2. 2004, NJW 2004, 1032 = NZV 2004, 183.
70 LG Köln 26. 8. 1994 – 21 O 91/94 – n. v. (911er).
71 NJW 2004, 1032 = NZV 2004, 183.
72 NJW 2004, 1032 = NZV 2004, 183.
73 Eigentliches Prüfkriterium ist die Betriebserlaubnis.
74 So auch AG Lünen 7. 1. 2004 – 9 C 331/03 – n. v.
75 OLG Hamm 16. 1. 1986, NJW-RR 1986, 932 = DAR 1986, 150; OLG Düsseldorf 7. 4. 2003 – 1 U
 209/02 – n. v. (freier Händler mit Werkstatt); AG Lünen 7. 1. 2004 – 9 C 331/03 – n. v.

Funktionsfähigkeit des Motors ist ein Händler nicht zu einer Herstelleranfrage verpflichtet.[76]

Zu einer sorgfältigen Gebrauchtwagen-Zustandsermittlung gehört auch eine **Funktionsprüfung** der wesentlichen Aggregate. Bei der Beurteilung des Motors ist das Laufgeräusch von entscheidender Bedeutung. Der Kompressionsdruck braucht im Allgemeinen nicht gemessen zu werden. Motor, Kraftübertragung und Bremsen werden üblicherweise durch eine **Probefahrt** getestet. Sie ist unverzichtbarer Bestandteil jeder sorgfältigen Fahrzeugkontrolle. Eine Überprüfung des **Kühlsystems** ist auch im Winter nicht erforderlich. Der **Zustand des Zahnriemens** braucht nicht überprüft zu werden, wenn nach dem Serviceplan des Herstellers ein Wechsel noch nicht vorgesehen ist .[77]

1927 Einer Kontrolle sind auch die **Fahrzeugidentifizierungsnummer** und der sie tragende Bereich des Vorderwagens zu unterziehen (Vergleich dieser Nummer mit der Nummer in den Fahrzeugpapieren).[78]

1928 Je nachdem, zu welchen Erkenntnissen der Händler bei der gebotenen Erst-Untersuchung gelangt, kann er zu **weiteren Nachforschungen** verpflichtet sein, z. B. zu gezielten Rückfragen bei seinem Lieferanten/Auftraggeber nach einem Unfallschaden oder einer Umrüstung. Wie weit die Untersuchungspflicht im Einzelnen reicht, hängt von den konkreten Umständen ab.

V. Möglichkeiten der Befreiung von der Untersuchungspflicht

1929 Schon vor der Schuldrechtsmodernisierung wurde erörtert, ob und gegebenenfalls wie ein Händler sich von einer bestehenden Untersuchungspflicht befreien kann. Formularmäßig ist die Erfüllung dieser Pflicht nicht abdingbar gewesen.[79] Der vorformulierte Satz „das Fahrzeug ist ungeprüft und unrepariert" reichte in keinem Fall aus. An die Aufklärung des Käufers wurden strenge Anforderungen gestellt.[80] Der Hinweis musste eindeutig und für den Durchschnittskunden verständlich sein. Er musste so gestaltet und formuliert sein, dass er dem Käufer vor Unterzeichnung des Bestellscheins auch bei flüchtiger Betrachtung des Formulars unübersehbar ins Auge fiel. Ein Stempelaufdruck mit dem Inhalt „Achtung! Fahrzeug wird ungeprüft verkauft!" wurde für ausreichend gehalten. Trotz Fettdrucks unzureichend war die Klausel: „Da das Fahrzeug vom Autohändler nicht auf Unfallspuren und auf andere Mängel untersucht worden ist, können frühere Unfälle, Korrosionsschäden sowie andere sichtbare und unsichtbare Schäden an der Karosserie, am Fahrgestell, an der Bodengruppe oder am Motor auch nicht ausgeschlossen werden." Die individualvertragliche Erklärung „Wir geben keinerlei Garantie, weder auf versteckte Mängel noch auf Motor oder Getriebe, darauf wurde der Käufer ausdrücklich hingewiesen" ließ das LG Köln[81] genügen.

Nicht die Befreiung von der Verpflichtung zur Untersuchung ist nach heutigem Recht die entscheidende Frage. Vielmehr geht es in Fällen ohne Ausschluss der Mängelhaftung, also vor allem beim Verbrauchsgüterkauf, darum, ob der Verkäufer einen Sachmangel/eine Pflichtverletzung zu vertreten hat, was bei **fahrlässiger Unkenntnis** der Fall ist. Nicht von einer (Untersuchungs-)Pflicht muss er sich befreien, sondern vom Vorwurf des (vermuteten) Verschuldens (§§ 280 Abs. 1, 3, 281 Abs. 1, 276 Abs. 1 oder §§ 311 a Abs. 2 S. 2, 276 Abs. 1 BGB). Näheres Rn 1777 ff., 1807 ff.

---

76 Vgl. auch BGH 16. 6. 2004, NJW 2004, 2301.
77 OLG Hamm 18. 6. 2007 – 2 U 220/06 – BeckRS 2007, 14370.
78 OLG Hamburg 12. 6. 1992, DAR 1992, 378.
79 BGH 11. 6. 1979, BGHZ 74, 383 = NJW 1979, 1886.
80 Vgl. BGH 14. 3. 1979, NJW 1979, 1707 = WM 1979, 323 unter I, 2c; BGH 18. 6. 1980, NJW 1980, 2184.
81 Urt. v. 17. 12. 1990 – 32 O 275/90 – n. v.

Auch bei dieser neuartigen Fragestellung ist es von Belang, ob der Verkäufer zu verstehen gegeben hat, das Fahrzeug keiner Untersuchung unterzogen zu haben. Ein derartiger Hinweis kann bereits im Rahmen der (vorrangigen) Prüfung Bedeutung gewinnen, ob und welche Beschaffenheitsvereinbarung getroffen worden ist. Einfluss kann eine solche Erklärung auch auf den Erwartungshorizont des Käufers haben (§ 434 Abs. 1 S. 2 Nr. 2 BGB). Im Bereich des Verbrauchsgüterkaufs ist stets an § 475 Abs. 1 BGB zu denken, der auch mittelbare Haftungsbeschränkungen untersagt.

VI. Rechtsfolgen einer Untersuchungspflichtverletzung

Welche Rechtsfolgen an die Nicht- oder Schlechterfüllung der Untersuchungspflicht zu knüpfen sind, ist **im alten Recht** nicht endgültig geklärt worden. Das OLG München[82] hat eine positive Forderungsverletzung gegenüber jedem potenziellen Käufer in Betracht gezogen, sich aber – ebenso wie **der BGH** in der Entscheidung vom 16. 3. 1977[83] – letztlich nicht festgelegt. Der BGH, der von einer durch AGB nicht abdingbaren Nebenpflicht gesprochen hat,[84] schien zumindest in den Agenturfällen einer Lösung nach den Grundsätzen der c. i. c. zu zu neigen.[85]

1930

Im Fall einer sorgfaltswidrigen Ablieferungsinspektion **beim Neuwagenkauf** ist der BGH hingegen mit Recht von einer positiven Forderungsverletzung ausgegangen,[86] weil die Inspektionspflicht ihren Grund in dem bereits abgeschlossenen Kaufvertrag hatte. Die Pflichtwidrigkeit lag – anders als in den meisten Gebrauchtwagenfällen – in der Abwicklungsphase. Einen Anspruch aus pFV auch in einem Gebrauchtwagenfall hat das LG Saarbrücken bejaht.[87] Die **Hauptbedeutung** der Untersuchungspflicht des gewerblichen Händlers hat jedoch im früheren Kaufrecht darin bestanden, über ein Untersuchungsversäumnis zur Arglist und damit zu den §§ 463 S. 2, 476, 477 Abs. 1 S. 1 BGB a. F. zu gelangen. Zu dieser (schon nach altem Recht bedenklichen) Konstruktion s. Rn 2103.

Nach **neuem Schuldrecht** gilt: Hat der Verkäufer ein sachmangelhaftes Fahrzeug geliefert, hat er bereits damit (objektiv) eine Pflicht verletzt (§§ 433 Abs. 1 S. 2, 280 Abs. 1 BGB). Auf einen Verstoß gegen eine Untersuchungspflicht oder eine sonstige mangelbezogene Pflicht kommt es in Fällen der Schlechtleistung zur Begründung der gewährleistungsrechtlichen Schadensersatzhaftung nicht an. Zum Problem des Nebeneinanders von Pflichtverletzungen s. Rn 1814.

1931

Soweit es um die (Sachmängel-)Ansprüche des Käufers auf Schadensersatz geht, stellt sich die Frage der Untersuchungspflicht schwerpunktmäßig im Rahmen des jeweils zu führenden **Entlastungsbeweises** (s. dazu Rn 1777 ff., 1807 ff.). Der haftungsbegründende Sorgfaltsverstoß beruht bei einem (vertragsanfänglichen) Mangel nicht darauf, dass der Verkäufer das Fahrzeug vor Auslieferung nicht überprüft hat. Nur **im Zusammenhang mit dem Vertretenmüssen** gewinnt die Untersuchungspflicht Bedeutung.

Wenn der Käufer hingegen mit dem Vorwurf der Untersuchungspflichtverletzung **eine Freizeichnungsklausel ausschalten** möchte oder wenn er in Fällen außerhalb der Sach- und Rechtsmängelhaftung einen **Schadensersatzanspruch** nach § 280 Abs. 1 BGB, ggf. i. V. m. § 282 BGB, oder nach §§ 823 ff. BGB mit einem Untersuchungsverschulden be-

---

82 Urt. v. 25. 7. 1975, DAR 1976, 132.
83 NJW 1977, 1055.
84 Urt. v. 11. 6. 1979, BGHZ 74, 383 = NJW 1979, 1886; v. 13. 2. 1980, NJW 1980, 1619.
85 Urt. v. 3. 11. 1982, NJW 1983, 217 (BMW 1602); 18. 6. 1980, NJW 1980, 2184 (gestohlener Pkw mit ausgewechselter Fahrgestellnummer); vgl. auch Urt. v. 21. 1. 1981, NJW 1981, 928 (zur Untersuchungspflicht bei älterem Fahrzeug mit mehreren Vorbesitzern).
86 Urt. v. 18. 6. 1969, NJW 1969, 1708.
87 Urt. v. 16. 12. 1996, ZfS 1997, 96.

gründen will, liegt die **Darlegungs- und Beweislast** bei ihm, dem Käufer. In einem solchen Fall braucht er nur den Tatbestand einer objektiven Pflichtwidrigkeit zu beweisen, beim Anspruch auf Schadensersatz statt der Leistung nach §§ 280, 282 BGB zusätzlich die Tatsachen, die die Unzumutbarkeit begründen. Von seiner Schuldlosigkeit muss der Verkäufer das Gericht auch hier überzeugen.

L. Ausschluss der Sachmängelhaftung nach § 442 BGB

Unter der Herrschaft des neuen Kaufrechts mit seinem Freizeichnungsverbot beim Verbrauchsgüterkauf (§ 475 Abs. 1 BGB) rückt der gesetzliche Haftungsausschluss nach § 442 BGB auch in Fällen des Händlerverkaufs an Privat in den Vordergrund. Wer sich von seiner Haftung nicht vertraglich freizeichnen darf, wird zwangsläufig sein Heil in **§ 442 BGB** suchen, dem Nachfolger des § 460 BGB a. F. **1932**

I. Kenntnis des Käufers vom Mangel

Positive Kenntnis des Käufers **beim Vertragsabschluss** schließt in jedem Fall die Sachmängelhaftung des Verkäufers aus, selbst wenn dieser eine arglistige Täuschung versucht haben sollte. **Vorrangig ist zu prüfen**, ob bei Kenntnis des Käufers überhaupt ein Sachmangel vorliegt. Nach dem subjektiven Fehlerbegriff (§ 434 Abs. 1 S. 1 BGB) kann dies zu verneinen sein.[1] Die Gerichte neigen mitunter dazu, diese Vorprüfung zu unterlassen, indem sie direkt auf den Haftungsausschluss (§ 442 BGB bzw. § 460 BGB a. F.) eingehen.[2] Bei widersprüchlichen, einerseits zutreffenden und andererseits unzutreffenden Angaben des Verkäufers kommt es darauf an, wie der Käufer sie tatsächlich verstanden hat. Hat der Verkäufer die Motorleistung richtig in kW und unrichtig in PS angegeben, so hat der Käufer die wirkliche Stärke nicht gekannt. Orientierungswert ist in erster Linie immer noch die PS-Zahl.[3] Zum Einwand der Kenntnis beim Fehlen einer der i. S. v. § 459 Abs. 2 BGB a. F. zugesicherten Eigenschaft der Steuerbefreiung vgl. LG Köln MDR 1991, 55. **1933**

1. Zeitpunkt der Kenntnis

Dem Käufer schadet nur seine Kenntnis **bei Vertragsschluss**. Eine nachträgliche Erlangung der Kenntnis, auch zwischen Kauf und Übergabe, schließt die Mängelhaftung grundsätzlich nicht aus. § 464 BGB a. F. ist ersatzlos aufgehoben. Nimmt der Käufer das Fahrzeug in Kenntnis des Sachmangels vorbehaltlos ab, kann das unter dem Gesichtspunkt eines konkludenten Verzichts oder allgemein nach § 242 BGB zum Rechtsverlust führen.[4] **1934**

Beim **Kauf vom gewerblichen Händler** ist zu beachten, dass der Vertrag nur ausnahmsweise schon zu dem Zeitpunkt geschlossen ist, in dem der Bestellschein/Kaufantrag vom Käufer unterzeichnet wurde (näher Rn 1165 ff.). In der Zeit bis zum Zustandekommen des Vertrages durch schriftliche Bestätigung oder Auslieferung des Fahrzeugs, so der Regelfall, gewinnen Käufer jedoch erfahrungsgemäß keine wesentlich neuen Erkenntnisse über den Zustand der von ihnen bestellten Fahrzeuge.

2. Positive Kenntnis des Käufers

Kenntnis i. S. d. § 442 BGB bedeutet, dass der Käufer die Mangelhaftigkeit (Vertragwidrigkeit) tatsächlich erkannt hat. Einen **„körperlichen" Sachmangel** kennt er nicht in jedem Fall schon damit, dass er die äußere Erscheinungsform, z. B. Beulen oder Roststellen, wahrgenommen hat. Erst wenn ihm die Nichteignung für die gewöhnliche Verwendung bekannt ist oder wenn er die Unüblichkeit der für ihn sichtbaren Beschaffenheit erkannt hat, muss er **1935**

---

1 Vgl. BGH 22. 6. 1983, NJW 1983, 2242 – Unfallvorschaden.
2 Z. B. LG Trier 17. 12. 1998, ZfS 1999, 153.
3 OLG Stuttgart 12. 6. 1985, BB 1985, 1417 (zu § 459 Abs. 2 BGB a. F.).
4 OLG Celle 4. 8. 2004, ZGS 2004, 476 = OLGR 2004, 506; Das neue Schuldrecht/*Haas*, Kap. 5 Rn 285/286.

sich Kenntnis entgegenhalten lassen.[5] Selbst ein dringender **Mangelverdacht** ist mit Kenntnis nicht gleichzusetzen. Hier kommt die zweite Alternative des § 442 BGB – grobe Fahrlässigkeit – in Betracht (Näheres Rn 1937 ff.).

Die Kenntnis des Käufers braucht sich nicht auf die **Fehlerursache** zu erstrecken. Es kann genügen, dass er das **äußere Erscheinungsbild** (Lack, Rost) oder die für ihn nachteiligen Folgen (unzulängliche Beschleunigung, Schiefziehen beim Bremsen), also die Symptome, kennt.

Mängelmehrheit: Wenn der Käufer von mehreren Mängeln (z. B. mehreren Unfallschäden) nicht alle erkannt hat, bleibt die Haftung für die nichterkannten Fehler unberührt.[6] Bei **Rostschäden** kann es zweifelhaft sein, ob es sich um einen oder mehrere Mängel handelt.[7] Hat der Käufer Kenntnis von Durchrostungen am Fahrzeugunterboden, kann es zumindest grob fahrlässig sein, wenn er sich nicht durch eine gezielte Überprüfung und/oder Frage an den Verkäufer um den Zustand der Karosserie im Übrigen kümmert.[8] Ist dem Käufer bei Abschluss des Vertrages bekannt gewesen, dass der Wagen einen **Unfallschaden** hat, so kann er Kenntnis i. S. v. § 442 BGB nicht damit bestreiten, er habe nicht das genaue Ausmaß des Schadens erkannt.[9] Zum Begriff „Unfallwagen" s. Rn 2123.

3. Darlegungs- und Beweislast

1936 Für die Tatsachen, die die Kenntnis des Käufers in dem maßgeblichen Zeitpunkt des Vertragsschlusses begründen, ist nach h. M. der Verkäufer darlegungs- und beweispflichtig.[10] Im Einzelfall kann dem Käufer eine sekundäre Darlegungslast aufzuerlegen sein.

II. Grob fahrlässige Unkenntnis

1. Allgemeines

1937 Bei grob fahrlässiger Unkenntnis vom Mangel bei Vertragsabschluss ist der Käufer mit sämtlichen Mängelrechten, auch mit seinen Schadensersatzansprüchen, **grundsätzlich ausgeschlossen**. Trotz grober Fahrlässigkeit bleibt die Haftung des Verkäufers **ausnahmsweise** bestehen, wenn er den Mangel **arglistig verschwiegen** oder eine **Garantie für die Beschaffenheit** des Fahrzeugs übernommen hat. Bloße Fahrlässigkeit auf Verkäuferseite, selbst eine grobe, genügt nicht.

Kein Käufer, schon gar nicht eine Privatperson, ist dazu verpflichtet, das Kaufobjekt vor Abschluss des Vertrages auf seinen Zustand hin zu untersuchen (arg. § 377 Abs. 1 HGB). Die Annahme einer allgemeinen Untersuchungsobliegenheit wird durch § 442 BGB gerade ausgeschlossen.[11] Zu mehr, als der Maßstab der groben Fahrlässigkeit verlangt, ist der Käufer nicht verpflichtet.

Die **Verbrauchsgüterkaufrichtlinie** knüpft den Rechtsverlust daran, dass der Käufer vernünftigerweise nicht in Unkenntnis über die Vertragswidrigkeit sein konnte (Art. 2 Abs. 3). Das bleibt hinter dem Vorwurf der groben Fahrlässigkeit ein Stück zurück.

---

5 BGH 13. 5. 1981, NJW 1981, 2640; OLG Düsseldorf 25. 4. 1996, OLGR 1997, 250 – zu § 464 BGB; LG Kassel 21. 7. 2000 – 9 O 1688/99 – n. v. – Blasenbildung an Wohnwagenaußenwand.
6 BGH 13. 5. 1981, NJW 1981, 2640; OLG Düsseldorf 30. 12. 1992, OLGR 1993, 129 (L.) zu § 464 BGB.
7 Hierzu OLG Hamm 16. 1. 1981 – 19 U 136/80 – n. v. (Neuwagen).
8 So auch AG Nienburg 30. 6. 1993, ZfS 1993, 304.
9 LG Köln 7. 5. 1980 – 19 S 340/79 – n. v.
10 *Palandt/Weidenkaff*, § 442 BGB Rn 6.
11 Neues Schuldrecht/*Haas* Kap. 5 Rn 279.

2. Der private Käufer

Eine generelle Pflicht des technisch nicht versierten privaten Käufers, einen Sachverständigen oder eine Werkstatt zur Prüfung des Fahrzeugs hinzuzuziehen, besteht nicht.[12] Um den Vorwurf der groben Fahrlässigkeit zu vermeiden, ist er auch nicht in jedem Fall zu einer eigenen Probefahrt und/oder Besichtigung (Sichtprüfung) des Fahrzeugs verpflichtet.[13] Stets kommt es auf eine umfassende Würdigung aller Umstände des konkreten Falles an. Dabei ist in der Annahme der objektiven und subjektiven Voraussetzungen der groben Fahrlässigkeit grundsätzlich Zurückhaltung geboten, was in der Instanzgerichtsbarkeit nicht immer geschieht.[14]

1938

a) Prüfansätze

Bevor bestimmte Unterlassungen des Käufers wie Abstandnahme von einer Probefahrt oder ein Verzicht auf eine Unterbodenbesichtigung mit Blick auf § 442 BGB bewertet werden, ist – nicht anders als in den Kenntnisfällen (Rn 1933) – nach ihrer Relevanz auf der Vertragsebene zu fragen. Sorglosigkeit und Desinteresse des Käufers können bereits bei der Ermittlung der **Soll-Beschaffenheit** von Bedeutung sein, ferner unter dem Blickwinkel eines **stillschweigenden Haftungsausschlusses**. Ob man bei Bejahung eines Sachmangels einen gesetzlichen oder – wie der BGH[15] – einen vertraglichen Haftungsausschluss annimmt, ist letztlich mehr eine rechtstechnische Frage. Die Beweislage des Verkäufers ist bei einem vertraglichen Haftungsausschluss allerdings günstiger.

1939

b) Einzelfälle

Eine **Untersuchungsobliegenheit** des privaten Gebrauchtwagenkäufers kann sich aus den konkreten Umständen des Einzelfalles ergeben. Wo **besondere Umstände** zur Vorsicht und Prüfung mahnen, muss er aktiv werden. Wenn ihm bekannte Tatsachen und Indizien den Schluss auf einen Mangel nahe legen, ihn gar aufdrängen, kann Passivität den Vorwurf der groben Fahrlässigkeit rechtfertigen.

1940

Besondere Vorsicht ist bei **stillgelegten Fahrzeugen** geboten. Auch bei einer nur vorübergehenden Stilllegung (z. B. Versicherungsabmeldung) darf das Fahrzeug nicht im Straßenverkehr bewegt werden. Lässt der Käufer sich vorbehaltlos auf einen Vertrag ein, so muss er zur Vermeidung des Vorwurfs der groben Fahrlässigkeit besondere Sorgfalt walten lassen (gründliche Besichtigung, Prüfung der Fahrzeugpapiere, Fragen an Verkäufer).[16] „**Augen auf beim Autokauf**" gilt hier in besonderer Weise.

Einen Kfz-Sachverständigen vor bzw. bei Abschluss des Kaufvertrages hinzuziehen, ist ein privater Käufer im Allgemeinen nicht verpflichtet[17]; auch nicht zu einer Werkstattkontrolle oder einem ADAC-Check.

---

12 OLG Köln 9. 1. 1973, NJW 1973, 903; OLG Bamberg 7. 4. 2003 – 6 U 14/03 – n. v.; LG Coburg 31. 1. 2003 – 11 O 162/02 – n. v.; davon geht stillschweigend auch OLG Köln 16. 9. 1991, NJW-RR 1992, 49 aus (Wohnwagenkauf); vgl. auch *Köhler*, JZ 1989, 761, 767.
13 Zu allgemein *Hönn*, JuS 1989, 293; zu pauschal und durch die Entwicklung auf dem Gebrauchtwagenmarkt auch überholt *Soergel/Huber*, § 460 BGB Rn 20, wenn der Kauf eines gebrauchten Pkw ohne Besichtigung schlechthin als grob fahrlässig gewertet wird.
14 Berechtigte Kritik von *Faust* in *Bamberger/Roth*, § 442 BGB Rn 21.
15 Urt. v. 21. 4. 1982, NJW 1982, 1700; hierzu *Schack*, NJW 1983, 2806; *Haase*, JR 1982, 498.
16 LG Karlsruhe 9. 1. 1981, DAR 1981, 152.
17 Vgl. OLG Köln 9. 1. 1973, NJW 1973, 903; OLG Köln 16. 9. 1991, NJW-RR 1992, 49 (Wohnwagen); LG Karlsruhe 9. 1. 1981, DAR 1981, 152; s. auch LG Münster 29. 6. 1988, NZV 1988, 145 (Privatkäufer zog sachkundigen Zeugen zur Besichtigung hinzu.)

Jahreswagen, Vorführwagen und sonstige „Jungwagen" vom seriösen Fachhandel kann man ungeprüft kaufen, ohne sich damit dem Vorwurf grober Fahrlässigkeit auszusetzen. Es gibt auch kein generelles Gebot, den Zustand des Fahrzeugs daraufhin zu überprüfen, ob er mit den Daten im Fahrzeugbrief übereinstimmt. Vor allem beim **Kauf vom Fabrikatshändler** kann sich der private Kunde im Allgemeinen darauf verlassen, dass der Wagen ordnungsgemäß ausgerüstet ist und ein reparierter Unfallschaden offengelegt wird.

Dass Probefahrt und Besichtigung faktisch an Bedeutung eingebüßt haben, geht nicht nur auf die insgesamt bessere Qualität von Gebrauchtwagen zurück. Eine wichtige Rolle spielen auch die neuen Medien, hier insbesondere die Auktionsplattform eBay. Zu beobachten ist ein allgemeiner Wandel im Käuferverhalten, zumal bei jungen Käufern. Online-Käufe ohne jegliche Besichtigung bzw. Probefahrt („Blindkäufe") sind heute nichts Ungewöhnliches. Bei der Fahrlässigkeitsprüfung kann das nicht unberücksichtigt bleiben.

Auf dem **privaten Markt** (privates Direktgeschäft) ist es dagegen trotz des Internets nach wie vor üblich, vor dem Kauf eine **Probefahrt** zu machen und das Fahrzeug außen und innen zu besichtigen. Auch bei Online-Käufen (z. B. über eBay) sind persönliche Kontakte mit Fahrzeugbesichtigung weit verbreitet, mitunter auch vor Vertragsabschluss.

Die auf dem Privatmarkt angebotenen Fahrzeuge sind durchschnittlich rund 8 Jahre alt und ca. 100.000 km gelaufen.[18] Sie haben meist mehr als nur einen Vorbesitzer. Nach der – wenig realitätsnahen – Ansicht des BGH sind zwar Alter und eine hohe Anzahl von Vorbesitzern nicht von vornherein Anhaltspunkte für einen konkreten Mängelverdacht.[19] Deshalb brauche **ein Händler** in seiner Eigenschaft als Verkäufer auch einen 9 Jahre alten Pkw mit drei Voreigentümern nicht in jedem Fall zu untersuchen. Eine Prüfobliegenheit des privaten Käufers in Form einer Besichtigung und Probefahrt ist jedoch nach der Rechtsprechung zumindest beim **Kauf älterer Fahrzeuge von Privat** anzunehmen.[20] Diese Urteile passen zwar nicht auf Online-Käufe ohne vorherige Besichtigung bzw. Probefahrt, weisen aber die Richtung.

Unterlässt es der Käufer, den Verkäufer **nach Unfallschäden** zu fragen, so ist dies nicht in jedem Fall grob fahrlässig.[21] Etwas anderes kann gelten, wenn der äußere Zustand des Fahrzeugs und/oder Bemerkungen des Verkäufers[22] auf einen Unfall hindeuten.

3. Der Händler als Käufer bzw. Inzahlungnehmer

Im **Kfz-Handel** ist es heute allgemein üblich, einen Gebrauchtwagen vor der Hereinnahme einer Sicht- und Funktionsprüfung zu unterziehen (s. Rn 1916). Ein Händler, der auf diese selbstverständliche Vorsichtsmaßnahme verzichtet und damit seine Sachkunde und seinen technischen Apparat ungenutzt lässt, kauft das Fahrzeug „so wie es geht und steht".[23] Ist- und Soll-Beschaffenheit fallen zusammen, soweit Mängel in Rede stehen, die bei einer Sicht- und Funktionsprüfung aufgefallen wären.[24] Man kann das Händlerverhalten auch als **konkludenten Haftungsverzicht** werten.[25]

---

18 DAT-Veedol-Report 2008, S. 56.
19 Urt. v. 21. 1. 1981, NJW 1981, 928.
20 OLG Frankfurt 18. 9. 1991, ZfS 1992, 230; LG Karlsruhe 9. 1. 1981, DAR 1981, 152; vgl. auch OLG Köln 16. 9. 1991, NJW-RR 1992, 49 (Kauf eines 10 Jahre alten Wohnwagens); s. auch OLG Hamm 6. 2. 1995, ZfS 1995, 17 = DAR 1995, 446–über 20 Jahre altes VW Cabrio.
21 OLG Brandenburg 17. 1. 1995, OLGR 1995, 89 (Händlerverkauf); vgl. auch BGH 16. 3. 1977, NJW 1977, 1055 (Käufer hatte den Händler weder nach einem früheren Unfall gefragt noch eine Probefahrt gemacht).
22 Vgl. auch OLG Braunschweig 23. 8. 1991, Nds. Rpfl. 1992, 26.
23 Zustimmend LG Dortmund 30. 11. 2007 – 3 O 220/07 – n. v.
24 LG Dortmund 30. 11. 2007 – 3 O 220/07 – n. v.
25 So BGH 21. 4. 1982, NJW 1982, 1700.

In der Rechtsprechung der Oberlandesgerichte[26] wird dagegen vorwiegend der gesetzliche Haftungsausschluss der groben Fahrlässigkeit angenommen, wenn ein **Kfz-Händler** einen Gebrauchtwagen ohne Untersuchung ankauft oder in Zahlung nimmt. Hier sind Zweifel angebracht. Je nach Alter des Fahrzeugs und seiner Historie kann im Einzelfall bei ungewöhnlich großer Leichtfertigkeit des Händlers aber durchaus ein Fall grober Fahrlässigkeit zu bejahen sein.

4. Darlegungs- und Beweislast

Für diejenigen Tatsachen, die den Rechtsbegriff der „groben Fahrlässigkeit" ausfüllen, ist der Verkäufer darlegungs- und beweisbelastet.[27] Die Grundsätze des Anscheinsbeweises sind nicht anwendbar.

5. § 442 BGB als Spezialregelung

Als Sondertatbestand geht § 442 BGB ebenso wie § 460 BGB a. F. der allgemeinen Regelung in **§ 254 BGB** vor.[28] Dem Käufer steht ein ungekürzter Schadensersatzanspruch aus Garantieübernahme oder wegen arglistiger Täuschung auch dann zu, wenn er aus grober Fahrlässigkeit den Sachmangel nicht erkannt hat; erst recht ist leichte Fahrlässigkeit unschädlich.[29] Aus einem derartigen „Verschulden" des Käufers kann der Verkäufer keine eigenen Ersatzansprüche herleiten.

---

26 OLG Schleswig 4. 11. 2005, MDR 2006, 629 = SVR 2006, 219; OLG Köln 8. 7. 1969, JMBl. NW 1970, 154; OLG Celle 13. 11. 1973, NdsRpfl. 1974, 83; s. auch OLG Kiel, SchlHAnz. 1941, 119; OLG Oldenburg 4. 7. 1962, MDR 1962, 901; OLG Düsseldorf 29. 5. 1972, BB 1972, 857.
27 *Palandt/Weidenkaff*, § 442 BGB Rn 6.
28 Neues Schuldrecht/*Haas* Kap. 5 Rn 284.
29 BGH 28. 6. 1978, NJW 1978, 2240 = WM 1978, 1175; BGH 29. 1. 1993, NJW 1993, 1643 (Grundstückskauf).

M. Untersuchungs- und Rügeobliegenheiten beim Handelskauf

I. Anwendungsbereich des § 377 HGB

1944 Über § 442 BGB hinausgehend legt § 377 HGB dem Käufer eine Obliegenheit zur Untersuchung und Mängelrüge auf. Während § 442 BGB, anders als § 460 BGB a. F., Sach- und Rechtsmängel umfasst, ist § 377 HGB auf **Sachmängel** beschränkt.[1] **Grundvoraussetzung** für die Anwendung des § 377 HGB ist ein Kauf, der **für beide Seiten** ein Handelsgeschäft ist.

Ein **beiderseitiger Handelskauf** liegt nach dem Wortlaut des Gesetzes nur vor, wenn Käufer und Verkäufer Kaufleute sind. Auf den Status kommt es an, nicht wie beim Unternehmerbegriff des § 14 BGB auf eine bestimmte Rechtsgeschäftslage. Für manche genügt es, wenn der Kauf auf beiden Seiten zu einem Unternehmen gehört.[2] Mit dieser Ausweitung wäre § 377 HGB auf **Freiberufler** zumindest analog anwendbar. Das ist – abgesehen von prinzipiellen Bedenken – jedenfalls für den Kauf neuer und gebrauchter Kraftfahrzeuge abzulehnen. Dies schon deshalb, weil Freiberufler nicht über den technischen Apparat und das nötige Know-how verfügen, um die Obliegenheiten nach § 377 HGB sachgerecht erfüllen zu können. Soweit das bei einem Kfz-Sachverständigen anders ist, mag eine Analogie naheliegend sein. Zu befürworten ist sie nicht, weil es an einer planwidrigen Regelungslücke fehlt und der Verkäufer zudem durch § 442 BGB hinreichend geschützt ist.

Sofern der Käufer Kaufmann ist, kommt es andererseits nicht darauf an, dass die personellen und sächlichen Voraussetzungen für die Erfüllung der Obliegenheiten i. S. d. § 377 HGB in seiner Person tatsächlich erfüllt sind. Das wird vom Gesetz in typisierender Betrachtung vermutet. Infolgedessen fallen z. B. **Leasinggesellschaften** und **Autovermietungen** unter § 377 HGB, sofern sie, wie üblich, Fahrzeuge im kaufmännischen Verkehr käuflich erwerben.

II. Der maßgebliche Zeitpunkt

1945 § 377 Abs. 1 HGB ist ein beweiskräftiger Beleg dafür, dass ein Käufer, gleichviel, ob Kaufmann oder nicht, grundsätzlich nicht dazu verpflichtet ist, das Kaufobjekt zu untersuchen, bevor es ihm ausgeliefert worden ist. Vor und bei Vertragsabschluss trifft auch einen Kaufmann keine Untersuchungsobliegenheit. Erst **nach der Ablieferung**, dann freilich unverzüglich, wird sie aktiviert. Versäumnisse vor diesem Zeitpunkt können nur nach Maßgabe des § 442 Abs. 1 BGB (grobe Fahrlässigkeit) relevant sein (s. Rn 1937 ff.).

Was den Tatbestand der **Ablieferung** angeht, kann auf die Ausführungen zur Ablieferung i. S. d. § 438 Abs. 2 BGB verwiesen werden (Rn 2005 ff.). Die Begriffe sind deckungsgleich.

Mit einer Untersuchung unverzüglich nach der (ersten) Ablieferung ist es nicht immer getan. Wenn der Verkäufer eine **Nachlieferung** oder **Nachbesserung** vorgenommen hat, hat der Käufer das Kaufobjekt erneut zu untersuchen und etwaige – verbliebene oder neu entstandene – Mängel zu rügen.[3]

---

[1] Str. vgl. *Eckert/Maifeld/Matthiessen*, Rn 892, zur Rügeobliegenheit bei einem Rechtsmangel nach UN-Kaufrecht s. BGH 11. 1. 2006, NJW 2006, 1343 (fortbestehendes Eigentum an gestohlenem Pkw).

[2] Zum Diskussionsstand s. Müko-HGB/*Grunewald*, § 377 HGB Rn 8.

[3] Vgl. *Eckert/Maifeld/Matthiessen*, Rn 901 mit Respr.nachw.; zum Ganzen *Mankowski*, NJW 2006, 865 ff.; zur Obliegenheit des Käufers im Fall der Nachbesserung, speziell bei mehreren Werkstattaufenthalten, s. OLG Hamm 6. 2. 2006, DAR 2006, 390 (Neuwagen/Leasing).

III. Einzelfragen zur Untersuchungs- und Rügeobliegenheit

Nach § 377 Abs. 1 HGB hat der Käufer die Ware unverzüglich nach der Ablieferung zu untersuchen, „soweit dies nach einem ordnungsgemäßen Geschäftsgang tunlich ist". **Zeitpunkt, Art und Intensität** der Untersuchung richten sich nach den **Umständen des Einzelfalles**, wobei etwaige Handelsbräuche zu berücksichtigen sind. Die Rechtsprechung hat diese Maßstäbe durch Bildung von Fallgruppen für bestimmte Warenarten konkretisiert. Für den Kfz-Handel fehlt es an einer gefestigten höchstrichterlichen Judikatur. Soweit die Instanzgerichte sich in Kfz-Sachen mit § 377 HGB befassen, handelt es sich vorwiegend um Fälle mit **fabrikneuen Leasingfahrzeugen** (dazu Rn L252 ff.).

1. Unterscheidung zwischen neuen und gebrauchten Kraftfahrzeugen

Zugeschnitten ist § 377 HGB auf den Kauf **neuer Ware** und frischer Lebensmittel. Technische Geräte, die bereits einen Vorbesitzer hatten und **gebraucht verkauft** werden, sind jedoch nicht von vornherein aus dem Anwendungsbereich des § 377 HGB ausgenommen. Zu erwägen ist, diese Vorschrift für den Handel mit gebrauchten Kraftfahrzeugen als **generell abbedungen** anzusehen. Die Frage ist indes ohne praktische Relevanz. Denn im B2B-Bereich „Gebrauchtfahrzeuge" wird üblicherweise jegliche Gewährleistung ausgeschlossen.

Soweit die Freizeichnung Bestand hat, erübrigt sich das Thema „Untersuchungspflicht". In den Fällen, in denen die Gewährleistungsrechte des Käufers durchsetzbar bleiben, ist zu unterscheiden: Bei arglistiger Täuschung hilft dem Verkäufer weder die Freizeichnung (§ 444 BGB) noch der Schutz des § 377 HGB (siehe Abs. 5); auch § 442 BGB greift nicht zu seinen Gunsten ein. Kann der Verkäufer sich dagegen nur deshalb nicht auf den vereinbarten Gewährleistungsausschluss berufen, weil er eine Beschaffenheitsgarantie i. S. d. § 444 BGB gegeben hat, bleibt ihm der Schutz des § 377 HGB grundsätzlich erhalten. Die Garantie kann freilich dahin zu verstehen sein, dass der Käufer von einer Untersuchung entbunden ist. Das ist Auslegungssache.

Dort, wo ein konkludenter Verzicht auf § 377 HGB im Wege der Auslegung der Garantieerklärung nicht feststellbar ist, kann sie gleichwohl einen Entlastungseffekt zu Gunsten des Käufers haben. Soweit er kraft der Garantie in der Annahme schutzwürdig ist, das Fahrzeug sei mangelfrei, entfällt die Pflicht, sich von der Berechtigung dieser Zusage durch eine gezielte Überprüfung zu vergewissern. Auch eine technische Beratung des Käufers durch seinen Vertragspartner kann sich in dieser Hinsicht auswirken. Nach Entdeckung eines Mangels ist jedenfalls unverzüglich zu rügen (§ 377 Abs. 3 HGB), andernfalls der Käufer mit seinen Gewährleistungsrechten ausgeschlossen ist.

2. Neuwagenhandel

Die **geringe Fehlerwahrscheinlichkeit** bei fabrikneuen Kraftfahrzeugen ist der einleuchtende Grund dafür, jeden Käufer, auch den Kaufmann, von einer allgemeinen, jedes einzelne Neufahrzeug betreffenden Pflicht zur Untersuchung freizustellen, d. h. Neufahrzeuge können ungeprüft gelagert werden. **Testfahrten** sind schon deshalb untunlich, weil fabrikneue Pkw/Kombis üblicherweise mit Kilometerstand Null verkauft werden. Zudem besteht die Gefahr, dass die hochsensible Eigenschaft „fabrikneu" verloren geht (dazu Rn 277). Nur dort, wo **konkrete Anhaltspunkte** für eine Mangelhaftigkeit vorliegen, muss ein Kaufmann der Sache nachgehen. Ein solcher Anhaltspunkt kann eine Rückrufaktion des Herstellers sein, sofern sie dem Käufer bekannt ist.

Angesichts der besonderen Situation im Neufahrzeughandel ist § 377 HGB praktisch nur bei **verdeckten Mängeln** und im Bereich der Nacherfüllung ein Thema. Nachdem sich der

Mangel gezeigt hat, muss er **unverzüglich gerügt** werden (§ 377 Abs. 3 HGB). Zum Sich-Zeigen s. Rn 1637.

Ausschlaggebend für die **Bemessung der Rügefrist** sind die Umstände des Einzelfalles. Insoweit kann von Bedeutung sein, ob der Käufer noch im unmittelbaren Besitz des Fahrzeugs ist oder ob es im Zeitpunkt der Entdeckung des Mangels bereits einen weiteren Besitzer gefunden hatte. Zur Situation beim Leasing s. Rn L252 ff. Generell ist die Rechtsprechung bei der Bemessung der Rügefrist tendenziell engherzig zu Lasten des Käufers.

3. Gebrauchtwagenhandel

1949 Eine erste Besichtigung und/oder Test(fahrt) findet typischerweise **vor** Abschluss des Kaufvertrages statt. Das befreit den Käufer ein gutes Stück weit von seiner handelsrechtlichen Obliegenheit zur Untersuchung nach Übernahme des Fahrzeugs. Wo eine vorherige Prüfung nicht erfolgt ist, z. B. bei einem Online-Kauf, ist der Käufer gehalten, sich unverzüglich nach Übernahme des Fahrzeugs ein Bild von dessen Beschaffenheit zu machen. Eine Frist von maximal einer Woche ist dafür allemal ausreichend.

Im Kfz-Handel ist eine optische und technische Untersuchung („Durchsicht") angekaufter Gebrauchtfahrzeuge (Pkw wie Lkw) allgemein üblich. Insoweit kann von einem **Handelsbrauch** gesprochen werden (s. auch Rn 1916), allerdings beschränkt auf Kfz-Händler mit eigener Werkstatt. Für Kfz-Händler ohne Werkstatt und generell für gewerbliche Käufer außerhalb der Kfz-Branche wie etwa Leasinggesellschaften und Autovermieter kann ein derartiger Handelsbrauch nicht festgestellt werden. Von solchen Gebrauchtfahrzeugkäufern ist eine geringere Intensität bei der Untersuchung zu fordern, wobei nach Alter, Laufleistung und Anzahl der Vorbesitzer zu differenzieren ist. Je größer die Wahrscheinlichkeit von Sachmängeln ist, desto mehr Grund besteht zur Kontrolle.

4. Darlegungs- und Beweislast

1950 Anders als im Rahmen des § 442 BGB, wo der Verkäufer die Kenntnis bzw. die grob fahrlässige Unkenntnis des Käufers zu beweisen hat (s. Rn 1936/1942), ist die Verteilung der Darlegungs- und Beweislast bei § 377 HGB um Einiges komplizierter. Die tatsächlichen Voraussetzungen, die den Anwendungsbereich des § 377 HGB eröffnen, stehen zur Beweislast des Verkäufers, d. h. er hat zu beweisen, mit einem Kaufmann kontrahiert zu haben. Beweisbelastet ist er auch hinsichtlich der Ablieferung. Wenn die Ablieferung als Voraussetzung der Rügelast i. S. v. § 377 HGB feststeht, ist es Sache des Käufers darzulegen und zu beweisen, dass er den Mangel rechtzeitig gerügt hat.[4] Dagegen muss er nicht behaupten oder gar beweisen, dass und wie er das Kaufobjekt untersucht hat.[5] Die Genehmigungsfiktion und damit der Verlust der Gewährleistungsrechte ist ausschließlich an das Rügeversäumnis, nicht an die Verletzung der Untersuchungsobliegenheit geknüpft. Umstände, die zum Wegfall der Rügelast führen, wie z. B. eine entsprechende Vereinbarung[6] oder eine arglistige Täuschung (§ 377 Abs. 5 HGB) stehen zur Darlegungs- und Beweislast des Käufers; ebenso die Behauptung eines nachträglichen Verzichts auf den Verspätungseinwand.

---

4 BGH 22. 12. 1999, NJW 2000, 1415; OLG Hamm 6. 2. 2006, DAR 2006, 390 (Neuwagen/Leasing).
5 Str., wie hier Müko-HGB/*Grunewald*, § 377 HGB Rn 137.
6 Zur AGB-Problematik ausführlich Müko-HGB/*Grunewald*, § 377 HGB Rn 114 ff.

N. Vertragliche Beschränkung der Sachmängelhaftung

I. Die Ausgangslage nach der Schuldrechtsreform

Auch wenn es im Schuldrechtsmodernisierungsgesetz an keiner Stelle ausdrücklich gesagt wird: Außer Zweifel steht, dass jegliche Beschränkung der Sachmängelhaftung **bei einem Verbrauchsgüterkauf** grundsätzlich **unzulässig** ist. Der Unternehmer darf sich auf eine Vereinbarung, die zum Nachteil des Verbrauchers von bestimmten Vorschriften des Kaufrechts abweicht, nicht berufen (§ 475 Abs. 1 BGB). Selbst eine individualvertragliche Vereinbarung über eine Haftungserleichterung nützt dem Unternehmer nichts, sofern sie vor Mitteilung des Mangels zustande gekommen ist.[1]

1951

Außerhalb des Verbrauchsgüterkaufs ist ein Ausschluss der Sachmängelhaftung weiterhin **grundsätzlich zulässig**. Bei der Inhaltskontrolle formularmäßiger Haftungsfreizeichnungen sind allerdings einige Besonderheiten zu beachten.

II. Der Verbrauchsgüterkauf

1. Kfz-Betrieb an Verbraucher

Der Kfz-Handel hat die Schuldrechtsreform nicht zum Anlass genommen, für Verbrauchergeschäfte ein eigenes Vertragsformular mit ausschließlich auf diesen Geschäftstyp zugeschnittenen AGB zu entwickeln. Gewählt wurde eine **Einheitslösung** mit Differenzierungen nach Käufergruppen.

1952

Dort, wo früher ein Ausschluss jeglicher Gewährleistung formuliert war, ist heute lediglich von einer **Herabsetzung der Verjährungsfrist** von zwei Jahren auf ein Jahr die Rede (Beispiel: Abschn. V der ZDK-AGB, Stand 3/08). Damit macht der Kfz-Handel von einer Option Gebrauch, die § 475 Abs. 2 BGB beim Verkauf an Verbraucher ausdrücklich einräumt (näher Rn 2000 ff.). Eine weitergehende Haftungserleichterung ist einem Unternehmer strikt untersagt.

Eine Ausnahme wird nur für die **Schadensersatzhaftung** nach § 437 Nr. 3 BGB gemacht (§ 475 Abs. 3 BGB). Auch von dieser Option hat der Kfz-Handel durchgängig Gebrauch gemacht. In den (mittlerweile ersetzten) verbandsempfohlenen Verkaufsbedingungen (Stand 7/03) werden die Schadensersatzansprüche aus der Sachmängelhaftung allerdings nicht gesondert geregelt. Mit Blick auf § 444 BGB heißt es lediglich im Abschn. VI Ziff. 1 S. 3, dass bei arglistigem Verschweigen von Mängeln oder der Übernahme einer Beschaffenheitsgarantie weitergehende Ansprüche „unberührt" bleiben. Die freizeichnungsfesten Konstellationen des **§ 309 Nr. 7 a und b BGB** werden nicht im Abschn. VI („Sachmangel"), sondern nur im Abschn. VII („Haftung"), dort Ziff. 1, angesprochen. Die von der Rechtsprechung aufgedeckten Schwachstellen hat man durch eine **Neufassung des Klauselwerks** zu beheben versucht (GWVB, Stand 3/08).

Wer als Unternehmer weiterhin, wie vor dem 1.1.2002 üblich, mit einem **pauschalen Gewährleistungsausschluss** („unter Ausschluss jeder Gewährleistung") operiert, kann damit keinerlei Wirkung erzielen, trotz der Lockerung durch § 475 Abs. 3 BGB nicht einmal im Bereich der Schadensersatzhaftung.[2]

---

1 Vgl. LG Dessau 23.12.2002, DAR 2003, 119 („keine Garantie").
2 OLG Bremen 10.9.2003, OLGR 2004, 117; OLG Köln 1.3.2006, OLGR 2006, 381; s. auch *Tiedtke/Burgmann*, NJW 2005, 1153.

Nach wie vor ungeklärt ist der Einfluss des Verbots von Nr. 1 b des Anhangs zur EU-Klausel-Richtlinie 93/13.[3] In der Gerichtspraxis spielt diese Regelung keine Rolle.

b) Sonstige Unternehmer an Verbraucher

1953 Außerhalb des Kfz-Handels werden jährlich einige hunderttausend Gebrauchtfahrzeuge nach den Regeln des Verbrauchsgüterkaufs veräußert. Außer **Leasinggesellschaften, Autovermietern** und ähnlichen Unternehmen aus der Kfz-Branche im weiteren Sinn treten auch solche Unternehmer als Gebrauchtfahrzeugverkäufer auf, deren gewerbliche oder selbstständige Tätigkeit einen anderen Schwerpunkt hat als die Vermarktung gebrauchter Kraftfahrzeuge. Derartige „**Gelegenheitsverkäufer**" werden gleichfalls als Unternehmer i. S. d. §§ 14, 474 BGB behandelt.

Um Unternehmern außerhalb der Kfz-Branche den Absatz ihrer Geschäftsfahrzeuge zu erleichtern, sind aus Anlass der Schuldrechtsreform neu konzipierte Musterverträge auf den Markt gekommen. Besonders zu erwähnen ist der **ADAC-Kaufvertrag** „für den Verkauf eines gebrauchten Kraftfahrzeuges durch einen Unternehmer". Die hier interessierende Klausel, durch Fettdruck hervorgehoben, lautet in der Ursprungsversion:

„Die Sachmängelhaftung des Verkäufers wird auf ein Jahr beschränkt. Diese Beschränkung gilt nicht für Schadensersatzansprüche aus Sachmängelhaftung, die auf einer grob fahrlässigen oder vorsätzlichen Verletzung von Pflichten des Verkäufers beruhen sowie bei Körperschäden."

Dieser Klausel[4] liegt die richtige Überlegung zugrunde, dass auch eine Verkürzung der Verjährungsfrist auf ein Jahr eine „Beschränkung" von Schadensersatzansprüchen darstellt und dass deshalb die **Verbote in § 309 Nr. 7 a und b BGB** zu beachten sind. Würden die Schadensersatzansprüche des Verbrauchers in den dort genannten Sonderfällen gleichfalls bereits in einem Jahr verjähren, wäre die formularvertragliche Fristenregelung insgesamt unwirksam.[5] Näheres Rn 2000 ff.

2. Unternehmer-Nichtverbraucher-Geschäfte

1954 Zu dieser Kategorie von Gebrauchtwagen-Kaufverträgen gehören vor allem **Unternehmer-Unternehmer-Geschäfte** (B2B) wie etwa der Verkauf eines Gebrauchtfahrzeugs durch einen Händler an eine Leasinggesellschaft.[6] Zu nennen sind hier auch Verkäufe von Unternehmern an juristische Personen des öffentlichen Rechts oder öffentlich-rechtliche Sondervermögen. Die umgekehrte Konstellation – Behörde verkauft an Unternehmer – unterliegt den gleichen Rahmenbedingungen.

a) Individualvertragliche Haftungsbeschränkungen

1955 Wird die Sachmängelhaftung im Bereich B2B ausnahmsweise nicht formularmäßig, sondern **individuell** ausgeschlossen,[7] ergeben sich mancherlei **Auslegungsprobleme**, etwa bei einem Nebeneinander von einer Beschaffenheitsvereinbarung bzw. einer Beschaffenheitsgarantie und der Freizeichnungsklausel. Fehlt dem Fahrzeug eine vereinbarte Beschaffenheit, bleibt ein pauschaler Gewährleistungsausschluss, auch wenn er individualvertraglich vereinbart ist, ohne Wirkung; erfasst werden nur Mängel i. S. d. § 434 Abs. 1 S. 2

---

3 Abgedruckt bei *Palandt/Grüneberg*, § 310 BGB Rn 27; zur Problematik *F. Graf von Westphalen*, ZGS 2004, 467.
4 Dem Vernehmen nach soll der Text geringfügig geändert worden sein.
5 BGH 15. 11. 2006, NJW 2007, 674 (Tierkauf).
6 Vgl. BGH 21. 12. 2005, NJW 2006, 1066.
7 Beispiel OLG Saarbrücken 23. 6. 2006, ZfS 2006, 508/570; zur Abgrenzung von Individualvereinbarung und AGB s. *Kessel/Jüttner*, BB 2008, 1350.

Nr. 1 und Nr. 2 BGB, also vor allem Mängel im objektiven Sinn.[8] Schon in früheren Entscheidungen hat der BGH in solchen Fällen eine ähnlich **restriktive Auslegung** der Freizeichnungsklausel befürwortet.[9]

Bei einer individualvertraglichen Freizeichnung wie „unter Ausschluss jeglicher Gewährleistung" oder „verkauft ohne Gewähr" ist zunächst zu prüfen, ob die Angabe des Verkäufers über die Beschaffenheit des Fahrzeugs überhaupt rechtsverbindlich sein soll, wenn ja, ob sie als Garantieübernahme aufzufassen ist. Ein umfassender Haftungsausschluss kann ein Indiz dafür sein, dass der Verkäufer keinerlei Garantie für die Beschaffenheit der Sache übernehmen möchte.[10] Andererseits ist es durchaus möglich, dass der Verkäufer für bestimmte Fahrzeugmängel nicht haften will, die Abwesenheit anderer hingegen garantieren möchte. Das ist vor allem eine Frage der Auslegung (§§ 133, 157, 242 BGB).[11] Ob ein individualvertraglicher Ausschluss der Sachmängelhaftung auch solche Mängel erfasst, die zwischen Vertragsabschluss und Übergabe entstehen, ist gleichfalls Auslegungssache und im Zweifel zu verneinen.[12]

Vom BGH noch nicht entschieden ist die Fallgestaltung, dass der Verkäufer seine Haftung auch für eine Beschaffenheitsvereinbarung ausdrücklich, also nicht nur, wie in BGH NJW 2007, 1346, pauschal, ausschließt. Im Zweifel geht hier der Ausschluss vor. Naheliegend ist eine Auslegung im Sinne von „Beschaffenheitsvereinbarung: keine".

Unabhängig vom Auslegungsergebnis gilt: Ein individueller Ausschluss jeglicher Sachmängelhaftung ist grundsätzlich zulässig. Grenzen zieht – abgesehen von §§ 138, 242 BGB – lediglich § 444 BGB.[13]

b) Formularmäßige Freizeichnungen

Für Verträge mit Nichtverbrauchern, namentlich Unternehmern und Behörden, sehen die vom ZDK empfohlenen **Gebrauchtwagenverkaufsbedingungen** eine Sonderregelung vor.

Zunächst ist zu klären, welches Klauselwerk dem konkreten Vertrag zugrunde liegt. Zu unterscheiden sind **drei Versionen:** Stand 1.1.2002, sodann 7/2003 und jetzt 3/2008. In den beiden älteren erfolgt der Verkauf „unter Ausschluss jeglicher Sachmängelhaftung" (Abschn. VI Nr. 1 S. 2), bemerkenswerteise aber nicht für sämtliche Kraftfahrzeuge/Anhänger, sondern nur für **Nutzfahrzeuge**. Damit schöpften die Klauselverfasser den Freizeichnungsspielraum nicht voll aus. Für den Verkauf von Fahrzeugen, die nicht unter die Kategorie „Nutzfahrzeug" fallen, also vor allem für den **Pkw-Verkauf**, hat man aus geschäftspolitischen Gründen bewusst auf einen Haftungsausschluss verzichtet, also einen Gleichlauf gewollt. Es bleibt beim Verkauf von Fahrzeugen, die keine Nutzfahrzeuge sind, bei der gesetzlichen Sachmängelhaftung, wenn auch mit auf ein Jahr abgekürzter Verjährung, vorausgesetzt, dass der Vertrag auf der Basis der ZDK-AGB 1/2002 oder 7/2003 abgeschlossen worden ist.

Die **aktuelle Fassung** (Stand 3/2008) verzichtet auf die Differenzierung zwischen Nutzfahrzeugen und anderen Fahrzeugen, enthält also für Verträge mit Nichtverbrauchern einen

---

8 BGH 29.11.2006, NJW 2007, 1346 (aber privates Direktgeschäft); zum Ganzen *Gsell* in FS Eggert 2008. S. 1 ff.
9 Urt. v. 30.1.1985, NJW 1985, 1333 = JR 1985, 364 m. Anm. *Köhler*; s. auch BGH 10.10.1977, BB 1977, 1623; BGH 30.11.1990, NJW 1991, 912; BGH 12.4.1996, NJW 1996, 2027 – Immobilienkauf; BGH 14.6.2000. NJW 2000, 3130 – gebr. Wärmetauscher.
10 Vgl. OLG München 7.7.1992, OLGR 1992, 113 (EZ-Angabe in Zeitungsanzeige).
11 BGH 14.6.2000, NJW 2000, 3130; KG 24.7.2000, KGR 2001, 10; *Graf von Westphalen*, ZIP 2002, 545; *Gsell* a.a.O. (Fn. 8).
12 Vgl. BGH 24.1.2003, ZIP 2003, 532 (Grundstückskauf).
13 So auch OLG Saarbrücken 23.6.2006, ZfS 2006, 508/570.

umfassenden Haftungsausschluss („unter Ausschluss jeglicher Sachmängelansprüche"), siehe Abschn. VI Nr. 1 S. 2.

In (Alt-)Fällen mit Unterscheidung nach der Art des Fahrzeugs in den AGB kann der Verkäufer seine Rechtsposition durch eine Sonderabrede verbessert haben, z. B. durch eine Klausel auf der Bestellscheinvorderseite in der Rubrik für „Sondervereinbarungen". Individualabreden sind an den §§ 138, 242 BGB zu messen, vorformulierte Klauseln, soweit sie nicht an § 305 c BGB scheitern,[14] nur an § 307 BGB. Zu beachten ist jedoch die Ausstrahlungswirkung der §§ 308, 309 BGB.[15]

aa) Auslegungsfragen

1957   Auslegung geht vor Inhaltskontrolle. Deshalb sind zunächst Inhalt und Tragweite der im konkreten Fall maßgeblichen Freizeichnungsklausel in den **GW-Verkaufsbedingungen** zu klären. Zu beachten sind die unterschiedlichen Versionen. Verträgen aus der Zeit vor Mai 2008 liegen überwiegend die ZDK-AGB Stand 1/2002 oder 7/2003 zugrunde.

(1) Nutzfahrzeug

1958   Abweichend von der Grundaussage, dass für Sachmängel ein Jahr lang gehaftet wird, sehen die – inzwischen veralteten – Klauselwerke 1/2002 und 7/2003 für den Verkauf von Nutzfahrzeugen an bestimmte Käufer (Behörden, Unternehmer) den Ausschluss jeglicher Sachmängelhaftung vor. M. a. W.: Beim Verkauf eines Fahrzeugs, das kein Nutzfahrzeug ist, soll auch gegenüber Nichtverbrauchern gehaftet werden. Der Begriff „Nutzfahrzeug" ist nicht eindeutig. Zur Auslegung s. Rn 6.

(2) Art des Sachmangels

1959   Auf welche Mängel sich der Haftungsausschluss erstreckt, wird nicht konkretisiert; auch nicht in der Neufassung Stand 3/2008. Dass es Sachmängel, nicht Rechtsmängel sind, folgt schon aus der Überschrift über dem Abschnitt VI („Sachmangel"). Damit ist aber nichts über die Art des Sachmangels gesagt. Ob alle denkbaren Fallgestaltungen des bisher schon weiten, jetzt noch weiter ausgedehnten Sachmangelbegriffs erfasst werden oder ob nur eine bestimmte Teilmenge gemeint ist, bleibt offen.

Nach allgemeinem Verständnis bezog sich die Freizeichnungsklausel alter Art („unter Ausschluss jeder Gewährleistung") auf **sämtliche Fehler**, mochten sie **verborgen oder sichtbar** sein,[16] behebbar oder unbehebbar. Erfasst wurden nur solche Fehler, die bereits bei Vertragsabschluss vorlagen, also zu diesem Zeitpunkt zumindest „im Keim" angelegt waren. Auf Mängel, die zwischen Abschluss des Kaufvertrages und Fahrzeugauslieferung entstanden sind, erstreckten sich die handelsüblichen Freizeichnungsklauseln nicht. Anders als z. B. beim Grundstückskauf[17] war die **Zeitpunktfrage** beim Gebrauchtfahrzeugkauf kein praxisrelevantes Problem. Denn Kauf und Übergabe lagen meist so nahe zusammen, dass eine Verschlechterung des Zustandes in der Zwischenzeit ausschied.

Wenn das Fahrzeug ausnahmsweise zwischen Unterzeichnung des Bestellscheins (Angebotsabgabe durch den Kunden) und Auslieferung an ihn einen verborgen gebliebenen Defekt erlitten hatte, konnte der Händler seine Haftung nicht unter Hinweis auf die formularmäßige Freizeichnungsklausel ablehnen. Formularmäßige Freizeichnungsklauseln seien im Zweifel eng auszulegen, so die Begründung. Wollte der Verkäufer sich auch von der

---

14 Vgl. OLG Celle 24. 4. 2003 – 11 U 285/02 – n. v. (Untersuchungsobliegenheit für den Käufer).
15 Vgl. BGH 19. 9. 2007, NJW 2007, 3774 = DAR 2008, 19.
16 BGH 16. 3. 1977, NJW 1977, 1055
17 Vgl. dazu BGH 10. 3. 1995, NJW 1995, 1737 – Brand zwischen Notar- und Übergabetermin; s. auch BGH 24. 1. 2003, ZIP 2003, 532.

Der Verbrauchsgüterkauf

Haftung für Mängel aus der Zeit zwischen Abgabe des Angebots und Auslieferung freizeichnen, musste er mit dem Käufer eine entsprechende Abrede treffen. Das geschah im Handel mitunter durch so genannte „Abnahme-Erklärungen".

Der weite juristische Sachmangelbegriff warf und wirft die Frage auf, ob der Haftungsausschluss sich auch auf solche Erscheinungen erstreckt, die nach allgemeinem Begriffsverständnis **keine typischen Fahrzeugmängel** sind. Das OLG Hamm hat sich bereits Anfang der Fünfziger Jahre für eine **Begrenzung** ausgesprochen.[18] Ihrem Sinn und Zweck nach soll sich die Freizeichnungsklausel nur auf solche Mängel erstrecken, die den **technischen Gebrauch** des Fahrzeugs beeinträchtigen. Ausgeklammert wurden Beschaffenheitsabweichungen wie etwa die Nichtübereinstimmung von Fahrgestellnummer am Fahrzeug mit der Nummer im Fahrzeugbrief. Während mehrere Oberlandesgerichte in derartigen Störfällen keinen Sachmangel sahen,[19] hielt der **BGH** die §§ 459 ff. BGB a. F. auch hier für anwendbar. **1960**

Der vom OLG Hamm angeschnittenen Auslegungsfrage brauchte der BGH seinerzeit nicht nachzugehen, weil die Klausel „wie besichtigt und probegefahren" lautete und damit ohnehin eine beschränkte Reichweite hatte. Ob der vollständige Gewährleistungsausschluss Fälle **nichttechnischer Fehlerhaftigkeit** einschließt, ist auch in der Taxi-Entscheidung des BGH vom 12. 5. 1976[20] offen geblieben.[21] Das KG hatte als Vorinstanz die Meinung vertreten, dass die Klausel bei solchen Mängeln nicht gelte, die für den Verkäufer aus dem Fahrzeugbrief ersichtlich seien. Im Streitfall hatte ein Kfz-Händler einen Wagen verkauft, der 4 Jahre lang als Taxi benutzt worden war. Ohne Entscheidung ist die Auslegungsfrage auch in dem BGH-Urteil vom 7. 5. 1997[22] geblieben.

Als **vernünftiger Zweck** der Freizeichnungsabrede kann nur der Ausschluss der Haftung für solche Sachmängel angesehen werden, die den **bestimmungsgemäßen Gebrauch** des Kraftfahrzeugs unmittelbar beeinträchtigen und deren Grund in der Vorbenutzung, im Gebrauchtsein, liegt. Eine Auslegungshilfe gibt die Frage, ob die Vertragswidrigkeit **mit technischen Mitteln,** also in einer Werkstatt, zu beseitigen ist. **1961**

Nachbesserungsunfähigkeit ist freilich kein Ausschlusskriterium. Unfallvorschäden und km-Abweichungen fallen zweifelsohne unter den formularmäßigen Haftungsausschluss. Schon nach dem **allgemeinen Sprachgebrauch** handelt es sich jedoch nicht um „Mängel", wenn die Fahrzeugpapiere fehlen oder wenn Daten des Fahrzeugs und des Briefs nicht übereinstimmen oder die Fahrzeugidentifizierungsnummer (FIN) ausgetauscht worden ist.[23] Auch kann der Händler seine Sachmängelhaftung für ein **höheres Fahrzeugalter**[24] nicht unter Berufung auf den allgemeinen Gewährleistungsausschluss ablehnen. Auch die Fälle **atypischer Vorbenutzung** (Taxi, Miet- oder Fahrschulwagen) sind auszuklammern.[25] Eine Freizeichnung setzt hier eine **konkrete Abrede** voraus, die auch formularmäßig erfolgen kann.

Ob der allgemeine (pauschale) Ausschluss der Sachmängelhaftung darüber hinaus zu begrenzen ist, indem man „grundlegende, den Vertragszweck erheblich gefährdende Mängel" **1962**

---

18 Urt. v. 24. 11. 1952, NJW 1953, 386; s. auch OLG Hamburg 11. 7. 1958, BB 1958, 896.
19 Siehe auch OLG Oldenburg 31. 1. 1995, NJW-RR 1995, 688 = MDR 1995, 360 – unrichtige Herstellerangabe bei einem nach Totalschaden wieder aufgebauten BMW Z 1; SchlHOLG 4. 7. 1996, OLGR 1996, 339 = ZfS 1997, 17 – Austausch der FIN.
20 BB 1977, 61 m. Anm. *Trinkner.*
21 Ebenso im Urt. v. 7. 5. 1997, NJW 1997, 3164.
22 NJW 1997, 3164
23 Dazu SchlHOLG 4. 7. 1996, OLGR 1996, 339 = ZfS 1997, 17.
24 Oder eine frühere Erstzulassung.
25 Ebenso die Unrichtigkeit einer Herstellerangabe, vgl. OLG Oldenburg 31. 1. 1995, NJW-RR 1995, 688.

aus seinem Anwendungsbereich herausnimmt, war eine Frage, die durch den Gebrauchtwagen-Run Anfang der Neunziger in den neuen Bundesländern besondere Aktualität erlangt hatte, freilich schwerpunktmäßig beim Verkauf an Verbraucher. Inzwischen haben sich die Verhältnisse normalisiert.

Nach altem Kaufrecht kamen grundsätzlich zwei Lösungswege in Betracht: Denkbar war einerseits, die Freizeichnungsklausel auch bei sog. **Schwerstmängeln** für anwendbar zu halten und zum Schutz des Käufers gesteigerte Aufklärungspflichten zu statuieren, flankiert von einer Großzügigkeit bei der Annahme von Zusicherungen. Dies war das Konzept des BGH.[26] Die Alternative hieß: unmittelbare Beschränkung der Freizeichnungsklausel, nicht mittelbar durch eine „überschießende" Gegensteuerung über § 476 BGB a. F. und mit Hilfe der Figur der stillschweigenden Eigenschaftszusicherung (§ 459 Abs. 2 BGB a. F.).

Darüber, dass in diesem Punkt ein Regelungsbedürfnis bestand, war man sich in allen Lagern weitgehend einig. Auch die einschlägigen Gerichtsentscheidungen enthielten oft das stillschweigende Eingeständnis, dass der allgemeine Gewährleistungsausschluss im Einzelfall zu unbefriedigenden Ergebnissen führt. Diese richtige Erkenntnis war die Grundlage all derjenigen Entscheidungen, in denen der Gewährleistungsausschluss neutralisiert worden ist, obgleich eine arglistige Täuschung nicht nachgewiesen werden konnte.

Mit dem gängigen Auslegungsinstrumentarium kam man in den „Schwerstmängel-Fällen" nicht recht weiter. Im Kern ging es um ein **Problem der Angemessenheit** und damit der (offenen) **Inhaltskontrolle.** Weder aus sich selbst heraus noch im Kontext mit dem typischen Inhalt von Gebrauchtwagenkaufverträgen konnte der allgemeine Gewährleistungsausschluss alter Art dahin ausgelegt werden, dass die Haftung für so genannte Schwerstmängel bestehen bleibt.[27] Dass ein Händler die Abwesenheit dieser Mängel oder – positiv gewendet – die Gebrauchstauglichkeit des Fahrzeugs konkludent oder stillschweigend zusagt, gar garantiert, konnte **im Regelfall** des Verkaufs an Nichtverbraucher nicht angenommen werden. Schon die Tatsache, dass unter Haftungsausschluss verkauft wurde, sprach dagegen.

Der BGH hat schon vor Jahren klargestellt: Ohne konkrete Anhaltspunkte für eine abweichende Auslegung erfasst die (seinerzeit) übliche Freizeichnungsklausel **auch schwerste technische Mängel**; insoweit ist sie umfassend.[28] Diese richtige Aussage hatte vor allem Verbraucherkäufe vor Augen. Sie gilt erst recht beim **Verkauf an Nichtverbraucher**. Konkrete Anhaltspunkte im Sinn der BGH-Rechtsprechung sind nicht: Anbieten des Fahrzeugs als Gebrauchtwagen statt als Schrott- oder Bastlerwagen, Verlangen eines Preises, der für ein im Wesentlichen mängelfreies Fahrzeug angemessen wäre, Hinweis auf gerade erfolgte TÜV-Abnahme, Vorlage einer Werkstattrechnung oder des „Scheckhefts". Alle diese Tatsachen sind ohne das Hinzutreten weiterer Umstände zu schwach, um den Gewährleistungsausschluss zurücktreten zu lassen.

(3) Haftungsausschluss und Beschaffenheitsgarantie

Dass ein lediglich **formularmäßiger Gewährleistungsausschluss** sich nicht auf die Haftung des Verkäufers für das Fehlen einer zugesicherten Eigenschaft bezog, war im Ergebnis Allgemeingut.[29] Allerdings war der Gewährleistungsausschluss in einem solchen Fall nicht

---

26 Vgl. *Hiddemann*, 25 Jahre Bundesgerichtshof, S. 132.
27 Zutreffend BGH 22. 2. 1984, NJW 1984, 1452.
28 BGH 22. 2. 1984, NJW 1984, 1452; anders der österr. OGH (Urt. v. 16. 2. 2006, ZVR 2006, 414).
29 Grundlegend BGH 29. 5. 1968, BGHZ 50, 200, 206; für den Gebrauchtwagenhandel erstmals Urt. v. 25. 6. 1975, NJW 1975, 1693 unter III, 4 b (km-Angabe), ferner BGH 4. 10. 1989, DAR 1989, 458 (km-Angabe); BGH 10. 10. 1977, NJW 1978, 261 (Unfallfreiheit); BGH 21. 4. 1993, NJW 1993, 1854 („fahrbereit").

etwa unwirksam. Nur punktuell entfaltete er keine Wirksamkeit. Beim Fehlen einer Fahrzeugeigenschaft, deren Vorhandensein nicht zugesichert war, konnte er durchaus eingreifen. Dass der Anspruch auf Schadensersatz wegen Nichterfüllung (§ 463 S. 1 BGB a. F.) durch AGB nicht einmal eingeschränkt werden durfte, folgte bereits aus § 11 Nr. 11 AGBG.

§ 11 Nr. 11 AGBG ist in **§ 444 BGB** aufgegangen. Richtigerweise wird bei **Übernahme einer Beschaffenheitsgarantie** nicht die Nichtigkeit der Freizeichnungsklausel angeordnet, sondern dem Verkäufer lediglich untersagt, sich auf die Klausel zu berufen. In der Sache selbst hat sich gegenüber dem früheren Rechtszustand jedenfalls für den Bereich des Gebrauchtwagenkaufs nichts geändert.[30] Zu Einzelfällen von Beschaffenheitsgarantien i. S. v. § 444 BGB s. Rn 1368 ff.

Bei der Übernahme einer Garantie für die Beschaffenheit bleiben weitergehende Ansprüche unberührt, heißt es im Abschn. VI Ziff. 1 Abs. 3 der ZDK-AGB Stand 7/2003; ähnlich jetzt die Version 3/2008. Die Klausel zielt auf Geschäfte mit Verbrauchern wie Nichtverbrauchern. Gegenüber Verbrauchern kann der Händler sich auf eine an sich zulässig vereinbarte Verkürzung der Verjährungsfrist nicht berufen, wenn er eine unrichtige Beschaffenheitsgarantie gegeben hat (s. auch Rn 2004). Beim Verkauf an Unternehmer und Behörden bleiben zulässigerweise vereinbarte Haftungsausschlüsse ohne Wirkung.

Während die Klauselwerke Stand 1/2002 und 7/2003 in Anlehnung an § 444 BGB – neben dem arglistigen Verschweigen von Mängeln – lediglich die Übernahme einer Beschaffenheitsgarantie ansprachen, nimmt die aktuelle Klausel (ZDK-AGB 3/2008) auch die **„einfache" Beschaffenheitsvereinbarung** in den Blick. Zudem fehlt jetzt die Focussierung auf die „Beschaffenheitsgarantie". Es heißt nur noch „Übernahme einer Garantie".

In der Sache geht es um die Frage, ob ein formularmäßiger pauschaler Ausschluss der Sachmängelhaftung die Unverbindlichkeit einer Beschaffenheitsvereinbarung zur Folge hat.[31] Wenn der BGH selbst für die Kombination individualvertraglicher Haftungsausschluss und Beschaffenheitsvereinbarung letzterer Vorrang einräumt,[32] muss dies erst recht gelten, wenn die Freizeichnungsabrede AGB-Charakter hat. Dem kann nicht entgegengehalten werden, dass § 444 BGB eine Garantie für die Beschaffenheit verlangt, also mehr als eine bloße Beschaffenheitsvereinbarung. Der Vorrang der Beschaffenheitsvereinbarung vor einer formularmäßigen Freizeichnung folgt entweder aus allgemeinen Auslegungsregeln oder aus § 305 b BGB.

(4) Sonstige Auslegungsfragen

Bei der Klausel **„wie besichtigt und unter Ausschluss jeder Gewährleistung"** hat die Rechtsprechung früher vereinzelt angenommen, dass zwischen den beiden Klauselteilen ein **Widerspruch** bestehe, der nach der **Unklarheitenregel** (§ 5 AGBG) zulasten des Verwenders gehe.[33] Abgesehen davon, dass diese Frage inzwischen höchstrichterlich zugunsten des Kfz-Handels geklärt ist,[34] hat sich das Problem auch dadurch erledigt, dass der Vorspann „wie besichtigt" gestrichen worden ist. Es hieß zuletzt nur noch: „Für den Kaufgegenstand wird keine Gewähr geleistet" oder „unter Ausschluss jeder Gewährleistung".

Wenn der formularmäßige Haftungsausschluss mit einer individuell vereinbarten Besichtklausel zusammentrifft, bleibt es bei dem umfassenden Ausschluss der Sachmängel-

---

30 Zur Vertiefung s. *Muthers/Ulbrich*, ZGS 2004, 289.
31 Zum Problem s. *Gsell* in FS Eggert, 2008, S. 1 ff.; *Emmert*, NJW 2006, 1765.
32 Urt. v. 29. 11. 2006, NJW 2007, 1346 (privater Motorradverkauf über Ebay).
33 LG Essen 7. 1. 1954, RdK 1954, 90; LG Kiel, SchlHAnz 1959, 123; LG München I 20. 12. 1976, NJW 1977, 766 m. Anm. *Eggert*, S. 2267.
34 BGH 11. 6. 1979, BGHZ 74, 383 = NJW 1979, 1886; BGH 24. 4. 1996, NJW 1996, 2025; s. auch BGH 6. 10. 1971, NJW 1972, 46.

haftung.³⁵ Zum Zusammentreffen eines formularmäßigen Gewährleistungsausschlusses mit der individuellen Zusage, vorhandene Mängel vor Übergabe zu beseitigen, s. BGH 6. 10. 1971, NJW 1972, 46 und Rn 1350.

Dazu, ob der formularmäßige Haftungsausschluss **konkurrierende Ansprüche**, z. B. aus unerlaubter Handlung, und das Recht der Irrtumsanfechtung (§ 119 Abs. 2 BGB) erfasst, s. Rn 2147, 2233.

bb) Inhaltskontrolle

1965 Nach gefestigter Rechtsprechung war der **völlige Gewährleistungsausschluss** selbst bei Verwendung gegenüber Endverbrauchern und damit erst recht im kaufmännischen Verkehr bis zum In-Kraft-Treten der Schuldrechtsreform wirksam. **Grundlegend** ist das **BGH-Urteil** vom 11. 6. 1979.³⁶ In Anlehnung an frühere Entscheidungen³⁷ stellte er fest: Die Klausel „gebraucht, wie besichtigt unter Ausschluss jeder Gewährleistung" verstößt nicht gegen § 9 AGBG a. F. Ungeachtet der vor allem verbraucherschutzrechtlich motivierten Kritik³⁸ hielt der BGH unbeirrt an seiner Auffassung fest. Der ständigen Spruchpraxis des VIII. ZS³⁹ hat sich der X. ZS des BGH für den Verkauf gebrauchter Radio- und Fernsehgeräte ausdrücklich angeschlossen.⁴⁰

Im **modernisierten Schuldrecht** gilt: Ein formularmäßiger Ausschluss der Sachmängelhaftung des Verkäufers eines gebrauchten Kraftfahrzeugs ist außerhalb des Verbrauchsgüterkaufs **prinzipiell zulässig**.⁴¹ Daran ändert nichts die Tatsache, dass die Lieferung einer mangelfreien Sache jetzt zur Leistungspflicht eines jeden Verkäufers gehört (§ 433 Abs. 1 S. 2 BGB) und gewiss keine Neben-, sondern eine Hauptpflicht ist. Schon nach altem Recht war die Verpflichtung des Verkäufers zur fehlerfreien Lieferung für den BGH eine „**kaufrechtliche Kardinalpflicht**".⁴² Seine Rechtsprechung, die bei „Kardinalpflichten" eine Freizeichnung von der Haftung selbst bei einfacher Fahrlässigkeit nicht zulässt,⁴³ führt gleichwohl nicht zur Unwirksamkeit eines vollständigen „Gewährleistungsausschlusses". Andernfalls käme es zu einem Wertungswiderspruch zu § 309 Nr. 8 b BGB mit seiner Sonderregelung für den Kauf neu hergestellter Sachen. Im Umkehrschluss daraus ist zu folgern, dass der Verkäufer einer bereits gebrauchten Sache seine gesamte Sachmängelhaftung (§ 437 Nr. 1 bis 3 BGB) weiterhin auch formularvertraglich – innerhalb bestimmter Grenzen – ausschließen darf, es sei denn, dass ein Fall des Verbrauchsgüterkaufs vorliegt.⁴⁴ Ein weiteres argumentum e contrario ergibt sich aus § 475 BGB. Außerhalb des Verbrauchsgüterkaufs gilt Vertragsautonomie in den früheren Grenzen.

1966 Bei der Inhaltskontrolle nach **§ 307 BGB** sind allerdings die **Ausstrahlungswirkungen** zu beachten, die von den §§ 308, 309 BGB ausgehen.⁴⁵ Besondere Beachtung verdienen insoweit die absoluten Klauselverbote in **§ 309 Nr. 7 a und b BGB**.⁴⁶ Sie sind in den meisten Formularverträgen unbeachtet geblieben, was die Unwirksamkeit von Haftungsbegrenzun-

---

35 Vgl. auch LG Osnabrück 29. 4. 1980, VersR 1981, 45; s. auch LG Saarbrücken 20. 12. 2000, ZfS 2001, 115.
36 BGHZ 74, 383 = NJW 1979, 1886 = DAR 1979, 278.
37 Vor allem 8. 10. 1969, NJW 1970, 29; s. auch BGH 6. 10. 1971, NJW 1972, 46.
38 *Löwe*, BB 1979, 1063; *Mehnle*, DAR 1979, 272.
39 Urt. v. 23. 11. 1994, NJW 1995, 516; 6. 12. 1995, NJW 1996, 584; 24. 4. 1996, NJW 1996, 2025.
40 Urt. v. 20. 10. 1992, NJW 1993, 657.
41 BGH 21. 12. 2005, NJW 2006, 1066 (Leasing-Pkw).
42 Urt. v. 27. 9. 2000, NJW 2001, 292 (Neuwagenverkaufsbedingungen).
43 BGH 20 3. 2003, NJW-RR 2003, 1056.
44 BGH 21. 12. 2005, NJW 2006, 1066; Das neue Schuldrecht/*Haas*, Kap. 5 Rn 295.
45 BGH 19. 9. 2007, NJW 2007, 3774; s. auch *Arnold*, ZGS 2004, 16 ff.
46 Dazu BGH 19. 9. 2007, NJW 2007, 3774.

gen auch im unternehmerischen Verkehr zur Folge hat.⁴⁷ Mit der **Neufassung der ZDK-AGB** (Stand 3/08) hat man der „Gleichschritts-Rechtsprechung" des BGH⁴⁸ Rechnung tragen wollen; ob erfolgreich, werden die Gerichte zu klären haben.

Die **Ansprüche auf Schadensersatz** wegen eines Sachmangels sind in der Neufassung en bloc aus dem Abschn. VI („Sachmangel") ausgelagert und in den Abschnitt VII („Haftung") integriert. Unter Nr. 5 heißt es jetzt ausdrücklich, dass die „Haftungsbegrenzungen" dieses Abschnitts nicht gelten bei Verletzung von Leben, Körper oder Gesundheit. Das zielt auf § 309 Nr. 7 a BGB. Für das **Klauselverbot bei grobem Verschulden** (Nr. 7 b) fehlt es dagegen an einer ausdrücklichen Ausnahme. Der Grund dürfte darin liegen, dass der Verkäufer auch nach den AGB selbst bei leichter Fahrlässigkeit haftet, wenngleich beschränkt nach Maßgabe der Klausel VII Nr. 1 ZDK-AGB (Stand 3/08). Die vom BGH noch nicht entschiedene Frage, inwieweit bei grober Fahrlässigkeit eine **Haftungsbeschränkung** im unternehmerischen Verkehr zulässig ist, stellt sich nach den handelsüblichen Klauselwerken nicht.

Bedeutung kann auch § 309 Nr. 8 a BGB insoweit gewinnen, als es um das **Rücktrittsrecht des Käufers** geht. Die Pflichtverletzung, die in der Lieferung einer mangelhaften Sache liegt (§ 433 Abs. 1 S. 2 BGB), ist zwar ausdrücklich ausgeklammert worden (insoweit ist die Nr. 8 b bb vorrangig); geschützt wird aber das Rücktrittsrecht bei sonstigen Pflichtverletzungen, z. B. die Verletzung der Nacherfüllungspflicht. Eine Freizeichnungsklausel, die den Rücktritt ohne die gebotene Differenzierung pauschal mit ausschließt, dürfte aber im Handelsverkehr einer Inhaltskontrolle nach § 307 BGB standhalten. Gegen diese Vorschrift verstößt eine Klausel, wonach der Käufer zur Erhaltung seiner Gewährleistungsansprüche verpflichtet ist, das Fahrzeug gezielt zu untersuchen und Erkundigungen einzuholen.⁴⁹

1967

Ob und inwieweit das Freizeichnungsverbot des § 475 Abs. 1 BGB **Fernwirkungen** auf die Gestaltung von Kaufverträgen über gebrauchte Kraftfahrzeuge zwischen einer **Leasinggesellschaft** und einem gewerblichen Kfz-Verkäufer hat, hat der Reformgesetzgeber nicht geklärt. Näheres zur Problematik im Leasingteil (Rn L70, 99 ff.).

1968

3. Der vermittelte Privatverkauf

Beim **Agenturgeschäft** ist eine umfassende Freizeichnung von der Sachmängelhaftung grundsätzlich nicht zu beanstanden. Für den **privaten Verkäufer** – auch er ist Verwender i. S. v. § 305 Abs. 1 BGB – gelten die gleichen Gesichtspunkte, welche die Rechtsprechung veranlasst haben, die Freizeichnung beim Händler-Eigengeschäft zu billigen.⁵⁰ Eine **Ausnahme** ist allerdings beim **Erstbesitzer** zu machen. Auf ihn treffen die Erwägungen nicht zu, die der BGH in der Leitentscheidung vom 11. 6. 1979⁵¹ in den Vordergrund gestellt hat. Der Erstbesitzer ist nicht auf Informationen Dritter angewiesen. Er kennt „sein" Fahrzeug vom ersten Tag an. Die für den Wiederverkäufer typischen Informations- und Erkenntnisschwierigkeiten bestehen bei ihm nicht, vor allem nicht im Hinblick auf einen früheren Unfall. Dass das Fahrzeug häufig auch von Familienangehörigen, Lebensgefährten u. Ä. benutzt wird, rechtfertigt keine andere Bewertung. Für normale Verschleiß- und Alterungserscheinungen braucht sich auch der private Verkäufer nicht frei zu zeichnen. Insoweit fehlt es bereits an einem Mangel im Rechtssinn. Damit dürfte dem Einwand von *Hörl*⁵² ausreichend Rechnung getragen sein.

1969

---

47 BGH 19. 9. 2007, NJW 2007, 3774.
48 Dazu auch *Graf von Westphalen*, NJW 2008, 2234, 2239.
49 So OLG Celle 24. 4. 2003 – 11 U 285/02 – n. v.
50 BGH 22. 2. 1984, NJW 1984, 1452.
51 BGHZ 74, 383 = NJW 1979, 1886.
52 DAR 1986, 99; vgl. auch *Soergel/Huber*, § 459 BGB Rn 306 (keine Ausnahme für Erstbesitzer).

Bei einem **Agenturverkauf aus erster Hand** kann die Freizeichnungsklausel insoweit Bestand haben, als es um wahrnehmbare Mängel geht. Diese beschränkte Freizeichnung ist angemessen. Nach der Rechtsprechung kommt eine solche geltungserhaltende Reduktion allerdings nicht in Betracht. Angesichts des § 442 Abs. 1 S. 2 BGB besteht hierfür auch kein praktisches Bedürfnis.

4. Das private Direktgeschäft

a) Haftungsfreizeichnungen durch Individualvereinbarung

1970 Bei Kaufverträgen, die zwischen Privatpersonen direkt, also ohne professionelle Vermittlung, abgeschlossen werden, kommt es naturgemäß in sehr viel stärkerem Maße zu individuellen Haftungsfreizeichnungen als beim gewerblichen Verkauf.

aa) Erscheinungsformen

1971 Klauseln wie „Verkauf ohne Gewähr" oder „ohne Garantie verkauft" sind ebenso wie sog. **Besichtklauseln** weit verbreitet. Auf die Abrede **„wie besichtigt"** wird unter Privatleuten nach wie vor nur selten verzichtet. Häufig erschöpft sich die Freizeichnung in einem **„gekauft wie besichtigt"** oder **„wie besichtigt und probegefahren"** oder **„gekauft wie gesehen"**. Die Besichtformel taucht auch in anderen Varianten auf, z. B. „wie gesehen, im Tageszustand", „gekauft in dem besichtigten Zustand" oder „nach Besicht" bzw. „wie besehen"; mitunter auch im Kontext mit einer Klausel wie „unter Ausschluss jeder Gewährleistung" in einem ADAC-Vertragsformular[53] oder in der Kombination einer mündlichen Abrede „wie gesehen" mit einem umfassenden Haftungsausschluss im schriftlichen Vertrag.[54]

bb) Auslegungsfragen

(1) Umfassender Gewährleistungsausschluss

1972 Eine Individualabrede „wie besichtigt und probegefahren unter Ausschluss jeglicher Gewährleistung" ist nicht in sich widersprüchlich, wie für eine Formularklausel gleichen Inhalts behauptet wurde (Rn 1964). Sie erstreckt sich auf sämtliche – auch auf verborgene – Mängel technischer Art,[55] sofern deren Abwesenheit nicht Gegenstand einer Beschaffenheitsvereinbarung oder -garantie ist.[56] Gleiches gilt für die Abrede, für den Wagen werde **„keine Garantie"** übernommen[57] oder **„ohne Garantie, gekauft wie gesehen"**.[58]

Als umfassenden Gewährleistungsausschluss hat das OLG Hamm[59] auch folgende Klausel in einem Individualvertrag gewertet: „Beide Partner verzichten auf alle Forderungen nach dem Kauf und der Bezahlung des Kfz." Dass der Kaufgegenstand „in dem vorhandenen Zustand" auf den Käufer übergehen soll, bedeutet nicht in jedem Fall die Vereinbarung eines Gewährleistungsausschlusses. Die Regelung kann auch als Zustandsbeschreibung im Zeitpunkt der Übergabe verstanden werden.[60]

---

53 BGH 6. 7. 2005, NJW 2005, 3205.
54 OLG Saarbrücken 6. 9. 2005, MDR 2006, 749 = OLGR 2006, 51.
55 Unrichtig OLG Köln 22. 4. 1994, OLGR 1994, 182.
56 BGH 29. 11. 2006, NJW 2007, 1346; s. auch BGH 6. 7. 2005, NJW 2005, 3205 unter II, 2 b.
57 LG Arnsberg 25. 4. 1988, NZV 1988, 68; AG Rheda-Wiedenbrück 28. 11. 2002, DAR 2003, 121; AG Kamen 3. 11. 2004, ZGS 2005, 200; zum Verkauf „ohne jegliche Garantie" vgl. auch RG Recht 1914, Nr. 26; OLG Stuttgart Recht 1912, Nr. 1592 (Grundstückskauf).
58 OLG Bamberg 19. 1. 1998, MDR 1998, 966 = OLGR 1998, 182; s. auch KG 24. 7. 2000, KGR 2001, 10; LG Kleve 25. 6. 2004 – 5 S 12/04 – n. v.
59 Urt. v. 31. 1. 1991 – 28 U 134/90 – n. v.
60 Vgl. BGH 8. 2. 1995, NJW 1995, 1547 (Kauf einer Ladeneinrichtung mit gebr. Maschinen).

(2) Kein umfassender Gewährleistungsausschluss

Mit einer individualvertraglichen Abrede wie das Fahrzeug werde gekauft „wie besichtigt" oder „wie besichtigt und probegefahren" oder „gekauft wie gesehen" wird die Sachmängelhaftung im Allgemeinen (zu Sonderfällen s. Rn 1974 ff.) nicht vollständig ausgeschlossen. Abbedungen ist nur die Haftung für solche Mängel, die bei einer den Umständen nach zumutbaren Prüfung und Untersuchung unschwer erkennbar sind.[61] Ist strittig, ob der Käufer den Mangel in diesem Sinn erkannt oder hätte erkennen können, trägt der Verkäufer die **Beweislast**.[62] Für die Sichtbarkeit (Erkennbarkeit) ist also er beweisbelastet.

Erkennbare Mängel fallen nicht notwendigerweise unter § 442 BGB, der wenigstens grobe Fahrlässigkeit verlangt. Es macht daher durchaus Sinn, die Besichtklausel als Haftungsausschluss nur für dem Käufer erkennbare Mängel zu interpretieren. Unerheblich ist, ob eine Besichtigung und/oder Probefahrt überhaupt stattgefunden hat[63] – wofür freilich die Klausel spricht – und welche Sorgfalt der Käufer bei einer Besichtigung/Probefahrt an den Tag gelegt hat. Die Erkennbarkeit eines Fehlers ist andererseits nicht nach rein objektiven Maßstäben zu beurteilen. Abzustellen ist auf die bei einer normalen Untersuchung vorhandenen Erkenntnismöglichkeiten eines Durchschnittskäufers.[64] Hat ein Privatmann einen Sachverständigen zur Besichtigung hinzugezogen, wozu er rechtlich nicht verpflichtet ist, kommt es auf dessen Wahrnehmungsfähigkeit an.[65]

Nicht entscheidend ist, was der **Verkäufer** bei der Besichtigung erkennen konnte.[66] Wenn ein Händler einen „privaten" Einkäufer vorgeschoben hat (Strohmann), sind die Erkenntnismöglichkeiten des Händlers maßgebend.[67]

(3) Sonderfälle

Unter besonderen Umständen kann eine Klausel „wie besichtigt und probegefahren" oder „Fahrzeug gekauft wie gesehen" schon bei isolierter Betrachtung ausnahmsweise einen **vollständigen Ausschluss** der Sachmängelhaftung bedeuten. Je älter das Fahrzeug ist, desto näher liegt die Annahme, dass der (private) Verkäufer sich auch für verborgene Mängel hat freizeichnen wollen, zumal bei einem Verkauf aus dritter oder vierter Hand.[68] Auch **der Kaufpreis** lässt Rückschlüsse auf den Parteiwillen zu. Bei einem Betrag nahe der Schrottpreisgrenze entfällt eine Haftung für Mängel jeglicher Art. Nach Ansicht des OLG Köln enthält die Klausel „geprüft und gefahren" einen totalen Gewährleistungsausschluss,

---

61 St. Rspr., vgl. BGH 6. 7. 2005, NJW 2005, 3205 unter II, 2b; BGH 10. 7. 1953, DAR 1954, 14; BGH 18. 12. 1956, BB 1957, 238 unter Hinweis auf RGZ 94, 287; OLG Saarbrücken 6. 9. 2005, MDR 2006, 749 = OLGR 2006, 51; OLG Köln 9. 1. 1973, NJW 1973, 903; OLG Schleswig 24. 7. 1979, VersR 1980, 98; OLG Schleswig 8. 9. 1982, MDR 1983, 54; OLG Köln 16. 9. 1991, NJW-RR 1992, 49 (Wohnwagen); OLG Frankfurt 9. 10. 1979, MDR 1980, 140 (wohl kein Kfz-Kauf); OLG Braunschweig 23. 8. 1991, Nds.Rpfl. 1992, 26 („wie es hier steht"); OLG Koblenz 21. 11. 1991, NJW-RR 1992, 1145 („wie gesehen"); OLG Frankfurt 18. 9. 1991, ZfS 1992, 230; OLG Köln 24. 3. 1993, VRS 86, 12; LG Saarbrücken 3. 3. 1994, ZfS 1994, 245; AG Zweibrücken 10. 11. 1999 – 1 C 446/99 – n. v.; ebenso für das österreichische Recht OGH 16. 2. 2006, ZVR 2006, 414.
62 OLG Frankfurt 9. 10. 1979, MDR 1980, 140 (wohl kein Kfz-Kauf).
63 So auch OLG Köln 16. 9. 1991, NJW-RR 1992, 49.
64 OLG Köln 9. 1. 1973, NJW 1973, 903.
65 LG Münster 29. 6. 1988, NZV 1988, 145.
66 A. A. OLG Nürnberg 30. 10. 1964 – 1 U 34/64 – n. v.
67 AG Köln 24. 4. 1985 – 130 C 1430/83 – n. v.
68 Zustimmend OLG Hamm 5. 5. 1992 – 19 U 233/91 – n. v.; OLG Köln 21. 4. 1999, NZV 1999, 382 DAR 1999, 406 = OLGR 1999, 240 – Reisebus; vgl. auch AG Siegburg 5. 10. 1978 – 34 C 434/78 – n. v. (völlige Freizeichnung bei einem 13 Jahre alten, etwa 186.000 km gelaufenen Pkw Volvo); AG Northeim 5. 8. 2005 – 3 C 570/05 – n. v.

wenn der Wagen **mehrere Vorbesitzer** hatte und im Zuge der Kaufverhandlungen einer Fachwerkstatt zur Mängelbeseitigung vorgeführt wurde.[69]

Da auch bei einer Untersuchung in einer Fachwerkstatt Mängel unentdeckt bleiben können, erscheint es nicht unbedenklich, wenn das OLG Köln die Freizeichnung auf sämtliche Mängel erstreckt. Richtig ist aber, dass solche individuellen Klauseln im Zusammenhang mit dem übrigen Vertragsinhalt und dem Geschehen zu sehen, das dem Vertragsabschluss vorausgegangen ist. Es macht einen Unterschied, ob ein privater Kfz-Eigentümer seinen Wagen an einen Händler oder an einen Privatmann verkauft. Von Bedeutung ist ferner, ob der Verkäufer Erst- oder Nachbesitzer ist. Auch die Intensität der Untersuchung und der Grad der Wahrnehmungsfähigkeit spielen eine Rolle.[70]

Sofern der Verkäufer nur für verborgene Mängel haftet, gehört die Unsichtbarkeit des Mangels nicht zum Haftungsgrund. Die anerkannten Beweisgrundsätze werden durch die Freizeichnungsklausel nicht abgeändert. Einfluss auf die **Beweislastverteilung** hat jedoch die mitunter anzutreffende Klausel „für Mängel des Fahrzeugs wurde ein Nachlass in Höhe von X EUR gewährt". Hier muss der Käufer beweisen, dass der von ihm behauptete Mangel von dem Preisnachlass nicht erfasst wird. Für das Zustandekommen der Freizeichnungsvereinbarung ist, keine Frage, der Verkäufer beweisbelastet.[71]

1975 **Handschriftliche Zusätze in Formularverträgen:** Das OLG Karlsruhe[72] hat den handschriftlichen Zusatz (in einem ADAC-Vertrag) „gekauft wie gesehen und wie Probenfahrt" zunächst isoliert betrachtet und darin, an sich zutreffend, keinen vollständigen Haftungsausschluss gesehen. Diesem Auslegungsergebnis stehe der formularvertragliche umfassende Ausschluss der Sachmängelhaftung nicht entgegen (Vorrang der Individualabrede u. a.). **Der BGH**[73] ist dem nicht gefolgt; er hat einen umfassenden Gewährleistungsausschluss angenommen.

1976 **Kombination Haftungsausschluss/Beschaffenheitsvereinbarung:** Wie ein solches Zusammentreffen sachgerecht aufzulösen ist, ergibt sich aus der **Entscheidung des BGH vom 29. 11. 2006**.[74] Hiernach setzt sich schon eine bloße Beschaffenheitsvereinbarung, nicht erst eine Garantie i. S. d. § 444 BGB, gegen einen **pauschalen** Ausschluss der Sachmängelhaftung durch, d. h., eine individualvertragliche Klausel wie „Fahrzeug wird ohne Gewähr verkauft" schließt die Haftung nur für solche Mängel aus, die sich nicht aus einer Beschaffenheitsvereinbarung ableiten, sondern ihre Grundlage in § 434 Abs. 1 S. 2 Nrn. 1 und 2 BGB haben.[75] Käufer müssen deshalb daran interessiert sein, wenigstens den Bruch einer Beschaffenheitsvereinbarung nachzuweisen, wenn sie keine Garantie i. S. d. § 444 BGB ins Feld führen können.

b) Formularmäßige Freizeichnungen

1977 Aus Anlass der Schuldrechtsreform sind die meisten Musterverträge, die interessierte Anbieter (Automobilclubs, Versicherungen, Fachzeitschriften) Privatpersonen zur Verfügung stellen, umgestaltet worden. Das gilt auch für den **ADAC-Kaufvertrag**. Bei privaten Direktgeschäften (insgesamt rund drei Millionen jährlich) wird vorzugsweise dieser For-

---

69 Urt. v. 8. 7. 1977 – 9 U 27/77 – n. v.; ähnlich OLG Hamm 5. 5. 1992 – 19 U 233/91 – n. v.
70 Zustimmend OLG Köln 21. 4. 1999, NZV 1999, 382 = DAR 1999, 406 = OLGR 1999, 240 – Reisebus.
71 AG Rheda-Wiedenbrück 28. 11. 2002, DAR 2002, 121.
72 Vorinstanz zu BGH NJW 2005, 3205.
73 Urt. v. 6. 7. 2005, NJW 2005, 3205.
74 NJW 2007, 1346 = DAR 2007, 265 m. Bespr. *Reinking*, DAR 2007, 255; zum Problem umfassend *Gsell* in FS Eggert, 2008, S. 1 ff.; auch *Emmert*, NJW 2006, 1665.
75 BGH 29. 11. 2006, NJW 2007, 1346; so auch LG Krefeld 24. 8. 2007, NJW-RR 2008, 213 (kein Autokauf); abw. *Gsell*, a. a. O. (Fn. 74).

Der Verbrauchsgüterkauf 1978–1982

mularvertrag verwendet. Außerdem dient er anderen Anbietern als Vorbild bei der Formulierung ihrer Musterverträge. Wo auf diese Hilfe verzichtet wurde, sind die Texte häufig misslungen, zumal mit Blick auf die Haftungsfreizeichnung. Nachbesserung ist dringend geboten und zum Teil auch schon geschehen.

Nach dem **ADAC-Kaufvertrag** (Fassung 2002) wird das Kraftfahrzeug „unter Ausschluss der Sachmängelhaftung verkauft – soweit nicht nachfolgend eine Garantie übernommen wird". Wie es weiter heißt, gilt der Ausschluss nicht für Schadensersatzansprüche aus Sachmängelhaftung, die auf einer grob fahrlässigen oder vorsätzlichen Verletzung von Pflichten des Verkäufers beruhen sowie bei Körperschäden. Trotz lückenhafter Wiedergabe des Gesetzestextes ist den Anforderungen genügt, die das AGB-Recht in **§ 309 Nr. 7 a und b BGB** stellt, ein Gebot, das in anderen Formularverträgen aus der Zeit 2002 bis 2007 vielfach missachtet wird mit der Konsequenz der **Unwirksamkeit der Freizeichnungsklausel**, sofern der Verkäufer deren Verwender ist.[76] 1978

Konzeption, Inhalt und praktischer Gebrauch von Formularverträgen durch Privatpersonen auf beiden Seiten verlangen, die Frage der **AGB-Qualität** bzw. der **Verwendereigenschaft** (§ 305 Abs. 1 S. 1 BGB) in jedem Einzelfall sorgfältig zu prüfen. Schließlich sind es in der Regel „Einmal-Fälle". Auf der anderen Seite ist das Vertragsmuster für eine Vielzahl von Kaufverträgen konzipiert und auf den Markt gebracht. Greift der Verwender, sei es auch nur für ein einziges Geschäft, auf einen Formularvertrag zurück, der von einem Dritten, z. B. dem ADAC, stammt, soll dem Merkmal der Vielzahl genügt sein.[77] Sofern der Käufer das Vertragsformular beim Besuch des Verkäufers mitgebracht hat, ist jedenfalls der Verkäufer nicht als „Verwender" einzustufen.[78] Eine Inhaltskontrolle zu Gunsten des Käufers findet in einem solchen Fall nicht statt. Ebenso liegt es, wenn der Verkäufer auf Vorschlag des Käufers einen Mustervertrag von seinem PC herunterlädt. Hat dagegen der Verkäufer den Formularvertrag zum Käufer mitgebracht oder „stellt" er ihn einseitig bei sich zu Hause, ist er der Verwender.[79] Wenn, wie oft, die Benutzung eines Vertragsformulars auf einem beiderseitigen Verwendungsvorschlag beruht, ist weder die eine noch die andere Seite „Verwender".[80] 1979

Einer Inhaltskontrolle zu Gunsten des Käufers hält ein formularmäßiger Ausschluss der Sachmängelhaftung des privaten Verkäufers **grundsätzlich** stand. Eine **Einschränkung** ist lediglich für den **Verkauf aus erster Hand** zu machen. Nur ein Privatverkäufer, der nicht Erstbesitzer ist, kann sich formularmäßig von seiner Sachmängelhaftung vollständig freizeichnen (s. Rn 1969).[81] 1980

Zur weiterhin bedeutsamen Frage, ob sich der Haftungsausschluss auf sämtliche Arten von Sachmängeln oder nur auf eine Teilmenge erstreckt, s. Rn 1959 ff. 1981

Was die **ADAC-Regelung** im Übrigen betrifft, so ist nicht zu beanstanden, dass nur die Übernahme einer Garantie, nicht auch der in § 444 BGB genannte Alternativfall des arglistigen Verschweigens erwähnt wird. Dass auch bei arglistigem Verschweigen „weitergehende Ansprüche unberührt bleiben", muss einem Käufer beim privaten Direktgeschäft nicht ausdrücklich vorbehalten werden. Unschädlich ist ferner, dass die ADAC-Klausel in dem „Soweit-Zusatz" nur von „Garantie", nicht von „Garantie für die Beschaffenheit" bzw. von „Beschaffenheitsgarantie" spricht. Wird der ADAC-Vertragsklausel mit dem umfassenden Gewährleistungsausschluss handschriftlich ein „gekauft wie gesehen" hinzuge- 1982

---

76 BGH 22.11.2006, NJW 2007, 759; OLG Hamm 10.2.2005, NJW-RR 2005, 1220; insoweit überholt OLG Düsseldorf 2.4.2004, ZGS 2004, 271 (Pferdekauf).
77 OLG Düsseldorf 2.4.2004, ZGS 2004, 271; *Ulmer/Brandner/Hensen*, § 305 BGB Rn 24.
78 OLG Koblenz 20.9.2007, NJW-RR 2008, 69.
79 OLG München 5.3.2002 – 5 U 4442/00 – n.v.
80 Zum Problem s. *Ulmer/Brandner/Hensen*, § 305 BGB Rn 29.
81 Offen gelassen von OLG Koblenz 20.9.2007, NJW-RR 2008, 69.

fügt, bedeutet das keine Einschränkung; es bleibt bei dem Ausschluss jeglicher Mängelhaftung.[82]

5. Haftungsfreizeichnungen bei Inzahlunggabe an Unternehmer

1983 Wird ein Gebrauchtwagen „in dem besichtigten Zustand" **in Zahlung genommen,** verzichtet der Händler auf sämtliche Gewährleistungsansprüche, die ihm nicht arglistig verschwiegen worden sind.[83] Zur sehr praxisrelevanten Frage des **stillschweigenden/konkludenten** Haftungsausschlusses s. Rn 1985.

6. Formularmäßige Freizeichnung in Sonderfällen

1984 Das durch § 309 Nr. 8 b BGB geschützte Interesse des Käufers an der Lieferung einer „neu hergestellten" Sache kann ausnahmsweise auch beim Kauf eines gebrauchten Kraftfahrzeugs Geltung beanspruchen. Bei erst **wenig gebrauchten** und/oder nur **kurze Zeit zugelassenen** Fahrzeugen wird man in jedem Einzelfall sorgfältig zu prüfen haben, ob auf einen solchen Kauf die Wertung des § 309 Nr. 8 b BGB zu übertragen ist. Eine besondere Rolle spielen hier „fast neue" **Vorführwagen**[84] und insbesondere so genannte **Tageszulassungen**. Zu den Erscheinungsformen und zum vertriebspolitischen Hintergrund s. Rn 316 ff. Wenn eine „Tageszulassung" sogar als noch „fabrikneu" gilt[85], ist erst recht das Merkmal „neu hergestellt" i. S. v. § 309 Nr. 8 b BGB erfüllt. Die beiden Kriterien sind indes nicht deckungsgleich; sie meinen unterschiedliche Sachverhalte.

Auch ein im Sinne der Rechtsprechung nicht mehr fabrikneues Kfz (dazu Rn 238 ff.) kann dennoch „neu hergestellt" sein. Das hängt von den Umständen des Einzelfalls ab, wobei nicht nur die objektiven Umstände (Dauer der Zulassung, km-Laufleistung, Standzeit, Gebrauchs- und Standspuren), sondern auch die Vereinbarungen und Vorstellungen der Vertragsparteien, hilfsweise die allgemeine Verkehrsanschauung, von Bedeutung sind.[86] „Fabrikneu" ist die vergleichsweise „anfälligere" Eigenschaft; sie ist eher in Frage gestellt als das Merkmal „neu hergestellt", dessen Spektrum bis „neuwertig" reicht.

Ein Vorgang wie eine amtliche Zulassung ist im Rahmen des § 309 Nr. 8 b BGB ein neutraler Umstand. Entwertung durch Abnutzung und durch Zeitablauf (Gebrauchs- und Standspuren) lässt „neu hergestellt" in „gebraucht" umschlagen. Die typischen Kurzzulassungen („Tageszulassungen") sind in der Regel unbenutzte Neuwagen und daher AGB-rechtlich „neu hergestellt". Ein formularmäßiger Gewährleistungsausschluss ist folglich unwirksam.[87] Die Entscheidung des LG Gießen vom 17. 7. 1991[88] steht zu dieser Ansicht nur vordergründig in einem Gegensatz. Sie betrifft einen Sonderfall.

Zweifelhaft ist die Entscheidung des OLG München vom 19. 2. 1998,[89] wonach es zur punktuellen Ausschaltung des Freizeichnungsverbots in § 11 Nr. 10 AGBG genügen soll, dass ein **grau importiertes Fahrzeug** im Vertragsformular als „gebraucht" bezeichnet wird. Der Senat hat aber sehr wohl zwischen importbedingten Schäden, z. B. Lackschäden, und Mängeln an technischen Teilen wie Motor und Getriebe differenziert. Der Kfz-Händlern mitunter erteilte Rat, das Freizeichnungsproblem bei Kurzzulassungen mit einem **indi-**

---

82 BGH 6. 7. 2005, NJW 2005, 3205.
83 OLG Köln 16. 5. 1972, DAR 1973, 326.
84 OLG Frankfurt 17. 11. 2000, NJW-RR 2001, 780; LG Bremen 19. 6. 2008, DAR 2008, 530.
85 BGH 12. 1. 2005, NJW 2005, 1422.
86 OLG Frankfurt 17. 11. 2000, NJW-RR 2001, 780 – fast neuer Vorführwagen.
87 Vgl. LG Augsburg 10. 2. 1998, DAR 1998, 476 – Pkw/Kombi, 11 km, kein Einsatz im öffentlichen Verkehr.
88 NJW-RR 1992, 186.
89 NJW-RR 1998, 1595.

vidualvertraglichen Gewährleistungsausschluss zu umgehen, ist beim Verkauf an Verbraucher wegen § 475 Abs. 1 BGB nicht mehr zu halten.

Beachtung verdienen kann § 309 Nr. 8 b BGB auch beim Verkauf eines Fahrzeugs mit einem noch **nicht gelaufenen Motor** (Neuteilemotor, Austauschmotor, generalüberholter Motor), einem **neuen** Getriebe oder **neuen** Reifen. Zum Verkauf eines Fahrzeugs (Trike), welches bis auf den (gebrauchten) Motor aus Neuteilen hergestellt ist, s. OLG Düsseldorf OLGR 1999, 333. Auch wenn der gesamte Wagen als „generalüberholt" oder „werkstattgeprüft" angeboten wird, hat der Verkäufer kein berechtigtes Interesse an einem vollständigen Gewährleistungsausschluss. Im Schrifttum wurde in solchen Fällen ein Ausschluss der Haftung im Umfang der Überarbeitung und Überprüfung für unwirksam gehalten.[90] Anderer Ansicht war der **BGH**.[91]

Vielfach wird sich dieses Problem bereits **im Wege der Vertragsauslegung** lösen lassen. Eigenschaften wie „generalüberholt" und „werkstattgeprüft" galten als zugesichert i. S. v. § 459 Abs. 2 BGB a. F. und können nunmehr Gegenstand einer Beschaffenheitsgarantie sein. Dann kommt § 444 BGB zum Zuge. Dies bedeutet z. B., dass sich der Verkäufer eines Gebrauchtwagens mit einem „Austauschmotor, null Kilometer" bei einem Motorschaden nicht auf den allgemeinen Haftungsausschluss berufen darf.

Eine Beschränkung der Haftungsfreizeichnung ist auch in den Fällen anzunehmen, in denen der Verkäufer das Fahrzeug vor dem Verkauf – ohne jegliche Absprache mit dem späteren Käufer – in seiner eigenen Werkstatt hat prüfen und/oder reparieren lassen und dabei Fehler unterlaufen sind. Derartige **Reparaturmängel** werden zwar von dem Haftungsausschluss, soweit überhaupt zulässig, erfasst. Eine Berufung darauf erscheint jedoch als treuwidrig.

7. Konkludente Beschränkungen der Sachmängelhaftung

Der Umstand, dass ein Kfz von Privat an Privat als gebraucht verkauft wird, rechtfertigt für sich allein noch nicht die Annahme eines stillschweigenden Haftungsausschlusses. Auch bei älteren Fahrzeugen mit mehreren Vorbesitzern bedarf es im Allgemeinen einer ausdrücklichen Vereinbarung.[92] Konkludent (stillschweigend) vereinbarte Freizeichnungen hat die Rechtsprechung **nur in Sonderfällen** angenommen, vorwiegend zulasten von **gewerblichen Händlern**.[93]

Sowohl bei **fester Inzahlunggabe** als auch bei agenturweiser Hereingabe ist der **private Altwageneigentümer** im Ergebnis so behandelt worden, als habe er unter Gewährleistungsausschluss verkauft. Bei einem Geschäft „Gebraucht auf Gebraucht" lag diese Beurteilung auch deshalb nahe, weil der Händler seinerseits unter Gewährleistungsausschluss verkaufte. Dann muss er sich Gleiches in seiner Eigenschaft als Ankäufer gefallen lassen. Der BGH hat zwar die Meinung des OLG Frankfurt,[94] der Gewährleistungsausschluss zugunsten des Händlers gelte quasi automatisch auch zugunsten des privaten Kunden, im Fall einer Doppel-Agentur abgelehnt.[95] Im Ergebnis hat der BGH dem Händler aber das gesamte Mängelrisiko – in den Grenzen des § 476 BGB a. F. – aufgebürdet.

---

90 *Wolf/Horn/Lindacher*, § 11 Nr. 10, Rn 28; *Ulmer/Brandner/Hensen*, Anh. § 310 BGB Rn 447.
91 Urt. v. 20. 10. 1992, NJW 1993, 657 unter III, 2.
92 OLG Celle 9. 6. 1994 – 7 U 102/93 (in OLGR 1995, 35 nicht abgedr.).
93 BGH 21. 4. 1982, NJW 1982, 1700; dazu *Schack*, NJW 1983, 2806; *Hörl*, DAR 1986, 99; *Haase*, JR 1982, 498; s. auch OLG Düsseldorf 28. 7. 1993, OLGR 1993, 285; AG Menden 3. 7. 2002, NZV 2003, 194 (Händler-Händler-Geschäft).
94 Urt. v. 28. 5. 1974, NJW 1974, 1823.
95 Urt. v. 31. 3. 1982, NJW 1982, 1699; s. auch OLG Koblenz 29. 11. 2001, VRS 102/2002, 174.

In einer anderen Entscheidung hat der BGH mit der Figur des stillschweigenden Gewährleistungsausschlusses argumentiert, allerdings nur hinsichtlich so genannter **Verschleißmängel**.[96] Richtigerweise bedarf es bei normalen Verschleiß- und Alterungserscheinungen im Allgemeinen keines Haftungsausschlusses, was der BGH jetzt nicht anders sieht (vgl. Rn 1515 ff.). Die Sachmängelhaftung entsteht hier erst gar nicht oder scheitert, soweit es um Rücktritt und den großen Schadensersatz geht, an den Bagatellklauseln der §§ 281 Abs. 1 S. 3, 323 Abs. 5 S. 2 BGB.

Aufzugreifen und weiterzuentwickeln ist indes der Gedanke des BGH, Haftungsfreistellungen zu Gunsten von privaten Kunden gewerblicher Kfz-Händler anzunehmen. Wenn ein Händler davon absieht, sich seine Sachmängelrechte ausdrücklich vorzubehalten, muss er sich nach Treu und Glauben so behandeln lassen, als habe er darauf verzichtet. Ohne konkrete Anhaltspunkte für einen abweichenden Parteiwillen ist ein Privatkunde selbst bei verborgenen Mängeln nicht zur Rücknahme oder zu einer Minderung in Form einer Nachzahlung auf den Preis für den Ersatzwagen verpflichtet. Arglist oder eine falsche Beschaffenheitsgarantie können dagegen seine Haftung begründen, auch schon der Bruch einer „einfachen" Beschaffenheitsvereinbarung i. S. d. § 434 Abs. 1 S. 1 BGB.

Es ist Sache des Händlers, sich für den Fall der Mangelhaftigkeit im Sinne der objektiven Kriterien (§ 434 Abs. 1 S. 2 Nr. 2 BGB) gezielt abzusichern.[97] Verzichtet er auf eine ausdrückliche Regelung, z. B. um den beabsichtigten Neuwagenverkauf nicht zu gefährden, erweckt er bei seinem Kunden den Eindruck, den Altwagen so wie er ist – ohne Wenn und Aber – abzunehmen. Dies umso mehr, als der Händler – anders als der Durchschnittskunde – sachkundig ist und über einen technischen Apparat zur Untersuchung verfügt. Auf eine stillschweigende (besser: konkludente) Freizeichnung kann sich jedoch auch ein privater Anbieter nicht berufen, wenn er als **Erstbesitzer** einen unfallvorgeschädigten Wagen **in Zahlung** gibt und dabei objektiv unrichtige Angaben zur Reparatur macht. Er haftet auch ohne (nachgewiesene) Arglist.[98] Gleiches gilt bei einer Falschinformation eines Erstbesitzers über die Gesamtfahrleistung, will man ihr nicht Garantiecharakter beimessen.[99]

Ein konkludenter Haftungsausschluss ist auch bei einem **Händler-Händler-Geschäft** zu erwägen.[100] Ein Handelsbrauch besteht insoweit aber nicht. Wie eine Freizeichnungsklausel bei einem Handelsgeschäft Vertragsinhalt wird, wenn ein **Bestätigungsschreiben** des Verkäufers einen Gewährleistungsausschluss enthält, s. BGH NJW 1966, 1070. Zur Frage des stillschweigenden Haftungsausschlusses beim **Pkw-Tausch** (Händler/Privatmann) s. OLG Hamm NJW-RR 1994, 882; zum **Motor-Tuning** s. OLG Braunschweig ZfS 1995, 96.

8. Ausschluss der Sachmängelhaftung und Käuferkette

1986 Die sich in Weiterverkaufsfällen bildende Käuferkette bzw. Kaufvertragskette wirft eine Reihe schwieriger Fragen auf, wie der seinerzeit viel diskutierte Fall **OLG Hamm NJW 1974, 2091** beispielhaft zeigt. Aufgrund des Gewährleistungsausschlusses hatte die Klägerin gegen ihren gutgläubigen Vertragspartner kein Recht auf Wandlung oder Minderung. Von dem verklagten Vorbesitzer (Erstverkäufer) konnte sie **aus eigenem Recht** gleichfalls keinen Ersatz verlangen. Die Voraussetzungen für eine Haftung aus §§ 823 Abs. 2 (263 StGB), 826 BGB lagen nicht vor. Die strafrechtliche Betrugsvorschrift dient nicht dem

---

96 Urt. v. 21. 4. 1982, NJW 1982, 1700.
97 Gleiches gilt für den (seltenen) Fall der Mangelhaftigkeit iSd § 434 Abs. 1 S. 2 Nr. 1 BGB.
98 Vgl. auch OLG Schleswig 28. 6. 1994, ZfS 1994, 447.
99 Vgl. auch OLG Düsseldorf 28. 7. 1993, OLGR 1993, 285 („gebraucht auf gebraucht").
100 Bejaht (selbst für Unfallvorschäden) von AG Menden 3. 7. 2002, NZV 2003, 194.

Schutz des nicht getäuschten Dritten.[101] § 826 BGB entfiel im konkreten Fall aus tatsächlichen Gründen. Dem Beklagten war nicht nachzuweisen, dass er eine Schädigung der Klägerin, einer x-beliebigen **Privatkäuferin,** billigend in Kauf genommen hat.[102] Das OLG Hamm[103] hat aber zu Recht darauf hingewiesen, dass bei einem **Verkauf an einen Zwischenhändler** etwas anderes gelten könnte. Diese Konstellation ist Gegenstand mehrerer OLG-Urteile jüngeren Datums.[104] Problematisch mit Blick auf § 826 BGB ist zum einen die Kausalität zwischen Schädigungshandlung und Schaden und zum anderen der Vorsatz. Ausführlich dazu OLG Braunschweig NJW 2007, 609.

Grundsätzlich ist ein Gebrauchtfahrzeugverkäufer, der seine Sachmängelhaftung wirksam ausgeschlossen oder eingeschränkt hat, nicht dazu verpflichtet, eigene Ansprüche gegen seinen Lieferanten **abzutreten**. Ebenso wenig besteht eine Verpflichtung zur Weiterabtretung eines abgetretenen Anspruchs.[105] Verfehlt ist die Annahme, der Haftungsausschluss sei nur wirksam, wenn er gleichzeitig die Verpflichtung des Verkäufers umfasse, seine Ansprüche gegen den Vordermann abzutreten.[106]

Vom Ansatz her kann dem (Zweit-)Käufer nur damit geholfen werden, dass man ihm einen **Anspruch auf Abtretung** gegen den (Zweit-)Verkäufer zuerkennt. Das bedarf besonderer Begründung. Zu denken ist an eine **ergänzende Vertragsauslegung**, an eine **kaufvertragliche Nebenpflicht** oder an eine entsprechende Anwendung des **§ 285 BGB**. Ferner sind die **Grundsätze der Drittschadensliquidation** in Betracht zu ziehen. Allein mit § 242 BGB lässt sich eine Abtretungspflicht als kaufvertragliche Nebenpflicht schwerlich begründen.[107]

Dem **reformierten Schuldrecht** sind neue Lösungsansätze nicht zu entnehmen. Die **Regressvorschriften der §§ 478, 479 BGB** sind schon deshalb nicht einschlägig, weil sie beim Verkauf gebrauchter Sachen nicht zum Zuge kommen. § 285 BGB (stellvertretendes commodum, früher § 281 BGB) trägt zur Lösung des hier in Rede stehenden „Kettenfalls" nichts Neues bei.[108]

a) Ergänzende Vertragsauslegung

Mangels feststellbarer Regelungslücke („planwidrige Unvollständigkeit")[109] wird regelmäßig kein Raum für die Annahme einer Abtretungsvereinbarung sein. In den üblichen Freizeichnungsklauseln bleibt die Abtretungsfrage völlig unerwähnt. Auch der sonstige Vertragstext enthält insoweit keinerlei Andeutung, weder in Richtung auf eine etwaige Abtretungsvereinbarung noch umgekehrt im Hinblick auf den Ausschluss einer Übertragungspflicht.[110] Eine Ausnahme bilden die **ADAC-Musterverträge,** Fassung 2002. Sie sehen

---
101 Vgl. auch OLG München 20. 3. 1980, NJW 1980, 1581; OLG Düsseldorf 12. 1. 2004 – 1 W 72/03 – n. v.
102 OLG Hamm a. a. O.;vgl. auch OLG München 20. 3. 1980, NJW 1980, 1581; OLG Düsseldorf 12. 1. 2004 – 1 W 72/03 – n. v.; OLG Nürnberg 18. 4. 2005, DAR 2005, 630 (Motorrad).
103 NJW 1974, 2091.
104 OLG Saarbrücken 29. 2. 2000, MDR 2000, 1010 = OLGR 2000, 253; OLG Hamm 17. 12. 1996, NJW 1997, 2121 = DAR 1997, 111; OLG München 20. 8. 1999, DAR 1999, 506; s. auch LG Traunstein 4. 2. 1999, ZfS 1999, 290 – keine Käuferkette.
105 OLG Düsseldorf 15. 3. 2002, OLGR 2002, 229; OLG Hamm 23. 5. 2000, MDR 2001, 87 = OLGR 2000, 319.
106 BGH 20. 12. 1996, NJW 1997, 652 – Immobilienkauf.
107 OLG Düsseldorf 15. 3. 2002, OLGR 2002, 229; OLG Hamm 23. 5. 2000, MDR 2001, 87 = OLGR 2000, 319; anders *Derleder/Abramjuk*, AcP 190, 642; zum Ganzen *Cordes/Mischke*, ZGS 2008, 91.
108 Vgl. *von Olshausen*, ZGS 2002, 194, 198; s. aber auch *Jud*, FS U. Huber, 2006, S. 365.
109 Dazu BGH 17. 4. 2002, NJW 2002, 2310; v. 1. 6. 2005, DAR 2005, 515.
110 Anders insoweit OLG Celle 21. 5. 1965, DAR 1965, 211.

ausdrücklich vor, dass etwaige Ansprüche gegenüber Dritten aus Sachmängelhaftung an den Käufer abgetreten werden.

Soweit eine Zessionsvereinbarung fehlt, bedeutet das keine Regelungslücke im Sinne der Rechtsprechung.[111] Das Mängelrisiko wird vielmehr beiderseits bewusst und gewollt (planvoll) verteilt.[112] Zwischen einem allgemeinen und einem besonderen („zusätzlichen") Mängelrisiko zu unterscheiden,[113] ist wenig überzeugend und stellt die Praxis vor ein kaum lösbares Abgrenzungsproblem.[114] Ebenso wie Feuchtigkeitsschäden beim Kauf einer gebrauchten Immobilie unter das allgemein erwartete (typische) Mängelrisiko fallen,[115] sind es beim Gebrauchtwagenkauf jedenfalls verborgene Unfallschäden und technische Defekte jeglicher Art. Mängel, die jenseits des Erwartungshorizonts beider Parteien liegen, sind beim Gebrauchtfahrzeugkauf kaum denkbar. Außergewöhnliche Störungen aus dem Grenzbereich zwischen Sach- und Rechtsmangel sind bereits im Wege restriktiver Auslegung der Freizeichnungsklausel zugunsten des Käufers zu behandeln (vgl. Rn 1960 f.).

Sollte sich ausnahmsweise einmal eine Regelungslücke ermitteln lassen,[116] wofür der Käufer die Darlegungs- und Beweislast trägt, muss sie nicht notwendigerweise durch Annahme einer Abtretungsvereinbarung geschlossen werden. Der Verkäufer kann gute Gründe dafür haben, seinen Lieferanten aus dem Spiel zu lassen. Im Fall der arglistigen Täuschung ist eine solche Schonung allerdings unangebracht. Ein betrogener Verkäufer wird indes erfahrungsgemäß durch eine **freiwillige Abtretung** Hilfestellung geben.[117] Sollte er sie – wie im BGH-Fall NJW 1997, 652 – verweigern, so ist eine ergänzende Vertragsauslegung nicht das geeignete Korrekturinstrument.

b) § 285 BGB

Die zu § 281 BGB a. F., dem Vorläufer des § 285 BGB, angebotenen Lösungsversuche waren abzulehnen.[118] § 281 BGB war nicht, auch nicht analog, heranzuziehen. Hinter dieser Vorschrift stand der Rechtsgedanke, dass der Schuldner nicht das behalten soll, was er als Ersatz für seine unmöglich gewordene Leistung erhalten hat. In den Käuferketten-Fällen ist dem Zwischenmann in diesem Sinn nichts unmöglich geworden. Aber selbst wenn man seine Schlechtlieferung als Fall einer (qualitativen) Teilunmöglichkeit ansieht, was schon nach altem Recht so falsch nicht war, erwuchs ihm daraus kein Ersatzanspruch, den er als Surrogat hätte herausgeben können. Unabhängig von dem Weiterverkauf ist er Inhaber von Sachmängelrechten geworden. Dass sein Vermögensschaden sich durch den Weiterverkauf verringern konnte, stand auf einem anderen Blatt. Er konnte sich auch vergrößern. Bei dieser Sachlage ist kein Raum für eine analoge Anwendung des den § 281 BGB ersetzenden § 285 BGB.[119]

c) Drittschadensliquidation

Wenn überhaupt, kann dem Zweitkäufer nur mit den Regeln der Drittschadensliquidation geholfen werden. Dabei sind zwei Fragestellungen zu unterscheiden. Kann die Dritt-

---

111 So auch OLG Düsseldorf 15. 3. 2002, OLGR 2002, 229.
112 Vgl. auch BGH 22. 2. 1984, NJW 1984, 1452.
113 So der BGH in dem Käuferkettenfall aus dem Immobilienbereich NJW 1997, 652.
114 Vgl. auch *Klimke/Lehmann-Richter*, NJW 2004, 3672.
115 BGH 13. 2. 2004, NJW 2004, 1873.
116 Dazu instruktiv BGH 13. 2. 2004, NJW 2004, 1873.
117 So im Fall OLG Hamm NJW 1974, 2091.
118 Vgl. BGH 13. 2. 2004, NJW 2004, 1873; OLG Düsseldorf 15. 3. 2002, OLGR 2002, 229; OLG Hamm 23. 5. 2000, MDR 2001, 87 = OLGR 2000, 319; s. auch OLG Düsseldorf 18. 1. 2002, DAR 2002, 163.
119 Anders *Jud*, FS U. Huber, 2006, S. 365.

schadensliquidation zur Begründung einer Abtretungspflicht herangezogen werden? Kann sie, zweitens, als Grund für die Zuweisung eines eigenen – abtretbaren – Anspruchs auf Ersatz eines fremden Schadens dienen? Letzteres entspricht an sich der Funktion der Drittschadensliquidation.

Eine Schadensverlagerung im Sinne der Grundsätze zur Drittschadensliquidation findet beim Weiterverkauf durch den geschädigten Erstkäufer nicht statt.[120] Sein Vermögensschaden ist durch die Entrichtung des Kaufpreises für das mangelhafte Fahrzeug entstanden. Dass er erst durch die Entdeckung des Mangels im Anschluss an den Weiterverkauf zu Tage tritt, ändert daran nichts. Als Mindestschaden besteht die Vermögenseinbuße des Wiederverkäufers in der Differenz zwischen dem Wert des mangelhaften Fahrzeugs und dem Wert im mangelfreien Zustand. Der Anspruch auf den kleinen Schadensersatz wird durch den Weiterverkauf keineswegs ausgeschlossen.[121] Lediglich die Schadenshöhe kann von dem Weiterverkauf unter Gewährleistungsausschluss beeinflusst werden. Das ist zwar auch eine Schadensentlastung, aber wohl eher **eine Frage der Vorteilsausgleichung**. Sie tritt aber nicht ein, weil der Vorteil des Wiederverkäufers nicht auf demselben Schadensereignis beruht, das den Nachteil verursacht hat. Vielmehr ist der „Vorteil" die Folge des Weiterverkaufs unter Gewährleistungsausschluss.[122]

Dadurch, dass der Zweitkäufer sich aus freien Stücken auf einen Kauf unter völligem Haftungsausschluss eingelassen hat, ist er bewusst das Risiko eingegangen, für sein Geld kein Äquivalent zu erhalten. Deshalb ist es nicht unbillig, wenn ihm ein Anspruch auf Abtretung von Sachmangelansprüchen versagt wird. Dass bei dieser Lösung der arglistige Erstverkäufer unbehelligt bleiben kann, nicht unbedingt bleiben muss, liegt beim Warenverkauf in der Natur der Sache. Pönale Erwägungen sind fehl am Platz.

9. Ausschluss der Sachmängelhaftung und Verkäuferarglist

Auf eine Haftungsfreizeichnung – formularmäßig wie individuell – kann sich ein Verkäufer nicht berufen, wenn er den strittigen Mangel arglistig verschwiegen hat (§ 444 BGB). Arglistigem Verschweigen steht, wie in § 476 BGB a. F., das arglistige Vorspiegeln einer Eigenschaft gleich. Zu den objektiven und subjektiven Voraussetzungen arglistigen Handelns s. Rn 2069 ff.

Hat das Fahrzeug **mehrere Mängel,** so ist die Freizeichnungsabrede nur hinsichtlich derjenigen Mängel unwirksam im Sinne des „Berufungsverbots" des § 444 BGB, die arglistig verschwiegen worden sind. Dies kann Konsequenzen für die Berechnung der Minderung und des Nichterfüllungsschadens (Schadensersatz statt der Leistung) haben,[123] s. auch Rn 1767/1834.

Bei einer **Mehrheit von Verkäufern** (Eheleute, Erbengemeinschaft) tritt die Rechtsfolge des § 444 BGB bereits dann ein, wenn zumindest einer arglistig gehandelt hat.[124]

---

120 OLG Braunschweig 13. 4. 2006, NJW 2007, 609; OLG Düsseldorf 15. 3. 2002, OLGR 2002, 229; OLG Düsseldorf 12. 1. 2004 – 1 W 72/03 – n. v.; OLG Hamm 23. 5. 2000, MDR 2001, 87 = OLGR 2000, 319; OLG Hamm 27. 3. 1974, NJW 1974, 2091; zustimmend *Büdenbender*, JuS 1976, 153; a. A. *Pfister*, JuS 1976, 373; *Wackerbarth*, ZIP 1997, 2037 zu BGH NJW 1997, 652 – Käuferkette beim Immobilienkauf; s. auch *Schaper/Kandelhard*, NJW 1997, 837 und *Schwarze*, JuS 1998, 13 zum „Kettenfall" BGH NJW 1995, 1737 – Grundstückskauf; weitere Lit.nachw. bei *von Olshausen*, ZGS 2002, 194 und *Cordes/Mischke*, ZGS 2008, 91.
121 BGH 10. 6. 1998, NJW 1998, 2905 = ZIP 1998, 1313.
122 Vorteilsausgleichung wird abgelehnt von BGH 24. 3. 1997, NJW 1977, 1819; OLG Düsseldorf 12. 1. 2004 – 1 W 72/03 – n. v.; ebenso *Büdenbender*, JuS 1976, 153 und *Wolter*, NJW 1975, 622, der eine Abtretungspflicht vertragsrechtlich begründet.
123 Vgl. auch BGH 26. 1. 1983, NJW 1983, 1424 = DAR 1983, 228; BGH 7. 5. 2004, NJW 2004, 2526.
124 BGH 10. 7. 1987, NJW-RR 1987, 1415 (Hauskauf).

10. Ausschluss der Sachmängelhaftung und Abnahmeverpflichtung

1991 Beim Kauf gebrauchter Pkw/Kombis vom gewerblichen Handel ist zunächst zu berücksichtigen, dass vielfach erst die Auslieferung den Kaufvertrag überhaupt zustande kommen lässt. Das ist eine Folge der besonderen Abschlusstechnik (vgl. Rn 1165 ff.). Fallen Vertragsabschluss und Auslieferung zusammen, kann eine Freizeichnungsklausel **keine Vorwirkung** entfalten. Dies schon deshalb nicht, weil sie noch nicht Inhalt des Vertrages geworden ist. Zur Rechtsposition des Käufers in der Phase seiner vorvertraglichen Bindung s. Rn 1172. Durch schriftliche Bestätigung kann der Händler den Vertrag und damit auch den Haftungsausschluss in Kraft setzen. Der **BGH** billigt dem Käufer ein **Zurückweisungsrecht** zu, wenn er den Mangel vor Übergabe entdeckt hat.[125] Unzulässig war die Zurückweisung, wenn der gerügte Mangel einen Gewährleistungsanspruch nicht begründen konnte, etwa infolge eines Gewährleistungsausschlusses. Bei einer wirksamen Haftungsfreizeichnung ist der Käufer auch nach heutigem Recht nicht zur Zurückweisung befugt,[126] s. auch Rn 145 ff.

---

125 Urt. v. 20. 12. 1996, NJW 1997, 652.
126 Allgemein zum Zurückweisungsrecht s. *Jud*, JuS 2004, 841.

O. Verjährung der Sachmängelansprüche

I. Überblick

Das gesamte Verjährungsrecht ist durch das **Schuldrechtsmodernisierungsgesetz** grundlegend umgestaltet worden. Das trifft auch auf die Ansprüche aus der Sachmängelhaftung zu. Für den Kraftfahrzeugverkauf gilt **grundsätzlich** eine **Frist von zwei Jahren** ab Ablieferung (§ 438 Abs. 1 Nr. 3, Abs. 2 BGB). Diese Frist ist maßgeblich für:

- Anspruch auf Mängelbeseitigung (Nachbesserung)
- Anspruch auf Ersatzlieferung (Neulieferung)
- Anspruch auf Aufwendungsersatz gem. § 439 Abs. 2 BGB
- Anspruch auf Ersatz des kleinen wie des großen Schadensersatzes statt der Leistung[1]
- Anspruch auf Ersatz von Folge- und Begleitschäden, sofern sie aus der Verletzung der Pflicht zur mangelfreien Lieferung oder der Verletzung der Nacherfüllungspflicht herrühren[2]
- Anspruch auf Ersatz vergeblicher Aufwendungen (§ 284 BGB)
- Recht auf Minderung (vgl. § 438 Abs. 5 i. V. m. 218 BGB)
- Recht auf Rücktritt (vgl. § 438 Abs. 4 i. V. m. § 218 BGB)
- Aufwendungsersatzanspruch beim Unternehmerregress (§ 479 Abs. 1 BGB).

Sonderregelung für Rücktritt und Minderung: Obwohl Rücktritt und Minderung keine Ansprüche, sondern – an sich unverjährbare – Gestaltungsrechte sind, hat die Anspruchsverjährung nach § 438 BGB Auswirkungen auf das Recht zum Rücktritt und zur Minderung. Nach § 438 Abs. 4 S. 1 BGB i. V. m. § 218 Abs. 1 S. 1 BGB ist der **Rücktritt unwirksam**, wenn der Anspruch auf Nacherfüllung verjährt ist und der Verkäufer sich darauf beruft. Dementsprechend kommt es für die **Rechtzeitigkeit des Rücktritts** darauf an, dass er erklärt wird, bevor der Anspruch auf die Leistung oder der etwaige Nacherfüllungsanspruch[3] verjährt ist.[4] Maßgebend ist also der Zeitpunkt der Ausübung des Gestaltungsrechts „Rücktritt", nicht der Zeitpunkt der gerichtlichen Geltendmachung der Ansprüche aus dem durch den Rücktritt entstehenden Rückgewährschuldverhältnis (§§ 346 ff. BGB).

Das für die zeitliche Grenze des Rücktritts Gesagte gilt entsprechend für **die Minderung** (§ 438 Abs. 5 BGB).

Anstelle der Zweijahresfrist ab Ablieferung gilt die **dreijährige Regelverjährung** nach §§ 195, 199 BGB für folgende Ansprüche:

- des Käufers aus dem rücktrittsrechtlichen Rückgewährschuldverhältnis, z. B. der Anspruch auf Rückzahlung des Kaufpreises oder auf Verwendungsersatz[5]

---

1 Auch soweit er auf § 311 a Abs. 2 i. V. m. § 437 Nr. 3 BGB gestützt wird; so auch *Palandt/Grüneberg*, § 311 a BGB, Rn 11.
2 OLG Koblenz 9. 2. 2006, ZGS 2006, 117 (Anwaltskosten); Das neue Schuldrecht/*Wendtland*, Kap. 2 Rn 58; *Haas*, a. a. O., Kap. 5 Rn 306; *Reinicke/Tiedtke*, Kaufrecht, Rn 658, 659 mit Darstellung des Meinungsstreits.
3 Wo ein Anspruch auf Nacherfüllung in beiden Varianten ausgeschlossen ist, wie z. B. bei einem unbehebbaren Mangel eines Gebrauchtwagens, ist auf den hypothetischen Nacherfüllungsanspruch abzustellen (§ 218 Abs. 1 S. 2 BGB).
4 BGH 7. 6. 2006, NJW 2006, 2839; BGH 15. 11. 2006, NJW 2007, 674.
5 BGH 15. 11. 2006, NJW 2007, 674; zu beachten ist, dass der Verwendungsersatzanspruch nicht schon mit der Rücktrittserklärung, sondern erst mit der Rückgabe des Fahrzeugs entsteht (BGH 15. 11. 2006, NJW 2007, 674).

- des Verkäufers aus dem rücktrittsrechtlichen Rückgewährschuldverhältnis, z. B. auf Nutzungsvergütung oder Wertersatz[6]
- des Käufers auf Erstattung des Mehrbetrags nach wirksam erklärter Minderung[7]
- des Käufers aus der Verletzung von Nebenpflichten, die mit einem Mangel nichts zu tun haben[8]
- des Käufers aus einer selbstständigen Garantie (näher Rn 2045)
- des Käufers aus einem Beratungsverhältnis (s. aber auch Rn 2222)
- des Käufers aus einer nur fahrlässigen vorvertraglichen Pflichtverletzung, die nichts mit einem Mangel zu tun hat (zur Abgrenzung s. Rn 2218 ff.)
- des Käufers bei einer vorsätzlichen Verletzung einer vorvertraglichen Informationspflicht, auch wenn sie sich auf einen Sachmangel bezieht. Beispiel: Verschweigen eines Sachmangels vor Vertragsschluss.[9]

II. Die Verjährungsregelung beim Neuwagenkauf

1995 Abschn. VII Ziff. 1 Abs. 1 NWVB (Stand 4/2003 und 3/2008) sieht vor, dass Ansprüche des Käufers wegen Sachmängeln in **zwei Jahren** ab Ablieferung verjähren. Zur Ablieferung s. Rn 2005 ff. Die Zweijahresfrist entspricht der gesetzlichen Verjährung nach § 438 Abs. 1 Nr. 3 BGB. Insoweit hat die Klausel nur deklaratorische Bedeutung. Dass die Ansprüche aus einem wirksam erklärten Rücktritt bzw. einer Minderung nicht in zwei, sondern in drei Jahren und dies nicht ab Ablieferung, sondern frühestens ab Anspruchsentstehung, verjähren, geht aus der Verjährungsregelung im Abschn. VII. Ziff. 1 zwar nicht hervor. Das ist indes unbedenklich, obgleich der juristische Laie die Formulierung „Ansprüche ... wegen Sachmängeln" dahin verstehen dürfte, dass Ansprüche aus Rücktritt und Minderung gleichfalls in zwei Jahren verjähren. Von der Zweijahresfrist zugunsten des Käufers abweichende Verjährungsfristen, wie z. B. auch die dreijährige Verjährung für den Anspruch aus § 441 Abs. 4 BGB (Erstattung des Mehrbetrags bei Minderung), werden durch Abschn. VII. Ziff. 1 Abs. 1 NWVB nicht auf zwei Jahre verkürzt. Eine solche Abänderung ist nicht gewollt und wäre im Übrigen mit Blick auf die für den Verbrauchsgüterkauf zwingende Regelung in § 475 BGB unwirksam.

1996 **Abkürzung auf ein Jahr:** Nur für den **Verkauf von Nutzfahrzeugen** an **Unternehmer** und **Behörden** sehen die NWVB Stand 4/2003 eine Fristverkürzung auf ein Jahr vor. Die Beschränkung auf Nutzfahrzeuge hat man in den per 3/2008 aktualisierten und ab Mai 2008 eingesetzten NWVB aufgegeben. Nunmehr tritt außerhalb des Verbrauchsgüterkaufs **generell,** also auch beim **Verkauf eines neuen Pkw**, an die Stelle der Zweijahresfrist die Frist von einem Jahr. Von dieser Kürzung unberührt bleiben die der Regelverjährung unterliegenden Ansprüche aus Rücktritt und Minderung. Für diese Ansprüche gilt auch im unternehmerischen Verkehr die Regelverjährung.

Da die Mindestfrist von einem Jahr eingehalten ist, ist die Verkürzungsklausel insoweit unbedenklich, siehe **§ 309 Nr. 8 b ff) BGB**, der zwar gem. § 310 Abs. 1 S. 1 BGB auf Verträge zwischen Unternehmern nicht direkt anzuwenden ist.[10] Die Klausel unterliegt jedoch der Inhaltskontrolle nach § 307 Abs. 1 und Abs. 2 BGB; auch insoweit, als dies zur Unwirk-

---

6 BGH 15. 11. 2006, NJW 2007, 674.
7 Vom BGH noch nicht ausdrücklich entschieden, aber durch das Urt. v. 15. 11. 2006, NJW 2007, 674 (Rücktritt) im Sinne der h. M. (z. B. *Reinking*, ZGS 2002, 141) präjudiziert; mit starken Argumenten a.A. *Peters*, NJW 2008, 119.
8 Zur Abgrenzung s. *Faust* in *Bamberger/Roth*, § 437 BGB Rn 196.
9 *Faust* in *Bamberger/Roth*, § 438 BGB Rn 8.
10 Zumindest missverständlich *Palandt/Grüneberg*, § 309 BGB Rn 77.

samkeit von Vertragsbestimmungen führt, die in § 309 BGB aufgeführt sind; dabei ist auf die im Handelsverkehr geltenden Gewohnheiten und Bräuche angemessen Rücksicht zu nehmen (§ 310 Abs. 1 S. 2 BGB). Zu beachten sind damit auch die Klauselverbote des **§ 309 Nr. 7a und b BGB**.[11] Sie kommen auch bei der Inhaltskontrolle von Klauseln zum Zuge, durch die zugunsten des Verkäufers die Verjährungsfrist verkürzt wird, weil auch das eine Haftungsbeschränkung ist.[12]

Bei der **Neufassung der NWVB** (3/2008) hat man versucht, dem „Gleichschritt"-Urteil des BGH vom 19. 9. 2007[13] Rechnung zu tragen, allerdings mit einer Verweisungslösung, die schon mit Blick auf das Transparenzgebot erheblichen Bedenken ausgesetzt ist. Nach Abschn. VII Ziff. 4 gilt der gesamte Abschnitt VII („Sachmangel") nicht für Ansprüche auf Schadensersatz. Für diese Ansprüche soll Abschnitt VIII („Haftung") gelten. Eine eigenständige Verjährungsregelung enthält dieser Abschnitt nicht, jedoch mit der Klausel Ziff. 5 eine Bestimmung, die auf das Klauselverbot in **§ 309 Nr. 7a BGB** zugeschnitten ist und mittels Verweisung auch für Schadensersatzansprüche aus der Sachmängelhaftung gelten soll. Das **Verbot Nr. 7b** (grobes Verschulden) habe man nicht gesondert ansprechen müssen, werden die Klauselverfasser einwenden, weil die Haftung für grobes Verschulden bei Verkäufen an Unternehmer bzw. Behörden nicht vollständig ausgeschlossen sei (s. Abschn. VIII Ziff. 1 Abs. 2) und man die Verjährung lediglich auf ein Jahr verkürzt habe. Ob diese Argumentation trägt, bleibt abzuwarten.

1997

Selbst eine an sich wirksame Herabsetzung der Verjährung auf ein Jahr ist unbeachtlich, wenn der Verkäufer einen **Mangel arglistig verschwiegen** oder eine **unrichtige Beschaffenheitsgarantie** erteilt hat (§ 444 BGB). Auf dem 2B2-Sektor „Neufahrzeuge" sind diese Tatbestände nur selten nachweisbar.

1998

Zur Mängelbeseitigung **eingebaute Teile** werden in die bestehende Verjährung einbezogen (Abschn. VII. Ziff. 2c NWVB, 3/08). Das ist unbedenklich, weil die eingebauten Teile nicht Gegenstand eines Kaufs, sondern lediglich Mittel der Nachbesserung sind. Der Käufer profitiert von den mit dem Einbau verbundenen Vorteilen (Hemmung, ggf. Neubeginn).Für den Lauf der einheitlichen Verjährungsfrist ist es unerheblich, wann und wie häufig Teile im Zuge der Nacherfüllung ausgewechselt werden.[14]

1999

III. Die Verjährungsregelung beim Gebrauchtwagenkauf

1. Verkürzung der Zweijahresfrist auf ein Jahr

a) Grundsätzliche Zulässigkeit

Von kardinaler Bedeutung für den Verkauf gebrauchter Kraftfahrzeuge – zum Begriff „gebraucht" in Abgrenzung gegen „neu" s. Rn 1126 – ist die **Sonderregelung in § 475 Abs. 2 BGB**. Einem Unternehmer wird selbst gegenüber einem Verbraucher ausdrücklich gestattet, die Verjährungsfrist im Voraus bis auf ein Jahr abzukürzen. Das muss nicht durch eine Individualabrede geschehen. Eine Formularklausel ist grundsätzlich zulässig (zur Problematik der Inhaltskontrolle s. Rn 2002). Der Annahme einer stillschweigenden bzw. konkludenten Vereinbarung der Einjahresfrist stehen prinzipielle Gründe des Verbraucherschutzes entgegen, mag diese Frist auch im Laufe der Jahre (ab 2002) allgemein üblich geworden sein.

2000

---

11 BGH 19. 9. 2007, NJW 2007, 3774.
12 BGH 15. 11. 2006, NJW 2007, 674.
13 NJW 2007, 3774
14 *Creutzig*, Recht des Autokaufs, Rn 7.2.10.

b) Klauselbeispiele

2001 Von der Option, die Verjährungsfrist zu verkürzen, wird in **Verbrauchsgüterkaufverträgen** allgemein Gebrauch gemacht. In den handelsüblichen Vertragsformularen für den Gebrauchtfahrzeugverkauf an Verbraucher ist die Verjährungsfrist formularmäßig **auf ein Jahr herabgesetzt** (z. B. Abschn. VI Ziff. 1 ZDK-AGB, Stand 7/2003 und 3/2008).

Gegenstand der Reduzierung sind nur „Ansprüche" des Käufers wegen Sachmängeln. Von Rücktritt und Minderung ist nicht die Rede, was verständlich ist, weil sie als Gestaltungsrechte nicht der Verjährung unterliegen. Es fehlt aber auch eine ausdrückliche Regelung der Verjährung derjenigen Ansprüche, die sich aus einem wirksam erklärten Rücktritt bzw. Minderung ergeben. Nachdem der BGH[15] insoweit für Klarheit gesorgt hat, indem er nicht die kaufrechtliche Sonderverjährung, sondern die Regelverjährung für maßgebend hält, hätte man dies bei der Neufassung der AGB 2008 berücksichtigen können. Nicht nur der juristisch ungeschulte Käufer wird unter „Ansprüche ... wegen Sachmängeln" auch solche *aus* Rücktritt und *aus* Minderung verstehen.

c) Inhaltskontrolle

2002 Das **Transparenzgebot** des § 307 Abs. 1 S. 2 BGB erfordert keine Differenzierung nach Ansprüchen und Gestaltungsrechten, wie sie in § 438 BGB enthalten ist. Entbehrlich ist auch eine Trennung zwischen dem Recht auf Rücktritt bzw. Minderung und den Ansprüchen aus der Ausübung dieser Rechte. Eine Regelung nach dem gesetzlichen Vorbild und der Rechtsprechung des BGH würde Verbraucher nur verwirren. Zwischen den Ansprüchen nach wirksamer Ausübung der Gestaltungsrechte Rücktritt/Minderung und den Sachmängelansprüchen neben Rücktritt und Minderung hat selbst der Gesetzgeber nicht klar differenziert. Demnach sollte nicht beanstandet werden, dass die Klauselverfasser diese Einheitslösung übernommen haben.

Zu kritisieren ist auch nicht, dass in manchen Klauselwerken der Beginn der verkürzten Verjährungsfrist nicht ausdrücklich genannt wird (anders Abschn. VI Nr. 1 ZDK-AGB: „ab Ablieferung"). Die Klausel im ADAC-Mustervertrag für den Verbrauchsgüterkauf „die Sachmängelhaftung des Verkäufers wird auf ein Jahr beschränkt" ist demnach unbedenklich. Dass der Ausdruck „Verjährung" fehlt, ist gleichfalls unschädlich.

2003 Wegen Verstoßes gegen die Klauselverbote des **§ 309 Nr. 7 a und b BGB** hat der BGH Verkürzungsklauseln für insgesamt **unwirksam erklärt**, wenn die in diesen Klauselverboten bezeichneten Schadensersatzansprüche nicht von der Abkürzung der Verjährungsfrist ausgenommen sind.[16] Denn eine Begrenzung der Haftung im Sinne des § 309 Nr. 7 a und b BGB ist auch die zeitliche Begrenzung der Durchsetzbarkeit entsprechender Schadensersatzansprüche durch Abkürzung der gesetzlichen Verjährungsfristen.

Um zu einem inhaltlich zulässigen Klauselinhalt zu gelangen, muss die Klausel um eine Ausnahmeregelung für die Verjährung der in § 309 Nr. 7 a und b BGB aufgeführten Schadensersatzansprüche ergänzt werden.[17] Diesem Gebot trägt der **ADAC-Mustervertrag für den Verbrauchsgüterkauf** von Beginn an (ab 2002) Rechnung, indem im unmittelbaren Anschluss an die Einjahresklausel die AGB-festen Tatbestände des § 309 Nr. 7 a und b BGB genannt werden. Die auf dem **gewerblichen Sektor** bis etwa Mai 2008 benutzten Vertragsformulare (einschließlich der verbandsempfohlenen) enthalten demgegenüber Verjährungsklauseln, die ganz überwiegend **unwirksam** sind.

---

15 Urt. v. 15. 11. 2006, NJW 2007, 674 (Rücktritt).
16 Urt. v. 15. 11. 2006, NJW 2007, 674; überraschend unkritisch dagegen noch BGH 7. 6. 2006, NJW 2006, 2839.
17 BGH 15. 11. 2006, NJW 2007, 674.

Aus Anlass der BGH-Entscheidung vom 15. 11. 2006 hat die Kfz-Branche zunächst eine **Übergangslösung** dergestalt praktiziert, dass Käufern eine Zusatzvereinbarung zu den AGB ausgehändigt wurde. Nunmehr liegt auch für den Verkauf von Gebrauchtfahrzeugen ein **neues Klauselwerk** vor (Stand 3/2008).

Ziel der Verfasser war, den bisherigen Fehler zu vermeiden. Die „Nachbesserung" sieht so aus, dass man die Ansprüche auf Schadensersatz – nur darum geht es in § 309 Nr. 7 a und b BGB – aus dem Abschn. VI („Sachmangel") herausgenommen und in den Abschnitt VII („Haftung") integriert hat. Dort findet sich jetzt unter Ziff. 5 die Klausel, wonach die Haftungsbegrenzungen dieses Abschnitts (VII) nicht bei Verletzung von Leben, Körper oder Gesundheit gelten. Das zielt auf das Klauselverbot in § 309 Nr. 7 a BGB. Fraglich ist indessen, ob damit dem Transparenzgebot Genüge getan ist.

Der 2002 eingeführte ADAC-Mustervertrag (Verkauf Unternehmer an Privat) hat das Problem nicht nur eleganter, sondern auch verständlicher gelöst. Beide Verbote werden im unmittelbaren Anschluss an die Herabsetzung der Verjährungsfrist angesprochen und hinreichend deutlich umschrieben. Schon das Klauselverbot des § 309 Nr. 7 a BGB ist im Hinblick auf die Abkürzung der Verjährung in den aktuellen ZDK-AGB nur schwer auffindbar und zuzuordnen. Noch stärkere Bedenken bestehen hinsichtlich des Verbots gem. § 309 Nr. 7 b BGB („grobes Verschulden"). Dem Durchschnittskäufer dürfte sich kaum erschließen, dass seine Ansprüche auf Schadensersatz bei einem Sachmangel nicht in einem Jahr, sondern in zwei Jahren verjähren, wenn einer der in § 309 Nr. 7 b BGB genannten Fälle gegeben ist.

d) Unwirksamkeit der Verjährungsverkürzung in den Fällen des § 444 BGB

Kann der Käufer eine arglistige Täuschung nachweisen, hilft dem Verkäufer die Herabsetzung der Verjährung auf ein Jahr nichts. Abgesehen davon, dass die Klausel insoweit gem. § 444 BGB unbeachtlich ist, kommt dem Käufer die Sonderverjährung bei Arglist zugute (dazu Rn 2010). Anwendung findet § 444 BGB auch, wenn der Verkäufer eine unrichtige Beschaffenheitsgarantie gegeben hat. Es bleibt dann bei der gesetzlichen Verjährung von zwei Jahren. Zum Garantiebegriff des § 444 BGB s. Rn 1358. Zu den Einzelfällen s. die Schnellübersicht Rn 1367 mit weiterführenden Verweisungen.

2004

2. Fristbeginn mit Ablieferung

Die Verjährungsfrist beginnt grundsätzlich – auch bei Online-Käufen[18] – mit der Ablieferung des Fahrzeugs durch den Verkäufer, gleichviel, ob der Mangel erkennbar oder verborgen ist. Unter Ablieferung i. S. d. § 438 Abs. 2 BGB ist nur die erstmalige Übergabe des Fahrzeugs an den Käufer oder an einen Vertreter zu verstehen. Keine Ablieferung ist die Rückgabe des Fahrzeugs im Anschluss an eine Reparatur aus Anlass einer Mängelrüge.[19] Dabei macht es keinen Unterschied, ob der Verkäufer nur die Bremsen nachgestellt oder einen Austauschmotor eingebaut hat. Art und Umfang der Nachbesserung sind in diesem Zusammenhang ebenso irrelevant wie der Gesichtspunkt „Fehlerkontrolle durch den Käufer". Für Käuferschutzüberlegungen ist der Ablieferungsbegriff der falsche Ansatz. Zum Fall der Nacherfüllungsvariante „Ersatzlieferung" s. Rn 2035.

2005

Ablieferung i. S. d. § 438 Abs. 2 BGB setzt beim Kfz-Kauf voraus, dass der Verkäufer das Fahrzeug dem Käufer in Erfüllung des Kaufvertrages so überlassen hat, dass er es auf Mängel untersuchen kann.[20] Der Verkäufer muss es **vollständig** aus seinem Verfü-

---

18 Unwirksam ist eine Klausel im Fernabsatz (Verbrauchervertrag), wonach die Gewährleistungsfrist ein Jahr ab Verkaufsdatum beträgt. Für Wettbewerbswidrigkeit KG 9. 11. 2007, MDR 2008, 517.
19 OLG Celle 20. 6. 2006, NJW 2006, 2643; *Auktor/Mönch*, NJW 2004, 1686.
20 St. Rspr., Nachweise bei *Faust* in *Bamberger/Roth*, § 438 BGB Rn 30.

gungsbereich in denjenigen des Käufers „entlassen" haben,[21] nicht etwa nur zu einer Probefahrt und/oder Besichtigung, sondern in Erfüllung der vertraglichen Übergabeverpflichtung. Auf die Eigentumsverhältnisse kommt es ebenso wenig an wie auf die Frage, ob es sich um eine Hol- oder Bringschuld handelt. Ausschlaggebend sind die faktischen Verhältnisse. Zur „Ablieferung" bei Aushändigung des Fahrzeugs **ohne mitverkaufte Zubehörteile** (z. B. Dachgepäckträger) s. OLG Düsseldorf NJW-RR 1999, 283.

Die AGB des Kfz-Handels haben den Begriff „Ablieferung" ohne nähere Konkretisierung übernommen. Gleichgesetzt werden kann die Ablieferung mit der Abnahme des Fahrzeugs, wie sie in den AGB geregelt ist. Ein wesentliches Indiz ist die Aushändigung sämtlicher Fahrzeugschlüssel und die Übergabe des Fahrzeugscheins.

2006 Die **Übergabe der Fahrzeugpapiere**, insbesondere des Briefes (Zulassungsbescheinigung Teil II), gehört grundsätzlich nicht zur verjährungsrechtlich maßgeblichen „Ablieferung". Durch die Aushändigung des Fahrzeugbriefes wird sie weder ersetzt noch hinausgeschoben. Sofern ein Fahrzeugdokument für die Aufdeckung eines Sachmangels von wesentlicher Bedeutung ist (z. B. der Fahrzeugbrief bezüglich der Anzahl der Vorbesitzer/Vorhalter oder das „Scheckheft" bei „scheckheftgepflegt"), ist zu erwägen, die Verjährungsfrist hinsichtlich dieses speziellen Mangels erst mit Übergabe von Fahrzeug und Dokument beginnen lassen. Zu diesem Ergebnis kann auch die Auslegung einer entsprechenden Beschaffenheitsvereinbarung oder -garantie führen.[22]

Beim Fehlen des Bord- oder Handbuches (Betriebsanleitung) besteht kein Grund, den Zeitpunkt der Ablieferung hinauszuschieben. Auch ohne diese Dokumente kann der Durchschnittskäufer ein Kfz zumindest auf seine Basisfunktionen hin überprüfen. Sämtliche technischen Details der mit Elektronik teilweise überfrachteten Pkw müssen sich ihm nicht erschließen. Andernfalls würden manche Fahrzeuge überhaupt nicht „abgeliefert". Grundsätzlich reicht die faktische Möglichkeit der Prüfung.

2007 Vereinbarungen über eine **Fahrzeuggarantie**, sei es mit dem Verkäufer, sei es mit einem fremden Garantieträger, sind für den Beginn der gewährleistungsrechtlichen Verjährung grundsätzlich unbeachtlich. Es gilt das **Trennungsprinzip**.[23] Zum Beginn der Verjährung von Ansprüchen aus (selbstständigen) Garantien s. Rn 2045.

2008 Die Ablieferung muss **nicht an den Käufer persönlich** erfolgen. Er kann sich dabei vertreten lassen (Empfangsvertretung). So liegen die Dinge regelmäßig bei **Leasingfahrzeugen** (Übernahme durch den Leasingnehmer). Übernimmt der Leasingnehmer das „eigene" Auto später als Käufer, ist das Datum des Kaufvertrages der Tag der „Ablieferung".

Als Empfangsvertreter kann auch eine Bank tätig sein, wenn sie in einem Fall, in dem es auf die Übergabe des Briefes für den Beginn der Verjährung ankommt (s. Rn 2006), den Kfz-Brief (ZB II) entgegennimmt.

2009 **Abnahmeverzug** des Käufers reicht für eine Ablieferung nicht aus. Eine unterbliebene Ablieferung kann prinzipiell nicht dadurch ersetzt werden, dass der Käufer mit der Abnahme des Fahrzeugs in **Schuldner-** bzw. **Gläubigerverzug** geraten ist.[24] Die Berufung des im Verzug befindlichen Käufers auf die fehlende Ablieferung kann im Einzelfall treuwidrig sein.[25]

---

21 BGH 11. 10. 1995, NJW 1995, 3381 (gebr. Lastzug).
22 Vgl. LG Lübeck 23. 7. 2003, SchlHA 2004, 155.
23 OLG Düsseldorf 8. 3. 2006 – I-1 U 218/05 – n. v.
24 BGH 11. 10. 1995, NJW 1995, 3381; s. auch *Saenger*, NJW 1997, 1945; *Tiedtke*, JZ 1996, 549.
25 BGH 11. 10. 1995, NJW 1995, 3381, letztlich offen gelassen; s. auch *Tiedtke*, JZ 1996, 549.

IV. Sonderregelung bei arglistiger Täuschung

1. Überblick

Wie schon nach altem Recht (§ 477 Abs. 1 S. 1 BGB) ist der arglistig getäuschte Käufer weiterhin auch verjährungsrechtlich **privilegiert**. Dies aus einem doppelten Grund: Durch die Täuschung wird der Käufer daran gehindert, den Mangel rechtzeitig zu entdecken und zu rügen. Im Übrigen ist der arglistige Verkäufer nicht schutzwürdig in der Annahme, der Käufer werde ihn nach Ablauf von zwei Jahren nicht mehr in Anspruch nehmen.

Die verlängerte Verjährungsfrist beträgt allerdings nicht mehr 30, sondern nur noch **3 Jahre** (§ 438 Abs. 3 i. V. m. § 195 BGB). Sie beginnt nicht mit der Ablieferung. Der Fristbeginn richtet sich vielmehr nach den objektiv- subjektiven Kriterien des § 199 Abs. 1 BGB, s. Rn 2011 ff.

Den **Tatbestand des arglistigen Verschweigens** als Voraussetzung für das Eingreifen der Regelverjährung muss der Käufer **darlegen** und notfalls **beweisen**. Zum objektiven und subjektiven Tatbestand der arglistigen Täuschung und zu den einzelnen Fallgruppen s. Rn 2069 ff., dort auch zur Darlegungs- und Beweislastverteilung.

§ 438 Abs. 3 BGB erwähnt nur den Fall des arglistigen Verschweigens eines Mangels. Analog gilt er für das **arglistige Vorspiegeln einer Eigenschaft** des Kaufobjekts.[26]

Ob es für die Arglist auf den **Zeitpunkt** des Vertragsschlusses oder auf den Zeitpunkt der Übergabe/Ablieferung ankommt, ist strittig. Nach dem Zweck der Arglist-Ausnahme ist auf den späteren Zeitpunkt abzustellen.[27] Zweifelhaft ist ferner, ob der Käufer – wie im Rahmen des § 123 BGB – die **Kausalität zwischen Täuschung und Kaufentschluss** beweisen muss. Das ist nach dem Zweck der verjährungsrechtlichen Sonderregelung zu verneinen. Sie hat nicht die Freiheit der Willensentscheidung im Rechtsverkehr vor Augen. Vielmehr soll der Gefahr begegnet werden, dass die Verjährung in Lauf gesetzt wird, obwohl der Käufer gerade wegen des arglistigen Handels des Verkäufers den Mangel nicht innerhalb der „normalen" Gewährleistungsfrist entdecken konnte. Die Täuschung als solche muss daher genügen. Der Verkäufer kann nicht einwenden, sein Verhalten sei für den Kaufentschluss nicht ursächlich geworden.[28]

2. Verjährungsbeginn im Arglistfall

Die Dreijahresfrist beginnt mit dem Schluss des Jahres, in dem der (Sachmangel-)**Anspruch entstanden** ist und der Käufer von den anspruchsbegründenden Umständen und der Person des Verkäufers **Kenntnis** erlangt oder ohne **grobe Fahrlässigkeit** hätte erlangen müssen (§ 199 Abs. 1 BGB).

a) Anspruchsentstehung

Die einzelnen Sachmängelansprüche haben **unterschiedliche Entstehungszeitpunkte**. Der **Anspruch auf Nacherfüllung** entsteht bereits mit Gefahrübergang, praktisch also mit der Übergabe der mangelhaften Sache, ausnahmsweise mit Annahmeverzug. Zwischen dem Anspruch auf Ersatzlieferung – beim Gebrauchtfahrzeugkauf (von der Aliud-Lieferung abgesehen) im Regelfall kein Thema – und dem Nachbesserungsanspruch besteht insoweit kein Unterschied. Verjährungsrechtlich an den Nacherfüllungsanspruch angekop-

---

26 Das neue Schuldrecht/*Haas*, Kap. 5 Rn 345; *Zimmer/Eckhold*, JURA 2002, 153; a.A. *Faust* in *Bamberger/Roth*, § 438 BGB Rn 38
27 *Faust* in *Bamberger/Roth*, § 438 BGB Rn 43.
28 So auch *Faust* in *Bamberger/Roth*, § 438 BGB Rn 37; a. A. *Erman/Grunewald*, § 438 BGB Rn 25.

pelt sind die Gestaltungsrechte **Rücktritt** und **Minderung** (§ 438 Abs. 4, 5 i. V. m. § 218 BGB), s. Rn 1993.

Die in § 437 Nr. 3 BGB aufgeführten **Ansprüche auf Schadens- und Aufwendungsersatz** sind demgegenüber verjährungsrechtlich selbstständig. Insoweit kann sich aber unter dem Gesichtspunkt der Subsidiarität („Sekundäransprüche") eine Verschiebung des Entstehungszeitpunkts ergeben. Manche Ansprüche auf Schadensersatz können erst geltend gemacht werden, wenn der Käufer erfolglos eine Nachfrist gesetzt hat oder ein Ereignis eingetreten ist, das eine Fristsetzung entbehrlich macht. Derartiges Geschehen im Vorfeld könnte den Zeitpunkt der Entstehung des Schadensersatzanspruchs zugunsten des Käufers hinausschieben.[29] Unproblematisch ist insoweit der „Direktanspruch" aus §§ 437 Nr. 3, 311 a Abs. 2 BGB. Er entsteht mit Gefahrübergang, regelmäßig also mit der Übergabe des mangelhaften Fahrzeugs. Der eigentliche Mangelschaden ist damit eingetreten. Geht es um den Ersatz von „Mangelfolgeschäden" (zur Abgrenzung und Zuordnung s. Rn 1773 ff., 1800, 2227 ff.), kann der Zeitpunkt der Entstehung später liegen. Das hängt von dem jeweiligen Schaden ab.

b) Kenntnis des Käufers

Die **Person des Verkäufers** ist dem Käufer regelmäßig spätestens mit Vertragsabschluss bekannt. Kenntnisprobleme können bei Online-Geschäften entstehen; auch in Fällen, in denen aufgrund besonderer Vertragsgestaltung Zweifel an der Verkäufereigenschaft aufkommen können (z. B. Agenturfälle, Leasingrückläufer etc.). Der im Fahrzeugbrief zuletzt eingetragene Halter muss nicht unbedingt der Verkäufer sein. Ist positive Kenntnis nicht nachweisbar, dürfte dem Verkäufer der Auffangtatbestand der groben Fahrlässigkeit helfen. Eine zutreffende rechtliche Würdigung des Sachverhalts wird hier wie dort grundsätzlich nicht vorausgesetzt.[30]

Ob und inwieweit der Käufer oder sein Wissensvertreter (dazu Rn 2084 ff.) **Kenntnis von den anspruchsbegründenden Umständen** hat, hängt von der Art des Anspruchs ab, dem der Verkäufer die Verjährungseinrede entgegensetzt. Grundvoraussetzung aller Sachmängelansprüche ist das Vorhandensein eines Mangels. Dazu, wann ein Käufer positive Kenntnis von einem Sachmangel hat, siehe die Ausführungen zu § 442 BGB (Rn 1933 ff.). Eine arglistige Täuschung ist, anders als nach altem Recht in § 463 S. 2 BGB, nicht konstitutiv für einen Sachmangelanspruch. Folglich muss sich die Kenntnis des Käufers darauf nicht beziehen. Als (verjährbare) Ansprüche ausgestaltet sind der Nacherfüllungsanspruch, der Anspruch auf Schadensersatz und der Aufwendungsersatzanspruch. In sämtlichen Fällen ist eine arglistige Täuschung nicht anspruchsbegründend. Anders liegt es bei § 823 Abs. 2 BGB i. V. m. § 263 StGB. Der bloße Verdacht, Opfer einer Täuschung geworden zu sein, reicht nicht aus, um die erforderliche Kenntnis annehmen zu können.[31]

Mit Blick auf die Schadensersatzansprüche und den Aufwendungsersatzanspruch ist nicht einmal Fahrlässigkeit des Verkäufers Voraussetzung der Haftung. Begründet werden diese Ansprüche durch die bloße **Schlechtlieferung als Pflichtverletzung** i. S. v. § 280 Abs. 1 BGB. Trotz seiner Sonderstellung wird man das für den Anspruch auf Schadensersatz statt der Leistung nach § 311 a Abs. 2 BGB nicht anders sehen können, sofern er über § 437 Nr. 3 BGB zum Zuge kommt. Die Verletzung der Pflicht zur mangelfreien Lieferung ist gemeinsame Grundlage der dort genannten Ansprüche. Ein Verkäuferverschulden ist nicht anspruchsbegründend, vielmehr ist das Nichtvertretenmüssen anspruchsausschließend.[32]

---

29 Zu den verschiedenen Lösungsansätzen vgl. Das neue Schuldrecht/*Haas*, Kap. 5 Rn 350 ff.
30 BGH 19. 3. 2008, ZGS 2008, 233.
31 BGH 6. 11. 2007, VersR 2008, 129.
32 Zum Problem s. *Mansel/Budzikiewicz*, Das neue Verjährungsrecht, § 3 Rn 108

Zu den anspruchsbegründenden Umständen gehören bei den in § 437 Nr. 3 BGB aufgeführten Schadensersatzansprüchen auch das Vorliegen eines **Schadens** und die **Kausalität** zwischen Pflichtverletzung (Schlechtlieferung) und Schaden. Soweit es um den eigentlichen Mangelschaden (Nichterfüllungsschaden) geht, tritt er mit Abschluss des Vertrages, spätestens mit der Übergabe des Fahrzeugs ein. Mit einiger Vereinfachung kann gesagt werden: Wer den Mangel kennt, kennt auch den Mangelschaden. Bei Mangelfolgeschäden tritt die Vermögenseinbuße erfahrungsgemäß erst später ein.

c) Grob fahrlässige Unkenntnis

Vor Gericht wird in erster Linie über den Tatbestand der groben Fahrlässigkeit gestritten. Was den Sachmangel als Bezugspunkt grob fahrlässiger Unkenntnis angeht, wird auf die Ausführungen zu § 442 BGB verwiesen (Rn 1937 ff.). **2014**

d) Darlegungs- und Beweislast

Die Tatsachen, die die Kenntnis bzw. die grob fahrlässige Unkenntnis des Käufers begründen, stehen zur **Behauptungs- und Beweislast** des sich auf Verjährung berufenden Verkäufers.[33] Auch insoweit ist auf die Ausführungen zu § 442 BGB zu verweisen, s. Rn 1936, 1942. **2015**

3. Höchstfrist

Um zu verhindern, dass der Verjährungseintritt bei Unkenntnis des Gläubigers auf unabsehbare Zeit hinausgeschoben wird, hat der Gesetzgeber Höchstfristen eingeführt. Zu unterscheiden sind Ansprüche auf Schadensersatz von sonstigen Ansprüchen. Aus der Sicht des Fahrzeugkaufs interessiert praktisch nur die **zehnjährige Maximalfrist** (§ 199 Abs. 3, 4 BGB). **2016**

V. Übergangsregelung

Kfz-Kaufverträge mit Ablieferung **vor dem 1. 1. 2002** sind im Laufe der Jahre – von wenigen Ausnahmen abgesehen – verjährungsrechtlich uninteressant geworden.[34] Die allermeisten „Altfälle" sind inzwischen abgewickelt. Verjährungsrechtlich kann ein „Altfall" in die heutige Zeit hineinreichen, wenn einem arglistig getäuschten Käufer ursprünglich die dreißigjährige Verjährungsfrist (§ 477 Abs. 1 BGB a. F.) zugute gekommen ist, ferner bei Hemmungs- und Unterbrechungstatbeständen aus der Zeit vor Inkrafttreten der Schuldrechtsreform (z. B. Klageerhebung oder Streitverkündung) mit Fortwirkung über den Stichtag 1. 1. 2002 hinaus.[35] **2017**

Gem. **Art. 229 § 6 Abs. 1 S. 1 EGBGB** findet das neue Verjährungsrecht grundsätzlich auf sämtliche Ansprüche Anwendung, die am 1. 1. 2002 bestehen und noch nicht verjährt sind. Das würde bedeuten, dass arglistig getäuschte Käufer den **Vorteil der dreißigjährigen Verjährung** nach § 477 Abs. 1 BGB a. F. verlieren und sich mit der neuen Regelverjährung von drei Jahren begnügen müssten, und zwar hinsichtlich sämtlicher Ansprüche aus Sachmängelhaftung. Um bei einer Konstellation wie dieser – Verkürzung der Verjährungsfrist nach neuem Recht – die Benachteiligung des Gläubigers zu begrenzen, hat der Gesetzgeber mit **Art. 229 § 6 Abs. 4 EGBGB** eine Sonderregelung eingeführt. Hiernach wird die kürzere Frist grundsätzlich ab dem 1. 1. 2002 berechnet. Das besagt aber nicht, dass in die-

---

33 *Mansel/Budzikiewicz*, a. a. O., § 3 Rn 140.
34 Zur Konstellation Vertragsabschluss vor, Ablieferung nach dem 1. 1. 2002 s. BGH 26. 10. 2005, NJW 2006, 44.
35 Dazu BGH 7. 3. 2007, NJW 2007, 2034.

sen Übergangsfällen alle neuen Fristen ab diesem Zeitpunkt zu laufen beginnen. Ein späterer Fristbeginn ist nicht ausgeschlossen. Ein Hinausschieben kommt insbesondere bei der kenntnisabhängigen Regelung des Fristbeginns in § 199 Abs. 1 BGB in Betracht.

Beispiel: Bei einem im Jahr 2001 abgeschlossenen Kaufvertrag ist der Käufer arglistig über einen Unfallvorschaden getäuscht worden. Kenntnis von dem Mangel und dem daraus resultierenden Schaden erlangt er am 1.5.2002; eine frühere grob fahrlässige Unkenntnis scheidet aus. Beginn der Dreijahresfrist ist in diesem Fall nicht am 1.1.2002, sondern am 31.12.2002 (Jahresschluss).[36] Anders wäre es, wenn der Käufer die anspruchsbegründenden Umstände (und die Person des Verkäufers) bereits im Jahr des Vertragsabschlusses (2001) erfahren hätte. Beginn der neuen Dreijahresfrist wäre dann der 1.1.2002.[37]

VI. Hemmung der Verjährung

1. Prinzip und Wirkungsweise

a) Grundsatz der Einzelbetrachtung

2018   Gehemmt wird die Verjährung grundsätzlich nur im Hinblick auf denjenigen Anspruch bzw. Mangel, der Gegenstand der Verhandlungen (§ 203 BGB) oder einer Rechtsverfolgungsmaßnahme i. S. d. § 204 BGB ist. Das folgt aus der **rechtlichen Selbstständigkeit** eines Mangels und der sich aus ihm ergebenden Ansprüche einschließlich ihrer Verjährung.[38] Treten voneinander unabhängige Mängel eines Fahrzeugs, wie häufig, nacheinander auf und wird über sie getrennt verhandelt oder Beweissicherung betrieben, setzt die hemmende Wirkung demnach zu verschiedenen Zeitpunkten ein. Das ist besonders bei der Hemmung durch Verhandlungen eine praktisch bedeutsame Frage (näher Rn 2022 ff).

b) Ablaufhemmung

2019   Wichtigster Anwendungsfall ist § 203 S. 2 BGB, wonach die Verjährung **frühestens drei Monate** nach dem Ende der Hemmung durch Verhandlungen eintritt, d. h. ab dem Ende der Hemmung steht dem Käufer als Beobachtungs- und Überlegungszeit eine Frist von mindestens drei Monaten bis zum Eintritt der Verjährung zur Verfügung.

Dieser Zeitraum ist auch beim Kauf eines technisch so komplizierten Gegenstandes wie einem Kraftfahrzeug ausreichend. Nicht zu verkennen ist allerdings, dass manche Mängel, insbesondere aus dem Bereich der Elektronik, sich mal heute, mal morgen zeigen. Das Problem des Dauermangels ohne andauernde, durchgängige Funktionsstörung (typisch insoweit Störungen bei Automatikgetrieben) lässt sich sachgerecht dadurch lösen, dass man erhöhte Anforderungen an das Merkmal „Ende der Verhandlungen" stellt. Dem Käufer muss klar sein, dass der Händler zu einem weiteren Nachbesserungsversuch nicht mehr bereit ist (s. auch Rn 2027).

c) Erstreckung nach § 213 BGB

2020   Hemmung und Ablaufhemmung (auch der Neubeginn der Verjährung) gelten auch für Ansprüche, die aus demselben Grund wahlweise neben dem Anspruch oder an seiner Stelle gegeben sind. Diese Regelung, deren kaufrechtliches Vorbild § 477 Abs. 3 BGB a. F. ist, wirft in Fällen des heutigen Kaufrechts zahlreiche, zum Teil noch ungelöste Fragen auf.

Beispiel: Der Käufer erklärt wegen eines vom Verkäufer nicht beseitigten Mangels kurz vor Ablauf der Verjährungsfrist des § 438 Abs. 1 Nr. 3 BGB den Rücktritt vom Kaufvertrag

---

36 BGH 25.10.2007, NJW-RR 2008, 258.
37 BGH 7.3.2007, NJW 2007, 2034.
38 BGH 3.12.1992, NJW 1993, 851.

und erhebt gegen den Verkäufer, der mit dem Rücktritt nicht einverstanden ist, Klage auf Rückzahlung des Kaufpreises. Im Prozess stellt sich heraus, dass der Mangel nur unerheblich ist, so dass der Käufer wegen § 323 Abs. 5 S. 2 BGB mit dem Rücktritt ausgeschlossen ist. Der Käufer ändert daraufhin die Klage und verlangt nunmehr Minderung. Der Verkäufer beruft sich auf Verjährung.

Die Ausübung des Minderungsrechts im Prozess ist bei isolierter Betrachtung unwirksam, weil nicht rechtzeitig erklärt. Maßgebend für die Rechtzeitigkeit der Minderung ist die Verjährung des Nacherfüllungsanspruchs (§§ 438 Abs. 5, 218 BGB). Im Zeitpunkt der Erklärung der Minderung ist er, da auf ihn bezogene Hemmungs- oder Neubeginntatbestände fehlen, verjährt, es sei denn, dass sich die Hemmung infolge der Klage auf Rückzahlung des Kaufpreises (§ 204 Abs. 1 Nr. 1 BGB) auf den Nacherfüllungsanspruch erstreckt. Das ist zu bejahen. Der ursprünglich eingeklagte Anspruch ist zwar kein in § 437 BGB aufgeführter Sachmängelanspruch mit Verjährung nach § 438 BGB, sondern ein der Regelverjährung unterliegender Anspruch eigener Art.[39] Er gehört jedoch bei dem gebotenen weiten Verständnis und nach dem Schutzzweck des § 213 BGB zum Verbund der Sachmängelansprüche. Die Voraussetzung „aus demselben Grund" ist bei Mangelidentität erfüllt. Auf alle „durch § 437 BGB geschützten Rechte" soll sich Hemmungswirkung erstrecken.[40]

Die Wirkungserstreckung nach § 213 BGB hat zur Konsequenz, dass der Käufer in Fällen zweifelhafter Rücktrittserheblichkeit des Mangels davon absehen kann, von Anfang hilfsweise auf Minderung zu setzen. Sinn des § 213 BGB ist auch, dem Gläubiger solche Hilfsanträge zu ersparen.

Abwandlung: Nach Abweisung der Rückabwicklungsklage klagt der Käufer wegen des gleichen, wider Erwarten als unerheblich eingestuften Mangels in einem neuen Prozess auf Beseitigung. Der Verkäufer erhebt die Verjährungseinrede. Auch bei dieser Konstellation hilft dem Käufer § 213 BGB. Der Nachbesserungsanspruch ist „aus demselben Grund" (gleicher Mangel) gegeben und hat von Anfang an „wahlweise" neben dem Anspruch aus Rücktritt gestanden. Anders lägen die Dinge, wenn der Käufer im Zweitprozess wegen eines anderen Mangels gegen den Verkäufer vorginge.

Weiteres Beispiel: In der irrigen Annahme, von einer Fristsetzung zur Nacherfüllung befreit zu sein, klagt der Käufer auf Rückzahlung des Kaufpreises. Das Gericht weist die Klage ab, weil es eine Fristsetzung für erforderlich hält. Daraufhin verlangt der Käufer Nachbesserung und klagt nach Fristablauf auf Schadensersatz in Höhe der Mängelbeseitigungskosten. Isoliert betrachtet ist der Anspruch aus §§ 437 Nr. 3, 280, 281 BGB verjährt. Darüber, ob die Rückzahlungsklage Hemmungswirkung auch im Hinblick auf den Schadensersatzanspruch hat, kann man geteilter Meinung sein. Wie im obigen Beispielsfall irrtümlicher Fehleinschätzung der Rücktrittserheblichkeit wird man dem Käufer die Wohltat des § 213 BGB kaum vorenthalten können. Er bleibt mit seiner Schadensersatzklage im Verbund der Mängelhaftung.

Kein Thema für § 213 BGB ist das **Nebeneinander von Sachmängelhaftung und (selbstständiger) Garantie**, selbst wenn der Verkäufer zugleich Garantiegeber ist und der Mangel sowohl unter die Mängelgewährleistung als auch unter die Garantie fällt. Es fehlt an der Voraussetzung „aus demselben Grund".[41] Eine Erstreckung der Hemmung kann sich allerdings unmittelbar aus § 203 BGB ergeben, je nachdem, wer mit wem worüber verhandelt hat. Ein Händler, der sich auf die Prüfung eines Mangels einlässt, der unter seine gesetzliche Mängelhaftung wie zugleich unter seine vertragliche Garantiehaftung fällt, löst

---

39 BGH 15.11.2006, NJW 2007, 674.
40 OLG München 21.7.2006, ZGS 2007, 80.
41 Dazu *Erman/Schmidt-Räntsch*, § 213 BGB Rn 2, 3.

eine Hemmung in beide Richtungen aus. Im Fall der Vermittlung einer Fremdgarantie kann er als Verhandlungsgehilfe des Dritten angesehen werden mit der Folge, dass auch der Garantieanspruch gegen den Dritten gehemmt ist.

d) Darlegungs- und Beweislast

2022 Für die Tatbestände, die verjährungshemmende Wirkung haben (zu den Einzelfällen sogleich), trägt sie **der Käufer**. Bei einer Mehrheit von Mängeln verlangt die Rechtsprechung für § 203 BGB (Verhandlungen) mitunter einen auf jeden der in Rede stehenden Mängel zugeschnittenen Sachvortrag darüber, zu welchem Zeitpunkt jeweils in Verhandlungen über den betreffenden Einzelmangel eingetreten wurde.[42] Helfen kann dem Käufer, die angeblichen Einzelmängel zu einem einheitlichen Mangel zusammenzuziehen. Oft sind es auch nur unterschiedliche Mangelerscheinungen bei Identität des zugrundeliegenden Mangels.

Für die Beendigung der Hemmung ist **der Verkäufer** darlegungs- und beweispflichtig.[43]

2. Verjährungshemmung infolge von Verhandlungen

2023 Nach **§ 203 S. 1 BGB** wird die Verjährung durch **schwebende Verhandlungen** über den Anspruch oder die den Anspruch begründenden Umstände gehemmt.

a) Beginn der Hemmung

2024 Der Begriff „Verhandlungen" ist nach allgemeiner Meinung **weit auszulegen**.[44] Er umfasst regelmäßig auch die früher in **§ 639 Abs. 2 BGB a.F.** geregelten Sachverhalte. Mithin kann auf die Rechtsprechung zu dieser Vorschrift, die in Kaufrechtsfällen analog anwendbar war,[45] zurückgegriffen werden.[46] Soweit § 639 Abs. 2 BGB a. F. verneint worden ist, heißt das nicht in jedem Fall, dass eine Hemmung nach § 203 BGB ausscheidet.

§ 639 Abs. 2 BGB a. F. erforderte eine Übereinkunft der Parteien über die Prüfung und/oder Beseitigung des Mangels durch den Unternehmer/Verkäufer.[47] Notwendig, aber auch ausreichend für die Hemmung der Verjährung des Nacherfüllungsanspruchs ist eine **„Überprüfungsvereinbarung"**. Damit wird die Selbstverständlichkeit ausgedrückt, dass einseitige Akte, gleich auf welcher Seite, kein Verhandeln sind. M. a. W.: Allein durch eine (einseitige) Mängelanzeige tritt keine Hemmung ein, selbst wenn sie schriftlich erfolgt ist. Andererseits ist auch klar: Eine sofortige und strikte Ablehnung jeglicher Verantwortung für den gerügten Mangel lässt Verhandlungen gar nicht erst aufkommen.

Wo und wie der erforderliche **Meinungsaustausch** stattfindet, ist grundsätzlich belanglos. Ein **Telefonat** kann genügen.[48] **Inhaltlich** reicht ein Hinweis des Käufers auf die bloße Mangelerscheinung (Symptom). Die Mangelursache muss er nicht mitteilen, eine etwaige Fehleinschätzung oder Fehlbezeichnung ist unschädlich.[49] Wird eine bestimmte **Mangelerscheinung** gemeinsam besprochen, so erstreckt sich die Hemmung auf alle **Ursachen der Mangelerscheinung**.[50]

---

42 OLG Bamberg 10. 4. 2006, DAR 2006, 456.
43 BGH 30. 10. 2007, NJW 2008, 576.
44 BGH 30. 10. 2007, NJW 2008, 576.
45 St. Rspr., vgl. BGH 8. 7. 1997, WM 1997, 1200.
46 BGH 26. 10. 2006, NJW 2007, 587; BGH 30. 10. 2007, NJW 2008, 576; *Ball*, NZV 2004, 217, 226.
47 BGH 20. 11. 1996, NJW 1997, 727.
48 BGH 30. 10. 2007, NJW 2008, 576 (Werkmangel).
49 BGH 30. 10. 2007, NJW 2008, 576.
50 BGH 18. 1. 1990, NJW 1990, 1472 (Bausache); OLG Köln 31. 3. 1995, VersR 1996, 1373 (Computerkauf).

Beispiel: Der Käufer beanstandet ein „Schiefziehen" des Wagens. Zunächst wird an einen Defekt der Lenkung gedacht, in Wirklichkeit ist aber, wie sich einige Zeit später herausstellt, ein schlecht reparierter Vorschaden die Ursache. Auch der Anspruch wegen dieses Mangels ist durch das „Verhandeln" über die Mangelerscheinung gehemmt. Wichtig ist diese Art von Erstreckung der Hemmungswirkung vor allem bei **Elektronikproblemen.** Deren wahre Ursache kann oft nur in Etappen ermittelt werden.

Aus welchem Grund sich der Verkäufer auf die Mängelrüge einlässt, indem er sie aufnimmt und/oder eine Überprüfung zusagt, ist ohne Bedeutung. Nach dem Sinn und Zweck des § 639 Abs. 2 BGB a. F. kommt es nur auf das tatsächliche Bemühen um Mängelbeseitigung an, nicht dagegen auf die diesem Bemühen zugrunde liegenden Beweggründe.[51] Das gilt auch für § 203 BGB. Auch wenn der Händler hartnäckig betont, **„nur aus Kulanz"** tätig zu werden, bleibt es bei der Hemmungswirkung.[52]

Angesichts der Weite des Verhandlungsbegriffs in § 203 BGB besteht jedenfalls **für den Kfz-Kauf** keine hinreichende Veranlassung, für bestimmte Einzelvorgänge und – abschnitte im Rahmen der Nacherfüllung durch Nachbesserung eine nur analoge Anwendung des § 203 BGB in Betracht zu ziehen.[53] Treten an einem Kraftfahrzeug Mängel auf, kommt es **im Regelfall** zu Gesprächen zwischen den Parteien. Dabei geht es um die Beschreibung des Mangels durch den Käufer, die Erörterung der in Frage kommenden Ursachen, die Aufnahme der Reklamation durch den Händlerbetrieb[54] und die Abstimmung der Modalitäten der Nacherfüllung.

Legt man den Begriff der Verhandlungen mit der Rechtsprechung richtigerweise **weit** aus, lassen sich solche Vorgänge zwanglos direkt unter § 203 BGB subsumieren. Das bloße Einlassen auf eine Prüfung der Mängelrüge ist schon ein Verhandeln. Dafür kann die Entgegennahme der Reklamation am Telefon mit der Zusage eines Rückrufs genügen. Voraussetzung für ein Verhandeln i. S. d. § 203 BGB ist bei einer mündlichen Anzeige nicht, dass der Händler sie schriftlich bestätigt oder sie in einem „Reparaturauftrag" aufnimmt. Erst recht reicht jedes Bemühen um Erledigung der Mängelrüge.

Beispiele aus der Rechtsprechung:

— Lehnt der Verkäufer von vornherein eine Nacherfüllung ab, wird die Verjährung allein aufgrund der Geltendmachung der Nacherfüllung nicht gehemmt.[55] Die Verweigerung von Verhandlungen über den Mangel und dessen Beseitigung muss durch ein klares und eindeutiges Verhalten zum Ausdruck gelangen.[56]

— Verschiedene Nachbesserungstermine, die sich über Wochen erstrecken und denen jeweils schwebende Verhandlungen über den Anspruch zugrunde liegen, bewirken keine Verjährungshemmung während des gesamten Zeitraums, wenn der in Anspruch genommene Händler jeweils am selben Tag, an dem sich das Fahrzeug in seiner Werkstatt befunden hat, zu dem Ergebnis gelangt ist, es sei nichts zu veranlassen.[57] Die Einzeltermine sind nur dann zu einem einheitlichen, sich über den gesamten Zeitraum hinziehenden Nachbesserungsversuch zusammenzufassen, wenn beide Parteien die verschiedenen Einzelakte bei ihren Verhandlungen als Einheit betrachtet haben.[58]

---

51 BGH 30. 10. 2007, NJW 2008, 576.
52 Überholt OLG Frankfurt 4. 6. 1986, DAR 1986, 323.
53 Dazu *Reinking*, ZGS 2002, 143; *Arnold* in FS Eggert, 2008, S. 41 ff.
54 Z. B. in einer „Reparatur-Auftragsbestätigung", womit nur die Rüge dokumentiert wird, ein irgendwie geartetes Anerkenntnis nicht erklärt wird.
55 BGH 26. 10. 2006, NJW 2007, 587.
56 BGH 26. 10. 2006, NJW 2007, 587.
57 OLG Köln 31. 3. 1995, VersR 1996, 1419.
58 BGH 19. 2. 1992, NJW 1992, 1236.

– Die bloße Erstellung und Einreichung eines Kulanzantrags an den Fahrzeughersteller ist nicht geeignet, eine Verjährungshemmung herbeizuführen.[59] Die Verweisung auf den Kulanzweg bedeute konkludent die Erklärung des Verkäufers, zur Nachbesserung nicht verpflichtet zu sein (überholt, da im Rahmen des § 203 BGB zu eng).
– Eine Hemmung der Verjährung tritt nicht ein, wenn der Händler der Ansicht ist, ein Mangel liege nicht vor, und er dem auf Nacherfüllung beharrenden Käufer anheim stellt, einen neutralen Sachverständigen mit der Untersuchung des Fahrzeugs zu beauftragen.[60] Anders, wenn der Verkäufer selbst einen Sachverständigen damit beauftragt, die Reklamation des Käufers zu überprüfen.[61]
– Eine vom Generalimporteur fabrikneuer Kraftfahrzeuge nach dem Ausscheiden des Verkäufers aus dem Händlernetz abgegebene Erklärung, die Garantie für den Motor werde um ein Jahr verlängert, erstreckt sich aus der insoweit maßgeblichen Sicht des Käufers auch auf die vom Verkäufer zugesagte Sachmängelhaftung, wenn nur noch der Generalimporteur dem Käufer als Ansprechpartner zur Verfügung steht und dieser die Sachmängelhaftung von der Fristverlängerung nicht ausdrücklich ausschließt.[62]
– Die Verjährung ist gehemmt, wenn die Parteien ein Stillhalteabkommen verabreden, dass mit einer Klage wegen der Sachmängelansprüche gewartet werden soll, bis diese als Widerklage im Rahmen des durch Mahnbescheid bereits eingeleiteten Verfahrens auf Kaufpreiszahlung geltend gemacht werden können.[63]

b) Ende der Hemmung bei Verhandlungen

2026 Die Verjährung ist gehemmt, bis der eine oder der andere Teil die **Fortsetzung der Verhandlungen verweigert** (§ 203 S. 1 BGB). Verlangt wird ein **klares und eindeutiges Verhalten**.[64] Das Ende der Hemmung eindeutig bestimmen zu können, ist für den Gläubiger von weitaus größerer Bedeutung als für den Schuldner. Deshalb sind an die Verhaltensweisen, mit denen der Verkäufer die Verhandlungen beenden will, hohe Anforderungen hinsichtlich Klarheit und Eindeutigkeit zu stellen. Es muss ein unmissverständliches Nein sein, zum Anspruch überhaupt wie zu weiteren Gesprächen bzw. Terminen.

aa) Beendigungsakte auf Verkäuferseite

2027 Der tatsächlichen Beendigung von Mängelbeseitigungsarbeiten ist nicht ohne Weiteres die Erklärung zu entnehmen, der Mangel sei beseitigt oder die Fortsetzung der Nachbesserung werde verweigert.[65] Brauchbare Hinweise für die Bestimmung des Endes von Verhandlungen liefert **die Rechtsprechung** zu Abschn. VII Ziff. 10 der bis zum 31. 12. 2001 gültigen NWVB, die sich mit der Frage befasst hat, unter welchen Voraussetzungen ein Verhalten des Verkäufers die Erklärung bedeutet, der Fehler sei beseitigt oder es liege kein Fehler vor:

– Die Erklärung des Werkstattleiters, er hoffe, den Fehler nunmehr abgestellt zu haben, ließ das OLG Köln[66] als Erklärung im Sinne einer Fehlerbeseitigung gelten, weil sich der Äußerung nicht entnehmen lässt, dass er nicht von der Beseitigung des Fehlers ausgegangen ist. Da eine solche Äußerung beim Käufer eher den Eindruck erweckt, dass die

---

59 OLG Frankfurt 4. 6. 1986, DAR 1986, 323 zu § 639 Abs. 2 BGB a. F.
60 OLG Köln 24. 11. 1994, OLGR 1995, 113.
61 BGH 7. 6. 2006, NJW 2006, 2839; OLG Koblenz 9. 2. 2006, ZGS 2006, 117.
62 OLG Celle 2. 12. 1993, OLGR 1994, 49.
63 OLG Köln 31. 3. 1995, VersR 1996, 1373 zur Zurückstellung der Wandlungsklage.
64 BGH (VI. ZS) 17. 2. 2004, MDR 2004, 809; OLG Oldenburg 23. 8. 2007, MDR 2008, 311.
65 BGH 30. 10. 2007, NJW 2008, 576.
66 Urt. v. 15. 9. 1998 – 22 U 265 / 97 – n. v.

Werkstatt ihrer Sache nicht ganz sicher ist, ob sie den Fehler tatsächlich beseitigt hat, kann der Käufer sie nicht als einseitige Beendigung der Verhandlungen auffassen.
– Nach Ansicht des LG Köln[67] reicht es für eine Beendigung der Verjährungshemmung aus, wenn die auf Nachbesserung in Anspruch genommene Werkstatt im Anschluss an den vergeblichen Versuch, eine Kostenübernahme durch den Hersteller / Importeur herbeizuführen, dem Käufer eine Reparaturrechnung übersendet. Ein solches Verhalten könne bei verständiger Würdigung so zu deuten sein, dass der Händler damit habe zum Ausdruck bringen wollen, ein Fehler sei nicht vorhanden gewesen.
– Auf der gleichen Linie liegt eine Entscheidung des OLG Stuttgart,[68] das den Rechnungsvermerk „Kostenübernahme aus Kulanz abgelehnt, da Kundenverschulden" als abschließende Erklärung zum Anspruch ansah.
– Nicht als das „letzte Wort" bewertete das OLG Saarbrücken die Erklärung, die Fehlersuche sei erfolglos geblieben, es sei aber vorsorglich eine neue Dichtung eingebaut worden.[69]
– Kommen Käufer und Werkstatt überein, in punkto Nachbesserung nichts mehr zu unternehmen, endet nach Meinung des OLG Köln[70] die Hemmung der Verjährung. Der einverständliche Entschluss steht einer einseitigen Erklärung der Werkstatt, es sei nichts mehr nachzubessern, gleich.

bb) Verhaltensweisen auf Käuferseite

Äußert der Käufer im Anschluss an eine durchgeführte Nachbesserung, die von ihm gerügten Fehler seien ordnungsgemäß beseitigt worden, beendet er bis dahin schwebende Verhandlungen.[71] Wenn der Käufer dem in Anspruch genommenen Betrieb keine Gelegenheit zur Nachbesserung einräumt, ist dies ein Zeichen dafür, dass er auf eine Fortsetzung schwebender Verhandlungen keinen Wert legt. Erst recht endet die Hemmung mit einer Rücktritts- oder Anfechtungserklärung des Käufers.[72]

Schlafen die Verhandlungen ein, endet die Hemmung in dem Zeitpunkt, in dem der nächste Schritt nach Treu und Glauben zu erwarten gewesen wäre.[73]

3. Sonderfall Neuwagen: Verjährungshemmung durch Verhandlungen mit einem Dritthändler

Da Abschn. VII Ziff. 2 a und b NWVB (Stand 4/03 und 3/08) dem Käufer das Recht zubilligt, Ansprüche auf Mängelbeseitigung bei anderen vom Hersteller / Importeur für die Betreuung des Kaufgegenstands anerkannten Betrieben geltend zu machen, ist die Verjährung wegen geltend gemachter Sachmängel gehemmt, solange der Käufer mit dem anderen Betrieb hierüber im Sinne der Ausführungen Rn 2024 verhandelt. Diese Rechtsfolge ergibt sich daraus, dass der andere Betrieb die gesamte Nachbesserung als Erfüllungsgehilfe des Verkäufers durchführt.[74] In der Anfangsphase ist er quasi dessen „Verhandlungsgehilfe". Dem Verkäufer entstehen durch diese Zurechnung keine ungerechtfertigten Nachteile, zu-

---

67 Urt. v. 7. 6. 1989 – 13 S 71/87 – n. v.
68 Urt. v. 5. 11. 1997 – 4 U 131/97.
69 Urt. v. 26. 3. 1996, NJW-RR 1996, 1423.
70 OLG Köln 31. 3. 1995, VersR 1996, 1419.
71 OLG München, 22. 9. 1983, MDR 1984, 141 zur vertraglich vereinbarten Beobachtungsfrist von drei Monaten in den bis zum 31. 12. 2002 gültigen NWVB.
72 BGH 7. 6. 2006, NJW 2006, 2839.
73 BGH 7. 1. 1986, NJW 1986, 1337, 1338; OLG Koblenz 9. 2. 2006, ZGS 2006, 117 (Monatsfrist für Käufer).
74 BGH 15. 11. 2006, NJW 2007, 504.

mal im Endeffekt ohnehin der Hersteller belastet ist. Vor Überraschungen wird der Händler durch Abschn. VII. Ziff. 2 a NWVB geschützt. Danach ist der Käufer verpflichtet, „seinen" Händler über die Einschaltung des anderen Betriebes zu informieren; nach der Neufassung der Klausel bereits im Anschluss an den ersten Fehlversuch des Dritten (Abschn. VII Ziff. 2 a NWVB 3/08).

Es fragt sich, ob dem Käufer die Berufung auf die Verjährungshemmung zu versagen ist, wenn er seine – jetzt neu geregelte – Informationspflicht verletzt hat. Zwar hat der Händler ein berechtigtes Interesse daran, jederzeit über die verjährungsrechtliche Situation im Bilde zu sein. Dennoch erscheint die Sanktion (keine Hemmung) unangemessen, da der Informationsaustausch in den Aufgabenbereich derjenigen Werkstatt fällt, die für den Verkäufer als Erfüllungsgehilfin tätig wird. Außerdem soll die Informationsklausel dem Verkäufer die Möglichkeit verschaffen, sich einzuschalten, wenn bei der Mängelbeseitigung durch den anderen Betrieb Probleme auftreten. An der Hemmung der Verjährung kann er jedoch nichts ändern, ob er informiert ist oder nicht. Zur Nachbesserung in einer Drittwerkstatt s. auch Rn 330.

4. Hemmung durch Rechtsverfolgung

a) Selbstständiges Beweisverfahren

2030 Abgesehen von der Klageerhebung (§ 204 Abs. 1 Nr. 1 BGB) ist die Einleitung eines selbstständigen Beweisverfahrens der praktisch wichtigste Akt der Rechtsverfolgung mit Hemmungswirkung (§ 204 Abs. 1 Nr. 7 BGB). Zu beachten ist, dass die Verjährung nur hinsichtlich desjenigen Sachmangels gehemmt wird, der Gegenstand des Antrags auf Durchführung des Verfahrens ist (Prinzip der Einzelbetrachtung). Der Gegenstand des Beweisverfahrens (Näheres dazu Rn 1672) muss daher im Zweifelsfall aus dem Gesamtinhalt der Akte – Antragsschrift, Anlagen, Beweisbeschluss und Gutachten – herausgelesen werden. Zur erforderlichen Konkretisierung bei einem Motorschaden s. OLG Koblenz DAR 2002, 509 = ZfS 2002, 180.

Für ungenannte, in das Verfahren nicht eingeführte Mängel läuft die Verjährungsfrist ungehemmt weiter.[75] Indes gilt zugunsten des Käufers auch hier die **Symptomrechtsprechung**. Er kann sich darauf beschränken, die Symptome eines Mangels in der Antragsschrift aufzuführen. Die Ursachen der bezeichneten Erscheinungen sind in vollem Umfang erfasst,[76] eine besonders bei „Elektronikproblemen" wichtige Erleichterung für den Käufer. Werden rechtlich selbstständige Mängel zeitversetzt in das Verfahren eingeführt, tritt Hemmung mit entsprechendem Abstand ein.

Nach § 204 Abs. 2 BGB **endet die Hemmung** sechs Monate nach Beendigung des selbstständigen Beweisverfahrens. Dieses endet mit dem Zugang des Sachverständigengutachtens an die Parteien, sofern weder das Gericht in Ausübung des ihm nach § 411 Abs. 4 S. 2 ZPO eingeräumten Ermessens eine Frist zur Stellungnahme gesetzt hat noch die Parteien innerhalb eines angemessenen Zeitraums nach Erhalt des Gutachtens Einwendungen dagegen oder das Gutachten betreffende Anträge oder Ergänzungsfragen mitgeteilt haben.[77]

---

75 BGH 2. 2. 1994, NJW 1994, 1004 – Neufahrzeugkauf; OLG Düsseldorf 19. 5. 1994, OLGR 1995, 17; OLG Köln 31. 3. 1995, NJW-RR 1995, 1457 – EDV-Anlage.
76 Vgl. BGH 30. 10. 2007, NJW 2008, 576.
77 BGH 20. 2. 2002, NJW 2002, 1640 im Anschluss an BGHZ 120, 329 = NJW 1993, 851; zur Konstellation „mehrere Mängel, mehrere Gutachten" s. OLG München 13. 2. 2007, VRR 2007, 310 (Bausache).

b) Begutachtungsverfahren

Mit dem Beginn eines vereinbarten Begutachtungsverfahrens wird die Verjährung gleichfalls gehemmt (§ 204 Abs. 1 Nr. 8 BGB). Die Hemmung dauert an, bis das Gutachten beiden Parteien vorliegt oder die Parteien die Schiedsgutachten-Vereinbarung einverständlich aufheben.[78] Ruft der Käufer eine **Schiedsstelle des Kfz-Handels** an, tritt gleichfalls Hemmung der Verjährung ein, sofern der Antrag zulässig ist (vgl. Abschn. VIII Ziff. 3 ZDK-GWVB). 2031

c) Streitverkündung

Gem. § 204 Abs. 1 Nr. 6 BGB wird die Verjährung auch durch die Zustellung einer Streitverkündung gehemmt; selbst wenn sie im Rahmen eines selbstständigen Beweisverfahrens erfolgt.[79] Hemmungswirkung hat, anders als bei einer Klage, nur eine zulässige Streitverkündung, d. h. die Anforderungen der §§ 72 ff. ZPO müssen erfüllt sein.[80] 2032

5. Höhere Gewalt

Zur Frage der Hemmung im Fall der **Beschlagnahme des Fahrzeugs** wegen Diebstahlverdachts als Fall **höherer Gewalt** i. S. v. § 203 Abs. 2 BGB a. F. = § 206 BGB n. F. siehe BGH NJW 1997, 3164. 2033

VII. Neubeginn der Verjährung und Nacherfüllung

1. Nachbesserungsarbeiten

Nachbesserungsbemühungen des Verkäufers können nicht nur, wie regelmäßig, eine Hemmung (dazu Rn 2024), sondern weitergehend sogar einen Neubeginn der Verjährung zur Folge haben. Voraussetzung dafür ist ein **Anerkenntnis in sonstiger Weise** (§ 212 Abs. 1 Nr. 1 BGB). Es kann auch durch **schlüssiges Verhalten** zustande kommen. Wenn ja, beginnt nur die Verjährung desjenigen Anspruchs neu, der Gegenstand des Anerkenntnisses ist. Auch hier gilt das Prinzip der Einzelbetrachtung.[81] 2034

Wann (nur) der Hemmungstatbestand „Verhandlungen" (§ 203 BGB) und wann ein verjährungsrechtlich relevantes Anerkenntnis oder beides nebeneinander vorliegt, ist trotz einer umfangreichen Rechtsprechung (vor allem zum Baurecht) nicht immer leicht zu entscheiden. Die Annahme eines konkludenten Anerkenntnisses setzt nach der Rechtsprechung voraus, dass der Verkäufer aus der Sicht des Käufers nicht nur aus Kulanz oder zur gütlichen Beilegung eines Streits, sondern in dem Bewusstsein handelt, zur Mängelbeseitigung verpflichtet zu sein.[82] Erheblich sind vor allem der **Umfang, die Dauer und die Kosten der Mängelbeseitigungsarbeiten**.[83]

Diese recht blassen Kriterien machen jedenfalls eines deutlich: Nicht jede Nachbesserungsaktivität des Verkäufers hat die Wirkung eines Anerkenntnisses. Ein fehlgeschlagener Nachbesserungsversuch bedeutet mithin **nicht automatisch** ein Anerkenntnis in sonstiger

---

78 OLG Hamm 14. 11. 1975, NJW 1976, 717.
79 BGHZ 134, 190.
80 BGH 6. 12. 2007, NJW 2008, 519; s. auch BGH 7. 3. 2007, NJW 2007, 2034 (Streitverkündung in „Altfall").
81 Siehe auch *S. Lorenz*, NJW 2007, 1, 5; *Arnold* in FS Eggert, 2008, 41, 44.
82 BGH 5. 10. 2005, NJW 2006, 47; OLG Bamberg 10. 4. 2006, DAR 2006, 456; LG Koblenz 10. 10. 2006, NJW-RR 2007, 272 = DAR 2007, 523 m. Anm. *Andreae* DAR 2008, 31; OLG Köln 2. 3. 2007, OLGR 2007, 497 (Möbelkauf).
83 BGH 5. 10. 2005, NJW 2006, 47; 8. 7. 1987, NJW 1988, 254; BGH 2. 6. 1999, NJW 1999, 2961 = EWiR § 208 BGB 1/99, 1105 *(Eggert);* OLG Düsseldorf 23. 6. 1995, NJW-RR 1995, 1232.

Weise.⁸⁴ Nicht zu folgen ist auch der Ansicht, bei einer mangelhaften Nachbesserung beginne die Verjährung jedenfalls in den Fällen neu, in denen derselbe Mangel später erneut auftritt.⁸⁵

Der Käufer eines Kfz, gleichviel, ob neu oder gebraucht, sieht in einer Nachbesserung, die über den Rahmen einer „kleinen Inspektion" nicht hinausgeht, kein „Anerkenntnis" des Verkäufers. Anders können die Dinge aus seiner Sicht liegen, wenn ein Austauschmotor oder ein Tauschgetriebe eingebaut wird. Den Austausch des Steuergeräts mit Kosten von ca. 500 EUR netto für ein Anerkenntnis genügen zu lassen,⁸⁶ liegt an der Grenze des Vertretbaren, macht aber das Dilemma deutlich, in dem sich die Instanzgerichte angesichts des Fehlens klarer Abgrenzungskriterien befinden. Im Zweifel contra Anerkenntnis und pro Hemmung durch Verhandlung sollte die Devise lauten. Nur sie wird dem Regel-Ausnahmeverhältnis von Hemmung und Neubeginn gerecht.⁸⁷

Händler versuchen, ein verjährungsrechtlich relevantes Anerkenntnis dadurch zu vermeiden, dass sie ausdrücklich **von Kulanz reden** („Kulanzreparatur") oder von Arbeiten „auf Garantie" als Gegensatz zur Sachmängelhaftung. Solche Versuche verfehlen in der Rechtsprechung nicht ihren Zweck.⁸⁸ Nimmt man den BGH beim Wort, ist das nicht zu kritisieren.⁸⁹

2. Ersatzlieferung

2035 Bei der Lieferung einer Ersatzsache nach § 439 BGB „mag ein Neubeginn der Verjährung die Regel sein", so **der BGH**.⁹⁰ Auch wenn der Satz in einer Entscheidung über die Inhaltskontrolle von Einkaufsbedingungen steht, besagt er doch, dass mit einer Ersatzlieferung keine (neue) Ablieferung i. S. d. § 438 Abs. 2 BGB verbunden ist. Die gegenteilige Ansicht⁹¹ entspricht nicht dem Wortlaut des § 438 Abs. 2 BGB und auch nicht dem Willen des Gesetzgebers. Für einen derart weitgehenden Käuferschutz besteht bei richtiger Anwendung der §§ 202, 203, 212 Abs. 1 Nr. 1 BGB kein anzuerkennendes Bedürfnis.⁹²

Schon in der Vereinbarung einer Ersatzlieferung bzw. in der Ersatzlieferung selbst ein konkludentes Anerkenntnis i. S. d. § 212 Abs. 1 BGB zu sehen,⁹³ ist jedenfalls beim Kfz-Kauf für den Regelfall eine **interessengerechte Lösung**. Angesichts der Bedeutung und des wirtschaftlichen Gewichts dieser Aktion muss der Verkäufer sich nach Treu und Glauben so behandeln lassen, als habe er den Nacherfüllungsanspruch anerkannt, selbst wenn er durch eine Erklärung wie „nur aus Kulanz" das Gegenteil erreichen möchte. Das wäre ein widersprüchliches Verhalten und damit nach § 242 BGB unbeachtlich.

Wenn der Händler den Kunden einen **„neuen" Bestellschein** unterschreiben lässt, in dem das mangelhafte Auto so wie bei einer Inzahlungnahme behandelt wird, verschafft

---

84 Überzeugend OLG Celle 20. 6. 2006, NJW 2006, 2643 (gebr. Wohnmobil); *Reinking*, ZGS 2002, 140; Müko-BGB/*H. P. Westermann*,, § 438 BGB Rn 41; *Eckert/Maifeld/Matthiessen*, Rn 806.
85 So aber AG Frankfurt/M. 11. 1. 2008, DAR 2008, 217 (Ls.) unter Berufung auf *Palandt/Weidenkaff*, § 438 BGB Rn 16 a.
86 LG Koblenz 10. 10. 2006, NJW-RR 2007, 272 = DAR 2007, 523.
87 Siehe auch *Reinking*, ZGS 2002, 140, 144.
88 Vgl. OLG Celle 20. 6. 2006, NJW 2006, 2643.
89 So auch Müko-BGB/*H. P. Westermann*, § 438 BGB Rn 41; käuferfreundlich *Andreae*, DAR 2008, 31; mit Recht restriktiv *Faber/Werner*, NJW 2008, 1910, 1911
90 Urt. v. 5. 10. 2005, NJW 2006, 47.
91 Zum Diskussionsstand *Arnold* in FS Eggert, 2008, 41, 47; *Menges*, JuS 2008, 395.
92 Wie hier *Eckert/Maifeld/Matthiessen*, Rn 804.
93 *Ball*, NZV 2004, 217, 227; *ders*. Homburger Tage 2004, S. 134; deutlich restriktiver *Gramer/Thalhofer*, ZGS 2006, 250.

er dem Käufer, eventuell unbeabsichtigt, den Vorteil eines Neubeginns der Verjährung ab Auslieferung des Zweitautos.

VIII. Rechtsmissbräuchliche Berufung auf die Einrede der Verjährung

Sich auf Verjährung zu berufen, ist grundsätzlich legitim. Nur in sehr engen Grenzen kann der Gläubiger mit dem Einwand des Rechtsmissbrauchs Erfolg haben. Ein Verstoß gegen Treu und Glauben kann vorliegen, wenn der Verkäufer den Käufer vorsätzlich veranlasst hat, von rechtzeitiger Klageerhebung oder sonstigen Maßnahmen der Verjährungshemmung abzusehen. Dieser Anreiz besteht für den Verkäufer in Fällen, in denen es zeitlich „eng" ist, z. B. bei Auftreten des Mangels kurz vor Ablauf der Verjährungsfrist, ggf. mit Ablauf der Nacherfüllungsfrist in verjährter Zeit. Das ist im Kaufrecht kein neues Problem, sondern in Neuwagenstreitigkeiten mit vertraglich vereinbarter Nachbesserung ein „alter Hut". Neue Lösungen zugunsten des Käufers sind nicht erforderlich.[94] Jedenfalls Kfz-Käufer sind deutlich weniger schutzwürdig, als vielfach angenommen.[95]

Beispiele aus der Rechtsprechung:
- Mit der Verjährungseinrede kann der Verkäufer kein Gehör finden, wenn der Käufer im Vertrauen auf eine ordnungsgemäße Fehlerbeseitigung im Rahmen der angebotenen Nachbesserung einstweilen von der gerichtlichen Geltendmachung seiner Ansprüche Abstand genommen hat.[96]
- Falls sich ein durch Nachbesserung scheinbar behobener Sachmangel einige Zeit später wieder zeigt, kann die Verjährungseinrede gegen Treu und Glauben im redlichen Geschäftsverkehr verstoßen. Mit dieser Begründung wies das LG Köln[97] die Verjährungseinrede eines Händlers zurück, der kurze Zeit vor Eintritt der Verjährung an einem Fahrzeug eine Volllackierung vorgenommen hatte, die sich nach einem halben Jahr als mangelhaft entpuppte.
- Hat der Verkäufer lediglich aus Kulanz nach Verjährungseintritt einen Mängelbeseitigungsversuch unternommen, verstößt er nicht gegen Treu und Glauben, wenn er sich in einem anschließenden Prozess auf Verjährung beruft.[98]

---
94 Siehe auch *Eckert/Maifeld/Matthiessen*, Rn 636; Müko-BGB/*H. P. Westermann*, § 438 BGB Rn 41.
95 Z. B. von *Faust* in *Bamberger/Roth*, § 438 BGB Rn 59.
96 LG Bonn 22. 9. 1977 – 8 O 159/77 – n. v. (zweifelhaft).
97 Urt. v. 18. 10. 1979 – 6 O 279/78 – n. v.
98 LG Mönchengladbach 2. 8. 1994, DAR 1995, 26.

P. Beschaffenheits- und Haltbarkeitsgarantien i. S. v. § 443 Abs. 1 BGB beim Gebrauchtwagenkauf

I. Marktüberblick

Professioneller Handel: Garantien jeglicher Art haben auf dem gewerblichen Sektor seit den Siebziger Jahren einen festen Platz. Sie dienen – gleich in welcher Erscheinungsform – vor allem der Abgrenzung gegenüber dem Privatmarkt, sind also in erster Linie Marketing- und Werbeinstrumente. Ein wichtiger Aspekt ist auch die Kundenbindung durch regelmäßige Wartungen und Inspektionen.

Durch die **Schuldrechtsreform** mit dem Freizeichnungsverbot bei gleichzeitiger Beweislastumkehr hat die „Gebrauchtwagengarantie" einen spürbaren Schub erhalten; neue Einsatzfelder konnten erschlossen, innovative Modelle entwickelt werden.

Privatmarkt: Bei privaten Direktgeschäften taucht der schillernde Begriff „Garantie" nur selten auf. Wird er ausnahmsweise benutzt, bedeutet er im Zweifel nichts anderes als „mit bzw. ohne Gewähr" oder „mit bzw. ohne Gewährleistung". Ohne Hinzutreten konkreter Umstände, die auf einen Willen zur Übernahme einer wirklichen Garantie hindeuten, z. B. Laufzeit der „Garantie" länger als 24 Monate, ist die Annahme einer Modifizierung der Sachmängelhaftung nicht gerechtfertigt. Von einem Privatverkäufer kann nicht ohne weiteres erwartet werden, dass er eine Beschaffenheitsgarantie i. S. d. § 443 Abs. 1 BGB übernehmen will. Die bisherige Exklusivität von standardisierten Gebrauchtwagengarantien im Bereich des gewerblichen Handels wird neuerdings durch besondere Garantie-Angebote an Privatverkäufer durchbrochen. Die Schuldrechtsreform hat auch auf diesem Sektor zu erweiterten Garantieangeboten geführt.

Weiterlaufende Garantien: Eine noch laufende „Werksgarantie" (Herstellergarantie) und die Händlergewährleistung **für das Neufahrzeug** gehen – auch ohne Vereinbarung zwischen den Kaufvertragsparteien – auf den Gebrauchtwagenkäufer über, wenn sie, wie üblich, fahrzeug- bzw. eigentümergebunden sind. Gleiches gilt für so genannte **Anschlussgarantien**. Neben den „Grundgarantien" der Hersteller sind die gleichfalls von den Herstellern getragenen Spezialgarantien gegen Durchrostung[1] und für die Funktionsfähigkeit der Abgaseinrichtung zu beachten. Auch sie sind i. d. R. fahrzeuggebunden mit der Folge, dass jeder spätere Erwerber des Fahrzeugs in die Rechtsposition des Erstberechtigten einrückt. Möglich ist auch die Variante „Neuabschluss".

II. Erscheinungsformen im professionellen Handel

Abgesehen von den Neufahrzeug- und Anschlussgarantien mit Restlaufzeiten zugunsten von Wiederkäufern sind im professionellen Gebrauchtwagenhandel von heute „Garantien" im weitesten Sinn des Wortes in folgenden Erscheinungsformen zu beobachten:

– Individuelle Händlergarantien
– Garantien mit Produktabnahmeverpflichtung bei Garantieträgerschaft durch einen freien Anbieter (heute selten)
– Garantien als Reparaturkostenversicherung („Garantieversicherung") mit Trägerschaft durch freie Anbieter
– Garantien als Reparaturkostenversicherung mit Trägerschaft durch Hersteller oder Importeure, ggf. auch deren Banken, in Kooperation mit Versicherungsgesellschaften

---

1 Z. B. „mobilo life" von Mercedes (dazu BGH 12. 12. 2007, NJW 2008, 843).

– herstellereigene Gebrauchtwagengarantie
– Standardisierte Händler-Eigengarantien ohne Absicherung durch eine Versicherungsgesellschaft / Garantie-Versicherer (Beispiel: „Givit")
– Mobilitätsgarantien, z. B. die „Mobilitätscard"
– Gütesiegel, z. B. von DEKRA
– Umtauschgarantien.

1. Die individuelle Händlergarantie

In seiner Eigenschaft als Eigenhändler steht es ihm grundsätzlich frei, ob und in welcher Weise er seine Gebrauchtfahrzeuge „mit Garantie" anbietet. Verpflichtungen gegenüber dem Hersteller / Importeur können zu Bindungen führen, ebenso Selbstverpflichtungen gegenüber Verbänden / Innungen. Das betrifft aber mehr die so genannten Systemgarantien (standardisierte Garantien). **2039**

Die ad hoc gegebene individuelle Händlergarantie, die nicht mit einer standardisierten Händlereigengarantie mit Abwicklung über einen Dritten (z. B. einen Garantieprovider) verwechselt werden darf, ist dadurch gekennzeichnet, dass sie sich in einer Erklärung erschöpft wie beispielsweise

„6 Monate Garantie oder 1000 km"

oder

„auf Motor 10.000 km Garantie bzw. 6 Monate"

oder

„14 Tage Übergangsgarantie auf Motor und Getriebe"

oder

„anfallende Reparaturen werden von unserer Werkstatt kostenlos erledigt. Die Gewährleistung beläuft sich auf 3 Monate".[2]

Eine Individualgarantie kann sich auch daraus ergeben, dass aufgrund eines Händlerversehens nur die Garantieübernahme als solche, nicht aber die vorformulierten Bedingungen einer Systemgarantie, Vertragsinhalt wird. Ein Beispiel für einen solchen „Ausreißer" ist der Fall BGH NJW 1995, 516. Heißt es im Bestellschein unter „Sondervereinbarungen": „Gewährleistung ist gegeben", bedeutet das keine Garantie der Mängelfreiheit iSd § 443 BGB.[3]

a) rechtliche Einordnung

Individuelle Händlergarantien sind regelmäßig **keine selbstständigen Garantieversprechen**.[4] Es handelt sich vielmehr um **Nebenabreden zum Kaufvertrag**, die die Sachmängelhaftung inhaltlich und gegebenenfalls auch zeitlich **modifizieren** („unselbstständige Garantie"). Ein etwaiger Gewährleistungsausschluss wird punktuell suspendiert; ein formularmäßiger über § 305 b BGB (Vorrang der Individualabrede), eine individualvertragliche Freizeichnung im Wege der Auslegung nach §§ 133, 157 BGB und jetzt nach § 444 BGB. Zur (selbstständigen) Garantie im Rahmen eines Tuning-Vertrages s. OLG Düsseldorf NZV 1997, 519. **2040**

---

2 OLG Karlsruhe 14. 11. 1997, OLGR 1998, 62; ähnlich OLG Saarbrücken 17. 2. 2004, OLGR 2004, 327.
3 BGH 23. 11. 2005, NJW 2006, 434.
4 So auch (zum alten Recht) *Winterfeld*, DAR 1985, 65; s. auch *Müller*, ZIP 1981, 707; *Mischke*, BB 1995, 1093, 1095.

Mit Urteil vom 23.11.1994[5] hat **der BGH** erstmals zu einer „Hausgarantie" im Gebrauchtwagenhandel Stellung genommen.[6] Er hat die Auslegung des Berufungsgerichts gebilligt, wonach das Autohaus während der – dreimonatigen – Garantiezeit für die Funktionstauglichkeit bestimmter Aggregate (hier: Motor und Getriebe) einstehen und etwaige trotz ordnungsgemäßen Gebrauchs auftretende **Mängel kostenlos beseitigen** wolle.

b) Darlegungs- und Beweislast

2041   Bei dem Auslegungsergebnis „Haltbarkeitsgarantie" musste der Käufer, der Mängelbeseitigung verlangt, nach früherer Rechtsprechung Folgendes darlegen und beweisen:

1. den Garantiefall als solchen, d. h. einen Schaden an einem Fahrzeugteil, das von der Garantie erfasst wird. Der Schaden (Defekt) kann sich zu diesem Teil „durchgefressen" haben; er muss dort nicht entstanden sein. Es genügt, wenn er die Folge eines Mangels an einem anderen Teil ist, das nicht unter die Garantie fällt.

2. den Zeitpunkt des Garantiefalls, d. h. der Käufer hat (nur) zu beweisen, dass der Defekt an dem „garantiegedeckten" Teil innerhalb der Garantiezeit bzw. vor Erreichen des vereinbarten km-Limits aufgetreten ist. Dass er schon bei Auslieferung des Fahrzeugs vorhanden gewesen ist, braucht er nicht zu beweisen. Das ist die Konsequenz aus der Annahme einer – jetzt in **§ 443 BGB** gesetzlich geregelten – Haltbarkeitsgarantie.[7]

Auch bei einer Haltbarkeitsgarantie ist der Händler nicht zur Nachbesserung verpflichtet, wenn der Käufer den Garantiefall schuldhaft herbeigeführt hat. Das ist im Ausgangspunkt unbestritten. Außer Streit steht gleichfalls, dass Mängel, die auf Eingriffe von außen – wie Naturkatastrophen, Beschädigungen durch Dritte oder Tiere (z. B. Marder) – im Verantwortungs- und Einflussbereich des Käufers beruhen, nicht zulasten des Händlers/Garantiegebers gehen können. Das bedarf keiner vertraglichen Klarstellung, weil es sich von selbst versteht.

Strittig war indes die Verteilung der Darlegungs- und Beweislast im Zusammenhang mit potenziellen Schadensursachen in der Sphäre des Käufers / Garantienehmers, z. B. unsachgemäße Behandlung durch **Fahr- oder Bedienungsfehler**. Während System-Garantien in der Regel spezielle Klauseln über „Leistungsausschlüsse" und meist auch über die Verteilung der Beweislast bei Kausalitätszweifeln enthalten (s. Rn 2055), musste man bei einer Individualgarantie auf allgemeine Beweislastgrundsätze zurückgreifen. Auch insoweit hat die Entscheidung des BGH vom 23.11.1994[8] ein Stück weit Klarheit geschaffen. Für den Fall, dass die Garantiezeit die Dauer der gesetzlichen Verjährungsfrist (§ 477 BGB a. F.) nicht überschritt, traf den Verkäufer die Beweislast dafür, dass der Käufer den Garantiefall verschuldet hat, d. h. der Verkäufer musste einen Wartungs- oder Bedienungsfehler, z. B. Falschtanken,[9] beweisen, ferner die Kausalität des unsachgemäßen Gebrauchs für den Eintritt des Schadens.[10]

In der „Hausgarantie"-Entscheidung ausdrücklich offen gelassen hat der BGH die Frage, wie die Beweislast bei einer über die gesetzliche Verjährungsfrist von seinerzeit 6 Monaten hinausgehenden Garantiedauer zu verteilen ist. Die Gründe, die zur käuferfreundlichen Be-

---

5 NJW 1995, 516 = NZV 1995, 104.
6 Aus der OLG-Rspr.: OLG Köln 14.3.1966, MDR 1967, 673; OLG Köln 20.9.1982, MDR 1983, 402; OLG Bamberg 6.3.1974, DAR 1974, 188; OLG Koblenz 28.1.1986, NJW 1986, 2511 (Motorreparatur); OLG Hamm 1.3.1993, OLGR 1993, 129 (Einbau eines ATM).
7 Vgl. BGH 23.11.1994, NJW 1995, 516; OLG Karlsruhe 14.11.1997, OLGR 1998, 62; OLG Saarbrücken 17.2.2004, OLGR 2004, 327.
8 NJW 1995, 516.
9 Dazu BGH 23.11.1994, NJW 1995, 516
10 BGH 23.11.1994, NJW 1995, 516 m. w. N.; OLG Saarbrücken 17.2.2004, OLGR 2004, 327.

weislastverteilung i. S. v. BGH NJW 1995, 516 geführt haben, sind auch in diesem Fall maßgebend, wie der BGH in der Neufahrzeug-Entscheidung vom 19. 6. 1996[11] festgestellt hat. M. a. W.: Unabhängig von der Länge der Garantiefrist hatte der Verkäufer nach früherem Recht die Darlegungs- und Beweislast dafür, dass ein Mangel auf äußere Einwirkungen im Verantwortungsbereich des Käufers zurückzuführen ist. Diese „äußeren Einwirkungen" hat der BGH als Alternativursache zu technischen Mängeln / Störungen in einem Regel-Ausnahme-Verhältnis gesehen. Zu den Ausnahmetatbeständen („äußere Einwirkungen") zählte der BGH nicht nur Wartungs- und Bedienungsfehler des Käufers oder von Fahrern, denen das Fahrzeug überlassen worden war. Auch „Einwirkungen" durch unbefugte Dritte oder durch Tiere (z. B. Nagetiere) rechnet er dazu.

Dem vorstehend skizzierten Rechtszustand entspricht die jetzige **Beweislastregelung** in **§ 443 Abs. 2 BGB:** Soweit eine Haltbarkeitsgarantie übernommen worden ist, wird vermutet, dass ein während der Garantiezeit auftretender Sachmangel die Rechte aus der Garantie begründet. Auch der Reformgesetzgeber differenziert nicht nach der Laufzeit der Haltbarkeitsgarantie. Die Beweisvermutung des § 443 Abs. 2 BGB gilt unabhängig von der Geltungsdauer der Garantie. Für die Behauptung, der Käufer oder ein Dritter bzw. ein Tier (z. B. Marder) habe den Schaden verursacht, ist der Händler als Garantiegeber beweisbelastet. Eine Umkehr der Beweislast kommt im Fall einer **Beweisvereitelung** in Betracht.[12]

c) Leistungsausschlüsse

Abgesehen von der stillschweigenden Freistellung des Händlers bei Fahr- und Bedienungsfehlern konnten Händler in weiteren Fällen aus einer Garantie nicht in Anspruch genommen werden, etwa bei Mängeln, die den Wert oder die Tauglichkeit des Fahrzeugs **nur unerheblich** minderten. Dafür wurde die Bagatellklausel in § 459 Abs. 1 S. 2 BGB a. F. herangezogen, nicht etwa § 633 Abs. 1 BGB a. F., der eine solche Regelung nicht enthielt. Der Wegfall der kaufrechtlichen Bagatellklausel auf der Tatbestandsseite und ihre Verankerung bei den Regelungen über die Rechtsfolgen zwingen nicht zu einer Aufgabe der früheren Position. Dass der Reformgesetzgeber auch bei einem unerheblichen Sachmangel einen Anspruch auf Nachbesserung gibt, ist kein überzeugendes Gegenargument. Ausschlaggebend ist die **Auslegung der Garantieerklärung** (§§ 133, 157 BGB). Ist ein „Garantiemangel" bewiesen, ist jedenfalls der **Händler** dafür **beweispflichtig,** dass dieser Mangel ohne nennenswerte Bedeutung für den Wert und die Gebrauchstauglichkeit des Fahrzeugs ist.

Kein Garantiefall ist ferner **normaler Verschleiß.** Diese Einschränkung versteht sich gleichfalls von selbst. Auch ein Verbraucher als technischer Laie muss ohne besondere Aufklärung wissen, dass ein Kfz-Händler dafür nicht einstehen will. Ob normaler (natürlicher) Verschleiß vorliegt oder nicht, kann im Zweifel nur ein Sachverständiger klären (ausführlich zum Verschleißthema Rn 1508 ff.).

Verschleißfolgeschäden können hingegen unter eine (Haltbarkeits-)Garantie fallen. *Beispiel:* Eine verschleiß- und altersmäßig bedingte Undichtigkeit des Kühlsystems (z. B. undichter Schlauch) führt zu einem Schaden an der Zylinderkopfdichtung, was sodann einen Motorschaden (z. B. Zylinderkopffriss) auslöst. Das Endresultat ist trotz des verschleißbedingten Ursprungs ein Garantiefall, sofern Abweichendes nicht ausdrücklich geregelt ist.

---

11 NJW 1996, 2504.
12 Dazu BGH 23. 11. 2005, NJW 2006, 434; v. 17. 10. 2007, NJW 2008, 214.

d) Abwicklungsfragen

2044 Mangels ausdrücklicher vertraglicher Abwicklungsregelungen richteten sich **Inhalt und Realisierung des Anspruchs** aus einer individuellen Händlergarantie im alten Recht nach den werkvertraglichen Gewährleistungsvorschriften (§§ 633 ff. BGB a. F.) i. V. m. § 476 a BGB a. F. Nach **§ 443 Abs. 1 BGB** stehen dem Käufer jetzt im Garantiefall „unbeschadet der gesetzlichen Ansprüche" die Rechte aus der Garantie zu, und zwar nach Maßgabe der Garantieerklärung.

Bei den hier erörterten „Kurz-Garantien" muss auf eine **ergänzende Vertragsauslegung** zurückgegriffen werden. Sie braucht sich nicht mehr an den früher am ehesten passenden Vorschriften des Werkvertragsrechts zu orientieren. Nach der Angleichung des Kaufrechts an das Werkvertragsrecht können die meisten Lösungen nunmehr **direkt aus den Kaufrechtsbestimmungen** entwickelt werden. Das bedeutet im Einzelnen:

1. Die Mindestverpflichtung des Händlers besteht in der kostenlosen Beseitigung des „Garantieschadens". Bei einer Teile-Garantie (z. B. auf Motor oder Getriebe) beschränkt sich der Nachbesserungsanspruch auf Schäden an diesen Teilen, selbst wenn sie sich auf von der Garantie nicht gedeckte Teile „durchgefressen" haben sollten. Als Garantiegeber hat der Händler auch sämtliche zum Zwecke der Nachbesserung erforderlichen Aufwendungen zu tragen. Insbesondere muss er die Abschleppkosten übernehmen,[13] auch die Kosten für die Mängelsuche.[14] Tritt der Käufer in Vorlage, hat er einen Erstattungsanspruch, der sich unmittelbar aus der Garantieabrede, hilfsweise aus § 439 Abs. 2 BGB herleiten lässt (zum Umfang s. Rn 383 ff.). Kosten, die zur Mängelbeseitigung nicht erforderlich sind, fallen nicht unter die Erstattungspflicht nach § 439 Abs. 2 BGB (z. B. Telefon- und Portokosten), wohl aber Aufwendungen des Käufers, die zum Auffinden der Schadensursache notwendig waren (z. B. Kosten eines Privatgutachtens).[15]

2. Für die Dauer der Garantiearbeiten steht dem Käufer ein Anspruch auf Nutzungsausfall grundsätzlich nicht zu. Kommt es zum Streit über die Einstufung eines Schadens als Garantiefall und hält der Händler das Fahrzeug unter – rechtsirriger – Berufung auf sein Unternehmerpfandrecht zurück, schuldet er eine Nutzungsentschädigung.[16]

3. Der Händler ist ohne konkrete Absprache nicht berechtigt, von dem Käufer eine Kostenbeteiligung zu verlangen, selbst wenn durch die Garantieleistung eine Wertsteigerung eintritt.

4. Ein Nachbesserungsanspruch besteht nicht, wenn die Beseitigung des Mangels objektiv unmöglich ist, was höchst selten vorkommt. Bei einem **unverhältnismäßig hohen Mängelbeseitigungsaufwand** durfte der Händler schon im alten Recht die **Nachbesserung verweigern**, allerdings nur um den Preis der Minderung oder der Wandlung (§ 633 Abs. 2 S. 3 BGB analog). Die Maßstäbe für die Verhältnismäßigkeitsprüfung ergaben sich aus BGH NJW 1995, 1836 und BGH WM 1997, 1585. Jetzt kann auf § 439 Abs. 3 BGB zurückgegriffen werden (dazu Rn 416 ff., 442).

5. Der Käufer kann bei Fehlschlagen der Nachbesserung – hierzu rechnen auch die Fälle des Verzugs und der ernsthaften und endgültigen Erfüllungsverweigerung –[17] Rücktritt (statt bisher Wandlung) oder Minderung geltend machen.[18] Bei Verzug kann der Käufer den Garantiemangel auch selbst beseitigen und Ersatz der erforderlichen Aufwendungen

---

13 *Winterfeld*, DAR 1985, 65.
14 OLG Saarbrücken 17. 2. 2004, OLGR 2004, 327 (Ausbau und Zerlegung des Motors).
15 BGH 23. 1. 1991, BGHZ 113, 251 = NJW 1991, 1604; s. auch BGH NJW-RR 1999, 813.
16 OLG Saarbrücken 17. 2. 2004, OLG 2004, 327 (auch zu § 254 BGB).
17 Vgl. BGH 23. 11. 1994, NJW 1995, 516.
18 BGH 23. 11. 1994, NJW 1995, 516; OLG Karlsruhe 14. 11. 1997, OLGR 1998, 62; s. auch OLG Hamm 23. 1. 1996, OLGR 1996, 115 (Ls. 1).

verlangen. Das ist unbestritten. Umstritten ist im neuen Kaufrecht, ob dem Käufer im Rahmen der „normalen" Sachmängelhaftung im Fall der **Selbstvornahme ohne Verzug** des Verkäufers ein Erstattungsanspruch zusteht (s. Rn 405 f.). Bei einer Haltbarkeitsgarantie des Verkäufers sprechen, anders als bei „normaler" Mängelhaftung, die besseren Gründe für eine Anlehnung an das Werkvertragsrecht wie bisher (§§ 634 Nr. 2, 637 BGB).

6. Sofern die Nachbesserung fehlgeschlagen ist oder dem Käufer unzumutbar ist, kann er – ohne Fristsetzung – nach Maßgabe des § 440 BGB auf seine gesetzlichen Sachmängelrechte der zweiten Ebene zurückgreifen.

7. Für Schäden, die der Händler bei Durchführung der Garantiearbeiten an anderen Fahrzeugteilen verursacht, haftete er nach altem Recht unter dem Gesichtspunkt der positiven Forderungsverletzung.[19] Jetzt folgt die Haftung aus den §§ 280 Abs. 1, 241 Abs. 2 BGB. Ersatzpflichtig ist der Verkäufer erst recht für Schäden an anderen Rechtsgütern des Käufers, z. B. für Schäden aus einem Unfall aufgrund eines Montagefehlers. Bei der Verletzung einer individualvertraglich übernommenen Nachbesserungspflicht kann sich der Händler nicht auf den formularmäßigen Haftungsausschluss (z. B. Ziff. VII ZDK-AGB, Stand 7/2003) berufen. Insoweit bedarf es einer speziellen Regelung. Sie ist nicht in den Reparaturbedingungen des Händlers enthalten. Diese gelten nur bei ausdrücklicher Vereinbarung.[20]

e) Verjährung

Wie im früheren Recht muss stets zwischen **Garantiefrist** und **Verjährungsfrist** unterschieden werden. Des Weiteren ist zu trennen zwischen der Verjährung des vertraglichen Garantieanspruchs und der Verjährung der gesetzlichen Sachmängelansprüche. Was die Geltungsdauer angeht, so ist sie selbst bei individuellen Händlergarantien als zentraler Regelungspunkt meist klar umrissen: Entweder ist sie zeitlich fixiert (Garantiefrist) und/oder in Kilometern festgelegt (s. die Beispiele unter Rn 2039).

Innerhalb welchen Zeitraums der Käufer seinen Garantieanspruch geltend zu machen hat und ab wann der Verkäufer / Garantiegeber sich auf Verjährung berufen darf, geht aus einer individuellen Händlergarantie der hier in Rede stehenden Art regelmäßig nicht hervor. Was die Parteien gewollt haben, ist deshalb durch Auslegung zu ermitteln (§§ 133, 157 BGB). Folgende Möglichkeiten kommen in Betracht:

- die kaufrechtliche Verjährung (§ 438 BGB) soll unberührt gelten,
- Verlängerung der gesetzlichen Verjährung (§ 438 BGB) um die Dauer der Garantiefrist
- Beginn der gesetzlichen Verjährung (§ 438 BGB) nicht mit der Ablieferung des Fahrzeugs, sondern erst mit dem Auftreten (Entdecken) des Mangels
- Beginn der gesetzlichen Verjährung (§ 438 BGB) erst mit Ablauf der Garantiefrist
- Regelverjährung (§ 195 BGB) mit Beginn nicht vor Eintritt des Garantiefalls in Abhängigkeit von Kenntnis bzw. grob fahrlässiger Unkenntnis des Käufers (§ 199 BGB).

Ohne einen Auslegungsansatz in der Garantieerklärung läuft die Schließung der Regelungslücke auf die Alternative hinaus, entweder die Regelverjährung von drei Jahren (§ 195 BGB) oder die kaufrechtliche Sonderverjährung von zwei Jahren (§ 438 Abs. 1 Nr. 3 BGB) heranzuziehen.[21] Klar scheint zu sein, dass für einen Anspruch aus einer Garantie nach § 443 BGB im Sinne einer „selbstständigen Garantie" eine Analogie zu § 438 BGB fehl am Platz ist.[22] Versteht man § 443 BGB dagegen als Kodifizierung der „unselbstständigen

---

19 BGH 29. 10. 1975, NJW 1976, 235.
20 LG Hamburg 6. 3. 1979 – 18 S 139/78 – n. v.
21 Ausführlich dazu *Grützner/Schmidl*, NJW 2007, 3610.
22 *Mansel/Budzikiewicz*, Das neue Verjährungsrecht, § 5 Rn 178.

Garantie" (zum Normverständnis s. Rn 1358), liegt eine analoge Anwendung dieser Vorschrift nahe. Der aus der Garantie abgeleitete Anspruch auf Mängelbeseitigung ist mit dem gesetzlichen Nachbesserungsanspruch aus § 439 BGB durchaus vergleichbar. Die Parallelität spricht in der Tat für eine zweijährige Verjährung ab Ablieferung oder ab Auftreten des Garantiefalls (innerhalb der Garantiefrist bzw. des km-Limits).[23] Indes gibt es bei einer Haltbarkeitsgarantie auch gute Gründe, die §§ 195, 199 BGB (Regelverjährung) anzuwenden.[24]

Die Vereinbarung einer Garantiezeit von sechs Monaten oder kürzer (wie BGH NJW 1995, 516) hat sich nach der Rechtsprechung zum früheren Kaufrecht weder auf die Dauer noch auf den Beginn der ehemaligen Sechsmonatsverjährung ausgewirkt.[25] Bei diesen kurzlaufenden Garantien wurde also nach dem Grundsatz entschieden, dass die Vereinbarung einer Geltungsdauer die Verjährung unberührt lässt.[26] Eine Garantie mit einer Garantiefrist, die über die sechs Monate des § 477 BGB a. F. hinaus ging, ist früher regelmäßig dahin ausgelegt worden, dass alle während der Garantiezeit auftretenden Mängel Gewährleistungsansprüche auslösen können und die Verjährung für derartige Ansprüche nicht schon mit der Übergabe, sondern mit der Entdeckung des Mangel beginnt.[27]

Ob diese altrechtlichen Auslegungsergebnisse auf „Neufälle", zumal auf dem Kfz-Sektor, übertragen werden können, ist noch nicht abschließend entschieden.[28] Von praktischer Relevanz sind im Bereich des Gebrauchtwagenhandels ohnehin nur Garantien mit Fristen nicht über zwei Jahren. Hier sollte es dabei bleiben, dass die Verjährung mit der Ablieferung des Fahrzeugs beginnt.[29]

Kombinationsfälle: Die Erklärung **„6 Monate Garantie oder 1000 km"** besagt, dass dem Käufer ein Garantieanspruch für längstens 6 Monate ab Übergabe zusteht, auch wenn das Fahrzeug in diesem Zeitraum nur wenige Kilometer gefahren ist.[30] Andernfalls würde die Garantiezeit, so der BGH, auf eine übermäßig lange Zeit ausgedehnt werden können. Dagegen lässt sich einwenden, dass der Händler aus freien Stücken ein km-Limit als Begrenzungsalternative gewählt hat, und dass es seine Sache ist, dieses Limit realistisch festzusetzen.

Reine Kilometerbegrenzung: Bei einer nur durch Angabe einer bestimmten Kilometerzahl limitierten Garantie erscheint es sinnvoll, die Verjährungsfrist erst mit Auftreten des Mangels innerhalb des Limits laufen zu lassen.

2. System-Garantien

Charakteristisch für die so genannten System-Garantien ist ein festumrissenes, für eine Vielzahl von Gebrauchtfahrzeugverkäufen konzipiertes Leistungsprogramm. Im Bereich des gewerblichen Handels mit gebrauchten Pkw herrscht eine **enorme Typenvielfalt**.[31] Aus Sicht des privaten Kunden muss das vielfältige Angebot des Handels **Verwirrung stiften**, zumal ständig neue Modelle und Varianten eingeführt werden.

---

23 Zum Meinungsstand s. *Mansel/Budzikiewicz*, a. a. O.
24 *Büdenbender* in AnwK-BGB, § 443 BGB Rn 42.
25 BGH 20. 12. 1978, NJW 1979, 645; so wohl auch BGH 3. 3. 1982, WM 1982, 511 unter III, 4; OLG Koblenz 21. 8. 1986, NJW 1986, 2511; OLG Hamm 1. 3. 1993, OLGR 1993, 129 (obiter dictum).
26 So ausdrücklich BGH 20. 12. 1978, NJW 1979, 645.
27 BGH 20. 12. 1978, NJW 1979, 645; v. 12. 3. 1986, NJW 1986, 1927; OLG Hamm 1. 3. 1993, OLGR 1993, 129.
28 Für Beibehaltung *Stöber*, Beschaffenheitsgarantien des Verkäufers, S. 323.
29 So auch *Stöber*, a. a. O., S. 323.
30 BGH 3. 3. 1982, WM 1982, 511, 512 (Lkw); s. auch OLG Koblenz 28. 1. 1986, NJW 1986, 2511.
31 Vgl. die Übersicht im TÜV-Report 2008, 42.

a) Konstellationen

Zu unterscheiden sind im Wesentlichen folgende Konstellationen: **2047**

– Der Kfz-Händler verschafft dem Käufer Versicherungsschutz und erbringt dadurch eine nach § 4 Nr. 10 b UStG steuerfreie Leistung.
– Der Kfz-Händler gibt dem Käufer eine Garantie, die er mit eigenen Beiträgen bei einer Versicherungsgesellschaft / Garantieunternehmen rückversichert.
– Der Kfz-Händler gibt eine Garantie ohne Rückversicherung in Verbindung mit dem ZDK- Vertrauenssiegel / Meisterzeichen.
– Der Kfz-Händler vermittelt den Abschluss eines Garantievertrages bzw. einer Reparaturkostenversicherung. Die Policen werden von den Herstellern, deren Banken oder von Firmen wie Car Garantie/Freiburg gegeben.
– Der Kfz-Händler gibt eine Eigengarantie in Verbindung mit einem System wie „Givit".

b) Erläuterung der einzelnen Modelle

Konzeption und Inhalt der einzelnen Modelle hängen stark von den **umsatzsteuerlichen Rahmenbedingungen** ab. Dass die vom Kunden zu zahlende Garantie- bzw. Versicherungsprämie umsatzsteuerfrei ist, hat der BFH inzwischen entschieden.[32] Je nach Fallgestaltung liegt eine „Verschaffung von Versicherungsschutz" (§ 4 Nr. 10 b UStG) oder eine „Übernahme einer Sicherheit" (§ 4 Nr. 8 g UStG) vor. Wie die Garantieleistung umsatzsteuerlich zu behandeln ist, hängt von dem gewählten Modell ab.[33] **2048**

Die (umsatzsteuerfreie) **Verschaffung von Versicherungsschutz** setzt an sich voraus, dass der Käufer als Versicherungsnehmer unmittelbaren Versicherungsschutz hat. Möglich ist jedoch auch die Konstruktion „Versicherungsvertrag zugunsten eines Dritten". Dabei schließt der Kfz-Händler mit einem Versicherungsunternehmen einen Versicherungsvertrag zugunsten des Käufers ab. Der Kfz-Händler wird in diesem Fall selbst Versicherungsnehmer. Im „Garantiefall" (Versicherungsfall) ist jedoch der Käufer der Begünstigte aus dem Versicherungsvertrag. Ein Anspruch auf Reparatur bzw. Kostenübernahme gegenüber dem Händler besteht nicht.[34]

An Stelle von Versicherungsschutz kann der Händler aber auch (echten) Garantieschutz gewähren bzw. vermitteln.[35] Meist ist der Händler selbst Garantiegeber. Um sein Risiko zu mindern, schließt er mit einer Versicherungsgesellschaft eine Rückversicherung ab.

Unter der Herrschaft des Eigengeschäfts (als Gegensatz zum Agenturverkauf) nur noch selten anzutreffen ist die Fallgestaltung, dass der Händler sich auf die bloße Vermittlung einer Garantie / Reparaturkostenversicherung beschränkt. Insoweit scheinen auch wettbewerbsrechtliche Gründe eine Rolle zu spielen.

Von der „Reparaturkostenversicherung" zu unterscheiden ist die Händlereigengarantie, die über einen sog. Garantieprovider abgewickelt wird.[36]

---

32 Urt. v. 16. 1. 2003 – V R 16/02 –.
33 Näheres bei *Ammenwerth/Grützner/Janzen*, Umsatzsteuer im Kfz-Gewerbe, 7. Aufl., S. 2233 ff.
34 Beispiel OLG Oldenburg 7. 3. 1995, NJW 1995, 2994.
35 Beispiel OLG Karlsruhe 11. 4. 2006, NZV 2006, 656 = ZfS 2006, 629 (1. Instanz LG Freiburg 27. 5. 2005, ZfS 2006, 827).
36 Beispiel BGH 17. 10. 2007, NJW 2008, 214.

c) Zivilrechtliche Probleme

aa) Konfliktfelder

2049 Fragen des **Zustandekommens** des Garantievertrages und des **Garantieumfangs/Leistungsbegrenzung** stehen neben dem Problem der **Passivlegitimation** in der Rechtspraxis im Vordergrund.[37] Problematisch ist auch das **Verhältnis zwischen Sachmängel- und Garantiehaftung**, zumal bei zulässiger Freizeichnung von der Sachmängelhaftung. Da im Bereich des Verbrauchsgüterkaufs die Haftung für Sachmängel nicht mehr ausgeschlossen werden darf (§ 475 Abs. 1 BGB), der Käufer bei einem behebbaren Mangel aber zunächst Nachbesserung verlangen muss, kommt es zu einem Nebeneinander von Sachmängelhaftung und (System-)Garantie. Auch das wirft neue Fragen auf, nicht zuletzt mit Blick auf die Verjährung.

bb) Kauf mit oder ohne „Garantie"?

2050 Ob der Käufer ein Fahrzeug mit oder ohne „Garantie" gekauft hat, lässt sich meist schon anhand der Eintragungen im Kaufvertragsformular (Verbindliche Bestellung) beantworten. Vor 2002 waren getrennte Formularsätze gebräuchlich, je nach dem, ob ein Fahrzeug mit oder ohne Garantie verkauft wurde. In den heutigen Bestellscheinen ist häufig im unteren Teil vorgedruckt:

„Der Verkäufer leistet dem Käufer eine über die ... versicherte Garantie für gebrauchte Automobile gemäß den aus der Garantievereinbarung Nr. ... ersichtlichen Garantiebestimmungen."

Zu beobachten ist auch die Praxis, die Garantieübernahme in der Rubrik „Sondervereinbarungen" o. Ä. durch eine individuelle Eintragung festzuhalten.

cc) Zustandekommen des Garantievertrages

2051 Insoweit gibt es unterschiedliche Konstruktionen. Ist der Händler nicht selbst Garantiegeber, handelt er als Vertreter / Agent der garantiegebenden Drittfirma.[38] Dem zugrunde liegt im Innenverhältnis ein Vertrag über die Vergabe von Garantien, ggf. mit Vereinbarung einer Vergütung pro eingereichte Garantie.[39] Ist im Verhältnis Garantiegeber/Händler keine Vollmacht erteilt, können die Grundsätze über die Rechtsscheinvollmachten anwendbar sein.[40] Zum Zustandekommen einer „Garantieversicherung" s. auch AG Erkelenz NJW-RR 1996, 740. Vertragsabschlussklauseln in den Garantiebedingungen können gem. § 308 Nrn. 1 und 3 BGB unwirksam sein.[41]

dd) Einbeziehung der Garantiebedingungen

2052 Da die Bedingungen üblicherweise nicht durch Aushang im Autohaus „bekannt" gemacht werden, bedarf es bei Vertragsabschluss eines ausdrücklichen Hinweises i. S. v. § 305 Abs. 2 S. 1 BGB.[42] Dieser muss unmissverständlich und für den Kunden klar erkennbar sein.[43] Häufig sind die Garantiebedingungen Bestandteil des Formularsatzes „verbind-

---

37 Siehe auch *Hengsbach*, SVR 2005, 324 ff.
38 AG Forchheim 15. 2. 1999, NJW-RR 2000, 725 mit Hinweis auf § 84 I HGB; OLG Köln 19. 10. 1999, OLGR 2000, 167 – Händler als „Vermittlungsagent".
39 Zur Klausel, wonach der Garantiegeber berechtigt ist, bei Unterschreiten einer bestimmten Sollzahl von eingereichten Garantien, den Händler zu belasten („Nachbelastungsprämie") s. OLG Celle 27. 3. 2008 – 8 U 205/07 – n. v. (Unwirksamkeit angenommen).
40 AG Forchheim 15. 2. 1999, NJW-RR 2000, 725.
41 AG Forchheim 15. 2. 1999, NJW-RR 2000, 725.
42 Vgl. OLG Oldenburg 7. 3. 1995, NJW 1995, 2994 = BB 1995, 897 („Car Garantie").
43 BGH 23. 11. 1994, NJW 1995, 516.

liche Bestellung ... ". Sie sollen dem Kunden zusammen mit den Verkaufsbedingungen ausgehändigt werden. Sie können aber auch in einem vom Bestellschein getrennten „Garantie-Pass" oder in einer vergleichbaren Urkunde enthalten sein.

Der handschriftliche Vermerk in einem Bestellschein „dreimonatige Hausgarantie lt. CC-Gebrauchtwagengarantiegesetz" ist für den BGH kein ausreichender Hinweis i. S. d. § 2 Abs. 1 S. 1 AGBG gewesen.[44] Der Händler, der ersichtlich die AGB der CG-Car-Garantieversicherungs-AG gemeint hat, hätte sie dem Käufer zur Verfügung stellen müssen. Da er dies versäumt hatte, jedenfalls nicht nachweisen konnte, musste er sich an der – unklaren und irreführenden – Vertragserklärung „dreimonatige Hausgarantie..." festhalten lassen.

Die bloße Erklärung im Bestellschein „mit Gebrauchtwagen-Garantie" oder „mit Veedol-Garantie" löst gleichfalls keine Garantiehaftung nach Maßgabe sonst verwendeter Garantiebestimmungen aus, wenn die Einbeziehungsvoraussetzungen des § 305 Abs. 2 BGB nicht beachtet worden sind.

Beruft sich der Käufer im Prozess auf eine **mündliche Garantiezusage** des Autohauses, so reicht das für eine schlüssige Darlegung eines Garantieanspruchs gegen das Autohaus nicht aus, wenn er das Fahrzeug mit Garantiebedingungen erworben hat, die (nur) einen Direktanspruch gegen einen Dritten begründen.[45]

ee) Inhalt und Umfang der Garantie

Aufschluss über den Garantieinhalt und die Abwicklungsmodalitäten geben in der Regel die jeweiligen Garantiebedingungen. Diese sind als abschließende und erschöpfende Regelung konzipiert. Bei unklarer Vertragsgestaltung wie z. B. im Fall BGH NJW 1995, 516 („dreimonatige Hausgarantie...") können Korrekturen zugunsten des (privaten) Käufers in Betracht kommen, auch hinsichtlich des Leistungsumfangs. Im Bereich des **Verbrauchsgüterkaufs** sind jetzt die Vorgaben des **§ 477 BGB** zu beachten. Zur Frage einer Schadensersatzhaftung des Händlers bei einem Verstoß s. LG Köln, Urt. v. 5. 12. 2006 – 11 S 526/05 – n. v.

Sollen nach der Behauptung des Käufers **mündliche Erklärungen** des Kfz-Händlers über den Garantieschutz gemäß den Garantiebedingungen hinausgegangen sein, streitet die Vermutung der Vollständigkeit und Richtigkeit der Garantieurkunde zugunsten des Händlers/Garantieträgers. Seine mündlichen Angaben gelten im Zweifel nur im Rahmen des schriftlich Fixierten.[46]

(1) Zuständigkeit und Passivlegitimation

Obgleich Autohäuser als Garantiegeber auftreten und im Kaufvertrag und/oder in den Garantiebedingungen – nicht immer eindeutig – auch als solche bezeichnet werden,[47] wird für die Abwicklung des Garantiefalls nicht selten eine ausschließliche Zuständigkeit eines Drittunternehmens (Versicherer / Garantieanbieter) begründet. Ergänzt wird eine solche Zuweisung mitunter durch eine Vollmachtsklausel, wonach das Garantieunternehmen vom Verkäufer / Garantiegeber bevollmächtigt ist, „die gesamte Abwicklung mit dem Käufer / Garantienehmer vorzunehmen."

Regelungen dieser Art werfen die Frage auf, wer der wahre Garantiegeber ist und gegen wen der Anspruch aus der Garantie gerichtlich geltend zu machen ist. Die Frage der Garantieträgerschaft und damit der Passivlegitimation ist in den Garantiebedingungen zum Ärger der Fahrzeugkäufer und ihrer Anwälte häufig nicht klar geregelt. Schuldner der Garantie-

---

44 Urt. v. 23. 11. 1994, NJW 1995, 516.
45 OLG Oldenburg 7. 3. 1995, NJW 1995, 2994 = BB 1995, 897.
46 AG München 30. 3. 1990 – 3 C 32/90 – n. v.; s. auch OLG Oldenburg 7. 3. 1995, NJW 1995, 2994.
47 Z. B. AG Rendsburg 27. 6. 2005, NJW-RR 2005, 1429; LG Kiel 15. 7. 2008, ZfS 2008, 567.

leistung und damit passivlegitimiert ist der Händler, sofern er – dem Käufer erkennbar – als Garantiegeber aufgetreten ist. Das bedarf sorgfältiger Prüfung anhand der gesamten, dem Käufer ausgehändigten Unterlagen.[48]

Wenn die Annahme von Anzeigen und die Leistungsabwicklung nach den Garantiebedingungen vollständig in die Hände des Garantieunternehmens gelegt sind, kann dem auch eine Bevollmächtigung / Erfüllungsgehilfenschaft zugrunde liegen. Autohaus und Garantieunternehmen gemeinsam zu verklagen ist riskant, auch im Kostenpunkt (getrennte anwaltliche Vertretung).[49] Bei einer Soloklage muss an eine Streitverkündung gedacht werden.

(2) Leistungsumfang und Leistungsbegrenzung

2055   Eine Voll-Garantie – wie beim Neufahrzeugkauf – wird nur vereinzelt angeboten, nach der Modernisierung des Schuldrechts in stärkerem Maße als zuvor. Zumeist fallen nur bestimmte Teile aus bestimmten Baugruppen wie Motor, Getriebe, Lenkung und Bremsen unter die Garantie, wobei besonders anfällige Einzelteile nicht selten ausgenommen werden. Sofern in der Baugruppe „Motor" der Turbolader nicht erwähnt ist, soll ein Defekt an diesem Teil gleichwohl von der Garantie erfasst werden.[50]

Streitstoff liefern die vielfältigen Klauseln, mit denen Garantiegeber / Reparaturkostenversicherer ihre **Haftung** nach Grund und Höhe **zu begrenzen** suchen.[51] Für zulässig hält das OLG Celle[52] den formularmäßigen Ausschluss von Garantieansprüchen für Mängel, für die ein Dritter als Hersteller oder Verkäufer haftet (Reparaturkostenversicherung). Im Übrigen stehen zur Haftungsbeschränkung des Garantieträgers rechtstechnisch zwei Möglichkeiten zur Verfügung: Klassisch ist die Variante „Einschränkung des Leistungsversprechens", etwa durch eine Nebenabrede dergestalt, dass dem Käufer/Garantienehmer bestimmte Obliegenheiten auferlegt werden, an deren Verletzung die Befreiung von der Leistungspflicht geknüpft ist.[53]

Zu beobachten sind aber auch Klauseln, welche die Erfüllung von Obliegenheiten schon zur Anspruchsvoraussetzung machen, wie z. B. die Klausel, die Leistungen aus der Garantie von vornherein nur unter der Voraussetzung durchgeführter Wartungsarbeiten verspricht.[54] Ziel derartiger Abreden mit „negativer Anspruchsvoraussetzung" ist die Kontrollfreiheit nach § 307 Abs. 3 S. 1 BGB. Zu beachten wäre nur das Transparenzgebot (§ 307 Abs. 3 S. 2 BGB).

Während eine Nebenabrede mit Befreiungstatbestand der Inhaltskontrolle nach ständiger Rechtsprechung zugänglich ist,[55] liegt für die Alternative „negative Anspruchsvoraussetzung" (negative Leistungsbeschreibung) noch keine BGH-Entscheidung vor.[56] Die Instanzgerichte sind geteilter Meinung.[57] Unter Heranziehung des Transparenzgebots und

---

48 Zu den maßgeblichen Auslegungsgrundsätzen s. BGH 29. 1. 2003, MDR 2003, 625 = DAR 2003, 264; LG Kiel 15. 7. 2008, ZfS 2008, 567.
49 Für gesamtschuldnerische Erstattung von Reparaturkosten OLG Düsseldorf 24. 3. 2003 – 1 U 149/02 – n. v.
50 AG Rastatt 4. 12. 1987, DAR 1988, 170.
51 Pars pro toto LG Düsseldorf 15. 10. 2004, DAR 2005, 688 m. Anm. *Kauffmann*; LG Düsseldorf 23. 12. 2005, DAR 2006, 215.
52 Urt. v. 4. 1. 2007, NJW-RR 2007, 469 = OLGR 2007, 241.
53 Siehe LG Düsseldorf 15. 10. 2004, DAR 2005, 688; AG Reutlingen 21. 2. 2006, DAR 2006, 333.
54 Vgl. OLG Nürnberg 27. 2. 1997, NJW 1997, 2186 (Dreijahresgarantie für Neuwagen).
55 BGH 17. 10. 2007, NJW 2008, 214.
56 Offengelassen im Urt. v. 17.10. 2007, NJW 2008, 214 (GW-Händlereigengarantie); ebenso 12. 12. 2007, NJW 2008, 843 (mobilo life von Mercedes).
57 Für Kontrollfreiheit OLG Nürnberg 27. 2. 1997, NJW 1997, 2186 (NW-Garantie); LG Freiburg 27. 5. 2005, ZfS 2006, 627 (GW-Garantie); zweifelnd OLG Karlsruhe als Berufungsgericht (Urt. v. 11. 4. 2006, ZfS 2006, 629); s. auch LG Kiel 15. 7. 2008, ZfS 2008, 567.

des Grundsatzes der kundenfeindlichsten Auslegung ist der Weg für eine Inhaltskontrolle frei zu machen.[58]

Durch Urteil vom 24. 4. 1991 hat **der BGH** eine Reihe von **Leistungsausschlüssen** in einem Klauselwerk missbilligt, das einer **produktbezogenen Garantie auf Additivbasis**, einem heute kaum noch gebräuchlichen Modell, zugrunde gelegen hat.[59] Unzulässig sind hiernach Klauseln, durch die sich ein Garantiegeber, der weder Hersteller noch Händler ist, von der Leistungspflicht im Fall von Obliegenheitsverletzungen des Käufers ohne Rücksicht auf die Schadensursächlichkeit befreien möchte. Das hat der BGH im Fall einer „Reparaturkostengarantie" durch **Urteil vom 17. 10. 2007**[60] für eine Klausel bestätigt, die unabhängig von der Ursächlichkeit für den eingetretenen Schaden den Ausschluss der Leistungspflicht allein an die **Nichteinhaltung von Inspektionen** knüpft, die der Hersteller vorschreibt bzw. empfiehlt. **2056**

Allerdings gestattet der BGH, den Beweis fehlender Ursächlichkeit dem Käufer aufzuerlegen.[61] Von dieser Möglichkeit haben die meisten Garantieanbieter Gebrauch gemacht, so dass entsprechende Leistungsausschlüsse der Inhaltskontrolle standhalten.[62] Einige Unternehmen haben der Forderung des BGH durch Aufnahme eines Zusatzes wie z. B. „... keine Garantie für Schäden, die in ursächlichem Zusammenhang damit stehen, dass ..." Rechnung getragen. Bisweilen wurde dem Käufer aber zugleich in einer weiteren Klausel der Nachweis auferlegt, die vorgeschriebenen Inspektionen etc. eingehalten zu haben. Darin sah das OLG Hamm[63] in Anlehnung an BGH NJW-RR 1991, 1013 einen Verstoß gegen § 9 Abs. 1 AGBG, jedenfalls einen zur Unwirksamkeit nach § 5 AGBG führenden Widerspruch zu der oben mitgeteilten Zusatzklausel zur Kausalität. Diese Bedingung versteht der 28. ZS des OLG Hamm[64] – isoliert betrachtet – folgendermaßen: Es sei Sache des Garantiegebers, den Nachweis zu erbringen, dass der Kunde die Wartungs- oder Pflegearbeiten in einer anerkannten Werkstatt nicht durchgeführt hat und dass das Unterlassen dieser Arbeiten den Garantieschaden verursacht hat.[65] Die Beweislast für die Nichtbeachtung der Betriebsanleitung (z. B. Ölwechsel) trägt der Garantiegeber / Verkäufer.[66]

Keine unangemessene Benachteiligung (§ 307 Abs. 1 BGB) sieht der BGH darin, dass **ein Fahrzeughersteller** die Leistungen aus seiner (Durchrostungs-)Garantie für ein Neufahrzeug von der regelmäßigen Wartung des Fahrzeugs in seinen Vertragswerkstätten abhängig macht.[67] Anders als bei Garantieträgern, die weder Hersteller/Importeur noch Kfz-Händler sind, lässt er den **Gesichtspunkt der Kundenbindung** hier durchschlagen. Der Vorwurf, mit zweierlei Maß zu messen, ist nicht von der Hand zu weisen. Wieso der Gesichtspunkt der Kundenbindung bei einer Händlereigengarantie (mit Providerabwicklung) – so im Fall BGH NJW 2008, 214 – nicht zählen soll, leuchtet nicht ein. Die spannende Frage eines **Verstoßes gegen die GVO** hat der BGH in der „mobilo-life-Entscheidung" **2057**

---

58 Siehe auch *Niebling*, DAR 2008, 24.
59 WM 1991, 1384 = MDR 1991, 721 = BB 1991, 2252.
60 NJW 2008, 214 (Händlereigengarantie, abgewickelt über einen Garantieprovider, also keine Reparaturkostenversicherung); s. auch AG Reutlingen 21. 2. 2006, DAR 2006, 333; LG Kiel 15. 7. 2008, ZfS 2008, 567.
61 BGH 24. 4. 1991, MDR 1991, 721.
62 Anders in den Fällen BGH 17. 10. 2007, NJW 2008, 214 und LG Düsseldorf 15. 10. 2004, DAR 2005, 688.
63 Urt. v. 12. 1. 1993, OLGR 1994, 38 (L.) – Az. 28 U 133/92 (Kauf bei einer Vertreterfirma der Mercedes-Benz AG).
64 OLGR 1994, 38.
65 Dazu auch *Reinking*, DAR 1995, 1, 7.
66 OLG Nürnberg 7. 5. 2003, OLGR 2003, 317.
67 Urt. v. 12. 12. 2007, NJW 2008, 843 (mobilo life von Mercedes).

(NJW 2008, 843) zwar angesprochen, mangels tatsächlicher Feststellungen aber dahin stehen lassen.[68]

2058 Zur Bedeutung einer **„Verschleißklausel"** und zum Einwand des Garantiegebers, der Motorschaden beruhe auf „langfristigem" Verschleiß siehe OLG Köln OLGR 2000, 167.

2059 Wenn ein **„Überhitzungsschaden"** im Katalog der nicht „garantierten Gefahren" im Zusammenhang mit Schäden aus der Verwendung ungeeigneter Schmier- und Kraftstoffe und wegen Ölmangels aufgeführt ist, muss der Garantiegeber den Nachweis führen, dass der „Überhitzungsschaden" auf einen Mangel an Kühlmittel zurückzuführen ist. Bleibt die Ursache des Kühlmittelverlustes ungeklärt – hier können zahlreiche Faktoren eine Rolle spielen –, geht das zulasten des Garantiegebers.[69]

Bei **grob fahrlässiger Nichtbeachtung der Temperaturanzeige** oder eines vergleichbaren Warninstruments ist der Garantiegeber in seiner Eigenschaft als Versicherer von seiner **Leistungspflicht befreit** (§ 61 VVG a. F.). Das Verschulden Dritter muss sich der Garantienehmer nur bei einer **Repräsentantenstellung** zurechnen lassen. Der Ehepartner, der das Fahrzeug nur gelegentlich nutzt, ist im Allgemeinen kein Repräsentant. Zur Sorgfaltspflicht eines Kraftfahrers, auch seiner Beobachtungspflicht, siehe OLG Düsseldorf 24. 3. 2003 – 1 U 149/02 – n. v.; OLG Saarbrücken OLGR 2004 327; OLG Braunschweig MDR 2001, 1111.

2060 **Höhenbegrenzung:** Klauseln, die eine Eigenbeteiligung des Garantienehmers vorsehen, z. B. 60 % der Materialkosten, sind üblich, dennoch unter dem Gesichtspunkt der Transparenz mitunter bedenklich.[70]

ff) Verzug des Garantiegebers

2061 Gerät er mit seiner Leistung in Verzug, ist er dem Käufer nach §§ 280, 286 BGB zum Schadensersatz verpflichtet (Nutzungsausfall, eventl. frustrierte Aufwendungen für Versicherung und Steuer u. a.).[71] Eine ernsthafte und endgültige Erfüllungsverweigerung kann genügen. Beruft sich der Garantiegeber zur Rechtfertigung seiner Nichtzahlung auf ein von ihm eingeholtes Gutachten, ist ihm ein Fehler des Sachverständigen gem. § 278 BGB zuzurechnen.[72]

gg) Garantie, Sachmängelhaftung und Reparaturauftrag

2062 Zu Zeiten von Verträgen mit umfassender Freizeichnung von der Sachmängelhaftung kam es immer wieder zum Streit über die Frage, wie sich die Garantie auf den formularmäßigen Gewährleistungsausschluss auswirkt. Käufer sahen in der Garantie eine Sonderabsprache mit Vorrang vor der Freizeichnungsklausel. Im Fall der Verweigerung der Mängelbeseitigung oder bei einem Misserfolg hielten sie sich – wie Neufahrzeugkäufer – für berechtigt, auf die gesetzlichen Sachmängelrechte zurückzugreifen. Dieser Argumentation ist die Rechtsprechung zu Recht nicht gefolgt; selbst dann nicht, wenn der Verkäufer persönlich, nicht ein Dritter, als Garantiegeber aufgetreten ist.[73] Zwischen Garantie und – ausgeschlossener – Sachmängelhaftung wurde zu Recht strikt getrennt.

---

68 Dazu *Niebling*, DAR 2008, 143.
69 Vgl. OLG Düsseldorf 24. 3. 2003 – 1 U 149/02 – n. v.; s. auch OLG Saarbrücken 17. 2. 2004, OLGR 2004, 327.
70 Vgl. LG Düsseldorf 23. 12. 2005, DAR 2006, 215.
71 Vgl. OLG Karlsruhe 22. 9. 2004, NJW 2005, 515.
72 OLG Karlsruhe 22. 9. 2004, NJW 2005, 515.
73 OLG Oldenburg 7. 3. 1995, NJW 1995, 2994; OLG Braunschweig 1. 10. 1998, MDR 1999, 294 = OLGR 1998, 352.

Durch die zwingende Übernahme der Sachmängelhaftung in Fällen des Verbrauchsgüterkaufs (§ 475 Abs. 1 BGB) kommt es nun zu einem **Nebeneinander von gesetzlicher Mängelhaftung und vertraglicher Garantiehaftung**. Rechtlich lassen sich die verschiedenen Anspruchsebenen zwar relativ leicht trennen, auch mit Blick auf die dritte Ebene, den (vergütungspflichtigen) **Reparaturauftrag**. Was der Praxis indes immer wieder Schwierigkeiten macht, sind Abgrenzungs-, Konkurrenz- und Abwicklungsfragen (s. auch Rn 918 ff.). Zu „Überlagerungen" kann es auch im Zusammenhang mit der Verjährung kommen, speziell bei der Frage der Hemmung wegen Verhandlungen (§ 203 BGB, s. dazu Rn 2021).

Nach der Art des Störfalls lassen sich folgende **Fallgruppen** unterscheiden:

(1) Rechtslage bei Ablehnung der Garantieübernahme

Lehnt der Reparaturkosten-Versicherer die Garantieübernahme ab, kann sich der Händler gegenüber dem Käufer schadensersatzpflichtig machen; so z. B. wenn der Garantievertrag daran scheitert, dass es nach den Bedingungen des Garantieträgers für das konkrete Auto einen Garantieschutz nicht gibt.[74] Für schuldhafte Fehlinformationen über das Ob und Wie des Garantieschutzes haftet der Händler nach den Grundsätzen des Verschuldens bei Vertragsschluss. Dass der Garantievertrag tatsächlich zustande kommt, ist nicht etwa Gegenstand einer eigenständigen Zusicherung / Garantie. Es ist schon sehr zweifelhaft, ob überhaupt eine Eigenschaft vorliegt, die einer Beschaffenheitsgarantie zugänglich ist.[75] Auch eine bloße Beschaffenheitsvereinbarung ist nicht getroffen.

(2) Unterbliebene oder verspätete Aushändigung der Garantiebedingungen durch den Händler

Bei darauf zurückzuführender Unkenntnis des Käufers von einer „Garantieauflage" kann der Händler persönlich zum Schadensersatz verpflichtet sein (vgl. OLG Hamm OLGR 2004, 182 – Organisationsverschulden des Händlers bejaht). Hat der Händler den Verlust des Garantieanspruchs deshalb zu vertreten, weil er ein zwar zulässiges, aber das Wartungsintervall verkürzendes Motoröl eingefüllt hat, ohne den Käufer auf die Folgen hinzuweisen, so kann er gleichfalls wegen Verletzung einer kaufvertraglichen Nebenpflicht schadensersatzpflichtig sein.[76]

(3) Unterbliebene bzw. verspätete Meldung des Schadensfalls:

Nimmt der Garantieträger einen solchen Fall zum Anlass, sich auf seine Leistungsfreiheit zu berufen, kann der Kfz-Betrieb wegen Verletzung einer reparaturvertraglichen Nebenpflicht mit den Reparaturkosten belastet bleiben, wenn er die Schadensanzeige übernommen hat.[77] Eine Klausel, welche die Regulierung von einer schriftlichen Freigabeerklärung abhängig macht, gilt als unwirksame Überraschungsklausel.[78] Zu den Folgen einer verspäteten Meldung im Verhältnis zwischen Käufer und Garantiegeber s. auch OLG Köln OLGR 2000, 167.

---

74 Vgl. OLG Köln 19. 10. 1999, OLGR 2000, 167.
75 Bejahend für die frühere Zusicherung OLG Köln 15. 11. 1979 – 14 U 76/78 – n. v.; LG Köln 30. 10. 1990 – 11 S 525/89 – n. v.; AG Köln 6. 7. 1990 – 111 C 590/89 – n. v.
76 AG Eggenfelden 2. 8. 2004, DAR 2005, 95.
77 AG Nürnberg 24. 6. 2002 – 20 C 9061/01 – n. v.
78 LG Düsseldorf 23. 12. 2005, DAR 2006, 215; LG Düsseldorf 15. 10. 2004, DAR 2005, 688.

(4) Werkstattarbeiten vor Reparaturfreigabe

2066 Nicht selten fängt die Werkstatt mit den ihrer Meinung nach erforderlichen Arbeiten an, ohne dass der zuständige Garantiegeber / Versicherer sein Einverständnis erklärt hat. Ein zügiger Start kann auch im Interesse des Käufers liegen. Ohne den Unterschied zwischen Sachmängelhaftung und Garantie zu kennen, jedenfalls zu reflektieren, unterschreibt er gutgläubig alles, was die Werkstatt ihm zur Unterschrift vorlegt, auch ein Formular „Reparaturauftrag".

Wird im Anschluss an die Reparatur eine Kostenübernahme ganz oder teilweise verweigert, läuft der Käufer Gefahr, auf den Reparaturkosten sitzen zu bleiben, zumal wenn er sie zur Auslösung seines Fahrzeugs bereits an die Werkstatt gezahlt hat. Zur Zahlungspflicht gegenüber der Werkstatt bei einem Motorschaden nach Leistungsablehnung durch den Garantieträger wegen Obliegenheitsverletzung s. OLG Hamm OLGR 2004, 182.

Wer einen Reparaturauftrag unterzeichnet hat, dazu noch eine Schadensanzeige an den Garantiegeber und obendrein einen Darlehensantrag zur Finanzierung nicht gedeckter Reparaturkosten (z. B. Eigenanteil bei den Materialkosten), kann später nicht geltend machen, einen (teil-)vergütungspflichtigen Werkstattauftrag nicht erteilt zu haben.[79] Der Werklohnklage kann er jedoch den dolo-petit-Einwand entgegensetzen. Handelt es sich tatsächlich um einen Gewährleistungsfall mit Verpflichtung des Händlers zur kostenlosen Reparatur, ist dessen Klage abzuweisen.[80] Bei der Prüfung der Mangelhaftigkeit hat das Gericht die Beweislastumkehr nach § 476 BGB zu beachten.[81] Anders soll es sein, wenn der Käufer ohne Vorbehalt gezahltes Geld vom Händler zurückfordert.[82] Die Rückzahlungspflicht des Verkäufers/Werkstatt und die gesamtschuldnerischen Haftung mit dem Garantiegeber ist Gegenstand des Urteils des OLG Düsseldorf vom 24. 3. 2003 – 1 U 149/02 – n. v.

hh) Prozessuales

2067 Da von „Reparaturkostenversicherung", von „Gewährleistungsversicherung" oder von „Garantie-Versicherung" die Rede ist, wird mitunter bereits über die **örtliche Zuständigkeit** bei einer Klage gegen das Garantieunternehmen gestritten. Dem Käufer / Garantienehmer hilft § 48 VVG a. F. (Gerichtsstand der Versicherungsagentur). Der Händler, der die „Garantie" vermittelt hat, ist in diesem Sinn Versicherungsagent. § 348 Abs. 1 Nr. 2 h ZPO mit seiner **originären Einzelrichterzuständigkeit** bei geschäftsplanmäßiger Spezialzuständigkeit für Versicherungssachen wirft ein weiteres Problem auf. Zu Fragen der **Passivlegitimation** s. Rn 2054. Zum Interesse des Garantienehmers auf Feststellung der Ersatzpflicht für verzugsbedingte Schäden (z. B. durch Standzeit) siehe OLG Celle 31. 1. 2002 – 11 U 144/01 – n. v. Für Garantienehmer kostenrechtlich interessant ist der Hinweis des BGH auf **§ 92 Abs. 2 Nr. 2 ZPO**. Hiernach kann das Gericht den Kläger trotz Teilunterliegens von den Verfahrenskosten freistellen, wenn die Höhe der Forderung von der Ermittlung durch einen Sachverständigen abhängig ist.[83] Bei Reparaturarbeiten im Garantiefall ist das die Regel.

ii) Wettbewerbsrecht

2068 Zur **wettbewerbsrechtlichen Zulässigkeit** der Werbung mit „Gebrauchtwagen-Garantien" liegt eine höchstrichterliche Judikatur, soweit ersichtlich, nicht vor. Dagegen hat sich

---

79 OLG Schleswig 9. 10. 2007 – 3 U 30/07 – n. v.
80 OLG Schleswig 9. 10. 2007 – 3 U 30/07 – n. v.
81 OLG Schleswig 9. 10. 2007 – 3 U 30/07 – n. v.
82 LG Bonn 5. 9. 2007 – 5 S 193/06 – n. v.; Az. BGH VIII ZR 265/07.
83 Urt. v. 17. 10. 2007, NJW 2008, 214.

Erscheinungsformen im professionellen Handel 2068

das Kammergericht in einer Reihe von Entscheidungen mit dieser Thematik befasst.[84] Für irreführend i. S. v. § 3 UWG hält das OLG Saarbrücken[85] eine Garantiezusage eines markenungebundenen Anbieters, wenn nach den Garantiebedingungen für Schäden durch „natürlichen Verschleiß" nicht gehaftet wird. Eine solche Einschränkung mache die „Garantie" praktisch wertlos. Diese Aussage erscheint fragwürdig, da eine eingeschränkte „Garantie" immer noch besser ist als gar keine.

Die lange Zeit heftig umstrittene Frage, ob und unter welchen Voraussetzungen eine so genannte **Umtauschgarantie** wettbewerbsrechtlich zulässig ist, ist durch eine Reihe von BGH-Entscheidungen jetzt geklärt.[86]

---

84 Urteile v. 29. 11. 1993 – 25 U 5275/93 –; 20. 12. 1993 – 25 U 5415/93 –; 16. 6. 1994 – 25 U 2992/93 –; s. auch OLG Frankfurt 21. 12. 1995, OLGR 1996, 76.
85 Urt. v. 10. 1. 1996, NJW-RR 1996, 1325.
86 Urt. v. 5. 4. 2001, BGHR 2001, 655 m. Anm. *Borck*; ferner Urt. v. 2. 7. 1998, NJW 1999, 217 = DB 1999, 91 – „5 Tage Umtausch-Garantie" einer BMW-Niederlassung ist zulässig (ebenso eine „7 Tage Umtauschgarantie", vgl. Urt. v. 2. 7. 1998 – I ZR 51/96); Urt. v. 4. 12. 1997, ZIP 1998, 1124 – Umtauschrecht innerhalb von 30 Tagen bis 2000 km.

Q. Arglistige Täuschung beim Verkauf gebrauchter Kraftfahrzeuge

I. Überblick

2069 Arglistiges Verkäuferverhalten kann beim Autokauf in mehrfacher Hinsicht von Bedeutung sein:

- Anfechtung wegen arglistiger Täuschung (§ 123 BGB)
- Unbeachtlichkeit vertraglicher Haftungsausschlüsse und -beschränkungen (§ 444 BGB)
- Haftungsbegrenzung bei öffentlicher Versteigerung (§ 445 BGB)
- Verlängerung der Verjährungsfrist von 2 auf 3 Jahre mit Beginn nach objektiv-subjektiven Kriterien (§ 438 Abs. 3 i. V. m. § 199 Abs. 1 BGB)
- Unschädlichkeit grober Fahrlässigkeit des Käufers (§ 442 Abs. 1 BGB).

Über diese fünf im BGB unmittelbar geregelten Fälle hinaus kann sich arglistiges Verhalten auch anderweitig zulasten des Verkäufers auswirken:[1] Bei vorsätzlicher/arglistiger Schlechtleistung ist der Verkäufer mit der ihm aufgebürdeten **Widerlegung der Verschuldensvermutung** (§§ 280 Abs. 1 S. 2, 311a Abs. 2 BGB) gescheitert. Abgesehen davon kann er mit seinem **Recht zur zweiten Andienung** ausgeschlossen sein (näher zur Entbehrlichkeit der Fristsetzung wegen Arglist unter Rn 1739). Arglistiges Verkäuferverhalten kann außerdem insoweit relevant sein, als bestimmte Rechtsbehelfe des Käufers eine **erhebliche Pflichtverletzung** voraussetzen (§§ 281 Abs. 1 S. 3, 323 Abs. 5, S. 2 BGB). Bei einem objektiv nur geringfügigen Mangel kann dem Käufer der Nachweis einer arglistigen Täuschung helfen, dem Verkäufer den Bagatelleinwand zu nehmen. Näheres zur Erheblichkeitsprüfung Rn 521 ff. Eine weitere Auswirkung der Arglist kann sich im Rahmen der Prüfung nach § 439 Abs. 3 BGB (Verhältnismäßigkeitsprüfung) ergeben (s. Rn 442/1707). Von Bedeutung ist Arglist schließlich im Rahmen des § 377 HGB (Unschädlichkeit einer unterbliebenen Mängelrüge).

II. Kurskorrektur

2070 Von den Arglistnormen des alten BGB stand beim Gebrauchtwagenkauf § 476 BGB a. F. im Vordergrund. Der Hauptgrund für die Überdehnung des Arglistbegriffs ist die umfassende Haftungsfreizeichnung gewesen, nicht die kurze Verjährung des § 477 BGB a. F. Der früher übliche Gewährleistungsausschluss hat der Figur der „Behauptung ins Blaue" ebenso Nahrung gegeben wie der Hilfskonstruktion „Arglist bei Untersuchungspflichtverletzung" und der Wissenszurechung bei Händlerverkäufen. Von noch größerer Tragweite war die freizeichnungsmotivierte Herabsetzung des Schuld- und Beweismaßes. Das Ergebnis war oftmals eine Haftung für Fahrlässigkeit nach Arglistgrundsätzen. Die „stille" Heranziehung von Elementen der Fahrlässigkeit zur Arglistbegründung war ein typisches Merkmal der früheren Rechtsprechung. Beigetragen zu einer allmählichen Einebnung der Unterschiede zwischen Vorsatz und Fahrlässigkeit hat auch das Bestreben mancher Richter, ohne Beweisaufnahme „durchzuentscheiden".

Schon vor In-Kraft-Treten des Schuldrechtsmodernisierungsgesetzes musste diese **„Flucht in die Arglist"** auf Kritik stoßen. Sie fand aber wegen der Besonderheiten des Gebrauchtwagenhandels und der dort handelnden Personen kaum Gehör. An der fälligen Kurskorrektur führt nach der Neuausrichtung des Kaufrechts kein Weg vorbei. Vor allem das

---
1 Umfassend *Rösler*, AcP 207, 564 ff.; *Gröschler*, NJW 2005, 1601 ff.

Freizeichnungsverbot beim Verbrauchsgüterkauf (§ 475 Abs. 1 BGB) macht ein Umdenken und eine Neuorientierung erforderlich. Nicht anders als bei der ehemaligen Eigenschaftszusicherung, der jetzigen Beschaffenheitsgarantie, ist der betont käuferfreundlichen Rechtsprechung der Boden entzogen. Hinzu kommt: Durch die Neuregelung der kaufrechtlichen Verjährung hat der Gesetzgeber ein weiteres Motiv beseitigt, den Tatbestand der Verkäuferarglist „großzügig" zu bejahen.

Das neue Kaufrecht mit seinem gesetzlich verankerten Verbraucherschutz sollte die Gerichte veranlassen, zu einer stringenten Anwendung der Arglistvorschriften zurückzukehren, materiell-rechtlich wie verfahrensrechtlich. Für fragwürdige Kompensationserwägungen und Hilfskonstruktionen, wie sie die Arglist-Rechtsprechung jahrzehntelang geprägt haben, ist kein Raum mehr. Noch fehlt eine höchstrichterliche „Wende-Entscheidung". Nur sie könnte die Instanzgerichte zu einem Umdenken bewegen.

III. Arglistiges Verschweigen eines Sachmangels

1. Der objektive Tatbestand

a) Das Verschweigen eines Sachmangels

Die §§ 438 Abs. 3, 442 Abs. 1 S. 2, 444, 445 BGB knüpfen an das Verschweigen eines Mangels an. Das kann ein Sachmangel, aber auch ein Rechtsmangel sein. Zum Sachmangel in seinen verschiedenen Erscheinungsformen s. Rn 1311 ff., zum Rechtsmangel s. Rn 2241. Ist Bezugspunkt der Täuschung ein Umstand, der weder einen Sach- noch einen Rechtsmangel ausmacht, sind anstelle der kaufrechtlichen Arglistnormen die Regeln über die Haftung für Verschulden bei Vertragsschluss, über unerlaubte Handlung und die Arglistanfechtung nach § 123 BGB anwendbar.

2071

Der objektive Tatbestand der kaufrechtlichen Arglistvorschriften ist bereits durch das Verschweigen eines Mangels erfüllt. Dass der Verkäufer eine **Offenbarungspflicht** (Aufklärungspflicht) verletzt hat, braucht hier nicht besonders festgestellt zu werden. Das Verschweigen eines Sachmangels trotz Kenntnis führt direkt zu den Rechtsfolgen i. S. v. 438 Abs. 3, 442 Abs. 1, 444, 445 BGB. Die ausgedehnten Überlegungen zur Aufklärungspflicht, die man in der Literatur und in einzelnen Entscheidungen, auch des BGH[2], zu § 476 BGB a. F. und den anderen kaufrechtlichen Arglistbestimmungen findet, waren überflüssig und zum Teil auch unzutreffend. Sie beruhten entweder auf einer unkritischen Übernahme von Regeln, die zu § 123 BGB entwickelt wurden, oder darauf, dass die kaufrechtlichen Arglistbestimmungen contra legem auf Fälle angewendet werden, in denen kein Sachmangel vorliegt.[3] Im Ergebnis war und ist die Kontroverse belanglos.[4]

Umstritten war nach altem Recht, ob ein **geringfügiger Sachmangel** zur Anwendung der Arglistvorschriften genügte. Nach seinerzeit h. M. musste die **Bagatellgrenze** des § 459 Abs. 1 S. 2 BGB a. F. überschritten sein.[5] Bagatellfehler brauchten ungefragt nicht mitgeteilt zu werden. Im neuen Gewährleistungsrecht wird auf der Tatbestandsseite auf eine Bagatellklausel verzichtet. Auch für einen geringfügigen Mangel muss der Verkäufer

---

2 Z. B. Urt. v. 30. 4. 2003, NJW 2003, 2380.
3 So *Soergel/Huber*, 11. Aufl., § 476 BGB Rn 8.
4 Vgl. auch *Knöpfle*, JuS 1992, 373; *Gröschler*, NJW 2005, 1601.
5 OLG Düsseldorf 6. 4. 2001, DAR 2001, 358; OLG Stuttgart 10. 1. 1997, NJW-RR 1997, 754; OLG Köln 26. 2. 1986 – 24 U 192/85 – n. v.; OLG Schleswig 7. 2. 1985, AH 1985, 269; a. A. OLG Köln (2. ZS) 26. 2. 1986, NJW-RR 1986, 988 = OLGZ 1987, 439; OLG Naumburg 21. 1. 1997, OLGR 1999, 155; s. auch OLG Frankfurt 16. 10. 1979, BB 1980, 962; offen gelassen von BGH 10. 7. 1963, LM Nr. 8 zu § 463 und KG 23. 2. 1989, NJW-RR 1989, 972; OLG Karlsruhe 25. 4. 1991, MDR 1992, 129.

grundsätzlich haften. Erst bei den Rechtsfolgen wird danach differenziert, ob die Pflichtverletzung des Verkäufers erheblich oder unerheblich ist.

Vor diesem Hintergrund macht es wenig Sinn, in die Vorschriften über das arglistige Verschweigen eines Mangels ein „erheblich" hineinzulesen, zumal mit „Mangel" auch ein Rechtsmangel gemeint ist. Richtigerweise ist das „Erheblichkeitsproblem" auf der subjektiven Seite der kaufrechtlichen Arglisttatbestände zu lösen. Anders liegen die Dinge bei § 123 BGB.

Schon den objektiven Tatbestand hat der BGH (V. ZS) ferner dadurch **eingeschränkt**, dass er den (Immobilien-)Verkäufer von der Aufklärung über solche Mängel freigestellt hat, die einer Besichtigung zugänglich bzw. ohne weiteres erkennbar waren.[6] **Offensichtlichkeit des Mangels** schließt Arglist in der Regel zumindest in subjektiver Hinsicht aus.[7] Bisweilen verneint der BGH eine Offenbarungspflicht schon bei bloßer **Erkennbarkeit des Fehlers**.[8] Die Instanzgerichte haben sich dem angeschlossen.[9]

In der Tendenz ist dieser Rechtsprechung zuzustimmen. Offenkundigkeit und Erkennbarkeit des Mangels sind Gesichtspunkte, auf die es für den objektiven wie für subjektiven Tatbestand der arglistigen Täuschung ankommt, insbesondere in Fällen des Privatverkaufs. Unrichtige bzw. unvollständige Angaben darf ein Verkäufer auch bei Erkennbarkeit des Mangels nicht machen. Offenkundigkeit wie Erkennbarkeit sind Umstände, die der mit dem Arglistvorwurf konfrontierte Verkäufer beweisen muss.[10]

Dazu, ob und inwieweit ein **bloßer Mängelverdacht** ein offenbarungspflichtiger Sachmangel ist, s. BGH NJW-RR 2003, 772 (Hausschwamm) und Rn 1580, 1703.

Zum objektiven Tatbestand der §§ 438 Abs. 3, 442 Abs. 1 S. 2, 444 BGB gehört ferner das **Verschweigen eines Mangels**. Ein Verschweigen nachteiliger Eigenschaften des Fahrzeugs erfordert ein „Nichtsagen" oder „Verheimlichen". Ein entsprechendes Bewusstsein ist schon dem Begriff „Verschweigen" immanent, jedenfalls Bestandteil des subjektiven Tatbestandes. Auf die nicht immer leichte Abgrenzung zwischen Verschweigen und **konkludentem Vorspiegeln** der Abwesenheit eines Mangels kann in der Regel verzichtet werden. Denn dem Fall des arglistigen Verschweigens eines Mangels ist nach wie vor das (aktive) Vorspiegeln der Mangelfreiheit oder einer nicht vorhandenen Eigenschaft gleichzustellen, was freilich für jede Arglistnorm entsprechend ihrem Regelungszweck separat zu prüfen ist (zu § 438 Abs. 3 BGB s. Rn 2010).

b) Darlegungs- und Beweislast beim objektiven Tatbestand

2072 Der Käufer hat zunächst das Vorhandensein eines Sachmangels darzulegen und zu beweisen. **Maßgeblicher Zeitpunkt** ist bei den §§ 442 Abs. 1 S. 2, 444 BGB der Abschluss des Kaufvertrages, nicht die Ablieferung des Fahrzeugs. Anders ist es bei § 438 Abs. 3 BGB (Rn 2010). Die Rückwirkungsvermutung des § 476 BGB (Beweislastumkehr) bezieht sich auf den Gefahrübergang, also nicht auf den Vertragsabschluss. Dennoch kommt dem Verbraucher-Käufer die Beweiserleichterung des § 476 BGB indirekt zugute. Beim Kauf vom Kfz-Händler können Übergabe (Auslieferung) und Vertragsabschluss zeitlich zusammenfallen, s. Rn 1165 ff.

---

6 Urt. v. 20. 10. 2000, NJW 2001, 64 m. w. N.
7 BGH 25. 3. 1992, NJW-RR 1992, 1076 (Schraubenkauf).
8 Urt. v. 9. 4. 1994, NJW-RR 1994, 907; 22. 11. 1996, NJW-RR 1997, 270 (Hauskauf).
9 OLG Köln 24. 10. 2001, OLGR 2002, 138; OLG Hamm 29. 6. 2000, OLGR 2001, 360; LG München I 15. 12. 2004 – 26 O 17856/04 – n. v. (Privatverkauf; älterer Audi hatte Lackschäden, die der Käufer erst zu Hause bemerkt haben will); OLG Saarbrücken 9. 10. 2007, OLGR 2008, 251; OLG Bremen 19. 10. 2006, MDR 2007, 578 (jew. Hauskauf).
10 OLG Saarbrücken 9. 10. 2007, OLGR 2008, 251 (Hauskauf).

Arglistiges Verschweigen eines Sachmangels

Für den objektiven **Tatbestand des Verschweigens**, also für das Unterlassen der gebotenen Aufklärung über den vorhandenen Sachmangel, ist gleichfalls **der Käufer** darlegungs- und beweispflichtig. Seiner Darlegungspflicht genügt er durch die bloße Behauptung, der Sachmangel, der verschwiegen worden sein soll, sei ihm vor Vertragsschluss nicht mitgeteilt worden. Dass dazu eine Pflicht bestanden habe, braucht er nicht gesondert vorzutragen. Der Bezugspunkt des Schweigens, die Abweichung der Ist-Beschaffenheit von der Soll-Beschaffenheit (= Sachmangel) muss allerdings so konkret wie möglich und zumutbar bezeichnet werden (s. auch Rn 1626). **2073**

Der Behauptung, den Sachmangel verschwiegen zu haben, darf **der Verkäufer** kein bloßes Leugnen entgegensetzen. Erforderlich ist ein substantiiertes Bestreiten. Seine konkrete Gegendarstellung kann unterschiedlichen Inhalts sein. So kann er geltend machen, der Käufer habe den Mangel bereits gekannt. Er kann sich auch auf eine gezielte Aufklärung berufen, wobei an seine Substantiierungspflicht nicht zu geringe Anforderungen gestellt werden dürfen. Der Käufer muss sich dazu sachgerecht verteidigen können. **2074**

Da **der Käufer** an den Vertragsverhandlungen teilgenommen hat, darf er die „Aufklärungs-Behauptung" des Gegners nicht mit bloßem Nichtwissen bestreiten. Auch er muss sich substantiiert erklären.

Beweisen muss **der Verkäufer** seine Behauptung, den Käufer aufgeklärt zu haben, nicht. Das wird **häufig verkannt**. Vielmehr hat **der Käufer** den Beweis zu erbringen, dass der Verkäufer ihn nicht gehörig aufgeklärt hat.[11] Das gilt auch für den Fall, dass ein durch Täuschung hervorgerufener Irrtum später durch Aufklärung wieder beseitigt worden ist. Auch für das Unterbleiben einer solchen „tätigen Reue" ist der Käufer beweispflichtig.[12] An der für den Käufer ungünstigen Beweislastverteilung ändert sich nichts dadurch, dass der Verkäufer im Kaufvertrag erklärt, ihm sei „von Mängeln nichts bekannt".[13] **2075**

Der Käufer muss nicht alle theoretisch denkbaren Möglichkeiten einer Aufklärung ausräumen. Vielmehr genügt er seiner Beweispflicht, wenn er die vom Verkäufer vorzutragende konkrete, d. h. räumlich, zeitlich und inhaltlich spezifizierte Aufklärung widerlegt.[14]

Bei einem schriftlichen Vertrag kann dem Käufer unter Umständen die **Vermutung der Vollständigkeit und Richtigkeit der Vertragsurkunde** helfen,[15] während ihm eine **Schriftformklausel** schaden kann. Bei **schriftlicher (Teil-)Information**, z. B. über einen Unfallvorschaden, schieben die Gerichte häufig dem Verkäufer für seine Behauptung, den Käufer anderweitig, z. B. **mündlich**, vollständig und richtig aufgeklärt zu haben, die Beweisführungspflicht und damit die Beweislast zu.[16] Das ist dann nicht zu beanstanden, wenn die schriftliche Information über den Unfallschaden Bestandteil einer (Beschaffen- **2076**

---

11 BGH 31. 10. 2002, NJW 2003, 754 für § 463 S. 2 BGB a. F.; BGH 30. 4. 2003, NJW 2003, 2380; BGH 12. 2. 2004, NJW 2004, 1167; BGH 27. 4. 1966, VRS 31, 321, 324; BGH 2. 2. 1996, NJW 1996, 1339 unter II, 3 für § 463 S. 2 BGB a. F.; BGH 13. 10. 2000, NJW 2001, 78; vgl. auch OLG Karlsruhe 7. 11. 1991, VRS 82, 241; OLG Köln 31. 7. 1991, NJW-RR 1992, 908; zum neuen Recht OLG Hamm 13. 9. 2004, MDR 2005, 621.
12 BGH 19. 4. 2002, NJW 2002, 2247, 2250; BGH 12. 2. 2004, NJW 2004, 1167.
13 BGH 31. 10. 2002, NJW 2003, 754; 30. 4. 2003, NJW 2003, 2380 (Grundstückskauf).
14 BGH 20. 10. 2000, NJW 2001, 64 zu § 123 BGB.
15 OLG Bamberg 11. 12. 2000, DAR 2001, 445 (Unfallschaden); OLG Frankfurt 7. 7. 2000, OLGR 2001, 359 = DAR 2001, 359 (Unfallschaden); OLG Düsseldorf 15. 10. 1992, OLGR 1993, 81 (Gesamtfahrleistung); OLG Koblenz 29. 11. 2001, r+s 2002, 368 (Unfallschaden); OLG Düsseldorf 9. 7. 1992, OLGR 1993, 2 (Sonderfahrzeug); OLG Dresden 12. 11. 1997, DAR 1999, 68 (Unfallschaden); OLG Saarbrücken 13. 4. 1999, OLG 1999, 509 (Unfallschaden); anders wohl OLG Rostock 3. 2. 1999, DAR 1999, 218; allgemein zur Vermutungswirkung von Schriftstücken BGH 5. 2. 1999, NJW 1999, 1702; BGH 5. 7. 2002, NJW 2002, 3164.
16 OLG Schleswig 2. 11. 2001, MDR 2002, 758 = OLGR 2002, 112; OLG Bamberg 2. 3. 1994, NJW-RR 1994, 1333; OLG Düsseldorf 15. 10. 1987 – 18 U 92/87 – n. v.

heits-)Vereinbarung ist. Denn nur auf Vereinbarungen bezieht sich die Vermutungswirkung, nicht auf Hinweise ohne rechtsgeschäftliche Relevanz und auf tatsächliche Vorgänge wie eine Fahrzeugbesichtigung[17] (zur Vermutungswirkung s. auch Rn 1612). Dazu, ob und inwieweit Informationen des Verkäufers zum Unfallthema Gegenstand einer Beschaffenheitsvereinbarung bzw. -garantie sind, s. Rn 1550 ff. Schriftliche Verkäufererklärungen im Vorfeld des Vertragsschlusses, z. B. in einem Zeitungsinserat, können keine irgendwie geartete Vermutungswirkung erzeugen.

2. Der subjektive Tatbestand

2077 Der subjektive (innere) Tatbestand der §§ 438 Abs. 3, 442 Abs. 1 S. 2, 444 BGB erfordert wie bei § 123 BGB **Arglist.** Dogmatisch-begrifflich gibt es hier kaum Streitfragen, sieht man einmal von dem klassischen Problem der Abgrenzung zwischen bedingtem Vorsatz und (grober) Fahrlässigkeit ab. Die **Hauptschwierigkeiten** liegen eindeutig in der verfahrensrechtlich korrekten Umsetzung der BGH-Vorgaben. Hier gibt es eine **Fülle von Fehlerquellen,** wie zahlreiche Entscheidungen des VIII. Zivilsenats (z. B. NJW 2007, 3057; NZV 1995, 222; NJW 2004, 1032) und des V. Zivilsenats (z. B. NJW 1995, 45; NJW-RR 1994, 907; NJW 2001, 2326; NJW 2003, 2380; JZ 2004, 40; NJW 2004, 1167) belegen.

Auffallend oft werden die tatrichterlichen Ausführungen zum subjektiven Tatbestand der arglistigen Täuschung vom BGH als fehlerhaft beanstandet. Formulierungen wie der Verkäufer habe sich „der Kenntnis bewusst verschlossen" oder „sich blindlings auf etwas verlassen" signalisieren tatrichterliche Feststellungsmängel. Ein häufiger Kritikpunkt ist ferner die Verteilung der Darlegungs- und Beweislast; auch das Übergehen von Beweisanträgen.

2078 Der **Begriff der Arglist,** der in allen Vorschriften derselbe ist, setzt nicht voraus, dass der Verkäufer mit Schädigungsabsicht oder bewusst zu seinem eigenen Vorteil gehandelt hat.[18] Auch wer kein Betrüger im strafrechtlichen Sinn ist, kann den zivilrechtlichen Arglisttatbestand erfüllen.[19] Andererseits ist auch anerkannt, dass selbst eine grobe Verletzung von Sorgfaltspflichten, also grobe Fahrlässigkeit, nicht genügt.

2079 Es ist **mindestens bedingter Vorsatz** erforderlich.[20] Auf der Grundlage der ständigen **BGH-Judikatur**[21] bedeutet dies für den **Grundfall des arglistigen Verschweigens** – beim arglistigen Vorspiegeln von Eigenschaften sind Modifikationen zu beachten – ein **Vierfaches:**

Erstens: Der Verkäufer muss die den Mangel ausmachenden Tatsachen **bei Abschluss des Vertrages**[22] gekannt oder wenigstens für möglich gehalten haben (Wissenselement Teil 1).[23] Grundsätzlich ist es auf der Darlegungsebene ausreichend, wenn der Käufer die (innere) Tatsache der Kenntnis des Verkäufers bzw. seines Vertreters (zur Wissenszurech-

---

17 OLG Düsseldorf 7. 4. 2003 – 1 U 153/02 – n. v.; zustimmend OLG Saarbücken 23. 3. 2006, ZfS 2006, 508/570; zurückhaltend auch OLG Hamm 11. 12. 2003 – 28 U 79/03 – n. v.
18 BGH 3. 3. 1995, NJW 1995, 1549 m. w. N.
19 Kritisch zu dieser Reduktion der Arglist auf bedingten Vorsatz *Dauner-Lieb*, FS *Kraft* 1998, S. 43 ff.
20 St. Rspr., BGH 13. 6. 2007, NJW 2007, 3057; BGH 3. 3. 1995, NJW 1995, 1549; BGH 9. 11. 1994, NJW-RR 1995, 254; BGH 7. 3. 2004, JZ 2004, 40.
21 NJW 2007, 835; NJW 2004, 1032; NJW 2001, 2326; NJW 1996, 1205; NJW 1996, 1465; NJW-RR 1997, 270, jeweils m. w. Nachw.
22 Zum maßgeblichen Zeitpunkt beim Stückkauf s. BGH 5. 4. 1989, NJW 1989, 2051.
23 Zu den Voraussetzungen, unter denen das Gericht bei der Behauptung innerer Tatsachen Beweis erheben muss, s. BGH 30. 4. 2008, VIII ZR 233/07, n. v.; BGH 5. 11. 2003, NJW-RR 2004, 247; BGH 22. 6. 1995, NJW 1995, 2713.

nung Rn 2086 ff.) behauptet. Wann und wie der Verkäufer die Kenntnis erlangt hat, braucht der Käufer nicht vorzutragen.[24] Seine **Darlegungspflicht** erfüllt der Käufer auch durch den **Vortrag von Tatsachen**, aus denen der Verkäufer oder sein Vertreter (auch ein Wissensvertreter, s. dazu Rn 2093 ff.), auf das Vorliegen des Sachmangels hat schließen müssen.[25] Dass der Schluss tatsächlich gezogen worden ist, sollte bereits behauptet werden. Unzureichend ist der Vortrag, der Verkäufer habe auf das Vorhandensein des Mangels oder einer ihn begründenden Tatsache lediglich schließen können. Nur auf den Mangel als solchen muss sich die Kenntnis beziehen, nicht auf die daraus resultierenden weiteren Schadensfolgen.[26]

Der Richter muss davon überzeugt sein, dass der Verkäufer den Mangel gekannt oder ihn wenigstens für möglich gehalten hat. „Die Kenntnis der Tatsachen ist stets nötig" und kann durch „wertende Überlegungen" nicht ersetzt werden, so der BGH[27]. Es genügt, dass der Verkäufer die den Fehler begründenden Umstände gekannt oder wenigstens für möglich gehalten hat.[28] Mit der Feststellung, der Verkäufer habe sich „**der Kenntnis bewusst verschlossen**" darf sich der Tatrichter nicht begnügen. Unzureichend ist auch die Feststellung, der Verkäufer habe sich „**blindlings darauf verlassen**", dass bei dem Fahrzeug, z. B. bei den Reifen, alles in Ordnung sei.[29]

Dass der Verkäufer den Mangel bzw. die ihn begründenden Fakten früher einmal gekannt hat, reicht nicht aus, wenn er sie **zwischenzeitlich vergessen** hat. Diese Möglichkeit kommt insbesondere beim **privaten Direktgeschäft** in Betracht.[30] Die durchschnittliche Haltedauer beträgt etwa vier Jahre. Während einer derart langen Zeit kann der eine oder andere Fahrzeugmangel durchaus in Vergessenheit geraten oder in den Augen des Fahrzeugeigentümers so stark an Bedeutung verloren haben, dass er nicht mehr mitteilenswert erscheint.

Eine **Vermutung für die Fortdauer** eines einmal erlangten Wissensstandes besteht nicht.[31] Vergesslichkeit wird dem Verkäufer zugebilligt. Allerdings ist seine Einlassung besonders sorgfältig auf Glaubhaftigkeit zu überprüfen.[32] Die pauschale Behauptung, „den Mangel vergessen" zu haben, genügt nicht. Sache des Käufers ist es, den plausibel vorgebrachten Einwand des Vergessens zu entkräften.[33] Bei einem betrieblichen „Vergessen" dürfen aber keine unerfüllbaren Beweisanforderungen gestellt werden.[34] Der **Vergessenseinwand** ist unerheblich, wenn der Verkäufer **ins Blaue hinein** eine objektiv unrichtige Erklärung abgegeben hat, die bei dem Käufer die Fehlvorstellung hervorgerufen hat, der Verkäufer sei informiert. Die Versicherung eines erinnerungslosen Verkäufers, ihm seien erhebliche Mängel nicht bekannt, ist keine (arglistige) „Behauptung ins Blaue"[35] (zu dieser Fallgruppe s. Rn 2106 ff.).

---

24 BGH 13. 3. 1996, NJW 1996, 1826.
25 BGH 14. 6. 1996, NJW-RR 1996, 1332; BGH 13. 3. 1996, NJW 1996, 1826; BGH 22. 11. 1996, NJW-RR 1997, 270.
26 BGH 27. 3. 2003, NJW 2003, 1943 zu § 463 S. 2 BGB a. F.
27 Urt. v. 7. 3. 2003, JZ 2004, 40 m. Anm. *Martinek* = EWiR § 463 BGB a. F. 1/03. 558 (*Reinking*).
28 BGH 8. 12. 2006, NJW 2007, 835.
29 BGH 11. 2. 2004, NJW 2004, 1032 (Hinterreifen II).
30 Vgl. LG Bückeburg 3. 2. 1995, DAR 1995, 369.
31 BGH 12. 2. 2004, NJW 2004, 1167; OLG Hamm 4. 8. 2003, MDR 2004, 28 = OLGR 2003, 327 (jeweils Grundstückskauf).
32 OLG Hamm 4. 8. 2003, MDR 2004, 28 = OLGR 2003, 327 (Grundstückskauf).
33 BGH 31. 1. 1996, NJW 1996, 1205; BGH 10. 7. 1987, NJW-RR 1987, 1415 (Hauskauf); BGH 22. 11. 1991, NJW-RR 1992, 333 (Hauskauf); OLG Düsseldorf 6. 4. 2001, DAR 2001, 358 m. Anm. *Teigelack*.
34 BGH 31. 1. 1996, NJW 1996, 1205 – Kauf vom Vertragshändler.
35 BGH 19. 5. 2001, NJW 2001, 2326 – Grundstückskauf.

Hat der Verkäufer **lediglich einen Mängelverdacht**, genügt dies zur Feststellung des bedingten Vorsatzes, wenn er ihn für sich behalten hat.[36] Dass **rechtlich** ein Sachmangel vorliegt, braucht der Verkäufer nicht zu wissen. Es genügt eine Parallelwertung in der Laiensphäre.[37] **Arglistige Täuschung durch Verschweigen** setzt aber das Bewusstsein voraus, ungefragt zur Aufklärung verpflichtet zu sein, eine Voraussetzung, die bei Privatverkäufern vielfach fehlt, insbesondere bei Sachmängeln nichttechnischer Natur und solchen, die objektiv nur geringfügig sind.

Die innere Tatsache der Kenntnis vom Mangel bzw. von den ihn ausmachenden Umständen kann der Käufer selten „direkt" beweisen. Gewiss kann er den Verkäufer als Partei vernehmen lassen oder die Person als Zeugen benennen, die den Verkäufer vertreten hat. Wenn diese Beweiserhebung, wie meist, erfolglos bleibt, ist der Käufer auf Indizien angewiesen. Beantragt er die Vernehmung eines Zeugen zum Beweis dafür, dass der Verkäufer oder sein Vertreter Kenntnis vom Mangel hatte, sollte er erläutern, auf welchem Wege der Zeuge Kenntnis von dieser inneren Tatsache erlangt hat.[38]

2080 *Zweitens*: Der Verkäufer muss gewusst oder damit gerechnet haben, dass dem Käufer der Sachmangel unbekannt ist oder nicht bekannt sein könnte (Wissenselement Teil 2).[39] Der Käufer erfüllt seine **Darlegungspflicht** schon durch die bloße Behauptung dieser inneren Tatsache. Dann ist es Sache des Verkäufers, substantiiert dafür vorzutragen, dass und weshalb er diese Vorstellung nicht hatte. Seine Gegenbehauptung, von der Kenntnis des Käufers, zumindest von der leichten Erkennbarkeit des Fehlers ausgegangen zu sein (für die Rechtsprechung mitunter schon ein Frage des objektiven Tatbestandes, s. Rn 2071), kann er durch Hinweise auf eine Besichtigung und Probefahrt untermauern.[40] Erfolg wird seine Einlassung aber nur haben, wenn er als sicher davon ausgehen durfte, dass der Käufer über den Mangel vollständig informiert ist.[41] In den Augen des Verkäufers muss der Käufer nicht nur die Mängelerscheinungen (z.B. Verformungen des Blechs) gekannt haben, er muss auch um die sachliche Bedeutung und Tragweite des Mangels gewusst haben.

2081 *Drittens*: Der BGH[42] verlangt **zusätzlich,** dass der Verkäufer weiß oder damit rechnet, der Käufer werde den Vertrag bei Kenntnis des wahren Sachverhalts nicht oder jedenfalls nicht zu den konkreten Bedingungen abschließen (Wissenselement Teil 3). Hier geht es nicht um die Ursächlichkeit der Täuschung für die Willensbildung des Käufers (dazu Rn 1628), sondern um die Vorstellung des Verkäufers davon. Der Käufer braucht diese Vorstellung nur zu behaupten. Wird sie vom Verkäufer geleugnet, genügt einfaches Bestreiten nicht. Er muss nachvollziehbare Gründe für die Richtigkeit seiner Darstellung vortragen. Die **Beweislast** bleibt freilich beim Käufer. Insoweit, wie allgemein bei den subjektiven Voraussetzungen der Arglist, gibt es zwar **keinen Anscheinsbeweis**.[43] Auch Erfahrungssätze in Bezug auf innere Tatsachen sind mit Zurückhaltung anzunehmen. Für den

---

36 BGH 12.7.1991, NJW 1991, 2900; s. auch OLG Frankfurt 19.2.1999, NJW-RR 1999, 1064 = DAR 1999, 217 – Ls.
37 Zum Problem s. *Knöpfle*, JuS 1992, 373.
38 Dazu BGH 30.4.2008, VIII ZR 233/07, n.v.; BGH 4.5.1983, NJW 1983, 2034; OLG Koblenz 30.11.2006, r+s 2007, 121.
39 BGH 8.12.2006, NJW 2007, 835.
40 Zur Behandlung entsprechender Beweisanträge s. BGH 9.4.1994, NJW-RR 1994, 907.
41 Vgl. BGH 26.1.1996, NJW-RR 1996, 690; BGH 22.11.1996, NJW-RR 1997, 270; s. auch BGH 7.7.1989, NJW 1990, 42 und BGH 8.11.1991, NJW-RR 1992, 334 unter 3b; zur Beweislastverteilung, wenn der Verkäufer behauptet, aufgeklärt zu haben, BGH 27.4.1966, VRS 31, 321, 324; OLG Köln 31.7.1991, NJW-RR 1992, 908.
42 Urt. v. 8.12.2006, NJW 2007, 835; v. 7.3.2003, JZ 2004, 40 m. Anm. *Martinek* = EWiR § 463 BGB a.F. 1/03, 558 (*Reinking*); 7.7.1989, NJW 1990, 42; 12.7.1991, NJW 1991, 2900; s. auch BGH 28.4.1971, NJW 1971, 1795, 1800 unter 3d.
43 BGH 13.10.2000, NJW 2001, 78; anders OLG Köln 26.1.1996, VersR 1996, 631 zu § 123 BGB.

Käufer streitet indes eine tatsächliche Vermutung. Nach der Lebenserfahrung geht ein Verkäufer davon aus, dass ein über den Mangel informierter Käufer zumindest den verlangten Kaufpreis nicht mehr ohne weiteres akzeptiert.

Viertens: Während es im Strafverfahren unzulässig ist, vom Wissensmoment auf das Willensmoment des bedingten Vorsatzes zu schließen,[44] lässt die zivilistische Praxis diesen Schluss großzügig zu.[45] **Wissen indiziert Wollen.** Dieser Schluss ist im Fall des sicheren Wissens als Element des direkten Vorsatzes wohl gerechtfertigt. Problematisch ist die Feststellung der Wollenskomponente hingegen beim bedingten Vorsatz. Das für die Annahme dieser Vorsatzform – sie steht in Gebrauchtwagenstreitigkeiten im Vordergrund – erforderliche **„billigende Inkaufnehmen"**[46] kann nicht ohne weiteres aus einem bloßen „Für-möglich-Halten" abgeleitet werden. Es läuft indes auf ein venire contra factum proprium, auf einen Selbstwiderspruch, hinaus, wenn jemand, der mit dem Vorhandensein bestimmter Umstände gerechnet hat, geltend macht, sie nicht billigend in Kauf genommen zu haben. Dieser Ansatz erscheint jedoch fragwürdig, wenn die Arglistmerkmale auf verschiedene Personen verteilt sind; zur „aufgespalteten" Arglist s. Rn 2087 ff.

3. Täuschung und Kausalität

Anders als bei § 123 BGB brauchte der Käufer bei den kaufrechtlichen Arglistvorschriften des früheren Rechts, insbesondere im Rahmen des § 463 S. 2 BGB a. F., nicht zu beweisen, dass die arglistige Täuschung für seinen **Kaufentschluss ursächlich** geworden ist.[47] Ob daran für die Arglisttatbestände in §§ 444, 438 Abs. 3 BGB festzuhalten ist, ist ungeklärt. Abzustellen ist auf die jeweilige Funktion der Arglistnorm (zu § 438 Abs. 3 s. Rn 2010).

Vom Nachweis eines ursächlichen Zusammenhangs zwischen arglistiger Täuschung und Kaufentscheidung ist der Käufer freigestellt, wenn er bei der Verfolgung seiner Mängelansprüche die Nacherfüllungsebene unter Hinweis auf eine arglistige Täuschung als Fall der Unzumutbarkeit i. S. v. § 440 BGB überspringen möchte (dazu Rn 1739). Der Verkäufer ist jedoch zumindest bei dieser Konstellation mit dem Gegenbeweis zuzulassen. Die im Fall unstreitiger oder nachgewiesener arglistiger Täuschung bestehende **Vermutung der Kausalität** kann er durch den Nachweis **widerlegen,** dass sein Verschweigen für den Kaufentschluss, insbesondere auch für die Preisvereinbarung, bedeutungslos gewesen ist.[48] Die Bedeutungslosigkeit kann sich bereits aus den unstreitigen Fakten ergeben. Es ist ein objektiver Maßstab anzulegen. Dass der Käufer die Dinge ausnahmsweise anders gesehen hat, muss er beweisen.

4. Sonderprobleme bei einer Mehrheit von Personen auf Verkäuferseite

Stehen auf der Verkäuferseite mehrere Personen, z. B. Eheleute oder eine Erbengemeinschaft (zu Personengesellschaften s. Rn 2087 ff.), so reicht es zur **Ausschaltung einer Freizeichnungsklausel** aus, wenn nur eine Person arglistig i. S. d. § 444 BGB gehandelt hat.[49] Den selbst nicht arglistig handelnden Verkäufer hat der BGH von einer **Schadensersatz-**

---

44 BGH 20. 11. 1986, JR 1988, 115.
45 BGH 8. 12. 1989, BGHZ 109, 327, 333 = NJW 1990, 975; OLG München 23. 11. 1993, OLGR 1994, 206.
46 Dazu ausführlich *Knöpfle*, JuS 1992, 373.
47 Zu § 463 BGB a. F. siehe BGH 7. 7. 1989, NJW 1990, 42; BGH 19. 3. 1992, BGHZ 117, 363, 369; BGH 12. 2. 2004, NJW 2004, 1167.
48 BGH 7. 7. 1989, NJW 1990, 42; vgl. auch BGH 1. 10. 1969, DB 1969, 2082 = BB 1969, 1412 (Lkw).
49 Zu § 476 BGB a. F. BGH 16. 1. 1976, WM 1976, 323 = MDR 1976, 478; BGH 10. 7. 1987, NJW-RR 1987, 1415; BGH 14. 6. 1996, NJW-RR 1996, 1332.

haftung gem. § 463 S. 2 BGB a. F. grundsätzlich freigestellt.[50] Er haftete aber auf Schadensersatz, wenn sein Verhalten als Übernahme auch der Arglisthaftung seines Mitverkäufers gewertet werden konnte.[51] Eine so weitgehende Haftungsübernahme verstand sich nicht von selbst. Sie bedurfte besonderer Feststellung anhand konkreter Einzelumstände. Eine Mithaftung des unwissenden Verkäufers nach § 463 S. 2 BGB a. F. konnte sich auch auf Grund von Zurechnungserwägungen ergeben. *Beispiel:* Der arglistige Ehemann führte die Verhandlungen zugleich im Namen seiner gutgläubigen Ehefrau.[52] Derartige Differenzierungen sind **nach neuem Recht** nicht mehr erforderlich. Sämtliche Verkäufer haften auf Schadensersatz nach den §§ 437 Nr. 3, 280, 281, 311 a Abs. 2 BGB, wenn die Pflicht zur mängelfreien Lieferung verletzt worden ist.

Ist bei Eheleuten oder Lebensgefährten nur einer der Verkäufer, führt der andere aber die Verhandlungen, ist auf dessen Wissen abzustellen (§ 166 Abs. 1 BGB). Die Rolle eines „Wissensvertreters" genügt.[53]

Kein Wissensvertreter soll **ein Sachverständiger** sein, der im Auftrag des Verkäufers, aber auf Wunsch und auf Kosten des Käufers ein Bewertungsgutachten (Oldtimer) erstattet hat.[54]

5. Personenmehrheit auf der Käuferseite

2085 Es genügt die arglistige Täuschung eines von mehreren Käufern dafür, dass der Verkäufer sich auf eine Freizeichnungsklausel nicht berufen kann (§ 444 BGB). Dass auch dem nicht getäuschten (Mit-)Käufer ein Schadensersatzanspruch nach den §§ 437 Nr. 3, 280, 281, 311 a Abs. 2 BGB zusteht, versteht sich von selbst. Zur Anfechtungsbefugnis s. Rn 1706 ff. Lässt der Käufer sich bei den Kaufverhandlungen vertreten, ist der **Wissens- und Kenntnisstand des Vertreters** maßgebend.[55]

6. Wissenszurechnung bei juristischen Personen

2086 Juristische Personen können nicht handeln, folglich auch nicht arglistig täuschen. Handeln bzw. Unterlassen (Verschweigen) und Wissen müssen zugerechnet werden. Darüber, nach welchen Kriterien Wissen zugerechnet wird, sind sich **die BGH-Senate** nicht in allen Punkten einig.[56] In den Ergebnissen herrscht indes weitgehend Übereinstimmung. Der V. Senat hat entschieden: Einer juristischen Person ist das Wissen auch der Organwalter und Mitarbeiter zuzurechnen, die am Abschluss des Vertrages selbst nicht mitgewirkt bzw. davon nichts gewusst haben, sofern dieses Wissen bei ordnungsgemäßer Organisation aktenmäßig festzuhalten, weiter zu geben und vor Vertragsabschluss abzufragen ist.[57]

Für den Handel mit gebrauchten Kraftfahrzeugen folgt aus der BGH-Rechtsprechung: Bei Betrieben, die als **GmbH** firmieren, ist zunächst auf das Wissen des vertretungsberechtigten Geschäftsführers abzustellen. Im Fall seiner Gutgläubigkeit ist weiter zu fragen, ob eine bevollmächtigte Hilfsperson oder ein so genannter Wissensvertreter (dazu Rn 2093 ff.) Kenntnis hatte.

---

50 BGH 16.1.1976, WM 1976, 323 = MDR 1976, 478; BGH 21.2.1992, BGHZ 117, 260 = NJW 1992, 1500; BGH 14.6.1996, NJW-RR 1996, 1332.
51 BGH 16.1.1976, WM 1976, 323 = MDR 1976, 478; BGH 21.2.1992, BGHZ 117, 260 = NJW 1992, 1500.
52 Vgl. BGH 14.6.1996, NJW-RR 1996, 1332.
53 OLG Düsseldorf 23.10.2006 – I-1 U 67/06 – n. v.
54 Brand OLG 1.7.2008 – 6 U 120/07 – n. v.
55 OLG Koblenz 1.4.2004, NJW 2004, 1670.
56 *Nobbe*, WM 2002, 1671.
57 Urt. v. 13.10.2000, NJW 2001, 359.

Bei **Werksniederlassungen** (Werksvertretungen) von Automobilherstellern wie z. B. Daimler oder BMW sind die Mitglieder des Vorstands der AG die maßgeblichen Organvertreter. Da diese von den Gegebenheiten vor Ort naturgemäß keine Kenntnis haben, insbesondere über den Zustand der einzelnen Fahrzeuge nicht informiert sind und auch nicht informiert sein können, muss die **Zurechnungskette** bis zum Leiter der Niederlassung verlängert werden. Sein vertretungsrechtlicher Status ist der eines Prokuristen oder Handlungsbevollmächtigten. Dessen Wissen wird der AG als Betreiberin der Werksniederlassung gem. § 166 Abs. 1 BGB zugerechnet; ebenso das Wissen des Angestellten, der mit dem Käufer verhandelt hat („Verkaufsberater").

Was die Zurechnung von „Einkaufswissen" angeht, so bestehen keine Probleme, wenn die verkaufende Niederlassung identisch ist mit derjenigen, die den Wagen angekauft bzw. in Zahlung genommen hat. Zu dieser Konstellation s. Rn 2093. Zur Zurechnung von Werkstattwissen s. Rn 2096. **Niederlassungsübergreifend**, gleichwohl konzernintern, kann das Wissen der Werkstatt in der Niederlassung A unter besonderen Umständen als Wissen der verkaufenden Niederlassung B und damit der Verkäuferin (AG) behandelt werden.[58]

Ohne Rückgriff auf den Niederlassungsleiter oder einen Wissensvertreter kann aus Rückrufaktionen und Fehlerwarnungen an Händler und Werkstätten erlangtes Wissen der AG direkt zugerechnet werden.

7. Wissenszurechnung bei Personengesellschaften

a) Rechtsprechung zur GmbH & Co. KG

Die **typische Rechtsform** von Autohäusern ist die **GmbH & Co. KG**. Sie ist keine juristische Person. Für sie handelt in Form der **Komplementär-GmbH** lediglich eine solche (§§ 161 Abs. 1, 125 HGB). Wie Wissen im Bereich einer GmbH & Co. KG zugerechnet wird, hat der **BGH** in mehreren Entscheidungen zu klären versucht. Zwei davon betreffen Gebrauchtfahrzeugkäufe.[59] Im dritten Fall ging es um die Frage der Wissenszurechnung im Rahmen eines Schadensersatzanspruchs nach § 463 S. 2 BGB a. F., wobei die in Anspruch genommene GmbH & Co. KG ein kontaminiertes Grundstück verkauft hatte.[60]

Für eine **GmbH & Co. KG** gilt **im Ausgangspunkt:** Abzustellen ist auf die Kenntnis des vertretungsberechtigten Gesellschafters, also auf die Komplementär-GmbH. Ihr wird das relevante Wissen durch ihren **Geschäftsführer** vermittelt. Hat dieser Kenntnis von dem Sachmangel, muss die Komplementär-GmbH sich das zurechnen lassen, selbst wenn der informierte Geschäftsführer am Abschluss des Kaufvertrags unbeteiligt war. Nicht sein Handeln, sondern sein Wissen ist für die Zurechnung entscheidend. Als Zurechnungsgrundlage genügt seine Vertretungsbefugnis zur Zeit des Vertragsabschlusses.

Problematisch sind die Fälle des **vorherigen Ausscheidens** aus dem Amt des Geschäftsführers, z. B. durch einen Wechsel zu einem anderen Unternehmen, durch Eintritt in den Ruhestand oder – wie im **Omnibus-Fall** BGH NJW 1995, 2159 – durch Tod. Wegen der Vertretung der GmbH & Co. KG durch eine juristische Person (Komplementär-GmbH) hat der VIII. ZS des BGH[61] erwogen, die gleichen Zurechnungsgrundsätze anzuwenden, wie sie für juristische Personen gelten. Bei diesen hatte der VIII. Zivilsenat die **Fortdauer**

---

58 Dazu OLG Schleswig 18. 8. 2005, NJW-RR 2005, 1579; berechtigte Kritik von *Faust*, JZ 2007, 102.
59 Urt. v. 17. 5. 1995, NJW 1995, 2159 – Omnibuskauf von einem Reiseunternehmen; 31. 1. 1996, NJW 1996, 1205 – Kauf eines Pkw von einem Vertragshändler.
60 BGH 2. 2. 1996, NJW 1996, 1339; s. auch BGH 15. 4. 1997, NJW 1997, 1917 – Bankenhaftung; BGH 12. 11. 1998, NJW 1999, 284 – Wissenszurechnung in einer GbR; BGH 1. 10. 1999, NJW 1999, 3777 – Grundstückskauf von einer Gemeinde.
61 Urt. v. 17. 5. 1995, NJW 1995, 2159.

der **Wissenszurechnung** über das Ausscheiden eines Organvertreters hinaus davon abhängig gemacht, ob es sich um **typischerweise aktenmäßig festgehaltenes Wissen** handelt.[62]

Im Omnibus-Fall hat der BGH diese Frage offen gelassen, weil nach seinem Dafürhalten das Wissen des verstorbenen früheren Geschäftsführers des Reiseunternehmens – ihm waren das wahre **Baujahr** und der Zeitpunkt der **Erstzulassung** des Omnibusses bekannt – kein „**typischerweise aktenmäßig festgehaltenes Wissen**" war. Für ein **Busunternehmen** könne nicht als typisch gelten, die über einen gebrauchten Omnibus erhaltenen Informationen wie Baujahr, Erstzulassung, Auslandseinsatz, langjährige Standzeit u. a. schriftlich festzuhalten und aufzubewahren. Seinerzeit nicht zu entscheiden brauchte der BGH die interessante Frage, ob eine solche **Pflicht zur Aufbewahrung** von Informationen auch bei einem **Kfz-Handelsbetrieb** zu verneinen ist. Offen konnte auch bleiben, wie das beklagte Busunternehmen zu behandeln gewesen wäre, wenn es bei seinem eigenen Ankauf einen **schriftlichen Kaufvertrag** mit Angaben über die strittigen Fahrzeugeigenschaften geschlossen hätte. Denn dazu fehlte entsprechender Sachvortrag des nach Ansicht des BGH insoweit darlegungspflichtigen Käufers.[63]

In Fortführung der Omnibus-Entscheidung vom 17. 5. 1995[64] hat der BGH durch **Urteil vom 31. 1. 1996**[65] über einen Sachverhalt aus dem **Kernbereich des Gebrauchtwagenhandels** entschieden: Eine VW/Audi-Vertragshändlerin in der Rechtsform der **GmbH & Co. KG** hatte dem Kläger, einem Privatmann, einen gebrauchten Opel Omega verkauft. Die Verhandlungen führte ein Angestellter aus der Gebrauchtwagenabteilung. In dem handelsüblichen Bestellschein (Kaufantrag) notierte er in den Rubriken „Gesamtfahrleistung laut Vorbesitzer" und „Stand des km-Zählers" jeweils: „37.000 km". Mit der Behauptung, dieser Verkaufsangestellte habe ihn arglistig über die in Wirklichkeit deutlich **höhere Gesamtlaufleistung getäuscht**, verlangte der Kläger Wandlung.

LG und OLG Düsseldorf haben der Klage „im ersten Durchgang" stattgegeben. Dass der verhandlungsführende Verkaufsangestellte aus der Gebrauchtwagenabteilung, wie behauptet, „unwissend" gewesen sei, sei belanglos. Nach Maßgabe der gesetzlichen Zurechnungsregeln sei es gerechtfertigt, dem beklagten Autohaus sowohl die objektiv täuschende Handlung des Verkäufers als auch das Wissen des nicht handelnden Angestellten aus der Einkaufsabteilung „zusammenwirkend" zuzurechnen.[66] Das sei auch deshalb geboten, weil das erlangte Wissen der Einkaufsabteilung (wirkliche Gesamtlaufleistung deutlich mehr als Tachostand) in schuldhafter Weise nicht an die Verkaufsabteilung weitergeleitet worden sei. Der Einwand, dem „Einkäufer" sei die km-Information des Voreigentümers im Zeitpunkt des Ausfüllens der „Gebrauchtwagen-Vereinbarung" bereits entfallen, sei folglich unbeachtlich.

Die Revision des Autohauses hatte Erfolg.[67] Anknüpfend an seine Omnibus-Entscheidung vom 17. 5. 1995[68] hat **der BGH** darauf abgestellt, ob es sich bei der Tatsache der Gesamtlaufleistung um „**typischerweise aktenmäßig festgehaltenes Wissen**" gehandelt hat. Angesichts der „besonderen Bedeutung, die der Käufer eines Gebrauchtwagens gerade des-

---

[62] Urt. v. 8. 12. 1989, NJW 1990, 975 – Kauf eines Schlachthofs von einer Gemeinde.
[63] Diese Aussage des BGH überzeugt nicht, denn dem Kl. stand der Lebenserfahrungssatz zur Seite, dass ein Busunternehmen mit Reisebüro einen gebrauchten Omnibus auf der Basis eines schriftlichen Kaufvertrags erwirbt, der auch über Baujahr und Erstzulassung die üblichen Informationen enthält; insoweit berechtigt die Kritik von *Schultz*, NJW 1996, 1392.
[64] NJW 1995, 2159.
[65] NJW 1996, 1205.
[66] Urt. des OLG Düsseldorf v. 30. 9. 1994 – 14 U 251/93 – n. v.
[67] Nach erneuter Verhandlung und Beweisaufnahme (Vernehmung des angeblich vergesslichen Einkäufers) hat das OLG Düsseldorf die Klage abgewiesen (Urt. v. 23. 8. 1996 – 14 U 251/93 – n. v.).
[68] NJW 1995, 2159.

sen Kilometer-Leistung beimesse",[69] liege eine **Dokumentationspflicht** auf der Hand. Diese Pflicht habe die Beklagte jedoch dadurch hinreichend erfüllt, dass sie in Gestalt der „Gebrauchtwagen-Vereinbarung" organisatorische Vorkehrungen getroffen habe, um für einen etwaigen Käufer relevante Informationen schon beim Einkauf eines Gebrauchtwagens schriftlich festzuhalten und an die Verkaufsabteilung weiterzuleiten.

Dass der Angestellte aus der „Einkaufsabteilung" – in den Augen des BGH ein **Wissensvertreter** – dieses Dokument nicht sogleich bei der Hereinnahme des Fahrzeugs ausgefüllt und später eine unzutreffende Laufleistung eingetragen habe, begründe lediglich den Vorwurf der Fahrlässigkeit, nicht der arglistigen Täuschung. Die Situation sei nicht anders als in dem Fall, dass der Kläger von einer natürlichen Person gekauft habe, der die wirkliche Laufleistung zwischenzeitlich entfallen ist. Auch wenn statt des Angestellten aus der Gebrauchtwagenabteilung der „vergessliche" Einkäufer das Fahrzeug verkauft hätte,[70] wäre eine arglistige Täuschung zu verneinen. Der Umstand, dass der „Einkäufer" die tatsächliche Laufleistung zeitnah der Dispositionsabteilung mitgeteilt hatte, war nach Meinung des BGH ebenso bedeutungslos wie die Tatsache der EDV-Erfassung dieser Information durch die Dispositionsabteilung.[71] Der maßgebliche Informationsaustausch zwischen Einkaufs- und Verkaufsabteilung habe durch die „Gebrauchtwagen-Vereinbarung" sichergestellt werden sollen.[72]

b) Stellungnahme

Die Kritik am Urteil des BGH vom 31. 1. 1996[73] ist unberechtigt, zumal die meisten Kritiker, namentlich *Schultz*,[74] schon den Sachverhalt nicht richtig erfasst haben. Die Befürchtung, Autohäuser könnten sich unter Berufung auf einen „vergesslichen" Einkäufer oder auf vergleichbare „Pannen" ihrer Verantwortung entziehen, ist unbegründet. Zum einen hat der BGH keinen Zweifel daran gelassen, dass das Wissen eines Angestellten aus der Neuwagenabteilung mit Zuständigkeit für die Hereinnahme in Zahlung gegebener Altfahrzeuge dem Autohaus, gleich welcher Firmierung, im Fall des Wiederverkaufs zugerechnet werden kann. Die Einstufung des „Einkäufers" als **Wissensvertreter** verhindert, dass Kfz-Betriebe „Einkaufswissen" gezielt unterschlagen, Arglosigkeit also „organisieren", indem sie den Weiterverkauf durch einen „Ahnungslosen" aus der Verkaufsabteilung besorgen lassen.

2088

Ob das von einem „Einkäufer" oder einem sonstigen Wissensvertreter (dazu Rn 2093 ff.) erlangte Wissen auf Dauer unverlierbar ist, mithin als ständig präsent zu gelten hat, oder ob es unter bestimmten Voraussetzungen folgenlos „in Vergessenheit" geraten kann, ist noch nicht abschließend geklärt.[75] Der BGH hat jedoch, und dies ist die zweite wichtige Aussage

---

69 In Wirklichkeit nimmt diese Information erst den 6. Rang ein.
70 *Pfeiffer* geht in seinem EWiR § 166 BGB 1/96, 635 fälschlicherweise davon aus, dass der Einkäufer die Rubrik „Gesamtfahrleistung lt. Vorbesitzer" ausgefüllt habe. In Wirklichkeit war das der „ahnungslose" Verkaufsangestellte aus der GW-Abteilung. Auch *Scheuch* irrt, wenn sie den ursprünglich „wissenden" Mitarbeiter des Autohauses in dessen Dispositionsabteilung ansiedelt (Anm. in LM § 166 Nr. 35); im Tatsächlichen gleichfalls unrichtig *Reischl*, JuS 1997, 783, 786 unter d; auch rechtlich wird der BGH missverstanden.
71 Verfehlt die Kritik von *Schultz*, NJW 1996, 2093, weil er die Organisation des bekl. Autohauses und insbesondere die Funktion von „Gebrauchtwagen-Vereinbarung" und EDV-Erfassung missverstanden hat.
72 In diesem Dokument war eine Rubrik für die Gesamtlaufleistung freilich nicht enthalten; vorgesehen war nur die Zeile „km-Stand ...".
73 NJW 1996, 1205.
74 NJW 1996, 2093.
75 Zum aktuellen Stand der Diskussion s. *Fassbender/Neuhaus*, WM 2002, 1253; *Thiessen* in *Dauner-Lieb/Konzen/Schmidt*, Das neue Schuldrecht in der Praxis, S. 253; s. auch *Faust*, JZ 2007, 102.

2088

seines Urteils vom 31. 1. 1996,[76] für bestimmte Informationen über angekaufte bzw. in Zahlung genommene Altfahrzeuge eine **Dokumentationspflicht** aufgestellt.

Welche Fahrzeugdaten unter die Pflicht zur Dokumentation bzw. Speicherung fallen, lässt sich für den Gebrauchtwagenhandel relativ einfach feststellen. Die Formel vom „typischerweise aktenmäßig festgehaltenen Wissen", inzwischen als zu eng aufgegeben,[77] bleibt eine Hilfe. Die Kerndaten sind: Km-Laufleistung, Unfallfreiheit/bestimmter Unfallschaden,[78] Vorbenutzung, Erstzulassung/Baujahr, Austauschmotor, kurz: alles, was für den beabsichtigten Weiterverkauf und zur Befriedigung des Informationsbedürfnisses von Kaufinteressenten erkennbar relevant ist.

Auch die Anforderungen an die Dokumentation der Fahrzeugdaten, deren Verwahrung (Speicherung) und Abrufbarkeit können im Prinzip als geklärt gelten. Technischen Neuerungen ist Rechnung zu tragen. Abzustellen ist auf die **verkehrsübliche Verfahrensweise** bei der Hereinnahme gebrauchter Kraftfahrzeuge zum Zwecke des Weiterverkaufs. Die Verwendung eines Dokuments mit der irritierenden Bezeichnung „Gebrauchtwagen-Vereinbarung" ist im heutigen Kfz-Handel nicht üblich. Meist heißen diese Formulare **„Gebrauchtwagenbewertung"** o. ä.

Eine **zusätzliche Erfassung in der EDV** oder anderweitig ist aus Rechtsgründen nicht erforderlich. Findet sie (als Zusatzmaßnahme) statt, ist es für die Frage der Wissenszurechnung belanglos, ob und wie gespeichert worden ist. Dem Autohaus kann ein Organisationsmangel nicht mit der Begründung zur Last gelegt werden, einen „Nebenspeicher" nicht ausgeschöpft zu haben. Entscheidend ist, ob überhaupt ein geeigneter Datenaustausch **eingerichtet** ist.

Zu einem sachgerechten **„Wissensmanagement"** gehört auch, dass Veränderungen in der Beschaffenheit des Fahrzeugs zwischen Ankauf/Inzahlungnahme und endgültiger Ablieferung erkannt, erfasst und an die Verkaufsabteilung weitergeleitet werden. Angesichts mitunter langer Zeitspannen zwischen der Bestellung eines Neufahrzeugs mit Inzahlungnahme eines Altwagens und dessen Ablieferung ist eine Inspektion in dieser Phase eine wichtige Vorsorgemaßnahme.

Hat der Kfz-Betrieb nicht dafür Sorge getragen, dass erworbenes „Einkaufswissen" in geeigneter Weise erfasst und verfügbar gehalten wird, muss er sich **aus Gründen des Verkehrsschutzes** so behandeln lassen, als habe der am Verkauf beteiligte – unwissende – Mitarbeiter von der fraglichen Information im Zeitpunkt des Verkaufs **aktuelle Kenntnis** gehabt. Mit anderen Worten: Unwissenheit kann wegen der Zurechnung von Wissen nicht geltend gemacht werden.

Vom Fall des „Einkaufswissens" und des an anderer Stelle (Rn 2096) zu erörternden „Werkstattwissens" ist die Konstellation zu unterscheiden, dass das Autohaus infolge einer **Rückrufaktion,** einer **Herstellerwarnung** oder einer ähnlichen Verlautbarung über bestimmte Fahrzeugmängel oder Gefahren informiert worden ist. Nach Ansicht des BGH[79] muss ein Händler **seine Vertragswerkstatt** so organisieren, dass Fehlerwarnungen des Herstellers nicht in Vergessenheit geraten.

Ob diese strenge Sicht auch mit Blick auf **die Verkaufsabteilung** gilt, ist noch nicht entschieden. Die Informationen, die der Geschäftsleitung eines Autohauses zugehen, müssen grundsätzlich an alle Stellen weitergeleitet werden, die es angeht. Das ist nicht nur die

---

76 NJW 1996, 1205.
77 Vgl. BGH 2. 2. 1996, NJW 1996, 1339; BGH 15. 4. 1997, NJW 1997, 1917; BGH 12. 11. 1998, NJW 1999, 284 – GbR; s. aber auch BGH 13. 10. 2000, NJW 2001, 359.
78 Dazu OLG Schleswig 18. 8. 2005, NJW-RR 2005, 1579.
79 Urt. v. 18. 5. 2004, NJW-RR 2004, 1427.

Werkstatt, sondern auch die Gebrauchtwagenabteilung. Die Frage kann nur sein, wie lange dieses Wissen als präsent gelten kann. Dem BGH[80] war eine Zeitspanne von sieben Monaten zwischen dem Eingang der Herstellerwarnung im Autohaus und dem Reparaturauftrag des Kunden zu kurz, um den Händler zu entlasten.

Festzuhalten ist: Organisatorische Unzulänglichkeiten beim „Wissensmanagement" können dazu führen, dass der Richter positives Wissen, nicht nur Wissenmüssen, „unterstellen" darf. Mit der Zurechnung von positivem Wissen ist aber noch nicht, wie *Flume*[81] mit Recht betont, die Entscheidung über den Arglistvorwurf gefallen. Das Nichterwähnen eines Mangels, der dem Autohaus kraft Wissenszurechnung als aktuell bekannt „unterstellt" wird, kann, muss aber nicht als Arglist zu bewerten sein. Denn der subjektive Arglisttatbestand setzt mehr voraus als bloßes Wissen um den Mangel (s. Rn 2079 ff.). Die zusätzlichen Arglistmerkmale durch die Annahme eines **Organisationsverschuldens** zu ersetzen und damit (fahrlässiges) Organisationsverschulden mit Arglist gleichzustellen, ist einer der Haupteinwände gegen die BGH-Rechtsprechung.[82]

Durch die Herabsetzung der Arglistverjährung von 30 Jahren ab Ablieferung (§ 477 BGB a. F.) auf 3 Jahre ab Kenntnis bzw. grob fahrlässiger Unkenntnis (§§ 438 Abs. 3, 195, 199 BGB) beseitigt das **neue Schuldrecht** ein wesentliches Motiv für diese **fragwürdige Gleichstellung**. Zum Unterlaufen von Verjährungsfristen darf das Institut der Wissenszurechnung nicht mehr instrumentalisiert werden.[83] Mit dem Wegfall der Freizeichnungsklausel im Bereich des Verbrauchsgüterkaufs ist ein weiteres Gleichstellungsmotiv entfallen.[84]

Die Zurechnung hängt nicht davon ab, dass der Firmeninhaber bzw. ein gesetzlicher oder rechtsgeschäftlich bestellter Vertreter das Ursprungswissen erlangt hat. Ein so genannter Wissensvertreter reicht als Brückenkopf aus. Das kann auf dem Boden der neueren Rechtsprechung des BGH[85] als gesichert gelten.

Kommt es bei der **Erfassung der Fahrzeugdaten** in dem für den Informationsaustausch maßgeblichen Dokument bzw. Datenträger nicht zu betrieblich-organisatorischen, sondern zu **individuellen Versäumnissen,** so wie in den Fällen BGH NJW 1996, 1205 und OLG Oldenburg NJW 1991, 1187, ist bereits der Zurechnungstatbestand nicht erfüllt. Gleiches gilt für individuelle Pannen bei der Weiterleitung der Daten. Beispiele dafür sind Schreibversehen, Missverständnisse und Verzögerungen in der Datenbearbeitung und – verwaltung. Abgrenzungs- und Nachweisschwierigkeiten können nicht dazu führen, zu Lasten der Unternehmen mit einem Beweis des ersten Anscheins für ein Organisationsverschulden zu operieren.[86]

Anders ist es selbstverständlich bei einer vorsätzlich falschen Datenaufnahme und ähnlichen Vorsatztaten. Lediglich Fahrlässigkeit kommt in Betracht, wenn im konkreten Einzelfall vom üblichen Weg der Datenerfassung und -weiterleitung abgewichen worden ist (*Beispiel:* nur mündliche Information, etwa aus Zeitgründen) oder wenn zusätzlich zu den organisatorischen Vorkehrungen ein direkter (mündlicher) Informationsaustausch zwi-

---

80 Urt. v. 18. 5. 2004, NJW-RR 2004, 1427.
81 AcP 197 (1997), 441; s. auch *Faust*, JZ 2007, 102.
82 *Flume*, AcP 197 (1997), 441; vgl. auch *Koller*, JZ 1998, 75; *Dauner-Lieb*, Zivilrechtswissenschaft und Schuldrechtsreform, S. 325/326; *Faust*, JZ 2007, 102.
83 *Dauner-Lieb*, a. a. O.
84 Für eine Neubestimmung und zur Rückkehr zu den gesetzlichen Zurechnungsnormen mit Recht *Thiessen* in *Dauner-Lieb/Konzen/K. Schmidt*, Das neue Schuldrecht in der Praxis, S. 253, 272.
85 Urt. v. 2. 2. 1996, NJW 1996, 1339; 15. 4. 1997, NJW 1997, 1917; 13. 10. 2000, NJW 2001, 359.
86 So aber im Ergebnis OLG Schleswig 18. 8. 2005, NJW-RR 2005, 1579; Kritik auch von *Faust*, JZ 2007, 102.

schen Einkaufs- und Verkaufsabteilung stattgefunden hat, wobei es auf diesem Zusatzweg zu einem Verständigungsfehler oder zu einer ähnlichen „Panne" gekommen ist.[87]

Für ein vorsätzliches Tun oder Unterlassen des Autohausmitarbeiters ist der Käufer **beweispflichtig,** was angesichts der vom BGH zugebilligten **Absenkung des Beweismaßes** nicht unangemessen erscheint.[88]

c) OHG und KG

2091 Nach der GmbH & Co. KG sind die reine KG und die OHG die bevorzugten Rechtsformen von Kfz-Betrieben, die nicht als Einzelunternehmen geführt werden. Trotz einer sehr weitgehenden Verselbstständigung, welche die OHG und die KG in die Nähe der juristischen Personen rückt, stellt der BGH sie in der Frage der Wissenszurechnung nicht auf eine Stufe mit diesen. Bei organschaftlicher Vertretung einer Personengesellschaft reicht die Kenntnis eines Gesellschafters über diejenigen Umstände aus, die die Arglist begründen.[89] Der wissende Gesellschafter muss am Geschäftsabschluss folglich nicht selbst beteiligt gewesen sein. Die Zurechnung von Wissen eines ausgeschiedenen oder verstorbenen Organvertreters kommt hingegen – anders als bei einer GmbH oder einer GmbH & Co. KG – nicht in Betracht, gleichviel, ob es sich um „typischerweise aktenmäßig festgehaltenes Wissen" handelt oder nicht.[90]

8. Zurechnung von Wissen unterhalb der Ebene der Geschäftsleitung

2092 Gebrauchtfahrzeuge werden im heutigen Kfz-Handel nur ausnahmsweise vom Inhaber des Autohauses (Einzelfirma) oder von einem Organvertreter (Gesellschafter bzw. Geschäftsführer) verkauft. Die Verkaufsverhandlungen werden üblicherweise von untergeordneten Personen geführt. Die Geschäftsleitung kann sich aber vorbehalten haben, das Geschäft zu bestätigen und damit rechtlich zum Abschluss zu bringen (zur handelsüblichen Abschlusstechnik s. Rn 1165 ff.).

a) Die Verkaufsabteilung

2093 Autohäuser der Fabrikatshändler und die Werksniederlassungen der Hersteller verfügen in der Regel über organisatorisch selbstständige Gebrauchtwagenabteilungen mit mehreren Angestellten („Verkaufsberater") und einem Abteilungsleiter an der Spitze. Der einzelne **Verkaufsangestellte** hat entweder Handlungsvollmacht (§ 54 HGB) oder er gilt als bevollmächtigt i. S. d. § 56 HGB.[91] Wird die Bestellung des Kunden nicht sofort angenommen, sondern zunächst geprüft (Annahmevorbehalt), so kann die Vertretungsmacht des Verkaufsangestellten auf die Entgegennahme der Bestellung (Kaufantrag) beschränkt sein.

Wer mit Verhandlungsvollmacht die Verkaufsverhandlungen geführt, den Kaufinteressenten beraten und den Vertragsabschluss vorbereitet hat, ist auch ohne Abschlussvollmacht ein Vertreter i. S. d. § 166 Abs. 1 BGB, zumindest ein sog. **Wissensvertreter.** Diesen Status misst der BGH solchen Personen zu, die nicht Stellvertreter i. S. d. §§ 164 ff. BGB sind, aber nach der Arbeitsorganisation des Geschäftsherrn dazu berufen sind, im Rechtsverkehr als dessen Repräsentant bestimmte Aufgaben in eigener Verantwortung zu erledigen und die dabei anfallenden Informationen zur Kenntnis zu nehmen und gg. weiterzulei-

---

[87] So der Fall OLG Köln 14. 4. 1997 – 12 U 183/96 – n. v. – Verwechselung von (reparierten) Vorschäden nach korrekter Erfassung im Ankaufsformular.
[88] Urt. v. 31. 1. 1996, NJW 1996, 1205 – „keine unerfüllbaren Beweisanforderungen".
[89] BGH 16. 2. 1961, NJW 1961, 1022; offen gelassen von BGH 17. 5. 1995, NJW 1995, 2159.
[90] BGH 17. 5. 1995, NJW 1995, 2159.
[91] OLG Düsseldorf 11. 11. 2002 – 1 U 29/02 – n. v.; Brand OLG 30. 9. 2008 – 6 U 136/07 – n. v.

ten.[92] Eine Wissenszurechnung findet in analoger Anwendung des § 166 Abs. 1 BGB statt. Das Wissen des Wissensvertreters wird als Wissen des Geschäftsführers bzw. des Alleininhabers behandelt.[93]

Ist der Verkaufsangestellte bei Vertragsabschluss unstreitig **gutgläubig** gewesen oder kann der Käufer ihm persönlich ein vorsätzliches Tun nicht nachweisen (wie im Fall BGH NJW 1996, 1205), so hängt die Berechtigung des Arglistvorwurfs **in subjektiver Hinsicht** davon ab, ob der Inhaber des Kfz-Betriebs (Einzelunternehmer), der vertretungsberechtigte Geschäftsführer bzw. Gesellschafter oder – unterhalb der „Chefebene" – ein sonstiger Stellvertreter oder Wissensvertreter Kenntnis von dem Sachmangel gehabt hat. Während „Chefwissen" gem. **§ 166 Abs. 2 BGB** zugerechnet wird, sofern der gutgläubige Verkaufsangestellte Stellvertreter im engeren Sinn war,[94] erfolgt die Zurechnung von Wissen bei einem Wissensvertreter analog § 166 Abs. 1 BGB.

Was den **objektiven Arglisttatbestand** angeht, bereitet die Zurechnung keine Schwierigkeiten. Der Verkaufsangestellte ist **Erfüllungsgehilfe** i. S. d. § 278 BGB. Sein (unbewusstes) Verschweigen eines Fehlers oder seine (gutgläubige) Mitteilung einer nicht vorhandenen Fahrzeugeigenschaft muss sich der Kfz-Betrieb als eigene (objektive) Pflichtwidrigkeit zurechnen lassen.

b) Die Einkaufsabteilung

Um seine Aufklärungspflicht gegenüber den Kaufinteressenten sachgerecht erfüllen zu können, ist der Unternehmer auf diejenigen Informationen angewiesen, die in der Einkaufsabteilung erlangt und gesammelt werden. Wer in dieser Abteilung tätig ist, ist ein Wissensvertreter.[95] Dabei macht es keinen Unterschied, ob sein Stammplatz in der Gebrauchtwagenabteilung oder in der Neuwagenabteilung oder in einer eigenständigen Einkaufabteilung ist. Er muss nicht Erfüllungsgehilfe im Hinblick auf den Verkauf und die dabei zu erfüllenden Pflichten sein. Auch ohne Erfüllungsgehilfe zu sein, kann eine Hilfsperson den Status eines Wissensvertreters haben.

Jeder Angestellte, der von der Firmenleitung damit betraut worden ist, im Zusammenhang mit der Hereinnahme von Altfahrzeugen, sei es per Inzahlungnahme, sei es per freiem Zukauf, nach außen eigenständig Aufgaben zu erledigen, Informationen zur Kenntnis zu nehmen und sie weiterzuleiten, ist ein **Wissensvertreter**.[96] Ein wichtiges Anzeichen dafür ist der Kontakt mit dem Voreigentümer als der maßgeblichen Informationsquelle. Dieser Kontakt muss nicht persönlicher Natur sein. Es genügt ein schriftliche Informationserteilung oder eine Übermittlung der Fahrzeugdaten auf elektronischem Weg, wie es z. B. bei Leasingrückläufern und Zukäufen von Händlern üblich ist.

Wissensvertretung hängt nicht davon ab, dass der Einkäufer das betreffende Fahrzeug besichtigt und/oder probegefahren hat. Er muss auch nicht das letzte Wort hinsichtlich der Hereinnahme haben. Das kann der Geschäftsleitung vorbehalten sein. Die Aufgabe, das Ankaufsformular („Ankaufsschein") auszufüllen und vom Kunden unterzeichnen zu lassen, ist ein wichtiges Indiz für die Annahme einer Wissensvertretung. Keine Frage der Wissensvertretung ist es, ob das Fahrzeug zum Zwecke des Weiterverkaufs oder zur betriebsinternen Nutzung hereingenommen worden ist. Entscheidend ist insoweit die Wahrscheinlichkeit eines späteren Verkaufs aus Sicht der Hereinnahme. Fahrzeuge, die nicht für

---

92 Urt. v. 1. 6. 2005, DAR 2005, 515; v. 31. 1. 1996, NJW 1996, 1205; v. 21. 6. 2000, r+s 2000, 489; s. auch BGH 30. 11. 2004, NJW 2005, 893 (Kfz-Reparatur).
93 BGH 31. 1. 1996, NJW 1996, 1205; s. auch BGH 30. 11. 2004, NJW 2005, 893.
94 Zur Wissenszurechnung im Fall fehlender Abschlussvollmacht s. OLG Düsseldorf 12. 3. 1999, NZV 1999, 423.
95 BGH 31. 1. 1996, NJW 1996, 1205; OLG Köln 14. 4. 1997 – 12 U 183/96 – n. v.
96 BGH 31. 1. 1996, NJW 1996, 1205; s. auch BGH 30. 11. 2004, NJW 2005, 893 (Kfz-Reparatur).

den Weiterverkauf (einschließlich Leasing) bestimmt sind, fallen nicht unter die Dokumentationspflicht. Ein Anlass zur Weiterleitung von Daten an die Verkaufsabteilung besteht nicht.

c) Kontrolle, Bewertung und Aufbereitung

2095 Gebrauchtfahrzeuge, die zur Inzahlungnahme oder zum freien Ankauf angeboten werden, werden regelmäßig nicht „blind" in den Bestand genommen. Im Fabrikatshandel, aber auch in größeren Betrieben, die ausschließlich mit Gebrauchtfahrzeugen handeln („Nur-Gebrauchtwagenhändler"), ist eine **optische und technische Kontrolle** heute allgemein üblich (vgl. Rn 1916). Die technische Bewertung erfolgt meist in der **betriebseigenen Werkstatt**. Großbetriebe verfügen über einen eigenen „Bewerter" oder gar über eine komplette Bewertungsabteilung.

Organisiert ist die Bewertung im Fall der Inzahlungnahme meist so, dass der Kundenberater aus der Neuwagenabteilung das Bewertungsformular anhand der Angaben des Kunden und des Fahrzeugbriefes ausfüllt und sich vom Kunden unterschreiben lässt. Mitunter erfolgt bereits jetzt eine EDV-gestützte Vorbewertung durch den zuständigen Angestellten des Autohauses. Anschließend gelangt das Fahrzeug in die Werkstatt zur **technischen Bewertung**. Die relevanten Daten werden in dem Bewertungsformular erfasst und fließen in die Kalkulation ein. Informationen, die die Einkaufsabteilung auf diesem Weg erwirbt, gehören zum Wissen des zuständigen Mitarbeiters und sind der Unternehmensleitung zuzurechnen. Eines Rückgriffs auf den Mechaniker in der Werkstatt, der die Bewertung durchgeführt hat, bedarf es nicht.

Ob der Mechaniker oder der „Bewerter" ein Wissensvertreter ist,[97] ist zu prüfen, wenn er „Bewertungswissen" nicht wie vorgesehen weitergeleitet, sondern für sich behalten oder fehlgeleitet hat. Das OLG Celle scheint eine Wissenszurechnung zu bejahen. Die Tätigkeit des Mitarbeiters aus der Werkstatt müsse „unmittelbar mit der Herstellung des vertragsgemäßen Zustandes des Fahrzeugs in Zusammenhang" stehen.[98] Dies könne bei einem **Kfz-Mechaniker** angenommen werden, der mit der Aufgabe betraut ist, das Fahrzeug für den Verkauf auf technische Fehler, Unfallspuren oder andere Mängel durchzusehen. Dem ist zuzustimmen. Der Mitarbeiter in der Werkstatt hat zwar meist keinen Kontakt zum Fahrzeugeigentümer (anders z. B. bei gemeinsamer Probefahrt). Seine Aufgabe ist im Kern betriebsinterner Natur. Dennoch ist es gerechtfertigt, auf ihn als Wissensvertreter die Vorschrift des § 166 Abs. 1 BGB entsprechend anzuwenden. Ihrer Funktion nach ist die Tätigkeit des technischen Bewerters nicht nur einkaufsbezogen, sondern auch verkaufsorientiert.[99]

In zutreffender Abgrenzung hat das OLG Celle[100] eine Wissenszurechnung bei einem Angestellten verneint, dessen Aufgabe sich auf die **optische Aufbereitung** des später verkauften Fahrzeugs beschränkt hat. **Fahrzeugaufbereiter** (Waschen, Reinigen, Polieren) sind keine Wissensvertreter, schon gar nicht, wenn sie der Verkaufsfirma nicht angehören (externe Aufbereitung). Wissen um Unfallschäden, das sie im Rahmen ihrer Tätigkeit erlangt haben, ist nicht zurechenbar.

d) Werkstattwissen aus früheren Reparaturen o. ä.

2096 Mehrfach hat die Rechtsprechung sich mit Fallgestaltungen beschäftigt, in denen es um die Behandlung von Wissen ging, das in der Werkstatt von Verkaufsfirmen erlangt worden

---

97 Erfüllungsgehilfe i. S. v. § 278 BGB kann er gleichfalls sein.
98 Urt. v. 23. 10. 1997, OLGR 1998, 161.
99 Siehe auch die Tätigkeitsbeschreibung in BGH 30. 11. 2004, DAR 2005, 82 (Kfz-Reparatur).
100 Urt. v. 23. 10. 1997, OLGR 1998, 161.

war, dort aber geblieben ist. Typischer Fall: Das später verkaufte Fahrzeug war einige Zeit vor der Hereinnahme/Ankauf zum Zwecke einer **Unfallreparatur** in der eigenen Werkstatt des Kfz-Händlers. Während das LG München I[101] das „Werkstattwissen" dem beklagten Unternehmen nach § 166 Abs. 2 BGB zugerechnet hat,[102] hat das OLG Celle[103] Abs. 1 dieser Vorschrift zur Wissenszurechnung herangezogen. Der für die Beklagte handelnde **Werkstattleiter** habe seine „dem Geschäftsherrn gem. § 166 Abs. 1 BGB zuzurechnende Kenntnis vom Unfallschaden im Rahmen der Erfüllung der ihm im Betrieb der Beklagten obliegenden Aufgaben erlangt". Abgesichert hat das OLG Celle seine (rechtskräftige) Entscheidung mit der Erwägung, dass ein **innerbetrieblicher Informationsaustausch** zwischen Reparatur- und Verkaufsabteilung möglich und auch zumutbar gewesen sei (eingerichtet war er nicht). Hinzu komme, dass dem klagenden Käufer im Kaufvertrag mitgeteilt worden sei, man habe von Vorschäden keine Kenntnis („auf andere Weise keine Unfallschäden bekannt").

Auf den „eigenen Wissensstand" des beklagten Kfz-Betriebs, einer GmbH, hat das OLG Düsseldorf in einem Fall abgestellt, in dem der – zum Vertragsabschluss nicht bevollmächtigte – Verkaufsangestellte unwissend war, Art und Ausmaß des Unfallschadens aber durch betriebseigene Reparaturarbeiten früher einmal bekannt geworden waren.[104] Der Sache nach ist dies eine Wissenszurechnung gem. § 166 Abs. 2 BGB, wobei allerdings im Dunkeln bleibt, wer in der beklagten GmbH der maßgebliche Wissensträger war. Als solche weiß eine GmbH nichts; sie ist nicht „wissensfähig".

Unabhängig von einem Einkauf zum Zwecke eines späteren Verkaufs erlangtes „Werkstattwissen" ist nicht in jedem Fall präsentes Wissen in einem späteren Verkaufsfall. Eine Wissenszurechnung setzt zunächst voraus, dass eine für die Zurechnung geeignete Person von dem fraglichen Umstand Kenntnis erlangt hat. Bei einer Instandsetzung, die ordnungsgemäß durch die Bücher gegangen ist (also keine Schwarzarbeit oder Feierabendarbeit eines Mechanikers war), muss das Unternehmen, gleich welcher Rechtsform, sich zumindest eine Zeitlang so behandeln lassen, als sei ihm der Vorgang bekannt. Es handelt sich um Geschäftswissen.

Das eigentliche Problem in diesen Fällen ist die **zeitliche Grenze** der Wissenszurechnung, nicht die Frage, ob der Werkstattleiter oder der Mechaniker, der die Reparatur erledigt hat, ein Wissensvertreter ist.[105] Erfüllungsgehilfen im Rahmen des Verkaufs (§ 278 BGB) sind diese Personen in der Regel nicht.[106] Nicht nur zeitlich, auch inhaltlich besteht ein Abgrenzungsproblem. Denn nicht jede Reparatur ist im Hinblick auf einen späteren Verkauf von Bedeutung.

Beide Abgrenzungsfragen sind auf der Grundlage der neueren BGH-Rechtsprechung zur Wissenszurechnung unter dem Gesichtspunkt des Verkehrsschutzes zu beurteilen. Maßgeblich ist, dass die Wissenszurechnung dem **Schutz des Rechtsverkehrs** dienen soll.[107] Informationen, deren Relevanz für spätere Geschäftsvorgänge für den wissenden Mitarbeiter erkennbar ist, müssen dokumentiert und über einen gewissen Zeitraum verfügbar gehalten werden. Außerdem muss sichergestellt werden, dass die Informationsmöglichkeit auch genutzt wird.[108]

2097

---

101 Urt. v. 27.1.1988, ZIP 1988, 924; dazu *Reinking/Kippels*, ZIP 1988, 892.
102 Ebenso LG Verden 26.4.1994 – 4 O 177/94 – n. v.
103 Urt. v. 23.6.1995 – 4 U 301/94 – n. v.
104 Urt. v. 12.3.1999, NZV 1999, 423.
105 Offen gelassen von OLG Koblenz 4.2.1997, VRS 96, 241.
106 Vgl. BGH 8.5.1968, LM Nr. 13 zu § 463 = MDR 1968, 660, s. auch *Waltermann*, NJW 1993, 889.
107 BGH 15.4.1997, NJW 1997, 1917.
108 So BGH 15.4.1997, NJW 1997, 1917 unter Hinweis auf das grundlegende Urteil des BGH v. 2.2.1996, NJW 1996, 1339.

2098 Unter diesem Blickwinkel sind einer Zurechnung von Kenntnissen aus früheren Werkstattaufenthalten **zeitlich und inhaltlich Grenzen** zu setzen. Dass diese Informationen für den Fall eines späteren Verkaufs rechtserheblich werden können, ist nach dem gewöhnlichen Lauf der Dinge eher unwahrscheinlich. Dabei ist auf den Zeitpunkt der Kenntniserlangung (Kundengespräch/Diagnose/Reparatur) abzustellen, nicht auf einen erst später erreichten Wissensstand.[109] Es gibt keinen Erfahrungssatz, dass **Fahrzeuge von Privatkunden** genau dem Unternehmen in Zahlung gegeben werden,[110] das in der Vergangenheit mit Reparatur- und Wartungsarbeiten betraut war.[111] Etwa die Hälfte aller privat genutzten Pkw/Kombis werden auf dem Privatmarkt veräußert. Soweit diese Fahrzeuge an den gewerblichen Handel abgegeben werden, ist es mehr oder weniger Zufall, wenn Werkstatt und Abnehmer identisch sind.

Bei dieser Sachlage sehen Autohäuser mit Recht keinen vernünftigen Grund, Informationen aus Reparaturaufträgen der Privatkundschaft vorsorglich der Verkaufsabteilung weiterzuleiten. Gewiss hat diese Zugriff auf das vorhandene Datenmaterial aus der Werkstatt. So kann ein Gebrauchtfahrzeugverkäufer ohne weiteres Einblick in die Durchschrift der Reparaturrechnung nehmen oder – bei EDV-Erfassung – auf den Datenspeicher zurückgreifen. Das allein reicht für eine Wissenszurechnung nicht aus. Ausschlaggebend ist, ob die Werkstatt mit Blick auf die Erfüllung einer späteren Offenbarungspflicht des Betriebes zu einer Erfassung und Aufbewahrung (Speicherung) der Informationen verpflichtet war. Das ist bei Fahrzeugen, die im Eigentum von Privatkunden stehen, im Regelfall zu verneinen.

Die für das eigene Rechnungswesen erfassten Reparaturdaten ohne konkreten Anlass an die Verkaufsabteilung weiterzuleiten, ist gleichfalls keine Rechtspflicht; ebenso wenig besteht eine allgemeine Pflicht der mit dem Einkauf und dem Verkauf befassten Stellen, sich in der Werkstatt nach dort vorhandenem Datenmaterial zu erkundigen.[112] Das umso weniger, als die Voreigentümer bei der Inzahlungnahme ebenso wie beim freien Zukauf gehalten sind, frühere Unfallschäden (darum geht es meist), die Auswechselung des Motors etc. von sich aus offen zu legen. Hinzu kommt, dass derartige Umstände in der Regel gezielt abgefragt werden. „Werkstattwissen" aus dem Privatkundengeschäft kann demnach nicht als ständig präsent angesehen werden, selbst wenn eine umfangreiche Unfallinstandsetzung stattgefunden hat. Es ist **zeitlich nur begrenzt aktuell.**

Anders können die Dinge bei **Geschäftsfahrzeugen** liegen, sofern eine dauerhafte Bindung zum Autohaus besteht. Ist der Rücklauf zum Reparaturbetrieb zum Zwecke des Weiterverkaufs sogar vertraglich geregelt, wie z. B. bei **Leasingfahrzeugen**, besteht erst recht **konkreter Anlass** zur Dokumentation von Werkstattwissen mit dem Ziel der Nutzung im Verkaufsfall.[113]

2099 Stets ist es eine Frage des konkreten Einzelfalls, ob dem beklagten Kfz-Betrieb die behauptete Unwissenheit abgenommen werden kann. Maßgeblich ist nicht nur, wie lange die fragliche Reparatur zurückliegt und wie groß die Wahrscheinlichkeit für eine Eigenvermarktung gewesen ist. Es kommt auch auf Art und Umfang der Reparaturarbeiten an, ferner auf die Größe des Betriebs, auch darauf, ob die Werkstatt in das Autohaus räumlich integriert oder ausgelagert ist. All diese Fragen müssen im Wege der **Parteianhörung** (§ 141 ZPO), notfalls durch eine **gründliche Beweisaufnahme** geklärt werden. Mit (häufig fragwürdigen) Risiko- und Billigkeitserwägungen allein wird man dem Problem der „gespaltenen" Verkäuferarglist nicht gerecht.

---

109 BGH 2. 2. 1996, NJW 1996, 1339.
110 Wobei nicht nur die Anschaffung eines Neufahrzeugs, sondern auch eines „neuen" Gebrauchten („gebraucht auf gebraucht") in den Blick zu nehmen ist.
111 Die Möglichkeit eines freien Ankaufs durch die Reparaturfirma liegt noch ein Stück ferner.
112 So auch LG Kassel 22. 10. 2004 – 5 O 1679/04 – n. v.
113 Dazu OLG Schleswig 18. 8. 2005, NJW-RR 2005, 1579.

Wenn eine tragfähige Basis für eine Wissenszurechnung gewonnen ist, bedarf es **weiterer Feststellungen,** um den Arglisttatbestand bejahen zu können. Da die Kenntnis unmittelbar bei der Firmenleitung anzusiedeln ist, ohne Vermittlung durch einen untergeordneten Wissensvertreter, begegnet der Schluss vom Wissen auf das für den Arglistvorwurf konstitutive Wollen (s. Rn 2082) hier keinen durchgreifenden Bedenken.

9. Zurechnung von Wissen betriebsfremder Personen

Ist der Verkäufer zur Erfüllung seiner Offenbarungspflicht auf das Wissen angewiesen, das ein von ihm beauftragtes Unternehmen (z. B. ein Subunternehmer) erlangt, aber pflichtwidrig für sich behalten hat, so findet gleichfalls eine Wissenszurechnung statt.[114] 2100

IV. Die Arglisthaftung des Gebrauchtfahrzeugverkäufers in der Rechtsprechung des BGH

In der ebenso umfang- wie nuancenreichen BGH-Judikatur nehmen die Entscheidungen zur **Aufklärungspflicht** (Offenbarungspflicht) des **gewerblichen Gebrauchtwagenverkäufers** besonders breiten Raum ein. Hauptanwendungsfall ist in der älteren Rechtsprechung die Arglistanfechtung nach § 123 BGB. Mit dem Aufkommen des Verbraucherschutzes in den siebziger Jahren hat sich der Schwerpunkt auf § 476 BGB a. F. verlagert. Die wichtigsten Ergebnisse dieser Rechtsentwicklung, im „neuen" Kaufrecht weiterhin gültig, lassen sich in **zwölf Grundsätzen** zusammenfassen: 2101

1. Beim Kauf besteht keine allgemeine (uneingeschränkte) Aufklärungspflicht (Offenbarungspflicht) des Verkäufers.[115]
2. Auch im Gebrauchtwagenhandel ist der Verkäufer, sofern er nicht ausnahmsweise die Beratung des Käufers übernommen hat, nicht verpflichtet, den Käufer von sich aus über alle Umstände aufzuklären, die für dessen Kaufentschluss von Bedeutung sein könnten.[116]
3. Ebenso wie jeder andere Verkäufer ist auch ein Gebrauchtwagenverkäufer verpflichtet, alle Tatsachen zu offenbaren, die erkennbar oder auch nur erkennbar für die Vertragsentschließung des Käufers oder für die Vertragsdurchführung von Bedeutung sind und deren Mitteilung von ihm nach den konkreten Gegebenheiten des Einzelfalls nach der Verkehrsauffassung erwartet werden kann.[117]
4. Die Frage, ob und in welchem Umfang beim Verkauf gebrauchter Kraftwagen der Verkäufer zu einer Mitteilung früherer Unfallschäden verpflichtet ist, kann nicht generell, sondern nur unter Berücksichtigung der konkreten Sachlage beantwortet werden.[118]
5. Ein Gebrauchtwagenverkäufer ist in jedem Fall, also auch ungefragt, von sich aus zur Aufklärung des Käufers verpflichtet, wenn er einen Mangel oder einen früheren Unfall kennt oder nach den Umständen für möglich hält.[119]

---

114 LG Kleve 21. 1. 2000 – 5 S 194/97 – n. v. – Verkauf eines Motors.
115 Grundlegend BGH 8. 10. 1954, DAR 1954, 296 = BB 1954, 978; BGH 16. 1. 1991, NJW 1991, 1223; BGH 22. 12. 1999, NJW 2000, 1254; für den Handelskauf s. BGH 28. 4. 1971, NJW 1971, 1795 (Tanklastzug).
116 BGH 3. 3. 1982, NJW 1982, 1386; BGH 26. 10. 1988, NJW-RR 1989, 211.
117 BGH 13. 6. 2007, NJW 2007, 3057; BGH 26. 10. 1988, NJW-RR 1989, 211; s. auch BGH 7. 12. 1994, NZV 1995, 222 (Oldtimerkauf).
118 BGH 8. 10. 1954, DAR 1954, 296 = BB 1954, 978; BGH 28. 2. 1973, WM 1973, 490; so schon RG 23. 6. 1936, RGZ 151, 361, 366 (Lastzug).
119 BGH 11. 6. 1979, BGHZ 74, 383, 391 = NJW 1979, 1886 (missverständlich bzgl. „Bagatellschäden"); BGH 3. 3. 1982, NJW 1982, 1386; BGH 3. 12. 1986, NJW-RR 1987, 436. Die Urt. BGH WM 1973, 490 und BGH VRS 31, 321 stehen nicht entgegen, da sie Sonderfälle betreffen.

6. Wird der Verkäufer nach Unfällen oder sonstigen Mängeln ausdrücklich gefragt, so muss die Antwort richtig und vollständig sein.[120] Er hat alles mitzuteilen, was er insoweit weiß, insbesondere sind Beschädigungen auch dann zu offenbaren, wenn es sich nach seiner Auffassung lediglich um reine „Blechschäden" ohne weitere nachteilige Folgen handelt. Anders kann es bei „ausgesprochenen sog. Bagatellschäden" wie etwa ganz geringfügigen Lackschäden sein.[121]

7. Von sich aus braucht der Verkäufer auf einen Unfallschaden nicht hinzuweisen, wenn bei vernünftiger Betrachtungsweise der Kaufentschluss nicht davon beeinflusst werden kann. Die Grenze für derartige nicht mitteilungspflichtige „Bagatellschäden" ist bei Personenkraftwagen sehr eng zu ziehen. Auch sachgerecht reparierte „reine" Blechschäden sind in jedem Fall, auch ungefragt, zu offenbaren.[122] Anders kann es beim Verkauf eines Nutzfahrzeugs (Lkw) sein.[123]

8. Ihrem Umfang nach ist die Aufklärungspflicht auch von der Möglichkeit und Fähigkeit des Käufers zur eigenen Prüfung abhängig; je unkundiger der Käufer, desto weitreichender die Aufklärungspflicht.[124]

9. Auch das Verhalten des Käufers, insbesondere das von ihm bekundete Interesse an einzelnen Fakten, bestimmt den Umfang der Aufklärungspflicht.[125]

10. Bei erst wenig benutzten, neuwertigen und entsprechend teuren Pkw geht die Aufklärungspflicht weiter als bei älteren Fahrzeugen mit hoher Laufleistung.[126]

11. Der Verkauf unter (formularmäßigem) Gewährleistungsausschluss befreit den Verkäufer nicht von seiner Aufklärungspflicht. Sie wird dadurch auch nicht eingeschränkt.[127]

12. Arglistig handelt der Verkäufer schon dann, wenn er ohne tatsächliche Grundlage „ins Blaue hinein" unrichtige Angaben über den Zustand des Fahrzeugs macht.[128]

---

[120] BGH 11. 6. 1979, BGHZ 74, 383 = NJW 1979, 1886.
[121] BGH 20. 3. 1967, NJW 1967, 1222; BGH 29. 6. 1977, NJW 1977, 1914; vgl. auch BGH 14. 7. 1971, BGHZ 57, 137 (Aufklärungspflicht bei einem merkantilen Minderwert von nur 100 DM); BGH (VI. ZS) 25. 10. 1983, VersR 1984, 46.
[122] BGH 3. 3. 1982, NJW 1982, 1386; BGH 25. 10. 1983, VersR 1984, 46; missverständlich BGHZ 74, 383, 391 = NJW 1979, 1886, wonach auch ein „Bagatellschaden" in jedem Fall, also auch ungefragt, zu offenbaren ist; BGH 22. 2. 1984, WM 1984, 535 unter IV; BGH 29. 6. 1977, NJW 1977, 1914; BGH 3. 12. 1986, NJW-RR 1987, 436.
[123] BGH 3. 3. 1982, NJW 1982, 1386.
[124] BGH 21. 10. 1964, LM Nr. 11 zu § 463 = NJW 1965, 35 (Inzahlungnahme); BGH 29. 1. 1975, BGHZ 63, 382 = NJW 1975, 642 (Pkw-Agenturverkauf); BGH 3. 3. 1982, NJW 1982, 1386 (Lkw); BGH 28. 4. 1971, NJW 1971, 1795 (Tanklastzug).
[125] BGH 16. 3. 1977, NJW 1977, 1055 (mit nicht eindeutigen Ausführungen über eine „Erweiterung" der Aufklärungspflicht des Gebrauchtwagenverkäufers im Vergleich mit einem „Normalverkäufer").
[126] BGH 8. 10. 1954, DAR 1954, 296.
[127] BGH 30. 10. 1956, BGHZ 22, 123 = NJW 1957, 20; BGH 18. 12. 1956, VRS 12, 161 = BB 1957, 238 („wie besichtigt und probegefahren").
[128] BGH 7. 6. 2006, NJW 2006, 2839; BGH 29. 1. 1975, BGHZ 63, 382 = NJW 1975, 642; BGH 16. 3. 1977, NJW 1977, 1055; BGH 18. 3. 1981, NJW 1981, 1441; BGH 31. 3. 1982, NJW 1982, 1699 (Inzahlungnahme); BGH 3. 12. 1986, NJW-RR 1987, 436; BGH 18. 1. 1995, NJW 1995, 955.

V. Grundfälle der arglistigen Täuschung

1. Verschweigen von Unfallschäden und Vorspiegeln von Unfallfreiheit

Der aus Sicht der Rechtspraxis wichtigste Fall der arglistigen Täuschung beim Gebrauchtwagenkauf ist das Verheimlichen von **Unfallschäden,** sei es, dass der Verkäufer überhaupt keine Angaben macht, sei es, dass er nicht die volle Wahrheit sagt.

a) Der unbekannte Unfall und die Untersuchungspflicht des Händlers

Fallbeispiel:

Der Kl. kaufte vom Bekl., einem Händler, einen Pkw. Nach Übernahme stellte sich heraus, dass der Wagen in mindestens zwei Unfälle verwickelt gewesen war. Der Kl. focht den Vertrag wegen arglistiger Täuschung an und verlangte Rückzahlung seiner Anzahlung. Dem Bekl. war nicht nachzuweisen, dass er Kenntnis von den Unfallschäden hatte oder mit ihrem Vorhandensein rechnete (Fall nach BGH NJW 1977, 1055/OLG München DAR 1976, 132).

In Fällen, in denen dem **schweigenden Händler** nicht nachzuweisen war, dass er zumindest mit der Möglichkeit eines (reparierten) Unfallschadens gerechnet hat, hat die Rechtsprechung verschiedentlich Arglist gleichwohl bejaht. Eine Schlüsselrolle hat hier die **Untersuchungspflicht** des gewerblichen Händlers gespielt. Diese Pflicht wurde der Aufklärungspflicht **vorgeschaltet,** um Arglist damit zu begründen, der Händler habe das Fahrzeug verkauft, ohne auf das Unterlassen der an sich gebotenen Untersuchung hingewiesen zu haben.[129] Nach Ansicht des OLG Köln[130] ist nicht nur das völlige Unterbleiben einer an sich gebotenen Untersuchung offenbarungspflichtig. Der Händler müsse auch mitteilen, wenn das Fahrzeug nur oberflächlich geprüft wurde, bei sorgfältiger Untersuchung der Mangel aber entdeckt worden wäre.

Diese gekünstelt wirkenden Konstruktionen waren schon unter der Herrschaft des alten Kaufrechts abzulehnen. Durch die Schuldrechtsreform haben sie jegliche Berechtigung verloren. Zur Untersuchungspflicht des Kfz-Händlers im Zusammenhang mit Unfallschäden s. Rn 1922.

b) Der nur vermutete Unfall und der Arglistnachweis bei Verschweigen von Verdachtsmomenten

Fallbeispiel:

Der Kl. erwarb vom Händler X einen Wagen mit verborgenem Unfallschaden. Dem Händler war nicht nachzuweisen, dass er Kenntnis von dem wirklichen Umfang des Unfallschadens hatte. Erwiesen war jedoch, dass er Spuren einer Nachlackierung und eine Schweißnaht am rechten vorderen Radhaus gesehen hatte. Diese Beobachtungen behielt er für sich.

Arglistiges Verschweigen i. S. v. § 438 Abs. 3, 442 Abs. 1 S. 2, 444 BGB setzt zunächst die **Feststellung eines Sachmangels** voraus. Dazu, unter welchen Voraussetzungen ein früherer Unfall einen Mangel gem. § 434 Abs. 1 BGB darstellt, s. Rn 1549 ff. Der Mangel

---

129 So BGH 29.1.1975, BGHZ 63, 382 = NJW 1975, 642; BGH 14.3.1979, NJW 1979, 1707; vgl. auch OLG München 25.7.1975, DAR 1976, 132; OLG Hamm 3.8.1990, OLGZ 1991, 99 (offen gelassen); LG Bielefeld 15.10.1980, MDR 1981, 316; OLG Hamburg 1.4.1992, BB 1992, 1888 = NJW-RR 1992, 1399 (Agentur); OLG Hamburg 12.6.1992, DAR 1992, 378; OLG Köln 5.7.1996, VersR 1997, 753 = OLGR 1996, 235; OLG Düsseldorf 31.5.1996, NJW-RR 1997, 431 = OLGR 1997, 18; SchlHOLG 16.7.1997, OLGR 1998, 24; OLG Saarbrücken 29.2.2000, OLGR 2000, 253 = MDR 2000, 1010.
130 Urt. v. 13.3.2001, OLGR 2001, 233 = DAR 2001, 405.

muss nach neuem Recht **nicht erheblich** sein. Dass der Verkäufer Bagatellmängel zumindest ungefragt weiterhin nicht zu offenbaren braucht, kann im Rahmen des § 123 BGB mit der eigenständigen, von der Existenz eines Sachmangels losgelösten Offenbarungspflicht begründet werden. Zumindest dürfte es an den subjektiven Merkmalen der Arglist fehlen. Im Bereich der kaufrechtlichen Arglistnormen kommt allein eine Lösung im Subjektiven in Betracht.

Fragt der Käufer, wie meist, nach einem früheren Unfall, so muss der Verkäufer **alles offenbaren,** was er zu diesem Thema weiß oder auch nur ernsthaft vermutet, s. Rn 2101 (Grundsatz 6). Sofern die „Unfallfrage", wie üblich, beantwortet wird, ist an die **Antwort** anzuknüpfen. Ein Fall des Verschweigens liegt hier nur vor, wenn die Frage schlechthin verneint wird. Eine wahrheitswidrige, unvollständige oder verharmlosende Auskunft kann unter dem Gesichtspunkt des **Vorspiegelns einer Eigenschaft** arglistig sein; zu dieser wichtigen Fallgruppe s. Rn 2115 ff.

2105 In den **Verdachtsfällen** ist zu unterscheiden: Handelt es sich tatsächlich um einen „Unfallwagen", ist der **objektive Arglisttatbestand** der §§ 438 Abs. 3, 442 Abs. 1 S. 2, 444 BGB erfüllt, selbst wenn das Fahrzeug sach- und fachgerecht repariert worden ist (s. Rn 1579 ff.; dort auch zum Problem des merkantilen Minderwerts als Sachmangel). Ein vorhandener Unfallvorschaden/Unfallbeteiligung ist offenbarungspflichtig. Unkenntnis, auch fahrlässige, schützt den Verkäufer vor dem Arglistvorwurf. Bei einem ihm bekannten Vorschaden darf er nicht von einem bloßen Verdacht sprechen. Das wäre eine unzulässige Bagatellisierung (zu dieser Fallgruppe s. Rn 2115 ff.). Nimmt der Verkäufer **irrtümlich** eine Unfall-Vorbeschädigung an oder hat er insoweit einen – objektiv unbegründeten – Verdacht, so ist zwar ein Sachmangel nach objektiven Kriterien zu verneinen. Dennoch kann eine Offenbarungspflicht bestehen. Auch über die bloße Möglichkeit eines Unfallvorschadens muss der Käufer aufgeklärt werden.[131]

Der objektive Tatbestand des **§ 123 BGB** setzt einen Sachmangel zwar nicht voraus. Richtig ist auch, dass der bloße Versuch einer Täuschung kein Anfechtungsrecht verleiht. In den Fällen eines objektiv bestehenden Mängelverdachts geht es jedoch nicht um einen Täuschungsversuch, sondern um das Verschweigen eines Verdachts.

Ob der Verkäufer im obigen Fallbeispiel auch den **subjektiven Tatbestand** der Arglist erfüllt hat, ist nicht zuletzt eine Frage der **Abgrenzung** zwischen **bedingtem Vorsatz** und (bewusster) **Fahrlässigkeit.** Wer mit den Augen des Fachmanns **Unfallspuren** sieht, rechnet in der Regel mit dem Vorhandensein eines (reparierten) Unfallschadens. Ob bestimmte Umstände Indizcharakter haben, also Unfallspuren sind, ist mitunter schwierig zu beurteilen. Zur Bedeutung einer **Neulackierung** (Nachlackierung) s. OLG Düsseldorf 17. 7. 2002 – 17 U 9/02 – n. v.; OLG Frankfurt DAR 2001, 306; LG Oldenburg MDR 2006, 444.

Kann dem Händler nicht nachgewiesen werden, dass er von den Unfallspuren oder sonstigen verdächtigen Umständen positive Kenntnis hatte, reicht es für den Vorwurf der Arglist nicht aus, dass er sich diese Kenntnis fahrlässig nicht verschafft hat. Bedingter Vorsatz kann hingegen festzustellen sein, wenn der Verkäufer einen sich ihm aufdrängenden Mängelverdacht für sich behalten hat.[132]

---

131 Zur Frage Mangelverdacht als Mangel s. *Wank*, JuS 1990, 95, 98; *Reinicke/Tiedtke*, Kaufrecht, Rn 316; s. auch BGH 1. 10. 1999, NJW 1999, 3777; BGH 20. 10. 2000, NJW 2001, 64 – jeweils Altlastenverdacht; zum neuen Recht s. LG Bonn 30. 10. 2003, NJW 2004, 74 (Einfamilienhaus); dazu *S. Lorenz*, NJW 2004, 26.
132 OLG Frankfurt 19. 2. 1999, NJW-RR 1999, 1064 = DAR 1999, 217 – Ls.; OLG Zweibrücken 17. 3. 1999, OLGR 1999, 434.

c) Unfallfreiheit „ins Blaue hinein" versichert

Fallbeispiel:
Der Kl. erwarb von dem bekl. Autohaus einen gebrauchten BMW. In dem Vertragsformular war eingetragen: „auf Unfallschaden (fachmännisch beseitigt) vorne links Kotflügel und Fahrertüre wurde hingewiesen." Der Vorschaden war etwa fünf Jahre zuvor in der Werkstatt der Bekl. repariert worden. Dabei war der Fahrzeugrahmen mit Hilfe eines „Dozers" gerichtet worden. Mit der Begründung, der Rahmenschaden sei ihm verheimlicht worden, verlangte der Kl., der das Fahrzeug als „unfallfrei" weiterverkauft hatte, jedoch wieder zurücknehmen musste, Schadensersatz von dem bekl. Autohaus (Fall nach OLG Düsseldorf NJW-RR 1998, 1751).

Hat der Verkäufer ausdrücklich oder konkludent „Unfallfreiheit" zugesagt oder eine Unfallinformation der unter Rn 2122 geschilderten Art erteilt, kann darin eine Beschaffenheitsvereinbarung i. S. d. § 434 Abs. 1 BGB zu sehen sein, wenn nicht gar eine Beschaffenheitsgarantie (Näheres Rn 1572 ff.). Bei einer Anfechtung wegen arglistiger Täuschung oder im Rahmen des § 438 Abs. 3 BGB (Verjährung) kommt es darauf an, ob der Verkäufer mit der Erklärung „unfallfrei" eine Eigenschaft des Fahrzeugs arglistig vorgespiegelt hat. Um ein Unterlassen (Verschweigen) geht es in diesen Fällen regelmäßig nicht.

Beim Verschweigen einzelner Tatsachen im Rahmen ausdrücklicher oder konkludenter Erklärungen, die als erschöpfende Mitteilung erscheinen, wird durch so genanntes **positives Tun** getäuscht. In solchen Fällen ist es eine Frage der Auslegung, ob das Erklärte nach seinem Sinn vollständig und so abschließend gemeint ist, dass es die verschwiegene Tatsache zwingend ausschließt. Unklare und unvollständige Äußerungen sind beim Handel mit gebrauchten Kfz überaus häufig, insbesondere zum Unfallthema. Insoweit typisch sind Informationen mit verkürzender Darstellung des wahren Unfallschadens.[133] Zur speziellen Fallgruppe derartiger „Bagatellisierungserklärungen" s. Rn 2122 ff.

Der BGH hat in ständiger Rechtsprechung Arglist auch dann angenommen, wenn der Verkäufer ungefragt oder auf Fragen des Käufers ohne tatsächliche Anhaltspunkte, eben „**ins Blaue hinein**", unrichtige Angaben über den Zustand des Fahrzeugs gemacht hat.[134] Er hat freilich mit einigem Nachdruck auch darauf hingewiesen, dass der Verkäufer wenigstens mit der Möglichkeit der Unwahrheit seiner Behauptung gerechnet haben muss,[135] eine Bedingung, die er in Sache BGH NJW 2006, 2839 selbst nicht eingehalten hat. Das „Rechnen mit" oder „Für-möglich-Halten" ist unverzichtbare Mindestvoraussetzung für die Annahme von Arglist. Daran vermag die plakative Formel von der Erklärung „ins Blaue hinein" nichts zu ändern. Sie besagt nicht mehr und nicht weniger, als dass der Verkäufer für seine Erklärung **keine zuverlässige Erkenntnis- und Beurteilungsgrundlage** hatte.

Diese Grundlage fehlt beispielsweise, wenn ein **Kfz-Händler** ein Fahrzeug mit **mehreren Vorbesitzern** als uneingeschränkt „unfallfrei" verkauft, er aber nur über entsprechende Informationen des letzten Vorbesitzers, seines Kunden, verfügt.[136] **Hereinnahme-Protokolle** der eigenen Werkstatt oder ein **DEKRA-Gutachten**, jeweils erstellt bei Hereinnahme des Fahrzeugs, sind dann keine Erkenntnisgrundlage, wenn sie, wie regelmäßig, keine Angaben zu Unfallschäden bzw. zur Unfallfreiheit enthalten.[137]

---

133 Z. B. OLG Saarbrücken 10. 12. 2002, OLGR 2003, 90.
134 Zuletzt Urt. v. 7. 6. 2006, NJW 2006, 2839.
135 Urt. v. 16. 3. 1977, NJW 1977, 1055; 18. 3. 1981, NJW 1981, 1441.
136 OLG Düsseldorf 16. 4. 1992, OLGR 1992, 277 = DAR 1993, 347; OLG Hamm 20. 1. 1997, OLGR 1997, 120 (Vermittlung); s. auch OLG Saarbrücken 29. 2. 2000, OLGR 2000, 253; OLG Saarbrücken 10. 12. 2002, OLG 2003, 90; OLG Koblenz 5. 9. 2002, DAR 2002, 560.
137 BGH 7. 6. 2006, NJW 2006, 2839.

2109 Informationsbasis kann dagegen der Vertrag mit demjenigen Kunden sein, der den Wagen in Zahlung gegeben hat. Bei korrekter **Weiterleitung von Vorbesitzer-Informationen** ist der Vorwurf der arglistigen Täuschung kaum begründbar.[138] Berechtigt kann er dagegen sein, wenn der Händler die Angaben unrichtig oder unvollständig wiedergibt; ebenso, wenn der Verkäufer entgegen der Annahme des Käufers nicht die erforderliche Sachkunde hat oder wenn sein Informant, etwa der Vorbesitzer oder ein Reparaturbetrieb, unzuverlässig oder seinerseits ohne eigene Sachkunde ist.[139] Außer Zweifel steht arglistiges Verhalten, wenn der Pkw als „laut Vorbesitzer unfallfrei" verkauft wurde, der Vorbesitzer aber seinerseits konkrete Unfallinformationen erteilt hatte.[140]

2110 Eine weitere Fallgestaltung: Das Fahrzeug wurde vor längerer Zeit **in der eigenen Werkstatt** nach einem Unfall **repariert**, Unterlagen darüber liegen im Zeitpunkt des Verkaufs nicht mehr vor, gleichwohl wird eine konkrete Schadens- und Reparaturbeschreibung gegeben (siehe den obigen Beispielsfall nach OLG Düsseldorf NJW-RR 1998, 1751). Zur Zurechnung von Werkstattwissen s. Rn 2096 ff.

2111 Unter welchen Umständen ein **Leasinggeber** bei einem Verkauf des Leasingobjekts eine hinreichende Grundlage für eine „unfallfrei"-Angabe hat, erörtert OLG Nürnberg NJW-RR 1999, 1208 = MDR 1999, 931.

2112 Hat der Verkäufer im Zeitpunkt des Vertragsabschlusses an das Vorhandensein eines Unfallschadens keine Erinnerung mehr (zum Vergessenseinwand s. Rn 2079), begründet seine Versicherung, von einem Unfallschaden keine Kenntnis zu haben, auch unter dem Gesichtspunkt der Behauptung ins Blaue nicht den Vorwurf arglistigen Verhaltens.[141]

2113 Im Rechtsstreit muss der **Käufer** Tatsachen dafür **vortragen und beweisen**, dass der Verkäufer die Unrichtigkeit seiner Erklärung[142] wenigstens für möglich gehalten und die Verwirklichung dieser Möglichkeit billigend in Kauf genommen hat. Arglistiges Vorspiegeln der Eigenschaft „unfallfrei" oder „bis auf Blechschaden unfallfrei" wird nicht schon dadurch substantiiert dargetan, dass der Käufer behauptet, der Verkäufer habe ohne jegliche tatsächliche Grundlage, eben „ins Blaue hinein", eine unrichtige Angabe gemacht. Zur Schlüssigkeit seines Klagevorbringens gehört es zwar nicht, im Einzelnen darzulegen, warum diese Grundlage fehlte. Es ist vielmehr **Sache des Verkäufers,** diejenigen Tatsachen vorzutragen, die nach seinem Dafürhalten die Erklärungsgrundlage bildeten. Ob er diese Umstände auch zu beweisen hat oder ob umgekehrt der Käufer das Fehlen dieser Umstände beweisen muss, ist eine offene Frage. Aufgabe des Käufers ist es jedenfalls, neben der objektiv unrichtigen Erklärung ein entsprechendes Wissen und Wollen des Verkäufers zu behaupten. Die Schwierigkeiten in der Praxis liegen bei der Feststellung des Wissenselements in der besonderen Form des bedingten Vorsatzes.

Wissentlich im Sinne des „Für-möglich-Haltens" handelt grundsätzlich nicht, wer gutgläubig unrichtige Angaben macht, mag auch der gute Glaube auf Fahrlässigkeit, selbst auf Leichtfertigkeit (grober Fahrlässigkeit), beruhen.[143] Dies wird häufig nicht genügend beachtet.[144]

---

138 Anders aber bei korrekter Weiterleitung der Vorbesitzerinformation, s. OLG Hamburg 2. 8. 1995, OLGR 1996, 4.
139 Vgl. BGH 16. 3. 1977, NJW 1977, 1055; BGH 8. 5. 1980, NJW 1980, 2460; OLG München 10. 6. 1987, NJW 1988, 3271 (Baustofflieferung).
140 So im Fall KG 10. 11. 2003, KGR 2004, 158; s. auch KG 18. 12. 2006, OLGR 2007, 346.
141 Vgl. BGH 11. 5. 2001, NJW 2001, 2326 – Grundstückskauf.
142 Die auch bei einer Schriftformklausel mündlich erfolgen kann (anders wohl OLG Hamburg 2. 8. 1995, OLGR 1996, 4).
143 BGH 6. 12. 1985, NJW-RR 1986, 700; OLG München 10. 6. 1987, NJW 1988, 3271; OLG Hamm 3. 8. 1990, OLGZ 1991, 99; vgl. aber auch BGH 8. 5. 1980, NJW 1980, 2460.
144 Beachtenswerte Ausnahme LG Oldenburg 11. 7. 1978, NJW 1979, 432.

Problematisch ist daher die Aussage des OLG Düsseldorf,[145] „ins Blaue hinein" sei eine Unfallmitteilung gemacht, wenn der Händler eine gebotene Untersuchung des Fahrzeugs unterlassen habe.

Im Ergebnis ist mit der Figur[146] „unrichtige Angaben ins Blaue" – allen Mahnungen des BGH zum Trotz – eine Haftung für Fahrlässigkeit nach Arglistregeln eingeführt worden. Den Anwendungsbereich der §§ 476, 477 BGB a. F. auf diese Weise zugunsten des Käufers auszudehnen, mochte noch angehen. Bedenklich war aber die damit einhergehende Erweiterung der Schadensersatzhaftung nach § 463 S. 2 BGB a. F. Durch die Streichung dieser Vorschrift bei gleichzeitiger Einführung einer Schadensersatzhaftung schon für Fahrlässigkeit hat sich jedenfalls dieses Problem erledigt.

d) Teilinformationen und Bagatellisierung

Fallbeispiel:

K. kaufte von V., einem Händler, einen gebrauchten Pkw für 7000,– DM. Die ausdrückliche Frage des K., ob der Wagen in einen Unfall verwickelt gewesen sei, wurde von V. verneint. Er teilte K. lediglich mit, dass der vordere linke Kotflügel und die vordere Stoßstange beschädigt seien. Der Vorbesitzer hatte V. Unfallfreiheit bestätigt, aber auch mitgeteilt, dass der Pkw bestimmte Schäden habe. Diese Schäden hatte V. dem K. nicht in vollem Umfang offenbart (Fall nach BGH NJW 1977, 1914).

Anders als das OLG Köln hat der **BGH**[147] im obigen Fall – **Händlerverkauf an Privat** – Arglist bejaht. Die **Kernaussagen** lauten wörtlich:

„In jedem Fall traf den Bekl. eine Offenbarungspflicht. Denn die Kl. hat ausdrücklich danach gefragt, ob der Gebrauchtwagen in einen Unfall verwickelt war. In einem solchen Fall ist der Verkäufer oder dessen Vertreter verpflichtet, Beschädigungen des Gebrauchtwagens auch dann mitzuteilen, wenn es sich nach seiner Auffassung lediglich um etwaige ‚Blechschäden' ohne weitere nachteilige Folgen handelte. Denn es kann keinesfalls dem Ermessen des ausdrücklich um Aufklärung gebetenen Verkäufers oder seines Vertreters überlassen bleiben, den erlittenen Schaden für erheblich, für den Käufer nicht wesentlich und deshalb nicht der Mitteilung für wert zu erachten (BGH, NJW 1967, 1222 = LM § 123 BGB Nr. 35 = VersR 1967, 858). Der Verkäufer muss vielmehr, um den Vorwurf der Arglist zu vermeiden, durch die Mitteilung dessen, was ihm bekannt gegeben wurde, dem Käufer den Entschluss überlassen, ob er den Wagen überhaupt bzw. zu diesem Preis erwerben will."

Ungeachtet einer heute möglicherweise veränderten Einstellung zum Automobil[148] kann die Bedeutung dieser BGH-Aussagen für die **Gerichtspraxis** nicht hoch genug eingeschätzt werden. Ob das Fahrzeug in einen Unfall verwickelt war, gehört zu den **Standardfragen** eines Käufers. Bestreitet der Verkäufer, gefragt worden zu sein, muss der Käufer seine Behauptung beweisen, es sei denn, dass der Verkäufer ein Vertragsformular verwendet hat, in dem Angaben über Unfallschäden vorgesehen sind. Werden Unfallschäden vom Verkäufer dort oder an anderer Stelle selbst thematisiert, muss er sich so behandeln lassen,

---

145 Urt. v. 31. 3. 1995, OLGR 1995, 272 (Ls.).
146 Sie ist nicht auf den Autokauf beschränkt, vgl. BGH 19. 12. 1980, NJW 1981, 864; BGH 26. 9. 1997, NJW 1998, 302 (Eigentumswohnung); BGH 6. 12. 1985, NJW-RR 1986, 700 (Haus); OLG Celle 19. 12. 1986, NJW-RR 1987, 744 (Haus); OLG München 10. 6. 1987, NJW 1988, 3271 (Baustoffe); OLG Köln 28. 10. 1996, VersR 1997, 881 (Telefonanlage); OLG Hamm 8. 6. 2000, OLGR 2001, 101 (Hauskauf).
147 Urt. v. 29. 6. 1977, NJW 1977, 1914 (Agenturverkauf).
148 Dazu KG 24. 11. 1992, KGR 1993, 1.

als sei er vom Käufer ausdrücklich danach gefragt worden.[149] Zu weit geht allerdings die Meinung, dies gelte schon dann, wenn die „Unfall"-Rubriken im Bestellformular völlig leer geblieben sind.

2117 Aus der Pflicht zur **umfassenden Aufklärung des fragenden Käufers**[150] folgt, dass der bloße Hinweis, es handele sich um einen **„Unfallwagen"**, nicht genügt, wenn das Fahrzeug z. B. einen schweren Frontalzusammenstoß hatte und der Schaden nur behelfsmäßig repariert worden ist. Auch der bloße Hinweis **„nicht unfallfrei"** ist mit dem Gebot umfassender Aufklärung unvereinbar.[151] Der ausdrücklich um Aufklärung gebetene Verkäufer hat ebenso wie derjenige Verkäufer, der das Unfallthema von sich aus zur Sprache bringt (und sei es auch nur formularmäßig), zumindest **Art und Umfang der Vorschädigung** mitzuteilen. Nach zutreffender Ansicht des OLG Hamm[152] genügt in einem solchen Fall zunächst eine **schlagwortartige Umschreibung** der **Beschädigungen** beziehungsweise der **Instandsetzungsarbeiten**. Eine Schilderung des **Unfallgeschehens** ist auch von einem am Unfall selbst beteiligten Verkäufer nicht zu verlangen. Wird sie von sich aus gegeben, kann sie Einzelangaben zur Beschädigung entbehrlich machen. Allerdings darf das Unfallgeschehen nicht verharmlost werden, sofern dadurch eine falsche Vorstellung vom Schadensumfang hervorgerufen wird.[153] Bei einer Mehrzahl von Unfallereignissen ist eine Differenzierung erforderlich, die den Kaufinteressenten über die Mehrfachbeschädigung umfassend ins Bild setzt. Das „Zusammenziehen" zu einem einzigen Schadensfall ist irreführend.[154]

2118 Einzelheiten der **Schadensregulierung** braucht der Verkäufer ohne gezielte Nachfrage in der Regel nicht zu offenbaren, auch nicht **Art, Ort und Kosten der Reparatur**. Weiß der Verkäufer aber, dass die **Instandsetzungsarbeiten** nicht zur restlosen Beseitigung des Unfallschadens geführt haben, z. B. bei einer (provisorischen) **Billigreparatur** oder einer **Reparatur in einem Land Osteuropas**, muss er dies angeben.[155] Schon die **bloße Vermutung,** dass noch Unfallfolgen vorhanden sind, soll offenbarungspflichtig sein,[156] und zwar nach Ansicht des OLG Schleswig selbst dann, wenn objektiv kein Mangel vorliegt.[157] Den gleichen Standpunkt vertritt das OLG Hamburg, wenn es einem Verkäufer (Kfz-Schlosser) Arglist zur Last legt, der eine Beschädigung an den Holmen verschwiegen hat, welche die Verkehrssicherheit des Fahrzeugs nicht beeinträchtigte.[158]

2119 Zur **umfassenden Aufklärung des fragenden Käufers** gehört auch, dass derjenige Verkäufer, dem das Ausmaß der Schäden nicht bekannt ist, den Käufer entsprechend infor-

---

149 OLG Düsseldorf 17. 3. 2003 – 1 U 64/02 – n. v.; LG Köln 5. 2. 1990 – 21 O 58/89 – n. v. (Agenturverkauf); LG Itzehoe 14. 9. 1993, ZfS 1993, 374.
150 Zur grundsätzlichen Bedeutung des erklärten Informationsinteresses s. *Mankowski*, JZ 2004, 121.
151 OLG Düsseldorf 17. 3. 2003 – 1 U 64/02 – n. v.
152 Urt. v. 21. 6. 1994, DAR 1994, 401.
153 OLG Oldenburg 4. 3. 1997, OLGR 1997, 140 = ZfS 1997, 299 („Transportschaden"); SchlHOLG 1. 7. 1998, OLGR 1998, 427; LG Itzehoe 14. 9. 1993, ZfS 1993, 374 (Wildschaden); KG 9. 3. 1993, OLGR 1994, 85 („Parkschaden").
154 OLG Düsseldorf 12. 3. 1999 – 22 U 180/98 – NZV 1999, 423 (Ls.).
155 OLG Celle 27. 6. 1996, OLGR 1996, 208 = ZfS 1996, 456 (Reparatur in Polen); OLG Köln 2. 8. 1993, OLGR 1993, 301 = VersR 1994, 111 (Reparatur in Türkei); OLG Düsseldorf 12. 11. 1992, OLGR 1993, 129 (Reparatur in Eigenregie/Privatverkauf); OLG Hamm 9. 9. 1996, DAR 1996, 499 = OLGR 1996, 244 – privates Tauschgeschäft (Pkw war in Werkstatt nur behelfsmäßig „gerichtet" worden); vgl. auch RG 23. 6. 1936, RGZ 151, 361, 366 (Lkw); *Otting*, DAR 1997, 291.
156 OLG Köln 19. 6. 1964, NJW 1965, 110; s. auch OLG München 4. 10. 1994, OLGR 1995, 64; OLG Frankfurt 19. 2. 1999, DAR 1999, 217.
157 Urt. v. 6. 2. 1973, VersR 1975, 189.
158 Urt. v. 19. 8. 1966, DB 1966, 1561 (sehr weit).

miert, z. B. durch den Hinweis, das Fahrzeug nicht selbst untersucht zu haben.[159] Auf die Frage nach etwaigen Unfallschäden ist auch ein lang zurückliegender Unfall zu offenbaren, unabhängig davon, bei welchem Vorbesitzer er sich ereignet hat.[160] Auch ein **gewerblicher Käufer** ist auf seine Frage nach Vorschäden grundsätzlich umfassend aufzuklären. Im Vergleich mit einem Privatkäufer ist die Aufklärungsintensität indes geringer, weil der ankaufende Händler über eigene Sachkunde und Erfahrungswissen verfügt.

Weniger weitgehend ist die Aufklärungspflicht, wenn der Käufer es ausnahmsweise unterlässt, nach einem Unfallschaden zu fragen. Die allererste (veröffentlichte) Entscheidung des BGH zur Aufklärungspflicht des Gebrauchtwagenverkäufers[161] war insoweit jahrelang richtungweisend. Damals hat der BGH, eher beiläufig, ausgesprochen, dass ein allgemein gehaltener Hinweis auf den Unfall genügen kann, etwa dann, wenn der Wagen zu einem stark reduzierten Preis angeboten wird. Im Allgemeinen stellt die Rechtsprechung jedoch strengere Anforderungen. Eine weiter gehende Aufklärung fordert **der BGH** beispielsweise, wenn es sich um einen erst wenig benutzten, zu einem entsprechend hohen Preis angebotenen **Personenwagen** handelt.[162] In einem solchen Fall muss der Verkäufer dem Käufer von sich aus vollen Aufschluss über Art und Schwere des Unfalls geben.[163] Zur Aufklärungspflicht beim Verkauf eines **Jahreswagens** s. OLG Köln MDR 1999, 1504 (Karosseriearbeiten infolge eines Fertigungsmangels). 2120

Den derzeitigen Stand der Rechtsprechung zu dieser Fallgruppe – Aufklärungspflicht des „ungefragten" Händlers – fasst das OLG Düsseldorf[164] in dem **Grundsatz** zusammen: 2121

„*Wenn der Verkäufer eines gebrauchten Kraftfahrzeugs einen Vorschaden offenbart, ist er verpflichtet, den Käufer auch ungefragt vollständig und richtig über alle Umstände der Unfallbeschädigung zu informieren, die für dessen Kaufentschluss bedeutsam sein konnten.*"

Durch Mitteilung von Einzelheiten, die geeignet sind, den Unfall zu **bagatellisieren**, wird die Aufklärungspflicht **in keinem Fall** erfüllt, so schon **BGH** DAR 1954, 296 = MDR 1955, 26 (Unfallhergang verharmlost); s. auch BGH NJW-RR 1987, 436 (Schadensbild verharmlost).

Aus der reichhaltigen **Judikatur der Instanzgerichte:** OLG Köln NJW-RR 1986, 1380; OLG Koblenz DAR 1989, 467; LG Saarbrücken NJW-RR 1991, 629; OLG Düsseldorf NJW-RR 1991, 1402; OLG Düsseldorf OLGR 1993, 161; OLG Hamm BB 1994, 1040; SchlHOLG OLGR 1998, 427 = SchlHAnz 1999, 78; OLG Saarbrücken OLGR 1999, 509 = MDR 2000, 157; OLG München MDR 2001, 1407 = DAR 2001, 407; KG KGR 2003, 383 = MDR 2004, 275; OLG Köln DAR 2006, 327; OLG Saarbrücken ZfS 206, 508/570.

Gleichviel, ob der Käufer nach einem früheren Unfall gefragt hat oder nicht: Im rechtlichen Ausgangspunkt können Erklärungen wie z. B. 2122

– „beseitigter Blechschaden" (BGH NJW-RR 1987, 436)
– „Fahrzeug hatte Frontschaden" (OLG Hamm DAR 1977, 322)
– „nur kleiner Parkschaden" (KG VRS 87, 241 = OLGR 1994, 85)
– „behobene Karosserieschäden" (OLG Düsseldorf OLGR 1993, 161; s. auch OLGR 1998, 115)

---

159 LG Saarbrücken 24. 10. 1990, NJW-RR 1991, 629; s. auch Rn 1673 f.
160 Offen gelassen in BGH WM 1973, 490, weil der Käufer nicht ausdrücklich nach einem Unfallvorschaden gefragt hatte (vor längerer Zeit umgebauter Sattelschlepper).
161 Urt. v. 8. 10. 1954, DAR 1954, 296 = MDR 1955, 26 (wenig gelaufenes DKW-Cabrio, Kaufpreis nur 15 % unter Neupreis).
162 Urt. v. 8. 10. 1954, DAR 1954, 296 = MDR 1955, 26.
163 BGH 8. 10. 1954, DAR 1954, 296 = MDR 1955, 26.
164 Urt. v. 12. 3. 1999 – 22 U 180/98 – NZV 1999, 423 (Ls.).

- „Seitenteilschaden hinten rechts (behoben)" (OLG Hamm OLGR 1995, 77 [Ls.])
- „Unfallwagen/Rahmenschaden unrepariert" (OLG Hamm NJW-RR 1995, 689)
- „Frontschaden vorne rechts" (OLG Hamm DAR 1983, 355)
- „Fahrzeug hatte Unfallschaden, re., beschädigt waren Türen re., Dach" (OLG Köln NJW-RR 1986, 1380)
- „Blechschäden Fahrerseite" (OLG Oldenburg NJW-RR 1987, 1269)
- „Fahrzeug hatte Frontschaden vorne links" (OLG Koblenz OLGR 1997, 194)
- „Kotflügel vorne rechts erneuert" (SchlHOLG OLGR 1998, 427)
- „hinten ausgebessert" (OLG Saarbrücken OLGR 1999, 509 = MDR 2000, 157)
- „Unfall vorne" (AG Aachen DAR 1999, 368)
- „behobener Front- und Seitenschaden" (OLG Köln DAR 2001, 404)
- „Seitenschaden rechts" (OLG Koblenz ZfS 2002, 435 = DAR 2002, 452)
- „Kotflügel vorne rechts ersetzt" (OLG Koblenz ZfS 2003, 239; s. auch OLG Koblenz r+s 2002, 368)
- „Unfall hinten" (OLG Saarbrücken OLGR 2003, 90)
- „instand gesetzter Frontschaden" (OLG Bamberg OLGR 2003, 212),
- „rep. Unfallschaden vorne ohne Airbagauslösung" (OLG Celle 24.4.2003 – 11 U 285/02 – n. v.)
- „leichter Anfahrschaden" (OLG Köln DAR 2006, 327),

zum einen als **Beschaffenheitsgarantien** (Eigenschaftszusicherungen alten Rechts) oder wenigstens als „einfache" Beschaffenheitsangaben (§ 434 Abs. 1 S. 1 BGB) anzusehen sein, s. Rn 1572 ff. Zum anderen können sie unter dem Gesichtspunkt der **arglistigen Täuschung** zu würdigen sein. Zu unterscheiden ist zwischen dem Vorspiegeln einer Eigenschaft (keine weiteren Schäden) und einem Aufklärungsmangel. Zunächst stellt sich die Frage, ob die besagte Erklärung „ins Blaue hinein" abgegeben worden ist (vgl. dazu Rn 2106 ff.). Um einen Fall des arglistigen Verschweigens handelt es sich bei diesen Konstellationen nicht.[165]

2123 Hat der Verkäufer das Unfallfahrzeug **selbst repariert** oder **reparieren lassen**, werden an seine Aufklärungspflicht zu Recht strenge Anforderungen gestellt,[166] auch bei einer längere Zeit zurückliegenden Instandsetzung.[167] Eine **unzulässige Bagatellisierung** des wirklichen Unfallgeschehens hat das OLG Köln in dem schlichten Hinweis des Verkäufers gesehen, das Fahrzeug sei ein **„Unfallwagen".**[168] Der Ausdruck „Unfallwagen" sei vieldeutig. Er lege nicht den Schluss nahe, durch ihn solle das Vorliegen eines schweren Frontalzusammenstoßes angedeutet werden. Werde ein erst wenig benutztes Fahrzeug zu einem seinem Erhaltungszustand entsprechenden Preis veräußert, so weise die ohne nähere Einzelheiten erfolgende Kennzeichnung des Fahrzeugs als „Unfallwagen" lediglich in die Richtung, dass dieses Fahrzeug schon einmal einen die Bagatellschadensgrenze überschreitenden Schaden erlitten habe.[169] Dass der Käufer auf den Hinweis „Unfallwagen" nach näheren Einzelheiten hätte fragen können, spielt nach Ansicht des OLG Köln keine Rolle. Der

---

165 Unrichtig OLG Saarbrücken 13.4.1999, OLGR 1999, 509.
166 OLG Köln 11.6.1986, NJW-RR 1986, 1380 – Werkstattverkauf; OLG Düsseldorf 15.12.1993, OLGR 1994, 77; OLG Koblenz 6.6.1997, OLGR 1997, 194 – Privatverkauf; OLG Celle 24.4.2003 – 11 U 285/02 – n. v.
167 OLG Düsseldorf 19.12.1997, OLGR 1998, 115 = NJW-RR 1998, 1751.
168 Urt. v. 24.2.1972 – 10 U 95/71 – n. v., s. auch OLG Bremen 21.12.1979, DAR 1980, 373.
169 Bei einem als „Unfallfahrzeug" bezeichneten Fahrzeug braucht der Käufer nicht mit einem Motorschaden zu rechnen; das Verschweigen ist arglistig, OLG Düsseldorf 28.7.1993, OLGR 1994, 129 – Motorrad.

Grundfälle der arglistigen Täuschung

Senat meint hierzu: „Wer zur Offenbarung der ihm bekannten vollen Wahrheit nach Treu und Glauben verpflichtet ist, kann diese seine Pflicht nicht durch einen treuwidrig unvollständig und dem Zusammenhang nach bagatellisierend wirkenden Teilhinweis auf den anderen Teil überwälzen."[170] Auf der anderen Seite ist aber zu bedenken: Der Begriff „Unfallwagen" schließt die Möglichkeit gravierender Schäden bis hin zum **wirtschaftlichen Totalschaden** ein (zur Fallgruppe „Totalschaden" s. Rn 2126 ff.).

Wer ein Fahrzeug als „Unfallwagen" kauft, ohne nach Einzelheiten des Schadens oder des Unfallhergangs zu fragen, kann damit konkludent zu verstehen geben, dass es ihm auf Art und Umfang des Schadens bzw. der Instandsetzung nicht entscheidend ankommt oder er bereits anderweitig informiert ist. Einem solchen Käufer schuldet auch ein gewerblicher Händler nicht ohne Weiteres eine Einzelbeschreibung des Schadensbildes.[171] Macht er nähere Angaben (siehe die Beispielsfälle unter Rn 2122), so müssen sie in jedem Fall vollständig und richtig sein.

Das **Gebot der Vollständigkeit und Richtigkeit** wird erfahrungsgemäß häufig missachtet, wie die **umfangreiche Kasuistik** belegt.[172] Urteile, die eine unzulässige **Bagatellisierung verneinen**, sind die Ausnahme.[173]

2124

Gegenstand der Verharmlosung kann das **Unfallgeschehen** als solches sein (z. B. „leichter Parkschaden" oder „keine Airbagauslösung" oder „Transportschaden"). Mehrere Unfallereignisse können auch zu einem einzigen (einheitlichen) Schadensfall zusammengezogen werden, was gleichfalls unzulässig ist.[174]

Typischerweise geht es vor Gericht um **Art und Ausmaß der Beschädigungen**. Zur Bezeichnung „Unfallwagen" s. Rn 2123. Wird ein schwerer Unfallschaden lediglich als „behobener Unfallschaden" beschrieben, so kann darin eine unzulässige Bagatellisierung liegen.[175] „Reiner Blechschaden" besagt „kein Rahmenschaden". Auch mit der Beschreibung als **„Transportschaden"** kann nicht nur das Unfallgeschehen, sondern auch das Ausmaß der Beschädigung verharmlost sein.[176]

Schließlich kann der Verstoß gegen die Wahrheitspflicht in einem Unterdrücken wichtiger Informationen über die **Schadensbehebung** liegen.[177] Verfehlt und durch die zitierte

---

170 Urt. v. 24. 2. 1972 – 10 U 95/91 – n. v.
171 So auch *Landscheidt/Segbers*, NZV 1991, 289, 294; ähnlich (Desinteresse als Entlastungsfaktor) OLG Köln 18. 12. 1991, OLGR 1992, 49; OLG Hamm 19. 10. 1994, NJW-RR 1995, 689 – Verkauf eines unreparierten Pkw.
172 Vgl. BGH 3. 12. 1986, NJW-RR 1987, 436; OLG Köln 17. 1. 2006, DAR 2006, 327; OLG Köln 11. 6. 1986, NJW-RR 1986, 1380; OLG Koblenz 16. 3. 1989, DAR 1989, 467; OLG Düsseldorf 4. 11. 1992, OLGR 1993, 161; OLG München 4. 10. 1994, OLGR 1995, 64; LG Saarbrücken 24. 10. 1990, NJW-RR 1991, 629; LG Saarbrücken 27. 10. 1994, ZfS 1995, 33; OLG Hamm 9. 9. 1996, DAR 1996, 499; OLG Oldenburg 4. 3. 1997, OLGR 1997, 140 = ZfS 1997, 299; OLG Koblenz 6. 6. 1997, OLGR 1997, 194; OLG Düsseldorf 12. 3. 1999 – 22 U 180/98 – NZV 1999, 423 (Ls.); OLG Saarbrücken 13. 4. 1999, OLGR 1999, 509 = MDR 2000, 157; OLG München 1. 6. 2001, MDR 2001, 1407 = DAR 2001, 407; OLG Nürnberg 29. 2. 2000 – 3 U 4377/98 – n. v.; OLG Schleswig 2. 11. 2001, MDR 2002, 758 = OLGR 2002, 112 (andererseits OLG Schleswig 28. 9. 2001, OLGR 2002, 113); OLG Koblenz 20. 6. 2002, ZfS 2002, 435; OLG Koblenz 28. 11. 2002, DAR 2003, 70.
173 Z. B. OLG Bamberg 21. 6. 2006 – 3 U 253/05 – n. v.; OLG Bamberg 7. 6. 2002, OLGR 2003, 212; OLG Schleswig 28. 9. 2001, OLGR 2002, 113.
174 OLG Düsseldorf 12. 3. 1999 – 22 U 180/98 – NZV 1999, 423 (Ls.); s. auch OLG Koblenz 29. 11. 2001, r+s 2002, 367.
175 OLG Düsseldorf 26. 9. 2003 – 22 U 72/03 – n. v.
176 OLG Düsseldorf 14. 8. 2006 – I-1 U 233/05 – n. v.
177 OLG Karlsruhe 20. 3. 1992, NJW-RR 1992, 1144 – sehr weitgehend.

Rechtsprechung nicht belegt ist die Ansicht des OLG Saarbrücken,[178] der Verkäufer müsse das volle Ausmaß des Unfallschadens und „die zur Instandsetzung erforderlichen Arbeiten" mitteilen. Das geht zu weit. Das Erforderlichkeitskriterium hat eine technische und eine wirtschaftliche Komponente. Die umfangreiche Rechtsprechung zum Haftpflichtschadensrecht belegt die Schwierigkeiten, Unfallschäden sachgerecht einzuschätzen.

Der Verkauf eines Pkw mit repariertem Frontschaden als **„Bastlerfahrzeug"** soll den Verkäufer nicht von seiner Aufklärungspflicht befreien.[179] Zum Verkauf als „Bastlerfahrzeug" s. auch Rn 1330.

Eine **Formularklausel,** wonach der Käufer vollständig aufgeklärt worden ist, nützt dem Verkäufer praktisch nichts.[180] Zur Problematik haftungsentlastender (negativer) Beschaffenheitsvereinbarungen beim Verbrauchsgüterkauf s. zunächst Rn 1319 ff.

2125 Die **Beweislast** für die Verletzung der Wahrheitspflicht liegt beim Käufer. Eine **Verschiebung zum Verkäufer** nimmt die Rechtsprechung in denjenigen Fällen an, in denen die Verkäufer schriftliche (Teil-)Informationen der unter Rn 2122 mitgeteilten Art gegeben haben. Für eine darüber hinausgehende Aufklärung durch mündliche Zusatzinformationen soll der Verkäufer beweispflichtig sein.[181]

e) Der nach wirtschaftlichem Totalschaden ganz oder teilweise wieder aufgebaute Unfallwagen

Fallbeispiel:

Der Bekl., ein Kfz-Händler, verkaufte dem Kl. unter umfassendem Gewährleistungsausschluss einen gebrauchten Pkw. Das Fahrzeug hatte bei einem Unfall einen „wirtschaftlichen Totalschaden" erlitten. Der Bekl. hat das Fahrzeug erworben und in seiner Werkstatt repariert. Der Kl. war über den Unfallschaden unterrichtet (Fall nach OLG Celle, NJW-RR 1988, 1136).

2126 Jährlich werden etwa 500.000 Unfallschäden (Pkw/Kombi) auf Totalschadensbasis abgerechnet, überwiegend nach den Regeln des **wirtschaftlichen,** nicht des **technischen** Totalschadens. Selbst nach einem technischen Totalschaden wird ein Fahrzeug hierzulande[182] nicht von Amts wegen aus dem Verkehr gezogen. Der Eigentümer ist gesetzlich nicht verpflichtet, das Auto zu verschrotten und den Fahrzeugbrief bei der Zulassungsstelle entwerten zu lassen. Infolgedessen können Fahrzeuge mit Totalschäden, insbesondere wirtschaftlicher Natur, ohne weiteres wieder in den Verkehr gelangen, sobald sie einigermaßen instandgesetzt sind. Eine vorherige Kontrolle durch einen Sachverständigen ist dafür keine Voraussetzung.[183]

Zahlreiche, nicht immer seriöse Betriebe haben sich den gegenwärtigen Zustand mit den **„rollenden Zeitbomben"** zunutze gemacht, indem sie sich auf die Instandsetzung und/oder Vermarktung stark beschädigter Kraftfahrzeuge spezialisiert haben. **Sonderprobleme** kauf- und sachenrechtlicher, aber auch wettbewerbsrechtlicher Art tauchen auf, wenn eine Reparatur („Aufbau") nur unter Austausch des zentralen Fahrzeugkörpers oder (bei nicht selbsttragender Bauweise) des zentralen Teils der Rahmen-Boden-Anlage erfolgen konnte.[184]

---

178 Urt. v. 13. 4. 1999, OLGR 1999, 509.
179 OLG Nürnberg 9. 6. 2000 – 6 U 4302/99 – n. v.
180 Dazu OLG Hamm 9. 2. 1983 – 19 U 182/82 – n. v.
181 OLG Bamberg 2. 3. 1994, NJW-RR 1994, 1333; OLG Düsseldorf 15. 10. 1987 – 18 U 92/87 – n. v.; OLG Hamm 6. 5. 1996 – 32 U 143/95 – n. v.
182 Anders z. B. in Frankreich und in den Niederlanden.
183 Die Aufnahme einer Überwachungspflicht in die StVZO wird seit langem vergeblich gefordert.
184 Dazu OLG Oldenburg 31. 1. 1995, NJW-RR 1995, 688; BGH 26. 4. 1990, DAR 1990, 332 (Zeichenrecht).

(1) Der im eigenen Betrieb oder auf eigene Rechnung wiederaufgebaute Unfallwagen

Im Umfang wahrheitsgemäßer und vollständiger Aufklärung ist auch ein schwerer Unfallvorschaden kein Sachmangel.[185] Dazu auch Rn 1577. Wird ein Fahrzeug unter ausdrücklichem Hinweis auf einen früheren Totalschaden verkauft, wird damit die Haftung des Verkäufers für **sonstige Mängel** oder unrichtige Zusagen (z. B. „fahrbereit") nicht eingeschränkt oder gar ausgeschlossen.[186]

Das Mindeste, worüber der Verkäufer eines ehemals „total" beschädigten, aber zumindest optisch wieder komplett instandgesetzten Kraftfahrzeugs **von sich aus** aufklären muss, ist die **Tatsache der Unfallbeteiligung.** Der Käufer muss wissen, dass es sich um einen „Unfallwagen" handelt, auch wenn er sich wider alle Vernunft nicht danach erkundigt.

Der lapidare Hinweis „Unfallwagen" genügt nicht, wenn der Händler das Fahrzeug **selbst repariert** hat oder ganz oder teilweise durch eine Drittfirma hat instandsetzen lassen. Hierzu das OLG Köln:[187]

„Da die Beklagte den Unfallwagen selbst repariert hat, war nur ihr das volle Ausmaß des Unfallschadens bekannt. Nur eine Einzelbeschreibung hätte dem Käufer die tatsächliche Entscheidungsgrundlage für den Entschluss vermittelt, das Fahrzeug überhaupt oder zu dem geforderten Preis zu kaufen. Für die Beklagte bestand auch nicht die geringste Schwierigkeit, den Käufer vollständig aufzuklären. Das hätte sich mit wenigen Sätzen bewirken lassen."

Die vom OLG Köln verlangte **Einzelbeschreibung** des Unfallschadens setzt keine Auflistung aller Schäden nach Art eines Gutachtens voraus. Es genügt, wenn der Käufer über die **wesentlichen Beschädigungen** wahrheitsgemäß und vollständig unterrichtet wird.[188] M. a. W.: Der Unfallschaden darf nicht verharmlost werden (vgl. dazu auch Rn 2115 ff.).

Zur Vorlage eines vorhandenen Unfallgutachtens (Schadensgutachten) eines Kfz-Sachverständigen ist der Händler nicht verpflichtet; auch interne Unterlagen über den Schadensfall (Fotos, eigene Unfallbewertung, Arbeitskarten usw.) braucht er nicht offen zu legen.[189] Für sich behalten darf er auch, mit welchem **Kostenaufwand** der Schaden behoben worden ist.[190] Ungeklärt ist, ob der Händler dann, wenn er den Schaden beziffert, die **Eigenkosten** angeben darf oder ob er die höheren Kosten laut Gutachten bzw. Rechnung mitteilen muss. In der Mitteilung der (niedrigeren) Eigenkosten könnte man eine unzulässige Beschönigung

---

[185] OLH Hamm 14.6.2005 – 28 U 190/04 – n.v; OLG Hamm 3.3.2005, ZGS 2005, 315; dazu *Schinkels*, ZGS 2005, 333.
[186] OLG Düsseldorf 28.7.1993, OLGR 1994, 129; OLG Oldenburg 31.1.1995, NJW-RR 1995, 688; OLG Koblenz 18.5.2000, DAR 2002, 169 = r+s 2002, 367
[187] Urt. v. 11.6.1986, NJW-RR 1986, 1380; ebenso OLG Koblenz 6.6.1997, OLGR 1997, 194; s. auch OLG Düsseldorf 19.12.1997, OLGR 1998, 115; OLG Karlsruhe 7.11.1991, VRS 82, 241; OLG Düsseldorf 29.12.2003, MDR 2004, 875 (provisorische Reparatur); OLG Düsseldorf 21.1.2004 – 1 W 72/03 – n. v.
[188] So auch OLG Düsseldorf 21.1.2004 – 1 W 72/03 – n. v.
[189] Ebenso *Landscheidt/Segbers*, NZV 1991, 289, 294; gegen eine Vorlagepflicht (Schadensgutachten) auch OLG Hamm 19.10.1994, NJW-RR 1995, 689 für den Kauf eines – unreparierten – Unfallwagens vom Händler; so auch OLG Hamm 14.6.2005 – 28 U 190/04 – n. v.
[190] Siehe aber auch OLG Hamm 19.10.1994, NJW-RR 1995, 689 – Mitteilung der – geschätzten – Reparaturkosten beim Verkauf eines unreparierten Pkw.

des Unfallschadens sehen. Das OLG Hamm hat beim Verkauf eines **unreparierten** Unfallfahrzeugs auf die veranschlagten Reparaturkosten abgestellt.[191]

Zumindest bei einer **Unfallinstandsetzung im eigenen Betrieb** oder auf eigene Rechnung in einem Drittbetrieb wird man von dem Verkäufer verlangen müssen, dass er auch über die **Instandsetzungsarbeiten** Auskunft gibt. Das verlangt auch das OLG Hamm[192] jedenfalls in den Fällen, in denen der Käufer nach dem Vorhandensein eines Vorschadens fragt oder die Unfallfrage, wie regelmäßig, im schriftlichen Kaufvertrag thematisiert wird. Es genügt eine **schlagwortartige Beschreibung** der wesentlichen Reparaturarbeiten. Mit der – überobligationsmäßigen – Vorlage einer verlässlichen Werkstattrechnung ist der Verkäufer auf der sicheren Seite. Zur Offenlegung von Zweifeln an der Fachgerechtigkeit der Unfallinstandsetzung und zur Offenbarung von **Billigreparaturen** und **Instandsetzungen im Ausland** s. Rn 1591, 2118. Die dort für den Normalfall eines Vorschadens mitgeteilten Regeln gelten erst recht beim Vorliegen gravierender Unfallschäden im Bereich eines wirtschaftlichen Totalschadens.[193]

(2) Wiederaufbau in Fremdbetrieb

2128 Bei einer Reparatur außerhalb des eigenen Betriebs und auf fremde Rechnung muss ein Händler nach Meinung des LG Saarbrücken gleichfalls „umfassend über die Herkunft des Fahrzeuges aufklären", z. B. darüber, dass er es von einem Betrieb erworben hat, der geschäftsmäßig Unfallfahrzeuge ankauft und instandsetzt.[194] Unter Berufung auf OLG Bremen DAR 1980, 373 verlangt auch das OLG Koblenz[195] derartige Herkunftsinformationen. Für eine **Nachforschungspflicht** des Verkäufers hat sich das OLG Karlsruhe ausgesprochen.[196]

Beweislast: Nach (zweifelhafter) Ansicht des OLG Dresden[197] ist der Verkäufer für eine mündliche Aufklärung beweispflichtig, wenn im schriftlichen Kaufvertrag jeglicher Hinweis auf einen Wiederaufbau nach Totalschaden fehlt. Vorzuziehen ist die Auffassung des OLG Hamm,[198] wonach der Käufer die Behauptung des Verkäufers, er habe den Käufer mündlich aufgeklärt, widerlegen muss (s. auch Rn 2075).

(3) Der nicht oder nur provisorisch instandgesetzte Unfallwagen

2129 Zu dieser Fallgruppe gehört die wichtige Entscheidung des OLG Hamm vom 3. 3. 2005.[199] Dem Händler konnte nachgewiesen werden, dass er die Frage des Käufers nach einem wirtschaftlichen Totalschaden wahrheitswidrig verneint hat (näher dazu Rn 2130). Darüber hinaus war das tatsächliche Ausmaß des Unfallschadens verharmlost worden. Gleichwohl hat das OLG den Fall, etwas überraschend, außerhalb der Sachmängelhaftung angesiedelt, indem es eine **Haftung aus c. i. c.** bejaht hat. Da es eine vorsätzliche Täuschung war, ist das vertretbar (zum Problem s. Rn 2221).

---

191 Urt. v. 19. 10. 1994, NJW-RR 1995, 689.
192 Urt. v. 21. 6. 1994, DAR 1994, 401; s. auch AG Aachen 21. 4. 1999, DAR 1999, 368 = Jahrbuch Verkehrsrecht 2000, 393 – Privatverkauf nach Reparatur in Eigenregie.
193 Vgl. auch OLG Koblenz 18. 5. 2000, DAR 2002, 169 = r+s 2002, 367 (Verkauf als „fahrbereit" nach unsachgemäßer Reparatur).
194 Urt. v. 24. 10. 1990, NJW-RR 1991, 619; eine schriftliche Klausel wie „Der Kunde hat von dem erheblichen Unfallschaden in unbekannter Höhe Kenntnis genommen" genügt nicht in jedem Fall, vgl. OLG Hamm 9. 2. 1983 – 19 U 182/82 – n. v.
195 Urt. v. 6. 6. 1997, OLGR 1997, 194; s. auch OLG Koblenz 20. 6. 2002, ZfS 2002, 435 = VRS 103/02, 163; OLG Koblenz 18. 5. 2000, DAR 2002, 169 = r+s 2002, 367.
196 Urt. v. 20. 3. 1992, NJW-RR 1992, 1144 – kein Totalschadensfall.
197 Urt. v. 12. 11. 1997, DAR 1999, 68 – Vermittlungsgeschäft.
198 Urt. v. 14. 6. 2005 – 28 U 190/04 – n. v.
199 ZGS 2005, 315; s. auch OLG Düsseldorf 29. 12. 2003, MDR 2004, 875.

(4) Wirtschaftlicher Totalschaden und Aufklärungspflicht

Als geklärt kann die früher strittige Frage gelten, ob der Käufer – über die korrekte Beschreibung des Schadens hinaus – auf die **Einstufung als „wirtschaftlicher Totalschaden"** ausdrücklich und ungefragt hingewiesen werden muss. Händlergünstig hat das OLG Celle[200] in einem Fall der **Eigenreparatur** durch den Verkäufer entschieden: **2130**

„Der Verkäufer eines unfallbeschädigten, aber reparierten Kraftfahrzeugs ist nicht verpflichtet, über eine hinreichend genaue Beschreibung des Unfallschadens und der wesentlich in Mitleidenschaft gezogenen Fahrzeugteile hinaus den Kaufinteressenten auch darauf hinzuweisen, dass es sich um einen wirtschaftlichen Totalschaden gehandelt habe."

In die gleiche Richtung geht das OLG Düsseldorf in einem Urteil vom 24. 5. 1991:[201] „Über den Umstand des wirtschaftlichen Totalschadens als solchen brauchte der Beklagte als Verkäufer – jedenfalls ohne besondere Frage zu diesem Punkt – die Klägerin als potenzielle Käuferin nicht aufzuklären." Strenger war früher das OLG Hamm.[202] Seiner Meinung nach war die Tatsache der Bewertung als wirtschaftlicher Totalschaden stets offenbarungspflichtig. Durch das unveröffentlicht gebliebene Urteil vom 5. 3. 1985 hat der 28. ZS des OLG Hamm[203] seine frühere Rechtsprechung ausdrücklich aufgegeben. Der geänderten Ansicht angeschlossen hat sich der 19. ZS des OLG Hamm.[204] Anders beurteilt der 28. ZS die Rechtslage, wenn der Käufer ausdrücklich nach dem Vorhandensein eines (wirtschaftlichen) Totalschadens fragt.[205]

Einschlägig sind auch die Entscheidungen OLG Bremen DAR 1980, 373 und KG DAR 1988, 381. Hiernach erfüllt der Verkäufer seine Aufklärungspflicht nicht durch Hinweise wie „unfallbeschädigt" oder „nicht unfallfrei". Einen ausdrücklichen Hinweis auf die Bewertung als „wirtschaftlicher Totalschaden" scheinen diese beiden Gerichte nicht zu verlangen. Zweifel an der strengen, inzwischen aufgegebenen Ansicht des OLG Hamm (28. ZS) hat auch das OLG Köln angemeldet, weil der Begriff „wirtschaftlicher Totalschaden" im Wesentlichen versicherungs- und schadensrechtliche Bedeutung habe.[206]

Der neueren Rechtsprechung ist zuzustimmen. Es kommt nicht auf den Begriff „wirtschaftlicher Totalschaden" an, eine schadens- und versicherungsrechtliche Kategorie mit zweifelhaftem Informationswert. Das Kfz-Schadensrecht (Haftpflicht, nicht Kasko) kennt mindestens **vier verschiedene Definitionen**. Häufig ist strittig, ob die Grenze zum wirtschaftlichen Totalschaden überschritten ist. Was für den gegnerischen Versicherer ein Fall des wirtschaftlichen Totalschadens ist (mit günstigerer Regulierung als beim Reparaturfall), kann aus Sicht des Geschädigten und des von ihm beauftragten Sachverständigen noch ein Reparaturfall im 130-Prozent-Bereich sein.

Die vielfältigen Bewertungs- und Abgrenzungsprobleme spiegeln sich in der kaufrechtlichen Judikatur wider. Nicht selten wird die Schwere des Unfallschadens mit den Worten beschrieben, er habe **„an der Grenze zum wirtschaftlichen Totalschaden"** gelegen. Auch zu dieser Fallgruppe liegt eine umfangreiche Kasuistik vor.[207] Zumeist handelt es sich um Fälle mit **verharmlosenden Erklärungen** (zu dieser Fallgruppe s. Rn 2115 ff.).

---

200 Urt. v. 11. 2. 1988, NJW-RR 1988, 1136; zustimmend *Röttgering*, ZfS 1991, 181 und *Landscheidt/Segbers*, NZV 1991, 289, 294.
201 NJW-RR 1991, 1402; ebenso OLG Düsseldorf 12. 1. 2004 – 1 W 72/03 – n. v.
202 Urt. v. 14. 6. 1983, DAR 1983, 355 (28. ZS).
203 Az. 28 U 213/83.
204 Urt. v. 21. 6. 1994, DAR 1994, 401; ebenso OLG Karlsruhe 7. 11. 1991, VRS 82, 241 – Eigenreparatur; OLG Schleswig 28. 9. 2001, OLGR 2002, 113; OLG Bamberg 7. 6. 2002, OLGR 2003, 212.
205 Urt. v. 3. 3. 2005, ZGS 2005, 315.
206 Urt. v. 23. 5. 1984 – 24 U 30/84 – n. v.
207 Z. B. OLG Koblenz 20. 6. 2002, DAR 2002, 452; OLG Koblenz 28. 11. 2002, ZfS 2003, 239.

Beim **Verkauf an einen Händler** (Inzahlunggabe durch Privatmann) hat auch **der BGH** keine Verpflichtung des „Verkäufers" angenommen, auf die schadensrechtliche Abwicklungsform ungefragt hinzuweisen.[208] Für den **Kauf vom Händler** liegt keine eindeutige Stellungnahme des BGH vor. Seinem Urteil vom 22. 6. 1983[209] kann wohl nicht entnommen werden, dass er einen ausdrücklichen Hinweis auf das Vorliegen eines wirtschaftlichen Totalschadens in jedem Fall für entbehrlich hält. Im Streitfall hatte ein **Autoschlosser** einen Unfallwagen mit Totalschaden aufgekauft und durch seine Arbeitgeberfirma fachgerecht instandsetzen lassen. Auf den Unfallschaden ist der Käufer hingewiesen worden; wie, konnte nicht geklärt werden. Die Minderungsklage gegen den Autoschlosser, der als Verkäufer aufgetreten war, hat der BGH mit folgender Begründung für **unschlüssig** gehalten:

„*Dass der Wagen einen Unfall hatte, wusste der Kläger, als er den Pkw kaufte. Die Unfallbeteiligung haben die Vertragsparteien mithin als einen vertragsgemäßen Zustand vorausgesetzt... Auf die Art des Unfalls käme es nur dann an, wenn der dem Kläger nach seiner Darstellung mitgeteilte Unfallschaden zu einem geringeren merkantilen Minderwert geführt hätte als der tatsächlich vorliegende so genannte Totalschaden. Davon kann aber... nicht die Rede sein.*"

f) Der in Zahlung genommene Unfallwagen

Fallbeispiel:

Der Bekl. kaufte bei der Kl. einen Neuwagen. Seinen Altwagen gab er „im besichtigten Zustand" zum Preis von 3.100 € in Zahlung. Nach einem früheren Unfall wurde er nicht gefragt. Nach dem Weiterverkauf stellte sich heraus, dass es sich um ein Unfallfahrzeug handelte. Dem Bekl. war der Unfall auch bekannt. Die Kl. verlangte Zahlung von 3.100 € als restlichen Neuwagenpreis Zug um Zug gegen Rückgabe des Unfallwagens.

2131   Ob der Altwagen frei angekauft oder im Rahmen eines Ersatzfahrzeuggeschäfts fest bzw. agenturweise in Zahlung genommen wird (zur Inzahlungnahme s. Rn 773 ff.), ist für die **Aufklärungspflicht des Altwagenanbieters** grundsätzlich ohne Bedeutung. Um sich nicht dem Vorwurf der Arglist auszusetzen, muss ein **Privatmann** auch einen professionellen Händler **unaufgefordert** auf Unfallschäden hinweisen, selbst wenn sie nach seiner Meinung fachgerecht behoben worden sind.[210] Allerdings braucht er **ungefragt** keine Einzelheiten des Unfallgeschehens und der Schadensregulierung zu offenbaren. Gibt er nähere Erklärungen ab, müssen sie wahrheitsgemäß und vollständig sein.

Ohne tatsächliche Grundlage, also ins Blaue hinein, gemachte Angaben über den Zustand des Fahrzeugs können den Vorwurf der Arglist rechtfertigen.[211] Die Anwendung der Grundsätze über arglistiges Handeln durch solche Erklärungen ist nicht auf den Kauf gebrauchter Kfz vom gewerblichen Händler beschränkt. Die Rechtsprechung zur Arglisthaftung des Kfz-Händlers kann in Fällen der Inzahlunggabe wie auch beim „freien" Händlerankauf von Privat aber nur mit Vorsicht herangezogen werden.[212] Zu beachten ist, dass der private Inzahlunggeber in der Regel ein technischer Laie ist. Sein Verständnis vom Begriff „Unfallschaden" ist erfahrungsgemäß enger als das eines professionellen Verkäufers. Ein Rempler auf einem Parkplatz ist für die meisten Privatverkäufer kein „Unfall". Auch von der Bagatellgrenze haben sie ihre eigenen Vorstellungen. Andererseits ist bei Unfall-

---

208 Urt. v. 21. 10. 1964, NJW 1965, 35.
209 NJW 1983, 2242.
210 BGH 21. 10. 1964, NJW 1965, 35; 5. 4. 1978, NJW 1978, 1482; v. 31. 3. 1982, NJW 1982, 1699; OLG Köln 15. 12. 1982, MDR 1983, 489; OLG Köln 18. 3. 1994, NJW-RR 1995, 51 = OLGR 1994, 238; OLG Saarbrücken 13. 6. 2000, OLGR 2000, 525.
211 Vgl. BGH 31. 3. 1982, NJW 1982, 1699.
212 Zustimmend OLG Schleswig 29. 9. 1989 – 14 U 40/88 – n. v.; s. auch OLG Schleswig 4. 11. 2005, MDR 2006, 629 = SVR 2006, 219.

vorschäden technischer Sachverstand kein wesentliches Erkenntniskriterium. Es geht vielmehr um die Kenntnis von Vorgängen, über die ein Erstbesitzer wie kein Zweiter informiert ist. Das verleiht ihm den entscheidenden Informationsvorsprung, auch gegenüber einem Kfz-Händler.

Welche Anforderungen an die Aufklärungspflicht des **privaten Inzahlunggebers/Verkäufers** zu stellen sind, kann letztlich nur unter Berücksichtigung der Umstände des jeweiligen Einzelfalles entschieden werden. Mit der Behauptung, sein Kunde habe einen **mitgeteilten Unfallschaden** in arglistiger Weise **bagatellisiert,** wird ein Kfz-Händler nur selten Erfolg haben.[213] Besser als ein privater Käufer kann er – häufig unpräzise und verkürzte – Unfallinformationen seines Kunden durch eine sachverständige Kontrolle und/oder gezielte Rückfrage auf ihren Wahrheitsgehalt überprüfen.

Der Umfang der Aufklärungspflicht des privaten wie des gewerblichen Inzahlunggebers ist stets auch von den Erkenntnismöglichkeiten und -fähigkeiten des Kfz-Händlers abhängig. Dieser muss aber nicht von vornherein mit einem unredlichen Verhalten seiner Kunden rechnen.[214]

Das Unterlassen einer gezielten „Unfall-Frage" bedeutet keinen Verzicht auf Aufklärung und darf von einem privaten Kunden auch nicht so verstanden werden. Nur den Umfang, nicht das Ob der geschuldeten Aufklärung wird man von dem bekundeten Informationsinteresse des Autohauses abhängig machen können.

Ob zugunsten des Händlers/Inzahlungnehmers die **Vermutung der Vollständigkeit und Richtigkeit der Vertragsurkunde** spricht, wenn er selbst die Angaben des Inzahlunggebers schriftlich festgehalten hat,[215] erscheint zumindest zweifelhaft (zur Vermutungswirkung beim Händlerverkauf s. Rn 1612).

Lässt sich der subjektive Tatbestand der arglistigen Täuschung nicht nachweisen,[216] bleiben etwaige Erklärungen des Fahrzeugeigentümers gleichwohl für seine Haftung (jetzt nach § 437 BGB) relevant.[217] Im Falle des Bruchs einer Beschaffenheitsvereinbarung[218] kommt eine Schadensersatzhaftung nach § 437 Nr. 3 BGB i. V. m. § 311 a Abs. 2 BGB in Betracht. Dem Kunden, sofern Erstbesitzer, wird es kaum gelingen, das Verschweigen eines Vorschadens zu entschuldigen.[219]

Zu den **Rechtsfolgen** bei arglistiger Täuschung des Inzahlungnehmers/Händlers s. Rn 874.

2. Verschweigen sonstiger Mängel und Vorspiegeln sonstiger Eigenschaften

a) Karosseriebeschädigungen ohne „Unfall" (Nachlackierung u. a.)

In engem Kontext mit den vielfältigen Fallgestaltungen rund um das Thema „Unfallauto", einem unscharfen Begriff (s. auch Rn 2123), stehen die Fälle mit „sonstigen Beschädi-

---

213 Vgl. BGH 31. 3. 1982, NJW 1982, 1699; vgl. auch BGH 21. 10. 1964, NJW 1965, 35; OLG Schleswig 26. 8. 1994, ZfS 1994, 447; OLG Schleswig 4. 11. 2005, MDR 2006, 629 = SVR 2006, 219; andererseits OLG Koblenz 29. 11. 2001, VRS 102, 174.
214 Vgl. OLG Schleswig 26. 8. 1994, ZfS 1994, 447; OLG Saarbrücken 13. 6. 2000, OLGR 2000, 525; s. aber auch OLG Oldenburg 4. 7. 1962, MDR 1962, 901.
215 Bejahend OLG Koblenz 29. 11. 2001, VRS 102, 174 = r+s 2002, 368.
216 Die Rechtsprechung ist hier zugunsten privater Inzahlunggeber recht großzügig, z. B. OLG Oldenburg 4. 7. 1962, MDR 1962, 901; OLG Saarbrücken 13. 6. 2000, OLGR 2000, 525.
217 Vgl. OLG Schleswig 26. 8. 1994, ZfS 1994, 447; AG Homburg/Saar 19. 12. 2003, ZfS 2004, 411.
218 Dazu AG Homburg/Saar 19. 12. 2003, ZfS 2004, 411; AG Kassel 25. 1. 2005 – 425 C 418/04 – n. v.
219 Vgl. AG Kassel 25. 1. 2005 – 425 C 418/04 – n. v.

gungen" der Karosserie. Ein Unterfall ist der Gebrauchtwagen mit einer **Nach- oder Neulackierung** (zur Situation bei einem Neufahrzeug s. Rn 273).

Käufer, die eine Nachlackierung oder Lackflecken oder ähnliche Unregelmäßigkeiten im Lack entdecken, vermuten – nach der Lebenserfahrung nicht ohne Grund – einen verschwiegenen Unfallvorschaden. Der Grund für eine Nachlackierung kann aber auch ein Hagelschaden oder Vandalismus wie z. B. Lackkratzer sein, auch die Beseitigung von Aufklebern (z. B. Reklame) oder einfach nur Vogelkot, der Feind eines jeden Autolacks. Anlass für eine Nachlackierung kann ferner ein im Laufe der Zeit stumpf und unansehnlich gewordener Originallack geben, auch Steinschlag (Vorderwagen/Motorhaube) oder Flugrost.[220]

Nachlackierungen der Karosserie können im Einzelfall auch dann offenbarungspflichtig sein, wenn sie mit einem „Unfallschaden" nichts zu tun haben,[221] ebenso atypische Lackflecken.[222] Da es bei den kaufrechtlichen Arglistnormen um das Verschweigen eines Sachmangels geht, ist vorrangig zu prüfen, ob ein solcher überhaupt vorliegt. Erst auf einer zweiten Stufe stellt sich die Frage, ob der Verkäufer arglistig gehandelt hat.[223]

2133 Soweit es um „äußere Einwirkungen" auf die Karosserie geht, die im weitesten Sinn unter den Unfallbegriff fallen (zur Abgrenzung s. Rn 1564), ist bei der vorrangigen Mangelprüfung daran anzuknüpfen. Zur Mangelhaftigkeit bei Unfallschäden und insbesondere zur Bagatellproblematik s. Rn 1566 ff., 1583 ff. Nicht nur die Unfalleigenschaft kann einen Sachmangel begründen, auch eine **nicht fachgerechte Lackierung** im Zuge einer Unfallinstandsetzung. Eine handwerklich fehlerhafte Nachlackierung der Karosserie eines durchschnittlichen Gebrauchtwagens (Pkw/Kombi) ist **schlechthin** ein Sachmangel i. S. d. § 434 Abs. 1 S. 2 Nr. 2 BGB gleichviel, aus welchem Anlass sie aufgebracht wurde. Die gewöhnliche Verwendung ist zwar nicht beeinträchtigt, wohl aber der Wert.[224] Eine Beseitigung der Schadstellen ist mit Kosten verbunden. Bei einem Neuunfall kann eine Farbangleichung (Anpassung) erforderlich werden. Ob und inwieweit eine Nach- oder Neulackierung („Zweitlackierung") mangelhaft ist, muss ein Sachverständiger klären. Eine Besichtigung durch den Richter kann ratsam sein. Entbehrlich ist eine Sachaufklärung, wenn der Käufer die mangelhafte Nachlackierung gekannt oder aus grober Fahrlässigkeit nicht bemerkt hat, wobei sich im zweiten Fall wiederum die Arglistfrage stellt. Zu § 442 BGB s. Rn 1932 ff.

2134 Eine **ordnungsgemäße Nachlackierung** kann – am Maßstab des Üblichen gemessen (§ 434 Abs. 1 S. 2 Nr. 2 BGB) – selbst dann vom Käufer hinzunehmen sein, wenn ein kleinerer Karosserieschaden den Hintergrund bildet. Die fachgerechte Beseitigung eines nicht offenbarungspflichtigen „Bagatellschadens" (zur Abgrenzung s. Rn 1583 ff.) gibt dem Käufer kein Reklamationsrecht. Gleiches gilt bei einwandfreier Beseitigung einer „sonstigen Beschädigung", welche die Bagatellgrenze nicht übersteigt.

Sachgemäß überlackierter Flugrost ist kein offenbarungspflichtiger Mangel.[225]

In vielen Fällen steht zwar die Nachlackierung als solche fest, der Käufer beanstandet auch nicht die Lackierarbeit als solche, Kern seiner Rüge ist der Verdacht auf einen Unfallvorschaden. Zur insoweit bestehenden Darlegungspflicht s. Rn 1700. (auch zur Frage der Behebbarkeit eines etwaigen Mangels). Zu den Unfallverdachtsfällen s. auch Rn 2105.

---

220 Dazu OLG Koblenz 5. 9. 2002, DAR 2002, 560.
221 OLG Bamberg 3. 5. 2005 – 5 U 99/04 – n. v.; OLG Oldenburg 18. 10. 2000, OLGR 2001, 50; s. auch OLG Düsseldorf 17. 7. 2002 – 17 U 9/02 – n. v. – (Händlerarglist verneint; sechs Jahre alter Mazda MX 5 mit „Zweitlackierung"); LG München I 15. 12. 2004 – 26 O 17856/04 – n. v.
222 OLG München 21. 3. 2006, DAR 2006, 634 („Nassverkauf").
223 Dazu OLG Koblenz 5. 9. 2002, DAR 2002, 560 (angeblich „Flugrost"-Beseitigung).
224 Zu diesem Aspekt s. OLG Düsseldorf 8. 11. 2002, NZV 2003, 94 = ZfS 2003, 75 (aber noch zu § 459 BGB a. F.).
225 OLG Koblenz 5. 9. 2002, DAR 2002, 560.

Ob eine Verformung des Bleches der Grund für die strittige Nachlackierung war, lässt sich in den meisten Fällen mit Hilfe eines Sachverständigen klären. Anders sieht es mit dem **Zeitpunkt** aus. Er ist technisch nicht aufklärbar. Zur Beweisvermutung nach § 476 BGB bei äußeren Beschädigungen s. Rn 1646.

Bleiben Anlass und/oder Zeitpunkt der (an sich fachgerechten) Nachlackierung offen, kann die Klage schon aus diesem Grund abzuweisen sein.[226] Hängt der Erfolg der Klage vom Nachweis der Arglist ab, stehen Käufer selbst beim **Kauf vom Händler** mitunter vor unüberwindbaren Hindernissen.[227] Noch schwieriger ist, **Privatverkäufern** Arglist nachzuweisen.

Bei Offenkundigkeit oder leichter Erkennbarkeit der Nachlackierung oder der schadhaften Lackstelle wird es häufig zumindest am Täuschungsvorsatz fehlen (s. Rn 2071). Insoweit ist auch zu berücksichtigen, dass jedenfalls Privatverkäufer nur „echte" Unfallschäden für offenbarungspflichtig halten. Parkdellen und Leichtschäden aus dem häuslichen Bereich (Hof und Garage) werden nicht als „Unfallschäden" angesehen. Deren Beseitigung im Wege einer Nachlackierung gilt in weiten Kreisen der Bevölkerung als nicht erwähnenswert.

Der Verkäufer muss die Nachlackierung als solche zumindest gekannt haben. Wenn ja, ist damit der Arglistnachweis nicht in jedem Fall geführt.[228] Man wird dem Verkäufer bei Kenntnis der Nachlackierung aber vorhalten können, sich für den Grund nicht interessiert zu haben. Eine Nachlackierung größeren Ausmaßes bietet jedenfalls einem Händler konkreten Anlass zur Nachforschung.[229]

b) Motorschäden

Dazu liegt eine umfangreiche Judikatur vor.[230] Zumal bei Motorschäden ist der Arglistnachweis oft schwer zu führen. Dass die Rechtsprechung **professionelle Verkäufer** regelmäßig strenger behandelt als **Privatverkäufer**,[231] ist zwar verständlich. Man sollte jedoch stets beachten, dass Kfz-Händler den Zustand der Motoren ihrer Gebrauchtwagen aus eigener, sachkundiger Kenntnis nur bedingt beurteilen können. Anders liegen die Dinge bei einem Autohaus mit Tuningabteilung und einem im eigenen Betrieb durchgeführten **Chip Tuning**. Zu unterscheiden ist hier zwischen der technischen Seite (geringere Lebenserwartung des „frisierten" Motors) und der zulassungsrechtlichen Seite.[232] S. auch Rn 1408.

2135

Wer als nichtautorisierter Kfz-Betrieb **Gebrauchtteile** bei der Instandsetzung/Überholung eines Pkw-Motors in der eigenen Werkstatt verwendet hat, ohne den (privaten) Pkw-Käufer darauf hinzuweisen, muss sich den Vorwurf der arglistigen Täuschung gefallen lassen, wenn es infolge eines fehleranfälligen Gebrauchtteils zu einem Motorausfall kommt.[233]

---

226 Vgl. OLG Düsseldorf 18. 8. 2008 – I –1 U 168/07 – n. v. (Vorführwagen vom Händler).
227 Vgl. OLG Koblenz 5. 9. 2002, DAR 2002, 560; OLG Düsseldorf 17. 7. 2002 – 17 U 9/02 – n. v.
228 Vgl. OLG Düsseldorf 25. 2. 2008 – I-1 U 183/07 – n. v.; OLG Düsseldorf 17. 7. 2002 – 17 U 9/02 – n. v. (Kauf vom Händler).
229 Ausgesprochen händlerfreundlich OLG Düsseldorf 17. 7. 2002 – 17 U 9/02 – n. v. (sechsjähriger Mazda MX 5 mit „Zweitlackierung").
230 BGH NJW 1983, 1424 (Mercedes 230 SL); BGH NZV 1995, 222 (Maserati Oldtimer); OLG Zweibrücken OLGR 1999, 434; OLG Köln DAR 2000, 308; OLG Düsseldorf DAR 2001, 502; OLG Frankfurt OLGR 2001, 63; OLG Düsseldorf 11. 11. 2002 – 1 U 60/02 – n. v. (Motorinstandsetzung mit Gebrauchtteilen).
231 Laut AG Hamm (Urt. v. 13. 4. 2005 – 24 C 562/04 – n. v.) muss ein Privatverkäufer ungefragt nicht einmal auf von ihm wahrgenommene Geräusche des Motors bei Verdacht eines Motorschadens hinweisen. Gegen Arglist spricht in der Tat, dass der Käufer diese Geräusche bei einer Probefahrt gleichfalls hören kann.
232 Dazu OLG Karlsruhe 24. 3. 2006, NJW 2007, 443.
233 OLG Düsseldorf 11. 11. 2002 – 1 U 60/02 – n. v.; s. auch OLG Bremen 10. 8. 2000, OLGR 2000, 371.

c) Gesamtlaufleistung/Tachostand

2136 Tachometermanipulationen[234] und sonstige Täuschungen über die Gesamtlaufleistung von Gebrauchtfahrzeugen sind Gegenstand einer umfangreichen Rechtsprechung.[235] Zur Frage der Mangelhaftigkeit ausführlich Rn 1436 ff.

d) Kaschierungsfälle

2137 Sie können über die Alternative „Vorspiegeln einer Eigenschaft" gelöst werden. **Optisches Herrichten** („Aufbereiten") und **Schönheitsmaßnahmen** sind erlaubt. Das Tarnen von Schäden, insbesondere von Durchrostungen und Unfallbeschädigungen, ist verboten.[236] Wo genau die Grenze zwischen zulässiger Präsentation und arglistiger Täuschung zu ziehen ist, kann im Einzelfall schwierig zu beantworten sein.[237] Gegen die handelsübliche **optische Gebrauchtwagenaufbereitung** (Rost entfernen, Motorwäsche, Felgen spritzen, Motoraufbereitung, Innenraumreinigung, Kofferraumreinigung und Außen-Make-up) ist vom rechtlichen Standpunkt aus nichts einzuwenden.

Nach- und Neulackierungen: Hier steht meist der Verdacht eines Unfallschadens im Raum,[238] s. auch Rn 2132 ff. **Verkaufslackierungen** und das „Frisieren" von Altwagen, z. B. durch Manipulation am Tachometer, durch Einfüllen von besonders dickem Öl oder durch **Kaschieren von Durchrostungen** an tragenden Teilen mit Hilfe von Unterbodenschutz oder einem Rostprimer[239] sind Maßnahmen, durch die sich Verkäufer leicht dem Verdacht der arglistigen Täuschung oder gar des Betruges (§ 263 StGB) aussetzen.[240] Näheres zum Thema „Rost" s. Rn 1480 ff.

e) Alter/Baujahr/Vorbesitzer

2138 Unter welchen Voraussetzungen ein höheres Alter oder eine höhere Anzahl von Vorbesitzern (Vorhaltern) einen Sachmangel darstellt, ist unter Rn 1368 ff und Rn 1599 ff. im Einzeln dargestellt. An dieser Stelle geht es nur um die Arglistfrage, die allerdings auch ohne Sachmangel als Substrat ein Thema sein kann (§ 123 BGB).

Überhaupt keine Angabe zum Alter zu machen, ist nicht in jedem Fall arglistig.[241] Werden Informationen erteilt, wozu auch die Nennung des Erstzulassungsdatums gehört, müssen sie richtig und vollständig sein.[242]

---

234 Dazu OLG Köln 13. 3. 2007, OLGR 2007, 587 = SVR 2008, 19 (Tauschtacho).
235 OLG Bremen 8. 10. 2003, NJW 2003, 3713 = OLGR 2004, 25; OLG Koblenz 22. 10. 2001, NJOZ 2002, 496 = NJW-RR 2002, 202 (Ls.); OLG Nürnberg 25. 2. 2002 – 5 U 4250/01 – n. v. (Händlerverkauf); OLG Düsseldorf, OLGR 1993, 81; OLG Düsseldorf NJW-RR 1999, 278; LG Münster, ZfS 1993, 409.
236 Vgl. OLG Frankfurt 30. 6. 1989, DAR 1989, 463, 464 (Rost); vgl. auch BGH 23. 4. 1986, NJW 1986, 2319 = WM 1986, 867 unter II, 3a, bb (Rost); OLG Düsseldorf 12. 3. 1992, OLGR 1992, 169 (Rost); vgl. auch *Eggert*, DAR 1989, 121.
237 Vgl. OLG Hamm 3. 7. 1986 – 23 U 35/86 – n. v. (Korrosionsschäden an einem 6 Jahre alten Matra Rancho).
238 Vgl. OLG Düsseldorf 8. 11. 2002, NZV 2003, 94 = DAR 2003, 67 (zw.); OLG Koblenz 5. 9. 2002, DAR 2002, 560; OLG Düsseldorf 30. 9. 2002, 1 U 31/02, n. v.; s. auch OLG Karlsruhe 30. 6. 2004, ZfS 2004, 459 m. Anm. *Diehl* = DAR 2005, 31.
239 Vgl. OLG Düsseldorf 12. 3. 1992, OLGR 1992, 169.
240 Siehe auch OLG Frankfurt 15. 2. 2001, DAR 2001, 306.
241 LG Berlin 16. 10. 2003, SVR 2004, 309 – Internetangebot.
242 Zur Offenbarungspflicht und zur Arglistfeststellung s. OLG Karlsruhe 26. 5. 2004, NJW 2004, 2456; OLG Oldenburg 28. 10. 2005, MDR 2006, 630 (Vorführwagen); OLG Karlsruhe 12. 9. 2007, NJW 2008, 925 (Motorrad/Import); OLG Düsseldorf 16. 4. 2003, DAR 2003, 318 (Standzeit); AG Rottweil 28. 1. 1999, DAR 1999, 369 (Standzeit).

Was das **Alter eines Reifens** angeht, so hat der BGH die Annahme der Vorinstanz, der Händler habe deshalb arglistig gehandelt, weil er sich „blindlings" auf die Ordnungsmäßigkeit verlassen habe, nicht gebilligt.[243]

Die Anzahl der Vorbesitzer „lt. Fahrzeugbrief" falsch anzugeben, ist arglistig, wenn der Verkäufer sich vorher nicht durch Einsichtnahme in den Brief vergewissert hat.[244] Eine kurzfristige Zulassung (10 Tage) auf einen Mitarbeiter der Verkaufsfirma soll kein offenbarungspflichtiger Umstand sein.[245]

f) Import/Re-Import-Fahrzeuge

Klärungsbedürftig ist in diesen Fällen mit vergleichsweise hohem Schwierigkeitsgrad zunächst, worin die Vertragswidrigkeit, d. h. der verschwiegene Sachmangel, besteht; ob schon in der Produktion im Ausland, in einer früheren Auslandszulassung, der Vorbenutzung im Ausland, einem früheren Zeitpunkt der Erstzulassung,[246] einer „Magerausstattung" (z. B. kein Airbag, keine Leuchtweitenregulierung, kein ESP), einer unzureichenden Schadstoffarmut oder in einer Reduzierung der Garantiezeit (LG Amberg NZV 2008, 301) oder schließlich allein in der Tatsache des Imports bzw. Re-Imports, um die wichtigsten Problemfelder zu nennen.[247]

2139

Nicht jeder dieser und ähnlicher Störfälle wird nach der Rechtsprechung von der Sachmängelhaftung erfasst. In Betracht gezogen wird auch eine Haftung nach c. i.c-Grundsätzen (s. Rn 2217 ff.). In Fällen mit nachgewiesener Arglist tritt diese Abgrenzungsfrage in den Hintergrund.

Zur Offenbarungspflicht beim **Verkauf von Import- und Re-Importfahrzeugen** liegt mittlerweile eine recht breite, jedoch wenig gradlinige und im Fluss befindliche Judikatur vor. Erwähnenswert sind vor allem die Entscheidungen des Saarländischen OLG vom 30. 3. 1999,[248] des OLG Hamm vom 13. 5. 2003[249] und des OLG Naumburg vom 7. 12. 2005.[250]

Nach Ansicht des Saarländischen OLG steht dem Käufer eines Pkw ein **Anfechtungsrecht aus § 123 BGB** zu, wenn der Verkäufer ihn bei Vertragsabschluss nicht darauf hingewiesen hat, dass der Wagen aus dem Ausland importiert ist. Verkaufsfirma war eine Opel-Vertragshändlerin, also kein Importeur, schon gar nicht ein „Grauimporteur". Bemerkenswert war auch, dass das Fahrzeug, ein aus Frankreich importierter Opel, nicht „magerausgestattet" war. Das OLG Saarbrücken hat allein aufgrund des Re-Imports einen **Minderwert**[251] angenommen und dabei auf generelle Nachteile von gebrauchten Importwagen hingewiesen (kein Ausweis des bzw. der Erstbesitzer im Fahrzeugbrief, Zweifel an der Veräußerungsbefugnis, Schwierigkeiten beim Weiterverkauf). Hinzuweisen wäre ferner auf den Umstand, dass ein im Ausland erstzugelassenes Fahrzeug bei einer nationalen Rückrufaktion des Herstellers unerfasst bleiben kann. Anders als die Oberlandesgerichte Saarbrücken und Naumburg (ebenso LG Düsseldorf[252]) hat das LG Verden[253] in der Tatsache des Imports/Re-Imports keinen (offenbarungspflichtigen) Sachmangel gesehen.

---

243 Urt. v. 11. 2. 2004, NJW 2004, 1032 (Hinterreifen II).
244 So LG Köln 26. 7. 2005 – 28 O 70/05 – n. v.
245 Brand OLG 14. 2. 2007 – 4 U 68/06 – n. v.
246 Dazu OLG Hamm 12. 10. 1990, NJW-RR 1991, 505; LG Amberg 16. 10. 2007, NZV 2008, 301.
247 Näheres bei *Reinking/Eggert*, NZV 1999, 7, 12 ff.
248 NJW-RR 1999, 1063 = OLGR 1999, 278.
249 NJW-RR 2003, 1360 (Haftung aus c. i. c. bejaht, neues Recht).
250 DAR 2006, 327.
251 Dazu instruktiv OLG Naumburg 7. 12. 2005, DAR 2006, 327.
252 Urt. v. 22. 4. 2003, DAR 2003, 420.
253 Urt. v. 27. 6. 2000 – 4 O 161/00 – n. v.

In Fällen mit nachgewiesener „**Magerausstattung**"²⁵⁴ begründen manche Gerichte eine Offenbarungspflicht allein mit diesem Defizit,²⁵⁵ sind mit der Annahme von Arglist aber **bei privaten Verkäufern** zurückhaltend.²⁵⁶ Betont wird durchweg, dass ein deutscher Gebrauchtfahrzeugkäufer ohne konkrete anderslautende Hinweise davon ausgehe, ihm werde ein für den deutschen Markt gebautes mit der in Deutschland üblichen Serienausstattung ausgerüstetes Fahrzeug zum Kauf angeboten. Ohne abweichende Anhaltspunkte darf er z. B. auch darauf vertrauen, dass der Wagen in Deutschland erstzugelassen worden ist (s. dazu Rn 1380). Dass die Eintragung im Fahrzeugbrief nicht das tatsächliche Erstzulassungsdatum wiedergibt, gilt als offenbarungspflichtig.²⁵⁷ Durch Vorlage des Fahrzeugbriefs mit einem Vermerk über eine Auslandszulassung erfülle **der Händler** seine Offenbarungspflicht noch nicht. Erforderlich sei ein eindeutiger und unmissverständlicher Hinweis, selbst bei einem Verkäufer, der als „Importeur" firmiert und/oder mit dieser Bezeichnung Werbung macht.

g) Katalysator/Schadstoffarmut/Steuervergünstigungen

2140 Wird der Verkäufer danach gefragt oder macht er von sich aus zu diesen Themen nähere Angaben (zu dieser Fallgruppe s. Rn 1490), müssen sie selbstverständlich richtig sein. Angesichts der Unsicherheiten in rechtlicher und tatsächlicher Hinsicht ist bei der Annahme von Arglist Zurückhaltung geboten²⁵⁸. Schon der objektive Tatbestand einer Aufklärungspflichtverletzung kann zweifelhaft erscheinen. Das Fehlen eines Kat ist zwar in mehrerer Hinsicht ein Nachteil, zumal nach Erlass von Ozon-Verordnungen und schärferen Steuervorschriften. Die generelle Verkehrstauglichkeit eines katlosen Pkw ist aber nicht in Frage gestellt. Auch der Wertgesichtspunkt in § 459 Abs. 1 BGB a. F. rechtfertigte nicht ohne weiteres die Annahme eines Sachmangels. Der Minderwert kann sich nämlich bereits im Kaufpreis ausgedrückt haben. Ein Aufklärungsverschulden kann aber – außerhalb der kaufrechtlichen Arglistregeln – nach c. i. c.-Grundsätzen (jetzt §§ 311 Abs. 2, 280 Abs. 1 BGB) und gem. § 123 BGB in Frage kommen.

h) Weitere Fälle der Offenbarungspflichtverletzung

2141 Unrichtige Angaben über den **Listenwert**²⁵⁹ oder über den **ursprünglichen Neupreis** (Anschaffungspreis)²⁶⁰ können nur ein **Anfechtungsrecht nach § 123 BGB** begründen und den Verkäufer aus c. i. c. (jetzt §§ 311 Abs. 2, 280 Abs. 1 BGB) und gem. §§ 823 Abs. 2, 826 BGB zum Schadensersatz verpflichten, wobei mitunter die Schadensberechnung Schwierigkeiten bereitet.²⁶¹ Die kaufrechtlichen Arglistvorschriften sind nicht anwendbar, weil der Wert eines Kfz kein Merkmal seiner Beschaffenheit ist.

---

254 Für sich genommen ein Sachmangel, so OLG Naumburg 7. 12. 2005, DAR 2006, 327 (zw.).
255 AG St. Ingbert 7. 1. 1999, ZfS 1999, 104 – VW Polo aus Frankreich); AG Limburg 8. 10. 1998 – 4 C 653/97 – n. v. – Fiat Punto aus Spanien, ohne ABS, Leuchtweitenregulierung und Wegfahrsperre.
256 LG Düsseldorf 22. 4. 2003, DAR 2003, 420.
257 OLG Hamm 12. 10. 1990, NJW-RR 1991, 505 – VW-Transporter aus den Niederlanden, Händler verfügte über Spezialkenntnisse; s. auch OLG Celle 26. 2. 1998, OLG 1998, 160 – Abweichung zwischen Produktions- und Erstzulassungszeitpunkt bei Importfahrzeug.
258 Vgl. OLG Hamm OLGZ 1991, 99; LG Kiel NJW-RR 1996, 1142.
259 LG Osnabrück 18. 12. 1986, DAR 1987, 121.
260 BGH 10. 7. 1968, VIII ZR 167/66, n. v. (Krankauf); BGH 15. 1. 1969, WM 1969, 496; vgl. auch BGH 22. 1. 1964, NJW 1964, 811 und BGH 13. 7. 1983, NJW 1983, 2493; BGH 9. 7. 1986, NJW-RR 1987, 239 unter III, 2; AG Darmstadt 5. 12. 1991, DAR 1994, 71.
261 Vgl. BGH 15. 1. 1969, WM 1969, 496.

Grundfälle der arglistigen Täuschung

Einen **kurzfristigen An- und Weiterverkauf** durch einen „fliegenden" Zwischenhändler hält das OLG Bremen[262] für offenbarungspflichtig. Das Verschweigen wird nicht separat, sondern im Zusammenhang mit einer Täuschung über die Fahrleistung erörtert.

Während eine Reparatur Gegenstand einer Beschaffenheitsvereinbarung sein kann und **Reparaturdefizite** sicherlich zu den offenbarungspflichtigen Sachmängeln gehören,[263] sind Falschangaben des Verkäufers über die Höhe von **Reparatur- oder Restaurationskosten** außerhalb der Sachmängelhaftung anzusiedeln.[264] Ein Aufklärungsverschulden i. S. v. § 123 BGB kann auch demjenigen Verkäufer zur Last fallen, der eine Reparatur durch eine Fachwerkstatt vorspiegelt, während er das Fahrzeug in Wirklichkeit **selbst repariert** hat (s. auch OLG Düsseldorf OLGR 1993, 129; OLG Köln OLGR 1993, 301).

Nur unter § 123 BGB fällt das Verschweigen der Tatsache, dass der **Haftpflichtversicherungsschutz** entfallen ist[265] oder dass bestimmte **Garantien** (z. B. Rostschutzgarantien) nicht mehr bestehen (dazu Rn 1427). Eine **„überlange" Standzeit** eines Gebrauchtwagens stellt dagegen einen Sachmangel dar; eine unterbliebene Aufklärung löste einen Anspruch aus § 463 S. 2 BGB a. F. aus.[266] Gleiches gilt für den Verkauf eines **„Geländefahrzeugs"** ohne Hinweis auf das Fehlen von Allradantrieb (OLG Düsseldorf OLGR 1995, 195). Zum Verschweigen eines vorausgegangenen **Diebstahls** und von Manipulationsanzeichen OLG Düsseldorf NZV 2000, 83; s. auch Rn 1278.

Zur Offenbarungspflicht bei **Nässeeinwirkungen** durch Hochwasser oder anderweitig s. OLG Koblenz DAR 2002, 510 = ZfS 2002, 530 = NJW-RR 2002, 1579 (Pkw hatte längere Zeit im Rhein gelegen); zum Verschweigen der **Undichtigkeit der Karosserie** s. LG Coburg – 13 O 534/98 = OLG Bamberg – 6 U 11/00 – n. v.

i) Die subjektive Tatseite

Hinsichtlich der subjektiven Seite der kaufrechtlichen Arglisttatbestände gelten die allgemeinen Ausführungen unter Rn 2077 ff. und ergänzend die Hinweise zum Verkauf von Unfallfahrzeugen, insbesondere Rn 2105 ff. Von Bedeutung ist auch hier die Figur der **„Behauptung ins Blaue"**.[267] Zu dieser Fallgruppe gehören auch die Fälle, in denen Verkäufern entgegen der Käufererwartung jegliche Kompetenz zur sachgemäßen Beurteilung des Erklärungsgegenstandes fehlt, dies aber verschwiegen wird.[268]

2142

In denjenigen Fällen, in denen **zulassungsrechtlich** „etwas nicht stimmt" (vgl. Rn 1404 ff.), ist wegen der gesteigerten Irrtumsanfälligkeit des (privaten) Verkäufers besondere Sorgfalt bei der Arglistprüfung geboten.[269] Wer die Vorstellung hat, eine **Fahrzeugumrüstung**, z. B. eine **Tieferlegung**,[270] sei nicht genehmigungspflichtig, handelt nicht

---

262 Urt. v. 8. 10. 2003, NJW 2003, 3713 = OLGR 2004, 25.
263 OLG Bremen 10. 8. 2000, OLGR 2000, 371 – Motor; OLG Düsseldorf 11. 11. 2002 – 1 U 60/02 – n. v. – Motorinstandsetzung mit ungeprüften Gebrauchtteilen; zum Verschweigen einer Reparaturanfälligkeit s. OLG Köln VRS 99/100, 1 – Reisebus.
264 Offen gelassen von OLG Hamm OLGR 1998, 40.
265 Vgl. dazu BGH 26. 10. 1988, NJW-RR 1989, 211 = WM 1989, 26 und hier Rn 1272.
266 AG Rottweil 28. 1. 1999, DAR 1999, 369–3 Jahre, 3 Monate bei einem Pkw; s. auch OLG Düsseldorf 16. 4. 2003, DAR 2003, 318.
267 Dazu z. B. OLG Karlsruhe 25. 4. 1991, MDR 1992, 129 (Verharmlosung einer Ölspur im Motorraum).
268 BGH 9. 11. 1994, NJW-RR 1995, 254 m. w. N. (Teppichkauf); BGH 8. 5. 1980, NJW 1980, 2460 (Immobilienkauf).
269 Zur Situation bei einem Autohaus mit Tuningabteilung s. OLG Karlsruhe 24. 3. 2006, NJW 2007, 443.
270 Dazu OLG Koblenz 15. 12. 2003, NJW-RR 2004, 344 = DAR 2004, 147 (Arglist bejaht); OLG Düsseldorf 26. 5. 1988 – 18 U 18/88 – n. v.

ohne weiteres arglistig. Das gilt auch für den Verkäufer, der über die Notwendigkeit einer Genehmigung in der Weise im Ungewissen ist, dass er sie für unwahrscheinlich hält.[271] Zur Beweislastverteilung s. Rn 2079 ff.

Bei der rechtlichen Bewertung von Tatsachen, aber auch nur insoweit, kann ein **bewusstes Sichverschließen** positiver Kenntnis gleichgesetzt werden.[272] Durch die Vorlage von Belegen, z. B. Werkstattrechnungen, TÜV-Bescheinigungen, erfolgreiche Hauptuntersuchung nach § 29 StVZO, kann sich der Verkäufer entlasten.[273] Bei einem zunächst fehlenden Hinweis auf eine genehmigungspflichtige Veränderung kann der Verkäufer durch eine Aufklärung noch vor Übergabe dem Arglistvorwurf den Boden entziehen.[274]

Schwierig ist der Vorsatznachweis, wenn der Verkäufer eine Erklärung abgegeben hat, die zwar objektiv eindeutig ist,[275] der Verkäufer aber einen Sinngehalt für sich in Anspruch nimmt, der im Bereich des Möglichen liegt.[276] Bei **objektiver Mehrdeutigkeit** oder gar einer Deutung im Sinne des Verkäufers dürfte eine vorsätzliche Täuschung in der Regel ausscheiden, sofern dem Verkäufer nicht eine bewusste Irreführung nachzuweisen ist. Um dem Verkäufer die „Flucht in die Mehrdeutigkeit" zu erschweren, verlangt der BGH eine **sorgfältige Auslegung** der strittigen Erklärung unter Ausschöpfung des gesamten Prozessstoffes und unter Berücksichtigung aller maßgeblichen Auslegungsgesichtspunkte (Sicht des Käufers, Parteiinteresse u. a.).[277]

Mitunter übertrieben rücksichtsvoll behandelt die Rechtsprechung **private Inzahlunggeber**, wenn gewerbliche Händler mit eigener Werkstatt den Vorwurf arglistiger Täuschung bei technischen Mängeln erheben (zu Unfallschäden s. Rn 2131).

---

271 Auch dazu OLG Karlsruhe 24. 3. 2006, NJW 2007, 443.
272 BGH 7. 3. 2003, JZ 2004, 40 m. Anm. *Martinek*.
273 OLG Düsseldorf 30. 7. 1992, OLGR 1993, 33.
274 OLG Celle 4. 8. 2004, ZGS 2004, 476 = OLGR 2004, 506.
275 Entscheidend ist der Blickwinkel des Käufers, s. BGH 14. 10. 1994, NJW 1995, 45 (Grundstückskauf).
276 Vgl. BGH 12. 3. 1997, DB 1997, 1023 (Computerkauf).
277 Urt. v. 14. 10. 1994, NJW 1995, 45 (Grundstückskauf).

R. Das Verhältnis der Sachmängelrechte zu anderen Rechtsbehelfen des Käufers

In welchem Verhältnis die **allgemeinen Rechtsbehelfe** zu den **Sondervorschriften** über die Sachmängelhaftung (§§ 459 ff. BGB a. F.) standen, gehörte zu den schwierigsten Fragen des früheren Kaufrechts. Gerade Gebrauchtwagenfälle haben Rechtsprechung und Schrifttum immer wieder Anlass gegeben, sich mit dieser außerordentlich facettenreichen Thematik auseinander zu setzen. Durch das Schuldrechtsmodernisierungsgesetz haben sich zahlreiche Streitfragen erledigt. Dafür sind neue hinzu gekommen. Durch das Reformgesetz nicht in Frage gestellt, freilich auch nicht bekräftigt, ist die bislang allgemein anerkannte Grundaussage vom **prinzipiellen Vorrang** der Sachmängelvorschriften vor dem allgemeinen Leistungsstörungsrecht.[1]

2143

I. Nichtigkeit nach §§ 134, 138 BGB

Beide Vorschriften stehen zu den Sachmängelrechten **außer Konkurrenz.** Diese Rechte setzen einen **wirksamen** Kaufvertrag voraus. Der Tatbestand der Nichtigkeit wegen **Gesetzesverstoßes** (§ 134 BGB) spielt beim Gebrauchtfahrzeugkauf praktisch keine Rolle. Selbst für den Erwerb von Importautos, bei dem vielfältige Einfuhrbestimmungen zu beachten sind, liegt einschlägige Rechtsprechung nicht vor. Wer wissentlich einen gestohlenen Wagen ankauft, verstößt als Hehler gegen § 259 StGB. Der Kauf ist gem. § 134 BGB nichtig.[2]

2144

Die Tatbestände des § 138 BGB – Wucher und allgemeine Sittenwidrigkeit – kommen in Betracht, wenn ein **auffälliges Missverhältnis** zwischen Marktwert (Verkehrswert) und Kaufpreis besteht.[3] Feste Regeln und Grenzwerte, wie sie beispielsweise für Ratenkreditverträge und für den Immobilienkauf[4] entwickelt worden sind, haben sich für den Gebrauchtwagenkauf nicht herausgebildet. Höchstrichterlich nicht entschieden ist ferner, ob bei der Ermittlung des objektiven Wertes ein Sachmangel, z. B. ein verborgener Unfallschaden, berücksichtigt werden muss oder nicht.[5]

Anstößige Preisgestaltungen führen in der Rechtsprechung entweder zur Arglisthaftung oder zur Haftung aus culpa in contrahendo. So hat das OLG Köln einem Händler eine arglistige Täuschung (durch aktives Tun) zur Last gelegt, der das Zehnfache des wirklichen Fahrzeugwertes als Kaufpreis verlangt hat.[6]

Der Wuchertatbestand (§ 138 Abs. 2 BGB) wird regelmäßig deshalb zu verneinen sein, weil zumindest die **subjektive Seite** nicht beweiskräftig festzustellen ist.[7] Eine Ausbeu-

---
1 Ausführlich dazu Müko-BGB/*Westermann*, § 437 BGB Rn 53 ff.
2 OLG Koblenz 4. 5. 2000, ZfS 2002, 180.
3 BGH 18. 12. 1956, BB 1957, 238 (Kauf eines Lkw im Wert von 1300,- DM zum Preis von 6780,- DM); BGH 1. 10. 1969, DB 1969, 2082; OLG Köln 21. 3. 1972 – 15 U 134/71 – n. v. (Verkauf eines Pkw an einen Minderjährigen zum Preis von 2400,- DM bei einem Einkaufspreis von 650,- DM); OLG Hamm 15. 1. 1979, JZ 1979, 266 (insoweit nicht abgedruckt); OLG Hamm 5. 10. 1989 – 23 U 26/89 – n. v. (Differenz zwischen Verkehrswert und Verkaufspreis von 35 % kein auffälliges Missverhältnis; Hinweis auf 100 %-Grenze); OLG Nürnberg 27. 6. 1966, VRS 31, 324.
4 Vgl. BGH 19. 1. 2001, NJW 2001, 1127 m. w. N.; s. auch BGH 22. 12. 1999, NJW 2000, 1254 – Münzen.
5 Dazu öster. OGH 17. 4. 2007, ZVR 2007, 412 m. Anm. *Ch. Huber*.
6 Urt. v. 10. 7. 1974, DAR 1974, 270; s. auch LG Bielefeld 15. 10. 1980, MDR 1981, 316; OLG Düsseldorf 10. 2. 1995, OLGR 1995, 117 – gebr. Druckmaschine.
7 Vgl. KG 26. 8. 2004, MDR 2005, 97.

tungsabsicht ist indes nicht notwendig.[8] Bei der Bestimmung eines **auffälligen Missverhältnisses** zwischen Leistung und Gegenleistung, Kernelement in beiden Tatbeständen des § 138 BGB, hat der VIII. ZS für den Verkauf hochpreisiger beweglicher Sachen die Leitlinien des V. ZS zum Immobilienkauf übernommen.[9]

Ist der Kaufvertrag durch **arglistige Täuschung** zustande gekommen, so ist er nicht notwendigerweise sittenwidrig i. S. v. § 138 Abs. 1 BGB. Eine arglistige Täuschung verstößt zwar gegen die guten Sitten und begründet zumeist auch die Haftung wegen sittenwidriger Schädigung aus § 826 BGB (zur Haftung in einer „Käuferkette" s. Rn 1986 ff.). Wegen Sittenwidrigkeit nichtig ist der Vertrag jedoch nur, wenn zur unzulässigen Willensbeeinflussung durch Täuschung weitere Umstände hinzutreten.

§ 138 Abs. 1 BGB ist auch bei einem **Hehlergeschäft** zu bejahen, sofern die Beteiligten die Sittenwidrigkeit kennen oder sich der Kenntnis der die Sittenwidrigkeit begründenden Tatsachen grob fahrlässig verschließen.[10] Die Tatsachen, die die Sittenwidrigkeit ausmachen, sind diejenigen Umstände, die den Vorwurf der Hehlerei begründen, also insbesondere der Diebstahl oder die Unterschlagung des zum Kauf angebotenen Fahrzeugs. Dazu, wann sich ein Käufer grob fahrlässig der Kenntnis vom Diebstahl eines Pkw verschließt, s. BGH NJW 1992, 310. Wie in früheren Fällen hat der BGH auch hier die fehlende Voreintragung eines „nebenberuflichen" Gebrauchtwagenhändlers als Verdachtsmoment bewertet, die Nachforschungspflicht letztlich aber von dem Vorliegen einer (weiteren) „Unregelmäßigkeit" abhängig gemacht (Verkauf auf der Straße). Zur Kritik an dieser Rechtsprechung s. Rn 2255.

Ist der Kaufpreis zur Erfüllung eines sittenwidrigen Hehlergeschäfts geleistet worden, steht dem Bereicherungsanspruch des Käufers auf Rückzahlung das **Rückforderungsverbot** des § 817 S. 2 BGB entgegen.[11] Es bringt aber nicht den Schadensersatzanspruch des Käufers aus § 826 BGB zu Fall. Bei direktem Schädigungsvorsatz des Verkäufers fällt eine „nur" grob fahrlässige Unkenntnis vom Diebstahl auch nicht anspruchsmindernd gem. § 254 Abs. 1 BGB ins Gewicht.[12]

Sittenwidrigkeit i. S. d. § 138 Abs. 1 BGB kann auch darin zu sehen sein, dass Verkäufer und Käufer gemeinsam den schriftlichen Kaufvertrag so gestalten („frisieren"), dass dem Käufer ein günstiger Weiterverkauf ermöglicht wird, z. B. durch Aufnahme einer zu niedrigen km-Laufleistung in die Vertragsurkunde.[13]

II. Irrtumsanfechtung

1. Konkurrenzfragen

2145   Die Anfechtung nach § 119 BGB ist nur zulässig, soweit keine vorrangigen Spezialvorschriften eingreifen. Während zwischen § 119 Abs. 1 BGB und den in § 437 BGB aufgeführten Rechtsbehelfen eine Konkurrenz nicht möglich ist, konkurriert § 119 Abs. 2 BGB – **Eigenschaftsirrtum** – typischerweise mit den Sachmängelrechten des Käufers.

---

8 BGH 12. 7. 1996, NJW 1996, 2652.
9 Urt. v. 26. 11. 1997, WM 1998, 932; zur Indizwirkung eines groben Missverhältnisses für die verwerfliche Gesinnung s. BGH 19. 1. 2001, NJW 2001, 1127 (Grundstückskauf); zur Vertiefung *Jung*, ZGS 2005, 95.
10 BGH 9. 10. 1991, NJW 1992, 310; s. auch OLG Koblenz 4. 5. 2000, ZfS 2002, 180 (§ 134 BGB).
11 BGH 9. 10. 1991, NJW 1992, 310; OLG Koblenz 4. 5. 2000, ZfS 2002, 180.
12 BGH 9. 10. 1991, NJW 1992, 310.
13 Vgl. LG Paderborn – 5 S 194/92 – n. v.

a) Irrtumsanfechtung durch den Verkäufer

Das Anfechtungsrecht des Verkäufers aus § 119 Abs. 2 BGB wird zwar durch die Sachmängelrechte des Käufers nicht gesperrt. Indessen war nach altem Recht klar, dass der Verkäufer nicht in jedem Irrtumsfall nach § 119 Abs. 2 BGB anfechten darf, nämlich dann nicht, wenn er durch seine Anfechtung Gewährleistungsansprüche des Käufers vereiteln würde.[14] Daran ist festzuhalten.[15]

b) Irrtumsanfechtung durch den Käufer

Soweit sich der Irrtum des Käufers auf einen Sachmangel bezieht, ist eine Anfechtung wegen Eigenschaftsirrtums jedenfalls **nach Übergabe** des Kaufobjekts ausgeschlossen.[16] Das ist im Grundsatz unbestritten und gilt auch im neuen Recht.[17] Weiterhin kontrovers diskutiert wird die Rechtslage **vor Gefahrübergang**. Umstritten ist ferner, ob das Spezialitätsprinzip auch dann gilt, wenn die Sachmängelansprüche verjährt oder kraft Gesetzes (z. B. § 442 BGB) oder aufgrund vertraglicher Abrede, typisch für den Gebrauchtfahrzeugkauf ohne Verbraucherbeteiligung, ausgeschlossen sind. Zu dieser Problematik s. Rn 2147.

Sachmängelansprüche kann der Käufer **grundsätzlich** erst **nach Gefahrübergang** geltend machen. Deshalb scheint vor diesem Zeitpunkt ein Konkurrenzverhältnis nicht zu bestehen. Allerdings gestattete die Rechtsprechung dem Käufer in Ausnahmefällen, schon **vor Gefahrübergang** nach §§ 459 ff. BGB a. F. vorzugehen; etwa wenn der Verkäufer den Sachmangel nicht beheben konnte oder dessen Beseitigung endgültig verweigerte.[18] Dadurch sollte der Käufer begünstigt werden. Deshalb konnte er zwischen Kaufabschluss und Übergabe auch dann wegen Eigenschaftsirrtums anfechten, wenn er ausnahmsweise schon Gewährleistungsansprüche geltend machen durfte,[19] mit anderen Worten: § 119 Abs. 2 BGB war nach der Rechtsprechung nicht schon mit Kaufabschluss ausgeschlossen.[20] Angesichts der Veränderung der Rechtsbehelfe des Käufers liegt es für den **Reformgesetzgeber** nahe, die Anfechtung wegen Eigenschaftsirrtums als von vornherein ausgeschlossen anzusehen.[21]

Von den Sachmängelvorschriften **unberührt** bleibt die Anfechtung wegen eines Irrtums über den **Wert des Fahrzeugs**. Eine für den Käufer nachteilige Abweichung zwischen Ist-Wert und Soll-Wert kann für sich allein auch nach dem weiten subjektiven Fehlerbegriff nicht die Sachmängelhaftung begründen. Der Wert als solcher wird nicht einmal als Eigenschaft i. S. v. § 119 Abs. 2 BGB angesehen.[22] Er wird als Ergebnis von Eigenschaften, den so genannten **wertbildenden Faktoren,** verstanden. Ein Irrtum berechtigt daher nicht zur Anfechtung nach § 119 Abs. 2 BGB,[23] wohl aber nach § 119 Abs. 1 BGB und nach § 123 BGB.

Bei Fehlvorstellungen des Käufers über den **ursprünglichen Neupreis** des Gebrauchtwagens oder über die Bedeutung bzw. den Wahrheitsgehalt einer **Listenpreis-Information** des Verkäufers (z. B. Schwacke-Liste oder DAT-Marktspiegel) sind die §§ 459 ff. BGB a. F. gleichfalls unanwendbar gewesen.[24] Damit wäre der Weg zu § 119 Abs. 2 BGB an

---
14 BGH 8. 6. 1988, NJW 1988, 2597.
15 Ebenso OLG Oldenburg 28. 7. 2005, NJW 2005, 2556.
16 St. Rspr., z. B. BGH 9. 10. 1980, BGHZ 78, 216, 218 = NJW 1981, 224 – Mähdrescherfall.
17 BT-Drucks 14/6040, 210; zu den Auswirkungen der Schuldrechtsreform s. Müko-BGB/*Westermann*, § 437 BGB Rn 53; *Birk*, JZ 2002, 446.
18 BGH 14. 12. 1960, BGHZ 34, 32 = NJW 1961, 772; BGH 10. 3. 1995, NJW 1995, 1737.
19 BGH 14. 12. 1960, BGHZ 34, 32 = NJW 1961, 772; BGH 10. 3. 1995, NJW 1995, 1737.
20 So aber *Flume*, Eigenschaftsirrtum und Kauf, S. 134; *ders.*, DB 1979, 1637.
21 BT-Drucks 14/6040, 210.
22 BGH 18. 12. 1954, BGHZ 16, 54 = NJW 1955, 340; OLG Hamm 5. 10. 1989 – 23 U 26/89 – n. v.
23 BGH 18. 12. 1954, BGHZ 16, 54 = NJW 1955, 340.
24 BGH WM 1969, 496.

sich frei. Anders als der gegenwärtige Wert eines (gebrauchten) Kraftfahrzeugs ist dessen Neupreis eine Eigenschaft im Rechtssinn. Ob sie **„verkehrswesentlich"** ist, hängt von den Anforderungen ab, die man an dieses Kriterium stellt. Zwei Ansichten stehen sich gegenüber:[25] Nach der objektiven Theorie kommt es auf die Verkehrsanschauung an, losgelöst vom konkreten Fall. Die Lehre vom geschäftlichen Eigenschaftsirrtum stellt demgegenüber darauf ab, ob die Eigenschaft zum Inhalt oder zur Grundlage des Vertrages gemacht worden ist, was auch stillschweigend geschehen kann. Die Rechtsprechung neigt mehr der objektiven Betrachtungsweise zu und schafft so Raum für eine Anfechtung nach § 119 Abs. 2 BGB.[26]

Zur Anfechtung wegen arglistiger Täuschung über den Neupreis bzw. den aktuellen Listenpreis s. Rn 2141.

Eigenschaften, deren Fehlen zur Sachmängelhaftung und damit – nach Übergabe – zum Ausschluss der Irrtumsanfechtung nach § 119 Abs. 2 BGB führt, sind die so genannten **wertbildenden Faktoren.** Dazu gehören beispielsweise das **Alter,** das **Baujahr,** der **Zeitpunkt der Erstzulassung,** aber auch die bisherige km-**Laufleistung** ebenso wie die **Unfallfreiheit.** Zwei Entscheidungen des VII. Senats des BGH, für Kaufrechtsstreitigkeiten sonst nicht zuständig, haben hier für beträchtliche Verwirrung gesorgt: zum einen der „Baujahr-Fall" BGHZ 72, 252[27], zum anderen der „Mähdrescher-Fall" BGHZ 78, 216.[28] Einschlägig ist ferner das Urteil des VIII. Zivilsenats vom 19. 12. 1966,[29] das die Irrtumsanfechtung freilich nicht aus Konkurrenzgründen, sondern wegen der Freizeichnungsklausel ablehnt. Geirrt hatte der Käufer sich über den Kilometerstand und die Unfallfreiheit.

Die vom VII. Senat provozierte „Masche mit der Irrtumsanfechtung"[30] ist vor allem bei Käufern zu beobachten, die sich über das **Alter** bzw. das **Baujahr** oder über den Zeitpunkt der **Erstzulassung** getäuscht sehen, Arglist (§ 123 BGB) aber nicht nachweisen können. Sie „flüchten" in die Irrtumsanfechtung nach § 119 Abs. 2 BGB. Mitunter helfen die Gerichte von sich aus nach, indem sie sogar eindeutige Täuschungsanfechtungen in Anfechtungserklärungen nach § 119 Abs. 2 BGB **umdeuten.**[31] Außer der Rechtsprechung des VII. Senats des BGH hat sicherlich auch die früher geschäftstypische Freizeichnung von der Sachmängelhaftung den Blick auf § 119 Abs. 2 BGB gelenkt. Statt auf diese Vorschrift auszuweichen, wäre es oft besser gewesen, die Freizeichnungsklausel restriktiv auszulegen, um so freie Bahn für die §§ 459 ff. BGB a. F. zu schaffen.

Bei einem – einseitigen – **Irrtum des Käufers über das Baujahr** eines gebrauchten Pkw hat der BGH die Sperrwirkung der §§ 459 ff. BGB a. F. mit der lapidaren Aussage aufgehoben, durch das höhere Alter (immerhin 4 Jahre) werde die Gebrauchstauglichkeit des Fahrzeugs nicht eingeschränkt; solange dies nicht der Fall sei, dürfe der Käufer gem. § 119 Abs. 2 BGB anfechten.[32] Zu folgen ist der Rechtsprechung des VIII. ZS. Er hat sich den kri-

---

25 Vgl. *Palandt/Heinrichs*, § 119 BGB Rn 25.
26 Vgl. BGH 26. 10. 1978, BGHZ 72, 252 = NJW 1979, 160; BGH 9. 10. 1980, BGHZ 78, 216 = NJW 1981, 224.
27 Dazu *Flume*, DB 1979, 1637; *Tiedtke*, DB 1979, 1261; *Honsell*, JZ 1980, 802; *Berg*, JuS 1981, 179; *ders.*, NJW 1981, 2337; *J. Kohler*, Die gestörte Rückabwicklung gescheiterter Austauschverträge, 1989, S. 537 ff.
28 Dazu *Honsell*, JuS 1982, 810; *Schubert*, JR 1981, 154; *Berg*, NJW 1981, 2337.
29 BB 1967, 96.
30 Autohaus 1989, Heft 23/24, S. 107.
31 BGH 26. 10. 1978, BGHZ 72, 252; BGH 9. 10. 1980, BGHZ 78, 216; OLG Stuttgart 17. 3. 1989, NJW 1989, 2547; OLG Stuttgart 8. 10. 1999 – 2 U 71/99 – n. v.; Kritik bei *Flume*, DB 1979, 1637; *Schubert*, JR 1981, 154.
32 Urt. v. 26. 10. 1978, BGHZ 72, 252 = NJW 1979, 160.

Irrtumsanfechtung

tisierten „Baujahr"-Entscheidungen des VII. ZS[33] nicht angeschlossen.[34] Näheres zur Mangelhaftigkeit unter Rn 1368 ff.

Ebenso wie eine Abweichung des tatsächlichen Alters vom vertraglich vorausgesetzten regelmäßig zur Sachmängelhaftung und damit zum Ausschluss der Irrtumsanfechtung führt, gilt dies für zeitliche Diskrepanzen bei der **Erstzulassung** bzw. der **Wiederzulassung** zum Straßenverkehr (dazu Rn 1374 ff.). Ein Irrtum über den Zeitpunkt der nächsten **Hauptuntersuchung** (§ 29 StVZO) soll hingegen nach Ansicht des AG Bergisch Gladbach[35] zur Anfechtung gem. § 119 Abs. 2 BGB berechtigen. Dafür spricht, dass die Tatsache der Überprüfung und erst recht der Umstand der Fälligkeit der nächsten HU nicht ohne weiteres als Merkmale der Fahrzeugbeschaffenheit zu verstehen sind. Zu den „zusicherungsfähigen" Eigenschaften i. S. d. § 459 Abs. 2 BGB a. F. konnte man sie zählen, weil der zeitliche Abstand bis zur nächsten HU etwas über den Zustand des Fahrzeugs bei Vertragsabschluss aussagt (vgl. auch Rn 1542 ff.). Je nach dem wie die Rechtsprechung Beschaffenheit i. S. d. § 434 BGB definiert (dazu Rn 1312), bleibt Raum für die Irrtumsanfechtung.

Eindeutig Priorität hat das Sachmängelrecht bei einem Irrtum des Käufers eines Motorrades, der sich auf Art und Zustand des Rahmens (Original oder Nachbau) bezieht.[36]

Die durch die Sondervorschriften des Sachmängelrechts ausgeschlossene Irrtumsanfechtung nach § 119 Abs. 2 BGB **lebt nicht** dadurch **wieder auf,** dass die „Gewährleistung" im konkreten Fall wirksam ausgeschlossen worden ist. Wenn die **Freizeichnungsklausel** den streitgegenständlichen Sachmangel gar nicht erfasst, was z. B. bei einem höheren Alter der Fall ist (vgl. Rn 1961), bleibt es – nach Übergabe – ohnehin beim Vorrang der Sachmängelvorschriften. Im Umfang der Freizeichnung entfiel das Anfechtungsrecht früher aus einem doppelten Grund: einmal wegen des Prinzips der Spezialität und zum anderen deshalb, weil mit der Freizeichnung von Mängelansprüchen zugleich die Vertragsanfechtung nach § 119 Abs. 2 BGB ausgeschlossen sein dürfte. Letzteres bleibt ein tragendes Argument.[37] Entscheidend ist die Klauselauslegung.[38]

Nach dem vertraglich Vereinbarten beurteilt sich auch, ob der Käufer vor Gefahrübergang wegen eines Mangels anfechten darf, der zu diesem Zeitpunkt bereits festgestellt ist, aber nicht behoben werden kann. Im gewerblichen Gebrauchtwagenhandel ist zu beachten, dass Vertragsabschluss und Übergabe häufig zusammenfallen.

Das Anfechtungsrecht aus § 119 Abs. 2 BGB lebt auch nicht dadurch wieder auf, dass die Sachmängelhaftung nach **§ 442 BGB** (grobe Fahrlässigkeit) ausgeschlossen ist. Anderenfalls würde man diese Sondervorschrift umgehen. Gleiches galt für die **Verjährung** (§ 477 BGB a. F. versus § 121 BGB).

2. Anfechtungserklärung und Anfechtungsfrist

Nach § 143 Abs. 1 BGB hat der **Käufer** die Anfechtung gegenüber dem Verkäufer zu erklären. Der **Anfechtungsgrund** braucht nicht angegeben zu werden.[39] Nach der Rechtsprechung ist es möglich, in der Anfechtung wegen arglistiger Täuschung zugleich eine sol-

2148

---

33 Auch BGHZ 78, 216 = NJW 1981, 224 (Mähdrescher).
34 Vgl. Urt. v. 17. 5. 1995, NJW 1995, 2159 = WM 1995, 1145.
35 Urt. v. 16. 9. 1978 – 16 C 908/76 – n. v.
36 OLG Karlsruhe 18. 8. 1992, VRS 84, 241 = NJW-RR 1993, 1138.
37 Müko-BGB/*Westermann*, § 437 BGB Rn 54.
38 Dazu BGH 19. 12. 1966, BB 1967, 96; BGH 14. 12. 2000, ZIP 2001, 160; OLG Stuttgart 17. 3. 1989, NJW 1989, 2547; OLG Karlsruhe 18. 8. 1992, VRS 84, 241; s. auch BGH 15. 1. 1975, NJW 1975, 970; *Tiedtke*, NJW 1992, 3213.
39 Palandt/*Heinrichs*, § 143 BGB Rn 3, bestr.; offen gelassen von BGH NJW 1966, 39.

che wegen Irrtums über eine verkehrswesentliche Eigenschaft i. S. d. § 119 Abs. 2 BGB zu sehen.[40] Das ist im Wege der Auslegung zu ermitteln. Bei der **Umdeutung** sind die Gerichte großzügig. Selbst Anwaltsschreiben, in denen ausdrücklich und ausschließlich von „arglistiger Täuschung" die Rede ist, werden in eine Irrtumsanfechtung i. S. v. § 119 Abs. 2 BGB umgedeutet.[41]

Bei der Beurteilung einer nicht eindeutigen Käufererklärung sollten auch die **Rechtsfolgen** bedacht werden, die bei Annahme einer Anfechtung ausgelöst werden. Bei einem Vergleich mit den Folgen alternativer Rechtsbehelfe kann sich zeigen, dass eine Anfechtungserklärung dem mutmaßlichen Interesse des Käufers nicht entspricht (zur Situation bei der Anfechtung wegen arglistiger Täuschung s. Rn 1901).

Die Anfechtung muss **unverzüglich** erklärt werden, nachdem der Anfechtungsberechtigte seinen Irrtum entdeckt hat (§ 121 Abs. 1 BGB). Nach Meinung des OLG Hamm liegt die **Obergrenze** in der Regel bei **zwei Wochen**,[42] gerechnet ab Aufdeckung des Irrtums. Hinreichend sichere Kenntnis vom Anfechtungsgrund kann bei einem Autokäufer von der Einholung eines Gutachtens abhängen[43] oder – bei nichttechnischen Mängeln wie Alter/Baujahr – von der Überprüfung beweiskräftiger Dokumente.[44]

3. Rückabwicklung

2149 Nach **begründeter Irrtumsanfechtung** kann der Käufer grundsätzlich den vollen Kaufpreis herausverlangen (§ 812 Abs. 1 BGB). **Zug um Zug** hat er das Fahrzeug zurückzugeben. Wenn es nicht mehr in dem früheren Zustand ist, wird der Verkäufer einen Teil des Kaufpreises zurückhalten oder Gegenansprüche geltend machen. Ob und inwieweit er dazu berechtigt ist, hat der BGH vor allem in der „Baujahr"-Entscheidung vom 26. 10. 1978[45] und im „Mähdrescher"-Urteil vom 9. 10. 1980[46] entschieden.

III. Arglistanfechtung

2150 Anders als die Anfechtung wegen Eigenschaftsirrtums wird die Anfechtung wegen arglistiger Täuschung (§ 123 BGB) von der Sachmängelhaftung nicht verdrängt. Das war und ist allgemeine Meinung.[47]

Die Wohltat, die man dem Käufer mit dem Wahlrecht verschaffen wollte, konnte sich im alten Recht mitunter als Nachteil herausstellen. Da trotz rechtswirksamer Anfechtung zumindest der Anspruch aus culpa in contrahendo erhalten blieb und die ohnehin bestehen bleibende Delikthaftung allenfalls hinsichtlich des Erfüllungsinteresses eine Unterdeckung ergab (str., s. Rn 2237), waren die Nachteile einer Täuschungsanfechtung in den praktischen Ergebnissen allerdings weniger gravierend, als es bei einem Vergleich der Vertragshaftung mit der außervertraglichen Haftung den Anschein hatte. Gerade dem arglistig getäuschten Fahrzeugkäufer half die Rechtsprechung, soweit es irgendwie vertretbar war. An dieser Grundhaltung hat sich durch das neue Recht nichts geändert, auch wenn **die „Anfechtungsfalle"** – anders als die „Rücktrittsfalle" durch § 325 BGB – nicht beseitigt wor-

---

40 BGH 14. 12. 1960, BGHZ 34, 32 = NJW 1961, 772; BGH 26. 10. 1978, BGHZ 72, 252 = NJW 1979, 160.
41 Kritisch dazu *Flume*, DB 1979, 1637; *Schubert*, JR 1981, 154.
42 Urt. v. 22. 6. 1993, OLGR 1993, 301 = DAR 1994, 120.
43 Vgl. BGH 9. 10. 1980, NJW 1981, 224, 226.
44 Siehe auch OLG Stuttgart 17. 3. 1989, NJW 1989, 2547.
45 BGHZ 72, 252.
46 BGHZ 78, 216.
47 LG Gießen 11. 11. 2004, NZV 2005, 310; Müko-BGB/*Westermann*, § 437 BGB Rn 55.

den ist (dazu Rn 1901). Insgesamt halten sich die „Anfechtungsverluste" auch unter der Geltung des neuen Schuldrechts in Grenzen.[48]

1. Anfechtungserklärung

Als **rechtsgestaltende Erklärung** muss die Anfechtung **unzweideutig** zum Ausdruck bringen, dass der Anfechtende seine Vertragserklärung gerade wegen der Täuschung nicht gelten lassen will und von Anfang an als hinfällig betrachtet.[49] Dieser Anforderung genügen selbst Anwaltsschreiben nicht immer, etwa wenn mit der Anfechtungserklärung die Forderung nach Schadensersatz verbunden wird.[50] Das Verlangen von Schadensersatz in Form des positiven Interesses spricht gegen die Annahme einer Anfechtungserklärung. Damit kompatibel ist dagegen der Ersatz des Vertrauensschadens. **2151**

Bei der Auslegung von Käufererklärungen und konkludenten (?) Verhaltensweisen sollten auch die Rechtsfolgen einer wirksamen Täuschungsanfechtung in den Blick genommen und mit den Folgen alternativer Rechtsbehelfe, hier vor allem Rücktritt, verglichen werden. Zur Frage der Reichweite einer Anfechtungserklärung – nur das obligatorische Geschäft oder auch die dingliche Seite – s. Rn 2155. Im Zweifelsfall ist eine Anfechtungserklärung trotz des starken Schutzes des arglistig Getäuschten (u. a. keine eigene Ersatzpflicht nach § 122 BGB, verschärfte Bereicherungshaftung des Verkäufers) **zu verneinen** und von einem Rücktritt im technischen Sinn auszugehen.

Der Käufer muss den Anfechtungsgrund, also die arglistige Täuschung, nicht ausdrücklich in seiner Anfechtungserklärung mitteilen. Es genügt, wenn der Verkäufer erkennen kann, dass ihm ein Täuschungsvorwurf gemacht wird. Innerhalb der Anfechtungsfrist kann ursprünglich Versäumtes nachgeholt werden. Zum Nachschieben von Anfechtungsgründen s. BGH NJW-RR 2004, 628, 630.

Bei einer **Mehrheit von Verkäufern** (z. B. Eheleute, Erbengemeinschaft) ist der Käufer zur Anfechtung gegenüber allen berechtigt, wenn nur ein einziger arglistig gehandelt hat.[51] In einem solchen Fall ist es ausreichend, wenn der Käufer *einem* Verkäufer gegenüber anficht, mag er arglistig gehandelt haben oder nicht.

Die Anfechtung kann auch durch **schlüssiges Verhalten** erklärt werden, so z. B. durch Rückgabe der Fahrzeugschlüssel, verbunden mit der Bemerkung, den Wagen nicht länger behalten zu wollen.[52] Auch der Klageschrift oder sonstigem Prozessverhalten des Käufers kann eine Anfechtungserklärung entnommen werden.[53] Erklärt ein Käufer, der Rückzahlung des Kaufpreises begehrt, die Anfechtung wegen arglistiger Täuschung und erklärt er im Prozess hilfsweise den Rücktritt vom Vertrag, so handelt es sich um einen Antrag mit zwei alternativen Begründungen, nicht um einen Haupt- und einen Hilfsantrag. Das Gericht ist an die Reihenfolge nicht gebunden; es kann sogar eine Alternativentscheidung fällen.[54]

Zulässig soll auch sein, die Anfechtung nach § 123 BGB **nur für den Fall** zu erklären, dass das Gericht den primär geltend gemachten Sachmängelanspruch verneint.[55] Das Verbot, die Anfechtung von einer Bedingung abhängig zu machen, steht dem nicht entgegen.

---

48 Guter Überblick bei *Derleder*, NJW 2004, 969.
49 BGH 22. 2. 1991, NJW 1991, 1673; zur Auslegung eines Anfechtungsschreibens s. auch BGH 14. 12. 1960, NJW 1961, 772.
50 Vgl. z. B. BGH 22. 2. 1991, NJW 1991, 1673.
51 OLG Koblenz 11. 12. 2001, OLGR 2003, 66.
52 Zur Auslegung solcher Erklärungen s. *Koch*, JuS 1983, 494; *Probst*, JZ 1989, 878.
53 BGH 22. 2. 1991, NJW 1991, 1673.
54 BGH 9. 10. 1980, BGHZ 78, 216 = NJW 1981, 224; OLG Frankfurt 18. 9. 1991, ZfS 1992, 230; zum Nebeneinander von Anfechtungsrecht und Gewährleistung s. auch BGH NJW 1990, 1106 m. w. N.
55 BGH 22. 2. 1991, NJW 1991, 1673.

Werden Anfechtung und Rücktritt bzw. großer Schadensersatz (§§ 311 a Abs. 2, 280 Abs. 3, 281 Abs. 1, 283 BGB) ohne Rangverhältnis **nebeneinander gestellt,** muss das Gericht nach § 139 ZPO das Primärziel des Käufers feststellen (s. auch Rn 1901). Methodisch ist bei der Untersuchung vertraglicher Ansprüche (außer c. i. c.) geboten, zunächst Abschluss und Fortbestand des Kaufvertrages zu prüfen. Da eine **wirksame** Anfechtung zur Nichtigkeit der Vertragserklärung und damit zum Wegfall des Kaufvertrages führt, ist nach der weiterhin gültigen Rechtsprechung kein Raum mehr für vertragliche Ansprüche[56] (s. Rn 1901).

Ist die Anfechtung tatbestandsmäßig unwirksam oder lässt sich das Klageziel auch ohne wirksame Anfechtung erreichen (z. B. wegen einer verschuldensunabhängigen Haftung), ist der Weg zu den vertraglichen Rechtsbehelfen frei. Eine erfolglose oder „überflüssige" Anfechtung kann **in einen Rücktritt umgedeutet** werden, wenn ein Rücktrittsgrund vorgetragen ist.[57] Umdeutungen sind also in beiden Richtungen möglich.[58]

2. Anfechtungsfrist

Die Frist zur Anfechtung wegen arglistiger Täuschung beträgt ein Jahr, § 124 Abs. 1 BGB. Sie beginnt mit dem Zeitpunkt der Entdeckung der Täuschung (§ 124 Abs. 2 BGB). Die **Darlegungs- und Beweislast** dafür, dass der Käufer länger als ein Jahr vor seiner Anfechtungserklärung Kenntnis von der Täuschung hatte, trägt der Verkäufer.[59] Auch nach Ablauf der Anfechtungsfrist ist nach Meinung des BGH[60] eine Vertragsaufhebung nach c. i. c.-Grundsätzen möglich.[61]

Grundsätzlich darf der Anfechtungsberechtigte die Jahresfrist voll ausschöpfen.[62] Ein Hinausschieben der Anfechtung kann unter dem Gesichtspunkt des **Verzichts** oder der **Verwirkung** erheblich sein. Zu denken ist auch an den Tatbestand der **Bestätigung** (§ 144 BGB). Zu diesem Fragenkreis siehe BGH NJW 1971, 1795, 1800 mit Anm. *Giesen.*

3. Ausschluss des Anfechtungsrechts

Das Anfechtungsrecht, das im Voraus nicht vertraglich ausgeschlossen werden kann,[63] geht nicht dadurch verloren, dass der Käufer das Fahrzeug **weiterveräußert** hat. Besitz der anfechtbar erworbenen Sache ist keine Anfechtungsvoraussetzung.[64] Zu den Rechtsfolgen bei Herausgabeunmöglichkeit s. Rn 2216.

Die **Bestätigung** nach § 144 BGB ist der Sache nach ein Verzicht auf die Anfechtung. An die Annahme einer Bestätigung durch **schlüssiges Verhalten** stellt die Rechtsprechung **strenge Anforderungen.**[65] Verlangte der Käufer in Kenntnis der Anfechtbarkeit ausschließlich Gewährleistung oder ließ er sich auf eine Mängelbeseitigung ein, so lag darin

---

56 BGH 29. 10. 1959, NJW 1960, 237; BGH 12. 5. 1995, NJW 1995, 2361; OLG Karlsruhe 18. 12. 1985, NJW-RR 1986, 542; BGH 17. 5. 1995, NJW 1995, 2159 steht nicht entgegen.
57 BGH 7. 6. 2006, NJW 2006, 2839; s. auch BGH 28. 4. 1971, NJW 1971, 1795 m. Anm. *Giesen;* BGH 29. 10. 1959, NJW 1960, 237; BGH 4. 10. 1989, WM 1989, 1984; BGH 2. 2. 1990, NJW 1990, 1106; OLG Bremen 2. 7. 1968, DAR 1968, 269; OLG Bamberg 2. 3. 1994, NJW-RR 1994, 1333, 1334.
58 *Giesen,* NJW 1971, 1797.
59 KG 18. 12. 2006, OLGR 2007, 346.
60 Urt. v. 26. 9. 1997, NJW 1998, 302 m. w. N.
61 Anders und richtig OLG Hamm NJW-RR 1995, 205.
62 BGH 28. 4. 1971, NJW 1971, 1795.
63 BGH 17. 1. 2007, NJW 2007, 1058.
64 BGH 29. 10. 1959, NJW 1960, 237; OLG Köln 18. 3. 1994, NJW-RR 1995, 51.
65 BGH 28. 4. 1971, NJW 1971, 1795; BGH 1. 4. 1992, WM 1992, 996.

in der Regel keine Bestätigung i. S. v. § 144 BGB.[66] Das gilt erst recht auf dem Boden des neuen Kaufrechts.

Eine Bestätigung kann auch nicht ohne weiteres in der **Benutzung** des Fahrzeugs oder im **Weiterverkauf** nach Kenntnis von der Täuschung gesehen werden.[67] Zur Parallelproblematik beim Rücktritt und beim großen Schadensersatz s. Rn 553 ff., 1880.

Abgesehen vom Fall der **Verwirkung**[68] kann die Ausübung des Anfechtungsrechts auch deshalb **treuwidrig** sein, weil der **Anfechtungsgrund nachträglich weggefallen** ist[69] oder die Rechtslage des Getäuschten nicht mehr beeinträchtigt ist.[70] Mit § 242 BGB unvereinbar ist eine Anfechtung, wenn der getäuschte Käufer das Fahrzeug in Kenntnis der Täuschung vorbehaltlos übernommen hat.[71] Erklärt der Käufer die Arglistanfechtung erst **im Anschluss an einen Unfall,** so ist dies selbst dann keine unzulässige Rechtsausübung, wenn das Fahrzeug durch Alleinverschulden des Käufers zerstört worden ist. Nach BGHZ 57, 137 kommt der Grundsatz von Treu und Glauben lediglich bei den Rechtsfolgen der Anfechtung zum Tragen.

Nach rechtswirksamer Anfechtung scheidet eine Bestätigung nach § 144 BGB aus; es kommt aber eine Bestätigung im Sinne einer Neuvornahme gem. § 141 BGB in Betracht.[72] Einseitig kann der Käufer die Rechtswirkung der Anfechtung (§ 142 BGB) nicht rückgängig machen. Voraussetzung ist eine Einigung mit dem Verkäufer. Sie kann auch stillschweigend bzw. durch schlüssiges Verhalten zustande kommen, auch noch während eines laufenden Rechtsstreits. Voraussetzung ist, dass sich die Parteien darin einig sind, den Vertrag trotz der Anfechtungserklärung des Käufers als fortbestehend anzusehen.

4. Darlegungs- und Beweisfragen zum Anfechtungsgrund

Grundsätzlich trägt der Anfechtende die Darlegungs- und Beweislast für sämtliche tatsächlichen Voraussetzungen des Arglisttatbestands. Zu den objektiven und subjektiven Voraussetzungen der arglistigen Täuschung siehe Rn 2071 ff.; insbesondere Rn 2041, wo diejenigen Fallgestaltungen behandelt werden, bei denen § 123 BGB als allgemeine Arglistnorm allein anwendbar ist.

Wie bei den kaufrechtlichen Arglistnormen ist zwischen einer Täuschung durch **arglistiges Verschweigen** und dem Fall der **Täuschung durch positives Tun** streng zu trennen. Wird die Anfechtung mit einem **Verschweigen** begründet, ist die Darlegungslast des Käufers naturgemäß verkürzt. Er braucht lediglich vorzutragen, dass der Verkäufer von dem fraglichen Umstand **Kenntnis** hatte (vor Abgabe der Vertragserklärung des Käufers) und trotz dieser Kenntnis geschwiegen hat. Wann und durch wen der Verkäufer oder sein Abschlussgehilfe Kenntnis erlangt hat, braucht der Käufer nicht vorzutragen.[73] Er schuldet auch keine Rechenschaft darüber, woher er, der Käufer, sein Wissen von der Kenntnis des Verkäufers hat. Selbst eine nur **vermutete Verkäuferkenntnis** kann er als Tatsachenbehauptung in den Prozess einführen. Unbeachtlich ist erst eine aus der Luft gegriffene, gleichsam ins Blaue hinein aufgestellte Behauptung.[74]

---

66 BGH 2. 2. 1990, NJW 1990, 1106; BGH 12. 11. 1957, NJW 1958, 177.
67 BGH 28. 4. 1971, NJW 1971, 1795 (Benutzung); BGH 29. 10. 1959, NJW 1960, 237; OLG Köln 18. 3. 1994, NJW-RR 1995, 51 (Weiterverkauf nach Anfechtung).
68 Dazu BGH 28. 4. 1971, NJW 1971, 1795.
69 BGH 1. 3. 1992, NJW 1992, 2346.
70 BGH 30. 6. 2000, NJW 2000, 2894.
71 OLG Celle 4. 8. 2004, MDR 2005, 143.
72 OLG Köln 18. 3. 1994, NJW-RR 1995, 51.
73 BGH 13. 3. 1996, NJW 1996, 1826.
74 BGH 13. 3. 1996, NJW 1996, 1826.

2154

Bei hinreichendem Sachvortrag des Käufers ist es die Aufgabe des Verkäufers, substantiiert darzulegen, dass er von der fraglichen Tatsache entweder keine Kenntnis gehabt oder sie offen gelegt hat oder dass sie dem Käufer anderweitig bekannt war. Damit der Käufer sich mit diesem Vorbringen inhaltlich auseinander und dagegen zur Wehr setzen kann, genügt es nicht, wenn der Verkäufer sich auf die Behauptung beschränkt, aufgeklärt zu haben. Die angebliche Aufklärung ist unter Angabe konkreter Einzeltatsachen zu beschreiben. Dabei ist zu berücksichtigen, dass der Käufer oder sein Vertreter an den Verkaufsverhandlungen teilgenommen hat, die behauptete Aufklärung sich also im Wahrnehmungsbereich der Gegenseite abgespielt hat. Das wirkt sich zugunsten des Verkäufers auf seine Substanziierungspflicht aus.

Erfüllt der Sachvortrag des Verkäufers die an ihn zu stellenden Anforderungen, gegebenenfalls ist das Gericht zu einem entsprechenden Hinweis (§ 139 ZPO) verpflichtet, fällt dem Käufer die Aufgabe zu, die Behauptung des Verkäufers zu widerlegen.[75] Ist dagegen erwiesen, dass der Verkäufer bei Vertragsanbahnung oder gar bereits in einem Zeitungsinserat durch eine Falschangabe, also **durch positives Tun**, einen Irrtum hervorgerufen hat, so muss er beweisen, dass er die Fehlvorstellung des Käufers vor Abschluss des Kaufvertrages durch Aufklärung beseitigt hat,[76] s. auch Rn 1615 und die Ausführungen zur Beweislastverteilung bei den einzelnen Fallgruppen „Verschweigen von Unfallschäden" und „Vorspiegeln von Unfallfreiheit" bzw. „Behauptung ins Blaue".

Anders als früher § 463 S. 2 BGB a. F. setzt § 123 BGB den **Nachweis der Kausalität** zwischen der arglistigen Täuschung und dem Kaufentschluss, d. h. Abgabe der entsprechenden Willenserklärung, voraus.[77] Kausalität liegt bereits vor, wenn der Kaufentschluss neben anderen Beweggründen durch den täuschungsbedingten Irrtum des Käufers mitbestimmt worden ist;[78] eine Beschleunigung des Geschäftsabschlusses genügt. Unerheblich ist, ob und gegebenenfalls wann der Käufer die Erklärung des Verkäufers auf ihre Richtigkeit hin überprüft hat. Es kommt auch nicht darauf an, ob der Irrtum vermeidbar war oder nicht. Eine arglistige Täuschung setzt nicht Schuldlosigkeit des Anfechtenden voraus.[79]

Den ursächlichen Zusammenhang zwischen Irreführung und Willenserklärung hat im Rahmen des § 123 BGB der Käufer darzulegen und zu beweisen.[80] Eine Beweislastumkehr findet nach der Rechtsprechung nicht statt. Allerdings stellt sie an die Darlegung und den Nachweis der Kausalität **keine hohen Anforderungen**. BGH NJW 1958, 177 will dem Getäuschten sogar mit **Anscheinsbeweisregeln** helfen[81] (anders und zutreffend BGH NJW 1968, 2139 und BGH NJW 1996, 1051, s. auch BGH NJW 1995, 2361).

Häufig wird mit der Annahme einer **tatsächlichen Vermutung** argumentiert.[82] Sie verhilft zu der Feststellung, dass der Käufer das Fahrzeug ohne die Täuschung nicht, jedenfalls nicht zu dem konkreten Preis, gekauft hätte. Argumentationstypisch ist in diesem Zusammenhang die Erwägung, dass die vorgetäuschte Eigenschaft üblicherweise von wesentlicher Bedeutung für den Kaufentschluss sei. Wenn der Käufer sich im konkreten Fall ausdrücklich nach dem Vorhandensein dieser Eigenschaft, z. B. Unfallfreiheit, erkundigt hat,

---

75 Zutreffend OLG Köln 26. 1. 1996, VersR 1996, 631.
76 OLG Köln 26. 1. 1996, VersR 1996, 631.
77 BGH 7. 7. 1989, NJW 1990, 42; BGH 23. 4. 1997, NJW 1997, 1845; KG 10. 11. 2003, KGR 2004, 158.
78 BGH 22. 2. 1991, NJW 1991, 1673, 1674; 12. 5. 1995, NJW 1995, 2361.
79 BGH 23. 4. 1997, NJW 1997, 1845.
80 BGH 12. 5. 1995, NJW 1995, 2361 – Immobilienkauf.
81 Ebenso KG 10. 11. 2003, KGR 2004, 158.
82 OLG Karlsruhe 20. 3. 1992, NJW-RR 1992, 1144; OLG Nürnberg 12. 1. 1978, DAR 1978, 198; OLG Köln 23. 5. 1994 – 24 U 30/84 – n. v.; vgl. auch BGH 6. 10. 1989, NJW-RR 1990, 78, 79; BGH 12. 5. 1995, NJW 1995, 2361; BGH 23. 4. 1997, NJW 1997, 1845.

bestehen an der erforderlichen Kausalität in der Tat keine begründeten Zweifel.[83] Der Beweis der Ursächlichkeit der Täuschung ist dann „zumindest dem Anschein nach" erbracht.[84]

Von der Ursächlichkeit der Täuschung für den Kaufentschluss zu unterscheiden ist das **Bewusstsein** des Verkäufers um die Kausalität. Für § 123 BGB ist das Bewusstsein Voraussetzung, dass der Käufer ohne die Täuschung nicht oder zu einem anderen Preis gekauft hätte. Auch hier genügt bedingter Vorsatz.[85] So wie bei der (objektiven) Kausalität mit einer „tatsächlichen Vermutung" argumentiert wird, hilft man dem Käufer auf der subjektiven Ebene mit einer ähnlichen Beweiserleichterung.

5. Rechtsfolgen der Arglistanfechtung

Die **wirksam** angefochtene Kauferklärung – im Kfz-Handel die Bestellung (= Vertragsangebot) – ist als **von Anfang an nichtig** anzusehen (§ 142 Abs. 1 BGB). Die durch Anfechtung eingetretene Nichtigkeit ist nicht anders zu behandeln als eine von Anfang an bestehende. Problematisch kann die **Reichweite der Anfechtungserklärung** und damit der Umfang der Nichtigkeit sein. Trotz des Abstraktionsprinzips spricht man sich in Fällen des Autokaufs verschiedentlich gegen eine **Trennung von Kausal- und Erfüllungsgeschäft** aus. Die Erklärung des getäuschten Käufers, die zur Einigung i. S. v. § 929 BGB geführt habe, sei im Zweifel von der arglistigen Täuschung mitbeeinflusst.[86] **Gesamtnichtigkeit** von Kauf und Übereignung wird bisweilen auch mit § 139 BGB begründet.[87]

2155

Für eine **Beschränkung der Anfechtung** auf das **obligatorische Geschäft** wird demgegenüber ins Feld geführt, der getäuschte Käufer habe keinen Grund, sich mit Blick auf das ihm übereignete Fahrzeug wie ein Nichteigentümer (Nichtberechtigter) behandeln zu lassen.[88] Bei interessengerechter Auslegung von Anfechtungserklärungen wird der Erwerb des Eigentums am Fahrzeug oder eines Anwartschaftsrecht in der Tat nicht erfasst.[89] Anders können die Dinge bei einem reinen Tausch oder bei einer Inzahlunggabe eines Altfahrzeugs liegen.

Nach wirksamer Anfechtung kann das Geschäft nach **Bereicherungsrecht** rückabgewickelt werden. **Schadensersatz** konnte der Käufer im alten Recht nur wegen Verschuldens bei Vertragsschluss oder aus unerlaubter Handlung verlangen (§ 823 Abs. 2 BGB i. V. m. § 263 StGB, §§ 826, 831 BGB), nicht mehr aus § 463 S. 2 BGB a. F.[90] Auch nach neuem Recht scheiden vertragliche Schadensersatzansprüche bei wirksamer Täuschungsanfechtung nach h. M. aus (s. Rn 1901).

2156

(Rn 2157–2186 freigehalten)

---

83 Vgl. auch BGH 20. 3. 1967, NJW 1967, 1222 mit Unterscheidung zwischen § 123 BGB und § 119 Abs. 2 BGB.
84 Vgl. BGH 12. 5. 1995, NJW 1995, 2361.
85 BGH 28. 4. 1971, NJW 1971, 1795, 1800.
86 Vgl. OLG Oldenburg 27. 10. 1992, DAR 1993, 467; OLG Köln 18. 3. 1994, NJW-RR 1995, 51; *Weitnauer*, NJW 1970, 637.
87 Vgl. BGH NJW-RR 1991, 917, aber Grundstückskauf; s. auch BGH 12. 5. 1995, NJW 1995, 2361, gleichfalls Grundstückskauf.
88 KG 18. 12. 2006, OLGR 2007, 346; zur Vertiefung *Grigoleit*, AcP 199, 404 ff.
89 *Grigoleit*, AcP 199, 404, 416. Von einer Trennung geht der BGH im Fall eines zweifachen Verkaufs eines Pferdes mit zweifacher Arglistanfechtung wie selbstverständlich aus (NJW 2008, 1878). Hätte auch nur eine der beiden Anfechtungserklärungen die Übereignung miterfasst, wäre zumindest die Urteilsbegründung eine andere gewesen. Im Zentrum stehen die beiden Ansprüche auf Rückübereignung. Soweit die Anfechtung auch das dingliche Geschäft vernichtet, entfällt eine Rückübereignung von vornherein.
90 BGH 19. 11. 2003, NJW 2004, 1252; BGH 29. 10. 1959, NJW 1960, 237 = LM § 123 BGB Nr. 18; OLG Karlsruhe 18. 12. 1985, NJW-RR 1986, 452.

2187 Eine weitere Dimension eröffnen die §§ 987 ff. BGB, sofern die Anfechtung den Eigentumserwerb des Käufers mitvernichtet hat. Bleibt die Wirkung der Anfechtung auf das Kausalgeschäft beschränkt, können die Vorschriften über das Eigentümer-Besitzer-Verhältnis über die §§ 819 Abs. 1, 818 Abs. 4, 292 BGB anwendbar sein. Der arglistige Verkäufer unterliegt von Anfang an der **verschärften Bereicherungshaftung** (§§ 818 Abs. 4, 819 Abs. 1, 142 Abs. 2 BGB), weil er die Anfechtbarkeit vom Zeitpunkt der Täuschung an kennt. Der Käufer seinerseits haftet von dem Zeitpunkt an verschärft, in dem er von der Anfechtbarkeit Kenntnis erlangt, d. h. ab Entdeckung der Täuschung. Von da an darf er nicht mehr auf den Fortbestand des Geschäfts vertrauen, auch wenn er sich über die rechtlichen Folgen der Täuschung und über sein eigenes Vorgehen zunächst nicht schlüssig ist.

a) Anspruchskonkurrenz und praktisches Vorgehen bei der Fallbearbeitung

2188 1. Die Rückabwicklung eines wirksam angefochtenen und deshalb nichtigen Kaufvertrages kann sowohl nach Schadensersatz- wie nach Bereicherungsrecht erfolgen (st. Rspr., z. B. BGH NJW 1962, 1909; BGHZ 57, 137; BGH NJW 1995, 45; OLG Naumburg ZGS 2006, 238).

2. Grundlagen der Schadensersatzhaftung sind (nach Beseitigung des Vertrages im Wege der Anfechtung) die §§ 280 Abs. 1, 311 Abs. 2, 241 Abs. 2 BGB (s. auch Rn 2221) und (unabhängig von einem Anfechtungserfolg) die §§ 823 Abs. 2 i. V. m. 263 StGB, 826, 831 BGB.

3. Während eine arglistige Täuschung i. S. v. § 123 BGB zugleich ein Verschulden bei Vertragsabschluss und regelmäßig auch eine sittenwidrige Schädigung gem. § 826 BGB bedeutet,[91] setzt die Annahme eines Betruges (§ 263 StGB) als Schutzgesetzverletzung (§ 823 Abs. 2 BGB) weitere Feststellungen voraus. Der Betrugstatbestand muss voll durchgeprüft werden, was in den einschlägigen Gerichtsentscheidungen mitunter unterblieben ist. Für die Täuschungshandlung, die Irrtumserregung, Vermögensverfügung und Vermögensschaden (mit Kausalkette) muss Betrugsvorsatz festgestellt werden. Schwierigkeiten bereitet insbesondere das Tatbestandsmerkmal ‚Vermögensschaden'. Dazu liegt eine umfangreiche Kasuistik vor.[92]

4. Bei einem Verkauf durch einen arglistigen Angestellten des Kfz-Händlers kann Letzterer deliktisch aus § 831 BGB und nach Bereicherungsrecht haften. Der Angestellte ist kein Bereicherungsschuldner. Er haftet nur aus § 826 BGB, § 823 Abs. 2 BGB i. V. m. § 263 StGB.

5. Die Ansprüche des Käufers gegen seinen Vertragspartner aus Bereicherungsrecht und aus c. i. c. bzw. unerlaubter Handlung stehen grundsätzlich gleichrangig nebeneinander.

6. Dem Umfang nach bleibt die Bereicherungshaftung per saldo hinter der Deliktshaftung zurück; bestimmte Vermögenseinbußen werden dem Käufer nur nach §§ 249 ff. BGB ersetzt. Urteile mit erfolgreichen Klagen werden überwiegend mit der (weitergehenden) deliktischen Haftung (bzw. c. i. c.) begründet. Eine Mithaftung nach § 254 BGB muss der arglistig getäuschte Käufer nicht befürchten.

7. Der Bereicherungsausgleich kann über das Schadensersatzrecht zugunsten des Käufers korrigiert werden, beispielsweise beim Nutzungsersatz.

8. Gerichtsstand: Für Bereicherungsansprüche ist grundsätzlich der Wohnort des Verkäufers als Schuldner maßgebend. Wenn der Verkäufer zugleich aus Delikt haftet, kann der Käufer auch vor seinem „Heimatgericht" klagen.

---

91 St. Rspr., vgl. BGH 24. 10. 1996, NJW 1997, 254.
92 OLG Düsseldorf (2. Strafsenat), NJW 1991, 1841; OLG Düsseldorf (5. Strafsenat) JZ 1996, 913 m. Anm. *Ch. Schneider;* OLG Karlsruhe (3. Strafsenat) NJW 1980, 1762; s. auch OLG Köln (6. Zivilsenat), NJW-RR 1995, 51.

b) Bereicherungsansprüche des Käufers

aa) Rückzahlung des Kaufpreises und Herausgabe seines Ersatzes (Altwagen)

Der arglistig getäuschte Käufer hat nach §§ 812 Abs. 1 S. 1, 1. Alt. (condictio indebiti[93]), 818 Abs. 2 BGB Anspruch auf Rückzahlung des Kaufpreises. Bei Hingabe eines Schecks oder eines Wechsels sind diese Papiere zurückzugeben.

Ein **in Zahlung genommener Altwagen** (Näheres zur Inzahlungnahme s. Rn 773 ff.) ist gleichfalls herauszugeben, sofern der Verkäufer dazu noch in der Lage ist. In diesem Fall (Herausgabemöglichkeit) schuldet der Verkäufer **bereicherungsrechtlich** (Korrektur qua Schadensersatz vorbehalten) weder Wertersatz noch Zahlung des (höheren) Anrechnungsbetrages. Aufgrund seiner Bösgläubigkeit unterliegt er jedoch ab Hereinnahme des Fahrzeugs der **verschärften Bereicherungshaftung** (§§ 819 Abs. 1, 818 Abs. 4, 292, 987 ff. BGB). Die §§ 987 ff. BGB können auch direkt anzuwenden sein, wenn die Täuschungsanfechtung die dingliche Seite der Inzahlungnahme erfasst. Kraft der Haftungsverschärfung hat der Verkäufer für eine schuldhafte Verschlechterung des Fahrzeugs Ersatz zu leisten. Ein allein durch die Standzeit bedingter **Wertverlust** fällt nicht darunter. Anders ist es, sofern die Entwertung, wie in BGHZ 72, 252, auf einer sorgfaltswidrigen Aufbewahrung beruht.

Zusätzlich wird die Haftung des Verkäufers verschärft, sofern er sich mit der Herausgabe des in Zahlung genommenen Fahrzeugs **im Verzug** befindet (§§ 990 Abs. 2, 287 BGB). Da einem getäuschten Käufer trotz wirksamer Vertragsanfechtung zugleich Schadensersatzansprüche aus c. i. c. (§§ 280 Abs. 1, 311 Abs. 2, 241 Abs. 2 BGB) und meist auch aus unerlaubter Handlung zustehen, sind auch diese Anspruchsgrundlagen in Betracht zu ziehen. Wenn überhaupt, können sie einen Ausgleich für rein standzeitbedingten Wertverlust geben.

Ob der Verkäufer **deliktsrechtlich** statt Rückgabe des (noch vorhandenen) Altwagens einen Geldbetrag in Höhe des Anrechnungspreises schuldet, ist zweifelhaft. Der BGH hat dies bisher nur für den großen Schadensersatz aus § 463 BGB a. F. bejaht.[94] Die Frage ist, ob dasselbe gelten kann, wenn der Käufer nicht Ersatz seines positiven Interesses verlangt, sondern über die §§ 280 Abs. 1, 311 Abs. 2, 241 Abs. 2 BGB (früher c. i. c.) seinen Vertrauensschaden liquidiert. Dort wie auch im Rahmen der Delikthaftung ist grundsätzlich ‚nur' das negative Interesse zu ersetzen. Bei diesem Ansatz schuldet der arglistige Verkäufer, der noch im Besitz des Altfahrzeugs ist, auch schadensrechtlich keinen Ersatz in Höhe des Anrechnungspreises. Das kann aber auch anders gesehen werden.

Hat der arglistige Verkäufer den **in Zahlung genommenen Altwagen** zwischenzeitlich **weiterveräußert** (so die Konstellation in BGH NJW 1962, 1909; BGHZ 53, 144; s. auch BGH NJW 1980, 178), gilt rein bereicherungsrechtlich Folgendes:

Nach § 818 Abs. 2 BGB schuldet der Verkäufer **Wertersatz**;[95] maßgeblich ist der objektive Verkehrswert (Marktwert), nicht der – regelmäßig höhere – Anrechnungspreis. Etwas anderes ergibt sich auch nicht aus BGHZ 53, 144. Denn der Anrechnungsbetrag von 5300,– DM entsprach dem Wert des Fahrzeugs.

---

[93] Ob es sich um eine condictio indebiti oder um eine condictio ob causam finitam handelt, ist im Ergebnis belanglos; offengelassen von BGH 13. 2. 2008, NJW 2008, 1878; auch von OLG Naumburg 7. 12. 2005, ZGS 2006, 239.
[94] Urt. v. 28. 11. 1994, NJW 1995, 518 (Bestätigung von OLG Celle 6. 1. 1994, OLGR 1994, 129).
[95] BGH 2. 7. 1962, NJW 1962, 1909; OLG Hamm 8. 7. 1970, NJW 1970, 2296; OLG Hamm 9. 9. 1996, DAR 1996, 499 – Tausch.

Hat der Händler den Altwagen als Nichteigentümer (Nichtberechtigter) weiterveräußert, was von der Reichweite der Anfechtung abhängt (dazu Rn 2155), kann der Käufer nach § 816 Abs. 1 BGB **Herausgabe des Erlöses** aus dem Weiterverkauf verlangen, evtl. gekürzt um Verkaufsaufwendungen. Zur Anwendung des § 281 BGB a. F. (= § 285 BGB n. F.) im Rahmen der Bereicherungshaftung s. BGH NJW 1980, 178 (kein Arglistfall, aber gleichfalls verschärfte Haftung nach §§ 818 Abs. 4, 819 BGB), dort auch zur Anwendung des § 687 Abs. 2 BGB.

bb) Zinsen und Kapitalnutzung

2190   Angesichts der **Bösgläubigkeit** des (arglistigen) Verkäufers bzw. seines Vertreters (§ 166 BGB) ist der Geldbetrag bereits ab Empfang, nicht erst ab Verzug, **zu verzinsen**, §§ 819 Abs. 1, 814 Abs. 4, 291 BGB. Auch für diese „Prozesszinsen" gilt die **Fünf-Prozentpunkte-Regelung** des § 288 Abs. 1 S. 2 BGB.[96] Ob die Zinsforderung, normalerweise Nebenforderung, als Festbetrag in die Saldierung einzubeziehen ist,[97] erscheint schon grundsätzlich zweifelhaft, ist jedenfalls von einem arglistig getäuschten Käufer wohl kaum zu verlangen.

Wird ein Teil des Kaufpreises durch Hingabe eines Altfahrzeugs ‚ersetzt' (zu den einzelnen Konstruktionen s. Rn 799 ff.), kann der arglistig getäuschte Käufer selbst im Fall der Weiterveräußerung des Altwagens nicht den vollen Kaufpreis, sondern zunächst nur den Baranteil zur Grundlage seines Zinsanspruchs machen. Erst wenn wegen Unmöglichkeit der Herausgabe infolge Weiterveräußerung eine weitere Geldschuld hinzu kommt, kann auch insoweit eine Zinsschuld ab dem Tag der Veräußerung entstehen,[98] d. h. der Zinsanlauf ist an sich zeitversetzt. Da erfahrungsgemäß von einer raschen Weiterveräußerung ausgegangen werden kann, ist Käuferanwälten ein **einheitliches Datum** für die Verzinsung (Geldempfang) zu empfehlen.

Ob und inwieweit der Käufer das Fahrzeug genutzt hat und dafür eine Vergütung schuldet, ist auf seinen Zinsanspruch ohne Einfluss, d. h., der Betrag, der zu verzinsen ist, kann den Betrag der (wegen Abzugs der Nutzungsvergütung reduzierten) Hauptforderung übersteigen.

Aus dem rechtsgrundlos erlangten Kapital **tatsächlich gezogene Nutzungen** sind schon gem. §§ 818 Abs. 1, 2 BGB herauszugeben.[99] Bei Kaufleuten besteht in einem gewissen Umfang ein Vermutung dafür, dass sie einen erlangten Kapitalbetrag zinsbringend angelegt haben.[100] Als Alternative steht die Tilgung eines Kredits im Raum. Wenn der Verkäufer tatsächlich mit Fremdmitteln arbeitet, ist der dafür zu zahlende Zins nicht gleichbedeutend mit einer entsprechenden Nutzung in Form ersparter Zinsen.[101] Grundlage für die Bemessung des Nutzungsersatzes ist – wie bei der Verzinsung – lediglich das empfangene Kapital. Ein Zufluss aus der Weiterveräußerung kann zu einer Aufstockung führen.

Für unterlassene **Kapitalnutzung** haftet der arglistige Verkäufer nach § 987 Abs. 2 BGB in direkter Anwendung oder i. V. m. §§ 292, 819 Abs. 1, 818 Abs. 4 BGB.

Eigenen Finanzierungsaufwand kann der Käufer als Schaden geltend machen, eventuell auch als Entreicherungsposten in das Abrechnungsverhältnis einstellen (s. Rn 2193). Befindet sich der – bösgläubige/arglistige – Verkäufer mit der Rückzahlung des Kaufpreises

---

[96] KG 18. 12. 2006, OLGR 2007, 346 (steht so im Gesetz).
[97] So KG 18. 12. 2006, OLGR 2007, 346.
[98] OLG Düsseldorf 13. 1. 2003–1 U 76/02 – n. v.
[99] BGH 5. 7. 2006, NJW 2006, 2847, 2853.
[100] BGH 5. 7. 2006, NJW 2006, 2847, 2853.
[101] BGH 5. 7. 2006, NJW 2006, 2847, 2853.

in Verzug, kann der Käufer seine Kreditkosten auch als Verzögerungsschaden ersetzt verlangen (§§ 819 Abs. 1, 818 Abs. 4, 280 Abs. 2 BGB).

Passivlegitimiert für den Rückzahlungs- bzw. Rückgabeanspruch des Käufers ist allein der Verkäufer. Dies auch dann, wenn ein Kfz-Händler als **Vertreter/Vermittler** eingeschaltet war. Ohne Belang ist, ob der Vertreter den gesamten Kaufpreis an seinen Auftraggeber weitergeleitet hat oder nicht. Gegenstand des Bereicherungsausgleichs ist das, was der Käufer hingegeben hat. **2191**

Zur **Gerichtszuständigkeit** s. OLG Saarbrücken NJW 2005, 906. **2192**

cc) Aufwendungen und Verwendungen

Prozesstypisch ist das Verlangen des Käufers, ihm die **Aufwendungen** und **Verwendungen** auf sein **Fahrzeug** zu ersetzen. Meist geht es neben den Zulassungskosten um die Anschaffung von Zubehör sowie um Reparaturen. Dazu, wie diese Positionen beim Rücktritt und beim großen Schadensersatz zu behandeln sind, s. Rn 1745 ff., 1865. Bei einer Rückabwicklung nach erfolgreicher Arglistanfechtung ist die ohnehin wenig klare Rechtslage noch komplexer. Das liegt zum einen an den Besonderheiten des Bereicherungsrechts, zumal in Täuschungsfällen, zum anderen an dem Nebeneinander von Bereicherungsausgleich und außervertraglicher Schadensersatzhaftung. Hinzu kommt: Sofern die Arglistanfechtung auch das dingliche Geschäft, d. h. den Erwerb des Fahrzeugeigentums, erfasst (dazu Rn 2155), kommen nach h. M. für den Verwendungsersatz die Sonderregeln der §§ 994 ff. BGB in Betracht.[102] Über § 292 BGB können diese Vorschriften gleichfalls anwendbar sein, also auch, wenn die Wirkung der Anfechtung auf das obligatorische Geschäft beschränkt ist. Schließlich: Im Fall des Annahmeverzugs des Verkäufers kann der Käufer bestimmte Aufwendungen auch nach § 304 BGB ersetzt verlangen, z. B. Unterstellkosten. **2193**

Rein bereicherungsrechtlich gilt: Verwendungen können die Bereicherung des Käufers mindern und daher von ihm nach Saldierungsgrundsätzen gem. § 818 Abs. 3 BGB gegengerechnet werden.[103] Voraussetzung ist jedoch, dass die Verwendungen nicht in die Zeit fallen, in der auch der getäuschte Käufer verschärft haftet (Rechtshängigkeit oder Kenntnis von der Täuschung). Bereicherungsrechtlich geben diejenigen Verwendungen, die nur nach § 818 Abs. 3 BGB, nicht nach § 994 BGB, zu berücksichtigen sind, keinen selbstständigen Anspruch. Sie sind aber geeignet, den Anspruch des Verkäufers auf Nutzungsvergütung zu mindern.[104]

In der Praxis läuft der Verwendungsersatz regelmäßig über die **§§ 994 ff. BGB** oder über **Schadensersatzrecht**. Aus der einschlägigen Judikatur sind insbesondere zu erwähnen: BGH NJW 1960, 237; OLG Oldenburg DAR 1993, 467; OLG Nürnberg DAR 1978, 324; OLG Nürnberg 9. 6. 2000 – 6 U 4302/99 – n. v. Einen anderen (bereicherungsrechtlichen) Weg geht das Kammergericht.[105]

Zentral für den Ausgleich nach den §§ 994 ff. BGB ist der **Begriff der Verwendung**. Der BGH[106] definiert Verwendungen als Vermögensaufwendungen, die der Erhaltung, Wiederherstellung oder Verbesserung der Sache dienen. Dazu rechnet auch die eigene Arbeitsleistung des Besitzers, soweit sie einen Geldwert (Marktwert) hat (Parallele zum Schadensersatzrecht). Mithin kann ein Fahrzeugkäufer **geldwerte Eigenleistungen**, aber auch die Arbeitsleistung von Angehörigen oder Bekannten, als ‚Verwendungen' auf den Verkäu-

---

102 Anders *Michalski*, FS für Gitter, 1995, 577, 599.
103 BGH 29. 10. 1959, NJW 1960, 237; KG 18. 12. 2006, OLGR 2007, 346.
104 BGH 12. 12. 1997, NJW 1998, 989.
105 Urt. v. 18. 12. 2006, OLGR 2007, 346.
106 Urt. v. 24. 11. 1995, NJW 1996, 921.

fer abwälzen, vorausgesetzt, sie haben geldwerten Charakter. Das ist im Zweifel zu verneinen.

Nach den §§ 994, 996 BGB ist – wie im Rahmen des § 347 Abs. 2 BGB – zwischen **notwendigen** und nur **nützlichen Verwendungen** zu unterscheiden. Ein Unterfall der notwendigen Verwendungen sind die **gewöhnlichen Erhaltungsmaßnahmen** bzw. die damit verbundenen Erhaltungskosten (§ 994 Abs. 1 S. 2 BGB). Während sie nach Rücktrittsrecht als notwendige Verwendungen zu ersetzen sind (Argument: der Käufer schuldet eine Vergütung für die Nutzung), macht § 994 Abs. 1 S. 2 BGB ausdrücklich eine Einschränkung: Für die Zeit, für welche die Nutzungen verbleiben, sind gewöhnliche Erhaltungskosten nicht zu ersetzen.

Dem arglistig getäuschten Käufer ist Ersatz sämtlicher notwendiger Verwendungen einschließlich der gewöhnlichen Erhaltungskosten zuzubilligen. Erstens fallen sie nicht in eine Zeit, für welche ihm die Nutzungen verbleiben. Er schuldet dem Verkäufer eine Vergütung, die den Nutzungsvorteil voll ausgleicht.[107] Zum anderen ist der Käufer rechtsgrundloser Besitzer und insoweit einem ‚unentgeltlichen' Erwerber gleichgestellt. Diesem sind notwendige Verwendungen aber uneingeschränkt zu ersetzen.[108] Wer das anders sieht,[109] kommt nicht umhin, im Wege des Schadensersatzes eine Korrektur zugunsten des Käufers vorzunehmen.

Was beim Gebrauchtfahrzeugkauf zu den notwendigen Verwendungen gehört, ergibt sich aus der Auflistung unter Rn 1746. Zu einem Großteil handelt es sich dabei zugleich um gewöhnliche Erhaltungskosten i. S. v. § 994 Abs. 1 S. 2 BGB. Ob eine bestimmte Verwendung auf ein Kraftfahrzeug **notwendig oder nur nützlich** oder gar nutzlos ist, kann im Einzelfall durchaus zweifelhaft sein, wie auch die Kasuistik zum vertraglichen Rückabwicklungsrecht zeigt (Rn 1746 ff.).

Die Bewertung hängt vom Zeitpunkt und auch davon ab, von wessen Standpunkt aus die Art der Verwendung beurteilt wird. Hat der Käufer ‚sein' Fahrzeug nach Übernahme in einem Tuningbetrieb ‚frisieren' lassen, wird das aus seiner Sicht keine notwendige, wohl aber eine nützliche Verwendung sein. Der Verkäufer, der das Auto zurücknehmen soll, wird diese Umrüstung für überflüssig halten und Wiederherstellung des früheren Zustandes verlangen, jedenfalls eine Erstattung der Umrüstungskosten ablehnen.

Grundsätzlich gilt: Die Notwendigkeit einer Maßnahme ist nach einem objektiven Maßstab ex ante zu beurteilen.[110] Bezogen auf den Fahrzeugkauf heißt das, dass die Maßnahme bei Arbeitsbeginn zur Erhaltung des Fahrzeugs objektiv geboten gewesen sein muss. Dass sie dauerhaft zur Werterhaltung oder gar Wertsteigerung beigetragen hat, ist nicht erforderlich.

Als **zeitliche Grenze** ist § 994 Abs. 2 BGB zu beachten: Nach Rechtshängigkeit bzw. nach Entdeckung der Täuschung gemachte notwendige Verwendungen sind nur nach den **Vorschriften der GoA** zu ersetzen. Dass der Käufer die Verwendungen gemacht hat, als er – mangels Anfechtung – noch Eigentümer und berechtigter Besitzer war, ist unschädlich. Entscheidend ist für den Anspruch aus § 994 BGB, dass das Besitzrecht später weggefallen ist und jedenfalls bei Geltendmachung des Ersatzanspruchs nicht mehr besteht.[111]

---

107 Offen gelassen von OLG Oldenburg 27. 10. 1992, DAR 1993, 467.
108 OLG Oldenburg 27. 10. 1992, DAR 1993, 467; *Palandt/Bassenge*, § 994 BGB Rn 6.
109 Wie z. B. *Tempel/Syderhelm*, Materielles Recht im Zivilprozess, 4. Aufl., S. 57; gegen eine bereicherungsrechtliche Berücksichtigung gewöhnlicher Erhaltungskosten KG 18. 12. 2006, OLGR 2007, 346.
110 BGH 24. 11. 1995, NJW 1996, 921.
111 BGH 24. 11. 1995, NJW 1996, 921.

Für nur nützliche (wertsteigernde) Verwendungen in der Zeit **nach Kenntnis** von der Anfechtbarkeit kann der Käufer nach den §§ 994 ff. BGB keinen Ersatz verlangen, vgl. § 996 BGB. Erst recht gilt dies für nutzlose Verwendungen. **Vor Kenntnis** von der Täuschung gemachte nützliche Verwendungen sind gem. § 996 BGB zu ersetzen. Die Wertsteigerung, also die Nützlichkeit, muss aber noch vorhanden sein, wenn der Verkäufer das Fahrzeug wiedererlangt. Es kommt mithin nicht auf die Wertsteigerung im Zeitpunkt der Verwendung an. Durch Verschleiß, Abnutzung und Alterung kann eine ursprünglich wertsteigernde Investition in ein Kraftfahrzeug wieder an Wert verlieren, sodass der Gesamtwert des Fahrzeugs nicht mehr messbar erhöht ist.

Bereicherungsrechtlich und auch bei einer Abwicklung nach Schadensersatzrecht können selbst **nutzlose Verwendungen** zulasten des arglistigen Verkäufers gehen. Das folgt für das Bereicherungsrecht aus § 818 Abs. 3 BGB. Ein selbstständiger Erstattungsanspruch unter dem Gesichtspunkt der Verwendungskondiktion dürfte zu verneinen sein. Er kann sich aber aus c. i. c. bzw. deliktischer Haftung ergeben. Zu diesem Ansatz s. BGH NJW 1960, 237 (Ersatz von Reparaturkosten, die freilich – verschleißbedingt – notwendig waren); OLG Nürnberg DAR 1978, 198 a. E. = DAR 1978, 325.

Ob und inwieweit der Käufer **als entreichernde Posten** vergebliche Aufwendungen, die weder notwendige noch nützliche Verwendungen sind (z. B. Finanzierungskosten und Vertragsabschlusskosten), in Ansatz bringen darf, ist umstritten.[112] Abzugsfähig sind jedenfalls die Kosten der Fahrzeugabmeldung und die Kosten für die Einholung eines Privatgutachtens.[113]

c) Gegenansprüche des Verkäufers

aa) Rückgabe des Fahrzeugs

Auch ein arglistiger Verkäufer hat Anspruch auf Rückgabe und ggf. Rückübereignung des Fahrzeugs.[114] Rückübereignung entfällt, wenn der Käufer seinen Eigentumserwerb durch seine Anfechtung zunichte gemacht hat (dazu Rn 2155). Ein (meist bestehender) bestehender Rückübereignungsanspruch ist nicht gem. § 814 BGB ausgeschlossen, weil der Verkäufer die Anfechtbarkeit kannte.[115] Zurückzugeben sind außer dem Fahrzeug auch die Fahrzeugpapiere und sonstige „mitverkaufte" Gegenstände (z. B. ein Hardtop).

Der **Bereicherungsausgleich** zielt auf gegenständliche Rückgewähr dessen, was noch da ist. Auch im Falle einer **zwischenzeitlichen Entwertung** des Fahrzeugs, selbst bis zur Schrottreife, bleibt der Käufer nach Bereicherungsrecht verpflichtet, es an den Verkäufer herauszugeben.[116] Solange der Wagen als solcher noch vorhanden ist und wenigstens noch Schrottwert hat, liegt ein Fall der Herausgabeunmöglichkeit i. S. v. § 818 Abs. 2 BGB nicht vor.[117] Erst bei **objektiver Unmöglichkeit** oder **subjektivem Unvermögen** zur Herausgabe in Natur tritt an die Stelle der Primäransprüche aus §§ 812 Abs. 1 S. 1, 818 Abs. 1 BGB die Pflicht zum Wertersatz nach § 818 Abs. 2 BGB.

---

112 Zum Grundstückskauf s. BGH 6. 12. 1991, NJW 1992, 1037.
113 OLG Oldenburg 27. 10. 1992, DAR 1993, 467 (für Gutachterkosten); anders OLG Stuttgart 17. 3. 1989, NJW 1989, 2547 (Gutachterauftrag, aber erst nach Anfechtung); s. auch KG 18. 12. 2006, OLGR 2007, 346.
114 BGH 13. 2. 2008, NJW 2008, 1878.
115 BGH 13. 2. 2008, NJW 2008, 1878.
116 BGH 2. 7. 1962, NJW 1962, 1909.
117 Vgl. aber auch OLG Oldenburg 4. 6. 1975, NJW 1975, 1788 zur Unmöglichkeit i. S. v. §§ 324, 325 BGB a. F.

Die **Beweislast** für die Unmöglichkeit der Herausgabe des Fahrzeugs obliegt dem Käufer. Dass die Weiterveräußerung an einen Dritten ein Scheingeschäft war, hat hingegen der Verkäufer zu beweisen.[118]

Typisch für Rückabwicklungslagen beim Kraftfahrzeugkauf ist der Umstand, dass der Käufer nur in seltenen Fällen dazu imstande ist, das Fahrzeug genau in dem Zustand zurückzugeben, in dem er es empfangen hat.

2195 **Veränderungen** und **Verschlechterungen**, und sei es nur durch normale **Benutzung**, sind die Regel. Besonders problematisch sind die Fälle, in denen der Wagen überhaupt nicht oder nicht mehr in unbeschädigtem Zustand zurückgegeben werden kann. Insoweit sind **4 Fallgruppen** zu unterscheiden: (1) Zerstörung oder Beschädigung des Fahrzeugs infolge eines vom Verkäufer zu vertretenden Mangels, (2) zufälliger Verlust oder zufällige ‚Verschlechterung' des Fahrzeugs, (3) Unmöglichkeit der Rückgabe in unbeschädigtem Zustand infolge eines Verhaltens des Käufers oder seiner Leute, das nicht als ‚Verschulden' zu werten ist und (4) vom Käufer verschuldete Unmöglichkeit, das Auto in dem Zustand, in dem er es erhalten hat, zurückzugeben. Schwierige Wertungsfragen werfen insbesondere Fälle der Gruppen 3 und 4 auf, s. dazu Rn 2206 ff.

2196 **Prozessual** ist zu beachten: Klagen des Verkäufers als Anfechtungsempfänger auf Herausgabe des Fahrzeugs sind selten, auch Widerklagen mit diesem Ziel sind in der Praxis die Ausnahme. **Typischerweise** klagt der getäuschte Käufer auf Rückzahlung des Kaufpreises und Erstattung seiner Aufwendungen. Zur Situation bei einer Klage aus eigenem Recht und aus dem abgetretenen Recht eines gleichfalls getäuschten Vor-Verkäufers (nicht Käufers) s. BGH NJW 2008, 1878 (Pferdekauf).

Fraglich ist, ob der getäuschte Käufer im Vorfeld des Prozesses eine **Pflicht zur Rückgabe** hat, er wenigstens dem Verkäufer **die Rücknahme anbieten** muss, wie das OLG Köln meint.[119] Prozessual lautet die Fragestellung: Muss der Käufer auf eine **Verurteilung** zur Rückzahlung des Kaufpreises **Zug um Zug** gegen Rückgabe des Fahrzeugs klagen oder ist eine solche Vorgehensweise – aus Kostengründen – lediglich empfehlenswert?

2197 **Bereicherungsrechtlich** gilt **nach der Saldotheorie:** Soweit sich gleichartige Bereicherungsansprüche gegenüberstehen, werden sie ohne Aufrechnungserklärung saldiert.[120] Durch einen Vergleich von Vor- und Nachteilen wird ermittelt, für welchen Beteiligten sich ein Überschuss (Saldo) ergibt. Dieser Beteiligte ist dann, so der BGH in st. Rspr.,[121] ‚Gläubiger eines einheitlichen, von vornherein durch Abzug der ihm zugeflossenen Vorteile beschränkten Bereicherungsanspruchs'. Bei dessen Darlegung muss er sogleich das mit berücksichtigen, was der Beklagte hingegeben hat, um den Vertrag zu erfüllen.

Der Grundsatz der Saldierung gilt sinngemäß, wenn die beiderseitigen Leistungen **ungleichartig** sind, wie z. B. beim Fahrzeugkauf.[122] Dann hat der Bereicherungsgläubiger die ungleichartige Gegenleistung schon im Klageantrag derart zu berücksichtigen, dass er ihre Rückgewähr **Zug um Zug** anbietet.[123] Ohne dieses Angebot wäre **die Bereicherungsklage** unschlüssig; ein Versäumnisurteil könnte nicht ergehen. Aus Sicht des Bereicherungsschuldners bedeutet dies: Bei gleichartigen Leistungen braucht er nicht aufzurech-

---

118 BGH 8. 6. 1988, NJW 1988, 2597; *Staudinger/Lorenz*, § 818 BGB Rn 32.
119 Urt. v. 18. 3. 1994, NJW-RR 1995, 51; richtigerweise ist das Anbieten nur Voraussetzung für den Annahmeverzug, wobei wegen der Abholpflicht des Verkäufers ein wörtliches Angebot genügt, vgl. OLG Düsseldorf 23. 10. 1997, DAR 1998, 70.
120 BGH 14. 7. 2000. NJW 2000, 3064; KG 18. 12. 2006, OLGR 2007, 346.
121 Z. B. NJW 1995, 454 (Urt. v. 11. 11. 1994).
122 Vgl. KG 18. 12. 2006, OLGR 2007, 346.
123 BGH 10. 2. 1999, MDR 1999, 695; BGH 11. 11. 1994, NJW 1995, 454; BGH 29. 10. 1959, NJW 1960, 237; BGH 24. 6. 1963, NJW 1963, 1870.

Arglistanfechtung

nen, bei ungleichartigen wird er nicht damit belastet, seinen Gegenanspruch einredeweise geltend zu machen (§§ 320, 273 BGB).

Ob die Grundsätze der Saldotheorie auch zugunsten desjenigen Bereicherungsschuldners anzuwenden sind, der seinen Vertragspartner **arglistig getäuscht** hat, ist indessen in Rechtsprechung und Schrifttum **umstritten.** Das RG hat den betrogenen Käufer davon freigestellt, die empfangene Gegenleistung von sich aus zu berücksichtigen. Die Geltendmachung der Gegenansprüche müsse vielmehr dem beklagten Verkäufer überlassen bleiben.[124]

Der **VIII. ZS des BGH** hat in dem Urteil vom 16. 10. 1963[125] offen gelassen, ob diese **Einschränkung der Saldotheorie** gerechtfertigt und damit zulasten des arglistigen Verkäufers die **Zweikondiktionentheorie** anzuwenden ist. Letzteres bedeutet jedoch nicht, so der BGH,[126] dass der Verkäufer wegen seiner Gegenansprüche auf einen neuen Rechtsstreit zu verweisen sei. Er darf sich damit gegen die Bereicherungsklage des Käufers zur Wehr setzen, gleichviel, ob es um die Rückgabe des Fahrzeugs oder um Herausgabe gezogener Nutzungen geht.[127] Ob diese Rechtsverteidigung ihre Grundlage in § 320 BGB oder in § 273 BGB hat, ist umstritten.[128] Jedenfalls ist der Verkäufer nach der Saldotheorie auch hinsichtlich der Verfolgung seiner eigenen Ansprüche bessergestellt als nach der Zweikondiktionentheorie.

2198

In dem berühmten ‚Mercedes'-Fall BGHZ 53, 144 (dazu Rn 2207) hatte der getäuschte Käufer auf Rückzahlung des Kaufpreises geklagt, ohne die Rückgabe des – beschädigten – Mercedes anzubieten. Das LG hatte diesem Antrag entsprochen. Das OLG hat das Urteil abgeändert und auf eine Zug-um-Zug-Verurteilung erkannt. Der BGH (VII. ZS) hat diese Entscheidung bestätigt, indem er sich in der zentralen Frage des Falles (wer trägt das Entwertungsrisiko?) auf den Boden der Zweikondiktionentheorie gestellt hat. Daran hat er auch für den Fall festgehalten, dass das gelieferte Fahrzeug durch Alleinverschulden des getäuschten Käufers einen Totalschaden erlitten hat (,BMW'-Fall, BGHZ 57, 137, wo der Käufer – ebenso wie in den Fällen BGHZ 72, 252 und BGHZ 78, 216 – von sich aus auf eine Zug-um-Zug-Verurteilung des Verkäufers geklagt hat).

Aus der höchstrichterlichen **Beschränkung der Saldotheorie** in bestimmten Täuschungsfällen haben die Instanzgerichte für die **prozessuale Abwicklung** nach Bereicherungsrecht, aber auch nur insoweit, die folgende Konsequenz gezogen:

Als Bereicherungsgläubiger braucht der getäuschte Käufer Gegenansprüche des Verkäufers nicht bereits im Klageantrag zu berücksichtigen. Der Verkäufer hat etwaige Gegenansprüche selbstständig geltend zu machen, was er im gleichen Rechtsstreit im Wege der Zug-um-Zug-Einrede darf.[129] Eine Zug-um-Zug-Verurteilung setzt keinen formellen Antrag des beklagten Verkäufers voraus; vielmehr reicht es aus, wenn der Beklagte einen uneingeschränkten Klageabweisungsantrag stellt, sofern der Wille, die eigene Leistung im Hinblick auf das Ausbleiben der Gegenleistung zurückzubehalten, eindeutig erkennbar ist.[130] Im Zweifelsfall muss das Gericht fragen (§ 139 ZPO).

---

124 Nachweise der RG-Rspr. in BGH NJW 1964, 39 und in BGH LM § 123 BGB Nr. 18, dort auch Hinweis auf die unveröffentlichte Entscheidung des II. ZS des BGH v. 4. 10. 1956 – II ZR 89/55.
125 NJW 1964, 39.
126 NJW 1964, 39.
127 BGH 13. 2. 2008, NJW 2008, 1878 (Pferdekauf); BGH 29. 10. 1959, NJW 1960, 237; s. auch KG 18. 12. 2006, OLGR 2007, 346.
128 BGH 7. 6. 2006, NJW 2006, 2839 nennt beide Vorschriften.
129 BGH 13. 2. 2008, NJW 2008, 1878; OLG Karlsruhe 20. 3. 1992, NJW-RR 1992, 1144; OLG Koblenz 12. 11. 1976, MDR 1977, 667; OLG Köln 26. 1. 1996, VersR 1996, 631; OLG Düsseldorf 30. 11. 1999 – 26 U 41/99 – n. v.
130 BGH 7. 6. 2006, NJW 2006, 2839.

Ist eine **Bereicherungsklage** hiernach auch ohne Zug-um-Zug-Angebot **schlüssig**, bleiben gleichwohl folgende Fragen: Ist diese Einschränkung der Saldotheorie zulasten des arglistigen Verkäufers sachlich zu rechtfertigen und kann sie vor dem Hintergrund einer parallel laufenden Abwicklung nach Schadensersatzrecht mit Vorteilsausgleichung Bestand haben?

2199 **Schadensersatzrechtlich** gilt nach altem wie nach neuem Recht: Dem Käufer ist durch die Täuschung mit anschließendem Kauf nicht nur ein Schaden entstanden, sondern auch ein Vorteil. Er hat Besitz und Eigentum am Fahrzeug erlangt. Die Benutzung war gleichfalls von Vorteil. Durch die (wirksame) Anfechtung fällt zwar das Eigentum wieder zurück an den Verkäufer, sofern die Anfechtungserklärung das Erfüllungsgeschäft umfasst (dazu Rn 2155). Der Besitz als solcher bleibt jedoch unverändert, nur die Legitimation entfällt. Die dem Käufer erwachsenen **Vorteile** hat er, soweit es der Billigkeit entspricht, **auszugleichen**. Wie im Fall der Saldotheorie bedeutet dies eine inhaltliche Beschränkung des Schadensersatzanspruchs, die ihm von vornherein anhaftet.[131] Aus Sicht des Schädigers: Er brauchte kein Zurückbehaltungsrecht geltend zu machen. Dieser Grundsatz der Vorteilsausgleichung war auch zugunsten des arglistigen Verkäufers anzuwenden.[132]

Bei strikter Anwendung der Zweikonditionentheorie kam es mithin zu einer **Diskrepanz**, je nachdem, ob die Rückabwicklung bereicherungs- oder schadensersatzrechtlich durchgeführt wurde. **Gleichklang** herrschte hingegen mit der Rückabwicklung in den Wandlungsfällen. Denn auch dort musste der Verkäufer seine Gegenansprüche einredeweise geltend machen (§§ 467 S. 1, 348 BGB a. F.). So ist es auch nach neuem Recht im Fall des Rücktritts (§ 348 BGB) und beim großen Schadensersatz (§§ 281 Abs. 5, 348 BGB). Zumal § 281 Abs. 5 BGB spricht gegen eine automatische schadensrechtliche Saldierung von Leistung und Gegenleistung bei den deliktischen Ansprüchen.[133]

2200 Aus **Kostengründen** ist dem Käufer allerdings zu raten, die Rückgabe des Fahrzeugs nebst Papieren von sich aus anzubieten, also einen **Zug-um-Zug-Antrag** zu stellen (nicht erst im Hilfsantrag). Dringt der Verkäufer nämlich bei einem uneingeschränkten Klageantrag mit seiner Einrede aus § 273 BGB durch, sind die Kosten des Rechtsstreits verhältnismäßig zu teilen (§ 92 Abs. 1 ZPO). In der Praxis werden sie nicht selten einfach halbiert.[134] Für eine Kostenbelastung des Käufers mit nur einem Viertel hat sich das OLG Nürnberg ausgesprochen.[135] Zur Vermeidung derjenigen Nachteile, die bei einer späteren Zwangsvollstreckung aus einem Zug-um-Zug-Urteil auftreten können, wird auf Rn 690 ff. verwiesen. Materiell-rechtlich bringt ein **Annahmeverzug** des Verkäufers die gerade für einen Fahrzeugkäufer wichtigen Vergünstigungen aus §§ 300 Abs. 1, 302, 304 BGB mit sich.

bb) Nutzungsvergütung
(1) Grundsätzliches

2201 Gem. § 993 Abs. 1 BGB schuldet der gutgläubige Besitzer grundsätzlich keinen Ausgleich für von ihm gezogene Nutzungen. Hiervon macht **§ 988 BGB** für den Fall eine Ausnahme, dass der Besitz unentgeltlich erlangt worden ist. Diesem Fall hat die Rechtsprechung den Fall des **rechtsgrundlosen Besitzerwerbs** gleichgestellt.

Die **Rechtsprechung** schwankt zwischen der direkten Anwendung des § 818 Abs. 1 mit **Wertersatzpflicht** nach Abs. 2 und der über § 988 BGB vermittelten Heranziehung dieser

---

131 BGH 22.10.1976, LM § 123 BGB Nr. 47 = JZ 1977, 95.
132 So wohl BGH 22.10.1976, LM § 123 BGB Nr. 47.
133 *Derleder*, NJW 2004, 969, 976.
134 Vgl. *Hensen*, NJW 1999, 395.
135 Urt. v. 9.6.2000 – 6 U 4302/99 – n. v.

Anspruchsgrundlage.[136] So oder so ist auch der gutgläubige Fahrzeugbesitzer zur Herausgabe **gezogener Nutzungen seit dem Besitzerwerb** verpflichtet, d. h. auch ein arglistig getäuschter Käufer hat bereicherungsrechtlich grundsätzlich für jeden gefahrenen Kilometer Ersatz zu leisten. Der **Entreicherungseinwand** (§ 818 Abs. 3 BGB) geht in der Regel aus tatsächlichen Gründen fehl.

Schuldhaft **versäumte Nutzungen** fallen nicht unter §§ 988, 818 Abs. 1 BGB. Sie sind unter den Voraussetzungen der §§ 987 Abs. 2, 990 Abs. 1 S. 2 bzw. nach §§ 819 Abs. 1, 818 Abs. 4, 292 Abs. 2, 987 Abs. 2 BGB auszugleichen, ein in der Praxis der Fahrzeugkauf-Rückabwicklung – auch wegen § 302 BGB – seltener Fall. Die Vindikationslage wird nicht dadurch ausgeschlossen, dass dem Käufer ein Zurückbehaltungsrecht wegen eines eigenen Anspruchs auf Schadensersatz oder Verwendungsersatz zusteht. Das Zurückbehaltungsrecht führt lediglich zu einer Zug-um-Zug-Verurteilung.[137]

(2) Abwicklungstechnisches und Prozessuales

Insoweit taucht bei der Nutzungsherausgabe die gleiche Frage auf, wie sie unter Rn 2194 ff. für den Anspruch auf Rückgabe des Fahrzeugs diskutiert worden ist, wobei sich jetzt gleichartige Posten (Kaufpreis/Nutzungsvergütung) gegenüberstehen. In Anwendung der Zweikondiktionentheorie[138] wird **der Käufer** auch hier davon **freigestellt,** die Nutzungsvergütung von sich aus vom herausverlangten Kaufpreis abzuziehen.[139] Der (arglistige) Verkäufer kann sie aber im gleichen Rechtsstreit geltend machen,[140] auch hilfsweise. Seine **Aufrechnung** scheitert nicht in jedem Fall an § 393 BGB. Das Verbot des § 393 BGB setzt eine unerlaubte Handlung voraus, die bei einer arglistigen Täuschung i. S. v. § 123 BGB nicht zwangsläufig gegeben ist.[141]

2202

Macht der Verkäufer seine Gegenforderung erst **in zweiter Instanz** aufrechnungsweise geltend, ist § 533 ZPO (§ 530 Abs. 2 ZPO a. F.) zu beachten. Bei einer notwendigen Beweisaufnahme über die gefahrenen Kilometer kann man Sachdienlichkeit verneinen.[142]

Bei einer Rückabwicklung nach **Schadensersatzrecht** braucht der Verkäufer an sich nicht aufzurechnen. Der Nutzungsvorteil ist im Wege der **Vorteilsausgleichung** anzurechnen, wobei § 393 BGB nicht gilt.[143] Anders ist es beim großen Schadensersatz, was jetzt durch § 281 Abs. 5 BGB klargestellt ist.

(3) Berechnungsfragen

Ähnlich wie bei einer Rückabwicklung nach Rücktritt oder beim großen Schadensersatz aus §§ 437 Nr. 3, 280 Abs. 1, 3, 281 Abs. 1, 311 a Abs. 2 BGB sind für die Berechnung der nach §§ 988, 818 Abs. 1, 2 BGB geschuldeten Nutzungsvergütung mehrere Methoden und Maßstäbe denkbar. Wichtig ist auch hier, zunächst die **bereicherungsrechtliche Seite** des Nutzungsausgleichs ins Auge zu fassen. Je nach Sachvortrag und Fallgestaltung kann sich aus **deliktsrechtlicher Sicht** eine **Korrektur** zugunsten des Käufers ergeben (dazu Rn 2204).

2203

---

136 Für direkte Anwendung BGH 7. 6. 2006, NJW 2006, 2839; BGH 2. 7. 1962, NJW 1962, 1909; für § 988 BGB BGH 21. 4. 1977, WM 1977, 893; BGH 11. 11. 1994, NJW 1995, 454.
137 OLG Hamm 11. 5. 1995, OLGR 1995, 253.
138 Zur Rechtslage bei der Saldotheorie s. BGH 10. 2. 1999, MDR 1999, 695; KG 18. 12. 2006, OLGR 2007, 346.
139 OLG Koblenz 12. 11. 1976, MDR 1977, 667; OLG Karlsruhe 20. 3. 1992, NJW-RR 1992, 1144; OLG Düsseldorf 30. 11. 1999 – 26 U 41/99 – n. v.
140 BGH 16. 10. 1963, NJW 1964, 39; BGH 29. 10. 1959, LM § 123 BGB Nr. 18.
141 OLG Karlsruhe 20. 3. 1992, NJW-RR 1992, 1144.
142 OLG Düsseldorf 30. 11. 1999 – 26 U 41/99 – n. v.
143 BGH 16. 10. 1963, NJW 1964, 39.

2204 Bereicherungsrechtlicher Ausgangspunkt ist § 818 Abs. 2 BGB (direkt oder über § 988 BGB). Denn der Käufer kann die Gebrauchsvorteile nicht in Natur herausgeben; er hat vielmehr ihren Wert zu ersetzen. Während es noch in der Entscheidung OLG Hamm NJW 1970, 2296 heißt, der angemessene Mietzins sei in der Regel wohl der richtige Berechnungsmaßstab (so auch OLG Nürnberg DAR 1978, 198; BGH WM 1978, 1208, aber aufgegeben durch BGH NJW 1996, 250), wird der Nutzungsausgleich **heute** nach der gleichen Methode berechnet, die sich für die **Rücktrittsfälle** und die Rückabwicklung per **großen Schadensersatz** allgemein durchgesetzt hat. Das bedeutet: Der konkrete Altwagenpreis ist mit der voraussichtlichen Restfahrleistung ins Verhältnis zu setzen und mit der tatsächlichen Fahrleistung des Käufers zu multiplizieren. Wegen der Einzelheiten dieser ‚**linearen Wertschwundberechnung**' s. Rn 1751 ff. mit Berechnungsbeispiel unter Rn 1753.

Für die Bemessung der bereicherungsrechtlich geschuldeten Nutzungsvergütung hat **der BGH** diese Berechnungsart durch Urteil vom 25. 10. 1995[144] gebilligt und sich ausdrücklich gegen eine Bemessung nach dem üblichen oder fiktiven Mietzins ausgesprochen. Das steht im Einklang mit dem Urteil vom 17. 5. 1995,[145] das eine Abwicklung nach Schadensersatzrecht betrifft. Bemerkenswerterweise hat der BGH nicht zwischen **privater** und **gewerblicher** Nutzung differenziert. Die **Fahrzeugart** (Nutzfahrzeug oder Pkw) ist für ihn nur insoweit von Bedeutung, als für Lkw und Omnibusse deutlich höhere Gesamtfahrleistungen als bei Pkw zu veranschlagen sind.

Die **Instanzgerichte** bemessen die Gebrauchsvorteile (= Nutzungen) seit Jahren nach der für die ehemalige Wandlung entwickelten Wertschwundformel,[146] nicht etwa nach der Tabelle von *Sanden/Danner/Küppersbusch/Rädel*.[147] Allerdings wird nicht immer die **Modifizierung** beachtet, die bei der Wertschwundformel, ursprünglich für die Rückabwicklung von Neufahrzeugkäufen konzipiert, in Gebrauchtwagenfällen gemacht werden muss. Statt des Neupreises ist der **konkrete Altwagenpreis** (brutto) und anstelle der mutmaßlichen Gesamtfahrleistung (von Tachostand Null bis zur Verschrottung) ist die **Restfahrleistung** zugrunde zu legen, die beim Kauf des Gebrauchtwagens nach dem gewöhnlichen Lauf der Dinge zu erwarten ist, s. dazu Rn 1755 ff.

Sofern die Nutzungsvergütung gem. § 818 Abs. 1, 2 BGB den Betrag übersteigt, den der Käufer sich im Rahmen der Vorteilsausgleichung anrechnen lassen muss, hätte der Käufer einen Schaden; ihn müsste der Verkäufer gleichfalls ersetzen. M. a. W.: Der Verkäufer kann im Ergebnis keinen Anspruch auf Nutzungsvergütung durchsetzen, der höher ist als der auszugleichende Vorteil, immer vorausgesetzt, er haftet auch aus Verschulden bei Vertragsschluss bzw. Delikt. Diese Begrenzung des Bereicherungsausgleichs im Sinne von BGH NJW 1962, 1909 ist grundsätzlich berechtigt.[148]

Die ‚reichlich komplizierte Konstruktion' *(Tempel)* ist jedoch entbehrlich, wenn der Nutzungsersatz nach § 818 Abs. 2 BGB nach den gleichen Parametern berechnet wird wie der Nutzungsvorteil, der schadensrechtlich auszugleichen ist. Dann gibt es keinen Kappungsbedarf. Unnötig ist auch eine zeitliche Differenzierung (Benutzung vor und nach Aufdeckung der Täuschung, vor und nach Eintritt von Annahmeverzug).[149]

---

144 NJW 1996, 250; kritisch dazu *Gursky*, JR 1998, 7.
145 NJW 1995, 2159 = WM 1995, 1145 unter III.
146 OLG Köln 10. 2. 1988, NJW-RR 1988, 1136; OLG Karlsruhe 20. 3. 1992, NJW-RR 1992, 1144; OLG Oldenburg 27. 10. 1992, DAR 1993, 467; KG 10. 11. 2003, KGR 2004, 158; LG Bochum 29. 9. 1995 – 5 S 282/95 – n. v.
147 So aber LG Oldenburg 9. 2. 1977, MDR 1977, 928 (Wandlung); OLG Nürnberg 11. 4. 1978, DAR 1978, 324 (für die Zeit ab Kenntnis vom Anfechtungsgrund).
148 Vgl. auch OLG Hamm 8. 7. 1970, NJW 1970, 2296; OLG Nürnberg 12. 1. 1978, DAR 1978, 198; OLG Nürnberg 11. 4. 1978, DAR 1978, 324.
149 Dazu OLG Nürnberg (3. ZS) 11. 4. 1978, DAR 1978, 324.

Die Verpflichtung, den Wert der Gebrauchsvorteile zu ersetzen, steht grundsätzlich unter dem **Vorbehalt des § 818 Abs. 3 BGB**.[150] Sie ist auf die Vorteile begrenzt, die im Vermögen des Käufers noch vorhanden sind. Dem gutgläubigen Käufer steht der Nachweis offen, dass der Vorteil, den er durch die Nutzung des Fahrzeugs erzielt hat, geringer ist als der Betrag, den er nach der Wertschwundformel zu entrichten hat. So kann er z. B. vorbringen, ohne den gescheiterten Fahrzeugkauf überhaupt kein Fahrzeug oder jedenfalls ein deutlich ‚kleineres' erworben zu haben. Nur das günstige Angebot des Verkäufers habe ihn bewogen, genau dieses Fahrzeug zu diesem Zeitpunkt zu kaufen. Derartige Einlassungen sind in der Praxis ausgesprochen selten. Denn sie stehen im Widerstreit mit dem Lebenserfahrungssatz, dass der Käufer seinen Mobilitätsbedarf durch den Erwerb eines gleichartigen Fahrzeugs anderweitig gedeckt hätte.

(4) Darlegungs- und Beweislast

Für die Nutzungen, die der Käufer tatsächlich gezogen hat, ist grundsätzlich der Verkäufer darlegungs- und beweispflichtig.[151] Ein Bestreiten der Km-Angabe des Käufers mit Nichtwissen ist unbeachtlich. Näheres Rn 1759.

d) Abwicklungsrechtliche Sonderprobleme

aa) Fallgruppe: Das Fahrzeug ist noch vorhanden, aber zerstört oder beschädigt.

Sonderregeln im Vergleich mit der Rechtslage bei Wandlung und großem Schadensersatz hat **der BGH** für die Fälle entwickelt, dass der getäuschte Käufer das Fahrzeug überhaupt nicht oder nur noch in zerstörtem bzw. beschädigtem Zustand zurückgeben kann. Sein Unvermögen war nach altem Recht zunächst unter dem Aspekt der **Wirksamkeit der Anfechtung** zu würdigen. Es ging hier um die analoge Anwendung des § 351 BGB a. F. Der BGH hat die Wirksamkeit der Anfechtung selbst in einem Fall (stillschweigend) bejaht, in dem das Fahrzeug vor der Anfechtung aufgrund alleinigen Verschuldens des Käufers einen Totalschaden erlitten hat.[152] Wandlung und großer Schadensersatz waren in diesem Fall nach bisheriger Rechtslage ausgeschlossen.

Die Regelung, dass der Rücktritt in den Fällen des § 351 S. 1 BGB a. F. ausgeschlossen ist, hat das **Schuldrechtsmodernisierungsgesetz** aufgehoben. Der bisherigen Ansicht des BGH steht also nichts mehr entgegen. Das Anfechtungsrecht geht selbst bei einem verschuldeten Totalschaden nicht verloren.

Wie sich ein **Unfall des Käufers** auf den Inhalt seines Bereicherungsanspruchs auswirkt, ergab sich im alten Recht aus den beiden vieldiskutierten Gebrauchtwagenentscheidungen BGHZ 53, 144 und BGHZ 57, 137.

Der Mercedes-Fall BGHZ 53, 144[153]

K kauft von V einen gebrauchten Mercedes für 8000,- DM. Er zahlt 1100,- in bar, gibt vereinbarungsgemäß für 5300,- DM einen gebrauchten Peugeot in Zahlung und akzeptiert über den Rest von 1600,- DM einen Wechsel. Am Tag nach der Übergabe des Wagens wird dieser bei einer Fahrt des K stark beschädigt. Ein Verschulden an dem Unfall ist dem K nicht nachzuweisen. Einen Monat später ficht K den Kaufvertrag mit der – zutreffenden – Behauptung an, V habe ihn arglistig über den wahren Kilometerstand getäuscht. K verlangt die geleistete Anzahlung (insgesamt 6400,- DM)

---
150 Dazu *Gursky*, JR 1998, 9.
151 KG 18. 12. 2006, OLGR 2007, 346.
152 Urt. v. 14. 10. 1971, BGHZ 57, 137.
153 Urt. v. 8. 1. 1970, NJW 1970, 656.

zurück, Zug um Zug gegen Herausgabe des beschädigten Fahrzeugs. V meint, K müsse sich den inzwischen eingetretenen Wertverlust anrechnen lassen.

Der BGH hat dem Käufer Recht gegeben. Zwar trage der Bereicherungsgläubiger grundsätzlich das Risiko, dass sowohl seine Leistung noch beim Gegner als auch die von ihm selbst empfangene Leistung noch vorhanden ist. Diese Risikoverteilung gelte aber nicht zulasten des arglistig getäuschten Käufers. In diesem Sonderfall sei die **Saldotheorie** – voller Kaufpreis nur Zug um Zug gegen unbeschädigtes Kfz – unanwendbar. Es müsse vielmehr bei der **Zweikondiktionentheorie** bleiben. Dieses Ergebnis untermauert der BGH mit einem Hinweis auf § 327 S. 2 BGB a. F.: Der Anfechtungsberechtigte, der an der Verschlechterung der Sache schuldlos sei, dürfe nicht schlechter stehen als der Rücktrittsberechtigte.

Der Lösung des BGH, der den Mercedes-Fall nur bereicherungs-, nicht schadensersatzrechtlich gewürdigt hat, war unter der Herrschaft des alten Rechts im Ergebnis zuzustimmen.[154] Sie stand im Einklang mit der Wertung des § 350 BGB a. F., wonach Rücktritt und Wandlung bei **unverschuldeter Zerstörung** der Sache nicht ausgeschlossen waren. Dieses Harmonieargument ist zwar durch die Streichung des § 350 BGB entfallen. Das ändert aber nichts an der Richtigkeit der vom BGH gefundenen Lösung. Bestätigung findet sie in **§ 346 Abs. 3 Nr. 3 BGB**, wonach die Pflicht zum Wertersatz entfällt, wenn der Käufer, wie im Mercedes-Fall BGHZ 53, 144, die eigenübliche Sorgfalt beachtet hat.[155]

Die **Beweislast** für eine schuldhafte Verschlechterung wurde nach bisherigem Recht dem Verkäufer auferlegt.[156] Bei einem non liquet erhielt der Käufer den vollen Kaufpreis zurück und musste seinerseits nur den beschädigten Wagen zurückgeben, gegebenenfalls auch Ersatzansprüche gegen Dritte abtreten (§ 818 Abs. 1 BGB). Angesichts des hohen Grades der Risikovorsorge durch Haftpflicht- und Kaskoversicherungen hielt sich die Belastung des Verkäufers mit dem Entwertungsrisiko in erträglichen Grenzen. An der bisherigen Beweislastverteilung kann **nach neuem Recht** festgehalten werden.

2208 Der BMW-Fall BGHZ 57, 137[157]

K kauft von V einen gebrauchten BMW für 7370,– DM. Das Fahrzeug hatte zwei reparierte Vorschäden. Der kleinere war dem Verkaufsangestellten des V bekannt. Er verschwieg ihn. Etwa drei Wochen nach Übergabe erlitt das Fahrzeug durch einen von K allein verschuldeten Unfall einen Totalschaden. Mit dem verschwiegenen Vorschaden hatte dieser Unfall nichts zu tun.

Nach seinem eigenen Unfall focht K den Kaufvertrag wegen arglistiger Täuschung an, nachdem er inzwischen von den Vorschäden erfahren hatte. Mit seiner Klage verlangte er Rückzahlung des Kaufpreises abzüglich Nutzungsentschädigung, Zug um Zug gegen Herausgabe des Fahrzeugwracks.

Der **entscheidende Unterschied** zum Mercedes-Fall BGHZ 53, 144 besteht darin, dass der Käufer für den Unfallschaden (allein) verantwortlich war. Gemeinsam ist beiden Fällen, dass die Unfälle mit dem jeweiligen Sachmangel (höhere Laufleistung bzw. Unfallvorschaden) nichts zu tun hatten. Zur **Mangelkausalität** s. Rn 2211.

---

154 So auch OLG Karlsruhe 20. 3. 1992, NJW-RR 1992, 1144; *Weitnauer*, NJW 1970, 637; *Diesselhorst*, JZ 1970, 418; *Roth*, AcP 189, 498; *Medicus*, Rn 229; *Staudinger/Lorenz*, § 818 Rn 41; a. A.: *Flume*, NJW 1970, 1161; *Honsell*, MDR 1970, 717; *Frieser*, Der Bereicherungswegfall in Parallele zur hypothetischen Schadensentwicklung, 1987, S. 254 ff.; kritisch auch *Huber*, JuS 1972, 439, 444.
155 Für eine analoge Anwendung des § 346 Abs. 3 S. 3 BGB *Freund/Stölting*, ZGS 2002, 182.
156 OLG Karlsruhe 20. 3. 1992, NJW-RR 1992, 1144.
157 Urt. v. 14. 10. 1971, NJW 1972, 36.

Der BGH hat den BMW-Fall – anders als den Mercedes-Fall – **zweispurig** gelöst: Zunächst prüft er **Ansprüche aus unerlaubter Handlung**, erst dann aus **Bereicherungsrecht**. Mit Hilfe eines Kunstgriffes gelangt er in beiden Stationen zum gleichen Ergebnis: Von einer **Abwägung des beiderseitigen Fehlverhaltens** und seiner Schadensursächlichkeit gem. § 254 BGB – Schadensersatz – und gem. § 242 BGB – Bereicherungsausgleich – soll es abhängen, ob und wie sich der selbstverschuldete Unfall des Käufers auf seinen Rückzahlungsanspruch auswirkt. Zu einer solchen Abwägung sah sich der BGH im konkreten Fall außerstande, weil weder die Täuschungshandlung des Verkäufers noch der Unfallhergang aufgeklärt waren. Wie das OLG Karlsruhe, an das die Sache zurückverwiesen worden ist, das Abwägungsproblem gelöst hat, ist nicht bekannt. Andere Entscheidungen, die sich dieser schwierigen Aufgabe unterzogen haben, liegen nicht vor.

In der Literatur ist das BMW-Urteil BGHZ 57, 137 überwiegend abgelehnt worden.[158] Auch das LG Lüneburg ist dem BGH nicht gefolgt.[159] Bei der bereicherungsrechtlichen Rückabwicklung hat die Kammer die §§ 350, 351 BGB a. F. analog angewendet; allerdings nur bei der Berechnung des Bereicherungsausgleichs, die Anfechtung als solche wurde nicht im Wege der Analogie zu § 351 BGB a. F. ausgeschlossen. Den Anspruch auf Rückzahlung des Kaufpreises minderte das LG Lüneburg um den Wert, den der Pkw ohne den Zweitunfall zur Zeit der Übereignung hatte (Kaufpreis 2650,- DM, tatsächlicher Wert bei Übergabe 1200,- DM, Bereicherung 1450,- DM).

Das Urteil des LG Lüneburg verdiente auf dem Boden des alten Schuldrechts Zustimmung (s. auch OLG Stuttgart OLGR 1998, 256). Gegen BGHZ 57, 137 sprachen zu viele Gründe. Sie sind in einer Vielzahl von Literaturbeiträgen überzeugend vorgetragen worden. Die Hauptkritik musste sich in der Tat gegen die schadensersatzrechtliche Betrachtungsweise des BGH richten. Hier hat der BGH die Weiche falsch gestellt. Die bereicherungsrechtliche Lösung war damit präjudiziert.

Deliktsrechtlich kann der Käufer bei einem selbst verschuldeten Unfall keinen Ersatz für die Unfallfolgen verlangen. Zwar fehlt es nicht an der **adäquaten Kausalität**.[160] Der Unfallschaden, den der Käufer erlitten hat, wird indessen nicht vom **Schutzzweck der verletzten Norm** gedeckt.[161] Das Täuschungsverbot bezweckt keinen Schutz vor Unfällen, die mit der Täuschung und dem verschwiegenen Mangel nichts zu tun haben. Nach § 823 Abs. 2 BGB i. V. m. § 263 StGB, § 826 BGB kann der betrogene Käufer nach einem selbstverschuldeten Unfall nur den Betrag ersetzt verlangen, um den er – täuschungsbedingt – das Fahrzeug zu teuer gekauft hat. Erst recht braucht der arglistige Verkäufer nicht für weitere Unfallfolgen einzustehen (Personenschaden, Schäden an anderen Sachen des Käufers).[162]

2209

Bereicherungsrechtlich hat die Lösung des LG Lüneburg[163] zu Recht Zustimmung gefunden.[164] Richtig war auch, den um den Wagenwert gekürzten Rückzahlungsanspruch nicht zusätzlich noch deshalb zu mindern, weil der Käufer das Fahrzeug bis zu seinem eigenen Unfall benutzt hatte. Wie bei der Minderung und dem ‚kleinen' Schadensersatz kam eine Nutzungsvergütung hier nicht in Betracht. Nach der **neuen Rechtslage** führt eine **Analogie zu § 346 Abs. 3 Nr. 3 BGB** zu einem gerechten Ergebnis. Hat der Käufer während der

2210

---

158 So von *Huber*, JuS 1972, 439; *Lieb*, JZ 1972, 442; *John*, MDR 1972, 995; *Honsell*, NJW 1973, 350; *Frieser*, a. a. O., S. 261 ff.; *von Caemmerer* in FS Larenz 1973, S. 621; zustimmend: *Herr*, NJW 1972, 250; *Kühne*, JR 1972, 112; *Flessner*, NJW 1972, 1777; *Berg*, NJW 1981, 2337.
159 Urt. v. 23. 12. 1988, NJW 1989, 1097.
160 Anders Verf. bis zur 5. Aufl. im Anschluss an *Huber*, JuS 1972, 440; wie hier auch der V. ZS des BGH, MDR 1977, 213 = JZ 1977, 95 unter IV; *Flessner*, NJW 1972, 1777.
161 *Huber*, JuS 1972, 440; *Flessner*, NJW 1972, 1777; *Roth*, AcP 189, 499.
162 So auch BGH 14. 10. 1971, NJW 1972, 36; vgl. auch *Herr*, NJW 1972, 250.
163 Urt. v. 23. 12. 1988, NJW 1989, 1097.
164 *Giesen*, Jura 1995, 281, 285; *Staudinger/Lorenz*, § 818 BGB Rn 43.

2211-2213 Das Verhältnis der Sachmängelrechte zu anderen Rechtsbehelfen des Käufers

Unfallfahrt seine **eigenübliche Sorgfalt** nicht beachtet, bleibt er zum Wertersatz nach § 818 Abs. 2 BGB verpflichtet. Bei Vorsatz und grober Fahrlässigkeit steht diese Rechtsfolge außer Zweifel (§ 277 BGB). Problematisch sind die Fälle leichter und mittlerer Fahrlässigkeit. Dazu, was ‚eigenübliche Sorgfalt' im Zusammenhang mit dem Halten und Gebrauchen eines Kraftfahrzeugs bedeutet, s. Rn 577 ff.

2211 Beruht die Beschädigung oder Zerstörung des Fahrzeugs – anders als in den Fällen BGHZ 53, 144 und BGHZ 57, 137 – auf einem Sachmangel, den der Verkäufer bei Gültigkeit des Vertrages zu vertreten hätte, findet die Saldotheorie gleichfalls keine Anwendung. Das hat der BGH unter weitgehender Zustimmung der Lehre im **Mähdrescherfall** (BGHZ 78, 216) für den Bereicherungsausgleich nach Irrtumsanfechtung (§ 119 Abs. 2 BGB) entschieden. Erst recht muss der arglistige Verkäufer das Risiko einer mängelbedingten Entwertung des Kaufobjekts tragen. Voraussetzung ist aber auch hier, dass die Zustandsverschlechterung auf einem Sachmangel beruht, für den nach dem Vertrag der Verkäufer einzustehen hätte.

Den ursächlichen Zusammenhang zwischen Mangel und Beschädigung muss der Käufer nachweisen. Mangelkausalität verbessert seine Rechtsposition (Abwälzung des Benutzungsrisikos auf den Verkäufer). Auch für die – hypothetische – Einstandspflicht nach dem Vertrag ist der Käufer beweispflichtig. Die Entwertung des Fahrzeugs als solche hat hingegen der Verkäufer zu beweisen.

2212 Ist die **Haftung** für den Umstand, der die Entwertung herbeigeführt hat, **wirksam ausgeschlossen**, bedarf es weiterer Überlegungen. BGHZ 78, 216, wo die Einstandspflicht des Mähdrescher-Verkäufers keinem Zweifel unterlag, muss wohl dahin verstanden werden, dass die Zuweisung des Entreicherungsrisikos eine – hypothetische – Sachmängelhaftung des Verkäufers voraussetzt, Haftungsbeschränkungen ihm bereicherungsrechtlich also zugute kommen, gleichviel, ob sie gesetzlicher (z. B. § 442 BGB) oder vertraglicher Natur sind.

Hat der Verkäufer für einen Defekt an der Bremsanlage seine Haftung wirksam ausgeschlossen und ist ein Bremsversagen die alleinige Unfallursache, kann auch ein arglistig getäuschter Käufer nicht den vollen Kaufpreis (gegen Herausgabe des Wracks) verlangen. Den Abzug braucht er zwar nicht von sich aus vorzunehmen (Anwendungsfall der Zweikondiktionentheorie bei Täuschung), dem Verkäufer ist jedoch zu gestatten, den Rückzahlungsbetrag entsprechend zu kürzen.

2213 **Ein Sonderfall** ist das Zusammenwirken haftungsrelevanter und haftungsneutraler Mängel beim Untergang oder der Verschlechterung des Fahrzeugs. Vermutlich wird die Rechtsprechung bei einer solchen Fallgestaltung keine Ursachenabwägung nach den §§ 254, 242 BGB vornehmen, sondern das Entreicherungsrisiko voll dem arglistigen Verkäufer auferlegen. Beruht die Enthaftung auf einem vereinbarten Gewährleistungsausschluss, bietet sich eine ähnliche Argumentation an wie in BGH NJW 1983, 1424, wo der BGH bei der Schadensberechnung eine ‚gespaltene' Freizeichnung abgelehnt hat.

Von der Rechtsprechung gleichfalls noch nicht entschieden ist der Fall, dass die Entwertung des Fahrzeugs auf Umständen beruht, die sowohl vom Käufer als auch vom Verkäufer zu vertreten sind. Hier wäre eine Abwägung der Schadensursachen am Platz, so wie der BGH sie im ‚BMW-Fall' (BGHZ 57, 137) für sachgerecht hält.

Zur Rechtslage bei **Verzug des Verkäufers** mit der Rücknahme des Fahrzeugs s. OLG Stuttgart OLGR 1998, 256.

bb) Fallgruppe: Unmöglichkeit der Fahrzeugherausgabe infolge Weiterveräußerung

Die Rückabwicklung nach Ausübung des **Rücktrittsrechts** bzw. bei Verlangen von **Schadensersatz statt der ganzen Leistung** hängt in der praktischen Realisierung davon ab, dass der Käufer in der Lage ist, den gekauften Wagen an den Verkäufer zurückzugeben. Die Möglichkeit der Rückgabe ist aber hier wie dort keine Voraussetzung der Rechtsausübung. Objektive Unmöglichkeit kann ebenso wenig wie subjektives Unvermögen zu einem Ausschluss des Rücktrittsrechts bzw. des Anspruchs auf Schadensersatz führen. Das war nach altem Recht anders (§§ 351 ff. BGB a. F.). Der Fall der Veräußerung wird im **heutigen Rücktrittsrecht** als Ausschlussgrund nicht mehr erwähnt, wohl aber als Grund für eine Wertersatzpflicht (§ 346 Abs. 2 Nr. 2 BGB). Diese entfällt nicht im Fall der Veräußerung. In § 346 Abs. 3 Nr. 2 und 3 BGB ist nur von Verschlechterung und Untergang die Rede. Eine Veräußerung fällt nicht darunter, andernfalls hätte der Gesetzgeber diesen Tatbestand – wie in § 346 Abs. 2 Nr. 2 BGB – ausdrücklich aufgeführt.

2214

In Anfechtungsfällen ist zunächst zu prüfen, ob die **Anfechtungsbefugnis** durch die Weiterveräußerung entfallen ist. Zu diesem Problemkreis, gekennzeichnet durch die Stichworte ‚Bestätigung', ‚Verzicht' und ‚Verwirkung', s. Rn 2153.

Der Bereicherungsausgleich nach wirksamer Anfechtung und parallel dazu die schadensersatzrechtliche Rückabwicklung (c. i. c. bzw. § 823 BGB) in Fällen mit Weiterveräußerung sind Gegenstand einer **umfangreichen Judikatur**. Deren Verständnis setzt eine sorgfältige Fallanalyse voraus. Einschlägig sind insbesondere: BGH NJW 1960, 237 (Veräußerung nach Anfechtung); OLG Karlsruhe VRS 82, 241 (Veräußerung nach Anfechtung); OLG Karlsruhe NJW-RR 1992, 1144 (Veräußerung vor Anfechtung); OLG Köln NJW-RR 1995, 51 (erster Weiterverkauf – vor Kenntnis vom Anfechtungsgrund – mit anschließender Fahrzeugrücknahme, endgültiger Weiterverkauf nach Anfechtung).

Ausgangspunkt der bereicherungsrechtlichen Abwicklung ist, dass der arglistig getäuschte Käufer Rückzahlung des Kaufpreises verlangen kann, ohne von sich aus die Rückgabe des Fahrzeugs anbieten zu müssen (s. Rn 2196). Der Verkäufer darf die Rückzahlung von der Herausgabe des Fahrzeugs abhängig machen (§§ 273, 320 BGB); im Prozess im Wege der Zug-um-Zug-Einrede.[165]

2215

Beruft sich der Käufer erfolgreich auf Unmöglichkeit der Herausgabe, wobei subjektives Unvermögen genügt (Beweislast bei ihm[166]), hat er gem. § 818 Abs. 2 BGB den Wert des Fahrzeugs zu ersetzen. Um einen Rückerwerb muss er sich nicht bemühen.[167]

Der gem. § 818 Abs. 2 BGB zu leistende Wertersatz richtet sich nach dem **objektiven Verkehrswert** des Fahrzeugs,[168] gleichviel, ob der getäuschte Käufer es zum, unter oder über Marktpreis verkauft hat. Für die Wertbestimmung maßgeblich ist **der Zeitpunkt**, an dem die Unmöglichkeit eingetreten ist.[169] Das ist der Tag, an dem der Käufer sein Eigentum durch Veräußerung verloren hat. Beim Verkauf unter Eigentumsvorbehalt entscheidet der Zeitpunkt des Erwerbs des Anwartschaftsrechts.

Liegt er vom Käufer erzielte **Erlös über dem objektiven Verkehrswert**, was selten vorkommen wird, stellt sich die Frage, ob der Verkäufer diesen Mehrwert abschöpfen kann. Da der Käufer nach Zahlung des Kaufpreises als Berechtigter verfügt hat, ist § 816 Abs. 1 BGB nicht anwendbar, es sei denn die Verfügung wird nachträglich, nämlich durch seine eigene

---

165 BGH 13. 2. 2008, NJW 2008, 1878.
166 *Palandt/Sprau*, § 818 BGB Rn 55.
167 BGH 5. 7. 2006, NJW 2006, 2847 (Praxiskauf).
168 St. Rspr., z. B. BGH 5. 7. 2006, 2847, 2852.
169 BGH 5. 7. 2006, NJW 2006, 2847.

Anfechtung, zu der eines Nichtberechtigten.[170] Richtigerweise erstreckt sich die Anfechtung nicht auf den Eigentumserwerb (s. Rn 2155), so dass es bei der Unanwendbarkeit des § 816 Abs. 1 BGB bleibt.[171] Abschöpfen kann der Verkäufer einen etwaigen Veräußerungsgewinn jedoch auf der Grundlage der verschärften Haftung des Bereicherungsschuldners. Sofern der Käufer im Zeitpunkt der Weiterveräußerung den Anfechtungsgrund bereits kannte, mithin ‚bösgläubig' war, schuldet er den gesamten Veräußerungserlös auch dem arglistigen Verkäufer (§ 285 BGB analog i. V. m. §§ 819 Abs. 1, 814 Abs. 4 BGB).[172] Eine Korrektur mit Hilfe der Arglisteinrede bzw. qua Schadensersatzhaftung (c.i.c., §§ 823, 826 BGB) ist erwägenswert.

Ein Verkauf zu einem Betrag, der **unterhalb des objektiven Verkehrswertes** liegt, kann für den (getäuschten) Käufer, Gutgläubigkeit vorausgesetzt, als Entreicherung nach § 818 Abs. 3 BGB berücksichtigt werden. Darlegungspflichtig ist der Käufer. Ein Unter-Marktpreis-Verkauf nach Entdeckung der Täuschung kann den Käufer im Rahmen der verschärften Bereicherungshaftung zum Schadensersatz verpflichten.

Zur Rechtslage bei Veräußerung eines **in Zahlung gegebenen Fahrzeugs** s. Rn 2189.

cc) Fallgruppe: Beschädigung, Verlust oder Weiterveräußerung des Fahrzeugs vor vollständiger Kaufpreiszahlung

2216   Den Fällen der beiden unter Rn 2206 ff. behandelten Gruppen ist gemeinsam, dass der Kaufvertrag im Zeitpunkt des Verlustes bzw. der Beschädigung des Fahrzeugs **beiderseits erfüllt** war. Der Käufer hatte sein eigenes Fahrzeug (Volleigentum) beschädigt oder weiterveräußert, während der Verkäufer restlos befriedigt war. Von der Rechtsprechung noch nicht entschieden sind Entreicherungsvorgänge **während der Erfüllungsphase**. *Beispiel:* Der Käufer erleidet mit dem betrügerisch verkauften Pkw einen Unfall, bevor er den Kaufpreis vollständig bezahlt hat. Zu dieser Gruppe der **Vorleistungsfälle** gehört BGH WM 1977, 893 (Verkauf eines Motorschiffes unter Täuschung über das Alter) nur bedingt, denn der Verkäufer, nicht der Käufer, hatte das noch nicht voll bezahlte Schiff weiterverkauft.

Auch für den Fall, dass der getäuschte Käufer den Kaufpreis noch nicht oder nicht voll bezahlt hatte, ist bereicherungsrechtlich nach der Zweikonditionentheorie abzuwickeln. Bei einem unverschuldeten Unfall kann der Käufer seine Anzahlung zurückfordern, ohne sich wegen der Beschädigung des Fahrzeugs einen Abzug gefallen lassen zu müssen (Weiterentwicklung von BGHZ 53, 144).[173] Analog § 346 Abs. 3 Nr. 3 BGB entfällt die Pflicht zum Wertersatz. War der Unfall hingegen verschuldet, ist nicht an die – fragwürdige – Lösung von BGHZ 57, 137 (dazu Rn 2208) anzuknüpfen. Richtigerweise ist dem Käufer bei Verletzung der eigenüblichen Sorgfalt (§ 346 Abs. 3 Nr. 3 BGB) eine Wertersatzpflicht aufzuerlegen, d. h., der objektive Wert des Fahrzeugs (zur Zeit des Kaufs) ist von dem Rückzahlungsanspruch des Käufers abzuziehen (Weiterentwicklung von LG Lüneburg, NJW 1989, 1097 unter Berücksichtigung des neuen Rücktrittsfolgenrechts).

---

170 Vgl. *Palandt/Heinrichs*, § 142 BGB Rn 4.
171 Aufgabe der abw. Meinung in der Vorauflage (Rn 1742).
172 OLG Köln 18. 3. 1994, NJW-RR 1995, 51 = OLGR 1994, 238 unter Hinweis auf BGHZ 75, 203 = NJW 1980, 178; zur Anwendbarkeit des § 281 BGB a. F. bei der verschärften Bereicherungshaftung s. *Medicus*, JuS 1993, 705.
173 Vgl. auch *Flessner*, NJW 1972, 1777, 1783.

IV. Verschulden bei Vertragsschluss

Aus einer Reihe von Gründen kann der Käufer daran interessiert sein, seinen Schaden nach den Grundsätzen der culpa in contrahendo und nicht nach dem speziellen Sachmängelrecht zu liquidieren: **längere Verjährungsfrist, kein Nacherfüllungsvorrang, kein Gewährleistungsausschluss**, soweit zulässig vereinbart. Der Vorteil der Sachmängelhaftung besteht dagegen in ihrer Unabhängigkeit von einem **Verschulden**, während der Schadensersatzanspruch aus c. i. c ein Verschulden voraussetzt, das aber vermutet wird (§ 280 Abs. 1 S. 2 BGB). Per saldo haben Verkäufer das größere Interesse daran, den Störfall der Sachmängelhaftung zuzuordnen. Gebrauchtwagenhändler profitieren dann in Fällen des Verbrauchsgüterkaufs von der kurzen, auf ein Jahr reduzierten Verjährung. Im Umfang zulässiger Freizeichnung ist ihre Haftung ausgeschlossen, sofern der Störfall der Sachmängelhaftung unterfällt.

In Autokauffällen neigte die Rechtsprechung **zum alten Recht**, wie seinerzeit allgemein, zu einem engen Beschaffenheits- und zu einem weiten Begriff der Eigenschaft i. S. d. § 459 Abs. 2 BGB. Es gab aber auch gegenläufige Tendenzen, etwa beim Alter eines Gebrauchtwagens. Jedenfalls war die c. i. c.-Haftung bei nur fahrlässigen Fehlinformationen über die Beschaffenheit von Fahrzeugen ausgeschlossen. Vorrang hatte die Mängelhaftung.

Im „neuen" Kaufrecht ist der Kreis der Eigenschaften (Beschaffenheitsmerkmale), die für die Sachmängelhaftung relevant sind, eher größer als kleiner. Zum Beschaffenheitsbegriff s. Rn 1312. Für die Abgrenzung der beiden Haftungssysteme **ausschlaggebend** ist nach wie vor, ob die vorvertragliche Pflichtverletzung des Verkäufers ein Merkmal der Kaufsache betrifft, dessen Fehlen geeignet ist, die Sachmängelhaftung auszulösen. Wenn ja, scheidet die c. i. c.-Haftung nach **§§ 280 Abs. 1, 311 Abs. 2, 241 Abs. 2 BGB** grundsätzlich aus.[174]

1. Einzelfälle

a) Neuwagenkauf

Außerhalb der Sachmängelhaftung angesiedelt wurde der Fall, wenn

- einem Neufahrzeug die vom Verkäufer zu beschaffende **Herstellergarantie** fehlt oder sie bei Übergabe des Fahrzeugs bereits teilweise abgelaufen ist,[175]
- das Fahrzeug unter **Ausnutzung fremden Vertragsbruchs** gekauft wurde[176], da die daraus resultierenden Nachteile nicht ihren Grund in der Beschaffenheit des Fahrzeugs, sondern in dem Erwerbsvorgang haben,
- der Verkäufer dem Käufer den **Kraftfahrzeugbrief** nicht übergeben kann, z. B. weil dieser von der Bank zurückgehalten wird,[177]
- der Käufer einen nicht zutreffenden **Neuanschaffungspreis** bezüglich des Fahrzeugs angibt, das er dem Händler in Zahlung gibt,[178]
- ein vom Verkäufer behauptetes **Gutachten** zum Fahrzeug nicht existiert.[179]

---

174 OLG Düsseldorf 27. 6. 2005 – 1 U 28/05 – n. v.; OLG Düsseldorf 2. 4. 2004, ZGS 2004, 271 (Pferdekauf); Müko-BGB/*Westermann*, § 437 BGB Rn 58; *Reinicke/Tiedtke*, Kaufrecht, Rn 860.
175 A. A. OLG Düsseldorf 8. 5. 1992, NJW-RR 1993, 57 bei teilweise abgelaufener Herstellergarantie; OLG Köln 4. 3. 1982 – 1 U 78/81 – n. v. bei Fehlen der Deutschlandgarantie eines Importfahrzeugs; s. auch Rn 1427.
176 OLG Stuttgart 5. 2. 1988, NJW-RR 1988, 623, 624.
177 Siehe Rn 1140.
178 LG Köln 9. 12. 1999 – 2 O 247/99 – n. v.
179 *Faust* in Bamberger/Roth, § 434 BGB Rn 23.

b) Gebrauchtwagenkauf

2219 Ein i. S. d. § 434 Abs. 1 BGB relevantes (Beschaffenheits-)Merkmal ist nach h. M. zu verneinen bei:

- Fehlen oder Wegfall von Garantieschutz
- Verkürzter Garantieschutz
- Tatsache des Re-Imports (ohne Magerausstattung etc.)
- Tatsache des Imports (ohne Magerausstattung etc.)
- Fahrerlaubnisfreiheit/Führerscheinlosigkeit
- Preis und Wert des Fahrzeugs
- Wiederverkaufswert
- Vermarktungschance
- Abstellmöglichkeit an einem bestimmten Ort (soweit es nicht um den Verwendungszweck geht).

Wird der Käufer in den vorbezeichneten Punkten nicht oder nicht ordnungsgemäß unterrichtet, greifen die Sachmängelvorschriften nicht ein und können somit einer Schadensersatzhaftung des Verkäufers nach c. i. c.-Grundsätzen nicht entgegenstehen.

2220 **Umstritten** ist die Behandlung von Pflichtwidrigkeiten des Verkäufers vor allem in folgenden Punkten:

- Alter/Baujahr/Erstzulassung
- Versicherungsschutz
- Exportfähigkeit
- Steuerpflicht/Steuerbefreiung
- Bezahltsein von Steuern bzw. Versicherung
- Fahrweise des Vorbesitzers
- Eigenschaft ‚werkstattgeprüft' o. Ä.
- Import- Re-Importeigenschaft[180]
- kurzfristiger Zwischenbesitz eines Händlers ohne Dokumentation in den Fahrzeugpapieren
- Herkunft des Fahrzeugs aus einer Rückabwicklung (Wandlung/Rücktritt)[181]
- Beteiligung des Fahrzeugs an einer Rückrufaktion[182]
- Abwicklung eines Unfallschadens als wirtschaftlicher Totalschaden.[183]

Diese und weitere Grenzfälle werden unter dem jeweiligen Stichwort (siehe Liste Rn 1367) im Zusammenhang mit der Sachmängelhaftung erörtert.

3. Sonderfall vorsätzliche Fehlinformation

2221 Aufgehoben war der Vorrang der Sachmängelhaftung nach den §§ 459 ff. BGB a. F. in Fällen **vorsätzlicher Täuschung** über Beschaffenheitsmerkmale des Kaufobjekts.[184] Ob die Gründe für diese Sonderbehandlung des (arglistigen) Verkäufers nach der Modernisie-

---

180 Vgl. OLG Hamm 13. 5. 2003, NJW-RR 2003, 1360; OLG Naumburg 7. 12. 2005, DAR 2006, 327 (jeweils Sachmangelhaftung verneint).
181 Dazu OLG Düsseldorf 21. 7. 2003 – 1 U 105/02 – n. v. (rkr.).
182 Mangel verneint von LG Stuttgart 26. 11. 2004 – 27 O 487/03 – n. v.
183 OLG Hamm 3. 3. 2005, ZGS 2005, 315.
184 BGH 10. 7. 1987, NJW-RR 1988, 10; BGH 6. 10. 1989, NJW-RR 1990, 78; BGH 17. 5. 1995, NJW 1995, 2159; BGH 20. 9. 1996, NJW-RR 1997, 144.

rung des Schuldrechts fortbestehen, ist eine offene Frage.¹⁸⁵ Die besseren Argumente sprechen dafür, am Vorrangprinzip selbst in Fällen vorsätzlicher Fehlinformation des Käufers festzuhalten, vorausgesetzt, dass sich die Täuschung auf eine Eigenschaft bezieht, die einer Beschaffenheitsvereinbarung zugänglich ist.¹⁸⁶ Dass der arglistig getäuschte Käufer die Wahl zwischen einer Anfechtung nach § 123 BGB und seinen vertraglichen Rechten aus § 437 BGB hat, ist kein überzeugendes Gegenargument. Der Schutzzweck des § 123 BGB ist ein anderer als der der Schadensersatzhaftung für vorvertragliches Verschulden. Ist der Vertrag durch eine erfolgreiche Anfechtung nichtig und die Sperre damit beseitigt, können die §§ 280 Abs. 1, 241 Abs. 2, 311 Abs. 2 BGB eingreifen. Die Haftung des Verkäufers aus § 823 Abs. 2 BGB i. V. m. § 263 StGB und aus § 826 BGB bleibt so oder so bestehen.

4. Sonderfall Beratung

Hat der Verkäufer eine (unselbstständige) **Nebenverpflichtung zur Beratung** des Käufers übernommen, kann er bei einem Beratungsfehler unter dem Gesichtspunkt vorvertraglichen Verschuldens zum Schadensersatz verpflichtet sein.¹⁸⁷ Die Übernahme einer Beratungspflicht kann eine **Untersuchungspflicht** begründen, deren Verletzung gleichfalls zur Schadensersatzhaftung führen kann (s. Rn 1931). Ein solches Beratungsverhältnis und erst recht ein eigenständiger Beratungsvertrag sind im Gebrauchtwagenhandel selten. Die Annahme einer entsprechenden Vereinbarung bedarf daher sorgfältiger Feststellung.¹⁸⁸ Offen ist, ob die kürzere kaufrechtliche Verjährung weiterhin in solchen Fällen zum Zuge kommt, in denen das Aufklärungs- bzw. Beratungsverschulden zwar nicht mangelbezogen ist, von der fraglichen Eigenschaft aber die Verwendungsfähigkeit der Kaufsache abhängt.¹⁸⁹

5. Rechtsfolge

Nach einer Pflichtverletzung bei Vertragsschluss (§§ 280 Abs. 1, 241 Abs. 2, 311 Abs. 2 BGB) kann die geschädigte Partei verlangen, dass der Kaufvertrag rückgängig gemacht wird (§ 249 Abs. 1 BGB).¹⁹⁰ Zu den Modalitäten der Rückabwicklung s. Rn 1286. Will sie am Vertrag festhalten, kann sie den ihr verbliebenen **Vertrauensschaden** („Restvertrauensschaden") liquidieren.¹⁹¹ Bei einem Kaufvertrag geschieht das in der Weise, dass der Käufer so behandelt wird, als wäre es ihm bei Kenntnis der wahren Sachlage gelungen, den Vertrag zu einem niedrigeren Preis abzuschließen. Schaden ist danach der Betrag, um den er das Fahrzeug zu teuer erworben hat.¹⁹² Dass der Verkäufer sich auf einen Vertrag zu einem niedrigeren Preis eingelassen hätte, muss der Käufer nicht beweisen.¹⁹³ Unter besonderen Umständen kann der Ersatzanspruch des Geschädigten, der grundsätzlich auf den Vertrauensschaden beschränkt ist, sein Erfüllungsinteresse umfassen. Voraussetzung ist der vom Geschädigten zu führende Nachweis, dass er im Fall der Aufklärung einen günstigeren Vertrag mit dem Verkäufer geschlossen hätte.¹⁹⁴ Das wird einem Autokäufer kaum gelingen.

---

185 Vgl. *Derleder*, NJW 2004, 969, 974; *Palandt/Grüneberg*, § 311 BGB Rn 15 m. w. N.
186 *Büdenbender* in AnwK-BGB, § 437 BGB Rn 114; *Kaiser* in Staudinger/Eckpfeiler, S. 362 m. w. N.; a. A. *Reinicke/Tiedtke*, Kaufrecht, Rn 861; *Derleder*, NJW 2004, 969, 974; unentschieden LG Bonn 30. 10. 2003, NJW 2004, 74; s. auch OLG Hamm 3. 3. 2005, ZGS 2005, 315.
187 BGH 16. 6. 2004, NJW 2004, 2301; OLG Saarbrücken 17. 4. 2008, MDR 2008, 1087.
188 Vgl. auch BGH 16. 3. 1977, NJW 1977, 1055, 1056.
189 Vgl. BGH 6. 6. 1984, NJW 1984, 2938; *Müller/Hempel*, AcP 205, 246.
190 BGH 13. 6. 2007, NJW 2007, 3057.
191 BGH 19. 5. 2006, NJW 2006, 3139.
192 BGH 19. 5. 2006, NJW 2006, 3139.
193 BGH 19. 5. 2006, NJW 2006, 3139.
194 BGH 19. 5. 2006, NJW 2006, 3139.

Was die **einzelnen Schadenspositionen** angeht, wird auf die Ausführungen zur c. i. c.-Haftung des Vermittlers (Sachwalterhaftung) Bezug genommen (Rn 1286 ff.).

In seiner wichtigen Importwagen-Entscheidung vom 13. 5. 2003 hat das OLG Hamm[195] nicht erörtert, ob dem Kläger ein Recht zum **Rücktritt nach § 324 BGB** zusteht. Die daran geübte Kritik[196] ist unberechtigt. Zu einer Erörterung des § 324 BGB bestand keine Veranlassung.[197]

6. Darlegungs- und Beweislast

2224   Zur Darlegungs- und Beweislast hinsichtlich der vorvertraglichen Pflichtverletzung s. Rn 1279.

7. Verjährung

2225   Der Anspruch auf Befreiung von den Vertragspflichten wegen einer Täuschung kann nach zutreffender Ansicht des OLG Hamm[198] nach Ablauf der Anfechtungsfrist (§ 124 BGB) nicht mehr geltend gemacht werden.[199] Die Verjährung richtet sich jedenfalls in Täuschungsfällen nach den §§ 195, 199 BGB (Regelverjährung). In Fällen fahrlässiger Pflichtverletzung in Bezug auf Umstände, die von der Sachmängelhaftung nicht erfasst werden, ist eine Analogie zu § 438 Abs. 1 Nr. 3 BGB nicht zu befürworten.

8. Freizeichnung

2226   Bei **vorsätzlicher** culpa in contrahendo ist jegliche Haftungsfreizeichnung unbeachtlich, was keiner näheren Begründung bedarf. In den Fällen nur **fahrlässigen Fehlverhaltens** kommt es darauf an, worin die Pflichtverletzung begründet ist. Bezieht sie sich auf einen Sachmangel und lässt man die culpa-Haftung gleichwohl ausnahmsweise zu (z. B. vor Gefahrübergang), so kann ein gesetzlicher Haftungsausschluss nach § 442 BGB ebenso zum Tragen kommen wie eine vertragliche Freizeichnung von der Sachmängelhaftung. Zur Bedeutung eines vereinbarten Gewährleistungsausschlusses bei dieser Konstellation s. BGH NJW 1995, 1737; OLG Düsseldorf MDR 2002, 1115. Bei einer fahrlässigen Pflichtverletzung, die keinen Sach- oder Rechtsmangel zum Gegenstand hat, kann den Verkäufer eine Freizeichnung von der allgemeinen Haftung auf Schadensersatz schützen (s. dazu Rn 2233).

V. Haftung wegen Nebenpflichtverletzungen, Mangelfolge- und Begleitschäden

1. Allgemeines

2227   Ähnlich wie bei der Haftung für Pflichtverletzungen vor und bei Vertragsabschluss stellt sich die Frage der Abgrenzung zwischen dem allgemeinen Leistungsstörungsrecht und der Sachmängelhaftung im Hinblick auf „Nebenpflichtverletzungen" in der Phase nach Abschluss des Kaufvertrages.

---

195 NJW-RR 2003, 1360 = OLGR 2004, 18 = ZGS 2003, 394.
196 *Muthers*, MDR 2004, 492.
197 Zum Anwendungsbereich des § 324 BGB bei Verletzung vorvertraglicher Pflichten s. *Palandt/ Grüneberg*, § 324 BGB Rn 1, 2.
198 NJW-RR 1995, 205.
199 Anders BGH 31. 1. 1962, NJW 1962, 1196; BGH 24. 10. 1996, NJW 1997, 254 (Anwaltsregress).

Haftung wegen Nebenpflichtverletzungen, Mangelfolge- und Begleitschäden

Man unterscheidet zwischen **Nebenleistungspflichten** und **Nebenpflichten**.[200] **Nebenleistungspflichten** dienen der Vorbereitung, Durchführung und Sicherung der Hauptleistung, hier: Lieferung einer mangelfreien Sache (§ 433 Abs. 1 S. 2 BGB). Dazu zählen Untersuchungs-, Aufklärungs- und Hinweispflichten des Verkäufers. Etwas verwirrend ist die Unterteilung in **leistungsbezogene** und **mangelbezogene** Nebenpflichten. Immerhin besteht die geschuldete Leistung ja in der Lieferung einer mangelfreien Sache. Was sich darauf bezieht, ist „leistungsbezogen". 2228

Auf den Mangel bezogen ist dagegen z. B. die Pflicht des Verkäufers, den Käufer bei Lieferung, also nicht bei Vertragsabschluss, auf einen vorhandenen Mangel hinzuweisen.[201] Verletzt der Verkäufer nach Vertragsabschluss eine solche **mangelbezogene Nebenpflicht**, kommt eine gewährleistungsrechtliche Schadensersatzhaftung (§§ 437 Nr. 3, 280 Abs. 1 BGB) mit entsprechend **kurzer Verjährung** in Betracht.[202] *Beispiel:* Zwischen Abschluss des Kaufvertrages und der Auslieferung fällt dem Verkäufer ein Mangel am Fahrzeug auf, den er aber unbeseitigt lässt und dem Käufer auch nicht mitteilt.

Nicht in diesem Sinn „mangelbezogen" sind Pflichtwidrigkeiten wie eine unzulängliche Einweisung des Neuwagenkäufers in die Fahrzeugtechnik durch einen Angestellten des Autohauses, auch nicht die Aushändigung einer falschen Betriebsanleitung. Fehlinformationen hinsichtlich des Versicherungsschutzes (dazu Rn 1428), der Einsatzfähigkeit bei einer geplanten Auslandsreise, der künftigen Wartung oder der Einhaltung von Garantieauflagen sind gleichfalls nicht „mangelbezogen", strenggenommen nicht einmal „eigenschaftsbezogen", betreffen aber **die Verwendungsfähigkeit** des Fahrzeugs nach dem vertraglich vorausgesetzten, jedenfalls nach dem gewöhnlichen Zweck.

Wer in der Beeinträchtigung der Verwendbarkeit auch dann einen Sachmangel sieht, wenn ihre Ursache nicht in der Beschaffenheit des Kaufobjekts liegt, sondern nur mit ihm und nicht etwa mit persönlichen Defiziten des Käufers zu tun hat,[203] für den ist in den vorgenannten Fällen der Weg zum Gewährleistungsrecht frei. Wer für einen engeren Mangelbegriff plädiert, kann mit der Figur der „selbstständigen Nebenverpflichtung"[204] eine Schadensersatzhaftung nach § 280 Abs. 1 BGB[205] – ohne Verbindung mit § 437 Nr. 3 BGB – annehmen. Im Einzelfall ist freilich sorgfältig zu prüfen, ob nicht doch ein Fall der Mangelhaftigkeit vorliegt. Zu bejahen wäre das z. B., wenn der Mitarbeiter des Händlers den Wagen vor der Auslieferung an den Kunden mit einem falschen Kraftstoff betankt. Ein Auto mit dem Diesel statt Benzin im Tank ist mangelhaft. Beim fehlerhaften Einbau von Zubehörteilen kann, sofern Montagefehler i. S. d § 434 Abs. 2 S. 1 BGB, gleichfalls Gewährleistungsrecht direkt zum Zuge kommen. 2229

Höchstrichterlich nach wie vor **ungeklärt ist die Frage**, ob bei Pflichtverletzungen, die nicht unter § 433 Abs. 1 S. 2 BGB fallen, die aber in einem weiteren Sinn mit dem Kaufobjekt, insbesondere seiner Verwendbarkeit, zu tun haben, die **Regelverjährung** oder die **Sonderverjährung nach § 438 BGB** eingreift.[206] Die Argumente des BGH im Klebstoff-Urteil vom 13. 7. 1983[207] für die damalige Sechsmonatsverjährung deuten die Richtung an, die der BGH einschlagen dürfte. 2230

---

200 Vgl. *Grüneberg/Sutschet* in *Bamberger/Roth*, § 241 BGB Rn 13 ff.
201 Vgl. *Faust* in *Bamberger/Roth*, § 437 BGB Rn 125.
202 Zu dieser Fallgruppe siehe *Reinicke/Tiedtke*, Kaufrecht, Rn 830; *Faust* in *Bamberger/Roth*, § 437 BGB Rn 124 f.
203 Zum Problem *Faust* in *Bamberger/Roth*, § 434 BGB Rn 28 ff.
204 BGH 13. 7. 1983, NJW 1983, 2697 (Klebstoff).
205 § 282 BGB (Schadensersatz statt der Leistung bei Nebenpflichtverletzung) hat in Autokauffällen bisher keine große Rolle gespielt; s. aber auch OLG Saarbrücken 25. 7. 2007, NJW 2007, 3503.
206 Dazu Müko-BGB/*H. P. Westermann*, § 437 BGB Rn 60; § 438 BGB Rn 9 ff.
207 NJW 1983, 2697.

2231 Eine weitere Fallgruppe mit Berührung der Sachmängelhaftung ist dadurch gekennzeichnet, dass die verkaufte Sache erst **durch eine Nebenpflichtverletzung mangelhaft wird** oder ein vorhandener Mangel sich vergrößert, der Käufer früher und folgenschwerer geschädigt wird. Hier soll es darauf ankommen, ob der Mangel vor oder nach Gefahrübergang verursacht wurde.[208] Einwirkungen des Verkäufers vor Gefahrübergang sollen zur Sachmängelhaftung führen. Sein Verhalten sei nur für die Verschuldensfrage und für seine Entlastung von Bedeutung (§§ 280 Abs. 1 S. 2, 311 a Abs. 2 BGB). Zu Beschädigungen, die im Zuge der Nachbesserung eintreten, z. B. in der Werkstatt des Verkäufers, s. Rn 408 ff.

2232 Bezieht sich die (Neben)Pflicht des Verkäufers weder auf die von ihm geschuldete Leistung (§§ 433 Abs. 1 S. 2, 439 Abs. 3 BGB) noch auf den Mangel als solchen („mangelbezogen"), besteht **kein Konkurrenzverhältnis** zur Sachmängelhaftung. Die Haftung aus §§ 280 Abs. 1, 241 Abs. 2 BGB greift uneingeschränkt ein. *Beispiel:* Der Verkäufer beschädigt bei der Auslieferung des Fahrzeugs das Garagentor des Käufers (früher ein Fall der pFV).

2. Haftungsfreizeichnung

2233 Problematisch ist die Freizeichnung von der allgemeinen Schadensersatzhaftung aus §§ 280 Abs. 1, 241 Abs. 2 BGB. Der **im Gebrauchtwagenhandel** früher übliche – umfassende – Gewährleistungsausschluss erfasste nicht den Anspruch auf Schadensersatz aus positiver Vertragsverletzung. Dementsprechend enthielten die meisten Klauselwerke spezielle Freizeichnungsregeln, vorzugsweise unter der Überschrift ‚Haftung'.[209]

An der Zweiteilung in Haftung für Sachmängel und allgemeine Haftung halten die Anfang 2008 aktualisierten AGB für den Neu- und Gebrauchtwagenhandel fest. Soweit es um die Beschränkung der Sachmängelhaftung einschließlich Verjährung geht, wird auf Rn 1965 ff. verwiesen. Die Freizeichnung von der Haftung außerhalb des Gewährleistungsrechts ist in den Neuwagenverkaufsbedingungen (Fassung 3/08) im Abschn. VIII („Haftung") und in den verbandsempfohlenen Gebrauchtwagen-AGB (3/08) im Abschn. VII („Haftung") geregelt. Hier wie dort hat man die **Haftung für grobes Verschulden** des Verkäufers uneingeschränkt bestehen lassen.

Auffallend ist die Differenzierung in den beiden Klauselwerken, soweit es um die **persönliche Haftung der gesetzlichen Vertreter,** Erfüllungsgehilfen und Betriebsangehörigen des Verkäufers geht. „Einfache" Betriebsangehörige des Neuwagenhändlers (keine gesetzlichen Vertreter und auch keine leitenden Angestellten) haften für grobe Fahrlässigkeit nur beschränkt (VIII Ziff. 4). Eine entsprechende Klausel fehlt in den ZDK-AGB für den Gebrauchtwagenhandel (siehe VII Ziff. 4). Sachgründe für diese Differenzierung sind nicht ersichtlich. Vermutlich beruht sie darauf, dass die Gebrauchtwagenbedingungen allein vom ZDK zur Anwendung empfohlen werden, während hinter den Neuwagen-AGB zwei weitere Verbände stehen (VDA und VDIK). Inhaltlich ist die Klausel VIII Ziff. 4 Neuwagen-AGB allenfalls insoweit zu beanstanden, als sich die Beschränkung der Haftung in Fällen grober Fahrlässigkeit auf die Eigenhaftung von Autohausmitarbeitern der unteren Ebene erstreckt. Das ist aber ein derart theoretischer Fall, dass er die Wirksamkeit der Klausel nicht in Frage stellen kann. **§ 309 Nr. 7 a BGB** ist in beiden Klauselwerken auch im Hinblick auf die „Vertreterhaftung" Rechnung getragen.

Ob die Beschränkung der **Haftung des Verkäufers für leichte Fahrlässigkeit,** der zentrale Regelungsgegenstand im jeweiligen Abschnitt „Haftung", der Inhaltskontrolle standhält, wird die Rechtsprechung zu klären haben.

---

208 Vgl. *Reinicke/Tiedtke*, Kaufrecht, Rn 832 ff; *Faust* in *Bamberger/Roth* § 437 BGB Rn 192 ff.
209 Zur Inhaltskontrolle s. BGH 11. 2. 2004, NJW 2004, 1032 (Hinterreifen II).

VI. Fehlen und Wegfall der Geschäftsgrundlage

Die Anwendung der Grundsätze über den Wegfall der Geschäftsgrundlage war nach altem Recht mit Rücksicht auf die Sondervorschriften der §§ 459 ff. BGB a. F. ausgeschlossen, soweit es sich um Fehler i. S. v. § 459 Abs. 1 BGB a. F. oder um Eigenschaften i. S. v. § 459 Abs. 2 BGB a. F. handelte.[210] Gerade in Gebrauchtwagenprozessen haben Instanzgerichte diesen Grundsatz verschiedentlich zugunsten des Käufers durchbrochen.[211] Meist ging es um den Verkauf von Autos mit so genannten **Schwerstmängeln**. 2234

Schon unter der Herrschaft des alten BGB war es nicht sachgerecht, dem Käufer eines mangelhaften Autos mit dem Institut des Fehlens/Wegfalls der Geschäftsgrundlage zu helfen.[212] Auf die Schwere des Mangels konnte es nicht ankommen. Der vertragliche Ausschluss der Gewährleistung änderte an dieser Beurteilung nichts. Für das neue Recht ist an der Subsidiarität der jetzt kodifizierten Sonderregelung (§ 313 BGB) festzuhalten.[213]

VII. Die deliktische Haftung des Verkäufers eines gebrauchten Fahrzeugs

1. Anwendungsbereiche der Deliktshaftung

Soweit die Beteiligten durch einen Vertrag verbunden sind, sind unerlaubte Handlungen des Verkäufers oder seines Personals vorrangig nach den vertragsrechtlichen Haftungsregeln, einschließlich c. i. c. (§§ 280 Abs. 1, 241 Abs. 2, 311 Abs. 2 BGB), zu beurteilen. Für die Inanspruchnahme von Personen, die am Abschluss und/oder der Abwicklung des Kaufvertrages beteiligt waren, aber keiner vertraglichen Haftung unterliegen, liefern die §§ 823 ff. BGB regelmäßig die einzigen Anspruchsgrundlagen. Gleiches gilt für Personen, die in früheren Zeiten mit dem Fahrzeug zu tun hatten, also insbesondere **Vor-Verkäufer** und ehemalige Besitzer. Bei dieser Fallgruppe („Kettenfälle") kommt außer dem Betrugstatbestand (§ 263 StGB) i. V. m. § 823 Abs. 2 BGB ein Anspruch aus **§ 826 BGB** in Betracht, s. Rn 1986. Zur Haftung aus § 826 BGB s. auch LG Traunstein ZfS 1999, 290 (unwahre Auskunft bei Vertragsverhandlungen ohne Abschluss mit anschließendem Kauf des Fahrzeugs von einem Dritten). 2235

Gut gemeint, aber ziemlich praxisfern ist der Vorschlag von *Braun*,[214] Käufern, die durch eine voreilige Reparatur (Selbstvornahme) alle vertraglichen Ansprüche verloren haben (dazu Rn 405), mit einem Anspruch aus § 823 Abs. 2 BGB i. V. m. § 263 StGB zu helfen.[215]

Bedeutung kann die Deliktshaftung auch in der Phase **nach Vertragsschluss**, sogar nach Fahrzeugauslieferung gewinnen, z. B. bei Falschauskünften in der Zeit nach Übergabe des Fahrzeugs oder bei Vorlage von falschen Dokumenten, z. B. zur Entkräftung des Vorwurfs einer Täuschung. Zu dieser Fallgruppe gehört, wenn auch nicht aus dem Kfz-Handel, der Fall BGH NJW 1998, 983, wobei freilich zu berücksichtigen ist, dass nicht der Verkäufer,

---

210 BGH 6. 6. 1986, BGHZ 98, 100 = NJW 1986, 2824; OLG Karlsruhe 18. 8. 1992, NJW-RR 1993, 1138.
211 OLG Karlsruhe 17. 11. 1970, JZ 1971, 294; LG Köln 5. 3. 1979 – 73 O 581/77 – n. v.; vgl. auch OLG Hamm 15. 1. 1979, JZ 1979, 266 m. Anm. *Liebs*.
212 Kein Wegfall der Geschäftsgrundlage zugunsten des Käufers bei unerwartet hohen Kosten für die Beseitigung eines dem Käufer bekannten und im Kaufpreis berücksichtigten Mangels, vgl. OLG Stuttgart 2. 3. 1990, NZV 1990, 429 (L.).
213 *Reinicke/Tiedtke*, Kaufrecht, Rn 819.
214 ZGS 2006, 328.
215 Zu den hohen Anforderungen an die Feststellung des Betrugsvorsatzes nur BVerfG 29. 2. 2008, NJW 2008, 1726.

sondern dessen **Geschäftsführer** (im Gerichtsstand der unerlaubten Handlung) verklagt worden ist.

Ein echtes Konkurrenzproblem stellte sich unter der Geltung des alten Rechts mit seiner kurzen Verjährung (§ 477 BGB a. F.) dann, wenn die vertraglichen Ansprüche, z. B. der Schadensersatzanspruch aus § 463 S. 1 BGB a. F., **bereits verjährt** waren. Beispiele dafür sind die beiden **Hinterreifen-Fälle** BGH NJW 1978, 2241 und BGH NJW 2004, 1032 aus der Kategorie der ‚**Weiterfresserschäden**'.

Unter welchen Voraussetzungen der Käufer in einem derartigen Fall einen Anspruch aus § 823 Abs. 1 BGB wegen **fahrlässiger Eigentumsverletzung** hat, war vor In-Kraft-Treten der Schuldrechtsreform heftig umstritten. Der Gebrauchtwagenkauf hat mit dem Hinterreifen-Urteil des BGH vom 5. 7. 1978[216] einen Fall beigesteuert, in dem die **vorschriftswidrige Bereifung** eines Sportwagens zu einem Verkehrsunfall geführt hat. Ähnlich gelagert ist der – noch nach altem Recht beurteilte – Hinterreifen-II-Fall mit einem Reifenplatzer wegen Überalterung.[217] Im Zusammenhang mit den ‚Weiterfresser-Fällen' zu erwähnen ist ferner der Pleuel-Halbschalen-Fall OLG Düsseldorf WM 1985, 1079. Weitere Entscheidungen zu dieser Fallgruppe unter Rn 1027 ff. Ob an der bisherigen Rechtsprechung des BGH zu den ‚Weiterfresserfällen' nach der Schuldrechtsreform festgehalten werden kann, **ist strittig**. Zu den Argumenten pro und contra s. Rn 1031.

Ein von der Schuldrechtsmodernisierung unberührt gebliebenes Konkurrenzproblem ergibt sich, wenn der Käufer durch eine **rechtswirksame Anfechtung** des Vertrages sich selbst den Boden für die Verfolgung vertraglicher Ansprüche entzogen hat (dazu Rn 1901). Diese praxisrelevante Fallgestaltung hat die Rechtsprechung vor einige Schwierigkeiten gestellt, wie die Entscheidungen des BGH vom 29. 10. 1959,[218] vom 2. 7. 1962[219] und vom 14. 10. 1971[220] beispielhaft zeigen.[221] Dem **arglistig getäuschten Käufer** stehen Schadensersatzansprüche aus §§ 826, 823 Abs. 2 BGB (i. V. m. § 263 StGB) zu,[222] ggf. auch aus § 831 BGB. Diese deliktische Haftung tritt **unabhängig** von einer **Anfechtung gem. § 123 BGB** und deren Erfolg ein, s. auch Rn 1901. Praktische Relevanz gewinnt sie erst in den Fällen, in denen der Käufer den Vertrag rechtswirksam angefochten hat.

2. Schaden als Haftungsvoraussetzung

2236 In den Praxisfällen des Gebrauchtfahrzeugskaufs mit deliktischem Hintergrund geht es fast immer um den Ersatz von Vermögensschäden. Zu unterscheiden ist zwischen der Anspruchsgrundlage des § 826 BGB (sittenwidrige Schädigung) und der Haftung aus § 823 Abs. 2 BGB i. V. m. § 263 StGB. Im letzteren Fall ist das Tatbestandsmerkmal ‚Vermögensschaden' doppelt zu prüfen, zunächst im Rahmen des § 263 StGB und sodann als zivilrechtliche Haftungsvoraussetzung.

Ob ein Vermögensschaden i. S. d. **§§ 249 ff. BGB** vorliegt, beurteilt sich grundsätzlich nach der so genannten **Differenzhypothese**, d. h. durch Vergleich zweier Vermögenslagen. Gegenüberzustellen sind: die (Gesamt-)Vermögenslage des Käufers, wie sie sich infolge

---

216 NJW 1978, 2241; dazu *Kraft*, JuS 1980, 408; *Löwe*, BB 1978, 1495; *Schubert*, JR 1979, 201; *Schmidt-Salzer*, BB 1979, 1.
217 BGH 11. 2. 2004, NJW 2004, 1032 = NZV 2004, 183.
218 NJW 1960, 237.
219 NJW 1962, 1909.
220 BGHZ 57, 137 = NJW 1972, 36.
221 Ferner OLG Karlsruhe 18. 12. 1985, NJW-RR 1986, 542; OLG Bamberg NJW-RR 1994, 1333.
222 Zu § 263 StGB, speziell zur Frage des Vermögensschadens, s. OLG Karlsruhe 4. 1. 1980, NJW 1980, 1762; OLG Düsseldorf 1. 2. 1991, NJW 1991, 1841; OLG Hamm, 2. 6. 1992, NStZ 1992, 593; OLG Düsseldorf 10. 1. 1995, JZ 1996, 913 m. Anm. *Ch. Schneider* = JMBl. NW 1995, 128 m. w. N.

der haftungsbegründenden unerlaubten Handlung darstellt, und die (hypothetische) Vermögenslage ohne das Fehlverhalten des Verkäufers bzw. eines auf seiner Seite stehenden Dritten. Dieser Vergleich kann ergeben, dass selbst ein arglistig getäuschter Käufer **keinen Vermögensschaden** erlitten hat. Das soll nach der zivilgerichtlichen Judikatur dann der Fall sein, wenn das Fahrzeug den vereinbarten Preis tatsächlich wert ist, der verschwiegene Mangel (z. B. Unfallvorschaden, höherer km-Stand) sich also wirtschaftlich nicht zum Nachteil des Käufers ausgewirkt hat.[223]

Schadensersatzrechtlich kommt es darauf an, ob der Vertrag für den Käufer wirtschaftlich nachteilig ist. Das ist grundsätzlich dann der Fall, wenn die Kaufsache den Kaufpreis nicht wert ist oder wenn trotz Werthaltigkeit von Leistung und Gegenleistung die mit dem Vertrag verbundenen Verpflichtungen und sonstigen Nachteile durch die Vorteile nicht ausgeglichen werden.[224] Nachteile in diesem Sinn sind nicht bloße Unannehmlichkeiten und objektiv nicht fassbare Beschwernisse. Rechtlich anzuerkennen ist hingegen der Wunsch des betrogenen Käufers, das mangelhafte Fahrzeug los zu werden, mag der gezahlte Kaufpreis, objektiv betrachtet, nicht unangemessen, ja sogar günstig sein. Die Schadensbetrachtung würde sachwidrig verkürzt, stellte man nur auf den gezahlten Preis in seinem Verhältnis zum objektiven Wert ab. Letzterer lässt sich in einem bestimmten Betrag ohnehin nicht fixieren. Der objektive Wert eines Gebrauchtfahrzeugs, insbesondere eines Pkw, liegt in der Regel innerhalb einer bestimmten Bandbreite. Entscheidend sind auch die persönlichen Zwecke, die der Käufer mit der Anschaffung befriedigen wollte. Zumal beim Kauf eines Pkw gehört dazu eine risikofreie und ungestörte Nutzung. Mit Rücksicht darauf kann auch bei Gleichwertigkeit von Leistung und Gegenleistung zumindest bei Pkw und Zweirädern, die privat genutzt werden, ein Vermögensschaden i. S. d. §§ 249 ff. BGB zu bejahen sein.

3. Der Umfang des Schadens

Der deliktsrechtliche Schadensersatzanspruch des Käufers bemisst sich grundsätzlich nach den §§ 249 ff. BGB oder, wie der BGH formuliert, nach den Regeln über den Ersatz des **negativen Interesses.** Den Ersatz seines **positiven Interesses,** so der BGH[225] zum früheren Recht weiter, kann der Käufer auf deliktischer Grundlage nur dann verlangen, wenn die für den Schadenseintritt ursächliche unerlaubte Handlung zugleich die Voraussetzungen für einen vertraglichen Gewährleistungsanspruch nach den §§ 463, 480 Abs. 2 BGB a. F. erfüllt. Das so verstandene ‚negative Interesse' bedeutete, dass der Käufer so zu stellen ist, wie er ohne das schädigende Ereignis, z. B. die Täuschung,[226] gestanden hätte.[227] Wie *Stoll*[228] mit Recht bemerkt, kann ein arglistig getäuschter Käufer nicht allein schon kraft Deliktsrechts fordern, so gestellt zu werden, als seien seine irrigen Vorstellungen zutreffend.

2237

Selbst auf rein deliktsrechtlicher Grundlage wurde dem Käufer eines Gebrauchtwagens Ersatz des **positiven Interesses** zugebilligt, sofern er auf vertraglicher Grundlage seinen Schaden nach § 463 BGB a. F. liquidieren konnte.[229] Dem war zuzustimmen. Die Neuregelung des Schadensersatzrechts im Rahmen der Sachmängelhaftung rechtfertigt keine andere Beurteilung. **Zweifelhaft** kann nur sein, ob der arglistig getäuschte Käufer auch

---

223 OLG Köln 18. 3. 1994, NJW-RR 1995, 51 = OLGR 1994, 238 unter Hinweis auf zwei BGH-Entscheidungen zu § 263 StGB.
224 BGH 26. 9. 1997, NJW 1998, 302.
225 Urt. v. 25. 11. 1997, NJW 1998, 983 = MDR 1998, 266 m. Anm. *Imping*.
226 Haftungsbegründendes Ereignis ist streng genommen nicht die Täuschung, sondern der durch die Täuschung beeinflusste Vertragsabschluss.
227 BGH 2. 7. 1962, NJW 1962, 1909; BGH 25. 11. 1997, NJW 1998, 983.
228 JZ 1999, 96.
229 BGH 25. 11. 1997, NJW 1998, 983 = MDR 1998, 266 m. Anm. *Imping*.

nach – rechtswirksamer – Anfechtung seiner Vertragserklärung Ersatz seines Erfüllungsinteresses verlangen kann. Der **BGH** hat diese Frage bislang **nicht entschieden,** auch nicht im Urteil vom 29. 10. 1959,[230] wie mitunter angenommen wird. Offen bleiben konnte sie auch in der Entscheidung vom 25. 11. 1997.[231] Aus der OLG-Judikatur ist vor allem das Gebrauchtwagen-Urteil des OLG Karlsruhe vom 18. 12. 1985[232] zu nennen. Hiernach ist ein Käufer im Fall **rechtswirksamer Anfechtung** auf den Ersatz des negativen Interesses beschränkt. Das verdient weiterhin Zustimmung.

Die namentlich von *Flume*[233] vertretene Gegenmeinung überzeugt nicht. Das Gesetz kennt keine relative Wirkung der Arglistanfechtung. Eine Korrektur des § 142 Abs. 1 BGB ist gleichfalls nicht veranlasst. Der Käufer hat sich aus freien Stücken für eine Zerschlagung des Vertrages entschieden. Deshalb hat er die Konsequenzen aus seiner – im Nachhinein betrachtet – voreiligen Wahl zu tragen. Gerechtfertigt ist diese dem Gesetz und der Rechtslogik entsprechende Auffassung freilich nur dann, wenn der Käufer sich klar und unmissverständlich für eine Anfechtung des Vertrages entschieden hat, seine Erklärung also nicht (auch) als Rücktritt bzw. Verlangen nach dem großen Schadensersatz auszulegen ist. Erwägenswert ist eine Analogie zu § 325 BGB. Was dort für den Rücktritt geregelt ist, kann indes auf die Anfechtung nach § 123 BGB nicht übertragen werden (s. auch Rn 1901).

2238   **Schadensbemessung nach der Differenzhypothese:** Was der Käufer getan hätte, wenn die schädigende Handlung unterblieben wäre, hängt von den Umständen des Einzelfalls ab. Auf diese **hypothetische Frage** gibt es gerade in Fällen des Fahrzeugkaufs eine Reihe von Antworten. Die Dinge können so liegen, dass der Käufer durch das schuldhafte Verhalten des Verkäufers daran gehindert wurde, das an zweiter Stelle seiner ‚Wunschliste' stehende Fahrzeug zu kaufen, sei es von einem Dritten, sei es von seinem arglistigen Vertragspartner, sofern dieser als Händler mehrere ‚interessante' Fahrzeuge im Angebot hatte. Die Vereitelung eines solchen Vertragsschlusses kann, muss aber nicht zu einer Vermögenseinbuße führen. Für die Erstattung eines **entgangenen Gewinns** genügt die Feststellung, dass der Käufer nach seinen besonderen Vorkehrungen oder nach dem allgemeinen Lauf der Dinge durch das Alternativgeschäft einen Gewinn tatsächlich erzielt hätte (§ 252 BGB, § 287 ZPO). Mit dem Ersatz des Erfüllungsinteresses (positives Interesse) hat das nichts zu tun.[234] Vielmehr geht es um eine Schadensberechnung im Rahmen der §§ 249 ff. BGB.

Das negative Interesse muss nicht notwendigerweise hinter dem positiven Interesse zurückbleiben, nur darüber hinaus kann es nicht gehen. Denkbar ist ferner, dass der Käufer ohne die unerlaubte Handlung, z. B. bei Offenlegung des Unfallvorschadens, auf den Ankauf eines Fahrzeugs völlig verzichtet hätte, weil er nur am Erwerb dieses konkreten Fahrzeugs Interesse hatte. Diese Fallgestaltung wird man bei Sonderfahrzeugen, z. B. ausgefallenen Oldtimern, in Betracht zu ziehen haben. Geltend machen kann der Käufer auch, dass er das Kaufobjekt auch bei Offenbarung der verschwiegenen Tatsache gekauft hätte, allerdings zu einem erheblich geringeren Preis. Um die Differenz zwischen dem vereinbarten und dem hypothetischen Kaufpreis als Schaden liquidieren zu können, muss zumindest wahrscheinlich sein, dass der Verkäufer sich mit dem geringeren Betrag zufrieden gegeben hätte.[235]

2239   Verkäufer bringen in diesem Zusammenhang mitunter vor, der Käufer hätte auch bei vollständiger Aufklärung den gleichen Preis wie vereinbart gezahlt. Damit wird versucht,

---

230 NJW 1960, 237.
231 NJW 1998, 983.
232 NJW-RR 1986, 542.
233 Das Rechtsgeschäft, 2. Aufl., 1975, S. 568.
234 Bedenklich von daher OLG Karlsruhe 18. 12. 1985, NJW-RR 1986, 542.
235 So schon RG 10. 11. 1921, RGZ 103, 154.

die Kausalität der behaupteten Täuschung zu leugnen. Das betrifft den haftungsbegründenden **Ursachenzusammenhang,** berührt aber auch die haftungsausfüllende Kausalität. Die Rechtsprechung macht mit einem derartigen Einwand meist ‚kurzen Prozess'. Dabei ist er aus Sicht der Kaufverhandlungen keineswegs abwegig, sofern der Mangel, wie z. B. ein fachgerecht reparierter Unfallvorschaden, technisch nicht ins Gewicht fällt. Üblicherweise wird in Fällen arglistiger Täuschung angenommen, dass der Käufer ohne die Täuschung ein gleichartiges oder zumindest vergleichbares Fahrzeug von einem anderen Verkäufer erworben hätte.[236] Dieser **hypothetische Vertragsschluss** des Käufers[237] ist bei der Berechnung seines negativen Interesses zu berücksichtigen.[238]

Der Käufer hat bei Inanspruchnahme des Verkäufers (nicht eines Dritten) die Wahl zwischen einer ‚kleinen' und einer ‚großen' Lösung: Zum einen kann er das Fahrzeug behalten und Ersatz der Wertdifferenz zwischen Kaufpreis und dem objektiven Fahrzeugwert verlangen. Er kann zum anderen auf Rückzahlung des Kaufpreises Zug um Zug gegen Rückgabe klagen. Im praktischen Ergebnis läuft die zweite Alternative, von wenigen Positionen abgesehen, auf den großen Schadensersatz bzw. die Rückabwicklungslösung bei der Eigenhaftung des Vermittlers hinaus.

Die Abwicklung beim ‚großen' deliktischen Schadensersatz kann dadurch **gestört** sein, dass der Käufer nicht mehr in der Lage ist, das Fahrzeug unbeschädigt zurückzugeben. Zu diesen und ähnlichen Störungen der Rückabwicklung s. Rn 2206 ff., zu den Besonderheiten der **Vorteilsausgleichung** s. Rn 2202.

4. Sonderfälle: Reifenschäden

Eine besondere Gruppe im Rahmen der Deliktshaftung bilden Fälle mit Reifenschäden. **2240** Abgesehen von den bereits im Zusammenhang mit den sog. Weiterfressschäden erwähnten **Hinterreifen-Fällen** (Rn 1027 f.) sind aus der umfangreichen Kasuistik zu nennen:

Verkauf eines Sportwagens (Porsche 911) mit **überalterten Reifen:** LG Köln Urt. v. 26. 8. 1994 – 21 O 91/94 – n. v. (rk); s. auch OLG Hamm 23. 11. 1998, NJW 1999, 3273 (überalterte Reifen bei einem Wohnmobil); OLG München 5. 3. 1998, MDR 1998, 772 = OLGR 1998, 127 (unterbliebener Reifenwechsel trotz Verkäuferhinweises). **Kauf älterer bzw. überalterter Reifen vom Reifenhändler:** OLG Düsseldorf 21. 2. 1997, NJWE-VHR 1997, 190 = NZV 1997, 271 (Ls.); s. auch OLG Nürnberg 5. 2. 2002, DAR 2002, 270 = MDR 2002, 636; AG Witten NJW-RR 2002, 1348; AG Krefeld 1. 12. 2003 – 82 C 460/02 – n. v. (Winterreifen waren knapp über 3 Jahre alt); zur deliktischen Haftung eines **Reifenrunderneuerers** s. AG Bad Urach 8. 3. 1990, ZfS 1990, 182; vgl. auch LG Frankfurt 14. 12. 1990, NZV 1992, 194 (Reifenhändler). **Prüfpflicht des Kfz-Halters:** OLG Stuttgart 19. 3. 1990, NZV 1991, 68; OLG Köln NJW-RR 2002, 930; **Prüfpflicht beim Erwerb eines älteren Kfz von privat:** BGH 9. 5. 1995, NZV 1995, 310, s. dazu auch BGH 14. 10. 1997, NJW 1998, 311, mit abschließender Entscheidung OLG Frankfurt VersR 2000, 1166; ferner OLG Hamm 24. 6. 1996, OLGR 1996, 184; OLG Celle 26. 10. 1995, NZV 1997, 270.

Die Schwierigkeiten in den ‚Reifenfällen' liegen hauptsächlich **im Tatsächlichen**, in der beweiskräftigen Feststellung der **Schadensursache** und in der Klärung der Frage, ob der Reifen bei Auslieferung des Fahrzeugs unbeschädigt war oder nicht, s. auch Rn 1036, 1044.

---

236 Mit dieser Unterstellung argumentiert man auch im Zusammenhang mit der Berechnung der Gebrauchsvorteile anhand des Wertverzehrs (Ersparnisgedanke).
237 Zur Grundlage dieser Annahme in tatsächlicher Hinsicht s. BGH 29. 10. 1959, NJW 1960, 237.
238 BGH 29. 10. 1959, NJW 1960, 237; 2. 7. 1962, NJW 1962, 1909.

S. Die Rechtsmängelhaftung des Fahrzeugverkäufers

2241 Nach § 433 Abs. 1 S. 2 BGB hat der Verkäufer die Sache auch frei von Rechtsmängeln zu verschaffen. Rechtsmängelfreiheit besteht, wenn **Dritte** in Bezug auf die Sache keine oder nur die im Kaufvertrag übernommenen Rechte gegen den Käufer geltend machen können (§ 435 S. 1 BGB). Damit ist der **Rechtsmangelbegriff** im Wesentlichen unverändert geblieben.

In den **Rechtsfolgen** werden Sach- und Rechtsmängel grundsätzlich gleichgestellt (§§ 437, 438 BGB). Die bisherigen Abgrenzungsprobleme sind weitgehend gegenstandslos geworden. Einige Unterschiede bestehen indes weiterhin, so z. B. in der Zeitpunktfrage (beim Rechtsmangel die Eigentumsübertragung, beim Sachmangel der Gefahrübergang) und mit Blick auf § 476 BGB (keine Beweislastumkehr bei Rechtsmängel).

Im Recht des Autokaufs spielt die Rechtsmängelhaftung seit jeher nur eine geringe Rolle. Entsprechend spärlich ist das Entscheidungsmaterial. Klammert man die Fälle mit fehlgeschlagener Eigentumsübertragung und damit auch den sehr praxisrelevanten Fall des **Verkaufs eines gestohlenen Kfz** aus (zu dieser Fallgruppe, die im nationalen Kaufrecht[1] richtigerweise nicht zur Rechtsmängelhaftung zählt, s. Rn 2281 ff.), beschränkt sich die Judikatur zur Rechtsmängelhaftung des Autoverkäufers im alten Recht auf einige wenige außergewöhnliche Sachverhalte. Dazu zählte der Verkauf eines italienischen Sportwagens mit einer in Italien wirksam bestellten ‚**Autohypothek**'.[2]

Als Gegenstand eines rechtsgeschäftlich bestellten **Pfandrechts** (§ 1204 BGB) hat das Kraftfahrzeug längst abgedankt. **Sicherungseigentum** hat das Pfandrecht verdrängt. Zur Rechtslage beim Kauf sicherungsübereigneter Kraftfahrzeuge vgl. BGH NJW 1985, 376 – Lkw. Zur Umwandlung eines in den USA begründeten besitzlosen Pfandrechts in Sicherungseigentum nach deutschem Recht s. OLG Karlsruhe OLGR 2000, 434.

Störfälle aus dem Grenzbereich zwischen Rechtsmängel- und Sachmängelhaftung hat die Rechtsprechung mit nicht immer einleuchtenden Differenzierungen im Zweifel den §§ 459 ff. BGB a. F. zugeordnet.[3] Ursächlich für diese Ausdehnung der Sachmängelhaftung war vor allem der weite subjektiv-konkrete Fehlerbegriff des Sachmängelrechts. Laut BGH erfasste er auch solche Eigentümlichkeiten, ‚die in ... rechtlichen Beziehungen der Sache zur Umwelt begründet sind, wenn diese nach der Verkehrsanschauung für die Brauchbarkeit oder den Wert der Sache von Bedeutung sind'.[4]

Mit solchen Formeln, bisweilen ergänzt durch so blasse Kriterien wie Unmittelbarkeit und Sachbezogenheit, hat der BGH auch auf dem Kfz-Sektor Störungen, die mit einer Beeinträchtigung der Sachsubstanz nichts zu tun hatten, als Sachmängel qualifiziert, z. B. das Fehlen der Betriebserlaubnis. Dazu und zu weiteren Fällen öffentlich-rechtlicher **Zulassungs- und Benutzungshindernisse** s. Rn 1404 ff. Zum Erwerb eines alsbald nach dem Kauf behördlich/polizeilich **beschlagnahmten Kfz** s. BGH NJW 2004, 1802; OLG Köln OLGR 2000, 169 und OLG München NJW 1982, 2330.[5]

Zur Rechtslage beim Kauf eines Fahrzeugs, das nach Übergabe wegen des **Verdachts des Diebstahls beschlagnahmt** worden ist, s. BGH NJW 1997, 3164 = NZV 1997, 432.

---

1 Anders nach CISG (Art. 41), s. BGH 11. 1. 2006, NJW 2006, 1343.
2 BGH 11. 3. 1991, NJW 1991, 1415.
3 Zur Abgrenzung vgl. BGH 5. 12. 1990, NJW 1991, 915, 916 unter 2a; BGH 24. 10. 1997, WM 1998, 79; *Grunewald*, a. a. O., S. 18 ff.
4 Urt. v. 24. 10. 1997, WM 1998, 79.
5 Vgl. auch LG Bonn 23. 11. 1976, NJW 1977, 1822.

Wurde von dem Verkäufer oder einem früheren Besitzer ein **gestohlenes Teil**, z. B. der Motor, in das Fahrzeug eingebaut, so war und ist § 947 BGB zu beachten. Serienmäßige Motoren, auch Austauschmotoren, sind keine wesentlichen Bestandteile.[6] Vorrang vor § 947 BGB hat der Tatbestand der Verarbeitung i. S. d. § 950 BGB. Ein Fall der Verarbeitung mit Herstellung einer neuen Sache liegt vor, wenn ein (gestohlener) Motorblock zu einem Komplettmotor ergänzt wird.[7]

---

6 *Palandt/Heinrichs*, § 93 BGB Rn 7 m. w. N.
7 BGH 22. 5. 1995, NJW 1995, 2633 = NZV 1995, 394.

T. Der Erwerb gebrauchter Kraftfahrzeuge vom Nichtberechtigten

I. Voraussetzungen für den Erwerb kraft guten Glaubens

1. Ausgangslage

2242   Das Gesetz ist im Ausgangspunkt **erwerberfreundlich**. Der Schutz des Rechtsverkehrs (‚Verkehrsschutz') ist ihm grundsätzlich wichtiger als der Eigentümerschutz. Das ist der **Grundgedanke** der – von der Schuldrechtsreform unberührt gebliebenen – §§ 932 ff. BGB, 366 HGB. Im Normalfall der Kfz-Veräußerung durch Einigung und Übergabe (§ 929 S. 1 BGB) wird der Erwerber auch dann Eigentümer, wenn das Fahrzeug dem Veräußerer nicht gehört, es sei denn, dass er im Zeitpunkt der Übergabe nicht in gutem Glauben gewesen ist (§ 932 Abs. 1 S. 1 BGB). Nur Kenntnis und grob fahrlässige Unkenntnis schließen die Redlichkeit des Erwerbers aus (§ 932 Abs. 2 BGB). Gewöhnliche (‚leichte') Fahrlässigkeit ist unschädlich.

Während § 932 BGB den guten Glauben **an das Eigentum** des Veräußerers schützt, betrifft § 366 HGB, weiterreichend, den guten Glauben **an die Verfügungsbefugnis** eines Kaufmanns bei einer Veräußerung im Rahmen seines Gewerbebetriebes.

Beide Gutglaubensvorschriften helfen dem Erwerber nicht, wenn das Fahrzeug dem Eigentümer ‚gestohlen, verlorengegangen oder sonst abhanden gekommen ist' (§ 935 Abs. 1 BGB). In diesen **Ausnahmefällen** (Näheres dazu Rn 2274) ist der Eigentümer schutzwürdiger als der (gutgläubige) Erwerber. Dieser wird wiederum privilegiert, wenn er eine gestohlene Sache im Wege öffentlicher Versteigerung[1] erworben hat (§ 935 Abs. 2 BGB).

2. Grundsätze der Rechtsprechung für den Gebrauchtfahrzeugkauf

2243   In Gebrauchtwagenfällen – für **fabrikneue Fahrzeuge**[2] und **Vorführwagen**[3] gelten besondere Regeln (s. Rn 181 ff.) – hat sich die Rechtspraxis an folgenden Grundsätzen zu orientieren:

1. Auch beim Erwerb eines gebrauchten Kraftfahrzeugs besteht keine allgemeine Nachforschungspflicht bei Dritten als Voraussetzung für einen gutgläubigen Eigentumserwerb (BGH NJW 1975, 735).

2. Bei der Bewertung der Umstände, die für den Erwerber eines Gebrauchtfahrzeugs eine Nachforschungspflicht hinsichtlich der Verfügungsberechtigung des Veräußerers begründen, ist ein strenger Maßstab anzulegen (BGH NJW-RR 1987, 1456; BGH NJW 1992, 310).

---

[1] Dazu BGH 5. 10. 1989, NJW 1990, 899.

[2] Vgl. BGH 9. 2. 2005, NJW 2005, 1365 (Lkw); BGH 30. 10. 1995, NJW 1996, 314; BGH 21. 5. 1953, NJW 1953, 1099; BGH 21. 9. 1959, BGHZ 30, 374 = NJW 1960, 34; BGH 3. 3. 1960, NJW 1960, 1006 = MDR 1960, 494 = WM 1960, 397; HansOLG Hamburg HansRGZ 1938 B, Sp. 394; OLG Kassel 18. 3. 1937, JW 1937, 1417; LG Tübingen 29. 5. 1954, MDR 1954, 612; OLG München 5. 1. 1955, MDR 1955, 477; OLG Düsseldorf 16. 5. 1990, NJW-RR 1992, 381; OLG Frankfurt 25. 4. 1997, OLGR 1997, 121; LG München I 27. 1. 2004, EWiR § 931 BGB 1/04 (*Moseschus*); vgl. auch BGH 14. 7. 1965, VRS 29, 321.

[3] OLG Bremen 16. 11. 1962, DAR 1963, 301; OLG Hamm 13. 1. 1964, NJW 1964, 2257; OLG Karlsruhe 7. 4. 1989, NZV 1989, 434 m. Anm. *Roth* = NJW-RR 1989, 1461; OLG Frankfurt 8. 12. 1998, NJW-RR 1999, 927; LG Darmstadt 10. 4. 1997, DAR 1999, 265.

3. Wer ein gebrauchtes Kraftfahrzeug kauft, muss sich vorher darüber unterrichten, dass in Deutschland zu einem zulassungspflichtigen Kraftfahrzeug ein Fahrzeugbrief gehört; er muss wissen, dass Kraftfahrzeuge häufig als Sicherheit für Anschaffungskredite dienen, wobei der Fahrzeugbrief beim Kreditgeber hinterlegt ist (BGH NJW 1996, 2226).

4. Nach der Verkehrsauffassung weist nicht der Besitz des Kraftfahrzeugs und des Kfz-Zulassungsscheins allein, sondern erst zusammen mit dem Fahrzeugbrief den Fahrzeugbesitzer als Eigentümer oder Verfügungsberechtigten aus (BGH NJW 1975, 735; BGH DAR 1967, 85; BGH NJW 1996, 2226).

5. Wer ein Gebrauchtfahrzeug erwirbt, ohne sich den Fahrzeugbrief vom Veräußerer vorlegen zu lassen und darin Einsicht zu nehmen, handelt in der Regel grob fahrlässig i. S. d. §§ 932 Abs. 2 BGB, 366 HGB (BGH NJW 2006, 3488; BGH NJW 2005, 1365; BGH NJW 1996, 314; BGH NJW 1975, 735; BGH MDR 1959, 207). Nur unter besonderen Umständen kann es mit der Sorgfaltspflicht des Erwerbers vereinbar sein, von dem Verlangen auf Vorlage des Fahrzeugbriefs abzusehen (BGH WM 1956, 158).

6. Unter grober Fahrlässigkeit ist ein Handeln zu verstehen, bei dem die erforderliche Sorgfalt nach den gesamten Umständen in ungewöhnlich hohem Maße verletzt worden und bei dem dasjenige unbeachtet geblieben ist, was im gegebenen Fall jedem hätte einleuchten müssen (st. Rspr. BGH NJW 2005, 1365; BGHZ 10, 14, 16 = NJW 1953, 1139; BGH LM Nr. 17 zu § 932; BGH NJW 1994, 2022;).

7. Wird beim Kauf eines gebrauchten Kraftfahrzeugs vom Nichtberechtigten der Fahrzeugbrief mit vorgelegt, so rechtfertigt dies allein noch nicht die Feststellung, der Erwerber sei gutgläubig. Übergabe und Prüfung des Briefes sind nur Mindestforderungen für einen Gutglaubenserwerb (BGH NJW 2006, 3488; BGH LM Nr. 23 zu § 932 = WM 1966, 678; BGH NJW 1975, 735).

8. Unter besonderen Umständen kann der gute Glaube an das Eigentum oder an die Verfügungsbefugnis selbst dann ausgeschlossen sein, wenn der Erwerber den ihm vom Veräußerer vorgelegten Fahrzeugbrief geprüft hat (BGH DAR 1966, 299; BGH NJW 1975, 735; BGH NJW-RR 1987, 1456).

9. Der Fahrzeugbrief verbrieft nicht das Eigentum an dem Fahrzeug. Er gibt lediglich Auskunft über den Halter (BGH NJW 1978, 1854). Durch § 25 Abs. 4 S. 2 StVZO a. F. (jetzt § 12 Abs. 6 FZV) sollen der Eigentümer und der sonst dinglich Berechtigte geschützt werden (BGHZ 10, 122 = NJW 1953, 1347 re.Sp.; BGH NJW 2006, 3488). Dagegen dient der Brief nicht dem Schutz des Rechtsverkehrs in dem Sinn, dass aus seinem Besitz auf die Verfügungsberechtigung des Briefinhabers über den Wagen geschlossen werden könnte (BGHZ 10, 122 = NJW 1953, 1347 re.Sp.).

10. Der Fahrzeugbrief ist kein Traditionspapier, d. h. die Übergabe des Briefes ersetzt nicht die Übergabe des Fahrzeugs (BGH NJW 1978, 1854; NJW 2006, 3488).

11. Das Eigentum an dem Fahrzeugbrief steht in analoger Anwendung des § 952 BGB dem Eigentümer des Kraftfahrzeugs zu (BGH NJW 2007, 2844; NJW 1978, 1854).

3. Die Rechtsscheinbasis

a) Zur Legitimationswirkung des Fahrzeugbesitzes

Neben dem guten Glauben ist ein auf dem **Besitz** beruhender **Rechtsschein** Voraussetzung für den gutgläubigen Erwerb des Eigentums an einer beweglichen Sache.[4] Das Gesetz geht davon aus, dass Besitz und Eigentum typischerweise zusammenfallen. Nach § 1006

---
4 Ganz h. M., vgl. *Neuner*, JuS 2007, 401, 403.

BGB wird zugunsten des Besitzers einer beweglichen Sache vermutet, dass er Eigentümer ist.

Dass die Aussagekraft des (unmittelbaren) Besitzes im Laufe der Zeit – aufs Ganze gesehen – immer schwächer geworden ist, steht außer Frage. Fraglich kann nur sein, wie auf diese Entwicklung zu reagieren ist: durch eine generelle Neuorientierung oder durch eine punktuelle Anpassung, wobei der objektive Rechtsscheintatbestand und die subjektive Seite als Ansatzpunkte in Betracht kommen. Wer generell für die Abdankung des Besitzes als Rechtsscheinträger plädiert, darf sich nicht mit vagen Beschreibungen der sozialen Wirklichkeit begnügen. Eine umfassende Bestandsaufnahme und ökonomische Analyse wären erforderlich. Statt mit empirisch gesicherten Fakten zu argumentieren, beschränken sich die Gegner der h. M. häufig auf realitätsferne Mutmaßungen und fragwürdige Verallgemeinerungen.

Symptomatisch ist die **Fehleinschätzung** der heutigen Gegebenheiten beim Erwerb, Benutzen und Veräußern von Kraftfahrzeugen. Verkannt wird insbesondere die Bedeutung des Eigentumsvorbehalts beim Kauf neuer und gebrauchter Kraftfahrzeuge. Auch neue Formen der Kfz-Nutzung verlangen nach einer Revision tradierter Vorstellungen und darauf fußender Rechtspositionen. Im Vordergrund steht das Kfz-Leasing, von Bedeutung sind aber auch Sonderformen der Fahrzeugmiete und neuartige Konzeptionen wie das Car-Sharing.

aa) Daten und Fakten

2245 **Gesamtbestand an Kraftfahrzeugen:** Ende 2008 waren ca. 60 Mio. motorisierte Fahrzeuge und Kfz-Anhänger zum Straßenverkehr zugelassen. Die Zahl der Personenkraftwagen betrug etwa 44 Mio., die der Nutzfahrzeuge (Lkw, Omnibusse, Zugmaschinen) rund 8 Mio. Der Rest entfiel auf Zweiräder und Kfz-Anhänger, die in diesem Zusammenhang vernachlässigt werden können.

An- und Verkaufskanäle: Ankauf, Besitz und Verkauf von Kraftfahrzeugen vollziehen sich nach unterschiedlichen Regeln und Mechanismen, je nachdem, ob es sich um Pkw oder Lkw, um fabrikneue oder gebrauchte Fahrzeuge handelt. Zentraler Punkt auf sämtlichen Märkten ist die **Finanzierung** und die damit verbundene Absicherung des Geldgebers.

Handel mit fabrikneuen Personenkraftwagen: Der durchschnittliche Neuwagen (Pkw und Kombi) kostete 2007 rd. 26. 000 EUR. Grundsätzlich führen **drei Wege** zum neuen Auto: **Barkauf, Finanzierung** und **Leasing.** Der Anteil von Finanzierungen und von Leasinggeschäften ist in den letzten Jahren stetig gestiegen und wird aller Voraussicht nach weiter steigen. Gegenwärtig werden ca. 75 % aller Neufahrzeuge (Pkw/Kombi) über Leasing- und Finanzierungsangebote verkauft. Der Gesamtbestand an **geleasten Pkw und Kombis** betrug 2007 ca. 3 Mio., d. h., 3 Mio. von insgesamt 41 Mio. Fahrzeugen standen im Eigentum von Leasinggesellschaften, während gewerbliche oder private Leasingnehmer den unmittelbaren Besitz ausübten. Sie sind Fahrzeughalter. Der Fahrzeugbrief wird üblicherweise vom Leasinggeber verwahrt. Trotz seines Eigentums ist er im Brief nicht eingetragen. Dieser ist vielmehr auf den Leasingnehmer als Halter ausgestellt.[5]

Die Alternative zum Leasing ist die **Bankfinanzierung.** Sie erfolgt entweder über das Kreditinstitut des Autoherstellers, spezielle ‚Autobanken' oder über eine ‚normale' Bank/ Sparkasse. Der Neuwagenhändler selbst finanziert nicht mehr. Der einfache Abzahlungskauf gehört der Vergangenheit an.

Die Finanzierung durch Inanspruchnahme von Dispositions- und sonstigen Personalkrediten ist im Hinblick auf die Eigentumsfrage unproblematisch. Die Kreditinstitute verzich-

---

[5] Siehe auch Abschn. VIII der Leasing-AGB, Anlage dieses Buches.

ten in derartigen Fällen regelmäßig auf die Übertragung von Sicherungseigentum am Fahrzeug. Anders ist es bei Finanzierungen durch herstellergebundene Institute und herstellerunabhängige Spezialfinanzierer. Sie lassen sich das Auto zur Sicherung ihrer Darlehensforderung zu Eigentum übertragen (§ 930 BGB). Der Anteil der auf diese Weise finanzierten Käufe neuer Pkw/Kombis liegt weiterhin über dem Leasinganteil.

Handel mit gebrauchten Pkw und Kombis: Der Anschaffungspreis lag 2007 bei durchschnittlich 12.380 EUR (Kauf vom Vertragshändler).[6] Der vergleichsweise geringe Kapitalbedarf beim Kauf von Privat (2007 im Durchschnitt 5.740 EUR) macht eine Fremdfinanzierung auf diesem Sektor (Marktanteil 2007 nur noch 43 %) meist entbehrlich. Ein Privatverkäufer gibt sein Auto in der Regel nur Zug um Zug gegen Zahlung des vollen Kaufpreises aus der Hand. Bis zur vollständigen Bezahlung bleibt er Eigentümer.

Ersparnisse, Privatdarlehen und der Erlös aus dem Verkauf des Vorwagens reichen bei der Anschaffung eines gebrauchten Ersatzfahrzeugs häufig nicht mehr aus. Der Kreditanteil liegt bei rund 22 %.[7] Finanzierungen, die mit einer Sicherungsübereignung des Kaufobjekts verbunden sind, nehmen damit zu. Beim Kauf vom Händler werden vor allem teure Gebrauchtwagen (ab ca. 15.000 EUR) heute nicht mehr bar bezahlt, sondern – genau wie Neuwagen – über einen Kredit finanziert. Die Finanzierungsalternative ‚Leasing' gewinnt auch bei Gebrauchtfahrzeugen (Pkw/Kombis) ständig an Bedeutung.

Handel mit neuen und gebrauchten Nutzfahrzeugen: Auf diesem Sektor ist der Barkauf naturgemäß die Ausnahme. In welchem Umfang Nutzfahrzeuge geleast oder bankfinanziert werden, ist nicht bekannt.

bb) Schlussfolgerungen

Trotz veränderter Verhältnisse beim Erwerb und der Nutzung ist der unmittelbare Besitz an einem Kraftfahrzeug, gleich welcher Kategorie, nach wie vor geeignet, den Anschein des Eigentums bzw. der Verfügungsbefugnis zu erzeugen.[8] Träger des Rechtsscheins ist allerdings nicht der Besitz als solcher, sondern die **Besitzverschaffungsmacht**.[9] Der Besitz und seine Übertragung begründen für den Erwerber den Rechtsschein, dass der Veräußerer der wirkliche Eigentümer ist. Bei richtiger Einschätzung der tatsächlichen Gegebenheiten bedarf es keiner zusätzlichen Umstände, um den Rechtsschein von Eigentum/Verfügungsbefugnis zu begründen. Insbesondere kann darauf verzichtet werden, den Fahrzeugbrief mit einer Legitimationsfunktion auszustatten.

2246

b) Die Bedeutung des Fahrzeugbriefes für den Gutglaubenserwerb

Mehr als Sicherungseigentum, Eigentumsvorbehalt und die vielfältigen Erscheinungsformen der Gebrauchsüberlassung hat der Fahrzeugbrief die Legitimationskraft des Kfz-Besitzes reduziert. Ihm ist eine Bedeutung zugewachsen, die ursprünglich allenfalls als Nebeneffekt gewollt war. Die Aufgaben des 1934 eingeführten Fahrzeugbriefes sollten im Wesentlichen öffentlicher Natur sein.[10] In private Rechtsbeziehungen wollte der Gesetzgeber nicht eingreifen, jedenfalls nicht unmittelbar. Er hat die Übereignung eines Kraftfahrzeugs nicht von der Vorlage bzw. Übergabe des Briefes abhängig gemacht. Er hat diese Urkunde auch nicht als sog. Traditionspapier ausgestaltet. Auch in die Gruppe der gesetzlichen Rechtsscheinträger wurde der Fahrzeugbrief nicht aufgenommen. Von Anfang an

2247

---

6 DAT-Veedol-Report 2008, S. 56.
7 DAT-Veedol-Report 2008, S. 26.
8 Anders die Einschätzung von *Gerken*, DB 1999, 278; s. auch *Neuner*, JuS 2007, 401, 404.
9 LG München I 24.5.2005, ZfS 2006, 92; *Gernhuber*, BürgR, S. 72.
10 *Bormann*, RdK 1949/1950, 180; *Schlechtriem*, NJW 1970, 1993, 2088; *Fritsche/Würdinger*, DAR 2007, 501.

war jedoch klar, dass er auch in seiner Eigenschaft als bloße Beweisurkunde Dreh- und Angelpunkt des redlichen Erwerbs sein werde.[11] Heute ist der Fahrzeugbrief von ‚**grundlegender Bedeutung**' (BGH NJW 1993, 1649) für den Gutglaubensschutz.

2248 Ob das im Jahre 2005 an die Stelle des Fahrzeugbriefs getretene Dokument ‚**Zulassungsbescheinigung Teil II**' die gleiche Rolle spielen wird, bleibt abzuwarten. Wenn statt bisher sechs nur noch zwei Fahrzeughalter eingetragen werden können, muss das Dokument öfter erneuert werden. Das schwächt indirekt seine Funktion als Legitimationsurkunde. Denn mehr als bisher wird der Verkäufer nicht mit der Person identisch sein, die als letzter Halter eingetragen ist.

2249 Die Gerichte haben die **Schlüsselrolle** des bisherigen Fahrzeugbriefes gewissermaßen **negativ definiert,** indem sie ihm nur eine **Sperrfunktion,** keine Legitimationsfunktion, zuerkannt haben. Bis heute werden Rechtswirkungen nur an das Fehlen des Briefes, an dessen Nichtvorlage bzw. Nichtprüfung, geknüpft. Das Fehlen eines (ordnungsgemäßen) Briefes, so die **Kernaussage der Judikatur,** spreche für das Fehlen des Eigentums bzw. der Verfügungsberechtigung, weshalb es den guten Glauben des Erwerbers regelmäßig ausschließe.[12]

Die Rechtsprechung hat gut daran getan, die durch den Fahrzeugbrief aufgeworfenen Probleme im Rahmen des **subjektiven Tatbestandes** der §§ 932 BGB, 366 HGB zu lösen. In den ersten Jahren nach Einführung dieses Dokuments blieb gar keine andere Wahl, als sämtliche vier ‚Brief'-Sachverhalte, nämlich Besitz, Vorlage, Übergabe und Prüfung, unter dem Aspekt der Gutgläubigkeit zu sehen. Nachdem der Fahrzeugbrief allgemeine Anerkennung gefunden hatte und seine zentrale Rolle bei der Kfz-Veräußerung in der Verkehrsanschauung fest verankert war, hätte man daraus Konsequenzen schon für den (objektiven) Rechtsscheintatbestand ziehen können, vielleicht sogar ziehen müssen.

Eine solche **Verschiebung vom Subjektiven zum Objektiven** ist im Schrifttum wiederholt angeregt worden.[13] **Der BGH** hat diese Vorschläge nicht aufgegriffen. Dabei geht auch er von einem mindestens **zweigliedrigen Rechtsscheintatbestand** aus, wenn er konstatiert, „dass der Besitz des Kfz samt Kfz-Schein und Kfz-Brief den Rechtsschein der Verfügungsmacht über einen gebrauchten Kraftwagen" gebe,[14] der Besitz allein dafür nicht genüge.[15] In BGHZ 68, 323, 326 heißt es sogar, dass der Besitz des Briefes dafür spreche, dass der Briefinhaber Eigentümer des Kraftwagens sei. Demgegenüber hat der III. Zivilsenat des BGH in einer Amtshaftungssache die Ansicht vertreten, aus dem Besitz des Briefes könne nicht auf die Verfügungsberechtigung des Briefinhabers geschlossen werden.[16] Zur Legitimationswirkung des Briefbesitzes hat sich der BGH ferner in mehreren Entscheidungen zur Rechtsnatur des Briefes und zur analogen Anwendbarkeit des § 952 BGB geäußert.[17] Aber auch in diesem Zusammenhang hat er nicht gesagt, der Besitz des Briefes allein legitimiere den Inhaber als Eigentümer bzw. Verfügungsberechtigten. Dabei wird man das bei einem Finanzierungsinstitut durchaus so sehen können.

Solange für den Erwerb von Eigentum an einem Kfz dessen Übergabe bzw. ein Übergabesurrogat unverzichtbare Voraussetzung ist, erscheint es müßig, darüber zu streiten, ob der Besitz des Briefes allein zur Legitimation des Veräußerers genügt. Unerheblich ist letztlich

---

11 Vgl. OLG Hamburg 20. 7. 1938, RdK 1939, 23; OLG Dresden 30. 6. 1938, RdK 1939, 18.
12 BGH 5. 2. 1975, NJW 1975, 735 = JR 1975, 413 m. Anm. *Fischer;* ungenau BGH 30. 10. 1995, NJW 1996, 314 unter II, 1a.
13 So z. B. *Giehl,* AcP 161, 357, 374 ff.; *Rebe,* AcP 173, 186, 195; *Fischer,* JR 1975, 416; vgl. auch *Zweigert,* RabelsZ 23, 1, 8 mit Hinweisen auf das englische und amerikanische Recht.
14 Urt. v. 5. 2. 1975, NJW 1975, 735; 30. 10. 1995, NJW 1996, 314.
15 Urt. v. 13. 9. 2006, NJW 2006, 3488.
16 Urt. v. 25. 6. 1953, BGHZ 10, 122.
17 Urt. v. 21. 1. 1970, NJW 1970, 653; 8. 5. 1978, NJW 1978, 1854.

auch, ob seine Rechtsscheinwirkung stärker oder schwächer als die des Fahrzeugbesitzes ist. Praktische Bedeutung, wenn auch nur bescheidene, hat allein die Frage, ob man den Besitz des Fahrzeugbriefes als konstituierendes Element des Rechtsscheintatbestandes behandelt, ihm also eine ergänzende Legitimationsfunktion zuerkennen soll. Abgesehen von dem Unterschied in der Darlegungs- und Beweislast kommt es auf die Frage des guten Glaubens im Einzelfall gar nicht an, wenn schon der objektive Rechtsscheintatbestand nicht erfüllt ist. Im Ergebnis dürfte die Auffassung vom Briefbesitz als integralem Bestandteil des Rechtsscheintatbestandes den Eigentümer besser stellen, als es nach der h. M. der Fall ist. Der Erwerber müsste nämlich diejenigen Tatsachen beweisen, die die Basis der neu definierten ‚Vertrauenslage' bilden. Dazu gehörte dann auch die Vorlage des Fahrzeugbriefes oder eines vergleichbaren Dokumentes (Ersatzbrief, Auslandsdokument), womöglich mit einer den Veräußerer legitimierenden Eintragung als (letzten) Halter.

Die **besseren Gründe** sprechen für die **traditionelle Sicht der Rechtsprechung**. Die Legitimationswirkung des Fahrzeugbesitzes ist – generell betrachtet – nicht so schwach, dass zur Schaffung des erforderlichen Rechtsscheintatbestandes der Besitz bzw. die Vorlage des Briefes hinzutreten müsste. Auf Rechtsscheindefizite kann im Einzelfall mit dem Erfordernis des guten Glaubens sachgerecht reagiert werden. Ein Vorzug der h. M. ist es auch, sämtliche Fälle der Veräußerung von Kraftfahrzeugen, von Neu- und Altwagen, von Fahrzeugen mit Inlands- und Auslandszulassung, nach dem gleichen Grundmuster lösen zu können. Dass sie den Erwerber, dem Bösgläubigkeit nachgewiesen werden muss, tendenziell begünstigt, steht mit der Grundentscheidung des Gesetzes durchaus im Einklang.

4. Die subjektiven Voraussetzungen (guter Glaube)

a) Der Regelfall grober Fahrlässigkeit: Nichtvorlage des Original-Fahrzeugbriefes

Bei der Frage, ob dem Erwerber grobe Fahrlässigkeit entgegengehalten werden kann, spielen theoretische, prozessuale und pragmatische Erwägungen eine Rolle.[18] Angesichts dieser Verflechtung ist Rechtsunsicherheit programmiert.

Anhaltspunkte für eine Konkretisierung des Maßstabs der groben Fahrlässigkeit lassen sich aus dem Sinn und Zweck der §§ 932 Abs. 2 BGB, 366 HGB gewinnen. Wer den Mangel des Eigentums bzw. der Verfügungsberechtigung kennt oder infolge grober Fahrlässigkeit nicht kennt, verdient **keinen Vertrauensschutz**. Die Sorgfaltspflicht, die der Begriff der groben Fahrlässigkeit impliziert, bezieht sich auf das Interesse des wahren Eigentümers, sein Eigentum zu behalten, nicht, jedenfalls nicht in erster Linie, auf das Interesse des Erwerbers, seinerseits Eigentümer zu werden. Nur bei Erfüllung dieser Sorgfaltspflicht mutet das Gesetz dem Eigentümer zu, zugunsten der Zirkulationsfähigkeit von Gütern den Verlust seines Eigentums hinzunehmen. Es ist also nicht der Gedanke des Selbstschutzes, sondern des Fremdschutzes, der bei der Bestimmung ‚grober Fahrlässigkeit' im Vordergrund steht.

Zur Vermeidung des Vorwurfs grober Fahrlässigkeit hat der Erwerber einen bestimmten Informationsaufwand zu erbringen. Beim Erwerb eines **zulassungspflichtigen Kfz**[19] besteht der **Mindestinformationsaufwand** darin, sich den **Originalfahrzeugbrief** vorlegen zu lassen und ihn einzusehen. Wer diese jedermann bekannte und leicht nutzbare Informa-

---

18 *Staudinger/Wiegand*, § 932 BGB Rn 42.
19 Für zulassungsfreie Fahrzeuge i. S. v. § 18 Abs. 2 StVZO a. F. wurde eine Betriebserlaubnis erteilt. Zu deren Bedeutung für den Gutglaubenserwerb s. BGH 1. 2. 1993, NJW 1993, 1649; s. auch OLG Koblenz 19. 12. 1996, VRS 94, 15 – Traktorkauf; KG 2. 2. 1996, MDR 1996, 795 – Schaufelbagger.

tionsquelle ungenutzt lässt, muss dafür überzeugende Gründe nennen können, andernfalls ist er nicht schutzwürdig. Das steht heute **grundsätzlich** außer Streit.

Seit BGH NJW 1975, 735 ist auch geklärt, dass es nicht genügt, wenn der Veräußerer den Fahrzeugbrief im (unmittelbaren) Besitz hat und ihn vorlegen könnte. Er muss **tatsächlich vorgelegt** werden, damit der Erwerber die Berechtigung des Veräußerers prüfen kann.

Kann der Veräußerer den Brief nicht vorlegen, so muss dies **grundsätzlich Argwohn** erwecken und zu Nachfragen bzw. Nachforschungen Anlass geben. Dies gilt sicherlich für den Kauf von einer dem Erwerber bislang **unbekannten Privatperson.** Doch auch beim Kauf eins gebrauchten Kraftfahrzeugs vom „seriösen" **Fachhändler** (Vertragshändler) ist die Nichtvorlage des Fahrzeugbriefes ein Umstand, der **in der Regel** Zweifel an der Verfügungsberechtigung des Händlers aufkommen lassen muss.[20] Gerade diese Gruppe von Kfz-Händlern nimmt für sich in Anspruch, Gebrauchtwagengeschäfte korrekt abzuwickeln. Dazu gehört auch die Vorlage und Überlassung (Aushändigung bzw. Zusendung) des Fahrzeugbriefes. Unter Kfz-Händlern gelten in dieser Hinsicht keine geringeren Anforderungen.[21]

Mit der Zunahme bargeldloser Zahlungen und Finanzierungen haben sich die **Gepflogenheiten** im Gebrauchtwagenhandel gewandelt. Immer öfter erhalten Käufer den Fahrzeugbrief, wenn überhaupt (Bank), erst längere Zeit nach Übernahme des Fahrzeugs, z. B. nach Eingang des Geldes beim Händler. Dem muss bei der Gutglaubensprüfung Rechnung getragen werden.[22] Nicht entlastet wird der Käufer dadurch, dass er das Fahrzeug ohne vorherige Besichtigung und Einsichtnahme in den Brief **online gekauft** hat. Dann muss die erforderliche Prüfung vor der Übernahme des Fahrzeugs stattfinden.

2251 Es ist **Sache des Erwerbers,** Umstände dafür vorzutragen und **zu beweisen,** dass er den Veräußerer trotz Nichtvorlage des Fahrzeugbriefes für den Eigentümer bzw. Verfügungsberechtigten halten durfte. Es findet zwar keine Umkehr der Beweislast statt (Näheres zur Beweislastverteilung Rn 2279). Der Erwerber hat jedoch die gegen seinen guten Glauben sprechende Vermutung zu entkräften. Er muss sein dem äußeren Anschein nach ungewöhnlich sorgloses Verhalten plausibel erklären können, so wie beispielsweise der Erwerber im Fall OLG Schleswig NJW 1966, 1970 (Inzahlungnahme eines unfallbeschädigten Firmenfahrzeugs). Auch aus einer **ständigen Geschäftsbeziehung** zwischen Autohäusern kann sich ein **Vertrauensverhältnis** entwickelt haben, das bestimmten Abwicklungspraktiken den Anschein des Verdächtigen nimmt. Ein Beispiel dafür ist der Verkauf von Leasingrückläufern in größeren Stückzahlen, wobei die Fahrzeugbriefe mitunter nachgereicht werden.[23]

2252 Folgende Umstände hat die Rechtsprechung für ungeeignet gehalten, den Erwerber zu entlasten:

– ausdrückliche mündliche oder schriftliche Erklärung des Veräußerers, Eigentümer oder Verfügungsberechtigter zu sein (OLG Kiel HRR 1938 Nr. 588; OLG Nürnberg BB 1958, 1221; OLG Hamburg BB 1962, 658; OLG Oldenburg DAR 2005, 90 – Schenkung unter Verwandten),

– Hinweis des Händlers, der Brief befinde sich noch bei der Bank, der Erwerber möge ihn in den nächsten Tagen dort abholen oder der Brief werde in Kürze zugeschickt (BGH

---

20 BGH 13. 9. 2006, NJW 2006, 3488; BGH 13. 5. 1996, NJW 1996, 226; großzügiger OLG Hamburg EWiR § 366 HGB 1/95, 1105 *(Eggert)*; s. auch LG Darmstadt 30. 8. 2001, NJW-RR 2002, 417 – Leasingwagen vom Autohaus.
21 BGH 13. 5. 1996, NJW 1996, 2226.
22 Vgl. LG Darmstadt 30. 8. 2001, NJW-RR 2002, 417.
23 Vgl. BGH 13. 5. 1996, NJW 1996, 2226.

NJW 2006, 3488; BGH NJW 1965, 687; OLG Karlsruhe NZV 1989, 434 – Vorführwagen),
– Annahme des Erwerbers, der Fahrzeugbrief befinde sich noch bei der Leasinggesellschaft (BGH NJW 1996, 2226),
– Besitz des Kfz-Scheins, der auf den Namen des Veräußerers lautet (LG München II NJW 1957, 1237),
– angebliche Übung bei einem Geschäft zwischen Händlern, von der Vorlage des Fahrzeugbriefes abzusehen (BGH LM Nr. 12 § 932 = VRS 16, 93; BGH NJW 1996, 2226 – Leasingrückläufer),
– Verkauf des Fahrzeugs zum Ausschlachten (LG Dortmund JW 1937, 57),
– Verkauf als Schrott (OLG München DAR 1965, 99),
– Erklärung des Händlers, er könne den Brief nicht vorlegen, weil der Eigentümer ‚ein Säufer sei, der seine Angelegenheiten nicht geregelt bekomme' (OLG Hamm OLGR 1993, 237),
– Vorlage eines Blanko-Fahrzeugbriefs (OLG Nürnberg OLGR 2001, 131).

b) Bösgläubigkeit trotz Vorlage und Prüfung des Fahrzeugbriefes

Umstritten sind vor allem die Sachverhalte, bei denen der Käufer es mit einem Nichtberechtigten zu tun hatte, der ihm das Fahrzeug mit passendem Originalbrief oder mit einem gefälschten Brief übergeben hat. Briefvorlage und Einsichtnahme sind, so **der BGH**, nur die **Mindestanforderungen** an den Gutglaubenserwerb.[24] Auch wer sie erfüllt, kann gleichwohl bösgläubig sein. Das ist der Fall, wenn nach den gesamten Umständen **erhebliche Zweifel** daran bestehen, dass der Veräußerer auch wirklich Eigentümer bzw. – beim Kauf vom Kfz-Händler – Verfügungsberechtigter ist. Über ihm bekannte und offenliegende (‚mühelos erkennbare') Verdachtsgründe darf sich der Erwerber nicht hinwegsetzen.[25]

Bei der Bewertung der Umstände, die eine **Erkundigungsobliegenheit** (‚Nachforschungspflicht') begründen, legt **der BGH** einen betont **strengen Maßstab** an.[26] Zur Begründung verweist er auf die ‚häufigen Unregelmäßigkeiten' im Handel mit gebrauchten Kraftfahrzeugen.[27] Hier handelt es sich um **ein Klischee,** das sich allen Veränderungen zum Trotz in der Rechtsprechung für immer festgesetzt zu haben scheint, wie das Urteil des OLG München vom 23. 7. 1993[28] beispielhaft zeigt.

Was beim Verkauf gebrauchter Kraftfahrzeuge mit Blick auf das Eigentum und/oder die Verfügungsbefugnis des Veräußerers verdächtig ist, hängt maßgeblich vom Inhalt der vorgelegten Fahrzeugpapiere, insbesondere des Briefes (ZB II), der konkreten Veräußerungssituation und ihren Begleitumständen ab. Eine Rolle spielen auch Marktgepflogenheiten und –usancen. Angesichts der unterschiedlichen Gegebenheiten auf dem modernen Gebrauchtfahrzeugmarkt mit seinen zahlreichen Teilmärkten ist eine **differenzierte Betrachtungsweise nach Fallgruppen** unerlässlich. Es macht einen Unterschied, ob es um ein Direktgeschäft zwischen Privatpersonen, um einen Kauf vom Kfz-Händler oder um ein Geschäft zwischen Kfz-Händlern geht. Eine besondere Situation besteht in Fällen mit Auslandsberührung. Auch **Sicherungsgeschäfte**, vor allem **Sicherungsübereignungen**, verlangen eine spezielle Bewertung.[29] Welchen Einfluss der **Internetvertrieb** hat, ist

---

24 Urt. v. 5. 2. 1975, NJW 1975, 735; 13. 5. 1996, NJW 1996, 2226.
25 OLG Schleswig 1. 9. 2006, NJW 2007, 3007 m. w. N.
26 Urt. v. 5. 2. 1975, NJW 1975, 735; 1. 7. 1987, NJW-RR 1987, 1456.
27 Urt. v. 23. 11. 1966, VRS 32, 96 = WM 1966, 1325; v. 1. 7. 1987, NJW-RR 1987, 1456.
28 OLGR 1994, 9 = ZfS 1994, 90.
29 Vgl. SchlHOLG 28. 2. 1997, OLGR 1997, 153; OLG Nürnberg 6. 12. 2000, OLGR 2001, 131; OLG Köln 23. 12. 2003, DAR 2004, 353.

noch nicht abschließend geklärt. Bei Geschäften, die über das Internet nur angebahnt wurden,[30] vor Ort aber erst zustande gekommen und abgewickelt worden sind, besteht kein Anlass, von den traditionellen Gutglaubensregeln zugunsten der Erwerber abzuweichen.

aa) Privatmann kauft vom Kfz-Händler

2254 Diese Fallgestaltung ist in der Kasuistik zu §§ 932 BGB, 366 HGB nur spärlich vertreten. Der BGH hat sich, soweit ersichtlich, nur im Urteil vom 5. 2. 1975[31] mit der Frage der Gutgläubigkeit eines nichtgewerblichen Käufers eines im Inland zugelassenen Pkw befasst. Der Verkäufer, nach eigener Einlassung ein Kfz-Händler, hatte das Fahrzeug zusammen mit anderen Kraftwagen auf der Straße vor seiner Wohnung zum Verkauf angeboten. Im Fahrzeugbrief war ein Dritter, der Kläger, eingetragen. Das Fahrzeug war innerhalb von nur sechs Tagen dreimal (!) verkauft worden, an den letztverkaufenden Händler deutlich (ca. 30 %) unter Preis. Deshalb war ein Gutglaubenserwerb seinerseits ausgeschlossen (zur Preisgestaltung als Verdachtsmoment vgl. Rn 2260). Auch seinem privaten Abnehmer wurde in allen Instanzen Bösgläubigkeit bescheinigt, wenn auch mit unterschiedlicher Begründung. Das KG als Berufungsinstanz hat angenommen, es bestehe unter allen Umständen eine Erkundigungspflicht, wenn der Veräußerer mit dem letzten im Fahrzeugbrief eingetragenen Halter nicht identisch sei. **Der BGH** hat diese Pauschalaussage mit Recht in Zweifel gezogen. Auf eine eigene Stellungnahme konnte er verzichten, weil es mit dem **Verkauf auf offener Straße** einen wahren Verdachtsgrund gab. Dieser Umstand, so der BGH, musste in Verbindung mit der Tatsache, dass in dem Fahrzeugbrief nicht der Verkäufer, sondern ein Dritter als Halter des Fahrzeugs eingetragen war, dem Beklagten Anlass zu einer Nachforschung nach der Verfügungsbefugnis des Verkäufers geben.[32]

2255 Dass ein Kraftfahrzeughändler **nicht als Halter im Fahrzeugbrief eingetragen** ist, ist sowohl für sich allein genommen als auch in Verbindung mit anderen Umständen **kein Grund für Misstrauen**.[33] Nur in seltenen Fällen, etwa beim Verkauf von Vorführwagen oder sonstigen Geschäftswagen aus seinem Betrieb, ist der Händler im Brief eingetragen. In aller Regel steht dort **ein Dritter als letzter Halter.** Bei Agentur- und Kommissionsgeschäften ist das selbstverständlich. Bis Mitte 1990 wurden etwa 65 % aller Händlergeschäfte mit Privatpersonen auf Agenturbasis abgewickelt. Inzwischen herrscht wieder das Eigengeschäft vor. Die Schuldrechtsreform hat an dieser Dominanz nichts geändert. Doch auch beim Eigengeschäft verzichtet der Handel im Allgemeinen auf eine **wertmindernde Zwischeneintragung** im Fahrzeugbrief. Da es seit langem auch keinen ‚Händlervermerk' mehr gibt, braucht der Käufer beim Verkauf eines ‚normalen' Gebrauchtfahrzeugs keinen Verdacht zu schöpfen, wenn der Händler weder als Halter noch anderweitig im Fahrzeugbrief eingetragen ist. Infolgedessen ist er nicht verpflichtet, sich vom Händler Urkunden über die Hereinnahme des Fahrzeugs oder andere Herkunftsbelege vorlegen zu lassen. Erst recht kann und darf er in einer solchen Normalsituation darauf verzichten, sich bei dem im Brief eingetragenen Dritten, dem letzten Halter, nach der Verfügungsbefugnis des Händlers zu erkundigen.

---

30 So im Fall OLG Karlsruhe 14. 9. 2004, NJW 2005, 989 (keine Gutglaubenssache, da gestohlener Pkw).
31 NJW 1975, 735.
32 Vgl. auch BGH 9. 10. 1991, NJW 1992, 310 (Erwerb eines gestohlenen Pkw).
33 OLG Hamburg 20. 2. 1986, NJW-RR 1987, 1266, 1267 (‚völlig unbeachtlich'); OLG Köln 21. 2. 1996, VersR 1996, 1246 = OLGR 1996, 102 = VRS 92, 176; anders OLG Hamm 6. 6. 1974, NJW 1975, 171 und KG 21. 6. 1960, NJW 1960, 2243 und als Vorinstanz von BGH NJW 1975, 735; differenzierend BGH 5. 2. 1975, NJW 1975, 735 und BGH 1. 7. 1987, NJW-RR 1987, 1456; vgl. auch BGH 9. 10. 1991, NJW 1992, 310.

Voraussetzungen für den Erwerb kraft guten Glaubens

Die Tatsache, dass der verkaufende Kfz-Händler nicht der letzte im Fahrzeugbrief eingetragene Halter ist, kann i. d. R. auch nicht in Verbindung mit anderen Umständen, etwa der Preisgestaltung oder dem Verkaufsort, indizielle Bedeutung gewinnen. Die gegenteilige Auffassung des BGH[34] beruht auf der falschen Vorstellung, dass das Fehlen der Händlereintragung doch irgendwie verdächtig ist.[35] Dem BGH kann auch nicht gefolgt werden, wenn er im Fall der Eintragung eines Dritten bei der Bewertung derjenigen Umstände, die eine Nachforschungspflicht begründen könnten, einen ‚strengen Maßstab' glaubt anlegen zu müssen. Eine schärfere Bewertung ist weder mit der unverdächtigen Tatsache der fehlenden Voreintragung noch mit den im Gebrauchtwagenhandel angeblich ‚nicht selten vorkommenden Unregelmäßigkeiten'[36] zu rechtfertigen.

Richtig ist auf der anderen Seite, dass der im Fahrzeugbrief als letzter Halter eingetragene Dritte als Bezugsperson für eine Vertrauensbildung regelmäßig ausscheidet.[37] Er ist dem Erwerber im Allgemeinen unbekannt. Bei Firmeneintragungen kann das anders sein. Ob der Erwerber mit dem Namen des zuletzt eingetragenen Halters etwas „anfangen" kann oder nicht, ist indes unter dem Blickwinkel der §§ 932 BGB, 366 HGB bedeutungslos.[38]

Von der Rechtsprechung noch nicht geklärt ist die Frage, welche Anforderungen an die Pflicht eines **privaten Erwerbers** zur **Einsichtnahme** zu stellen sind. Die Pflicht, sich die Originalurkunde vorlegen zu lassen, mit der weiteren Pflicht zu verknüpfen, den Fahrzeugbrief auch einzusehen und zumindest die wesentlichen Eintragungen zu überprüfen, ist grundsätzlich sachgerecht; auch beim Kauf eines gebrauchten Kfz durch eine Privatperson von einem Kfz-Händler. Ein **Ausländer** ohne ausreichende Deutschkenntnisse muss notfalls einen Übersetzer hinzuziehen.[39]

2256

Art und Intensität der ‚Briefkontrolle' hängen entscheidend davon ab, auf welchem der verschiedenen Teilmärkte das Gebrauchtfahrzeug gekauft wird. Beim Pkw-Kauf von einem Neuwagenhändler mit Gebrauchtwagenabteilung (‚Vertragshändler') sind geringere Anforderungen zu stellen als beim Erwerb von einem reinen Gebrauchtwagenhändler, der sein Geschäft auf einem Hinterhof oder – wie im Fall BGH NJW 1975, 735 – auf offener Straße betreibt.

2257

In welchem Stadium des Geschäfts **private Käufer** sich den Fahrzeugbrief beim Kauf vom Händler üblicherweise ansehen, ist empirisch nicht erforscht. Erst recht fehlt es an tatsächlichen Erkenntnissen darüber, mit welcher Intensität vorgelegte Fahrzeugbriefe einer ‚Prüfung' unterzogen werden. Wenn nicht alles täuscht, wird in zunehmendem Maße darauf verzichtet, den Brief überhaupt einzusehen. Wer als Privatperson im **seriösen Fachhandel** kauft (Markenbetriebe, Freie Händler mit festem Firmensitz, größerem Verkaufsraum und Werkstatt), darf im Allgemeinen darauf vertrauen, dass der bei den Vertragsverhandlungen vorgelegte oder auch nur sichtbar (z. B. auf dem Schreibtisch des Verkaufsangestellten) vorliegende Brief a) zum Fahrzeug gehört und b) keine Fälschung ist.

---

34 Urt. v. 5. 2. 1975, NJW 1975, 735; 1. 7. 1987, NJW-RR 1987, 1456; vgl. auch OLG Stuttgart 21. 11. 1989, NJW-RR 1990, 635 mit von der Redaktion unrichtig formuliertem Leitsatz (verdächtig war nicht die fehlende Voreintragung, sondern die Tatsache des Tausches anstelle eines Verkaufs).

35 Vgl. auch BGH 11. 3. 1991, NJW 1991, 1415 = WM 1991, 811 unter 2b, bb, wo pauschal von einer ‚Verdachtssituation' die Rede ist, wenn der Veräußerer nicht identisch ist mit dem in den Papieren verzeichneten Halter/Eigentümer, ähnlich BGH 9. 10. 1991, NJW 1992, 310.

36 BGH 1. 7. 1987, NJW-RR 1987, 1456, 1457; BGH 9. 10. 1991, NJW 1992, 310.

37 OLG Karlsruhe 14. 9. 2004, NJW 2005, 989.

38 Anders ist es bei der Entlastung des Verkäufers im Rahmen des § 311 a Abs. 2 BGB; dazu OLG Karlsruhe 14. 9. 2004, NJW 2005, 989.

39 Vgl. OLG Karlsruhe 6. 7. 2000, OLGR 2000, 434.

Ohne konkrete Verdachtsmomente wie etwa ein auffallend niedriger Preis oder eine erkennbar schlechte Vermögenslage ist der Käufer zur Vermeidung des Vorwurfs grober Fahrlässigkeit nicht verpflichtet, die Zugehörigkeit des vorgelegten Briefes zum angebotenen bzw. bereits verkauften Fahrzeug zu überprüfen, etwa durch einen Vergleich der Fahrzeugidentifizierungsnummern im Brief und im Auto.[40] Ein Vergleich der amtlichen Kennzeichen ist beim Kauf vom Kfz-Händler meist gar nicht möglich. Gebrauchtwagen werden überwiegend ohne amtliches Kennzeichen angeboten. In diesem Zustand befinden sie sich auch noch im Zeitpunkt der Auslieferung, sofern der Händler das Fahrzeug nicht im Auftrag des Käufers umgemeldet hat.

Indizien für eine Fälschung des Fahrzeugbriefes oder eines sonstigen zur Legitimation vorgelegten Dokuments müssen ‚ohne weiteres und ex ante' erkennbar sein.[41] Wer ohne grob fahrlässig zu handeln von einer Einsichtnahme in den Brief absieht, für den sind etwaige Fälschungshinweise nicht in diesem Sinn erkennbar.

Wer nach **Ablauf des Leasingvertrages** ‚sein' Fahrzeug von demjenigen Autohaus kauft, das mit der Leasinggesellschaft kooperiert hat, kann selbst bei Nichtvorlage des Fahrzeugbriefs (zu dieser Fallgruppe Rn 2265) guten Glaubens gewesen sein.[42]

bb) Geschäft zwischen Kfz-Händlern

2258 Zu dieser Fallgruppe liegen mehrere **BGH-Entscheidungen** vor, wobei das Händler-Händler-Geschäft in einigen Fällen nur ein Glied einer Verkaufskette war. Dass auch unter Kfz-Händlern die **Vorlage des Fahrzeugbriefes** unverzichtbar ist, hat der BGH bereits im Urteil vom 2. 12. 1958[43] festgestellt und in der Entscheidung vom 13. 5. 1996[44] bekräftigt. Zugleich hat er betont, dass die Briefvorlage nur eine Mindestanforderung für den Gutglaubenserwerb darstellt. Ein besonderer Umstand, der den Verdacht des Erwerbers erregen muss und ihn trotz Briefvorlage zu weiteren Nachforschungen verpflichtet, kann eine **erkennbare Fälschung des Briefes** sein, wie z. B. in BGH LM Nr. 21 zu § 932 = MDR 1966, 754. Dem Leiter der Einkaufsabteilung eines großen Gebrauchtwagenhändlers war ein Brief vorgelegt worden, der ursprünglich zu einem anderen Fahrzeug derselben Marke gehört hatte. Fahrgestellnummer und andere Fahrzeugdaten waren – für einen Fachmann zum Teil auffällig – gefälscht worden. Dass auch das Straßenverkehrsamt die Fälschung nicht bemerkt hatte, konnte den Händler nicht entlasten, zumal zumindest *ein* anderer Händler Verdacht geschöpft und deshalb vom Kauf abgesehen hatte.

2259 Nach Ansicht des OLG Karlsruhe ist es im kommerziellen Handel zumutbar, die im Fahrzeugbrief eingetragene Fahrzeug-Identifizierungsnummer (FIN) mit der im Fahrzeug eingeschlagenen Nummer zu vergleichen.[45] Im Rahmen der §§ 932 BGB, 366 BGB geht es nicht um Zumutbarkeit, sondern um die Bewertung von Unterlassungen bei vorhandenen Verdachtmomenten.

2260 Als verdächtiger, eine Nachforschungspflicht auslösender Umstand kommt ein **niedriger Kaufpreis** in Betracht.[46] Ein besonders niedriger Angebotspreis oder ein ungewöhnlich

---

40 Zustimmend OLG Naumburg 21. 4. 1998, MDR 1998, 1347 = OLGR 1998, 336.
41 KG 24. 5. 2002, MDR 2003, 1350 = KGR 2003, 302; s. auch KG 22. 3. 2007 – 20 U 169/05 – n. v. (Ex-Mietwagen); LG Mönchengladbach 29. 8. 2005, NJW 2005, 3578; LG München I 24. 5. 2005, ZfS 2006, 92; OLG Schleswig 1. 9. 2006, NJW 2007, 3007.
42 LG Darmstadt 30. 8. 2001, NJW-RR 2002, 417.
43 VRS 16, 93 = MDR 1959, 207 = WM 1959, 138 = DAR 1959, 73.
44 NJW 1996, 2226.
45 Urt. v. 14. 9. 2004, NJW 2005, 989.
46 BGH 30. 10. 1995, NJW 1996, 314; BGH 5. 2. 1975, NJW 1975, 735; BGH 1. 7. 1987, NJW-RR 1987, 1456; BGH 13. 4. 1994, NJW 1994, 2022; KG 22. 3. 2007 – 20 U 169/05 – n.v; OLG Hamburg 20. 2. 1986, NJW-RR 1987, 1266; OLG München 23. 7. 1993, OLGR 1994, 9 = ZfS 1994, 90;

hoher Preisnachlass kann in der Tat Zweifel an der Ordnungsmäßigkeit des Geschäfts und früherer Erwerbsvorgänge aufkommen lassen. Das Problem besteht zunächst darin, nachträglich, also im Prozess, ein Missverhältnis zwischen dem tatsächlichen und dem gewöhnlichen (durchschnittlichen) Verkaufspreis festzustellen. Das Missverhältnis muss zudem für den Erwerber **auffällig** gewesen sein. Dabei macht es einen Unterschied, ob es sich um einen Kfz-Händler (so im Fall BGH NJW 1996, 314 – Neuwagen) oder um einen unerfahrenen Privatkäufer handelt.

Der durchschnittliche Verkaufspreis (besser: Verkaufswert) eines gebrauchten Pkw/Kombis kann anhand des DAT-Marktspiegels oder der Schwacke-Liste ermittelt werden. Die im DAT-Marktspiegel angegebenen Werte – Händlerverkaufswert und Händlereinkaufswert – beziehen sich allerdings auf Geschäfte mit Verbraucherbeteiligung, nicht auf Geschäfte zwischen Kfz-Händlern. Zum anderen gelten sie nur für unfallfreie Fahrzeuge mit durchschnittlicher Gesamtfahrleistung, einem durchschnittlichen Erhaltungszustand, mindestens zwölf Monate nach § 29 StVZO abgenommen und mindestens 50 % iger Bereifung. Sonderausstattungen bleiben bei den Listenpreisen ebenso unberücksichtigt wie Mehr- oder Minderkilometer. Wegen dieser **Unsicherheitsfaktoren** empfiehlt es sich, ein **Schätzgutachten** eines vereidigten und öffentlich bestellten Sachverständigen einzuholen.

Bei einem Geschäft zwischen Kfz-Händlern ist nicht nur nach dem ‚marktgerechten' Verkaufspreis, sondern auch nach dem Einkaufspreis zu fragen, jeweils bezogen auf den Zeitpunkt des Kaufs, nicht der Schätzung. Der angeblich verdächtig niedrige Verkaufspreis stellt sich aus der Sicht des Erwerbers als eigener Einkaufspreis dar. Bei dem Vergleich der vom Sachverständigen mitgeteilten Werte mit dem tatsächlichen Kaufpreis (bereinigt um Zahlungen für Sonderleistungen wie Garantie, Abnahme nach § 29 StVZO etc.) ist auch Folgendes zu berücksichtigen: Die Werte sind **Schätzwerte,** aufbauend auf Durchschnittswerten der branchenüblichen Listen mit Zu- bzw. Abschlägen je nach Zustand des Fahrzeugs und regionalen und saisonalen Besonderheiten. Der in der Natur der Sache liegende **Spielraum** (Streubereich) zwingt dazu, den Schätzwert zugunsten des Erwerbers herabzusetzen. Die übliche Bandbreite geht bis 20 %. Weitere Abschläge können sich aus Besonderheiten ergeben, die mit dem Zustand des Fahrzeugs, seiner Marktgängigkeit und der allgemeinen Marktlage nichts zu tun haben, gleichwohl auch aus Sicht des Erwerbers keinen Anlass zu Nachfragen bieten, z. B. Sonderaktionen (sog. Lockvogel-Angebote), Geschäftsauflösung, Lagerräumung, Sortimentsbereinigung etc.

Die in der einschlägigen Rechtsprechung angestellten Preis- und Wertermittlungen sind nicht selten unzulänglich, die aus angeblichen Niedrigpreisen gezogenen Vergleiche und Schlussfolgerungen fehlerhaft. Schon die Grundannahme, dass es nur einen bestimmten Preis gebe, der ‚marktgerecht' sei, erscheint äußerst problematisch. Jedenfalls muss die Grenze, eine feste gibt es ohnehin nicht, weiter und damit erwerberfreundlicher gezogen werden, als es in der Rechtsprechung mitunter der Fall ist. Ein Preis, der nur 15 % unter dem als marktgerecht angenommenen liegt, ist für einen Kfz-Händler noch kein hinreichender Grund, die Verfügungsbefugnis eines gewerblichen Anbieters anzuzweifeln.[47]

Zur Bedeutung des **Fehlens einer Voreintragung im Fahrzeugbrief** s. Rn 2255. Im **2261** Fall OLG Stuttgart NJW-RR 1990, 635 war es – entgegen dem irreführenden Leitsatz – nicht dieser Umstand, der eine Nachforschungspflicht begründete. Verdacht musste der Erwerber, ein Gebrauchtwagenhändler, vielmehr deshalb schöpfen, weil ihm das Fahrzeug zum Tausch angeboten worden war. Seinerzeit dominierte noch das Agenturgeschäft, bei

---

s. auch OLG Düsseldorf 18. 11. 1998, NJW-RR 1999, 615 – Gabelstapler; LG München I 24. 5. 2005, ZfS 2006, 92 (Preisnachlass 42 %).
47 Anders BGH 1. 7. 1987, NJW-RR 1987, 1456; s. auch BGH 30. 10. 1995, NJW 1996, 314.

dem der Händler üblicherweise mit der Vermittlung eines Verkaufs, nicht eines Tausches, beauftragt war. Ein Selbsteintritt war freilich möglich. Aus heutiger Sicht ist ein Tausch ein unverdächtiger Umstand. Überholt ist auch die Entscheidung OLG Hamm NJW 1975, 171, weil sie daraus, dass der mit der Vermittlung beauftragte Händler im Brief nicht eingetragen war, unrichtige Schlüsse gezogen hat.

Zu den Sorgfaltsanforderungen beim Kauf eines **Fahrzeugs mit Kurzzulassung** (,Tageszulassung') s. OLG Düsseldorf NJW-RR 1997, 246.

Nicht um grobe Fahrlässigkeit i. S. d. § 932 Abs. 2 BGB, sondern um ,einfache' Fahrlässigkeit im Zusammenhang mit dem Entlastungsbeweis des Verkäufers nach § 311 a Abs. 2 S. 2 BGB i. V. m. § 276 Abs. 1 BGB geht es in der Entscheidung des OLG Karlsruhe vom 14. 9. 2004.[48] Sie betrifft das Einkaufsverhalten eines Händlers, dem ein gestohlener Gebrauchtwagen von einem anderen Händler **per Internet** angeboten worden war.

Zur Bedeutung eines Handelsbrauchs (z. B. verlängerter Eigentumsvorbehalt) für die Frage der Gutgläubigkeit s. BGH WM 2003, 2420 (kein Kfz-Fall).

cc) Kfz-Händler erwirbt von Privatperson

2262 Diese Konstellation ist Gegenstand zahlreicher **höchstrichterlicher und obergerichtlicher Urteile:** BGH NJW-RR 1987, 1456 (Kfz-Händler kauft von privatem Betrüger, der im Fahrzeugbrief nicht eingetragen war); BGH NJW 1996, 314 (Werksniederlassung erwirbt gebr. Pkw zusammen mit 2 Neufahrzeugen); OLG München DAR 1975, 71 (Ankauf eines unterschlagenen Kfz); OLG Schleswig DAR 1985, 26 (Kauf eines unter Eigentumsvorbehalt stehenden Sportwagens von einer Privatperson unter Vorlage eines Briefes, in dem eine juristische Person als Halterin eingetragen war); OLG Frankfurt NJW-RR 1986, 1380 (fehlende Voreintragung des Privatverkäufers, der seinerseits unter Eigentumsvorbehalt gekauft hatte); OLG Hamm NJW-RR 1989, 890 (keine Identität zwischen Veräußerer und dem im Fahrzeugbrief eingetragenen Eigentümer/Halter); ebenso OLG Celle OLGR 1995, 185 = VRS 90, 18. Zum Händlerankauf von Privat auch öster. OGH ZVR 2008, 349.

Privatpersonen, die den Fahrzeugbrief vorlegen können, sind regelmäßig entweder selbst eingetragen oder in der Lage, auf die Eintragung eines ihnen nahe stehenden Dritten zu verweisen. Nicht selten laufen Fahrzeuge auf den Namen des Ehepartners, des Lebensgefährten oder eines Elternteils. Die Eintragung eines Dritten ist nach der Lebenserfahrung jedoch eine solche Ausnahme, dass ein sorgfältiger Erwerber, vor allem ein Kfz-Händler, allen Anlass hat, sich über die Eigentumsverhältnisse zu vergewissern. Die schriftliche Erklärung des Veräußerers, der Wagen stehe in seinem unbelasteten Eigentum, kann einen gewerblichen Ankäufer nicht von dieser Pflicht befreien.

Schlechte Aussichten auf einen Gutglaubenserwerb hat auch derjenige Kfz-Händler, der einen unterschlagenen Mietwagen unter Vorlage **gefälschter Papiere** ankauft. Zu den Fälschungsfällen s. Rn 2258. Zum Auffälligkeitsmerkmal „niedriger Preis" s. zunächst Rn 2260. Beim Ankauf von Privat ist die Rechtsprechung Kfz-Händlern gegenüber auch in diesem Punkt betont streng. Schon in einem Angebot 25 % unter dem üblichen Händlereinkaufspreis wird ein Alarmsignal gesehen.[49]

dd) Kfz-Händler erwirbt von Unternehmen außerhalb der Kfz-Branche

2263 Zu dieser Fallgruppe ist nur wenig Entscheidungsmaterial vorhanden. In BGH NJW 1975, 735 hatte ein Kfz-Händler wiederholt Gebrauchtwagen unter Preis von einer betrüge-

---

48 NJW 2005, 989; dazu *Sutschet*, NJW 2005, 1404; *Schur*, ZAP F. 3, S. 227 ff.
49 LG Limburg 10. 12. 2004 – 1 O 51/04 – n. v.; s. auch LG München I 24. 5. 2005, ZfS 2006, 92; öster. OGH 22. 11. 2007, ZVR 2008, 349.

rischen Umschuldungsfirma gekauft, die in den Fahrzeugbriefen nicht eingetragen war. Nach den Gesamtumständen war ein Eigentumserwerb sowohl nach § 932 BGB als auch nach **§ 366 HGB** ausgeschlossen.[50] Welche Anforderungen an den guten Glauben eines Kfz-Händlers zu stellen sind, der einen unterschlagenen Pkw von einer angeblichen **Leasingfirma** erwirbt, ist Gegenstand eines Urteils des LG Köln vom 15. 6. 1994.[51] Das LG hat die Schadensersatzklage des betrogenen Händlers mit der Begründung abgewiesen, der Käufer, ein Gebrauchtwagenhändler, habe zwar misstrauisch sein müssen, seiner Nachforschungspflicht sei er jedoch in ausreichendem Maße nachgekommen. Allgemein gilt: Bei Veräußerungsgeschäften außerhalb des gewöhnlichen (regulären) Geschäftsbetriebes sind erhöhte Anforderungen an den guten Glauben des Erwerbers zu stellen.[52]

ee) Das private Direktgeschäft

Demjenigen, der **von einer Privatperson** einen Gebrauchtwagen erwirbt, die nicht als Halter im Fahrzeugbrief ausgewiesen ist, muss sich der – eine Nachforschungspflicht auslösende – Verdacht aufdrängen, dass der Veräußerer auf unredliche Weise in den Besitz des Fahrzeugs gelangt sein könnte. Diese Aussage des BGH[53] gilt auch für das private Direktgeschäft.[54] Selbst im Fall der Schenkung innerhalb einer Familie kann eine Eigentumsübertragung am **Fehlen des Fahrzeugbriefes** scheitern.[55] An die Nachforschungspflicht eines privaten Erwerbers sind jedoch geringere Anforderungen zu stellen als bei einem Kfz-Händler. Generell wird man sagen können, dass ein Privatkäufer, der die Mindestanforderungen an den guten Glauben erfüllt hat (Vorlage und Einsichtnahme in den Fahrzeugbrief), regelmäßig als redlich anzusehen ist. 2264

ff) Erwerb von und über Leasinggesellschaften

Zur Frage des gutgläubigen Erwerbs des **Leasingnehmers** bei Andienung des Kfz zum Kauf durch den **Leasinggeber** im Falle nicht offengelegter Sicherungsübereignung an das Refinanzierungsinstitut s. OLG Hamburg 19. 2. 1999, OLGR 1999, 241. Zum Erwerb des ‚eigenen' Leasingwagens unter Verzicht auf die Vorlage des Briefs LG Darmstadt NJW-RR 2002, 417 = DAR 2002, 516; zum Erwerb eines **Neufahrzeugs** durch eine Leasinggesellschaft von einem Vertragshändler s. BGH NJW 2005, 1365; LG München I EWiR § 931 BGB 1/04. 2265

Da die Fahrzeughersteller das unbefugte Öffnen eines Autos erschwert haben, sind die Täter nunmehr dazu übergegangen, Fahrzeuge zu mieten oder zu leasen, um sie dann nicht mehr zurückzugeben. Zur Veräußerung eines **unterschlagenen Leasingfahrzeugs** mit gefälschten Papieren OLG Schleswig NJW 2007, 3007.

gg) Fälle mit Auslandsberührung

Die Zunahme von **Inlandskäufen mit Auslandsberührung** schlägt sich auch in der Rechtsprechung nieder. Wie facettenreich diese Fälle sind, zeigt beispielhaft das Urteil des OLG Köln vom 21. 7. 1999[56]. **Der BGH** hat sich wiederholt mit dem Erwerb echter und vermeintlicher ‚**Auslandsfahrzeuge**' befassen müssen; erstmals im Urteil vom 2266

---

50 Zur Funktion des § 366 HGB s. BGH 2. 7. 1992, NJW 1992, 2570 unter IV; zum Anwendungsbereich s. BGH 9. 11. 1998, NJW 1999, 425; OLG Düsseldorf 18. 11. 1998, NJW-RR 1999, 615.
51 Az. 16 O 308/92 – n. v.
52 BGH 9. 11. 1998, NJW 1999, 425.
53 Urt. v. 1. 7. 1987, NJW-RR 1987, 1456; so auch OLG Düsseldorf 14. 11. 1991 – 13 U 72/91 – n. v.; OLG Celle 10. 11. 1994, OLGR 1995, 86 = NJW-RR 1995, 1527.
54 OLG Karlsruhe 2. 7. 1998, OLGR 1999, 125.
55 OLG Oldenburg 19. 10. 2004, DAR 2005, 90 m. Anm. *Lütke*.
56 OLGR 2000, 3.

27. 9. 1961[57] (Verkauf eines von einem Engländer in Deutschland unterschlagenen Mietwagens Mercedes 220 S an einen deutschen Kfz-Händler unter Vorlage eines gefälschten britischen ‚registration book'). Im Fall BGH BB 1967, 10 ging es um die Veräußerung eines in der Schweiz zugelassenen Mietwagens Mercedes 220 S an einen deutschen Gebrauchtwagenhändler, dem der Verkäufer, ein Schweizer Staatsbürger, einen schweizerischen Fahrzeugausweis und eine Zollbescheinigung vorgelegt hatte. Obgleich der Käufer bei mehreren Stellen Erkundigungen eingeholt hatte, haben alle drei Instanzen grobe Fahrlässigkeit angenommen.

2267 Eine weitere BGH-Entscheidung behandelt den Erwerb eines in Italien zugelassenen Ferrari 208 Turbo, der zugunsten einer italienischen Bank mit einer **Autohypothek** belastet war.[58] Der deutsche Käufer, eine Privatperson, hatte ein Fachunternehmen eingeschaltet, um die Erwerbsmodalitäten, speziell beim Zollamt, erledigen zu lassen. Während das LG der auf Herausgabe und Verwertung gerichteten Klage der italienischen Bank im Wesentlichen stattgegeben hat, hat das OLG Hamm sie mit der Begründung abgewiesen, die Beklagte habe gutgläubig lastenfreies Eigentum erworben (§ 936 BGB). Der BGH ist dem nicht gefolgt. Er wirft dem OLG in erster Linie vor, zu geringe Anforderungen an den **gutgläubigen lastenfreien Erwerb** eines ausländischen Fahrzeugs gestellt zu haben. Seine Auffassung erscheint nur auf den ersten Blick übermäßig streng und lebensfremd. Eine genaue Analyse des Sachverhalts offenbart eine solche Vielzahl verdächtiger Umstände, dass die Beurteilung ‚grob fahrlässig' bei der gebotenen Gesamtschau durchaus gerechtfertigt ist. Zur Prüfpflicht bei fremdsprachigen Kfz-Papieren s. auch OLG Karlsruhe OLGR 2000, 434.

2268 Erhöhte Wachsamkeit beim Erwerb eines aus dem Ausland eingeführten (reimportierten) Pkw fordert der BGH auch in einem Urteil vom 13. 4. 1994.[59] Danach ist die Verkaufsberechtigung des Veräußerers besonders sorgfältig zu prüfen, wenn sich aus dem von diesem vorgelegten **Blanko-Fahrzeugbrief** lediglich die Tatsache der Einfuhr, nicht aber die Identität des früheren Halters ergibt. Zur Vorlage eines Blanko-Briefes s. auch OLG Nürnberg, Urt. v. 6. 12. 2000, OLGR 2001, 131. Lediglich einfache, keine grobe Fahrlässigkeit bescheinigt das LG Bochum dem Erwerber eines aus Italien eingeführten **Lkw**, der mit einem deutschen Fahrzeugbrief ohne Haltereintragung verkauft worden war.[60]

2269 Zur Frage des Gutglaubenserwerbs eines **in Deutschland gestohlenen Pkw** bei einem Verkauf durch einen deutschen Händler an einen **italienischen Händler** mit anschließender Weiterveräußerung in Italien s. OLG München OLGR 2008, 519; für **Polen** Brand OLG VersR 2001, 361;[61] zur kollisionsrechtlichen Problematik s. auch BGH NJW-RR 2000, 1583 (Schiffskauf), OLG Karlsruhe OLGR 2000, 434 (USA-Importwagen) und LG Karlsruhe DAR 2007, 589.

2270 In einigen Ländern, z. B. **Belgien** und **Italien**, kann auch an **gestohlenen** Sachen Eigentum erworben werden, auch an Kraftfahrzeugen. Die Weiterveräußerung durch den Eigentümer ist dann kein Fall des Erwerbs vom Nichtberechtigten. Auf die Frage der Gutgläubigkeit kommt es nicht an.[62] Anders als nach belgischem Recht kann nach **französischem Sachenrecht** an gestohlenen Kfz kein Eigentum (gutgläubig) erworben werden.[63]

---

57 LM Nr. 17 zu § 932 = BB 1961, 1300.
58 Urt. v. 11. 3. 1991, NJW 1991, 1415 = DAR 1991, 294.
59 NJW 1994, 2022 = NZV 1994, 312.
60 NJW-RR 1992, 1274.
61 Dazu *Looschelders/Bottek*, VersR 2001, 401.
62 Vgl. LG Duisburg 27. 2. 2002 – 3 O 162/01 – n. v. – Belgien.
63 Vgl. OLG Koblenz 3. 7. 2003, DAR 2003, 459 = NJW-RR 2003, 1563 (Fahrzeug war in Frankreich gestohlen und nach Deutschland verschoben worden); s. auch LG Karlsruhe 28. 11. 2006, DAR 2007, 589.

c) Einschaltung von Hilfspersonen auf Erwerberseite

Bedient sich der Autokäufer eines **Stellvertreters,** so wird er ihn zumeist in den gesamten Erwerbsvorgang einschalten, ihn also sowohl mit der Einigung als auch mit der Übernahme betrauen. Was den guten Glauben angeht, so ist diese Konstellation unproblematisch, solange Einigung und Übergabe zusammenfallen. Da die Einigung aus Willenserklärungen besteht, finden die §§ 164 ff. BGB unmittelbar Anwendung. Für die Frage der Gutgläubigkeit einschließlich der Erfüllung etwaiger Nachforschungspflichten kommt es also grundsätzlich auf die Person des Stellvertreters an (§ 166 Abs. 1 BGB).[64] Dass es bei der Übergabe als Realakt keine Stellvertretung gibt,[65] insoweit ist die Hilfsperson entweder Besitzdiener oder Besitzmittler, ändert nichts an der Maßgeblichkeit ihrer Kenntnis bzw. ihres Kennenmüssens.

2271

Schwierigkeiten können die Fälle machen, bei denen die Hilfsperson in den einzelnen Phasen des Erwerbsvorgangs einen **unterschiedlichen** Wissensstand hat. Problematisch sind auch die Sachverhalte mit **arbeitsteiliger Einschaltung von Hilfspersonen**, sei es, dass sie nur an der Einigung oder nur an der Übergabe beteiligt sind, sei es, dass sie nur mit bestimmten Nachforschungen hinsichtlich des Eigentums des Veräußerers betraut sind.[66] Zur **Wissenszurechnung** im Kfz-Bereich s. Rn 2086 ff.

d) Einschaltung von Hilfspersonen auf Veräußererseite

Der Erwerber muss in den Fällen der §§ 932 ff. BGB an das Eigentum des durch den Besitz (präziser: Besitzverschaffungsmacht) legitimierten Veräußerers geglaubt haben.[67] Veräußerer beim **Agenturgeschäft,** das seit dem 1.7.1990 nur noch vereinzelt praktiziert wird,[68] ist der private Auftraggeber, nicht etwa der Händler; er ist nur Vermittler und Abschlussvertreter. Er verfügt im Namen seines Auftraggebers.

2272

Gehört das agenturweise verkaufte Fahrzeug nicht dem Veräußerer/Auftraggeber, so erwirbt der Agenturkäufer das Eigentum kraft guten Glaubens gem. § 932 Abs. 1 BGB grundsätzlich nur, wenn er in seinem Vertragspartner den Eigentümer gesehen hat. Geschützt wird nur der gute Glaube an das Eigentum des Veräußerers, nicht der gute Glaube an das Eigentum des Händlers/Vermittlers. Agenturkäufer haben früher häufig die steuerrechtlich damals notwendige Fremdbezogenheit des Agenturgeschäfts verkannt. Vertragspartner war in ihren Augen der Händler. Diese vertragsrechtlich unbeachtliche Fehlvorstellung – maßgeblich ist der erklärte Wille – ist für den Gutglaubenserwerb unschädlich, solange der Agenturkäufer keine Anhaltspunkte dafür hat, dass das Fahrzeug einem Dritten gehört, z. B. einer Bank (Sicherungseigentum bei Vorfinanzierung des Kaufpreises).

Steht das Agenturfahrzeug im Eigentum des Veräußerers/Auftraggebers, so kommt es auf den guten Glauben i. S. v. § 932 BGB von vornherein nicht an. Insbesondere kann der Veräußerer den Eigentumserwerb nicht mit der Begründung streitig machen, der Käufer habe sich den Fahrzeugbrief nicht aushändigen lassen. Er ist vielmehr zur Herausgabe des Fahrzeugbriefes an den Käufer verpflichtet, denn dieser hat mit dem Eigentum am Fahrzeug auch Eigentum am Brief erlangt (§ 952 BGB analog).

Hat der Vermittler im Namen des Voreigentümers/Auftraggebers, aber ohne Vertretungsmacht gehandelt, so ist auch die dingliche Einigung schwebend unwirksam. Der Eigentumserwerb hängt von der Genehmigung des Voreigentümers ab. Der **gute Glaube**

---

64 Einhellige Meinung, vgl. BGH 5.10.1981, NJW 1982, 38; irreführend BGH 11.3.1991, NJW 1991, 1415 durch Hinweis auf § 166 Abs. 2 BGB; vgl. auch BGH 9.10.1991, NJW 1992, 310.
65 Grundlegend RG 10.6.1932, RGZ 137, 23, 26 – Lkw-Kauf.
66 Vgl. dazu OLG Nürnberg 6.12.2000, OLGR 2001, 131 – Bank.
67 *Staudinger/Wiegand*, § 932 BGB Rn 100.
68 Daran hat sich durch die Schuldrechtsreform nichts Wesentliches geändert.

an die Vertretungsmacht des Vermittlers ist selbst dann nicht geschützt, wenn dieser ein Kaufmann i. S. v. § 366 HGB ist (str.).

Verletzt der Vermittler oder Untervermittler seine Pflichten aus dem Innenverhältnis mit dem Auftraggeber, ohne damit die Verkaufsvollmacht zu überschreiten, so ist die Vertretung wirksam. Das Risiko eines Missbrauchs der Vertretungsmacht trägt grundsätzlich der Auftraggeber. Wann eine Vollmachtsüberschreitung und wann nur ein Missbrauch der Vollmacht vorliegt, ist in den Kfz-Vermittlungsfällen nicht immer leicht zu entscheiden. Die Verkaufsvollmacht, regelmäßig als Innenvollmacht erteilt, enthält ihrem Wortlaut nach keine Einschränkung. Ein Verkauf zu einem niedrigeren Preis als dem vereinbarten Mindestverkaufspreis berührt den Bestand der Vollmacht ebenso wenig wie eine auftragswidrige Zahlungsvereinbarung, etwa dergestalt, dass dem Agenturkäufer gestattet wird, einen Teil des Kaufpreises durch Hingabe seines Altwagens abzudecken.[69] In diesen und ähnlichen Fällen kann der Auftraggeber das Missbrauchsrisiko nur dann auf den Agenturkäufer abwälzen, wenn dieser die Pflichtwidrigkeit des Vermittlers erkannt hat oder bei gehöriger Sorgfalt hätte erkennen müssen.[70] Nach Auffassung des AG Grevenbroich braucht sich einem Agenturkäufer nicht der Verdacht der Unredlichkeit des Vermittlers aufzudrängen, wenn dieser das Fahrzeug ohne den dazugehörigen Brief ausliefert.[71] Im Streitfall war dem Käufer erklärt worden, der Brief werde am nächsten Tag nachgeschickt. Haben Vermittler und Agenturkäufer bewusst zum Nachteil des Voreigentümers zusammengewirkt, so ist das gesamte Vertretergeschäft wegen Sittenwidrigkeit nichtig.

Beim **Kommissionsgeschäft,** im heutigen Kfz-Handel selten geworden, ist – anders als beim Agenturgeschäft – nicht der Auftraggeber der Veräußerer. Der Verkaufskommissionär verfügt im eigenen Namen über eine fremde Sache. Der Erwerber wird auch dann geschützt, wenn er in ihm ohne grobe Fahrlässigkeit nicht den Eigentümer, sondern nur den **Verfügungsberechtigten** gesehen hat (§ 366 Abs. 1 HGB). Er kann sich je nach Lage des Falles auf seinen guten Glauben an das Eigentum oder an die Verfügungsbefugnis berufen. Wer bei einem Kfz-Händler ein Fahrzeug kauft, darf bei Fehlen sich aufdrängender Verdachtsmomente von dessen **Verfügungsbefugnis** ausgehen.[72] Der gute Glaube an die Verfügungsbefugnis eines Kaufmanns kann gerechtfertigt sein, selbst wenn der gute Glaube an sein Eigentum durch grobe Fahrlässigkeit ausgeschlossen ist.[73]

5. Verkauf unter fremdem Namen

Beim Handeln unter fremdem Namen sind **zwei Fälle** zu unterscheiden: Handeln unter falscher Namensangabe mit dem Ziel, beim Geschäftspartner eine unrichtige Vorstellung über die Identität zu wecken, zum anderen Gebrauch eines Falschnamens, wobei dem Geschäftspartner der Name gleichgültig ist. Nur auf den ersten Typ werden die Regeln über die Stellvertretung direkt oder analog angewendet. Das OLG Düsseldorf (22. ZS)[74] hat dies in einem Fall getan, in dem eine unbekannt gebliebene Person einen Pkw unter dem Namen des wahren Eigentümers, von dem sie Fahrzeug und Papiere betrügerisch erlangt hatte, an den Beklagten verkauft hat. Während das LG einen Gutglaubenserwerb nach § 932 BGB geprüft (und verneint) hat, ist das OLG einen anderen Weg gegangen. Die Vertrags-

---

69 Zur dinglichen Rechtslage bei Weiterverkauf des in Zahlung genommenen Altwagens durch den Vermittler im eigenen Namen vgl. OLG Köln 16. 10. 1991, VRS 82, 100.
70 BGH 28. 2. 1966, NJW 1966, 1911.
71 Urt. v. 7. 9. 1984 – 11 C 401/84 – n. v.
72 BGH 5. 2. 1975, NJW 1975, 735; 9. 11. 1998, NJW 1999, 425.
73 BGH 5. 2. 1975, NJW 1975, 735.
74 Urt. v. 1. 3. 1985, NJW 1985, 2484 = DAR 1985, 255; kritisch dazu *Giegerich*, NJW 1986, 1975; vgl. auch *Mittenzwei*, NJW 1986, 2472.

erklärungen des unbekannten Betrügers hat es als solche des Eigentümers (Klägers) gewertet, so dass Kauf und dingliche Einigung mangels Genehmigung unwirksam waren.

Anders hat der 11. ZS des OLG Düsseldorf[75] einen im Wesentlichen gleich gelagerten Fall entschieden. Wird unter Vorlage der Wagenpapiere ein Pkw unter dem Namen des Eigentümers bar verkauft, soll Vertragspartner nicht der Eigentümer, sondern die unter fremdem Namen auftretende Person sein. Diese Auffassung verdient den Vorzug. Wie das Handeln unter falschem Namen zu werten ist, ist in erster Linie **Auslegungsfrage.**[76] Wer Geschäftspartei ist, richtet sich danach, wie der Erklärungsempfänger die Erklärung des Namenstäuschers verstehen musste. Autokauf ist ein Massengeschäft des täglichen Lebens. Der Name des Verkäufers interessiert den Käufer im Allgemeinen nur insoweit, als es um die Identität mit dem im Fahrzeugbrief eingetragenen Halter geht. Ansonsten ist ihm der Name seines Vertragspartners gleichgültig, wie die vor dem 1. 7. 1990 jährlich millionenfach abgeschlossenen Agenturgeschäfte anschaulich gezeigt haben. Auch dem Verkäufer kommt es in der Regel nicht auf den Namen des Käufers an.[77]

6. Die Sonderfälle des § 935 BGB

Der gute Glaube an das Eigentum des Veräußerers wird nach § 935 Abs. 1 BGB nicht geschützt, wenn das Fahrzeug dem Eigentümer **gestohlen, verloren gegangen oder sonst abhanden gekommen** war. Diese Fälle spielen beim Gebrauchtwagenkauf eine große Rolle, mag die Zahl der Diebstähle infolge verbesserter Schutzmechanismen auch rückläufig sein. Zunehmend versuchen Täter, durch vorgetäuschte Probefahrten, Anmietungen oder Leasingverträge in den Besitz von Fahrzeugen zu kommen, um sie anschließend zu veräußern. Strafrechtlich geht es hier um Betrug und Unterschlagung, nicht um Diebstahl, allenfalls um „Trickdiebstahl".

Gleichwohl können solche Fahrzeuge im Einzelfall „abhanden gekommen" sein. Dafür erforderlich ist – wie beim Diebstahl – ein unfreiwilliger Besitzverlust.[78] **Eine Unterschlagung** ist demnach grundsätzlich kein Fall des Abhandenkommens. Folglich ist bei einem Kfz, das anlässlich einer Probefahrt unterschlagen und nicht gestohlen worden ist, ein Gutglaubenserwerb möglich.[79] Fahrzeuge, die zu Lasten einer Leasinggesellschaft unterschlagen worden sind, fallen gleichfalls nicht unter § 935 BGB,[80] ebenso ein unterschlagener Mietwagen.[81] Kein Fall des Abhandenkommens auch: Der Eigentümer „verliert" den Besitz an seinem Fahrzeug infolge eines Betruges, z. B. nach Entgegennahme eines **ungedeckten Schecks.**[82]

Ein Grenzfall des Abhandenkommens liegt der Entscheidung OLG München NJW-RR 1993, 1466 zugrunde. Die Unfreiwilligkeit der Besitzaufgabe wurde zu Recht bejaht; ebenso im Fall KG KGR 2002, 234 (untreuer Mitarbeiter).

Dem **nur mitbesitzenden Eigentümer** ist das Fahrzeug auch dann abhanden gekommen, wenn der andere Mitbesitzer es ohne seinen Willen an einen Dritten veräußert. Besitzen **Eheleute** ein Fahrzeug gemeinsam (Familienwagen), so erlangt der Käufer kein Eigen-

---

[75] Urt. v. 2. 11. 1988, NJW 1989, 906.
[76] OLG Düsseldorf (11. ZS) 24. 4. 1996, OLGR 1997, 4.
[77] OLG Düsseldorf 24. 4. 1996, OLGR 1997, 4.
[78] Näheres bei *Neuner*, JuS 2007, 401.
[79] Indirekt KG 24. 5. 2002, MDR 2003, 1350 = KGR 2003, 302; anders OLG Köln 18. 4. 2005, MDR 2006, 90; s. auch LG Coburg 29. 5. 2007 – 11 O 70/07 – n. v. (keine Entwendung/Diebstahl i. S. v. § 12 AKB).
[80] LG Mönchengladbach 29. 8. 2005, NJW 2005, 3578.
[81] KG 22. 3. 2007 – 20 U 169/05 – n. v.; LG München I 24. 5. 2005, ZfS 2006, 92.
[82] OLG Hamm 2. 3. 1989, NJW-RR 1989, 890.

tum, wenn der Verkäufer-Ehegatte den Mitbesitz des anderen gebrochen hat, es sei denn, dass der Wagen in seinem Alleineigentum stand.[83]

Dem Eigentümer kann der Besitz an einem Fahrzeug auch dadurch gegen seinen Willen entzogen werden, dass es auf Veranlassung eines Dritten unberechtigterweise **polizeilich sichergestellt** wird.[84]

Ein gestohlenes Auto bleibt abhanden gekommen, bis der Eigentümer es zurückerlangt oder bis ein Dritter es außerhalb der §§ 929 ff. BGB zu Eigentum erwirbt.[85] Der Umstand, dass der Eigentümer durch seinen Kaskoversicherer eine Diebstahlsentschädigung erhalten hat, beseitigt nicht nachträglich den Tatbestand des Abhandenkommens.[86]

Zum Verkauf eines Motorrades, das aus **gestohlenen Einzelteilen** zusammengebaut wurde (§ 950 Abs. 1BGB), s. OLG Köln NJW 1997, 2187; zum Eigentumserwerb beim Zusammenbau eines so genannten Replica-Fahrzeugs s. OLG Düsseldorf OLGR 1999, 219; s. auch BGH VersR 1996, 713; zur dinglichen Rechtslage bei Ergänzung eines gestohlenen Motorblocks zu einem Komplettmotor und dessen Einbau in einen Sportwagen (§ 950 BGB) s. BGH NJW 1995, 2633; zum Zusammenbau von Mittelwagen und Heck eines gestohlenen Pkw mit dem Vorderwagen eines Unfallfahrzeugs s. OLG Celle 15. 1. 2003 – 7 U 97/02 – n. v.

Zur Rechtslage beim Erwerb von gestohlenen Fahrzeugen, die **im Ausland weiterveräußert** worden sind, s. Rn 2269 f.

7. Guter Glaube an die fehlende Anfechtbarkeit des Vorerwerbs

2275 Nicht auf den guten Glauben an das Eigentum oder die Verfügungsbefugnis kommt es an, wenn das Fahrzeug **nur anfechtbar erworben** und vor der Anfechtung weiterveräußert worden ist. Gegenstand des guten Glaubens ist hier die fehlende Anfechtbarkeit des Vorerwerbs (§ 142 Abs. 2 BGB).[87] Gutgläubigkeit in diesem Sinn ist schon dann zu verneinen, wenn der Dritte bei seinem Erwerb die Umstände kannte oder grob fahrlässig nicht kannte, aus denen sich die Anfechtbarkeit des früheren Erwerbsvorganges ergab.[88] Ob der Erwerber unter diesem Blickwinkel grob fahrlässig gehandelt hat, ist nach den gleichen strengen Maßstäben zu beurteilen, die die Rechtsprechung für § 932 BGB entwickelt hat.[89] Es kommt also darauf an, ob der Erwerber Grund für die Annahme haben musste, dass mit dem Vorerwerb etwas nicht in Ordnung ist. Zu den einschlägigen Verdachtsgründen und zur Nachforschungs- und Erkundigungspflicht des Käufers s. Rn 2253 ff.

II. Rechtsfolgen und Haftungsfragen beim Erwerb vom Nichtberechtigten

1. Ansprüche des gutgläubigen Erwerbers

2276 Der Verkäufer hat seine Verpflichtung, dem Käufer Eigentum zu verschaffen (§ 433 Abs. 1 S. 1 BGB), auch dann erfüllt, wenn ihm das Fahrzeug nicht gehört, der Käufer (lastenfreies) Eigentum aber gutgläubig erlangt hat.[90] Der moralische Mangel, der diesem Ei-

---

83 Vgl. dazu OLG Oldenburg 20. 11. 1990, NJW-RR 1991, 963.
84 OLG Saarbrücken 9. 4. 2003, MDR 2003, 1198.
85 OLG Karlsruhe 14. 9. 2004, NJW 2005, 989.
86 OLG Karlsruhe 14. 9. 2004, NJW 2005, 989.
87 BGH 1. 7. 1987, NJW-RR 1987, 1456; dazu *Gursky*, JZ 1991, 496, 501.
88 BGH 1. 7. 1987, NJW-RR 1987, 1456.
89 BGH 1. 7. 1987, NJW-RR 1987, 1456
90 OLG Köln 25. 7. 2001, OLGR 2002, 169.

gentumserwerb nach der so genannten Makeltheorie anhaftet,[91] lässt die Wirksamkeit der Vertragserfüllung unberührt. Nach heute h. M.[92] liegt auch kein Betrug i. S. d. § 263 StGB vor. Der Zwang, sich im Fall von Nachfragen rechtfertigen zu müssen, begründet ebenso wenig einen Vermögensschaden wie die Gefahr, in unliebsame Auseinandersetzungen verstrickt zu werden.

Gibt der gutgläubige Erwerber das Fahrzeug an den früheren Eigentümer heraus – eine Rechtspflicht besteht insoweit nicht –, kann er die damit verbundenen Nachteile nicht auf den Verkäufer abwälzen.[93]

Im Fall des gutgläubigen Erwerbs von Fahrzeugeigentum hat der Erwerber auch das **Eigentum am Fahrzeugbrief** erlangt (§ 952 BGB analog). Der Besitzer des Briefs ist folglich zur Herausgabe verpflichtet (§ 985 BGB).[94]

2. Ansprüche des früheren Eigentümers gegen den gutgläubigen Erwerber

Der gutgläubige Erwerber ist dem früheren Eigentümer selbst dann nicht zum Schadensersatz verpflichtet, wenn ihm **leichte Fahrlässigkeit** zur Last fällt. Insbesondere scheidet ein Anspruch aus § 823 Abs. 1 BGB aus.[95] Der nur leicht fahrlässige Erwerber ist vor Sanktionen **umfassend geschützt**.

3. Weitere Ansprüche des früheren Eigentümers

a) Anspruchsgrundlagen

Ansprüche kommen sowohl gegen den unbefugten Erstveräußerer als auch gegen dessen Abnehmer und etwaige Folgeerwerber in Betracht. Wer als berechtigter unmittelbarer Fremdbesitzer unbefugt veräußert hat, haftet nicht nach den §§ 987 ff. BGB auf Schadensersatz. Anspruchsgrundlage ist § 823 Abs. 1 BGB,[96] gegebenenfalls auch § 823 Abs. 2 BGB i. V. m. § 246 oder § 266 StGB.

Der **bösgläubige Erwerber**, sofern noch Besitzer, ist dem Eigentümer gem. § 985 BGB zur **Herausgabe des Fahrzeugs** und der **Fahrzeugpapiere** verpflichtet, falls vorhanden auch des Fahrzeugbriefs. Zum Inhalt und zur Erfüllung der Herausgabeschuld s. OLG Koblenz DAR 1999, 505. Zu den Gegenrechten des Besitzers (u. a. Wegnahme) s. OLG Zweibrücken OLGR 2006, 613. Zum **Streitwert** der Klage auf Herausgabe des Fahrzeugbriefs s. OLG Düsseldorf OLGR 1999, 456.

Ist der Herausgabeschuldner zur Rückgabe des Fahrzeugs nicht mehr in der Lage, z. B. wegen Weiterveräußerung oder Diebstahls, oder kann er es – z. B. wegen eines Unfalls – nicht mehr in seinem ursprünglichen Zustand herausgeben, schuldet er **Schadensersatz** nach den §§ 990 Abs. 1, 989 BGB.[97] Bei einer **Weiterveräußerung** ist der Marktwert (Verkehrswert) zu ersetzen. Den – eventuell höheren – Verkaufserlös schuldet der Veräußerer (der Erstveräußerer wie ein späterer Veräußerer) nach den §§ 687 Abs. 2, 681, 667 oder gem. § 816 Abs. 1 BGB.[98]

---

91 Vgl. *Schönke/Schröder/Cramer*, StGB, § 263 Rn 111.
92 Nachweise bei *Schönke/Schröder/Cramer*, StGB, § 263 Rn 111.
93 BGH 28. 3. 1952, BGHZ 5, 337 = NJW 1952, 778; zur Lösung nach neuem Recht s. *Ehmann/Sutschet*, Mod. SchuldR, S. 244.
94 LG Darmstadt 30. 8. 2001, NJW-RR 2002, 417.
95 BGH 1. 7. 1987, NJW-RR 1987, 1456; BGH 23. 5. 1956, LM Nr. 9 zu § 932.
96 OLG Köln 4. 2. 2000, DAR 2000, 359.
97 BGH 2. 12. 1958, LM Nr. 12 zu § 932 = MDR 1959, 207; OLG München 16. 8. 1974, DAR 1975, 71.
98 OLG Nürnberg 6. 12. 2000, OLGR 2001, 131, unter Hinweis auf BGH 24. 9. 1996, NJW 1997, 190.

Der Anspruch aus **§ 816 Abs. 1 BGB** setzt voraus, dass die Weiterveräußerung gegenüber dem (klagenden) Eigentümer wirksam war (§§ 932 BGB, 366 HGB) oder von diesem genehmigt worden ist. Zu den Anforderungen an eine konkludente Genehmigung i. S. d. § 185 Abs. 2 BGB s. BGH NJW-RR 2000, 1583 (Schiffskauf). In der Klage auf Zahlung eines Betrages in Höhe des Kaufpreises sieht die Rechtsprechung eine konkludent erklärte Genehmigung.[99]

Die **bereicherungsrechtliche Herausgabepflicht** des unredlichen Erwerbers beschränkt sich auf den beim Weiterverkauf erzielten **Nettoerlös**. In Höhe des Mehrwertsteueranteils ist er nicht bereichert. Auf den Bereicherungsanspruch muss sich der Eigentümer nur das anrechnen lassen, was er von einem Dritten als Schadensersatz erhalten hat.[100]

Im Rahmen des Schadensersatzanspruchs aus §§ 990 Abs. 1, 989 BGB war **die Mehrwertsteuer** in Fällen vor dem 1. 8. 2002 grundsätzlich zu ersetzen, selbst wenn der Geschädigte auf eine Ersatzbeschaffung verzichtet.[101] Anders war und ist es bei Vorsteuerabzugsberechtigung des Geschädigten (Vorteilsausgleichung). Welchen Einfluss die Umsatzsteuerregelung in § 249 Abs. 2 S. 2 BGB auf einen Schadensersatzanspruch aus §§ 990 Abs. 1, 989 BGB hat, ist höchstrichterlich noch nicht geklärt. Im Fall der Beschädigung oder Zerstörung des Fahrzeugs ist Umsatzsteuer nur zu ersetzen, wenn und soweit sie angefallen ist, also nicht fiktiv.

Ersatz seines **Vorenthaltungsschadens** kann der (ehemalige) Eigentümer nur nach §§ 990 Abs. 2, 280 Abs. 2, 286, 992 BGB verlangen. Auch sein Anspruch auf **Nutzungen** und die **Gegenansprüche** des unredlichen Erwerbers auf **Ersatz von Verwendungen** (Reparaturen, Einbau von Ersatzteilen usw.) bestimmen sich ausschließlich nach den §§ 987 ff. BGB. Deren Sperrwirkung entfällt, soweit die Veräußerung des Fahrzeugs oder der Verbrauch der Sachsubstanz in Frage stehen (vgl. § 993 Abs. 1 BGB). Früchte, die auf Kosten der Sachsubstanz gezogen worden sind, soll selbst der redliche Besitzer herausgeben. Anspruchsgrundlage für diese ‚Übermaßfrüchte' ist § 812 Abs. 1 S. 1 BGB. Ein Verbrauch der Sachsubstanz in diesem Sinne liegt bei einem Kraftfahrzeug nicht vor, wenn es in normalem Umfang benutzt wird.[102] Zum Verwendungsersatz bei einem gestohlenen Kfz s. OLG Celle OLGR 1995, 86 = NJW-RR 1995, 1527.

Nur der Schadensersatzanspruch des bisherigen Eigentümers aus §§ 989, 990 Abs. 1 BGB nicht etwa ein Bereicherungsanspruch **kann gekürzt werden**, wenn ihn am Verlust seines Eigentums ein **Mitverschulden** trifft, vgl. OLG Celle OLGR 1995, 185 = VRS 90, 18 (Aushändigung des Fahrzeugbriefs vor Scheckeinlösung).[103] Die §§ 989, 990 BGB scheiden als Anspruchsgrundlage aus, wenn der frühere Eigentümer einen ‚**Gehilfen**' **des Veräußerers** auf Schadensersatz in Anspruch nehmen will, z. B. den **Geschäftsführer einer GmbH**. Denn es fehlt an der erforderlichen Vindikationslage. Es bleibt die Haftung aus § 823 Abs. 1 BGB wegen Eigentumsverletzung.[104]

Zur **Amtshaftung der Straßenverkehrsbehörde bzw. des TÜV** im Zusammenhang mit der Umschreibung des Fahrzeugbriefs s. OLG Hamm NZV 1996, 450; OLG Düsseldorf DAR 2002, 281; BGH NZV 2001, 76 (weisungswidriges Aushändigen des Briefes an einen Nichtberechtigten); BGH DAR 2003, 314.

---

99 BGH LM Nr. 6 zu § 816; OLG Hamm 2. 3. 1989, NJW-RR 1989, 890.
100 Vgl. OLG Stuttgart 21. 11. 1989, NJW-RR 1990, 635.
101 OLG Hamburg 20. 2. 1986, NJW-RR 1987, 1266; vgl. auch OLG Hamm 28. 6. 1979, OLGZ 1980, 20.
102 Vgl. OLG Hamm 17. 6. 1992, OLGR 1992, 348.
103 Siehe auch öster. OGH 22. 11. 2007, ZVR 2008, 349 m. Anm. Ch. Huber.
104 Vgl. BGH 31. 3. 1971, NJW 1971, 1358; BGH 12. 3. 1996, VersR 1996, 713; OLG Koblenz 19. 12. 1996, VRS 94, 15.

b) Beweislastfragen

2279 Derjenige, der gem. § 985 BGB Herausgabe oder nach den §§ 990, 989 BGB Schadensersatz verlangt, ist für sein Eigentum beweispflichtig.[105] Der Herausgabekläger muss ferner beweisen, dass der Beklagte zumindest bei Rechtshängigkeit Besitzer des Fahrzeugs war. Bei einer Schadensersatzklage genügt der Nachweis früheren Besitzes. Zu Gunsten des Besitzers wird vermutet, dass er der Eigentümer des Fahrzeugs ist. Diese **Vermutung** (§ 1006 Abs. 1 S. 1 BGB) hat derjenige, der aus seinem Eigentum Rechte ableitet, zu widerlegen. Zur Darlegungslast sowie zum Beweismaß s. BGH NJW 2002, 2101. Ist dem Kläger als dem früheren Besitzer das Fahrzeug abhanden gekommen (§ 1006 Abs. 1 S. 2 BGB), so streitet umgekehrt für diesen die Vermutung des § 1006 Abs. 2 BGB.[106] Sie gilt bis zum Nachweis des Eigentumsverlustes, d. h. der Beklagte muss beweisen, dass der Kläger sein Eigentum trotz des Abhandenkommens verloren hat, z. B. durch Umbau (§§ 947, 948 BGB).[107] Die Beweislast in Bezug auf den Fahrzeugbrief richtet sich nicht nach § 1006 BGB, sondern folgt derjenigen für das Eigentum am Fahrzeug.[108]

Beruft sich der Beklagte darauf, selbst Eigentümer des Fahrzeugs zu sein oder es als Eigentümer weiterveräußert zu haben, so braucht er nur die gewöhnlichen Erwerbsvoraussetzungen (Einigung und Übergabe bzw. Übergabeersatz) zu beweisen. Dass der Veräußerer Nichtberechtigter und der Erwerber bösgläubig war, hat der sein Eigentum geltend machende Kläger zu beweisen.[109] Zum **Bösgläubigkeitsbeweis** gehört der Nachweis derjenigen Tatsachen, aus denen sich die Kenntnis oder grob fahrlässige Unkenntnis des Erwerbers ergibt. Das bedeutet für den praktisch wichtigsten Fall der Verletzung einer Nachforschungspflicht, dass der Beweispflichtige die pflichtbegründenden Umstände und den qualifizierten Sorgfaltsverstoß zu beweisen hat. An die Beweisführungspflicht sind keine „zu strengen Anforderungen" zu stellen.[110]

c) Der Einwand fehlender Kausalität

2280 Mitunter verteidigen sich Autokäufer mit dem Einwand, dass die wahren Eigentumsverhältnisse auch bei gehöriger Aufmerksamkeit und Anstrengung nicht aufgedeckt worden wären. Diese auf das Fehlen eines ursächlichen Zusammenhangs abzielende Einlassung ist nach Meinung des **BGH** unerheblich.[111] Er stellt allein darauf ab, ob die gebotenen Nachforschungen überhaupt angestellt worden sind. Allein die Tatsache der Nichterkundigung soll den Erwerber bösgläubig machen. Damit wird die Verselbstständigung der Nachforschungspflicht deutlich: Selbst wenn mit großer Wahrscheinlichkeit feststeht, dass der Erwerber bei pflichtgemäßer Erkundigung keine Aufklärung erlangt hätte, rechtfertigt das Unterlassen der Nachforschung die Annahme von Bösgläubigkeit.[112]

---

105 BGH 19. 12. 1994, NJW 1995, 1292 = BB 1995, 276.
106 Dazu BGH 29. 5. 2000, NJW-RR 2000, 1583.
107 BGH 19. 12. 1994, NJW 1995, 1292 = BB 1995, 276.
108 OLG Köln 23. 12. 2003, DAR 2004, 353 = VRS 106, 254.
109 BGH 1. 2. 1993, WM 1993, 1203 = BB 1993, 751; BGH 5. 10. 1981, NJW 1982, 38.
110 BGH 1. 2. 1993, WM 1993, 1203 = BB 1993, 751.
111 Urt. v. 13. 4. 1994, NJW 1994, 2022; 11. 3. 1991, NJW 1991, 1415; vgl. auch BGH 13. 5. 1958, WM 1958, 754; zum Problem *Bartels*, AcP 205, 687 ff.
112 So auch OLG Schleswig 1. 9. 2006, NJW 2007, 3007; anders LG Mönchengladbach 29. 8. 2005, NJW 2005, 3579.

4. Ansprüche des Käufers in den Fällen des § 935 BGB

a) Schadensersatz

2281 In den Fällen des § 935 BGB erlangt der Erwerber selbst bei Gutgläubigkeit kein Eigentum. Der Schutz des Eigentümers hat Vorrang. Ob die **Nichtverschaffung des Eigentums** zur Rechtsmängelhaftung führt oder ein Fall der Nichterfüllung nach § 433 Abs. 1 S. 1 BGB ist, war jahrelang strittig. Das OLG Karlsruhe ist einen dritten Weg gegangen, indem es zwar einen Rechtsmangel bejaht, die Haftungsfolgen aber dem allgemeinen Leistungsstörungsrecht entnommen hat.[113] Aufgrund der **BGH-Entscheidung vom 19. 10. 2007**[114] steht fest: Die fehlende Verschaffung des Eigentums stellt **grundsätzlich** keinen Rechtsmangel dar.[115] Allenfalls kommt eine entsprechende Anwendung der Vorschriften über die Rechtsmängelhaftung in Betracht, was der BGH jedoch offengelassen hat.

2282 **Praktische Bedeutung** hat die Unterscheidung zwischen Rechtsmangel und Nichterfüllung (allgemeines Leistungsstörungsrecht) mit Blick auf eine vertragliche Freizeichnung, auch wegen § 442 BGB und womöglich für die Verjährung.[116] Abgesehen davon ist bei Annahme eines Rechtsmangels an eine Nacherfüllung durch Ersatzlieferung zu denken.

2283 Ergeben sich jedenfalls die Haftungsfolgen aus dem allgemeinen Leistungsstörungsrecht, so bedeutet dies: Ohne dass es der grundsätzlich erforderlichen Fristsetzung zur Erfüllung (hier: Übereignung) bedarf, steht dem Käufer das Recht zu, vom Vertrag zurückzutreten (§§ 326 Abs. 5, 323 BGB, Rn 2288) oder **Schadensersatz statt der Leistung** nach **§ 311 a Abs. 2 BGB** zu verlangen. Voraussetzung für diese fristsetzungsfreie Direktlösung ist allerdings, dass dem Verkäufer die Übereignung **dauernd unmöglich** ist.

Das versteht sich nicht von selbst. Immerhin kann für den Verkäufer die Möglichkeit bestehen, den gestohlenen Wagen vom Eigentümer bzw. dessen Versicherung zu Eigentum zu erwerben, um ihn dann dem Käufer zu übereignen. In der Rechtsprechung ist nun anerkannt, dass **ein zeitweiliges Erfüllungshindernis** einem dauernden gleichgestellt werden kann.[117] Als Ausnahmetatbestand sind an die Feststellung eines solchen Sachverhalts strenge Anforderungen zu stellen.[118] Es spielen jedoch auch Zumutbarkeitsüberlegungen hinein. So wird es einem Autokäufer kaum zumutbar sein, sich auf eine zweite Andienung durch einen Verkäufer einzulassen, der ihm ein gestohlenes Auto verkauft hat.[119]

2284 Bei Annahme dauernder Unmöglichkeit stellt sich die Frage, ob der Verkäufer sich entlasten kann (§ 311 a Abs. 2 BGB). In diesem Zusammenhang wird erörtert, ob er kraft **Übernahme einer Garantie** unabhängig von einem Verschulden auf Schadensersatz haftet. Für nach dem 1. 1. 2002 abgeschlossene Kaufverträge kann nicht mehr angenommen werden, dass dem Leistungsversprechen des Verkäufers auch eine Garantie für sein Leistungsvermögen immanent ist.[120] Ob der Verkäufer vertraglich eine Garantie übernommen hat, wobei eine konkludente Übernahme genügt, ist Auslegungssache und im Zweifel zu

---

113 Urt. v. 14. 9. 2004, NJW 2005, 989; kritisch dazu *Schur*, ZAP F.3, S. 227 ff.
114 NJW 2007, 3777 (Kauf einer Eigentumswohnung mit Eintragshindernis).
115 Siehe aber auch BGH 11. 1. 2006, NJW 2006, 1343 (CISG).
116 Vorgeschlagen wird eine zumindest analoge Anwendung des § 438 Abs. 1 Nr. 1 BGB (30 Jahre), vgl. *Faust* in *Bamberger/Roth*, § 435 BGB Rn 15, § 438 BGB Rn 14.
117 BGH 19. 10. 2007, NJW 2007, 3777; OLG Karlsruhe 14. 9. 2004, NJW 2005, 989.
118 Für den Tatbestand „dauernde Unmöglichkeit" ist der Käufer darlegungs- und beweispflichtig, damit auch für die tatsächlichen Umstände, die eine vorübergehende zur dauernden Unmöglichkeit machen; s. aber auch OLG Karlsruhe 14. 9. 2004, NJW 2005, 989.
119 Dauernde Unmöglichkeit bejahend OLG Karlsruhe 14. 9. 2004, NJW 2005, 989; kritisch *Schur*, ZAP F.3, S. 227, 229.
120 So BGH 19. 10. 2007, NJW 2007, 3777.

verneinen.¹²¹ Zu beachten ist, dass in manchen Formularverträgen die „Versicherung" des Verkäufers enthalten ist, dass das Fahrzeug in seinem uneingeschränkten Eigentum stehe. Wenn darin keine Garantie zu sehen ist, dann hat eine solche Erklärung zumindest im Rahmen des Entlastungsbeweises eine für den Verkäufer nachteilige Bedeutung.

Ist dem Verkäufer der **Entlastungsbeweis**, wie regelmäßig, eröffnet, stellt sich die Frage, worauf sich die Verschuldensvermutung bezieht und wie der Verkäufer sich erfolgreich entlasten kann. Im Rahmen des § 311 a Abs. 2 BGB ist Bezugspunkt des Verschuldens das ‚Leistungshindernis' (näher Rn 1778), hier das fehlende Eigentum oder die fehlende Verfügungsbefugnis. Ob der Verkäufer alles ihm Mögliche und Zumutbare unternommen hat, um seine Verpflichtung zur Eigentumsübertragung zu erfüllen, hängt von den Umständen des Einzelfalles ab. Das OLG Karlsruhe hat im Fall eines Händler-Händler-Geschäfts fahrlässiges Verkäuferhalten positiv festgestellt.¹²² Der Verkäufer habe der ihm gebotenen und zumutbaren Nachforschungspflicht nicht genügt. Wer beim eigenen Ankauf im Sinne der Rechtsprechung grob fahrlässig gehandelt hat (§§ 932 BGB, 366 HGB), dazu s. Rn 2250 ff., kann sich nicht mit Erfolg entlasten. Im Übrigen schadet ihm bereits einfache Fahrlässigkeit, die zudem noch vermutet wird. Bei einem non liquet ist der Entlastungsbeweis gescheitert. Unter diesem Blickwinkel ist der Entscheidung des OLG Karlsruhe NJW 2005, 989 im Ergebnis zuzustimmen.

Kritik ist insoweit anzubringen, als das OLG Karlsruhe nicht untersucht hat, ob dem Käufer **ein Mitverschulden** zur Last fällt. Bei Annahme eines Rechtsmangels ist § 442 BGB (grobe Fahrlässigkeit) zu prüfen, was ggf. zum Haftungsausschluss führt. Wenn nicht, wäre § 254 Abs. 1 BGB (leichte Fahrlässigkeit) gesperrt (s. Rn 1943). Im Rahmen der Nichterfüllungshaftung (§ 311 a Abs. 2 BGB) ist § 254 Abs. 1 BGB dagegen anwendbar. Da es jetzt um Erwerberobliegenheiten geht, kann mit der Maßgabe an die Rechtsprechung zu §§ 932 Abs. 2, 366 HGB angeknüpft werden, dass bereits einfache Fahrlässigkeit schadet. Bei einem etwaigen Mitverschulden des Käufers kann ein schuldhaftes Verhalten des Verkäufers nur dann in die Haftungsabwägung einbezogen werden, wenn es positiv feststeht. Bei einem non liquet ist zwar der Entlastungsbeweis gescheitert, in die Haftungsabwägung kann aber in einem Fall ohne Bruch einer Garantie nur die „reine" Nichtverschaffung des Eigentums einbezogen werden. **2285**

Was den **Umfang der Schadenersatzhaftung** des Verkäufers aus § 311 a Abs., 2 BGB angeht, wird auf Rn 1829 ff. verwiesen. **2286**

Anders als im nationalen Kaufrecht stellt das noch bestehende Eigentum eines Dritten im **UN-Kaufrecht** einen Rechtsmangel dar.¹²³ Zur Rügefrist gem. Art. 43 Abs. 1 CSIG und zur Frage der Entschuldigung bei verspäteter Rüge s. BGH NJW 2006, 1343. Zur (verneinten) Entlastung des Händlers nach Art. 79 CISG s. OLG München OLGR 2008, 519. **2287**

b) Rücktritt

Anstelle Schadensersatz statt der Leistung zu verlangen, kann der Käufer auch vom Vertrag zurücktreten, und zwar bei dauernder Unmöglichkeit ohne Fristsetzung. Dieses Recht ergibt sich aus § 326 Abs. 5 i. V. m. § 323 Abs. 1 BGB; bei Annahme eines Rechtsmangels nach Übergabe in Verbindung mit § 437 Nr. 2 BGB. Die früher gem. § 327 BGB a. F. zu beachtenden Ausschlusstatbestände der §§ 351 ff. BGB a. F. spielen keine Rolle mehr. Zu prüfen bleibt die Ausschlussregelung des § 323 Abs. 6 BGB (dazu Rn 546 ff.). Zur Verpflichtung, Wertersatz zu leisten, s. OLG Karlsruhe NJW 2005, 989 (verneint bei polizeilicher Sicherstellung). Zum Rücktrittsfolgenrecht im Übrigen s. Rn 560 ff. Der Antrag auf **2288**

---

121 Vgl. OLG Karlsruhe 14. 9. 2004, NJW 2005, 989.
122 Urt. v. 14. 9. 2004, NJW 2005, 989.
123 BGH 11. 1. 2006, NJW 2006, 1343 (in Frankreich gestohlener Pkw).

Rückzahlung des Kaufpreises bzw. der Anzahlung braucht nicht, jedenfalls nicht von vornherein, mit dem Angebot der Fahrzeugrückgabe Zug um Zug verbunden zu werden.[124]

c) Haftungsausschlüsse

2289 Den gesetzlichen Haftungsausschluss nach **§ 442 Abs. 1 BGB** kann der Verkäufer dem Käufer nicht entgegenhalten, wenn das Fehlen des Eigentums, wie richtig, nicht als (Rechts-)Mangel verstanden wird. Weiß der Käufer, dass der Verkäufer ein ihm nicht gehörendes Auto verkauft, so kann er aus dem Fehlschlagen der Übereignung grundsätzlich keine Rechte gegen den Verkäufer herleiten. Bei **beiderseitiger Kenntnis** ist der Vertrag sogar **nichtig (§ 138 Abs. 1 BGB)**. Kenntnis schadet dem Käufer nicht, wenn der Verkäufer seine gesetzliche Verpflichtung zur Eigentumsverschaffung durch eine ausdrückliche oder stillschweigende Garantieerklärung verstärkt hat. Das ist Auslegungssache.

Der Kaufvertrag ist auch dann gem. **§ 138 Abs. 1 BGB nichtig**, wenn die Beteiligten in Bezug auf die Tatsachen, die die Sittenwidrigkeit begründen, **grob fahrlässig** gehandelt haben. Ein solcher Fall ist Gegenstand der Entscheidung des BGH vom 9. 10. 1991.[125] Der Vertreter der Käuferin hatte grob fahrlässig gehandelt, weil er nahe liegende Nachforschungen hinsichtlich der Berechtigung des Verkäufers unterlassen hatte. Die Klage des Käufers auf Rückzahlung des Kaufpreises konnte somit nicht auf §§ 440, 325 BGB a. F. gestützt werden. Auch § 812 Abs. 1 BGB schied wegen des Rückforderungsverbots des § 817 S. 2 BGB als Anspruchsgrundlage aus. Der Verkäufer war aber nach § 826 BGB zum Schadensersatz verpflichtet. Die auf Leichtfertigkeit beruhende Unkenntnis der Käuferin von der Herkunft des Fahrzeugs ließ weder die Sittenwidrigkeit des Vorgehens des Verkäufers noch die Ursächlichkeit für den eingetretenen Schaden entfallen. Grobe Fahrlässigkeit auf Käuferseite wirkte sich auch nicht über § 254 BGB anspruchsmindernd aus. Auch das den Bereicherungsanspruch ausschließende Rückforderungsverbot des § 817 S. 2 BGB konnte den Schadensersatzanspruch aus § 826 BGB nicht zu Fall bringen.

Ein **vertraglicher Ausschluss der Haftung** für die Nichterfüllung der Eigentumsverschaffungspflicht bzw. für eine **rechtsmangelhafte** Lieferung war und ist im Gebrauchtwagenhandel ungewöhnlich. Eine Klausel wie ‚ohne jede Gewähr' erfasst zwar ihrem Wortlaut nach auch Rechtsmängel. Doch abgesehen davon, dass es hier richtigerweise nicht um einen Rechtsmangel geht, sind die geschäftsüblichen Freizeichnungsklauseln ausdrücklich auf Sachmängel beschränkt, wenn nicht, jedenfalls so zu deuten.[126]

5. Ansprüche des Eigentümers gegen den Käufer eines gestohlenen Fahrzeugs

2290 Der Eigentümer hat gegen den Käufer/Erwerber einen Anspruch auf Herausgabe des Fahrzeugs gem. § 985 BGB und im Fall der Bösgläubigkeit Anspruch auf Schadensersatz nach §§ 990 Abs. 1, 989 BGB. Der bösgläubige Besitzer ist ferner zum Ersatz der Nutzungen verpflichtet (§§ 990 Abs. 1, 987 BGB). Darüber hinaus können Ansprüche aus dem Gesichtspunkt des Verzugs bestehen (§ 990 Abs. 2 BGB). Bösgläubigkeit bedeutet Kenntnis oder grob fahrlässige Unkenntnis vom Fehlen des eigenen Besitzrechts. Für die grobe Fahrlässigkeit gelten die zu § 932 Abs. 2 BGB entwickelten Grundsätze.[127] Eine Sicherstellung und Beschlagnahme des Fahrzeugs durch die Polizei führen nicht zum Verlust des (unrechtmäßigen) Besitzes; die Vindikationslage bleibt bestehen.[128] Verweigert der Erwerber die

---

124 BGH 7. 5. 1997, NJW 1997, 3164 = NZV 1997, 432.
125 NJW 1992, 310.
126 Vgl. BGH 7. 5. 1997, NJW 1997, 3164 = NZV 1997, 432.
127 OLG Köln 25. 11. 2003, NZV 2004, 588 = VRS 106, 256.
128 OLG Köln 25. 11. 2003, NZV 2004, 588 = VRS 106, 256.

Herausgabe des Fahrzeugs nach Aufhebung der Beschlagnahme, so haftet er für den daraus entstehenden Schaden, z. B. weiteren Wertverlust, nach den Vorschriften über den Schuldnerverzug.[129]

---

129 OLG Köln 25. 11. 2003, NZV 2004, 588 = VRS 106, 256.

Teil 3
Autoleasing

A. Marktsituation

In der Bundesrepublik wird das Kraftfahrzeugleasing seit rund 45 Jahren praktiziert. Im Jahr 2007 wurden in Deutschland 2204 Leasingfirmen gezählt, von denen rund 90 % ganz, überwiegend oder nebenbei Fahrzeugleasing betrieben. In der Liste der großen Gesellschaften mit einem Nominalkapital von 250.000 Euro wurden 487 Institute erfasst, darunter 250 Anbieter von Pkw und 150 Anbieter von Nutzfahrzeugen aller Art.[1]

L1

Nach einer gut vier Jahrzehnte währenden Wachstumsphase verringerte sich der Marktanteil des Kraftfahrzeugleasings im Jahr 2006 von 32 auf 30,8 Prozent. Obwohl die Pkw-Zulassungen um 3,8 % und die Nutzfahrzeug-Zulassungen in diesem Zeitraum um 13 Prozent stiegen und damit die Zuwachsraten von 1998 übertrafen, erhöhte sich die Zahl der neu verleasten Kraftfahrzeuge lediglich um 0,7 Prozent. Dennoch blieb das Leasing auch im Jahr 2006 mit 57,8 Prozent der gesamten gewerblichen Fahrzeugkäufe die eindeutig bevorzugte Beschaffungsform für Kraftfahrzeuge.[2]

In Zahlen ausgedrückt ergibt sich folgendes Bild: Es wurden insgesamt 1.187.900 Kraftfahrzeuge neu verleast, davon 1.017.900 Pkw und Kombi sowie 170.000 Lastkraftwagen, Busse, leichte Nutzfahrzeuge und Anhänger. An dem Gesamtvolumen der Neuabschlüsse waren markenabhängige Leasingfirmen mit ca. 843.900 Straßenfahrzeugen beteiligt, während auf die freien Leasinganbieter 344.000 Straßenfahrzeuge entfielen.[3] Der Anteil des Privatleasings am gesamten Kraftfahrzeugleasing der herstellerabhängigen Leasinggesellschaften, den sog. Captives, betrug rund 25 %.

Die rückläufige Entwicklung des Kraftfahrzeugleasings im Jahr 2006 beruhte hauptsächlich auf fiskalpolitischen Gründen. Wegen der angekündigten Mehrwertsteuererhöhung boten Autobanken ihren Kunden verstärkt Finanzierungskredite statt Leasing an, damit diese ihre Fahrzeuge im Jahre 2006 noch zum alten Steuersatz kaufen und finanzieren konnten, während sie für Leasingverträge ab dem 1. 1. 2007 den erhöhten Steuersatz auf die dann fälligen Leasingraten hätten zahlen müssen. Rückläufig war vor allem die Zahl der Vertragsabschlüsse mit privaten Kunden, welche die bevorstehende Mehrwertsteuererhöhung nicht an das Finanzamt durchreichen konnten.[4] Davon profitierten Finanzierungsverträge, deren Anzahl bei den herstellergebundenen Banken bereits im ersten Halbjahr 2006 gegenüber dem Vorjahreszeitraum um 14 % anstieg. Bevorzugtes Vertragsmodell war die Drei-Wege-Finanzierung, die allein rund 60 % der Finanzierungsvarianten abdeckte.[5]

Im Jahr 2007 wurden Leasinganbieter – und die der hinter ihnen stehenden Refinanzierungsbanken – durch die im Gesetz zur Vereinfachung des Insolvenzverfahrens vom 13. 4. 2007[6] eingefügte neue Nr. 5 in § 21 Abs. 2 InsO verunsichert, welche die Aussonderungsrechte des Gläubigers im vorläufigen Insolvenzverfahren erheblich einschränkt.[7]

---

1 *Wassermann*, FLF 2007, 209, 212.
2 *Städtler*, FLF 2008, 12, 14.
3 *Städtler*, FLF 2005, 18, 20.
4 *Städtler*, FLF 2007, 29 ff.
5 *Wassermann*, FLF 2007, 209, 211.
6 BGBl I, S. 509.
7 *Griesbach*, FLF 2007, 124 ff.

Außerdem wurden in den neuen Bundesländern durch das Investitionszulagengesetz 2007 solche Personen von der Förderung ausgeschlossen, die das geförderte Wirtschaftsgut nicht selbst verwenden, wie dies bei Leasingfirmen regelmäßig der Fall ist. Eine Förderung beim Leasingnehmer setzt voraus, dass er das Leasingfahrzeug – entgegen üblicher Praxis – in seinem Anlagevermögen bilanziert, was einen Verlust der steuerlichen Bonifikationen des Leasinggeschäfts zur Folge hat. Es ist somit im Einzelfall eine Abwägung vorzunehmen zwischen dem Vorteil der Förderung nach dem Investitionszulagengesetz und dem steuerlichen Vorteil des Leasingvertrages.[8]

Trotz dieser rechtlichen und wirtschaftlichen Erschwernisse konnte das Kraftfahrzeugleasing nach einem Marktbericht des Ifo Instituts für Wirtschaftsforschung im Jahr 2007 um rund 10 % zulegen, was besonders beachtlich ist, weil die Kfz-Neuzulassungen rückläufig waren. Der Zuwachs beim Kfz-Leasing war vor allem auf die gute Entwicklung bei den Nutzfahrzeugen zurückzuführen.

Die Leasingbranche hoffte nach dem Einbruch von 2007 auf einen Anstieg der Pkw-Zulassungen im Jahre 2008 auf das Durchschnittsniveau der Vorjahre und versprach sich davon eine Belebung des Leasingabsatzes. Diese Erwartung wird sich nicht erfüllen, da die Konjunktur auf dem Automobilmarkt wegen des exorbitanten Anstiegs der Kraftstoffpreise heftig ausgebremst worden ist. Nach einer Marktstudie, die das Marktforschungsinstitut TNS Infratest im Auftrag des Bundesverbandes Deutscher Leasingfirmen 2007 durchgeführt hat, wird Leasing aber nach wie vor als attraktivste Investitionsform angesehen und liegt deutlich vor dem Kredit.[9]

Im Wettbewerb mit freien Leasinggesellschaften haben Hersteller und ihre Banken deutlich die Oberhand. Fehlgeschlagen sind allerdings ihre Bemühungen, dem Handel zu untersagen, eigene Leasinggeschäfte zu tätigen, Leasingverträge an Fremdfirmen zu vermitteln und diese mit Fahrzeugen zu beliefern. Zum Scheitern verurteilt war auch ihr Versuch, Vertragshändler zu verpflichten, Kraftfahrzeuge an freie Leasinggeber nur dann zu veräußern, wenn sie für Leasingnehmer mit Wohn- oder Betriebssitz im Vertragsgebiet des jeweiligen Händlers bestimmt waren. Der EuGH[10] entschied, dass derartige Verbote und Vereinbarungen gegen EU-Recht verstoßen, da sie den Zugang von Konkurrenten zu Leasinggeschäften beschränken, die Handlungsfreiheit der Händler einschränken und den deutschen Markt abschotten. Automobilherstellern ist es allerdings nicht verwehrt, die an sie gebundenen Leasingfirmen durch Gewährung von Sonderzuschüssen und sog. Abverkaufshilfen zu unterstützen. Der Ausschluss freier Leasinggesellschaften von solchen Aktionspreisen stellt weder eine Diskriminierung noch eine unbillige Behinderung dar.[11]

Alternativen zum Leasing sind der **Barkauf**, die **Anschaffungsfinanzierung**, die **Drei-Wege-Finanzierung**, der **Mietkauf** und die **Langzeitmiete**. Wer am Vertragsende kein Eigentum am Fahrzeug erwerben möchte, für den ist Leasing im Vergleich zur Drei-Wege-Finanzierung die bessere Lösung.[12] Für Unentschiedene bietet sich die Drei-Wege-Finanzierung an, bei der der Kunde das Fahrzeug nach Ablauf der Vertragszeit zurückgeben oder erwerben kann. Gibt er das Fahrzeug zurück, hat er Mehrkilometer auszugleichen und eine Ausgleichszahlung zu leisten, wenn sich das Fahrzeug in einem nicht vertragsgemäßen Zustand befindet. Entschließt er sich für einen Kauf, kann er den Restkaufpreis sofort Zug um Zug gegen Übertragung des Eigentums begleichen oder einen mehrjährigen Anschlusskredit aufnehmen, nach dessen Tilgung das Sacheigentum auf ihn übergeht. Der Mietkauf[13]

---

8 *Weber*, NJW 2007, 2525.
9 Vorgestellt von *Schur*, FLF 2008, 53 ff.
10 Urt. v. 24. 10. 1995, ZIP 1995, 1766, 1769.
11 BGH 12. 11. 1991, KZR 2/90; OLG Frankfurt/Main 22. 3. 1990, NJW-RR 1992, 1133.
12 Kostenvergleich in Finanztest 2006, Heft 4, S. 13, 16.
13 *Ehlert* in Bamberger/Roth, § 535 Rn 38.

ist für Kunden riskant, insbesondere dann, wenn sie eine Anzahlung leisten sollen. Deshalb wird davon dringend abgeraten.[14] Bei der Langzeitmiete handelt es sich um eine derzeit nicht ins Gewicht fallende Alternative zum Leasing, die eine Fülle ungeklärter Rechtsfragen aufwirft.[15]

---

14 Warnung des ADAC in ADAC-Motorwelt 5/2008 (Finger weg vom Mietkauf).
15 Vorgestellt in Motorwelt 10/2003, S. 42,43.

B. Grundstruktur des Kraftfahrzeugleasingvertrages

I. Rechtsnatur und typologische Einordnung

L2 In der Bundesrepublik Deutschland wird das Kraftfahrzeugleasing ausschließlich als **Finanzierungsleasing** praktiziert, und zwar in Form von **Teilamortisationsverträgen**. Der Begriff Finanzierungsleasing ist gesetzlich nicht geregelt. Der Gesetzgeber hat es der Rechtsprechung und Rechtslehre überlassen, dieses Rechtsinstitut begrifflich und rechtlich auszugestalten.

Nach ständiger Rechtsprechung des BGH unterstehen Finanzierungsleasingverträge in erster Linie dem Leitbild des **Mietrechts**. Das bedeutet für den Leasinggeber eines Kfz-Leasingvertrages, dass er dem Leasingnehmer ein gebrauchstaugliches Kraftfahrzeug in einem für den Vertragszweck geeigneten Zustand während der Dauer des Leasingvertrages zur Verfügung zu stellen hat.[1] Als Gegenleistung für die **Gebrauchsüberlassung** schuldet der Leasingnehmer dem Leasinggeber ein vertraglich festgelegtes Entgelt.

L3 Mit den in der Grundmietzeit vom Leasingnehmer zu zahlenden Leasingraten (und einer eventuell vereinbarten Leasingsonderzahlung) werden nicht die Anschaffungskosten für das Leasingfahrzeug, sondern nur dessen im Voraus kalkulierter Wertverzehr und die Nebenkosten des Leasinggebers abgedeckt. Deshalb sind die Raten (nicht zu verwechseln mit den Gesamtkosten) eines Leasingvertrages geringer als die Raten einer vergleichbaren Anschaffungsfinanzierung.

Für den Leasinggeber besteht die Notwendigkeit, sich hinsichtlich der Kostenanteile, die in der Grundmietzeit nicht amortisiert werden, in geeigneter Weise vertraglich abzusichern, sei es durch eine Restwertgarantie des Leasingnehmers, eine Ausgleichszahlung oder ein Andienungsrecht.[2] Zur Risikobegrenzung auf Seiten des Leasingnehmers gehört eine sorgfältige Restwertschätzung.[3] Für ihn empfiehlt sich außerdem der Abschluss einer Restschuldversicherung für den Fall notfallbedingter Zahlungsstörungen.[4]

L4 Dem **Finanzierungscharakter** des Leasingvertrages trägt der Anspruch des Leasinggebers auf **Vollamortisation** Rechnung.[5] Der Leasingnehmer ist – transparente Vertragsgestaltung vorausgesetzt- verpflichtet, dem Leasinggeber die Anschaffungskosten des Fahrzeugs einschließlich Zinsen, Nebenkosten und Gewinn in vollem Umfang zu amortisieren.[6] Die volle Kostendeckung wird bei den erlasskonformen Vertragsmodellen durch die Leasingraten, eine eventuell bei Vertragsbeginn zu leistende Sonderzahlung und durch Absicherung des kalkulierten Restwertes erreicht.

L5 Die durch **das Spannungsverhältnis** zwischen Gebrauchsüberlassung und Finanzierung geprägte Interessenlage der Parteien eines Finanzierungsleasingvertrages hat der BGH[7] folgendermaßen beschrieben:

„Beim reinen Mietvertrag schuldet der Vermieter Gebrauchsüberlassung und Erhaltung. Beim Leasingvertrag tritt zur Gebrauchsüberlassung die Finanzierungsfunktion hinzu. Beides ist, wie in der Rechtsprechung des erkennenden Senates von Anfang an betont worden ist, auf die individuellen Investitionsbedürfnisse des Leasingnehmers zuge-

---

1 *Graf von Westphalen*, Der Leasingvertrag, Kap. B Rn 2.
2 *Spittler*, S. 45.
3 *Beyer*, FLF 1997, 102.
4 *Reker*, FLF 1998, 185.
5 *Erman/Jendrek*, Anh. § 535 Rn 10.
6 BGH 24. 4. 1996, DAR 1996, 318, 320.
7 Urt. v. 4. 7. 1990, ZIP 1990, 1133.

schnitten. In der Finanzierungsfunktion wurzelt das Amortisationsprinzip, das den entscheidenden Unterschied zum reinen Mietvertrag ausmacht. Das Amortisationsprinzip akzeptiert der Leasingnehmer, wenn er sich zur Verwirklichung eines Investitionsvorhabens durch Leasing des Investitionsgutes entschließt."

Kfz-Leasingverträge mit **Kilometerabrechnung** werden der Kategorie der Finanzierungsleasingverträge zugerechnet, obwohl eine vollständige Restwertabsicherung durch den Leasingnehmer nicht stattfindet.[8] Bei dieser Vertragsart übernimmt der Leasinggeber das Restwertrisiko, das aber auf die **Marktgängigkeit** des Fahrzeugs und die richtige interne Kalkulation beschränkt ist.[9] Die Gefahr der Verschlechterung und des Untergangs der Leasingsache trägt der Leasingnehmer. Er haftet dem Leasinggeber „leasingtypisch" dafür, dass sich das Fahrzeug am Vertragsende in einem vertragsgemäßen, mangel- und beschädigungsfreien Zustand befindet.[10] Dies steht nach Ansicht des BGH der Qualifizierung des Kilometerleasingvertrages als Finanzierungsleasingvertrag nicht entgegen, weil bereits durch die Zahlung der Leasingraten ein so wesentlicher Teil der Kosten ausgeglichen wird, dass die Vollamortisation ohne erneutes Verleasen der Leasingsache an weitere Leasingnehmer erreicht wird, eine „Amortisationslücke" für den Leasinggeber also nicht zu erwarten ist.[11] **L6**

Kfz-Leasingverträge mit offenem Restwert und mit Kilometerabrechnung sind während der vereinbarten Vertragszeit grundsätzlich **unkündbar**. Nur beim Vertragsmodell des sog. **kündbaren Kfz-Leasingvertrages mit Abschlusszahlung** wird dem Leasingnehmer ein Recht zur vorzeitigen Vertragsbeendigung nach Ablauf einer unkündbaren Grundvertragszeit eingeräumt. Macht er von diesem außerordentlichen Kündigungsrecht Gebrauch, hat er eine vertraglich festgelegte Einmalzahlung an den Leasinggeber zu leisten, mit der die noch nicht amortisierten Kosten des Leasinggebers abgedeckt werden. **L7**

Es entspricht dem Finanzierungscharakter des Kfz-Leasingvertrages, dass grundsätzlich der Leasingnehmer das **Investitionsrisiko** trägt.[12] Zerschlagen sich seine wirtschaftlichen Pläne, besitzt er weder ein Recht zur fristlosen Kündigung aus wichtigem Grund noch kann er vom Leasinggeber verlangen, dass der Leasingvertrag wegen Störung der Geschäftsgrundlage aufgehoben oder angepasst wird.[13] **L8**

Für die **steuerliche Einordnung** des Kfz-Leasingvertrages unter Finanzierungsleasing wie auch für die Abgrenzung zum Mietkauf kommt es entscheidend darauf an, dass das Leasingfahrzeug dem Vermögen des Leasinggebers zugerechnet wird. Es muss in seinem **wirtschaftlichen Eigentum** stehen und von ihm bilanziert werden (§ 39 Abs. 2 Ziff. 2 S. 1 AO 1977). Davon ist grundsätzlich auszugehen, wenn der Kfz-Leasingvertrag den Anforderungen des Leasingerlasses vom 22. 12. 1975 genügt.[14] Dieser nach wie vor gültige Erlass, der für die zivilrechtliche Aufarbeitung des Leasings wegweisend war, regelt die steuerrechtliche Zurechnung des Leasinggegenstandes für Teilamortisationsleasingverträge. Er ist auf das Kfz-Leasing zugeschnitten, das – von seltenen Ausnahmen abgesehen – als Teil- **L9**

---

8 BGH 15. 10. 1986, WM 1987, 38; ausführlich *Zahn* in *Graf von Westphalen*, Der Leasingvertrag, Kap. M Rn 33 ff., 50.
9 BGH 15. 10. 1986, WM 1987, 38.
10 Zutreffend weist *Zahn* in *Graf von Westphalen*, Der Leasingvertrag, Kap. M Rn 39 Fn 6 darauf hin, dass der Leasingnehmer u. U. einen Wertminderungsausgleich bis zur Höhe des hypothetischen Marktwertes schuldet, was aber weder bedeutet, dass er die Vollamortisation als solche schuldet, noch dass er das Restamortisationsrisiko trägt.
11 BGH 11. 3. 1998, NJW 1998, 1637 mwN.
12 BGH 4. 7. 1990, ZIP 1990, 1133.
13 OLG Dresden, 26. 7. 1995, OLGR 1996, 90.
14 Abgedruckt im Anhang Anlage 4 und nachzulesen in BB 1976, 72.

amortisationsleasing praktiziert wird.[15] Für diese Vertragsart ist charakteristisch, dass eine unkündbare Vertragszeit vereinbart wird, die mehr als 40 %, jedoch nicht mehr als 90 % der betriebsgewöhnlichen Nutzungsdauer des Leasinggegenstandes beträgt und dass die Anschaffungs- oder Herstellungskosten des Leasinggebers in der Grundmietzeit nur zum Teil durch die Zahlung der Leasingraten gedeckt werden.

L10 Kfz- Leasingverträge, die den Anforderungen des Leasingerlasses vom 22. 12. 1975 entsprechen, werden als **erlasskonform** bezeichnet. Nicht erlasskonform ist der Kfz-Leasingvertrag mit Kilometerabrechnung, dessen steuerrechtliche Behandlung davon abhängt, ob in casu die Voraussetzungen einer Zurechnung des wirtschaftlichen Eigentums am Leasingfahrzeug nach § 39 Abs. 2 Nr. 1 AO beim Leasinggeber stattfindet. Bei den branchenüblichen Verträgen ist dies zu bejahen.

L11 Das Vorhandensein eines **überwiegenden Finanzierungsinteresses** auf Seiten des Leasinggebers ist kein notwendiges Kriterium für das Finanzierungsleasing. Es kann durchaus ein anderes Interesse dominierend sein, wie zB das der **Absatzförderung**. Die Unterscheidung in echte und unechte Finanzierungsleasingverträge, also in solche mit einem primären oder sekundären Finanzierungsinteresse, hält der BGH[16] nicht für erforderlich, weil es für die zivilrechtliche Beurteilung aus der insoweit maßgeblichen Sicht des Leasingnehmers keinen Unterschied macht, ob er sich die erhofften Vorteile des Leasings von einem markengebundenen oder einem freien Leasinggeber verschafft. Außerdem würde die generalisierend abstrakte Abgrenzung der Vertragstypen auf praktisch kaum überwindbare Schwierigkeiten stoßen, da es an brauchbaren Unterscheidungskriterien fehlt.[17]

Zusammenfassend bleibt festzuhalten, dass das Kfz-Leasing in Deutschland – nahezu ausnahmslos- als Teilamortisations- Finanzierungsleasing praktiziert wird. Hierfür sind folgende Kriterien zu erfüllen:

– Vereinbarung einer unkündbaren Vertragsdauer von mehr als 40 % jedoch nicht mehr als 90 % der betriebsgewöhnlichen Nutzungsdauer des Fahrzeugs.

– Keine vollständige Amortisation der Anschaffungs- oder Herstellungs- und Nebenkosten des Leasinggebers in der Grundmietzeit.

– Übernahme des Investitionsrisikos durch den Leasingnehmer.[18]

– Volle Amortisation der Anschaffungs- oder Herstellungskosten einschließlich der Neben- und Finanzierungskosten des Leasinggebers durch den Leasingnehmer.[19]

– Zurechnung des wirtschaftlichen Eigentums am Leasingfahrzeug beim Leasinggeber.

II. Erlasskonforme Vertragsmodelle

L12 Folgende Vertragsmodelle werden im Teilamortisationserlass des Bundesministers der Finanzen vom 22. 12. 1975 geregelt:

– Leasingvertrag mit Andienungsrecht des Leasinggebers – ohne Optionsrecht des Leasingnehmers

---

15 Der Gegenpart ist Vollamortisationsleasing, geregelt im Leasingerlass des Bundesministers der Finanzen vom 19. 4. 1971, BB 1971, 508, bei dem mit den in der Grundmietzeit zu entrichtenden Raten mindestens die Anschaffungs- oder Herstellungskosten sowie alle Nebenkosten einschließlich der Finanzierungskosten des Leasinggebers gedeckt werden.
16 BGH 22. 1. 1986, NJW 1986, 1335 ff.
17 Urt. v. 3. 7. 1985, ZIP 1985, 935; *Erman/Jendrek*, Anh. § 535 Rn 5.; differenzierend *Berger*, Typus und Rechtsnatur des Herstellerleasing, Hamburger Beiträge zum Handels-, Schifffahrts- und Wirtschaftsrecht, S. 25 ff.
18 *Bordewin/Tonner*, Rn 17.
19 BGH 24. 4. 1996, DAR 1996, 318, 320.

Erlasskonforme Vertragsmodelle

– Leasingvertrag mit Aufteilung des Mehrerlöses – und Übernahme des Restwertrisikos durch den Leasingnehmer
– Kündbarer Leasingvertrag mit Abschlusszahlung – unter Anrechnung des Verwertungserlöses.

1. Leasingvertrag mit Andienungsrecht des Leasinggebers

Bei dieser Vertragsvariante behält sich der Leasinggeber das Recht vor, dem Leasingnehmer das Fahrzeug am Vertragsende zum Buchwert oder zum kalkulierten Restwert zum Kauf anzudienen, sofern es nicht zum Abschluss eines Verlängerungsvertrages kommt. Der Leasingnehmer ist aufgrund des Andienungsrechts zur Erfüllung des Kaufvertrages verpflichtet, wenn der Leasinggeber von seinem Andienungsrecht Gebrauch macht, besitzt aber selbst nicht das Recht, das Leasingfahrzeug am Vertragsende zu erwerben.

Das Andienungsrecht verschafft dem Leasinggeber die Möglichkeit, den kalkulierten Restwert über den Kaufpreis des Leasingfahrzeugs zu realisieren, auch wenn dessen tatsächlicher Wert am Vertragsende unter dem kalkulierten Restwert liegt. Besteht Aussicht, auf dem Markt einen höheren als den kalkulierten Preis für das Leasingfahrzeug zu erzielen, kann er das Fahrzeug selbst verwerten, trägt dann aber auch das volle Verwertungsrisiko. Somit hat der Leasinggeber – abgesehen von der Zahlungsunfähigkeit des Leasingnehmers – einerseits kein Restwertrisiko und besitzt andererseits die Chance, an einer Wertsteigerung des Fahrzeugs zu partizipieren. Das macht den Gehalt seines wirtschaftlichen Eigentums aus.

Die Rechtsnatur des Andienungsrechts ist unklar. Der BGH[20] hat offen gelassen, ob es sich um ein **Kaufangebot** des Leasingnehmers handelt, das der Leasinggeber am Vertragsende annehmen kann oder ob mit der Vereinbarung des Andienungsrechts bereits ein aufschiebend bedingter Kaufvertrag zustande kommt, bei dem die **aufschiebende Bedingung** in der Ausübung des Andienungsrechts durch den Leasinggeber besteht. In beiden Fällen kommt der Kaufvertrag über das Kraftfahrzeug bereits mit der Andienung zustande.

L13

2. Vertrag mit Aufteilung des Mehrerlöses

Das beim Leasingvertrag mit Restwertabrechnung nach Ablauf der Grundmietzeit vom Leasingnehmer zurückzugebende Auto wird vom Leasinggeber verwertet. Einen etwaigen Mindererlös hat der Leasingnehmer auszugleichen. Von einem **Mehrerlös** erhält er **75 %**, während die restlichen **25 % des Mehrerlöses** dem Leasinggeber zustehen. Die ungleiche Verteilungsquote bewirkt, dass das Leasingfahrzeug dem Leasinggeber wirtschaftlich zugerechnet wird. Abweichungen von diesen Quoten können steuerschädlich sein und – soweit in AGB enthalten – an § 307 BGB scheitern.

Eine zu niedrige Schätzung des Restwertes ist für den Leasingnehmer nachteilig, da ihm der – von vornherein zu erwartende – Mehrerlös nicht in vollem Umfang zugute kommt. Deshalb ist auf eine realistische Restwertschätzung zu achten.

L14

3. Kündbarer Vertrag mit Schlusszahlung

Dem Leasingnehmer wird bei diesem Vertragsmodell das **Recht** eingeräumt, den Leasingvertrag nach Ablauf der Grundmietzeit von 40 % der betriebsgewöhnlichen Nutzungsdauer unter Einhaltung einer im Vertrag festgelegten Frist **zu kündigen**. Die vom Leasingnehmer garantierte Vollamortisation wird durch Entrichtung einer zum Kündigungstermin fälligen **Abschlusszahlung** erreicht, deren Höhe so bemessen ist, dass sie unter Berücksich-

L15

---
20 BGH 16. 10. 1996, NJW 1997, 452, 453.

tigung der bis dahin gezahlten Raten zuzüglich 90 % des Verwertungserlöses den Gesamtaufwand des Leasinggebers abdeckt. Je später der Kündigungszeitpunkt liegt, umso geringer ist die Schlusszahlung.[21] Erlasskonforme kündbare Verträge sind beim Autoleasing selten anzutreffen, weil sie im Vergleich zu den übrigen Vertragsvarianten sowohl für den Leasinggeber als auch für den Leasingnehmer mit Risiken und Nachteilen behaftet sind.[22]

III. Leasingvertrag mit Kilometerabrechnung

L16 Eine beim Kfz-Leasing sehr häufig anzutreffende – allerdings nicht erlasskonforme – Variante ist der Vertrag mit Kilometerabrechnung, bei dem die Leasinggesellschaft das Verwertungsrisiko trägt.

Im Leasingvertrag wird die **Kilometerleistung** für die Dauer der Überlassung des Fahrzeugs **festgelegt**. Das Nutzungsentgelt deckt den geschätzten Wertverzehr der Leasingsache während der Vertragszeit sowie die Aufwendungen und den Gewinn des Leasinggebers. Es beinhaltet außerdem Risikozuschläge, da sich der Wertverlust des Fahrzeugs während der Vertragszeit im Voraus kalkulatorisch nicht exakt vorausberechnen lässt.

Am Vertragsende hat der Leasinggeber das Fahrzeug zurückzugeben. Ein Erwerbsrecht besitzt er nicht. Auf der Grundlage der vereinbarten Laufleistung wird der Vertrag vom Leasinggeber abgerechnet. Überschreitet oder unterschreitet die während der Vertragszeit zurückgelegte Laufleistung des Fahrzeugs das vereinbarte Kilometerlimit einschließlich der üblichen Freikilometer (üblich sind Toleranzen von plus minus 2000–2500 km), sind **Mehr-** und **Minderkilometer** auszugleichen. Die vertraglich festgelegten Kilometersätze, die der Leasingnehmer für Mehrkilometer entrichten muss, liegen im Regelfall über denen, die er im Falle der Nichterreichung des Limits vom Leasinggeber zu beanspruchen hat.

Obwohl das Verwertungsrisiko und das der zutreffenden internen Restwertkalkulation beim Leasinggeber liegen,[23] sind Kilometerleasingverträge durchaus streitanfällig. Der Grund besteht darin, dass der Leasinggeber lediglich das **Marktwertrisiko** trägt, das **Erhaltungsrisiko** jedoch vom Leasingnehmer übernommen wird. Letzterer schuldet die Rückgabe eines mängelfreien, betriebs- und verkehrssicheren Fahrzeugs in einem dem Alter und der Fahrleistung entsprechenden Erhaltungszustand. Weist das Fahrzeug diese üblicherweise in AGB festgelegte Sollbeschaffenheit am Vertragsende nicht auf, hat der Leasingnehmer eine dadurch bedingte Wertminderung auszugleichen (ausführlich dazu Rn L533 ff.). Da die Vorstellungen des Leasinggebers und des für die Fahrzeugrücknahme und Weiterverwertung zuständigen Händlers zur Sollbeschaffenheit des Fahrzeugs mit denen des Leasingnehmers selten übereinstimmen, was angesichts der unterschiedlichen Interessenlagen und der wenig hilfreichen und nach Ansicht des OLG München[24] intransparenten AGB- Zustandsbeschreibung nicht verwundern, sind die Streitereien am Vertragsende regelrecht vorprogrammiert.

Der Kfz-Leasingvertrag mit Kilometerabrechnung ist ein Finanzierungsleasingvertrag, bei dem das **wirtschaftliche Eigentum** am Leasingfahrzeug dem Leasinggeber zugerechnet wird.[25] Dem steht weder entgegen, dass die Vertragsgestaltung von den Vorbildern des Mobilien- Leasingerlasses abweicht[26], noch die Tatsache, dass der Leasinggeber das Ver-

---

21 *Spittler*, S. 47.
22 Dazu ausführlich *Reinking* in *Reinking/Kessler/Sprenger*, § 2 Rn 62 ff.
23 BGH 24. 4. 1996, DAR 1996, 318.
24 Urt. v.3. 2. 1999, DAR 1999, 268; 27. 1. 2000, DAR 2000, 363, 364; siehe auch *Müller-Sarnowski*, DAR 2004, 368, 369 und 608, 612.
25 BGH 24. 4. 1996, DAR 1996, 318; 11. 3. 1998, NJW 1998, 1637,1639; *Staudinger/Stoffels*, Leasing, Rn 37.
26 *Reinicke/Tiedtke*, Kaufrecht, Rn 1668.

wertungsrisiko übernimmt.[27] Daraus folgt, dass auch bei einem Kilometerleasingvertrag zwischen einem Unternehmer und einem Verbraucher die Verbraucherschutznormen zu beachten sind, auf die § 500 BGB verweist.[28]

IV. Transparente Vertragsgestaltung

Da dem durchschnittlichen Leasingnehmer eines erlasskonformen Leasingvertrages das komplizierte Wechselspiel zwischen Leasingraten, kalkuliertem Restwert und Verpflichtung zur Deckung eines Mindererlöses nicht geläufig ist, wird dem Leasinggeber eine **transparente Vertragsgestaltung** abverlangt, welche die Zweistufigkeit der Vollamortisationsgarantie durch Zahlung des Leasingentgelts und Absicherung des Restwertes verdeutlichen muss. Die Transparenz speziell im Hinblick auf die Restwertgarantie ist vor allem deshalb zu verlangen, weil die Verpflichtung des Leasingnehmers zum Restwertausgleich nicht schon immanent aus dem allgemeinen leasingtypischen Prinzip der Vollamortisation folgt.[29] Das Transparenzgebot gilt für alle erlasskonformen Vertragsvarianten, welche als „Verträge mit offenem Restwert" bezeichnet werden.[30]

L17

Die Restwertabsicherung beinhaltet einen **Entgeltanspruch**, der eine Hauptleistungspflicht darstellt.[31] Aus dem Transparenzgebot folgt, dass sich Hauptleistungspflichten aus dem Vertrag selbst und nicht allein aus AGB ergeben müssen. Es bedarf deshalb zumindest eines Hinweises im eigentlichen Vertragstext, dass eine Nachbelastung erfolgt, falls der Veräußerungserlös unter dem kalkulierten Restwert liegt.[32] Der Leasingnehmer muss sich darauf verlassen können, dass es nicht des Studiums der AGB bedarf, um im Wesentlichen erfassen zu können, welche Verpflichtungen durch den Vertragsabschluss auf ihn zukommen.[33]

Zu empfehlen ist eine drucktechnisch hervorgehobene Schrift und eine klare Abrechnungsregelung in AGB.

Formulierungsbeispiel:

Der Leasingnehmer garantiert den kalkulierten Restwert von Euro 5000 zuzüglich Mehrwertsteuer.[34]

Allein das Einsetzen des kalkulierten Restwertes in die Rubrik Fahrzeugabrechnung (als Alternative zur Abrechnung auf Kilometerbasis) in Verbindung mit der fett gedruckten Formulierung „kalkulierter Netto-Rücknahmewert" und einer hierzu in Klammern gefassten Erläuterung „Vereinbarter Mindestwert bei Fahrzeugrücknahme" lässt die Übernahme eines Restwertrisikos nicht mit hinreichender Klarheit erkennen. Der Eintrag kann auch als bloße Rechnungsgröße verstanden werden, die der Leasinggeber ebenso wie den Gesamtfahrzeugpreis bekannt machen will.[35] Dasselbe gilt für eine Vertragsurkunde, welche die Überschrift „Autoleasing- Antrag mit Restwertabrechnung" trägt und auf der ersten Seite lediglich die Angabe des kalkulierten Restwertes enthält. Ihr kann der Leasingnehmer nicht entnehmen, dass er nach Beendigung der Vertragszeit eine Ausgleichszahlung leisten

L18

---

27 *Martinek/Oechsler*, ZIP 1993, 81, 82; *Slama*, WM 1991, 569, 570; *Reinking/Nießen*, ZIP 1991, 634, 637.
28 Dazu *Reinking*, DAR 2002, 145 ff.
29 BGH 9. 5. 2001 EWiR, § 535 BGB 23/2001, 1089 (*Reinking*).
30 *Soergel/Heintzmann*, vor § 353 Rn 56.
31 BGH 10. 7. 1996, NJW 1996, 2860, 2861; OLG Hamm 6. 10. 1995, NJW-RR 1996, 502, 503.
32 OLG Oldenburg 2. 4. 1998 – 14 U 48/97 – n. v.
33 OLG Oldenburg 18. 12. 1987, NJW-RR 1987, 1003, 1005; OLG Karlsruhe 23. 4. 1986, NJW-RR 1986, 1112, 1113.
34 BGH 4. 6. 1997, DAR 1997, 406; OLG Hamm 6. 10. 1995, OLGR 1996, 1; OLG Celle 22. 5. 1996, OLGR 1996, 219.
35 LG Oldenburg 31. 7. 1998, NJW-RR 1999, 1209; a. A. SchlHOLG 30. 6. 2000, OLGR 2001, 101.

muss, falls der angegebene Restwert nicht erzielt wird.[36] Nach Auffassung des OLG Oldenburg[37] lässt der bloße Hinweis im Vertragstext, dass die vom Leasingnehmer während der Vertragsdauer zu zahlenden Leasingraten nicht die vollen Amortisationskosten sowie die Nebenkosten decken, nicht erkennen, dass außer den ausdrücklich genannten Zahlungsverpflichtungen weitere Zahlungsbelastungen auf den Leasingnehmer zukommen können. Im Kontext mit einem solchen Hinweis ist die Angabe einer jährlichen Fahrleistung aus Sicht des Leasingnehmers dahingehend zu verstehen, dass es sich bei dem angenommenen Restwert nach der Erfahrung des Leasinggebers um denjenigen handelt, der sich am Vertragsende tatsächlich realisieren lässt.

Die mit der **Restwertgarantie** korrespondierende **Abrechnungsklausel** muss in Verbindung mit dem übrigen Vertragsinhalt alle Angaben enthalten, derer es zur Berechnung des nach der Klausel geschuldeten Betrages bedarf. Die Offenlegung der Kalkulation ist aber nicht erforderlich.[38]

Eine Klausel, die besagt, dass der Leasingnehmer eine Minusdifferenz zwischen dem kalkulierten Restwert und dem tatsächlich am Vertragsende erzielten Nettoerlös auszugleichen hat, genügt als solche noch nicht dem Transparenzgebot.[39] Es reicht auch nicht, dass sich die Vollamortisationsgarantie des Leasingnehmers aus einem nicht näher erläuterten Computerprogramm ergibt.[40] Nur unter der Voraussetzung, dass der Leasinggeber den Leasingnehmer ausdrücklich auf die Restwertgarantie hingewiesen hat oder dass diese klar und eindeutig aus dem Vertrag hervorgeht, ist die Ausgleichsklausel weder überraschend i. S. d. § 305 c BGB noch verstößt sie gegen § 307 Abs. 1 S. 2 BGB.[41]

L19 Geteilt sind die Ansichten zu der Frage, ob eine Abrechnungsklausel in Verbindung mit einem eingangs der Vertragsurkunde enthaltenen Hinweis, dass die unter Berücksichtigung des Restwertes ermittelten, vom Leasingnehmer in der Grundmietzeit zu entrichtenden Leasingraten den Aufwand des Leasinggebers für die Anschaffung und Überlassung des Leasingfahrzeugs nicht abdecken, den Anforderungen an das Transparenzgebot genügt. Während das OLG Oldenburg[42] sich auf den Standpunkt gestellt hat, eine solche Regelung trage eher zur Verwirrung als zur Klarstellung bei, da sie dem Kunden die irrige Vorstellung suggeriere, die Leasingraten seien so kalkuliert, dass der Restwert am Vertragsende in jedem Fall erzielt werde, hat das OLG Karlsruhe[43] die Klausel als leasingtypisch und deshalb nicht als überraschend eingestuft.

L20 Das AG Hamburg hat in einem beachtlichen Urteil[44] die in Teilamortisationsverträgen mit Restwertabrechnung üblicherweise verwendete **Klausel,** die dem Leasingnehmer von einem Mehrerlös nur 75 % zubilligt, ihn aber zum Ausgleich des vollen Mindererlöses verpflichtet, trotz ihres systemimmanenten Regelungscharakters als überraschend bewertet. Das Überraschungsmoment der Klausel besteht nach Ansicht des AG Hamburg darin, dass sie an einen im Vertrag ausgewiesenen, vom Leasinggeber einseitig **ohne Offenlegung der konkreten Kalkulationsgrundlagen** ermittelten Gebrauchtwagenerlös anknüpft, ohne auf den Fall beschränkt zu sein, dass dieser Verkaufserlös von dem Leasinggeber auch realistisch eingeschätzt worden ist. Die Befürchtung des Gerichts, dass der Leasingnehmer andernfalls für willkürlich kalkulierte „Gebrauchtwagenerlöse" einstehen müsste, die von

---

36 LG Neuruppin 18. 2. 2000, DAR 2000, 314.
37 Urt. v. 2. 4. 1998 – 14 U 48/97, n. v.
38 BGH 4. 6. 1997, DAR 1997, 406.
39 OLG Karlsruhe 23. 4. 1986, NJW-RR 1986, 1112 ff.
40 OLG Köln 6. 2. 1995, NJW 1995, 2044.
41 OLG Hamm 6. 10. 1995, ZfS 1996, 95.
42 Urt. v. 18. 2. 1987, NJW 1987, 1003 ff.
43 Urt. v. 27. 3. 1987, NJW-RR 1987, 1006 ff.
44 Urt. v. 30. 7. 1990, NJW-RR 1991, 507.

vornherein keine Realisierungschance haben, ist nicht ganz von der Hand zu weisen. Beim Vertrag mit Restwertabrechnung schadet ein zu gering eingeschätzter Restwert dem Leasingnehmer, da er einerseits hohe Raten zahlen muss, andererseits aber von dem Mehrerlös nur einen Anteil von 75 % erhält. Der Restwert ist somit ein Kalkulationsfaktor, der sich auf die Gesamtbelastung des Leasingnehmers ungünstig auswirken kann. Dennoch erscheint es nicht gerechtfertigt, der Klausel aus diesem Grunde die Wirksamkeit zu versagen, da es sich bei dem vereinbarten Restwert gerade wegen der mit der künftigen Wertentwicklung verbundenen Risiken nicht um eine prognostische Angabe handelt, sondern um eine kalkulatorische Größe, die aus der Aufteilung des Amortisationsaufwands auf die Leasingraten, die Sonderzahlung und den kalkulierten Restwert resultiert.[45] Gegen Missbrauch wird der Leasingnehmer durch § 242 BGB geschützt. Einen willkürlich eingesetzten Fantasiepreis braucht er nach Treu und Glauben nicht gegen sich gelten zu lassen.[46]

Besonders **strengen Maßstäben** unterliegt das Transparenzerfordernis beim Leasingvertrag mit **Andienungsrecht**. Die vom Leasingnehmer garantieartig geschuldete Vollamortisation muss derart klar, eindeutig und unmissverständlich im Leasingvertrag niedergelegt sein, dass sie einer individualvertraglichen Vereinbarung gleichkommt und dem Teilamortisationsvertrag das Gepräge gibt.[47] Der Grund für diese hohen Anforderungen besteht darin, dass Amortisations- und Gebrauchsdauer nicht deckungsgleich sind, wie dies bei den übrigen Teilamortisationsmodellen der Fall ist. Der Leasingnehmer ist gezwungen, einen Kaufvertrag über ein Fahrzeug abzuschließen, dessen Verkehrswert u. U. nicht dem vertraglich vereinbarten Restwert/Kaufpreis entspricht. Im ungünstigsten Fall wird ihm durch das Andienungsrecht ein Wirtschaftsgut aufgezwungen, mit dem er nichts mehr anfangen kann.

L21

Durch Verwendung von Formularsätzen für **mehrere Leasingvarianten** kommt es immer wieder zu Irritationen, die in dem Vorwurf münden, der konkreten Vertragsgestaltung fehle die notwendige Transparenz. Vorsicht ist vor allem bei der Angabe der **Gesamtfahrleistung** in einem **Leasingvertrag mit Restwertabrechnung** geboten. Die Eintragung der Gesamtfahrleistung macht nur Sinn im Zusammenhang mit dem Abschluss eines Leasingvertrages mit Kilometerabrechnung. Sie lässt sich nicht mit der Angabe des Restwertes vereinbaren, auf den es bei einem Leasingvertrag mit Kilometerabrechnung nicht ankommt, da der Leasinggeber das Restwertrisiko trägt. Eine Kombination der beiden Angaben kann beim unbefangenen Leser den Eindruck erwecken, dass ein Restwertausgleich erst bei Überschreitung der angegebenen Gesamtfahrleistung erfolgt, bei Einhaltung des Kilometerlimits jedoch entfällt, weil in diesem Fall der kalkulierte Restwert noch erreicht wird.[48] Um solche Missverständnisse nicht erst aufkommen zu lassen, bedarf es des deutlich gestalteten Hinweises darauf, dass die Restwertabrechnung auch im Fall einer Unterschreitung der im Vertrag angegebenen Gesamtfahrleistung stattfindet und dass die Angabe des Restwertes für den Vertrag mit Kilometerabrechnung keine Bedeutung hat.

L22

Die **Kombination** eines drucktechnisch auf der Vorderseite des Leasingvertrags hervorgehobenen **Andienungsrechts** mit einem klein gedruckten **Selbstverwertungsrecht** des Leasinggebers und der Verpflichtung des Leasingnehmers zum Ausgleich eines Mindererlöses ist ebenfalls missverständlich und wegen ihres überraschenden Inhalts gem. § 305 c BGB nicht Vertragsbestandteil.[49] Durch den Vorbehalt der Selbstverwertung werden die Vorteile des Andienungsrechts zunichte gemacht, die darin bestehen, dass der Leasingnehmer, der das ihm angediente Fahrzeug anschließend weiter verkauft, einen eventuellen Mehrerlös für sich behalten kann, während ihm nach dem Restwertmodell nur 75 % davon

---

45 OLG Celle 22. 5. 1996, OLGR 1996, 219.
46 LG Bochum 30. 9. 1986, NJW-RR 1987, 123.
47 LG Mönchengladbach 28. 1. 1994, NJW-RR 1994, 1479.
48 BGH 9. 5. 2001 EWiR, § 535 BGB 23/2001, 1089 (*Reinking*).
49 OLG Nürnberg 8. 6. 1999, NJW-RR 2000, 278.

zustehen. Ein weiterer Vorzug besteht darin, dass der Leasingnehmer, dem der Leasinggeber ein Andienungsrecht eingeräumt hat, nicht zu einem kurzfristigen Verkauf zu möglicherweise schlechten Bedingungen gezwungen ist, wie dies bei einer Verwertung durch den Leasinggeber der Fall ist.

Bei der Aufnahme eines Andienungsrechts in einen Kilometerleasingvertrag ist darauf zu achten, dass Andienung und Kilometerausgleich nur alternativ und nicht kumulativ vereinbart werden können, da sie sich gegenseitig ausschließen.[50] Übt der Leasinggeber das Andienungsrecht aus, kann er vom Leasingnehmer nicht zusätzlich eine Ausgleichszahlung wegen gefahrener Mehrkilometer verlangen. Auf der anderen Seite besitzt der Leasingnehmer im Falle der Andienung keinen Anspruch auf Vergütung der Minderkilometer, da die Minderlaufleistung durch den Erwerb des infolge geringerer Nutzung höherwertigeren Fahrzeugs hinreichend ausgeglichen wird.

L23 Weitergehende Aufklärungspflichten des Leasinggebers über Inhalt, Risiken und wirtschaftliche Folgen des Kraftfahrzeugleasingvertrages bestehen nicht, es sei denn, der Leasinggeber erkennt, dass der Leasingnehmer von falschen Vorstellungen ausgeht.[51] Im Zusammenhang mit der Abtretungskonstruktion (Rn L67) wird allerdings erwogen[52], dem Leasinggeber eine Hinweispflicht auf die eigene **subsidiäre Eigenhaftung** aufzuerlegen, weil die Rechtslage vom durchschnittlichen Leasingnehmer nicht zu durchschauen ist. Eines solchen Hinweises bedarf es jedoch nicht, da die dem Leasingnehmer zum Vorteil gereichende subsidiäre Eigenhaftung des Leasinggebers automatisch auflebt, wenn der Lieferant als solventer Anspruchsgegner ausfällt.[53]

V. Steuerliche Aspekte

L24 Das Finanzierungsleasinggeschäft wird vom **Steuerrecht geprägt.** Es sind in erster Linie die vom Leasingnehmer angestrebten **Steuervorteile**, die das Leasing interessant machen. Voraussetzung hierfür ist, dass das **wirtschaftliche Eigentum** am Leasingfahrzeug dem Leasinggeber zugerechnet wird, wovon bei erlasskonformer Vertragsgestaltung grundsätzlich auszugehen ist. Beim Leasingvertrag mit Kilometerabrechnung wird das Eigentum im Regelfall ebenfalls dem Leasinggeber zugeordnet, da auch dieses Vertragsmodell faktisch-kalkulatorisch auf Vollamortisation angelegt ist, obwohl es an einer rechtlichen Amortisationsgarantie des Leasingnehmers fehlt.[54]

1. Bilanzierung

L25 Leasingfahrzeuge, die dem Leasinggeber wirtschaftlich zuzurechnen sind, werden in dessen Bilanz in Höhe der Anschaffungs- oder Herstellungskosten aktiviert und sind für Leasingnehmer bilanzneutral.[55] Die Absetzung für Abnutzung (AfA) erfolgt beim Leasinggeber nach der betriebsgewöhnlichen Nutzungsdauer des Leasinggutes.[56]

---

50 OLG Düsseldorf 14. 4. 1994, NJW-RR 1994, 1337.
51 BGH 11. 3. 1987, WM 1987, 627, 629.
52 *Graf von Westphalen*, NJW 2004, 1998; *ders.* BB 2004, 2028.
53 *Beckmann*, § 2 Rn 374 unter Hinweis auf BGH 8. 10. 2003, NJW 2004, 1041.
54 *Martinek* in *Martinek/Stoffels/Wimmer-Leonhardt*, § 3 Rn 27; im Falle einer für das Kraftfahrzeugleasing atypischen Zuordnung des wirtschaftlichen Eigentums beim Leasingnehmer wird der Leasingvertrag steuerlich wie ein Ratenkauf behandelt, *Heyd* in *Graf von Westphalen*, Der Leasingvertrag, Kap. A Rn 33; *Wagner* in *Martinek/Stoffels/Wimmer-Leonhardt*, § 69 Rn 77 ff.
55 Zu den Ausnahmen *Wagner* in *Martinek/Stoffels/Wimmer-Leonhardt*, § 69 Rn 104, 105.
56 Zur Abschreibung nach HGB und nach IFRS im Detail: *Findeisen* in *Martinek/Stoffels/Wimmer-Leonhardt*, §72 Rn 2 ff., 33 ff.; zur Leasingbilanzierung nach US-GAAP *Heyd* in *Graf von Westphalen*, Der Leasingvertrag, Kap. A Rn 191 ff.

Steuerliche Aspekte

Gleichbleibende Leasingraten, die beim Kraftfahrzeugleasing üblicherweise vereinbart werden, sind sofortige Betriebseinnahmen des Leasinggebers und bilanzneutral.[57] Die Behandlung von **Sonderzahlungen** hängt davon ab, ob sie eine **Mietvorauszahlung** darstellen oder einen **bereits entstandenen Aufwand** des Leasinggebers abdecken. Handelt es sich um eine Mietvorauszahlung, ist sie beim Leasinggeber als passiver Rechnungsabgrenzungsposten anzusetzen,[58] dient sie der Abdeckung entstandener Kosten, ist sie als sofortiger Ertrag zu erfassen.[59]

L26

2. Betriebsausgaben

Für Leasingnehmer, die den Leasingvertrag als Unternehmer, Gewerbetreibende oder Freiberufler abgeschlossen haben, sind Leasingraten sofort abzugsfähige Betriebsausgaben.[60]

L27

Zu den abzugsfähigen Betriebsausgaben gehören auch Sonderzahlungen, die vom Leasingnehmer als zusätzliches Entgelt für die Gebrauchsüberlassung während der Grundmietzeit zu leisten sind. Sie sind sofort abzugsfähiger Aufwand, wenn sie eine vom Leasinggeber erbrachte Leistung abgelten. Haben sie den – für Kfz-Leasingverträge typischen – Charakter von Mietvorauszahlungen (Rn L300, L301), müssen sie zeitanteilig abgegrenzt werden.

3. Umsatzsteuer

Die **Nutzungsüberlassung** eines Kraftfahrzeugs im Rahmen eines Finanzierungsleasingvertrages, bei dem das wirtschaftliche Eigentum an der Leasingsache dem Leasinggeber zuzurechnen ist, stellt eine **sonstige Leistung** des Leasinggebers i. S. d. § 1 Abs. 1 Nr. 1 UStG dar und unterliegt der Umsatzsteuer.[61]

L28

Zum Vorsteuerabzug berechtigte Unternehmer können die Umsatzsteuer der Leasingraten in anfallender Höhe als Vorsteuer gem. § 15 UStG in Abzug bringen.

Die in einer **Leasingsonderzahlung** enthaltene Umsatzsteuer unterliegt der Anzahlungsbesteuerung des § 13 Abs. 1 Nr. 1 a S. 4 UStG und ist sofort abzugsfähig.[62] Beim gemeinschaftlichen Pkw-Leasing steht der Vorsteuerabzug den Leasingnehmern anteilig entsprechend ihren tatsächlichen Nutzungsanteilen zu.[63]

L29

Für geleaste Kraftfahrzeuge, die Angestellten und Mitarbeitern zur Nutzung überlassen werden, kann der **volle Vorsteuerabzug** geltend gemacht werden. Diese Regelung findet auch dann Anwendung, wenn ein GmbH-Geschäftsführer im Rahmen seines Anstellungsvertrages ein für unternehmerische Zwecke geleastes Fahrzeug für private Fahrten verwendet. Die Privatnutzung ist Vergütung für geleistete Dienste, bei der die nicht durch Barlohn abgegoltene Arbeitsleistung die Bemessungsgrundlage für die Umsatzsteuer bildet.

L30

All-Inclusive-Leasingraten von Brutto-Leasingverträgen sind insgesamt umsatzsteuerpflichtig, da eine einheitliche Leistung vorliegt. Im Leasingentgelt enthaltene Leistungen, die nicht umsatzsteuerpflichtig sind, wie zB Versicherungsbeiträge und Kraftfahrzeugsteuer, werden folglich mit Umsatzsteuer belegt. Eine Trennung in umsatzsteuerpflichtiges und

L31

---

57 *Wagner* in *Martinek/Stoffels/Wimmer-Leonhardt*, § 69 Rn 51.
58 *Bordewin/Tonner*, Rn 132 ff.
59 *Wagner* in *Martinek/Stoffels/Wimmer-Leonhardt*, § 69, Rn 48.
60 *Heyd* in *Graf von Westphalen*, Der Leasingvertrag, Kap. A Rn 37; *Wagner* in *Martinek/Stoffels/Wimmer-Leonhardt*, § 69 Rn 101.
61 Ausführlich *Bordewin/Tonner*, Rn 164 ff.; *Spittler*, S. 171 Rn 28.
62 FG Hamburg 10. 10. 2002, DStRE 2003, 486, 487.
63 Nachweise bei *Bordewin/Tonner*, Rn 169.

umsatzsteuerfreies Entgelt ist nur durch Aufspaltung der Leasingleistung möglich.[64] Falls der Leasingnehmer aufgrund des Leasingvertrages berechtigt ist, das Fahrzeug im Namen und für Rechnung des Leasinggebers zu betanken, liegt keine **Kraftstofflieferung** im Verhältnis zwischen Leasinggeber und Leasingnehmer vor, vielmehr übernimmt der Leasinggeber gegenüber dem Leasingnehmer die Funktion eines Kreditgebers für den Bezug des Kraftstoffs.[65] Unter bestimmten Umständen dürfen die Beteiligten jedoch weiterhin von einem Reihengeschäft ausgehen, bei dem der Leasinggeber die Vorsteuer aus der Rechnung der Tankstelle geltend macht und dem Leasingnehmer dann seinerseits Umsatzsteuer in Rechnung stellt. Hierfür müssen bestimmte Voraussetzungen erfüllt sein, die das Bundesfinanzministerium festgelegt hat.[66]

L32   Da es sich bei den Leasingraten um Teilleistungen handelt, ist der für den jeweiligen Teilleistungszeitraum maßgebliche Umsatzsteuersatz anzuwenden, d. h. bei monatlichen Raten entsteht auch die Umsatzsteuerpflicht monatlich. Daraus folgt, dass von **Erhöhungen der Umsatzsteuer** während der Laufzeit des Leasingvertrages zurückliegende Leistungszeiträume nicht betroffen werden.[67] Soweit sie allerdings auf die künftigen Leistungszeiträume entfallen, ist der erhöhte Steuersatz zugrunde zu legen. Gleiches gilt für Sonderzahlungen, die als Mietvorauszahlung den Leasingraten hinzugerechnet werden.

L33   Wird der Leasingvertrag rückabgewickelt, weil der Leasingnehmer wegen eines Mangels vom Kaufvertrag zurückgetreten ist, schuldet der Leasinggeber die Erstattung der vom Leasingnehmer auf die Raten und die Sonderzahlung gezahlten Umsatzsteuer, und zwar auch dann, wenn Leasinggeber und Leasingnehmer diese an das Finanzamt abgeführt oder im Wege des Vorsteuerabzugs geltend gemacht haben.[68] Die Steuererklärungen sind beim nächsten Jahresabschluss entsprechend zu korrigieren.

L34   Die **Nutzungsvergütung**, die der Leasingnehmer wegen einer mängelbedingten Rückabwicklung des Leasingvertrages schuldet, ist Entgelt für die Gebrauchsüberlassung und unterliegt der Umsatzsteuer.[69]

L35   Bei **vorzeitiger Beendigung** des Leasingvertrages vom Leasingnehmer zu leistende **Ausgleichszahlungen** unterliegen nach Ansicht des BGH[70] nicht der Umsatzbesteuerung, unabhängig davon, aus welchem Rechtsgrund sie geschuldet werden. Im Gegensatz dazu hat der BFH klargestellt, dass die Ausgleichszahlung allerdings dann eine steuerbare sonstige Leistung iSv § 1 Abs. 1 Nr. 1 UstG darstellt, wenn die Vertragsaufhebung einvernehmlich erfolgt.[71] Damit besteht die Gefahr, dass sich die Finanzverwaltung bei dieser Fallgestaltung (und nur bei dieser) die Rechtsauffassung des BFH zu Eigen macht, während die Zivilrechtsprechung dem Leasinggeber den Anspruch auf Ersatz der Umsatzsteuer versagt.[72] Solange dieses Kuriosum nicht ausgeräumt ist, muss von einer einvernehmlichen Vertragsaufhebung abgeraten und stattdessen die Kündigung empfohlen werden, bei der

---

64 Steuer-Erfahrungsaustausch 10/2001, S. 3.
65 EuGH 6. 2. 2003, DStRE 2003, 484, sodann BFH 10. 4. 2003, DStRE 2003, 1073.
66 Schreiben BMF vom 15. 6. 2004, BStBl. I 2004, 605; dazu *Vosseler*, FLF 2004, 270; *Braun*, FLF 2004, 275 ff.
67 *Spittler*, S. 173; ausführlich zu den verschiedenen Konstellationen *Walling*, DB 1998,1662; ferner *Wagner* in Martinek/Stoffels/Wimmer-Leonhardt, § 70 Rn 28.
68 *Beckmann*, § 7 Rn 55.
69 BGH 12. 1. 1994, ZIP 1994, 461, 472; OLG Brandenburg Urt. v. 28. 11. 2007 – 4 U 68/07 – (das aber entgegen der BGH-Rechtsprechung bei der Berechnung der Nutzungsentschädigung wegen bestehender Vorsteuerabzugsberechtigung des Leasinggebers den Netto- Anschaffungspreis zugrunde legt); LG Braunschweig Urt. v. 14. 3. 2008 – 4 O 2804/07 (337) – n. v.; *Langer* in Auto/Steuern/Recht 4/2008 S. 9.
70 Urt. v.14. 3. 2007, NJW 2007, 1066 ff.
71 Urt. v. 7. 7. 2005, DStR 2005, 1730.
72 *Steinmassl, Fuchs, Schönsiegel*, FLF 2007, 183.

Steuerliche Aspekte

nach übereinstimmender Auffassung der Zivil- und Steuerrechtler nicht mehr danach differenziert werden muss, ob die Ausgleichszahlung vom Leasingnehmer als Schadensersatz oder aufgrund eines vertraglichen Vollamortisationsversprechens geschuldet wird.[73] Die insoweit bereits erreichte umsatzsteuerrechtliche Gleichbehandlung ist zu begrüßen, da sie eine mögliche Besserstellung desjenigen verhindert, der die vorzeitige Vertragsbeendigung verschuldet hat.

Ein vom Leasingnehmer nach **regulärer Beendigung** eines Leasingvertrages zu leistender **Minderwertausgleich** (Rn L535) stellt nach Ansicht des BMF[74] ein Entgelt für die Gebrauchsüberlassung dar und ist infolgedessen mit Umsatzsteuer belegen. Diese auf das BGH-Urteil vom 1. 3. 2000[75] gestützte Ansicht stößt im Schrifttum auf Kritik, das den Anknüpfungspunkt für die Umsatzbesteuerung als verfehlt ansieht und den Minderwertausgleich als echten nicht umsatzsteuerpflichtigen **Schadensersatz** einstuft.[76] **L36**

Der vom Leasingnehmer eines Leasingvertrages mit **Andienungsrecht geschuldete Kaufpreis** unterliegt der Umsatzbesteuerung, da der angediente Kaufvertrag ein selbstständiges Umsatzgeschäft iSv § 1 Abs. 1 Nr. 1 UStG darstellt. Im Leasingvertrag ist der Kaufpreis ein Entgelt, das zur Herbeiführung der Vollamortisation bestimmt ist und auch unter diesem Blickwinkel mit Umsatzsteuer zu belegen ist.[77] **L37**

Die **Ausgleichszahlung**, die der Leasingnehmer beim kündbaren Leasingvertrag zu leisten hat, wenn er von einem **vorzeitigen Kündigungsrecht** Gebrauch macht, ist Teil des Erfüllungsanspruchs und infolgedessen umsatzsteuerpflichtig.[78] Bei der Anrechnung des Verwertungserlöses ist somit vom Brutto-Erlös auszugehen.[79] Das gleiche gilt für Ausgleichszahlungen, die der Leasingnehmer nach ordnungsgemäßer Beendigung eines Leasingvertrages mit Restwertabrechnung zu erbringen hat, wenn der tatsächliche Erlös unter dem kalkulierten Restwert liegt.[80] **L38**

Im Schrifttum wird die Ansicht vertreten, vom Leasinggeber aufgewendete **Reparaturkosten** seien als zusätzliches Leasingentgelt zu versteuern und dementsprechend dem Leasingnehmer, der Vollkaskoversicherung und dem Schädiger bzw. dessen Haftpflichtversicherer mit Umsatzsteuer in Rechnung zu stellen, wenn der Leasinggeber sie zur Behebung eines Schadens aufgewendet hat, den der Leasingnehmer hätte reparieren müssen.[81] **L39**

Die Entschädigung iSv § 546 a Abs. 1 BGB, die der Leasingnehmer dem Leasinggeber schuldet, wenn er das Fahrzeug nach ordentlicher oder außerordentlicher Vertragsbeendigung nicht an den Leasinggeber zurückgibt, ist steuerlich Leasingentgelt und umfasst die Umsatzsteuer, sofern der Leasinggeber für die Umsatzsteuer optiert hat.[82] **L40**

4. Gewerbesteuer

Refinanzierungskredite, die der Leasinggeber für den Erwerb von in seinem rechtlichen und wirtschaftlichen Eigentum verbleibenden Wirtschaftsgütern aufnimmt, sind gem. § 8 Nr. 1 a S. 2, 2. Alt. GewStG nF seit dem 1. 1. 2008 mit 25 % der für die Finanzierungsver- **L41**

---

[73] *Steinmassl, Fuchs, Schönsiegel*, FLF 2007, 183, 185 mwN.
[74] BMF-Schreiben vom 20. 2. 2006, BStBl 2006, 241.
[75] NJW-RR 2000, 1303.
[76] *Klenk*, DB 2006, 1180.
[77] A. A. *Graf von Westphalen*, Der Leasingvertrag, Kap. J Rn 122.
[78] *Berninghaus* in Martinek/Stoffels/Wimmer-Leonhardt, § 37 Rn 44 mwN.
[79] *Erman/Jendrek*, Anh. § 536 BGB Rn 38.
[80] *Berninghaus* in Martinek/Stoffels/Wimmer-Leonhardt, § 37 Rn 44.
[81] *Sölch/Ringleb*, UstG, § 1 Rn 61; *Bunjes/Geist*, UStG, § 1 Rn 28.
[82] BGH 11. 5. 1988, WM 1988, 1277; 22. 3. 1989, NJW 1989, 1730, 1732; 6. 12. 1995, WM 1996, 463; OLG Hamm 28. 6. 1979, OLGZ 1980, 21 ff.

bindlichkeit zu tragenden Zinslast dem gewerblichen Gewinn des Leasinggebers hinzuzurechnen, der die Bemessungsgrundlage für die Gewerbeertragssteuer darstellt.[83] Es kommt nicht mehr darauf an, ob Kredite, die der Leasinggeber zur Finanzierung seiner Fahrzeuge aufnimmt, als Dauerschulden zu betrachten sind,[84] da nunmehr alle Schuldentgelte unabhängig von der Laufzeit hinzugerechnet werden. Eine Zurechnung erfolgt nicht im Hinblick auf Abzinsungen und im Zusammenhang mit der neuen Zinsschranke, die den Zinsabzug beschränkt.

L42 Die 25 %ige Hinzurechnung der in den Leasingraten enthaltenen Zinsen und Finanzierungsanteile kann dadurch vermieden werden, dass der Leasinggeber seine Forderungen gegen den Leasingnehmer an die refinanzierende Bank im Rahmen einer **Forfaitierung** verkauft. Bei der echten Forfaitierung, die auch in AGB rechtswirksam vereinbart werden kann,[85] übernimmt die Bank das Risiko der Einbringlichkeit der Forderungen (**Bonitätsrisiko**), während die Leasinggesellschaft (nur) für den rechtlichen Bestand der Forderung zum Zeitpunkt des Verkaufs und während der Dauer des Leasingvertrages haftet (**Veritätsrisiko**). Die wirtschaftliche Zurechnung des Leasinggutes wird durch den „regresslosen" Forderungsverkauf nicht beeinflusst. Es findet lediglich ein Gläubigerwechsel statt. Das mit der Forderungsübertragung angestrebte Ziel, die Gewerbesteuerlast zu mindern, wird allerdings nicht erreicht, wenn das Bonitätsrisiko beim Leasinggeber verbleibt (sog. unechte Forfaitierung).[86] In diesem Fall sind die Leasingraten vom Leasinggeber als Ertrag auszuweisen.[87]

L43 Auf Seiten des Leasingnehmers findet eine Hinzurechnung der anteiligen Leasingzahlungen nunmehr unabhängig davon statt, ob sie beim Empfänger der Gewerbebesteuerung unterliegen. Mit dieser Änderung hat der Gesetzgeber dem Urteil des EuGH vom 26.10.1999[88] Rechnung getragen, was zur Folge hat, dass grenzüberschreitende Vertragsgestaltungen an Attraktivität verlieren. Auch die Forfaitierung ist nicht mehr so interessant, da die Zurechnungsquote von 50 auf 25 % gesenkt wurde. Dadurch verringern sich die mit dieser Vertragsart zu erzielenden Steuerspareffekte.

5. Betriebliche und private Nutzung/Mitbenutzung von Leasingfahrzeugen

L44 Für Arbeitnehmer kann die Nutzung eines vom Arbeitgeber geleasten Fahrzeugs von Vorteil sein. Der geldwerte Nutzen (Naturalbezug) ist Teil des **Vergütungsanspruchs**[89] und entsprechend zu versteuern. Es besteht ein Wahlrecht zwischen Pauschalbesteuerung und Einzelnachweis.

Bei der **Pauschalbesteuerung** muss monatlich 1 % des inländischen Bruttolistenpreises des Fahrzeugs im Zeitpunkt seiner Erstzulassung laut unverbindlicher Preisempfehlung des Herstellers / Importeurs versteuert werden. Zum Bruttolistenpreis gehören sämtliche Ausstattungs- und Zubehörteile des Fahrzeugs. Für Fahrten zwischen Wohnung und Arbeitsstätte sind zusätzlich 0,03 % des Bruttolistenpreises pro Monat für jeden Entfernungskilometer und für Familienheimfahrten im Rahmen einer steuerlich anzuerkennenden doppelten Haushaltsführung 0,002 % je Entfernungskilometer als Sachbezug zu berücksichtigen. Hiervon ist die Kilometerpauschale gem. § 9 Abs. 1 Nr. 4 EStG abzuziehen.

---

83 *Spittler*, S. 166 mwN.
84 Bejahend BFH 9.4.1981, DB 1981, 1440 ff; 5.2.1987, BStBl 1987 II, 448.
85 OLG Celle 18.6.1997, DB 1997, 2216.
86 BFH 5.2.1987, BB 1987, 953 ff.
87 *Heyd* in *Graf von Westphalen*, Der Leasingvertrag, Kap. A Rn 43.
88 BStBl 1999 II S. 851.
89 BAG Urt. v. 23.6.2004 – 7 AZR 514/03 – zur Privatnutzung eines Firmenwagens durch freigestellte Betriebsratsmitglieder.

Der **Einzelnachweis** erfolgt durch Fahrtenbuch, wobei die Eintragungen strengen formellen Vorschriften unterliegen. Im Vergleich zur pauschalen Versteuerung erweist sich der Einzelnachweis als die günstigere Variante, wenn die betriebliche Gesamtjahresfahrleistung hoch und der private Nutzungsanteil im Vergleich dazu gering ist, weil unter diesen Umständen der private Nutzungsanteil nur mit einem niedrigen Prozentsatz zu Buche schlägt.

Für **Unternehmer**, die ein betriebliches Leasingfahrzeug für private Zwecke mitbenutzen, gelten die gleichen Grundsätze. Es werden sämtliche das Leasingfahrzeug betreffenden Aufwendungen als Betriebsausgaben abgezogen und im Gegenzug die durch die Privatnutzung erzielten Vorteile dem Gewinn zugeschlagen. Die Ein-Prozent-Regelung ist nur anwendbar, wenn der Pkw zu mehr als 50 % betrieblich genutzt wird. Dies hat zur Folge, dass nur die Fahrzeugkosten, die auf die betriebliche Nutzung entfallen, als Betriebsausgabe abgezogen werden können.[90]

L45

Der **private Leasingnehmer** kann für **Fahrten zwischen Wohnung und Arbeitsstätte** mit einem von ihm geleasten Pkw, dessen laufende Kosten, Wertverzehr und Sachrisiko er trägt, die Pendlerpauschale geltend machen.[91] Nutzt er das Leasingfahrzeug auch für berufliche Zwecke, ist er berechtigt, die Kosten in Höhe des beruflichen Anteils als Werbungskosten abzusetzen. Zu den sofort abziehbaren Werbungskosten gehört auch eine bei Vertragsbeginn zu erbringende Leasing-Sonderzahlung. In Höhe des beruflichen Nutzungsanteils ist sie Entgelt für die Gebrauchsüberlassung und nicht Teil der Anschaffungskosten.[92]

L46

VI. Wirtschaftliches Eigentum

Die mit dem Leasing angestrebten Steuervorteile für den Leasingnehmer sind nur erzielbar, wenn das **Leasingfahrzeug dem Vermögen des Leasinggebers zugerechnet** wird. Das Leasingfahrzeug muss wirtschaftliches Eigentum des Leasinggebers sein (§ 39 Abs. 2 Nr. 1 AO).

L47

Bei nicht erlasskonformen Vertragsmodellen ist die Frage, wem das wirtschaftliche Eigentum zusteht, anhand der konkreten Umstände des Einzelfalles unter Berücksichtigung der Vorgaben des § 39 Abs. 2 Nr. 1 AO zu beantworten.[93] Dabei kommt es entscheidend darauf an, was die Parteien bei **wirtschaftlicher Betrachtungsweise** tatsächlich gewollt haben.[94] Die Bezeichnung des Vertrages ist für sich allein genommen nicht ausschlaggebend.

Das Gesetz stellt in § 39 Abs. 2 Nr. 1 AO nur den negativen Inhalt des wirtschaftlichen Eigentums heraus, indem es den Ausschluss des rechtlichen Eigentümers von der Einwirkung auf das Wirtschaftsgut für die gewöhnliche Nutzungsdauer generalklauselartig beschreibt. Eine positive Begriffsbestimmung erfordert, dass dem wirtschaftlichen Eigentümer die Substanz der Sache und deren Ertrag vollständig und auf Dauer verbleiben muss, einschließlich der Chance, an einer Wertsteigerung zu partizipieren und dem Risiko, eine Wertminderung zu erleiden.[95]

Von einer Zurechnung des wirtschaftlichen Eigentums beim Leasinggeber ist in der Regel auszugehen, wenn der Kfz-Leasingvertrag den Anforderungen des sog. Mobilienerlasses vom 22.12.1975 entspricht. Diese Zuordnung findet selbstverständlich nicht statt,

L48

---

90 FG Niedersachsen Urt. v. 16.6.2004 – 2 K 83/00 –.
91 BFH 11.9.1987, DAR 1988, 67.
92 BFH 5.5.1994, DAR 1994, 413.
93 Zum Kilometerabrechnungsvertrag *Graf von Westphalen*, Leasingvertrag, Rn 1232.
94 *Graf von Westphalen*, Der Leasingvertrag, Kap. B Rn 83.
95 *Wagner* in *Martinek/Stoffels/Wimmer-Leonhardt*, § 68 Rn 13,14; *Spittler*, S. 135 ff. und S. 153 ff.

wenn der Leasingvertrag nur auf dem Papier erlasskonform ist, ihm jedoch aus Sicht eines Außenstehenden eine völlig andere Absprache zugrunde liegt.[96] Das wirtschaftliche **Eigentum** des Leasinggebers, das die Chance der Wertsteigerung mit umfassen muss, wird **ausgehöhlt**, wenn die im Mobilienerlass festgelegten Grenzwerte zum Nachteil des Leasinggebers geändert werden, wie z. B. eine Anrechnung des Mehrerlöses in Höhe von 100 % statt 75 % beim Leasingvertrag mit Restwertabrechnung. Verschiebungen der Grenzwerte zum Nachteil des Leasingnehmers gefährden die Zuordnung nicht, da sie die wirtschaftliche Eigentümerposition des Leasinggebers nicht schwächen sondern stärken.

L49 Stellt sich im Nachhinein heraus, dass das wirtschaftliche Eigentum nicht dem Leasinggeber sondern dem Leasingnehmer zuzurechnen ist, ergeben sich daraus fatale steuerliche Konsequenzen: Der Leasingvertrag ist nachträglich komplett steuerlich umzupolen.[97]

VII. Typologische Einordnung des Kfz-Finanzierungsleasingvertrages

1. Charakteristische Vertragsgestaltung

L50 Der **Leasinggeber** übernimmt in der Dreier-Beziehung zwischen ihm, dem Leasingnehmer und dem Lieferanten die **Finanzierungsfunktion,** indem er den Kaufpreis für das Leasingfahrzeug an den Lieferanten zahlt und sich diesen Betrag nebst Kosten und Gewinn vom Leasingnehmer durch Leasingraten erstatten lässt. Seine Aufgabe erschöpft sich jedoch nicht in der bloßen Finanzierung, auch wenn der Finanzierungsaspekt beim freien Leasing eindeutig dominiert, während beim markengebundenen Leasing durchaus andere Interessen des Leasinggebers im Vordergrund stehen können. Zur Finanzierungsaufgabe gesellt sich als mietrechtliche Komponente die **Gebrauchsüberlassungspflicht** des Leasinggebers. Er hat dem Leasingnehmer für die Dauer der vereinbarten, unkündbaren Vertragszeit den Gebrauch des Leasingobjekts in einem für den Vertragszweck geeigneten Zustand zu ermöglichen und darf ihn im Gebrauch nicht stören.[98] Das ist **mehr als bloße Gebrauchsfinanzierung.**[99] Der wirtschaftliche Unterschied zur reinen Vermietung besteht darin, dass der Leasinggeber durch die Vorfinanzierung in Form des Sacherwerbs kein eigenes unternehmerisches Interesse im Sinne einer ihn unmittelbar betreffenden **Investitionsentscheidung** verfolgt. Der Anstoß zum Kauf kommt beim Kfz-Leasing im Regelfall vom Leasingnehmer, der sich das Fahrzeug beim Händler aussucht und anschließend den Antrag auf Abschluss des Leasingvertrages an den Leasinggeber richtet.

In dem **Spannungsfeld**[100] zwischen dem Finanzierungsinteresse des Leasinggebers und dem Nutzungsinteresse des Leasingnehmers, das mit der Gebrauchsüberlassungspflicht des Leasinggebers korrespondiert, liegt die Problematik des Finanzierungsleasingvertrags und seiner rechtlichen Qualifizierung. Das Mit- und Nebeneinander der widerstreitenden Interessenlagen führt immer wieder zu Konflikten, die es zu lösen gilt.

L51 Weiterhin entspricht es der typischen Gestaltung von Leasingverträgen, dass der Leasingnehmer zur **Instandhaltung** des Fahrzeugs verpflichtet ist. Er trägt sämtliche mit dem Kraftfahrzeug und seinem Betrieb in Zusammenhang stehenden Lasten und Risiken, inklusive der Gefahr des **zufälligen Untergangs** und der **zufälligen Verschlechterung**

---

96 FG Niedersachsen 19. 6. 2002, DStRE 2003, 458 (wertloser Herausgabeanspruch).
97 Zu den steuerlichen Folgen *Schönmann* in Auto/Steuern/Recht 2006, 11, *Heyd* in *Graf von Westphalen*, Der Leasingvertrag, Kap. A Rn 50 ff., 55 ff.
98 BGH 27. 2. 1985, WM 1985, 573 ff.; OLG Schleswig 14. 8. 1987, NJW-RR 1987, 1398, 1399.
99 A. A. *Canaris*, Bankvertragsrecht, Rn 1719; *ders.*, NJW 1982, 305 f.; *Lieb*, JZ 1982, 561 ff.; *ders.*, DB 1988, 946 ff.; *Papapostolou*, S. 36 ff.
100 Dazu BGH 27. 2. 1985, WM 1985, 573 ff.

des Fahrzeugs ab Übernahme (Rn L56). Auch die **Geltendmachung** von **Sachmängelansprüchen** liegt in seiner Hand (Rn L417). Der Leasinggeber überträgt üblicherweise die ihm gegen den Lieferanten zustehenden Sachmängelansprüche auf den Leasingnehmer und schließt gleichzeitig seine eigene mietrechtliche Haftung aus. Markengebundene Leasinggeber übernehmen manchmal eine eigene Haftung für Sach- und Rechtsmängel in dem Umfang der ihnen selbst aus dem Erwerb des Fahrzeugs zustehenden Ansprüche gegen den Lieferanten.

Ein **Erwerbsrecht** des Leasingnehmers an der Leasingsache wird aus steuerlichen Gründen regelmäßig ausgeschlossen, da es die wirtschaftliche Eigentümerposition des Leasinggebers gefährden würde. Daher sind AGB, die einen solchen Ausschluss vorsehen, weder überraschend noch benachteiligen sie den Leasingnehmer unangemessen.[101] **L52**

Der Leasingnehmer muss das Fahrzeug, dessen Halter er während der Vertragszeit ist,[102] am Vertragsende an den Leasinggeber herausgeben. Die Herausgabepflicht entfällt, wenn die Parteien einen Anschluss-Leasingvertrag schließen oder der Leasingnehmer das Fahrzeug vom Leasinggeber aufgrund eines Andienungsrechts oder einer Kaufoption erwirbt.

2. Rechtliche Qualifizierung

Da der deutsche Gesetzgeber den Finanzierungsleasingvertrag gesetzlich nicht geregelt hat, wird in der Literatur nach wie vor um dessen **zivilrechtliche** Einordnung gestritten. Es handelt sich um ein für die Praxis relevantes Problem,[103] weil mit der Bestimmung der Rechtsnatur des Leasingvertrages die Weichen für die Inhaltskontrolle von AGB,[104] die ergänzende Vertragsauslegung zur Schließung von Lücken innerhalb der Vertragsabsprachen und für die Beurteilung der Sittenwidrigkeit gestellt werden. **L53**

Im Laufe der Jahre wurden zahlreiche Vorschläge unterbreitet, die sich nicht durchsetzen konnten. Dazu gehörten in erster Linie kaufrechtliche Konstruktionen, wie zB **Mietkauf**[105] und **Rechtskauf**[106] als Kauf einer Nutzungsmöglichkeit. Gescheitert sind auch die Versuche, den Finanzierungsleasingvertrag als **Darlehensvertrag**[107] oder als **Geschäftsbesorgungsvertrag**[108] mit darlehensrechtlichen Elementen[109] zu qualifizieren.

Der BGH[110], gefolgt von Instanzgerichten[111] und die im Schrifttum[112] vorherrschende Meinung qualifizieren den Leasingvertrag als – wenn auch nicht in allen Punkten typi- **L54**

---

101 *Nitsch*, NZV 2003, 216 mwN.
102 BGH 9.11.1982, NJW 1983, 1492.
103 *Sannwald*, S. 72; *Seifert*, DB-Beilage 1/83, 10.
104 *Wolf/Eckert/Ball*, Rn 1676.
105 Siehe hierzu *Stoppok*, in *Hagenmüller/Stoppok*, S. 15.
106 A. A. *Plathe*, BB 1970, 601, 605; *Fikentscher*, Schuldrecht, (1992) Rn 831; *Ebenroth*, JuS 1978, 588, 593.
107 *Borggräfe*, S. 72.
108 *Koch/Haag*, BB 1968, 93, 95 ff.; *Canaris*, NJW 1982, 305 ff.; *ders.* AcP 190 (1990), 410 ff., 452.; *ders.* ZIP 1993, 401 ff.; *Konzen*, WuB II 2. Leasing 8.85.
109 *Koch/Haag*, BB 1968, 93, 95 ff.; *Canaris*, NJW 1982, 305 ff.; *ders.* AcP 190 (1990), 410 ff., 452.; *ders.* ZIP 1993, 401 ff.; *Konzen*, WuB II 2. Leasing 8.85.
110 Urt. v. 16.9.1981, BB 1981, 2093 ff.; Urt. v.2.12.1981, DB 1982, 482; Urt. v. 28.10.1981, MDR 1982, 485 ff.; Urt. v. 2.11.1988, NJW 1989, 4604.
111 ZB OLG Düsseldorf 2.12.2003, OLGR 2004, 267.
112 *Staudinger/Stoffels*, BGB, Leasing Rn 17; *Erman/Jendrek*, BGB, Anh. § 535 Rn 15; *Graf von Westphalen*, BB 1988, 1829; *ders.* Leasingvertrag, Rn 111 f.; *Ehlert* in *Bamberger/Roth*, § 535 Rn 48; *Reinicke/Tiedtke*, BB 1982, 1142, 1146; *Flume*, DB 1972, 3 ff.; *Döllerer*, BB 1971, 535, 539; *Emmerich* JuS 1990, 1, 4; *Hiddemann*, WM 1978, 834 ff.; *Blomeyer*, NJW 1978, 973; *Meilicke*, BB 1964, 691; *Seifert*, DB-Beilage 1/83, S. 2 ff.; *Wolf*, JuS 2002, 335, 336; *Brunotte*, DRiZ 1990, 396, 398; *Knebel*, WM 1993, 1026; *Sannwald*, S. 89; *Berger*, S. 48 ff.

schen – **Mietvertrag**, weil das vom Leasingnehmer zu zahlende Entgelt die Gegenleistung für die Überlassung des Gebrauchs des Leasinggegenstandes darstellt. Soweit Regelungen des Leasingvertrages vom Grundtypus der Miete abweichen, werden sie der besonderen Bedeutung des Leasinggeschäfts, insbesondere seiner Finanzierungsfunktion, zugeschrieben, die im Laufe der Zeit mehr und mehr in den Vordergrund gerückt ist.[113] Der Gesetzgeber hat dem Finanzierungscharakter Rechnung getragen, indem er den Finanzierungsleasingvertrag zwischen einem Unternehmer und einem Verbraucher als sonstige Finanzierungshilfe definiert und im Recht der Finanzdienstleistungen (§ 500 BGB) platziert hat. Im Interesse eines effektiven Verbraucherschutzes wurde vom 25. Deutschen Verkehrsgerichtstag die Empfehlung ausgesprochen, bei der rechtlichen Beurteilung von Leasingverträgen die Leitbildfunktion des Mietrechts nicht aus dem Auge zu verlieren. Die mietvertragliche Zuordnung vermittelt ein hohes Maß an Rechtssicherheit und gewährleistet eine angemessene Berücksichtigung des Parteiwillens im Einzelfall.[114]

L55   Soweit sich das Schrifttum der mietrechtlichen Regelungspraxis des BGH verweigert, werden heutzutage als Lösungsmodelle nur noch der **Vertrag sui generis**[115] und der **gemischt-typische Vertrag**[116] ernsthaft diskutiert. Der Meinungsstreit wirkt sich bei der Auswahl der Kontrollnorm für die Bewertung von Leasing-AGB aus; beim Vertrag sui generis bildet § 307 Abs. 2 Nr. 2 BGB den Ansatzpunkt, beim gemischt typischen Vertrag ist es § 307 Abs. 2 Nr. 1 BGB.

Von den beiden Lösungsmodellen verdient der gemischt-typische Vertrag, der den Weg auf § 307 Abs. 2 Nr. 1 BGB weist, den Vorzug, da diese Norm im Vergleich zu § 307 Abs. 2 Nr. 2 die deutlicheren Konturen aufweist. Eine Anknüpfung an die wesentlichen Grundgedanken der gesetzlichen Regelung ermöglicht es, den miet-kauf- und darlehensrechtlichen Elementen des Finanzierungsleasingvertrages gerecht zu werden. Im Vergleich dazu ist der in § 307 Abs. 2 Nr. 2 BGB vorgesehene Ansatz einer den Vertragszweck gefährdenden Einschränkung von Rechten und Pflichten wenig hilfreich. Der Leasingvertrag würde bei Annahme der Rechtskonstruktion des Vertrages sui generis seine Rechtfertigung weitgehend in sich selbst finden und Regelungen sanktionieren, die mit den Grundgedanken der gesetzlichen Regelungen, die in den Leasingvertrag einfließen, nicht in Einklang zu bringen sind. Letztendlich bliebe es der offenen Rechtsfortbildung vorbehalten, völlig losgelöst von gesetzlichen Vorbildern dem Leasing den Weg zu weisen.

---

113 BGH 12. 6. 1985, ZIP 1985, 868ff; dazu *Eckstein*, BB 1986, 2144, 2145.
114 *Wolf*, JuS 2002, 335, 336.
115 Statt vieler *MüKo/Koch*, Leasing Rn 31 mwN.
116 Statt vieler *Graf von Westphalen*, Der Leasingvertrag, Kap. B Rn 33.

C. Verlagerung der Sach- und Preisgefahr auf den Leasingnehmer

In AGB von Leasingverträgen wird die Sach- und Preisgefahr regelmäßig auf den Leasingnehmer verlagert. Dieser haftet dem Leasinggeber für **Verlust, Untergang** und **Beschädigung** der Leasingsache (Sachgefahr), auch wenn der Eintritt dieser Ereignisse auf Zufall oder höherer Gewalt beruht. Von seiner Verpflichtung zur Zahlung des Leasingentgelts wird der Leasingnehmer dadurch nicht befreit (Preisgefahr). **L56**

Gefahrtragungsregelungen unterliegen der Einschränkung, dass die Risiken nur so lange beim Leasingnehmer liegen, wie sich das Fahrzeug in seiner **Obhut** befindet. Deshalb entfällt seine Haftung aus Gefahrübernahme, wenn er das Fahrzeug berechtigterweise zum Zwecke der Nachbesserung an den Händler zurückgibt.[1] Wegen fehlender Einwirkungsmöglichkeit auf das Fahrzeug trägt der Leasingnehmer nicht das mit dem Transport verbundene Risiko des Verlusts, der Zerstörung und Beschädigung.[2] Er wird von seiner Gegenleistungspflicht befreit, wenn das Fahrzeug bei Anlieferung untergeht.[3]

Die **Risikoverlagerung** auf den Leasingnehmer wird nicht dadurch aufgehoben, dass der Lieferant das Leasingfahrzeug eigenmächtig an sich nimmt und die Herausgabe verweigert. Der Lieferant handelt insoweit nicht als Erfüllungsgehilfe des Leasinggebers, weshalb eine Risikozurechnung beim Leasinggeber nicht stattfindet.[4]

Rechtsprechung[5] und Schrifttum[6] billigen grundsätzlich eine in AGB vereinbarte Gefahrverlagerung auf den Leasingnehmer und sehen darin trotz der erheblichen Abweichung von der mietrechtlichen Normallage keinen Verstoß gegen § 307 Abs. 2 BGB, weil das in der Klausel zum Ausdruck gebrachte Sicherungsbedürfnis des Leasinggebers derart überwiegt, dass gegenläufige Interessen des Leasingnehmers dahinter zurückzutreten haben.[7] Im Vordergrund steht dabei die Erwägung, dass der Leasinggeber das Fahrzeug vorrangig im Interesse des Leasingnehmers erwirbt und es ihm zum Gebrauch zur Verfügung stellt. Für eine gesetzeskonforme Einstufung der Klausel sprechen weiterhin die größere Sachnähe des Leasingnehmers und die Tatsache, dass sich die Leasingsache während der Vertragsdauer in der Sphäre des Leasingnehmers befindet, auf die der Leasinggeber keinen Einfluss hat. **L57**

Speziell und exklusiv für Kfz-Leasingverträge gilt allerdings die Einschränkung, dass eine in AGB vorgesehene Abwälzung der Sach- und Preisgefahr auf den Leasingnehmer vor § 307 Abs. 1 S. 1 BGB nur bestehen kann, wenn ihm für den Fall des völligen Verlustes oder einer nicht unerheblichen Beschädigung des Leasingfahrzeugs ein **kurzfristiges Kündigungs-** oder **gleichwertiges Vertragslösungsrecht** zugebilligt wird.[8] Die ausschließlich für das Kfz-Leasing geforderte Einräumung eines außerordentlichen Kündigungsrechts im Zusammenhang mit der Gefahrverlagerung wird damit begründet, dass bei anderen Leasingobjekten eine vergleichbare Gefährdung des Vertragszweckes durch Totalschaden, **L58**

---

1 BGH 27. 2. 1985, WM 1985, 573, 575.
2 *Sannwald*, S. 121.
3 *Ulmer/Schmidt*, DB 1983, 2558 ff.
4 BGH 30. 9. 1987, ZIP 1987, 1390 ff.; *Wolf*, Die Rechtsprechung des BGH zum Leasing in Kfz-Leasing, herausgegeben von der Arbeitsgemeinschaft der Verkehrsrechtsanwälte, S. 82, 83.
5 BGH 8. 10. 1975, WM 1975, 1203; 9. 3. 1977, WM 1977, 473; 22. 1. 1986, ZIP 1986, 439, 442.
6 Statt vieler *Graf von Westphalen*, Der Leasingvertrag, Kap. I Rn 6 mwN und *Woitkewitsch* aaO Kap. L Rn 187.
7 BGH 13. 7. 1976, DB 1976, 1858.
8 Ständige Rechtsprechung des BGH seit dem Urt. v. 25. 10. 1986, ZIP 1986, 1566., zuletzt 8. 10. 2003, NZV 2004, 77; *Beckmann*, § 11 Rn 14.

Verlust und erhebliche Beschädigung nicht besteht.[9] Dem Leasinggeber ist es gestattet, das Recht des Leasingnehmers zur außerordentlichen Vertragsbeendigung mit dessen Verpflichtung zur Zahlung eines Ausgleichsbetrages in Höhe der noch nicht amortisierten Anschaffungskosten zu verbinden. Die Zahlungsklausel muss hinreichend durchschaubar sein und alle dem Leasinggeber infolge vorzeitiger Beendigung des Vertrages zufließenden Vorteile berücksichtigen (Rn L614).

L59 Durch die Pflicht zum Abschluss einer **Vollkaskoversicherung** und die von vielen Leasingfirmen angebotene Möglichkeit, weitergehende Vertragsrisiken durch eine Art **Restschuldversicherung** abzudecken, werden die dem Leasingnehmer infolge Verlagerung der Sach- und Preisgefahr aufgebürdeten Risiken weitgehend abgefedert. Entgegen der früher vorherrschenden Meinung der Obergerichte,[10] der sich das Schrifttum[11] angeschlossen hatte, entschied der BGH,[12] dass AGB zur Gefahrverlagerung keine ausdrückliche Regelung enthalten müssen, nach der Leistungen, die der Leasinggeber von der für das Leasingfahrzeug abzuschließenden Versicherung oder von einem Dritten wegen Verletzung seines Eigentums an der Leasingsache zu beanspruchen hat, dem Leasingnehmer zugute kommen. Seines Erachtens benachteiligt das Fehlen einer ausdrücklichen Vereinbarung in der Klausel den Leasingnehmer nicht unangemessen, weil der Leasinggeber ohnehin aufgrund der leasingvertraglichen Zweckbindung und des Rechtsgedankens von § 255 BGB verpflichtet ist, dem Leasingnehmer die Leistung zukommen zu lassen (Rn L142).[13]

L60 Der BGH[14] hat die anfangs strengen Anforderungen an die Gestaltung der Gefahrverlagerungsklausel im Laufe der Jahre entschärft. Er entschied, dass eine Klausel, die dem Leasingnehmer das außerordentliche Kündigungsrecht nur für den Fall des Untergangs und des Verlusts des Leasingfahrzeugs nicht aber auch für den Fall der erheblichen Beschädigung (wirksam) einräumt, in einen zulässigen und einen unzulässigen Regelungsteil aufgeteilt werden kann. Voraussetzung hierfür ist, dass der unbedenkliche Teil der Klausel nach seinem Wortlaut aus sich heraus verständlich und nach seinem Regelungsgehalt sinnvoll bleibt. Durch **Aufspaltung der Klausel** gelangte er zu dem angestrebten Ergebnis, dass der Leasingnehmer die Sach- und Gegenleistungsgefahr in den Fällen des Untergangs, der Zerstörung und des Abhandenkommens zu tragen hatte, während sie im Fall der reparablen Beschädigung beim Leasinggeber verblieb. Da das Fahrzeug gestohlen worden war, billigte er dem Leasinggeber Anspruch auf Ausgleich der noch nicht amortisierten Vertragskosten gegen den Leasingnehmer zu.

Zulässig ist eine Klausel, die den Leasingnehmer verpflichtet, in Fällen des Untergangs, Verlusts oder Diebstahls sowie des Eintritts ausbesserungsfähiger oder nicht ausbesserungsfähiger Beschädigungen das Leasingfahrzeug zu reparieren oder zu ersetzen oder es Zug um Zug gegen Zahlung der noch geschuldeten restlichen Raten und des kalkulierten Restbuchwertes in jeweils abgezinster Höhe zu Eigentum zu erwerben. Dadurch wird der Leasingnehmer aus Sicht des BGH[15] nicht schlechter gestellt, als er stünde, wenn ihm

---

9 Das OLG Celle 9. 8. 1995, ZfS 1996, 56 entschied folgerichtig, dass die Gefahrverlagerungsklausel eines Leasingvertrages über ein Autotelefon kein kurzfristiges Kündigungsrecht des Leasingnehmers enthalten muss.
10 OLG Düsseldorf 22. 6. 1983, ZIP 1983, 1092; OLG Hamburg 30. 10. 1998, MDR 1999, 420; OLG Köln 14. 7. 1995, OLGR 1996,1.
11 ZB *Graf von Westphalen*, Der Leasingvertrag 5. Aufl. Rn 930; *Wolf* in *Wolf/Horn/Lindacher*, AGBG, § 9 Rn L40; MüKo-BGB/*Habersack*, Leasing Rn 65, 120.
12 Urt. v. 8. 10. 2003, NJW 2004, 1041; dergl. Auffassung KG 15. 4. 1993, BB 1994, 818, 819.
13 Kritisch *Graf Von Westphalen*, NJW 2004, 1993, 1999; *Beckmann*, § 2 Rn 481; *Weber*, NJW 2005,2195; *Reinking* in *Reinking/Kessler/Sprenger*, § 3 Rn 9.
14 Urt. v. 25. 3. 1998, DAR 1998, 234 anders noch BGH 9. 10. 1996, NZV 1997, 72.
15 Urt. v. 15. 7. 1998, DAR 1998, 444; kritisch *Reinking*, LM 1998, Nr. 160 zu § 535 BGB.

der Leasinggeber ein außerordentliches Kündigungsrecht für den Fall des Ereigniseintritts eingeräumt hätte.

Falls eine Risikozuweisungsklausel den höchstrichterlich gestellten Anforderungen nicht entspricht, ist sie – soweit eine Aufspaltung in einen wirksamen und einen unwirksamen Regelungsteil nicht in Betracht kommt – wegen Verstoßes gegen § 307 Abs. 1 S. 1 BGB hinfällig und es greifen nunmehr die **mietrechtlichen** Bestimmungen. Gem. § 543 Abs. 2 Nr. 1 BGB hat der Leasingnehmer die Möglichkeit, den Leasingvertrag wegen dauernden Gebrauchsentzugs **fristlos** zu **kündigen**, wenn sich das dem Leasinggeber kraft Gesetzes auferlegte Risiko der Gefahrtragung verwirklicht.[16] Einer vorhergehenden **Fristsetzung** zur Abhilfe oder **Abmahnung** bedarf es nicht, wenn das Fahrzeug total beschädigt oder gestohlen wurde, da der Leasinggeber keine Abhilfe schaffen kann (§ 543 Abs. 3 Nr. 1 BGB). **L61**

Auf eine **Ersatzlieferung** muss sich der Leasingnehmer nicht einlassen, da sich die Rechtsbeziehungen auf das ursprünglich gelieferte Fahrzeug beschränken. Eine Abmahnung ist auch bei einer erheblichen Beschädigung des Leasingfahrzeugs entbehrlich, da dem Leasingnehmer die Fortsetzung des Vertrages mit einem umfangreich reparierten Fahrzeug nicht zuzumuten ist. Dies ist die Konsequenz, die sich aus der Forderung des BGH zur Aufnahme eines vorzeitigen Vertragslösungsrechts in die Gefahrverlagerungsklausel (auch) für den Fall einer erheblichen Beschädigung des Leasingfahrzeugs ergibt. Mit dem Eintritt des Schadensereignisses verliert der Leasinggeber seinen Anspruch auf die Gegenleistung gem. § 326 Abs. 1 BGB, da er seine Pflicht zur Gebrauchsüberlassung ab diesem Zeitpunkt nicht mehr erfüllen kann (§ 275 Abs. 1 BGB).[17]

Leasinggesellschaften haben ihre Kfz-Leasingverträge der BGH-Rechtsprechung angepasst. Überwiegend werden Leasing-AGB verwendet, die **beiden Vertragsparteien** ein außerordentliches Kündigungsrecht entweder zum Zeitpunkt der Fälligkeit der nächsten Leasingrate oder zum Ende des Vertragsmonats einräumen, in dem sich der Schaden ereignet hat.[18] Weiterhin sehen sie vor, dass eine Kündigung wegen erheblicher Beschädigung des Fahrzeugs innerhalb einer bestimmten Frist von 3 Wochen zu erfolgen hat, bei deren Versäumung der Leasingnehmer zur Reparatur des Fahrzeugs und zur Fortzahlung der Leasingraten verpflichtet bleibt. Anzutreffen sind aber auch Vertragsmuster, deren AGB besagen, dass der Leasingvertrag automatisch endet, wenn das Leasingfahrzeug einen Totalschaden erleidet, erheblich beschädigt oder entwendet wird, es sei denn, dass es im Falle der Entwendung vor Eintritt der Leistungspflicht des Kaskoversicherers wieder aufgefunden wird. **L62**

Da die Anforderungen an eine rechtswirksame Gestaltung der Gefahrverlagerungsklausel seit vielen Jahren bekannt sind, gibt es kaum noch Leasinggesellschaften, die mit unwirksamen AGB arbeiten.[19] Durch Verwendung unwirksamer Gefahrverlagerungsklauseln würden sie ihren Anspruch auf die Gegenleistung und die damit angestrebte Vollamortisation aufs Spiel setzen.

---

16 *Braxmeier*, WM Sonderbeilage 1/1988, 15.
17 OLG Köln 2. 12. 1993, NJW 1993,1273; AG Siegburg, Urt. v. 18. 4. 1994 – 3 C 256/93, n. v.
18 Das OLG Celle 9. 8. 1995, ZfS 1996, 56, 57 hält es für zweifelhaft, ob ein dem Leasingnehmer eingeräumtes Recht, die Auflösung des Leasingvertrags zu Beginn des auf das Ereignis folgenden Monats zu verlangen, einem kurzfristigen Kündigungsrecht, wie es der BGH fordert, gleichzustellen ist.
19 So etwa im Fall des BGH 11. 12. 1991, NJW 1992, 683, in dem die Ansprüche des Leasinggebers daran scheiterten, dass er dem Leasingnehmer ein Verschulden am Diebstahl nicht nachweisen konnte; ferner BGH 6. 3. 1996, ZfS 1996, 336; 9. 10. 1996, NZV 1997, 72; OLG München 13. 1. 1995, OLGR 1995, 134, 135; OLG Düsseldorf 16. 1. 1997, DB 1997, 1071.

L63 Eine zur Kündigung berechtigende **erhebliche Beschädigung** ist nicht erst dann zu bejahen, wenn der Reparaturkostenaufwand 80 % des Zeitwertes beträgt.[20] Der BGH hat zu Bedenken gegeben, dass selbst Reparaturkosten von 2/3 des Zeitwertes zu hoch sein könnten.[21] In Abschn. X. Ziff. 6 Abs. 2 S. 1 VDA-Muster-Leasing-AGB[22] (näher dazu Rn L185) ist ein Grenzwert von mehr als **60 % des Wiederbeschaffungswertes** vorgesehen, der sich in der Praxis durchgesetzt hat und unbedenklich sein dürfte. Eine Herabsetzung des Werkes auf unter 60 % in Kombination mit einem Kündigungsrecht des Leasinggebers kann zu einer unangemessenen Benachteiligung des Leasingnehmers führen. Durch vorzeitige Beendigung eines Leasingvertrages über ein reparaturwürdiges Fahrzeug werden die Kosten unnötig in die Höhe getrieben. Der Leasingnehmer verliert Vertrag und Auto, schuldet dem Leasinggeber die Ausgleichszahlung und ist gezwungen, ein Ersatzfahrzeug zu kaufen oder zu leasen. Aus diesen Gründen ist einer solchen Klauselkombination die Wirksamkeit wegen Verstoßes gegen § 307 Abs. 1 S. 1 BGB zu versagen.

---

20 BGH 25. 3. 1998, DAR 1998, 234, 235.
21 Urt. v. 15. 10. 1996, WM 1997, 38.
22 Abgedruckt im Anhang, Anlage 3.

D. Haftung für Sach- und Rechtsmängel

I. Eigenhaftung des Leasinggebers

Einige Leasingfirmen übernehmen gegenüber ihren Kunden die Haftung für Sach- und Rechtsmängel in dem Umfang, wie sie der Verkäufer / Hersteller gewährt, indem sie sich gleichzeitig von der mietrechtlichen Gewährleistung freizeichnen. Gegen diese Praxis ist nichts einzuwenden. Handelt es sich bei dem Leasingnehmer um einen Verbraucher, ist ihm nach hier vertretener Ansicht die Rechtsposition des Käufers eines **Verbrauchsgüterkaufs** einzuräumen (Rn L100). **L64**

Wegen der Geltendmachung und Abwicklung der **Nacherfüllungsansprüche** muss sich der Leasingnehmer allerdings an den Verkäufer oder an eine autorisierte Vertragswerkstatt wenden.[1] Ansonsten sind die Rechtsbeziehungen zwischen Leasinggeber und Leasingnehmer bilateraler Natur, was zu begrüßen ist, da sie transparent und einfach zu durchschauen sind.

Es wird die Ansicht vertreten, dass sich der Leasinggeber in Anbetracht der käuferähnlichen Stellung des Leasingnehmers und des neuen Sachmängelrechts ein Recht zur **Nachlieferung** einräumen lassen darf, um eine Rückabwicklung des Vertrages für die restliche Vertragszeit abzuwenden.[2] Eine solche Klausel steht jedoch nicht in Einklang mit § 309 Nr. 8 b lit. bb) BGB. Außerdem unterläuft sie das dem Käufer zustehende Wahlrecht des § 439 Abs. 1 BGB. Aus diesen Gründen ist ihre Verwendung im Geschäftsverkehr mit Verbrauchern nicht zuzulassen, da die Regelungen der § 475 BGB auf den Verbraucher-Leasingvertrag durchschlagen. **L65**

Eine Klausel, die das Recht auf Rücktritt vom Leasingvertrag oder Minderung des Leasingentgelts davon abhängig macht, dass der Leasingnehmer nach mindestens einer fehlgeschlagenen Nachbesserung den Leasinggeber zuvor schriftlich zur eigenen Mängelbeseitigung aufzufordern hat, ist nach Ansicht des OLG Schleswig[3] weder überraschend noch benachteiligt sie den Leasingnehmer unangemessen. Der Rekurs auf diese 1997 verkündete Entscheidung ist nach neuem Schuldrecht zumindest für den Verbrauchsgüterkauf bedenklich, weil die Klausel den Anwendungsbereich der wertungsoffenen Regelung des § 440 BGB in unzulässiger Weise einschränkt.[4] **L66**

II. Ausschluss der mietrechtlichen Eigenhaftung gegen Einräumung der Mängelrechte aus dem Kaufvertrag

Überwiegend schließen Kraftfahrzeugleasinggesellschaften in ihren AGB die Vermieterhaftung aus, indem sie die ihnen aus dem Kaufvertrag mit dem Lieferanten zustehenden Sachmängelrechte sowie etwaige Garantieansprüche gegen Dritte auf den Leasingnehmer übertragen und ihn verpflichten, diese Ansprüche im eigenen Namen geltend zu machen (Abschn. XIII. Nr. 1 Abs. 1 und 2 VDA-Muster-Leasing-AGB). Die Kombination aus Haftungsausschluss und Abtretung (**Abtretungskonstruktion**) wird als eine sachgerechte, der Interessenlage der Parteien entsprechende Regelung angesehen, die dem Finanzierungsleasing sein typisches, insoweit vom Leitbild des Mietvertrages abweichendes Ge- **L67**

---

1 SchlHOLG 29. 5. 1998, OLGR 1998, 410.
2 *Beckmann* in *Martinek/Stoffels/Wimmer-Leonhardt*, § 25 Rn 8; a. A. BGH 2. 12. 1981 NJW 1982, 873.
3 Urt. v. 29. 5. 1998, OLGR 1998, 410.
4 Zustimmend *Beckmann*, in *Martinek/Stoffels/Wimmer-Leonhardt* § 25 Rn 6.

präge gibt.⁵ Klauseln dieses Inhalts verstoßen nicht gegen § 307 Abs. 1 S. 1 BGB,⁶ da die schutzwürdigen Belange der Leasingnehmer durch die kaufrechtlichen Sachmängelrechte und die sie flankierenden Ansprüche aus Garantie hinreichend gewahrt werden. Die kaufrechtliche Sachmängel- und Garantiehaftung wird vor allem wegen der **Sachnähe** des Leasingnehmers zum Leasingobjekt als ausreichend angesehen. Im Regelfall ist es der Leasingnehmer, der sich das Fahrzeug nach seinen Vorstellungen aussucht und dessen Tauglichkeit für die eigenen Zwecke bestimmt und überprüft. Deshalb kann er weitaus besser als die meist erst später eingeschaltete Leasinggesellschaft beurteilen, ob das Fahrzeug frei von Sachmängeln ist. Seine Stellung als „Quasi-Käufer" rechtfertigt es, ihn (nur) mit den Rechten eines Käufers auszustatten.⁷

L68 Die Abtretung umfasst alle dem Käufer zustehenden **Ansprüche** (Nacherfüllung, Schadensersatz statt und neben der Leistung, Ersatz vergeblicher Aufwendungen) und **Rechte** (Minderung, Rücktritt) wegen Sachmängeln, einschließlich der dazu gehörenden selbstständigen und unselbstständigen **Gestaltungsrechte. Neben-** und **Hilfsrechte** (Aufrechnung, Mahnung, Fristsetzung) gehen gem. § 401 BGB mit der Abtretung auf den Leasingnehmer über.⁸ Der Anspruch auf Übertragung des Eigentums an einem im Austausch gelieferten Ersatzfahrzeug ist von der Abtretung -ausdrücklich oder konkludent- ausgenommen.⁹ **Garantieansprüche** werden wegen ihrer Unabhängigkeit von der Sachmängelhaftung von der Abtretung der Sachmängelansprüche nicht automatisch mitumfasst, so dass ihre ausdrückliche Aufnahme in die Klausel erforderlich ist.¹⁰

L69 Die **Rechtsmängelhaftung**¹¹ ist für Leasingverträge nicht bedeutsam. Obwohl es durchaus möglich wäre, sich im Rahmen der Abtretungskonstruktion hiervon frei zu zeichnen, machen Leasinggesellschaften davon keinen Gebrauch. Von der üblichen Abtretung der Sachmängelansprüche werden Rechtsmängelansprüche ohne ausdrückliche Erwähnung nicht automatisch miterfasst. Wird der Leasinggeber vom Leasingnehmer wegen eines Rechtsmangels in Anspruch genommen, kann er sich beim Lieferanten schadlos halten.¹²

L70 Bei einem **Leasingvertrag mit einem Verbraucher** liegt in der **Abtretungskonstruktion kein Umgehungsgeschäft** im Sinne des § 475 Abs. 1 S. 2 BGB. Dies gilt auch dann, wenn die Abtretung ins Leere geht, weil in dem Kaufvertrag zwischen Leasinggeber und Lieferant Gewährleistungsansprüche zulässigerweise ausgeschlossen wurden.¹³ Zur Begründung wird darauf verwiesen, dass derjenige, der zur Benutzung einer Sache einen Leasingvertrag abschließt und die Sache nicht selbst erwirbt, eine besondere rechtliche Vertragskonstruktion wählt und deshalb hinnehmen muss, dass ihm grundsätzlich nicht der Verkäufer der Sache haftet, mit dem er vertraglich nicht verbunden ist, sondern der Leasinggeber als sein Vertragspartner. Dass der Leasinggeber im Rahmen der leasingtypischen Ab-

---

5 BGH 16. 9. 1981, NJW 1982. 105 ff; 24. 4. 1985, NJW 1985, 1547; nach Ansicht des OLG Koblenz 7. 12. 2000, OLGR 2001,124,125 kann der typischen Interessenlage auch dadurch entsprochen werden, dass mit der Freizeichnungsklausel lediglich ein schuldrechtlicher Anspruch des Leasingnehmers auf Abtretung begründet wird.
6 BGH 16. 9. 1981, NJW 1982, 105ff; 20. 6. 1984, ZIP 1984, 1101; 24. 4. 1985, NJW 1985, 1547 ff.; *Arnold* in *Dauner-Lieb/Konzen/Schmidt*, 589, 601; *Gebler/Müller*, ZBB 2002, 107, 111; *Zahn*, DB 2002, 985.
7 *Wolf/Eckert/Ball*, Rn 1676.
8 *Beckmann* in *Martinek/Stoffels/Wimmer-Leonhardt*, § 25 Rn 20–23.
9 *Reiner/Kaune*, WM 2002, 2317; *Löbbe*, BB-Beilage 6/2003, 9.
10 *Graf von Westphalen*, Der Leasingvertrag, Kap. H Rn 33.
11 Siehe dazu *Ehlert* in *Bamberger/Roth*, § 535 Rn 68; nach zutreffender Ansicht stellt die Nichtverschaffung des Eigentums keinen Rechtsmangel dar, OLG Karlsruhe 14.9. 2004, NJW 2005, 989; offen gelassen von BGH 19. 10. 2007, NJW 2007, 3777.
12 *Beckmann*, § 2 Rn 155.
13 BGH 21. 12. 2005, NJW 2006, 1066 ff.

tretung seine kaufrechtlichen Gewährleistungsansprüche gegen den Lieferanten auf den Leasingnehmer überträgt, geschieht nicht, um ihm eine Käuferposition zu verschaffen, sondern dient allein dem Zweck, den **Ausschluss der mietrechtlichen Gewährleistung auszugleichen.** Eine andere Sichtweise mag angebracht sein, wenn der Kunde die Sache erwerben möchte, vom Verkäufer davon aber abgebracht und zum Abschluss eines Leasingvertrages veranlasst wird, weil der Verkäufer seine Pflichten aus dem Verbrauchsgüterkauf umgehen will.[14]

Die übliche formularmäßige Freizeichnung des Leasinggebers von der mietrechtlichen Sachmängelhaftung unter gleichzeitiger Abtretung der Sachmängelansprüche aus dem Kaufvertrag erstreckt sich nicht auf den Anspruch des Leasinggebers aus § 433 Abs. I S. 1 BGB und die daraus resultierenden Rechte bei **Nichterfüllung** und **Verzug.**[15] Für die Geltendmachung dieser Ansprüche fehlt dem Leasingnehmer die **Aktivlegitimation**, wenn sie nicht **ausdrücklich zum Gegenstand der Abtretung** gemacht worden sind.[16] **L71**

III. Ersetzung der Gebrauchsverschaffungspflicht durch Übertragung des Anspruchs aus § 433 Abs. 1 S. 1 BGB?

Der BGH musste bislang nicht definitiv Antwort auf die Frage geben, ob es dem Leasinggeber gestattet ist, sich von seiner Pflicht zur Lieferung eines gebrauchstauglichen Fahrzeugs frei zu zeichnen, wenn er gleichzeitig seinen **Lieferanspruch gegen den Verkäufer** einschließlich seiner **Ansprüche und Rechte wegen Verzugs und Nichterfüllung** vorbehaltlos auf den Leasingnehmer überträgt. Schon vor Jahren hat der BGH[17] allerdings zu erkennen gegeben, dass durch eine solche Klausel die vertragswesentlichen Aufgaben des Leasinggebers seines Erachtens nicht vollständig ausgehöhlt werden. Der Leasingnehmer habe es in der Hand, die Erfüllung des Kaufvertrages aus abgetretenem Recht zu erzwingen, die Verzugsfolgen geltend zu machen, vom Kaufvertrag zurückzutreten und den ihm entstandenen Schaden gegenüber dem Lieferanten geltend zu machen. Gelinge es ihm nicht, berechtigte Erfüllungsansprüche vollständig und rechtzeitig gegenüber dem Verkäufer durchzusetzen (zB wegen dessen Insolvenz), seien die Auswirkungen auf den Leasingvertrag die gleichen wie bei einem Sach- oder Rechtsmangel (Rn L371 ff.). **L72**

Da die Tendenz im Schrifttum[18] und in der Rechtsprechung der Instanzgerichte[19] ebenfalls dahin geht, den Ausschluss der Lieferpflicht des Leasinggebers in Kombination mit der Abtretung der Ansprüche aus dem Liefervertrag zu akzeptieren, verwundert es, dass Klauseln dieses Inhalts bisher keinen Niederschlag in Kfz- Leasing-AGB gefunden haben. Vermutlich liegt dies daran, dass der Fall der Unmöglichkeit der Lieferung beim Kfz-Leasing selten eintritt.[20] **L73**

Nach hier vertretener Ansicht werden die Interessen des Leasingnehmers durch eine solche Klauselkombination nicht angemessen gewahrt, da sie ihm Aufgaben zuweist, die nach der mietrechtlichen Grundkonzeption des Leasingvertrages zu den Kardinalpflichten des **L74**

---

14 OLG Frankfurt/Main, Beschl. v. 12.6.2007 – 15 U 42/07, n. v.
15 BGH 27.6.1990, NJW-RR 1990, 1462.
16 OLG Köln 12.7.1990, NJW-RR 1991, 1463; 3.11.1995, NJW-RR 1996, 559; 16.7.2002, OLGR 2002, 418, 421.
17 Urt. v. 7.10.1992, NJW 1993, 122; in diesem Sinne auch BGH 9.7.2002 NJW-RR 2003, 51.
18 *Graf von Westphalen*, Der Leasingvertrag, Kap. G Rn 27, Kap. H Rn 227 ff.; *Wolf/Eckert/Ball*, Rn 1796; *Apel* in *Büschgen*, Praxishandbuch Leasing, § 9 Rn 104 ff.; *Beckmann*, § 2 Rn 196; *ders.* DStR 2000, 1188; ders. MDR 2005, 1207, 1210.
19 OLG Köln 3.11.1995 NJW-RR 1996, 559; 16.7.2002, MDR 2003, 212; Urt. v. 8.12.1995 – 19 U 113/95, zitiert von *Beckmann*, § 2 Rn 183; OLG München 10.1.1992, BB 1992, 2388.
20 *Engels*, § 5 Rn 6.

Vermieters zählen.[21] Mit dem Leitbild des Mietrechts ist nicht in Einklang zu bringen, dass sich der Leasingnehmer wegen der Gebrauchsverschaffung mit dem Lieferanten auseinander setzen muss und das damit verbundene Kostenrisiko trägt.[22] Darin liegt eine erhebliche Äquivalenzstörung, die der Intention von § 309 Abs. 1 Nr. 8 a BGB zuwiderläuft und den Leasingnehmer unangemessen benachteiligt (§ 307 BGB).

IV. Abtretungs- oder Ermächtigungskonstruktion?

L75 Aufgrund der dogmatischen Umgestaltung des Kaufrechts im Zuge der Schuldrechtsreform ist die Abtretbarkeit von Sachmängelansprüchen in Frage gestellt worden.[23] Die Diskussion betrifft die Abtretbarkeit des **Rücktritts-** und des **Minderungsrechts**. Keinen Bedenken begegnet die Abtretung der Ansprüche auf **Nacherfüllung, Schadensersatz** oder **Aufwendungsersatz**, da sie nicht den Charakter von Gestaltungsrechten haben.[24] Problemlos ist auch die Abtretung von **Garantieansprüchen**.

L76 Ob die aufgekommenen Zweifel zur Abtretbarkeit von **unselbstständigen Gestaltungsrechten** begründet sind, kann letztlich dahinstehen, da die Abtretung nichts daran ändert, dass die Rückabwicklung des Kaufvertrages zwischen den Parteien des Kaufvertrages (Leasinggeber und Lieferant) zu erfolgen hat.[25] Durch die Abtretung gibt der Leasinggeber lediglich das Recht auf, über den **Fortbestand des Vertrages** zu entscheiden, wenn die Nacherfüllung gescheitert ist. Er behält jedoch seine **Stellung als Käufer**, auf Grund derer er vom Lieferanten die Rückzahlung des Kaufpreises zu beanspruchen hat, wenn der Leasingnehmer aus abgetretenem Recht vom Kaufvertrag zurücktritt. Auf der anderen Seite ist der Leasinggeber als Käufer verpflichtet, das Fahrzeug im Zuge der Rückabwicklung an den Verkäufer herauszugeben.[26] Eine vom Leasingnehmer aus abgetretenem Recht wirksam geltend gemachte **Minderung** hat der Leasinggeber ebenfalls vom Verkäufer zu beanspruchen. Im Verhältnis zum Leasingnehmer ist er allerdings verpflichtet, die Leasingraten und evtl. den Restwert dem geminderten Kaufpreis anzupassen.

L77 Die gleichen Rechtsfolgen werden auch durch eine **Ermächtigung** des Leasingnehmers erreicht. Aufgrund der Ermächtigung ist der Leasingnehmer berechtigt, die Gestaltungsrechte und die sich daraus ergebenden Forderungen des Leasinggebers **im eigenen Namen** geltend zu machen und in **gewillkürter Prozessstandschaft** einzuklagen.[27] Da der Leasinggeber die Rechtsfolgen aus der Geltendmachung der Sachmängelansprüche aus dem Kaufvertrag gegen sich gelten lassen muss,[28] kann er sie nicht ausschließen. Eine unwirksame Abtretung ist gegebenenfalls nach § 140 BGB in eine Ermächtigung umzudeuten.[29]

---

21 *Martinek*, Moderne Vertragstypen, Bd. I Leasing und Factoring, S. 131 ff.; ausführlich *Reinking* in *Reinking/Kessler/Sprenger*, § 3 Rn 62; a. A. *Beckmann*, § 2 Rn 175 ff; *ders*. MDR 2005, 1207.
22 Es wird die Ansicht vertreten, dass der Leasinggeber im Rahmen der ihn treffenden subsidiären Haftung dem Leasingnehmer die Prozesskosten nicht erstatten muss OLG Köln 27. 5. 2004, NJW-RR 2005, 210; *Weber*, NJW 2005, 2198, a. A. *Beckmann*, § 7 Rn 63; tendenziell *Reinking* in *Reinking/Kessler/Sprenger*, § 8 Rn 80.
23 Zweifelnd früher *Graf von Westphalen*, ZIP 2001, 2258, 2260; *ders.*, ZGS 2002, 64 ff; *ders.* einlenkend in Der Leasingvertrag, Kap. H Rn 16; befürwortend *Beckmann*, FLF 2002, 46, 48, *ders.* Finanzierungsleasing, § 2 Rn 103; *Zahn*, DB 2002, 985; *Breitfeld*, FLF 2003, 215, 216; *Reinking* ZGS 2002, 230.
24 *Zahn*, DB 2002, 985.
25 So mit zutreffender Begründung *Wolf/Eckert/Ball*, Rn 1825.
26 BGH 23. 2. 1977, NJW 1977, 848, 850.
27 *Sannwald*, S. 169; *Reinicke/Tiedtke*, BB 1982, 1142.
28 BGH 20. 6. 1984, NJW 1985, 129, 130.
29 BGH 23. 2. 1977, DB 1977, 813, 814; 9. 7. 2002, NJW-RR 2003, 51; *Zahn*, DB 2002, 985, 986.

Abtretungs- oder Ermächtigungskonstruktion?

Im Hinblick auf **Schadensersatzansprüche** erweist sich die- in den VDA-Muster-Leasing-AGB zum privaten Neuwagenleasing nicht vorgesehene und in der Praxis nur noch selten anzutreffende – Ermächtigungskonstruktion allerdings als ungeeignet, da sie den Leasingnehmer nicht in die Lage versetzt, den Schaden geltend zu machen, der bei ihm selbst infolge eines Mangels entstanden ist.[30] Daher wird befürchtet, dass die Ersetzung der mietrechtlichen Mängelhaftung durch die kaufrechtlichen Ansprüche unzureichend ist und zum Wiederaufleben der mietrechtliche Eigenhaftung des Leasinggebers führt.[31] Diese Gefahr besteht durchaus. Zwar ist der AGB-mäßige Ausschluss von Schadensersatzansprüchen grundsätzlich zulässig, er scheitert aber daran, dass die Ausschlüsse des § 309 Nr. 7 a und b BGB in Ermächtigungsklauseln nicht enthalten sind. **L78**

Mit der **Ermächtigungskonstruktion** lässt sich ein Anspruch des Leasingnehmers auf Ersatz seines Eigenschadens nur dadurch herbeiführen, dass der Leasinggeber entweder in den Kaufvertrag eintritt, den der Leasingnehmer mit dem Händler abgeschlossen hat oder dass er diesen Vertrag vom Leasingnehmer übernimmt. Dann ergibt sich die Konstellation, dass der Leasingnehmer seine originären Käuferrechte, die er an den Leasinggeber abgetreten hat, nach Entstehung des Schadens als fremde Rechte kraft Ermächtigung des Leasinggebers im eigenen Namen geltend macht. **L79**

Im Gegensatz zur Ermächtigung eröffnet die Abtretungskonstruktion dem Leasingnehmer grundsätzlich die Möglichkeit, den **Eigenschaden** zu liquidieren.[32] Dies liegt daran, dass sie künftige Forderungen mitumfasst, die unmittelbar in der Person des Zessionars entstehen, wenn ihre Rechtsgrundlage bei Abtretung schon und bei Entstehung des Anspruchs noch vorhanden ist.[33] Die Voraussetzungen hierfür sind bei der Abtretungskonstruktion regelmäßig erfüllt, da ein **Direkterwerb** der Ansprüche durch den Leasingnehmer dem Willen aller Beteiligten entspricht.

Abtretungs- und Ermächtigungskonstruktion wirken sich auch auf die **Nacherfüllung** unterschiedlich aus. Mit Blick auf § 439 Abs. 3 BGB verdient wiederum die Abtretung den Vorzug vor der Ermächtigung, da sie es ohne weiteres möglich macht, die Ansprüche auf Nacherfüllung entsprechend dem Willen der Parteien der **Person des Leasingnehmers** zuzuordnen und aus seiner Situation heraus zu beurteilen, ob die Nacherfüllung für ihn unverhältnismäßig oder unzumutbar ist.[34] **L80**

Von der Abtretung werden üblicherweise nur Rechte und Ansprüche wegen Sachmängeln erfasst (siehe Abschn. XIII. Nr. 1 VDA-Muster-Leasing-AGB), nicht jedoch **unselbstständige Einwendungen aus dem Kaufvertrag**, wozu das Leistungsverweigerungsrecht des § 320 BGB gehört. Sie sind untrennbar mit dem Kaufvertrag verknüpft und auf eine andere Person nur im Wege der Vertragsübernahme übertragbar.[35] Diese Konstruktion wird beim typischen Kfz- Leasingvertrag jedoch nicht eingesetzt. Daher verbleibt die Einrede des nicht erfüllten Vertrages beim Leasinggeber, der sie dem Lieferanten entgegenhalten und dadurch verhindern kann, dass dieser den vollen Kaufpreis bekommt, obschon eine Schlechtleistung vorliegt.[36] Aus der Tatsache, dass die Kaufpreisforderung des Lieferanten wegen eines Sachmangels einredebehaftet ist, erwächst dem Leasingnehmer kein Leis- **L81**

---

30 *Graf von Westphalen*, Der Leasingvertrag, Kap. H Rn 19; *Zahn*, DB 2002, 985, 986; *Arnold* in Dauner-Lieb/Konzen/Schmidt, 589,611.
31 So aber *Wolf/Eckert/Ball*, Rn 1826.
32 *Beckmann* in Martinek/Stoffels/Wimmer-Leonhardt, § 26 Rn 51, 53 mwN.
33 *Armbrüster*, NJW 1991, 607; *Palandt/Grüneberg*, § 398 Rn 12 mwN.
34 *Zahn*, DB 2002, 985, 986; *Reinking*, ZGS 2002, 231, dazu auch *Beckmann*, § 1 Rn 142 ff., der auf die käuferähnliche Stellung des Leasingnehmers abstellt.
35 *Schmalenbach/Sester*, WM 2002/2184.
36 BGH 1. 10. 1994, WM 1995, 111.

tungsverweigerungsrecht im Hinblick auf seine Zahlungspflichten aus dem Leasingvertrag[37]

1. Uneingeschränkte Übertragung der Mängelrechte und unbedingte Zurechnung der Folgen

L82 Die Interessen des Leasingnehmers werden nur durch eine **unbedingte, vorbehaltlose und uneingeschränkte Übertragung** der kaufrechtlichen **Mängelansprüche** angemessen gewahrt.[38] Entscheidet sich der Leasinggeber anstelle der Abtretung für die – nach neuem Recht nicht mehr unbedenkliche (Rn L78) – Ermächtigungskonstruktion, muss er dem Leasingnehmer die Geltendmachung seiner Rechte wegen der Fahrzeugmängel **unwiderruflich** überlassen.[39]

L83 Der Leasinggeber, der den Leasingnehmer in seinen AGB wirksam auf die abgetretenen Sachmängel- und Garantieansprüche aus dem Kauf verwiesen hat, muss nach gefestigter höchstrichterlicher Rechtsprechung die sich daraus ergebenden rechtlichen Folgen verbindlich hinnehmen und kann nicht im Leasingverhältnis das Fehlen von Mängeln erneut geltend machen. Will der Leasinggeber verhindern, dass ein rechtskräftiger Titel auf den Leasingvertrag durchschlägt, hat er die Möglichkeit, in einem vom Leasingnehmer angestrengten Sachmängelprozess als Nebenintervenient nach § 66 ZPO auf Seiten des Lieferanten beizutreten.[40]

L84 Formularregelungen im Leasingvertrag, welche die kaufrechtliche Mängelhaftung und deren Auswirkungen auf den Leasingvertrag einschränken oder außer Kraft setzen, widersprechen der erforderlichen Äquivalenz im Leasingvertrag und verstoßen auch im kaufmännischen Geschäftsverkehr gegen § 307 Abs. 1 S. 1 BGB.[41] Nicht wirksam ist eine Regelung in AGB, die eine Abtretung der Sachmängel-, Garantie- und Schadensersatzansprüche einschließlich der Befugnis zum Rücktritt vorsieht, in der sich der Leasinggeber jedoch unabhängig davon die **eigene Rechtsverfolgung vorbehält**.[42] Gleiches gilt für eine Vertragsklausel, durch die der Leasinggeber dem Leasingnehmer **subsidiäre Sachmängelrechte** einräumt, diese jedoch einer mit der Fahrzeugübergabe beginnenden Verjährungsfrist unterwirft. Die Regelung entwertet die Rechtsposition des Leasingnehmers, dessen Ansprüche bereits vor dem Eintritt des Rückgriffsfalles verjährt sein können.[43]

Nach einem Urteil des OLG Celle aus der Zeit vor der Schuldrechtsreform ist eine Klausel in einem Unternehmer-Leasingvertrag nicht zu beanstanden, in der dem Leasingnehmer nur der Anspruch auf Beseitigung des Fehlers abgetreten wird und ihm als Ersatz für das Rücktrittsrecht die Möglichkeit eingeräumt wird, gegenüber dem Leasinggeber die Rückgängigmachung des Leasingvertrages zu verlangen, wenn die Nachbesserung fehlgeschlagen ist.[44] Das OLG Rostock[45] entschied, der Leasingnehmer werde nicht unangemessen benachteiligt, wenn sich der Leasinggeber den Widerruf der Übertragung der Gewährleistungsrechte für den Fall vorbehalte, dass der Leasingnehmer sein Besitzrecht verliert oder seinen vertraglichen Verpflichtungen nicht nachkommt, indem er zB Sachmängelansprüche nicht geltend macht.

---

37 *Beckmann*, § 5 Rn 16; *Staudinger Stoffels*, BGB, Leasing, Rn 230; *Wolf/Eckert/Ball*, Rn 1960 ff; a. A. nur *Graf von Westphalen*, Der Leasingvertrag, Kap. H Rn 109, 110.
38 BGH 17. 12. 1986, NJW 1987, 1072; 27. 4. 1988, NJW 1988, 2465.
39 BGH 17. 12. 1986, NJW 1987, 1072.
40 *Beckmann*, § 9 Rn 64.
41 BGH 13. 3. 1991, ZIP 1991, 519, 523.
42 BGH 9. 7. 2002, NJW-RR 2003, 51, 52.
43 OLG Frankfurt/Main 31. 3. 1992, NJW-RR 1991, 1527.
44 Urt. v. 8. 11. 1995, VersR 1996, 1115.
45 Urt. v. 18. 3. 2002, NJW-RR 2002, 1712, 1713.

Keine Bedenken bestehen gegen eine Klausel, welche die Abtretung **auflösend bedingt** an den Fortbestand des Leasingvertrages knüpft.[46] Nach Sachlage gebotene Weisungsvorbehalte des Leasinggebers sind ebenfalls zulässig. Dazu gehört die Anweisung an den Leasingnehmer, im Rahmen der Rückabwicklung des Kaufvertrages eine Verzinsung des Kaufpreises geltend zu machen und die Rückzahlung des Kaufpreises nebst Zinsen an den Leasinggeber zu beantragen. Nicht zulässig sind Leasing-AGB, die dem Leasingnehmer eine unbedingte Klagepflicht auferlegen oder ihm aufgeben, bestimmte Rechte und Ansprüche vorrangig geltend zu machen.[47]

L85 Mit dem **Wegfall des Leasingvertrages** entfallen die mietrechtlichen Gewährleistungsansprüche des Leasingnehmers und die damit einhergehende Notwendigkeit, diese durch kaufrechtliche Sachmängelansprüche zu ersetzen. Endet der Leasingvertrag, hat der Leasinggeber ein berechtigtes Interesse daran, dass die Sachmängelrechte an ihn zurückfallen.[48]

L86 Das **Risiko** der ordnungsgemäßen und fristgerechten **Geltendmachung** der Sachmängelansprüche trägt der **Leasingnehmer**.[49] Wegen der weitreichenden, von Fall zu Fall unterschiedlichen Auswirkungen, die sich aus der Geltendmachung von Sachmängelansprüchen auf den Leasingvertrag ergeben, ist nach Ansicht des KG[50] ein rechtliches Interesse des Leasingnehmers anzuerkennen, das **selbstständige Beweisverfahren** zur Feststellung von Mängeln des geleasten Fahrzeugs auch gegenüber dem Leasinggeber zu beantragen, der seine Vermieterhaftung unter Abtretung der Sachmängelansprüche gegen den Händler wirksam ausgeschlossen hat. Versäumt der Leasingnehmer die fristgerechte Geltendmachung der Mängel innerhalb der Verjährungsfrist, bleibt er trotz Mangelhaftigkeit des Leasingfahrzeugs der Leasinggesellschaft gegenüber zur Zahlung der Leasingraten verpflichtet.[51]

L87 Das Risiko der Durchsetzbarkeit berechtigter Mängelansprüche trägt grundsätzlich der Leasinggeber. Für das Aufleben der sog. **subsidiären/nachrangigen Haftung** des Leasinggebers kommen Unmöglichkeit und Unzumutbarkeit des Vorgehens gegen den Lieferanten in Betracht, zB Insolvenz, Zahlungsunfähigkeit, Vermögensverfall und Unauffindbarkeit des Lieferanten. Eine Unzumutbarkeit ist anzunehmen, wenn der Lieferant nicht in der Lage ist, notwendige Anwaltsvorschüsse für einen Prozess aufzubringen.

Die subsidiäre Haftung des Leasinggebers greift auch dann ein, wenn der Leasingnehmer den Lieferanten selbst ausgesucht hat.[52]

2. Grenzen der Freizeichnung

L88 Die Freizeichnung des Leasinggebers von der Vermieterhaftung ist mit Blick auf § 307 BGB nur wirksam, wenn die abgetretenen Ansprüche aus dem Kaufvertrag die **Interessen** des Leasingnehmers in „**angemessener Weise**" wahren.[53]

Zu **Art** und **Umfang** der **kaufrechtlichen Ersatzansprüche** hat sich der BGH[54] noch nicht näher geäußert und lediglich festgestellt, dass eine **völlig leerlaufende Abtretung** in einem Leasingvertrag mit einem **Verbraucher** nicht ausreicht, weil sie überhaupt kein

---

46 *Beckmann* in *Martinek/Stoffels/Wimmer/Leonhardt*, § 25 Rn 41.
47 *Beckmann* in *Martinek/Stoffels/Wimmer/Leonhardt*, § 25 Rn 38, 39.
48 BGH 13. 3. 1991, ZIP 1991, 519, 522; Pfälzisches OLG 3. 2. 2000 – 4 U 202/98, n. v.
49 *Graf von Westphalen*, Der Leasingvertrag, Kap. H Rn 216
50 Urt. v. 10. 4. 2000 OLGR 2000, 219.
51 BGH 23. 2. 1977, DB 1977, 813.
52 *Beckmann*, MDR 2005, 1207, 1208 mwN; a. A. *Löbbe*, BB-Beil. 6/2003, 13.
53 BGH 19. 2. 1986, DB 1986, 1168.
54 BGH 21. 12. 2005, NJW 2006, 1066 ff.

Surrogat für die ausgeschlossene Vermieterhaftung beinhaltet. Zu der Streitfrage, ob der mietrechtliche Gewährleistungsausschluss scheitert, wenn der Leasinggeber einem Leasingnehmer mit Verbrauchereigenschaft nicht als Ersatz diejenigen Rechte verschafft, die diesem bei einem **Verbrauchsgüterkauf** zustehen würden, musste er sich bisher noch nicht positionieren (Rn L100).

Unklar bleibt auch, welche **Mindestanforderungen** an die kaufrechtlichen Gewährleistungsrechte **außerhalb des Verbrauchsgüterkaufs** zu stellen sind, mit denen der Ausschluss der Vermieterhaftung ausgeglichen werden soll.

L89 Es ist naheliegend, den einzufordernden Standard der kaufrechtlichen Gewährleistungsansprüche an den **Marktgepflogenheiten** auszurichten und als Maßstab diejenigen Ansprüche zugrunde zu legen, die der Käufer eines neuen oder gebrauchten Fahrzeuges in Deutschland üblicherweise bekommt. Da die Gewährleistungsrechte in den vom Neu- und Gebrauchtwagenhandel üblicherweise verwendeten NWVB und GWVB klar umrissen sind, ist die Erwartungshaltung des Leasingnehmers darauf gerichtet, dass der Leasinggeber ihm die darin enthaltenen Käuferrechte durch die Abtretung tatsächlich verschafft. Dies gilt auch im Hinblick auf die in den NWVB und GWVB enthaltenen Verjährungsfristen.[55] Daraus folgt aber nicht automatisch, dass der Leasingnehmer mit Verbraucherstatus Anspruch auf Einräumung der Rechte des Käufers eines Verbrauchsgüterkaufs besitzt.

L90 Rechtsprechung und Schrifttum sind sich darin einig, dass die Freizeichnung des Leasinggebers von seiner mietrechtlichen Haftung nur hinnehmbar ist, wenn er sämtliche ihm aus dem Kaufvertrag zustehenden Ansprüche und Rechte **vollständig** an den Leasingnehmer abtritt.[56] Der Leasinggeber darf dem Leasingnehmer folglich nicht das Recht auf **Ersatzlieferung** abschneiden, wenn ihm dieses Recht aufgrund des Kaufvertrages tatsächlich zusteht. Die Frage, ob der Ausschluss des Ersatzlieferungsanspruchs zulässig ist, stellt sich nur dann, wenn der Leasinggeber dieses Recht selbst nicht besitzt (dazu Rn L96).

a) Leerlaufende Abtretung in einem Unternehmer-Leasingvertrag über ein Gebrauchtfahrzeug

L91 Für das im Unternehmerverkehr durchaus nicht ungewöhnliche **Gebrauchtfahrzeugleasing** besitzt die Frage, ob eine **vollständig** oder **teilweise leer laufende** Gewährleistungsklausel die Abtretungskonstruktion zu Fall bringt, höchste Priorität. Von ihrer Beantwortung kann das Schicksal des Leasingvertrages abhängen.

Würde die Klausel nicht halten, hätte dies für den Leasinggeber zur Folge, dass er dem Leasingnehmer nach den mietrechtlichen Bestimmungen gewährleistungspflichtig wäre, ohne seinerseits den Fahrzeuglieferanten in Regress nehmen zu können. Auf der anderen Seite würde der Leasingnehmer mit Unternehmerstatus aufgrund der Unwirksamkeit der leerlaufenden Abtretungsklausel eine Rechtsposition erlangen, die er als Käufer des Fahrzeugs wegen des im Gebrauchtwagenhandel üblichen Ausschlusses der Sachmängelhaftung nicht bekommen würde. Da eine solche Konstellation nicht der Interessenlage der Parteien entspricht, ist es gerechtfertigt, den Ausschluss der mietrechtlichen Gewährleistung ausnahmsweise zu akzeptieren, obwohl er nicht durch kaufrechtliche Sachmängel- und Garantieansprüche kompensiert wird.[57]

---

55 Zu den Verjährungsfristen in Lieferanten-AGB *Graf von Westphalen*, Der Leasingvertrag, Kap. H Rn 213, 214.
56 *Beckmann* in *Martinek/Stoffels/Wimmer/Leonhardt*, § 25 Rn 34.
57 *Wimmer-Leonhardt* in *Martinek/Stoffels/Wimme-/Leonhardt*, § 56 Rn 7; *Engel*, Rn 56; *Reinking* in *Reinking/Kessler/Sprenger*, § 3 Rn 88 mwN; a. A. *Beckmann* in *Martinek/Stoffels/Wimmer/Leonhardt*, § 25 Rn 30.

Da die Abtretungsklausel in solchen Fällen jedoch zu Missverständnissen führen kann, erscheint es vertretbar, dem Leasinggeber eine **Informationspflicht** über das Nichtvorhandensein kaufrechtlicher Gewährleistungsansprüche aufzuerlegen, wenn er das Fahrzeug selbst eingekauft hat. Weiterhin ist zu verlangen, dass er dem Leasingnehmer bestehende Ansprüche aus Garantien gegen den Fahrzeuglieferanten oder gegen Dritte abtritt.

b) Ausschluss des Ersatzlieferungsanspruchs in einem Unternehmer-Leasingvertrag

Die Gefahr, dass die leasingtypische Abtretungskonstruktion bei einem Leasingvertrag über ein Neufahrzeug leer läuft, besteht nicht, da der Leasinggeber, der das Fahrzeug als Unternehmer einkauft, Sachmängelrechte nach Maßgabe der NWVB erlangt. Diese unterscheiden sich von den Sachmängelrechten eines Käufers mit Verbraucherstatus allein dadurch, dass die **Verjährung auf ein Jahr verkürzt** ist. **L92**

Darüber hinaus gewähren fast alle Automobilhersteller und Automobilimporteure auf ihre Produkte **Haltbarkeitsgarantien** iSv § 443 Abs. 2 BGB auf die Dauer von durchschnittlich zwei Jahren. Qualitativ entsprechen die Garantieansprüche nicht den Sachmängelansprüchen, da der Garantienehmer lediglich ein Recht auf Nachbesserung besitzt. Allein die Abtretung von Garantieansprüchen ohne gleichzeitige Abtretung der Sachmängelrechte würde die ausgeschlossene mietrechtliche Gewährleistung des Leasinggebers daher nicht angemessen ausgleichen und die Unwirksamkeit der Abtretungskonstruktion zur Folge haben. **L93**

Anlässlich der Schuldrechtsreform unterbreitete das Schrifttum[58] den Vorschlag, Ersatzlieferungsansprüche des Leasingnehmers grundsätzlich auszuschließen. Dieser Anspruch wurde als **Fremdköper** im Leasingvertrag angesehen, nach dessen mietrechtlicher Grundkonzeption ein Austausch der mangelhaften Sache gegen eine mangelfreie nicht vorgesehen ist. Außerdem bestand die Gefahr, dass der Ersatzlieferungsanspruch – wegen der vom Leasinggeber nach §§ 439 Abs. 4, 346 Abs. 1 BGB zu entrichtenden Nutzungsentschädigung – die mit dem Leasingvertrag angestrebte Vollamortisation des Leasinggebers gefährden könnte. **L94**

Trotzdem wurde die Idee, den Ersatzlieferungsanspruch auszuschließen, von Leasinggesellschaften nicht aufgegriffen, weil sie – nicht grundlos – befürchteten, die Klausel könnte selbst im Unternehmerverkehr gegen die **Leitbildfunktion** des Sachmängelrechts verstoßen und zur Unwirksamkeit der leasingtypischen Abtretungskonstruktion führen.[59] Außerdem stellte sich alsbald nach Inkrafttreten der Schuldrechtsreform heraus, dass der Ersatzlieferungsanspruch für den Kraftfahrzeugsektor nahezu bedeutungslos ist. Dies liegt daran, dass die Ersatzlieferung von Neuwagenkäufern (und Leasingnehmern) selten geltend gemacht wird und fast immer an der Unverhältnismäßigkeitseinrede des § 439 Abs. 3 BGB scheitert. De facto ist die Nacherfüllung damit beim Neuwagenkauf auf die Nachbesserung beschränkt (Rn 326 ff.). **L95**

Im Schrifttum sind die Meinungen zur Zulässigkeit des Ausschlusses der Ersatzlieferung in AGB eines Unternehmer-Leasingvertrages geteilt. Für die einen ist die leasingtypische Abtretungskonstruktion mit § 307 Abs. 2 Nr. 1 BGB nur in Einklang zu bringen, wenn der Leasinggeber dem Leasingnehmer die kaufrechtlichen Ansprüche **vollständig** und **vorbehaltlos** überträgt[60], während nach anderer Ansicht die Abbedingung der Ersatzlieferung nicht zu beanstanden ist, da sie auch im Kaufrecht als zulässig erachtet wird.[61] Nach hier **L96**

---

58 *Jaggy*, BB-Beilage 2/2002, 15.
59 *Graf von Westphalen*, Der Leasingvertrag, Kap. H Rn 181 ff.
60 *Graf von Westphalen*, Der Leasingvertrag, Kap. H Rn 182.
61 *Palandt/Weidenkaff*, § 439 Rn 3; *Zahn* DB 2002, 985.

vertretener Ansicht sind die gegen den Ausschluss der Nachlieferung vorgebrachten Bedenken unbegründet, da das dem Käufer in § 439 Abs. 1 BGB zugebilligte Wahlrecht zwischen Nachbesserung und Nachlieferung **keine Leitbildwirkung** entfaltet und folglich eine Beschränkung des Käufers auf das Nachbesserungsrecht außerhalb des Verbrauchsgüterkaufs nicht gegen § 307 Abs. 2 Nr. 1 BGB verstößt. Dies entspricht der Entstehungsgeschichte des § 439 BGB und dem Willen des Gesetzgebers, der unter anderem in § 309 Nr. 8 b BGB zu erkennen gegeben hat, dass er zwar einzelne Aspekte der Nacherfüllung „AGB-fest" regeln, eine Zuordnung des Wahlrechts aber ausklammern wollte.[62]

L97 Die Interessenlage der Parteien eines Leasingvertrages zwischen **Nichtverbrauchern** erfordert keine hiervon abweichende Beurteilung, da der Leasingnehmer nur die Abtretung derjenigen Rechte erwarten kann, die er als Käufer zu beanspruchen hätte. Gestattet das Kaufrecht im Geschäftsverkehr zwischen Unternehmern den **Ausschluss des Wahlrechts** im Hinblick auf die Art der Nacherfüllung, ist diese Rechtslage auch für den Unternehmer- Leasingvertrag zu akzeptieren. Dieses Ergebnis entspricht dem mietrechtlichen Leitbild des Leasingvertrages, dem ein Anspruch des Mieters auf Ersatzlieferung fremd ist.[63]

L98 Für das **Gebrauchtfahrzeugleasing** ist das Ausschlussproblem nicht relevant, zum einen, weil die Ersatzlieferung als Alternative zur Fehlerbeseitigung beim Gebrauchtfahrzeugkauf in der Regel nicht besteht,[64] zum anderen, weil nach hier vertretener Ansicht ein beim Gebrauchtwagenkauf zulässiger und üblicher Totalausschluss der Mängelhaftung auch im Leasingvertrag zu akzeptieren ist und die leerlaufende Abtretungskonstruktion nicht zu Fall bringt (Rn L91).

c) Abtretungskonstruktion in einem Verbraucher- Leasingvertrag

L99 Der BGH hat völlig zu Recht entschieden, dass eine **völlig leer laufende** Abtretungsklausel in einem Verbraucher-Leasingvertrag über ein Gebrauchtfahrzeug keine Wirksamkeit entfaltet.

L100 Unklar ist aber nach wie vor, welchen **Mindeststandard** an kaufrechtlicher Gewährleistung der Leasingnehmer mit Verbraucherstatus zu beanspruchen hat. Im Vordergrund steht dabei die höchstrichterlich[65] bislang nicht beantwortete Frage, ob der Leasingnehmer, der den Leasingvertrag als Verbraucher schließt, Anspruch darauf besitzt, dass ihm der Leasinggeber die **Rechte** oder gar die **Rechtsposition** verschafft, die er als Käufer eines **Verbrauchsgüterkaufs** besitzen würde. Ihre Beantwortung ist für die Praxis durchaus relevant, da immerhin 1/5 der Kfz- Leasingverträge mit Verbrauchern abgeschlossen werden und die Sachmängelansprüche, die der Unternehmer beim Kauf eines Neufahrzeugs bekommt, in wesentlichen Punkten hinter den Rechten zurückbleiben, die dem Käufer eines Verbrauchsgüterkaufs kraft Gesetzes zustehen. So beträgt etwa beim Neuwagenkauf die Verjährungsfrist der Ansprüche wegen Sachmängeln beim Unternehmerkauf gem. Abschn. VII. Nr. 1 S. 2 NWB nur 1 Jahr, während § 475 Abs. 2 BGB eine Verjährungsfrist von 2 Jahren für den Verbrauchsgüterkauf verbindlich vorschreibt. Noch weitaus gravierender sind die Unterschiede in den Gebrauchtwagen-Verkaufsbedingungen, die der ZDK dem Gebrauchtwagenhandel zur Verwendung empfiehlt. Danach erwirbt der Käufer, der bei Abschluss des Kaufvertrages in Ausübung seiner gewerblichen oder selbstständigen beruflichen Tätigkeit handelt, das Fahrzeug unter Ausschluss jeglicher Sachmängelansprüche, während dem Käufer mit Verbraucherstatus die gesetzlichen Sachmängelrechte kraft Gesetzes wiederum

---
62 *Schmalenbach/Sester*, WM 2002, 2184, 2189; *Reinecke/Tiedtke*, Kaufrecht, Rn 1736.
63 *Arnold* in *Dauner-Lieb/Konzen/Schmidt*, S. 589, 605; *Zahn*, DB 2002, 985, 992.
64 BGH 7. 6. 2006, NJW 2006, 2839.
65 Offen gelassen BGH 21. 12. 2005, NJW 2006, 1066, 1068.

unabdingbar zustehen, deren Verjährung allerdings zulässigerweise auf ein Jahr verkürzt wird.

Die an den Leasinggeber gerichtete Forderung, dem Leasingnehmer die Mängelrechte eines Verbrauchsgüterkäufers zu verschaffen, halten manche für überzogen.[66] **L101**

Ihres Erachtens wird der Ausschluss der mietrechtlichen Gewährleistung durch die Abtretung der dem Leasinggeber als Unternehmer zustehenden Rechte und Ansprüche wegen Mängeln angemessen kompensiert, da der Leasingnehmer dadurch eine ähnlich starke Rechtsposition wie ein Mieter erlange. Außerdem werde durch die Forderung nach Verschaffung der Rechte eines Verbrauchsgüterkäufers die Abtretungskonstruktion einem Umgehungsgeschäft iSv § 475 BGB gleichgestellt.[67]

Da die Abtretungskonstruktion nicht darauf abzielt, dem Leasingnehmer eine Käuferposition zu verschaffen, ist sie kein Umgehungsgeschäft noch läuft sie faktisch auf ein solches hinaus.[68] Deshalb lässt sich die Forderung nach Einräumung der Rechte eines Verbrauchsgüterkäufers nicht unmittelbar aus § 475 Abs. 1 BGB herleiten. Es geht nicht darum, einen Umgehungstatbestand im Sinne dieser Vorschrift zu konstruieren, um das gewünschte Ergebnis zu erzielen. Vielmehr kommt es darauf an, welche Ausstrahlungen vom Verbrauchsgüterkauf auf die Abtretungskonstruktion eines Verbraucher-Leasingvertrages ausgehen, wobei der Blick auf die Schutzbedürftigkeit des Verbraucher-Leasingnehmers zu richten ist. Sie bildet den Orientierungsmaßstab für die Beantwortung der Frage, ob die ausgeschlossene mietrechtliche Gewährleistung durch die abgetretenen Rechte und Ansprüche aus dem Kaufvertrag angemessen ersetzt wird.[69] Vergleicht man den Verbraucher-Leasingnehmer mit einem Verbrauchsgüterkäufer, gibt es keine Anhaltspunkte für eine geringere Schutzbedürftigkeit desjenigen, der sich anstelle des Kaufs für den einen Leasingvertrag entscheidet. Im Vergleich zum Käufer hat der Verbraucher-Leasingnehmer sogar ein gesteigertes Interesse daran, eine mangelfreie Sache zu bekommen, da die Leasingvertragsdauer die Verjährungsfrist idR überdauert. Weiterhin ist bei der Abwägung zu berücksichtigen, dass allein schon die Ersetzung der mietrechtlichen Gewährleistung durch kaufrechtliche Sachmängelansprüche die Rechtsposition des Leasingnehmers erheblich schwächt, so dass- gemessen am Maßstab des für den Leasingvertrag maßgeblichen Mietrechts- weitere Abstriche zu Lasten des Verbraucher-Leasingnehmers nicht hinnehmbar sind. **L102**

Aus diesen Erwägungen ergibt sich, dass der besondere Käuferschutz, den § 475 BGB dem Verbraucher zubilligt, im Rahmen eines Leasingvertrages mit einem Verbraucher ebenfalls zu wahren ist.[70]

Für den Leasinggeber ist es allerdings nicht immer einfach, dem Leasingnehmer die Rechte eines Verbrauchsgüterkäufers zu verschaffen. Kauft er das Fahrzeug als Unternehmer ein, kann er ihm nur diejenigen Rechte übertragen, die er als Unternehmer durch den Abschluss des Kaufvertrages erlangt hat. Außerdem ist allein mit der Verschaffung der Rechte aus dem Verbrauchsgüterkauf die angestrebte Gleichstellung des Verbraucher-Leasingnehmers mit einem Verbrauchsgüterkäufer noch nicht zu erreichen. Um dem Leasingnehmer die komplette Teilhabe an den Privilegien des Verbrauchsgüterkäufers zu ermög- **L103**

---

66 *Tiedke/Möllmann*, DB 2004, 583, 586.
67 *Soergel/Heintzmann*, vor § 353 Rn 42.
68 BGH 21. 12. 2005, NJW 2006, 1066 ff.
69 BGH 21. 12. 2005, NJW 2006, 1066, 1068.
70 *Müller Sarnowski*, DAR 2007, 72; *Graf von Westphalen*, VertrR und AGB-Klauselwerke, Leasing, Rn 967; *ders* in Der Leasingvertrag, Kap. H Rn 4, *ders*. DAR 2006, 620 ff.; *Zahn* in *Graf von Westphalen*, Der Leasingvertrag, Kap. M Rn 26; *Woitkewitsch* in *Graf von Westphalen*, Der Leasingvertrag, Kap L Rn 39 und Rn 75 ff. mit eingehender Begründung; *Breitfeld*, FLF 2003, 215, 220; *Reinking* in *Reinking/Kessler/Sprenger*, § 4 Rn 13 ff.; *ders*. in *Dauner-Lieb/Heidel/Lepa/Ring*, Anh. zu §§ 535–580a, Leasing Rn 64 ff., 66; *Omlor*, ZGS 2008, 220 ff.

lichen, wozu vor allem die Beweislastumkehr des § 476 BGB zählt, müsste ihm der Leasinggeber durch eine entsprechende Vertragsgestaltung oder durch eine Zusatzvereinbarung mit dem Lieferanten nicht nur die **Rechte** sondern auch die **Rechtsposition** eines Verbrauchgüterkäufers verschaffen.

L104 Unproblematisch ist insoweit die Rechtslage bei einem – für das Verbraucherleasing allerdings untypischen – „**Sale and lease back-Vertrag**", bei dem der Leasinggeber dem Leasingnehmer die Sache abkauft und sie ihm anschließend per Leasingvertrag zum Gebrauch überlässt. Hier bleibt der Leasingnehmer Vertragspartner des ursprünglichen Kaufvertrages mit dem Lieferanten und besitzt weiterhin die Rechte eines Verbrauchers, wenn er den Kaufvertrag in dieser Eigenschaft abgeschlossen hat.

L105 Eine dem „Sale and lease back-Leasing" vergleichbare, aber keineswegs abgesicherte Rechtslage besteht[71], wenn der Leasinggeber einen vom Leasingnehmer bereits abgeschlossenen **Kaufvertrag** im Einverständnis mit dem Lieferanten **übernimmt**. Auch in diesem Fall wird mangels gegenteiliger Absprachen der Beteiligten davon auszugehen sein, dass die vom Verbraucher-Leasingnehmer durch den Abschluss des Kaufvertrages begründeten Verbraucherrechte, die er vom Leasinggeber über die Abtretungskonstruktion zurückerlangt, durch die Übertragung des Vertrages auf den Leasinggeber nicht untergegangen sind.[72]

L106 Wie sich die Rechtslage beim **Eintrittsmodell** (Rn L237) verhält, ist nicht abschließend geklärt. Allgemein wird zwar angenommen, der Leasinggeber erhalte dadurch, dass er in die Bestellung eines Verbrauchers eintritt, dessen Verbraucherrechte.[73] Es bleibt aber die Frage, ob er im Fall des Eintritts – und auch im Fall einer Vertragsübernahme – auch dessen Status eines Verbraucher-Leasingnehmers erlangt, der es ihm zB ermöglichen würde, den Vorteil der Beweislastumkehr (§ 476 BGB) für sich in Anspruch zu nehmen. Da der Kaufvertrag letztendlich zwischen zwei Unternehmern (Leasinggeber und Lieferant) zustande kommt, ist der Fortbestand der (verbrauchsgüterrechtlichen) Rechtslage ernsthaft in Zweifel zu ziehen. In diesem Zusammenhang wäre zu prüfen, ob der durch den Einstieg des Leasinggebers gefährdete und möglicherweise erloschene Verbrauchsgüterkäufer-Status des Leasingnehmers über die von vornherein beabsichtigte und allen Beteiligten bekannte Abtretungskonstruktion gerettet oder wiederbelebt werden kann. Die gleichen Schwierigkeiten und Unsicherheiten bestehen, wenn der Leasinggeber auf der Grundlage der Bestellung des Leasingnehmers ein eigenes Kaufangebot an den Lieferanten abgibt, dass dieser annimmt, indem er gleichzeitig den Leasingnehmer von seiner Bestellung freistellt (Rn L237). Im einen wie im anderen Fall wird es wohl darauf ankommen, im Wege der Vertragsauslegung festzustellen, ob der Wille der Beteiligten darauf gerichtet war, dem Leasingnehmer die Rechtsposition eines Verbrauchsgüterkäufers zu verschaffen. Eine solche Auslegung liegt nahe, wenn das Fahrzeug für einen Leasingnehmer mit Verbraucherstatus bestimmt ist.[74]

L107 Die Parteien des Verbraucher-Leasingvertrages sind auf der sicheren Seite, wenn sie mit dem Lieferanten vereinbaren, dass er für Sachmängel des Fahrzeugs nach den Vorschriften über den Verbrauchsgüterkauf haftet und dem Leasingnehmer den Status eines Verbrauchsgüterkäufers einräumt.[75]

---

71 *Zahn* in *Graf von Westphalen*, Der Leasingvertrag, Kap. M Rn 26.
72 *Godefroid*, BB 2002, Beil. 27, S. 2, 8.
73 *Graf von Westphalen*, Der Leasingvertrag, Kap. C 124 mwN.
74 *Godefroid*, BB 2002, Beil. 27 S. 2, 8.
75 *Graf von Westphalen*, DAR 2006, 620, 622.

Abtretungs- oder Ermächtigungskonstruktion?

Woitkewitsch[76] sieht Leasingfirmen in der Pflicht, für den Verbraucherverkehr Fahrzeuge zu (derart) verbraucherfreundlichen Bedingungen zu erwerben, da sie sich als finanzstarke Großabnehmer keine verbraucherfeindlichen AGB diktieren lassen müssen. **L108**

Auf das Risiko einer Unwirksamkeit der Abtretungskonstruktion wegen Nichtverschaffung der Mängelrechte und Mängelansprüche eines Verbrauchsgüterkäufers sollte es der Leasinggeber nicht ankommen lassen. Sie hätte für ihn nämlich zur Folge, dass er dem Leasingnehmer während der Dauer des Leasingvertrages für die Mängelfreiheit des Fahrzeugs nach mietrechtlichen Vorschriften haftet.[77]

Wer die Ansicht vertritt, der Verbraucher-Leasingnehmer habe grundsätzlich keinen Anspruch auf Einräumung der Rechte bzw. Rechtsposition, die er als Käufer eines Verbrauchsgüterkaufs besitzen würde, wird bei der inhaltlichen Ausgestaltung der Abtretungsklausel darauf zu achten haben, dass dem Leasingnehmer die Rechtslage transparent vor Augen geführt wird. Aus dem Transparenzgebot ergibt sich die Pflicht des Leasinggebers, den Verbraucher-Leasingnehmer gegebenenfalls darauf hinzuweisen, dass er durch die Abtretung nicht die Rechte der §§ 475 ff. BGB erlangt.[78] **L109**

Ebenso wie beim Unternehmer-Leasingvertrag stellt sich beim Verbraucher- Leasingvertrag über ein Neufahrzeug die Frage, ob ein **Ausschluss des Ersatzlieferungsanspruchs** im Rahmen der leasingtypischen Abtretungskonstruktion nach § 307 Abs. 2 Nr. 1 BGB als unwirksam einzuordnen ist. **L110**

Billigt man dem Leasingnehmer mit Verbraucherstatus uneingeschränkt Anspruch auf Einräumung der Rechte/Rechtsposition zu, die er als Käufer bei Abschluss eines Verbrauchsgüterkaufs besitzen würde, kann die Antwort nur lauten, dass der Leasinggeber ihm im Wege der Abtretung sowohl den Anspruch auf Nachbesserung als auch den Anspruch auf Ersatzlieferung verschaffen muss. Es sind keine Gründe ersichtlich, die eine Abweichung von den zwingenden Vorgaben des § 475 BGB rechtfertigen, welche ihrerseits den in § 309 Nr. 8 b bb BGB festgelegten Mindestschutz zugunsten des Verbrauchers überlagern.[79] **L111**

Unklar bleibt, wie sich die Interessen des Verbraucher-Leasingnehmers mit denen des Leasinggebers in Einklang bringen lassen.[80] Als Inhaber der Rechte des Käufers eines Verbrauchsgüterkaufs ist der Verbraucher-Leasingnehmer im Fall der **Ersatzlieferung** nicht verpflichtet, **Wertersatz für die Nutzung** des mangelhaften Fahrzeugs bis zu dessen Austausch durch ein neues Fahrzeug zu leisten (Rn 378 und Rn L341). Die Regelung von § 439 Abs. 4 BGB steht in Widerspruch zu Art. 3 der Richtlinie 1999/44 EG vom 25. 5. 1999 zu bestimmten Aspekten des Verbrauchsgüterkaufs.[81] Im Gegensatz zum Verbraucher wird der Leasinggeber, der das Leasingfahrzeug als Unternehmer eingekauft hat, nicht von der Pflicht zum Ersatz der gezogenen Nutzungen befreit. Den Leasingnehmer kann er nicht in Regress nehmen, da dieser die Nutzung des mangelhaften Fahrzeugs bereits durch die Leasingraten vergütet hat und doppelt belastet würde, wenn er die vom Leasinggeber an den Lieferanten gezahlte Nutzungsvergütung erstatten müsste. Ob sich daran etwas ändert, **L112**

---

76 In *Graf von Westphalen*, Der Leasingvertrag, Kap L Rn 77, 78.
77 *Graf von Westphalen*, ZGS 2002, 64, 67; *ders.* in Der Leasingvertrag, Kap. H Rn 4.
78 *Graf von Westphalen*, ZGS 2002, 64, 66.
79 *Woitkewitsch* in *Graf von Westphalen*, Der Leasingvertrag, Kap. L Rn 175; *Graf von Westphalen*, Der Leasingvertrag, Kap. H Rn 181 ff; *Beckmann*, § 2 Rn 122; *ders.* in *Martinek/Stoffels/Wimmer-Leonhardt*, Rn 78 ff.; ebenso *Staudinger/Stoffels*, Leasing Rn 225; *Habersack*, BB-Beil. 6/2003 S. 5; *Tiedtke/Möllmann*, DB 2004, 586; *Gebler//Müller*, ZBB 2006, 1066, die dem Lieferanten die Berufung auf die Beschränkung der Haftung nach Treu und Glauben versagen, wenn er weiß oder erkennen kann, dass der Leasingnehmer den Vertrag als Verbraucher abgeschlossen hat.
80 Ausführlich *Graf von Westphalen*, Der Leasingvertrag, Kap. H Rn 191 ff.
81 EuGH 17. 4. 2008, NJW 2008, 1433.

wenn der Leasinggeber in den Leasingvertrag eintritt, den der Leasingnehmer als Verbraucher mit dem Lieferanten geschlossen hat oder wenn er einen zwischen diesen Parteien abgeschlossenen Kaufvertrag übernimmt, ist zweifelhaft, weil er zwar die Rechte des Verbraucherkäufers nicht aber dessen Rechtsposition als Verbraucher erlangt (Rn L105, L106).

L113 Trotz dieser für den Leasinggeber unerfreulichen Ausgangslage erweist sich die ihm auferlegte Verpflichtung, dem Verbraucher-Leasingnehmer im Rahmen der Abtretungskonstruktion die kaufrechtlichen Ansprüche auf Nachbesserung und Nachlieferung kumulativ zu verschaffen, keineswegs als das prophezeite „trojanische Pferd"[82] des Leasingvertrages. Zu den von Leasinganbietern anfangs **befürchteten Vollamortisationseinbußen** ist es nicht gekommen, weil die Ersatzlieferung beim Gebrauchtwagenleasing im Regelfall ausscheidet und beim Neuwagenleasing selten verlangt wird oder an der Einrede des § 439 Abs. 3 BGB scheitert.[83] Außerdem hat es der Leasinggeber in der Hand, verbleibende Restrisiken einer möglichen Ersatzlieferung beim Verbraucherleasingvertrag durch eine entsprechende Kalkulation der Leasingraten zu minimieren oder eine von ihm aufzubringende Nutzungsentschädigung dadurch aufzufangen, dass er sich den Anspruch auf einen Mehrerlös, beruhend auf der Höherwertigkeit des Ersatzfahrzeugs am Vertragsende, vertraglich absichert, was auch in Form von AGB möglich ist (Rn L344).[84]

L114 Von Leasinganbietern entwickelte Lösungsansätze halten einer **AGB-Kontrolle** nicht immer stand. Unangemessen und intransparent ist zB eine Klausel, welche die Parteien verpflichtet, den Vertrag im Falle der Ersatzlieferung in der Weise anzupassen, dass die Interessen beider Seiten gewahrt werden. Wegen Verstoßes gegen §§ 307, 308 Nr. 1 BGB unwirksam ist eine Regelung in einem Verbraucherleasingvertrag, die besagt, dass der Leasingvertrag mit allen Rechten und Pflichten erst mit der Übergabe des Ersatzfahrzeugs in Vollzug gesetzt wird, der Leasinggeber dem Leasingnehmer die bis dahin gezahlten Leasingraten inkl. Sonderzahlung jeweils zuzüglich Zinsen in gesetzlicher Höhe erstattet und der Leasingnehmer den Leasinggeber von der an den Verkäufer zu entrichtenden Nutzungsentschädigung freistellt. Sie unterläuft das Wertersatzverbot, zwingt dem Leasingnehmer eine nicht kalkulierbare Vertragsdauer auf und gewährt dem Leasinggeber eine unangemessen lange Frist für die Erbringung einer mangelfreien Leistung.[85]

3. Rechtsfolgen einer unwirksamen Abtretungskonstruktion

L115 In der Rechtsprechung und im Schrifttum überwiegt die Ansicht, dass unzulässige Einschränkungen der Abtretung die **Unwirksamkeit** der gesamten Abtretungskonstruktion einschließlich der Freizeichnung des Leasinggebers von seiner mietrechtlichen Haftung zur Folge hat.[86] Die entstandene Lücke wird gem. § 306 Abs. 2 BGB durch das Aufleben der – im Vergleich zur kaufrechtlichen Mängelhaftung wesentlich schärferen – **mietrechtlichen Eigenhaftung des Leasinggebers** für Sach- und Rechtsmängel nach den §§ 535 ff. BGB aufgefüllt.

L116 Im Schrifttum[87] gibt es Stimmen, die diese Lösung kritisieren. Sie geben zu Bedenken, dass Abtretung, Freizeichnung und (unzulässige) Einschränkungen in vielen Verträgen in-

---

82 *Zahn*, DB 2002, 985.
83 Dazu *Bitter/Meidt*, ZIP 2001, 2114, 2122.
84 Dieses Modell favorisiert *Graf von Westphalen*, Der Leasingvertrag, Kap. H Rn 206 ff; siehe dazu auch *Reinking*, ZGS 2002, 231, 233; *ders.* DAR 2002, 496 ff.
85 Zustimmend *Beckmann* in *Martinek/Stoffels/Wimmer-Leonhardt*, § 26 Rn 88; dazu auch *Graf von Westphalen*, Der Leasingvertrag, Kap. H Rn 202; *Reinking*, ZGS 2002, 229, 232.
86 BGH 24. 6. 1992, WM 1992, 1609; 17. 12. 1987, NJW 1987, 1072; 21. 12. 2006, NJW 2006, 1066, 1068.
87 *Beckmann* in *Martinek/Stoffels/Wimmer-Leonhardt*, § 25, Rn 45 mwN; *MüKo/Koch*, Leasing Rn 36, 114.

haltlich und sprachlich getrennt sind, so dass in diesen Fällen nicht von einer kompletten Unwirksamkeit der aus Abtretung und Freizeichnung bestehenden Gesamtkonstruktion auszugehen ist. Ihr Haupteinwand geht aber dahin, dass die mietrechtliche Lösung den Interessen der Parteien des Leasingvertrages nicht gerecht wird. Ihres Erachtens ist der Leasingnehmer im Wege ergänzender Vertragsauslegung so zu stellen, wie er stünde, wenn die Abtretung aus dem Liefervertrag wirksam erfolgt wäre. Die Berechtigung der **kaufrechtlichen Mängelansprüche** wäre danach zwischen den Parteien des Leasingvertrages zu klären. Ein Fehlschlagen der Nacherfüllung würde dem Leasingvertrag die Geschäftsgrundlage „ex tunc" entziehen, so dass dieser rückabgewickelt werden müsste. Auf diese Weise würde das gleiche Ergebnis wie im Falle einer wirksamen Abtretung erzielt.

Der **kaufrechtliche Lösungsvorschlag** wird den Interessen der Beteiligten durchaus gerecht. Er steht nicht in Widerspruch zur mietrechtlichen Grundstruktur des Finanzierungsleasingvertrages, da die mietrechtliche Gewährleistung leasingtypisch von vornherein durch die kaufrechtliche Mängelhaftung ersetzt wird. Der Vorteil gegenüber dem Mietmodell besteht darin, dass der Leasinggeber nicht in eine Haftungssituation gerät, die durch die von allen Beteiligten gewollte Mängelhaftung des Lieferanten nicht mehr gedeckt wird. Auf Seiten des Leasingnehmers wird eine haftungsrechtliche Besserstellung vermieden, die vertraglich nicht beabsichtigt ist, nicht einmal vom Leasingnehmer selbst. Auch die Sanktionswirkung infolge Verwendung unwirksamer AGB wird nicht verfehlt, insofern der Leasinggeber für die Mängelbeseitigung unmittelbar zuständig wird. Der Lieferant ist sein Erfüllungsgehilfe, dessen Fehlverhalten er sich nach § 278 BGB unmittelbar zurechnen lassen muss. Die Direktverantwortung des Leasinggebers hat weiterhin zur Folge, dass der Leasingnehmer dem Leasinggeber die **Einrede des § 320 BGB** entgegen halten kann, wenn die Leasingsache einen Sachmangel aufweist, der unter die kaufrechtliche Sachmängelhaftung fällt. Führt der Leasingnehmer im Vertrauen auf die Wirksamkeit der Abtretung erfolgreich einen Mängelprozess gegen den Lieferanten, hat ihm der Leasinggeber die Kosten nach den Regeln der **Geschäftsführung ohne Auftrag** zu ersetzen.[88] L117

Den Maßstab für die auflebenden kaufrechtlichen Sachmängelansprüche bilden die Rechte und Ansprüche, die der Leasingnehmer aufgrund der unwirksamen Abtretungskonstruktion hätte bekommen sollen oder die er als Verbraucher gem. § 475 ff. BGB hätte bekommen müssen.[89] Da der Leasingnehmer nicht schlechter gestellt werden darf als bei einer wirksamen Abtretung, muss der Leasinggeber auch für nicht wirksam abgetretene **Garantieansprüche** gegen den Verkäufer oder gegen Dritte einstehen. Für das Kfz-Leasing sind vor allem Herstellergarantien bedeutsam, bei denen es sich regelmäßig um **Haltbarkeitsgarantien** iSv § 443 Abs. 2 BGB handelt (Rn 904). Sie gewähren dem Leasingnehmer einen Schutz, der der mietrechtlichen Gewährleistung weitgehend gleichkommt. Von dem Nachbesserungsanspruch aus der Haltbarkeitsgarantie werden nämlich auch solche Mängel erfasst, die bei Übergabe des Fahrzeugs noch nicht vorhanden sind sondern erst später entstehen. L118

Aus der Tatsache, dass der Leasinggeber haftungsrechtlich an die Stelle des Lieferanten tritt, ergibt sich zwangsläufig, dass der Leasinggeber dem Leasingnehmer die **Einwendungen des Lieferanten** entgegen halten kann, wozu insbesondere die Verletzung der handelsrechtlichen Rügeobliegenheit gehört, die den Verlust der Rechte und Ansprüche wegen des davon betroffenen Mangels zur Folge hat.[90] L119

---

88 BGH 25. 10. 1989, NJW 1990, 314; 10. 11. 1993, NJW 1994 576, 578; 9. 7. 2002, NJW-RR 2003, 51, 52.
89 Beckmann in Martinek/Stoffels/Wimmer-Leonhardt, § 25 Rn 45.
90 MüKo-BGB/Koch, Leasing Rn 114, Beckmann, § 4 Rn 72; Wolf/Eckert/Ball, Rn 1882.

L120 Im **Außenverhältnis** gegenüber dem Lieferanten hat die Unwirksamkeit der Abtretung keine Auswirkung. Der Lieferant kann somit gegenüber dem Leasingnehmer nicht geltend machen, ihm fehle die Aktivlegitimation für die Geltentmachung der Sachmängelansprüche.[91]

---

91 *Beckmann* in *Martinek/Stoffels/Wimmer-Leonhardt*, § 25 Rn 43 mwN.

E. Kfz-Leasing und Verbraucherschutz

I. Regelungen zum Schutz des Verbraucher-Leasingnehmers und mithaftender Verbraucher

Finanzierungsleasing ist eine **sonstige Finanzierungshilfe** (§ 499 Abs. 2 BGB). Deshalb wird der Verbraucher, der mit einem Unternehmer einen Kraftfahrzeugleasingvertrag abschließt, in besonderem Maße geschützt. Aufgrund der zentralen Verweisungsnorm von § 500 BGB sind die meisten der für **Verbraucherdarlehen** geltenden Vorschriften sowie die Vorschriften über **verbundene Verträge** auf Verbraucherleasingverträge entsprechend anzuwenden (Rn L133 ff.).[1] Als Verbraucher fällt der Leasingnehmer außerdem unter die für **Haustürgeschäfte** und **Fernabsatzverträge** geltenden Vorschriften. Einen besonderen Schutz erfährt der Verbraucher-Leasingnehmer schließlich durch die Rechtsprechung, wie zB durch die Entscheidung des BGH vom 21. 12. 2005,[2] welche besagt, dass eine leerlaufende Abtretungsklausel in einem Verbraucher-Leasingvertrag die ausgeschlossene Vermieterhaftung des Leasinggebers nicht ausgleicht (Rn L88). Offen ist, ob der Verbraucher-Leasingnehmer im Rahmen der Abtretungskonstruktion die Rechte/den Status eines Verbrauchsgüterkäufers zu beanspruchen hat und ob der Leasinggeber für Sachmängel des Leasingfahrzeugs nach den Vorschriften des Verbrauchsgüterkaufs haftet, wenn er das Fahrzeug am Vertragsende an den Leasingnehmer verkauft (Rn L571). L121

Neben **privaten Leasingnehmern** partizipieren an dem besonderen Verbraucherschutz auch diejenigen Personen, die sich ein Darlehen, einen Zahlungsaufschub oder eine sonstige Finanzierungshilfe für die Aufnahme einer gewerblichen oder selbstständigen beruflichen Tätigkeit gewähren lassen, (**Existenzgründer**), es sei denn, dass der Nettodarlehensbetrag, der dem Kaufpreis des Fahrzeugs entspricht, den Betrag von 50.000 Euro übersteigt (§ 507 BGB). L122

Die auf einen Finanzierungsleasingvertrag zwischen einem Unternehmer und einem Verbraucher nach § 500 BGB zugeschnittenen Vorschriften sind auch auf die Personen anzuwenden, die als **Verbraucher** eine **Mithaftung** für die Erfüllung der Pflichten aus dem Leasingvertrag übernehmen, sei es durch **Schuldbeitritt, Schuldübernahme, Restwertgarantie** oder als **zweiter Leasingnehmer** (Rn 1057). Diese Personen sind oft schutzwürdiger als der Leasingnehmer, da sie im Gegensatz zu ihm keine Rechte gegen den Leasinggeber erlangen.[3] Normadressat des durch §§ 499, 500 BGB eröffneten Verbraucherschutzes für Leasingverträge zwischen Unternehmern und Verbrauchern ist nicht nur der einzelne Verbraucher, sondern auch eine Mehrzahl von natürlichen Personen, die sich zu einer GbR zusammengeschlossen haben und in Verfolgung ihres nicht kommerziellen Gesellschaftszwecks (zB Fahrgemeinschaft) einen Leasingvertrag über ein Kraftfahrzeug abschließen.[4] Dem steht nicht entgegen, dass der GbR eine beschränkte Rechtsfähigkeit zuerkannt wird, weil sie allein dadurch nicht den Status einer juristischen Person erlangt.[5] Keine natürliche Person ist ein Idealverein, so dass § 500 BGB auf ihn keine Anwendung findet.[6] L123

Falls ein **Unternehmer und ein Verbraucher gemeinsam** einen Leasingvertrag abschließen, zwingt § 13 BGB zur Anwendung der Verbraucherrechte auf die Personen, L124

---

1 *Reinking*, DAR 2002, 145 ff.
2 NJW 2006, 1066 ff.
3 BGH 5. 6. 1996, NJW 1996, 2156, 2157; 12. 11. 1996, NJW 1997, 654.
4 BGH 23. 10. 2001, ZIP 2001, 2224.
5 BGH 29. 1. 2001, ZIP 2001, 330; *Palandt/Sprau*, § 705 Rn 24.
6 EuGH 22. 11. 2001, EuZW 2002, 32.

die als Verbraucher handeln.[7] Dabei kommt es zwangsläufig zu Ausstrahlungen des Verbraucherschutzes auf die Vertragsbeziehungen zwischen Leasinggeber und Unternehmer-Leasingnehmer. Eine gegenüber dem Unternehmer-Leasingnehmer erklärte fristlose Kündigung des Leasingvertrages ist nur wirksam, wenn sie gegenüber dem Verbraucher-Leasingnehmer den Anforderungen von § 498 BGB entspricht.[8] Dies liegt daran, dass eine gegenüber einer Mehrheit von Personen auszusprechende Kündigung nur einheitlich erklärt werden kann.[9]

L125 Im Schrifttum überwiegt die Ansicht, dass die in § 500 BGB genannten Vorschriften zum Verbraucherdarlehen auf **Bürgschaften** nicht entsprechend anzuwenden sind.[10] Eine höchstrichterliche Bestätigung liegt allerdings nur zur Verbraucher-Bürgschaft vor, die der Forderungsabsicherung aus einem **Leasingvertrag mit einem Unternehmer** dient.[11] Zu der Frage, ob auch solche Bürgschaften vom Verbraucherschutz ausgeschlossen sind, die ein Verbraucher zur Absicherung von Forderungen aus einem Leasingvertrag zwischen einem Unternehmer und einem Verbraucher übernommen hat, musste der BGH bisher noch nicht Stellung nehmen. Der EuGH[12] hat allerdings festgestellt, dass Bürgschaftsverträge nicht in den Geltungsbereich der Verbraucherkredit-Richtlinie[13] fallen, wenn weder der Bürge noch der Kreditnehmer / Leasingnehmer im Rahmen einer selbstständigen Erwerbstätigkeit gehandelt haben. Die Mehrheit der deutschen Instanzgerichte lehnt es ab, Verbraucher-Bürgschaften, mit denen Forderungen aus sog. Verbraucher-Leasingverträgen abgesichert werden, wie Verbraucherdarlehen zu behandeln.[14] Der Bürge sei – so wird argumentiert – in geringerem Maße schutzwürdig als derjenige, der einer fremden Schuld beitritt, da er durch die Schriftform gewarnt wird und im Falle der Aufgabe von Sicherheiten Befreiung von der Bürgschaft verlangen kann.[15] Diese Begründung vermag nicht zu überzeugen, da der Schuldbeitritt eines Verbrauchers zu einem Kraftfahrzeugleasingvertrag ebenfalls der Schriftform bedarf[16] und in Anbetracht der wirtschaftlichen Zielsetzung und dem daraus abzuleitenden Schutzbedürfnis der mithaftenden Personen kein wesentlicher Unterschied zwischen einer Bürgschaft und einem Schuldbeitritt besteht.[17]

Eine selbstschuldnerische Mitverpflichtung spricht idR für die Annahme eines Schuldbeitritts und gegen eine Bürgschaft.[18]

L126 Nach neuer Rechtsprechung des BGH ist § 312 Abs. 1 BGB anwendbar, wenn ein Schuldbeitritt[19] oder eine Bürgschaftsverpflichtung[20] von einem Verbraucher in einer **Haustürsituation** abgegeben wurde. Die Gefahr, an der Haustür überrumpelt zu werden,

---

7 *Schmidt-Räntsch* in *Bamberger/Roth*, BGB § 13 Rn 8.
8 Zuletzt BGH 8. 10. 2003, NZV 2004, 77; sowie 28. 6. 2000, NJW 2000, 3133 ff., 3135 mwN.
9 BGH 26. 11. 1957, NJW 1958, 421; 28. 6. 2000, NJW 2000, 3133, 3135.
10 *Reiff* in *Dauner-Lieb/Heidel/Lepa/Ring*, § 491 Rn 5; *Zahn* DB 1992, 1029; *Koch*, FLF 1998, 203; *Auer*, ZBB 1999, 161; nunmehr auch *Graf von Westphalen*, Der Leasingvertrag, Kap. C Rn 72; a. A. *Bülow*, ZIP 1999, 1613 mwN *ders.* VerbrKrR, § 491 Rn 123.
11 BGH 21. 4. 1998, DB 1998,1179.
12 Urt. v. 23. 3. 2000, WM 2000, 713.
13 87/102 / EWG des Rates vom 22. 12. 1986.
14 OLG Stuttgart 22. 7. 1997, OLGR 1997, 36; 18. 2. 1998, OLGR 1998, 147; OLG Rostock 8. 1. 1998 OLGR 1998, 180; OLG Düsseldorf 18. 8. 1997, ZIP 1997, 2005; OLG Frankfurt/Main a. M. 15. 12. 1997, OLGR 1998, 147 und 21. 1. 1998 OLGR 1998, 218; dergl. Ansicht *Zahn*, DB 1998, 353; *Koch*, FLF 1998, 204; *Spittler*, S. 120; a. A. LG Köln 2. 10. 1997, ZIP 1997, 2007.
15 *Schmid-Burgk*, DB 1997, 513; *Graf von Westphalen*, Der Leasingvertrag, Kap. C Rn 72.
16 BGH 12. 11. 1996, WM 1997, 158.
17 *Bülow*, ZIP 1999, 1613 mwN.
18 Thüringer OLG 3. 5. 1999, OLGR 2000,32.
19 BGH 2. 5. 2007, NJW 2007, 2120; dazu *Maus*, BKR 2008, 54 ff.
20 BGH 10. 1. 2006, ZIP 2006, 363.

besteht unabhängig davon, ob der mit einer Verbraucher-Bürgschaft bzw. einem Schuldbeitritt besicherte Kfz-Leasingvertrag mit einem Verbraucher (doppelte Haustürsituation[21]) oder mit einem Unternehmer geschlossen wurde und ob auch insoweit eine Haustürsituation bestand.[22]

II. Leasing und Fernabsatz

Obwohl sich Leasingangebote im Internetverkehr wachsender Beliebtheit erfreuen, ist der Leasingvertrag als **Fernabsatzgeschäft** mit einem Verbraucher kein Thema, das eingehender Erörterung bedarf. Dies liegt daran, dass ein Verbraucherleasingvertrag bei Nichteinhaltung der Schriftform nach §§ 500, 492, 126 BGB unwirksam ist, so dass ein fernvertraglicher Abschluss per Internet oder Telefon nicht in Betracht kommt.[23] Zur Wahrung der Schriftform bedürfte es zumindest der Übersendung einer Vertragsurkunde, die der Kunde unterschreibt und an den Leasinggeber zurückschickt.

L127

Überwiegend wird angenommen, dass die Vorschriften zum Fernabsatz auch Finanzierungsleasingverträge erfassen, da sie zu den Finanzdienstleistungen gehören.[24] Das bedeutet, dass die **Informations- und Mitteilungspflichten** nach § 312c Abs. 2 BGB i. V. m. § 1 BGB-InfoV zu beachten sind und die **Widerrufsbelehrung** des Verbrauchers zusätzlich an § 355 Abs. 2 BGB auszurichten ist.[25]

Die wichtigste Spezialregelung für das Widerrufsrecht besteht darin, dass die Pflichtinformationen mit den Belehrungspflichten in § 355 Abs. 3 S. 3 BGB gleichgestellt werden. Damit gibt es kein automatisches Erlöschen der Widerrufsfrist nach 6 Monaten, wenn der Leasinggeber seiner Dokumentationspflicht nach § 312c Abs. 2 BGB nicht nachgekommen ist.[26] Das **Widerrufsrecht** nach Verbraucherdarlehensrecht geht dem fernabsatzrechtlichen Widerrufsrecht vor, allerdings mit der Maßgabe, dass der Fristbeginn davon abhängt, dass auch die besonderen fernabsatzrechtlichen Informationen des § 312c Abs. 2 BGB mitgeteilt wurden (§ 312d Abs. 5 S. 2, Abs. 2 BGB).[27]

III. Übernahme einer Leasing-Bürgschaft in einer Haustürsituation

Bei einem Bürgschaftsvertrag, der in einer Haustürsituation geschlossen wurde, kommt es nach Ansicht des XI. Senats des BGH[28] darauf an, ob sich der Bürge in einer Haustürsituation befunden hat. Nicht entscheidend ist, ob die Bürgschaft des Verbrauchers Ansprüche aus einem Leasingvertrag mit einem Unternehmer oder einem Verbraucher absichert und ob der Leasingnehmer ebenfalls durch eine Haustürsituation (doppelte Haustürsituation) zum Vertragsabschluss bestimmt wurde, da in allen Fällen **Überrumpelungsgefahr** besteht. Somit ist darauf zu achten, dass dem Verbraucher, der sich in einer Haustürsituation befindet, grundsätzlich ein an § 355 BGB ausgerichtetes **Widerrufsrecht** eingeräumt wird.

L128

---

21 BGH 14. 5. 1998, NJW 1998, 2356.
22 *Graf von Westphalen*, Der Leasingvertrag, Kap. C 73,74.
23 *Woitkewitsch* in *Graf von Westphalen*, Der Leasingvertrag, Kap. L Rn 450, 451.
24 Siehe dazu *Knöfel*, ZGS 2004, 182; *Palandt/Grüneberg*, § 312b BGB Rn 10b; MüKo/*Wendenhorst*, § 312b Rn 74; *Weber*, NJW 2005, 2195; a. A. *Woitkewitsch* in *Graf von Westphalen*, Der Leasingvertrag Kap. L Rn 457 ff.
25 *Palandt/Grüneberg*, § 312d Rn 5.
26 AA *Palandt/Grüneberg*, § 312c Rn 12.
27 Begründung des Regierungsentwurfs BT-Drucks. 15/2946 S. 16; *Kocher*, DB 2004, 2679, 2680.
28 Urt. v. 10. 1. 2006, ZIP 2006, 363 entgegen BGH 14. 5. 1998, 1144, der eine zweifache Haustürsituation verlangte und auf Kritik stieß; *Lorenz* NJW 1998, 2937, 2939; *Pfeiffer*, ZIP 1998, 1129, 1135 ff; *Palandt/Grüneberg*, § 312 Rn 8.

Das Erfordernis zur Widerrufsbelehrung besteht auch dann, wenn der Leasingvertrag mit einer juristischen Person abgeschlossen wird, für deren Verbindlichkeiten sich der Geschäftsführer oder Gesellschafter verbürgt.[29]

IV. AGB in Verbraucher-Leasingverträgen

L129 Bei der Gestaltung der AGB für Verbraucherleasingverträge sind die Regelungen über deren Einbeziehung (§ 305 Abs. 2 BGB) zu beachten.[30] Die Leasing-AGB müssen in vollem Wortlaut in den Vertrag aufgenommen werden oder mit ihm körperlich verbunden sein.[31] Gleiches gilt für die AGB des Kaufvertrages, soweit sie für die Abtretungskonstruktion bedeutsam sind. Es ist besonders darauf zu achten, dass dem Leasingnehmer das Vollamortisationsrisiko deutlich vor Augen geführt wird.

L130 Teilt man die Ansicht, dass der Leasinggeber dem Verbraucherleasingnehmer die Rechte eines **Verbrauchsgüterkäufers** zu verschaffen (Rn L100) hat, müssen die AGB den Anforderungen von § 475 BGB entsprechen. Die in Abschn. VII. Nr. 1 S. 2 NWVB für den Unternehmerverkehr vorgesehene Verkürzung der Verjährungsfrist für Sachmängelansprüche auf 1 Jahr wird den von § 475 gestellten Anforderungen nicht gerecht.

L131 Da der Leasinggeber dem Leasingnehmer die Sachmängelansprüche überträgt, die ihm aus dem Liefervertrag mit dem Lieferanten zustehen, stellt sich die Frage, auf wessen Person abzustellen ist, wenn es etwa darum geht, ob ein Sachmangel vorliegt, ob dieser erheblich ist oder eine Unzumutbarkeit der Nacherfüllung vorliegt. Eine vergleichbare Problemlage besteht beim Schadensersatzanspruch. Dort ermöglicht die Abtretungskonstruktion die Liquidation des Eigenschadens, da ein künftiger von der Abtretung umfasster Schaden in der Person des Leasingnehmers eintritt. Bei der Auslegung subjektiver Begriffe und Gesetzesnormen (Sachmangel, Zumutbarkeit usw.) kann es nicht anders sein. Betroffen vom Sachmangel ist der Leasingnehmer und nicht der Leasinggeber. Folglich sind die **Verhältnisse des Leasingnehmers** der Bewertung zugrunde zu legen.

L132 Falls der Leasinggeber dem Kfz- Leasingnehmer mit Verbraucherstatus- entgegen üblicher Praxis- das Recht einräumt, das Fahrzeug am Vertragsende zum kalkulierten Restwert zu erwerben, liegt ein **verdecktes Teilzahlungsgeschäft** vor. Die Vorschriften über Teilzahlungsgeschäfte sind – richtlinienkonform[32] – analog anzuwenden, wozu außer den Angabeerfordernissen des § 502 Abs. 1 S. 1 Nr. 2–5 BGB die in § 504 BGB enthaltenen Regelungen über die vorzeitige Zahlung und die Rücktrittsfiktion des § 503 Abs. 2 S. 4 und 5 BGB gehören.

V. Anwendung der §§ 358, 359 BGB auf Kfz-Leasingverträge

L133 Die in § 500 BGB enthaltenen Verweisungen auf § 358 (**verbundene Verträge**) und § 359 BGB (**Einwendungsdurchgriff**) stoßen im Schrifttum auf Widerspruch. Die Rede ist von einer misslungenen Verweisung und einem Redaktionsversehen des Gesetzgebers.[33] Nach Auffassung der Kritiker sind diese Vorschriften auf Leasingverträge unanwendbar und überflüssig, da der Leasingnehmer nur einem Vertragspartner gegenüberstehe und durch die Leasingrechtsprechung des BGH ausreichend geschützt werde.[34]

---

29 *Graf von Westphalen*, Der Leasingvertrag, Kap. Rn 74.
30 *Staudinger/Stoffels*, Leasing Rn 112 ff.; *Godefroid*, BB 2002, Beil. 27, S. 2.
31 *Reiff* in *Dauner-Lieb/Heidel/Lepa/Ring*, § 492 Rn 2 mwN.
32 MüKo-BGB/*Koch*; Leasing Rn 59.
33 *Habersack*, BKR 2001, 72; *Reiner/Kaune* WM 2002, 2314, 2323.
34 *Wolf/Eckert/Ball*, Rn 2060.

Anwendung der §§ 358, 359 BGB auf Kfz-Leasingverträge

Diese Argumente sind zumindest für das Kfz-Leasing nicht einschlägig, da der Leasingnehmer eines Kraftfahrzeugs – wie bei einem drittfinanzierten Kauf – in der Phase des Vertragsabschlusses[35] und in der nachfolgenden Vertragszeit zwei Personen gegenübersteht, mit denen er sich auseinander setzen muss. Die Tatsache, dass er letztlich nur mit dem Leasinggeber einen Vertrag schließt, ändert daran wenig. Beim Kfz-Leasing entspricht es nach wie vor gängiger Praxis, dass sich der spätere Leasingnehmer das Fahrzeug beim Händler aussucht und dort zeitgleich einen Antrag auf Abschluss des Leasingvertrages und einen Antrag auf Abschluss des Kaufvertrages unterschreibt, in den der Leasinggeber eintreten soll (Eintrittsmodell). Da das von § 358 BGB vorausgesetzte Dreipersonenverhältnis jedenfalls vorübergehend während der Phase des Vertragsabschlusses besteht, sieht die überwiegende Meinung[36] den Anwendungsbereich der Norm zumindest beim Eintrittsmodell als eröffnet an, wenn die Voraussetzungen einer wirtschaftlichen Einheit vorliegen, wovon regelmäßig ausgegangen werden kann.[37]   **L134**

Aufgrund der leasingtypischen Abtretungskonstruktion hat es der Kfz- Leasingnehmer aber auch nach Auslieferung des Kfz mit dem Händler zu tun und muss sich mit ihm notfalls gerichtlich auseinandersetzen, ehe er wegen der Mangelhaftigkeit des Leasingfahrzeugs gegen den Leasinggeber vorgehen kann. In Anbetracht dieser Konstellation und der Tatsache, dass auch die Rücknahme des Fahrzeugs idR durch den Händler erfolgt, der in dieser Phase dem Leasingnehmer wiederum als Ansprechpartner zur Verfügung steht, erscheint es durchaus gerechtfertigt, die Verweisung in § 500 BGB **nicht nur auf das Eintrittsmodell zu beschränken**. Eine solche Auslegung steht in Einklang mit dem Wortlaut der Norm, welche auf §§ 358, 359 BGB uneingeschränkt verweist und im Gegensatz dazu die Anwendung von § 492 BGB nur eingeschränkt zulässt.[38] Da die in §§ 358, 359 BGB enthaltenen Regelungen nicht auf Leasingverträge zugeschnitten sind, ist eine sinngemäße Anwendung vorzunehmen. Die Konsequenz für das Widerrufsrecht besteht darin, dass der Leasingnehmer seine Vertragserklärungen sowohl gegenüber dem Leasinggeber als auch gegenüber dem Lieferanten unabhängig davon erklären kann, ob der Verbund zwischen Kauf- und Leasingvertrag über die Konstruktion des Vertragseintritts hergestellt wird (zu den Einschränkungen siehe Rn L201). Dementsprechend muss der Leasinggeber darauf achten, dass der Leasingnehmer „qualifiziert" iSv § 358 Abs. 5 BGB über sein Widerrufsrecht belehrt wird.

Im Hinblick auf den Einwendungsdurchgriff ergibt sich aus der analogen Anwendung von § 359 Abs. 3 BGB, dass der Leasingnehmer die Zahlung der Raten bereits ab dem Zeitpunkt des objektiven Fehlschlagens der Nacherfüllung verweigern darf[39] (zum Leistungsverweigerungsrecht beim Leasingvertrag mit einem Nichtverbraucher Rn L365 ff.). Diese durchaus plausible und konsequente Lösung[40] ist allerdings mit der Einschränkung zu ver-   **L135**

---

35 OLG Rostock, 13. 1. 1996, OLGR 1996, 89; OLG Düsseldorf 6. 11. 1992, ZIP 1993, 1069; *Groß*, VGT 1993, 199, 201; *Arnold* in *Dauner-Lieb/Konzen/Schmidt*, S. 589, 610.
36 *Bülow/Artz*, § 500 Rn 10 ff; *Godefroid*, Verbraucherkreditverträge, 3. Aufl. (2008), Teil 5 Rn 28; *Möller* in *Bamberger/Roth*, § 500 Rn 19 ff. Tiedke/Möllmann, DB 2004, 583, 585; *Reinking* in *Reinking/Kessler/Sprenger*, § 4 Rn 29; *Soergel/Heintzmann*, vor § 353 Rn 42; ablehnend *Beckmann* in *Martinek/Stoffels/Wimmer-Leonhardt*, § 27 Rn 154.
37 *Beckmann*, § 1 Rn 53; *Reinking*, DAR 2002, 145, 147.
38 *Woitkewitsch* in *Graf von Westphalen*, der Leasingvertrag, Kap. L 370.
39 *Woitkewitsch* in *Graf von Westphalen*, der Leasingvertrag, Kap. L Rn 400, 401; *Reinking* in *Reinking*/Kessler/Sprenger, § 4 Rn 35 ff.
40 Nach Auffassung von *Staudinger/Stoffels*, Leasing Rn 269 soll der Zeitpunkt der Entdeckung des Mangels maßgeblich sein, *Reiner/Kaune*, WM 2002, 2314, 2323 und *Reinking*, DAR 2002, 1653,1660 legen den Zeitpunkt des Rücktritts zugrunde; *Martis/Meinhof*, Verbraucherschutzrecht S. 77, Rn 140 stellen auf den Zeitpunkt des Zugangs der Rücktritts-/Minderungserklärung ab, während *Beckmann*, WM 2006, 952, 958; *ders*. § 5 Rn 26 ff. *ders*. in *Martinek/Stoffels/Wimmer-*

sehen, dass der Leasingnehmer das Verweigerungsrecht verliert, wenn er nicht unverzüglich vom Vertrag zurücktritt, den Kaufpreis mindert oder Ansprüche auf Schadensersatz statt der Leistung bzw. Ersatz seiner vergeblichen Aufwendungen geltend macht. So lange er sich die Möglichkeit der Nacherfüllung offen hält, kann von einem endgültigen Fehlschlag nicht die Rede sein.

Für einen auf § 359 BGB gestützten **Rückforderungsdurchgriff** gegen den Leasinggeber besteht kein Bedürfnis, da die Rechtsprechung dem Leasingnehmer über das Rechtsinstitut des Fehlens der Geschäftsgrundlage ausreichend Schutz gewährt.

Leonhardt, § 27 Rn 142; *Tiedke/Möllmann*, DB 2004, 583, 585 an dem schon vor der Schuldrechtsreform maßgeblichen Zeitpunkt der Klageerhebung festhalten.

F. Leasingtypische Regelungen

I. Instandhaltungs- und Instandsetzungspflicht

1. Netto-Leasingverträge

Beim **Netto-Leasingvertrag** hat der Leasinggeber dem Leasingnehmer den Gebrauch der Leasingsache für die Vertragszeit zu ermöglichen. Es handelt sich um ein **Dauerschuldverhältnis**, bei dem die **Gebrauchsüberlassungspflicht** nicht schon mit der Besitzverschaffung erfüllt ist. Der Leasinggeber hat die fortdauernde Verpflichtung, dem Leasingnehmer das Leasinggut während der Vertragszeit zu belassen und darf ihn nicht ohne rechtfertigenden Grund an der Nutzung hindern. L136

Bei dem auf die bloße Gebrauchsüberlassung reduzierten Finanzierungsleasing (Nettoleasing) übernimmt der Leasingnehmer während der Vertragszeit alle das Fahrzeug betreffenden Pflichten und Lasten. Leasing-AGB sehen regelmäßig vor, dass der Leasingnehmer die mit dem Betrieb des Fahrzeugs verbundenen Kosten zu tragen hat und die Verpflichtung übernimmt, das Fahrzeug auf seine Kosten warten, instandhalten und instandsetzen zu lassen. Durch sie wird der Leasingnehmer nicht unangemessen iSv § 307 Abs. 2 Nr. 1 BGB, benachteiligt, da es sich um Aufwendungen handelt, die zur Aufrechterhaltung der ordnungsgemäßen Nutzung der Leasingsache erforderlich sind.[1] Zu den typischen Betriebskosten eines Kfz gehören Treibstoffkosten, Steuern, Versicherungsbeiträge, Rundfunkgebühren sowie die Kosten für die Abgas- und Hauptuntersuchung gem. § 29 StVZO. Verschleißreparaturen, wie zB die Erneuerung der Bremsbeläge und der Austausch der Reifen, sind Bestandteil der Instandhaltungspflicht. Die Instandsetzungspflicht betrifft die Reparatur von Beschädigungen und die Behebung von Mängeln des Fahrzeugs.

2. Brutto-Leasingverträge

Für diese im Unternehmer- Geschäftsverkehr beliebte Vertragsvariante ist typisch, dass die Leasinggesellschaft zusätzlich zur Gebrauchsüberlassung Leistungen erbringt, die den Einsatz und Unterhalt des Fahrzeugs betreffen und den jeweiligen individuellen Bedürfnissen des Leasingnehmers angepasst werden können. Die Angebotspalette der Leasinggesellschaften beinhaltet alle mit der Anschaffung, dem Betrieb und der Verwertung eines Fahrzeugs zusammenhängenden Leistungen, wie zB Fahrzeugbeschaffung und Versicherung, Abwicklung von Sachmängelansprüchen und Garantieleistungen, Reifenersatz, Rundfunkgebühren, Steuern, Versicherungen, Verschleißreparaturen, Unfallabwicklung, Erstellung von Kostenübersichten, Einweisung der Fahrzeugführer, Fahrerkontrolle, Abrechnung von Privatfahrten, Statistik. Beim Flottenleasing geht der Trend dahin, der Leasinggesellschaft die gesamte Fuhrparkverwaltung zu überlassen. L137

II. Versicherung des Leasingfahrzeugs

Nach Abschn. X. Nr. 1 VDA-Muster-Leasing-AGB hat der Leasingnehmer eine gesetzliche Haftpflichtversicherung mit Mindestdeckungssumme und eine Vollkaskoversicherung zu den AGB für die Kraftverkehrsversicherung abzuschließen. Falls der Leasingnehmer diese Verpflichtung nicht erfüllt, ist der Leasinggeber berechtigt, aber nicht verpflichtet, eine entsprechende Versicherung als Vertreter für den Leasingnehmer abzuschließen. L138

---

1 *Martinek*, Moderne Vertragstypen, Bd. 1 S. 141; *Beckmann*, § 2 Rn 477; *Graf von Westphalen*, Der Leasingvertrag, Kap I Rn 51.

Von dieser Vorgabe weicht die Praxis oftmals ab. Viele Leasinggesellschaften versichern ihre Fahrzeuge selbst. Außerdem gehört die Versicherung des Fahrzeugs durch den Leasinggeber bei Brutto-Leasingverträgen zum üblichen Leistungsumfang.

L139 Ist dem Leasingnehmer die Verpflichtung zum Abschluss der Fahrzeugversicherung auferlegt, hat er den Kaskoversicherer zu beauftragen, einen **Sicherungsschein** zu Gunsten des Leasinggebers zu erteilen oder den Leasinggeber zu ermächtigen, für sich einen Sicherungsschein beim Versicherer zu beantragen. Durch den Sicherungsschein wird eine **Versicherung für fremde Rechnung** gem. §§ 74 ff. VVG begründet. Mit der Ausgabe des Sicherungsscheins erlangt der Leasinggeber nicht nur sämtliche Rechte aus dem Versicherungsvertrag[2] sondern zusätzlich auch die Möglichkeit, mit dem Versicherer abweichende oder ergänzende Regelungen zu vereinbaren, die ihn vor einer Versagung des Versicherungsschutzes, zB wegen Nichtzahlung der Erstprämie durch den Leasingnehmer schützen. Nach einer Entscheidung des OLG Düsseldorf ist eine Klausel, die den Leasingnehmer zum Abschluss einer Vollkaskoversicherung verpflichtet, bei der die Berufung auf § 61 VVG ausgeschlossen ist, wegen ihres überraschenden Inhalts und wegen unangemessener Benachteiligung des Leasingnehmers unwirksam.[3]

L140 Aufgrund der durch die Sicherungsbestätigung hergestellten Rechtsbeziehung ist der Versicherer verpflichtet, dem Leasinggeber vollständig und richtig Auskunft über das Versicherungsverhältnis zu erteilen, insbesondere darüber, ob ihm die Versicherung ausreichende Sicherheit bietet. Umstände, die für die Werthaltigkeit des Versicherungsanspruchs von wesentlicher Bedeutung sind, muss er dem Leasinggeber mitteilen. Der Versicherer erfüllt seine **Informationspflicht** nicht schon durch den Hinweis auf die Möglichkeit der Verrechnung rückständiger Versicherungsbeiträge mit der Entschädigungsleistung, wenn für den Leasinggeber weder aus dem Sicherungsschein noch aus den sonstigen Umständen erkennbar ist, dass noch weitere Fahrzeuge versichert sind und sich die Verrechnungsmöglichkeit auch auf darauf entfallende Prämienanteile erstreckt.[4]

L141 Die mit dem Abschluss eines Kraftfahrzeugleasingvertrags übernommene Pflicht des Leasingnehmers zum Abschluss einer Kaskoversicherung lebt wieder auf, wenn das gestohlene und abgemeldete Leasingfahrzeug in einem beschädigten aber reparaturfähigen Zustand wieder aufgefunden wird.[5]

L142 Im Innenverhältnis hat der Leasinggeber dem Leasingnehmer die Versicherungsleistung für die Instandsetzung des Fahrzeugs zur Verfügung zu stellen und im Falle einer vorzeitigen Vertragsbeendigung zu dessen Gunsten in die Abrechnung aufzunehmen. Die Aufnahme einer ausdrücklichen Regelung in die Abtretungsklausel hält der BGH[6] nicht für erforderlich, da sich seines Erachtens diese Pflichten des Leasinggebers aus dem Rechtsgedanken des § 255 BGB ergeben. Kritiker[7] fordern mehr **Transparenz** und weisen zutreffend darauf hin, dass der rechtlich nicht vorgebildete Durchschnittskunde ohne Klarstellung in der Abtretungsklausel mit dem Rechtsgedanken des § 255 BGB nichts anfangen kann und möglicherweise davon abgehalten wird, seine Rechte bei der Abrechnung geltend zu machen.

L143 Da die Abtretung der aus der Kaskoversicherung resultierenden Ersatzleistung gem. § 364 Abs. 2 BGB erfüllungshalber vorgenommen wird, muss der Leasinggeber primär versuchen, Befriedigung aus der ihm abgetretenen Versicherungsleistung zu erlangen, ehe er

---

2 BGH 6. 7. 1988, VersR 1988, 949; OLG Hamm 28. 9. 2001, NJW-RR 2002, 534.
3 Urt. v. 23. 11. 2004, NJW-aktuell, Heft 28/2005 S. XII.
4 BGH 6. 12. 2000, BGH-Report 2001, 131, 132; *Römer*, VersR 1998, 1313 ff.
5 OLG München 13. 1. 1995, NJW-RR 1996, 48.
6 Urt. v.8. 10. 2003, NJW 2004, 1041; a. A. OLG Köln 14. 7. 1995, OLGR 1996, 1.
7 *Graf von Westphalen*, Der Leasingvertrag, Kap I Rn 16; *ders*. BB 2004, 2028; *Beckmann*, § 2 Rn 481.

den Leasingnehmer aus der ihn treffenden Haftung aus der Übernahme der Sach- und Preisgefahr in Anspruch nehmen kann.[8]

III. Obhuts- und Verhaltenspflichten

Im Interesse der **Sacherhaltung** werden dem Leasingnehmer zahlreiche Verhaltens- und Obhutspflichten in Bezug auf die Leasingsache auferlegt. Er darf das Fahrzeug (selbstverständlich) nicht verkaufen, verpfänden, verschenken oder einem Dritten zur Sicherheit übereignen. Weiterhin ist es ihm nicht gestattet, das Fahrzeug zu verändern, jedenfalls nicht ohne Zustimmung des Leasinggebers. Beschriftungen des Fahrzeugs hat er am Vertragsende zu entfernen. Eine Verwendung als ziehendes Fahrzeug oder als Fahrschulwagen bedarf der Genehmigung des Leasinggebers. Untersagt wird die Gebrauchsüberlassung an Dritte, außer an Familien- und Betriebsangehörige, sowie die Untervermietung. Ein formularmäßiges **Verbot der Untervermietung** verstößt wegen der für Finanzierungsleasingverträge typischen, auf volle Amortisation der Gesamtkosten gerichteten Interessenlage nicht gegen § 307 Abs. 1 S. 1 BGB.[9] Überlässt der Leasingnehmer das Fahrzeug verbotswidrig an Dritte, muss er sich deren Fehlverhalten über § 278 BGB zurechnen lassen.[10]

L144

IV. Halter des Leasingfahrzeugs

In den Kfz-Papieren wird grundsätzlich der Leasingnehmer als Halter eingetragen, da er das Fahrzeug für eigene Rechnung in Gebrauch hat und die Verfügungsgewalt besitzt.[11] Der Leasinggeber ist bei üblicher Vertragsgestaltung nicht Mithalter, weil er während der Vertragszeit keinen Einfluss auf den Einsatz des Fahrzeugs nehmen kann. Der Fahrzeugbrief bzw. die Zulassungsbescheinigung II verbleibt im Besitz des Leasinggebers. AGB, die ihm dieses Recht gewähren, sind nicht zu beanstanden, da sie seinem berechtigten Sicherungsinteresse dienen. Als Fahrzeughalter hat der Leasingnehmer alle sich aus dem Betrieb und der Haltung des Kfz ergebenden gesetzlichen Verpflichtungen zu erfüllen, wozu vor allem die rechtzeitige Vorführung des Fahrzeugs zur Haupt- und Abgasuntersuchung gehört, und den Leasinggeber freizustellen, soweit dieser in Anspruch genommen wird.[12]

L145

---

8 BGH 11. 12. 1991, ZIP 1992, 179, 181.
9 BGH 4. 7. 1990, ZIP 1990, 1133, 1135.
10 OLG Hamm 23. 6. 1987 NJW-RR 1987, 1142.
11 BGH 22. 3. 1983, NJW 1983, 1492 ff.; OLG Hamm 14. 11. 1994, NJW 1995, 2223.
12 *Engel*, § 9 Rn 49.

G. Sittenwidrigkeit eines Kfz-Leasingvertrages

L146 Ob der Lösungsansatz für die Beurteilung der Sittenwidrigkeit eines Kfz-Finanzierungsleasingvertrages im **Darlehensrecht** oder im **Mietrecht** zu suchen ist, war jahrelang ein Streitthema.

L147 Befürworter einer analogen Anwendung der von der Rechtsprechung entwickelten Prüfungskriterien zur Sittenwidrigkeit von Ratenkrediten argumentierten, der Leasinggeber finanziere wie eine Kreditbank und habe an dem Leasingobjekt kein eigentliches Interesse.[1] Zudem seien Ratenkredit und Konsumentenleasing aus Sicht des Kunden austauschbare Finanzierungsformen,[2] denn in beiden Fällen zahle der Leasing- / Darlehensnehmer die gesamten Herstellungs- und Anschaffungskosten einschließlich aller Neben- und Finanzierungskosten und einen angemessenen Gewinn.

Verfechter des mietrechtlichen Lösungsmodells beriefen sich in erster Linie darauf, Leasingverträge seien, auch soweit es sich um Finanzierungsleasingverträge handele, ihrer Grundstruktur nach Miete und nicht Darlehen,[3] und außerdem erbringe der Leasinggeber im Rahmen des Finanzierungsleasingvertrages weitaus mehr Leistungen als ein Darlehensgeber und nehme im Vergleich zu diesem größere Risiken auf sich.[4] Das mietrechtliche Modell stieß ebenfalls auf Ablehnung. Wegen des Fehlens von Vergleichsmieten wurde es als nicht praktikabel kritisiert.

Ein speziell auf Finanzierungsleasingverträge zugeschnittener Lösungsansatz sah vor, bei der Beurteilung der Sittenwidrigkeit ausschließlich auf den Gewinn des Leasinggebers abzustellen und eine Sittenwidrigkeit im Falle einer Überschreitung des üblichen Gewinns um mehr als das Doppelte zu bejahen.[5]

L148 Der BGH[6] hat sich auf den Standpunkt gestellt, dass sowohl das mietrechtliche als auch das kreditrechtliche Modell geeignete Lösungsansätze bieten. Die mietrechtlichen Beurteilungsmaßstäbe verdienen den Vorzug, wenn Vergleichsmieten vorhanden oder durch Gutachter feststellbar sind.[7] Unter diesen Voraussetzungen kann von einem auffälligen Missverhältnis zwischen dem üblichen und dem vereinbarten Entgelt ausgegangen werden, wenn das vereinbarte Entgelt das übliche Entgelt um das **Doppelte** übersteigt. Eine Quote von 61,53 % reicht für die Überschreitung der Wuchergrenze nicht aus.[8]

L149 Da sich beim Kraftfahrzeugleasing bis heute keine Vergleichsmieten herausgebildet haben und durch Recherche oder von einem Sachverständigen wohl kaum ermittelt werden können, führt der mietrechtliche Lösungsansatz nicht zum Ziel. Deshalb ist nach Ansicht des BGH[9] im zweiten Schritt auf das **kreditrechtliche Prüfungsschema** zurückzugreifen. Seines Erachtens sind die leasingtypischen Merkmale beim Finanzierungsleasing mit dem

---

1 OLG Karlsruhe 24. 10. 1985, NJW-RR 1986, 217.
2 *Schmidt/Schumm*, DB 1989, 2109.
3 OLG Hamm 23. 6. 1987 – 7 U 15/87, n. v.; 28. 6. 1994, NJW-RR 1994, 1467; OLG Celle 11. 4. 1990, NdsRpfl. 1990, 249.
4 OLG München 28. 1. 1981, NJW 1981, 1104; OLG Saarbrücken 10. 11. 1987, NJW-RR 1988, 243; verneinend hinsichtlich höherer Aufwendungen *Graf von Westphalen*, Der Leasingvertrag Kap. F Rn 42 ff.
5 *Reinking/Nießen*, NZV 1993, 49 f.; abl. *Krebs*, NJW 1996, 1177; *Staudinger/Stoffels*, Leasing Rn 132.
6 Urt. v. 11. 1. 1995, NJW 1995, 1019; *Bülow*, JZ 1995, 624; *Ehlert* in *Bamberger/Roth*, § 535 Rn 81.
7 *Erman/Jendrek*, Anh. § 535 Rn 17.
8 OLG Hamm 28. 6. 1994, NJW-RR 1994, 1467.
9 Urt. v. 11. 1. 1995, NJW 1995, 1019 ff.

drittfinanzierten Kauf vergleichbar, weil es wirtschaftlich weitgehend die gleichen Funktionen wie dieser erfüllt, so dass es auf die rechtliche Einkleidung des Finanzierungsleasingvertrags nicht entscheidend ankommen kann. Aus kreditrechtlicher Perspektive, von der auch das Schrifttum ausgeht,[10] liegt ein auffälliges Missverhältnis zwischen Leistung und Gegenleistung regelmäßig vor, wenn der effektive Vertragszins den marktüblichen effektiven Vergleichszins relativ um 100 % oder absolut um 12 % übersteigt.

Der effektive Jahreszins wird bei einer Laufzeit bis zu 48 Monaten nach der Uniformmethode berechnet. Die Formel lautet: L150

$$\text{effektiver Jahreszins} = \frac{\text{Vertragskosten} \times 2400}{\text{Nettokredit} \times (\text{Laufzeit} + 1)}$$

Für Laufzeiten von mehr als 48 Monaten ist der effektive Jahreszins anhand des Tabellenwerks von *Sievi / Gillardon / Sievi*[11] zu ermitteln. Als Nettokredit ist idR der Kaufpreis zugrunde zu legen, den der Leasinggeber an den Händler gezahlt hat und der dem Anschaffungswert entspricht.[12] Zuschläge bei dem Schwerpunktzins und bei den Kosten sind dann vorzunehmen, wenn der Leasinggeber im Einzelfall höhere Kosten darlegt und diese erforderlichenfalls beweist. Der BGH schlägt für diese Fallgruppe vor, den sonst marktüblichen durchschnittlichen Bearbeitungssatz von 2,5 % auf 3 % oder eventuell auf 3,5 % anzuheben. Den Besonderheiten von Teilamortisationsverträgen, bei denen der kalkulierte Restwert erst am Vertragsende realisiert wird und bei denen der Leasingnehmer häufig eine Sonderzahlung bei Vertragsbeginn zu leisten hat, trägt nach Ansicht des BGH die von *Schmidt/Schumm*[13] vorgeschlagene mathematische Formel Rechnung.

Sie lautet:
$$\text{Effektiver Jahreszins} = \frac{\text{Vertragskosten} \times 0{,}5 \times (\text{Ratenzahl} + 1) \times a}{0{,}5 \times (\text{Ratenzahl} + 1) \times a + \text{Ratenzahl} \times b}$$

a = Zur Verfügung gestelltes Kapital abz. Restwert und abz. Sonderzahlung

b = Restwert zuzüglich Sonderzahlung (die Sonderzahlung ist nur zu berücksichtigen, wenn dem Leasinggeber Kapitalkosten entstanden sind, andernfalls ist nur der Restwert anzusetzen).

Die Berechnung des effektiven Jahreszinses bei einem Finanzierungsleasingvertrag mit Sonderzahlung und kalkuliertem Restwert hat der BGH anhand der abgewandelten Uniformmethode mathematisch gut nachvollziehbar in seinem Urteil vom 30. 1. 1995[14] dargestellt, das sich als Mustervorlage für die Überprüfung derjenigen Kfz-Leasingverträge eignet, bei denen der Leasingnehmer das Restwertrisiko trägt.

Aus einer Vertragsgestaltung, die es dem Leasinggeber ermöglicht, einen zusätzlichen L151 Gewinn durch einen über dem kalkulierten Restwert liegenden Verwertungserlös zu erzielen, lässt sich ein objektives Missverhältnis zwischen Leistung und Gegenleistung nicht ableiten. Solche Vertragsregelungen sind beim Finanzierungsleasing durchaus üblich und, da sie keine unerträgliche Störung der Vertragsparität zu Lasten des Leasingnehmers beinhalten, völlig unbedenklich.[15] Nach einer Entscheidung des OLG Dresden[16] soll der Restwert

---

10 *Wolf/Eckert/Ball*, Rn 1754; *Erman/Jendrek*, Anh. § 535 Rn 35; *Erman/Saenger*, § 499 BGB Rn 14 ff.; *Graf von Westphalen*, Der Leasingvertrag, Kap. F 41; *Beckmann*, § 2 Rn 421 ff.
11 *Sievi/Gilladon/Sievi*, Effektivsätze für Ratenkredite, 2. Aufl. 1981.
12 OLG Dresden 8. 12. 1999, NJW-RR 2000, 1305.
13 DB 1989, 2109, 2112.
14 DAR 1995, 200.
15 BGH 30. 1. 1995, DAR 1995, 200.
16 Urt. v. 8. 12. 1999, NJW-RR 2000, 1305, 1306; Korrekturen, wie sie das OLG Dresden vorgenommen hat, hält *Graf von Westphalen*, Der Leasingvertrag Kap. F Rn 61 allerdings auch bei Teilamor-

bei der Beurteilung des auffälligen Missverhältnisses zwischen Leistung und Gegenleistung ausnahmsweise zu berücksichtigen sein, wenn sich seine spätere Realisierung schon bei Vertragsschluss sicher vorhersehen lässt und den Gewinn des Leasinggebers, dessen Aufwendungen an sich bereits durch die Zahlungen des Leasingnehmers voll amortisiert werden, zusätzlich steigert. Da das Urteil einen Vollamortisationsvertrag betraf, ist es auf das Kfz-Leasing nicht übertragbar.

L152 Weicht der dem Leasingvertrag zu Grunde gelegte Anschaffungsaufwand eklatant vom Verkehrswert der Leasingsache ab, so ist bei der Berechnung der niedrigere Verkehrswert als Nettokreditbetrag zu Grunde zu legen, wenn der Leasingnehmer an der Festlegung des Kaufpreises nicht maßgeblich beteiligt war und der Leasinggeber nicht darlegt und beweist, dass er das gewünschte Leasingobjekt nicht günstiger erwerben konnte.[17]

L153 Für die Feststellung der Sittenwidrigkeit eines Finanzierungsleasingvertrags über eine bewegliche Sache ist außer einem objektiv auffälligen Missverhältnis zwischen Leistung und Gegenleistung eine **verwerfliche Gesinnung** des Leasinggebers erforderlich. Handelt es sich beim Leasingnehmer um einen Verbraucher, wird zu seinen Gunsten die verwerfliche Gesinnung des anderen Vertragsteils vermutet, wenn objektiv die Tatbestandsvoraussetzungen von § 138 Abs. 1 BGB erfüllt sind. Diese Vermutung gilt nicht, wenn der Leasingnehmer Unternehmer oder Kaufmann ist.[18] Für diese Personen bleibt es bei der allgemeinen Beweislastregel, dass derjenige, der sich auf Sittenwidrigkeit beruft, auch die subjektiven Voraussetzungen darzulegen und zu beweisen hat.[19]

L154 Die Sittenwidrigkeit führt zur **Nichtigkeit** des gesamten Leasingvertrages. Die Parteien haben die empfangenen Leistungen zurückzugewähren.[20] Der Leasingnehmer muss das Fahrzeug zurückgeben und die Nutzungen vergüten, der Leasinggeber die Leasingraten an den Leasingnehmer in voller Höhe zurückzahlen. Refinanzierungskosten und Verwaltungsaufwand darf er nicht einbehalten. Da der Leasinggeber nur Anspruch auf Erstattung des durch die tatsächliche Nutzung herbeigeführten Wertverzehrs besitzt,[21] ist die Nutzungsvergütung auf der Grundlage der linearen Wertschwundmethode zu berechnen (Rn 615 ff.).

L155 Unabhängig von der Frage, ob der Leasingvertrag als solcher sittenwidrig ist, kann die **Mitverpflichtung** eines **Dritten** – zB durch Schuldbeitritt – sittenwidrig sein, wenn er sich dazu verleiten lässt, gegen sein eigenes Interesse Verpflichtungen zu übernehmen, die ihn finanziell eindeutig überfordern[22] und durch die ein unerträgliches Ungleichgewicht zwischen den Vertragspartnern hervorgerufen wird, das die Verpflichtung des Dritten rechtlich nicht mehr hinnehmbar erscheinen lässt.[23] Die Rechtskraft eines Vollstreckungsbescheids wird allein aufgrund einer Sittenwidrigkeit des Rechtsgeschäfts nicht durchbrochen. Hierzu ist das Hinzutreten besonderer Umstände erforderlich, die eine Ausnutzung

---

tisationsverträgen wegen der Restwertproblematik und der Mehrwertsteuer für angebracht, da sie sich insoweit vom Ratenkredit unterscheiden.

17 BGH 30. 1. 1995 CR 1995, 527, 528; OLG Köln 31. 5. 1996, NJW-RR 1997, 1549; OLG Dresden 8. 12. 1999, NJW-RR 2000, 1305, 1306; *Büschgen / Beckmann*, Praxishandbuch Leasing, S. 149.
18 BGH 19. 2. 1991, NJW 1991, 1810, 1811; 11. 1. 1995, NJW 1995, 1019, 1022; *Palandt/Heinrichs*, § 138 Rn 30.
19 OLG Nürnberg 4. 7. 1995, WM 1996, 497; OLG Düsseldorf 22. 2. 1996, OLGR 1996, 261.
20 Zur Rückabwicklung des Liefervertrages wegen eines sittenwidrig überhöhten Kaufpreises *Beckmann*, § 2 Rn 437; *Graf von Westphalen*, Der Leasingvertrag, Kap. F Rn 72.
21 OLG Köln 31. 5. 1996, NJW-RR 1997, 1549; *Graf von Westphalen*, Der Leasingvertrag, Kap. F Rn 71.
22 BGH 26. 4. 1994, NJW 1994, 1726, 1727.
23 BGH 18. 9. 1997 NJW 1997, 3372, 3373.

des Titels in hohem Maße unbillig und geradezu unerträglich erscheinen lassen.[24] Die Sittenwidrigkeit muss eindeutig und schwerwiegend sein.[25]

Eine **Sittenwidrigkeit des Kaufvertrages** ist wegen der Preistransparenz im Neu- und Gebrauchtwagenhandel unwahrscheinlich. Es wird die Ansicht vertreten, dass die Sittenwidrigkeit des Liefergeschäfts den Bestand des Leasingvertrages unberührt lässt,[26] es sei denn, Leasinggeber und Lieferant haben kollusiv zum Nachteil des Leasingnehmers zusammengewirkt oder der Leasingvertrag ist seinerseits wegen des überhöhten Anschaffungspreises sittenwidrig.[27] Ist der Kaufvertrag wegen der Sittenwidrigkeit hinfällig, entfällt nach einer Entscheidung des OLG Nürnberg[28] die Geschäftsgrundlage des Leasingvertrages, so dass dieser auf Verlangen des Leasingnehmers rückgängig zu machen ist.

L156

---

[24] BGH 24. 7. 1987, MDR 1988,126; 22. 12. 1987, MDR 1988, 398, OLG Köln 25. 2. 1997, WM 1997,1095; OLG Nürnberg 8. 3. 1999, ZIP 1999, 918; Brandenburgisches OLG 27. 7. 2000, OLGR 2001, 1 ff.
[25] BGH 24. 7. 1988, MDR 1988, 126.
[26] *Erman/Jendrek*, Anh. § 535 Rn 17.
[27] MüKo-BGB/*Koch*, Leasing Rn 44; *Wolf Eckert/Ball*, Rn 1769.
[28] Urt. v. 4. 7. 1995, WM 1996, 497.

H. Preisangaben und Werbung

I. Preisangaben

L157 Zu den Preisbestandteilen eines Kfz-Leasingvertrages gehören die **Sonderzahlung**, die **Leasingraten**, die **Überführungskosten** und der **kalkulierte Restwert**. Allgemein beklagt wird, dass in Leasingangeboten häufig verbindliche Angaben über die Gesamtbelastung fehlen und auch der Restwert nicht erwähnt wird. Welche Angaben tatsächlich ein Leasingangebot enthalten muss, ist nicht klar.

L158 Zur **Sonderzahlung** wird die Meinung vertreten, der Leasinggeber sei nicht verpflichtet, hierauf in hervorgehobener Weise aufmerksam zu machen,[1] da der interessierte Verbraucher wisse, dass neben den monatlichen Raten weitere Zahlungen zu leisten sind. Der Hinweis auf die Sonderzahlung ist aber dann erforderlich, wenn eine niedrige Monatsrate **blickfangmäßig** hervorgehoben wird.[2] Bei nicht nur fakultativ angebotener Überführung muss auf die **Überführungskosten** in der Werbung hingewiesen werden, wenn sie zusätzlich zu der Sonderzahlung und den Monatsraten zu zahlen sind.[3] Um sich eine Preisvorstellung machen zu können, benötigt der Kunde außerdem Angaben zur **Laufzeit des Leasingvertrages**[4] und zur **Kilometerleistung** beim Leasingvertrag mit Kilometerabrechnung. Angaben zum Restwert sind bei realistischer Restwertschätzung nicht erforderlich. Entbehrlich ist auch der Hinweis auf die Verpflichtung des Leasingnehmers, dass er für das Leasingfahrzeug eine Vollkaskoversicherung abschließen muss.[5]

L159 Das OLG Frankfurt/Main[6] entschied, bei einem Leasingangebot über Motorräder müsse der Endpreis bei nicht nur fakultativ angebotener Überführung auch die Überführungskosten beinhalten, der Verstoß gegen § 1 PAngVO sei aber nicht geeignet, den Wettbewerb in relevanter Weise zu beeinflussen, da der Leasinggeber in dem Leasingangebot unübersehbar auf die hinzukommenden Überführungskosten hingewiesen habe.

L160 Für **Händler, die Leasingverträge vermitteln**, besteht keine Verpflichtung zur Angabe von Endpreisen.[7] Von dieser Verpflichtung ist auch der **Importeur** befreit, wenn er für Leasingangebote wirbt, ohne selbst Anbieter zu sein, da die korrekte Preisangabe nur demjenigen abverlangt wird, der den Preis gegenüber dem Verbraucher festsetzt bzw. von ihm fordert. Aus diesem Grund liegt nach Ansicht des OLG Frankfurt/Main[8] ein Verstoß weder gegen § 1 PAngVO noch gegen § 5 UWG vor, wenn ein Importeur in der Zeitungswerbung für seine Konditionen mit der Angabe „31 % Mindestanzahlung" wirbt, ohne die Bezugsgröße zu benennen.

L161 Eine Werbung für Autoleasing, die dem aufgeschlüsselten Leasingendpreis den damit identischen „unverbindlich empfohlenen Preis des Herstellers bzw. Importeurs" (UVP[9]) gegenüberstellt, erweckt beim Kunden nicht den Eindruck, der Händler mache sich den Importeurpreis als Barpreis zu Eigen.[10] Bezieht sich der werbende Händler in einem Leasing-

---

1 OLG Frankfurt/Main 31. 3. 1988, WRP 1988, 615; 6. 5. 1993, NJW-RR 1994, 107.
2 LG Köln, 19. 6. 1985 – 84 O 21 7 85 – zit. v. *Zirpel / Preil*, Werben ohne Abmahnung, S. 81.
3 BGH 2. 3. 1989, GRUR 1989, 606; OLG Frankfurt/Main 6. 11. 1997, OLGR 1998, 80.
4 So auch *Zirpel/Preil*, Werben ohne Abmahnung, S. 83.
5 *Zirpel/Preil*, Werben ohne Abmahnung, S. 82.
6 Urt. v. 6. 11. 1997, OLGR 1998, 80.
7 *Zirpel/Preil*, Werben ohne Abmahnung, S. 84.
8 Beschl. v. 6. 5. 1993, NJW-RR 1994, 107.
9 Die Abkürzung ist nach einer Entscheidung des BGH 7. 12. 2006 – I ZR 271/03 – nicht zu beanstanden.
10 OLG Karlsruhe 17. 12. 1986, WRP 1987, 684 ff.

angebot auf die Unverbindliche Preisempfehlung des Importeurs, ist diese Angabe zugleich als Angabe des eigenen Händlerpreises zu verstehen. Es liegt folglich eine Irreführung des Verkehrs vor, wenn zu dem als unverbindliche Preisempfehlung genannten Betrag noch die Überführungskosten hinzutreten.[11] Eine Irreführung ist auch dann gegeben, wenn die Werbung für ein Leasingangebot einen Vergleich zwischen der unverbindlichen Preisempfehlung des Herstellers und den damit betragsmäßig übereinstimmenden Gesamtleasingkosten enthält, der tatsächliche Kaufpreis aber unter der unverbindlichen Preisempfehlung liegt.

II. Gewährung von Nachlässen und Zugaben

Preisnachlässe auf Leasingfahrzeuge sind beliebig zulässig, soweit die Lauterkeitsregeln des UWG beachtet werden.[12] Wenn der Leasinggeber dem Leasingnehmer eine Kaufoption einräumt und das Leasinggeschäft dazu nutzt, einen angestrebten Erwerbsvorgang durch günstige Zwischenfinanzierung zu ermöglichen, ist er verpflichtet, den Endpreis anzugeben, der alle Leistungsbestandteile umfassen muss. Dazu gehören die Sonderzahlung, die Leasingraten und – beim Vertrag mit offenem Restwert – auch der kalkulierte Restwert. Außerdem hat er gegenüber einem Verbraucher die nach § 502 Abs. 1 S. 1 Nr. 1–6 BGB erforderlichen Angaben zu machen.[13] **L162**

Leasingangebote dürfen Wartungsarbeiten und Verschleißkosten einschließen[14] sowie die Kosten für die Haupt- und Abgasuntersuchung.[15] Dem Händler ist es nicht verwehrt, für von ihm vermittelte Leasingangebote mit dem Versprechen zu werben, er werde während der dreijährigen Laufzeit des Leasingvertrages sämtliche Reparaturkosten übernehmen.[16] **L163**

III. Irreführende Werbung

Händler, die Leasingverträge vermitteln, müssen nach Ansicht des OLG Karlsruhe[17] auf die Vermittlereigenschaft hinweisen. Erwecken sie den unzutreffenden Eindruck, sie selbst würden die Funktion des Leasinggebers übernehmen, liegt darin eine wettbewerbsrechtlich relevante Irreführung.[18] **L164**

Ein Verstoß gegen § 5 UWG ist nach einer Entscheidung des OLG Frankfurt/Main[19] anzunehmen, wenn ein Kfz-Händler für ein Leasinggeschäft ohne Kaufoption mit der Angabe eines Restkaufwertes wirbt. **L165**

---

11 BGH 2. 3. 1989, NJW-RR 1989, 939, 940.
12 *Dittmer*, BB 2001, 1961 ff. 1962.; zur früheren Rechtslage siehe OLG Hamm 15. 4. 1997, OLGR 1997, 248.
13 So schon zum AbzG OLG Frankfurt/Main 25. 6. 1987, NJW-RR 1987, 1523; 31. 3. 1988, NJW-RR 1988, 1001.
14 OLG Frankfurt/Main, Beschl. 19. 5. 1994 – 6 W 41/91, n. v.
15 OLG Frankfurt/Main 29. 2. 1996 – 6 U 15/95, n. v.
16 A. A. zur Zeit der Geltung der ZugabeVO, OLG Karlsruhe 8. 4. 1998, OLGR 1999, 66.
17 Urt. v. 17. 12. 1986 WRP 1987, 684 ff.
18 OLG Karlsruhe 8. 4. 1998, OLGR 1999, 66.
19 Urt. v. 31. 3. 1988, NJW-RR 1988, 1001.

I. Auswirkungen der Insolvenz auf den Leasingvertrag

I. Insolvenz des Leasingnehmers

L166 Da die InsO keine besonderen Vorschriften für Finanzierungsleasingverträge enthält, wendet die h. M. wegen deren mietrechtlicher Grundstruktur die Vorschriften der §§ 103 ff. InsO entsprechend an. Der Eintritt der **Insolvenz beim Leasingnehmer** sperrt das Kündigungsrecht des Leasinggebers wegen Zahlungsverzugs (§ 112 Nr. 1 InsO) oder wesentlicher Vermögensverschlechterung (§ 112 Nr. 2 InsO). Hiervon abweichende Regelungen im Leasingvertrag, wie etwa ein Sonderkündigungsrecht für den Fall der Insolvenz, sind unzulässig.[1] Unberührt bleiben die Kündigungsrechte des Leasinggebers wegen **sonstiger Vertragsverletzungen**.[2] Das Kündigungsverbot wirkt ab dem Zeitpunkt, in dem der Antrag auf Eröffnung des Insolvenzverfahrens gestellt wird.

Die Kündigung ist auch dann ausgeschlossen, wenn sich der Leasingnehmer bei Antragstellung bereits mit der Zahlung der Leasingraten in Verzug befunden hat. Eine zuvor erfolgte Kündigung bleibt wirksam und hat zur Folge, dass der Leasinggeber das Leasingfahrzeug aussondern kann (§ 47 InsO). Die Kündigungssperre greift nicht, wenn zwischen dem Insolvenzantrag und der Entscheidung über die Eröffnung des Verfahrens ein neuer Verzug eintritt. Falls die fälligen Raten vom vorläufigen Insolvenzverwalter nicht gezahlt werden, kann der Leasinggeber den Leasingvertrag nach allgemeinen Regeln kündigen.[3] Dem Leasinggeber ist im Eröffnungsverfahren maximal ein weiterer Ausfall des Nutzungsentgeltes für **zwei Monate** zuzumuten.[4]

L167 Strittig ist, ob der Kündigungsausschluss nach § 112 Nr. 2 InsO im Gegensatz zu § 112 Nr. 1 InsO auch insoweit gilt, als die **Vermögensverschlechterung nach Antragstellung** eingetreten ist.[5]

L168 Ab dem Zeitpunkt der Eröffnung des Insolvenzverfahrens über das Vermögen des Leasingnehmers hat der Insolvenzverwalter ein **Wahlrecht**. Gem. § 103 Abs. 1 InsO kann er entweder die Erfüllung des Leasingvertrages ablehnen oder Vertragsfortsetzung verlangen. Um möglichst bald Gewissheit zu erhalten, wie sich der Insolvenzverwalter entscheidet, kann ihn der Leasinggeber zur Ausübung des Wahlrechts auffordern (§ 103 Abs. 2 S. 2 InsO). Der Insolvenzverwalter hat sich unverzüglich nach Erhalt der Aufforderung zu erklären, ob er Erfüllung verlangen will, andernfalls er den Anspruch auf Erfüllung verliert (§ 103 Abs. 2 S. 3 InsO). Bei der Fristbemessung wird eine entsprechende Anwendung von § 107 Abs. 2 InsO erwogen.[6] Entscheidet der Verwalter sich für die Vertragsfortsetzung, sind die vor dem Insolvenzantrag fälligen Leasingraten Insolvenzforderungen (§ 38 InsO), die nach Insolvenzeröffnung fälligen Leasingraten nach weit überwiegender Ansicht Masseschulden, so dass dem Leasinggeber die Leasingraten ab Insolvenzeröffnung in voller Höhe zustehen.[7] Strittig ist die Zuordnung der zwischenzeitlich fälligen Leasingraten. Nach Ansicht des BGH[8] sind sie Insolvenzforderungen, da § 55 Abs. 1 InsO vom

---

1 MüKo-BGB/*Koch*, Leasing Rn 138; *Eckert*, ZIP 1996, 897, 902; *Beckmann*, § 9 Rn 19.
2 *Seifert* in Leasing-Handbuch *Eckstein/Feinen*, Rn 5.1.
3 BGH 21. 12. 2006, NJW 2007, 1591,1592.
4 BGH 18. 4. 2002, NJW 2002, 3326 ff., dazu *Gölzenleuchter*, FLF 2003, 225; *R. Koch* in *Graf von Westphalen*, Der Leasingvertrag, Kap. P Rn 12; a. A. *Kübler/Prütting/Tintelnot*, § 112 InsO Rn 12.
5 Bejahend MüKo-BGB/*Koch*, Leasing Rn 138 mwN; *Engel*, FLF 2005, 276.
6 *Kübler/Prütting/Tintelnot*, § 103 Rn 72; ablehnend OLG Köln 2. 12. 2002, ZIP 2003, 543
7 Meinungsübersicht bei *Beckmann*, § 9 Rn 33.
8 Urt. v. 18. 4. 2002 NJW 2002, 3326.

Vorhandensein eines Insolvenzverwalters ausgeht, nach aA[9] sind sie Masseschulden, wenn der **vorläufige Insolvenzverwalter** die Sache nutzt.

Überwiegend auf Ablehnung stößt die Ansicht, der Leasinggeber könne nach Eröffnung des Insolvenzverfahrens nicht die laufenden Leasingraten in voller Höhe verlangen, da er seine Leistungspflicht im Wesentlichen bereits durch die erstmalige Überlassung des Leasinggegenstandes erfüllt habe.[10] Ihr wird zu Recht entgegen gehalten, dass der Schwerpunkt der Leistung des Leasinggebers nicht in dem vorgelagerten Beschaffungsvorgang sondern in der **fortdauernden Überlassung** der Leasingsache besteht.[11] **L169**

Lehnt der Insolvenzverwalter die Fortsetzung des Vertrages ab, haftet er dem Leasinggeber auf **Schadensersatz wegen Nichterfüllung**. Bei diesem Anspruch in Höhe der noch nicht amortisierten Kosten handelt es sich gem. § 103 InsO um eine einfache Insolvenzforderung. Der Leasinggeber kann das Leasingfahrzeug nach § 47 InsO aussondern. Ein Aussonderungsrecht besteht auch im Hinblick auf eine Entschädigungsleistung des Kaskoversicherers.[12] Die Kosten der Aussonderung gehören zu den einfachen Insolvenzforderungen, während die Ansprüche des Leasingnehmers wegen verspäteter Rückgabe des Leasingfahrzeugs unter Masseschulden fallen.[13] **L170**

II. Insolvenz des Leasinggebers

Auch im Fall der **Insolvenz des Leasinggebers** hat der Verwalter nach § 103 InsO **grundsätzlich** die Wahl zwischen Vertragsfortsetzung und Erfüllungsverweigerung.[14] Damit soll die Möglichkeit einer für die Masse günstigen Verwertung der Sache erreicht werden. **L171**

1. Insolvenzfeste Verträge iSv § 108 Abs. 1 S. 2 InsO

Dem Anwendungsbereich des § 103 InsO sind Leasingverträge über bewegliche Gegenstände dann nicht unterstellt, wenn sie einem Dritten, der ihre Anschaffung oder Herstellung finanziert hat, zur Sicherheit übertragen wurden. Diese in § 108 Abs. 1 S. 2 InsO enthaltene Ausnahmeregelung, die weitgehend an die unter Geltung der Konkursordnung bestehende Rechtslage anknüpft[15] und eine insolvenzfeste Abtretung erfordert, schafft die Voraussetzung dafür, dass die Refinanzierung von Leasingverträgen weiterhin darstellbar bleibt. Sie trägt dem Umstand Rechnung, dass der Leasinggeber oftmals die Leasingforderungen und das Leasingfahrzeug an die refinanzierende Bank überträgt bzw. übereignet.[16] Insolvenzfest sind auf Erfüllung des Vollamortisationsanspruchs gerichtete Zahlungsansprüche des Leasinggebers.[17] Nicht insolvenzfest ist die Finanzierung des Leasingvertrages aus Eigenmitteln der Leasinggesellschaft.[18] Es wird jedoch die Auffassung vertreten, dass die kurzfristige Verwendung von Eigenmitteln, die zur Überbrückung bis zur Fremdfinanzierung eingesetzt werden[19], und die Umschuldung von einer Bank auf eine andere **L172**

---

9 *Zahn*, DB 1998, 1706; *Schmidt-Burgk*, ZIP 1998, 1923; *Beckmann*, § 9 Rn 35.
10 *Eckert*, ZIP 1997, 2077, 2079.
11 MüKo-BGB/*Koch*, Leasing Rn 139.
12 OLG Frankfurt/Main 7. 8. 2001, NZV 2002, 44.
13 *Beckmann*, § 9 Rn 32 mwN.
14 MüKo-BGB/*Koch*, Leasing Rn 142.
15 Siehe dazu BGH 14. 12. 1989, NJW 1990, 1113 ff.; 28. 3. 1990, ZIP 1990, 646 ff.
16 MüKo-BGB/*Koch*, Leasing, Rn 143.
17 Naher dazu *Klinck* in *Martinek/Stoffels/Wimmer-Leonhardt*, § 50 Rn 19
18 *Seifert*, FLF 1998, 164, 169.
19 *Peters*, ZIP 2000, 1759,1763; *Obermüller*, Insolvenzrecht in der Praxis, Rn 7.51; *Seifert*, FLF 1998, 164,168; *Breitfeld*, FLF 2004,168,174.

Bank[20] noch dem Anwendungsbereich des § 108 Abs. 1 S. 2 InsO unterliegen. Das gleiche gilt für eine nachträgliche Refinanzierung.[21]

L173 Sind die Voraussetzungen von § 108 Abs. 1 S. 2 InsO erfüllt, besteht der Leasingvertrag nach Eintritt der Insolvenz fort. Die Ansprüche auf Zahlung der Leasingraten stehen der refinanzierenden Bank zu, die daran ein Aussonderungsrecht besitzt. Sie darf die Leasingraten selbst einziehen, ohne die Masse am Erlös zu beteiligen.[22]

2. Nicht insolvenzfeste Verträge

L174 Außerhalb des Anwendungsbereichs von § 108 Abs. 1 S. 2 InsO werden abgetretene Ansprüche aus dem Leasingvertrag nicht erfasst, die nach der Erfüllungswahl des Insolvenzverwalters fällig werden. Seine Entscheidung, den Vertrag zu erfüllen, bewirkt, dass die durch Insolvenzeröffnung erloschenen Erfüllungsansprüche zu Gunsten der Masse inhaltsgleich neu entstehen.[23] Die weitere Überlassung des Fahrzeugs an den Leasingnehmer stellt eine Verwertung des Leasingguts dar.

L175 Hat der Leasinggeber das Eigentum am Leasingfahrzeug auf einen Dritten übertragen, sind die Leasingraten vom Insolvenzverwalter einzuziehen und an den Sicherungseigentümer abzuführen. In diesem Falle hat die refinanzierende Bank auch außerhalb von § 108 Abs. 1 S. 2 InsO kraft Sicherungsübereignung des Leasingfahrzeugs die Zahlung der Leasingraten zu beanspruchen. Der Zugriff auf die Leasingraten ist ihr allerdings verwehrt, wenn der Insolvenzverwalter die Erfüllung nur deshalb wählt, um das Fahrzeug zur Betriebsfortführung zwecks Nutzung für die Masse i. S. des § 172 InsO zu verwenden oder wenn er das Fahrzeug durch Veräußerung verwerten will.[24] Im Falle einer Nutzung zur Betriebsfortführung hat der Sicherungseigentümer nur Anspruch auf **Ausgleich des Wertverlusts** und eventuell auf Zahlung der vereinbarten Zinsen.[25]

L176 Lehnt der Insolvenzverwalter die Vertragserfüllung ab, was für die Masse idR nicht vorteilhaft ist,[26] verbleibt es bei dem mit Verfahrenseröffnung eingetretenen Zustand der Nichterfüllung. Die Pflicht des Leasinggebers zur Gebrauchsüberlassung erlischt und sein Anspruch auf die Leasingraten entfällt.[27] Der Leasingnehmer verliert sein Besitz- und Nutzungsrecht.[28]

L177 Ein zur Sicherheit an einen Dritten übereignetes Fahrzeug, das diesen lediglich zur abgesonderten Befriedigung berechtigt, darf der Insolvenzverwalter verwerten, wenn er es in Besitz hat (§ 166 Abs. 1 InsO). Nach Auffassung des BGH[29] reicht hierfür mittelbarer Besitz aus. Dem Insolvenzverwalter steht somit an einem sicherungsübereigneten Leasingfahrzeug ein Verwertungsrecht auch dann zu, wenn es sich in Händen des Leasingnehmers befindet.

---

20 *Peters*, ZIP 2000, 1759, 1763; *Obermüller*, Insolvenzrecht in der Praxis, Rn 7.51; *Seifert*, FLF 1998, 164, 168; *Breitfeld*, FLF 2004, 168, 174.
21 *Klinck* in *Martinek/Stoffels/Wimmer-Leonhardt*, § 50 Rn 13; *Engel*, FLF 2005, 272 mwN.
22 *Peters*, ZIP 2000, 1759, 1766.
23 *Breitfeld*, FLF 2004, 173; *Beckmann*, § 9 Rn 49.
24 *Klinck* in *Martinek/Stoffels/Wimmer-Leonhardt*, § 50 Rn 21.
25 Naher dazu *Kübler/Prütting/Kemper*, § 172 Rn 10
26 *R. Koch* in *Graf von Westphalen*, Der Leasingvertrag, Kap. P Rn 101.
27 *Engel*, FLF 2005, 274
28 *Wolf/Eckert/Ball*, Rn 1479; *Kübler/Prütting/Tintelrott*, § 103 InsO Rn 93; a. A. *R. Koch* in *Graf von Westphalen*, Der Leasingvertrag, Kap P Rn 102.
29 Urt. v. 16. 2. 2006, NJW 2006, 1873 entgegen bis dahin h.M im Schrifttum; *R. Koch* in *Graf von Westphalen*, Der Leasingvertrag, Rn 126; Übersicht bei *Klinck* in *Martinek/Stoffels/Wimmer-Leonhardt*, § 50 Rn 21 Fn 59.

III. Insolvenz des Lieferanten

Vor Auslieferung des Fahrzeugs hat der Insolvenzverwalter des Lieferanten die Wahl zwischen Erfüllung und Nichterfüllung, danach steht ihm gegen den Leasinggeber ein Anspruch auf Zahlung des Kaufpreises zu.[30] **L178**

Kann der Verkäufer wegen der Insolvenz das Fahrzeug nicht liefern, geht das Beschaffungsrisiko zu Lasten des Leasingnehmers. Gegenüber dem Leasinggeber hat der Leasingnehmer jedoch Anspruch darauf, dass dieser ihn entsprechend der Geschäftsgrundlagenlösung zur Sachmängelhaftung vom Leasingvertrag freistellt (Rn L371).[31] **L179**

Für **Sachmängelrechte** und **Schadensersatzansprüche**, die dem Leasingnehmer aufgrund der Abtretungskonstruktion zustehen, setzt die subsidiäre Haftung des Leasinggebers ein, sobald der Insolvenzfall eintritt. Dem Leasingnehmer ist unter diesen Umständen nicht zuzumuten, seine Rechte und Ansprüche gegenüber dem Lieferanten weiterzuverfolgen. **L180**

Zum Zeitpunkt des Eintritts der Insolvenz **anerkannte** oder **titulierte** Sachmängelansprüche aus dem Kaufvertrag binden den Leasinggeber. Dieser hat auf Verlangen des Leasingnehmers den Leasingvertrag anzupassen oder rückgängig zu machen, je nachdem, ob der Leasingnehmer gegenüber dem Lieferanten Minderung / (kleinen) Schadensersatz oder aber Rücktritt/(großen) Schadensersatz durchgesetzt hat. **Nicht anerkannte** und **nicht titulierte** Sachmängelansprüche muss der Leasingnehmer nicht durch Klage gegen den Insolvenzverwalter weiterverfolgen, wenn dieser die Feststellung zur Tabelle verweigert.[32] In diesem Falle ist die Berechtigung des Anspruchs mit dem Leasinggeber abzuklären. **L181**

Nimmt der Insolvenzverwalter den Anspruch in die Tabelle auf, ist der Leasinggeber daran gebunden[33] und muss den Leasingvertrag auf Verlangen des Leasingnehmers anpassen oder rückabwickeln. **L182**

Ein vom Leasingnehmer gegen den Lieferanten angestrengter Sachmängelprozess wird durch das Insolvenzverfahren gem. § 240 ZPO unterbrochen. Dem Leasingnehmer ist die Fortsetzung des Prozesses nicht zumutbar, so dass die subsidiäre Haftung des Leasinggebers eingreift.[34] Ob der vom Leasingnehmer gegenüber dem Lieferanten geltend gemachte Anspruch berechtigt ist, muss unmittelbar zwischen den Parteien des Leasingvertrages geklärt werden, notfalls auf gerichtlichem Wege. **L183**

Für den Leasinggeber besteht die Möglichkeit, den unterbrochenen Sachmängelprozess als **Streithelfer** aufzunehmen, wobei er das Bestreiten des Anspruchs durch Vorlage des Tabellenauszugs nachweisen kann. **L184**

---

30 *Beckmann*, § 9 Rn 55.
31 *Engel*, FLF 2005, 276.
32 *Beckmann*, § 9 Rn 59; a. A. *Klinck* in Martinek/Stoffels/Wimmer-Leonhardt, § 51 Rn 2.
33 BGH 10. 11. 1993, NJW 1994, 576.
34 *Beckmann*, § 9 Rn 62.

J. Vertragsdurchführung

I. Abschluss des Leasingvertrages

L185 Kraftfahrzeugleasingverträge sind grundsätzlich **formfrei**, werden aber regelmäßig in schriftlicher Form unter Einbeziehung von Leasing-AGB geschlossen.

Von Leasinggesellschaften verwendete AGB für Kfz-Leasingverträge sind meist einheitlich strukturiert, inhaltlich aber durchaus unterschiedlich gestaltet.

Ein standardisiertes Bedingungswerk hat der VDA (nur) für das Leasing von Neufahrzeugen zur privaten Nutzung erarbeitet (hier zit. als VDA-Muster-Leasing-AGB), auf das in diesem Teil des Autokaufs bei Bedarf zurückgegriffen wird. Es wurde am 27. 10. 2003 beim Bundeskartellamt angemeldet und am 12. 11. 2003 unter Nr. 170/2003 bekannt gemacht.[1] Die Empfehlung des VDA belässt dem Verwender Spielraum für eine Anpassung an seine individuellen Bedürfnisse, zB im Hinblick auf die Vertragsabrechnung nach fristloser Kündigung.

Für den Geschäftsverkehr mit Unternehmern bestimmte Leasingverträge enthalten vielfach „hausgemachte" AGB, die im Flotten- und Fuhrparkbereich regelmäßig durch Individualabsprachen ergänzt und abgeändert oder von ihnen überlagert werden.

II. Schriftform für Kfz-Leasingverträge mit Verbrauchern

L186 Ein Kraftfahrzeugleasingvertrag zwischen einem Unternehmer und einem Verbraucher ist nach §§ 500, 492 Abs. 1 S. 1 BGB nur wirksam, wenn er in schriftlicher Form abgeschlossen wird (§ 126 BGB). Das Gebot der Schriftform gilt gem. § 507 BGB auch für Verträge mit sog. Existenzgründern,[2] wenn der Anschaffungspreis des Leasinggegenstandes den Betrag von 50.000 Euro nicht übersteigt sowie für mithaftende Verbraucher.[3] Abweichend von § 126 Abs. 2 Satz1 BGB dürfen nach § 492 Abs. 1 S. 3 BGB Angebot und Annahme getrennt schriftlich erklärt werden.

L187 Die erforderliche Unterschrift[4] muss den gesamten Vertragstext räumlich abschließen. Wird die Annahmeerklärung des Leasinggebers mit Hilfe einer automatischen Einrichtung erstellt, bedarf sie nach § 492 Abs. 1 S. 3 BGB nicht der eigenhändigen Unterschrift. Falls AGB auf der Rückseite der Vertragsurkunde abgedruckt sind, ist auf deren Geltung vor der Unterschriftsrubrik deutlich hinzuweisen.[5] Wegen der gebotenen Schriftform ist eine **konkludente Annahme** einer inhaltlich vom Angebot abweichenden Annahmeerklärung des Leasinggebers nicht möglich.[6] Der Abschluss des Leasingvertrages in elektronischer Form wird – wegen der unzureichenden Warnfunktion – durch § 492 Abs. 1 S. 2 BGB ausgeschlossen.

---

1 Bekanntmachung des Bundeskartellamts Nr. 170/2003, abgedruckt im Anhang als Anlage 3 und nachzulesen in DAR 2004, 612 ff. mit kritischer Anmerkung von *Müller-Sarnowski*, DAR 2004, 608 ff.
2 Zur Abgrenzung zwischen Gründungsphase und nicht mehr privilegierter Unternehmertätigkeit OLG Düsseldorf 22. 11. 2005, OLGR 2006, 347,348.
3 OLG Dresden 8. 12. 1999, NJW-RR 2000, 1305, 1307; *Woitkewitsch* in *Graf von Westphalen*, Der Leasingvertrag, Kap. L Rn 308.
4 OLG Rostock 5. 7. 2005, OLGR 2005, 889.
5 *Schölermann / Schmid-Burgk*, DB 1991, 1968, 1969; *Palandt/Heinrichs*, § 305 Rn 29 mwN.
6 OLG Düsseldorf 18. 4. 2000, OLGR 2001, 195, 196 mwN.

L188 Die Vertragsangaben müssen, unabhängig davon, ob sie handschriftlich angefertigt, gedruckt, kopiert oder ob sie in sonstiger Weise vervielfältigt wurden, vollständig in einer Urkunde enthalten sein. Besteht der Vertrag aus mehreren Blättern, bedarf es keiner körperlichen Verbindung der einzelnen Blätter, wenn sich deren Einheit aus fortlaufender Paginierung, fortlaufender Nummerierung der einzelnen Bestimmungen, einheitlicher graphischer Gestaltung, inhaltlichem Zusammenhang des Textes oder vergleichbaren Merkmalen zweifelsfrei ergibt.[7] Soweit der Inhalt des Kaufvertrages zum Gegenstand des Leasingvertrages gemacht wird, genügt aus Sicht des BGH[8] eine eindeutige Bezugnahme, welche deutlich macht, dass die Zusammengehörigkeit zweifelsfrei feststeht. Die für den Leasingnehmer relevanten AGB des Kaufvertrages, namentlich die für die Abtretungskonstruktion bedeutsamen Regelungen zur Sachmängelhaftung und zur allgemeinen Haftung müssen dem Leasingvertrag beigefügt werden, da der Leasingnehmer andernfalls nicht die Möglichkeit hat, diese bei Vertragsschluss zur Kenntnis zu nehmen und fortan jederzeit nachzulesen. Es genügt daher nicht der Hinweis auf die Abrufbarkeit der Lieferanten-AGB unter einer Internetadresse.[9] Ein Hinweis auf den Kaufvertrag und die dazu gehörenden AGB reicht allerdings aus, wenn der Leasingnehmer das Fahrzeug selbst beim Händler bestellt und eine Abschrift der Bestellung mit den Lieferanten-AGB vom Händler erhalten hat (Eintrittsmodell). Unter diesen Umständen ist es nicht erforderlich, dass der schriftliche Kaufvertrag mitsamt den AGB dem Leasingvertrag – nochmals – beigefügt wird.[10]

L189 Bei Anlagen, die lediglich unwesentliche Nebenpunkte betreffen, ist es unschädlich, wenn sie mit dem Leasingvertrag keine Einheit bilden.[11]

L190 Von der Schriftform werden nur die gegenseitigen Haupt- und Nebenleistungspflichten erfasst, während der Vertragszweck auch konkludent vereinbart werden kann.[12] Ausgenommen von dem Schriftformzwang sind ferner Nebenabreden, die den Verbraucher ausschließlich begünstigen,[13] die Erteilung einer auf den Abschluss eines Verbraucherleasingvertrages gerichteten Vollmacht[14] und die Widerrufsbelehrung, für die § 355 Abs. 2 S. 1 BGB Textform genügen lässt.

L191 Im Leasingvertrag ist das Fahrzeug genau zu bezeichnen (Fabrikat, Modell, Ausstattung, Zubehör, amtliches Kennzeichen, letzte HU/AU; Fahrzeugidentifikationsnummer, Baujahr, Erstzulassungsdatum, Kilometerstand). Weiterhin sind die Leasingraten, die Sonderzahlung, der kalkulierte Restwert, die Vertragsdauer sowie sämtliche Nebenabreden, die nach dem Willen der Parteien Vertragsinhalt werden sollen, schriftlich anzugeben.[15]

Das Schriftformerfordernis erstreckt sich auch auf eine Kaufoption, die der zum Rückkauf des Leasingfahrzeugs verpflichtete Händler dem Leasingnehmer einräumt, sofern der Leasingvertrag und der anschließende Erwerbsvorgang ein wirtschaftlich einheitliches Finanzierungsgeschäft darstellen. Da es sich um eine verdeckte Anschaffungsfinanzierung handelt, kommen die in § 500 BGB gemachten Einschränkungen nicht zum Tragen, so dass die Vorschriften der §§ 491 ff. BGB in vollem Umfang eingreifen.[16] Der Vertrag

---

7 BGH 24. 9. 1997, BB 1998, 288; 18. 12. 2002, NJW 2003, 1248.
8 BGH 18. 12. 2002, NJW 2003, 1248; 15. 11. 2006, 2007, 288; 4. 4. 2007, 2007, 1742.
9 *Woitkewitsch* in *Graf von Westphalen*, Der Leasingvertrag, Kap. L Rn 319.
10 *Woitkewitsch* in *Graf von Westphalen*, Der Leasingvertrag, Kap. L Rn 319.
11 BGH 30. 6. 1999, NJW 1999, 2591, 2592.
12 OLG Düsseldorf 22. 11. 2005, OLGR 2006, 347, 348.
13 *Seibert*, Handbuch zum Verbraucherkreditgesetz, § 4 Rn 1; *Münstermann/Hannes*, VerbrKrG § 4 Rn 198.
14 *Matusche-Beckmann* in *Martinek/Stoffels/Wimmer-Leonhardt*, § 52 Rn 47.
15 *Zahn*, DB 1991, 81 ff. Fn. 82.
16 *Reinicke/Tiedtke*, Kaufrecht, Rn 1827.

muss daher die Angaben des § 492 Abs. 1 S. 5 BGB enthalten, die beim (normalen) Finanzierungsleasingvertrag nicht erforderlich sind.[17]

L192 Eine **Vertragsübernahmevereinbarung** genügt der Schriftform nur, wenn die schriftliche Übernahmeerklärung des Verbrauchers den Inhalt des zu übernehmenden Vertrages vollständig wiedergibt.[18]

L193 Der Leasinggeber hat dem Leasingnehmer eine Abschrift der gegengezeichneten Vertragserklärung zur Verfügung zu stellen. Solange dies nicht geschehen ist, besitzt der Leasingnehmer ein Zurückbehaltungsrecht. Außerdem beginnt die Widerrufsfrist erst mit der **Aushändigung der Abschrift**. Wegen dieser Folgen wird dem Leasinggeber geraten, sich den Empfang vom Leasingnehmer quittieren zu lassen.[19] Der Leasingnehmer kann auf den Zugang der schriftlich zu erklärenden Annahme ausdrücklich oder konkludent verzichten, ohne dass damit der Schutzzweck der Formvorschrift unterlaufen wird.[20] Ein solcher Verzicht ist aber allein nach der Verkehrssitte nicht entbehrlich.[21]

L194 Die Wirksamkeit einer in Leasing-AGB enthaltenen Klausel, nach der der Leasingnehmer auf den Zugang der Abschrift verzichtet, ist umstritten.[22] Eine Klausel, nach der sich mehrere Leasingnehmer Empfangsvollmacht erteilen, ist einer Entscheidung des OLG Dresden[23] zufolge wegen Verstoßes gegen § 307 Abs. 1 S. 1 BGB unwirksam. Würde man sie als wirksam ansehen, müsste bei der abzugebenden Erklärung deutlich gemacht werden, dass sie gegenüber allen Vertragspartnern abgegeben sein soll.

L195 Wird die schriftliche Form nicht gewahrt, ist der **Leasingvertrag** gem. § 494 Abs. 1 BGB **unwirksam**. Die vom Gesetzgeber vorgeschriebene Schriftform kann durch die Übergabe des Leasingfahrzeugs nicht geheilt werden.[24] Zur Herstellung einer rechtswirksamen Vertragsbeziehung ist es erforderlich, dass die Parteien einen neuen Vertrag schließen, der den Formerfordernissen des § 492 Abs. 1 S. 1–4 BGB entspricht.[25]

Bei Nichtigkeit des Leasingvertrages sind die rechtsgrundlos empfangenen Leistungen nach § 812 Abs. 1 S. 1 BGB zurück zu gewähren. Nach Ansicht von *Woitkewitsch*[26] scheitert ein Anspruch auf Wert- und Nutzungsersatz gegenüber dem gutgläubigen Leasingnehmer an der Sperrwirkung der §§ 993 Abs. 1, 990 Abs. 1, 987 Abs. 1 BGB.

L196 Ob dem Vertrag die Wirksamkeit insgesamt oder nur zum Teil zu versagen ist, wenn die schriftliche Form nur teilweise eingehalten wurde, ist im Einzelfall nach § 139 BGB zu beurteilen. Nicht schriftlich getroffene Nebenabreden mit dem Händler, die nach dem Willen der Parteien Vertragsinhalt werden sollen, können zur Nichtigkeit des Vertrages nach § 139 BGB führen, wenn der Händler die Vertragsverhandlungen als Vertreter des Leasinggebers geführt hat,[27] wovon aber im Regelfall nicht auszugehen ist.[28] Falls beide Parteien aus der

---

17 BGH ZIP 1989, 377; 1995, 383,386 dazu EWiR 1995, 335 *(Reinking)*.
18 BGH 26.5.1999, MDR 1999, 982; *Wolf/Eckert/Ball*, Rn 2080.
19 *Woitkewitsch* in *Graf von Westphalen*, Der Leasingvertrag, Kap. L Rn 312.
20 BGH 27.4.2004, MDR 2004, 1127.
21 OLG Dresden 5.12.2007, OLGR 2008, 177.
22 Für Unwirksamkeit OLG Düsseldorf 30.4.2002, NJW-RR 2003, 126, 127; *Woitkewitsch* in *Graf von Westphalen*, Der Leasingvertrag, Kap. L Rn 313; *Weber*, NJW 2003, 2348, 2350; *Beckmann*, § 3 Rn 274; a.A. OLG Celle 21.6.2000, OLGR 2000, 264.
23 Urt. v. 5.12.2007, OLGR 2008, 177.
24 OLG Dresden 5.12.2007, OLGR 2008, 177; OLG Frankfurt/Main 17.7.2001 – 25 U 243/00 – n.v.; a.A. *Slama*, WM 1991, 569, 571.
25 *Schölermann / Schmid-Burgk*, DB 1991, 1968.
26 In *Graf von Westphalen*, Der Leasingvertrag, Kap. L Rn 327.
27 *Zahn*, DB 1991, 81, 82.
28 Vgl BGH 26.3.1986, NJW 1986, 1809; 4.11.1987, ZIP 1988, 165, 168; 15.3.1989, ZIP 1989, 650 ff.; *Staudinger/Stoffels*, Leasing Rn 39 ff.

Durchführung des Leasingvertrages über längere Zeit hinweg Vorteile gezogen haben, kann es dem Leasingnehmer nach § 242 BGB untersagt sein, sich gegenüber dem Leasinggeber auf das Fehlen der Schriftform zu berufen.[29]

III. Widerruf bei Verbraucher-Leasingverträgen

1. Nicht verbundene Leasingverträge

Der durch §§ 500, 495, 355 BGB geschützte Leasingnehmer kann seine auf Abschluss des Leasingvertrages gerichtete Willenserklärung innerhalb von zwei Wochen schriftlich widerrufen. Die Einräumung eines Rückgaberechts ist dem Leasinggeber verwehrt.[30] Das Widerrufsrecht steht auch demjenigen zur Seite, der als Verbraucher einen Leasingvertrag übernimmt, in einen Leasingvertrag als zweiter Leasingnehmer eintritt, die Mithaftung für die Verbindlichkeiten aus einem Leasingvertrag übernimmt oder gemeinsam mit einer anderen Person einen Leasingvertrag abschließt (Rn 1057). Haben sich mehrere Verbraucher gesamtschuldnerisch als Leasingnehmer verpflichtet, kann jeder sein Widerrufsrecht getrennt geltend machen.[31] L197

Für nicht iSv § 358 Abs. 3 BGB verbundene Kauf- und Leasingverträge bewirkt der Widerruf des einen Vertrages nicht automatisch den Wegfall des anderen. Deshalb ist es ratsam, beide Verträge durch aufschiebende oder auflösende **Bedingung** derart miteinander zu verknüpfen, dass der eine mit dem anderen steht oder fällt. Eine konkludent vereinbarte wechselseitige Bedingtheit ist naheliegend, wenn der Kaufantrag eine Finanzierung durch Leasing vorsieht.[32] L198

Außerhalb der Verbraucherschutzvorschriften ist die vertragliche Einräumung eines der Vorschrift des § 355 BGB nachgebildeten Widerrufsrechts möglich. Davon ist auszugehen, wenn der Leasinggeber in den Vertrag einen Passus über die Ausübung des Widerrufs aufnimmt, obwohl er weiß, dass es sich bei seinem Vertragspartner nicht um einen Verbraucher handelt. Es gelten die Regelungen des vertraglichen Widerrufs, soweit diese von den gesetzlichen Vorschriften abweichen.[33] L199

2. Widerrufsdurchgriff bei verbundenen Verträgen

Wenn Kauf- und Leasingvertrag ein Verbundgeschäft darstellen (Rn L134), wird gem. § 358 Abs. 1 BGB mit dem Widerruf des als Haustür- oder Fernabsatzgeschäft geschlossenen Kaufvertrages die auf Abschluss des Leasingvertrages gerichtete Willenserklärung des Verbrauchers hinfällig, wie umgekehrt gem. § 358 Abs. 2 S. 2 BGB mit dem Widerruf des Leasingvertrages die auf Abschluss des Kaufvertrages gerichtete Willenserklärung entfällt.[34] Der Widerruf des Kaufvertrages hat gegenüber dem Widerruf des Leasingantrags Vorrang. Unwägbarkeiten für den Verbraucher werden durch § 358 Abs. 2 S. 3 BGB in der Weise bereinigt, dass ein an den falschen Adressaten gerichteter Widerruf un- L200

---

29 BGH 28.6.2000, NJW 2000, 3133; kritisch *Woitkewitsch* in *Graf von Westphalen*, Der Leasingvertrag, Kap. L Rn 326.
30 *Bülow/Artz*, § 500 BGB Rn 18, 35; *Matusche-Beckmann* in *Martinek/Stoffels/Wimmer-Leonhardt*, § 52 Rn 68.
31 *Bülow/Artz*, § 495 Rn 81, 162.
32 BGH 9.5.1990, NJW-RR 1990, 1009 ff.
33 OLG Braunschweig Urt. v. 9.9.2002 -7U 19/02 - n. v.
34 *Staudinger/Stoffels*, Leasing Rn 161; *Matusche-Beckmann* in *Martinek/Stoffels/Wimmer-Leonhardt*, § 52 Rn 104; *Bülow/Artz*, § 500 Rn 12; *Reinking*, DAR 2002, 145, 147; *ders.* ZGS 2002, 229, 235 jeweils eingeschränkt auf das Eintrittsmodell, weitergehend *Woitkewitsch* in *Graf von Westphalen*, Der Leasingvertrag, Kap. L Rn 383.

schädlich ist. Widerruft er statt des Kaufantrags den Leasingantrag, gilt ersterer als widerrufen. Faktisch hat der Verbraucherleasingnehmer damit zwei empfangsverpflichtete Adressaten.[35]

L201 Das Widerrufsrecht bezüglich des Kaufvertrages macht nur Sinn, so lange der Leasinggeber noch nicht Partei des Kaufvertrages ist.[36] Sobald der Eintritt des Leasinggebers in den Kaufvertrag erfolgt ist, entfällt das aus der Trennung der Verträge resultierende Schutzbedürfnis des Leasingnehmers, da ihm ab diesem Zeitpunkt nur noch der Leasinggeber als Vertragspartner gegenübersteht.

L202 In der Belehrung über den Widerruf des mit einem Kaufvertrag verbundenen Leasingvertrages muss gem. § 358 Abs. 5 BGB auf die Rechtsfolgen nach Abs. 1, 2 S. 1 und 2 BGB hingewiesen werden, andernfalls die Widerrufsfrist nicht zu laufen beginnt.[37]

3. Rückabwicklung nach Widerruf

L203 Die Rückabwicklung eines in Vollzug gesetzten Leasingvertrages nach wirksamer Ausübung des Widerrufsrechts richtet sich nach §§ 346 ff. BGB. Der Rückgewähranspruch des Leasingnehmers erfasst die von ihm geleisteten Raten und die Sonderzahlung. Der Leasinggeber hat vom Leasingnehmer die Herausgabe des Fahrzeugs und eine Nutzungsvergütung zu beanspruchen. Sie bemisst sich anhand des anteiligen linearen Wertverlusts, wobei die zu erwartende Gesamtfahrleistung des Fahrzeugs und die vom Leasingnehmer bis zum Widerruf zurückgelegte Fahrtstrecke in Relation zu setzen sind (Rn 620 ff.). Die beiderseitigen Rückgewährpflichten sind gem. §§ 357 Abs. 1 S. 1, 348 BGB Zug um Zug zu erfüllen. Leasinggeber und Leasingnehmer geraten unter den Voraussetzungen des § 286 Abs. 3 BGB in **Verzug**, wenn sie ihren Rückgewährpflichten nicht innerhalb von 30 Tagen nachkommen, wobei die Frist für den Leasingnehmer mit der Erklärung des Widerrufs und die Frist für den Leasinggeber mit dem Zugang des Widerrufs zu laufen beginnt.

L204 Auch wenn § 500 BGB nicht ausdrücklich auf § 357 Abs. 3 BGB verweist, wird allgemein angenommen, dass diese Vorschrift- sollte sie richtlinienkonform sein[38]- zumindest analog anwendbar ist,[39] da Gründe für eine Bevorzugung des Verbraucher-Leasingnehmers gegenüber anderen widerrufsberechtigten Verbrauchern nicht ersichtlich sind. Unter der Voraussetzung, dass er den Leasingnehmer ordnungsgemäß gem. § 357 Abs. 3 S. 1 BGB belehrt hat, kann der Leasinggeber vom Leasingnehmer **Wertersatz** für die durch bestimmungsgemäße Ingebrauchnahme entstandene Verschlechterung des Fahrzeugs verlangen.

L205 Entgegen der in der Vorauflage vertretenen Ansicht umfasst der Wertersatzanspruch nicht automatisch die nach der linearen Wertschwundmethode (Rn 623) zu berechnende Nutzungsvergütung. Der Ansicht von *Woitkewitsch*,[40] Wertersatz- und Nutzungsersatzverpflichtung seien identisch, kann nicht gefolgt werden. Zumindest für das Kfz-Leasing trifft diese Aussage idR nicht zu. Der durch die **bestimmungsgemäße Ingebrauchnahme** eines neuen Kraftfahrzeugs entstehende Wertverlust beträgt erfahrungsgemäß 15–20 % des Fahrzeugwertes, denn sie bewirkt, dass aus dem neuen Kraftfahrzeug ein Gebrauchtwagen wird.

---

35 *Woitkewitsch* in *Graf von Westphalen*, Der Leasingvertrag, Kap. L Rn 383.
36 *Reinicke/Möllmann*, DB 2004, 583, 586.
37 OLG Rostock, 13. 1. 1996, OLGR 1996, 89, vom BGH im Urt. v. 28. 6. 2000, NJW 2000, 3133 offen gelassen, da er das Urteil aus anderen Gründen aufgehoben und an das Berufungsgericht zurückverwiesen hat; *Wolf/Eckert/Ball*, Rn 2056.
38 Dies wird bezweifelt u. a. von MüKo-BGB/*Ulmer*, § 357 Rn 5; *Ring* in *Dauner-Lieb/Heidel/Lepa/Ring*, § 357 Rn 94.
39 *Matusche-Beckmann* in *Martinek/Stoffels/Wimmer-Leonhardt*, § 52 Rn 69 mwN
40 *Woitkewitsch* in *Graf von Westphalen*, Der Leasingvertrag, Kap. L Rn 362.

Zu diesem Wertverlust trägt maßgeblich bei, dass das Fahrzeug zum Straßenverkehr zugelassen und der Leasingnehmer als Halter in die Kraftfahrzeugpapiere eingetragen wird. Der durch die Ingebrauchnahme des Fahrzeugs verursachte **degressive Wertschwund** tritt unabhängig von dem Umfang der Nutzung ein und ist daher mit dieser weder deckungsgleich noch steht er ihr spiegelbildlich gegenüber. Dass es zu Überlagerungen kommen kann, steht dem nicht entgegen. Daraus folgt, dass der Leasingnehmer dem Leasinggeber die Nutzungsvergütung ausschließlich nach §§ 357 Abs. 1, 346 Abs. 1 BGB schuldet und diese auch im Falle einer unterbliebenen Belehrung über die Wertersatzverpflichtung nach § 357 Abs. 3 S. 1 BGB entrichten muss.

Gem. § 357 Abs. 3 S. 3 BGB genießt der Leasingnehmer nicht das Haftungsprivileg des § 346 Abs. 3 S. 1 Nr. 3 BGB, wenn er über das Widerrufsrecht ordnungsgemäß belehrt worden ist oder hiervon anderweitig Kenntnis erlangt hat. **L206**

IV. Angebot und Annahme

In Anlehnung an die NWVB sehen die derzeit gültigen VDA-Muster-Leasing-AGB zum **L207** privaten Neuwagenleasing vor, dass der Leasingnehmer an den Leasingantrag 4 Wochen und bei Nutzfahrzeugen 6 Wochen gebunden ist, sofern er nicht von seinem Widerrufsrecht Gebrauch macht. Es ist zu erwarten, dass die Fristen den zum 1. 5. 2008 geänderten NWVB angepasst werden, nach denen sich der Käufer bei nicht vorrätigen Fahrzeugen bis höchstens 3 Wochen, bei Nutzfahrzeugen bis 6 Wochen und bei vorrätigen Fahrzeugen 10 Tage an sein Angebot bindet (Rn 7 ff.).

Die Frist für die Annahme des Leasingantrags beginnt nicht schon mit der Übergabe des **L208** vom Leasingnehmer unterzeichneten Antrags an den Lieferanten, sondern erst mit dem Eingang beim Leasinggeber.[41]

Ob die verkürzten aber nach wie vor außerordentlich langen Fristen für die Annahme der Bestellung von 3 Wochen für Pkw und 6 Wochen für Nutzfahrzeuge der an § 308 Abs. 1 Nr. 1 BGB auszurichtenden AGB-Kontrolle standhalten, wird sich erweisen müssen. Falls ein Neufahrzeug sofort lieferbar ist, besteht für den Leasinggeber keine Notwendigkeit, sich einen vierwöchigen Annahmevorbehalt einräumen zu lassen, wie er zurzeit noch in Abschn. I Nr. 1 VDA-Muster-Leasing-AGB vorgesehen ist. Durch die Verwendung einer unwirksamen Bindungsklausel läuft der Leasinggeber Gefahr, das bindende Angebot des Kunden durch eine nicht fristgerechte Annahme (§ 147 Abs. 2 BGB) zu verlieren.

Der Leasingvertrag kommt zustande, wenn der Leasinggeber die Annahme des Antrags **L209** innerhalb der Bindungsfrist schriftlich bestätigt. Dabei kommt es auf den Zeitpunkt des Zugangs der Erklärung an. Hat der Leasingnehmer auf den Zugang der Annahmeerklärung verzichtet, ist der Zeitpunkt maßgeblich, in dem der Leasinggeber den Antrag annimmt.[42] Ein **Verzicht auf den Zugang** der Annahmeerklärung ist in AGB eines Unternehmer-Leasingvertrages unbedenklich. Im Verbraucherverkehr muss sich der Leasinggeber nach einer Entscheidung des OLG Düsseldorf jedoch verpflichten, den Verbraucher unverzüglich über die fristgerechte Annahme zu informieren.[43] Im Geschäftsverkehr zwischen Kaufleuten hat die schriftliche Annahmeerklärung des Leasinggebers nicht den Charakter eines kaufmännischen Bestätigungsschreibens.[44]

---

[41] OLG Rostock 13. 9. 1999, OLGR 2000, 2, offen gelassen vom BGH im Urt. v. 28. 6. 2000, NJW 2000, 3133.
[42] OLG Rostock 13. 9. 1999, OLGR 2000, 2.
[43] Urt. v. 30. 4. 2002, NJW-RR 2003, 126 mwN; *Beckmann*, § 13 Rn 8b.
[44] OLG Köln 12. 6. 1995, VersR 1996, 718.

L210 Mit Ablauf der Bindungsfrist erlischt ein bis dahin nicht angenommenes Angebot des Leasingnehmers.[45] Die verfristete Bestätigung des Leasinggebers stellt ein neues Angebot dar, von dessen konkludenter Annahme auszugehen ist, wenn der Leasingnehmer die Leistungen des Leasinggebers in Anspruch nimmt.[46] Nach Ansicht des OLG Celle[47] ist eine konkludente Annahme nicht – ohne weiteres – anzunehmen, wenn dem Leasingnehmer das Fahrzeug, das er über einen Zeitraum von ca. 3 Wochen benutzt hat, bereits vor dem Zugang einer inhaltlich von seinem Angebot abweichenden Annahmeerklärung des Leasinggebers ausgehändigt wurde. Im Falle einer unwesentlichen Abweichung der Annahmeerklärung von dem Vertragsangebot besteht für den Leasingnehmer nur ausnahmsweise, wenn es die Umstände nach Treu und Glauben gebieten, die Verpflichtung, das neue Angebot ausdrücklich zurückzuweisen.[48]

Wegen der gesetzlich vorgeschriebenen Schriftform, deren Verletzung den Vertrag unheilbar nichtig macht (Rn L195), kommt für Leasingverträge zwischen Unternehmern und Verbrauchern eine konkludente Annahme des Angebots (etwa durch Ingebrauchnahme des Leasingfahrzeugs) nicht in Betracht.

V. Funktion und Rechtsstellung des Lieferanten bei den Vertragsverhandlungen

1. Lieferant als Erfüllungsgehilfe des Leasinggebers

L211 Nicht nur beim markengebundenen Leasing, sondern auch in Fällen, in denen freie Leasinggesellschaften mit Autohandelsfirmen in Geschäftsverbindung stehen, sind es meistens die Kraftfahrzeughändler, welche die Verhandlungen über den Abschluss des Leasingvertrages mit dem Kunden führen. Unter ihrer Mitwirkung werden Leasingkalkulationen vorgenommen, die Antragsunterlagen für den Leasingvertrag abschlussreif vorbereitet und der Leasinggesellschaft anschließend zur Prüfung und Annahme vorgelegt.

L212 Wird ein Lieferant im Stadium der Vertragsanbahnung in dieser Weise tätig, handelt er als **Verhandlungsgehilfe** des Leasinggebers, wenn seine auf Abschluss des Leasingvertrages gerichtete Tätigkeit mit Wissen und Wollen des Leasinggebers geschieht und dem Leasinggeber ein eigenes Tätigwerden erspart.[49] Dabei kommt es nicht entscheidend darauf an, ob zwischen der Leasinggesellschaft und dem Lieferanten eine ständige Geschäftsbeziehung besteht oder ob zwischen ihnen nur eine mehr oder weniger lockere Vertriebskooperation vereinbart wurde.[50]

Der Lieferant ist, negativ abgegrenzt, dann nicht Verhandlungsgehilfe des Leasinggebers, wenn

– sich der Leasingnehmer die Leasingfinanzierung auf eigene Faust besorgt,[51]

---

45 Zum Erlöschen des verspätet eingereichten Antrags auf Übernahme einer Bürgschaft KG 6.10.1999, NJW-RR 2000, 1307.
46 BGH 8.3.1995, DAR 1995, 284.
47 Urt. v. 30.3.1996, OLGR 1996, 110.
48 LG Gießen 17.4.1996, NJW-RR 1997, 1210.
49 BGH 3.7.1985, BGHZ 95, 170, 177; 4.11.1987, NJW-RR 1988, 1622; 15.6.1988, NJW 1988, 2463; 28.9.1988, NJW 1989, 287; OLG Frankfurt/Main 9.3.1990, NJW-RR 1990, 1207; OLG Koblenz 11.11.1988, NJW-RR 1989, 436; *Graf von Westphalen*, Der Leasingvertrag, Kap. C Rn 101; *Ehlert* in *Bamberger/Roth*, § 535 Rn 67; *Erman/Jendrek*, Anh. § 535 Rn 20.
50 *Beckmann*, § 1 Rn 139; *Reinking* in *Reinking/Kessler/Sprenger*, § 5 Rn 40.
51 *Bernstein*, DB Spezial 1988, 20 ff.

– der Leasinggeber nach Abschluss des Kfz-Kaufvertrages erstmals eingeschaltet wird und es erst danach durch seinen Eintritt in den ausgehandelten Kaufvertrag zu dem für das Finanzierungsleasing typischen Dreiecksverhältnis kommt.[52]

Die Ansicht, der Lieferant sei im Stadium der Vorbereitung und Anbahnung des Leasingvertrages Verhandlungsgehilfe des Leasinggebers, findet nicht nur Beifall.[53] Ihr wird entgegen gehalten, sie lasse sich nicht mit der Lebenswirklichkeit in Übereinstimmung bringen, die darin bestehe, dass die Leasinggesellschaft idR in einen zwischen dem Leasingnehmer und dem Lieferanten fertig ausgehandelten Vertrag eintritt. Weiterhin habe der Leasinggeber nicht die Möglichkeit, den Lieferanten zu kontrollieren und sei bezüglich des beabsichtigten Vertragsinhalts auf die Information durch den Leasingnehmer und den Lieferanten angewiesen. Deshalb müsse der Leasingnehmer selbst darauf achten, dass alles, was er mit dem Lieferanten ausgehandelt hat, auch tatsächlich zum Inhalt des Leasingvertrages gemacht wird. Trotz dieser beachtlichen Argumente haben sich die kritischen Stimmen in der Rechtsprechung kein Gehör verschaffen können.

L213 Der Lieferant, der die Verhandlungen mit Wissen und Wollen des Leasinggebers führt und ihm eigene Tätigkeit erspart, wird normalerweise nicht als dessen **Vertreter** tätig, auch nicht nach den Grundsätzen der Duldungs- oder Anscheinsvollmacht.[54] Die Tatsache, dass der Lieferant die Leasingunterlagen unterschriftsreif vorbereitet, reicht hierfür nicht aus, da sich der Leasinggeber die Antragsannahme regelmäßig vorbehält.[55]

L214 Unter den eingangs genannten Voraussetzungen ist der Lieferant allerdings **Wissensvertreter** des Leasinggebers. Dies hat zur Folge, dass sich der Leasinggeber die Kenntnis des Lieferanten zurechnen lassen muss und diese Rechtsfolge nicht in AGB ausschließen kann.[56] Der Leasingnehmer darf darauf vertrauen, dass das mit dem Lieferanten erzielte Verhandlungsergebnis sowohl dem Kaufvertrag als auch dem Leasingvertrag zugrunde gelegt wird (Kongruenzgebot). Für den Leasinggeber ergibt sich daraus die Konsequenz, dass er die zwischen dem Leasingnehmer und dem Lieferanten im Zusammenhang mit dem Erwerb des Leasingfahrzeugs ausgehandelten technischen und wirtschaftlichen Modalitäten für und gegen sich gelten lassen muss.[57]

L215 Das zwischen Lieferant und Leasingnehmer erzielte Verhandlungsergebnis wird Inhalt des Leasingvertrages und **bindet** den Leasinggeber unmittelbar. Nicht zutreffende Zusagen des Lieferanten verpflichten den Leasinggeber aber nicht zur Erbringung der Leistung sondern führen zu einer **Schadensersatzverpflichtung** nach § 280 Abs. 1 BGB, da sich der Leasinggeber das Verschulden des Lieferanten unter den eingangs genannten Voraussetzungen nach § 278 BGB **haftungsrechtlich zurechnen** lassen muss.[58]

L216 Für den Leasinggeber besteht aber durchaus die Möglichkeit nicht autorisierte Zusagen des Lieferanten zu genehmigen und die Leistung zu erbringen. In diesem Sinne entschied

---

52 OLG Düsseldorf, 16. 3. 1989, ZIP 1989 A 59 Nr. 225; *Bernstein*, DB Spezial, 1988, 20 ff.; *Staudinger/Stoffels*, Leasing Rn 167; kritisch MüKo-BGB/*Koch*, Leasing, Rn 48, der nicht auf den zeitlichen Ablauf sondern darauf abstellen will, in welchem Umfang der Leasinggeber über die Person des Lieferanten in Erscheinung tritt.
53 *Seifert*, FLF 1989, 105; differenzierend *Helming*, FLF 2005, 229, 230, der für maßgeblich erachtet, ob bei den vorvertraglichen Aufklärungsleistungen aus Sicht des (späteren) Leasingnehmers der Kaufvertrag oder der Leasingvertrag im Vordergrund stand.
54 *Erman/Jendrek*, Anh. § 535 Rn 19.
55 BGH 26. 3. 1986, NJW 1986, 1809; 4. 11. 1987, ZIP 1988, 165 ff.
56 OLG Köln 12. 6. 1995, VersR 1996, 718; OLG Köln 16. 7. 2002, DAR 2002, 513.
57 OLG Köln, 16. 7. 2002 OLGR 2002, 419; *Wolf/Eckert/Ball*, Rn 1692; zur Zurechnung der Vereinbarung einer Einmalzahlung an einen Dritten mit Erfüllungswirkung siehe BGH 26. 2. 2003, DAR 2003, 414 (Flens-Modell), EWiR § 133 BGB 19/03, S. 955 (*Reinking*).
58 *Beckmann*, § 3 Rn 113.

das OLG Düsseldorf, das eine vom Lieferanten in der Fahrzeugbestellung vollmachtlos zugesagte Kaufoption des Leasingnehmers (mit Verbraucherstatus) als für den Leasinggeber bindend ansah, weil er in den Vertrag eingetreten war. Der Eintritt sei – so die Begründung des Gerichts – nicht auf den Erwerb des Fahrzeugs beschränkt, sondern beinhalte zugleich die Genehmigung für das in seinem Namen für das Vertragsende vereinbarte **Erwerbsrecht** des Leasingnehmers.[59]

L217 Eine den Leasinggeber unmittelbar bindende oder haftungsrechtliche Folgen auslösende Zurechnung des Verhandlungsergebnisses findet nicht statt, wenn

– Leasingnehmer und Lieferant **deliktisch** oder **kollusiv** zum Nachteil des Leasinggebers zusammengewirkt haben,[60]
– es sich um eine Vereinbarung handelt, die nach dem Willen der Parteien **unabhängig vom Leasingvertrag** zwischen Lieferant und Leasingnehmer gelten soll,[61]
– der Lieferant bei Abschluss der Vereinbarung mit dem Leasingnehmer – für diesen erkennbar – nicht mehr im Rahmen der ihm vom Leasinggeber übertragenen Aufgaben tätig geworden ist,[62]
– der Leasinggeber mit dem Leasingnehmer eine **atypische**, mit den AGB des Leasingvertrages in Widerspruch stehende oder fernliegende (Sonder-)Vereinbarung trifft.[63]

Beispiele aus der Rechtsprechung:

– Eine Wissenszurechnung analog § 166 BGB zum Schutz des getäuschten Leasingnehmers ist ausnahmsweise nicht erforderlich, wenn ein unseriöser Vertreter des Lieferanten zur Förderung des eigenen Absatzes beim Leasingnehmer unrichtige Vorstellungen über den Inhalt des Leasingvertrages hervorruft, von denen die Leasinggesellschaft keine Kenntnis erlangt.[64] Liegen diese Voraussetzungen vor, wird der Leasingnehmer ausreichend durch die Möglichkeit der **Vertragsanfechtung** gem. § 123 BGB und die **Haftungszurechnung** über § 278 BGB geschützt, aufgrund derer die Leasinggesellschaft dem Leasingnehmer den Vertrauensschaden zu ersetzen hat.
– Eine zwischen Leasingnehmer und Lieferant getroffene **Vereinbarung über den Austausch der Leasingsache** gegen eine modernere während der Vertragslaufzeit, die zum Gegenstand des Leasingvertrages gemacht worden ist, begründet nach einer Entscheidung des OLG Frankfurt[65] auf Seiten des Leasingnehmers weder einen Erfüllungsanspruch gegen die Leasinggesellschaft noch ein Recht zur fristlosen Kündigung, wenn der Lieferant den Austausch verweigert oder der Anspruch gegen ihn nicht durchsetzbar ist.
– Völlig atypisch und der Leasinggesellschaft nicht zuzurechnen ist die Vereinbarung zwischen einem Angestellten des Autohauses und dem Leasingnehmer, nach der der Leasingnehmer innerhalb der vereinbarten Laufzeit des Leasingvertrages von 37 Monaten im **Austausch insgesamt 5 neue Fahrzeuge** in abgestufter Zeitfolge erhalten soll.[66]

---

59 OLG Düsseldorf 16. 3. 2006, OLGR 2006, 589.
60 OLG Frankfurt/Main 6. 5. 1986, NJW 1987, 2447 ff.
61 Zur Abgrenzung siehe BGH 22. 10. 2003, NJW-RR 2004, 628 zum Irrtum des Leasingnehmers hinsichtlich der Tragweite einer mit dem Lieferanten geschlossenen Referenzvereinbarung mit einem Rückgaberecht.
62 OLG Düsseldorf 19. 12. 1991, OLGR 1992, 154 betreffend eine Sondervereinbarung zwischen Händler und Leasingnehmer über die Vergabe von Unfallbegutachtungen; ferner OLG Düsseldorf 16. 3. 1989, DB 1989, 974; 9. 11. 1989, MDR 1990, 628; 14. 12. 1999, OLGR 2001, 2 ff.; OLG München 12. 4. 2002, DB 2002, 2373, 2374.
63 BGH 1. 6. 2005 NJW-RR 2005, 1421 zur Einräumung einer Kaufoption am Leasingrückläufer; siehe auch *Graf von Westphalen*, Der Leasingvertrag, Kap. C 102.
64 *Wolf/Eckert/Ball*, Rn 1686.
65 Urt. v. 22. 10. 1985, NJW 1986, 2509.
66 LG Köln 23. 2. 2005 – 90 O 170/04, n. v.

– Nach einer Entscheidung des OLG Köln[67] muss sich der Leasinggeber das Handeln des Lieferanten dann zurechnen lassen, wenn dieser, wie schon in früheren Fällen praktiziert, mit dem Leasingnehmer die **Stornierung** eines laufenden Leasingvertrages vereinbart, ohne dass diesmal der angestrebte erweiterte Leasingvertrag über eine andere Leasingsache zu Stande kommt.

Als Erfüllungsgehilfe des Leasinggebers ist der Kraftfahrzeughändler auch für die Entgegennahme eines Widerspruchs gegen ein kaufmännisches Bestätigungsschreiben zuständig.[68] **L218**

Das Rechtsverhältnis, kraft dessen der Händler als Erfüllungsgehilfe des Leasinggebers im Rahmen der Vertragsverhandlungen anzusehen ist, endet mit dem Abschluss des Leasingvertrages.[69] Wirkt der Händler an späteren Vertragsübernahmeverhandlungen zwischen dem Leasingnehmer und einem Dritten mit, handelt er nicht mehr in dieser Funktion, es sei denn, dass er hierzu einen Auftrag des Leasinggebers erhalten hat[70] oder dass nach den Umständen von einem Fortbestand der Erfüllungsgehilfenschaft auszugehen ist.[71] **L219**

2. Haftung des Leasinggebers für ein Fehlverhalten des Lieferanten

Aufgrund seiner Doppelfunktion als Verkäufer des Fahrzeugs und Verhandlungsgehilfe des Leasinggebers obliegen dem Lieferanten Belehrungs- und Beratungspflichten in Bezug auf das **Fahrzeug** und die **Leasingfinanzierung**.[72] **L220**

Aussagen des Lieferanten über Eigenschaften des Fahrzeugs und dessen Eignung fallen unter die **Beschaffenheitsvereinbarung** und sind Gegenstand des Kaufvertrages, den der Leasinggeber mit dem Lieferanten abschließt. Entsprechen die Angaben zum Fahrzeug nicht den Tatsachen, kann der Leasingnehmer aufgrund der Abtretungskonstruktion gegenüber dem Lieferanten **Sachmängelansprüche** geltend machen. Soweit für eine daneben bestehende Haftung wegen Verletzung eigenschaftsbezogener Aufklärungspflichten[73] Raum bleibt, ist der Leasinggeber nach überwiegend vertretener Ansicht dafür nicht haftbar zu machen, weil er nicht über die erforderliche Sachkunde verfügt und kein Vertrauen in Anspruch nimmt.[74] Folglich muss sich der Leasinggeber eine fehlende oder falsche Beratung durch den Lieferanten oder durch dessen Personal[75] haftungsrechtlich nur insoweit zurechnen lassen, als die Pflichtverletzung den Inhalt und die **Modalitäten des Leasingvertrages** betrifft und nicht unter die Abtretungskonstruktion fällt, durch die der Leasingnehmer hinreichend abgesichert wird. **L221**

Der Umfang der Beratung zur Finanzierung richtet sich nach den Erfahrungen und Vorstellungen des Leasingnehmers hinsichtlich der Pflichten, die durch den Abschluss des Leasingvertrages auf ihn zukommen. Der Leasinggeber ist aber nicht verpflichtet, den Leasingnehmer allgemein über Bedeutung, Inhalt und Folgen des Leasingvertrages aufzuklären. Macht sich der Leasingnehmer erkennbar falsche Vorstellungen hinsichtlich des Vertragsinhalts, muss ihn der Lieferant ungefragt aufklären.[76] **L222**

---

67 Urt. v. 31.5.1991, EWiR § 164 BGB 2/91, S. 869 (*Reinking*).
68 OLG Köln 12.6.1995, VersR 1996, 718.
69 BGH 31.5.1989, ZIP 1989, 1337 ff.; *Erman/Jendrek*, Anh. § 535 Rn 20.
70 BGH 31.5.1989, ZIP 1989, 1337 ff.
71 Hierzu OLG Köln 31.5.1991; EWiR § 164 BGB 2/91, 869 (*Reinking*), das die Zurechnung fälschlich nach den für die Annahme einer Anscheins- bzw. Duldungsvollmacht geltenden Grundsätzen vorgenommen hat.
72 OLG Hamburg 20.10.1987, NJW-RR 1988, 438; OLG Koblenz 11.11.1988, NJW-RR 1989, 436.
73 MüKo-BGB/*Koch*, Leasing, Rn 49.
74 *Beckmann*, § 3 Rn 125; *Staudinger/Stoffels*, Leasing, Rn 166; a. A. OLG Koblenz 11.11.1988, NJW-RR 1989, 436.
75 OLG Hamm 15.10.1990, CR 1991, 350 ff.
76 BGH 11.3.1987, NJW 1987, 2082, 2084.

L223 Aus dem Prinzip der **deckungsgleichen Verhandlungsergebnisse**[77] erwächst für den Lieferanten die Pflicht, den Leasingnehmer darauf hinzuweisen, dass der Leasingvertrag unabhängig von solchen Vereinbarungen gilt, die zusätzlich zwischen ihm und dem Leasingnehmer getroffen worden sind.[78] Unterlässt er den Hinweis, liegt das Verschulden, für das der Leasinggeber einzustehen hat, in der willkürlichen Trennung wirtschaftlich und rechtlich zusammengehörender Vorgänge, ohne dass dies für den Leasingnehmer durchschaubar ist.[79] Beispiel: Der als Verhandlungsgehilfe auftretende Kraftfahrzeughändler versichert dem Leasingnehmer in Abweichung von dem schriftlichen Inhalt des Leasingvertrages, er könne nach Ablauf der Vertragszeit die Leasingsache käuflich erwerben.[80]

L224 Im Falle des Haftungseintritts wegen Verletzung von Hinweis –, Aufklärungs- und Beratungspflichten muss der Leasinggeber dem Leasingnehmer den entstandenen **Vertrauensschaden** ersetzen. Er hat den Leasingnehmer so zu stellen, als wäre die Vertragsverletzung nicht erfolgt. Führt die Verletzung dazu, dass der Leasinggeber seiner Hauptpflicht zur Verschaffung eines gebrauchstauglichen und funktionstüchtigen Leasinggutes nicht nachkommen kann, hat der Leasingnehmer Anspruch auf Rückabwicklung des Leasingvertrages.[81]

L225 Eine AGB-mäßige Freizeichnung des Leasinggebers von der Haftung für etwaige Pflichtverletzungen des Lieferanten wird für unzulässig erachtet.[82]

3. Anfechtung

L226 Der Lieferant, der mit Wissen und Wollen des Leasinggebers die Vertragsverhandlungen führt und ihm eigene Arbeit erspart, handelt als dessen **Vertrauensperson** und als dessen **Repräsentant** und ist **nicht Dritter** iSv § 123 Abs. 2 BGB.[83] Dadurch werden die Anfechtungsmöglichkeiten des Leasingnehmers verstärkt.[84] Bei den subjektiven Merkmalen des § 123 BGB ist auf die Person des Leasingnehmers abzustellen.[85]

L227 Muss sich der Leasinggeber eine Täuschungshandlung oder Drohung des Lieferanten zurechnen lassen, ist die Anfechtung nach § 123 BGB gegenüber dem Leasinggeber zu erklä-

---

77 *Wolf/Eckert/Ball*, Rn 1687.
78 BGH 3.7.1985, NJW 1985, 2258 ff. – fehlender Vermerk eines qualifizierten Rücktrittsrechts im Leasingvertrag für den Fall, dass die vorhandene Software nicht ordnungsgemäß in der EDV-Anlage arbeiten sollte; BGH 28.9.1988, NJW 1989, 287 – unterlassener Hinweis auf Full-Service-Absprache; BGH 22.10.2003, NJW-RR 2004, 628 – nicht erfolgte Aufklärung darüber, dass ein in der Referenzvereinbarung mit dem Lieferanten vorgesehenes Rückgaberecht kein Recht zur außerordentlichen Kündigung des Leasingvertrages beinhaltet; OLG Frankfurt/Main 9.3.1990, NJW-RR 1990, 1207 – kein Hinweis auf ein vorzeitiges Kündigungsrecht für den Fall des Misslingens eines vereinbarten Individualprogramms; OLG Düsseldorf 14.12.1999, OLGR 2001, 2 – fehlender Vermerk im Leasingvertrag über Verpflichtung des Lieferanten eines Anzeigegeräts zur Lieferung von Werbedisketten; zu den Auswirkungen von Sondervereinbarungen zwischen Leasingnehmer und Lieferant auf den Leasingvertrag siehe auch OLG München 12.4.2002, DB 2002, 2373; *Koch*, DB 2000, 2205.
79 OLG Düsseldorf 14.12.1999, OLGR 2001, 2.
80 BGH 4.11.1987, NJW-RR 1988, 1622; 15.6.1988, NJW 1988, 2463 – Einräumung eines Erwerbsrechts vom Händler; 1.6.2005 NJW-RR 2005, 1421 mit Besprechung von *Moseschus*, FLF 2006, 40 und *Reinking* EwiR § 157 BGB 22/05, S. 15; OLG Dresden 8.3.2000, DAR 2001, 77.
81 BGH 3.7.1985, NJW 1985, 2258, 2261; OLG Koblenz 11.11.1988, NJW-RR 1989, 436 – Nichterstellung eines Pflichtenheftes; *Staudinger/Stoffels*, Leasing Rn 171.
82 *Graf von Westphalen*, Der Leasingvertrag, Kap. C Rn 117.
83 BGH 28.9.1988, NJW 1989, 287.
84 *Staudinger/Stoffels*, Leasing, Rn 174.
85 *Beckmann*, § 2 Rn 415; wegen weiterer Einzelheiten zur Anrechnung *Reinking* in *Reinking/Kessler/Sprenger*, § 5 Rn 57 ff.

ren. Das gleiche gilt für eine Anfechtung nach § 119 BGB. Die Anfechtung bewirkt die Nichtigkeit des Leasingvertrages. Bei der bereicherungsrechtlichen Rückabwicklung eines nach § 123 BGB angefochtenen Leasingvertrages unterliegt der Leasinggeber der verschärften Haftung des § 819 BGB. Im Innenverhältnis kann der Leasinggeber beim Lieferanten wegen des Haftungs- und Eigenschadens Regress nehmen.

Eine den Kaufvertrag betreffende Täuschungshandlung oder Drohung des Lieferanten berechtigt den Leasinggeber zur **Anfechtung des Kaufvertrages**. L228

4. Haftung im Rechtsverhältnis zwischen Leasinggeber und Lieferant

Im **Innenverhältnis** haftet der Lieferant dem Leasinggeber auf Schadensersatz, wenn er seine Pflichten aus dem Auftragsverhältnis verletzt. Eine schuldhafte Pflichtverletzung liegt allerdings nicht vor, wenn der Händler, ohne gegen ein ausdrückliches Verbot des Leasinggebers zu verstoßen, bei unklaren AGB des Leasingvertrages dem Leasingnehmer eine **Erwerbszusage** erteilt und der Vertrag daran scheitert.[86] Falls der Leasinggeber die Kaufverhandlungen führt, besteht für den Händler keine Verpflichtung, den Leasinggeber ungefragt auf eine erhebliche Abweichung des Kaufpreises vom Listenpreis hinzuweisen.[87] Die Voraussetzungen einer arglistigen Täuschung sind erfüllt, wenn sich der Leasinggeber nach dem Listenpreis erkundigt und ihm der Lieferant eine unrichtige Auskunft erteilt. L229

5. Eigenhaftung des Lieferanten gegenüber dem Leasingnehmer

Falls der Käufer dem Kraftfahrzeughändler die Auswahl der Leasinggesellschaft überlassen hat, ist dieser verpflichtet, die Interessen des Käufers zumindest insoweit zu wahren, dass Zahlungen des Käufers an die Leasinggesellschaft nicht erkennbar gefährdet sind. Verletzt er diese Pflicht, indem er eine unseriöse Leasinggesellschaft einschaltet, haftet er dem Käufer unter dem Gesichtspunkt eines **Auswahlverschuldens** auf Erstattung einer an die Leasingfirma geleisteten und bei dieser nicht mehr realisierbaren Leasingsonderzahlung.[88] L230

Weiterhin macht sich der Händler bei **Überschreitung** des ihm vom Leasinggeber eingeräumten **Handlungsspielraums** schadensersatzpflichtig.[89] Die Voraussetzungen einer unmittelbaren Haftung sind erfüllt,[90] wenn er mit dem Leasingnehmer eines mehrjährigen Leasingvertrages ein einmaliges Kündigungsrecht vereinbart, ohne den Leasinggeber hiervon in Kenntnis zu setzen oder wenn im Vertrag ausdrücklich bestimmt ist, dass der Leasinggeber aus der Sondervereinbarung nicht verpflichtet sein soll.[91] L231

Der Händler kann, sofern diese Haftungsvoraussetzungen vorliegen, dem Leasingnehmer auch dann zum Schadensersatz verpflichtet sein, wenn er das Leasingfahrzeug nicht selbst an die Leasinggesellschaft verkauft sondern den Kaufvertrag über das Fahrzeug lediglich **vermittelt** hat. Eine auf §§ 311 Abs. 3, 280 BGB gestützte Haftung setzt voraus, dass der Händler als Vermittler bei der Vertragsanbahnung in besonderem Maße Vertrauen für sich in Anspruch genommen und dadurch die Vertragsverhandlungen oder den Vertragsabschluss beeinflusst hat, wovon in der Regel ausgegangen werden kann.[92] L232

---

86 OLG Hamm 6. 7. 1989, ZIP 1989, A 119, Nr. 433.
87 OLG Düsseldorf 28. 7. 1988, ZIP 1988, 1405.
88 LG Konstanz Urt. v. 8. 1. 1994 -5 O 28/93, bestätigt vom OLG Karlsruhe 27. 7. 1995 – 9 U 59/94, n. v.
89 OLG Düsseldorf 19. 12. 1991, OLGR 1992, 154 – betreffend eine Sondervereinbarung zwischen Händler und Leasingnehmer über die Vergabe von Unfallbegutachtungen.
90 OLG Düsseldorf 16. 3. 1989, DB 1989, 974.
91 OLG Düsseldorf, 9. 11. 1989, MDR 1990, 628.
92 OLG Hamm 11. 10. 2006 – 12 U 115/05 – vorgestellt von *Beckmann*, FLF 2007, 131.

6. Haftung des Leasinggebers gegenüber der refinanzierenden Bank

L233 Der Leasinggeber haftet der refinanzierenden Bank für den Bestand der abgetretenen Forderung aus dem Leasingvertrag (**Veritätshaftung**). Kann der Leasinggeber ihr die Forderung nicht verschaffen, stehen der Bank die Rechte aus § 437 Nr. 2, 3 BGB zur Wahl. Allein das Versprechen des Leasinggebers, die Forderung zu übertragen, reicht zur Begründung einer verschuldensunabhängigen Haftung nach § 311 a Abs. 2 BGB nicht aus.[93] Vielmehr verbleibt es bei dem in § 276 BGB vorgesehenen Auslegungsraster, an dem die Parteivereinbarungen im Einzelfall zu messen sind.

L234 Die Bank, die den Leasingvertrag refinanziert hat, ist zum Rücktritt vom Forderungskauf berechtigt, wenn der Leasingnehmer den Leasingvertrag widerrufen hat oder wegen eines Mangels des Fahrzeugs vom Kauf- und Leasingvertrag zurückgetreten ist.[94] In diesen Fällen des **nachträglichen Wegfalls** der Forderungen aus dem Leasingvertrag haftet der Leasinggeber der Bank auf Schadensersatz, wenn es ihm nicht gelingt, den Entlastungsbeweis nach § 280 Abs. 1 S. 2 BGB zu führen oder wenn sich aus den Gesamtumständen ergibt, dass er eine verschuldensunabhängige Einstandspflicht für den Forderungsbestand übernommen hat.

L235 Der Wirksamkeit des Leasingvertrages steht nicht entgegen, dass der Kaufvertrag, in den der gutgläubige Leasinggeber eintreten soll, zwischen dem Lieferanten und dem Leasingnehmer nicht oder nur zum Schein abgeschlossen wird. Es ist auch nicht anzunehmen, dass dem Leasingvertrag die Geschäftsgrundlage fehlt. Schuldet der Leasinggeber der refinanzierenden Bank aus einem Schein- Kaufvertrag die Verschaffung des Sicherungseigentums, ist das fehlende Sicherungseigentum an dem Leasingobjekt als **Rechtsmangel** der verkauften Leasingforderung zu behandeln.[95]

VI. Abschluss des Kaufvertrages und Verknüpfung mit dem Leasingvertrag

L236 Der Kauf des Leasingfahrzeugs erfolgt durch den Leasinggeber. Im Fuhrpark- und Flottengeschäft ist es üblich, das der Leasingnehmer die Zahl der Fahrzeuge nach Fabrikat, Modell, Typ, Ausstattung usw. bestimmt und die Leasinggesellschaft die Verhandlungen mit dem Lieferanten führt. In anderen Fällen, insbesondere im Geschäftsverkehr mit Verbrauchern und Kleinunternehmern, die nur ein Fahrzeug oder eine geringe Anzahl von Fahrzeugen benötigen, ist es gängige Praxis, dass sich der (künftige) Leasingnehmer das Fahrzeug beim Lieferanten aussucht und mit ihm die Modalitäten des Kaufvertrages (Preis, Inzahlungnahme des Altwagens, Rabatte usw.) aushandelt, ohne dass der Leasinggeber dabei mitwirkt.

L237 Der anschließende **Erwerbsvorgang** kann auf unterschiedliche Art und Weise vollzogen werden. Es besteht die Möglichkeit, dass der Leasinggeber den Kaufvertrag auf der Grundlage der vom Leasingnehmer ausgehandelten Bedingungen – wenn auch nicht unbedingt zum gleichen Preis – im eigenen Namen mit dem Lieferanten abschließt (**Eigenankauf**). Ebenso gut kann es sein, dass der Leasinggeber in die Bestellung eintritt, die der Leasingnehmer gegenüber dem Lieferanten verbindlich abgegeben hat (**Vertragseintritt/Vertragseinstieg**) oder dass er einen zwischen dem Leasingnehmer und dem Lieferanten bereits abgeschlossenen Kaufvertrag mit allen Rechten und Pflichten übernimmt (**Vertragsübernahme**).[96]

---

[93] BGH 19. 10. 2007, NJW 2007, 3777, 3780.
[94] BGH 25. 10. 1989, NJW 1990, 175.
[95] BGH 10. 11. 2004, NJW 2005, 359.
[96] *Lieb*, WM 1991, 1533, 1535; *Bernstein*, DB Spezial 1988, 20 ff.

L238 Der **Vertragseintritt**, der keine Vertragsübernahme im eigentlichen Sinne darstellt,[97] kann entweder durch dreiseitige Vereinbarung zwischen dem ausscheidenden, dem verbleibenden und dem eintretenden Teil oder aber durch einen zweiseitigen Vertrag zwischen dem ausscheidenden und dem eintretenden mit Zustimmung des verbleibenden Teils vereinbart werden.[98] Die Vereinbarung zwischen dem Lieferanten und dem Leasinggeber über die Abwicklung eines bereits mit dem Leasingnehmer geschlossenen Kaufvertrages stellt im Regelfall eine befreiende Schuldübernahme dar (§ 414 BGB).[99] Der Leasinggeber, der die Kaufpreisschuld an den Händler zahlt, ist nicht Erfüllungsgehilfe des Leasingnehmers sondern Dritter iSv § 267 Abs. 1 S. 1 BGB. Von dieser Auslegungsregel ist auch dann auszugehen, wenn sich der Leasinggeber an Stelle einer befreienden Schuldübernahme durch Erfüllungsübernahme (§ 329 BGB) zur Tilgung der Kaufpreisschuld des Leasingnehmers verpflichtet hat.[100]

L239 Im unternehmerischen Geschäftsverkehr kommt es vor, dass der Leasingnehmer zuerst einen Leasingvertrag mit dem Leasinggeber abschließt und erst danach die Fahrzeuge aussucht. Leasing- Vertragsformulare, die einen **nachgeschalteten Erwerb der Leasingsache** ermöglichen, sehen idR vor, dass der Leasingvertrag unter der **auflösenden Bedingung** des rechtswirksamen Zustandekommens des Kaufvertrages zwischen Leasinggeber und Lieferant steht. Ferner verpflichten sie den Leasingnehmer, mit dem Händler zu vereinbaren, dass die Zahlung des Kaufpreises erst nach Lieferung des Fahrzeugs und Eingang der Übernahmebestätigung beim Leasinggeber erfolgt und das Eigentum an dem Fahrzeug direkt auf den Leasinggeber übertragen wird.

L240 Über die **rechtliche Verknüpfung** zwischen Kauf- und Leasingvertrag geben die Vertragsunterlagen nicht immer eine klare Auskunft. Unprofessionelle und unbeholfene Eintragungen (zB „auf Finanzierungsbasis per Leasingvertrag" oder „Leasing über ... Monate"), verraten die Unsicherheit ihrer Verfasser. Welche Vertragsgestaltung die Parteien gewählt haben, ist oftmals nur anhand der konkreten Umstände des Einzelfalls im Wege einer Gesamtbetrachtung festzustellen.

Mit dem Vermerk **„Zahlung auf Leasingbasis"** musste sich das AG München[101] befassen. Der Kfz- Händler war der Ansicht, es sei Aufgabe des Kunden, seiner „Zahlungspflicht durch Leasing" nachzukommen, und das Scheitern des Leasingvertrages sei sein Risiko. Das Amtsgericht gelangte im Wege der Auslegung zu dem einzig richtigen Ergebnis, dass die Verkäuferfirma einen Leasingvertrag vermitteln wollte und der Kunde lediglich als Leasingnehmer auftreten sollte, denn andernfalls hätte die Zahlungsvereinbarung auf Leasingbasis keinen Sinn gehabt, „da beim Leasingvertrag Käufer und damit Kaufpreisschuldner nicht der Leasingnehmer, sondern eben der Leasinggeber" ist. So sah es auch das OLG Düsseldorf[102] in einem Fall, in dem die Bezugnahme auf den Leasingvertrag in der Bestellung unter der Rubrik „Zahlungsbedingungen und sonstige Vereinbarungen" durch den maschinenschriftlichen Eintrag „Leasing über 36 Monate über die P. Bank, mtl. Rate 519,37 DM incl. MwSt, Restwert 15.000 DM" hergestellt worden war.

---

97 A. A. *Graf von Westphalen*, Der Leasingvertrag, Kap. C Rn 124.
98 BGH NJW 1999, 2664; OLG Braunschweig 9. 9. 2002 – 7 U 10/02, n. v.
99 BGH 9. 5. 1990, NJW-RR 1990, 1009; OLG Rostock, 13. 1. 1996, OLGR 1996, 89ff; OLG Hamm 10. 3. 1998, OLGR 1998,165; einschränkend BGH 25. 11. 1992, WM 1993, 213 im Sinne eines zumindest anzunehmenden Schuldbeitritts, falls in den AGB der Leasinggesellschaft bestimmt ist, dass ausschließlich der Leasingnehmer Partei des bereits abgeschlossenen Kaufvertrages bleiben soll.
100 OLG Dresden 26. 4. 1995, NJW-RR 1996, 625.
101 Urt. v. 8. 11. 1983 – 10 C 16337/83, n. v.
102 Urt. v. 3. 12. 1993, NZV 1994, 431.

Den handschriftlichen Eintrag „Leasing 10.000,00 DM Anz. 36 Raten" in der Zahlungsrubrik der Fahrzeugbestellung bewertete der BGH[103] im Hinblick auf § 267 BGB als Verzicht des Verkäufers auf die Befugnis, der Leistung des Barkaufpreises durch einen Leasinggeber widersprechen zu können. Er stellte, ohne darüber entscheiden zu müssen, ausdrücklich fest, dass es nahe liegend sei, der Leasingklausel zusätzlich einen Regelungsgehalt des Inhalts beizumessen, dass der Kaufvertrag in seinem Bestand durch das Nichtzustandekommen des Leasingvertrages **auflösend bedingt** sein sollte.[104] Zu dem gleichen Ergebnis war zuvor schon das OLG Köln[105] gelangt, das über den Eintrag „Abwicklung Leasing 42 Monate, 35.000 km p. a., Leasingrate netto DM 663,60" zu befinden und dabei offen gelassen hatte, ob es sich bei der Verknüpfung zwischen Kauf- und Leasingvertrag um eine auflösende[106] oder aufschiebende Bedingung handelt, da es auf diese Unterscheidung im Ergebnis nicht ankam.

Beide Verträge können nach dem Willen der Parteien auch in der Weise miteinander verquickt sein, dass der Kaufvertrag durch den Leasingvertrag ersetzt werden soll. In diesem Sinne ist nach einer Entscheidung des OLG Düsseldorf[107] ein handschriftlicher Eintrag „Leasing über Bank" in Verbindung mit einer Klausel im Kaufantrag zu verstehen, nach der der Kaufvertrag unter der auflösenden Bedingung steht, dass ein Leasingvertrag über das entsprechende Fahrzeug abgeschlossen wird. Da der Käufer das **Risiko des Bedingungseintritts** trägt, hat er dafür zu sorgen, dass es zum Abschluss des Leasingvertrages kommt. Wird der Leasingvertrag nicht geschlossen, kann sich der Käufer vom Kaufvertrag nur unter der Voraussetzung lösen, dass der Verkäufer den Bedingungseintritt wider Treu und Glauben verhindert hat.

Der Eintrag „Finanzierung durch Leasing" im Kaufvertrag mag unter Umständen dahingehend auszulegen sein, dass sich der Käufer – ähnlich wie bei Beschaffung eines Personalkredits – um einen Leasinggeber als Geldgeber bemühen soll. Die Erwähnung des Leasingvertrages in der Neuwagenbestellung besagt dann lediglich, dass sich der Händler mit der Vertragsübernahme durch den vom Käufer alleinverantwortlich auszuwählenden Leasinggeber **vorsorglich einverstanden** erklärt.[108] Ob der Händler auch ohne einen solchen Vermerk verpflichtet ist, einen vom Käufer nachträglich gestellten Leasinggeber zu akzeptieren und einer Vertragsübernahme zuzustimmen, hängt von den Umständen des Einzelfalles ab.

L241 Im Verhältnis der Parteien des Kaufgeschäfts zueinander ist die in einem formularmäßigen Kaufauftrag des Leasinggebers enthaltene Regelung, der zufolge der Leasinggeber von allen Verpflichtungen frei bleibt, solange die Übernahmebestätigung für die vom Lieferanten zu erbringende Leistung nicht vorliegt, nicht als Bedingung für die Wirksamkeit des Kaufvertrages zu verstehen, sondern als Vorleistungspflicht des Lieferanten und als Fälligkeitsregelung für den Kaufpreis.[109]

L242 Die vom Leasingnehmer regelmäßig angestrebte Freistellung von seiner kaufvertraglichen Bindung für den Fall der Nichtannahme seines Leasingantrags durch den Leasinggeber hat der Gesetzgeber für Verbraucherleasingverträge in § 358 Abs. 2 S. 1 BGB sichergestellt. Schon vor der Schuldrechtsreform wurde dieses Ergebnis durch entsprechende An-

---

103 Urt. v. 9. 5. 1990, NJW-RR 1990, 1009 ff.
104 BGH 9. 5. 1990, NJW-RR 1990, 1009, 1111.
105 Urt. v. 22. 10. 1987, DAR 1988, 273.
106 Für auflösende Bedingung im Sinne eines Wegfalls des Kaufvertrages bei Nichtannahme des Leasingantrags: LG Zweibrücken Urt. 14. 2. 1995, NJW-RR 1995, 816.
107 Urt. v. 1. 12. 1995, OLGR 1996, 78.
108 BGH 9. 5. 1990, NJW-RR 1990, 1009 ff.
109 BGH 17. 2. 1993, DAR 1993, 177.

wendung von § 9 Abs. 3 VerbrKrG erzielt.[110] Die Vorschrift des § 358 BGB ist zwar nur unter der Voraussetzung anwendbar, dass ein **Verbundgeschäft** isV § 358 Abs. 3 BGB vorliegt, wovon beim Kfz-Leasing aber im Regelfall auszugehen ist.

Zwecks Minimierung der Vertragsrisiken wird Leasingfirmen geraten, eine Regelung in den Vertrag mit dem Kraftfahrzeughändler aufzunehmen, nach der die Verpflichtung zum Eintritt in den Kaufvertrag des Leasingnehmers bzw. die Verpflichtung zur Übernahme des Kaufvertrages aufgehoben wird, falls der Leasingnehmer den Leasingvertrag widerruft.[111] Auf der anderen Seite ist dem Unternehmer -Leasingnehmer eine vertragliche Klarstellung des Inhalts zu empfehlen, dass der Kaufvertrag nur für den Fall des wirksamen Zustandekommens des Leasingvertrages Bestand hat, da er andernfalls Gefahr läuft, auf dem ungewollten Kaufvertrag sitzen zu bleiben, wenn die Voraussetzungen eines verbundenen Geschäfts nicht vorliegen oder zweifelhaft sind. L243

VII. Auslieferung und Übernahme des Fahrzeugs

Der Leasinggeber ist verpflichtet, dem Leasingnehmer das Leasingfahrzeug für die vereinbarte Zeit zu überlassen. Wie weit diese Hauptleistungspflicht reicht, ist im Einzelnen umstritten.[112] Nach der mietrechtlich orientierten Auslegung des BGH besteht sie in der Besitz- und Gebrauchsverschaffung eines für den Vertragszweck geeigneten, mangelfreien Fahrzeugs und der Gewährung eines störungsfreien Gebrauchs während der vereinbarten Vertragsdauer. Die Diskussion darüber, ob die (Vor-) Finanzierung der Leasingsache ebenfalls dazu gehört, ist für die Praxis ohne Bedeutung. L244

Die Auslieferung des Fahrzeugs erfolgt beim Kraftfahrzeugleasing üblicherweise durch den Kfz-Händler, der auch insoweit als **Erfüllungsgehilfe** des Leasinggebers handelt,[113] und dessen Pflichtverletzungen dem Leasinggeber zuzurechnen sind. Seine Funktion als Erfüllungsgehilfe ist auf die **Gebrauchsverschaffung** beschränkt; sie erstreckt sich nicht auf die davon zu unterscheidende, ausschließlich den Leasingnehmer betreffende Verpflichtung zur Abgabe der Übernahmebestätigung.[114] L245

Leistungsort für die Übergabe des Fahrzeugs ist der **Betriebssitz des Verkäufers**, da es sich um eine Holschuld handelt, die der Leasingnehmer für den Leasinggeber erfüllt.[115] L246

Durch die Abnahme des Fahrzeugs verlagert sich die **Beweislast** für Sachmängel auf den Leasingnehmer, wenn er das ihm vom Händler angebotene Fahrzeug als Erfüllung angenommen hat.[116] Ein Vorbehalt der Rechte wegen bei Gefahrübergang vorhandener Mängel ist wegen des Wegfalls von § 464 BGB aF zwar nicht erforderlich, aber durchaus ratsam (Rn L270). L247

Mit **Übergabe** des Fahrzeugs an den Leasingnehmer endet die Erfüllungsgehilfentätigkeit des Lieferanten und mit ihr die Verschuldenszurechnung nach § 278 BGB. Nimmt der Lieferant das Fahrzeug zur Vornahme von **Nachbesserungsarbeiten** später wieder vorü- L248

---

110 OLG Rostock 13. 1. 1996, OLGR 1996, 89; LG Gießen 18. 9. 1996, BB 1997, 960; *Zahn*, DB 1991, 687, 688; *ders.* 1991, 2171, 2175; *Schmid-Burgk / Schölermann* BB 1991, 566, 568; *Seifert*, FLF 1991, 54, 55; *Scholz*, DB 1991, 215, 216; *Lieb*, WM 1991, 1533, 1536; *Emmerich* in *Graf von Westphalen/Emmerich/von Rottenburg*, Verbraucherkreditgesetz, § 9 Rn 211 f.; *Reinicke / Tiedtke*, ZIP 1992, 217, 227; *Reinking/Nießen*, ZIP 1991, 79, 86; *dies.*, ZIP 1991, 634, 638.
111 *Lieb*, WM 1991, 1533, 1536.
112 Ausführlich *Staudinger/Stoffels*, Leasing Rn 80 ff.
113 OLG Bremen 17. 1. 1989, ZIP 1989, 579.
114 BGH 20. 10. 2004, DAR 2005, 24 ff.
115 *Beckmann*, § 3 Rn 86.
116 *Palandt/Grüneberg*, § 363 Rn 3 mwN.

bergehend an sich,[117] wird er dadurch nicht zum Erfüllungsgehilfen des Leasinggebers,[118] da es aufgrund der Abtretung der Sachmängelansprüche nicht die Aufgabe des Leasinggebers ist, das Fahrzeug reparieren zu lassen. Selbst durch eine **Ersatzlieferung** wird keine – der Erstauslieferung vergleichbare – Rechtsbeziehung begründet, bei der der Lieferant die Gebrauchsverschaffung erneut als Erfüllungsgehilfe des Leasinggebers vornimmt. Dies liegt wiederum daran, dass der Austausch der Fahrzeuge im Rahmen des fortbestehenden Leasingvertrages vollzogen wird, nach dessen leasingtypischer Konzeption die Geltendmachung von Sachmängelansprüchen allein in den Aufgabenbereich des Leasingnehmers fällt.

L249 Mit der **Übernahme** des Fahrzeugs erfüllt der Leasingnehmer zwei ihm auferlegte Pflichten; zum einen die **kaufrechtliche Abnahmepflicht** des § 433 Abs. 2 BGB, bestehend in der Entgegennahme der Sache, durch die der Verkäufer vom Besitz der Sache befreit wird, zum anderen die im Leasingvertrag vorgesehene und vom Leasingnehmer zu bestätigende **Abnahme**.[119] Während die kaufrechtliche Abnahme im Regelfall den Leasinggeber – in seiner Eigenschaft als Käufer – betrifft und der Leasingnehmer insoweit für ihn als Erfüllungsgehilfe tätig wird, handelt es sich bei der leasingvertraglichen Abnahme um eine **eigene Vertragspflicht** des Leasingnehmers. In den sog. **Eintrittsfällen** hat der **Lieferant** aus fortwirkender vertraglicher Nebenpflicht einen gegen den Leasingnehmer gerichteten Anspruch darauf, dass er gegenüber dem Leasinggeber die tatsächlich erfolgte ordnungsgemäße Übernahme der Leasingsache bestätigt, wenn der Leasinggeber, auf den der Kaufvertrag übergeleitet wurde, die Auszahlung des Kaufpreises von dieser Erklärung abhängig macht.[120] Leasing-AGB sehen manchmal vor, dass mit der Abnahme des Fahrzeugs der Leasingvertrag in Lauf gesetzt wird. Nach Abschn. III. VDA-Muster-Leasing-AGB beginnt die Leasingzeit an dem – zwischen Verkäufer und Leasingnehmer – vereinbarten Tag der Übergabe des Fahrzeugs oder 14 Tage nach Anzeige der Bereitstellung, wenn ein Übergabezeitpunkt nicht vereinbart wurde.

L250 Der Leasingnehmer muss sich die Geltendmachung der Rechte gegenüber dem Lieferanten nicht vorbehalten, wenn das Fahrzeug einen Sach- oder Rechtsmangel[121] aufweist, den er bei Abschluss des Kaufvertrages nicht kannte. Im Gegensatz zum Kaufrecht ist der **Vorbehalt** im Mietrecht, dem die subsidiäre Haftung des Leasinggebers untersteht, weiterhin erforderlich (§ 536 b S. 3 BGB). Unterlässt der Mieter den Vorbehalt, verliert er die Rechte auf Minderung und Schadens-/Aufwendungsersatz. Somit stellt sich zwangsläufig die Frage nach der Auflösung dieser Inkongruenz. In Anbetracht des leasingtypischen Ausschlusses der mietrechtlichen Gewährleistung und deren Ersetzung durch kaufrechtliche Sachmängelrechte ergibt ein Vorbehalt der Rechte aus dem Leasingvertrag für den Leasingnehmer keinen Sinn, denn er würde Ansprüche betreffen, die ihm nicht zustehen. Das Vorbehaltserfordernis des § 536 b S. 3 BGB kann für ihn aber zum Stolperstein werden, wenn die Abtretungskonstruktion unwirksam ist, weil die kaufrechtlichen Rechte und Ansprüche die ausgeschlossene mietrechtliche Gewährleistung nicht angemessen ersetzen,[122] oder weil sie gegen das in § 307 Abs. 1 S. 2 BGB verankerte Transparenzgebot verstößt.[123] In diesen Fällen greift – als Folge der Sanktion von § 306 Abs. 2 BGB – die **subsidiäre Eigenhaftung** des Leasinggebers ein (Rn L115 ff.). Es leuchtet ohne weiteres ein, dass es mit den Grundsätzen von Treu und Glauben nicht zu vereinbaren wäre, würde man den Lea-

---

117 BGH 30. 3. 1987, NJW 1988, 198 ff.
118 BGH 30. 3. 1987, NJW 1988, 198 ff.
119 LG Köln 8. 1. 1991 – 2 O 402/89, n. v.
120 Urt. v. 12. 3. 2004, 1 H O 2356/03, n. v.
121 Zum Rechtsmangel der Leasingsache BGH 10. 11. 2004, NJW 2005, 359; OLG Düsseldorf, 2. 12. 2003, OLGR 2004, 267.
122 *Reinking*, DAR 2002, 147.
123 *Graf von Westphalen*, ZGS 2002, 64 ff. 67.

singgeber von der Eigenhaftung freistellen, nur weil der Leasingnehmer im Vertrauen auf die Wirksamkeit der Abtretungskonstruktion den mietrechtlichen Vorbehalt iSv § 536 b S. 3 BGB nicht erklärt hat.

In den Fällen, in denen Leasinggeber (unter Ausschluss weitergehender mietrechtlicher Ansprüche) gegenüber Leasingnehmern eine **kaufrechtliche Eigenhaftung** für Sachmängel in dem Umfang übernehmen, wie sie der Handel gewährt, erscheint es ebenfalls nicht gerechtfertigt, vom Leasingnehmer zu fordern, dass er sich seine Rechte vorbehält, wenn das Fahrzeug zum Zeitpunkt der Ablieferung einen Mangel aufweist. Wer als Leasinggeber einerseits nur die Haftung eines Verkäufers übernehmen möchte, muss sich andererseits auch wie ein Verkäufer behandeln lassen. Durch Verquickung der kaufrechtlichen Sachmängelhaftung mit dem mietrechtlichen Vorbehaltserfordernis würde die vertragliche Äquivalenz der beiderseitigen Pflichten und Rechte empfindlich gestört, so dass einer Klausel, die solches vorschreibt, die Wirksamkeit wegen Verstoßes gegen § 307 Abs. 1 S. 1 BGB versagt werden muss. L251

1. Untersuchungs-/Rügepflicht und Abnahmeverweigerung

Handelt es sich bei dem Kauf des Leasingfahrzeugs um ein beiderseitiges Handelsgeschäft, ist der Leasinggeber nach § 377 Abs. 1 HGB verpflichtet, das Fahrzeug zu untersuchen und Mängel unverzüglich zu rügen. Diese Verpflichtung greift auch dann ein, wenn ein Leasingnehmer das Fahrzeug entgegennimmt, der selbst kein Kaufmann ist.[124] Eine Verletzung der Untersuchungs- und Rügepflicht führt zum Verlust der davon betroffenen Mängelrechte. Garantieansprüche zB aus einer Haltbarkeitsgarantie werden aber nicht ausgeschlossen, da sie von § 377 HGB nicht erfasst werden.[125] L252

Ob die Verschärfungen des § 377 Abs. 1 HBG auch dann eingreifen, wenn der Leasinggeber in eine Bestellung einsteigt, die ein Verbraucher mit dem Lieferanten abgeschlossen hat, erscheint wegen der erforderlichen „Beidseitigkeit" zweifelhaft.[126] Bei der Vertragsübernahme ist die Sachlage insoweit eindeutig, als der Verbraucher dem Leasinggeber einen Vertrag überträgt, der nicht die für § 377 HGB erforderliche Qualifikation aufweist und die er auch nicht dadurch erlangt, dass auf Käuferseite der Leasinggeber an die Stelle des Verbrauchers tritt. L253

Liegen die Voraussetzungen eines beiderseitigen Handelsgeschäfts vor, muss der Leasinggeber dafür Sorge tragen, dass die von § 377 Abs. 1 HGB vorgeschriebenen Untersuchungs- und Rügepflichten erfüllt werden. Im Geschäftsverkehr mit Unternehmern wird der Leasinggeber bereits weitgehend durch die Rechtsprechung abgesichert. Danach hat der Leasingnehmer die (vorvertragliche) Nebenpflicht, die Vollständigkeit und – soweit möglich – die Mängelfreiheit des Leasingobjekts zu überprüfen und das Ergebnis der Überprüfung dem Leasinggeber zu bestätigen, wenn die Gebrauchsüberlassung an den Leasingnehmer unmittelbar durch den Lieferanten erfolgt.[127] Solange nicht feststeht, dass diese Verhaltensregeln das Pflichtenspektrum des § 377 Abs. 1 HGB vollständig abdecken, bedarf es einer Regelung im Leasingvertrag, die dem Leasingnehmer die Aufgabe zuweist, die Untersuchungs- und Rügepflicht des § 377 HGB zu erfüllen.[128] AGB dieses Inhalts werden im Geschäftsverkehr zwischen Unternehmern als gänzlich unbedenklich angesehen.[129] L254

---

124 BGH 24. 1. 1990, NJW 1990, 1290.
125 *Graf von Westphalen*, Der Leasingvertrag, Kap. E Rn 7.
126 Bejahend BGH 24. 1. 1990, NJW 1990, 1290; a. A. *Staudinger/Stoffels*, Leasing Rn 176 ff.; *Hager*, AcP 190 (1990) 324, 348 ff. weitere Nachweise bei MüKo-BGB/*Koch* Rn 72 Fn 290.
127 BGH 20. 10. 2004, DAR 2005, 24.
128 *Graf von Westphalen*, Der Leasingvertrag, Kap. E Rn 6.
129 *Graf von Westphalen*, Der Leasingvertrag, Kap. E Rn 6.

L255 Im **Geschäftsverkehr mit Verbrauchern** befindet sich der Leasinggeber allerdings in einer misslichen Lage, da eine in Leasingbedingungen enthaltene Übertragung der Untersuchungs- und Rügeobliegenheit der Inhaltskontrolle nach § 305 ff. BGB nicht standhält, soweit sie sich nicht entsprechend § 309 Nr. 8 b ee auf offensichtliche und damit auch von § 536 b BGB erfasste Mängel beschränkt.[130] Auf der Vertragsebene zwischen Leasinggeber und Verbraucher würden allenfalls Individualabsprachen weiterhelfen, die im Massengeschäft aber untauglich sind. Infolgedessen werden Lösungsmodelle favorisiert, welche die Vertragsbeziehungen zwischen Leasinggeber und Lieferant betreffen. Der Leasinggeber sollte versuchen, mit dem Lieferanten einen **Ausschluss von § 377 HGB** zu vereinbaren.[131] Damit wäre nicht nur die Rügepflicht im Zusammenhang mit der Erstauslieferung des Leasingfahrzeugs eliminiert. Der Ausschluss würde sich auch auf Rügeobliegenheiten erstrecken, die den Leasinggeber als Käufer des Leasingfahrzeugs im Anschluss an eine Nachbesserung oder Ersatzlieferung treffen.

Von Seiten des Leasinggebers besteht keine vom Vertrag unabhängige **Produktbeobachtungspflicht** gegenüber dem Leasinggeber. Er muss den Leasingnehmer aber verständigen, wenn er von Produktmängeln Kenntnis erlangt.[132]

L256 Die Beurteilung der subjektiven Beschaffenheitskriterien des Leasingfahrzeugs iSv § 434 Abs. 1 S. 1 BGB ist anhand der zwischen Leasingnehmer und Lieferant getroffenen Absprachen vorzunehmen, wenn der Kaufentschluss von dem – der Leasingsache näher stehenden – Leasingnehmer gefasst worden ist, auf dessen Angaben sich der Leasinggeber verlassen hat.[133] Für die Bestimmung der üblichen Beschaffenheit iSv § 434 S. 2 Nr. 2 BGB ist der Maßstab eines Durchschnittskäufers zugrunde zu legen.

L257 Ist das vom Lieferanten zur Auslieferung bereitgestellte Fahrzeug mangelhaft, kann der Leasingnehmer die Abnahme des Fahrzeugs und die Unterzeichnung der Abnahmeerklärung verweigern.[134] Die Einrede des § 320 BGB ergibt sich aus dem Leasingvertrag, aufgrund dessen er Anspruch darauf besitzt, dass ihm der Leasinggeber eine mangelfreie Sache verschafft. Die Einrede des nicht erfüllten Vertrages steht aber auch dem Leasinggeber als Käufer des Fahrzeugs gegenüber dem Lieferanten zur Seite. Da der Leasingnehmer mit der Abnahme nicht nur die eigene Pflicht aus dem Leasingvertrag erfüllt, sondern gleichzeitig die des Leasinggebers aus dem Kaufvertrag, kann er sich auch auf dessen Einrederecht berufen.

L258 Verweigert der Leasingnehmer die Abnahme, ohne dass ihm ein Leistungsverweigerungsrecht zur Seite steht, haftet er dem Leasinggeber unter den Voraussetzungen der §§ 280, 281 BGB auf **Schadensersatz**.[135] Der Leasinggeber kann den Schaden konkret berechnen oder pauschal geltend machen. Eine Pauschalierung setzt eine wirksame Regelung im Leasingvertrag voraus. Sie muss dem nach dem gewöhnlichen Lauf der Dinge zu erwartenden Schaden entsprechen (§ 309 Nr. 5 a BGB). In Kfz-Leasingverträgen beträgt der übliche Pauschalsatz 15 % des Fahrzeugpreises (Abschn. VII. Nr. 2 VDA-Muster-Leasing-AGB). Dieser Prozentsatz entspricht der Pauschale, die der Leasinggeber dem Lieferanten im Falle der Nichterfüllung eines Kaufvertrages über ein Neufahrzeug schuldet (Rn 161).

---

130 MüKo/*Koch*, Leasing, Rn 73 mwN.
131 *Wolf/Eckert/Ball*, Rn 1881; MüKo-BGB/*Koch*, Leasing Rn 73; nach Ansicht von *Staudinger/Stoffels*, Leasing Rn 181 mwN soll § 377 HGB im Wege der teleologischen Reduktion keine Anwendung finden, wenn der Leasingnehmer Nichtkaufmann ist und der Lieferant sich in Kenntnis dessen auf das Leasinggeschäft einlässt.
132 *Soergel/Heintzmann*, vor § 353 Rn 53.
133 *Möller in Bamberger/Roth*, § 500 Rn 34; *Beckmann*, § 3 Rn 96.
134 LG Köln, 8. 1. 1991 – 3 O 402/89 – n. v.
135 OLG Hamm 11. 1. 1999, ZfS 1999, 240 zum Anspruch des Leasinggebers auf Ersatz der Prozesskosten, entstanden durch einen Rechtsstreit gegen den Lieferanten in mehreren Instanzen.

2. Gutgläubiger Erwerb

Eine Leasinggesellschaft handelt noch nicht unbedingt grob fahrlässig iSv § 932 Abs. 2 BGB, wenn ihr beim Kauf eines Neufahrzeugs von einem autorisierten und als zuverlässig bekannten Kraftfahrzeughändler nicht sogleich die Kfz-Papiere übergeben werden, weil diese erst noch ausgefertigt werden müssen.[136] Die Berufung des Leasinggebers auf einen gutgläubigern Erwerb scheitert jedoch, wenn es sich um ein hochwertiges fabrikneues Fahrzeug handelt und der Leasinggeber aufgrund zahlreicher einschlägiger Geschäfte weiß oder wissen müsste, dass sich der Hersteller das Eigentum bis zur vollständigen Bezahlung vorbehält und deshalb die Verfügungsbefugnis des Händlers entsprechend einschränkt, indem er den Kraftfahrzeugbrief zur Verhinderung eines gutgläubigen Erwerbs zurückhält und diesen zum Zwecke des Dokumenteninkassos einem Treuhänder überlässt.[137] Beim Kauf eines gebrauchten Fahrzeugs wird der gute Glaube an das Eigentum bzw. die Verfügungsbefugnis des Händlers im Regelfall nur geschützt, wenn sich der Leasinggeber zumindest den Kfz-Brief vorlegen lässt. Leasinggesellschaften ist daher anzuraten, die Zahlung des Kaufpreises grundsätzlich erst nach Eingang der Fahrzeugdokumente (Kfz-Brief oder Zulassungsbescheinigung II) anzuweisen.

L259

Ein gutgläubiger Eigentumserwerb findet nicht statt, wenn Leasingnehmer und Lieferant dem Leasinggeber einen Kaufvertrag über ein Fahrzeug vortäuschen, das im Eigentum eines anderen steht oder überhaupt nicht existiert. Bei einem Eigentumserwerb nach § 929 S. 2 BGB kann allerdings für einen gutgläubigen Erwerb des Leasinggebers bis zur Widerlegung die Eigentumsvermutung nach § 1006 Abs. 2 und 3 BGB zugunsten des Lieferanten als des früheren Besitzers sprechen.[138]

L260

3. Übernahmebestätigung

Bei der Übernahmebestätigung des Leasingnehmers über den Erhalt des Fahrzeugs handelt es sich um eine **Quittung** im Sinne des § 368 BGB, mit der der Leasingnehmer dem Leasinggeber die Auslieferung des Fahrzeugs bestätigt. Unterschreibt der Leasingnehmer eine Empfangsquittung vor Erhalt des Leasingfahrzeugs, schließt dieser Umstand deren Beweiswert als Quittung nicht aus.[139] Als Schuldner der Gebrauchsüberlassung besitzt der Leasinggeber Anspruch auf Erteilung der Empfangsquittung mit einem von ihm vorgegebenen Wortlaut nur unter der Voraussetzung, dass er daran ein besonderes rechtliches Interesse hat. Daran fehlt es, wenn der Leasingnehmer die Quittung mit einem Inhalt erteilt, der dem vom Leasinggeber verlangten Testat inhaltlich entspricht.[140]

L261

Die Übernahmebestätigung ist schriftlich zu erteilen und bewirkt, dass der Leasingnehmer die Unrichtigkeit seiner Erklärung gem. § 363 BGB beweisen muss, wenn er gegenüber dem Zahlungsanspruch des Leasinggebers einwendet, die Auslieferung des Fahrzeuges sei in Wahrheit nicht erfolgt. Sie besagt aber nicht, dass der Leasingnehmer die Leasingsache als vertragsgemäß und fehlerfrei anerkennt, noch beinhaltet sie einen Verzicht auf Einwendungen wegen mangelhafter oder unvollständiger Lieferung.[141]

L262

Beim Kfz-Leasing werden vorformulierte Übernahmebestätigungen verwendet, mit deren Unterzeichnung der Leasingnehmer außer der Abnahme zugleich bestätigt, dass das

L263

---

136 BGH 30. 10. 1995, NJW 1996, 314.
137 BGH 9. 2. 2005, NJW 2005, 1365, 1366.
138 Beckmann, § 10 Rn 26 mwN.
139 OLG München 10. 1. 1992, NJW-RR 1993, 123.
140 BGH 17. 2. 1993, DAR 1993, 177; 10. 10. 1994, WM 1995, 111.
141 BGH 1. 7. 1987, NJW 1988, 204; 17. 2. 1993, 1993, 1381, 1383; BGH 20. 10. 2004, DAR 2005, 24; MüKo-BGB/*Koch*, Leasing, Rn 67 mwN.

Fahrzeug einwandfrei beschaffen und mangelfrei ist.[142] Es überwiegt die Auffassung, dass derart weitgefasste Empfangsklauselen, sowohl gegenüber einem Verbraucher-Leasingnehmer nach § 312 b BGB[143] als auch gegenüber einem Leasingnehmer mit Unternehmerstatus nach § 307 Abs. 2 Nr. 1 BGB als unwirksam einzustufen sind.[144] Sie wird lediglich als eine Bestätigung der Vollständigkeit der Lieferung angesehen. Um nicht Gefahr zu laufen, dass die Empfangsbestätigung insgesamt ungültig ist, empfiehlt *Beckmann*, die Übernahmebestätigung in zwei selbstständige Klauseln aufzuteilen.[145]

L264 Ob eine isolierte Verpflichtung des Leasingnehmers, das Fahrzeug bei der Abnahme im Hinblick auf Funktionsfähigkeit und Mängelfreiheit zu überprüfen und das Ergebnis in die Abnahmebestätigung aufzunehmen, der Inhaltskontrolle nach § 307 Abs. 2 Nr. 1 BGB standhält, ist umstritten. *Graf von Westphalen*[146] hält eine solche Klausel für unwirksam, da sie dem Leasingnehmer eine Erklärung zu einem Zeitpunkt abverlangt, in dem er noch nicht die Möglichkeit besitzt, die nach § 377 HGB erforderliche Untersuchung vorzunehmen. Dieser Argumentation ist entgegen zu halten, dass die dem Leasingnehmer abverlangte Überprüfung der Leasingsache zum Zeitpunkt der Abnahme mit der späteren im kaufmännischen Geschäftsverkehr erforderlichen Untersuchung nach § 377 HBG nicht deckungsgleich ist. Es besteht durchaus eine **leasingspezifische Interessenlage**, die es erfordert, dass der Leasingnehmer die Leasingsache schon bei der Abnahme zumindest daraufhin überprüft, ob sie vertragsgemäß, gebrauchstauglich und frei von erkennbaren Mängeln ist. Sie ist vor allem dadurch gekennzeichnet, dass die Gebrauchsverschaffung die Voraussetzung für den Vollzug des Leasingvertrages darstellt. Hinzu kommt, dass die Leasingsache regelmäßig vom Leasingnehmer in Empfang genommen wird, der in dieser entscheidenden Phase der Vertragserfüllung die Aufgaben des Leasinggebers wahrnimmt. Da der Leasingnehmer die Leasingsache seinen Bedürfnissen entsprechend ausgesucht hat, befindet er sich in einer käuferähnlichen Stellung, die ihn in die Lage versetzt, die vertragsgemäße Beschaffenheit und Gebrauchstauglichkeit der Leasingsache im Hinblick auf den mit dem Leasingvertrag angestrebten Zweck zuverlässig zu beurteilen. Alle diese Besonderheiten rechtfertigen es, dem Kfz- Leasingnehmer eine diesbezügliche Untersuchungs- und Unterrichtungspflicht in AGB zuzuweisen und diese auch auf dem Leasingnehmer bekannte Mängel zu erstrecken (§ 536 b S. 3 BGB), damit der Leasinggeber seiner Rügepflicht nachkommen kann.

L265 Da der Leasingnehmer für den Leasinggeber als Erfüllungsgehilfe und nicht als Vertreter tätig wird, stellt die vom Leasingnehmer unterzeichnete Übernahmebestätigung in Bezug auf den Kaufvertrag zwischen Leasinggeber und Händler **keine Anerkennung** oder Genehmigung der Leistung als fehlerfrei dar.[147] Für den Leasinggeber ist der Erhalt der Übernahmebestätigung Voraussetzung für die Kaufpreiszahlung an den Lieferanten. Er kann die Zahlung allerdings verweigern, wenn der Lieferant ein mangelhaftes Fahrzeug übergeben hat. Die Abtretung der Sachmängelansprüche an den Leasingnehmer steht dem nicht entgegen, da sie die Einrede des § 320 BGB nicht beinhaltet.[148]

L266 Zu der Frage, ob die Abnahmebestätigung des Leasingnehmers auch als **Quittung über die Auslieferung** der Leasingsache anzusehen ist, auf die sich der Lieferant gegenüber dem Leasinggeber in einem auf Kaufpreiszahlung gerichteten Prozessverfahren berufen kann,

---

142 So auch im Falle des BGH 20. 10. 2004, DAR 2005, 24; dazu EWiR 2/05 § 535, S. 109 (*Moseschus*).
143 *Beckmann*, § 3 Rn 52 mwN
144 *Graf von Westphalen*, Der Leasingvertrag, Kap. E Rn 16.
145 *Beckmann*, § 3 Rn 57.
146 *Graf von Westphalen*, Der Leasingvertrag, Kap. E Rn 18.
147 BGH 27. 6. 1990, NJW-RR 1990, 1462.
148 BGH 1. 10. 1994, WM 1995, 111.

liegt noch keine höchstrichterliche Entscheidung vor. Dafür spricht die Tatsache, dass der Leasinggeber mit dem Lieferanten regelmäßig dessen Vorleistungspflicht vereinbart und die Fälligkeit der Kaufpreiszahlung von dem Eingang der Übernahmebestätigung abhängig macht. Nach Ansicht von *Beckmann*[149] muss sich der Leasinggeber die Übernahmebestätigung des Leasingnehmers zumindest nach Treu und Glauben entgegen halten lassen, wenn er den Erhalt des Fahrzeugs bestreitet. In Anbetracht der unklaren Rechtslage empfiehlt *Beckmann*[150] dem Lieferanten, sich vom Leasingnehmer den Empfang der Ware ausdrücklich bestätigen zu lassen.

Eine Klausel, die für den Fall der Erteilung einer unrichtigen Übernahmebestätigung eine unbedingte Ratenzahlungspflicht begründet, benachteiligt den Leasingnehmer unangemessen und entfaltet wegen Verstoßes gegen § 307 Abs. 1 S. 1 BGB keine Wirksamkeit.[151]   L267

Quittiert der Leasingnehmer eine Übernahmebestätigung, obwohl der Händler die Lieferung nicht oder nicht vollständig erbracht hat, wird zwar seine Verpflichtung zur Zahlung des Leasingentgeltes hierdurch nicht begründet, wohl aber macht er sich gegenüber dem Leasinggeber schadensersatzpflichtig.[152] Er haftet dem Leasinggeber für den Schaden, den dieser dadurch erleidet, dass er sich seines Zurückbehaltungsrechts begeben hat und den Kaufpreis nach Rückgängigmachung des Kaufvertrages vom Lieferanten nicht zurückerhält, weil dieser inzwischen zahlungsunfähig geworden ist. Der Leasinggeber ist nicht verpflichtet, dem Leasingnehmer die Kosten des Rücktrittsprozesses zu ersetzen.[153]   L268

Dem Leasingnehmer ist es verwehrt, die Leasingraten einzubehalten, wenn der Lieferant seine Hauptleistungspflicht **nur teilweise erfüllt** hat, das Leasingobjekt aber gleichwohl benutzbar ist (Fehlen des Benutzerhandbuches zur Computer-Hardware).[154] Seine Verpflichtung zur Zahlung der Leasingraten in (zunächst) voller Höhe bleibt auch dann bestehen, wenn er sich mit dem Leasinggeber auf den Beginn der Vertragslaufzeit in Kenntnis dessen geeinigt hat, dass die Lieferung noch nicht vollständig erfolgt ist und eine Nachlieferung erfolgen soll. Dem Leasingnehmer wird jedoch die Einrede des § 320 BGB von dem Zeitpunkt an zugebilligt, in dem die Nachlieferung ausbleibt.[155] Es handelt sich um die Einrede wegen (teilweiser) Nichterfüllung und nicht um die Einrede wegen Schlechterfüllung, die beim Leasinggeber verbleibt.[156]   L269

Die Bestätigung der Übernahme ist eine Pflicht, die allein der Leasingnehmer zu erfüllen hat. Infolgedessen wird der bei der Übernahmebestätigung mitwirkende Lieferant nicht als Erfüllungshilfe des Leasinggebers tätig. Da eine Wissenszurechnung nicht stattfindet, kann sich der Leasingnehmer gegenüber dem Leasinggeber nicht darauf berufen, der Lieferant habe gewusst oder wissen müssen, dass die Bestätigung nicht den Tatsachen entsprach.[157]   L270

Im Falle eines **betrügerischen Zusammenwirkens** zwischen Leasingnehmer und Händler haften beide dem Leasinggeber als Gesamtschuldner auf **Schadensersatz**. Für eine gesamtschuldnerische Haftung bedarf es nach einer Entscheidung des OLG Düsseldorf[158] nicht eines Zusammenwirkens zum Nachteil des Leasinggebers, vielmehr soll es ge-   L271

---

149 Finanzierungsleasing, § 3 Rn 62.
150 Finanzierungsleasing, § 3 Rn 66.
151 BGH 1. 7. 1987, NJW 1988, 204 ff.
152 BGH 1. 7. 1987, NJW 1988, 204 ff.; a. A. OLG Düsseldorf 2. 12. 2003, OLGR 2004, 267; 3. 2. 2004 OLGR 2004, 329.
153 BGH 20. 10. 2004, DAR 2005, 24; OLG Düsseldorf 12. 6. 1996 BB 1997, 544.
154 BGH 5. 7. 1989, ZIP 1989, 1333.
155 BGH 29. 5. 1991, NJW 1991, 2135.
156 *Reinicke/Tiedtke*, Kaufrecht, Rn 1802.
157 BGH 20. 10. 2004, DAR 2005, 24; dazu EWiR 2/05 § 535, S. 109 (*Moseschus*); a. A. OLG Bremen 17. 1. 1989, ZIP 1989, 579; *Eckert*, ZIP 1987, 1510 ff.
158 Urt. v. 22. 2. 1990, NJW-RR 1990, 666.

nügen, dass der Leasingnehmer gleichzeitig mit der Unterzeichnung des Leasingvertrages wahrheitswidrig erklärt hat, den Leasinggegenstand erhalten zu haben. Insbesondere in Fällen, in denen der Leasingnehmer den Lieferanten selbst ausgewählt oder schon vorher mit ihm geschäftlich in Kontakt gestanden hat, ist davon auszugehen, dass der Lieferant den Aufgaben- und Pflichtenkreis des Leasinggebers verlässt, wenn er sich vom Leasingnehmer wahrheitswidrig bestätigen lässt, er habe die Leasingsache vollständig und in einem einwandfreien Zustand erhalten.[159] Selbst wenn die Mitwirkung des Lieferanten bei Anfertigung der Übernahmebestätigung dem Leasinggeber über § 278 BGB zuzurechnen wäre, würde nach Meinung des OLG Düsseldorf[160] die gebotene Verschuldensabwägung zur vollen Haftung des Leasingnehmers führen.

L272 Ein zusammen mit dem Lieferanten gesamtschuldnerisch haftender Leasingnehmer kann verlangen, dass die Zahlung Zug um Zug gegen Abtretung der dem Leasinggeber gegen den Lieferanten zustehenden Erstattungsansprüche in Höhe des zu Unrecht gezahlten Kaufpreises zu erfolgen hat, wodurch sichergestellt wird, dass der Leasinggeber den ihm entstandenen Schaden nicht doppelt bekommt.

VIII. Unmöglichkeit

L273 Die nachfolgenden Ausführungen stehen unter der Prämisse, dass der Leasinggeber seine Lieferansprüche aus dem Kaufvertrag und damit einhergehende Rechte wegen Nichterfüllung und Verzugs nicht im Rahmen einer sog. „**radikalen Abtretungskonstruktion**"[161] auf den Leasingnehmer übertragen hat, da derartige Regelungen beim Kfz-Leasing unüblich und nach hier vertretener Ansicht unzulässig sind (Rn L72ff.). Andernfalls würde die Geltendmachung von Ansprüchen infolge von Leistungsstörungen gegenüber dem Lieferanten in den Aufgabenbereich des Leasingnehmers fallen, wobei das Risiko der Durchsetzbarkeit – wie bei den Sachmängelansprüchen – beim Leasinggeber verbliebe.[162] Über die Abtretungskonstruktion könnte der Leasingnehmer auch den Ersatz seines Eigenschadens gegenüber dem Lieferanten geltend machen,[163] so dass insoweit keine Haftungslücke entstünde.

L274 Die **Zahlungspflicht** des Leasingnehmers wird grundsätzlich erst mit der Gebrauchsüberlassung fällig.[164] Vorher besteht aufgrund der synallagmatischen Verknüpfung von Überlassungs- und Zahlungspflicht weder ein Anspruch des Leasinggebers auf die Gegenleistung noch ein Anspruch auf **Aufwendungsersatz**.[165] Der Tatbestand der Gebrauchsüberlassung ist beim Kfz-Leasing mit der Übergabe des Fahrzeugs an den Leasingnehmer erfüllt.

Mit dem Übergabezeitpunkt beginnt im Regelfall die Laufzeit des Leasingvertrages. Unter bestimmten Voraussetzungen wird der Leasingvertrag schon mit der Zulassung des Fahrzeugs oder 14 Tage nach Anzeige der Bereitstellung des Fahrzeugs in Vollzug gesetzt (Abschn. III. S. 2 VDA-Muster-Leasing-AGB). Die Gefahr für den Leasingnehmer, trotz Unmöglichkeit der Lieferung zur Zahlung des Leasingentgelts herangezogen zu werden, ist damit sowohl kraft Gesetzes als auch aufgrund vertraglicher Regelung weitestgehend ausgeschlossen. Sie besteht nur in den genannten Ausnahmefällen, wenn das Fahrzeug

---

159 OLG Düsseldorf 2. 12. 2003, OLGR 2004, 267; 3. 2. 2004 OLGR 2004,329.
160 OLG Düsseldorf 2. 12. 2003, OLGR 2004, 270; 3. 2. 2004 OLGR 2004,329,330.
161 *Beckmann* in *Martinek/Stoffels/Wimmer-Leonhardt*, § 23 Rn 2.
162 *Graf von Westphalen*, Der Leasingvertrag, Kap. G Rn 27.
163 MüKo-BGB/*Koch*, Leasing Rn 79.
164 *Wolf/Eckert/Ball*, Rn 1794.
165 MüKo-BGB/*Koch*, Leasing Rn 74.

Unmöglichkeit

vor Übergabe aber nach Zulassung oder Anzeige der Bereitstellung beim Lieferanten untergeht.

Die sich aus der Nichterfüllung des Kaufvertrages für den Leasingvertrag ergebenden **L275** Rechtsfolgen hängen von dem **Pflichtenumfang** des Leasinggebers ab, der nach heute überwiegend vertretener Ansicht die Pflicht zur Gebrauchsüberlassung beinhaltet. Wer dies in Abrede stellt, wird auf die Lösungsgrundsätze zurückgreifen müssen, die die Rechtsprechung zum Fehlen der Geschäftsgrundlage[166] im Zusammenhang mit der gewährleistungsrechtlichen Abtretungskonstruktion entwickelt hat (Rn L373). Dies würde bedeuten, dass der Leasingnehmer vom Leasinggeber die Aufhebung und Rückabwicklung des Leasingvertrages (Rücktrittsmodell) verlangen kann, wenn feststeht, dass die Erfüllung des Kaufvertrages unmöglich ist.

Wer mit der im Schrifttum überwiegend vertretenen Meinung die Gebrauchsüberlassung der **Hauptleistungspflicht**[167] des Leasinggebers zuordnet, benötigt nicht die aus dem Sachmängelrecht abgeleitete Hilfskonstruktion des BGH. Er kann sich der Rechtsbehelfe des allgemeinen Schuldrechts und des Mietrechts bedienen, die zu den gleichen Resultaten führen. Danach entfällt die vertragliche Verpflichtung des Leasingnehmers zur Zahlung der Leasingraten gem. § 326 Abs. 1 BGB, wenn feststeht, dass dem Leasinggeber die Erfüllung der aus dem Leasingvertrag erwachsenden Pflicht zur Gebrauchsüberlassung unmöglich ist (zB wegen Produktionseinstellung). Vom Leasingnehmer bereits geleistete Zahlungen sind nach §§ 326 Abs. 4, 346 ff. BGB vom Leasinggeber zu erstatten. Der Leasingnehmer kann ohne vorhergehende Fristsetzung gem. § 326 Abs. 5 BGB vom Leasingvertrag zurücktreten.

Nach der Rechtsprechung des BGH steht dem Leasingnehmer in Fällen der Nichtleistung **L276** wegen anfänglicher oder nachträglicher Unmöglichkeit außerdem ein **fristloses Kündigungsrecht** nach § 543 Abs. 2 S. 1 Nr. 1 BGB zur Seite.[168] Das Setzen einer Frist zur Abhilfe ist in Fällen der Unmöglichkeit entbehrlich, da sie keinen Erfolg mehr versprechen würde.[169] So lange aber nicht feststeht, dass eine Unmöglichkeit wirklich vorliegt und nicht auszuschließen ist, dass sich der Lieferant mit der Lieferung nur in Verzug befindet, ist eine Fristsetzung unbedingt anzuraten. Nach einer Entscheidung des OLG München[170] kann eine Geltendmachung der Rechte aus §§ 320 ff. BGB nicht in eine Kündigung nach § 543 BGB umgedeutet werden.

Liegen die Umstände, die zur Nichterfüllung des Leasingvertrages führen, nicht im Verantwortungsbereich des Leasinggebers, steht dem Leasingnehmer kein Schadensersatzanspruch zu.[171] Falls der Leasinggeber die Unmöglichkeit der Gebrauchsüberlassung zu vertreten hat, haftet er dem Leasingnehmer bei anfänglicher Unmöglichkeit gem. §§ 311 a Abs. 2, 241 Abs. 2, 280 BGB und bei nachträglicher Unmöglichkeit gem. §§ 280 Abs. 1, 3, 283 BGB auf Schadensersatz. Diese Ansprüche spiegeln sich auf der kaufrechtlichen Ebene zwischen dem Leasinggeber und seinem Lieferanten ebenso wider wie in der Kette der Vorlieferanten bis hin zum Hersteller/Importeur.

Im Falle einer **teilweisen Nichterfüllung** (zB Lieferung des Fahrzeugs ohne Anbringung **L277** der mitbestellten Anhängerkupplung) und einer **Teilleistung** (zB Lieferung von 20 statt der

---

166 ZB BGH 9. 10. 1985, NJW 1986,179; 30. 7. 1997, ZIP 1997, 1703; *Erman/Jendrek*, Anh. § 535 Rn 25.
167 *Wolf/Eckert/Ball*, Rn 1794; *Beckmann*, § 2 Rn 31; MüKo/*Koch*, Leasing, Rn 74; *Graf von Westphalen*, Der Leasingvertrag, Kap. G Rn 9.
168 Urt. v. 7. 10. 1992, NJW 1993, 122, 123.
169 *Roland M. Beckmann* in *Martinek/Stoffels/Wimmer-Leonhardt*, § 22 Rn 39; a. A. *Graf von Westphalen*, Der Leasingvertrag, Kap. G, Rn 10.
170 Urt. v. 13. 1. 1995, NJW-RR 1996, 48.
171 *Ehlert* in *Bamberger/Roth*, § 535 Rn 68.

bestellten 30 Firmenfahrzeuge) steht dem Leasingnehmer die Einrede des § 320 BGB zur Seite, soweit nicht das Leistungsverweigerungsrecht wegen Geringfügigkeit ausgeschlossen ist.[172] In beiden Fällen kann der Leasingnehmer entweder vom Leasingvertrag zurücktreten oder von dem außerordentlichen Kündigungsrecht des § 543 Abs. 2 S. 1 Nr. 1 BGB Gebrauch machen. Der Kündigungsgrund für § 543 Abs. 2 S. 1 Nr. 1 BGB besteht in der teilweisen Nichtgewährung des Gebrauchs. Der Rücktritt ist an die Voraussetzung geknüpft, dass der Leasingnehmer an der unvollständigen Leistung/Teilleistung kein Interesse hat.[173]

L278 Von seiner Gebrauchsverschaffungspflicht kann sich der Leasinggeber durch AGB grundsätzlich nicht freizeichnen.[174]

L279 Eine rechtskräftig abgewiesene Klage auf Rückgängigmachung des Kaufvertrages wegen eines Fehlers der Kaufsache steht einer außerordentlichen Kündigung des Leasingvertrages wegen Vorenthaltung des vertragsgemäßen Gebrauchs der Leasingsache wegen **unvollständiger Lieferung** nicht entgegen.[175] Durch die Rechtskraft des Urteils wird der Leasingnehmer nur mit seinen gegen den Leasinggeber gerichteten Mängelansprüchen ausgeschlossen, jedoch verbleibt ihm in Bezug auf den Leasingvertrag das mietvertragliche Kündigungsrecht des § 543 Abs. 2 S. 1 Nr. 1 BGB, soweit die Nichtgewährung des vertragsgemäßen Gebrauchs nicht auf einer Mangelhaftigkeit der Leasingsache, sondern auf deren unvollständiger Verschaffung beruht.

IX. Verzug

L280 Verzögert sich die Lieferung des Fahrzeugs, kann der Leasingnehmer dem Zahlungsbegehren des Leasinggebers mit der Einrede des nicht erfüllten Vertrages begegnen. Die gleichen Rechte stehen ihm bei einer teilweisen Nichterfüllung zur Seite. Das Leistungsverweigerungsrecht darf den Wert der noch zu erbringenden Teilleistung idR nicht übersteigen, wenn sie von geringfügiger Bedeutung ist.[176]

L281 Sofern ein Fixgeschäft vorliegt, wird das Leasingentgelt gem. § 326 Abs. 1 S. 1 Halbsatz 2 BGB entsprechend der verkürzten Laufzeit gemindert.[177]

L282 Unter den Voraussetzungen von §§ 280, 286 BGB kann der Leasingnehmer neben dem fortbestehenden Erfüllungsanspruch Schadensersatz wegen Verzögerung der Leistung verlangen. Typische Verzugsschäden sind ein entgangener Gewinn, Nutzungsausfall, Vorhalte- und Mietwagenkosten.

L283 Im Fall des endgültigen Ausbleibens der ganzen Leistung oder eines nicht unbedeutenden Teils der Leistung ist der Leasingnehmer berechtigt, gem. §§ 323, 326 BGB vom Vertrag zurückzutreten und/oder Schadensersatz statt und neben der Leistung zu verlangen.[178] Weiterhin hat er die Möglichkeit, den Leasingvertrag nach vorhergehender erfolgloser Abmahnung gem. § 543 BGB wegen Nichtverschaffung des Gebrauchs fristlos zu kündigen oder eine Rückgängigmachung des Leasingvertrages wegen Fehlens der Geschäftsgrundlage zu verlangen (Rn L275).[179]

L284 Eine formularmäßige Haftungsfreizeichnung des Leasinggebers für nicht vollständige bzw. nicht rechtzeitige Gebrauchsverschaffung entfaltet wegen Verstoßes gegen § 307

---

172 *Roland M. Beckmann* in *Martinek/Stoffels/Wimmer-Leonhardt*, § 22 Rn 32, 48.
173 *Roland M. Beckmann* in *Martinek/Stoffels/Wimmer-Leonhardt*, § 22 Rn 50.
174 *Graf von Westphalen*, Der Leasingvertrag, Kap. G Rn 21, 22.
175 BGH 7. 10. 1993, ZIP 1993, 130 ff.
176 BGH 5. 7. 1989, NJW 1989, 3222, 3224; *Wolf/Eckert/Ball*, Rn 1804.
177 MüKo-BGB/*Koch*, Leasing, Rn 75.
178 *Wolf/Eckert/Ball*, Rn 1804; *Erman/Jendrek*, Anh. § 535 Rn 26.
179 *Roland M. Beckmann* in *Martinek/Stoffels/Wimmer-Leonhardt*, § 22 Rn 32.

Abs. 1 S. 1 BGB keine Wirksamkeit.[180] Außerdem stehen ihr die Klauselverbote des § 309 Nr. 7 b und 8 BGB entgegen, die auch im Geschäftsverkehr mit Unternehmern zu beachten sind.[181]

In Abschn. VI. VDA-Muster-Leasing-AGB sind die Rechtsfolgen des **Lieferverzugs** L285 den NWVB nachgebildet. Hier wie da wird zwischen verbindlichen und unverbindlichen Lieferfristen / Lieferterminen differenziert und der anderen Vertragspartei eine sanktionslose Lieferfristüberschreitung von 6 Wochen bei unverbindlicher Lieferfristvereinbarung zugemutet. Auch die Haftungsbegrenzungen sind die gleichen wie in Abschn. IV. NWVB; die Haftung des Leasinggebers für leichte Fahrlässigkeit wird auf 5 % des Kaufpreises für den Verzugsschaden und auf 25 % des Kaufpreises für den Nichterfüllungsschaden begrenzt. Die vom Schrifttum vorgebrachten Bedenken[182] gegen die Regelungen der NWVB zum Lieferverzug wurden in der VDA-Empfehlung nicht berücksichtigt, weshalb sie sich der gleichen Kritik stellen muss. Außerdem fehlen die Einschränkungen von § 309 Nr. 7 a BGB für Verletzungen des Lebens, Körpers und der Gesundheit, die bei Nichtlieferung zwar fernliegend aber nicht gänzlich auszuschließen sind sowie die Einschränkungen von § 309 Nr. 7 b BGB für grobes Verschulden. Da sich die Ausnahmeregelungen von § 309 Nr. 7 und Nr. 8 BGB auf Pflichtverletzungen schlechthin beziehen, ist davon auszugehen, dass sie auch bei Lieferverzögerungen zu beachten sind.[183]

Scheitert der Finanzierungsleasingvertrag, weil der Händler das Auto nicht liefert, hat L286 der Leasinggeber gegen den Leasingnehmer keinen Anspruch auf Erstattung einer Bereitstellungsprovision oder einer Nichtabnahmeentschädigung, die er der refinanzierenden Bank schuldet.[184] AGB eines Leasingvertrages, die den Leasingnehmer zum Ersatz der Aufwendungen des Leasinggebers verpflichten, führen zu einer schwerwiegenden Äquivalenzstörung der beiderseitigen Leistungen und sind wegen Verstoßes gegen § 307 Abs. 2 Nr. 1 BGB unwirksam.[185]

X. Leasingentgelt

Das Leasingentgelt besteht in erster Linie aus den **Leasingraten**, die der Leasingnehmer L287 in der unkündbaren Vertragszeit an den Leasinggeber zu entrichten hat. Dabei handelt es sich um **betagte Forderungen**,[186] die nachträglichen Verfügungen des Leasinggebers entzogen[187] und damit refinanzierbar sind. Anzahl und Höhe der Raten unterliegen der freien Disposition der Parteien des Leasingvertrages. Aus steuerlichen Gründen sollten jedoch die Vorgaben des Mobilien-Leasingerlasses vom 22. 12. 1975[188] beachtet werden. Der Höhe nach sind die Raten beim Kfz-Leasing gleichbleibend und weder degressiv noch progressiv gestaffelt.[189]

Sonderzahlungen (Rn L298) gehören ebenfalls zum Leasingentgelt, sofern sie nicht zur Tilgung des Kaufpreises verwendet werden und das Finanzierungsvolumen von vorn-

---

180 LG Mannheim 8. 10.1984, BB 1985, 144; MüKo/*Koch*, Leasing, Rn 78 mwN; *Graf von Westphalen*, Der Leasingvertrag, Kap. G Rn 30.
181 MüKo-BGB/*Koch*, Leasing, Rn 78.
182 *Graf von Westphalen*, ZGS 2002, 214, *Pfeiffer*, ZGS 2002,175; *Müller-Sarnowski*, DAR 2004, 608, 609; *Roland M. Beckmann* in *Martinek/Stoffels/Wimmer-Leonhardt*, § 22 Rn 41.
183 *Roland M. Beckmann* in *Martinek/Stoffels/Wimmer-Leonhardt*, § 22 Rn 53.
184 BGH 9. 10. 1985, NJW 1986, 179.
185 BGH 9. 10. 1985, NJW 1986, 179.
186 BGH 28. 3. 1990, NJW 1990, 1785, 1788; 3. 6. 1992, NJW 1992, 2150, 2151.
187 *Stoffels* in *Martinek/Stoffels/Wimmer-Leonhardt*, § 16 Rn 2.
188 Anhang, Anlage 4; BB 1976, 72.
189 Dazu *Bordewin/Tonner*, Rn 118 ff.

herein entsprechend vermindern. Hinzu kommen **Ausgleichszahlungen**, die der Leasingnehmer am Vertragsende als Abschlusszahlung beim kündbaren Vertrag, als Restwertausgleich beim Vertrag mit Übernahme des Restwertrisikos und als Kaufpreis beim Vertrag mit Andienungsrecht zu erbringen hat.

L288 **Nebenleistungen** zB für die Überführung, An- und Abmeldung des Fahrzeugs, Aufwendungen für Versicherung und Steuern sind gesondert zu bezahlen, soweit sie nicht Bestandteil des Leasingvertrages sind (Abschn. IV. Nr. 4 VDA-Muster-Leasing-AGB).

L289 Zu den **Kalkulationsfaktoren**, auf deren Basis das Leasingentgelt berechnet wird, gehören der Anschaffungspreis und der kalkulierte Restwert, die Kosten der Refinanzierung, die Verwaltungskosten für Anbahnung, Überwachung und Beendigung des Vertrages, die Steuern, der Risikozuschlag und der Gewinn.[190]

Der in der unkündbaren Vertragszeit eintretende kalkulierte Wertverlust des Fahrzeugs entspricht der Differenz zwischen dem Neuanschaffungspreis und dem geschätzten Restwert. Die **Refinanzierungskosten** beinhalten Zins- und Tilgungsanteile. Da der kalkulierte Restwert nicht getilgt wird, sind die hierauf berechneten Refinanzierungszinsen bis zum Vertragsende in voller Höhe zu entrichten. Die Höhe des Refinanzierungszinses ist für die Abzinsung der Leasingraten im Falle einer vorzeitigen Vertragsbeendigung von Bedeutung. Der **Vertragszins** des Leasingvertrages beinhaltet außer dem Refinanzierungszins die Nichtfinanzierungskosten, bestehend aus den Verwaltungskosten und dem Gewinn des Leasinggebers. Die Differenz zwischen dem Refinanzierungszins und dem regelmäßig darüber liegenden Vertragszins gibt Auskunft über die Höhe der **Nichtfinanzierungskosten**.

L290 Die Leasingrate, in Prozent zum Neuanschaffungspreis ausgedrückt, wird als Leasingfaktor bezeichnet.

Die mathematische Formel lautet:

$$\text{Leasingfaktor} = \frac{\text{Rate} \times 100}{\text{Neuanschaffungspreis}}$$

Der Leasingfaktor macht Leasingangebote mit **gleicher Laufzeit** vergleichbar.

1. Zahlungsort, Fälligkeit und Verzug

L291 Sofern die Parteien nichts anderes vereinbart haben, ist **Erfüllungsort** für die Zahlung des Leasingentgelts der Wohn- bzw. Betriebssitz des Leasingnehmers bei Abschluss des Leasingvertrages.[191]

L292 Kfz-Leasingverträge sehen üblicherweise vor, dass die Leasingraten jeweils im Voraus zum Monatsersten oder spätestens bis zum dritten Werktag zu entrichten sind. Die erste Rate und die vereinbarte Sonderzahlung sind entweder bei Vertragsbeginn oder bei Übernahme des Fahrzeugs oder spätestens 2 Wochen nach Anzeige der Bereitstellung des Fahrzeugs zu leisten.

L293 Da für die Zahlung der Leasingraten eine Zeit nach dem Kalender bestimmt ist, bedarf es zur Herbeiführung des Verzugs nicht der Mahnung (§ 286 Abs. 1 Nr. 1 BGB). Der **Verzug** tritt durch nicht rechtzeitige Zahlung der Leasingrate ein, es sei denn, der Leasingnehmer weist nach, dass er die Verspätung nicht zu vertreten hat (§ 286 Abs. 4 BGB). Falls der Leasinggeber vom Leasingnehmer bevollmächtigt wurde, die monatlich zu zahlenden Raten von seinem Konto einzuziehen und die Abbuchung infolge eines Versehens des Leasing-

---

190 Zur Berechnung *Michalski/Schmitt*, Rn 303 ff.
191 BGH 30. 3. 1988, NJW 1988, 914; *Zöller/Vollkommer*, ZPO, § 29 Rn 25 (Stichwort Mietvertrag/Leasingvertrag).

gebers unterblieben ist, kommt der Leasingnehmer nur in Verzug, wenn er nicht innerhalb einer vom Leasinggeber gesetzten Frist die Zahlung erbringt.[192]

Mit der **ersten Rate** und der **Sonderzahlung** gerät der Leasingnehmer ohne Mahnung in Verzug, wenn die Voraussetzungen von § 286 Abs. 2 Nr. 2 BGB erfüllt sind. Eine kalendermäßige Berechenbarkeit i. S. d. Vorschrift ist anzunehmen, wenn beispielsweise die erste Rate und die Sonderzahlung spätestens 2 Wochen nach Zugang der Anzeige, dass das Fahrzeug zur Übergabe bereit steht, zu zahlen sind.[193] Eine Anknüpfung an ein kalendermäßig weder bestimmtes noch berechenbares Ereignis, wie zB die Übergabe oder die Zulassung des Kraftfahrzeugs, reicht zur Herbeiführung des Verzugs nicht aus. **L294**

Für Leasingverträge, an denen ein Verbraucher nicht beteiligt ist, beträgt der in § 288 Abs. 2 BGB geregelte gesetzliche Verzugszinssatz **acht Prozentpunkte** über dem **Basiszinssatz**.[194] Höhere Zinsen kann der Leasinggeber aus vertraglicher Vereinbarung (§ 288 Abs. 3 BGB) und als Schadensersatz (§ 288 Abs. 4 BGB) verlangen.[195] Gegenüber einem **Verbraucher** beläuft sich der jährliche Verzugszinssatz für das rückständige Leasingentgelt auf **2,5 Prozentpunkte** über dem Basiszins, wenn nicht im Einzelfall der Verbraucher einen niedrigeren oder der Leasinggeber einen höheren Schaden nachweist (§ 497 Abs. 1 S. 2 und 3 BGB). **L295**

Bei einer **Pauschalierung** des Verzugsschadens, derer es angesichts der hohen gesetzlichen Zinssätze nicht unbedingt bedarf, ist darauf zu achten, dass die Klausel den Anforderungen von § 309 Nr. 5 a und b BGB entspricht, die im Rahmen von § 307 BGB auch gegenüber Unternehmern zu beachten sind. Eine unwirksame Pauschalierung sperrt allerdings nicht die konkrete Abrechnung des Verzugsschadens. Mahnkosten können nicht zusätzlich zu einem pauschalierten Verzugsschaden geltend gemacht werden.[196] **L296**

Teilleistungen des Verbrauchers, der sich mit den Raten in Verzug befindet, sind zunächst auf die Kosten der Rechtsverfolgung, sodann auf die Hauptleistung und schließlich auf die Zinsen zu verrechnen (§ 497 Abs. 3 S. 1 BGB). Die Verzugszinsen dürfen daher nicht in ein Kontokorrentverhältnis mit dem geschuldeten Leasingentgelt gestellt werden.[197] Durch § 497 Abs. 2 S. 2 BGB wird der Verzugsschaden in Bezug auf die Verzugszinsen in Abweichung von § 289 S. 2 BGB durch den gesetzlichen Zinssatz von 4 % (§ 246 BGB) begrenzt. **L297**

2. Leasingsonderzahlung

Die Größenordnung von Leasingsonderzahlungen, die vor allem Verbraucher und Kleinunternehmer zu zahlen haben, liegt zwischen 20 % und 30 % des Fahrzeugpreises. Durch die am Vertragsanfang zu leistende Sonderzahlung werden sowohl das Kreditrisiko des Leasinggebers als auch die Kreditverbindlichkeit des Leasingnehmers reduziert.[198] Die Sonderzahlung wirkt sich günstig auf die Höhe des insgesamt vom Leasingnehmer zu zahlenden Leasingentgelts aus. Je höher die ihm abverlangte Leasingsonderzahlung ist, umso niedriger sind die Leasingraten. **L298**

Die **steuerrechtliche Qualifizierung** einer Sonderzahlung hängt entscheidend davon ab, ob sie als zusätzliches Entgelt für die Gebrauchsüberlassung während der Grundmietzeit **L299**

---

192 OLG Düsseldorf 13. 10. 1988, – 10 U 37/88, zitiert in ZIP 1988/A 162/572.
193 *Beckmann*, FLF 2002, 46 ff., 52; *Hertel*, DNotZ, 2001, 914.
194 Der aktuelle Basiszinssatz ist abrufbar unter „http://www.bundesbank.de" oder den Monatsberichten der Deutschen Bundesbank zu entnehmen.
195 *Beckmann*, FLF 2002 46 ff., 52.
196 BGH 28. 4. 1988, NJW 1988, 1971, 1972.
197 Zur Titulierung von Verzugszinsen *Münzberg*, WM 1991, 170; *Braun*, WM 1991, 1325.
198 *Godefroid*, BB-Beilage 1993, Nr. 8 S. 15, 18.

zu zahlen ist und auf die Leasingraten angerechnet wird oder ob eine Anrechnung auf die Leasingraten nicht stattfindet.[199] Wirtschaftlich betrachtet handelt es sich bei der Sonderzahlung – unabhängig von der Bezeichnung durch die Vertragsparteien – um eine **Mietvorauszahlung**, so dass in der Bilanz des Leasingnehmers ein **aktiver** und in der Bilanz des Leasinggebers ein **passiver Rechnungsabgrenzungsposten** gebildet werden muss.[200] Der Teil des Rechnungsabgrenzungspostens, der bei gleichmäßiger linearer Verteilung über die Grundmietzeit auf den Zeitraum eines Jahres entfällt, ist in jedem Jahr der Grundmietzeit in der Bilanz des Leasinggebers Gewinn erhöhend aufzulösen.[201]

L300 Kfz-Leasingverträge geben über die rechtliche Behandlung von Sonderzahlungen selten eine klare Auskunft.[202] Es ist aber festzustellen, dass Sonderzahlungen von Kfz-Leasinggesellschaften im Regelfall als Vorauszahlungen für die Gebrauchsüberlassung angesehen werden, die sie gleichmäßig auf die Leasingraten der Grundmietzeit verteilen. Die Verrechnungsanteile fließen in die Kalkulation der Leasingraten ein und werden im Vertrag nicht gesondert ausgewiesen.

L301 Eindeutige Regelungen über die Verwendung einer vom Leasingnehmer bei Vertragsbeginn zu leistenden Sonderzahlung sind zu empfehlen. Im Leasingvertrag sollte klar gestellt werden, ob die Sonderzahlung den Kaufpreis des Leasingfahrzeugs und damit den Finanzierungsaufwand des Leasinggebers von vornherein reduziert,[203] oder ob sie eine Vorauszahlung für die Gebrauchsüberlassung des Leasingfahrzeugs darstellt. Ohne eine solche Erläuterung sind die zivilrechtlichen Konsequenzen im Hinblick auf das Schicksal der Sonderzahlung bei einer Vertragsstörung (zB durch Totalschaden, Diebstahl und Zahlungsverzug) nicht überschaubar.[204] Fehlt der Hinweis darauf, dass die Sonderzahlung eine Vorauszahlung für die Gebrauchsüberlassung darstellt, darf der Leasingnehmer erwarten, dass der Leasinggeber den Betrag für die Anschaffung des Fahrzeugs verwendet und sich sein Finanzierungsaufwand entsprechend verringert. Infolgedessen muss er eine Behandlung der Sonderzahlung als Mietvorauszahlung nicht gegen sich gelten lassen. Er schuldet dem Leasinggeber Amortisation lediglich in Höhe des um die Sonderzahlung verminderten Anschaffungsaufwandes. Das OLG Düsseldorf[205] hat diese Konsequenz allerdings nicht gezogen. Es entschied, dass eine Leasingsonderzahlung zu Gunsten des Leasingnehmers als Vorauszahlung auf die künftigen Leasingraten zu qualifizieren ist, wenn die AGB des Leasingvertrages keine Regelung zur Verrechnung der Leasingsonderzahlung enthalten und sich aus der Anschaffungsrechnung ergibt, dass der Lieferant die von der Leasinggesellschaft an ihn weitergeleitete Sonderzahlung auf den Kaufpreis des Leasingfahrzeugs angerechnet hat. Da der Leasingvertrag wegen eines vom Leasingnehmer nicht verschuldeten Unfalls vorzeitig beendet worden war und der Leasinggeber die Sach- und Preisgefahr nicht wirksam auf den Leasingnehmer verlagert hatte, wurde er vom OLG Düsseldorf verurteilt, den noch nicht durch Verrechnung mit den künftigen Leasingraten verbrauchten Teil der Sonderzahlung an den Leasingnehmer zu erstatten. In die gleiche Richtung weist eine Entscheidung des OLG Rostock,[206] nach der ein Leasingnehmer den noch nicht verrechneten Teil der Sonderzahlung vom Leasinggeber herausverlangen kann, wenn er das Fahrzeug im Anschluss an eine unwirksame außerordentliche Vertragskündigung des Leasinggebers zurückgegeben hat.

---

199 *Bordewin/Tonner*, Rn 121, 132.
200 *Stoffels* in *Martinek/Stoffels/Wimmer-Leonhardt*, § 16 Rn 14.
201 *Bordewin/Tonner*, Rn 121.
202 *Müller-Sarnowski*, DAR 1998, 229.
203 *Michalski/Schmitt*, S. 126, Rn 227.
204 *Müller-Sarnowski*, DAR 1998, 228, 229.
205 Urt. v. 16. 1. 1997, OLGR 1997, 169.
206 Urt. v. 13. 9. 1999, OLGR 2000, 2.

Leasingentgelt

Eine vergleichbare Problemlage besteht, wenn der Leasingnehmer sein Altfahrzeug beim Händler, der den Leasingvertrag vermittelt, in Zahlung gibt. Auch in diesem Fall ist eine Klarstellung über die Verwendung des Anrechnungsbetrages erforderlich, da der Leasingnehmer sonst nicht weiß, ob der Händler den Betrag direkt auf den Kaufpreis verrechnet oder ob er ihn als Zahlung des Leasinggebers verbucht. **L302**

Ergibt sich eindeutig aus dem Vertrag, dass der Anrechnungspreis für das Altfahrzeug als Leasingsonderzahlung zu verwenden ist, liegt rechtlich eine doppelte Ersetzung vor.[207] Im Verhältnis zwischen Leasinggeber und Händler wird ein Teil des Neuwagenpreises durch das Gebrauchtfahrzeug des Leasingnehmers ersetzt. Durch diesen Preisvorteil wird im Verhältnis zwischen Leasingnehmer und Leasinggeber die Leasingsonderzahlung ganz oder zum Teil ersetzt.[208] Im Fall des Scheiterns der vereinbarten Inzahlungnahme ist der volle Kaufpreis vom Leasinggeber in bar an den Händler zu entrichten. Der Leasinggeber besitzt seinerseits gegen den Leasingnehmer einen Anspruch auf Zahlung eines Leasingentgelts in Höhe des Anrechnungspreises. **L303**

Scheitert bei einem Verbundgeschäft der Leasingvertrag daran, dass Kauf- und/oder Leasingvertrag von vornherein unwirksam sind oder später durch Anfechtung, Rücktritt oder aus anderen Gründen entfallen, ist die Rückzahlung der Sonderzahlung vom Leasinggeber zu erstatten, auch wenn der Leasingnehmer die Zahlung an den Lieferanten geleistet hat.[209] Im Fall des Widerrufs ergibt sich diese Rechtsfolge aus § 358 Abs. 4 S. 3 BGB. **L304**

Ist nach dem Inhalt des Vertrages davon auszugehen, dass es sich bei der Sonderzahlung um eine Vorauszahlung handelt, schuldet der Leasingnehmer dem Leasinggeber im Falle einer gesetzlichen Anhebung der Umsatzsteuer für die noch nicht verrechneten Anteile der Sonderzahlung den erhöhten Mehrwertsteuersatz. Eine entsprechende Klarstellung im Leasingvertrag ist wegen § 29 UStG nicht erforderlich aber zur Klarstellung empfehlenswert (Rn L314).[210] **L305**

3. Änderungen des Leasingentgelts

Die VDA-Muster-Leasing-AGB enthalten in Abschn. IV. Nr. 5 eine Rubrik für die Anpassung des Leasingentgelts ohne konkrete Regelungsvorschläge. Dem Leasinganbieter bleibt es überlassen, Änderungsklauseln seinen individuellen Bedürfnissen entsprechend zu gestalten. **L306**

Für Anpassungsklauseln gilt das **Transparenzgebot**. Sie müssen so ausformuliert sein, dass dem Leasingnehmer die möglichen Kostenveränderungen und deren Ausmaß konkret und eindeutig vor Augen geführt werden. Der Leasinggeber darf nicht einseitig durch Einräumung eines Erhöhungsrechts bevorzugt werden. Zur Herbeiführung eines ausgewogenen Interessenausgleichs muss dem Leasingnehmer ein Recht auf Ermäßigung des Leasingentgelts für den Fall zugestanden werden, dass sich Kostenfaktoren zu seinen Gunsten verändern. **L307**

a) Änderung der Anschaffungskosten

Änderungsvorbehalte in Leasing-AGB, die für den Fall der Änderung der **Kraftfahrzeug-Anschaffungskosten** in der Zeit zwischen Abschluss des Leasingvertrages und Auslieferung des Fahrzeugs eine entsprechende Anpassung des Entgelts vorsehen, sind an § 307 BGB zu messen.[211] **L308**

---

207 BGH 18. 1. 1967, BGHZ 46, 338.
208 BGH 30. 10. 2002, WM 2003, 792 zu dem für das Kfz-Leasing untypischen Fall, dass es sich beim Lieferanten und dem Leasinggeber um dieselbe Person handelt.
209 AG Düsseldorf 30. 4. 1998, NJW-RR 1998, 1673.
210 *Graf von Westphalen*, Der Leasingvertrag, Kap. F Rn 25.
211 *Spittler*, S. 104.

Der Leasinggeber ist grundsätzlich nur dann berechtigt, das Leasingentgelt entsprechend zu erhöhen, wenn in seinem Verhältnis zum Lieferanten eine **wirksame Preisanpassungsklausel** vereinbart wurde.[212] Um vor § 307 BGB bestehen zu können, muss eine Preisänderungsklausel im Liefervertrag sowohl die Umstände, die den Leasinggeber zur Änderung des Entgelts berechtigen (Kostenelemente), als auch das Ausmaß der Änderung deutlich machen. Weiterhin ist erforderlich, dass dem Kunden das Recht eingeräumt wird, vom Vertrag Abstand zu nehmen, falls der Preis stärker als die Lebenshaltungskosten steigt (näher dazu Rn 83).[213] Wenn der Leasinggeber in einen Kaufantrag eintritt, der von einem Verbraucher abgegeben wurde, oder wenn er einen Verbraucher-Leasingvertrag übernimmt, gilt das **viermonatige Preisänderungsverbot** des § 309 Nr. 1 BGB, das bestehen bleibt und auf eine im Leasingvertrag enthaltene Anpassungsregelung durchschlägt. Unmittelbar findet § 309 BGB auf Leasingverträge allerdings keine Anwendung, da sie Dauerschuldverhältnis sind. Im Leasingvertrag müssen die Kostenelemente der Anpassungsklausel des Liefervertrages nicht nochmals aufgeführt werden. Eine Klausel, nach der die Leasingraten dem geänderten Kaufpreis entsprechend angepasst werden, wird als zulässig erachtet.[214] Falls der Leasinggeber gegenüber dem Lieferanten das Recht hat, vom Kaufvertrag zurückzutreten, wenn die Erhöhung des Kaufpreises einen bestimmten Grenzwert übersteigt, wird er nicht umhin kommen, dem Leasingnehmer das gleiche Recht in Bezug auf den Leasingvertrag einzuräumen.

L309 Das auf eine Anpassungsregelung im Leasingvertrag gestützte einseitige Leistungsbestimmungsrecht des Leasinggebers unterliegt der **Billigkeitskontrolle** des § 315 Abs. 3 BGB.[215] Unbilligkeit ist zu bejahen, wenn das Erhöhungsverlangen auf einer unwirksamen Änderungsklausel des Kaufvertrages oder auf einer Kaufpreiserhöhung basiert, die der Leasinggeber nicht hätte akzeptieren müssen. Es ist auch nicht hinnehmbar, wenn der Leasinggeber eine zulässige Preisanpassungsklausel dazu benutzt, um sich von einem – vom Leasingnehmer ausgehandelten – günstigen Preis zu lösen oder einen Irrtum über den bei Vertragsschluss gültigen Preis auf den Leasingnehmer abzuwälzen.

L310 Die Zulässigkeit des Änderungsvorbehalts wegen Erhöhung des Kaufpreises **nach Abschluss des Leasingvertrages** hat das OLG Düsseldorf[216] bei Verträgen mit Verbrauchern in Zweifel gezogen, da § 492 Abs. 1 S. 5 Nr. 5 BGB Veränderungen des Zinssatzes oder anderer preisbestimmender Faktoren nur mit Wirkung für die Zukunft anspricht. Die Bedenken sind jedoch nicht begründet, da die Vorschrift auf Verbraucher- Leasingverträge nicht anzuwenden ist. Außerdem hat der Gesetzgeber zur Änderung preisbestimmender Faktoren in der Begründung zur Vorgängernorm von § 492 Abs. 1 S. 5 Nr. 5 BGB (§ 4 Abs. 1 S. 2 Nr. 1 e VerbrKrG) auf die Anwendung der allgemeinen Grundsätze über die Zulässigkeit von Preisanpassungsklauseln verwiesen.[217]

b) Änderung der Geldmarktverhältnisse und Refinanzierungskonditionen

L311 Regelungen, die eine Anpassung des Leasingentgelts bzw. der laufenden Raten an die Änderung der Geldmarktverhältnisse oder Refinanzierungsbedingungen vorsehen, sind in Kfz-Leasingverträgen nicht anzutreffen und daher **untypisch**. Ob sie überhaupt zulässig sind – und wenn ja – unter welchen Voraussetzungen, ist umstritten.

---

212 *Graf von Westphalen*, Der Leasingvertrag, Kap. F Rn 16.
213 BGH 1. 2. 1984 BGHZ 90, 69; OLG Düsseldorf 18. 4. 2000, OLGR 2001, 195, 197.
214 *Graf von Westphalen*, Der Leasingvertrag, Kap. F Rn 15.
215 *Graf von Westphalen*, Der Leasingvertrag, Kap. F Rn 15.
216 Urt. v. 18. 4. 2000, OLGR 2001, 195, 197.
217 BT-Drucks. 11/5462 S. 20.

Im Schrifttum[218] wird die Ansicht vertreten, es sei die Aufgabe des Leasinggebers, von vornherein mit seinem Kreditgeber die Refinanzierungsbedingungen auszuhandeln und **langfristig festzulegen**. Gegenteilig entschied das OLG Frankfurt,[219] das dem Leasinggeber das Recht zubilligte, das Veränderungsrisiko der Refinanzierungsbedingungen durch eine Anpassungsklausel aufzufangen. Um vor § 307 BGB bestehen zu können, muss die Anpassungsklausel dem Leasingnehmer ein Ermäßigungsrecht für den Fall einräumen, dass sich die Refinanzierungskosten zu seinen Gunsten verändern.[220] Im Interesse einer transparenten Vertragsgestaltung sind der Referenzzins[221] und die Kostensteigerungsfaktoren konkret anzugeben.

Klauseln, die eine automatische Steigerung der Kostenbelastung von zB 6 % jährlich im Leasingvertrag verankern, sind weniger bedenklich, da sie von vornherein erkennen lassen, welche Belastung auf den Leasingnehmer zukommt.[222] In Kfz-Leasingverträgen sind derartige **Automatikklauseln** jedoch nicht anzutreffen.

c) Änderung der Steuern, Abgaben und Kosten für Nebenleistungen

Nicht zu beanstanden sind Kosten-Anpassungsklauseln für objektbezogene Nebenleistungen (zB Wartung, Hauptuntersuchung, Abgasuntersuchung, Kfz-Steuern, Versicherungsprämien und sonstige Abgaben). Auch sie müssen transparent formuliert sein und Veränderungen nicht nur zu Lasten sondern auch zu Gunsten des Leasingnehmers vorsehen.[223] Veränderungen der den Geschäftsbetrieb des Leasinggebers betreffenden Steuern und Abgaben können nicht über eine Anpassungsklausel auf den Leasingnehmer verlagert werden.[224]

Eine in AGB vorgesehene Anpassung der Leasingraten für den Fall, dass sich während der Vertragszeit die **Umsatzsteuer** ändert, ist nicht erforderlich, weil der Leasingnehmer die Umsatzsteuer schuldet (§ 29 UStG).[225]

XI. Absicherung der Ansprüche aus dem Leasingvertrag

Leasinggesellschaften sichern ihre Ansprüche aus Leasingverträgen ab, indem sie zB Familienangehörige, Ehepartner, Verlobte, Partner aus nichtehelichen Lebensgemeinschaften, Geschäftsführer, Gesellschafter von Kapitalgesellschaften und Lieferanten in Mithaftung nehmen.

Diesen Personen gegenüber sind die Grundsätze über die **Sittenwidrigkeit** der von Kreditinstituten mit privaten Sicherungsgebern geschlossenen Mithaftungsvereinbarungen zu beachten.[226]

Lieferanten wird häufig die Verpflichtung auferlegt, die von ihnen gelieferten Leasingfahrzeuge am Vertragsende und im Falle einer vorzeitigen Vertragsbeendigung zum kalkulierten Restwert oder zum Verkehrswert **zurückzukaufen** (Rn L574).

---

218 *Sannwald*, S. 145; *Kügel* in *Büschgen*, Praxishandbuch Leasing, S. 131; *Graf von Westphalen*, Der Leasingvertrag, Kap. F Rn 20; *Canaris*, Bankvertragsrecht, Rn 1770.
219 Urt. v. 14. 5. 1985, BB 1986, 696.
220 *Stoffels* in *Martinek/Stoffels/Wimmer-Leonhardt*, § 18 Rn 7.
221 *Graf von Westphalen*, Der Leasingvertrag, Kap. F Rn 24.
222 OLG Hamm 20. 12. 1996, DB 1997, 569.
223 *Graf von Westphalen*, Der Leasingvertrag, Kap. F Rn 27; *Spittler*, S. 105.
224 *Graf von Westphalen*, Der Leasingvertrag, Kap. F Rn 28.
225 *Graf von Westphalen*, Der Leasingvertrag, Kap. F Rn 25.
226 *Beckmann*, § 3 Rn 252.

L316 Zur Begründung einer Mithaftung eines **Abschlussvertreters** in einem Formularvertrag sind §§ 305 c, 309 Nr. 11 a BGB zu beachten.[227] Unter Abschlussvertreter ist eine Person zu verstehen, die als Vertreter für einen anderen tätig wird, ohne den Vertrag zugleich im eigenen Namen als weiterer Vertragspartner abzuschließen.[228] Die Einstandspflicht des Abschlussvertreters darf nicht überraschend sein und muss in einer ausdrücklichen und gesonderten Erklärung erfolgen. Eine völlige Trennung zwischen dem Leasing-Vertragsformular und der Verpflichtung ist nicht erforderlich. Sie muss aber vom sonstigen Inhalt des Leasingvertrages deutlich abgesetzt sein, damit der Doppelcharakter der Urkunde unmissverständlich erkennbar wird.[229]

L317 Auf Personen, die

– der Schuld des Leasingnehmers beitreten,[230]
– die Schuld des Leasingnehmers im Wege einer vom Leasinggeber genehmigten befreienden Schuldübernahme übernehmen,
– als weitere Leasingnehmer im Wege einer dreiseitigen Vereinbarung in einen Leasingvertrag eintreten,
– einen Leasingvertrag übernehmen,

finden die **Verbraucherschutzvorschriften**, auf die § 500 BGB verweist, entsprechende Anwendung, wenn sie die Verpflichtung als **Verbraucher** übernommen haben.[231] Haftungsrechtlich stehen sie einem Verbraucher-Leasingnehmer gleich.[232] Für die entsprechende Anwendung von § 500 BGB auf mithaftende Verbraucher ist nicht erforderlich, dass der Leasingnehmer ebenfalls den Leasingvertrag als Verbraucher abgeschlossen hat.[233] An dem Verbraucherschutz partizipieren auch Gesellschafter und Geschäftsführer, selbst wenn sie Alleingeschäftsführer sind oder als Gesellschafter die Mehrheit halten.[234]

L318 Soweit aufgrund **Schuldbeitritts** und **Vertragsübernahme** mithaftende Personen an dem Verbraucherschutz der §§ 491 ff. BGB teilhaben, ist das **Schriftformerfordernis** zu beachten. Die Vertragserklärung muss den Inhalt des Leasingvertrages einschließlich der dazu gehörenden Lieferanten-AGB vollständig wiedergeben.[235] Wird die Schriftform nicht gewahrt, ist die Vereinbarung unheilbar nichtig, da die Sanktionswirkung von § 494 Abs. 2 BGB nicht zur Anwendung gelangt. Die Unwirksamkeit des Schuldbeitritts/der Vertragsübernahme bewirkt die Nichtigkeit des Leasingvertrages, sofern nach dem Willen der Par-

---

227 BGH 27. 4. 1988, NJW 1988, 2465; dazu *Wolf/Eckert/Ball*, Rn 1713 ff.
228 BGH 22. 3. 1988, WM 1988, 874; MüKo/*Kieninger*, § 309 Nr. 11 BGB Rn 3; *Beckmann*, § 3 Rn 238; so jetzt auch *Graf von Westphalen*, Der Leasingvertrag, Kap. C Rn 48.
229 BGH 19. 7. 2001, NJW 2001, 3186; 4. 9. 2002, 2002, 3464; *Beckmann*, § 3 Rn 237.
230 *Graf von Westphalen*, Der Leasingvertrag, Kap. C Rn 51, 52; zur Abgrenzung Mithaftungsübernahme zu Mitvertragsübernahme BGH 25. 1. 2005, NJW 2005, 973.
231 BGH 5. 6. 1996, WM 1996, 1258; 10. 7. 1996, WM 1996, 1781; 12. 11. 1996, WM 1997, 158; 25. 2. 1997, EBE 1997,122; 30. 7. 1997, EBE 1997, 316; 28. 6. 2000, NJW 2000, 3113; 8. 11. 2005, NJW 2006, 431; OLG München 30. 5. 1996, OLGR 1996, 173; OLG Oldenburg 9. 5. 1996, OLGR 1996, 145; OLG Hamm 14. 2. 1997, OLGR 1997, 101, OLG Düsseldorf 20. 2. 1997, OLGR 1997, 89; 10. 6. 1997, OLGR 1997, 233; OLG Celle 29. 1. 1997, OLGR 1997, 61; OLG Naumburg 4. 12. 1998, OLGR 1999, 270; *Bülow/Artz*, ZIP 1998, 629; *Bülow*, ZIP 1997, 400; *Schmid-Burgk*, DB 1997, 513; a. A. OLG München 20. 7. 1999, OLGR 1999, 361; *Madaus*, BKR 2008, 54.
232 Ausführlich zu dieser Problematik *Graf von Westphalen*, Der Leasingvertrag, Kap. C Rn 58 ff.
233 *Graf von Westphalen*, Der Leasingvertrag, Kap. C Rn 59.
234 BGH 25. 2. 1997, EBE 1997, 122; 8. 11. 2005, NJW 2006, 431; *Graf von Westphalen*, Der Leasingvertrag, Kap. C Rn 55; kritisch *Dauner-Lieb/Dötsch*, DB 2003, 1666; *Canaris*, AcP 200 (2000), 273, 355, 359.
235 *Graf von Westphalen*, Der Leasingvertrag Kap. C Rn 63.

Die aufgrund Schuldbeitritts oder Vertragsübernahme (mit)haftenden Verbraucher besitzen ein eigenständiges **Widerrufsrecht.** Die Widerrufsfrist wird mit dem Zeitpunkt der Haftungserklärung in Lauf gesetzt, worauf in der Belehrung hinzuweisen ist. Nimmt der Leasinggeber das Fahrzeug in der Zeit zurück, in der das Widerrufsrecht des Beitretenden noch nicht erloschen ist, kann der Schuldbeitritt nicht mehr wirksam werden.[237]   L319

Die außerordentliche **Kündigung** wegen Zahlungsverzugs gegenüber einem Leasingnehmer mit Verbraucherstatus ist nur unter den Voraussetzungen von § 498 BGB wirksam (Rn L604).[238] Dies gilt auch dann, wenn von mehreren nur ein Leasingnehmer den Vertrag als Verbraucher abgeschlossen hat und das Fahrzeug ganz oder überwiegend für die ausgeübte selbstständige Tätigkeit eines anderen Leasingnehmers bestimmt ist.[239] Da gegenüber einer – aus Unternehmern und Verbrauchern bestehenden – Mehrheit von Leasingnehmern nur **einheitlich** gekündigt werden kann, hat eine gegenüber einem Verbraucher – zB wegen Nichtbeachtung der Kündigungserfordernisse von § 498 BGB – unwirksame Kündigung zur Folge, dass die Kündigung insgesamt unwirksam ist.[240]   L320

XII. Auswirkungen der Sachmängelhaftung auf den Leasingvertrag

1. Kein Leistungsverweigerungsrecht des Leasingnehmers im Stadium der Nacherfüllung

Vor der Schuldrechtsreform galt, dass der Leasingnehmer nach der Abnahme des Fahrzeugs die Leasingraten wegen eines Sachmangels nicht ohne weiteres zurückhalten durfte. Dies war die logische Folge des Ausschlusses des mietrechtlichen Gewährleistungsrechts und dessen Ersetzung durch die kaufrechtliche Gewährleistung. Den Zahlungsansprüchen des Leasinggebers konnte der Leasingnehmer die gesetzlichen Gewährleistungsansprüche nach dem Fehlschlagen einer vereinbarten Nachbesserung einredeweise frühestens entgegen halten, wenn sie **vollzogen** oder von ihm **eingeklagt** worden waren.   L321

Auch nach der Schuldrechtsreform überwiegt im Schrifttum die Ansicht, dass dem Leasingnehmer die Einrede des nicht erfüllten Vertrages zu versagen ist, so lange die Phase der Nacherfüllung andauert und der Anspruch des Käufers auf Nacherfüllung noch nicht fehlgeschlagen ist.[241] Nach der – von *Graf von Westphalen*[242] nachhaltig vertretenen – Gegenmeinung entspricht diese Auffassung nicht der geänderten Gesetzesdogmatik. Diese sei dadurch gekennzeichnet, dass sowohl nach der mietrechtlichen Grundkonzeption des Leasingvertrages als auch nach den heutigen Regelungen zum kaufrechtlichen Sachmängelrecht die Bereitstellung und Lieferung einer mangelfreien Sache zu den Erfüllungspflichten gehört, die beim Kaufvertrag – im Gegensatz zum früheren Gewährleistungsrecht – den Zeitpunkt des Gefahrübergangs überdauern. Von daher sei nicht einzusehen, dass die Frei-   L322

---

236 BGH 10.1.1990, NJW 1990, 443.
237 OLG Koblenz 9.10.1997, OLGR 1998, 257.
238 OLG Hamm 14.2.1997, OLGR 1997, 102.
239 OLG Celle 29.1.1997; OLGR 1997, 61, 62; OLG Karlsruhe 25.2.1997, NJW-RR 1998, 1438; siehe auch OLG Naumburg 4.12.1998, OLGR 1999, 270; *Graf von Westphalen*, MDR 1997, 310.
240 BGH 28.6.2000, NJW 2000, 3133; zur Umdeutung eines nichtigen Schuldbeitritts in eine Bürgschaft BGH 16.10.2007, NJW 2007, 1070.
241 *Beckmann*, § 5 Rn 16; *Staudinger/Stoffels*, Leasing Rn 230; *Wolf/Eckert/Ball*, Rn 1860 ff.; *Erman/Jendrek*, Anh. § 535 Rn 30; *Reinking* in *Reinking/Kessler/Sprenger*, § 8 Rn 16; *Engel*, § 6 Rn 24.
242 *Graf von Westphalen*, Der Leasingvertrag, Kap. H Rn 109, 110; *ders.* ZIP 2001, 2258; *ders.* DB 2001, 1291; *ders.* ZGS 2002, 64, 67.

zeichnung des Leasinggebers von der mietrechtlichen Gewährleistung zur Konsequenz haben sollte, dass nicht gleichwohl die dem Leasingnehmer als Käufer zustehenden Rechte nach § 320 BGB zum Zuge kommen.[243]

L323 Dieser Argumentation kann nicht gefolgt werden, da sie im Gesetz keine Grundlage findet. Durch die Schuldrechtsreform wurde das Binnenverhältnis zwischen den Parteien des Leasingvertrages nicht verändert.[244] Die gegenteilige Auffassung lässt sich auch nicht aus der BGH-Rechtsprechung[245] herleiten, die dem Leasingnehmer ein Zurückbehaltungsrecht wegen unvollständiger Lieferung zubilligt und an der auch nach der Schuldrechtsreform festzuhalten ist, es sei denn, es liegt ein Fall der Minderlieferung iSv § 434 Abs. 3 Alt. 2 BGB vor, den der Gesetzgeber der Schlechterfüllung zugeordnet hat. Die mietrechtliche Mängeleinrede der §§ 320, 535 ff. BGB wird durch die Abtretungskonstruktion außer Kraft gesetzt und lebt erst wieder auf, wenn die kaufrechtliche Nacherfüllung fehlgeschlagen ist und der Leasingnehmer die Rechte aus § 437 Nr. 2 und Nr. 3 BGB geltend macht.[246] Ihre Bestätigung findet diese Ansicht in der von § 359 S. 3 BGB geregelten Gesetzeslage. Die Vorschrift des § 359 S. 3 BGB findet gem. § 500 BGB auf verbundene Leasingverträge zwischen Unternehmern und Verbrauchern analoge Anwendung und gilt – wegen der geringeren Schutzbedürftigkeit „erst recht" – für nicht verbundene Leasingverträge und solche zwischen Unternehmern.[247]

L324 Gegen ein Leistungsverweigerungsrecht in der Phase der Nacherfüllung spricht weiterhin, dass der Leasinggeber, von dem der Leasingnehmer die kaufrechtlichen Sachmängelrechte ableitet, hinsichtlich der Zahlung des Kaufpreises **vorleistungspflichtig** ist, so dass ein Leistungsverweigerungsrecht gegenüber dem Verkäufer ohnehin nicht besteht.[248] Die Einrede des § 320 BGB würde aber auch deshalb versagen, weil der Leasinggeber den Kaufpreis regelmäßig bereits gezahlt hat.

L325 Würde man dem Leasingnehmer wegen der Mangelhaftigkeit des Leasingfahrzeugs von vornherein ein Leistungsverweigerungsrecht hinsichtlich der Leasingraten zubilligen, wäre er besser gestellt als ein Käufer, der bar zahlt oder eine Drittfinanzierung in Anspruch nimmt. Im Fall des finanzierten Kaufs sperrt § 359 S. 3 BGB die Einrede des nicht erfüllten Vertrages, beim Barkauf erlischt das Zurückbehaltungsrecht mit der Zahlung des Kaufpreises.

L326 Somit bleibt daran festzuhalten, dass das Auftreten eines Mangels und die Geltendmachung der Nacherfüllung gegenüber dem Lieferanten keine Auswirkungen auf den Leasingvertrag haben. Der Leasingnehmer kann allein wegen eines Mangels die Zahlung der Leasingraten nicht verweigern. Dies gilt auch dann, wenn sich das Leasingfahrzeug vorübergehend in einem nicht gebrauchsfähigen Zustand befindet oder wenn der Lieferant die Nacherfüllung verzögert oder verweigert, da diese Risiken leasingtypisch vom Leasingnehmer mit der Abtretungskonstruktion übernommen werden.[249]

L327 Ein Leistungsverweigerungsrecht steht dem Leasingnehmer ausnahmsweise zur Seite, wenn

---

243 *Graf von Westphalen*, Der Leasingvertrag, Kap. H Rn 109, 110.
244 *Arnold* in *Dauner-Lieb/Konzen/Schmidt*, S. 589, 604; *Assies*, BKR 2002, 317, 318; *Beckmann*, FLF 2002, 46, 49; *Gebler/Müller*, ZBB 2002, 107, 114; *Zahn*, DB 2002,985; *Reinking* ZGS 2002, 229, 232.
245 Urt. v. 7.7. 1989 ZIP 1989, 1333, 1336; Urt. v. 7. 10. 1992, NJW 1993, ZIP 1993,130 ff.
246 *Schmalenbach/Sester*, WM 2002, 21842187; *Assies*, BKR 2002, 317, 318.
247 *Zahn*, DB 2002, 986.
248 *Palandt/Grüneberg*, § 320 Rn 17.
249 *Marly*, Rn 337; *Wolf/Eckert/Ball*, Rn 1861 ff.

– die Abtretung unwirksam ist und die subsidiäre miet- oder kaufrechtliche Haftung des Leasinggebers Platz greift (Rn L87),
– der Leasinggeber sich – in einer für das Kfz-Leasing völlig untypischen Art und Weise – nicht freigezeichnet und es bei der mietrechtlichen Haftung belassen hat,
– der Leasingnehmer selbst für den Mangel und den damit verbundenen Verlust der Gebrauchsmöglichkeit verantwortlich ist,[250]
– der Leasinggeber seine Ansprüche gegen den Leasingnehmer an den Lieferanten abgetreten hat, da hierdurch die Ansprüche aus den beiden Vertragsverhältnissen zusammengeführt werden.[251]

Vom Lieferanten kann der Leasingnehmer Ersatz des Ausfallschadens verlangen, wenn dieser den Mangel zu vertreten hat oder sich mit der Nacherfüllung in Verzug befindet (Rn 1828 ff.).[252]

2. Nacherfüllung

a) Leasing-AGB

Als Zessionar der kaufrechtlichen Rechte und Ansprüche wegen Sachmängeln kann der Leasingnehmer vom Lieferanten primär Nacherfüllung nach § 439 BGB verlangen, wenn das Leasingfahrzeug einen Sachmangel aufweist (Rn 326 ff.). Hierbei sind die im Leasingvertrag und im Liefervertrag enthaltenen Regelungen zur Nacherfüllung zu beachten. **L328**

Der Leasingnehmer eines Neufahrzeugs hat die Wahl zwischen der **Beseitigung des Mangels** und der **Lieferung eines anderen (mangelfreien) Fahrzeugs** (Rn 334 ff.). Bei einem Leasingvertrag über ein vom Leasingnehmer ausgesuchtes Gebrauchtfahrzeug besteht in der Regel nur ein Anspruch auf Nachbesserung, da eine Ersatzlieferung nicht möglich ist.[253]

Im Zusammenhang mit der Nacherfüllung sind **Untersuchungs- und Rügepflichten** zu beachten (Rn L225). Nach einer Entscheidung des OLG Hamm tritt auch bei einem Leasingvertrag mit einem Verbraucher die Genehmigungsfiktion nach § 377 HGB ein, wenn der Leasingnehmer einen nach durchgeführter Nachbesserung am Fahrzeug auftretenden Mangel nicht unverzüglich rügt.[254] **L329**

Sachgerecht und im Rahmen der Angemessenheitskontrolle nicht zu beanstanden sind Formularregelungen, die den Leasingnehmer verpflichten, den Leasinggeber über die Geltendmachung von Gewährleistungsansprüchen zu unterrichten. Verletzt der Leasingnehmer seine **Unterrichtungspflicht**, kann dem Leasinggeber daraus ein Schadensersatzanspruch erwachsen.[255] **L330**

Nach Abschn. XIII. Nr. 1 Abs. 2 der insoweit repräsentativen VDA-Muster-Leasing-AGB für privates Neuwagenleasing hat der Leasingnehmer das Recht und die Pflicht, die Ansprüche und Rechte wegen Sachmängeln im eigenen Namen und entsprechend den hierfür maßgeblichen Vorschriften bei einem vom **Hersteller anerkannten Betrieb** geltend zu machen. Er darf auf Ansprüche nicht ohne vorherige Zustimmung des Leasinggebers **verzichten** und muss den Leasinggeber umfassend und unverzüglich über die Geltendmachung von Rechten und Ansprüchen wegen Sachmängeln **informieren**. Der Leasinggeber über- **L331**

---

250 *Beckmann* in *Martinek/Stoffels/Wimmer-Leonhardt*, § 27 Rn 130, 131 mwN.
251 BGH 5. 12. 1984, NJW 1985, 796.
252 *Schmalenbach/Sester*, WM 2002, 2184, 2191.
253 BGH 7. 6. 2006, NJW 2006, 2839; OLG Braunschweig 4. 2. 2003, DAR 2004, 169 (Ersatzlieferung bejaht bei Tageszulassung); LG Ellwangen 13. 12. 2002, NJW 2003, 517 (Ersatzlieferung bejaht beim Kauf eines konkreten beim Händler vorrätigen Neuwagens).
254 Urt. v. 6. 2. 2006, DAR 2006, 390.
255 BGH 13. 3. 1991, ZIP 1991, 521.

nimmt es, den Leasingnehmer bei Erfolglosigkeit der ersten Mängelbeseitigung bei der Durchsetzung des Mängelbeseitigungsanspruchs zu unterstützen.

L332 All diese Regelungen sind sachdienlich, was aber nicht bedeutet, dass sie AGB- fest sind. Die in Abschn. XIII. Nr. 2 Abs. 2 der VDA-Muster-Leasing-AGB enthaltene Klausel, in der dem Leasingnehmer die Unterstützung des Leasinggebers nach der ersten erfolglosen Mängelbeseitigung zugesagt wird, erweckt beim Durchschnitts-Leasingnehmer den Eindruck, als sei er grundsätzlich verpflichtet, eine weitere Nachbesserungsmaßnahme zu dulden. Da ein solcher Regelungsgehalt mit § 440 BGB nicht in Einklang zu bringen ist, scheitert die Klausel an § 307 Abs. 2 Nr. 1 BGB.

Unklar bleibt, worauf sich die Formulierung in Abschn. XIII. Nr. 2 Abs. 1 der VDA-Muster-Leasing-AGB bezieht, welche besagt, dass die Geltendmachung der Sachmängelansprüche nach den „hierfür maßgeblichen Vorschriften" zu erfolgen hat. Damit können sowohl die gesetzlichen Bestimmungen als auch die einschlägigen AGB des Liefervertrages oder die Regelungen eines Garantievertrages gemeint sein. Mangels Konkretisierung fehlt der Regelung die **notwendige Transparenz**. Es ist außerdem erforderlich, dass die vom Leasingnehmer zu beachtenden Vorschriften dem Leasingvertrag und den dazu gehörenden Anlagen aufgeführt werden.

L333 Im Falle der wirksamen Einbeziehung der AGB eines Liefervertrages über ein Neufahrzeug (NWVB) in den Leasingvertrag muss der Leasingnehmer die ihm – durch die Abtretung – auferlegten **Käufer- Informationspflichten** gegenüber dem Verkäufer beachten, wenn er eine **Drittwerkstatt** auf Nachbesserung in Anspruch genommen hat. Danach besitzt der Verkäufer Anspruch darauf, dass ihn der Leasingnehmer unverzüglich informiert, wenn die erste von einer anderen Werkstatt erbrachte Nachbesserung erfolglos geblieben ist (Rn 330). Die Informationspflicht des Leasingnehmers gegenüber dem Verkäufer tritt neben seine gem. Abschn. XIII. Nr. 1 Abs. 5 der VDA-Muster-Leasing-AGB bestehende Pflicht zur umfassenden und unverzüglichen Information des Leasinggebers über die Geltendmachung von Sachmängelansprüchen, die bereits bei der erstmaligen Geltendmachung der Nachbesserung und auch bei einer Inanspruchnahme des Verkäufers zu erfüllen ist.

b) Ersatzlieferung

L334 Im Schrifttum überwiegt die Ansicht, dass der Anspruch auf Lieferung eines anderen (mangelfreien) Fahrzeugs – ebenso wie die Nachbesserung – im Rahmen des fortbestehenden Kauf- und Leasingvertrages vollzogen wird.[256] Für den Kaufvertrag folgt dies aus § 439 Abs. 4 BGB, wonach für die Rückgewähr der mangelhaften Sache die rücktrittsrechtlichen Vorschriften der §§ 346–348 BGB anzuwenden sind. Es findet weder eine Rückzahlung des Kaufpreises statt noch wird eine Pflicht des Käufers zur erneuten Kaufpreiszahlung Zug um Zug gegen Lieferung des anderen Fahrzeugs begründet (Rn 373 ff.)

L335 Hinsichtlich des Leasingvertrages erweist sich die im Schrifttum[257] anfangs favorisierte Anknüpfung an das für die Wandlung des Kaufvertrages entwickelte Lösungsmodell vom Fortfall der Geschäftsgrundlage als verfehlt, weil die Ersatzlieferung zum Vertragsinhalt gehört und nicht die Vertragsgrundlage darstellt. Sie dient der Erfüllung des Kaufvertrages und zugleich der Erfüllung der Gebrauchsverschaffungspflicht des Leasinggebers. Infolgedessen führt die Ersatzlieferung nicht zu einem Neubeginn oder einer Verlängerung des Leasingvertrages. In Abschn. XIII. Nr. 3 Abs. 3 der VDA-Muster-Leasing-AGB wird diese Rechtslage ausdrücklich klargestellt. Danach lässt die Ersatzlieferung den Bestand des Leasingvertrages einschließlich der Zahlungsverpflichtungen unberührt.

---

256 *Beckmann*, FLF 2002, 46, 50; *Zahn*, DB 2002, 985, 987; *Godefroid*, DB- Beil.zu Heft 27, 2002, S. 2, 6; sowie jetzt auch *Graf von Westphalen*, Der Leasingvertrag Kap. H Rn 204.
257 *Graf von Westphalen*, ZIP, 2001, 2258, 2260.

Auswirkungen der Sachmängelhaftung auf den Leasingvertrag

Nach Abschn. XIII. Nr. 3 Abs. 1 VDA-Muster-Leasing-AGB hat der Leasingnehmer, wenn er sich für die Ersatzlieferung entscheidet, Anspruch auf ein fabrikneues baugleiches Fahrzeug mit identischer Ausstattung. Die Klausel erfüllt den Anspruch des Leasingnehmers auf ein **gleichwertiges** und **gleichartiges** Ersatzleasinggut.[258] In Abschn. XIII. Nr. 3. Abs. 2 der VDA-Muster-Leasing-AGB wird noch einmal auf die **Unterrichtungspflicht** des Leasingnehmers hingewiesen, um dem Leasinggeber die Mitwirkung bei der Eigentumsübertragung zu ermöglichen. **L336**

Der Umtausch der Fahrzeuge hat **bilanz- und steuerrechtliche** Konsequenzen für den Leasinggeber. Er muss das alte Fahrzeug aus der Bilanz herausnehmen, das neue Fahrzeug in die Bilanz aufnehmen und eine neue AfA bilden.[259] Ob dies eventuell zu steuerlichen Schwierigkeiten führt, wenn die Restlaufzeit des ursprünglichen Leasingvertrages unterhalb der – im Mobilienerlass vom 22. 12. 1975[260] vorgesehenen – Schwelle von 40 % der betriebsgewöhnlichen Nutzungsdauer des ersatzweise gelieferten Leasingguts liegt, bedarf der Klärung.[261] Gegenüber der **Versicherung** ist der Fahrzeugwechsel vom Versicherungspflichtigen anzuzeigen und gegebenenfalls ein neuer Versicherungsvertrag abzuschließen. Sollten sich dadurch die Konditionen zum Nachteil des Versicherungspflichtigen verändern, hat der Lieferant die Mehrkosten nach § 280 BGB zu tragen. Seine Schadensersatzverpflichtung entfällt, wenn ihm der Nachweis gelingt, dass er die zur Ersatzlieferung führende Pflichtverletzung nicht zu vertreten hat. Eine Anspruchsverpflichtung aus § 439 Abs. 2 BGB besteht nicht, da die Mehrkosten für die Versicherung des Fahrzeugs nicht unter die zum Zwecke der Nacherfüllung erforderlichen Aufwendungen fallen. Das bedeutet, dass gestiegene Versicherungskosten unter Umständen beim Leasingnehmer hängen bleiben, wenn er die Versicherungspflicht übernommen hat. Da das bei einem Verbraucher-Leasingvertrag nach § 475 Abs. 1 S. 1 BGB unabdingbare Wahlrecht zwischen Nachbesserung und Ersatzlieferung dadurch faktisch beeinträchtigt wird, ist vom Leasinggeber zu verlangen, dass er den Leasingnehmer gegen derartige Kostensteigerungen absichert. Als Begünstigter einer vom Leasingnehmer abzuschließenden Versicherung für fremde Rechnung besitzt er die Möglichkeit, mit dem Versicherer eine entsprechende Abrede zu treffen. **L337**

Im Vergleich zur Nachbesserung ist die Ersatzlieferung für den Leasingnehmer die günstigere Alternative, da er eine neues Fahrzeug bekommt, für das am Vertragsende in aller Regel ein **höherer Verwertungserlös** erzielt wird, an dem er – je nach Art des Vertragsmodells – mehr oder weniger partizipiert.[262] Auch bei einer vorzeitigen Vertragsbeendigung wirkt sich ein höherer Verkehrswert des Fahrzeugs zu seinen Gunsten aus. Durch die Ersatzlieferung erfährt der Leasingnehmer auch insoweit eine Besserstellung, als in Bezug auf das Ersatzfahrzeug die Verjährungsfrist für Sachmängel und beim Verbraucher-Leasingvertrag die Frist für die Beweislastumkehr neu in Lauf gesetzt werden. **L338**

Es wird empfohlen, in AGB des Leasingvertrages eine erneute **Übernahmebestätigung**[263] vorzusehen und im kaufmännischen Verkehr dem Leasingnehmer wiederum **Untersuchungs- und Rügepflichten** gem. § 377 HGB aufzuerlegen.[264] Sofern der Leasingvertrag keine konkreten Regelungen zu dieser Frage enthält, ist die Abtretungsklausel teleo- **L339**

---

258 *Beckmann*, § 2 Rn 341.
259 *Graf von Westphalen*, Der Leasingvertrag, Kap. H Rn 186.
260 BB 1976, 72
261 Nach Ansicht von *Tiedke/Möllmann*, DB 2004, 587 und *Beckmann* in *Martinek/Stoffels/Wimmer-Leonhardt*, § 26 Rn 87 wird die Stellung des Leasinggebers als wirtschaftlicher Eigentümer durch die Wertberichtigung nicht tangiert; a. A. *Graf von Westphalen*, Der Leasingvertrag, Kap. H Rn 211.
262 *Graf von Westphalen*, Der Leasingvertrag, Kap. H Rn 186.
263 *Beckmann* in *Martinek/Stoffels/Wimmer-Leonhardt*, § 26 Rn 86.
264 *Assies*, BKR 2002, 317, 319.

logisch dahingehend auszulegen, dass der Leasingnehmer berechtigt sein soll, die Lieferung an sich selbst, Übereignung aber nur an den Leasinggeber zu verlangen.[265] Die Übereignung vollzieht sich nach den Grundsätzen des Geheißerwerbs, wobei der Leasingnehmer stellvertretend für den Leasinggeber handelt.[266]

L340 Vom Verkäufer im Zuge der Nachlieferung zu erstattende notwendige **Verwendungen** oder **andere Aufwendungen** (§ 347 Abs. 2 BGB), die der Leasinggeber als Käufer vom Verkäufer zu beanspruchen hat, stehen im Innenverhältnis der Parteien des Leasingvertrages dem Leasingnehmer zu, soweit sie bei ihm angefallen sind und er die Kosten hierfür getragen hat. Die Frage, ob dem Leasingnehmer eventuell ein Direktanspruch gegen den Lieferanten zusteht, wurde – soweit ersichtlich – noch nicht vertieft (Zur gleichen Fragestellung beim Rücktritt siehe Rn L359).

c) Wertersatz für die Nutzung des mangelhaften Fahrzeugs

L341 Nach der Entscheidung des EuGH v. 17. 4. 2008[267] kann der Verkäufer von einem Käufer mit Verbraucherstatus im Falle der Ersatzlieferung für die Nutzung des mangelhaften Fahrzeugs keine Nutzungsvergütung verlangen. Wie sich das EuGH-Urteil auf den **Verbraucher-Leasingvertrag** auswirkt, ist noch weitgehend unklar. Dem Verbraucher-Leasingnehmer verschafft das Urteil insoweit keinen Vorteil, da er ohnehin nicht verpflichtet wäre, dem Lieferanten den Wert der gezogenen Nutzungen zu vergüten. Diese Pflicht trifft den Leasinggeber als Käufer und Partei des Austauschverhältnisses. Der Leasinggeber besitzt gegen den Leasingnehmer keinen bereicherungsrechtlichen Erstattungs- oder Freistellungsanspruch, da dieser das mangelhafte Fahrzeug aufgrund des fortbestehenden Leasingvertrages – also nicht rechtsgrundlos- genutzt und dafür die Leasingraten gezahlt hat. Eine im Leasingvertrag enthaltene Klausel, die den Leasingnehmer verpflichtet, dem Leasinggeber eine von ihm an den Lieferanten gezahlte Nutzungsvergütung zu erstatten, scheitert nach überwiegend vertretener Ansicht an § 307 Abs. 2 Nr. 1 BGB.[268] Die Klausel wird nicht dadurch wirksam, dass der Leasinggeber den Leasingnehmer an einem höheren Restwert des Ersatzfahrzeugs beteiligt.[269] Beim Kfz-Leasing ist in hohem Maße ungewiss, ob und in welcher Höhe am Vertragsende ein Mehrwert zu erzielen ist. Dies liegt daran, dass ein im Austausch geliefertes Leasingfahrzeug durch die Ingebrauchnahme sofort erheblich an Wert verliert (üblicherweise sind es 15–20 %) und bei längerer Nutzungsdauer eine Angleichung an den Wertverlust des ursprünglichen Fahrzeugs stattfindet. Es kann durchaus sein, dass die im Endeffekt niedrigere Laufleistung und das geringere Alter des Ersatzfahrzeugs bei der Verwertung nicht oder kaum werterhöhend zu Buche schlagen. Da sich nicht absehen lässt, ob und in welcher Größenordnung die Nutzungsentschädigung durch einen möglicherweise erzielbaren Höherwert kompensiert wird, eignet sich eine solche Regelung nicht zur Rettung der Klausel. Zudem würde eine Klausel, die dem Leasingnehmer den gesamten Mehrerlös zuweist, die Zuordnung des wirtschaftlichen Eigentums beim Leasinggeber und damit die steuerliche Konzeption des Leasingvertrages gefährden.

Eine neben die Pflicht zur Zahlung der Leasingraten tretende vertragliche Pflicht zur Erstattung der Nutzungsvergütung lässt sich auch nicht mit der Begründung rechtfertigen, der

---

265 *Reiner/Kaune*, WM 2002, 2314, 2318.
266 Ausführlich *Schmalenbach/Sester*, WM 2002, 2184, 2188; Klauselempfehlung von *Beckmann*, FLF 2002, 46, 50.
267 NJW 2008, 1433.
268 *Wolf/Eckert/Ball*, Rn 1820; *Beckmann* in *Martinek/Stoffels/Wimmer-Leonhardt*, § 26 Rn 92; *Graf von Westphalen*, Der Leasingvertrag Rn 194; *Reinking* in *Reinking/Kessler/Sprenger*, § 8 Rn 29; *Zahn*, DB 2002, 496 ff.; a. A. *Assies*, BKR, 2002, 317,319; *Reinicke/Möllmann*, DB 2004, 583,587.
269 *Zahn*, DB 2002, 985, 986; *Reinking*, DAR 2002, 496 f.

Leasingnehmer sei durch die Abtretungskonstruktion einem Käufer gleichgestellt und müsse sich deshalb damit abfinden, wie ein Käufer für den Gebrauch der mangelhaften Sache eine Vergütung zu zahlen.[270] Für den Verbraucher-Leasingnehmer geht diese Argumentation schon deshalb ins Leere, weil ihm als Käufer eines Verbrauchsgüterkaufs eine solche Verpflichtung grundsätzlich nicht auferlegt werden darf.[271] Der Hinweis auf die Abtretungskonstruktion ist für die verbleibende Unternehmerklientel fragwürdig, weil die darin enthaltene Freizeichnung von der Vermieterhaftung nur funktioniert, wenn der Leasinggeber die Folgen, die sich aus der Geltendmachung der kaufrechtlichen Sachmängelrechte ergeben, unbedingt und einschränkungslos akzeptiert. Der dem Verkäufer geschuldete Wertersatz für die Nutzung gehört zu eben diesen vom Leasinggeber hinzunehmenden Konsequenzen. Dass der Vergleich des Leasingnehmers mit einem Käufer im Zusammenhang mit der Nutzungsvergütung fehl am Platz ist, zeigt sich auch daran, dass eine vom Käufer zu entrichtende Vergütung für den Gebrauch der mangelhaften Kaufsache durch den höheren Zeitwert der Ersatzsache sofort und in voller Höhe ausgeglichen wird, während der Leasingnehmer (entsprechende Vertragsgestaltung vorausgesetzt) erst am Vertragsende von deren höheren Wert profitiert. Ein weiterer Vorteil für den Käufer besteht darin, dass er als Gegenwert für die Nutzungsentschädigung eine insgesamt längere Gesamtnutzungsdauer als ein Leasingnehmer erhält.

Nach alledem führt kein Weg daran vorbei, die mit der Ersatzlieferung verbundenen Risiken der **Sphäre des Leasinggebers** zuzuweisen.[272] Hiervon abweichende Regelungen in AGB sind zu missbilligen. Es ist bereits zweifelhaft, ob sie wegen ihres überraschenden Inhalts überhaupt Vertragsbestandteil werden (§ 305c BGB), da der Leasingnehmer normalerweise nicht damit rechnet, dass er mit zusätzlichen Kosten belastet wird, von denen im individuell gestalteten Teil des Leasingvertrages keine Rede ist. Jedenfalls aber liegt eine unangemessene Benachteiligung des Leasingnehmers iSv § 307 BGB vor, so dass der Klausel die Wirksamkeit unabhängig davon zu versagen ist, ob der Leasingnehmer den Vertrag als Verbraucher oder als Unternehmer abgeschlossen hat.

Da der Leasinggeber somit keine Möglichkeit besitzt, die Nutzungsvergütung an den Leasingnehmer weiter zu reichen, entsteht eine **Deckungslücke** im Leasingvertrag, welche die Vollamortisation des Leasinggebers gefährdet.

Dieses von der Ersatzlieferung ausgehende „Störpotenzial" wird durch das EuGH-Urteil nicht entschärft, da es für den unternehmerischen Geschäftsverkehr nichts hergibt.[273] Denn nach dem Willen des deutschen Gesetzgebers und nach der im Schrifttum vorherrschenden Meinung ist wohl davon auszugehen, dass im unternehmerischen Geschäftsverkehr im Fall der Ersatzlieferung eine Nutzungsvergütung für das zurückgewährte Leasingfahrzeug zu entrichten ist.[274] Der Leasinggeber kann die Nutzungsvergütung nur dadurch abwenden, dass er mit dem Lieferanten eine entsprechende Vereinbarung trifft. Ob er durch Eintritt in eine Verbraucherbestellung oder Übernahme eines den Bestimmungen der §§ 474ff. BGB unterliegenden Kaufvertrages die Nutzungsvergütung für den Fall der Ersatzlieferung verhindern kann, lässt sich bei dem momentanen Stand der Diskussion nicht abschätzen.

Noch ist nicht klar, ob sich der Leasinggeber bei den Vertragsmodellen, die eine Restwertbeteiligung des Leasingnehmers vorsehen,[275] den auf der Ersatzlieferung beruhenden Höherwert des Fahrzeugs vertraglich allein zurechnen darf. Dafür spricht seine Stellung

---

270 *Jaggy*, BB 2002 Beil.5, 14ff, 19.
271 EuGH 17.4.2008, NJW 2008, 1433.
272 AA. *Wolf/Eckert/Ball*, Rn 1821, die für eine Risikoteilung eintreten.
273 *Graf von Westphalen*, Der Leasingvertrag, Kap. H Rn 188.
274 *Staudinger/Matusche-Beckmann* § 439 BGB Rn 56; *Fest*, NJW 2005, 2959, 2960; *Graf von Westphalen*, Der Leasingvertrag Rn 189 mwN.
275 *Graf von Westphalen*, Der Leasingvertrag, Kap. H 206.

als **rechtlicher** und **wirtschaftlicher Eigentümer** des Leasingfahrzeugs. Ein Anspruch auf die Wertdifferenz besteht umso mehr, wenn der Leasinggeber an den Lieferanten für die Nutzung des mangelhaften Fahrzeugs eine Gebrauchsvergütung gezahlt hat. Eine im Leasingvertrag geregelte **Beteiligung des Leasingnehmers** an einem höheren Restwert erscheint jedoch angebracht, wenn er das mangelhafte Fahrzeug bis zur Ersatzlieferung nicht oder nur eingeschränkt nutzen konnte und in dieser Zeit die Leasingraten an den Leasinggeber gezahlt hat. Da der Leasingnehmer nach hier vertretener Auffassung wegen eines Sachmangels kein Leistungsverweigerungsrecht hinsichtlich der Leasingraten besitzt, er also bis zum Fehlschlagen der Nacherfüllung das Gebrauchsrisiko trägt, ist eine Beteiligung des Leasingnehmers am Mehrerlös nur insoweit gerechtfertigt, als dieser das Vollamortisationsinteresse des Leasinggebers übersteigt.

Da – wie an anderer Stelle dargelegt wurde – die Ersatzlieferung für den Neuwagenkauf keine bedeutende Rolle spielt und beim Gebrauchtwagenkauf ohnehin selten in Betracht kommt, kann die Kfz- Leasingbranche mit der Problematik gelassen umgehen.

3. Rücktritt vom Kaufvertrag

a) Außergerichtliche und prozessuale Vorgehensweise

L345 Wenn feststeht, dass die Nacherfüllung fehlgeschlagen ist, greifen die subsidiären Rechte gem. § 437 Nr. 2 und Nr. 3 BGB, ohne dass es dem Leasingnehmer verwehrt ist, den bereits einmal gescheiterten Nacherfüllungsanspruch weiter zu verfolgen.

L346 Der Leasinggeber kann den Rücktritt nach dem Scheitern der Nacherfüllung nicht dadurch abwenden, dass er dem Leasingnehmer im Austausch ein mangelfreies Ersatzfahrzeug anbietet.[276] Eine Klausel im Leasingvertrag, die das Rücktrittsrecht des Leasingnehmers durch einen Anspruch auf Lieferung eines anderen mangelfreien Fahrzeugs des gleichen Typs ersetzt, wahrt die Interessen des Leasingnehmers nicht angemessen, da § 439 Abs. 1 BGB dem Leasingnehmer diesen Anspruch bereits auf der vorrangigen Anspruchsebene der Nacherfüllung gegen den Verkäufer zubilligt.

L347 Wegen des Erfordernisses der unbedingten und vorbehaltlosen Abtretung der Sachmängelrechte ist der Leasingnehmer berechtigt, die in § 437 Nr. 2 und Nr. 3 aufgeführten Sekundärrechte (Rücktritt, Minderung, Schadensersatz, Ersatz vergeblicher Aufwendungen) **ohne Mitwirkung** des Leasinggebers gegenüber dem Lieferanten geltend zu machen. Der Leasinggeber darf die Art und Weise der Anspruchsverfolgung nicht von der Einhaltung bestimmter Abwicklungsmodalitäten abhängig machen, wenn hierdurch die Sachmängelansprüche des Leasingnehmers eingeschränkt werden.

L348 Unzulässig ist die Auferlegung einer **Klagepflicht**, da dem Leasingnehmer aufgrund der leasingtypischen Abtretungskonstruktion nicht die Möglichkeit genommen werden darf, sich mit dem Lieferanten einvernehmlich auf eine Rückabwicklung zu verständigen. Es ist dem Leasinggeber aber gestattet, sachdienliche Anweisungen zu erteilen (zB Rückzahlung des Kaufpreises an den Leasinggeber zu beantragen) und den Leasingnehmer gegebenenfalls unter gleichzeitiger Freistellung vom Kostenrisiko zu beauftragen, **Aufwendungs- und Schadensersatzansprüche** geltend zu machen, die ihm als Leasinggeber gegen den Lieferanten zustehen.[277]

L349 Einigen sich Leasingnehmer und Lieferant außergerichtlich auf eine Rückabwicklung des Kaufvertrages, ist der Leasinggeber daran **gebunden**, sofern Leasingnehmer und Lie-

---

276 BGH 2. 12. 1981, BB 1982, 208.
277 *Beckmann* in *Martinek/Stoffels/Wimmer-Leonhardt*, § 25 Rn 36 ff.

ferant nicht kollusiv zum Nachteil des Leasinggebers gehandelt haben.[278] Der Lieferant kann die Einigung nicht von seiner Zustimmung abhängig machen und den Leasingnehmer nicht zu einer gerichtlichen Durchsetzung der Ansprüche zwingen.

Nach einer Entscheidung des OLG Koblenz ist von einem Einverständnis des Verkäufers mit der vom Leasingnehmer verlangten Rückabwicklung des Kaufvertrages auszugehen, wenn er das als mangelhaft beanstandete Fahrzeug beim Leasingnehmer abholt und dabei auch die Kfz-Papiere, sämtliche Fahrzeugschlüssel und das komplette Zubehör an sich nimmt, ohne das reparierte Fahrzeug dem Leasingnehmer wieder anzubieten.[279]

Kommt es zu keiner außergerichtlichen Einigung, ist der Leasingnehmer berechtigt und verpflichtet, den Rücktritt im Klagewege geltend zu machen. Aufgrund der Abtretungskonstruktion ist er prozessführungsbefugt.[280] Den Nachweis seiner Aktivlegitimation kann der Leasingnehmer durch Vorlage des Leasingvertrages erbringen. **L350**

Hinsichtlich der dem Leasinggeber zustehenden Ansprüche handelt der Leasingnehmer als gewillkürter Prozessstandschafter.[281] Die Unwirksamkeit der Abtretungskonstruktion beseitigt nicht die Aktivlegitimation des Leasingnehmers; materiellrechtlich handelt er in GoA für den Leasinggeber.[282]

Über die Einleitung des Prozessverfahrens muss der Leasingnehmer den Leasinggeber umfassend unterrichten. Die Verpflichtung hierzu ergibt sich aus der Abtretungskonstruktion und der damit zusammenhängenden Konsequenzen für den Leasinggeber (Leistungsverweigerungsrecht des Leasingnehmers und Rückgängigmachung des Leasingvertrages).[283] Die Regelung in Abschn. XIII. Abs. 5 VDA-Muster-Leasing-AGB hat lediglich eine klarstellende Funktion. Verletzt der Leasingnehmer seine Unterrichtungspflicht, kann dem Leasinggeber daraus ein auf Freistellung von den Folgen des Rücktritts gerichteter Schadensersatzanspruch erwachsen, zu dessen Substantiierung er vortragen muss, was er bei rechtzeitiger Mitteilung zur Vermeidung seines durch den Rücktritt entstandenen Schadens unternommen hätte.[284] **L351**

Der Leasinggeber hat die **Mitwirkungspflicht**, dem Leasingnehmer die zur Prozessführung erforderlichen Informationen zu erteilen und ihm die Beweismittel zur Verfügung zu stellen. Für den Klageantrag muss der Leasingnehmer wissen, welchen Kaufpreis der Leasinggeber an den Lieferanten gezahlt hat, an welchem Tag die Zahlung geleistet wurde und wie hoch die Zinsen sind. **L352**

Wegen der Bindungswirkung des Lieferprozesses ist eine **Streitverkündung** nicht erforderlich, weder vom Leasingnehmer noch vom Lieferanten.[285] Für den Leasinggeber kann es ratsam sein, dem Prozess auf Seiten des Leasingnehmers oder auf Seiten des Lieferanten als **Streithelfer** beizutreten, er darf sich aber nicht in Widerspruch zu Erklärungen der von ihm unterstützten Partei setzen.[286]

Aus der Abtretungskonstruktion – wie auch aus der Ermächtigungskonstruktion – ergibt sich für den im Wege der **Leistungsklage** gegen den Lieferanten vorgehenden Leasingnehmer die Notwendigkeit, den Klageantrag dahingehend zu formulieren, dass die Rückzah- **L353**

---

278 BGH 27. 2. 1985, WM 1985, 573.
279 Urt. v. 13. 7. 2006 – 5 U 1847/06 – zit. in ZAP Nr. 6 vom 14. 3. 2007 S. 273.
280 Zöller/*Vollkommer*, ZPO vor § 50 Rn 18, 42 ff.
281 BGH 23. 2. 1977, NJW 1977, 848; *Beckmann* in *Martinek/Stoffels/Wimmer-Leonhardt*, § 28 Rn 5 und 6.
282 *Ehlert* in *Bamberger/Roth*, § 535 Rn 76.
283 BGH 16. 9. 1981, NJW 1982, 105.
284 BGH 13. 3. 1991, ZIP 1991, 521.
285 BGH 7. 10. 1992, NJW 1993, 122.
286 *Beckmann* in *Martinek/Stoffels/Wimmer-Leonhardt*, § 28 Rn 35 mwN.

lung des Kaufpreises zuzüglich Zinsen an den Leasinggeber[287] zu erfolgen hat, Zug um Zug (§ 348 BGB) gegen Herausgabe des Leasingfahrzeugs (zu den weiteren Anforderungen der Rücktrittsklage Rn 681 ff.). Eine Klage auf Zustimmung zum Rücktritt ergibt keinen Sinn und für eine Klage auf Feststellung der Wirksamkeit des Rücktritts fehlt das Feststellungsinteresse,[288] es sei denn, der Leasingnehmer verfügt nicht über die für eine Leistungsklage erforderlichen Informationen zur Höhe des zwischen Leasinggeber und Lieferant vereinbarten Kaufpreises und dem Zeitpunkt der Zahlung. Kennt er die Sonderkonditionen, die der Leasinggeber mit dem Lieferanten vereinbart hat, muss er sie in seinem Klageantrag berücksichtigen. Er verletzt die sich aus der Abtretungskonstruktion ergebende Pflicht zur ordnungsgemäßen Geltendmachung der Sachmängelansprüche und haftet dem Leasinggeber auf Schadensersatz, wenn er – wie geschehen – anstelle des Kaufpreises nur die von ihm gezahlten Leasingraten Zug um Zug gegen Herausgabe des Fahrzeugs verlangt.

L354 Falls der Leasingnehmer alle Ansprüche des Leasinggebers erfüllt und das Fahrzeug aufgrund eines vom Leasinggeber geltend gemachten Andienungsrechts oder einer Kaufoption erworben hat, kann er ausnahmsweise Zahlung des Kaufpreises an sich selbst verlangen.[289] Obwohl der Leasingnehmer nicht selbst Partei des Kaufvertrages ist, billigt ihm *Beckmann*[290] das Recht zu, beim nachträglichen Eintrittsmodell die Rückzahlung von Voraus-, Abschlags- oder Anzahlungen an sich selbst zu beantragen, die er an den Lieferanten gezahlt hat. Dem ist zuzustimmen, soweit[291] es sich um Zahlungen handelt, die auf den Kaufpreis gezahlt wurden und nicht Gegenstand der Leasingfinanzierung sind.

L355 Hat der Leasingnehmer seinen **Altwagen** beim Lieferanten **in Zahlung** gegeben, muss er dessen Rückgabe an den Leasinggeber verlangen, wenn das Fahrzeug noch zurückgegeben werden kann und der für das Altfahrzeug angerechnete Betrag als Mietsonderzahlung in den Leasingvertrag eingeflossen ist.[292] Diente die Inzahlungnahme der Kaufpreisreduzierung, kann der Leasingnehmer Rückgabe des Gebrauchtfahrzeugs an sich verlangen. Im Falle einer Unmöglichkeit der Fahrzeugrückgabe ist Antrag auf Wertersatz in Höhe des Anrechnungspreises (Rn 841) zu stellen und je nach Verwendungszweck Zahlung an den Leasinggeber oder an den Leasingnehmer zu verlangen.

L356 Der Leasinggeber besitzt gegen den Lieferanten Anspruch auf Herausgabe der **Zinsen,** die dieser durch die Kaufpreiszahlung erzielt oder erspart hat oder nach den Regeln einer ordnungsgemäßen Wirtschaft hätte erzielen können. Der Leasingnehmer muss den Zinsanspruch des Leasinggebers in dem auf Rückabwicklung des Kaufvertrages gerichteten Prozessverfahren geltend machen. Diese Verpflichtung ergibt sich aus § 241 Abs. 2 BGB[293] oder aus den Leasing-AGB. Da das Rücktrittsrecht keinen Anspruch auf Regelverzinsung des Kaufpreises vorsieht, muss der Leasingnehmer Höhe und Erzielbarkeit der Zinsen konkret darlegen und unter Beweis stellen. Hat der Lieferant die zum Rücktritt führende Pflichtverletzung zu vertreten, haftet er dem Leasinggeber auf Ersatz der vergeblich aufgewendeten **Refinanzierungskosten** und des **entgangenen Gewinn**. Bei der Geltendmachung dieser Ansprüche ist der Leasingnehmer auf die Unterstützung und Mitwirkung des Leasinggebers angewiesen. Versäumt der Leasingnehmer die Geltendmachung des Zinsanspruchs, kann darin eine – Schadensersatzansprüche des Leasinggebers begrün-

---

287 OLG Düsseldorf 23. 11. 1989, NJW-RR 1990, 1143 – zur Klage auf Zustimmung zur Wandlung –; aA *Beckmann*, § 6 Rn 66, 50.
288 *Beckmann*, § 6 Rn 63.
289 *Beckmann*, § 6 Rn 72 entgegen OLG Köln 3. 11. 1995, NJW-RR 1996, 559.
290 § 6 Rn 73.
291 *Beckmann*, § 6 Rn 82.
292 BGH 30. 10. 2002, WM 2003, 792.
293 *Kather*, CR 1988, 470; *Beckmann* in *Martinek/Stoffels/Wimmer-Leonhardt*, § 28 Rn 46; aA OLG Köln 3. 11. 1995, NJW-RR 1996, 559,561.

dende – Pflichtverletzung liegen, durch die der Leasingnehmer seine gegen den Leasinggeber gerichteten Ansprüche auf Herausgabe der erzielten, ersparten und erzielbaren Zinsen aufs Spiel setzt.

Eine rechtskräftige Verurteilung des Lieferanten, die nicht unbedingt auf Grund streitiger Verhandlung ergangen sein muss, sondern auch auf dessen Säumnis beruhen kann, muss der Leasinggeber gegen sich geltend lassen. Zur Annahme eines **kollusiven Zusammenwirkens** reicht allein der Umstand, dass der Leasinggeber ein Versäumnisurteil gegen sich hat ergehen lassen, nicht aus.[294] Er kann sich nicht darauf berufen, ihm sei keine Gelegenheit zur Mitwirkung und Wahrung seiner Rechte eingeräumt worden.[295] Mit allen Einwendungen, die sich gegen die Feststellung von Mängeln und das Recht zur Geltendmachung solcher Mängel richten, ist der Leasinggeber ausgeschlossen. Er wird nicht damit gehört, Mängelansprüche seien durch rügelose Abnahme verfallen oder die Verjährung sei schon vor Beginn des Prozessverfahrens wegen der Sachmängel eingetreten.[296]

L357

Einen **Verzicht** des Leasingnehmers auf Rückzahlungsansprüche aus dem Kaufvertrag muss sich der Leasinggeber nicht entgegenhalten lassen, es sei denn, er hat seine vorherige Zustimmung erteilt.[297] Dies ist in Abschn. XIII. Nr. 1 Abs. 3 VDA-Muster-Leasing-AGB ausdrücklich vorgesehen. Nach Ansicht von *Beckmann*[298] liegt darin eine mit der Abtretungskonstruktion nicht zu vereinbarende Beschränkung der dem Leasingnehmer zustehenden Verfügungs- und Vergleichsbefugnis.

L358

Notwendige **Verwendungen** und andere **Aufwendungen,** die der Leasingnehmer auf das Fahrzeug gemacht hat, sind von der Abtretungserklärung mitumfasst und vom Lieferanten nach § 347 Abs. 2 BGB zu ersetzen, letztere nur insoweit, als der Verkäufer durch sie bereichert ist. Der Leasingnehmer kann Zahlung an sich selbst verlangen, obwohl er nicht Partei des Kaufvertrages ist.[299] Dies gilt auch im Hinblick auf Ansprüche gegen den Lieferanten aus Zusatzverträgen zum Kaufvertrag, die aufgrund eines vorhandenen Einheitswillens zusammen mit dem Leasingvertrag rückabgewickelt werden.[300] An der in der Vorauflage vertretenen gegenteiligen Auffassung wird nicht festgehalten. Aufwendungen des Leasingnehmers im **Zusammenhang mit der Nacherfüllung** (§ 339 Abs. 2 BGB) fallen nicht unter die nachrangige Haftung des Leasinggebers, da der Lieferant nach Auslieferung des Fahrzeugs an den Leasingnehmer nicht mehr als Erfüllungsgehilfe des Leasinggebers tätig geworden ist. Verwendungen und Aufwendungen iSv § 347 Abs. 2 BGB sind in der Abrechnung des Leasingvertrages zugunsten des Leasingnehmer einzustellen, wenn der Lieferant dem Leasinggeber hierfür Ersatz geleistet hat.

L359

Die Ersatzansprüche für **notwendige Verwendungen** und **nützliche Aufwendungen** fallen unter den Insolvenzschutz. Der Leasinggeber kann sich gegenüber dem Leasingnehmer nicht darauf berufen, er habe die Ansprüche beim Lieferanten nicht realisieren können.

L360

Hinsichtlich der **Rechtsverfolgungskosten** ist zu beachten, dass es sich bei der Rückabwicklung eines Kfz-Leasingvertrages generell nicht um eine Einfachangelegenheit handelt, weil ein Dreiecksverhältnis vorliegt. Aus diesem Grunde ist eine 2,0-Gebühr angemessen.[301]

L361

---

294 BGH 13. 3. 1991, ZIP 1991, 519.
295 BGH 27. 2. 1985, WM 1985, 573.
296 BGH 13. 3. 1991, ZIP 1991, 519.
297 BGH 24. 6. 1992, WM 1992, 1609.
298 In *Martinek/Stoffels/Wimmer-Leonhardt*, § 27 Rn 24 ff, 27; § 28 Rn 37 ff.
299 *Beckmann* in *Martinek/Stoffels/Wimmer-Leonhardt*, § 28 Rn 73; § 26 Rn 101 ff.
300 BGH 14. 7. 1993, NJW 1993, 2436.
301 LG Ulm 24. 1. 2007 – 1 S 91/06, n. v.

L362 Erweist sich der Rücktritt als unbegründet, hat der Leasingnehmer die zurückgehaltenen Leasingraten zuzüglich der Zinsen an den Leasinggeber auszukehren. Außerdem haftet er dem Leasinggeber auf **Schadensersatz** gem. §§ 241 Abs. 2, 276, 280 BGB, es sei denn, er beweist, dass er die Pflichtverletzung nicht zu vertreten hat.[302]

L363 Ein vom Leasinggeber gegen den Leasingnehmer eingeleitetes Klageverfahren auf Zahlung der einbehaltenen Leasingraten ist wegen der **Vorgreiflichkeit** des die Sachmängel betreffenden Rücktrittsprozesses zwischen Leasingnehmer und Verkäufer nach § 148 ZPO auszusetzen.[303] Das Gleiche hat – umgekehrt – für eine auf § 313 Abs. 3 BGB gestützte Klage des Leasingnehmers zu gelten, mit der er die Rückabwicklung des Leasingvertrages verlangt.

b) Einbehalt der Leasingraten

L364 Ungeklärt ist die Frage, von welchem **Zeitpunkt** an Leasingnehmer mit und ohne Verbraucherstatus die Zahlung der Leasingraten verweigern dürfen, wenn sie wegen eines Mangels der Kaufsache den Rücktritt vom Kaufvertrag erklärt haben (§ 320 BGB).

Vor der Schuldrechtsreform galt, dass der Leasingnehmer, der die Wandlung des Kaufvertrages verlangte, berechtigt war, die Raten ab dem Zeitpunkt der **Klageerhebung** – mithin bereits vor Vollzug des Wandlungsrechts – einzubehalten.[304] Im Schrifttum gibt es Stimmen, die daran festhalten wollen, weil ihres Erachtens die Mängeleinrede erst mit Klageerhebung gegenüber dem Leasinggeber erheblich wird.[305] Aus § 320 Abs. 1 S. 1 letzter Halbsatz BGB leiten sie ab, der Leasingnehmer bleibe nach der Abnahme der Leasingsache so lange vorleistungspflichtig, bis er die ihm abgetretenen Rechte gegen den Lieferanten aktiv durchgesetzt habe.[306] Diese Argumentation ist nicht schlüssig, da die Vorleistungspflicht in dem Augenblick entfällt, in dem der vom Leasingnehmer erklärte Rücktritt wirksam wird. Ist der Rücktritt unwirksam, bleibt die Vorleistungspflicht bestehen und überdauert dann auch den Zeitpunkt der Klageerhebung.

L365 Nach der Gegenmeinung,[307] welche den Vorzug verdient, steht dem Leasingnehmer die Einrede des nicht erfüllten Vertrages bereits ab dem Zeitpunkt des Rücktritts zur Seite. Maßgeblich ist der Zeitpunkt des Zugangs der Rücktrittserklärung, welche bewirkt, dass die Erfüllungspflichten aus dem Leasingvertrag erlöschen (§§ 313 Abs. 3 S. 1, 346 BGB).

L366 Die leasingtypische Verknüpfung der Sachmängelrechte aus dem Kaufvertrag mit dem Schicksal des Leasingvertrages rechtfertigt keinen Aufschub des Einrederechts. Das mit dem sofortigen Einbehalt der Leasingraten verbundene Risiko ist für den Leasinggeber zumutbar, denn es besteht allein darin, dass der Leasingnehmer **zahlungsunfähig** wird. Demgegenüber trägt der Leasingnehmer das **Risiko der Fehlbeurteilung** mit allen sich daraus ergebenden Konsequenzen. Stellt sich heraus, dass der Rücktritt unbegründet ist, werden ihm die Prozesskosten auferlegt. Dem Leasinggeber schuldet er die sofortige Zahlung der rückständigen Leasingraten zuzüglich der aufgelaufenen Verzugszinsen. Weiterhin riskiert er, dass der Leasinggeber den Leasingvertrag wegen Zahlungsverzugs fristlos gem. § 543 Abs. 2 BGB kündigt. Diese Konsequenz kann der Verbraucher-Leasingnehmer allerdings dadurch abwenden, dass er innerhalb der zweiwöchigen Frist des § 498 Abs. 1 Nr. 2

---

302 *Graf von Westphalen*, ZIP 2001, 2258, 2261.
303 BGH 19. 2. 1986 NJW 1986, 1744 ff.
304 BGH 19. 2. 1986, NJW 1986, 1744.
305 *Beckmann*, § 2 Rn 217; *ders.* FLF 2006, 34 ff. mwN.; *Erman/Jendrek*, Anh. § 535 Rn 32.
306 *Beckmann* in *Martinek/Stoffels/Wimmer-Leonhardt*, § 27 Rn 142.
307 *Graf von Westphalen*, Der Leasingvertrag, Kap. H Rn 39 ff.; *Reinking* in *Reinking/Kessler/Sprenger*, § 8 Rn 47; *ders.* ZGS 2002, 234; *Löbbe*, BB-Beilage 6/2003, 11; aA *Wolf/Eckert/Ball*, Rn 1859; *Beckmann*, § 5 Rn 26.

Auswirkungen der Sachmängelhaftung auf den Leasingvertrag

BGB den rückständen Betrag begleicht. Das Abstellen auf den Zeitpunkt des Zugangs der Rücktrittserklärung entspricht dem Leitbild des Mietrechts, dem der Kfz-Leasingvertrag untersteht. Der Anspruch des Vermieters auf Fortzahlung der Miete erlischt oder wird herabgesetzt, sobald ein Mangel auftritt, der die Tauglichkeit der Mietsache aufhebt oder mindert (§ 536 BGB). Ein entsprechendes Ergebnis lässt sich beim Leasingvertrag nur über die Einräumung eines „sofort" wirkenden Einrederechts nach § 320 BGB erzielen.

Die **praktischen Auswirkungen** des Meinungsstreits über den Zeitpunkt der Entstehung des Leistungsverweigerungsrechts sind gering. Weist der Lieferant den Rücktritt zurück, ist der Leasingnehmer gehalten, die Ansprüche aus dem Rückabwicklungsverhältnis unverzüglich gerichtlich zu verfolgen. Da ihm für die Klageerhebung ein Zeitraum von maximal 2 Monaten zugebilligt werden kann, erhöht sich das Risiko der Einbringlichkeit um zwei Leasingraten. **L367**

Unter den Voraussetzungen von § 359 Abs. 3 S. 3 BGB ist der **Verbraucher-Leasingnehmer** bereits ab dem Zeitpunkt des Fehlschlagens der Nacherfüllung berechtigt, die Zahlung der Leasingraten einzustellen. Der Erklärung des Rücktritts bedarf es nicht. Es ist aber zu verlangen, dass sich der Leasingnehmer wegen der Auswirkungen auf den Einwendungsdurchgriff alsbald nach dem Fehlschlagen der Nacherfüllung für eines der ihm zustehenden Rechte entscheidet. Fällt die Wahl des Leasingnehmers auf das Minderungsrecht oder die Geltendmachung des kleinen Schadensersatzanspruchs, kann er – anders als bei einem Rücktritt und bei der Geltendmachung des Anspruchs auf den großen Schadensersatz – die Leasingraten nur unter bestimmten Voraussetzungen in vollem Umfang einbehalten (Rn L392). **L368**

Dem Verbraucher-Leasingnehmer bleibt es unbenommen, einen fortbestehenden Anspruch auf Nacherfüllung weiterzuverfolgen, obwohl die Voraussetzungen des Fehlschlagens iSv § 359 Abs. 3 S. 3 BGB vorliegen. Ihm kann dann allerdings nicht das Recht zugestanden werden, die Leasingraten ganz oder teilweise einzubehalten, da der Einwendungsdurchgriff subsidiär ist[308] und der Vorrang der Nacherfüllung erst dann entfällt, wenn der Käufer an ihr nicht mehr festhält. **L369**

Das Recht zur Zurückhaltung der Leasingraten ist dem Verbraucher-Leasingnehmer auch dann zu versagen, wenn er trotz Fehlschlagens der Nacherfüllung die ihm zur Wahl stehenden Sachmängelrechte aus dem Kaufvertrag nicht weiterverfolgt, obwohl er dazu aufgrund des Leasingvertrages verpflichtet ist.

Nicht gesetzeskonform ist die Regelung in Abschn. XIII. Nr. 6 VDA-Muster-Leasing-AGB, die an die höchstrichterliche Rechtsprechung aus der Zeit vor der Schuldrechtsreform anknüpft und dem Leasingnehmer das Recht gewährt, die Leasingraten zurückzuhalten, nachdem der Verkäufer einen geltend gemachten Anspruch auf Nacherfüllung, Rückabwicklung des Kaufvertrages oder Minderung des Kaufpreises abgelehnt hat, vorausgesetzt, dass der Leasingnehmer spätestens innerhalb von 6 Wochen Klage gegen den Verkäufer erhebt. Selbst wenn man entgegen der hier vertretenen Ansicht den Zeitpunkt der Klageerhebung als maßgeblichen Zeitpunkt für das Leistungsverweigerungsrecht erachtet, ist die Regelung zu beanstanden, weil die Ablehnung des Verkäufers nur eine Variante des Fehlschlagens der Nacherfüllung darstellt (§ 440 BGB). Beim Leasingnehmer erweckt sie den unzutreffenden Eindruck, als habe er nur unter dieser einen Voraussetzung das Recht zum Einbehalt der Raten. Außerdem berücksichtigt die Klausel nicht den Fall des § 359 S. 3 BGB. **L370**

---

308 *Möller* in *Bamberger/Roth*, § 359 Rn 5.

c) Rückwirkender Wegfall des Leasingvertrages

L371 Unter der Ägide des Gewährleistungsrechts herrschte die Ansicht vor, dass dem Leasingvertrag durch die Wandlung des Kaufvertrags[309] und eine vom Leasingnehmer erklärte wirksame Anfechtung des Kaufvertrages[310] die **Geschäftsgrundlage** von Anfang an fehlt, so dass automatisch alle mit dem Leasingvertrag in Zusammenhang stehenden wechselseitigen Verpflichtungen rückwirkend entfallen und die bereits ausgetauschten Leistungen nach Bereicherungsrecht zurückzugewähren sind. Auf dieses Lösungsmodell hat der BGH[311] auch in einem Fall zurückgegriffen, in dem der Lieferant einen mit den Parteien des Leasingvertrages vereinbarten **Umtauschvertrag** nicht erfüllt hatte, da die abgetretenen Gewährleistungsansprüche dem Leasingnehmer nicht weiterhalfen.

L372 Die Schuldrechtsreform hat Verunsicherungen hervorgerufen und die Diskussion über den rückwirkenden Wegfall des Leasingvertrages wegen Fehlens der Geschäftsgrundlage neu belebt. Kritiker[312] der BGH-Rechtsprechung, die eine Rückabwicklung des Leasingvertrages wegen der Finanzierungsfunktion des Leasinggebers schon immer für verfehlt hielten, sehen sich durch das modernisierte Schuldrecht in ihrer Auffassung bestärkt, wobei sie sich auf die (neuen) Bestimmungen der §§ 313, Abs. 3 S. 2, 314 BGB zur Kündigung von Dauerschuldverhältnissen berufen. Sie verkennen allerdings, dass der Gesetzgeber nicht die Absicht hatte, die zum gesicherten Rechtsbestand zählende **Rücktrittslösung** des BGH durch diese Vorschriften zu verändern.[313] Vor allem aber würde das von ihnen favorisierte Gegenmodell der **Kündigung**, das lediglich ex nunc-Wirkung entfaltet und es bei dem bis dahin erfolgten Leistungsaustausch belässt, den Besonderheiten des Leasingvertrages nicht gerecht.[314]

L373 Die leasingtypische Abtretungskonstruktion erfordert nach ständiger höchstrichterlicher Rechtsprechung,[315] dass der Leasingvertrag rückwirkend aufgehoben wird, wenn der Käufer wirksam vom Kaufvertrag zurückgetreten ist. Die Überlassung eines mangelfreien Fahrzeugs gehört zu den Hauptpflichten des Leasinggebers. Wenn er diese Pflicht nicht erfüllt, besitzt er keinen Anspruch auf die Gegenleistung. Durch die in § 313 Abs. 3 S. 2 BGB für **Dauerschuldverhältnisse** vorgesehene Möglichkeit der Kündigung würde die Äquivalenzstörung nicht beseitigt, da der Leasinggeber die bis zur Kündigung gezahlten Leasingraten behalten dürfte, obwohl er seiner Gebrauchsverschaffungspflicht nicht nachgekommen ist. Da der Leasingnehmer nicht für etwas zahlen muss, was er nicht bekommen hat, kann ihm nur durch eine rückwirkende Aufhebung des Leasingvertrages geholfen werden.

---

309 BGH 23. 2. 1977, BGHZ 68, 126; 16. 9. 1981, BB 1981, 2093; 25. 10. 1989, NJW 1990, 314; OLG Hamm 2. 12. 1982, BB 1983, 337; *Tiedke*, JZ 1991, 19 ff.; aA *Lieb*, DB 1988, 2495, 2496; *Schröder*, JZ 1989, 717.
310 *Sannwald*, S. 182.
311 Urt. v. 30. 7. 1997, DB 1997, 1970.
312 *Staudinger/Stoffels*, Leasing Rn 251 ff.; *Löbbe*, BB-Beilage Nr. 6/2003 S. 13 ff.; *Arnold* in *Dauner-Lieb/Konzen/Schmidt*, S. 589, 606 ff.; *Lieb*, WM-Beilage Nr. 6/1992, S. 1, 4; *Canaris*, Bankvertragsrecht, Rn 1744; *Papapostolou*, S. 92 ff.
313 *Graf von Westphalen*, Der Leasingvertrag, Kap. H 148, 154.
314 Nach einer im Schrifttum vertretenen Mindermeinung sind zur Herbeiführung der ex-tunc-Wirkung die Folgen der Rückabwicklung des Kaufvertrages für den Leasingvertrag nach den Regeln der Unmöglichkeit zu bestimmen. Da hiernach die Rückabwicklung des Liefervertrags nach § 326 Abs. 4 BGB auf den Leasingvertrag durchschlagen würde, wäre ein Rücktritt vom Leasingvertrag gem. § 313 BGB entbehrlich. Diese Ansicht, die nach der Schuldrechtsreform maßgeblich von MüKo-BGB/*Habersack*, Leasing Rn 100 m. w. N. vertreten wurde, hat sich in der Praxis nicht durchsetzen können. Sie würde voraussetzen, dass der Leasinggeber den fortwährenden Gebrauch einer funktionstauglichen Leasingsache nach deren Übergabe an den Leasingnehmer zu gewähren hätte, was jedoch nicht der Fall ist- *Arnold* in *Dauner-Lieb/Konzen/Schmidt*, 589, 607,608 mwN.
315 BGH 23. 2. 1977, BGHZ 68, 126; 16. 9. 1981, BB 1981, 2093; 25. 10. 1989, NJW 1990, 314.

Ein nur für die Zukunft wirkendes Recht auf Kündigung schafft keinen angemessenen Interessenausgleich. Daran hat sich durch die Schuldrechtsreform nichts geändert. Es besteht keine Veranlassung, die bereits vor Jahren erhobene, vom BGH zurückgewiesene Forderung nach stärkerer Berücksichtigung des Finanzierungsaspekts[316] erneut aufzugreifen, um auf diese Weise die Grundlage für einen Amortisationsanspruch des Leasinggebers zu schaffen, der dessen zeitanteiligen Gewinn einschließt und zu einem vermeintlich gerechteren Ergebnis führt.[317] Aus diesen Gründen wird die Beibehaltung des BGH-Lösungsmodells im Schrifttum mehrheitlich befürwortet.[318]

L374 Einer Vertragsklausel, die dem Leasingnehmer für den Fall des Rücktritts vom Kaufvertrag nur die Möglichkeit der Kündigung des Leasingvertrages zubilligt, ist die Wirksamkeit zu versagen.[319] Die in Abschn. XII. Nr. 4 der VDA-Empfehlung vorgesehene Abrechnungsregelung kann vor § 307 Abs. 1 S. 1 BGB nicht bestehen, da sie dem Leasinggeber einen Ausgleich für den ersparten Kapitaleinsatz beim Leasingnehmer gewährt. Nach gefestigter Rechtsprechung des BGH[320] hat der Leasinggeber darauf keinen Anspruch.

d) Geltendmachung der Rückabwicklung des Leasingvertrages durch den Leasingnehmer

L375 Im Schrifttum besteht Einigkeit dahingehend, dass – abgesehen von der dem Leasingnehmer schon vorher zustehenden Einrede des § 320 BGB (Rn L365 ff.) – die Auswirkungen des Rücktritts auf den Leasingvertrag erst dann durchschlagen, wenn die **Berechtigung des Rücktritts** gem. § 437 Nr. 2 BGB **feststeht**.[321] Diese Voraussetzung ist erfüllt, wenn der Leasinggeber die Rückabwicklung des Kaufvertrages akzeptiert oder hierzu rechtskräftig verurteilt wird. Einer Verurteilung steht die Aufnahme der Ansprüche des Leasingnehmers aus dem Rückabwicklungsverhältnis in die Insolvenztabelle gleich.

L376 Der Leasingnehmer, dem die Fortsetzung des Vertrages infolge rückwirkenden Wegfalls des Kaufvertrages nicht mehr zugemutet werden kann, muss das Recht auf Rückgängigmachung des Leasingvertrages gegenüber dem Leasinggeber geltend machen.[322] Die Frage der Berechtigung des Leasingnehmers zum Rücktritt vom Kaufvertrag ist für das Schicksal des Leasingvertrages von vorgreiflicher Bedeutung. Das bedeutet aber nicht, dass der Leasingnehmer die Geltendmachung seiner Rechte und Ansprüche, die sich aus dem Rücktritt vom Kaufvertrag ergeben, gegenüber dem Leasinggeber im Bestreitensfall bis zum rechtskräftigen Abschluss des Prozesses gegen den Lieferanten zurückstellen muss. Dagegen spricht, dass der Kaufvertrag allein durch die Rücktrittserklärung des Leasingnehmers in ein Rückabwicklungsverhältnis umgestaltet wird, wobei die Wirksamkeit des Rücktritts ein ungeschriebenes Tatbestandsmerkmal darstellt. Die Voraussetzungen für die Rückgängigmachung des Leasingvertrages werden somit in dem Augenblick geschaffen, in dem der Lea-

---

316 *Lieb*, WM 1992, Beil. Nr. 6 S. 4.
317 AA *Arnold* in *Dauner-Lieb/Konzen/Schmidt*, 589, 607; *Staudinger/Stoffels*, Leasing Rn 251 ff.
318 *Wolf/Eckert/Ball*, Rn 1851; *Beckmann* in *Martinek/Stoffels/Wimmer-Leonhardt*, § 29 Rn 24 ff.; *Erman/Jendrek*, Anh. zu § 535 BGB Rn 31; *Palandt/Weidenkaff*, Einf vor § 535, Rn 58; *Soergel/Heintzmann*, vor § 353 Rn 73; *Graf von Westphalen*, Der Leasingvertrag, Kap. H Rn 148, 154; *Reinking* in *Reinking/Kessler/Sprenger*, § 8 Rn 55; *Reinking* in *Dauner-Lieb/Heidel/Lepa/Ring*, Anhang zu §§ 535 Leasing Rn 92.
319 BGH 16. 9. 1981, NJW 1982, 105 ff.
320 BGH 16. 9. 1981, NJW 1982, 105 ff.; 25. 10. 1989, NJW 1990, 314; wie hier *Müller-Sarnowski*, DAR 2004, 608, 611.
321 *Beckmann*, § 2 Rn 17 ff.; *Wolf/Eckert/Ball*, Rn 1859; *Graf von Westphalen*, Der Leasingvertrag, Kap. H 147.
322 *Graf von Westphalen*, Der Leasingvertrag, Kap. H Rn 149; zur prozessualen Behandlung des Wegfalls der Geschäftsgrundlage *Schmidt-Kessel/Baldus*, NJW 2002, 2076.

singnehmer berechtigterweise den Rücktritt vom Kaufvertrag gegenüber dem Verkäufer erklärt. Allein die Tatsache, dass der Verkäufer den Rücktritt zurückweist und sich auf ein Prozessverfahren einlässt, ändert nichts an diesem Befund.[323] Somit kann der Leasingnehmer die Rückabwicklung des Leasingvertrages zeitgleich mit dem Rücktritt vom Kaufvertrag geltend machen. Er muss aber damit rechnen, dass ein Prozess gegen den Leasinggeber so lange ausgesetzt wird, bis über die vorgreifliche Frage seiner Rücktrittsberechtigung in dem Verfahren gegen den Lieferanten rechtskräftig entschieden ist (Rn L363). Außerdem läuft er Gefahr, dass sein Rückabwicklungsbegehren hinsichtlich des Leasingvertrages ins Leere geht, wenn er mit dem Rücktritt vom Kaufvertrag keinen Erfolg hat. Da der Leasingnehmer das Risiko einer Fehlbeurteilung trägt, sind die Zumutungen für den Leasinggeber erträglich.

L377 Ungeklärt ist, ob dem Leasingnehmer in Bezug auf den Leasingvertrag ein sofortiges Rücktrittsrecht zusteht[324] oder ob er zunächst nur einen schuldrechtlichen Anspruch auf rückwirkende Auflösung des Leasingvertrages besitzt, bei dessen unberechtigter Zurückweisung er vom Leasingvertrag zurücktreten kann. Gegen ein sofortiges Rücktrittsrecht könnte sprechen, dass § 313 Abs. 3 S. 2 BGB der benachteiligten Vertragspartei eines nicht anpassungsfähigen Dauerschuldverhältnisses statt des Rücktrittsrechts lediglich ein Recht auf Kündigung gewährt. Mit dieser Sonderregelung für Dauerschuldverhältnisse, zu denen Leasingverträge zweifellos gehören, wollte der Gesetzgeber bis dahin allgemein anerkannte Grundsätze verankern. Er hatte dabei nicht die Absicht „substantielle Änderungen" im BGB vorzunehmen.[325] Die in § 313 Abs. 3 S. 2 BGB für Dauerschuldverhältnisse vorgesehene Kündigung schließt demnach die Möglichkeit des Rücktritts nach S. 1 nicht aus. Das bedeutet für das Kfz-Leasing, dass – anknüpfend an die bewährte BGH-Rechtsprechung zum rückwirkenden Wegfall des Leasingvertrages – der Rücktritt vom Leasingvertrag zuzulassen ist, wenn der Leasingnehmer wirksam vom Kaufvertrag zurückgetreten ist, da eine Kündigung „ex – nunc" den besonderen Umständen nicht gerecht wird. Für die Praxis ist die Problematik nicht sonderlich bedeutsam, da es ohne Geltendmachung des Rechts oder Anspruchs nicht zu einer Rückabwicklung des Leasingvertrages kommen kann. Verlangt der Leasingnehmer die Rückabwicklung des Leasingvertrages, so ist sein Begehren im Zweifel als Rücktrittserklärung auszulegen.[326]

L378 Dem Leasingvertrag wird die Grundlage nicht nur im Fall des Rücktritts vom Kaufvertrag entzogen, sondern auch dann, wenn der Leasingnehmer vom Verkäufer **Schadensersatz statt der ganzen Leistung** gem. § 281 Abs. 5 BGB verlangt. Im Unterschied zum Rücktritt bewirkt allerdings die Geltendmachung des sog. großen Schadensersatzes nicht die Umgestaltung des Kaufvertrages in ein Rückgewährschuldverhältnis (Rn 1899). Um den Gleichlauf mit dem Rücktritt herbeizuführen wird die Geltendmachung von Schadensersatzansprüchen statt der Leistung als eine geschäftsähnliche Handlung mit Gestaltungswirkung angesehen, die den Leistungsanspruch gem. § 281 Abs. 4 BGB zum Erlöschen bringt.[327]

---

323 *Graf von Westphalen*, ZIP 2002, 2258, 2261; aA *Beckmann*, FLF 2002, 46, 48; *ders.* Finanzierungsleasing Rn 238; *Godefroid*, BB, Beilage Heft 27, 2002, S. 2, 7; *Reiner/Kaune*, WM 2002, 2314, 2319; *Wolf/Eckert/Ball*, Rn 1859.
324 *Müller-Sarnowski*, DAR 2002, 485, 489; *Schmalenbach/Sester*, WM 2002, 2184, 2186; *Beckmann*, § 7 Rn 27; MüKo-BGB/*Koch*, Leasing Rn 102; *Reinking*, ZGS 2002, 229, 233; *Reinking* in *Reinking/Kessler/Sprenger*, § 8 Rn 55; offen gelassen von *Palandt/Weidenkaff*, Einf v. § 535 Rn 58.
325 *Graf von Westphalen*, DB 2001, 1291; *ders.*, Der Leasingvertrag, Kap. H Rn 154; *Reinicke/Möllmann*, DB 2004, 583, 588; *Gebler/Müller*, ZBB 2002, 107; *Breitfeld*, FLF 2003, 215, 220.
326 *Beckmann*, § 7 Rn 27.
327 *Erman/Westermann*, § 281 BGB Rn 22; MüKo -BGB/*Ernst*, § 281 Rn 105; *Dauner-Lieb* in *Dauner-Lieb/Heidel/Lepa/Ring*, § 281 BGB Rn 46.

e) Rückabwicklung des Leasingvertrages nach Rücktritts- oder Bereicherungsrecht?

Durch den Rücktritt nach § 313 Abs. 3 Satz 1 BGB verwandelt sich der Leasingvertrag in ein Rückabwicklungsverhältnis, das nach den **Rücktrittsvorschriften** abzuwickeln ist.[328] Für eine bereicherungsrechtliche Rückabwicklung bleibt in Anbetracht der eindeutigen Gesetzeslage kein Spielraum. Die Vorschrift des § 313 BGB regelt die Anpassung und Beendigung von Verträgen wegen Fehlens und Wegfalls der Geschäftsgrundlage abschließend, so dass entsprechend den Vorgaben dieser Norm zu verfahren ist. Dass der Gesetzgeber nicht die Absicht hatte, durch die Kodifizierung von § 313 BGB in die gefestigte BGH-Rechtsprechung zur bereicherungsrechtlichen Rückabwicklung einzugreifen, steht dem nicht entgegen. Die rücktrittsrechtliche Lösung bietet den Vorteil, dass sie eine kongruente Abwicklung der beiden Vertragsverhältnisse ermöglicht.[329] Nach der Gegenmeinung soll es bei der bereicherungsrechtlichen Rückabwicklung verbleiben, die der BGH[330] vor der Schuldrechtsreform entwickelt hat.[331] Da beide Rückabwicklungsmodelle zu weitgehend gleichen Ergebnissen führen, sind die Meinungsdifferenzen für die Praxis nicht allzu bedeutsam.[332]

L379

f) Rückzahlung des Leasingentgelts

Von der Verpflichtung zur Zahlung der Leasingraten wird der Leasingnehmer rückwirkend und für die Zukunft befreit. Ihm ist nicht zuzumuten, zeitweilig ein mangelhaftes Auto zu fahren, dafür aber dennoch die für die Nutzungszeit vorgesehenen und für eine mangelfreie Sache berechneten Raten entrichten zu müssen.[333] Infolgedessen hat der Leasinggeber dem Leasingnehmer die Leasingraten und die Sonderzahlung nach § 346 Abs. 1 BGB **einschließlich Umsatzsteuer**[334] zurückzugewähren.

L380

Im Hinblick auf eine **Sonderzahlung** besteht keine Rückzahlungspflicht des Leasinggebers, wenn der Leasingnehmer den Betrag bereits im Zuge der Rückabwicklung des Kaufvertrages vom Lieferanten zurückerhalten hat.[335] Falls der Leasingnehmer die Sonderzahlung auf den Kaufpreis gezahlt hat und im Rahmen des Finanzierungsleasingvertrages nur der Restkaufpreis finanziert worden ist, besteht ebenfalls keine Verpflichtung des Leasinggebers zur Rückzahlung der Sonderzahlung. Unter diesen Umständen haftet allein der Lieferant dem Leasingnehmer auf Erfüllung der Rückzahlungsverbindlichkeit und es ist nicht ohne weiteres davon auszugehen, dass der Leasinggeber das **Insolvenzrisiko** des Lieferanten auch hinsichtlich der vom Leasingnehmer geleisteten Teilkaufpreiszahlung übernommen hat.[336]

L381

Falls ein in Zahlung gegebener Gebrauchtwagen vom Händler oder Leasinggeber noch nicht weiterveräußert wurde, ist dieser herauszugeben (Rn 835 ff.). Die Herausgabepflicht ist vom Leasinggeber zu erfüllen, wenn der Anrechnungspreis für das Gebrauchtfahrzeug als Leasingsonderzahlung bestimmt war. Sollte die **Inzahlungnahme** des Gebrauchtwa-

L382

---

328 MüKo/*Koch*, Leasing Rn 103; *Müller-Sarnowski*, DAR 2002, 489; *Schmalenbach/Sester*, WM 2002, 2186; *Tiedtke/Möllmann*, DB 2004, 588; *Arnold*, DStR 2002, 1053; *Löbbe*, BB-Beilage 6/2003, S. 13; *Reinking*, ZGS 2002, 233 ff.
329 Siehe die Gegenüberstellung von *Reinking* in *Reinking/Kessler/Sprenger*, § 8 Rn 60 ff.
330 BGH 25. 10. 1989, NJW 1990, 314 ff.
331 *Beckmann* in *Martinek/Stoffels/Wimmer-Leonhardt*, § 29 Rn 27; *Graf von Westphalen*, Der Leasingvertrag, Kap. H Rn 157; *Ehlert* in *Bamberger/Roth*, § 535 Rn 72.
332 *Beckmann* in *Martinek/Stoffels/Wimmer-Leonhardt*, § 29 Rn 27, 31.
333 BGH 5. 12. 1984, WM 1985, 226.
334 BGH 10. 11. 1993, NJW 1994, 576, 578.
335 *Beckmann* in *Martinek/Stoffels/Wimmer-Leonhardt*, § 29 Rn 47.
336 *Beckmann* in *Martinek/Stoffels/Wimmer-Leonhardt*, § 29 Rn 47.

gens als Teilzahlung auf den Kaufpreis verbucht werden und das Finanzierungsvolumen des Leasinggebers entsprechend vermindern, ist die Rückgabepflicht vom Lieferanten zu erfüllen. In beiden Fällen erfolgt die tatsächliche Rückgewähr in der Regel durch den Lieferanten, da sie dem Willen aller Beteiligten entspricht.

Wurde ein vom Leasingnehmer in Zahlung gegebener Gebrauchtwagen bereits weiterveräußert, ist der Anrechnungsbetrag vom Leasinggeber oder vom Lieferanten an den Leasingnehmer zurückzuzahlen, je nachdem, ob er als Leasingsonderzahlung oder als Teilkaufpreiszahlung verwendet werden sollte.

L383 Der Leasingnehmer schuldet dem Leasinggeber weder **Aufwendungsersatz** noch Ersatz des **Gewinnausfalls**, da andernfalls das den Leasingvertrag beherrschende Äquivalenzprinzip gestört wäre.[337] Für den Leasingnehmer besteht insbesondere keine Verpflichtung, die Kosten der fehlgeschlagenen Refinanzierung zu ersetzen oder einen Ausgleich für den Kapitaleinsatz zu leisten, den der Leasinggeber an seiner Stelle getätigt hat.[338] Bei dem ersparten Kapitaleinsatz handelt es sich nicht um eine Position, um die der Leasingnehmer bereichert ist. Abrechnungsklauseln in AGB, mit denen sich Leasingfirmen Ersatzansprüche gleich welcher Art gegen Leasingnehmer für den Fall des Rücktritts vom Kaufvertrag wegen eines Sachmangels einräumen lassen, sind grundsätzlich ungültig.[339] Davon betroffen ist die Regelung in Abschn. XIII. der VDA-Muster-Leasing-AGB, die dem Leasinggeber einen Ausgleichsanspruch für den vom Leasingnehmer ersparten Kapitaleinsatz zubilligt.

L384 Das rücktrittsrechtliche Lösungsmodell hat zur Folge, dass der Leasinggeber dem Leasingnehmer die aus der Sonderzahlung und den Leasingraten erzielten oder dadurch ersparten Zinsen herauszugeben hat (§ 346 Abs. 1 BGB) und einen Wegfall der Bereicherung gem. § 818 Abs. 3 BGB nicht geltend machen kann. Weiterhin schuldet er dem Leasingnehmer diejenigen Zinsen, die er bei Wahrung eigenüblicher Sorgfalt gem. § 347 Abs. 1 BGB hätte erzielen können.[340] Da ihm ein Anspruch auf Aufwendungsersatz grundsätzlich nicht zusteht, darf er den Zinsanspruch des Leasingnehmers nicht mit den zur Finanzierung des Leasingfahrzeugs aufgewendeten Zinsen verrechnen. Allerdings hat er die Zinsen zu beanspruchen, die der Verkäufer ihm als Käufer des Fahrzeugs gem. §§ 346 Abs. 1, 347 Abs. 1 BGB schuldet, wodurch ein kongruenter Ausgleich geschaffen wird.

g) Herausgabe des Leasingfahrzeugs

L385 Der Leasingnehmer hat Zug um Zug gegen Erstattung des Leasingentgeltes und der Zinsen das Fahrzeug an den Leasinggeber herauszugeben und die Nutzungen zu vergüten. Die tatsächliche Rückgewähr erfolgt in der Regel unmittelbar an den Lieferanten Zug um Zug gegen Rückzahlung des Kaufpreises an den Leasinggeber.

L386 Um sicher zu stellen, dass die jeweiligen Gegenleistungen erbracht werden, ist eine Absprache der Beteiligten erforderlich, nach der der Leasingnehmer das Fahrzeug direkt beim Lieferanten abliefert und im Gegenzug das um die Nutzungsvergütung gekürzte Leasingentgelt vom Leasinggeber zurückbekommt, dem der Lieferant den Kaufpreis abzüglich der zu vergütenden Nutzungen zu erstatten hat.[341] Kommt eine Einigung nicht zustande, muss der Rückaustausch der Leistungen im jeweiligen Vertragsverhältnis vollzogen werden (Rückabwicklung übers Dreieck).

---

337 BGH 16. 9. 1981, BB 1981, 2093; 25. 10. 1989, NJW 1990, 314.
338 BGH 16. 9. 1981, NJW 1982, 105, 107; 9. 10. 1985, NJW 1986, 179; 25. 10. 1989, NJW 1990, 314; OLG Koblenz 6. 7. 1984, WM 1984, 1259 f; a. A. OLG Braunschweig 7. 10. 1993 – 2 U 128/93, n. v.
339 *Ulmer/Schmidt*, DB 1983, 2558, 2562.
340 *Faust in Huber/Faust* Schuldrechtsmodernisierung, Kap. 10 Rn 63 ff.
341 *Reinicke/Tiedtke*, BB 1982, 1143.

Ist das Fahrzeug **untergegangen** oder hat es sich **verschlechtert**, muss der Leasingnehmer dem Leasinggeber in dem Umfang **Wertersatz** leisten, in dem Letzterer dem Verkäufer Wertersatz schuldet (Rn 563 ff.). Für die Freistellung von der Verpflichtung zum Wertersatz stellt § 346 Abs. 3 S. 1 Nr. 3 BGB darauf ab, dass die Verschlechterung oder der Untergang beim „Berechtigten" eingetreten ist, obwohl dieser die eigenübliche Sorgfalt beachtet hat (§ 277 BGB). **L387**

Die Überlagerung und Verzahnung von zwei rückabzuwickelnden Vertragsverhältnissen kann zu Komplikationen führen, wenn nur auf einer Vertragsebene die Voraussetzungen einer Haftungsfreistellung vorliegen. Es ist denkbar, dass der Leasinggeber aufgrund des in § 346 Abs. 3 S. 1 Nr. 3 BGB verankerten **Haftungsprivilegs** in Ermangelung eines Auswahlverschuldens von seiner Wertersatzpflicht gegenüber dem Lieferanten freigestellt wird, obwohl der Leasingnehmer den Untergang und die Verschlechterung des Leasingfahrzeugs grob fahrlässig verschuldet hat und sich gegenüber dem Leasinggeber nicht auf das Haftungsprivileg berufen kann. Diese Fallkonstellation wirft die Frage auf, ob sich der Leasinggeber das haftungsrelevante Verschulden des Leasingnehmers zurechnen lassen muss oder ob sich seine Verpflichtung gegenüber dem Lieferanten darauf beschränkt, eine verbleibende Bereicherung, bestehend in dem eigenen Wertersatzanspruch gegen den Leasingnehmer, auf den Verkäufer nach §§ 346 Abs. 3 S. 2, 812 BGB zu übertragen. Letztendlich geht es darum, wem von beiden das **Risiko der Insolvenz** des Leasingnehmers zuzuweisen ist. Da der Begriff des Berechtigten iSv § 346 Abs. 3 S. 1 Nr. 3 BGB weit auszulegen ist und außer der Person des Rücktrittsberechtigten dessen Angehörige, Angestellte und Mieter erfasst, erscheint es – vorbehaltlich einer hiervon abweichenden vertraglichen Regelung im Einzelfall – gerechtfertigt, dem Leasinggeber das Verschulden des Leasingnehmers zuzurechnen. **L388**

h) Nutzungsvergütung

Der gegen den Leasingnehmer gerichtete Anspruch des Leasinggebers auf Ersatz einer von ihm an den Verkäufer gezahlten Nutzungsvergütung folgt aus § 346 Abs. 1 BGB. Bei der Nutzungsvergütung handelt es sich nicht um Aufwendungsersatz iSv § 347 Abs. 1 BGB, da sie weder eine notwendige noch eine nützliche Verwendung auf das Fahrzeug darstellt. Falls der Lieferant dem Leasinggeber den vollen Kaufpreis erstattet hat, kann er die Nutzungsvergütung unmittelbar vom Leasingnehmer verlangen.[342] **L389**

In dem kaufrechtlichen Rückabwicklungsverhältnis bemisst sich die Höhe der Nutzungsvergütung nach dem Umfang der tatsächlichen Nutzung im Verhältnis zur voraussichtlichen Gesamtnutzung des Fahrzeugs (Rn 615 ff.). Zu vergüten ist derjenige Teil des Brutto-Fahrzeugwerts, der dem Anteil der Nutzung an der voraussichtlichen Gesamtnutzung entspricht (**lineare Teilwertabschreibung**).[343] Dieses allgemein anerkannte kaufrechtliche Berechnungsmodell ist zur Vermeidung von Disharmonien auch auf der Rücktrittsebene des Leasingvertrages anzuwenden. Eine an **fiktive Mietkosten** anknüpfende Berechnungsmethode ist wegen der Besonderheiten des Finanzierungsleasingvertrages nicht gerechtfertigt.[344] Die Nutzungsvergütung, die der Leasingnehmer dem Leasinggeber schuldet, entspricht somit exakt dem Betrag, den der Leasinggeber dem Verkäufer zu vergüten hat.[345] Da die zu vergütenden Nutzungen ein Entgelt für die Gebrauchsüberlassung sind, unterliegen sie der Umsatzsteuer (Rn L34).[346] **L390**

---

342 *Graf von Westphalen*, Der Leasingvertrag, Kap. H Rn 160.
343 BGH 22. 6. 1983, NJW 1983, 2194; 26. 6. 1991, WM 1991, 1800; LG Braunschweig 14. 3. 2008 – 4 O 2804/07 (337), n. v.
344 *Beckmann* in *Martinek/Stoffels/Wimmer-Leonhardt*, § 29 Rn 37.
345 *Graf von Westphalen*, Der Leasingvertrag, Kap. H Rn 160.
346 BGH 12. 1. 1994, ZIP 1994, 461, 472.

L391 Für den Umfang der Nutzungen und die Höhe der Vergütung ist in dem Rechtsverhältnis zwischen den Parteien des Kaufvertrages der Verkäufer beweispflichtig, während die **Beweislast** in der Rechtsbeziehung zwischen den Parteien des Leasingvertrages beim Leasinggeber liegt. Da der Leasinggeber normalerweise zu dem Umfang der Benutzung des Leasingfahrzeugs aus eigener Kenntnis nichts vortragen kann, ist es Aufgabe des Leasingnehmers, einer pauschalen Nutzungsbehauptung des Leasinggebers substantiiert entgegenzutreten.[347]

Hat der Leasingnehmer das Fahrzeug bis zur Rückgabe derart intensiv genutzt, dass der von ihm zu leistende Wertersatz für die gezogenen Nutzungen die bis dahin gezahlten Leasingraten übersteigt, muss er den nach Verrechnung verbleibenden Fehlbetrag ausgleichen. Die Nutzungsentschädigung wird nicht durch die Summe der bis zum Rücktritt fälligen Leasingraten begrenzt.[348]

XIII. Minderung

L392 Aus den zum Rücktritt dargelegten Gründen (Rn L364) verdient auch bei der Minderung die Auffassung den Vorzug, die dem Leasingnehmer die **Einrede des nicht erfüllten Vertrages** bereits ab dem Zeitpunkt der Geltendmachung der Kaufpreisminderung zur Seite stellt.[349] Es besteht eine Ausgangslage, die der eines Teilrücktritts ähnelt. Für verbundene Kauf- und Leasingverträge enthält § 359 S. 3 BGB die Sonderregelung der zufolge, dass der Leasingnehmer dem Leasinggeber die Einwendung der Minderung bereits entgegen halten kann, wenn die Nacherfüllung fehlgeschlagen ist. AGB in Leasingverträgen, die dem Leasingnehmer eines verbundenen Leasingvertrages dieses Recht versagen, entfalten wegen Verstoßes gegen § 307 Abs. 2 BGB keine Wirksamkeit.

Ein vollständiger Einbehalt der fälligen Leasingraten ist gerechtfertigt, wenn abzusehen ist, dass die Neuberechnung des Leasingentgelts ergibt, dass die vom Leasingnehmer bereits geleisteten Zahlungen das tatsächlich geschuldete Leasingentgelt übersteigen. Führt die Kaufpreisminderung voraussichtlich nur zu einer Senkung der Leasingraten, darf der Leasingnehmer die laufenden Leasingraten nur **anteilig kürzen**.

L393 Der vom Leasingnehmer erfolgreich geminderte Kaufpreis ist vom Lieferanten zu erstatten (§ 441 Abs. 4 S. 1 BGB). Leasing-AGB sehen regelmäßig vor, dass die Zahlung an den Leasinggeber zu erfolgen hat. Diese Anweisung an den Leasingnehmer ist auch in Abschn. XIII. Nr. 1 Abs. 2 VDA-Muster-Leasing-AGB enthalten. Da der Leasinggeber den Kaufpreis an den Lieferanten gezahlt hat, ist der Leasingnehmer auch ohne ausdrückliche vertragliche Regelung verpflichtet, die Zahlung der Minderung des Kaufpreises an den Leasinggeber zu verlangen.[350] Im Außenverhältnis zum Lieferanten ist der Leasingnehmer aufgrund der Unaufspaltbarkeit der Abtretung Vollrechtsinhaber, so dass seine Verfügungsbefugnis zur Geltendmachung des Rückzahlungsanspruchs durch die Weisung des Leasinggebers nicht eingeschränkt wird.[351]

L394 Infolge des vorzeitigen Kapitalrückflusses in Höhe der Minderung verringert sich der Finanzierungsaufwand des Leasinggebers. Diesem Umstand ist durch Anpassung des Leasingvertrages an die geänderten Verhältnisse gem. § 313 Abs. 1 BGB Rechnung zu tragen.[352] Es handelt sich um einen **schuldrechtlichen Anspruch**, den der Leasingnehmer

---

347 BGH 25. 10. 1989, NJW 1990, 314, 316.
348 LG Braunschweig 14. 3. 2008 – 4 O 2804/07 (337), n. v.
349 *Graf von Westphalen*, Der Leasingvertrag, Kap. H 129; a. A. *Beckmann* in *Martinek/Stoffels/Wimmer-Leonhardt*, § 27 Rn 149.
350 *Beckmann* in *Martinek/Stoffels/Wimmer-Leonhardt*, § 25 Rn 37, § 28 Rn 41.
351 *Beckmann* in *Martinek/Stoffels/Wimmer-Leonhardt*, § 27 Rn 29.
352 *Möller* in *Bamberger/Roth* § 500 Rn 43.

notfalls gerichtlich durchsetzen muss, wenn die Verhandlungen über die Anpassung nicht zum Erfolg führen.[353] Dazu steht ihm die **Leistungsklage** zur Verfügung, mit der er die angepasste Leistung direkt einklagen kann, wenn der Leasinggeber nicht einwilligt. Diese Vorgehensweise ist prozessökonomisch, weil sie eine zweite Klage entbehrlich macht. Das Risiko einer Fehleinschätzung ist gering, da sich die Auswirkung der Minderung des Kaufpreises auf das Leasingentgelt auf rechnerisch einfache und nachprüfbare Weise ermitteln lässt.[354] Deshalb ist zur Leistungsklage zu raten, wenn sich die Parteien im Verhandlungswege nicht einigen können.[355]

Die Anpassung erfolgt in der Weise, dass das Leasingentgelt entsprechend dem Verhältnis des Wertunterschieds zwischen mangelhaftem und mangelfreiem Fahrzeugzustand herabgesetzt wird. Normalerweise fällt die Minderung des Leasingentgelts höher aus als die Kaufpreisminderung, weil das Leasingentgelt außer dem Anschaffungspreis weitere Kostenfaktoren des Leasinggebers beinhaltet.[356]

Muss beispielsweise der Leasingnehmer für ein mangelfreies Fahrzeug mit Wert von 12.500 Euro ein Leasingentgelt von 15.000 Euro zahlen, beträgt das Leasingentgelt für das mangelhafte Fahrzeug mit Wert von 11.000 Euro dementsprechend 13.200 Euro, woraus sich ergibt, dass der Minderung des Kaufpreises von 1500 Euro eine Minderung des Leasingentgelts von 1800 Euro entspricht.

Da der Leasingnehmer das Leasingentgelt in Raten zahlt, kann er nicht verlangen, dass der Leasinggeber die Minderung des Leasingentgelts an ihn sogleich in voller Höhe auskehrt. Zur Erzielung eines sachgerechten Ergebnisses ist eine den vereinbarten Zahlungsmodalitäten des Leasingvertrages entsprechende **Verteilung der Minderung** auf die gesamte Laufzeit des Leasingvertrages erforderlich.

Das bedeutet, dass der Leasingnehmer eine sofortige **Auszahlung** der Minderung nur insoweit zu beanspruchen hat, als die bis dahin tatsächlich geleisteten Zahlungen über dem geschuldeten Leasingentgelt liegen.[357] Die zum Zeitpunkt der Vertragsanpassung noch nicht fälligen Leasingraten sind ebenfalls im Wege der Anpassung an das geminderte Leasingentgelt herabzusetzen. Außerdem ist bei Verträgen mit offenem Restwert die Vertragsabrechnung am Ende der Laufzeit auf der Grundlage des geminderten Fahrzeugwertes vorzunehmen.[358] Der **Restwertkorrektur** bedarf es nicht, wenn die Vertragsanpassung vorsieht, dass dem Leasingnehmer die Minderung des Leasingentgelts über entsprechend herabgesetzte Leasingraten in voller Höhe zufließen soll.

Diese Art der Anpassung des Leasingentgelts an den geminderten Kaufpreis hält *Woitkewitsch*[359] für problematisch, weil der Wert der Sache den Bezugspunkt für die kaufrechtliche Minderung darstellt. Sachwert beim Kauf und Gebrauchswert beim Leasing sind seines Erachtens nicht vergleichbar, da die Leasingdauer regelmäßig kürzer als die Lebensdauer der Sache ist. Die Kritik wäre berechtigt, wenn – wovon *Woitkewitsch* fälschlich ausgeht – die Minderung genau so behandelt würde wie eine vorzeitige Kreditrückzahlung. Diese Annahme trifft aber nicht zu, da die Leasingraten und der Restwert „rückwirkend" der Kaufpreisminderung angepasst werden. Bis auf den Anschaffungsaufwand werden dabei alle der ursprünglichen Berechnung zugrunde liegenden Werte beibehalten.

---

353 Zu der Frage, ob das Scheitern der Verhandlungen eine Prozessvoraussetzung darstellt *Palandt/Grüneberg*, § 313 Rn 41 mwN.
354 Beispielsberechnung bei *Reinking* in *Reinking/Kessler/Sprenger*, § 8 Rn 84; a. A. *Beckmann* in *Martinek/Stoffels/Wimmer-Leonhardt*, § 30 Rn 24, der eine Feststellungsklage empfiehlt.
355 *Palandt/Grüneberg* § 313 Rn 41 mwN.
356 BGH 17. 12. 1986, ZIP 1987, 240, 243.
357 *Beckmann* in *Martinek/Stoffels/Wimmer-Leonhardt*, § 29 Rn 58.
358 Berechnungsbeispiel bei *Reinking* in *Reinking/Kessler/Sprenger*, § 8 Rn 84.
359 In *Graf von Westphalen*, Der Leasingvertrag, Kap L Rn 201.

L398 Eine Vertragsklausel, nach der das geminderte Leasingentgelt ausschließlich auf die noch ausstehenden Leasingraten und den Restwert zu verteilen ist (so Abschn. XIII. Nr. 5 VDA-Muster-Leasing-AGB) benachteiligt den Leasingnehmer unangemessen, da sie ihm den Anspruch auf sofortige Erstattung eines etwaigen Überschusses versagt. Die Unausgewogenheit einer solchen Anpassung wird durch die stärkere Kürzung der noch ausstehenden Raten und des kalkulierten Restwertes zwar gemildert aber nicht ausgeglichen.

L399 Falls sich der Leasinggeber von seiner Sachmängelhaftung nicht wirksam freigezeichnet hat, ist der Leasingnehmer berechtigt, die Minderung der Leasingraten ohne vorherige Inanspruchnahme des Verkäufers unmittelbar gegenüber dem Leasinggeber geltend zu machen.[360] Ein solches Vorgehen stellt allerdings eine unzulässige Rechtsausübung dar, wenn dem Leasinggeber wegen verspäteter Mängelanzeige ein Schadensersatzanspruch gegen den Leasingnehmer zusteht.[361]

L400 Die rechtlichen Konsequenzen einer unbegründeten Minderung sind die gleichen wie beim Rücktritt. Der Leasingnehmer muss die einbehaltenen Leasingraten nebst Zinsen an den Leasinggeber zahlen und haftet ihm bei Verschulden auf Schadensersatz.

XIV. Schadensersatzansprüche

L401 Auf Sachmängeln beruhende Schadensersatzansprüche **statt** und **neben** der Leistung werden von der Abtretung ebenfalls erfasst.

L402 Ein **Ausschluss** der Haftung auf Schadensersatz durch den Leasinggeber hat die Unwirksamkeit der Haftungsfreizeichnung zur Folge. Zulässige Haftungsausschlüsse und Haftungsbegrenzungen im Liefervertrag wirken aber auch gegenüber dem Leasingnehmer (zu den Konsequenzen einer leerlaufenden Abtretung in einem Verbraucherleasingvertrag siehe Rn L99ff.). Eine in AGB vorgesehene Ermächtigung des Leasingnehmers zur Geltendmachung der Sachmängelansprüche scheitert an § 307 Abs. 2 Nr. 1 BGB, weil sie nicht den Eigenschaden des Leasingnehmers kompensiert und diesen mit seinem Nichterfüllungsschaden allein lässt (Rn L78, L79).

Zum Einbehalt der Leasingraten ist der Leasingnehmer – wie beim Rücktritt und der Wandelung – ab Geltendmachung des Schadensersatzanspruchs berechtigt (Rn L364), bei verbundenen Kauf- und Leasingverträgen ab dem Zeitpunkt des Fehlschlagens der Nacherfüllung (§ 359 S. 3 BGB).

L403 Im Einzelnen sind die abgetretenen Schadensersatzansprüche nach Umfang und Inhalt umstritten. Kontrovers diskutiert wird vor allem die Frage, ob der Leasingnehmer nur den **Eigenschaden** oder auch den **Fremdschaden** des Leasinggebers geltend machen kann. Den Interessen des Leasingnehmers nicht gerecht wird die Meinung, es sei lediglich der Schaden des Leasinggebers erstattungsfähig.[362] Nach anderer Ansicht[363] entsteht dem Leasinggeber aufgrund der Abtretung kein Eigenschaden, so dass sich die Schadensersatzansprüche ausschließlich nach der Person des Leasingnehmers bestimmen. *Beckmann*[364] ist der Meinung wegen des Vertragszwecks des Finanzierungsleasingvertrages, zusammengesetzt aus Liefer- und Leasingvertrag, müsse zwischen Eigenschäden des Leasingnehmers und Fremdschäden des Leasinggebers differenziert werden. Diese Ansicht verdient den Vorzug. Die Unterscheidung zwischen Fremd- und Eigenschäden erweist sich als sachgerecht, weil die Schäden des Leasingnehmers und die des Leasinggebers nicht deckungs-

---

360 *Graf von Westphalen*, ZGS 2002, 64, 67.
361 BGH 17. 12. 1986, WM 1987, 349.
362 *Arnold*, DStR 2002, 1051.
363 *Graf von Westphalen*, Der Leasingvertrag, Kap. H Rn 53 ff.; *Löbbe*, BB-Beilage 6/2003, S. 14.
364 In *Martinek/Stoffels/Wimmer-Leonhardt*, § 26 Rn 46.

Schadensersatzansprüche

gleich sind. Macht zB ein nicht zum Vorsteuerabzug berechtigter Leasingnehmer im Wege des sog. kleinen Schadensersatzes die Reparaturkosten geltend, die er zur Beseitigung der Mängel aufwenden muss, hat er die Mehrwertsteuer zu beanspruchen, die dem vorsteuerabzugsberechtigten Leasinggeber nicht zusteht. Die von *Graf von Westphalen*[365] – zur Begründung eines ausschließlich auf Eigenschäden des Leasingnehmers gerichteten Schadensersatzanspruchs – vorgenommene Gleichsetzung des mangelbedingten Minderwertes der Leasingsache mit dem Nutzungsschaden des Leasingnehmers erweist sich als verfehlt. Der Nutzungsentzug beruht zwar auf dem Mangel und fällt unter das Erfüllungsinteresse[366] des Leasingnehmers, dessen Schaden bemisst sich aber nach anderen Kriterien als dem Minderwert des Fahrzeugs oder den Leasingraten.[367] Für den Entzug der Sachnutzung hat der Leasingnehmer Ersatz der Mietwagenkosten, Nutzungsausfall oder entgangenen Gewinn zu beanspruchen.

Ein gegen den Lieferanten gerichteter Anspruch des Leasingnehmers auf Ersatz der Leasingraten und auf Freistellung von seinen Zahlungspflichten aus dem Leasingvertrag besteht nicht. Die Leasingraten bekommt er später vom Leasingnehmer ganz oder teilweise zurück, je nachdem ob er den kleinen oder großen Schadensersatz erfolgreich geltend macht. **L404**

Eigene Schadensersatzansprüche des Leasingnehmers gegen den Lieferanten können zB auf unerlaubter Handlung, Produkthaftung und auf einer schuldhaften Verletzung von Aufklärungs- und Nebenpflichten (§§ 311 Abs. 3, 241 Abs. 2, 280 BGB) beruhen. Soweit der Leasingnehmer Eigenschäden geltend macht, kann er Zahlung an sich verlangen. Diese Ansprüche unterliegen insoweit der nachrangigen Haftung des Leasinggebers, als der Lieferant für ihn als Erfüllungsgehilfe tätig geworden ist. **L405**

Nicht unter die Ausfallhaftung des Leasinggebers fallen Schadensersatzansprüche des Leasingnehmers, die auf Pflichtverletzungen des Lieferanten im Zusammenhang mit einer sachmängelbedingten Nacherfüllung zurückzuführen sind. In der Phase der Nacherfüllung ist der Lieferant nicht mehr Erfüllungsgehilfe des Leasinggebers.[368] **L406**

Es ist zu unterscheiden zwischen Schadensersatzansprüchen statt und neben der Leistung. Letztere beeinträchtigen nicht den Bestand des Leasingvertrages. Darunter fallen zB Mangelfolgeschäden an anderen Rechtsgütern, Körper- und Gesundheitsschäden, Ausfallschäden, entgangener Gewinn, Reise- und Unterbringungskosten und Anwaltskosten. **L407**

Schadensersatzansprüche „statt der Leistung" beruhen auf dem Sachmangel und betreffen das Äquivalenzinteresse. Der Leasingnehmer hat die Wahl zwischen dem sog. kleinen und dem **großen Schadensersatz** (Rn 1829). Macht er den großen Schadensersatz (statt der ganzen Leistung) gegenüber dem Lieferanten erfolgreich geltend, ist der Leasingvertrag auf Verlangen des Leasingnehmers wie nach einem Rücktritt nach § 313 Abs. 3, 346 ff. BGB rückabzuwickeln.[369] In die Vertragsabrechnung sind zugunsten des Leasingnehmers außer den Leasingraten und der Sonderzahlung diejenigen Schadenspositionen aufzunehmen, die sich der Leasinggeber nach § 278 BGB zurechnen lassen muss. Für Eigenschäden des Leasingnehmers, die nicht unter § 278 BGB fallen, haftet der Lieferant dem Leasingnehmer unmittelbar. **L408**

Die Auswirkungen des **kleinen Schadensersatzes** auf den Leasingvertrag sind weitgehend die gleichen wie bei einer Minderung. Auf Verlangen des Leasingnehmers ist das Leasingentgelt dem geminderten Fahrzeugwert gem. § 313 Abs. 1 BGB anzupassen. Nach

---

365 Der Leasingvertrag, Kap. H Rn 55.
366 BGH 28. 11. 2007, NJW 2008, 911.
367 BGH 5. 11. 1991, NJW 1992, 553 mwN.
368 *Beckmann*, § 3 Rn 139 ff. mwN.
369 *Graf von Westphalen*, ZIP 2001, 2258, 2263.

§ 281 Abs. 1 S. 3 BGB ist eine Rückabwicklung des Leasingvertrages ausgeschlossen, wenn nur eine unerhebliche Pflichtverletzung vorliegt.

Schadensersatzforderungen des Leasingnehmers, die keinen direkten Bezug zum Fahrzeug aufweisen, sind vom Lieferanten durch Direktzahlung an den Leasingnehmer auszugleichen. Sie unterliegen der subsidiären Haftung des Leasinggebers, soweit dieser für die Pflichtverletzung nach § 278 BGB einzustehen hat.

XV. Übernahme des Insolvenzrisikos durch den Leasinggeber

L409 Das Risiko, dass der Leasingnehmer mit der Durchsetzung der Sachmängelansprüche scheitert, weil der Lieferant **insolvent** oder **unerreichbar** ist oder dem Leasingnehmer eine Inanspruchnahme des Lieferanten u**nzumutbar** ist (zB wegen Zahlungsunfähigkeit, Vermögensverfalls, Löschung im Handelsregister) trägt grundsätzlich der Leasinggeber.[370] Diese Risikozuweisung findet auch gegenüber Leasingnehmern mit Unternehmerstatus statt.[371]

L410 Dem Leasinggeber ist es grundsätzlich verwehrt, seine Aufwendungen für die Anschaffung des Fahrzeugs gegenüber dem Anspruch des Leasingnehmers auf Erstattung des Leasingentgelts bereicherungsmindernd geltend zu machen, wenn er seinen Anspruch auf Kaufpreisrückzahlung gegenüber dem Händler nicht realisieren kann, da andernfalls die Risikoverteilung ohne praktische Auswirkung bliebe.[372] AGB, die das Risiko der Insolvenz des Lieferanten auf den Leasingnehmer verlagern, scheitern an § 307 Abs. 1 S. 1 BGB.[373]

L411 Umstritten ist, ob die Kosten eines vom Leasingnehmer erfolgreich gegen den Lieferanten geführten Mängelprozesses unter das Insolvenzrisiko fallen. Dies wird noch vereinzelt mit der Begründung verneint, die Geltendmachung von Sachmängelansprüchen falle in den Aufgabenbereich des Leasingnehmers.[374] Mittlerweile überwiegt im Schrifttum[375] eindeutig die Auffassung, dass durch die leasingtypische Abtretungskonstruktion ein **Auftragsverhältnis** zustande kommt, aufgrund dessen der Leasingnehmer bei der Durchsetzung der Sachmängelansprüche aus dem Leasingvertrag im Auftrag des Leasinggebers handelt und als dessen Prozessstandschafter tätig wird. Danach trägt der Leasingnehmer das Prozessrisiko nicht aber das Prozesskostenrisiko. Diese Ansicht verdient den Vorzug, weil sie der Risikoverteilung gerecht wird.

Die Prozesskosten sind vom Leasinggeber nach den Grundsätzen einer **Geschäftsführung ohne Auftrag** zu ersetzen, wenn sich der Leasinggeber nicht wirksam von seiner Sachmängelhaftung frei gezeichnet hat, so dass es seine Aufgabe gewesen wäre, sich wegen der Mängel mit dem Lieferanten auseinander zu setzen.[376]

---

370 BGH 20. 6. 1984, BB 1984, 2019.
371 BGH 13. 3. 1991, ZIP 1991, 519.
372 BGH 20. 6. 1984, BB 1984, 2019; 25. 10. 1989, NJW 1990, 314; 13. 3. 1991, ZIP 1991, 519; aA *Schröder*, JZ 1989, 717 ff.; kritisch wegen der durch § 438 BGB verlängerten Verjährungsfristen *Hager* in *Dauner-Lieb/Heidel/Lepa/Ring*, § 346 BGB Rn 16.
373 BGH 13. 3. 1991, ZIP 1991, 519, 523.
374 OLG Koblenz 18. 7. 1984, BB 1985, 357; OLG Köln 27. 5. 2004, NJW-RR 2005, 210; *Weber*, NJW 2005, 2198.
375 MüKo-BGB/*Koch*, Leasing, Rn 104; *Graf von Westphalen*, Der Leasingvertrag, Kap. H Rn 161; *Beckmann*, § 7 Rn 65; *ders.* in *Martinek/Stoffels/Wimmer-Leonhardt*, § 29 Rn 52, 53 mwN.
376 BGH 25. 10. 1989, NJW 1990, 314, 317; 10. 11. 1993, MDR 1994, 273.

XVI. Unfall

1. Mitwirkendes Verschulden des Leasingnehmers

Der BGH[377] hält daran fest, dass sich der Leasinggeber im Rahmen der Geltendmachung eines **Schadensersatzanspruchs nach § 823 BGB** wegen Beschädigung des Leasingfahrzeugs weder das **Mitverschulden** des Leasingnehmers oder des Fahrers des Leasingfahrzeugs noch die **Betriebsgefahr** zurechnen lassen muss. Anknüpfend an seine bisherige Rechtsprechung[378] sieht er keinen Raum für einen Haftungsausgleich nach § 17 Abs. 1 und 2 StVG, da diese Vorschriften anlässlich der Gesetzesänderung vom 19. 7. 2002[379] im Gegensatz zu § 17 Abs. 3 StVG nicht auf den Eigentümer erstreckt wurden, der nicht zugleich Halter des Fahrzeugs ist. Eine entsprechende Anwendung von § 17 Abs. 1 und 2 StVG auf den nichthaltenden Eigentümer[380] lehnt er ab, weil der historische Gesetzgeber die Gleichstellung von Eigentümer und Halter nicht gewollt habe. In Anbetracht der bestehenden Gesetzeslage verneint er weiterhin die Möglichkeit einer Verschuldenszurechnung in unmittelbarer oder analoger Anwendung von § 9 StVG. Für eine Zurechnung nach § 254 BGB fehlt es an der erforderlichen Sonderverbindung zwischen Leasinggeber und Leasingnehmer.

L412

So dogmatisch konsequent das Urteil des BGH sein mag, so unbefriedigend sind die praktischen Konsequenzen, die den Ruf nach dem Gesetzgeber laut werden lassen.[381] Der mithaftende Schädiger muss seinen Anspruch aus Überzahlung gegen den mithaftenden Leasingnehmer bzw. dessen Kfz-Haftpflichtversicherung geltend machen. Damit es in dem anschließenden Verfahren nicht zu unterschiedlichen Haftungsquoten kommt, ist ihm anzuraten, dem Leasingnehmer bzw. dessen Kfz-Haftpflichtversicherung im Klageverfahren den Streit zu verkünden. Die Möglichkeit des Haftungsausgleichs zwischen Leasinggeber und Leasingnehmer nach § 426 I BGB entfällt, wenn lediglich eine Haftung aus Betriebsgefahr in Betracht kommt, da dem Leasinggeber als Eigentümer des geschädigten Fahrzeugs keine Ansprüche nach §§ 7, 18 StVG gegen den Leasingnehmer zustehen.[382] Dem Leasinggeber, bei dem der Arbeitgeber ein Fahrzeug geleast hat, ist die Inanspruchnahme des mithaftenden Arbeitnehmers verwehrt, wenn er es übernommen hat, an Stelle des Arbeitgebers zum Schutze des Arbeitnehmers für eine Vollkaskoversicherung des Fahrzeugs Sorge zu tragen und er dieser Verpflichtung nicht nachgekommen ist.[383]

L413

In der Entscheidung vom 10. 7. 2007[384] stellt der BGH klar, dass dem Leasinggeber ein Verschulden des Leasingnehmers oder des Fahrers des Leasingfahrzeugs nach § 9 StVG dann zuzurechnen ist, wenn er seine Ansprüche auf die Gefährdungshaftung des StVG stützt. Die Tatsache, dass in früheren BGH- Entscheidungen[385] eine Anspruchsminderung nach § 9 StVG (wohl versehentlich) nicht in Erwägung gezogen worden war, hatte zu Irritationen geführt.

---

377 Urt. v. 10. 7. 2007, NJW 2007, 3120.
378 Urt. v. 22. 3. 1983, BGHZ 87, 132, 136; 26. 11. 1985, NJW 1986, 1044.
379 BGBl I, 2674.
380 Befürwortend *Klimke*, VersR 1988, 329, *Schmitz*, NJW 1994, 301, 302; ders. NJW 2002, 3070; *Geigel/Kunschert*, Haftpflichtprozess, 24. Aufl. Kap. 25 Rn 38, *Geigel/Bacher* Kap. 28 Rn 260; *Greger*, Haftungsrecht des Straßenverkehrs, 4. Aufl., § 22, Rn 30, 89; ablehnend *Geyer*, NZV 2005, 565, 666; *Jagow/Burmann/Hess*, Straßenverkehrsrecht, 19. Aufl., § 17 StVG Rn 9; LG Halle 16. 2. 2002, NZV 2003, 43.
381 *Heß/Burmann*, NJW-Spezial 2007, 441, 442.
382 *Lemcke* in *van Bühren*, Anwaltshandbuch Verkehrsrecht, Teil 2 Rn 219 ff, 249.
383 *Halm/Steinmeister*, DAR 2005, 481, 485 mwN.
384 NJW 2007, 3120; siehe auch OLG Hamm 14. 11. 1994, NJW 1995, 2233.
385 Urt. v. 22. 3. 1983, BGHZ 87, 132, 136; 26. 11. 1985, NJW 1986, 1044.

L414 Ungeklärt ist weiterhin, ob zusätzlich zum Fahrerverschulden – oder unabhängig davon – die vom Leasingfahrzeug ausgehende allgemeine Betriebsgefahr im Rahmen von § 9 StVG ins Gewicht fällt.[386] Der BGH musste im Urteil vom 10. 7. 2007 zu dieser vom LG Hamburg[387] eingehend geprüften und im Ergebnis zu Recht bejahten Zurechnung keine Stellung nehmen.

L415 Durch die am 1. 8. 2002 in Kraft getretene Neuregelung von § 17 Abs. 3 S. 3 StVG ist der Eigentümer dem Halter gleichgestellt worden. Für den Idealfahrer bedeutet dies, dass er Regressansprüchen des Eigentümers des anderen Unfallfahrzeugs, der selbst nicht Halter ist, nicht mehr ausgesetzt ist.[388] Die praktische Auswirkung auf den Kraftfahrzeugleasingvertrag besteht darin, dass der Leasinggeber als nichthaltender Eigentümer nicht besser gestellt wird als der haltende Leasingnehmer.[389]

2. Verhaltenspflichten des Leasingnehmers

L416 Falls der Leasingnehmer die Sachgefahr übernommen hat, darf er nach überwiegend vertretener Ansicht[390] davon ausgehen, dass der Leasinggeber hinsichtlich der Schäden des Leasingfahrzeugs an polizeilichen Feststellungen zum Unfallhergang nicht interessiert ist und keinen Wert darauf legt, dass er an der Unfallstelle verweilt. Mangels **Wartepflicht** erfüllt der Leasingnehmer durch sein Entfernen von der Unfallstelle somit nicht den Tatbestand des § 142 StGB und es liegt keine Verletzung der Aufklärungspflicht zum Nachteil der Kaskoversicherung vor (§ 7 Abs. 5 Nr. 4 AKB, § 6 Abs. 3 VVG), die zum Wegfall des Versicherungsschutzes führen würde. Die gleichen Grundsätze gelten für den Repräsentanten des Leasingnehmers.[391]

L417 Die **Verhaltenspflichten** des Leasingnehmers nach einem Unfall sind im Leasingvertrag festgelegt und von Fall zu Fall verschieden. Nach den VDA-Muster-Leasing-AGB zum privaten Neuwagenleasing ist der Leasingnehmer verpflichtet,

– dem Leasinggeber den Unfall unverzüglich zu melden (Abschn. X. Nr. 2),
– Reparatur oder Verwertung des Fahrzeugs mit dem Leasinggeber abzustimmen,
– Abschriften der Schadensmeldung, des Gutachtens und der Reparaturrechnung an den Leasinggeber zu senden (Abschn. X. Nr. 3),
– die Schadensregulierung mit dem Schädiger und/oder dem Kaskoversicherer in eigenem Namen vorzunehmen (Abschn. X. Nr. 4).

L418 Dass der Leasinggeber ein Interesse daran hat, über den Unfall und den Schaden informiert zu werden, liegt auf der Hand. Als Eigentümer des Leasingfahrzeugs besitzt er den Anspruch auf die Wertminderung. Außerdem muss er den Unfall bei Verkauf des Fahrzeugs offenbaren.[392] Nicht zuletzt hängt das Schicksal des Leasingvertrages von der Art und Höhe des Scha-

---

386 VA 2007, 173, 174.
387 VersR 1986, 583.
388 *Steiger*, DAR 2002, 377, 382.
389 *Schmitz*, NJW 2002, 3070, 3071; *Weber*, NJW 2003, 2348, 2353.
390 OLG Hamm 5. 12. 1989, NZV 1990, 197; 6. 12. 1991, NJW-RR 1992, 925; 14. 5. 1997, NZV 1998,33; OLG Hamburg 9. 3. 1990, NZV 1991, 33; OLG Frankfurt/Main 30. 3. 1990, NZV 1991,34; *Hallmayer*, NZV 1999, 105 ff. m. w.N; *Engel*, § 7 Rn 7; *Beckmann*, § 11 Rn 73; *Reinking* in *Reinking/Kessler/Sprenger*, § 14 Rn 4; a. A. OLG Oldenburg 9. 5. 1990, NZV 1991, 35; OLG Karlsruhe 5. 12. 1991,VersR 1992, 691; LG Köln 5. 12. 1991, r + s 1994, 248.
391 OLG Hamm 14. 5. 1997, OLGR 1997, 304.
392 Erfährt der Leasinggeber nichts von einem Unfallschaden, trifft ihn, ohne dass besondere Umstände hinzutreten, kein Untersuchungspflicht; er handelt auch nicht arglistig, wenn er das Fahrzeugs als unfallfrei verkauft, OLG Nürnberg 14. 4. 1999, NJW-RR 1999, 1208 ff.; *Engel*, § 7 Rn 10.

dens ab. Nach Abschn. X. Nr. 2 VDA-Muster-Leasing-AGB hat die Meldung des Leasingnehmers bei voraussichtlichen Reparaturkosten von über 1.500 EUR fernmündlich vor Erteilung des Reparaturauftrags zu erfolgen, soweit ihm dies möglich und zumutbar ist.[393]

Bei Totalschaden und Verlust des Fahrzeugs kann jeder Vertragspartner den Leasingvertrag zum Ende eines Vertragsmonats oder zum Zeitpunkt der Fälligkeit der nächsten Leasingrate **kündigen**. Liegen die schadensbedingten Reparaturkosten über 60 % des Wiederbeschaffungswertes, besitzt nach Abschn. X. Nr. 6 Abs. 2 S. 1 VDA-Muster-Leasing-AGB allein der Leasingnehmer das Recht zur Vertragskündigung. Es ist auf 3 Wochen ab Kenntniserlangung befristet. Macht er von dem Kündigungsrecht keinen Gebrauch, muss er das Fahrzeug nach Abschn. X. Nr. 6 Abs. 2 S. 2 VDA-Muster-Leasing-AGB unverzüglich reparieren lassen. Die Regelung ist bedenklich, weil sie dem Leasingnehmer nicht deutlich macht, dass die Reparaturpflicht endet, wenn die Reparaturkosten die Grenze zum Totalschaden überschreiten, worunter nicht nur der technische sondern auch der wirtschaftliche Totalschaden zu verstehen ist. Die Grenzen sind wegen der Unanwendbarkeit der sog. 70 %-Grenze[394] und der ungeklärten Rechtsprechung zur 130 %-Opfergrenze (Rn L456 ff.) unklar. **L419**

Liegt ein Reparaturfall vor, hat der Leasingnehmer die Instandsetzung bei einem vom Hersteller anerkannten Betrieb unverzüglich in **eigenem Namen** und auf **eigene Rechnung** in Auftrag zu geben. Im Fall der schuldhaften Inanspruchnahme einer vom Hersteller nicht autorisierten Werkstatt haftet er dem Leasinggeber auf Schadensersatz. Der Schaden des Leasinggebers kann darin bestehen, dass die Reparatur nicht fachgerecht und entsprechend den Vorgaben des Herstellers durchgeführt wurde oder dass Sachmängel- und Garantieansprüche gefährdet werden. **L420**

Da der Leasingnehmer die Sach- und Preisgefahr trägt, ist er nicht berechtigt, die Zahlung der Leasingraten für die Zeit einzustellen, in der er das Leasingfahrzeug wegen der Unfallschäden nicht benutzen kann. Ein **Zurückbehaltungsrecht** steht ihm nur dann zu, wenn der Leasinggeber die Sach- und Preisgefahr nicht bzw. nicht wirksam auf ihn verlagert hat.[395]

Der Leasinggeber muss dem Leasingnehmer bei der Durchsetzung der Ansprüche **unterstützen** und ihm die hierfür erforderlichen Unterlagen zur Verfügung stellen.[396] **L421**

Falls der Leasinggeber den Leasingnehmer die Verpflichtung auferlegt hat, **Schadensersatzansprüche** gegenüber dem Schädiger und dem Kaskoversicherer geltend zu machen, ist der Leasingnehmer im Teilschadensfall verpflichtet, die von ihm empfangene Ersatzleistung für die Reparatur des Fahrzeugs zu verwenden und eine Wertminderung an den Leasinggeber weiterzuleiten. **L422**

Der Leasingnehmer muss die Versicherung darüber informieren, dass es sich um ein Leasingfahrzeug handelt.[397] Gibt er wahrheitswidrig an, er sei Eigentümer des Fahrzeugs und nicht zum Vorsteuerabzug berechtigt, ist der Kaskoversicherer wegen **Obliegenheitsverletzung** leistungsfrei.[398] **L423**

---

393 Nach Ansicht von *Müller-Sarnowski*, DAR 2004, 608, 610 ist die Regelung unangemessen, da sie „keine besondere Funktion habe". Hierbei wird aber übersehen, dass der Leasinggeber als wirtschaftlicher Eigentümer durchaus ein Interesse daran hat, von einer Beschädigung des Fahrzeugs zu erfahren, da bei einem Schadensbetrag in dieser Größenordnung idR Anspruch auf Zahlung einer Wertminderung besteht.
394 BGH 7. 6. 2005, NJW 2005, 2541; *Ludovisy/Eggert/Burhoff/Notthoff*, Praxis des Straßenverkehrsrechts, 4 Rn 590.
395 BGH 9. 10. 1996, NZV 1997, 72.
396 OLG Koblenz 31. 10. 1995, NJW-RR 1996, 174.
397 BGH 6. 7. 1988, NZV 1988, 217.
398 OLG Koblenz 10. 11. 1995 -1 O 396 / 95, n. v.

3. Anspruchsübersicht

L424 Beschädigt ein **Dritter** das Leasingfahrzeug, sind Leasinggeber und Leasingnehmer hinsichtlich des Fahrzeugschadens nebeneinander anspruchsberechtigt. Der Anspruch des Leasinggebers folgt aus **Eigentumsverletzung** gem. § 823 Abs. 1, 2 BGB, § 7 StVG, der des Leasingnehmers aus **Besitzverletzung**,[399] da unmittelbarer Besitz gem. §§ 823 Abs. 2, 854 BGB zu den geschützten Rechtsgütern im Recht der unerlaubten Handlung gehört und außerdem unter den Schutz der Haftung des § 7 Abs. 1 StVG fällt. Der Eingriff in das Besitzrecht lässt sich sowohl dem – aus der Übernahme der Sachgefahr resultierenden – **Haftungsschaden** als auch dem **Nutzungsschaden** wegen Entzugs der Sachnutzung zuordnen.[400]

L425 Fahrzeugspezifische (zukünftige) Ersatzansprüche des Leasingnehmers gegen Dritte werden üblicherweise im Wege der **Vorausabtretung** auf den Leasinggeber übertragen. AGB, die eine solche Abtretung vorsehen, verstoßen nach Ansicht des OLG Köln[401] nicht gegen § 307 BGB, wenn der Leasinggeber verpflichtet ist, diese Ansprüche Zug um Zug gegen Befriedigung seines Anspruchs auf Instandsetzung des Fahrzugs im Reparaturschadensfall oder auf Ausgleichszahlung im Totalschadensfall zurückzuübertragen. Dieser Regelung bedarf es allerdings nur insoweit, als nicht bereits ein **gesetzlicher Forderungsübergang** nach § 426 Abs. 2 BGB stattfindet.

L426 Ansprüche gegen die **Kaskoversicherung** besitzt allein der Leasinggeber. Der Leasingnehmer ist zwar Versicherungsnehmer aber nicht Rechtsinhaber der Forderungen, da die von ihm abgeschlossene Kaskoversicherung im Hinblick auf das Eigentümerinteresse an der Leasingsache als **Fremdversicherung** zu Gunsten des Leasinggebers zu bewerten ist. Er kann über die Rechte, die dem Leasinggeber als Inhaber des Sicherungsscheins gem. § 75 Abs. 1 VVG zustehen, zwar formell verfügen, besitzt aber nicht die materielle Rechtszuständigkeit.[402]

L427 Im **Innenverhältnis** ist der Leasingnehmer dem Leasinggeber für Fahrzeugschäden aufgrund der leasingtypischen **Übernahme der Sachgefahr** verantwortlich. Im Verschuldensfall haftet der Leasingnehmer dem Leasinggeber außerdem wegen **Vertragsverletzung** und nach **Deliktsrecht**. Die **Halterhaftung** des Leasingnehmers (§ 7 StVG) kommt dem Leasinggeber allerdings nicht zugute, da sie nur Schäden deckt, die an „anderen Sachen" oder bei anderen Personen entstehen.[403]

L428 Bei einer Mitverantwortlichkeit haften Leasingnehmer und Dritte dem Leasinggeber **gesamtschuldnerisch**. Für den Innenausgleich zwischen Schädiger und Leasingnehmer gilt § 426 Abs. 1 BGB.

L429 **Kaskoversicherer** und **Leasingnehmer** haften dem Leasinggeber ebenfalls als **Gesamtschuldner**. Im Fall der Mithaftung des Leasingnehmers ist die **Quotenbevorrechtigung** des Leasingnehmers gegenüber dem Versicherer (§ 67 Abs. 1 S. 2 VVG) zu beachten.[404] Bei nur geringem Mitverschulden des Leasingnehmers an einem Unfall bedarf es einer sorgfältigen Abwägung zwischen dem Vorteil, den der Leasingnehmer durch eine Inanspruchnahme des Kaskoversicherers erlangt und dem damit verbundenen Nachteil in Form der Höherstufung der Versicherungsprämien. Der Leasinggeber hat darauf Rücksicht

---

399 *Hohloch*, NZV 1992, 1 ff., 6, 7 mwN.
400 *Reinking* in *Reinking/Kessler/Sprenger*, § 14 Rn 42, 43.
401 Urt. v. 14. 7. 1995, OLGR 1996, 1.
402 *Nitsch*, NZV 2002, 44; OLG Hamm 5. 12. 1997,VersR 1999, 45; OLG Frankfurt a. M. 7. 8. 2001, NZV 2002, 44.
403 *Hohloch*, NZV 1992, 1 ff., 5.
404 Berechnungsbeispiel von *Reinking* in *Reinking/Kessler/Sprenger*, § 14 Rn 37; generell zur kombinierten Abrechnung von Kasko- und Haftpflichtschäden bei Quotenunfällen, VA 2007, 45 ff.

Ersatzansprüche des – durch Versicherung für fremde Rechnung versicherten – Leasing- **L430** gebers gegen den berechtigten Fahrer des Leasingfahrzeugs unterliegen dem Forderungsübergang des § 67 VVG, da durch den bei grober Fahrlässigkeit des Fahrers zugelassenen Rückgriff für den Versicherer dasselbe Ergebnis herbeigeführt wird, das bestehen würde, wenn der Leasinggeber als Eigentümer des Leasingfahrzeugs den Schaden selbst grob fahrlässig herbeigeführt hätte.[405]

Gegenüber dem Leasinggeber kann die Haftung des beim Leasingnehmer angestellten **L431** Fahrers des Leasingfahrzeugs nicht nach Maßgabe der von der Rechtsprechung entwickelten Grundsätze zur **gefahrgeneigten Arbeit** beschränkt werden.[406]

Nach einer Entscheidung des OLG Köln[407] ist § 67 VVG entsprechend anzuwenden, **L432** wenn der Leasingnehmer gegen seine Verpflichtung verstoßen hat, für das geleaste Fahrzeug eine Vollkaskoversicherung zu unterhalten. Das bedeutet, dass Schadensersatzansprüche, die dem Leasinggeber gegen den Leasingnehmer zustehen, auf den Kaskoversicherer übergehen, wenn dieser aufgrund des Sicherungsscheins Leistungen an den Leasinggeber erbracht hat und der Leasingnehmer dadurch von seiner Zahlungsverpflichtung frei geworden ist. Zum Regress kommt es allerdings nicht, wenn sich der Leasinggeber das Verschulden des Leasingnehmers zurechnen lassen muss und die Pflichtwidrigkeit des Leasingnehmers die Leistungsfreiheit des Kaskoversicherers bewirkt. Dagegen kann sich der Leasinggeber durch entsprechende Vereinbarungen mit dem Kaskoversicherer schützen, die ihn auch für den Fall eines **grob fahrlässigen Verhaltens** des Leasingnehmers absichern.

Ist der **Versicherungsnehmer weder Leasingnehmer noch Eigentümer** des Fahrzeugs **L433** und hat er im Rahmen der von ihm abgeschlossenen Kaskoversicherung das Eigentümerinteresse des Leasinggebers und das Sacherhaltungsinteresse des Leasingnehmers (zB aus steuerlichen Gründen) versichert, stehen ihm keine eigenen Ansprüche aus dem Versicherungsvertrag zu, wenn er das Fahrzeug ohne Wissen der Versicherung nutzt.[408] Infolgedessen muss sich der Versicherungsnehmer ein zur Leistungsfreiheit führendes Fehlverhalten des Leasingnehmers zurechnen lassen, ohne dass es darauf ankommt, ob dieser sein Repräsentant war.

4. Geltendmachung des Schadens

Im Regelfall wird der **Leasingnehmer** vom Leasinggeber – widerruflich – **ermächtigt L434** und **verpflichtet**, alle Ansprüche aus dem Schadensfall im eigenen Namen und auf eigene Rechnung gegenüber dem Schädiger und/oder gegenüber dem Kaskoversicherer geltend zu machen (Abschn. X. Nr. 4 VDA-Muster-Leasing-AGB). Aufgrund der Ermächtigung ist der Leasingnehmer berechtigt, die Ansprüche des Leasinggebers in **gewillkürter Prozessstandschaft** bei Gericht einzuklagen.[409] Erklärt der Leasinggeber wegen eines Unfalls oder Diebstahls die fristlose Kündigung des Leasingvertrages, wird dadurch eine dem Leasingnehmer unter Widerrufsvorbehalt erteilte Ermächtigung/Verpflichtung zur Geltendmachung der Versicherungsleistung aus der Kaskoversicherung hinfällig.[410]

Nimmt der **Leasinggeber** die **Schadensabwicklung** selbst in die Hand, ist er verpflichtet, bei Eintritt des Versicherungsfalles alles Zumutbare zu unternehmen, damit die Versi-

---

405 OLG Köln 3. 6. 1996, VersR 1997, 57.
406 BGH 19. 9. 1989, DAR 1989, 416.
407 Urt. v. 19. 9. 1995, OLGR 1996, 224.
408 OLG Düsseldorf, 25. 10. 2007 I – 4 U 30/07, n. v.
409 OLG Hamm 5. 12. 1997, OLGR 1999, 45 mwN.
410 OLG Köln 7. 7. 1992, BB 1992, 2105.

cherungssumme ihrer Zweckbestimmung entsprechend beiden Parteien zugute kommt.[411] Akzeptiert der Leasinggeber eine zu geringe Entschädigung des Schädigers / Versicherers, kann er vom Leasingnehmer am Vertragsende keinen vollen Restwertausgleich verlangen.[412]

L435 Gegen eine Schadensregulierung durch den Leasinggeber bestehen grundsätzlich keine Bedenken, wenn sich dessen Aktivitäten auf die Geltendmachung der **fahrzeugspezifischen Ersatzansprüche** beschränken. Nicht zulässig ist die Übernahme der **kompletten Schadensregulierung** durch den Leasinggeber, da sie keine Rechtsdienstleistung im Zusammenhang mit einer anderen zum Berufs- und Tätigkeitsfeld des Leasinggebers gehörenden Nebentätigkeit im Sinne von § 5 Abs. 1 RDG darstellt. Die Geltendmachung von Nutzungsausfall, Mietwagenkosten, entgangenem Gewinn, Reise- und Unterbringungskosten etc. ist „ureigenste Angelegenheit" des Leasingnehmers, da diese Positionen allein ihn und nicht den Leasinggeber betreffen.[413]

L436 Hat sich der Leasinggeber die Schadensregulierung vorbehalten, wird der Schädiger durch die Zahlung der Entschädigung an den Leasingnehmer als Besitzer des Fahrzeugs von seiner Zahlungspflicht nur befreit, wenn er nicht weiß und ihm nicht infolge grober Fahrlässigkeit unbekannt geblieben ist, dass es sich um ein Leasingfahrzeug handelt, das im Eigentum des Leasinggebers steht. Das Bestehen einer Vollkaskoversicherung für ein kleines Fahrzeug ist kein zwingender Hinweis darauf, dass sich das Fahrzeug im Eigentum eines Dritten befindet oder dass es mit Sicherungsrechten dritter Personen belastet ist.[414]

5. Teilschadensfall

a) Reparatur und Reparaturkostenersatz

L437 Im Teilschadensfall hat der Leasingnehmer das Fahrzeug instandsetzen zu lassen und mit der Durchführung der Reparatur einen vom **Hersteller anerkannten Betrieb** zu beauftragen (Rn L420).

Der Reparaturbetrieb erwirbt an dem Leasingfahrzeug in der Regel kein **Werkunternehmerpfandrecht**, kann aber bis zur Bezahlung der Werklohnforderung dem werkvertraglich begründeten Herausgabeanspruch des Leasingnehmers sein **Zurückbehaltungsrecht** entgegenhalten.[415]

L438 Der für den Unfall verantwortliche **Schädiger** haftet auf Ersatz der **Reparaturkosten**. Leasinggeber und Leasingnehmer haben, wenn sie zum Vorsteuerabzug berechtigt sind, die **Netto-Reparaturkosten** zu beanspruchen. Der nicht zum Vorsteuerabzug berechtigte Leasingnehmer, der die Reparaturkosten aus eigenem Recht geltend macht, kann nach h. M.[416] von dem Schädiger und dessen Versicherer die **Brutto-Reparaturkosten** ersetzt verlangen, wenn er auf Grund des Leasingvertrages verpflichtet ist, die Reparatur des Lea-

---

411 OLG Koblenz 31. 10. 1995, NJW-RR 1996, 175.
412 OLG Dresden 16. 6. 1999, OLGR 1999, 364.
413 LG Nürnberg-Fürth 17. 2. 1993 – 3 O 651 / 93, n. v., das allerdings – rechtsirrtümlich – davon ausgeht, der Leasinggeber sei nicht zur Geltendmachung des Fahrzeugschadens berechtigt, da der Schädiger ihm – wegen seines gegen den Leasingnehmer gerichteten Anspruchs auf Vollamortisation – den Einwand fehlenden Schadens entgegenhalten könne.
414 KG 4. 3. 1976, VersR 1976, 1160 .
415 OLG Hamm 12. 2. 2004, OLGR 2004, 182.
416 OLG Frankfurt/Main 17. 6. 1997, NZV 1998, 31; LG Stade 10. 12. 1986, DAR 1987, 123; AG Schorndorf 20. 1. 1987, DAR 1987, 123; AG Freiburg 31. 10. 1986, NJW-RR 1987, 345; AG Stuttgart 15. 6. 1987, DAR 1988, 98; AG Fürstenfeldbruck 4. 3. 1986, DAR 1987, 59; *Bethäuser*, DAR 1987, 107; *Paul*, FLF 1984, 175; *Hohloch*, NZV 1992, 1 f., 7; a. A. AG Bad Homburg 20. 11. 1984, ZfS 1985, 43, 44; *Dörner*, VersR 1978, 884, 892.

singfahrzeugs vornehmen zu lassen (so üblich und vorgesehen in Abschn. X. Nr. 2 Abs. 2 VDA-Muster-Leasing-AGB) und er dieser Verpflichtung tatsächlich nachgekommen ist (§ 249 Abs. 2 S. 2 BGB).

Auch der **Kaskoversicherer** hat nach verbreiteter, aber keineswegs unbestrittener Ansicht[417] dem nicht zum Vorsteuerabzug berechtigten Leasingnehmer die in der Reparaturrechnung ausgewiesene Umsatzsteuer zu ersetzen. Dafür spricht, dass die Kaskoversicherung als reine Sachversicherung außer dem Sachinteresse des Leasinggebers auch das **Sacherhaltungsinteresse** des Leasingnehmers abdeckt, wenn ihm, wie das beim Kfz-Leasing üblich ist, die Gefahr für Untergang, Verlust und Beschädigung aufgebürdet wird.[418] Darunter ist das Interesse des Leasingnehmers zu verstehen, im Falle des Ereigniseintritts vom Leasinggeber wegen des Fahrzeugschadens nicht in Anspruch genommen zu werden. Die Freistellung würde nicht erreicht, wenn der mit der Instandhaltungspflicht belastete Leasingnehmer, der die Umsatzsteuer nicht mit dem Finanzamt verrechnen kann, diese im Reparaturfall selbst aufbringen müsste.[419] **L439**

Der Leasinggeber ist nicht verpflichtet, den nicht zum Vorsteuerabzug berechtigten Leasingnehmer vor Abschluss des Leasingvertrages darauf hinzuweisen, dass die Kaskoversicherung in Anbetracht der strittigen Rechtslage die Umsatzsteuer eventuell nicht ersetzt.[420] Auch die Kaskoversicherung muss den Leasingnehmer hierüber nicht aufklären.[421] **L440**

Schädiger und Kaskoversicherer sind nicht zur Zahlung der Brutto-Reparaturkosten verpflichtet, wenn ein zum Vorsteuerabzug berechtigter Leasingnehmer nach Vornahme der Reparatur ausdrücklich erklärt, er mache nicht seinen eigenen Anspruch geltend, sondern den des vorsteuerabzugsberechtigten Leasinggebers.[422] **L441**

Die **fiktive Abrechnung** auf Basis eines Gutachtens oder Kostenvoranschlags, die zur Folge hat, dass der Geschädigte gem. § 249 Abs. 2 S. 2 BGB grundsätzlich nur den Nettobetrag bekommt, spielt wegen der Verpflichtung des Leasingnehmers zur Instandhaltung des Fahrzeugs für das Kfz-Leasing keine Rolle. Das Gleiche gilt für die nicht oder nur zum Teil umsatzsteuerpflichtige Reparatur (zB Eigenreparatur mit und ohne Verwendung gekaufter Ersatzteile oder Schwarzarbeit). Auf die mit solchen Instandsetzungen zusammenhängenden Besonderheiten umsatzsteuerlicher Art muss daher nicht eingegangen werden.[423] **L442**

Der Leasinggeber hat eine an ihn gezahlte **Reparaturentschädigung** für die Wiederherstellung des Fahrzeugs **bereitzustellen** und ist nicht berechtigt, den Geldbetrag zurückzuhalten und mit rückständigen Leasingraten zu verrechnen.[424] Es ist dem Leasinggeber verwehrt, aus einem Zahlungstitel gegen den Leasingnehmer den Anspruch auf Auszahlung der Kaskoentschädigung zu pfänden. Die Pfändung geht ins Leere, da die Rechte aus dem Versicherungsvertrag gem. § 75 VVG dem Leasinggeber und nicht dem Leasingnehmer zustehen.[425] **L443**

---

417 LG Bad Kreuznach 26. 11. 1996, DAR 1997, 113; a. A. zB OLG Hamm 2. 11. 1994, r + s 1995, 88; LG Hamburg 7. 7. 1994, VersR 1995, 411; weitere Nachweise zu beiden Meinungen bei *Reinking*, DAR 1998, 334.
418 *Engel*, § 7 Rn 24 mwN; zum Sacherhaltungsinteresse *Beckmann*, § 11 Rn 26 mwN.
419 *Reinking* DAR 1998, 333, 334; *Engel*, § 7 Rn 24.
420 LG Braunschweig 31. 5. 1996, NJW-RR 1998, 342.
421 LG Hamburg 7. 7. 1994, VersR 1995, 411.
422 LG München 13. 10. 1983, ZfS 1984, 100.
423 Dazu *Palandt/Heinrichs*, § 249 Rn 15 ff. mwN.
424 BGH 12. 2. 1985, DAR 1985, 223.
425 LG Köln 8. 5. 1996 – 26 S 200/95, n. v.

b) Wertminderung

L444 Die Wertminderung steht grundsätzlich dem **Leasinggeber als Eigentümer** des Leasingfahrzeugs zu. Er ist allerdings verpflichtet, zu Gunsten des Leasingnehmers eine empfangene Wertminderung am **Vertragsende** zu **berücksichtigen**, wenn er das Restwertrisiko auf den Leasingnehmer verlagert hat,[426] da die garantieartige Absicherung des Restwertes auch den merkantilen Minderwert erfasst.[427]

L445 Beim erlasskonformen **Leasingvertrag mit Restwertabrechnung** und beim **kündbaren Leasingvertrag mit Schlusszahlung** ist die Wertminderung am Vertragsende dem Veräußerungserlös jeweils in voller Höhe hinzuzurechnen. Verbleibt ein Mehrerlös, wird dieser beim Vertrag mit Restwertabrechnung im Verhältnis von 75 % zu 25 % zu Gunsten des Leasingnehmers aufgeteilt. Beim kündbaren Leasingvertrag wird der Leasingnehmer grundsätzlich mit 90 % an der Wertminderung beteiligt, da der um den Betrag der Wertminderung aufgestockte Fahrzeugwert mit dieser Quote in das Abrechnungsverhältnis einfließt.

L446 Beim **Vertrag mit Andienungsrecht** besitzt der Leasingnehmer Anspruch gegen den Leasinggeber auf Auszahlung der Wertminderung, wenn der Leasinggeber ihm das Fahrzeug andient. Die Verpflichtung des Leasinggebers zur Auskehrung der Wertminderung an den Leasingnehmer bzw. zur Anrechnung auf den Kaufpreis ist in Abschn. X. Nr. 4 VDA-Muster-Leasing-AGB nicht vorgesehen, weshalb die Klausel zu beanstanden ist. Macht der Leasinggeber von dem Andienungsrecht keinen Gebrauch, ist ihm die Wertminderung zu belassen, da er das Risiko der Verwertung auf sich nimmt.

L447 Beim **Leasingvertrag mit Kilometerabrechnung** trägt der Leasinggeber das Verwertungsrisiko. Da die Unfalleigenschaft des Fahrzeugs den Veräußerungserlös schmälert, gebührt dem Leasinggeber die Wertminderung. Zu der Frage, ob dem Leasingnehmer bei dieser Vertragsart ein Anspruch auf anteilige Wertminderung in Höhe der Differenz zwischen der Wertminderung zum Schadenszeitpunkt und zum Zeitpunkt der Vertragsbeendigung zuzubilligen ist, wenn der Vertrag keine eindeutige Regelung enthält, gehen die Meinungen auseinander.[428]

L448 Da die Wertminderung stets von den konkreten Umständen des Einzelfalls abhängt, verstößt eine **Pauschalierung** gegen § 309 Abs. 1 Nr. 5 BGB.[429]

c) Sonstige Ansprüche

L449 Die Ersatzpflicht des Schädigers umfasst die **Abschlepp- und Gutachterkosten** sowie alle weiteren **Auslagen.**

L450 Der Schädiger hat für die Kosten aufzukommen, die dem **Leasingnehmer** durch die **Anmietung eines Ersatzfahrzeugs** während der unfallbedingten Ausfallzeit entstehen, wobei ersparte Eigenkosten zu berücksichtigen sind. Verzichtet der Leasingnehmer auf ein Mietfahrzeug, sind vom Schädiger die aktuellen Tagessätze für **Nutzungsausfall** zu vergüten und/oder ein **entgangener Gewinn** gem. § 252 BGB zu ersetzen.[430]

Er besitzt keinen Anspruch auf Ersatz der Leasingraten, die er aufgrund wirksamer Übernahme der Sach- und Preisgefahr an den Leasinggeber in der Ausfallzeit entrichten muss.[431]

---

426 *Dittrich*, Kfz-Leasing, herausgegeben von der Arbeitsgemeinschaft der Verkehrsrechtsanwälte im Deutschen Anwaltsverein, S. 11.
427 *Michalski/Schmitt*, Rn 179.
428 Befürwortend *Reinking*, in *Reinking/Kessler/Sprenger*, § 14 Rn 20; ablehnend *Hohloch*, NZV 1992, 1, 6.
429 *Michalski/Schmitt*, Rn 180.
430 BGH 18. 5. 1997 BGHZ 56, 214, 219; Tabellenbezug skm@schwacke.de; Tabelle für 2007 in NJW 2007, 1638 ff.
431 BGH 23. 10. 1990, NJW-RR 1991, 280, 281; 5. 11. 1991, NJW 1992, 553.

Dem **Leasinggeber** steht kein Anspruch auf Nutzungsentschädigung zur Seite, da er während der Dauer des Leasingvertrages kein Nutzungsrecht besitzt. Eine Klausel, die ihm Nutzungsausfall für den Fall zubilligt, dass dem Leasingnehmer keine Nutzungsmöglichkeit verblieben ist, benachteiligt den Leasingnehmer unangemessen und ist unwirksam.[432] **L451**

Die **Rechtsverfolgungskosten** gehören zum ersatzpflichtigen Schaden, wobei es keinen Unterschied macht, ob der Leasingnehmer eigene Ansprüche aus Besitzverletzung oder befugtermaßen solche des Leasinggebers aus Verletzung des Eigentums im Wege gewillkürter Prozessstandschaft geltend macht.[433] Vom Schädiger sind auch die **Anwaltskosten** zu ersetzen, die durch eine außergerichtliche Kaskoregulierung entstanden sind, zu deren Vornahme der Leasinggeber den Leasingnehmer ermächtigt und verpflichtet hat.[434] **L452**

Für Leasinggesellschaften, die ihre fahrzeugspezifischen Schadensersatzansprüche selbst geltend machen, gelten die allgemeinen Grundsätze zur Schadensregulierung, d. h. sie können sofort einen Rechtsanwalt zur zweckmäßigen und sachdienlichen Bearbeitung heranziehen.[435] Die Notwendigkeit der Einschaltung eines Rechtsanwalts entfällt allerdings bei Rechtsmissbrauch und Schikane.[436] **L453**

6. Totalschaden und erhebliche Beschädigung

a) Beendigung des Leasingvertrages

Im Fall des **Totalschadens**, des **Verlusts** und der **erheblichen Beschädigung** endet der Leasingvertrag durch Kündigung oder aufgrund einer vertraglichen Regelung (Rn L61). Da die Vertragsbeendigung regelmäßig mit einer vertraglich vereinbarten Verpflichtung des Leasingnehmers zum Ausgleich der zum Beendigungszeitpunkt noch nicht amortisierten Kosten des Leasinggebers verbunden ist, tritt diese Rechtsfolge auch dann ein, wenn der Leasingnehmer das Unfallereignis allein- oder mitverschuldet hat. **L454**

Im **Überschneidungsbereich** zwischen **Teil- und Totalschaden** sind die Interessen der Parteien des Leasingvertrages nicht unbedingt gleich gelagert. Für den Leasinggeber erweist sich eine vorzeitige Vertragsbeendigung unter Umständen als vorteilhaft. Da ihm der Leasingnehmer ohnehin Ersatz der noch nicht amortisierten Kosten des Leasingvertrages schuldet, hat er an einer Reparatur des Fahrzeugs kein sonderliches Interesse. Für ihn können eine Beendigung des laufenden Vertrages und der Abschluss eines neuen Leasingvertrages weitaus attraktiver als eine Instandsetzung sein. Im Gegensatz dazu ist dem Leasingnehmer daran gelegen, dass das Leasingfahrzeug repariert und der Leasingvertrag bis zum regulären Vertragsende fortgesetzt wird.[437] Für ihn führt ein vorzeitiges Vertragsende zu einer höheren Kostenbelastung, wenn die Entschädigungsleistung des Ersatzpflichtigen nicht zur Abdeckung des Betrages ausreicht, den er zur Herbeiführung der dem Leasinggeber geschuldeten Vollamortisation aufzubringen hat und dieses Risiko nicht durch eine Restschuldversicherung abgedeckt ist. Auf die dem Leasingnehmer durch vorzeitige Vertragsbeendigung entstehenden Nachteile hat der Leasinggeber Rücksicht zu nehmen. Eine Kündigung des Leasinggebers wegen erheblicher Beschädigung des Leasingfahrzeugs, die berechtigten Interessen des Leasingnehmers widerspricht, verstößt gegen Treu und Glauben und kann vor § 242 BGB nicht bestehen. **L455**

---

432 OLG Düsseldorf 7. 11. 1991, BB 1991, 2471.
433 LG Kaiserslautern 22. 2. 1991, DAR 1993, 196; AG München 21. 12. 1983, ZfS 1984, 101.
434 LG Bielefeld 8. 8. 1989, NJW-RR 1989, 1431; LG Kaiserslautern 22. 2. 1991, DAR 1993, 196.
435 *Wagner*, NJW 2006, 3244 ff.
436 BGH 8. 11. 1994, NJW 1995, 446 ff.
437 OLG München 1. 12. 1999, DAR 2000, 121.

b) 130 %-Opfergrenze für Leasingfahrzeuge

L456 Bei Leasingfahrzeugen bereitet die Abgrenzung zwischen Teil- und Totalschaden manchmal Probleme. Beim privaten Kfz-Leasing kann es vorkommen, dass Brutto-Reparaturkosten dem Netto-Wiederbeschaffungswert gegenüberstehen. Sachgerechte Ergebnisse lassen sich in diesen Fällen nur dadurch erzielen, dass ausschließlich Nettopreise oder Bruttopreise miteinander verglichen werden.

L457 Die Abgrenzungsprobleme zwischen Teil- und Totalschaden beruhen aber vor allem darauf, dass die Frage, ob die Rechtsprechung zur **Opfergrenze von 130 %**[438] auf Leasingfahrzeuge Anwendung findet, bis heute höchstrichterlich nicht geklärt wurde.[439] Der BGH[440] hat zwar entschieden, dass auch im Falle der Beschädigung eines **gewerblich genutzten Fahrzeugs** die Wiederbeschaffungskosten nicht unbedingt die Grenze des Herstellungsaufwandes iSv § 249 BGB bilden. Für ihn war ausschlaggebend, dass der Geschädigte, bei dem es sich um einen Taxiunternehmer handelte, Einfluss auf die Fahrer und deren Fahrweise (30 Fahrer für 15 Taxis) nehmen konnte. In Anbetracht des vom BGH stets betonten **Integritätsinteresses** stellt sich für die – im Urteil nicht erwähnte – Kategorie der Leasingfahrzeuge die Frage, ob die üblichen Rahmenbedingungen zur Nutzung, Instandhaltung, Wartung, Pflege und Behandlung von Leasingfahrzeugen in Verbindung mit den Kontroll- und Eingriffsrechten, die den Leasinggesellschaften zur Verfügung stehen, für eine Anhebung der Opfergrenze auf 130 % ausreichen. Wegen der vielfältigen Verhaltenspflichten und Obliegenheiten des Leasingnehmers und seines auf der Restwertgarantie beruhenden Eigeninteresses an der ordnungsgemäßen Erhaltung des Leasingfahrzeugs ist es nicht gerechtfertigt, ihn einem Fahrzeugmieter gleichzustellen und die vom BGH in Erwägung gezogene Nichtanwendung der 130 %-Rechtsprechung für Mietfahrzeuge auf Leasingfahrzeuge zu übertragen.

L458 In Anbetracht der zutreffenden Erwägung, dass der Leasingnehmer die Ausgleichszahlung allein durch Instandsetzung des Fahrzeugs abwenden kann und er ein Interesse an der Weiterbenutzung des Fahrzeugs besitzt, hat ihm das OLG München[441] einen Anspruch auf Ersatz des Integritätsinteresses aus eigenem Recht zugebilligt. Aus dem Leasingvertrag ergebe sich die Nebenpflicht, dass der Leasinggeber auf die wirtschaftlichen Interessen des Leasingnehmers eingehen müsse, heißt es im Urteil.[442] Auf einen gegenteiligen Standpunkt hat sich das OLG Köln[443] in einem Fall gestellt, in dem der Leasingnehmer allerdings den Leasingvertrag bereits beendet und erst danach den Reparaturauftrag erteilt hatte. Aus Sicht des OLG Köln bestand zum Zeitpunkt der Reparaturbeauftragung keine schützenswerte Rechtsposition des Leasingnehmers. Im Übrigen war das Gericht der Ansicht, die 130 %-Rechtsprechung sei dem Leasingnehmer auch deshalb zu versagen, weil der Vertrag bei einer erheblichen Beschädigung regelmäßig beendet und abgerechnet werde. Diese Argumentation verkennt, dass durch Anwendung der 130 %-Rechtsprechung auf Leasingverträge eine gegen das Gebot der Schadensgeringhaltung verstoßende Vertragsbeendigungs- und Abrechnungspraxis durchbrochen und der Leasingnehmer vor höheren Kosten

---

[438] BGH 15.10.1991, NJW 1992,302; 17.3.1992, DAR 1992, 259 – Eigenreparatur –.
[439] Dazu *Reinking*, DAR 1997, 425.
[440] Urt. v. 8.12.1998, VersR 1999, 245, 246; ebenso OLG Düsseldorf 10.3.1997, SP 1997, 194; LG Mühlhausen 9.9.1998; DAR 1999, 29.
[441] Urt. v. 1.12.1999, DAR 2000, 121.
[442] Einschränkend *Richter* in *Himmelreich/Halm*, Handbuch des Fachanwalts Verkehrsrecht, 2. Aufl., der dem Leasingnehmer die 130 %-Rechtsprechung nur für den Fall eines späteren Eigentumserwerbs zubilligen will, wofür (fälschlich) die Haltereintragung des Leasingnehmers als Indiz herangezogen wird.
[443] Urt. v. 15.8.200, SP 2001,15 ff.

bewahrt werden soll. Dabei steht außer Frage, dass sich das Problem der 130 %-Grenze nicht mehr stellt, wenn der Leasingvertrag wirksam beendet wurde.[444]

c) Unechter Totalschaden

Die Rechtsprechung zur **Schadensberechnung** auf **Neuwertbasis** ist auch auf neuwertige Leasingfahrzeuge anzuwenden.[445] Es gilt die Faustregel, dass von der Neuwertigkeit eines Fahrzeugs auszugehen ist, wenn seine Fahrleistung 1000 km nicht überschreitet und die Erstzulassung nicht länger als einen Monat zurückliegt. Die Besonderheit, dass wegen der leasingtypischen Abtretungskonstruktion der Schaden in Form der Gefährdung von Sachmängelansprüchen, der ein gewichtiges Argument für die Neuwertabrechnung darstellt, nicht dem Leasinggeber erwächst, sondern beim Leasingnehmer eintritt, kann dem Schädiger nicht zum Vorteil gereichen, wenn der Leasinggeber seinen eigenen Schaden geltend macht.[446]

L459

d) Vertragsabrechnung

Die Vertragsabrechnung beinhaltet die zum Beendigungszeitpunkt vom Leasinggeber noch nicht amortisierten Kosten abzüglich Restwerterlös und Versicherungsleistung. Da der Leasinggeber nicht besser gestellt werden darf als er bei einem kündigungsfreien Vertragsverlauf stehen würde,[447] sind die ihm aus der vorzeitigen Vertragsbeendigung erwachsenden Vorteile in Form des vorzeitigen Kapitalrückflusses und der ersparten Verwaltungskosten bei der Vertragsabrechnung zu Gunsten des Leasingnehmers zu berücksichtigen (Rn L620 ff., L629 ff.).

L460

In den Fällen, in denen der Leasingnehmer die vorzeitige Vertragsbeendigung nicht zu vertreten hat, sind bei der **Abrechnung** die ausstehenden Leasingraten nicht nur um die anteiligen Verwaltungskosten sondern auch um die darin enthaltenen **Gewinnanteile** zu vermindern. Die Kürzungen sind gerechtfertigt, weil dem Leasingnehmer sowohl der weitere Sachgebrauch als auch die mittelbare Kapitalnutzung entzogen wird, während auf der anderen Seite der Leasinggeber das zurückfließende Kapital anderweitig nutzen und damit Gewinn erzielen kann.[448] Irgendwelche Gründe, die dafür sprechen könnten, dem Leasinggeber auch für die verkürzte Laufzeit den auf die volle Vertragsdauer kalkulierten Gewinn ungeschmälert zuzubilligen, sind angesichts der Bedeutung des Zeitfaktors für die Leistung des Leasinggebers nicht ersichtlich.[449] Das Urteil des BGH[450] vom 31.10.2007, welches besagt, dass dem Leasinggeber eines Leasingvertrages mit Andienungsrecht ein Mehrerlös zusteht, soweit dieser den noch nicht amortisierten Gesamtaufwand „einschließlich des kalkulierten Gewinns" übersteigt, steht dem nicht entgegen. Darin befasst sich der BGH ausschließlich mit der Zurechnung des überschießenden Betrages und nicht mit der Frage, ob die in den restlichen Leasingraten enthaltenen Gewinnanteile dem Leasinggeber zuzusprechen gewesen wären, wenn er an Stelle der Vertragsabrechnung den Restamortisationsschaden geltend gemacht hätte.

L461

Die vom Leasingnehmer zu leistende **Ausgleichszahlung**, mit der die vom Leasinggeber noch nicht amortisierten Kosten abgegolten werden, ist grundsätzlich **umsatzsteuerfrei**,

L462

---

444 OLG Stuttgart 1.10.1998, Beck RS 2007, 10019.
445 OLG Köln 11.12.1984, ZfS 1985, 357; OLG Nürnberg 7.6.1994, r + s 1994, 337; OLG Hamm 11.4.1994, r + s 1994, 338; *Müller-Sarnowski in Ludovisy/Eggert/Burhoff*, Praxis des Straßenverkehrsrechts, 4. Aufl. Teil 5 D. Kraftfahrzeugleasing Rn 489.
446 OLG Nürnberg 7.6.1994, r + s 1994, 337.
447 BGH 19.3.1986, WM 1986, 673, 674.
448 OLG Celle 7.4.1999, OLGR 1999,225.
449 BGH 19.3.1986, NJW 1986, 1746, 1748.
450 NJW 2008, 989.

unabhängig davon, ob der Unfall vom Leasingnehmer verschuldet oder mitverschuldet wurde oder ob dieser allein oder überwiegend auf Fremdverschulden oder höherer Gewalt beruhte (Rn L35).

L463 Zivilrechtlich ist die Unterscheidung, ob es sich bei der Ausgleichszahlung um **Schadensersatz** oder um ein vertraglich vereinbartes **Entgelt** für den Fall der vorzeitigen Vertragsbeendigung handelt, für die Höhe der Zinsen bedeutsam. Ist die Ausgleichszahlung ein Entgelt, beträgt der Verzugszins gem. § 288 Abs. 2 BGB 8 Prozentpunkte über dem Basiszins. Schuldet der Leasingnehmer den Ausgleich als Schadensersatz, kann der Leasinggeber gem. § 288 Abs. 1 BGB nur den Normalsatz von 5 Prozentpunkten über dem Basiszins verlangen.[451]

e) Fälligkeit der Ausgleichszahlung des Leasingnehmers

L464 Es ist zwischen **Vollamortisationsanspruch** und dem Anspruch auf **Ausgleich des Sachwertes** zu unterscheiden, wobei Letzterer – wie das Urteil des BGH vom 31. 10. 2007[452] belegt – der höhere und für den Leasinggeber günstigere Anspruch sein kann. Welchen der beiden Ansprüche der Leasinggeber gegenüber dem Leasingnehmer geltend macht, ist notfalls im Wege der Auslegung zu ermitteln. Der Sachwertanspruch betrifft das Eigentumsinteresse des Leasinggebers, der Vollamortisationsanspruch die Rückführung des Anschaffungsaufwands.

L465 Falls der Leasingnehmer die Rechte aus der Vollkaskoversicherung und die Schadensersatzansprüche gegen Dritte wegen Beschädigung des Leasingfahrzeugs an den Leasinggeber **erfüllungshalber abgetreten** hat, muss sich der Leasinggeber wegen der Sachwertansprüche **zunächst** an die **Versicherung** oder den **Schädiger** halten. Ein sofortiges Vorgehen gegen den Leasingnehmer scheitert daran, dass die Forderung nicht fällig ist. Sie wird erst fällig, wenn der Leasinggeber seine Sachwertansprüche erfolglos gegenüber der Kaskoversicherung geltend gemacht hat.[453] Die gleiche Rechtslage besteht, wenn der Leasingnehmer an Stelle der Abtretung eine Fahrzeugvollversicherung als **Fremdversicherung** zu Gunsten des Leasinggebers abgeschlossen und dieser von der Kaskoversicherung einen Sicherungsschein erhalten hat.[454] Einer Entscheidung des OLG Düsseldorf[455] zufolge verpflichtet der Sicherungsschein die Leasinggesellschaft ausnahmsweise nicht, die Rechte aus dem Versicherungsvertrag – notfalls gerichtlich – geltend zu machen, wenn der Leasingnehmer erkennbar kein Interesse an der Weiterverfolgung des Anspruchs hat.

L466 Von einer **Stundung** der Forderung des Leasinggebers aus der Vertragsabrechnung ist nicht auszugehen, wenn nach dem Vertrag allein der Leasingnehmer verpflichtet ist, die dem Leasinggeber zustehenden Ansprüche beim Versicherer oder Schädiger geltend zu machen.[456] Den Leasinggeber trifft dann allerdings die vertragliche Nebenpflicht, dem Leasingnehmer die zur Durchsetzung der Ansprüche erforderlichen Unterlagen (insbesondere die Anschaffungsrechnung) zur Verfügung zu stellen. Verletzt er seine **Mitwirkungspflicht**, muss er dem Leasingnehmer den daraus entstehenden Schaden ersetzen.

Enthält der Leasingvertrag **keine eindeutige Regelung** dahingehend, dass der Leasingnehmer auch **nach Beendigung des Leasingvertrages** noch mit der Beitreibung der Versicherungsforderung belastet sein soll (so vorgesehen in Abschn. X. Ziff. 4 S. 1 der VDA-Muster-Leasing-AGB), fällt es in den Aufgabenbereich des Leasinggebers, die Ansprüche

---

451 Zur Problematik des Anspruchs und der Verzinsung *Beckmann*, FLF 2002, 46, 52.
452 NJW 2008, 989.
453 BGH 11. 12. 1991, NJW 1992, 683.
454 OLG Koblenz Urt. v. 31. 10. 1995, NJW-RR 1996, 174, 175.
455 Urt. v. 29. 4. 1996, OLGR 1996, 266.
456 OLG Koblenz Urt. v. 31. 10. 1995, NJW-RR 1996, 174, 175.

aus einer Kaskoversicherung zu realisieren. Solange die Erfolglosigkeit der Geltendmachung der Ansprüche nicht feststeht, kann sich der Leasinggeber gegenüber dem Leasingnehmer weder auf einen verspäteten Zahlungseingang noch auf eine zu geringe Höhe der Versicherungssumme berufen.[457]

Begleicht der Leasingnehmer die Ansprüche des Leasinggebers, gehen dessen Schadensersatzansprüche gegen den Schädiger nach § 426 Abs. 2 BGB auf ihn über.[458] Hat der Leasinggeber vergeblich versucht, aus den abgetretenen Ansprüchen Befriedigung zu erlangen, muss er im Fall einer Inanspruchnahme des Leasingnehmers diesen, soweit nicht bereits ein gesetzlicher Forderungsübergang erfolgt ist, durch Abtretung der Ansprüche oder im Wege **gewillkürter Prozessstandschaft** in die Lage versetzen, gegen die Kaskoversicherung oder gegen den Schädiger und dessen Haftpflichtversicherung vorzugehen.[459] Dem Zahlungsanspruch des Leasinggebers kann der Leasingnehmer die Rückabtretung von noch nicht realisierten Versicherungsansprüchen einredeweise entgegenhalten.[460]

L467

Die Abtretung der Ansprüche aus der Kaskoversicherung erfolgt nicht – jedenfalls nicht ohne entsprechende Vereinbarung – zur Absicherung des Vollamortisationsanspruchs des Leasinggebers.[461] Da aber der **Sachwertanspruch** in dem weitergehenden Vollamortisationsanspruch enthalten ist, wird der auf Vollamortisation gerichtete Anspruch des Leasinggebers ebenfalls erst nach erfolgloser Inanspruchnahme der Kaskoversicherung fällig.[462] Kommen die Parteien des Leasingvertrages überein, die Kaskoversicherung nicht in Anspruch zu nehmen, wird der Ausgleichsanspruch bereits im Zeitpunkt der Einigung fällig.

L468

f) Ansprüche gegen den ersatzpflichtigen Schädiger und dessen Versicherer

Im Hinblick auf den Fahrzeugschaden ist die Haftung des Schädigers auf den **Wiederbeschaffungswert** des Fahrzeugs begrenzt.[463] Wurde das Fahrzeug noch nicht ausgeliefert, ist dem Lieferanten ein über den Wiederbeschaffungswert hinausgehender Kaufpreis gem. § 252 BGB zu ersetzen.[464]

L469

Ein gegen den Schädiger gerichteter Anspruch auf Erstattung der zum Zeitpunkt des Unfalls nicht amortisierten Kosten des Leasinggebers besteht nicht, auch nicht insoweit, als sie den Gewinn des Leasinggebers enthalten, den der Schädiger dem Leasinggeber eigentlich gem. § 252 BGB ersetzen müsste, wenn dieser das Risiko der Preisgefahr nicht auf den Leasingnehmer verlagert hätte.[465] Für die Schadensbemessung ist aus Sicht des BGH[466] allein der Wiederbeschaffungswert des Fahrzeugs der maßgebliche Anknüpfungspunkt und nicht der Tauschwert der vereitelten Nutzung.[467] Außerdem fehlt die Kausalität zwischen dem schädigenden Ereignis und der auf dem Leasingvertrag beruhenden Vollamortisationsgarantie des Leasingnehmers.[468]

L470

---

457 OLG Köln 7.7.1992, OLGR 1992, 309.
458 BGH 23.10.1990, DAR 1991, 54.
459 OLG Hamburg 29.9.1995, OLGR 1995, 17; das OLG Köln 14.7.1995, OLGR 1996, 1 hat die Wirksamkeit der Abtretung von der Rückabtretung abhängig gemacht.
460 BGH 8.3.1995, DAR 1995, 284, 286.
461 BGH 11.12.1991, NJW 1992, 683.
462 OLG Koblenz 9.12.1991, FLF 1992, 144, 145; *Michalski/Schmitt*, Rn 183.
463 BGH 23.10.1990, NJW-RR 1991, 280; 5.11.1991, NJW 1992, 553.
464 BGH 16.3.1982, NJW 1982, 1748.
465 AA zum Gewinnausfallschaden *Reinking*, ZIP 1984, 1319 f.
466 Urt. v. 5.11.1991, NJW 1992, 553.
467 AA KG 9.1.1975, MDR 1975, 579; OLG Frankfurt/Main 10.11.1983, ZfS 1984, 5; OLG Köln 18.9.1985, NJW 1986, 1816; *Köndgen*, AcP 1977, 1, 17.
468 *Michalski/Schmitt*, Rn 195.

L471 Der Leasingnehmer hat – vorbehaltlich einer hiervon abweichenden Vereinbarung – das durch den Unfall beschädigte Fahrzeug an den Leasinggeber zurückzugeben. Die Transportkosten, die im Zusammenhang mit der Rückführung des Fahrzeugs zum Leasinggeber zwecks Verwertung anfallen, sind nicht durch den Unfall bedingt und daher vom Schädiger nicht zu ersetzen.

L472 Da der Leasingnehmer nicht zur **Naturalrestitution** im Sinne der Beschaffung eines gleichwertigen Ersatzfahrzeugs und dessen Einbringung in den Leasingvertrag verpflichtet ist,[469] muss er – anders als bei einer von ihm beauftragten Reparatur – nicht die Umsatzsteuer für eine Ersatzbeschaffung aufwenden. Er haftet der üblicherweise zum Vorsteuerabzug berechtigten Leasinggesellschaft grundsätzlich auf Geldersatz in Höhe des **Netto-Wiederbeschaffungswertes** und kann – wenn er selbst keine Ersatzbeschaffung vornimmt – vom Schädiger nur diesen Betrag ersetzt verlangen.

L473 Schafft der nicht zum Vorsteuerabzug berechtigte Leasingnehmer ein Ersatzfahrzeug an, hat er nach inzwischen gefestigter Ansicht des Schrifttums[470] und der Rechtsprechung[471] Anspruch darauf, dass ihm der Schädiger die Mehrwertsteuer, bezogen auf den Wiederbeschaffungswert des Fahrzeugs, erstattet. Bei der Bemessung des Schadens kommt es – anders als bei einem Kaskoschaden – nicht auf das Sachinteresse des Leasinggebers und das damit einhergehende Sacherhaltungsinteresse des Leasingnehmers an. Abzustellen ist vielmehr auf den Schaden infolge des **Entzugs der Sachnutzung**, der, bezogen auf die Person des nicht zum Vorsteuerabzug berechtigten Leasingnehmers, nur dadurch ausgeglichen werden kann, dass ihm ein Anspruch auf Ersatz des **Brutto – Wiederbeschaffungswertes** zugebilligt wird, wenn er die Mehrwertsteuer tatsächlich aufgewendet hat. Auf die Vorsteuerabzugsberechtigung des Leasinggebers kommt es unter diesen Umständen nicht an. Zu Kollisionen zwischen dem Anspruch des Leasingnehmers wegen Entzugs der Sachnutzung und dem des Leasinggebers wegen Sachbeschädigung kann es nicht kommen, da Letzterer wegen seiner Berechtigung zum Vorsteuerabzug unabhängig von der Frage der Wiederbeschaffung stets nur den Netto-Wiederbeschaffungswert vom Schädiger zu beanspruchen hat.[472]

L474 Das AG Berlin-Mitte[473] hat dem nicht zum Vorsteuerabzug berechtigten Leasingnehmer einen Anspruch auf Erstattung der auf die Leasingsonderzahlung entfallenden Umsatzsteuer zugebilligt, wenn er im Falle der Totalschadensabrechnung ein Ersatzfahrzeug least. Dieser Anspruch ist gerechtfertigt, wenn die Leasingsonderzahlung für die Vorabtilgung eines Teils des Kaufpreises bestimmt ist, nicht aber, wenn sie eine Mietvorauszahlung darstellt, die nach und nach mit den – zur Herbeiführung der Vollamortisation – bestimmten Leasingraten verrechnet wird.

L475 Der **Restwert**, den der Leasingnehmer im Fall der auf einen Unfall zurückzuführenden vorzeitigen Vertragsbeendigung ablösen muss, wird durch Ersatz des Wiederbeschaffungsaufwands abgegolten und stellt keinen gesonderten Schadensposten dar.[474] Auch durch die vorzeitige **Fälligstellung** der **Leasingraten** entsteht dem Leasingnehmer wegen der Verpflichtung des Leasinggebers zur Abzinsung und zur Erstattung der ersparten Verwaltungskosten kein Haftungsschaden.[475] Der Leasingnehmer besitzt weder Anspruch auf Ersatz der

---

469 BGH 14. 7. 1993, ZIP 1993, 1315.
470 *Beckmann*, § 11 Rn 56, *Bethäuser*, DAR 2002, 481,483; *Weber*, NJW 2003, 2348, 2353, aA vormals *Reinking*, DAR 1998, 333.
471 OLG Dresden, 26. 1. 2004, MittBl der Arge VerkR 2/2004, S. 61; OLG Hamm 9. 12. 2002, NJW-RR 2003, 774, 775; 14. 9. 2000, DAR 2001, 79; LG München I 8. 11. 2001, NZV 2002, 191; LG Arnsberg 12. 7. 1994, NZV 1994, 444; LG Itzehoe 30. 10. 2001, DAR 2002, 517.
472 OLG Hamm, 9. 12. 2002, NJW-RR 2003, 774, 775.
473 Urt. v. 20. 11. 2003, NZV 2004, 301.
474 BGH 5. 11. 1991, NJW 1992, 553.
475 BGH 5. 11. 1991, NJW 1992, 553.

Kosten, die durch den Abschluss eines Folge-Leasingvertrages entstehen, noch hat der Schädiger ihm die Kosten zu ersetzen, die der Leasingnehmer hätte aufwenden müssen, um ein gleichwertiges Fahrzeug für den Rest der ursprünglich vorgesehenen Vertragszeit zu leasen.[476]

Ein vom Schädiger zu ersetzender Schaden kommt insoweit in Betracht, als dem Leasingnehmer durch die Pflicht zur sofortigen Zahlung der abgezinsten Leasingraten und des abgezinsten Restwertes gegenüber der ursprünglichen Zahlungsverpflichtung **Mehrkosten** entstehen, zB durch die Notwendigkeit einer **Kreditaufnahme**.[477] Auch soweit die mit dem Leasingvertrag verbundenen **steuerlichen Vorteile** des Leasingnehmers geschmälert werden, billigt ihm der BGH[478] einen entsprechenden Schadensersatzanspruch gegen den Schädiger zu. Im Übrigen besitzt der Leasingnehmer, wie auch beim Teilschaden, Anspruch auf Vergütung des Ausfallschadens und der Nebenkosten. **L476**

Die **deliktsrechtlichen Ansprüche** wegen der Fahrzeugschäden, die dem Leasinggeber und dem Leasingnehmer gegen den Schädiger zustehen, verjähren in der regelmäßigen **Verjährungsfrist von drei Jahren**. Unterlassene Nachforschungen des Leasinggebers reichen zwar für die Annahme einer positiven Kenntnis nicht aus,[479] können aber dazu führen, dass sich der Leasinggeber dem Vorwurf ausgesetzt sieht, er habe grob fahrlässig versäumt, sich von den anspruchsbegründenden Umständen und der Person des Schädigers Kenntnis zu verschaffen (§ 199 Abs. 1 Nr. 2 BGB). Eine den Verjährungsbeginn auslösende grobe Fahrlässigkeit ist anzunehmen, wenn sich der Leasinggeber der Möglichkeit einer ohne weiteres zu beschaffenden oder sich aufdrängenden Kenntnis verschlossen hat.[480] **L477**

Der gegen den Leasingnehmer gerichtete Vollamortisationsanspruch des Leasinggebers gehört zum Erfüllungsanspruch[481] und unterliegt ebenfalls der dreijährigen Regelverjährung. Die Frist, die auch dann maßgeblich ist, wenn der Leasingnehmer das vorzeitige Vertragsende zu vertreten hat, beginnt mit dem Schluss des Jahres, in dem die Kündigung zugegangen ist. Auf den Zeitpunkt der Rückgabe der Leasingsache und deren Verwertung kommt es nicht an.[482] **L478**

g) Ansprüche gegen den Kaskoversicherer

Die Kaskoversicherung dient, wie bereits ausgeführt wurde (Rn L439), nicht der Absicherung des Vollamortisationsinteresses. Versichert sind das **Sachinteresse** des Leasinggebers und das damit einhergehende **Sacherhaltungsinteresse** des Leasingnehmers, das durch das Interesse des Leasinggebers an dem Erhalt der Sache begrenzt wird.[483] **L479**

Im Kasko-Totalschadensfall sind für die Bemessung der Entschädigungsleistung die **Verhältnisse des Leasinggebers** als maßgeblich anzusehen.[484] Die vom Kaskoversicherer zu erbringende Versicherungsleistung kann folglich nicht den Betrag übersteigen, den der Leasinggeber für den Erwerb eines neuen Fahrzeugs aufwenden muss. **L480**

---

476 Offen gelassen BGH 23. 10. 1990, NJW-RR 1991, 280, 281; aA *Dörner*, VersR 1978, 884, 893.
477 BGH 5. 11. 1991, NJW 1992, 553.
478 Urt. v. 5. 11. 1991, NJW 1992, 553.
479 *Von Gerlach*, DAR 1997, 229 zu § 852 BGB aF.
480 *Mansel* in *Dauner-Lieb/Heidel/Lepa/Ring*, § 199 BGB Rn 58.
481 BGH 10. 7. 1996, NJW 1996, 2860.
482 OLG Hamm 7. 1. 1997, NJW-RR 1997, 1144.
483 OLG Düsseldorf 27. 10. 1998, DAR 1998, 68.
484 BGH 6. 7. 1988, NZV 1988, 216; 5. 7. 1989, NJW 1989, 3021; 14. 7. 1993, DAR 1993, 385; OLG Hamm 2. 11. 1994, NJW-RR 1995, 1057; OLG Köln 17. 9. 1996, OLGR 1996, 19; OLG Dresden 18. 9. 1996, r + s 1997, 378; OLG Düsseldorf 27. 10. 1998, DAR 1999, 68.

Daraus folgt:

- Der Kaskoversicherer ist zur Zahlung der **Nettoentschädigung** verpflichtet, wenn der Leasinggeber die Umsatzsteuer im Wege des Vorsteuerabzugs geltend machen kann.[485]
- Vom Leasinggeber erzielbare **Einkaufsrabatte** sind sowohl bei der Beurteilung der Frage, ob ein Kasko-Totalschaden vorliegt, als auch bei einer eventuellen Neupreisentschädigung zu berücksichtigen.
- Eine **Neupreisentschädigung** findet nur dann statt, wenn der Leasinggeber die Reinvestition in Fortsetzung des bisherigen Leasingvertrages getätigt hat.[486]

L481 Die Versicherungsleistung, die der Kaskoversicherer zu erbringen hat, reicht oftmals nicht zur Deckung des noch nicht amortisierten Aufwands aus. Es kann aber durchaus vorkommen, dass die Versicherungsleistung den Restamortisationsbetrag übersteigt. In diesen Fällen taucht die Frage auf, welcher Vertragspartei der überschießende Betrag zusteht. Für den Leasingvertrag mit Andienungsrecht hat der BGH[487] sie dahingehend beantwortet, dass in Ermangelung einer anderslautenden Vertragsregelung der Leasinggeber die Versicherungsleistung auch insoweit zu beanspruchen hat, als sie den noch nicht amortisierten Gesamtaufwand des Leasinggebers einschließlich des kalkulierten Gewinns übersteigt. Diese Entscheidung ist in Anbetracht der **rechtlichen** und **wirtschaftlichen Eigentümerposition** des Leasinggebers richtig und konsequent, jedoch nicht ohne weiteres auf diejenigen Vertragsmodelle übertragbar, die eine Aufteilung des Restwertes vorsehen oder bei denen der Leasingnehmer ein Erwerbsrecht besitzt. Weiterhin ist zu beachten, dass der Leasinggeber den Anspruch auf die überschießende Versicherungsleistung aufs Spiel setzt, wenn er an Stelle der Vertragsabrechnung vom Leasingnehmer Schadensersatz verlangt, der nach oben durch das Erfüllungsinteresse bei ordnungsgemäßer Vertragsdurchführung begrenzt wird.

L482 Offen gelassen hat der BGH, ob eine andere Zurechnung eines Übererlöses vorzunehmen ist, wenn der Kaskoversicherer den Schaden auf **Neupreisbasis** abrechnet und die Versicherungsleistung infolge dessen über den Wiederbeschaffungswert hinausgeht. Die der Wertung des § 285 Abs. 1 BGB entlehnte Vorstellung, dass die Versicherungsleistung das Surrogat für das Leasingfahrzeug darstellt und an dessen Stelle vom Leasingnehmer an den Leasinggeber herauszugeben ist, passt nicht auf diese Fallgestaltung. Soweit die Versicherungsleistung den Wiederbeschaffungswert übersteigt, ist sie kein Surrogat für das zerstörte oder entwendete Fahrzeug, sondern allein die Folge davon, dass der Versicherungsvertrag eine solche Leistung vorsieht. Da der Leasingnehmer die Versicherungsprämien entrichtet hat, ist es gerechtfertigt, ihm die Neupreisentschädigung zuzubilligen, soweit sie über dem Wiederbeschaffungswert liegt.[488]

L483 Zu der im BGH- Urteil vom 31. 10. 2007[489] offen gehaltenen (für das Kfz-Leasing untypischen) Fallgestaltung, dass der Leasinggeber dem Leasingnehmer eine **Kaufoption** ein-

---

485 Nach Ansicht des OLG Frankfurt/Main – Urt. v. 19. 1. 2000, OLGR 2000, 209 – ist bei der Frage der Vorsteuerabzugsberechtigung auch dann auf die Person des Leasinggebers abzustellen, wenn der Leasingnehmer bei Abschluss des Leasingvertrages eine Vorab-Sonderzahlung von 64,9 % des Anschaffungspreises an den Verkäufer geleistet hat, sofern er selbst vom Leasinggeber die Vertragsaufhebung verlangt und die im Leasingvertrag vorgesehene Möglichkeit, das Leasingfahrzeug durch ein gleichwertiges zu ersetzen, nicht genutzt hat.
486 Urt. v. 9. 7. 2002, SP 2002, 393; a. A. OLG Frankfurt/Main 18. 1. 1996, OLGR 1996, 87, das den Abschluss eines neuen Leasingvertrages über ein vergleichbares Neufahrzeug durch den Leasingnehmer einer Neuanschaffung gleichgestellt hat; gleicher Ansicht OLG Hamburg 24. 4. 1998, OLGR 1998, 222.
487 Urt. v. 31. 10. 2007, NJW 2008, 989 ff.
488 Ebenso *Müller-Sarnowski*, DAR 2008, 147, 148.
489 NJW 2008, 989 ff.

geräumt hat, entschied das OLG Düsseldorf[490], dass der Leasingnehmer die Leistung des Versicherers insoweit zu beanspruchen hat, als sie den Finanzierungsaufwand des Leasinggebers übersteigt. Durch die Einräumung des Erwerbsrechts bringe die Leasinggesellschaft zum Ausdruck, dass ihr Interesse allein auf die volle Amortisation des Finanzierungsaufwands gerichtet ist. Für den Fall, dass ein solcher Vertragswille nicht feststellbar sein sollte, hat das OLG Düsseldorf vorsorglich in Erwägung gezogen, eine vom Leasingnehmer bei Vertragsbeginn geleistete Sonderzahlung anteilig, dem Verhältnis von Gesamtvertragszeit und Restlaufzeit entsprechend zugunsten des Leasingnehmers bei der Vertragsabrechnung zu berücksichtigen.[491] Konsequent zu Ende gedacht müsste dann allerdings auch bei Leasingverträgen ohne Sonderzahlung der Leasingnehmer an einem Überschuss beteiligt werden, da keine Gründe für eine Sonderbehandlung des Leasingmodells mit Sonderzahlung ersichtlich sind.

Vertragsregelungen über die Zurechnung und Verteilung von Versicherungsleistungen sind sinnvoll, da sie klare Verhältnisse schaffen und streitige Auseinandersetzungen vermeiden. Wenn sie ausgewogen sind, erfüllen sie vollends ihren Zweck. Als nicht unangemessen hat der BGH[492] die Klausel eines Kfz-Leasingvertrages angesehen, die dem Leasinggeber im Falle der Kündigung des Leasingvertrages alternativ Anspruch auf den Zeitwert des Fahrzeugs oder den Restvertragswert[493] zubilligt, und zwar unabhängig davon, welcher der beiden Ansprüche der höhere ist. Dabei hat er offen gelassen, wie ohne die Vertragsklausel zu entscheiden gewesen wäre. Fehlt es an einer solchen Regelung, wird man wohl zwangsläufig auf die Zuordnungs- und Verteilungsregelungen zurückgreifen müssen, die für das reguläre Vertragsende vorgesehen sind, weil andernfalls die Balance des Leasingvertrages ins Wanken geriete.[494] **L484**

XVII. Entwendung des Fahrzeugs

Der Diebstahl eines geleasten Kraftfahrzeugs begründet keine höhere Wahrscheinlichkeit für einen vorgetäuschten Versicherungsfall. Für den Versicherer, der eine betrügerische Vorteilserlangung behauptet, gelten strenge Beweisanforderungen, da das Geld nicht an den Leasingnehmer sondern an den Leasinggeber zur Auszahlung gelangt.[495] Im Prozess mit dem Leasingnehmer trägt der Leasinggeber die **Darlegungs- und Beweislast** für das äußere Bild des behaupteten Diebstahls.[496] Dem Leasinggeber ist es verwehrt, ohne konkreten Tatsachenvortrag geltend zu machen, der Leasingnehmer habe die Unmöglichkeit der Rückgabe des Fahrzeugs zu vertreten, wenn der Kaskoversicherer den Schaden durch Zahlung unmittelbar an den Leasinggeber bereits reguliert hat.[497] **L485**

Der Diebstahl des Leasingfahrzeugs berechtigt den Leasingnehmer und (vertragliche Gestaltung entsprechend Abschn. X. Nr. 6 Abs. 1 VDA-Muster-Leasing-AGB vorausgesetzt) den Leasinggeber zur Kündigung des Leasingvertrages.[498] Es empfiehlt sich, das Kündigungsrecht entsprechend Abschn. X. Nr. 6 Abs. 3 VDA-Muster-Leasing-AGB da- **L486**

---

490 Urt. v. 14. 1. 2003, OLGR 2003, 173.
491 OLG Düsseldorf 14. 1. 2003, NJW-RR 2003, 755; 16. 3. 2006, OLGR 2006, 589, 586.
492 Urt. v. 27. 9. 2006, NJW 2007, 290.
493 Gemeint ist der zum Kündigungszeitpunkt noch nicht amortisierte Gesamtaufwand des Leasinggebers.
494 EWIR § 307 BGB 2/07, 227 (*Reinking*).
495 BGH 23. 10. 1996, VersR 1997, 55.
496 OLG Dresden 16. 6. 1999, OLGR 1999, 364.
497 OLG Celle 7. 4. 1999, OLGR 1999, 225.
498 Zur Kündigung bei einem vom Leasingnehmer verschuldeten Diebstahl sowie zur Verpflichtung zum Abschluss einer Kaskoversicherung nach Auffinden des Fahrzeugs OLG München 13. 1. 1995, OLGR 1995, 134.

hingehend zu modifizieren, dass im Falle der Wiederauffindung des Fahrzeugs innerhalb von vier Wochen der Vertrag auf Verlangen eines der Vertragspartner zu den bisherigen Bedingungen fortgesetzt wird und die zwischenzeitlich fällig gewordenen Leasingzahlungen innerhalb einer bestimmten Frist zu entrichten sind. Bei Auffindung des Fahrzeugs innerhalb der vierwöchigen Frist kann der Leasinggeber das Fortsetzungsverlangen des Leasingnehmers nicht durch Nachschieben des Kündigungsgrundes „Entwendung des Fahrzeugs" unterlaufen.[499] Hat der Leasinggeber die Sach- und Preisgefahr nicht wirksam auf den Leasingnehmer verlagert, muss er den Beweis führen, dass der Leasingnehmer den Verlust des Fahrzeugs zu vertreten hat. Gelingt ihm dieser Beweis nicht, geht seine auf die Verletzung vertraglicher Pflichten gestützte fristlose Kündigung ins Leere.[500]

L487 Die Rechtsfolgen der Kündigung wegen Entwendung sind die gleichen wie bei einer Kündigung wegen Totalschadens oder erheblicher Beschädigung des Leasingfahrzeugs. Der Ausgleichsanspruch des Leasinggebers wird mit Wirksamkeit der Kündigung fällig.[501] Hat der Leasinggeber im Wege des Vergleichs eine zu geringe Entschädigung des Kaskoversicherers akzeptiert, kann er vom Leasingnehmer keinen vollen Ausgleich für seine noch nicht amortisierten Kosten verlangen. Er muss sich bei der Regulierung des Kaskoschadens – ebenso wie bei der Verwertung des Fahrzeugs – um die Erzielung des bestmöglichen Ergebnisses bemühen.[502]

L488 Bei **Vortäuschung eines Diebstahls** des Leasingfahrzeugs durch den Leasingnehmer ist der Leasinggeber berechtigt, eine darauf gestützte außerordentliche Vertragskündigung wegen arglistiger Täuschung anzufechten, was zur Folge hat, dass der Leasingvertrag fortbesteht und der Leasinggeber an die vorzeitige Abrechnung des Leasingvertrages nicht mehr gebunden ist. Eine vom Versicherer auf Grund des vorgetäuschten Diebstahls erbrachte Zahlung muss er nicht zu Gunsten des Leasingnehmers berücksichtigen.[503]

L489 Falls das Leasingfahrzeug gestohlen, nach wenigen Tagen wieder aufgefunden und anschließend fachgerecht repariert worden ist, liegt noch kein **wichtiger Grund** für eine sofortige Kündigung vor, wobei die Tatsache, dass das Fahrzeug von einem Rechtsanwalt geleast und von den Dieben möglicherweise auf der Fahrtstrecke von etwa 35 km zur Begehung weiterer Straftaten benutzt wurde, nicht erschwerend ins Gewicht fällt.[504]

L490 Bei **rechtsgrundloser Zahlung** an den Leasinggeber richtet sich der Rückforderungsanspruch des Kaskoversicherers gegen den Leasingnehmer, wenn dieser durch die Versicherungsleistung von seiner Zahlungspflicht gegenüber dem Leasinggeber frei geworden ist.[505] Allerdings kommen dem Kaskoversicherer, der die Versicherungsleistung zurückfordert, nicht die Beweiserleichterungen zugute, die dem eine Diebstahlsentschädigung beanspruchenden Versicherungsnehmer zugebilligt werden. Er muss den **Vollbeweis** für seine Behauptung erbringen, der seiner Zahlung zu Grunde liegende Versicherungsfall „Entwendung" habe nicht stattgefunden.[506]

---

499 OLG Hamm 12.12.1997, OLGR 1998, 62.
500 BGH 11.12.1991, NJW 1992, 683.
501 OLG Düsseldorf 29.4.1996, OLGR 1996, 265.
502 OLG Dresden 16.6.1999, OLGR 1999, 364.
503 OLG Köln 24.6.1994, OLGR 1994, 209.
504 BGH 25.10.1986, ZIP 1986, 1566.
505 BGH 2.11.1988, ZIP 1989, 313; 10.3.1993, DAR 1993, 223; a.A. OLG Köln 24.6.1994, VersR 1995, 54.
506 BGH 14.7.1993, DAR 1993, 223.

XVIII. Reguläre Vertragsbeendigung

1. Beendigung durch Zeitablauf oder Kündigung

Kfz-Leasingverträge werden gewöhnlich für eine bestimmte Zeit abgeschlossen und enden gem. § 542 Abs. 2 BGB mit deren Ablauf. Die Vertragszeit liegt zwischen 40 % und 90 % der betriebsgewöhnlichen Nutzungsdauer. Sollte der Vertrag unbefristet sein, bedarf es gem. § 542 Abs. 1 BGB einer **Kündigung** oder einvernehmlichen **Aufhebungsvereinbarung**.

Beim Vertragsmodell mit Abschlusszahlung ist eine Kündigung erforderlich, wenn der Leasingnehmer den Vertrag vorzeitig nach Ablauf der Grundmietzeit beenden möchte. Ist die **Vertragslaufzeit unbestimmt**, besteht das Kündigungserfordernis auch dann, wenn der Leasingnehmer eine Ausgleichszahlung nur bis zum Eintritt der Vollamortisation zu leisten hat[507] oder wenn die nach dem Vertrag für die Kalkulation der Raten zu Grunde gelegte Nutzungsdauer des Leasinggegenstandes abgelaufen ist.[508] AGB, die den Leasingnehmer zur Weiterzahlung der Leasingraten nach Erreichen der Vollamortisation verpflichten, sind weder überraschend noch benachteiligen sie den Leasingnehmer unangemessen, da er es in der Hand hat, sich vor der Heranziehung zur Zahlung weiterer Leasingraten durch rechtzeitige Kündigung zum Ende der im Vertrag unterstellten Nutzungsdauer zu schützen und ihm – auch als Nichtkaufmann – die Überwachung des Vertragsablaufs zuzumuten ist.[509]

Erklärt ein vom Leasingnehmer mit der Beendigung des Leasingvertrages beauftragter Anwalt an Stelle der Kündigung den Rücktritt vom Leasingvertrag, gefährdet er durch die Wahl des falschen Begriffs den Erfolg des Gestaltungsversuchs, wenn der buchstäbliche Ausdruck der Erklärung mehrere Deutungen zulässt.[510]

2. Herausgabe des Fahrzeugs

Da sein Besitz- und Gebrauchsrecht endet, hat der Leasingnehmer das Fahrzeug am Vertragsende mitsamt der Schüssel und Fahrzeugunterlagen an den Leasinggeber zurückzugeben.

Nach § 546 Abs. 1 BGB ist das Fahrzeug vom Leasingnehmer in einem ordnungsgemäßen Zustand zurückzugeben. Darunter ist ein Zustand zu verstehen, der entweder der vertraglichen Vereinbarung oder einem dem vertragsgemäßen Gebrauch entspricht. Nach der mietrechtlichen Vorschrift des § 546 Abs. 1 BGB umfasst der vertragsgemäße Gebrauch damit unvermeidbar einhergehende Abnutzungen und Schäden,[511] die durch die Zahlung der Leasingraten abgegolten sind.

In AGB von Kfz- Leasingverträgen ist der **Soll-Zustand** des Fahrzeugs vertraglich festgelegt. Soweit das Fahrzeug nach diesen sog. **Zustandsklauseln** (Rn L522) keine Mängel und Schäden aufweisen darf, kommt darin die leasingtypische Instandhaltungs- und Instandsetzungspflicht des Leasingnehmers zum Ausdruck, die auch die Pflicht zur Beseitigung von solchen Mängeln und Schäden erfasst, die durch den vertragsgemäßen Gebrauch zwangsläufig verursacht werden. Hat beispielsweise der Zahnriemen die natürliche Verschleißgrenze überschritten, liegt ein Verschleißmangel vor, den der Leasingnehmer beheben lassen muss, so lange er instandhaltungspflichtig ist.

---

507 BGH 20. 9. 1989, ZIP 1989, 1461; OLG Hamm 11. 1. 1999, OLGR 1999, 165.
508 BGH 8. 11. 1989, ZIP 1990, 173.
509 BGH 20. 9. 1989, ZIP 1989, 1461.
510 BGH 4. 6. 1996, NJW 1996, 2648.
511 BGH 10. 7. 2002, NJW 2002, 3234, 3235.

L495 **Einbauten** und **Zubehör** sind vom Leasingnehmer vor der Rückgabe des Fahrzeugs vom Leasingnehmer zu entfernen[512], wobei der ursprüngliche Zustand des Fahrzeugs wieder hergestellt werden muss. Dabei kommt es nicht darauf an, ob die Einbauten mit oder ohne Zustimmung des Leasinggebers durchgeführt worden sind.[513] Einen Anspruch auf Wertersatz besitzt der Leasingnehmer nicht.[514] Auf der anderen Seite hat der Leasinggeber keinen Anspruch darauf, dass Einbauten und Zubehör im Fahrzeug verbleiben. Nicht zu beanstanden ist eine vertragliche Regelung, nach der mit Zustimmung des Leasinggebers vorgenommene Änderungen und Einbauten einen Anspruch des Leasingnehmers auf Zahlung einer Ablösung begründen, sofern das Fahrzeug durch die Veränderung eine bei Rückgabe vorhandene Wertsteigerung aufweist (Abschn. VIII Nr. 3 VDA-Muster-Leasing-AGB).

L496 Umstritten ist der **Erfüllungsort der Rückgabe** nach ordnungsgemäßer Vertragsbeendigung. Es überwiegt die Meinung, dass es sich bei der Rückgabepflicht um eine Bringschuld des Leasingnehmers handelt.[515] Nach der Gegenansicht ist die Rückgabe an dem Ort zu erfüllen, an dem der Leasingnehmer die Zahlung der Leasingraten zu erbringen hat, mithin an seinem Wohnsitz.[516]

Um Unwägbarkeiten aus dem Wege zu gehen, empfiehlt es sich für Leasinggeber, den Ort der Rückgabe klar und eindeutig und an richtiger Stelle in ihren AGB zu regeln. Da die Aushändigung des Fahrzeugs in der Regel am Betriebssitz des Lieferanten vorgenommen wird und dieser es meistens auch zurückzunehmen hat, ist es sinnvoll, den **Ort der Auslieferung** als Erfüllungsort festzulegen.[517] Eine solche Klausel ist nicht zu beanstanden.[518]

In diesem Sinne soll wohl auch die nicht ganz eindeutige Regelung in Abschn. XVI. Nr. 1 VDA-Muster-Leasing-AGB zu verstehen sein, nach der der Leasingnehmer das Fahrzeug auf seine Kosten und Gefahr dem ausliefernden Händler zurückzugeben hat. Bei der Rücknahme des Fahrzeugs wird der für zuständig erklärte Lieferant als **Erfüllungsgehilfe** für den Leasinggeber tätig.[519]

3. Sicherstellung des Fahrzeugs durch den Leasinggeber

L497 Falls der Leasingnehmer seiner Rückgabepflicht nicht nachkommt, darf der Leasinggeber das Fahrzeug nicht eigenmächtig in Besitz nehmen.

L498 Das OLG Koblenz[520] hat sich auf den Standpunkt gestellt, dass AGB, die den Leasinggeber berechtigen, das Fahrzeug bei Vorliegen eines wichtigen Grundes schon vor Zugang der Kündigungserklärung vom Leasingnehmer herauszuverlangen, und die weiterhin vorsehen, dass der Leasingnehmer für diesen Fall auf sein Besitzrecht verzichtet und die Wegnahme des Fahrzeugs gestattet, nicht gegen allgemeine Rechtsgrundsätze verstoßen und wirksam sind. Dahinter steckt die Überlegung, dass es bei einem Kraftfahrzeug sehr schnell zu einer Verschlechterung kommen kann, die ein rasches Einschreiten des Leasinggebers

---

512 BGH 8. 7. 1981, NJW 1981, 2564.
513 *Berninghaus* in *Martinek/Stoffels/Wimmer-Leonhardt*, § 37 Rn 4.
514 *Beckmann*, § 8 Rn 191.
515 BGH 31. 3. 1982, NJW 1982, 1747, 1987; 1. 4. 1987, 1987, 2367; 11. 5. 1988, 1988, 2665; *Graf von Westphalen*, Der Leasingvertrag, Kap. J Rn 5; *Staudinger/Stoffels*, Leasing Rn 828; MüKo-BGB/*Koch*, Leasing Rn 500 mwN; *Berninghaus* in *Martinek/Stoffels/Wimmer-Leonhardt*, § 35 Rn 7, 8, 14.
516 LG Lüneburg 27. 5. 2002; NJW-RR 2002, 1584; *Beckmann*, § 8 Rn 178, 179 mwN; *Wolf/Eckert/Ball*, Rn 976; einschränkend OLG Rostock 18. 12. 2000, OLGR 2001, 255.
517 OLG Rostock 18. 12. 2000, OLGR 2001, 255.
518 *Berninghaus* in *Martinek/Stoffels/Wimmer-Leonhardt*, § 35 Rn 9; *Beckmann*, § 8 Rn 177.
519 LG Dortmund 4. 6. 1997, NJW-RR 1998, 707.
520 Beschluss – 8 W 398/88, n. v.

Reguläre Vertragsbeendigung

erfordert. Im Gegensatz dazu hat das OLG Hamm[521] die Ansicht vertreten, dass derartige Formularregelungen an § 307 Abs. 1 BGB scheitern, weil sie den Leasingnehmer unangemessen benachteiligen. Wegen der unklaren Rechtslage ist von der Verwendung einer solchen Klausel sowohl beim Verbraucherleasing als auch im unternehmerischen Geschäftsverkehr abzuraten.

Nimmt der Leasinggeber, gestützt auf eine unwirksame Rücknahmeklausel, das Leasingfahrzeug gegen den Willen des Leasingnehmers in Besitz, liegt darin eine **verbotene Eigenmacht**, die den Leasingnehmer zur fristlosen Kündigung des Leasingvertrages berechtigt.[522] **L499**

4. Einstweilige Verfügung auf Herausgabe des Leasingfahrzeugs

Geteilt sind die Meinungen zu der Frage, ob die schlichte Weiterbenutzung des Leasingfahrzeugs nach Ablauf des Vertrages einen **Verfügungsgrund** iSv § 935 ZPO darstellt, der die Sicherstellung des Fahrzeugs im Wege der einstweiligen Verfügung rechtfertigt. Hierzu wird die Auffassung vertreten, eine Gefährdung des Herausgabeanspruchs setze voraus, dass der Leasingnehmer die Sache übermäßig benutzt und sie dadurch in ihrer Substanz verändert,[523] da der Leasinggeber die mit der schlichten Weiterbenutzung des Fahrzeugs verbundenen Risiken vertraglich in Kauf nehme[524] und sich durch die Nichtrückgabe nur die dem Leasingvertrag von vornherein innewohnende typische Gefahr einer Leistungsstörung verwirkliche.[525] Nach gegenteiliger Ansicht liegt bereits in der bloßen Weiterbenutzung der Sache und dem damit verbundenen Wertverlust eine **Gefährdung der Anspruchsverwirklichung**, die den Erlass einer einstweiligen Verfügung rechtfertigt.[526] **L500**

Für Kraftfahrzeuge gilt in besonderem Maße, dass sie durch Weiterbenutzung an Wert verlieren, da mit jedem gefahrenen Kilometer ein Stück Sachsubstanz verbraucht wird. Dieser Wertverlust ist ungleich höher als die Werteinbuße, die ein Fahrzeug durch Aufbewahrung in der Pfandkammer erleidet.[527] Nach einer Entscheidung des LG Bielefeld[528] besteht nach Beendigung des Vertragsverhältnisses insbesondere bei Nutzfahrzeugen die Gefahr, dass sie in stärkerem Maße genutzt und weniger pfleglich behandelt werden und dem Zugriff Dritter ausgesetzt sind, wenn der Leasingnehmer in Liquidationsschwierigkeiten geraten ist. Deshalb verdient die Meinung den Vorzug, die den schlichten Weitergebrauch als Grund für den Erlass einer einstweiligen Verfügung auf Herausgabe des Fahrzeugs an den Leasingnehmer genügen lässt.[529]

Umstritten ist, ob dem Leasinggeber die Möglichkeit zu eröffnen ist, eine Sicherheit anzubieten, um auf diese Weise zu erreichen, dass das Fahrzeug an ihn zur werthaltigen Verwertung herausgegeben wird.[530] Da die einstweilige Verfügung nicht darauf abzielt, dem Leasinggeber die sofortige Verfügbarkeit über das Fahrzeug zu verschaffen sondern dessen **L501**

---

521 Urt. v. 20. 12. 1991, NJW-RR 1992, 502.
522 OLG Hamm 20. 12. 1991, NJW-RR 1992, 502.
523 OLG Frankfurt/Main, 8. 12. 1959 NJW 1960, 827; OLG Köln 25. 1. 1988, ZIP 1988, 445 ff. sowie 10. 11. 1997, NJW-RR 1997, 1588; LG Rottweil 2. 5. 1990 – 1 O 449/90, n. v.; *Stein/Jonas*, ZPO, § 935 Rn 12; *Schuschke*, Vollstreckung und vorläufiger Rechtsschutz II, § 935 Rn 13 Fn. 57.
524 OLG Köln 25. 1. 1988, ZIP 1988, 445 ff.
525 LG Rottweil 2. 5. 1990 – 1 O 449/90, n. v.
526 OLG Düsseldorf 7. 12. 1983, MDR 1984, 411; LG Ravensburg 16. 4. 1986, NJW 1987, 139; LG Braunschweig / Kreisg. Arnstadt 21. 1. 1993, MDR 1993, 757; *Zöller/Vollkommer*, ZPO, § 935 Rn 13; *Reinking* in *Reinking/Kessler/Sprenger*, § 9 Rn 36 ff.
527 AA offenbar OLG Köln 25. 1. 1988, ZIP 1988, 445.
528 Urt. v. 23. 11. 2000 – 03 O 81/00, zitiert von *Schick*, FLF 2005, 268, 269.
529 Ausführlich *Schick*, FLF 2005, 268 mwN; *Reinking* in *Reinking/Kessler/Sprenger*, § 9 Rn 36 ff.
530 Dafür *Beckmann*, § 5 Rn 74; dagegen *Graf von Westphalen*, Der Leasingvertrag, Kap. K Rn 36.

vorläufige Sicherstellung bewirken soll, ist die Anwendung von § 921 Abs. 2 ZPO nur zuzulassen, wenn der Leasinggeber unabweisbare Gründe darlegt und glaubhaft macht, dass die sofortige Verwertungsmöglichkeit erforderlich ist. Beim Kfz-Leasing wird man diese Voraussetzungen bejahen können, da ein Kraftfahrzeug bis zum rechtskräftigen Abschluss eines möglicherweise langwierigen Hauptsacheprozesses zunehmend an Wert verliert. Außerdem verursacht die Aufbewahrung des Fahrzeugs erhebliche Kosten, die der Leasingnehmer zwar zu tragen hat aber möglicherweise nicht aufbringen kann.

5. Unmöglichkeit der Herausgabe

L502 Ist der Leasingnehmer außer Stande, das Fahrzeug zurückzugeben, hat er dem Leasinggeber aufgrund der Übernahme der Sach- und Preisgefahr den Verkehrswert im Rahmen der Vertragsabrechnung zu ersetzen. Im Falle des Verschuldens ergibt sich der Anspruch zusätzlich aus §§ 280 ff., 275 BGB. In beiden Fällen ist bei bestehender Vorsteuerabzugsberechtigung des Leasinggebers der Nettobetrag einzusetzen. Versicherungsleistungen sind mindernd zu berücksichtigen.

Falls der Leasingnehmer die Sach- und Preisgefahr nicht oder nicht wirksam übernommen hat, entfällt seine Verpflichtung zum **Wertersatz**, wenn ihm der Nachweis gelingt, dass er das zur Unmöglichkeit führende Ereignis nicht zu vertreten hat. Der Leasinggeber muss zunächst versuchen, aus den an ihn erfüllungshalber abgetretenen Ansprüchen gegen die Kaskoversicherung Befriedigung zu erlangen. Solange er diesen Versuch nicht unternommen hat, fehlt es – außer im Hinblick auf eine möglicherweise vereinbarte Selbstbeteiligung – an der Fälligkeit der Wertersatzforderung gegen den Leasingnehmer.[531] Welche Anstrengungen der Leasinggeber auf sich nehmen muss, um die Ansprüche gegenüber der Kaskoversicherung durchzusetzen, hängt von den Gegebenheiten des Einzelfalls ab. Eine von vornherein aussichtslose Klage muss er nicht erheben.[532]

6. Wegfall der Rückgabepflicht

L503 Von der Rückgabepflicht wird der Leasingnehmer befreit, wenn er mit dem Leasinggeber einen Ankauf des Fahrzeugs oder einen Anschlussleasingvertrag vereinbart. Zum Abschluss des Kaufvertrages kann es aber auch dadurch kommen, dass entweder der Leasinggeber von einem **Andienungsrecht** oder der Leasingnehmer von einer **Kaufoption** Gebrauch macht. Bei einem Vertrag mit Restwert „Null" entfällt die Herausgabepflicht, wenn trotz Bestehens einer Rückgabeklausel in AGB nach den Umständen davon auszugehen ist, dass die Leasingsache dem Leasingnehmer verbleiben soll.[533]

L504 Sieht der Leasingvertrag ein Andienungsrecht des Leasinggebers vor, ist darauf zu achten, dass der Kaufvertrag über das Fahrzeug mit dem Zugang der Andienungserklärung des Leasinggebers zu Stande kommt. Offen ist, ob die Vereinbarung des Andienungsrechts bei Vertragsbeginn ein Kaufangebot des Leasingnehmers darstellt, das der Leasinggeber am Vertragsende annehmen kann oder ob sie bereits einen aufschiebend bedingten Kaufvertrag beinhaltet, bei dem die aufschiebende Bedingung in der Ausübung des Andienungsrechts gegenüber dem Leasingnehmer besteht.[534] Zur Herbeiführung des Zahlungsverzugs aus dem durch Ausübung des Andienungsrechts zu Stande gekommenen Kaufvertrag muss der Leasinggeber dem Leasingnehmer – außer der Anmahnung der Zahlung – den **Besitz** an dem Leasingfahrzeug einräumen.[535] Falls der Leasinggeber das Fahrzeug an sich genom-

---

531 BGH 11.12.1991, ZIP 1992, 179.
532 BGH 11.12.1991, ZIP 1992, 179.
533 OLG Hamm 9.11.1993, NJW-RR 1994, 631.
534 BGH 16.10.1996, NJW 1997, 452,453; OLG Düsseldorf 8.11.2005, OLGR 2006, 217.
535 BGH 29.11.1995, NJW 1996, 923.

Reguläre Vertragsbeendigung L505, L506

men oder der Leasingnehmer ihm den Besitz in Befolgung einer vereinbarten Rückgabepflicht übertragen hat,[536] genügt ein **wörtliches Angebot** nur, wenn der Leasingnehmer entweder erklärt hat, dass er die Leistung nicht annehmen werde oder wenn er sich verpflichtet hat, das Fahrzeug beim Leasinggeber abzuholen (§ 295 S. 1 BGB). Andernfalls muss der Leasinggeber dem Leasingnehmer das Fahrzeug tatsächlich anbieten, so dass dieser nur noch zuzugreifen braucht.[537] Bietet der Leasinggeber dem Leasingnehmer das Fahrzeug nicht in einer den Annahmeverzug begründenden Weise an, fehlen die Voraussetzungen für einen Rücktritt und für Schadensersatzansprüche statt der Leistung. Auf die Erfüllungsansprüche kann er nicht mehr zurückgreifen, wenn er das Fahrzeug anderweitig verwertet hat.[538]

Nicht unter die Restwertgarantie des Leasingnehmers fällt das **Bonitäts-** und **Insolvenzrisiko** desjenigen, dem der Leasinggeber das Fahrzeug angedient hat. Vorbehaltlich einer anders lautenden vertraglichen Regelung haftet der Leasingnehmer nicht auf Ersatz des Schadens, den der Leasinggeber dadurch erleidet, dass eine andere Person, der er das Fahrzeug angedient hat, die Erfüllung des Kaufvertrages schuldig bleibt.[539] L505

Ungeklärt ist, ob eine Verlagerung des Bonitäts- und Verwertungsrisikos auf den Leasingnehmer in Leasing-AGB wirksam vereinbart werden kann.[540] In Anbetracht der Tatsache, dass die Vornahme der Verwertung des Leasingfahrzeugs in den Aufgabenbereich des Leasinggebers fällt, der dadurch die Chance der Erzielung eines zusätzlichen Gewinns erlangt, ist eine Klausel, die dem Leasingnehmer das Erfüllungsrisiko zuweist, derart ungewöhnlich, dass ihre wirksame Einbeziehung in den Vertrag zweifelhaft erscheint. Durch eine solche Regelung wird der Leasingnehmer jedenfalls in einer Weise benachteiligt, die gemessen an § 307 Abs. 1 BGB, kaum hinnehmbar ist. Da der Leasingnehmer keine rechtliche Handhabe besitzt, auf die Art und Weise der Verwertung Einfluss zu nehmen, kann ihm nicht zugemutet werden, dass er gleichwohl die Verwertungsrisiken übernimmt. Einer Klausel, die ihm diese Gefahren zuweist, ist daher die Wirksamkeit zu versagen.

Die Vereinbarung eines **Andienungsrechts** in Verbindung mit einer Ausgleichsklausel für **Mehr- und Minderkilometer** in einem Kraftfahrzeugleasingvertrag ist alternativ und nicht kumulativ zu verstehen, da sich die Regelungen gegenseitig ausschließen. Nur wenn das Leasingfahrzeug am Vertragsende vom Leasingnehmer an die Leasinggesellschaft zurückgegeben wird, weil diese von ihrem Andienungsrecht keinen Gebrauch gemacht hat, findet ein Wertausgleich nach Kilometerleistung statt. Hat jedoch der Leasingnehmer das Fahrzeug im Wege der Andienung vom Leasinggeber erworben, ist das Wahlrecht verbraucht und es besteht nicht mehr die Möglichkeit einer Abrechnung der Mehr- und Minderkilometer.[541] Das gleiche gilt, wenn der Leasinggeber das Fahrzeug verwertet und zuvor versäumt hat, von dem durch Andienung zustande gekommenen Kaufvertrag mit dem Leasingnehmer wirksam zurückzutreten.[542] L506

---

536 OLG Düsseldorf 8. 11. 2005, OLGR 2006, 218.
537 BGH 29. 11. 1995, NJW 1996, 923.
538 BGH 29. 11. 1995, NJW 1996, 923; OLG Düsseldorf 8. 11. 2005, OLGR 2006, 218.
539 BGH 16. 10. 1996, NJW 1997, 452, 453.
540 Offengelassen BGH 16. 10. 1996, NJW 1997, 452, 453.
541 OLG Düsseldorf 14. 4. 1994, NJW-RR 1994, 1337.
542 BGH 16. 10. 1996, NJW 1997, 452, 453; 9. 5. 2001, 2001, 2165, 2166; OLG Düsseldorf 8. 11. 2005, OLGR 2006, 218.

7. Verstoß des Leasingnehmers gegen die Rückgabepflicht

L507 Der Leasingnehmer, der das Fahrzeug am Vertragsende nicht oder verspätet zurückgibt, macht sich gegenüber dem Leasinggeber wegen Vorenthaltung **schadensersatzpflichtig** (§ 546a BGB) und evtl. **strafbar** (§ 248 b StGB).[543]

L508 Allein in der Nichtrückgabe liegt noch kein **Vorenthalten** iSv § 546a Abs. 1 BGB. Erforderlich ist, dass der Leasingnehmer das Fahrzeug gegen den Willen des Leasinggebers zurückhält. Aus diesem Grunde scheitern AGB an § 307 Abs. 2 Nr. 1 BGB, die die Verpflichtung des Leasingnehmers zur Zahlung der Nutzungsentschädigung allein von der Voraussetzung abhängig machen, dass der Leasingnehmer den Leasinggegenstand nicht oder nicht rechtzeitig zurückgibt.[544] Daran gemessen kann der Regelung in Abschn. XVI. Nr. 4 VDA-Muster-Leasing-AGB, die für den Fall einer nicht „termingerechten Rückgabe" als Grundbetrag 1/30 der für die Vertragszeit vereinbarten monatlichen Leasingrate festlegt, zu der die durch Rückgabeverzögerung verursachten Kosten hinzukommen, die Wirksamkeit nicht attestiert werden. Die Unwirksamkeit der Klausel bleibt jedoch folgenlos, da sich der Anspruch auf Nutzungsentschädigung unmittelbar aus dem Gesetz ergibt.[545]

Der Begriff des Vorenthaltens setzt voraus, dass der Leasingnehmer das Fahrzeug nicht zurückgibt, obwohl er dazu imstande wäre. Liegt eine vom Leasingnehmer zu beweisende Unmöglichkeit der Rückgabe vor, besteht kein Anspruch des Leasinggebers auf Nutzungsentschädigung.[546]

L509 Eine **Aufforderung zur Rückgabe** ist zu empfehlen. Sie schafft die erforderliche Klarheit, dass der Leasinggeber auf eine pünktliche Rückgabe Wert legt.[547] Verlangt der Leasinggeber keine Rückgabe der Leasingsache, weil er irrtümlich der Auffassung ist, der Leasingvertrag sei durch die Kündigung des Leasingnehmers nicht beendet worden, sind die Voraussetzungen eines Vorenthaltens iSv § 546a Abs. 1 BGB nicht erfüllt.[548] Ebenso verhält es sich, wenn es der Leasinggeber unter Verletzung der ihm auferlegten Mitwirkungspflicht versäumt, den Ort zu bestimmen und mitzuteilen, an dem der Leasingnehmer das Fahrzeug zurückzugeben hat.[549] Da der Leasingnehmer – selbst wenn ihm eine Bringschuld auferlegt sein sollte – mit der Rückgabe des Fahrzeugs nicht in Verzug gerät, haftet er dem Leasinggeber nach einer Entscheidung des OLG Hamm[550] lediglich nach Bereicherungsrecht auf Ersatz der schuldhaft nicht gezogenen Nutzungen in Höhe des objektiven Mietwertes, wenn er das Fahrzeug nach Ablauf des Leasingvertrages einem Dritten unentgeltlich zum Gebrauch überlässt.

L510 Nach gefestigter höchstrichterlicher Spruchpraxis[551] hat der Leasinggeber für die Dauer der Vorenthaltung die vereinbarte **Leasingrate als Mindestentschädigung** zu beanspru-

---

543 OLG Schleswig 20.1.1989, DAR 1989, 350; aA AG München 31.10.1985, NStZ 1986, 458; *Schmidthäuser*, NStZ 1986, 460.
544 BGH 7.1.2004, NJW-RR 2004, 558 mwN und zust. Anm. von *Bellinhausen*, nach dessen zutreffender Ansicht Klauseln zur Nutzungsentschädigung wegen verspäteter Rückgabe verzichtbar sind; siehe ferner *Zahn*, DB 2004, 1142; *Harder*, FLF 2004, 176; *Beckmann*, § 8 Rn 200; *Graf von Westphalen*, Der Leasingvertrag, Kap. J Rn 25; zweifelnd *Berninghaus* in *Martinek/Stoffels/Wimmer-Leonhardt*, § 35 Rn 35.
545 BGH 13.4.2005, NJW-RR 2005, 1081.
546 *Staudinger/Rolfs*, § 546a Rn 15 mwN.
547 BGH 31.3.1982, NJW 1982, 1747, 1748.
548 BGH 7.1.2004, BGHR 2004, 494, 496.
549 OLG Düsseldorf 14.11.2000, OLGR 2001, 220.
550 Urt. v. 12.7.1988, ZIP 1989, 45.
551 BGH 22.3.1989, ZIP 1989, 647; 5.4.1978, NJW 1978, 1432; 31.3.1982, NJW 1982, 1747 ff.; zust. zB *Graf von Westphalen*, Der Leasingvertrag, Kap J Rn 20 mwN; *Berninghaus* in *Martinek Stoffels/Wimmer-Leonhardt*, § 35 Rn 31.

Reguläre Vertragsbeendigung

chen, wobei es nicht darauf ankommt, ob dem Leasinggeber aus der Vorenthaltung des Autos ein Schaden erwachsen ist oder der Leasingnehmer einen entsprechenden Nutzen hat ziehen können. Teilweise wird die Ansicht vertreten, der Leasingnehmer schulde die Nutzungsentschädigung bis zum Schluss der laufenden Berechnungsperiode,[552] wenn der Leasingnehmer die Sache zur Unzeit zurückgibt, während nach der Gegenmeinung, die beim Leasing den Vorzug verdient, der Tag der Rückgabe der Abrechnung zugrunde zu legen ist.[553] Die Entschädigung iSv § 546a Abs. 1 BGB ist steuerlich Leasingentgelt und umfasst auch die Umsatzsteuer, sofern der Leasinggeber für die Umsatzsteuer optiert hat.[554]

Der BGH versteht § 546a Abs. 1 BGB als Druckmittel zur Erzwingung der Herausgabe der Sache. Aus seiner Sicht wird der Leasingnehmer durch die Anwendung dieser Bestimmung auf Leasingverträge nicht über Gebühr belastet, da es an ihm liegt, die Rechtsfolgen des § 546a Abs. 1 BGB durch Herausgabe der Leasingsache jederzeit zu vermeiden oder zu beenden. Von dieser Überlegung ausgehend entschied das OLG Hamm,[555] der Leasingnehmer werde von der Zahlung der Nutzungsentschädigung in Höhe der bisherigen Leasingraten nicht dadurch befreit, dass zwischen dem Wert der Leasingsache und der Höhe der Leasingrate ein auffälliges Missverhältnis besteht.

Die höchstrichterliche Rechtsprechung findet nicht nur Beifall. Dem BGH wird entgegengehalten,[556] er berücksichtige in nicht ausreichendem Maße das Amortisationsprinzip, durch das sich der Leasingvertrag vom reinen Mietvertrag unterscheidet. Die Kritik ist berechtigt. Die Vorschrift des § 546a Abs. 1 BGB gewährt einen Schadensersatzanspruch, dessen Umfang in Höhe des Mietzinses festgelegt ist, weil der Mietzins idR dem Nutzungswert der Mietsache entspricht. Aus diesem Grund überzeugt bei der Miete das Argument, der Mieter, der die Sache dem Vermieter nach Beendigung des Vertrages vorenthalte, dürfe nicht besser gestellt werden als bei einer Fortdauer des Mietvertrages. Bei einem Leasingvertrag besteht jedoch eine andere Situation. Der objektive Wert der Nutzung, der bei der Miete idR dem Mietzins entspricht, kann der auf ganz anderer Grundlage kalkulierten Leasingrate nicht ohne weiteres gleichgestellt werden.[557] Letztere ist berechnet auf der Grundlage der Wertdifferenz zwischen Neuanschaffungspreis und kalkuliertem Restwert. Nach dem regulären Ende des Vertrages ist der durch die Weiterbenutzung eintretende Wertschwund geringer als während der vorausgegangenen Vertragszeit. Dies liegt daran, dass ein Leasingfahrzeug nicht gleichmäßig (linear) an Wert verliert, sondern anfangs stark, später weniger (degressiver Wertverlust).

Infolgedessen sind die – auf der Grundlage eines geringeren Wertverzehrs errechneten – Leasingraten eines Folge- oder Anschlussleasingvertrages zwangsläufig niedriger als die des vorhergehenden Vertrages. Das Argument des BGH, der sich vertragstreu verhaltende Leasingnehmer werde schlechter gestellt als derjenige, der das Auto am Vertragsende nicht zurückgebe, wenn man letzteren nicht zur Fortzahlung der Leasingraten gem. § 546a Abs. 1 BGB zwinge, ist beim Leasingvertrag mit Übernahme des Restwertrisikos durch den Leasingnehmer nicht stichhaltig, weil der Leasingnehmer den durch Weiterbenutzung entstehenden Wertverlust ausgleichen muss. Der Leasinggeber würde doppelt entschädigt, wenn er zusätzlich zum Wertausgleich die ungekürzten Leasingraten bekäme. Dies hat auch

---

[552] OLG Düsseldorf 5. 9. 2002, ZMR 2003, 105; *Palandt/Weidenkaff*, § 564a Rn 11.
[553] OLG Rostock 18. 3. 2002, NJW-RR 2002, 1712.
[554] BGH 11. 5. 1988, WM 1988, 1277; 22. 3. 1989, NJW 1989, 1730, 1732; 6. 12. 1995, WM 1996, 463; OLG Hamm 28. 6. 1979, OLGZ 1980, 21 ff.
[555] Urt. v. 11. 1. 1999, ZfS 1999, 240 gegen OLG Köln Beschl. v. 16. 9. 1992, WM 1993, 1053.
[556] *Canaris*, AcP 190 (1990), 410, 441; *Staudinger/Stoffels*, Leasing, Rn 286; *Reinking* in *Reinking/Kessler/Sprenger*, § 10 Rn 17.
[557] So früher OLG Hamm 12. 7. 1988, ZIP 1989, 45; LG Hamburg 12. 2. 1986, NJW-RR 1986, 473 ff.; *Tiedtke*, ZIP 1989, 1437 ff.

das OLG Frankfurt[558] so gesehen, aber gleichwohl entschieden, der Vorteil zwinge den Leasinggeber nicht, die Leasingrate nach unten anzupassen. Nach Meinung des LG Köln[559] muss es bei den ursprünglich vereinbarten Leasingraten verbleiben, weil es andernfalls der Leasingnehmer in der Hand hätte, durch Kündigung eine neue Vereinbarung über die Höhe der Raten zu erzwingen. Auch dieses Argument überzeugt nicht, weil es nicht um eine Abänderung der ursprünglich vereinbarten Höhe der Leasingrate geht, sondern um die Neufestsetzung der Nutzungsentschädigung für die Weiterbenutzung der Leasingsache nach Vertragsablauf bzw. nach Eintritt der Vollamortisation.

Da nicht einzusehen ist, dass der Leasinggeber für die Zeit der Vorenthaltung mehr erhält als er bekommen würde, wenn er einen auf der Grundlage des Restwertes kalkulierten neuen Leasingvertrag abschließen würde, haben sich Instanzgerichte der BGH-Rechtsprechung widersetzt.[560]

L512 In seiner Entscheidung vom 13. 4. 2005 konzediert der BGH immerhin, dass das Verlangen nach Fortzahlung der Nutzungsentschädigung in Höhe der vereinbarten Leasingrate eine **unzulässige Rechtsausübung** nach § 242 BGB darstellen kann, wenn der Wert der Leasingsache während der Vertragszeit so weit abgesunken ist, dass eine Nutzungsentschädigung in Höhe der vereinbarten monatlichen Leasingrate zu dem verbliebenen Verkehrs- und Gebrauchswert der Leasingsache völlig außer Verhältnis steht. In diesem Sinne entschied das OLG Köln[561] schon vor Jahren in einem Fall, in dem die monatliche Leasingrate mehr als das Zweieinhalbfache des vom Leasinggeber angegebenen Restwertes betrug. Auch wenn das BGH-Urteil vom 13. 4. 2005 an der grundsätzlichen höchstrichterlichen Rechtsprechung nichts ändert,[562] so entzieht es der Kritik doch ein wenig den Boden.

L513 Für das Verhältnis zwischen der Leasinggesellschaft und einem unrechtmäßigen Besitzer stellen die §§ 985 ff. BGB eine die sonstigen Vorschriften verdrängende Sonderregelung dar. Daraus ergibt sich, dass der Besitzer des Leasingfahrzeugs, der positiv weiß, dass er kein Recht zum Besitz hat, der Leasinggesellschaft eine **Nutzungsausfallentschädigung** für die Zeit der Vorenthaltung schuldet, deren Höhe nach Ansicht des Saarländischen OLG[563] an den Sätzen der Nutzungsausfalltabelle auszurichten ist. Die Tabellensätze sind indes nicht der richtige Ansatz für die gesamte Dauer der Vorenthaltung, da die Leasinggesellschaft das Fahrzeug im Fall rechtzeitiger Rückgabe nicht selbst benutzt, sondern es entweder verwertet oder erneut verleast hätte.

8. Rückgabeprotokoll

L514 AGB von Kraftfahrzeugleasingverträgen enthalten üblicherweise die Regelung, dass bei Ablieferung des Fahrzeugs über dessen Zustand ein **gemeinsames Protokoll** anzufertigen ist, das von beiden Vertragsparteien oder ihren Bevollmächtigten unterzeichnet wird (so auch Abschn. XVI. Nr. 2 S. 2 der VDA-Muster-Leasing-AGB). Das Rückgabeprotokoll dient dem Leasingnehmer als Beleg für die Ablieferung des Fahrzeugs. Dem Leasinggeber erleichtert es die **Beweisführung** im Hinblick auf Veränderungen, Schäden und Mängel des Fahrzeuges zum Zeitpunkt der Rückgabe.[564] Deshalb kann es nachträglich nicht mehr erstellt werden.[565] Es fällt in den Aufgabenbereich des Leasinggebers, die erforderliche Be-

---

558 Urt. v. 23. 6. 1987, VersR 1987, 1197.
559 Urt. v. 23. 9. 1992, NJW-RR 1993, 822.
560 ZB LG Hannover 26. 1. 1994, NJW-RR 1994, 739.
561 Beschl. 16. 9. 1992, WM 1993, 1053.
562 *Graf von Westphalen*, Der Leasingvertrag, Kap. J Rn 20.
563 Urt. v. 5. 11. 1997, OLGR 1998, 214 – die Nutzungsentschädigung belief sich bei einem Tagessatz von 71 DM und einer Vorenthaltungsdauer von ca. 14 Monaten auf insgesamt ca. 30.000 DM.
564 *Engel*, § 9 Rn 46.
565 OLG Nürnberg 15. 12. 1988,– 2 U 3032, 88, n. v.

Reguläre Vertragsbeendigung L515–L517

weissicherung zu treffen.⁵⁶⁶ Er muss im Streitfall beweisen, dass die im Protokoll aufgeführten Mängel und Schäden in der Zeit entstanden sind, in der sich das Fahrzeug im Besitz des Leasingnehmers befunden hat.⁵⁶⁷

Eine Verpflichtung des Leasingnehmers zum **Unterschreiben** des Protokolls besteht nicht. Seine Unterschrift stellt weder ein Anerkenntnis der im Rücknahmeprotokoll aufgeführten Mängel dar, noch werden dadurch Einwendungen des Leasingnehmers gegen den darin beschriebenen Fahrzeugzustand abgeschnitten.⁵⁶⁸ Für den Leasinggeber bedeutet die vorbehaltlose Unterzeichnung des Rückgabeprotokolls, dass er auf weiter gehende Ansprüche verzichtet.⁵⁶⁹ Diese Rechtsfolge tritt auch ein, wenn ein vom Leasinggeber eingeschalteter Händler das Protokoll vorbehaltlos unterschrieben hat. Der Händler, dem das Leasingfahrzeug nach Vertragsablauf zu übergeben ist, handelt als **Erfüllungsgehilfe** des Leasinggebers.⁵⁷⁰

Das Protokoll soll ausschließlich den Ist- Zustand des Fahrzeugs wiedergeben, nicht L515 mehr und nicht weniger. Diese vertragliche Vorgabe wird in der Praxis häufig nicht beachtet. Schadenskalkulationen gehören nicht in diese Urkunde. Verfehlt ist insbesondere die – von rückkaufspflichtigen Lieferanten erwünschte – Auflistung der zur Aufbereitung des Fahrzeugs für den Wiederverkauf notwendigen Reparaturmaßnahmen, da der Leasingnehmer dem Leasinggeber die dafür erforderlichen Kosten nicht ersetzen muss.

9. Begutachtung

Für Streitfälle, in denen sich die Parteien über den Wert des Fahrzeugs oder den durch L516 Mängel, Schäden und Überbeanspruchung verursachten Minderwert nicht einigen können, sehen Leasing-AGB – in Anlehnung an Abschn. XVI. Ziff. 3 S. 3 VDA-Muster-Leasing-AGB – vor, dass auf Veranlassung des Leasinggebers mit Zustimmung des Leasingnehmers ein öffentlich bestellter und vereidigter Sachverständiger oder ein unabhängiges Sachverständigenunternehmen beauftragt wird, die erforderlichen Feststellungen zu treffen, ohne dass dadurch der Rechtsweg ausgeschlossen wird. Eine solche Klausel lässt nach Meinung des LG Kassel⁵⁷¹ nicht erkennen, was mit ihr gewollt ist. Es kann sich um eine Schlichtungsklausel, eine materiell-rechtliche Fälligkeitsvoraussetzung oder um eine vertragliche Pflicht handeln, das Gutachten nur mit Zustimmung des Leasingnehmers einzuholen. Da keine Variante eindeutig den Vorzug verdient, ist die Klausel zu Lasten der Leasinggesellschaft als **Zulässigkeitsvoraussetzung** für die Klage auszulegen, was zur Folge hat, dass die Klage abzuweisen ist, wenn der Leasinggeber das Gutachten ohne Zustimmung des Leasingnehmers eingeholt hat.

Die Regelung in Abschn. XVI. Ziff. 3 S. 3 VDA-Muster-Leasing-AGB beinhaltet keinen **Schiedsgutachtenvertrag**, da die Feststellungen des Sachverständigen nicht für beide Seiten verbindlich festgelegt werden. Da die Klausel aber den Eindruck erweckt, sie sei letztendlich verbindlich und nur durch den Nachweis der offenbaren Unrichtigkeit iSv § 319 BGB zu entkräften, werden Bedenken gegen ihre Wirksamkeit angemeldet.⁵⁷²

Eine Schiedsgutachten-Klausel, welche die vom Gutachter getroffenen Feststellungen L517 für beide Seiten verbindlich festlegt (§ 319 BGB), ist nicht grundsätzlich unzulässig. Sie verstößt insbesondere nicht gegen § 309 Nr. 12 BGB. An eine wirksame Klauselgestaltung

---

566 LG Frankfurt 25. 7. 1988, NJW-RR 1988, 1132 ff.
567 LG München 28. 2. 1997, DAR 1998, 203.
568 LG Frankfurt 25. 7. 1988, NJW-RR 1988, 1134.
569 OLG Celle 16. 7. 1997, OLGR 1997, 224.
570 LG Dortmund 4. 6. 1997, NJW-RR 1998, 707.
571 Urt. v. 11. 9. 1998, DAR 1998, 477.
572 *Müller-Sarnowski*, DAR 1999, 269.

werden allerdings hohe Anforderungen gestellt. Dies gilt in besonderem Maße für AGB, die für den Geschäftsverkehr mit Verbrauchern bestimmt sind. Eine in AGB enthaltene Schiedsgutachterabrede ist zu beanstanden, wenn sie keinen ausdrücklichen Hinweis auf die Bedeutung der Schätzung des Sachverständigen als Schiedsgutachter enthält,[573] oder wenn sich der Leasinggeber die Wahl des Gutachters vorbehält, ohne dass der Leasingnehmer die Möglichkeit der Ablehnung hat, so dass Neutralität, vollständige Unabhängigkeit und Sachkunde des Gutachters in Frage stehen.[574] Das Recht des Leasingnehmers, das Gutachten anzufechten, darf nicht eingeschränkt werden und die Nachteile, die dem Leasingnehmer durch ein möglicherweise unrichtiges Gutachten entstehen können, dürfen nicht unverhältnismäßig sein.

L518 Eine Klausel im Leasingvertrag, die den Leasingnehmer zur Zahlung der Differenz zwischen dem kalkulierten Restwert und dem von einem Schiedsgutachter geschätzten, geringeren Händlereinkaufspreis verpflichtete, wurde vom OLG Frankfurt[575] als wirksam angesehen, weil sie dem Leasingnehmer zugleich ein **Käufervorschlagsrecht** einräumte, wodurch er in die Lage versetzt wurde, die für ihn nachteilige Folge der Verbindlichkeit des Gutachtens zu vermeiden. Das Recht zur Benennung eines Kaufinteressenten findet Niederschlag in Abschn. XVI. Nr. 3 Abs. 2 S. 3 VDA-Muster-Leasing-AGB. Es greift aber nur bei Verträgen mit Gebrauchtwagenabrechnung. Macht der Leasingnehmer von seinem Käufervorschlagsrecht Gebrauch, darf der Leasinggeber dann allerdings nicht auf der Grundlage des Schiedsgutachtens abrechnen.

L519 Für Kilometerverträge erweist sich das Argument, eine Schiedsgutachtenklausel unterlaufe das Dritt- und Selbstbenennungsrecht des Leasingnehmers,[576] als nicht einschlägig, da die Feststellungen des Sachverständigen in die Vertragsabrechnung einfließen. Der Leasingnehmer ist praktisch immer gebunden, da der Nachweis der offensichtlichen Unbilligkeit selten genug gelingt. Weil sie die Beweislast zum Nachteil des Leasingnehmers auf den Einwand der offenbaren Unrichtigkeit reduziert und ihm den Rechtsweg faktisch abschneidet, hat das LG Frankfurt/Main[577] die Schiedsgutachterklausel eines Leasingvertrages mit Kilometerabrechnung als „nicht wirksam" eingestuft.[578]

L520 Die Voraussetzungen einer offenbaren Unbilligkeit/Unrichtigkeit, die ein Schiedsgutachten unverbindlich machen und die Haftung des Gutachters aus dem Schiedsgutachtervertrag begründen[579], sind erfüllt, wenn sich einem sachkundigen und unbefangenen Beobachter – sei es auch erst nach eingehender Prüfung – offensichtliche Fehler aufdrängen, die das Gesamtergebnis verfälschen oder wenn Ausführungen des Sachverständigen so lückenhaft sind, dass selbst der Fachmann das Ergebnis aus dem Zusammenhang des Gutachtens nicht überprüfen kann.[580] Strukturelle Defizite, wie sie bei der Begutachtung von Leasingfahrzeugen tagtäglich vorkommen, hat das AG Frankfurt/Main[581] in einem bemerkenswerten Urteil sorgfältig herausgearbeitet. Das Gericht verneinte die Verbindlichkeit der „Gebrauchtfahrzeug-Bewertung" eines Gutachters wegen offensichtlicher Unrichtigkeit, weil sie sich u. a. nicht mit dem Regelungsgehalt der Leasing-AGB deckte, die Dokumentation der Schäden fehlte, Reparaturkosten über den Daumen gepeilt und Wertverbesserungen „neu für alt" nicht berücksichtigt worden waren und weil sie unsinnige Bewertungen ent-

---

573 LG Frankfurt/Main 25. 7. 1988, NJW-RR 1988, 1132.
574 *Von Westphalen*, DAR 1984, 337 ff.
575 Urt. 24. 1. 1989, DB 1989, 522; der gleichen Ansicht LG Köln 20. 3. 1991 – 4 O 596/90 – n. v.
576 *Graf von Westphalen*, Der Leasingvertrag, Kap. J Rn 107, 108.
577 Urt. v. 8. 3. 1994 -2/12 O 381/92, n. v.; a. A. LG Frankfurt/Main 22. 9. 1995 – 3/11 S 5 / 95,n. v.
578 So auch *Müller-Sarnowski*, DAR 1997, 146; 1999, 269.
579 *Palandt/Sprau*, § 675 Rn 20 a mwN.
580 BGH 16. 11. 1987, NJW-RR 1988, 506.
581 Urt. v. 11. 11. 1997, DAR 1998, 356.

Reguläre Vertragsbeendigung L521–L523

hielt, wie etwa den Ansatz eines Minderwertes von 500 DM für eine defekte, nicht reparable Kassettenklappe des Autoradios, dessen Gesamtwert lediglich 180 DM betrug.

Hinsichtlich des vom Schiedsgutachter einzuhaltenden Verfahrens ist zu fordern, dass dieser der anderen Seite rechtliches Gehör und damit Gelegenheit zu gewähren hat, Anträge, Bedenken und Zweifel ausreichend und gleichgewichtig vorzubringen.[582] Vom Leasing-Arbeitskreis des 35. Verkehrsgerichtstages wurde Leasingfirmen empfohlen, dem Leasingnehmer vertraglich zuzugestehen, sich bei der Begutachtung rechtliches Gehör zu verschaffen.[583] L521

10. Zustandsklausel

AGB in Kraftfahrzeug-Leasingverträgen besagen übereinstimmend, dass sich das Fahrzeug zum Zeitpunkt der Rückgabe in einem unveränderten, dem Alter und der vertragsgemäßen Fahrleistung entsprechenden, verkehrs- und betriebssicheren Erhaltungszustand befinden muss und keine Schäden und Mängel aufweisen darf (Abschn. XVI. Nr. 2 S. 1 i. V. m. VIII. Nr. 3 VDA-Muster-Leasing-AGB). L522

Die Wirksamkeit dieser – vom BGH[584] nicht beanstandeten – Klausel wurde vom LG München I[585] wiederholt mangels hinreichender Transparenz verneint. Nicht objektivierbar und als Unterscheidungsmaßstab unbrauchbar sei insbesondere das Kriterium „eines dem Alter und der vertragsgemäßen Fahrleistung entsprechenden Erhaltungszustandes", heißt es im Urteil. Außerdem könnten dem Tatbestandsmerkmal der Schadens- und Mängelfreiheit sämtliche Zustandsbeeinträchtigungen unterlegt werden, also auch solche Veränderungen und Verschlechterungen, die der Leasingnehmer gem. der analog geltenden Regelung des § 538 BGB nicht zu vertreten hat.

Die vom LG München geforderte Klauseltransparenz lässt sich nicht herstellen, da die Grenzen zwischen Verschleiß und Mängeln/Schäden fließend sind. Allerdings ist die Klarstellung zu verlangen, dass normale Verschleißspuren nicht als Schäden gelten (Abschn. XVI. Nr. 2 S. 2 VDA-Muster-Leasing-AGB).[586]

Mit einer Verwerfung der Zustandsklausel ist den Parteien nicht gedient, da die subsidiär eingreifenden gesetzlichen Regelungen der §§ 538, 546 Abs. 1 BGB ebenfalls nicht weiterhelfen. Die Lösung kann nur darin bestehen, dass die Abgrenzungskriterien konkretisiert, verfeinert und in Arbeitshilfen (Checklisten oder Richtwert-/Minderwert-Tabellen) festgelegt und zum Inhalt des Leasingvertrags gemacht werden. Nur auf diese Weise ist die vom 37. Verkehrsgerichtstag erhobene Forderung nach einer Klauselgestaltung einzulösen, die den Sollzustand des Leasingfahrzeugs genau beschreibt und dem Leasingnehmer transparent vor Augen führt, in welchem Zustand das Fahrzeug am Vertragsende abzuliefern ist.[587] L523

---

582 LG Frankfurt/Main 25. 7. 1988, NJW-RR 1988, 1132 mwN; *Palandt/Grüneberg*, § 307 Rn 144; a. A. LG Frankfurt/Main 23. 6. 1987, DB 1987, 2195, 2196; *Gehrlein* in *Bamberger/Roth*, § 317 Rn 10, nach dessen Ansicht der anderen Seite ein Äußerungsrecht zu eröffnen ist, wenn der Sachverständige mit einer Partei in Kontakt tritt.
583 VGT 1997, 10.
584 Urt. v. 1. 3. 2000, DAR 2000, 302 ff. mit Anm. *Reinking* in LM Nr. 164 Bl 1 zu § 553 BGB; zustimmend *Graf von Westphalen*, Der Leasingvertrag, Kap. J Rn 10; *Beckmann*, § 8 Rn 188.
585 Urt. v. 3. 2. 1999, DAR 1999, 268; 27. 1. 2000, DAR 2000, 363, 364; ebenfalls kritisch *Müller-Sarnowski*, DAR 2004, 368, 369 und 608, 612, die das Fehlen klarer Bemessungsgrundlagen moniert.
586 *Graf von Westphalen*, Der Leasingvertrag, Kap. J Rn 11.
587 VGT 97, 10; hierzu *Müller-Sarnowski*, DAR 1999, 269 sowie ausführlich zur Zustandsbewertung *Reinking* NZV 1997, 5 ff.

L524 Oftmals wird verkannt, dass „frei von Schäden" nicht bedeutet, dass der Leasingnehmer nur für solche Schäden und Mängel haftet, die durch einen **vertragswidrigen Gebrauch** entstanden sind.[588] Bereits an anderer Stelle wurde darauf hingewiesen, dass sich die aus der Übernahme der Sachgefahr resultierende Pflicht des Leasingnehmers zur Instandhaltung und Instandsetzung auch auf **normale Verschleißmängel** und **Verschleißschäden** erstreckt. Als nicht zutreffend erweist sich die in einem Urteil des LG Hamburg[589] getroffene – in anderen Gerichtsentscheidungen[590] gerne zitierte – Feststellung, sämtliche auf normalem Verschleiß beruhenden Reparaturerfordernisse müssten unberücksichtigt bleiben, weil sie der Bewertung eines normal abgenutzten Fahrzeugs bereits zugrunde liegen. Aufgrund der ihm vertraglich zugewiesenen Risiken und Pflichten muss der Leasingnehmer völlig unabhängig von der Art des Gebrauchs für alle am Vertragsende vorhandenen Mängel und Schäden des Fahrzeugs aufkommen, selbst wenn sie auf Zufall und höherer Gewalt beruhen.[591] Für die Haftung aus Gefahrübernahme kommt es nicht darauf an, ob ein Defekt, der als Mangel zu qualifizieren ist, das Endstadium eines fortschreitenden Normalverschleißes darstellt (Durchrostung des Auspuffs), auf einen normalen Gebrauch zurückzuführen ist (schwerer Steinschlag) oder durch einen Fehlgebrauch verursacht wurde (Überbeanspruchung des Motors).

11. Fahrzeugbewertung und Zustandsbeurteilung

L525 Bei einem **Leasingvertrag mit offenem Restwert** hat der Sachverständige die Aufgabe, den **Fahrzeugwert** (Händlereinkaufs- bzw. Händlerverkaufspreis) zu ermitteln. Dazu benötigt er außer dem Fahrzeug sämtliche für die Bewertung bedeutsamen Unterlagen (Leasingvertrag, Fahrzeugpapiere, Kaufvertrag, Rückgabeprotokoll usw.).

L526 Bei einem **Leasingvertrag mit Kilometerabrechnung** geht es darum, dass der Sachverständige den **Istzustand** des Fahrzeugs feststellt, diesen mit dem vertraglich vereinbarten **Sollzustand** vergleicht und den **Minderwert** ermittelt, der sich aus den Abweichungen ergibt. Da sich die vertraglich vereinbarte Nutzung des Leasingfahrzeugs und der Zustand, in dem es der Leasingnehmer abzuliefern hat, aus dem Leasingvertrag ergeben, muss ihm der Leasinggeber dieses Dokument zur Verfügung stellen. Um etwaige Veränderungen des Fahrzeugs festzustellen, benötigt der Sachverständige den Kaufvertrag oder die Ausstattungsliste.

L527 Nicht beseitigte **Veränderungen** des Fahrzeugs, wie etwa Bohrlöcher für die Anbringung von Zubehör und Beschriftungen, sind bei der Bemessung der Wertminderung zu berücksichtigen. Keinen Einfluss auf die Höhe der Wertminderung haben solche Verwendungen, die den Wert des Fahrzeugs erhöhen.

L528 Da der Leasinggeber nicht zum Wertersatz verpflichtet ist, darf eine auf Veränderung beruhende Werterhöhung des Fahrzeugs nicht mit der Wertminderung verrechnet werden. Dem Leasingnehmer steht insoweit nur ein Recht der **Wegnahme** zur Seite. Eine Veränderung des Fahrzeugs durch den fachgerechten Einbau einer Dachantenne, der es erforderlich machte, ein Loch in das Dach zu bohren, hat das LG Gießen[592] nicht als wertmindernd eingestuft.

L529 Zu den **normalen Gebrauchsspuren**, die durch die Leasingraten abgegolten werden, gehören nicht nur solche, die durch das Fahren entstehen. Auch äußere Einwirkungen auf

---

588 LG München 9. 10. 1996, DAR 1998, 16; LG Gießen 25. 1. 1995, NJW-RR 1995, 687; AG Korbach 27. 7. 1999, DAR 2001, 172.
589 Urt. v. 29. 3. 1989, NJW-RR 1989, 883, 884.
590 ZB OLG Frankfurt 16. 9. 1997, NJW-RR 1998, 349.
591 BGH 1. 3. 2000, DAR 2000, 302, 304.
592 Urt. v. 25. 1. 1995, NJW-RR 1995, 688.

Reguläre Vertragsbeendigung

das Fahrzeug bei seiner Benutzung im fließenden und ruhenden Verkehr sind normal, wie z. B. kleine Steinschlagspuren auf der Windschutzscheibe, kleine Schrammen und Kratzer in der Nähe des Tankdeckels und der Tür- und Kofferraumgriffe.

Die Ermittlung des vertragsgemäßen Zustands und die Abgrenzung zu einem auf **L530** Übermaß- oder Fehlgebrauch beruhenden erhöhten Verschleißzustand ist außerordentlich schwierig, zumal die auf eine vertragswidrige Benutzung zurückzuführenden Spuren nicht zwangsläufig die Qualität von Mängeln und Schäden haben müssen, was zuweilen verkannt wird.[593] Die Abgrenzungsprobleme beruhen in erster Linie darauf, dass Kfz-Leasingverträge keine konkreten Vorgaben zur Fahrzeug- Sollbeschaffenheit enthalten. Hinzu kommt, dass das Spektrum des vertragsgemäßen Gebrauchs eines Kraftfahrzeugs im Straßenverkehr breit angelegt ist. Die Gebrauchsspuren können von Fall zu Fall stark voneinander abweichen, je nachdem, ob das Leasingfahrzeug im Stadtverkehr, im Langstreckendienst, im Gebirge oder im Flachland gefahren wurde, ohne dass der Bereich der vertraglich vereinbarten Nutzung jemals überschritten wurde.

Jenseits der auf übermäßiger Nutzung beruhenden Gebrauchsspuren schließt sich die **L531** Kategorie der **Mängel** und **Schäden** an, für die der Leasingnehmer ohne Rücksicht auf Verschulden und unabhängig davon haftet, ob sie auf einem vertragsgemäßen oder auf einem vertragswidrigen Gebrauch beruhen. Prüfungsmaßstab für die Verkehrs- und Betriebssicherheit ist § 29 StVZO.

Beispiele aus der Rechtsprechung:

– Verschrammte Stoßstangen, eingedellte Karosserieteile und verformte Abschlussbleche sind keine typischen altersgerechten Beschädigungen. Dasselbe gilt für das zersprungene Rücklichtglas und die zerrissenen und durch Brandlöcher beschädigten Sitzbezüge und das Fehlen eines Teils der Luftführung.[594]
– Leichte Schrammen, Kratzer und Beulen gehören im Rahmen eines Leasingvertrages zur vertragsgemäßen Abnutzung und stellen keinen Schaden des Leasinggebers dar.[595]
– Kratzer am Dach und an den Hauben, leichte Einbeulungen an drei Türen und dem Seitenteil hinten sind typische Gebrauchsspuren für ein in dichtem Verkehr und bei knappem Verkehrsraum genutztes Fahrzeug.[596]
– Undichtigkeit des Ventildeckels und kleine Lackschäden an der Heckschürze sind normale Gebrauchsspuren, während punktgroße, auf Steinschlag beruhende Ausplatzungen an der Windschutzscheibe, eine mechanische Einwirkung auf den Katalysator, ein Riss des Blinkleuchtenglases, eine sichtbare Deformation des Felgenhorns einer Felge, fünfmarkgroße Lackabplatzungen an der Frontverkleidung und großflächige Beulen mit scharfkantigen Eindrücken als Mängel anzusehen sind.[597]
– Dellen an den Seitenwänden, starke Schrammspuren am Stoßfänger und an der Tür, Steinschlag auf der Windschutzscheibe, kleine Dellen an der Tür sind Schäden, die allein durch das Fahren nicht entstanden sein können.[598]
– Oberflächliche Lack- und Blechschäden, die bereits aufgrund geringer Berührung eintreten können, sind keine übervertragliche Nutzung eines Pkw.[599]

---

593 LG Frankfurt/Main 25. 7. 1988 NJW-RR 1988, 1132 ff.; LG München 9. 10. 1996, DAR 1998, 19.
594 LG Kassel 8. 1. 1999 – 10 S 530/98, n. v.
595 LG Gießen 25. 1. 1995, NJW-RR 1995, 687.
596 LG München 9. 10. 1996, DAR 1998, 19.
597 LG Frankfurt/Main 8. 3. 1994 – 2/12 O 381/92, n. v.
598 AG Bergheim 21. 3. 1996 – 21 C 229/95, n. v.
599 AG Osnabrück 5. 2. 1999, DAR 1999, 556.

L532 Für die übermäßige Benutzung und darauf zurückzuführende Schäden und für die Abgrenzung zu den auf normaler Abnutzung und auf normalem Verschleiß beruhenden Reparaturerfordernissen trägt der **Leasinggeber** die **Beweislast**.[600] Er muss detailliert darlegen, welche Abnutzungen noch im Rahmen des normalen Verschleißes liegen und welche als Mängel im Rechtssinne zu qualifizieren sind, weil sie auf übermäßiger Abnutzung beruhen.[601] Ein Gutachten, das die Schadenskosten ohne jegliche Begründung auflistet, genügt den Anforderungen nicht. Da es die Aufgabe des Leasinggebers ist, den Anspruch schlüssig und substantiiert darzulegen, reicht es nicht aus, wenn er sich zur Begründung des Anspruchs auf das Zeugnis des Sachverständigen beruft, den er mit der Erstellung des Gutachtens beauftragt hat.[602]

12. Minderwertausgleich

L533 Wenn das Leasingfahrzeug sich nicht in einem dem Alter und der Fahrleistung entsprechenden mangel- und beschädigungsfreien Zustand befindet und sein Wert hierdurch gemindert ist, hat der Leasingnehmer eines Leasingvertrages mit Kilometerabrechnung den **Minderwert** auszugleichen. Da der Minderwertausgleich zur Gegenleistung gehört, ist er Entgelt iSv § 1 UStG[603] und **mit Umsatzsteuer** zu belegen (Abschn. XVI. Nr. 3 S. 1 VDA-Muster-Leasing-AGB). Rechnet der Lieferant den Minderwert aufgrund entsprechender Vereinbarung mit dem Leasingnehmer ab, so muss er die Abrechnung im Namen und für Rechnung des Leasinggebers erstellen.[604] Nicht mit Umsatzsteuer zu belegen ist eine Wertminderung, die der Leasinggeber von einem Dritten oder dessen Versicherer wegen einer Beschädigung des Leasingfahrzeugs als Schadensersatz erhalten hat.

L534 Zum **Ersatz der Reparaturkosten** ist der Leasingnehmer nicht verpflichtet, wenn es sich um optische Schäden und um solche handelt, die die Verkehrs- und Betriebssicherheit des Fahrzeugs nicht beeinträchtigen und die im Handelsverkehrs mit gebrauchten Kraftfahrzeugen regelmäßig hingenommen werden.[605] Eine Klausel, die den Leasingnehmer uneingeschränkt mit den Instandsetzungskosten belastet, verstößt gegen § 307 BGB, weil ein „Verkauf zum Zeitwert erfolgen könnte und die Reparaturkosten zusätzlich vom Leasingnehmer zu zahlen wären".[606]

L535 Der Minderwert ist im Wege des Vergleichs mit einem typ- und altersgleichen Fahrzeug zu ermitteln.[607] Hierbei sind die zur Behebung der Mängel und Schäden erforderlichen Aufwendungen zu berücksichtigen. Die **Relation** zwischen **Instandsetzungsaufwand** und **Minderwert** hängt maßgeblich von dem Typ und dem Alter des Vergleichsfahrzeugs ab. Für die Höhe des Minderwertes ist weiterhin von Bedeutung, ob die Schäden ins Auge fallen und ob sie die Funktion des Fahrzeugs beeinträchtigen. Falls ein defektes Radio bereits mehrere Jahre alt ist, dürfen nicht die Kosten für ein neues Radio angesetzt werden.[608]

---

600 LG Hamburg 29. 3. 1989, NJW-RR 1989, 883, 884.
601 LG Frankfurt/Main 16. 9. 1997, NJW-RR 1998, 349.
602 AG Korbach 27. 7. 1999, DAR 2001, 172.
603 Schreiben BMF vom 20. 2. 2006 – IV A 5-S 7100 – 23/06 –; *Ammerwerth* in Auto/Steuern/Recht 7/2006, S. 9, 11.
604 Auto, Steuern, Recht 4/2006, 9; aA *Langer* in Auto/Steuern/Recht 6/2008, S. 6, nach dessen Ansicht der Minderwertausgleich einer umsatzsteuerfreien Ausgleichszahlung gleichzustellen ist, die der Leasingnehmer im Falle einer vorzeitigen Vertragsbeendigung wegen eines Unfallschaden zu zahlen hat.
605 OLG Düsseldorf 30. 3. 2004, OLGR 2004, 311; LG Frankfurt 16. 9. 1997, NJW-RR 1998, 349.
606 LG Köln 15. 4. 1994 – 17 O 1/94, n. v.
607 LG Frankfurt/Main 16. 9. 1997, NJW-RR 1998, 349.
608 AG Frankfurt/Main 11. 11. 1997, DAR 1998, 356.

Kosten für die **Aufbereitung** des Fahrzeugs zum Zwecke des Verkaufs (Fahrzeug- „Make-up",[609] Vermessungskosten, Unterbodenschutz, Hohlraumversiegelung,[610] Reinigungspauschale usw.), sind bei der Bemessung der Minderung nicht zu berücksichtigen, da der Leasingnehmer nicht verpflichtet ist, das Fahrzeug in einem verkaufsfertigen Zustand zurückzugeben.

Aufwendungen, die der Leasinggeber für vom Leasingnehmer **versäumte Inspektions- und Wartungsdienste** aufbringen muss, fallen nicht unter die Minderungsklausel. Sie sind vom Leasingnehmer aus dem Gesichtspunkt der Verletzung vertraglicher Pflichten nach §§ 241, 280 BGB zu ersetzen. Die Wertminderungsklausel sieht nur einen Ausgleich für eine unmittelbare Zustandsverschlechterung des Fahrzeugs vor.[611]

Das Verhältnis der Pflicht zur Instandhaltung/Instandsetzung des Fahrzeugs und der Pflicht zur Zahlung einer Wertminderung ist nicht spannungsfrei. Während der Leasingnehmer im Rahmen der Instandhaltung die **Reparaturkosten** aufwenden muss, schuldet er dem Leasinggeber lediglich einen (geringeren) **Wertminderungsausgleich**, wenn er seiner Instandhaltungspflicht innerhalb der Vertragszeit nicht nachkommt und das Fahrzeug in einem beschädigten/mangelhaften Zustand zurückgibt. Dem vertragsuntreuen Leasingnehmer verschafft die Klausel die Möglichkeit, eine Schadensersatzleistung, die er von einem Schädiger oder von dessen Versicherung erhalten hat, zu verheimlichen und den Differenzbetrag zwischen Schadensersatzleistung und Minderung in die eigene Tasche zu stecken. Durch eine Änderung der Leasing-AGB ließe sich ein solcher Missbrauch verhindern. **L536**

Nach Abschn. XVI. Nr. 3 VDA-Muster-Leasing-AGB ist es nicht gerechtfertigt, bei der Ermittlung des Minderwertes von den zur Herstellung der Verkehrssicherheit notwendigen Reparaturkosten Abzüge „neu für alt" vorzunehmen.[612] Würde man den Abzug gestatten, müsste der Vorteil auch denjenigen Leasingnehmern zugestanden werden, die sich vertragstreu verhalten und in Befolgung der ihnen auferlegten Instandsetzungspflicht das Fahrzeug vor Ablieferung reparieren lassen. Ein Bonussystem könnte Anreiz für Leasingnehmer sein, das geleaste Fahrzeug am Vertragsende in einem gut erhaltenen und gepflegten Zustand zurückzugeben.

Das OLG Düsseldorf[613] hat dem Leasinggeber einen Vorab- Schadensersatzanspruch gegen den Leasingnehmer zugebilligt, weil dieser das Fahrzeug unrepariert zurückgegeben hatte. Dahinter stand die Erwägung, dass der Leasinggeber einen entsprechend höheren Preis hätte erzielen können, wäre das Fahrzeug vom Leasingnehmer am Vertragsende in einem vertragsgemäßen Zustand abgeliefert worden. Das Urteil betraf allerdings einen Leasingvertrag mit offenem Restwert, bei dem der Leasingnehmer an einem Mehrerlös nicht beteiligt war. Aus diesem Grunde lässt es sich nicht auf das Vertragsmodell mit Kilometerabrechnung übertragen, bei dem der Leasingnehmer nur einen Minderwert auszugleichen hat, wenn sich das Fahrzeug bei Rückgabe in einem mangelhaften, beschädigten oder veränderten Zustand befindet. **L537**

13. Verwertung

Bei Verträgen mit offenem Restwert (Vertrag mit Restwertabrechnung und kündbarer Vertrag mit Schlusszahlung) fällt die Verwertung des Fahrzeugs in den **Aufgabenbereich** **L538**

---

609 AG München 28. 2. 1997, DAR 1998, 203.
610 LG Kassel 8. 1. 1999 – 10 S 530/98, n. v.
611 AG Bergheim 21. 3. 1996 -21 C 229/95, n. v.
612 So AG Frankfurt/Main 11. 11. 1997, DAR 1998, 356; LG Kassel 8. 1. 1999 – 10 S 530/98 – n. v.
613 Urt. v. 6. 11. 2003, OLGR 2004, 179.

des Leasinggebers. Die notwendigen Kosten der Verwertung gehen grundsätzlich zu Lasten des Leasingnehmers und sind vorab vom Erlös abzuziehen.[614]

L539 Da sich die Höhe des erzielten Restwertes auf das Abrechnungsverhältnis auswirkt und der Leasingnehmer das Restwertrisiko trägt, ist der Leasinggeber zur **bestmöglichen** Fahrzeugverwertung verpflichtet.[615] Diese Pflicht erfüllt er nicht ausnahmslos schon durch Veräußerung an einen Händler. Eigene Verkaufsbemühungen werden nicht dadurch hinfällig, dass der Leasinggeber über keine eigene Verkaufsorganisation verfügt.[616] Der Leasinggeber muss anderen Möglichkeiten der Erzielung eines höheren Erlöses nachgehen, ist aber nach einer Entscheidung des LG Darmstadt[617] nicht verpflichtet, sich um **private Interessenten** zu bemühen. Eine Verletzung der Sorgfaltspflicht ist nicht anzunehmen, wenn der erzielte Erlös aus einem Fahrzeugverkauf an den Händler weniger als 10 % unter dem Händlerverkaufswert liegt.[618] Ob der Leasinggeber im Einzelfall die Pflicht zur bestmöglichen Verwertung gewahrt oder verletzt hat, ist vom Standpunkt eines mit zumutbarer Sorgfalt handelnden Leasinggebers und unter Berücksichtigung der ihm zum Zeitpunkt der Verwertung offenen Erkenntnismöglichkeiten zu beurteilen.[619] Für die Behauptung, der Leasinggeber habe die Pflicht zur bestmöglichen Verwertung verletzt, trägt der Leasingnehmer die **Beweislast**.[620]

Der Leasinggeber kann sich in Leasing-AGB von seiner Haftung für eine leicht fahrlässige Verletzung der Pflicht zur bestmöglichen Verwertung nicht wirksam freizeichnen, da es sich um eine wesentliche Vertragspflicht handelt.[621]

Zur bestmöglichen Verwertung gibt es eine Fülle von Gerichtsentscheidungen, die in Anbetracht der geänderten Verwertungspraxis weitgehend an Aktualität verloren haben. Sie sind aber nach wie vor ein Beweis dafür, dass die durch die Restwertkalkulation ausgelösten Erwartungen der Leasingnehmer oft nicht erfüllt werden. Die Bandbreite der Urteile beginnt beim **Händlerverkaufswert**[622] und endet unter dem **Händlereinkaufswert**, der sich angesichts des Überangebots auf dem Gebrauchtwagenmarkt nicht immer realisieren lässt.[623]

L540 Der BGH[624] hat die Anforderungen an die Verwertungsanstrengungen des Leasinggebers 1997 zurückgeschraubt und entschieden, dass dieser nicht gegen § 254 BGB verstößt,

---

614 BGH 4. 6. 1997, NJW 1997, 3166; *Beckmann*, § 8 Rn 252 mwN.
615 BGH 3. 7. 1985, NJW 1985, 2258; 10. 10. 1990, NJW 1991, 221.
616 OLG Celle 18. 12. 1996, OLGR 1997, 99; aA OLG Düsseldorf 16. 1. 1997, OLGR 1997, 143 zu dem Fall, dass die Leasinggeberin – eine Sparkasse – sich nicht gewerblich mit dem An- und Verkauf von Fahrzeugen befasste.
617 Urt. v. 14. 11. 1997, ADAJUR-Archiv Dok.-Nr. 41699.
618 BGH 10. 10. 1990, NJW 1991, 221; OLG Köln 14. 11. 1994, NJW-RR 1995, 817; OLG Brandenburg, 31. 8. 2000, DAR 2001, 161, 162.
619 BGH 10. 10. 1990, NJW 1991, 221.
620 OLG Schleswig 1. 9. 2006, OLGR 2007, 171,172; OLG Hamm 28. 06. 1994 -7 U 53/93, teilweise veröffentlicht in NJW-RR 1994, 1467.
621 *Graf von Westphalen*, Der Leasingvertrag, Kap. J Rn 116.
622 OLG Koblenz 10. 3. 1994, NJW 1995,1227; OLG Brandenburg 10. 12. 1997, NJW-RR 1998, 1671; LG Meiningen 25. 2. 1997, DAR 1997, 203.
623 OLG Frankfurt/Main 11. 3. 1998, OLGR 1998, 207; 5. 2. 1997 – 23 U 63/96, n. v; OLG Karlsruhe 4. 9. 1997 – 79 U 83/96, n. v.; OLG Düsseldorf 16. 1. 1997, NJW-RR 1998, 701; 24. 4. 1997 –10 U 147/96, n. v. OLG Köln 21. 4. 1994 – 18 U 107/93, n. v.; OLG Frankfurt/Main, 9. 2. 1996, OLGR 1996, 86; OLG Hamm 14. 8. 1997 – 73 U 51/97, n. v.; OLG München 27. 3. 1996, – 7 U 5613/96, n. v.
624 Urt. v. 4. 6. 1997, NJW 1997, 3166 ff.; ebenso OLG Frankfurt/Main Urt. v.11. 3. 1998 OLGR 1998, 207; 15. 10. 1997 – 23 U 259/96, n. v.; OLG Hamm 15. 10. 1997 – 23 U 259/96, n. v.;

wenn er das Fahrzeug zum Händlereinkaufspreis abgibt, nachdem er es zuvor dem **Leasingnehmer** zu **denselben Bedingungen** zum Erwerb **angeboten** hat.

Seither räumen Kfz-Leasinggeber ihren Leasingnehmern bei Verträgen mit Restwertabrechnung das Recht zum Selbstankauf und/oder zur Benennung eines Kaufinteressenten ein. Eine Verankerung dieses Rechts in Leasing-AGB, wie dies Abschn. XVI. Nr. 3 Abs. 3 S. 4 VDA-Muster-Leasing-AGB vorsieht, ist jedoch nicht unbedingt erforderlich.[625] Es genügt, wenn der Leasinggeber dem Leasingnehmer dieses Recht am Vertragsende mündlich einräumt. Häufig wird dem Leasingnehmer das Leasingfahrzeug zu dem Preis angeboten, den ein Kfz-Gutachter geschätzt hat.[626] Der Leasingnehmer erlangt dadurch die Chance, durch eigene Verkaufsbemühungen einen über dem Schätzwert liegenden Verwertungserlös zu erzielen.

In der Art und Weise der Verwertung wird der Leasinggeber durch diese Praxis nicht eingeschränkt.[627] Benennt der Leasingnehmer einen Kaufinteressenten, steht es ihm frei, auf das Angebot einzugehen oder das Fahrzeug anderweitig zu verwerten (Abschn. XVI. Nr. 3 Abs. 2 S. 5 VDA-Muster-Leasing-AGB). Seiner Vertragsabrechnung muss er aber den Preis zugrunde legen, den der vom Leasingnehmer benannte Interessent geboten hat.

Gibt das in Auftrag gegebene Gutachten den Wert des Fahrzeugs nicht zutreffend wieder, kann der Leasinggesellschaft eine vorwerfbare Pflichtverletzung angelastet werden, wenn sie von relevanten Abweichungen Kenntnis hatte[628] oder wenn sie sich das Verschulden des Gutachters über § 278 BGB zurechnen lassen muss.[629]

Die durch die Rechtsprechung initiierte Verwertungspraxis hat dazu geführt, dass Leasinggesellschaften die Verwertungsprobleme in zunehmendem Maße auf ihre Leasingnehmer verlagern. Diese finden in der Kürze der ihnen zur Verfügung stehenden Zeit oftmals keine Käufer und haben selbst nicht das Geld für einen **Eigenankauf**. Viele von ihnen, insbesondere Privatkunden, verfügen nicht über die zur Erzielung eines günstigen Verkaufserlöses notwendigen Geschäftsverbindungen und Erfahrungen und das hierzu erforderliche Verhandlungsgeschick. Folglich sind ihre Verkaufschancen weitaus ungünstiger als die der Leasinggesellschaften. Vor diesem Hintergrund darf die vom LG Frankfurt/Main[630] vertretene Ansicht bezweifelt werden, die Veräußerung von Gebrauchtwagen gehöre zu den alltäglichen Geschäften des Durchschnittsbürgers und dieser könne sich schon während seines Besitzes und bereits vor Schätzung um Interessenten bemühen. Die Begründung einer Pflicht des Leasingnehmers zum Selbstankauf des Fahrzeugs widerspricht eigentlich dem Grundprinzip des Leasingvertrages, da die aus steuerlichen Gründen unzulässige Einräumung einer Kaufoption aus Gründen der Schadensminderung[631] im Nachhinein regelmäßig unterlaufen wird.

Während der BGH dem Leasingnehmer immerhin noch die Chance der Eigenverwertung einräumt, bevor er dem Leasinggeber das Recht zubilligt, das Fahrzeug zum Schätzpreis an einen Händler zu veräußern, hat sich das OLG Karlsruhe[632] auf den Standpunkt gestellt, der Käufer habe kein Recht zur Käuferbenennung, wenn ihm der Händlereinkaufspreis auf je-

---

OLG Braunschweig 14. 7. 1999 – 3 U 287/98, n. v.; *Nitsch*, FLF 2001, 75 ff., *ders.*, NZV 2001, 160 ff.
625 AA AG Mannheim 16. 5. 2003, NJW 2003, 1701, nach dessen Ansicht der Mangel durch ein mündliches Angebot geheilt werden kann.
626 *Nitsch*, NZV 1999, 405, 409.
627 *Wimmer-Leonhardt* in *Martinek/Stoffels/Wimmer-Leonhardt*, § 57 Rn 9.
628 LG Kassel 1. 3. 2005 – 3 O 216/04, n. v.
629 OLG Stuttgart 29. 5. 2007, OLGR 2007, 969.
630 24. 1. 1989 NJW-RR 1989, 435, 436.
631 *Nitsch*, FLF 2001, 75.
632 Urt. v. 9. 5. 1995 – 8 U 218 / 94, n. v.

den Fall gutgeschrieben werde. In die gleiche Richtung geht eine Entscheidung des OLG Frankfurt,[633] das eine Berücksichtigung des Händlereinkaufwertes in der Endabrechnung als ausreichend ansah, weil andernfalls die Kosten des Verkaufs einschließlich der Gewinne in die Kalkulation der Leasingraten einfließen würden und dann auf diesem Umweg auf den Leasingnehmer abgewälzt würden. Dieser auf den geschätzten Händlereinkaufspreis fixierten Abrechnungspraxis, die den Leasinggeber im Grunde von jeglichen Verwertungsanstrengungen freistellt, muss die Zustimmung versagt bleiben, weil sie dem Leasingnehmer die Chance der Erzielung eines höheren Verwertungserlöses entzieht.

Aus den gleichen Gründen ist einer Klausel im Leasingvertrag die Wirksamkeit abzusprechen, die den **Schätzpreis** des Gutachters als Abrechnungsbetrag verbindlich festlegt, ohne dass dem Leasingnehmer, sei er Verbraucher oder Unternehmer, die Möglichkeit der Käuferbenennung eröffnet wird.[634]

Die Bindung des Leasingnehmers an eine Verwertung zum Händlereinkaufspreis, die ihm die Möglichkeit der Eigenverwertung abschneidet, scheitert an § 307 Abs. 1 BGB[635] und an §307 Abs. 2 Nr. 1 BGB, da sie sich mit § 254 BGB nicht vereinbaren lässt.[636] Da die Feststellung des Händlereinkaufspreises aufgrund einer unwirksamen Abrechnungsklausel für den Leasingnehmer nicht verbindlich ist, kann er verlangen, dass der Abrechnung der höhere Schätzbetrag zu Grunde gelegt wird, den ein von ihm beauftragter Gutachter ermittelt hat.[637]

Hat der Leasinggeber dem Leasingnehmer nach Einholung des Gutachtens die Möglichkeit eines Erwerbs des Fahrzeugs zu dem geschätzten Wert eingeräumt, wirkt sich die ungültige Verwertungsklausel nicht zu seinem Nachteil aus, da er seiner Pflicht zur bestmöglichen Verwertung tatsächlich nachgekommen ist.[638]

L545 Umstritten ist, ob ein herstellergebundener Leasinggeber, der seiner Verwertungspflicht nicht ordnungsgemäß nachgekommen ist, dem Leasingnehmer den vollen Händlerverkaufspreis gutschreiben muss. Das OLG Stuttgart[639] sieht im Gegensatz zum OLG Brandenburg[640] dazu keine Veranlassung, weil sich der Leasinggeber nicht wie ein unbezahlter Autohändler behandeln lassen muss.

L546 Ein Anbieten zur Eigenverwertung des Fahrzeugs ist entbehrlich, wenn sich der Leasingnehmer als **unzuverlässiger** und **illiquider** Vertragspartner erwiesen hat[641] oder wenn er zum Ankauf offenkundig wirtschaftlich nicht in der Lage ist.[642] Auf einen Verkauf des Fahrzeugs an einen vom Leasingnehmer namhaft gemachten Interessenten braucht sich der Leasinggeber nicht einzulassen, wenn nach verlässlicher Auskunft erhebliche Zweifel an dessen Zahlungsfähigkeit bestehen.[643]

L547 Falls der Leasinggeber ein dem Leasingnehmer eingeräumtes Käufervorschlagsrecht übergangen oder eine unangemessen kurze Frist zur Drittkäuferbenennung oder zum Selbsterwerb gesetzt hat, besitzt er keinen Anspruch gegen den Leasingnehmer auf Zahlung der Differenz zwischen dem fest kalkulierten Restwert und dem tatsächlichen Verwertungs-

---

633 Urt. v. 5. 2. 1997 – 73 U 63/96, n. v.
634 OLG Hamm 30. 10. 1992 – 30 U 26/92, n. v.; OLG Frankfurt/Main 19. 11. 1992 – 15 U 64/91, n. v.; 14. 7. 1995, DAR 1995, 444; aA OLG Koblenz 10. 3. 1994, VersR 1995, 587.
635 *Graf von Westphalen*, Der Leasingvertrag, Kap. J Rn 107, Rn 108.
636 AG Hamburg 23. 9. 1998, DAR 1999, 510; AG München 9. 12. 1998, ZfS 1999, 381.
637 AG München 9. 12. 1998, ZfS 1999, 380.
638 OLG Schleswig, 1. 9. 2006, OLGR 2007, 171.
639 Urt. v. 29. 5. 2007, OLGR 2007, 969; ebenso schon OLG Düsseldorf 9. 2. 1999, OLGR 1999, 333.
640 Urt. v. 10. 12. 1997, NJW-RR 1998, 1671.
641 OLG Hamm 30. 1. 1998, OLGR 1998, 89.
642 OLG Brandenburg 23. 2. 2000, NJW-RR 2001, 277.
643 OLG Düsseldorf 10. 10. 1996, BB 1997, 13.

Reguläre Vertragsbeendigung

erlös, den er durch Verkauf an einen Händler zum Händlereinkaufspreis erzielt.[644] Ein zum Anspruchsverlust führendes Verwertungsverschulden des Leasinggebers liegt ebenfalls vor, wenn er das Fahrzeug zu einem unter dem vom Sachverständigen geschätzten Einkaufswert liegenden Preis verkauft, ohne den Leasingnehmer zuvor über den angeblich geringeren Marktwert zu unterrichten.[645] Dadurch wird dem Leasingnehmer die Möglichkeit genommen, das Leasingobjekt zu dem geringeren Wert zu kaufen oder selbst günstiger zu verwerten.

L548 Gelingt es dem Leasinggeber nicht, das Fahrzeug zu dem vom Gutachter geschätzten Preis zu verwerten, muss er im Einzelnen darlegen und beweisen, welche besonderen Anstrengungen er unternommen hat, um den Schätzwert zu erzielen.[646]

L549 Eine **Reparatur** darf der Leasinggeber vor der Verwertung nur vornehmen lassen, wenn sie dem Leasingnehmer zum Vorteil gereicht. Dies ist der Fall, wenn sich das Fahrzeug ohne Reparatur nicht verwerten lässt oder die Vornahme der Reparatur einen unvergleichbar höheren Erlös verspricht, als ein Verkauf des Fahrzeugs in nicht repariertem Zustand. Wird kein Mehrerlös erzielt, gehen die Reparaturkosten gleichwohl zu Lasten des Leasingnehmers, wenn der Leasinggeber bei seiner Entscheidung für die Durchführung der Reparatur unverschuldet davon ausgehen durfte, die Reparatur werde einen entsprechend höheren Kaufpreis erbringen.[647]

L550 Nach einer Entscheidung des OLG Stuttgart[648] genügt der Leasinggeber seiner Pflicht zur bestmöglichen Verwertung, wenn er dem Leasingnehmer das Ergebnis des Schätzgutachtens mitteilt, ohne ihm das Gutachten zu übersenden. Die Begründungstiefe von Wertgutachten- heißt es im Urteil- sei aus Kostengründen gering und der Leasingnehmer habe regelmäßig keine bessere Entscheidungsgrundlage als mit dem reinen Ergebnis. Die bloße Mitteilung des Schätzpreises, den die Leasinggeberin fälschlich (aber für den Leasingnehmer erkennbar) als Abrechnungswert deklariert hatte, sah auch das OLG Schleswig[649] als ausreichend an, weil – so die Begründung- die Bewertung von einem unabhängigen Sachverständigenunternehmen vorgenommen worden sei, so dass der Leasingnehmer von der Richtigkeit der Schätzung habe ausgehen können. Weder die eine noch die andere Argumentation überzeugen. Wenn schon ein Gutachten vorliegt, ist der Leasinggeber mit dessen Übersendung an den Leasingnehmer nicht überfordert. Ohne Kenntnis des Gutachtens kann der Leasingnehmer nicht überprüfen, ob bei der Schätzung alle Faktoren richtig und vollständig berücksichtigt wurden. Es ist daher zu verlangen, dass der Leasinggeber dem Leasingnehmer das Gutachten zur Verfügung stellt.[650]

L551 Die Länge der dem Leasingnehmer einzuräumenden **Frist für die Käuferbenennung** oder den Selbsterwerb hängt von den Umständen des Einzelfalls ab, wie zB der Marktgängigkeit des Fahrzeugs und der Jahreszeit. Es muss insbesondere berücksichtigt werden, dass der Leasingnehmer nicht so marktkundig ist wie der Leasinggeber und dass er die Gelegenheit haben muss, sich umzusehen und mehrfach zu inserieren.[651] Aus diesem Grunde billigt ihm die Rechtsprechung einen Zeitraum von mindestens **zwei Wochen** nach Zugang der Aufforderung zu.[652]

---

644 SchlHOLG 3. 07. 1998, OLGR 1998, 354; OLG Bremen 17. 2. 2000, DAR 2001, 161, 162.
645 LG Halle 20. 9. 2002, DAR 2003, 464.
646 OLG Düsseldorf 9. 2. 1999, NJW-RR 1999, 1661, 1662.
647 BGH 27. 11. 1991, NJW-RR 1992, 378.
648 Urt. v. 29. 5. 2007, OLGR 2007, 969 n. rkr.
649 Urt. v. 1. 9. 2006, OLGR 2007, 171.
650 *Beckmann*, § 8 Rn 243; *Graf von Westphalen*, Der Leasingvertrag, Kap. J Rn 93.
651 OLG Brandenburg 23. 2. 2000, NJW-RR 2001, 277.
652 OLG Karlsruhe 4. 9. 1997 -19 U 83/95, n. v.; OLG Dresden 11. 11. 1998, OLGR 1998, 207; OLG Düsseldorf 9. 2. 1999, OLGR 1999, 333; *Nitsch*, FLF 2001, 75, 76; a. A. *Graf von Westphalen*, Der Leasingvertrag, Kap. J Rn 92, für den eine Frist von zwei Wochen allemal zu kurz ist.

Nach überwiegend vertretener Ansicht[653] darf diese Zeitspanne weder unterschritten noch auf sonstige Weise eingeschränkt werden. Zwei Wochen sind zu kurz, wenn der Leasinggeber die Frist 13 Tage vor Weihnachten setzt[654] oder dem Leasingnehmer aufgibt, einen Barzahler zu benennen, der das Fahrzeug innerhalb der Frist von zwei Wochen auch tatsächlich abnimmt.[655] AGB mit derartigen Einschränkungen scheitern an § 307 Abs. 2 Nr. 1 BGB. Das gleiche Schicksal ereilt AGB, die den Beginn der zweiwöchigen Frist auf das Datum des Aufforderungsschreibens festlegen, da sich nicht ausschließen lässt, dass die Frist durch die Postlaufzeit unzulässig verkürzt wird.[656]

Auch eine nicht auf AGB gestützte Aufforderung zur Benennung eines Kaufinteressenten im nachgelagerten Schriftverkehr, mit der dem Leasingnehmer eine Frist von 14 Tagen „ab Datum des Schreibens" gesetzt wird, ist zu kurz, weil sich die Frist um die Postlaufzeit des Schreibens verringert und dem Leasingnehmer praktisch keine Möglichkeit verbleibt, sich mit Erfolg um einen Käufer zu bemühen.[657] Verbleibt dem Leasingnehmer wegen Ortsabwesenheit zum Zeitpunkt der Zustellung eines ordnungsgemäßen Aufforderungsschreibens nicht genügend Zeit für die Benennung eines anderen Käufers, kann er sich darauf gegenüber der Leasinggesellschaft nicht berufen, wenn er versäumt hat, sie auf die Hemmnisse hinzuweisen, um sie zu weiterem Zuwarten zu veranlassen.[658]

L552   Nicht geklärt ist die Frage, ob der Leasinggeber, der eine dem Käufer günstige Rückkaufverpflichtung des Händlers nicht wahrnimmt, gegen seine Pflicht zur bestmöglichen Verwertung verstößt.[659] Die Durchsetzung einer **Rückkaufverpflichtung** kann sowohl beim Vertrag mit Mehrerlösbeteiligung als auch bei einem kündbaren Leasingvertrag mit Abschlusszahlung für den Käufer von Vorteil sein, wenn der freie Markt den mit dem Händler vereinbarten Preis nicht hergibt.[660] Nach Ansicht des OLG Frankfurt/Main[661] kann der Leasingnehmer aus der Nichtwahrnehmung einer Rückkaufverpflichtung keine Rechte für sich herleiten, wenn er über deren Bestehen nicht aufgeklärt worden ist. Dahinter steht die Überlegung, dass die **nicht offengelegte Rückkaufverpflichtung** ausschließlich der Absicherung des Leasinggebers und nicht der Freistellung des Leasingnehmers vom Restwertrisiko dient. Infolgedessen kann der Leasingnehmer weder aus eigenem noch aus abgeleitetem Recht verlangen, dass der Händler das Leasingfahrzeug zum kalkulierten Restwert erwirbt. Aus der Zweckbestimmung der Rückkaufvereinbarung ergibt sich für den Leasinggeber, dass auch er nicht verpflichtet ist, gegenüber dem Händler den Rückkauf durchzusetzen, um den Leasingnehmer vor Nachteilen zu bewahren. Aus diesen Gründen ist es nicht vertretbar, eine dem Leasingnehmer nicht bekannte Rückkaufvereinbarung zwischen Leasinggeber und Verkäufer in die allgemeine Pflicht des Leasinggebers zur bestmöglichen Verwertung hinein zu verlagern, da andernfalls allein der zum Rückkauf verpflichtete Dritte das Restwertrisiko tragen würde.

Das OLG Oldenburg[662] hat sich auf den Standpunkt gestellt, der Leasinggeber sei jedenfalls dann gehalten, die Rückkaufverpflichtung – notfalls im Klageweg – durchzusetzen, wenn der für die Leasinggesellschaft bei Abschluss des Leasingvertrages auftretende Auto-

---

653 AA OLG Stuttgart 29. 5. 2007, OLGR 2007, 969, das 10 Tage für ausreichend erachtete.
654 OLG Brandenburg 23. 2. 2000, NJW-RR 2001, 277.
655 OLG Düsseldorf 30. 3. 2004, OLGR 2004, 311.
656 OLG Celle 18. 12. 1996, NJW-RR 1997, 1008.
657 OLG Brandenburg 23. 2. 2000, NJW-RR 2001, 277; OLG Dresden 11. 11. 1998 NZV 1999, 423; kritisch *Nitsch*, NZV 2001, 160, 162.
658 LG Kassel 1. 3. 2005 – 3 O 216/04, n. v.
659 Bejahend *Beyer*, DRiZ 1999, 234, 240; *Wimmer-Leonhardt* in *Martinek/Stoffels/Wimmer-Leonhardt*, § 11 Rn 77.
660 AA *Graf von Westphalen*, Der Leasingvertrag, Kap. J Rn 110.
661 Urt. v. 21. 3. 1997, WiB 1997, 1107.
662 Urt. v. 2. 4. 1998 – 84 U 48/97, n. v.

händler zu erkennen gegeben hat, dass eine Rückkaufverpflichtung existiert, die ihn verpflichtet, das Leasingfahrzeug zum fest kalkulierten Restwert zurückzunehmen. Der Schutz des Leasingnehmers wäre ausgehöhlt, „wenn es dem Leasinggeber freistünde, ob er eine sich letztlich zugunsten des Leasingnehmers auswirkende Vereinbarung durchsetzt oder nicht."

Noch einen Schritt weiter geht *Graf von Westphalen*[663], für den die Rückkaufvereinbarung allemal **Schutzwirkung** zugunsten des Leasingnehmers entfaltet, wobei er aber nur den kündbaren Leasingvertrag mit Abschlusszahlung im Blick hat, bei dem der Verwertungserlös mit nur 90 % angerechnet wird.

Von der Durchsetzung der Rückkaufverpflichtung ist der Leasinggeber befreit, wenn die Maßnahme keinen Erfolg verspricht, etwa weil der Verpflichtete mittlerweile insolvent geworden oder der Aufenthaltsort unbekannt ist.

Erfolgt die Verwertung durch **weiteres Verleasen**, steht der Barwert des Folgevertrages einem Verkaufserlös gleich.[664] Im Unterschied zum Verkauf bleibt dem Leasinggeber der Restwert beim weiteren Verleasen erhalten. Er amortisiert ihn mit den Leasingraten und dem vereinbarten Restwert des neuen Leasingvertrages.[665] **L553**

Übergibt der Leasingnehmer das Auto direkt an den Leasingnehmer eines neuen Vertrages, darf der Leasinggeber nach einem Urteil des OLG Köln[666] entsprechend seinen AGB der Vertragsabrechnung an Stelle des Veräußerungserlöses den von einem vereidigten Sachverständigen ermittelten Händlereinkaufspreis zu Grunde legen, wenn der Leasingnehmer von seinem vertraglich vorgesehenen Vorschlagsrecht keinen Gebrauch macht. Die Abrechnung auf der Basis des vom Gutachter ermittelten Händlereinkaufspreises dürfte allerdings nicht zulässig sein, wenn der Leasinggeber dem neuen Leasingvertrag einen höheren als den vom Gutachter geschätzten Verkehrswert zu Grunde gelegt hat. **L554**

Unbedenklich ist eine als **Individualabrede** getroffene Verwertungsregelung, die den Leasinggeber berechtigt, das Fahrzeug nach Ablauf des Vertrages an den Kfz-Handel zu veräußern und den dabei erzielten Preis der Vertragsabrechnung zu Grunde zu legen.[667] Der Leasinggeber hat aber auch in diesem Fall die Pflicht, anderen Möglichkeiten zur Erzielung eines höheren Erlöses nachzugehen, vor allem dann, wenn ihm vom Leasingnehmer weitere Interessenten genannt werden.[668] Inwieweit er sich selbst um andere Interessenten bemühen muss, hängt von den Umständen des Einzelfalles ab, insbesondere von der Marktgängigkeit des Leasingobjektes und dem durch die Suche nach den anderen Interessenten voraussichtlich entstehenden Zeit- und Kostenaufwand. **L555**

An anderer Stelle wurde bereits darauf hingewiesen, dass die leasingtypischen Regelungen zur Rückgabe, Verwertung und Abrechnung und die damit zusammenhängenden Ansprüche des Leasinggebers wegen Unter- oder Überschreitung des kalkulierten Restwertes **mit Schadensersatzansprüchen konkurrieren**, die darauf beruhen, dass der Leasingnehmer während der Vertragszeit seinen Pflichten in Bezug auf Wartung, Pflege, Instandhaltung, Instandsetzung usw nicht nachgekommen ist (Rn L535, L536). In diesen Fällen sind die Leasing-AGB daraufhin zu überprüfen, ob die zusätzlichen Schadensersatzansprüche durch die Vertragsgestaltung aufgefangen werden oder diese ergänzen. Die Regelung von Abschn. XVI. Nr. 2 VAG-Muster-Leasing-AGB deutet darauf hin, dass sie Exklusivcharakter beansprucht, soweit es um den eingeforderten Zustand des Leasingfahrzeugs **L556**

---

663 Der Leasingvertrag, Kap. J Rn 118.
664 LG Siegen 3. 5. 1991, NJW-RR 1991, 1142; OLG Celle 3. 11. 1993, NJW-RR 1994, 1334, 1336.
665 OLG Celle, 3. 11. 1993, NJW-RR .
666 Urt. v. 15. 3. 1993, NJW-RR 1993, 1016.
667 OLG Köln 14. 11. 1994, NJW-RR 1995, 817.
668 OLG Köln 14. 11. 1994, NJW-RR 1995, 817.

geht, das einen der vertragsgemäßen Fahrleistung entsprechenden schadensfreien und betriebssicheren Erhaltungszustand aufweisen muss. Außerhalb der Klausel bleibt Raum für Schadensersatzansprüche, die nicht unmittelbar den Zustand des Fahrzeugs betreffen. Darunter fallen zB Ansprüche wegen Versäumung von Inspektionen und Wartungsdiensten.[669]

L557 Schließt eine Klausel im Leasingvertrag alle in Betracht kommenden Ansprüche des Leasinggebers wegen einer Zustandverschlechterung des Fahrzeugs ein, kann der Leasinggeber vom Leasingnehmer nicht verlangen, dass er die Kosten einer pflichtwidrig versäumten Reparatur vorab im Weg des Schadensersatzes begleicht. Er muss sich an die vertraglichen Vereinbarungen halten und darf die Abrechnung erst nach Verwertung des Fahrzeugs vornehmen. Die Kosten für eine vor der Verwertung durchgeführte **Reparatur** sind vom Leasinggeber in die Vertragsabrechnung aufzunehmen und gehen zu Lasten des Leasingnehmers, da sie den Verwertungserlös schmälern (zur Zulässigkeit einer Reparatur vor Verwertung Rn L549).

Entgegen der hier vertretenen Auffassung billigte das OLG Düsseldorf[670] dem Leasinggeber einen selbstständigen Schadensersatzanspruch in Höhe der Instandsetzungskosten zu, weil der Leasingnehmer der Verpflichtung zur unverzüglichen Vornahme von Reparaturarbeiten nicht nachgekommen war und das Fahrzeug in einem beschädigten Zustand abgeliefert hatte. Nach Ansicht des erkennenden Senats ist der Schadensersatzanspruch unabhängig von der Restwertgarantie, die lediglich sicherstellt, dass der Leasinggeber sein eingesetztes Kapital zurückerhält. Im Leasingvertrag fanden sich allerdings keine Hinweise darauf, dass weitere Ersatzansprüche außerhalb der Vertragsregelung ausgeschlossen sein sollten. Außerdem bot der Sachverhalt die für Kfz-Leasingverträge untypische Besonderheit, dass ein etwaiger Mehrerlös allein dem Leasinggeber zustehen sollte.

14. Vertragsabrechnung

a) Leasingverträge mit Kilometerabrechnung

L558 Bei dieser Vertragsart werden auf der Grundlage der vereinbarten Vergütungssätze **Mehr- und Minderkilometer** abgerechnet. Der vom Leasingnehmer zu leistende Ausgleich betrifft ausschließlich die in der Vertragszeit überzogene Fahrleistung, es sei denn, die Klausel enthält auch für die Zeit nach Vertragsablauf eine Vergütungsregelung. Der Verwertungserlös findet keine Anrechnung, da der Leasinggeber das Verwertungsrisiko beim Vertrag mit Kilometerabrechnung trägt. Aus dem gleichen Grunde hat der Leasingnehmer keinen Anspruch darauf, dass eine unfallbedingte Wertminderung, die der Schädiger an den Leasinggeber gezahlt hat, bei der Abrechnung zu seinen Gunsten berücksichtigt wird. Nach h. M. betrifft der Schaden in Form der Wertminderung das Eigentum und nicht dessen Gebrauchswert, so dass der Leasingnehmer keinen Schaden erleidet.[671]

L559 Einen wichtigen Abrechnungsposten bildet der vom Leasingnehmer auszugleichende Minderwert wegen Mängeln, Schäden und Veränderungen des Leasingobjekts.

L560 In der Rechtsprechung[672] und im Schrifttum[673] überwiegt die Auffassung, dass die **Kosten eines Sachverständigengutachtens** im Fall der ordnungsgemäßen Vertragsbeendigung als notwendige Verwertungskosten vom Erlös abzuziehen sind. Die dadurch bewirkte Kostenverlagerung auf den Leasingnehmer wird mit dessen Vollamortisationsversprechen

---

669 In diesem Sinne AG Bergheim 21. 3. 1996 – 61 C 229/95, n. v.
670 Urt. v. 6. 11. 2003, DB 2004, 700, 701
671 *Hohloch*, NZV 1992, 1 ff.
672 BGH 4. 6. 1997, NJW 1997, 3166; OLG Dresden 11. 11. 1998, NJW-RR 1999, 703.
673 *Beckmann*, § 8 Rn 234, 251 ff.; *Groß*, DAR 1996, 443.

begründet, das über den garantierten Restwert oder den erzielten Verwertungserlös realisiert wird.[674]

Dieser Begründungsansatz versagt beim Leasingvertrag mit Kilometerabrechnung, bei dem der vom Leasingnehmer auszugleichende Minderwert nicht der Absicherung einer vom Leasingnehmer übernommenen Restwertgarantie dient. Es besteht auch kein allgemeiner Abrechnungsgrundsatz, dass die Schätzkosten zu den Verwertungskosten gehören, die dem Leasingnehmer in Rechnung gestellt werden können.[675] Somit kann die Frage nur dahin lauten, ob eine Verlagerung der Gutachterkosten auf den Leasingnehmer in Leasing-AGB zuzulassen ist. **L561**

In Abschn. XVI. Nr. 3 Abs. 2 S. 2 VDA-Muster-Leasing AGB ist vorgesehen, dass die **Kosten der Begutachtung** je zur Hälfte von den Vertragspartnern zu tragen sind. Zur Einschaltung des Gutachters zwecks Ermittlung der Wertminderung – bzw. des Wertes bei Verträgen mit Gebrauchtwagenabrechnung – soll es nach Abschn. XVI. Nr. 3 Abs. 2 S. 1 VDA-Muster-Leasing AGB grundsätzlich nur unter der Voraussetzung kommen, dass sich die Parteien **nicht einigen** können. Das Gutachtenverfahren dient somit in erster Linie der **Streitschlichtung**. Der Sachverständige soll klären, welche Partei mit ihrer Wertvorstellung richtig liegt. Vor diesem Hintergrund erscheint die Kostenteilung nicht unangemessen, da die Chancen zur Durchsetzung der eigenen Vorstellungen zur Höhe der Wertminderung oder des Wertes gleichmäßig verteilt sind.[676] Sachgerechter wäre allerdings die Verwendung einer Regelung iSv § 14 Nr. 5 AKB, nach der die Kosten genau in dem Verhältnis verteilt werden, in dem der Gutachter die Forderungen bzw. Wertvorstellungen der einen oder anderen Partei bestätigt. **L562**

Eine vollständige Verlagerung der Gutachterkosten auf den Leasingnehmer in Leasing-AGB geht allerdings zu weit.[677] Das Argument, die Ermittlung des Fahrzeugwertes bzw. der Minderung liege in erster Linie im Interesse des Leasingnehmers,[678] ist im Ansatz verfehlt. Nur wenn der Leasingnehmer der Ansicht ist, die vom Leasinggeber geforderte Wertminderung sei zu hoch, wird er an der Einholung eines Gutachtens ein überwiegendes Interesse haben. Auf Seiten des Leasinggebers besteht, spiegelbildlich betrachtet, die gleiche Interessenlage. Wenn er der Meinung ist, dass der Leasingnehmer von einer zu niedrigen Wertminderung ausgeht, liegt das überwiegende Interesse an einer Begutachtung zweifellos bei ihm. **L563**

Der Leasingnehmer hat für die Erstellung eines vom Leasinggeber in Auftrag gegebenen Gutachtens keine Vergütung zu zahlen, wenn die Einschaltung des Sachverständigen nicht auf der Grundlage einer entsprechenden Vertragsregelung erfolgt und das Gutachten außerdem fehlerhaft ist. Unter diesen Voraussetzungen muss sich der Leasinggeber das Verschulden des Sachverständigen nach § 278 BGB zurechnen lassen.[679] **L564**

b) Leasingverträge mit offenem Restwert

Bei den erlasskonformen Modellen des Leasingvertrages mit Mehrerlösbeteiligung und des kündbaren Leasingvertrages erfolgt die -vertragsspezifische – Abrechnung im Anschluss an die Verwertung. Vorher ist der Ausgleichsanspruch des Leasinggebers **nicht fällig** (Zur umsatzsteuerlichen Behandlung siehe Rn L35).[680] **L565**

---

674 BGH 4. 6. 1997, NJW 1997, 3166; OLG Dresden 11. 11. 1998, NJW 1999, 703.
675 *Beckmann*, § 8 Rn 253; *Engels*, § 9 Rn 60; zweifelnd OLG Stuttgart 29. 5. 2007, OLGR 2007, 989, 971; strikt ablehnend für erlasskonforme Vertragsmodelle *Graf von Westphalen*, Der Leasingvertrag Kap. J Rn 96.
676 Zweifelnd *Müller-Sarnowski*, DAR 1004, 608, 612.
677 OLG Düsseldorf 12. 6. 1998, OLGR 1999, 46, 47; aA BGH 4. 6. 1997, DB 1664, 1665.
678 BGH 4. 6. 1997, DB 1664, 1665.
679 OLG Stuttgart 29. 5. 2007, OLGR 2007, 969.
680 OLG Hamm 6. 10. 1995, OLGR 1996, 1, 3.

L566 Beim kündbaren Leasingvertrag mit Abschlusszahlung stehen dem Leasinggeber die in den restlichen Leasingraten enthaltenen **Gewinnanteile** nicht zu. Weiterhin ist bei dieser Vertragsart zu beachten, dass bei erlasskonformer Gestaltung der **Restwert nur mit 90 %** auf den Vollamortisationsanspruch des Leasinggebers abgerechnet wird. Der aus steuerlichen Gründen auf 90 % geminderte Satz entbindet den Leasinggeber jedoch nicht von der Pflicht zur bestmöglichen Verwertung, da die Höhe der Abschlusszahlung maßgeblich von dem erzielten Erlös abhängt.[681]

L567 Eine vom Leasinggeber empfangene **Wertminderung** ist zu Gunsten des Leasingnehmers zu berücksichtigen. Sie wird dem Verwertungserlös ohne Umsatzsteuer hinzugerechnet (Abschn. X. Nr. 5 S. 2 VDA-Muster-Leasing-AGB). Dies hat zur Folge, dass der Leasingnehmer eines Leasingvertrages mit offenem Restwert an der Wertminderung nur teilweise partizipiert, wenn für das Fahrzeug am Vertragsende ein über dem kalkulierten Restwert liegender Erlös erzielt wird (Rn L14, L15).

L568 Die **notwendigen Verwertungskosten** sind vom Verwertungserlös in Abzug zu bringen. Darunter fallen zB **Reparaturaufwendungen**, die erforderlich waren, um das Fahrzeug überhaupt verwerten zu können oder um einen unvergleichbar höheren Preis zu erzielen.[682] Hinsichtlich der **Gutachterkosten** gelten die Ausführungen zur Abrechnung des Leasingvertrages mit Kilometerabrechnung entsprechend (Rn L560 ff). Allerdings kommt bei Verträgen mit offenem Restwert das Vollamortisationsversprechen des Leasingnehmers zum Tragen, das beim Kfz-Leasing in der Regel mit der Übernahme einer Restwertgarantie[683] durch den Leasingnehmer verbunden ist. Daraus wird die Schlussfolgerung hergeleitet, die Begutachtung diene der Verwertung des Leasingfahrzeugs und damit dem Interesse des Leasingnehmers, weshalb er die Kosten zu tragen habe. Klauseln, die dem Leasingnehmer die Kosten auferlegen, werden demzufolge als gesetzeskonform gebilligt.[684] Nach vereinzelt vertretener Gegenmeinung[685] handelt es sich bei der Verwertung um ein **Eigengeschäft des Leasinggebers**, das ihm die Chance einer Wertsteigerung verschafft, so dass entgegenstehende AGB wegen Verstoßes gegen § 307 Abs. 1 BGB zu beanstanden sind.

c) Kfz-Leasingverträge mit Andienungsrecht

L569 Der Leasingnehmer ist zur Zahlung des vereinbarten Kaufpreises gegen Rechnungserteilung verpflichtet, wenn der Leasinggeber von seinem Andienungsrecht Gebrauch macht.

Übt der Leasinggeber das Andienungsrecht nicht aus, trägt er selbst die mit der Verwertung des Fahrzeugs zusammenhängenden Risiken. Eine Abrechnung mit dem Leasingnehmer findet nicht statt, es sei denn, der Vertrag sieht für diesen Fall eine Vergütung für Mehr- und Minderkilometer vor.

L570 Gegenüber einem **Unternehmer** kann der Leasinggeber, der das Fahrzeug dem Leasingnehmer zum Kauf andient, die Sachmängelhaftung in den Grenzen von § 444 BGB ausschließen. Das gleiche gilt, wenn der Leasingnehmer mit Unternehmerstatus das Fahrzeug nach Ablauf des Leasingvertrages vom Leasinggeber aufgrund einer im Vertrag eingeräumten Option oder aufgrund eines später gefassten Entschlusses kauft. Entsprechende Freizeichnungsklauseln in Leasing-AGB sind unbedenklich.[686]

---

681 *Graf von Westphalen*, Der Leasingvertrag, Kap J Rn 86.
682 BGH 27. 11. 1991, NJW-RR 1992, 378, DAR 1992, 146.
683 BGH 4. 6. 1997, NJW 1997, 3166.
684 *Beckmann*, § 8 Rn 253 mwN.
685 *Graf von Westphalen*, Der Leasingvertrag, Kap. J Rn 97.
686 *Graf von Westphalen*, Der Leasingvertrag, Kap. J Rn 130.

Reguläre Vertragsbeendigung

Sowohl im unternehmerischen Geschäftsverkehr als auch bei einem Verkauf an einen Privatkunden besteht keine Haftung des Leasinggebers für solche Mängel, die der Leasingnehmer **kannte** oder die ihm infolge **grober Fahrlässigkeit unbekannt** geblieben sind (§ 442 BGB).

Handelt es sich bei dem Leasingnehmer um einen **Verbraucher**, fällt der Andienungskauf – ebenso wie der Kauf aufgrund einer Kaufoption oder ein Selbstankauf im Zuge der Verwertung – unter die Vorschriften des **Verbrauchsgüterkaufs**. In diesen Fällen stellt sich die Frage, ob der Leasinggeber dem Leasingnehmer nach Ablauf des Leasingvertrages ein zweites Mal dafür einzustehen hat, dass das Fahrzeug frei von Sachmängeln ist. Das Schrifttum ist geteilter Ansicht. Die Unzulässigkeit des Ausschlusses der Sachmängelhaftung wird im wesentlichen damit begründet, der Leasingnehmer wechsle mit der vollständigen Erfüllung des Leasingvertrages in die Rolle des Käufers, eine Rückbeziehung des Gefahrübergangs auf den Zeitpunkt der erstmaligen Übergabe sei **verbraucherfeindlich** und außerdem habe der Leasinggeber die freie Entscheidung, ob er das Modell des Leasingvertrages mit Andienungsrecht im Geschäftsverkehr mit Verbrauchern einsetzt und von dem Andienungsrecht Gebrauch macht.[687] Selbst eine Freizeichnung des Leasinggebers von der Haftung auf Schadensersatz soll nicht zulässig sein, weil das Rücktrittsrecht keine ausreichende Kompensation darstelle.[688]

Dem Leasinggeber wird empfohlen, die Verjährung für Sachmängelansprüche auf 1 Jahr zu verkürzen, den Zustand des Fahrzeugs bei Übergabe genau zu protokollieren[689] oder eben nur an Unternehmer zu verkaufen.[690] Andere Vorschläge gehen dahin, dem Leasinggeber im Falle seiner Inanspruchnahme wegen Mängeln einen ergänzenden Anspruch auf Vollamortisation einzuräumen,[691] ein Andienungsrecht mit dem gleichzeitigen Erwerb einer Gebrauchtwagengarantie oder einer Garantieversicherung zu verbinden[692] oder den Leasingnehmer zu verpflichten, den Lieferanten vorrangig in Anspruch zu nehmen, soweit die Mängelansprüche noch nicht verjährt sind.[693]

All diese Notlösungen ändern nichts an der Tatsache, dass die kaufrechtliche Mängelhaftung für das Privatleasing als insgesamt unbefriedigend angesehen wird.[694] Es **befremdet und passt nicht zum Regelungsplan** der Parteien, dass der Leasinggeber für dieselbe Sache zweimal hintereinander die Sachmängelhaftung übernehmen soll – das erste Mal auf Grund des Leasingvertrages, das zweite Mal auf Grund des Kaufvertrages –, obwohl sich das Fahrzeug regelmäßig seit Beginn des Leasingvertrages im ausschließlichen Gewahrsam des Leasingnehmers befindet und der Leasinggeber praktisch nicht die Möglichkeit besitzt, auf den Zustand des Fahrzeugs Einfluss zu nehmen. Er bekommt das Leasingfahrzeug – wenn überhaupt – letztmalig bei der Erstauslieferung durch den Lieferanten zu Gesicht.

Für die Zulassung eines Ausschlusses der Sachmängelhaftung spricht die – vom AG Frankfurt/Main[695] in anderem Zusammenhang angestellte – Überlegung, dass der Leasingnehmer zur Instandhaltung des Kraftfahrzeugs verpflichtet ist und es, sofern der Leasinggeber von seinem Andienungsrecht keinen Gebrauch macht, in einem einwandfreien,

---

687 *Woitkewitsch* in *Graf von Westphalen*, Der Leasingvertrag, Kap. L Rn 94 ff.
688 *Graf von Westphalen*, ZGS 2002, 89 ff.
689 *Woitkewitsch* in *Graf von Westphalen*, Der Leasingvertrag, Kap. L Rn 98.
690 *Beckmann*, § 3 Rn 232.
691 *Weber*, NJW 2003, 2350; ablehnend *Habersack*, BB-Beilage 6/2003, S. 6.
692 *Beckmann* in *Martinek/Stoffels/Wimmer-Leonhardt*, § 7 Rn 23, 24 in Anlehnung an BGH 1. 6. 2005, NJW-RR 2005, 1421.
693 *Beckmann* in *Martinek/Stoffels/Wimmer-Leonhardt*, § 7 Rn 29.
694 *Beckmann* in *Martinek/Stoffels/Wimmer-Leonhardt*, § 7 Rn 25.
695 Urt. v. 16. 12. 2003, NJW-RR 2004, 486, bestätigt vom LG Frankfurt/Main Beschl. v. 15. 7. 2004 2/1 S. 7/04 – zitiert von *Beckmann* in *Martinek/Stoffels/Wimmer-Leonhardt*, § 7 Rn 21.

dem Alter und der Laufleistung entsprechenden Zustand zurückzugeben hat. Weist das Auto am Vertragsende Mängel auf, fallen diese aufgrund der leasingtypischen Vertragsgestaltung in den Verantwortungsbereich des Leasingnehmers, so dass eine Sachmängelhaftung des Leasinggebers zwangsläufig ausscheidet. Andernfalls würde der Leasingnehmer, der seiner Verpflichtung zur Instandhaltung des Fahrzeugs nicht ordnungsgemäß nachgekommen ist, durch die Sachmängelhaftung des Leasinggebers ungerechtfertigt bereichert. Diesen Anspruch könnte er dem Begehren des Verbrauchers nach Sachmängelhaftung im Wege der Einrede entgegenhalten, womit die Trennung zwischen Leasingvertrag und Kaufvertrag[696] weitgehend aufgehoben wäre.

Hinzu kommt, dass sich der Erwerb der ausgedienten Leasingsache durch den Leasingnehmer vom üblichen Kaufvertrag dadurch unterscheidet, dass der Kaufgegenstand idR nicht (nochmals) vom Leasinggeber an den Leasingnehmer übergeben wird. Ein Gefahrübergang, wie ihn § 434 Abs. 1 BGB erfordert, findet faktisch nicht ein zweites Mal statt. Der dem Kaufvertrag zurechenbare Gefahrübergang wird in diesen Fällen bereits in dem Augenblick vollzogen, in dem der Verkäufer die Leasingsache an den Leasingnehmer ausliefert und dadurch den Leasingvertrag in Vollzug setzt. Aus Sicht des späteren Kaufs handelt es sich um einen antizipierten Gefahrübergang.[697] Aus der zeitlichen Vorverlagerung folgt, dass Ansprüche wegen eines bei Gefahrübergang vorhandenen Sachmangels im Augenblick der Andienung bzw. der Ausübung einer Kaufoption bereits verjährt sind, da die Laufzeit des Leasingvertrages idR die gesetzliche Verjährungsfrist des § 438 Abs. 1 Nr. 3 BGB überdauert.[698]

15. Fahrzeugrückkauf durch den Lieferanten

L574 Gegen Risiken der Verwertung, eines Wertverlustes der Leasingsache und einer Zahlungsunfähigkeit des Leasingnehmers sichern sich Leasinggeber ab, indem sie die Lieferanten verpflichten, die von ihnen gelieferten Fahrzeuge am regulären Vertragsende – evtl. auch im Falle einer vorzeitigen Beendigung des Leasingvertrages – zum kalkulierten Restwert oder zum Händlereinkaufspreis zurückzukaufen (sog. Buy-back-Verpflichtung).[699] Wälzt der Leasinggeber seine Geschäftsrisiken einseitig und ohne besondere Gegenleistung auf den Lieferanten ab, mit dem er nicht in planmäßiger und langfristiger Zusammenarbeit verbunden ist, verstößt die in einem Formularvertrag enthaltene Rückkaufverpflichtung gegen § 307 BGB.[700]

L575 Die Rückkaufvereinbarung ist nicht als Ausfallgarantie oder Ausfallbürgschaft auszulegen, sondern als **Wiederverkaufsrecht** des Leasinggebers, mit dem er – wirtschaftlich betrachtet – eine Erfüllungsgarantie in Bezug auf die noch ausstehende Gegenleistung aus dem Leasingvertrag anstrebt.[701] Sie begründet die Pflicht des Händlers, das Fahrzeug am Vertragsende zu einem bestimmten Preis zurückzukaufen, ohne dass damit ein Recht zum Rückkauf verbunden ist.[702] Die Vertragsauslegung kann im Einzelfall zu einem gegenteiligen Ergebnis führen,[703] welches für das Kfz-Leasing aber untypisch wäre. Auch wenn

---

696 *Weber*, NJW 2003, 2345, 2349.
697 *Palandt/Weidenkaff*, § 446 Rn 11; MüKo-BGB/*Koch*, Leasing, Rn 63; § 446 Rn 11; zweifelnd *Godefroid*, BB, Beilage Heft 27, 2002, S. 2, 9.
698 Ausführlich *Reinking*, ZGS 2000, 229, 234; dagegen *Arnold* in *Dauner-Lieb/Konzen/Schmidt*, S. 589, 612.
699 Zu den Grenzen einer formularmäßigen Risikoabwälzung *Leyens*, MDR 2003, 312.
700 *Wimmer-Leonhardt* in *Martinek/Stoffels/Wimmer-Leonhardt*, § 11 Rn 75; *Leyens*, MDR 2003, 313 ff.
701 BGH 31. 1. 1990, NJW 1990, 2546 ff.
702 BGH 8. 2. 2006, WM 2006, 875, dazu EwiR § 433 BGB1/06, 491(*Reinking*).
703 *Wimmer-Leonhardt* in *Martinek/Stoffels/Wimmer-Leonhardt*, § 10 Rn 72.

Reguläre Vertragsbeendigung

kein Recht zum Ankauf besteht, kann ein zum Schadensersatz verpflichtender Verstoß gegen vertragliche Treuepflichten vorliegen, wenn die Leasinggesellschaft einen Leasingrückläufer nicht an den zum Rückkauf verpflichteten Lieferanten mit noch bestehendem Vertragshändlerstatus sondern an einen anderen Vertragshändler verkauft.[704]

Von der **Haftung für Sachmängel** ist der Leasinggeber allerdings nicht befreit.[705] Eine analoge Anwendung der in § 457 Abs. 2 S. 2 BGB vorgesehenen Haftungsfreistellung auf das gesetzlich nicht geregelte Wiederverkaufsrecht scheitert an der erforderlichen Rechtsähnlichkeit. Während für das Wiederverkaufsrecht im Leasingvertrag ausschließlich das Interesse des Leasinggebers an dem Zustandekommen des Vertrags über den Wiederverkauf maßgeblich ist, beruht die Freistellung des Wiederverkäufers gem. § 457 Abs. 2 S. 2 BGB in erster Linie auf der Erwägung, dass es zum Wiederverkauf ausschließlich im Interesse und auf Veranlassung des Wiederkäufers kommt.[706] Einer analogen Anwendung des § 457 Abs. 2 S. 2 BGB auf das im Interesse des Leasinggebers vereinbarte Wiederverkaufsrecht steht außerdem die Vorschrift des § 34 Abs. 4 GewO im Wege, die den gewerbsmäßigen Ankauf beweglicher Sachen mit Gewährung des Rückkaufrechts untersagt. Im Rahmen der Vertragsautonomie steht es dem Leasinggeber natürlich frei, mit dem Händler eine Haftungsfreistellung für unverschuldete Verschlechterungen und unwesentliche Veränderungen zu vereinbaren.[707] Die Haftung für Mängel kann in den gesetzlichen Grenzen abbedungen werden. Auf den Ausschluss kann sich der Leasinggeber aber nicht berufen, wenn eine Versicherung für die Schäden am Fahrzeug aufzukommen hat.[708]

L576

Bei Leasingverträgen mit Kilometerabrechnung sehen die Vereinbarungen über den Rückkauf manchmal vor, dass der Anspruch auf **Minderwertausgleich** mit dem Rückkauf des Fahrzeugs auf den Händler übergeht, sofern ein bestimmter Schadensumfang nicht überschritten wird. Bei Überschreitung des vertraglich festgelegten Grenzwertes verbleibt der Anspruch bei der Leasinggesellschaft, die den Anspruch im eigenen Namen und für eigene Rechnung geltend macht und dem Händler eine Gutschrift in Höhe der vom Sachverständigen geschätzten Kosten erteilt.[709]

L577

Der Leasinggeber ist ohne Hinzutreten besonderer Umstände nicht verpflichtet, das Leasingfahrzeug vor der Veräußerung an den Händler auf **Unfallschäden** hin zu untersuchen, die ihm vom Leasingnehmer oder der Kaskoversicherung nicht gemeldet wurden.[710]

L578

Als Wiederverkäufer hat der Leasinggeber die Pflicht, dem zum Rückkauf verpflichteten Lieferanten das **Eigentum** und den **unmittelbaren Besitz** am Fahrzeug zu verschaffen. Eine in AGB vorgesehene Ersetzung der Übergabe der Sache durch **Abtretung der Herausgabeansprüche** gegen den Besitzer, die als rechtliche Gestaltungsmöglichkeit in §§ 929, 931 BGB vorgesehen und als solche nicht zu beanstanden ist, verstößt im Zusammenhang mit einer Rückkaufverpflichtung aus einem Leasingvertrag gegen § 307 Abs. 2 Nr. 1 BGB, da sie den Leasinggeber von seiner Verpflichtung freistellt, dem Lieferanten den Besitz an der Leasingsache zu verschaffen.[711] Die unangemessene Benachteiligung wird besonders augenfällig, wenn der Leasinggeber den Standort des Leasingfahrzeugs

L579

---

[704] BGH 8. 2. 2006, WM 2006, 875.
[705] BGH 31. 1. 1990, NJW 1990, 2546.
[706] BGH 31. 1. 1990, NJW 1990, 2546 ff.; a. A. OLG Frankfurt/Main 6. 10. 1987, NJW 1988, 1923.
[707] *Beckmann*, § 3 Rn 199; *Stoffels* in *Martinek/Stoffels/Wimmer-Leonhardt*, § 9 Rn 26.
[708] *Leyens*, MDR 2003, 312, 314; *Stoffels* in *Martinek/Stoffels/Wimmer-Leonhardt*, § 9 Rn 26.
[709] Zu den umsatzsteuerlichen Konsequenzen *Ammerwerth* in Auto/Steuern/Recht 7/2007, S. 9
[710] OLG Nürnberg 14. 1. 1999, NJW-RR 1999, 1208.
[711] BGH 19. 3. 2003, ZIP 2003, 1095; OLG Rostock 12. 1. 2005, OLGR 2005, 890; *Graf v. Westphalen*, NJW 2004, 1933, 1999; EWiR § 9 AGBG 2/03, 793 (*Reinking*), *Tiedtke/Möllmann*, DB 2004, 915, 918; *Zahn*, DB 2004, 1141, 1142; *Schulze-Schröder*, NJW 2003, 3031 ff., die eine generelle Unwirksamkeit der Klausel ablehnen.

nicht nennen kann und infolgedessen der Herausgabeanspruch gegen den Leasingnehmer keinen wirtschaftlichen Wert hat. Sachliche Gründe für eine Verlagerung des Verlustrisikos auf den Lieferanten sind nicht erkennbar, zumal der Lieferant im Gegensatz zum Leasinggeber nicht die Möglichkeit besitzt, den Einsatz des Leasingfahrzeugs vertraglich zu steuern, den Leasingnehmer im Hinblick darauf zu kontrollieren und eine abredewidrige Benutzung zu unterbinden.[712] Es wird zu Recht darauf hingewiesen[713], dass sich der Leasinggeber freiwillig auf seine Finanzierungsfunktion gegenüber dem Leasingnehmer einlässt und sich dieses Risiko durch dessen Vollamortisationsversprechen absichern lässt. Folglich kann er nicht erwarten, dass das Verlustrisiko im Falle des Rückkaufs ganz oder teilweise vom Lieferanten getragen wird. Die Unwirksamkeit der Klausel wird nicht dadurch aufgehoben, dass sie dem Leasinggeber aufgibt, alle mit dem Untergang und Verlust der Leasingsache in Zusammenhang stehenden Ersatzansprüche gegen den Schädiger und die Kaskoversicherung an den Lieferanten zu übertragen. Auch durch eine nachträgliche Abtretung der Ansprüche kann die Klausel nicht gerettet werden.[714] Das Risiko, dass der Leasingnehmer die Sache veruntreut und die Versicherung nicht eintritt, wird dadurch nicht beseitigt. Der BGH[715] hält durchaus Vertragsgestaltungen für denkbar, die dazu herangezogen werden können, den Lieferanten mit dem Risiko der Unredlichkeit des Leasingnehmers zu belasten, hebt aber unmissverständlich hervor, dass der Kaufvertrag/Wiederkaufvertrag nicht den hierfür geeigneten Vertragstyp darstellt. Das Schrifttum schlägt vor, der Leasinggeber solle sich zusätzlich durch eine **Bürgschaft** des Lieferanten absichern.[716]

L580 Im Zusammenhang mit der Rückkaufverpflichtung wird die Frage eines gutgläubigen Erwerbs virulent, wenn der Leasinggeber das Leasingfahrzeug an die refinanzierende Bank sicherungsübereignet hat. Das OLG Hamburg[717] entschied, dass der Leasingnehmer, dem der Leasinggeber das Fahrzeug am Vertragsende zum Kauf anbietet, als **gutgläubig** anzusehen ist, solange ihm die Sicherungsübereignung nicht offenbart wird und keine anderen Umstände darauf hindeuten, dass der Leasinggeber nicht mehr Eigentümer des Fahrzeugs ist. Auf den Autohändler, der sich zum Rückkauf des Leasingfahrzeugs verpflichtet hat, ist das Urteil nicht übertragbar. Er weiß, dass sich Leasingfirmen refinanzieren und ihre Fahrzeuge regelmäßig an die Bank zur Sicherung übereignen und kann deshalb nicht auf den Fortbestand des Eigentums vertrauen. Deshalb sollte er den Kaufpreis grundsätzlich nur Zug um Zug gegen Aushändigung des **Kfz-Briefes** bzw. der **Zulassungsbescheinigung Teil II** begleichen.[718]

L581 Dem Leasingnehmer erwachsen aus einer Rückkaufverpflichtung des Lieferanten idR keine Rechte und Pflichten. Er kann weder verlangen, dass der Leasinggeber die Vereinbarung offen legt und den Rückkaufpreis am Vertragsende realisiert,[719] noch ist er verpflich-

---

712 AA *Schulze-Schröder*, NJW 2003, 3031, 3033.
713 *Reinicke/Möllmann*, DB 2004, 915, 918; aA im Sinne einer Risikobeteiligung *Weber*, NJW 2003, 2348, 2351.
714 OLG Düsseldorf 22. 6. 1983, ZIP 1983, 1092.
715 BGH 19. 3. 2003, ZIP 2003, 1095.
716 *Graf von Westphalen*, BB 2004, 2026; *Stoffels* in *Martinek/Stoffels/Wimmer-Leonhardt*, § 9 Rn 24.
717 Urt. v. 19. 2. 1999, OLGR 1999, 241.
718 Zum gutgläubigen Erwerb von Leasinggütern BGH 13. 5. 1996, MDR 1996, 906 (gutgläubiger Erwerb nur bei Vorlage des Kfz-Briefes); LG Schwerin 14. 4. 1998, DB 1999, 278 (bei leasingtypischen Wirtschaftsgütern kann die Eigentumsvermutung nicht mehr ohne weiteres an den Besitz geknüpft werden); OLG Düsseldorf 18. 11. 1998, NJW-RR 1999, 615 (zum guten Glauben an die Verfügungsbefugnis des § 366 Abs. 1 HGB und den Anhaltspunkten für eine Nachforschungspflicht); *Palandt/Bassenge*, § 932 BGB Rn 13 mwN.
719 OLG Frankfurt/Main 21. 3. 1997, FLF 1998, 172; nach zutreffender Ansicht des OLG Oldenburg 2. 4. 1998 -14 U 48/97, n. v. bleibt freilich eine Rückkaufvereinbarung dann nicht ohne Auswir-

tet, dem Lieferanten den Nichterfüllungsschaden zu ersetzen, den dieser dadurch erleidet, dass er ein Rückkaufsrecht wegen einer vorzeitigen, vom Leasingnehmer zu vertretenden Vertragsbeendigung nicht realisieren kann (Rn 522).[720]

Der zum Rückkauf verpflichtete Händler darf schon beim Verkauf des Leasingfahrzeugs in seiner Bilanz eine **gewinnmindernde Verbindlichkeit** einbuchen. Diese muss erst wieder gewinnerhöhend ausgebucht werden, wenn die Verpflichtung zum Rückkauf später tatsächlich ausgeübt wird oder wenn die Rückkaufoption des Leasinggebers verfällt.[721] Es ist erforderlich, das Entgelt für den Neuwagen anhand objektiver Maßstäbe im Verhältnis der Teilwerte auf den Neuwagen und auf die Rückkaufverpflichtung aufzuteilen. Ist der antizipierte Verlust aus der Verwertung des zurückzunehmenden Fahrzeugs kleiner als der Bruttoerlös aus dem Neuwagenverkauf, ist die Verbindlichkeit in Höhe des geschätzten Verlustes anzusetzen. Der Höhe nach ist die Passivierung auf den Bruttoertrag des Neuwagenverkaufs begrenzt. Wird dieser Wert überschritten, ist handelsrechtlich eine Rückstellung für drohende Verluste zu bilden.[722] Eine Saldierung von Verlusten aus einzelnen Rücknahmegeschäften mit den zu erwartenden Gewinnen aus anderen Rücknahmegeschäften ist mit Rücksicht auf den Grundsatz der Einzelbewertung unzulässig.[723] Sieht der Vertrag mit der Leasinggesellschaft vor, dass der Autohändler Mehr- und Minderkilometer unmittelbar mit dem Leasingnehmer abrechnet, sind Zahlungen des Leasingnehmers für Mehrkilometer bzw. Zahlungen des Autohändlers für Minderkilometer wie Zahlungen zwischen dem Autohaus und dem Leasinggeber zu betrachten, so dass sich der Kaufpreis, den der Händler an den Leasinggeber zu zahlen hat, entsprechend erhöht oder mindert.[724]

XIX. Vorzeitige Vertragsbeendigung

Zur vorzeitigen Vertragsbeendigung kann es durch **fristlose Kündigung** der einen oder anderen Vertragspartei, durch **Tod** des Leasingnehmers oder durch einvernehmliche **Ablösevereinbarung** kommen.[725] Beim sog. kündbaren Leasingvertrag mit Abschlusszahlung liegt die vorzeitige Vertragsbeendigung durch Kündigung nach Ablauf der Grundmietzeit in der Natur des Vertrages.

1. Außerordentliche Vertragskündigung des Leasingnehmers

– Zu den **wichtigen Gründen**, die den Leasingnehmer bzw. dessen Erben zur außerordentlichen Vertragskündigung berechtigen, gehören außer den Fällen des Verlusts, des Untergangs und der erheblichen Beschädigung des Leasingfahrzeugs (Rn L61) vor allem die **Gebrauchsstörung** und der **Tod des Leasingnehmers**.

---

kung auf den Leasingvertrag, wenn der Verkäufer bei den Vertragsverhandlungen auf die Existenz der Rückkaufverpflichtung ausdrücklich hingewiesen und dadurch beim Leasingnehmer den Eindruck erweckt hat, er müsse nicht mit einer Nachbelastung rechnen.

720 BGH 14. 7. 2004, NJW 2004, 2823; OLG Celle 22. 5. 1996 OLGR 1996, 181.
721 BFH 11. 10. 2007- IV R 52/04-.
722 *Ammerwerth* in Auto/Steuern/Recht 3/2008, S. 5, 7.
723 BFH 15. 10. 1997, DStR 1998, 480.
724 Steuer- Erfahrungsaustausch 6/2002, S. 6.
725 Der Lieferant, der sich mit dem Leasingnehmer über die Ablösung des Leasingvertrages geeinigt hat und sich anschließend an den Leasinggeber wegen der Ablösung des Leasingvertrages auf eigene Kosten wendet, handelt hierbei als Vertreter des Leasingnehmers – OLG Frankfurt/Main 16. 2. 1988, NJW-RR 1989, 885, 886.

a) Störung des Gebrauchs durch den Leasinggeber

L585 Bei Beeinträchtigung des Gebrauchs- oder Besitzrechts[726] ist die fristlose Kündigung gem. § 543 Abs. 1 und 2 BGB grundsätzlich erst nach erfolglosem Ablauf einer angemessenen Abhilfefrist oder nach erfolgloser Abmahnung zulässig, wenn nicht eine Ausnahme iSv § 543 Abs. 3 S. 2 BGB vorliegt.

Nicht klar ist, ob eine Störung des Gebrauchs vorliegt, wenn sich der Leasinggeber weigert, dem Leasingnehmer eine – im Leasingvertrag nicht ausdrücklich verbotene[727] – **Gebrauchsüberlassung an einen Dritten** zu gestatten.[728] Von einer stillschweigenden Abbedingung des § 540 Abs. 1 BGB ist nicht auszugehen. Da sich auch aus der Natur des Leasingvertrages nicht ohne weiteres ergibt, dass eine Gebrauchsüberlassung an Dritte unzulässig ist, rechtfertigt die Verweigerung der Zustimmung grundsätzlich eine fristlose Kündigung des Leasingnehmers. Dafür muss der Leasingnehmer allerdings nachweisen, dass er an der Nutzung des Leasingfahrzeugs durch Dritte ein berechtigtes Interesse hat.

Ein Verstoß gegen die Gebrauchsüberlassungspflicht ist zB anzunehmen, wenn

– der Leasinggeber das Fahrzeug auf Grund einer (zB wegen Verstoßes gegen § 498 BGB) unwirksamen fristlosen Kündigung an sich nimmt und die Herausgabe verweigert,[729]
– der Leasinggeber die Sachgefahr nicht wirksam auf den Leasingnehmer verlagert hat und er seiner Instandsetzungspflicht nicht nachkommt,[730]
– der Leasinggeber sich von der Vermieterhaftung für Sachmängel nicht wirksam freigezeichnet hat und sich weigert, Fahrzeugmängel zu beseitigen.[731]

L586 In allen diesen Fällen ist der Leasingnehmer berechtigt, die Leasingraten ab dem **Zeitpunkt** des **Eintritts der Gebrauchsstörung** einzubehalten (§§ 535 Abs. 1 S. 2, 320 BGB). Mit dem Zugang der Kündigung erlischt der Anspruch des Leasinggebers auf Zahlung der Leasingraten. Den noch nicht verbrauchten Teil einer Sonderzahlung hat er dem Leasingnehmer zu erstatten.[732]

Der Leasingnehmer hat das Fahrzeug an den Leasinggeber herauszugeben. Zu der Frage, ob eine **Bring- oder Holschuld** anzunehmen ist, gehen die Meinungen auseinander. Verfechter der Holschuld wollen selbst entgegenstehenden AGB die Wirksamkeit versagen,[733] während die andere Seite zu Recht geltend macht, der Leasingnehmer werde durch die Bringschuld nicht benachteiligt, da er das Fahrzeug bei regulärer Vertragsbeendigung ebenfalls beim Leasinggeber oder Lieferanten hätte abliefern müssen.[734]

b) Tod des Leasingnehmers

L587 Verstirbt der Leasingnehmer, steht dem Leasinggeber kein einseitiges Kündigungsrecht zu, so lange die Erben den Pflichten aus dem Leasingvertrag ordnungsgemäß nachkommen. Unwirksam ist eine Klausel, die den Leasinggeber im Falle des Todes des Leasingnehmers berechtigt, den Leasingvertrag fristlos zu kündigen und Schadensersatz wegen vorzeitiger Vertragsbeendigung zu verlangen.[735] Sie zwingt die Erben zum Schadensersatz, auch wenn

---

726 *Ehlert* in Bamberger/Roth, § 535 Rn 81.
727 Nach BGH 4. 7. 1990, ZIP 1990, 1333, 1135 ist eine solche Verbotsklausel zulässig.
728 Bejahend *Graf von Westphalen*, Der Leasingvertrag, Kap. K Rn 24.
729 OLG Hamm 14. 2. 1997 OLGR 1997,101; OLG Düsseldorf 20. 2. 1997 OLGR 1997, 89.
730 BGH 6. 3. 1996, ZfS 1996, 336; 9. 10. 1996, NZV 1997, 72.
731 BGH 13. 3. 1991, NJW-RR 1991, 1202.
732 OLG Düsseldorf 16. 1. 1997, DB 1997, 1071.
733 *Beckmann*, § 8 Rn 183 mwN.
734 *Berninghaus* in Martinek/Stoffels/Wimmer-Leonhardt, § 35 Rn 7 und Rn 8, ähnlich *Graf von Westphalen*, Der Leasingvertrag Kap. J Rn 6 zum Rücktritt.
735 OLG Düsseldorf 7. 6. 1990, NJW-RR 1990, 1469.

Vorzeitige Vertragsbeendigung　　　　　　　　　　　　　　　　　　　　　　　L588–L590

sie gewillt sind, den Vertrag fortzusetzen. Einer Entscheidung des OLG Köln[736] zufolge ist eine Klausel zulässig, die beiden Vertragsparteien ein außerordentliches Kündigungsrecht zubilligt.

Nach überwiegend vertretener Auffassung sind die Erben des Leasingnehmers berechtigt, den Leasingvertrag innerhalb einer Überlegungsfrist von einem Monat ab Kenntniserlangung von dem Tod des Leasingnehmers mit der gesetzlichen Frist zu kündigen (§ 580 BGB).[737] Ein Ausschluss des gesetzlichen Kündigungsrechts in AGB wird allgemein für zulässig erachtet.[738] Seinem berechtigten Amortisationsinteresse kann der Leasinggeber durch vertragliche Umgestaltung des § 580 BGB in der Weise Geltung verschaffen, dass er das Kündigungsrecht der Erben an eine Ausgleichszahlung in Höhe der noch nicht amortisierten Kosten koppelt. Dabei muss er beachten, dass er keinen Anspruch auf die in den Leasingraten enthaltenen **Gewinnanteile** für die Zeit nach der Kündigung besitzt.[739] Die Ansicht, die Erben müssten dem Leasinggeber den Kündigungsschaden ersetzen,[740] kann nicht geteilt werden.　　　　　**L588**

c) Wegfall des Interesses

Der Leasingnehmer kann den Leasingvertrag nicht außerordentlich mit der Begründung kündigen, wegen Betriebseinstellung habe er keine Verwendungsmöglichkeit für das Fahrzeug.[741] Auch eine Vertragsaufhebung wegen Störung der Geschäftsgrundlage kommt nicht in Betracht, da der Leasingnehmer nach dem Vertragszweck das Investitionsrisiko trägt.[742]　　　**L589**

Wenn aber die Partein bei Vertragsschluss übereinstimmend von dem Fortbestand der **Verwendungsmöglichkeit** des Leasingfahrzeugs ausgegangen sind oder der Leasinggeber diesbezügliche Vorstellungen des Leasingnehmers erkannt und unbeanstandet gelassen hat, stellt sich die bislang in Rechtsprechung und Literatur nicht weiter vertiefte Frage, ob dem Leasingnehmer im Falle des unverschuldeten Interessenwegfalls am Leasingfahrzeug (zB wegen Krankheit oder Fahruntauglichkeit) nach dem Gebot der gegenseitigen Rücksichtnahme bzw. allgemein aus Treu und Glauben ein Anspruch auf vorzeitige Ablösung des Leasingvertrages gegen angemessene Vorfälligkeitsentschädigung zuzubilligen ist.　　　**L590**

Eine Anlehnung an die höchstrichterliche Rechtsprechung zur vorzeitigen Ablösung eines Festzinskredits wegen anderweitiger Verwertung des beliehenen Objekts[743] erscheint fraglich, da der Gesetzgeber das vom BGH entwickelte Recht der Vertragsmodifizierung in § 490 Abs. 2 BGB als Sonderkündigungsrecht kodifiziert und ausdrücklich auf solche Darlehensverträge beschränkt hat, die durch ein Grund- oder Schiffspfandrecht gesichert sind.[744] Die Situation des Leasingnehmers ist mit der eines Darlehensnehmers iSv § 490 Abs. 2 BGB aber durchaus vergleichbar, wenn er nicht mehr die Möglichkeit besitzt, das Leasingfahrzeug zu nutzen. Er hat unter diesen Umständen berechtigterweise ein Interesse daran, das ihm lästige Fahrzeug vorzeitig zurückzugeben und seine finanziellen Belastungen durch dessen als-

---

736　Urt. v. 30. 6. 2004 – 13 U 240/03, zitiert von *Beckmann*, § 8 Rn 116.
737　LG Gießen 11. 4. 1986, NJW 1986, 2116 ff.; *Palandt/Weidenkaff*, vor § 535 Rn 63; *Reinking* in *Reinking/Kessler/Sprenger*, § 9 Rn 15 mwN; aA *Staudinger/Stoffels*, Leasing Rn 349; *Gerken*, DB 1997, 1703, MüKo-BGB/*Koch*, Leasing, Rn 127 .
738　*Berninghaus* in *Martinek/Stoffels/Wimmer-Leonhardt*, § 43 Rn 12, 13.
739　LG Wuppertal 18. 11. 1998, NJW-RR 1999, 493; AG Wedding 27. 4. 2006, NJW-RR 2007, 126, 127.
740　*Weber*, NJW 2005, 2197.
741　BGH 7. 10. 2004, ZIP 2005, 534.
742　OLG Dresden 26. 7. 1995, OLGR 1996, 90.
743　BGH 1. 7. 1997, ZIP 1997, 1641 ff. mit Anm. v. *Köndgen*, ZIP 1997, 1645; zur Berechnung *Grönwoldt/Bleuel*, DB 1997, 2062.
744　Kritisch *Reiff* in *Dauner-Lieb/Heidel/Lepa/Ring*, § 490 BGB Rn 10.

baldige Verwertung zu mindern. Dem Leasinggeber entsteht dadurch kein Nachteil, da seine Kosten inklusive Gewinn in vollem Umfang vom Leasingnehmer zu tragen sind. Es geht – wie bei einem dinglich gesicherten Festzinskredit – eigentlich nicht um eine Vertragsauflösung, sondern nur um eine Modifizierung des Vertragsinhalts ohne Reduzierung des Leistungsinhalts. Durch die Vertragsanpassung wird lediglich die vertragliche, zeitlich begrenzte Erfüllungssperre durch Vorverlegung des Erfüllungszeitpunktes beseitigt.[745]

2. Außerordentliche Vertragskündigung des Leasinggebers

L591 Abgesehen von den Fällen des Verlusts, Untergangs und der wesentlichen Beschädigung des Leasingfahrzeugs kommen für den **Leasinggeber** als Gründe für eine fristlose Kündigung in Betracht:

– Vertragswidriger Gebrauch des Fahrzeugs,
– Verletzung von Vertragspflichten,
– Vermögensverschlechterung und Zahlungsverzug.

Falls der Leasinggeber im Rahmen der Refinanzierung sämtliche Rechte an den Refinanzierer abgetreten hat, wird ihm empfohlen, sich das Kündigungsrecht vorsorglich rückübertragen zu lassen, um nicht Gefahr zu laufen, dass seine Kündigung als unwirksam angesehen wird, wenn der Leasingnehmer die fehlende Vertretungsmacht beanstandet.[746]

a) Vertragswidriger Gebrauch und Vertragsverletzungen

L592 Die fristlose Kündigung des Leasinggebers wegen vertragswidrigen Gebrauchs des Leasingfahrzeugs ist gem. § 543 Abs. 3 Nr. 2 BGB erst nach erfolglosem Ablauf einer angemessenen **Abhilfefrist** oder nach **erfolgloser Abmahnung** zulässig, es sei denn, die Maßnahmen erscheinen aus Sicht des Leasinggebers als nutzlose Förmelei.

L593 Einer Abmahnung bedarf es vor Ausspruch der fristlosen Kündigung nicht, wenn der Leasingnehmer das Fahrzeug mehrfach unter Alkoholeinfluss und ohne im Besitz eines Führerscheins zu sein, benutzt hat.[747]

L594 Rechtfertigt das Verhalten nur eines von mehreren Leasingnehmern eine fristlose Kündigung, ist die Abmahnung an alle zu richten.[748] Die Wirksamkeit der fristlosen Kündigung hängt nicht davon ab, dass die Gründe in der Kündigungserklärung angegeben werden.[749]

L595 Nach einer Entscheidung des OLG Dresden[750] wird eine im Leasingvertrag vorgesehene Abmahnung nicht entbehrlich, wenn sich der Leasingnehmer, der die Raten immer pünktlich gezahlt hat, aber keine sinnvolle Verwendung für das Fahrzeug (Lkw) mehr zu haben meint, vom Vertrag lossagt und das Fahrzeug beim Lieferanten abstellt.

L596 Ein wichtiger Grund für eine fristlose Kündigung des Leasingvertrages liegt nicht vor, wenn

– der Leasingnehmer die Kfz-Haftpflicht- und Vollkaskoversicherung preisgünstiger mit einer anderen als der im Leasingvertrag vorgesehenen Versicherungsgesellschaft abschließt, da Zweck und Durchführung des Leasingvertrages durch die Wahl einer anderen Versicherung nicht gefährdet werden,[751]

---

745 BGH 1. 7. 1997, ZIP 1997, 1641 ff.
746 OLG Naumburg 10. 12. 1999, WM 2000, 1710; Celle 2. 12. 1998, ZMR 1999, 237; *Beckmann*, § 8 Rn 102.
747 OLG Düsseldorf 16. 1. 1997, DB 1997, 1072.
748 OLG Düsseldorf 18. 3. 1987, NJW-RR 1987, 1370; *Wolf/Eckert/Ball*, Rn 890.
749 *Graf von Westphalen*, Der Leasingvertrag, Kap. K Rn 5 mwN.
750 Urt. v. 1. 12. 1999, OLGR 2000, 63.
751 AG Gießen, 44 C 1718/94, der Presse entnommen.

- der Leasingnehmer die Sicherungsbestätigung zum Nachweis des Bestehens der Kfz-Versicherung auf einmalige Anfrage nicht innerhalb einer gesetzten Frist nachweist,[752]
- die Kaskoversicherung den Versicherungsschutz versagt, weil sie den vom Leasingnehmer behaupteten Diebstahl des Fahrzeugs nicht als erwiesen ansieht, ohne dass der Leasinggeber konkret darlegt, aus welchen Gründen dem Leasingnehmer die erleichterte Beweisführung eines versicherten Diebstahls unmöglich ist,
- der Leasingnehmer nach dem Abhandenkommen des Fahrzeugs die Fortzahlung der Leasingraten verweigert, sofern der Leasinggeber die Sach- und Preisgefahr nicht wirksam auf den Leasingnehmer abgewälzt hat und den Beweis schuldig bleibt, dass der Leasingnehmer den Fahrzeugverlust zu vertreten hat.[753]

b) Erhebliche Vermögensverschlechterung

Nach der Rechtsprechung des BGH reicht für eine erhebliche Vermögensverschlechterung eine im Zeitpunkt der Kündigung drohende Gefahr der Zahlungsunfähigkeit aus.[754] Für § 543 Abs. 1 BGB ist eine hinreichend konkrete Vermögensgefährdung erforderlich, die es dem Leasinggeber unzumutbar macht, den Leasingvertrag bis zum vertraglich vereinbarten Ende fortzusetzen.[755]

Unwirksam ist eine Formularregelung, die besagt, dass der Leasinggeber zur fristlosen Kündigung des Leasingvertrages berechtigt sein soll, wenn „sonstige Umstände" vorliegen, aus denen sich eine wesentliche Verschlechterung oder eine erhebliche Gefährdung des Vermögens des Leasingnehmers ergibt. Weil ungünstige Umstände nicht zwingend darauf schließen lassen, dass der Leasingnehmer die geschuldeten Leasingraten zum Fälligkeitszeitpunkt nicht aufbringen kann, benachteiligt die Klausel den Leasingnehmer entgegen den Geboten von Treu und Glauben unangemessen und verstößt iSv § 307 Abs. 2 Nr. 1 BGB gegen wesentliche Grundgedanken der gesetzlichen Regelung.[756]

Formularregelungen, die den Leasinggeber zur fristlosen Kündigung berechtigen, wenn gerichtliche oder außergerichtliche **Insolvenzverfahren** über das Vermögen des Leasingnehmers beantragt oder eröffnet werden, scheitern an § 112 InsO, der eine Kündigungssperre ab Beantragung des Insolvenzverfahrens vorsieht.[757] Im kaufmännischen Geschäftsverkehr ist eine Klausel nicht zu beanstanden, die den Leasinggeber zur fristlosen Kündigung eines Kfz-Leasingvertrages berechtigt, falls in das Vermögen des Leasingnehmers vollstreckt wird.[758] Lässt der Leasingnehmer es auf Zwangsvollstreckungsmaßnahmen ankommen, ist dies ein Anzeichen dafür, dass er gerichtlich ausgeurteilte Leistungen nicht freiwillig erfüllen kann.

Im Hinblick auf Verbraucherleasingverträge ist umstritten, ob § 490 BGB neben § 498 BGB anwendbar ist. Es überwiegt die Auffassung, dass § 498 BGB wegen seiner besonderen Voraussetzungen **keine Sperrwirkung** entfaltet und die fristlose Kündigung eines Verbraucherleasingvertrages wegen Vermögensverschlechterung folglich nicht voraussetzt, dass die qualifizierten Voraussetzungen des § 498 BGB erfüllt sind.[759]

---

752 OLG Koblenz 8. 1. 2002, OLGR 2002, LS 26.
753 BGH 11. 12. 1991; ZIP 1992, 179 – die gegenteilige aus § 538 BGB hergeleitete Beweislastverteilung betrifft nur diejenigen Fälle, in denen die Mietsache durch Mietgebrauch Schaden erlitten hat.
754 Zuletzt 20. 5. 2003, MDR 2003, 1123 mit kritischer Anmerkung von *Krüger*.
755 *Graf von Westphalen*, Der Leasingvertrag, Kap. K Rn 20.
756 BGH 8. 10. 1990, ZIP 1990, 1406.
757 OLG Rostock 6. 10. 1998, OLGR 1999, 101; *Engel/Völckers*, Leasing in der Insolvenz, 1999, S. 279 ff.; *Engel* BB, Leasing-Berater, Beil. 6 zu Heft 18/1999, S. 23 ff.
758 *Graf von Westphalen*, Der Leasingvertrag, Kap. K Rn 18.
759 OLG Düsseldorf 17. 11. 2005, OLGR 2006, 362 mwN.

c) Zahlungsverzug

aa) Kündigung des Leasingvertrages mit einem Nichtverbraucher

L600 Der **Zahlungsverzug** des Leasingnehmers ist der Grund, der am häufigsten dazu führt, dass Kfz- Leasingverträge vorzeitig enden. Das Kündigungsrecht des Leasinggebers besteht unter den Voraussetzungen des § 543 Abs. 2 S. 1 Nr. 3 a und b BGB. Das bedeutet, dass der Leasinggeber den Leasingvertrag fristlos kündigen kann, wenn sich der Leasingnehmer entweder mit **zwei Leasingraten** oder für zwei aufeinander folgende Termine mit einem **nicht unerheblichen Teil der Miete** in Verzug befindet. Nicht unerheblich ist ein Zahlungsverzug, wenn der Zahlbetrag mehr als eine Monatsrate beträgt.[760] Wiederholt verspätete Zahlungen können ebenfalls ein Grund für eine fristlose Kündigung iSv § 543 Abs. 2 S. 1 Nr. 3 BGB sein.

L601 Da die Regelungen von § 543 Abs. 2 S. 1 Nr. 3 a und b BGB nicht zwingend sind, können die Vertragsparteien die Kündigungsvoraussetzungen vertraglich abändern. Wegen der Leitbildfunktion der gesetzlichen Kündigungsvorschriften sind abweichende AGB allerdings nur begrenzt zulässig.[761]

Eine Klausel in einem Kfz-Leasingvertrag, die dem Leasinggeber das Recht der fristlosen Kündigung zubilligt, wenn sich der Leasingnehmer mit zwei aufeinander folgenden Leasingraten in **Rückstand** befindet, verstößt gegen § 307 Abs. 2 Nr. 1 BGB, da sie mit dem wesentlichen Grundgedanken des § 543 Abs. 2 Nr. 3 BGB nicht zu vereinbaren ist.[762] Zahlungsrückstand reicht für eine fristlose Kündigung nicht aus, erforderlich ist vielmehr, dass sich der Leasingnehmer mit der Zahlung in Verzug befindet.

L602 Das Kündigungsrecht des Leasinggebers entfällt nicht, wenn der Leasingnehmer vor Zugang der Kündigung eine von zwei rückständigen Raten entrichtet, und danach die Ratenzahlung endgültig einstellt.[763] Falls der Leasingnehmer bei Vertragsbeginn eine Depotzahlung geleistet hat, die den Zahlungsrückstand überschreitet, muss der Leasinggeber beweisen, dass diese nicht zur Tilgung von Ratenrückständen bestimmt war.[764]

L603 Unwirksam und in Kfz-Leasingverträgen nicht mehr anzutreffen sind **Verfallklauseln**, welche bewirken, dass der Leasingnehmer trotz fristloser Kündigung am Vertrag festgehalten wird. Die Unwirksamkeit wird weder durch eine in der Klausel vorgesehene Abzinsung der künftigen Leasingraten noch durch eine Regelung beseitigt, nach der der Leasingnehmer das Fahrzeug mit sofortiger Zahlung aller rückständigen und künftigen Raten wiedererlangen kann. Als nicht wirksam wird auch eine Klausel eingestuft, die dem Leasinggeber bei Zahlungsverzug des Leasingnehmers das Recht zubilligt, zunächst die restlichen Raten fällig zu stellen und sodann nach fruchtloser Anmahnung den Vertrag fristlos zu kündigen.[765]

bb) Kündigung des Verbraucher-Leasingvertrages

L604 Bei der Kündigung eines Kfz- Leasingvertrages mit einem Verbraucher ist § 498 BGB zu beachten. Die Anforderungen dieser Norm müssen auch gegenüber denjenigen Verbrauchern erfüllt werden, die der Schuld des Leasingnehmers aus dem Leasingvertrag beigetreten sind oder zusammen mit anderen Personen ein Fahrzeug geleast haben, auch wenn diese selbst nicht unter den Schutz von § 498 BGB fallen (Rn 1057).[766] Von § 498 BGB abwei-

---

[760] BGH 15. 4. 1987, NJW-RR 1987, 903.
[761] *Graf von Westphalen*, Der Leasingvertrag, Kap. K Rn 13, 15.
[762] OLG Hamm 20. 12. 1991, NJW-RR 1992, 502.
[763] OLG Köln 30. 6. 1995, BB 1996, 80.
[764] OLG Dresden 9. 12. 1998 -8 U 2369/98, n. v.
[765] MüKo-BGB/*Koch*, Leasing Rn 134.
[766] OLG Hamm 14. 2. 1997 OLGR 1997, 101; OLG Düsseldorf 20. 2. 1997 OLGR 1997, 89; OLG Celle 29. 1. 1997, NJW-RR 1997, 1144; *Woitkewitsch* in *Graf von Westphalen*, Der Leasingvertrag, Kap. L 416.

Vorzeitige Vertragsbeendigung L605–L607

chende Vereinbarungen in Verbraucher-Leasingverträgen sind unwirksam (§ 506 BGB). Dem Verbraucher ist es verwehrt, durch die Bestimmung, jede zweite Rate tilgen zu wollen, die Kündigungsvoraussetzungen von § 498 Abs. 1 S. 1 Nr. 1 BGB zu unterlaufen.[767]

Nach gefestigter höchstrichterlicher Rechtsprechung ist die sog. **relative Rückstandssumme** des § 498 Abs. 1 S. 1 Nr. 1 BGB in Höhe von 10 % bzw. 5 % bei Verträgen mit einer Laufzeit von mehr als 3 Jahren beim Finanzierungsleasingvertrag allein anhand der rückständigen **Brutto-Leasingraten** zu berechnen.[768] Kalkulierter Restwert und/oder Sonderzahlung sind nicht zu berücksichtigen, da sie zu wesentlich längeren Wartezeiten von 6, 9 oder mehr Monaten führen würden. Wartezeiten in dieser Größenordnung sind aus Sicht des BGH nicht hinnehmbar, da die Gefahr, mit den Forderungen auszufallen, für den Leasinggeber umso größer wird, je länger er mit der Kündigung warten muss und die Leasingsache, die nicht selten die einzige Sicherheit für ihn darstellt, durch den Weitergebrauch zunehmend entwertet wird oder ganz verloren geht. L605

Die auf die Brutto-Leasingraten abstellende Rechtsprechung des BGH wird den gesetzlichen Vorgaben nicht gerecht. In § 498 Abs. 1 S. 1 Nr. 1 BGB hat der Gesetzgeber eine Kündigungshürde aufgestellt, die sich am **Teilzahlungspreis** oder am **Nennbetrag** des Darlehens orientiert und keiner zeitlichen Limitierung im Sinne einer prozentualen Anbindung an die Dauer der Darlehensrückzahlung unterliegt. Jeder der beiden gesetzlichen Anknüpfungspunkte schließt den Restwert ein, der vom Anschaffungsaufwand des Leasinggebers mitumfasst wird und sich als Finanzierungsaufwand im Leasingvertrag widerspiegelt.[769] Der Restwert wird nicht mit den Bruttoleasingraten getilgt, sondern erst am Vertragsende über die Verwertung des Fahrzeugs und eine vom Leasingnehmer eventuell zu leistende Schlusszahlung realisiert. Ebenso wie der Restwert und die Schlusszahlung gehört eine Leasing-Vorauszahlung zum Leasingentgelt und ist als Bezugsgröße im Rahmen von § 498 BGB zu berücksichtigen.[770]

§ 498 BGB setzt voraus, dass der Leasinggeber dem Leasingnehmer vor Ausspruch der Kündigung erfolglos eine Zahlungsfrist von (mindestens[771]) zwei Wochen mit der Erklärung gesetzt hat, dass er bei Nichtzahlung innerhalb der Frist die gesamte Restschuld verlange. Durch die **qualifizierte Fristsetzung** soll dem Leasingnehmer eine letzte Chance gegeben werden, den Vertrag noch zu retten. In der Kündigungsandrohung ist der rückständige Betrag, von dessen fristgerechter Zahlung der Fortbestand des Kredits abhängen soll, exakt zu beziffern. Bereits **geringfügige Mehrforderungen** (zB 140 DM Mahngebühren) führen zur **Unwirksamkeit** der Kündigungsandrohung, sofern es sich nicht nur um Pfennigsbeträge oder Berechnungsfehler aufgrund eines offensichtlichen Zahlendrehers handelt.[772] Nicht erforderlich ist, dass auch der künftige Kündigungsschaden in der Androhung der Kündigung dargelegt wird.[773] Das in § 498 S. 2 BGB vorgesehene **Gesprächsangebot** ist keine Wirksamkeitsvoraussetzung für die Kündigung. L606

Die Kündigung kann der Leasingnehmer nur durch eine **fristgerechte und vollständige Tilgung** des rückständigen Betrages abwenden.[774] Eine Zahlung des Leasingnehmers, die L607

---

767 *Matusche-Beckmann* in *Martinek/Stoffels/Wimmer-Leonhardt*, § 52 Rn 21.
768 BGH 14. 2. 2001, NJW 2001, 1349, 1351.
769 *Groß*, DAR 1996, 438 ff, 447.
770 *Woitkewitsch* in *Graf von Westphalen*, Der Leasingvertrag, Kap. L Rn 428; aA *Wolf/Eckert/Ball*, Rn 2068; *Godefroid*, Verbraucherkreditverträge, 3. Aufl. (2008), Teil 5 Rn 28 mwN.; *Soergel/Heintzmann*, vor § 353 Rn 66.
771 *Palandt/Weidenkaff*, § 498 Rn 6.
772 BGH 26. 1. 2005, ZIP 2005, 406.
773 OLG Oldenburg 2. 6. 2003, DAR 2003, 460; *Berninghaus* in *Martinek/Stoffels/Wimmer-Leonhardt*, § 43 Rn 8.
774 BGH 26. 1. 2005, ZIP 2005, 406.

den Rückstand bis zum Fristablauf lediglich verringert, ihn jedoch nicht vollständig ausgleicht, reicht nicht aus, um der Kündigung die Grundlage zu entziehen. Durch einen nachträglichen Forderungsausgleich vor Zugang der Kündigung bzw. spätestens bis zum Ablauf von 2 Monaten nach Eintritt der Rechtshängigkeit verliert die Kündigung nicht ihre Wirksamkeit. Die mietrechtlichen Schutzbestimmungen des § 569 Abs. 3 Nr. 2 und Nr. 3 BGB werden durch die darlehensrechtliche Spezialnorm des § 498 BGB verdrängt.

L608 Abschn. XIV. (Alternativfassung) VDA-Muster-Leasing-AGB enthält keine Regelungen zur fristlosen Kündigung wegen Zahlungsverzugs, erwähnt aber unter Nr. 2 den Fall der Zahlungseinstellung als Grund für eine Kündigung aus wichtigem Grund, der nicht unter § 498 BGB sondern unter die Kündigung wegen Vermögensverschlechterung fällt. Dadurch wird beim Verbraucher, für den die Leasing-AGB bestimmt sind, ein völlig falscher Eindruck über die Kündigungsvoraussetzungen erweckt.[775]

3. Vorübergehende Inbesitznahme des Fahrzeugs ohne Kündigung

L609 Nicht immer haben Leasingfirmen ein Interesse daran, das Vertragsverhältnis durch fristlose Kündigung zu beenden, wenn hierzu die Voraussetzungen formell vorliegen. Die vorzeitige Vertragsbeendigung ist nicht sinnvoll, wenn sich der Leasingnehmer erkennbar nur **vorübergehend** in **finanziellen Schwierigkeiten** befindet. Deshalb darf sich der Leasinggeber in Leasing-AGB das Recht vorbehalten, dem Leasingnehmer den Gebrauch des Fahrzeugs vorübergehend bis zum Ausgleich des **Zahlungsrückstandes** zur Sicherung seiner vertraglichen Ansprüche zu entziehen.[776]

Nicht mit § 307 BGB zu vereinbaren ist eine Klausel, die das Recht des Leasingnehmers auf Wiedereinräumung des Besitzes davon abhängig macht, dass dieser außer den rückständigen Leasingraten die **künftigen Leasingraten** (vorab) begleicht.[777] Stellt der Leasinggeber dennoch aufgrund einer solchen unwirksamen Klausel das Fahrzeug sicher, verliert er für die Zeit der Sicherstellung den Anspruch auf die Leasingraten.[778]

Eine Klausel, die dem Leasinggeber eine vorläufige Sicherstellung wegen Zahlungsverzugs gestattet, ohne dass die Kündigungsvoraussetzungen des § 543 Abs. 2 Nr. 3 BGB erfüllt sind, scheitert ebenfalls an § 307 BGB, da sie den Leasingnehmer unangemessen benachteiligt. Infolge des Gebrauchsentzugs nimmt sie ihm die Chance, durch Weiternutzung des Leasingfahrzeugs die Leasingraten zu erwirtschaften.[779]

L610 Ohne Sicherstellungsklausel im Leasingvertrag macht sich der Leasinggeber schadensersatzpflichtig, wenn er das Leasingfahrzeug wegen Zahlungsverzugs eigenmächtig an sich nimmt.[780]

4. Herausgabe des Fahrzeugs

L611 Mit der fristlosen Kündigung erlischt das Besitzrecht des Leasingnehmers am Fahrzeug. Falls er seiner Herausgabepflicht nicht nachkommt, schuldet er dem Leasinggeber zusätzlich zum Kündigungsschaden (Rn L612 ff.) eine Nutzungsvergütung nach § 546 a BGB für die Zeit der Vorenthaltung in Höhe der Brutto-Leasingraten.[781] Der Leasinggeber kann Nut-

---

775 *Müller-Sarnowski*, DAR 2004, 608, 611.
776 BGH 1. 3. 1978, WM 1978, 406; *Graf von Westphalen*, Der Leasingvertrag, Kap. K Rn 29; MüKo-BGB/*Koch*, Leasing Rn 133.
777 BGH 28. 10. 1981, MDR 1982, 485 ff.; *Erman/Jendrek*, Anh. § 535 Rn 35.
778 *Erman/Jendrek*, Anh. § 535 Rn 35.
779 *Graf von Westphalen*, Der Leasingvertrag, Kap. K Rn 31.
780 MüKo-BGB/*Koch*, Leasing Rn 133.
781 BGH 8. 3. 1995, DAR 1995, 284, 285; 11. 2. 1987, ZIP 1987, 517; OLG Hamm 5. 6. 1986, ZIP 1986, 1473, 1475.

5. Ersatz des Kündigungsschadens

Im Fall einer von ihm **schuldhaft** veranlassten, wirksamen fristlosen Kündigung haftet L612
der Leasingnehmer dem Leasinggeber auf **Schadensersatz**.[783] Die fristlose Kündigung des
Leasinggebers geht allerdings ins Leere – und mit ihr der Schadensersatzanspruch –, wenn
sie zu einem Zeitpunkt erfolgt, in dem das Widerrufsrecht des Leasingnehmers noch nicht
erloschen ist.[784] Bei dem Schadensersatzanspruch des Leasinggebers handelt es sich um
einen **Anspruch eigener Art**, der mit dem Wirksamwerden der Kündigung entsteht.[785]
Der Leasinggeber ist so zu stellen, wie er bei ordnungsgemäßer Vertragsdurchführung stehen würde.[786] Der Schaden des Leasinggebers besteht hauptsächlich darin, dass die nach
dem Vertrag angestrebte und vom Leasingnehmer garantierte Vollamortisation nicht erreicht wird.[787] Der Schadensersatzanspruch ist umsatzsteuerfrei (Rn L61). Für Verbraucher-Leasingverträge schreibt § 498 Abs. 2 BGB vor, dass die Restschuld ohne Berücksichtigung der künftigen Zinsen und laufzeitabhängigen Kosten staffelmäßig zu berechnen ist
(Rn L627).

Die Rechtsprechung hat bisher keine endgültige Antwort auf die Frage gegeben, ob ein L613
Verbraucher dem Leasinggeber aus dem Gesichtspunkt der Pflichtverletzung auf Schadensersatz haftet, wenn er sich weigert, den Vertrag weiterhin zu erfüllen und der Leasinggeber
daraufhin das Fahrzeug zurücknimmt, ohne jedoch eine wirksame Kündigung auszusprechen. Nach einer Entscheidung des OLG Rostock,[788] der der BGH im Revisionsverfahren
nicht entgegen getreten ist,[789] widerspricht eine Ausdehnung der Haftung auf die Folgen des
Zahlungsverzugs des Verbrauchers dem Normzweck von § 498 BGB, da diese Vorschrift
eine vorhergehende Warnung des Schuldners erfordert. Im Fall einer Bejahung der Haftung
hat sich ein darauf gestützter Schadensersatzanspruch in den Grenzen von § 498 BGB zu
halten, da der Leasinggeber, der das Leasinggut zurückfordert und zurückerhält, ohne
den Leasingvertrag wirksam gekündigt zu haben, nicht besser stehen darf, als er nach wirksamer fristloser Kündigung stünde. Für die Zeit bis zur Rückgabe des Fahrzeugs ist der Vertrag in der Weise abzurechnen, dass der Leasingnehmer dem Leasinggeber den auf die Nutzungszeit entfallenden Anteil des Amortisationsaufwandes zu vergüten hat. Hierbei sind
der Verkaufserlös anzurechnen und der nicht verbrauchte Teil der Sonderzahlung zugunsten des Leasingnehmers zu berücksichtigen.[790]

a) Pauschalierte Schadensberechnung

Schadenspauschalierungen in Leasingverträgen haben sich nicht bewährt. Keine der sog. L614
kombinierten Verfallklauseln, die den Leasinggeber im Fall des Zahlungsverzugs des Leasingnehmers zur außerordentlichen Vertragskündigung, Rücknahme des Leasingfahrzeugs
und Fälligstellung des Restamortisationsschadens berechtigte, passierte die **höchstrichter-**

---

782 SchlHOLG 8. 5. 1998, OLGR 1998, 237.
783 BGH 4. 4. 1984, NJW 1984, 2687; zur Ausfallhaftung des Lieferanten OLG Nürnberg 19. 5. 1988, NJW-RR 1989, 114 ff.
784 BGH 12. 6. 1996, ZIP 1996,1336; OLG Dresden 8. 9. 1999, DAR 1999, 542.
785 BGH 3. 6. 1992, ZIP 1992, 930.
786 BGH 26. 6. 2002, NJW 2002, 2713.
787 BGH 12. 6. 1985, NJW 1985, 2253; 11. 2. 1987, NJW 1987, 1690; *Berninghaus* in *Martinek/Stoffels/Wimmer-Leonhardt*, § 39 Rn 11, 13 mwN.
788 Urt. v. 13. 9. 1999, OLGR 2000, 2, 8.
789 Urt. v. 28. 6. 2000, NJW 2000, 3133, 3137.
790 Urt. v. 13. 9. 1999, OLGR 2000, 2,7.

liche **AGB-Kontrolle** unbeanstandet.[791] Selbst die vom BGH[792] am Beispiel eines kündbaren Leasingvertrages mit Abschlusszahlung seinerzeit erteilten Hinweise zur AGB-konformen Klauselgestaltung entsprechen nicht mehr dem aktuellen Stand der Rechtsprechung. Heutzutage gilt, dass außer den bei allen Vertragsmodellen[793] zu berücksichtigenden **Zinsvorteilen** infolge des vorzeitigen Kapitalrückflusses und den ersparten **laufzeitabhängigen Kosten** in Klauseln kündbarer Leasingverträge[794] und in **Leasingverträgen mit Verbrauchern** (Rn L187) grundsätzlich die Einschränkung zu machen ist, dass dem Leasinggeber ein Anspruch auf **entgangenen Gewinn** nur bis zum nächstmöglichen ordentlichen Kündigungszeitpunkt zuzubilligen ist. Von der Schadenspauschalierung in Leasing-AGB kann daher nur abgeraten werden.

b) Konkrete Schadensberechnung

L615 Erweist sich eine Schadenspauschalierung als unwirksam oder enthält der Leasingvertrag keine Pauschalklausel ist der Schaden konkret zu ermitteln.[795] Bezugspunkt für die Berechnung ist der Zeitpunkt des Wirksamwerdens der Kündigung. Hierbei ist zu beachten, dass bei verspäteter Rückgabe des Leasingfahrzeugs die Nutzungsvergütung mit dem Bruttobetrag anzusetzen ist. Da die Nutzungsvergütung im Regelfall der vereinbarten Leasingrate entspricht,[796] sind die Leasingraten bis zum Tag der Rückgabe des Fahrzeugs zu berechnen[797] und weder abzuzinsen noch um ersparte Verwaltungskosten zu kürzen.

L616 Die Berechnung muss **nachvollziehbar** sein, andernfalls eine auf sie gestützte Klage unschlüssig ist.[798] Für den Leasinggeber empfiehlt es sich, die einzelnen Abrechnungsschritte darzulegen und sich nicht darauf zu beschränken, die für die Berechnung erforderlichen Daten vorzutragen. Nach einer Entscheidung des LG Frankfurt/Main[799] genügt der Leasinggeber durch die Darlegung der Berechnungsdaten seiner Substantiierungspflicht, wenn sich das rechnerische Ergebnis mit Hilfe eines handelsüblichen Taschenrechners nachvollziehen lässt.

L617 Da sich der zur Kosten- und Gewinndeckung vom Leasingnehmer aufzubringende Betrag in der Summe aller Leasingraten für die vereinbarte Vertragszeit zuzüglich des kalkulierten Restwertes widerspiegelt, besteht der Schaden des Leasinggebers im Fall der vorzeitigen Vertragsbeendigung wegen Zahlungsverzuges des Leasingnehmers in erster Linie in der Summe der jeweils **ausstehenden Leasingraten** zuzüglich des **kalkulierten Restwertes**. Außerhalb des Anwendungsbereichs von §§ 500, 498 BGB für Verbraucher-Leasingverträge gehört auch der in den ausstehenden Leasingraten enthaltene **Gewinn** zum Scha-

---

791 BGH 5. 4. 1978, BB 1978, 682 ff.; 28. 10. 1981, MDR 1982, 485 ff.; 31. 3. 1982, BB 1982, 1078; 10. 10. 1990, NJW 1991, 221; 22. 11. 1995, WM 1996, 311; 14. 7. 2004, NJW 2004, 2823, 2824; OLG Köln 6. 2. 1995, NJW 1995, 2044; ferner siehe *Quittnat*, BB 1979, 1530; *Ziganke*, BB 1982, 706; *Klamroth*, BB 1982, 1949.
792 Urt. v. 12. 6. 1985, ZIP 1985, 868 ff.
793 BGH 10. 10. 1990, NJW 1991, 221; 11. 1. 1995, ZIP 1995, 286, 287; 4. 6. 1996, NJW 1996, 2648, 2651; OLG Köln 9. 2. 1994, ZIP 1995, 46, 49.
794 BGH 19. 3. 1986, ZIP 1986, 576; 10. 10. 1990, NJW 1991, 221; OLG Köln 9. 2.1994, ZIP 1995, 46, 49.
795 BGH 22. 11. 1995, WM 1996, 311, 315; erfolgt die konkrete Berechnung erst in zweiter Instanz, hat der Leasinggeber die Kosten des Berufungsverfahrens zu tragen, auch wenn er aufgrund der Nachberechnung weitgehend obsiegt, OLG Celle 19. 5. 1999, OLGR 1999, 299.
796 BGH 13. 4. 2005, WM 2005, 1332; 7. 1. 2004, NJW-RR 2004, 558; zu dem gleichen Ergebnis gelangt, wer mit *Beckmann*, § 8 Rn 194 von einem Fortbestand des Leasingvertrages bis zur Rückgabe der Leasingsache ausgeht.
797 *Berninghaus* in *Martinek/Stoffels/Wimmer-Leonhardt*, § 35 Rn 43.
798 OLG Koblenz 21. 11. 1996, OLGR 1997, 137; LG Köln 28. 3. 1996 – 6 O 505/95 – n. v.
799 Urt. v. 17. 9. 1996, NJW-RR 1997, 434.

Vorzeitige Vertragsbeendigung

den,[800] den der Leasinggeber beim Vertragsmodell des kündbaren Leasingvertrages mit Abschlusszahlung jedoch längstens bis zu dem Zeitpunkt einer nach dem Vertrag zulässigen ordentlichen Kündigung vom Leasingnehmer zu beanspruchen hat.[801] Eine **Sonderzahlung** ist Teil des Amortisationsanspruchs des Leasinggebers und folglich bei der konkreten Schadensberechnung nach einer vom Leasingnehmer veranlassten fristlosen Kündigung des Leasingvertrages zu Gunsten des Leasingnehmers zu berücksichtigen.[802]

Hinzu kommen weiterhin die durch die vorzeitige Vertragsbeendigung bedingten **Mehraufwendungen** des Leasinggebers, wie etwa eine ordnungsgemäß und banküblich berechnete[803] **Vorfälligkeitsentschädigung**, die der Leasinggeber der Bank wegen der vorzeitigen Rückführung der Refinanzierungsmittel schuldet,[804] **Sicherstellungs-** und **Reparaturaufwendungen**, soweit sie erforderlich sind, um das Fahrzeug überhaupt veräußern zu können oder um einen höheren Verwertungserlös zu erzielen[805] und etwaige Rechtsverfolgungskosten.

Da es sich bei der Abwicklung eines notleidend gewordenen Leasingvertrages für den Leasinggeber um eine Routineangelegenheit handelt, muss nach Ansicht des OLG Köln[806] der Leasingnehmer bei einem auswärtigen Prozess des Leasinggebers weder dessen Reisekosten zu dem auswärtigen Prozessvertreter noch dessen Aufwendungen für die beratende Tätigkeit eines an seinem Betriebssitz ansässigen Anwalts übernehmen. **L618**

Kosten für **Wartungs-** und **Inspektionsdienste**, die erst nach der Rückgabe des Fahrzeugs und einer weiteren Fahrleistung vorzunehmen sind, muss der Leasingnehmer nicht – auch nicht anteilig – übernehmen.[807]

Die Schadenssumme vermindert sich um den nach Abzug der Kosten verbleibenden Verwertungserlös, der dem Leasingnehmer grundsätzlich in voller Höhe gutzuschreiben ist.[808] Leasing-AGB, nach denen der Vorteilsausgleich am Erlös mit 90 % zu berücksichtigen ist, entfalten keine Wirksamkeit. Lediglich beim kündbaren Finanzierungsleasingvertrag mit Abschlusszahlung ist der Verwertungserlös typusbedingt mit nur 90 % auf den Vollamortisationsanspruch des Leasinggebers anzurechnen und eine entsprechende Klausel im Leasingvertrag nicht zu beanstanden.[809] Zu Gunsten des Leasingnehmers sind weiterhin die **Vorteile** zu berücksichtigen, die dem Leasinggeber durch die vorzeitige Vertragsbeendigung erwachsen und die hauptsächlich darin bestehen, dass er auf Grund des vorzeitigen Kapitalrückflusses **Zinsen** und **Verwaltungskosten** einspart. **L619**

---

800 AA OLG Koblenz 21.11.1996, OLGR 1997,137, das die BGH-Rechtsprechung insoweit allerdings missversteht.
801 BGH 19.3.1986, ZIP 1986, 576; 10.10.1990, NJW 1991, 221; a. A. OLG Stuttgart 8.9.1987, NJW-RR 1988, 501; *Reinking*, ZAP 1991 Fach 4 R, S. 13; kritisch *Ebenroth*, JZ 1991, 198, 199.
802 BGH 11.1.1995, ZIP 1995, 286 zur Unwirksamkeit einer widersprüchlichen Anrechnungsklausel; LG Köln 4.3.1998, ADAJUR-ArchivDok.-Nr. 30467 – Leitsatz veröffentlicht in DAR 2001, Heft 4, IV.
803 Nach AG Mannheim 16.5.2003, NJW-RR 2003, 1701 entfällt der Anspruch des Leasinggebers nur dann, wenn die Berechnung greifbare Ungereimtheiten aufweist.
804 BGH 24.4.1985, NJW 1985, 1539; 16.5.1990, ZIP 1990, 863; OLG Köln 15.3.1993, NJW-RR 1993, 1016; OLG Celle 3.11.1993, NJW-RR 1994, 1334, 1336; *Graf von Westphalen*, Der Leasingvertrag, Kap. K Rn 46.
805 27.11.1991, NJW- RR 1992, 378; OLG Dresden, 11.11.1998, OLGR 1999, 207.
806 Beschl. v. 10.8.1989 – 17 W 366/89, n. v.
807 AA OLG Stuttgart 6.2.1996 – 6 U 112/95 – n. v.
808 BGH 26.6.2002, NJW 2002, 2713; *Beckmann*, § 8 Rn 48; *Graf von Westphalen*, Der Leasingvertrag, Kap. K. Rn 47; aA *Berninghaus* in *Martinek/Stoffels/Wimmer-Leonhardt*, § 39 Rn 27.
809 BGH 26.6.2002, NJW 2002, 2713.

c) Abzinsung

L620 Die ausstehenden Leasingraten und der Restwert sind jeweils zum Nettowert auf den Zeitpunkt des durch die fristlose Kündigung vorzeitig markierten Vertragsendes abzuzinsen. Hierbei muss der **Refinanzierungssatz** zu Grunde gelegt werden, der vom Leasinggeber bei der Kalkulation der Leasingraten angewendet worden ist,[810] und den dieser im Streitfall darzulegen und zu beweisen hat.[811] Die Festlegung eines mit dem tatsächlichen Refinanzierungszins nicht übereinstimmenden Abzinsungssatzes in AGB benachteiligt den Leasingnehmer unangemessen, wenn der Zinssatz, auf dessen Grundlage die Leasingraten kalkuliert sind, weit darüber liegt.[812]

L621 Außerhalb des Anwendungsbereichs von § 498 BGB erfordert eine rechnerisch **exakte Abzinsung**, dass die Leasingraten vor Abzinsung um die darin enthaltenen Gewinn- und Verwaltungskostenanteile des Leasinggebers bereinigt werden, die sich aus der Differenz zwischen dem Vertragszins und dem Refinanzierungszins ergeben. Der Grund hierfür besteht darin, dass die **Gewinnanteile,** soweit der Leasinggeber sie zu beanspruchen hat, nicht refinanziert und die ersparten **Verwaltungskosten** im Wege des Vorteilsausgleichs gesondert in Abzug gebracht werden. Die Gewinnanteile müssten – streng genommen – mit dem Wiederanlagezins abgezinst werden. Die Praxis verzichtet jedoch auf derartige Verfeinerungen des Abrechnungsverfahrens, indem sie die ungekürzten Leasingraten abzinst und erst anschließend die ersparten Verwaltungskosten und Gewinnanteile in Abzug bringt, wodurch sie dem Leasingnehmer zu einer Aufstockung der Vorteilsanrechnung verhilft.[813]

L622 Die Abzinsung der Schadenssumme mit einem niedrigeren **Anlagezins** kommt als Alternative zur Abzinsung mit dem höheren Refinanzierungszins in Betracht, wenn der Leasinggeber das Refinanzierungsdarlehen anderweitig verwendet und dadurch eine **Vorfälligkeitsentschädigung vermeidet**, die den vom Leasingnehmer zu tragenden Schaden vergrößern und den Abzinsungsvorteil zunichte machen würde.[814] In diesem Falle liegt der durch die Kündigung eintretende Vorteil für den Leasinggeber lediglich darin, dass er den Schadensersatzanspruch vorzeitig erhält und zinsbringend anlegen kann. Gegen eine Abzinsung auf der Basis des Anlagezinses ist auch dann nichts einzuwenden, wenn der Leasinggeber für die Finanzierung des Leasingvertrages **Eigenmittel** eingesetzt hat.

L623 Finanziert der Leasinggeber eine Vielzahl von Leasingverträgen durch einen **Großkredit**, genügt es zur Darlegung der Refinanzierung im Einzelfall, dass sich der Leasingvertrag dem Kredit zeitlich zuordnen lässt.[815] Eine Schätzung durch das Gericht ist mangels greifbarer Anhaltspunkte nicht zulässig.[816] Die Abzinsung wird nicht dadurch entbehrlich, dass ein Prozessverfahren das reguläre Vertragsende überdauert, da die ersparten Refinanzierungskosten betragsmäßig nicht mit den Verzugszinsen übereinstimmen und letztere dem Zinseszinsverbot des § 289 BGB unterliegen.[817] Wenn der Leasingnehmer das Fahrzeug allerdings trotz berechtigter fristloser Kündigung des Leasinggebers bis zum regulären Ver-

---

810 BGH 22. 11. 1995 WM 1996, 311; 20.1. 986, WM 1986, 480; 10. 10. 1990, NJW 1991, 221.
811 OLG Celle 30. 8. 1995, OLGR 1996, 96.
812 BGH 29. 1. 1986, WM 1986, 480; *Braxmeier*, Die Rechtsprechung des BGH zu Miete und Pacht einschl. Leasing, WM-Sonderbeilage Nr. 1/88, S. 12.
813 So die Vorgehensweise des OLG Celle 7. 4. 1999, OLGR 1999, 225.
814 *Berninghaus* in *Martinek/Stoffels/Wimmer-Leonhardt*, § 39 Rn 34, 35.
815 OLG Celle 17. 12. 1997, DAR 1999, 361.
816 BGH 22. 11. 1995 WM 1996, 311; OLG Celle 30. 8. 1995, OLGR 1996, 49; OLG Naumburg 11. 12. 1997, OLGR 1998, 210; a. A. SchlHOLG 21. 11. 1997, OLGR 1998, 41, das den Refinanzierungssatz wegen ungenügenden Sachvortrags der Leasinggesellschaft auf 13,25 % geschätzt hat.
817 *Kranemann*, ZIP 1997, 1404; aA OLG Hamm 23. 6. 1987, NJW-RR 1987, 1140; *Beckmann*, § 8 Rn 140; *Berninghaus* in *Martinek/Stoffels/Wimmer-Leonhardt*, § 39 Rn 36.

tragsende behält, besteht faktisch die gleiche Situation, als wäre der Vertrag nicht gekündigt. Das bedeutet, dass der Leasinggeber nach den üblichen Vertragsdaten abrechnen kann und die Abzinsungsproblematik keine Rolle spielt, da dem Leasinggeber keine Vorteile durch vorzeitigen Kapitalrückfluss entstehen.[818]

Für die Abzinsung gibt es **keine allgemein gültige Formel**, da jede Berechnung eines Abzinsungsbetrages nur zu einem Annäherungswert führt, dessen Maßgeblichkeit der Tatrichter wie bei einer Schadensschätzung analog § 287 ZPO zu beurteilen hat.[819] Eine Abzinsung der Leasingraten und des Restwertes nach der Rentenbarwertmethode ist allgemein anerkannt und üblich,[820] da sie im Vergleich zu linearen Berechnungsmodellen zu genaueren Ergebnissen führt.[821] L624

Bei der Abzinsung der Leasingraten ist die **vorschüssige Rentenbarwertformel** anzuwenden, wenn die Leasingraten nach dem Inhalt des Vertrages monatlich im Voraus zu zahlen sind, während die **nachschüssige Rentenbarwertformel** von einer nachträglichen Fälligkeit der Leasingraten zum Monatsende ausgeht.

aa) Abzinsung der Leasingraten

Refinanzierungssatz $= p$
Restlaufzeit $= n$
Abzinsungsfaktor $= q = 1 + \dfrac{p}{1200}$

L625

Rentenbarwertmethode (vorschüssig)

$$\text{Barwert} = \text{Rate} \cdot q \cdot \frac{1}{q^{n-1}} \cdot \frac{q^n - 1}{q - 1}$$

Rentenbarwertmethode (nachschüssig)

$$\text{Barwert} = \text{Rate} \cdot \frac{1}{q^n} \cdot \frac{q^n - 1}{q - 1}$$

bb) Abzinsung des Restwertes

Rentenbarwertmethode

$$\text{Barwert} = \frac{\text{Restwert}}{q^n}$$

L626

cc) Zinsstaffelmethode für Verbraucher-Leasingverträge

Für den **Verbraucher-Leasingvertrag** schreibt § 498 Abs. 2 BGB zwingend vor, dass sich die Restschuld um die Zinsen und sonstigen laufzeitabhängigen Kosten des Darlehens vermindert, die bei staffelmäßiger Berechnung auf die Zeit nach Wirksamwerden der Kündigung entfallen. In die Berechnung der Restschuld dürfen die künftigen Zinsen und laufzeitabhängigen Kosten nicht aufgenommen werden und es ist eine gestaffelte Abrechnung L627

---

818 SchlOLG 15. 12. 2000, OLGR 2001, 99, 100.
819 BGH 6. 6. 1984, WM 1984, 1217; 10. 10. 1990, NJW 1991, 221.
820 OLG Karlsruhe 5. 2. 1998, OLGR 1998, 213; OLG Frankfurt/Main 16. 2. 1994, VersR 1995, 53; OLG Naumburg 13. 2. 1997, OLGR 1998, 58; OLG Celle 5. 1. 1994, NJW-RR 1994, 743; OLG Stuttgart 23. 2. 1996 – 6 U 112/95, n. v.; OLG Köln 9. 2. 1994, OLGR 1995, 49; und Urt. v. 18. 7. 1996 – 18 U 30/95, n. v., das allerdings versehentlich die falsche (nachschüssige) Formel verwendet hat.
821 OLG Celle 3. 11. 1993, NJW-RR 1994, 1334, 1336.

der Zinsen vorzunehmen.[822] Hierzu bedarf es einer finanzmathematisch exakten Rückrechnung.[823]

L628 Für den Leasingvertrag folgt daraus, dass die in den künftigen Leasingraten enthaltenen **Gewinnanteile**, die beim Darlehen in den Zinsen mitenthalten sind, außer Betracht bleiben müssen. Der Leasingnehmer schuldet somit nur die Gewinnanteile des Leasinggebers, die bis zur Vertragskündigung entstanden sind.[824]

d) Abzug der ersparten Kosten

L629 Laufzeitabhängige Kosten, die der Leasinggeber im Fall der vorzeitigen Kündigung einspart, sind bei der Abrechnung zu Gunsten des Leasingnehmers zu berücksichtigen. Kostenfaktoren der Leasingkalkulation, die von der vorzeitigen Vertragsbeendigung nicht betroffen sind, muss der Leasinggeber betragsmäßig aufschlüsseln und nachweisen. Er genügt den Beweisanforderungen nicht durch die Angabe der allgemeinen Betriebskosten, da diese auf einer Mischkalkulation beruhen.[825] Legt der Leasinggeber seine Kalkulationsgrundlagen nicht offen, bietet sich dem Gericht die Möglichkeit der Schätzung gem. § 287 ZPO an.[826]

L630 Zu den Aufwendungen, die bei einer vorzeitigen Vertragsbeendigung wegfallen, gehören in erster Linie die **Kosten** der **Vertragsüberwachung** für die restliche Laufzeit des Vertrages, nicht jedoch die bereits verbrauchten Vertragsüberwachungs- und Vertragsabschlusskosten sowie die ohnehin anfallenden Kosten der Vertragsbeendigung.[827] Der Anteil der Kosten für die Durchführung und Überwachung eines Kraftfahrzeugleasingvertrages für die gesamte Vertragszeit liegt bei 20 %[828] bis 30 %[829] der Verwaltungskosten, die neben dem Gewinn zu den Nichtfinanzierungskosten zählen. Der Angabe des Leasinggebers, die Ersparnis der laufzeitabhängigen Kosten betrage 30 % der restlichen Nichtfinanzierungskosten, kann das Gericht im Wege der Schätzung folgen, sofern der Parteivortrag im Einzelfall keine weitere Sachaufklärung erfordert.[830]

Berechnungsbeispiel für die Ermittlung der ersparten laufzeitabhängigen Vertragskosten:

L631
42 Raten · 832,79 Euro	34.977,18 Euro	
Leasingsonderzahlung	7.407,91 Euro	
kalkulierter Restwert	30.426,19 Euro	
	72.811,28 Euro	
abzüglich Kaufpreis	57.407,91 Euro	
Vertragskosten	15.403,37 Euro	

Aufteilung der Vertragskosten in Finanzierungskosten (FK)

und Nichtfinanzierungskosten (NFK)

---

822 BdF 19. 3. 1973, BB 1973, 506; zur Berechnung *Spittler*, Leasing für die Praxis, S. 163.
823 LG Berlin 24. 1. 2005, NJW-RR 2005, 1649; *Palandt/Weidenkaff*, § 498 Rn 11.
824 *Woitkewitsch* in *Graf von Westphalen*, Der Leasingvertrag, Kap. L Rn 442; MüKo-BGB/*Koch*, § 498 Rn 28 *ders*. Leasing, Rn 58, 132.
825 OLG Hamburg 20. 10. 1986, NJW-RR 1987, 51 ff.
826 OLG Köln 31. 1. 1990, VersR 1992, 242; OLG Frankfurt/Main 16. 2. 1994, VersR 1995, 53.
827 OLG Hamburg 22. 10. 1986, NJW-RR 1987, 51 ff.; OLG Köln 15. 3. 1993, NJW-RR 1993, 1016, 1017; OLG Celle 3. 11. 1993, NJW-RR 1994, 1334, 1336.
828 OLG Stuttgart 8. 9. 1987, NJW-RR 1988, 501.
829 OLG Köln 9. 2. 1994, ZIP 1995, 46, 48.
830 OLG Celle 7. 4. 1999, OLGR 1999, 225.

Vorzeitige Vertragsbeendigung L632

FK	$= KE \cdot \left(\dfrac{1+p}{1200}\right)^n - KE$	
KE	= Kapitaleinsatz 50.000 Euro (57.407,91 Euro – 7.407,91 Euro)	
p	= Refinanzierungssatz 4,55 %	
N	= Vertragslaufzeit 42 Monate	
FK	$= 50\,000 \cdot \left(\dfrac{1+4{,}55}{1200}\right)^n - 50\,000$	
FK	= 8.613,90 Euro	
NFK	= 6.789,47 Euro (15.403,37 Euro – 8.613,90 Euro)	

Nichtfinanzierungskosten (NFK)

Gewinn 50 %[831] von 6.789,47 Euro	= 3.394,70 Euro
Laufzeitunabhängig:	
Verwaltungsaufwand 50 % von 6.789,47 Euro	= 3.394,70 Euro
Abschlusskosten 50 %	= 1.697,35 Euro
Beendigungskosten 30 %[832]	= 1.018,41 Euro
Laufzeitabhängig:	
Überwachungsaufwand 20 %	= 678,94 Euro
Verteilung 1260 Tage (42 Monate)	
791 Tage	= 446,24 Euro
nicht verbraucht	= 232,70 Euro

Das einem Fall aus der Praxis entnommene Beispiel macht deutlich, dass die **laufzeitabhängigen Kosten** im Vergleich zum Vertragsvolumen relativ gering sind. In Anbetracht des gebotenen Vorteilsausgleichs erscheint es gleichwohl nicht vertretbar, die Ersparnisse einfach zu ignorieren und dies damit zu begründen, der ordnungsgemäß bediente Leasingvertrag erfordere, da die Verwaltung durch EDV erfolge, keinen nennenswerten Verwaltungsaufwand, während der notleidende Leasingvertrag zu erheblichen Aufwendungen führen könne.[833]

Von der Möglichkeit, die ersparten Aufwendungen gem. **§ 287 ZPO** zu **schätzen**, macht die Rechtsprechung in zunehmendem Maße Gebrauch. Die Schätzungen liegen je nach Vertragsvolumen zwischen 10 Euro und 25 Euro monatlich.[834] Wird der Vorteilsausgleich durch eine Kürzung der Leasingraten vor Abzinsung vollzogen, beträgt der geschätzte Wert idR 3 %.[835]

L632

---

831 Zulässige Schätzung des Gerichts und des Leasinggebers, sofern keine hiervon abweichende Darlegung erfolgt, OLG Stuttgart 8.9.1987, NJW-RR 1988, 501, 502; OLG Celle 7.4.1999, OLGR 1999, 225, 228.
832 In Abweichung von den in dieser Beispielsrechnung zu Grunde gelegten Werten kann die Aufteilung im Wege der Schätzung zB 40 % Abschlussaufwand, 30 % laufzeitunabhängiger Abwicklungsaufwand und 30 % laufzeitabhängiger Überwachungsaufwand betragen – OLG Stuttgart 8.9.1987, NJW-RR 1988, 501, 502; OLG Celle 7.4.1999, OLGR 1999, 225, 228.
833 So OLG Hamm 28.6.1994 -7 U 53/93 –, teilweise veröffentlicht in NJW-RR 1994, 1467.
834 OLG Celle 13.11.1996, OLGR 1997, 51; OLG Stuttgart 23.2.1996 – 6 U 112/95, n.v.; OLG Köln 21.4.1994 – 18 U 197/93, n.v.; OLG Düsseldorf 12.6.1998, BB 1998, 2179.
835 OLG Köln 18.7.1996 – 18 U 30/95, n.v.; OLG Hamm 8.1.1997 -30 U 177/96, n.v.; OLG Naumburg 23.10.1997 -7 U 808/97, n.v.

6. Verwertung des Fahrzeugs

L633 Auch im Fall einer vorzeitigen Vertragsbeendigung ist der Leasinggeber verpflichtet, das Fahrzeug **bestmöglich** zu **verwerten** (Rn L539 ff).

L634 Höhere Verwertungskosten infolge vorzeitiger Vertragsbeendigung sind auf Nachweis – zusätzlich zu den notwendigen Verwertungskosten, die auch im Fall einer vertragsgemäßen Beendigung des Leasingvertrages entstanden wären – vom Leasingnehmer zu ersetzen.[836]

L635 Über das Ziel schießt eine Entscheidung des OLG Köln,[837] nach der der Leasinggeber, der die Abwicklung des vorzeitig beendeten Leasingvertrages vollständig einem Dritten übertragen hat, dem Leasingnehmer die dadurch entstandenen Kosten auferlegen darf, wobei er sich die in den Leasingraten anteilig enthaltenen Abwicklungskosten anrechnen lassen muss. Die Abwicklung des Leasingvertrages fällt sowohl bei der regulären als auch bei der vorzeitigen Vertragsbeendigung in den Aufgabenbereich des Leasinggebers. Überlässt er sie einem Dritten, gehen die Mehrkosten zu seinen Lasten, da für eine Kostenverlagerung auf den Leasingnehmer die Rechtsgrundlage fehlt. Der Leasingnehmer hat dem Leasinggeber die Mehrkosten nur insoweit zu ersetzen, als diese entweder unbedingt notwendig oder ursächlich auf die vorzeitige, vom Leasingnehmer zu vertretende Vertragsbeendigung zurückzuführen sind, wie zB die Kosten für die Abholung und Sicherstellung des vom Leasingnehmer nicht abgelieferten Fahrzeugs.

L636 Falls sich der Händler zum **Rückkauf** des Fahrzeugs auch für den Fall der **vorzeitigen Beendigung** des Leasingvertrages verpflichtet hat, ist eine wirksame **Kündigung** des Leasingvertrages durch den Leasinggeber Bedingung für das Entstehen der Rückkaufpflicht.[838]

L637 Durch Rückkauf des Fahrzeugs vom Leasinggeber im Falle vorzeitiger Vertragsbeendigung erlangt der Händler keine Ansprüche aus dem Rechtsinstitut der **Schadensliquidation im Drittinteresse** gegen den Leasingnehmer. Zur Begründung von Ansprüchen in der Person des Händlers bedarf es der Abtretung durch den Leasinggeber.[839]

7. Abrechnung

L638 Der um die Verwertungskosten bereinigte **Erlös** ist auf die Schadensersatzforderung des Leasingnehmers **anzurechnen.**[840]

L639 Ein noch nicht realisierter Verwertungserlös ist von der Schadensersatzforderung bei Klageeinreichung nicht abzusetzen, wenn der Leasinggeber trotz entsprechender Verkaufsbemühungen bis dahin eine Verwertung nicht hat vornehmen können.[841] Bei schwieriger Vermarktungslage ist es hinnehmbar, dass das andauernde Verwertungsrisiko auf den Leasingnehmer abgewälzt und der Vorteilsausgleich so lange zurückgestellt wird, bis es dem Leasinggeber gelungen ist, die Leasingsache zu verwerten. Wenn jedoch dem Leasinggeber die Verwertung möglich und zumutbar war, zB durch einen Verkauf der Leasingsache an den zum Rückkauf verpflichteten Lieferanten, und er diese Chance nicht genutzt hat, ist der Anspruch auf Schadensersatz um den hypothetischen Verwertungserlös zu kürzen.[842]

L640 Eine Anrechnung des Verwertungserlöses auf **rückständige Leasingraten**, die aus der ungekündigten Vertragszeit herrühren, muss der Leasingnehmer nicht gegen sich gelten

---

836 OLG Celle 3. 11. 1993, NJW-RR 1994, 1334, 1336.
837 Urt. v. 9. 2. 1994, ZIP 1995, 46, 48.
838 BGH 13. 12. 1989, DAR 1990, 96.
839 OLG Düsseldorf 26. 1. 1989, NJW-RR 1989, 884 ff.
840 OLG Köln 15. 3. 1993, NJW-RR 1993, 1017.
841 BGH 24. 4. 1985, 1985, 1539, 1544.
842 OLG Dresden 7. 8. 2000, NJW-RR 2003, 194, 195.

Vorzeitige Vertragsbeendigung

lassen.[843] Durch die Verpflichtung zur Anrechnung des Verwertungserlöses auf den Kündigungsschaden wird sichergestellt, dass der Leasingnehmer den geldwerten Vorteil erlangt, der darin besteht, dass der Wert der Sache zum Zeitpunkt der früheren Rückgabe den auf das reguläre Vertragsende kalkulierten Restwert übersteigt.

Falls eine Verwertung des Fahrzeugs – etwa infolge einer nicht vom Leasingnehmer zu vertretenden Zerstörung – nicht mehr möglich ist und dieser Umstand nicht in die Risikosphäre des Leasingnehmers fällt, muss der Wertunterschied eventuell durch Gutachten festgestellt und zu Gunsten des Leasingnehmers berücksichtigt werden.[844] **L641**

Eine Investitionszulage, die der Leasinggeber erhalten hat, ist auf die vom Leasingnehmer zu leistende Ausgleichszahlung nicht anzurechnen, da sie dem Leasinggeber als Inhaber des Anspruchs zusteht.[845] **L642**

Die Höhe der Anrechnung des erzielten Verwertungserlöses auf die Ausgleichszahlung hängt vom jeweiligen Vertragsmodell und den im Einzelfall getroffenen Vereinbarungen ab. **L643**

Beim **kündbaren Leasingvertrag mit Abschlusszahlung** beträgt der anzurechnende **Erlösanteil 90 %**. Falls sich der Leasinggeber im Vertrag ein Andienungsrecht ohne Nachzahlungspflicht vorbehalten hat, ist der Leasingnehmer allerdings mit 100 % – statt mit nur 90 % – am Verwertungserlös zu beteiligen.[846] **L644**

Eine Anrechnung des Verwertungserlöses zu **100 %** findet beim **Leasingvertrag mit Restwertabrechnung** statt. Eine Klausel, nach der ein Verwertungserlös im Fall der Abrechnung nach vorzeitiger Vertragsbeendigung nur mit 90 % zu berücksichtigen sein soll, lässt sich weder mit der leasingtypischen Interessenlage noch mit steuerlichen Argumenten rechtfertigen und ist wegen unangemessener Benachteiligung des Leasingnehmers unwirksam.[847] Soweit ein höherer Verwertungserlös allein darauf zurückzuführen ist, dass der Vertrag vorzeitig beendet wurde, hat der Leasingnehmer den Unterschiedsbetrag in vollem Umfang zu beanspruchen, da die im Leasingerlass vom 22. 12. 1975[848] vorgesehene Verteilungsquote von 75 % zugunsten des Leasingnehmers und 25 % zugunsten des Leasinggebers ausschließlich den Mehrerlös betrifft, der nach Ablauf der vereinbarten Vertragszeit erzielt wird.[849] **L645**

Beim Leasingvertrag mit **Andienungsrecht** beträgt die Anrechnungsquote ebenfalls **100 %**, da bei normalem Vertragsverlauf der Leasingnehmer das Restwertrisiko trägt, wenn der Leasinggeber von seinem Andienungsrecht am Vertragsende Gebrauch macht. Entschließt sich der Leasinggeber zur Eigenverwertung, übernimmt er damit zwar selbst das Restwertrisiko, für ihn besteht aber im Gegensatz zum Leasingnehmer kein Zwang zur Risikoübernahme. Eine Klausel, die dem Leasingnehmer „90 % des Netto-Verwertungserlöses nach Abzug der Kosten" zubilligt, ist wegen Verstoßes gegen § 307 BGB unwirksam,[850] da sie den Leasinggeber besser stellt, als er bei ordnungsgemäßer Vertragsdurchführung gestanden hätte. Ein etwaiger Mehrerlös steht allein dem Leasingnehmer zu.[851] **L646**

---

843 OLG Frankfurt/Main 22. 9. 1986, NJW-RR 1987, 372.
844 BGH 8. 3. 1995, DAR 1995, 284, 286.
845 OLG Naumburg 25. 9. 1997, NJW-RR 1998, 1585 .
846 OLG Celle 3. 11. 1993, NJW-RR 1994, 1334, 1337.
847 BGH 26. 6. 2002, ZIP 2002, 1402.
848 BB 1976, 72, Anhang, Anlage 4.
849 BGH 26. 6. 2002, ZIP 2002, 1402, 1405.
850 BGH 20. 6. 2002, JW 2002, 2713; KG 13. 12. 2001, KGR 2002, 49 mwN.
851 OLG Düsseldorf 14. 1. 2003, OLGR 2003, 173 für den vergleichbaren Fall, dass der Leasinggeber dem Leasingnehmer – leasinguntypisch – zum Vertragsablauf ein Erwerbsrecht eingeräumt hat.

L647 Mit **100 %** ist der Verwertungserlös der Abrechnung eines **nicht erlasskonformen** Leasingvertrages zugrunde zu legen, sofern der Leasingnehmer leasingtypisch das Verwertungsrisiko übernommen hat.[852]

8. Leasingvertrag mit Kilometerabrechnung

L648 Auch im Falle der vorzeitigen Beendigung eines Leasingvertrages mit Kilometerabrechnung muss sich der Leasinggeber an der ursprünglichen Vertragskalkulation festhalten lassen. Er darf **nicht auf** eine **Restwertabrechnung umstellen** und auf diese Weise nachträglich das Marktwertrisiko auf den Leasingnehmer verlagern.[853] Wegen ihres überraschenden Inhalts wird eine Umstellungsklausel nicht wirksam in den Vertrag einbezogen,[854] jedenfalls nicht ohne deutlichen Hinweis auf den Abrechnungswechsel im Vertrag.[855]

L649 Der infolge vorzeitiger Vertragsbeendigung **höhere Fahrzeugwert** ist bei der Abrechnung zu Gunsten des Leasingnehmers zu berücksichtigen.[856] Der Vorteilsausgleich kann ausnahmsweise entfallen, wenn die Marktgängigkeit des Fahrzeugs durch ausstehende Reparaturen erheblich beeinträchtigt wird.[857]

Eine konkrete Schadensberechnung anhand der **Mehr- und Minderkilometer**[858] führt nicht zu sachgerechten Ergebnissen, da die Höherwertigkeit des Leasingfahrzeugs nicht allein auf der geringeren Fahrleistung, sondern auch auf dem niedrigeren Fahrzeugalter beruht. Die Regelung, dass der Leasingnehmer eine Gutschrift für Minderkilometer erhält, greift nur bei ordnungsgemäßer Beendigung des Leasingvertrages ein.[859] Die Vergütungssätze für Mehr- und Minderkilometer sind nicht am Wertverlust des Fahrzeugs orientiert und auf das reguläre Vertragsende kalkuliert. Gegen eine Abrechnung auf Kilometerbasis bei vorzeitiger Vertragsbeendigung spricht weiterhin, dass die Kilometerleistung des Fahrzeugs im Zeitpunkt des Wirksamwerdens der fristlosen Kündigung nichts darüber aussagt, welchen Kilometerstand das Fahrzeug im Zeitpunkt des vertraglich vorgesehenen Vertragsendes gehabt hätte, da der Leasingnehmer eines Kilometerleasingvertrages berechtigt ist, das Fahrzeug während der Vertragslaufzeit während unterschiedlicher Zeiträume unterschiedlich häufig zu nutzen.[860]

L650 Im Rahmen der nach § 249 BGB gebotenen Betrachtung ist die infolge vorzeitiger Vertragsbeendigung entstandene **Vermögenslage** des Leasinggebers mit derjenigen zu **vergleichen**, die im Fall einer regulären Vertragsbeendigung bestehen würde. Der – gegebenenfalls vom Gutachter zu ermittelnde – Wert des Fahrzeugs zum Zeitpunkt des Wirksamwerdens der außerordentlichen Vertragskündigung bzw. bei Rückgabe[861] und dessen voraussichtlicher Wert zum Zeitpunkt des vertraglich vereinbarten Vertragsendes sind ge-

---

852 OLG Köln 24.1.1990, WM 1990, 1257.
853 BGH 22.1.1986, WM 1986,458,461; 12.6.1985, WM 1985, 860, 862; LG Berlin 22.1.1996, DB 1996, 724.
854 BGH 12.6.1985, WM 1985, 860,862; OLG Schleswig 31.7.1997, OLGR 1997, 119; OLG Celle 19.5.1999, OLGR 1999, 299; OLG Oldenburg 2.6.2003, DAR 2003, 460 ff.; OLG Düsseldorf 22.11.2005, OLGR 2006, 348, 349; LG Berlin 22.1.1996, DB 1996, 724.
855 OLG Celle 5.1.1994, NJW-RR 1994, 743; offen gelassen BGH 11.1.1995, ZIP 1995, 286, der nicht Stellung nehmen musste, weil er die Klausel aus anderen Gründen für unwirksam erachtete.
856 BGH 14.7.2004, NJW 2004, 2823, 2824.
857 OLG Celle 17.9.1997, NJW-RR 1998, 704, 706.
858 Praktiziert vom OLG Schleswig 31.1.1997, OLGR 1997,119.
859 OLG Frankfurt a.M. 24.02.2000 ADAJUR -Archiv Dok.-Nr. 41813 – Leitsatz in DAR, Heft 4/2001, IV.
860 OLG Celle 5.1.1994, NJW-RR 1994, 743.
861 OLG Celle 19.5.1999, OLGR 1999, 299.

Vorzeitige Vertragsbeendigung L651

genüberzustellen.[862] Auf den vom Leasinggeber tatsächlich erzielten Wert kommt es nicht an. Bei der Ermittlung des fiktiven Fahrzeugwertes zum vertraglich vereinbarten Endzeitpunkt ist von einer normalen Beanspruchung des Fahrzeugs und der Einhaltung des Kilometerlimits auszugehen.[863] Es ist nicht zulässig, bei dem Vergleich auf den vom Leasinggeber **intern kalkulierten Restwert** abzustellen, da der Leasinggeber das Verwertungsrisiko trägt und keinen Ausgleichsanspruch gegen den Leasingnehmer besitzt.[864] Außerdem kann nicht davon ausgegangen werden, dass der dem Vertrag zugrunde gelegte Restwert am regulären Vertragsende tatsächlich erzielt wird. Der intern kalkulierte Restwert des Leasingfahrzeugs findet selbst dann keine Berücksichtigung, wenn der Leasinggeber mit dem Lieferanten für den Fall der ordnungsgemäßen Beendigung des Leasingvertrages eine Rückkaufvereinbarung zum kalkulierten Restwert getroffen hat.[865] Andernfalls würde der Leasinggeber als Berechtigter des Schadensersatzanspruchs besser gestellt, als er im Falle einer ordnungsgemäßen Vertragsdurchführung stünde, bei der er – abgesehen von einem Minderwertausgleich – lediglich die Rückgabe des Fahrzeugs zu beanspruchen hätte. Eventuell vorhandene Fahrzeugschäden rechtfertigen keine andere Beurteilung, da sie bereits bei der Ermittlung des realen Fahrzeugwerts im Zeitpunkt der vorzeitigen Fahrzeugrückgabe wertmindernd zu Buche schlagen.[866]

Aufgrund seiner Verpflichtung zur Schadengeringhaltung darf der Leasinggeber das vorzeitig zurück erhaltene Fahrzeug nicht bis zum Zeitpunkt der ordentlichen Vertragsbeendigung stehen lassen ohne Anstrengungen hinsichtlich eines möglichen Verkaufs zu unternehmen.[867]

Der Praxis bereitet die auf dem Vergleich der Vermögenslagen basierende Schadensberechnung Probleme, weil sie einen Wertansatz einschließt, der nur im Wege einer **vorausschauenden Schätzung** bestimmt werden kann. Durch einfaches Abstreiten des vom Gutachter ermittelten hypothetischen Fahrzeugwertes genügt der Leasingnehmer seiner Darlegungspflicht nicht. Erforderlich ist ein substantiiertes Bestreiten, wobei die Bezugnahme auf allgemein zugängliche Marktberichte und Bewertungslisten ausreicht.[868] L651

Dem Umstand, dass eine sichere **Prognose der künftigen Marktentwicklung** nicht möglich ist, kann zB dadurch Rechnung getragen werden, dass zur Ermittlung des voraussichtlichen Wertes im vertraglich vereinbarten Rückgabezeitpunkt eine Rückdatierung der Erstzulassung vorgenommen wird, um anhand der gesicherten Bewertungsdaten bis zur Vornahme der Vertragsabrechnung eine Wertprognose vorzunehmen.[869]

Da gleichwohl nicht auszuschließen ist, dass die Schätzung am Ende mit der realen Wertentwicklung nicht übereinstimmt, kann der Leasinggeber den Vertrag nur vorläufig abrechnen. Stellt sich nach Ablauf der vereinbarten Vertragszeit dann heraus, dass die Werte voneinander abweichen, sind die erforderlichen Korrekturen in einer Endabrechnung vorzunehmen.[870]

---

862 BGH 14. 7. 2004, NJW 2004, 2823, 2824.
863 OLG Celle 5. 1. 1994, NJW-RR 1994, 743.
864 OLG Celle 5. 1. 1994, NJW-RR 1994, 743; BGH 11. 1. 1995, ZIP 1995, 286, 287.
865 BGH 14. 7. 2004, NJW 2004, 2823, 2824.
866 BGH 14. 7. 2004, NJW 2004, 2823, 2824; Groß, DAR 1996, 438,445; entgegen OLG Braunschweig 16. 7. 1998, BB 1998, 2081 (Leitsatz) mit zustimmender Anmerkung von *Struppek*.
867 OLG Frankfurt a. M. 24. 2. 2000 ADAJUR -Archiv Dok.-Nr. 41813 – Leitsatz in DAR, Heft 4/2001, IV.
868 OLG Celle 19. 5. 1999, OLGR 1999, 299.
869 OLG Celle 17. 12. 1997, OLGR 1998, 47, 48.
870 KG 10. 2. 1997, OLGR 1997, 181; OLG Celle 22. 5. 1996, OLGR 1996, 181; 17. 12. 1997, NJW-RR 1998,706,707.

L652 Eine **Kombination** aus Kilometerabrechnung und Ausgleich der Höherwertigkeit des Fahrzeugs wegen vorzeitiger Rückgabe ist nach einer Entscheidung des OLG Dresden[871] vorzunehmen, wenn und soweit die vertraglich festgelegte Gesamtlaufleistung des Fahrzeugs zum Zeitpunkt der vorzeitigen Vertragsbeendigung bereits überschritten ist. Der Ausgleich der Mehrkilometer nach Maßgabe des Leasingvertrages muss dann allerdings im Rahmen der Berechnung des Nichterfüllungsschadens berücksichtigt werden, indem bei der Bestimmung des Fahrzeugwertes im Rückgabezeitpunkt nicht die tatsächliche, sondern eine um die gesondert auszugleichenden Mehrkilometer verminderte Laufleistung zugrunde gelegt wird.

L653 Eine Vereinbarung, die vorsieht, dass der Vertrag nach fristloser Kündigung auf die **verkürzte Laufzeit umgestellt** wird, ermöglicht dem Leasinggeber, bereits vor Ablauf der regulären Vertragszeit eine endgültige Abrechnung zu erstellen. Um dem Transparenzgebot zu genügen, muss sich aus der Klausel ablesen lassen, an welchen Restwert der Leasinggeber bei seiner Kalkulation anknüpft und in welchem Umfang sich das Leasingentgelt durch eine Verkürzung der Vertragsdauer ändert.[872]

L654 Für den Schaden, der dem Leasinggeber dadurch entsteht, dass er eine mit dem Verkäufer vereinbarte **Rückkaufvereinbarung** nach Ablauf der regulären Vertragsdauer nicht mehr erfüllen kann, ist der Leasingnehmer nicht verantwortlich, da er die Gewähr für die Restwerterwartung des Leasinggebers nur insoweit übernimmt, als diese durch solche Faktoren bestimmt wird, die das Fahrzeug unmittelbar betreffen.[873] Auch eventuelle Fahrzeugschäden rechtfertigen keine andere Beurteilung, da sie bereits bei der Ermittlung des realen Fahrzeugwertes im Zeitpunkt der vorzeitigen Rückgabe wertmindernd zu berücksichtigen sind.[874]

Dem Leasinggeber ist es somit verwehrt, der Abrechnung den mit dem Verkäufer vereinbarten Kaufpreis an Stelle des tatsächlichen Fahrzeugwertes zu Grunde zu legen.[875]

---

871 Urt. v. 9. 2. 2007, OLGR 2007, 344.
872 OLG Stuttgart Urt. v. 6. 2. 1996 – 6 U 112/95, n. v.
873 BGH 14. 7. 2004, DAR 2004, 2823, 2825.
874 BGH 14. 7. 2004, DAR 2004, 2823, 2825; 11. 1. 1995, NJW 1995, 954, 955; *Groß*, DAR 1996, 438, 445.
875 KG 10. 2. 1997, OLGR 1997, 181, 182; OLG Celle 17. 12. 1997, OLGR 1998, 47, 48.

K. Verjährung

I. Sach- und Rechtsmängelansprüche

Wegen der Verjährung der kaufrechtlichen Sach- und Rechtsmängelansprüche wird auf die Ausführungen unter Rn 1992 ff. verwiesen. **L655**

II. Leasingentgelt

Ansprüche des Leasinggebers auf **Leasingentgelt** und **Zinsen** verjähren gem. § 195 BGB in drei Jahren, beginnend in dem Schluss des Jahres, in dem die Ansprüche entstanden sind (§ 199 Abs. 1 BGB). Die Verjährung dieser Ansprüche ist jedoch – wegen der von § 367 Abs. 1 BGB abweichenden Anrechnung in § 497 Abs. 3 S. 1 BGB – vom Eintritt des Verzuges an bis zur Titulierung gem. § 197 Abs. 1 Nr. 3–5 BGB gehemmt, längstens auf die Dauer von 10 Jahren seit ihrer Entstehung (§§ 500, 497 Abs. 3 S. 3 BGB.) **L656**

Bei titulierten Ansprüchen ist zu unterscheiden zwischen bereits fälligen und künftig fällig werdenden Ansprüchen. Für erstere gilt die 30-jährige Frist. Sind zukünftig fällig werdende wiederkehrende Ansprüche tituliert, beträgt die Verjährungsfrist gem. § 197 Abs. 2 BGB drei Jahre.

III. Ausgleichsanspruch / Kündigungsschaden

Da der Ausgleichsanspruch beim Vertrag mit Restwertabrechnung als Erfüllungsanspruch und nicht als Ersatzanspruch i. S. d. § 548 BGB zu bewerten ist, unterliegt er sowohl im Fall der **planmäßigen**[1] als auch im Fall der **vorzeitigen Vertragsbeendigung**[2] der dreijährigen Regelverjährung von § 195 BGB.[3] Dies gilt auch dann, wenn der Ausgleichsbetrag darauf beruht, dass der Leasingnehmer das Fahrzeug in einem vertragswidrig schlechten Zustand zurückgegeben hat. **L657**

Obwohl beim Leasingvertrag mit Kilometerabrechnung der Leasinggeber das Restwertrisiko trägt, soweit es die richtige interne Vertragskalkulation und die Marktgängigkeit des Fahrzeugs betrifft, versteht der BGH[4] den **Minderwertausgleich**, den der Leasingnehmer für Mängel, Schäden und Veränderungen des Leasingfahrzeugs zu leisten hat, nicht als Ersatzanspruch iSv § 548 Abs. 1 BGB, sondern als Teil der leasingtypischen Amortisation und unterwirft ihn der für den Erfüllungsanspruch geltenden Verjährung von drei Jahren. Seines Erachtens ist die Haftung des Leasingnehmers für den ordnungsgemäßen Zustand der Sache ein Hinweis darauf, dass auch der Kraftfahrzeugleasingvertrag mit Kilometerabrechnung typischerweise auf Vollamortisation angelegt ist, was sich auch daran zeigt, dass der Anspruch ein Verschulden nicht erfordert. **L658**

Bei planmäßiger Beendigung des Leasingvertrages wird der Anspruch des Leasinggebers auf Restwertausgleich nach Ansicht des OLG Hamm[5] erst mit der **Verwertung** des **L659**

---

1 BGH 10. 7. 1996, NJW 1996, 2860; a. A. zB OLG Koblenz 12. 4. 1990, WM 1991, 2001, 2005; OLG München 14. 9. 1993, NJW-RR 1994, 738; OLG Hamburg 8. 12. 1995, OLGR 1996, 178; LG Hamburg 20. 9. 1995, WM 1996, 501; kritisch *Koos*, DZWir 1998, 119; zu weiteren Einzelfragen *Engel*, DB 1997, 763.
2 BGH 22. 1. 1986, NJW 1986, 1334, 1335; 13. 4. 1994, NJW-RR 1994, 889.
3 *Beckmann*, FLF 2002, 46, 47.
4 Urt. v. 1. 3. 2000, NJW-RR 2000, 1303; Anm. v. *Reinking* in LM H. 7/2000 § 553 N.154; LG Heidelberg 14. 10. 1998, FLF 1999, 32; *Groß*, DAR 1996, 438, 441.
5 Urt. v. 6. 10. 1995, NJW-RR 1996, 502.

Fahrzeugs fällig, da frühestens ab diesem Zeitpunkt feststeht, ob und in welcher Höhe ein vom Leasingnehmer auszugleichender Minderwert verbleibt. Im Fall der vorzeitigen Vertragsbeendigung entsteht der Schadensersatzanspruch mit der **Kündigung** des Leasingvertrages[6] und nicht erst im Zeitpunkt der Rückgabe und Verwertung des Fahrzeugs.[7] Somit läuft die Verjährungsfrist ab dem Schluss des Jahres, in dem die Kündigung erklärt worden ist.

IV. Ausgleich der Mehr- und Minderkilometer

L660 Die vertraglich festgelegte **Vergütung für Mehr- und Minderkilometer** verjährt in der Regelfrist von drei Jahren. Beim Kilometerausgleich geht es um eine nachträgliche Korrektur des Nutzungsentgelts wegen Über- bzw. Unterschreitung der festgelegten Fahrleistung, die eine wesentliche Prämisse für die Bemessung des Leasingentgelts darstellt.[8] Die Vergütungsregelungen für Mehr- und Minderkilometer gehören somit zu den Hauptpflichten im Rahmen der Abwicklung des Leasingvertrages nach seiner Beendigung.[9]

V. Herausgabeanspruch

L661 Der schuldrechtliche Anspruch des Leasinggebers auf **Rückgabe des Leasingfahrzeugs** verjährt in der dreijährigen Regelfrist des § 195 BGB. Stützt der Leasinggeber den Anspruch auf Rückgabe auf sein Eigentumsrecht an dem Leasingfahrzeug, beträgt die Verjährungsfrist 30 Jahre gem. § 197 Abs. 1 Nr. 1 BGB.

VI. Aufwendungsersatz und Anspruch auf Gestattung der Wegnahme

L662 Ansprüche des Leasingnehmers auf **Ersatz von Aufwendungen** und / oder **Gestattung der Wegnahme einer Einrichtung** verjähren gem. § 548 BGB in 6 Monaten nach der Beendigung des Leasingvertrages.[10]

---

6 BGH 3. 6. 1992, ZIP 1992, 930.
7 OLG Hamm 7. 1. 1997, NJW-RR 1997, 1144.
8 *Paul*, BB 1987, 1411, 1412.
9 LG Köln, Urt. v. 9. 2. 1984 – 24 O 186/83, n. v.; *Godefroid/Salm*, BB, Beilage 6 zu Heft 18/1995, S. 21, 23.
10 OLG Frankfurt/Main 5. 1. 1982, BB 1982, 1385; *Meyer auf der Heyde*, BB 1987, 489 ff.

Anlage 1

Allgemeine Geschäftsbedingungen für den Verkauf von fabrikneuen Kraftfahrzeugen und Anhängern (NWVB)

Unverbindliche Empfehlung des Zentralverbandes Deutsches Kraftfahrzeuggewerbe e. V. [ZDK], des Verbandes der Automobilindustrie e. V. [VDA] und des Verbandes der internationalen Kraftfahrzeughersteller e. V. [VDIK]

– Neuwagen-Verkaufsbedingungen –
Stand: März 2008

I. Vertragsabschluss/Übertragung von Rechten und Pflichten des Käufers

1. Der Käufer ist an die Bestellung höchstens bis drei Wochen, bei Nutzfahrzeugen bis sechs Wochen gebunden. Diese Frist verkürzt sich auf 10 Tage (bei Nutzfahrzeugen auf 2 Wochen) bei Fahrzeugen, die beim Verkäufer vorhanden sind. Der Kaufvertrag ist abgeschlossen, wenn der Verkäufer die Annahme der Bestellung des näher bezeichneten Kaufgegenstandes innerhalb der jeweils genannten Fristen schriftlich bestätigt oder die Lieferung ausführt. Der Verkäufer ist jedoch verpflichtet, den Besteller unverzüglich zu unterrichten, wenn er die Bestellung nicht annimmt.

2. Übertragungen von Rechten und Pflichten des Käufers aus dem Kaufvertrag bedürfen der schriftlichen Zustimmung des Verkäufers.

II. Preise

(Regelungstexte entfallen)

III. Zahlung

1. Der Kaufpreis und Preise für Nebenleistungen sind bei Übergabe des Kaufgegenstandes und Aushändigung oder Übersendung der Rechnung zur Zahlung fällig.

2. Gegen Ansprüche des Verkäufers kann der Käufer nur dann aufrechnen, wenn die Gegenforderung des Käufers unbestritten ist oder ein rechtskräftiger Titel vorliegt; ein Zurückbehaltungsrecht kann er nur geltend machen, soweit es auf Ansprüchen aus dem Kaufvertrag beruht.

IV. Lieferung und Lieferverzug

1. Liefertermine und Lieferfristen, die verbindlich oder unverbindlich vereinbart werden können, sind schriftlich anzugeben. Lieferfristen beginnen mit Vertragsabschluss.

2. Der Käufer kann 6 Wochen nach Überschreiten eines unverbindlichen Liefertermins oder einer unverbindlichen Lieferfrist den Verkäufer auffordern zu liefern. Diese Frist verkürzt sich auf 10 Tage (bei Nutzfahrzeugen auf 2 Wochen) bei Fahrzeugen, die beim Verkäufer vorhanden sind. Mit dem Zugang der Aufforderung kommt der Verkäufer in Verzug. Hat der Käufer Anspruch auf Ersatz eines Verzugsschadens, beschränkt sich dieser bei leichter Fahrlässigkeit des Verkäufers auf höchstens 5 % des vereinbarten Kaufpreises.

3. Will der Käufer darüber hinaus vom Vertrag zurücktreten und/oder Schadensersatz statt der Leistung verlangen, muss er dem Verkäufer nach Ablauf der betreffenden Frist gemäß Ziffer 2, S. 1 oder 2 dieses Abschnitts eine angemessene Frist zur Lieferung setzen. Hat der Käufer Anspruch auf Schadensersatz statt der Leistung, beschränkt sich der Anspruch bei leichter Fahrlässigkeit auf höchstens 25 % des vereinbarten Kaufpreises. Ist der Käufer eine juristische Person des öffentlichen Rechts, ein öffentlich-rechtliches Sondervermögen oder ein Unternehmer, der bei Abschluss des Vertrages in Ausübung seiner gewerblichen oder selbstständigen beruflichen Tätigkeit handelt, sind Schadensersatzansprüche

statt der Leistung bei leichter Fahrlässigkeit ausgeschlossen. Wird dem Verkäufer, während er in Verzug ist, die Lieferung durch Zufall unmöglich, so haftet er mit den vorstehend vereinbarten Haftungsbegrenzungen. Der Verkäufer haftet nicht, wenn der Schaden auch bei rechtzeitiger Lieferung eingetreten wäre.

4. Wird ein verbindlicher Liefertermin oder eine verbindliche Lieferfrist überschritten, kommt der Verkäufer bereits mit Überschreiten des Liefertermins oder der Lieferfrist in Verzug. Die Rechte des Käufers bestimmen sich dann nach Ziffer 2, S. 4 und Ziffer 3 dieses Abschnitts.

5. Höhere Gewalt oder beim Verkäufer oder dessen Lieferanten eintretende Betriebsstörungen, die den Verkäufer ohne eigenes Verschulden vorübergehend daran hindern, den Kaufgegenstand zum vereinbarten Termin oder innerhalb der vereinbarten Frist zu liefern, verändern die in Ziffern 1 bis 4 dieses Abschnitts genannten Termine und Fristen um die Dauer der durch diese Umstände bedingten Leistungsstörungen. Führen entsprechende Störungen zu einem Leistungsaufschub von mehr als 4 Monaten, kann der Käufer vom Vertrag zurücktreten. Andere Rücktrittsrechte bleiben davon unberührt.

6. Konstruktions- oder Formänderungen, Abweichungen im Farbton sowie Änderungen des Lieferumfangs seitens des Herstellers bleiben während der Lieferzeit vorbehalten, sofern die Änderungen oder Abweichungen unter Berücksichtigung der Interessen des Verkäufers für den Käufer zumutbar sind. Sofern der Verkäufer oder der Hersteller zur Bezeichnung der Bestellung oder des bestellten Kaufgegenstandes Zeichen oder Nummern gebraucht, können allein daraus keine Rechte hergeleitet werden.

V. Abnahme

1. Der Käufer ist verpflichtet, den Kaufgegenstand innerhalb von 14 Tagen ab Zugang der Bereitstellungsanzeige abzunehmen.

2. Im Falle der Nichtabnahme kann der Verkäufer von seinen gesetzlichen Rechten Gebrauch machen. Verlangt der Verkäufer Schadensersatz, so beträgt dieser 15 % des Kaufpreises. Der Schadensersatz ist höher oder niedriger anzusetzen, wenn der Verkäufer einen höheren Schaden nachweist oder der Käufer nachweist, dass ein geringerer oder überhaupt kein Schaden entstanden ist.

VI. Eigentumsvorbehalt

1. Der Kaufgegenstand bleibt bis zum Ausgleich der dem Verkäufer aufgrund des Kaufvertrages zustehenden Forderungen Eigentum des Verkäufers.

Ist der Käufer eine juristische Person des öffentlichen Rechts, ein öffentlich-rechtliches Sondervermögen oder ein Unternehmer, der bei Abschluss des Vertrages in Ausübung seiner gewerblichen oder selbstständigen beruflichen Tätigkeit handelt, bleibt der Eigentumsvorbehalt auch bestehen für Forderungen des Verkäufers gegen den Käufer aus der laufenden Geschäftsbeziehung bis zum Ausgleich von im Zusammenhang mit dem Kauf zustehenden Forderungen.

Auf Verlangen des Käufers ist der Verkäufer zum Verzicht auf den Eigentumsvorbehalt verpflichtet, wenn der Käufer sämtliche mit dem Kaufgegenstand im Zusammenhang stehende Forderungen unanfechtbar erfüllt hat und für die übrigen Forderungen aus den laufenden Geschäftsbeziehungen eine angemessene Sicherung besteht.

Während der Dauer des Eigentumsvorbehalts steht das Recht zum Besitz der Zulassungsbescheinigung Teil II (Fahrzeugbrief) dem Verkäufer zu.

2. Bei Zahlungsverzug des Käufers kann der Verkäufer vom Kaufvertrag zurücktreten. Hat der Verkäufer darüber hinaus Anspruch auf Schadenersatz statt der Leistung und nimmt er den Kaufgegenstand wieder an sich, sind Verkäufer und Käufer sich darüber einig, dass der Verkäufer den gewöhnlichen Verkaufswert des Kaufgegenstandes im Zeitpunkt der Rücknahme vergütet. Auf Wunsch des Käufers, der nur unverzüglich nach Rücknahme des Kaufgegenstandes geäußert werden kann, wird nach Wahl des Käufers ein öffentlich bestellter und vereidigter Sachverständiger, z. B. der Deutschen Automobil Treuhand GmbH (DAT), den gewöhnlichen Verkaufswert ermitteln. Der Käufer trägt sämtliche Kosten der Rücknahme und Verwertung des Kaufgegenstandes. Die Verwertungskosten betragen

Anlage 1

ohne Nachweis 5 % des gewöhnlichen Verkaufswertes. Sie sind höher oder niedriger anzusetzen, wenn der Verkäufer höhere oder der Käufer nachweist, dass geringere oder überhaupt keine Kosten entstanden sind.

3. Solange der Eigentumsvorbehalt besteht, darf der Käufer über den Kaufgegenstand weder verfügen noch Dritten vertraglich eine Nutzung einräumen.

VII. Sachmangel

1. Ansprüche des Käufers wegen Sachmängeln verjähren entsprechend den gesetzlichen Bestimmungen in zwei Jahren ab Ablieferung des Kaufgegenstandes.

Hiervon abweichend gilt eine Verjährungsfrist von einem Jahr, wenn der Käufer eine juristische Person des öffentlichen Rechts, ein öffentlich-rechtliches Sondervermögen oder ein Unternehmer ist, der bei Abschluss des Vertrages in Ausübung seiner gewerblichen oder selbstständigen beruflichen Tätigkeit handelt.

Weitergehende Ansprüche bleiben unberührt, soweit der Verkäufer aufgrund Gesetz zwingend haftet oder etwas anderes vereinbart wird, insbesondere im Falle der Übernahme einer Garantie.

Bei arglistigem Verschweigen von Mängeln oder der Übernahme einer Garantie für die Beschaffenheit bleiben weitergehende Ansprüche unberührt.

2. Soll eine Mängelbeseitigung durchgeführt werden gilt Folgendes:

a) Ansprüche auf Mängelbeseitigung kann der Käufer beim Verkäufer oder bei anderen, vom Hersteller/Importeur für die Betreuung des Kaufgegenstandes anerkannten Betrieben geltend machen; im letzteren Fall hat der Käufer den Verkäufer hiervon unverzüglich zu unterrichten, wenn die erste Mängelbeseitigung erfolglos war. Bei mündlichen Anzeigen von Ansprüchen ist dem Käufer eine schriftliche Bestätigung über den Eingang der Anzeige auszuhändigen.

b) Wird der Kaufgegenstand wegen eines Sachmangels betriebsunfähig, hat sich der Käufer an den dem Ort des betriebsunfähigen Kaufgegenstandes nächstgelegenen, vom Hersteller/Importeur für die Betreuung des Kaufgegenstandes anerkannten dienstbereiten Betrieb zu wenden.

c) Für die zur Mängelbeseitigung eingebauten Teile kann der Käufer bis zum Ablauf der Verjährungsfrist des Kaufgegenstandes Sachmängelansprüche aufgrund des Kaufvertrages geltend machen.

d) Ersetzte Teile werden Eigentum des Verkäufers.

3. Durch Eigentumswechsel am Kaufgegenstand werden Mängelbeseitigungsansprüche nicht berührt.

4. Abschnitt VII. Sachmangel gilt nicht für Ansprüche auf Schadenersatz; für diese Ansprüche gilt Abschnitt VIII. Haftung.

VIII. Haftung

1. Hat der Verkäufer aufgrund der gesetzlichen Bestimmungen für einen Schaden aufzukommen, der leicht fahrlässig verursacht wurde, so haftet der Verkäufer beschränkt:

Die Haftung besteht nur bei Verletzung vertragswesentlicher Pflichten, etwa solcher, die der Kaufvertrag dem Verkäufer nach seinem Inhalt und Zweck gerade auferlegen will oder deren Erfüllung die ordnungsgemäße Durchführung des Kaufvertrages überhaupt erst ermöglicht und auf deren Einhaltung der Käufer regelmäßig vertraut und vertrauen darf. Diese Haftung ist auf den bei Vertragsabschluss vorhersehbaren typischen Schaden begrenzt. Soweit der Schaden durch eine vom Käufer für den betreffenden Schadensfall abgeschlossene Versicherung (ausgenommen Summenversicherung) gedeckt ist, haftet der Verkäufer nur für etwaige damit verbundene Nachteile des Käufers, z. B. höhere Versicherungsprämien oder Zinsnachteile bis zur Schadenregulierung durch die Versicherung.

Ist der Käufer eine juristische Person des öffentlichen Rechts, ein öffentlich-rechtliches Sondervermögen oder ein Unternehmer, der bei Abschluss des Kaufvertrages in Ausübung seiner gewerblichen oder selbstständigen beruflichen Tätigkeit handelt, und werden nach Ablauf eines Jahres nach Ablieferung des Kaufgegenstandes Schadenersatzansprüche wegen Sachmängeln geltend gemacht, gilt Folgendes: Die vorstehende Haftungsbeschränkung gilt auch für einen Schaden, der grob fahrlässig verursacht wurde, nicht aber bei grob fahrlässiger Verursachung durch gesetzliche Vertreter oder leitende Angestellte des Verkäufers, ferner nicht für einen grob fahrlässig verursachten Schaden, der durch eine vom Käufer für den betreffenden Schadenfall abgeschlossene Versicherung gedeckt ist.

2. Unabhängig von einem Verschulden des Verkäufers bleibt eine etwaige Haftung des Verkäufers bei arglistigem Verschweigen eines Mangels, aus der Übernahme einer Garantie oder eines Beschaffungsrisikos und nach dem Produkthaftungsgesetz unberührt.

3. Die Haftung wegen Lieferverzuges ist in Abschnitt IV abschließend geregelt.

4. Ausgeschlossen ist die persönliche Haftung der gesetzlichen Vertreter, Erfüllungsgehilfen und Betriebsangehörigen des Verkäufers für von ihnen durch leichte Fahrlässigkeit verursachte Schäden. Für von ihnen mit Ausnahme der gesetzlichen Vertreter und leitenden Angestellten durch grobe Fahrlässigkeit verursachte Schäden gilt die diesbezüglich für den Verkäufer geregelte Haftungsbeschränkung entsprechend.

5. Die Haftungsbeschränkungen dieses Abschnitts gelten nicht bei Verletzung von Leben, Körper oder Gesundheit.

IX. Gerichtsstand

1. Für sämtliche gegenwärtigen und zukünftigen Ansprüche aus der Geschäftsverbindung mit Kaufleuten einschließlich Wechsel- und Scheckforderungen ist ausschließlicher Gerichtsstand der Sitz des Verkäufers.

2. Der gleiche Gerichtsstand gilt, wenn der Käufer keinen allgemeinen Gerichtsstand im Inland hat, nach Vertragsabschluss seinen Wohnsitz oder gewöhnlichen Aufenthaltsort aus dem Inland verlegt oder sein Wohnsitz oder gewöhnlicher Aufenthaltsort zum Zeitpunkt der Klageerhebung nicht bekannt ist. Im Übrigen gilt bei Ansprüchen des Verkäufers gegenüber dem Käufer dessen Wohnsitz als Gerichtsstand.

Anlage 2

Allgemeine Geschäftsbedingungen für den Verkauf gebrauchter Kraftfahrzeuge und Anhänger (GWVB)

(Unverbindliche Empfehlung des Zentralverbandes Deutsches Kraftfahrzeuggewerbe e. V. [ZDK])

– Gebrauchtwagen-Verkaufsbedingungen –

Stand: März 2008

I. Vertragsabschluss/Übertragung von Rechten und Pflichten des Käufers

1. Der Käufer ist an die Bestellung höchstens bis 10 Tage, bei Nutzfahrzeugen bis 2 Wochen gebunden. Der Kaufvertrag ist abgeschlossen, wenn der Verkäufer die Annahme der Bestellung des näher bezeichneten Kaufgegenstandes innerhalb der jeweils genannten Fristen schriftlich bestätigt oder die Lieferung ausführt. Der Verkäufer ist jedoch verpflichtet, den Besteller unverzüglich zu unterrichten, wenn er die Bestellung nicht annimmt.

2. Übertragungen von Rechten und Pflichten des Käufers aus dem Kaufvertrag bedürfen der schriftlichen Zustimmung des Verkäufers.

II. Zahlung

1. Der Kaufpreis und Preise für Nebenleistungen sind bei Übergabe des Kaufgegenstandes und Aushändigung oder Übersendung der Rechnung zur Zahlung fällig.

2. Gegen Ansprüche des Verkäufers kann der Käufer nur dann aufrechnen, wenn die Gegenforderung des Käufers unbestritten ist oder ein rechtskräftiger Titel vorliegt; ein Zurückbehaltungsrecht kann er nur geltend machen, soweit es auf Ansprüchen aus dem Kaufvertrag beruht.

III. Lieferung und Lieferverzug

1. Liefertermine und Lieferfristen, die verbindlich oder unverbindlich vereinbart werden können, sind schriftlich anzugeben. Lieferfristen beginnen mit Vertragsabschluss.

2. Der Käufer kann 10 Tage, bei Nutzfahrzeugen 2 Wochen, nach Überschreiten eines unverbindlichen Liefertermins oder einer unverbindlichen Lieferfrist den Verkäufer auffordern zu liefern. Mit dem Zugang der Aufforderung kommt der Verkäufer in Verzug. Hat der Käufer Anspruch auf Ersatz eines Verzugsschadens, beschränkt sich dieser bei leichter Fahrlässigkeit des Verkäufers auf höchstens 5 % des vereinbarten Kaufpreises.

3. Will der Käufer darüber hinaus vom Vertrag zurücktreten und/oder Schadensersatz statt der Leistung verlangen, muss er dem Verkäufer nach Ablauf der betreffenden Frist gemäß Ziffer 2, S. 1 dieses Abschnitts eine angemessene Frist zur Lieferung setzen. Hat der Käufer Anspruch auf Schadensersatz statt der Leistung, beschränkt sich der Anspruch bei leichter Fahrlässigkeit auf höchstens 10 % des vereinbarten Kaufpreises. Ist der Käufer eine juristische Person des öffentlichen Rechts, ein öffentlich-rechtliches Sondervermögen oder ein Unternehmer, der bei Abschluss des Vertrages in Ausübung seiner gewerblichen oder selbstständigen beruflichen Tätigkeit handelt, sind Schadenersatzansprüche bei leichter Fahrlässigkeit ausgeschlossen. Wird dem Verkäufer, während er in Verzug ist, die Lieferung durch Zufall unmöglich, so haftet er mit den vorstehend vereinbarten Haftungsbegrenzungen. Der Verkäufer haftet nicht, wenn der Schaden auch bei rechtzeitiger Lieferung eingetreten wäre.

4. Wird ein verbindlicher Liefertermin oder eine verbindliche Lieferfrist überschritten, kommt der Verkäufer bereits mit Überschreiten des Liefertermins oder der Lieferfrist in Verzug. Die Rechte des Käufers bestimmen sich dann nach Ziffer 2 S. 3 und Ziffer 3 dieses Abschnitts.

Allgemeine Geschäftsbedingungen; Gebrauchtwagen

5. Höhere Gewalt oder beim Verkäufer oder dessen Lieferanten eintretende Betriebsstörungen, die den Verkäufer ohne eigenes Verschulden vorübergehend daran hindern, den Kaufgegenstand zum vereinbarten Termin oder innerhalb der vereinbarten Frist zu liefern, verändern die in Ziffern 1 bis 4 dieses Abschnitts genannten Termine und Fristen um die Dauer der durch diese Umstände bedingten Leistungsstörungen. Führen entsprechende Störungen zu einem Leistungsaufschub von mehr als 4 Monaten, kann der Käufer vom Vertrag zurücktreten. Andere Rücktrittsrechte bleiben davon unberührt.

IV. Abnahme

1. Der Käufer ist verpflichtet, den Kaufgegenstand innerhalb von 8 Tagen ab Zugang der Bereitstellungsanzeige abzunehmen. Im Falle der Nichtabnahme kann der Verkäufer von seinen gesetzlichen Rechten Gebrauch machen.

2. Verlangt der Verkäufer Schadensersatz, so beträgt dieser 10 % des Kaufpreises. Der Schadenersatz ist höher oder niedriger anzusetzen, wenn der Verkäufer einen höheren Schaden nachweist oder der Käufer nachweist, dass ein geringerer oder überhaupt kein Schaden entstanden ist.

V. Eigentumsvorbehalt

1. Der Kaufgegenstand bleibt bis zum Ausgleich der dem Verkäufer aufgrund des Kaufvertrages zustehenden Forderungen Eigentum des Verkäufers.

Ist der Käufer eine juristische Person des öffentlichen Rechts, ein öffentlich-rechtliches Sondervermögen oder ein Unternehmer, der bei Abschluss des Vertrages in Ausübung seiner gewerblichen oder selbstständigen beruflichen Tätigkeit handelt, bleibt der Eigentumsvorbehalt auch bestehen für Forderungen des Verkäufers gegen den Käufer aus der laufenden Geschäftsbeziehung bis zum Ausgleich von im Zusammenhang mit dem Kauf zustehenden Forderungen.

Auf Verlangen des Käufers ist der Verkäufer zum Verzicht auf den Eigentumsvorbehalt verpflichtet, wenn der Käufer sämtliche mit dem Kaufgegenstand im Zusammenhang stehende Forderungen unanfechtbar erfüllt hat und für die übrigen Forderungen aus den laufenden Geschäftsbeziehungen eine angemessene Sicherung besteht.

Während der Dauer des Eigentumsvorbehalts steht das Recht zum Besitz der Zulassungsbescheinigung Teil II (Fahrzeugbrief) dem Verkäufer zu.

2. Bei Zahlungsverzug des Käufers kann der Verkäufer vom Kaufvertrag zurücktreten.

3. Solange der Eigentumsvorbehalt besteht, darf der Käufer über den Kaufgegenstand weder verfügen noch Dritten vertraglich eine Nutzung einräumen.

VI. Sachmangel

1. Ansprüche des Käufers wegen Sachmängeln verjähren in einem Jahr ab Ablieferung des Kaufgegenstandes an den Kunden.

Ist der Käufer eine juristische Person des öffentlichen Rechts, ein öffentlich-rechtliches Sondervermögen oder ein Unternehmer, der bei Abschluss des Vertrages in Ausübung seiner gewerblichen oder selbstständigen beruflichen Tätigkeit handelt, erfolgt der Verkauf unter Ausschluss jeglicher Sachmängelansprüche.

Weitergehende Ansprüche bleiben unberührt, soweit der Verkäufer aufgrund Gesetz zwingend haftet oder etwas anderes vereinbart wird, insbesonder im Falle der Übernahme einer Garantie.

2. Ansprüche wegen Sachmängeln hat der Käufer beim Verkäufer geltend zu machen. Bei mündlichen Anzeigen von Ansprüchen ist dem Käufer eine schriftliche Bestätigung über den Eingang der Anzeige auszuhändigen.

3. Wird der Kaufgegenstand wegen eines Sachmangels betriebsunfähig, kann sich der Käufer mit vorheriger Zustimmung des Verkäufers an einen anderen Kfz-Meisterbetrieb wenden.

Anlage 2

4. Für die im Rahmen einer Mängelbeseitigung eingebauten Teile kann der Käufer bis zum Ablauf der Verjährungsfrist des Kaufgegenstandes Sachmängelansprüche aufgrund des Kaufvertrages geltend machen.

Ersetzte Teile werden Eigentum des Verkäufers.

5. Abschnitt VI. Sachmangel gilt nicht für Ansprüche auf Schadenersatz; für diese Ansprüche gilt Abschnitt VII. Haftung.

VII. Haftung

1. Hat der Verkäufer aufgrund der gesetzlichen Bestimmungen für einen Schaden aufzukommen, der leicht fahrlässig verursacht wurde, so haftet der Verkäufer beschränkt:

Die Haftung besteht nur bei Verletzung vertragswesentlicher Pflichten, etwa solcher, die der Kaufvertrag dem Verkäufer nach seinem Inhalt und Zweck gerade auferlegen will oder deren Erfüllung die ordnungsgemäße Durchführung des Kaufvertrages überhaupt erst ermöglicht und auf deren Einhaltung der Käufer regelmäßig vertraut und vertrauen darf. Diese Haftung ist auf den bei Vertragsabschluss vorhersehbaren typischen Schaden begrenzt. Soweit der Schaden durch eine vom Käufer für den betreffenden Schadenfall abgeschlossene Versicherung (ausgenommen Summenversicherung) gedeckt ist, haftet der Verkäufer nur für etwaige damit verbundene Nachteile des Käufers z. B. höhere Versicherungsprämien oder Zinsnachteile bis zur Schadensregulierung durch die Versicherung.

2. Unabhängig von einem Verschulden des Verkäufers bleibt eine etwaige Haftung des Verkäufers bei arglistigem Verschweigen eines Mangels, aus der Übernahme einer Garantie oder eines Beschaffungsrisikos und nach dem Produkthaftungsgesetz unberührt.

3. Die Haftung wegen Lieferverzuges ist in Abschnitt III abschließend geregelt.

4. Ausgeschlossen ist die persönliche Haftung der gesetzlichen Vertreter, Erfüllungsgehilfen und Betriebsangehörigen des Verkäufers für von ihnen durch leichte Fahrlässigkeit verursachte Schäden.

5. Die Haftungsbegrenzungen dieses Abschnitts gelten nicht bei Verletzung von Leben, Körper oder Gesundheit.

VIII. Schiedsgutachterverfahren

(Gilt nur für gebrauchte Fahrzeuge mit einem zulässigen Gesamtgewicht von nicht mehr als 3,5t)

1. Führt der Kfz-Betrieb das Zeichen ‚Meisterbetrieb der Kfz-Innung' oder das Basisschild „Mitgliedsbetrieb der Kfz-Innung" oder „Autohandel mit Qualität und Sicherheit", können die Parteien bei Streitigkeiten aus dem Kaufvertrag – mit Ausnahme über den Kaufpreis – die für den Sitz des Verkäufers zuständige Schiedsstelle des Kfz-Gewerbes anrufen. Die Anrufung muss schriftlich und unverzüglich nach Kenntnis des Streitpunktes, spätestens vor Ablauf von 13 Monaten seit Ablieferung des Kaufgegenstandes, erfolgen.

2. Durch die Entscheidung der Schiedsstelle wird der Rechtsweg nicht ausgeschlossen.

3. Durch die Anrufung der Schiedsstelle ist die Verjährung für die Dauer des Verfahrens gehemmt.

4. Das Verfahren vor der Schiedsstelle richtet sich nach deren Geschäfts- und Verfahrensordnung, die den Parteien auf Verlangen von der Schiedsstelle ausgehändigt wird.

5. Die Anrufung der Schiedsstelle ist ausgeschlossen, wenn bereits der Rechtsweg beschritten ist. Wird der Rechtsweg während eines Schiedsstellenverfahrens beschritten, stellt die Schiedsstelle ihre Tätigkeit ein.

6. Für die Inanspruchnahme der Schiedsstelle werden Kosten nicht erhoben.

IX. Gerichtsstand

1. Für sämtliche gegenwärtigen und zukünftigen Ansprüche aus der Geschäftsverbindung mit Kaufleuten einschließlich Wechsel- und Scheckforderungen ist ausschließlicher Gerichtsstand der Sitz des Verkäufers.

2. Der gleiche Gerichtsstand gilt, wenn der Käufer keinen allgemeinen Gerichtsstand im Inland hat, nach Vertragsabschluss seinen Wohnsitz oder gewöhnlichen Aufenthaltsort aus dem Inland verlegt oder sein Wohnsitz oder gewöhnlicher Aufenthaltsort zum Zeitpunkt der Klageerhebung nicht bekannt ist. Im Übrigen gilt bei Ansprüchen des Verkäufers gegenüber dem Käufer dessen Wohnsitz als Gerichtsstand.

Anlage 3

Allgemeine Geschäftsbedingungen für das Leasing von Neufahrzeugen zur privaten Nutzung

Bekanntmachung Nr. 170/2003 über die Neufassung der Empfehlung

Vom 12. November 2003[1]

Der Verband der Automobilindustrie e. V. (VDA), Frankfurt/Main, hat am 27. 10. 2003 die nachfolgend wiedergegebene Neufassung der Empfehlung ‚Allgemeine Geschäftsbedingungen für das Leasing von Neufahrzeugen zur privaten Nutzung' nach § 22 Abs. 3 Nr. 2 des Gesetzes gegen Wettbewerbsbeschränkungen beim Bundeskartellamt angemeldet: Unverbindliche Empfehlung des VDA.

I. Vertragsabschluss

1. Der Leasing-Nehmer ist an seinen Leasing-Antrag vier Wochen und bei Nutzfahrzeugen sechs Wochen gebunden. Der Leasing-Vertrag ist abgeschlossen, wenn der Leasing-Geber innerhalb dieser Frist die Annahme des Antrags schriftlich bestätigt. Dies gilt nicht, wenn der Leasing-Nehmer von seinem Widerrufsrecht (siehe Vorderseite) Gebrauch macht.

2. Die Annahmeerklärung des Leasing-Gebers bedarf keiner Unterzeichnung, wenn sie mit Hilfe einer automatischen Einrichtung erstellt wird.

3. Mündliche Nebenabreden bestehen nicht.

II. Leasing-Gegenstand

Konstruktions- oder Formänderungen des Leasing-Gegenstandes – nachstehend Fahrzeug genannt –, Abweichungen im Farbton sowie Änderungen des Lieferumfanges seitens des Herstellers bleiben während der Lieferzeit vorbehalten, sofern die Änderungen oder Abweichungen unter Berücksichtigung der Interessen des Leasing-Gebers für den Leasing-Nehmer zumutbar sind.

III. Beginn der Leasing-Zeit

Die Leasing-Zeit beginnt an dem zwischen dem Lieferanten und dem Leasing-Nehmer vereinbarten Tag der Übergabe. Falls auf Wunsch des Leasing-Nehmers das Fahrzeug vorher zugelassen wird, beginnt die Leasing-Zeit am Tag der Zulassung. Kommt keine Vereinbarung über den Übergabezeitpunkt zustande, beginnt die Leasing-Zeit 14 Tage nach Anzeige der Bereitstellung des Fahrzeuges.

IV. Leasing-Entgelte und sonstige Kosten

1. Die Leasing-Raten, eine vereinbarte Sonderzahlung und eine Mehrkilometerbelastung nach Nummer 3 sind Gegenleistung für die Gebrauchsüberlassung des Fahrzeuges.

2. Eine vereinbarte Sonderzahlung ist zusätzliches Entgelt neben den Leasingraten und dient nicht als Kaution.

3. Nur für Verträge mit Kilometer-Abrechnung: Ist bei Rückgabe des Fahrzeuges nach Ablauf der bei Vertragsabschluss vereinbarten Leasing-Zeit die festgelegte Gesamtkilometer-Laufleistung über- bzw. unterschritten, werden die gefahrenen Mehr- bzw. Minderkilometer dem Leasing-Nehmer zu dem im Leasing-Vertrag genannten Satz nachberechnet bzw. vergütet. Bei der Berechnung von Mehr- und Minderkilometern bleiben 2500 km ausgenommen.

---

[1] Veröffentlicht im Bundesanzeiger Nr. 220 vom 25. November 2003, S. 24644.

Allgemeine Geschäftsbedingungen für das Leasing von Neufahrzeugen zur privaten Nutzung

4. Vereinbarte Nebenleistungen wie z. B. Überführung, An- und Abmeldung des Fahrzeuges sowie Aufwendungen für Versicherung und Steuern, soweit sie nicht als Bestandteil der Leasing-Rate ausdrücklich ausgewiesen werden, sind gesondert zu bezahlen.

5. Anpassungsregelung für Leasing-Entgelte

6. Weitere Zahlungsverpflichtungen des Leasing-Nehmers nach diesem Vertrag (z. B. im Fall der Kündigung gemäß Abschnitt XV) bleiben unberührt.

V. Zahlungsfälligkeiten und -modalitäten

1. Die erste Leasing-Rate ist fällig am ...; die weiteren Leasing-Raten sind fällig am ... Eine Sonderzahlung ist – soweit nicht anders vereinbart – zu Beginn der Leasing-Zeit fällig.

2. Die Forderungen auf Ersatz von Überführungs-, An- und Abmeldekosten sowie der vom Leasing-Geber verauslagten Beträge, die nach dem Vertrag vom Leasing-Nehmer zu tragen sind, sind nach Anfall/Verauslagung und Rechnungsstellung fällig.

Alle weiteren Forderungen des Leasing-Gebers sind nach Rechnungsstellung fällig.

3. Zahlungsanweisungen, Schecks und Wechsel werden nur nach besonderer Vereinbarung und nur zahlungshalber angenommen unter Berechnung entstandener Kosten.

4. Gegen die Ansprüche des Leasing-Gebers kann der Leasing-Nehmer nur dann aufrechnen, wenn die Gegenforderung des Leasing-Nehmers unbestritten ist oder ein rechtskräftiger Titel vorliegt; ein Zurückbehaltungsrecht kann der Leasing-Nehmer nur geltend machen, soweit es auf Ansprüchen aus dem Leasing-Vertrag beruht.

VI. Lieferung und Lieferverzug

1. Liefertermine oder Lieferfristen, die verbindlich oder unverbindlich vereinbart werden können, sind schriftlich anzugeben. Lieferfristen beginnen mit Vertragsabschluss.

2. Der Leasing-Nehmer kann 6 Wochen nach Überschreiten eines unverbindlichen Liefertermins oder einer unverbindlichen Lieferfrist den Leasing-Geber auffordern zu liefern. Mit dem Zugang der Aufforderung kommt der Leasing-Geber in Verzug. Hat der Leasing-Nehmer Anspruch auf Ersatz eines Verzugsschadens, beschränkt sich dieser bei leichter Fahrlässigkeit des Leasing-Gebers auf höchstens 5 % des Fahrzeugpreises entsprechend der unverbindlichen Preisempfehlung (einschließlich Umsatzsteuer) des Fahrzeugherstellers zum Zeitpunkt des Vertragsabschlusses. Will der Leasing-Nehmer darüber hinaus vom Vertrag zurücktreten und/oder Schadenersatz statt Leistung verlangen, muss er dem Leasing-Geber nach Ablauf der Sechs-Wochen-Frist gemäß S. 1 eine angemessene Frist zur Lieferung setzen. Hat der Leasing-Nehmer Anspruch auf Schadenersatz statt der Leistung, beschränkt sich dieser Anspruch bei leichter Fahrlässigkeit auf höchstens 25 % des Fahrzeugpreises entsprechend der unverbindlichen Preisempfehlung des Fahrzeugherstellers zum Zeitpunkt des Vertragsabschlusses. Wird dem Leasing-Geber, während er in Verzug ist, die Lieferung durch Zufall unmöglich, so haftet er mit den vorstehend vereinbarten Haftungsbegrenzungen. Diese Haftungsbegrenzungen gelten nicht für Schäden aus der Verletzung des Lebens, des Körpers oder der Gesundheit, die auf einer fahrlässigen Pflichtverletzung des Leasing-Gebers oder einer vorsätzlichen oder fahrlässigen Pflichtverletzung eines gesetzlichen Vertreters oder Erfüllungsgehilfen des Leasing-Gebers beruhen. Der Leasing-Geber haftet nicht, wenn der Schaden auch bei rechtzeitiger Lieferung eingetreten wäre.

3. Wird ein verbindlicher Liefertermin oder eine verbindliche Lieferfrist überschritten, kommt der Leasing-Geber bereits mit Überschreiten des Liefertermins oder der Lieferfrist in Verzug. Die Rechte des Leasing-Nehmers bestimmen sich dann nach Nummer 2 S. 3 bis 5 dieses Abschnittes.

4. Höhere Gewalt oder beim Leasing-Geber oder dessen Lieferanten eintretende Betriebsstörungen, die den Leasing-Geber ohne eigenes Verschulden vorübergehend daran hindern, das Fahrzeug zum vereinbarten Termin oder innerhalb der vereinbarten Frist zu liefern, verändern die in den Nummern 1 bis 3 genannten Termine und Fristen um die Dauer der durch diese Umstände bedingten Leistungsstörungen.

Anlage 3

Führen entsprechende Störungen zu einem Leistungsaufschub von mehr als vier Monaten, kann der Leasing-Nehmer vom Vertrag zurücktreten. Andere Rücktrittsrechte bleiben davon unberührt.

VII. Übernahme und Übernahmeverzug

1. Der Leasing-Nehmer ist verpflichtet, das Fahrzeug innerhalb von 14 Tagen nach Zugang der Bereitstellungsanzeige abzunehmen. Im Falle der Nichtabnahme kann der Leasing-Geber von seinen gesetzlichen Rechten Gebrauch machen.

2. Verlangt der Leasing-Geber Schadenersatz, so beträgt dieser 15 % des Fahrzeugpreises entsprechend der unverbindlichen Preisempfehlung (einschließlich Umsatzsteuer) des Fahrzeugherstellers zum Zeitpunkt des Vertragsabschlusses für dieses Fahrzeug. Der Schadenersatz ist höher oder niedriger anzusetzen, wenn der Leasing-Geber einen höheren oder der Leasing-Nehmer einen geringeren Schaden nachweist.

VIII. Eigentumsverhältnisse, Halter des Fahrzeuges und Zulassung

1. Der Leasing-Geber ist Eigentümer des Fahrzeuges. Er ist berechtigt, in Abstimmung mit dem Leasing-Nehmer das Fahrzeug zu besichtigen und auf seinen Zustand zu überprüfen. Der Leasing-Nehmer darf das Fahrzeug weder verkaufen, verpfänden, verschenken, vermieten oder verleihen noch zur Sicherung übereignen. Zur längerfristigen Nutzung darf er das Fahrzeug nur den seinem Haushalt angehörenden Personen überlassen. Eine Verwendung als Taxi, zu Fahrschul- oder sportlichen Zwecken bedarf der vorherigen schriftlichen Zustimmung des Leasing-Gebers.

2. Der Leasing-Nehmer hat das Fahrzeug von Rechten Dritter freizuhalten. Von Ansprüchen Dritter auf das Fahrzeug, Entwendung, Beschädigung und Verlust ist der Leasing-Geber vom Leasing-Nehmer unverzüglich zu benachrichtigen. Der Leasing-Nehmer trägt die Kosten für Maßnahmen zur Abwehr des Zugriffs Dritter, die nicht vom Leasing-Geber verursacht und nicht von Dritten bezahlt worden sind.

3. Nachträgliche Änderungen, zusätzliche Einbauten sowie Lackierungen und Beschriftungen an dem Fahrzeug sind nur zulässig, wenn der Leasing-Geber vorher schriftlich zugestimmt hat. Der Leasing-Nehmer ist jedoch verpflichtet, auf Verlangen des Leasing-Gebers den ursprünglichen Zustand zum Vertragsende auf eigene Kosten wiederherzustellen, es sei denn, der Leasing-Geber hat hierauf verzichtet oder der ursprüngliche Zustand kann nur mit unverhältnismäßig hohem Aufwand wiederhergestellt werden. Der Leasing-Nehmer ist berechtigt, von ihm vorgenommene Einbauten zum Vertragsende unter der Voraussetzung zu entfernen, dass der ursprüngliche Zustand wiederhergestellt wird. Änderungen und Einbauten begründen nur dann einen Anspruch auf Zahlung einer Ablösung gegen den Leasing-Geber, wenn dieser schriftlich zugestimmt hat und durch die Veränderungen eine Wertsteigerung des Fahrzeuges bei Rückgabe noch vorhanden ist.

4. Der Leasing-Nehmer ist Halter des Fahrzeuges. Es wird auf ihn zugelassen. Der Fahrzeugbrief wird vom Leasing-Geber verwahrt. Benötigt der Leasing-Nehmer zur Erlangung behördlicher Genehmigungen den Fahrzeugbrief, wird dieser der Behörde auf sein Verlangen vom Leasing-Geber vorgelegt. Wird der Fahrzeugbrief dem Leasing-Nehmer von Dritten ausgehändigt, ist der Leasing-Nehmer unverzüglich zur Rückgabe an den Leasing-Geber verpflichtet.

IX. Halterpflichten

1. Der Leasing-Nehmer hat alle sich aus dem Betrieb und der Haltung des Fahrzeuges ergebenden gesetzlichen Verpflichtungen, insbesondere die termingerechte Vorführung zu Untersuchungen, zu erfüllen und den Leasing-Geber, soweit er in Anspruch genommen wird, freizustellen.

2. Der Leasing-Nehmer trägt sämtliche Aufwendungen, die mit dem Betrieb und der Haltung des Fahrzeuges verbunden sind, insbesondere Steuern, Versicherungsbeiträge, Wartungs- und Reparaturkosten. Leistet der Leasing-Geber für den Leasing-Nehmer Zahlungen, die nicht aufgrund besonderer Vereinbarung vom Leasing-Geber zu erbringen sind, kann er beim Leasing-Nehmer Rückgriff nehmen.

Allgemeine Geschäftsbedingungen für das Leasing von Neufahrzeugen zur privaten Nutzung

3. Der Leasing-Nehmer hat dafür zu sorgen, dass das Fahrzeug nach den Vorschriften der Betriebsanleitung des Herstellers behandelt wird. Das Fahrzeug ist im Rahmen des vertraglichen Verwendungszweckes schonend zu behandeln und stets im betriebs- und verkehrssicheren Zustand zu erhalten.

X. Versicherungsschutz und Schadenabwicklung

1. Für die Leasing-Zeit hat der Leasing-Nehmer eine Kraftfahrzeug-Haftpflichtversicherung mit einer pauschalen Deckungssumme von € ... und eine Fahrzeugvollversicherung mit einer Selbstbeteiligung von € ... abzuschließen. Der Leasing-Nehmer ermächtigt den Leasing-Geber, für sich einen Sicherungsschein über die Fahrzeugvollversicherung zu beantragen und Auskunft über die vorgenannten Versicherungsverhältnisse einzuholen. Hat der Leasing-Nehmer nicht die erforderliche Fahrzeugvollversicherung abgeschlossen, ist der Leasing-Geber nach schriftlicher Mahnung berechtigt, aber nicht verpflichtet, eine entsprechende Versicherung als Vertreter für den Leasing-Nehmer abzuschließen.

2. Im Schadenfall hat der Leasing-Nehmer den Leasing-Geber unverzüglich zu unterrichten; bei voraussichtlichen Reparaturkosten von über € 1500,00 hat die Unterrichtung fernmündlich vor Erteilung des Reparaturauftrags zu erfolgen, soweit dies dem Leasing-Nehmer möglich und zumutbar ist.

Der Leasing-Nehmer hat die notwendigen Reparaturarbeiten unverzüglich im eigenen Namen und auf eigene Rechnung durchführen zu lassen, es sei denn, dass wegen Schwere und Umfang der Schäden Totalschaden anzunehmen ist oder die voraussichtlichen Reparaturkosten 60 % des Wiederbeschaffungswerts des Fahrzeuges übersteigen. Der Leasing-Nehmer hat mit der Durchführung der Reparatur einen vom Hersteller anerkannten Betrieb zu beauftragen. In Notfällen können, falls die Hilfe eines vom Hersteller anerkannten Betriebes nicht oder nur unter unzumutbaren Schwierigkeiten erreichbar ist, Reparaturen in einem anderen Kfz-Reparaturbetrieb, der die Gewähr für sorgfältige handwerksmäßige Arbeit bietet, durchgeführt werden.

3. Der Leasing-Nehmer hat dem Leasing-Geber ferner unverzüglich eine Kopie der an den Versicherer gerichteten Schadenanzeige und der Rechnung über die durchgeführte Reparatur zu übersenden.

4. Der Leasing-Nehmer ist auch über das Vertragsende hinaus – vorbehaltlich eines Widerrufes durch den Leasing-Geber – ermächtigt und verpflichtet, alle fahrzeugbezogenen Ansprüche aus einem Schadenfall in eigenem Namen und auf eigene Kosten geltend zu machen (Prozessstandschaft). Zum Ausgleich des Fahrzeugschadens erlangte Beträge hat der Leasing-Nehmer im Reparaturfall zur Begleichung der Reparaturrechnung zu verwenden. Bei Verlust des Fahrzeuges oder in dem Falle, dass der Leasing-Nehmer gemäß Nummer 2 S. 2 nicht zur Reparatur des Fahrzeuges verpflichtet ist, hat der Leasing-Nehmer die Auszahlung der Entschädigungsleistung an den Leasing-Geber zu verlangen. Erlangte Entschädigungsleistungen sind an den Leasing-Geber abzuführen. Behaltene Entschädigungsleistungen werden im Rahmen der Abrechnung gemäß Abschnitt XV berücksichtigt.

5. Entschädigungsleistungen für Wertminderung sind in jedem Fall an den Leasing-Geber weiterzuleiten. Bei Verträgen mit Gebrauchtwagenabrechnung rechnet der Leasing-Geber erhaltene Wertminderungsbeträge dem aus dem Verkauf des Fahrzeuges erzielten Verkaufserlös (ohne Umsatzsteuer) am Vertragsende zu. Bei Verträgen mit Kilometerabrechnung kann der Leasing-Geber vom Leasing-Nehmer am Vertragsende eine dann noch bestehende schadenbedingte Wertminderung des Fahrzeuges ersetzt verlangen, soweit der Leasing-Geber nicht schon im Rahmen der Schadenabwicklung eine Wertminderungsentschädigung erhalten hat.

6. Bei Totalschaden oder Verlust des Fahrzeuges kann jeder Vertragspartner den Leasing-Vertrag zum Ende eines Vertragsmonats/alternativ: zum Zeitpunkt der Fälligkeit einer Leasing-Rate/kündigen.

Bei schadenbedingten Reparaturkosten von mehr als 60 % des Wiederbeschaffungswertes des Fahrzeuges kann der Leasing-Nehmer innerhalb von 3 Wochen nach Kenntnis dieser Voraussetzungen zum Ende eines Vertragsmonats/alternativ: zum Zeitpunkt der Fälligkeit einer Leasing-Rate/kündigen. Macht der Leasing-Nehmer von diesem Kündigungsrecht keinen Gebrauch, hat er das Fahrzeug gemäß Nummer 2 S. 2 1. Halbsatz unverzüglich reparieren zu lassen. Kündigt der Leasing-Nehmer, ist er berechtigt, bereits vor Vertragsende das Fahrzeug an den ausliefernden Händler zurückzugeben.

Wird im Falle der Entwendung das Fahrzeug vor dem Eintritt der Leistungsverpflichtung des Versicherers wieder aufgefunden, setzt sich der Leasing-Vertrag auf Verlangen eines der Vertragspartner zu den bisherigen Bedingungen fort. In diesem Fall hat der Leasing-Nehmer die zwischenzeitlichen

Anlage 3

Leasing-Raten in einer Summe innerhalb einer Woche ab Geltendmachung des Fortsetzungsverlangens nachzuzahlen.

Totalschaden, Verlust oder Beschädigung des Fahrzeuges entbinden nur dann von der Verpflichtung zur Zahlung weiterer Leasing-Raten, wenn der Leasing-Vertrag wirksam aus vorstehenden Gründen gekündigt ist und nicht fortgesetzt wird; die Folgen einer Kündigung sind in Abschnitt XV geregelt.

XI. Haftung

1. Für Untergang, Verlust, Beschädigung und Wertminderung des Fahrzeuges und seiner Ausstattung haftet der Leasing-Nehmer dem Leasing-Geber auch ohne Verschulden, jedoch nicht bei Verschulden des Leasing-Gebers.

2. Für unmittelbare und mittelbare Schäden, die dem Leasing-Nehmer oder anderen Personen durch den Gebrauch des Fahrzeuges, Gebrauchsunterbrechung oder -entzug entstehen, haftet der Leasing-Geber dem Leasing-Nehmer nur bei Verschulden; eine etwaige Ersatzhaftung des Leasing-Gebers für den Hersteller/Importeur nach dem Produkthaftungsgesetz bleibt unberührt.

XII. Wartung und Reparaturen

Fällige Wartungsarbeiten hat der Leasing-Nehmer pünktlich, erforderliche Reparaturen unverzüglich durch einen vom Hersteller anerkannten Betrieb ausführen zu lassen. Das gilt auch für Schäden an der Kilometer-Anzeige. In diesem Fall hat der Leasing-Nehmer dem Leasing-Geber eine Kopie der Reparaturrechnung mit dem Vermerk des alten Kilometerstandes einzureichen.

In Notfällen können, falls die Hilfe eines vom Hersteller anerkannten Betriebes nicht oder nur unter unzumutbaren Schwierigkeiten erreichbar ist, Reparaturen in einem anderen Kfz-Reparaturbetrieb, der die Gewähr für sorgfältige handwerksmäßige Arbeit bietet, durchgeführt werden.

XIII. Sachmangel

1. Der Leasing-Geber tritt – auflösend bedingt durch die Kündigung des Leasing-Vertrages gemäß Abschnitt X Nr. 6 oder Abschnitt XIV – sämtliche Rechte und Ansprüche aus dem Kaufvertrag mit dem Lieferanten wegen Sachmängeln sowie etwaige zusätzliche Garantieansprüche gegen den Hersteller/Importeur/Dritte an den Leasing-Nehmer ab. Die Abtretung umfasst insbesondere nach Maßgabe des Kaufvertrages und der gesetzlichen Bestimmungen das Recht Nacherfüllung zu verlangen, vom Kaufvertrag zurückzutreten, oder den Kaufpreis zu mindern und Schadenersatz oder Ersatz vergeblicher Aufwendungen zu verlangen. Der Leasing-Nehmer nimmt die Abtretung an.

Er ist berechtigt und verpflichtet, die abgetretenen Rechte und Ansprüche im eigenen Namen mit der Maßgabe geltend zu machen, dass im Falle des Rücktrittes vom Kaufvertrag oder der Herabsetzung des Kaufpreises etwaige Zahlungen des Lieferanten, Garantieverpflichteten, Dritten direkt an den Leasing-Geber zu leisten sind.

Ein Verzicht auf diese Ansprüche bedarf der vorherigen Zustimmung des Leasing-Gebers.

Gegen den Leasing-Geber stehen dem Leasing-Nehmer Rechte und Ansprüche wegen Sachmängeln nicht zu.

Der Leasing-Nehmer verpflichtet sich, den Leasing-Geber umfassend und unverzüglich über die Geltendmachung von Rechten und Ansprüchen wegen Sachmängeln zu informieren, um dem Leasing-Geber eine Mitwirkung zu ermöglichen.

2. Verlangt der Leasing-Nehmer Nacherfüllung durch Mangelbeseitigung (Nachbesserung), ist er berechtigt und verpflichtet, diese bei einem vom Hersteller anerkannten Betrieb entsprechend den hierfür maßgeblichen Vorschriften geltend zu machen.

Bei Erfolglosigkeit der ersten Mangelbeseitigung wird der Leasing-Geber den Leasing-Nehmer nach schriftlicher Aufforderung bei der Durchsetzung des Mangelbeseitigungsanspruches unterstützen.

Allgemeine Geschäftsbedingungen für das Leasing von Neufahrzeugen zur privaten Nutzung

3. Verlangt der Leasing-Nehmer Nacherfüllung durch Lieferung eines mangelfreien Fahrzeuges (Ersatzlieferung) und erkennt der Lieferant diesen Nacherfüllungsanspruch an, wird das dem Leasing-Vertrag zu Grunde liegende Fahrzeug ersetzt durch ein fabrikneues und baugleiches Fahrzeug mit identischer Ausstattung.

Im Hinblick auf die zum Austausch der Fahrzeuge erforderlichen Eigentumsübertragungen wird der Leasing-Nehmer den Leasing-Geber bei Geltendmachung des Anspruches auf Ersatzlieferung hiervon unterrichten.

Die Ersatzlieferung lässt den Bestand des Leasing-Vertrages einschließlich der Zahlungsverpflichtungen unberührt.

4. Erklärt der Leasing-Nehmer auf Grund des Fahrzeugsachmangels den Rücktritt vom Kaufvertrag und ist der Lieferant zur Rückabwicklung bereit oder wurde er hierzu rechtskräftig verurteilt, wird der Leasing-Vertrag wie folgt abgerechnet:

Die Forderung des Leasing-Nehmers umfasst die gezahlten Leasing-Raten und eine etwaige Leasing-Sonderzahlung, jeweils zuzüglich Zinsen in gesetzlicher Höhe, sowie etwaige vom Sachmangelverpflichteten erstattete Nebenkosten. Von dieser Forderung werden die Aufwendungen des Leasing-Gebers für etwaige im Leasing-Vertrag zusätzlich eingeschlossene Dienstleistungen sowie ein Ausgleich für die Zurverfügungstellung des Fahrzeuges und den ersparten Kapitaleinsatz beim Leasing-Nehmer abgesetzt. Darüber hinaus bleibt die Geltendmachung eines Anspruches gemäß Abschnitt XVI Nr. 3 unberührt, soweit der geringere Wert nicht auf dem Sachmangel beruht.

5. Verlangt der Leasing-Nehmer Herabsetzung des Kaufpreises (Minderung) und ist der Lieferant hierzu bereit oder wurde er hierzu rechtskräftig verurteilt, berechnet der Leasing-Geber auf der Grundlage des herabgesetzten Kaufpreises die noch ausstehenden Leasing-Raten – unter Berücksichtigung der bereits gezahlten Leasing-Entgelte – und den Restwert neu.

6. Lehnt der Lieferant einen vom Leasing-Nehmer geltend gemachten Anspruch auf Nacherfüllung, Rückabwicklung des Kaufvertrages oder Minderung des Kaufpreises ab, ist der Leasing-Nehmer zur Zurückbehaltung der erst nach dem Zeitpunkt der Ablehnung fälligen Leasing-Raten berechtigt, wenn er unverzüglich – spätestens jedoch innerhalb von 6 Wochen nach der Ablehnung – Klage erhebt, es sei denn, dass sich der Leasing-Nehmer mit dem Leasing-Geber über eine etwaige Verlängerung der Klagefrist vorher verständigt hat.

Erhebt der Leasing-Nehmer nicht fristgerecht Klage, ist er erst ab dem Tag der Klagerhebung zur Zurückbehaltung der Leasing-Raten berechtigt. Das Zurückbehaltungsrecht entfällt rückwirkend, wenn die Klage des Leasing-Nehmers erfolglos bleibt. Die zurückbehaltenen Leasing-Raten sind unverzüglich in einem Betrag nachzuzahlen. Der Leasing-Nehmer hat dem Leasing-Geber den durch die Zurückbehaltung der Leasing-Raten entstandenen Verzugsschaden zu ersetzen.

7. Das Risiko der Zahlungsunfähigkeit des Lieferanten trägt der Leasing-Geber.

XIV. Kündigung

1. Der Leasing-Vertrag ist während der vereinbarten Leasing-Zeit nicht durch ordentliche Kündigung auflösbar. Unberührt bleiben die Kündigungsrechte nach den Nummern 2 und 3 sowie nach Abschnitt X Nr. 6 (Bei Totalschaden, Verlust oder Beschädigung).

Alternativfassung:

1. Der Leasing-Nehmer kann den Leasing-Vertrag vor Ablauf der vereinbarten Vertragszeit mit einer Frist von 1 Monat zum Ende eines Vertragsmonats kündigen, frühestens jedoch ... Monate nach Vertragsbeginn. Unberührt bleiben die Kündigungsrechte nach den Nummern 2 und 3 sowie nach Abschnitt X Nr. 6 (Bei Totalschaden, Verlust oder Beschädigung).

2. Jeder Vertragspartner kann den Vertrag aus wichtigem Grund fristlos kündigen. Der Leasing-Geber kann insbesondere dann fristlos kündigen, wenn der Leasing-Nehmer

– seine Zahlungen einstellt, als Schuldner einen außergerichtlichen Vergleich anbietet, Wechsel und Schecks mangels Deckung zu Protest gehen lässt;

Anlage 3

– bei Vertragsabschluss unrichtige Angaben gemacht oder Tatsachen verschwiegen hat und deshalb dem Leasing-Geber die Fortsetzung des Vertrages nicht zuzumuten ist;

– trotz schriftlicher Abmahnung schwerwiegende Verletzungen des Vertrages nicht unterlässt oder bereits eingetretene Folgen solcher Vertragsverletzung nicht unverzüglich beseitigt.

3. Stirbt der Leasing-Nehmer, können seine Erben oder der Leasing-Geber das Vertragsverhältnis zum Ende eines Vertragsmonats/alternativ: zum Zeitpunkt der Fälligkeit einer Leasing-Rate/kündigen.

4. Die Folgen einer Kündigung sind im Abschnitt XV geregelt.

XV. Abrechnung nach Kündigung

XVI. Rückgabe des Fahrzeuges

1. Nach Beendigung des Leasing-Vertrages ist das Fahrzeug mit Schlüsseln und allen überlassenen Unterlagen (z. B. Fahrzeugschein, Kundendienstheft, Ausweise) vom Leasing-Nehmer auf seine Kosten und Gefahr unverzüglich dem ausliefernden Händler zurückzugeben. Gibt der Leasing-Nehmer Schlüssel oder Unterlagen nicht zurück, hat er die Kosten der Ersatzbeschaffung sowie einen sich daraus ergebenden weiteren Schaden zu ersetzen.

2. Bei Rückgabe muss das Fahrzeug in einem dem Alter und der vertragsgemäßen Fahrleistung entsprechenden Erhaltungszustand, frei von Schäden sowie Verkehrs- und betriebssicher sein. Normale Verschleißspuren gelten nicht als Schaden.

Über den Zustand wird bei Rückgabe ein gemeinsames Protokoll angefertigt und von beiden Vertragspartnern oder ihren Bevollmächtigten unterzeichnet.

3. Bei Rückgabe des Fahrzeuges nach Ablauf der bei Vertragsabschluss vereinbarten Leasing-Zeit gilt folgende Regelung: Entspricht das Fahrzeug bei Verträgen mit Kilometerabrechnung nicht dem Zustand gemäß Nummer 2 Absatz 1 und ist das Fahrzeug hierdurch im Wert gemindert, ist der Leasing-Nehmer zum Ausgleich dieses Minderwertes zuzüglich Umsatzsteuer verpflichtet. Eine schadenbedingte Wertminderung (Abschnitt X Nr. 5) bleibt dabei außer Betracht, soweit der Leasing-Geber hierfür bereits eine Entschädigung erhalten hat.

Können sich die Vertragspartner über einen vom Leasing-Nehmer auszugleichenden Minderwert oder – bei Verträgen mit Gebrauchtwagenabrechnung – über den Wert des Fahrzeuges (Händlereinkaufspreis) nicht einigen, werden Minderwert bzw. Wert des Fahrzeuges auf Veranlassung des Leasing-Gebers mit Zustimmung des Leasing-Nehmers durch einen öffentlich bestellten und vereidigten Sachverständigen oder ein unabhängiges Sachverständigenunternehmen ermittelt. Die Kosten tragen die Vertragspartner je zur Hälfte. Durch das Sachverständigengutachten wird der Rechtsweg nicht ausgeschlossen. Kann bei einem Vertrag mit Gebrauchtwagenabrechnung keine Einigung über den Wert des Fahrzeuges erzielt werden, wird dem Leasing-Nehmer die Möglichkeit eingeräumt, innerhalb von zwei Wochen ab Zugang des Sachverständigengutachtens einen Kaufinteressenten zu benennen, der innerhalb dieser Frist das Fahrzeug zu einem über dem Schätzwert zzgl. MwSt. liegenden Kaufpreis bar bezahlt und abnimmt. Bis zum Abschluss des Kaufvertrages bleibt es dem Leasing-Geber unbenommen, das Fahrzeug zu einem höheren als dem vom Kaufinteressenten gebotenen Kaufpreis anderweitig zu veräußern.

4. Wird das Fahrzeug nicht termingemäß zurückgegeben, werden dem Leasing-Nehmer für jeden überschrittenen Tag als Grundbetrag 1/30 der für die Vertragszeit vereinbarten monatlichen Leasing-Rate und die durch die Rückgabeverzögerung verursachten Kosten berechnet. Im Übrigen gelten während dieser Zeit die Pflichten des Leasing-Nehmers aus diesem Vertrag sinngemäß fort.

5. Ein Erwerb des Fahrzeuges vom Leasing-Geber durch den Leasing-Nehmer nach Vertragsablauf ist ausgeschlossen.

Allgemeine Geschäftsbedingungen für das Leasing von Neufahrzeugen zur privaten Nutzung

XVII. Allgemeine Bestimmungen

1. Gerichtsstand ist das für ... zuständige Gericht, soweit der Leasing-Nehmer und/oder ein Mitschuldner nach Vertragsabschluss seinen Wohnsitz oder gewöhnlichen Aufenthaltsort aus dem Inland verlegt oder sein Wohnsitz oder gewöhnlicher Aufenthaltsort zum Zeitpunkt der Klagerhebung nicht bekannt ist.

2. Der Leasing-Nehmer hat einen Wohnsitzwechsel dem Leasing-Geber unverzüglich anzuzeigen.

3. Ansprüche und sonstige Rechte aus dem Leasing-Vertrag können nur mit vorheriger schriftlicher Zustimmung des Leasing-Gebers abgetreten werden.

Diese Bekanntmachung enthält keine Entscheidung über die Vereinbarkeit der Empfehlung mit dem Bürgerlichen Gesetzbuch in der ab dem 1.1. 2002 geltenden Fassung. Die Befugnis, nach diesem Gesetz sowie auf Grund anderer gesetzlicher Vorschriften die gerichtliche Überprüfung zu verlangen, wird durch diese Bekanntmachung nicht eingeschränkt. Die vorstehende Empfehlung ist unverbindlich. Zu ihrer Durchsetzung darf kein wirtschaftlicher, gesellschaftlicher oder sonstiger Druck angewendet werden.

Anlage 4

Leasingerlass des Bundesministers der Finanzen vom 22.12.1975 – IVB2 – S

Betr.: Steuerrechtliche Zurechnung des Leasing-Gegenstandes beim Leasing-Geber.

Unter Bezugnahme auf das Ergebnis der Erörterung mit den obersten Finanzbehörden der Länder hat der Bundesminister der Finanzen zu einem Schreiben des Deutschen Leasing-Verbandes vom 24.7.1975 wie folgt Stellung genommen:

1. Gemeinsames Merkmal der in dem Schreiben des Deutschen Leasing-Verbandes dargestellten Vertragsmodelle ist, dass eine unkündbare Grundmietzeit vereinbart wird, die mehr als 40 %, jedoch nicht mehr als 90 % der betriebsgewöhnlichen Nutzungsdauer des Leasing-Gegenstandes beträgt und dass die Anschaffungs- oder Herstellungskosten des Leasing-Gebers sowie alle Nebenkosten einschließlich der Finanzierungskosten des Leasing-Gebers in der Grundmietzeit durch die Leasing-Raten nur zum Teil gedeckt werden. Da mithin Finanzierungs-Leasing im Sinne des BdF-Schreibens über die ertragssteuerrechtliche Behandlung von Leasing-Verträgen über bewegliche Wirtschaftsgüter vom 19.4.1971 (BStBl. I S. 264) nicht vorliegt, ist die Frage, wem der Leasing-Gegenstand zuzurechnen ist, nach den allgemeinen Grundsätzen zu entscheiden.

2. Die Prüfung der Zurechnungsfrage hat Folgendes ergeben:

a) Vertragsmodell mit Andienungsrecht des Leasing-Gebers, jedoch ohne Optionsrecht des Leasing-Nehmers

Bei diesem Vertragsmodell hat der Leasing-Geber ein Andienungsrecht. Danach ist der Leasing-Nehmer, sofern ein Verlängerungsvertrag nicht zustande kommt, auf Verlangen des Leasing-Gebers verpflichtet, den Leasing-Gegenstand zu einem Preis zu kaufen, der bereits bei Abschluss des Leasing-Vertrages fest vereinbart wird. Der Leasing-Nehmer hat kein Recht, den Leasing-Gegenstand zu erwerben.

Der Leasing-Nehmer trägt bei dieser Vertragsgestaltung das Risiko der Wertminderung, weil er auf Verlangen des Leasing-Gebers den Leasing-Gegenstand auch dann zum vereinbarten Preis kaufen muss, wenn der Wiederbeschaffungspreis für ein gleichwertiges Wirtschaftsgut geringer als der vereinbarte Preis ist. Der Leasing-Geber hat jedoch die Chance der Wertsteigerung, weil er sein Andienungsrecht nicht ausüben muss, sondern das Wirtschaftsgut zu einem über dem Andienungspreis liegenden Preis verkaufen kann, wenn ein über dem Andienungspreis liegender Preis am Markt erzielt werden kann.

Der Leasing-Nehmer kann unter diesen Umständen nicht als wirtschaftlicher Eigentümer des Leasing-Gegenstandes angesehen werden.

b) Vertragsmodell mit Aufteilung des Mehrerlöses

Nach Ablauf der Grundmietzeit wird der Leasing-Gegenstand durch den Leasing-Geber veräußert. Ist der Veräußerungserlös niedriger als die Differenz zwischen den Gesamtkosten des Leasing-Gebers und den in der Grundmietzeit entrichteten Leasing-Raten (Restamortisation), so muss der Leasing-Nehmer eine Abschlusszahlung in Höhe der Differenz zwischen Restamortisation und Veräußerungserlös zahlen. Ist der Veräußerungserlös hingegen höher als die Restamortisation, so erhält der Leasing-Geber 25 %, der Leasing-Nehmer 75 % des die Restamortisation übersteigenden Teils des Veräußerungserlöses.

Durch die Vereinbarung, dass der Leasing-Geber 25 % des die Restamortisation übersteigenden Teils des Veräußerungserlöses erhält, wird bewirkt, dass der Leasing-Geber noch in einem wirtschaftlich ins Gewicht fallenden Umfang an etwaigen Wertsteigerungen des Leasing-Gegenstandes beteiligt ist. Der Leasing-Gegenstand ist daher dem Leasing-Geber zuzurechnen.

Eine ins Gewicht fallende Beteiligung des Leasing-Gebers an Wertsteigerungen des Leasing-Gegenstandes ist hingegen nicht mehr gegeben, wenn der Leasing-Geber weniger als 25 % des die Restamortisation übersteigenden Teils des Veräußerungserlöses erhält. Der Leasing-Gegenstand ist in solchen Fällen dem Leasing-Nehmer zuzurechnen.

c) Kündbarer Mietvertrag mit Anrechnung des Veräußerungserlöses auf die vom Leasing-Nehmer zu leistende Schlusszahlung

Der Leasing-Nehmer kann den Leasing-Vertrag frühestens nach Ablauf einer Grundmietzeit, die 40 % der betriebsgewöhnlichen Nutzungsdauer beträgt, kündigen. Bei Kündigung ist eine Abschlusszahlung in Höhe durch die Leasing-Raten nicht gedeckten Gesamtkosten des Leasing-Gebers zu entrichten. Auf die Abschlusszahlung werden 90 % des vom Leasing-Geber erzielten Veräußerungserlöses angerechnet. Ist der anzurechnende Teil des Veräußerungserlöses zuzüglich der vom Leasing-Nehmer bis zur Veräußerung entrichteten Leasing-Raten niedriger als die Gesamtkosten des Leasing-Gebers, so muss der Leasing-Nehmer in Höhe der Differenz eine Abschlusszahlung leisten. Ist jedoch der Veräußerungserlös höher als die Differenz zwischen den Gesamtkosten des Leasing-Gebers und den bis zur Veräußerung entrichteten Leasing-Raten, so behält der Leasing-Geber diesen Differenzbetrag in vollem Umfang.

Bei diesem Vertragsmodell kommt eine während der Mietzeit eingetretene Wertsteigerung in vollem Umfang dem Leasing-Geber zugute. Der Leasing-Geber ist daher nicht nur rechtlicher, sondern auch wirtschaftlicher Eigentümer des Leasing-Gegenstandes.

Die vorstehenden Ausführungen gelten nur grundsätzlich, d. h. nur insoweit, wie besondere Regelungen in Einzelverträgen nicht zu einer anderen Beurteilung zwingen.

Stichwortverzeichnis Autokauf

(Stichwortverzeichnis Autoleasing folgt im Anschluss)
Die Zahlen verweisen auf die Randnummern.

A

Abgassonderuntersuchung (AU) 1490
Abhandenkommen 2274, 2281 ff.
Ablaufhemmung 2019
Ablieferung 2005 ff.
Ablösevereinbarung 781, 851, 1078
Abnahme 138 ff., 1147, 1186
– Erfüllungsort 140
– Verzug 149 ff., 1186
Abnahmeverweigerung
– berechtigte 144 ff.
– nicht berechtigte 149 ff., 1186
Abnutzung 1508 ff.
Abschleppkosten 391, 1828, 1860
Abschluss des Kaufvertrages 2 ff., 1131, 1165 ff., 1304
Abzug „neu für alt" 403, 1713, 1837
ADAC – Vertrag 1132, 1953, 1977 ff.
Agenturgeschäft 1215 ff.
Aliud 235, 1356
Allgemeine Geschäftsbedingungen
– Einbeziehung 27, 1164
– Inhaltskontrolle
– – Gewährleistungsausschluss 1965 ff., 1977 ff.
– – Lieferunmöglichkeit 65
– – Lieferverzug 46 ff.
– – Produkthaftung 1046
– – Schadensersatz 1198
– – Schadenspauschale 161 ff., 1188 ff.
– – Schätzpreisklausel 1208
– – Verjährungsverkürzung 1996, 2002
– – Verwender 1979
Alter 1368 ff.
Änderungsvorbehalt 187
Anerkenntnis 2034
Anfechtung
– wegen Irrtums 2145 ff.
– wegen arglistiger Täuschung 2150 ff.
Annahmefrist 7, 1166
Annahme der Bestellung 13 ff., 1168 ff.
Annahmeverzug
– des Käufers 150, 151
– des Verkäufers 650 ff., 686
Anschlussgarantie s. Garantie
Anwaltskosten 179, 394, 1893
Arglistige Täuschung 2069 ff.
Aufbereitung 2137
Aufklärungspflichten s. argl.Täuschung
Aufrechnung 139, 1183

Aufwendungsersatz
– Händlerregress 701
– Nacherfüllung 385, 394
– nach § 284 BGB 1883 ff.
– Rücktritt 601
– Vermittlerhaftung 1287
Auktion s. Versteigerung
Auktionsagentur 1266
Auslandskauf 722 ff., 2266
Auslandreparatur 1593, 2118
Auslaufmodell 259 ff., 268
Ausreißer 946
Ausstellungswagen 265
Austauschmotor 1381 ff.
Autohypothek 2241

B

Bagatellgrenze
– großer Schadensersatz 1831
– Rücktritt 521 ff., 1727 ff.
– Unfallinformationen 1566
Bagatellisierung von Unfallschäden 2115 ff.
Bagatellschaden 1566, 1576, 1583 ff.
Bastlerwagen 1330, 1577
Baujahr 255 ff., 1368 ff.
Baureihe 1373
Bedienungsanleitung 234, 986, 987, 1141
Bedienungsfehler
– Garantiewegfall 2059
– Mangelbeweis 1659
– Rücktritt 549 ff.
Befundbericht 1333
Befundsicherungspflicht 1035, 1039
Begutachtungsverfahren 2031
Behauptung ins Blaue 2106 ff.
Beratungspflicht 2222
Bereicherung, ungerechtfertigte 2155 ff.
Bereitstellung 149, 150
Bereitstellungsanzeige 150
Beschaffenheit
– Begriff 1312, 2217
– vereinbarte 191, 1313 ff.
– übliche 194, 1338, 1526, 1578 ff.
– zu erwartende 194, 1339, 1531, 1578 ff.
Beschaffenheitsgarantie s. Garantie
Beschaffungsrisiko 63
Beschaffungsverschulden 63
Beschlagnahme 2241
Besichtigung 1133, 1921, 1940
Besichtklauseln 1329, 1971 ff.

Besondere Vertriebsformen 108 ff.
Bestellschein 4, 1165
Betriebsanleitung s. Bedienungsanleitung
Betriebserlaubnis
– Erlöschen 1404 ff.
– Fortbestand 1499
Betriebssicherheit 1423
Beweislast
– Garantie 935 ff.
– Sachmangel 1609 ff.
– Vertretenmüssen/Verschulden 1279, 1776 ff.
Beweislastumkehr 1627 ff.
Beweisverfahren, selbstständiges 1670 ff.
Billigauto 201, 206, 212, 217, 1528
Bindungsfrist s. Annahmefrist
Bremsen/Bremsbeläge („neu") 1519

C
Certificate of Conformity (COC) 727, 729
Checkheft s. Serviceheft
Chiptuning 1352, 1408, 1702
Culpa in contrahendo 1270 ff., 2217 ff.

D
Darlehen s. finanzierter Kauf
DAT – Schätzwert 1205
Deliktshaftung 982 ff., 2235 ff.
Dienst-/Geschäftswagen 1424
Dieseltechnologie 208 ff.
Differenzbesteuerung 1215
Doppelkauf 779 ff., 801
DOT – Nummer 256, 1923
Drittschadensliquidation 1989
Dual use 1160, 1202
Durchrostung 288, 1480 ff.
Durchrostungsgarantie 1481, 2057
Durchsicht 1902, 1921 ff.

E
Ebay 1303 ff.
Eigenschaftsirrtum 2145
Eigentumsverletzung 1025 ff.
Eigentumsvorbehalt 92 ff., 1196
Einsatzfähigkeit 1420 ff.
Einwendungsdurchgriff 1081 ff.
Elektronikmängel 214, 290, 483
Emissionen CO_2 314, 1490
Erfüllungsgehilfe 47, 330, 941
Erfüllungsort (Leistungsort)
– Abnahme 140
– Minderung 672
– Nacherfüllung 355 ff., 1709
– Rückabwicklung 129, 655
– Zahlung 140
Erfüllungsverweigerung 472 ff.
Erhaltungskosten, gewöhnliche 592, 2193
Erheblichkeit s. Bagatellgrenze
Ersatzbrief 1413

Ersatzlieferung 326 ff., 373, 1683 ff.
– Erfüllungsort 359, 360
– Kostenermittlung 427 ff.
– Nutzungsvergütung 378 ff.
– Umrüstung 377
– Wahlrecht 334 ff.
Ersatzteilversorgung 702 ff.
Ersatzvornahme s. Selbstvornahme
Ersetzungsbefugnis 800 ff.
Ersthandfahrzeug 1601
Erstzulassung 1374 ff.
Erwerb vom Nichtberechtigten 181 ff., 2242 ff.
EU – Neufahrzeug 722 ff., 737 ff.
Euronorm 314, 1490
Existenzgründung 1056

F
Fabrikationsfehler 985
Fabrikneuheit 238 ff.
Fahrbereitschaft (fahrbereit) 1416 ff.
Fahrgestellnummer 1411, 1412
Fahrkomfort 199
Fahrschulwagen 1594 ff.
Fahrzeugbrief 182, 1139, 1410 ff., 2247 ff.
Fahrzeugidentifizierungsnummer (FIN) 257, 1369, 1411, 1927
Falschlieferung s. Aliud
Fehlschlagen der Nachbesserung 477 ff., 1736
Fernabsatz 117 ff.
Feststellungsantrag (Annahmeverzug) 686 ff.
Feuchtigkeitseintritt 286, 1736
Finanzierter Kauf
– Angabeerfordernisse 1067
– Belehrung über Widerrufsrecht 1069
– Doppelmangel 1090
– Einwendungsdurchgriff 1081 ff.
– Kündigung 1110
– Mitverpflichtete 1057
– Nacherfüllung 1097
– Nichterfüllung 1095, 1096
– Nichtigkeit des Darlehensvertrags 1080
– Nichtigkeit des Kaufvertrags 1090
– Ratenzahlungsverzug 1109
– Rückabwicklung nach Widerruf 1075 ff.
– Rückabwicklung nach Rücktritt 1100 ff.
– Rückforderungsdurchgriff 1108
– Rücknahme des Fahrzeugs 1112
– Rücktrittsfiktion 1112
– Leistungsverweigerungsrecht 1097
– Schriftform 1066
– verbundene Verträge 1051 ff., 1058 ff.
– wirtschaftliche Einheit 1058 ff.
Finanzierungskosten 1104, 1893
Firmenfahrzeug 1424
Fixgeschäft 41, 59, 1184
Fixkosten 165
Freiberufler 1202
Freizeitveranstaltung (Haustürgeschäft) 116

Stichwortverzeichnis Autokauf

Fristsetzung/Entbehrlichkeit 450 ff., 1732 ff.
– vor Mängelrechten 456 ff., 1735 ff.
– bei Nichtabnahme des Fahrzeugs 157
– bei Nichtlieferung 50

G
Garagenkosten s. Unterstellkosten
Garagenwagen/garagengepflegt 1425
Garantie
– Anschlussgarantie 902
– Ausschlüsse und Einschränkungen 912, 2043, 2055 ff.
– autorisierte Werkstatt 906
– Beweislast 935
– Beschaffenheitsgarantie 1358 ff., 2037 ff.
– Haltbarkeitsgarantie 904, 1358, 2037 ff.
– Passivlegitimation 906, 932, 2054
– Verjährung 938, 2045
– Verschleiß 911, 2043, 2058
– Wettbewerbsrecht 916, 2068
Gattungssache/Gattungsschuld 186
Gebrauchsvorteil s. Nutzungsvergütung
Gebrauchtteil 1592, 1710, 1711
Gebrauchtwagen (Begriff) 1126
Geländewagen 192, 207, 286, 1422, 2142
Generalüberholung (generalüberholt) 1394 ff.
Geräusche/Mangel 289, 1514
Gerichtsstand
– Händleransprüche 681, 1200
– Minderung 672
– Nacherfüllung 681
– Rücktritt 681
– Schadensersatz 1822
– ungerechtfertigte Bereicherung 2188, 2192
– Vermittlerhaftung 1290
– Widerruf 129
Gesamtfahrleistung 1436 ff.
Geschäftsgrundlage 61, 2234
Gestaltung, anderweitige 1218, 1319 ff.
Getriebeschäden 208, 284, 295, 1511 ff., 1651 ff.
Gewährleistung s. Mangel
Gewinn, entgangener 159 ff., 1187 ff., 1860, 1866
Grundüberholung 1394 ff.
Gütezeichen/Gütesiegel 1604, 1605
Gutgläubiger Erwerb 181 ff., 2242 ff.

H
Haftpflichtversicherung 1153, 1428
Hagelschaden 1564
Halbjahreswagen 1431 ff.
Haltereigenschaft 1599 ff.
Händlereinkaufspreis 1205 ff.
Händlerregress 698 ff.
Hauptuntersuchung s. TÜV
Haustürgeschäft 109 ff.
Hehlergeschäft 2144
Hemmung der Verjährung 2018 ff.

– Ablaufhemmung 2019
– durch Rechtsverfolgung 2030 ff.
– durch Verhandlungen 2023 ff.
Herstellerwerbung 223 ff., 1344
Herstellungsdatum (s. auch Baujahr) 249 ff.
Höchstgeschwindigkeit 1429
Höhere Gewalt 40, 57
Hotelkosten 397
Hubraum 1430

I
Import aus EU – Ländern 722 ff.
– Aufklärungspflichten 737 ff., 2139
– Auslandszulassung 742
– Ausstattung, abweichende 745, 2139
– Eigenhaftung des Importeurs 764 ff.
– EU-Neufahrzeug 737 ff.
– Garantie 747 ff.
– Importvermittler 732 ff.
– Sachmängelhaftung 760 ff.
– Transport 742, 743
– Umsatzsteuer 730
Importeurhaftung (außervertraglich) 948, 1021, 1022
Ingebrauchnahme 132 ff., 567 ff.
Inkassovollmacht 139, 1173
Inserat 1342, 1615
Insolvenz 50, 1248
Inspektion 1491 ff., 1519, 1520, 1536 ff., 1602
Instruktionsfehler 986 ff.
Internet
– Angaben (Produktbeschreibung) 1341, 1615
– Auktion 1303 ff.
– Mängelhaftung 1307, 1615
– Unternehmereigenschaft 1305
– Vertragsschluss 1304
– Widerrufsrecht 1305
Inzahlungnahme 773 ff.
Irrtumsanfechtung 1213, 2145 ff.

J
Jahreswagen 1431 ff.
Jahreswagenvermittlungen 1216, 1239, 1240, 1273

K
Karosserieundichtigkeit 286
Kaschierung 2137
Kaskoversicherung 95, 103, 105
Katalysator 1490, 1648, 2140
Kaufantrag 4 ff., 1165
Käuferkette 1986 ff.
Kaufpreis s. Preis
Kaufvertrag 2 ff., 1131 ff.
– Abschluss 2 ff., 1131 ff., 1168
– AGB 26 ff., 1163
– Annahme der Bestellung 13 ff., 1168 ff.
– Bestellformular 4, 1165

1149

Stichwortverzeichnis Autokauf

Kenntnis des Mangels 1780, 1933 ff.
Kennzeichen/rote Nummer 103 ff. 1185
Kilometerstand 1436 ff.
Kommission 1232 ff., 1266
Konstruktionsfehler 200 ff., 984
Konstruktive Schwäche 208 ff., 1527
Korrosion s. Rostschäden
Kraftfahrzeugsteuer
– Ersatz 1893
– Mangel 314, 1490
Kraftstoffart 299, 1477
Kraftstoffverbrauch, erhöhter 299 ff., 1473 ff.
Kündigung
– Vermittlungsvertrag 1253 ff.
– Darlehensvertrag 1110
Kulanz 939
Kurzzulassung/Tageszulassung 316 ff., 1126
KW –Angabe 1430

L

Lackierung 273, 296, 2132 ff., 2137
Lagerdauer 249 ff., 744, 1377, 1378
Lagerfahrzeug 253
Lagermängel 272
Lastkraftwagen 6, 1128
Leihvertrag 102, 1134, 1185
Leistungsort s. Erfüllungsort
Lieferfrist/Liefertermin 28 ff., 1184
– fester Termin/Fixgeschäft 41, 1184
– unverbindliche 34 ff., 1184
– verbindliche 39, 1184
– Vereinbarung 28, 1184
– Verzug 42 ff., 1184
Lieferung 141 ff., 1184
– Abnahmeverzug 149 ff., 1186
– Annahmeverzug 150
– Rücktritt 157, 1186
– Schadensersatz 158 ff., 1186 ff.

M

Mangel/Mangelfreiheit 185 ff., 1310
– Änderungsvorbehalt 187
– Anfälligkeit 208 ff., 1620, 1621
– Anzeige 342, 1708
– Aufnahme 344, 1708
– Bagatellmangel 521 ff., 1470, 1566 ff., 1585 ff., 1727 ff.
– Beschaffenheit s. dort
– Beschreibung 348, 349, 1626
– Eigentümlichkeit 204, 208 ff., 1527
– Erheblichkeit s. Bagatellmangel
– Freizeichnung 1951
– Stand der Technik 200 ff., 1527, 1528
– Toleranzen 312
– Verwendung, gewöhnliche 194, 1337, 1522, 1578
– Verwendung, vorausgesetzte 192, 1336
– Werbeaussagen 224 ff., 1344 ff.

Mangelfolgeschaden 1800, 2227
Mangelunwert 1028
Marken- und Typbezeichnung 1497 ff.
Materialkosten 383
Mehrwertsteuer s. Steuer
Meilenangabe/Meilentacho 1472
Mietwagen (Vorbenutzung) 1594 ff.
Mietwagenkosten 1839 ff., 1867 ff., 1872
Minderung
– Berechnung 664 ff., 1764
– Bezifferung 659 ff., 1764
– Erfüllungsort 672
– finanzierter Kauf 1107
– Geltendmachung 659 ff.
– bei Mängelmehrheit 1767
Minderwert, merkantiler
– als Mangel 1403, 1579 ff.
– als Schaden 1834 ff.
Mindestpreisgarantie 1227
Mitverschulden
– bei Eigentumserwerb 2285
– bei Nacherfüllung 1846, 1847
– bei Probefahrt 105, 1135
– bei Produkthaftung 973, 974
– bei Rückabwicklung 1881, 2208
– bei Sachmangel 1943
Modell/Modelljahr 260, 1373
Modellaktualität 259 ff.
Montageanleitung 234, 1348
Montagemangel 231, 1348
Montagsauto 496 ff.
Motor s. Austauschmotor
Motorschäden 283, 294, 1511, 1651 ff.
Motorumrüstung 1406, 1352, 1499
Motorrad
– Alter 244, 1498
– Nutzungsvergütung 1760

N

Nachbesserung 326 ff., 1694 ff.
– Anzahl der Versuche 480 ff., 1736
– Art und Weise 339, 362 ff., 1710
– Aufwendungen 382 ff.
– Ausfallschaden 396, 1848 ff.
– Beschädigung des Autos 408 ff.
– Beschreibung des Mangels 348, 349, 1708
– Drittwerkstatt 330, 331, 1720
– Durchführung 367 ff., 1708 ff.
– Erfüllungsort 353 ff.
– Fehlschlagen 477 ff., 1736
– Frist 454, 455, 1732, 1733
– Kosten (Aufwendungen) 382 ff.
– Kostenbeteiligung des Käufers 399 ff., 1713
– Mangelfolgeschaden 408 ff.
– Transport- und Sachgefahr 414, 415
– Unmöglichkeit 460 ff., 1695 ff., 1706
– Unverhältnismäßigkeit (Kosten) 416 ff., 1707

Stichwortverzeichnis Autokauf

– Unzumutbarkeit 503, 1737 ff.
– Verweigerung 416 ff., 472 ff., 1707
– Verzug 346, 407, 1849
– Vorteilsausgleich 399 ff., 1713
– Wahlrecht 334, 335, 339 ff.
Nacherfüllung
  s. Nachbesserung und Ersatzlieferung
Nachfolgemodell 266, 267
Nachforschungspflicht 183, 1928, 2253 ff.
Nachlackierung s. Lackierung
Nebenpflichten
– bei Fahrzeugauslieferung 141
– leistungs- und nicht leistungsbezogene 2227 ff.
– vorvertragliche 2217 ff.
Neu, neuwertig 1, 238 ff., 1126, 1479
Neufahrzeug 1, 238 ff., 737 ff.
Neulackierung s. Lackierung
Neuteilemotor 1385
Nutzfahrzeug 6, 1958
Nutzungsausfallschaden 1839 ff., 1867 ff.
Nutzungsvergütung
– Gebrauchtwagen 1750 ff.
– Neuwagen 610 ff.
– Sonderfahrzeuge 635, 1760

O
Obhutspflicht (Vermittler) 1240
Offenbarungspflicht s. argl. Täuschung
Ölverbrauch 1476
Oldtimer 1129, 1356, 1369, 1403, 1422, 1423, 1481, 1535, 1584, 1606 ff., 1640
Originalersatzteil s. Ersatzteil
Originallack 1700
Originalmotor 1385, 1386

P
Partikelfilter 209, 210
Pauschalierter Schadensersatz
– beim Gebrauchtwagenkauf 1187 ff.
– beim Neuwagenkauf 161 ff.
Preis/Kaufpreis 66 ff., 1177
Preisänderung 71, 77 ff.
Preisagentur 72
Preisanpassung s. Preisänderung
Preisauszeichnung 73
Preisnachlass, verdeckter 859
Probefahrt 101 ff., 1134 ff., 1185
Produktbeobachtungspflicht 993 ff.
Produkthaftung, deliktische 982 ff.
Produkthaftung/Gefährdungshaftung 946 ff.
Produktionseinstellung 62
Produktionsort 236
Produktionszeitpunkt 252, 255 ff.
Prospektangaben 218 ff., 1344
Provision 1251
PS – Angabe 1430

Q
Qualitätsmangel 215 ff., 283 ff., 1511 ff.
Qualitätsstandard 200 ff., 215 ff., 1337 ff., 1521 ff.
Quasi – Hersteller 948

R
Rabattgewährung 76, 859
Rechnung 139, 1177
Rechtsmangel 2241
Rechtsmissbrauch
– Rücktritt/großer Schadensersatz 553 ff., 1880
– Verjährung 2036
Reifen/Räder 292, 1027, 1044, 1405, 1923, 1924, 2240
Reparaturkostenversicherung 2046 ff.
Restaurierung 1349 ff., 1606 ff.
Rostanfälligkeit 1489
Rostfreiheit/Garantie 1481, 2057
Rostschäden
– Einzelfälle 1482 ff.
– Untersuchungspflicht 1925
Rückabwicklung
– c. i. c. 1286, 1287
– Rücktritt 560 ff., 1744 ff.
– großer Schadensersatz 1861 ff.
– ungerechtfertigte Bereicherung 2149, 2155 ff.
– Widerruf 128 ff., 1075 ff.
Rückforderungsdurchgriff 1108
Rückruf 1005 ff.
Rücktritt
– wg. Mangelhaftigkeit 519 ff., 1725 ff.
– wg. Nebenpflichtverletzung 98, 409
– wg. Nichtabnahme 157, 1186
– wg. Nichterfüllung (Eigentum) 2288
– wg. Nichtlieferung 48 ff., 64
Rücktrittsfiktion 1112
Rügepflicht 1944 ff.
Rumpfmotor 1385

S
Sachmängelhaftung s. Mangel
Sachverständigenkosten 385, 386, 398, 1828, 1893
Sachwalterhaftung 1270 ff.
Schadensersatz
– c. i. c. 1285 ff., 2217 ff.
– Delikt 2235 ff.
– Nebenpflichtverletzung 2227
– Nichtabnahme 158 ff., 1187 ff.
– Nichterfüllung (Eigentum) 2281 ff.
– Nichtlieferung 44 ff.
– Produkthaftung 940 ff.
– Sachmängelhaftung 673 ff., 1769 ff.
Schadstofffreiheit/Schadstoffklasse 314, 1490
Schätzpreis 1205 ff.
Schätzpreisklausel 1205 ff.
Scheckheftgepflegt 1491 ff.

1151

Scheingeschäft 1217, 1295
Schiedsgutachten 1207, 1212
Schiedsstelle 1199
Schriftformklausel 1175, 1614
Schuldbeitritt 1057
Selbstständiges Beweisverfahren 1670 ff.
Selbsteintritt 1242
Selbstvornahme (Selbstbeseitigung) 404, 1717, 1718, 1806
Serviceheft 749, 1141, 1491 ff.
Sicherungsübereignung 1105
Sonderausstattung 290, 558, 1507
Sowieso – Kosten 401
Stand der Technik 200 ff., 1527, 1528
Standgeld 1214, 1261
Standzeit s. Lagerdauer
Stellvertretung
– beim Agenturgeschäft 1266, 1296
– im Autohaus 1173, 1616, 2086 ff.
– beim Erwerb vom Nichtberechtigten 2271, 2272
– beim EU – Import 732, 764
– und Wissenszurechnung 2086 ff.
Steuerkette 1030
Steuern
– Differenzbesteuerung 1215, 1217
– Kraftfahrzeugsteuer 314, 1490, 1893
– Umsatzsteuer 67, 80, 180, 630, 730, 1178, 1835
Strohmanngeschäft 1157, 1158
Stückkauf 1183 ff.

T

Tachoangaben 1436 ff.
Tachomanipulation 1451, 1469, 2136
Tagespreisklausel 82 ff.
Tageszulassung 316 ff., 1126
Tauschmotor 1383, 1386
Tauschvertrag 823 ff.
Taxi s. Vorbenutzung
Teilemotor 1383, 1390
Teilreparierter Motor 1398
Teilüberholter Motor 1398
Testfahrt s. Probefahrt
Totalschaden 2130
Transport
– Gefahr 414, 415
– Kosten 391, 392, 1893
TÜV (Abnahme, Bericht, Plakette) 1542 ff.
TÜV – Kosten 1893
Tuning 1352, 1408

U

Übereignung 1138, 2242 ff.
Überführungsfahrt 277, 1152
Überführungskosten 73, 1893
Übergabeprotokoll s. Zustandsbericht
Überholung 1394 ff.

Umbauten 1352
Umgehung, unzulässige 1220 ff.
Umlackierung s. Lackierung
Ummeldung 1153
Ummeldekosten 1893
Umrüstung 384, 1352
Umsatzsteuer s. Steuern
Umtauschgarantie 2068
Unbedenklichkeitsbescheinigung 729
Undichtigkeit 286, 296, 298
Unfallschaden 1549 ff., 2102 ff.
Unfallfreiheit 1565 ff., 2106
Unfallwagen (Begriff) 2117, 2123
Unkenntnisklausel 1478, 1570
Unmöglichkeit
– anfängliche 61, 1775 ff.
– der Beschaffung 61 ff.
– der Nacherfüllung 458 ff., 1690
– nachträgliche 1801 ff.
– qualitative 460 ff., 1695
– subjektive/faktische 1706
Unternehmer (Begriff) 1155, 1202
Unterstellkosten 594 ff., 1893
Untersuchungsobliegenheit 1944 ff.
Untersuchungspflicht 1902 ff.
Untersuchungskosten 385 ff., 1893
Untervermittler 1239
Unverhältnismäßigkeit bei Nacherfüllung 416 ff., 1707
Unzumutbarkeit
– der Änderung 188 ff.
– der Nacherfüllung 503, 1737 ff.

V

Vandalismusschaden 1564, 1570
Verbraucher (Begriff) 1159
Verbraucherdarlehen s. finanzierter Kauf
Verbrauchsgüterkauf 696 ff., 1154 ff., 1952, 1953
Verbundenes Geschäft 1058 ff., 1123
Verfügungsbefugnis (guter Glaube) 2250
Verfügung, einstweilige 99
Verjährung
– Anerkenntnis 2034, 2035
– arglistige Täuschung 2010 ff.
– Beschädigung bei Probefahrt 107, 1136
– c. i. c. 1289, 2225
– Erstreckung 2020, 2021
– Garantie 938, 2045
– Hemmung 2018 ff.
– – Ablaufhemmung 2019
– – Verhandlungen 2023 ff.
– – Verhandlungen mit Drittwerkstatt 2029
– Neubeginn 2034, 2035
– Produkthaftung 978 ff.
– Rechtsmissbrauch 2036
– Rücktritt/Minderung 1993, 1994
– Sachmängelansprüche 1992 ff.

Stichwortverzeichnis Autokauf

- Übergangsregelung 2017
- Verkürzung 1996, 2000 ff.
- Verletzung von Nebenpflichten 2230
Verkaufsschild (Auszeichnung) 1615
Verkehrssicherheit/Betriebssicherheit 1423
Vermittler s. Agenturgeschäft
Vermittlerhaftung 764 ff., 1235 ff., 1270 ff.
Vermittlungsgebühren 1251
Vermittlungsvertrag s. Agenturgeschäft
Verschleiß
- Abgrenzung 1510, 1537 ff.
- Begriff 1509
- Darlegungs- und Beweislast 1541, 1662 ff.
- Einzelfälle 1511 ff.
- Garantie 911, 2043, 2058
- Statistik 1516
- übermäßiger 1537 ff.
- Vergleichsmaßstab 1526 ff.
Verschrottung (Prämie) 842
Versicherungsschutz 1428
Versteigerung 1300 ff.
Vertrag mit Schutzwirkung zg. Dritter 1603
Vertrag zugunsten Dritter 757, 906
Vertragskosten 1749, 1883, 1893
Vertragsstrafe 1153, 1214
Vertragsübernahme 89
Vertriebsarten, besondere 108 ff.
Vertrauenssiegel (ZDK) 1604, 1605
Vertreterklausel 1616
Verwender s. AGB
Verwendungen/Aufwendungen
- andere (nicht notwendige) 600, 601 ff., 1745, 1748, 2193
- notwendige 591 ff., 1745, 1746, 2193
- vergebliche 1883 ff.
- Verzinsung 604, 605, 1894
Verwendung, gewöhnliche, s. Mangel
Verwendungszweck 192, 1336, 1420 ff.
Verwertung
- andere 692
- öffentliche Versteigerung 693
Verwirkung 553 ff., 1880
Verzicht 513, 1880
Verzögerungsschaden s. Verzugschaden
Verzug
- Annahmeverzug 151, 651 ff., 686 ff.
- Garantieleistung 933, 934, 2061
- Nacherfüllung 407, 1839 ff., 1867 ff.
- Ratenzahlung 1109
- nach Rücktritt 645 ff., 1871
- Schuldnerverzug 42 ff., 153 ff., 1184
Verzugsschaden 44 ff., 158 ff., 1187 ff., 1774, 1828, 1839 ff., 1871
Vibrationen 297
Vollständigkeitsklausel 1613
Vollständigkeitsvermutung 1612
Vollstreckung
- bei Mängeln und Schäden 694

- Zug um Zug 690 ff.
Vorbenutzung 1594 ff.
Vorbesitzer 1599 ff.
Voreintragung eines Dritten 323 ff., 1599
Vorführwagen 184, 1424, 1688
Vorhergehende Bestellung 115

W
Wartefrist (Schonfrist) 35 ff., 1184
Wassereintritt 286, 296, 298
Wegekosten 391
Weiterfressermangel 1026 ff.
Weiterveräußerung 563 ff., 840, 841, 1879, 2214 ff.
Werbung 223 ff., 1344 ff.
Werkstattgepflegt 1491 ff.
Werkstattgeprüft 1602
Wertersatzpflicht
- Rücktritt 563 ff.
- Widerruf 132 ff., 1072
- Wegfall 575 ff.
Wertminderung s. Minderwert
Widerruf 123 ff.
- Belehrung 125 ff., 1065, 1069 ff.
- Erklärung 127, 1074
- Fernabsatz 117, 1305
- finanzierter Kauf 1065 ff.
- Frist 124
- Haustürgeschäft 115
- Inzahlungnahme 894, 895
- Nutzungsvergütung 131
- Rückabwicklung 128 ff., 1075 ff.
- Rückgaberecht 124
- Verschlechterung 132, 137
- Verzinsung (Kaufpreis) 130
- Wertersatz 132 ff.
Wissensmitteilung 1316, 1331
Wissensvertreter 2093 ff.
Wissenszurechnung 2086 ff.
Wohnmobil (Reisemobil) 6, 244, 635, 1130, 1422, 1504, 1760

Y
Youngtimer 1129, 1481, 1487, 1606, 1607

Z
Zahlung/Kaufpreis 139, 140, 1144, 1177 ff.
Zahlungsverzug 153, 1182
Zahnriemen 991, 1030, 1495, 1511 ff., 1651 ff.
ZDK – Vertrauenssiegel 1604 ff.
Zeitungsanzeige s. Inserat
Zinsen
- Aufwendungen 604, 605, 1894
- Kaufpreisrückzahlung 606 ff., 645 ff., 1863, 2190
Zirka–Klausel 1176, 1445
Zitronenauto s. Montagsauto
Zubehör s. Sonderausstattung

1153

Zug um Zug
- Antrag 684
- Vollstreckung 690 ff.
Zulassungsbescheinigung II s. Fzg.brief
Zulassungskosten 1893
Zulassungsfähigkeit 315, 1420 ff.
Zulieferer 1020

Zumutbarkeit der Änderung 187 ff.
Zusicherung s. Garantie
Zustandsangaben (allgemeine) 1606 ff.
Zustandsbericht 1333, 1643
Zustandsnoten (Oldtimer) 1607
Zweithandfahrzeug 1599 ff.
Zweitlackierung s. Lackierung

Stichwortverzeichnis Autoleasing

Die Zahlen verweisen auf die Randnummern.

A
Abmahnung L61, L585
Abnahme L247, L248, L249, L257, L321,
Abnahmebestätigung s. Übernahmebestätigung
Absatzförderung L8
Abschluss
– Leasingvertrag L185 ff.
– Kaufvertrag L236 ff.
Abrechnung nach regulärer Vertragsbeendigung L558 ff.
– Kilometervertrag L558
– Verträge mit offenem Restwert L565, L566
– Vertrag mit Andienungsrecht L569
Abtretungskonstruktion L67 ff., L70, L75, L99 ff., L115 ff., L273, L348, L350, L351, L359, L373
Abrechnung bei vorzeitiger Vertragsbeendigung
– Kilometervertrag L4, L16
– Konkrete L615
– Vertrag mit Andienungsrecht L13
– Verträge mit offenem Restwert L15, L17
– Vertrag mit Restwertabrechnung L14
Abschlussvertreter L316
Abzinsung L620 ff.
– Leasingraten L625
– Restwert L626
– Staffelmethode L627
Allgemeine Geschäftsbedingungen (AGB) L57, L60, L65, L66, L67, L84, 96, L114, L129 ff., L263 ff., L268, L278, L284, L286, L328, L341, L342, L344, L346, L370, L374, L398, L446, L451, L484, L492, L495, L496, L498, L505, L508, L516, L517, L519, L544, L551, L562, L574, L576, L579, L587, L588, L598, L601, L603, L609, L620, L645, L646, L648
Andienungsrecht L13, L21, L503, L645
Anfechtung
– Kaufvertrag L228
– Kündigung L488
– Leasingvertrag L217, L226, L227
Angebot L207
Annahme L209
Aufklärungspflicht L23
Aufteilung Mehrerlös L14, L566
Aufwendungen/Verwendungen
– Ersatz der L75, L274, L286, L340, L348, L359, L360, L363, L410
– ersparte Aufwendungen L629 ff.
Auslieferung S. Übergabe

Ausschluss
– des Anspruchs auf Ersatzlieferung L92 ff., L110 ff.
– von Schadensersatzansprüchen L402
– der Vermieterhaftung L67 ff.

B
Besitzeinräumung L504, L579
Besitzverletzung L424
Betriebsausgaben L27
Beweislast L247, L539
Beweisverfahren L86
Bindung an Angebot L207
Bonitätsrisiko L42, L505
Bruttoleasing L31, L137
Bürgschaft L125, L128

C
Culpa in Contrahendo L224

D
Dauerschuldverhältnis L373, L377
Drei-Wege-Finanzierung L1

E
Eigenankauf (Selbstankauf) L237, L534, L551, L570
Eigenhaftung
– Kaufrechtliche L116, L117
– Lieferantenhaftung L230
– Mietrechtliche L115
Eigenmacht verbotene L499
Eigenschaden L79
Eigentum L24, L41, L47 ff., L68, L175, L235, L239, L259, L260; L336, L341
Eigentumsverletzung L424
Eintrittsmodell L106, L237, L238, L249, L353
Einwendungsdurchgriff L133, L135, L368, L369
Erfüllungsgehilfen
– Händler für Leasinggeber L211 ff., L244 ff., L359, L496, L514
– Leasingnehmer für Leasinggeber L249, L264, L265
Erfüllungsort L246, L496, L586
Erfüllungspflicht L72
Erfüllung teilweise L269, L277
Ermächtigung L75 ff., L77, L79
Entgelt L2, L287 ff.
– Änderung L306

1155

– Anschaffungskosten L308 ff.
– Geldmarktverhältnisse L311 ff.
– Steuern L313 ff.
– Billigkeitskontrolle L309
– Fälligkeit L274, L292
– Raten L287
– Sonderzahlung L23, L158, L294, L298 ff., L381, L617
– Teilleistung L297
– Verzug L293, L294, L295
– Zahlungsort L291
Entwendung L485 ff.
Erhebliche Beschädigung L63
Erlasskonformes Leasing L7, L8, L10
Ermächtigung L75 ff., L77
Ersatzlieferung L61, L90, L92 ff., L110, L112, L334 ff.
Erwerbsrecht L52, L216, L229, L503
Existenzgründer L122, L186

F
Fernabsatz L121
Feststellungsklage L353
Finanzierungshilfe sonstige L121
Finanzierungsleasing/Finanzierungsfunktion L2, L4, L50
Fixgeschäft L281
Forfaitierung L42
Freizeichnung von Sachmängelhaftung (s. auch Abtretungskonstruktion) L67 ff., L88 ff.

G
Garantie L68, L75, L118
Gebrauchsfinanzierung L50
Gebrauchsüberlassung L2, L275, L585
Gebrauchsstörung L584, L586.
Gebrauchsverschaffung L L72
Gebrauchtfahrzeugleasing L91, L98
Gefahrgeneigte Arbeit L431
Gefahrtragung L56 ff., L502
Gesamtschuldner L428, L429
Geschäftsführung ohne Auftrag L117, L411
Geltendmachung
– Mängelansprüche L86, L331
– Rückabwicklungsansprüche L375
– Schadensersatzansprüche L434 ff.
Geschäftsgrundlage L335, L371
Gestaltungsrecht L68, L76
Gewerbesteuer L41
Gewinn L356, L461, L566, L588, L590, L617, L628
Gutgläubiger Erwerb L259, L260, L580

H
Haftung
– des Leasinggebers für Händler L215 ff., L220 ff.

– des Händlers gegenüber Leasinggeber L229
– des Händlers gegenüber Leasingnehmer L230 ff.
– des Leasinggebers gegenüber Bank L233 ff.
Haftungsprivileg L388
Halter L145
Halterhaftung L427
Haustürgeschäft L121, L126

I
Inbesitznahme, vorübergehende L609, L610
Information/Informationspflicht
– des Leasinggebers L91
– des Leasingnehmers L330, L333, L336, L337, L351, L423
– des Versicherers L140
Ingebrauchnahme L205
Insolvenz
– des Leasinggebers L171 ff., L589
– des Leasingnehmers L166 ff.
– des Lieferanten L178
Insolvenzrisiko L381, L388, L409 ff., L505
Insolvenztabelle L357
Instandhaltung L156
Instandsetzung L136
Investitionsentscheidung L50
Investitionsrisiko L8
Inzahlungnahme L302, L354, L382

K
Kalkulationsgrundlagen L20
Kilometerabrechnung L16, L558
Klagebefugnis L350
Klagepflicht L348
Kombination der Vertragsmodelle L22
Konkrete Schadensberechnung L615 ff.
Kündbarer Vertrag mit Schlusszahlung L5
Kündigung außerordentliche/fristlose
– des Leasinggebers L320, L591 ff.
– des Leasingnehmers L61, L276, L584 ff.
– nach Rücktritt vom Kaufvertrag L372
Kündigungsschaden L612

L
Langzeitmiete L1
Leistungsklage L353, L394
Leistungsverweigerungsrecht L81, L117, L257, L277, L321 ff., L364, L392
Leerlaufende Abtretung L88, L91, L99

M
Marktsituation L1
Mietrecht/Mietvertrag L2, L54
Minderung L76, L392 ff.
Minderwertausgleich L36, L535
Mithaftung L123, L315
Mitwirkungspflicht L352, L466

Stichwortverzeichnis Autoleasing

N
Nachbesserung L328
Nacherfüllung L64, L328 ff.
Netto-Leasing L136
Nichterfüllung L71, L72
Nutzung
– betrieblich L44
– privat L44
– Mischnutzung L45
Nutzungsvergütung
– Ersatzlieferung L112, L341 ff.
– Rücktritt L389 ff.
– Verletzung der Herausgabepflicht L507, L611
Nutzungsschaden L424

P
Pauschalierung des Schadens L296, L614
Preisgefahr L56
Preisangaben L157 ff.
Preisänderungsverbot L308
Preisanpassungsklausel L308
Produktbeobachtung L255
Prozesskosten/Rechtsverfolgungskosten L361, L365, L411
Prozessstandschaft L77, L434, L467

O
Quittung L261, 267
Quotenvorrecht L429

R
Rabattgewährung L162
Rechtsmangel/Rechtsmängelhaftung L69, L78
Rechtsnatur des Leasingvertrages L54 ff.
Refinanzierungskosten L356
Restschuldversicherung L59
Restwertrisiko L13, L22, L150, L444 L13, L22, L150, L444, L539, L646, L658
Rückabwicklung des Vertrages
– nach Widerruf L203 ff.
– nach Rücktritt vom Leasingvertrag L379 ff.
Rückgabe/Herausgabe des Fahrzeugs L385, L493, L611
Rückkauf L574, L636, L637
Rückkaufverpflichtung L315, L552, L581, L650, L654
Rücktritt
– vom Kaufvertrag L345
– vom Leasingvertrag L371 ff.
Rügepflicht s. Untersuchungspflicht

S
Sachmängelhaftung
– Aufwendungsersatz L383
– Ausschluss L570 ff., L576
– Ersatzlieferung L334 ff.
– Geltendmachung L86, L375, L331
– Gewinn L383
– Herausgabe des Fahrzeugs L385
– Insolvenzrisiko L381, L409
– Minderung L392 ff.
– Nacherfüllung L328
– Nutzungsvergütung L389 ff.
– Rückabwicklung L379 ff.
– Rücktritt L345 ff.
– Rückzahlung des Leasingentgelts L380
– Schadensersatz L401 ff.
– Verzicht L358
– Wegfall des Leasingvertrages L371
– Wertersatz L387
– Zinsen L356, L384
Sachgefahr L56, L427
Sale and lease back L105
Schadensersatz
– großer Schadensersatz L378, L408
– kleiner Schadensersatz L408
Schadensersatz neben der Leistung L407
Schriftform L186 ff., L318
Sicherungsschein L139
Sittenwidrigkeit
– Kaufvertrag L156
– Leasingvertrag L146 ff.
– Mithaftungsvereinbarung L315
Sonstige Finanzierungshilfe L121
Steuer L7, L24 ff.,
– Bilanzierung L25, L337
– Gewerbesteuer L41, L43
– Mischnutzung L45
– Pendlerpauschale L44
– Umsatzsteuer
– – All-inclusive Leasing L31
– – Änderung des Leasingentgelts L32, L305, L314
– – Andienungsrecht L37
– – Ausgleichszahlung L35, L38, L462
– – Betriebsausgaben L27
– – Nutzungsüberlassung L28
– – Nutzungsvergütung bei Rückabwicklung des Leasingvertrages L33
– – Nutzungsvergütung wegen Vorenthaltung L40, L510
– – Minderwertausgleich L36
– – Reparaturkosten L39
– – Rückzahlung nach Rücktritt L33, L380
– – Steuervorteile L24
Streithilfe L352
Stundung L466
Subsidiäre Haftung L84, L87, L115 ff., L180, L183, L250, L327, L359, L405, L406

T
Teilamortisation L2, L7, L10
Teilzahlungskauf (verdeckter) L132
Tod des Leasingnehmers L583, L587

1157

Transparenzgebot L17 ff., L307
Typologie L50

U
Übergabe des Fahrzeugs L244
Übernahme des Fahrzeugs L249
Übernahmebestätigung L245, L261 ff., L270, L339
Umgehungsgeschäft L70
Umtauschvertrag L371
Unfall
– Abrechnung L460
– Ansprüche L424 ff., L469 ff.
– Ausgleichszahlung L462, L464 ff.
– Betriebsgefahr L412
– Geltendmachung des Schadens L434 ff.
– Gewinn entgangener L450
– Informationspflicht L417, L418
– Kaskoversicherung L426, L429, L439, L479
– Kreditkosten L476
– Mietwagen L450
– Mitverschulden des Leasingnehmers L412
– Neupreisentschädigung L480, L482
– Nutzungsausfall L435, L450, L451
– Opfergrenze L456 ff.
– Reparaturkosten L438, L557
– Rechtsverfolgungskosten L452
– Restwert L475
– Teilschaden L437
– Totalschaden L454 ff., L459
– Steuerausfallschaden L476
– Umsatzsteuer L438, L439, L440, L442, L462, L473
– Verhaltenspflichten des Leasingnehmers L416
– Wartepflicht am Unfallort L416
– Wertminderung L444 ff.
– Wiederbeschaffungswert L469 ff.
Unmöglichkeit L273 ff.
Untersuchungs- und Rügepflicht L119, L252 ff., L329, L339, L578
Untervermietung L144

V
Verbindung zwischen Kauf und Leasingvertrag L240 ff.
Verbraucher-Leasingvertrag L99, L121 ff., L338, L341, L368
Verbraucherschutz L121 ff., L317
Verbrauchsgüterkauf L64, L70, L88, L89, L100, L121 ff., L130, L571
Verbundene Verträge L121, L133 ff., L304, 323
Verhaltenspflichten L144
Veritätsrisiko L42, L233
Verjährung
– Aufwendungsersatz L662

– Ausgleichsanspruch L657 ff.
– deliktische Ansprüche L477
– Herausgabeanspruch L661
– Leasingentgelt L656
– Mehr- und Minderkilometer L660
Vermögensverschlechterung L591, L597 ff.
Versicherung für fremde Rechnung L139, L337, L426, L430
Versicherungspflicht L59, L138 ff.
Verzicht L358
Verzug/Zahlungsverzug L291 ff., L600 ff.
Vertrag
– gemischt-typischer L55
– Mietvertrag L54
– sui generis L55
Vertragsbeendigung reguläre L491 ff.
– Abrechnung L558
– Andienungsvertrag L569
– Aushändigung des Gutachtens L551
– Begutachtung L516, L525
– Beweislast L532
– Einstweilige Verfügung zur Sicherstellung L500
– Gebrauchsspuren L529
– Herausgabe des Fahrzeugs L439 ff.
– Inspektion (versäumte) L535
– Käuferbenennung L541 ff., L551
– Kilometervertrag L558
– Kosten der Verwertung L560, L562, L568
– Kündigung L491, L492
– Mangel L522 ff., L531
– Minderwertausgleich L533, L577
– Reparatur L549
– Rückgabeprotokoll L514
– Rückkauf durch den Händler L574 ff.
– Rückkaufverpflichtung des Händlers L552
– Rückstandssumme L605
– Schaden (siehe Mangel)
– Schiedsgutachten L517 ff.
– Sicherstellung des Fahrzeugs L497
– Sollzustand L494
– Unmöglichkeit der Herausgabe L502
– Veränderungen L527
– Verletzung der Rückgabepflicht L507
– Verschleiß L522, L529
– Verschleißschaden L524
– Vertrag mit offenem Restwert L565
– Verwertung L538 ff.
– Wegfall der Rückgabepflicht L503
– Wegnahmerecht L528
– Werterhöhung L528
– Wertminderung L567
– Zeitablauf L491
– Zubehör L494
– Zustandsbeurteilung L525
– Zustandsklausel L522
Vertragsbeendigung, vorzeitige
– Abrechnung L638

Stichwortverzeichnis Autoleasing

- Abzinsung L620 ff.
- fristlose Kündigung des Leasinggebers L591 ff.
- fristlose Kündigung des Leasingnehmers L584 ff.
- Gewinnanteile L621
- Herausgabe des Fahrzeugs L611
- Konkrete Schadensberechnung L615
- Kosten ersparte L621, L629
- Kündigungsschaden L612
- Leasingvertrag mit Kilometerabrechnung L648 ff.
- Mehrkosten L617
- Pauschalierte Schadensberechnung L614
- Wegfall des Interesses L589

Vertragseintritt siehe Eintrittsmodell
Vertragsübernahme L105, L237
Vertragswidriger Gebrauch L591, L592 ff.
Vertreter L213
Verwertung
- am regulären Vertragsende L538 ff.
- nach vorzeitiger Vertragsbeendigung L633 ff.

Verzug L71, L72, L203, L280 ff.

Vollamortisation L5, L113, L129
Vorauszahlung s. Entgelt und Sonderzahlung
Vorbehalt der Rechte L250

W

Werbung irreführende L164
Wertersatz L205, L354, L387, L495, L502
Widerruf
- Abwicklung nach Widerruf L203
- nicht verbundene Verträge L197
- verbundene Verträge L200
- Widerrufsbelehrung L127
- Widerrufsrecht L127, L128, L319

Wiederverkaufsrecht L575
Wirtschaftliches Eigentum siehe Eigentum
Wissensvertreter L214, L217

Z

Zinsen L384, L463
Zinsstaffelmethode L627
Zugaben L162
Zurückbehaltungsrecht L437